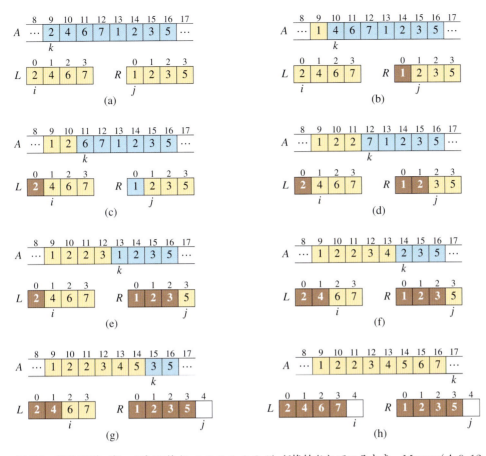

図 2.3 部分配列 $A[9:16]$ に列 $\langle 2, 4, 6, 7, 1, 2, 3, 5 \rangle$ が格納されているとき，MERGE$(A, 9, 12, 16)$ の呼出しにおける第 8～18 行の動作．配列 L と R が割り当てられて値がコピーされたあと，配列 L は $\langle 2, 4, 6, 7 \rangle$，配列 R は $\langle 1, 2, 3, 5 \rangle$ となる．A の黄褐色の場所にはその最終値が格納されており，L と R の黄褐色の場所には A にこれから書き戻さなければならない値が格納されている．その両方を合わせると，黄褐色の場所にはどの時点でも元々 $A[9:16]$ にあった値が格納されている．A の青色の場所にはこれから上書きされる値が格納されている．また，L と R の茶色の場所にはすでに A に書き戻された値が格納されている．**(a)**～**(g)** 第 12～18 行の **while** ループの各繰返しの開始時における配列 A, L, R と，それらのインデックス k, i, j．**(g)** において，R のすべての値は A に戻され（j が R の長さに等しいことによる），第 12～18 行の **while** ループは終了する．**(h)** 終了時の配列とインデックス．第 20～23 行と第 24～27 行の **while** ループによって L と R の残りの値が A に戻される．これらの値はもともと $A[9:16]$ にあった最大値である．ここで，第 20～23 行で $L[2:3]$ が $A[15:16]$ にコピーされ，R のすべての値はすでに A に戻されているので，第 24～27 行の **while** ループは繰返しが 0 回である．この時点で部分配列 $A[9:16]$ はソートされている．

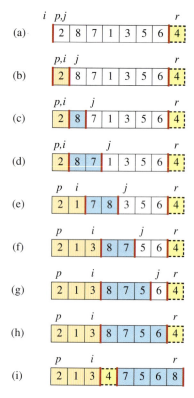

図 7.1 あるサンプル配列上の PARTITION の操作.配列要素 $A[r]$ がピボット要素 x になる.黄褐色の配列要素はすべて x 以下の値を持ち,分割の下側に属す.青色の配列要素はすべて x より大きい値を持ち,上側に属す.白色の要素は現状では分割のどちらの側にも置かれていず,黄色の要素はピボット x である. **(a)** 配列の初期状態と各変数の設定.どの要素も 2 つの分割のどちらの側にも属さない. **(b)** 値 2 を "それ自身と交換" し,下側に置く. **(c)**〜**(d)** 値 8 と 7 を上側に置く. **(e)** 値 1 と 8 を交換し,下側が成長する. **(f)** 値 3 と 7 を交換し,下側が成長する. **(g)**〜**(h)** 上側が 5 と 6 を取り込んで成長し,ループが終了する. **(i)** 第 7 行でピボット要素を交換し,分割の両側の間に来るようにする.第 8 行はピボット要素の新しいインデックスを戻す.

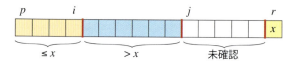

図 7.2 部分配列 $A[p:r]$ 上の手続き PARTITION が管理する 4 つの領域.$A[p..i]$ 中の黄褐色の値はどれも x 以下であり,$A[i+1:j-1]$ 中の青色の値はどれも x より大きく,$A[i+1:r-1]$ 中の白色の値はどれもまだ x との関係は未確認であり,最後に $A[r]=x$ である.

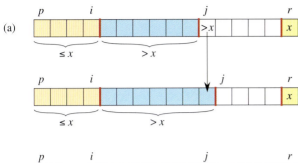

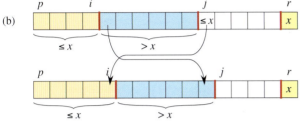

図 7.3 PARTITION の 1 回の繰返しに出現する 2 つの場合．**(a)** $A[j] > x$ のとき，j に 1 を加えるだけであり，この操作はループ不変式を満たす．**(b)** $A[j] \leq x$ のとき，インデックス i に 1 を加え，$A[i]$ と $A[j]$ を交換し，j に 1 を加える．この場合もループ不変式は維持される．

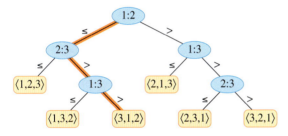

図 8.1 3 要素上で動作する挿入ソートに対応する決定木．（青で示す）内部節点のラベル $i{:}j$ は a_i と a_j の比較を示す．葉にラベルづけられた置換 $\langle \pi(1), \pi(2), \ldots, \pi(n) \rangle$ は順序 $a_{\pi(1)} \leq a_{\pi(2)} \leq \cdots \leq a_{\pi(n)}$ を示す．入力列 $\langle a_1 = 6, a_2 = 8, a_3 = 5 \rangle$ をソートするときに下した決定列に対応する経路をハイライト表示で示す．$a_2 \geq a_3$ を意味する $2{:}3$ というラベルのついた節点から右へ進み，$a_1 \geq a_3$ を意味する $1{:}3$ というラベルのついた節点から右へ進むと，$\langle 3, 1, 2 \rangle$ というラベルの葉で示されるように，$a_3 \leq a_1 \leq a_2$ という順序を得る．入力要素集合には $3! = 6$ 個の順列があるので決定木は少なくとも 6 個の葉を持つ．

	1	2	3	4	5	6	7	8	9	10	11	12	13	14	15	p	r	i	分割	有用か？
$A^{(0)}$	6	19	4	12	14	9	15	7	8	11	3	13	2	5	10	1	15	5		
																			1	no
$A^{(1)}$	6	4	12	10	9	7	8	11	3	13	2	5	14	19	15	1	12	5		
																			2	yes
$A^{(2)}$	3	2	4	10	9	7	8	11	6	13	5	12	14	19	15	4	12	2		
																			3	no
$A^{(3)}$	3	2	4	10	9	7	8	11	6	12	5	13	14	19	15	4	11	2		
																			4	yes
$A^{(4)}$	3	2	4	5	6	7	8	11	9	12	10	13	14	19	15	4	5	2		
																			5	yes
$A^{(5)}$	3	2	4	5	6	7	8	11	9	12	10	13	14	19	15	5	5	1		

図 9.1 部分配列 $A[p:r]$ を連続的に分割するという RANDOMIZED-SELECT の振舞い．ここでは，毎回の再帰呼出しでのパラメータ p, r, i の値を示す．各再帰ステップにおける部分配列 $A[p:r]$ が黄褐色で示されているが，とくに濃い黄褐色で示されている要素は次の分割におけるピボットである．青色の要素は $A[p:r]$ の外側にある．答えは，一番底の配列における黄褐色の要素であり，$p = r = 5$ かつ $i = 1$ である．配列の指定 $A^{(0)}, A^{(1)}, \ldots, A^{(5)}$，分割の番号，そして分割が有用かどうかは次のページで説明する．

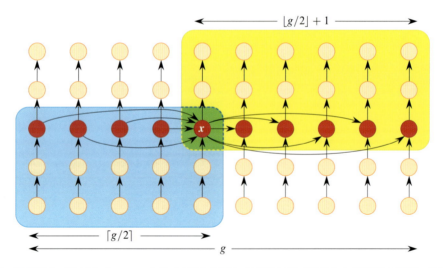

図 9.3 選択アルゴリズム SELECT の第 17 行を実行した直後の円で示された要素間の関係．5 要素のグループが $g = (r - p + 1)/5$ 個あり，そのそれぞれが列を形成している．たとえば，左端の列は要素 $A[p], A[p+g], A[p+2g], A[p+3g], A[p+4g]$ を含んでおり，次の列は $A[p+1], A[p+g+1], A[p+2g+1], A[p+3g+1], A[p+4g+1]$ を含んでいる．グループの中央値は赤で示され，ピボットは x とラベルづけされている．矢印は小さい要素からより大きい要素に向いている．青色の背景を持つ要素はすべて x 以下であることが分かっており，x に関する分割で高いほうの側には決して入らない．黄色の背景を持つ要素は x 以上であることが分かっており，x に関する分割で低いほうの側には決して入らない．ピボット x は青色と黄色の両方の領域に属しており，緑の背景を持つ．白の背景の要素は分割のどちら側にでも存在しうる．

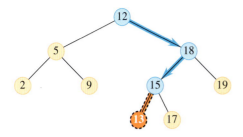

図 12.3 2分探索木へのキー13を持つ節点の挿入．根からこの節点を挿入する場所へ下る単純路を青色で示す．このアイテムを挿入するために木に加えた節点とリンクを強調した橙色で示す．

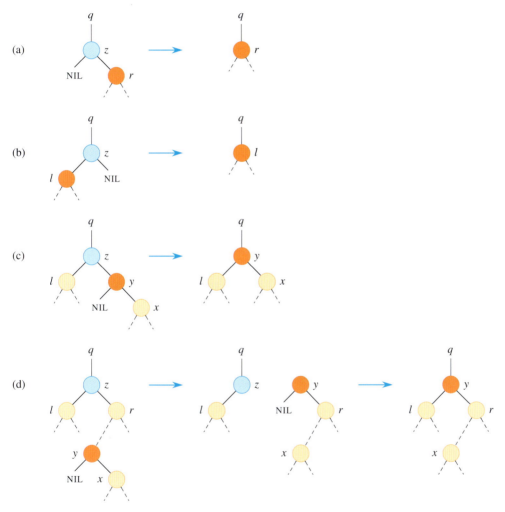

図 12.4 2分探索木からの節点 z（青色）の削除．節点 z は，根，節点 q の左の子，あるいは q の右の子のいずれかである．木中で節点 z の位置に置き換わる節点を橙色で示す．**(a)** 節点 z が左の子を持たない場合．z をその右の子 r と置き換える．r は NIL かもしれない．**(b)** 節点 z が左の子 l を持つが右の子を持たない場合．z を l と置き換える．**(c)** 節点 z が 2 つの子を持ち，左の子が節点 l，右の子が z の次節点 y（y は左の子を持たない），y の右の子が節点 x である場合．z を y と置き換え，y の左の子を l に更新する．ただし，y の右の子は x のままである．**(d)** 節点 z が両方の子（左の子 l と右の子 r）を持ち，z の次節点 $y \neq r$ が r を根とする部分木の中にある場合．最初に，y をその右の子と置き換え，r の親を y に設定する．つぎに，q の子と l の親をともに y に設定する．

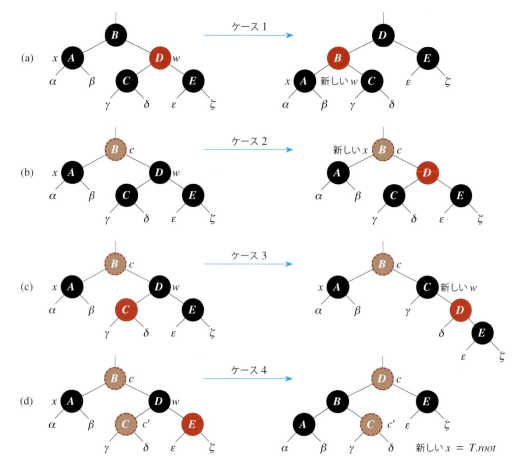

図 13.7 手続き RB-DELETE-FIXUP の第 3〜22 行に現れる 4 つのケース．茶色節点の *color* 属性は，c と c' によって表されており，それぞれ RED または BLACK のどちらかである．文字 $\alpha, \beta, \ldots, \zeta$ は，任意の部分木を表す．それぞれのケースでは，数回再彩色したり回転したりして左側の状況を，対応する右側の状況に変換する．x が指している節点は特黒を持っていて，その色は，黒黒か赤黒のどちらかである．ケース 2 だけがループを繰り返す可能性がある．**(a)** ケース 1 は，節点 B と D の色を交換し，左回転を行うと，ケース 2, 3, または，4 に変換される．**(b)** ケース 2 では，節点 D を赤に再彩色し，x で節点 B を指す．すると，x によって表現される特黒は木を登る．ここで，ケース 2 がケース 1 を経由して生起したのであれば，新しい節点 x は赤黒であり，その *color* 属性値 c は，RED なので **while** ループを停止する．**(c)** ケース 3 は，節点 C と D の色を交換し，右回転を 1 回行うと，ケース 4 に変換される．**(d)** ケース 4 では，（2 色木の性質を壊すことなく）数回の再彩色と 1 回の左回転を行って x によって表現される特黒を除去し，ループを停止する．

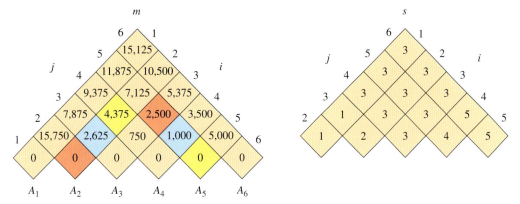

図 14.5 手続き MATRIX-CHAIN-ORDER で計算した表 m と s. ただし, $n = 6$ であり, 各行列の次元（型）は, 次の表で与えられるものとする.

行列	A_1	A_2	A_3	A_4	A_5	A_6
型	30×35	35×15	15×5	5×10	10×20	20×25

この表は主対角線が水平になるように回転して描いてある. 表 m では, 主対角線と上三角形部分だけが使われ, 表 s では, 上三角形部分だけが使われる. この 6 個の行列の乗算を行うために最低限必要なスカラー乗算の回数は, $m[1,6] = 15,125$ である. 以下の計算を第 9 行で行う際には, 黄褐色でない要素の内, 同じ色を持つ要素の対を検討する.

$$m[2,5] = \min \begin{cases} m[2,2] + m[3,5] + p_1 p_2 p_5 = 0 + 2500 + 35 \cdot 15 \cdot 20 & = 13{,}000 \\ m[2,3] + m[4,5] + p_1 p_3 p_5 = 2625 + 1000 + 35 \cdot 5 \cdot 20 & = 7{,}125 \\ m[2,4] + m[5,5] + p_1 p_4 p_5 = 4375 + 0 + 35 \cdot 10 \cdot 20 & = 11{,}375 \end{cases}$$
$$= 7{,}125$$

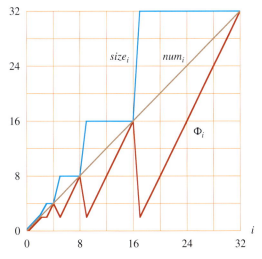

図 16.4 長さ n の TABLE-INSERT 操作の列が, 表が含むアイテム数 num_i（茶色で示す）, 表が含む枠数 $size_i$（青で示す）, ポテンシャル $\Phi_i = 2 \cdot num_i - size_i$（赤で示す）に与える効果. ただし, これらは i 番目の操作が終了した直後の値である. 茶色の線は num_i, 青色の線は $size_i$, 赤色の線は Φ_i を示す. 拡大が起こる直前にはポテンシャルは表のアイテム数にまで増大しており, すべてのアイテムを新たな表に移動する費用を支払うことができる. 拡大の直後にポテンシャルは 0 に減少するが, 拡大の原因となったアイテムを挿入するので, ポテンシャルは直ちに 2 増加する.

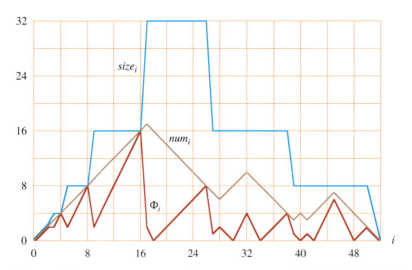

図 16.6 長さ n の TABLE-INSERT と TABLE-DELETE から構成される操作列が，表が含むアイテム数 num_i（茶の線），表が含む枠数 $size_i$（青の線），ポテンシャル（赤の線）

$$\Phi_i = \begin{cases} 2(num_i - size_i/2) & \alpha_i \geq 1/2 \text{ のとき} \\ size_i/2 - num_i & \alpha_i < 1/2 \text{ のとき} \end{cases}$$

に与える効果．ただし，$\alpha_i = num_i/size_i$ であり，それぞれ i 番目の操作が終了した直後の値である．拡大や縮小が起こる直前には，ポテンシャルは表のアイテム数にまで増大しており，すべてのアイテムを新たな表に移動する費用を支払うことができる．

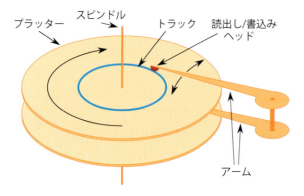

図 18.2 典型的なディスクドライブ．磁気材料で覆われたスピンドルの回りを回転する 1 枚あるいは数枚のプラッター（ここでは 2 枚のプラッターが示されている）から構成される．アームの先端の赤で示したヘッドを用いて各プラッターから読出し/書込みを行う．すべてのアームは共通の回転軸の回りを回転する．読出し/書込みヘッドが静止しているとき，その真下を通過するプラッターの表面が青で示したトラックである．

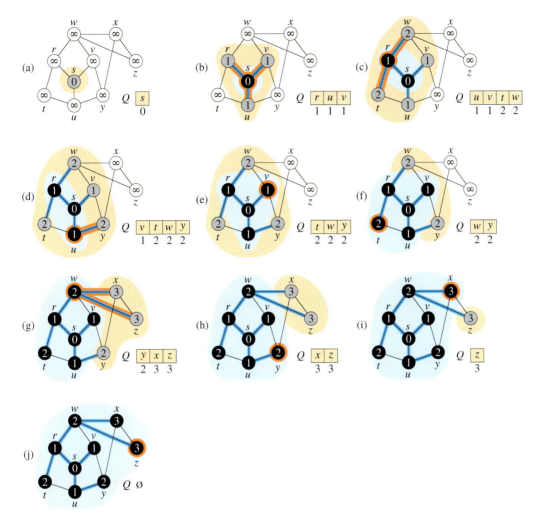

図 20.3 無向グラフ上の BFS の動作．各図は第 10～18 行の **while** ループの各繰返しの開始時点におけるグラフとキュー Q を示している．頂点の中とキューの各頂点の下に表されている数字はその頂点までの距離を示している．キューが含む頂点から構成される探索の最前線を，黄褐色の領域で囲んでいる．薄い青色の領域で囲まれているのは最前線の後方の頂点であり，これらはすでにキューから取り除かれている．各図では，直前に繰返しにおいてキューから取り出した頂点と，（もし存在するなら）幅優先木につけ加えられた辺を，橙色で強調している．濃い青色の辺はそれまでに作られた幅優先木の辺である．

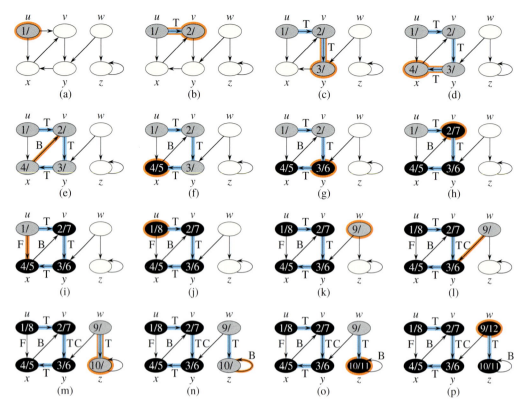

図 20.4 有向グラフに深さ優先探索のアルゴリズム DFS を適用したときの進行状況. アルゴリズムが探索していく辺を, それが木辺ならば T で, 逆辺ならば B で, 前進辺ならば F で, 横断辺なら C で, それぞれラベルづけしている. 頂点の中の時刻印は発見時刻/終了時刻である. 木辺は青で強調している. 各ステップで, 発見時刻あるいは終了時刻が変化した頂点および探索された辺が橙色で強調されている.

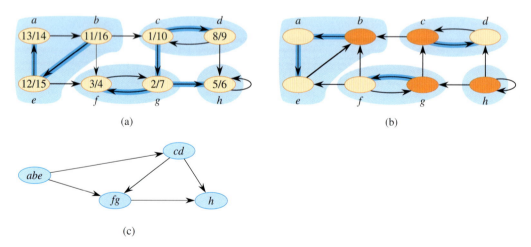

図 20.9 **(a)** 有向グラフ G. G の各強連結成分を薄い青色の領域で示す. 各頂点のラベルは深さ優先探索が出力する発見時刻と終了時刻である. 濃い青色の辺は木辺である. **(b)** グラフ G の転置 G^T と STRONGLY-CONNECTED-COMPONENTS の第 3 行で求めた深さ優先森(木辺は濃い青色で表す)を示す. 各強連結成分が 1 つの深さ優先木に対応している. 橙色の頂点 b, c, g, h が G^T の深さ優先探索が生成した深さ優先探索木の根である. **(c)** G の各強連結成分に属するすべての頂点と辺を 1 個の頂点に縮約することで得られる非巡回成分グラフ G^{SCC}.

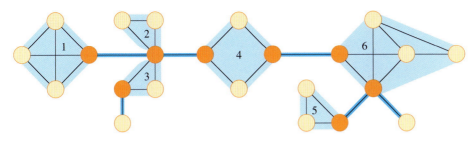

図 20.10 章末問題 20-2 で用いる無向連結グラフの関節点, 橋, および 2 連結成分. 関節点は橙色の頂点, 橋は濃い青色の辺, 2 連結成分は薄い青色領域 (bcc 番号が振られている) の辺たちである.

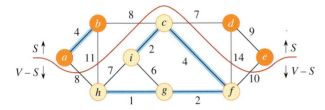

図 21.2 図 21.1 に示したグラフのカット $(S, V-S)$. 橙色の頂点は集合 S に属し, 黄褐色の頂点は $V-S$ に属する. このカットと交差する辺は黄褐色の頂点と橙色の頂点を結ぶ辺である. 辺 (d,c) はカットと交差する辺で唯一の軽い辺である. 辺の部分集合 A を青色の辺で示す. A のどの辺もカット $(S, V-S)$ と交差しないのでこのカットは A を尊重する.

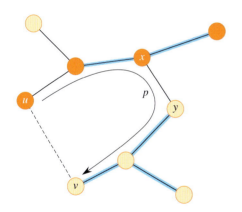

図 21.3 定理 21.1 の証明. 橙色の頂点は S に属し, 黄褐色の頂点は $V-S$ に属する. 最小全域木 T の辺と, T に属さない辺 (u,v) だけを表示する. A の辺を青色で示す. (u,v) はカット $(S, V-S)$ と交差する軽い辺である. 辺 (x,y) は T における u から v への唯一の単純路 p の辺である. T から辺 (x,y) を削除し, 辺 (u,v) を加えると, (u,v) を含む最小全域木 T' が構成できる.

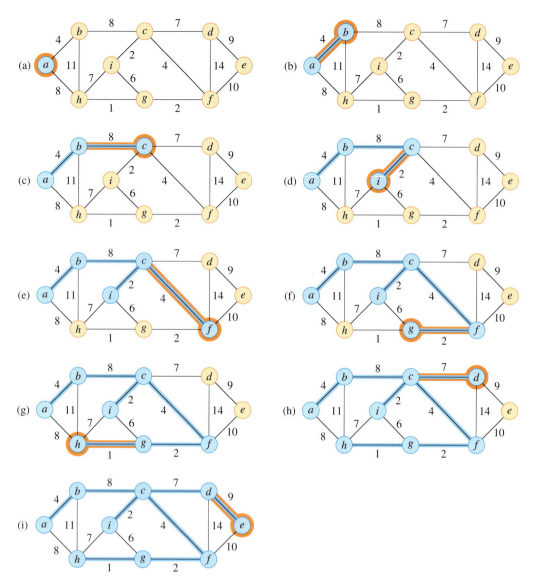

図 21.5 図 21.1 に示したグラフ上の Prim のアルゴリズムの実行．根は a である．青色の頂点と青色の辺は成長中の木に属し，黄褐色の頂点はまだ木に属していない．アルゴリズムの各ステップでは，木に属する頂点からグラフのカットが決まり，このカットと交差する軽い辺が木に加えられる．木に付け加えられた辺と頂点が橙色で強調されている．たとえば，第 2 ステップ（図 (c)）では，このカットと交差する軽い辺 (b,c) と (a,h) があるので，木に加える辺についてアルゴリズムに選択の余地がある．

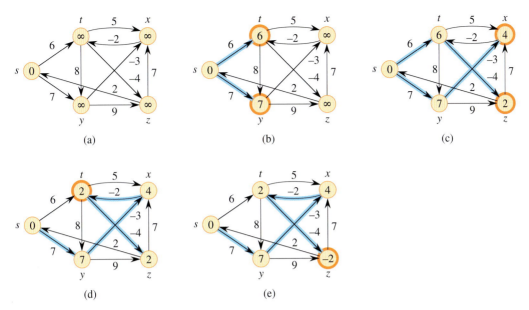

図 22.4 Bellman–Ford のアルゴリズムの実行．始点は頂点 s である．d 値を頂点の中に示す．また，青色の辺は先行点（π 値）を示す：すなわち，辺 (u, v) が青色であれば $v.\pi = u$ である．この例では，各走査では $(t, x), (t, y), (t, z), (x, t), (y, x), (y, z), (z, x), (z, s), (s, t), (s, y)$ の順に辺を緩和する．**(a)** 辺に対する最初の走査を行う前の状況．**(b)**～**(e)** 辺に対する各走査後の状況．走査により最短路推定値と先行点が更新された頂点は，橙色で強調されている．(e) における d と π の値が最終的な値となる．この例では Bellman–Ford のアルゴリズムは値 TRUE を返す．

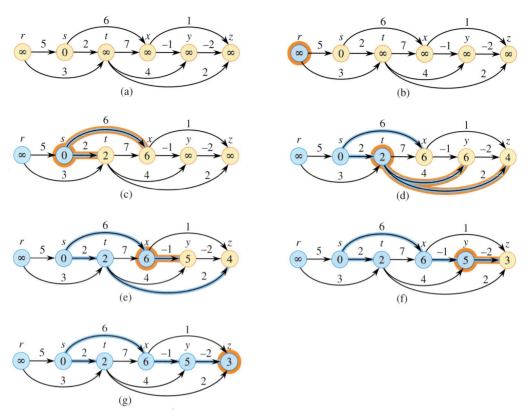

図 22.5 有向非巡回グラフ上で単一始点最短経路問題を解くアルゴリズムの実行例．頂点は左から右にトポロジカルソートされている．始点は s である．頂点の中に d 値を示し，青色の辺は π 値を示す．**(a)** 第 3〜5 行の **for** ループの最初の繰返しを実行する直前の状況．**(b)〜(g)** 第 3〜5 行の **for** ループの各繰返しを実行した直後の状況．青色の頂点は緩和された出力辺を持つ．橙色で強調された頂点は繰返しの中で u として使われた．橙色で強調された各辺は緩和時の繰返しで d 値を変化させたことを示している．(g) に示す値が最終的な値である．

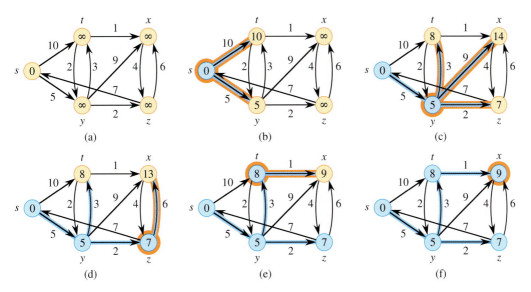

図 22.6 Dijkstra のアルゴリズムの実行．始点 s は左端の頂点である．最短経路推定値を頂点の中に示し，青色の辺は先行点（π 値）を示す．青頂点は集合 S に属し，黄褐色の頂点は min 優先度つきキュー $Q = V - S$ に属す．**(a)** 第 6～12 行の **while** ループの最初の繰返しの直前の状況．**(b)**～**(f)** while ループの一連の繰返しにおける，各繰返し終了直後の状況．各図において，橙色で強調された頂点が第 7 行で頂点 u として選択され，橙色で強調された辺はその辺が緩和されたとき d 値と先行点が変化したことを意味する．(f) に示す d と π 値が最終値である．

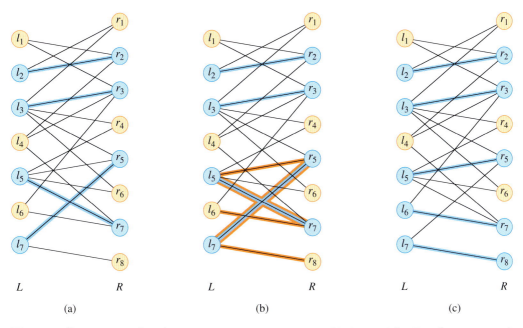

図 25.1 2 部グラフ $G = (V, E)$，ここで，$V = L \cup R$ で，$L = \{l_1, l_2, \ldots, l_7\}$，$R = \{r_1, r_2, \ldots, r_7\}$ である．**(a)** 基数 4 のマッチング M．マッチング辺を青色で示す．マッチされる頂点は青色で，マッチされていない頂点は黄褐色で示す．**(b)** 橙色の 5 つの辺は l_6 と r_8 を結ぶ M 増加可能経路 P を形成する．**(c)** 青色の辺集合 $M' = M \oplus P$ は M より 1 つ多い辺を含むマッチングで，l_6 と r_8 をマッチされる頂点に追加する．このマッチングは最大マッチングではない（練習問題 25.1-1 参照）．

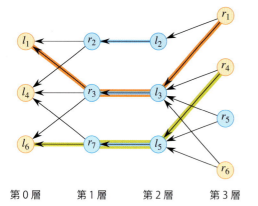

第0層　　　第1層　　　第2層　　　第3層

図 25.3 第 3 段階で作られるダグ H の転置 H^T. 頂点 r_1 から始まる最初の深さ優先探索で M 増加可能経路 $\langle (r_1, l_3), (l_3, r_3), (r_3, l_1) \rangle$（橙色で強調されている）を特定し, r_1, l_3, r_3, l_1 の頂点を発見する. 2 回目の深さ優先探索は r_4 から始まり, M 増加可能経路 $\langle (r_4, l_5), (l_5, r_7), (r_7, l_6) \rangle$（黄色で強調されている）を特定し, 頂点 r_4, l_5, r_7, l_6 を発見する.

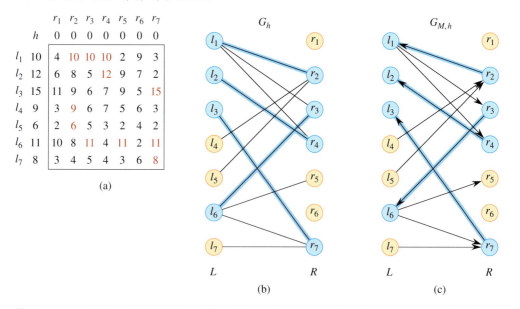

図 25.4 ハンガリアンアルゴリズムの開始. **(a)** $L = \{l_1, l_2, \ldots, l_7\}$, $R = \{r_1, r_2, \ldots, r_7\}$ である 2 部グラフの辺重みの行列. i 行 j 列の値は $w(l_i, r_j)$ を表す. 実行可能頂点ラベルが行列の上側と行列の左隣に表示されている. 赤色の要素は等式部分グラフの辺に対応する. **(b)** 等式部分グラフ G_h. 青色の辺は初期の貪欲極大マッチングに属する. 青色の頂点はマッチされている頂点で, 黄褐色の頂点はマッチされていない頂点である. **(c)** M の辺を R から L に, その他の辺を L から R に有向化することによって G_h から作られる有向等式部分グラフ $G_{M,h}$.

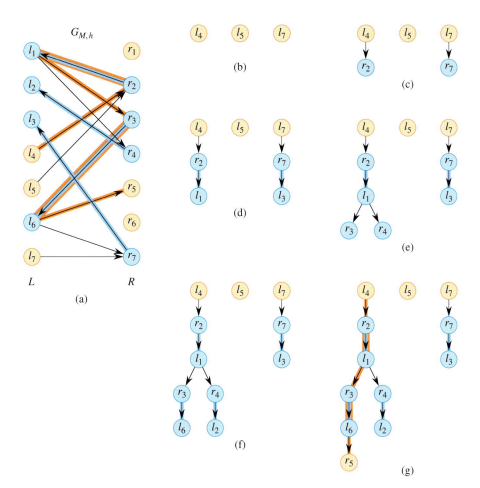

図 25.5 幅優先探索による $G_{M,h}$ 内の M 増加可能経路の発見. **(a)** 図 25.4(c) の有向等式部分グラフ $G_{M,h}$. **(b)**～**(g)** 幅優先森 F の成長過程. 根 ―― マッチされていない L 内の頂点 ―― からの各距離にある頂点が発見されていく様子が示されている. (b)～(f) において, 図の一番下の頂点の層は先入先出しキューに格納されている頂点である. たとえば, (b) において, キューには根である $\langle l_4, l_5, l_7 \rangle$ を含み, (e) では, キューには 3 つの根からの距離が 3 の $\langle r_3, r_4 \rangle$ を含む. (g) においては, マッチされていない頂点 r_5 が発見され, 幅優先探索は終了する. (a) と (g) において橙色で強調された経路 $\langle (l_4, r_2), (r_2, l_1), (l_1, r_3), (r_3, l_6), (l_6, r_5) \rangle$ は M 増加可能経路である. マッチング M と M 増加可能経路の対称差をとると, M より辺数が 1 多い新しいマッチングが得られる.

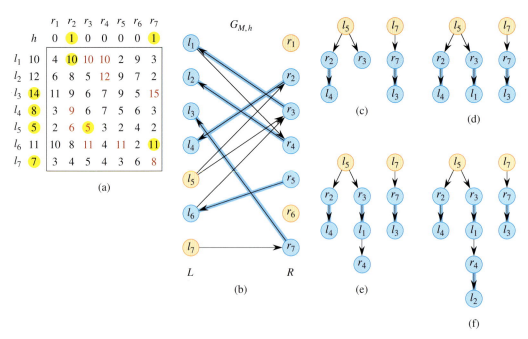

図 25.7 M 増加可能経路を見つける前にキューが空になった場合．実行可能な頂点ラベルづけと有向等式部分グラフ $G_{M,h}$ の更新．**(a)** $\delta = 1$ なので，$l_3.h$, $l_4.h$, $l_5.h$, $l_7.h$ の各値は 1 減少し，$r_2.h$, $r_7.h$ の各値は 1 増加する．$G_{M,h}$ から辺 (l_1, r_2) と (l_6, r_7) が除かれ，辺 (l_5, r_3) が加わる．これらの変化は黄色で示されている．**(b)** 得られた有向等式部分グラフ $G_{M,h}$．**(c)**～**(f)** 幅優先森に辺 (l_5, r_3) を加え，r_3 がキューに挿入した後，幅優先探索が (f) で再びキューが空になるまで続けられる．

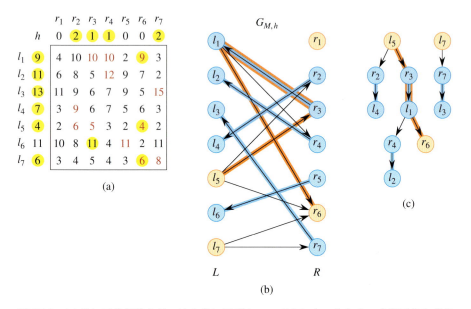

図 25.8 M 増加可能経路を見つける前に再びキューが空になったため，実行可能な頂点ラベルづけと有向等式部分グラフ $G_{M,h}$ に対する再度の更新．**(a)** $\delta = 1$ なので，$l_1.h$, $l_2.h$, $l_3.h$, $l_4.h$, $l_5.h$, $l_7.h$ の値は 1 減少し，$r_2.h$, $r_3.h$, $r_4.h$ と $r_7.h$ の各値は 1 増加する．$G_{M,h}$ から辺 (l_6, r_3) が除去され，辺 (l_1, r_6) と (l_5, r_6) と (l_7, r_6) が加わる．**(b)** 得られた有向等式部分グラフ $G_{M,h}$．**(c)** 辺 (l_1, r_6) が幅優先森に加えられ，r_6 がマッチされていないので，探索は，(b) と (c) で橙色で強調されている．M 増加可能経路 $\langle (l_5, r_3), (r_3, l_1), (l_1, r_6) \rangle$ を発見して，終了する．

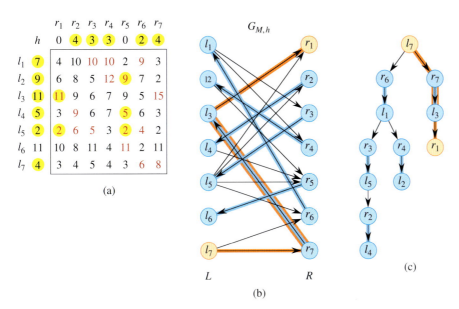

図 25.10 実行可能な頂点ラベルづけと有向等号部分グラフ $G_{M,h}$ の更新．**(a)** ここでは，$\delta = 2$ なので，$l_1.h$, $l_2.h$, $l_3.h$, $l_4.h$, $l_5.h$, $l_7.h$ の値はそれぞれ 2 減少し，$r_2.h$, $r_3.h$, $r_4.h$, $r_6.h$ と $r_7.h$ の値はそれぞれ 2 増加する．(l_2, r_5), (l_3, r_1), (l_4, r_5), (l_5, r_1), (l_5, r_5) の 5 辺が $G_{M,h}$ に加わる．**(b)** その結果できた有向グラフ $G_{M,h}$. **(c)** 辺 (l_5, r_1) が幅優先森に加えられ，r_1 がマッチされていないので，探索は，M 増加可能経路 $\langle (l_7, r_7), (r_7, l_3), (l_3, r_1) \rangle$ を発見して，終了する．(b) と (c) においてはその経路は橙色で強調されている．

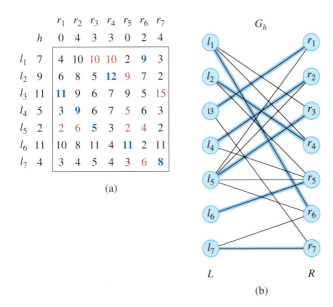

図 25.11 最終的に得られたマッチング．等号部分グラフ G_h では青色の辺で，行列では青色の値でマッチング辺が示されている．このマッチングにおける辺の重みの合計は 65 であり，これは元の完全 2 部グラフにおけるマッチングの最大値であると同時に，最終的に各頂点に与えた実効可能な頂点ラベルの総和でもある．

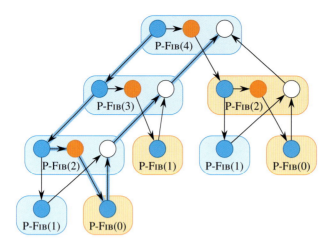

図 26.2 図 26.1 の青色の網かけ部分に相当する P-Fib(4) のトレース．各円は 1 つのストランドを表す．青色の円は，第 3 行で P-Fib($n-1$) を spawn 生成するまでの手続き（インスタンス）の部分で実行された任意の命令を表す；橙色の円は，第 4 行で P-Fib($n-2$) を呼び出してから第 5 行で **sync** を実行するまでの手続きの部分で実行される命令を表す．ただし，spawn 生成された P-Fib($n-1$) が値を返すまで実行は中断される；白い円は **sync** のあと，結果を返すまでの部分で手続きが実行する命令を表す．そこでは x と y の和を計算する．同じ手続きに属するストランドのグループを，それぞれ角の丸い長方形で囲む．青色の長方形は spawn 生成された手続きを，黄褐色の長方形は呼び出された手続きを示す．各ストランドの実行に 1 単位時間かかると仮定すると，17 個のストランドがあるので，仕事量は 17 単位時間である．青色辺で示すクリティカルパス（最適時間の最長経路，637 ページ参照）が 8 個のストランドを含むので，スパンは 8 単位時間となる．

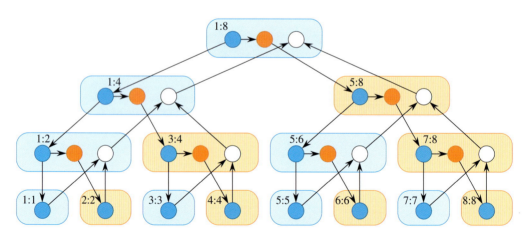

図 26.4 P-Mat-Vec-Recursive($A, x, y, 8, 1, 8$) の計算を表現するトレース．角が丸い長方形の内部に示す 2 つの数字は，この手続きを（青色で示す spawn 生成または黄褐色で示す手続き呼出しによって）呼び出した際に使用する最後の 2 つの引数（手続きヘッダにおける i と i'）の値である．青色の円は，第 5 行の P-Mat-Vec-Recursive の spawn 生成までの部分に対応するストランドを表す．橙色の円は，第 6 行で P-Mat-Vec-Recursive を呼び出してから第 7 行で **sync** を実行するまでの部分に対応するストランドを表す．ただし，第 5 行が spawn 生成したサブルーチンが値を返すまでは実行は中断する．白色の円は，**sync** の実行後，それが値を返すまでの手続きの（無視できる）部分に対応するストランドを表す．

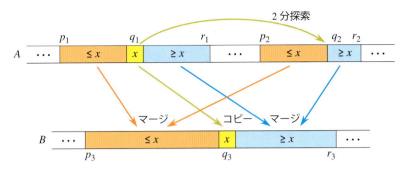

図 26.6 2つのソート済み部分配列 $A[p_1:r_1]$ と $A[p_2:r_2]$ を並列マージし，部分配列 $B[p_3:r_3]$ に格納する P-Merge-Aux の背後のアイデア．$x = A[q_1]$（黄色で示す）を $A[p_1:r_1]$ の中央値，q_2 を $A[p_2:r_2]$ の中で値 x が $A[q_2-1]$ と $A[q_2]$ の間に来るようなインデックスとする．このとき，部分配列 $A[p_1:q_1-1]$ と $A[p_2:q_2-1]$（橙色で示されている）の要素はすべて x 以下であり，部分配列 $A[q_1+1:r_1]$ と $A[q_2:r_2]$（青色で示されている）の要素はすべて x 以上である．マージを行うために，$B[p_3:r_3]$ において x が属するインデックス q_3 を計算し，x を $B[q_3]$ にコピーし，再帰的に $A[p_1:q_1-1]$ と $A[p_2:q_2-1]$ をマージして $B[p_3:q_3-1]$ に格納し，$A[q_1+1:r_1]$ と $A[q_2:r_2]$ をマージして，$B[q_3+1:r_3]$ に格納する．

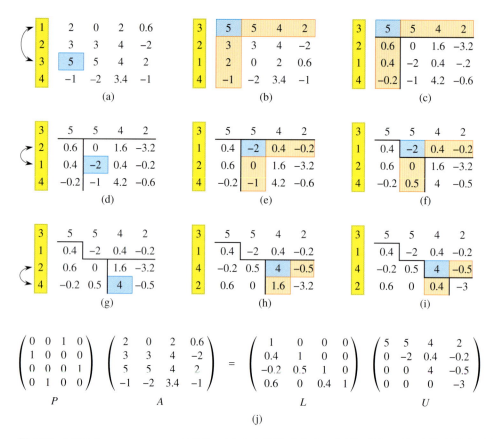

図 28.2 LUP-Decomposition の操作. **(a)** 入力行列 A とその左側に黄色で行の恒等置換を示す. アルゴリズムの第 1 ステップは 3 行目の青色で示す要素 5 を第 1 列のピボットに決定する. **(b)** 第 1 行と第 3 行を交換し，置換を更新する．黄褐色の列と行がそれぞれ v と w^T である．**(c)** ベクトル v を $v/5$ に置き換え，行列の右下部分を対応する Schur 補行列に更新する．2 本の直線が行列を 3 つの領域に分割している：水平線の上の U の要素，垂直線の左側の L の要素，右下の Schur 補行列である．**(d)〜(f)** 第 2 ステップ．**(g)〜(i)** 第 3 ステップ．第 4（最終）ステップでは変化が起こらない．**(j)** 得られた LUP 分解 $PA = LU$.

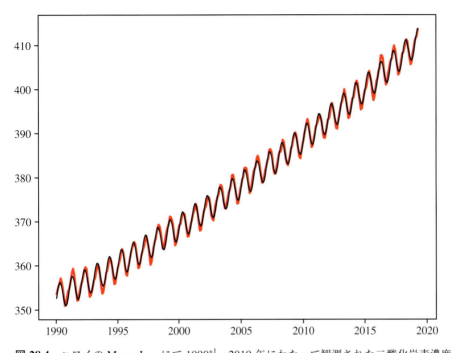

図 28.4 ハワイの Maura Loa にて 1990[*1]〜2019 年にわたって観測された二酸化炭素濃度の変動を，次のような形式の関数で最小 2 乗近似をする．すなわち，

$$c_1 + c_2 x + c_3 x^2 + c_4 \sin(2\pi x) + c_5 \cos(2\pi x)$$

である．ここで x は 1990 年からの経過年を意味する．この曲線は非多項式で近似する有名な「キーリング曲線 (Keeling curve)」である．sin と cos 項により，CO_2 濃度の季節変動のモデリングが可能になっている．赤色の曲線は観測された CO_2 濃度値を示している．最も良い近似は黒色で示された曲線で，その関数は

$$352.83 + 1.39x + 0.02x^2 + 2.83\sin(2\pi x) - 0.94\cos(2\pi x)$$

となる．

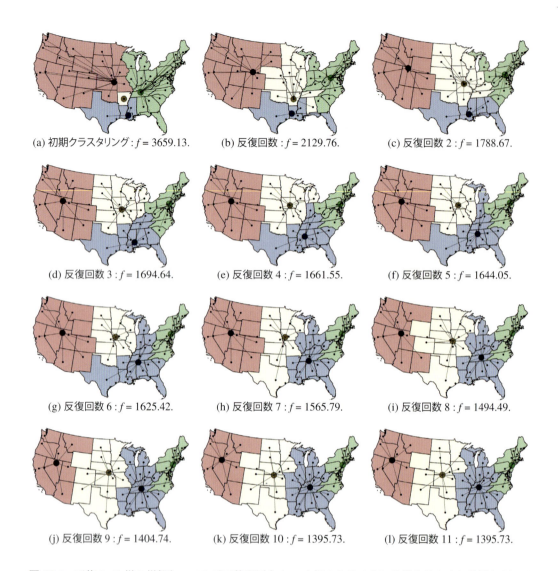

図 33.1 下位の 48 州の州都とコロンビア特別区を $k = 4$ 個のクラスタに分類するために手続き Lloyd を繰り返し使った場合. 各州都は緯度と経度という 2 つの属性を持っている. 毎回の反復で, すべての州都とクラスタの中心との距離の 2 乗和を測る f の値は減少していく. これを f の値が変化しなくなるまで続ける. (a) アーカンソー, カンザス, ルイジアナ, およびテネシー州の州都をクラスタ中心として選んだ場合の 4 つのクラスタの初期値. (b)～(k) Lloyd の手続きを反復した結果. (l) 11 回目の繰返しが (k) に示す 10 回目の反復の結果と同じ f の値となるので, 手続きは終了する.

(a) 原画像

(b) $k = 4$ ($f = 1.29 \times 10^9$; 31 回の反復)

(c) $k = 16$ ($f = 3.31 \times 10^8$; 36 回の反復)

(d) $k = 64$ ($f = 5.50 \times 10^7$; 59 回の反復)

(e) $k = 256$ ($f = 1.52 \times 10^7$; 104 回の反復)

図 33.2 Lloyd の手続きにより少ない色を用いて写真を圧縮するベクトル量子化を行った結果．(a) 元の写真は 350,000 画素 (700 × 500) からなり，各画素は RGB（赤/緑/青）それぞれ 8-ビットの合計 24-ビットで表現されている．これらの画素（色）を集めてクラスタとする．同じ点が繰り返されるので，異なる色数は（2^{24} 通りより少ない）たった 79,083 個だけである．圧縮の後では k 個だけの色が使われるので，各画素は 24 ビットではなく，$\lceil \lg k \rceil$ ビットだけで表現される．パレットは，これらの値を 24-ビットの RGB 値（クラスタ中心）に戻す写像を行う．(b)〜(e) 同じ写真を $k = 4, 16, 64, 256$ 通りの色で表現したもの．（写真は standuppaddle, pixabay.com より）

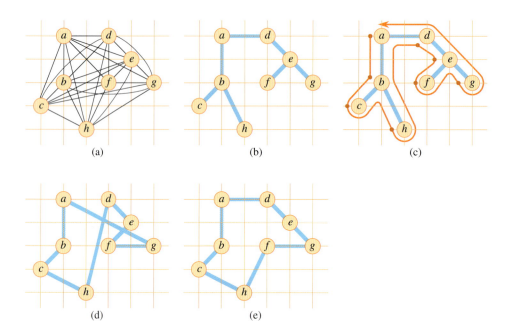

図 35.2 APPROX-TSP-TOUR の動作. **(a)** 完全無向グラフ. 頂点は整数格子の交点にある. たとえば, f は h から 1 単位右, 2 単位上にある. 2 点間のコスト関数は, 通常のユークリッド距離である. **(b)** MST-PRIM が計算する, この完全グラフの最小全域木 T. 頂点 a が根である. 最小全域木の辺だけを示す. 各頂点には, MST-PRIM が（最小全域木に成長させていく）木にこれらの頂点を追加していった順番を（アルファベット順で）示すラベルを付与している. **(c)** a から始まる木の巡回 T. この木の全巡回は, 頂点を $a, b, c, b, h, b, a, d, e, f, e, g, e, d, a$ の順に訪問する. T の先行順の木巡回で, 頂点を最初に訪問したとき（横の丸い点が示す時点）に, この頂点をリストに載せると, その順番は a, b, c, h, d, e, f, g になる. **(d)** この先行順の木巡回が示す順番で頂点を訪問する巡回路 H. これが APPROX-TSP-TOUR が返す巡回路であり, その総コストはおおよそ 19.074 である. **(e)** 元の完全グラフに対する最適巡回路 H^*. その総コストはおおよそ 14.715 である.

INTRODUCTION TO
ALGORITHMS
Fourth EDITION

世界標準 MIT教科書

アルゴリズム
イントロダクション
第4版

［総合版］

第1巻＋第2巻
＋精選トピックス
（第1章～第35章, 付録）

T. コルメン

C. ライザーソン

R. リベスト

C. シュタイン 共著

浅野哲夫

岩野和生

梅尾博司

小山　透

山下雅史

和田幸一 共訳

近代科学社

INTRODUCTION TO ALGORITHMS (4th Edition)
by Thomas H. Cormen, Charles E. Leiserson, Ronald L. Rivest and Clifford Stein
Copyright © 2022 Massachusetts Institute of Technology

Japanese translation published by arrangement with The MIT Press
through The English Agency (Japan) Ltd.

目　次

まえがき　*ix*

I　基　礎

序　論　*2*

1　計算におけるアルゴリズムの役割　*4*
1.1　アルゴリズム *4*
1.2　技術としてのアルゴリズム *9*

2　さあ，始めよう　*14*
2.1　挿入ソート *14*
2.2　アルゴリズムの解析 *21*
2.3　アルゴリズムの設計 *28*

3　実行時間の特徴づけ　*41*
3.1　O 記法，Ω 記法，Θ 記法 *41*
3.2　漸近記法：厳密な定義 *44*
3.3　標準的な記法とよく使われる関数 *53*

4　分割統治　*64*
4.1　正方行列乗算 *68*
4.2　行列乗算のための Strassen のアルゴリズム *72*
4.3　漸化式を解くための置換え法 *75*
4.4　漸化式を解くための再帰木法 *79*
4.5　漸化式を解くためのマスター法 *85*
★　4.6　連続マスター定理の証明 *89*
★　4.7　Akra–Bazzi 漸化式 *96*

5　確率的解析と乱択アルゴリズム　*105*
5.1　雇用問題 *105*
5.2　指標確率変数 *108*
5.3　乱択アルゴリズム *111*

ii | 目　次

★　5.4　確率的解析と指標確率変数のさらなる利用 . . . . 　*116*

II　ソートと順序統計量

序　論　*132*

6　ヒープソート　*136*
6.1　ヒープ . . . . 　*136*
6.2　ヒープ条件の維持 . . . . 　*138*
6.3　ヒープの構築 . . . . 　*141*
6.4　ヒープソートアルゴリズム . . . . 　*143*
6.5　優先度つきキュー . . . . 　*145*

7　クイックソート　*153*
7.1　クイックソートの記述 . . . . 　*153*
7.2　クイックソートの性能 . . . . 　*157*
7.3　乱択版クイックソート . . . . 　*160*
7.4　クイックソートの解析 . . . . 　*161*

8　線形時間ソーティング　*172*
8.1　ソーティングの下界 . . . . 　*172*
8.2　計数ソート . . . . 　*174*
8.3　基数ソート . . . . 　*177*
8.4　バケツソート . . . . 　*180*

9　中央値と順序統計量　*190*
9.1　最大値と最小値 . . . . 　*190*
9.2　線形期待時間選択アルゴリズム . . . . 　*192*
9.3　線形最悪時間選択アルゴリズム . . . . 　*197*

III　データ構造

序　論　*210*

10　基礎的なデータ構造　*213*
10.1　配列に基づく単純なデータ構造：配列，行列，スタック，キュー . . . 　*213*
10.2　連結リスト . . . . 　*218*

| | 目　次 | iii |

| 10.3 | 根つき木の表現 | 224 |

11　ハッシュ表　230

11.1	直接アドレス表	230
11.2	ハッシュ表	232
11.3	ハッシュ関数	238
11.4	オープンアドレス法	247
11.5	実用における考察	254

12　2分探索木　263

12.1	2分探索木とは？	263
12.2	2分探索木に対するクエリー	266
12.3	挿入と削除	270

13　2色木　279

13.1	2色木の性質	279
13.2	回　転	282
13.3	挿　入	284
13.4	削　除	292

IV　高度な設計と解析の手法

序　論　304

14　動的計画法　305

14.1	ロッド切出し	306
14.2	連鎖行列乗算	314
14.3	動的計画法の基本要素	322
14.4	最長共通部分列	331
14.5	最適2分探索木	336

15　貪欲アルゴリズム　351

15.1	活動選択問題	351
15.2	貪欲戦略の要素	358
15.3	ハフマン符号	362
15.4	オフラインキャッシュ	369

16　ならし解析　378

| 16.1 | 集計法 | 379 |

iv | 目　次

16.2	出納法	*382*
16.3	ポテンシャル法	*385*
16.4	動的な表	*388*

V　高度なデータ構造

序　論　*404*

17　データ構造の補強　*406*

17.1	動的順序統計量	*406*
17.2	データ構造の補強法	*411*
17.3	区間木	*413*

18　B 木　*420*

18.1	B 木の定義	*423*
18.2	B 木上の基本操作	*426*
18.3	B 木からのキーの削除	*433*

19　互いに素な集合族のためのデータ構造　*439*

19.1	互いに素な集合族の操作	*439*
19.2	連結リストによる互いに素な集合族の表現	*441*
19.3	互いに素な集合の森	*445*
★　19.4	経路圧縮を用いるランクによる合併の解析	*448*

VI　グラフアルゴリズム

序　論　*462*

20　基本的なグラフアルゴリズム　*464*

20.1	グラフの表現	*464*
20.2	幅優先探索	*468*
20.3	深さ優先探索	*475*
20.4	トポロジカルソート	*483*
20.5	強連結成分	*485*

21　最小全域木　*493*

21.1	最小全域木の成長	*494*

目 次 | v

| | 21.2 | Kruskal と Prim のアルゴリズム . . . . | 498 |

22 単一始点最短路　509

	22.1	Bellman–Ford のアルゴリズム	515
22.2	有向非巡回グラフにおける単一始点最短路	519
22.3	Dijkstra のアルゴリズム	522
22.4	差分制約と最短路	527
22.5	最短路の性質の証明	532

23 全点対最短路　543

23.1	最短路と行列乗算	545
23.2	Floyd–Warshall アルゴリズム	550
23.3	疎グラフに対する Johnson のアルゴリズム	556

24 最大フロー　563

24.1	フローネットワーク	563
24.2	Ford–Fulkerson 法	568
24.3	2 部グラフの最大マッチング	582

25 2 部グラフでのマッチング　592

25.1	2 部グラフの最大マッチング（再掲）	593
25.2	安定結婚問題	601
25.3	割当て問題に対するハンガリアンアルゴリズム	608

VII　精選トピックス

序　論　626

26 並列アルゴリズム　629

26.1	fork-join 並列処理の基礎	631
26.2	行列乗算のための並列アルゴリズム	649
26.3	マージソートの並列化	653

27 オンラインアルゴリズム　668

27.1	エレベーターの待機	669
27.2	探索リストの管理	672
27.3	オンラインキャッシュ	678

28 行列演算　693

| 28.1 | 連立線形方程式の解法 . . . . | 693 |

vi | 目 次

28.2	逆行列の計算	*705*
28.3	対称正定値行列と最小 2 乗近似	*709*

29 線形計画法 *719*

29.1	線形計画法の定式化とアルゴリズム	*721*
29.2	線形計画としての問題の定式化	*727*
29.3	双対性	*732*

30 多項式と FFT *741*

30.1	多項式の表現	*743*
30.2	DFT と FFT	*748*
30.3	FFT 回路	*755*

31 整数論的アルゴリズム *763*

31.1	整数論の基礎的な概念	*764*
31.2	最大公約数	*769*
31.3	剰余演算	*774*
31.4	1 次合同式の解法	*780*
31.5	中国人剰余定理	*784*
31.6	要素のベキ	*787*
31.7	RSA 公開鍵暗号システム	*790*
★ 31.8	素数判定	*796*

32 文字列照合 *809*

32.1	素朴な文字列照合アルゴリズム	*811*
32.2	Rabin–Karp アルゴリズム	*813*
32.3	有限オートマトンを用いる文字列照合	*818*
★ 32.4	Knuth–Morris–Pratt アルゴリズム	*824*
32.5	接尾語配列	*833*

33 機械学習のアルゴリズム *849*

33.1	クラスタリング	*851*
33.2	乗算型荷重更新アルゴリズム	*859*
33.3	勾配降下法	*865*

34 NP 完全性 *882*

34.1	多項式時間	*887*
34.2	多項式時間検証	*893*
34.3	NP 完全性と帰着可能性	*897*
34.4	NP 完全性の証明	*906*
34.5	NP 完全問題	*913*

35 近似アルゴリズム　934

35.1 頂点被覆問題 936
35.2 巡回セールスパーソン問題 938
35.3 集合被覆問題 943
35.4 乱択化と線形計画法 946
35.5 部分和問題 950

付録：数学的基礎

序　論　964

A 和　965

A.1 和の公式と性質 965
A.2 和の上界と下界 969

B 集合など　976

B.1 集　合 976
B.2 関　係 980
B.3 関　数 983
B.4 グラフ 985
B.5 木 989

C 数え上げと確率　997

C.1 数え上げ 997
C.2 確　率 1002
C.3 離散確率変数 1007
C.4 幾何分布と 2 項分布 1012
★ C.5 2 項分布の裾 1017

D 行　列　1027

D.1 行列と行列演算 1027
D.2 行列の基本的な性質 1031

参考文献　1039

訳者あとがき　1055

教授の名前　1057

索　引　1065

人名読み方ガイド　1123

まえがき

それほど前ではないが，「アルゴリズム」という言葉を聞いたことのある者は，ほとんど確実にコンピュータ科学者か数学者であった．しかし，現代の生活ではコンピュータが普及してきて，この言葉はもはや特別なものではなくなった．あなたの家庭の周りを見れば，最もありふれた場所でアルゴリズムが走っているのが発見されるだろう．つまり，電子レンジ，洗濯機，そしてもちろんあなたのコンピュータなどである．あなたは，どの音楽が好きだろうかとか，運転するときにどの道を選べばよいかなど，アルゴリズムに推薦を求めている．良いにしろ悪いにしろ，私たちの社会は有罪判決を受けた犯罪者に対する量刑の提案をアルゴリズムに求めているのだ．あなたを生かし続けることや，あるいは少なくとも殺さないことへの提案さえ，アルゴリズムに委ねている．つまり，あなたの自動車や医療機械のなかの制御システムなのである．[1]「アルゴリズム」という言葉はニュースのどこかに毎日登場しているようである．

したがって，アルゴリズムを理解することは，コンピュータ科学の学生や実務家だけでなく，世の中の一般市民としても不可欠なのである．いったんアルゴリズムを理解すれば，アルゴリズムが何であるか，どのように動くのか，それらの限界は何かについて，他人に教えることができる．

本書はコンピュータアルゴリズムの現代的な研究を包括的に紹介するものである．多くのアルゴリズムを提示し，それらをかなり深く扱っている．しかし，あらゆるレベルの読者に対して，アルゴリズムの設計を理解しやすくしている．単純なものから複雑なものまで，すべての解析を展開している．取扱いの深さや数学的な厳密さを犠牲にすることなく，明瞭な説明を心がけた．

各章はアルゴリズムや，設計技法や，応用分野や，関連する話題を紹介している．アルゴリズムは，英語で，ほんの少しプログラミングをしたことのある人なら誰でも読むことのできるように設計された擬似コードで記述されている．本書はアルゴリズムがどのように挙動するかを描いた 231 個の（多くは複数の部分からなっている）図を含んでいる．設計指針として**効率性**を重視しているので，アルゴリズムの実行時間についての注意深い解析を含んでいる．

本書は，主にアルゴリズムまたはデータ構造の学部や大学院のコースで使用することを目的にしている．数学的観点と同様にアルゴリズム設計の工学的課題を議論しているので，技術的専門家の自己学習にも同じようによく適している．

この第 4 版で，本書全体を再び更新した．この変更は新しい章や節，カラーの図を含む広範囲にわたっており，より魅力的なライティングスタイルになったことを願っている．

---

[1] アルゴリズムが私たちの日常生活にどのように影響を及ぼすかについて多くを理解するには，Fry [162] の書籍を参照されたい．

教師の皆様へ

本書を，多目的に使用でき完全であるように設計した．本書はデータ構造の学部のコースから
アルゴリズムの大学院コースまで，さまざまなコースで役立つはずである．典型的な 1 学期の
コースに収まることのできる題材をはるかに超えたものを提供しているので，あなたが教えた
いコースを最もよくサポートする題材を選ぶことができる．

　必要な章だけを中心にしてコースを構成するのは簡単だと分かるだろう．私たちは章を比較
的自己完結的にしたので，他の章に予期せずそして不必要に依存するという心配はしなくてよ
い．学部のコースでは章の一部だけを使うこともできるだろうし，大学院のコースならば，章
全体を扱うこともできる．

　931 個の練習問題と 162 個の章末問題を含んでいる．各節は練習問題で終わり，各章は章末
問題で終わっている．練習問題は一般的に，扱っている題材を基本的に習得しているかどうか
を調べる短い問である．あるものは簡単で，自分で調べて考える練習問題である．しかし，多
くは実があり宿題に向いている．章末問題はもっと詳細なケーススタディを含んでおり，しば
しば新しい題材を紹介している．学生が解決策にたどり着くのに必要なステップを導くよう
に，いくつかの部分から成り立っている．

　本書の第 3 版と同様に，練習問題や章末問題のいくつかに対して，もちろんすべてではな
いが，解答を一般に公開した．これらの解答は私たちの Web サイト `http://mitpress.`
`mit.edu/algorithms/` で見つけることができる．このサイトを調べて，あなたが割り当
てようとしている練習問題や章末問題の解答が含まれているかどうかを確認する必要があるだ
ろう．私たちが載せている解答の集合は時が経つにつれて増えるかもしれないので，あなたが
コースを教えるたびにこのサイトを調べることをお勧めする．

　学部学生よりも大学院生により適している節や練習問題に星印 (★) をつけた．星印のつい
た節が，星印がついていないものより必ずしも難しいわけではない．しかし，それらは，より
高度な数学の理解を必要とするかもしれない．同じように，星印のついた練習問題は高度な背
景や，平均的な創造性以上のものを求めているかもしれない．

学生の皆様へ

この教科書によって，アルゴリズムの分野を楽しく紹介できることを願っている．すべてのア
ルゴリズムを理解しやすく興味深いものにすることを試みた．あなたが見慣れないか難しいア
ルゴリズムに遭遇するとき，それぞれをステップごとに記述している．そのアルゴリズムの解
析を理解するのに必要な数学の注意深い説明と，何が起きているのかを視覚化するのに役立つ
図も提供している．

　本書は大部なので，おそらく授業ではその一部のみを扱うだろう．今は本書がコースの教科
書として助けになることを望んでいるが，将来専門家になったとき，本棚にスペースを確保す
るのに十分な価値を持つように，本書を包括的なものにした．

　本書を読むための予備知識は何だろうか？

- ある程度のプログラミングの経験が必要である．とくに，再帰的な手続きや，配列や連結

リストのような（第10.2節（連結リスト）では，連結リストと，あなたにとって新しいかもしれない変種を扱っているが）単純なデータ構造は理解しなければならない．

● 数学的証明，とくに数学的帰納法にある程度慣れている必要がある．本書のいくつかの部分では初等的な微積分学の知識をあてにしている．本書は全体を通して数学を使っているが，第I部や付録第A〜D章は，あなたが必要なすべての数学の技法を教示している．

　私たちのWebサイト http://mitpress.mit.edu/algorithms/ はいくつかの練習問題や章末問題の解答へのリンクである．自由に，あなたの解答を私たちの解答と照らし合わせてほしい．しかし，あなたの解答を私たちに送らないようにお願いしたい．

専門家の皆様へ

本書の広範囲にわたる話題は，アルゴリズムの良いハンドブックとなるだろう．各章は相対的に自己完結しており，あなたは最も関係のある話題に集中できるだろう．

　私たちが議論しているほとんどのアルゴリズムは実用上非常に有用なので，実装上の懸念事項や他の工学的な課題にも言及している．主に理論的に興味を引く数少ないアルゴリズムに実用的な代替策を提供することも多い．

　もしいずれかのアルゴリズムを実装したければ，私たちの擬似コードをあなたのお気に入りのプログラミング言語へ翻訳するのはとても簡単な作業だろう．私たちは各アルゴリズムを明確かつ簡潔に示すために擬似コードを設計した．結果的に，あなたのプログラミング環境についての特別な仮定を必要とするソフトウェア工学的な他の課題は扱っていない．各アルゴリズムを簡単に，そしてその本質を曖昧にするような特別なプログラミング言語の特異性をゆるさず，直接的に紹介しようとしている．もしあなたが0からインデックスが始まる配列を使っていれば，私たちが配列を1から始めているのは，小さなつまずきの原因となるかもしれない．私たちのインデックスからいつも1を引くか，配列を過剰に割り当てて位置0を使わないでおくことでもよい．

　もしあなたが本書をコース以外で使用するなら，章末問題や練習問題に対するあなたの解答は教師による解答と照らし合わせることはできないだろう．私たちのWebサイト http://mitpress.mit.edu/algorithms/ は，あなたが自分の仕事をチェックするための，章末問題や練習問題に対する解答へのリンクである．どうか，あなたの解答を私たちに送らないように．

同僚の皆様へ

最近の文献について広範な文献目録とポインタを提供している．各章は歴史的な詳細や参考文献を示すいくつかの文献ノートをもって結ばれている．しかし，章末の文献ノートはアルゴリズム全体の分野に対する完璧な参考文献を示しているわけではない．本書のサイズから見れば信じ難いかもしれないが，スペースの制約から多くの興味深いアルゴリズムを載せることができなかった．

　章末問題や練習問題の解答に対する学生からの無数の要求にもかかわらず，それらへの参考文献を引用しないという方針を採用し，自分たち自身で解答を発見するのではなく，すでにあ

xii まえがき

る解答を探し出したい，という誘惑を学生が持つことを防いだ．

第4版での変更点

第2版と第3版での変更点について述べたのと同様に，あなたの見方によって本書第4版はそんなに変わっていないか，あるいは大いに変わっているようにも見えるだろう．目次をさっと見れば，第3版の章や節のほとんどは第4版に現れている．3つの章といくつかの節を取り除いたが，3つの新しい章を付け加え，これらの新しい章とは別に，いくつかの節を付け加えた．

　これまでの3つの版でのハイブリッドな構成を踏襲した．問題領域で技法の一方だけから章を構成するのではなく，本書はそれら両方の要素を取り入れている．技法に基づいた章として，分割統治法，動的計画法，貪欲アルゴリズム，ならし解析，データ構造の補強，NP完全性や近似アルゴリズムを含んでいる．しかし，ソート，動的集合に対するデータ構造，グラフ問題に対するアルゴリズムなどの問題領域全体を扱った部分もある．あなたはアルゴリズムの設計や解析を行うための技法をどのように適用するかを知る必要がある．しかし，ある問題を解くのにどの技法が最も適しているかということを，その問題が教えてくれることはほとんどない．

　第4版での変更のあるものは本全体にわたって適用されており，あるものは特定の章や節に対してだけ適用される．最も重要で一般的な変更の要約を次に示す：

- 140個の新しい練習問題と22個の新しい章末問題を付け加えた．また，古い練習問題や章末問題の多くを改良した．これはしばしば読者のフィードバックの結果である．（提案をしてくれたすべての読者に感謝する．）

- 色つきである．[a] MIT Press のデザイナーと一緒に，限られたカラーパレット（色構成）を選び，情報伝達と見た目の美しさを追求した．（2色木 (red-black tree) を赤と黒を使って表示できたことを嬉しく思う．）読みやすくするために，用語の定義や擬似コードのコメントや索引のページ番号は色づけした．[b]

- 擬似コードの手続きは見つけやすくするために黄褐色の背景とし，[c] 必ずしも最初に参照されたページに現れるとは限らない．そうでないとき，文章でその関連ページを指し示している．同じように，その場所にない番号つきの式，定理，補題，系にはページ番号を示している．

- 滅多に教えられない話題は省いた．フィボナッチヒープ，van Emde Boas（ファン・エムデ・ボース）木，計算幾何学に関する章をすべて削除した．さらに次の題材を削除した：最大部分配列問題，ポインタとオブジェクトの実装，パーフェクトハッシング，ランダムに構築された2分探索木，マトロイド，最大フロー問題のプッシュ・再ラベルアルゴリズム，繰返し高速フーリエ級数手法，線形計画法のシンプレックスアルゴリズムの詳細や整数の因数分解である．削除した題材はすべて私たちの Web サイト http://mitpress.mit.edu/algorithms/ で見つけることができる．

- 本全体を見直し，文章，段落，項を書き直し，書きっぷりをより明確で，より個人的に寄り

---

   [a] ［訳注］本書の本文はモノクロとなる．ただし必要と思われるいくつかの図版を口絵にカラーで掲載した．適時参照されたい．
   [b] ［訳注］本書ではモノクロとなる．
   [c] ［訳注］本書の擬似コードの背景色およびコメントもモノクロとなる．

添うように，またジェンダーにも中立となるようにした．たとえば，前版での「巡回セールスマン問題」は，今では「巡回セールスパーソン問題」と呼ばれている．私たち自身のコンピュータ科学分野を含む工学と科学にとって，すべての人に受け入れられるのは極めて大事なことだと信じている．（私たちを困惑させた1箇所は第13章（2色木）で，そこでは両親の兄弟に対する単語が必要だった．英語では，そのようなジェンダーに中立な単語はないので，残念ながら「伯父 (uncle)」という単語を当てはめた．）

- 章末の文献ノートや文献目録や索引は，第3版以降のアルゴリズム分野の劇的な発展を反映して，更新した．

- 誤りを修正し，ほとんどの修正は第3版の正誤表のWeb サイトに載せている．この第4版の準備が本格化している最中に報告されたものは載せていないが，この版では修正されている．[d]（再び，課題を特定してくれたすべての読者に感謝する．）

第4版での具体的な変更点は以下である：

- 第3章のタイトルを「実行時間の特徴づけ」と変更し，正式な定義を掘り下げる前に，漸近記法の概要を与える節を加えた．

- 第4章（分割統治）はその数学的な基礎を改善し，より堅牢で直観的なものにするために大幅な変更を行った．アルゴリズム的な漸化式の概念を導入し，漸化式においてフロア関数とシーリング関数を無視する話題をより厳密に扱った．マスター定理の2番目のケースは，多重対数関数の係数 (polylogarithmic factor) と，今では証明済みとなっているマスター定理の"連続"版に対する厳密な証明を提供している．また，強力で一般的な Akra–Bazzi 手法も（証明なしに）紹介している．

- 第9章（中央値と順序統計量）の決定性順序統計量アルゴリズムは少し違っており，ランダムな決定性順序統計量アルゴリズムは改良されている．

- スタックとキューに加えて，第10.1節（配列に基づく単純なデータ構造：配列，行列，スタック，キュー）では配列と行列を格納する方法を議論している．

- ハッシュ表に関する第11章（ハッシュ表）は，ハッシュ関数の現代的な扱いを含んでいる．ハードウェアがキャッシュを実装し，局所探索を優先するとき，衝突を解決するための効率の良い方法として線形探査も強調している．

- 第15章（貪欲アルゴリズム）のマトロイドの節を置き換えるために，オフラインキャッシュについての第3版での章末問題を完全な節に変換した．

- 第16.4節（動的な表）は今では表の2倍化 (table doubling) と半分化 (halving) を解析するためにポテンシャル関数のより直観的な説明を扱っている．

- データ構造の補強 (augmenting data structure) に関する第17章は，この技法が基本的題材を超えるという私たちの考えを反映して，第 III 部から第 V 部に再配置した．

- 第25章は2部グラフでのマッチングについての新しい章である．最大サイズ (maximum cardinality) のマッチングを見つけるためのアルゴリズムと，安定結婚問題 (stable-marriage problem) を解くためのアルゴリズムと，そして（「割当て問題」として知られる）最大重み

---

[d]［訳注］第3版の正誤表の WEB サイトは，https://www.cs.dartmouth.edu/~thc/clrs-bugs/bugs-3e.php を参照．第4版の正誤表の WEB サイトは https://mitp-content-server.mit.edu/books/content/sectbyfn/books_pres_0/11599/e4-bugs.html を参照のこと．

xiv | まえがき

マッチングを見つけるアルゴリズムを説明する.

- タスク並列計算に関する第 26 章は,この章の名前を含む現代的な用語を使って更新している.

- オンラインアルゴリズムを扱う第 27 章も新しい章である.オンラインアルゴリズムでは,入力はアルゴリズムの開始時点に全部が揃っているのではなく,時間が経つにつれて到来する.この章はオンラインアルゴリズムのいくつかの例を記述している.階段を選ぶ前にどのくらいエレベーターを待てばいいのかを決定するアルゴリズム,先頭移動 (move-to-front) ヒューリスティックによって連結リストを維持するアルゴリズム,そして,キャッシュに対して置換えの指針を評価するアルゴリズム,などを本章は含んでいる.

- 第 29 章(線形計画法)では,実際にアルゴリズム的なアイデアを多く伝えるわけではないのに数学的には重いので,シンプレックスアルゴリズムの詳細な紹介を取り除いた.この章は今では線形計画法の本質的な双対性に沿って,どのように問題を線形問題としてモデル化するのかという重要な観点に焦点を当てている.

- 第 32.5 節(接尾語配列)は文字列のマッチングに関する章に,簡単で,しかも強力な接尾辞の配列の構造を付け加えている.

- 機械学習についての第 33 章(機械学習アルゴリズム)は 3 番目の新しい章である.ここでは機械学習で使われるいくつかの基本的な手法を紹介している.それらは,似た要素を一緒にグループ化するクラスタリング,重みつき多数決アルゴリズム,関数値を最小化する値 (minimizer of a function) を見つける勾配降下法などである.

- 第 34.5.6 項(帰着戦略)は,問題が NP 困難であることを示す多項式時間帰着に対する戦略を要約している.

- 第 35.3 節(集合被覆問題)の集合被覆問題に対する近似アルゴリズムの証明を改訂している.

Web サイト

補足の情報を得たり,私たちと連絡を取るのに,私たちの Web サイト http://mitpress. mit.edu/algorithms/ を使用できる.この Web サイトは現時点で判明している正誤表,第 4 版には含められなかった第 3 版からの題材,[e] 選ばれた練習問題や章末問題への解答,本書の多くのアルゴリズムの Python での実装,(もちろん)教授のありふれた冗談を説明しているリスト,私たちが追加するかもしれない他の内容も,同様にリンクしている.[f] また,この Web サイトは誤りの報告の仕方や提案をする方法も示している.

どのように本書を制作したか

今までの 3 つの版と同じく,この第 4 版も,LATEX 2ε で制作された.MathTime Professional II フォントを使った数学タイプセットを用い Times フォントを用いた.すべての以前の版のように,私たちが書いた C のプログラム Windex を用いて索引をコンパイルし,BIBTEX を用

---

[e] [訳注] 国内では販売している翻訳版第 3 版から読める.

[f] [訳注] 日本語版の Web サイトはない.

いて文献目録を作った．本書の PDF ファイルは macOS 10.14 が走っている MacBook Pro 上で作成された．

第 3 版の前書きで Apple 社に，macOS 10 のための MacDraw Pro を更新することをお願いしたが，それは無駄に終わった．そのため，macOS 10 のより古い版の Classic 環境下で MacDraw Pro が走る Intel 以前の Macs 上でイラストレーションを描くことを続けた．イラストレーションに現れる数学の表現の多くは LATEX 2_ε の psfrag パッケージで実装されている．

第 4 版のための謝辞

1987 年に第 1 版を書き始めた時から，私たちは MIT Press と一緒に，何人かのディレクター，編集者，制作スタッフと協力しながら働いてきた．MIT Press との提携を通して，彼らのサポートはいつもすばらしいものだった．とくに，とても長い期間私たちに寛容だった Marie Lee，私たちをゴールまで押し上げてくれた Elizabeth Swayze に感謝する．Amy Brand ディレクターや Alex Hoopes にも感謝したい．

第 3 版のときと同じく，第 4 版の制作の間，私たちは地理的に分散していた．Dartmouth カレッジのコンピュータサイエンス学科，MIT コンピュータサイエンス・人工知能研究所，MIT 電子工学・コンピュータサイエンス学科や，Columbia 大学の産業工学・オペレーションズリサーチ学科，コンピュータサイエンス学科，そしてデータサイエンスインスティテュートで働いていた．COVID-19 のパンデミックの間，私たちは大部分自宅から仕事をした．私たちはそのような協力的で刺激的な環境を提供してくれた各大学やカレッジに感謝する．本書を完成させるにあたり，私たちの中でまだ定年退職していない者は，このパンデミックが和らぎつつあるように見える今，各々の大学に戻りたいと切実に思っている．

Julie Sussman, P.P.A. が途方もない時間的なプレッシャーの下，技術編集者として再び私たちを助けにきてくれた．Julie がいなければ，本書は間違いだらけで分かりにくくなっていただろうし（いや，まだ多くの間違いがあると言っておこう），そして，とても読みにくいものになっていただろう．Julie，私たちは永遠にあなたに頭が上がらないだろう．まだ残っている誤りは，著者たちの責任である（そしてそれらは，多分 Julie が読んだ後に挿入されたものだろう）．

以前の版の多くの誤りはこの版を作成する過程で修正された．私たちは，長年にわたって誤りを報告してくれたり，改善策を提案してくれた（あまりに多すぎて全員のリストは作れないが）読者に感謝する．

この版の新しい資料のいくつかを準備するのに多大な助けを受けた．Neville Campbell（無所属），MIT の Bill Kuszmaul，NYU の Chee Yap は第 4 章の漸化式の取扱いに関して貴重な助言を提供してくれた．University of California, Riverside の Yan Gu は第 26 章の並列アルゴリズムに関してフィードバックを提供してくれた．Microsoft Research の Rob Shapire は，第 33 章（機械学習のアルゴリズム）について詳細なコメントでもって私たちの機械学習へのアプローチを変更してくれた．MIT の Qi Qi は Monty Hall 問題（章末問題 C-1）の解析を助けてくれた．

MIT Press の Molly Seaman と Mary Reilly はイラストレーションでのカラーパレットの選択を助けてくれ，Dartmouth カレッジの Wojciech Jarosz は私たちの新しい色つきの絵に対

してデザイン上の改善を提案してくれた．Dartmouth を卒業した Yichen (Annie) Ke と Linda Xiao はイラストレーションの色づけを手伝ってくれた．Linda はまた本書の Web サイトにある Python の実装の多くを作成してくれた．

　最後に，私たちは私たちの妻——Wendy Leiserson，Gail Rivest，Rebecca Ivry，故 Nicole Cormen——と家族に感謝する．私たちを愛している彼らの忍耐と励ましが，このプロジェクトを可能にした．私たちは本書を，愛情を込めて彼らに捧げる．

THOMAS H. CORMEN　　　　　　　　　　　　　　　　　　*Lebanon, New Hampshire*

CHARLES E. LEISERSON　　　　　　　　　　　　　　　　*Cambridge, Massachusetts*

RONALD L. RIVEST　　　　　　　　　　　　　　　　　　*Cambridge, Massachusetts*

CLIFFORD STEIN　　　　　　　　　　　　　　　　　　　　　　*New York, New York*

　2021 年 6 月

Ⅰ　基　礎

序　論

アルゴリズムの設計と解析を行うときは，アルゴリズムがどのように動作するか，アルゴリズムをどのように設計するかを記述できなければならない．また，読者のアルゴリズムを正しく効率よく動作させるために数学的な道具がいくつか必要になることもあるだろう．第 I 部からすべてが始まる．そしてこの第 I 部は，本書の残りの部分の基礎をなすものである．

第 1 章（計算におけるアルゴリズムの役割）では，アルゴリズムとそれが現代的コンピュータシステムにおいて占める位置を概観する．アルゴリズムを定義した後，いくつかの例を説明し，アルゴリズムが高速のハードウェア，グラフィックユーザインタフェース (GUI)，オブジェクト指向システム，ネットワークなどと並ぶ，重要な技術の 1 つであることを説明する．

第 2 章（さあ，始めよう）では，本書が最初に検討する一群のアルゴリズムを紹介する．これらのアルゴリズムは n 個の数の列をソートする問題を解く．アルゴリズムは擬似コードで記述されている．擬似コードは日常使われているプログラム言語に直接翻訳することはできない．しかし，好きな言語を用いて実現できる程度には，アルゴリズムの構造を明確に伝えている．この章で検討するソーティングアルゴリズムは，逐次添加法に基づく挿入ソートと「分割統治法」として知られている再帰的手法に基づくマージソートである．どちらのアルゴリズムも n の値が増加するに従って実行時間が増加するが，その増加率は異なる．第 2 章では，これらのアルゴリズムの実行時間を求め，実行時間の記述に役立つ表記法を明らかにする．

第 3 章（実行時間の特徴づけ）では，この表記法，漸近表記法を厳密に定義する．漸近表記法は，関数の増加の限界を上と下から求めるためのものであり，アルゴリズムの実行時間を記述するために使われることが多い．この章ではまず，最もよく使われている漸近表記法を形式ばらずに定義することから始めて，それらを例を用いて適用する．つぎに，5 通りの漸近表記法を形式的に定義し，それらをまとめるための約束事を述べる．後半では主に数学的表記法について述べる．読者にとって未知の数学概念は多くないはずである．本書で用いる数学的表記法に親しんでもらうのがこの章の目的である．

第 2 章で導入した分割統治法を第 4 章ではさらに深く掘り下げる．正方行列の積を計算するための分割統治アルゴリズムの 2 つの例を，Strassen の驚くべきアルゴリズムを含めて紹介する．

第 4 章（分割統治）は，再帰的アルゴリズムの実行時間を記述するのに有用な漸化式を解く手法を含んでいる．代入法では答えを推測して，それが正しいことを証明する．再帰木はそのような推測を作り出すための 1 つの方法を与えてくれる．第 4 章では「マスター法 (master method)」という強力な方法について説明するが，これを用いると分割統治法に基づくアルゴリズムから出現する漸化式を容易に解くことができる．この章ではマスター法が依拠している

基本的な定理の証明を与えているが，その証明を掘り下げなくても，マスター法を自由に使うことができる．この章では最後にいくつかの上級者用トピックで締めくくっている．

確率的解析と乱択アルゴリズム (randomized algorithm) を第 5 章で導入する．ある固有の確率分布の存在によって，入力サイズが同じでも，入力が違えばアルゴリズムの実行時間が変化する可能性のある場合が，確率的解析を行う典型的な状況である．入力が既知の確率分布に従って出現すると仮定して，あらゆる入力について実行時間の平均を取る場合と，確率分布が，入力の出現頻度からではなく，アルゴリズムが行うランダムな選択から現れる場合がある．入力と乱数生成器が生成した値の両方に依存して動作が決まるアルゴリズムを「乱択アルゴリズム」と呼ぶ．乱択アルゴリズムを用いると，入力集合上に，ある確率分布を強制的に導入でき，つねに性能が悪い特定の入力が存在しないことを保証できる．また，限られた条件下で間違った結果を出すことが許されるアルゴリズムのエラー率を抑えることができる．

付録第 A〜D 章は本書を読む上で役立つと思われる数学知識を集めてある．本書の定義，表記法や約束と少し違うかもしれないが，本書を読む前に付録に収められた数学知識の多くを読者はすでに知っていると思う．そこで，付録は参考書と考えてほしい．しかし，第 I 部に収録されている多くの話題は読者の多くが初めて出会うものである．第 I 部の全章と付録はチュートリアル風に書かれている．

1 計算におけるアルゴリズムの役割

THE ROLE OF ALGORITHMS IN COMPUTING

アルゴリズムとは何か？ アルゴリズムを学ぶことの意義は何か？ コンピュータで使われている他の科学技術と比較して，アルゴリズムの役割は何か？ 本章では，これらの疑問に答える．

1.1 アルゴリズム

簡単に言うと，**アルゴリズム** (algorithm) は，ある値または値の集合を**入力** (input) として取り，ある値または値の集合である**出力** (output) を有限時間内に生成する，明確に定義された計算手続きである．したがって，アルゴリズムは入力を出力に変換する計算ステップの系列である．

アルゴリズムは，明確に指定された**計算問題** (computational problem) を解くための道具であると見なすこともできる．計算問題の記述では，典型的には任意の大きさのサイズの問題のインスタンスに対して，望まれる入出力関係を一般的な用語を用いて指定する．アルゴリズムは，すべての問題のインスタンスに対して，この入出力関係を実現する，ある特定の計算手続きを記述する：

一例として，数の列を単調増加順にソートしなければならないとする．この問題は実際の場面に頻繁に現れ，多くの標準的な設計技法や解析手法が発明される契機になった．**ソーティング問題** (sorting problem) を厳密に定義する：

入力: n 個の数の列 $\langle a_1, a_2, \ldots, a_n \rangle$.
出力: $a'_1 \leq a'_2 \leq \cdots \leq a'_n$ を満たす入力列の置換（並べ換え）$\langle a'_1, a'_2, \ldots, a'_n \rangle$.

したがって，入力列 $\langle 31, 41, 59, 26, 41, 58 \rangle$ が与えられると，正しいソーティングアルゴリズムは出力として列 $\langle 26, 31, 41, 41, 58, 59 \rangle$ を返す．このような入力列をソーティング問題の**インスタンス** (instance) と呼ぶ．一般に，**問題のインスタンス**[1] (instance of a problem) は，その問題の解を計算するのに必要な（しかも問題の記述で課されたすべての制約を満たす）入力列である．

多くのプログラムはその中間段階としてソートを含んでいるので，ソートはコンピュータ科学における基本的な操作である．そこで，優れたソーティングアルゴリズムが数多く開発されてきた．与えられたアプリケーションで適用すべき最適なアルゴリズムは，ソートすべきデータの個数，データがすでにソートされている程度，データが取りうる値の範囲，コンピュー

---

[1] 問題の文脈が分かっているときは，インスタンス自身を単に「問題」と呼ぶことがある．

タアーキテクチャ，用いる記憶装置の種類（主記憶，ディスク，古くはテープ）など，アプリケーションで想定される多くの要因に依存する．

計算問題に対してアルゴリズムが**正当** (correct)[a]であるとは，入力として与えられるすべての問題のインスタンスに対して，有限時間でその計算が終了して**停止** (halt) し，そのインスタンスに対して正しい解を出力することである．正当なアルゴリズムは与えられた**計算問題** (computational problem) を**解く** (solve) と言う．正当でないアルゴリズムは，あるインスタンスに対して停止しないか，誤った答を出力して停止する．予想に反することかもしれないが，正しくないアルゴリズムでもその誤り率を制御できる場合には，役立つことがある．第 31 章（整数論的アルゴリズム）では誤り率を制御できる例として，大きな素数を求めるアルゴリズムを考察する．しかし，普通は正当なアルゴリズムだけを考察の対象とする．

コンピュータプログラムのためのアルゴリズムはもちろん，ハードウェア設計のためのアルゴリズムであっても，日本語（自然言語）で記述できる．要請される唯一のことは，日本語による仕様が実行すべき計算手続きを正確に記述していることである．

アルゴリズムで解くことができる問題の種類

本書の厚さから想像されるように，アルゴリズムは，ソーティング問題に対してだけ開発されてきたわけではない．以下の場面を含め，アルゴリズムが実際に適用できる場面は至る所にある：

- 人間の DNA を構成している 30 億個の塩基対の列を決定し，この情報をデータベースに蓄積し，さらにデータ解析のための道具を開発して，人間の DNA に含まれるおおよそ 3 万個[b]の遺伝子のすべてを解読すること．この目標に向かってヒトゲノムプロジェクト (Human Genome Project) は大きな進歩を重ねてきた．このすべての段階で精巧なアルゴリズムが必要である．これらの複雑な生物学的問題に対して解を与えることは本書の範囲を越えているが，本書の多くの章で学ぶ考え方がこれらの問題の解法に用いられており，科学者が，資源を効率よく使って，仕事を達成することに役立っている．第 14 章の動的計画法は DNA 列の類似度を決定する問題を含むこれら生物学的問題のいくつかを解決するための重要な技法である．より多くの情報を研究室が持つ技術を用いて取り出すことができるようになるので，人間にとっては時間と経費の節約になり，機械にとっては時間の節約になる．
- インターネットの出現によって世界中の人々が大量の情報を瞬時に検索し，アクセスできるようになった．賢いアルゴリズムの助けがあってこそ，インターネットのサイトは大量データをうまく管理し，処理することができる．アルゴリズムを本質的に必要とする問題の例として，データ転送のための適切な経路を発見する問題（この問題を解くためのアルゴリズムは第 22 章（単一始点最短路問題）に現れる）や，検索エンジンを用いて特定の情報が存在するページを素早く発見する問題（第 11 章（ハッシュ表）と第 32 章（文字列照合）で関連する問題を考える）がある．
- 電子商取引では商品やサービスを電子的に商談し，交換することが可能になる．電子商取

---

a ［訳注］correct algorithm を「正当な」あるいは，「正しい」アルゴリズムと言う．
b ［訳注］ヒトゲノム全体に含まれる遺伝子数は，現在では，約 2 万個程度と言われている．

6 | 1 計算におけるアルゴリズムの役割

引が広く行われる環境が整うには，クレジットカード，パスワード，銀行の口座収支報告書のような情報を個人情報として秘密裡に管理できる機能が必要不可欠である．このための中核をなす技術は（第 31 章（整数論的アルゴリズム）で扱う）公開鍵暗号とディジタル署名であるが，これらは数論的アルゴリズムと整数論に基づいている．

- 製造業や他の企業では，利益を最大化するように限られた量の資源を配分する問題が発生する．石油会社では，予想される収入を最大化する油井の位置が必要になる．議員候補者は，限られた選挙資金の中からキャンペーンを張るとき，選挙に勝つ割合を最大化するキャンペーンの場所を知りたい．航空会社では，政府の条例に適合するという条件の下で，すべてのフライトに対する経費を最小化する乗組員のスケジュールを求めたい．インターネットのサービスプロバイダは，顧客の要望に，より効果的に応えるために追加する資源の場所を決定したい．これらはすべて，第 29 章で学ぶ線形計画法 としてモデル化することで解ける問題の例である．

これらの例の詳細に立ち入ることは本書の範囲を越えている．本書では，これらの問題および関連問題に適用可能な基本的技法を紹介する．また，以下の問題を含む多くの具体的な問題の解法を示す：

- 隣接する交差点間の距離が記された道路地図が与えられたとき，1 つの交差点から別の交差点までの最短路を求めたい．自己交差するルートを除外しても，可能なルートの数は膨大である．これらすべての可能なルートの中から最短のルートを発見するにはどうすればよいか？本書では（実際の道路のモデルである）道路地図を（第 VI 部（グラフアルゴリズム）と付録第 B 章（集合など）で紹介する）グラフとしてモデル化する．このグラフにおいて，ある頂点から別の頂点への最短路 を求める問題に帰着する．第 22 章（単一始点最短路問題）では，この問題を効率よく解く方法を説明する．

- 部品の一覧として機械の設計図が与えられている．ある部品は他のいくつかの部品をその一部として利用しているかもしれない．このとき，各部品がそれを利用する他のすべての部品よりも前に置かれる順序に並べられた全部品のリストを作りたい．設計図が n 個の部品から構成されているならば，$n!$ 個の可能な順序がある．ここで，$n!$ は階乗関数を表している．階乗関数は指数関数よりも速く増大するので，すべての可能な順序のそれぞれを生成し，その順序の中で各部品がそれを利用する他のすべての部品よりも前に置かれているかどうかを判定することは，（部品の数が少なくない限り）現実的ではない．この問題はトポロジカルソート の例で，第 20 章（基本的なグラフアルゴリズム）で効率よく解く方法を説明する．

- 医師は画像から悪性腫瘍か良性腫瘍かを決めなければならない場合がある．医師は多くの腫瘍画像を利用でき，そのうちのいくつかは悪性か良性かが予め分かっている．悪性腫瘍は良性腫瘍よりも他の悪性腫瘍に類似している傾向があり，良性腫瘍も同様の傾向がある．第 33 章（機械学習のアルゴリズム）のクラスタリングアルゴリズムを利用すれば，医師は問題の腫瘍画像が悪性と良性のどちらである可能性が高いかを判断できる．

- テキストを含むサイズの大きなファイルを領域節約をするために圧縮したい．多くの圧縮法が知られているが，その中で，文字列の繰返しに着目する「LZW 圧縮法」がある．第 15 章（貪欲アルゴリズム）では別のアプローチの「Huffman コード法」を学習する．この圧

縮法は頻繁に現れる文字を短いビット列で表す可変長のビット列による符号化である.

（再び本書の重さから容易に推測できるように）これらのリストは本書の内容を網羅するにはほど遠いが，多くの興味深いアルゴリズム的問題に共通する 2 つの特徴を明らかにしている：

1. 上記リストにある問題は解の候補は多いが，そのほとんどは我々が求めているものではない．可能性のある解をひとつひとつ明示的に検証することなく，1 つの解，あるいは，"最良な" 解を見つけることは，非常に困難になりうる.

2. 上記リストにある問題に対しては多くの実用的なアプリケーションが知られている．上記のリストの中では最短路問題が最も分かりやすい．トラックや鉄道のような輸送会社では，輸送により短いルートを選択することで人的コストと燃料代を節約できるので，道路網や鉄道網の最短路の発見に経済的な関心がある．あるいは，インターネットではメッセージを高速に転送するためにネットワーク上での最短路を求めることが必要になる．あるいは，ニューヨークからボストンへドライブしようと考えている人は，ナビを利用して車を走らせる方向を知りたいと思うだろう.

アルゴリズムによって解くことができるすべての問題で解の候補を簡単に識別できるわけではない．たとえば，一定時間間隔で計測された信号の標本を表す数値の集合が与えられたときに，離散フーリエ変換はこの標本データを時間領域から周波数領域に変換する．すなわち，離散フーリエ変換は，さまざまな周波数の強度を，それらの強度の重みつき周波数の和が信号の標本を近似するように生成し，信号の正弦曲線の重みつき和として近似する．離散フーリエ変換は信号処理の核であるばかりでなく，データ圧縮や巨大な多項式と整数の積にアプリケーションがある．第 30 章（多項式と FFT）では，この問題を効率よく解くアルゴリズムである高速フーリエ変換（通常，FFT と呼ばれている）を紹介する．さらに，FFT を計算するハードウェア回路の概略についても触れる.

データ構造

本書ではいくつかのデータ構造も紹介する．**データ構造** (data structure) は，アクセスと更新を容易にする目的のために，データを蓄積し組織化する方法である．1 つあるいは複数の適切なデータ構造を使用することこそ，アルゴリズム設計の重要な点である．どのデータ構造もすべての目的に対して満足に働くことはない．したがって，いくつかのデータ構造についてその長所と限界を理解することが重要である.

技　法

本書はアルゴリズムの "料理本" として使うことができる．しかし，公表されたアルゴリズムを見つけることができない問題に遭遇することもあるだろう．（たとえば，本書の練習問題や章末問題の多くがその例である．）このような場合に，読者が自分自身でアルゴリズムを開発し，正当性を証明し，効率を解析できるように，本書ではアルゴリズムの設計と解析の技法も合わせて紹介する．異なる章ではアルゴリズム的問題解決の異なる側面に焦点を合わせる．いくつかの章では，具体的な問題を取り上げる．第 9 章の中央値と順序統計量の発見，第 21 章

8 | 1　計算におけるアルゴリズムの役割

の最小全域木の計算，第 24 章のネットワークの最大フローの決定などである．別の章では次の技法を取り上げる．第 2 章と第 4 章の分割統治法，第 14 章の動的計画法，第 16 章のならし解析などである．

計算困難な問題

本書の大部分は効率的なアルゴリズムに関するものである．我々が通常効率性に使用する尺度は速度，すなわち結果を得るまでにかかる時間である．しかし，妥当な時間で実行できるアルゴリズムが知られていないような問題もある．第 34 章（NP 完全性）ではこれらの問題の，ある興味深い族について学ぶ．これらの問題は NP 完全問題として知られている．

　なぜ NP 完全問題が興味深いのか？まず第一に，NP 完全問題に対して，効率の良いアルゴリズムが見つかってはいないが，効率の良いアルゴリズムが存在しないことが証明されているわけでもない．言い換えると，NP 完全問題に対して効率の良いアルゴリズムが存在するかどうかは誰も知らないからである．第 2 に，NP 完全問題の族は，もしある 1 つの NP 完全問題に対して効率の良いアルゴリズムが見つかれば，すべての NP 完全問題に対して効率の良いアルゴリズムが存在するという驚くべき性質を持っているからである．この NP 完全問題の性質ゆえに，効率の良い解が発見できないでいるという現状に苛立ちが募る．第 3 に，NP 完全問題の中には効率の良いアルゴリズムが知られている問題とよく似た（しかし同一ではない）ものがあるからである．問題を少し変更しただけで，知られている最良のアルゴリズムの効率が大きく変化してしまうことがあるという点にコンピュータ科学者は魅了されている．

　実際のアプリケーションに驚くほど頻繁に出現する NP 完全問題について知っておくことは大切である．ある NP 完全問題に対する効率の良いアルゴリズムの設計を命じられたとすると，実りのない探索に多くの時間を浪費することになるだろう．しかし，問題が NP 完全であることを証明できれば，代わりとなる最適解ではないが十分に良い解を与える効率の良い近似アルゴリズムの開発に時間をかけることができる．

　具体的な例として，中央配送センターを持つトラック運送会社を考えよう．毎日，中央配送センターでトラックに荷物を積み込み，いくつかの場所に荷物を送り届ける．1 日の終りには，次の日の集荷に備えるためにトラックは中央配送センターに戻ってこなければならない．会社は，コスト削減のために，トラックの総走行距離が最小になるように配送順序を決めたい．この問題はよく知られた「巡回セールスパーソン問題」であり，NP 完全問題である．[2] この問題を解く効率の良いアルゴリズムは知られていない．しかし，ある仮定の下では，最短の場合に近い距離を持つルートを与える効率の良いアルゴリズムが存在する．第 35 章（近似アルゴリズム）では，このような「近似アルゴリズム」について学ぶ．

別の計算モデル

長年にわたって，プロセッサのクロック速度がある一定の割合で増加することを，我々は当然のことと考えてきた．しかし，クロック速度の向上が原理的に望めなくなる物理的制約があ

---

[2] 正確に言うと，"yes/no" を答える決定問題のみが NP 完全である．巡回セールスパーソン問題を決定問題にすると，総距離がある与えられた値以下となる配送順序が存在するかを問う問題になる．

る．電力密度はクロック速度の増加に対して線形以上の速度で増加するので，クロック速度が十分に速くなれば，チップが融け出すリスクを背負い込むことになるのである．そこで，1秒当りにより多くの計算を実行するために，（1つではなく）複数のプロセッシング"コア"が組み込まれたチップが設計されている．これらのマルチコアコンピュータはシングルチップ上の複数の逐次コンピュータと見なすことができる．換言すると，これらはある種の「並列コンピュータ」である．マルチコアコンピュータから最大の性能を引き出すためには，並列性を配慮したアルゴリズム を設計する必要がある．第26章（並列アルゴリズム）では，マルチコアの特性を生かした「タスク並列」アルゴリズムのモデルを紹介する．このモデルは理論的かつ実用的な両観点からの利点があり，この並列モデルのアイデアのいくつかが最近の多くの並列プログラミングプラットフォームにも取り入れられている．

　本書に現れるほとんどの例では，アルゴリズムが実行を開始するとき，すべての入力が利用できることを仮定している．アルゴリズム設計における多くの研究でも同じ仮定をおいている．しかし，実社会における多くの重要な例では入力は後から到着し，アルゴリズムは未来に到着するデータを知ることなしに，振舞いを決定しなければならない．データセンターでは，ジョブは絶えずやってきては出ていき，スケジューリングアルゴリズムはいつ，どこでジョブを実行するかを決めなければならない．インターネットにおけるトラフィックは，それがこの先どこに到着するかを知らずに現在の状態に基づいてルーティングしなければならない．病院の緊急救命室では，どの患者を先に診察するかを他の患者が今後いつ来るかやその患者にどのような処置が必要であるかも知らずに決定（トリアージ）しなければならない．開始時点ですべての入力が揃わず，後から到着する入力を受けとるようなアルゴリズムは，**オンラインアルゴリズム** (online algorithm) と呼ばれ，第27章（オンラインアルゴリズム）で取り扱う．

練習問題

1.1-1　ソートを必要とする実社会での例を説明せよ．また，2点間の最短距離を見つけることを必要とする例を説明せよ．

1.1-2　実社会の枠組の中で用いられる計算速度以外の効率の尺度をあげよ．

1.1-3　これまでに見たことがあるデータ構造について，その長所と欠点を述べよ．

1.1-4　上で述べた最短路問題と巡回セールスパーソン問題の類似点を説明せよ．また，相違点は何か？

1.1-5　最適解しか意味を持たない実社会の問題を示せ．また，"近似解"でも十分に意味を持つ問題を示せ．

1.1-6　問題を解くときに必要な入力がすべてそろっている場合もあれば，入力が前もってすべては利用できず，後から到着する場合もあるような実社会の問題を示せ．

1.2　技術としてのアルゴリズム

仮にコンピュータが無限の速度を持ち，コンピュータメモリがただで手に入るとしよう．それでもアルゴリズムを研究する理由が残されているのだろうか？　アルゴリズムが停止し，正し

10 | 1 計算におけるアルゴリズムの役割

い答を返すことを保証したいという理由があるだけで，答はイエスである．

コンピュータの速度が無限なら，ある問題に対して正しい解法を得ればそれで十分である．ソフトウェア工学の良い慣例の（たとえば，あなたの実装は，良い設計と良いドキュメンテーションがなされていなければならない）限界内で実装したいと思うだろうが，多くの場合は最も簡単な実装方法を選ぶに違いない．

もちろん，コンピュータは高速ではあるが，無限の速度を持っているわけではない．したがって，計算時間は，貴重な限りある資源である．"時は金なり"と言われるけれども，時間はお金よりもっと価値がある：お金は使っても取り戻すことは可能だが，時間は一旦消費すると取り戻すことはできないのである．メモリも安いかもしれないが，無尽蔵でもただでもない．そこで，時間と領域という資源を効率よく使うアルゴリズムを選ばなければならない．

効　率

同じ問題を解くアルゴリズムの効率が驚くほど違うことがある．そして，ときにはアルゴリズムの差がハードウェアやソフトウェアの差よりもずっと重要になる．

例として，第2章（さあ，始めよう）で2つのソーティングアルゴリズムを比較する．最初の**挿入ソート** (insertion sort) として知られているアルゴリズムは，n 個の要素をほぼ $c_1 n^2$ 時間をかけてソートする．ここで，c_1 は n に依存しない定数である．すなわち，計算時間は，ほぼ n^2 に比例する．2番目のアルゴリズムは**マージソート** (merge sort) と呼ばれており，計算時間はほぼ $c_2 n \lg n$ である．ここで，$\lg n$ は $\log_2 n$ を表し，c_2 は n に依存しない別の定数である．普通，挿入ソートはマージソートより小さい定数係数を持つので，$c_1 < c_2$ である．実行時間に対して定数係数が与える影響は入力サイズ n に依存する項よりもずっと小さいことを確かめよう．挿入ソートの実行時間は $c_1 n \cdot n$，マージソートの実行時間は $c_2 n \cdot \lg n$ である．挿入ソートの実行時間の評価で n が置かれている場所にマージソートでは $\lg n$ が置かれており，これは n に比べてずっと小さい．たとえば，$n = 1000$ のとき，$\lg n$ はおおよそ 10，n が 100 万のとき，$\lg n$ はおおよそ 20 である．入力サイズが小さいときには挿入ソートはマージソートよりも普通はずっと速いが，入力サイズ n が定数係数の差を相殺できる値よりも大きくなると，$\lg n$ 対 n というマージソートの利点が優るようになる．c_1 が c_2 よりどれだけ小さくても，挿入ソートとマージソートの実行時間が逆転する入力サイズ n の値が存在する．

具体的な例として，挿入ソートを高速のコンピュータ A で実行し，マージソートを低速のコンピュータ B で実行して競争させてみよう．どちらも1千万個の数値からなる配列をソートするものとする．（1千万個の数値というと巨大に思われるかもしれないが，数値が8バイトの整数ならば，入力は 80 メガバイトを占めるにすぎない．この量は安価なラップトップコンピュータにさえ何回も格納できる量である．）コンピュータ A は1秒間に 100 億回の命令を実行できる（これは本書執筆時点で存在する最速の逐次コンピュータよりも高速である）のに対して，コンピュータ B は1秒間に1千万回の命令を実行するものとする．したがって，コンピュータ A はコンピュータ B より生の計算能力は 1000 倍も速い．差をもっと劇的にするために，世界で最も天才的なプログラマがコンピュータ A の上で機械語で挿入ソートのプログラムを書くものとし，できあがったプログラムは n 個の要素をソートするのに $2n^2$ 回の命令

を実行するだけで済むものとする．一方，マージソートのほうは平均的なプログラマがあまり効率の良くないコンパイラと高級言語を用いてコンピュータ B の上でプログラムを書くものとし，でき上がったプログラムは $50n \lg n$ 回の命令を実行するものとする．1000 万個の数値をソートするのにコンピュータ A は

$$\frac{2 \cdot (10^7)^2 \text{命令}}{10^{10} \text{命令/秒}} = 20,000 \text{ 秒（5.5 時間以上）}$$

かかり，コンピュータ B は

$$\frac{50 \cdot 10^7 \lg 10^7 \text{命令}}{10^7 \text{命令/秒}} \approx 1163 \text{ 秒（20 分未満）}$$

かかる．実行時間が緩やかに増加するアルゴリズムを用いることによって，コンパイラが良くなくてもコンピュータ B はコンピュータ A より 17 倍も速く問題を解くことができるのである！1 億個の数値をソートするときにはマージソートの利点をもっと強調できる：挿入ソートでは 23 日以上かかるが，マージソートなら 4 時間以下で終了できる．1 億個は大きな数字に思えるが，インターネットでは 30 分毎に 1 億回以上の検索が行われ，1 分間に 1 億の電子メールが送られており，[c]（超コンパクト矮小銀河 (ultra-compact dwarf galaxies) として知られている）最も小さな銀河でさえ約 1 億個の星が存在している．一般に，問題のサイズが大きくなるにつれて，マージソートがますます有利になる．

アルゴリズムと他の技術

上で示した例は，ハードウェアと同様，アルゴリズムが**技術 (technology)** であることを示している．システム全体の効率は高速なハードウェアを選択することと同程度に効率の良いアルゴリズムを選択することに依存している．他のコンピュータ関連の技術が急速に進歩しているように，アルゴリズムも急速に進歩している．

　以下に列挙するような先端技術に照らして，アルゴリズムが最新のコンピュータにおいて本当に重要かどうか疑わしいと考える読者もおられるであろう．

- 先端的なコンピュータアーキテクチャとチップ製造技術
- 簡単に利用でき，直観的なグラフィカルユーザインタフェース (GUI)
- オブジェクト指向システム
- 統合された Web 技術
- 有線および無線の高速ネットワーク
- 機械学習
- モバイル端末

アルゴリズムは本当に重要である．（たとえば，簡単な Web ベースのアプリケーションなどのように）アプリケーションにはアルゴリズムの中身を明示的に必要としないものもあるが，アルゴリズムが必要な場合も多い．たとえば，ある場所から別の場所へ旅行する計画を立てる手

---

[c] ［訳注］2024 年時点では，少なくとも 17 分おきに 1 億回以上の検索が行われ，24 秒毎に 1 億個以上の電子メールが送られている．

助けをする Web ベースサービスを考えよう．その実現には高速ハードウェア，グラフィカルユーザインタフェース，広域ネットワーク，そして多分オブジェクト指向技術が関わっている．しかし，（多分，最短路アルゴリズムを用いる）ルートの発見，地図の表現，番地の補間（による所在地の推定）などの操作に対してはアルゴリズムが必要になるだろう．

　さらにアルゴリズムの中身が必要でないアプリケーションの場合でさえ，以下の理由からアプリケーションはアルゴリズムに大きく依存している．アプリケーションが高速なハードウェアを必要とするならば，ハードウェア設計にはアルゴリズムが用いられている．アプリケーションがグラフィカルユーザインタフェースを必要とするならば，すべての GUI の設計にはアルゴリズムが使われる．アプリケーションがネットワークを利用するならば，ネットワーク上でのルート選択はアルゴリズムに負う所が大きい．アプリケーションが機械語以外の言語で書かれていたならば，コンパイラ，インタプリタ，アセンブラなどで処理されたはずであるが，これらはすべてアルゴリズムを広範囲に用いている．このように，アルゴリズムは最新のコンピュータで用いられている技術の中核をなす．

　機械学習では，アルゴリズム設計は明示的に行われず，代わりにデータのパターンを推論し，自動的に解を学習することによって，アルゴリズム的タスクを実行するとみなされている．一見すると，アルゴリズム設計の過程を自動化する機械学習は，アルゴリズムについての学習を蔑ろにさせるように見えるかもしれないが，まったく逆である．機械学習それ自身は複数のアルゴリズムのことであり，呼び名が異なるだけである．さらに，現時点で機械学習が成功しているのは，主として正しいアルゴリズムが何であるかを人々が真に確認できていないような問題に対してである．コンピュータビジョンや機械翻訳がその顕著な例である．本書で扱われているほとんどの問題のように人々がちゃんと理解している問題に対しては，ある特定の問題を解くために設計された効率の良いアルゴリズムのほうが，一般的には機械学習のアプローチより成功している．

　データサイエンスは，組織だったデータと組織だっていないデータから，知識と洞察を抽出することが目標である学際的な領域である．データサイエンスでは統計，コンピュータ科学，最適化で用いられる手法を駆使する．アルゴリズムの設計と解析はこの領域では必須である．データサイエンスの中核となる技術は機械学習とも大幅に重なっており，本書のアルゴリズムの多くを含んでいる．

　コンピュータの性能は上昇し続けており，従来よりずっと巨大な問題を解けるようになった．上記で挿入ソートとマージソートを比較したが，アルゴリズムの効率の差がとくに顕著になるのは問題のサイズが大きくなったときである．

　アルゴリズムに関する知識と技術をしっかりと身に着けていることが，真の技能をもったプログラマとしての資格の1つである．現代の計算技術を用いると，アルゴリズムを知らなくてもいくつかの仕事は達成できる．しかし，アルゴリズムの優れた知識があれば，はるかに多くの仕事を達成できる．

練習問題

1.2-1　アプリケーションでアルゴリズムが必要になるものの例を挙げ，必要とされるアルゴリズムの機能を議論せよ．

1.2 技術としてのアルゴリズム | 13

1.2-2 同じコンピュータ上で挿入ソートとマージソートの実装を比較する. サイズ n の入力に対して, 挿入ソートの実行には $8n^2$ ステップかかり, 一方, マージソートの実行には $64n \lg n$ ステップかかるとする. 挿入ソートがマージソートに優る n の値を調べよ.

1.2-3 同じコンピュータ上で, 実行時間が $100n^2$ のアルゴリズムが, 実行時間が 2^n のアルゴリズムより高速に実行できる最小の n の値を求めよ.

章末問題

1-1 実行時間の比較

以下の表の各関数 $f(n)$ と時間 t に対して, アルゴリズムが問題を解くのに $f(n)$ マイクロ秒かかるとき, t 時間で解くことができる最大の問題サイズ n を求めよ.

	1 秒	1 分	1 時間	1 日	1 月	1 年	1 世紀
$\lg n$							
$\sqrt{n}$							
n							
$n \lg n$							
n^2							
n^3							
2^n							
$n!$							

文献ノート

アルゴリズム全般に関する素晴らしい教科書がたくさんある. その一部が, Aho–Hopcroft–Ullman [5, 6], Dasgupta–Papadimitriou–Vazirani [107], Edmonds [133], Erickson [135], Goodrich–Tamassia [195, 196], Kleinberg–Tardos [257], Knuth [259, 260, 261, 262, 263], Levitin [298], Louridas [305], Mehlhorn–Sanders [325], Mitzenmacher–Upful [331], Neapolitan [342], Roughgarden [385, 386, 387, 388], Sanders–Mehlhorn–Dietzfelbingr–Dementiev [393], Sedgewick–Wayne [402], Skiena [414], Soltys-Kulinicz [419], Wilf [455] Williamson–Shmoys [459] である. アルゴリズム設計の実際的側面は Bentley [49, 50, 51], Bhargave [54], Kochenderfer–Wheeler [268], McGeoch [321] によって論じられた. アルゴリズム分野の概説は Atallah–Blanton [27, 28] と Mehta–Sahhi [326] にある. 少し専門的でないものとしては, Christian–Griffiths [92], Cormen [104], Erwig [136], Macormick [307], Vöcking ら [448] がある. 計算生物学 (computational biology) で使われているアルゴリズムは Jones–Pevzner [240], Elloumi–Zomaya [134], Marchisio [315] で紹介されている.

2 さあ，始めよう

GETTING STARTED

本章の目的は，本書でアルゴリズムの設計と解析を検討するための枠組みを説明することである．他の章の知識がなくても本章を読むことができるが，第3章（実行時間の特徴づけ）と第4章（分割統治）で触れるいくつかの題材を参照する．（また，和に関するいくつかの題材も含んでいる．それらの解法は付録第A章（和）に示している．）

第1章（計算におけるアルゴリズムの役割）で紹介したソーティング問題を解く挿入ソートアルゴリズムの検討から始める．プログラミングの経験者には理解できるはずの「擬似コード」によってアルゴリズムを記述する．挿入ソートが正しくソートすることを論じ，その実行時間を解析する．ソートされる要素数に応じて実行時間が増加する速度を記述する表記法を導入する．挿入ソートについて論じた後，分割統治手法と呼ばれる方法を用いて，マージソートと呼ばれるアルゴリズムを詳しく解説する．最後にマージソートの実行時間を解析する．

2.1 挿入ソート

最初のアルゴリズムである挿入ソートは，第1章で紹介した**ソーティング問題** (sorting problem) を解くものである：

入力： n 個の数の列 $\langle a_1, a_2, \ldots, a_n \rangle$．

出力： $a_1' \leq a_2' \leq \cdots \leq a_n'$ であるような入力列の置換（並べ換え）$\langle a_1', a_2', \ldots, a_n' \rangle$．

ソートされる数値を**キー** (key) とも呼ぶ．概念的には，この問題は列をソートすることであるが，入力は n 個の要素を持つ**配列** (array) の形で与えられる．数値をソートしたいときは，それらの数値は，**付属データ** (satellite data) と呼ばれる他のデータに付随するキーであることが多い．キーと付属データが**レコード** (record) を構成する．たとえば，年齢，GPA [a]や履修する科目数など多くの付随するデータを持つ学生のレコードからなるスプレッドシートを考えよう．これらのどの項目もキーになりうるが，スプレッドシートをソートするときは，そのキーを含むレコード（付属データ）を移動させなければならない．ソーティングアルゴリズムを記述するときは，キーに焦点を当てるが，いつもそれに付随した付属データがあることを覚えておくことが重要である．

---

[a] ［訳注］GPA は，Grade Point Average の略で，大学での成績を数値化したもの．

図 2.1 挿入ソートによる手札のソート．

本書では，C，C++，Java，Python[1]，JavaScript と多くの点で類似した**擬似コード** (pseudocode) で書かれた手続きとしてアルゴリズムを記述する．（あなたの好きなプログラミング言語が省略されているときはご容赦願いたい．すべてを載せることは不可能なので．）これらの言語のどれかを勉強した経験があるなら，擬似コードで書かれたアルゴリズムを問題なく読みこなすことができるだろう．与えられたアルゴリズムを最も明解で簡潔に記述できるならば，擬似コードではどんな記述方法も利用する．この点が，擬似コードがプログラム言語で書かれた実用コードと大きく異なる点である．日本語が最も明解な表現である場合があるので，擬似コードの一部に日本語文が埋め込まれていても驚かないでほしい．擬似コードと実用コードのもう 1 つの相違点は，擬似コードはソフトウェア工学的な観点に無関心なことが多いという点である．データの抽象化，モジュール性，エラーの取扱いは，アルゴリズムの本質をより簡潔に伝えるために無視されることが多い．

挿入ソート (insertion sort) から始めよう．挿入ソートは少数の要素を効率よくソートするアルゴリズムである．挿入ソートは，トランプ遊びで手札をソートするときに多くの人が使う方法である．まず，左手を空にし，テーブルにカードの山を作る．つぎに，その山から最初のカードを取って，左手で持つ．つぎに，右手で山から 1 回に 1 枚ずつカードを取り，そのカードを左手にあるカード内の正しい位置に挿入する．図 2.1 に示すように，カードの正しい位置はすでに左手の中にあるカード群を 1 枚ずつ右から左に動かしながら比較すれば見つけることができる．左手のあるカードの値が右手に持っているカードの値以下になったら，右手に持っているカードを左手のそのカードのすぐ右に置けばよい．左手に持っているカードの値がすべて右手のカードの値より大きくなるなら，そのカードを左手の一番左に置けばよい．どの時点でも，左手にあるカード群はソート済みであり，それらは元々テーブルに積まれたカードの山の上部に置かれていたものである．

挿入ソートに対する擬似コードを手続き INSERTION-SORT として次のページに示す．[b] INSERTION-SORT は，ソートする値を格納する配列 A とソートする値の個数 n を引数として

---

[1] Python しか知らない場合は，配列は Python のリストと同様であると考えればよい．

[b] ［訳注］「まえがき」に述べられているように，擬似コードの中では「=」が代入，「==」が等号を意味している．しかし，「≠」は代入の否定ではなく，等号否定を意味することに注意せよ．

取る．$A[1:n]$ と表記する，配列 A の場所 $A[1]$ から $A[n]$ の間にこれらの値は格納されている．INSERTION-SORT が終了したとき，配列 $A[1:n]$ には元の複数の値がソートされた順序で格納されている．

INSERTION-SORT(A, n)
1 **for** $i = 2$ **to** n
2      $key = A[i]$
3   // $A[i]$ をソート済みの部分配列 $A[1:i-1]$ に挿入する
4      $j = i - 1$
5   **while** $j > 0$ かつ $A[j] > key$
6          $A[j+1] = A[j]$
7          $j = j - 1$
8      $A[j+1] = key$

ループ不変式と挿入ソートの正当性[c]

手続き INSERTION-SORT を列 $\langle 5, 2, 4, 6, 1, 3 \rangle$ からなる配列 A 上で実行するときの様子を図 2.2 に示す．インデックス i は左手に挿入しようとしている"現在のカード"を示す．ループインデックス i を持つ **for** ループの繰返しの直前では，$A[1:i-1]$（すなわち，$A[1]$ から $A[i-1]$）の要素からなる**部分配列** (subarray)（配列の連続した部分）が現在左手にあるソート済みの札に対応し，残りの部分配列 $A[i+1:n]$（すなわち，$A[i+1]$ から $A[n]$）はまだテーブルの上に残されているカードの山に対応している．実際，$A[1:i-1]$ が格納する要素は，元々 1 番目から $j-1$ 番目までにあった要素であるが，今ではすでにソートされている．$A[1:i-1]$ が持つこれらの性質を**ループ不変式** (loop invariant) として定式化する：

第 1～8 行の **for** ループの各繰返しが開始されるときには，部分配列 $A[1:i-1]$ には開始

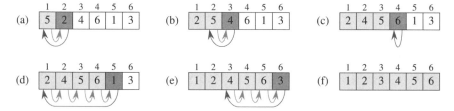

図 2.2 配列 A には $\langle 5, 2, 4, 6, 1, 3 \rangle$ が入っており，$n = 6$ の場合の INSERTION-SORT の操作．各箱の上の数が対応する配列のインデックスであり，箱の中の数がその場所に格納されている値である．**(a)**～**(e)** 第 1～8 行の **for** ループの繰返し．各繰返しでは，濃い網かけの箱に $A[i]$ から取り出したキーを保持し，そのキーをその左側に置かれた薄い網かけの箱に保持されている値のそれぞれと第 5 行の判定文で比較する．右側に向っている矢印は値が第 6 行で 1 つ右に移されることを示し，左側に向っている矢印は第 8 行でキーが移動する場所を示す．**(f)** 最終的に得られるソート済み配列．

---

[c] ［訳注］correctness の訳として，「正当性」を当てているが，文脈によっては「正しさ」のほうが自然な場合もある．

時点で $A[1:i-1]$ に格納されていた要素がソートされた状態で格納されている.

アルゴリズムの正当性を容易に理解するためにループ不変式を利用する. ループ不変式を使うには, ループ不変式に対する次の3つの性質を示す必要がある:

初期条件: ループの実行開始直前ではループ不変式は真である.

ループ内条件[d]: ループのある繰返しの直前でループ不変式が真ならば, 次の繰返しの直前でも真である.

終了条件: ループは停止する. そして, ループが停止したとき, 通常そのループが停止した理由とともに, アルゴリズムが正しいことを示すのに役立つ有用な性質が, その不変式から得られる.

最初の2つの性質が成立するならば, すべての繰返しの直前でループ不変式は真である.(もちろん, 各繰返しの直前でループ不変式が真であることを示すために, ループ不変式以外の, 正しいことがすでに分かっている事実を用いてもよい.)ループ不変式の証明は, 数学的帰納法の形をしている. すなわち, ある性質が成り立つことを証明するために, 基底段階と帰納段階を証明する. ループ不変式が最初の繰返しの直前で真であることを示すのは, 基底段階の証明に対応しており, 繰返しが進んでもループ不変式が真であることを示すのは, 帰納段階の証明に対応している.

ループ不変式を用いて正当性の証明を試みるので, 最も重要なのは第3の性質である. 多くの場合, ループ不変式を, ループを停止に導いた条件と一緒に用いる. 典型的な数学的帰納法は帰納段階を無限に適用するが, ここではループが停止するとループ不変式の"帰納"が停止する.

挿入ソートについて, これらの性質が成立していることを確かめよう.

初期条件: ループ不変式がループの最初の繰返し($i=2$ の繰返し)の直前で成立していることを示すことから始めよう.[2] このとき, 部分配列 $A[1:i-1]$ は唯一の要素 $A[1]$ から構成され, これは, 実際, 元々 $A[1]$ に格納されていた要素である. 1要素からなる部分配列はつねにソートされているので, この部分配列はソート済みであり, 最初の繰返しの直前においてループ不変式は真である.

ループ内条件: 第2の性質, すなわち各繰返しでループ不変式が維持されることを次に証明する. 直観的に言うと, **for** ループの本体が行っているのは, $A[i]$ を入れるべき場所が見つかるまで $A[i-1], A[i-2], A[i-3], \ldots$ をそれぞれ1つ右に移し(第4~7行)空いた場所に $A[i]$ の値を挿入する(第8行)ことである. 部分行列 $A[1:i]$ は元々 $A[1:i]$ に格納されていた要素から構成されているが, すでにソートされている. **for** ループの次の繰返しのために i を1**増やす** (incrementing) とループ不変式が維持される.

第2の性質を厳密に証明するためには, **while** ループ(第5~7行)に対するループ不変式

---

[d] [訳注] これは Maintenance の訳で,「ループ内で維持される条件」の意味. 今後は短く「ループ内条件」で統一した.

[2] ループが for ループのとき, ループ不変式のチェックは, 最初の繰返しの直前で, ループインデックスに初期値が代入された直後にループの先頭で最初の判定が行われる直前に行われる. INSERTION-SORT の場合には, 変数 i に2を代入した直後, 最初に $i \leq n$ の判定を行う直前である.

18 | 2 さあ, 始めよう

を記述し, それを示す必要がある. しかし, この時点ではそこまで形式的な取扱いをしないでおこう. 代わりに, 上に述べた簡単な解析を信頼し, 第2の命題が外側のループに対して成立することが証明できたと考えることにする.

終了条件: 最後に, ループの停止を調べる. ループ変数 i は初期値が2で, 各繰返しで1ずつ増加する. 第1行目で i の値が n を超えれば, ループは停止する. すなわち, i が $n+1$ に等しくなったとき, ループは停止する. ループ不変式の中で i に $n+1$ を代入すると, 部分配列 $A[1:n]$ には, 開始時点で $A[1:n]$ に格納されていた要素が格納されているが, これらの要素はすでにソートされている. したがって, アルゴリズムは正当である.

ループ不変式を用いてアルゴリズムの正当性を示すこの方法は本書のさまざまなところで用いられる.

擬似コードに関する約束

擬似コードについて以下の約束をする.

- 字下げ (indentation) はブロック構造を示す. たとえば, 第1行目で始まる **for** ループの本体は第2~8行からなり, 第5行目で始まる **while** ループの本体は第6~7行を含むが第8行は含まない. 本書での字下げのスタイルを **if-else** 文にも用いる.[3] **begin** 文と **end** 文や中括弧のような従来のブロック構造を示す指示子 (indicator) の代わりに字下げを用いると, 明瞭さを保ったまま, あるいは明瞭さを強調しつつ, 些末な煩わしさを大幅に減らすことができる.[4]

- ループ構造 **while**, **for**, **repeat-until** と条件分岐 **if-else** の解釈は C, C++, Java, Python, JavaScript とほとんど同じである.[5] C++, Java で発生する状況と違い, 本書のループインデックスはループを出た後も値を持ち続ける. したがって, **for** 文を終了した直後には, ループインデックスは **for** ループの限界を最初に超える値を保持している.[6] 我々は挿入ソートの正当性を示す議論でこの性質を用いた. 第1行の **for** ループのヘッダーは $i = 2$ **to** n だから, ループが停止したときには i は $n+1$ に等しくなる. キーワード **to** は **for** ループがループインデックスの値を繰返しのたびに1ずつ増加させるときに用い, キーワード **downto** は **for** 文がループインデックスの値を繰返しのたびに1ずつ**減少させる** (decrement) ときに用いる. ループインデックスの値を1より大きく変化させたい場合には, その変化量をキーワード **by** の後に記述することによって指示する.

---

[3] **if-else** 文の中では, **else** を対応する **if** と同じ位置まで字下げする. **else** 節の最初に実行される行はキーワード **else** のある行である. 多分岐の判定では, 2つ目以降の判定を **elseif** で示す. 多分岐判定が **else** 節の1行目である場合, **elseif** と誤認しないように **else** に続く次の行に **if** 文を置く.

[4] 本書の擬似コードはすべて1ページに収めてある. コードがページを跨がないので, 容易に字下げレベルが分かる.

[5] ブロック構造を持つ多くの言語は, 文法の細かい点を除けば, 同様の構成子を持っている. Python では, **repeat-until** 文がなく, **for** ループは本書のものと少し違った働きをする. 擬似コード **for** $i = 1$ **to** n は Python では "for i in range(1,n+1)" と等しい.

[6] Python では, ループインデックスはループを脱出した後も値を保持するが, 保持する値はループの限界を超える値ではなく, **for** ループの最後の繰返しでの値である. これは, Python の **for** ループは非数値を保持するリスト上でも繰り返されるからである.

- 記号 "**//**" はその行の残りの部分が注釈であることを示す.

- (i, j, key のような) 変数は与えられた手続きの局所変数である. 大域変数は, そのことを明示することなしには使用しない.

- 配列要素は, 配列名の後にインデックスを角括弧で括ったものを指定してアクセスする. たとえば, $A[i]$ は配列 A の i 番目の要素を示す.

  多くのプログラミング言語では, 配列 (array) のインデックスは 0 から始まる (0 が最小の正しいインデックスである) が, 本書では, 読者が最も理解しやすいインデックス形式を選択する. 人は通常 0 ではなく 1 から数え始めるので, (すべてではないが) ほとんどの場合, 配列は 1 から始めるインデックスを用いる. 特定のアルゴリズムにおいてインデックスが 0 から始まるか 1 から始まるかを明確にするために, 本書では, 配列のインデックスの限界は明確に指定する. 1 で始まるインデックスを用いるアルゴリズムを実装するときに, (C, C++, Java, Python, JavaScript などの) 0 で始まるインデックスを強いるプログラミング言語で記述する場合は容易に変換可能である. いつもインデックスから 1 を引くか, 1 つ余計に領域を持つ配列をとり, 0 の位置を無視するかすればよい.

  記号 ":" は部分配列を表す. したがって, $A[i : j]$ は $A[i], A[i+1], \ldots, A[j]$ からなる A の部分配列を示す.[7] またこの記法は, 配列 $A[1 : n]$ を議論したときのように, 配列の限界を表すのにも用いる.

- 我々は, 通常, 複合データを**属性** (attribute) から構成される**オブジェクト** (object) として組織する. そして, 多くのオブジェクト指向プログラミング言語に取り入れられている構文を用いて特定の属性にアクセスする. すなわち, オブジェクト名の後にドット (.) を置き, その後に属性名を続ける. たとえば, オブジェクト x が属性 f を持つなら, この属性は $x.f$ と表す.

  配列やオブジェクトを表す変数は, その配列やオブジェクトを表すデータへのポインタ (プログラミング言語によっては参照と言われている) である. $y = x$ を実行すると, オブジェクト x のすべての属性 f について $y.f$ は $x.f$ と等しくなる. さらに, $x.f = 3$ を実行すると, その後は $x.f = 3$ が成立するばかりでなく $y.f = 3$ も成立する. 言い換えると, 代入 $y = x$ の結果, x と y は同じオブジェクトを指すようになる. 配列やオブジェクトをこのように取り扱うことによって, 多くの最近のプログラミング言語との整合性がとれる. 属性を表現する表記法を "直列に繋ぐ" ことができる. たとえば, 属性 f が, 属性 g を持つあるタイプのオブジェクトへのポインタであるとする. このとき, $x.f.g$ は暗に $(x.f).g$ と括弧がつけられている. 言い換えると, 代入 $y = x.f$ が実行されたとすると, $x.f.g$ は $y.g$ と等しい.

  ポインタがどのオブジェクトも指さないことがある. この場合, ポインタは特別な値 NIL を取る.

- **引数** (パラメータ) は手続きに**値**で (by value) 引き渡される. 呼び出された手続きはその引数の自分用のコピーを受け取り, 呼び出された手続きが, ある値をその引数に代入しても, その変化は呼び出した手続きからは見え**ない**. オブジェクトを引数に渡すときには,

---

[7] Python でのプログラミングに慣れているなら, 本書においては部分配列 $A[i : j]$ は $A[j]$ を含むことに気をつけるべきである. Python では, $A[i : j]$ の最後の要素は $A[j-1]$ である. Python ではリストの最後から数えるような負のインデックスを許している. 本書では, 負の配列のインデックスは使用しない.

そのオブジェクトを表すデータへのポインタだけがコピーされ，そのオブジェクトの属性はコピーされない．たとえば，呼び出された手続きの引数を x とするとき，呼び出された手続き内の代入文 $x = y$ は呼び出した手続きから見えないが，代入文 $x.f = 3$ は見える．同様に，配列もポインタで渡す．したがって，配列全体ではなくその配列を指すポインタだけが渡され，配列の個々の要素の変化は，呼び出した手続きから見える．ここでも，多くの最近のプログラミング言語はこのように動作する．

- **return** 命令は呼び出した手続きが呼出しを実行した場所に制御を直ちに戻す．大半の **return** 命令には呼び出した手続きに戻す値が定められている．擬似コードでは，多くのプログラミング言語と違い，オブジェクトを生成しそれらをパッケージにしなくても 1 つの **return** 命令によって複数の値を戻すことができる．[8]

- ブール演算子 "かつ (and)" と "または (or)" はショートサーキット演算子 (short circuiting operator) である．すなわち，式 "x かつ y" の評価では x の評価をまず行う．x が FALSE ならばこの式全体が TRUE になることはないので，y を評価する必要はない．一方，x が TRUE であれば，式全体の値を確定するために y を評価しなければならない．同様に，式 "x または y" を評価する場合も x が FALSE と評価された場合にだけ y の評価を行う．ショートサーキット演算子を採用することで，「$x \neq$ NIL かつ $x.f = y$」といった式を x が NIL のときの $x.f$ の評価の仕方を気にすることなく書くことができる．

- キーワード **error** は，正しくない条件の下で手続きが呼び出されたためにエラーが発生したことを示し，この手続きは直ちに停止する．呼び出した手続きがこのエラーを取り扱う責任があるので，取られる処置を記述することはしない．

練習問題

2.1-1 図 2.2 を手本にして，数列 $\langle 31, 41, 59, 26, 41, 58 \rangle$ を含む配列上での INSERTION-SORT の動作を説明せよ．

2.1-2 下の手続き SUM-ARRAY を考えよう．この手続きは配列 $A[1:n]$ に格納されている n 個の数の和を計算する．この手続きに対するループ不変式を書き，その初期条件，ループ内条件，終了条件を利用して，SUM-ARRAY が $A[1:n]$ にある n 個の数の和を返すことを示せ．

```
SUM-ARRAY(A, n)
1   sum = 0
2   for i = 1 to n
3       sum = sum + A[i]
4   return sum
```

2.1-3 INSERTION-SORT 手続きは単調増加順でソートする．これを書き換えて単調減少順でソートするようにせよ．

2.1-4 以下の**探索問題** (searching problem) を考えよう：

---

[8] Python のタプル記法を用いると，プログラマー定義クラスからオブジェクトを生成しなくても，1 つの **return** 命令によって複数の値を呼び出した手続きに戻すことができる．

入力: 配列 $A[1:n]$ に格納された n 個の数列 $\langle a_1, a_2, \ldots, a_n \rangle$ と，ある値 x.

出力: $x = A[i]$ となるインデックス i，または x が A の中に存在しないときは特別な値 NIL.

線形探索 (linear search)[f]の擬似コードを書け．線形探索は x を探しながら配列を最初から最後まで順に走査するアルゴリズムである．ループ不変式を用いて，このアルゴリズムの正当性を証明せよ．このループ不変式が必要とされる 3 つの性質を満たすことを確認せよ．

2.1-5 n 要素配列 $A[0:n-1]$ と $B[0:n-1]$ に蓄えられた 2 つの n ビットの 2 進数の和を求める問題を考える．ここで，配列の各要素は 0 または 1 であり，$a = \sum_{i=0}^{n-1} A[i] \cdot 2^i$，$b = \sum_{i=0}^{n-1} B[i] \cdot 2^i$ である．この 2 つの整数の和 $c = a + b$ を 2 進数として $(n+1)$ 要素配列 $C[0:n]$ に蓄える．ここで，$c = \sum_{i=0}^{n} C[i] \cdot 2^i$ である．入力として大きさ n の配列 A と B をとり，その和を格納する配列 C を返す手続き ADD-BINARY-INTEGERS を記せ．

2.2 アルゴリズムの解析

アルゴリズムの実行に必要な資源量を予測することを，アルゴリズムを**解析する** (analyzing) と言う．メモリ領域，通信バンド幅，エネルギー消費などの資源量を考えるが，多くの場合，測定したいのは計算時間である．ある問題を解くアルゴリズムのいくつかの候補を解析することで，その中から最も効率の良いものを見つけることができる．このような解析では複数の優れた候補が生き残ることもあるが，たいていの場合には劣ったアルゴリズムを途中で捨て去ることになる．

アルゴリズムを解析するには，使用する実現技術のモデルを設定する必要がある．このモデルには実現技術で用いられる資源とそのコストを表す方法が含まれる．本書の多くの部分では，汎用の単一プロセッサの計算モデルである**ランダムアクセスマシン** (Random-Access Machine, RAM) を実装技術として仮定し，アルゴリズムはコンピュータプログラムとして実現する．RAM モデルでは命令は 1 つずつ逐次的に実行される．並行演算は存在しない．RAM モデルでは，どの命令も同じ時間がかかるとし，変数の値を利用したり変数へ値を格納するどのデータへのアクセスも同じ時間がかかると仮定する．言い換えると，RAM モデルにおいては，命令やデータへのアクセスは，配列のインデックス計算でさえ，定数時間しかかからない．[9]

厳密に言うと，RAM の命令とそのコストを正確に定義しなければならない．しかし，それは非常に面倒であるし，それからアルゴリズムの設計と解析に関する深い洞察が得られるわけでもない．だが，RAM モデルの濫用には注意すべきである．たとえば，RAM がデータをソートする命令を持っていると定義するとたった 1 つの命令の実行でソートが実現できるが，

---

[f] ［訳注］linear search の訳を本書では「線形探索」とした．「順次探索」と呼ぶ場合もある．

[9] 配列の各要素は同じバイト数であり，配列の要素は連続した記憶領域に格納されると仮定する．たとえば，配列 $A[1:n]$ が 1000 番地から格納され，各要素は 4 バイトならば，要素 $A[i]$ は $1000 + 4(i-1)$ 番地に置かれる．一般に，特定の配列要素のメモリ内の番地の計算には，高々 1 回の減算（0 から始まるインデックスの場合は減算は必要ない），1 回の乗算（要素サイズがちょうど 2 のベキの場合はシフト演算で実装できることが多い），と 1 回の加算が必要である．さらに，配列の要素を順に繰り返すコードならば，最適化コンパイラでは，ひとつ前の要素の番地に要素サイズを加えることによって，たった 1 回の加算で各要素のアドレスを生成できる．

22 | 2　さあ，始めよう

実際のコンピュータはそんな命令を持たないので，この RAM は非現実的である．そこで，実際のコンピュータの設計方針を RAM を定義する際の指針とする．実際のコンピュータが共通に持っている命令を RAM モデルは持っている．算術演算（加算，減算，乗算，除算，剰余，切捨て，切上げ），データ移動（ロード，ストア，コピー），そして制御（条件つきおよび無条件分岐，サブルーチンの呼出しと復帰）である．

　RAM で利用できるデータ型には整数，（実数の近似値を格納するための）浮動小数点と文字がある．実際のコンピュータではブール値 TRUE と FALSE に対する別のデータ型は持たない．その代わりに，C で行われているように整数値が 0（FALSE）か非零（TRUE）かを判定する．本書では，浮動小数点数に対しては精度にはとくに注意を払わない（多くの数が浮動小数点では正確に表現できない）が，ほとんどのアプリケーションでは精度は非常に重要である．各データの語長にはビット数に上限があると仮定する．たとえば，n 個の要素から構成される入力を扱うときには，通常，整数は $c(\lfloor \log_2 n \rfloor + 1)$ ビットで表されると仮定する．ここで c は $c \geq 1$ を満たすある定数であり，$\lfloor \log_2 n \rfloor$ は $\log_2 n$ より小さいが最大の，あるいは等しい整数である．各語が値 n を保持できるように，$c \geq 1$ を仮定する．その結果，入力される（n 個ある）個々の要素に別々のインデックスを振ることが可能になる．そして，語長が制限なく伸びることを防ぐために，c を定数に制限する．（語長が任意に大きくなってよいなら，1 語に巨大なデータを蓄え，定数時間で全体に対して一挙に演算を施すことが可能になる．これは，極めて非現実的なシナリオである．）

　実際のコンピュータは上記以外の命令を持っていて，これらの命令が RAM モデルではグレーゾーンとして残る．たとえば，ベキ乗命令の実行は定数時間で可能だろうか？　一般的には答は否である．x と n が一般の整数のとき，x^n を計算するには n の対数に比例する時間を要する（第 31.6 節（要素のベキ）の式 (31.34) 参照），また結果がコンピュータの 1 語におさまるかどうかに気をつけなければならない．一方，x がちょうど 2 のベキ (exact power of 2) の場合，累乗は定数時間演算と見なすことができる．"左シフト"命令を持っているコンピュータは多い．整数を表すビットを左に n ビットだけ定数時間でシフトする命令である．普通のコンピュータでは整数を 1 ビットだけ左にシフトすることは 2 倍するのと等価であり，n ビットだけ左にシフトすることは 2^n 倍することと同じである．したがって，このようなコンピュータでは，n がコンピュータの 1 語を構成するビット数未満である限り，整数 1 を n ビットだけ左にシフトすることによって定数時間で 2^n を計算できる．このような RAM のグレーゾーンは避けるように努め，n がコンピュータの 1 語におさまるほど十分に小さい正整数であれば，2^n と 2^n 倍の計算を定数時間演算として扱う．

　RAM モデルは，現代のコンピュータで一般的になっている階層記憶構造，すなわち，キャッシュや仮想記憶をモデル化しない．階層記憶の効果は実際のコンピュータ上で現実にプログラムを書くときには，ときとして非常に重要であり，この効果を考慮しようとする計算モデルもいくつか存在する．第 11.5 節（実用における考察）や本書のいくつかの問題では，階層記憶の効果を調べることがあるが，ほとんどの部分ではその効果を考慮した解析を行わない．その理由は，階層記憶を取り入れたモデルは RAM モデルよりも十分に複雑であり，使いこなすのが困難だからである．しかも，RAM モデルを用いた解析によって実際のコンピュータ上での効率がうまく予想できることが多いからである．

　RAM モデル上でのアルゴリズムの解析は簡単であることが多いが，ときには非常に難しい．

2.2 アルゴリズムの解析 | 23

解析に必要な数学上の道具として，組合せ数学，確率論，代数に習熟していること，さらに，式の中の最重要項を見つける能力などがある．アルゴリズムの振舞いは入力によって異なるから，その振舞いを簡潔な，容易に理解できる式として表現する手段が必要になる．

挿入ソートの解析

手続き INSERTION-SORT には，どのくらい時間がかかるだろうか？あなたのコンピュータで実行させて時間を測るのが 1 つの方法である．そうするためには，擬似コードは直接実行できないので，まず実際のプログラミング言語で実装しなければならない．この計測でどんなことが分かるだろうか？あなたが構築した特定の実装のもとで，特定のコンパイラやインタプリタを使い，リンクした特定のライブラリを用い，この計測時にあなたのコンピュータで実行されている特定のバックグラウンドのタスク（ネットワーク上で，こちらにやってくるメールをチェックするような）とともに，あなたの特定のコンピュータ上で，特定の入力に対して，挿入ソートがどのくらいかかるか分かるだろう．同じ入力に対してもう一度挿入ソートを実行したとしても，異なった計測結果が得られることさえある．1 つのコンピュータ上で挿入ソートのたった 1 種類の実装を 1 個の入力に対して実行したからといって，別の入力に対する場合，別のコンピュータ上で実行した場合，別のプログラミング言語で実装した場合などの挿入ソートの実行時間についてどんなことが分かるのだろうか？大したことは分からないだろう．新しい入力が与えられたとき，挿入ソートの実行時間をこれまでの結果から予測する方法が必要である．

　挿入ソートを 1 回，あるいは数回実行させる代わりに，アルゴリズム自身を解析して以下のように実行時間を決定することができる．擬似コードの各行の実行回数と各行が実行にかかる時間を調べる．実行時間に対して正確だが複雑な式を見つける．そして，同じ問題を解く他のアルゴリズムと実行時間が比較できる便利な記法を用いて，複雑な式の重要な部分をあぶりだす．

　挿入ソートの解析はどのようにするのか？まず，実行時間が入力に依存することは承認しよう．1000 個の数をソートするには 3 個の数をソートするより時間がかかることは驚くにあたらない．さらに，挿入ソートは同じサイズの 2 つの配列をソートする場合でも，入力がすでにどの程度ソートされているかによって，かかる時間は異なる．実行時間は入力の多くの特徴に依存するが，すでに大きな効果があると思われている特徴，すなわち，入力のサイズに焦点をあて，プログラムの実行時間を入力のサイズの関数で記述する．そのため，「実行時間」とか「入力サイズ」といった用語をもっと注意深く定義する必要がある．また，実行時間を議論するときは，入力が最悪の振舞いをする，最良の振舞いをする，あるいはその他の場合のいずれであるかを明らかにする必要がある．

　検討する問題に依存して最適な**入力サイズ** (input size) の概念は異なる．ソートや離散フーリエ変換の計算を含む多くの問題に対する最も自然な尺度は**入力要素数**，たとえば，ソートされる要素数 n である．他の多くの問題，たとえば 2 つの整数の積を計算する問題に対しては，通常の 2 進表現で入力を表現するのに必要な**総ビット数**が最適な入力サイズの尺度となる．入力のサイズを 1 つの数ではなく 2 つ以上の数で表現するほうが適切な場合もしばしば現れる．たとえば，アルゴリズムへの入力がグラフの場合は入力サイズをグラフの頂点数と辺数で記述

24 | 2 さあ，始めよう

できる．本書では，検討する問題のそれぞれについて用いる入力サイズの尺度を指示する．

ある特定の入力に対するアルゴリズムの**実行時間** (running time) は，各命令と実行された
データアクセスの実行時間の和である．これらのコストの数え方はどの特定のコンピュータに
も独立でなければならないが，RAM モデルの枠組み内で行うものとする．当面，擬似コード
の各行を実行するのにある定数時間が必要である，と見なすことにする．行によってかかる時
間は多少違うかもしれないが，第 k 行を実行するのに c_k 時間かかると仮定するのである．た
だし，c_k は定数である．この仮定は RAM モデルと矛盾せず，大部分の実際のコンピュータ上
での擬似コードの実現方法も反映している．[10]

INSERTION-SORT の実行時間を解析しよう．最初に述べたように，まず入力サイズとすべ
ての行コスト c_k を用いた正確な式を導出する．しかしながら，このような式はごちゃごちゃ
している．この式からより簡潔で扱いやすい単純な表記法へ切り替える．この，より単純な表
記法によって，とくに入力サイズが増加したときのアルゴリズムの実行時間を比較する方法が
明確になる．

INSERTION-SORT を解析するために，下の擬似コードで，各行の時間コストをその実行回数
と共に示す．各 $i = 2, 3, \ldots, n$ に対して，第 5 行の **while** ループの判定が値 i に対して実行さ
れる回数を t_i としよう．**for** ループまたは **while** ループを通常に終了する（ループヘッダーで
の判定が FALSE になる）とき，この判定文はループ本体より 1 回多く実行される．注釈は実
行可能な命令ではないので，実行には時間がかからないと仮定する．

INSERTION-SORT(A, n)	コスト	時間
1　**for** $i = 2$ **to** n	c_1	n
2　　　$key = A[i]$	c_2	$n - 1$
3　　　**//** ソート済みの部分配列 $A[1:i-1]$ に $A[i]$ を挿入	0	$n - 1$
4　　　$j = i - 1$	c_4	$n - 1$
5　　　**while** $j > 0$ かつ $A[j] > key$	c_5	$\sum_{i=2}^{n} t_i$
6　　　　　$A[j+1] = A[j]$	c_6	$\sum_{i=2}^{n} (t_i - 1)$
7　　　　　$j = j - 1$	c_7	$\sum_{i=2}^{n} (t_i - 1)$
8　　　$A[j+1] = key$	c_8	$n - 1$

このアルゴリズムの実行時間は実行された各行の実行時間の合計である．実行に c_k 時間が
かかり，m 回実行される行は総実行時間に対して $c_k m$ だけ寄与する．[11] 通常，入力サイズ n
のアルゴリズムの実行時間を $T(n)$ で表す．n 個の値からなる入力に対する INSERTION-SORT
の実行時間 $T(n)$ を計算するために**コスト**と**実行回数**の積の和を求めると

---

[10] ここには微妙な問題がある．日本語で記述された計算ステップは定数時間以上を要する手続きの言換えである
ことが多い．たとえば，178 ページの第 8.3 節（基数ソート）の手続き RADIX-SORT には，「安定ソートを用い
て第 i 桁に関して配列 $A[1:n]$ をソートする」という 1 行がある．しかし，後で証明するように，これには定
数時間以上かかる．また，サブルーチンの呼出しには定数時間しかかからないが，一度呼び出されると，この
サブルーチンの実行にはもっと時間がかかるかもしれない．そこで，（引数の引渡しなどの）サブルーチンの**呼
出し** (calling) プロセスをサブルーチンの**実行** (executing) プロセスから分離して検討する．

[11] この特徴は，メモリのような資源に対しては必ずしも成り立たない．m 語のメモリを参照し n 回実行される命
令が，必ずしも全体で相異なる nm 語の記憶を消費するとは限らない．

$$T(n) = c_1 n + c_2(n-1) + c_4(n-1) + c_5 \sum_{i=2}^{n} t_i + c_6 \sum_{i=2}^{n} (t_i - 1)$$
$$+ c_7 \sum_{i=2}^{n} (t_i - 1) + c_8(n-1)$$

である.

入力サイズが同じでも，そのサイズのどの入力が与えられるかに依存してアルゴリズムの実行時間は異なる．たとえば，ソート済みの配列が INSERTION-SORT への最良の入力である．第 5 行を実行するときはいつもキーの値（$A[i]$ の元の値）は $A[1:i-1]$ のどの値よりも小さくなく，第 5〜7 行の **while** ループは最初の第 5 行でのテストの結果終了する．したがって，$i = 2, 3, \ldots, n$ に対して $t_i = 1$ であり，最良の場合の実行時間は

$$
\begin{aligned}
T(n) &= c_1 n + c_2(n-1) + c_4(n-1) + c_5(n-1) + c_8(n-1) \\
&= (c_1 + c_2 + c_4 + c_5 + c_8)n - (c_2 + c_4 + c_5 + c_8)
\end{aligned}
\tag{2.1}
$$

となる．この実行時間は，行のコスト c_k に依存する**定数** a と b により $an + b$ と表現できる．（ここで，$a = c_1 + c_2 + c_4 + c_5 + c_8$，$b = c_2 + c_4 + c_5 + c_8$ である．）したがって，実行時間は n の**線形関数** (linear function) である．

配列が逆順，すなわち降順でソートされているときに最悪の場合が生じる．この場合には，各要素 $A[i]$ をソート済みの部分列 $A[1:i-1]$ のすべての要素と比較しなければならない．したがって，$i = 2, 3, \ldots, n$ に対して $t_i = i$ である．（手続きの第 5 行でつねに $A[j] > key$ が真となり，j が 0 になったときに初めて **while** ループを抜け出す．）

ここで

$$
\begin{aligned}
\sum_{i=2}^{n} i &= \left(\sum_{i=1}^{n} i \right) - 1 \\
&= \frac{n(n+1)}{2} - 1 \quad \text{（付録第 A 章（和）の式 (A.2)（966 ページ）より）}
\end{aligned}
$$

および

$$
\begin{aligned}
\sum_{i=2}^{n} (i-1) &= \sum_{i=1}^{n-1} i \\
&= \frac{n(n-1)}{2} \quad \text{（再度，式 (A.2) より）}
\end{aligned}
$$

に注意すると INSERTION-SORT の最悪の場合の実行時間は

$$
\begin{aligned}
T(n) &= c_1 n + c_2(n-1) + c_4(n-1) + c_5 \left(\frac{n(n+1)}{2} - 1 \right) \\
&\quad + c_6 \left(\frac{n(n-1)}{2} \right) + c_7 \left(\frac{n(n-1)}{2} \right) + c_8(n-1) \\
&= \left(\frac{c_5}{2} + \frac{c_6}{2} + \frac{c_7}{2} \right) n^2 + \left(c_1 + c_2 + c_4 + \frac{c_5}{2} - \frac{c_6}{2} - \frac{c_7}{2} + c_8 \right) n \\
&\quad - (c_2 + c_4 + c_5 + c_8)
\end{aligned}
\tag{2.2}
$$

と表現できる．この最悪の場合の実行時間は，再び行のコスト c_k（ここでは，$a = c_5/2 + c_6/2 + c_7/2$, $b = c_1 + c_2 + c_4 + c_5/2 - c_6/2 - c_7/2 + c_8$, $c = -(c_2 + c_4 + c_5 + c_8)$）に依存

26 | 2 さあ, 始めよう

する定数 a, b, c を用いて $an^2 + bn + c$ と表現できる. したがって, 実行時間は n の **2 次関数** (quadratic function) である.

INSERTION-SORT のように, あるアルゴリズムの実行時間は, 通常, 与えられた入力によって完全に決まる. しかし, 同じ入力に対してもその振舞いが変わる可能性がある興味深い "乱択" アルゴリズム (randomized algorithm) を後ほど検討する.

最悪時と平均時の解析

挿入ソートの解析では, 最良の場合, すなわち入力配列がすでにソートされている場合と, 最悪の場合, すなわち入力配列が逆順でソートされている場合の両方を調べた. しかし, 今後本書では, (いつもではないが) 通常は, **最悪実行時間** (worst-case running time), すなわちサイズ n の**任意**の入力に対する最長の実行時間だけを考える. なぜか？以下に 3 つの理由を挙げる :

- アルゴリズムの最悪実行時間は任意の入力に対する実行時間の上界である. 上界を知ることにより, アルゴリズムの実行にそれ以上の時間がかからないことを保証できる. 実行時間に関して経験に基づく推測をしたり, さらに悪くならないように祈る必要はない. この性質は, 操作をある期限までに終わらせる必要のある実時間計算の場合, とくに重要となる.

- あるアルゴリズムでは, 最悪の場合がかなり頻繁に生ずることがある. たとえば, ある特定の情報の断片を得るためにデータベースを検索するとき, その情報がデータベースに存在しない場合に, このアルゴリズムが最悪の振舞いをすることがよくある. いくつかのアプリケーションでは, 探索の結果として情報が存在しないと分かることも多い.

- "平均的な場合" が最悪の場合と同じぐらい悪いことが多い. ランダムな n 個の数に対して挿入ソートを実行する場合を考えてみよう. 部分列 $A[1 : i-1]$ のどこに要素 $A[i]$ を挿入すべきかを決定するのにどの程度の時間がかかるだろうか？平均的には, $A[1 : i-1]$ の半分の要素が $A[i]$ より小さく, 半分がそれより大きい. したがって, 平均的には部分配列 $A[1 : i-1]$ の半分をチェックすることになるので, $t_i = i/2$ である. この平均的な場合の実行時間は入力サイズに関する 2 次関数であり, これは最悪の場合の実行時間と同じである.

アルゴリズムの**平均** (average-case) 実行時間を検討することもある. 本書を通して, **確率的解析** (probabilistic analysis) をさまざまなアルゴリズムに対して適用する. しかし, ある特定の問題に対して "平均" 的入力の意味する所が, 明確ではないことが多いので, 平均の場合の解析の対象は限られている. 与えられたサイズを持つすべての入力が同じ確率で出現すると仮定することがしばしばある. この仮定は実際には満たされないことがあるが, そのような場合には**乱択アルゴリズム** (randomized algorithm) を利用できる. 乱択アルゴリズムはランダムな選択をすることによって, 確率的解析を可能にし, **期待** (expected) 実行時間を導出することができる. 乱択アルゴリズムは第 5 章（確率的解析と乱択アルゴリズム）とその後のいくつかの章で, さらに検討する.

増加のオーダー

INSERTION-SORT 手続きの解析を容易にするために単純化を目的とするいくつかの抽象化を

行った．まず，各行の実行に実際にかかるコストの詳細を無視し，コストをある定数 c_k によって表現した．それでもなお，式 (2.1) と (2.2) による最良と最悪の実行時間はかなり扱いにくい．式中の定数は必要以上に詳細すぎる．したがって，最良の実行時間をコスト c_k に依存するある定数 a と b に対して $an + b$ と表し，最悪の実行時間をコスト c_k に依存するある定数 a, b と c に対して $an^2 + bn + c$ と表した．このように，実際のコストだけでなく抽象的なコスト c_k をも無視することにしたのである．

さらなる簡単化のための抽象化をここで行おう．我々にとって本当に重要なのは，実行時間の**増加率** (rate of growth) または**増加のオーダー** (order of growth) である．そこで，式の主要項（たとえば，an^2）だけを考えることにする．低次の項は n が大きいとき相対的に重要度が低いからである．また，主要項の係数も無視するが，これは大きな入力に対する計算効率を決定する上で定数係数は増加率より重要でないからである．挿入ソートの最悪実行時間の場合，低次の項と定数係数を無視すると主要項の因子 n^2 が残る．その項 n^2 は実行時間に対して圧倒的に重要な部分である．たとえば，特定のコンピュータ上で実装されたアルゴリズムがサイズ n の入力に対して $n^2/100 + 100n + 17$ マイクロ秒かかったとする．n^2 項の係数 $1/100$ と n 項の係数 100 は 4 桁の差があるが，n が 10,000 を超えると，$n^2/100$ の項が $100n$ 項を支配する．10,000 は大きく見えるかもしれないが，平均的な町の人口よりは少ない．多くの現実的な問題はもっと大きな入力サイズをもちうる．

実行時間の増加のオーダーを強調するために，ギリシャ文字 Θ を用いた特別な記法を用いる．我々は，挿入ソートは $\Theta(n^2)$（"シータ n 2 乗" と発音する）の最悪実行時間を持つと書く．また，挿入ソートは $\Theta(n)$（"シータ n"）の最良実行時間を持つと書く．とりあえず，Θ-記法は「n が大きいとき，ほぼそれに比例する」と解釈する．よって，$\Theta(n^2)$ は「n が大きいとき，ほぼ n^2 に比例する」を意味し，$\Theta(n)$ は「n が大きいとき，ほぼ n に比例する」を意味する．本章では Θ 記法を定義なしに使うが，第 3 章（実行時間の特徴づけ）できちんと定義する．

我々が，あるアルゴリズムは他のアルゴリズムより効率が良いと考えるのは，その最悪実行時間の増加率がより小さい場合である．定数係数と低次の項の存在によって，小さい入力に対しては，実行時間の増加率が小さいアルゴリズムよりも実行時間の増加率が大きいアルゴリズムのほうが速く実行できることがある．しかし，十分に大きな入力に対しては，たとえば，最悪実行時間が $\Theta(n^2)$ のアルゴリズムは最悪実行時間が $\Theta(n^3)$ のアルゴリズムよりも，最悪の場合には高速である．Θ 記法に隠された定数にかかわらず，つねにある定数 n_0 が存在して，すべての入力長 $n \geq n_0$ に対して，$\Theta(n^2)$ アルゴリズムは $\Theta(n^3)$ アルゴリズムより最悪時において優れている．

練習問題

2.2-1 関数 $n^3/1000 - 100n^2 - 100n + 3$ を Θ 記法を用いて表現せよ．

2.2-2 配列 $A[1:n]$ に蓄えられた n 個の数を次の方法でソートすることを考えよう．まず，$A[1:n]$ の中の最小要素を見つけてそれを $A[1]$ と交換する．つぎに，$A[2:n]$ の最小要素を見つけてそれを $A[2]$ と交換する．さらに，$A[3:n]$ の最小要素を見つけてそれを $A[3]$ と交換する．これを A の $n-1$ 個の要素について繰り返す．**選択ソート** (selection sort) として知られるこのアルゴリズムの擬似コードを書け．このアルゴリズムではどんなループ不変式が維持さ

28 | 2　さあ，始めよう

れているだろうか？ n 個の要素すべてについて実行する必要はなく，最初の $n-1$ 個だけでよいのはなぜか？ この選択ソートの最悪実行時間を Θ 記法で表現せよ．最良実行時間はこの最悪実行時間より良くなるだろうか？

2.2-3　再び線形探索法（練習問題 2.1-4 参照）について考えよう．探索すべき要素が配列中の任意の要素と等確率で一致すると仮定した上で，入力列の中で調べられる要素数の平均を求めよ．最悪の場合はどうか？ 線形探索法の平均時と最悪時の実行時間を Θ 記法を用いて示せ．答が正しいことを説明せよ．

2.2-4　任意のソートアルゴリズムに対して，それが良い最良実行時間を持つように改良する方法を述べよ．

2.3　アルゴリズムの設計

多くのアルゴリズム設計技法が存在する．挿入ソートは**逐次添加法** (incremental method) を用いている：すなわち，各要素 $A[i]$ に対して，部分配列 $A[1:i-1]$ をソートした後，$A[i]$ を部分配列 $A[1:i]$ 中の正しい場所に挿入する．

　本節では，「分割統治法」として知られている設計方針について検討する．この方法を第 4 章でもっと詳しく説明する．我々は，分割統治法を用いて最悪実行時間が挿入ソートよりずっと速いソーティングアルゴリズムを設計する．分割統治に基づいたアルゴリズムを利用する長所の 1 つは，第 4 章（分割統治）で説明する方法を用いて実行時間が通常容易に決定できることである．

2.3.1　分割統治法

多くの有用なアルゴリズムの構造は**再帰的** (recursive) である．与えられた問題を解くために，アルゴリズムは，密接に関連する部分問題を解決するために（自分自身を）何回か再帰的に呼び出す．再帰構造を持つアルゴリズムは，多くの場合，**分割統治法** (divide-and-conquer) に基づいて設計されている．分割統治法では，問題を元の問題と類似してはいるがサイズが小さいいくつかの部分問題に分割し，これらの部分問題を再帰的に解いた後，その解を組み合わせて元の問題に対する解を構成する．

　分割統治法では，問題が十分小さくなったら（**基底段階** (base case)），再帰を用いず直接解く．そうでないときは（**再帰段階** (recursive case)），以下の 3 つの特徴的な段階を実行する：

分割 (divide)：　問題をいくつかの同じ問題のより小さいインスタンスである部分問題に分割する．

統治 (conqure)：　部分問題を再帰的に解くことによって統治する．

結合 (combine)：　部分問題の解を組み合わせて元の問題の解を得る．

　マージソート (merge sort) アルゴリズムは分割統治法に厳密に従って構成されている．配列全体 $A[1:n]$ から始めて，小さい部分配列へ小さい部分配列へと再帰を降ることで，各段階で部分配列 $A[p:r]$ をソートする．

分割：　ソートすべき部分配列 $A[p:r]$ を，それぞれのサイズが半分の 2 つの隣り合う部分配

列に分割する．そのために，（p と r の平均をとり）$A[p:r]$ の真ん中の位置 q を計算し，$A[p:r]$ を部分配列 $A[p:q]$ と $A[q+1:r]$ に分割する．

統治： 2 つの部分配列 $A[p:q]$ と $A[q+1:r]$ をそれぞれ再帰的にマージソートを用いてソートする．

結合： 2 つのソートされた部分配列 $A[p:q]$ と $A[q+1:r]$ をマージして $A[p:r]$ に戻し，ソートされた解を作る．

再帰が"底をつく"（基底段階に到達する）のは，ソートすべき部分配列 $A[p:r]$ の長さが 1 になったときである．すなわち，$p=r$ のときである．INSERTION-SORT のループ不変式に対する初期条件で述べたように，1 個の要素からなる部分配列はつねにソートされている．

マージソートアルゴリズムの鍵となる演算は"結合"段階で行われる，2 つの隣り合うすでにソートされた列をマージする演算である．マージは次のページの補助手続き MERGE(A, p, q, r) を呼び出して行う．A は配列，p, q, r は $p \le q < r$ を満たす配列のインデックスである．手続きは隣り合う部分配列 $A[p:q]$ と $A[q+1:r]$ が共に再帰的にソート済みであることを仮定する．手続きはこの 2 つのソート済みの部分配列をマージ (merge) して単一のソート済み部分列を形成し，現在の部分列 $A[p:r]$ と置き換える．

手続き MERGE がどのように動作するかを理解するために，トランプ遊びの話題に戻ろう．テーブル上に表を上にしたカードの山が 2 つあるとしよう．それぞれの山はすでにソートされていて，最小のカードが先頭に置かれている．この 2 つの山をマージして 1 つのソート済みの山を作りたい．ただし，今度は表を下にしてテーブルに置くものとする．我々が行う基本操作は，表向きの山の先頭にあるカードのうちの小さいほうを選び，それを山から取り除き（これによって新たなカードが山の先頭に現れる），裏向きにして出力用の山の先頭に置くことである．この操作をどちらかの入力用の山が空になるまで繰り返し，その時点で残りの入力用の山を裏向きにして出力用の山に積み重ねる．

2 つのソート済みの山をマージするのにかかる時間を考えてみよう．各基本操作は先頭の 2 枚のカードを比較するだけだから定数時間しかかからない．もし最初の山がいずれも $n/2$ 枚のカードから始めるならば，基本操作の回数は（どちらの山が空になったとしても，空になった山にあったどのカードももう 1 つの山のあるカードよりも小さいことが分かり，どちらかを空にする必要があるので，）少なくとも $n/2$ であり，高々 n（$n-1$ 回の基本操作のあとでは，どちらかの山は空になっているので，実際には $n-1$）である．基本操作は定数時間しかかからず，基本操作数は $n/2$ 以上 n 以下であるので，マージには，ほぼ n に比例する時間を要する．すなわち，マージにかかる時間は $\Theta(n)$ である．

手続き MERGE の動作を詳しく説明する．2 つの部分配列 $A[p:q]$ と $A[q+1:r]$ を補助配列 L と R（"左"と"右"）にそれぞれコピーして，L と R をマージして，結果を $A[p:r]$ に戻す．第 1 行で部分配列 $A[p:q]$ の長さ n_L，第 2 行で部分配列 $A[q+1:r]$ の長さ n_R をそれぞれ計算する．第 3 行で長さがそれぞれ n_L と n_R の配列 $L[0:n_L-1]$ と $R[0:n_R-1]$ を作る．[12] 第 4～5 行の **for** ループで部分配列 $A[p:q]$ を L にコピーし，第 6～7 行の **for** ループで

---

[12] この手続きは，1 で始まるインデックス（配列 A）と 0 で始まるインデックス（配列 L と R）を両方使用するまれな場合である．L と R に対して 0 で始まるインデックスを使うことにより，練習問題 2.3-3 のループ不変式が簡単になる．

30 | 2 さあ，始めよう

MERGE(A, p, q, r)

1    $n_L = q - p + 1$ // $A[p:q]$ の長さ

2    $n_R = r - q$ // $A[q+1:r]$ の長さ

3    $L[0:n_L-1]$ と $R[0:n_R-1]$ を新しい配列とする

4   **for** $i = 0$ **to** $n_L - 1$ // $A[p:q]$ を $L[0:n_L-1]$ にコピーする

5       $L[i] = A[p+i]$

6   **for** $j = 0$ **to** $n_R - 1$ // $A[q+1:r]$ を $R[0:n_R-1]$ にコピーする

7       $R[j] = A[q+j+1]$

8    $i = 0$ // i は L の中で最小の残っている要素のインデックスである

9    $j = 0$ // j は R の中で最小の残っている要素のインデックスである

10    $k = p$ // k は A を埋める場所のインデックスである

11   // 各配列 L と R がまだマージされていない要素を含む限り，

      //   まだマージされていない最小の要素を $A[p:r]$ にコピーする

12   **while** $i < n_L$ かつ $j < n_R$

13   **if** $L[i] \leq R[j]$

14          $A[k] = L[i]$

15          $i = i + 1$

16   **else** $A[k] = R[j]$

17          $j = j + 1$

18       $k = k + 1$

19   // L か R の 1 つを完全に処理したので，もう 1 つの残りを $A[p:r]$ の最後にコピーする

20   **while** $i < n_L$

21       $A[k] = L[i]$

22       $i = i + 1$

23       $k = k + 1$

24   **while** $j < n_R$

25       $A[k] = R[j]$

26       $j = j + 1$

27       $k = k + 1$

部分配列 $A[q+1:r]$ を R にコピーする．

　図 2.3 に示すように，第 8〜18 行では一連の基本操作を実行する．第 12〜18 行の **while** ループは $A[p:r]$ にまだ戻されていない L と R の中で最小のものを認識し，それを $A[p:r]$ に戻すことを繰り返す．コメントに示されているように，インデックス k はこの最小要素を戻す A の位置を示し，インデックス i と j はそれぞれ L と R に残る要素の中で最小のものの位置を示す．いずれ，L か R のどちらかのすべてが $A[p:r]$ に戻され，このループは終了する．もし，R のすべてが $A[p:r]$ に戻される，すなわち，j が n_R に等しくなって，ループが終了するならば，i はまだ n_L より小さく，L には A に戻さなければならない要素がまだいくつか残っており，これらの値は L と R の中で最大である．この場合，第 20〜23 行の **while** ループ

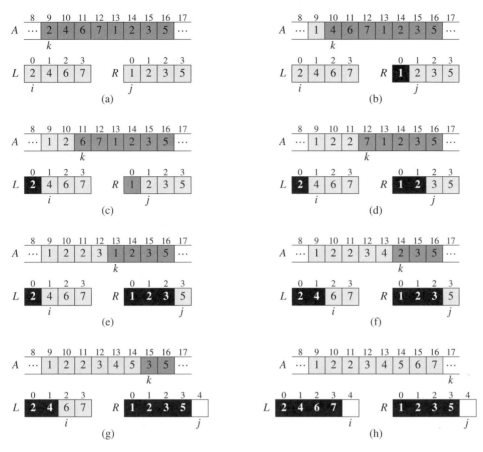

図 2.3 部分配列 $A[9:16]$ に列 $\langle 2,4,6,7,1,2,3,5 \rangle$ が格納されているとき，MERGE$(A,9,12,16)$ の呼出しにおける第 8～18 行の動作．配列 L と R が割り当てられて値がコピーされたあと，配列 L は $\langle 2,4,6,7 \rangle$，配列 R は $\langle 1,2,3,5 \rangle$ となる．A の薄い網かけの場所にはその最終値が格納されており，L と R の薄い網かけの場所には A にこれから書き戻さなければならない値が格納されている．その両方を合わせると，薄い網かけの場所にはどの時点でも元々 $A[9:16]$ にあった値が格納されている．A の濃い網かけの場所にはこれから上書きされる値が格納されている．また，L と R の黒で示された場所にはすでに A に書き戻された値が格納されている．**(a)**～**(g)** 第 12～18 行の while ループの各繰返しの開始時における配列 A, L, R と，それらのインデックス k, i, j．**(g)** において，R のすべての値は A に戻され（j が R の長さに等しいことによる），第 12～18 行の while ループは終了する．**(h)** 終了時の配列とインデックス．第 20～23 行と第 24～27 行の while ループによって L と R の残りの値が A に戻される．これらの値はもともと $A[9:16]$ にあった最大値である．ここで，第 20～23 行で $L[2:3]$ が $A[15:16]$ にコピーされ，R のすべての値はすでに A に戻されているので，第 24～7 行の while ループは繰返しが 0 回である．この時点で部分配列 $A[9:16]$ はソートされている．

では，L の残りの値が $A[p:r]$ の最後の部分にコピーされる．j は n_R に等しいので，第 24～27 行の while ループの繰返しは 0 回である．もし，逆に第 12～18 行の while ループにおいて i が n_L に等しくなって終了した場合は L のすべての要素は $A[p:r]$ にすでにコピーされており，第 24～27 行の while ループで R の残りの要素が $A[p:r]$ の最後にコピーされる．

$n=r-p+1$ とする．[13] 手続き MERGE が $\Theta(n)$ 時間で動作することを証明する．第 1～3

---

[13] この式で "+1" が付くのが不思議に思う場合は，$r=p+1$ の場合を想像してみよ．このとき，部分配列 $A[p:r]$ は 2 要素からなり，確かに $r-p+1=2$ となる．

行と第 8〜10 行の各行は定数時間しかかからない．第 4〜7 行の 2 つの **for** ループは合わせて
$\Theta(n_L + n_R) = \Theta(n)$ 時間で実行できる．[14] 第 12〜18 行，第 20〜23 行および，第 24〜27 行の
3 つの **while** ループにかかる時間を計算するためには，これらのループのそれぞれの繰返しで
は L または R のちょうど 1 個の要素を A に戻し，各要素はちょうど 1 回だけ A に戻される
ことに注意しよう．したがって，これら 3 つのループはすべて合わせて n 回の繰返しになる．
どのループの 1 回の繰返しには定数時間しかかからないので，これら 3 つのループにかかる時
間は $\Theta(n)$ である．

これで手続き MERGE がマージソートの中でサブルーチンとして使用可能となった．下の
手続き MERGE-SORT(A, p, r) は部分配列 $A[p:r]$ に格納された要素をソートする．$p = r$ な
らば，この部分列はちょうど 1 個の要素しか含まないのでソート済みである．それ以外のと
きには，$p < r$ であり，MERGE-SORT は分割，統治，統合の各段階を実行する．分割段階は
$A[p:r]$ を 2 つの隣り合った部分配列，$\lceil n/2 \rceil$ 個の要素を含む $A[p:q]$ と $\lfloor n/2 \rfloor$ 個の要素を含む
$A[q+1:r]$ に分解するためのインデックス q を計算する．[15] 初期呼出し MERGE-SORT$(A, 1, n)$
は配列全体 $A[1:n]$ をソートする．

MERGE-SORT(A, p, r)

1 **if** $p \geq r$ // 0 個か 1 個の要素？
2   **return**
3 $q = \lfloor (p+r)/2 \rfloor$ // $A[p:r]$ の中点
4 MERGE-SORT(A, p, q) // 再帰的に $A[p:q]$ をソート
5 MERGE-SORT$(A, q+1, r)$ // 再帰的に $A[q+1:r]$ をソート
6 // $A[p:q]$ と $A[q+1:r]$ をマージして $A[p:r]$ へ戻す
7 MERGE(A, p, q, r)

図 2.4 には，$n = 8$ の場合の手続き MERGE-SORT の動作を示しており，分割と結合（マージ）
が実行される順番も示されている．アルゴリズムは，再帰的に配列を 1-要素の部分配列になる
まで分割する．結合段階では，まず 1-要素の部分配列の対から長さ 2 のソート済みの部分配列
を作り，つぎに，それらの対から長さ 4 のソート済みの部分配列を作り，最後に長さ 8 の最終
部分配列を構成する．n がちょうど 2 のベキ (an exact power of 2) ではない場合，長さが 1 だ
け異なる部分配列が作られる分割段階が存在する．（たとえば，長さ 7 の部分配列を分割する
とき，一方の部分配列の長さは 4 で，もう一方の部分配列の長さが 3 になる．）マージされる
部分配列の長さにかかわらず，全体で n 要素をマージする時間は $\Theta(n)$ である．

2.3.2　分割統治アルゴリズムの解析

アルゴリズムが再帰呼出しを含むとき，サイズ n の問題に対するアルゴリズムの総実行時間
を，サイズが n より小さい入力に対する同じアルゴリズムの実行時間を用いて記述すること

---

[14] Θ 記法を含む式の厳密な解釈は第 3 章（実行時間の特徴づけ）で行う．
[15] $\lceil x \rceil$ は x 以上の最小の整数を表し，$\lfloor x \rfloor$ は x 以下の最大の整数を表す．これらの記法は第 3.3 節（標準的な記
    法とよく使われる関数）で定義する．q を $\lfloor (p+r)/2 \rfloor$ と取ると，部分配列 $A[p:q]$ と $A[q+1:r]$ のサイズ
    がそれぞれ $\lceil n/2 \rceil$ と $\lfloor n/2 \rfloor$ になることは，p と r がそれぞれ偶数と奇数の場合に対応する 4 つの場合をそれ
    ぞれ検証すれば簡単に証明できる．

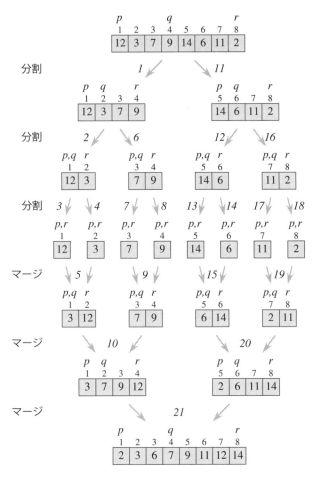

図 2.4 初期値として列 $A = \langle 12, 3, 7, 9, 14, 6, 11, 2 \rangle$ を格納した長さ 8 の配列 A にマージソートを適用したときの動作．部分配列を分割するインデックス p, q, r は要素の上に書かれている．イタリックで書かれた数は最初に MERGE-SORT$(A, 1, 8)$ が呼び出されてから，手続き MERGE-SORT と MERGE が呼び出された順番を示している．

で，実行時間を**再帰方程式** (recurrence equation) または，**漸化式** (recurrence) の形で表現できることが多い．これを漸化式を解くための数学的な道具と組み合わせれば，アルゴリズムの性能の限界を求めることができる．

先に述べた分割統治の基本手法の 3 つの段階から分割統治アルゴリズムの実行時間に対する漸化式を発見できる．挿入ソートの場合と同様に，サイズ n の問題に対する最悪実行時間を $T(n)$ とする．問題サイズが十分に小さいとき，たとえば，ある定数 $n_0 > 0$ に対して $n < n_0$ のときには直接的な方法で問題を解いても定数時間しかかからない．これを $\Theta(1)$ と書く．[16] 今，問題が a 個の部分問題に分割され，各部分問題のサイズが n/b，すなわち，元の問題の $1/b$ であるとする．マージソートでは $a = b = 2$ であるが，$a \neq b$ である分割統治アルゴリズムも多い．サイズが n/b の部分問題を 1 つ解くのに $T(n/b)$ 時間かかるので，a 個の部分問題をすべて解くのに $aT(n/b)$ 時間かかる．問題を部分問題に分割するのに $D(n)$ 時間かかり，

---

[16] どこから $\Theta(1)$ が出現したのか疑問に思ったならば，次のように考えればよい．$n^2/100$ が $\Theta(n^2)$ であるというとき，n^2 項の係数 $1/100$ を無視している．同様に，定数 c が $\Theta(1)$ であるというとき，(n^0 と見ることもできる) 第 1 項の係数 c を無視しているのである．

34 | 2 さあ，始めよう

部分問題の解を結合して元の問題の解を得るのに $C(n)$ 時間かかるとすると，漸化式

$$T(n) = \begin{cases} \Theta(1) & n < n_0 \text{ のとき} \\ D(n) + aT(n/b) + C(n) & \text{それ以外のとき} \end{cases}$$

を得る．このような形式の漸化式を解く一般的な方法を第 4 章（分割統治）で学ぶ．

　分割ステップのサイズ n/b が整数でない場合がある．たとえば，手続き MERGE-SORT はサイズ n の問題をサイズ $\lceil n/2 \rceil$ と $\lfloor n/2 \rfloor$ の 2 つの部分問題に分割する．$\lceil n/2 \rceil$ と $\lfloor n/2 \rfloor$ の差は高々 1 であり，大きな n に対してその差は n を 2 で割った効果と比べると非常に小さいので，少しだけ目をつむって，どちらもサイズ $n/2$ で呼び出すことにする．第 4 章で議論するように，この切上げと切捨てを無視する簡単化を行っても，分割統治法の漸化式の解の増加率のオーダーには一般的には影響しない．

　もう 1 つのここでの決めごとは漸化式の基底段階の記述を省略することである．こちらも詳細は第 4 章で議論する．省略する理由は基底段階はほとんどの場合，ある正定数 $n_0 > 0$ に対して，$n < n_0$ なら $T(n) = \Theta(1)$ となるからである．それは，定数サイズの入力に対するアルゴリズムの実行時間は定数であることによる．この決めごとを用いれば，余計な記述を省くことができる．

マージソートの解析

ここでは n 個の数を入力とするマージソートの最悪実行時間 $T(n)$ に対する漸化式を導くための方法を示す．

分割：　分割段階では単に部分列の中央を計算するだけであり，定数時間で済む．したがって，$D(n) = \Theta(1)$ である．

統治：　再帰的にサイズ $n/2$ の部分問題を 2 つ解く．したがって，統治段階には $2T(n/2)$ 時間が必要となる．（上記で議論したように，切捨てと切上げを無視する．）

結合：　n 個の要素からなる部分配列上の MERGE 手続きの実行時間が $\Theta(n)$ なので，$C(n) = \Theta(n)$ である．

　マージソートの解析の場合に関数 $D(n)$ と $C(n)$ の和を取るとき，$\Theta(n)$ となるある関数と $\Theta(1)$ となるある関数の和をとる．その結果は n に関する線形関数である．すなわち，これは n が大きいとき，ほぼ n に比例する．したがって，マージソートの分割段階と結合段階を合わせて $\Theta(n)$ である．$\Theta(n)$ を統治段階に現れる項 $2T(n/2)$ に加えると，マージソートの最悪実行時間 $T(n)$ に対する漸化式

$$T(n) = 2T(n/2) + \Theta(n) \tag{2.3}$$

を得る．第 4 章で「マスター定理」を証明する．この定理を用いると $T(n)$ が $\Theta(n \lg n)$ であることが証明できる．[17] 最悪時の実行時間が $\Theta(n^2)$ の挿入ソートと比べると，マージソートは，n 項が $\lg n$ 項に交換されている．対数関数はどんな線形関数よりもゆっくりと増加するの

---

[17] 記号 $\lg n$ は $\log_2 n$ を表す．ここでは，対数の底は問題ではないが，コンピュータ科学者としては底が 2 の対数を好む．第 3.3 節（標準的な記法とよく使われる関数）では他の標準的な記法を議論する．

で，良い交換になっている．入力が十分大きい場合には，最悪時に実行時間が $\Theta(n \lg n)$ であるマージソートは最悪実行時間が $\Theta(n^2)$ である挿入ソートよりも高速である．

漸化式 (2.3) の解が $T(n) = \Theta(n \lg n)$ であることを直観的に理解するだけならマスター定理は必要ない．簡単のために，n はちょうど 2 のベキであり，暗黙に定義されている基底段階は $n = 1$ であると仮定する．まず，漸化式 (2.3) は本質的には

$$
T(n) = \begin{cases} c_1 & n = 1 \text{ のとき} \\ 2T(n/2) + c_2 n & n > 1 \text{ のとき} \end{cases} \tag{2.4}
$$

である．ここで，定数 $c_1 > 0$ はサイズ 1 の問題を解くための時間であり，定数 $c_2 > 0$ は分割段階と結合段階において，配列の要素当りの実行時間である．[18]

漸化式 (2.4) の解を図示する 1 つの方法を図 2.5 に示す．図 2.5(a) は $T(n)$ を示しているが，これを漸化式を用いて等価な木に展開したのが図 2.5(b) である．根となる項 $c_2 n$ は再帰の最上位における分割段階と結合段階のコストを表しており，根の 2 つの部分木はより小さい引数を持つ 2 つの小さな漸化式 $T(n/2)$ である．図 2.5(c) は $T(n/2)$ をもう 1 回展開した状況である．再帰の第 2 レベルにあたる 2 つの節点[g]の分割段階と結合段階のコストはどちらも $c_2 n/2$ である．同じ要領で，各節点がコスト c_1 を持つサイズ 1 の問題に至るまで，各節点を漸化式を用いて分割することで木を拡張する操作を続ける．このようにして出来上がった**再帰木** (recursion tree) を図 2.5(d) に示す．

つぎに，木の各レベルごとにコストの総和を求める．最上位レベルのコストは $c_2 n$，次のレベルでは $c_2(n/2) + c_2(n/2) = c_2 n$，さらに次のレベルでも $c_2(n/4) + c_2(n/4) + c_2(n/4) + c_2(n/4) = c_2 n$ であり，以下同様である．各レベルは上のレベルの 2 倍の節点を持つが，各節点は上のレベルの節点が寄与するコストの半分を寄与する．あるレベルから次のレベルにさがると，2 倍と半分でキャンセルされて，各レベルを横切るコストはすべて同じ $c_2 n$ となる．一般に，根から i だけ下のレベルには 2^i 個の節点があり，それぞれのコストは $c_2(n/2^i)$ なので，根から i だけ下のレベルのコストの総和は $2^i c_2(n/2^i) = c_2 n$ である．最下位レベルには n 個の節点があるが，それぞれのコストは c_1 だから全体で $c_1 n$ である．

n を葉の数，すなわち入力サイズとするとき，図 2.5 の再帰木のレベル数は $\lg n + 1$ である．この事実は帰納法を用いて，おおよそ以下の要領で証明できる．基底は $n = 1$ のときであり，レベル数は 1 である．$\lg 1 = 0$ なので，$\lg n + 1$ はレベル数を正しく表している．つぎに，帰納段階である．任意の i に対して $\lg 2^i = i$ なので，2^i 個の節点を持つ再帰木のレベル数は $\lg 2^i + 1 = i + 1$ であると仮定する．元の入力サイズはちょうど 2 のベキであると仮定していたので，次に考えるべき入力サイズは 2^{i+1} である．2^{i+1} 個の節点を持つ木は 2^i 節点の木より 1 だけ多くのレベルを持つので，レベル数は $(i+1) + 1 = \lg 2^{i+1} + 1$ である．

漸化式 (2.4) で表される全コストを求めるには，すべてのレベルのコストを足し合わせればよい．この再帰木は $\lg n + 1$ 個のレベルを持つ．葉から上のレベルのコストは $c_2 n$ であり，葉

---

[18] c_1 がちょうどサイズ 1 の問題を解くための時間で，$c_2 n$ がちょうど分割段階と結合段階に要する合計時間であるなどということはまず起こりえない．第 4 章（分割統治）では，より詳細に漸化式を限定する方法を取り扱う．そこでは，このような種類の詳細について，もっと注意をはらうことになる．

[g] ［訳注］ vertex と node は同じ概念を指す語で，共に（グラフの）「頂点」，「節点」，「点」などと訳されている．本書では，node を根つき木の場合に限定して用いる．そこで，vertex を「頂点」，node を「節点」と訳すことにする．詳細は付録第 B.5.2 項（根つき木と順序木，991 ページ）参照.

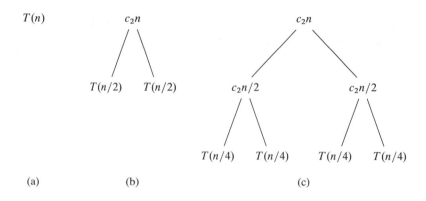

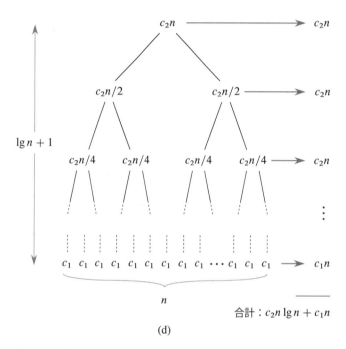

図 2.5 漸化式 (2.4) に対する再帰木の構成．**(a)** に $T(n)$ を示す．$T(n)$ は **(b)**〜**(d)** に示すように順次展開され，再帰木が構成される．完全に展開された **(d)** には $\lg n + 1$ 個のレベルがあり，葉より上の各レベルはコスト $c_2 n$ を寄与し，葉のレベルはコスト $c_1 n$ を寄与する．したがって，全体のコストは $c_2 n \lg n + c_1 n = \Theta(n \lg n)$ である．

のレベルのコストは $c_1 n$ なので，全体のコストは $c_2 n (\lg n + 1) = c_2 n \lg n + c_1 n = \Theta(n \lg n)$ となる．

練習問題

2.3-1 図 2.4 を手本にして，数列 $\langle 3, 41, 52, 26, 38, 57, 9, 49 \rangle$ を初期値として持つ配列 A 上のマージソートの動作を図示せよ．

2.3-2 手続き MERGE-SORT 第 1 行の判定は "**if** $p == r$" ではなく，"$p \geq r$" と書いてある．

$p > r$ で MERGE-SORT が呼ばれるならば，部分配列 $A[p:r]$ は空である．$n \geq 1$ に対して，MERGE-SORT$(A, 1, n)$ が呼ばれる限り，判定は "$p == r$" でも $p > r$ のとき再帰呼出しは起こらないことを保証できることを論ぜよ.

2.3-3 手続き MERGE の第 12〜18 行の **while** ループに対するループ不変式を述べよ．このループ不変式を，第 20〜23 行と第 24〜27 行の **while** ループに対する不変式と組み合わせて，MERGE 手続きの正当性を証明せよ.

2.3-4 $n \geq 2$ がちょうど 2 のベキのとき，漸化式

$$T(n) = \begin{cases} 2 & n = 2 \text{ のとき} \\ 2T(n/2) + n & n > 2 \text{ のとき} \end{cases}$$

の解が $T(n) = n \lg n$ であることを数学的帰納法を用いて示せ.

2.3-5 挿入ソートは再帰的アルゴリズムとしても表現できる．$A[1:n]$ をソートするには再帰的に部分配列 $A[1:n-1]$ をソートし，次に $A[n]$ をソート済みの配列 $A[1:n-1]$ に挿入すればよい．再帰版の挿入ソートの擬似コードを書き，最悪実行時間に対する漸化式を与えよ.

2.3-6 探索問題（練習問題 2.1-4 参照）に戻って，探索される部分配列がソートされていれば，この部分配列の中央値を v と比較することで列の半分を以降の探索範囲から除去できる．**2 分探索** (binary search) は，この手続きを繰り返し，繰返しのたびに残された部分配列の長さを半減する．2 分探索（繰返し型と再帰型のどちらでもよい）の擬似コードを書け．2 分探索の最悪実行時間が $\Theta(\lg n)$ であることを示せ.

2.3-7 第 2.1 節で示した INSERTION-SORT 手続きの第 5〜7 行の **while** ループでは，ソート済み部分配列 $A[1:j-1]$ の（逆向き）走査に線形探索を用いた．線形探索の代わりに 2 分探索（練習問題 2.3-6 参照）を用いて挿入ソートの最悪実行時間を $\Theta(n \lg n)$ に改善できるか？

2.3-8 ★ n 個の整数の集合 S とある整数 x が与えられたとき，S の中の 2 個の要素で，それらの和がちょうど x になるものが存在するかどうかを決定するアルゴリズムを記述せよ．そのアルゴリズムは，最悪実行時間が $\Theta(n \lg n)$ となるようにせよ.

章末問題

2-1 マージソートに現れる小配列上の挿入ソート

マージソートの最悪実行時間は，$\Theta(n \lg n)$，挿入ソートの最悪実行時間は，$\Theta(n^2)$ であるが，挿入ソートのほうが定数因子が小さいので，問題サイズが小さいときには挿入ソートのほうが多くのコンピュータ上で高速に実行できる．そこで，部分問題が十分小さくなったときに，マージソートの中で挿入ソートを用いて再帰の**底を上げる** (coarsen the leaves) 意義がある．n/k 個のそれぞれ長さ k の部分リストを挿入ソートを用いてソートし，その後は標準的な方法でマージを行うようにマージソートを改良する．ここで，最適な k の値は後で決定される.

a. n/k 個のそれぞれ長さ k の部分リストは，挿入ソートにより最悪時に $\Theta(nk)$ 時間でソートできることを示せ.

b. ソート済みの n/k 個の部分リストは最悪時に $\Theta(n \lg(n/k))$ 時間でマージできることを

示せ.

c. 改良アルゴリズムの最悪実行時間を $\Theta(nk + n\lg(n/k))$ とする.改良アルゴリズムが標準的なマージソートと同じ漸近的実行時間を持つという条件の下で,k が取りうる最大値を n の関数として Θ 記法で示せ.

d. 実際には k の値をどのように選ぶべきか?

2-2 バブルソートの正当性

バブルソートは人気があるが,非効率的なソーティングアルゴリズムである.バブルソートは隣接要素が逆順になっていれば,それらの位置を交換する操作を繰り返すことでソートを実現する.次の手続き BUBBLESORT は配列 $A[1:n]$ をソートする.

```
BUBBLESORT(A, n)
1  for i = 1 to n − 1
2      for j = n downto i + 1
3          if A[j] < A[j − 1]
4              A[j] と A[j − 1] を交換する
```

a. A' を BUBBLESORT(A) の出力とする.BUBBLESORT の正当性を証明するには,BUBBLESORT が停止し,かつ

$$A'[1] \le A'[2] \le \cdots \le A'[n] \tag{2.5}$$

が成立することを証明しなければならない.BUBBLESORT が実際にソートをすることを証明するには他に何を証明する必要があるか?

次の 2 つの問いでは不等式 (2.5) を証明する.

b. 第 2〜4 行の **for** ループに対するループ不変式を正確に記述し,このループ不変式が成立することを証明せよ.ただし,本章で示したループ不変式の証明の構造に従って証明すること.

c. **(b)** で証明したループ不変式の停止条件を用いて,不等式 (2.5) の証明に繋がる,第 1〜4 行の **for** ループに対するループ不変式を記述せよ.ただし,本章で示したループ不変式の証明の構造に従って証明すること.

d. BUBBLESORT の最悪実行時間を求めよ.挿入ソートの実行時間と比較せよ.

2-3 Horner の公式の正当性

多項式

$$P(x) = \sum_{k=0}^{n} a_k x^k$$
$$= a_0 + a_1 x + a_2 x^2 + \cdots + a_{n-1} x^{n-1} + a_n x^n$$

の係数 $a_0, a_1, \ldots, a_n$ が与えられているとき，与えられた x の値に対してこの多項式を評価したい．**Horner の公式** (Horner's rule) は以下のような括弧づけに基づいて多項式を評価する．

$$P(x) = a_0 + x\Big(a_1 + x\big(a_2 + \cdots + x(a_{n-1} + xa_n)\cdots\big)\Big)$$

手続き HORNER は与えられた係数 $a_0, a_1, \ldots, a_n$（配列 $A[0:n]$ に格納されている）と x に対して，$P(x)$ を評価する Horner の公式を実装したものである．

HORNER(A, n, x)

1 $p = 0$
2 **for** $i = n$ **downto** 0
3      $p = A[i] + x \cdot p$
4 **return** p

a. この手続きの実行時間を，Θ 記法を用いて示せ．

b. 多項式の各項を最初から計算する素朴な多項式評価のアルゴリズムの擬似コードを書け．そのアルゴリズムの実行時間を求めよ．HORNER と比較せよ．

c. 手続き HOENER に対する次のループ不変式を考える：
第 2～3 行の **for** ループの各繰返しの開始時点において

$$p = \sum_{k=0}^{n-(i+1)} A[k+i+1] \cdot x^k$$

が成立する．
0 個の項の和は 0 と解釈せよ．本章で示したループ不変式の証明の構造に従って停止時に $p = \sum_{k=0}^{n} A[k] \cdot x^k$ が成立することをループ不変式を用いて証明せよ．

2-4 反転

$A[1:n]$ を n 個の相異なる数の配列とする．$i < j$ かつ $A[i] > A[j]$ のとき，対 (i, j) を A の**反転** (inversion) と呼ぶ．

a. 配列 $\langle 2, 3, 8, 6, 1 \rangle$ が含む 5 個の反転を列挙せよ．

b. 集合 $\{1, 2, \ldots, n\}$ から選択された要素を持つ配列の中で最も多くの反転を含むものを示せ．この配列が持つ反転数はいくつか？

c. 挿入ソートの実行時間と入力配列の反転数の関係は何か？答が正しいことを証明せよ．

d. n 個の要素からなる任意の順列が含む反転数を最悪時に $\Theta(n \lg n)$ 時間で決定するアルゴリズムを与えよ．（**ヒント**：マージソートを変形せよ．）

文献ノート

1968 年に Knuth は *The Art of Computer Programming* [259, 260, 261, 262, 263] という一般的なタイトルを持つ 5 巻本のうちの第 1 巻を出版した。第 1 巻は実行時間の解析に焦点を合わせ、コンピュータアルゴリズム分野の現代的研究を先導した。シリーズ全体も、本書で紹介する多くの話題に対する魅力的で価値の高い参考文献の地位を保っている。Knuth によれば、"algorithm" という語は 9 世紀のペルシャの数学者の名前 "al-Khowârismî" に由来する。

Aho–Hopcroft–Ullmann [5] は、Θ 記法を含む第 3 章（実行時間の特徴づけ）で紹介する表記法を用いたアルゴリズムの漸近的解析を相対的な性能を比較する手段として提唱した。漸化式を利用した再帰アルゴリズムの実行時間の記述を定着させたのも彼らの功績である。

Knuth [261] は、多数のソーティングアルゴリズムを百科事典的に扱っている。彼のソーティングアルゴリズムの比較（原著 382 ページ）は、本章で行った挿入ソートのステップ数を正確に数え上げる解析を含む。挿入ソートに関する Knuth の議論は挿入ソートの複数の変形を含む。これらのうち最も重要なものは、D. L. Shell が発見したシェルソートである。シェルソートは、より高速なソートを実現するために、入力列から要素を一定の間隔で取り出してできる部分配列上で挿入ソートを用いる。

Knuth はマージソートも説明している。Knuth によれば、1 回の走査で 2 組のパンチカードをマージする能力を持つ紙揃え機が 1938 年に発明されている。コンピュータ科学のパイオニアの一人である J. von Neumann は 1945 年に EDVAC コンピュータの上でマージソートのプログラムを書いている。

Gries [200] にはプログラムの正当性証明に関する初期の歴史が紹介されている。彼は、この分野の最初の論文の著者を P. Naur だと考えている。また、彼はループ不変式の発明者を R. W. Floyd だと考えている。Mitchell の教科書 [329] はプログラムの正当性証明手法の優れた参考文献である。

3 実行時間の特徴づけ

CHARACTERIZING RUNNING TIMES

第2章（さあ，始めよう）で定義した，アルゴリズムの実行時間の増加のオーダーという概念を用いると，アルゴリズムの効率を簡単に特徴づけたり，別のアルゴリズムと性能を比較したりできる．入力サイズ n が十分に大きいときには，最悪実行時間が $\Theta(n \log n)$ のマージソートは最悪実行時間が $\Theta(n^2)$ の挿入ソートに勝る．第2章で解析した挿入ソートのように，アルゴリズムの正確な実行時間を決定できる場合もあるが，通常は過度な精度の追求はそれに必要な労力に見合わない．入力サイズが十分に大きい場合には，正確な実行時間の係数定数や低次の項の影響は入力サイズそのものの影響に比べて小さく，支配的にはなりえないからである．

　入力サイズが十分に大きくて，実行時間の増加のオーダーが唯一重要な尺度であると見なせるときには，アルゴリズムの**漸近的** (asymptotic) 効率を解析することになる．すなわち，入力サイズは際限なく大きくなりえるので，入力サイズが**極限まで** (in the limit) 増加したときのアルゴリズムの実行時間の増加の振舞いに興味がある．通常は，他のアルゴリズムより漸近的に効率の良いアルゴリズムは，十分に小さいサイズの入力を除くすべての入力に対して最適な選択である．

　本章では，アルゴリズムの漸近的解析を簡単にするための標準的な方法をいくつか紹介する．最初の節では，最もよく使われる3つの「漸近記法」を直観的に紹介する．先に示した Θ 記法はその1つである．そして，漸近記法を用いて挿入ソートの最悪実行時間を解析する方法を1つ示す．次の節では，漸近記法を厳密に定義し，本書を通して利用する記法上の約束をいくつか導入する．最後の節では，アルゴリズムの解析でしばしば出現する関数の振舞いを復習する．

3.1 O 記法，Ω 記法，Θ 記法

第2章で挿入ソートの最悪実行時間を解析したとき，複雑な式

$$\left(\frac{c_5}{2} + \frac{c_6}{2} + \frac{c_7}{2} \right) n^2 + \left(c_1 + c_2 + c_4 + \frac{c_5}{2} - \frac{c_6}{2} - \frac{c_7}{2} + c_8 \right) n - (c_2 + c_4 + c_5 + c_8)$$

から出発した．そして，低次の項 $(c_1 + c_2 + c_4 + c_5/2 - c_6/2 - c_7/2 + c_8)n$ と $c_2 + c_4 + c_5 + c_8$ を除去し，n^2 の係数 $c_5/2 + c_6/2 + c_7/2$ を無視した．その結果，因数 n^2 だけが残り，これを Θ 記法の中に入れて $\Theta(n^2)$ と書いた．我々はこの流儀に従ってアルゴリズムの実行時間を特徴づける：すなわち，低次の項と最高次の項の係数を無視し，実行時間の増加率に焦点を当てた記法を利用する．

Θ 記法が唯一の"漸近記法"ではない．本節では別の漸近記法についても紹介する．これら
の漸近記法の直観的な説明から始め，挿入ソートに立ち戻って，漸近記法を適用する方法を説
明する．次節では，漸近記法を厳密に定義し，漸近記法を用いる際の約束事を説明する．

詳細に立ち入る前に，記憶しておくべきことがある．我々にとって最も興味がある関数はア
ルゴリズムの実行時間を記述するものだが，これから説明する漸近記法は一般の関数を特徴づ
けるように設計されている．漸近記法は（たとえば，アルゴリズムが使用する領域のような）
アルゴリズムの実行時間以外のパフォーマンスを特徴づける関数や，アルゴリズムとまったく
関係のない関数に対してさえも適用できる．

O 記法 (O-notation)

O 記法は関数の漸近的振舞いの**上界** (upper bound) を特徴づける．言い換えると，関数が最高
次の項から決まる増加率を超える速度では**増加しない**ことを O 記法は表す．たとえば，関数
$7n^3 + 100n^2 - 20n + 6$ を考えよう．この最高次の項は $7n^3$ なので，この関数の増加率は n^3
であると言う．この関数が n^3 よりも速く増加することがないので，この関数は $O(n^3)$ である
と書くことができる．関数 $7n^3 + 100n^2 - 20n + 6$ は $O(n^4)$ であると主張しても，驚いては
ならない．なぜなら，この関数は n^4 よりもゆっくりと増加するので，n^4 よりも速く増加しな
いという言明は正しい．推測できるように，この関数は $O(n^5), O(n^6), \dots$ でもある．より一
般的には，任意の定数 $c \geq 3$ に対して，この関数は $O(n^c)$ である．

Ω 記法 (Ω-notation)

Ω 記法は関数の漸近的振舞いの**下界** (lower bound) を特徴づける．言い換えると，関数が（O
記法の場合と同様）最高次の項から決まる増加率と少なくとも同じ速度で増加することを Ω
記法は示す．関数 $7n^3 + 100n^2 - 20n + 6$ の最高次の項は n^3 と**少なくとも同じ速度**で増加す
るので，この関数は $\Omega(n^3)$ である．この関数は $\Omega(n^2)$, $\Omega(n)$ でもあり，より一般的には，任
意の定数 $c \leq 3$ に対して，$\Omega(n^c)$ である．

Θ 記法 (Θ-notation)

Θ 記法は関数の漸近的振舞いの**タイトな限界** (tight bound) を特徴づける．関数が（またも）最
高次の項から決まる増加率と**正確に同じ速度**で増加することを Θ 記法は示す．言い換えると，
Θ 記法は関数の増加率が上からある定数倍の範囲に入り，下からもある定数倍の範囲に入って
いることを示す．ここで，2 つの定数は異なっていてもよい．

ある関数が，ある関数 $f(n)$ に対して，$O(f(n))$ かつ $\Omega(f(n))$ であることを示せば，この関
数は $\Theta(f(n))$ であることを示したことになる．（次節では，この事実を定理として述べる．）た
とえば，関数 $7n^3 + 100n^2 - 20n + 6$ は $O(n^3)$ かつ $\Omega(n^3)$ なので，$\Theta(n^3)$ である．

例題：挿入ソート

挿入ソートに立ち戻り，第 2 章（さあ，始めよう）で行った和の評価をすることなく，漸近記

法を用いた解析によって最悪実行時間が $\Theta(n^2)$ であることを示す．手続き INSERSION-SORT
を再掲する：

INSERTION-SORT(A, n)

1   **for** $i = 2$ **to** n
2       $key = A[i]$
3   // $A[i]$ をソート済み部分配列 $A[1:i-1]$ に挿入
4       $j = i - 1$
5   **while** $j > 0$ かつ $A[j] > key$
6           $A[j+1] = A[j]$
7           $j = j - 1$
8       $A[j+1] = key$

　擬似コードの動作について次のように観察できる．擬似コードは入れ子になったループ構造
を持っている．外側のループは **for** ループで，ソートされている値に関わらず，$n-1$ 回繰り
返される．内側のループは **while** ループであるが，繰返し回数はソートしている値に依存す
る．ループ変数 j は，$i-1$ を初期値とし，0 に到達するか $A[j] \le key$ が成立するまで，繰返
しのたびに 1 ずつ減少する．与えられた i の値によって，この **while** ループは 0 回，$n-1$ 回
あるいはその中間の任意の回数だけ繰り返される．この **while** ループの本体（第 6〜7 行）の
各繰返しにかかる時間は定数時間である．

　これらの観察だけに基づいて，任意の場合について，INSERTION-SORT の実行時間が $O(n^2)$
であることを導出でき，すべての入力に対する包括的な言明を得ることができる．実行時間は
内側のループに支配されている．外側のループの $n-1$ 回の繰返しのそれぞれで，内側のルー
プは最大 $i-1$ 回繰り返され，i の最大値は n なので，内側のループの繰返し回数の総和は高々
$(n-1)(i-1)$ であり，これは n^2 未満である．内側のループの各繰返しは定数時間で終了する
ので，内側のループの実行に費やされる総時間は高々 n^2 の定数倍，すなわち $O(n^2)$ である．

　少し想像力を働かせば，INSERTION-SORT の最悪実行時間が $\Omega(n^2)$ であることが分かる．
あるアルゴリズムの最悪実行時間が $\Omega(n^2)$ であると言うとき，ある閾値以上のすべての入力
サイズ n に対して，アルゴリズムの実行に少なくとも cn^2 時間かかるサイズ n の入力が少な
くとも 1 個存在することを意味しているのであって，すべてのサイズ n の入力に対してアルゴ
リズムの実行に少なくとも cn^2 時間かかることを必ずしも意味しているのではない．ここで，
c は正の定数である．

　INSERTION-SORT の最悪実行時間が $\Omega(n^2)$ であることを明らかにしよう．ある値が最初に
格納された位置から右に移動してアルゴリズムが終わるならば，第 6 行においてその値は移
動している．実際，ある値が最初に存在した位置から k だけ右に移動したなら，第 6 行は k
回実行されたはずである．図 3.1 に示すように，n は 3 の倍数で，配列 A をそれぞれ $n/3$ 個
の位置からなる 3 つの部分配列に分割できると仮定する．INSERTION-SORT の入力について，
その中で大きいほうから $n/3$ 個の値が最初の部分配列 $A[1:n/3]$ に格納されていると仮定し
よう．（各値が部分配列のどこに格納されているかは気にしなくてよい．）配列がソートされた
暁には，これら $n/3$ 個の値はすべて最後の部分配列 $A[2n/3+1:n]$ に移動している．した

44 | 3 実行時間の特徴づけ

$A[1:n/3]$	$A[n/3+1:2n/3]$	$A[2n/3+1:n]$
上位 $n/3$ の値を持つ 各要素が移動する	これらの $n/3$ の 各要素を通り越して	これらの $n/3$ の 位置のどこかに

図 3.1 挿入ソートの $\Omega(n^2)$ 下界. 最初の $n/3$ 個の位置に大きいほうから $n/3$ 個の値が格納されていると仮定する. これら $n/3$ 個の値のそれぞれは, 中央の $n/3$ 個の位置のそれぞれを, 1 時点に 1 つずつ移動して, 最後の $n/3$ 個の位置のどれかに到達する必要がある. これら $n/3$ 個の値のそれぞれが少なくとも $n/3$ 個の位置を通過する必要があるので, アルゴリズムの実行にかかる時間は少なくとも $(n/3)(n/3) = n^2/9$ に比例する. すなわち, $\Omega(n^2)$ である.

がって, これら $n/3$ 個の値のそれぞれは, 中央の部分配列 $A[n/3 + 1 : 2n/3]$ に属する $n/3$ 個の位置すべてを通過した. すなわち, これら $n/3$ 個の値のそれぞれは, 第 6 行を少なくとも $n/3$ 回実行して中央の $n/3$ 個の位置を通過した. 少なくとも $n/3$ 個の値がそれぞれ少なくとも $n/3$ 個の位置を通過したので, 最悪の場合に INSERTION-SORT の実行にかかる時間は $(n/3)(n/3) = n^2/9$ に比例する. すなわち, $\Omega(n^2)$ である.

　サイズ n のすべての入力に対して INSERTION-SORT は $O(n^2)$ 時間で走り, 一方, 実行に $\Omega(n^2)$ 時間かかるサイズ n の入力が存在することが証明できたので, INSERTION-SORT の最悪実行時間は $\Theta(n^2)$ であると結論できる. ここで, 上界と下界を証拠立てる定数因子が異なっていても問題にはならない. 重要なことは, (低次の項を無視し) 最悪実行時間を定数倍の範囲で特徴づけたことである. したがって, この議論から, INSERTION-SORT が**すべての**入力に対して $\Theta(n^2)$ 時間で走ることは証明できない. 事実, INSERTION-SORT の最良実行時間が $\Theta(n)$ であることを第 2 章 (さあ, 始めよう) で確認した.

練習問題

3.1-1 挿入ソートに対する下界の議論を, 入力サイズが 3 の倍数でない場合も扱えるように変更せよ.

3.1-2 挿入ソートに対して用いた推論と同じ推論を用いて, 練習問題 2.2-2 で扱った選択ソートの実行時間を解析せよ.

3.1-3 α を $0 < \alpha < 1$ を満たす小数とする. 大きいほうから αn 個の値が最初の αn 個の位置に格納されているような入力を考察できるように, 挿入ソートの下界の議論を一般化せよ. α に新たに課す必要のある制限を説明せよ. 大きいほうから αn 個の値のそれぞれが中央の $(1 - 2\alpha)n$ 配列位置をすべて通過する回数の総和を最大化する α を求めよ.

3.2　漸近記法：厳密な定義

前節で漸近記法を直観的に説明した. もっと厳密な議論に移ろう. アルゴリズムの漸近実行時間を記述するために使用する記法は, そのほとんどが領域が自然数の集合 $\mathbb{N}$ あるいは実数の集合 $\mathbb{R}$ である関数に関するものである. このような記法は実行時間関数 $T(n)$ を記述するのに適している. 本節では, 基本的な漸近記法を定義し, いくつかの記法に共通する, 記法の "正

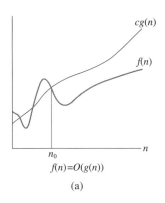
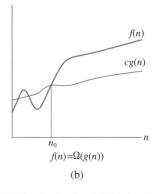
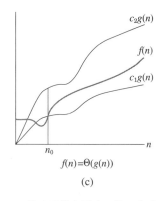

図 3.2　O, Ω, Θ 記法の図による説明．各パートで図示されている n_0 の値は可能な最小の値である．n_0 はそれよりも大きい任意の値でよい．**(a)** O 記法は関数を定数倍の範囲に収まるように上から抑える．$f(n) = O(g(n))$ であるのは，ある正の定数 n_0 と c が存在して，n_0 あるいは n_0 の右にあるすべての値 n に対して，関数 $f(n)$ の値は $cg(n)$ に一致するか $cg(n)$ より下にある．**(b)** Ω 記法は関数を定数倍の範囲に収まるように下から抑える．$f(n) = \Omega(g(n))$ であるのは，ある正の定数 n_0 と c が存在して，n_0 あるいは n_0 の右にあるすべての値 n に対して，関数 $f(n)$ の値は $cg(n)$ に一致するか $cg(n)$ より上にある．**(c)** Θ 記法は関数を定数倍の範囲に限定する．$f(n) = \Theta(g(n))$ であるのは，ある正の定数 n_0, c_1, c_2 が存在して，n_0 あるいは n_0 の右にあるすべての値 n に対して，関数 $f(n)$ の値は $c_1 g(n)$ に一致するか $c_1 g(n)$ より上にあり，同時に $c_2 g(n)$ に一致するか $c_2 g(n)$ より下にある．

しい"濫用のいくつか方法を説明する．

O 記法

第 3.1 節で紹介したように，O 記法は**漸近的上界** (asymptotic upper bound) を記述する．O 記法は関数の上界を与えるが，それは定数倍の範囲に納まる上界である．

O 記法に厳密な定義を与える．与えられた関数 $g(n)$ に対して，表記 $O(g(n))$ ("ビッグオー $g(n)$" あるいは単に "オー $g(n)$" と読むこともある) は**関数の集合**

$O(g(n)) = \{f(n) :$ ある正定数 c と n_0 が存在して，

すべての $n \geq n_0$ に対して $0 \leq f(n) \leq cg(n)$ を満たす $\}$ [1]

を表す．関数 $f(n)$ が集合 $O(g(n))$ に属するのは，正定数 c が存在して，n が十分に大きいときには $f(n) \leq cg(n)$ を満たすときである．図 3.2(a) は O 記法を直観的に説明する図である．n_0 あるいは n_0 の右にあるすべての値 n に対して，関数 $f(n)$ の値は $cg(n)$ に一致するか $cg(n)$ の下にある．

$O(g(n))$ の定義は，集合 $O(g(n))$ に属するすべての関数 $f(n)$ が**漸近的に非負** (asymptotically nonnegative) であることを要請する．すなわち，$f(n)$ は n が十分に大きいときにはつねに非負でなければならない．(**漸近的に正** (asymptotically positive) である関数とは，n が十分に大きいときにはつねに正であるような関数である．) 結果的に，関数 $g(n)$ それ自身が漸近的に非負でなければならない．そうでなければ，集合 $O(g(n))$ は空である．したがって，我々は O 記法に属するすべての関数は漸近的に非負であると仮定する．本章で定義する他の漸近記法についても同様に仮定する．

---

[1] 集合表記の中でコロンは条件 (such that) を示す．

O 記法を集合によって定義したことは驚きかもしれない．また，$f(n)$ が $O(g(n))$ に属することを示すので，"$f(n) \in O(g(n))$" と書くべきであると考えるかもしれない．しかし，我々は通常 "$f(n) = O(g(n))$" と書き，同じ概念を表すのに "$f(n)$ はビッグオー $g(n)$ である" と読む．このような等号の濫用は混乱の要因になると最初は思うだろうが，後ほど本節で，この濫用にメリットがあることを示す．

例を用いて，我々が実践してきた低次の項を除去し，最高次の項の定数係数を無視するという手続きを正当化するのに O 記法の厳密な定義を利用する方法を説明する．低次の項の係数が最高次の係数の何倍も大きいにも関わらず，$4n^2 + 100n + 500 = O(n^2)$ であることを示す．すべての $n \geq n_0$ に対して $4n^2 + 100n + 500 \leq cn^2$ が成立する正定数 c と n_0 を見出す必要がある．この両辺を n^2 で割り，$4 + 100/n + 500/n^2 \leq c$ を得る．この不等式は多くの c と n_0 の組に対して成立する．たとえば，$n_0 = 1$ を選ぶと $c = 604$ のときこの不等式が成立する．$n_0 = 10$ のとき $c = 19$ と取ればよく，$n_0 = 100$ のときには $c = 5.05$ と取ればよい．

また，関数 $n^3 - 100n^2$ は，n^2 の係数が大きい負の値であるにも関わらず，集合 $O(n^2)$ に属さないことを証明するために，O 記法の厳密な定義が利用できる．矛盾を導くために $n^3 - 100n^2 = O(n^2)$ であると仮定すると，すべての $n \geq n_0$ に対して，$n^3 - 100n^2 \leq cn^2$ を満たす正定数 c と n_0 が存在するはずである．両辺を n^2 で割り，$n - 100 \leq c$ を得る．このとき，定数 c の選択に関わらず，$n > c + 100$ である任意の n に対して，この不等式は成立しない．

Ω 記法

O 記法が関数の漸近的**上界**を与えたように，Ω 記法は**漸近的下界** (asymptotic lower bound) を与える．与えられた関数 $g(n)$ に対して，表記 $\Omega(g(n))$ ("ビッグオメガ $g(n)$" あるいは，単に "オメガ $g(n)$" と読むこともある）は関数の集合

$$\Omega(g(n)) = \{f(n) : \text{ある正定数 } c \text{ と } n_0 \text{ が存在して,}$$
$$\text{すべての } n \geq n_0 \text{ に対して } 0 \leq cg(n) \leq f(n) \text{ を満たす }\}$$

を表す．図 3.2(b) は Ω 記法を直観的に説明する図である．n_0 ならびに n_0 の右にあるすべての値 n に対して，関数 $f(n)$ の値は $cg(n)$ に一致するか $cg(n)$ の上にある．

すでに $4n^2 + 100n + 500 = O(n^2)$ であることを証明した．ここでは，$4n^2 + 100n + 500 = \Omega(n^2)$ であることを証明する．すべての $n \geq n_0$ に対して $4n^2 + 100n + 500 \geq cn^2$ が成立する正定数 c と n_0 を見出す必要がある．前と同様，両辺を n^2 で割り，$4 + 100/n + 500/n^2 \geq c$ を得る．この不等式は n_0 が任意の正の整数で $c = 4$ のとき成立する．

項 $4n^2$ に低次の項を加える代わりにこれらの項を引く場合や，n^2 の項の係数が小さい場合にはどうなるだろうか？この関数は依然として $\Omega(n^2)$ である．ためしに，$n^2/100 - 100n - 500 = \Omega(n^2)$ を証明してみよう．両辺を n^2 で割り，$1/100 - 100/n - 500/n^2 \geq c$ を得る．n_0 として $10{,}005$ 以上の任意の値を選択し，c に適切な正整数を探す．たとえば，$n_0 = 10{,}005$ として，$c = 2.49 \times 10^{-9}$ を選択すればよい．確かに c は極めて小さいが，それでも正である．n_0 にもっと大きい値が選択できるならば，もっと大きい c が発見できる．たとえば，$n_0 = 100{,}000$ のとき，$c = 0.0089$ でよい．n_0 の値を大きく取れば取るほど，係数 $1/100$ に近い c が選択できる．

Θ 記法

我々は Θ 記法を**漸近的にタイトな限界** (asymptotically tight bound) のために用いる．与えられた関数 $g(n)$ に対して，表記 $\Theta(g(n))$（"シータ $g(n)$" と読む）は関数の集合

$$\Theta(g(n)) = \{f(n) : \text{ある正定数 } c_1,\ c_2,\ n_0 \text{ が存在して，}$$
$$\text{すべての } n \geq n_0 \text{ に対して，} 0 \leq c_1 g(n) \leq f(n) \leq c_2 g(n) \text{ を満たす }\}$$

を表す．図 3.2(c) は Θ 記法を直観的に説明する図である．n_0 ならびに n_0 の右にあるすべての値 n に対して，関数 $f(n)$ の値は $c_1 g(n)$ に一致するか $c_1 g(n)$ より上にあり，同時に $c_2 g(n)$ に一致するか $c_2 g(n)$ より下にある．

$O,\ \Omega,\ \Theta$ 記法の定義から以下の定理が導かれる．その証明は練習問題 3.2-4 とする．

定理 3.1 任意に選んだ 2 つの関数を $f(n)$ と $g(n)$ とする．$f(n) = \Theta(g(n))$ であるための必要十分条件は，$f(n) = O(g(n))$ かつ $f(n) = \Omega(g(n))$ が成立することである． ∎

漸近的上界と漸近的下界から漸近的にタイトな限界を証明するために定理 3.1 を用いる．

漸近記法と実行時間

アルゴリズムの実行時間を特徴づけるために漸近記法を使うときには，漸近記法を適用する実行時間を誇張することなく，できる限り正確な漸近記法を使う必要がある．漸近記法を適切に，また不適切に利用して実行時間を特徴づけた例を説明する．

挿入ソートから始めよう．挿入ソートの最悪実行時間は $O(n^2)$ かつ $\Omega(n^2)$ であり，したがって，定理 3.1 から $\Theta(n^2)$ であると主張するのは正しい．これら 3 つの最悪実行時間を特徴づける方法はいずれも正しいが，$\Theta(n^2)$ が最も正確で，それゆえ最も推奨できる．我々が挿入ソートの最良実行時間が $O(n),\ \Omega(n),\ \Theta(n)$ であると主張するのは正しいが，再び $\Theta(n)$ が最も正確で，それゆえ最も推奨できる．

挿入ソートの実行時間が $\Theta(n^2)$ であるという主張は**正しくない**．これは誇張された主張である．なぜなら，"最悪の場合" を言明から除いたことで，すべての場合を含む包括的な言明に変化してしまったからである．挿入ソートはすでに観察したように最良の場合には $\Theta(n)$ 時間で走るので，どの場合にも $\Theta(n^2)$ 時間で走るというのは誤った言明である．しかし，どの場合も実行時間が n^2 よりも速く増加することがないから，挿入ソートの実行時間は $O(n^2)$ であるという主張は正しい．$\Theta(n^2)$ の代わりに $O(n^2)$ を用いるならば，実行時間が n^2 よりもゆっくりと増加する場合を含めても問題はない．同様に，挿入ソートの実行時間が $\Theta(n)$ であるというのは間違った主張であるが，実行時間が $\Omega(n)$ であると主張するのは正しい．

マージソートの場合はどうか？すべての入力に対してマージソートは $\Theta(n \log n)$ 時間で走るので，最悪の場合，最良の場合，あるいは別の場合といった制約を設けずにマージソートの実行時間は $\Theta(n \log n)$ であると言うことができる．

人はときどき O 記法と Θ 記法を誤って混用し，O 記法を漸近的にタイトな限界を示すために用いることがある．そして "$O(n \log n)$ 時間アルゴリズムは $O(n^2)$ アルゴリズムより速く走る" といったようなことを主張する．そうかもしれないし，そうでないかもしれない．O 記法は漸近的上界を示すだけなので，$O(n^2)$ アルゴリズムであると言われているものが実際には

$\Theta(n)$ 時間で走るかもしれない. 漸近的にタイトな限界を示したい場合には必ず Θ 記法を利用せよ.

漸近記法は,できる限り簡単で正確な限界を記述するために用いる. たとえば,あるアルゴリズムの実行時間が,すべての場合において $3n^2 + 20n$ なら,漸近表現を使って実行時間は $\Theta(n^2)$ であると書く. 厳密に言えば,実行時間は $O(n^3)$ あるいは $\Theta(3n^2 + 20n)$ であると書いても間違いではない. しかし,この場合にはこれらの表現よりも $\Theta(n^2)$ を使うほうが役に立つ:実行時間が $3n^2 + 20n$ なら $O(n^3)$ では正確性に劣るし,$\Theta(3n^2 + 20n)$ では余計な複雑さを導入して増加のオーダーを曖昧にしている. $\Theta(n^2)$ のように,できる限り簡潔で正確に限界を記述することで,さまざまなアルゴリズムを分類し,比較することが可能になる. 本書で目にすることになる漸近実行時間のほとんどは n, $n \lg^2 n$, $n^2 \lg n$ あるいは $n^{1/2}$ のような多項式や対数関数に基づくものである. 指数関数,$\lg \lg n$ あるいは $\lg^* n$(第 3.3 節参照)のような関数もまた現れる. たいていの場合,これらの関数の増加率の比較は極めて簡単である. 章末問題 3-3 はその良い練習になる.

漸近記法を含む等号と不等号

漸近記法を集合によって厳密に定義したが,式の中で等号(=)を集合の要素を示す記号(∈)の代わりに用いた. たとえば $4n^2 + 100n + 500 = O(n^2)$ と書いた. それでは $2n^2 + 3n + 1 = 2n^2 + \Theta(n)$ と書くことも許されるのだろうか?また,このような式はどのように解釈すればよいのだろうか?

$4n^2 + 100n + 500 = O(n^2)$ の場合のように,漸近記号が(複雑な式の中ではなく)単独で等式(あるいは不等式)の右辺に出現するとき,等号は集合の要素を示す記号であると解釈する. すなわち,$4n^2 + 100n + 500 \in O(n^2)$ である. つぎに,一般に漸近記法が式の中に現れたとき,その漸近記法を名づけるには及ばないある無名の関数であると解釈する. たとえば,式 $2n^2 + 3n + 1 = 2n^2 + \Theta(n)$ は,$2n^2 + 3n + 1 = 2n^2 + f(n)$ を意味する. ここで $f(n) \in \Theta(n)$ である. $f(n) = 3n + 1$ と置くと,実際に $f(n)$ は $\Theta(n)$ に属する.

漸近記法をこのように扱うことで,等式から本質的ではない詳細や混乱を除去できる. たとえば,第 2 章(さあ,始めよう)でマージソートの最悪実行時間を漸化式

$$T(n) = 2T(n/2) + \Theta(n)$$

で表した. 我々の唯一の興味が $T(n)$ の漸近的な振舞いならば,すべての低次の項を正確に記述する意味がない. これらの項はすべて項 $\Theta(n)$ で表される無名の関数に含まれていると理解できるからである.

式中の無名関数の数は式中に出現する漸近記法の数に等しい. たとえば,式

$$\sum_{i=1}^{n} O(i)$$

にはちょうど 1 個の無名関数(i の関数)が現れる. したがって,この式は $O(1) + O(2) + \cdots + O(n)$ というあまり明快な解釈が存在しない式と同一では**ない**.

$$2n^2 + \Theta(n) = \Theta(n^2)$$

のように，漸近記法が等式の左辺に出現することもある．このような場合には以下の規則に従って解釈する：**等号の左辺においてどのように無名関数を選択しても，等号の右辺で等号を成立させるような無名関数の選択方法が存在する．**上記の等式は**任意の**関数 $f(n) \in \Theta(n)$ に対して，**ある**関数 $g(n) \in \Theta(n^2)$ が存在して，すべての n に対して $2n^2 + f(n) = g(n)$ を満たすことを意味する．言い換えると，等式の右辺は左辺よりも詳細化のレベルが粗い．

$$2n^2 + 3n + 1 = 2n^2 + \Theta(n)$$
$$= \Theta(n^2)$$

のように，等号や不等号などで式を繋ぐことができる．このような場合には，上で述べた規則に従い，各等式を別々に解釈する．最初の等式が意味するのは，任意の n に対して，$2n^2 + 3n + 1 = 2n^2 + f(n)$ を満たす**ある**関数 $f(n)$ が存在するということである．第 2 の等式が意味するのは，**任意の**（直前で述べた $f(n)$ のような）関数 $g(n) \in \Theta(n)$ に対して，**ある**関数 $h(n) \in \Theta(n^2)$ が存在して，すべての n に対して $2n^2 + g(n) = h(n)$ を満たすということである．この解釈に従えば，$2n^2 + 3n + 1 = \Theta(n^2)$ を得る．これは等号の連鎖が直観的に意味していることである．

漸近記法の正しい濫用

等号を集合の要素を示す記号として使うという濫用に対して正確な数学的解釈を与えた．∞ に近づく変数を文脈から推測する必要があるときにも，漸近記法の濫用が起こる．たとえば，$O(g(n))$ を話題にするとき，n の増加に伴う $g(n)$ の増加に興味があると仮定できるし，$O(g(m))$ が話題に上がれば，m の増加に伴う $g(m)$ の増加について話している．このように，式の中の自由変数は ∞ に近づく変数を示す．

　∞ に近づく変数を決定するには文脈に関する知識が必要になる場合がある．最もよく起こるのは，式 $O(1)$ のように，漸近記法の中に現れる関数が定数の場合である．式の中に変数が現れないので，式から ∞ に近づく変数を推測することはできない．このような場合，文脈によって曖昧さを除去する必要がある．たとえば，漸近記号を含む等式が $f(n) = O(1)$ ならば，興味のある変数が n であることは明らかである．文脈から興味のある変数が n であると分かれば，O 記法の厳密な定義を用いて式の完全な意味が理解できる：すなわち，等式 $f(n) = O(1)$ は，n が ∞ に近づくとき $f(n)$ がある定数によって上から抑えられることを意味する．技術的には ∞ に近づく変数を明示的に漸近表現自体の中に記述することで曖昧さを減少できる．しかし，これには記法が乱雑になるという犠牲が伴う．本書では，単純にどの変数（あるいは変数たち）が ∞ に近づくか文脈から明らかであるように記述する．

　$T(n) = O(1)$ のように漸近記法の内部の関数が正の定数によって限定されている場合，とくに最初の再帰において前段とは違った種類の漸近記法の濫用がよく起こる．「$n < 3$ に対して $T(n) = O(1)$ である」といった感じの言明を書くことがあるかもしれない．しかし，O 記法の厳密な定義に照らせばこの言明は無意味である．なぜなら，O 表記の定義は，ある $n_0 > 0$ が存在して，すべての $n \geq n_0$ に対して $T(n)$ を上からある正の定数 c によって抑えているにすぎず，$n < n_0$ のときには $T(n)$ の値はそのように限定されない．$n < 3$ に対して $T(n) = O(1)$ であるという言明では $n_0 > 3$ が成立しているかもしれず，この場合には，$n < 3$ において

$T(n)$ に課される限定を推定できない.

$n < 3$ に対して $T(n) = O(1)$ であるという言明を, 慣習では, $n < 3$ のとき $T(n) \le c$ となるある正定数 c が存在する, と解釈する. この慣習によって, 限定に使う定数を名づける手間が省け, 解析の中でより重要な変数に集中している間は, この定数を無名のまま扱うことが可能になる. 同様の濫用が他の漸近記法についても起こる. たとえば, $n < 3$ に対して $T(n) = \Theta(1)$ であるという言明は, $n < 3$ のとき, $T(n)$ は上と下の両方からそれぞれ定数によって限定されている, と解釈する.

アルゴリズムの実行時間を記述する関数がある入力サイズに対して定義されないことがある. たとえば, 入力サイズはちょうど 2 のベキであるとアルゴリズムが仮定している場合である. このような場合でも, 実行時間の増加を記述するために漸近記法を利用するが, 限定が適用されるのは関数が定義される場合だけであることに注意しよう. たとえば, $f(n)$ が自然数あるいは非負実数のある部分集合の上に限って定義されていると仮定する. $f(n) = O(g(n))$ が意味するのは, O 記法の定義に現れる限定 $0 \le f(n) \le cg(n)$ が, $n > n_0$ でかつ $f(n)$ が定義されている領域に属するすべての n に対して成立する, ということである. 文脈から何を意味するのか普通は明らかなので, この種の濫用が指摘されるのは稀である.

数学では, 誤用しない限り, 記法の濫用は許されるし, ときには望ましい. 濫用が意味するところを正確に理解しており, 誤った結論を引き出すことがなければ, 記法の濫用は数学的言語を単純化し, 高レベルの理解に貢献し, 本当に重要なことに集中する助けになる.

o 記法 (o-notation)

O 記法で与えられる漸近的上界は漸近的にタイトである場合も, そうでない場合もある. 限界 $2n^2 = O(n^2)$ は漸近的にタイトであるが, 限界 $2n = O(n^2)$ はそうではない. o 記法を漸近的にタイトではない上界を表すために用いる. $o(g(n))$ (“リトルオー $g(n)$" と読む) を関数の集合

$$o(g(n)) = \{ f(n) : 任意の正定数 \ c > 0 \ に対して, \ ある正定数 \ n_0 > 0 \ が存在して,$$
$$すべての \ n \ge n_0 \ に対して, \ 0 \le f(n) < cg(n) \}$$

によって厳密に定義する. たとえば, $2n = o(n^2)$ だが, $2n^2 \ne o(n^2)$ である.

O 記法と o 記法の定義はよく似ている. 主要な相違は, $f(n) = O(g(n))$ では, 限定 $0 \le f(n) \le cg(n)$ は**ある**定数 $c > 0$ に対して成立するのに対し, $f(n) = o(g(n))$ では, 限定 $0 \le f(n) < cg(n)$ は**すべての**定数 $c > 0$ に対して成立する. 直観的に言うと, o 記法では, n が増加するに従って, $f(n)$ は $g(n)$ に比較して無視できるようになる:すなわち,

$$\lim_{n \to \infty} \frac{f(n)}{g(n)} = 0$$

を満たす. この極限をもって o 記法の定義とすることがある. 本書の定義でも無名の関数は漸近的に非負な関数と制限している.

ω 記法 (ω-notation)

ω 記法と Ω 記法の関係は o 記法と O 記法の関係と同様である. ω 記法を漸近的にタイトではない下界を表すために用いる. これを定義する 1 つの方法は,

$$f(n) \in \omega(g(n)) \text{ である必要十分条件は } g(n) \in o(f(n))$$

と定めることである. しかし, 本書では $\omega(g(n))$ ("リトルオメガ $g(n)$" と読む) を関数の集合

$$\omega(g(n)) = \{f(n) : \text{任意の正定数 } c > 0 \text{ に対して, ある正定数 } n_0 > 0 \text{ が存在して,}$$
$$\text{すべての } n \geq n_0 \text{ に対して, } 0 \leq f(n) < cg(n) < f(n) \text{ を満たす } \}$$

によって厳密に定義する. o 記法の定義で $f(n) < cg(n)$ とある所が, ω 記法の定義では逆である. すなわち $cg(n) < f(n)$ になっている. ω 記法の例として, $n^2/2 = \omega(n)$ だが, $n^2/2 \neq \omega(n^2)$ である. $f(n) = \omega(g(n))$ は, 極限が存在するならば,

$$\lim_{n \to \infty} \frac{f(n)}{g(n)} = \infty$$

を意味する. すなわち, n が増加するに従って, $f(n)$ は $g(n)$ に比較して限りなく大きくなる.

関数の比較

実数間の関係に関する性質の多くは漸近的比較に対しても成立する. 以下では, $f(n)$ と $g(n)$ は漸近的に正であると仮定する.

推移性 (transitivity):

$$f(n) = \Theta(g(n)) \quad \text{かつ} \quad g(n) = \Theta(h(n)) \quad \text{ならば,} \quad f(n) = \Theta(h(n))$$
$$f(n) = O(g(n)) \quad \text{かつ} \quad g(n) = O(h(n)) \quad \text{ならば,} \quad f(n) = O(h(n))$$
$$f(n) = \Omega(g(n)) \quad \text{かつ} \quad g(n) = \Omega(h(n)) \quad \text{ならば,} \quad f(n) = \Omega(h(n))$$
$$f(n) = o(g(n)) \quad \text{かつ} \quad g(n) = o(h(n)) \quad \text{ならば,} \quad f(n) = o(h(n))$$
$$f(n) = \omega(g(n)) \quad \text{かつ} \quad g(n) = \omega(h(n)) \quad \text{ならば,} \quad f(n) = \omega(h(n))$$

反射性 (reflexivity):

$$f(n) = \Theta(f(n))$$
$$f(n) = O(f(n))$$
$$f(n) = \Omega(f(n))$$

対称性 (symmetry):

$$f(n) = \Theta(g(n)) \text{ のとき, かつそのときに限り } g(n) = \Theta(f(n))$$

転置対称性 (transpose symmetry):

$$f(n) = O(g(n)) \quad \text{のとき, かつそのときに限り} \quad g(n) = \Omega(f(n))$$
$$f(n) = o(g(n)) \quad \text{のとき, かつそのときに限り} \quad g(n) = \omega(f(n))$$

これらの性質が漸近記法に対して成立するので，関数 f と g の漸近的比較と実数 a と b の比較に類似性が見出せる．

$$f(n) = O(g(n)) \quad \text{は} \quad a \leq b \text{と似ている}$$
$$f(n) = \Omega(g(n)) \quad \text{は} \quad a \geq b \text{と似ている}$$
$$f(n) = \Theta(g(n)) \quad \text{は} \quad a = b \text{と似ている}$$
$$f(n) = o(g(n)) \quad \text{は} \quad a < b \text{と似ている}$$
$$f(n) = \omega(g(n)) \quad \text{は} \quad a > b \text{と似ている}$$

$f(n) = o(g(n))$ のとき，$f(n)$ は $g(n)$ より**漸近的に小さい** (asymptotically smaller) と言い，$f(n) = \omega(g(n))$ のとき，$f(n)$ は $g(n)$ より**漸近的に大きい** (asymptotically larger) と言う．

しかし，実数に関する次の性質は漸近記法では成立しない：

3分律 (trichotomy)： 任意の 2 つの実数 a と b に対して，$a < b$, $a = b$, $a > b$ の中の 1 つだけが成立する．

任意の 2 つの実数は比較できるが，すべての関数が漸近的に比較できるわけではない．すなわち，$f(n) = O(g(n))$ も $f(n) = \Omega(g(n))$ も共に成立しない関数 $f(n)$ と $g(n)$ が存在する．たとえば，関数 $n^{1+\sin n}$ の指数部の値は 0 と 2 の間で振動し，その中間にあるすべての値を取るので，関数 n と $n^{1+\sin n}$ は漸近記法を用いて比較することができない．

練習問題

3.2-1 $f(n)$ と $g(n)$ を漸近的に非負の関数とする．Θ 記法の基本的な定義を用いて，$\max\{f(n), g(n)\} = \Theta(f(n) + g(n))$ であることを証明せよ．

3.2-2 「アルゴリズム A の実行時間は少なくとも $O(n^2)$ である」という文が無意味である理由を説明せよ．

3.2-3 $2^{n+1} = O(2^n)$ は成立するか？ $2^{2n} = O(2^n)$ はどうか？

3.2-4 定理 3.1 を証明せよ．

3.2-5 アルゴリズムの実行時間が $\Theta(g(n))$ であるための必要十分条件は，その最悪実行時間が $O(g(n))$ であり，かつその最良実行時間が $\Omega(g(n))$ であることを証明せよ．

3.2-6 $o(g(n)) \cap \omega(g(n))$ が空集合であることを証明せよ．

3.2-7 2 つの引数 m と n が独立に異なる速度で無限大に発散する場合を含むように漸近記法を拡張できる．与えられた関数 $g(n, m)$ に対して，$O(g(n, m))$ によって関数の集合

$$O(g(n, m)) = \{f(n, m) : \text{正定数 } c, n_0, m_0 \text{ が存在して，}$$
$$n \geq n_0 \text{ あるいは } m \geq m_0 \text{ を満たすすべてに対して}$$
$$0 \leq f(n, m) \leq cg(n, m) \text{ を満たす}\}$$

を表す．$\Omega(g(n, m))$ と $\Theta(g(n, m))$ について対応する定義を与えよ．

3.3 標準的な記法とよく使われる関数

本節ではいくつかの標準的な数学の関数と記法を概観し，それらの関係を調べる．漸近記法の使い方についても説明する．

単調性

$m \le n$ ならば $f(m) \le f(n)$ であるとき，関数 $f(n)$ は**単調増加** (monotonically increasing) であると言う．同様に，$m \le n$ ならば $f(m) \ge f(n)$ であるとき，$f(n)$ は**単調減少** (monotonically decreasing) であると言う．$m < n$ ならば $f(m) < f(n)$ であるとき，$f(n)$ は**狭義単調増加** (strictly increasing) であると言う．$m < n$ ならば $f(m) > f(n)$ であるとき，$f(n)$ は**狭義単調減少** (strictly decreasing) であると言う．これらの定義は f の定義域にある m と n に対して適用される．

フロア関数とシーリング関数

任意の実数 x に対して，x 以下の最大の整数を $\lfloor x \rfloor$（"x のフロア"と読む）と表し，x 以上の最小の整数を $\lceil x \rceil$（"x のシーリング"と読む）と表す．フロア関数とシーリング関数は共に単調増加である．

　フロア関数（切捨て）とシーリング関数（切上げ）は以下の性質を満たす．すべての整数 n に対して，

$$\lfloor n \rfloor = n = \lceil n \rceil \tag{3.1}$$

が成立する．すべての実数 x に対して

$$x - 1 \; < \; \lfloor x \rfloor \; \le \; x \; \le \; \lceil x \rceil \; < \; x + 1 \tag{3.2}$$

が成立する．また，

$$-\lfloor x \rfloor = \lceil -x \rceil \tag{3.3}$$

あるいは

$$-\lceil x \rceil = \lfloor -x \rfloor \tag{3.4}$$

が成立する．任意の実数 $x \ge 0$ と整数 $a, b > 0$ に対して，

$$\left\lceil \frac{\lceil x/a \rceil}{b} \right\rceil = \left\lceil \frac{x}{ab} \right\rceil \tag{3.5}$$

$$\left\lfloor \frac{\lfloor x/a \rfloor}{b} \right\rfloor = \left\lfloor \frac{x}{ab} \right\rfloor \tag{3.6}$$

$$\left\lceil \frac{a}{b} \right\rceil \le \frac{a + (b - 1)}{b} \tag{3.7}$$

$$\left\lfloor \frac{a}{b} \right\rfloor \geq \frac{a - (b-1)}{b} \tag{3.8}$$

である．任意の整数 n と実数 x に対して，

$$\lfloor n + x \rfloor = n + \lfloor x \rfloor \tag{3.9}$$

および

$$\lceil n + x \rceil = n + \lceil x \rceil \tag{3.10}$$

が成立する．

剰余演算

任意の整数 a と任意の正整数 n に対して，$a \bmod n$ は a を n で割った商 a/n の**剰余**
(remainder あるいは residue) である：すなわち

$$a \bmod n = a - n \lfloor a/n \rfloor \tag{3.11}$$

である．したがって，a が負である場合も含めて，

$$0 \leq a \bmod n < n \tag{3.12}$$

である．

ある整数を他の整数で割った剰余の概念が矛盾なく定義されたので，剰余の等価性を表す特別な記法を用意すると便利である．$(a \bmod n) = (b \bmod n)$ のとき，$a = b \,(\mathrm{mod}\, n)$ と表し，**法** (modulo) n の下で a は b と**等価** (equivalent) であると言う．言い換えると，n で割ったときに a と b が同じ剰余を持つなら $a = b \,(\mathrm{mod}\, n)$ である．これは，n が $b - a$ の約数であるのと等価である．法 n の下で a と b が等価でないとき，$a \neq b \,(\mathrm{mod}\, n)$ と書く．

多項式

非負の整数 d が与えられたとき，形式

$$p(n) = \sum_{i=0}^{d} a_i n^i$$

によって定義される関数を **n に関する d 次の多項式** (polynomial in n of degree d) と呼ぶ．ここで，定数 $a_0, a_1, \ldots, a_d$ は多項式の**係数** (coefficient) であり，$a_d \neq 0$ である．$a_d > 0$ であるとき，かつそのときに限り多項式は漸近的に正である．$p(n)$ を d 次の漸近的に正の多項式とするとき，$p(n) = \Theta(n^d)$ である．任意の実定数 $a \geq 0$ に対して関数 n^a は $n \geq 0$ のとき単調増加であり，任意の実定数 $a \leq 0$ に対して関数 n^a は $n \geq 0$ のとき単調減少である．ある定数 k に対して $f(n) = O(n^k)$ のとき，関数 $f(n)$ は**多項式的に限定されている** (polynomially bounded) と言う．

指数関数

すべての実数 $a \neq 0$, m, n に対して以下の等式が成立する：

$$a^0 = 1$$
$$a^1 = a$$
$$a^{-1} = 1/a$$
$$(a^m)^n = a^{mn}$$
$$(a^m)^n = (a^n)^m$$
$$a^m a^n = a^{m+n}$$

すべての n と $a \geq 1$ に対して，関数 a^n は n に関して単調増加である．便宜上，$0^0 = 1$ と仮定する．

多項式と指数関数の増加率を次の事実によって関連づけることができる．すべての実数 $a > 1$ と b に対して

$$\lim_{n \to \infty} \frac{n^b}{a^n} = 0$$

である．これから

$$n^b = o(a^n) \tag{3.13}$$

が結論できる．したがって，底が 1 より真に大きい任意の指数関数はどんな多項式よりも速く増加する．

自然対数関数の底 $2.71828\cdots$ を記号 e で表すと，すべての実数 x に対して

$$e^x = 1 + x + \frac{x^2}{2!} + \frac{x^3}{3!} + \cdots = \sum_{i=0}^{\infty} \frac{x^i}{i!}$$

が成立する．ここで，``!'' は本節で後ほど定義する階乗関数である．すべての実数 x に対して，不等号

$$1 + x \leq e^x \tag{3.14}$$

が成立する．ここで，$x = 0$ のときに限り等号が成立する．$|x| \leq 1$ のとき，近似式

$$1 + x \leq e^x \leq 1 + x + x^2 \tag{3.15}$$

が成立する．$x \to 0$ ならば，e^x は $1 + x$ によって非常に精度よく近似でき，

$$e^x = 1 + x + \Theta(x^2)$$

である．（この等式において，漸近記法は極限 $x \to \infty$ における振舞いではなく，$x \to 0$ における振舞いを記述するために使われている．）すべての x に対して

$$\lim_{n \to \infty} \left(1 + \frac{x}{n}\right)^n = e^x \tag{3.16}$$

である．

対数関数

以下の表記法を用いる：

$$\lg n = \log_2 n \qquad \text{(2 進対数)}$$
$$\ln n = \log_e n \qquad \text{(自然対数)}$$
$$\lg^k n = (\lg n)^k \qquad \text{(ベキ乗)}$$
$$\lg \lg n = \lg(\lg n) \qquad \text{(合成)}$$

本書では，記法について次のように約束する：**対数関数は式の中で次の項にだけ適用される**．したがって，$\lg n + k$ は $\lg(n+k)$ ではなく $(\lg n) + k$ を意味する．

任意の定数 $b > 1$ に対して，関数 $\log_b n$ は，$n \le 0$ ならば未定義，$n > 0$ ならば狭義単調増加，$0 < n < 1$ ならば負，$n > 1$ ならば正，そして $n = 1$ ならば 0 である．すべての実数 $a > 0$，$b > 0$，$c > 0$ および n に対して，

$$a = b^{\log_b a} \tag{3.17}$$
$$\log_c(ab) = \log_c a + \log_c b \tag{3.18}$$
$$\log_b a^n = n \log_b a$$
$$\log_b a = \frac{\log_c a}{\log_c b} \tag{3.19}$$
$$\log_b(1/a) = -\log_b a \tag{3.20}$$
$$\log_b a = \frac{1}{\log_a b}$$
$$a^{\log_b c} = c^{\log_b a} \tag{3.21}$$

である．ただし上の各式の対数の底は 1 ではない．

式 (3.19) から対数の底を別の定数に変えても対数の値は定数倍しか変化しない．そこで，O 記法の中などで定数因子が無視できるときには記法 "$\lg n$" を使うことが多い．多くのアルゴリズムやデータ構造が問題の 2 分割に基づいて作られているので，コンピュータ科学者にとって最も自然な対数の底は 2 である．

$|x| < 1$ のときには，$\ln(1 + x)$ に対して簡単な級数展開：

$$\ln(1 + x) = x - \frac{x^2}{2} + \frac{x^3}{3} - \frac{x^4}{4} + \frac{x^5}{5} - \cdots \tag{3.22}$$

が存在する．$x > -1$ ならば，不等式：

$$\frac{x}{1+x} \le \ln(1+x) \le x \tag{3.23}$$

が成立する．ここで等号は $x = 0$ のときだけ成立する．

ある定数 k に対して，$f(n) = O(\lg^k n)$ であるとき，関数 $f(n)$ は**対数多項式的に限定されている** (polylogarithmically bounded) と言う．式 (3.13) の n に $\lg n$，a に 2^a を代入することで，多項式と対数多項式の増加率を関係づけることができる．すなわち，任意の定数 $a > 0$ と b に対して，

$$\lg^b n = o(n^a) \tag{3.24}$$

である．したがって，任意の正の多項式関数はどんな対数多項式関数よりも速く増加する．

階　乗

階乗関数 $n!$ ("n の階乗" と読む) を整数 $n \geq 0$ に対して

$$n! = \begin{cases} 1 & n = 0 \text{ のとき} \\ n \cdot (n-1)! & n > 0 \text{ のとき} \end{cases}$$

と定義する．したがって，$n! = 1 \cdot 2 \cdot 3 \cdots n$ である．

　階乗の定義の n 個の項はそれぞれ高々 n なので，階乗関数の弱い上界は $n! \leq n^n$ である．
Stirling の近似公式 (Stirling's approximation)：

$$n! = \sqrt{2\pi n}\left(\frac{n}{e}\right)^n\left(1 + \Theta\left(\frac{1}{n}\right)\right) \tag{3.25}$$

は，より厳密な上界を与える．これはある下界でもある．ただし，e は自然対数の底である．
練習問題 3.3-4 では

$$n! = o(n^n) \tag{3.26}$$
$$n! = \omega(2^n) \tag{3.27}$$
$$\lg(n!) = \Theta(n \lg n) \tag{3.28}$$

を証明する．式 (3.28) の証明では Stirling の近似公式が利用できる．すべての $n \geq 1$ に対して
等式：

$$n! = \sqrt{2\pi n}\left(\frac{n}{e}\right)^n e^{\alpha_n} \tag{3.29}$$

も成立する．ただし，

$$\frac{1}{12n+1} < \alpha_n < \frac{1}{12n}$$

である．

関数の反復適用

初期値 n に対して関数 $f(n)$ を繰り返し i 回適用して得られる関数を $f^{(i)}(n)$ と表記する．厳
密に言うと，$f(n)$ を実数上の関数とするとき，非負の整数 i に対して $f^{(i)}(n)$ を再帰的に

$$f^{(i)}(n) = \begin{cases} n & i = 0 \text{ のとき} \\ f(f^{(i-1)}(n)) & i > 0 \text{ のとき} \end{cases} \tag{3.30}$$

と定義する．たとえば，$f(n) = 2n$ ならば $f^{(i)}(n) = 2^i n$ である．

反復対数関数

以下で定義する反復対数関数を $\lg^* n$ ("ログスター n" と読む) と表記する．$f(n) = \lg n$ と置
いて，$f^{(i)}(n) = \lg^{(i)} n$ を上で述べたように定義する．正ではない実数に対して対数は定義さ
れないから，$\lg^{(i)} n$ は $\lg^{(i-1)} n > 0$ のときだけ定義される．$\lg^{(i)} n$ (引数 n から始めて対数関

数を i 回連続で適用したもの）と $\lg^i n$（n の対数の i 乗）との区別に注意せよ．反復対数関数を

$$\lg^* n = \min \left\{ i \geq 0 : \lg^{(i)} n \leq 1 \right\}$$

と定義する．反復対数関数は**非常にゆっくりと増加する関数**であり，

$$\lg^* 2 = 1$$
$$\lg^* 4 = 2$$
$$\lg^* 16 = 3$$
$$\lg^* 65536 = 4$$
$$\lg^*(2^{65536}) = 5$$

である．観測できる宇宙の原子の個数は約 10^{80} と推定されているが，[a] これは $2^{65536} = 10^{65536/\lg 10} \approx 10^{19,782}$ よりずっと小さいので，$\lg^* n > 5$ となる入力サイズ n に出会うことは滅多にない．

フィボナッチ数

$i \geq 0$ に対して，**フィボナッチ数** (Fibonacci number) F_i を

$$F_i = \begin{cases} 0 & i = 0 \text{ のとき} \\ 1 & i = 1 \text{ のとき} \\ F_{i-1} + F_{i-2} & i \geq 2 \text{ のとき} \end{cases} \tag{3.31}$$

と定義する．したがって，最初の 2 つの後は，フィボナッチ数は先行する 2 つのフィボナッチ数の和であり，数列

$$0, \ 1, \ 1, \ 2, \ 3, \ 5, \ 8, \ 13, \ 21, \ 34, \ 55, \ \ldots$$

が生成される．フィボナッチ数は**黄金比** (golden ratio) ϕ およびその共役 $\widehat{\phi}$ と関係がある．これらは方程式

$$x^2 = x + 1$$

の 2 つの根である．練習問題 3.3-7 でその証明が問われるが，黄金比は

$$\phi = \frac{1 + \sqrt{5}}{2} \tag{3.32}$$
$$= 1.61803\ldots$$

その共役は

$$\widehat{\phi} = \frac{1 - \sqrt{5}}{2} \tag{3.33}$$
$$= -0.61803\ldots$$

である．具体的に言うと，

---

[a] ［訳注］アーサー・エディントンが 1938 年に予想したエディントン数（Eddington Nummber）．観測可能な宇宙に存在する陽子数による．

$$F_i = \frac{\phi^i - \widehat{\phi}^i}{\sqrt{5}}$$

であり，この事実は帰納法を用いて証明できる（練習問題 3.3-8 を参照）．$\left|\widehat{\phi}\right| < 1$ なので

$$\frac{\left|\widehat{\phi}^i\right|}{\sqrt{5}} < \frac{1}{\sqrt{5}}$$
$$< \frac{1}{2}$$

であり，

$$F_i = \left\lfloor \frac{\phi^i}{\sqrt{5}} + \frac{1}{2} \right\rfloor \tag{3.34}$$

が導かれる．このことから，i 番目のフィボナッチ数 F_i は $\phi^i/\sqrt{5}$ を最も近い整数に丸めたものに等しい．したがって，フィボナッチ数は指数的に増加する．

練習問題

3.3-1 $f(n)$ と $g(n)$ が単調増加関数ならば，$f(n) + g(n)$ と $f(g(n))$ も単調増加関数であることを示せ．$f(n)$ と $g(n)$ が，それに加えて非負ならば，$f(n) \cdot g(n)$ が単調増加であることを示せ．

3.3-2 任意の整数 n と実数 α $(0 \le \alpha \le 1)$ に対して，$\lfloor \alpha n \rfloor + \lceil (1 - \alpha)n \rceil = n$ であることを示せ．

3.3-3 式 (3.13) あるいは他の道具を使って，任意の実定数 k に対して，$(n + o(n))^k = \Theta(n^k)$ が成立することを示せ．$\lceil n \rceil^k = \Theta(n^k)$ と $\lfloor n \rfloor^k = \Theta(n^k)$ を導け．

3.3-4 以下の等式を示せ：

a. 式 (3.21)

b. 式 (3.26)–(3.28)

c. $\lg(\Theta(n)) = \Theta(\lg n)$

3.3-5 ★ 関数 $\lceil \lg n \rceil!$ は多項式的に限定されているか？ 関数 $\lceil \lg \lg n \rceil!$ は多項式的に限定されているか？

3.3-6 ★ $\lg(\lg^* n)$ と $\lg^*(\lg n)$ ではどちらが漸近的に大きいか？

3.3-7 前ページの式 (3.32) と (3.33) で定義された黄金比 ϕ とその共役 $\widehat{\phi}$ は共に方程式 $x^2 = x + 1$ を満たすことを示せ．

3.3-8 帰納法を用いて，i 番目のフィボナッチ数が

$$F_i = \frac{\phi^i - \widehat{\phi}^i}{\sqrt{5}}$$

を満たすことを証明せよ．ただし，ϕ は黄金比，$\widehat{\phi}$ はその共役である．

3.3-9 $k \lg k = \Theta(n)$ ならば $k = \Theta(n/\lg n)$ であることを示せ．

60 | 3 実行時間の特徴づけ

章末問題

3-1 多項式の漸近的振舞い

$$p(n) = \sum_{i=0}^{d} a_i n^i$$

を n に関する d 次の多項式とする．ただし，$a_d > 0$ である．k を定数とする．漸近記法の定義を用いて以下の性質を証明せよ．

a. $k \geq d$ ならば，$p(n) = O(n^k)$ である．

b. $k \leq d$ ならば，$p(n) = \Omega(n^k)$ である．

c. $k = d$ ならば，$p(n) = \Theta(n^k)$ である．

d. $k > d$ ならば，$p(n) = o(n^k)$ である．

e. $k < d$ ならば，$p(n) = \omega(n^k)$ である．

3-2 相対的漸近増加

下表の式の組 (A, B) のそれぞれに対して，A は B の O, o, Ω, ω, Θ のどれであるかを示せ．ただし，$k \geq 1, \epsilon > 0, c > 1$ は定数であると仮定する．表の各空欄に "yes" か "no" を記入せよ．

	A	B	O	o	Ω	ω	Θ
a.	$\lg^k n$	n^ϵ					
b.	n^k	c^n					
c.	$\sqrt{n}$	$n^{\sin n}$					
d.	2^n	$2^{n/2}$					
e.	$n^{\lg c}$	$c^{\lg n}$					
f.	$\lg(n!)$	$\lg(n^n)$					

3-3 漸近増加率による順序づけ

a. 以下の関数を増加率によって順序づけよ．すなわち，$g_1 = \Omega(g_2), g_2 = \Omega(g_3), \cdots, g_{29} = \Omega(g_{30})$ を満たす関数の配置 $g_1, g_2, \ldots, g_{30}$ を求めよ．$f(n)$ と $g(n)$ が同じ同値類に属するための必要十分条件が $f(n) = \Theta(g(n))$ が成立することであるとき，得られたリストを同値類に分割せよ．

$$\lg(\lg^* n) \qquad 2^{\lg^* n} \qquad (\sqrt{2})^{\lg n} \qquad n^2 \qquad n! \qquad (\lg n)!$$

$$(3/2)^n \qquad n^3 \qquad \lg^2 n \qquad \lg(n!) \qquad 2^{2^n} \qquad n^{1/\lg n}$$

$$\ln \ln n \qquad \lg^* n \qquad n \cdot 2^n \qquad n^{\lg \lg n} \qquad \ln n \qquad 1$$

$$2^{\lg n} \qquad (\lg n)^{\lg n} \qquad e^n \qquad 4^{\lg n} \qquad (n+1)! \qquad \sqrt{\lg n}$$

$$\lg^*(\lg n) \qquad 2^{\sqrt{2\lg n}} \qquad n \qquad 2^n \qquad n \lg n \qquad 2^{2^{n+1}}$$

b. **(a)** のどの関数 $g_i(n)$ に対しても $O(g_i(n))$ にも $\Omega(g_i(n))$ にも属さない，1 つの非負関数 $f(n)$ の例を与えよ.

3-4 漸近記法の性質

$f(n)$ と $g(n)$ を漸近的に正の関数とする. 以下の予想を肯定的あるいは否定的に解決せよ.

a. $f(n) = O(g(n))$ ならば $g(n) = O(f(n))$ である.

b. $f(n) + g(n) = \Theta(\min\{f(n), g(n)\})$ である.

c. すべての十分大きな n に対して $\lg g(n) \geq 1$ かつ $f(n) \geq 1$ であるとする. このとき, $f(n) = O(g(n))$ ならば $\lg f(n) = O(\lg g(n))$ である.

d. $f(n) = O(g(n))$ ならば $2^{f(n)} = O\left(2^{g(n)}\right)$ である.

e. $f(n) = O\left((f(n))^2\right)$ である.

f. $f(n) = O(g(n))$ ならば $g(n) = \Omega(f(n))$ である.

g. $f(n) = \Theta(f(n/2))$ である.

h. $f(n) + o(f(n)) = \Theta(f(n))$ である.

3-5 漸近記法の操作

$f(n)$ と $g(n)$ を漸近的に正の関数とする. 以下の恒等式を証明せよ:

a. $\Theta(\Theta(f(n))) = \Theta(f(n))$

b. $\Theta(f(n)) + O(f(n)) = \Theta(f(n))$

c. $\Theta(f(n)) + \Theta(g(n)) = \Theta(f(n) + g(n))$

d. $\Theta(f(n)) \cdot \Theta(g(n)) = \Theta(f(n) \cdot g(n))$

e. 任意の実定数 a_1, $a_2 > 0$ と整数定数 k_1, k_2 に対して，次の漸近限界について議論せよ.
$$(a_1 n)^{k_1} \lg^{k_2}(a_2 n) = \Theta(n^{k_1} \lg^{k_2} n)$$

3-6 O と Ω の変型

本書とは少し違う形で Ω 記法を定義することがある. 別の定義のために記号 $\overset{\infty}{\Omega}$ ("オメガ無限大" と読む) を用い，ある正定数 c が存在して，無限個の整数 n に対して $f(n) \geq cg(n) \geq 0$ が成立するとき, $f(n) = \overset{\infty}{\Omega}(g(n))$ であると定義する.

62 | 3 実行時間の特徴づけ

a. 任意の漸近的に非負の関数 $f(n)$ と $g(n)$ に対して，$f(n) = O(g(n))$ と $f(n) = \overset{\infty}{\Omega}(g(n))$ の少なくとも一方が成立することを示せ．

b. 漸近的に非負の関数 $f(n)$ と $g(n)$ で，$f(n) = O(g(n))$ も $f(n) = \Omega(g(n))$ も共に成立しないものが存在することを示せ．

c. プログラムの実行時間を記述するために，Ω の代わりに $\overset{\infty}{\Omega}$ を用いることの潜在的な利点と欠点を論ぜよ．

O 記法を別の形で定義する著者もいる．この定義のために記号 O' を用い，$f(n) = O'(g(n))$ である必要十分条件を $|f(n)| = O(g(n))$ であることと定義する．

d. O の代わりに O' を使い，Ω はそのまま使うと，定理 3.1（47 ページ）の必要条件と十分条件にどのような影響を与えるか？

対数因子を無視した O を意味する $\widetilde{O}$（"ソフトオー"と読む）を定義する著者もいる．$\widetilde{O}$ は

$$\widetilde{O}(g(n)) = \{f(n): \text{ ある正定数 } c, k, n_0 \text{ が存在して，すべての } n \geq n_0 \text{ に対して，}$$
$$0 \leq f(n) \leq cg(n)\lg^k(n) \text{ を満たす } \}$$

と定義される．

e. $\widetilde{\Omega}$ と $\widetilde{\Theta}$ を同じ要領で定義せよ．定理 3.1 に対応する類似の定理を証明せよ．

3-7 反復関数

$\lg^*$ 関数で用いた反復演算子 $*$ は実数上の任意の単調増加関数 $f(n)$ に適用できる．与えられた定数 $c \in \mathbb{R}$ に対して反復関数 f_c^* を

$$f_c^*(n) = \min\left\{i \geq 0 : f^{(i)}(n) \leq c\right\}$$

と定義する．この関数はすべての f, c, n の組に対して定義されている必要はない．$f_c^*(n)$ は，引数を c 以下にまで減少させるために繰り返す必要がある関数 f の適用回数である．

以下の表の関数 $f(n)$ と定数 c の組について，$f_c^*(n)$ に対するできる限りタイトな限界を与えよ．$f^{(i)}(n) \leq c$ となる i が存在しないときには，"未定義"と答えよ．

	$f(n)$	c	$f_c^*(n)$
a.	$n-1$	0	
b.	$\lg n$	1	
c.	$n/2$	1	
d.	$n/2$	2	
e.	$\sqrt{n}$	2	
f.	$\sqrt{n}$	1	
g.	$n^{1/3}$	2	

文献ノート

Knuth [259] は O 記法の起源を 1892 年の P. Bachmann による数論の教科書に見出している. o 記法は 1909 年に E. Landau が素数の分布を議論するのに考案した. Ω 記法と Θ 記法は, "多くの文献で上界と下界の両方に対して O 記法を使う"という, 一般的ではあるが学術的にはいい加減な使い方を正すために, Knuth [265] によって提唱されたものである. 本章の中で注意したように, Θ 記法を用いるほうが技術的により正確な場所で O 記法が用いられてしまっていることがいまだに多い. 章末問題 3-6 のソフトオー記法 $\widetilde{O}$ は Babai–Luks–Seress [31] によって導入された. しかし, 多くの著者は, 記法 $\widetilde{O}(g(n))$ を n の対数ではなく, $g(n)$ の対数因子を無視する記法として定義した. この定義を用いると, $n2^n = \widetilde{O}(2^n)$ が成立するが, 章末問題 3-6 の定義に従うと, この言明は正しくない. 漸近記法の歴史と発展に関する議論は Knuth [259, 265] と Brassard–Brantley [70] が詳しい.

すべての著者が漸近記法を同じように定義しているわけではない. しかし, 最もよく現れる状況では, これらの定義は一致する. これらの中には, 絶対値が適切に限定されている限り, 漸近的に非負でない関数を含むものがある.

式 (3.29) は Robbins [381] が発見した. 初等的関数の他の性質は Abramowitz–Stegun [1] や Zwillinger [468] などの数学の文献, あるいは Apostol [19] や Thomas ら [433] の解析の教科書を参照するとよい. Knuth [259] と Graham–Knuth–Patashnik [199] にはコンピュータ科学で使われる離散数学に関する題材が豊富に含まれている.

4 分割統治

DIVIDE-AND-CONQUER

分割統治法は，漸近的に効率の良いアルゴリズムの設計に役立つ強力な手法である．第 2.3.1 項（分割統治法）でマージソートが分割統治の 1 つの例になっていることを知った．本章では，分割統治法の応用を探求し，分割統治アルゴリズムを解析する際に必要となる漸化式の求解に使用する数学的手法について学ぶ．

　分割統治では，与えられた問題（インスタンス）を再帰的に解くことを思い出してほしい．問題のサイズが十分に小さいとき，すなわち**基底段階** (base case) では，再帰なしに問題を直接解くことができる．サイズが大きい場合，すなわち**再帰段階** (recursive case) では，再帰の各レベルで以下に示す 3 つの段階を適用して問題を再帰的に解く：

分割：　問題をいくつかの部分問題に分割する．これらの部分問題は，元の問題と同じであるが，そのサイズは元の問題より小さい．

統治：　部分問題を再帰的に解くことによって統治する．

結合：　部分問題の解を組み合わせて元の問題の解を得る．

分割統治アルゴリズムは，大きな問題をより小さい複数個の問題に分解し，分解されたそれぞれの問題は，さらに小さな部分問題に分解されていく．再帰は基底段階に到達すると，**底を突く** (bottoms out)，その時点で部分問題は十分小さいので，これ以上の再帰呼出しをすることなく直接解くことができる．

漸化式

再帰的な分割統治アルゴリズムを解析するために，数学的なツールが必要である．**漸化式** (recurrence) は，ある入力に対する関数値をそれより小さい入力に対する関数値を用いて記述する式である．漸化式は再帰アルゴリズムの実行時間を数学的に特徴づける自然な方法なので，漸化式と分割統治法は相伴う関係にある．第 2.3.2 項（分割統治アルゴリズム解析）でマージソートアルゴリズムの最悪実行時間を解析したときに，漸化式の使用例を示した．

　第 4.1 節ならびに第 4.2 節では，分割統治法に基づく行列乗算アルゴリズムの最悪実行時間を記述する漸化式を導く．これら 2 つの分割統治アルゴリズムが意図した性能で動作することを理解するために，アルゴリズムの実行時間を記述する漸化式の解き方を学ぶ必要がある．第 4.3～4.7 節では，漸化式を解くいくつかの手法を学ぶ．これらの節では，漸化式の背景にある数学についても学ぶことになる．これにより分割統治アルゴリズムを自ら設計する際の直観を

得ることができよう.

できるだけ早く, それらのアルゴリズムに到達したい. そこで, まず漸化式の基本のいくつかに触れ, その後, 行列乗算アルゴリズムの漸化式の例を解くことで, より詳しく漸化式の解き方を学ぼう.

漸化式の一般的な形は, 整数または実数上の関数を, その関数そのものを使って記述する等式または不等式である. 漸化式は, 引数に応じて2個あるいはそれ以上の場合分けを含む. 場合分けは, 違った入力値上で (たいていの場合は, より小さい入力値であるが) 再帰的に定義されるとき, **再帰段階 (recursive case)** と呼ばれる. 再帰呼出しを含まない場合は, **基底段階 (base case)** と呼ばれる. 再帰要件を満たす関数は, 0個, 1個, あるいは, もっと多くあるかもしれない. 再帰要件を満足する少なくとも1個の関数があれば, この漸化式を, **明確に定義された (well-defined) 漸化式** と呼び, そうでない場合は, **明確には定義されていない (ill-defined) 漸化式** と呼ぶ.

アルゴリズム的漸化式

分割統治アルゴリズムの実行時間を記述する漸化式には大いに興味がある. 漸化式 $T(n)$ が, 十分大きな**閾値 (threshold) 定数** $n_0 > 0$ に対して, 次の条件を満足するとき, **アルゴリズム的 (algorithmic) 漸化式**[a] と呼ぶ:

1. すべての $n < n_0$ に対して, $T(n) = \Theta(1)$.
2. すべての $n \geq n_0$ に対して, 有限回の再帰呼出しで, すべての再帰プロセスが定義された基底段階に到達し, 停止する.

関数 $T(n)$ がすべての n に対して定義されていない場合, この関数は, $T(n)$ が定義されている n に対してのみ意味を持つと理解する. この状況は私たちが漸近記法を時々濫用しがち (第3.2節 (漸近記法:厳密な定義) の50ページ参照) であることと似ている.

(正しい) 分割統治アルゴリズムの最悪実行時間を記述している漸化式 $T(n)$ は, なぜ十分大きな閾値定数以上のすべての n に対してこのような性質を満足しているのだろうか? 最初の条件は, $n < n_0$ に対して, $0 < c_1 \leq T(n) \leq c_2$ を満足する定数 c_1, c_2 が存在することを主張している. すべての正当な入力に対して, アルゴリズムは, 有限時間内にその問題の解を出力しなければならない (第1.1節 (アルゴリズム) 参照). したがって, 定数 c_1 を, 手続きを呼び出し, 戻ってくるのに要する最小時間とすることができる. 手続きを呼び出すのに必要ないくつかの機械命令は実際に実行されるので, c_1 はつねに正である. その大きさの正当な入力がない場合, アルゴリズムの実行時間は, ある値 n にして定義されないかもしれない. しかし, そのようなときでも, 少なくとも1個の n 上で定義される必要がある. さもないと, その"アルゴリズム"はどんな問題も解くことはない. こうして定数 c_2 を, $n < n_0$ なるすべての n に対するアルゴリズムの最大実行時間とする. ここで n_0 は十分大きい定数で, アルゴリズムはサイズが n_0 以下の問題を少なくとも1個解決する. サイズが n_0 以下の問題は高々有限個しか存在せず, n_0 を十分大きく選択すれば, 少なくとも1個はそのような問題が存在し, 最大実行時間は明確に定義

---

[a] [訳注] アルゴリズム解析によく現れるタイプの漸化式で, 本書では, 「アルゴリズム的漸化式」と呼ぶ.

されている．結果として，$T(n)$ は最初の条件を満たしている．2番目の性質が $T(n)$ に対して成立しない場合，アルゴリズムは正しくない．なぜなら，そのアルゴリズムは無限ループに陥っているか，正しい解を出力していないからである．このように，正しい分割統治アルゴリズムの最悪実行時間を記述する漸化式はアルゴリズム的漸化式である，という合理的な理由がある．

漸化式に対する規則

漸化式に対して次のような規則を採用する：

> 漸化式が（明示的に）基底段階なしに記述されているときはいつも，その漸化式をアルゴリズム的漸化式であると仮定する．

これは，$T(n) = \Theta(1)$ を満足する基底段階において，十分に大きな閾値定数 n_0 を自由に決定できることを意味している．アルゴリズム解析でよく出会う漸化式の漸近的な解は，漸化式が明確に定義されるように十分大きな閾値定数を選んでいる限り，閾値定数に依存しない．

整数上で定義されている漸化式を実数上の漸化式に変換するために，シーリング関数，フロア関数を取り除いた場合でも，分割統治のアルゴリズム的漸化式の漸近解は大きく変わらない傾向にある．第4.7節では分割統治の漸化式で，シーリング関数，フロア関数を無視できるための十分条件を示す．結果として，しばしばシーリング関数，フロア関数のないアルゴリズム的漸化式を取り扱う．そうすることで，漸化式とその背景の数学を単純化できる．

$T(n) \leq 2T(n/2) + \Theta(n)$ のような等式でない漸化式に出会うこともある．そのような漸化式は $T(n)$ の上界について言明しているだけなので，その解を Θ 記法よりも O 記法を用いて表現する．同様に，不等式が反対に $T(n) \geq 2T(n/2) + \Theta(n)$ の場合は，漸化式は $T(n)$ の下界を示しているので，その解を Ω 記法を使って表現する．

分割統治と漸化式

本章では，$n \times n$ 型行列を乗算する2つの分割統治アルゴリズムを解析する漸化式を示し，それらを使うことによって，分割統治法を説明する．第4.1節では，サイズ n の行列乗算の問題を4つのサイズ $n/2$ の行列乗算の部分問題に分解し，再帰的にそれらを計算して解く単純な分割統治アルゴリズムを示す．アルゴリズムの実行時間は，漸化式

$$T(n) = 8T(n/2) + \Theta(1)$$

で示され，その解は $T(n) = \Theta(n^3)$ となる．この分割統治アルゴリズムは，3重ループを使った直接的な計算方法よりも速くはないが，V. Strassen による漸近的により高速なアルゴリズムの導出につながる．この手法は第4.2節で探究する．Strassen の方法は，サイズ n の問題を7つのサイズ $n/2$ の部分問題に分割し，再帰的に解く方法である．Strassen アルゴリズムの実行時間は漸化式

$$T(n) = 7T(n/2) + \Theta(n^2)$$

で記述され，その解は $T(n) = \Theta(n^{\lg 7}) = O(n^{2.81})$ となる．Strassen の方法は直接的な3重ループの手法より漸近的に優れている．

これら 2 つの分割統治アルゴリズムでは，サイズ n の問題をサイズ $n/2$ のいくつかの部分問題に分割している．分割統治では，問題をすべて同一サイズの小さな部分問題に分割することはよくあるケースであるが，いつもそうとは限らない．サイズ違いの部分問題に分割すると良い結果が得られることもある．結果として，その実行時間を記述する漸化式はその不規則性を反映したものとなる．たとえば，サイズ n の問題を 1 つはサイズが $n/3$，もう 1 つは $2n/3$ の部分問題に分割し，分割と部分問題の解の統合に $\Theta(n)$ 時間を要する分割統治アルゴリズムを考えよう．このアルゴリズムの実行時間は次の漸化式

$$T(n) = T(n/3) + T(2n/3) + \Theta(n)$$

で記述され，その解は $T(n) = \Theta(n \lg n)$ になる．第 9 章（中央値と順序統計量）ではサイズ n の問題をサイズ $n/5$ と $7n/10$ の部分問題に分割し，分割と統合に $\Theta(n)$ ステップを要するアルゴリズムを扱う．その性能を記述する漸化式は

$$T(n) = T(n/5) + T(7n/10) + \Theta(n)$$

となり，その解は $T(n) = \Theta(n)$ となる．

分割統治アルゴリズムでは，通常，元の問題のサイズの一定の割合のサイズを持つ部分問題を作り出すが，いつもそのようになるわけではない．たとえば，線形探索（練習問題 2.1-4 参照）の再帰版では，元の問題サイズよりも 1 要素だけ小さい部分問題を 1 つ生成する．各再帰呼出しでは，定数時間と 1 要素だけ小さな部分問題を再帰的に解く時間を要し，次の漸化式

$$T(n) = T(n-1) + \Theta(1)$$

が導かれ，その解は $T(n) = \Theta(n)$ となる．にもかかわらず，非常に多くの効率の良い分割統治アルゴリズムでは，その部分問題のサイズは元の問題のサイズの分数である部分問題を解く．本書では，そこに探究の焦点を合わせる．

漸化式を解く

第 4.1 節ならびに第 4.2 節で行列乗算のための分割統治アルゴリズムについて学んだあと，漸化式を解く数学的な手法を学ぶ．すなわち，Θ，O，あるいは，Ω 記法を用いて表現される解の漸近的限界を得る方法である．我々は，最もよく出現する場面で簡単に使えるツールがほしい．しかし，いろいろな場面に共通でないときでも苦労なしに使える一般的なツールも同時にほしい．本章ではそれらに答えるべく，漸化式を解く 4 つの方法を提案する：

- **置換え法** (substitution method)（第 4.3 節）では，まず限界を推測し，次にその推測が正しいことを数学的帰納法を用いて証明する．この方法は漸化式を解く方法の中では最も使えるものだと思われるが，良い推測と数学的帰納法に基づく証明が要求される．
- **再帰木法** (recursion-tree method)（第 4.4 節）では，節点が再帰の各レベルで必要なコストを表現する木の形に漸化式を変形し，再帰の各レベルで必要なコストを決定しその和を上または下から抑える技法を用いて漸化式を解く．付録第 A.2 節（和の上界と下界）の技法が役立つ．たとえこの技法を使わなくとも，置換え法で限界の推測をする際に役立つと思われる．
- **マスター法** (master method)（第 4.5 節と第 4.6 節）は，適用する場合，一番簡単な手法で

ある. 定数 $a > 0$, $b > 1$ と, 与えられた "駆動" 関数 $f(n)$ によって

$$T(n) = aT(n/b) + f(n)$$

と表現できる漸化式に対する限界を与える. この形の漸化式はよく出現する. 漸化式は, a 個の部分問題を生成し, それぞれの部分問題のサイズが元の問題の $1/b$ であり, 分割と結合が両方で $f(n)$ 時間で実行できる分割統治アルゴリズムを特徴づける. マスター法を利用するには 3 通りの場合分けを覚えなければならないが, 一度覚えれば多くの簡単な漸化式の漸近的限界を容易に決定できる.

- **Akra–Bazzi 法** (Akra–Bazzi method) (第 4.7 節) は, 分割統治の漸化式を解く一般的な手法である. 微積分を使っているが, マスター法よりもより複雑な問題の解決に使える.

4.1 正方行列乗算

正方行列の乗算に分割統治法を使うことができる. 行列を見たことがあれば, 行列を乗算する方法を知っているだろう. (知らなければ付録第 D.1 節 (行列と行列演算) 参照.) $A = (a_{ij})$ と $B = (b_{ij})$ が共に $n \times n$ 型の正方行列のとき, 積を $C = A \cdot B$ とすると, すべての $i, j = 1, 2, \ldots, n$ に対して, その要素 c_{ij} は

$$c_{ij} = \sum_{k=1}^{n} a_{ik} \cdot b_{kj} \tag{4.1}$$

と定義される. n^2 個の要素のうち大部分が 0 でなければ, その行列を**密** (dense) と呼び, 大部分の要素が 0 であれば, **疎** (sparse) と呼ぶ. 疎行列の非零要素は $n \times n$ 配列以外の方法でもっとコンパクトに保存することができる.

行列 C の計算には, n^2 個の行列要素を計算する必要があり, 各要素は A と B の n 個の入力要素対の積の和である. 手続き MATRIX-MULTIPLY は直接的にこれを実現した計算方法であるが, 少し一般化されている. 以下に示す手続きは 3 つの $n \times n$ 型行列 A, B, C を入力として受け取り, その積 $A \cdot B$ を C に加え, これらの積和である $n \times n$ 型行列 C を返す. 手続きは $C = A \cdot B$ を計算する代わりに, $C = C + A \cdot B$ を計算する. $A \cdot B$ のみ必要なときは, 手続きを呼び出す前に, 最初に C のすべての n^2 個の要素を 0 に初期化する. これには, さらに $\Theta(n^2)$ 時間を要す. 後に行列乗算のコストがこの初期化に要する時間よりも漸近的に大きいことが分かる.

MATRIX-MULTIPLY(A, B, C, n)

```
1  for i = 1 to n          // n 個の各行の要素を計算する
2      for j = 1 to n       // 行 i の n 個の要素を計算する
3          for k = 1 to n
4              c_ij = c_ij + a_ik · b_kj  // 式 (4.1) の別の項に加算する
```

手続き MATRIX-MULTIPLY の動作を以下で説明する. 第 1～4 行の **for** ループでは各行 i の要素を計算する. 行 i に対応する繰返しでは, 第 2～4 行の **for** ループで要素 c_{ij} を各列 j に対

して計算する．第 3〜4 行の **for** ループで式 (4.1) の項を 1 つずつ加える．

3 重の入れ子になった **for** ループはそれぞれちょうど n 回繰り返し，第 4 行の実行には定数時間かかるので，MATRIX-MULTIPLY の実行時間は $\Theta(n^3)$ である．C の初期化に要する時間 $\Theta(n^2)$ を加えても，手続き全体の実行時間は $\Theta(n^3)$ である．

単純な分割統治アルゴリズム

分割統治を用いて行列積 $A \cdot B$ を計算する方法を調べよう．$n > 1$ に対して，各分割段階で 1 つの $n \times n$ 型行列を 4 つの $n/2 \times n/2$ 型行列に分割する．n をちょうど 2 のベキであると仮定すると，アルゴリズムが再帰していっても，分割行列の次元は整数であることが保証される（練習問題 4.1-1 では，この仮定の緩和を求めている）．MATRIX-MULTIPLY と同様に，$C = C + A \cdot B$ を計算する．アルゴリズムの背景にある数学的なことを単純化するために行列 C は最初に初期化されていると仮定する．それにより，実際には $C = A \cdot B$ を計算する．

分割段階では，$n \times n$ 型行列 A, B, C をそれぞれ 4 つの $n/2 \times n/2$ 型行列：

$$A = \begin{pmatrix} A_{11} & A_{12} \\ A_{21} & A_{22} \end{pmatrix}, \quad B = \begin{pmatrix} B_{11} & B_{12} \\ B_{21} & B_{22} \end{pmatrix}, \quad C = \begin{pmatrix} C_{11} & C_{12} \\ C_{21} & C_{22} \end{pmatrix} \tag{4.2}$$

に分割し，この行列積を

$$\begin{pmatrix} C_{11} & C_{12} \\ C_{21} & C_{22} \end{pmatrix} = \begin{pmatrix} A_{11} & A_{12} \\ A_{21} & A_{22} \end{pmatrix} \begin{pmatrix} B_{11} & B_{12} \\ B_{21} & B_{22} \end{pmatrix} \tag{4.3}$$

$$= \begin{pmatrix} A_{11} \cdot B_{11} + A_{12} \cdot B_{21} & A_{11} \cdot B_{12} + A_{12} \cdot B_{22} \\ A_{21} \cdot B_{11} + A_{22} \cdot B_{21} & A_{21} \cdot B_{12} + A_{22} \cdot B_{22} \end{pmatrix} \tag{4.4}$$

と書き直す．この式は次の 4 つの式

$$C_{11} = A_{11} \cdot B_{11} + A_{12} \cdot B_{21} \tag{4.5}$$
$$C_{12} = A_{11} \cdot B_{12} + A_{12} \cdot B_{22} \tag{4.6}$$
$$C_{21} = A_{21} \cdot B_{11} + A_{22} \cdot B_{21} \tag{4.7}$$
$$C_{22} = A_{21} \cdot B_{12} + A_{22} \cdot B_{22} \tag{4.8}$$

と対応している．これらの 4 つの式 (4.5)〜(4.8) は 8 つの $n/2 \times n/2$ の乗算と 4 つの $n/2 \times n/2$ 型の部分行列の加算を含む．

これらの式を，擬似コードで記述できるか，あるいは実際に実装できるアルゴリズムに変換することを考えると，行列の分割を実装するための一般的なアプローチが 2 つある．

1 つの戦略は，仮の記憶場所を用意し，A の 4 つの部分行列 A_{11}, A_{12}, A_{21}, A_{22} と B の 4 つの部分行列 B_{11}, B_{12}, B_{21}, B_{22} を格納する．そして，A と B の各要素を適切な部分行列が対応する場所にコピーする．統治段階の後は，C の 4 つの部分行列 C_{11}, C_{12}, C_{21}, C_{22} の各要素を C の対応する位置にコピーするのである．このアプローチは $3n^2$ 個の要素をコピーするので，$\Theta(n^2)$ 時間を要する．

2 番目のアプローチは，インデックス計算を用いる，より高速でより実用的なものである．行列内の部分行列は，行列のどこに位置しているかを示すことで，行列の要素に触れることなく指定することができる．行列（あるいは，再帰的に部分行列）の分割操作は，この位置情報の計算だけですみ，行列の次元数とは独立した定数時間で実現できる．行列要素は同じ記憶場

70 | 4　分割統治

所にあるので，部分行列の変更は元の行列を変更すればよい．

　ここでは，分割操作に $\Theta(1)$ 時間で実現できるインデックス計算を使うものとする．練習問題 4.1-3 では，分割操作にコピー方式あるいはインデックス計算のいずれを使っても，行列乗算の漸近的な実行時間には変わりがないと示すことを求めている．しかし他の分割統治に基づく行列計算問題では，たとえば行列加算などでは，この違いが実行時間に影響する．このことを練習問題 4.1-4 で確認しよう．

　手続き MATRIX-MULTIPLY-RECURSIVE では，式 (4.5)〜(4.8) に基づき，正方行列乗算の分割統治アルゴリズムを実現する．MATRIX-MULTIPLY の場合と同様に，MATRIX-MULTIPLY-RECURSIVE でも $C = C + A \cdot B$ を計算する．$C = A \cdot B$ だけを計算する場合は，この手続きの前に C を 0 に初期化できる．

MATRIX-MULTIPLY-RECURSIVE(A, B, C, n)

1　**if** $n == 1$
2　　// 基底段階
3　　　　$c_{11} = c_{11} + a_{11} \cdot b_{11}$
4　　　　**return**
5　// 分割段階
6　行列 A, B, C をサイズ $n/2 \times n/2$ 型の部分行列
　　　　$A_{11}, A_{12}, A_{21}, A_{22}; B_{11}, B_{12}, B_{21}, B_{22}; C_{11}, C_{12}, C_{21}, C_{22};$ に各分割する
7　// 統治段階
8　MATRIX-MULTIPLY-RECURSIVE$(A_{11}, B_{11}, C_{11}, n/2)$
9　MATRIX-MULTIPLY-RECURSIVE$(A_{11}, B_{12}, C_{12}, n/2)$
10　MATRIX-MULTIPLY-RECURSIVE$(A_{21}, B_{11}, C_{21}, n/2)$
11　MATRIX-MULTIPLY-RECURSIVE$(A_{21}, B_{12}, C_{22}, n/2)$
12　MATRIX-MULTIPLY-RECURSIVE$(A_{12}, B_{21}, C_{11}, n/2)$
13　MATRIX-MULTIPLY-RECURSIVE$(A_{12}, B_{22}, C_{12}, n/2)$
14　MATRIX-MULTIPLY-RECURSIVE$(A_{22}, B_{21}, C_{21}, n/2)$
15　MATRIX-MULTIPLY-RECURSIVE$(A_{22}, B_{22}, C_{22}, n/2)$

　この擬似コードにしたがって，MATRIX-MULTIPLY-RECURSIVE の実行時間を特徴づける漸化式を導出する．この手続きを用いる 2 つの $n \times n$ 型行列の乗算にかかる最悪の時間を $T(n)$ とする．

　$n = 1$ の基底では，第 3 行で 1 つのスカラー乗算をするだけなので $T(1) = \Theta(1)$ である．定数の基底段階の慣例にしたがって，この基底段階における漸化式の記述を省略できる．

　$n > 1$ ならば再帰段階である．上で検討したように，第 6 行はインデックス計算を用いて $\Theta(1)$ 時間で実行できる．第 8〜15 行では MATRIX-MULTIPLY-RECURSIVE を全体で 8 回再帰的に呼び出す．最初の 4 つの再帰呼出しは，式 (4.5)〜(4.8) の最初の項を計算し，そのあとに続く 4 つの再帰呼出しは，2 番目の項の計算と加算を行う．各再帰呼出しは，インデックス計算により，A の部分行列と B の部分行列の積を C の適切な部分行列にその場で加算する．それぞれの再帰呼出しでは 2 つの $n/2 \times n/2$ 型行列を乗算するので，全体の実行時間は $T(n/2)$

に貢献し，全体で 8 回の呼出しで $8T(n/2)$ 時間を要する．C の要素はその場所で更新されるので，結合段階はない．したがって，再帰の場合の全体の計算時間は，分割時間の和とすべての再帰呼出しにかかる時間の和となり，$\Theta(1) + 8T(n/2)$ となる．

以上のように，基底段階の記述を省略すると，MATRIX-MULTIPLY-RECURSIVE の漸化式は

$$T(n) = 8T(n/2) + \Theta(1) \tag{4.9}$$

となる．第 4.5 節のマスター定理により，式 (4.9) の解は $T(n) = \Theta(n^3)$ となる．これは漸近的には単純な MATRIX-MULTIPLY と同じである．

なぜこの漸化式の解 $\Theta(n^3)$ は，マージソートの漸化式 (2.3)（34 ページ）の解 $\Theta(n \log n)$ よりもはるかに大きいのだろうか？結局，マージソートの漸化式は $\Theta(n)$ 項を含み，再帰的な行列乗算のほうは $\Theta(1)$ 項を含んでいるだけである．

漸化式 (4.9) に対する再帰木を図 2.5 に示されるマージソートの再帰木と比較してみよう．マージソートの漸化式における 2 という因子は，それぞれの木の節点が持つ子の数を決めているが，それが木の各レベルでの和に何個の項が貢献するかを決めている．比較すると，内部節点数はずっと少ないという事実があるにもかかわらず，MATRIX-MULTIPLY-RECURSIVE に対する漸化式 (4.9) については再帰木の各内部節点は 8 個の子を持っており，2 個ではないので，内部節点がそれぞれはるかに小さいにもかかわらず，より多くの葉を持った"より繁った"再帰木となっている．結果的には，漸化式 (4.9) の解は漸化式 (2.3) の解よりずっと速く増大し，これが実際の解：$\Theta(n^3)$ 対 $O(n \log n)$ という差を生み出しているのである．

練習問題

> **注意**：第 4.5 節を読んだ後で以下の練習問題を解き始められることをお勧めする．

4.1-1 手続き MATRIX-MULTIPLY-RECURSIVE を n がちょうど 2 のベキでない場合も動作するように一般化せよ．その動作時間を表す漸化式を示せ．最悪の場合 $\Theta(n^3)$ 時間で動作することを論じよ．

4.1-2 手続き MATRIX-MULTIPLY-RECURSIVE をサブルーチンとして使い，$kn \times n$ 型行列（kn 行で n 列）と $n \times kn$ 型行列の乗算を，$k \geq 1$ のときにどれほど高速にできるか？$n \times kn$ 型行列と $kn \times n$ 型行列の乗算に対して，上記と同じ質問に答えよ．どちらがどれほど漸近的に速いか？

4.1-3 手続き MATRIX-MULTIPLY-RECURSIVE において，インデックス計算による行列分割をする代わりに，A, B, C の適切な要素を別の $n/2 \times n/2$ 型部分行列 $A_{11}, A_{12}, A_{21}, A_{22}; B_{11}, B_{12}, B_{21}, B_{22}; C_{11}, C_{12}, C_{21}, C_{22}$ に各々コピーしよう．再帰呼出しのあと，$C_{11}, C_{12}, C_{21}, C_{22}$ から結果を C の適切な場所に戻そう．このようにすると漸化式 (4.9) はどのようになるか？また，その解を示せ．

4.1-4 2 つの $n \times n$ 型行列 A と B の和を求める分割統治アルゴリズム MATRIX-ADD-RECURSIVE の擬似コードを示せ．すなわち，A と B をそれぞれ 4 つの $n/2 \times n/2$ 型部分行列に分割し，部分行列が対応する対を再帰的に足していく．行列の分割には $\Theta(1)$ 時間のインデックス計算を使うと仮定する．MATRIX-ADD-RECURSIVE の最悪実行時間を求める漸化式

72 | 4 分割統治

を示し，それを解け．インデックス計算の代わりに，$\Theta(n^2)$ 時間のコピー操作をして分割を実装すると，実行時間はどうなるか答えよ．

4.2 行列乗算のための Strassen のアルゴリズム

行列乗算の自然な定義が n^3 回のスカラー乗算を含んでいるので，行列乗算を計算するどのようなアルゴリズムでも実行時間を $\Theta(n^3)$ より小さくすることは難しいと考えるかもしれない．実際多くの数学者は，1969 年に V. Strassen [424] が $n \times n$ 型行列の乗算に対する驚くべき再帰的アルゴリズムを発表するまでは，$o(n^3)$ 時間で行列を乗算できるとは思っていなかった．Strassen のアルゴリズムは $\Theta(n^{\lg 7})$ 時間で動作する．$\lg 7 = 2.8073549\ldots$，なので，Strassen のアルゴリズムは $O(n^{2.81})$ 時間で動作し，$\Theta(n^3)$ 時間の MATRIX-MULTIPLY，MATRIX-MULTIPLY-RECURSIVE よりも漸近的に優れている．

Strassen の手法の鍵は手続き MATRIX-MULTIPLY-RECURSIVE からの分割統治のアイデアを使い，再帰木の繁みをより薄くすることである．実際，各分割と結合に要する時間は定数倍増加するが，繁みの減少は報われる．漸化式 (4.9) の 8 方向の枝別れから式 (2.3) の 2 方向まで減らすことはできないが，枝別れ数を少し減らし，これが後の大きな改善にいたる．すなわち，8 回あった $n/2 \times n/2$ 型行列に対する再帰的な行列乗算を Strassen のアルゴリズムではたった 7 回で済まし，1 回の行列乗算を減らすコストをいくつかの新しい $n/2 \times n/2$ 型行列の加減算によって置き換える．しかし，これでも定数個の改善にすぎない．ここでは "加算と減算" の両方を使用するが，減算は単に符号が違うだけで，本質的に両者を同じ計算とみなし，「加算」で統一する．

どうやって乗算の回数を減らすのか，また乗算の回数を減らせればなぜ好ましいのかを理解するために，2 つの数 x, y から $x^2 - y^2$ を計算することを考える．単刀直入にすれば，x, y を 2 乗し，その差を計算すればよい（減算を "負の加算" と考える）．しかし，ここで $x^2 - y^2 = x^2 + xy - xy - y^2 = x(x - y) + y(x - y) = (x + y)(x - y)$ を思いだそう．これを使うと 1 回の積算と 2 回の加算で計算できる．1 回の加算を追加することにより，2 回必要と思われた乗算をたった 1 回に減らすことができる．x と y がスカラーであれば，合計 3 回のスカラー演算は大きな差はないが，x と y が大きな行列であれば，乗算のコストは和算のそれを大きくしのぎ，漸近的ではないけれども，後者の方法は前者よりも優れている．

行列の加算を増やして乗算を減らす Strassen のアルゴリズムは決して自明ではない．（これは本書に現れる最も控え目な言明かもしれない．）Strassen のアルゴリズムは MATRIX-MULTIPLY-RECURSIVE と同様に，分割統治法を使って $C = C + A \cdot B$ を計算する．ここに，A, B, C は $n \times n$ 型行列，n はちょうど 2 のベキである．Strassen のアルゴリズムは 69 ページの式 (4.5)〜(4.8) に基づき，C の 4 つの部分行列 C_{11}, C_{12}, C_{21}, C_{22} を計算する．動作時間を調べるため漸化式 $T(n)$ を求めよう．Strassen のアルゴリズムは次の 4 ステップから構成されている．どのように動作するか，各ステップを概観しよう：

1. $n = 1$ のときは行列は各々 1 つの要素を持っている．このとき MATRIX-MULTIPLY-RECURSIVE の第 3 行で 1 回のスカラー乗算と加算を $\Theta(1)$ 時間で行い，結果を返す．

$n > 1$ のときは入力行列 A と B，そして出力行列 C を，式 (4.2) に示すように $n/2 \times n/2$ 型の部分行列に分割する．Matrix-Multiply-Recursive で行ったように，インデックス計算を用いると第 1 ステップを $\Theta(1)$ 時間で実行できる．

2. 10 個の $n/2 \times n/2$ 型行列 $S_1, S_2, \ldots, S_{10}$ を生成する．これらは，第 1 ステップでの 2 つの部分行列の和または差である．次に 7 つの $n/2 \times n/2$ 型行列の積を持つために，7 つの $n/2 \times n/2$ 型行列 $P_1, P_2, \ldots, P_7$ を生成し，0 に初期化する．これら 17 個の行列の生成と P_i の初期化を $\Theta(n^2)$ 時間で行う．

3. 第 1 ステップで生成された部分行列と第 2 ステップで生成された 10 個の行列 $S_1, S_2, \ldots, S_{10}$ を用いて，7 個の行列積 $P_1, P_2, \ldots, P_7$ を再帰的に計算する．この計算に $7T(n/2)$ 時間を要する．

4. さまざまな P_i 行列の加減演算を用いて，結果となる行列 C の 4 つの部分行列 C_{11}，C_{12}，C_{21}，C_{22} を計算する．これは $\Theta(n^2)$ 時間かかる．

第 2～4 ステップの詳細はすぐに説明するが，Strassen の手法の実行時間を特徴づける漸化式の導出に必要な情報はすでに出揃っている．よくあることだが，第 1 ステップの基底段階は $\Theta(1)$ 時間かかり，この漸化式を記述する際には省略する．$n > 1$ のときには，第 1，2，4 ステップには $\Theta(n^2)$ 時間かかり，第 3 ステップでは 7 回の $n/2 \times n/2$ 型行列に対する乗算が必要になる．したがって，Strassen のアルゴリズムの実行時間 $T(n)$ を記述する漸化式：

$$T(n) = 7T(n/2) + \Theta(n^2) \tag{4.10}$$

を得る．Matrix-Multiply-Recursive と比較すると，1 回の再帰的部分行列乗算を定数回の部分行列の加算で償った．漸化式とそれらの解を理解すると，この置換えによって実際，漸近的実行時間が改良されることが理解できる．第 4.5 節のマスター法を用いると，漸化式 (4.10) の解は $T(n) = \Theta(n^{\lg 7}) = O(n^{2.81})$ で，$\Theta(n^3)$ アルゴリズムに勝っている．

では，詳細を説明しよう．第 2 ステップでは 10 個の行列：

$$S_1 = B_{12} - B_{22}$$
$$S_2 = A_{11} + A_{12}$$
$$S_3 = A_{21} + A_{22}$$
$$S_4 = B_{21} - B_{11}$$
$$S_5 = A_{11} + A_{22}$$
$$S_6 = B_{11} + B_{22}$$
$$S_7 = A_{12} - A_{22}$$
$$S_8 = B_{21} + B_{22}$$
$$S_9 = A_{11} - A_{21}$$
$$S_{10} = B_{11} + B_{12}$$

を生成する．$n/2 \times n/2$ 型行列の 10 回の加減算なので，このステップの実行に $\Theta(n^2)$ 時間かかる．

第 3 ステップでは，$n/2 \times n/2$ 型行列の乗算を再帰的に 7 回行い，次の 7 個の $n/2 \times n/2$ 型行列：

$$P_1 = A_{11} \cdot S_1 \ (= A_{11} \cdot B_{12} - A_{11} \cdot B_{22})$$

$$P_2 = S_2 \cdot B_{22} \ (= A_{11} \cdot B_{22} + A_{12} \cdot B_{22})$$
$$P_3 = S_3 \cdot B_{11} \ (= A_{21} \cdot B_{11} + A_{22} \cdot B_{11})$$
$$P_4 = A_{22} \cdot S_4 \ (= A_{22} \cdot B_{21} - A_{22} \cdot B_{11})$$
$$P_5 = S_5 \cdot S_6 \ \ (= A_{11} \cdot B_{11} + A_{11} \cdot B_{22} + A_{22} \cdot B_{11} + A_{22} \cdot B_{22})$$
$$P_6 = S_7 \cdot S_8 \ \ (= A_{12} \cdot B_{21} + A_{12} \cdot B_{22} - A_{22} \cdot B_{21} - A_{22} \cdot B_{22})$$
$$P_7 = S_9 \cdot S_{10} \ \ (= A_{11} \cdot B_{11} + A_{11} \cdot B_{12} - A_{21} \cdot B_{11} - A_{21} \cdot B_{12})$$

を計算する．このアルゴリズムが実行する唯一の乗算は上記の式の中央の列の乗算である．右の列はこれらの積の第1ステップで生成した元の行列の部分行列を用いた等価な表現である．しかし，これらの項は決してこのアルゴリズムによって明示的には計算されない．

第4ステップでは，第3ステップで生成したさまざまな P_i 行列の加減算によって，積 C の4個の $n/2 \times n/2$ 型部分行列を計算する．順番に確認しよう．まず

$$C_{11} = C_{11} + P_5 + P_4 - P_2 + P_6$$

である．式の右辺に出現する各 P_i を等価な A，B の部分行列の式で書き換え，相殺できる項が分かるように縦に並べて書くと

$$
\begin{array}{l}
A_{11} \cdot B_{11} + A_{11} \cdot B_{22} + A_{22} \cdot B_{11} + A_{22} \cdot B_{22} \\
\qquad\qquad - A_{22} \cdot B_{11} \qquad\qquad\quad + A_{22} \cdot B_{21} \\
\qquad - A_{11} \cdot B_{22} \qquad\qquad\qquad\qquad\qquad\quad - A_{12} \cdot B_{22} \\
\qquad\qquad\qquad\quad - A_{22} \cdot B_{22} - A_{22} \cdot B_{21} + A_{12} \cdot B_{22} + A_{12} \cdot B_{21} \\
\hline
A_{11} \cdot B_{11} \qquad\qquad\qquad\qquad\qquad\qquad\qquad\quad + A_{12} \cdot B_{21}
\end{array}
$$

であり，式 (4.5) から確かに右辺は C_{11} に等しい．同様に，

$$C_{12} = C_{12} + P_1 + P_2$$

は，

$$
\begin{array}{l}
A_{11} \cdot B_{12} - A_{11} \cdot B_{22} \\
\qquad\qquad + A_{11} \cdot B_{22} + A_{12} \cdot B_{22} \\
\hline
A_{11} \cdot B_{12} \qquad\qquad + A_{12} \cdot B_{22}
\end{array}
$$

であり，式 (4.6) から確かに右辺は C_{12} に等しい．

$$C_{21} = C_{21} + P_3 + P_4$$

を確認する．右辺は

$$
\begin{array}{l}
A_{21} \cdot B_{11} + A_{22} \cdot B_{11} \\
\qquad\qquad - A_{22} \cdot B_{11} + A_{22} \cdot B_{21} \\
\hline
A_{21} \cdot B_{11} \qquad\qquad + A_{22} \cdot B_{21}
\end{array}
$$

であり，式 (4.7) から確かに C_{21} に等しい．最後に

$$C_{22} = C_{22} + P_5 + P_1 - P_3 - P_7$$

を確認する．

$$
\begin{array}{l}
A_{11} \cdot B_{11} + A_{11} \cdot B_{22} + A_{22} \cdot B_{11} + A_{22} \cdot B_{22} \\
\qquad\qquad - A_{11} \cdot B_{22} \qquad\qquad\qquad + A_{11} \cdot B_{12} \\
\qquad\qquad\qquad\quad - A_{22} \cdot B_{11} \qquad\qquad\qquad\quad - A_{21} \cdot B_{11} \\
- A_{11} \cdot B_{11} \qquad\qquad\qquad\qquad\qquad - A_{11} \cdot B_{12} + A_{21} \cdot B_{11} + A_{21} \cdot B_{12} \\
\hline
\qquad\qquad\qquad\quad A_{22} \cdot B_{22} \qquad\qquad\qquad\qquad\qquad + A_{21} \cdot B_{12}
\end{array}
$$

4.3 漸化式を解くための置換え法 **75**

であり，式 (4.8) から確かに右辺は C_{22} に等しい．第 4 ステップでは $n/2 \times n/2$ 型部分行列の加減算を 12 回行うので，このステップは実際 $\Theta(n^2)$ 時間かかる．

第 1～4 ステップから構成される Strassen の驚くべきアルゴリズムが，7 回の部分行列乗算と 18 回の部分行列の加算を使って正しく行列積を計算することが分かる．また，その実行時間を特徴づける漸化式が (4.10) であることも分かった．第 4.5 節でこの漸化式の解が $T(n) = \Theta(n^{\lg 7}) = o(n^3)$ であることを証明するので，Strassen の方法は動作時間が $\Theta(n^3)$ である MATRIX-MULTIPLY や MATRIX-MULTIPLY-RECURSIVE よりも漸近的に高速である．

練習問題

注意：第 4.5 節を読んだ後で解き始められることをお勧めする．

4.2-1 行列積

$$\begin{pmatrix} 1 & 3 \\ 7 & 5 \end{pmatrix} \begin{pmatrix} 6 & 8 \\ 4 & 2 \end{pmatrix}$$

を Strassen のアルゴリズムを用いて計算せよ．計算過程を説明せよ．

4.2-2 Strassen のアルゴリズムの擬似コードを書け．

4.2-3 3×3 型行列の乗算を k 回の乗算（乗算の可換性は仮定しない）によって実現できると仮定する．このとき，$n \times n$ 型行列の乗算を $o(n^{\lg 7})$ 時間で計算できることを帰結できる最大の k を求めよ．このアルゴリズムの実行時間を求めよ．

4.2-4 V. Pan は 68×68 型行列の乗算を 132,464 回の乗算を用いて行う方法，70×70 型行列の乗算を 143,640 回の乗算を用いて行う方法，72×72 型行列の乗算を 155,424 回の乗算を用いて行う方法を発見した．それぞれを分割統治行列積アルゴリズムの中で用いるとき，どの方法が最良の漸近的実行時間を実現するだろうか？ 最良のものを Strassen のアルゴリズムと比較せよ．

4.2-5 3 回の実数乗算を用いて複素数 $a + bi$ と $c + di$ の積が計算できることを示せ．アルゴリズムは入力として a, b, c, d を取り，実数部 $ac - bd$ と虚数部 $ad + bc$ を別々に出力しなければならない．

4.2-6 $n \times n$ 型行列の平方が $\Theta(n^\alpha)$ 時間で計算できるとする．ただし，$\alpha \geq 2$．このとき，2 つの違った $n \times n$ 型行列の乗算を $\Theta(n^\alpha)$ 時間で行う方法を示せ．

4.3 漸化式を解くための置換え法

分割統治アルゴリズムの実行時間が漸化式によって特徴づけられる様子を観察してきたので，つぎに漸化式の解法を勉強しよう．本節では，本章で学ぶ 4 つの手法の中では最も一般的なものである**置換え法** (substitution method) から始めよう．置換え法では次の 2 段階で漸化式を解く：

1. 記号定数を使って，解の形を推定する．

76 | 4 分割統治

2. 数学的帰納法を用いて，推定した解がうまく働くことを証明し，適切な定数を求める．

帰納法の仮定をより小さい値に対して成立するように適用し，推定した解を関数に代入する．これが，この名前の由来である．この方法は強力ではあるが，解の形を正しく推定できる場合にしか適用できない．良い推測をすることは困難にも思えるが，少し練習すればうまくなる．

　置換え法は漸化式の上界と下界のどちらを証明する場合でも使える．同時に両者を証明しようとしないほうがよい．すなわち，タイトな限界 Θ を直接証明しようとしないで，最初に O 上界を証明し，そのあとで Ω 下界を証明しよう．両者がうまくいけば，タイトな限界 Θ が得られよう（第 3.2 節（漸近記法：厳密な定義）の定理 3.1（47 ページ）参照）．

　置換え法の例として，次の漸化式の上界を求めてみよう：

$$T(n) = 2T(\lfloor n/2 \rfloor) + \Theta(n) \tag{4.11}$$

これはマージソートの漸化式 (2.3)（34 ページ）に似ている．フロア関数部分は違っているが，$T(n)$ が整数上で定義されることを保障している．まず，上界をマージソートと同じ $T(n) = O(n \lg n)$ であると推定し，置換え法を使って証明しよう．

　すべての $n > n_0$ に対して，$T(n) \leq cn \lg n$ が成立すると仮定する．ここで，定数 $c > 0$，$n_0 > 0$ は後ほどどの制約に従う必要があるのかを見た後，決定する．この帰納法の仮説が証明されると，$T(n) = O(n \log n)$ と結論づけられる．最初から $T(n) = O(n \log n)$ を帰納法の仮説に仮定するのは，定数の関係で危険である．これについては後に「落とし穴の回避」の項で検討する．

　帰納法により，この上界が少なくとも n_0 と同程度の大きさと n より小さいすべての数に対して成立すると仮定する．したがって，とくに $n \geq 2n_0$ のときに $\lfloor n/2 \rfloor$ に対して成立するので，$T(\lfloor n/2 \rfloor) \leq c\lfloor n/2 \rfloor \lg(\lfloor n/2 \rfloor)$ が成立する．これを漸化式 (4.11) に代入する——そのため"置換え"法という名称なのだ——と，

$$
\begin{aligned}
T(n) &\leq 2(c\lfloor n/2 \rfloor \lg(\lfloor n/2 \rfloor)) + \Theta(n) \\
&\leq 2(c(n/2) \lg(n/2)) + \Theta(n) \\
&= cn \lg(n/2) + \Theta(n) \\
&= cn \lg n - cn \lg 2 + \Theta(n) \\
&= cn \lg n - cn + \Theta(n) \\
&\leq cn \lg n
\end{aligned}
$$

である．ここで最後の不等式は，定数 n_0 と c を，$n \geq 2n_0$ に対して十分大きくとれば，cn 項が $\Theta(n)$ 項に隠れた無名関数よりも支配的なときに成立する．

　帰納的仮説が帰納段階で成立していることを示したが，帰納法の基底段階でも成立することを証明する必要がある．すなわち $n_0 \leq n < 2n_0$ に対して，$T(n) \leq cn \lg n$ を示す．$n_0 > 1$（これは n_0 に対する新しい制約である）のときは，$\lg n > 0$ で，$n \lg n > 0$ が成立する．したがって，$n_0 = 2$ としよう．慣例により，漸化式 (4.11) の基底段階は示されていないので，$T(n)$ はアルゴリズム的漸化式である．そうすると（任意の現実のプログラムで入力サイズが 2 や 3 の場合の最悪実行時間を記述する場合には，そうでなければならないように）$T(2)$ や $T(3)$ が定数であることが意味される．定数 $c = \max\{T(2), T(3)\}$ とすると，$T(2) < c < (2 \lg 2)c$，$T(3) < c < (3 \lg 3)c$ が成立し，帰納法の仮定での基底段階が証明される．

こうして，すべての $n \geq 2$ に対して，$T(n) \leq cn \lg n$ が成立し，漸化式 (4.11) の解が $T(n) = O(n \lg n)$ であることが分かる．

置換え法の証明で，上記のように基底段階まで詳しく論じたアルゴリズムの文献は，まれである．その理由は，分割統治におけるほとんどのアルゴリズム的漸化式において，基底段階はまったく同様に取り扱えるからである．ある定数 $n'_0 > n_0$ を考え，帰納法を n_0 から n'_0 まで拡張し，$n > n'_0$ と仮定する．これにより漸化式はいつも n_0 と n'_0 の間で底を突く（この例では $n'_0 = 2n_0$ とした）．そうすることにより，詳細な証明に触れることなく，十分大きい定数（ここでは c）を適切に選択することができ，帰納法の仮定は，n_0 から n'_0 までのすべての n に対して成立するようにできる．

上手に推定をする方法

残念ながら，任意の漸化式の漸近的な解を正しく推定する一般的な方法は存在しない．解を推定するには経験と，ときには独創性が必要である．幸運なことに，経験を積むために漸化式について試行錯誤しながら，いくつかのヒューリスティックを学ぶのは，良い推定者になる助けになる．第 4.4 節で説明するように，再帰木を利用して良い推定を得る方法がある．

漸化式が以前に扱ったものに似ているならば，似た解を推定するのが合理的である．たとえば，実数上で定義された漸化式

$$T(n) = 2T(n/2 + 17) + \Theta(n)$$

は，マージソートで扱った漸化式 (2.3) に似ているが，右辺の T の引数に「17」が足されているので難しそうである．直観的には，この付加的な項は漸化式の解に本質的な影響を与えることはない．n が大きければ，$n/2$ と $n/2 + 17$ は共に n をほぼ等分するから，両者の差は大きくない．そこで，解を $T(n) = O(n \lg n)$ と推定すると，置換え法を用いてこの推定が正しいことが証明できる（練習問題 4.3-1 参照）．

漸化式の弱い上界と下界をまず証明し，つぎに不確定な範囲を減らしていくのも上手な推定法の 1 つである．漸化式 (4.11) の場合には，漸化式が項 $\Theta(n)$ を持つので，$T(n) = \Omega(n)$ が素直な初期的な下界である．初期的な上界として $T(n) = O(n^2)$ が証明できる．つぎに，正しい漸近解 $T(n) = \Theta(n \lg n)$ に収束するまで，徐々に上界を下げ，下界を上げていく．

ちょっとした秘訣：低次の項を適切に引く

漸化式の解の漸近的限界が正しく推定できているのに帰納法がうまく適用できないことがある．多くの場合，その原因は帰納法の仮定が詳細な限界を証明できるほどに強くないことにある．このような障害にぶつかったときは，低次の項を**引く**ことによって推定を見直すと帰納的証明がうまくいくことが多い．

実数上で定義された漸化式

$$T(n) = 2T(n/2) + \Theta(1) \tag{4.12}$$

を考える．解を $T(n) = O(n)$ と推定し，適切に定数 c, $n_0 > 0$ を選択し，すべての $n \geq n_0$

に対して $T(n) \leq cn$ が成立することを証明しよう. この推定を漸化式に代入すると

$$T(n) \leq 2(c(n/2)) + \Theta(1)$$
$$= cn + \Theta(1)$$

であり, 残念なことに, **どのように** c を選んでも $T(n) \leq cn$ は成立しない. そこで, もっと大きな推定, たとえば, $T(n) = O(n^2)$ に誘惑される. この推定が正しいことは証明できるが, 得られる上界はタイトではない. じつは, 元の推定 $T(n) = O(n)$ は, 正しく, しかもタイトであることが分かる. しかし, その証明にはもっと強い帰納法の仮定が必要である.

直観的には, この推定はほぼ正しい:低次の項で定数が $\Theta(1)$ 違うだけである. もちろん**正確な**帰納法の仮定を証明しない限り数学的帰納法はうまく適用できない. 先の推定から低次の項を引くことでこの困難を克服できる:新しい推定は $T(n) \leq cn - d$ であり, $d \geq 0$ は定数である. このとき, d を Θ 記法に隠れた上界の定数より大きく選ぶ限り,

$$T(n) \leq 2(c(n/2) - d) + \Theta(1)$$
$$= cn - 2d + \Theta(1)$$
$$\leq cn - d - (d - \Theta(1))$$
$$\leq cn - d$$

が成立する. 低次の項を引くのがうまくいくのである!もちろん, 基底段階も証明する必要がある. このために $cn - d$ 項が, 暗黙の基底項を支配する程度より大きな c を選択する.

低次の項を引くというアイデアが直観に反すると感じるかもしれない. 帰納的証明がうまくいかないときには, (上界を証明しているので)結局もっと大きな関数を推定するべきではないか? 必ずしもそうではない. 漸化式が 1 回以上の再帰呼出しをしている場合は(漸化式 (4.12) は 2 度呼び出している), もし低次の項を推定に加えたならば, 再帰呼出しのたびにその項を加えることになる. こうすることで, ますます帰納法の仮定から遠ざかることになり, 良い結果を生まない. 一方, 推定から低次の項を引くと, 再帰呼出しのたびにそれが差し引かれることになる. 先の例では, $T(n/2)$ の係数が 2 であるので, d を 2 回引いている. これにより, 不等式 $T(n) \leq cn - d - (d - \Theta(1))$ が得られ, 適切な d を容易に見つけることができた.

落とし穴の回避

置換え法で漸近的記法を使用するときには間違いを犯しやすいので避けるように. たとえば漸化式 (4.11) で, $T(n) = O(n)$ を帰納法の仮定として不用意に採用すれば, $T(n) = O(n)$ を誤って "証明する" ことができる:

$$T(n) \leq 2 \cdot O(\lfloor n/2 \rfloor) + \Theta(n)$$
$$= 2 \cdot O(n) + \Theta(n)$$
$$= O(n) \quad \Longleftarrow 誤り!$$

O 記法に内在する定数が変化していることがこの推論の問題点である. 明示的な定数を使うことにより, もういちど "証明" を再現してみよう. c, n_0 を定数とし帰納法の仮定として, すべての $n \geq n_0$ に対して, $T(n) \leq cn$ が成立するものと仮定する. 最初の不等式は

$$T(n) \leq 2(c\lfloor n/2 \rfloor) + \Theta(n)$$

$$\leq cn + \Theta(n)$$

となる. $cn + \Theta(n) = O(n)$ であるが, $\Theta(n)$ に含まれる関数は漸近的に正であるので, O 記法に含まれる定数は c よりも大きいと考えねばならない. したがって, $cn + \Theta(n) \leq cn$ と導くことはできず, 証明は失敗する.

置換え法やもっと一般的な帰納法を使うときは, 証明全体を通して漸近的記法に潜在する定数がいつも同一であるということに注意を払う必要がある. 結果として言えることは, 帰納法の仮定には漸近的な記法を使用しないで, かつ使う定数はいつも明示することが肝要である.

次も漸化式 (4.11) の解が $T(n) = O(n)$ という間違った結論に至る証明例である. $T(n) \leq cn$ と推定し, c は正の定数なので

$$\begin{aligned} T(n) &\leq 2(c \lfloor n/2 \rfloor) + \Theta(n) \\ &\leq cn + \Theta(n) \\ &= O(n) \quad \Longleftarrow \text{誤り!} \end{aligned}$$

と, 間違った証明を導いた. 間違った元凶は, 2 つの証明, すなわち $T(n) = O(n)$ の証明と帰納法の仮定 $T(n) \leq cn$ の証明の違いにある. 置換え法を使ったり帰納的証明を行うときは, 帰納法の仮定の**厳密な**主張を証明しなければならない. この場合, $T(n) = O(n)$ を証明したいときには, 明示的に $T(n) \leq cn$ を証明しなければならない.

練習問題

4.3-1 置換え法を使って, 実数上で定義された次の漸化式（左側）の漸近解（右側）が正しいことを示せ:

a. $T(n) = T(n-1) + n$, $T(n) = O(n^2)$

b. $T(n) = T(n/2) + \Theta(1)$, $T(n) = O(\lg n)$

c. $T(n) = 2T(n/2) + n$, $T(n) = \Theta(n \lg n)$

d. $T(n) = 2T(n/2 + 17) + n$, $T(n) = O(n \log n)$

e. $T(n) = 2T(n/3) + \Theta(n)$, $T(n) = \Theta(n)$

4.3-2 漸化式 $T(n) = 4T(n/2) + n$ の解が $T(n) = \Theta(n^2)$ であることが分かった. $T(n) \leq cn^2$ の仮定のもとでは置換え法はうまく機能しないことを示せ. この仮定から低次の項を適切に引くことで, 置換え法に基づく証明を完成させよ.

4.3-3 漸化式 $T(n) = 2T(n-1) + 1$ の解は $T(n) = 2^n$ である. $T(n) \leq c2^n$, $c > 0$ は定数を仮定する. この仮定のもとでは置換え法はうまく機能しないことを示せ. この仮定から低次の項を適切に引くことで, 置換え法に基づく証明を完成させよ.

4.4 漸化式を解くための再帰木法

置換え法は漸化式の解の正しさを簡潔に証明するのに適しているが, うまい解の推定に苦労

80 | 4 分割統治

することがある．第 2.3.2 項（分割統治アルゴリズムの解析）でマージソートの解析をしたときのように，良い推定を得るための簡明な方法は再帰木を描くことである．**再帰木** (recursion tree) では，各節点は再帰関数呼出しのある時点に対応する 1 つの部分問題のコストを表わす．再帰木の各レベルにおいて，そのレベルに属する節点のコストの総和を取ることでレベルごとのコストを求め，レベルごとのコストの総和を取ることで再帰木全体のコストを求める．しかし，総和計算には，創造性がより必要なこともある．

再帰木は良い推定を得るための最適な道具である．そして，得た推定の正しさを置換え法によって検証する．細心の注意を払って再帰木を描き，コストの総和を計算するならば，再帰木を漸化式の解の正しさを直接的に証明するツールとして用いることも可能である．再帰木を用いて良い推定を生成するときには，後でその正しさを検証するので，多少の"杜撰さ"が許される．置換え法を用いて検証する際は正確な数学が必要になる．本節では，良い推定を生成するために再帰木を利用し，漸化式の解を見つける直観を養おう．

再帰木の例

漸化式

$$T(n) = 3T(n/4) + \Theta(n^2) \tag{4.13}$$

を例に取り，再帰木を用いて漸化式の解の上界に対して，良い推定を得る方法を説明する．図 4.1 に $T(n) = 3T(n/4) + cn^2$ に対する再帰木の導出過程を示す．ここで $c > 0$ は $\Theta(n^2)$ 項における上界の定数である．図 4.1(a) は $T(n)$ を示す．図 4.1(b) では $T(n)$ は，この漸化式を表す等価な再帰木に展開されている．根の項 cn^2 は再帰のトップレベルでのコストを表し，3 つの部分木はそれぞれサイズ $n/4$ の部分問題のコストを表す．図 4.1(b) からコスト $T(n/4)$ の節点をさらに 1 ステップだけ展開した状態を図 4.1(c) に示す．根の 3 つの子のコストはいずれも $c(n/4)^2$ である．各節点を漸化式から決まる構成要素に分解することによって再帰木の各節点を展開する作業を続ける．

部分問題のサイズは根から 1 レベル遠ざかるごとに 1/4 に減少するので，やがて $n < n_0$ の基底段階に行き着く．漸化式の通例により，基底段階では $n < n_0$ に対し $T(n) = \Theta(1)$ である．ここに $n_0 > 0$ は漸化式が明確に定義されるような十分に大きい閾値定数である．直観を重視し数学的な取扱いを単純化するために，n をちょうど 4 のベキ，$T(1) = \Theta(1)$ と仮定する．これらの仮定は漸近的な解には影響しない．

再帰木の高さはどれくらいだろうか？深さ i にある節点の部分問題のサイズは $n/4^i$ である．したがって，部分問題のサイズが 1 となるのは $n/4^i = 1$ のとき，すなわち，$i = \log_4 n$ のときである．つまり，再帰木は深さ $0, 1, 2, \ldots, \log_4 n - 1$ に位置する節点と深さ $\log_4 n$ の葉を持つ．

図 4.1(d) は木の各レベルのコストを示している．各レベルは 1 つ上のレベルの 3 倍の節点を持つので，深さ i の節点数は 3^i である．部分問題のサイズは根から 1 レベル遠ざかるたびに 1/4 になるので，各 $i = 0, 1, 2, \ldots, \log_4 n - 1$ に対して，深さ i にある各節点のコストは $c(n/4^i)^2$ である．掛け合わせると，各 $i = 0, 1, 2, \ldots, \log_4 n - 1$ に対して，深さ i にある節点の総コストは $3^i c(n/4^i)^2 = (3/16)^i cn^2$ となる．再帰の底である深さ $\log_4 n$ のレベルには

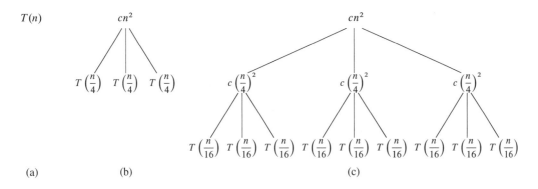

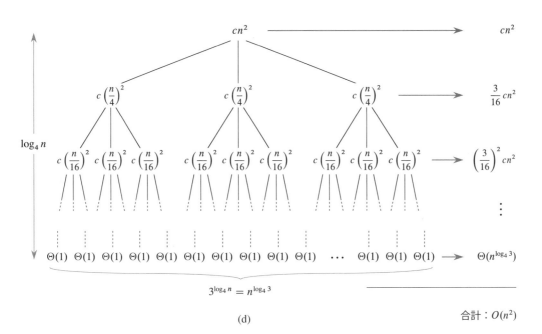

図 4.1 漸化式 $T(n) = 3T(n/4) + cn^2$ に対する再帰木の構築. **(a)** に $T(n)$ を示す. $T(n)$ は **(b)**～**(d)** に示すように順次展開され，再帰木が作られる. **(d)** に示す完全に展開された木の高さは $\log_4 n$ である.

$3^{\log_4 n} = n^{\log_4 3}$ 個の葉節点がある（第 3.3 節（標準的な記法とよく使われる関数）の式 (3.21)（56 ページ）参照）．それぞれの葉コストが $\Theta(1)$ なので，全体では $\Theta(n^{\log_4 3})$ となる.

すべてのレベルのコストの和を取ると，木全体のコストは

$$\begin{aligned} T(n) &= cn^2 + \frac{3}{16}cn^2 + \left(\frac{3}{16}\right)^2 cn^2 + \cdots + \left(\frac{3}{16}\right)^{\log_4 n - 1} cn^2 + \Theta(n^{\log_4 3}) \\ &= \sum_{i=0}^{\log_4 n - 1} \left(\frac{3}{16}\right)^i cn^2 + \Theta(n^{\log_4 3}) \\ &< \sum_{i=0}^{\infty} \left(\frac{3}{16}\right)^i cn^2 + \Theta(n^{\log_4 3}) \\ &= \frac{1}{1 - (3/16)} cn^2 + \Theta(n^{\log_4 3}) \quad \text{（付録第 A.1 節の式 (A.7)（967 ページ）より）} \end{aligned}$$

$$= \frac{16}{13} cn^2 + \Theta(n^{\log_4 3})$$
$$= O(n^2) \qquad\qquad (\Theta(n^{\log_4 3}) = O(n^{0.8}) = O(n^2))$$

となる．したがって，漸化式 $T(n) = 3T(\lfloor n/4 \rfloor) + \Theta(n^2)$ に対して $T(n) = O(n^2)$ と推定する．この例では，cn^2 の係数は減少幾何級数を構成し，これらの係数の和は式 (A.7) を用いて上から定数 16/13 で抑えられる．この根のコストは全体のコストへの影響が cn^2 なので，根のコストが全体のコストにおいて支配的である．

実際，（すぐに証明するが）$O(n^2)$ がこの漸化式の上界なら，この上界はタイトである．なぜなら，最初の再帰呼出しの寄与が $\Theta(n^2)$ なので，$\Omega(n^2)$ はこの漸化式に対する下界でなければならない．

では，置換え法を用いて我々の推定が正しかったこと，すなわち $T(n) = O(n^2)$ が漸化式 $T(n) = 3T(\lfloor n/4 \rfloor) + \Theta(n^2)$ の上界であることを証明しよう．ある $d > 0$ に対して $T(n) \le dn^2$ が成立することを証明したい．以前と同じ定数 $c > 0$ に対して

$$T(n) \le 3T(n/4) + cn^2$$
$$\le 3d(n/4)^2 + cn^2$$
$$= \frac{3}{16} dn^2 + cn^2$$
$$\le dn^2$$

である．最後の不等号は，$d \ge (16/13)c$ と置くと成立する．

基底段階では，$n < n_0$ に対して $T(n) = \Theta(1)$ のときは，漸化式が明確に定義される程度に n_0 を十分大きい閾値定数とする．定数 d を Θ に隠れた定数をしのぐ程度に十分大きいものとする．このとき $1 \le n < n_0$ に対して $dn^2 \ge d \ge T(n)$ が成り立ち，基底段階の証明が完結する．

置換え法を使った証明では 2 つの定数 c, d が関係している．定数 c を Θ 記法で存在が保障されている隠れた上界として使った．c は任意に選べない——それは与えられてはいる——が，$c' \ge c$ なる c' は上界として使える．定数 d は必要に応じて自由に決めることができる．この例では c が定数のときは d も定数なので，たまたまよいことに d は c に依存していた．

不均衡な再帰木の例

もう 1 つのより不均衡な例に対して，漸近的限界を求めよう．漸化式

$$T(n) = T(n/3) + T(2n/3) + \Theta(n) \tag{4.14}$$

に対する再帰木を図 4.2 に示す．この木は左右のバランスが不均衡で根から葉にいたるパスの長さも一定でない．左に枝分かれするときは部分問題のサイズが 1/3 になり，右に行くときは 2/3 になる．$n_0 > 0$ を $0 < n < n_0$ に対して，$T(n) = \Theta(1)$ を満足する閾値定数とし，c を $n \ge n_0$ での $\Theta(n)$ に隠れた上界定数とする．ここでは実際，2 つの n_0 が存在する．1 つは漸化式における閾値のための定数，もう 1 つは Θ 記法に対する閾値である．ここでは，大きいほうを n_0 とする．

木の高さを求めるため木を右方向に辿りながら下降し，その経路の長さを調べる．根

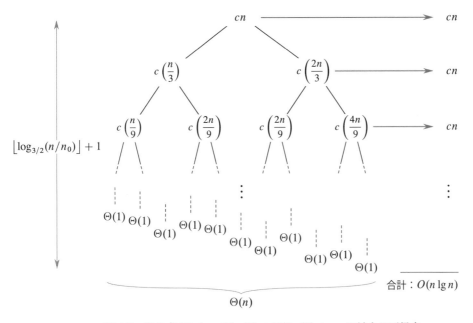

図 4.2 漸化式 $T(n) = T(n/3) + T(2n/3) + cn$ に対する再帰木.

から葉までの経路上に現れる部分問題のサイズは $n, (2/3)n, (4/9)n, \ldots, \Theta(1)$ で，それぞれのコストは $cn, c(2n/3), c(4n/9), \ldots, \Theta(1)$ である．$(2/3)^h n < n_0 \leq (2/3)^{h-1} n$ のとき $h = \lfloor \log_{3/2} (n/n_0) \rfloor + 1$ である．最右の葉に到達する．なぜなら，不等式 (3.2) (53 ページ) に $x = \log_{3/2} (n/n_0)$ を適用して，$(2/3)^h n = (2/3)^{\lfloor x \rfloor + 1} n < (2/3)^x n = (n_0/n)n = n_0, (2/3)^{h-1} n = (2/3)^{\lfloor x \rfloor} n > (2/3)^x n = (n_0/n)n = n_0$ が成立し，木の高さ h は $h = \Theta(\lg n)$ となるからである．

漸化式の上界を求めよう．葉のコストについてはあとで考えよう．各レベルでの内部節点のコストの総和は，木の高さ $\Theta(\lg n)$ と各レベルのコスト cn の積で表され，$O(n \lg n)$ となる．

再帰木の葉の扱いが残っている．葉は基底段階を表し，各々 $\Theta(1)$ のコストである．葉の数はいくつあるのだろうか？葉の数を，高さ $\lfloor \log_{3/2} (n/n_0) \rfloor + 1$ の完全 2 分木の葉の数として上界を評価したくなる．なぜなら，再帰木はそのような完全 2 分木に含まれているからである．しかし，この評価はあまり良い結果につながらない．完全 2 分木は根に 1 つの節点を持ち，深さ 1 のレベルでは 2 つの節点，深さ k のレベルでは 2^k 個の節点を持つ．完全 2 分木の高さ h は $h = \lfloor \log_{3/2} n/n_0 \rfloor + 1$ なので，$2^h = 2^{\lfloor \log_{3/2} n/n_0 \rfloor + 1} \leq 2n/n_0^{\log_{3/2} 2}$ 個の葉を持つ．これは再帰木における葉の数の上界である．各葉のコストは $\Theta(1)$ なので，この解析ではすべての葉のコストは $O(n^{\log_{3/2} 2}) = O(n^{1.71})$ となり，これはすべての内部節点のコスト $O(n \lg n)$ よりも漸近的に大きい．実際，後ほど見るが，この上界はタイトではない．再帰木のすべての葉のコストは $O(n)$ で，漸近的には $O(n \lg n)$ より**小さい**．言い換えれば，内部節点のコストは葉のコストを支配し，逆は成り立たない．

葉を解析する代わりに，今すぐ取りやめて，置換え法で $T(n) = \Theta(n \log n)$ を証明しよう．この方法はうまくいく（練習問題 4.4-3 参照）．ここで，この再帰木の葉の数を正確に知ることは有益である．葉のコストが内部節点のコストを支配する漸化式もある．葉の数の解析をある程度経験すれば，もっと良い結果が得られると思われる．

84 | 4 分割統治

実際に何枚の葉があるかを知るために，$L(n)$ を $T(n)$ の再帰木の葉の数の漸化式とする．$T(n)$ のすべての葉は根の左部分木ならびに右部分木に含まれるので，

$$L(n) = \begin{cases} 1 & n < n_0 \text{のとき} \\ L(n/3) + L(2n/3) & n \geq n_0 \text{のとき} \end{cases} \tag{4.15}$$

が成り立つ．この漸化式は漸化式 (4.14) に似ているが，$\Theta(n)$ 項が欠けている．さらに明示的な基底段階の記述もある．この漸化式には $\Theta(n)$ 項がないので解を得るのはより容易である．置換え法を使ってこの漸化式が $L(n) = O(n)$ であることを示そう．ある定数 $d > 0$ に対して $L(n) \leq dn$ という帰納法の仮定を使い，n より小さいすべての値に対してこの帰納法の仮定が成立すると仮定すると，任意の $d > 0$ に対して，

$$\begin{aligned} L(n) &= L(n/3) + L(2n/3) \\ &\leq dn/3 + 2(dn)/3 \\ &\leq dn \end{aligned}$$

が成立する．$0 < n < n_0$ に対して，$L(n) = 1$ が成り立つように d を十分大きな値とする．今回は $d = 1$ で十分である．以上の置換え法により，葉の数の上界が得られた．（練習問題 4.4-2 では $L(n) = \Theta(n)$ を証明する．）

$T(n)$ に対する漸化式 (4.14) に戻り，すべてのレベルにわたるすべての葉のコストは $L(n) \cdot \Theta(1) = \Theta(n)$ でなければならないことが今では明白になる．内部節点のコストの上界 $O(n \lg n)$ を先に示しているので，漸化式 (4.14) の解は $T(n) = O(n \lg n) + \Theta(n) = O(n \lg n)$ となる．（練習問題 4.4-3 では $T(n) = \Theta(n \lg n)$ を証明する．）

とくに仮定を単純化した場合には，置換え法を用いて再帰木から得られる任意の限界を検証する方法はうまいやり方である．しかしながら，もっと強力な方法もある．次節で扱うマスター法（残念ながら漸化式 (4.14) には使えない）であり，Akra–Bazzi 法（有効だが，微積分が必要である）である．どんな強力な手法を使おうとも，再帰木は難しい数学の下での取扱いに対する直観を養ってくれる．

練習問題

4.4-1 次の漸化式に対する再帰木を描き，漸化式の漸近的上界を推測し，置換え法を用いてその答えを検証せよ．

a. $T(n) = T(n/2) + n^3$

b. $T(n) = 4T(n/3) + n$

c. $T(n) = 4T(n/2) + n$

d. $T(n) = 3T(n-1) + 1$

4.4-2 置換え法を用いて，漸化式 (4.15) が漸近的な下界 $L(n) = \Omega(n)$ を持つことを示せ．さらに $L(n) = \Theta(n)$ を結論づけよ．

4.4-3 置換え法を用いて，漸化式 (4.14) が解 $T(n) = \Omega(n \log n)$ を持つことを示せ．さらに $T(n) = \Theta(n \log n)$ を結論づけよ．

4.4-4 再帰木を用いて漸化式 $T(n) = T(\alpha n) + T((1-\alpha)n) + \Theta(n)$ の漸近的な解を推測し，正しいことを証明せよ．ただし，α は $0 < \alpha < 1$ の範囲にある定数である．

4.5 漸化式を解くためのマスター法

マスター法 (master method) は，漸化式

$$T(n) = aT(n/b) + f(n) \tag{4.16}$$

を解くための "料理本" である．ただし，$a > 0$ と $b > 1$ は定数である．$f(n)$ を**駆動関数** (driving function) と呼び，この形の漸化式を**マスター漸化式** (master recurrence) と呼ぶ．マスター法を適用するには 3 つのケースを覚えておく必要があるが，多数のマスター漸化式の解を非常に容易に求めることができる．

マスター漸化式は，サイズ n の問題をそれぞれがサイズ $n/b < n$ を持つ a 個の部分問題に分割するアルゴリズムの実行時間を表している．そのアルゴリズムは，a 個の部分問題を，それぞれ $T(n/b)$ 時間で再帰的に解く．駆動関数 $f(n)$ は，部分問題に対する再帰の解の結果を結合するコストと同様に，再帰の前に問題を分解するコストを含んでいる．たとえば，Strassen のアルゴリズムから生じる漸化式では，$a = 7$，$b = 2$ のマスター漸化式で，駆動関数は，$f(n) = \Theta(n^2)$ である．

前述したように，アルゴリズムの実行時間を記述する漸化式を解く場合，あまり気にしたくない技術的なことは，入力サイズ n はいつも整数であることである．たとえば，マージソートの漸化式は 34 ページの式 (2.3) に示したように $T(n) = 2T(n/2) + \Theta(n)$ と書ける．しかし，n が奇数の場合，正確に半分の大きさの 2 つの部分問題に分割されるわけではない．問題サイズが整数であることにこだわると，1 つの問題サイズを $\lfloor n/2 \rfloor$ に切り下げ，もう 1 つを $\lceil n/2 \rceil$ に切り上げ，漸化式は $T(n) = T(\lceil n/2 \rceil) + T(\lfloor n/2 \rfloor) + \Theta(n)$ となる．しかし，このフロア関数，シーリング関数を使った漸化式は実数上で定義されている式 (2.3) よりも長く，形もきれいでない．必要な場合を除き，このフロア関数，シーリング関数についてはあまりこだわらないことにする．なぜなら，どちらの場合も同じ解 $\Theta(n \lg n)$ に至るからである．

マスター法ではフロア関数，シーリング関数を使わずにマスター漸化式を記述し，それを暗黙的に推論できる．引数をどのように最も近い整数に切り下げようともまた切り上げようとも，その漸近解は同じである．第 4.6 節で取り上げるが，マスター漸化式がフロア関数，シーリング関数を使わずに実数上で定義さた場合でも，その漸近解は変わらないことが分かる．このようにマスター漸化式では，フロア関数，シーリング関数は無視してよい．第 4.7 節では，より一般的な分割統治漸化式に対してフロア関数，シーリング関数を無視できる十分条件を示す．

マスター定理

マスター法は次の定理に基づいている．

定理 4.1（マスター定理） $a > 0$ と $b > 1$ を定数，$f(n)$ を十分大きいすべての実数上で定義されている非負の駆動関数とする．$n \in \mathbb{N}$ 上の漸化式 $T(n)$ を

$$T(n) = aT(n/b) + f(n) \tag{4.17}$$

によって定義する．ここで，$aT(n/b)$ は実際 $a' \geq 0$，$a'' \geq 0$，$a = a' + a''$ なる定数に対して $a'T(\lfloor n/b \rfloor) + a''T(\lceil n/b \rceil)$ を意味するものと解釈する．このとき，$T(n)$ の漸近的な挙動は次の式で特徴づけられる：

1. ある定数 $\epsilon > 0$ に対して $f(n) = O(n^{\log_b a - \epsilon})$ ならば，$T(n) = \Theta(n^{\log_b a})$ である．

2. $f(n) = \Theta(n^{\log_b a} \lg^k n)$ を満足するある定数 $k \geq 0$ が存在するならば，$T(n) = \Theta(n^{\log_b a} \lg^{k+1} n)$ である．

3. $f(n) = \Omega(n^{\log_b a + \epsilon})$ を満足するある定数 $\epsilon > 0$ が存在し，$f(n)$ が次の**正則条件** (regularity condition) を満足するならば $T(n) = \Theta(f(n))$ である．

　　正則条件：ある定数 $c < 1$ と十分大きなすべての n に対して，$af(n/b) \leq cf(n)$． ∎

　例題にマスター法を適用する前に，マスター法が意味する所を少し考えてみよう．関数 $n^{\log_b a}$ を**分水界関数** (water-shed function) と呼ぶ．駆動関数 $f(n)$ と分水界関数 $n^{\log_b a}$ の比較から上の 3 つのケースが生じる．直観的には，分水界関数が駆動関数より速く漸近的に増加すると第 1 のケースとなる．両者が同程度に増加すると第 2 のケースとなる．第 3 のケースは第 1 とは"反対"のケースで，駆動関数が分水界関数よりも速く増加する．しかし直観だけで済まない重要な技術的事項がある．

　ケース 1 では，分水界関数が単に駆動関数より速く漸近的に増加するだけでなく，**多項式的**に速く増加しなければならない．すなわち，$n^{\log_b a}$ はある定数 $\epsilon > 0$ に対して漸近的に少なくとも $f(n)$ の $\Theta(n^{\epsilon})$ 倍になっている必要がある．するとマスター定理はケース 1 の解は $T(n) = \Theta(n^{\log_b a})$ であると言う．漸化式の再帰木の観点から考察すると，レベルごとのコストは根から葉へと少なくとも幾何級数的に増加し，葉全体のコストはすべての内部節点のコストを支配している．

　ケース 2 では，分水界関数と駆動関数はともにほとんど同じ割合で漸近的に増加する．しかし，もう少し細かく見ると，駆動関数は分水界関数より $\Theta(\lg^k n)$ 倍速く増加する．ここで $k > 0$ である．マスター定理は，$f(n)$ 項に $\Theta(\lg n)$ 因子を追加し，結果として解は $T(n) = \Theta(n^{\log_b a} \lg^{k+1} n)$ であると言う．再帰木の各レベルのコストは $\Theta(n^{\log_b a} \lg^{k+1} n)$ で近似的に同一となる．この場合，再帰木の各レベルのコストはほぼ同じである——$\Theta(n^{\log_b a} \lg^k n)$——そして $\Theta(\lg n)$ のレベルがある．実際，ケース 2 が最もよく出現する状況は $k = 0$ のときである．このときは分水界関数と駆動関数はともに同じ割合で増加し，その解は $T(n) = \Theta(n^{\log_b a} \lg n)$ である．

　ケース 3 はケース 1 を反映している．駆動関数は分水界関数よりも漸近的に速く成長しなければならないだけでなく，**多項式的**に速く増加しなければならない．すなわち駆動関数 $f(n)$ は漸近的に分水界関数 $n^{\log_b a}$ より少なくとも $\Theta(n^{\epsilon})$ 倍大きくなる必要がある．ここで $\epsilon > 0$ である．さらに駆動関数 $f(n)$ は正則条件 $af(n/b) \leq cf(n)$ も満たす必要がある．ケース 3 を適用する際に出会うであろう多項式的に限定されている関数のほとんどが，この条件を満足する．駆動関数が局所的にゆっくりと増加し全体的には速く増加しても，正則条件は成立しない可能性がある（練習問題 4.5-5 では，そのような関数例を示している）．マスター定理は，ケース 3 のときは漸化式の解は $T(n) = \Theta(f(n))$ であると言う．再帰木を見ると，レベルごとのコ

ストは根から葉に向かうにつれて少なくとも幾何級数的に減少し，根のコストが他の節点のコストをしのいでいる．

ケース1あるいはケース3に対して，分水界関数と駆動関数の間に多項式的な隙間があることを観察しておこう．隙間は大きくなくとも確かに存在し，多項式的に増加しなければならない．たとえば漸化式 $T(n) = 4T(n/2) + n^{1.99}$ を考えよう（この関数はアルゴリズム解析ではよく見かける漸化式ではない）．分水界関数は $n^{\log_b a} = n^2$，駆動関数は $f(n) = n^{1.99}$ となり，多項式的に $n^{0.01}$ 倍，分水界関数よりも小さく，$\epsilon = 0.01$ として，ケース1が適用される．

マスター法の適用

マスター法を適用するには，マスター定理のどのケース（もしあれば）が適用できるかを決定すればよい．

最初の例題は $T(n) = 9T(n/3) + n$ である．この漸化式では $a = 9$，$b = 3$ なので $n^{\log_b a} = n^{\log_3 9} = \Theta(n^2)$ である．任意の定数 $\epsilon \le 1$ に対して $f(n) = n = O(n^{2-\epsilon})$ なので，マスター定理のケース1が適用でき，解は $T(n) = \Theta(n^2)$ である．

つぎに $T(n) = T(2n/3) + 1$ を考えよう．$a = 1, b = 3/2$ なので，分水界関数は $n^{\log_b a} = n^{\log_{3/2} 1} = n^0 = 1$ である．$f(n) = 1 = \Theta(n^{\log_b a} \lg^0 n) = \Theta(1)$ が成立するのでケース2が適用でき，解は $T(n) = \Theta(\lg n)$ である．

漸化式 $T(n) = 3T(n/4) + n \lg n$ に対しては，$a = 3$，$b = 4$，$n^{\log_b a} = n^{\log_4 3} = O(n^{0.793})$ である．$f(n) = n \lg n = \Omega(n^{\log_4 3 + \epsilon})$ で，ϵ は大体 0.2 と同じくらいの大きさにできるので，$f(n)$ に対して正則条件が成り立つ限り，ケース3が適用できる．$c = 3/4$ とすると，十分大きな n に対して $af(n/b) = 3(n/4) \lg(n/4) \le (3/4)n \lg n = cf(n)$ が成立し，正則条件を満足する．したがってケース3が適用でき，解は $T(n) = \Theta(n \lg n)$ である．

漸化式 $T(n) = 2T(n/2) + n \lg n$ に対しては，$a = 2$，$b = 2$，$n^{\log_b a} = n^{\log_2 2} = n$，$f(n) = n \lg n = \Theta(n^{\log_b a} \lg^1 n)$ であり，ケース2が適用される．解は $T(n) = \Theta(n \lg^2 n)$ となる．

第2.3.2項，第4.1節ならびに第4.2節で扱った漸化式をマスター法を用いて解いてみよう．

漸化式 (2.3) に示した $T(n) = 2T(n/2) + \Theta(n)$ はマージソートの実行時間を特徴づける．$a = 2$，$b = 2$，分水界関数は $n^{\log_b a} = n^{\log_2 2} = n$ である．$f(n) = \Theta(n)$ なのでケース2が適用可能であり，解 $T(n) = \Theta(n \lg n)$ を得る．

71ページの漸化式 (4.9) に示した $T(n) = 8T(n/2) + \Theta(1)$ は，行列を乗算する単純な分割統治アルゴリズムの実行時間を特徴づけている．$a = 8$，$b = 2$ なので，分水界関数は $n^{\log_b a} = n^{\log_2 8} = n^3$ である．n^3 は駆動関数 $f(n) = \Theta(1)$ よりも多項式的に大きい．実際は任意の正の $\epsilon < 3$ に対して $f(n) = O(n^{3-\epsilon})$ なので，解は $T(n) = \Theta(n^3)$ である．

最後に，73ページの漸化式 (4.10) に示した $T(n) = 7T(n/2) + \Theta(n^2)$ は，行列乗算のための Strassen のアルゴリズムの実行時間を特徴づけるものだった．この漸化式に対して，$a = 7$，$b = 2$，分水界関数は $n^{\log_b a} = n^{\lg 7}$ である．$\lg 7 = 2.807355\ldots$ に注意し，$\epsilon = 0.8$ とすることができ，駆動関数を $f(n) = \Theta(n^2) = O(n^{\lg 7 - \epsilon})$ と抑えることができ，再びケース1が適用できるので，解は $T(n) = \Theta(n^{\lg 7})$ である．

88 | 4 分割統治

マスター法が適用できないケース

マスター法が適用できない状況がある．たとえば，分水界関数と駆動関数の漸近的な比較ができない場合である．無限個の n の値に対して，$f(n) \gg n^{\log_b a}$ が成り立ち，また無限個の n の異なる値に対して，$f(n) \ll n^{\log_b a}$ が成立する場合である．しかしながら実際には，アルゴリズムで出現する大部分の駆動関数は分水界関数と比較可能である．もし先のような状況のマスター漸化式に遭遇した場合は，置換え法とか何か別の方法で解決する必要がある．

　分水界関数と駆動関数の漸近的な比較ができる場合でも，マスター定理が適用できない場合がある．$f(n) = o(n \log_b a)$ で，分水界関数が駆動関数よりも多項式的に速く増加しないときは，ケース 1 とケース 2 に隙間がある．同様に，$f(n) = \omega(n \log_b a)$ で，駆動関数が分水界関数よりも対数多項式的に速く増加するが，多項式的には速く増加しないときは，ケース 2 とケース 3 に隙間がある．駆動関数がこれらの隙間にあるとき，またケース 3 における正則条件が満たされない場合は，漸化式の求解にマスター法以外の方法を模索する必要がある．

　駆動関数がこのような隙間に入る例として，$T(n) = 2T(n/2) + n/\lg n$ を考える．$a = 2$ および $b = 2$ で，分水界関数は $n^{\log_b a} = n^{\log_2 2} = n^1 = n$ である．駆動関数は $n/\lg n = o(n)$ で，分水界関数 n よりも漸近的にゆっくりと増加する．しかし，$n/\lg n$ は n よりも**多項式的に**ではなく，**対数的にゆっくり**増加する．もう少し正確に言うと，式 (3.24)（56 ページ）は任意の $\epsilon > 0$ に対して $\lg n = o(n^\epsilon)$ で，$1/\lg n = \omega(n^{-\epsilon})$ かつ $n/\lg n = \omega(n^{1-\epsilon}) = \omega(n^{\log_b a - \epsilon})$ を主張している．このように，ケース 1 を適用するときに必要な条件 $n/\lg n = O(n^{\log_b a - \epsilon})$ を満足する定数 $\epsilon > 0$ は存在しない．同様にケース 2 も適用できない．というのは，$n/\lg n = \Theta(n^{\log_b a} \lg^k n)$，$k = -1$ となり，ケース 2 を適用するに必要な k が非負定数という条件を満たしていないからである．

　この種の漸化式を解くためには，第 4.3 節の置換え法や第 4.7 節の Akra–Bazzi 法などの使用を考えなければならない．（練習問題 4.6-3 では，その答えが $\Theta(n \lg \lg n)$ であることを示す）マスター定理はこのような特殊な漸化式には使えないが，実際の場面で出現する大部分の漸化式の求解に役立つことを強調しておこう．

練習問題

4.5-1 マスター法を用いて，以下の漸化式に対するタイトな漸近的限界を求めよ．

a. $T(n) = 2T(n/4) + 1$

b. $T(n) = 2T(n/4) + \sqrt{n}$

c. $T(n) = 2T(n/4) + \sqrt{n} \lg^2 n$

d. $T(n) = 2T(n/4) + n$

e. $T(n) = 2T(n/4) + n^2$

4.5-2 徳川教授は Strassen のアルゴリズムよりも漸近的に高速な行列乗算アルゴリズムを設計したいと考えている．彼のアルゴリズムは分割統治法に基づいており，各行列を $n/4 \times n/4$ 型に分割し，分割段階と結合段階に $\Theta(n^2)$ 時間かかる．Strassen のアルゴリズムを凌ぐため

に自身のアルゴリズムが生成しなければならない部分問題数を決定する必要がある．アルゴリズムが a 個の部分問題を生成すると仮定すると，実行時間 $T(n)$ を特徴づける漸化式は $T(n) = aT(n/4) + \Theta(n^2)$ である．徳川教授のアルゴリズムが Strassen のアルゴリズムよりも漸近的に高速であるような最大の整数 a の値を求めよ．

4.5-3 マスター法を用いて 2 分探索の漸化式 $T(n) = T(n/2) + \Theta(1)$ の解が $T(n) = \Theta(\lg n)$ であることを示せ．（練習問題 2.3-5 における 2 分探索の記述参照．）

4.5-4 関数 $f(n) = \lg n$ を考えよう．$f(n/2) < f(n)$ であっても，正則条件 $af(n/b) \le cf(n)$，$a = 1$ かつ $b = 2$ は任意の $c < 1$ に対して成立しないことを検討せよ．さらに任意の $\epsilon > 0$ に対して，ケース 3 における条件 $f(n) = \Omega(n^{\log_b a + \epsilon})$ は成立しないことを検討せよ．

4.5-5 適切に定数 a, b, ϵ を選ぶことにより，関数 $f(n) = 2^{\lceil \lg n \rceil}$ において，マスター定理のケース 3 の条件を満足させることができることを示せ．ただし，正則条件を考慮する必要はない．

★ 4.6 連続マスター定理の証明

本節では，マスター定理（定理 4.1）を証明する．フロア関数，シーリング関数に関連したマスター定理のより一般的な証明は本書の扱う範囲にないと考え，ここでは取り扱わない．しかし，本節では**連続マスター定理** (continuous master theorem) [1] と呼ばれるマスター定理について述べ，その証明を示す．連続マスター定理で扱うマスター漸化式 (4.17) は十分大きい正の実数上で定義されている．この証明はフロア関数，シーリング関数に由来する複雑さを回避し，マスター定理の挙動を理解するに十分な知見を与えてくれる．第 4.7 節では，分割統治漸化式におけるフロア関数，シーリング関数について詳細に検討し，これらの関数が漸近的な解に影響しないための十分条件を示す．

　もちろん証明を理解しなくても定理は適用できるので，本節を読み飛ばしてもよい．しかし，より高度なアルゴリズムを学びたければ，連続マスター定理の証明の背景にある数学を理解しておくのもよいだろう．

　ここで扱う漸化式は通常アルゴリズム的漸化式であると仮定し，基底段階の明示的な記述は必要とされないが，その実践を正当化する証明においては，はるかに注意を払う必要がある．帰納法の証明では数学的な知識が必要になるので，本節の定理，補題では漸化式の基底段階を明示的に記述している．数学の世界では，実際にはより気軽に行動することを正当化する定理を証明するために，非常に慎重になるのが一般的である．

　連続マスター定理の証明には次の 2 つの補題が関係している．補題 4.2 は閾値定数を，ここでは明示していない基底段階から導かれる閾値定数 $n_0 > 0$ ではなく，$n_0 = 1$ とした少し単純化したマスター漸化式を使っている．補題は単純化されたマスター漸化式の解を再帰木を使って総和計算に還元している．補題 4.3 はマスター定理の 3 つのケース分けを行い，総和の漸近的限界を示している．最後に，定理 4.4 の連続マスター定理は，マスター漸化式の漸近的限界

---

[1] 「連続」という用語は $T(n)$ あるいは $f(n)$ が連続関数であることを意味するのではない．単に，$T(n)$ の定義域が整数でなく実数であることを意味する．

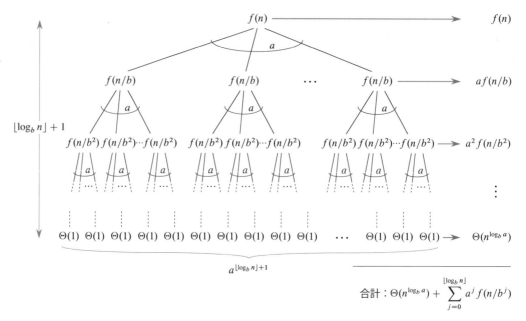

図 4.3 $T(n) = aT(n/b) + f(n)$ から生成される再帰木．この木は葉を $a^{\lfloor \log_b n \rfloor + 1}$ 個持ち，高さが $\lfloor \log_b n \rfloor + 1$ の完全 a 分木である．各レベルの節点のコストが右に示されており，その和は式 (4.18) で与えられる．

を示す．定理は，明示されていない基底段階に由来する任意の閾値定数 $n_0 > 0$ を扱えるよう一般化されたものである．

証明は章末問題 3-5（61 ページ）に記載されたいくつかの性質を使い，複雑な漸近表現を単純化し統合している．章末問題 3-5 は Θ 記法のみ扱っているが，そこでの性質は O 記法や Ω 記法にまで拡張できる．次は最初の補題である．

補題 4.2 $a > 0$ と $b > 1$ を定数とし，$f(n)$ を $n \geq 1$ の実数上で定義された関数とする．すると漸近式

$$T(n) = \begin{cases} \Theta(1) & 0 \leq n < 1 \text{ のとき} \\ aT(n/b) + f(n) & n \geq 1 \text{ のとき} \end{cases}$$

は，次の解

$$T(n) = \Theta(n^{\log_b a}) + \sum_{j=0}^{\lfloor \log_b n \rfloor} a^j f(n/b^j) \tag{4.18}$$

を持つ．

証明 図 4.3 に示す再帰木を用いる．最初に内部節点に着目しよう．この再帰木の根のコストは $f(n)$ であり，それぞれコストが $f(n/b)$ の a 個の子がある．（とくに再帰木を視覚化するときは a を整数と考えると便利だが，この解析にはその必要はない．）これらの子には，それぞれコストが $f(n/b^2)$ の a 個の子があり，したがって，深さ 2 に a^2 個の節点が存在する．一般に，深さ j には a^j 個の節点が存在し，それぞれのコストは $f(n/b^j)$ である．

つぎに葉の理解に移ろう．木は成長しながら，n/b^j が 1 より小さくなるまで下方向に進む．したがって，$n/b^{\lfloor \log_b n \rfloor} \geq n/b^{\log_b n} = 1$，$n/b^{\lfloor \log_b n \rfloor + 1} < n/b^{\log_b n} = 1$ が成立するので，木

の高さは $\lfloor \log_b n \rfloor + 1$ である．深さ j の節点数は a^j であり，すべての葉は深さ $\lfloor \log_b n \rfloor + 1$ にあり，木は $a^{\lfloor \log_b n \rfloor + 1}$ 個の葉を持つ．等式 (3.21)（56 ページ）を使い，もし $a \geq 1$ なら，a は定数なので，$a^{\lfloor \log_b n \rfloor + 1} \leq a^{\log_b n + 1} = an^{\log_b a} = O(n^{\log_b a})$ が成り立つ．そして，$a^{\lfloor \log_b n \rfloor + 1} \geq a^{\log_b n} = n^{\log_b a} = \Omega(n^{\log_b a})$ である．もし $a < 1$ なら，不等式を反対にし，漸近的限界を交換せよ．結果的に，全体の葉の数は $\Theta(n^{\log_b a})$ である．これは漸近的に分水界関数と一致する．

　この図に示したように，木の各レベルにある節点のコストの総和を求め，式 (4.18) を導こう．式 (4.18) の最初の項はすべての葉のコストの総和である．各葉は $\lfloor \log_b n \rfloor + 1$ の深さにあり，$n/b^{\lfloor \log_b n \rfloor + 1} < 1$ なので，漸化式の基底段階は葉のコスト $T(n/b^{\lfloor \log_b n \rfloor + 1}) = \Theta(1)$ である．したがって $\Theta(n^{\log_b a})$ 個のすべての葉のコストは章末問題 3-5 (d) から $\Theta(n^{\log_b a}) \cdot \Theta(1) = \Theta(n^{\log_b a})$ となる．式 (4.18) の第 2 項は内部節点のコストであり，根底にある分割統治アルゴリズムでは，問題を部分問題に分割し，部分問題を再び結合するためのコストを表現している．深さ j のすべての内部節点のコストは $a^j f(n/b^j)$ なので，すべての内部節点のコストの合計は

$$\sum_{j=0}^{\lfloor \log_b n \rfloor} a^j f(n/b^j)$$

となる． ∎

　マスター定理の 3 つのケースはそれぞれ木のコストの合計が再帰木の中のどの部分に支配項が存在するかということに依存し，次の 3 つのケースがある：

ケース 1： コストは，根から葉に進むに従い，各レベルで定数倍となり，幾何級数的に増加する．

ケース 2： コストは，定理の k に依存する．$k = 0$ のときはコストは各レベルで同一である；$k = 1$ のときはコストは葉から根に向かって線形に増加する；$k = 2$ のときは，増加は 2 次的に，一般的には k 次の多項式的に増加する．

ケース 3： 根から葉にかけて，各レベルで定数分の 1 の割合で少なくなり，幾何級数的に減少する．

　式 (4.18) の総和は，漸化式の元となった分割統治アルゴリズムの分割段階と統合段階のコストを記述する．次の補題では総和の増加の漸近的限界を与える．

補題 4.3 $a > 0$ と $b > 1$ を定数，$f(n)$ を任意の実数 $n \geq 1$ に対して定義された関数とする．$n \geq 1$ に対して定義された関数

$$g(n) = \sum_{j=0}^{\lfloor \log_b n \rfloor} a^j f(n/b^j) \tag{4.19}$$

の漸近的な限界は以下で与えられる：

1. ある定数 $\epsilon > 0$ に対して $f(n) = O(n^{\log_b a - \epsilon})$ ならば，$g(n) = O(n^{\log_b a})$ である．
2. ある定数 $k \geq 0$ に対して $f(n) = \Theta(n^{\log_b a} \lg^k n)$ ならば，$g(n) = \Theta(n^{\log_b a} \lg^{k+1} n)$ である．

92 | 4 分割統治

3. ある定数 $0 < c < 1$ とすべての $n \geq 1$ に対して $0 < af(n/b) \leq cf(n)$ ならば，$g(n) = \Theta(f(n))$ である．

証明 ケース 1 を証明する．$f(n) = O(n^{\log_b a - \epsilon})$ なので $f(n/b^j) = O((n/b^j)^{\log_b a - \epsilon})$ である．これを式 (4.19) に代入すると

$$
\begin{aligned}
g(n) &= \sum_{j=0}^{\lfloor \log_b n \rfloor} a^j O\left(\left(\frac{n}{b^j} \right)^{\log_b a - \epsilon} \right) \\
&= O\left(\sum_{j=0}^{\lfloor \log_b n \rfloor} a^j \left(\frac{n}{b^j} \right)^{\log_b a - \epsilon} \right) \quad \text{（章末問題 3-5(c)（61 ページ）を繰り返し適用）} \\
&= O\left(n^{\log_b a - \epsilon} \sum_{j=0}^{\lfloor \log_b n \rfloor} \left(\frac{ab^\epsilon}{b^{\log_b a}} \right)^j \right) \\
&= O\left(n^{\log_b a - \epsilon} \sum_{j=0}^{\lfloor \log_b n \rfloor} (b^\epsilon)^j \right) \quad \text{（第 3.3 節の式 (3.17)（56 ページ）より）} \\
&= O\left(n^{\log_b a - \epsilon} \left(\frac{b^{\epsilon(\lfloor \log_b n \rfloor + 1)} - 1}{b^\epsilon - 1} \right) \right) \quad \text{（付録第 A.1 節の式 (A.6)（966 ページ）より）}
\end{aligned}
$$

となる．b, ϵ は定数で，分母の $b^\epsilon - 1$，分子の -1 は $g(n)$ の漸近的な増加に影響しない．$b^{\epsilon(\lfloor \log_b n \rfloor + 1)} \leq (b^{\log_b n + 1})^\epsilon = b^\epsilon n^\epsilon = O(n^\epsilon)$ なので，$g(n) = O(n^{\log_b a - \epsilon} \cdot O(n^\epsilon)) = O(n^{\log_b a})$ が成立し，ケース 1 の証明を終える．

ケース 2 では $f(n) = \Theta(n^{\log_b a} \lg^k n)$ と仮定するので，$f(n/b^j) = \Theta((n/b^j)^{\log_b a} \lg^k(n/b^j))$ である．これを式 (4.19) に代入し，章末問題 3-5(c) を繰り返して適用すると

$$
\begin{aligned}
g(n) &= \Theta\left(\sum_{j=0}^{\lfloor \log_b n \rfloor} a^j \left(\frac{n}{b^j} \right)^{\log_b a} \lg^k\left(\frac{n}{b^j} \right) \right) \\
&= \Theta\left(n^{\log_b a} \sum_{j=0}^{\lfloor \log_b n \rfloor} \frac{a^j}{b^{j \log_b a}} \lg^k\left(\frac{n}{b^j} \right) \right) \\
&= \Theta\left(n^{\log_b a} \sum_{j=0}^{\lfloor \log_b n \rfloor} \lg^k\left(\frac{n}{b^j} \right) \right) \\
&= \Theta\left(n^{\log_b a} \sum_{j=0}^{\lfloor \log_b n \rfloor} \left(\frac{\log_b(n/b^j)}{\log_b 2} \right)^k \right) \quad \text{（第 3.3 節の式 (3.19)（56 ページ）より）} \\
&= \Theta\left(n^{\log_b a} \sum_{j=0}^{\lfloor \log_b n \rfloor} \left(\frac{\log_b n - j}{\log_b 2} \right)^k \right) \quad \begin{array}{l} \text{（第 3.3 節の式 (3.17), (3.18), (3.20)} \\ \text{（56 ページ）より）} \end{array} \\
&= \Theta\left(\frac{n^{\log_b a}}{\log_b^k 2} \sum_{j=0}^{\lfloor \log_b n \rfloor} (\log_b n - j)^k \right) \\
&= \Theta\left(n^{\log_b a} \sum_{j=0}^{\lfloor \log_b n \rfloor} (\log_b n - j)^k \right) \quad \text{（$b > 1$, k は定数）}
\end{aligned}
$$

である．Θ 記法の中の和は，次に示すように，上から抑えられる：

$$
\sum_{j=0}^{\lfloor \log_b n \rfloor} (\log_b n - j)^k \leq \sum_{j=0}^{\lfloor \log_b n \rfloor} (\lfloor \log_b n \rfloor + 1 - j)^k
$$

$$
= \sum_{j=1}^{\lfloor \log_b n \rfloor + 1} j^k \qquad \text{（付録第 A.1 節（968 ページ）の}
$$
$$
\text{インデックス変更）}
$$

$$
= O((\lfloor \log_b n \rfloor + 1)^{k+1}) \qquad \text{（付録第 A.1 節の練習問題 (A.1-5)}
$$
$$
\text{（969 ページ）より）}
$$

$$
= O(\log_b^{k+1} n). \qquad \text{（第 3.3 節の練習問題 (3.3-3)}
$$
$$
\text{（59 ページ）より）}
$$

練習問題 4.6-1 では総和が下から $\Omega(\log_b^{k+1} n)$ で抑えられることを示す．タイトな上界と下界を示したので，その和は $\Theta(\log_b^{k+1} n)$ となり，$g(n) = \Theta(n^{\log_b a} \log_b^{k+1} n)$ が得られ，ケース 2 の証明を終える．

ケース 3 も同じ要領で証明する．$f(n)$ が $g(n)$ の定義 (4.19) に現れており（$j = 0$ の場合），$g(n)$ のすべての項は非負なので，$g(n) = \Omega(f(n))$ である．あとは $g(n) = O(f(n))$ の証明が残っているだけである．不等式 $af(n/b) \leq cf(n)$ を j 回繰り返し，$a^j f(n/b^j) \leq c^j f(n)$ が得られる．式 (4.19) にこれを代入し，

$$
g(n) = \sum_{j=0}^{\lfloor \log_b n \rfloor} a^j f(n/b^j)
$$

$$
\leq \sum_{j=0}^{\lfloor \log_b n \rfloor} c^j f(n)
$$

$$
\leq f(n) \sum_{j=0}^{\infty} c^j
$$

$$
= f(n) \left(\frac{1}{1-c} \right) \qquad \text{（$|c| < 1$ で，付録第 A.1 節の式 (A.7) 式（967 ページ）より）}
$$
$$
= O(f(n))
$$

を得る．

したがって，$g(n) = \Theta(f(n))$ が証明できた．ケース 3 が証明されたので補題の証明が完成した． ■

つぎに連続マスター定理について述べ，それを証明しよう．

定理 4.4（連続マスター定理 (continuous master theorem)） $a > 0$ と $b > 1$ を定数，駆動関数 $f(n)$ を十分大きな実数上で定義された非負の関数とする．正の実数上で定義されるアルゴリズム的漸化式を

$$
T(n) = aT(n/b) + f(n)
$$

とする．$T(n)$ の漸近的な挙動は次の式で表される：

1. ある定数 $\epsilon > 0$ に対して $f(n) = O(n^{\log_b a - \epsilon})$ ならば，$T(n) = \Theta(n^{\log_b a})$ である．

2. ある定数 $k \geq 0$ に対して $f(n) = \Theta(n^{\log_b a} \lg^k n)$ ならば，$T(n) = \Theta(n^{\log_b a} \lg^{k+1} n)$ である．

3. ある定数 $\epsilon > 0$ に対して $f(n) = \Omega(n^{\log_b a + \epsilon})$ で，かつ $f(n)$ がある定数 $c < 1$ とすべての十分に大きい n に対して正則条件 $af(n/b) \leq cf(n)$ を満足するならば，$T(n) = \Theta(f(n))$ である．

証明 補題 4.3 を使って補題 4.2 の式 (4.18) における和の限界を求めよう．基底段階で $0 < n < 1$ を仮定している補題 4.2 を説明する必要がある．この定理では $n_0 > 0$ の任意の閾値定数に対して，基底段階を $0 < n < n_0$ としている．アルゴリズム的漸化式なので，$f(n)$ は $n \geq n_0$ で定義されていると仮定してよい．

$n > 0$ に対して，2 つの補助関数 $T'(n) = T(n_0 n)$，$f'(n) = f(n_0 n)$ を定義する．

$$
\begin{aligned}
T'(n) &= T(n_0 n) \\
&= \begin{cases} \Theta(1) & n_0 n < n_0 \text{のとき} \\ aT(n_0 n/b) + f(n_0 n) & n_0 n \geq n_0 \text{のとき} \end{cases} \\
&= \begin{cases} \Theta(1) & n < 1 \text{のとき} \\ aT'(n/b) + f'(n) & n \geq 1 \text{のとき} \end{cases}
\end{aligned} \tag{4.20}
$$

補題 4.2 の条件を満足する $T'(n)$ に対して漸化式を得た．補題 4.2 を使って，その解

$$
T'(n) = \Theta(n^{\log_b a}) + \sum_{j=0}^{\lfloor \log_b n \rfloor} a^j f'(n/b^j) \tag{4.21}
$$

を得る．$T'(n)$ を解くために最初に $f'(n)$ の上界を求める必要がある．定理のそれぞれのケースを検討しよう．

ケース 1 では，定数 $\epsilon > 0$ に対して $f(n) = O(n^{\log_b a - \epsilon})$ と書ける．a, b, n_0, ϵ はすべて定数なので，

$$
\begin{aligned}
f'(n) &= f(n_0 n) \\
&= O((n_0 n)^{\log_b a - \epsilon}) \\
&= O(n^{\log_b a - \epsilon})
\end{aligned}
$$

を得る．関数 $f'(n)$ は補題 4.3 のケース 1 の条件を満足し，補題 4.2 の式 (4.18) における和は $O(n^{\log_b a})$ となる．a, b, n_0 はすべて定数なので，

$$
\begin{aligned}
T(n) &= T'(n/n_0) \\
&= \Theta((n/n_0)^{\log_b a}) + O((n/n_0)^{\log_b a}) \\
&= \Theta(n^{\log_b a}) + O(n^{\log_b a}) \\
&= \Theta(n^{\log_b a}) \qquad \text{(章末問題 3-5(b)（61 ページ）より)}
\end{aligned}
$$

を得る．これにより，ケース 1 の証明を終える．

ケース 2 では，定数 $k \geq 0$ に対して $f(n) = \Theta(n^{\log_b a} \lg^k n)$ と書ける．

$$
\begin{aligned}
f'(n) &= f(n_0 n) \\
&= \Theta((n_0 n)^{\log_b a} \lg^k (n_0 n)) \\
&= \Theta(n^{\log_b a} \lg^k n) \qquad \text{(定数項を削除することにより)}
\end{aligned}
$$

を得る．ケース1の証明と同様に関数 $f'(n)$ は補題 4.3 のケース2の条件を満足し，補題 4.2 の式 (4.18) における和は $\Theta(n^{\log_b a} \lg^{k+1} n)$ となる．これにより，

$$
\begin{aligned}
T(n) &= T'(n/n_0) \\
&= \Theta((n/n_0)^{\log_b a}) + \Theta((n/n_0)^{\log_b a} \lg^{k+1}(n/n_0)) \\
&= \Theta(n^{\log_b a}) + \Theta(n^{\log_b a} \lg^{k+1} n) \\
&= \Theta(n^{\log_b a} \lg^{k+1} n) \qquad （章末問題 3\text{-}5(c)（61 ページ）より）
\end{aligned}
$$

を得る．これにより，ケース2の証明を終える．

最後に，ケース3を証明する．ケース3では，定数 $\epsilon > 0$ に対して $f(n) = O(n^{\log_b a + \epsilon})$ と書け，すべての $n \geq n_0$，定数 $c < 1, n_0 > 1$ に対して，$f(n)$ は正則条件 $af(n/b) \leq cf(n)$ を満足している．ケース3の最初の証明部分はケース1に似ている：

$$
\begin{aligned}
f'(n) &= f(n_0\, n) \\
&= \Omega((n_0\, n)^{\log_b a + \epsilon}) \\
&= \Omega(n^{\log_b a + \epsilon})
\end{aligned}
$$

を得る．関数 $f'(n)$ の定義とすべての $n \geq 1$ に対して $n_0 n \geq n_0$ が成立するので，$n \geq 1$ に対して，

$$
\begin{aligned}
af'(n/b) &= af(n_0\, n/b) \\
&\leq cf(n_0\, n) \\
&= cf'(n)
\end{aligned}
$$

となる．このように $f'(n)$ は補題 4.3 のケース3に必要な条件を満足し，補題 4.2 の式 (4.18) における和は $\Theta(f'(n))$ に帰着し，

$$
\begin{aligned}
T(n) &= T'(n/n_0) \\
&= \Theta((n/n_0)^{\log_b a}) + \Theta(f'(n/n_0)) \\
&= \Theta(f'(n/n_0)) \\
&= \Theta(f(n))
\end{aligned}
$$

を得る．これにより，ケース3の証明を終え，定理の証明も終了する． ∎

練習問題

4.6-1 次式が成立することを示せ．
$$
\sum_{j=0}^{\lfloor \log_b n \rfloor} (\log_b n - j)^k = \Omega(\log_b^{k+1} n)
$$

4.6-2 ★ マスター定理のケース3を規定する条件は，ある定数 $c < 1$ に対して正則条件 $af(n/b) \leq cf(n)$ が成立するならば，$f(n) = \Omega(n^{\log_b a + \epsilon})$ を満たすある定数 $\epsilon > 0$ が存在するという意味で，冗長である（これはまた，補題 4.3 のケース3では，条件 $f(n) = \Omega(n^{\log_b a + \epsilon})$ を必要としない理由である）ことを示せ．

4.6-3 ★ $f(n) = \Theta(n^{\log_b^a}/\lg n)$ に対して，式 (4.19) の和は解 $g(n) = \Theta(n^{\log_b^a} \lg \lg n)$ を持つことを証明せよ．駆動関数として $f(n)$ を使うマスター漸化式 $T(n)$ の解は $T(n) = \Theta(n^{\log_b^a} \lg \lg n)$ であることを示せ．

★ 4.7 Akra–Bazzi 漸化式

本節では分割統治型漸化式に関連した2つのテーマを考える.最初の1つはフロア関数,シーリング関数を使うときの技法について述べ,2つ目は Akra–Bazzi 法である.Akra–Bazzi 法は複雑な分割統治型漸化式の求解に使われる手法で,少し微積分を使っている.

とくに,M. Akra–L. Bazzi [13] により初めて研究された分割統治型のアルゴリズム的漸化式のクラスについて詳しく考察する.**Akra–Bazzi 漸化式** (Akra–Bazzi recurrence) は

$$T(n) = f(n) + \sum_{i=1}^{k} a_i T(n/b_i) \tag{4.22}$$

で表される.ここで,k は正の定数,すべての定数 $a_1, a_2, \ldots, a_k \in \mathbb{R}$ は厳密に正の実数,すべての定数 $b_1, b_2, \ldots, b_k \in \mathbb{R}$ は厳密に1より大きい実数である.駆動関数 $f(n)$ は十分大きい非負の実数上で定義され,関数値も非負である.

Akra–Bazzi 漸化式はマスター定理で指定される漸化式のクラスを一般化している.マスター漸化式は同一サイズの部分問題に分割する(フロア関数,シーリング関数を含む)分割統治アルゴリズムの実行時間を特徴づけているが,Akra–Bazzi 漸化式は違ったサイズの部分問題に分割する分割統治アルゴリズムの実行時間を記述することができる.しかし,マスター定理ではフロア関数,シーリング関数を無視できるが,Akra–Bazzi 法を使って Akra–Bazzi 漸化式を解く場合はフロア関数,シーリング関数を無視できず,追加の要件が必要である.

ここで Akra–Bazzi 法自身に取りかかる前に,Akra–Bazzi 漸化式でフロア関数,シーリング関数を無視した場合の制限について考察しよう.よく知られているように,アルゴリズムは一般的には整数の入力サイズを扱う.しかし,漸化式の数学的解析ではしばしば式の各項が明確に定義されるようにフロア関数,シーリング関数を使う整数よりも実数のほうが容易である.違いはそれほど大きくないように思えるかもしれない——とくに,漸化式の場合はそれが真実であることが多いからだ——が,数学的に正しくあるためには,仮定に注意しなければならない.ここでの目標は数学的に隅のケースの気まぐれを理解することではなく,アルゴリズムの理解にあるので,気軽にしかし厳密に考察をすすめよう.厳密さを残したまま気軽にフロア関数,シーリング関数を扱うにはどうすればよいのだろうか?

数学的には,フロア関数,シーリング関数を使う上で遭遇する困難は,ある種の駆動関数が実に奇妙な挙動を示すことにある.したがって Akra–Bazzi 漸化式においてフロア関数,シーリング関数を無視することはできない.幸いにも,アルゴリズムの世界で出会う駆動関数のほとんどは取扱いが楽な挙動を示し,フロア関数,シーリング関数は違いを生じない.

多項式的増加条件

式 (4.22) の駆動関数 $f(n)$ が,次のような意味で適切に働く場合は,フロア関数,シーリング関数を省略してもよい.

十分大きなすべての正の実数上で定義された関数 $f(n)$ において，次の**命題**を満足する定数 $\widehat{n} > 0$ が存在するとき，関数 $f(n)$ は**多項式的増加条件** (polynomial-growth condition) を満たすという．

命題： どの定数 $\phi \geq 1$ に対しても，すべての $1 \leq \psi \leq \phi$ および $n \geq \widehat{n}$ に対して，$f(n)/d \leq f(\psi n) \leq df(n)$ を満足する定数 $d > 1$（ϕ に依っている）が存在する．

この定義は本書では理解が最も困難なものの 1 つであろう．最初の注文として，多項式的増加条件は実際多少強めだが（練習問題 4.7-4 参照），この条件は，$f(n)$ が $f(\Theta(n)) = \Theta(f(n))$ なる性質を満たしていると主張している．さらに定義から，$f(n)$ は漸近的に正であることも意味している（練習問題 4.7-3 参照）．

多項式的増加条件を満足する関数例として，$f(n) = \Theta(n^{\alpha} \lg^{\beta} n \lg \lg^{\gamma} n)$ なる形の関数があげられる．ここで，α, β, γ は定数である．本書で扱う多項式でおさえられる大部分の関数はこの条件を満たしている．指数関数，超指数関数は満たしていない（たとえば，練習問題 4.7-2 参照）．もちろん，多項式で抑えられる関数でこの条件を満足しないものもある．

"ナイスな"漸化式におけるフロア関数とシーリング関数

Akra–Bazzi 漸化式における駆動関数が多項式増加条件を満足する場合は，フロア関数，シーリング関数は解の漸近的挙動に影響しない．以上を次の定理にまとめる．ここでは証明は省略する．

定理 4.5 $T(n)$ を漸化式 (4.22) を満足し，非負実数上で定義された関数とする．ここで，$f(n)$ は多項式増加条件を満たしていると仮定する．$T'(n)$ を漸化式 (4.22) を満足し，自然数上で定義されたもう 1 つの関数とする．ただし，このときは各 $T(n/b_i)$ は $T(\lceil n/b_i \rceil)$ または $T(\lfloor n/b_i \rfloor)$ のどちらかで置き換える．このとき，$T'(n) = \Theta(T(n))$ が成り立つ．

フロア関数とシーリング関数は，再帰における引数への小さな変動を表している．53 ページの不等式 (3.2) により，引数への変動はせいぜい 1 である．もっと大きな変動も許容される．漸化式 (4.22) の駆動関数 $f(n)$ が多項式増加条件を満たす限り，$T(nb_i)$ の任意の項を $T(n/b_i + h_i(n))$ で置き換えても，漸近的な解に影響がないことが知られている．ここで，ある定数 $\epsilon > 0$，十分大きな n に対して，$|h_i(n)| = O(n/\lg^{1+\epsilon} n)$ である．このように分割統治アルゴリズムの分割部分の問題サイズはかなり粗くても，漸化式の解には影響しない．

Akra–Bazzi 法

Akra–Bazzi 法は，驚くことではないが，Akra–Bazzi 漸化式 (4.22) を解くために考えられた．定理 4.5 により，フロア関数，シーリング関数が存在する場合もまた引数により大きな変動がある場合でさえも，いま議論したように，適用可能である．適用に当たり，最初に $\sum_{i=1}^{k} a_i/b_i^p = 1$ を満足する実数 p を決定しなければならない．$p \to -\infty$ のとき和は ∞ となり，p が増加すれば和は減少し，$p \to \infty$ のときは和は 0 に向かうので，そのような p は必ず

存在する．Akra–Bazzi 法による漸化式の解を次の式に示す．

$$T(n) = \Theta \left(n^p \left(1 + \int_1^n \frac{f(x)}{x^{p+1}} \, dx \right) \right) \tag{4.23}$$

例として次の漸化式を考える．

$$T(n) = T(n/5) + T(7n/10) + n \tag{4.24}$$

n 個の要素からなる集合の i 番目に小さい要素を見つける問題を検討する際の漸化式 (9.1)（201 ページ）を見よう．この漸化式は式 (4.22) において，$a_1 = a_2 = 1$，$b_1 = 5$，$b_2 = 7/10$，$f(n) = n$ としたものである．これを解くために，Akra–Bazzi 法ではまず，

$$\left(\frac{1}{5} \right)^p + \left(\frac{7}{10} \right)^p = 1$$

を満足する p を決定しなければならない．p を求めることはちょっと面倒だが，$p = 0.83978\ldots$ が得られる．しかし，p の正確な値を知ることなくこの漸化式を解くことができる．$(1/5)^0 + (7/10)^0 = 2$，$(1/5)^1 + (7/10)^1 = 9/10$ であることから，p は $0 < p < 1$ にあることが分かる．Akra–Bazzi 法で解を得るにはこれで十分である．微積分の知識から $k \neq -1$ であれば，$\int x^k dx = x^{k+1}/(k+1)$ が成立することが分かる．$k = -p \neq -1$ を適用する．式 (4.23) の Akra–Bazzi 法により，次の解を得る．

$$
\begin{aligned}
T(n) &= \Theta \left(n^p \left(1 + \int_1^n \frac{f(x)}{x^{p+1}} \, dx \right) \right) \\
&= \Theta \left(n^p \left(1 + \int_1^n x^{-p} \, dx \right) \right) \\
&= \Theta \left(n^p \left(1 + \left[\frac{x^{1-p}}{1-p} \right]_1^n \right) \right) \\
&= \Theta \left(n^p \left(1 + \left(\frac{n^{1-p}}{1-p} - \frac{1}{1-p} \right) \right) \right) \\
&= \Theta \left(n^p \cdot \Theta(n^{1-p}) \right) \qquad (1-p \text{ は正の定数なので}) \\
&= \Theta(n) \qquad (\text{章末問題 3-5(d)（61 ページ）より})
\end{aligned}
$$

Akra–Bazzi 法はマスター法と比較してより一般的な手法であるが，微積分とときおり詳しい検証が必要になる．問題になることはまれであるけれども，フロア関数，シーリング関数を無視するときは駆動関数が多項式増加の条件を満たしていることも確認する必要がある．これが適用される場合，部分問題のサイズが多かれ少なかれ等しい場合は，マスター法のほうが使いやすい．両者ともアルゴリズムの解析に大変便利なツールである．

練習問題

4.7-1 ★ 式 (4.22) で示されている実数上で定義された Akra–Bazzi 漸化式を $T(n)$ とし，次の漸化式

$$T'(n) = cf(n) + \sum_{i=1}^{k} a_i T'(n/b_i)$$

を考える．ここに $c > 0$ は定数である．$T(n)$ に対する初期条件がどのようなものでも，$T'(n)$ に対する初期条件としてすべての $n > 0$ に対して $T'(n) = cT(n)$ が存在することを証明せよ．任意の Akra–Bazzi 漸化式において漸近的な解に影響することなく，駆動関数の漸近項を削除できることを示せ．

4.7-2 $f(n) = n^2$ は多項式増加条件を満足し，$f(n) = 2^n$ は満足しないことを示せ．

4.7-3 $f(n)$ を多項式増加条件を満足する関数とする．$f(n)$ は次の意味で漸近的に正であることを示せ．すなわち，定数 $n_0 \geq 0$ が存在し，すべての $n \geq n_0$ に対して，$f(n) > 0$ が成立することを示せ．

4.7-4 ★ 多項式増加条件を満たさないが，$f(\Theta(n)) = \Theta(f(n))$ を満足する $f(n)$ の関数例を与えよ．

4.7-5 Akra–Bazzi 法を使って次の漸化式の解を求めよ．

a. $T(n) = T(n/2) + T(n/3) + T(n/6) + n \lg n$

b. $T(n) = 3T(n/3) + 8T(n/4) + n^2 / \lg n$

c. $T(n) = (2/3)T(n/3) + (1/3)T(2n/3) + \lg n$

d. $T(n) = (1/3)T(n/3) + 1/n$

e. $T(n) = 3T(n/3) + 3T(2n/3) + n^2$

4.7-6 ★ Akra–Bazzi 法を使って連続マスター定理を証明せよ．

章末問題

4-1 漸化式の例題

以下のそれぞれの漸化式について，$T(n)$ に対する漸近的な上界と下界を求めよ．それが正しいことを示せ．

a. $T(n) = 2T(n/2) + n^3$

b. $T(n) = T(8n/11) + n$

c. $T(n) = 16T(n/4) + n^2$

d. $T(n) = 4T(n/2) + n^2 \lg n$

e. $T(n) = 8T(n/3) + n^2$

f. $T(n) = 7T(n/2) + n^2 \lg n$

g. $T(n) = 2T(n/4) + \sqrt{n}$

h. $T(n) = T(n - 2) + n^2$

100 | 4 分割統治

4-2 引数渡しコスト

本書を通して，手続きを呼び出すときの引数渡しには要素数が N の配列を渡す場合でも定数時間しかかからないと仮定している．配列自体ではなく配列へのポインタが渡されるので，この仮定はほとんどのシステムで妥当である．本問題では，以下の3種類の引数渡し戦略が導く帰結を検討する：

1. 配列をポインタによって渡す．必要な時間は $\Theta(1)$．
2. 配列をコピーすることによって渡す．必要な時間は $O(N)$．ただし，N は配列のサイズである．
3. 呼び出された手続きがアクセスする可能性のある部分配列だけをコピーすることによって渡す．この部分配列が n 個の要素を持つとき，必要な時間は $\Theta(n)$ である．

次の3つのアルゴリズムを考察せよ：

a. ソート済み配列からある数を探索する再帰的2分探索アルゴリズム（練習問題 2.3-6 参照）．

b. 第 2.3.1 項（分割統治法）で述べた手続き MERGE-SORT.

c. 第 4.1 節で述べた手続き MATRIX-MULTIPLY-RECURSIVE.

上に述べた3つの方法を用いて配列を渡すとき，上記のアルゴリズムの最悪実行時間に対する9つの漸化式 $T_{a1}(N,n), T_{a2}(N,n), \dots, T_{c3}(N,n)$ を求め，これらの漸化式の漸近解を求めよ．N を元の問題のサイズ，n を部分問題のサイズとする．漸化式を解きタイトな漸近解を求めよ．

4-3 変数変換により漸化式を解く

代数的な操作をすることにより，未知の漸化式がすでに見慣れている漸化式に変えることができるときがある．次の漸化式を変数変換法 (change of variable) により解こう．

$$T(n) = 2T\left(\sqrt{n}\right) + \Theta(\lg n) \tag{4.25}$$

a. $m = \lg n$，$S(m) = T(2^m)$ と定義する．漸化式 (4.25) を m, $S(m)$ を使って書き直せ．

b. 漸化式 $S(m)$ を解け．

c. $S(m)$ の解を使って，$T(n) = \Theta(\lg n \lg \lg n)$ を示せ．

d. 漸化式 (4.25) に対する再帰木を描き，それを使って直観的に $T(n) = \Theta(\lg n \lg \lg n)$ を説明せよ．

次の漸化式を変数変換法により解け：

e. $T(n) = 2T(\sqrt{n}) + \Theta(1)$

f. $T(n) = 3T(\sqrt[3]{n}) + \Theta(n)$

4-4 さらなる漸化式の例

以下の各漸化式について $T(n)$ の漸近的上界と下界を与えよ．それらが正しいことも証明

せよ.

a. $T(n) = 5T(n/3) + n\lg n$

b. $T(n) = 3T(n/3) + n/\lg n$

c. $T(n) = 8T(n/2) + n^3\sqrt{n}$

d. $T(n) = 2T(n/2 - 2) + n/2$

e. $T(n) = 2T(n/2) + n/\lg n$

f. $T(n) = T(n/2) + T(n/4) + T(n/8) + n$

g. $T(n) = T(n-1) + 1/n$

h. $T(n) = T(n-1) + \lg n$

i. $T(n) = T(n-2) + 1/\lg n$

j. $T(n) = \sqrt{n}T(\sqrt{n}) + n$

4-5 フィボナッチ数

第 3.3 節（標準的な記法とよく使われる関数）の漸化式 (3.31)（58 ページ）で定義されるフィボナッチ数の性質を本問題で検討する. ここではフィボナッチ漸化式を解くのに母関数を用いる. **母関数** (generating function)（または**形式的ベキ級数** (formal power series) $\mathcal{F}$ を

$$\mathcal{F}(z) = \sum_{i=0}^{\infty} F_i z^i$$
$$= 0 + z + z^2 + 2z^3 + 3z^4 + 5z^5 + 8z^6 + 13z^7 + 21z^8 + \cdots$$

で定義する. ただし, F_i は i 番目のフィボナッチ数である.

a. $\mathcal{F}(z) = z + z\mathcal{F}(z) + z^2\mathcal{F}(z)$ であることを示せ.

b. 次式が成立することを示せ. ただし, ϕ は黄金比, $\widehat{\phi}$ はその共役である（58 ページ参照）.

$$\mathcal{F}(z) = \frac{z}{1 - z - z^2}$$
$$= \frac{z}{(1 - \phi z)(1 - \widehat{\phi}z)}$$
$$= \frac{1}{\sqrt{5}}\left(\frac{1}{1 - \phi z} - \frac{1}{1 - \widehat{\phi}z}\right)$$

c. 次式が成立することを示せ.

$$\mathcal{F}(z) = \sum_{i=0}^{\infty} \frac{1}{\sqrt{5}}(\phi^i - \widehat{\phi}^i)z^i$$

付録第 A.1 節（和の公式と性質）の式 (A.7)（967 ページ）, すなわち $\sum_{k=0}^{\infty} x^k = 1/(1-x)$ が使える. なぜなら, この式は母関数を伴い, x は実変数ではなく仮変数であり, 和の収束や式 (A.7) における制約 $|x| < 1$ に注意する必要がないからである.

d. **(c)** を用いて，$i > 0$ に対して，$F_i = \phi^i/\sqrt{5}$ が成り立ち，これは最も近い整数に丸めたものであることを証明せよ．（**ヒント**：$\left|\widehat{\phi}\right| < 1$ に注目せよ．）

e. すべての $i \geq 0$ に対して，$F_{i+2} \geq \phi^i$ であるを示せ．

4-6 LSI チップのテスト

正常に動作すると思われる互いにテスト可能な同一の n 個の LSI チップを大岡教授は持っている．教授のテスト用治具は一度に 2 個のチップを利用する．この治具がロードされると，各チップは互いを検査し，それが正常か不良かを報告する．正常なチップは他方のチップが正常か不良かをつねに正確に報告するが，不良チップの答は信用できない．したがって，1 回のテストについて可能性のある 4 通りの結果は次のとおりである：

チップ A の答	チップ B の答	結論
B は正常	A は正常	両方とも正常か，両方とも不良
B は正常	A は不良	少なくとも一方は不良
B は不良	A は正常	少なくとも一方は不良
B は不良	A は不良	少なくとも一方は不良

a. 少なくとも半分のチップが不良ならば，この種の対ごとのテストに基づくどんな戦略を用いても教授は必ずしも正常なチップを決定できないことを示せ．ただし，不良チップは共謀して教授を欺くことができるものと仮定する．

$n/2$ より多くのチップが正常であるとの仮定のもとで，どのチップが正常で，どのチップが故障なのかを見つけるアルゴリズムを設計することにしよう．まずは，1 つの正常なチップを特定する方法を決定する．

b. 対ごとのテストを $\lfloor n/2 \rfloor$ 回行えば，この問題をほぼ半分のサイズの問題に帰着できることを示せ．すなわち，高々 $\lceil n/2 \rceil$ 個のチップを含み，そのうち半分以上のチップが正常であるチップ集合を $\lfloor n/2 \rfloor$ 回のテストで求める方法を示すとよい．

c. 1 つの正常なチップを特定するために，**(b)** に対する解を再帰的に適用する方法を示せ．そのためのテスト回数を示す漸化式を求め，解け．

これで 1 つの正常なチップを特定する方法を得た．

d. $\Theta(n)$ 回の対ごとのテストを用いて，すべての正常なチップを特定できることを示せ．

4-7 モンジュ行列

$m \times n$ 型実数値行列 A が，$1 \leq i < k \leq m$ および $1 \leq j < l \leq n$ を満たすすべての i, j, k, l について，

$$A[i,j] + A[k,l] \leq A[i,l] + A[k,j]$$

を満たすとき，A を**モンジュ行列** (Monge array) と呼ぶ．モンジュ行列から任意に 2 つの行と 2 つの列を取り，それらの行と列の交点で定まる 4 つの要素を考えたとき，左上と右下の要素の和は左下と右上の要素の和以下である．たとえば，以下に示す行列はモンジュ行列である：

$$
\begin{array}{ccccc}
10 & 17 & 13 & 28 & 23 \\
17 & 22 & 16 & 29 & 23 \\
24 & 28 & 22 & 34 & 24 \\
11 & 13 & 6 & 17 & 7 \\
45 & 44 & 32 & 37 & 23 \\
36 & 33 & 19 & 21 & 6 \\
75 & 66 & 51 & 53 & 34
\end{array}
$$

a. ある行列がモンジュ行列であるための必要十分条件は，すべての $i = 1, 2, \ldots, m-1$ と $j = 1, 2, \ldots, n-1$ について，

$$
A[i,j] + A[i+1, j+1] \leq A[i, j+1] + A[i+1, j]
$$

が成立することである．これを証明せよ．（**ヒント**：必要条件については行と列に関して別々に帰納法を使うこと．）

b. 次の行列はモンジュ行列ではない．1 つの要素を変更することによってモンジュ行列にせよ．（**ヒント**：(a) を使うこと．）

$$
\begin{array}{cccc}
37 & 23 & 22 & 32 \\
21 & 6 & 7 & 10 \\
53 & 34 & 30 & 31 \\
32 & 13 & 9 & 6 \\
43 & 21 & 15 & 8
\end{array}
$$

c. $f(i)$ を行 i における最左の最小要素の列番号とする．任意の $m \times n$ 型モンジュ行列において $f(1) \leq f(2) \leq \cdots \leq f(m)$ が成立することを証明せよ．

d. $m \times n$ 型モンジュ行列 A の各行の最左の最小要素を求める分割統治アルゴリズムは以下のとおりである：

A の偶数行だけを取り出して A の部分行列 A' を作る．再帰的に A' の各行における最左の最小要素を求める．A の奇数行における最左の最小要素を求める．

A の奇数行の最左の最小要素を $O(m+n)$ 時間で求める方法を説明せよ（ただし，偶数行の最左の最小値の位置は分かっているものとせよ）．

e. **(d)** で求めたアルゴリズムの実行時間を表す漸化式を求め，その解が $O(m + n \lg m)$ であることを示せ．

文献ノート

アルゴリズム設計技法としての分割統治は少なくとも 1962 年の Karatsuba–Ofman [242] まで遡ることができるが，それ以前からよく用いられていたと考えられている．Heideman–Johnson–Burrus [211] によると，C. F. Gauss は 1805 年に最初の高速フーリエ変換アルゴリズムを考案した．Gauss の定式化では分割統治法に基づき，問題は小さな部分問題に分割され，その解が結合される．

1969 年の Strassen アルゴリズム [424] の登場は非常に大きな驚きであった. それ以前には, 手続き MATRIX-MULTIPLY よりも漸近的に高速なアルゴリズムが存在すると想像する研究者は皆無であった. しばらくして, S. Winograd は部分行列における加算の数を 18 から 15 に減らした. そのときはまだなお, 部分行列乗算の回数は 7 回のままであった. Winograd はこの結果を発表しなかった (そのためか, しばしば文献で間違って引用されている). この改良は漸近的な性能の向上につながらないが, 実際の応用に役立ちそうだった.

Strassen による行列積の上界 $\Theta(n^{\lg 7}) = \Theta(n^{2.81})$ は 1987 年まで最良のものであったが, Coppersmith–Winograd [103] が著しい改良を行って $O(n^{2.376})$ 時間アルゴリズムを提案した. その手法はテンソル積に基づく数学的に洗練されたものであったが, 実用的ではなかった. その後, 漸近的な上界が改良されるまで 25 年を要した. 2012 年に Vassilevska Williams [445] が上界を $O(n^{2.37287})$ に改良した. その 2 年後, Le Gall [278] が $O(n^{2.37286})$ に改良した. 両者とも数学的には魅力のある手法であったが, 実用性はなかった. 最良の下界は自明な $\Omega(n^2)$ 時間である (自明なのは, 積を与える行列の n^2 個の要素に値を入れる必要があるからである).

再帰木の葉を粗くする (coarsening) ことで, MATRIX-MULTIPLY-RECURSIVE の性能向上を図ることができ, この手続きは MATRIX-MULTIPLY よりも良好なキャッシュ性能を示す. 一方 MATRIX-MULTIPLY は「タイリング (tiling)」によって高速化が図れることが知られている. Leiserson ら [293] は行列乗算で, 分割統治アルゴリズムの並列化とベクトル化を試み, 同手法が最も高い性能を発揮することを実験で調べた. Strassen の方法は規模の大きい密行列で実用的であるが, 残念ながら大規模行列は往々にして疎行列になる傾向があり, 疎行列だけを対象として設計されたアルゴリズムのほうが高速である. 精度限定の浮動小数点を使う Strassen アルゴリズムは $\Theta(n^3)$ アルゴリズムに比べて大きい演算誤差を蓄積する. しかしながら Higham [215] はいくつかの応用では Strassen アルゴリズムが十分に正確であることを示している.

漸化式は Leonard Bonacci [66] によって 1202 年頃から研究されている. フィボナッチ数として知られる L. Fibonacci も同様な研究をしている. Fibonacci に遡ること数世紀も前に, インドの数学者がフィボナッチ数を発見している. フランスの数学者 de Moivre [108] はフィボナッチ数を研究するために母関数による方法 (章末問題 4-5 参照) を導入した. Knuth [259] と Liu [302] は母関数を学ぶのに適した教材である.

Aho–Hopcroft–Ullman [5,6] は分割統治アルゴリズムの解析に必要な漸化式の解法を一般的に論じた最初の書籍の 1 つである. マスター法は Bentley–Haken–Saxe [52] からの翻案である. Akra–Bazzi 法は, (驚くことではないが) Akra–Bazzi [13] に基づく. 分割統治型漸化式は Campbell [79], Graham–Knuth–Patashnik [199], Kuszmaul–Leiserson [274], Leighton [287], Purdom–Brown [371], Roure [389], Verma [447], Yap [462] など数多くの研究者により研究されている.

分割統治型漸化式におけるフロア関数, シーリング関数については定理 4.5 と同様な結果を Leighton [287] が示している. Leighton は多項式増加条件を提案した. 後に Campbell [79] は Leighton におけるいくつかの制限を取り除き, Leighton の条件を満足しない多項式関数が存在することを示した. Campbell は明確に定義された漸化式など漸化式を取り扱う数学的手法を確立した. Kuszmaul–Leiserson [274] は微積分やより高度な数学を使わずに定理 4.5 の証明法を示した. Campbell と Leighton は漸化式におけるフロア関数, シーリング関数の場合よりも大きい引数の変動について研究している.

5 確率的解析と乱択アルゴリズム

PROBABILISTIC ANALYSIS AND RANDOMIZED ALGORITHMS

本章では，確率的解析と乱択アルゴリズムを紹介する．確率論を学んだことがなければ，付録第 C 章（数え上げと確率）の第 C.1〜C.4 節を読んで確率論の基礎をまず勉強する必要がある．本書では確率的解析と乱択アルゴリズムを何度も利用する．

5.1 雇用問題

あなたは新しい秘書を雇おうとしている．前回はうまくいかなかったので，今回はある雇用代理店に頼ることにした．この雇用代理店は毎日 1 人の候補者を送ってくる．あなたはその候補者と面談し，その候補者を雇うかどうかを決定する．候補者と面談するには雇用代理店に小額の代金を支払う必要がある．しかし，実際に候補者を雇うにはもっと費用がかかる．現在の秘書を解雇し，雇用代理店に多額の雇用代金を支払う必要があるからである．状況に関わらず仕事に最も適した人物を選ぶことが，あなたに課せられた仕事である．したがって，候補者と面談した後，その候補者が現在の秘書より適任であると判断すれば，現在の秘書を解雇し，その候補者を雇う．この戦略で費用がいくらかかろうとあなたは喜んで払うのだが，必要な金額だけは見積もっておきたい．

　下の手続き HIRE-ASSISTANT は擬似コードを用いたこの雇用戦略の表現である．秘書候補者は 1 から n まで番号づけされており，この順で面談される．この手続きは，候補者 i と面談した後で，候補者 i がそれまでに面談した中で最適かどうかを判定できると仮定している．この手続きは 0 と番号をつけたダミーの候補者から始めるが，この候補者は他のどの候補者よりも劣っているものとする．

HIRE-ASSISTANT(n)

```
1   best = 0        // 候補者 0 は評価最低のダミー候補者
2   for i = 1 to n
3       候補者 i と面談する
4       if 候補者 i は候補者 best よりも適している
5           best = i
6           候補者 i を雇用する
```

この問題のコストモデルは，第2章（さあ，始めよう）で述べたモデルとは異なる．ここでは HIRE-ASSISTANT の実行時間ではなく，面談と雇用にかかった費用に関心がある．このアルゴリズムのコストの解析は，表面的にはマージソートなどの実行時間の解析とかなり違っているように見える．しかし，コスト解析と実行時間解析に用いる技法は同じである．どちらの場合も，ある基本操作の実行回数を数えているのである．

面談コスト（c_i としよう）は小さく，雇用コスト（c_h としよう）は大きい．m を雇用した人数とすると，このアルゴリズムでのコストは全体で $O(nc_i + mc_h)$ である．何人雇用しようと，n 人の候補者と必ず面談しなければならないから，面談にはコスト nc_i がかかる．したがって，雇用コスト mc_h の解析に集中しよう．この金額は候補者を面談する順番に依存する．

一般的な計算の理論的枠組みのモデルとして，このシナリオが使える．数列の最大値または最小値を求めるために，現在の"勝者"を保持しつつ各要素を調べることがよくある．雇用問題は，現在の勝者が何であるかを更新する頻度をモデル化している．

最悪時の解析

最悪の場合には，面談したすべての候補者を雇用する．候補者が能力の低い順に現れる場合である．この場合 n 回雇用することになるから，全体の雇用コストは $O(nc_h)$ である．

しかし，いつも能力の低い順に候補者が来るとは限らない．実際，どんな順序で候補者が来るかは分からないし，順番を制御することも不可能である．したがって，典型的な場合や平均的な場合に起こることを知ろうとするのは自然である．

確率的解析

確率を用いる問題の解析を**確率的解析** (probabilistic analysis) と言う．確率的解析はアルゴリズムの実行時間の解析に最もよく出現するが，実行時間解析専用の手法ではない．たとえば，手続き HIRE-ASSISTANT における雇用コストである．確率的解析を適用するには，入力分布に関する知識を用いるか，入力分布を仮定する必要がある．そして実行時間の平均を計算してアルゴリズムを解析する．ここで，平均または期待値は可能な入力の分布の上で取る．このように計算される実行時間を**平均実行時間** (average-case running time) と呼ぶ．

入力分布は慎重に決定する必要がある．ある問題では，すべての可能な入力集合に対して，ある分布を仮定することが妥当であり，効率の良いアルゴリズムを設計するため，あるいは問題に対する洞察を得るために確率的解析を用いることができる．しかし，妥当な入力分布が存在しない問題もある．このような場合には，確率的解析を用いることはできない．

雇用問題の場合には，候補者はランダムな順序で現れると仮定できる．この問題にとって，この仮定の意味は何か？ 2 人の候補者を比較し，どちらの候補者の能力が高いか判定できると仮定する．すなわち，候補者の間に全順序があると仮定する．（全順序の定義は付録第 B.2 節（関係）参照.）したがって，各候補者を 1 から n までの数を用いて一意にランクづけできる．$rank(i)$ によって候補者 i のランクを表し，能力が高いほど大きいランクを持つと仮定する．順序リスト $\langle rank(1), rank(2), \ldots, rank(n) \rangle$ はリスト $\langle 1, 2, \ldots, n \rangle$ の置換である．候補者がランダムな順序で現れる，と言うのと，このランクのリストが 1 から n までの数字から作られる $n!$ 通りの置換のうちの任意の 1 つに一致する事象はどれも等確率である，と言うのとは等価であ

る．あるいは，ランクのリストは**一様ランダム置換** (uniform random permutation) であると言ってもよい．すなわち，可能な $n!$ 通りの置換のそれぞれが等確率で出現するということである．

第 5.2 節では，雇用問題の確率解析を行う．

乱択アルゴリズム

確率的解析を用いるには，入力の分布に関する知識が必要である．しかし，入力分布についての知識がほとんどないことも多い．たとえ分布について何か知っていたとしても，その知識を計算量の立場からモデル化することができるとは限らない．それでも，アルゴリズムの振舞いをランダム化することによって，アルゴリズム設計の道具として確率とランダム性を用いることができる．

雇用問題では候補者がランダムな順序で現れるように思われるが，本当にそうかどうかを判定する術はない．したがって，雇用問題を解く乱択アルゴリズムを開発するには，候補者と面談する順序を強く制御できる必要がある．そのためにモデルを少し変更する．雇用代理店は n 人の候補者を抱えていて，候補者リストを事前に送ってくるものとする．毎日我々は面談すべき候補者をランダムに選ぶ．候補者については（名前以外は）何の知識もないが，我々は重要な変更をしたことになる．候補者はランダムな順序で送られてくるという推測に頼る代わりに，この過程を制御し，ランダムな順序を強制するのである．

より一般的には，アルゴリズムの振舞いが，入力と**乱数生成器** (random-number generator) によって生成される値の両方によって決まるとき，このアルゴリズムを**乱択アルゴリズム** (randomized algorithm) と呼ぶ．乱数生成器 RANDOM は自由に使えると仮定する．RANDOM(a, b) は，呼び出されると，a と b の間の任意の整数（a と b を含む）を等確率 (equally likely)[a] で選択し，出力する．たとえば，RANDOM$(0, 1)$ は 0 と 1 をそれぞれ確率 1/2 で生成する．RANDOM$(3, 7)$ を呼び出すと 3，4，5，6，あるいは 7 が返されるが，それぞれの確率は 1/5 である．RANDOM がこの呼出しで返す整数はこれまでの呼出しで返した整数と独立である．RANDOM は $(b-a+1)$ 個の面を持ったサイコロを転がして出力を決めていると考えてもよい．（実際は，ほとんどのプログラミング環境で**擬似乱数生成器** (pseudorandom-number generator) が提供されている．これは統計的にランダムであるように "見える" 値を返す決定性アルゴリズムである．）

乱択アルゴリズムの実行時間の解析には乱数生成器が返す値の分布の上で実行時間の期待値を取る．乱択アルゴリズムの実行時間を**期待実行時間** (expected running time) と呼んで，これらのアルゴリズムを入力がランダムであるアルゴリズムと区別する．一般に，確率分布がアルゴリズムに対する入力上のものであるとき，平均的な実行時間を議論し，アルゴリズム自体がランダムな選択を行うときには期待実行時間を議論する．

練習問題

5.1-1 手続き HIRE-ASSISTANT の第 4 行ではどちらの候補者が優秀かつねに判定できると仮

---

[a] ［訳注］概念としての "equally likely" はベルヌーイ (Bernoulli) の確率論の出発点であったが，現在は口語的に用いられることも多く，「同程度に確からしい」，「同程度に可能な」などと訳出されてきた．「同程度に可能な場合」が実質的に標本空間を構成することが多いので，本書では混乱を生じない限り，「等確率」と訳出する．

108 | 5 確率的解析と乱択アルゴリズム

定した. これは候補のランクの全順序を知っていると仮定したことになることを示せ.

5.1-2 ★ 呼出し RANDOM$(0,1)$ を用いて手続き RANDOM(a,b) を実装せよ. 実装した手続きの期待実行時間を a と b の関数として表現せよ.

5.1-3 ★ 0 と 1 をそれぞれ確率 $1/2$ で出力する問題を考える. 利用できるのは 0 か 1 を出力する手続き BIASED-RANDOM である. ある未知の $0 < p < 1$ に対して, BIASED-RANDOM は 1 を確率 p, 0 を確率 $1-p$ で出力する. BIASED-RANDOM をサブルーチンとして用いて偏りのない答を返す, すなわち, 0 と 1 をそれぞれ $1/2$ の確率で返すアルゴリズムを与えよ. また, このアルゴリズムの期待実行時間を p の関数として表せ.

5.2 指標確率変数

雇用問題を含む多数のアルゴリズムの解析に, 指標確率変数を用いる. 確率と期待値を互いに変換する便利な方法を指標確率変数は与えてくれる. 標本空間 S と事象 A が与えられているとき, 事象 A に関する**指標確率変数** (indicator random variable) $\mathrm{I}\{A\}$ を

$$
\mathrm{I}\{A\} = \begin{cases} 1 & A \text{ が起こるとき} \\ 0 & A \text{ が起こらないとき} \end{cases} \tag{5.1}
$$

と定義する.

簡単な例として, 公正なコインをフリップしたときに表が出る回数の期待値を求めてみよう.[b] 1 回のコインフリップに対する標本空間は $S = \{H, T\}$ であり, $\Pr\{H\} = \Pr\{T\} = 1/2$ である. このとき, 表が出るという事象 H に関する指標確率変数 X_H が定義できる. この変数はこのフリップを観察していて, 表が出れば 1, 裏ならば 0 を値とする. すなわち

$$
\begin{aligned}
X_H &= \mathrm{I}\{H\} \\
&= \begin{cases} 1 & H \text{ が起こるとき} \\ 0 & T \text{ が起こるとき} \end{cases}
\end{aligned}
$$

と定義する. コインを 1 回フリップしたときに表が出る回数の期待値は, 単純に指標変数 X_H の期待値:

$$
\begin{aligned}
\mathrm{E}[X_H] &= \mathrm{E}[\mathrm{I}\{H\}] \\
&= 1 \cdot \Pr\{H\} + 0 \cdot \Pr\{T\} \\
&= 1 \cdot (1/2) + 0 \cdot (1/2) \\
&= 1/2
\end{aligned}
$$

である. したがって, 公正なコインを 1 回フリップしたときに表が出る回数の期待値は $1/2$ である. 次の補題では, 事象 A に関する指標確率変数の期待値は A が起こる確率に等しいことを証明する.

補題 5.1 標本空間 S と S に含まれる事象 A が与えられているとき, $X_A = \mathrm{I}\{A\}$ とする. このとき, $\mathrm{E}[X_A] = \Pr\{A\}$ である.

---

[b] [訳注] 以下では, 表 (head) を H, 裏 (tail) を T で表す.

証明 式 (5.1) の指標確率変数の定義と期待値の定義から

$$
\begin{aligned}
\mathrm{E}\left[X_A\right] &= \mathrm{E}\left[\mathrm{I}\{A\}\right] \\
&= 1 \cdot \mathrm{Pr}\{A\} + 0 \cdot \mathrm{Pr}\{\overline{A}\} \\
&= \mathrm{Pr}\{A\}
\end{aligned}
$$

である．ここで，$\overline{A}$ は A の補集合 $S - A$ を表す． ∎

　1 個のコインをフリップしたときに表が出る回数の期待値を求めるような単純な場合には，指標確率変数を適用するのは面倒なだけと思われても仕方がない．ランダムな試行を何度も繰り返すような複雑な場合の解析に，指標確率変数は威力を発揮する．たとえば，付録第 C 章（数え上げと確率）では，指標確率変数を用いて，コインを n 回フリップしたときに表が出る回数の期待値を簡単に計算できる方法が示されている．1 つの方法は，表が 0 回出る確率，1 回出る確率，2 回出る確率，などを別々に考慮することで，それによって，付録の式 (C.41)（1014 ページ）の結果に到達できる．一方，式 (C.42) 中で提案するより単純な方法では，指標確率変数を暗黙の内に用いている．議論を明示的にするために，X_i を i 回目のフリップで表が出る事象に関する指標確率変数とする．すなわち，$X_i = \mathrm{I}\{i$ 回目のフリップで事象 H が起きる$\}$ である．X をコインを n 回フリップしたときに表が出る回数を表す確率変数とすると

$$
X = \sum_{i=1}^{n} X_i
$$

が成立する．表が出る回数の期待値を求めるために上式の両辺の期待値を取ると

$$
\mathrm{E}\left[X\right] = \mathrm{E}\left[\sum_{i=1}^{n} X_i\right] \tag{5.2}
$$

となる．補題 5.1 から各確率変数の期待値は各 $i = 1, 2, \ldots, n$ に対して $\mathrm{E}\left[X_i\right] = 1/2$ となる．したがって，期待値の和は $\sum_{i=1}^{n} \mathrm{E}\left[X_i\right] = n/2$ と計算できる．一方，式 (5.2) は期待値の和ではなく，和の期待値を求めなければならない．この問題をどのように解決すればよいか？解決策は，**和の期待値はつねにそれぞれの期待値の和になる**という付録の式 (C.24)（1009 ページ）にある期待値の線形性である．期待値の和は和を取る確率変数間に従属性がある場合でも適用できる．指標確率変数と期待値の線形性を組み合わせると，複数の事象が起こる場合の期待値を計算する強力な技術になる．以上から，表が出る回数の期待値が計算できる：

$$
\begin{aligned}
\mathrm{E}\left[X\right] &= \mathrm{E}\left[\sum_{i=1}^{n} X_i\right] \\
&= \sum_{i=1}^{n} \mathrm{E}\left[X_i\right] \\
&= \sum_{i=1}^{n} 1/2 \\
&= n/2
\end{aligned}
$$

付録の式 (C.41)（354 ページ）で用いた方法と比べ，指標確率変数を用いることで計算が大幅に簡単にできた．本書を通して指標確率変数を用いる．

110 | 5 確率的解析と乱択アルゴリズム

指標確率変数を用いた雇用問題の解析

雇用問題に戻って，新しい秘書を雇う回数の期待値を計算してみよう．確率的解析を用いるために，第 5.1 節で議論したように候補者はランダムな順序で現れると仮定する．（第 5.3 節ではこの仮定を取除く方法を説明する.) 新しい秘書を雇う回数を表す確率変数を X とする．付録の式 (C.23)（1009 ページ）の期待値の定義式から

$$\mathrm{E}[X] = \sum_{x=1}^{n} x \Pr\{X = x\}$$

であるが，この計算は面倒である．そこで，指標確率変数を用いて，計算を簡単化する．

　指標確率変数を用いるために，新しい秘書を雇う回数を表す 1 個の変数を定義して $\mathrm{E}[X]$ を計算する代わりに，雇用プロセスを繰り返されるランダムな試行ととらえて各候補者が雇われるか否かを表す n 個の変数を定義する．具体的には，i 番目の候補者が雇用されるという事象に関する指標確率変数を X_i とする．したがって

$$X_i = \mathrm{I}\{\text{候補者 } i \text{ が雇用される}\}$$
$$= \begin{cases} 1 & \text{候補者 } i \text{ が雇用されるとき} \\ 0 & \text{候補者 } i \text{ が雇用されないとき} \end{cases}$$

であり，

$$X = X_1 + X_2 + \cdots + X_n \tag{5.3}$$

である．補題 5.1 から

$$\mathrm{E}[X_i] = \Pr\{\text{候補者 } i \text{ が採用される}\}$$

であり，HIRE-ASSISTANT が第 5〜6 行を実行する確率を計算する必要がある．

　候補者 i は，候補者 1 から候補者 $i-1$ までの誰よりも優れているとき第 6 行で雇用される．候補者はランダムな順序で現れると仮定したから，最初の i 人の候補者が現れる順序もランダムである．したがって，最初の i 人の候補者の中の任意の 1 人が（これら i 人の中で）最も優れた候補者である確率は等しい．そこで，候補者 i が候補者 1 から $i-1$ までの誰よりも優れている確率は $1/i$ であり，確率 $1/i$ で i は雇用される．補題 5.1 から

$$\mathrm{E}[X_i] = 1/i \tag{5.4}$$

が結論できる．したがって，$\mathrm{E}[X]$ は

$$\mathrm{E}[X] = \mathrm{E}\left[\sum_{i=1}^{n} X_i\right] \quad (\text{式 (5.3) より}) \tag{5.5}$$

$$= \sum_{i=1}^{n} \mathrm{E}[X_i] \quad (\text{付録の式 (C.24)（1009 ページ），期待値の線形性より})$$

$$= \sum_{i=1}^{n} \frac{1}{i} \quad (\text{式 (5.4) より})$$

$$= \ln n + O(1) \quad (\text{付録の式 (A.9)（967 ページ），調和数列より}) \tag{5.6}$$

である. n 人と面談したとしても，実際に雇う人数は平均するとおおよそ $\ln n$ 人である．この結果を次の補題としてまとめよう.

補題 5.2 候補者がランダムな順序で現れると仮定すると，アルゴリズム HIRE-ASSISTANT の平均総雇用コストは $O(c_h \ln n)$ である.

証明 雇用コストの定義と，雇用回数の期待値が $\lg n$ で近似できることを示す式 (5.6) から明らかである. ∎

平均雇用コストは最悪雇用コスト $O(nc_h)$ から大きく改善された.

練習問題

5.2-1 候補者がランダムな順序で現れると仮定するとき，HIRE-ASSISTANT がちょうど 1 人を雇う確率を求めよ．また，n 人全員を雇ってしまう確率を求めよ.

5.2-2 候補者がランダムな順序で現れると仮定するとき，HIRE-ASSISTANT がちょうど 2 人を雇う確率を求めよ.

5.2-3 指標確率変数を用いて n 個のサイコロの目の和の期待値を求めよ.

5.2-4 この問題は，期待値の線形性は確率変数が独立でない場合でさえ成り立つことを（部分的に）検証するためのものである．2 つの 6 面サイコロを独立に転がすことを考える．和の期待値はいくらか？また，最初のサイコロは普通に転がし，2 つ目のサイコロの値は最初のサイコロの値と等しいとするとき，和の期待値はいくらか？さらに，最初のサイコロは普通に転がし，2 つ目のサイコロの値は 7 から最初のサイコロの値を引いたものとするとき，和の期待値はいくらか？

5.2-5 あるレストランで n 人の客がクロークに帽子を預けたとする．しかし，クロークはランダムな順序で客に帽子を返却する．自分の帽子が返ってくる客の人数の期待値を求めよ．**ハットチェック問題** (hat-check problem) として知られているこの問題を指標確率変数を用いて解け.

5.2-6 $A[1:n]$ を n 個の相異なる数の配列とする．$i < j$ かつ $A[i] > A[j]$ を満たす対 (i, j) を A の**反転** (inversion) と呼ぶ．（反転の詳細は章末問題 2-4（39 ページ）参照.）A の要素は $\langle 1, 2, \ldots, n \rangle$ の一様ランダム置換であると仮定する．指標確率変数を用いて反転数の期待値を求めよ.

5.3 乱択アルゴリズム

前節では，入力分布の知識をアルゴリズムの平均的な振舞いの解析に役立てる方法を紹介した．入力分布の知識が得られない場合はどうすればよいだろうか？そのときは平均時解析ができない．このような場合でも，第 5.1 節で述べたように乱択アルゴリズムが使える可能性がある.

雇用問題のような問題，すなわち，入力のすべての置換が等確率で出現するという仮定が役立つような問題に対しては，確率的解析が乱択アルゴリズムの開発のための指針になる．入力

112 | 5 確率的解析と乱択アルゴリズム

分布を**仮定する**代わりに，ある分布を**押しつける**のである．具体的には，アルゴリズムを実行する前に候補者達をランダムに並べ換えて，強制的にすべての置換の出現が等確率になるようにする．アルゴリズムと修正したが，新しい秘書を雇用する回数の期待値は依然としておおよそ $\ln n$ である．しかし，修正の結果，この事実は特別な分布から取り出した入力に対してだけ成立するのではなく，**任意**の入力に対して成立すると期待できるようになった．

　確率的解析と乱択アルゴリズムの違いをさらに調べよう．第 5.2 節で，候補者がランダムな順序で現れると仮定すると，新しく秘書を雇用する回数の期待値は約 $\ln n$ であると主張した．このアルゴリズムは決定的である：すなわち，どの特定の入力に対しても新しく秘書を雇用する回数は一意に決まる．さらに，入力が異なれば新しく秘書を雇用する回数は異なり，それは候補達のランクによって決まる．雇用回数は候補達のランクだけで決まるので，特定の入力を表現するのに，候補のランクを $\langle rank(1), rank(2), \ldots, rank(n) \rangle$ と順番に並べるリストにするだけでよい．与えられたランクリストが $A_1 = \langle 1, 2, 3, 4, 5, 6, 7, 8, 9, 10 \rangle$ ならば，次々と以前より優れた候補者が現れ，毎回 HIRE-ASSISTANT の第 5～6 行を実行するので，つねに新しい秘書を 10 回雇用する．与えられたランクリストが $A_2 = \langle 10, 9, 8, 7, 6, 5, 4, 3, 2, 1 \rangle$ ならば，新しい秘書を最初の繰返しで一度だけ雇用する．与えられたランクリストが $A_3 = \langle 5, 2, 1, 8, 4, 7, 10, 9, 3, 6 \rangle$ ならば，新しい秘書を雇用するのはランクが 5, 8, 10 の候補者と面談した 3 回だけである．我々のアルゴリズムのコストは新しく秘書を雇用する回数で決まることを思い起こせば，A_1 のように高価な入力，A_2 のように安価な入力，そして A_3 のように中間の入力があることが分かる．

　最初に候補の順序を並べ換え，その後で最適な候補者を決める乱択アルゴリズムを次に検討しよう．この場合には，ランダム化は入力分布ではなくアルゴリズムの中で起こる．入力は同じでも最大値を更新する回数はアルゴリズムを実行するたびに違うので，特定の入力，たとえば上の A_3 が与えられても最大値の更新回数は分からない．入力 A_3 上の最初の実行では置換 A_1 を生成して更新を 10 回起こしても，2 回目の実行では置換 A_2 を生成して更新が 1 回で済むこともある．3 回目の実行ではまた異なる回数だけ更新を行うかもしれない．アルゴリズムを走らせるたびにランダムに選択される置換に依存して実行は変化し，今回の実行が以前の実行と異なる可能性が高い．このアルゴリズムを含む多くの乱択アルゴリズムは，**特定の入力が最悪の場合の振舞いを引き出すことはない**．ランダムに置換することによって入力配列が無関係になるので，最強の敵でも悪い入力配列を工夫できない．乱択アルゴリズムの性能が悪くなるのは，乱数生成器が "不運な" 置換を偶然に生成してしまったときに限る．

　雇用問題に対する乱択アルゴリズムを構築するために必要なことは，手続き RANDOMIZED-HIRE-ASSIGNMENT で行われているように，入力配列をランダムに並べ換える命令を追加することだけである．これだけの変更によって，候補者がランダムな順序で現れるという仮定をしたときと同じ性能を持つ乱択アルゴリズムが構成できた．

RANDOMIZED-HIRE-ASSISTANT(n)

1　候補者のリストをランダムに置換する
2　HIRE-ASSISTANT(n)

補題 5.3　手続き RANDOMIZED-HIRE-ASSISTANT の期待雇用コストは $O(c_h \ln n)$ である．

証明　入力配列を置換すると，第 5.2 節の HIRE-ASSISTANT を確率的解析したときと同じ状

5.3 乱択アルゴリズム | **113**

況が現れる. ■

　補題 5.2 と 5.3 を注意深く比較することで確率的解析と乱択アルゴリズムの相違が分かる. 補題 5.2 では入力に関する仮定を置く必要がある. 補題 5.3 では入力のランダム置換に余分な時間がかかるが, この入力に関する仮定を置かずにすむ. 我々の用語法と整合させると, 補題 5.2 は平均雇用コスト, 補題 5.3 は期待雇用コストについての結果である. 本節の残りでは入力のランダム置換に関わる問題を考える.

配列のランダム置換

多くの乱択アルゴリズムでは, 与えられた入力配列を置換することで入力をランダム化する. 本書の別のところではアルゴリズムを乱択化する別の方法を示すが, ここでは n 要素からなる配列をいかにランダムに置換するかを見てみよう. ここでの目的は**一様ランダム置換** (uniform random permutation), すなわち, 置換を等確率で現れるように生成することである. 置換は $n!$ あるので, 任意の置換が生成される確率が $1/n!$ となるようにしたい.

　置換が一様ランダムであることを証明するには, 各要素 $A[i]$ に対して, それが j 番目の場所に来る確率が $1/n$ であることを証明すれば十分であると思うかもしれない. この弱い条件が実は不十分であることを練習問題 5.3-4 で証明する.

　ランダムな置換を生成するここでの方法は配列を**その場で** (in place) 置換する：すなわち, 配列以外には高々定数個の配列要素しか記憶しない. 手続き RANDOMLY-PERMUTE は $\Theta(n)$ 時間で配列 $A[1:n]$ をその場で置換する. i 回目の繰返しで, $A[i]$ の要素を, $A[i]$ から $A[n]$ の要素の中からランダムに選択する. i 回目の繰返しの後, $A[i]$ は二度と変更されないことに注意しよう.

RANDOMLY-PERMUTE(A, n)

1　**for** $i = 1$ **to** n
2　　　$A[i]$ と $A[\text{RANDOM}(i, n)]$ を置き換える

　ループ不変式を用いて手続き RANDOMLY-PERMUTE が一様ランダム置換を生成することを示す. n 個の要素からなる集合が与えられたとき, その中の k 個を重複なくちょうど1つずつ含む列を **k 順列** (k-permutation) と言う.（付録第 C 章（数え上げと確率）（998 ページ）参照.）全部で $n!/(n-k)!$ 個の k 順列が存在する.

補題 5.4　手続き RANDOMLY-PERMUTE は一様ランダム置換を計算する.

証明　次のループ不変式を用いる：

　　第 1〜2 行の **for** ループの i 回目の繰返し開始直前では, n 個の要素の可能なそれぞれの $(i-1)$ 順列に対して, 部分配列 $A[1:i-1]$ が, この $(i-1)$ 順列を含む確率は $(n-i+1)!/n!$ である.

このループ不変式が最初の繰返しの開始直前で成立していること, ループの各繰返しが不変式を維持すること, そしてループが停止したときにこの不変式が正当性の証明に有用な性質を与えることを示す必要がある.

114 | 5 確率的解析と乱択アルゴリズム

初期条件： ループの最初の繰返し直前の状況，すなわち，$i = 1$ の場合を考える．ループ不変式によると，可能な各 0 順列に対して，部分列 $A[1:0]$ がこの 0 順列を含む確率は $(n-i+1)!/n! = n!/n! = 1$ である．部分列 $A[1:0]$ は空であり，0 順列は空列である．$A[1:0]$ が確率 1 で 0 順列を含むのでループ不変式の主張は正しい．

ループ内条件： ループ不変式によって，第 i 回目の繰返しの直前で，可能な任意の $(i-1)$ 順列に対して，それが部分列 $A[1:i-1]$ に現れる確率が $(n-i+1)!/n!$ であると仮定し，第 i 回目の繰返しが終了したとき，任意の可能な i 順列に対して，それが部分列 $A[1:i]$ に現れる確率が $(n-i)!/n!$ であることを示す．i の値を次の繰返しのために 1 増やすとループ不変式が維持される．

第 i 回目の繰返しを調べよう．ある任意に固定した i 順列を考え，その要素を $\langle x_1, x_2, \ldots, x_i \rangle$ とする．この順列は $(i-1)$ 順列 $\langle x_1, \ldots, x_{i-1} \rangle$ の後にアルゴリズムが $A[i]$ に置く値 x_i をつけ加えたものである．最初の $i-1$ 回の繰返しの結果，$A[1:i-1]$ に $(i-1)$ 順列 $\langle x_1, \ldots, x_{i-1} \rangle$ が置かれたという事象を E_1 で表す．ループ不変式から $\Pr\{E_1\} = (n-i+1)!/n!$ である．第 i 回目の繰返しで x_i を $A[i]$ に置くという事象を E_2 で表す．i 順列 $\langle x_1, \ldots, x_i \rangle$ が $A[1:i]$ に出現するのは E_1 と E_2 が共に起こるとき，かつそのときに限るので，$\Pr\{E_2 \cap E_1\}$ を計算すればよい．付録の式 (C.16)（1004 ページ）を用いると

$$\Pr\{E_2 \cap E_1\} = \Pr\{E_2 \mid E_1\} \Pr\{E_1\}$$

である．第 2 行でアルゴリズムは $A[i:n]$ が含む $n-i+1$ 個の値の中から x_i をランダムに選ぶので，確率 $\Pr\{E_2 \mid E_1\}$ は $1/(n-i+1)$ に等しい．したがって

$$\begin{aligned}
\Pr\{E_2 \cap E_1\} &= \Pr\{E_2 \mid E_1\} \Pr\{E_1\} \\
&= \frac{1}{n-i+1} \cdot \frac{(n-i+1)!}{n!} \\
&= \frac{(n-i)!}{n!}
\end{aligned}$$

である．

終了条件： **for** ループは n 回しか繰り返さないので，ループは停止する．停止時には $i = n+1$ であり，任意に与えられた n 順列を部分列 $A[1:n]$ が含む確率は $(n-(n+1)+1)!/n! = 0!/n! = 1/n!$ である．

したがって，RANDOMLY-PERMUTE は一様ランダム置換を生成する． ∎

乱択アルゴリズムは，しばしば問題を最も簡単に，しかも最も効率よく解く．

練習問題

5.3-1 伊藤教授は補題 5.4 で用いたループ不変式に反対である．教授は最初の繰返しの直前に不変式が成立しているかどうか疑問視している．空の部分配列は 0 順列を含まないと宣言してしまうことも（本文のように，空の部分配列は 0 順列を含むと定義するのと）同様に簡単だったはずであり，そのときには空の部分配列が 0 順列を含む確率は 0 なので，最初の繰返しの直

前ではループ不変式は成立しないというのがその理由である．手続き RANDOMLY-PERMUTE を書き直し，対応する新たなループ不変式が最初の繰返しの直前に空でない部分配列に適用されるようにせよ．また，新しい手続きに合うように補題 5.4 の証明を修正せよ．

5.3-2 木阿弥教授は，すべての要素の位置が変わらない**恒等置換** (identity permutation) 以外の任意の置換をランダムに生成する以下の手続き PERMUTE-WITHOUT-IDENTITY を提案している．

PERMUTE-WITHOUT-IDENTITY(A, n)

1 **for** $i = 1$ **to** $n - 1$
2      $A[i]$ と $A[\text{RANDOM}(i + 1, n)]$ を置き換える

この手続きで教授の意図したとおりの結果が得られるか？

5.3-3 以下の手続き PERMUTE-WITH-ALL(A, n) を考える．この手続きは要素 $A[i]$ を部分配列 $A[i : n]$ のランダムな要素と交換する代わりに，配列全体のランダムな場所の要素と交換する．

PERMUTE-WITH-ALL(A, n)

1 **for** $i = 1$ **to** n
2      $A[i]$ と $A[\text{RANDOM}(1, n)]$ を置き換える

上の手続き PERMUTE-WITH-ALL で一様ランダム置換が得られるだろうか？理由とともに答えよ．

5.3-4 中野教授は一様ランダム置換を生成する手続きとして，以下の PERMUTE-BY-CYCLE を提案している．各要素 $A[i]$ が B の任意の特定の場所に置かれる確率は $1/n$ であることを示せ．つぎに，得られた置換が一様ランダムではないことを示すことによって，教授の主張が間違っていることを示せ．

PERMUTE-BY-CYCLE(A, n)

1 $B[1 : n]$ を新しい配列とする
2 $offset = \text{RANDOM}(1, n)$
3 **for** $i = 1$ **to** n
4      $dest = i + offset$
5   **if** $dest > n$
6          $dest = dest - n$
7      $B[dest] = A[i]$
8 **return** B

5.3-5 与論教授は集合 $\{1, 2, 3, \ldots, n\}$ の**無作為抽出標本** (random sample) を作成したいと考えている．集合 $\{1, 2, 3, \ldots, n\}$ の無作為抽出標本とは $0 \leq m \leq n$ に対して，m 個の要素からなる部分集合 S を，S が任意の m 部分集合と等確率で一致するように生成する問題である．1 つの方法は，$i = 1, 2, 3, \ldots, n$ に対して $A[i] = i$ と置き，RANDOMLY-PERMUTE(A) を呼び

116 | 5 確率的解析と乱択アルゴリズム

出し，最初の m 個の配列要素を S とすることである．この方法では手続き RANDOM を n 回呼び出す必要がある．与論教授の応用例では，m が n に比べて十分に小さいときであり，教授はもっと少ない RANDOM の呼出し回数で無作為抽出標本を生成したい．

下の手続き RANDOM-SAMPLE は，m 回の RANDOM の呼出しを用いて $\{1, 2, 3, \ldots, n\}$ から m 部分集合 S を無作為抽出することを示せ．

RANDOM-SAMPLE(m, n)
1 $S = \emptyset$
2 **for** $k = n - m + 1$ **to** n // m 回繰り返す
3      $i = \text{RANDOM}(1, k)$
4   **if** $i \in S$
5          $S = S \cup \{k\}$
6   **else** $S = S \cup \{i\}$
7 **return** S

★ **5.4 確率的解析と指標確率変数のさらなる利用**

高度な内容を含む本節では 4 つの例を用いて確率的解析を説明する．k 人がいる部屋に誕生日が同じ 2 人がいる確率を最初に求める．2 番目の例では，ボールを箱にランダムに投げ入れる問題を検討する．3 番目の例では，コインをフリップするときに連続して表が出る「連」について調べる．必ずしもすべての候補とは面談せずに決定を下さなければならない場合の雇用問題を最後の例として解析する．

5.4.1 誕生日パラドックス

最初の例は**誕生日パラドックス** (birthday paradox) である．部屋に何人の人がいれば同じ誕生日を持つ 2 人が含まれる確率は 50% に届くだろうか？答は驚くほど小さい数である．これがパラドックスと呼ばれる理由は，すぐに示すように，その数が 1 年の日数あるいはその半分よりもずっと小さいからである．

この質問に答えるために，部屋に k 人がいるとして，部屋にいる人を番号 $1, 2, \ldots, k$ で識別する．閏年は無視し，どの年も $n = 365$ 日であると仮定する．$i = 1, 2, \ldots, k$ に対して b_i を人 i の誕生日とする．ただし，$1 \leq b_i \leq n$ である．また，誕生日は 1 年の n 日に一様分布していると仮定する．したがって，$i = 1, 2, \ldots, k$ と $r = 1, 2, \ldots, n$ に対して，$\Pr\{b_i = r\} = 1/n$ である．

任意の 2 人 i と j が同じ誕生日を持つ確率は，i と j の誕生日のランダムな選択が独立であるか否かに依存する．今後，誕生日は独立であり，i と j の誕生日が共に日 r である確率が

$$\Pr\{b_i = r \text{ かつ } b_j = r\} = \Pr\{b_i = r\} \Pr\{b_j = r\}$$
$$= \frac{1}{n^2}$$

であると仮定する．したがって，誕生日が同じ日になる確率は

$$\Pr\{b_i = b_j\} = \sum_{r=1}^{n} \Pr\{b_i = r \text{ かつ } b_j = r\}$$

$$= \sum_{r=1}^{n} \frac{1}{n^2}$$

$$= \frac{1}{n} \tag{5.7}$$

である．もっと直観的に言うと，一度 b_i を選んでしまうと，b_j が同じ日に選ばれる確率は $1/n$ である．したがって，誕生日が独立であるかぎり，i と j が同じ誕生日を持つ確率は，2 人のうちの 1 人の誕生日が特定の日に当たる確率と同じである．

k 人の中の少なくとも 2 人が同じ誕生日を持つ確率を解析するには余事象を考えるとよい．少なくとも 2 人の誕生日が一致する確率は，1 からすべての人の誕生日が異なる確率を引いたものである．k 人がすべて異なる誕生日を持つという事象 B_k は

$$B_k = \bigcap_{i=1}^{k} A_i$$

で表される．ただし，A_i は，人 i の誕生日がすべての $j < i$ について人 j の誕生日と異なるという事象である．$B_k = A_k \cap B_{k-1}$ なので，付録の式 (C.18)（1006 ページ）から漸化式

$$\Pr\{B_k\} = \Pr\{B_{k-1}\} \Pr\{A_k \mid B_{k-1}\} \tag{5.8}$$

を得る．ただし初期条件は $\Pr\{B_1\} = \Pr\{A_1\} = 1$ である．言い換えると，$b_1, b_2, \ldots, b_k$ がすべて異なる誕生日である確率は，$b_1, b_2, \ldots, b_{k-1}$ がすべて異なる確率に，$b_1, b_2, \ldots, b_{k-1}$ が異なるという条件の下で $i = 1, 2, \ldots, k-1$ に対して $b_k \neq b_i$ である確率を掛けたものである．

$b_1, b_2, \ldots, b_{k-1}$ がすべて異なるならば，すべての $i = 1, 2, \ldots, k-1$ に対して $b_k \neq b_i$ が成立するという条件付き確率は，n 日の中で取られていないのは $n - (k-1)$ 日なので，$\Pr\{A_k \mid B_{k-1}\} = (n - k + 1)/n$ である．漸化式 (5.8) を繰り返し適用すると

$$\Pr\{B_k\} = \Pr\{B_{k-1}\} \Pr\{A_k \mid B_{k-1}\}$$

$$= \Pr\{B_{k-2}\} \Pr\{A_{k-1} \mid B_{k-2}\} \Pr\{A_k \mid B_{k-1}\}$$

$$\vdots$$

$$= \Pr\{B_1\} \Pr\{A_2 \mid B_1\} \Pr\{A_3 \mid B_2\} \cdots \Pr\{A_k \mid B_{k-1}\}$$

$$= 1 \cdot \left(\frac{n-1}{n}\right) \left(\frac{n-2}{n}\right) \cdots \left(\frac{n-k+1}{n}\right)$$

$$= 1 \cdot \left(1 - \frac{1}{n}\right) \left(1 - \frac{2}{n}\right) \cdots \left(1 - \frac{k-1}{n}\right)$$

となる．第 3.3 節（標準的な記法とよく使われる関数）の不等式 (3.14)（55 ページ）$1 + x \leq e^x$ を用いると，$-k(k-1)/2n \leq \ln(1/2)$ のとき

$$\Pr\{B_k\} \leq e^{-1/n} e^{-2/n} \cdots e^{-(k-1)/n}$$

$$= e^{-\sum_{i=1}^{k-1} i/n}$$

$$= e^{-k(k-1)/2n}$$

$$\leq \frac{1}{2}$$

である．したがって，$k(k-1) \geq 2n \ln 2$ あるいは，この 2 次方程式を解いた $k \geq (1 + \sqrt{1 + (8 \ln 2) n})/2$ のとき，k 人の誕生日がすべて異なる確率は高々 1/2 である．$n = 365$ に対しては $k \geq 23$ を得る．すなわち，部屋に 23 人いれば，その中の 2 人が同じ誕生日を持つ確率は少なくとも 1/2 である．火星では 1 年が 669 火星日である．したがって，同じ結果を得るには 31 人の火星人が必要になる．

指標確率変数を用いた解析

指標確率変数を用いれば，近似的にはなるが，誕生日パラドックスに対してもっと簡単な解析が可能になる．部屋にいる k 人から選ばれた各組 (i, j) に対して，指標確率変数 X_{ij} を

$$X_{ij} = \mathrm{I}\{\text{人 } i \text{ と人 } j \text{ は同じ誕生日を持つ}\}$$
$$= \begin{cases} 1 & \text{人 } i \text{ と人 } j \text{ が同じ誕生日を持つとき} \\ 0 & \text{そうでないとき} \end{cases}$$

と定義する．ただし，$1 \leq i < j \leq k$ である．式 (5.7) から 2 人の誕生日が一致する確率は $1/n$ である．したがって，第 5.2 節の補題 5.1（108 ページ）から

$$\mathrm{E}[X_{ij}] = \mathrm{Pr}\{\text{人 } i \text{ と人 } j \text{ が同じ誕生日を持つ}\}$$
$$= 1/n$$

である．同じ誕生日を持つ組数を数える確率変数を X とすると

$$X = \sum_{i=1}^{k-1} \sum_{j=i+1}^{k} X_{ij}$$

である．両辺の期待値を取り，期待値の線形性を適用すると

$$\mathrm{E}[X] = \mathrm{E}\left[\sum_{i=1}^{k-1} \sum_{j=i+1}^{k} X_{ij}\right]$$
$$= \sum_{i=1}^{k-1} \sum_{j=i+1}^{k} \mathrm{E}[X_{ij}]$$
$$= \binom{k}{2} \frac{1}{n}$$
$$= \frac{k(k-1)}{2n}$$

を得る．$k(k-1) \geq 2n$ のとき，同じ誕生日を持つ組数の期待値は 1 以上である．したがって，部屋に $\sqrt{2n} + 1$ 人以上いれば，その中に同じ誕生日を持つ 2 人が含まれると期待できる．$n = 365$ のとき，$k = 28$ なら，同じ誕生日を持つ組数の期待値は $(28 \cdot 27)/(2 \cdot 365) \approx 1.0356$ である．したがって，28 人以上いれば，同じ誕生日を持つ組が少なくとも 1 組あると期待できる．火星上では 1 年が 669 火星日なので，同じ誕生日を持つ組が少なくとも 1 組あると期待するには，火星人が 38 人以上は必要である．

　確率だけを用いた最初の解析では，誕生日が一致する組が存在する確率が 1/2 を超えるため

5.4 確率的解析と指標確率変数のさらなる利用 | **119**

に必要な人数を求めた．2番目の解析では指標確率変数を用いて同じ誕生日を持つ組数の期待値が1となる人数を求めた．両者の正確な人数に差はあるが，漸近的には同じである：$\Theta(\sqrt{n})$.

5.4.2 ボールと箱

互いに区別できないボールを，番号 $1, 2, \ldots, b$ で識別される b 個の箱にランダムに投げ入れるプロセスを考える．各投げ入れは独立で，各投げ入れでは，ボールがある箱に入る確率は箱に依存せず同じである．すなわち，投げたボールが任意に指定された箱に入る確率は $1/b$ である．ボールを投げ入れるプロセスをベルヌーイ試行（付録第 C.4 節（幾何分布と 2 項分布）参照）の列であるとみなし，成功をボールが指定された箱に入るとすると，各試行の成功確率は $1/b$ である．このモデルはとくにハッシュの解析に有用であり（第 11 章（ハッシュ表）参照），ボール投げ入れプロセスに関するさまざまな興味深い問いに答えることができる．（ボールと箱問題に関する他の問いを付録第 C 章（数え上げと確率）の章末問題 C-2 で取り上げる．）

- **指定した箱に入るボールの数**：指定された箱に入るボールの数は 2 項分布 $b(k; n, 1/b)$ に従う．n 個のボールを投げ入れると，付録の式 (C.41)（1014 ページ）から，指定された箱に入るボールの数の期待値は n/b である．
- **指定された箱にボールが入るまでに必要なボールの投げ入れ回数の平均**：指定された箱に最初のボールが入るまでに必要な投げ入れ回数は確率 $1/b$ の幾何分布に従う．よって，付録の式 (C.36)（1013 ページ）から，成功に至るまでに必要な投げ入れ回数の期待値は $1/(1/b) = b$ である．
- **すべての箱に少なくとも 1 個のボールが入るまでに必要な投げ入れ回数の平均**：ボールが空の箱に入ったとき，その投げ入れは「ヒットした」と言う．b 回ヒットするまでに必要な投げ入れ回数の期待値 n が知りたい値である．

n 回の投げ入れから構成されるプロセスをヒットを用いてステージに分けることができる．$(i-1)$ 回目にヒットした投げ入れの次から i 回目にヒットした投げ入れまでの部分プロセスをステージ i と呼ぶ．初期状態ではすべての箱が空で，最初の投げ入れは必ずヒットするので，ステージ 1 は最初の投げ入れだけから構成される．ステージ i の各投げ入れでは，ボールがすでに入っている箱が $i-1$ 個あり，残された $b-i+1$ 個の箱が空である．したがって，ステージ i で投げ入れがヒットする確率は $(b-i+1)/b$ である．

ステージ i の投げ入れ回数を n_i としよう．b 回のヒットを得るために必要な投げ入れ回数は $n = \sum_{i=1}^{b} n_i$ である．各確率変数 n_i は成功確率 $(b-i+1)/b$ の幾何分布に従うので，付録の式 (C.36) から

$$\mathrm{E}[n_i] = \frac{b}{b-i+1}$$

である．期待値の線形性から

$$\mathrm{E}[n] = \mathrm{E}\left[\sum_{i=1}^{b} n_i\right]$$
$$= \sum_{i=1}^{b} \mathrm{E}[n_i]$$

120 | 5 確率的解析と乱択アルゴリズム

$$
= \sum_{i=1}^{b} \frac{b}{b-i+1}
$$

$$
= b \sum_{i=1}^{b} \frac{1}{i} \qquad \text{(付録の式 (A.14)（968 ページ）より)}
$$

$$
= b(\ln b + O(1)) \quad \text{(付録の式 (A.9)（967 ページ）より)}
$$

を得る．したがって，すべての箱にボールが入るまでに約 $b \ln b$ 回投げ入れる必要がある．この問題は**クーポン収集家問題** (coupon collector's problem) として知られている．b 種類あるクーポンをすべて収集しようとしているクーポン収集家が目的を達成するには，クーポンがランダムにしか手に入らないならば，$b \ln b$ 枚のクーポンを集める必要がある．

5.4.3 連

公正なコインを n 回フリップする．最長の表の**連** (streak, 表だけが続いて出る事象) の長さの期待値はどれくらいだろうか？上界と下界を別々に証明して，答が $\Theta(\lg n)$ であることを示す．

最長の表の連長の期待値が $O(\lg n)$ であることをまず証明する．コインをフリップして表が出る確率は $1/2$ である．長さが k 以上の表の連が i 回目のフリップから開始されるという事象，もっと厳密に言うと，$1 \leq k \leq n$ かつ $1 \leq i \leq n-k+1$ に対して，連続する k 回のフリップ $i, i+1, \ldots, i+k-1$ で表だけが出る事象を A_{ik} で表す．フリップは互いに独立なので，任意の与えられた事象 A_{ik} に対して，k 回のフリップがすべて表である確率は

$$
\Pr\{A_{ik}\} = \frac{1}{2^k} \tag{5.9}
$$

である．$k = 2\lceil \lg n \rceil$ とすると

$$
\begin{aligned}
\Pr\{A_{i,2\lceil \lg n \rceil}\} &= \frac{1}{2^{2\lceil \lg n \rceil}} \\
&\leq \frac{1}{2^{2 \lg n}} \\
&= \frac{1}{n^2}
\end{aligned}
$$

である．したがって，長さが少なくとも $2\lceil \lg n \rceil$ の表の連が i 回目のフリップから開始される確率は非常に小さい．このような連が開始できるのは高々 $n - 2\lceil \lg n \rceil + 1$ 通りの場所だけである．したがって，長さが少なくとも $2\lceil \lg n \rceil$ の表の連がある場所から生起する確率は

$$
\begin{aligned}
\Pr\left\{ \bigcup_{i=1}^{n-2\lceil \lg n \rceil+1} A_{i,2\lceil \lg n \rceil} \right\} \\
\leq \sum_{i=1}^{n-2\lceil \lg n \rceil+1} \Pr\{A_{i,2\lceil \lg n \rceil}\} \quad \text{(付録のブールの不等式 (C.21)（1007 ページ）より)} \\
\leq \sum_{i=1}^{n-2\lceil \lg n \rceil+1} \frac{1}{n^2} \\
< \sum_{i=1}^{n} \frac{1}{n^2}
\end{aligned}
$$

$$= \frac{1}{n} \tag{5.10}$$

である.

不等式 (5.10) を用いて最長の連の長さの上界を導出する. $j = 0, 1, 2, \ldots, n$ に対して, 最長の表の連の長さが正確に j である事象を L_j で表し, L を最長の連の長さとする. 期待値の定義から

$$\mathrm{E}[L] = \sum_{j=0}^{n} j \Pr\{L_j\} \tag{5.11}$$

である. 不等式 (5.10) の導出と同様の方法で各 $\Pr\{L_j\}$ に対する上界を求め, これらを用いて和を評価することができるが, この方法では残念ながら弱い上界しか得られない. しかし, 上述の解析から得た直観をもっと良い上界を得るために利用できる. 式 (5.11) の和を構成するどの項も j と $\Pr\{L_j\}$ が同時に大きい値を取ることはない. なぜなら, $j \geq 2\lceil \lg n \rceil$ ならば $\Pr\{L_j\}$ が非常に小さいし, $j < 2\lceil \lg n \rceil$ ならば j が十分に小さいからである. もっと正確に述べると, $j = 0, 1, \ldots, n$ に対して事象 L_j は互いに素なので, 長さが $2\lceil \lg n \rceil$ 以上の表の連がある場所から生起する確率は $\sum_{j=2\lceil \lg n \rceil}^{n} \Pr\{L_j\}$ である. 不等式 (5.10) から, 長さが $2\lceil \lg n \rceil$ 以上の表の連がある場所から生起する確率は $1/n$ 未満, すなわち, $\sum_{j=2\lceil \lg n \rceil}^{n} \Pr\{L_j\} < 1/n$ である. $\sum_{j=0}^{n} \Pr\{L_j\} = 1$ に注意すると $\sum_{j=0}^{2\lceil \lg n \rceil - 1} \Pr\{L_j\} \leq 1$ である. したがって

$$
\begin{aligned}
\mathrm{E}[L] &= \sum_{j=0}^{n} j \Pr\{L_j\} \\
&= \sum_{j=0}^{2\lceil \lg n \rceil - 1} j \Pr\{L_j\} + \sum_{j=2\lceil \lg n \rceil}^{n} j \Pr\{L_j\} \\
&< \sum_{j=0}^{2\lceil \lg n \rceil - 1} (2\lceil \lg n \rceil) \Pr\{L_j\} + \sum_{j=2\lceil \lg n \rceil}^{n} n \Pr\{L_j\} \\
&= 2\lceil \lg n \rceil \sum_{j=0}^{2\lceil \lg n \rceil - 1} \Pr\{L_j\} + n \sum_{j=2\lceil \lg n \rceil}^{n} \Pr\{L_j\} \\
&< 2\lceil \lg n \rceil \cdot 1 + n \cdot \frac{1}{n} \\
&= O(\lg n)
\end{aligned}
$$

を得る.

表の連の長さが $r\lceil \lg n \rceil$ を超える確率は r と共に急速に減少する. $r \geq 1$ に対して, 表の連の長さが $r\lceil \lg n \rceil$ 以上となる確率を大まかに評価をしよう. 長さが $r\lceil \lg n \rceil$ 以上の表の連が i 回目のフリップから始まる確率は

$$
\begin{aligned}
\Pr\{A_{i,r\lceil \lg n \rceil}\} &= \frac{1}{2^{r\lceil \lg n \rceil}} \\
&\leq \frac{1}{n^r}
\end{aligned}
$$

である. $r\lceil \lg n \rceil$ 以上の長さの表の連は最後の $n - r\lceil \lg n \rceil + 1$ のフリップでは起こりえないが, それを許して n 回のコインフリップの任意の位置から始まるとしてそのような連が起こる

122 | 5　確率的解析と乱択アルゴリズム

確率を多めに評価する. このとき, 最長の連の長さが $r\lceil\lg n\rceil$ 以上である確率は高々

$$
\begin{aligned}
\Pr\left\{\bigcup_{i=1}^{n} A_{i,r\lceil\lg n\rceil}\right\} &\leq \sum_{i=1}^{n}\Pr\left\{A_{i,r\lceil\lg n\rceil}\right\}\ (\text{付録のブールの不等式 (C.21)（1007 ページ）より}) \\
&\leq \sum_{i=1}^{n}\frac{1}{n^r} \\
&= \frac{1}{n^{r-1}}
\end{aligned}
$$

である. 言い換えると, 最長の連の長さが $r\lceil\lg n\rceil$ 未満である確率は $1-1/n^{r-1}$ 以上である.

　たとえば, $n=1000$ 回コインをフリップすると, その中に長さが $2\lceil\lg n\rceil=20$ 以上の表の連が現れる確率は $1/n=1/1000$ 以下である. また, 長さが $3\lceil\lg n\rceil=30$ 以上の表の連が現れる確率は $1/n^2=1/1{,}000{,}000$ 以下である.

　n 回コインをフリップしたとき最長となる表の連の長さの期待値は $\Omega(\lg n)$ であるという, 相補的な下界の証明に移る. この下界を証明するために, n 回のフリップをそれぞれ s 回のフリップからなるほぼ n/s 個のグループに分割し, 長さ s の連を探す. $s=\lfloor(\lg n)/2\rfloor$ とすると, これらのグループの中にすべてが表のグループが出現する可能性が高く, したがって, 最長の連の長さが少なくとも $s=\Omega(\lg n)$ である可能性が高いことが証明できる. 最長の連の長さの期待値が $\Omega(\lg n)$ であることを示す.

　n 回のフリップを, $\lfloor(\lg n)/2\rfloor$ 回の連続するフリップから構成される少なくとも $\lfloor n/\lfloor(\lg n)/2\rfloor\rfloor$ 個のグループに分割し, どのグループもすべては表ではない確率を評価する. 式 (5.9) から, i 回目のフリップから始まるグループがすべて表である確率は

$$
\begin{aligned}
\Pr\left\{A_{i,\lfloor(\lg n)/2\rfloor}\right\} &= \frac{1}{2^{\lfloor(\lg n)/2\rfloor}} \\
&\geq \frac{1}{\sqrt{n}}
\end{aligned}
$$

である. したがって, 長さが少なくとも $\lfloor(\lg n)/2\rfloor$ の表の連が i 回目のフリップから始まらない確率は $1-1/\sqrt{n}$ 以下である. $\lfloor n/\lfloor(\lg n)/2\rfloor\rfloor$ 個のグループは互いに排反する独立なコインフリップから形成されているから, これらのどのグループも長さが $\lfloor(\lg n)/2\rfloor$ の連に**ならな**い確率の上限は

$$
\begin{aligned}
\left(1-1/\sqrt{n}\right)^{\lfloor n/\lfloor(\lg n)/2\rfloor\rfloor} &\leq \left(1-1/\sqrt{n}\right)^{n/\lfloor(\lg n)/2\rfloor-1} \\
&\leq \left(1-1/\sqrt{n}\right)^{2n/\lg n-1} \\
&\leq e^{-(2n/\lg n-1)/\sqrt{n}} \\
&= O(e^{-\ln n}) \\
&= O(1/n) \tag{5.12}
\end{aligned}
$$

である. 導出では, $1+x\leq e^x$（第 3.3 節の不等式 (3.14)（55 ページ））と, 十分に大きな n に対して $(2n/\lg n-1)/\sqrt{n}\geq\ln n$ が成立するという事実を用いた.

　最長の連の長さが $\lfloor(\lg n)/2\rfloor$ 以上になる確率を求めたい. L を最長の表の連の長さが $s=\lfloor(\lg n)/2\rfloor$ 以上の事象とする. $\overline{L}$ をその補事象, すなわち, 最長の連の長さが s 未満の事象とする. このとき, $\Pr\{L\}+\Pr\{\overline{L}\}=1$ である. s 回のフリップからなるどのグループも, 長さ s の表の連でない事象を F とする. 不等式 (5.12) によって, $\Pr\{F\}=O(1/n)$ であ

る．最長の表の連の長さが s 未満ならば，明らかに s 回のフリップからなるどのグループも s 個の表の連にはならない．このことは，事象 $\overline{L}$ が成り立てば事象 F が成り立つことを意味している．もちろん，事象 $\overline{L}$ が成り立たなくても，F は起こりえる（たとえば，s 個以上の表の連が 2 つのグループにまたがる場合である）．したがって，$\Pr\{\overline{L}\} \le \Pr\{F\} = O(1/n)$ となる．$\Pr\{L\} + \Pr\{\overline{L}\} = 1$ であるので，

$$
\begin{aligned}
\Pr\{L\} &= 1 - \Pr\{\overline{L}\} \\
&\ge 1 - \Pr\{F\} \\
&= 1 - O(1/n)
\end{aligned}
$$

となる．したがって，最長の連の長さが $\lfloor (\lg n)/2 \rfloor$ 以上である確率は

$$
\sum_{j=\lfloor (\lg n)/2 \rfloor}^{n} \Pr\{L_j\} \ge 1 - O(1/n) \tag{5.13}
$$

である．

式 (5.11) から開始し，上界の場合と同様の方法で解析を進めることで，最長の連の長さの期待値の下界を次のように計算できる：

$$
\begin{aligned}
\mathrm{E}[L] &= \sum_{j=0}^{n} j \Pr\{L_j\} \\
&= \sum_{j=0}^{\lfloor (\lg n)/2 \rfloor - 1} j \Pr\{L_j\} + \sum_{j=\lfloor (\lg n)/2 \rfloor}^{n} j \Pr\{L_j\} \\
&\ge \sum_{j=0}^{\lfloor (\lg n)/2 \rfloor - 1} 0 \cdot \Pr\{L_j\} + \sum_{j=\lfloor (\lg n)/2 \rfloor}^{n} \lfloor (\lg n)/2 \rfloor \Pr\{L_j\} \\
&= 0 \cdot \sum_{j=0}^{\lfloor (\lg n)/2 \rfloor - 1} \Pr\{L_j\} + \lfloor (\lg n)/2 \rfloor \sum_{j=\lfloor (\lg n)/2 \rfloor}^{n} \Pr\{L_j\} \\
&\ge 0 + \lfloor (\lg n)/2 \rfloor (1 - O(1/n)) \qquad \text{（不等式 (5.13) より）} \\
&= \Omega(\lg n)
\end{aligned}
$$

誕生日パラドックスと同様，近似でよければ指標確率変数を用いてもっと簡単に解析できる．最長の連の長さの期待値を求める代わりに，与えられた長さ以上の長さを持つ連の個数の期待値を見つける．i 回目のコインフリップから開始される長さが少なくとも k の表の連に対する指標確率変数を $X_{ik} = \mathrm{I}\{A_{ik}\}$ とする．このような連の個数を数えるために，確率変数

$$
X_k = \sum_{i=1}^{n-k+1} X_{ik}
$$

を定義する．期待値を取り，期待値の線形性を用いると

$$
\begin{aligned}
\mathrm{E}[X_k] &= \mathrm{E}\left[\sum_{i=1}^{n-k+1} X_{ik}\right] \\
&= \sum_{i=1}^{n-k+1} \mathrm{E}[X_{ik}]
\end{aligned}
$$

$$= \sum_{i=1}^{n-k+1} \Pr\{A_{ik}\}$$

$$= \sum_{i=1}^{n-k+1} \frac{1}{2^k}$$

$$= \frac{n-k+1}{2^k}$$

となる.

さまざまな値を k に代入することで, 長さ k の連が生起する回数の期待値を計算できる. 期待値が (1 より十分に) 大きいならば, 長さ k の連が数多く生起すると期待でき, 長さ k の連が生起する確率は高い. 逆に, 期待値が (1 より十分に) 小さいならば, 長さ k の連はほとんど起こらず, 長さ k の連が生起する確率は低い. ある正の定数 c に対して $k = c\lg n$ ならば

$$\mathrm{E}[X_{c\lg n}] = \frac{n - c\lg n + 1}{2^{c\lg n}}$$

$$= \frac{n - c\lg n + 1}{n^c}$$

$$= \frac{1}{n^{c-1}} - \frac{(c\lg n - 1)/n}{n^{c-1}}$$

$$= \Theta(1/n^{c-1})$$

である. c が大きければ, 長さ $c\lg n$ の連の生起回数の期待値は非常に小さく, この長さの連は起こりそうにない. 一方, $c = 1/2$ ならば $\mathrm{E}[X_{(1/2)\lg n}] = \Theta(1/n^{1/2-1}) = \Theta(n^{1/2})$ だから, 長さ $(1/2)\lg n$ の連は頻繁に生起すると期待できる. したがって, このような長さの連は非常に起こりやすい. よって, 最長の連の長さの期待値が $\Theta(\lg n)$ であると結論できる.

5.4.4 オンライン雇用問題

最後の例として, 雇用問題の類題を考えよう. 今回は, 最適な候補者を発見するためにすべての候補者と面談することはしたくない. また, より良い候補者を発見するたびに以前の秘書を解雇し, この候補者に代えることもしたくない. 一度しか採用しない代わりに, 最適に近い候補で妥協することにする. 会社の方針で, 各候補者との面談の直後にその候補者を雇用するか否かを決定し, 候補者に結論を伝える必要がある. 面談の回数を最小にすることと雇用する候補者の質を最大化することの間のトレードオフを考えよう.

この問題を以下のようにモデル化する. 候補者と面談した後, 候補者に得点を与える. $score(i)$ によって候補者 i の得点を表し, 候補者はそれぞれ異なる得点を持つと仮定する. j 人の候補者と面談した後, j 人の中で最高点を得た候補者は分かるが, 残りの $n - j$ 人の中にさらに高い得点を獲得する候補者がいるかどうかは分からない. 我々が採用する戦略を説明する. 正の定数 $k < n$ を選ぶ. 最初の k 人と面談するが, この候補者たちは採用しない. さらに面談を続け, $k + 1$ 人目以降で今までの最高点を最初に更新した候補者を採用する. もし最高得点を得た候補者が最初の k 人の面談者の中にいたときには, 最後に面談した候補者 n を雇用する. 次ページの手続き ONLINE-MAXIMUM(k, n) はこの戦略を形式的に表現したものであり, 雇用したい候補者の番号を返す.

可能な k の値のそれぞれに対して最適な候補者が雇用できる確率を求めることができれば,

ONLINE-MAXIMUM(k, n)

```
1  best-score = −∞
2  for i = 1 to k
3      if score(i) > best-score
4          best-score = score(i)
5  for i = k + 1 to n
6      if score(i) > best-score
7              return i
8  return n
```

最適な k の値を選択し，この値を用いて我々の戦略を実現できる．しばらくは k を固定する．1 から j までの候補者の中の最高得点を $M(j) = \max\{score(i) : 1 \leq i \leq j\}$ と表す．最高の候補者の雇用に成功するという事象を S とし，i 番目に面談した候補者が最高得点を得るという条件の下でこの候補者の雇用に成功するという事象を S_i とする．$i = 1, 2, \ldots, n$ に対して S_i は互いに素なので，$\Pr\{S\} = \sum_{i=1}^{n} \Pr\{S_i\}$ である．最初の k 人の中に最高得点を得る候補者がいれば，絶対に雇用に成功しないことに注意すると，$i = 1, 2, \ldots, k$ に対して $\Pr\{S_i\} = 0$ である．したがって

$$\Pr\{S\} = \sum_{i=k+1}^{n} \Pr\{S_i\} \tag{5.14}$$

である．

$\Pr\{S_i\}$ を計算する．i 番目の候補者が最高得点を得るときにこの候補者の雇用に成功するためには 2 つの事象が生起する必要がある．第 1 に，最高の候補者が i 番目に現れる必要がある．この事象を B_i と書く．第 2 に，アルゴリズムは $k+1$ 番目から $i-1$ 番目までの候補者を誰も選択してはいけないが，この事象は $k+1 \leq j \leq i-1$ を満たす任意の j に対して，第 6 行で $score(j) < best\text{-}score$ が成立するときに限り生起する．（得点はどれも異なるから $score(j) = best\text{-}score$ となる可能性は排除できる．）言い換えると，$score(k+1)$ から $score(i-1)$ までの値がすべて $M(k)$ より小さくなければならない．これらの中に $M(k)$ よりも大きい値があれば，$M(k)$ より大きい値を持つ最初の候補者番号をアルゴリズムが出力するからである．$k+1$ 番目から $i-1$ 番目までの候補者が誰も選ばれないという事象を O_i と記す．事象 O_i が 1 番目から $i-1$ 番目までの値の相対的な大小順にのみ依存するのに対して，B_i は i 番目の値が他のすべての値より大きいかどうかのみに依存する．すなわち，1 番目から $i-1$ 番目までの値の順序は i 番目の値が他の値より大きいかどうかに影響を与えないし，i 番目の値は 1 番目から $i-1$ 番目までの値の順序に影響を与えない．したがって，2 つの事象 B_i と O_i は幸運にも独立である．付録の式 (C.17)（1005 ページ）を適用すると

$$\Pr\{S_i\} = \Pr\{B_i \cap O_i\} = \Pr\{B_i\} \Pr\{O_i\}$$

である．どの順番で面接を受けた候補者も最高得点を得る確率は同じなので，確率 $\Pr\{B_i\}$ は明らかに $1/n$ である．事象 O_i が生起するためには，1 番目から $i-1$ 番目までの候補者に等確率で起こる最高得点が，最初の k 人の得点の中に含まれている必要がある．したがって，

126 | 5 確率的解析と乱択アルゴリズム

$\Pr\{O_i\} = k/(i-1)$ であり，$\Pr\{S_i\} = k/(n(i-1))$ である．式 (5.14) を用いると

$$
\begin{aligned}
\Pr\{S\} &= \sum_{i=k+1}^{n} \Pr\{S_i\} \\
&= \sum_{i=k+1}^{n} \frac{k}{n(i-1)} \\
&= \frac{k}{n} \sum_{i=k+1}^{n} \frac{1}{i-1} \\
&= \frac{k}{n} \sum_{i=k}^{n-1} \frac{1}{i}
\end{aligned}
$$

を得る．積分を用いて，上下からこの和を近似する．付録の不等式 (A.19)（973 ページ）から

$$
\int_k^n \frac{1}{x}\,dx \le \sum_{i=k}^{n-1} \frac{1}{i} \le \int_{k-1}^{n-1} \frac{1}{x}\,dx
$$

である．定積分を計算すると，限界

$$
\frac{k}{n}(\ln n - \ln k) \le \Pr\{S\} \le \frac{k}{n}(\ln(n-1) - \ln(k-1))
$$

を導出できるが，これは $\Pr\{S\}$ に対するかなりタイトな限界である．成功確率を最大化するのが目的なので，$\Pr\{S\}$ のこの下界を最大化する k の値の選択に焦点を合わせる．（それに，下界の評価式は上界の評価式より最大化が簡単だ．）式 $(k/n)(\ln n - \ln k)$ を k に関して微分すると

$$
\frac{1}{n}(\ln n - \ln k - 1)
$$

である．微分を 0 と置くと，$\ln k = \ln n - 1 = \ln(n/e)$ のとき，すなわち，$k = n/e$ のときにこの確率の下界は最大値を取る．したがって，$k = n/e$ を用いて我々の戦略を実現すると，少なくとも確率 $1/e$ で最高の候補者を雇用できる．

練習問題

5.4-1　あなたと同じ誕生日を持つ人が同じ部屋にいる確率が $1/2$ 以上になるには何人の人が必要か？ 7 月 4 日を誕生日とする人が少なくとも 2 人いる確率が $1/2$ を超えるには何人の人が必要か？

5.4-2　同じ部屋にいる 2 人の誕生日が同じになる確率が 0.99 以上になるには何人の人が必要か？ それだけの人数に対して，同じ誕生日になる人の対の個数の期待値はいくらか？

5.4-3　ボールを b 個の箱に投げ入れる．どの投げ入れも独立で，各投げ入れではボールがある箱に入る確率は箱に依存せず同じである．ある箱に 2 個のボールが入るまでに必要な投げ入れ数の期待値を求めよ．

5.4-4　★　誕生日パラドックスの解析では誕生日が互いに独立であることが重要か？ あるいは対ごとに独立だというだけで十分か？ 答えを述べ，証明せよ．

5.4 確率的解析と指標確率変数のさらなる利用 | 127

5.4-5 ★ パーティーに何人招待すれば，そのうちの **3 人**が同じ誕生日を持つと期待できるか？

5.4-6 ★ サイズ n の集合上の k 文字列が k 順列（いずれも付録の第 C.1 節（998 ページ）で定義されている）である確率を求めよ．この問題と誕生日パラドックスとの関係についても述べよ．

5.4-7 ★ n 個のボールを n 個の箱に投げ入れる．どの投げ入れも独立で，各投げ入れではボールがある箱に入る確率は箱に依存せず同じである．空で残る箱数の期待値を求めよ．また，ちょうど 1 個のボールが入っている箱数の期待値を求めよ．

5.4-8 ★ n 枚の公正なコインをフリップするとき，長さが $\lg n - 2\lg\lg n$ の表の連が生起する確率が $1 - 1/n$ 以上であることを示すことで，連の長さに関する下界を改善せよ．

章末問題

5-1 確率的計数

通常の b ビットカウンタは $2^b - 1$ までしか計数できない．R. Morris の**確率的計数** (probabilistic counting) を用いると，精度が犠牲になるが，ずっと大きな数まで計数できる．

$i = 0, 1, \ldots, 2^b - 1$ に対してカウンタ値 i によって数 n_i を表す．ただし，n_i は非負の増加数列である．カウンタの初期値は 0 であり，$n_0 = 0$ であると仮定する．INCREMENT 操作は値が i のカウンタ上で次のように確率的に働く．$i = 2^b - 1$ ならばオーバーフローエラーを報告する．$i < 2^b - 1$ ならば，確率 $1/(n_{i+1} - n_i)$ で値を 1 増やし，確率 $1 - 1/(n_{i+1} - n_i)$ で同じ値を保つ．

すべての $i \geq 0$ に対して $n_i = i$ と取るならば，このカウンタは普通のカウンタに一致する．興味ある状況は，$i > 0$ に対して $n_i = 2^{i-1}$，あるいは $n_i = F_i$（i 番目のフィボナッチ数 — 第 3.3 節（標準的な記法とよく使われる関数）の式 (3.31)（58 ページ）参照）を選んだときに生じる．

この問題では，オーバーフローエラーが起こる確率が無視できるほどに n_{2^b-1} が大きいと仮定する．

a. INCREMENT 操作を n 回行った後でカウンタが表現する値の期待値は正確に n であることを示せ．

b. カウンタが表現する計数値の分散の解析は列 n_i に依存する．すべての $i \geq 0$ に対して $n_i = 100i$ という簡単な場合を考えよう．n 回 INCREMENT 操作を行った後でカウンタが表現する計数値の分散を評価せよ．

5-2 未ソート配列の探索

n 個の要素を格納する未ソート配列 A から値 x を探索する 3 つのアルゴリズムをこの問題では検討する．

以下の乱択戦略を考える．A のインデックス i をランダムに選択する．$A[i] = x$ なら終了す

128 | 5 確率的解析と乱択アルゴリズム

る.そうでなければ,新たなインデックスを選んで同じ探索を続ける.ランダムにインデックスを選択する操作を,$A[i] = x$ を満たすインデックス i を発見するか,あるいは A のすべての要素を調べつくすまで続ける.インデックスの全集合の中からインデックスを毎回選択するので,与えられた要素が何度も調べられる可能性がある.

a. 上記の戦略を実現する手続き RANDOM-SEARCH の擬似コードを書け.ただし,A のすべてのインデックスが選択されたときに終了するアルゴリズムでなければならない.

b. $A[i] = x$ を満たすインデックス i がちょうど 1 つ存在すると仮定する.x を発見して RANDOM-SEARCH が終了するまでに A のインデックスを選択する回数の期待値を求めよ.

c. **(b)** に対する答を一般化するために,$A[i] = x$ を満たすインデックス i が $k \geq 1$ 個存在すると仮定する.x を発見して RANDOM-SEARCH が終了するまでに A のインデックスを選択する回数の期待値を n と k の関数として求めよ.

d. $A[i] = x$ を満たすインデックス i が存在しないとする.A のすべてのインデックスを調べて RANDOM-SEARCH が終了するまでに A のインデックスを選択する回数の期待値を求めよ.

決定性線形探索アルゴリズム DETERMINISTIC-SEARCH を次に検討する.このアルゴリズムは,$A[1], A[2], A[3], \ldots, A[n]$ の順に要素を検査し,$A[i] = x$ を発見するか,配列の終端に到達したときに終了する.入力配列の任意の置換が等確率で出現すると仮定する.

e. $A[i] = x$ を満たすインデックス i がちょうど 1 つ存在すると仮定する.DETERMINISTIC-SEARCH の平均実行時間を求めよ.DETERMINISTIC-SEARCH の最悪実行時間を求めよ.

f. **(e)** の答を一般化するために,$A[i] = x$ を満たすインデックス i が $k \geq 1$ 個存在すると仮定する.DETERMINISTIC-SEARCH の平均実行時間を求めよ.DETERMINISTIC-SEARCH の最悪実行時間を求めよ.ただし,n と k の関数として答えること.

g. $A[i] = x$ を満たすインデックス i が存在しないと仮定する.DETERMINISTIC-SEARCH の平均実行時間を求めよ.DETERMINISTIC-SEARCH の最悪実行時間を求めよ.

入力配列をまずランダムに置換し,出来上がった配列上で上述の決定性線形探索アルゴリズムを実行する乱択アルゴリズム SCRAMBLE-SEARCH を最後に検討する.

h. $A[i] = x$ を満たすインデックス i の個数を k とするとき,$k = 0$ と $k = 1$ のそれぞれの場合について,SCRAMBLE-SEARCH の最悪実行時間と期待実行時間を求めよ.$k \geq 1$ の場合も扱えるように解答を一般化せよ.

i. 上記の 3 つの探索アルゴリズムのうち,どれを使うか? 理由も答えよ.

文献ノート

Bollobás [65]，Hofri [223]，および Spencer [420] は高度な確率的手法を豊富に含む．Karp [249] と Rabin [372] は乱択アルゴリズムを概説し，その利点を議論している．Motwani–Raghavan の教科書 [336] は乱択アルゴリズムを包括的に扱っている．

Durstenfeld [128] の手続き RANDOMLY-PERMUTE は Fisher–Yates [143，p.34] の手続きに基づいている．

雇用問題とその類題は広く研究されてきた．これらの問題は「秘書問題 (secretary problem)」と呼ばれることが多い．Ajtai–Meggido–Waarts [11] の論文や秘書問題をオンライン広告オークションに結びつけた Kleinberg [258] の論文は，この分野の成果の例である．

II　ソートと順序統計量

序　論

以下で定義する**ソーティング問題** (sorting problem) を解くいくつかのアルゴリズムを第 II 部で紹介する：

入力：　n 個の数の列 $\langle a_1, a_2, \ldots, a_n \rangle$.

出力：　$a_1' \leq a_2' \leq \cdots \leq a_n'$ を満たす列の置換（並べ換え）$\langle a_1', a_2', \ldots, a_n' \rangle$.

入力列は通常 n 個の要素を持つ配列であるが，連結リストのように別の表現が用いられる場合もある．

データの構造

ソートされる数が単独で与えられることは，現実にはほとんど起こらない．これらは通常，**レコード** (record) と呼ばれるデータ集合の一部である．各レコードは**キー** (key) を持ち，キーがソートの対象である．レコードの残りの部分は**付属データ** (satellite data) であり，通常，キーと一緒に移動する．実際，ソーティングアルゴリズムがキーを並べ換えるときに付属データも並べ換えなければならない．各レコードが大量の付属データを含むときには，データの移動を抑えるために，レコード自身を並べ換える代わりに各レコードを指すポインタの配列を並べ換えることが多い．

　これは，ある意味で実装の細部に関わることであり，アルゴリズムと完成されたプログラムとの違いである．数そのものをソートしているのか，あるいは大量の付属データを含む大きなレコードをソートしているのかには関係なく，ソーティングアルゴリズムはソートされた順序を決定するための**方法**を記述する．したがって，ソーティング問題に焦点を合わせるときには，入力は単独の数であると仮定することが多い．数をソートするアルゴリズムからレコードをソートするプログラムへの変換は，概念的には自明である．しかし，与えられた工学的状況がもたらす他の要因によって，実際のプログラミングが困難になることがある．

なぜソーティングなのか？

アルゴリズムを学ぶときに最も基本的な問題はソーティングであると，多数のコンピュータ科学者は考えている．それにはいくつかの理由がある：

- ときには，アプリケーションが情報をソートすることが本質的に必要なことがある．たとえば，銀行では，顧客の口座収支報告書を作成するために小切手を小切手番号によってソー

トしておく必要がある.

- ソートを重要なサブルーチンとして用いるアルゴリズムが多い. たとえば, コンピュータグラフィックスプログラムが互いに重なった位置に置かれた複数の物体を描画するときには, 下から上に向かって物体を順番に描画できるように物体間の "上下関係" によって物体をソートしておくことが賢明かもしれない. ソートをサブルーチンとして用いる多数のアルゴリズムが本書に現れる.

- ソーティングアルゴリズムは実に多様であり, さまざまな技法がその中で用いられている. 事実, ソーティングアルゴリズムは長年にわたって研究が続けられてきたが, そこから多数の重要なアルゴリズム設計技法が派生してきた. このように, ソートは歴史的に興味深い問題でもある.

- (第8章 (線形時間ソーティング) で行うように) ソートに対して自明でない下界が証明できる. 最良の上界が漸近的にこの下界と一致するので, この上界を達成するソーティングアルゴリズムは漸近的に最適である. さらに, ソートに対する下界を他の問題の下界の証明に用いることができる.

- ソーティングアルゴリズムを実装するに際して, 多くの工学的問題が出現する. 特定の状況における "最速の" ソーティングプログラムは, キーや付属データに関する事前知識, ホスト計算機の記憶の階層構造 (キャッシュや仮想記憶), さらにソフトウェア環境などさまざまな要因に依存して決まる. これらの問題点はコードの "微調整" で対応するのではなく, アルゴリズムレベルで扱うのが適切であることが多い.

ソーティングアルゴリズム

第2章 (さあ, 始めよう) では n 個の実数をソートする2つのアルゴリズムを紹介した. 挿入ソートの最悪実行時間は $\Theta(n^2)$ である. しかし, その内側のループは高速で, 入力サイズが小さい場合には高速なアルゴリズムである. さらに挿入ソートと違って, **その場で** (in place) のソートがある. これは, 入力配列の内の高々定数個だけを配列以外の場所に蓄えることができるという意味であり, メモリの効率化に役立つ. マージソートは優れた漸近的実行時間 $\Theta(n \lg n)$ を持つが, それが用いる手続き MERGE はその場での操作ではない. (マージソートの並列版については第26.3節 (マージソートの並列化) で紹介する.)

第II部では, 任意の実数をソートするソーティングアルゴリズムを新たに2つ紹介する. 第6章で紹介するヒープソートは n 個の数をその場で $O(n \lg n)$ 時間でソートする. ヒープソートはヒープと呼ぶ重要なデータ構造を用いる. ヒープを用いると, 優先度つきキューが実現できる.

第7章のクイックソートも n 個の数をその場でソートするが, 最悪実行時間は $\Theta(n^2)$ である. しかし, 期待実行時間は $\Theta(n \lg n)$ であり, 実用的にはヒープソートより優れている. 挿入ソートと同様, クイックソートのコードは無駄がなく, 実行時間のオーダー記法に隠された定数は小さい. このアルゴリズムは大きな入力配列をソートするときによく用いられる.

挿入ソート, マージソート, ヒープソート, クイックソートはいずれも比較ソートである: これらのアルゴリズムは, 入力配列のソート順を要素の比較によって決定する. 第8章では, 比較ソートの性能の限界を検討するために決定木モデルを導入する. このモデルを用いて, n

個の入力に対する任意の比較ソートの最悪実行時間における下界が $\Omega(n \log n)$ であることを証明し，ヒープソートとマージソートが漸近的に最適な比較ソートであると結論づける．

第8章（線形時間ソーティング）では，比較以外の方法で入力のソート順に関する情報が得られるならば下界 $\Omega(n \log n)$ を打破できることを示す．たとえば，計数ソートアルゴリズムは入力が集合 $\{1, 2, \ldots, k\}$ から選択されると仮定する．入力の相対順序を配列インデックスを用いて決めることで，計数ソートは n 個の数を $O(k + n)$ 時間でソートする．したがって，$k = O(n)$ のとき，計数ソートは入力配列サイズの線形時間で実行できる．基数ソートは計数ソートと関連があり，計数ソートの値の範囲を拡張するために用いられる．各整数が d 桁で表現でき，各桁が最大 k 個の異なる値を取る可能性があるとき，基数ソートは n 個の整数を $O(d(n + k))$ 時間でソートする．d が定数で k が $O(n)$ ならば基数ソートは線形時間で走る．3番目に紹介するバケツソートは入力配列中の数の確率分布の知識を必要とする．このアルゴリズムは半開区間 $[0, 1)$ に一様に分布した n 個の実数を平均 $O(n)$ 時間でソートする．

第2，6〜8章で紹介するソーティングアルゴリズムの実行時間を下の表にまとめている．いつもどおり，n はソートされる要素数を表す．計数ソートでは，ソートされる要素は集合 $\{0, 1, \ldots, k\}$ に属す整数である．基数ソートでは，各要素は d 桁の数で，各桁は k 個の異なる値を取る可能性がある．バケツソートでは，キーは実数で，半開区間 $[0, 1)$ に一様に分布していると仮定される．右の列は各アルゴリズムの平均実行時間あるいは期待実行時間であり，どれがどのように最悪実行時間と異なるかを示している．本書では解析しないので，ヒープソートの平均実行時間は省略した．

アルゴリズム	最悪実行時間	平均/期待実行時間
挿入ソート	$\Theta(n^2)$	$\Theta(n^2)$
マージソート	$\Theta(n \lg n)$	$\Theta(n \lg n)$
ヒープソート	$O(n \lg n)$	—
クイックソート	$\Theta(n^2)$	$\Theta(n \lg n)$　（期待時間）
計数ソート	$\Theta(k + n)$	$\Theta(k + n)$
基数ソート	$\Theta(d(n + k))$	$\Theta(d(n + k))$
バケツソート	$\Theta(n^2)$	$\Theta(n)$　（平均時間）

順序統計量

n 個の数の集合の i 番目の順序統計量は，その集合の i 番目に小さい数である．もちろん，入力をソートして出力の i 番目を出力すれば，i 番目の順序統計量は求まる．しかし，入力分布に仮定を置かない場合，第8章で証明する下界が示すようにこの方法では $\Omega(n \lg n)$ 時間かかる．

第9章（中央値と順序統計量）では，要素が任意の実数であっても，i 番目に小さい要素を $O(n)$ 時間で発見できることを示す．まず，最悪時には $O(n^2)$ 時間かかるが，平均的には線形時間で走る無駄のない擬似コードで書かれたアルゴリズムを示す．そのあと，最悪時にも $O(n)$ 時間で動作する少し複雑なアルゴリズムを示す．

前提知識

第II部のほとんどの部分では，難しい数学的知識を必要としない．しかし，高度な数学的知識

を必要とする節もある．とくに，クイックソート，バケツソート，および統計量を求めるアルゴリズムの解析では，付録第 C 章（数え上げと確率）で概略を説明する確率と，第 5 章（確率的解析と乱択アルゴリズム）で説明した確率的解析と乱択アルゴリズムの知識が必要になる．

6 ヒープソート

HEAPSORT

本章ではヒープソートと呼ばれるソーティングアルゴリズムを紹介する．ヒープソートはマージソートと同様（そして挿入ソートと違い），実行時間 $O(n \log n)$ を持ち，挿入ソートよりも高速である．しかも，挿入ソートと同様（そしてマージソートと違い），その場でのソートなので，入力配列の外部に格納されるデータは定数個のデータのみである．したがって，ヒープソートはこれまでに議論した 2 つのアルゴリズムの長所を兼ね備えている．

ヒープソートはまた，新たなアルゴリズム設計技法を導入する．つまり，ここでは情報管理のために「ヒープ」と呼ぶデータ構造を使用するのである．ヒープはヒープソートに利用できるだけでなく，優先度つきキューも効率よく実装する．後の章で紹介するアルゴリズムもヒープデータ構造を利用する．

「ヒープ」という用語は元々ヒープソートの文脈で創案されたが，それ以降，プログラミング言語 Python や Java などが備えている "ガーベジコレクションされた記憶領域" を意味するようになってきていることに注意が必要である．混同しないように！本書のヒープデータ構造はガーベジコレクションされた記憶領域**ではない**．本書では用語ヒープを，この章で定義するデータ構造の意味で，つねに用いる．

6.1 ヒープ

（2 分木）ヒープ ((binary) heap) データ構造は，図 6.1 に示されるように，おおよそ完全 2 分木（第 B.5.3 項（2 分木と位置木）を参照）と見なすことができる配列オブジェクトである．木の各節点は配列のある要素に対応している．おそらく最下層を除いてすべてのレベルは完全に埋まっており，最下層レベルは左から順にある所まで埋まっている．ヒープを表現する配列は 2 つの属性を持つオブジェクトである．属性 $A.heap\text{-}size$ は，配列 A に格納されているヒープの要素数を表す．すなわち，$A[1:n]$ は数を含んでいるかもしれないが，$A[1:A.heap\text{-}size]$ の要素だけが正しいヒープの要素である．ここで，$0 \le A.heap\text{-}size \le n$ である．$heap\text{-}size[A] = 0$ ならヒープは空である．木の根は $A[1]$ であり，節点のインデックス i から，親 PARENT(i)，左の子，右の子を示すインデックスを次の 1 行ずつの手続き PARENT, LEFT, および RIGHT を用いて簡単に計算できる．

たいていのコンピュータでは，手続き LEFT は，$2i$ を，i の 2 進表現に対して 1 ビット左シフト命令を実行することで計算する．同様に，手続き RIGHT は，$2i+1$ を，i の 2 進表現を 1

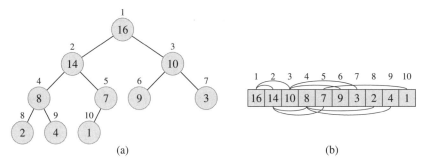

図 6.1 max ヒープの 2 分木による表現 **(a)** と，配列による表現 **(b)**．木の各節点の中の数はその節点に格納されている値である．節点の上の数は対応する配列のインデックスである．配列の上下に描かれている線は親子関係を示す．親は，つねにその子の左側に位置する．木の高さは 3 であり，インデックス 4（値 8）を持つ節点の高さは 1 である．

PARENT(i)
1 **return** $\lfloor i/2 \rfloor$

LEFT(i)
1 **return** $2i$

RIGHT(i)
1 **return** $2i + 1$

ビット左にシフトした後，最下位ビットに 1 を立てることで，高速に計算する．PARENT 手続きは，$\lfloor i/2 \rfloor$ を，i の 2 進表現を 1 ビット右シフトすることで計算する．ヒープソートをうまく実装するプログラムの多くは，これら 3 つの手続きを「マクロ」または「インライン」手続きとして実現する．

2 分木ヒープには 2 種類ある．max ヒープと min ヒープである．どちらも節点の値が**ヒープ条件** (heap property) を満たすが，条件はヒープの種類によって違う．

max ヒープ (max-heap) の場合，根以外の任意の節点 i が

$$A[\text{PARENT}(i)] \geq A[i]$$

すなわち，節点の値がその親の値以下であるという **max ヒープ条件** (max-heap property) を満たすことが要請される．したがって，max ヒープは最大の要素を根に格納し，ある節点を根とする部分木が含む値はその部分木の根自身の値を超えない．**min ヒープ** (min-heap) の構成は逆である：根以外のどの節点 i も **min ヒープ条件** (min-heap property)，すなわち

$$A[\text{PARENT}(i)] \leq A[i]$$

を満たすことが要請される．min ヒープは最小の要素を根に格納する．

ヒープソートアルゴリズムでは max ヒープを用いる．優先度つきキューは，普通 min ヒープを用いて実装する．これは第 6.5 節で議論する．今後，個々の応用に対して max ヒープと min ヒープのどちらが必要かを明示する．どちらも適用できる場合には，単に「ヒープ」と書く．

138 | 6 ヒープソート

ヒープを木と見なしたとき，ヒープにおける節点の**高さ** (height) をその節点から葉に至る最長の単純路に含まれる辺数と定義し，ヒープの高さをその根の高さと定義する．n 個の要素を含むヒープの高さは完全 2 分木に基づいているので $\Theta(\lg n)$ である（練習問題 6.1-2 参照）．ヒープの基本演算は，高々，木の高さに比例する時間で実行できるので，これらの演算には $O(\lg n)$ 時間かかることを後で証明する．この章の残りの部分ではいくつかの基本手続きを紹介し，ソーティングアルゴリズムと優先度つきキューデータ構造の中でのこれらの利用法を説明する．

- 手続き MAX-HEAPIFY は，max ヒープ条件を維持するための鍵となる役割を果たす．この手続きは $O(\lg n)$ 時間で動作する．
- 手続き BUILD-MAX-HEAP は，ソートされていない入力の配列から max ヒープを構成する．この手続きは線形時間で動作する．
- 手続き HEAPSORT は，配列をその場でソートする．この手続きは $O(n \lg n)$ 時間で動作する．
- 手続き MAX-HEAP-INSERT, MAX-HEAP-EXTRACT-MAX, MAX-HEAP-INCREASE-KEY MAX-HEAP-MAXIMUM は，ヒープデータ構造を用いて優先度つきキューを実装するときに使用する．いずれも $O(\lg n)$ 時間に優先度つきキューに挿入すべきオブジェクトとヒープのインデックスの間の写像を計算する時間を加えた時間で動作する．

練習問題

6.1-1 高さ h のヒープが持つ要素数の最大値と最小値を求めよ．

6.1-2 要素数が n のヒープの高さが $\lfloor \lg n \rfloor$ となることを示せ．

6.1-3 max ヒープの部分木が含む最大要素はその部分木の根にあることを示せ．

6.1-4 すべての要素が異なるとき，max ヒープ内の最小要素が置かれる可能性のある場所はどこか？

6.1-5 $2 \le k \le \lfloor n/2 \rfloor$ のとき，k 番目に大きい要素は max ヒープのどのレベルに存在しうるか？ すべての要素が異なると仮定せよ．

6.1-6 ソート済みの配列は min ヒープか？

6.1-7 数列 $\langle 33, 19, 20, 15, 13, 10, 2, 13, 16, 12 \rangle$ は max ヒープか？

6.1-8 要素数が n のヒープが格納されている配列において，葉は，インデックスが $\lfloor n/2 \rfloor + 1, \lfloor n/2 \rfloor + 2, \ldots, n$ の節点であることを示せ．

6.2　ヒープ条件の維持

次ページの手続き MAX-HEAPIFY は max ヒープ条件を維持している．その入力は *heap-size* 属性を持つ配列 A と配列のインデックス i である．MAX-HEAPIFY を呼び出すとき，LEFT(i) と RIGHT(i) を根とする 2 分木は共に max ヒープであると仮定する．しかし，$A[i]$ はその子よ

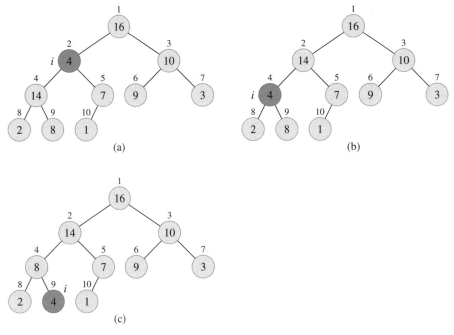

図 6.2 MAX-HEAPIFY$(A, 2)$ の動作．ただし，$A.heap\text{-}size = 10$ である．max ヒープ条件を満たさない節点は濃い網かけで示されている．**(a)** 初期状況．節点 $i = 2$ の $A[2]$ は左右両方の子より小さいので max ヒープ条件に違反する．**(b)** $A[2]$ と $A[4]$ を交換して max ヒープ条件が節点 2 において成立するように修正する．この修正によって節点 4 は max ヒープ条件を満たさなくなる．再帰呼出し MAX-HEAPIFY$(A, 4)$ は $i = 4$ に移る．**(c)** $A[4]$ と $A[9]$ を交換し，節点 4 が max ヒープ条件を満たすように修復する．再帰呼出し MAX-HEAPIFY$(A, 9)$ はデータ構造に新たな変化を生じない．

り小さく，max ヒープ条件に違反しているかもしれない．MAX-HEAPIFY は $A[i]$ の値を max ヒープの中に "滑べり落とし"，インデックス i を根とする部分木が max ヒープ条件を満たすようにする．

MAX-HEAPIFY(A, i)
1　$l = $ LEFT(i)
2　$r = $ RIGHT(i)
3　**if** $l \leq heap\text{-}size[A]$ かつ $A[l] > A[i]$
4　　　$largest = l$
5　**else** $largest = i$
6　**if** $r \leq heap\text{-}size[A]$ かつ $A[r] > A[largest]$
7　　　$largest = r$
8　**if** $largest \neq i$
9　　　$A[i]$ を $A[largest]$ と交換する
10　　MAX-HEAPIFY$(A, largest)$

図 6.2 は MAX-HEAPIFY の動作を示す．各ステップで $A[i]$，$A[\text{LEFT}(i)]$，$A[\text{RIGHT}(i)]$ の中から最大値を決定し，そのインデックスを変数 $largest$ に格納する．$A[i]$ が最大ならば節点

i を根とする部分木はすでに max ヒープであり,手続きを終了する.そうでなければ,左右の子のうちのどちらかが最大値を取る.位置 i と *largest* の内容を交換すると,節点 i とその子たちは max ヒープ条件を満たす.しかし,インデックス *largest* の節点の値は減らされているので,*largest* を根とする部分木は max ヒープ条件に違反するかもしれない.したがって,その部分木に対して Max-Heapify を再帰的に呼ぶ必要がある.

Max-Heapify の実行時間を解析するために,この手続きが最大 n 個の節点からなる部分木に対してかかる最悪時の実行時間を $T(n)$ としよう.与えられた節点 i を根とする木に対しては,要素 $A[i]$,$A[\text{Left}(i)]$ および $A[\text{Right}(i)]$ の間の関係を築くのに $\Theta(1)$ 時間と節点 i の子のうちの 1 つを根とする部分木に関して Max-Hepify を実行するのにかかる時間との合計である(再帰呼出しを仮定している).どちらの子の部分木のサイズも $2n/3$ 以下なので(練習問題 6.2-2 参照),Max-Heapify の実行時間は漸化式

$$T(n) \leq T(2n/3) + \Theta(1) \tag{6.1}$$

で表現できる.マスター定理のケース 2(第 4.5 節の定理 4.1(85 ページ))を適用すると,この漸化式の解は $T(n) = O(\lg n)$ である.あるいは,高さ h の節点上での Max-Heapify の実行時間を $O(h)$ で特徴づけることができる.

練習問題

6.2-1 図 6.2 を参考にして,配列 $A = \langle 27, 17, 3, 16, 13, 10, 1, 5, 7, 12, 4, 8, 9, 0 \rangle$ 上での Max-Heapify$(A, 3)$ の動作を示せ.

6.2-2 n 節点のヒープの子はそれぞれ高々 $2n/3$ 個の節点を含む部分木の根であることを示せ.各部分木が高々 αn 個の節点を含むような最小の定数 α の値を求めよ.このことが漸化式 (6.1) とその解に与える影響は何か?

6.2-3 手続き Max-Heapify を利用して,min ヒープ上で Max-Heapify に対応する操作を実装する手続き Min-Heapify(A, i) の擬似コードを書け.Min-Heapify の実行時間を Max-Heapify と比較せよ.

6.2-4 要素 $A[i]$ が左右両方の子より大きいとき,呼出し Max-Heapify(A, i) が与える影響を述べよ.

6.2-5 $i > A.heap\text{-}size/2$ のとき,呼出し Max-Heapify(A, i) が与える影響を述べよ.

6.2-6 Max-Heapify のコードは,第 10 行の再帰呼出しを除けば極めて小さい定数係数を持つ.しかし,あるコンパイラは再帰呼出しを効率の悪いコードに変換するかもしれない.再帰の代わりに繰返し構造子(ループ)を用いる効率の良い Max-Heapify のコードを書け.

6.2-7 サイズ n のヒープ上の Max-Heapify の最悪実行時間が $\Omega(\lg n)$ であることを示せ.(**ヒント**:n 節点からなるヒープに対して,根から葉にくだる経路上のすべての節点で Max-Heapify が再帰的に呼び出されるように節点の値を定めよ.)

6.3 ヒープの構築

手続き Build-Max-Heap は，配列 $A[1:n]$ をボトムアップ的に Max-Heapify を呼び出すことによって max ヒープに変換する．練習問題 6.1-8 から，部分配列 $A[(\lfloor n/2 \rfloor + 1):n]$ の要素はすべてこの木の葉であり，最初はそれぞれ 1 要素だけからなるヒープである．手続き Build-Max-Heap は木の残りの節点に進み，それぞれの節点において Max-Heapify を実行する．図 6.3 に Build-Max-Heap の動作例を示す．

Build-Max-Heap(A, n)

1 $A.heap\text{-}size = n$
2 **for** $i = \lfloor n/2 \rfloor$ **downto** 1
3 Max-Heapify(A, i)

Build-Max-Heap が正しく動作することを示すために，次のループ不変式を利用する：

第 2〜3 行の **for** ループの各繰返しが開始される時点では，各節点 $i+1, i+2, \ldots, n$ はある max ヒープの根である．

この不変式がループの最初の繰返し前に真となること，各ループの繰返しによってこの不変式が維持されること，そして，ループが停止したときに正当性を示すための有用な性質がこの不変式から得られることを示す必要がある．

初期条件： ループの最初の繰返しの直前では，$i = \lfloor n/2 \rfloor$ である．各節点 $\lfloor n/2 \rfloor + 1, \lfloor n/2 \rfloor + 2, \ldots, n$ は葉であり，したがって自明な max ヒープの根である．

ループ内条件： ループの各繰返しが不変式を維持することを示すために，節点 i の左右の子は共に i より大きいインデックスを持つことに注意しよう．したがって，ループ不変式から左右の子はいずれも max ヒープの根である．これは，まさに Max-Heapify(A, i) が節点 i を max ヒープの根に修正するときに要請する条件である．また，この Max-Heapify 呼出しは，節点 $i+1, i+2, \ldots, n$ が max ヒープの根であるという性質を保存する．i を 1 減らすことで，**for** ループの次の繰返しに対するループ不変式が再び成立する．

終了条件： 手続きは $i = 0$ で終了する．ループ不変式から，各節点 $1, 2, \ldots, n$ は max ヒープの根である．とくに，節点 1 は max ヒープの根である．

Build-Max-Heap の実行時間の簡単な上界を次のように計算できる．Max-Heapify の各呼出しに $O(\lg n)$ 時間かかり，呼出しは $O(n)$ 回起こる．したがって，Build-Max-Heap の実行時間は高々 $O(n \lg n)$ である．この上界は誤りではないが，漸近的にタイトではない．

ある節点における Max-Heapify の実行時間はその節点の高さに依存し，ほとんどの節点の高さが低いことに注意すると，よりタイトな上界が導出できる．n 個の要素を持つヒープは高さ $\lfloor \lg n \rfloor$ を持ち（練習問題 6.1-2 参照），高さ h の節点は高々 $\lceil n/2^{h+1} \rceil$ 個しかない（練習問題 6.3-4 参照）ことを用いる．

142 | 6 ヒープソート

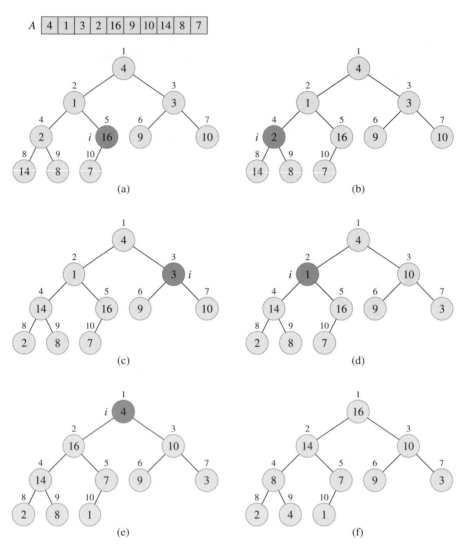

図 6.3 BUILD-MAX-HEAP の動作. BUILD-MAX-HEAP の第 3 行で MAX-HEAPIFY を呼び出す直前の
データ構造を示す. 毎回の 繰返しでインデックス i の節点が濃い網かけで示されている. **(a)** 10 個の
要素を持つ入力配列 A とそれを表現する 2 分木. MAX-HEAPIFY(A, i) を呼び出す直前では, ループ制
御変数 i は節点 5 を指している. **(b)** 呼出し結果であるデータ構造. 次の繰返しではループ制御変数は
節点 4 を指す. **(c)**〜**(e)** BUILD-MAX-HEAP の **for** ループの以降の繰返し. MAX-HEAPIFY をある節点
上で呼び出すときには, その節点の子を根とする部分木は共に max ヒープであることを観察せよ. **(f)**
BUILD-MAX-HEAP が終了した時点の max ヒープ.

MAX-HEAPIFY が高さ h の節点で呼び出されたときに要する時間は $O(h)$ である. 漸近記
法における暗黙の定数を c とすると, BUILD-MAX-HEAP の全コストを $\sum_{h=0}^{\lfloor \lg n \rfloor} \lceil n/2^{h+1} \rceil ch$
によって上から抑えることができる. 練習問題 6.3-2 で示すように, $0 \leq h \leq \lfloor \lg n \rfloor$ の
とき, $\lceil n/2^{h+1} \rceil \geq 1/2$ が成り立つ. 任意の $x \geq 1/2$ に対して $\lceil x \rceil \leq 2x$ であるから,
$\lceil n/2^{h+1} \rceil \leq n/2^h$ を得る. よって, 次式が成り立つ.

$$\sum_{h=0}^{\lfloor \lg n \rfloor} \left\lceil \frac{n}{2^{h+1}} \right\rceil ch$$

$$\leq \sum_{h=0}^{\lfloor \lg n \rfloor} \frac{n}{2^h} ch$$

$$= cn \sum_{h=0}^{\lfloor \lg n \rfloor} \frac{h}{2^h}$$

$$\leq cn \sum_{h=0}^{\infty} \frac{h}{2^h}$$

$$\leq cn \cdot \frac{1/2}{(1 - 1/2)^2} \quad \text{（付録の式 (A.11)（967 ページ）で } x = 1/2 \text{ とすることにより）}$$

$$= O(n)$$

したがって，ソートされていない配列から max ヒープを線形時間で構築できる．

min ヒープは手続き Build-Min-Heap を使って構築できる．Build-Min-Heap は Build-Max-Heap の第 3 行の Max-Heapify 呼出しを Min-Heapify 呼出し（練習問題 6.2-2 参照）に置き換えるだけで得ることができる．手続き Build-Min-Heap はソートされていない 1 次元配列から min ヒープを線形時間で構築する．

練習問題

6.3-1 図 6.3 を参考にして，配列 $A = \langle 5, 3, 17, 10, 84, 19, 6, 22, 9 \rangle$ 上の Build-Max-Heap の動作を示せ．

6.3-2 $0 \leq h \leq \lfloor \lg n \rfloor$ のとき，$\lceil n/2^{h+1} \rceil \geq 1/2$ が成り立つことを示せ．

6.3-3 Build-Max-Heap の第 2 行のループインデックス i を，1 から $n/2$ まで増やすのではなく，$n/2$ から 1 まで減らしている理由はなぜか？

6.3-4 n 個の要素を持つ任意のヒープには，高さ h の節点は高々 $\lceil n/2^{h+1} \rceil$ 個しかないことを示せ．

6.4　ヒープソートアルゴリズム

手続き Heapsort によって与えられるヒープソートのアルゴリズムは，最初に Build-Max-Heap を用いて入力配列 $A[1:n]$ 上で max ヒープを構築する．配列の最大要素は根 $A[1]$ に格納されているので，Heapsort は $A[n]$ と交換することで最大要素を正しい最終位置に置く．つぎに，$A.heap\text{-}size$ を 1 だけ減らしてヒープから節点 n を削除する．このとき，根の左右の子は共に max ヒープを形成するが，更新された根は max ヒープ条件に違反する可能性がある．そこで，Max-Heapify$(A, 1)$ を呼び出して max ヒープ条件を修復すると，$A[1:(n-1)]$ 上に max ヒープが構築される．手続き Heapsort はこの操作をサイズ $n-1$ の max ヒープからサイズ 2 のヒープまで繰り返す．（正確なループ不変式は練習問題 6.4-2 参照．）

第 1 行で初期 max ヒープを構築した後のヒープソートの動作例を図 6.4 に示す．第 2～5 行の **for** ループの最初の繰返しの直前の max ヒープと各繰返しの直後の max ヒープが図示されている．

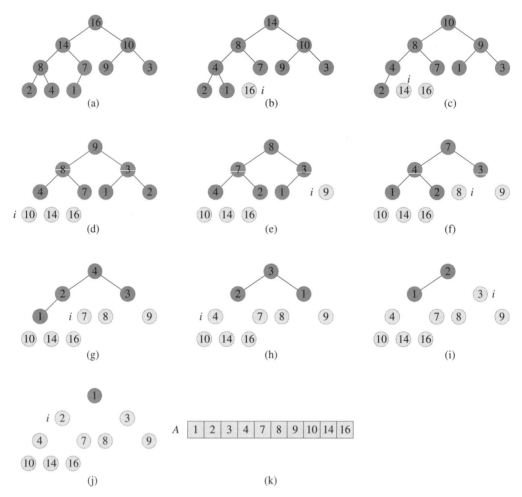

図 6.4 HEAPSORT の動作．(a) 第 1 行で BUILD-MAX-HEAP が構築した max ヒープデータ構造．(b)〜(j) 各繰返しで第 5 行の MAX-HEAPIFY 呼出しを実行した直後の max ヒープ．そのときのループ制御変数 i の値を示す．濃い網かけの節点だけがヒープに残されている．(k) 結果であるソート済み配列 A.

```
HEAPSORT(A, n)
1   BUILD-MAX-HEAP(A, n)
2   for i = n downto 2
3       A[1] を A[i] と交換する
4       A.heap-size = A.heap-size − 1
5       MAX-HEAPIFY(A, 1)
```

BUILD-MAX-HEAP の呼出しに $O(n)$ 時間かかり，1 回の呼出しに $O(\lg n)$ 時間かかる MAX-HEAPIFY が $n-1$ 回呼び出されるので，手続き HEAPSORT の実行時間は $O(n \lg n)$ である．

6.5 優先度つきキュー | 145

練習問題

6.4-1 図 6.4 を参考にして，配列 $A = \langle 5, 13, 2, 25, 7, 17, 20, 8, 4 \rangle$ 上での HEAPSORT の動作を示せ．

6.4-2 次のループ不変式を用いて HEAPSORT の正当性を論ぜよ．

第 2～5 行の **for** ループの各繰返しの直前では，部分配列 $A[1:i]$ は $A[1:n]$ の小さいほうから i 個の要素を含む max ヒープであり，部分配列 $A[i+1:n]$ は $A[1:n]$ の大きいほうから $n-i$ 個の要素をソートされた順序で含む．

6.4-3 昇順にソートされた長さ n の配列に対する HEAPSORT の実行時間を示せ．降順にソートされている場合はどうか？

6.4-4 HEAPSORT の最悪実行時間が $\Omega(n \lg n)$ であることを示せ．

6.4-5 ★ すべての要素が異なるとき，HEAPSORT の最良実行時間が $\Omega(n \lg n)$ であることを示せ．

6.5 優先度つきキュー

第 8 章（線形時間ソーティング）において，我々は比較に基づくいかなるソーティングアルゴリズムも $\Omega(n \lg n)$ 回の比較が必要となることを知るので，ヒープソートは $\Omega(n \lg n)$ 時間がかかる．したがって，ヒープソートは比較に基づくソーティングアルゴリズムの中では漸近的に最適であるが，第 7 章（クイックソート）で述べるように，クイックソートをうまく実装すれば，実際上はヒープソートより優れている．にもかかわらず，ヒープのデータ構造は多くの応用がある．本節では，ヒープの最もよく知られた応用例を 1 つ示す．すなわち，効率の良い優先度つきキューである．用いられるヒープの種類によって，2 種類の優先度つきキュー，max 優先度つきキューと min 優先度つきキューが実装される．ここでは max ヒープに基づく max 優先度つきキューの実装に焦点を合わせ，min 優先度つきキューに対する手続きを書く問題は練習問題 6.5-3 で取り上げる．

　優先度つきキュー (priority queue) は，**キー** (key) と呼ぶ値を持つ要素の集合 S を管理するためのデータ構造である．**max 優先度つきキュー** (max-priority queue) では次の操作が利用できる：

INSERT(S, x) は，集合 S に要素 x を挿入する．この操作は演算 $S = S \cup \{x\}$ と等価である．

MAXIMUM(S) は，最大のキーを持つ S の要素を返す．

EXTRACT-MAX(S) は，S から最大のキーを持つ要素を削除し，その要素を返す．

INCREASE-KEY(S, x, k) は，要素 x のキーの値を新しいキー値 k に変更する．ただし，k は x の現在のキーの値以上であると仮定する．

　max 優先度つきキューの応用の 1 つに，共用コンピュータ上のジョブスケジューリングがある．スケジューラは max 優先度つきキューを用いて実行待ちジョブとその相対優先順位を管理し，ジョブが終了したりジョブに割込みが発生すると，EXTRACT-MAX を呼び出して一時

146 | 6 ヒープソート

中断しているジョブの中から優先順位最大のジョブを選択する．INSERT を呼び出すことで新しいジョブはいつでもキューに挿入できる．

代わりに，**min 優先度つきキュー** (min-priority queue) では INSERT, MINIMUM, EXTRACT-MIN, DECREASE-KEY 操作を利用できる．min 優先度つきキューは，事象駆動 (event-driven) シミュレータに利用できる．優先度つきキューに格納する要素はシミュレートされる事象であり，対応する生起時刻をそのキーとして持つ．ある事象のシミュレーションが将来シミュレートされる事象の発生原因となることがあるので，事象は生起時刻順にシミュレートする必要がある．シミュレーションプログラムは，各ステップで EXTRACT-MIN を呼び出し，次にシミュレートする事象を選択する．新しい事象が発生すると INSERT を呼び出して min 優先度つきキューに挿入する．第 21 章（最小全域木）と第 22 章（単一始点最短路）で DECREASE-KEY 操作に着目した min 優先度つきキューの他の応用例を示す．

与えられた応用において優先度つきキューを実装するためにヒープを使うとき，優先度つきキューの要素は，その応用でのオブジェクトに対応している．各オブジェクトはキーを持っている．優先度つきキューをヒープで実装する際，与えられたヒープの要素にどの応用オブジェクトが対応しているのかと，さらにその逆も決めなければならない．ヒープの要素は配列に蓄えられるので，応用オブジェクトとインデックスの間の関係を決める方法を持っていなければならない．

オブジェクトとヒープ要素を結びつける 1 つの方法は**ハンドル** (handle) を用いることである．これはオブジェクトとヒープの要素に蓄えられる付加的な情報であり，この結びつきを実現するのに十分な情報を与えるものである．ハンドルは，しばしば周囲のコードから見えないように (opaque) 実装され，応用と優先度つきキューの間で抽象的な壁を維持する．[a] たとえば，アプリケーションのオブジェクト中のハンドルは，ヒープ用の配列の中での対応するインデックスを含んでいることもある．しかし，優先度つきキューに対するプログラムだけがこのインデックスにアクセスするので，このインデックスはアプリケーションプログラムから完全に隠されている．ヒープ要素はヒープ操作の際中に配列内で位置を変えるので，実際に実装するときには，ヒープ要素が再配置されるたびに，対応するオブジェクト内の配列インデックスを更新しなければならない．逆に，ヒープ内の各要素は対応するアプリケーションオブジェクトへのポインタを含んでいるかもしれないが，ヒープの要素はこのポインタのことを不透明なハンドルとしてしか知らず，この応用はこのハンドルをアプリケーションオブジェクトに写像（結びつけ）する．典型的に，ハンドルを維持するのにかかる最悪のオーバーヘッドは，アクセス当り $O(1)$ である．

アプリケーションのオブジェクトにハンドルを組み込む別の方法として，アプリケーションのオブジェクトからヒープ内での配列インデックスへの写像（結びつけ）を優先度つきキューに蓄えておくことができる．その利点は，この写像が完全に優先度つきキューに含まれるので，アプリケーションのオブジェクトは更なる装飾を必要としないということである．一方，写像を確立し維持するというコストが余分にかかることが欠点である．この写像の 1 つの選択肢はハッシュ表（第 11 章参照）[1] である．ハッシュ表が，オブジェクトを配列のインデックス

---

[a] ［訳注］"opaque" が不透明な型として使われている．またこの段落での "応用" はアプリケーションに近い．
[1] Python では，辞書がハッシュ表で実現されている．

に写像するのに必要な平均時間はただの $O(1)$ である．もっとも，最悪の場合には $\Theta(n)$ 時間かかってしまうが．

max ヒープを用いて max 優先度つきキューの操作を実装する方法を議論しよう．前節では，暗黙のうちにいかなる付属データも対応するキーとともに移動することを仮定した上で，配列要素をソートすべきキーとして扱った．ヒープで優先度つきキューを実装するときには，ソートする際にオブジェクトを付属データと同様に扱えるように，各配列要素を優先度つきキュー内のオブジェクトへのポインタとして扱う．さらに，各オブジェクトは，そのオブジェクトがヒープのどこに属するのかを決める属性 key を持っているものと仮定する．配列 A で実装されたヒープに対して $A[i].key$ として参照する．

下の手続き MAX-HEAP-MAXIMUM は，MAXIMUM の操作を $\Theta(1)$ 時間で実装し，MAX-HEAP-EXTRACT-MAX は，EXTRACT-MAX の操作を実装する．MAX-HEAP-EXTRACT-MAX は，手続き HEAPSORT の **for** ループの本体（第3〜5行）に類似している．暗黙のうちに MAX-HEPIFY は，key の属性に基づいて優先度つきキューのオブジェクトを比較するものと仮定している．また，MAX-HEAPIFY が配列内で値の交換を行うとき，ポインタの交換とオブジェクトと配列のインデックスの間の写像の更新も行うものと仮定する．MAX-HEAP-EXTRACT-MAX では，MAX-HEAPIFY に対する $O(\lg n)$ 時間に関して定数時間の作業を行うことと，優先度つきキューのオブジェクトを配列のインデックスに写像するのに必要なオーバーヘッドの時間がかかるので，その実行時間は $O(\lg n)$ である．

149 ページの手続き MAX-HEAP-INCREASE-KEY は INCREASE-KEY 操作を実装する．まず新しいキー k はオブジェクト x のキーを減らさないことを確認し，問題がなければ，x に新しいキーの値を与える．つぎに，オブジェクト x に対応する配列で $A[i]$ が x であるようなインデックス i を見つける．キー値 $A[i]$ が増加すると max ヒープ条件に違反する可能性が生ずる．つぎに，この手続きは，第 2.1 節（アルゴリズムの解析）の INSERTION-SORT（16 ページ）の挿入ループ（第5〜7行）を想起させる方法でこの節点から根に至る道を辿り，更新されたキー値の正しい位置を見つける．MAX-HEAP-INCREASE-KEY はこの道を辿って，ある要素をその親と比較し，その要素のキー値が大きい間は親のキー値との交換を繰り返す．要素のキー値が親より小さくなると，max ヒープ条件が成立し，この手続きを終了する．（正確なループ不変式は練習問題 6.5-7 参照．）MAX-HEAPIFY を優先度つきキューで使うときのように，配列要素を交換するときに，MAX-HEAP-INCREASE-KEY はオブジェクトを配列のインデックスに写像する情報を更新する．図 6.5 に MAX-HEAP-INCREASE-KEY 操作の実行例を示す．優先度つきキューのオブジェクトを配列のインデックスに写像するためのオーバーヘッドに加えて，n 個の要素を持つヒープ上の MAX-HEAP-INCREASE-KEY の実行時間は，第3行で値が更新される節点から根に至る道の長さが $O(\lg n)$ なので $O(\lg n)$ である．

MAX-HEAP-MAXIMUM(A)

1 **if** $A.heap\text{-}size < 1$
2   **error** "ヒープ・アンダーフロー"
3 **return** $A[1]$

149 ページの手続き MAX-HEAP-INSERT は INSERT 操作を実現する．この手続きは max

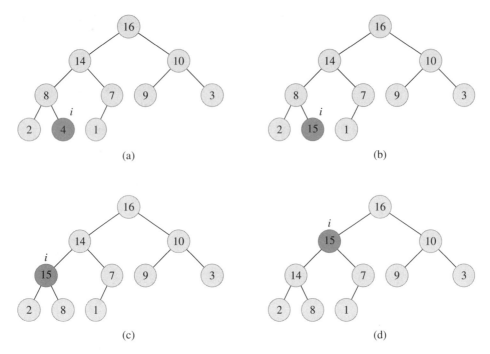

図 6.5 HEAP-INCREASE-KEY の動作．優先度つきキューの要素のキーだけが示されている．毎回の繰返しで i というインデックスを節点が濃い網かけで示されている．**(a)** 図 6.4(a) の max ヒープ．インデックス i が指す節点のキーが増やされる．**(b)** この節点のキー値を 15 に増やす．**(c)** 第 5〜7 行の while ループの最初の繰返しの後では，この節点とその親のキー値が交換され，インデックス i が親の位置に移動する．**(d) while** ループをもう 1 回繰り返した後の max ヒープ．この時点で $A[\text{PARENT}(i)] \geq A[i]$ が成立する．max ヒープ条件が成立し，手続きは停止する．

MAX-HEAP-EXTRACT-MAX(A)
1 $max = $ MAX-HEAP-MAXIMUM(A)
2 $A[1] = A[A.\textit{heap-size}]$
3 $A.\textit{heap-size} = A.\textit{heap-size} - 1$
4 MAX-HEAPIFY($A, 1$)
5 **return** max

ヒープを実装する配列 A，max ヒープに挿入すべき新しいオブジェクト x，および配列 A のサイズを入力として取る．この手続きは，まず新しい要素を入れるために余地が配列にあるかどうかを確認し，次にキー値 $-\infty$ を持つ新しい葉を木に加えることで max ヒープを拡大する．次に，新しい節点のキー値を正しい値に設定し，max ヒープ条件を維持するために HEAP-INCREASE-KEY を呼び出す．n 要素のヒープに関する MAX-HEAP-INSERT の実行時間は，$O(\lg n)$ に優先度つきキューのオブジェクトをインデックスに写像するためのオーバーヘッドを加えたものである．

　まとめると，ヒープを用いればサイズ n の集合上の優先度つきキューの任意の操作を $O(\lg n)$ 時間に優先度つきキューのオブジェクトをインデックスに写像するためのオーバーヘッドを加えた時間で実行できる．

MAX-HEAP-INCREASE-KEY(A, x, k)

1 **if** $k < x.key$
2   **error** "新しいキーが現在のキーより小さい"
3 $x.key = k$
4 オブジェクト x が置かれている配列 A 内のインデックス i を見つける
5 **while** $i > 1$ かつ $A[\text{PARENT}(i)].key < A[i].key$
6      $A[i]$ を $A[\text{PARENT}(i)]$ と交換し, 優先度つきキューのオブジェクトを配列のイン
        デックスに写像する情報を更新する
7      $i = \text{PARENT}(i)$

MAX-HEAP-INSERT(A, x, n)

1 **if** $A.heap\text{-}size == n$
2   **error** "ヒープ・オーバーフロー"
3 $A.heap\text{-}size = A.heap\text{-}size + 1$
4 $k = x.key$
5 $x.key = -\infty$
6 $A[A.heap\text{-}size] = x$
7 x を配列のインデックス $heap\text{-}size$ に写像する
8 MAX-HEAP-INCREASE-KEY(A, x, k)

練習問題

6.5-1 max 優先度つきキューのオブジェクトが単なるキーだと仮定しよう. ヒープ $A = \langle 15, 13, 9, 5, 12, 8, 7, 4, 0, 6, 2, 1 \rangle$ 上での MAX-HEAP-EXTRACT-MAX の動作を示せ.

6.5-2 max 優先度つきキューのオブジェクトが単なるキーだと仮定しよう. ヒープ $A = \langle 15, 13, 9, 5, 12, 8, 7, 4, 0, 6, 2, 1 \rangle$ 上での MAX-HEAP-INSERT$(A, 10, 15)$ の動作を示せ.

6.5-3 min ヒープを用いて min 優先度つきキューを実装する擬似コードを, MIN-HEAP-MINIMUM, MIN-HEAP-EXTRACTION-MIN, MIN-HEAP-DECREASE-KEY, MIN-HEAP-INSERT を書くことによって実現せよ.

6.5-4 max ヒープにおける MAX-HEAP-DECRESE-KEY(A, x, k) の手続きを書け. その手続きの実行時間を求めよ.

6.5-5 MAX-HEAP-INSERT において, 第 8 行でキー値を正しく設定する前に, わざわざ第 5 行でその値を一度 $-\infty$ に設定するのはなぜか?

6.5-6 Uriah 教授は,[b] MAX-HEAP-INCREASE-key の第 5~7 行の **while** ループを MAX-HEAPIFY の呼出しで置き換えるべきだと言っている. 教授の考え方の間違いを説明せよ.

---
[b] [訳注] Uriah は, 偽善者の意. チャールズ・ディケンズのデーヴィッド・コパーフィールドに登場するユライア・ヒープによる.

150 | 6 ヒープソート

6.5-7 次のループ不変式を用いて HEAP-INCREASE-KEY の正当性を論ぜよ：

第 5~7 行の **while** ループの各繰返しの直前において，
  a. 2 つの節点 PARENT(i) と LEFT(i) が共に存在するなら，
     $A[\text{PARENT}(i)].key \geq A[\text{LEFT}(i)].key$ が成り立つ．
  b. 2 つの節点 PARENT(i) と RIGHT(i) が共に存在するなら，
     $A[\text{PARENT}(i)].key \geq A[\text{RIGHT}(i)].key$ が成り立つ．
  c. 部分配列 $A[1 : A.heap\text{-}size]$ は，$A[i].key$ が $A[\text{PARENT}(i)].key$ より大きい可能性があることを除けば max ヒープ条件を満たす．

HEAP-INCREASE-KEY を呼び出したとき，部分配列 $A[1 : A.heap\text{-}size]$ が max ヒープ条件を満たしていると仮定してもよい．

6.5-8 MAX-HEAP-INCREASE-KEY の第 6 行の交換操作には，オブジェクトから配列のインデックスへの写像の更新を数えなければ，通常 3 回の代入が必要になる．INSERTION-SORT の内側のループのアイデアを用いると，3 回の代入を 1 回の代入で済ますことができることを示せ．

6.5-9 優先度つきキューを用いて先入れ先出しキューを実装する方法を示せ．また，スタックを優先度つきキューで実装する方法を示せ．（キューとスタックは第 10.1.3 節で定義する.）

6.5-10 MAX-HEAP-DELETE(A, x) 操作は max ヒープ A からオブジェクト x を削除する．要素数が n の max ヒープ上で $O(\lg n)$ 時間と優先度つきキューのオブジェクトを配列のインデックスに写像するためのオーバーヘッドの時間で動作するように MAX-HEAP-DELETE を実装せよ．

6.5-11 k 個のソートされたリストを 1 つのソートされたリストにマージするための $O(n \lg k)$ 時間アルゴリズムを与えよ．ただし，n は入力リストに含まれる総要素数である．（**ヒント**：k 列のマージに min ヒープを用いよ).

章末問題

6-1 挿入を用いたヒープの構築
MAX-HEAP-INSERT を繰り返し呼び出して要素をヒープに挿入していくことで，ヒープを作ることができる．下の手続き BUILD-MAX-HEAP′ を考えよう．ただし，挿入すべきオブジェクトはヒープの要素だと仮定する．

BUILD-MAX-HEAP′(A)
1   $A.heap\text{-}size = 1$
2   **for** $i = 2$ **to** $A.length$
3   MAX-HEAP-INSERT($A, A[i]$)

a. 同じ入力配列に対して，BUILD-MAX-HEAP と BUILD-MAX-HEAP′ はつねに同じヒープ

を生成するか？証明をするかあるいは反例を挙げよ．

b. BUILD-MAX-HEAP′ は n 個の要素を持つヒープを構築するのに最悪時に $\Theta(n \lg n)$ 時間必要となることを示せ．

6-2　d 分木ヒープの解析

d 分木ヒープ (d-ary heap) は 2 分木ヒープと似ているが，（最大 1 個の例外を除いて）葉以外の各節点は子を 2 個ではなく d 個持つ．この問題の設問すべてにおいて，オブジェクトとヒープ要素の間の写像を維持するのにかかる時間は操作ごとに $O(1)$ であると仮定せよ．

a. 配列を用いて d 分木ヒープを表現する方法を示せ．

b. n 個の要素を持つ d 分木ヒープの高さを n と d を用いて表せ．

c. d 分木 max ヒープのための EXTRACT-MAX の効率の良い実装を与えよ．その実行時間を d と n を用いて解析せよ．

d. d 分木 max ヒープのための INCREASE-KEY の効率の良い実装を与えよ．その実行時間を d と n を用いて解析せよ．

e. d 分木 max ヒープのための INSERT の効率の良い実装を与えよ．その実行時間を d と n を用いて解析せよ．

6-3　Young 表

$m \times n$ 型 **Young 表** (Young tableau) は各行の要素が左から右にソートされており，各列の要素が上から下にソートされた $m \times n$ 型行列である．Young 表の要素は ∞ でもよく，要素が存在しないことを表す．したがって，Young 表は $r \le mn$ 個の有限の数を保持するために用いられる．

a. 要素の集合 $\{9, 16, 3, 2, 4, 8, 5, 14, 12\}$ を含む 4×4 型の Young 表を書け．

b. $m \times n$ 型 Young 表 Y は，$Y[1,1] = \infty$ ならば空であることを論証せよ．$Y[m,n] < \infty$ ならば Y は飽和している（すなわち mn 個の要素を含む）ことを論証せよ．

c. 空でない $m \times n$ 型 Young 表上で $O(m+n)$ 時間で実行できるように EXTRACT-MIN を実装せよ．サイズが $(m-1) \times n$ または $m \times (n-1)$ の部分問題を再帰的に解くことによってサイズが $m \times n$ の問題を解く再帰的なサブルーチンをこのアルゴリズムは用いなければならない．（ヒント： MAX-HEAPIFY を考えよ．）なぜ EXTRACT-MIN のこの実装が $O(m+n)$ 時間で動作するのか説明せよ．

d. ∞ を含む $m \times n$ 型 Young 表に新しい要素を $O(m+n)$ 時間で挿入する方法を示せ．

e. 他のソーティングアルゴリズムをサブルーチンとして用いずに，$n \times n$ 型 Young 行列を用いて n^2 個の数を $O(n^3)$ 時間でソートする方法を示せ．

f. 与えられた数が与えられた $m \times n$ 型 Young 表に格納できるかどうかを決定する $O(m+n)$

152 | 6　ヒープソート

時間アルゴリズムを与えよ.

文献ノート

ヒープソートアルゴリズムは Williams [456] が発明した. 彼はヒープを使った優先度つき
キューの実装方法も示している. Build-Max-Heap は Floyd [145] が示唆した. Schaffer–
Sedgewick [395] は最良の場合, ヒープソートの実行中にヒープ内で要素が移動する回数は近
似的に $(n/2)\lg n$ であることと, 移動の平均移動回数は近似的に $n\lg n$ であることを示した.

本書では, 第 15 （貪欲アルゴリズム）, 21 章 （最小全域木）, 22 章 （単一始点最短路）で
min 優先度つきキューを実装するために min ヒープを用いる. より複雑になるが, ある種の
min 優先度つきキューの操作に対してより良い計算時間を有するデータ構造は他に存在する.
Fredman–Tarjan [156] は Insert と Decrease-Key を $O(1)$ のならし時間で実行するフィボ
ナッチヒープ (Fibonacci heap) を開発している （第 16 章 （ならし解析）参照）. すなわち, こ
れらの操作に対する平均の最悪時の実行時間は $O(1)$ である. その後, Brodal–Lagogiannis–
Tarjan [73] は, これらの時間限界を実際の実行時間とする厳密なフィボナッチヒープを考案
している. 同じキーがなくて, 非負整数の集合 $\{0, 1, \ldots, n-1\}$ から取り出されたものであ
れば, van Emde Boas 木 [440, 441] は Insert, Delete, Search, Minimum, Maximum,
Predecessor, および Succesor の操作を $O(\lg\lg n)$ 時間で実行できる.

データが b ビットの整数で, コンピュータの記憶が語長 b ビットの番地指定可能な語か
ら構成されているという仮定の下で, Fredman–Willard [157] は, Minimum を $O(1)$ 時間
で, Insert と Extract-Min を $O(\sqrt{\lg n})$ 時間で実装する方法を示した. Thorup [436] は
$O(\sqrt{\lg n})$ 時間を線形のメモリしか必要としない乱択ハッシュ法を用いて $O(\lg\lg n)$ 時間に改
善した.

優先度つきキューの特別な場合として, Extract-Min の操作列が単調 (monotone), すな
わち, 連続する Extract-Min 操作の返り値が単調増加となる場合が重要である. このよう
な状況は, 第 22 章で議論する Dijkstra の単一始点最短路アルゴリズムや離散事象シミュレー
ションを含むいくつかの重要な応用で起こる. Dijkstra のアルゴリズムでは, Decrease-Key
を効率よく実装することがとくに重要である. 単調で, データが $1, 2, \ldots, C$ の範囲にある
整数であるという仮定の下で, Ahuja–Mehlhorn–Orlin–Tarjan [8] は基数ヒープと呼ばれる
データ構造を用いて, Extract-Min と Insert を $O(\lg C)$ のならし時間で （ならしの解析
は第 16 章で詳しく説明する）, Decrease-Key を $O(1)$ 時間で実装する方法を示した. 上
界 $O(\lg C)$ はフィボナッチヒープ を基数ヒープと併用することで $O(\sqrt{\lg C})$ に改善できる.
Cherkassky–Goldberg–Silverstein [90] は, Denardo–Fox [112] の多重バケツ構造を上で述べた
Thorup のヒープと組み合わせることで, この上界をさらに $O(\lg^{1/3+\epsilon} C)$ 期待時間に改良し
た. Raman [375] はこれらの結果をさらに改良して, 任意の固定された $\epsilon > 0$ に対して上界
$O(関数 \{\lg^{1/4+\epsilon} C, \lg^{1/3+\epsilon} n\})$ を得た.

ヒープに関しては多くの変型版が提案されている. これらの発展については Brodal [72] に
よる概説を参照されたい.

7 クイックソート

QUICKSORT

要素数 n の入力配列上でのクイックソートアルゴリズムの最悪実行時間は $\Theta(n^2)$ である. 最悪実行時間が遅いにもかかわらず,平均効率が非常に良いので,多くの場合クイックソートが実用上最適な選択である:クイックソートの期待実行時間はすべての要素が異なるとき $\Theta(n \lg n)$ であり,$\Theta(n \lg n)$ 記法に隠されている定数部分は極めて小さい.マージソートと異なり,その場で(第 II 部の序論(133 ページ)参照)ソートできるという長所があり,仮想記憶環境下でもうまく動作する.[a]

本章におけるクイックソートの検討は 4 つの節から構成される.第 7.1 節ではクイックソートアルゴリズムと,その中で分割に用いる重要なサブルーチンを紹介する.クイックソートの動作は複雑なので,まず第 7.2 節でその性能を直観的に説明し,正確な解析は章の最後にまわす.第 7.3 節ではクイックソートの乱択版を紹介する.すべての要素が異なるときには,[1]乱択アルゴリズムは良い期待実行時間を持ち,どの特定の入力でも最悪の振舞いを引き出すことはない.(同じ要素を含む可能性がある場合については章末問題 7-2 参照.)この乱択アルゴリズムを第 7.4 節で解析し,最悪実行時間が $O(n^2)$ であること,そして,すべての要素が異なるという仮定の下で,期待実行時間が $O(n \lg n)$ であることを示す.

7.1 クイックソートの記述

マージソートと同様,クイックソートは第 2.3.1 項で導入した分割統治法に基づいている.部分配列 $A[p:r]$ をソートするための分割統治法の 3 段階を以下に示す:

分割: 配列 $A[p:r]$ を 2 つの(空の可能性もある)部分配列 $A[p:q-1]$(**下側 (low side)**)と $A[q+1:r]$(**上側 (high side)**)に分割(再配置)する.ここで,分割の下側に属するどの要素も**ピボット (pivot)** $A[q]$ 以下であり,$A[q]$ は分割の上側の各要素以下であるようになっている.インデックス q はこの分割手続きの中で計算する.

統治: 2 つの部分配列 $A[p:q-1]$ と $A[q+1:r]$ をソートするためにクイックソートを再

---

[a] [訳注] その場でソートできるため,入力以外の余分なストレージを必要とせず,仮想記憶のもとで,ページング (paging) が頻繁に起き性能低下するスラッシング (thrashing) が起きにくいという意味.

[1] $\Theta(n)$ 記憶領域と定数実行時間のコストを余分に払えば,配列の要素がすべて異なっていると仮定できるように入力を変換できる.各入力値 $A[i]$ を順序対 $(A[i], i)$ に変換し,$A[i] < A[j]$ あるいは $A[i] = A[j]$ ならば $i < j$ を満たすとき,$(A[i], i) < (A[j], j)$ であるように順序 $<$ を定める.要素がすべて異なっていなくても効率よく働くクイックソートの実用的な変種も提案されている.

154 | 7 クイックソート

帰的に呼び出して統治する.

結合： 結合のために何もしない．2 つの部分配列はソート済みなので，これらを結合するために必要な仕事はない．$A[p:q-1]$ に属するすべての要素は $A[q]$ 以下でソート済みであり，$A[q+1:r]$ に属するすべての要素は $A[q]$ 以上でソート済みである．全配列 $A[p:r]$ は何もしなくてもソートされている！

手続き QUICKSORT はクイックソートの実装である．n 個の要素を持つ配列 $A[1:n]$ 全体をソートするための初期呼出しは QUICKSORT$(A, 1, n)$ である.

QUICKSORT(A, p, r)

1 **if** $p < r$
2   // ピボットを中心に部分配列を分割する．ピボットは最終的に $A[q]$ になる
3      $q = $ PARTITION(A, p, r)
4   QUICKSORT$(A, p, q - 1)$ // 下側を再帰的にソート
5   QUICKSORT$(A, q + 1, r)$ // 上側を再帰的にソート

配列の分割

アルゴリズムのキーとなるのは，部分配列 $A[p:r]$ をその場で再配置（分割）し，分割の境界となる点のインデックスを返す下の手続き PARTITION である.

PARTITION(A, p, r)

1 $x = A[r]$ // ピボット
2 $i = p - 1$ // 下側で最大のインデックス
3 **for** $j = p$ **to** $r - 1$ // ピボット以外の各要素を処理
4   **if** $A[j] \leq x$ // この要素は下側に属する？
5          $i = i + 1$ // 下側の新しいスロットのインデックス
6          $A[i]$ を $A[j]$ と交換する   // この要素をそこに置く
7 $A[i + 1]$ を $A[r]$ と交換する   // ピボットは下側のすぐ右に移動
8 **return** $i + 1$ // ピボットの新しいインデックス

図 7.1 に，要素数 8 の配列上の手続き PARTITION の動作を示す．PARTITION は，要素 $x = A[r]$ をつねにピボットとして選択する．手続きの実行は各要素を，空の可能性もある，4 つの領域の中の 1 つに置く．第 3～6 行の **for** ループの各繰返しが開始される時点では，これらの領域は図 7.2 に示すある条件を満たしている．この条件をループ不変式として記述する：

第 3～6 行の **for** ループの各繰返しが開始される時点では，任意の配列インデックス k に対して以下の命題が成立する：

1. $p \leq k \leq i$ ならば，$A[k] \leq x$ である（図 7.2 の薄く網かけした領域）.
2. $i + 1 \leq k \leq j - 1$ ならば，$A[k] > x$ である（濃く網かけした領域）.
3. $k = r$ ならば，$A[k] = x$ である．（点線で囲まれた領域）.

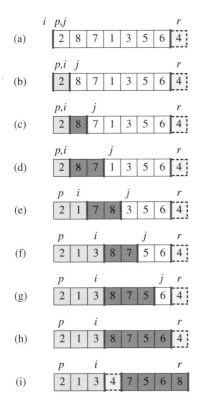

図 7.1 あるサンプル配列上の Partition の操作. 配列要素 $A[r]$ がピボット要素 x になる. 薄く網かけされた配列要素はすべて x 以下の値を持ち, 分割の下側に属す. 濃く網かけされた配列要素はすべて x より大きい値を持ち, 上側に属す. 網かけされていない要素は現状では分割のどちらの側にも置かれておらず, 点線で囲まれた要素はピボット x である. **(a)** 配列の初期状態と各変数の設定. どの要素も 2 つの分割のどちらの側にも属さない. **(b)** 値 2 を"それ自身と交換"し, 下側に置く. **(c)**〜**(d)** 値 8 と 7 を上側に置く. **(e)** 値 1 と 8 を交換し, 下側が成長する. **(f)** 値 3 と 7 を交換し, 下側が成長する. **(g)**〜**(h)** 上側が 5 と 6 を取り込んで成長し, ループが終了する. **(i)** 第 7 行でピボット要素を交換し, 分割の両側の間に来るようにする. 第 8 行はピボット要素の新しいインデックスを戻す.

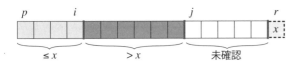

図 7.2 部分配列 $A[p:r]$ 上の手続き Partition が管理する 4 つの領域. $A[p:i]$ 中の薄く網かけした値はどれも x 以下であり, $A[i+1:j-1]$ 中の濃く網かけした値はどれも x より大きく, $A[i+1:r-1]$ 中の網かけされていない白色の値はどれもまだ x との関係は未確認であり, 最後に $A[r] = x$ である.

最初の繰返しの直前でこのループ不変式が成立していること, ループの各繰返しが不変式を維持すること, ループが終了すること, そして, ループが終了したときに, この不変式から手続きの正当性が導かれること, を証明する必要がある.

初期条件: ループの最初の繰返しの直前では, $i = p - 1$ かつ $j = p$ である. p と i の間には値はなく, $i + 1$ と $j - 1$ の間にも値はないので, ループ不変式の最初の 2 つの条件は明らかに成立する. 第 3 の条件は第 1 行の代入によって満たされる.

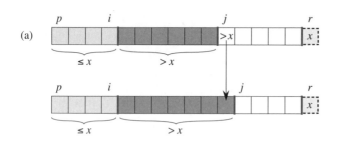

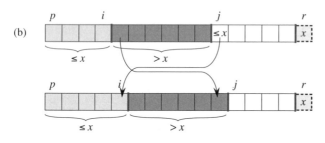

図 7.3 PARTITION の 1 回の繰返しに出現する 2 つの場合. **(a)** $A[j] > x$ のとき，j に 1 を加えるだけであり，この操作はループ不変式を満たす. **(b)** $A[j] \leq x$ のとき，インデックス i に 1 を加え，$A[i]$ と $A[j]$ を交換し，j に 1 を加える. この場合もループ不変式は維持される．

ループ内条件： 図 7.3 に示すように，第 4 行の判定結果に応じて 2 つの場合を考える．図 7.3(a) は $A[j] > x$ の場合に起こることを示す．この場合，ループは j に 1 を加えるだけである．j に 1 を加えた後では，$A[j-1]$ に対して条件 2 が成り立ち，他の部分は変化しない．図 7.3(b) は $A[j] \leq x$ の場合に起こることを示す．この場合，i に 1 を加え，$A[i]$ と $A[j]$ を交換し，j に 1 を加える．交換によって $A[i] \leq x$ が成立するので条件 1 が成立する．同様に，交換によって $A[j-1]$ に格納された要素が x より大きいことをループ不変式が保証するので，$A[j-1] > x$ が成立する．

終了条件： ループはちょうど $r-p$ 回繰り返されるので，ループは $j=r$ で停止する．この時点で，未検討部分配列 $A[j:r-1]$ は空であり，配列に属するすべての要素は，ループ不変式に記述された（未検討部分配列以外の）3 つの集合の中のどれかに所属している．したがって，配列が格納する値は 3 つの集合に分割されている．すなわち，x 以下の値の集合（下側），x 以上の値の集合（上側），そして x（ピボット）だけを含む集合である．

PARTITION の最後の 2 行は，ピボット x より大きい要素の中で最も左のものをピボットと交換することによって，ピボットを分割された配列の正しい位置に移動し，ピボットの新しいインデックスを返す．PARTITION の出力は分割段階の仕様を満たす．事実，PARTITION の出力はこの仕様よりも少し強い条件を満たす．すなわち，QUICKSORT の第 3 行を終了したとき，$A[q]$ は $A[q+1:r]$ の任意の要素よりも真に小さい．

練習問題 7.1-3 は，$n = r-p+1$ とするとき，部分配列 $A[p:r]$ 上での PARTITION の実行時間が $\Theta(n)$ であることの証明を問う．

練習問題

7.1-1 図 7.1 を参考にして，配列 $A = \langle 13, 19, 9, 5, 12, 8, 7, 4, 21, 2, 6, 11 \rangle$ 上の PARTITION の操作を示せ．

7.1-2 配列 $A[p:r]$ の要素がすべて同じ値のとき，PARTITION が返す q の値を示せ．配列 $A[p:r]$ の要素がすべて同じ値のとき，$q = \lfloor (p+r)/2 \rfloor$ を返すように PARTITION を書き換えよ．

7.1-3 サイズ n の部分配列上での PARTITION の実行時間が $\Theta(n)$ となることを簡単に説明せよ．

7.1-4 配列を降順でソートするように QUICKSORT を書き換えよ．

7.2 クイックソートの性能

クイックソートの実行時間は分割がどの程度均等にされているかに依存し，したがって分割の際にピボットとなる要素に依存する．分割の両側がおおよそ同じサイズで，分割が均等ならば，クイックソートは漸近的にマージソートと同程度に高速だが，分割が不均等ならば漸近的に挿入ソートと同程度に遅くなることがある．形式的な解析に入る前にある程度直観的に理解できるように，本節では，均等な分割と不均等な分割の仮定の下でクイックソートがどのように動作するかを非公式に調べる．

しかし，その前にクイックソートが必要とする最大記憶容量を簡単に検討する．クイックソートは，第 II 部の序論（133 ページ）に定義されているとおり，その場でのソートであるが，ソートされている配列を除いても，クイックソートが使用する記憶容量は定数ではない．各再帰呼出しは，ソートされている配列の外に置かれている実行時スタック上の定数領域を使用するので，クイックソートは再帰の最大の深さに比例する記憶容量を必要とする．すぐに分かるように，再帰の最大の深さ，したがって必要とされる記憶容量は，最悪の場合には $\Theta(n)$ と同程度に悪くなる．

最悪の分割

クイックソートが最悪の振舞いをするのは，分割手続きが元の問題を要素数 $n-1$ の部分問題と要素数 0 の部分問題に分割したときである．（第 7.4.1 項参照.）アルゴリズムの各再帰呼出しで，この片寄った分割が起こると仮定する．分割には $\Theta(n)$ 時間かかる．サイズ 0 の配列に対する再帰呼出しは何もせずに戻るだけなので $T(0) = \Theta(1)$ である．そこで，実行時間は漸化式

$$T(n) = T(n-1) + T(0) + \Theta(n)$$
$$= T(n-1) + \Theta(n)$$

で記述される．直観的には，再帰の各レベルで必要なコストを足し合わせると算術級数（付録の式 (A.3)（966 ページ））を得ることができ，$\Theta(n^2)$ と評価できる．実際，漸化式 $T(n) =$

$T(n-1) + \Theta(n)$ の解が $T(n) = \Theta(n^2)$ となることは置換え法を用いて証明できる．（練習問題 7.2-1 参照．）

したがって，アルゴリズムの各再帰レベルにおいて分割が最大限に片寄ったならば，実行時間は $\Theta(n^2)$ になる．したがって，クイックソートの最悪実行時間は挿入ソートより良くならない．しかも，$\Theta(n^2)$ 実行時間が必要となるのは，挿入ソートならば $O(n)$ 時間で走る，入力配列がすでに完全にソートされている場合である．

最良の分割

最も均等に分割が行われる場合には，分割の片方のサイズが $\lfloor (n-1)/2 \rfloor \leq n/2$ で，他方のサイズが $\lceil (n-1)/2 \rceil \leq n/2$ なので，Partition はサイズが高々 $n/2$ の 2 つの部分問題を生成する．このときクイックソートはもっと速く走り，実行時間の上界を記述する漸化式は

$$T(n) = 2T(n/2) + \Theta(n)$$

である．マスター定理（第 4.5 節の定理 4.1（85 ページ））のケース 2 から，この漸化式の解は $T(n) = \Theta(n \lg n)$ である．したがって，再帰の各レベルにおいて分割をおおよそ均等に保つことができれば，漸近的に，より高速なアルゴリズムを得ることができる．

均等な分割

第 7.4 節で解析するように，クイックソートの平均実行時間は，最悪の場合よりも最良の場合に近い．実行時間を表す漸化式に分割の均等化が与える影響の重要性を知ることで，その理由に到達できる．

たとえば，分割アルゴリズムがつねに 9 対 1 の比で分割すると仮定してみよう．この分割は一見かなり片寄ったものに見える．このときクイックソートの実行時間を表現する漸化式は

$$T(n) = T(9n/10) + T(n/10) + \Theta(n)$$

である．この漸化式に対する再帰木を図 7.4 に示す．ここで，簡単にするために分割にかかる時間を示す $\Theta(n)$ に属する関数を n に置き換えてあるが，この置換えは，（98 ページの練習問題 4.7-1 によって正当化されるように）漸化式の漸近解に影響を及ぼさない．深さ $\log_{10} n = \Theta(\lg n)$ で再帰がある基底段階に達して底を打つまで再帰木の各レベルのコストは n なので，すべてのレベルのコストは最大 n である．再帰は深さ $\log_{10/9} n = \Theta(\lg n)$ で停止する．したがって，再帰の各レベルが 9 対 1 の比で分割するときには，直観的にはかなり片寄った分割をしているように思えるが，クイックソートは $O(n \lg n)$ で走り，漸近的にはちょうど真中での分割を繰り返した場合と同じである．実際に，99 対 1 で分割した場合でさえ実行時間は $O(n \lg n)$ になる．事実として，分割比が**定数**である限り，再帰木の深さは $\Theta(\lg n)$，各レベルのコストは $O(n)$ になる．そこで，分割比が定数ならば実行時間はいつでも $O(n \lg n)$ である．分割比は O 記法に隠された定数に影響を与えるだけに留まる．

平均的なケースに対する直観

クイックソートの期待動作の明確な概念を展開するには，入力がどのように分散されているか

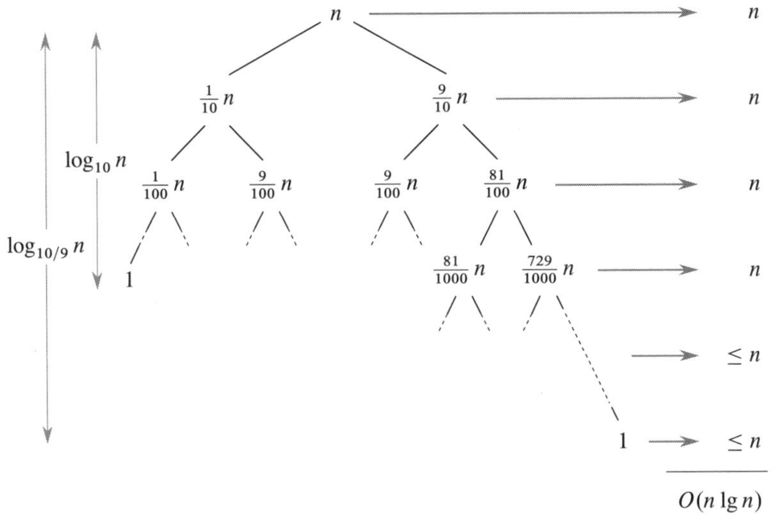

図 7.4 PARTITION がつねに 9 対 1 の分割を生成する QUICKSORT の再帰木. $O(n \lg n)$ の実行時間を達成する. 各節点は対応する部分問題のサイズを示し，右横に各レベルの総コストを示す.

に関する何かを仮定しなければならない．クイックソートは入力要素の比較だけを使ってソート順を決めるので，その振舞いは，入力として与えられた配列の具体的な値ではなく，配列要素の値の間の相対順序によって決まる．第 5.2 節（指標確率変数）で行った雇用者問題の確率的解析と同様，入力に出現する数の集合の任意の順列が同程度に出現し，すべての要素は異なると仮定する．

ランダムな入力配列上でクイックソートを走らせると，すべてのレベルで分割が同じ比率になるという今までの仮定は満たされそうもない．いくつかの分割は十分に均等に行われるが，いくつかの分割はかなり片寄っていると予想できる．たとえば，PARTITION が生成する分割は，約 80 パーセントの場合に 9 対 1 よりも均等であり，残りの約 20 パーセントの場合に 9 対 1 よりも不均等であることを練習問題 7.2-6 で証明する．

平均的な場合では PARTITION は "良い" 分割と "悪い" 分割を共に生成する．したがって，PARTITION の平均的実行に対する再帰木には，良い分割と悪い分割が木全体でランダムに散らばっている．しかし，直観を働かせるために，良い分割と悪い分割が再帰木の各レベルで交互に現れ，良い分割は最良の分割であり悪い分割は最悪の分割であると仮定する．図 7.5(a) に再帰木の連続する 2 つのレベルの分割を示す．この木の根における分割コストは n で，サイズが $n-1$ と 0 の部分配列（これは最悪の分割である）を生成する．次のレベルでは，サイズが $n-1$ の部分配列が最良に分割され，サイズが $(n-1)/2-1$ と $(n-1)/2$ の部分配列を生成する．ここで，サイズ 0 の部分配列に対する基底段階のコストを 1 と仮定する．

悪い分割の後に良い分割が続く場合には，総分割コスト $\Theta(n)+\Theta(n-1)=\Theta(n)$ をかけて，サイズが 0，$(n-1)/2-1$，$(n-1)/2$ の 3 つの部分配列を生成する．この状態は図 7.5(b) の状態，すなわち，コスト $\Theta(n)$ をかける単一レベルの分割で 2 つのサイズ $(n-1)/2$ の部分配列を生成する状態よりも高々定数倍しか悪くない．しかも，後者は完全に均等な分割である．直観的には，悪い分割のコスト $\Theta(n-1)$ は良い分割のコスト $\Theta(n)$ に吸収でき，結果として良い分割と見なすことができる．したがって，良い分割と悪い分割が交互に起こるときは，ク

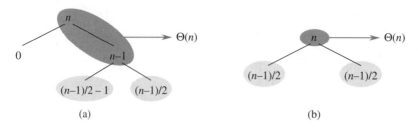

図 7.5 **(a)** QUICKSORT の再帰木の連続する 2 つのレベル．根の分割にはコストが n かかり，サイズが 0 と $n-1$ の 2 つの部分配列への "悪い" 分割が生成される．サイズが $n-1$ の部分配列の分割にはコストが $n-1$ かかり，サイズが $(n-1)/2-1$ と $(n-1)/2$ の 2 つの部分配列への "良い" 分割が生成される．**(b)** 完全に均等な分割が生成されている再帰木の 1 つのレベル．どちらの図でも，濃く網掛けした部分問題の分割コストは $\Theta(n)$ である．しかし，(a) でこれから解かなければならない部分問題（薄く網掛けされている）は (b) で対応するこれから解かなければならない部分問題よりも大きくない．

イックソートの実行時間は良い分割だけが発生する場合と同じ $O(n \lg n)$ であるが，O 記法の中に少し大きな定数が隠されている．第 7.4.2 項では乱択版クイックソートの期待実行時間を厳密に解析する．

練習問題

7.2-1 第 7.2 節の冒頭で主張したように，漸化式 $T(n) = T(n-1) + \Theta(n)$ の解が $T(n) = \Theta(n^2)$ であることを，置換え法を用いて証明せよ．

7.2-2 配列 A の要素がすべて同じ値のとき，QUICKSORT の実行時間を評価せよ．

7.2-3 配列 A の要素がすべて異なり，すでに降順でソートされているとき，QUICKSORT の実行時間が $\Theta(n^2)$ であることを示せ．

7.2-4 銀行はある口座に関する取引きを取引き時刻順で記録することが多いが，多くの顧客は小切手番号順で書かれた銀行勘定照合表であってほしいと思う．通常，小切手番号順で小切手が切られ，ある時間が経過した後，その小切手は現金化される．したがって，取引き時刻順を小切手番号順に変換する問題は，ほとんどソートされている入力をソートする問題である．この問題に対しては，手続き INSERTION-SORT が手続き QUICKSORT に勝る場合が多いことを論ぜよ．

7.2-5 クイックソートのすべてのレベルで一定の比 α 対 β で分割が生成されると仮定する．ここで，$\alpha + \beta = 1$ で $0 < \alpha \leq \beta < 1$ である．再帰木の最小の深さは $\log_{1/\alpha} n$，最大の深さは $\log_{1/\beta} n$ で近似できることを示せ．（整数の丸めは無視してよい．）

7.2-6 配列要素がすべて異なり，すべての順列が同程度に出現すると仮定する．任意の定数を α $(0 < \alpha \leq 1/2)$ とする．PARTITION が $1-\alpha$ 対 α よりも均等な分割を生成する確率が $1-2\alpha$ で近似できることを示せ．

7.3 乱択版クイックソート

クイックソートの平均的な場合の動作を検討するために，これまで入力を構成する数の任意の

順列が等確率で出現すると仮定してきた．しかし，練習問題7.2-4で考えた前提のように，この仮定はつねには成立しない．第5.3節（乱択アルゴリズム）で証明したように，いくつかのアルゴリズムは乱択化によってすべての入力にわたって良い期待性能を獲得できた．クイックソートに対して，乱択化は高速で実用的なアルゴリズムを生成する．多くのソフトウェアライブラリーは，大容量のデータ集合をソートするときに利用するアルゴリズムの候補として乱択版クイックソートを用意している．

第5.3節で，手続き RANDOMIZED-HIRE-ASSISTANT は入力を明示的に置換し，決定性のHIRE-ASSISTANT 手続きを走らせる．クイックソートでも同じ手法が使えるが，別の乱択法を使えば解析が簡単化できる．$A[r]$ をつねにピボットとする代わりに，乱択版ではピボットをランダムに部分配列 $A[p:r]$ から選択する．ただし，$A[p:r]$ の各要素は等確率で選択される．そして，選択された要素と $A[r]$ を分割に先立って交換する．ピボットはランダムに選択されているので，平均的には入力配列はほどほど均等に分割されると期待できる．

PARTITION と QUICKSORT に加える変更点は少ない．新しい分割手続き RANDOMIZED-PARTITION では，単に分割の前に上記の交換を行う．新しいクイックソート手続き RANDOMIZED-QUICKSORT は，PARTITION の代わりに RANDOMIZED-PARTITION を呼び出す．次節では，このアルゴリズムを解析する．

RANDOMIZED-PARTITION(A, p, r)

1   $i = $ RANDOM(p, r)
2   $A[r]$ と $A[i]$ を交換する
3   **return** PARTITION(A, p, r)

RANDOMIZED-QUICKSORT(A, p, r)

1   **if** $p < r$
2       $q = $ RANDOMIZED-PARTITION(A, p, r)
3   RANDOMIZED-QUICKSORT$(A, p, q - 1)$
4   RANDOMIZED-QUICKSORT$(A, q + 1, r)$

練習問題

7.3-1   乱択アルゴリズムについては，最悪実行時間ではなく期待実行時間を解析するのはなぜか？

7.3-2   手続き RANDOMIZED-QUICKSORT を実行中に乱数発生器 RANDOM を呼び出す回数の最大値と最小値を示せ．Θ 記法を用いて答えよ．

7.4   クイックソートの解析

クイックソートの最悪時の振舞いとクイックソートが高速に走ると期待できる理由を第7.2節で直観的に説明した．本節ではクイックソートの振舞いを厳密に解析する．QUICKSORT

と RANDOMIZED-QUICKSORT の両方に適用できる最悪時の解析から開始し，RANDOMIZED-QUICKSORT の期待実行時間の解析を行う.

7.4.1 最悪時の解析

第 7.2 節ではクイックソートの再帰呼出しの各レベルで最悪の分割が起こると実行時間が $\Theta(n^2)$ になることを観察した．直観的には，この実行時間がこのアルゴリズムの最悪実行時間である．この事実を証明する.

置換え法（第 4.3 節（漸化式を解くための置換え法）を参照）を用いて，クイックソートの実行時間が $O(n^2)$ であることを示す．$T(n)$ をサイズ n の入力上での手続き QUICKSORT の最悪実行時間とする．手続き PARTITION はサイズの合計が $n-1$ である 2 つの部分問題を生成するので，漸化式

$$T(n) = \max\{T(q) + T(n-1-q) : 0 \le q \le n-1\} + \Theta(n) \tag{7.1}$$

を得る．ある定数 $c > 0$ が存在して $T(n) \le cn^2$ であると推定する．この推定を漸化式 (7.1) に代入すると

$$\begin{aligned} T(n) &\le \max\{cq^2 + c(n-1-q)^2 : 0 \le q \le n-1\} + \Theta(n) \\ &= c \cdot \max\{q^2 + (n-1-q)^2 : 0 \le q \le n-1\} + \Theta(n) \end{aligned}$$

を得る.

最大化に注目する．$q = 0, 1, \ldots, n-1$ に対して，$q \le n-1$ なので $2q(q-(n-1)) < 0$ であり，

$$\begin{aligned} q^2 + (n-1-q)^2 &= q^2 + (n-1)^2 - 2q(n-1) + q^2 \\ &= (n-1)^2 + 2q(q-(n-1)) \\ &\le (n-1)^2 \end{aligned}$$

が成立する．したがって，最大化に含まれるすべての項は $(n-1)^2$ で抑えられる.

$T(n)$ の解析を続ける．$c(2n-1)$ が $\Theta(n)$ 項より大きくなるように定数 c を十分大きく取ることで，

$$\begin{aligned} T(n) &\le c(n-1)^2 + \Theta(n) \\ &\le cn^2 - c(2n-1) + \Theta(n) \\ &\le cn^2 \end{aligned}$$

を得る．したがって，$T(n) = O(n^2)$ である．分割が最大限まで片寄った場合にはクイックソートの実行時間が $\Omega(n^2)$ になることを第 7.2 節で示した．したがって，クイックソートの最悪実行時間は $\Theta(n^2)$ である.

7.4.2 期待実行時間

RANDOMIZED-QUICKSORT の期待実行時間が $O(n \lg n)$ になる直観的な理由をすでに見てきた：すなわち，RANDOMIZED-PARTITION が再帰の各レベルにおいて片方のサイズが他方のサイズの定数倍であるように分割するならば，再帰木の深さは $\Theta(\lg n)$ であり，各レベルは

$O(n)$ 時間で実行できる．しかも，これらのレベルの間に最大限片寄った分割に終わるいくつかのレベルを新たに追加しても，全体の実行時間は $O(n \lg n)$ で変わらない．RANDOMIZED-QUICKSORT の期待実行時間は以下の手順で正確に解析できる．まず，分割手続きがどのように働くかを理解し，つぎに，この理解に基づいて $O(n \lg n)$ の期待実行時間を導出する．この上界と第 7.2 節で示した最良時の結果 $\Theta(n \lg n)$ を組み合わせると期待実行時間 $\Theta(n \lg n)$ を得る．本項ではソートする要素の値はすべて異なると仮定する．

実行時間と比較

QUICKSORT と RANDOMIZED-QUICKSORT の相違はピボット要素の選択方法だけであり，それ以外の部分は完全に同じである．そこで，ピボット要素が RANDOMIZED-QUICKSORT に渡される部分配列からランダムに抽出されるという仮定の下，QUICKSORT と PARTITION 手続きを議論することで，RANDOMIZED-QUICKSORT を解析する．この解析が RANDOMIZED-QUICKSORT にも適用できることを理解した上で，QUICKSORT の実行時間を（PARTITION の第 4 行で）要素を比較する回数と関連づけることから始めよう．ここで，我々は**配列要素を比較する回数**を数えているのであって，インデックスを比較する回数を数えているのではないことに注意する．

補題 7.1　n 個の要素から構成される配列上の QUICKSORT の実行時間は $O(n+X)$ である．ここで，X は要素が比較された回数である．

証明　QUICKSORT の実行時間は手続き PARTITION の実行時間に支配されている．PARTITION は呼び出されるたびにピボット要素を選択する．この要素はそれ以降の QUICKSORT と PARTITION の再帰呼出しに含まれることはない．したがって，クイックソートアルゴリズムの実行全体で PARTITION は高々 n 回しか呼び出されない．QUICKSORT は，PARTITION を呼び出すたびに，QUICKSORT 自体を 2 回再帰的に呼び出すので，QUICKSORT は最大 $2n$ 回呼び出される．

　1 回の PARTITION の呼出しには $O(1)$ 時間と第 3〜6 行の **for** ループの繰返し数に比例した時間を要する．この **for** ループの各繰返しは第 4 行で比較を 1 回実行し，ピボット要素と配列 A のある別の要素を比較する．したがって，実行全体を通して **for** ループで費やされる総時間は X に比例する．PARTITION は高々 n 回呼び出され，各呼出しにおいて **for** ループの外で費やされる時間は $O(1)$ なので，PARTITION の **for** ループの外で費やされる総時間は $O(n)$ である．したがって，クイックソートにかかる総時間は $O(n+X)$ である．■

　したがって，RANDOMIZED-QUICKSORT を解析する目的は，PARTITION の呼出し全体で実行される比較の総数を表す確率変数 X の期待値 $\mathrm{E}[X]$ を計算することである．解析を進めるためには，クイックソートアルゴリズムがいつ配列の 2 つの要素を比較し，いつ比較しないのか理解する必要がある．解析を簡単にするために，配列 A の要素のインデックスを，入力時の場所ではなく，ソートされた出力時の場所によって定める．すなわち，開始時点では A の要素は任意の順序で並んでいるが，これらの要素を $z_1, z_2, \ldots, z_n$ と呼ぶ．ここで，$z_1 < z_2 < \cdots < z_n$ であり，すべての要素は異なると仮定しているので等号は成立しない．集合 $\{z_i, z_{i+1}, \ldots, z_j\}$ を Z_{ij} で表す．

　次の補題は 2 つの要素が比較される場合を特徴づける．

補題 7.2 すべて異なる n 個の要素 $z_1 < z_2 < \ldots < z_n$ からなる配列上での手続き RANDOMIZED-QUICKSORT の実行において，z_i と z_j $(i < j)$ が比較されるための必要十分条件は，これらのうちの1つが Z_{ij} の中で他の要素よりも先にピボットとして選択されることである．さらに，どの2つの要素も決して2度は比較されない．

証明 アルゴリズムの実行において，ある要素 $x \in Z_{ij}$ が初めてピボットに選択された時点を考えよう．考えるべき3つの場合がある．x が z_i でも z_j でもない場合，すなわち，$z_i < x < z_j$ ならば，z_i と z_j は x をピボットとする分割の異なる側に置かれるので，以降のどの時点でも z_i と z_j は比較されることはない．$x = z_i$ ならば，PARTITION は z_i を z_i とは異なる Z_{ij} のすべての要素と比較する．同様にして，$x = z_j$ ならば，PARTITION は z_j を z_j とは異なる Z_{ij} のすべての要素と比較する．したがって，z_i と z_j が比較されるための必要十分条件は，Z_{ij} からピボットとして選択される最初の要素が z_i あるいは z_j となることである．z_i あるいは z_j がピボットとして選択される後の2つの場合には，ピボットは以降の比較から除かれるので，z_i あるいは z_j がそれ以外の要素と再び比較されることはない． ■

この補題の例として，1から10までの数が任意の順序でクイックソートに入力された場合を考える．最初のピボット要素が7であると仮定する．最初の PARTITION の呼出しは入力集合を $\{1, 2, 3, 4, 5, 6\}$ と $\{8, 9, 10\}$ に分割する．このプロセスで，ピボット要素7は他のすべての要素と比較される．しかし，第1の集合の要素（たとえば，2）と第2の集合の要素（たとえば，9）は，今も，また今後も絶対に比較されることはない．値7と9は，7が $Z_{7,9}$ の中から最初に選択されたピボットなので比較される．それに対して，$Z_{2,9}$ の中から最初にピボットとして選択されたのは7なので，2と9は決して比較されない．
次の補題は2つの要素が比較される確率を与える．

補題 7.3 すべて異なる n 個の要素 $z_1 < z_2 < \ldots < z_n$ からなる配列上での手続き RANDOMIZED-QUICKSORT の実行を考える．任意に2つの要素 z_i と z_j $(i < j)$ が与えられたとき，この2つの要素が比較される確率は $2/(j - i + 1)$ である．

証明 RANDOMIZED-QUICKSORT が作る再帰呼出しの木に注目し，各呼出しへの入力として与えられる要素の集合を考える．初期時点で根の集合は A のすべての要素を含んでいるので，Z_{ij} のすべての要素を含んでいる．PARTITION がある要素 $x \in Z_{ij}$ をピボットとして選択するまで，RANDOMIZED-QUICKSORT の各呼出しでは Z_{ij} に属するすべての要素は同じ集合に入っている．それ以降はピボット x は入力集合に出現しない．RANDOMIZED-QUICKSORT が Z_{ij} に属するすべての要素を含む集合から初めて $x \in Z_{ij}$ をピボットとして選択したとき，x は一様無作為に選択されるので，Z_{ij} に属するすべての要素は等確率で x に選択される可能性がある．$|Z_{ij}| = j - i + 1$ なので，任意に与えられた Z_{ij} の要素が Z_{ij} から選択された最初のピボットである確率は $1/(j - i + 1)$ である．したがって，補題 7.2 から，

$$
\begin{aligned}
\Pr\{z_i \text{ と } z_j \text{ が比較される}\} &= \Pr\{z_i \text{ または } z_j \text{が } Z_{ij} \text{から選ばれる最初のピボット}\} \\
&= \Pr\{z_i \text{ が } Z_{ij} \text{ から選ばれる最初のピボット}\} \\
&\quad + \Pr\{z_j \text{ が } Z_{ij} \text{ から選ばれる最初のピボット}\} \\
&= \frac{2}{j - i + 1}
\end{aligned}
$$

である．ここで，2 行目の等式は 2 つの事象が互いに素であることを使って，1 行目から導かれる． ∎

いよいよ乱択版クイックソートの解析を完成できる．

定理 7.4 n 個の相異なる要素からなる入力上の RANDOMIZED-QUICKSORT の期待実行時間は $O(n \lg n)$ である．

証明 解析には指標確率変数（第 5.2 節参照）を用いる．n 個の相異なる要素を $z_1 < z_2 < \cdots < z_n$ とし，$1 \le i < j \le n$ に対して，指標確率変数を $X_{ij} = \mathrm{I}\{z_i \text{ と } z_j \text{ は比較される}\}$ と定義する．補題 7.2 から，各要素の組は高々 1 回しか比較されないので，X を

$$X = \sum_{i=1}^{n-1} \sum_{j=i+1}^{n} X_{ij}$$

と表現できる．両辺の期待値をとり，期待値の線形性（付録の (C.24)（349 ページ））と第 5.2 節（指標確率変数）の補題 5.1（108 ページ）を使うと，

$$
\begin{aligned}
\mathrm{E}[X] &= \mathrm{E}\left[\sum_{i=1}^{n-1} \sum_{j=i+1}^{n} X_{ij}\right] \\
&= \sum_{i=1}^{n-1} \sum_{j=i+1}^{n} \mathrm{E}[X_{ij}] && （期待値の線形性より） \\
&= \sum_{i=1}^{n-1} \sum_{j=i+1}^{n} \mathrm{I}\{z_i \text{ と } z_j \text{ は比較される}\} && （補題 5.1 より） \\
&= \sum_{i=1}^{n-1} \sum_{j=i+1}^{n} \frac{2}{j-i+1} && （補題 7.3 より）
\end{aligned}
$$

を得る．変数を $k = j - i$ によって変換し，調和数列の和の公式 (A.9) を用いると，この和は

$$
\begin{aligned}
\mathrm{E}[X] &= \sum_{i=1}^{n-1} \sum_{j=i+1}^{n} \frac{2}{j-i+1} \\
&= \sum_{i=1}^{n-1} \sum_{k=1}^{n-i} \frac{2}{k+1} \\
&< \sum_{i=1}^{n-1} \sum_{k=1}^{n} \frac{2}{k} \\
&= \sum_{i=1}^{n-1} O(\lg n) \\
&= O(n \lg n)
\end{aligned}
$$

と評価される．この限界と補題 7.1 から，（すべての要素が異なるという仮定の下で）RANDOMIZED-PARTITION の期待実行時間は $O(n \lg n)$ である． ∎

166 | 7　クイックソート

練習問題

7.4-1　漸化式

$$T(n) = \max\{T(q) + T(n - q - 1)) + \Theta(n) : 0 \le q \le n - 1\}$$

が下界 $T(n) = \Omega(n^2)$ を持つことを示せ.

7.4-2　クイックソートの最良実行時間が $\Omega(n \lg n)$ であることを示せ.

7.4-3　$q = 0, 1, \ldots, n - 1$ のとき, $q^2 + (n - q - 1)^2$ の最大値は $q = 0$ または $q = n - 1$ のときに達成されることを示せ.

7.4-4　RANDOMIZED-QUICKSORT の期待実行時間が $\Omega(n \lg n)$ であることを示せ.

7.4-5　章末問題 2-1 でマージソートに対して検討した, 再帰の底を上げる手法はクイックソートの実行時間を実際に改良するためによく使われる方法である. 再帰の基底段階を, 配列の要素数が k 未満のときには, クイックソートを再帰的に呼び出す代わりに挿入ソートでソートするように変更する. 乱択版のこのソーティングアルゴリズムが $O(nk + n \lg(n/k))$ 期待時間で走ることを示せ. 理論上および実際上, 適切な k の選択方法を示せ.

7.4-6　★　PARTITION 手続きを変更し, 3 つの要素を配列 A からランダムに選択し, その中央値 (3 つの要素の真中の値) によって分割を行うことにする. α 対 $(1 - \alpha)$ よりも悪い分割が得られる確率の近似値を $\alpha\,(0 < \alpha < 1/2)$ の関数として求めよ.

章末問題

7-1　Hoare の分割手続きの正しさ

本章で説明した PARTITION は元々の分割アルゴリズムではない. 次に示す HOARE-PARTITION は C.A.R. Hoare による元々の分割アルゴリズムである.

a.　配列 $A = \langle 13, 19, 9, 5, 12, 8, 7, 4, 11, 2, 6, 21 \rangle$ 上での HOARE-PARTITION の動作を第 4〜13 行の **while** ループの各繰返し直後の配列の値と i と j のインデックスを用いて説明せよ.

b.　$A[p:r]$ のすべての要素が等しいとき, 第 7.1 節の PARTITION と HOARE-PARTITION の相違を記述せよ. クイックソートで用いるとき, 実用上, HOARE-PARTITION が PARTITION に優る点を説明せよ.

以下の 3 つの問題では, 手続き HOARE-PARTITION が正当であることを示す注意深い議論が求められている. 部分配列 $A[p:r]$ が少なくとも 2 つの要素を含むとき, 以下の事実を証明せよ:

c.　部分配列 $A[p:r]$ の外側の要素を手続きがアクセスしないようにインデックス i と j は設定される.

d.　HOARE-PARTITION が終了したとき, $p \le j < r$ を満たす値 j を返す.

$$\text{HOARE-PARTITION}(A, p, r)$$

```
1   x = A[p]
2   i = p − 1
3   j = r + 1
4   while TRUE
5       repeat
6           j = j − 1
7       until A[j] ≤ x
8       repeat
9           i = i + 1
10      until A[i] ≥ x
11      if i < j
12          A[i] と A[j] を交換する
13      else return j
```

e. HOARE-PARTITION が終了したとき，$A[p:j]$ のすべての要素の値は $A[j+1:r]$ のどの要素の値よりも大きくない．

第 7.1 節の手続き PARTITION では，（元々 $A[r]$ にあった）ピボット値は PARTITION が構成する 2 つの分割には属さない．一方，手続き HOARE-PARTITION では，（元々 $A[p]$ にあった）ピボット値は 2 つの分割 $A[p:j]$ と $A[j+1:r]$ のどちらかに属する．$p \leq j < r$ なので，この 2 つの分割は共に空ではない．

f. HOARE-PARTITION を用いるように QUICKSORT を書き換えよ．

7-2 同じ値の要素がある場合のクイックソート

第 7.4.2 項では乱択クイックソートの期待実行時間をすべての要素が異なる値を持つと仮定した上で解析した．本問題では，この仮定を除去したとき何が起こるかを解析する．

a. すべての要素が同じ値を持つとき，乱択クイックソートの実行時間を示せ．

b. 手続き PARTITION は，$A[p:q-1]$ の各要素が $A[q]$ 以下であり，$A[q+1:r]$ の各要素が $A[q]$ より大きくなるようなインデックス q を返す．手続き PARTITION を修正して，以下の仕様を満たす手続き $\text{PARTITION}'(A, p, r)$ を生成せよ．$\text{PARTITION}'(A, p, r)$ は，$A[p:r]$ の要素を置換し，3 つの条件

- $A[q:t]$ に属するすべての要素は等しい
- $A[p:q-1]$ に属する各要素は $A[q]$ 未満である
- $A[t+1:r]$ に属する各要素は $A[q]$ よりも大きい

を満たす 2 つのインデックス q と $t(p \leq q \leq t \leq r)$ を返す．

ただし，PARTITION と同様，$\text{PARTITION}'$ の実行時間も $\Theta(r-p)$ でなければならない．

c. 手続き RANDOMIZED-PARTITION を，$\text{PARTITION}'$ を呼び出すように修正し，この新しい手続きを $\text{RANDOMIZED-PARTITION}'$ と名づけよ．このとき，手続き $\text{QUICKSORT}'(A, p, r)$ を

作るために，手続き QUICKSORT を修正せよ．ここで，QUICKSORT′(A, p, r) は，RANDOMIZED-PARTITION′ を呼び出し，互いに同じとは知られていない要素への分割の上にだけ再帰する．

d. QUICKSORT′ を用いて，すべての要素は異なる値を持つという仮定がない場合に第 7.4.2 項で行った解析を拡張せよ．

7-3 クイックソートの解析再訪

比較を実行した回数ではなく，個々の RANDOMIZED-QUICKSORT 呼出しの期待実行時間に焦点を合わせて乱択クイックソートの実行時間を解析する．第 7.4.2 項の解析と同様，要素の値はすべて異なると仮定する．

a. サイズ n の配列が与えられたとき，任意の特定の要素がピボットに選択される確率は $1/n$ であることを論ぜよ．これを用いて，指標確率変数

$$X_i = \mathrm{I}\{i \text{ 番目に小さい要素がピボットとして選択される}\}$$

を定義せよ．$\mathrm{E}[X_i]$ を求めよ．

b. サイズ n の配列上でのクイックソートの実行時間を表現する確率変数を $T(n)$ とする．

$$\mathrm{E}[T(n)] = \mathrm{E}\left[\sum_{q=1}^{n} X_q \left(T(q-1) + T(n-q) + \Theta(n)\right)\right] \tag{7.2}$$

であることを示せ．

c. 式 (7.2) が

$$\mathrm{E}[T(n)] = \frac{2}{n} \sum_{q=1}^{n-1} \mathrm{E}[T(q)] + \Theta(n) \tag{7.3}$$

と書き換えられることを示せ．

d. $n \geq 2$ のとき，

$$\sum_{q=1}^{n-1} q \lg q \leq \frac{n^2}{2} \lg n - \frac{n^2}{8} \tag{7.4}$$

であることを示せ．（**ヒント**：総和を $q = 1, 2, \ldots, \lceil n/2 \rceil - 1$ と $k = \lceil n/2 \rceil, \ldots, n-1$ の 2 つの部分和に分けて計算せよ．）

e. 式 (7.4) の限界を用いて，漸化式 (7.3) が解 $\mathrm{E}[T(n)] = \Theta(n \lg n)$ を持つことを証明せよ．（**ヒント**：$\mathrm{E}[T(n)] \leq an \lg n$ が十分に大きい n とある正定数 a に対して成立することを置換え法を用いて示せ．）

7-4 お笑いソート

Howard，Fine，Howard[b] の 3 教授は見かけによらず簡単なソーティングアルゴリズムを提案

---

[b] ［訳注］Howard が 2 人だが，兄弟である．米国で大人気だった短編映画の三バカ大将 (*The Three Stooges*) の登場人物で，Curly Howard，彼の実兄の Moe Howard，Larry Fine が最も有名なユニットだった．

している．以下に示すアルゴリズムは彼らに敬意を表して，お笑いソート (stooge sort) と名づけられている．

STOOGE-SORT(A, p, r)

1 **if** $A[p] > A[r]$
2     $A[p]$ と $A[r]$ を交換する
3 **if** $p + 1 < r$
4     $k = \lfloor (r - p + 1)/3 \rfloor$ **//** 切捨て
5   STOOGE-SORT($A, p, r - k$)   **//** 最初の 2/3
6   STOOGE-SORT($A, p + k, r$)   **//** 最後の 2/3
7   STOOGE-SORT($A, p, r - k$)   **//** 再び最初の 2/3

a. 呼出し STOOGE-SORT($A, 1, n$) は配列 $A[1 : n]$ を正しくソートすることを示せ．

b. STOOG-SORT の最悪実行時間を表す漸化式を与え，最悪実行時間のタイトな漸近限界（Θ 記法）を求めよ．

c. STOOG-SORT の最悪実行時間を，挿入ソート，マージソート，ヒープソート，クイックソートの最悪実行時間と比較せよ．教授たちは終身在職権者に値するか？

7-5 クイックソートのスタック深さ

第 7.1 節の QUICKSORT 手続きは自分自身を呼び出す再帰呼出しを 2 つ含んでいる．PARTITION を呼び出した後，まず分割の下側，次に分割の上側をそれぞれ再帰的にソートする．QUICKSORT の 2 つ目の再帰呼出しは実際には必要なく，繰返し制御構造を用いて避けることができる．優れたコンパイラは，この**末尾再帰除去** (tail-recursion elimination) と呼ばれる技法を自動的に適用する．末尾再帰除去を QUICKSORT に適用すると，TRE-QUICKSORT を得る．

TRE-QUICKSORT(A, p, r)

1 **while** $p < r$
2   **//** 分割し，下側をソートする
3     $q = $ PARTITION(A, p, r)
4   TRE-QUICKSORT($A, p, q - 1$)
5     $p = q + 1$

a. TRE-QUICKSORT($A, 1, n$) が配列 $A[1 : n]$ を正しくソートすることを示せ．

通常，コンパイラは再帰手続きを**スタック** (stack) を用いて実行する．引数値を含む関連する情報を各再帰呼出しごとにスタックに格納する．最近の呼出しに対する情報をスタックの先頭に，初期呼出しに対する情報をスタックの底に置く．ある手続きが呼び出されるとその情報をスタックに**プッシュ** (push) し，終了するとその情報をスタックから**ポップ** (pop)[c] する．配列

---

[c] ［訳注］第 16 章のならし解析でもこれらのポップやプッシュが出てくるが，ポップすることは要素の "削除"，プッシュすることは要素の "挿入" になることに注意．

引数はポインタで引き渡されると仮定しているので，各手続き呼出しに対する情報は $O(1)$ スタック領域を占める．**スタック深さ** (stack depth) は計算に使用されるスタック領域の最大値である．

b. 要素数 n の入力配列に対する TRE-QUICKSORT のスタック深さが $\Theta(n)$ となる状況を説明せよ．

c. 最悪スタック深さが $\Theta(\lg n)$ となるように TRE-QUICKSORT を改良せよ．ただし，期待実行時間は $O(n \lg n)$ を維持しなければならない．

7-6 3要素の中央値による分割

手続き RANDOMIZED-QUICKSORT を改善する方法の1つは分割に用いるピボットを部分配列から無作為に選択するのではなく，もっと注意深く選択することである．常套手段の1つに**3要素中央値** (median-of-3) 法がある．この方法では部分配列から無作為に3個の要素を抽出し，その中央値（真ん中の要素）をピボットとして採用する．（練習問題 7.4-6 参照.）本問題では入力配列 $A[1:n]$ の要素はすべて異なり，$n \geq 3$ であると仮定する．ソート済みの $A[p:r]$ を $z_1, z_2, \ldots, z_n$ とする．ピボット x を3要素中央値法を用いて選択するとき，$p_i = \Pr\{x = z_i\}$ と定義する．

a. $i = 2, 3, \ldots, n-1$ に対して，p_i を n と i の関数として表現せよ．（$p_1 = p_n = 0$ となることに注意せよ.）

b. ピボット x を $x = z_{\lfloor (n+1)/2 \rfloor}$（$A[p:r]$ の中央値）となるように選択できる確率は通常の実装と比べてどの程度増加するか？ $n \to \infty$ とするとき，この2つの確率の比の極限を与えよ．

c. ピボット $x = z_i$ が $n/3 \leq i \leq 2n/3$ を満たすように選択できたとき，"良い"分割であると定義する．良い分割を得る確率は通常の実装と比べてどの程度増加するか？（**ヒント**：和を積分によって近似せよ.）

d. 3要素中央値法はクイックソートの実行時間の下界 $\Omega(n \lg n)$ を高々定数倍しか改善できないことを示せ．

7-7 区間集合のファジィソート

正確な数を知らない状況でのソーティング問題を考える．各数に対してその数が属する数直線上の区間を知っていると仮定する．すなわち，n 個の閉区間 $[a_i, b_i]$（ただし $a_i \leq b_i$）が与えられる．これらの区間を**ファジィソート** (fuzzy-sort) すること，すなわち，$c_1 \leq c_2 \leq \cdots \leq c_n$ を満たす $c_j \in [a_{i_j}, b_{i_j}]$ が存在するような区間の置換 $\langle i_1, i_2, \ldots, i_n \rangle$ を生成することが目的である．

a. n 個の区間をファジィソートする乱択アルゴリズムを設計せよ．設計するアルゴリズムは区間の左端の点 (a_i) をクイックソートするという構造を持ち，区間の重なりを利用した実行時間の改善を行っている必要がある．（区間の重なりが多ければ多いほどファジィソート

は簡単になる．重なりがもたらすこの利点をアルゴリズムは最大限に利用しなければならない．）

b. 設計したアルゴリズムの期待時間が一般に $\Theta(n \lg n)$ であり，すべての区間が重なるときには（すなわち，すべての i に対して $x \in [a_i, b_i]$ となる x が存在するときには）期待時間が $\Theta(n)$ となることを示せ．ただし，アルゴリズムはこの状況を直接的に判定してはならない．重なりが増加するにつれて性能が自然に改良されるアルゴリズムが求められている．

文献ノート

クイックソートは Hoare [219] が発明した．Hoare 版の PARTITION は章末問題 7-1 に示した．Bentley [51, p.117] は，第 7.1 節で紹介した PARTITION を N. Lomuto の発明であるとしている．第 7.4 節の解析は Motowani–Raghavan [336] に基づいている．Sedgewick [401] と Bentley [51] は実装の詳細とそれらの重要性に関する優れた文献リストを含んでいる．

任意のクイックソートの実装に対して実行に実質上 $\Theta(n^2)$ 時間かかる配列を生成する "最終敵対者" を設計する方法を McIlroy [323] が示した．

8 線形時間ソーティング

SORTING IN LINEAR TIME

これまでに，n 個の数を $O(n \lg n)$ 時間でソートするアルゴリズムをいくつか紹介した．マージソートとヒープソートは最悪時に，クイックソートは平均時に，この上界を達成した．さらに，これらのアルゴリズムのいずれに対しても，そのアルゴリズムがソートに $\Omega(n \lg n)$ 時間かかる n 個の要素からなる入力列を構成できた．

ソート順は入力要素の比較にのみ基づいて決定されるという興味深い性質を，これらのアルゴリズムは共有している．この性質を持つアルゴリズムを **比較ソート** (comparison sort) と呼ぶ．これまでに示したすべてのアルゴリズムは，比較ソートである．

第 8.1 節では，任意の比較ソートは n 個の要素をソートするために，最悪の場合 $\Omega(n \lg n)$ 回の比較が必要であることを証明する．したがって，マージソートとヒープソートは漸近的に最適であり，定数係数分を除いてこれらより速い比較ソートは存在しない．

第 8.2, 8.3, 8.4 節では，線形時間で動作する 3 つのソーティングアルゴリズム，計数ソート (counting sort)，基数ソート (radix sort)，バケツソート (bucket sort) を検討するが，これらのアルゴリズムはある種の入力に対して線形時間かかる．もちろん，これらのアルゴリズムはソート順を決定するために比較とは別の演算を用いている．したがって，下界 $\Omega(n \lg n)$ は，これらのアルゴリズムに適用できない．

8.1 ソーティングの下界

比較ソートでは，要素間の比較だけを用いて入力列 $\langle a_1, a_2, \ldots, a_n \rangle$ に関する順序情報を得る．すなわち，2 つの要素 a_i と a_j が与えられたとき，これらの相対的な順序を決定するために命令 $a_i < a_j$, $a_i \leq a_j$, $a_i = a_j$, $a_i \geq a_j$, $a_i > a_j$ のどれかを実行する．比較以外の方法で，要素の値を検査したり，要素間の順序情報を得ることはできない．

下界を証明しようとしているので，一般性を失うことなく，本節では，すべての入力要素は異なると仮定する．結局のところ，異なる要素に対する下界は，要素がすべて異なっていても，異なっていなくても当てはまる．したがって，比較 $a_i = a_j$ は無意味なので，等号が正確に成り立つか否かの比較は行われないと仮定できる．さらに，4 つの比較 $a_i \leq a_j$, $a_i \geq a_j$, $a_i > a_j$, $a_i < a_j$ は a_i と a_j の相対的な順序に対して同じ情報をもたらすという意味で，等価であることに注意せよ．そこで，すべての比較は形 $a_i \leq a_j$ を持つと仮定する．

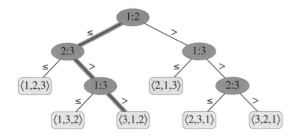

図 8.1 3要素上で動作する挿入ソートに対応する決定木．（濃い網かけで示された）内部節点のラベル $i:j$ は a_i と a_j の比較を示す．葉にラベルづけられた置換 $\langle \pi(1), \pi(2), \ldots, \pi(n) \rangle$ は順序 $a_{\pi(1)} \leq a_{\pi(2)} \leq \cdots \leq a_{\pi(n)}$ を示す．入力列 $\langle a_1 = 6, a_2 = 8, a_3 = 5 \rangle$ をソートするときに下した決定列に対応する経路を濃い網かけで示している．$a_2 \geq a_3$ を意味する 2:3 というラベルのついた節点から右へ進み，$a_1 \geq a_3$ を意味する 1:3 というラベルのついた節点から右へ進むと，$\langle 3, 1, 2 \rangle$ というラベルの葉で示されるように，$a_3 \leq a_1 \leq a_2$ という順序を得る．入力要素集合には $3! = 6$ 個の順列があるので決定木は少なくとも 6 個の葉を持つ．

決定木モデル

比較ソートは決定木の概念を用いて抽象的に表現できる．**決定木** (decision tree) は，与えられたサイズの入力上で動作する，特定のソーティングアルゴリズムが実行する要素間の比較を表現する全2分木である．制御やデータの移動を含め，比較以外のすべてのアルゴリズムの側面は無視される．3 個の要素を持つ入力列上で動作する，第 2.1 節で紹介した挿入ソートに対応する決定木を図 8.1 に示す．

n を入力列の要素数とすると，決定木の各内部節点はある 2 項組 $i : j\ (1 \leq i, j \leq n)$ をラベルとして持ち，各葉はある置換 $\langle \pi(1), \pi(2), \ldots, \pi(n) \rangle$ をラベルとして持つ．（置換に対する基礎知識は付録第 C.1 節（数え上げ）参照．）内部節点と葉のインデックスはソーティングアルゴリズムの開始時における配列要素の元の位置を指している．ソーティングアルゴリズムの実行は決定木の根からある葉に至る単純路をたどることに対応する．ラベル $i : j$ を持つ内部節点では比較 $a_i \leq a_j$ を実行する．この内部節点の左部分木は $a_i \leq a_j$ と判明した場合以降の比較手続きを記述し，右部分木は $a_i > a_j$ である場合の以降の比較手続きを記述する．ソーティングアルゴリズムの実行が葉に到達すると，順序 $a_{\pi(1)} \leq a_{\pi(2)} \leq \cdots \leq a_{\pi(n)}$ が確定する．任意の正当なソーティングアルゴリズムは入力のすべての置換を生成できるので，比較ソートが正当であるためには，n 個の要素から構成される $n!$ 個の置換のそれぞれが決定木の葉の 1 つとして出現する必要がある．しかも，これらの葉はそれぞれ根から木を下る経路（このような経路は比較ソートの実際の実行に対応する）をたどることで到達可能でなければならない．（このような葉を"到達可能な"葉と呼ぶ．）したがって，それぞれの置換が到達可能な葉として出現する決定木のみを考えることにする．

最悪時の下界

決定木の根から任意の葉までの単純路の長さの最大値が，対応するソーティングアルゴリズムの最大比較回数である．すなわち，与えられた比較ソートの最大比較回数はその決定木の高さである．したがって，すべての置換が到達可能な葉として出現するすべての決定木の高さの下

174 | 8　線形時間ソーティング

界は，任意の比較ソートアルゴリズムの実行時間の下界になる．次の定理は，この下界を与える．

定理 8.1　任意の比較ソートアルゴリズムは，最悪時に $\Omega(n \lg n)$ 回の比較が必要である．

証明　これまでの議論から，すべての置換が到達可能な葉として出現する決定木の高さを決定すれば十分である．n 要素上の比較ソートに対応する任意の決定木を考える．その高さを h，到達可能な葉の数を l とする．入力の $n!$ 個の置換のそれぞれがある葉として出現する必要があるので $n! \le l$ である．一方，高さ h の 2 分木の葉の数は 2^h 以下なので，

$$n! \le l \le 2^h$$

であり，両辺の対数を取ると，

$$
\begin{aligned}
h \; &\ge \; \lg(n!) \qquad \text{（$\lg$ 関数は単調増加なので）} \\
&= \; \Omega(n \lg n) \quad \text{（第 3.3 節の式 (3.28)（57 ページ）から）}
\end{aligned}
$$

を得る． ■

系 8.2　ヒープソートとマージソートは共に漸近的に最適な比較ソートである．

証明　ヒープソートとマージソートの実行時間の上界 $O(n \lg n)$ は，定理 8.1 の最悪時の下界 $\Omega(n \lg n)$ と一致する． ■

練習問題

8.1-1　比較ソートに対応する決定木の葉の深さの最小値を求めよ．

8.1-2　$\lg(n!)$ の漸近的にタイトな限界を，Stirling の近似公式を使わずに求めよ．その代わり，付録第 A.2 節（和の上界と下界）の技法を用いて，和 $\sum_{k=1}^{n} \lg k$ を評価せよ．

8.1-3　長さ n の $n!$ 個の入力の少なくとも半分に対して，実行時間が線形になるような比較ソートが存在しないことを示せ．$n!$ 個の中の $1/n$ に対してならばどうか？また，$1/2^n$ ではどうか？

8.1-4　ソートすべき n 個の要素の列が与えられており，次に述べる意味において部分的にソートされていることを知っているものとする．最初，$i \bmod 4 = 0$ であるような位置 i にある各要素はすでに正しい位置にあるか，または正しい位置から 1 だけ離れたところにある．たとえば，ソーティングの後，最初 12 番目にあった要素は 11, 12 あるいは 13 番目を占めることが分かっているものとする．$i \bmod 4 \ne 0$ であるような位置 i にある他の要素に関しては事前の情報はないものとする．この場合，比較に基づくソーティングに関して $\Omega(n \lg n)$ の下界が成り立つことを示せ．

8.2　計数ソート

計数ソート (counting sort) では，n 個の入力要素はある整数 k に対して 0 から k の範囲の整数から選ばれると仮定する．それは $\Theta(n + k)$ 時間で走るので，$k = O(n)$ ならば計数ソートは

$O(n)$ 時間で走る.

計数ソートは，各入力要素 x に対して x より小さい要素の数を決定する．そして，要素 x を出力配列の正しい位置に直接格納するために，この情報を用いる．たとえば，x より小さい数が 17 個あるならば，x を出力位置 18 に格納する．複数の要素が同じ値を持つ場合には，これらの要素を同一の場所に格納できないので，若干の手直しが必要になる.

下の手続き COUNTING-SORT では，入力は配列 $A[1:n]$，この配列のサイズは n，および A における非負整数値に関する限度は k である．配列 $B[1:n]$ にはソート結果を格納し，配列 $C[0:k]$ は一時的な補助領域として利用する.

COUNTING-SORT(A, n, k)

 1 $B[1:n]$ と $C[0:k]$ を新しい配列とする
 2 **for** $i = 0$ **to** k
 3      $C[i] = 0$
 4 **for** $j = 1$ **to** n
 5      $C[A[j]] = C[A[j]] + 1$
 6 // $C[i]$ はいま，値 i に等しい要素の個数を持っている
 7 **for** $i = 1$ **to** k
 8      $C[i] = C[i] + C[i-1]$
 9 // $C[i]$ はいま，値 i 以下の要素の数を示す
10 // A の最後から始めて，A を B にコピーする.
11 **for** $j = n$ **downto** 1
12      $B[C[A[j]]] = A[j]$
13      $C[A[j]] = C[A[j]] - 1$ // 重複する値の扱うために
14 **return** B

計数ソートの振舞いを図 8.2 に示す．第 2～3 行の **for** ループで配列 C の要素をすべて 0 に初期化した後，各入力要素を第 4～5 行の **for** ループで調べる．入力要素の値が i ならば，$C[i]$ に 1 を加える．したがって，第 4～5 行の **for** ループが終了したとき，各整数 $i = 0, 1, \ldots, k$ に対して，$C[i]$ は値 i を持つ入力要素数を保持している．第 7～8 行の **for** ループでは，配列 C の要素の和をインデックスが小さいほうから順に取っていくことで，各 $i = 0, 1, \ldots, k$ に対して値 i 以下の値を持つ入力要素数を決定する.

最後に，第 11～13 行の **for** ループは，各要素 $A[i]$ を出力配列 B の正しくソートされた位置に置く．n 個の要素がすべて異なるならば，最初に第 11 行に到達したときには，各 $A[j]$ に対して，$A[j]$ 以下の要素が $C[A[j]]$ 個存在するので，値 $C[A[j]]$ が出力配列における $A[j]$ の正しい最終位置である．要素がすべて異なるとは限らないので，値 $A[j]$ を B に格納するたびに $C[A[j]]$ から 1 を引くのである．$C[A[j]]$ から 1 を引くことで，$A[j]$ と同じ値を持つ A の前の要素が（存在する場合）出力配列 B の中で $A[j]$ の直前の位置に格納される.

計数ソートの実行時間を検討する．第 2～3 行の **for** ループに $\Theta(k)$ 時間，第 4～5 行の **for** ループに $\Theta(n)$ 時間，第 7～8 行の **for** ループに $\Theta(k)$ 時間，そして第 11～13 行の **for** ループに $\Theta(n)$ 時間かかる．したがって，全体の実行時間は $\Theta(k+n)$ である．通常 $k = O(n)$ のと

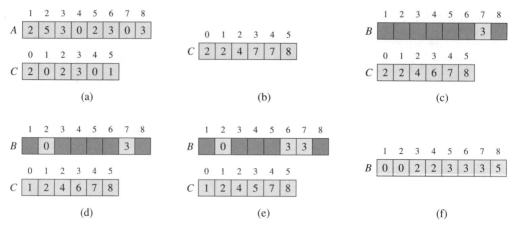

図 8.2 入力配列 $A[1:8]$ 上での Counting-sort の振舞い．ここで，A の各要素は $k=5$ 以下の非負整数である．**(a)** 第 4〜5 行の **for** ループを終了した後の配列 A と補助配列 C．**(b)** 第 7〜8 行の **for** ループを終了した後の配列 C．**(c)〜(e)** 第 11〜13 行の **for** ループの 1, 2, 3 回目の繰返し直後の出力配列 B と補助配列 C．これまでに配列 B の薄く網かけされた要素のみが格納されている．**(f)** ソートされた最終の出力配列 B．

きに計数ソートを用いるので，実際には実行時間は $\Theta(n)$ である．

計数ソートは比較ソートではないので，第 8.1 節で証明した下界 $\Omega(n \lg n)$ を越えることができた．実際，擬似コードの中には入力要素間の比較はどこにも出現しない．その代わりに，計数ソートでは要素の値そのものを配列を指すインデックスとして用いる．ソーティングに対する下界 $\Omega(n \lg n)$ は比較ソートモデルに対してだけ適用される．

計数ソートの持つ重要な性質はその**安定性** (stability)：すなわち，同じ値の要素は入力に出現する順序で出力に出現するという性質である．つまり，先に入力配列に出現したほうが先に出力配列に出現するという規則で 2 つの要素の間のタイを解消する．安定性が重要になるのは，一般に付属データがソートする要素に付随している場合である．しかし，計数ソートの安定性は別の理由から重視される：計数ソートが基数ソートのサブルーチンとしてよく利用されることである．次節で，計数ソートの安定性が，基数ソートが正当に働くために必要であることを証明する．

練習問題

8.2-1 図 8.2 を参考にして，配列 $A = \langle 6, 0, 2, 0, 1, 3, 4, 6, 1, 3, 2 \rangle$ 上での Counting-Sort の振舞いを示せ．

8.2-2 Counting-Sort が安定であることを証明せよ．

8.2-3 Counting-Sort 手続きの第 11 行の **for** ループのヘッダーを

```
11    for j = 1 to n
```

に書き換える．アルゴリズムは依然として正しく動作するが，安定ではないことを示せ．同じ値を持つ要素がインデックスが増加するように出力配列に書き込まれ，したがって，アルゴリ

ズムは安定であるように計数ソートの擬似コードを書き換えよ.

8.2-4 COUNTING-SORT に対する次のループ不変式を証明せよ:

第 11〜13 行の **for** ループの毎回の繰返しが開始時において,A の中で値 i を持つ要素で B にまだコピーされていない最後のものは $B[C[i]]$ に属する.

8.2-5 ソートしようとしている配列が 0 から k までの整数だけで,これらのキーの付属データは存在しないものとしよう.ソート結果を新しい配列 B にではなく配列 A に戻すようにして,計数ソートが配列 A と C だけを使うように改善せよ.

8.2-6 0 から k の範囲にある n 個の整数が入力として与えられている.入力を前処理し,任意の 2 整数 a, b に対して,$[a : b]$ の範囲にある入力された整数の個数を $O(1)$ 時間で答えるアルゴリズムを示せ.ただし,前処理にかかる時間は $\Theta(n + k)$ でなければならない.

8.2-7 入力値の中に分数も含むが,分数部分の桁数が小さいときにも計数ソートは効率よく動作する.0 と k の範囲の n 個の数が与えられていて,それぞれ高々 d 桁(10 を法として)だけ小数点の右にあるような場合を想定しよう.このとき,計数ソートの実行時間を $\Theta(n + 10^d k)$ 時間に改善せよ.

8.3 基数ソート

基数ソート (radix sort) は,今ではコンピュータ博物館でしか見られない,紙パンチカードのためのソート機械[a] が用いていたアルゴリズムである.カードは 80 列からなり,各列にはパンチ(穴を空けること)ができる場所が 12 箇所あり,その中の 1 つをパンチする.1 組のカード(デックと言う)が与えられると,各カードのある決められた列を検査し,パンチされた場所に応じて 12 個の箱の 1 つに配るようにソータは機械的に "プログラム" されている.オペレータはソータから箱ごとにカードを集めることができる.すなわち,最初の場所がパンチされたカードを先頭にして,2 番目の場所がパンチされたカードをその次に置き,以下同様の手順でカードを集めるのである.

10 進数に対しては各列の 10 個の場所が用いられる.(他の 2 箇所は非数値文字を符号化するために使用される.)したがって,d 桁の数では d 列からなるフィールドを占める.カードソータは一度に 1 列しか見ることができないので,d 桁の数がパンチされた n 枚カードをソートする問題に対するソーティングアルゴリズムが必要となる.

直観的には,全体をまず**最上位** (most significant) 桁でソートし,つぎに,結果として得られた各箱を再帰的にソートし,最後に,結果として得られたデックを順に置けばよいように思われる.しかし,この手続きでは,それぞれの箱をソートする間,それ以外の 9 個の箱に入っているカードを別の場所に保管する必要があり,管理しなければならない多数の中間結果のカードの山が生成される.(練習問題 8.3-5 参照.)

直観とは逆に,基数ソートはカードをまず**最下位** (least significant) 桁でソートする.つぎ

---

[a] [訳注] パンチカードシステムなどとして知られる.パンチカードシステムの歴史については,https://www.officemuseum.com/data_processing_machines.htm に,1960 年代のパンチカードソータの動画は https://www.youtube.com/watch?v=liXI4441j00 が参考になる.

329		720		720		329
457		355		329		355
657		436		436		436
839	→	457	→	839	→	457
436		657		355		657
720		329		457		720
355		839		657		839

図 8.3　7 個の 3 桁の数のリストに対する基数ソートの振舞い．入力を左端の列に示す．残りの列は，下位桁から上位桁に向かって順番にそれぞれの桁でソートした後のリストを示す．このリストを直前のリストから生成するためにソートした桁を網かけで示す．

に，アルゴリズムは 0 の箱のカード，1 の箱のカード，2 の箱のカード，という順序でカードを集めて 1 つのデックにする．このデックを今度は最下位から 2 桁目に対してソートし，同じ方法で再び 1 つのデックにする．この過程を繰り返して d 桁すべてに対してカードをソートする．驚くべきことに，この時点でカードは d 桁の数として完全にソートされている．したがって，デックを d 回走査するだけでソートが完了する．7 個の 3 桁の数の “デック” 上での基数ソートの振舞いを図 8.3 に示す．

基数ソートが正しく働くには各桁のソートは安定でなければならない．カードソータが行うソートは安定であるが，オペレータが注意すべきことがある．1 つの箱の中のすべてのカードはソートの対象であった桁について同じ値を持っているが，カードを箱から取り出すときにカードの順序を変更してはならない．

逐次ランダムアクセスマシンでモデル化される典型的なコンピュータを用いて複数のフィールドにキーを持つ情報のレコードをソートするときに，基数ソートがよく用いられる．たとえば，年，月，日という 3 つのキーによって日付をソートすることを考える．比較機能を持つソーティングアルゴリズムを用いてもよい．与えられた 2 つの日付に対して，まず年を比較し，もし同じならば月を比較し，さらに同じならば日を比較する．しかし，日，月，年の順番で 3 回安定ソートを繰り返してソートをする方法もある．

基数ソートの擬似コードは単純である．以下の手続きでは，n 個の要素を持つ配列 A の各要素は d 桁の数であり，第 1 桁が最下位桁，第 d 桁が最上位桁であると仮定する．

```
RADIX-SORT(A, n, d)
for i = 1 to d
    安定ソートを用いて第 i 桁に関して配列 A[1 : n] をソートする
```

RADIX-SORT の擬似コードはどの安定ソートを用いるべきかを指定していないが，よく使われるのは COUNTING-SORT である．COUNTING-SORT を安定ソートとして用いるとき，出力配列へのポインタを引数として取り，RADIX-SORT にこの配列を前もって割り当てておき，RADIX-SORT の **for** ループにおいて，この 2 つの配列を入力用と出力用に交互に用いるように修正しておくと，もう少し効率が良くなる．

補題 8.3　n 個の d 桁の数が与えられていて，各桁が取りうる値の数が k 以下であると仮定する．サブルーチンとして用いる安定ソートの実行時間が $\Theta(n+k)$ ならば，RADIX-SORT はこれらの数を $\Theta(d(n+k))$ 時間でソートする．

証明 基数ソートの正当性はソートされている列に関する帰納法によって示すことができる（練習問題 8.3-3 参照）．実行時間の解析は中間ソートとして用いる安定ソートに依存する．各桁が 0 から $k-1$ の範囲にあり（それゆえ k 個の値を取りえて），k がそれほど大きくないとすると，計数ソートを使うべきである．n 個の d 桁の数を 1 回走査するのに $\Theta(n+k)$ 時間かかる．走査を d 回行うので，基数ソートの総実行時間は $\Theta(d(n+k))$ である． ∎

d が定数で $k = O(n)$ ならば，基数ソートは線形時間で走る．より一般的には，各キーを桁に分ける方法にいくらか自由度がある．

補題 8.4 n 個の b 桁の数と整数 $r \le b$ が与えられているとする．サブルーチンとして用いる安定ソートの実行時間が $\Theta(n+k)$ ならば，Radix-Sort はこれらの数を $\Theta((b/r)(n+2^r))$ 時間でソートする．

証明 値 $r \le b$ に対して，各キーを各桁が r ビットで表現される $d = \lceil b/r \rceil$ 桁の数と見なす．各桁は 0 と $2^r - 1$ の間の整数なので，$k = 2^r - 1$ と置いて，計数ソートを適用する．（たとえば，32 ビット数を各桁が 8 ビットの 4 桁の数を見なすと，$b = 32$，$r = 8$，$k = 2^r - 1 = 255$，$d = b/r = 4$ である．）計数ソートの各走査には $\Theta(n+k) = \Theta(n+2^r)$ 時間かかり，走査を d 回行うので，総実行時間は $\Theta(d(n+2^r)) = \Theta((b/r)(n+2^r))$ である． ∎

与えられた n と b に対して，条件 $r \le b$ の下で式 $(b/r)(n+2^r)$ を最小化する値 r を選びたい．n と b が与えられたとき，$r \le b$ のどの値が式 $(b/r)(n+2^r)$ を最小にするだろうか．r が減れば，係数 b/r は増加するが，r が増加すれば 2^r も増加する．答えは $b < \lfloor \lg n \rfloor$ かどうかにかかっている．もし $b < \lfloor \lg n \rfloor$ ならば，$r \le b$ は $(n+2^r) = \Theta(n)$ を意味する．したがって，$r = b$ と選べば実行時間は $(b/b)(n+2^b) = \Theta(n)$ となるが，これは漸近的に最適である．$b \ge \lfloor \lg n \rfloor$ ならば，$r = \lfloor \lg n \rfloor$ と取れば以下で示すように定数の範囲で最適である．[1] $r = \lfloor \lg n \rfloor$ と置くと，実行時間は $\Theta(bn/\lg n)$ である．r を $\lfloor \lg n \rfloor$ を超えて増やすと，分子の項 2^r は分母の項 r よりも速く増加する．したがって，r を $\lfloor \lg n \rfloor$ を超えて増やすと，実行時間の下限は $\Omega(bn/\lg n)$ である．逆に，r を $\lfloor \lg n \rfloor$ 未満に減らすと b/r 項が増加し，$n+2^r$ 項は $\Theta(n)$ のまま変化しない．

基数ソートはクイックソートのような比較ソートアルゴリズムよりも優れているのだろうか？ 十分に現実的な条件 $b = O(\lg n)$ を想定し，$r \approx \lg n$ と置くと，基数ソートの実行時間は $\Theta(n)$ であり，クイックソートの期待実行時間 $\Theta(n \lg n)$ よりも優れているように思われる．しかし，Θ 記号に隠された定数が違う．n 個のキー上で，基数ソートはクイックソートよりも少ない走査数ですますことがあるが，基数ソートの各走査には致命的に長い時間がかかることがある．どちらのソーティングアルゴリズムが望ましいかは，実現方法の特徴，動作する機械（たとえば，クイックソートはしばしば基数ソートよりもハードウェアキャッシュをより効果的に利用できる），そして入力データに依存する．多くの $\Theta(n \lg n)$ 時間比較ソートと違い，計数ソートを安定な中間ソートに用いる基数ソートはその場でのソートではないという欠点もある．したがって，主記憶領域が高価なときは，クイックソートのようなその場でのソーティングアルゴリズムが選択されるかもしれない．

---

[1] $r = \lfloor \lg n \rfloor$ の選択は $n > 1$ と仮定する．もし $n \le 1$ ならば，ソートするものはない．

180 | 8 線形時間ソーティング

練習問題

8.3-1 図 8.3 を参考にして，以下の英単語のリストに対する RADIX-SORT の振舞いを示せ：
COW, DOG, SEA, RUG, ROW, MOB, BOX, TAB, BAR, EAR, TAR, DIG, BIG, TEA, NOW, FOX.

8.3-2 次のソーティングアルゴリズムのうち安定なものはどれか？挿入ソート，マージソート，ヒープソート，クイックソート．任意の比較ソートアルゴリズムを安定なものに修正するための簡単な方法を与えよ．この方法にはどの程度の余分な時間と領域が必要か？

8.3-3 基数ソートが正しく動作することを帰納法を用いて証明せよ．中間ソートが安定であるという仮定が必要となる証明の場所を示せ．

8.3-4 COUNTING-SORT を RADIX-SORT と一緒に安定ソートとして使うものとする．RADIX-SORT が COUNTING-SORT を d 回呼び出すなら，毎回の COUNTING-SORT の呼出しは，データ上を 2 回だけ走査する（第 4～5 行と第 11～13 行）ので，全体では $2d$ 回だけデータ上を走査することになる．この走査の全回数を $d+1$ 回に減らす方法を述べよ．

8.3-5 0 から $n^3 - 1$ の範囲にある整数を $O(n)$ 時間でソートする方法を示せ．

8.3-6 ★ この節の冒頭で紹介したカードソーティングアルゴリズムにおいて，d 桁の十進数をソートするために最悪の場合に必要なソーティング走査の回数を正確に求めよ．また，最悪の場合にオペレータが管理する必要のあるカードの山の個数を示せ．

8.4 バケツソート

バケツソート (bucket sort) は，入力が一様分布から抽出されると仮定するとき，平均実行時間 $O(n)$ を達成する．バケツソートが高速なのは，計数ソートと同様，入力にある仮定を置いているからである．計数ソートは，入力が狭い範囲にある整数から選ばれると仮定した．一方，バケツソートは，入力要素はある確率過程によって区間 $[0,1)$ に一様独立に分布するように生成されると仮定する．（一様分布の定義は付録第 C.2 節（確率）参照．）

バケツソートは，区間 $[0,1)$ を n 個の等しい大きさの**バケツ** (bucket) と呼ぶ部分区間に分割し，n 個の入力をバケツに分配する．入力は $[0,1)$ 上に一様独立に分布しているので，多くの数が 1 つのバケツに集中しないと期待できる．そこで，各バケツごとにその中の数をソートし，つぎに，1 番小さい区間に対応するバケツから順番にその中のソート済みの要素をその順序で並べれば出力が生成できる．

次ページの手続き Bucket-Sort は，その入力が配列 $A[1:n]$ であり，各要素 $A[i]$ は，配列内で $0 \le A[i] < 1$ を満たすと仮定する．連結リストを要素とする補助配列 $B[0:n-1]$（バケツ）を擬似コードは使用するが，リストを維持する機構は（擬似コードの外に）存在すると仮定する．（連結リストの基本操作を実現する方法は第 10.2 節（連結リスト）で述べる．）要素数 10 の入力配列上でのバケツソートの振舞いを図 8.4 に示す．

このアルゴリズムが正しく動作することを示すために 2 つの要素 $A[i]$ と $A[j]$ を考える．一般性を失うことなく，$A[i] \le A[j]$ と仮定する．$\lfloor n \cdot A[I] \rfloor \le \lfloor n \cdot A[j] \rfloor$ なので，要素 $A[i]$ は

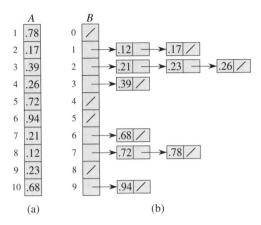

図 8.4 $n = 10$ のときの BUCKET-SORT の振舞い. **(a)** 入力配列 $A[1:10]$. **(b)** アルゴリズムの第 8 行を実行後のソートされたリスト（バケツ）の配列 $B[0:9]$. バケツ i は半開区間 $[i/10, (i+1)/10)$ に属する値を保持している．ソート済みの出力はリスト $B[0], B[1], \ldots, B[9]$ をこの順序で連結したものである．

BUCKET-SORT(A, n)
1 $B[0:n-1]$ を新しい配列とする
2 **for** $i = 0$ **to** $n - 1$
3      $B[i]$ を空リストに初期化する
4 **for** $i = 1$ **to** n
5      $A[i]$ をリスト $B[\lfloor n \cdot A[i] \rfloor]$ に挿入する
6 **for** $i = 0$ **to** $n - 1$
7   リスト $B[i]$ を挿入ソートでソートする
8 リスト $B[0], B[1], \ldots, B[n-1]$ をこの順序で連結する
9 **return** 連結されたリスト

$A[j]$ と同じバケツに入るか，あるいは $A[j]$ より小さいインデックスのバケツに入る．$A[i]$ と $A[j]$ が同じバケツに入っているなら，第 6〜7 行の **for** ループはこれらを正しい順序に置く．$A[i]$ と $A[j]$ が異なるバケツに入っているなら，第 8 行がこれらを正しい順序に置く．したがって，バケツソートは正しく動作する．

実行時間を解析するために，第 7 行を除くすべての行の実行にかかる時間は最悪時にも $O(n)$ であることを確認しよう．第 7 行における n 回の挿入ソートの呼出しにかかる時間を解析する必要がある．

挿入ソートの呼出しコストを解析するために，n_i をバケツ $B[i]$ に入れられる要素数を表す確率変数とする．挿入ソートは 2 次の多項式時間で走るので（第 2.2 節（アルゴリズムの解析）参照），バケツソートの実行時間は

$$T(n) = \Theta(n) + \sum_{i=0}^{n-1} O(n_i^2) \tag{8.1}$$

である．

ここで，実行時間の期待値を計算することでバケツソートの平均時の実行時間を解析す

る．ただし，期待値は入力分布の上で取る．両辺の期待値を取り，期待値の線形性（付録の式 (C.24)（1009 ページ）参照）より，

$$
\begin{aligned}
\mathrm{E}\left[T(n)\right] &= \mathrm{E}\left[\Theta(n) + \sum_{i=0}^{n-1} O(n_i^2)\right] \\
&= \Theta(n) + \sum_{i=0}^{n-1} \mathrm{E}\left[O(n_i^2)\right] \quad \text{（期待値の線形性より）} \\
&= \Theta(n) + \sum_{i=0}^{n-1} O\left(\mathrm{E}\left[n_i^2\right]\right) \quad \text{（付録第 C.3 節の式 (C.25)（1009 ページ）より）} \quad (8.2)
\end{aligned}
$$

を得る．ここで，$i = 0, 1, \ldots, n-1$ に対して，

$$
\mathrm{E}\left[n_i^2\right] = 2 - 1/n \tag{8.3}
$$

が成立すると主張する．入力配列 A の各要素は任意のバケツに等確率で納まるので，各バケツ i が同じ値 $\mathrm{E}\left[n_i^2\right]$ を持つことは驚きではない．

式 (8.3) を証明するために，各確率変数 n_i をベルヌーイ試行（付録第 C.4 節参照）における成功回数と見なす．試行における成功はある要素がバケツ $B[i]$ に入るときであるが，成功確率は $p = 1/n$ で失敗確率は $q = 1 - 1/n$ である．2 項分布は n 回の試行における成功回数を n_i として数える．付録の式 (C.41) と (C.44)（1014 ページ）により，$\mathrm{E}^2[n_i] = np = n(1/n) = 1$ と $\mathrm{Var}\left[n_i\right] = npq = 1 - 1/n$ を得る．付録の式 (C.32)（1011 ページ）により，

$$
\begin{aligned}
\mathrm{E}\left[n_i^2\right] &= \mathrm{Var}\left[n_i\right] + \mathrm{E}^2[n_i] \\
&= (1 - 1/n) + 1^2 \\
&= 2 - 1/n
\end{aligned}
$$

を得るが，これより式 (8.3) を得る．式 (8.2) においてこの期待値を用いると，バケツソートの平均時実行時間として $\Theta(n) + n \cdot O(2 - 1/n) = \Theta(n)$ を得る．

入力が一様分布から抽出されていなくても，バケツソートが線形時間で動作することがある．バケツのサイズの 2 乗の和が要素数の線形であるという条件を入力が満たすなら，式 (8.1) はバケツソートが線形時間で動作することを保証する．

練習問題

8.4-1 図 8.4 を参考にして，配列 $A = \langle .79, .13, .16, .64, .39, .20, .89, .53, .71, .42 \rangle$ 上での Bucket-Sort の振舞いを示せ．

8.4-2 バケツソートの最悪実行時間が $\Theta(n^2)$ である理由を示せ．単純な修正をアルゴリズムに加えて，線形平均実行時間を保存しつつ最悪実行時間を $O(n \lg n)$ に改良できるか？

8.4-3 公正なコインを 2 回フリップしたときに表の出る回数を表す確率変数を X とする．$E[X^2]$ を求めよ．また，$E^2[X]$ はいくらか？

8.4-4 次のように，サイズ $n > 10$ の配列 A に要素が詰まっている．各要素 $A[i]$ に対して 2 つの確率変数 x_i と y_i を $[0, 1)$ において一様独立に選ぶ．このとき，$A[i]$ を

$$
A[i] = \frac{\lfloor 10 x_i \rfloor}{10} + \frac{y_i}{n}
$$

と定める．この配列 A を $O(n)$ の期待時間でソートするようにバケツソートを改良せよ．

8.4-5 ★　単位円の中に n 個の点 $p_i = (x_i, y_i)$ が与えられている．ここで，$i = 1, 2, \ldots, n$ に対して $0 < x_i^2 + y_i^2 \leq 1$ である．点は一様に分布していると仮定する．すなわち，円内の任意の領域に点がある確率はその領域の面積に比例する．n 個の点を原点からの距離 $d_i = \sqrt{x_i^2 + y_i^2}$ によってソートするための，平均実行時間 $\Theta(n)$ のアルゴリズムを設計せよ．（**ヒント**：単位円内の点の一様分布を反映して BUCKET-SORT が用いるバケツサイズを設計せよ．）

8.4-6 ★　確率変数 X に対する**確率分布関数** (probability distribution function) $P(x)$ を $P(x) = \Pr\{X \leq x\}$ によって定義する．$O(1)$ 時間で計算可能な連続確率分布関数 P に従う n 個の確率変数 $X_1, X_2, \ldots, X_n$ のリストを考える．y が与えられると，$O(1)$ 時間内で $P(x) = y$ となるような x を見つけることができる．これらの数を線形平均時間でソートするアルゴリズムを示せ．

章末問題

8-1　比較ソートの確率的下界

本問題では，n 個の相異なる要素を入力とする任意の決定性および乱択比較ソートに対して成立する確率的下界 $\Omega(n \lg n)$ を証明する．まず，決定木 T_A を持つ決定性比較ソート A を検討する．A の入力のすべての置換は等確率で出現すると仮定する．

a.　T_A の各葉に対して，無作為抽出された入力が与えられたときにその葉に到達する確率がラベルづけされていると仮定する．ちょうど $n!$ 個の葉のラベルが $1/n!$ であり，その他の葉のラベルは 0 であることを示せ．

b.　決定木 T の外部経路長，すなわち T のすべての葉の深さの和を $D(T)$ で表す．T を $k > 1$ 個の葉を持つ決定木とし，LT, RT をそれぞれ T の左，右部分木とする．$D(T) = D(LT) + D(RT) + k$ を示せ．

c.　$k > 1$ 個の葉を持つすべての決定木 T に渡る $D(T)$ の最小値を $d(k)$ とする．$d(k) = \min_{1 \leq i \leq k-1}\{d(i) + d(k-i) + k\}$ となることを示せ．（**ヒント**：最小値を達成する k 個の葉を持つ決定木 T を考えよ．i_0 を LT の葉数，$k - i_0$ を RT の葉数とせよ．）

d.　与えられた $k > 1$ と $1 \leq i \leq k-1$ に対して，関数 $i \lg i + (k-i)\lg(k-i)$ が $i = k/2$ で最小値を取ることを証明せよ．$d(k) = \Omega(k \lg k)$ であることを示せ．

e.　$D(T_A) = \Omega(n! \lg(n!))$ を証明し，n 個の要素をソートするための平均実行時間の下限が $\Omega(n \lg n)$ であることを示せ．

つぎに，**乱択**比較ソート B を考えよう．乱択アルゴリズムを取り扱うために，2 種類の節点として，通常比較節点と"乱択"節点を導入することによって決定木モデルを拡張する．乱択節点は，命令 RANDOM$(1, r)$ を用いてアルゴリズム B が行う無作為抽出をモデル化している．乱択節点は r 個の子を持ち，それぞれは等確率でアルゴリズムの実行中に選択される．

184 | 8 線形時間ソーティング

f. 任意の乱択比較アルゴリズム B に対して，ある決定性比較ソート A が存在し，その期待比較回数が B の期待比較回数を超えないことを証明せよ．

8-2 線形時間で走るその場でのソート

0 または 1 をキーとして持つ n 個のレコードデータの配列をソートしたい．このようなレコード集合をソートするためのアルゴリズムは，以下の 3 つの望ましい性質の中のいくつかを持っていると考えられる：

1. アルゴリズムは $O(n)$ 時間で動作する．
2. アルゴリズムは安定である．
3. アルゴリズムは元の配列以外には定数以上の領域を使用せず，その場でソートする．

a. 性質 1 と 2 を満たすアルゴリズムを与えよ．

b. 性質 1 と 3 を満たすアルゴリズムを与えよ．

c. 性質 2 と 3 を満たすアルゴリズムを与えよ．

d. **(a)**〜**(c)** で解答したソーティングアルゴリズムの中のどれかを RADIX-SORT の第 2 行のソーティング方法として用い，RADIX-SORT が b ビットのキーを持つ n 個のレコードを $O(bn)$ 時間でソートするようにできるか？ 可能ならばその方法を示し，不可能ならばその理由を示せ．

e. n 個のレコードが 1 から k の範囲にあるキーを持つと仮定する．これらのレコードをその場で $O(n+k)$ 時間でソートできるように計数ソートを修正せよ．入力配列以外に $O(k)$ の記憶を使用してもよい．解答したアルゴリズムは安定か？

8-3 可変長アイテムのソート

a. 整数の配列が与えられる．異なる整数は異なる桁数を持つこともあるが，配列中の**すべての整数の総桁数は n である**．この配列を $O(n)$ 時間でソートする方法を示せ．

b. 文字列の配列が与えられる．異なる文字列は異なる文字数を持つこともあるが，配列中のすべての文字列の文字総数は n である．この配列を $O(n)$ 時間でソートする方法を示せ．（標準的な辞書式順序に従ってソートすることが求められている：たとえば，a < ab < b である．）

8-4 水瓶

形と大きさがすべて異なる赤い水瓶と青い水瓶がそれぞれ n 個ある．赤い水瓶に入る水の量はすべて異なり，青い水瓶についても同様である．さらに，赤い水瓶のそれぞれに対して，同量の水が入る青い水瓶が存在する．

すべての水瓶を，同量の水が入る赤と青の水瓶の対に分類することが，我々に課せられた仕事である．そのために，次の操作が許されている．赤と青の水瓶の対を選び，赤の水瓶に水を一杯に入れ，それを青い水瓶に注ぐ．この操作によって赤の水瓶と青の水瓶に入る水の量が比

較できる．この操作に単位時間かかるものと仮定する．目標は最小回数の操作で瓶の分類を行うアルゴリズムを見つけることである．同じ色の瓶を直接比較できないことに注意しよう．

a. $\Theta(n^2)$ 回の比較を用いて瓶を対に分類する決定性アルゴリズムを設計せよ．

b. この問題を解くアルゴリズムが必要とする比較回数の下界 $\Omega(n \lg n)$ を証明せよ．

c. 期待比較回数が $O(n \lg n)$ となる乱択アルゴリズムを与え，この上界が正しいことを証明せよ．このアルゴリズムの比較回数の最悪値を評価せよ．

8-5 平均ソーティング

配列をソートするのではなく，要素が平均的に増加するようにしよう．正確に述べると，要素数 n の配列 A がすべての $i = 1, 2, \ldots, n - k$ に対して

$$\frac{\sum_{j=i}^{i+k-1} A[j]}{k} \leq \frac{\sum_{j=i+1}^{i+k} A[j]}{k}$$

を満たすとき，A は **k ソート済み** (k-sorted) であると言う．

a. 1 ソート済み配列とは，どのような配列のことか？

b. 数 $1, 2, \ldots, 10$ から構成される，2 ソート済みだがソート済みではない順列の例を与えよ．

c. 要素数 n の配列が k ソート済みであるための必要十分条件は，すべての $i = 1, 2, \ldots, n - k$ に対して $A[i] \leq A[i + k]$ が成立することである．この事実を証明せよ．

d. 要素数 n の配列を k ソートする $O(n \lg(n/k))$ 時間アルゴリズムを与えよ．

k が定数ならば，k ソート済み配列を生成するための計算時間の下界も証明できる．

e. 長さ n の k ソート済み配列を $O(n \lg k)$ 時間でソートできることを示せ．（**ヒント**：練習問題 6.5-11 の解を利用せよ．）

f. k を定数とする．要素数 n の配列を k ソートするには $\Omega(n \lg n)$ 時間が必要であることを示せ．（**ヒント**：前問の解と比較ソートの下界を用いよ．）

8-6 ソート済みリストのマージの下界

2 つのソート済みの列をマージする問題は頻繁に現れる．第 2.3.1 項（分割統治法）のサブルーチン MERGE はこの問題を解くための手続きである．本問題で，それぞれが n 個のアイテムを含む 2 つのソート済み列をマージするために，最悪時に必要となる比較回数の下界が $2n - 1$ であることを示す．まず，決定木を用いて $2n - o(n)$ 回の比較が必要であることを示す．

a. $2n$ 個の数が与えられたとき，これらをそれぞれが n 個の要素を持つ 2 つのソート済み列に分割する方法の数を計算せよ．

b. 決定木と **(a)** の答えを用いて，2 つのソート済み列を正しくマージする任意のアルゴリズムは少なくとも比較を $2n - o(n)$ 回実行することを示せ．

186 | 8　線形時間ソーティング

もう少し厳密な下界 $2n - 1$ を証明しよう.

c. 異なるリストに属する 2 つの要素がソートされたときに連続しているならば，これらは必ず比較されることを示せ.

d. 前問 (c) に対する答を利用して，2 つのソートされた列のマージに必要な比較回数の下界 $2n - 1$ を示せ.

8-7　0-1 ソート補題と列ソート

$i < j$ とし，2 つの配列要素 $A[i]$ と $A[j]$ 上の**比較交換** (compare-exchange) 操作を

COMPARE-EXCHANGE(A, i, j)

1　**if** $A[i] > A[j]$
2　　　$A[i]$ と $A[j]$ を交換する

と定義する．比較交換操作の結果，$A[i] \le A[j]$ が成立する.

　無記憶比較交換アルゴリズム (oblivious compare-exchange algorithm) は操作順序が事前に決められた比較交換操作列によってのみ動作する．この列の中で比較する場所のインデックスは事前に決まっている必要がある．これらのインデックスはソートする要素数に依存することはあっても，ソートする値に依存することも，すでに実行した比較交換操作の結果に依存することもあってはならない．たとえば，下の手続き COMPARE-EXCHANGE-INSERTION-SORT は挿入ソートの無記憶比較交換アルゴリズムとした変型版である．（16 ページの INSERTION-SORT と違って，この無記憶版はどんな場合でも $\Theta(n^2)$ で動作する.）

COMPARE-EXCHANGE-INSERTION-SORT(A, n)

1　**for** $i = 2$ **to** n
2　　　**for** $j = i - 1$ **downto** 1
3　　　　　COMPARE-EXCHANGE$(A, j, j + 1)$

　0-1 ソート補題 (0-1 sorting lemma) は，無記憶比較交換アルゴリズム が正しくソートされた結果を返すことを証明するための強力な道具である．0-1 ソート補題によると，ある無記憶比較交換アルゴリズムが 0 と 1 だけからなる任意の入力列を正しくソートできるなら，任意の値を含むどのような入力列も正しくソートできる.

　0-1 ソート補題を証明するためにその対偶，すなわち，ある無記憶比較交換アルゴリズムが任意の値を含むある入力列のソートに失敗するならば，ある 0-1 入力列のソートにも失敗することを証明する．ある無記憶比較交換アルゴリズム X が配列 $A[1:n]$ のソートに失敗すると仮定する．アルゴリズム X が誤った場所に移した A の要素の中で値が最小のものを $A[p]$ とする．そして，$A[p]$ が置かれるべき場所にアルゴリズム X が誤って置いた値を $A[q]$ とする．0 と 1 だけを含む配列 $B[1:n]$ を

$$B[i] = \begin{cases} 0 & A[i] \le A[j] \text{ のとき} \\ 1 & A[i] > A[j] \text{ のとき} \end{cases}$$

と定義する.

a. $A[q] > A[p]$ であり，したがって，$B[p] = 0$ かつ $B[q] = 1$ であることを示せ．

b. 0-1 ソート補題の証明を完成するために，アルゴリズム X は配列 B のソートに失敗することを証明せよ．

0-1 ソート補題を，ある特定のソーティングアルゴリズムが正しいことを証明するために用いることができるようになった．**列ソート** (column sort) アルゴリズムは，n 個の要素を持つ長方形型の配列の上で働く．この配列は r 本の行と s 本の列を持っていて（したがって $n = rs$ である），r と s は以下の 3 条件を満たす：

- r は偶数
- s は r の約数
- $r \geq 2s^2$

列ソートが終了したときに，配列は**列優先順** (column-major order) でソートされていて，列を上から下に，左から右に順に読むと要素は単調に増加する．

列ソートは n の値に依存しない 8 つのステップから構成されている．奇数ステップはすべて同じである：各列を個別にソートしている．各偶数ステップはある固定された置換である．ステップは次のとおりである：

1. 各列をソートする．
2. 配列を転置し，それを r 行 s 列に整形する．言い換えると，最左の列を上から r/s 行に順序を保って移し，次の列を次の r/s 行に順序を保って移し，以下同様にする．
3. 各列をソートする．
4. ステップ 2 で行った置換の逆変換を行う．
5. 各列をソートする．
6. 各列の上半分を同じ列の下半分に移し，各列の下半分を右隣の列の上半分に移す．最左列の上半分は空けておく．最後の列の下半分を新しい最右列の上半分に移し，この新しい列の下半分は空けておく．
7. 各列をソートする．
8. ステップ 6 で行った置換の逆変換を行う．

各列の下半分と次の列の上半分をソートする単一ステップとして，ステップ 6 〜 8 を考えることができる．$r = 6$, $s = 3$ の場合の列ソートの各ステップの動作例を図 8.5 に示す．（この例は要請 $r \geq 2s^2$ を満たしていないが，偶然うまく働く．）

c. 奇数ステップで使用するソート方式を知らなくても，列ソートを無記憶比較交換アルゴリズムとして扱えることを論ぜよ．

列ソートが正しいことは，にわかには信じ難い．しかし，その事実は 0-1 ソート補題を用いて証明できる．0-1 ソート補題が適用できるのは列ソートが無記憶比較交換アルゴリズムとして扱えるからである．0-1 ソート補題を適用するためにいくつかの概念を定義する．ある領域が含む値がすべて 0 であるかあるいはすべて 1 であるとき，この領域は**清浄** (clean) であると言う．一方，この領域が 0 と 1 の両方の値を含むとき，**汚染** (dirty) されていると言う．以降

188 | 8 線形時間ソーティング

(a)		
10	14	5
8	7	17
12	1	6
16	9	11
4	15	2
18	3	13

(b)		
4	1	2
8	3	5
10	7	6
12	9	11
16	14	13
18	15	17

(c)		
4	8	10
12	16	18
1	3	7
9	14	15
2	5	6
11	13	17

(d)		
1	3	6
2	5	7
4	8	10
9	13	15
11	14	17
12	16	18

(e)		
1	4	11
3	8	14
6	10	17
2	9	12
5	13	16
7	15	18

(f)		
1	4	11
2	8	12
3	9	14
5	10	16
6	13	17
7	15	18

(g)		
	5	10	16
	6	13	17
	7	15	18
1	4	11
2	8	12
3	9	14

(h)		
	4	10	16
	5	11	17
	6	12	18
1	7	13
2	8	14
3	9	15

(i)		
1	7	13
2	8	14
3	9	15
4	10	16
5	11	17
6	12	18

図 8.5 列ソートのステップ. **(a)** 6 つの行と 3 本の列を持つ入力行列. **(b)** ステップ 1 ですべての列の ソートが終了した状態. **(c)** ステップ 2 で転置を行い, 整形した状態. **(d)** ステップ 3 ですべての列の ソートが終了した状態. **(e)** ステップ 4 で, ステップ 2 で行った置換の逆変換を行った状態. **(f)** ステップ 5 ですべての列のソートが終了した状態. **(g)** ステップ 6 で列の半分を移した状態. **(h)** ステップ 7 で すべての列のソートが終了した状態. **(i)** ステップ 8 で, ステップ 6 で行った置換の逆変換を行った状態. 配列は列優先順でソートされている.

では, 入力配列は 0 と 1 だけを含み, この配列を r 本の行と s 本の列を持つ行列として扱うも のと仮定する.

d. ステップ 1~3 が終了した後, 配列は上部の値 0 を持つ清浄な何本かの行, 下部の値 1 を 持つ清浄な何本かの行, そして, その中間の高々 s 本の汚染された行から構成されること を示せ. (清浄な行の 1 つは空のこともある.)

e. ステップ 4 が終了した後, 配列を列優先順で読むと, 0 の清浄な領域で始まり, 1 の清浄 な領域で終わり, その中間に高々 s^2 要素からなる汚染された領域を持つことを示せ. (再 び, 清浄な領域は空のことがある.)

f. ステップ 5~8 が完全にソートされた 0-1 出力を生成することを示せ. そして, 列ソートが 任意の値を含むすべての入力を正しくソートすることを結論づけよ.

g. s が r の約数でないと仮定する. ステップ 1~3 が終了した後, 配列は上部の値 0 を持つ清 浄な何本かの行, 下部の値 1 を持つ清浄な何本かの行, そして, その中間の高々 $2s-1$ 本 の汚染された行から構成されることを示せ. (もう一度, 清浄な領域は空のことがある.) s が r の約数でないとき, 列ソートが正当なソートであるためには r は s に比べてどの程度 に大きくないといけないか?

h. ステップ 1 に簡単な修正を加え, s が r の約数でなくても要請 $r \geq 2s^2$ が維持できるよう にせよ. そして, この修正された列ソートが正当なソートであることを示せ.

文献ノート

比較ソートを研究するための決定木モデルは Ford–Johnson [150] が導入した．Knuth のソートに関する包括的な書籍 [261] は，本章で紹介したソートの複雑度の情報理論的下界を含め，ソーティング問題に関する多くの話題を広範囲に扱っている．Ben-Or [46] は一般化された決定木モデルを用いてソートの下界を導出した．

Knuth によれば，1954 年に計数ソートを発明し，計数ソートを基数ソートに関係づけたのは H.H. Seward である．最下位桁から開始する基数ソートは，カードソータのオペレータが昔から広く用いてきたアルゴリズムのようである．Knuth によれば，L.J. Comrie によって 1929 年に書かれたパンチカード装置のドキュメントが基数ソートに言及する最初に公表された文献である．バケツソートは，基本的なアイデアが E.J. Isaac–R.C. Sigleton[235] によって提唱された 1956 年以来ずっと用いられている．

Munro–Raman [338] は最悪時に $O(n^{1+\epsilon})$ 回の比較を必要とする安定なソーティングアルゴリズムを考案した．ここで，$0 < \epsilon \le 1$ は任意に固定された定数である．任意の $O(n \lg n)$ アルゴリズムはより少ない比較回数しか必要としないが，Munro–Raman のアルゴリズムはデータを $O(n)$ 回しか移動せず，しかも，その場でソートする．

n 個の b ビット整数を $o(n \lg n)$ 時間でソートできる条件が多くの研究者によって検討されている．少しずつ異なった計算モデルに対する仮定とアルゴリズムに対する制限の下で，肯定的な結果が得られている．これらのどの研究でも，コンピュータのメモリは b ビット長の番地指定可能な語から構成されていると仮定する．Fredman–Willard [157] はフュージョン木 (fusion tree) と呼ばれるデータ構造を導入し，これを用いて n 個の整数を $O(n \lg n / \lg \lg n)$ 時間でソートする方法を示した．この上界は後に Andersson [17] が $O(n \sqrt{\lg n})$ 時間に改善した．これらのアルゴリズムは乗算と事前計算が必要ないくつかの定数を必要とする．Andersson–Hagerup–Nilsson–Raman [18] は乗算を用いないで n 個の整数を $O(n \lg \lg n)$ 時間でソートする方法を示した．しかし，彼らの方法では，n に関して無制限の領域を必要とする可能性がある．乗算的ハッシュ法を用いれば，記憶量を $O(n)$ に縮小できるが，その代償として，最悪実行時間の限界 $O(n \lg \lg n)$ が期待時間の限界にしかならない．Andersson [17] の指数探索木を一般化して，Thorup [434] は，乗算も乱択も使用せず，しかも線形の記憶領域しか使用しない，$O(n (\lg \lg n)^2)$ 時間ソーティングアルゴリズムを考案した．これらの方法と若干の新しいアイデアを組み合わせて，Han [207] はソートの上界を $O(n \lg \lg n \lg \lg \lg n)$ 時間に改良した．これらのアルゴリズムは理論的なブレークスルーとしては重要であるが，どれもかなり複雑であり，実用性を考えると，現時点では現存するソーティングアルゴリズムに太刀打ちできるとは思えない．

章末問題 8-7 の列ソーティングアルゴリズムは Leighton [286] から取っている．

9 中央値と順序統計量

MEDIANS AND ORDER STATISTICS

n 個の要素を持つ集合の i 番目の**順序統計量** (ith order statistic) はその集合の中で i 番目に小さい要素である．たとえば，要素の集合の**最小値** (minimum) は 1 番目の順序統計量 ($i = 1$) であり，**最大値** (maximum) は n 番目の順序統計量 ($i = n$) である．**中央値** (median) は大まかにいえば集合の"真中の点"である．n が奇数ならば中央値は一意に決まり，$i = (n+1)/2$ 番目に出現する．n が偶数ならば 2 つの中央値が存在し，$i = n/2$ と $i = n/2 + 1$ 番目に出現する．したがって，n の偶奇にかかわらず中央値は $i = \lfloor (n+1)/2 \rfloor$（**下側中央値** (lower median)）と $i = \lceil (n+1)/2 \rceil$（**上側中央値** (upper median)）に出現する．本書では，一貫して「中央値」は下側中央値を意味することにする．

　n 個の異なる数の集合から i 番目の順序統計量を選択する問題を本章では考える．本章のすべての結果は等しい要素を含む場合に拡張できるが，扱いを簡単にするために，集合に属する要素はすべて異なると仮定する．**選択問題** (selection problem) を次のように正式に定義する：

入力：　　n 個の（異なる）数[1]の集合 A と整数 i $(1 \le i \le n)$.

出力：　　正確に $i - 1$ 個の A の要素より真に大きい要素 $x \in A$.

選択問題はヒープソートやマージソートを使って数の集合をソートし，出力配列の i 番目の要素を求めることで $O(n \lg n)$ 時間で解ける．本章では，もっと速いアルゴリズムを紹介する．

　第 9.1 節では，集合の中から最小要素と最大要素を選択する問題を扱う．さらに興味深いのは一般の選択問題で，続く 2 つの節で議論する．第 9.2 節では，要素がすべて異なる場合に，期待実行時間 $O(n)$ を達成する実際的な乱択アルゴリズムを解析する．第 9.3 節では，最悪実行時間 $O(n)$ を達成する理論的に面白いアルゴリズムを示す．

9.1 最大値と最小値

要素数 n の集合の最小値を決定するために必要な比較回数を議論する．$n - 1$ が上界であることは容易に分かる．集合中の各要素を順に検査し，これまでに発見した最小値を記憶すればよい．以下の手続き MINIMUM では，集合は配列 $A[1:n]$ に置かれていると仮定している．

---

[1] 153 ページの脚注のように，ここでは，入力の数値 $A[i]$ を順序対 $(A[i], i)$ に変換して，$(A[i], i) < (A[j], j)$ が成り立つのは $A[i] < A[j]$ か，あるいは $A[i] = A[j]$ かつ $i < j$ のときであるように考えて，入力の数値はすべて異なるものと仮定する．

```
MINIMUM(A, n)
1   min = A[1]
2   for i = 2 to n
3       if min > A[i]
4           min = A[i]
5   return min
```

もちろん，最大値も同様に $n-1$ 回の比較で発見できるが，これはさほど難しくない．

これが最小値を求める最良のアルゴリズムだろうか？ 最小値決定問題の比較回数の下界 $n-1$ を証明できるので，答えはイエスである．最小値を決定する任意のアルゴリズムを要素間のトーナメントと考える．各比較はトーナメントの試合に相当し，2者の小さいほうが試合に勝つ．優勝者以外は少なくとも1回は試合に負けることに注目すると，最小値を決定するには少なくとも $n-1$ 回の比較が必要であり，アルゴリズム MINUMUM は必要な比較回数の点で最適である．

最小値と最大値を同時に求める方法

いくつかの応用では，要素数 n の集合から最小値と最大値の両方を発見したい場合がある．たとえば，あるグラフィックスプログラムは座標 (x, y) の集合を長方形のディスプレイや他のグラフィックデバイスに適合するように調整する．このような場合，プログラムはまず最小座標と最大座標を求める必要がある．

$\Theta(n)$ の比較で，n 個の要素の中から最小値と最大値の両方を発見できる．最小値と最大値を別々に求めても，それぞれが $n-1$ 回の比較，合わせて $2n-2 = \Theta(n)$ 回の比較で目的が達成できる．

$2n-2$ 回の比較というのは漸近的には最適であるが，主要項の係数を改善できる．つまり，$3\lfloor n/2 \rfloor$ 回の比較で最小値と最大値の両方を求めることができる．そのコツは，これまでに見た最小値と最大値を共に維持することである．2回の比較を費して各入力要素を現時点の最小値および最大値と比較する代わりに，入力要素の列を2要素の対に区切り，すべての要素対に対して3回の比較を費やして以下の処理をする．まず，この対をなす要素を互いに比較し，つぎに，小さいほうを現時点の最小値と比較し，最後に，大きいほうを現時点の最大値と比較する．

現時点の最大値と最小値の初期値の設定方法は n の奇偶に依存する．n が奇数ならば最大値と最小値を共に入力の最初の値に設定し，残りの要素を対にして処理する．n が偶数ならば，現時点での最大値と最小値の初期値を決定するために最初の2要素間で1回の比較を行い，後は奇数の場合と同様に残りの要素を対にして処理する．

このアルゴリズムの比較総数を解析する．n が奇数ならば比較回数は $3\lfloor n/2 \rfloor$ である．n が偶数ならば，1回比較をした後，$3(n-2)/2$ 回比較をするので，合計 $3n/2 - 2$ 回比較する．したがって，いずれの場合も比較総数は $3\lfloor n/2 \rfloor$ 回以下である．

練習問題

9.1-1 n 個の要素の中から2番目に小さい要素を最悪 $n + \lceil \lg n \rceil - 2$ 回の比較で発見できる

192 | 9 中央値と順序統計量

ことを示せ.（**ヒント**：最小の要素も求めよ.）

9.1-2 $n > 2$ 個の異なる数が与えられたとき，最小値でも最大値でもない数を見つけたいものとする．最低何回の比較が必要か？

9.1-3 ある競馬場では一度に 5 頭の競走馬の相対的な速さを測ることでレースを実施している．25 頭の競走馬に対して 6 回のレースで最速の競走馬を決める．このとき，推移性を仮定する（付録第 B.2 節（関係）（981 ページ）参照）．25 頭のうち，最速の 3 頭を決めるのに最低何回のレースが必要か．

9.1-4 ★ n 個の要素の中から最小値と最大値を同時に求めるためには最悪 $\lceil 3n/2 \rceil - 2$ 回の比較が必要となることを示せ．（**ヒント**：最大または最小の候補となりうる要素数と，比較がその個数に与える影響を考えよ.）

9.2 線形期待時間選択アルゴリズム

一般の選択問題——任意の値 i に対して i 番目の順序統計量を求める問題——は，単純な最小値発見問題よりはるかに難しそうである．しかし驚くべきことに，両問題の漸近的な実行時間は共に $\Theta(n)$ である．本節では，分割統治法に基づいて選択問題を解くアルゴリズムを紹介する．アルゴリズム RANDOMIZED-SELECT の手本は第 7 章のクイックソートアルゴリズムである．クイックソートと同様，入力配列を再帰的に分割するのがその基本的な方針である．しかし，分割した両方を再帰的に処理するクイックソートとは異なり，RANDOMIZED-SELECT は分割の一方のみに再帰する．この差は解析の中で明らかになるが，要素がすべて異なるならば，クイックソートの期待実行時間が $\Theta(n \lg n)$ となるのに対して，RANDOMIZED-SELECT の期待実行時間は $\Theta(n)$ で抑えられる．

　RANDOMIZED-SELECT は，第 7.3 節（乱択版クイックソート）で紹介した手続き RANDOMIZED-PARTITION を利用する．RANDOMIZED-QUICKSORT と同様，その動作は部分的に乱数生成器の出力によって決定されるので，RANDOMIZED-SELECT も乱択アルゴリズムである．手続き RANDOMIZED-SELECT は配列 $A[p:r]$ の i 番目に小さい要素を返す．ここで，$1 \le i \le r-p+1$ である．

RANDOMIZED-SELECT(A, p, r, i)

1　**if** $p == r$
2　　　**return** $A[p]$　　// $p == r$ のとき $1 \le i \le r - p + 1$ は $i = 1$ を意味する
3　$q =$ RANDOMIZED-PARTITION(A, p, r)
4　$k = q - p + 1$
5　**if** $i == k$
6　　　**return** $A[q]$　　// このピボットの値が答えである
7　**elseif** $i < k$
8　　　**return** RANDOMIZED-SELECT$(A, p, q-1, i)$
9　**else return** RANDOMIZED-SELECT$(A, q+1, r, i-k)$

図 9.1 は手続き RANDOMIZED-SELECT はどのように動作するかを示している．第 1 行では再帰の基底かどうか，すなわち，部分配列 $A[p:r]$ を構成する要素数が 1 かどうかを判断する．基底ならば i は必ず 1 なので，第 2 行で $A[p]$ を i 番目に小さい要素として返す．基底でなければ，第 3 行で RANDOMIZED-PARTITION を呼び出し，配列 $A[p:r]$ を 2 つの（どちらかは空かもしれない）部分配列 $A[p:q-1]$ と $A[q+1:r]$ に分割し，$A[p:q-1]$ の各要素が $A[q]$ 以下（そして，$A[q+1:r]$ の各要素以下）となるようにする．（ここでの解析では要素が異なることを仮定しているが，同じ値のものがあってもこの手続きは正しい結果を返す．）クイックソートと同様，$A[q]$ を**ピボット** (pivot) と呼ぶ．第 4 行では部分配列 $A[p:q]$ の要素数 k，すなわち，分割の下側の要素数にピボット要素数 1 を加えた数を計算する．第 5 行で $A[q]$ が i 番目の要素かどうかを判断し，$A[q]$ が i 番目の要素ならば第 6 行で $A[q]$ を返す．$A[q]$ が i 番目の要素でなければ，アルゴリズムは i 番目の要素が 2 つの部分配列 $A[p:q-1]$ と $A[q+1:r]$ のどちらに属するか決定する．$i<k$ ならば目的の要素は分割の下側に属するので，第 8 行で再帰的にその部分配列から選択する．$i>k$ ならば目的の要素は分割の上側に属する．$A[p:r]$ の中で i 番目に小さい要素より小さい k 個の要素，すなわち，$A[p:q]$ に属する要素をすでに知っているので，目的の要素は $A[q+1:r]$ の中で $(i-k)$ 番目に小さい要素であり，これを第 9 行で再帰的に選択する．擬似コードは要素数 0 の部分配列に対する再帰呼出しを許しているように見えるが，練習問題 9.2-1 では，この状況が起こらないことを証明する．

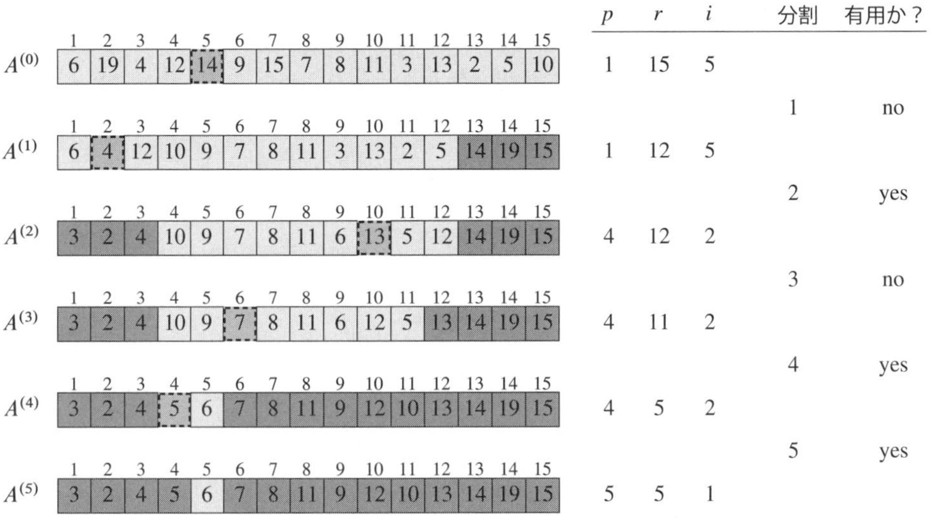

図 9.1 部分配列 $A[p:r]$ を連続的に分割するという RANDOMIZED-SELECT の振舞い．ここでは，毎回の再帰呼出しでの引数 p, r, i の値を示す．各再帰ステップにおける部分配列 $A[p:r]$ が薄く網かけされて示されているが，とくに点線で囲まれた要素は次の分割におけるピボットである．濃い網かけの要素は $A[p:r]$ の外側にある．答えは，一番底の配列における薄く網かけされた要素であり，$p=r=5$ かつ $i=1$ である．配列の指定 $A^{(0)}, A^{(1)}, \ldots, A^{(5)}$，分割の番号，そして分割が有用かどうかは次のページで説明する．

最小値を発見する場合でも，RANDOMIZED-SELECT の最悪実行時間は $\Theta(n^2)$ である．なぜなら，極端に運が悪ければ 1 つの要素だけが残って i 番目に小さい要素を発見する前に分割がつねに残りの最大要素の周りで起こることがあるからである．この最悪の場合，各再帰呼出しのステップでは考慮の対象であるピボットしか取り除けない．n 個の要素の分割には

$\Theta(n)$ 時間かかるので，この最悪の場合に関する漸化式は QUICKSORT のものと同じであり，$T(n) = T(n-1) + \Theta(n)$ となる．よって，その解は $T(n) = \Theta(n^2)$ となる．しかし，このアルゴリズムが線形期待実行時間を持つことが証明でき，しかもアルゴリズムがランダム化されているので，どの入力もアルゴリズムに対してつねに最悪の振舞いを強制できない．

線形の期待実行時間を直観的に理解するために，アルゴリズムが毎回ランダムにピボットを選択するたびに，ピボットはソート順での全要素の 4 分割の内の 2 番目か 3 番目――中間部――にあるものと仮定しよう．もし i 番目に小さな要素がピボットよりも小さければ，ピボットよりも大きい要素は将来の再帰呼出しで無視できる．これらの無視された要素の中には 4 分割の内の一番上が少なくとも含まれており，より多くの要素が含まれている可能性がある．同様に，もし i 番目に小さい要素がピボットよりも大きければ，ピボットよりも小さい要素――少なくとも 4 分割の内の最初のもの――は将来の再帰呼出しで無視できる．したがって，どちらにせよ，残りの要素の少なくとも 1/4 は将来の再帰呼出しで無視され，残りの高々 3/4 の要素が部分配列 $A[p:r]$ に生き残って**活動を続けて (in play)** いる．RANDOMIZED-PARTITION は n 要素の部分配列に関して $\Theta(n)$ 時間かかるので最悪時の実行時間に対する漸化式は $T(n) = T(3n/4) + \Theta(n)$ となる．マスター法のケース 3（第 4.5 節（漸化式を解くためのマスター法）の定理 4.1（85 ページ））により，この漸化式の解は $T(n) = \Theta(n)$ である．

もちろん，毎回ピボットが中間部で発見されるとは限らない．ピボットはランダムに選択されるので，それが中間部にある確率は毎回約 1/2 である．このピボットを選ぶという過程を，ピボットが中間部にあるときに成功とするベルヌーイ試行（付録第 C.4 節参照）と見ることができる．したがって，成功までの試行の期待回数は幾何分布で与えられる．つまり平均で 2 回の試行で十分である（付録の式 (C.36)（1013 ページ）参照）．言い換えると，分割の半数がまだ活動中の要素数を少なくとも 1/4 だけ減らし，分割の半数は役に立たない．したがって，分割の期待回数は，ピボットがつねに中間部にある場合より高々倍になるだけである．毎回の余分な分割のコストはそれに先行するもののコストより小さいので，期待実行時間は $\Theta(n)$ のままである．

議論を厳密なものにするために，まず確率変数 $A^{(j)}$ を j 回の分割の後でも（すなわち，RANDOMIZED-SELECT の j 回呼び出した後，部分配列 $A[p:r]$ の中で）まだ活動中である A の要素の集合と定義する．そうすると $A^{(0)}$ は A のすべての要素からなる．毎回の分割で少なくとも 1 つの要素，すなわちピボットが削除され，活動中ではなくなるので，列 $|A^{(0)}|, |A^{(1)}|, |A^{(2)}|, \ldots$ は確実に減少する．集合 $A^{(j-1)}$ は j 回目の分割以前には活動中であり，集合 $A^{(j)}$ はその後も活動中である．便宜上，最初の集合 $A^{(0)}$ は 0 番目の "ダミー" 分割の結果であると仮定する．

$|A^{(j)}| \leq (3/4)|A^{(j-1)}|$ であるとき，j 回目の分割は**有用である** (helpful) と言う．図 9.1 に集合 $A^{(j)}$ と，例題の配列に対して分割が有用であるかどうかを示している．有用な分割はベルヌーイ試行での成功に対応している．次の補題は，分割が少なくとも有用でないのと同じくらいに有用である可能性が高いことを示している．

補題 9.1 分割は少なくとも 1/2 の確率で有用である．

証明 分割が有用かどうかはランダムに選んだピボットに依存する．上で述べた非公式の議論では "中間部" について議論した．n 要素の部分配列の中間部を，最小値から $\lceil n/4 \rceil - 1$ 個の要素と最大値から $\lceil n/4 \rceil - 1$ 個の要素を除くすべて（すなわち，部分配列がソートされている

なら，最初の $\lceil n/4 \rceil - 1$ 個と最後の $\lceil n/4 \rceil - 1$ 個を除くすべて）の要素からなるものと厳密に定義する．ピボットが中間部にあれば，このピボットは有用な分割につながることを証明しよう．また，中間部にピボットが存在する確率が少なくとも $1/2$ であることも証明しよう．

ピボットがどこにあろうと，それより大きい要素すべて，それより小さい要素すべて，それにピボット自身は，分割の後ではもはや活動中ではなくなる．したがって，ピボットが中間部に存在するなら，ピボットより小さい少なくとも $\lceil n/4 \rceil - 1$ 個の要素，ピボットより大きい $\lceil n/4 \rceil - 1$ 個の要素，それにピボット自身は，分割の後ではもはや活動中ではなくなる．すなわち，少なくとも $\lceil n/4 \rceil$ 個の要素が活動中ではなくなる．残っている要素で活動中のものの個数は高々 $n - \lceil n/4 \rceil$ であるが，これは 59 ページの練習問題 3.3-2 により $\lfloor 3n/4 \rfloor$ に等しい．$\lfloor 3n/4 \rfloor \le 3n/4$ であるから，この分割は有用である．

ランダムに選んだピボットが中間部から取られる確率の下界を求めるために，そうでない確率の上界を求める．その確率は

$$\frac{2(\lceil n/4 \rceil - 1)}{n} \le \frac{2((n/4 + 1) - 1)}{n} \quad \text{（付録の不等式 (3.2)（53 ページ）より）}$$
$$= \frac{n/2}{n}$$
$$= 1/2$$

である．したがって，ピボットは少なくとも $1/2$ の確率で中間部にあり，したがって分割が有用である確率は少なくとも $1/2$ である． ■

つぎに，RANDOMIZED-SELECT の期待実行時間の上界を求めよう．

定理 9.2 n 個の異なる要素からなる入力配列に関する手続き RANDOMIZED-SELECT の期待実行時間は $\Theta(n)$ である．

証明 すべての分割が有用とは限らないので，各分割に 0 から始めるインデックスをつけて，$\langle h_0, h_1, \ldots, h_m \rangle$ によって有用である分割の列を表すことにすると，h_k 番目の分割は，$k = 0, 1, 2, \ldots, m$ に対して有用であることになる．有用な分割の個数 m は確率変数であるが，高々 $\lceil \log_{4/3} n \rceil$ 回の有用な分割の後では 1 つの要素だけが活動中であるので，その上界を求めることができる．ダミーの 0 回目の分割が有用であると考えて，$h_0 = 0$ とする．$|A^{(h_k)}|$ を n_k と書くことにしよう．ただし，$n_0 = |A^{(0)}|$ は元の問題のサイズである．h_k 回目の分割は有用であり，集合 $A^{(j)}$ のサイズは厳密に減少するので，$k = 1, 2, \ldots, m$ に対して $n_k = |A^{(h_k)}| \le (3/4)|A^{(h_{k-1})}| = (3/4)n_{k-1}$ を得る．$n_k \le (3/4)n_{k-1}$ 回だけ繰り返すと，$k = 0, 1, 2, \ldots, m$ に対して $n_k \le (3/4)^k n_0$ となる．

図 9.2 に示すように，集合 $A^{(j)}$ の列を，有用な分割の結果 $A^{(h_k)}$ から始まり，次の有用な分割より前の最後の集合 $A^{(h_{k+1}-1)}$ まで連続して分割された集合からなる m **世代** (generation) に分割すると，世代 k の集合は $A^{(h_k)}, A^{(h_k+1)}, \ldots, A^{(h_{k+1}-1)}$ となる．すると，第 k 世代の要素 $A^{(j)}$ の各集合に対して，$|A^{(j)}| \le |A^{(h_k)}| = n_k \le (3/4)^k n_0$ を得る．

つぎに，$k = 0, 1, 2, \ldots, m-1$ に対して，確率変数

$$X_k = h_{k+1} - h_k$$

を定義しよう．すなわち，X_k は第 k 世代における集合の個数であり，第 k 世代における集合

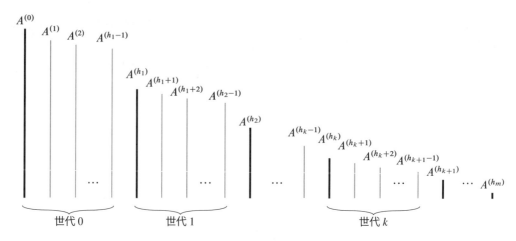

図 9.2 定理 9.2 の証明における各世代での集合. 垂直線は集合を表し, その高さは集合のサイズであり, 活動中の要素数に等しい. 各世代は有用な分割の結果である集合 $A^{(h_k)}$ から始まる. これらの集合は黒線で引かれており, すぐ左の集合のサイズの高々 3/4 しかない.（灰色の線の）集合は 1 つの世代の中で最初のものではない. 1 つの世代は 1 つの集合しか含まないかもしれない. 世代 k の集合は $A^{(h_k)}, A^{(h_k+1)}, \ldots, A^{(h_{k+1}-1)}$ である. 集合 $A^{(h_k)}$ は $|A^{(h_k)}| \leq (3/4)|A^{(h_{k-1})}|$ となるように定義されている. 分割が世代 m まで進むと, 集合 $A^{(h_m)}$ は高々 1 つの活動中の要素しか含まない.

は $A^{(h_k)}, A^{(h_k+1)}, \ldots, A^{(h_k+X_k-1)}$ である.

補題 9.1 により, 分割が有用である確率は少なくとも 1/2 である. その確率は実際にはもっと大きいかもしれない. というのは, ピボットは中間部から取られなくても, i 番目に小さい要素がこの分割の小さいほうの側にあれば, 分割は有用だからである. しかし, ここで 1/2 の下界を使うと, 式 (C.36) より $k = 0, 1, 2, \ldots, m-1$ に対して $E[X_k] \leq 2$ が得られる.

実行時間を決める主要項は比較回数なので, 分割の間に何回の比較が行われるかの上界を求めよう. 上界を計算しているので, たった 1 つの要素が活動中となるまで再帰は続くと仮定しよう. j 回目の分割は活動中の要素の集合 $A^{(j-1)}$ に関して行われるので, ランダムに選ばれたピボットをそれ以外の $|A^{(j-1)}| - 1$ 個の要素すべてと比較する. 第 k 世代の集合のサイズは $|A^{(h_k)}|, |A^{(h_k+1)}|, \ldots, |A^{(h_k+X_k-1)}|$ である. したがって, 分割の間の比較回数は全部合わせても

$$\sum_{k=0}^{m-1} \sum_{j=h_k}^{h_k+X_k-1} |A^{(j)}| \leq \sum_{k=0}^{m-1} \sum_{j=h_k}^{h_k+X_k-1} |A^{(h_k)}|$$
$$= \sum_{k=0}^{m-1} X_k |A^{(h_k)}|$$
$$\leq \sum_{k=0}^{m-1} X_k \left(\frac{3}{4}\right)^k n_0$$

より少ない. $E[X_k] \leq 2$ なので, 分割の間の期待比較回数は

$$\mathrm{E}\left[\sum_{k=0}^{m-1} X_k \left(\frac{3}{4}\right)^k n_0\right] = \sum_{k=0}^{m-1} \mathrm{E}\left[X_k \left(\frac{3}{4}\right)^k n_0\right] \quad \text{（期待値の線形性より）}$$

$$= n_0 \sum_{k=0}^{m-1} \left(\frac{3}{4}\right)^k \mathrm{E}\left[X_k\right]$$

$$\leq 2n_0 \sum_{k=0}^{m-1} \left(\frac{3}{4}\right)^k$$

$$< 2n_0 \sum_{k=0}^{\infty} \left(\frac{3}{4}\right)^k$$

$$= 8n_0 \qquad\qquad \text{(付録の式 (A.7)（967 ページ）より)}$$

より少ない．n_0 は元の配列 A のサイズなので，RANDOMIZED-SELECT に対する比較回数の期待値および期待実行時間は $O(n)$ であるという結論を得る．RANDOMIZED-SELECT の最初の呼出しで n 個の要素がすべて調べられるので，$\Omega(n)$ の下界を得る．したがって，期待実行時間は $\Theta(n)$ である． ∎

練習問題

9.2-1 RANDOMIZED-SELECT は長さ 0 の配列に対する再帰呼出しを起こさないことを示せ．

9.2-2 RANDOMIZED-SELECT の繰返し版の擬似コードを書け．

9.2-3 RANDOMIZED-SELECT を配列 $A = \langle 2, 3, 0, 5, 7, 9, 1, 8, 6, 4 \rangle$ から最小値を選択するために用いるとする．RANDOMIZED-SELECT の性能が最悪になる分割列を求めよ．

9.2-4 RANDOMIZED-SELECT の期待実行時間は入力配列 $A[p:r]$ の要素の順序には依存しないことについて論ぜよ．すなわち，入力配列 $A[p:r]$ のすべての順列に対して期待実行時間は，同じである．（**ヒント：** 入力配列の長さ n に関する帰納法を使うこと．）

9.3 線形最悪時間選択アルゴリズム

ここでは，その実行時間が最悪の場合でも $\Theta(n)$ であるような選択アルゴリズムについて考えるが，注目すべきというだけでなく，理論的にも興味深いものである．第 9.2 節の RANDOMIZED-SELECT は線形期待時間を達成しているが，最悪の場合には実行時間が 2 乗に比例することも見た．本節で述べる選択アルゴリズムは最悪の場合でも線形時間を達成するが，実用的な RANDOMIZED-SELECT にはほど遠い．大部分は理論的興味だけである．

線形期待時間の RANDOMIZED-SELECT と同様，線形最悪時間アルゴリズムである SELECT は，入力配列を再帰的に分割することにより，望む要素を見つける．しかし RANDOMIZED-SELECT と違って，SELECT は配列を分割するとき，確率的に良いピボットを選択することによって良い分割を**保証する**．アルゴリズムの賢さはピボットを再帰的に見つけるところにある．したがって，SELECT には 2 つの呪文がある．1 つは良いピボットを見つけることであり，もう 1 つはほしい順序統計量を再帰的に求めることである．

SELECT で用いる分割アルゴリズムは，クイックソート（第 7.1 節参照）で用いられた決定性分割アルゴリズムに似ているが，その周りで分割すべき要素を別の入力引数として受け取る．PARTITION と同様，PARTITION-AROUND はピボットのインデックスを返す．PARTITION

にかなり似ているので，Partition-Around の擬似コードは省略する．

SELECT の手続きは，入力として $n = r - p + 1$ 個の要素からなる部分配列 $A[p : r]$ と $1 \leq i \leq n$ の範囲の整数 i を取り，A の中で i 番目に小さい要素を返す．その擬似コードは最初に見たものよりもずっと分かりやすい．

```
SELECT(A, p, r, i)
 1  while (r - p + 1) mod 5 ≠ 0
 2      for j = p + 1 to r                    // 最小値を A[p] に置く
 3          if A[p] > A[j]
 4              A[p] を A[j] と交換する
 5      // A[p : r] の最小値が得たければ，これで終わり
 6      if i == 1
 7          return A[p]
 8      // そうでなければ，A[p + 1 : r] の (i - 1) 番目の要素を得たい
 9      p = p + 1
10      i = i - 1
11  g = (r - p + 1)/5                         // 5 要素のグループの個数
12  for j = p to p + g - 1                    // 各グループをソート
13      ⟨A[j], A[j + g], A[j + 2g], A[j + 3g], A[j + 4g]⟩ をその場でソートする
14  // すべてのグループ中央値が，今では A[p : r] の中央の 5 分の 1 に位置している
15  // グループ中央値の中央値としてピボット x を再帰的に求める
16  x = SELECT(A, p + 2g, p + 3g - 1, ⌈g/2⌉)
17  q = PARTITION-AROUND(A, p, r, x)          // ピボットに関して分割
18  // 残りは RANDOMIZED-SELECT の第 3～9 行とまったく同じである
19  k = q - p + 1
20  if i == k
21      return A[q]                           // ピボットの値が答えである
22  elseif i < k
23      return SELECT(A, p, q - 1, i)
24  else return SELECT(A, q + 1, r, i - k)
```

この擬似コードは，部分配列の要素数 $r - p + 1$ が 5 で割り切れるまで減らすように第 1～10 行での while ループを実行することから始める．while ループは 0 から 4 回だけ実行するが，毎回，$A[p : r]$ の要素を並べなおして $A[p]$ が最小の要素を含むようにする．$i = 1$ は実際には最小要素を得たいときを意味しているが，$i = 1$ なら手続きは第 7 行で単にその値を返す．そうでなければ，SELECT は部分配列 $A[p : r]$ から最小値を削除して，$A[p + 1 : r]$ の $(i - 1)$ 番目の要素を見つけるためにこの手続きを繰り返す．第 9～10 行でも p を増やし，i を減らすことによってこの手続きを繰り返す．while ループが結果を返すことなくその繰返しを完了すれば，$A[p : r]$ の要素数 $r - p + 1$ は 5 で割り切れることを保証した上で，手続きは第 11–24 行のアルゴリズムで核となる部分を実行する．

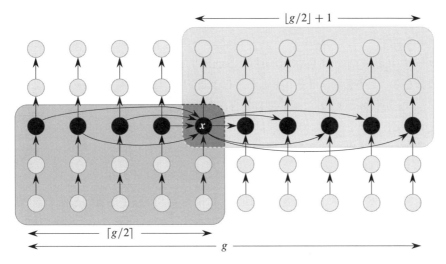

図 9.3 選択アルゴリズム SELECT の第 17 行を実行した直後の円で示された要素間の関係．5 要素のグループが $g = (r - p + 1)/5$ 個あり，そのそれぞれが列を形成している．たとえば，左端の列は要素 $A[p], A[p+g], A[p+2g], A[p+3g], A[p+4g]$ を含んでおり，次の列は $A[p+1], A[p+g+1], A[p+2g+1], A[p+3g+1], A[p+4g+1]$ を含んでいる．グループの中央値は黒丸で示され，ピボットは x とラベルづけされている．矢印は小さい要素からより大きい要素に向いている．濃い網かけの背景を持つ要素はすべて x 以下であることが分かっており，x に関する分割で高いほうの側には決して入らない．薄い網かけの背景を持つ要素は x 以上であることが分かっており，x に関する分割で低いほうの側には決して入らない．ピボット x は濃い網かけと薄い網かけの両方の領域に属しており，点線で囲まれた背景を持つ．白の背景の要素は分割のどちら側にでも存在しうる．

アルゴリズムの次の部分では図 9.3 に示すように以下の考え方を実行する．$A[p:r]$ の要素をそれぞれ 5 要素の $g = (r - p + 1)$ 個のグループに分割する．最初の 5 要素グループは

$$\langle A[p], A[p+g], A[p+2g], A[p+3g], A[p+4g] \rangle$$

であり，2 番目のグループは

$$\langle A[p+1], A[p+g+1], A[p+2g+1], A[p+3g+1], A[p+4g+1] \rangle$$

である．等々．最後のグループは

$$\langle A[p+g-1], A[p+2g-1], A[p+3g-1], A[p+4g-1], A[r] \rangle$$

である．($r = p + 5g - 1$ であることに注意．) 第 13 行では，たとえば挿入ソート（第 2.1 節参照）を用いて各グループを順に並べて，$j = p, p+1, \ldots, p+g-1$ に対して

$$A[j] \leq A[j+g] \leq A[j+2g] \leq A[j+3g] \leq A[j+4g]$$

が成り立つようにする．図 9.3 の各垂直線はソートされた 5 要素のグループを示している．各 5 要素グループの中央値は $A[j+2g]$ であり，したがって，すべての 5 要素中央値は黒丸で示すように $A[p+2g:p+3g-1]$ の範囲にある．

つぎに第 16 行では，g 個のグループ中央値の中央値（とくに，$\lceil g/2 \rceil$ 番目に小さい要素）を求めるために，再帰的に SELECT を呼び出すことによってピボットを求める．第 17 行では修正された PARTITION-AROUND を用いて $A[p:r]$ の要素を x に関して分割し，$A[q] = x$ であ

り，$A[p:q]$ の要素はすべて高々 x で，$A[q:r]$ の要素はすべて x 以上であるような x のインデックス q を返す．

このコードの残りの部分は RANDOMIZED-SELECT を反映している．ピボット x が i 番目に小さい要素なら，この手続きはそれを返す．そうでなければ，手続きは i の値によって再帰的に $A[p:q-1]$ か $A[q+1:r]$ に関して自分自身を呼び出す．

SELECT の実行時間を解析して，ピボット x の賢明な選択がその最悪時の実行時間の保証にどれだけ役立っているかを見ることにしよう．

定理 9.3 n 要素の入力に関する SELECT の実行時間は $\Theta(n)$ である．

証明 サイズが高々 n の入力部分配列 $A[p:r]$ に関して SELECT を実行したときの最悪時間を $T(n)$ と定義しよう．ただし，$r-p+1 \leq n$ である．この定義により，$T(n)$ は単調に増加する．

まず，第 16，23，および 24 行における再帰呼出しの外側でかかる時間の上界を求めよう．第 1〜10 行の **while** ループは 0 から 4 回だけ実行され，それぞれ $O(1)$ 時間かかる．ループにおける時間の主要項は第 2〜4 行における最小値の計算であり，これに $\Theta(n)$ 時間かかるので，第 1〜10 行の実行にかかる時間は $O(1) \cdot \Theta(n) = O(n)$ である．第 12〜13 行目での 5 要素グループのソートには，各 5 要素グループのソートに $\Theta(1)$ 時間かかるので（たとえ，漸近的に効率の悪い挿入ソートのようなアルゴリズムを使ったとしても），$\Theta(n)$ 時間かかり，さらに g 個の 5 要素グループをソートしなければならない．ここで，$n/5 - 1 < g \leq n/5$ である．最終的に，第 17 行での分割に要する時間は $\Theta(n)$ である．これについては 157 ページの練習問題 7.1-3 で証明を求めている．残りの記憶管理にかかる時間は $\Theta(1)$ にすぎないので，再帰呼出しの外側でかかる時間の合計は $O(n) + \Theta(n) + \Theta(n) + \Theta(1) = \Theta(n)$ である．

それでは再帰呼出しの実行時間を求めよう．第 16 行でピボットを求める再帰呼出しには $T(g) \leq T(n/5)$ 時間かかる．なぜなら $g \leq n/5$ であり，$T(n)$ は単調増加だからである．第 23，24 行における 2 回の再帰呼出しのうち高々 1 つしか実行されない．しかし，これらの再帰呼出しのどちらが実際に SELECT を呼び出そうが，再帰呼出しにおける要素数は高々 $7n/10$ であることを見るので，第 23，24 行における最悪時のコストは高々 $T(7n/10)$ である．それでは，グループ中央値とグループ中央値の中央値をピボット x として選択するという策謀がこの性質を保証していることを示そう．

図 9.3 は，何が起こっているかを視覚的に理解する助けとなる．5 要素のグループは $g \leq n/5$ だけ存在し，それぞれが下から上へと増加順にソートされた状態で列をなしている．矢印は列の中での要素の順序を表している．x のグループの左にあるグループはそのグループ中央値が x より小さく，x のグループの右にあるグループはそのグループ中央値が x より大きくなるように，列は左から右へと順序づけられている．各グループの相対的な順序は重要であるが，x の列の左にあるグループの間の相対的な順序はどうでもよく，x の列の右にあるグループの間の相対的な順序もどうでもよい．重要なことは，左にあるグループはグループ中央値が x より小さく（x に入る水平な矢印で示されている），右にあるグループはグループ中央値が x より大きい（x を出ていく水平な矢印で示されている）．したがって，薄い網かけの領域は x 以上であることが分かっている要素を含み，濃い網かけの領域は x 以下であることが分かっている要素を含んでいる．

これら 2 つの領域はそれぞれ少なくとも $3g/2$ 個の要素を含んでいる．薄い網かけの領域のグループ中央値の個数は $\lfloor g/2 \rfloor + 1$ であり，それぞれのグループ中央値に対して 2 個の要素がそれより大きいので，合計 $3(\lfloor g/2 \rfloor + 1) \geq 3g/2$ 個の要素が大きい．同様に，濃い網かけの領域のグループ中央値の個数が $\lceil g/2 \rceil$ であり，各グループ中央値に対して 2 個の要素がそれより小さいから，合計 $3\lceil g/2 \rceil \geq 3g/2$ 個の要素が小さい．

薄い網かけの領域の要素は x に関する分割の下側に入ることはありえず，濃い網かけの領域の要素は x に関する分割の上側に入ることはありえない．どちらの領域にも属さない要素——白の背景にある要素——は分割のどちら側にでも行く可能性がある．しかし，分割の下側は薄い網かけの領域の要素を排除し，全体で $5g$ 個の要素があるので，分割の下側部分が含みうるのは高々 $5g - 3g/2 = 7g/2 \leq 7n/10$ 個の要素だけである．同様に，分割の上側は濃い網かけの領域の要素を排除する．同様の計算を行うと，高々 $7n/10$ 個の要素しか含めないことが分かる．

これらを総合すると，SELECT の最悪時の実行時間に関する次の漸化式を得る：

$$T(n) \leq T(n/5) + T(7n/10) + \Theta(n) \tag{9.1}$$

置換え法で $T(n) = O(n)$ であることを示せる．[2] より明確には，ある適度に大きな定数 $c > 0$ とすべての n に対して $T(n) \leq cn$ が成り立つことを示そう．この帰納的仮説を漸化式 (9.1) の右辺に代入し，$n \geq 5$ と仮定し，c を $c/10$ が $\Theta(n)$ によって隠された上界の定数より大きくなるように選べば，

$$\begin{aligned}
T(n) &\leq c(n/5) + c(7n/10) + \Theta(n) \\
&\leq 9cn/10 + \Theta(n) \\
&= cn - cn/10 + \Theta(n) \\
&\leq cn
\end{aligned}$$

を得る．この制約の他に，SELECT 内での再帰の基底段階であるすべての $n \leq 4$ に対して $T(n) \leq cn$ となるように十分大きな c を選ぶことができる．したがって，SELECT の実行時間は最悪時でも $O(n)$ であり，第 13 行だけが $\Theta(n)$ 時間かかるので全体の時間は $\Theta(n)$ である． ■

比較ソート（第 8.1 節参照）と同様，SELECT と RANDOMIZED-SELECT は要素の比較だけから要素間の相対順序に関する情報を得る．第 8 章（線形時間ソーティング）で示したように，比較モデルの下でのソートは平均実行時間でさえ $\Omega(n \lg n)$ である（章末問題 8-1 参照）．第 8 章の線形時間ソーティングアルゴリズムの入力には特別な仮定が必要なのに対し，本章の線形時間選択アルゴリズムでは入力にそのような仮定を置く必要がない．ただ要素が異なることと，線形順序に従って 2 要素の比較が可能なことだけを仮定している．選択問題はソートせずに解くことができるので，線形時間選択アルゴリズムは下界 $\Omega(n \lg n)$ に抵触しないのである．したがって，この章への序論で述べたソートを用いて順位をつける方法は，この比較モデルでは漸近的に最適な解法ではない．

---

[2] この漸化式を解くのに微積分を伴う第 4.7 節（Akra–Bazzi 漸化式）で述べた Akra–Bazzi 法を用いることもできるが，計算が必要である．実際，この方法を説明するのに 98 ページの同様の漸化式 (4.24) が用いられている．

練習問題

9.3-1 アルゴリズム SELECT は入力要素を要素数 5 のグループに分割する．要素数 7 のグループに分割してもこのアルゴリズムは線形時間で動作するだろうか？要素数 3 のグループでは SELECT がうまく働かないことを論ぜよ．

9.3-2 SELECT の第 1～10 行での前処理を $n \leq n_0$ に対する基底ケースで置き換えたとしよう．ただし，n_0 は適当な定数である．g は $\lfloor (r-p+1)/5 \rfloor$ と選択し，$A[5g+1:n]$ の要素はどのグループにも属さないとする．実行時間に関する漸化式は多少面倒になるが，それは $\Theta(n)$ となることを示せ．

9.3-3 SELECT をサブルーチンとして用いて，クイックソートが最悪時でも $O(n \log n)$ 時間で動作するように改良する方法を示せ．ただし，要素はすべて異なるものと仮定する．

9.3-4 ★ 比較だけを用いて n 個の要素を持つ集合から i 番目に小さい要素を発見するアルゴリズムを考えよう．このアルゴリズムは，いかなる追加の比較をすることなしに，i 番目に小さい要素より小さい $i-1$ 個の要素と i 番目に小さい要素より大きい $n-i$ 個の要素を発見できることを示せ．

9.3-5 6 回だけの比較で 5 要素の中央値を求める方法を示せ．

9.3-6 あなたは最悪時でも線形時間で中央値を求めるサブルーチンを"ブラックボックス"として持っている．任意の順序統計量に対して選択問題を解く簡単な線形時間アルゴリズムを求めよ．

9.3-7 Olay 教授は石油会社のコンサルタントをしている．この石油会社は n 個の井戸を持つ油田を東西に貫く大きなパイプラインの設置を計画している．図 9.4 に示すように，各井戸は東西方向に走る主パイプラインと南あるいは北に向けて走るパイプライン支線によって直結しなければならない．各井戸の x 座標と y 座標が与えられたとき，支線の総線長を最小化する主パイプラインの最適な位置を計算する方法を示せ．最適な位置が線形時間で求まることを示せ．

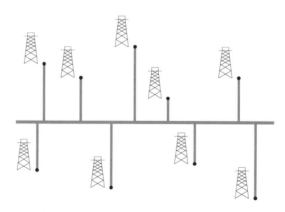

図 9.4 Olay 教授は南北に延びる支線の総線長を最小化するように東西の石油パイプラインの位置を決定しなければならない．

9.3-8 n 要素の集合の k **分位** (quantile) とは，ソートされた集合を k 個の（差が 1 以内の）等しいサイズの集合に分割する $k-1$ 個の順序統計量である．集合の k 分位を列挙する $O(n \lg k)$ 時間のアルゴリズムを求めよ．

9.3-9 n 個の異なる数の集合 S と正整数 $k \leq n$ を入力として，S の中央値に最も近い S に属する k 個の数を決定する $O(n)$ 時間アルゴリズムを与えよ．

9.3-10 $X[1:n]$ と $Y[1:n]$ をそれぞれ n 個の数を含む 2 つのソート済み配列とする．配列 X と Y に属する $2n$ 個の値全体の中央値を求める $O(\lg n)$ 時間のアルゴリズムを与えよ．

章末問題

9-1 大きいほうから i 個の数のソート済みリスト

n 個の数の集合が与えられたとき，比較に基づくアルゴリズムを用いて大きいほうから i 個の数のソート済みリストを求めたい．以下のそれぞれの方法に対して，漸近的な最悪実行時間が最小になるように実現するアルゴリズムを見つけ，n と i を用いてアルゴリズムの実行時間を解析せよ．

a. 数の集合をソートして大きいほうから i 個の数を列挙する．

b. 数の集合に対する max 優先度つきキューを構成し，EXTRACT-MAX を i 回呼ぶ．

c. 順序統計量アルゴリズムを用いて i 番目に大きい数を見つけ，その数を用いて分割を行い，大きいほうから i 個の数をソートする．

9-2 乱択選択アルゴリズムの変型版

Mendel 教授は i と k が等しいかどうかの判定を省略することによって RANDOMIZED-SELECT を簡単化することを提案している．単純化された RANDOMIZED-SELECT は次のようなものである．

```
SIMPLER-RANDOMIZED-SELECT(A, p, r, i)
1  if p == r
2      return A[p]        // 1 ≤ i ≤ r − p + 1 は i = 1 を意味する
3  q = RANDOMIZED-PARTITION(A, p, r)
4  k = q − p + 1
5  if i ≤ k
6      return SIMPLER-RANDOMIZED-SELECT(A, p, q, i)
7  else return SIMPLER-RANDOMIZED-SELECT(A, q + 1, r, i − k)
```

a. 最悪の場合，SIMPLER-RANDOMIZED-SELECT は決して停止しないことについて論ぜよ．

b. SIMPLER-RANDOMIZED-SELECT の期待実行時間は $O(n)$ のままであることを証明せよ．

9-3 重みつき中央値

n 個の異なる要素 $x_1, x_2, \ldots, x_n$ が $\sum_{i=0}^{n} w_i = 1$ を満たす正の重み $w_1, w_2, \ldots, w_n$ を持つとする．このとき，**（下側）重みつき中央値** (weighted (lower) median) は

$$\sum_{x_i < x_k} w_i < \frac{1}{2}$$

と

$$\sum_{x_i > x_k} w_i \leq \frac{1}{2}$$

を満たす要素 x_k である．たとえば，次のような要素 x_i と w_i を考えよう：

i	1	2	3	4	5	6	7
x_i	3	8	2	5	4	1	6
w_i	0.12	0.35	0.025	0.08	0.15	0.075	0.2

これらの要素に対して中央値は $x_5 = 4$ であるが，重みつき中央値は $x_7 = 6$ である．なぜ重みつき中央値が x_7 なのかを見るために，x_7 より小さい要素は x_1, x_3, x_4, x_5 であり，和は $w_1 + w_3 + w_4 + w_5 + w_6 = 0.45$ となるが，これは 1/2 より小さい．さらに，要素 x_2 だけが x_7 より大きいが，$w_2 = 0.35$ であり，これは 1/2 より大きくない．

a. $i = 1, 2, \ldots, n$ に対して要素 x_i の重みを $w_i = 1/n$ とする．このとき，$x_1, x_2, \ldots, x_n$ の中央値と重みつき中央値が一致することを示せ．

b. ソートを用いて，最悪実行時間 $O(n \lg n)$ で n 個の要素の重みつき中央値を計算する方法を示せ．

c. 第 9.3 節の SELECT のような線形時間中央値アルゴリズムを用いて，最悪実行時間 $\Theta(n)$ で n 個の要素の重みつき中央値を計算する方法を示せ．

重み $w_1, w_2, \ldots, w_n$ を持つ n 個の点 $p_1, p_2, \ldots, p_n$ が与えられたとき，和 $\sum_{i=1}^{n} w_i d(p, p_i)$ を最小化する点 p（必ずしも入力の点でなくてもよい）を計算する問題を**郵便局配置問題** (post-office location problem) と呼ぶ．ここで，$d(a, b)$ は 2 点 a, b 間の距離である．

d. 重みつき中央値が 1 次元郵便局配置問題の最適解であることを論ぜよ．ここで，点 p は単に実数で，2 点 a, b 間の距離は $d(a, b) = |a - b|$ である．

e. 点 p が座標 (x, y) で与えられ，2 点 $a = (x_1, y_1)$，$b = (x_2, y_2)$ 間の距離が $d(a, b) = |x_1 - x_2| + |y_1 - y_2|$ で定義される**マンハッタン距離** (Manhattan distance) である，2 次元郵便局配置問題の最適解を見つけよ．

9-4 小さい順序統計量

n 個の数から i 番目の順序統計量を選択するために SELECT が行う最悪比較回数を $S(n)$ としよう．$S(n) = \Theta(n)$ であるが，Θ 記法に隠れた定数はかなり大きい．i が n に比較して小さいとき，SELECT をサブルーチンとして用いるが，最悪の場合よりももっと少ない回数の比較しかしないアルゴリズムが存在する．

a. n 個の要素から i 番目に小さい要素を見つける $U_i(n)$ 回の比較を用いるアルゴリズムを設計せよ. ここで,

$$U_i(n) = \begin{cases} S(n) & i \geq n/2 \text{ のとき} \\ \lfloor n/2 \rfloor + U_i(\lceil n/2 \rceil) + S(2i) & \text{それ以外} \end{cases}$$

である.（**ヒント**：$\lfloor n/2 \rfloor$ 個の互いに素な要素の対の比較をまず行い, 各対の小さいほうの要素からなる集合上に再帰せよ.）

b. $i < n/2$ ならば, $U_i(n) = n + O(S(2i)\lg(n/i))$ であることを示せ.

c. i が $n/2$ 未満の定数ならば, $U_i(n) = n + O(\lg n)$ であることを示せ.

d. $k \geq 2$ に対して $i = n/k$ ならば, $U_i(n) = n + O(S(2n/k)\lg(k))$ であることを示せ.

9-5 乱択選択アルゴリズムの解析再訪

本問題では, 指標確率変数を活用し, 第 7.4.2 項（期待実行時間）における RANDOMIZED-QUICKSORT の解析と同様の方法で手続き RANDOMIZED-SELECT を解析する.

クイックソートを解析したときのように, すべての要素は異なっていると仮定し, 配列 A の要素を $z_1, z_2, \ldots, z_n$ とする. ここで, z_i は i 番目に小さい数である. したがって, RANDOMIZED-SELECT$(A, 1, n, k)$ は z_k を返す.

各 $1 \leq i < j \leq n$ に対して

$X_{ijk} = \mathrm{I}\{z_i$ を見つけるために, アルゴリズムの実行中のどこかで, z_j は z_k と比較される $\}$

と定義する.

a. $\mathrm{E}[X_{ijk}]$ を与える正確な式を示せ.（**ヒント**：値 i, j, k に依存して式は異なる値を持つかもしれない.）

b. z_i を発見するときに実行した配列 A の要素間の比較の総数を X_i とする.

$$\mathrm{E}[X_i] \leq 2\left(\sum_{j=1}^{i}\sum_{k=i}^{n}\frac{1}{k-j+1} + \sum_{k=i+1}^{n}\frac{k-i-1}{k-i+1} + \sum_{j=1}^{i-2}\frac{i-j-1}{i-j+1}\right)$$

であることを示せ.

c. $\mathrm{E}[X_i] \leq 4n$ であることを示せ.

d. 配列 A のすべての要素が異なるとき, RANDOMIZED-SELECT が期待時間 $O(n)$ で走ることを結論づけよ.

9-6 3個の要素からなるグループに関する選択

練習問題 9.3-1 は, 要素を 7 個の要素からなるグループに分割するとき, SELECT アルゴリズムはそれでも線形時間で動作することを示すように求めている.

a. k が 3 より大きな任意の奇数とするとき, 要素を k 個の要素からなるグループに分割するとき, SELECT は線形時間で動作することを示せ.

b. 要素を 3 個の要素からなるグループに分割するとき，SELECT の実行時間は $O(n \lg n)$ であることを示せ．

(b) の限界はただの上界なので，3 のグループによる戦略が実際に $O(n)$ 時間で動作するかどうかは分からない．しかし，3 のグループによる戦略を中央値の真ん中のグループに関して繰り返せば，$O(n)$ 時間を保証するピボットを選ぶことができる．下の SELECT3 アルゴリズムでは，$n > 1$ 個の異なる要素からなる入力配列の i 番目に小さい要素を求める．

SELECT3(A, p, r, i)

```
 1  while (r − p + 1) mod 9 ≠ 0
 2      for j = p + 1 to r                        // 最小値を A[p] に置く
 3          if A[p] > A[j]
 4              A[p] を A[j] で置き換える
 5      // A[p:r] の最小値を求めることが目的なら，ここで終了
 6      if i == 1
 7          return A[p]
 8      // そうでなければ，A[p + 1:r] の (i − 1) 番目の要素がほしい
 9      p = p + 1
10      i = i − 1
11  g = (r − p + 1)/3                             // 3 要素のグループの個数
12  for j = p to p + g − 1                        // グループを通して調べる
13      〈A[j], A[j + g], A[j + 2g]〉をその場でソート
14  // すべてのグループ中央値は今や A[p:r] の中央の 3 番目にある
15  g′ = g/3                                      // 3 要素のサブグループの個数
16  for j = p + g to p + g + g′ − 1               // サブグループをソートする
17      〈A[j], A[j + g′], A[j + 2g′]〉をその場でソートする
18  // すべてのサブグループの中央値は，今では A[p:r] の中央の 9 番目にある
19  // ピボット x を再帰的にサブグループ中央値の中央値として求める
20  x = SELECT3(A, p + 4g′, p + 5g′ − 1, ⌈g′/2⌉)
21  q = PARTITION-AROUND(A, p, r, x)              // ピボットに関して分割
22  // 残りは SELECT の第 19–24 行とまったく同じである
23  k = q − p + 1
24  if i == k
25      return A[q]                               // このピボットの値が答えである
26  elseif i < k
27      return SELECT3(A, p, q − 1, i)
28  else return SELECT3(A, q + 1, r, i − k)
```

c. SELECT3 アルゴリズムの動作を言葉で記述せよ．適切な図表を 1 つ以上含めること．

d. SELECT3 が最悪の場合でも $O(n)$ 時間で動作することを示せ．

文献ノート

最悪時に線形時間で走る中央値発見アルゴリズムは Blum–Floyd–Pratt–Rivest–Tarjan [62] によって設計された．高速な乱択版アルゴリズムは Hoare [218] の貢献である．Floyd–Rivest [147] は，少ない個数の要素の標本から再帰的に選ばれた要素を用いて分割を行う，さらに優れた乱択版アルゴリズムを開発した．

中央値を決定するために必要な比較回数の正確な値はまだ分かっていない．中央値を見つけるために必要な比較回数の下界 $2n$ を Bent–John [48] が与え，上界 $3n$ を Schönhage–Paterson–Pippenger [397] が与えた．Dor–Zwick は上界と下界を共に改良した．上界 [123] は $2.95n$ よりすこし小さい値で，下界 [124] はある小さい正の数 ϵ に対して $(2+\epsilon)n$ なので，Dor ら [122] の関連する結果のわずかな改善になっている．Paterson [354] は，これらの結果を他の関連する結果と共に述べている．

章末問題 9-6 は Chen–Dumitrescu [84] の論文によって示唆されたものである．

III　データ構造

序　論

集合は，数学では基本的で大変重要なものだが，コンピュータ科学においても同様である．数学的な集合は変化しないが，アルゴリズムが扱う集合は成長したり，縮んだり，時間とともに変化する．このような集合を**動的** (dynamic) 集合と呼ぶ．第 III 部の 4 つの章では，要素の数が有限の動的集合を表現し，コンピュータ上でそれらを操作するための基本的な手法を学ぶ．

アルゴリズムは，いくつかの種類の集合操作を実行する．たとえば，多くのアルゴリズムでは，要素の挿入，削除，そして，要素かどうかの判定操作を行う．これらの操作が実行できる動的集合を**辞書** (dictionary) と呼ぶ．これ以上に複雑な操作を要求するアルゴリズムもある．たとえば，第 6 章（ヒープソート）で導入したヒープデータ構造における min 優先度つきキューでは，集合への要素の挿入と最小要素の抽出操作が利用できる．動的集合の最善の実現方法は，どのような操作を必要としているかを決定することである．

動的集合の要素

動的集合の典型的な実装においては，各要素は，オブジェクトによって実現され，そのオブジェクトへのポインタが与えられ，そして，その属性は検査され，処理される．ある種の動的集合では，オブジェクトの属性の 1 つを識別用の**キー** (key) であると仮定する．すべてのキーが異なる場合には，動的集合をキー値の集合と見なすことができる．オブジェクトは**付属データ** (satellite data) を含むことがある．それらは他のオブジェクトの属性の中で持ち運ばれる．そうでなければ，集合の実装に使用されることはない．また，オブジェクトは，集合操作が扱う属性もまた含むことがある．

ある動的集合では，実数や通常のアルファベット順での全単語の集合のような，全順序集合からキーが抜き出されることを前提としている．全順序によって，たとえば，その集合に属する最小の要素を定義したり，与えられた要素より大きい次の要素について語ることが可能になる．

動的集合上の操作

動的集合上の操作には，2 つのタイプがある：単に集合に関する情報を返す**クエリー**（質問）(query) と，集合を変える**変更操作** (modifying operation) である．代表的な操作を以下に示す．具体的な応用では，通常，その実装にこれらの中のほんの少数の操作で足りる．

SEARCH(S, k)

集合 S とキー値 k を与えると，$x.key = k$ を満たす S の要素へのポインタ x を返すクエリー．このような要素が S に存在しないときには NIL を返す．

INSERT(S, x)

集合 S に x が指す要素を加える変更操作．通常，集合の実装に必要な要素 x のすべての属性は，初期化済みであると仮定する．

DELETE(S, x)

集合 S のある要素を指すポインタ x を与えると，S から x を削除する変更操作．（この操作ではキーの値ではなく，要素 x へのポインタを引数として取ることに注意しよう．）

MINIMUM(S) と MAXIMUM(S)

S の中で最小（MINIMUM の場合），あるいは最大（MAXIMUM の場合）のキーを持つ要素を指すポインタを返す全順序集合 S 上のクエリー．

SUCCESSOR(S, x)

全順序集合 S に属するキーを持つ要素 x を与えると，S において x より大きい要素の中で最小の要素，すなわち x の次の要素を指すポインタを返すクエリー．x が最大要素なら NIL を返す．

PREDECESSOR(S, x)

全順序集合 S に属するキーを持つ要素 x を与えると，S において x より小さい要素の中で最大の要素，すなわち x の 1 つ手前の要素を指すポインタを返すクエリー．x が最小要素なら NIL を返す．

クエリー SUCCESSOR と PREDECESSOR を同じキー値を持つ集合上に拡張できることがある．この際，n 個のキー上の集合に対して MINIMUM を呼び出したのち，SUCCESSOR を $n - 1$ 回呼び出せば，この集合の要素がソート順に列挙される，というのが通常の仮定である．

通常，集合操作の実行に必要な時間を，集合のサイズの関数として示す．たとえば，第 13 章では，サイズ n の集合上で上に列挙したすべての操作を $O(\lg n)$ 時間で実行できるデータ構造を紹介する．

もちろん，動的集合を配列上に実装することはいつも可能である．その利点は，動的な集合に対するアルゴリズムが単純になることである．ただし，これらの操作の多くの最悪実行時間が $\Theta(n)$ という欠点がある．配列がソートされていなければ，INSERT，DELETE は $\Theta(1)$ 時間で実現できるが，他の操作は $\Theta(n)$ 時間を要する．もし，その代わりに配列がソートされた状態で維持されているならば，MINIMUM，MAXIMUM，SUCCESSOR，PREDECESSOR は $\Theta(1)$ 時間で動作する．SEARCH は 2 分探索木上で実現されている場合は，$O(\log n)$ 時間で実現できる．しかし，INSERT，DELETE は，最悪 $\Theta(n)$ 時間を要する．第 III 部で学ぶデータ構造は，動的な集合操作を配列上に実現するときに役立つだろう．

第 III 部の概要

第 10〜13 章では，動的集合の実現に利用できるいくつかのデータ構造を紹介する．これらのデータ構造の多くを，さまざまな問題に対する効率の良いアルゴリズムを設計するために後の章で利用する．重要なデータ構造であるヒープは，第 6 章（ヒープソート）ですでに学んだ．

第 10 章（基礎的なデータ構造）では，配列，行列，スタック，キュー，連結リスト，根つき木のような単純なデータ構造を扱う上でキーとなる基本的な手法を学ぶ．プログラミングの導入教育を受けた人は，これらの題材の多くをすでによく知っているはずである．

ハッシュ表を第 11 章で導入する．ハッシュ表では，辞書操作 INSERT，DELETE，SEARCH がすべて利用できる．ハッシュ表では SEARCH 操作に最悪 $\Theta(n)$ 時間かかるが，期待実行時間は $O(1)$ 時間である．ハッシュの解析には確率が必要であるが，この章の大部分では確率に関する予備知識は必要ない．

第 12 章で扱う 2 分探索木では，先に列挙した動的集合に関する操作がすべて利用できる．n 個の要素を持つ 2 分探索木上の各操作は最悪 $\Theta(n)$ 時間かかる．2 分探索木は他の多くのデータ構造の基礎になる．

2 分探索木の 1 種である 2 色木を第 13 章で導入する．普通の 2 分探索木と違って，2 色木では効率的な実行が保証されている．すなわち，最悪時でも $O(\lg n)$ 時間で集合操作を実行できる．2 色木は平衡探索木の 1 種である．第 V 部（高度なデータ構造）の第 18 章（B 木）で，B 木と呼ばれる別の平衡探索木を紹介する．2 色木の仕組みはやや複雑であるが，仕組みを詳細に調べなくても，この章からその性質のほとんどを知ることができる．擬似コードをじっくりと調べてみるのは非常に有益である．

10 基礎的なデータ構造

ELEMENTARY DATA STRUCUTRES

本章では，ポインタを用いる簡単なデータ構造による動的集合の表現方法を検討する．多くの複雑なデータ構造をポインタを用いて構築できるが，ここでは初歩的なもの：すなわち，配列，行列，スタック，キュー，連結リスト，根つき木に限って紹介する．

10.1 配列に基づく単純なデータ構造：配列，行列，スタック，キュー

10.1.1 配列

ほとんどのプログラミング言語での実装と同様に，配列 (array) はメモリ内ではバイト列として連続して格納されると仮定する．配列の最初の要素のインデックスが s（たとえば，1で始まるインデックスでは $s=1$）ならば，配列がメモリアドレス a からはじまり，配列の各要素が b バイトであるとすると，i 番目の要素は $a+b(i-s)$ から $a+b(i-s+1)-1$ までのバイトを占有する．本書では，ほとんどの場合1で始まるインデックスを用い，0で始まるインデックスもたびたび使うので，これらの表現式は少し簡単になる．$s=1$ の場合，i 番目の要素は $a+b(i-1)$ から $a+bi-1$ までを占有し，$s=0$ の場合は，i 番目の要素は $a+bi$ から $a+b(i+1)-1$ までを占有する．（第 2.2 節（アルゴリズムの解析）で述べた RAM モデルと同様に）コンピュータはすべてのメモリ位置へのアクセス時間が，同じであると仮定しているので，任意の配列要素へのアクセスは，インデックスにかかわらず定数時間でできる．

ほとんどのプログラミング言語では，配列の各要素を同じサイズとしている．配列の要素のバイト数が異なるならば，要素サイズ b が定数ではないので，上記の数式は適用できない．そのような場合，配列の要素は可変サイズのオブジェクトになり，各配列の要素はそのオブジェクトへのポインタとなる．通常ポインタに必要なバイト数は，ポインタの参照先にかかわらず同じである．したがって，配列内のオブジェクトにアクセスするためには，上記の式がそのオブジェクトのアドレスを与えており，そのポインタにしたがってオブジェクト自体にアクセスする必要がある．

10.1.2 行列

通常，行列 (matrix)，すなわち 2 次元配列は，複数の 1 次元配列によって表される．行列を格納するための方法としては，行優先順と列優先順の 2 つがある．m 行 n 列からなる $m \times n$

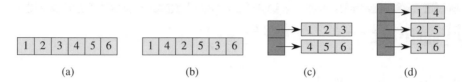

図 10.1 式 (10.1) の 2×3 型行列 M を格納する 4 つの方法. **(a)** 行優先順で単一配列に格納. **(b)** 列優先順で単一配列に格納. **(c)** 行優先順で格納. 行ごとに薄い網かけで示した 1 つの配列と, 行配列を参照するポインタを含む濃い網かけで示した単一の配列を持つ. **(d)** 列優先順で格納. 列ごとに薄い網かけで示した 1 つの配列と, 列配列を参照するポインタを含む濃い網かけで示した単一の配列を持つ.

型行列を考えよう. **行優先順** (row-major order) では, 行列は行ごとに格納され, **列優先順** (column-major order) では, 行列は列ごとに格納される. たとえば, 2×3 型行列

$$M = \begin{pmatrix} 1 & 2 & 3 \\ 4 & 5 & 6 \end{pmatrix} \tag{10.1}$$

を考える. 行優先順は 2 つの行 1 2 3 と 4 5 6 をこの順に格納するが, 列優先順は 3 つの列 1 4; 2 5; 3 6 を, この順に格納する.

図 10.1 の (a) と (b) には, この行列を 1 つの 1 次元配列によって格納する方法を示している. (a) が行優先順で (b) が列優先順である. 行と列, および格納する単一配列のいずれもで s で始まるインデックスが採用されているならば, $M[i,j]$ (i 行 j 列の要素) に対する配列のインデックスは, 行優先順では $s + (n(i-s)) + (j-s)$, 列優先順では $s + (m(j-s)) + (i-s)$ である. $s = 1$ の場合, 単一の配列における $M[i,j]$ のインデックスは, 行優先順では $n(i-1) + j$ となり, 列優先順では $i + m(j-1)$ となる. $s = 0$ の場合は, 単一の配列における $M[i,j]$ のインデックスは, 行優先順では $ni + j$, 列優先順では $mj + i$ となり, 簡単になる. たとえば, 行列 M のインデックスが 1 で始まるとき, 要素 $M[2,1]$ は行優先順では単一配列のインデックス $3(2-1) + 1 = 4$ の位置に格納され, 列優先順ではインデックス $2 + 2(1-1) = 2$ の位置に格納される.

図 10.1 の (c) と (d) には, 式 (10.1) の行列を多重配列を用いて格納する方法が示されている. (c) では, 各行を対応する (薄い網かけで示された) 長さ n の配列に格納する. m 個の要素を持つ (濃い網かけで示された) 別の配列は, m 個の行配列を参照するポインタを含んでいる. 濃い網かけで示された配列を A と呼ぶとき, $A[i]$ は M の i 行を格納する配列へのポインタであり, 配列要素 $A[i][j]$ は行列要素 $M[i,j]$ を格納している. (d) は, 多重配列表現の列優先順版を示している. この表現は, n 個の列を表現する, それぞれ長さ m の n 個の配列から構成されている. 行列要素 $M[i,j]$ は配列要素 $A[j][i]$ に格納されている.

現代のコンピュータでは, 単一配列表現のほうが多重配列表現より効率的なことが多い. しかし, 多重配列表現は柔軟な取扱いが可能になる場合がある. たとえば, 行優先順で各行が異なるサイズを持つ, あるいはそれと対称的に列優先順で各列が異なるサイズを持つような "凸凹配列" の場合である.

行列を格納するのに, 別の方法を用いることもある. **ブロック表現** (block representation) では, 行列をいくつかのブロックに分割し, 各ブロックを連続して格納する. たとえば, 4×4 型行列を以下のように 2×2 個のブロックに分割する.

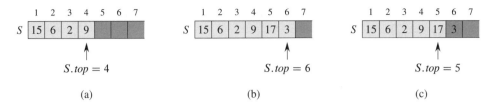

図 10.2 配列を用いたスタック S の実現．スタック要素は薄い網かけの場所にだけ格納されている．**(a)** スタック S は 4 つの要素を持つ．先頭の要素は 9 である．**(b)** PUSH$(S, 17)$ と PUSH$(S, 3)$ を呼び出した後のスタック S の状態．**(c)** POP(S) の呼出しが，最後に挿入した要素 3 を返した後のスタック S の状態．配列の中に 3 がまだ残っているが，それはもはやスタックの中には存在しない．スタックの先頭は要素 17 である．

$$\begin{pmatrix} 1 & 2 & | & 3 & 4 \\ 5 & 6 & | & 7 & 8 \\ \hline 9 & 10 & | & 11 & 12 \\ 13 & 14 & | & 15 & 16 \end{pmatrix}$$

それを単一の配列に $\langle 1, 2, 5, 6, 3, 4, 7, 8, 9, 10, 13, 14, 11, 12, 15, 16 \rangle$ のように，ブロック順で格納する．

10.1.3 スタックとキュー

スタックとキューは削除操作 DELETE によって事前に特定された要素が削除される動的集合である．**スタック** (stack) は最後に集合に挿入した要素を削除する：スタックは，**後入れ先出し** (last-in, first-out)，すなわち **LIFO** 方策を実現する．同様に，**キュー** (queue) は集合に最も長時間滞在した要素を削除し，**先入れ先出し** (first-in, first-out)，あるいは **FIFO** 方策を実装する．スタックとキューをコンピュータ上で効率よく実装する，いくつかの方法がある．本節では，属性を持つ配列を用いてそれぞれを格納する方法を説明する．

スタック

スタックでは INSERT 操作を PUSH，DELETE 操作を POP と呼ぶ．POP は要素を引数として取らない．これらの名前は，カフェテリアなどに設置されているバネ仕掛けの皿格納器などの物理的なスタックに由来する．このような格納器では一番上にある皿しか取れないので，皿はスタックに PUSH（プッシュ）された順序と逆の順序でスタックから POP（ポップ）される．

図 10.2 に示すように，最大 n 個の要素を格納できるスタックを配列 $S[1 : n]$ を用いて実現できる．配列は最後に挿入された要素の格納場所を示す属性 $S.top$ と配列のサイズ n の値をとる属性 $S.size$ を持つ．スタックは要素 $S[1 : S.top]$ から構成され，$S[1]$ がスタックの底，$S[S.top]$ がスタックの先頭の要素である．

$S.top = 0$ ならばスタックは要素を 1 つも含んでおらず，**空** (empty) である．質問操作 STACK-EMPTY を用いてスタックが空かどうか調べることができる．空スタックをポップしようとするとスタックは **アンダーフロー** (underflow) を起こし，これは通常はエラーとして処理される．$S.top$ が $S.size$ を越えるとスタックは **オーバーフロー** (overflow) する．

手続き STACK-EMPTY，PUSH，POP は，各スタック操作はほんの数行の擬似コードで実現

される．スタックの変更操作 PUSH と POP の効果を図 10.2 に示す．3 つのスタック操作はそれぞれ $O(1)$ 時間で実行できる．

STACK-EMPTY(S)

1 **if** $S.top == 0$
2   **return** TRUE
3 **else return** FALSE

PUSH(S, x)

1 **if** $S.top == S.size$
2   **error** "オーバーフロー"
3 **else** $S.top = S.top + 1$
4      $S[S.top] = x$

POP(S)

1 **if** STACK-EMPTY(S)
2   **error** "アンダーフロー"
3 **else** $S.top = S.top - 1$
4   **return** $S[S.top + 1]$

キュー

キュー (queue) では，挿入操作 INSERT を ENQUEUE，削除操作 DELETE を DEQUEUE と呼ぶ．POP 操作と同様，DEQUEUE は要素を引数として取らない．キューは，その FIFO 性から，レジに並ぶ買物客の列のように働く．キューには**先頭** (head) と**末尾** (tail) がある．ある要素を挿入すると，新しく到着した客が列の末尾に加わるように，要素はキューの末尾に加わる．DEQUEUE によって削除される要素は，最も長い間並んでいた列の先頭の客が列から解放されるように，つねにキューの先頭の要素である．

最大 $n-1$ 個の要素を格納できるキューを，属性 $Q.size$ を持つ配列 $Q[1:n]$ を用いて実現する方法の 1 つを図 10.3 に示す．ここで，属性 $Q.size$ は配列のサイズ n である．キューは先頭のインデックスを示す（あるいは指す）属性 $Q.head$ を持つ．属性 $Q.tail$ は新しく到着した要素をキューに挿入されるインデックスを示す．キューの要素は位置 $Q.head, Q.head + 1, \ldots, Q.tail - 1$ に格納されている．ここで，位置 n のすぐ後に 1 が続くように位置は "循環的 (wrap around)" に扱われるので，配列は両端がつながったリングを形成している．$Q.head = Q.tail$ ならばキューは空である．初期状態では $Q.head = Q.tail = 1$ である．キューが空のときに要素を削除しようとするとアンダーフローを起こす．$Q.head = Q.tail + 1$ あるいは $Q.head = 1$ かつ $Q.tail = Q.size$ のときキューは満杯であり，要素を挿入しようとするとオーバーフローを起こす．

以下に示す手続き ENQUEUE と DEQUEUE では，アンダーフローとオーバーフローによるエラーの検出は省略してある．（練習問題 10.1-5 では，これら 2 つのエラー状態を検出するための擬似コードを設計する．）ENQUEUE 操作と DEQUEUE 操作の実行の効果を図 10.3 に示す．

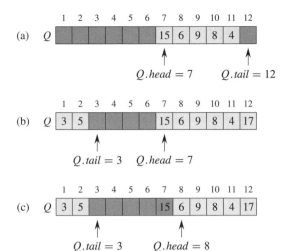

図 10.3 配列 $Q[1:12]$ を用いたキューの実現．キュー要素は薄い網かけの場所にだけ格納されている．**(a)** キューは位置 $Q[7:11]$ に 5 個の要素を持つ．**(b)** ENQUEUE$(Q, 17)$，ENQUEUE$(Q, 3)$，ENQUEUE$(Q, 5)$ を呼び出した直後のキューの状態．**(c)** DEQUEUE(Q) の呼出しが以前はキューの先頭であったキー値 15 を返した直後のキューの状況．新しい先頭はキー 6 を持つ．

操作の実行にはそれぞれ $O(1)$ 時間かかる．

ENQUEUE(Q, x)
1 $Q[Q.tail] = x$
2 **if** $Q.tail == Q.size$
3      $Q.tail = 1$
4 **else** $Q.tail = Q.tail + 1$

DEQUEUE(Q)
1 $x = Q[Q.head]$
2 **if** $Q.head == Q.size$
3      $Q.head = 1$
4 **else** $Q.head = Q.head + 1$
5 **return** x

練習問題

10.1-1 行優先順の $m \times n$ 型行列を考える．ここで，m と n はともに 2 のベキ乗とし，行も列もインデックスは 0 から始まるとする．行のインデックス i は $\lg m$ ビットの 2 進数 $\langle i_{\lg m-1}, i_{\lg m-2}, \ldots, i_0 \rangle$，列のインデックス j は $\lg n$ ビットの 2 進数 $\langle j_{\lg n-1}, j_{\lg n-2}, \ldots, j_0 \rangle$ で表現できる．この行列を各ブロックが $m/2 \times n/2$ 型行列である 2×2 ブロック行列と見なし，各ブロックは 0 で始まるインデックスを持つ単一配列で表現されているとする．i と j の 2 進表現から，対応する要素が格納されている単一配列のインデックスの $(\lg m + \lg n)$ ビットからなる 2 進表現を構成する方法を示せ．

218 | 10 基礎的なデータ構造

10.1-2 図 10.2 をお手本にして，配列 $S[1:6]$ に格納されている空のスタック S に対して操作列 PUSH($S, 4$), PUSH($S, 1$), PUSH($S, 3$), POP(S), PUSH($S, 8$), POP(S) を実行したときの結果を示せ．

10.1-3 1 つの配列 $A[1:n]$ の中に 2 つのスタックを実装せよ．ただし，これらのスタックに格納されている要素数の合計が n を超えない限りどちらのスタックもオーバーフローしてはならず，PUSH および POP 操作は $O(1)$ 時間で走らなくてはならない．

10.1-4 図 10.3 をお手本にして，配列 $Q[1:6]$ に格納されている空のキュー Q に対して操作列 ENQUEUE($Q, 4$), ENQUEUE($Q, 1$), ENQUEUE($Q, 3$), DEQUEUE(Q), ENQUEUE($Q, 8$), DEQUEUE(Q) を実行したときの結果を示せ．

10.1-5 ENQUEUE と DEQUEUE を書き直し，アンダーフローとオーバーフローを検知するようにせよ．

10.1-6 スタックでは要素の挿入削除を一端だけで行い，キューでは要素を一端からを挿入し，他端から削除した．これに対して，**両頭キュー**（deque: double-ended queue, "デック (deck)" のように発音する）では要素の挿入削除を両端で行う．配列によって実現されている両頭キューの両端で要素を挿入および削除するための，4 つの $O(1)$ 時間手続きを記述せよ．

10.1-7 2 つのスタックを用いてキューを実現する方法を示せ．キュー操作の実行時間を解析せよ．

10.1-8 2 つのキューを用いてスタックを実現する方法を示せ．スタック操作の実行時間を解析せよ．

10.2 連結リスト

オブジェクトがある線形順序で一列に並ぶデータ構造を，**連結リスト** (linked list) と言う．配列ではインデックスによってオブジェクトの線形順序が決まるのに対し，連結リストの線形順序は，各オブジェクトが持つポインタによって決まる．連結リストの要素は探索されるキーを持っていることが多いので，連結リストは**探索リスト** (search list) とも呼ばれている．連結リストを用いると，210 ページの第 III 部（データ構造）への序論に示した操作リストのすべての操作が利用できる動的集合が（必ずしも効率は良くないが）簡単かつ柔軟に実現できる．

　図 10.4 に示すように，**双方向連結リスト** (doubly linked list) L の各要素はキー属性 key と 2 つのポインタ属性，$next$ と $prev$ を持つオブジェクトである．オブジェクトがそれ以外の付属データを持つこともある．連結リストに属する任意の要素 x について，$x.next$ は x の直後の要素を，$x.prev$ は直前の要素を指す．$x.prev = $ NIL ならば x は直前の要素を持たず，x はリストの最初の要素，すなわち，**先頭** (head) である．$x.next = $ NIL ならば x は直後の要素を持たず，x はリストの最後の要素，**末尾** (tail) である．属性 $L.head$ はリストの先頭の要素を指す．$L.head = $ NIL ならばリストは空である．

　リストには，いくつかの種類がありうる．すなわち，一方向と双方向，ソート済みと未ソート，そして循環と非循環のリストとかである．リストが**一方向** (singly linked) ならば各要素は $next$ ポインタのみを持ち，$prev$ ポインタは存在しない．リストが**ソート済み** (sorted) ならば

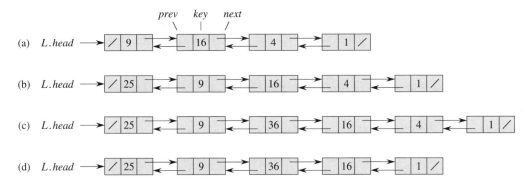

図 10.4 (a) 動的集合 $\{1, 4, 9, 16\}$ を表現する双方向連結リスト L. リストに属する各要素は，キーと（矢印で示す）直後および直前の要素を指すポインタを属性として持つオブジェクトである．末尾の $next$ 属性と先頭の $prev$ 属性は NIL であり，"／"で表現する．属性 $L.head$ は先頭を指す．(b) $x.key = 25$ として LIST-PREPEND(L, x) を実行すると，連結リスト L に新しい先頭となるキー 25 を持つ新しいオブジェクトが加わる．(c) $x.key = 36$ として，y がキー 9 のオブジェクトを指すとき，LIST-INSERT(x, y) を実行した結果．(d) x がキー 4 を持つオブジェクトを指すとき LIST-DELETE(L, x) を続けて呼び出した結果．

リストの線形順序はリストに属する要素のキーの線形順序に対応し，リストの先頭が最小要素，末尾が最大要素である．リストが**未ソート** (unsorted) ならば要素は任意の順序で出現する．**循環リスト** (circular list) では，リストの先頭の $prev$ ポインタがリストの末尾を指し，末尾の $next$ ポインタがリストの先頭を指す．このような循環リストを要素のリングと見なすことができる．本節の残りでは，未ソート双方向連結リストを仮定して議論を進める．

連結リストの探索

手続き LIST-SEARCH(L, k) は，簡単な線形探索によってリスト L からキー k を持つ最初の要素を発見し，その要素を指すポインタを返す．[a] キー k を持つオブジェクトがリストに存在しなければ NIL を返す．図 10.4(a) の連結リスト上の呼出し LIST-SEARCH$(L, 4)$ は 3 番目の要素を指すポインタを返し，呼出し LIST-SEARCH$(L, 7)$ は NIL を返す．n 個のオブジェクトを持つリストを探索するとき，手続き LIST-SEARCH は最悪時にはリスト全体を探索するので，最悪実行時間は $\Theta(n)$ である．

LIST-SEARCH(L, k)
1 $x = L.head$
2 **while** $x \neq$ NIL かつ $x.key \neq k$
3      $x = x.next$
4 **return** x

---

[a] ［訳注］第 2.1 節（挿入ソート）の訳注（14 ページ）を見よ．「$\neq$」は代入 (=) の否定ではなく，等号 (==) の否定を意味する．

220 | 10 基礎的なデータ構造

連結リストへの挿入

key 属性にキーがすでに格納されている要素 x が与えられたとき，手続き LIST-PREPEND は図 10.4(b) に示すように，x を連結リストの先頭に追加する．（本書の属性記法では"階層化"が許されることを思い出そう．したがって $L.head.prev$ は $L.head$ が指すオブジェクトの prev 属性を表す．）n 個の要素を持つリスト上での LIST-PREPEND の実行時間は $O(1)$ である．

LIST-PREPEND(L, x)

1 $x.next = L.head$
2 $x.prev =$ NIL
3 **if** $L.head \neq$ NIL
4      $L.head.prev = x$
5 $L.head = x$

連結リスト内では任意の場所に挿入が可能である．図 10.4(c) が示すように，ポインタ y がリストのあるオブジェクトを指しているとき，以下の手続き LIST-INSERT は，$O(1)$ 時間で，リスト中の y の直後に新しい要素 x を"継ぎ合わす"．LIST-INSERT は，リストオブジェクト L を決して参照しないので，L は引数として与えられない．

LIST-INSERT(x, y)

1 $x.next = y.next$
2 $x.prev = y$
3 **if** $y.next \neq$ NIL
4      $y.next.prev = x$
5 $y.next = x$

連結リストからの削除

手続き LIST-DELETE は要素 x を連結リスト L から削除する．この手続きは，要素 x へのポインタを引数として取り，ポインタを更新して"継ぎ合せ"によって x をリストから取り除く．与えられたキーを持つ要素を削除するには，その要素を指すポインタを検索するために，まず LIST-SEARCH を呼び出す必要がある．連結リストからある要素を削除する様子を図 10.4(d) に示す．LIST-DELETE は $O(1)$ で走るが，与えられたキーを持つ要素を削除するには，まず LIST-SEARCH を呼び出す必要があり，最悪時には $\Theta(n)$ 時間かかる．

挿入と削除は，配列よりも双方向連結リストによる実現のほうが高速である．格納されている要素の相対位置を変えずに，配列の最初に新しい要素を挿入したり，配列の最初の要素を削除するとき，残りの要素をそれぞれ 1 ずつ移動しなければならない．したがって，最悪の場合，挿入も削除も配列では $\Theta(n)$ 時間かかる．一方，双方向連結リストにおける挿入削除は $O(1)$ 時間でできる．（練習問題 10.2-1 では，単方向連結リストでは要素を削除するのに最悪 $\Theta(n)$ 時間かかることを証明する．）しかし，（要素が配列に出現する）線形順序で k 番目の要

LIST-DELETE(L, x)
1 **if** $x.prev \neq$ NIL
2      $x.prev.next = x.next$
3 **else** $L.head = x.next$
4 **if** $x.next \neq$ NIL
5      $x.next.prev = x.prev$

素を見つけたければ，配列では k にかかわらず $O(1)$ 時間しかかからないが，連結リストでは k 個の要素を辿らなければならず，$\Theta(k)$ 時間かかることになる．

番兵

連結リストの先頭と末尾の境界条件を無視するならば，LIST-DELETE のコードはもっと簡単である：

LIST-DELETE$'$(x)
1 $x.prev.next = x.next$
2 $x.next.prev = x.prev$

番兵 (sentinel) は，境界条件を簡略化するためのダミーオブジェクトである．連結リスト L の番兵はオブジェクト $L.nil$ であり，これは NIL を表現するが，リストの他の要素と同じ属性を持つ．NIL を参照するものは，それを番兵 $L.nil$ を指すように変更する．図 10.5 が示すように，この変更は通常の双方向リストを**番兵を持つ循環双方向リスト** (circular, doubly linked

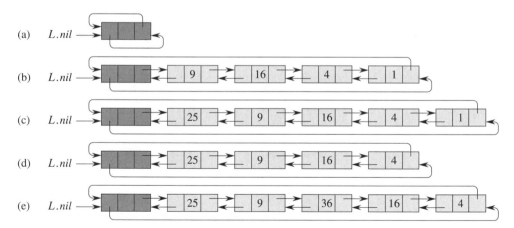

図 10.5 番兵を持つ双方向循環リスト．（濃い網かけの）番兵 $L.nil$ を先頭と末尾の間に置く．$L.nil.next$ によってリストの先頭に到達できるので，属性 $L.head$ はもはや必要ない．**(a)** 空リスト．**(b)** 図 10.4(a) の連結リスト．先頭のキーが 9，末尾のキーが 1 である．**(c)** $x.key = 25$ として LIST-INSERT$'$(L, x) を実行した後のリスト．新しく挿入したオブジェクトがリストの先頭になる．**(d)** キー 1 を持つオブジェクトを削除した後のリスト．新しい末尾はキー 4 を持つオブジェクトである．**(e)** $x.key = 36$ で y がキー 9 を持つオブジェクトを指しているとき，LIST-INSERT$'$(x, y) を実行した後のリスト．

222 | 10 基礎的なデータ構造

list with sentinel) に変える．リストの先頭と末尾の間に番兵 $L.nil$ が置かれ，属性 $L.nil.next$ がリストの先頭を，$L.nil.prev$ がリストの末尾を指す．同様に，末尾の $next$ 属性と先頭の $prev$ 属性は共に $L.nil$ を指す．$L.nil.next$ がリストの先頭を指すので，属性 $L.head$ は完全に削除され，それへの参照は，$L.nil.next$ への参照に置き換えられる．図 10.5(a) が示すように空リストは番兵だけから構成され，$L.nil.next$ と $L.nil.prev$ は共に $L.nil$ を指す．

　ある要素をリストから削除するには，上で定義した 2 行からなる手続き LIST-DELETE′ を用いるだけである．LIST-INSERT がリストのオブジェクト L を決して参照することがないように，LIST-DELETE′ もそれを参照しない：リスト全体を削除するのでないならば，番兵 $L.nil$ を削除してはならない！

　手続き LIST-INSERT′ は，ある要素 x をリスト中の y の直後に挿入する．リストの先頭への挿入に別の手続きは必要としない．リストの先頭への挿入は，y を $L.nil$ とすればよく，リストの末尾への挿入は，y を $L.nil.prev$ とすればよい．図 10.5 にあるリスト上での LIST-INSERT′ と LIST-DELETE′ の振舞いを示す．

LIST-INSERT′(x, y)

1　$x.next = y.next$
2　$x.prev = y$
3　$y.next.prev = x$
4　$y.next = x$

　番兵つきの循環双方向リストの探索の漸近的実行時間は，番兵なしの場合と同じだが，定数係数を改善できる余地がある．LIST-SEARCH の第 2 行目の判定では 2 回の比較を行う．すなわち，探索がリストの末尾を越えたか否かをチェックするために 1 回，そうではないときには 2 回目の比較を，探索しているキーが現在の要素 x に格納されているか否かをチェックするために行う．あなたが，キーがリストのどこかにあることを**知っている**場合には，探索がリストの末尾を越えたことをチェックする必要はないので，**while** ループの各繰返しで 1 回の比較を削除できる．

　番兵には探索を始める前に探索するキーが格納される．探索はリスト L の先頭の $L.nil.next$ から開始され，リスト中のどこかでキーを見つけるところで終了する．この探索ではキーは番兵か，番兵に到達する前のいずれかで見つかることが保証されている．キーが番兵に到達する前に見つかるなら，探索が停止した要素に探索しているキーが確かに格納されている．一方，探索がリストのすべての要素を通過し，探索しているキーが番兵で見つかったならば，このキーはリスト中には存在せず，探索は NIL を返す．次ページの手続き LIST-SEARCH′ はこのアイデアを実現している．（番兵が key 属性として NIL を要請しているならば，第 5 行の直前で代入 $L.nil.key = $ NIL を実行すればよい．[b]）

　番兵によって，連結リストの探索のようにコードは簡単化されることが多く，小さな定数分の高速化ができる．しかし，漸近的実行時間の改善にならない．番兵は，どこにでも使用でき

---

[b]　[訳注] 番兵が LIST-SEARCH′ の外で正しく番兵として機能するために key 属性が NIL である必要があるならば，LIST-SEARCH′ の第 1 行で $L.nil.key$ の割り当てた k を $L.nil.key$ が終了するまでに NIL に初期化しておく必要がある．

$$\text{List-Search}'(L, k)$$

1	$L.nil.key = k$	// キーを，それがリストの中にあることを保証するために，
		// 番兵の中に格納する
2	$x = L.nil.next$	// リストの頭から開始する
3	**while** $x.key \neq k$	
4	$\quad x = x.next$	
5	**if** $x == L.nil$	// 番兵の中に k を見つけた
6	$\quad$ **return** NIL	// k は実際にリストの中にはなかった
7	**else return** x	// 要素 x の中に k を見つけた

るものではない．短いリストがたくさんあるような場合には，番兵の使用は深刻な記憶の無駄使いに通じる．したがって，本書では，擬似コードを確かに単純化できる場合に限り番兵を使用する．

練習問題

10.2-1 一方向連結リスト上で動的集合操作 INSERT は $O(1)$ 時間で実行できるが，DELETE の最悪の実行時間は $\Theta(n)$ になることを説明せよ．

10.2-2 一方向連結リストを用いてスタックを実現せよ．操作 PUSH と POP は共に $O(1)$ 時間で実行できるようにすること．そのために，リストに属性を追加する必要はあるか？

10.2-3 一方向連結リストを用いてキューを実現せよ．操作 ENQUEUE と DEQUEUE は共に $O(1)$ 時間で実行できるようにすること．そのために，リストに属性を追加する必要はあるか？

10.2-4 動的集合操作 UNION は，互いに素な 2 つの集合 S_1 と S_2 を入力として取り，S_1 と S_2 に属するすべての要素からなる集合 $S = S_1 \cup S_2$ を返す．通常，操作は集合 S_1 と S_2 を破壊する．適切なリストデータ構造を用いて，UNION を $O(1)$ 時間で実行できるように実現する方法を示せ．

10.2-5 n 個の要素を持つ一方向連結リストを $\Theta(n)$ 時間で反転する再帰を用いない手続きを与えよ．ただし，リスト領域を除くと定数の記憶容量しか用いてはならない．

10.2-6 ★ 各アイテムごとに 1 つのポインタ値 $x.np$ しか使用しないで双方向連結リストを実現する方法を説明せよ．（普通は 2 つのポインタ値 $next$ と $prev$ を用いる．）すべてのポインタ値 x は k ビットの整数で表現できると仮定し，$x.np$ を $x.next$ と $x.prev$ の k ビット「排他的論理和」，すなわち，$x.np = x.next$ XOR $x.prev$ と定義せよ．値 NIL は 0 によって表現される．リストの先頭に到達するために必要な情報を必ず記述すること．このようなリスト上で SEARCH, INSERT, DELETE 操作を実現する方法を示せ．さらに，リストを $O(1)$ 時間で反転する方法を示せ．

10.3 根つき木の表現

連結リストは線形関係を表現するのに都合がよいが，すべての関係が線形とは限らない．この節では，とくに根つき木 (rooted tree) を連結リストで表す問題について見ていく．まず，2分木から始め，次に節点が任意個の子を持つ根つき木を表現する方法を示す．

木の各節点をあるオブジェクトで表現する．連結リストの場合と同様，各節点は key 属性を持つと仮定する．実現に関係する他の属性は他の節点を指すポインタであり，木の種類によってさまざまに変化する．

2分木

図 10.6 に，属性 p, $left$, $right$ を用いて2分木 T の各節点の親，左の子，右の子を指すポインタを格納する方法を示す．$x.p = $ NIL ならば x は根である．節点 x に左の子がなければ $x.left = $ NIL，右の子がない場合も同様である．属性 $T.root$ が木 T 全体の根を指す．$T.root = $ NIL ならば T は空である．

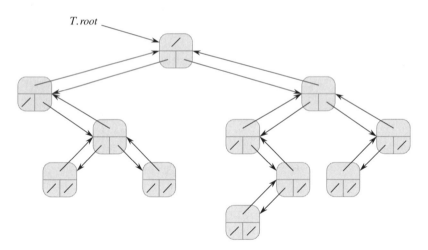

図 10.6 2分木 T の表現．各節点 x は，属性 $x.p$（上），$x.left$（左下），$x.right$（右下）を持つ．key 属性は省略した．

分岐数に制約のない根つき木

2分木の表現方法を，節点の子の数がある定数 k 以下であるような任意の木を表現できるように拡張するのは簡単である．属性 $left$ と $right$ を $child_1, child_2, \ldots, child_k$ に置き換えればよい．しかし，子の数がある定数で抑えられない場合には，事前に割りつける必要のある属性数が確定しないので，この方法を使えない．また，たとえ子の数がある定数 k で抑えられていたとしても，k が大きく，しかも多くの節点が少数の子しか持たない場合には，この手法では記憶領域を浪費する．

幸運にも，任意の数の子を持つ木を2分木によって表現する賢い方法がある．n 個の節点を

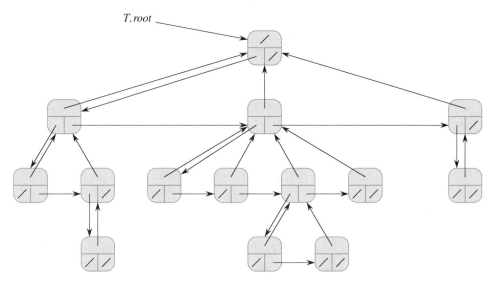

図 10.7 木 T の左-子,右-兄弟表現.各節点 x は属性 $x.p$（上）,$x.left\text{-}child$（左下）,$x.right\text{-}sibling$（右下）を持つ.key 属性は省略した.

持つ任意の根つき木を $O(n)$ の記憶領域を用いて表現できることが本方式の長所である.**左-子,右-兄弟表現** (left-child, right-sibling representation) を図 10.7 に示す.以前と同様,各節点は親を指すポインタ p を持ち,$T.root$ は木 T の根を指す.各節点は,その子のそれぞれを指すポインタの代わりに,2 つのポインタを持つ：

1. $x.left\text{-}child$ は節点 x の最左の子を指す.
2. $x.right\text{-}sibling$ は x のすぐ右の兄弟を指す.

節点 x に子がなければ $x.left\text{-}child = $ NIL であり,x が親の最右の子ならば $x.right\text{-}sibling = $ NIL である.

木の別表現

根つき木を別の方法で表現することがある.たとえば,第 6 章（ヒープソート）では完全 2 分木に基づくヒープを単一配列とヒープに属する最後の節点のインデックスを示す属性で表現した.第 19 章（互いに素な集合族のためのデータ構造）に現れる木は根の方向に向かってだけ道を辿る必要がある.そこで,親を指すポインタだけを残し,子を指すポインタは除去する.これ以外にも多くの表現方法があり,最適な方法は応用に依存して決まる.

練習問題

10.3-1 以下の属性で表現される,インデックス 6 を根とする根つき 2 分木を描け：

226 | 10 基礎的なデータ構造

インデックス	key	left	right
1	17	8	9
2	14	NIL	NIL
3	12	NIL	NIL
4	20	10	NIL
5	33	2	NIL
6	15	1	4
7	28	NIL	NIL
8	22	NIL	NIL
9	13	3	7
10	25	NIL	5

10.3-2 節点数 n の 2 分木を入力とし，$O(n)$ 時間でこの木に属するすべての節点のキーをプリントする再帰的手続きを記述せよ．

10.3-3 節点数 n の 2 分木を入力とし，$O(n)$ 時間でこの木に属するすべての節点のキーをプリントする非再帰的な手続きを記述せよ．補助データ構造としてスタックを使え．

10.3-4 節点数 n の任意の木を入力とし，$O(n)$ 時間でこの木に属するすべての節点のキーをプリントする手続きを記述せよ．ただし，木は左-子，右-兄弟表現を用いて格納されている．

10.3-5 ★ 節点数 n の 2 分木を入力とし，$O(n)$ 時間でその木に属するすべての節点のキーをプリントする非再帰的な手続きを記述せよ．ただし，木の表現以外には $O(1)$ の領域しか利用してはならず，木は一時的にせよ変形してはならない．

10.3-6 ★ 任意の根つき木の左-子，右-兄弟表現では，各節点について 3 つのポインタ，*left-child*，*right-sibling*，p を用いる．この表現を用いると，どの節点からでも，その親に定数時間で到達，識別でき，そのすべての子に子の数の線形時間で到達，識別できる．各節点 x に対して 2 つのポインタと 1 つのブール値を使用して 2 つの操作を x の子の数の線形時間で実現する方法を示せ．

章末問題

10-1 リスト間の比較
以下の表に示されている 4 つの型のリストのそれぞれについて，各動的集合操作の最悪時の漸近的実行時間を求めよ：

	未ソート 一方向 連結リスト	ソート済み 一方向 連結リスト	未ソート 双方向 連結リスト	ソート済み 双方向 連結リスト
SEARCH				
INSERT				
DELETE				
SUCCESSOR				
PREDECESSOR				
MINIMUM				
MAXIMUM				

10.3 根つき木の表現 | 227

10-2 連結リストを用いたマージ可能ヒープ

マージ可能ヒープ (mergeable heap) では5つの操作，MAKE-HEAP（空のマージ可能ヒープを作る），INSERT，MINIMUM，EXTRACT-MIN，UNION が利用できる。[1] 以下のそれぞれの場合について，連結リストを用いてマージ可能ヒープを実現する方法を示せ．できる限り各操作が効率よく実行されるようにせよ．扱う動的集合のサイズを用いて各操作の実行時間を解析せよ．

a. リストはソート済みである．

b. リストは未ソートである．

c. リストは未ソートであり，マージする動的集合は互いに素である．

10-3 ソート済みコンパクトリストの探索

一方向連結リストを2つの配列 key と $next$ によって実現する．ある要素のインデックスが i のとき，その要素の値が $key[i]$ に格納され，次の要素のインデックスが $next[i]$ に格納されている．ただし，この要素が末尾の要素ならば，$next[i] = \text{NIL}$ である．リストの最初の要素のインデックス $head$ も必要である．　この方式で格納された n 個の要素からなるリストが**コンパクト** (conpact) であるのは，配列 key と $next$ の場所1から n の部分だけを使ってこのリストが格納されているときである．

　キーはすべて異なり，コンパクトリストはソートされていると仮定しよう．すなわち，$next[i] \neq \text{NIL}$ を満たす $i = 1, 2, \ldots, n$ に対して，$key[i] < key[next[i]]$ を仮定する．これらの仮定の下で，乱択アルゴリズム COMPACT-LIST-SEARCH はこのリストからキー k を $O(\sqrt{n})$ の期待時間で探索することを証明する．

COMPACT-LIST-SEARCH($key, next, head, n, k$)

```
 1  i = head
 2  while i ≠ NIL かつ key[i] < k
 3      j = RANDOM(1, n)
 4      if key[i] < key[j] かつ key[j] ≤ k
 5          i = j
 6          if key[i] == k
 7              return i
 8      i = next[i]
 9  if i == NIL または key[i] > k
10      return NIL
11  else return i
```

---

[1] ここではマージ可能ヒープを MINIMUM と EXTRACT-MIN を利用できるものとして定義したので，これを**マージ可能 min ヒープ** (mergeable min-heap) と呼ぶ．同様に，MAXIMUM と EXTRACT-MAX が利用できる場合には，**マージ可能 max ヒープ** (mergeable max-heap) と呼ぶ．

228 | 10 基礎的なデータ構造

この手続きは，手続きの第 3～7 行を無視すると，インデックス i がリストの各場所を順番に指していくので，ソート済み連結リストを探索する普通のアルゴリズムである．探索が終わるのは，値 i がリストを "はみ出した" ときか，$key[i] \geq k$ が成立したときである．後者では，$key[i] = k$ ならば値 k を持つキーを発見し，一方，$key[i] > k$ ならば値 k を持つキーはリストに存在せず，探索を終了できる．

第 3～7 行の目的はインデックス i を，前向きに，ランダムに選択したある値 j までスキップしようと試みることである．このスキップが有効なのは，$key[j]$ が $key[i]$ より大きく，かつ k 以下の場合である．そのような場合には，j は i が通常の探索中に到達する位置を指す．リストがコンパクトなので，1 と n の間のどの整数を j として選択しても，場所 j にはリストに属する要素が格納されている．

直接 COMPACT-LIST-SEARCH の性能を解析する代わりに，関連するアルゴリズム COMPACT-LIST-SEARCH′ を解析しよう．このアルゴリズムは 2 つのループを実行し，最初のループの繰返し回数の上界を決める引数 t を用いる．

COMPACT-LIST-SEARCH′$(key, next, head, n, k, t)$

```
 1   i = head
 2   for q = 1 to t
 3       j = RANDOM(1, n)
 4       if key[i] < key[j] かつ key[j] ≤ k
 5           i = j
 6           if key[i] == k
 7               return i
 8   while i ≠ NIL かつ key[i] < k
 9       i = next[i]
10   if i == NIL または key[i] > k
11       return NIL
12   else return i
```

これら 2 つのアルゴリズムの実行を比較するために，これらのアルゴリズムが RANDOM$(1, n)$ を繰り返し呼び出したとき，同じ整数列が返されると仮定する．

a. 任意の値 t に対して，COMPACT-LIST-SEARCH$(key, next, head, n, k)$ と COMPACT-LIST-SEARCH′$(key, next, head, n, k, t)$ は同じ答えを返し，COMPACT-LIST-SEARCH の第 2～8 行の **while** ループの繰返し回数は COMPACT-LIST- SEARCH′ の **for** ループと **while** ループの繰返し回数の合計以下であることを示せ．

COMPACT-LIST-SEARCH′$(key, next, head, n, k, t)$ の呼出しにおいて，第 2～7 行の **for** 文を t 回繰り返した直後の，連結リストにおける場所 i から目的のキー k までの距離（すなわち，$next$ のポインタの連鎖の長さ）を表す確率変数を X_t とする．

b. COMPACT-LIST-SEARCH′$(key, next, head, n, k, t)$ の期待実行時間が $O(t + \mathrm{E}[X_t])$ であ

ることを示せ.

c. $\mathrm{E}[X_t] = \sum_{r=1}^{n}(1 - r/n)^t$ を示せ.（**ヒント**：付録第 C.3 節の式 (C.28)（1010 ページ）を用いよ.）

d. $\sum_{r=0}^{n-1} r^t \leq n^{t+1}/(t+1)$ を示せ.（**ヒント**：付録第 A.2 節の式 (A.18)（973 ページ）を用いよ.）

e. $\mathrm{E}[X_t] \leq n/(t+1)$ を証明せよ.

f. COMPACT-LIST-SEARCH$'(key, net, head, n, k, t)$ が期待実行時間 $O(t + n/t)$ で走ることを示せ.

g. COMPACT-LIST-SEARCH が期待実行時間 $O(\sqrt{n})$ で走ることを結論づけよ.

h. COMPACT-LIST-SEARCH の解析でキーはすべて異なると仮定する理由を述べよ. リストが同じキーを含む場合には，ランダムなスキップが必ずしも漸近的な改善に寄与しないことを論ぜよ.

文献ノート

Aho–Hopcroft–Ullman [6] と Knuth [259] はデータ構造の基礎に関する素晴らしい教科書である. 他の多くの教科書は基本的なデータ構造を解説し，特定のプログラミング言語を用いてその実現方法を記述している. このような教科書には Goodrich–Tamassia [196]，Main [311], Shaffer [406], Weiss [452, 453, 454] などがある. Gonnet–Baeza–Yates [193] は多数のデータ構造操作の性能について実験データを示している.

コンピュータ科学におけるデータ構造としてのスタックとキューの起源は定かではない. 対応する概念はディジタルコンピュータが導入される前から数学や事務処理にすでに現れていた. Knuth [259] は A.M. Turing を引用し，1947 年のサブルーチンのリンクのためのスタックの活用について述べている.

ポインタに基づくデータ構造も，またその起源ははっきりしないように思われる. Knuth によれば，ドラム記憶を持った初期のコンピュータが，明らかにポインタを用いていた. G.M. Hopper が 1951 年に開発した A-1 言語では数式を 2 分木で表現した. Knuth は，ポインタの重要性を認識してその使用を奨励した功績を，1956 年に A. Newell, J.C. Shaw, H.A. Simon によって開発された IPL-II 言語によるものとしている. 彼らが 1957 年に開発した IPL-III 言語は，明示的なスタック操作を含んでいた.

11 ハッシュ表

HASH TABLES

多くのアプリケーションでは，動的集合操作として3つの辞書操作 INSERT, SEARCH, DELETE だけが必要になる．たとえば，プログラミング言語を翻訳するコンパイラは記号表を管理する．表に現れる要素のキーは，その言語で許される識別子に対応する記号列である．ハッシュ表は辞書を効率よく実装するデータ構造である．ハッシュ表の中からある要素を発見するには，最悪の場合 $\Theta(n)$ 時間かかり，これは連結リストの中からある要素を発見するために必要な時間と同程度である．しかし，実際的な場面でハッシュは極めて速い．適切な仮定の下で，ハッシュ表からある要素を発見するのに必要な時間の平均は $O(1)$ 時間である．実際 Python の辞書はハッシュ表で実装されている．

ハッシュ表は，より単純な概念である通常の配列の一般化である．通常の配列に対する直接アドレス指定法は，配列の任意の場所を $O(1)$ 時間で検査できるという能力を効果的に利用する．第 11.1 節では直接アドレス指定法をより詳細に検討する．可能なすべてのキーのそれぞれに対して1つの場所が割り当てられている配列を準備できる場合には，直接アドレス指定法が適用できる．

可能なキーの総数に比べて実際に格納されるキーの個数が少ない場合には，典型的には実際に格納されるキーの個数に比例する大きさの配列しか使用しないハッシュ表が，配列に対する直接アドレス指定法に代わる効果的な手法となる．この手法ではキーを配列のインデックスとして直接用いる代わりに，キーから配列のインデックスを**計算**する．複数個のキーが同じ配列のインデックスに写像される "衝突" を扱う方法の1つである「チェイン法 (chaining)」に焦点をしぼり，第 11.2 節ではハッシュ表の中心的なアイデアを述べる．第 11.3 節ではハッシュ関数を用いて配列のインデックスをキーから計算する方法を記述する．さらに，この主題から派生するいくつかの問題を取り上げて解析する．第 11.4 節では，衝突を扱うための別の方法である「オープンアドレス法 (open addressing)」について考える．ハッシュ表が非常に効果的で実用的な技法であるというのが本章の結論であり，実際，基本辞書操作の平均実行時間は $O(1)$ 時間である．第 11.5 節では，現代のコンピュータが備えている階層記憶システムについて検討し，それに適合したハッシュ表の設計手法を紹介する．

11.1 直接アドレス表

出現する可能性のあるキーの全集合（普遍集合）U がそれほど大きくない場合は，単純な技法

である直接アドレス指定法は非常にうまく働く．それほど大きくない m に対して，各要素が普遍集合 $U = \{0, 1, \ldots, m-1\}$ から選択される異なるキーを持つ動的集合を必要としているアプリケーションがあるとする．

動的集合を表現するために**直接アドレス表** (direct-address table) と呼ぶ配列 $T[0 : m-1]$ を用いる．配列の各位置を**枠** (slot) と呼ぶ．枠は普遍集合 U のキーに対応する．図 11.1 にこのアプローチを図示する．枠 k が集合内のキー k を持つ要素を指している．集合がキー k を持つ要素を含まなければ $T[k] = $ NIL である．

下の辞書操作 DIRECT-ADDRESS-SEARCH，DIRECT-ADDRESS-INSERT，ADDRESS-DIRECT-DELETE の実装は容易である．これらの操作はどれも $O(1)$ 時間で動作する．

アプリケーションによっては，直接アドレス表自身が動的集合の要素を格納できる．要素のキーと付属データを直接アドレス表の外のオブジェクトに格納し，枠にはそのオブジェクトを指すポインタを格納するのではなく，オブジェクト自体を枠に格納することでスペースが節約できる．空枠であることを示すには，オブジェクトに特別なキーを与えればよい．それにしても，なぜオブジェクトのキーをそもそも格納する必要があるのだろうか？オブジェクトのインデックス自体がそのキーなのだ！もちろん，その場合，枠が空であるかどうかを判別する方法が必要になる．

DIRECT-ADDRESS-SEARCH(T, k)

1   **return** $T[k]$

DIRECT-ADDRESS-INSERT(T, x)

1   $T[x.key] = x$

DIRECT-ADDRESS-DELETE(T, x)

1   $T[x.key] = $ NIL

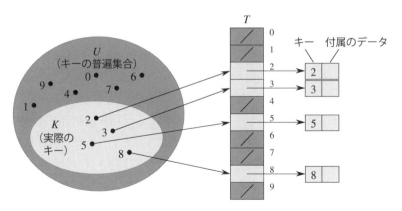

図 11.1 直接アドレス表 T を用いた動的集合の実装．普遍集合 $U = \{0, 1, \ldots, 9\}$ に属する各キーは表へのインデックスに対応する．実際に出現するキーの集合 $K = \{2, 3, 5, 8\}$ に対応する表の枠には，要素を指すポインタが格納される．それ以外の濃い網かけで示された枠には NIL が格納されている．

232 | 11 ハッシュ表

練習問題

11.1-1 長さが m の直接アドレス表 T によって表現された動的集合 S を考える．S の最大要素を発見する手続きを記述せよ．この手続き最悪時の性能を評価せよ．

11.1-2 ビットベクトル (bit vector) は，単にビット（0 か 1 のどちらか）の配列である．長さ m のビットベクトルは，m 個のポインタの配列に比べてスペースが少なくて済む．付属データを持たない集合 $\{0, 1, 2, \dots, m-1\}$ から選択された異なる要素からなる動的集合を，ビットベクトルを使って表現する方法を述べよ．ただし，辞書操作は $O(1)$ 時間で実行できなくてはならない．

11.1-3 格納される要素のキーが必ずしも異なるとは限らず，しかも付属データが存在する可能性があるとき，直接アドレス表を実装する方法を述べよ．ただし，3 つの辞書操作（INSERT, DELETE, SEARCH）はすべて $O(1)$ 時間で実行できなくてはならない．（DELETE は，key ではなく削除されるオブジェクトを指すポインタを引数として取ることに注意せよ．）

11.1-4 ★ 巨大な配列上に直接アドレス指定法を用いて辞書を実装したい．すなわち，配列のサイズが m で，辞書がどんな時でも高々 n 個の要素しか含まないとすれば，$m \gg n$ である．開始時点では配列にはゴミデータが格納されているが，サイズが巨大なので配列全体を初期化するのは非現実的である．巨大な配列上に直接アドレス表を実装する方法を示せ．ただし，各オブジェクトの格納には $O(1)$ 領域を用い，操作 SEARCH, INSERT, DELETE は $O(1)$ 時間で動作し，データ構造の初期化は $O(1)$ 時間で完了する必要がある．（**ヒント**：巨大配列中の与えられた要素の有効性判定を助けるために，辞書に実際に格納されているキー数をサイズとするスタック風に扱われる補助配列を用いよ．）

11.2 ハッシュ表

直接アドレス指定法の弱点は明らかである：キーの普遍集合 U が非常に大きいとき，あるいは無限大のときには，典型的なコンピュータで利用可能な記憶領域上に大きさ $|U|$ の表 T を格納することは，非現実的，あるいは不可能である．また，**実際に格納される**キーの集合 K が U に比較して非常に小さいときには，T に割りつけられたスペースのほとんどが無駄になる．

　辞書に格納されているキーの集合 K がキーの普遍集合 U よりもとても小さい場合には，直接アドレス表と比べてハッシュ表は十分に小さな領域しか必要としない．より明確に言えば，ハッシュ表の要素をハッシュ表からたった $O(1)$ 時間で探索できるという特長を維持したまま，必要な領域を $\Theta(|K|)$ に減少できる．注意すべきことは，直接アドレス表の探索は**最悪時間** (worst-case time) なのに対して，ハッシュ表の探索は**平均時間** (average-case time)[1] であることである．

　直接アドレス指定法ではキー k を持つ要素は枠 k に格納する．ハッシュ法ではこの要素を枠 $h(k)$ に格納する．すなわち，キー k から枠の位置を計算するために**ハッシュ関数** (hash

---

　[1] "平均の" という定義には注意を要する．キー値の入力の分布を平均化するのか？ ハッシュ関数の選択をランダムに行うのか？ 本書では両手法を考えるが，どちらかと言えば後者のランダムハッシュ関数に力点を置く．

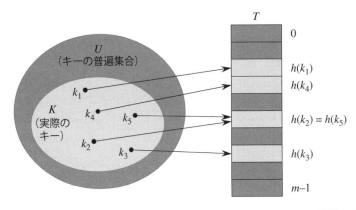

図 11.2 キーをハッシュ表の枠に対応づけるために，ハッシュ関数 h を用いる．キー k_2 と k_5 は同じ枠に写像され，衝突している．

function) h を用いる．ここで，h はキーの普遍集合 U から**ハッシュ表** (hash table) $T[0:m-1]$ の枠の集合への写像：

$$h : U \to \{0, 1, \ldots, m-1\}$$

であり，普通，ハッシュ表のサイズ m は $|U|$ に比べて十分に小さい．キー k を持つ要素を枠 $h(k)$ に**ハッシュ** (hash) すると言い，$h(k)$ をキー k の**ハッシュ値** (hash value) と呼ぶ．図 11.2 に基本的なアイデアを図示する．ハッシュ関数は配列インデックスの値域を狭め，配列サイズを減少させる．配列のサイズは $|U|$ ではなく，m で済む．特段よいものではないけれども，単純な例として，$h(k) = k \bmod m$ があげられる．

このアイデアの唯一の欠点は，同じ枠に 2 つのキーがハッシュされる可能性があることである．この状況を**衝突** (collision) と言う．幸いなことに，衝突から生ずる問題を解決する効果的な方法がある．

もちろん，衝突を完全に避けられれば，それが理想である．適切なハッシュ関数 h を用いれば，この目的を達成できるかもしれない．1 つのアイデアは"ランダム"なように振る舞う h を選ぶことである．衝突を完全に避けることはできなくても，衝突の回数を最小に抑えることはできそうである．ランダムに混ぜ合わせ，切り刻むことを想起させる"ハッシュ"という語自身がこの方針の精神をとらえている．（もちろん，ハッシュ関数は，入力 k が与えられたときにつねに同じ値 $h(k)$ を出力するという意味で，決定的でなければならない．）しかし，$|U| > m$ なので同じハッシュ値を持つ 2 つのキーが必ず存在し，衝突を完全に回避するのは不可能である．そこで，巧妙に設計され，あたかも"ランダム"のように振る舞うハッシュ関数が衝突回数を最小に抑えることができるとしても，確実に発生する衝突を解決するための方法を用意しておく必要がある．

本節ではこのあと，"ハッシュ"を"ランダム化"する「独立一様ハッシュ法」を導入する．最も簡単な衝突解決方式であるチェイン法を，本節の残りの部分で紹介する．第 11.4 節では衝突を解決する別の方法としてオープンアドレス法を紹介する．

独立一様ハッシュ法

"理想的な"ハッシュ関数 h は，普遍集合 U の可能な各入力 k に対して，$h(k)$ が $\{0, 1, \ldots,$

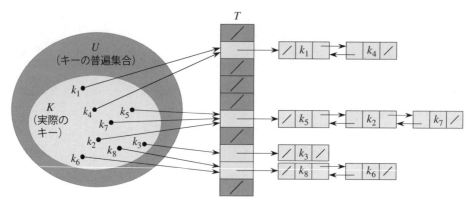

図 11.3 チェイン法による衝突解決．ハッシュ表の各枠 $T[j]$ はハッシュ表が j のすべてのキーを含む連結リストを指すポインタを持つ．たとえば，$h(k_1) = h(k_4)$，$h(k_5) = h(k_2) = h(k_7)$ である．連結リストは一方向，あるいは双方向である．図では，削除の手続きが削除すべきリスト要素（キーだけでなく）を知っている場合，削除がより速くなる可能性があるため，双方向リンクとして表示している．

$m-1\}$ の範囲からランダムかつ一様に選択された要素 $h(k)$ を出力する．いったん $h(k)$ がランダムに選択されると，その後の同じ入力 k に対する h の呼出しは，同じ値 $h(k)$ を出力する．

ここではこのような理想的なハッシュ関数を**独立一様ハッシュ関数** (independent uniform hash function) と呼ぶ．そのような関数は，しばしば**ランダムオラクル** (random oracle)[a] [43] とも呼ばれる．ハッシュ表が独立一様ハッシュ関数を用いて実装されているときは，**独立一様ハッシュ法** (independent uniform hashing) を使っていると言う．

独立一様ハッシュ法は理想的な理論上の抽象化モデルであり，実際には，合理的に実装されうるものではない．しかし，本書では，独立一様ハッシュ法の仮定の下に，ハッシュの効率性を解析し，この理想に対する有用で実用的な近似を達成する方法を示そう．

チェイン法を用いた衝突解決

高所から見れば，チェイン法を用いたハッシュは非再帰型の分割統治法と見なせる：すなわち，n 個の入力要素はランダムに m 個の部分集合に分割され，それぞれ近似的に n/m 個の要素を持つ．ハッシュ関数は要素がどの部分集合に属するかを決定する．それぞれの部分集合は，独立にリストとして処理されるという具合である．

図 11.3 は**チェイン法** (chaining) の背後にあるアイデアを示している：空でない各枠はリンクされたリストを指し，同じ枠にハッシュされたすべての要素を 1 つの連結リストに置く．j にハッシュされたすべての要素を格納するリストの先頭を指すポインタが，枠 j に格納される．j にハッシュされた要素がなければ，枠 j の値は NIL である．

衝突をチェイン法で解決するときには，以下に示すハッシュ表 T 上の辞書操作の実装は容易である．これらは，次のページに示されており，第 10.2 節（連結リスト）で学んだ連結リストに対する手続きを使っている．挿入の最悪実行時間は $O(1)$ である．挿入の手続きが高速なのは，挿入しようとする要素 x はその時点で表に存在していないと仮定しているためでも

---

[a] ［訳注］oracle（オラクル）とは「神のお告げ」である．ランダムオラクルは，暗号理論で「安全性」を証明する際にハッシュ関数の理想的な代替物としてしばしば使われる．あらゆる問合せに対して値域に一様分布する真のランダムな応答を返す．

ある．この仮定を強制するために，（余分な計算コストをかけて）挿入の前にキー $x.key$ を持つ要素を探索することができる．最悪の場合，探索にかかる時間はリストの長さに比例する．（下で，この操作をより詳しく解析しよう．）図 11.3 に示すように双方向連結リストを用いると，要素 x の削除は $O(1)$ 時間で実装できる．（CHAINED-HASH-DELETE の入力はキー k ではなく要素 x なので，探索は必要ない．もしハッシュ表が削除を許すならば，要素を高速に削除できる双方向連結リストを用いるべきである．リストが一方向なら，要素の削除操作は，練習問題 10.2-1 によって，リストの長さに比例する時間がかかる可能性がある．一方向連結リストを用いると，削除と探索に同じ漸近的実行時間がかかる．）

CHAINED-HASH-INSERT(T, x)
1 LIST-PREPEND$(T[h(x.key)], x)$

CHAINED-HASH-SEARCH(T, k)
1 **return** LIST-SEARCH$(T[h(k)], k)$

CHAINED-HASH-DELETE(T, x)
1 LIST-DELETE$(T[h(x.key)], x)$

チェイン法を用いるハッシュ法の解析

チェイン法を用いるハッシュ法の性能を検討する．与えられたキーを持つ要素の探索に必要な時間にとくに興味がある．

n 個の要素を格納している枠数 m のハッシュ表 T の**負荷率** (load factor) α を n/m で定義する．すなわち，α は 1 つのチェインに格納されている要素数の平均である．解析は α を用いて行う．α は 1 より小さいことも，1 に等しいことも，1 より大きいこともある．

チェイン法を用いるハッシュ法の最悪時の振舞いは目を覆うばかりである：n 個のキーがすべて同じ枠にハッシュされると，長さ n のリストが作られる．したがって，最悪時の探索時間は $\Theta(n)$ とハッシュ関数の計算時間の和になり，すべての要素に対して 1 つの連結リストを用いたとしても，これほどひどくない．最悪時の性能が重要なアプリケーションにはハッシュ表を適用することは馬鹿げている．

ハッシュ法の平均的性能は，ハッシュ関数 h のキーの集合を m 個の枠に平均的に分配する能力に依存して決まる（ここで平均とは，ハッシュされるキーの分布ならびにランダム化されたハッシュ関数の選択に関する平均化を意味する）．第 11.3 節ではこの問題を考察する．しかし，さしあたり任意に与えられた要素は，m 個の任意の枠に等確率でハッシュされると仮定する．このときハッシュ関数は**一様** (uniform) であると言う．さらに他の要素がすでにどの枠にハッシュされたかとは無関係に要素が**独立して**ハッシュされる場合，この仮定は**独立一様ハッシュ法** (independent uniform hashing) を使っていると言う．

異なったキーのハッシュ先は独立していると仮定しているので，独立一様ハッシュは**万能** (universal) である．すなわち，異なった 2 つのキー k_1, k_2 の衝突する確率が高々 $1/m$ である場合である：万能性は本章の解析では重要な事柄で，そのような性質を備えた万能ハッシュ関

数族については第 11.3.2 項で取り上げる.

$j = 0, 1, \ldots, m-1$ に対して,リスト $T[j]$ の長さを n_j と書くことにすると

$$n = n_0 + n_1 + \cdots + n_{m-1} \tag{11.1}$$

であり,n_j の期待値は $\mathrm{E}[n_j] = \alpha = n/m$ である.

ハッシュ値 $h(k)$ は $O(1)$ 時間で計算できると仮定する.このとき,キー k を持つ要素の探索にかかる時間はリスト $T[h(k)]$ の長さ $n_{h(k)}$ に比例する.ハッシュ関数の計算と枠 $h(k)$ のアクセスに必要な $O(1)$ 時間を脇に置いて,探索アルゴリズムが検査する要素数,すなわち,リスト $T[h(k)]$ に属し,そのアルゴリズムがそのキーを k と比較する要素の数の期待値を考察する.2 つの場合を考える.まず最初に,探索が失敗に終わり,表にはキー k を持つ要素が存在しないと分かった場合を考え,次にキー k を持つ要素の探索が成功した場合を考える.

定理 11.1 独立一様ハッシュ法を仮定する.衝突をチェイン法で解決するハッシュ表において失敗に終わる探索にかかる時間の平均は $\Theta(1+\alpha)$ である.

証明 独立一様ハッシュ法の仮定の下では,表に格納されていない任意のキー k は m 個の枠の任意の枠に等確率でハッシュされる.したがって,あるキー k の探索が失敗に終わるとき,この探索にかかる期待時間はリスト $T[h(k)]$ を最後まで探索するのにかかる期待時間であり,リスト $T[h(k)]$ の長さの期待値は $\mathrm{E}[n_{h(k)}] = \alpha$ である.したがって,失敗に終わる探索で検査する要素数の期待値は α であり,($h(k)$ を計算するための時間を含めた)必要な全時間は $\Theta(1+\alpha)$ である. ∎

探索が成功する場合は,状況が少し異なる.不成功の場合,ハッシュ表のどの枠にも等しい確率で到達する.しかし,成功した探索は,空の枠には行かない.なぜなら,それはリンクリストのいずれかに存在する要素を探しているからである.探索対象の要素は,表の要素の中から等確率で選ばれると仮定しているため,リストが長ければ長いほど,そのリスト内の要素が探索される可能性が高くなる.それでも,探索時間の期待値は結局 $\Theta(1+\alpha)$ となる.

定理 11.2 独立一様ハッシュ法を仮定する.衝突をチェイン法で解決するハッシュ表において,成功する探索には平均で $\Theta(1+\alpha)$ 時間かかる.

証明 表に格納されている n 個のキーが等確率で探索の対象になると仮定する.要素 x の成功する探索において検査される要素の個数は,x のリストで x より前にある要素の個数に 1 を加えた数である.新たな要素はリストの先頭に挿入されるので,リストで x より前にある要素は x が挿入された後で挿入されたものばかりである.$i = 1, 2, \ldots, n$ に対して i 番目に表に挿入された要素を x_i とし,$k_i = x_i.key$ とする.

ここでの解析では,指標確率変数を広範囲に使う.表での各枠 q,異なるキー k_i と k_j の各対に対して指標確率変数

$$X_{ijq} = \mathrm{I}\{探索は,x_i,\ h(k_i) = q,\ h(k_j) = q\ に対するものである.\}$$

を定義する.すなわち,x_i の探索に対して,キー k_i,k_j が枠 q で衝突する場合は,$X_{ijq} = 1$ である.$\Pr\{探索が x_i である\} = 1/n$,$\Pr\{h(k_i) = q\} = 1/m$,$\Pr\{h(k_j) = q\} = 1/m$ なので,$\Pr\{X_{ijq} = 1\} = 1/nm^2$ である.第 5.2 節(指標確率変数)の補題 5.1(108 ページ)から $\mathrm{E}[X_{ijq}] = 1/nm^2$ が成立する.

つぎに，各要素 x_j に対し指標確率変数 Y_j を定義する．

$Y_j = \mathrm{I}\{x_j\text{は，探索される要素よりも前にリストに現れる}\}$

$$= \sum_{q=0}^{m-1} \sum_{i=1}^{j-1} X_{ijq}$$

探索要素 x_i が x_j と同じリスト（枠 q によって指される）に属し，$i < j$ で，リスト上では x_i は x_j の後ろに現れるので，高々 X_{ijq} の1つが1になる．

リスト上で探索中の要素の前に現れる要素数を求めるために，最終的なランダム変数 Z を

$$Z = \sum_{j=1}^{n} Y_j$$

と定義する．そのリストで先行する要素だけでなく，探索される要素も数えなければならないので，$\mathrm{E}[Z+1]$ を計算したい．期待値の線形性（付録の第 C.3 節の式 (C.24)（1009 ページ））より，

$$\mathrm{E}[Z+1] = \mathrm{E}\left[1 + \sum_{j=1}^{n} Y_j\right]$$

$$= 1 + \mathrm{E}\left[\sum_{j=1}^{n} \sum_{q=0}^{m-1} \sum_{i=1}^{j-1} X_{ijq}\right]$$

$$= 1 + \mathrm{E}\left[\sum_{q=0}^{m-1} \sum_{j=1}^{n} \sum_{i=1}^{j-1} X_{ijq}\right]$$

$$= 1 + \sum_{q=0}^{m-1} \sum_{j=1}^{n} \sum_{i=1}^{j-1} \mathrm{E}[X_{ijq}] \qquad \text{（期待値の線形性より）}$$

$$= 1 + \sum_{q=0}^{m-1} \sum_{j=1}^{n} \sum_{i=1}^{j-1} \frac{1}{nm^2}$$

$$= 1 + m \cdot \frac{n(n-1)}{2} \cdot \frac{1}{nm^2} \qquad \text{（付録第 A.1 節の式 (A.2)（966 ページ）より）}$$

$$= 1 + \frac{n-1}{2m}$$

$$= 1 + \frac{n}{2m} - \frac{1}{2m}$$

$$= 1 + \frac{\alpha}{2} - \frac{\alpha}{2n}$$

となる．したがって，成功する探索に必要な時間は（ハッシュ関数を計算するための時間を含めると）$\Theta(2 + \alpha/2 - \alpha/2n) = \Theta(1 + \alpha)$ である． ∎

この解析の意味する所は何か？ 表に含まれる要素数がハッシュ表の枠数に高々比例するならば $n = O(m)$ であり，$\alpha = n/m = O(m)/m = O(1)$ を結論できる．したがって，平均探索時間は定数である．挿入の最悪実行時間は $O(1)$ であり，双方向連結リストを用いれば削除の最悪実行時間も $O(1)$ だから，すべての辞書操作を平均 $O(1)$ 時間で実行する機能を提供できる．

238 | 11　ハッシュ表

先の独立一様ハッシュに関する 2 つの定理の解析は，一様性（どのキーも等確率で m 個の枠の 1 つにハッシュされる）と独立性（2 つの異なったキーは $1/m$ の確率で衝突する）の 2 つの性質に基づいている．

練習問題

11.2-1　n 個の相異なるキーを長さ m の配列 T にハッシュ関数 h を用いてハッシュするとする．独立一様ハッシュ法を仮定する．衝突回数の期待値を求めよ．より正確に言うと，集合 $\{\{k_1, k_2\} : k_1 \neq k_2$ かつ $h(k_1) = h(k_2)\}$ のサイズ (cardinality) の期待値を求めよ．

11.2-2　チェイン法を用いて衝突を解決するハッシュ表にキー $5, 28, 19, 15, 20, 33, 12, 17, 10$ が挿入されていく様子を示せ．ただし，ハッシュ表は最初は空で，9 個の枠を持ち，ハッシュ関数は $h(k) = k \bmod 9$ を仮定せよ．

11.2-3　チェイン方式を修正し，各リストをソート済みリストとして管理することで性能が大幅に改善できると宍戸教授は考えた．教授のこの変更が成功する探索，失敗に終わる探索，挿入，削除に対して与える影響を検討せよ．

11.2-4　すべての未使用枠を，リンクリストである“未使用リスト”を作り，ハッシュ表の中で要素を格納するための記憶領域を割りつけたり，回収したりする方法を示唆せよ．ただし，1 つの枠に格納できるのは，1 つのフラッグに加え，1 つの要素と 1 つまたは 2 つのポインタのどちらかであると仮定する．辞書操作および未使用リスト操作はすべて $O(1)$ の期待時間で動作しなければならない．未使用リストは双方向でなければならないか，あるいは一方向で十分か？

11.2-5　サイズが m のハッシュ表に n 個のキーを格納したい．キーの普遍集合 U が $|U| > (n-1)m$ を満たすとき，同じ枠にハッシュされるサイズ n のキーの部分集合が存在し，したがって，チェイン法を用いるハッシュ法では最悪探索時間が $\Theta(n)$ になることを示せ．

11.2-6　チェイン法で衝突を解決するサイズが m のハッシュ表に n 個のキーが格納されており，最長のチェインの長さ L を含めて，各チェインの長さが既知であるとする．ハッシュ表に格納されているキーの中から期待時間 $O(L \cdot (1 + 1/\alpha))$ で 1 つのキーを一様ランダムに選択する手続きを記述せよ．

11.3　ハッシュ関数

ハッシュをうまく働かせるためには，良いハッシュ関数が必要である．ハッシュ関数が効率よく計算できることに加え，良いハッシュ関数が備えるべき性質とはどのようなものが考えられるであろうか？　どのようにして良いハッシュ関数を設計すればよいのだろうか？

本節では初めに，これらの質問に答えるべく，優れたハッシュ関数を設計する方法について議論し，2 つの設計方式を特別に説明する：除算によるハッシュと乗算によるハッシュである．これらの手法は**静的ハッシュ法** (static hashing) と呼ばれ，ある種の入力キー集合にはうまく動作するが，限界がある．どのデータにもうまく動作する固定された単一のハッシュ関数を使おうとするからである．

どんなデータに対しても平均して良い性能を発揮するハッシュ方式は，まず適切なハッシュ関数の族 (family) を設計し，実行時にその中からランダムにハッシュ関数をハッシュされるデータとは独立に選択することである．この手法はランダムハッシュ法と呼ばれている．ある種の特別なランダムハッシュである．万能ハッシュは効率よく動作する．第 7 章のクイックソートで学んだように，ランダム化はアルゴリズムの設計で強力なツールである．

良いハッシュ関数の条件

良いハッシュ関数は（おおよそ近似的に）独立一様ハッシュ仮定を満足する：すなわち，過去にハッシュしたキーのハッシュ先とは無関係に，どのキーも m 個の枠の任意の 1 つに等確率でハッシュされる．ここで"等確率"とは何を意味するのだろうか？ ハッシュ関数が 1 つに固定されていると，どんな確率も入力キーの確率分布に基づかなければならない．

キーの出現を支配する確率分布をたまたま知らない限り，残念ながら，多くの場合にこの条件の成否を確かめることはできない．しかも，キーは独立に選択されないかもしれない．

この確率分布が既知の場合もたまにはある．たとえば，キー k が $0 \leq k < 1$ の中で独立かつ一様に分布するランダムな実数であることを知っていれば，ハッシュ関数

$$h(k) = \lfloor km \rfloor$$

は独立一様ハッシュ法の条件を満足する．

良い静的ハッシュ法は，データ中に存在するかもしれないどんなパターンとも独立であると期待されるハッシュ値からもたされるものである．たとえば，"除算法"（第 11.3.1 項で議論する）では，キー値をある指定された素数で割ったときの剰余をそのハッシュ値とする．キーの分布に潜む任意のパターンとは無関係に（何らかの方法で）素数を選択すれば，この手法は多くの場合に良い結果をもたらす．

第 11.3.2 項で述べるランダムハッシュ法は適切に定義したハッシュ関数族の中からランダムにハッシュ関数を選択する手法で，入力キーの確率分布を知る必要性はまったくない．平均的な良い性能を発揮するのに必要なランダム化は，入力キーを生成する（未知の）プロセスよりもむしろ（既知の）ハッシュ関数のランダム選択に由来している．本書では，このランダムハッシュ法を推奨する．

整数，ベクトル，記号列のキー

実際ほとんどのハッシュ関数は次のような 2 つのタイプのキーを扱うように設計されている：

- w ビットの機械語に適する短い非負整数をキーとする．w の典型的な値としては w は 32 または 64 であろう．
- 一定の範囲の非負整数からなる短いベクトルをキーとする．たとえば，8 ビットのバイト整数を要素とする場合は，しばしば（バイト）記号列と呼ばれる．ベクトル長は可変であるかもしれない．

まずはじめに，短い非負整数のキーを仮定しよう．ベクトルキーの取り扱いは，もっと複雑で，第 11.3.5 項ならびに第 11.5.2 項で取り上げる．

11.3.1 静的ハッシュ法

静的ハッシュ法は単一の固定したハッシュ関数を使う．ここで考えられる唯一のランダム化は（通常は未知の）入力キーの分布に基づくものである．本節では，静的ハッシュ法として除算と乗算に基づく2つのハッシュ法を検討する．静的ハッシュ法はもはや推奨できるものではないが，乗算に基づく手法は"非静的な"ハッシュ法の基礎を提供するものとして役立つ．ここで，非静的なハッシュ法とは，適切な関数族の中からハッシュ関数がランダムに選択されるランダムハッシュを意味している．

除算法

ハッシュ関数を生成するための**除算法** (division method) では，キー k を枠数 m で割り，剰余に対応する枠を k に対応させる．すなわち，ハッシュ関数は

$$h(k) = k \bmod m$$

である．たとえばハッシュ表のサイズを $m = 12$，キーを $k = 100$ とすると，$h(k) = 4$ である．ハッシュ関数の計算に1つの命令しか必要としないので，除算によるハッシュは極めて高速である．

ちょうど2のベキに近すぎない素数を m とすると，この除算法はうまく働く．この手法は良い平均的な性能を保証するものではないが，ハッシュ表のサイズを素数に制限するので，ときとしてアプリケーションを複雑なものにすることがある．

乗算法

一般的な**乗算法** (multiplication method) では2段階でハッシュ関数を計算する．最初に，キー k に $0 < A < 1$ の範囲のある定数 A を掛け，kA の小数部分を取り出す．続いて，この値に m を掛け，結果の小数部分を切り捨てる．すなわち，ハッシュ関数は

$$h(k) = \lfloor m\,(kA \bmod 1) \rfloor$$

である．ここで，"$kA \bmod 1$" は kA の小数部分 $kA - \lfloor kA \rfloor$ である．m の値がそれほど重要ではなく，乗算の定数 A の選択とは独立に m を決定できるということが一般的な乗算法の長所である．

乗算シフト法

実際，乗算法はハッシュ表の枠数 m がちょうど2のベキのとき最良の性能を発揮する．すなわち，w を機械語長とし，ある整数 $0 < \ell \leq w$ に対して，$m = 2^\ell$ の場合である．ここで，A を乗算法のときと同様に $0 < A < 1$ とし，w ビットの正整数 $a = A \cdot 2^w$ を考える．このとき $0 < a < 2^w$ である．ハッシュ関数は次のように多くのコンピュータ上で実装できる．キー k は単独の w ビット語に収まると仮定する．

図 11.4 に示すように，まず k に w ビットの整数 a を掛ける．結果は $2w$ ビットの値 $r_1 2^w + r_0$ である．ここで r_1 は積の上位 w ビット，r_0 は下位 w ビットである．求める ℓ ビッ

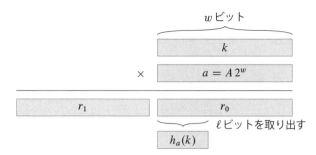

図 11.4 ハッシュ関数を計算する乗算シフト法．w ビットで表現されているキー k に w ビットの値 $a = A \cdot 2^w$ を掛ける．積の下位 w ビットの中の上位 ℓ ビットが求めるハッシュ値 $h_a(k)$ である．

トのハッシュ関数値は，r_0 の上位 ℓ ビットから構成される．（r_1 は無視されるので，ハッシュ関数はコンピュータ上で次のように実装することができる．つまり，2 個の w ビットの入力が与えられ，それらの w ビットの積だけを返すものである．ここで，積の操作は 2^w を法として計算される．）

言い換えれば，ハッシュ関数 $h = h_a$ は，非零の w ビット値 a に対して，

$$h_a(k) = (ka \bmod 2^w) \gg (w - \ell) \tag{11.2}$$

と定義される．2 つの w ビット語の積 ka は $2w$ ビットとなり，ハッシュ関数は積を法 2^w の下で計算し，零になる上位の w ビット（r_1）を捨て，下位 w ビット（r_0）を残す．演算記号 $\gg$ は $w - \ell$ ビットの論理右シフトを意味する．すなわち，r_0 の ℓ 個の最上位ビットが ℓ 個の右端の位置に移動するように，左側の空いた位置に零をシフトする．（これは，$2^{w-\ell}$ で割算し，その結果の整数部分を取り出す操作と同じことである．）結果は r_0 の ℓ 個の最上位ビットとなる．ハッシュ関数 h_a は乗算，引き算，ならびに論理右シフトの 3 つの機械語命令を使って実装される．

たとえば，$k = 123456$，$\ell = 14$，$m = 2^{14} = 16384$，$w = 32$ とする．さらに（Knuth [261] の提案を採用して），$a = 2654435769$ を仮定する．このとき，$ka = 3277060222297664 = (76300 \cdot 2^{32}) + 17612864$ なので，$r_1 = 76300$，$r_0 = 17612864$ となる．したがって，r_0 の最上位 14 ビットを取り出すと，$h_a(k) = 67$ となる．[b]

乗算シフト法は高速だが，平均的に良い性能を保証するものではない．次項で述べる万能ハッシュ法は，そのような保障を提供している．a をランダムに奇数に選択することにより得られる乗算シフト法の簡単なランダム版は，平均的には良い性能をある程度発揮することが知られている．

11.3.2 ランダムハッシュ法

悪意を持った敵対者が，ある固定されたハッシュ関数を用いてハッシュされるキーを選択すると仮定しよう．すると，その敵対者はすべてを同じ枠にハッシュするように n 個のキーを選ぶことができ，$\Theta(n)$ の平均検索時間にできるどの静的なハッシュ関数もこの手の最悪時のひどい振舞いという弱点がある．この状況を打開するための有効な唯一の手段は，実際にこれから

---

[b] ［訳注］$r_0 = 17612864$ をビット表現すると，0000 0001 0000 1100 1100 0000 0100 0000 となり，その上位 14 桁は 0000 0001 0000 11 であり，これは 10 進数で 67 である．

格納されるキーとは**独立**で，ハッシュ関数を**ランダム**に選択することである．この手法は**ランダムハッシュ法 (random hashing)** と呼ばれる．ランダムハッシュの特別なケースとして万能ハッシュ法が知られている．**万能ハッシュ法 (universal hashing)** と呼ばれるこの手法の特別な場合は，チェイン法を利用して衝突解決を行うときは敵対者がどんなキーを選択しても，確かに優れた平均性能を示すことができる．

ランダムハッシュ法では，プログラムの実行開始時に，ハッシュ関数を適切な関数の族からランダムに選択する．クイックソートの場合と同様，ランダム化はどの入力も最悪の振舞いをつねに引き起こすことはないことを保証する．ハッシュ関数をランダムに選択するので，たとえ同じキーの集合がハッシュされたとしても，アルゴリズムは実行ごとに異なる振舞いをし，優れた平均性能を保証する．

与えられたキーの普遍集合 U を値域 $\{0, 1, \ldots, m-1\}$ へ写像するハッシュ関数の有限集合を $\mathcal{H}$ とする．異なるキーの各組 k_1, $k_2 \in U$ に対して，$h(k_1) = h(k_2)$ を満たすハッシュ関数 $h \in \mathcal{H}$ の個数が高々 $|\mathcal{H}|/m$ であるとき，$\mathcal{H}$ は**万能 (universal)** であると言う．言い換えれば，$\mathcal{H}$ からランダムに抽出したハッシュ関数では，異なるキー k_1 と k_2 が衝突する確率が，$h(k_1)$ と $h(k_2)$ が値域 $\{0, 1, \ldots, m-1\}$ からランダムにしかも独立に選択されていれば，$1/m$ を超えない．

独立一様ハッシュ法は，各々が n 個のキーを m 個のハッシュ値に違った方法で写像する，m^n 個のハッシュ関数族の中から 1 つを一様にランダムに選択することと同じである．

ハッシュ関数のどの独立一様ランダムハッシュ関数の族も万能であるが，その逆は真とは限らない：$U = \{0, 1, \ldots, m-1\}$ とし，関数族の唯一のハッシュ関数が恒等関数である場合を考えよう．各キーが固定値にハッシュされていても，異なるキーが衝突する確率は 0 である．

万能ハッシュ法が望ましい見返りをもたらすことを，定理 11.2（236 ページ）に対する次の系は主張している：すなわち，敵対者が実行時間がつねに最悪になる操作系列を選択することはもはや不可能である．

系 11.3 万能ハッシュ法とチェイン法による衝突解決を用いる枠数 m のハッシュ表を考える．初期状態が空の表に対して，$n = O(m)$ 回の INSERT 操作を含む，INSERT，SEARCH，DELETE 操作から構成される長さ s の任意の操作列の期待実行時間は $\Theta(s)$ である．

証明 INSERT と DELETE 操作は定数時間で実行できる．挿入するキーの個数 n が $O(m)$ なので，$\alpha = O(1)$ である．一方，定理 11.2 の証明における解析から各 SEARCH 操作の実行時間の期待値は $O(1)$ である．定理では独立一様ハッシュ関数を選択し，任意の異なるキー k_1, k_2 に対し，2 つのキーが衝突する確率は $1/m$ であることだけに基づいている．ここでは独立一様ハッシュ法の代わりに万能ハッシュ関数を使っているので，衝突確率は $1/m$ から高々 $1/m$ に変更される．したがって，期待値の線形性から，s 回の操作列全体に対する実行時間の期待値は $O(s)$ である．各操作には $\Omega(1)$ 時間かかるので，限界 $\Theta(s)$ を得る． ■

11.3.3 ランダムハッシュ法における達成可能な特性

ハッシュ関数族 $\mathcal{H}$ の諸性質，ならびに，それらがどのようにハッシュ効率に関係するかについては多数の文献に報告されている．ここでは，そのうち興味のあるいくつかの特性を以下に

要約する.

$\mathcal{H}$ をハッシュ関数族,U をハッシュ関数の定義域,$\{0,\ldots,m-1\}$ をその値域,h を $\mathcal{H}$ から一様にランダムに選択されるハッシュ関数とする.ここでの確率は,h の選択に対する確率を意味する.

- 任意のキー $k \in U$,任意の枠 $q \in \{0,\ldots,m-1\}$ に対して,$h(k) = q$ の確率が $1/m$ のとき,ハッシュ関数族 $\mathcal{H}$ は**一様** (uniform) であると言う.
- 相異なる任意のキー k_1, $k_2 \in U$ に対して,$h(k_1) = h(k_2)$ の確率が高々 $1/m$ のとき,ハッシュ関数族 $\mathcal{H}$ は**万能** (universal) であると言う.
- 相異なる任意のキー k_1, $k_2 \in U$ に対して,$h(k_1) = h(k_2)$ の確率が高々 ϵ のとき,ハッシュ関数族 $\mathcal{H}$ は **ϵ 万能** (ϵ-universal) であると言う.したがって万能ハッシュ関数族は $1/m$ 万能でもある.[2]
- U の相異なる任意のキー $k_1, k_2, \ldots, k_d \in U$,任意の枠(必ずしも,すべて相異なる必要はない)$q_1, q_2, \ldots, q_d \in \{0,\ldots,m-1\}$,すべての $i = 1, 2, \ldots, d$ に対して,$h(k_i) = q_i$ が成り立つ確率が $1/m^d$ のとき,ハッシュ関数族 $\mathcal{H}$ は **d 独立** (d-independent) であると言う.

万能ハッシュ関数族は,どのような入力に対しても証明可能な効率の良いハッシュ操作を提供する最も単純なハッシュ関数の集まりなので,とくに気になる存在である.これらの関数族は先に示したような多くの興味深く望ましい特質を備えており,効率の良い特殊なハッシュ操作を可能にしている.

11.3.4 万能ハッシュ関数族の設計

本節では万能(あるいは ϵ 万能)ハッシュ関数族を設計する手法 2 つを示す.1 つは整数論に基づくもの,もう 1 つは第 11.3.1 項で考察した乗算シフト法のランダム化版である.第 1 の手法の万能性はより容易に示せる.第 2 の手法はより新しく実用的でより高速でもある.

整数論に基づいた万能ハッシュ関数族

整数論の助けを少し借りて,万能なハッシュ関数族の設計が可能である.整数論に不慣れな読者は,まず第 31 章(整数論的アルゴリズム)を読まれることをお勧めする.

すべての可能性のあるキー k が 0 から $p-1$ の範囲(0 と $p-1$ を含む)に入るように十分大きな素数 p を選ぶことからはじめる.p は "合理的な" ビット長を持つものと仮定する.(可変長の文字列のような長い入力のキーの取り扱いについての議論は第 11.3.5 項を参照)$\mathbb{Z}_p$ によって集合 $\{0, 1, \ldots, p-1\}$ を,$\mathbb{Z}_p^*$ によって集合 $\{1, 2, \ldots, p-1\}$ を表す.p は素数なので,p を法とする方程式を第 31 章で説明する方法で解くことができる.キーの普遍集合のサイズはハッシュ表の枠数よりも大きいと仮定しているので(さもなければ,直接アドレス法を使えばよい),$p > m$ である.

ここで,任意の $a \in \mathbb{Z}_p^*$ と任意の $b \in \mathbb{Z}_p$ に対してハッシュ関数 h_{ab} を,アフィン変換のあとで p と m に関する法をこの順序で取ることによって,

---

[2] 文献では (c/m) 万能ハッシュ関数族は時々「c 万能」とか「c 近似的万能」などと呼ばれる.ここでは (c/m) 万能という名称にこだわっていく.

$$h_{ab}(k) = ((ak + b) \bmod p) \bmod m \tag{11.3}$$

と定義する．たとえば，$p = 17$，$m = 6$ のとき，

$$
\begin{aligned}
h_{3,4}(8) &= ((3 \cdot 8 + 4) \bmod 17) \bmod 6 \\
&= (28 \bmod 17) \bmod 6 \\
&= 11 \bmod 6 \\
&= 5
\end{aligned}
$$

である．p, m に対してハッシュ関数全体からなる関数族は

$$\mathcal{H}_{pm} = \left\{ h_{ab} : a \in \mathbb{Z}_p^* \text{ かつ } b \in \mathbb{Z}_p \right\} \tag{11.4}$$

と定義される．各ハッシュ関数 h_{ab} は $\mathbb{Z}_p$ から $\mathbb{Z}_m$ への写像である．この族のハッシュ関数は出力の値域のサイズ m （これはハッシュ表のサイズでもある）が任意で必ずしも素数でなくてよいという良い性質を持っている．a に対しては $p-1$ 通りの選び方があり，b に対しては p 通りの選び方があるので，関数族 $\mathcal{H}_{pm}$ は $p(p-1)$ 個のハッシュ関数を含む．

定理 11.4 式 (11.3) と (11.4) によって定義されるハッシュ関数の族 $\mathcal{H}_{pm}$ は万能である．

証明 $\mathbb{Z}_p$ に属する $k_1 \neq k_2$ である異なる 2 つのキー k_1 と k_2 を考える．与えられたハッシュ関数 h_{ab} に対して，

$$
\begin{aligned}
r_1 &= (ak_1 + b) \bmod p \\
r_2 &= (ak_2 + b) \bmod p
\end{aligned}
$$

と置く．このとき，$r_1 \neq r_2$ が成立する．なぜか？まず $r_1 - r_2 = a(k_1 - k_2) \pmod{p}$ に注意する．p が素数であり，a も $(k_1 - k_2)$ も共に法 p の下で 0 ではないので，定理 31.6 より，その積もまた法 p の下で 0 ではなく，$r_1 \neq r_2$ が結論される．したがって，$\mathcal{H}_{pm}$ に属する任意の h_{ab} の計算では，異なる入力 k_1 と k_2 は法 p の下で異なる値 r_1 と r_2 に写されるので，"法 p を取る段階" では衝突は起こらない．さらに，全部で $p(p-1)$ 個存在する（$a \neq 0$ を満たす）各組 (a, b) はそれぞれ（$r_1 \neq r_2$ を満たす）**異なる**値の組 (r_1, r_2) を生成する．なぜなら，r_1 と r_2 の式を，

$$
\begin{aligned}
a &= \left((r_1 - r_2)((k_1 - k_2)^{-1} \bmod p) \right) \bmod p \\
b &= (r_1 - ak_1) \bmod p
\end{aligned}
$$

のように，a および b について解くことができるからである．ここで，$((k_1 - k_2)^{-1} \bmod p)$ は法 p の下での $k_1 - k_2$ の唯一の積逆元を表している．r_1 の p 個の可能な値のそれぞれについて，r_1 と等しくない r_2 の $p-1$ 個の可能な値のみが存在し，$p(p-1)$ 個の $r_1 \neq r_2$ を満たす組 (r_1, r_2) を生成する．$a \neq 0$ を満たす組 (a, b) と $r_1 \neq r_2$ を満たす組 (r_1, r_2) の間には 1 対 1 対応が存在する．したがって，異なる入力 k_1 と k_2 の任意の組に対して，$\mathbb{Z}_p^* \times \mathbb{Z}_p$ から組 (a, b) を一様かつランダムに選択すれば，結果の組 (r_1, r_2) は法 p の下で異なる値の任意の組である可能性が等確率となる．

したがって，異なるキー k_1 と k_2 が衝突する確率は，法 p の下で異なる r_1 と r_2 をランダムに選択したときに $r_1 = r_2 \pmod{m}$ となる確率に等しい．r_1 が与えられると，r_2 の値として取ることができる残された $p-1$ 個の値の中で，$r_2 \neq r_1$ かつ $r_2 = r_1 \pmod{m}$ を満たす r_2

の値の個数は高々

$$\left\lceil \frac{p}{m} \right\rceil - 1 \le \frac{p+m-1}{m} - 1 \qquad (\text{第 3.3 節の不等式 (3.7)（53 ページ）より})$$
$$= (p-1)/m$$

である．そこで，法 m を取る計算を行ったときに r_2 が r_1 と衝突する確率は高々 $((p-1)/m)/(p-1) = 1/m$ である．なぜなら，r_2 は r_1 とは異なる $\mathbb{Z}_p$ の $p-1$ 個のどれかに等確立で一致し，これらの値のうち $(p-1)/m$ 個が 1 と法 m の下で等価であるからである．

したがって，任意の異なる値 $k, k_2 \in \mathbb{Z}_p$ の組に対して

$$\Pr\{h_{ab}(k_1) = h_{ab}(k_2)\} \le 1/m$$

が成立し，$\mathcal{H}_{pm}$ は実際に万能である． ∎

乗算シフト法に基づく $2/m$ 万能ハッシュ関数族

実用上は次の乗算シフト法に基づくハッシュ関数を使うことを推奨する．これは並外れて効率が良く，（証明は省くが）$2/m$ 万能が証明可能である．奇数定数 a に対し，乗算シフト法に基づくハッシュ関数族 $\mathcal{H}$ を

$$\mathcal{H} = \{h_a : a \text{ を } 1 \le a < m \text{ なる奇数とする．} h_a \text{ は式 (11.2) で定義される．}\} \qquad (11.5)$$

で定義する．

定理 11.5 式 (11.5) によって定義されるハッシュ関数族 $\mathcal{H}$ は $2/m$ 万能である． ∎

すなわち，任意の相異なる 2 つのキーが衝突する確率は高々 $2/m$ である．多くの実際的な状況下では，ハッシュ関数の計算速度は，万能ハッシュ関数と比較した場合，2 つの異なるキーの衝突確率のより高い上限を補い埋め合わせるものである．

11.3.5 ベクトルや記号列のような長い入力のハッシュ化

場合によっては，ハッシュ関数の入力が長すぎて，適切な大きさの素数 p を法として簡単に符号化ができない場合，たとえば 64 ビットの単一語内で符号化が困難になるときがある．例として 8 バイトのベクトルのクラスを考える．（これは，多くのプログラミング言語で文字列が保存される一般的な形式である）ベクトルは任意の非負の長さを持つ場合があり，そのときはハッシュ関数への入力の長さは入力ごとに異なる場合がある．

整数論からのアプローチ

可変長入力に対して良いハッシュ関数を設計する方法は，第 11.3.4 項で取り上げた万能ハッシュ関数の手法を拡張することである．練習問題 11.3-6 では，そのような手法を考察する．

暗号ハッシュ法

可変長入力キーに対する良いハッシュ関数の設計には，暗号分野用で設計されているハッシュ関数を使うのがよい．**暗号ハッシュ関数** (cryptographic hash function) は複雑な擬似乱数関数

246 | 11 ハッシュ表

で，ここで必要とされる以上の特性が要求されるアプリケーションのために設計されているが，強靭で広く実装されていて，ハッシュ表のハッシュ関数として利用できる．

暗号ハッシュ関数は，任意の長さのバイト系列を入力とし，その出力は固定長である．たとえば，NIST 標準決定性暗号ハッシュ関数 SHA-256 [346] では，任意の入力に対して，その出力は 256 ビット（32 バイト）である．

いくつかの半導体製造業者は，ある種の暗号関数の高速な実装を，それらの CPU アーキテクチャの中の命令セットに組み込んでいる．とくに興味があるのは，高度暗号化標準方式 (Advanced Encryption Standard (AES)) で使用されている "AES-NI" と呼ばれる命令セットである．これらの命令セットの実行時間は数十ナノ秒で，ハッシュ表の実装には十分高速である．AES に基づいた CBC-MAC のようなメッセージ認証コードや AES-NI はハッシュ関数として有用で，効率が良い．本章では，これ以上深く上記の命令セットの詳細には踏み込まないこととする．

暗号ハッシュ関数は，ランダムオラクルの近似版を実装する 1 つの方式を提供するという意味で有用である．先に述べたようにランダムオラクルは，独立一様ハッシュ関数族と等価である．理論的には，ランダムオラクルは達成不可能な理想像である：なぜなら，各入力に対して，ランダムに選択した出力を提供する決定性の関数だからである．関数は決定的なので，同じ入力が再度与えられた場合も，同じ値を出力するのである．実用的な面から言えば，暗号ハッシュ関数に基づいて新たにハッシュ関数族を設計することは，ランダムオラクルに替わる賢明な選択肢である．

暗号ハッシュ関数をハッシュ関数として使用する方法は多数ある．たとえば，関数

$$h(k) = \text{SHA-256}(k) \bmod k$$

が考えられる．さらに，ハッシュする前にキーに "ソルト (salt)" 文字列[c]を追加し，同様な関数族を

$$h_a(k) = \text{SHA-256}(a\|k) \bmod m$$

で定義する．ここで，$a\|k$ はキー k に記号列 a を連接した記号列を意味する．メッセージ認証コード (MAC) に関する文献では，さらにいくつかの手法が提案されている．

現代のコンピュータシステムがさまざまな容量と処理スピードを備えた階層型メモリを有していることから，ハッシュ関数の設計に暗号分野の手法を取り入れることは，より現実的なものとなりつつある．第 11.5 節では，暗号化システム RC6 に基づいたハッシュ関数の設計について考察する．

練習問題

11.3-1 長さ n の連結リストを探索したい．ただし，各要素にはハッシュ値 $h(k)$ がキー k と共に含まれている．各キーは長い文字列である．ある与えられたキーを持つ要素をリストの中から発見するために，ハッシュ値をどのように用いればよいか？

11.3-2 r 文字から構成される文字列を基数 128 の数と解釈し，除算法を用いて m 個の枠を

---

[c] ［訳注］ソルトとは，ハッシュ値の強度を高めるために付加される文字列のこと．レインボーテーブル攻撃などに対して有効である．

持つ表にハッシュする．数 m は容易に 32 ビット長の 1 語で表現できるが，r 文字から構成される文字列を基数 128 の数として扱うには多くの語が必要になる．除算法を適用して，文字列の格納に必要な語を除き定数個の語を使用して，文字列のハッシュ値を計算する方法を示せ．

11.3-3 ハッシュ関数が $h(k) = k \bmod m$ によって定義される除算法において，$m = 2^p - 1$ で k が基数 2^p によって解釈される文字列の場合を考える．文字列 x が文字列 y から文字の置換によって導かれるならば，x と y は同じ値にハッシュされることを示せ．この性質がハッシュ関数として好ましくない応用例を示せ．

11.3-4 サイズ $m = 1000$ のハッシュ表とそこで使用するハッシュ関数 $h(k) = \lfloor m(kA \bmod 1) \rfloor$ を考える．ここで，$A = (\sqrt{5} - 1)/2$ である．キー 61, 62, 63, 64, 65 がハッシュされる場所を計算せよ．

11.3-5 ★ 有限集合 U から有限集合 Q へのハッシュ関数の族 $\mathcal{H}$ が，ϵ 万能であるとき，

$$\epsilon \geq \frac{1}{|Q|} - \frac{1}{|U|}$$

を満たすことを証明せよ．

11.3-6 ★ p を素数，U を $\mathbb{Z}_p$ から取り出した値の d 項組の集合，$Q = \mathbb{Z}_p$ とする．$b \in \mathbb{Z}_p$ に対して，U の要素 $\langle a_0, a_1, \ldots, a_{n-1} \rangle$ を入力とするハッシュ関数 $h_b : U \to Q$ を

$$h_b(\langle a_0, a_1, \ldots, a_{n-1} \rangle) = \left(\sum_{j=0}^{n-1} a_j b^j \right) \bmod p$$

と定義し，さらに $\mathcal{H} = \{ h_b : b \in \mathbb{Z}_p \}$，$\epsilon = (d-1)/p$ とする．$\mathcal{H}$ が ϵ 万能であることを示せ．（**ヒント**：練習問題 31.4-4 参照）

11.4 オープンアドレス法

本節では，チェイン法と違って，ハッシュ表以外の領域を使わずに衝突を解決する手法を取り上げる．**オープンアドレス法** (open addressing) では，すべての要素をハッシュ表に格納する．すなわち，表の各枠に格納されているのは動的集合の要素か NIL である．チェイン法のように表の外部にリストを持ち，そこに要素を格納することはない．したがって，オープンアドレス法ではハッシュ表が "埋まり"，それ以上の挿入が不可能になることがある．したがって，負荷率 α は 1 を決して超えられない．

衝突は次のように取り扱われる：ハッシュ表に新しい要素が挿入されるときは，可能ならば "第 1 の選択" 場所に置かれる．その場所にすでに要素があれば，"第 2 の選択" 場所に置かれる．この操作は，新しい要素が置かれる空の枠が見つかるまで続けられる．要素によって場所に対する優先順位は異なる．

要素を探すために，目的の要素を見つけるか，空の枠を見つけ，その要素が表にないことを確認するまで，その要素に対する優先的な表の枠を優先度の高い順に，体系的に調べる．

もちろんハッシュ表の中で，そうでなければ使われないハッシュ表の枠に（練習問題 11.2-4 参照），チェイン法を使い連結リストを貯えることは可能であるが，オープンアドレス法の長

所はポインタを一掃できることである．オープンアドレス法ではポインタを辿る代わりに検査しなくてはならない枠の列を計算する．ポインタを格納しないことで空いたメモリはハッシュ表の一部に還元され，同じメモリ容量でより多くの枠を実装できる．その結果，衝突の減少と検索の高速化が達成される可能性がある．

　オープンアドレス法を用いて挿入を実行するには，キーを置くことができる空の枠に出会うまでハッシュ表を次々と検査，あるいは**探査** (probe) する．探査順序を $0, 1, \ldots, m-1$ に固定する（このとき探索時間は $\Theta(n)$ になる）代わりに，枠を探査する順序を今挿入しようとしているキーに依存して決める．探査する枠を決めるために，ハッシュ関数を拡張して第2引数として（0から始まる）探査番号を導入する．したがって，ハッシュ関数は

$$h : U \times \{0, 1, \ldots, m-1\} \to \{0, 1, \ldots, m-1\}$$

となる．オープンアドレス法では，すべてのキー k について**探査列** (probe sequence) $\langle h(k, 0), h(k, 1), \ldots, h(k, m-1) \rangle$ は，$\langle 0, 1, \ldots, m-1 \rangle$ の置換であることが要請される．ハッシュ表が埋まるにつれて，すべての位置が最終的に新しいキーの枠として考慮される．以下の手続き Hash-Insert では，ハッシュ表 T の要素は付属データを持たないキーであり，キー k をキー k を含んでいる要素と同一視する．各枠はキーか（枠が空のときには）NIL を含む．Hash-Insert 手続きは，ハッシュ表 T とハッシュ表にまだ含まれていないと仮定されるキー k を入力とし，キー k を格納した枠番号か，ハッシュ表がすでに完全に埋まっていることを知らせるエラーフラッグを出力する．

Hash-Insert(T, k)

```
1  i = 0
2  repeat
3      q = h(k, i)
4      if T[q] == NIL
5          T[q] = k
6          return q
7      else i = i + 1
8  until i == m
9  error "ハッシュ表オーバーフロー"
```

Hash-Search(T, k)

```
1  i = 0
2  repeat
3      q = h(k, i)
4      if T[q] == k
5          return q
6      i = i + 1
7  until T[q] == NIL または i == m
8  return NIL
```

キーkを探索するアルゴリズムは，kを挿入したときに挿入アルゴリズムが調べた枠の順番と同じ順序で探査する．したがって，探索が空の枠に到達したときには探索を（不成功として）停止できる．なぜなら，キーkが表に挿入されていたとすると，この空の枠に挿入されていたはずであり，これより先に挿入されていることはないからである．手続き HASH-SEARCH はハッシュ表Tとキーkを入力とし，キーkを含む枠qを発見したときにはqを，kが表Tに存在しない場合には NIL を出力する．

オープンアドレスハッシュ表からのキーの削除は厄介である．あるキーを枠qから削除するとき，そこに NIL を格納し，単純にqが空であることを示すのは間違いである．もしそうすれば，あるキーkが挿入されるとき，この枠qが探索され使用されていたならば，そのようなキーkはどれも取り出すことができないのである．この問題を解決する1つの方法は，枠qに NIL の代わりに特別な値 DELETED を格納することである．そして，手続き HASH-INSERT に修正を加え，このような枠を空と見なして，新しいキーを格納できるようにする．HASH-SEARCH は探索の途中で値 DELETED を発見しても探索を続ける．なぜなら，DELETED を含んでいる枠は，いま探索されているキーが挿入されたときは埋まっていたからである．しかし，特別な値 DELETED を用いると探索時間はもはや負荷率αに依存しない．これがキーを削除する必要があるときにチェイン法がしばしば衝突解決方法として好まれる理由である．オープンアドレス指定法の単純で特別なケースである線形探査は DELETED を記入する必要がない．第 11.5.1 項で，線形探査における削除の仕方を示す．

我々の解析では**独立一様置換ハッシュ法** (independent uniform permutation hashing)（紛らわしいことに，文献では一様ハッシュ法 (uniform hashing) としても知られている）を仮定する：すなわち，各キーの探査列は$m!$個ある$\langle 0, 1, \ldots, m-1 \rangle$の置換の任意の1つと等確率で一致すると仮定する．独立一様置換ハッシュは，以前に定義した独立一様ハッシュの概念を，1つの枠の数だけではなく1つの探査列全体を生成するハッシュ関数に一般化したものである．真の独立一様置換ハッシュ法の実装は困難であるが，実用では（下で定義するダブルハッシュ法のような）適切な近似版が使われる．

ダブルハッシュ法とその特殊な場合の線形探査法を検討する．これらの手法は，各キーkに対して$\langle h(k, 0), h(k, 1), \ldots, h(k, m-1) \rangle$が$\langle 0, 1, \ldots, m-1 \rangle$の置換であることを保証する．（ハッシュ関数hに対する2番目の引数は，探査番号を意味することを思い出そう．）しかし，ダブルハッシュ法と線形探索法のどちらも独立一様置換ハッシュ法の仮定を満たさない．ダブルハッシュ法は，（独立一様置換ハッシュ法が必要とする$m!$の代わりに）m^2個より多くの異なる探索列を生成できない．それにもかかわらずダブルハッシュ法は多くの探索列が可能なので，良い結果がもたらされると予想される．線形探査はさらに制限されたもので，たったm個の探査列しか生成できない．

ダブルハッシュ法

ダブルハッシュ法が作り出す置換はランダム置換と多くの性質を共有する．そのため，オープンアドレス法に利用できる最良の方法の1つがダブルハッシュ法である．**ダブルハッシュ法** (double hashing) は，形式

$$h(k, i) = (h_1(k) + ih_2(k)) \bmod m$$

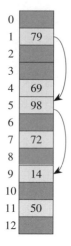

図 11.5 ダブルハッシュ法における挿入．ハッシュ表のサイズを 13, $h_1(k) = k \bmod 13$, $h_2(k) = 1 + (k \bmod 11)$ とする．$14 \equiv 1 \pmod{13}$ かつ $14 \equiv 3 \pmod{11}$ なので，枠 1 と 5 を検査して使用中であることを確認したあと，キー 14 を空の枠 9 に格納する．

で表現されるハッシュ関数を用いる．ここで，h_1, h_2 は**補助ハッシュ関数** (auxiliary hash function) である．最初に探査する場所は $T[h_1(k)]$ である．直前に探査した場所から法 m の下で $h_2(k)$ だけ離れた場所を次に探査する．したがって，初期位置 $h_1(k)$ と次に探査する位置までの距離 $h_2(k)$ の一方，あるいは，その両方が変化する可能性があるので，探査列はキー k に二重に依存している．ダブルハッシュ法による挿入の例を図 11.5 に示す．

ハッシュ表全体を探索するには，値 $h_2(k)$ はハッシュ表のサイズ m と互いに素でなければならない．（練習問題 11.4-5 参照．）この条件を実装する便利な方法は，m をちょうど 2 のベキとし，つねに奇数を生成するように h_2 を設計することである．もう 1 つの方法は，m を素数とし，つねに m 未満の正の数を生成するように h_2 を設計することである．たとえば，m を素数とし，ハッシュ関数を

$h_1(k) = k \bmod m$
$h_2(k) = 1 + (k \bmod m')$

と定めればよい．ただし，m' は m よりわずかに小さい数（たとえば，$m - 1$）である．たとえば，$k = 123456$, $m = 701$, $m' = 700$ とすると，$h_1(k) = 80$, $h_2(k) = 257$ となるので，最初に場所 80 を探査し，その後，キーを発見するかすべての枠を検査し尽くすまで，（法 m の下で）257 番目ごとに枠を検査する．

ダブルハッシュ法では原理的には m を素数やちょうど 2 のベキ以外の数に設定できるが，実際には，（線形探査にする $h_2(k) = 1$ を選択する以外に），m と互いに素であることを保障する方法で $h_2(k)$ を効率よく生成することはより困難になる．その理由のひとつは，一般的な m に対するそのような数の相対密度 $\phi(m)/m$ が小さい可能性があるためである（第 31.3 節（剰余演算）の式 (31.25) 参照）．

m が素数かちょうど 2 のベキのとき，可能な組 $(h_1(k), h_2(k))$ のそれぞれが異なる探査列を生成するので，ダブルハッシュ法では，$\Theta(m^2)$ 個の探査列を作り出す．結論として，このような m の値を用いるとき，ダブルハッシュ法の性能は，"理想的な" 方式である独立一様置換ハッシュ法の性能に非常に近いように思われる．

線形探査

ダブルハッシュ法の特別なケースである**線形探査法** (linear probing) は，衝突を解決する最も単純なオープンアドレス法である．ダブルハッシュ法と同じように，キー k が与えられたとき補助ハッシュ関数 h_1 が要素 k を挿入するときの最初の探査位置 $h_1(k)$ を決定する．枠 $T[h_1(k)]$ がすでに詰まっていると，次の枠 $T[h_1(k)+1]$ を探査する．この操作を次々と $T[m-1]$ まで探査し，次に探査は表の先頭に戻り，枠 $T[0], T[1], \ldots$ の順で枠 $T[h_1(k)-1]$ まで探査が続く．線形探査法をダブルハッシュ法の特別なケースと見なし，ダブル関数のステップ関数 h_2 をすべての k に対して $h_2(k) = 1$ とする．これにより，線形探査法では，$i = 0, 1, \ldots, m-1$ に対してハッシュ関数

$$h(k, i) = (h_1(k) + i) \bmod m \tag{11.6}$$

を用いる．線形探査法では，$h_1(k)$ が探査列全体を決定し，$h_1(k)$ は $\{0, 1, \ldots, m-1\}$ の中の任意の値をとると仮定する．したがって，異なる探査列の個数はたった m である．

第 11.5.1 項で，再び線形探査を取り上げる．

オープンアドレスハッシュ法の解析

第 11.2 節でチェイン法に対して行ったように，オープンアドレス法も，ハッシュ表の負荷率 $\alpha = n/m$ を用いて解析する．オープンアドレス法では高々 1 個の要素しか枠に格納できないので，$n \le m$ であり，したがって，$\alpha \le 1$ である．下記の解析では，α が 1 より厳密に小さいことを要請している．また少なくとも 1 つの枠が空であることを仮定している．オープンアドレスハッシュ表からの削除は，実際には枠を解放しないので，削除操作が行われないことも仮定する．

ハッシュ関数に対して，独立一様置換ハッシュ法を仮定する．この理想的な図式では，各キー k を挿入あるいは探索するために使う探査列 $\langle h(k, 0), h(k, 1), \ldots, h(k, m-1) \rangle$ は $\langle 0, 1, \ldots, m-1 \rangle$ の任意の置換と等確率で一致する．もちろん，与えられたキーは，それに対応するある固定された探査列を持つ．ここで言いたいのは，キー空間上の確率分布とキー上でのハッシュ関数の操作を考えるとき，可能なすべての探査列が等確率で出現するということである．

（上で述べたように，$\alpha < 1$ の仮定の下に）失敗に終わる探索に，必要な探査回数の解析から始めて，独立一様置換ハッシュ法を仮定した上で，オープンアドレス法を用いるハッシュ法で必要な探査数の期待値を解析しよう．

証明された限界 $1/(1-\alpha) = 1 + \alpha + \alpha^2 + \alpha^3 + \cdots$ は直観的に解釈できる．最初の探査はいつも起きる．ほぼ α の確率で最初に探査する枠は使用中であり，2 回目の探査が必要になる．ほぼ α^2 の確率で最初の 2 つの枠が共に使用中であり，3 回目の探査が必要になり，以下同様に続く．

定理 11.6 削除操作なしの独立一様置換ハッシュ法を仮定する．負荷率が $\alpha = n/m < 1$ であるオープンアドレスハッシュ表において，失敗に終わる探索に必要な探査数の期待値は高々 $1/(1-\alpha)$ である．

証明 失敗に終わる探索は，最後のアクセスを除いて，アクセスした枠は埋まっていて求めているキーを含んでいない．最後に探索される枠は空である．確率変数 X を失敗に終わる探索における探査回数と定義し，$i = 0, 1, 2, \ldots$ に対して事象 A_i を i 番目の探査が使用中の枠に対して起こることと定義する．このとき，事象 $\{X \geq i\}$ は事象の積 $A_1 \cap A_2 \cap \cdots \cap A_{i-1}$ に等しい．$\Pr\{A_1 \cap A_2 \cap \cdots \cap A_{i-1}\}$ の上界によって $\Pr\{X \geq i\}$ を評価する．付録の練習問題 C.2-5（1007 ページ）から

$$\Pr\{A_1 \cap A_2 \cap \cdots \cap A_{i-1}\} = \Pr\{A_1\} \cdot \Pr\{A_2 \mid A_1\} \cdot \Pr\{A_3 \mid A_1 \cap A_2\} \cdots$$
$$\Pr\{A_{i-1} \mid A_1 \cap A_2 \cap \cdots \cap A_{i-2}\}$$

が成立する．n 個の要素と m 個の枠があるので $\Pr\{A_1\} = n/m$ である．$j > 1$ とすると，最初の $j-1$ 回がすべて使用中の枠への探査であったという条件の下で j 回目の探査が実行され，それが使用中の枠への探査である確率は $(n-j+1)/(m-j+1)$ である．なぜなら，この事象は，まだ探査していない $(m-(j-1))$ 個の枠の 1 つを探査したときに残りの $(n-(j-1))$ 個の要素の中の 1 つを発見するものであり，独立一様置換ハッシュ法の仮定から，この確率はこの 2 つの個数の比に等しいからである．$n < m$ ならば $0 \leq j < m$ を満たす任意の j に対して $(n-j)/(m-j) \leq n/m$ が成立することに注目すると，$1 \leq i \leq m$ を満たす任意の i に対して

$$\Pr\{X \geq i\} = \frac{n}{m} \cdot \frac{n-1}{m-1} \cdot \frac{n-2}{m-2} \cdots \frac{n-i+2}{m-i+2}$$
$$\leq \left(\frac{n}{m}\right)^{i-1}$$
$$= \alpha^{i-1}$$

が成立する．上式における最初の行の積は $i-1$ 個の因子を持つ．$i = 1$ のときはその値は 1 で，積の単位元である．これより $\Pr\{X \geq 1\} = 1$ が成立し，これは少なくとも 1 回の探査が必要なことを意味している．最初の n 回の探査がそれぞれ空でない枠の探査であれば，すべての空でない枠が探査されたはずである．したがって $(n+1)$ 回目の探査は空枠の探査であり，$i > n+1$ に対して $\Pr\{X \geq i\} = 0$ である．ここで，付録第 C.3 節の式 (C.28)（1010 ページ）を用いると

$$E[X] = \sum_{i=1}^{\infty} \Pr\{X \geq i\}$$
$$= \sum_{i=1}^{n+1} \Pr\{X \geq i\} + \sum_{i>n+1} \Pr\{X \geq i\}$$
$$\leq \sum_{i=1}^{\infty} \alpha^{i-1} + 0$$
$$= \sum_{i=0}^{\infty} \alpha^i$$
$$= \frac{1}{1-\alpha} \qquad \text{（付録の式 (A.7)（967 ページ）と $0 \leq \alpha < 1$ より）}$$

となり，探査回数の期待値を上から抑えることができる． ∎

　α が定数ならば，失敗に終わる探索は $O(1)$ 時間で実行できると定理 11.6 は予言している．

たとえば，ハッシュ表の半分が使用中ならば，失敗に終わる探索に必要な探査回数の期待値は $1/(1-0.5) = 2$ 以下である．ハッシュ表の 90 パーセントが使用中ならば，探査回数の期待値は $1/(1-0.9) = 10$ 以下である．

定理 11.6 から直ちに手続き HASH-INSERT の性能を得ることができる．

系 11.7 削除操作なしの独立一様置換ハッシュ法を仮定する．負荷率 α のオープンアドレスハッシュ表にある要素を挿入するために必要な平均探査回数は高々 $1/(1-\alpha)$ である．

証明 表に空き場所があるときに限り，ある要素を表に挿入できるので，$\alpha < 1$ である．キーの挿入は，1 回の失敗に終わる探索後，最初に発見した空の枠にキーを格納する．したがって，期待探査回数は高々 $1/(1-\alpha)$ である． ∎

成功する探索に必要な探査回数の期待値を計算するには，もう少し解析を進める必要がある．

定理 11.8 削除操作なしの独立一様置換ハッシュ法を仮定し，さらに表内の各キーは等確率で探索の対象になると仮定する．負荷率 $\alpha < 1$ のオープンアドレスハッシュ表において，成功に至る探索に必要な探査回数の期待値は高々

$$\frac{1}{\alpha} \ln \frac{1}{1-\alpha}$$

である．

証明 キー k の探索は k を持つ要素を挿入したときと同じ探査列を探索する．k がハッシュ表に第 $i+1$ 番目に挿入されたキーならば，そのときの負荷率は i/m であり，系 11.7 から，k の探索に必要な探査回数の期待値は高々 $1/(1-i/m) = m/(m-i)$ である．ハッシュ表に存在する n 個のキーについて平均を取れば，成功に至る探索に必要な探査回数の期待値を次のように得ることができる：

$$
\begin{aligned}
\frac{1}{n} \sum_{i=0}^{n-1} \frac{m}{m-i} &= \frac{m}{n} \sum_{i=0}^{n-1} \frac{1}{m-i} \\
&= \frac{1}{\alpha} \sum_{k=m-n+1}^{m} \frac{1}{k} \\
&\leq \frac{1}{\alpha} \int_{m-n}^{m} \frac{1}{x} dx \quad \text{（付録の不等式 (A.19)（973 ページ）より）} \\
&= \frac{1}{\alpha} (\ln m - \ln(m-n)) \\
&= \frac{1}{\alpha} \ln \frac{m}{m-n} \\
&= \frac{1}{\alpha} \ln \frac{1}{1-\alpha}
\end{aligned}
$$

以上より，証明が完了した． ∎

ハッシュ表の半分が埋まっている場合には，成功する探索の探査回数の期待値は 1.387 未満である．ハッシュ表の 90 パーセントが埋まっている場合でも，探査回数の期待値は 2.559 未満である．$\alpha = 1$ のとき失敗する探査ではすべての m 個の枠が探査される．練習問題 11.4-4 では，$\alpha = 1$ のときの成功探査を解析する．

254 | 11 ハッシュ表

練習問題

11.4-1 オープンアドレス指定法によって，大きさ $m = 11$ のハッシュ表にキー 10, 22, 31, 4, 15, 28, 17, 88, 59 を挿入する．ハッシュ関数 $h(k, i) = (k + i) \bmod m$ を使う線形探査法，$h_1(k) = k \bmod m$, $h_2(k) = 1 + (k \bmod (m - 1))$ を用いるダブルハッシュ法を利用したときの挿入結果を図示せよ．

11.4-2 削除したキーの枠に特別な値 DELETED を記入する HASH-DELETE の擬似コードを示せ．さらに，HASH-SEARCH, HASH-INSERT を修正して，DELETED を扱えるようにせよ．

11.4-3 独立一様置換ハッシュ法を仮定し，削除操作のないオープンアドレス指定法を考える．負荷率がそれぞれ 3/4 と 7/8 のときに，失敗に終わる探索に必要な探査回数の期待値の上界と，成功する探索に必要な探査回数の期待値の上界を求めよ．

11.4-4 $\alpha = 1$（すなわち，$m = n$）とし，探査が成功したときの探査回数の期待値が m 番目の調和数 H_m に等しいことを示せ．

11.4-5 ★ ハッシュ関数 $h(k, i) = (h_1(k) + ih_2(k)) \bmod m$ を用いるダブルハッシュ法によって衝突を解決する．あるキー k に対して m と $h_2(k)$ が最大公約数 $d \geq 1$ を持つならば，k に対する探索が失敗に終わるときには，枠 $h_1(k)$ に戻る前にハッシュ表全体の $1/d$ 番目の枠を探査することを示せ．したがって，$d = 1$ で m と $h_2(k)$ が互いに素ならば，探索はハッシュ表全体を探査することがある．（**ヒント：** 第 31 章（整数論的アルゴリズム）参照.）

11.4-6 ★ 負荷率が α のオープンアドレスハッシュ表を考える．失敗に終わる探索に必要な探査回数の期待値が，成功する探索の探査回数の期待値の 2 倍になる 0 以外の α の値を求めよ．定理 11.6 と定理 11.8 が与える上界をこれらの探査回数の期待値として用いよ．

11.5 実用における考察

効率の良いハッシュアルゴリズムの設計は，理論的に興味があるだけでなく実用的なアプリケーションでも大変重要である．定数係数が重要になる場合がある．このような理由から，本節では現代の CPU の 2 つの側面について考察する．これらは第 2.2 節（アルゴリズムの解析）の標準的な RAM (Random Access Machine) モデルでは扱わなかった問題である：

階層記憶：現代の CPU のメモリは複数の階層を持っており，高速レジスタから 1 つまたは複数レベルの**キャッシュメモリ** (cache memory) を経由し，主記憶にいたるものである．それぞれの引き続いた階層では，前のレベルよりも多くのデータを記憶できるが，それへのアクセス速度はより遅くなる．結果として，高速のレジスタ内で一括処理する複雑な計算（たとえば，込み入ったハッシュ関数の計算など）は，主記憶からデータを一度読み込むよりも，時間は少なくてすむ．さらにキャッシュメモリは，**キャッシュブロック** (cache block)（たとえば）64 バイト単位で構成され，それらは常時主記憶から一緒に読み込まれている．メモリの使用を局所的であると保証すると，大きな利点がある：同じキャッシュブロックを再使用することは，異なったキャッシュブロックを主記憶から読み込むより

も，はるかに効率が良いからである．

標準的な RAM モデルでは，ハッシュ表の操作の効率はハッシュ表の枠の探査数により評価される．実際には，これは真実への大雑把な近似にすぎない．なぜなら，ひとたびキャッシュブロックがキャッシュに取り込まれると，そのブロックへのその後のアクセスは，主記憶にアクセスするよりもはるかに高速だからである．

高度な命令セット：現代の CPU は，暗号化や暗号の他の形式に役立つ高度な基本操作を実装した洗練された命令セットを備えている場合がある．これらの命令は，例外なく効率の良いハッシュ関数を設計する上で有用だろう．

第 11.5.1 項は，メモリの階層構造がある中で，衝突解決法の選択になる線形探査を議論している．第 11.5.2 項では，階層的なメモリのモデルを持ったコンピュータでの使用に適している，暗号学的な基本操作に基づいた "高度な" ハッシュ関数をどのように構築するのかを示している．

11.5.1 線形探査

標準的な RAM モデルでは，線形探査は性能が良くないので，軽視される傾向がある．しかし，線形探査は階層記憶モデルにおいて優れている．なぜなら，連続する探査は通常，同じキャッシュブロック内のメモリに対して行われるからである．

線形探査における削除操作

線形探査が現実にあまり使われないもうひとつの理由は，特別な DELETED 値を使わないと削除操作が複雑だったり，不可能に見えるからである．しかし，本節では線形探査に基づいたハッシュ表からの削除操作が DELETED マーカーなしでもそれほど困難ではないことを示す．この削除操作は，線形探査では機能するが，一般的にはオープンアドレス探索では機能しない．線形探査ではすべてのキーが同じ単純な巡回探査列（スタートポイントは違うものの）にしたがうからである．

削除操作は，キー k と探査位置 i をハッシュ表での枠番号に写像する線形探査関数 $h(k, i) = (h_1(k) + i) \bmod m$ の "逆" 関数に基づいている．逆関数 g は，キー k と $0 \leq q \leq m$ なる枠 q に対して，枠 q に到達する探索位置に写像する：

$$g(k, q) = (q - h_1(k)) \bmod m$$

$h(k, i) = q$ ならば，$g(k, q) = i$ が成立し，$h(k, g(k, q)) = q$ が導かれる．

次ページの手続き LINEAR-PROBING-HASH-DELETE は，ハッシュ表 T から位置 q に格納されたキーを削除する．図 11.6 はその削除の状況を示している．この手続きは最初に第 2 行で位置 q の要素 $T[q]$ を，NIL にセットし，そのキーを削除する．次にちょうどキー k によって空いた枠 q に移動するべきキーが入っている枠 q' を（もしあれば）探す．第 9 行で次の重要な質問をする：すなわち，枠 q' のキー k' は，k' をアクセスできることを維持するために，ちょうどいま空いた枠 q に移動する必要があるか？ もし $g(k', q) < g(k', q')$ ならば表への k' の挿入の際，枠 q は先に調べられるが，そこはすでに詰まっていたことが分かる．しかし，いまでは，k' を求めて探索される新しい枠 q は空いている．この場合，キー k' は第 10 行で枠 q に移動し，k' が移動したときに解放されたばかりの枠 q' に，後のキーも移動する必要があるか

	(a)		(b)
0		0	
1		1	
2	82	2	82
3	43	3	93
4	74	4	74
5	93	5	92
6	92	6	
7		7	
8	18	8	18
9	38	9	38

図 11.6 線形探査を使ったハッシュ表での削除操作．ハッシュ表のサイズは 10 で，ハッシュ関数を $h_1(k) = k \bmod 10$ とする．**(a)** キー 74，43，93，18，82，38，92 をこの順にハッシュ表に挿入した状況．**(b)** 枠 3 からキー 43 を削除する．キー 93 は自らのアクセス状態を維持するため枠 3 に上がり，キー 92 は 93 の移動に伴い空になったところに移動する．それ以外のキーは移動しない．

どうか確認しながら，探索は続く．

LINEAR-PROBING-HASH-DELETE(T, q)

1	**while** TRUE	
2	$T[q] = $ NIL	// 枠 q を空にする
3	$q' = q$	// 探査の開始点
4	**repeat**	
5	$\quad q' = (q' + 1) \bmod m$	// 次に線形探査される枠
6	$\quad k' = T[q']$	// 次に移動させるキー
7	$\quad$ **if** $k' ==$ NIL	
8	$\qquad$ **return**	// 空の枠を見つけたとき，ここで終了
9	**until** $g(k', q) < g(k', q')$	// q' より先に空の枠 q が探査されている？
10	$T[q] = k'$	// k' を枠 q に移す
11	$q = q'$	// 枠 q' を開放する

線形探査の解析

線形探査は簡単に実装できるが，**主クラスタ化** (primary clustering) として知られている深刻な問題が発生する．すなわち，長い区間の枠がすべて使用中になり，平均探査時間が悪化するのである．連続する i 個の使用中の枠に続く空の枠が次に使用される確率として $(i + 1)/m$ であることが，クラスタが現れる理由である．使用中の枠の長い連はますます長くなる傾向があり，平均探索時間が増加する．

標準 RAM モデルでは主クラスタ化は問題であり，一般的なダブルハッシュ法が通常の線形探査よりも良い性能を持つ．対照的に，階層記憶では，要素がしばしば同じキャッシュブロックに一緒に蓄えられるので，主クラスタ化は有益な特性である．まず今のキャッシュブロックを探査し，そのあとで次のキャッシュブロックを探査するという具合である．線形探査では

キー k に対する HASH-INSERT, HASH-SEARCH, LINEAR-PROBING-HASH-DELETE の実行時間は，高々 $h_1(k)$ から次の空枠までの距離に比例する.

次の定理は Pagh ら [351] の結果である. 最近では Thorup [438] により証明されている. 本章では証明を省略する. 5 独立という性質の必要性は決して明白ではない. 文献を参照してほしい.

定理 11.9 h_1 を 5 独立ハッシュ関数，$\alpha \le 2/3$ とする. このとき，線形探査を使って，ハッシュ表におけるキーの挿入および削除操作のための探索時間の期待値は定数である. ■

（実際 $\alpha = 1 - \epsilon$ のとき，その期待値は $O(1/\epsilon^2)$ である.）

11.5.2 ★ 階層記憶モデルのためのハッシュ関数

本節では，階層記憶を備えた現代のコンピュータシステムにおけるハッシュ表の設計について述べる.

探索列が逐次的で，アクセスは同一キャッシュブロックに留まる傾向があるので，階層記憶における線形探査は衝突を解決する方法として良い選択肢の 1 つである. ハッシュ関数が複雑な場合は（たとえば，定理 11.9 の 5 独立ハッシュ関数のように）線形探査は最も有効である. 幸いなことに，階層記憶を備えていることは，複雑なハッシュ関数を効率よく実装できることを意味している.

第 11.3.5 項で触れたように，SHA-256 のような暗号ハッシュ関数を使うのも 1 つの方法である. そのような関数は複雑で，ハッシュ表の応用としては十分にランダムである. 特別な命令セットを備えたコンピュータ上では，暗号化関数は大変効率が良い.

本節では加算，乗算ならびに 1 語の半分を左右で交換するたった 3 つの演算を用いた単純なハッシュ関数を示す. この関数は高速レジスタ上に実装され，階層記憶を備えたコンピュータ上では演算に要する時間はハッシュ表のランダム枠にアクセスする時間と比較すると小さい. これは RC6 暗号化アルゴリズムに関係し，実用的には "ランダムオラクル" と見なせる.

wee ハッシュ関数

w をコンピュータの 1 語サイズ（たとえば，$w = 64$）とし，偶数と仮定する. さらに a, b を w ビットの符号なし（非負）整数，a を奇数とする. $\mathrm{swap}(x)$ は w ビットの入力 x において $w/2$ ビットのビット列の半分を左右で入れ換えた語を返す関数である. すなわち,

$$\mathrm{swap}(x) = (x \ggg (w/2)) + (x \lll (w/2))$$

と定義される. ここに "$\ggg$" は（式 (11.2) と同様に）論理右シフトを意味し，"$\lll$" は論理左シフトを意味する. 関数

$$f_a(k) = \mathrm{swap}((2k^2 + ak) \bmod 2^w)$$

を定義する. $f_a(k)$ を計算するために，2 次関数 $(2k^2 + ak) \bmod 2^w$ を評価し，その結果の左右の半分を入れ換える.

r をハッシュ関数の計算に対する望ましい "ラウンド (rounds)" 数とする. ここでは $r = 4$ とするが，ハッシュ関数は一般的には任意の非負整数 r に対して明確に定義されている. $f_a^{(r)}(k)$

258 | 11 ハッシュ表

は入力 k に対して f_a を r 回繰り返し適用した結果を示す（すなわち，r ラウンド）．任意の奇数 a と $r \geq 0$ に対して，関数 $f_a^{(r)}(k)$ は複雑だが 1 対 1 の関数である（練習問題 11.5-1 参照）．暗号研究者は $f_a^{(r)}$ を w ビットの入力ブロック上で動作し，キー a とラウンド数 r を伴った単純なブロック暗号と見なすだろう．

まずここで，短い入力に対して wee ハッシュ関数 h を定義する．ここで，"短い"とは"その長さ t が高々 w ビットである"を意味する．結果として，入力はコンピュータの 1 語に収まる．異なる長さの入力はハッシュが異なるようにしたい．引数 a, b, r ならびに t ビット入力 k に対して，**wee ハッシュ関数** (wee hash function) $k_{a,b,t,r}(k)$ は

$$k_{a,b,t,r}(k) = (f_{a+2t}^{(r)}(k+b)) \bmod m \tag{11.7}$$

で定義される．すなわち，t ビット入力 k に対して，そのハッシュ値は $k+b$ に $f_{a+2t}^{(r)}$ を適用し，その最後の結果を法 m の下で計算する．値 b を加えるのは，可変長入力に対して長さ 0 の入力が固定ハッシュ値がないことを保障し，ハッシュ依存の入力のランダム化を提供する．$2t$ を a に加えるのは，入力に対して，ハッシュ関数が長さの違う入力に対して違う動作をすることを保障している．（t の代わりに $2t$ を使うのは a が奇数の場合にキー $a+2t$ が奇数であることを保障している．）本章では，この関数を"wee"と呼んでいるが，これは使用メモリ容量が小さくても実装可能という意味で使っている．もっと正確に言うと，wee 関数はコンピュータの高速レジスタのみを使って効率よく実装できる．（この関数の呼び名"wee"は一般的には文献で使われていない．本書のために著者たちが名づけた名前である．）

wee ハッシュ関数の速度

局所性がもたらす効率の良さは驚きである．著書らによる未発表のコンピュータ実験では，wee 関数の評価に要する時間はハッシュ表のランダムに選択した **1 つの枠**の探査に要する時間よりもはるかに小さかった．これらの実験はラップトップ（2019, MacBook Pro）上で，$w = 64$，$a = 123$ として行われた．規模の大きいハッシュ表に関しては，wee 関数の評価はハッシュ表の 1 回の探査よりも 2～10 倍高速であった．

可変長キーに対する wee ハッシュ関数

入力はときどき長いときもある．入力長は w ビットより長いときもあり，第 11.3.5 項で考察したように可変長のときもある．高々 w ビットの固定長で定義した wee 関数を，長い入力や可変長の入力も扱えるように拡張する．ここでは，その 1 つについて述べる．

入力 k の長さを t ビットとする．k をそれぞれ w ビットの列 $\langle k_1, k_2, \ldots, k_u \rangle$ に分割する．ここで，$u = \lceil t/w \rceil$，k_1 は k の最下位ビット，k_u は最上位ビットを含む．t が w の倍数でないときは，k_u は w ビットよりも少ないビット数になり，長さをそろえるために k_u の上位のビットを 0 で埋める．k における w ビットの語列を返す chop 関数を次に定義する：

$$\mathrm{chop}(k) = \langle k_1, k_2, \ldots, k_u \rangle$$

chop 操作の重要な性質は，chop 関数が 1 対 1 の写像であることである．すなわち，任意の 2 つの t ビットキー k, k' に対して，$k \neq k'$ ならば $\mathrm{chop}(k) \neq \mathrm{chop}(k')$ である．入力 k

は $\text{chop}(k)$ と t から復元できる．chop 操作は単一の語入力に対して，その出力も単一語で，$\text{chop}(k) = \langle k \rangle$ が成立する．

chop 関数を使えるので，長さ t ビットの入力 k に対する wee 関数 $h_{a,b,t,r}(k)$ を次のように定義する：

$$h_{a,b,t,r} = \text{Wee}(k, a, b, t, r, m)$$

ここで，下の手続き WEE は，$\text{chop}(k)$ より返される w ビットの要素を使い，k_i と先に計算したハッシュ値との和に $f_{a+2t}^{(r)}$ を適用し，結果を法 m で計算する動作を繰り返す．可変長入力ならびに長い（複数語）入力に対するこの定義は，短い（単一語）入力に対する式 (11.7) の定義を拡張したもので，矛盾のない一貫したものとなっている．実用的な使用を考えると，引数を次のように設定することを推奨する．すなわち，a をランダムに選択した w ビットの奇数，b をランダムに選択した w ビット語，$r = 4$ である．

wee ハッシュ関数は引数 a, b, t, r, m で決定されるハッシュ関数族である．可変長入力に対する（近似的な）5 独立 wee ハッシュ関数族は，1 語の wee ハッシュ関数はランダムオラクルの一種であるという仮定に基づいて，さらに暗号ブロック連鎖メッセージ認証コード (CBC-MAC) の安全性のもとに議論される．これらは，Bellare [42] らによって研究されている．もし，2 つのメッセージのそれらの "キー" は異なっている：つまり，長さ t, t' が異なっていれば，$a + 2t \neq a + 2t'$ なので，本章で扱っているケースは，彼らのものよりも単純である．詳細は省略する．

$\text{WEE}(k, a, b, t, r, m)$
1 $u = \lceil t/w \rceil$
2 $\langle k_1, k_2, \ldots, k_u \rangle = \text{chop}(k)$
3 $q = b$
4 **for** $i = 1$ **to** u
5      $q = f_{a+2t}^{(r)}(k_i + q)$
6 **return** $q \bmod m$

暗号システムから示唆されるハッシュ関数族の定義は現実的だが，本章では 1 つの例を与えているにすぎない．さらに多くのバリエーションや改良が期待される．これらについては章末の文献ノートを参照されたい．

要約すると，メモリシステムが階層的であるときは，線形探査（ダブルハッシュの特殊なケース）を使用することが有利になる．なぜなら，連続した探索が同一キャッシュブロックに留まることが多いからである．さらに，コンピュータの高速レジスタのみで実装できるハッシュ関数は非常に効率的であるため，かなり複雑で，暗号学に着想を得たものでさえもかまわない．それにより，線形探査が最も効率的に機能するために必要な高い独立性を提供している．

練習問題

11.5-1　★　任意の奇数正整数 a，任意の整数 $r \geq 0$ に対して，関数 $f_a^{(r)}$ は 1 対 1 写像であることを示せ．証明には背理法を使い，関数 f_a は法 2^w の下で定義されていることを利用せよ．

260 | 11　ハッシュ表

11.5-2 ★　ランダムオラクルは 5 独立であることを論ぜよ.

11.5-3 ★　入力 k のビット k_i を反転させたとき, さまざまな r の値に対して $f_a^{(r)}(k)$ の値はどのように変化するか考察せよ. $k = \sum_{i=0}^{w-1} k_i 2^i$, $g_a(k) = \sum_{j=0}^{w-1} b_j 2^j$ とし, 入力 k のビット値 k_i (k_0 は最下位ビット), $g_a(k) = (2k^2 + ak) \bmod 2^w$ のビット値 b_j を定義する (ここで, $g_a(k)$ は左右のビット列の半分を入れ換えると $f_a(k)$ になる). 入力 k の単一ビット k_i の値を反転させると, $j \geq i$ に対して $g_a(k)$ のビット b_j の反転を引き起こすことがある. 任意の 1 つのビット k_i を反転させたとき, $f_a^{(r)}(k)$ の**任意のビット値**を反転させるような最小の r を求めよ. r を求める過程も説明せよ.

章末問題

11-1　ハッシュ法に現れる探査列長の上界

衝突をオープンアドレス法によって解決するサイズ m のハッシュ表を, $n \, (\leq m/2)$ 個のアイテムを格納するために利用する.

a.　独立一様置換ハッシュ法を仮定する. $i = 1, 2, \ldots, n$ に対して, i 番目の挿入が厳密に p 回より多くの探査を必要とする確率が高々 2^{-p} であることを示せ.

b.　$i = 1, 2, \ldots, n$ に対して, i 番目の挿入が $2 \lg n$ 回より多くの探査を必要とする確率が $O(1/n^2)$ であることを示せ.

i 番目の挿入に必要な探査回数を確率変数 X_i で表す. **(b)** では $\Pr\{X_i > 2 \lg n\} = O(1/n^2)$ を示した. 確率変数 X を任意の n 回の挿入に必要とされる探査回数の最大値, すなわち, $X = \max\{X_i : 1 \leq i \leq n\}$ と定義する.

c.　$\Pr\{X > 2 \lg n\} = O(1/n)$ を示せ.

d.　最長探査列の長さの期待値 $\mathrm{E}[X]$ が $O(\lg n)$ であることを示せ.

11-2　静的集合の探索

数字をキーとする n 個の要素からなる探索表を実装したい. 集合は静的 (すなわち, INSERT, DELETE はない) で, SEARCH が唯一の操作である. SEARCH 操作の実行を高速にするために, n 個の要素に前処理をするのに十分な時間が与えられると仮定する.

a.　集合の要素を蓄えるメモリ以外に何も使わずに, 最悪実行時間が $O(\lg n)$ の SEARCH を実装する方法を示せ.

b.　独立一様置換ハッシュ法を仮定し, m 個の枠上のオープンアドレス指定法を使った探索表の実装を考える. 不成功な SEARCH 操作の平均的な性能を少なくとも **(a)** における上界と同程度の良いものにするために必要な追加記憶量 $m - n$ の最小値を求めよ. 解は n に関する $m - n$ の漸近的上界になるはずである.

11-3 チェイン法における枠数の上界

衝突をチェイン法によって解決する n 個の枠を持つハッシュ表を考え，n 個のキーがこの表に挿入されるとする．各キーはどの枠にも等確率でハッシュされる．すべてのキーが挿入された後，1 つの枠に格納されているキー数の最大値を M とする．M の期待値 $\mathrm{E}[M]$ の上界が $O(\lg n / \lg \lg n)$ であることを以下の手順で証明せよ．

a. ある特定の枠にちょうど k 個のキーがハッシュされる確率 Q_k は

$$Q_k = \left(\frac{1}{n}\right)^k \left(1 - \frac{1}{n}\right)^{n-k} \binom{n}{k}$$

であることを示せ．

b. P_k を $M = k$ である確率，すなわち，最も多数のキーを含む枠が含むキー数が k である確率とする．$P_k \le n Q_k$ を示せ．

c. $Q_k < e^k / k^k$ を示せ．（ヒント：Stirling の近似公式（第 3.3 節の式 (3.25)（57 ページ））を使うとよい．）

d. ある定数 $c > 1$ が存在して，$k_0 = c \lg n / \lg \lg n$ に対して $Q_{k_0} < 1/n^3$ が成立することを示せ．$k \ge k_0 = c \lg n / \lg \lg n$ に対して $P_k < 1/n^2$ が成立することを結論づけよ．

e.

$$\mathrm{E}[M] \le \Pr\left\{M > \frac{c \lg n}{\lg \lg n}\right\} \cdot n + \Pr\left\{M \le \frac{c \lg n}{\lg \lg n}\right\} \cdot \frac{c \lg n}{\lg \lg n}$$

を示せ．$\mathrm{E}[M] = O(\lg n / \lg \lg n)$ を結論づけよ．

11-4 ハッシュ法と認証

$\mathcal{H}$ をハッシュ関数の族とし，$\mathcal{H}$ の各関数 k はキーの普遍集合 U を $\{0, 1, \ldots, m-1\}$ に写像するとする．

a. ハッシュ関数の族 $\mathcal{H}$ が 2 独立ならば，それは万能であることを示せ．

b. p を素数とする．普遍集合 U を $\mathbb{Z}_p = \{0, 1, \ldots, p-1\}$ から選択した値の n 項組の集合とする．要素 $x = \langle x_0, x_1, \ldots, x_{n-1} \rangle \in U$ を考える．任意の n 項組 $a = \langle a_0, a_1, \ldots, a_{n-1} \rangle \in U$ に対応するハッシュ関数 h_a を，

$$h_a(x) = \left(\sum_{j=0}^{n-1} a_j x_j\right) \bmod p$$

によって定義する．$\mathcal{H} = \{h_a : a \in U\}$ とするとき，$\mathcal{H}$ は万能だが，2 独立ではないことを示せ．（ヒント：$\mathcal{H}$ のすべてのハッシュ関数が同じ値を生成するキーを探せ．）

c. **(b)** の $\mathcal{H}$ を少し修正する：任意の $a \in U$ と任意の $b \in \mathbb{Z}_p$ に対して，

$$h'_{ab}(x) = \left(\sum_{j=0}^{n-1} a_j x_j + b\right) \bmod p$$

262 | 11 ハッシュ表

と定義し，$\mathcal{H}' = \{h'_{ab} : a \in U \text{ かつ } b \in \mathbb{Z}_p\}$ とする．$\mathcal{H}'$ が 2 独立であることを示せ．（ヒント：ある i に対して $x_i \neq y_i$ である n 項組 $x \in U$ と $y \in U$ を固定する．a_i と b が $\mathbb{Z}_p$ 上を動くとき，$h'_{a,b}(x)$ と $h'_{a,b}(y)$ の値はどうなるか？）

d. Alice と Bob は 2 独立なハッシュ関数の族 $\mathcal{H}$ からあるハッシュ関数 h を選択し，この事実を秘密にしている．ある素数 p に対して，各 $h \in \mathcal{H}$ はキーの普遍集合 U から $\mathbb{Z}_p$ への写像である．Alice がインターネットを介して Bob にメッセージ $m \in U$ を送信するとき，署名タグ $t = h(m)$ を添付してこの Bob へのメッセージに署名する．Bob は受け取った対 (m, t) が確かに $t = h(m)$ を満たすことを確かめる．敵対者は対 (m, t) を途中で横取りし，対 (m, t) を別の対 (m', t') と置き換えることで Bob を騙そうとするとしよう．敵対者が十分な計算能力を持ち，用いられるハッシュ関数の族 $\mathcal{H}$ を知っていると仮定しても，Bob を騙して (m', t') を受理させるのに成功する確率は高々 $1/p$ であることを示せ．

文献ノート

Knuth [261] と Gonnet–Baeza-Yates [193] はハッシュアルゴリズムの解析に関する素晴らしい参考書である．Knuth によれば，チェイン法を衝突解決に用いるハッシュ表の発見は H. P. Luhn (1953) の功績である．ほとんど同じ時期に G. M. Amdahl はオープンアドレス法のアイデアを発見した．Bellare ら [43] はランダムオラクルと呼ばれる考え方を提案し，Carter–Wegman [80] は 1979 年にハッシュ関数の万能な族という概念を導入した．

Dietzfelbinger ら [113] は乗算シフトハッシュ関数を考案し，定理 11.5 の証明を示した．Thorup [437] はさらにその結果を拡張し，解析を進めた．Thorup [438] は 5 独立ハッシュを伴った線形探査は 1 つの操作に定数期待時間で実行できることを単純な方法で証明した．さらに Thorup は線形探査を使ったハッシュ表における削除法を示した．

Fredman–Komlós–Szemerédi [154] は，静的集合に対して完全なハッシュ方式を開発した —— すべての衝突が避けられるので "完全" である．この方式を動的集合に拡張して，挿入と削除操作をならし期待時間 $O(1)$ で実行できるようにしたのは Dietzfelbinger ら [114] である．

wee ハッシュ関数は暗号化アルゴリズム RC6 [379] に基づいている．Leiserson ら [292] は wee ハッシュ関数と本質的に同じ機能を持つ "RC6MIX" 関数を提案している．同時に，それが良好なランダム性を持つことを実証的に示し，可変長入力を許容する "DOTMIX" 関数を提案している．Bellare ら [42] は，暗号ブロック連鎖メッセージ認証コード (cipher-block-chaining message authentication code (CBC-MAC)) の安全性を解析している．この解析から，wee ハッシュ関数は望ましい擬似ランダム性を有することが分かっている．

12　2分探索木

BINARY SEARCH TREES

探索木のデータ構造では，第 III 部（データ構造）の序論（210 ページ）に示されている各々の動的集合操作が提供される：SEARCH, MINIMUM, MAXIMUM, PREDECESSOR, SUCCESSOR, INSERT, DELETE である．したがって，探索木は，辞書や優先度つきキューとして利用できる．

2分探索木上での基本操作の実行時間は，木の高さに比例する．n 個の節点を持つ完全2分木上でのこれらの操作の最悪実行時間は $\Theta(\lg n)$ だが，木が n 個の節点を持つ枝分れのない線形連鎖 (linear chain)[a]の場合には，同じ操作の実行に最悪時に $\Theta(n)$ かかる．第 13 章では，2分探索木を改良した2色木を示す．2色木上の操作は，その高さが $\Theta(\lg n)$ であることを保証する．ここでは証明はしないが，n 個のキーのランダム集合上の2分探索木を構成すると，その木の高さを制限しなくても木の高さの期待値は $O(\lg n)$ になる．

本章では，2分探索木の基本的性質を紹介した後，2分探索木が格納する値をソートされた順序でプリントするために木をなぞる方法，2分探索木の中からある値を発見する方法，最小あるいは最大の要素を発見する方法，ある要素の直前あるいは直後の要素を発見する方法，そして2分探索木へ要素を挿入する方法，あるいは，2分探索木から要素を削除する方法を説明する．木の基礎的な数学的性質は付録第 B 章（集合など）を参照せよ．

12.1　2分探索木とは？

2分探索木は，その名のとおり，図 12.1 に示されるように，2分木で構成されている．このような木は，第 10.3 節（根つき木の表現）で示したようなポインタに基づくデータ構造によって表現できる．各節点は key と付属データ以外に，左の子，右の子，親を指す3つの属性 $left$, $right$, p を持つ．子や親が欠けているとき対応する属性の値は NIL である．木自身はその根節点を指す属性 $root$ を持ち，木が空のときはその値は NIL である．木 T において，親の属性が NIL であるのは根節点 $T.root$ だけである．

キーは2分探索木の中に以下の**2分探索木条件** (binary-search-tree property) を満足するように格納される：

> x を2分探索木の節点とする．y が x の左部分木の節点ならば $y.key \leq x.key$，右部分木の節点ならば $y.key \geq x.key$ を満たす．

---

[a] ［訳注］化学の分野では linear chain を「直鎖」と言う．

264 | 12 2分探索木

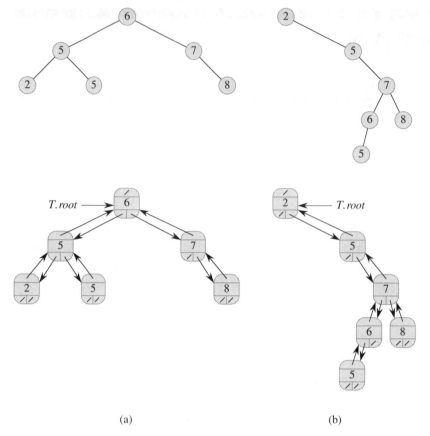

(a)　　　　　　　　　　　　　　(b)

図12.1　2分探索木．任意の節点 x について，x の左部分木に出現するキーは 高々 $x.key$ であり，右部分木に出現するキーは少なくとも $x.key$ である．異なる2分探索木が，同じ値の集合を表現することがある．多くの探索木操作の最悪実行時間は木の高さに比例する．**(a)** 6節点から構成される高さ2の2分探索木．上の図は，概念的に木がどのように見えるかを示しており，下の図は，第10.3節（根つき木の表現）の図10.6（224ページ）と同じ形式で，各節点内の $left$, $right$, および p の各属性を示している．**(b)** 同じキー集合を含む高さ4の効率の悪い2分探索木．

したがって，図12.1(a) では，根のキーは6であり，その左部分木に出現するキー 2, 5, 5 は6より大きくなく，右部分木に出現するキー 7, 8 は6より小さくない．この性質が2分探索木のすべての節点について成立する．たとえば，根の左の子を部分木の根として見た場合，この部分木の根はキー 5 を持ち，その左部分木のキー 2 は，5 より大きくなく，その右部分木のキー 5 は 5 より小さくはない．

キーの集合が2分探索木条件を満たすように格納されているので，手続き INORDER-TREE-WALK によって与えられる，**中間順木巡回** (inorder tree walk) と呼ぶ簡単な再帰的アルゴリズムを用いて，すべてのキーをソートされた順序でプリントできる．このアルゴリズムを中間順木巡回と呼ぶ理由は，根のキーを，その左部分木に現れるすべてのキーをプリントした後，右部分木に現れるキーをプリントする前にプリントするからである．（同様に，**先行順木巡回** (preorder tree walk) は，根のキーを左右両方の部分木に出現するキーより先にプリントし，**後行順木巡回** (postorder tree walk) は，根のキーを左右両方の部分木に出現するキーをプリントした後でプリントする．）2分探索木 T の中のすべての要素をプリントするには，INORDER-TREE-WALK($T.root$) を呼び出す．たとえば，図12.1 に示した2つの2分探索木の

どちらに対しても，中間順木巡回は格納されているキー集合を 2, 5, 5, 6, 7, 8 の順でプリントする．このアルゴリズムの正しさは帰納法によって 2 分探索木条件から直接証明できる．

INORDER-TREE-WALK(x)

1　**if** $x \neq$ NIL
2　　　INORDER-TREE-WALK($x.left$)
3　　　$x.key$ をプリントする
4　　　INORDER-TREE-WALK($x.right$)

初期呼出しの後，各節点に対して手続きはちょうど 2 回，すなわち左右の子のためにそれぞれ 1 回ずつ呼び出されるので，n 個の節点を持つ 2 分探索木の巡回に $\Theta(n)$ 時間かかる．中間順巡回が線形時間で実行できることを，次の定理で厳密に証明する．

定理 12.1　x を n 個の節点を持つ部分木の根とする．INORDER-TREE-WALK(x) の実行には $\Theta(n)$ 時間かかる．

証明　INORDER-TREE-WALK を n 個の節点を持つ部分木の根の上で呼び出したときにかかる時間を $T(n)$ とする．INORDER-TREE-WALK は，部分木のすべての節点を訪れるので，$T(n) = \Omega(n)$ である．$T(n) = O(n)$ を示すことが残されている．

部分木が空のときには，INORDER-TREE-WALK は（$x \neq$ NIL の判定のための）小さな定数時間しかかからないので，ある定数 $c > 0$ に対して $T(0) = c$ である．

$n > 0$ のとき，ある節点 x 上での INORDER-TREE-WALK の呼出しを考える．x の左部分木の節点数を k，右部分木の節点数を $n - k - 1$ とする．INORDER-TREE-WALK(x) の実行に必要な時間 $T(n)$ は，ある定数 $d > 0$ を用いて，$T(n) \leq T(k) + T(n - k - 1) + d$ と上から抑えることができる．ここで，d は INORDER-TREE-WALK(x) の本体を実行するのにかかる時間から，再帰呼出しに使った時間を除いた時間の上界を反映するある定数である．

置換え法を用いて $T(n) \leq (c + d)n + c$ を証明することで，$T(n) = O(n)$ を示す．$n = 0$ のとき，$(c + d) \cdot 0 + c = c = T(0)$ である．$n > 0$ のとき

$$
\begin{aligned}
T(n) &\leq T(k) + T(n - k - 1) + d \\
&\leq ((c + d)k + c) + ((c + d)(n - k - 1) + c) + d \\
&= (c + d)n + c - (c + d) + c + d \\
&= (c + d)n + c
\end{aligned}
$$

であり，証明が完結した．　∎

練習問題

12.1-1　キーの集合 $\{1, 4, 5, 10, 16, 17, 21\}$ を格納する高さ 2, 3, 4, 5, 6 の 2 分探索木を描け．

12.1-2　2 分探索木条件と min ヒープ条件（第 6.1 節（ヒープ）（137 ページ）参照）の違いを述べよ．min ヒープ条件を利用して，n 個の節点を持つ木に格納されているキーをソートされた順で $O(n)$ 時間でプリントすることができるか？できると思うときにはその方法を，できないと思うときにはなぜできないかを説明せよ．

266 ┃ 12 2分探索木

12.1-3 中間順木巡回を実現する非再帰的なアルゴリズムを記述せよ.（**ヒント：** スタックを補助データ構造として用いる簡単な解がある. より複雑であるが洗練された解では, スタックを用いず, その代わりに2つのポインタの等価性判定が可能であると仮定する.）

12.1-4 n 個の節点を持つ木を $\Theta(n)$ 時間で先行順および後行順で巡回する再帰的アルゴリズムを設計せよ.

12.1-5 比較演算モデルでは, n 個の要素をソートするのに最悪の場合には $\Omega(n \lg n)$ 時間かかることから, 比較演算だけを用いて n 個の要素を持つ任意のリストから2分探索木を構成するどのアルゴリズムも, 最悪の場合には実行に $\Omega(n \lg n)$ 時間かかることを説明せよ.

12.2 2分探索木に対するクエリー

2分探索木は, SEARCH 操作と同じく, MINIMUM, MAXIMUM, SUCCESSOR, PREDECESSOR といったクエリー（質問）操作を提供する. 本節ではこれらの操作を検討し, 高さ h の2分探索木上でこれらの操作がすべて $O(h)$ 時間で実行できることを示す.

探　索

ある与えられたキーを持つ節点を, 2分探索木で探索するために, 手続き TREE-SEARCH を呼び出す. 部分木の根を指すポインタ x とキー k が与えられたとき, TREE-SEARCH(x, k) は, キー k を持つ節点がこの部分木に存在すればその節点を指すポインタを返し, 存在しなければ NIL を返す. 2分探索木 T 全体の中からキー k を探索するには, TREE-SEARCH$(T.root, k)$ を呼び出す.

TREE-SEARCH(x, k)
1　**if** $x ==$ NIL または $k == x.key$
2　　　**return** x
3　**if** $k < x.key$
4　　　**return** TREE-SEARCH$(x.left, k)$
5　**else return** TREE-SEARCH$(x.right, k)$

ITERATIVE-TREE-SEARCH(x, k)
1　**while** $x \neq$ NIL かつ $k \neq x.key$
2　　　**if** $k < x.key$
3　　　　　$x = x.left$
4　　　**else** $x = x.right$
5　**return** x

　手続き TREE-SEARCH は, 根から探索を開始し, 図 12.2(a) に示すように木を下に向かう単純路をたどる. 途中で出会った各節点 x ではキー k を $x.key$ と比較する. 2つのキーが一致すれば探索を終了する. k が $x.key$ よりも小さければ, 2分探索木条件から k が x の右部分木

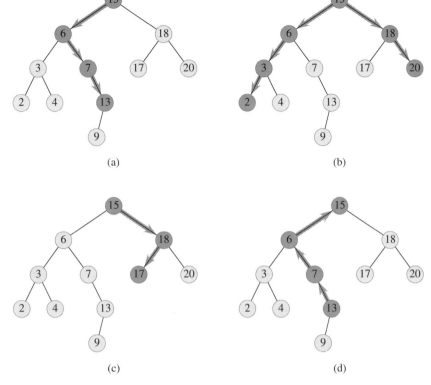

図 12.2 2 分探索木に対するクエリー操作．各クエリーによってたどられる節点と経路は濃い網かけの太い矢印で示す．**(a)** 木の中からキー 13 を探索するには，根から開始し，経路 15 → 6 → 7 → 13 をたどる．**(b)** 木に属する最小のキーは 2 であり，根から *left* ポインタをたどることで発見できる．木に属する最大のキーは 20 であり，根から *right* ポインタをたどることで発見できる．**(c)** キー 17 は 15 の右部分木の中で最小のキーだから，キー 15 を持つ節点の次節点はキー 17 を持つ節点である．**(d)** キー 13 を持つ節点には右部分木が存在しない．それゆえ，この節点の次節点は，祖先でその左の子もまた祖先であるものの中で最も低い位置にあるものである．この場合，キー 15 を持つ節点が次節点となる．

に現れる可能性がないので，左部分木に対して探索を続行する．対称的に k が $x.key$ よりも大きければ，右部分木に対して探索を続行する．この再帰を通して出会う節点の列は根から木を下る単純路を形成するので，h を木の高さとするとき，TREE-SEARCH の実行時間は $O(h)$ である．

手続き TREE-SEARCH は，左部分木か右部分木のいずれか一方のみを再帰的に呼び出すので，再帰を **while** ループの形に"開く"ことで，同じ手続きを反復形に書き換えることができる．多くのコンピュータでは前ページの手続き ITERATIVE-TREE-SEARCH のほうが高速である．

最小値と最大値

図 12.2(b) に示すように，2 分探索木の中で最小のキーを持つ要素を見つけるためには，根から開始し，NIL に出会うまで *left* 子ポインタをたどればよい．以下の手続き TREE-MINIMUM は，与えられた節点 x を根とする部分木の中で最小のキーを持つ節点を指すポインタを返す．

ただし，x は NIL ではないと仮定する．

2分探索木条件が TREE-MINIMUM の正当性を保証する．節点 x に左部分木がなければ，x の右部分木の任意のキーは少なくとも $x.key$ なので，x を根とする部分木に出現する最小のキーは $x.key$ である．節点 x が左部分木を持つなら，右部分木のどのキーも $x.key$ よりも小さくはなく，左部分木のどのキーも $x.key$ よりも大きくはなく，x を根とする部分木の最小のキーは $x.left$ を根とする部分木の中に存在する．

TREE-MAXIMUM の擬似コードは対称的である．TREE-SEARCH と同様，これら 2 つの手続き TREE-MINIMUM と TREE-MAXIMUM はいずれも出会う節点の列は根から木を下る単純路を形成するので，高さ h の木に対する手続きは $O(h)$ 時間で動作する．

TREE-MINIMUM(x)
1 **while** $x.left \neq$ NIL
2     $x = x.left$
3 **return** x

TREE-MAXIMUM(x)
1 **while** $x.right \neq$ NIL
2     $x = x.right$
3 **return** x

次節点と先行節点

2分探索木の節点が与えられたとき，その次節点，すなわち，中間順木巡回から決まるソート順序に関してその節点の次に来る節点は，どのようにして求めればよいのだろうか？もしキーがすべて異なるならば，節点 x の次節点は $x.key$ より大きく最小のキーを持つ節点である．キーが異なるかどうかに関係なく，**次節点** (successor) を，中間順木巡回において x の次に訪れる節点と定義する．2分探索木の構造から，ある節点の次節点をキーを比較せずに決定できる．下の手続き TREE-SUCCESSOR は，2分探索木の節点 x に次節点が存在するときには次節点を返し，x が中間順巡回でたどられる最後の節点ならば NIL を返す．

TREE-SUCCESSOR(x)
1 **if** $x.right \neq$ NIL
2   **return** TREE-MINIMUM($x.right$) **//** 右部分木の最左節点
3 **else //** x の祖先でその左の子も x の祖先であるものの中で，
    // 最も低い位置にあるものを発見する
4     $y = x.p$
5   **while** $y \neq$ NIL かつ $x == y.right$
6         $x = y$
7         $y = y.p$
8   **return** y

TREE-SUCCESSOR の擬似コードは，2 つの場合がある．節点 x が右部分木を持つ場合は，x の次節点は右部分木の最左節点であり，第 2 行で TREE-MINIMUM$(x.right)$ を呼び出すことで発見できる．たとえば，図 12.2(c) においてキー 15 を持つ節点の次節点はキー 17 を持つ節点である．

一方，練習問題 12.2-6 でその証明が問われているように，節点 x の右部分木が空で，かつ x が次節点 y を持つならば，y は，x の祖先でその左の子もまた x の祖先であるものの中で最も x に近い祖先である．図 12.2(d) では，キー 13 を持つ節点の次節点はキー 15 を持つ節点である．x から開始し，根あるいは，その親の左の子であるような節点に出会うまで木を根に向かって遡ることで，y を発見できる．TREE-SUCCESSOR の第 4〜8 行がこの場合を実現する．

TREE-SUCCESSOR は木を上に，あるいは下に向かう単純路のいずれかをたどるので，高さ h の木の上での実行時間は $O(h)$ である．手続き TREE-PREDECESSOR は TREE-SUCCESSOR と対称的であり，実行時間も $O(h)$ である．

証明した事柄を次の定理にまとめる．

定理 12.2 動的集合演算 SEARCH, MINIMUM, MAXIMUM, SUCCESSOR, PREDECESSOR は高さ h の 2 分探索木上で $O(h)$ 時間で動作するように実現できる． ∎

練習問題

12.2-1 1 と 1000 の間の自然数の集合が 2 分探索木に格納されており，数 363 を探索しようとしている．以下に示す列の中で，探索に現れる節点の列では**ありえない**列はどれか？

a. 2, 252, 401, 398, 330, 344, 397, 363

b. 924, 220, 911, 244, 898, 258, 362, 363

c. 925, 202, 911, 240, 912, 245, 363

d. 2, 399, 387, 219, 266, 382, 381, 278, 363

e. 935, 278, 347, 621, 299, 392, 358, 363

12.2-2 手続き TREE-MINIMUM と TREE-MAXIMUM の再帰版を書け．

12.2-3 手続き TREE-PREDECESSOR を書け．

12.2-4 田村教授は，注目に値する 2 分探索木の性質を発見したと考えている．2 分探索木からキー k を探索する手続きがある葉で終了したと仮定する．3 つの集合 A, B, C を考える：A は探索路の左に現れるキーの集合；B は探索路上に現れるキーの集合；C は探索路の右に現れるキーの集合である．田村教授は任意の 3 つのキー $a \in A$, $b \in B$, $c \in C$ について，$a \le b \le c$ が成立すると主張している．教授の主張に対する最小の反例を与えよ．

12.2-5 2 分探索木の節点が子を 2 つ持つなら，その次節点は左の子を持たず，その先行節点は右の子を持たないことを示せ．

12.2-6 相異なるキーを格納する 2 分探索木 T を考える．T のある節点 x は右部分木を持たず，しかも次節点 y を持つと仮定する．y は，x の祖先でその左の子もまた x の祖先であるものの中で最も木の下のほうにある節点であることを示せ．（どの節点も自分自身の祖先である

270 | 12　2 分探索木

ことを思い出せ.）

12.2-7 n 個の節点を持つ 2 分探索木の中間順巡回を実現する別の方法は，まず TREE-MINIMUM を用いて木の中から最小の要素を発見し，続いて $n-1$ 回 TREE-SUCCESSOR を呼び出すことである．このアルゴリズムが $\Theta(n)$ 時間で動作することを証明せよ.

12.2-8 高さ h の 2 分探索木のどの節点から実行を開始しても，連続する k 回の TREE-SUCCESSOR の呼出しは $O(k+h)$ 時間で実行できることを証明せよ.

12.2-9 T を相異なるキーを格納する 2 分探索木とする．任意の葉を x とし，y をその親とする．$y.key$ は $x.key$ より大きい T のキーの中で最も小さいか，$x.key$ より小さいキーの中で最も大きいことを示せ.

12.3　挿入と削除

2 分探索木が表現する動的集合は，挿入および削除操作によって変化する．この変化を反映するようにデータ構造を変更するが，変更は 2 分探索木条件が維持されるように行う．後で分かるように，新しい要素の挿入は比較的単純だが，削除は挿入より複雑である.

挿　入

2 分探索木 T に新たに節点を挿入するために手続き TREE-INSERT を用いる．手続き TREE-INSERT は 2 分探索木 T と，挿入する節点 z を入力として取る．ただし，z のキー $z.key$ はすでに与えられており，$z.left =$ NIL，$z.right =$ NIL と初期化されているとする．手続き TREE-INSERT は z が T の正しい位置に挿入されるように T と z のいくつかの属性を変更する.

```
TREE-INSERT(T, z)
 1  x = T.root          // z と比較される節点
 2  y = NIL             // y は z の親となる
 3  while x ≠ NIL        // 葉に到達するまで下る
 4      y = x
 5      if z.key < x.key
 6          x = x.left
 7      else x = x.right
 8  z.p = y             // 親が y となる z の挿入位置が見つかった
 9  if y == NIL
10      T.root = z      // 木 T は空であった
11  elseif z.key < y.key
12      y.left = z
13  else y.right = z
```

TREE-INSERT の振舞いを図 12.3 に示す．手続き TREE-SEARCH や ITERATIVE-TREE-

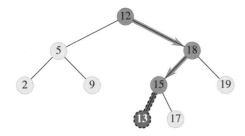

図 12.3 2 分探索木へのキー 13 を持つ節点の挿入．根からこの節点を挿入する場所へ下る単純路を濃い網かけの太い矢印で示す．このアイテムを挿入するために木に加えた節点とリンクを点線で示す．

SEARCH と同様，TREE-INSERT ではポインタ x は木の根から開始し，入力アイテム z と置き換える NIL を探して，ある単純路に沿って木を下る．手続きは x の親を指す**トレーラポインタ** (trailing pointer) y を管理する．初期化の後，第 3〜7 行の **while** ループによって，ポインタ x と y は x が NIL になるまで，$z.key$ と $x.key$ の比較結果に従って，左あるいは右の子の方向に向かって下方に移動する．この NIL の占めている場所が入力 z を挿入するところである．より詳細には，この NIL が z の親となる節点の $left$ または $right$ 属性となる．あるいは，現在 T が空ならば，この NIL は $T.root$ である．z に置き換える NIL を発見したときには，探索は変更が必要な節点を 1 ステップだけ超えて進んでしまっているので，トレーラポインタが必要になる．第 8〜13 行は，ポインタを適切に設定して z をその場所に挿入する．

探索木の他の基本操作と同様，高さ h の木の上で手続き TREE-INSERT は $O(h)$ 時間で動作する．

削　除

節点 z を 2 分探索木 T から削除するための方針の全体は 3 つの基本的な場合から構成されていて，その中の 1 つは少し複雑である．

- z が子を持たない場合は簡単である．z の親の子を z から NIL に置き換えて z を削除する．
- z がちょうど 1 つの子を持つ場合は，z の親の子を z から z の子に変更することで，z の子を z の場所に持ち上げる．
- z が 2 つの子を持つ場合は，z の右の部分木の中から z の次節点 y を発見し，y をこの木の中の z の場所に置く．残された z の元の右部分木は y の新しい右部分木，元の左部分木は y の新しい左部分木になる．y は z の次節点なので，y は左の子を持たず，y の元の右の子は y の元の位置に移動すれば，y の元の右部分木の残りは自動的に正しい位置になる．この場合が扱いにくくなるのは，すぐに説明するように，y が z の右の子であるかどうかが問題になるからである．

与えられた節点 z を 2 分探索木 T から削除する手続きは，入力として T と z を指すポインタを取る．この手続きは状況を（上で概略を説明した 3 つの場合とは少し異なる）図 12.4 に示す 4 つの場合に分割して，それぞれを解決する．

- z が左の子を持たない場合（図 12.4(a)）は，z をその右の子と置き換える．右の子は NIL

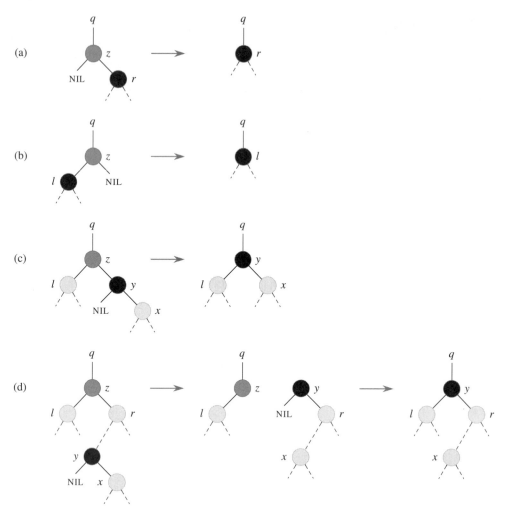

図 12.4 2 分探索木からの節点 z（濃い網かけ）の削除．節点 z は，根，節点 q の左の子，あるいは q の右の子のいずれかである．木中で節点 z の位置に置き換わる節点を黒丸で示す．**(a)** 節点 z が左の子を持たない場合．z をその右の子 r と置き換える．r は NIL かもしれない．**(b)** 節点 z が左の子 l を持つが右の子を持たない場合．z を l と置き換える．**(c)** 節点 z が 2 つの子を持ち，左の子が節点 l，右の子が z の次節点 y（y は左の子を持たない），y の右の子が節点 x である場合．z を y と置き換え，y の左の子を l に更新する．ただし，y の右の子は x のままである．**(d)** 節点 z が両方の子（左の子 l と右の子 r）を持ち，z の次節点 $y \neq r$ が r を根とする部分木の中にある場合．最初に，y をその右の子と置き換え，r の親を y に設定する．つぎに，q の子と l の親をともに y に設定する．

かもしれない．z の右の子が NIL の場合が z が子を持たない場合に対応する．z の右の子が NIL でない場合が，z が右の子を唯一の子として持つ場合に対応する．

- z が左の子を唯一の子として持つ場合は，図 12.4(b) に示すように，z をこの左の子と置き換える．

- 残されたのは，z が左右の子を共に持つ場合である．この場合には，z の次節点 y を発見する．y は z の右部分木の中にあって，左の子を持たない（練習問題 12.2-5 参照）．このとき，y をその場所から解き離し，y を z と置き換える．y が z の右の子であるか否かによってその実現方法が異なる：

○ y が z の右の子の場合（図 12.4(c)）は，y の右の子はそのままにして z と y を置き換える．

○ y は z の右部分木の中にあるが，z の右の子ではない場合（図 12.4(d)）は，最初に y を y の右の子と置き換え，次に y を z の右の子の親にして，y を z の元の親の子，z の元の左の子の親とする．

　節点の削除の際に，部分木をその 2 分探索木の中で移動させる必要がある．サブルーチン TRANSPLANT は，その親としての 1 つの部分木を，別の部分木で置き換える．TRANSPLANT が，節点 u を根とする部分木を節点 v を根とする部分木で置き換えると，u の親が v の親になり，u の親が v を適切な子として持つことになる．TRANSPLANT では，v が節点へのポインタでなく，NIL でもよい．

TRANSPLANT(T, u, v)

1　**if** $u.p ==$ NIL
2　　　$T.root = v$
3　**elseif** $u == u.p.left$
4　　　$u.p.left = v$
5　**else** $u.p.right = v$
6　**if** $v \neq$ NIL
7　　　$v.p = u.p$

　TRANSPLANT は以下のように動作する．第 1～2 行では u が T の根の場合を解決する．u が T の根でなければ，u はその親の左あるいは右の子である．第 3～4 行では u が左の子の場合を扱い，$u.p.left$ を更新する．第 5 行では u は右の子なので，$u.p.right$ を更新する．v が NIL であってもよい．第 6～7 行では v が NIL でなければ $v.p$ を更新する．TRANSPLANT が $v.left$ と $v.right$ を更新しないことに注意せよ．（必要なときの）これらの更新をするのか，しないのかは TRANSPLANT を呼び出す側の責任である．

　次ページの手続き TREE-DELETE は，TRANSPLANT 手続きを用いて，節点 z を 2 分探索木 T から削除している．TREE-DELETE 手続きは，4 つの場合を以下のように実行する．第 1～2 行では，節点 z が左の子を持たない場合（図 12.4(a)），第 3～4 行では，z が左の子を持つが，右の子を持たない場合（図 12.4(b)）を扱う．第 5～12 行では，z が 2 つの子を持つ残された 2 つの場合を扱う．第 5 行で z の次節点 y を発見する．z の右部分木は空ではないので，z の次節点は，その部分木の中で最小のキーを持つ節点であり，TREE-MINIMUM$(z.right)$ が返す節点である．前に注意したように，y は左の子を持たない．y のリンクを外してその場所から切り離し，z と置き換える必要がある．y が z の右の子ならば（図 12.4(c)），第 10～12 行は z が置かれていた（z の親の）子の場所に y を置き，y の左の子を z の左の子と置き換える．節点 y は z の右の子（図 12.4(d) の x）を保持しており，$y.right$ は変更する必要はない．y が z の右の子でなければ（図 12.4(d)），2 つの節点を移動しなければならない．第 7～9 行は y が置かれていた（y の親の）子の場所に y の右の子（図 12.4(d) の x）を置き，z の右の子（図 12.4(d) の r）を y の右の子に換える．そして，第 10～12 行は z が置かれていた（z の親 q の）子の場所に y を置き，y の左の子を z の左の子に置き換える．

TREE-DELETE(T, z)	
1 **if** $z.left$ == NIL	
2 TRANSPLANT$(T, z, z.right)$	// z をその右の子で置き換える
3 **elseif** $z.right$ == NIL	
4 TRANSPLANT$(T, z, z.left)$	// z をその左の子で置き換える
5 **else** $y =$ TREE-MINIMUM$(z.right)$	// y は z の次節点
6 **if** $y \neq z.right$	// y は木のさらに下方?
7 TRANSPLANT$(T, y, y.right)$	// y をその右の子で置き換える
8 $y.right = z.right$	// z の右の子は y の右の子になる
9 $y.right.p = y$	
10 TRANSPLANT(T, z, y)	// z をその次節点 y で置き換える
11 $y.left = z.left$	// そして z' の左の子を,
12 $y.left.p = y$	// 左の子を持っていない y に与える

第 5 行の TREE-MINIMUM の呼出しを除くと，TRANSPLANT の呼出しを含めて，TREE-DELETE の各行の実行時間は定数である．したがって，TREE-DELETE は高さ h の木の上で $O(h)$ 時間で動作する．

証明された事柄を，次の定理にまとめる．

定理 12.3 動的集合演算 INSERT と DELETE は高さ h の 2 分探索木上で $O(h)$ 時間で動作するように実現できる． ∎

練習問題

12.3-1 手続き TREE-INSERT の再帰版を示せ．

12.3-2 異なる値を繰り返し挿入することで構成された，任意の 2 分探索木を考える．ある値を探索するときに検査する節点数は，その値を最初に挿入したときに検査した節点数に 1 を加えたものであることを証明せよ．

12.3-3 与えられた n 個の数を以下の要領でソートできる．まず，n 個の数を（1 つずつ繰り返し TREE-INSERT を用いて挿入して）格納する 2 分探索木を構成する．つぎに，木の中間順巡回によってそれらの数をプリントする．このソーティングアルゴリズムの最良実行時間と最悪実行時間を求めよ．

12.3-4 TREE-DELETE が TRANSPLANT を呼び出すとき，TRANSPLANT の引数 v が NIL となるのはどのようなときか？

12.3-5 削除操作は，x，y の順に削除しても，逆に y，x の順に削除しても同じ 2 分探索木が残るという意味で“可換”か？証明するか，あるいは反例を与えよ．

12.3-6 各節点 x が，x の親を指すポインタ属性 $x.p$ の代わりに，x の次節点を指すポインタ属性 $x.succ$ を維持するとする．この表現に基づいて，2 分探索木上の SEARCH，INSERT，DELETE 操作を実現する擬似コードを与えよ．これらの手続きは高さが h の木の上で $O(h)$ 時間で走らなければならない．（**ヒント**：与えられた節点の親を返すサブルーチンが必要になる

かもしれない.)

12.3-7 TREE-DELETE の中で z が 2 つの子を持つ場合に, z の次節点ではなく先行節点を y として選択できるかもしれない. このようにするために TREE-DELETE に対して加える必要のある修正を説明せよ. 先行節点と次節点に同じ優先度を与える公平な戦略が, 経験上, より優れた性能を引き出すと主張されることがある. 公平な戦略を実現するように TREE-DELETE を最小限修正するにはどうすればよいか?

章末問題

12-1 同一キーを含む 2 分探索木
同一キーの存在が 2 分探索木の実現で問題となる.

a. 空の 2 分探索木に n 個の同一のキーを持つアイテムを挿入するために TREE-INSERT を利用するとき, このアルゴリズムの漸近的性能を示せ.

第 5 行の直前で $z.key = x.key$ かどうか判断し, 第 11 行の直前で $z.key = y.key$ かどうか判断することで, TREE-INSERT の性能を改良することを提案する. 等号が成立するならば, 以下の戦略のどれかを実現する. 各戦略に対して, 最初は空の 2 分探索木に, n 個の同一キーを持つアイテムを挿入する場合の漸近的性能を求めよ. (戦略は, z と x のキーを比較する第 5 行のために書かれている. 第 11 行のための戦略では x が y に置き換わる.)

b. ブール値を取る 2 値のフラッグ $x.b$ を節点 x に用意し, $x.b$ の値に基づいて $x.left$, あるいは $x.right$ を x に代入する. ここで, フラッグ $x.b$ は x と同じキーを持つ節点の挿入手続きが x を訪問するたびに値 FALSE と TRUE を交代する.

c. 節点 x と同一のキーを持つ節点のリストを x に維持しておき, z をそのリストに格納する.

d. $x.left$ あるいは $x.right$ をランダムに選択して x に代入する. (最悪性能を与え, 期待実行時間を非形式的でもよいから導出せよ.)

12-2 基数木
2 つの文字列 $a = a_0a_1 \ldots a_p$ と $b = b_0b_1 \ldots b_q$ を考える. ただし, 各 a_i, b_j は文字のある全順序集合に属する. a と b が条件

1. ある整数 j $(0 \le j \le \min(p, q))$ が存在して, すべての $i = 0, 1, \ldots, j-1$ に対して $a_i = b_i$ かつ $a_j < b_j$, あるいは
2. $p < q$ かつ, すべての $i = 0, 1, \ldots, p$ に対して $a_i = b_i$

を満たすとき, a は b より**辞書式順序で小さい** (lexicographically less than) と言う. たとえば, a, b をビット列とするとき, 規則 1 から $10100 < 10110$ ($j = 3$ とせよ) であり, 規則 2 から $10100 < 101000$ である. これは, 英語辞書に用いられる順序に似ている.

図 12.5 に示す**基数木** (radix tree) データ構造 (**トライ** (trie) とも呼ばれる) はビット列

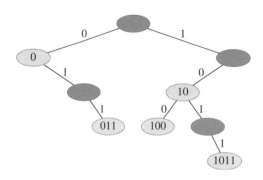

図 12.5 ビット列 1011, 10, 011, 100, 0 を格納する基数木．各節点のキーは根からその節点に下る単純路をたどることで決定できる．したがって，キーを節点に格納する必要がない．キーは説明のために描かれている．対応するキーが木の中に存在しない節点は濃い網かけで示されている．このような節点は他の節点に至る経路を構成するためだけに存在する．

1011, 10, 011, 100, 0 を格納する．キー $a = a_0 a_1 \ldots a_p$ を探索するには，深さ i の節点で $a_i = 0$ ならば左へ，$a_i = 1$ ならば右へ行く．S を長さの総和が n の相異なるビット列の集合とする．基数木を利用して S を $\Theta(n)$ 時間で辞書式順序でソートする方法を示せ．図 12.5 の例では，ソートの出力は 0, 011, 10, 100, 1011 である．

12-3 ランダムに構成した 2 分探索木の節点の深さの平均

n 個のキー上の**ランダムに構成した 2 分探索木** (randomly built binary search tree) を，空の木に n 個のキーをランダムな順序で挿入して作る 2 分探索木と定義する．ただし，入力される可能性のある $n!$ 種類の置換はどれも等確率で出現すると仮定する．この章末問題では，n 個の節点を持つランダムに構成した 2 分探索木の節点の深さの平均が $O(\lg n)$ であることを証明する．この証明技法によって，2 分探索木のランダムな構成と第 7.3 節（乱択版クイックソート）の Randomized-Quicksort の実行の間には驚くべき類似性があることが明らかになる．

T に属する節点 x の深さを $d(x, T)$ で表す．2 分木 T の**総経路長** (total path length) $P(T)$ を，T のすべての節点 x に対する $d(x, T)$ の和と定義する．

a. T の節点の深さの平均が
$$\frac{1}{n} \sum_{x \in T} d(x, T) = \frac{1}{n} P(T)$$
であることを示せ．

このことから，$P(T)$ の期待値が $O(n \lg n)$ であることを示さなければならない．

b. T_L および T_R をそれぞれ T の左および右部分木とする．T が n 個の節点を持つとき，
$$P(T) = P(T_L) + P(T_R) + n - 1$$
であることを示せ．

c. $P(n)$ を n 個の節点を持つランダムに構成した 2 分探索木の総経路長の平均とする．
$$P(n) = \frac{1}{n} \sum_{i=0}^{n-1} (P(i) + P(n - i - 1) + n - 1)$$

であることを示せ.

d. $P(n)$ は

$$P(n) = \frac{2}{n} \sum_{k=1}^{n-1} P(k) + \Theta(n)$$

と書けることを示せ.

e. 章末問題 7-3 で与えたクイックソートの乱択版の解析を思い出し, $P(n) = O(n \lg n)$ であ ることを結論づけよ.

クイックソートは, 再帰的な呼出しが起こるたびにピボットをランダムに選択し, ソートすべ き要素集合を 2 つに分割する. 2 分探索木の各節点は, その節点を根節点とする部分木に落ち てくる要素を左右に振り分ける.

f. 要素集合をソートするために行う比較操作の集合と, これらの要素を 2 分探索木に挿入す るために行う比較操作の集合が一致するように, クイックソートを実現せよ. (比較が起こ る順番は違っていてもよいが, ちょうど同じ要素間の比較が行われなければならない.)

12-4 異なる 2 分木の個数
n 個の節点を持つ異なる 2 分木の個数を b_n で表す. この章末問題では, b_n を表す式を見つけ 出し, その漸近的評価を行う.

a. $b_0 = 1$ かつ $n \geq 1$ に対して

$$b_n = \sum_{k=0}^{n-1} b_k b_{n-1-k}$$

であることを示せ.

b. 章末問題 4-5 の母関数の定義 (101 ページ) を参考にして, $B(x)$ を母関数

$$B(x) = \sum_{n=0}^{\infty} b_n x^n$$

とする. $B(x) = xB(x)^2 + 1$ であり, したがって, 閉式として $B(x)$ を表現する 1 つの方 法が

$$B(x) = \frac{1}{2x} \left(1 - \sqrt{1 - 4x} \right)$$

であることを示せ.

関数 $f(x)$ の点 $x = a$ の回りでの**テイラー展開** (Taylor expansion) は

$$f(x) = \sum_{k=0}^{\infty} \frac{f^{(k)}(a)}{k!} (x - a)^k$$

である. ただし, $f^{(k)}(x)$ は関数 f の k 階導関数を x で評価した値である.

c.

$$b_n = \frac{1}{n+1}\binom{2n}{n}$$

（n 次の**カタラン数** (Catalan number)）であることを，$\sqrt{1-4x}$ の点 $x=0$ の回りでのテイラー展開を用いて示せ．（テイラー展開の代わりに，付録第 C 章（数え上げと確率）式 (C.4)（999 ページ）の 2 項展開を実数の指数 n に拡張した上で用いてもよい．ここで，実数 n と整数 k に対して，$\binom{n}{k}$ を $k \geq 0$ ならば $n(n-1)\cdots(n-k+1)/k!$, そうでなければ 0 と解釈する．）

d.

$$b_n = \frac{4^n}{\sqrt{\pi}n^{3/2}}\left(1+O(1/n)\right)$$

を示せ．

文献ノート

Knuth [261] は，単純な 2 分探索木とそのさまざまな変型についての素晴らしい議論をしている．2 分探索木は 1950 年代後半に何人もの研究者達によって独立に発見されたと思われる．基数木は「トライ (trie)」と呼ばれることが多い．この名前は検索を意味する単語 *retrieval* の真ん中の文字列に由来する．Knuth [261] は基数木も議論している．

本書の初版と第 2 版と共に多くの教科書では，2 分探索木から節点を削除するとき，左右の子が存在する場合に本書（第 4 版）よりもいくらか簡単な手法を用いている．すなわち，節点 z をその次節点 y と置き換える代わりに，y を削除し，y のキーと付属データを節点 z にコピーする．この方針には，削除手続きに引き渡された節点が実際に削除されるとは限らないという欠点がある．プログラムの他のコンポーネントが，この木の節点を指すポインタを維持しているならば，これらのコンポーネントは，削除された節点を指す "賞味期限切れ" ポインタのせいで誤った結果を導く可能性がある．本書のこの版で説明した削除手続きは多少複雑だが，節点 z に対する削除呼出しは節点 z だけを削除する．

第 14.5 節（最適 2 分探索木）では，探索頻度が事前に分かっているときに最適な 2 分探索木を構成する方法を示す．すなわち，各キーを探索する頻度と，木に格納されている隣り合うキーの組のそれぞれに対して，2 つのキーの間の値が探索され（探索が失敗に終わ）る頻度が与えられたとき，これらの頻度に従う探索が調べる節点の個数を最小化する 2 分探索木を構成する．

13 2色木

RED-BLACK TREES

第12章 (2分探索木) では, 高さ h の 2分探索木上で SEARCH, PREDECESSOR, SUCCESSOR, MINIMUM, MAXIMUM, INSERT, DELETE などの基本的な動的集合操作が, いずれも $O(h)$ 時間で実行できることを示した. したがって, 探索木の高さが低ければこれらの集合操作は高速であるが, 高さが高いときの性能は, 連結リストよりも速くないかもしれない. 本章で学ぶ 2色木は, "平衡している" 探索木を用いる多くの探索方式の中の1つであり, 基本的な動的集合操作に対して, 最悪実行時間が $O(\lg n)$ 時間であることを保証している.

13.1 2色木の性質

2色木 (red-black tree) は, 各節点がその**色** (color) を記憶するために1ビットの余分な領域を持つ2分探索木である. 節点の色は赤 (RED) または黒 (BLACK) である. 2色木では, 根と葉を結ぶ任意の単純路上の節点の配色に制約を加えることで, どの経路の長さも他の経路の長さの2倍を超えることがないことを保証している. すなわち, 木はほぼ**平衡** (balanced) している. 実際すぐこのあとで分かるように, n 個のキーを持つ2色木の高さは高々 $2\lg(n+1)$, すなわち $O(\lg n)$ である.

木の各節点は属性 *color*, *key*, *left*, *right*, *p* を持つ. 親や子が存在しなければ, 対応するポインタ属性は値 NIL を持つ. 子の不在に対応する NIL を2分探索木の葉 (外部節点) へのポインタと見なし, 通常のキーを持つ節点を木の内部節点と見なす.

2色木とは, 次の5つの**2色木の性質** (red-black properties) をすべて満たす2分探索木である:

1. 各節点は, 赤または黒のどちらかである.
2. 根は黒である.
3. すべての葉 (NIL) は黒である.
4. ある節点が赤ならば, その子は共に黒である.
5. 各節点について, その節点とその子孫の葉を結ぶすべての単純路は同数の黒節点を含む.

2色木の例を図 13.1(a) に示す.

2色木の擬似コードにおける境界条件の取扱いを便利にするために, NIL を表現する1個の番兵 (sentinel) を用いる (第 10.2 節 (連結リスト) (221 ページ) 参照). 2色木 T の番兵 $T.nil$

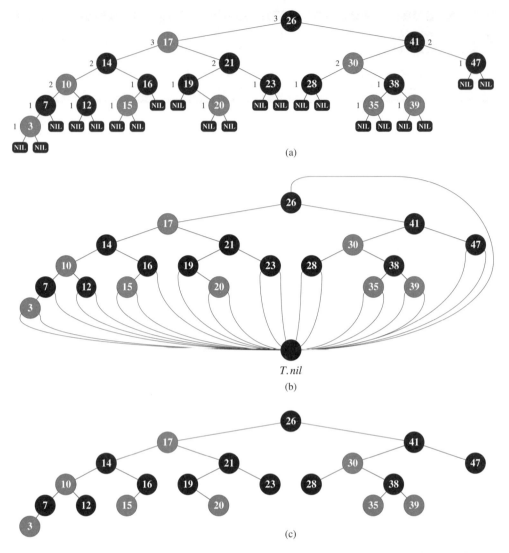

図 13.1 2色木. 2色木のすべての節点は，赤または黒のどちらかの色を持つ．黒節点は黒，赤節点は薄い網かけがなされている．赤節点の子は共に黒節点である．各節点について，その節点から葉に至るどの単純路も同数の黒節点を含む．**(a)** NIL と表示されるすべての葉は黒である．NIL 以外の各節点の左脇に付されている数字はその節点の黒高さを意味する．NIL の黒高さは 0 である．**(b)** (a) のすべての NIL を 1 個の番兵 $T.nil$ で置き換えた 2色木．番兵は黒で，その黒高さを省略する．根の親もまた番兵である．**(c)** 同じ 2色木であるが，葉と根の親は完全に省略されている．本章の残りではこの描画方式を使う．

は，通常の節点と同じ属性を持ったオブジェクトである．その $color$ 属性は BLACK であり，その他の属性 p, $left$, $right$, key は任意の値を取ることができる．図 13.1(b) に示すように，NIL を指すすべてのポインタを，番兵 $T.nil$ を指すポインタで置き換えられている．

なぜその番兵を使うのだろうか？その番兵を用いることにより，節点 x の子が NIL であっても，親が x であるような普通の子節点と同様に扱うことが可能になるからである．その木における各 NIL に対して異なる番兵を割り当てて，NIL の親を明確にすることも考えられる．しかし，この方法は領域の浪費である．代わりに，唯一の番兵 $T.nil$ を用いてすべての NIL（すべての葉と根の親）を表す．番兵の属性 p, $left$, $right$, key には（手続きの都合で）複数個

の値が代入されるかもしれないが，その値にはとりたてて重要な意味はない．2 色木の手続き
は，そのコードを単純なものにするために，番兵にはどのような値でも代入できる．

　キー値を格納する 2 色木の内部節点に我々の興味を置くことにする．そこで，本章の残りで
は，図 13.1(c) に示すように，2 色木を描くときに葉を省略する．

　節点 x から葉までの（x 自身は含まない）単純路上の黒節点の数を x の**黒高さ** (black-height)
と呼び，$\mathrm{bh}(x)$ で表す．性質 5 から，節点から葉へのすべての単純路は同数の黒節点を持つの
で，黒高さの概念は明確に定義される．2 色木の黒高さは，その根の黒高さである．

　次の補題は 2 色木が良い探索木である理由を明らかにしている．

補題 13.1　n 個の内部節点を持つ 2 色木の高さは，高々 $2\lg(n+1)$ である．

証明　最初に，任意の節点 x を根とする部分木が，少なくとも $2^{\mathrm{bh}(x)} - 1$ 個の内部節点を含む
ことを，x の高さに関する帰納法によって証明する．x の高さが 0 のとき x は葉 ($T.nil$) で，x
を根とする部分木は少なくとも $2^{\mathrm{bh}(x)} - 1 = 2^0 - 1 = 0$ 個の内部節点を含む．帰納段階とし
て，正の高さを持つ内部節点 x を考える．節点 x は 2 つの子節点を持ち，どちらか一方ある
いは両方が葉である可能性がある．子節点が黒であれば，それは x の黒高さに 1 だけ寄与する
が，それ自身の黒高さには寄与しない．子節点が赤であれば，x の黒高さにもそれ自身の黒高
さにも寄与しない．したがって，それぞれの子節点の黒高さは $\mathrm{bh}(x) - 1$（その子接点が黒の場
合）か，あるいは $\mathrm{bh}(x)$（その子節点が赤の場合）である．x の子の高さは x それ自身の高さよ
り低いので，帰納法の仮定から，それぞれの子は少なくとも $2^{\mathrm{bh}(x)-1} - 1$ 個の内部節点を持つ．
したがって，x を根とする部分木は少なくとも $(2^{\mathrm{bh}(x)-1} - 1) + (2^{\mathrm{bh}(x)-1} - 1) + 1 = 2^{\mathrm{bh}(x)} - 1$
個の内部節点を含むので，主張が証明された．

　補題の証明を完結させるために，h を木の高さとする．性質 4 から，根から葉までのどの単
純路上の根を除く節点の少なくとも半分は黒である．したがって根の黒高さは少なくとも $h/2$
なので，

$$n \geq 2^{h/2} - 1$$

である．1 を左辺に移項し両辺の対数を取れば $\lg(n+1) \geq h/2$，すなわち $h \leq 2\lg(n+1)$ を
得る． ■

　この補題から動的集合操作 SEARCH，MINIMUM，MAXIMUM，SUCCESSOR，PREDECESSOR
は，2 色木上で $O(\lg n)$ 時間で動作することが分かる．それぞれの操作は（第 12 章（2 分探索
木）で示したように）高さ h の 2 分探索木上で $O(h)$ 時間で動作し，n 個の節点を持つ任意
の 2 色木は高さが $O(\lg n)$ の 2 分探索木だからである．（もちろん，第 12 章のアルゴリズムの
NIL への参照を $T.nil$ に置き換える必要がある．）入力として 2 色木を与えた場合，第 12 章の
アルゴリズム TREE-INSERT と TREE-DELETE は $O(\lg n)$ 時間で動作するが，これらを動的集
合操作 INSERT，DELETE の実装にはそのまま使えない．必ずしも 2 色木の性質を維持しない
ので，操作のあとは正当な 2 色木ではないかもしれない．本章ではこのあと，これらの 2 つの
操作が $O(\lg n)$ 時間で実現できることを示す．

練習問題

13.1-1　図 13.1(a) を参考に，キー $\{1, 2, \ldots, 15\}$ を持つ高さ 3 の完全 2 分探索木を描け．次

282 | 13　2 色木

に NIL の葉を追加し，構築された 2 色木の黒高さがそれぞれ 2，3，4 になるように節点を 3 通りに彩色せよ．

13.1-2　図 13.1 の木にキー 36 を TREE-INSERT を用いて挿入し，それにより得られる 2 色木を描け．挿入された節点を赤にすると，結果の木は 2 色木か？黒にした場合はどうか？

13.1-3　2 色木の性質 1，3，4，5 を満たす 2 分探索木を**緩和 2 色木** (relaxed red-black tree) と定義する．すなわち，根は赤でも黒でもよい．根が赤の緩和 2 色木 T を考える．T の根を黒に変更した場合その木は 2 色木か？

13.1-4　2 色木のすべての黒節点がすべての赤色の子節点を"吸収"するとする．そうすると，どの赤節点の子もすべてその赤節点の黒親の子になる．（キーに何が起こるかは無視する．）黒節点にその赤の子をすべて吸収させたあとの黒節点の次数はどのようになるだろうか？結果として得られる木の葉の深さについて論ぜよ．

13.1-5　2 色木の任意の節点 x に対して，x からその子孫のある葉までの単純路の長さの最大値はその最小値の 2 倍で抑えられることを示せ．

13.1-6　黒高さ k を持つ 2 色木の内部節点数の最大値を求めよ．また最小値を求めよ．

13.1-7　赤色の内部節点数に対する黒色の内部節点数の比を最大化する n 個のキーを持つ 2 色木を記述せよ．その比を求めよ．比を最小化する 2 色木を記述し，その比を求めよ．

13.1-8　2 色木では，赤節点は NIL ではない子節点をちょうど 1 つだけ持つことができないことを示せ．

13.2　回　転

探索木操作 TREE-INSERT と TREE-DELETE は，n 個のキーを持つ 2 色木上で $O(\lg n)$ 時間で実行できる．これらの操作は木を変更するので，変更された木は第 13.1 節で示した 2 色木の性質を満たすとは限らない．これらの性質を回復するには，木のいくつかの節点の色とポインタを変更する必要がある．

回転 (rotation) 操作によってポインタ構造は変化する．回転操作は，2 分探索木条件を維持する探索木上の局所的な操作である．図 13.2 に 2 種類の回転，左回転と右回転を示す．節点 x 上での左回転を見てみよう．これは，図の右側の構造を左側のものに変換させる．節点 x は右の子 y を持ち，y は $T.nil$ であってはならない．左回転は x と y の間のリンクを"ひねる (twisting)"ことによって部分木を回転させ，x を根とする部分木を変更する．新しい部分木の根は y となり，x を y の左の子，y の元の左の子（図では β で表示）を x の右の子とする．

次ページの LEFT-ROTATE の擬似コードでは，$x.right \neq T.nil$ であり，根の親が $T.nil$ であることを仮定している．LEFT-ROTATE が 2 分探索木を変換する様子を図 13.3 に示す．RIGHT-ROTATE の擬似コードは対称的である．LEFT-ROTATE と RIGHT-ROTATE は共に $O(1)$ 時間で動作する．回転はポインタだけを変更し，他の属性値を変更しない．

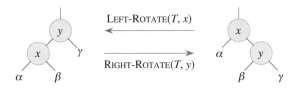

図 13.2 2 分探索木上の回転操作. LEFT-ROTATE(T, x) 操作は, 定数個のポインタを変更して右の 2 つの節点の状況を左の状況に変換する. 逆の操作 RIGHT-ROTATE(T, y) は左の状況を右の状況に変換する. 記号 α, β, γ は任意の部分木を表わす. 回転操作は 2 分探索木の性質を保存する:すなわち, α が含むキーは $x.key$ より前に, $x.key$ は β が含むキーより前に, β が含むキーは $y.key$ より前に, そして $y.key$ は γ が含むキーより前に置かれている.

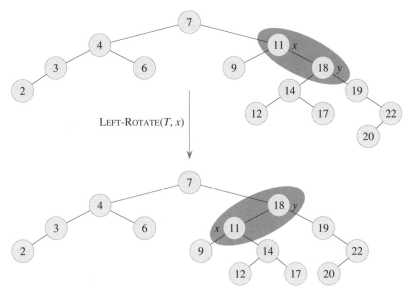

図 13.3 手続き LEFT-ROTATE(T, x) が 2 分探索木を変換する様子. 入力木と変換後の木に対する中間順巡回は同じキー値のリストを生成する.

```
LEFT-ROTATE(T, x)
1   y = x.right
2   x.right = y.left          // y の左部分木を x の右部分木にする
3   if y.left ≠ T.nil         // y の左部分木が空でないならば …
4       y.left.p = x          // … x はこの部分木の根の親となる
5   y.p = x.p                 // x の親を y の親にする
6   if x.p == T.nil           // x が根であったならば …
7       T.root = y            // … y は根になる
8   elseif x == x.p.left      // x が左の子であった場合 …
9       x.p.left = y          // … y は左の子になる
10  else x.p.right = y        // x が右の子であったが, 今は y が右の子となっている
11  y.left = x                // x を y の左の子とする
12  x.p = y
```

284 | 13　2 色木

練習問題

13.2-1　RIGHT-ROTATE の擬似コードを書け.

13.2-2　n 個の節点からなる任意の 2 分探索木では，ちょうど $n-1$ 個の回転が可能であることを示せ.

13.2-3　図 13.2 の右の木の部分木 α, β, γ に属する任意の節点をそれぞれ a, b, c とする. 図の節点 x 上で左回転が実行されたとき，a, b, c の深さはどのように変化するか？

13.2-4　n 個の節点からなる任意の 2 分探索木は，$O(n)$ 回の回転操作を行うことによって他の n 個の節点からなる任意の 2 分探索木に変換できることを示せ.（**ヒント**：最初に，任意の木は高々 $n-1$ 回の右回転によって右下がりのチェインに変換できることを示せ.）

13.2-5　★　2 分探索木 T_1 に一連の RIGHT-ROTATE 操作を行った結果として 2 分探索木 T_2 を得るとき，T_1 は T_2 に**右変換可能** (right-converted) であると言う. T_1 が T_2 に右変換可能でない木 T_1 と T_2 の例を与えよ. つぎに，T_1 が T_2 に右変換可能ならば，$O(n^2)$ 回の RIGHT-ROTATE 操作によって右変換できることを示せ.

13.3　挿　入

n 個の内部節点を持つ 2 色木へ 1 つの節点を $O(\lg n)$ 時間で挿入し，2 色木の性質を維持するために，第 12.3 節（挿入と削除）（270 ページ）の手続き TREE-INSERT を少し修正する必要がある. 手続き RB-INSERT は，まず 2 色木 T を通常の 2 分探索木と見なして，節点 z を木 T に挿入し，z を赤に彩色する.（練習問題 13.3-1 で，z を黒ではなく赤に彩色する理由を問う.）つぎに，2 色木の性質を維持するために，次々ページの補助の手続き RB-INSERT-FIXUP を呼び出し，節点の再彩色と回転を行う. RB-INSERT(T, z) の呼出しは，キーがすでに設定されていると仮定された接点 z を 2 色木 T に挿入する.

　手続き TREE-INSERT と RB-INSERT の間には 4 つの相違がある. 第 1 に，TREE-INSERT に現れる NIL はすべて $T.nil$ で置き換えられている. 第 2 に，正しい木構造を維持するために，RB-INSERT の第 14〜15 行で $z.left$ と $z.right$ を $T.nil$ に設定する.（TREE-INSERT では z の子はすべて先に NIL に設定されていたと仮定している.）第 3 に，第 16 行で z を赤に彩色する. z を赤に彩色することで，木は 2 色木の性質に違反するかもしれない. そこで第 4 に，RB-INSERT は第 17 行で RB-INSERT-FIXUP(T, z) を呼び出し，2 色木の性質を回復する.

　RB-INSERT-FIXUP の動作を理解するために，3 段階に分けてこのコードを解析する. まず，節点 z を挿入し，それを赤に彩色したとき，RB-INSERT の中で発生する 2 色木の性質に対する違反を特定する. つぎに，第 1〜29 行の **while** ループ全体の目標を調べる. 最後に，**while** ループが扱う 3 つのケース（ケース 2 はケース 3 にすぐに合流するので，これらは互いに排他的ではない）それぞれを吟味し，それらが目標をどのように達成するのかを見る.

　2 色木の構造を記述する際に，親ノードの兄弟を参照する必要が生じる. そのようなノード

$$\text{RB-INSERT}(T, z)$$

1	$x = T.root$	// z と比較される節点
2	$y = T.nil$	// y は z の親になる
3	**while** $x \neq T.nil$	// 番兵に到達するまで降下する
4	$\quad y = x$	
5	$\quad$ **if** $z.key < x.key$	
6	$\quad\quad x = x.left$	
7	$\quad$ **else** $x = x.right$	
8	$z.p = y$	// 場所を見つけた．y を親として z を挿入する
9	**if** $y == T.nil$	
10	$\quad T.root = z$	// 木 T は空であった
11	**elseif** $z.key < y.key$	
12	$\quad y.left = z$	
13	**else** $y.right = z$	
14	$z.left = T.nil$	// z の両方の子は番兵である
15	$z.right = T.nil$	
16	$z.color = \text{RED}$	// 新しい節点は赤で始まる
17	$\text{RB-INSERT-FIXUP}(T, z)$	// 2 色木の性質に対する違反を修正

を指す用語として**伯父** (uncle)[1] を使う．サンプルの 2 色木に対する RB-INSERT-FIXUP 操作の振舞いを図 13.4 に示す．動作状況は，1 つの節点，その親，その伯父の節点の色に応じて場合分けされている．

RB-INSERT-FIXUP が呼び出されたとき，2 色木の性質の中で成立しない可能性がある性質はどれだろう？ 性質 1（どの節点も赤または黒のどちらかである）は，明らかに成立し，新しく挿入された赤節点の左右の子は，共に番兵 $T.nil$ なので，性質 3（すべての葉は黒である）も成立する．z の挿入によって（黒の）番兵が赤節点 z に置き換わったが，z は番兵を左右の子として持つので，与えられた節点から葉へ至るすべての単純路は同数の黒節点を持つという性質 5 もまた成立する．したがって，成立しない可能性がある性質は，根は黒であることを要請する性質 2 と，赤節点の子は黒であることを要請する性質 4 である．これらは z が赤に彩色されたことに由来する．z が根ならば性質 2 が成立せず，z の親が赤ならば性質 4 が成立しない．節点 z が挿入され，性質 4 が成立しなくなった状況を図 13.4(a) に示す．

第 1〜29 行の **while** ループは，2 つの対称的な動作を表現している．1 つは第 3〜15 行で z の親 $z.p$ が z の祖父 $z.p.p$ の左の子である状況に対応している．もう 1 つは第 17〜29 行で z の親が右の子である状況に相当する．ここでの証明は，上記の対称性から第 3〜15 行の動作に焦点を絞る．

---

[1] 本書では，性別を表す用語を使わないようにしているが，英語では親の兄弟姉妹を指す性別を問わない用語がないので「伯父」を使っている．

RB-INSERT-FIXUP(T, z)

```
 1  while z.p.color == RED
 2      if z.p == z.p.p.left          // z の親は左の子？
 3          y = z.p.p.right           // y は z の伯父である
 4          if y.color == RED         // z の親も伯父も赤？
 5              z.p.color = BLACK     ⎫
 6              y.color = BLACK       ⎬ ケース 1
 7              z.p.p.color = RED     ⎪
 8              z = z.p.p             ⎭
 9          else
10              if z == z.p.right     ⎫
11                  z = z.p           ⎬ ケース 2
12                  LEFT-ROTATE(T, z) ⎭
13              z.p.color = BLACK     ⎫
14              z.p.p.color = RED     ⎬ ケース 3
15              RIGHT-ROTATE(T, z.p.p)⎭
16      else // 第 3 ～ 15 行と同一，ただし "右" と "左" が入れ換わっている
17          y = z.p.p.left
18          if y.color == RED
19              z.p.color = BLACK
20              y.color = BLACK
21              z.p.p.color = RED
22              z = z.p.p
23          else
24              if z == z.p.left
25                  z = z.p
26                  RIGHT-ROTATE(T, z)
27              z.p.color = BLACK
28              z.p.p.color = RED
29              LEFT-ROTATE(T, z.p.p)
30  T.root.color = BLACK
```

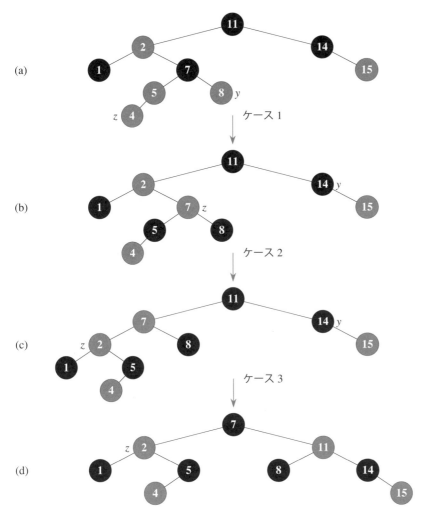

図 13.4 RB-INSERT-FIXUP の操作．**(a)** 挿入後の節点 z．z とその親 $z.p$ は共に赤（薄い網かけ）なので性質 4 に違反する．z の伯父 y が赤なので擬似コードのケース 1 を適用する．z の祖父 $z.p.p$ は黒でなければならず，その黒という特徴は，1 レベル下がり z の親と伯父に移される．ポインタ z が，木を 2 レベル登った結果を **(b)** に示す．z とその親は再び共に赤になるが，今回は，z の伯父 y は黒である．z は $z.p$ の右の子なので，ケース 2 が適用される．左回転[b] を実行した結果を **(c)** に示す．今，z はその親の左の子なのでケース 3 を適用する．[c] 再彩色をし右回転すると **(d)** の木になる．これは正当な 2 色木である．

while ループは，ループの各繰返しの開始時点で，以下に示す 3 つの部分命題から構成される不変式を維持することを示そう：

a. 節点 z は赤である．
b. $z.p$ が根ならば $z.p$ は黒である．
c. 木が 2 色木の性質のどれかに違反しているならば，違反数は高々 1 つである．それも性質 2 か性質 4 の両方ではなくどちらか一方の性質に違反している．性質 2 に違反しているならば，それは z が根でその色が赤だからである．性質 4 に違反しているなら

---

[b] ［訳注］(b) の節点 2 で左回転．
[c] ［訳注］(c) の節点 11 で右回転．

288 | 13　2色木

ば，それは z と $z.p$ が共に赤だからである．

部分命題 (c) は2色木の性質に対する違反を扱っていて，RB-INSERT-FIXUP が2色木の性質を回復することの証明では，部分命題 (a)，(b) よりも中心的な役割を果たす．部分命題 (a)，(b) は擬似コードの中で木の状況を理解するために用いる．証明では節点 z と木の中で z の近くにある節点に着目するので，部分命題 (a) から z が赤であると分かるのは有益である．擬似コードの第 2，3，7，8，14，15 行で（第 3～15 行の動作に焦点を絞っていることを思い出そう），節点 z の祖父 $z.p.p$ が参照されるときに，この節点が確かに存在することを示すために部分命題 (b) を用いる．

　ループ不変式を使って，ループの最初の繰返しの直前でループ不変式が成立していること，各繰返しがループ不変式を維持すること，ループは必ず停止し，そのときループ不変式が役に立つ性質を与えること，これらを示す必要があることを思い出そう．ループの各繰返しの結果として，次の2つの状況が現れることを示す．すなわち，ポインタ z が木を登る場合といくつかの回転が実行されループが停止する場合のどちらかである．

初期条件：　RB-INSERT が呼び出される前は，2色木は何の条件にも違反していない．RB-INSERT は，赤節点 z を追加し，RB-INSERT-FIXUP を呼び出す．RB-INSERT-FIXUP が呼び出されたとき，不変式の各部分命題が成立していることを示す：

a. RB-INSERT-FIXUP が呼び出されたとき，z は追加された赤節点である．

b. $z.p$ が根ならば，$z.p$ はそもそも呼び出される前は黒節点であり，RB-INSERT-FIXUP の呼出し以前に彩色し直されたことはない．

c. RB-INSERT-FIXUP が呼び出されるとき，性質 1，3，5 が成立していることをすでに観察している．
性質 2（根は黒でなければならない）に対する違反があれば，赤の根は新たに追加された節点 z であり，木の唯一の内部節点である．z の親と左右の子は番兵で黒なので性質 4（赤節点の左右の子は黒である）に違反しない．したがって，性質 2 に対するこの違反がこの木全体の中で2色木の性質に対する唯一の違反である．
性質 4 に対する違反があれば，z の左右の子は黒の番兵であり，z が追加される以前の木は2色木の条件に違反していないので，この違反は z と $z.p$ が共に赤であることによる．さらに，この違反が2色木の性質に対する唯一の違反である．

ループ内条件：　**while** ループの中では本来 6 つのケースを考えなければいけない．しかし，第 3 ～ 15 行における z の親 $z.p$ が z の祖父 $z.p.p$ の左の子であるときに生ずる 3 つのケースのみを検証する．第 17 ～ 29 行に対する証明は対称的である．ループ不変式の部分命題 (b) から，$z.p$ が根ならば $z.p$ は黒である．RB-INSERT-FIXUP は，$z.p$ が赤のときだけループに入るので，$z.p$ は根ではありえないことが分かる．したがって，$z.p$ は根ではなく，$z.p.p$ が存在する．

　ケース 1 は z の伯父 y の色によって，ケース 2 と 3 とは異なる．第 3 行で y を z の伯父 $z.p.p.right$ を指すように定め，第 4 行でその色を判断する．y が赤ならばケース 1 を実行し，そうでなければケース 2 とケース 3 に制御を移す．z の親 $z.p$ が赤で，性質 4 は，z と

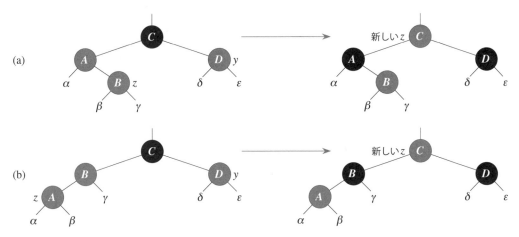

図 13.5 手続き RB-INSERT-FIXUP のケース 1 の状況．z とその親 $z.p$ が共に赤（薄い網かけ）なので，性質 4 に違反する．ケース 1 では，z の伯父 y は赤である．**(a)** z が右の子の場合でも **(b)** z が左の子の場合でも同じ動作をする．各部分木 α, β, γ, δ, ε の根は黒であり（番兵の可能性もある），同じ黒高さを持つ．ケース 1 に対する擬似コードは性質 5 を保存しながら，z の祖父の黒を z の親と伯父に移すよう節点の色を再彩色する．これにより，再彩色はすべての節点について，その節点から葉に下るすべての単純路が同数の黒節点を持つという性質を保存する．節点 z の祖父 $z.p.p$ を新しい z として **while** ループが続く．もしケース 1 の動作が新しく性質の違反を起こせば，その違反は，新しい赤節点 z とその親の間で，親もまた赤のときに発生する．

$z.p$ の間でのみ違反するので，すべての 3 つのケースで z の祖父 $z.p.p$ は黒である．

ケース 1： z の伯父 y は赤である

図 13.5 にケース 1（第 5～8 行）の状況を示す．ケース 1 が起こるのは $z.p$ と y が共に赤の場合である．$z.p.p$ が黒なのでその黒を 1 レベル下の $z.p$ と y に移し，z と $z.p$ が共に赤である違反を解消する．1 つ下のレベルに黒を移したので，その祖父 $z.p.p$ は赤になり，性質 5 が維持される．こうして，$z.p.p$ を新しい節点 z として **while** ループを繰り返し，その結果ポインタ z は木を 2 レベル登る．

いま，ケース 1 が，次の繰返しの開始時点においてループ不変式を維持することを示す．z を現在の繰返しにおける節点 z，$z' = z.p.p$ を次の繰返しの第 1 行の判定で z と呼ばれる節点とする．

a. この繰返しでその祖父 $z.p.p$ を赤に再彩色するので，次の繰返しの開始時点では節点 z' は赤である．

b. この繰返しで節点 $z'.p$ は $z.p.p.p$ であり，この節点の色は変化しない．この節点が根なら，現在の繰返しが開始される直前では黒だった．そして，次の繰返しの開始時点でも黒のままである．

c. ケース 1 が性質 5 を維持することはすでに論証した．また，ケース 1 は性質 1 や 3 に対する違反を引き起こさない．

  次の繰返しの開始時点で節点 z' が根なら，現在の繰返しの中で，ケース 1 は唯一の違反である性質 4 に対する違反を訂正する．z' は赤で根なので，性質 2 に対する違反が

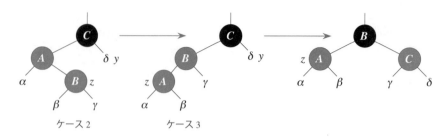

図 13.6 手続き RB-INSERT-FIXUP のケース 2 とケース 3. ケース 1 と同様, z とその親 $z.p$ が共に赤（薄い網かけ）なので, ケース 2 とケース 3 では共に性質 4 が成立していない. 各部分木 $\alpha, \beta, \gamma, \delta$ の根は（α, β, γ については性質 4 から, δ が赤の根を持つならケース 1 が適用される）黒であり, それぞれの黒高さは等しい. 左回転を施してケース 2 をケース 3 に帰着する. この左回転は性質 5 を保存する. すなわち, 回転後も, すべての節点について, その節点から葉に下るすべての単純路は同数の黒節点を持つ. ケース 3 は何回かの再彩色と 1 回の右回転を実行するが, これらも性質 5 を保存する. 連続する 2 個の赤節点がもはや存在しないので性質 4 が成立し, **while** ループが停止する.

唯一の違反となり, この違反は z' によるものである.

次の繰返しの開始時点で節点 z' が根でなければ, ケース 1 は性質 2 に対する違反を引き起こしていない. ケース 1 は, この繰返しの開始時点で存在した唯一の違反である性質 4 に対する違反を解消した. つぎに z' を赤に再彩色したが, $z'.p$ の再彩色は行わなかった. $z'.p$ が黒であったならば性質 4 に対する違反はない. $z'.p$ が赤であったならば, z' を赤に再彩色したので, z' と $z'.p$ との間で性質 4 に対する違反が発生した.

ケース 2: z の伯父 y は黒であり, z は右の子である
ケース 3: z の伯父 y は黒であり, z は左の子である

ケース 2 とケース 3 では z の伯父 y は黒である. z の親 $z.p$ は赤で, $z.p$ は左の子と仮定している. z が $z.p$ の左右のどちらの子であるかによって, 2 つのケースを区別している. 第 11〜12 行がケース 2 に対応し, ケース 2 をケース 3 と一緒に図 13.6 に示している. ケース 2 では節点 z はその親の右の子である. このとき, 直ちに左回転を行って状況をケース 3（第 13〜15 行）に帰着させる. 今や節点 z はその親の左の子である. z と $z.p$ が共に赤なので, この回転は節点の黒高さや性質 5 に影響を与えない. 伯父 y が赤ならケース 1 を実行していたはずなので, 直接にケース 3 を実行する場合もケース 2 を経由してケース 3 を実行する場合も, どちらも z の伯父 y は黒である. さらに, 節点 $z.p.p$ が存在する. なぜなら, すでに論証したように第 2〜3 行を実行した時点でこの節点は存在した. その後, z を第 11 行で 1 レベル上げ, 第 12 行で 1 レベル下げたので, $z.p.p$ が指す節点は以前と同じである. ケース 3 はいくつかの節点を再彩色し, 右回転を実行するが, これらの操作は性質 5 を保存する. 結果として, 得られた木では 2 つの赤節点が経路上で連続しない. この時点で $z.p$ は黒なので **while** ループは第 1 行のチェックのあと停止する.

つぎに, ケース 2 とケース 3 がループ不変式を保存することを証明する.（いま議論したように, 次の繰返しの第 1 行の判定では $z.p$ は黒であり, ループ本体が再び実行されることはない.）

a. ケース 2 では z が赤の節点である $z.p$ を指すようになる. ケース 2 とケース 3 では, z に対してこれ以上の変更をしない.

b. ケース 3 では $z.p$ を黒に再彩色する. したがって, 次の繰返しの開始時点で $z.p$ が根なら, それは黒である.

c. ケース 1 と同様, ケース 2 やケース 3 の実行は性質 1, 3, 5 を保存する.

ケース 2 やケース 3 では節点 z は根ではないので, 性質 2 に対する違反は存在しない. また, 赤に再彩色される唯一の節点はケース 3 の回転によって黒節点の子になるので, ケース 2 やケース 3 は性質 2 に対する違反を発生しない.

ケース 2 とケース 3 は唯一存在する性質 4 の違反を解消し, この作業により新たな違反を起こすことはない.

終了条件: ループが停止することを検証しよう. ケース 1 のみ起きるなら, 節点のポインタ z は各繰返し時に根に向かい, 最終的に $z.p$ は黒になる. (z が根ならば, $z.p$ は番兵 $T.nil$ なので黒である.) ケース 2 と 3 のどちらかが起きるならループが終了することを見てきた. $z.p$ が黒なので, ループは停止するため, ループ停止時に性質 4 に対する違反はない. ループ不変式から, 成立しない可能性があるのは性質 2 だけである. 第 30 行が根を黒に彩色することでこの性質を回復し, RB-INSERT-FIXUP が停止するときはすべての 2 色木の性質が満たされる.

以上で, RB-INSERT-FIXUP が 2 色木の性質を正しく回復することが証明された.

解 析

RB-INSERT の実行時間はどれほどだろうか? n 個の節点を持つ 2 色木の高さは $O(\lg n)$ なので, RB-INSERT の第 1〜16 行の実行に $O(\lg n)$ 時間かかる. RB-INSERT-FIXUP の中では, ケース 1 が生起したときだけ **while** ループが繰り返され, 各繰返しでポインタ z は, 木を 2 レベル登る. したがって, **while** ループの繰返しの総数は $O(\lg n)$ である. したがって, RB-INSERT の総実行時間は $O(\lg n)$ である. ケース 2 またはケース 3 が生起すると **while** ループが停止するので, RB-INSERT に必要な回転は高々 2 回である.

練習問題

13.3-1 RB-INSERT の第 16 行で新しく挿入した内部節点 z を赤に彩色した. もし替わりに z を黒に彩色すれば 2 色木の性質 4 を満たすことができた. なぜ z を黒に彩色しなかったのだろうか?

13.3-2 最初は空の 2 色木にキー $41, 38, 31, 12, 19, 8$ を連続して挿入した後の 2 色木を示せ.

13.3-3 図 13.5 と図 13.6 の各部分木 $\alpha, \beta, \gamma, \delta, \varepsilon$ の黒高さを k としよう. 各図で各節点の黒高さを描き, 指示された変換が性質 5 を保存することを検証せよ.

13.3-4 黒髭教授は RB-INSERT-FIXUP が RED を $T.nil.color$ に代入する可能性を案じている. こうなると, z が根であっても第 1 行の判定でループを停止できない. RB-INSERT-FIXUP が RED を $T.nil.color$ に代入することは決してなく, 教授の心配が杞憂であることを示せ.

292 | 13　2色木

13.3-5　n 個の節点を RB-INSERT を用いて挿入して構成した2色木を考える．$n > 1$ なら ば，木が少なくとも1つの赤節点を持つことを示せ．

13.3-6　2色木の表現が親へのポインタ領域を持たないとき，RB-INSERT を効率よく実現す る方法を提案せよ．

13.4　削　除

2色木上の他の基本操作と同様，n 個の節点を持つ2色木から節点を削除する操作も $O(\lg n)$ 時間で実現できる．2色木から節点を削除する操作は，節点の挿入よりも複雑である．

　2色木から節点を削除する手続きは，第12.3節（2分探索木の挿入と削除）の TREE-DELETE （274ページ）に基づいている．最初に，TREE-DELETE が呼び出すサブルーチン 第12.3節の TRANSPLANT（273ページ）を2色木に適用できるように修正する必要がある．新しい手続き RB-TRANSPLANT は，TRANSPLANT と同様に節点 u を根とする部分木を節点 v を根とする 部分木で置き換える．RB-TRANSPLANT は TRANSPLANT と2つの点で異なる．第1に，第 1行は NIL ではなく替わりに番兵 $T.nil$ を参照する．第2に，第6行の $v.p$ に対する代入を無 条件で実行する：つまり，v が番兵を指しているときでも $v.p$ への代入は可能である．事実， $v = T.nil$ の場合に $v.p$ に代入できることを利用する．

　新たに追加された数行の擬似コードを除き，次のページの新しい手続き RB-DELETE は，手 続き TREE-DELETE と似ている．追加したいくつかの行では，2色木の性質に対する違反を引 き起こす原因となる節点 x と y を扱う．節点 z を削除するとき，z が高々1個の子を持っ ているならば，y を z とする．また，z が左右の子を持つときには，TREE-DELETE と同様に， y は z の次節点となり，左の子を持たず，木の中の z の場所に y は移動する．さらに y は z の 色を受け継ぐ．いずれの場合も，節点 y は高々1個の子節点 x を持ち，子節点 x は y の場所 に移動する．（y が子節点を持たない場合は，節点 x は番兵 $T.nil$ になる．）y は木から削除さ れるか，木の中を移動するかのどちらかなので，手続きは y の元の色を記憶しておく必要があ る．節点 z を削除した後，2色木の性質に違反する可能性があるので，RB-DELETE は補助手 続き RB-DELETE-FIXUP を呼び出す．RB-DELETE-FIXUP は節点の再彩色と回転を行って2 色木の性質を回復する．

```
RB-TRANSPLANT(T, u, v)
1  if u.p == T.nil
2      T.root = v
3  elseif u == u.p.left
4      u.p.left = v
5  else u.p.right = v
6  v.p = u.p
```

　RB-DELETE の擬似コードの行数は TREE-DELETE の約2倍あるが，この2つの手続きの 基本構造は同じである．RB-DELETE（違いは NIL を $T.nil$ に変更し，TRANSPLANT の呼出

RB-DELETE(T, z)

```
 1  y = z
 2  y-original-color = y.color
 3  if z.left == T.nil
 4      x = z.right
 5      RB-TRANSPLANT(T, z, z.right)          // z をその右の子で置き換える
 6  elseif z.right == T.nil
 7      x = z.left
 8      RB-TRANSPLANT(T, z, z.left)           // z をその左の子で置き換える
 9  else y = TREE-MINIMUM(z.right)            // y は z の次節点である
10      y-original-color = y.color
11      x = y.right
12      if y ≠ z.right                        // y はさらに木の下にあるか？
13          RB-TRANSPLANT(T, y, y.right)      // y をその右の子で置き換える
14          y.right = z.right                 // z の右の子が y の右の子になる
15          y.right.p = y
16      else x.p = y                          // x が T.nil の場合
17      RB-TRANSPLANT(T, z, y)                // z を次節点 y で置き換える
18      y.left = z.left                       // そして，z の左の子を y の左の子とする
19      y.left.p = y                          //    ここで y は左の子を持っていなかった
20      y.color = z.color
21  if y-original-color == BLACK             // 2 色木の性質に違反しているか？
22      RB-DELETE-FIXUP(T, x)                 //    違反を修正する
```

しを RB-TRANSPLANT の呼出しに置き換えている点である）の中に TREE-DELETE の各行を見出すことができ，それぞれ同じ条件下で実行される．

2 つの手続きには，これ以外にも以下で詳しく説明する相違点がある：

- 第 1 行と第 9 行で，節点 y を先に述べたように設定する：すなわち，z が高々 1 個の子を持つ場合には第 1 行で，z が 2 個の子を持つ場合には第 9 行で，それぞれ z の次節点を指すように y を設定する．

- 節点 y が再彩色される可能性があるので，変数 y-$original$-$color$ に何らかの変更が起こる前の y の元の色を保存する．第 2, 10 行で，y への代入直後にこの変数に y を設定する．z が 2 個の子を持つ場合は y と z は異っている．この場合，第 17 行を実行し，2 色木の中で z が元々置かれていた場所に（すなわち，RB-DELETE が呼び出されたときの z の位置に）y を移動させる．そして，第 20 行で y を z と同じ色に再彩色する．y の元の色が黒の場合は，y の削除や移動は，2 色木の性質に対する違反を引き起こす可能性がある．これらの違反は RB-DELETE-FIXUP の第 22 行で修正される．

- すでに議論したように，この手続きは，節点 y が呼出しの際に元々置かれていた場所に移動する節点 x も管理する必要がある．第 4, 7, 11 行の代入文は，y の唯一の子，あるいは

294 | 13　2色木

y が子を持たない場合に，番兵 $T.nil$ を指すように x を設定する．

- 節点 x は，木の中で節点 y が元々置かれていた場所に移動するので，属性 $x.p$ は正しく設定しなければならない．節点 z が2個の子を持ち，y が z の右の子であるならば，y は x を y の子としたままで，z の位置に移動する．第12行は，この場合を調べている．第16行で $x.p$ を y に設定する作業は，x は y の子であるので，必要ないと思われるかもしれないが，RB-DELETE-FIXUP の呼出しは，たとえ x が $T.nil$ の場合でも，$x.p$ が y であることに依存している．したがって，z が2つの子を持ち y が z の右の子であるときは，もし y の右の子が $T.nil$ である場合，第16行の実行は必要である．そうでない場合は，何も変わらない．上記以外の場合，節点 z は節点 y と同じかそれとも y の元の親の真の祖先である．これらの場合は，第5，8，13行における RB-TRANSPLANT の呼出しで RB-TRANSPLANT の第6行で $x.p$ が正しく設定される．（これらの RB-TRANSPLANT の呼出しで，引き渡される第3引数は x と同じである．）

- 最後に，節点 y が黒ならば，2色木の性質に対して1つあるいは複数の違反を導く可能性がある．そこで，第22行で RB-DELETE-FIXUP を呼び出し，2色木の性質を回復する．y が赤であったならば，以下の3つの理由から，y の削除あるいはその移動後も，まだなお2色木の性質を保存していることが分かる：

  1. 木の黒高さは変化しない．（練習問題 13.4-1 参照．）
  2. 赤節点が隣接することはなかった．z が高々1個の子を持つならば，y と z は同一の節点である．その節点は取り除かれ，子がその場所を取る．削除された節点が赤であった場合，その親も子もどちらも赤にはなることはできないため，子を移動させても2つの赤節点を隣接した位置に配置することにはならない．一方，z が2個の子を持つときは，y は木の中で z の位置を占め，z の色も継承する．したがって，木の中で y の新しい位置に2つの隣接した赤節点を配置することはできない．さらに y が z の右の子でなければ，y の元の右の子 x が木の中で y に取って代わる．y は赤で x は黒なので，y を x で置き換えても2つの赤節点を隣接して配置することにはならない．
  3. y が赤だったならば，y が根であったはずはなく，根は依然として黒である．

節点 y が黒ならば3つの問題が発生する可能性があるが，RB-DELETE-FIXUP を呼び出すことでこれらが解決される．第1に，元々は y が根であって，y の赤の子が新しく根になったとき，性質2に違反する．第2に，x とその新しい親が共に赤のとき，性質4に違反する．第3に，木の中を y が移動すると，元々 y を含んでいた単純路の黒節点数が1減少する原因になる．したがって，y のどの祖先も性質5に対する違反を引き起こす．黒節点 y が削除されたり移動するときは，y の元の位置に移動する節点 x に黒さ (blackness) を移し，x に"特 (extra)"黒（特別な黒）を付与することで，性質5に対する違反を解消できる．すなわち，もし，x を含む任意の単純路の黒節点を数えるときは，1を足せば，性質5は成立する．しかし，別の問題が生じる：節点 x は赤でも黒でもなくなり，性質1に違反するのである．そこで，その代わりに節点 x は，"黒黒 (doubly black)"か"赤黒 (red-and-black)"のどちらかであり，x を含む単純路上の黒節点数を数えるときには，それぞれ2あるいは1だけ，貢献すると考えることにする．ただし，x の color 属性に関しては依然として RED（x が赤黒のとき）か，BLACK（x が黒黒のとき）のどちらかであると考える．言い換えると，節点の特黒を x が指す節点にだけ

反映させ，*color* 属性には反映させないことになる．

　次々ページの手続き RB-DELETE-FIXUP は性質 1，2，4 を回復する．練習問題 13.4-2 と 13.4-3 で，この手続きが性質 2 と 4 を回復することの証明を求めている．そこで，本節の残りの部分では，性質 1 に焦点を当てる．第 1〜43 行の **while** ループの目的は，以下の 3 つの条件のいずれかが成立するまで木の中で特黒を持ち上げることである．

1. x が赤黒節点を指す．この場合には第 44 行で x を（普通の）黒に彩色する．
2. x が根を指す．この場合には特黒を単に取り除く．
3. 適切な回転と再彩色を行ってループを停止する．

RB-INSERT-FIXUP と同様に，RB-DELETE-FIXUP は 2 つの対称的な状況を処理する：すなわち，第 3 〜 22 行は節点 x が左の子である場合，第 24 〜 43 行は節点 x が右の子である場合である．本節での証明では第 3 〜 22 行で示される 4 つのケースに焦点を絞る．

　この **while** ループの中では，x はつねに根ではない黒黒節点を指している．第 2 行で，x がその親 $x.p$ の左右のどちらの子であるか決定する．その結果に応じて，第 3 〜 22 行あるいは第 24 〜 43 行が実行される．x の兄弟は，つねにポインタ w で示されている．節点 x は黒黒なので，節点 w は $T.nil$ ではありえない．なぜなら w が $T.nil$ ならば，$x.p$ から（単なる黒である）葉 w までの単純路上の黒節点数は $x.p$ から x までの単純路上の黒節点数よりも小さくなってしまうからである．

　手続き RB-DELETE は，x が番兵 $T.nil$ の場合でさえも，つねに $x.p$ に代入した後に，RB-DELETE-FIXUP を呼び出すことを思い出そう（この順序は RB-TRANSPLANT を呼び出す第 13 行あるいは第 16 行の代入でも同様である）．それは，RB-DELETE-FIXUP が，x の親 $x.p$ を数箇所で参照しているからであり，たとえ x が $T.nil$ の場合でも，この属性は，RB-DELETE において x の親になる節点を指していなければならないからである．

　図 13.7 は，節点 x が左の子の場合に，擬似コードに現れる 4 つのケースに対応する 2 色木上の状況を示している．（RB-INSERT-FIXUP と同様，RB-DELETE-FIXUP の 4 つのケースは互いに排他的ではない．）それぞれのケースを詳細に調べる前に，それぞれの場合の変更が性質 5 を保存することを証明する手法を，もう少し一般的に検討しよう．鍵となるアイデアは，それぞれのケースに適用する変換が，図示した部分木の（根を含めて）根から各部分木 $\alpha, \beta, \ldots, \zeta$ の根までの単純路に属する（x の特黒も含めた）黒節点数を保存することである．したがって，性質 5 が変換前に成立するなら，変換後も同様に成立する．たとえば，ケース 1 の状況を図 13.7(a) に図示する．根から各部分木 α や β の根までの黒節点数は，変換前も変換後も 3 である．（節点 x は特黒を付加することを思い出そう．）同様に，根から部分木 γ，δ，ε，ζ の根までの黒節点数は変換の前後で共に 2 である．[2] 図 13.7(b) では，数え上げの際に図示した部分木の根の *color* 属性である c の値を考慮する必要がある．c は RED か BLACK である．ここで，count(RED) $= 0$，count(BLACK) $= 1$ と定義すれば，根から α への黒節点数は変換の前後で共に $2 + \text{count}(c)$ である．この場合，変換後の新しい節点 x は *color* 属性 c を持っているが，この節点は実際には赤黒であるか（$c = $ RED のとき）黒黒（$c = $ BLACK のと

---

[2] 性質 5 が成立するときは，部分木 γ，δ，ε，ζ の根から葉に至る単純路は部分木 α，β の根から葉までの経路が含む黒接点の数よりも 1 つ多いことを仮定している．

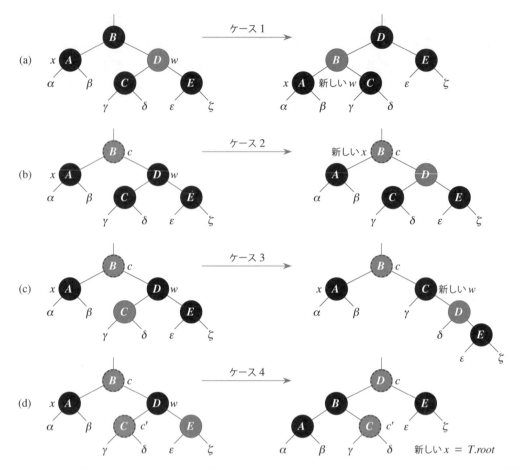

図 13.7 手続き RB-DELETE-FIXUP の第 3 〜 22 行に現れる 4 つのケース．点線で囲まれた color 属性は，c と c' によって表されており，それぞれ RED または BLACK のどちらかである．文字 $\alpha, \beta, \ldots, \zeta$ は，任意の部分木を表す．それぞれのケースでは，数回再彩色したり回転したりして左側の状況を，対応する右側の状況に変換する．x が指している節点は特黒を持っていて，その色は，黒黒か赤黒のどちらかである．ケース 2 だけがループを繰り返す可能性がある．**(a)** ケース 1 は，節点 B と D の色を交換し，左回転を行うと，ケース 2, 3，または，4 に変換される．**(b)** ケース 2 では，節点 D を赤（薄い網かけ）に再彩色し，x で節点 B を指す．すると，x によって表現される特黒は木を登る．ここで，ケース 2 がケース 1 を経由して生起したのであれば，新しい節点 x は赤黒であり，その color 属性値 c は，RED なので **while** ループを停止する．**(c)** ケース 3 は，節点 C と D の色を交換し，右回転を 1 回行うと，ケース 4 に変換される．**(d)** ケース 4 では，（2 色木の性質を壊すことなく）数回の再彩色と 1 回の左回転を行って x によって表現される特黒を除去し，ループを停止する．

き）である．他の場合も同様に検証できる（練習問題 13.4-6 参照）．

ケース 1： x の兄弟 w が赤の場合

ケース 1（第 5〜8 行と図 13.7(a)）は，節点 x の兄弟である節点 w が赤の場合である．このとき，w は赤なので，黒の子を持たねばならない．w と $x.p$ の色を交換し，$x.p$ 上で左回転を行っても 2 色条件に対する違反を生まない．x の新しい兄弟は，回転前は w の子だったので黒であり，ケース 1 がケース 2, 3 または 4 に変換される．

ケース 2, 3, 4 は節点 w が黒のときに起きる．これらのケースは，w の子の色によって区

RB-DELETE-FIXUP(T, x)

```
 1  while x ≠ T.root かつ x.color == BLACK
 2      if x == x.p.left              // x は左の子？
 3          w = x.p.right             // w は x の兄弟である
 4          if w.color == RED
 5              w.color = BLACK                    ⎫
 6              x.p.color = RED                    ⎬ ケース 1
 7              LEFT-ROTATE(T, x.p)                ⎪
 8              w = x.p.right                      ⎭
 9          if w.left.color == BLACK かつ w.right.color == BLACK
10              w.color = RED                      ⎫ ケース 2
11              x = x.p                            ⎭
12          else
13              if w.right.color == BLACK
14                  w.left.color = BLACK           ⎫
15                  w.color = RED                  ⎬ ケース 3
16                  RIGHT-ROTATE(T, w)             ⎪
17                  w = x.p.right                  ⎭
18              w.color = x.p.color                ⎫
19              x.p.color = BLACK                  ⎪
20              w.right.color = BLACK              ⎬ ケース 4
21              LEFT-ROTATE(T, x.p)                ⎪
22              x = T.root                         ⎭
23      else // 第 3 ～ 22 行と同一，ただし "右" と "左" を入れ換わっている
24          w = x.p.left
25          if w.color == RED
26              w.color = BLACK
27              x.p.color = RED
28              RIGHT-ROTATE(T, x.p)
29              w = x.p.left
30          if w.right.color == BLACK かつ w.left.color == BLACK
31              w.color = RED
32              x = x.p
33          else
34              if w.left.color == BLACK
35                  w.right.color = BLACK
36                  w.color = RED
37                  LEFT-ROTATE(T, w)
38                  w = x.p.left
39              w.color = x.p.color
40              x.p.color = BLACK
41              w.left.color = BLACK
42              RIGHT-ROTATE(T, x.p)
43              x = T.root
44  x.color = BLACK
```

298 | 13　2色木

別される.

ケース 2：　x の兄弟 w も w の両方の子もすべて黒の場合

ケース 2（第 10～11 行と図 13.7(b)）では，w の子は共に黒である．w もまた黒なので，x と w の両方から黒を 1 つ取り除き，x を普通の黒，w を赤にする．x と w から黒を 1 つ取り除く代わりに，元々は赤か黒だった $x.p$ に，特黒を付加する．第 11 行で x を 1 レベル上げ，$x.p$ を新たな節点 x として **while** ループを繰り返す．ケース 1 を経由してケース 2 が実行された場合，元々 $x.p$ は赤だったので新しい節点 x は赤黒である．したがって，新しい節点 x の $color$ 属性の値 c は RED なので，**while** ループは繰り返して判定を行って停止する．第 44 行は，新しい節点 x を（普通の）黒に再彩色する．

ケース 3：　x の兄弟 w は黒，w の左の子は赤，w の右の子は黒の場合

ケース 3（第 14～17 行と図 13.7(c)）は，w が黒，その左の子が赤，そして右の子が黒の場合である．このとき，w とその左の子 $w.left$ の色を交換し，w 上で右回転を行っても 2 色木の性質に対する違反を発生しない．x の新しい兄弟 w はいまでは黒節点で，その右の子が赤なので，ケース 3 がケース 4 に変換された．

ケース 4：　x の兄弟 w が黒で w の右の子が赤の場合

ケース 4（第 18～22 行と図 13.7(d)）は，節点 x の兄弟 w が黒で w の右の子が赤の場合である．数回の再彩色と $x.p$ 上の左回転を行うことで，2 色木の性質に対する違反を生み出すことなく，x の特黒を取り除いて（普通の）黒にできる．第 22 行が x を根に設定すると，**while** ループは繰り返して判定を行って停止する．

解　析

RB-DELETE の実行時間を解析する．n 個の節点を持つ 2 色木の高さは $O(\lg n)$ なので，RB-DELETE-FIXUP の呼出しを除く手続きの総コストは $O(\lg n)$ 時間である．RB-DELETE-FIXUP では，ケース 1，3，4 はそれぞれ定数回の再彩色と高々 3 回の回転の後で停止する．**while** ループが繰り返される可能性のある唯一の場合がケース 2 である．ケース 2 では，ポインタ x は高々 $O(\lg n)$ 回しか木を登らず，回転は起こらない．したがって，手続き RB-DELETE-FIXUP は，$O(\lg n)$ 時間と高々 3 回の回転を実行するだけなので，RB-DELETE の総実行時間は $O(\lg n)$ である．

練習問題

13.4-1　RB-DELETE における y 節点の彩色が赤である場合，黒高さは変わらないことを示せ．

13.4-2　RB-DELETE-FIXUP を実行後，木の根は黒でなければならないことを示せ．

13.4-3　RB-DELETE で x と $x.p$ が共に赤ならば，RB-DELETE-FIXUP(T, x) の呼出しは性質 4 を回復することを示せ．

13.4-4 291 ページの練習問題 13.3-2 では，空の木にキー $41, 38, 31, 12, 19, 8$ を順に挿入した結果である 2 色木を記述した．この木から，キー $8, 12, 19, 31, 38, 41$ をこの順序で削除した結果である 2 色木を示せ．

13.4-5 番兵 $T.nil$ を検査したり変更したりする可能性がある擬似コード RB-DELETE-FIXUP の行番号を示せ．

13.4-6 図 13.7 に示すそれぞれの場合について，図示してある部分木の根から各部分木 $\alpha, \beta, \ldots, \zeta$ までの黒節点数を数え，変換が黒節点数を保存することを確認せよ．節点が color 属性 c または c' を持つときは $\mathrm{count}(c)$ か $\mathrm{count}(c')$ の表記を用いよ．

13.4-7 山本教授と衣笠教授は，RB-DELETE-FIXUP のケース 1 の開始時点において節点 $x.p$ が黒でない場合を心配している．両教授が正しければ，第 5～6 行は間違いである．ケース 1 の開始時点において節点 $x.p$ はつねに黒であり，したがって，両教授の心配は杞憂であることを示せ．

13.4-8 節点 x が RB-INSERT によってある 2 色木に挿入された直後に RB-DELETE によって削除されたとする．結果として得られる 2 色木は，最初の 2 色木と同じか？その答えを証明せよ．

13.4-9 ★　次の手続き RB-ENUMERATE(T, r, a, b) を考えよ．これは，n 個の節点からなる 2 色木 T 上で，節点 r を根とする部分木において $a \leq k \leq b$ であるようなすべてのキー k を出力するものである．$\Theta(m + \lg n)$ 時間で動作する手続き RB-ENUMERATE(T, r, a, b) をどのように実装するのかを記述せよ．ここで m は，出力されるキーの数とする．さらに，T 内のすべてのキーは異なり，値 a と b は T にキーとして出現すると仮定せよ．a と b が T に存在しないときは，先の手続きはどのように変わるかを検討せよ．

章末問題

13-1　永続動的集合

アルゴリズムの実行に伴い，動的集合の更新履歴を管理したいことがある．この機能を持つ集合を**永続的** (persistent) であると言う．集合が更新されるたびに全体のコピーを保存すれば永続集合を実現できるが，実行速度と使用領域の両方に悪影響を与える．ときには，もっとうまく解決できる．

図 13.8(a) に示すように，2 分探索木を用いて実装した操作 INSERT，DELETE，SEARCH が利用できる永続集合 S を考える．この実現では集合のすべての異なる版に対して，個別に根を管理する．キー 5 を集合に挿入するときには，キー 5 を持つ新しい節点を作る．現存するキー 7 を持つ節点を変更できないので，この節点はキー 7 を持つ新しい節点の左の子になる．同様に，キー 7 の新しい節点は，現存するキー 10 の節点をその右の子として持つキー 8 の新しい節点の左の子になる．つぎに，キー 8 を持つ新しい節点は，現存するキー 3 の節点をその左の子として持つキー 4 の新しい根 r' の右の子になる．図 13.8(b) に示すように，この実現では木の一部分だけをコピーし，元の木といくつかの節点を共有する．

木の各節点は，*key*，*left*，*right* 属性を持つが，親を指す属性 p は，持たないと仮定する．

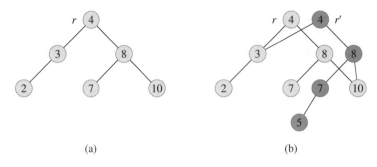

図 13.8 (a) キー $2, 3, 4, 7, 8, 10$ を持つ 2 分探索木．(b) キー 5 を挿入した結果の永続 2 分探索木．集合の最新版は，根 r' から到達可能な節点から構成され，以前の版は，r から到達可能な節点から構成される．キー 5 を挿入した際に付け加えた節点を濃い網かけで示す．

（練習問題 13.3-6（292 ページ）参照．）

a. 永続 2 分探索木（2 色木ではなく，単なる 2 分探索木である）に対して，1 つの節点を挿入あるいは削除するために変更が必要な節点を特定せよ．

b. 永続木 2 分探索 T と挿入する接点 z を入力とし，新しい永続木 T' を返す手続き PERSISTENT-TREE-INSERT(T, z) を書け．すべての属性を含んだ節点 x の複製を作る手続き COPY-NODE(x) を持っているものと仮定せよ．

c. 永続 2 分探索木 T の高さを h とする．PERSISTENT-TREE-INSERT の実装に必要な時間および領域計算量を求めよ．（領域計算量は複製される節点数に比例する．）

d. 各節点が親の属性を持つと仮定する．この場合，手続き PERSISTENT-TREE-INSERT では付加的な複製が必要になると考えられる．n を木の節点数とするとき，PERSISTENT-TREE-INSERT は $\Omega(n)$ の時間と領域を必要とすることを示せ．

e. 2 色木を用いれば，1 回の挿入や削除にかかる最悪時間計算量および領域計算量が $O(\lg n)$ で済むことを示せ．すべてのキーが異なると仮定してよい．

13-2 2 色木に対する合併操作

あるキーの属性を持った要素が与えられたとき，**合併** (join) 操作は，任意の $x_1 \in S_1$, $x_2 \in S_2$ に対して $x_1.key \le x.key \le x_2.key$ であるような 2 つの動的集合 S_1 と S_2 と要素 x を受け取り，$S = S_1 \cup \{x\} \cup S_2$ を返す操作である．この問題は，2 色木上で合併操作を実現する方法を検討する．

a. 与えられた 2 色木 T の黒高さを新たに定義する属性 $T.bh$ に格納する．RB-INSERT と RB-DELETE が余分な領域を各節点で用いず，しかも漸近的な計算時間を増加させずに bh 属性を管理できることを論ぜよ．T を下りながら訪問した各節点の黒高さを，節点当り $O(1)$ 時間で決定できることを示せ．

T_1 と T_2 を 2 色木とし，要素 x を任意の $x_1 \in T_1$, $x_2 \in T_2$ に対して，$x_1.key \le x.key \le x_2.key$ であるようなものとする．このとき T_1 と T_2 を破壊し，2 色木 $T = T_1 \cup \{x\} \cup T_2$ を返

す操作 RB-JOIN(T_1, x, T_2) を実装する方法を示せ. n を T_1 と T_2 に属する節点の総数とする.

b. $T_1.bh \geq T_2.bh$ を仮定する. T_1 に属する黒高さが $T_2.bh$ の黒節点の中で, キー値が最大の節点 y を見つける $O(\lg n)$ 時間アルゴリズムを記述せよ.

c. y を根とする部分木を T_y とする. 2 分探索木条件を壊すことなく, $O(1)$ 時間で T_y を $T_y \cup \{x\} \cup T_2$ に置き換える方法を示せ.

d. 2 色条件の性質 1, 3, 5 に違反しないような x の色を検討せよ. $O(\lg n)$ 時間で性質 2, 4 が成立するように変換できるか?

e. 上記 **(b)** の仮定を導入しても一般性が失われないことを論ぜよ. $T_1.bh \leq T_2.bh$ のときに生じる対称的な状況を記述せよ.

f. 手続き RB-JOIN の計算時間が $O(\lg n)$ であることを論ぜよ.

13-3 AVL 木

AVL 木 (AVL tree) は**高さ平衡** (height balanced) 2 分探索木である:すなわち, 各節点 x の左右の部分木の高さは, 高々 1 しか違わない. AVL 木を実現するために各節点に追加の属性を管理する. $x.h$ は節点 x の高さである. 他の任意の 2 分探索木 T と同様, $T.root$ はその根を指すものと仮定する.

a. n 個の節点を持つ AVL 木の高さが, $O(\lg n)$ であることを証明せよ. (**ヒント**: F_h を h 番目のフィボナッチ数とするとき, 高さ h の AVL 木には, 少なくとも F_h 個の節点があることを証明せよ.)

b. AVL 木への節点の挿入を考える. 最初に節点を 2 分探索木条件に合致する適切な位置に置く. この挿入の結果, 木が平衡性を失い, ある節点の左右の子の高さの差が, 2 に拡がることがある. 節点 x の左右の部分木は, それぞれ高さ平衡しており, その左右の子の高さの差は 2 以下, すなわち $|x.right.h - x.left.h| \leq 2$ であるとする. x を入力とし, x を根とする部分木を高さ平衡になるように変換する手続き BALANCE(x) を記述せよ. (**ヒント**: 回転を用いよ.)

c. AVL 木 T と新しく生成された節点 z (そのキーはすでに設定されている) を入力として, T が AVL 木である性質を保ちながら, T に z を挿入する再帰的手続き AVL-INSERT(T, z) を上記 **(b)** を使って記述せよ. 第 12.3 節 (挿入と削除) の TREE-INSERT (270 ページ) と同様, $z.key$ はすでに設定されており, $z.left = \text{NIL}$, $z.right = \text{NIL}$, $z.h = 0$ であると仮定する.

d. n 個の節点を持つ AVL 木上での AVL-INSERT の実行時間は, $O(\lg n)$, 回転回数は $O(\lg n)$ であることを示せ.

文献ノート

探索木を平衡にするアイデアは Adel'son-Vel'skiĭ–Landis [2] による．彼らは，1962 年に章末問題 13-3 で検討した「AVL 木 (AVL tree)」と呼ばれる平衡探索木の族を導入した．J. E. Hopcroft は「2-3 木 (2-3 tree)」と呼ぶ別の探索木の族を 1970 年に紹介した（未出版）．2-3 木では，木の節点の次数を変更することによって平衡性を維持する．「B 木 (B-tree)」と呼ばれる Bayer–McCreight [39] による 2-3 木の一般化は第 18 章（B 木上の基本操作）の話題である．

2 色木は Bayer [38] の発明で，最初は「対称 2 分 B 木 (symmetric binary B-trees)」と呼ばれていた．Guibas–Sedgewick [202] はその性質を広範に研究し，赤/黒色の仕組みを導入した．Andersson [16] は 2 色木をより簡単にプログラムできるように変型した．Weiss [451] は，この変型を「AA 木 (AA-tree)」と呼んだ．左の子は決して赤ではないという点を除いて，AA 木は 2 色木に似ている．

Sedgewick–Wayne [402] は，3 個の子節点を持つ節点をそれぞれ 2 個の子節点を持つ 2 つの節点に分割し，そのうちの 1 つがもう一方の左子節点となり，左子節点のみ赤色に彩色される変型 2-3 木を導入した．彼らの変型版は 2 色木の一種で，「左に傾いた 2 分探索木 (left-leaning red-black binary search tree)」と呼ばれた．左に傾いた 2 分探索木を操作する擬似コードは本書の 2 色木のそれよりも簡潔であり，回転操作の回数は定数に制限されていない．この違いは第 17 章（データ構造の補強）で重要になる．

ヒープと 2 分探索木の混成型データ構造であるトリープ (treap) は，Seidel–Aragon [404] により提案された．LEDA [324] は，多くのデータ構造やアルゴリズムの巧妙な実現を含むライブラリとして知られているが，LEDA の辞書はトリープに基づいて実装されている．

平衡 2 分木には，数多くの変型がある．たとえば，重み平衡木 (weight-balanced trees) [344]，k 近傍木 (k-neighbor trees) [318] や 身代わり木 (scapegoat trees) [174] などである．多分，最も興味をそそられるのは，Sleator–Tarjan [418] によって紹介された「スプレー木 (splay trees)」であろう．これは "自己調整 (self-adjusting)" を行う．（スプレー木の記述は Tarjan [429] を参照．）スプレー木は，色など明示的な平衡条件を用いずに平衡性を維持する．その代わりに，アクセスが起こるたびに（回転を伴う）「偏平化操作 (splay operations)」を木の中で行う．n 個の節点上での各操作のならしコスト（第 16 章（ならし解析）参照）は，$O(\lg n)$ である．スプレー木は，回転操作をベースとするオフラインタイプのデータ構造で，（定数係数時間内であるが）最も良い性能を発揮するとこれまで思われてきた．回転ベースの木データ構造で競合比（第 27 章（オンラインアルゴリズム）参照）的に最も良い性能を示すものとして Demaine ら [109] による Tango Tree が知られている．

平衡 2 分木と同じ目的を持つデータ構造の 1 つが「スキップリスト (skip lists)」[369] である．スキップリストは，多くの補助ポインタで補強した連結リストである．n 個の要素からなるスキップリスト上の各辞書操作の期待実行時間は $O(\lg n)$ である．

IV 高度な設計と解析の手法

序　論

第 IV 部では，効率の良い（高性能）アルゴリズムの設計と解析に用いられる 3 つの重要な手法：動的計画法（第 14 章），貪欲アルゴリズム（第 15 章），ならし解析（第 16 章）について説明する．これまでに分割統治法，乱拓化，漸化式の解などの広い範囲に適用可能な手法を説明してきた．第 IV 部で新たに説明する手法は，より洗練されたものであり，多くの計算問題を効果的に攻略するには，これらの手法が必要になる．第 IV 部で紹介する話題は，本書に繰り返し現れる．

　動的計画法は，最適解に到達するために一連の選択を行う必要がある最適化問題に対して適用される．選択を行っていくと，同じ形の部分問題が出現することがある．鍵となるのは，同じ問題が出現したときに，再計算するのではなく，その解を記憶しておくことである．第 14 章では，この単純なアイデアによって，ときには指数時間アルゴリズムを多項式時間アルゴリズムに変換できることを示す．

　貪欲アルゴリズムは，動的計画法と同様，最適解に到達するために一連の選択を行う必要がある最適化問題に対して適用される．貪欲アルゴリズムでは，選択を行う時点で局所的に最適な選択肢をつねに選択する．これによって，動的計画法よりも高速のアルゴリズムが得られることがある．第 15 章は，どんな場合に貪欲アルゴリズムを適用すべきかの判断の助けとなるであろう．

　ならし解析の技法は，似通った一連の操作を実行するある種のアルゴリズムに適用される．ならし解析では，個々の操作にかかる実コストの上界を別々に評価し，これらを用いて操作列のコストの上界を評価するのではなく，操作列全体の実コストの最悪の場合の上界を直接に評価する．いくつかの操作が高価なときには，他の多くの操作が安価かもしれないので，ならし解析を試す価値がある．アルゴリズムの設計とその実行時間の解析は密接に関連していることが多いので，アルゴリズムを設計するときに，ならし解析を用いることができる．第 16 章では，アルゴリズムのならし解析を行うための 3 通りの方法を紹介する．

14 動的計画法

DYNAMIC PROGRAMMING

動的計画法 (dynamic programming) は，分割統治法と同様，部分問題の解を統合することによって問題を解く方法である．（ここで"programming"とは，表を用いる方法を意味し，コンピュータのコードを書くことではない．）第2章（さあ，始めよう）と第4章（分割統治）で述べたように，分割統治法では，問題を独立な部分問題に分割し，部分問題を再帰的に解き，その後でこれらの解を組み合わせて元の問題の解を得る．一方，動的計画法は，その部分問題が重複するとき，すなわち，これらの部分問題が「部分問題の部分問題 (subsubproblem)」を共有しているときに適用される．このような状況では，分割統治アルゴリズムは同じ部分問題を繰り返し解くことになるので，必要以上の仕事をしなければならない．動的計画アルゴリズムは，各部分問題を1回だけ解き，その解を表に保存することで，この部分問題を再計算する労を避ける．

動的計画法の代表的な適用例は**最適化問題** (optimization problem) である．このような問題では，多数の解が存在しうる．それぞれの解は，ある値を持つが，その中で最適な（最小，あるいは最大の）値を持つ解を求めることが目的である．最適値を達成する解が複数存在する可能性があるので，このような解を，定冠詞"the"ではなく不定冠詞"an"を伴って**1つの最適解** (an optimal solution) と呼ぶ．

動的計画アルゴリズムは，以下の4つのステップを経て開発される：

1. 最適解の構造を特徴づける．
2. 最適解の値を再帰的に定義する．
3. 典型的には，ボトムアップ方式で，最適解の値を計算する．
4. 計算された情報から，1つの最適解を構成する．

ステップ1〜3は動的計画による問題解決の基礎となる．最適解の値だけが必要な場合は，ステップ4を省略できる．ステップ4の実行が必要なときには，最適解の構成を容易にするための付加的な情報をステップ3の間に維持しておくことがある．

以下の節では，動的計画法を用いていくつかの最適化問題を解く．第14.1節では，1本の金属棒からいくつかの短い金属棒を切り出すとき，切り出された金属棒の総価値を最大化するような切断方法を求める問題を検討する．第14.2節では，連鎖する行列の積をスカラー乗算の演算回数の合計が最小になるような順序で計算する方法を示す．これらの動的計画法の例を与えた後，第14.3節で，動的計画法が実行可能な解決手法となるために，問題が必ず満たさなければならない2つの性質を議論する．第14.4節では，2本の列の最長共通部分列を求める方法を示す．最後に第14.5節では，探索されるキーの分布が既知のとき，最適な2分探索木

306 | 14 動的計画法

を構成するために動的計画法を用いる.

14.1 ロッド切出し

動的計画法を用いる最初の例として，1 本の金属棒からいくつかの金属棒を切り出すとき，切断する場所を決定する問題を取り上げる．Serling Enterprise 社[a]では，長い金属棒を購入し，それから短い金属棒を切り出して販売している．切出しには，費用はかからない．Serling Enterprise 社の経営陣がほしいのは，最適な切出し方法である．

Serling Enterprise 社は，各 $i = 1, 2, \ldots$ に対して，長さ i インチの金属棒を p_i ドルで販売する．ただし，金属棒の長さ（インチ）は，つねに整数値である．図 14.1 は，価格表の例である．

長さ i	1	2	3	4	5	6	7	8	9	10
価格 p_i	1	5	8	9	10	17	17	20	24	30

図 14.1 金属棒に対するサンプル価格表．長さ i インチの各金属棒は，会社に p_i ドルの売上をもたらす．

ロッド切出し問題 (rod-cutting problem) を以下で定義する．長さが n インチの 1 本の金属棒と，$i = 1, 2, \ldots, n$ に対する価格 p_i の表が与えられたとき，この金属棒から切り出される金属棒を価格表に従って販売して得ることができる収入の最大値を計算せよ．長さ n インチの金属棒の価格 p_n が十分に大きいならば，まったく切断しないことが最適解となる可能性があることに注意せよ．

$n = 4$ の場合を考えよう．まったく切断しない場合を含めて，4 インチの金属棒を切り分けるすべての方法を図 14.2 に示す．4 インチの金属棒から 2 本の 2 インチの金属棒を切り出した場合の収入は $p_2 + p_2 = 5 + 5 = 10$ であり，この方法が最適である．

長さ n の金属棒を切り出す方法の数は，各 $i = 1, 2, \ldots, n-1$ に対して，左端から距離 i の位置で切断するか否かを独立に選択できるので，全部で 2^{n-1} 通りある．[1] 金属棒の分割を通常の加算の表記を用いて表現する．すなわち，$7 = 2 + 2 + 3$ は，長さ 7 の金属棒が長さが 2 の 2 つの金属棒と長さが 3 の 1 つの金属棒に切り分けられていることを表す．ある $1 \le k \le n$ に対して，ある最適解は，長さ n の金属棒を k 本の金属棒に切り分けると仮定する．このとき，ある最適な分割

$$n = i_1 + i_2 + \cdots + i_k$$

すなわち，長さ n の金属棒を長さが $i_1, i_2, \ldots, i_k$ の金属棒に切り分けることによって，対応する収入

$$r_n = p_{i_1} + p_{i_2} + \cdots + p_{i_k}$$

の最大化がもたらされる．

---

[a] ［訳注］Rod Searling は，SF TV ドラマシリーズの *Twilight Zone*（邦名はミステリー・ゾーン）で有名なアメリカの脚本家，プロデューサー，ナレーター．

[1] 短い金属棒から順番に切り出すことにすると，考慮すべき場合は少なくなる．$n = 4$ ならば図 14.2 の (a), (b), (c), (e), (h) に示す 5 種類だけである．このような場合の数は**分配関数** (partition function) と呼ばれており，$e^{\pi\sqrt{2n/3}}/4n\sqrt{3}$ によって近似できる．この値は 2^{n-1} よりも小さいが，n のどの多項式よりもまだまだ大きい．しかし，ここではこの問題にこれ以上深入りしない．

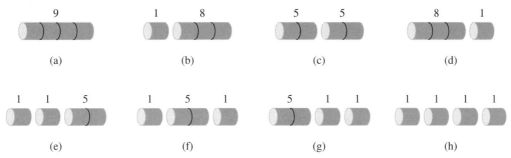

図 14.2 長さ 4 の金属棒を切り出す 8 つの可能性．各部分の上に，図 14.1 と同じ値段表に従って，その部分の価値が示されている．最適な戦略は (c) である．つまり，金属棒を長さ 2 の 2 本に切り，その全部の価値は 10 である．

図 14.1 に示すサンプル問題に対して，$i = 1, 2, \ldots, 10$ のそれぞれの場合の最適な収入 r_i と，対応する最適分割を次のように求めることができる．

$r_1 = 1$　解 $1 = 1$ より　（切断なし）
$r_2 = 5$　解 $2 = 2$ より　（切断なし）
$r_3 = 8$　解 $3 = 3$ より　（切断なし）
$r_4 = 10$　解 $4 = 2 + 2$ より
$r_5 = 13$　解 $5 = 2 + 3$ より
$r_6 = 17$　解 $6 = 6$ より　（切断なし）
$r_7 = 18$　解 $7 = 1 + 6$ または $7 = 2 + 2 + 3$ より
$r_8 = 22$　解 $8 = 2 + 6$ より
$r_9 = 25$　解 $9 = 3 + 6$ より
$r_{10} = 30$　解 $10 = 10$ より　（切断なし）

一般に，$n \geq 1$ に対する収入 r_n を，n 未満の長さの金属棒に対する最適収入を用いて

$$r_n = \max\{p_n, r_1 + r_{n-1}, r_2 + r_{n-2}, \ldots, r_{n-1} + r_1\} \tag{14.1}$$

と表現できる．最初の引数 p_n は切断をまったく行わず，長さ n の金属棒をそのまま販売することに対応する．max の残りの $n - 1$ 個の引数は，各 $i = 1, 2, \ldots, n-1$ に対して，長さ n の金属棒を長さが i と $n - i$ の 2 つの金属棒に最初に切断し，次にそれぞれの金属棒を最適に分割することで得られる総収入，すなわち r_i と r_{n-i} の和 $r_i + r_{n-i}$ に対応する．収入を最大化する i の値を事前に知ることができないので，可能性があるすべての i の値を考慮して，最大化を達成する i を選択する必要がある．さらに，金属棒を切断せず，まるごと販売することで最大の収入を得ることができるなら，どの i も選択しないという選択肢もある．

サイズ（長さ）が n の元の問題を解くために同じ形の部分問題を解く必要があるが，解くべき部分問題のサイズは，元の問題のサイズ n より真に小さいことに注意しよう．最初の切断を実行して 1 本の金属棒から 2 本の金属棒を切り出してしまうと，切り出された金属棒をロッド切出し問題の 2 つの独立なインスタンスと考えることができる．元の問題に対する最適解は，2 つの部分問題の最適解を含んでいて，それぞれ各金属棒片から得ることができる収入を最大化している．我々は，ロッド切出し問題は**最適部分構造** (optimal substructure) を持つ，と言う：すなわち，この問題の最適解は，関連する部分問題の最適解を含んでいて，これらの部分問題は独立に解ける．[b]

---

[b] ［訳注］この**最適部分構造性** (optimal substructure property) は，適用対象を動的計画法に限っていないという点で，動的計画法の基本原理である Bellman の最適性の原理 (principle of optimality) よりも少し広い概念であるが，動的計画法の枠組みの中では差はない．

308 | 14 動的計画法

　ロッド切出し問題の再帰構造を決定するための類似したもう少し簡単な方法は，分割を金属棒の左端から切り出された長さ i の金属棒とその右側に残る長さ $n-i$ の部分から構成されると見なすことである．左側の長さ i の金属棒はこれ以上分割されることはなく，右側に残された部分だけがさらなる分割の対象となる．このように，長さ n の金属棒のすべての分割は，左端の金属棒とそれに続く残された部分に対する分割と見なすことができる．このとき，1 度も切断しないという解は，左端の金属棒のサイズが $i=n$ で収入が p_n であり，残された部分のサイズが 0 で収入が $r_0=0$ である場合に対応する．このようにして，式 (14.1) のより簡略化された漸化式：

$$r_n = \max\{p_i + r_{n-i} : 1 \le i \le n\} \tag{14.2}$$

が導かれる．この定式化では，最適解は 2 つではなく **1 つ**の関連する部分問題，すなわち残りの右側の部分問題に現れる．

再帰的でトップダウン的な実現

下の手続き CUT-ROD は，式 (14.2) が言外に要請している計算を直接的，トップダウン的かつ再帰的に実現したものである．それは，価格の配列 $p[1:n]$ と整数 n を入力として取り，長さ n の金属棒から得ることができる最大の収入を返す．長さ $n=0$ のときは収入を得ることができないので，CUT-ROD は，第 2 行で 0 を返す．第 3 行では，最大収入 q を $-\infty$ に初期化しているので，第 4〜5 行の **for** ループは $q = \max\{p_i + \text{CUT-ROD}(p, n-i) : 1 \le i \le n\}$ を正しく計算し，第 6 行でこの値を返す．この出力が正しい解 r_n に等しいことは，式 (14.2) を用いると，n に関する簡単な帰納法によって証明できる．

```
CUT-ROD(p, n)
1  if n == 0
2      return 0
3  q = -∞
4  for i = 1 to n
5      q = max{q, p[i] + CUT-ROD(p, n - i)}
6  return q
```

　この手続きを好みのプログラミング言語でコーディングして走らせたとすると，入力サイズが少し大きくなると，途端に実行が遅くなることに気がつくだろう．$n=40$ ならば実行に少なくとも数分，おそらく 1 時間以上かかるかもしれない．そして，n が 1 増えると実行時間がおおよそ 2 倍になることに気づくに違いない．

　CUT-ROD は，どうしてこれほど非効率なのか？原因は，CUT-ROD が自分自身を同じ引数値を用いて繰り返し再帰的に呼び出していることにある．すなわち，CUT-ROD が同じ部分問題を繰り返し解いているからである．$n=4$ について，再帰呼出しの関係を図 14.3 に示す：各 $i=1,2,\dots,n$ に対して，CUT-ROD(p,n) は CUT-ROD$(p, n-i)$ を呼び出す．すなわち，各 $j=0,1,\dots,n-1$ に対して，CUT-ROD(p,n) は CUT-ROD(p,j) を呼び出している．この手続きを再帰的に展開していくと，行われた仕事の量は，n の関数として爆発的に増加する．

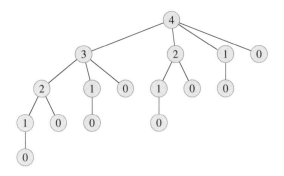

図 14.3 $n = 4$ の場合に，手続き CUT-ROD(p, n) の呼出しから生ずる再帰呼出しを示す再帰木．各節点のラベルは，対応する部分問題のサイズ n を示す．したがって，ラベル s を持つ親からラベル t を持つ子への辺は，左端からサイズ $s - t$ の金属棒を切り出し，サイズ t の部分問題を残す操作に対応する．根から葉へと下る経路のそれぞれは，長さ n の金属棒を切り刻む 2^{n-1} 種類の方法の中の1つに対応する．一般に，この再帰木は，2^n 個の節点と 2^{n-1} 個の葉を持つ．

CUT-ROD の実行時間を解析するために，特別な値 n に対する CUT-ROD(p, n) を呼び出した総回数を $T(n)$ とする．この回数は，再帰木においてラベル n を持つ節点を根とする部分木に属する節点数と一致する．この回数には，根における初期呼出しが含まれている．したがって，$T(0) = 1$ かつ

$$T(n) = 1 + \sum_{j=0}^{n-1} T(j) \tag{14.3}$$

である．先頭の1は根における呼出しで，項 $T(j)$ は，$j = n - i$ とするとき，CUT-ROD$(p, n-i)$ が（再起呼出しを含めて）行った呼出しの回数である．練習問題 14.1-1 では，

$$T(n) = 2^n \tag{14.4}$$

を証明する．したがって，CUT-ROD の実行時間は，n に関して指数関数的である．

よく考えれば，この指数関数的な実行時間は，別に驚くべきことではない．CUT-ROD は，長さ n の金属棒を切断する可能なすべての方法を明示的に考慮している．何通りあるだろうか？長さ n の金属棒は，$n - 1$ 個の潜在的な切断箇所を持っている．それぞれの切断方法は，これら $n - 1$ 箇所のある部分集合（切断しないことに対応する空集合を含む）で切断を行う．それぞれの切断場所を $n - 1$ 要素の集合の異なる要素と見るとき，2^{n-1} 通りの部分集合があることが分かる．図 14.3 の再帰木の葉は，それぞれ金属棒を切断する1つの方法に対応している．根から葉への単純路上のラベルは，それぞれの切断を実行する前に残りの右辺の部分のサイズを与える．すなわち，これらのラベルは，金属棒の右辺から測った切断点に対応している．

最適なロッド切出しへの動的計画法の適用

動的計画法を用いて，手続き CUT-ROD を効率的なアルゴリズムに変換する方法を検討する．

以下のように動的計画法は働く．同じ問題を繰り返し解く代わりに，素朴な再帰解のように，各部分問題を **1 回だけ解けば十分なようにする**．これを実行する明らかな方法がある：初めて部分問題を解くとき，**その解を蓄えておく**．後でこの部分問題の解を再び参照する必要が出てきたときには，それを再計算する代わりに，保存してある解を検索すればよい．

310 | 14 動的計画法

部分問題の解を蓄えておくにはコストがかかる：すなわち，解を蓄えるために付加的なメモリが必要となる．動的計画法は，**時間–メモリトレードオフ** (time-memory tradeoff) を示す格好の例である．節約される計算時間は，ときには劇的である．たとえばここではロッド切出し問題に対する指数関数的時間アルゴリズムを $\Theta(n^2)$ 時間アルゴリズムへと改善するのに，動的計画法を使おうとしているのである．関連する**相異なる**部分問題数が入力サイズの多項式で抑えられており，各部分問題がそれぞれ多項式時間で解ける場合には，動的計画法に基づくアルゴリズムは多項式時間で走る．

動的計画法には，通常 2 つの等価な実装方法がある．これらの方法をロッド切出し問題を例に取って説明しよう．

第 1 の方式は，**履歴管理を用いるトップダウン方式** (top-down with memoization) である．[2] この方法では，我々は手続きを自然な仕方で再帰的に記述するが，各部分問題の解を（通常は配列かハッシュ表に）保存するように変更を加えている．この手続きは最初に，この部分問題を以前に解いたことがあるか否かを調べる．以前に解いていれば，保存されている値を返し，以降の計算を節約する．初めて解く場合には，その値を通常どおり計算する．以前に計算した結果を"メモ"しておくことで，この再帰手続きは**履歴管理** (memoized) をする．

第 2 の方法は，**ボトムアップ方式** (bottom-up method) である．この方法は，任意の部分問題の解法がそれより"小さい"サイズの部分問題の解法だけに依存することが保証できる，「サイズ (size)」と呼ぶ部分問題の自然な概念に依存することが多い．ボトムアップ方式ではすべての部分問題をサイズの昇順にソートし，サイズの小さいものから順に解いていく．ある特定の部分問題を解くときには，その解が依存するこの部分問題より小さいすべての部分問題は解決済みであり，それらの解は，すべて保存されている．各部分問題は 1 度だけ解かれるが，初めてこの部分問題を解く必要が生じたときには，前提となるすべての部分問題は解決済みである．

トップダウン方式ですべての可能な部分問題を吟味する必要がなくなるという特別な状況を除くと，2 つの方式から漸近的実行時間が同じアルゴリズムを設計できる．手続き呼出しにかかるオーバヘッドがより小さいので，ボトムアップ方式に基づくアルゴリズムのほうが良い定数係数を持つことが多い．

手続き MEMOIZED-CUT-ROD と MEMOIZED-CUT-ROD-AUX は，トップダウンの手続き CUT-ROD の履歴管理をいかに行うかを示す．主たる手続き MEMOIZED-CUT-ROD は，補助配列 $r[0:n]$ を"未知"であることを示すのに適当な値である $-\infty$ で初期化する．既知の収入は，つねに非負だからである．MEMOIZED-CUT-ROD は，補助の手続きである手続き MEMOIZED-CUT-ROD-AUX を呼び出す．これは，指数関数時間の手続き CUT-ROD の履歴管理版である．求めている値が既知か否かを第 1 行で調べ，既知ならば，第 2 行でその値を返す．未知ならば，第 3～7 行で求めている値 q を計算し，第 8 行で保存した上で，第 9 行で返す．

ボトムアップ版 BOTTOM-UP-CUT-ROD は，さらに簡単である．このボトムアップ型動的計画アルゴリズムでは，BOTTOM-UP-CUT-ROD は，部分問題の自然な順序を用いる：すなわち，$i < j$ ならば，サイズ i の部分問題は，サイズ j の部分問題よりも"小さい"と定義する．したがって，この手続きはサイズが $j = 0, 1, \ldots, n$ の部分問題を，この順序で解く．

---

[2] この用語 "memoization" は "memorization" のスペルミスではない．"memoization" は，"memo" に由来していて，値を後で検索して利用するために記録（メモ）しておくことからこの技法が構成されているためである．
［訳注］計算履歴を組織的に管理することがメモの目的なので，訳語として「履歴管理」を当てた．

MEMOIZED-CUT-ROD(p, n)

1 $r[0:n]$ を新しい配列とする   // r に解の値を記憶する
2 **for** $i = 0$ **to** n
3     $r[i] = -\infty$
4 **return** MEMOIZED-CUT-ROD-AUX(p, n, r)

MEMOIZED-CUT-ROD-AUX(p, n, r)

1 **if** $r[n] \geq 0$ // すでに長さ n に対する解を得たか？
2   **return** $r[n]$
3 **if** $n == 0$
4     $q = 0$
5 **else** $q = -\infty$
6   **for** $i = 1$ **to** n // i は最初の切断箇所
7         $q = \max\{q, p[i] + \text{MEMOIZED-CUT-ROD-AUX}(p, n-i, r)\}$
8 $r[n] = q$ // 長さ n に対する解の値を記憶
9 **return** q

BOTTOM-UP-CUT-ROD(p, n)

1 $r[0:n]$ を新しい配列とする   // r に解の値を記憶する
2 $r[0] = 0$
3 **for** $j = 1$ **to** n // ロッドの長さ j を増やすために
4     $q = -\infty$
5   **for** $i = 1$ **to** j // i は最初の切断箇所
6         $q = \max\{q, p[i] + r[j-i]\}$
7     $r[j] = q$ // 長さ j に対する解の値を記憶
8 **return** $r[n]$

BOTTOM-UP-CUT-ROD の第 1 行で部分問題の解を保存するための新しい配列 $r[0:n]$ を生成し，長さが 0 の金属棒から得ることができる収入は 0 なので，第 2 行で $r[0]$ を 0 に初期化する．第 3～6 行では，$j = 1, 2, \ldots, n$ に対して，この順番でサイズ j の部分問題を解く．特定のサイズ j を持つ問題を解く方法は CUT-ROD と同じだが，第 6 行では，サイズ $j-i$ の部分問題を解くために再帰呼出しを行う代わりに，直接，配列要素 $r[j-i]$ を参照する．第 7 行では，サイズ j の部分問題に対する解を $r[j]$ に保存する．最後に第 8 行では，$r[n]$ を返す．この値は最適値 r_n に等しい．

ここで説明したボトムアップ版とトップダウン版の実行時間は，漸近的に同じである．BOTTOM-UP-CUT-ROD の実行時間は，その 2 重入れ子ループ構造のために $\Theta(n^2)$ である．第 5～6 行の内側 **for** ループの繰返し回数は等差数列になっている．対応するトップダウン版である MEMOIZED-CUT-ROD の実行時間もやはり $\Theta(n^2)$ だが，その理由は，少し分かりにくい．以前に解かれている部分問題を解くための再帰は直ちに戻るので，MEMOIZED-CUT-ROD は，各部分問題をただ 1 度だけ解く．この手続きは，サイズが $0, 1, \ldots, n$ の部分問題を解く．

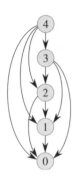

図 14.4 $n=4$ の場合のロッド切出しに対する部分問題グラフ．点のラベルは対応する部分問題のサイズを与えている．有向辺 (x,y) は，部分問題 x を解くのに部分問題 y の解が必要なことを示している．このグラフは図 14.3 の再帰木の縮約版である．つまり，同じラベルを持つすべてのノードは 1 つの点に縮約され，すべての辺は親から子に向かっている．

サイズが n の部分問題を解くために，第 6〜7 行の **for** ループが n 回繰り返される．したがって，Memoized-Cut-Rod の再帰呼出し全体における，この **for** ループの繰返し回数は等差数列を形成し，Bottom-Up-Cut-Rod の内側 **for** ループと同様，総繰返し回数は $\Theta(n^2)$ となる．（ここで，一種の集計法を用いている．集計法の詳細は第 16.1 節（集計法）で述べる．）

部分問題グラフ

動的計画法をある問題に適用することを考えるときには，関連する部分問題の集合と部分問題間の関係を理解する必要がある．

　検討している問題の **部分問題グラフ** (subproblem graph) は，まさにこの情報を具現化している．$n=4$ のロッド切出し問題に対する部分問題グラフを図 14.4 に示す．部分問題グラフは有向グラフであり，各部分問題に対して 1 個の頂点を含む．部分問題 x の最適解を決定する手順が，直接，部分問題 y の最適解を決定する手順をその一部として含むならば，部分問題グラフは，部分問題 x に対応する頂点から部分問題 y に対応する頂点に向かう有向辺を持つ．たとえば，x を解くトップダウン型再帰手続きが y を解くためにそれ自身を直接呼び出すならば，部分問題グラフは，x から y への有向辺を持つ．部分問題グラフをこのトップダウン型再帰法の再帰木の「縮約 (reduced)」あるいは「折畳み (collapsed)」版と見なすことができる．再帰木に現れる同じ部分問題に対応するすべての節点は同一視されて 1 個の頂点となり，辺は親から子に向けて方向づけられる．

　ボトムアップ型の動的計画法では，任意の部分問題 x に対して，x を解く前に x に隣接するすべての部分問題 y を解かなければならないという制約の下で，部分問題グラフに現れるすべての部分問題を解く．（付録第 B.4 節（グラフ）で述べたように，有向グラフでの隣接関係は必ずしも対称的ではない．）第 20.4 節（トポロジカルソート）で見る用語を用いると，ボトムアップ型動的計画アルゴリズムにおいて，部分問題グラフの「逆トポロジカルソート (reverse topological sort)」あるいは「転置行列のトポロジカルソート (topological sort of the transpose)」の順で部分問題グラフの頂点を検討する．言い換えると，どの部分問題も，関連するすべての部分問題が解き終わらないうちに解き始められることはない．同様に，同じ章の概念を用いると，（履歴管理を用いる）トップダウン型動的計画法は，部分問題グラフの「深さ優先探索」（第 20.3 節参照）と見なすことができる．

部分問題グラフ $G = (V, E)$ のサイズから，動的計画アルゴリズムの実行時間が決定できる場合がある．各部分問題をちょうど 1 回しか解かないので，各部分問題を解くために必要な時間の和が実行時間になる．典型的な場合には，ある部分問題の解の計算時間は，その部分問題に対応する部分問題グラフ上の頂点の次数（外向き辺の数）に比例し，部分問題の数は部分問題グラフの頂点数と一致し，部分問題の個数は部分問題グラフの頂点数に等しい．したがって，この場合には，動的計画法の実行時間は頂点数と辺数に関して線形である．

解の再構成

手続き Memoized-Cut-Rod と Bottom-Up-Cut-Rod は，ロッド切出し問題の最適解の**値**を返すが，それらは解**そのもの**（切り分けられた金属棒の部分のサイズのリスト）は返さない．

説明してきた動的計画方式を拡張して，各部分問題に対して，その最適**値**だけではなく，最適値を達成する**選択**を保存するようにできる．そして，この情報を用いると，1 つの最適解が出力できる．手続き Extended-Bottom-Up-Cut-Rod は，各金属棒のサイズ j に対して，最大収入 r_j だけでなく，最初に切り出す金属棒の最適な長さ s_j も計算する．この手続きは，第 1 行で配列 s を生成し，サイズ j の部分問題を解くときに最初に切り出す金属棒の長さ i を保存するために第 8 行で $s[j]$ を更新することを除くと，Bottom-Up-Cut-Rod と同じである．

手続き Print-CutRod-Solution は，価格表 $p[1:n]$ と金属棒のサイズ n を入力として受け取る．それは，最適な最初の金属棒のサイズの配列 $s[1:n]$ を計算するために，Extended-Bottom-Up-Cut-Rod を呼び出す．そのとき，長さ n の金属棒に対する最適な切出し方での金属棒サイズの完全なリストをプリントする．図 14.1 に示すサンプル価格表に対して，手続き Extended-Bottom-Up-Cut-Rod$(p, 10)$ は，次の配列を返す：

i	0	1	2	3	4	5	6	7	8	9	10
$r[i]$	0	1	5	8	10	13	17	18	22	25	30
$s[i]$		1	2	3	2	2	6	1	2	3	10

Extended-Bottom-Up-Cut-Rod(p, n)

```
1   r[0:n] と s[1:n] を新しい配列とする
2   r[0] = 0
3   for j = 1 to n              // 金属棒の長さ j を増やしながら
4       q = -∞
5       for i = 1 to j          // i は最初の切断箇所
6           if q < p[i] + r[j-i]
7               q = p[i] + r[j-i]
8               s[j] = i        // 長さ j に対するこれまでで最も良い切断場所
9       r[j] = q                // 長さ j に対する解の値を記憶
10  return r と s
```

314 | 14 動的計画法

手続き PRINT-CUT-ROD-SOLUTION$(p, 10)$ を呼び出しても 10 とプリントするだけであるが,$n = 7$ で呼び出すと,以前に示した r_7 に対する最初の最適分割に対応する切断 1 と 6 をプリントする.

PRINT-CUT-ROD-SOLUTION(p, n)

1 $(r, s) =$ EXTENDED-BOTTOM-UP-CUT-ROD(p, n)
2 **while** $n > 0$
3   print $s[n]$ **//** 長さ n に対する切断位置
4      $n = n - s[n]$ **//** 金属棒の残りの長さ

練習問題

14.1-1 式 (14.3) と初期条件 $T(0) = 1$ から式 (14.4) が導けることを示せ.

14.1-2 反例をあげることで,次の"貪欲"戦略は,金属棒を必ずしも最適に切り分けることができないことを示せ.長さ i の金属棒の**密度** (density) を p_i/i と定義する.すなわち,インチ当りの価値である.長さ n の金属棒に対する貪欲戦略は,$1 \le i \le n$ に対して密度が最大となる長さ i の最初の金属棒を切り出す.それから,残りの長さ $n - i$ の部分に対してこの貪欲戦略を適用し続ける.

14.1-3 ロッド切出し問題の修正を考える.この問題では,切り出された金属棒の価格 p_i に加えて,それぞれの切断に定数コスト c がかかるとする.切り出された金属棒の価格の総和から,切出しにかかるコストを引いたものが,解に対する収入である.この修正された問題を解く動的計画アルゴリズムを設計せよ.

14.1-4 手続き CUT-ROD と MEMOIZED-CUT-ROD-AUX を改良して,その **for** ループが n までででなく $\lfloor n/2 \rfloor$ までしか行かないようにせよ.これらの手続きに対して他にどんな変更が必要か?その実行時間はどんな影響を受けるか?

14.1-5 最適解の値と共に実際の最適解も出力するように,MEMOIZED-CUT-ROD を改良せよ.

14.1-6 フィボナッチ数は,第 3 章(実行時間の特徴づけ)の漸化式 (3.31)(58 ページ)によって定義されている.n 番目のフィボナッチ数を $O(n)$ 時間で計算する動的計画アルゴリズムを設計せよ.対応する部分問題グラフを描け.グラフにはいくつの頂点と辺が存在するか?

14.2 連鎖行列乗算

次の動的計画法の適用例は,連鎖行列乗算問題を解くアルゴリズムである.n 個の行列の列(連鎖)$\langle A_1, A_2, \ldots, A_n \rangle$ が与えられたとき,積

$$A_1 A_2 \cdots A_n \tag{14.5}$$

を計算することを考える。ここで用いるのは，矩形行列 (rectangular matrix) の乗算に対する標準的なアルゴリズム[3]を用い，この後すぐ見るが，スカラー乗算の回数を最小にしている。

行列の積を計算する順序の曖昧さが連鎖行列に括弧づけを施すことで解消されるならば，2 つの矩形行列の積を求めるそのアルゴリズムをサブルーチンとして用いて，式 (14.5) を計算できる。行列の乗算は結合的なので，どのように括弧づけても答は同じである。ある行列の積が，**完全に括弧づけされている** (fully parenthesized) とは，それが単一の行列であるか，2 つの完全に括弧づけされた行列の積が括弧で囲まれたものである。たとえば，連鎖行列 $\langle A_1, A_2, A_3, A_4 \rangle$ に対して，積 $A_1A_2A_3A_4$ を完全に括弧づけする 5 通りの方法：

$$(A_1(A_2(A_3A_4)))$$
$$(A_1((A_2A_3)A_4))$$
$$((A_1A_2)(A_3A_4))$$
$$((A_1(A_2A_3))A_4)$$
$$(((A_1A_2)A_3)A_4)$$

がある。

連鎖行列に対する括弧づけの仕方が，それらの積の計算コストに劇的な影響を与えることがある。まず，2 つの長方行列の積の計算コストを考えてみよう。標準的なアルゴリズムは，手続き RECTANGULAR-MATRIX-MULTIPLY で与えられる。これは第 4.1 節（正方行列乗算）の手続き MATRIX-MULTIPLY（68 ページ）の一般化である。手続き RECTANGULAR-MATRIX-MULTIPLY は，3 つの行列 $A = (a_{ij})$，$B = (b_{ij})$，および $C = (c_{ij})$ に対して $C = C + A \cdot B$ を計算する。ただし，A は $p \times q$，B は $q \times r$，C は $p \times r$ の行列である。

RECTANGULAR-MATRIX-MULTIPLY(A, B, C, p, q, r)

1　**for** $i = 1$ **to** p
2　　　**for** $j = 1$ **to** r
3　　　　　**for** $k = 1$ **to** q
4　　　　　　　$c_{ij} = c_{ij} + a_{ik} \cdot b_{kj}$

手続き RECTANGULAR-MATRIX-MULTIPLY の実行時間は，第 4 行でのスカラー乗算の回数 pqr で決まる。したがって，行列の乗算コストをスカラー乗算の回数と考える。（スカラー乗算の回数は，ただ $C = A \cdot B$ を実行するために $C = 0$ と初期化するとしても支配的である。）

行列積の括弧づけの仕方によって計算コストが変化することを示すために，3 つの連鎖行列 $\langle A_1, A_2, A_3 \rangle$ の問題を考える。行列の次元をそれぞれ 10×100, 100×5, 5×50 とする。$((A_1A_2)A_3)$ と括弧づけすると，10×5 型行列である積 A_1A_2 を計算するのに $10 \cdot 100 \cdot 5 = 5{,}000$ 回のスカラー乗算が必要であり，この行列を A_3 と掛けるのに $10 \cdot 5 \cdot 50 = 2{,}500$ 回のスカラー乗算が必要なので，全部で 7,500 回のスカラー乗算が必要である。一方，$(A_1(A_2A_3))$ と括弧づけると，100×50 型の行列である積 A_2A_3 を計算するのに $100 \cdot 5 \cdot 50 = 25{,}000$ 回のスカラー乗算が必要であり，A_1 をこの行列に掛けるのに $10 \cdot 100 \cdot 50 = 50{,}000$ 回のスカラー乗算

---

[3] 第 4.1 節（正方行列乗算）と第 4.2 節（行列乗算のための Strassen のアルゴリズム）からの 3 つの方法は，どれも直接的には使えない。それらは，正方行列にしか適用できないからである。

が必要なので，全部で 75,000 回のスカラー乗算が必要である．したがって，最初の括弧づけ
で計算するのが 10 倍速い．

連鎖行列乗算問題 (matrix-chain multiplication problem) は，n 個の行列の連鎖 $\langle A_1, A_2, \ldots, A_n \rangle$ が与えられたとき，スカラー乗算回数を最小化するように積 $A_1 A_2 \cdots A_n$ を完全に括弧づ
けする問題である．ただし，$i = 1, 2, \ldots, n$ に対して行列 A_i を $p_{i-1} \times p_i$ 型とする．入力は次
元の列 $\langle p_0, p_1, p_2, \ldots, p_n \rangle$ である．

連鎖行列乗算問題は，行列乗算の計算結果を求めているわけではないことに注意せよ．最小
コストを達成する行列の乗算順序を決定することが目的である．多くの場合，この最適な順序
を決定するために費した時間より，実際に行列乗算を計算するときに節約できる時間のほうが
大きい（上記の例では，75,000 回のスカラー乗算を 7,500 回に抑えることができた）．

括弧づけの個数の数え上げ

連鎖行列乗算問題を動的計画法で解く前に，あらゆる括弧づけをしらみつぶしに調べる方法で
は，効率の良いアルゴリズムを得ることができないことを確認しておこう．n 個の行列の列に
対する異なる括弧づけの個数を $P(n)$ によって表す．$n = 1$ の場合には，行列が 1 つしかない
ので，この行列積を完全に括弧づける方法は，1 つだけである．$n \geq 2$ の場合には，完全な括
弧づけ行列積は，2 つの完全な括弧づけ行列積の積であり，任意の $k = 1, 2, \ldots, n-1$ に対し
て，k 番目と $k+1$ 番目の行列の間で 2 つの部分積へ分割できる．したがって，漸化式

$$P(n) = \begin{cases} 1 & n = 1 \text{ のとき} \\ \displaystyle\sum_{k=1}^{n-1} P(k)P(n-k) & n \geq 2 \text{ のとき} \end{cases} \tag{14.6}$$

を得る．第 12 章（2 分探索木）の章末問題 12-4（277 ページ）では，類似する漸化式の解が
カタラン数 (Catalan number) の列になることを証明したが，この数は $\Omega(4^n / n^{3/2})$ の速さで増
大する．漸化式 (14.6) の解が $\Omega(2^n)$ であることの証明は簡単な練習問題（練習問題 14.2-3 参
照）である．したがって，解の個数は n に関して指数関数的であり，腕力に頼り，しらみつぶ
しに調べる戦略は，連鎖行列の最適括弧づけの決定には適さない．

動的計画法の適用

連鎖行列の最適括弧づけを決定するために，動的計画法を適用する．このために，本章の最初
で述べた次の 4 ステップからなる手続きを踏む：

1. 最適解の構造を特徴づける．
2. 最適解の値を再帰的に定義する．
3. 最適解の値を計算する．
4. 計算された情報から，1 つの最適解を構成する．

これらのステップを順に検討し，各ステップを問題に適用する方法を明らかにする．

ステップ 1：最適括弧づけの構造

動的計画法のステップ 1 として，問題に最適部分構造を発見し，それを用いて問題の最適解をその部分問題に対する最適解から構成する．連鎖行列乗算問題に対するこのステップを実行するのに最初にある記法を導入しておくと便利である．$i \leq j$ とするとき，積 $A_i A_{i+1} \cdots A_j$ を計算した結果である行列を $A_{i:j}$ と記す．もし，問題が自明ではない，すなわち $i < j$ ならば，積 $A_i A_{i+1} \cdots A_j$ のどの完全な括弧づけも，ある整数 k $(i \leq k < j)$ によって積を A_k と A_{k+1} の間で分割する．ある k の値に対して，$A_{i:k}$ と $A_{k+1:j}$ をまず計算した後，それらの積を取って最終的な積 $A_{i:j}$ を得る．したがって，この括弧づけに対応する計算コストは，$A_{i:k}$ を計算するコストと $A_{k+1:j}$ を計算するコストに，これらの乗算するコストを加えたものである．

この問題の最適部分構造を説明する．$A_i A_{i+1} \cdots A_j$ の最適括弧づけは，この積を A_k と A_{k+1} の間で分割すると仮定する．このとき，$A_i A_{i+1} \cdots A_j$ に対する最適括弧づけの "前半の" 部分連鎖行列 $A_i A_{i+1} \cdots A_k$ に対する部分括弧づけは，$A_i A_{i+1} \cdots A_k$ に対する最適括弧づけでなければならない．なぜか？ $A_i A_{i+1} \cdots A_k$ に対するもっと効率的な括弧づけがあったとすれば，$A_i A_{i+1} \cdots A_j$ に対する最適括弧づけの対応する部分をこのより良い括弧づけに置き換えることで，$A_i A_{i+1} \cdots A_j$ に対するより良い括弧づけが得られるはずであり，矛盾が生じるからである．$A_i A_{i+1} \cdots A_j$ に対する最適括弧づけの部分連鎖行列 $A_{k+1} A_{k+2} \cdots A_j$ についても同様の事実が成立する：すなわち，対応する部分括弧づけは，$A_{k+1} A_{k+2} \cdots A_j$ に対する最適括弧づけでなければならない．

では，問題に対する最適解を，その部分問題に対する最適解から構成できることを，上で述べた最適部分構造を用いて証明しよう．連鎖行列乗算問題の自明でないインスタンスに対する任意の解は積を 2 つに分割し，任意の最適解は，その中に部分問題のインスタンスに対する最適解を含む．したがって，与えられた連鎖行列乗算問題のインスタンスに対する最適解を，まず $A_i A_{i+1} \cdots A_k$ と $A_{k+1} A_{k+2} \cdots A_j$ に対する最適な括弧づけを求める 2 つの部分問題に分割し，次にこれらの部分問題のインスタンスに対して最適解を求めた後，最後に求めた最適解を結合することで構成できる．ただし，積の正しい分割場所を探索するときには，最適な分割が確かに検査されたことを保証するために，すべての可能な場所での分割を考慮する必要がある．

ステップ 2：再帰的な解

つぎに，部分問題に対する最適解を用いて最適解のコストを再帰的に定義する．連鎖行列乗算問題では，$1 \leq i \leq j \leq n$ に対して，$A_i A_{i+1} \cdots A_j$ の最小コスト括弧づけを決定する問題を部分問題として取り上げる．入力の次元 $\langle p_0, p_1, p_2, \ldots, p_n \rangle$ が与えられたとき，インデックスの対 i, j で部分問題を指定する．$m[i, j]$ を行列 $A_{i:j}$ の計算に最小限必要なスカラー乗算の回数とする．元の問題に対して，$A_{1:n}$ を計算する最小コストは，したがって $m[1, n]$ である．

$m[i, j]$ を再帰的に定義する．$i = j$ ならば，問題は自明である：この連鎖は，1 つの行列 $A_{i:i} = A_i$ から構成されているので，積の計算にスカラー計算は必要ない．したがって，すべての $i = 1, 2, \ldots, n$ に対して $m[i, i] = 0$ である．つぎに，$i < j$ のときに $m[i, j]$ を計算するために，ステップ 1 で観察した最適部分構造を用いる．最適な括弧づけは，積 $A_i A_{i+1} \cdots A_j$

を A_k と A_{k+1} の間で分割すると仮定しよう．ただし，$i \leq k < j$ である．$m[i,j]$ は，部分積 $A_{i:k}$ と $A_{k+1:j}$ を計算するための最小コストにこれら2つの行列を掛け合わせるためのコストを加えたものに等しい．各行列 A_i は，$p_{i-1} \times p_i$ 型なので，行列積 $A_{i:k}A_{k+1:j}$ は，$p_{i-1}p_k p_j$ 回のスカラー乗算で計算できる．したがって

$$m[i,j] = m[i,k] + m[k+1,j] + p_{i-1}p_k p_j$$

が成立する．

この再帰方程式では，未知の値 k を既知であると仮定している．しかし実際には分かっていないし，少なくとも今のところは分かっていない．k の可能なすべての値を試みなければならない．一体，何通りあるだろうか？ $j - i$ 通りだけ，すなわち $k = i, i+1, \ldots, j-1$ だけである．最適括弧づけは，これらの k の値の内の1つを取るはずなので，これらをすべて調べて最良のものを求めればよい．したがって，積 $A_i A_{i+1} \cdots A_j$ の計算に最小限必要なコストの再帰的定義は

$$m[i,j] = \begin{cases} 0 & i = j \text{ のとき} \\ \min \{m[i,k] + m[k+1,j] + p_{i-1}p_k p_j : i \leq k < j\} & i < j \text{ のとき} \end{cases}$$

$$(14.7)$$

となる．

値 $m[i,j]$ は，部分問題の最適解のコストであるが，最適解を構成するには，これらの値だけでは不十分である．最適解の構成を容易にするために，積 $A_i A_{i+1} \cdots A_j$ の最適な括弧づけにおける分割地点 k の値を $s[i,j]$ として定義する．すなわち，$s[i,j]$ は，$m[i,j] = m[i,k] + m[k+1,j] + p_{i-1}p_k p_j$ を達成する値 k である．

ステップ3：最適コストの計算

ここまでくると，漸化式 (14.7) に基づいて $A_1 A_2 \cdots A_n$ の乗算を実行するための最小コスト $m[1,n]$ を計算する再帰的なアルゴリズムを書くことは簡単だろう．しかし，ロッド切出し問題について経験し，第14.3節で学ぶように，このアルゴリズムの実行には，指数時間がかかる．積に対する括弧づけを1つずつしらみつぶしに調べることより良いわけではない．

幸運にも，すべての部分問題が異なっているわけではない：$1 \leq i \leq j \leq n$ を満たす i と j の組のそれぞれに対して1つの部分問題が対応し，全体で $\binom{n}{2} + n = \Theta(n^2)$ 個しか異なる部分問題は存在しない．[4] 再帰アルゴリズムでは，その再帰木のさまざまな分岐において同じ部分問題に何度も出会うことがある．この重複性部分問題の性質が，この問題に動的計画法を適用できる可能性の高さを示す第2の特徴である（第1の特徴は，最適部分構造である）．

漸化式 (14.7) の解を再帰的に計算する代わりに，手続き MATRIX-CHAIN-ORDER で見るように，表を用いたボトムアップ方式によって最適コストを計算する．（履歴管理を用いるトップダウン方式は，第14.3節で検討する．）入力は行列の次元の列 $p = \langle p_0, p_1, \ldots, p_n \rangle$ と n の値であり，$i = 1, 2, \ldots, n$ に対して行列 A_i は次元 $p_{i-1} \times p_i$ を持つものとする．この手続きは，$m[i,j]$ を格納するための補助の表 $m[1:n, 1:n]$ と，$m[i,j]$ の計算において最適コストを

---

[4] $\binom{n}{2}$ の項は，$i < j$ なるすべての対を数えるためのものである．i と j は等しくてもよいので，n の項を加える必要がある．

達成した k の値を蓄えておく補助の表 $s[1:n-1, 2:n]$ を用いる．表 s は，後で最適解を構成するために用いる．

MATRIX-CHAIN-ORDER(p, n)

 1   $m[1:n, 1:n]$ と $s[1:n-1, 2:n]$ を新しい表とする
 2   **for** $i = 1$ **to** n // 連鎖の長さ 1
 3       $m[i, i] = 0$
 4   **for** $l = 2$ **to** n // l は連鎖の長さ
 5   **for** $i = 1$ **to** $n - l + 1$ // 連鎖は A_i で始まる
 6            $j = i + l - 1$ // 連鎖は A_j で終わる
 7            $m[i, j] = \infty$
 8   **for** $k = i$ **to** $j - 1$ // $A_{i:k} A_{k+1:j}$ を試す
 9                $q = m[i, k] + m[k+1, j] + p_{i-1} p_k p_j$
10   **if** $q < m[i, j]$
11                    $m[i, j] = q$ // コストを記憶
12                    $s[i, j] = k$ // このインデックスを記憶
13   **return** m と s

　このアルゴリズムは，どんな順序で表の要素を埋めていくのだろうか？この疑問に答えるために，コスト $m[i, j]$ を計算するときに表のどの要素にアクセスしなければいけないかを考えてみよう．式 (14.7) から，行列積 $A_{i:j}$ のコストを計算するには，まず行列積 $A_{i:k}$ と $A_{k+1:j}$ のコストがすべての $k = i, i+1, \ldots, j-1$ に対して計算されている必要がある．連鎖 $A_i A_{i+1} \cdots A_j$ は $j - i + 1$ 個の行列からなり，連鎖 $A_i A_{i+1} \cdots A_k$ と $A_{k+1} A_{k+2} \cdots A_j$ は，それぞれ $k - i + 1$ 個と $j - k$ 個の行列からなる．$k < j$ なので，$k - i + 1$ 個の行列の連鎖は，$j - i + 1$ 個よりも少ない行列からなる．同様に，$k \geq i$ なので，$j - k$ 個の連鎖行列は $j - i + 1$ 個の行列よりも少ない行列からなる．したがって，アルゴリズムは，表 m を短い行列連鎖から長い行列連鎖の順に埋めていくことになる．すなわち，連鎖 $A_i A_{i+1} \cdots A_j$ を最適に括弧づける部分問題に対して，連鎖の長さ $j - i + 1$ をこの部分問題のサイズと考えるのは意味のあることである．

　それでは，手続き MATRIX-CHAIN-ORDER が連鎖の長さの昇順に表 $m[i, j]$ をどのように埋めていくのかを見てみよう．たった 1 つの行列からなる行列連鎖ではスカラー乗算は必要ないので，第 2〜3 行では，$i = 1, 2, \ldots, n$ に対して $m[i, i] = 0$ と初期化している．第 4〜12 行の **for** ループでは，ループ変数 l は，これからその最小コストを計算しようとしている行列連鎖の長さを表している．このループの毎回の繰返しでは，漸化式 (14.7) を用いて $i = 1, 2, \ldots, n - l + 1$ に対して $m[i, i + l - 1]$ を計算している．最初の繰返しでは $l = 2$ であるので，このループでは，$i = 1, 2, \ldots, n - 1$ に対して $m[i, i + 1]$ を計算する．ループの 2 回目では，$i = 1, 2, \ldots, n - 2$ に対して $m[i, i + 2]$ を計算する．これが長さ $l = 3$ の連鎖に対する最小コストである．これを続けて，最後は，長さ $l = n$ の 1 つの行列連鎖に関して $m[1, n]$ を計算して終わる．第 7〜12 行でコスト $m[i, j]$ を計算するとき，このコストは，表の要素 $m[i, k]$ と $m[k + 1, j]$ だけで決まるが，それらは，すでに計算したものである．

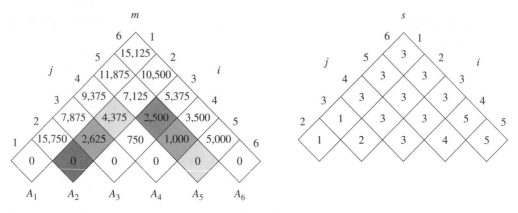

図 14.5 手続き MATRIX-CHAIN-ORDER で計算した表 m と s. ただし, $n = 6$ であり, 各行列の次元（型）は, 次の表で与えられるものとする.

行列	A_1	A_2	A_3	A_4	A_5	A_6
型	30×35	35×15	15×5	5×10	10×20	20×25

この表は主対角線が水平になるように回転して描いてある. 表 m では, 主対角線と上三角形部分だけが使われ, 表 s では, 上三角形部分だけが使われる. この 6 個の行列の乗算を行うために最低限必要なスカラー乗算の回数は, $m[1,6] = 15{,}125$ である. 以下の計算を第 9 行で行う際には, 白色でない要素の内, 同じ濃さの網かけの要素の対を検討する.

$$m[2,5] = \min \begin{cases} m[2,2] + m[3,5] + p_1 p_2 p_5 = 0 + 2500 + 35 \cdot 15 \cdot 20 &= 13{,}000 \\ m[2,3] + m[4,5] + p_1 p_3 p_5 = 2625 + 1000 + 35 \cdot 5 \cdot 20 &= 7{,}125 \\ m[2,4] + m[5,5] + p_1 p_4 p_5 = 4375 + 0 + 35 \cdot 10 \cdot 20 &= 11{,}375 \end{cases}$$
$$= 7{,}125$$

図 14.5 には, $n = 6$ 個の行列から構成される連鎖行列に対してこの手続き MATRIX-CHAIN-ORDER を実行したときの表 m と s を示す. $m[i,j]$ は, $i \leq j$ に対してしか定義されていないので, 表 m の主対角線と, それより上の部分しか使用しない. 同図では, 主対角線が水平になるように表を回転して描いている. 図の一番下に連鎖行列が並んでいる. このレイアウトでは, 部分連鎖行列積 $A_i A_{i+1} \cdots A_j$ を計算するための最小コスト $m[i,j]$ は, A_i から北東に向かって延びる線と A_j から北西に向かって延びる線の交点に見つかる. 横切るように読むと, 表の水平な行は, 同じ長さの連鎖行列に対する要素を含んでいる. MATRIX-CHAIN-ORDER は, これらの行を下から上に, 同じ行内では, 左から右に向かって計算を進める. 要素 $m[i,j]$ は, $k = i, i+1, \ldots, j-1$ に対する $p_{i-1} p_k p_j$ の値と, $m[i,j]$ から南西と南東に置かれたすべての要素を用いて計算する.

MATRIX-CHAIN-ORDER の入れ子になったループ構造を見れば, アルゴリズムの実行時間が $O(n^3)$ であることが分かる. ループは 3 重の構造を持ち, 各ループの各インデックス変数 (l, i, k) は, 高々 $n - 1$ 個の値しかとらないこのアルゴリズムの実行時間が $\Omega(n^3)$ でもあることを, 練習問題 14.2-5 で証明する. このアルゴリズムは, 表 m と s を格納するために $\Theta(n^2)$ 領域が必要である. したがって, MATRIX-CHAIN-ORDER は, すべての括弧づけを列挙してチェックする指数時間アルゴリズムよりも, ずっと効率的である.

ステップ 4：最適解の構成

手続き MATRIX-CHAIN-ORDER は，連鎖行列積を計算するのに必要なスカラー演算の回数を決定するが，行列を乗算する方法を直接示すわけではない．しかし，表 $s[1:n-1, 2:n]$ に蓄えた情報から最適解を簡単に構成できる．各要素 $s[i, j]$ は，$A_i A_{i+1} \cdots A_j$ に対する最適な括弧づけが A_k と A_{k+1} の間で積を分割するならば，この k の値を記録する．したがって，$A_{1:n}$ を最適に計算する際に行う最後の乗算は，$A_{1:s[1,n]} A_{s[1,n]+1:n}$ である．表 s は，再帰を用いて以前の行列乗算を決める必要がある情報を含んでいる：$s[1, s[1, n]]$ が $A_{1:s[1,n]}$ を計算する際の最後の乗算を決定し，$s[s[1, n]+1, n]$ が $A_{s[1,n]+1:n}$ を計算する際の最後の乗算を決定する．MATRIX-CHAIN-ORDER によって計算された表 s およびインデックス i と j が与えられたとき，再帰手続き PRINT-OPTIMAL-PARENS は，連鎖行列積 $A_i A_{i+1} \cdots A_j$ の最適な括弧づけをプリントする．PRINT-OPTIMAL-PARENS$(s, 1, n)$ の初期呼出しは，完全な連鎖行列積 $A_1 A_2 \cdots A_n$ に対する最適な括弧づけをプリントする．図 14.5 の例では，PRINT-OPTIMAL-PARENS$(s, 1, 6)$ の呼出しは，最適な括弧づけ $((A_1(A_2 A_3))((A_4 A_5)A_6))$ をプリントする．

PRINT-OPTIMAL-PARENS(s, i, j)

1   **if** $i == j$
2   "A"$_i$ をプリントする
3   **else** "(" をプリントする
4   PRINT-OPTIMAL-PARENS$(s, i, s[i, j])$
5   PRINT-OPTIMAL-PARENS$(s, s[i, j]+1, j)$
6   ")" をプリントする

練習問題

14.2-1 次元の列が $\langle 5, 10, 3, 12, 5, 50, 6 \rangle$ で与えられる連鎖行列積に対する最適括弧づけを求めよ．

14.2-2 行列の列 $\langle A_1, A_2, \ldots, A_n \rangle$，MATRIX-CHAIN-ORDER が計算した表 s，そしてインデックス i と j が与えられたとき，実際に最適連鎖行列乗算を行う再帰アルゴリズム手続き MATRIX-CHAIN-MULTIPLY(A, s, i, j) を設計せよ．（手続き MATRIX-CHAIN-MULTIPLY $(A, s, 1, n)$ が初期呼出しである．）RECTANGULAR-MATRIX-MULTIPLY(A,B) の呼出しは，行列 A と B の積を出力することを仮定せよ．

14.2-3 漸化式 (14.6) の解が $\Omega(2^n)$ であることを，置換え法を用いて示せ．

14.2-4 長さ n の入力連鎖を持つ連鎖行列乗算に対する部分問題グラフを描け．頂点数を調べよ．辺数および辺が存在する場所を調べよ．

14.2-5 MATRIX-CHAIN-ORDER の呼出しの中で，表の要素 $m[i, j]$ が他の要素の計算のために参照される回数を $R(i, j)$ で表す．表全体での参照回数の総和は

$$\sum_{i=1}^{n}\sum_{j=i}^{n}R(i,j) = \frac{n^3 - n}{3}$$

であることを示せ．（ヒント：付録第 A 章（和）の等式 (A.4)（966 ページ）の利用を考えよ．）

14.2-6 要素数が n の式に対する完全な括弧づけは，ちょうど $n-1$ 個の括弧対を持つことを示せ．

14.3 動的計画法の基本要素

ここまで動的計画法を 2 つの例題を通して学んだが，この方法をいつ適用すべきか，まだ明確ではないかもしれない．工学的な見地から，与えられた問題に対して動的計画法の解を探すべきであろうか？本節では，動的計画法が適用できるために最適化問題が持たなければならない重要な 2 つの特徴：最適部分構造と重複性部分問題について調べる．また，トップダウン再帰方式の中で重複性部分問題を有効に利用するために履歴管理が果たす役割を再びより詳しく検討する．

最適部分構造

動的計画法によって最適化問題を解くためのステップ 1 は，最適解の構造を特徴づけることである．問題の最適解が，その内部に，部分問題達に対する最適解を含むとき，この問題は**最適部分構造** (optimal substructure) を持つ，と言う．ある問題が最適部分構造を持つとき，それは，動的計画法がこの問題に対して適用可能であることを示す良い兆候である．（しかし，第 15 章（貪欲アルゴリズム）で議論するように，これは同時に，貪欲算法が適用可能であることも意味する．）動的計画法では，問題の最適解をその部分問題の最適解から構成する．したがって，考察する部分問題の範囲が最適解の構成に使われる部分問題を含んでいることを保証する必要がある．

本章で，これまでに検討した問題の両方を解く鍵が最適部分構造にあることを見た．第 14.1 節では，長さ n の金属棒を最適に切り分ける方法は，（Serling Enterprise 社が切断を自由に行うならば）最初の切断の結果生ずる 2 本の金属棒をそれぞれ最適に切り分ける方法を含んでいることを観察した．第 14.2 節では，A_k と A_{k+1} の間で積を分割する連鎖行列積 $A_i A_{i+1} \cdots A_j$ の最適括弧づけには，$A_i A_{i+1} \cdots A_k$ と $A_{k+1} A_{k+2} \cdots A_j$ の括弧づけ問題に対する最適解が含まれていることを観察した．

最適部分構造の発見に至る，以下の共通の手順に気づくだろう：

1. 与えられた問題の解が，金属棒の最初の切断場所の選択や連鎖行列の分割場所の選択のような一連の選択から構成されることを示す．行った選択から，いくつかの解くべき部分問題が発生する．

2. 与えられた問題に対して，最適解を導く選択が与えられていると仮定する．この時点では，最適な選択を行う方法は吟味せず，最適な選択が与えられている，とだけを仮定する．

3. 与えられた最適な選択から生ずる部分問題を決定し，結果として現れる部分問題の空間を

適切に特徴づける方法を定める.

4. 与えられた問題の最適解の中で用いられる部分問題の解が（部分問題の）最適解であることを**切貼り法** (cut-and-paste technique) を用いて証明する．この証明法では，ある部分問題の解が最適ではないと仮定し，矛盾を導くことで証明する．すなわち，最適ではないと仮定した部分問題の解を“切り取り”，最適解に“貼り替える”と（元の）問題に対するより良い解を得ることができるので，与えられた（元の）問題の解は最適であるという仮定に対する矛盾が導かれる．複数の部分問題が存在する場合にもおおよそ同様であり，切貼り法を複数の場合で扱えるように簡単に変更できる.

部分問題空間を特徴づけるための良い経験則は，最初は空間をできるだけ簡単にしておき，後で必要に応じて拡張することである．たとえば，ロッド切出し問題に対して検討した部分問題空間は，各サイズ i に対して長さ i の金属棒を最適に切り分ける問題を含んでいた．この部分問題空間はうまく機能し，これ以上一般的な部分問題空間を考える必要はなかった.

一方，連鎖行列乗算問題に対する部分問題空間を，$A_1 A_2 \cdots A_j$ の形の行列積だけに制約すると仮定しよう．最適括弧づけは，この積をある $1 \leq k < j$ に対して A_k と A_{k+1} の間で分割する．k がつねに $j-1$ であることを保証できない限り，^{c} 生じた部分問題 $A_1 A_2 \cdots A_k$ と $A_{k+1} A_{k+2} \cdots A_j$ の内，後者は，$A_1 A_2 \cdots A_j$ という形を持たなくなる．動的計画法でこの問題を解くためには，部分問題が“両端で”変化する，すなわち，積 $A_i A_{i+1} \cdots A_j$ を括弧づけする部分問題で，i と j が共に変化することが必要である.

問題領域によって，最適部分構造は，次の2点で違いがある：

1. 元の問題の最適解が利用する部分問題の個数
2. 最適解が利用する部分問題を決定する際の選択数

ロッド切出し問題では，サイズ n の金属棒を切り分ける最適解は1つの（サイズ $n-i$ の）部分問題の最適解を使うだけだが，最適解を導く i の値を決定するために，n 個の i の候補をすべて考慮する必要がある．部分連鎖行列積 $A_i A_{i+1} \cdots A_j$ に対する連鎖行列乗算問題は，部分問題数が2，候補数が $j-i$ の例である．積が行列 A_k で分割されるとすると，$A_i A_{i+1} \cdots A_k$ を括弧づけする問題と $A_{k+1} A_{k+2} \cdots A_j$ を括弧づけする問題が生じ，それらを**両方とも**最適に解く必要がある．部分問題に対する最適解を決定すれば，$j-i$ 個の候補の中から最適なインデックス k を選択できる.

非公式には，動的計画アルゴリズムの実行時間は，2つの要素の積に依存する：部分問題の総数と各部分問題で考慮しなければならない選択数である．ロッド切出し問題では，部分問題の総数は $\Theta(n)$ で，そのそれぞれに対して高々 n 個の選択肢を考慮する必要があったので，実行時間は $O(n^2)$ であった．連鎖行列乗算問題では，$\Theta(n^2)$ 個の部分問題が現れ，そのそれぞれに対する選択肢は，高々 $n-1$ 個あったので，実行時間は $O(n^3)$ であった（実際に，練習問題 14.2-5 で証明するように $\Theta(n^3)$ である）.

多くの場合には，部分問題グラフを用いても同様の解析を行うことができる．各頂点が部分問題に対応し，部分問題に対する選択肢がその部分問題に接続する辺によって表現されている．ロッド切出し問題では，部分問題グラフは n 個の頂点を持ち，各頂点は最大 n 本の辺を

---

^{c} ［訳注］$k = j-1$ でも部分問題空間に属さない部分問題 A_j を生ずる.

324 | 14 動的計画法

持っていて，実行時間が $O(n^2)$ になったことを思い出そう．連鎖行列乗算問題では，部分問題グラフを描いたとすれば，$\Theta(n^2)$ 個の頂点を持ち，各頂点の次数は最大 $n-1$ なので，その積は $O(n^3)$ となる．

動的計画法は，最適部分構造をボトムアップ風に用いることが多い．すなわち，ある問題を解くには，まず部分問題に対する最適解を発見し，すべての部分問題を解いてしまってから，この問題の最適解を発見する．この問題の最適解を発見するには，この問題を解くために利用する部分問題を決定する必要がある．この問題の解のコストは，部分問題にかかるコストと部分問題の選択に直接起因するコストの和である．たとえば，ロッド切出し問題では，まず各 $i = 0, 1, \ldots, n-1$ に対して，長さ i の金属棒を最適に切り分ける方法を決定する部分問題を解き，次に式 (14.2) を用いて，長さ n の金属棒の最適な切分けを達成する部分問題を決定した．選択自身に起因するコストは，式 (14.2) の中の項 p_i である．連鎖行列乗算では，まず $A_i A_{i+1} \cdots A_j$ の部分連鎖の最適な括弧づけを決定した後，積を分割する場所として行列 A_k を選択した．選択に起因するコストは，項 $p_{i-1} p_k p_j$ である．

第 15 章では「貪欲アルゴリズム」を検討する．貪欲アルゴリズムは，動的計画法と多くの類似点を持っている．とくに，貪欲アルゴリズムが適用可能な問題もまた最適部分構造を持つ．しかし，貪欲アルゴリズムと動的計画法の顕著な相違の 1 つは，動的計画法が，まず部分問題に対する最適解を発見し，次にその情報を用いて選択をするのと異なり，貪欲アルゴリズムは，"貪欲に"選択をすること，すなわち，その時点で最善と思われる選択を行い，次に選択から生ずる部分問題だけを解決することで，関連するすべての部分問題を解くという煩雑さを回避することである．驚くべきことに，この戦略が正しく働く場合がある！

微妙な点

最適部分構造が適用できないにも関わらず，そのことを仮定することがないように気をつけねばならない．有向グラフ $G = (V, E)$ と頂点 $u, v \in V$ が与えられたとき，次の 2 つの問題を考えよう．

重みなし最短路[5]： 辺数最小の u から v への経路を発見せよ．最短路が単純でなければ，閉路を除去してより短い経路を作ることができるので，最短路は単純である．

重みなし最長単純路： 辺数最大の u から v への単純路を発見せよ．（単純性が要請されていなければ，閉路を好きなだけ回り，任意に長い経路を作ってしまうので，単純性は必要な要請である．）

重みなし最短路問題が最適部分構造を持つことを以下で証明する．問題が自明にならないように，$u \neq v$ を仮定する．u から v への任意の経路 p は中間頂点 w を持つ．（w は u または v であってもよい．）そこで経路 $u \overset{p}{\rightsquigarrow} v$ は，2 つの部分路 $u \overset{p_1}{\rightsquigarrow} w \overset{p_2}{\rightsquigarrow} v$ に分解できる．p の辺数は，p_1 の辺数と p_2 の辺数の和に等しい．p が u から v への最適な（すなわち，最短な）経路ならば，p_1 は u から w への最短路である．なぜか？証明に「切貼り法」を用いる：もしも p_1 よりも短い u から w への経路 p'_1 が存在するならば，p_1 を切り取り，p'_1 を貼り込むことで p

---

[5] この問題を重みつき辺に対する最短路を発見する問題と区別するために，用語「重みなし (unweighted)」を用いる．重みつき最短路問題は，第 22 章（単一最短路）と第 23 章（全点対最短路）で検討する．第 20 章（基本的なグラフアルゴリズム）で紹介する幅優先探索を重みなし問題の解決に用いることができる．

図 14.6 重みなし有向グラフの最長単純路が最適部分構造を持たないことを示す有向グラフ．経路 $q \to r \to t$ は，q から t への最長単純路だが，部分路 $q \to r$ は，q から r への最長単純路ではなく，部分路 $r \to t$ は，r から t への最長単純路ではない．

よりも短い経路 $u \overset{p'_1}{\leadsto} w \overset{p_2}{\leadsto} v$ が構成できるので，p の最適性に矛盾する．同様にして，p_2 は w から v への最短路である．したがって，すべての中間頂点 w を考え，次に u から w への最短路と w から v への最短路を発見し，最後に最短路を生成する中間頂点 w を選択することで，u から v への最短路を発見できる．第 23.2 節（Floyd–Warshall アルゴリズム）では，類似の最適部分構造を用いて，重みつき有向グラフのすべての 2 頂点間の最短路を求める．

重みなし最長単純路問題も最適部分構造を持つと仮定したい誘惑に駆られるかもしれない．最長単純路 $u \overset{p}{\leadsto} v$ を 2 つの部分路 $u \overset{p_1}{\leadsto} w \overset{p_2}{\leadsto} v$ に分解したときに，p_1 が u と w を結ぶ最長単純路，p_2 が w と v を結ぶ最長単純路とはならないのだろうか？答えは否である！図 14.6 が反例である．経路 $q \to r \to t$ を考える．これは q から t への最長単純路である．$q \to r$ は，q から r への最長単純路だろうか？経路 $q \to s \to t \to r$ がより長い単純路なので，答えは否である．$r \to t$ は，r から t への最長単純路だろうか？経路 $r \to q \to s \to t$ がより長い単純路なので，答えは再び否である．

この例は，最長単純路が最適部分構造を欠いているばかりでなく，問題に対する"正しい"解を部分問題に対する解から必ずしも組み立てることができないことを示している．2 つの最長単純路 $q \to s \to t \to r$ と $r \to q \to s \to t$ を組み合わせると，経路 $q \to s \to t \to r \to q \to s \to t$ を得るが，これは単純路ではない．たしかに，重みなし最長単純路を求める問題は，どんな種類の最適部分構造も持たないように思われる．この問題に対する効率的な動的計画アルゴリズムは知られていない．事実，この問題は NP-完全であり，このことは，第 34 章（NP 完全性）で学ぶように，多項式時間で解決できそうにないことを意味している．

最長単純路の部分構造が最短路とまったく異なる理由を考えてみよう．最長単純路と最短路のどちらの問題も解は 2 つの部分問題を利用するが，最長単純路問題の 2 つの部分問題は **独立** (independent) ではなく，一方の最短路の部分問題は独立である．ここで，1 つの問題のいくつかの部分問題が独立であるとは，ある部分問題の解が別の部分問題の解に影響を与えないことを言う．図 14.6 の例では，q から t への最長単純路を発見する問題に対して，その 2 つの部分問題：q から r への最長単純路を発見する問題と r から t への最長単純路を発見する問題が現れている．第 1 の部分問題の解として経路 $q \to s \to t \to r$ を選択すると，頂点 s と t をすでに利用したので，これらの頂点を第 2 の部分問題の解の中で用いることはできない．なぜなら，これらの頂点を第 2 の部分問題の解の中で用いると，2 つの解を組み合わせてできる経路は単純ではなくなる．しかし，t は r から t への経路の上に必ず存在しなければならず，しかも t は 2 つの部分問題の解を "繋ぐ" 頂点（その頂点は r である）ではないので，頂点 t が第 2 の部分問題の解の中になければこの部分問題を解くことはできない．1 つの部分問題に頂点 s と t を利用したことで，これらの頂点は他の部分問題で用いることが不可能になった．第 2 の

部分問題を解くために少なくともその一方が必要であるにも関わらず，第1の問題を最適に解くためには，その両方が必要である．そこで，これらの部分問題は独立ではないと言おう．別の見方をすると，1つの部分問題を解決するために資源（ここでは頂点）を利用したので，別の部分問題でこの資源が利用できなくなったのである．

では，なぜ最短路発見問題の部分問題は独立なのか？ 答は本質的なもので，その性質から部分問題が資源を共有しないからである．w を u から v への最短路 p 上の頂点とする．このとき，**任意の最短路** $u \overset{p_1}{\leadsto} w$ **と任意の最短路** $w \overset{p_2}{\leadsto} v$ を繋いで，u から v への最短路を構成できることを示す．事実，w 以外には p_1 と p_2 の両方の経路に現れる頂点は存在しない．なぜか？ある頂点 $x \neq w$ が p_1 と p_2 の両方に現れるとすれば，p_1 を $u \overset{p_{ux}}{\leadsto} x \leadsto w$，$p_2$ を $w \leadsto x \overset{p_{xv}}{\leadsto} v$ と分解できる．最短路発見問題の最適部分構造から，経路 p は，p_1 と p_2 の辺数の合計と同数の辺から構成される．p の辺数を e とする．u から v への経路 $p' = u \overset{p_{ux}}{\leadsto} x \overset{p_{xv}}{\leadsto} v$ を構成する．x から w への経路と w から x への経路が削除されており，これらの経路は，それぞれ少なくとも1本の辺を含むので，p' は，高々 $e - 2$ 本の辺しか含まず，p が最短路であるという仮定に矛盾する．以上から，最短路発見問題の部分問題は，独立であることが証明された．

第14.1節と第14.2節で検討した2つの問題は，共に独立な部分問題を持つ．連鎖行列乗算問題では，現れる部分問題は掛け合わされる2つの部分連鎖行列 $A_i A_{i+1} \cdots A_k$ と $A_{k+1} A_{k+2} \cdots A_j$ である．これらの部分連鎖は互いに素であって，両方に含まれる行列は存在しない．ロッド切出し問題では，長さ n の金属棒を最適に切り分ける方法を決定するために，各 $i = 0, 1, \ldots, n - 1$ に対して，長さ i の金属棒を最適に切り分ける方法を調べた．長さ n の問題に対する最適解は，（最初の金属棒片を切り出した後は）これらの部分問題解の1つを含むにすぎないので，部分問題の独立性は自明に成立している．

重複性部分問題

動的計画法を適用するために最適化問題に必要とされる第2の特徴は，この問題に対する再帰アルゴリズムの部分問題の空間が"小さい"ことである．すなわち，このアルゴリズムがつねに新しい部分問題を生成するのではなく，同じ部分問題を繰り返し解く場合である．できれば異なる部分問題の総数が入力サイズの多項式であってほしい．再帰アルゴリズムが同じ問題を繰り返し訪れるとき，その最適化問題は**重複性部分問題** (overlapping subproblems) を持つ，と言う．[6] 対照的に，分割統治法が有効な問題では，再帰の各ステップで新しい問題が生成されることが多い．動的計画アルゴリズムは，各部分問題を1回だけ解き，必要なときに定数時間で検索できる表にこの解を保存することで，重複性部分問題を上手に利用する．

第14.1節では，ロッド切出し問題の再帰解が部分問題の解を得るために指数回数の呼出しを行う様子を簡単に調べた．我々の動的計画法による解は，この指数時間再帰アルゴリズムを2次関数時間に改良する．

重複性部分問題の性質をもっと詳しく説明するために，連鎖行列乗算問題を再吟味しよう．

---

[6] 動的計画法が，独立性と重複性の両方を持つ部分問題を必要とするのを奇妙に感じるかもしれない．これらの要請は，互いに矛盾しているように聞こえるが，これらは，2つの異なる概念を記述しているのであり，同じ軸上の2点を記述しているわけではない．ある問題の2つの部分問題が独立なのは，これらが資源を共有しないときである．2つの部分問題が重複するのは，これらが異なる問題から生ずる同一の部分問題のときである．

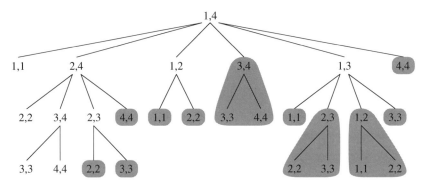

図 14.7 手続き RECURSIVE-MATRIX-CHAIN$(p, 1, 4)$ の計算に対する再帰木．各節点はパラメータ i と j を含んでいる．濃い網かけで示した部分木において実行された計算は，MEMOIZED-MATRIX-CHAIN では，1 回の表検索に置き換えられる．

遡って図 14.5 を参照すると，手続き MATRIX-CHAIN-ORDER は，表の低い位置の行が含む部分問題の解を繰り返し検索し，そこより高い位置の行が含む部分問題を解いていることに注意せよ．たとえば，要素 $m[3,4]$ は 4 回：$m[2,4]$, $m[1,4]$, $m[3,5]$, $m[3,6]$ の計算のためにそれぞれ 1 回参照される．このアルゴリズムが，$m[3,4]$ を参照するのではなく，毎回再計算するとすれば，実行時間は劇的に増加するだろう．この事実を理解するために，連鎖行列積 $A_{i:j} = A_i A_{i+1} \cdots A_j$ を計算するのに必要な最小スカラー乗算回数 $m[i,j]$ を決定する（非効率的な）下の再帰手続き RECURSIVE-MATRIX-CHAIN を考えよう．この手続きは，直接的に漸化式 (14.7) に基づいている．図 14.7 に呼出し手続き RECURSIVE-MATRIX-CHAIN$(p, 1, 4)$ が作る再帰木を示す．各節点には，引数 i と j の値がラベルづけられている．いくつかの値の組が何回も出現していることに注意してほしい．

RECURSIVE-MATRIX-CHAIN(p, i, j)
1   **if** $i == j$
2   **return** 0
3    $m[i,j] = \infty$
4   **for** $k = i$ **to** $j - 1$
5        $q = $ RECURSIVE-MATRIX-CHAIN(p, i, k)
            $ + $ RECURSIVE-MATRIX-CHAIN$(p, k+1, j)$
            $ + p_{i-1} p_k p_j$
6   **if** $q < m[i,j]$
7            $m[i,j] = q$
8   **return** $m[i,j]$

事実，この再帰手続きによって，$m[1,n]$ を計算するには，少なくとも n に関して指数時間が必要である．この理由を確認するために，n 個の行列の連鎖の最適括弧づけを計算するのに RECURSIVE-MATRIX-CHAIN が必要とする計算時間を $T(n)$ とする．第 1～2 行と第 6～7 行の実行にそれぞれ少なくとも 1 単位時間必要で，第 5 行で実行する積にも少なくとも 1 単位時間必要なので，この手続きの定義から，漸化式

$$T(n) \geq \begin{cases} 1 & n = 1 \text{ のとき} \\ 1 + \displaystyle\sum_{k=1}^{n-1}(T(k) + T(n-k) + 1) & n > 1 \text{ のとき} \end{cases}$$

が成立する．$i = 1, 2, \ldots, n-1$ に対して，各項 $T(i)$ は，$T(k)$ として 1 度，$T(n-k)$ として 1 度出現していることに注意し，総和記号の中の $n-1$ 個の 1 とその外にある 1 を集めると，漸化式は，

$$T(n) \geq 2\sum_{i=1}^{n-1} T(i) + n \tag{14.8}$$

と書き直すことができる．

　置換え法を用いて $T(n) = \Omega(2^n)$ を証明する．具体的には，すべての $n \geq 1$ に対して $T(n) \geq 2^{n-1}$ を示す．基底段階の $n = 1$ については，その総和は空であり，$T(1) \geq 1 = 2^0$ である．帰納段階を示す．$n \geq 2$ に対して

$$\begin{aligned} T(n) &\geq 2\sum_{i=1}^{n-1} 2^{i-1} + n \\ &= 2\sum_{j=0}^{n-2} 2^j + n \qquad (j = i-1 \text{ とする}) \\ &= 2(2^{n-1} - 1) + n \quad (\text{付録第 A 章の式 (A.6)（966 ページ）より}) \\ &= 2^n - 2 + n \\ &\geq 2^{n-1} \end{aligned}$$

であり，証明は完了した．したがって，手続き RECURSIVE-MATRIX-CHAIN$(p, 1, n)$ の呼出しによって実行される全仕事量は，少なくとも n に関して指数関数的である．

　この（履歴管理をしない）トップダウン型再帰アルゴリズムをボトムアップ型動的計画アルゴリズムと比較すると，後者のほうが重複性部分問題をうまく利用していて効率が良い．連鎖行列乗算問題では，異なる部分問題は $\Theta(n^2)$ 個しかなく，この動的計画アルゴリズムは，それぞれをちょうど 1 回だけ解く．一方，再帰アルゴリズムは，各部分問題が再帰木に現われるたびにそれらを解かなければならない．ある問題の自然な再帰解に対する再帰木が同じ問題を何度も含んでおり，かつ異なる部分問題の総数が少ないときには，動的計画法によってつねに効率を改善でき，その効果はときに劇的である．

最適解の再構成

実用的な観点から，各部分問題について行った選択をしばしば別の表に保存し，この情報をコストの表から再構成しなくて済むようにするだろう．

　連鎖行列乗算問題では，表 $s[i, j]$ によって最適解の再構成にかかる時間を大幅に節約できる．319 ページの手続き MATRIX-CHAIN-ORDER は，表 $s[i, j]$ を維持管理せず，最適な部分問題のコストを含む表 $m[i, j]$ だけを計算した．この手続きは，$A_i A_{i+1} \cdots A_j$ の最適な括弧づけに利用される部分問題を決定するには $j - i$ 個の選択を検討する必要があり，$j - i$ は定数ではない．したがって，与えられた問題の解のために選択した部分問題を再構成するた

めには $\Theta(j-i) = \omega(1)$ 時間が必要になる．手続き MATRIX-CHAIN-ORDER は，$s[i,j]$ に積 $A_i A_{i+1} \cdots A_j$ の分割点になる行列のインデックスを蓄えているので，321 ページの手続き PRINT-OPTIMAL-PARENS は，各選択を $O(1)$ 時間で見つけることができる．

履歴管理

ロッド切出し問題で説明したように，トップダウン戦略に従いながら，ボトムアップ型動的計画法と同様の性能をしばしば達成できる動的計画法の別の方法がある．そのアイデアは，自然ではあるが効率の悪い再帰アルゴリズムの**履歴を管理する** (memoize) ことである．ボトムアップ型動的計画法と同様に，部分問題の解を表で管理するが，表を埋めていくための制御構造は，再帰アルゴリズムにより似ている．

履歴管理を用いる再帰アルゴリズムは，各部分問題の解を表の一要素に保存する．初期状態では，表の各要素にはまだ値が代入されていないことを示す特別な初期値が格納されている．ある部分問題が再帰アルゴリズムの実行中に初めて現れると，その解は計算され，その表に保存される．この部分問題が再び出現したときには，単に表に格納された値を検索してその値が返される．[7]

手続き MEMOIZED-MATRIX-CHAIN は，327 ページの手続き RECURSIVE-MATRIX-CHAIN の履歴管理版である．ロッド切出し問題に対する 311 ページの履歴管理を用いたトップダウン方式との類似点に注意せよ．

MEMOIZED-MATRIX-CHAIN(p, n)

1   $m[1:n, 1:n]$ を新しい表とする
2   **for** $i = 1$ **to** n
3   **for** $j = i$ **to** n
4         $m[i,j] = \infty$
5   **return** LOOKUP-CHAIN$(m, p, 1, n)$

LOOKUP-CHAIN(m, p, i, j)

1   **if** $m[i,j] < \infty$
2   **return** $m[i,j]$
3   **if** $i == j$
4      $m[i,j] = 0$
5   **else for** $k = i$ **to** $j - 1$
6         $q = $ LOOKUP-CHAIN(m, p, i, k)
               $+$ LOOKUP-CHAIN$(m, p, k+1, j) + p_{i-1} p_k p_j$
7   **if** $q < m[i,j]$
8            $m[i,j] = q$
9   **return** $m[i,j]$

---

[7] この方法を適用するには，出現可能なすべての部分問題の引数の値が既知であり，表の要素位置と対応する部分問題との関係が確定している必要がある．部分問題の引数をキーとするハッシュを用いて履歴管理を行う，さらに一般的な方法もある．

330 | 14 動的計画法

　ボトムアップ方式の手続き MATRIX-CHAIN-ORDER と同様，手続き MEMOIZED-MATRIX-CHAIN は，計算済みの $m[i,j]$，すなわち行列 $A_{i:j}$ を計算するために最小限必要なスカラー乗算回数を，表 $m[1:n, 1:n]$ を用いて管理する．表の各要素の初期値は ∞ であり，その要素がまだ計算されていないことを示す．LOOKUP-CHAIN(m, p, i, j) が呼び出されると，第 1 行で $m[i,j] < \infty$ ならば第 2 行で計算済みのコスト $m[i,j]$ を返す．$m[i,j] = \infty$ ならば，そのコストを RECURSIVE-MATRIX-CHAIN と同じ方法で計算し，$m[i,j]$ に保存した上で返す．したがって，LOOKUP-CHAIN(m, p, i, j) は，つねに $m[i,j]$ の値を返すが，実際に計算しているのは，LOOKUP-CHAIN が引数 i と j に対して初めて呼び出されたときだけである．図 14.7 に MEMOIZED-MATRIX-CHAIN が RECURSIVE-MATRIX-CHAIN に比べて計算時間をどのように節約できるかを示す．濃い網かけで示した部分木の値は，再計算ではなく表の検索によって得ている．

　ボトムアップ型手続き MATRIX-CHAIN-ORDER と同様に，履歴管理型手続き MEMOIZED-MATRIX-CHAIN の実行時間は $O(n^3)$ である．まず初めに，MEMOIZED-MATRIX-CHAIN は第 4 行を $\Theta(n^2)$ 回実行する．これは第 5 行の LOOKUP-CHAIN の呼出し以外の実行時間で支配的である．手続き LOOKUP-CHAIN の呼出しは，2 つのタイプに分類できる:

1. $m[i,j] = \infty$ を満たす呼出しで，第 3～9 行を実行する．
2. $m[i,j] < \infty$ を満たす呼出しで，手続き LOOKUP-CHAIN は第 2 行で戻る．

タイプ 1（の呼出し）は，表の各要素に対して 1 回，全部で $\Theta(n^2)$ 回発生する．タイプ 2 は，つねにタイプ 1 が行う再帰呼出しとして発生する．任意に与えられた手続き LOOKUP-CHAIN の呼出しが再帰呼出しをするとすれば，その回数はつねに $O(n)$ で抑えられているので，タイプ 2 が起こる回数は，全体で $O(n^3)$ である．タイプ 2 の実行時間は $O(1)$ であり，タイプ 1 の実行時間は $O(n)$ に再帰呼出しにかかった時間を加えたものである．したがって，総計算時間は $O(n^3)$ である．履歴管理によって，$\Omega(2^n)$ 時間アルゴリズムが $O(n^3)$ 時間アルゴリズムに改良できた．

　まとめると，連鎖行列乗算問題は，履歴管理を用いるトップダウン型動的計画アルゴリズムあるいはボトムアップ型動的計画アルゴリズムによって，$O(n^3)$ 時間で解くことができる．ボトムアップ法と履歴管理法は，共に重複性部分問題の性質を上手に利用している．異なる部分問題は全部で $\Theta(n^2)$ 個しかなく，これらのアルゴリズムは，各部分問題の解を 1 回しか計算しない．履歴管理を使わなければ，いちど解いた部分問題を繰り返し解くことになり，自然な再帰アルゴリズムの実行には指数関数的に時間がかかる．

　実践の際に心得ておいてよいことがある．すべての部分問題を少なくとも 1 回は解かなければならないなら，再帰のためのオーバーヘッドが必要なく，表管理のオーバーヘッドも小さいボトムアップ型の動的計画法の性能は，履歴管理を用いるトップダウン型アルゴリズムより定数倍優れている．しかも，いくつかの問題では，動的計画アルゴリズムにおける表へのアクセス順序を規則化することで，時間と記憶容量をさらに節約できる．一方，ある状況では，部分問題空間に属する部分問題をすべては解く必要がない．その場合，履歴管理型の解は，どうしても解かなければならない部分問題だけを解けばよいという長所がある．

練習問題

14.3-1 連鎖行列乗算問題において最適乗算回数を決定するには，次の2つの方法のどちらの効率が良いだろうか：すべての括弧づけを列挙してそれぞれに対して乗算回数を計算する，手続き RECURSIVE-MATRIX-CHAIN を実行する．正しい答えを示せ．

14.3-2 第2.3.1項（分割統治法）で述べた MERGE-SORT が16要素からなる配列上で動作する場合の再帰木を描け．手続き MERGE-SORT のような効率の良い分割統治アルゴリズムの高速化に履歴管理が役立たない理由を説明せよ．

14.3-3 連鎖行列乗算問題の対照的な変型として，必要なスカラー乗算回数を（最小化ではなく）最大化するように行列の列を括弧づけする問題を考える．この問題は最適部分構造を持つか？

14.3-4 これまで述べてきたように，動的計画法では，まず部分問題を解き，次に問題の最適解の中で利用する部分問題を選択する．しかし，佐藤義清教授は，最適解を発見するには必ずしもすべての部分問題を解く必要はない，と主張している．連鎖行列乗算問題では，部分問題を解く前に，その部分積 $A_i A_{i+1} \cdots A_j$ を分割するために行列 A_k をつねに選択することによって（$p_{i-1} p_k p_j$ を最小化する k を選ぶことで）最適解を得ることができる，と主張している．この貪欲アプローチが準最適な解を生成する連鎖行列乗算問題のインスタンスを示せ．

14.3-5 第14.1節で述べたロッド切出し問題に新たな制約として，各 $i = 1, 2, \ldots, n$ に対して，切り出すことができる長さ i の金属棒の本数の上限 ℓ_i が与えられているとしよう．このとき，第14.1節で述べた最適部分構造の性質は，もはや成立しないことを示せ．

14.4 最長共通部分列

生物学の応用には，異なる2体（またはそれ以上）の生物の DNA の比較がよく出現する．DNA の一本鎖は，**塩基** (base) と呼ばれる分子の列から構成されており，アデニン (adenine)，グアニン (guanine)，シトシン (cytosine)，チミン (thymine) だけが許される塩基である．これらの塩基をそのイニシャルで表現し，DNA の一本鎖を有限集合 $\{A, C, G, T\}$ 上の文字列として表現する．（文字列の定義は付録第 C.1 節（数え上げ）参照．）たとえば，ある生物の DNA は，$S_1 = \text{ACCGGTCGAGTGCGCGGAAGCCGGCCGAA}$ であり，別の生物の DNA は，$S_2 = \text{GTCGTTCGGAATGCCGTTGCTCTGTAAA}$ であるかもしれない．2本の DNA の一本鎖を比較することの目的の1つは，2体の生物の近接度を量る尺度の1つとして，2本の DNA の一本鎖間の"類似度"を決定することである．類似度は，多くの異なる方法で定義可能であり，事実，多くの異なる方法で定義されてきた．たとえば，ある DNA 一本鎖が別の DNA 一本鎖の部分文字列であるとき，これら2本の DNA 一本鎖は，互いに類似であると言うことができる．（第32章（文字列照合）では，この問題を解くアルゴリズムを検討する．）上記の S_1 と S_2 は，共に他方の部分文字列ではない．別の可能性として，一方を他方に変換するために必要な変更の回数が少ないときに，これら2本の一本鎖は類似であると言うこともできる．（章末問題 14-5 では，この概念を検討する．）さらに別の方法として，S_1 と S_2 に共通して出現す

るある第 3 の一本鎖 S_3 を見つけることで，一本鎖 S_1 と S_2 の類似度を量ることができる．S_3 に現れる塩基は，S_1 と S_2 のどちらの中でも同じ順序で現れる必要があるが，必ずしも引き続いて現れる必要はない．長い一本鎖 S_3 を発見できれば，それだけ S_1 と S_2 の類似度が高い．我々の例では，最長の一本鎖 S_3 は GTCGTCGGAAGCCGGCCGAA である．

　最後に説明した類似度の概念を最長共通部分列問題として定式化する．ある列の部分列は，その列から 0 あるいはそれ以上の個数の要素を取り去ったものである．正確には，列 $X = \langle x_1, x_2, \ldots, x_m \rangle$ が与えられたとき，ある列 $Z = \langle z_1, z_2, \ldots, z_k \rangle$ が X の**部分列** (subsequence) であるとは，真に増加する X のインデックスの列 $\langle i_1, i_2, \ldots, i_k \rangle$ が存在して，すべての $j = 1, 2, \ldots, k$ に対して $x_{i_j} = z_j$ を満たすときを言う．たとえば，$Z = \langle B, C, D, B \rangle$ は，インデックスの列 $\langle 2, 3, 5, 7 \rangle$ によって対応づけられる $X = \langle A, B, C, B, D, A, B \rangle$ の部分列である．

　2 つの列 X と Y が与えられているとする．ある列 Z が X と Y 両方の部分列であるとき，Z を X と Y の**共通部分列** (common subsequence) と言う．$X = \langle A, B, C, B, D, A, B \rangle$，$Y = \langle B, D, C, A, B, A \rangle$ とすると，列 $\langle B, C, A \rangle$ は，X と Y の共通部分列である．しかし，列 $\langle B, C, A \rangle$ は，X と Y の**最長共通部分列** (longest common subsequence, **LCS**) ではない．なぜなら，その長さは 3 であり，長さ 4 の共通部分列 $\langle B, C, B, A \rangle$ が存在するからである．長さが 5 以上の共通部分列が存在しないので，列 $\langle B, C, B, A \rangle$ は，X と Y の LCS の 1 つであり，列 $\langle B, D, A, B \rangle$ もまた LCS の 1 つである．

　最長共通部分列問題 (longest-common-subsequence problem) は，与えられた 2 つの列 $X = \langle x_1, x_2, \ldots, x_m \rangle$ と $Y = \langle y_1, y_2, \ldots, y_n \rangle$ の最長共通部分列を求める問題である．本節では，動的計画法を用いると LCS 問題が効率よく解けることを示す．

ステップ 1：最長共通部分列の特徴づけ

LCS 問題をしらみつぶし法で解くには，X のすべての部分列を順番に生成し，生成された部分列が Y の部分列でもあるかどうかを調べて，これまでに見つけた最長の共通部分列を記憶しておけばよい．X の各部分列は，X のインデックス集合 $\{1, 2, \ldots, m\}$ のある部分集合に対応する．X には 2^m 個の部分列があるので，この方法では実行に指数関数的な時間がかかるので，長い列に対するこの方法の適用は現実的ではない．

　しかし，LCS 問題は，次の定理で示すように最適部分構造の性質を持つ．そして，部分問題の自然な族が，2 つの入力列の「接頭語」の組に対応することをすぐに説明する．正確には，ある列 $X = \langle x_1, x_2, \ldots, x_m \rangle$ が与えられているとき，各 $i = 0, 1, \ldots, m$ について，X の i 番目の**接頭語** (prefix) を $X_i = \langle x_1, x_2, \ldots, x_i \rangle$ と定義する．たとえば，$X = \langle A, B, C, B, D, A, B \rangle$ とすると，$X_4 = \langle A, B, C, B \rangle$ で，X_0 は空列である．

定理 14.1 (LCS の最適部分構造)　$X = \langle x_1, x_2, \ldots, x_m \rangle$ と $Y = \langle y_1, y_2, \ldots, y_n \rangle$ を列，$Z = \langle z_1, z_2, \ldots, z_k \rangle$ を X と Y の任意の LCS とする．

1. $x_m = y_n$ のとき，$z_k = x_m = y_n$ であり，Z_{k-1} は X_{m-1} と Y_{n-1} の LCS である．
2. $x_m \neq y_n$ のとき，$z_k \neq x_m$ ならば Z は，X_{m-1} と Y の LCS である．
3. $x_m \neq y_n$ のとき，$z_k \neq y_n$ ならば Z は，X と Y_{n-1} の LCS である．

証明 (1) $z_k \neq x_m$ を仮定すると，Z に $x_m = y_n$ をつけ加えて長さ $k+1$ の X と Y の共通部分列が構成できる．これは，Z が X と Y の**最長**共通部分列であるという仮定に矛盾する．したがって，$z_k = x_m = y_n$ である．接頭語 Z_{k-1} は，X_{m-1} と Y_{n-1} の長さが $(k-1)$ の共通部分列である．これが LCS であることを示したい．長さが k 以上の X_{m-1} と Y_{n-1} の共通部分列 W が存在すると仮定して矛盾を導く．このとき，W に $x_m = y_n$ を付加すると長さが $k+1$ 以上の X と Y の共通部分列が構成できるが，これは矛盾である．

(2) $z_k \neq x_m$ ならば，Z は X_{m-1} と Y の共通部分列である．長さが $k+1$ 以上の X_{m-1} と Y の共通部分列 W が存在すると仮定すると，W は，X_m と Y の共通部分列でもあるので，Z が X と Y の LCS であるという仮定に矛盾する．

(3) この証明は (2) と対称的である． ■

定理 14.1 の最長共通部分列の特徴づけから，2 つの列の LCS が，その一部として，これらの列の接頭語の LCS を含むことが分かる．したがって，LCS 問題は最適部分構造の性質を持つ．すぐに説明するように，この問題に対する再帰解は，重複性部分問題も持っている．

ステップ 2：再帰的な解

定理 14.1 より，列 $X = \langle x_1, x_2, \ldots, x_m \rangle$ と $Y = \langle y_1, y_2, \ldots, y_n \rangle$ の LCS を求めるには，1 個あるいは 2 個の部分問題を検討する必要がある．$x_m = y_n$ ならば，X_{m-1} と Y_{n-1} の LCS を発見する必要がある．発見した LCS に $x_m = y_n$ を連接すれば，X と Y の LCS になる．$x_m \neq y_n$ ならば，2 つの部分問題を解く必要がある：X_{m-1} と Y の LCS を発見する問題と，X と Y_{n-1} の LCS を発見する問題である．発見した 2 つの LCS の長いほうが X と Y の LCS である．以上ですべての可能性を尽くしたので，1 つの部分問題の最適解が X と Y の LCS の中に必ず出現することが分かった．

LCS 問題が重複性部分問題を持つことを確かめよう．X と Y の LCS を発見するには，X と Y_{n-1} の LCS および X_{m-1} と Y の LCS を発見する必要性が生じるかもしれない．そして，これら 2 つの部分問題は，X_{m-1} と Y_{n-1} の LCS を発見するという「部分問題」を共有する．同様にして，他の多くの部分問題も部分問題を共有している．

連鎖行列乗算問題と同様，最適解の値に対する漸化式をまず確立し，それを用いて LCS 問題に対する再帰的な解を導く．列 X_i と Y_j の LCS の長さを $c[i,j]$ と定義する．$i = 0$ または $j = 0$ ならば，一方の列の長さが 0 なので，LCS の長さも 0 である．LCS 問題の最適部分構造から，漸化式

$$c[i,j] = \begin{cases} 0 & i = 0 \text{ または } j = 0 \text{ のとき} \\ c[i-1, j-1] + 1 & i, j > 0 \text{ かつ } x_i = y_j \text{ のとき} \\ \max\{c[i, j-1], c[i-1, j]\} & i, j > 0 \text{ かつ } x_i \neq y_j \text{ のとき} \end{cases} \tag{14.9}$$

を得る．

この漸化式では，問題に関するある条件によって検討すべき部分問題が変化することに注目せよ．$x_i = y_j$ ならば，X_{i-1} と Y_{j-1} の LCS を求める部分問題が現れ，この部分問題を必ず検討する．$x_i \neq y_j$ ならば，X_i と Y_{j-1} の LCS および X_{i-1} と Y_j の LCS を求める 2 つの部分問題を検討することになる．ロッド切出し問題と連鎖行列乗算問題に対して以前に検討した

j	0	1	2	3	4	5	6
i / y_j		B	D	C	A	B	A
0 x_i	0	0	0	0	0	0	0
1 A	0	↑0	↑0	↑0	↖1	←1	1
2 B	0	↖1	←1	←1	↑1	2	←2
3 C	0	↑1	↑1	↖2	←2	2	↑2
4 B	0	↖1	1	2	2	↖3	←3
5 D	0	1	↖2	2	2	3	↑3
6 A	0	1	2	2	3	3	4
7 B	0	↖1	2	2	3	↖4	4

図 14.8　$X = \langle A, B, C, B, D, A, B \rangle$ と $Y = \langle B, D, C, A, B, A \rangle$ を入力とする手続き LCS-Length が計算した表 c と b. i 行 j 列の箱は $c[i,j]$ 値と $b[i,j]$ 値を表現する矢印を含む. 表の右下隅 $c[7,6]$ の値 4 は, X と Y の LCS $\langle B, C, B, A \rangle$ の長さである. $i, j > 0$ のとき, $c[i,j]$ の値は, $x_i = y_j$ の成否と, $c[i,j]$ より前に計算する $c[i-1,j]$, $c[i,j-1]$, $c[i-1,j-1]$ の値だけに依存する. $b[i,j]$ が定める矢印を右下隅から辿れば（辿られる経路を濃い網かけで示す）LCS の要素が再構成できる. 濃い網かけのセルの中に示された経路上に現れる "↖" を含む（強調表示された）要素は, $x_i = y_j$ が LCS の要素であることを示す.

動的計画アルゴリズムでは, 問題に関する条件に基づいて任意の部分問題を検討から除外することはしなかった. LCS 発見問題以外にも, 問題に関する条件に基づいて部分問題を除外できる動的計画アルゴリズムが存在する. たとえば編集距離問題（章末問題 14-5 参照）はこの性質を持っている.

ステップ 3：LCS の長さの計算

2 つの列の LCS の長さを指数関数的時間で計算する再帰的アルゴリズムを漸化式 (14.9) に基づいて記述することは容易である. しかし,（$0 \le i \le m$ かつ $0 \le j \le m$ に対し $c[i,j]$ を計算する）異なる部分問題が $\Theta(mn)$ 個しか存在しないことに注目すると, 動的計画法を用いて解をボトムアップ式に計算できる.

手続き LCS-Length は, 2 つの列 $X = \langle x_1, x_2, \ldots, x_m \rangle$ と $Y = \langle y_1, y_2, \ldots, y_n \rangle$ をそれらの長さとともに入力として取る. この手続きは表 $c[0:m, 0:n]$ に $c[i,j]$ 値を保存するが, それらの計算は**行優先** (row-major) で行う. すなわち, 手続きは c の第 1 行を左から右に向かって埋めてゆき, 次に第 2 行, 以下同様にして, c を埋める. 手続きはまた, 最適解を容易に構成するために表 $b[1:m, 1:n]$ も同時に管理する. 直観的に言うと, $b[i,j]$ は, $c[i,j]$ を計算するときに選択した部分問題の最適解に対応する要素を示す. 手続きは表 b と c を返す. このとき, $c[m,n]$ には X と Y の LCS の長さが格納されている. 図 14.8 に列 $X = \langle A, B, C, B, D, A, B \rangle$ と $Y = \langle B, D, C, A, B, A \rangle$ を入力として取る手続き LCS-Length が出力する表を示す. 表の各要素の計算に $\Theta(1)$ 時間しかかからないので, この手続きの実行時間は $\Theta(mn)$ である.

LCS-LENGTH(X, Y, m, n)

```
 1  b[1:m, 1:n] と c[0:m, 0:n] を新しい表とする
 2  for i = 1 to m
 3      c[i, 0] = 0
 4  for j = 0 to n
 5      c[0, j] = 0
 6  for i = 1 to m          // 行優先で表の値を計算
 7      for j = 1 to n
 8          if x_i == y_j
 9              c[i, j] = c[i-1, j-1] + 1
10              b[i, j] = "↖"
11          elseif c[i-1, j] ≥ c[i, j-1]
12              c[i, j] = c[i-1, j]
13              b[i, j] = "↑"
14          else c[i, j] = c[i, j-1]
15              b[i, j] = "←"
16  return c と b
```

PRINT-LCS(b, X, i, j)

```
 1  if i == 0 または j == 0
 2      return              // LCS は長さ 0
 3  if b[i, j] == "↖"
 4      PRINT-LCS(b, X, i-1, j-1)
 5      x_i をプリントする    // y_j と同じ
 6  elseif b[i, j] == "↑"
 7      PRINT-LCS(b, X, i-1, j)
 8  else PRINT-LCS(b, X, i, j-1)
```

ステップ 4：LCS の構成

手続き LCS-LENGTH が出力する表 b を用いると，2 つの列 $X = \langle x_1, x_2, \ldots, x_m \rangle$ と $Y = \langle y_1, y_2, \ldots, y_n \rangle$ の LCS を高速に構成できる．$b[m, n]$ から開始し，矢印に従って表を辿るだけでよい．要素 $b[i, j]$ で "↖" にぶつかれば，それは $x_i = y_j$ が LCS-LENGTH が発見した LCS の要素であることを意味している．この方法では，LCS の要素に逆順で出会うことになる．次の再帰手続き PRINT-LCS は，X と Y の LCS を正しい順序でプリントする．初期呼出しは PRINT-LCS($b, X, X.length, Y.length$) である．図 14.8 の表 b に対してこの手続きを実行すると，$BCBA$ がプリントされる．再帰の各ステップで i と j のうちの少なくとも一方が減るので，この手続きの実行時間は $O(m + n)$ である．

336 | 14 動的計画法

コードの改良

アルゴリズムを開発し終わった後になって，その時間や領域を改善できることに気づくことがある．ある変更は，コードを単純化し定数倍の改良をもたらすが，効率の漸近的な改良に至らない．しかし，時間と領域で漸近的に十分な改良となる変更もある．

たとえば，LCS アルゴリズムから表 b をすべて削除できる．$c[i, j]$ の各要素は，表 c の他の 3 つの要素：$c[i-1, j-1]$，$c[i-1, j]$，$c[i, j-1]$ だけに依存する．そこで，$c[i, j]$ の値が与えられると，表 b を調べなくても，これら 3 つの値の中から $c[i, j]$ の計算に使われた値を $O(1)$ 時間で決定できる．したがって，PRINT-LCS と似た手続きを用いて，$O(m+n)$ の時間で LCS を再構成できる．（擬似コードの作成は練習問題 14.4-2 とする．）この方法によって領域を $\Theta(mn)$ だけ節約できるが，表 c に $\Theta(mn)$ 領域が必要なので，LCS の計算に必要な補助領域は漸近的には変わらない．

しかし，どの時点でも表 c の 2 つの行：計算中の行と直前の行だけが必要であることに気がつけば，LCS-LENGTH の漸近的領域計算量を削減できる．（実際に，練習問題 14.4-4 では，LCS の長さを計算するには，1 行に必要な領域よりもわずかに多い領域があれば十分であることを示す．）この改善は，LCS の長さだけが求められているときに有効である．LCS の要素を再構成する必要がある場合には，このより小さい表は，アルゴリズムのステップを $O(m+n)$ 時間で辿れるだけの情報を十分には蓄えていない．

練習問題

14.4-1 $\langle 1, 0, 0, 1, 0, 1, 0, 1 \rangle$ と $\langle 0, 1, 0, 1, 1, 0, 1, 1, 0 \rangle$ の LCS を決定せよ．

14.4-2 完成された表 c および列 $X = \langle x_1, x_2, \ldots, x_m \rangle$ と $Y = \langle y_1, y_2, \ldots, y_n \rangle$ より，表 b を用いずに $O(m+n)$ 時間で X と Y の LCS を再構成する擬似コードを書け．

14.4-3 $O(mn)$ 時間で走る履歴管理版の手続き LCS-LENGTH を与えよ．

14.4-4 表 c の $2 \cdot \min(m, n)$ 個のみの要素と $O(1)$ の追加領域を用いて LCS の長さを計算する方法を示せ．つぎに，$\min(m, n)$ 個のみの要素と $O(1)$ の追加領域を用いて同じことを実行する方法を示せ．

14.4-5 長さが n の自然数の列から最長の単調増加部分列を発見する $O(n^2)$ 時間アルゴリズムを示せ．

14.4-6 ★ 長さが n の自然数の列から最長の単調増加部分列を発見する $O(n \lg n)$ 時間アルゴリズムを示せ．（ヒント：長さ i の候補部分列の最後の要素は，長さ $i-1$ の候補部分列の最後の要素より小さくないことに注目せよ．入力列の中で候補部分列をリンクすることにより候補部分列を管理せよ．）

14.5 最適 2 分探索木

英語の文章をラトビア語に翻訳するプログラムを設計することになったとしよう．ある英単

語が文章に現れるたびに同じ意味を持つラトビア語の単語を探索する必要がある．英単語を
キー，対応するラトビア語の単語を付属データとする，n 個のオブジェクトから構成される 2
分探索木を作ることで，この探索操作を実現できる．文章中に現れる英単語のそれぞれに対し
て木を探索するので，総探索時間をできる限り少なく抑えたい．1 回の英単語の出現に対して
探索時間を $O(\lg n)$ で抑えることは，2 色木や他の平衡 2 分探索木を用いることで実現できる．
しかし，単語が出現する回数は単語によって異なるので，"the" のようによく出現する単語が
探索木の根から遠くに配置される一方，"naumachia"[d] のようにほとんど出現しない単語が根
の近くに配置されるようなことが起こるかもしれない．あるキーを 2 分探索木の中から発見す
る際に訪れる節点数は，このキーを含む節点の深さに 1 を加えたものなので，このような 2 分
探索木の構成は，翻訳速度を低下させるに違いない．そこで，頻繁に出現する単語ほど根の近
くに置くようにしたい．[8] さらに，文章の中にラトビア語に翻訳できない単語[9]が現れるかもし
れず，このような単語は 2 分探索木にまったく現れない．以下では，各単語が出現する頻度
が与えられたとき，すべての探索で訪れる節点数の総和を最小化するように 2 分探索木を構成
する方法を考察する．

最適 2 分探索木 (optimal binary search tree) として知られている木を構成することが我々
の目的である．正式には，$k_1 < k_2 < \cdots < k_n$ であるような n 個の異なるキーの列 $K = \langle k_1, k_2, \ldots, k_n \rangle$ が与えられたとき，これらのキーを含む 1 つの 2 分探索木を構成する．各キー
k_i に対して探索が起きる確率 p_i が分かっている．探索は，K が含まない値に対して起きるか
もしれないので，K が含まない値を示すために $n+1$ 個の"ダミー"キー $d_0, d_1, d_2, \ldots, d_n$
を用意する．具体的に言うと，d_0 は k_1 未満のすべての値を表現し，d_n は k_n を超えるすべて
の値を表現する．また，各 $i = 1, 2, \ldots, n-1$ に対して，d_i は k_i と k_{i+1} の間のすべての値
を表現する．各ダミーキー d_i に対して，探索が d_i で終る確率 q_i も分かっているものとする．
図 14.9 は，$n = 5$ 個のキーの集合に対する 2 つの 2 分探索木を示す．各キー k_i は内部節点，
各ダミーキー d_i は葉である．任意の探索は（あるキー k_i を発見して）成功するか，（あるダ
ミーキー d_i を発見して）失敗に終わるかどちらかなので

$$\sum_{i=1}^{n} p_i + \sum_{i=0}^{n} q_i = 1 \tag{14.10}$$

が成立する．

各キーおよび各ダミーキーを探索する確率が与えられているので，与えられた 2 分探索木 T
における 1 回の探索コストの期待値が決定できる．1 回の探索にかかる実コストは訪れた節点
数，すなわち，T における探索によって発見された節点の深さに 1 を加えると仮定する．この
とき，T における 1 回の探索コストの期待値は，

$$\mathrm{E}[T\text{ での探索コスト}] = \sum_{i=1}^{n} (\mathrm{depth}_T(k_i) + 1) \cdot p_i + \sum_{i=0}^{n} (\mathrm{depth}_T(d_i) + 1) \cdot q_i$$

---

[d] ［訳注］古代ローマで行われた模擬海戦．ローマの円形競技場や特別に作られた人工の池や湖で行われた．

[8] この文章の主題が古代ローマならば，*naumachia*（machicolation（石落し用狭間））が根の近くに現れるように
望むこともあるかもしれない．

[9] *naumachia* は，ラトビア語の *nomačija* に対応する．

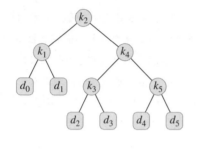
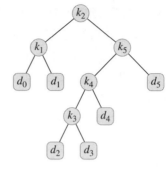

ノード	深さ	確率	貢献度
k_1	1	0.15	0.30
k_2	0	0.10	0.10
k_3	2	0.05	0.15
k_4	1	0.10	0.20
k_5	2	0.20	0.60
d_0	2	0.05	0.15
d_1	2	0.10	0.30
d_2	3	0.05	0.20
d_3	3	0.05	0.20
d_4	3	0.05	0.20
d_5	3	0.10	0.40
合計			2.80

(a)

ノード	深さ	確率	貢献度
k_1	1	0.15	0.30
k_2	0	0.10	0.10
k_3	3	0.05	0.20
k_4	2	0.10	0.30
k_5	1	0.20	0.40
d_0	2	0.05	0.15
d_1	2	0.10	0.30
d_2	4	0.05	0.25
d_3	4	0.05	0.25
d_4	3	0.05	0.20
d_5	2	0.10	0.30
合計			2.75

(b)

図 14.9 以下に示す出現確率を持つ $n = 5$ 個のキーの集合に対する 2 つの 2 分探索木：

i	0	1	2	3	4	5
p_i		0.15	0.10	0.05	0.10	0.20
q_i	0.05	0.10	0.05	0.05	0.05	0.10

(a) 探索コストの期待値が 2.80 の 2 分探索木．**(b)** 探索コストの期待値が 2.75 の 2 分探索木．この木は最適である．

$$= 1 + \sum_{i=1}^{n} \mathrm{depth}_T(k_i) \cdot p_i + \sum_{i=0}^{n} \mathrm{depth}_T(d_i) \cdot q_i \tag{14.11}$$

である．ただし，depth_T は，木 T における節点の深さを示す．等式 (14.10) から，最後の等号が成立する．図 14.9(a) について，節点ごとに探索コストの期待値を計算できる．

与えられた確率の集合に対して，探索コストの期待値を最小化する 2 分探索木を構成したい．このような木を**最適 2 分探索木** (optimal binary search tree) と呼ぶ．図 14.9(a) はキャプションに示した確率の集合に対する最適 2 分探索木であり，探索コストの期待値は 2.80 である．同図 (b) は期待値が 2.75 である最適 2 分探索木を示している．最適 2 分探索木は，必ずしも高さが最小となる木ではなく，最大の確率を持つキーが必ずしも根に置かれるわけでもないことを，この例は示している．この例では，k_5 の探索確率が最大であるが，最適 2 分探索木の根は k_2 である．（k_5 を根とする 2 分探索木の中では，探索コストの期待値の最小値は 2.85 である．）

連鎖行列乗算の場合と同様，すべての可能性をしらみつぶしに調べる方法からは，効率的なアルゴリズムは生成できない．n 個の節点を持つ任意の 2 分木の節点をキー $k_1, k_2, \ldots, k_n$ で

ラベルづけて 2 分探索木を作り，さらにダミーキーを葉として追加する．したがって，章末問題 12-4 で示したように，n 個の節点を持つ 2 分木の個数は，$\Omega(4^n/n^{3/2})$ である，しらみつぶし的探索では指数関数個の 2 分探索木を検討する必要に迫られる．この問題を動的計画法を用いて，もっと効率よく解く方法を示そう．

ステップ 1：最適 2 分探索木の構造

部分木の考察から始めて最適 2 分探索木の最適部分構造を特徴づけよう．2 分探索木の任意の部分木を考える．この部分木は，ある $1 \le i \le j \le n$ に対して，連続する範囲 $k_i, \dots, k_j$ に属するキーを含む．そして，キー $k_i, \dots, k_j$ を含む部分木はさらにダミーキー $d_{i-1}, \dots, d_j$ もまたその葉として含んでいる．

　最適 2 分探索木問題の最適部分構造を説明する：最適 2 分探索木 T がキー $k_i, \dots, k_j$ を含む部分木 T' を持つとするとき，部分木 T' は，キー $k_i, \dots, k_j$ とダミーキー $d_{i-1}, \dots, d_j$ から定義される部分問題に対する最適 2 分探索木でなければならない．この事実は，切貼り論法を適用することで証明できる．もし期待コストが T' よりも小さい部分木 T'' が存在したとすれば，T から T' を切り取り，代わりに T'' を貼り込むことで，T よりも期待コストが小さい 2 分探索木が構成できるので，T の最適性に矛盾する．

　問題に対する最適解を部分問題に対する最適解から構成できることを示すために，部分構造最適性を用いる．与えられたキー $k_i, \dots, k_j$ に対する最適部分木の根は，この中のあるキー k_r $(i \le r \le j)$ である．そして，根 k_r の左部分木はキー $k_i, \dots, k_{r-1}$（とダミーキー $d_{i-1}, \dots, d_{r-1}$）を含み，右部分木はキー $k_{r+1}, \dots, k_j$（とダミーキー $d_r, \dots, d_j$）を含む．そこで，根のすべての候補 k_r $(i \le r \le j)$ を検討し，キー $k_i, \dots, k_{r-1}$ および $k_{r+1}, \dots, k_j$ のそれぞれを含む最適 2 分探索木を決定することで，最適 2 分探索木を必ず発見できる．

　"空の"部分木には注意を払う価値がある．キー $k_i, \dots, k_j$ を持つ部分木において，k_i を根に選択したとしよう．上記の議論より，k_i の左部分木はキー $k_i, \dots, k_{i-1}$ を含む：この状況はキーを含まない．しかし，部分木はダミーキーも含んでいたはずである．そこで，キー $k_i, \dots, k_{i-1}$ を含む部分木は実キーを含まず，1 個のダミーキー d_{i-1} だけを含むと解釈する．対称的に，k_j を根に選択したときには，k_j の右部分木はキー $k_{j+1}, \dots, k_j$ を含む．この状況の右部分木は実キーを含まず，ダミーキー d_j だけを含むと解釈する．

ステップ 2：再帰的な解

最適解の値を再帰的に定義するためには，部分問題の領域は，$i \ge 1$，$j \le n$，かつ $j \ge i-1$ のとき，キー $k_i, \dots, k_j$ を含む最適 2 分探索木を見つける．（$j = i-1$ のときは，ダミーキー d_{i-1} だけで，実キーはない．）キー $k_i, \dots, k_j$ を含む最適 2 分探索木の探索コストの期待値を $e[i, j]$ で表す．最終目的は，実際のキーとダミーキーすべてに対する最適 2 分探索木を探索する期待コストである $e[1, n]$ を計算することである．

　$j = i-1$ の場合は簡単である．部分問題はダミーキー d_{i-1} だけで構成されている．よって，期待探索コストは $e[i, i-1] = q_{i-1}$ である．

　$j \ge i$ の場合には，$k_i, \dots, k_j$ の中から根 k_r を選択し，キー $k_i, \dots, k_{r-1}$ を持つ最適 2 分探索木を左部分木，キー $k_{r+1}, \dots, k_j$ を持つ最適 2 分探索木を右部分木とする 2 分探索木を構

成しなければならない．ある部分木がある節点の部分木となったときに起こる期待探索コスト
の変化は何だろうか？部分木の各節点の深さは 1 ずつ増加する．したがって，等式 (14) より，
この部分木の期待探索コストは，部分木の中の確率の和だけ増加する．キー $k_i, \ldots, k_j$ を持つ
部分木に対して，この確率の和を

$$w(i, j) = \sum_{l=i}^{j} p_l + \sum_{l=i-1}^{j} q_l \tag{14.12}$$

で表す．そこで，k_r がキー $k_i, \ldots, k_j$ を含む最適部分探索木の根であれば，

$$e[i, j] = p_r + (e[i, r-1] + w(i, r-1)) + (e[r+1, j] + w(r+1, j))$$

が成立する．

$$w(i, j) = w(i, r-1) + p_r + w(r+1, j)$$

に注意すると，$e[i, j]$ を

$$e[i, j] = e[i, r-1] + e[r+1, j] + w(i, j) \tag{14.13}$$

と書き換えることができる．

　漸化式 (14.13) は，根 k_r が既知であると仮定している．もちろん，我々は期待探索コストを
最小化する根を選択するので，最終的に再帰的な定式化：

$$e[i, j] = \begin{cases} q_{i-1} & j = i-1 \text{ のとき} \\ \min \{e[i, r-1] + e[r+1, j] + w(i, j) : i \le r \le j\} & i \le j \text{ のとき} \end{cases} \tag{14.14}$$

を得る．

　$e[i, j]$ 値が最適 2 分探索木の期待探索コストを与える．最適 2 分探索木の構造を維持管理す
るために，k_r がキー $k_i, \ldots, k_j$（ただし，$1 \le i \le j \le n$）を含む 1 つの最適な二分探索木の
根を指すようにインデックス r の値を与える $root[i, j]$ を定義する．$root[i, j]$ の値を計算する
方法を以下で説明するが，これらの値から最適 2 分探索木を構成する方法は，練習問題 14.5-1
とする．

ステップ 3：最適 2 分探索木の期待探索コストの計算

ここで最適 2 分探索木と連鎖行列乗算に対する特徴づけの類似性に気づかれたことであろう．
どちらの問題領域も各部分問題は，インデックスのある連続区間に対応する．式 (14.14) の直
接的で再帰的な実装は，直接的で再帰的な連鎖行列乗算アルゴリズムと同程度に非効率であ
る．そこで，表 $e[1:n+1, 0:n]$ に値 $e[i, j]$ を保存する．最初のインデックスの値は，n ではな
く，$n+1$ まで動く必要がある．部分木がダミーキー d_n だけを含む場合のために，$e[n+1, n]$
を計算して保存する必要があるからである．一方，第 2 インデックスの値は，0 から始まる必
要がある．ダミーキー d_0 だけを含む部分木を考慮するために，$e[1, 0]$ を計算して保存する必
要があるからである．我々は，$j \ge i-1$ を満たす要素 $e[i, j]$ だけを利用する．表 $root[i, j]$ は

キー $k_i, \ldots, k_j$ を含む部分木の根を記憶するためにも使い，この表は，$1 \le i \le j \le n$ を満たす要素だけを利用する．

動的計画法アルゴリズムの効率を改善するために，さらに別の表を利用する．$e[i,j]$ を計算するたびに $\Theta(j-i)$ 回の加算を用いて $w(i,j)$ の値を最初から計算する代わりに，これらの値を以下の要領で計算して表 $w[1:n+1, 0:n]$ に保存しておく．基底は，各 $1 \le i \le n+1$ に対して $w[i, i-1] = q_{i-1}$ である．$j \ge i$ の場合は，

$$w[i,j] = w[i,j-1] + p_j + q_j \tag{14.15}$$

によって計算する．したがって，$\Theta(n^2)$ 個の $w[i,j]$ 値を 1 個当り $\Theta(1)$ 時間で計算できる．

手続き OPTIMAL-BST は，確率 $p_1, \ldots, p_n$ および $q_0, \ldots, q_n$ とサイズ n を入力として取り，表 e と $root$ を出力する．上の擬似コードおよび第 14.2 節で述べた手続き手続き MATRIX-CHAIN-ORDER との類似性から，この手続きの動作が容易に分かるであろう．第 2〜4 行の **for** ループでは，$e[i, i-1]$ と $w[i, i-1]$ を初期化する．第 5〜14 行の **for** ループでは，漸化式 (14.14) と (14.15) を用いて，すべての $1 \le i \le j \le n$ に対して $e[i,j]$ と $w[i,j]$ を計算する．$l = 1$ のときの最初の繰返しでは，そのループは $i = 1, 2, \ldots, n$ に対して $e[i,i]$ と $w[i,i]$ を計算する．$l = 2$ のときの 2 回目の繰返しでは，$i = 1, 2, \ldots, n-1$ に対して $e[i, i+1]$ と $w[i, i+1]$ を計算し，以下同様に繰返しが進む．第 10〜14 行の最も内側の **for** ループは，キー $k_i, \ldots, k_j$ を含む最適 2 分探索木の根となるキー k_r を決定するためにインデックス r の候補を比較検討する．この **for** ループは，より良いキーを根の候補として発見すると，そのインデックスの現在の値 r を $root[i,j]$ に保存する．

OPTIMAL-BST(p, q, n)

```
 1  e[1:n+1, 0:n], w[1:n+1, 0:n], および root[1:n, 1:n] を新しい表とする
 2  for i = 1 to n + 1          // 基底段階
 3      e[i, i-1] = q_{i-1}      // 式 (14.14) より
 4      w[i, i-1] = q_{i-1}
 5  for l = 1 to n
 6      for i = 1 to n - l + 1
 7          j = i + l - 1
 8          e[i, j] = ∞
 9          w[i, j] = w[i, j-1] + p_j + q_j          // 式 (14.15) より
10          for r = i to j                           // すべての根 r を試す
11              t = e[i, r-1] + e[r+1, j] + w[i, j]   // 式 (14.14) より
12              if t < e[i, j]                        // 新たな最小値？
13                  e[i, j] = t
14                  root[i, j] = r
15  return e と root
```

図 14.9 に示したキー分布を入力とする手続き OPTIMAL-BST が計算した表 $e[i,j]$，$w[i,j]$，$root[i,j]$ を図 14.10 に示す．図 14.5 に示した連鎖行列乗算の例のように，対角線が水平にな

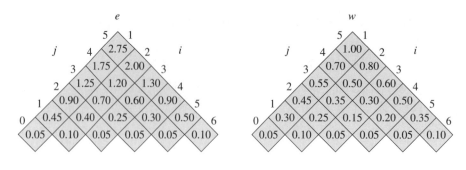

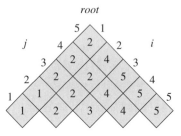

図 14.10 図 14.9 に示したキー分布を入力として OPTIMAL-BST が計算した表 $e[i,j]$, $w[i,j]$, $root[i,j]$. 表は対角線が水平になるように回転してある.

るように表を回転してある. OPTIMAL-BST は, 行を下から上に, 同じ行の中では左から右に向かって計算を進める.

MATRIX-CHAIN-ORDER と同様, 手続き OPTIMAL-BST は, $\Theta(n^3)$ 時間で走る. その for ループには 3 重の for ループがあり, 各 for ループのループ制御変数は高々 n 個の値を取るので, 実行時間は $O(n^3)$ である. 手続き OPTIMAL-BST に現れるループ制御変数は MATRIX-CHAIN-ORDER に現れるものと厳密に同じ範囲を取るわけではないが, どの方向についてもその差は高々 1 である. したがって, MATRIX-CHAIN-ORDER と同様, 手続き OPTIMAL-BST の実行には $\Omega(n^3)$ 時間が必要である.

練習問題

14.5-1 表 $root[1:n, 1:n]$ が与えられたとき, 最適 2 分探索木の構造を出力する手続き CONSTRUCT-OPTIMAL-BST($root$) の擬似コードを記述せよ. この手続きは, 図 14.10 の例に対して, 図 14.9(b) に示した最適 2 分探索木の構造を以下のように出力しなければならない.

k_2 は根
k_1 は k_2 の左の子
d_0 は k_1 の左の子
d_1 は k_1 の右の子
k_5 は k_2 の右の子
k_4 は k_5 の左の子
k_3 は k_4 の左の子
d_2 は k_3 の左の子
d_3 は k_3 の右の子

d_4 は k_4 の右の子

d_5 は k_5 の右の子

14.5-2 以下の確率を持つ $n = 7$ 個のキーの集合に対する最適2分探索木のコストと構造を決定せよ：

i	0	1	2	3	4	5	6	7
p_i		0.04	0.06	0.08	0.02	0.10	0.12	0.14
q_i	0.06	0.06	0.06	0.06	0.05	0.05	0.05	0.05

14.5-3 表 $w[i, j]$ を管理する代わりに，OPTIMAL-BST の第9行で等式 (14.12) を用いて $w(i, j)$ 値を直接計算し，計算した値を第11行で利用することにする．この変更が OPTIMAL-BST の漸近的な実行時間に及ぼす影響を述べよ．

14.5-4 ★ Knuth [212] は，すべての $1 \le i < j \le n$ に対して $root[i, j-1] \le root[i, j] \le root[i+1, j]$ を満たす最適部分木の根がつねに存在することを示した．この事実を用いて，手続き OPTIMAL-BST の実行時間を $\Theta(n^2)$ に改善せよ．

章末問題

14-1 有向非巡回グラフの単純最長路

実数値辺重みつき有向非巡回グラフ $G = (V, E)$ と，2つの異なる特別な頂点 s, t が与えられているとする．経路の**重み** (weight) は，その経路での辺の重みの和である．動的計画法に基づいて，s から t への最長の重みを持つ単純路を発見するアルゴリズムを説明せよ．このアルゴリズムの実行時間はどれほどか？

14-2 最長回文部分列

あるアルファベット上の非空の文字列で，前から読んでも後ろから読んでも同じになるものを**回文** (palindrome) と言う．回文の例として，すべてが，長さ1文字ずつの列 civic, racecar, aibohphpbia（回文恐怖症）がある．

入力としてある文字列を取り，その部分列の中から最長の回文を発見する効率の良いアルゴリズムを設計せよ．たとえば character が入力ならば，アルゴリズムの出力は carac である．このアルゴリズムの実行時間はどれほどか？

14-3 バイトニックユークリッド巡回セールスパーソン問題

ユークリッド巡回セールスパーソン問題 (Euclidean traveling-salesperson problem) は，平面上に与えられた n 個の点を結ぶ，最短の閉じた巡回路を決定する問題である．図 14.11(a) に7点の問題に対する解を示す．この問題は制約をつけなければ NP 困難であり，多項式時間の解は存在しないと信じられている（第34章（NP 完全性）参照）．

J. L. Bentley は，対象を**バイトニック巡回路** (bitonic tour)，すなわち，左端の点から出発し，真に左から右に向かって右端の点まで行き，次に真に右から左に向かって出発点に戻る巡回路に制約すれば問題は簡単になる，と述べている．図 14.11(b) は (a) と同じ7点の問題に対する最短のバイトニック巡回路である．この場合には，多項式時間のアルゴリズムが存在する．

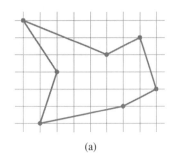 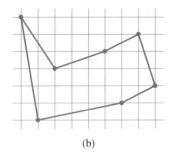

図 14.11 単位グリッド上に示された平面上の 7 点. **(a)** 最短の巡回路. 長さは約 24.89. この巡回路はバイトニックではない. **(b)** 同じ点集合に対する最短のバイトニック巡回路. 長さは約 25.58.

最適なバイトニック巡回路を求める $O(n^2)$ 時間アルゴリズムを設計せよ. 2 点は同じ x 座標を持つことはなく, すべての実数演算には単位時間かかると仮定してよい. (**ヒント**: 巡回路の 2 つの部分に対して, 最適な部分巡回路を保持しながら左から右に走査せよ.)

14-4 プリンタによる浄書

等幅フォント (すべての文字が同じ幅) で印字するプリンタを用いて文章を美しくプリントする問題を考えよう. 入力文は文字数で測った長さが $l_1, l_2, \ldots, l_n$ である n 個の語の列である. この文章を, 最大でも M 文字しか含むことができない行に分けて美しくプリントしたい. "美しさ" の基準は以下のとおりである. 与えられた行が語 i から j (ただし, $i \leq j$) を含み, 語の間に 1 個の空白が置かれるなら, この行端には, $M - j + i - \sum_{k=i}^{j} l_k$ 個の余白がある. これらの語を 1 行にうまく納めるには, この数は負であってはならない. 我々の目的は, 最終行を除く他のすべての行における余白の個数の 3 乗和を最小にすることである. n 個の語を美しくプリントするための動的計画アルゴリズムを与えよ. このアルゴリズムの実行に必要な時間と領域を解析せよ.

14-5 編集距離

ソース文字列 $x[1:m]$ を, さまざまな変換操作を用いてターゲット文字列 $y[1:n]$ に変換することを考える. x と y が与えられたときに, x を y に変換する変換操作の列を生成することが我々の目的である. 配列 z を中間結果を保存する目的で用いるが, z は必要となるすべての文字を格納できる十分な大きさを持つと仮定する. z は初期状態では空であり, 終了時点では, $j = 1, 2, \ldots, n$ に対して $z[j] = y[j]$ でなければならない. この問題を解く手続きでは, x の現在のインデックス i と z の現在のインデックス j を管理していて, 変換操作は, z とこれらのインデックスを変更できる. 初期値は $i = j = 1$ である. この変換の過程で, x のどの文字も検査されなければならない. したがって, 一連の変換操作が終了した時点では, $i = m + 1$ でである.

次の 6 つの変換操作が利用できるが, それぞれの操作に依存して決まる定数のコストが付与されていて, その中から操作をべばよい:

Copy: 代入 $z[j] = x[i]$ を行って x の 1 文字を z にコピーする. そして i と j にそれぞれ 1 を加える. この操作は $x[i]$ を検査し, そのコストは Q_C である.

Replace: 代入 $z[j] = c$ を行って x の 1 文字を別の文字 c に置き換える. そして i と j に

操作	x	z
初期文字列	a̲lgorithm	_
copy	al̲gorithm	a_
copy	alg̲orithm	al_
replace by t	algo̲rithm	alt_
delete	algor̲ithm	alt_
copy	algori̲thm	altr_
insert u	algori̲thm	altru_
insert i	algori̲thm	altrui_
insert s	algori̲thm	altruis_
twiddle	algorit̲hm	altruisti_
insert c	algorit̲hm	altruistic_
kill	algorithm̲_	altruistic_

図 14.12 元の algorithm という文字列をターゲット文字列の altruistic に変換する一連の操作. 下線が引かれた文字は, 操作後の $x[i]$ と $z[i]$ である.

それぞれ 1 を加える. この操作は $x[i]$ を検査し, そのコストは Q_R である.

Delete: j を変えずに i に 1 を加えることで, x の 1 文字を除去する. この操作は, $x[i]$ を検査し, そのコストは Q_D である.

Insert: 代入 $z[j] = c$ を行って i はそのままにして, 文字 c を z に挿入する. そして j だけに 1 を加える. 文字 c を z に挿入する. この操作は x の文字を検査せず, そのコストは Q_I である.

Twiddle: x の次の 2 文字の順序を交換した上で z にコピーする:代入 $z[j] = x[i+1]$ と $z[j+1] = x[i]$ を行った上で代入 $i = i+2$ と $j = j+2$ を行うことで, この操作を実現する. この操作は $x[i]$ と $x[i+1]$ を検査し, そのコストは Q_T である.

Kill: 代入 $i = m+1$ を行うことで, x の残された部分を削除する. この操作は, まだ検査されていなかった x のすべての文字を検査する. この操作は, 最後にしか実行されない. そのコストは Q_K である.

図 14.12 はソース文字列 algorithm をターゲット文字列 altruistic[e]に変換する 1 つの方法を示している. いくつかの変換方法で, algorithm を altruistic に変換することができる.

$Q_C < Q_D + Q_I$ および $Q_R < Q_D + Q_I$ と仮定しよう. なぜなら, そうでないと, コピーして置換え操作が使われなくなるからである. 与えられた変換操作の列のコストは, その列における個々の操作のコストの和である. 上の列の場合, algorithm を altruistic に変換するコストは, $3Q_C + Q_R + Q_D + 4Q_I + Q_T + Q_K$ である.

a. 2 つの文字列 $x[1:m]$ と $y[1:n]$ および変換操作コストが与えられたとき, x から y への**編集距離** (edit distance) は, x を y に変換する変換操作列の最小値コストである. $x[1:m]$ から $y[1:n]$ への編集距離を求め, 最適変換列を出力する動的計画アルゴリズムを記述せよ. このアルゴリズムの実行に必要な時間と領域を解析せよ.

---

[e] [訳注] altruistic は「利他的な」の意.

346 | 14 動的計画法

編集距離問題は，2 本の DNA 配列を整列させる問題の一般化である（たとえば，Setubal–Meidanis [405，第 3.2 節] 参照）．2 本の DNA 配列を整列させてその類似性を測るいくつかの方法がある．2 本の配列 x と y を整列させる方法の 1 つでは，空白の挿入だけを考える．2 本の配列の（両端を含む）適切な場所に空白を挿入し，同じ長さを持ち，同じ場所に空白が現れない配列 x' と y'（すなわち，$x'[j]$ と $y'[j]$ が共に空白である j は存在しない）を構成することが整列操作である．つぎに，各位置 j に以下の"得点"を割り当てる：

- $x'[j] = y'[j]$ かつ共に空白でなければ，$+1$
- $x'[j] \neq y'[j]$ かつ共に空白でなければ，-1
- $x'[j]$ または $y'[j]$ が空白ならば，-2

整列の得点は各位置の持つ得点の和である．たとえば，列 $x =$ GATCGGCAT と $y =$ CAATGTGAATC に対する整列の 1 つは

```
G ATCG GCAT
CAAT GTGAATC
-*++*+*+-++*
```

である．
$+$ はその位置の得点が $+1$ であること，$-$ は -1 であること，$*$ は -2 であることを示す．したがって，この整列の得点は $6 \cdot 1 - 2 \cdot 1 - 4 \cdot 2 = -4$ である．

b. 最適整列を発見する問題を，変換操作 copy，replace，delete，insert，twiddle，kill のいくつかを用いて編集距離問題の枠組みの中で解決する方法を説明せよ．

14-6 社内パーティー計画

森繁教授は，社内パーティーを計画しているある会社社長のコンサルタントをしている．この会社は階層構造を持っており，上司関係が社長を根とする木を形成している．人事課では，実数値で示される宴会好き度によって全従業員をランクづけた．すべての参加者にとってパーティーを楽しいものにするために，上司とその直属の部下が一緒に参加することがないようにしたい，というのが社長の意向である．

森繁教授は，会社の上司と部下の関係を示す木を持っていて，この木は第 10.3 節（根つき木の表現）で説明した左-子供，右-兄弟表現を用いて記述されている．木の各節点は，ポインタ以外に，従業員の名前と宴会好き度を含んでいる．参加者の宴会好き度の総和を最大化する参加者リストを作成するアルゴリズムを記述せよ．このアルゴリズムの実行に必要な時間を解析せよ．

14-7 Viterbi アルゴリズム

有向グラフ上で働く動的計画アルゴリズムは音声認識分野に応用がある．限定された言語を話す人物の形式モデルとして，ラベルつきの辺を持つ有向グラフ $G = (V, E)$ を考えよう．音素の有限集合 Σ から選択されたある音素 $\sigma(u, v)$ が各辺 $(u, v) \in E$ にラベルづけられている．ある特別な頂点 $v_0 \in V$ を始点とするグラフ上の各有向路が，モデルによって生成可能な音素列（音声）に対応する．モデルは，有向路上の辺のラベルの連接となる経路のラベルである．

a. 特別な頂点 v_0 を持つ辺ラベルつき有向グラフ G と音素集合 Σ 上の音素列 $s = \langle \sigma_1, \sigma_2, \ldots, \sigma_k \rangle$ を入力とし，s をラベルとして持つ v_0 を始点とする G の経路があれば，その 1 つの経路を出力する効率の良いアルゴリズムを設計せよ．ただし，そのような経路が存在しない場合には，アルゴリズムは NO-SUCH-PATH と出力しなければならない．このアルゴリズムの実行時間を解析せよ．（**ヒント**：第 20 章（基本的なグラフアルゴリズム）の概念が役立つ．）

各辺 $(u, v) \in E$ に，頂点 u から辺 (u, v) を辿り対応する音素を発声する非負の確率 $p(u, v)$ が与えられているとしよう．任意の頂点について，その外向き辺に与えられた確率の和は 1 に等しい．ある経路の確率を経路上の各辺の確率の積として定義する．v_0 を始点とする経路の確率は，v_0 から始まる「乱歩 (random walk)」がその経路を辿る確率と見なすことができる．ただし，乱歩が頂点 u から辿る辺は，u の外向き辺の中から与えられた確率に従ってランダムに選択される．

b. 問題 (a) に対する答えを拡張し，経路を出力するときには，ラベル s を持つ v_0 を始点とする経路の中で**最も高い確率を持つ経路**を出力するようにせよ．得たアルゴリズムの実行時間を解析せよ．

14-8 シームカービングを用いた画像圧縮

$m \times n$ 配列 $A[1:m, 1:n]$ に格納された画素から構成されているカラー画像が与えられている．ここで，各画素は，赤，緑，青 (RGB) 強度の 3 項組を定めている．この画像を少し圧縮することを考える．具体的に言うと，m 本ある行のそれぞれから 1 個の画素を削除し，画像の幅を 1 画素分だけ狭くする．見た目が変わらないようにするために，隣り合う行から削除される画素は，同じ列あるいは隣り合う列になければならない．すなわち，削除する画素の集合は一番上の行から一番下の行に至る 1 本の"縫い目（シーム (Seam)）"を構成し，この縫い目の連続する画素は垂直あるいは斜めに繋がっている．

a. $n > 1$ と仮定して，可能な縫い目の数が，少なくとも m に関して指数関数的に増大することを示せ．

b. 各画素 $A[i, j]$ に対して，その画素の削除が画像に与える悪影響の程度を実数値で示す破壊値 $d[i, j]$ がすでに計算されているとする．直観的に言うと，ある画素が近傍の画素と似ていればいるほど，その破壊値は小さい．縫い目の破壊値を，それを構成する画素の破壊値の和として定義する．

最小の破壊値を持つ縫い目を見つけるアルゴリズムを設計せよ．このアルゴリズムの効率を解析せよ．

14-9 文字列の分割

ある文字列処理用プログラミング言語では，1 つの文字列を 2 つの部分文字列に分割する操作を許している．この操作では文字列をコピーするので，n 文字から構成されている文字列を 2 つに分割するには，n 時間のコストがかかる．ある文字列を多くの部分文字列に分割することを考える．分割を行う順序が，費やされる時間の総量に影響する．たとえば，20 文字から構

348 | 14 動的計画法

成される文字列を 2，8，10 文字目の後ろで分割したいと考えたとする（左端の文字を 1 とし，昇順で番号づけされているとする）．分割を左から右に向かって順番に行うとすれば，最初の分割コストに 20 単位時間，第 2 の分割コストに 18 単位時間（文字 8 で，文字 3 から 20 までの文字列を分割し），そして第 3 の分割コストに 12 単位時間かかり，全部で 50 単位時間かかる．しかし，分割を右から左に向かって順番に行うようにすれば，最初の分割コストに 20 単位時間，第 2 の分割コストに 10 単位時間，第 3 の分割コストに 8 単位時間かかり，全部で 38 単位時間で済む．他の方法として，最初に 8 で分割し（コストは 20），次に左の文字列を 2 で分割し（コストは 8），最後に右の文字列を 10 で分割すると（コストは 12），この場合には全部で 40 単位時間かかる．

　対象の文字の後に分割する文字の番号が与えられたとき，最小コストで分割を達成する分割順序を決定するアルゴリズムを設計せよ．もっと正式に述べると，n 個の文字から構成される文字列に対する分割点を含む配列 $L[1:m]$ が与えられたとき，一連の分割点に対する最小のコストを計算せよ．そして，その最小コストを実現する分割順序を求めよ．

14-10　投資戦略の策定

あなたはアルゴリズムの知識のおかげで最先端スタートアップでの刺激的な仕事と，10,000 ドルの契約金を手に入れることができた．そこで，10 年後の利益を最大化することを目的として，この契約金を元手として投資をすることにした．この契約金を管理するために投資マネージャーとして G. I. Luvcache を起用することにした．Luvcache が働く会社は，次の規則を守ることを求めている．あなたは会社は第 1 番から第 n 番まで n 個の投資先を案内する．投資先 i の年 j の利益比率は r_{ij} である．言い換えると，投資先 i に d ドルを年 j に投資すると，年 j の終わりに dr_{ij} ドルを手に入れることができる．利益比率は保証されている．すなわち，すべての投資先の次の 10 年間の利益比率はすべて分かっている．投資先の決定は年に 1 度しか行えない．1 年が終わると，あなたは前年の投資先と投資額を見直すことができる．すなわち，すでに投資している投資先間で資金を移動したり，あるいはある投資先に新たに投資したりできる．前年と同じ投資先に同じ投資額を投資するならば手数料は f_1 ドルですむが，投資先や投資額を変更するときには f_2 ドルの手数料が必要になる．ただし，$f_2 > f_1$ である．あなたは毎年末に 1 度だけ手数料を払い，その額は投資額の数には関係なく同一である．

a. 説明したように，この問題では，あなたは毎年複数の投資先に資金を分割して投資できる．毎年 1 つの投資先にすべての資金を投資する最適投資戦略があることを証明せよ．（最適投資戦略は 10 年後のあなたの利益を最大化することだけで，リスクを最小化するというような，それ以外の目的の達成には関心がないことを思い出せ．）

b. 最適投資戦略を決定する問題は，最適部分構造を持つことを証明せよ．

c. 最適投資戦略を決定するアルゴリズムを設計せよ．このアルゴリズムの実行時間を解析せよ．

d. Luvcache の会社は，1 つの投資先に投資できる投資額の上限が 15,000 ドルであると通告してきた．10 年後の利益を最大化する問題が，もはや最適部分構造を持たないことを示せ．

14.5 最適2分探索木 | **349**

14-11 在庫計画

The Rinky Dink Company[f]ではアイススケート場の氷を磨く機械を作っている．このような製品の需要は月によって変わるので，変動するが予測可能である需要が与えられたときに生産計画を建てるアルゴリズムを開発する必要性に迫られている．この会社が必要なのは次の n カ月の生産計画である．各月 i について，需要は d_i，すなわち，d_i 台の機械が売れることが分かっている．$D = \sum_{i=1}^{n} d_i$ を次の n カ月に売れる機械の総台数とする．The Rinky Dink Company は，月に最大 m 台の機械を生産することができる常勤社員を抱えている．また，m 台より多くの機械を生産しなければならないときには，1 台当り c ドルの費用でパートを臨時に雇うことができる．しかし，月の終りに売れ残っている機械があるときには在庫費用がかかる．会社は D 台の機械の在庫を持つことができる．ここで $j = 1, 2, \ldots, D$（j は単調増加する）に対して，j 台の機械の在庫費用が関数 $h(j)$ で与えられる．

最小の費用ですべての需要を満たす会社の生産計画を行うアルゴリズムを設計せよ．ただし，実行時間は n と D の多項式でなければならない．

14-12 フリーエージェント野球選手との契約

あなたは，大リーグのあるチームのジェネラルマネージャーであるとする．そして，チームを補強するために，シーズンオフの期間にフリーエージェントの選手と契約を結ぶ必要がある．チームのオーナーは，このための資金として X ドルを用意した．あなたは，合わせて X ドル以下なら支出できるが，X ドルを超えると，あなたは解雇される．

あなたは，補強すべき N 個のポジションを考えていて，各ポジションに対して，そのポジションでプレーできる P 人のフリーエージェントの選手がいる．[10]どのポジションについても多すぎる選手と契約して登録簿を溢れさせたくないので，各ポジションについて最大 1 名のフリーエージェントの選手と契約を結ぶことにしたい．（ある特定のポジションについてどの選手とも契約を結ばないときには，現在そのポジションでプレーしている選手だけで来季も頑張ってもらうことを決めている．）

ある選手がどの程度貢献するかを見積もるために，WAR（控え選手を上回る価値）として知られているセイバーメトリクス[11]を用いることにした．高い WAR を持つ選手は，低い WAR を持つ選手よりも価値が高い．しかし，選手の価値以外の要因も選手と契約するのに必要な費用に影響するので，WAR が高い選手が WAR が低い選手よりも必ずしも高価であるとは限らない．

フリーエージェントである各選手 p に対して次の 3 つの情報が与えられている：

- 選手のポジション
- $p.cost$：選手と契約するための費用

---

[f] ［訳注］rinky-dink は米口語で，「古くさい」，「安っぽい」の意.

[10] 野球には，9 つのポジションしかないからといって，N を必ずしも 9 と考える必要はない．なぜなら，あなたは"ポジション"に対して特別な考え方を持っているかもしれないからである．たとえば，右投げと左投げの投手を違うポジションと考え，先発ピッチャー，ロングリリーフピッチャー（数イニングを任すことができるリリーフピッチャー），ショートリリーフピッチャー（通常は，最大 1 イニングを任すリリーフピッチャー）についても同様に考えているかもしれない．

[11] セイバーメトリクス (sabermetrics) は，野球記録に対する統計解析の応用である．選手の相対価値を比較するためのいくつかの手法が用意されている．

- $p.war$：選手の WAR

合わせて X ドル以下しか支出しないという条件のもとで，契約した選手の WAR の合計を最大化するアルゴリズムを設計せよ．各選手の契約金額は，100,000 ドルの倍数であると仮定してもよい．アルゴリズムは，契約した選手の WAR の合計，支出した費用の合計，そして契約した選手のリストを出力しなければならない．アルゴリズムに必要な実行時間と領域を解析せよ．

文献ノート

Bellman [44] が動的計画法の体系的な研究を始めたのは 1955 年で，著書は 1957 年に出版されている．動的計画法でも線形計画法でも，「計画法 (programming)」という言葉は表を用いる解決方法を意味している．動的計画法の要素を組み込んだ最適化の技法は早くから知られていたが，この分野にしっかりした数学的基礎を与えたのは Bellman である．

Galil–Park [172] は，表のサイズと表の各要素の計算に関わる他の要素数とによって動的計画アルゴリズムを分類した．彼らは，表のサイズが $O(n^t)$ で各要素の計算に関わる他の要素数が $O(n^e)$ であるとき，この動的計画アルゴリズムを tD/eD と呼んだ．たとえば，第 14.2 節の連鎖行列乗算アルゴリズムは $2D/1D$ であり，第 14.4 節の最長共通部分列アルゴリズムは $2D/0D$ である．

319 ページの MATRIX-CHAIN-ORDER アルゴリズムは，Muraoka–Kuck [339] によるものである．Hu–Shing [230, 231] は，連鎖行列乗算問題に対して $O(n \lg n)$ 時間アルゴリズムを与えた．

最長共通部分列問題 (LCS) に対する $O(mn)$ 時間アルゴリズムは古くから知られていたようである．Knuth [95] は，LCS 問題に対して 2 次関数的時間よりも真に速い時間計算量を持つアルゴリズムが存在するか否かを問うた．Masek–Paterson [316] は，$n \leq m$ かつ，列を構成する集合が有限である場合について，$O(mn/\lg n)$ 時間で走るアルゴリズムを与えることで，この問題を肯定的に解決した．どの要素も入力列に 2 度以上は出現しないという特殊な場合には，この問題が $O((m+n)\lg(m+n))$ 時間で解けることを Szymanski [425] が示している．これらの結果の多くは，文字列編集距離を計算する問題に拡張できる（章末問題 14-5 参照）．

Gilbert–Moore [181] の初期の可変長 2 進符号化に関する論文を応用すると，すべての確率 p_i が 0 の場合に最適 2 分探索木を構成することができる．この論文には，$O(n^3)$ 時間アルゴリズムが提案されている．第 14.5 節のアルゴリズムは，Aho–Hopcroft–Ullman [5] から採用した．検索クエリーに応じて，木を修正するスプレー木 (spray tree) [418] は，度数で初期化される以外には最適な上界の定数倍に収まっている．練習問題 14.5-4 は，Knuth [264] から採った．Hu–Tucker [232] は，すべての確率 p_i が 0 の場合について，$O(n^2)$ 時間で走り，$O(n)$ の領域を要するアルゴリズムを提案した．後に Knuth [261] は，時間計算量を $O(n \lg n)$ に改善した．

章末問題 14-8 は，Avidan–Shamir [30] から採用した．彼らは，Web 上にこの画像圧縮技法を説明するための素晴らしいビデオを公開している．[g]

---

[g] ［訳注］ https://dl.acm.org/doi/10.1145/1276377.1276390#参照.

15 貪欲アルゴリズム

GREEDY ALGORITHMS

最適化問題を解くアルゴリズムが辿るステップには，典型的にいくつかの選択過程が含まれている．最適な選択の決定に動的計画法を用いるのは行き過ぎであり，もっと簡単で効率の良いアルゴリズムで十分な問題も多い．**貪欲アルゴリズム** (greedy algorithm) は，つねにその時点で最適と思われる選択を行う．すなわち，その選択が大局的に最適な解へ導くものと期待することで，局所的に最適な選択を行うのである．本章では，貪欲アルゴリズムによって解くことができる最適化問題を検討する．本章を読む前に，動的計画法を説明した第 14 章，とくに第 14.3 節（動的計画法の基本要素）を先に読んでおいてほしい．

貪欲アルゴリズムはつねに最適解を与えるわけではないが，多くの問題に対して最適解を与える．我々は最初に第 15.1 節で活動選択問題と呼ぶ，簡単だが，自明ではない問題を取り上げる．この問題に対しては，ある貪欲アルゴリズムが効率よく最適解を求める．まず動的計画法の手法を考え，つぎに，貪欲な選択をつねに行うことで最適解が得られるということを示すことで，この貪欲アルゴリズムに到達する．第 15.2 節では貪欲法の基本的要素のいくつかを概観し，貪欲アルゴリズムの正当性を直接的に証明するための手法を説明する．第 15.3 節では貪欲法の重要な応用例であるデータ圧縮符号（ハフマン符号）の設計方法を紹介する．最後に，第 15.4 節では，キャッシュミスが発生したときに，どのブロックを置き換えるかを決定するのに，ブロックのアクセス順序が前もって分かっていれば，「最遠要求優先 (furthest-in-future)」戦略が最適であることを示す．

貪欲法は，非常に強力で，広範囲の問題に対して適用できる．後の章では，最小全域木アルゴリズム（第 21 章），単一の始点からの最短路を求める Dijkstra のアルゴリズム（第 22.3 節），集合被覆問題に対する貪欲ヒューリスティック（第 35.3 節（集合被覆問題））など，貪欲法に基づく多数のアルゴリズムを紹介する．最小全域木は貪欲法の古典的な例である．本章と第 21 章（最小全域木）は独立に読むこともできるが，一緒に読むことをお勧めする．

15.1 活動選択問題

共有資源の排他的利用を要求して，競合する複数の活動をスケジュールする際に，選択される互いに両立可能な活動のサイズを最大化する問題を最初に検討する．会議室のように同時には 1 つの活動しか利用できない資源の使用許可を申請する n 個の**活動** (activity) の集合 $S = \{a_1, a_2, \ldots, a_n\}$ を考える．各活動 i には**開始時刻** (start time) s_i と**終了時刻** (finish time)

f_i がある．ここで，$0 \leq s_i < f_i < \infty$ である．活動が選択された場合，活動 i は半開区間 $[s_i, f_i)$ の間に行われる．区間 $[s_i, f_i)$ と $[s_j, f_j)$ が重ならないとき，活動 i と j は**両立可能** (compatible) である．すなわち，$s_i \geq f_j$ または $s_j \geq f_i$ ならば a_i と a_j は両立可能である．（ある活動から次の活動に部屋を切り替える時間が必要な場合，切替え時間は区間の中に組み込まれていると仮定する．）**活動選択問題** (activity-selection problem) では，互いに両立可能な活動から構成される集合で，サイズが最大のものを求めることが目的である．これらの活動はすでに終了時刻に関して昇順：

$$f_1 \leq f_2 \leq f_3 \leq \cdots \leq f_{n-1} \leq f_n \tag{15.1}$$

でソートされていること，を仮定する．（ソートされた順序で活動を考えることの意義はすぐに明らかになる．）たとえば，図 15.1 に示す活動の集合 S を考えよう．この例では，部分集合 $\{a_3, a_9, a_{11}\}$ は，互いに両立可能な活動から構成されている．しかし，部分集合 $\{a_1, a_4, a_8, a_{11}\}$ も条件を満たすので，$\{a_3, a_9, a_{11}\}$ は，サイズが最大ではない．$\{a_1, a_4, a_8, a_{11}\}$ は，互いに両立可能な活動から構成されるサイズが最大の部分集合の 1 つであり，集合 $\{a_2, a_4, a_9, a_{11}\}$ もまたそうである．

i	1	2	3	4	5	6	7	8	9	10	11
s_i	1	3	0	5	3	5	6	7	8	2	12
f_i	4	5	6	7	9	9	10	11	12	14	16

図 15.1 活動の集合 $\{a_1, a_2, \ldots, a_{11}\}$．活動 a_i の開始時刻は s_i であり，終了時刻は f_i である．

この問題を我々はいくつかのステップを踏んで解決していこう．まず，動的計画法に基づく解法を考察する．ここでは，最適解で使用する部分問題を決定するためにいくつかの選択を考える．そして，我々はたった 1 つの選択 —— 貪欲な選択 —— だけを考えればよいことと，貪欲な選択の際には，たった 1 つの部分問題だけが残ることを観察する．この観察に基づいて，活動選択問題を解決する再帰型貪欲アルゴリズムを設計する．最後に，この再帰型アルゴリズムを繰返し型アルゴリズムに変換して，貪欲アルゴリズムの設計手続きを終了する．本節で辿る貪欲アルゴリズムの設計手順は，通常よりも少し詳細すぎるが，そのことによって貪欲アルゴリズムと動的計画法の関連が明確になる．

活動選択問題の最適部分構造

活動選択問題が最適部分構造 (optimal substructure) を持つことを確かめよう．活動 a_i の終了後に開始し，活動 a_j の開始前に終了する活動の集合を S_{ij} とする．S_{ij} に属する互いに両立可能な活動から構成される集合の中で，サイズが最大のものを求める問題を考える．さらに，A_{ij} がその解の 1 つであり，ある活動 a_k をその要素として含むと仮定しよう．a_k を最適解に含めることによって，2 つの部分問題：すなわち S_{ik}（活動 a_i の終了後に開始し，活動 a_k の開始前に終了する活動の集合）の中から互いに両立可能な活動を発見する問題と，S_{kj}（活動 a_k の終了後に開始し，活動 a_j の開始前に終了する活動の集合）の中から互いに両立可能な活動を発見する問題が残ることになる．$A_{ik} = A_{ij} \cap S_{ik}$ および $A_{kj} = A_{ij} \cap S_{kj}$ とする．A_{ik} は a_k の開始前に終了する A_{ij} の活動の集合，A_{kj} は a_k の終了後に開始する A_{ij} の活動の集

合である．したがって，$A_{ij} = A_{ik} \cup \{a_k\} \cup A_{kj}$ であり，S_{ij} に属する互いに両立可能な活動から構成されるサイズが最大の集合である A_{ij} は $|A_{ij}| = |A_{ik}| + |A_{kj}| + 1$ 個の活動を含む．

最適解 A_{ij} が S_{ik} と S_{kj} に対する部分問題の最適解を含むことを切貼り論法を用いて証明できる．S_{kj} に属する互いに両立可能な活動から構成される集合 A'_{kj} で $|A'_{kj}| > |A_{kj}|$ を満たすものがあれば，A'_{kj} を A_{kj} の代わりに S_{ij} に対する部分問題の解に用いれば，$|A_{ik}| + |A'_{kj}| + 1 > |A_{ik}| + |A_{kj}| + 1 = |A_{ij}|$ 個の互いに両立可能な活動の集合が構成できるので，A_{ij} の最適性に矛盾する．S_{ik} に属する活動についても同様の議論が成立する．

最適部分構造をこのように特徴づけられるので，動的計画法を用いて活動選択問題を解きたくなるかもしれない．集合 S_{ij} に対する最適解のサイズを $c[i,j]$ によって表すと，漸化式

$$c[i,j] = c[i,k] + c[k,j] + 1$$

を得る．S_{ij} に対する最適解が a_k を含むことを知らなかったとすれば，S_{ij} に属するすべての活動を a_k の候補として調べる必要がある．したがって

$$c[i,j] = \begin{cases} 0 & S_{ij} = \emptyset \text{ のとき} \\ \max\{c[i,k] + c[k,j] + 1 : a_k \in S_{ij}\} & S_{ij} \neq \emptyset \text{ のとき} \end{cases} \tag{15.2}$$

を得る．そして，再帰アルゴリズムを設計してその履歴を管理したり，ボトムアップ式に動かしてその順で表に書き込んだりするくらいのことはできるだろう．しかしこれでは，大きな効果をもたらす活動選択問題の別の重要な特徴を見すごしてしまう．

貪欲な選択を行う

すべての部分問題を解かなくても，最適解に追加する活動を選択できるとすれば，どうだろう？そうすると，漸化式 (15.2) に必然的に現れる，すべての候補を考えなければならないという状況から解放されるのである．実際，活動選択問題ではたった 1 つの選択：貪欲な選択だけを考えればよいのである．

活動選択問題における貪欲な選択とは何だろうか？直観的には，できる限り多くの活動が利用できる資源を後に残すように，活動を選択することである．選択する活動の集合は，終了時刻が最小の活動を必ず含むのである．すなわち，我々の直観は，できる限り多くの活動が利用できる資源を後に残すことができるので，S の中の終了時刻最小の活動を選択すべきである，と訴えている．（S の中に終了時刻最小の活動が複数存在するときには，任意の 1 つを選択する．）言い換えると，活動は終了時刻の単調増加順でソートされているので，貪欲な選択は，活動 a_1 を選択する．最小終了時刻の他にも，この問題に対する貪欲な選択法を考えることができる．練習問題 15.1-3 ではその可能性を検討している．

この貪欲選択を行うと，唯一の部分問題として，a_1 の終了後に開始する活動の集合から互いに両立可能な活動を見つける問題が残る．a_1 の開始前に終了する活動の集合を吟味する必要はない．$s_1 < f_1$ であり，f_1 はすべての活動の中で最小の終了時刻なので，s_1 よりも小さい終了時刻を持つ活動は存在しない．したがって，活動 a_1 と両立可能なすべての活動は a_1 の終了後に開始している．

さらに活動選択問題が最適部分構造を持つことは証明済みである．$S_k = \{a_i \in S : s_i \geq f_k\}$ を活動 a_k の終了後に開始する活動の集合とする．活動 a_1 を貪欲選択すると解くべき唯一の

部分問題として S_1 が残る。[1]最適部分構造によって，S に対する最適解が a_1 を含むなら，それは a_1 と部分問題 S_1 に対する最適解に属するすべての活動から構成されることが示される。

　まだ大きな問題が残っている：本当に我々の直観は正しいのだろうか？ここでの貪欲な選択 —— 最初に終了する活動を選択する —— は，つねにある最適解になっているのだろうか？次の定理で，この直観が正しいことを示す。

定理 15.1　任意の空ではない部分問題 S_k を考える。a_m を S_k に属する終了時刻最小の活動とする。このとき，S_k に属する互いに両立可能な活動からなるサイズが最大の集合の中に a_m を含むものがある。

証明　A_k を S_k に属する互いに両立可能な活動から構成されるサイズが最大の集合，a_j を A_k に属する終了時刻最小の活動とする。$a_j = a_m$ ならば，a_m を含む S_k に属する互いに両立可能な活動から構成されるサイズが最大の集合が存在し，定理が示された。$a_j \neq a_m$ ならば，$A'_k = (A_k - \{a_j\}) \cup \{a_m\}$ を A_k の a_j を a_m と交換したものとする。A_k は互いに両立可能な活動の集合であり，a_j は A_k の中で最も早く終了し，$f_m \leq f_j$ なので，A'_k もまた互いに両立可能な活動の集合である。$|A'_k| = |A_k|$ なので，A'_k は，a_m を含む S_k に属する互いに両立可能な活動から構成されるサイズが最大の集合である。■

　したがって，活動選択問題は動的計画法を用いて解決できるかもしれないが，その必要はないことを定理 15.1 が示している。動的計画法を使う代わりに，終了時刻最小の活動を選択し，選択した活動と両立可能な活動の集合を残された部分問題として維持し，この選択を残された活動がなくなるまで繰り返せば，活動選択問題を解決できる。さらに，貪欲な選択は，つねに終了時刻最小の活動を選択するので，選択する活動の終了時刻は単調に増加する。したがって，各活動はその終了時刻の昇順でちょうど 1 回だけ考慮される。

　活動選択問題を解くアルゴリズムは，表を用いる動的計画法のアルゴリズムのようにボトムアップに働く必要はない。その代わりに，トップダウンに問題を解くことができる。すなわち，ある活動を選び，それを最適解に入れ，つぎに，すでに選択済みの活動の集合と両立可能な活動の集合から，活動を選択するという部分問題を解くのである。貪欲アルゴリズムは典型的に，このトップダウン的設計である：すなわち，選択をする前に部分問題を解くボトムアップ手法ではなく，選択を行った後で部分問題を解くのである。

再帰型貪欲アルゴリズム

動的計画法を回避し，その代わりに，トップダウン式の貪欲アルゴリズムを用いる方法を使用できることが分かったので，この方針で活動選択問題を解く簡単な再帰アルゴリズムを見てみよう。手続き Recursive-Activity-Selector は，その活動の開始時刻と終了時刻を表わす配列 s と f，[2] 解くべき部分問題 S_k を定義するためのインデックス k，そして元の問題

---

[1] 集合 S_k によって，活動の集合ではなく部分問題を表すことがある。しかし，S_k が活動の集合を表しているのか，あるいはその集合を入力とする部分問題を表しているのか，その意味するところは文脈からつねに明らかである。

[2] この擬似コードは s と f を配列として受け取るので，インデックスは下つきではなく，かぎ括弧によって指示している。

のサイズ n を引数として取り，S_k に属する互いに両立可能な活動から構成されるサイズが最大の集合を返す．入力である n 個の活動は，式 (15.1) のように，終了時刻の昇順でソート済みであると仮定する．この仮定が成立しない場合には，$O(n \lg n)$ 時間をかけて活動を事前にソートすればよいし，タイがあれば任意の順序で並べてよいことにする．部分問題 S_0 が活動の全体集合 S になるように，$f_0 = 0$ であるダミーの活動 a_0 を最初に加えておく．初期呼出し RECURSIVE-ACTIVITY-SELECTOR$(s, f, 0, n)$ は，与えられた問題全体を解く．

RECURSIVE-ACTIVITY-SELECTOR(s, f, k, n)

1 $m = k + 1$
2 **while** $m \le n$ かつ $s[m] < f[k]$ // S_k の中から終了時刻最小の活動を発見する
3      $m = m + 1$
4 **if** $m \le n$
5   **return** $\{a_m\} \cup$ RECURSIVE-ACTIVITY-SELECTOR(s, f, m, n)
6 **else return** $\emptyset$

図 15.2 に図 15.1 の活動に対するアルゴリズムの振舞いを示す．再帰呼出し RECURSIVE-ACTIVITY-SELECTOR(s, f, k, n) では，第 2〜3 行の **while** ループが S_k の中から終了時刻最小の活動を探し出す．この **while** ループは各活動 $a_{k+1}, a_{k+2}, \ldots, a_n$ をこの順序で検査し，a_k と両立可能な最初の活動 a_m，すなわち $s_m \ge f_k$ を満たす最初の活動 a_m を発見する．条件を満たす活動を発見してループが停止すれば，再帰呼出し RECURSIVE-ACTIVITY-SELECTOR(s, f, m, n) が返す S_m に属する互いに両立可能な活動から構成されるサイズが最大の集合と $\{a_m\}$ との和集合を，第 5 行で返す．一方，S_k のすべての活動を検査した結果，a_k と両立可能な活動を発見できなかった場合には，ループは $m > n$ となって停止する．この場合には，$S_k = \emptyset$ であり，手続きは第 6 行で $\emptyset$ を返す．

活動が終了時刻に関してソート済みであると仮定すると，手続き RECURSIVE-ACTIVITY-SELECTOR$(s, f, 0, n)$ の実行時間は $\Theta(n)$ である．なぜなら，すべての再帰呼出しの全体を通して，各活動はちょうど 1 回だけ第 2 行の **while** ループの検査を受ける（活動 a_i は $k < i$ が成立する最後の呼出しで検査される）からである．

繰返し型貪欲アルゴリズム

我々の再帰型手続きは，簡単に繰返し型に変換できる．手続き RECURSIVE-ACTIVITY-SELECTOR は，おおよそ「末尾再帰的 (tail recursive)」であって（章末問題 7-5（169 ページ）参照），自分自身に対する再帰呼出しの後で集合和演算を行って終了する．末尾再帰的手続きから繰返し型への変換は通常は単純な作業である．実際，いくつかのプログラミング言語のためのコンパイラは自動的にこの作業を行う．

手続き GREEDY-ACTIVITY-SELECTOR は手続き RECURSIVE-ACTIVITY-SELECTOR の繰返し版である．これまでと同様，入力となる活動はその終了時刻に関して昇順でソート済みであると仮定する．手続きは選択した活動を集合 A に集める．そして，終了したとき，これが戻り値となる．

手続きは以下のように進む．変数 k は再帰版における活動 a_k に対応しており，A に最後に

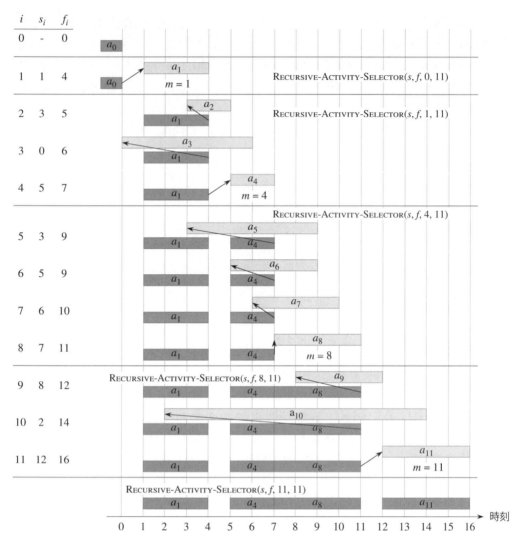

図 15.2 図 15.1 で与えた 11 個の活動に対する RECURSIVE-ACTIVITY-SELECTOR の振舞い．各再帰呼出しで検討する活動を 2 つの平行線の間に示す．ダミーである活動 a_0 は時刻 0 に終了し，初期呼出し RECURSIVE-ACTIVITY-SELECTOR$(s, f, 0, 11)$ は活動 a_1 を選択する．各再帰呼出しにおいて，選択済みの活動を濃い網かけで示し，検討中の活動を薄い網かけで示す．ある活動の開始時刻が最後につけ加えた活動の終了時刻よりも真に早ければ（2 つを繋ぐ矢印が左を指しているならば），その活動を棄却する．そうでなければ（矢印が上あるいは右を指しているならば），その活動を選択する．最後の再帰呼出し RECURSIVE-ACTIVITY-SELECTOR$(s, f, 11, 11)$ は $\emptyset$ を返す．活動の集合 $\{a_1, a_4, a_8, a_{11}\}$ を最終的に選択する．

つけ加えられた活動を指す．終了時刻の昇順で活動を検討するので，f_k はつねに A に属する活動が持つ最大の終了時刻である．したがって

$$f_k = \max\{f_i : a_i \in A\} \tag{15.3}$$

である．第 1〜2 行で活動 a_1 を選択し，この活動だけを含むように A を初期化し，k をこの活動を指すように初期化する．第 3〜6 行の **for** ループは S_k の中から終了時刻最小の活動を発見する．この **for** ループは活動 a_m を順番に調べ，a_m がすでに選択したすべての活動と両

15.1 活動選択問題 | 357

```
GREEDY-ACTIVITY-SELECTOR(s, f, n)
1   A = {a₁}
2   k = 1
3   for m = 2 to n
4       if s[m] ≥ f[k]              // aₘ は Sₖ の要素か？
5           A = A ∪ {aₘ}            // yes なのでそれを選ぶ
6           k = m                   // そして，そこから継続する
7   return A
```

立可能ならば，a_m を A につけ加える．この活動は S_k に属する終了時刻最小の活動である．
活動 a_m が A に現在属するすべての活動と両立可能であることを理解するには，式 (15.3) よ
り，（第 4 行で）その開始時刻 s_m が最後に A につけ加えた活動の終了時刻 f_k 以上である
ことを理解すれば十分である．活動 a_m が両立可能ならば，第 5〜6 行で a_m を A につけ加
え，k を m に更新する．呼出し GREEDY-ACTIVITY-SELECTOR(s, f, n) の戻り値 A は呼出し
RECURSIVE-ACTIVITY-SELECTOR$(s, f, 0, n)$ の戻り値である集合に等しい．

　入力時に活動がその終了時刻の昇順でソートされていると仮定すると，再帰版と同様，
GREEDY-ACTIVITY-SELECTOR は n 個の活動からなる集合を $\Theta(n)$ 時間でスケジュールする．

練習問題

15.1-1 漸化式 (15.2) に基づいて活動選択問題を解く動的計画アルゴリズムを与えよ．この
アルゴリズムが以前に定義したサイズ $c[i, j]$ を計算し，互いに両立可能な活動から構成される
サイズが最大の集合を生成するようにせよ．入力は式 (15.1) を満たすようにソートされてい
ると仮定する．このアルゴリズムの実行時間を GREEDY-ACTIVITY-SELECTOR の実行時間と
比較せよ．

15.1-2 最初に終了する活動をつねに選択するのではなく，すでに選択された活動と両立可能
な活動の中で，最後に開始するものをつねに選択することにする．この方針が貪欲アルゴリズ
ムと見なされる理由を説明し，このアルゴリズムが最適解を生成することを示せ．

15.1-3 互いに両立可能な活動から構成されるサイズが最大の集合をつねには得ることができ
ない，活動選択問題に対する貪欲的なアプローチも存在する．すでに選択された活動と両立可
能な活動の中で，活動時間が最短のものを選ぶというアプローチがうまく働かないことを示す
例を与えよ．すでに選択された活動と両立可能な活動の中で，残された活動と最も重複しない
活動をつねに選択するアプローチ，およびすでに選択された活動と両立可能な活動の中で，開
始時刻最小の活動をつねに選択するアプローチ，のそれぞれについても答えよ．

15.1-4 十分に多くの会議室があり，任意の活動が任意の会議室で行えるとき，一群の活動の
会議室への割当てを検討する．すべての活動をできるだけ少ない個数の会議室に割り当てた
い．活動が使用する会議室を決定する効率の良い貪欲アルゴリズムを与えよ．
　（この問題は**区間グラフ彩色問題** (interval graph coloring problem) として知られている．与
えられた活動を頂点とし，両立できない活動間に辺を張ることによって，区間グラフが構成で

358 | 15 貪欲アルゴリズム

きる．隣接する頂点が同じ色にならないように，すべての頂点を彩色するために必要十分な色数が，与えられた活動をすべて割り当てるために必要十分な会議室数に対応する．）

15.1-5 活動選択問題の変形として，各活動 a_i が，開始時刻と終了時刻の他に価値 v_i を持つ場合を考える．本問題の目的は，行われる活動の個数を最大化することではなく，行われる活動の総価値を最大化することである．すなわち，$\sum_{a_k \in A} v_k$ を最大化する互いに両立可能な活動の集合 A を選択することが目的である．この問題を解く多項式時間アルゴリズムを設計せよ．

15.2 貪欲戦略の要素

貪欲アルゴリズムは一連の選択を行って問題の最適解を獲得する．選択が迫られるたびに，貪欲アルゴリズムは毎回その時点で最良と考える候補を選択する．この発見的戦略は，つねに最適解を導くわけではない．しかし，活動選択問題のように，ときおり，うまくいく．本節では貪欲法の一般的な性質を論じる．

第 15.1 節で貪欲アルゴリズムを開発するために我々が辿った手続きは，通常必要となるものよりは少し詳細すぎる以下のステップであった：

1. 問題の持つ最適部分構造を決定する．
2. 再帰解を導出する．（活動選択問題では漸化式 (15.2) を導いたが，この漸化式にだけに基づく再帰型アルゴリズムの開発は行われなかった．）
3. 貪欲な選択を行うと，たった 1 つの部分問題だけが残ることを示す．
4. 貪欲な選択を行うのは，つねに安全[a]であることを証明する．（ステップ 3 と 4 の順序は任意でよい．）
5. この貪欲戦略を実装する再帰型アルゴリズムを開発する．
6. 再帰型アルゴリズムを繰返し型アルゴリズムに変換する．

これらのステップは，貪欲アルゴリズムの土台となる動的計画法を非常に詳しく説明している．たとえば，活動選択問題の場合には，共に変化する i と j を引数とする部分問題 S_{ij} をまず定義する．そうすると，つねに貪欲な選択を行うなら，S_k という形に部分問題を制約できることを見出した．

別の方法としては，1 つの貪欲な選択を念頭におき，最適部分構造を形成し，その選択がちょうど 1 つの部分問題を解けばよいようにするのである．活動選択問題の場合には，2 番目のインデックスを落として S_k の形の部分問題を定義することから出発する．そして，貪欲な選択（S_k の中で最小終了時刻を持つ活動 a_m）に，それと両立可能な活動の集合 S_m に対する最適解を組み合わせると S_k に対する最適解が得られることを証明するのである．より一般的には，貪欲アルゴリズムを以下の手順に沿って設計することができる：

1. 対象となる最適化問題を，ある選択を行うと，その結果として解かなければならない 1 つの部分問題が残る問題と見なす．

---

[a] ［訳注］選択が**安全** (safe) であるとは，その選択が最適解への到達可能性を閉ざさないことを言う．

2. 元の問題に対して貪欲な選択を行う最適解がつねに存在すること，したがって貪欲な選択はつねに安全であることを証明する．

3. 次のことを示すことで，最適部分構造を示す．つまり，貪欲な選択を行った後，残されたものは1つの部分問題で，その部分問題の最適解をあなたが行った貪欲選択と合わせると，元の問題への最適解に到達する，ということである．

この章の以下の節では，このより直接的な手続きを用いることにする．それにもかかわらず，どの貪欲アルゴリズムの背後にも，ほとんどの場合，より複雑な動的計画法に基づく解法がつねに存在する．

どのようにすれば，与えられた最適化問題を貪欲アルゴリズムによって解けるか否かを判断できるだろうか？ つねに適用可能な方法はない．しかし，貪欲選択性と最適部分構造が2つの重要な要素である．与えられた問題がこの2つの性質を持つことを示せるならば，貪欲アルゴリズムの開発が順調に進むと考えてよい．

貪欲選択性

第1の鍵となる要素は，**貪欲選択性** (greedy-choice property) である：局所最適な（貪欲な）選択から大局最適な解を構成できるという性質である．言い換えれば，どれを選択するかを考えるときに，部分問題群から返される結果を考えずに，現段階の問題にとって最適に見える選択を行うのである．

ここが貪欲アルゴリズムと動的計画法との相違である．動的計画法でも各段階で選択を行うが，その選択は，通常部分問題の解に依存する．結果として，典型的には動的計画問題をボトムアップ的に，小さい部分問題から始めて大きい部分問題に向かって解くのである．（履歴管理を用いてトップダウン的に解くことも可能である．もちろん，そのプログラムはトップダウン的に動くが，選択を行う前に部分問題群を解く必要がある．）貪欲アルゴリズムでは，その時点で最善と思われる選択を行い，選択の結果生じる部分問題を次に解く．貪欲アルゴリズムによる選択は過去の選択に依存するかもしれないが，未来の選択にも部分問題の解にも依存できない．したがって，最初の選択を行う前にすべての部分問題を解く動的計画法と異なり，貪欲戦略は，最初の選択を任意の部分問題を解く前に行う．動的計画アルゴリズムが，ボトムアップ的に進行するのに対して，通常，貪欲戦略は貪欲な選択を繰り返し，与えられた問題のインスタンスを繰り返し縮小することで，トップダウン的に進む．

もちろん，各段階の貪欲な選択が大局的に最適な解を与えることを証明しなければならない．定理15.1の場合に典型的に見られるように，このような証明では，ある部分問題に対して大局的な最適解をまず調べる．つぎに，この大局的最適解を変形して，そこで用いたある他の選択を貪欲選択で置き換え，その結果，似てはいるが，より小さい部分問題に帰着する方法を示す．

より広い範囲の候補を考える必要がある場合に比べて，貪欲な選択は，効率よく実行できることが多い．たとえば，活動選択問題では，活動が終了時刻の単調増加順でソート済みならば，各活動をちょうど1回検討するだけで済んだ．入力を前処理したり適切なデータ構造（多くの場合は優先度つきキュー）を使えば，貪欲選択を高速化できて，効率の良いアルゴリズムを設計できる．

最適部分構造

第 14 章（動的計画法）で見たように，問題の最適解がその中に部分問題の最適解を含むとき，その問題は**最適部分構造** (optimal substructure) を持つと言う．この性質は動的計画法の適用可能性を評価する重要な要素でもあるが，貪欲アルゴリズムの適用可能性の評価においても同様である．最適部分構造の例として，部分問題 S_{ij} に対する最適解が活動 a_k を含むなら，部分問題 S_{ik} と S_{kj} に対する最適解を共に含んでいることを，第 15.1 節でどのように証明したか思い出してほしい．この最適部分構造が与えられたとき，a_k として選択する活動を知ることができれば，部分問題 S_{ik} と S_{kj} の最適解に属するすべての活動に加えて，a_k を選択することで，S_{ij} に対する最適解が構成できる．この最適部分構造の観察によって，最適解の値を記述する漸化式 (15.2) を得ることができた．

しかし，最適部分構造に関しては，貪欲アルゴリズムに適用するときには，通常，もっと直接的な方法を取る．すでに述べたが，元の問題に対して貪欲な選択を行うことで，1 個の部分問題が都合よく残されると仮定する．後は，この部分問題の最適解に，すでに行った貪欲な選択を組み合わせれば，元の問題に対する最適解が生成されることを論証するだけでよい．この方策は，各ステップで行う貪欲な選択がつねに最適解を生成することを示すために，部分問題についての帰納法を裏で用いている．

貪欲法と動的計画法

最適部分構造は，貪欲法と動的計画法の両方で活用されるので，貪欲法に基づく解で十分な場合でも，動的計画法に基づく解を生成したくなったり，逆に，実際には動的計画法に基づく解が必要であるにもかかわらず，貪欲法がうまく働くと誤って考えてしまうことがある．2 つの技法の微妙な違いを説明するために，ある古典的な最適化問題の 2 つの変種を検討しよう．

0-1 ナップサック問題 (0-1 knapsack problem) は，次のような問題である．泥棒が，重量 W ポンドまで品物を運ぶことができるナップサックに，ある店の品物を入れて盗み出そうとしている．店にある n 個の品物は，総重量が W ポンド以内ならば，どの品物もナップサックに入れることができる．泥棒は盗む品物の総価値を最大化したいと思っている．i 番目の品物は v_i ドルの価値があり，重さは w_i ポンドである．ただし，v_i と w_i は整数である．泥棒はどの品物を盗るべきか？（各品物は盗るか残すかのどちらかなので，この問題は 0-1 ナップサック問題と呼ばれている．この泥棒は品物の一部だけを盗ったり，同じ物を複数回盗ることはできない．）

有理ナップサック問題 (fractional knapsack problem) の設定は 0-1 ナップサック問題と同様だが，泥棒は各品物に対して 2 値（0-1）の選択をするのではなく，品物の一部を盗ることができるものとする．0-1 ナップサック問題では品物は金の延べ棒のようなもので，有理ナップサック問題では砂金のようなものだと思えばよい．

これらのナップサック問題は，共に最適部分構造の性質を示す．0-1 問題について，総重量が高々 W ポンドである荷物（品物の集合）の中でその総価値が最大のものが品物 j を含むなら，j 以外の残された荷物は，j 以外の $n-1$ 個の品物の中から泥棒が盗み出せる，総重量が高々 $W - w_j$ ポンドの品物の中で総価値が最大のものである．一方，比較する有理問題につ

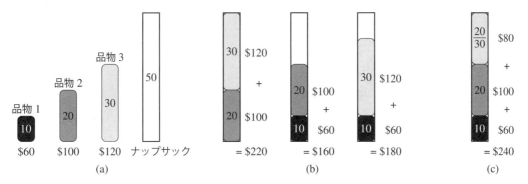

図 15.3 貪欲法が 0-1 ナップサック問題に対してうまく働かないことを示す例. **(a)** 泥棒は，ここに示した 3 個の品物の中から，50 ポンドを超えない範囲である部分集合を選択しなければならない. **(b)** 最適な部分集合は品物 2 と 3 を含む. 品物 1 は 1 ポンド当りの価値は最大であるが，品物 1 を含む解はどれも準最適である. **(c)** 有理ナップサック問題に対しては，ポンド当りの価値が高い順に品物を取っていけば最適解を得ることができる.

いても，総重量が高々 W ポンドである荷物の中で，その総価値が最大のものが品物 j を重さ w だけ含むなら，j 以外の残された荷物は，j を除く $n-1$ 個の品物に加えて $w_i - w$ ポンドの品物 j の中から泥棒が盗み出せる総重量が，高々 $W - w$ ポンドの品物の中で総価値が最大のものである．これらの問題は類似しているが，有理ナップサック問題は貪欲法で解け，一方の 0-1 ナップサック問題は解けない．有理問題を解くには，各品物に対して 1 ポンド当りの価値 v_i/w_i を計算する．つぎに，貪欲戦略に従って，泥棒はポンド当りの価値が最も高い品物をナップサックで運べるだけ詰める．その品物をすべて詰め切った後にまだ運べる余裕があれば，ポンド当りの価値が，次に高い品物を運べるだけ詰める．この作業をポンド当りの価値が高い品物の順に，ナップサックの限界 W まで繰り返す．品物をポンド当りの価値でソートすることで，この貪欲アルゴリズムは $O(n \lg n)$ 時間で動作する．有理ナップサック問題が，貪欲選択性を有することの証明は，練習問題 15.2-1 とする．

この貪欲法が，0-1 ナップサック問題では，うまく働かないことを示すために，図 15.3(a) に示すインスタンスを考えよう．3 個の品物があり，ナップサックには 50 ポンドまで詰めることができる．品物 1 の重さは 10 ポンドで 60 ドルの価値がある．品物 2 の重さは 20 ポンドで 100 ドルの価値がある．品物 3 の重さは 30 ポンドで 120 ドルの価値がある．したがって，品物 1 のポンド当りの価値は 6 ドルで，品物 2 (ポンド当り 5 ドル) や品物 3 (ポンド当り 4 ドル) より高い．つまり，貪欲アルゴリズムでは最初に品物 1 を取る．しかし，図 15.3(b) の場合分けによる解析から分かるように，最適解は品物 1 を取らず，2 と 3 を取る．品物 1 を含む 2 つの可能な解は共に準最適である．

対する有理問題に対しては，貪欲法は最初に品物 1 を取り，図 15.3(c) に示す最適解を出力する．0-1 問題においては品物 1 を最初に取るのはうまくない．ナップサックは品物 1 で一杯にならず，空き領域が荷物のポンド当りの実効価値を下げてしまうからである．0-1 問題では，ナップサックにある品物を入れるかどうかを決定するとき，その品物を含めた場合の部分問題の解を，その品物を除外した場合の部分問題の解と比較しなければならない．このように定式化される問題によって重複する部分問題が多数生ずる．これこそが動的計画法の特徴である．実際，練習問題 15.2-2 で証明するように，0-1 問題を解くために動的計画法を使うことが

362 | 15 貪欲アルゴリズム

できる.

練習問題

15.2-1 有理ナップサック問題が貪欲選択性を有することを証明せよ.

15.2-2 0-1 ナップサック問題を $O(nW)$ 時間で解く,動的計画法に基づくアルゴリズムを設計せよ.ただし,n は品物の個数で,W は泥棒がナップサックに入れることができる品物の総重量の最大値である.

15.2-3 重さの昇順でソートしたときの品物の順序が,価値の降順でソートしたときの順序と同じであるという条件の下で,0-1 ナップサック問題を考える.この制約つきナップサック問題の最適解を求める効率の良いアルゴリズムを設計せよ.また,このアルゴリズムの正当性を論ぜよ.

15.2-4 Gecko 教授はインラインスケートでノースダコタ州を横断することを夢見ている.ミネソタ州に接する東の州境上の Grand Forks からモンタナ州との西の州境の近くにある Williston まで,[b] ハイウェイ U.S.2 に乗って州を横断することが彼の計画である.教授は 2 リットルの水を携帯でき,水を飲み干すまでに m マイル走ることができる.(ノースダコタ州は比較的平坦な土地柄なので,登り勾配の場所で,平坦あるいは下り勾配の場所より多くの水が必要になることを心配する必要はない.)教授は 2 リットルの水を携帯して Grand Forks を出発する.教授の州地図には U.S.2 上で水を補給できる場所とその間隔が示されている.

教授は水補給の回数をできるだけ少なくしたいと考えている.教授がどの補給場所に立ち寄るべきかを決める効率の良い方法を与えよ.また,その方法で最適解が得られることを証明し,その実行時間を解析せよ.

15.2-5 実数直線上の点集合 $\{x_1, x_2, \ldots, x_n\}$ が与えられたとき,これらの点を長さ 1 の閉区間の集合で被覆することを考える.このような集合の中でサイズが最小のものを求める効率の良いアルゴリズムを記述せよ.また,そのアルゴリズムが正しいことを論ぜよ.

15.2-6 ★ 有理ナップサック問題を $O(n)$ 時間で解く方法を示せ.

15.2-7 それぞれ n 個の正整数を含む 2 つの集合 A と B が与えられている.各集合についてその要素を自由に並べ換える.並べ換えた後の A の i 番目の要素を a_i,B の i 番目の要素を b_i と書く.この並べ換えの報酬を $\prod_{i=1}^{n} a_i^{b_i}$ とするとき,報酬を最大化するためのアルゴリズムを与えよ.このアルゴリズムが報酬を最大化することを示し,集合を並べ換える時間を除いた実行時間を示せ.

15.3 ハフマン符号

ハフマン符号 (Huffman code) はデータを非常に効果的に圧縮する:圧縮されるデータの性質にも依存するが,典型的には 20% から 90% の節約が期待できる.データは文字列として到着する.Huffman の貪欲アルゴリズムは,各文字がどの程度出現するか(その出現頻度)を与え

---
[b] [訳注] Grand Forks から Williston まで約 333 マイル(約 536 km)ある.

	a	b	c	d	e	f
頻度（千回）	45	13	12	16	9	5
固定長符号語	000	001	010	011	100	101
可変長符号語	0	101	100	111	1101	1100

図 15.4 文字符号化問題. 100,000 文字のデータファイルは a から f の文字を含む. それぞれの出現頻度を与える. 各文字に 3 ビットの符号語を割り当てると, このファイルを 300,000 ビットで符号化できる. 上に示した可変長符号を用いると, このファイルを 224,000 ビットで符号化できる.

る表を用いて, 各文字をビット文字列として最適に表現する方法を見出す.

いま, 100,000 文字からなるデータファイルがあり, これをコンパクトに保存することを考える. 各文字がこのファイルに出現する頻度を図 15.4 に示す. すなわち, 6 種類の文字が出現し, たとえば文字 a は 45,000 回出現し, 文字 b は 13,000 回出現する.

このような情報ファイルを表現する多くの方法がある. ここでは各文字をそれぞれ異なるビット文字列（**符号語** (codeword) と呼ぶ）で表現する **2 進文字符号** (binary character code)（または短く**符号** (code)）を設計する問題について考える. **固定長符号** (fixed-length code) を用いると, $n \geq 2$ 文字を表現するのに $\lceil \lg n \rceil$ ビット必要である. したがって, 6 個の文字を表現するのに 3 ビット：a = 000, b = 001, c = 010, d = 011, e = 100, f = 101 が必要である. この方法でファイル全体を符号化すると 300,000 ビットが必要になる. もっと上手に符号化できないだろうか？

可変長符号 (variable-length code) は, 固定長符号に比べて格段に優れている. そのアイデアは単純で, 出現頻度の高い文字に短い符号語, 出現頻度の低い文字に長い符号語を割り当てる. 図 15.4 にそのような符号を示している. ここで 1 ビットのビット文字列 0 が a を表わし, 4 ビットのビット文字列 1100 が f を表わしている. この符号でこのファイルを表現すると

$$(45 \cdot 1 + 13 \cdot 3 + 12 \cdot 3 + 16 \cdot 3 + 9 \cdot 4 + 5 \cdot 4) \cdot 1{,}000 = 224{,}000 \text{ ビット}$$

が必要になるが, これは約 25% の節約である. 実際, この符号がこのファイルに対する最適な文字符号であることを後で証明する.

接頭語なし符号

ここでは, どの符号語も, 別の符号語の接頭語にはならない符号だけを検討する. このような符号を**接頭語なし符号** (prefix-free code)[c]と呼ぶ. ここでは証明しないが, 文字符号が達成する最適なデータ圧縮はつねにある接頭語なし符号によって達成可能である. それから, 接頭語なし符号だけに検討範囲を制限することによって一般性を失うことはない.

どの 2 進文字符号でも符号化は簡単である. ファイルの各文字を表わす符号語を連接するだけでよい. たとえば, 図 15.4 の可変長接頭語なし符号では, 4 文字のファイル face を $1100 \cdot 0 \cdot 100 \cdot 1101 = 110001001101$ と符号化する. ここで, 「$\cdot$」は連接を表わす.

復号が簡単なことが接頭語なし符号の長所である. どの符号語も他の符号語の接頭語ではな

---

[c] ［訳注］原著第 3 版がそうであったように, この符号を "prefix code" と呼ぶ場合が標準的で, 接頭語符号, 接頭符号, 語頭符号などの訳があるが, ここでは原著第 4 版の意を汲んで, "prefix-free code" を直訳し, 「接頭語なし符号」と訳している.

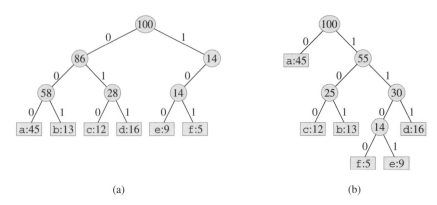

(a)   (b)

図 15.5 図 15.4 の符号化法に対応する木．各葉には，文字とその出現頻度がラベルづけられている．各内部節点には，その部分木に属する葉の出現頻度の和が，ラベルづけられている．すべての出現頻度は，単位が 1,000 である．**(a)** 固定長符号 a = 000, b = 001, c = 010, d = 011, e = 100, f = 101 に対応する木．**(b)** 最適な接頭語なし符号 a = 0, b = 101, c = 100, d = 111, e = 1101, f = 1100 に対応する木．

いので，符号化されたファイルの先頭の符号語には曖昧さがない．そこで，先頭の符号語を識別し，それを対応する元の文字に戻し，符号化されたファイルの残りの部分に対してこの処理を繰り返すだけで復号できる．我々の例では，文字列 100011001101 は 100·0·1100·1101 とただ一通りに構文解析され，cafe に復号される．

先頭の符号語の取出しを簡単化する接頭語なし符号のうまい表現が復号処理に必要である．このような表現の1つとして，与えられた各文字を葉に対応させる2分木がある．ある文字に対する2進符号語を，根からこの文字への単純路と解釈する．ただし，0 は"左の子へ向かう"ことを意味し，1 は"右の子へ向かう"ことを意味する．例として取り上げた固定長符号と可変長符号に対する木を図 15.5 に示す．葉がソート順に並んでいるわけでもなく，内部節点がキーを含んでいるわけでもないので，これらの木が2分探索木ではないことに注意しよう．

任意のファイルに対する最適な符号は，葉以外のどの節点も必ず2個の子を持つ**全** (full) 2分木で表現できる（練習問題 15.3-2 参照）．固定長符号に対応する木は，図 15.5(a) に示すように，10 で始まる符号語はあるが 11 で始まる符号語はないので，全2分木ではない．したがって，この固定長符号は最適ではない．全2分木だけを考察の対象にできるので，C を文字集合を表わすアルファベットとし，どの文字の出現頻度も正と仮定すると，最適な接頭語なし符号に対する木は，このアルファベットの各文字に対して1個ずつ計 $|C|$ 個の葉と，$|C|-1$ 個の内部節点を持つ（付録第 B 章（集合など）の練習問題 B.5-3 参照（994 ページ））．

接頭語なし符号に対応する木 T が与えられると，ファイルを符号化するのに必要なビット数が簡単に計算できる．アルファベット C の各文字 c に対して，そのファイルにおける c の出現頻度を $c.freq$，この木における c の葉の深さを $d_T(c)$ と表わす．$d_T(c)$ は文字 c に対する符号語長でもあることに注意せよ．ファイルを符号化するのに必要なビット数は

$$B(T) = \sum_{c \in C} c.freq \cdot d_T(c) \tag{15.4}$$

であり，これを木 T の**コスト** (cost) と定義する．

ハフマン符号の構成

Huffman は，自身の名のついた**ハフマン符号** (Huffman code) として知られている最適な接頭語なし符号を構成する貪欲アルゴリズムを考案した．その正当性の証明は，第 15.2 節で展開した枠組に即して言うと，貪欲選択性と最適部分構造に基づいている．しかし，これらの性質が成り立つことを説明してから擬似コードを設計するのではなく，擬似コードをまず提示しよう．こうすることでアルゴリズムが行う貪欲選択の理解が容易になる．

手続き HUFFMAN では，C は n 個の文字の集合で，各文字 $c \in C$ は出現頻度を与える属性 $c.freq$ を持つオブジェクトであると仮定する．アルゴリズムは最適な符号に対応する木 T をボトムアップ的に構成する．すなわち，$|C|$ 個の葉の集合から始め，"統合"操作を $|C| - 1$ 回繰り返して最終的な木を構成する．属性 $freq$ をキーとして持つ min 優先度つきキュー Q を統合すべき最も出現頻度の低いほうから 2 つの要素を識別するために利用する．これらの 2 つの要素を統合し，統合された 2 個の要素の出現頻度の和を出現頻度とする新たな要素に置き換える．

HUFFMAN(C)
1 $n = |C|$
2 $Q = C$
3 **for** $i = 1$ **to** $n-1$
4   新しい節点 z を割り当てる
5      $x = $ EXTRACT-MIN(Q)
6      $y = $ EXTRACT-MIN(Q)
7      $z.left = x$
8      $z.right = y$
9      $z.freq = x.freq + y.freq$
10   INSERT(Q, z)
11 **return** EXTRACT-MIN(Q)   **//** 木の根のみが唯一の節点として残されている

本節の例に対する Huffman のアルゴリズムの実行経過を図 15.6 に示す．アルファベットが 6 個の文字を含むからキューの初期サイズは $n = 6$ であり，5 回の統合操作によって木を構成する．最終的に得ることができた木は最適接頭語なし符号を表わしている．各文字に対する符号語は根からその文字へ至る単純路上の辺ラベルの列[d]である．

手続き HUFFMAN は以下のように動作する．第 2 行で min 優先度つきキュー Q を C に属する文字で初期化する．第 3～10 行の **for** ループでは，出現頻度最小の 2 つの節点 x と y をキューから削除し，これらを統合したものを表わす新たな節点 z で置き換える操作を繰り返す．z の出現頻度は x と y の出現頻度の和であり，第 9 行で計算する．節点 z は左の子として x，右の子として y を持つ．（順序は任意である．ある節点で左右の子を交換すれば，同じコストをもつ異なる符号が生成される．）$n - 1$ 回統合をした後，キューに残る唯一の節点を第 11

---
[d] ［訳注］内部節点とその左の子を結ぶ辺が 0，内部節点とその右の子を結ぶ辺が 1 でラベルづけされている．

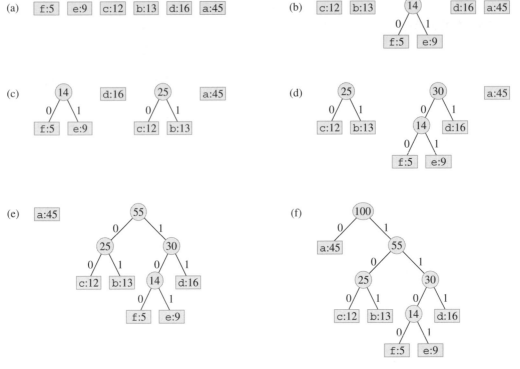

図 15.6 図 15.4 に示す出現頻度に対する Huffman のアルゴリズムの実行ステップ．各図にキューの内容を出現頻度の昇順で示す．各ステップでは出現頻度が最小の 2 つの木を統合する．葉をある文字とその出現頻度を含む長方形で表し，内部節点をその子たちの出現頻度の和を含む円で表す．内部節点とその左の子を結ぶ辺を 0，内部節点とその右の子を結ぶ辺を 1 でラベルづけする．各文字の符号語は根とその文字に対応する葉を結ぶ単純路上の辺につけられたラベルの列である．**(a)** 初期状態で存在する $n = 6$ 個の節点．それぞれがある文字に対応する．**(b)**〜**(e)** 中間ステップ．**(f)** 最終的に構成された木．

行で返す．この節点が符号木の根である．

　第 7，8 行で EXTRACT-MIN の呼出しで返される値を直接に $z.left$ と $z.right$ に代入し，第 9 行を $z.freq = z.left.freq + z.right.freq$ に置き換えてもアルゴリズムは同じ結果を返し，変数 x と y を用いなくてもよい．しかし，後で節点名 x と y を正当性の証明の中で用いたいので，擬似コードに残しておく．

　Huffman のアルゴリズムの実行時間は，min 優先度つきキュー Q の実現方法に依存する．ここでは，2 分 min ヒープ（第 6 章（ヒープソート）参照）として実現されていると仮定する．n 個の文字の集合 C に対して，第 2 行では，第 6.3 節（ヒープの構築）で検討した手続き BUILD-MIN-HEAP を用いて $O(n)$ 時間で Q を初期化する．第 3〜10 行の **for** ループはちょうど $n - 1$ 回だけ実行される．ヒープの各操作には $O(\lg n)$ 時間かかるので，このループの実行時間に対する寄与は $O(n \lg n)$ 時間である．したがって，n 文字の集合に対する HUFFMAN 全体の実行時間は $O(n \lg n)$ である．

Huffman のアルゴリズムの正当性

　貪欲アルゴリズム HUFFMAN が正しいことを証明するために，最適接頭語なし符号を決定する問題が，貪欲選択性と最適部分構造の性質を示すことを証明する．次の補題は貪欲選択性が

成立することを示している．

補題 15.2 （最適接頭語なし符号は貪欲選択性を持つ）

アルファベットを C，各文字 $c \in C$ が出現する頻度を $c.freq$ とする．C の中で出現頻度最小の 2 つの文字を x と y とする．このとき，C に対して，x と y に対する符号語が同じ長さで，かつ最後の 1 ビットを除いて一致する，ある最適接頭語なし符号が存在する．

証明 証明のアイデアは，任意の最適接頭語なし符号を表現する木 T をとり，T を文字 x と y が深さ最大の兄弟の葉として出現する新しい最適接頭語なし符号木に修正することである．修正された木に対応する符号では，x と y の符号語は，同じ長さで最後のビットだけが異なる．

a と b を T の中で深さ最大の兄弟の葉に対応する 2 つの文字とする．一般性を失うことなく，$a.freq \leq b.freq$ および $x.freq \leq y.freq$ を仮定する．$x.freq$ と $y.freq$ は，葉につけられた出現頻度の最小値と 2 番目に小さい値であり，$a.freq$ と $b.freq$ は，仮定を満たす任意の 2 つの出現頻度なので，$x.freq \leq a.freq$ と $y.freq \leq b.freq$ が成立する．

証明の以下の部分では，$x.freq = a.freq$ あるいは $y.freq = b.freq$ である可能性がある．しかし，$x.freq = b.freq$ ならば，$a.freq = b.freq = x.freq = y.freq$ であり（練習問題 15.3-1 参照），補題は自明に成立する．したがって，以下では $x.freq \neq b.freq$，すなわち $x \neq b$ であると仮定する．

図 15.7 に示すように，T の a と x の位置を交換して木 T' を作り，つぎに T' の b と y の位置を交換して木 T'' を作る．T'' では x と y は深さ最大の兄弟の葉である．（$x = b$ かつ $y \neq a$ ならば，T'' では x と y は深さ最大の兄弟の葉とならないことに注意せよ．しかし，$x \neq b$ を仮定しているので，このような事態は起こらない．）ここで，x が出現頻度最小の葉なので $a.freq - x.freq$ が非負であり，a が T の深さ最大の葉なので，$a.freq - x.freq$ と $d_T(a) - d_T(x)$ は非負であることに注意すると，式 (15.4) より，T と T' のコストの差は

$$\begin{aligned} &B(T) - B(T') \\ &= \sum_{c \in C} c.freq \cdot d_T(c) - \sum_{c \in C} c.freq \cdot d_{T'}(c) \\ &= x.freq \cdot d_T(x) + a.freq \cdot d_T(a) - x.freq \cdot d_{T'}(x) - a.freq \cdot d_{T'}(a) \\ &= x.freq \cdot d_T(x) + a.freq \cdot d_T(a) - x.freq \cdot d_T(a) - a.freq \cdot d_T(x) \\ &= (a.freq - x.freq)(d_T(a) - d_T(x)) \\ &\geq 0 \end{aligned}$$

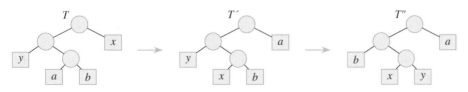

図 15.7 補題 15.2 の証明において鍵となるステップの説明．最適木 T では a と b は深さ最大の兄弟の葉である．葉 x と y は出現頻度最小の 2 つの文字であり，T の任意の場所に現われる．$x \neq b$ を仮定し，葉 a と x を交換して木 T' を作り，次に葉 b と y を交換して木 T'' を作る．これらの交換はコストを増大しないので，でき上がった木 T'' もまた最適な木である．

368 | 15 貪欲アルゴリズム

である．同様にして，y と b を交換してもコストは増加しないので，$B(T') - B(T'')$ は非負である．$B(T'') \leq B(T') \leq B(T)$ かつ T は最適なので，$B(T) \leq B(T'')$，したがって，$B(T'') = B(T)$ を得る．したがって，T'' は x と y が深さ最大の兄弟の葉として現われる最適木であり，補題は証明された． ■

補題 15.2 により，統合によって最適木を構築する過程は，一般性を失うことなく，出現頻度最小の 2 文字の統合の貪欲選択から開始できることが主張できる．しかし，どうしてこれが貪欲な選択にあたるのだろうか？ 1 回の統合のコストを，統合する 2 つの要素の出現頻度の和と見なすことができる．練習問題 15.3-4 では，構成する木の全コストは，実行する統合コストの和であることを示す．各ステップで手続き HUFFMAN は，可能なすべての統合の中でコスト最小のものを選択する．

最適接頭語なし符号を構成する問題が，最適部分構造の性質を持つことを，次の補題で証明する．

補題 15.3 （最適接頭語なし符号は最適部分構造の性質を持つ） アルファベットを C，各文字 $c \in C$ の出現頻度を $c.freq$ とする．C の中で出現頻度最小の 2 つの文字を x と y とする．C' を C から x と y を除去し，代わりに新たに導入された文字 z を加えてできるアルファベット，すなわち $C' = (C - \{x,y\}) \cup \{z\}$ とする．C' に対する出現頻度 $freq$ を，$z.freq = x.freq + y.freq$ と定義することを除いては，C に対する $freq$ と同一であると定義する．T' をアルファベット C' に対する任意の最適接頭語なし符号を表現する木とする．T' の z に対応する葉を x と y を子とする内部節点によって置き換えて得られる木を T とすると，T はアルファベット C に対する最適接頭語なし符号を表現する．

証明 まず，式 (15.4) の成分コストを考えることで，木 T のコスト $B(T)$ を木 T' のコスト $B(T')$ によって表現する．各文字 $c \in C - \{x,y\}$ に対しては，$d_T(c) = d_{T'}(c)$ なので，$c.freq \cdot d_T(c) = c.freq \cdot d_{T'}(c)$ である．一方，$d_T(x) = d_T(y) = d_{T'}(z) + 1$ なので，

$$x.freq \cdot d_T(x) + y.freq \cdot d_T(y) = (x.freq + y.freq)(d_{T'}(z) + 1)$$
$$= z.freq \cdot d_{T'}(z) + (x.freq + y.freq)$$

である．これらの事実から

$$B(T) = B(T') + x.freq + y.freq$$

あるいは

$$B(T') = B(T) - x.freq - y.freq$$

である．

背理法を用いて補題を証明する．T が C に対する最適接頭語なし符号を表現していないと仮定する．このとき，$B(T'') < B(T)$ を満たす木 T'' が存在する．（補題 15.2 より）一般性を失うことなく，T'' は x と y を兄弟として持つと仮定する．T'' の x と y の共通の親を出現頻度 $z.freq = x.freq + y.freq$ を持つ葉 z に置き換えることで構成される木を T''' とする．このとき，

$$B(T''') = B(T'') - x.freq - y.freq$$

$$< B(T) - x.freq - y.freq$$
$$= B(T')$$

であり，これは T' が C' に対する最適接頭語なし符号を表現するという仮定に矛盾する．したがって，T はアルファベット C に対する最適接頭語なし符号を表現する． ∎

定理 15.4 手続き HUFFMAN は最適接頭語なし符号を生成する．

証明 補題 15.2 と 15.3 より明らか． ∎

練習問題

15.3-1 補題 15.2 の証明の中で，$x.freq = b.freq$ ならば $a.freq = b.freq = x.freq = y.freq$ が成立する理由を述べよ．

15.3-2 全 2 分木でない 2 分木は最適接頭語なし符号に対応しないことを証明せよ．

15.3-3 以下に示すように，出現頻度が最初の 8 個のフィボナッチ数である場合に最適なハフマン符号を求めよ．

a:1 b:1 c:2 d:3 e:5 f:8 g:13 h:21

先の解を一般化して，出現頻度が最初の n 個のフィボナッチ数である場合について，最適な符号を求めることができるか？

15.3-4 符号に対する全 2 分木 T の総コスト $B(T)$ はすべての内部節点のコストの総和に等しいことを示せ．ここで，内部節点のコストはその節点の 2 つの子の出現頻度の和である．

15.3-5 n 文字の集合 C 上の最適接頭語なし符号が与えられたとき，この符号を最小のビット数で伝送することを考える．C 上の任意の最適接頭語なし符号を $2n - 1 + n \lceil \lg n \rceil$ ビットで表現する方法を述べよ．（**ヒント**：木をなぞることで発見できる木の構造を指定するのに $2n - 1$ ビットを使え．）

15.3-6 Huffman のアルゴリズムを 3 進符号語（すなわち，記号 0, 1, 2 を用いた符号語）に一般化し，このアルゴリズムが最適な 3 進符号語を与えることを証明せよ．

15.3-7 8 ビット文字の列として与えられるデータファイルに，256 種類すべての種類の文字がおおよそ同頻度で出現している：すなわち，最大の出現頻度は最小の出現頻度の 2 倍未満であるとする．この場合には，ハフマン符号化は通常の 8 ビット長の固定長符号化より効率が良くはならないことを証明せよ．

15.3-8 任意のロスのない（可逆な）圧縮方式はどの入力ファイルに対しても対応する出力ファイルが短くなることはないことを示せ．（**ヒント**：ファイルの個数を可能な符号化ファイルの個数と比較してみよ．）

15.4 オフラインキャッシュ

コンピュータシステムにおいては，小さいが主記憶より高速のメモリである**キャッシュ** (cache)

370 | 15 貪欲アルゴリズム

に，主記憶のある部分を格納することにより，データへのアクセス時間を短縮させることができる．キャッシュは，通常32，64，または128バイトからなる**キャッシュブロック** (cache block) にデータを格納する．仮想記憶システムでは，ディスクに常駐するデータは主記憶がキャッシュであると考えることができる．仮想記憶システムでは，ブロックを**ページ** (page) と呼び，通常サイズは4096バイトである．

コンピュータプログラムの実行に従って，メモリ要求が次々に発生する．ブロック $b_1, b_2, \ldots, b_n$ に含まれるデータへの要求がこの順で発生したとしよう．このアクセス列に出現するブロックは，必ずしも異なっている必要はなく，実際，どのブロックも普通は複数回にわたってアクセスされる．たとえば，4つの異なるブロック p, q, r, s にアクセスするプログラムが $s, q, s, q, q, s, p, p, r, s, s, q, p, r, q$ である要求の列を生成することがある．ある定数 k が存在して，キャッシュには最大 k 個のキャッシュブロックを保持できる．最初の要求の前はキャッシュは空であるとする．各要求によって高々1つのブロックがキャッシュに入り，高々1つのブロックがキャッシュから追いだされる．ブロック b_i に対するリクエストがあったとき，次の3つのシナリオのうちのどれかが起こる：

1. 以前に同じブロックに対する要求があって，ブロック b_i がすでにキャッシュ内に存在する．この場合キャッシュは変化しない．この状況のとき，**キャッシュがヒットした** (cache hit) と言う．

2. この時点でブロック b_i はキャッシュにないが，キャッシュには k 個未満のブロックしか保持していない．この場合，ブロック b_i はキャッシュに入れられ，そのキャッシュはこの要求が発生する直前よりも，1つだけ多いブロックを含むことになる．

3. この時点でブロック b_i は，キャッシュになく，キャッシュはいっぱい，すなわち k 個のブロックを含んでいる．ブロック b_i を入れるために，キャッシュ内にあった別のブロックを追い出し，b_i をキャッシュに入れる．

要求されたブロックがキャッシュ内に存在しない後者の2つの状況のとき，**キャッシュミス** (cache miss) が発生したと言う．目標は，n 個の要求列全体に対して，キャッシュミスの数を最小化する，あるいは，同じことだが，キャッシュヒットの数を最大化することである．キャッシュが k 個未満のブロックしか保持していない状態，すなわち，初期段階でキャッシュがまだブロックで満杯になっていない状態で発生するキャッシュミスは，以前に行った決定によらず防ぐことができないキャッシュミスで，**初期化ミス** (compulsory miss)[c] として知られている．キャッシュミスが起こり，キャッシュが満杯の場合，どのブロックを追いだすかという選択は，理想的には，将来の要求からなる全体の列に対して起こりうるキャッシュミスの数を最小になるようにしなければならない．

典型的に，**キャッシング** (caching) は，オンライン問題である．すなわち，コンピュータは，将来の要求を知らずに，どのブロックをキャッシュに残すかを決めなければならない．ここでは，そうではなく，この問題のオフライン版として，つまりコンピュータが，前もってすべての n 個の要求と，キャッシュサイズ k を知っている状況でキャッシュミスの総数を最小化する問題を考えよう．

---

[c] ［訳注］compulsory は強制，義務という意味．この種のキャッシュミスを防ぐ方法がないことから．

15.4 オフラインキャッシュ | **371**

このオフライン版問題を解くために，**最遠要求優先** (furthest-in-future) と呼ばれる貪欲戦略を用いる．最遠要求優先戦略では，キャッシュに保存されている要素の中で要求列において次のアクセス要求が今後最も遅く生起するものを追い出す．直観的には，この戦略は次の意味を持つ：しばらく必要としないものなら，保持しておく必要はないのではないか？実際，オフラインキャッシング問題は最適部分構造を持ち，最遠要求優先戦略は貪欲選択性を持つことが示されるので，この戦略は最適であることが示される．

コンピュータは通常，要求列を前もっては分からないので，このオフライン問題を考えることは意味がないと思うかもしれないが，実際にはそうではない．ある状況においては，要求列が前もって分かるのである．たとえば，主記憶をすべてキャッシュとみなし，データ全体がハードディスク（または SSD）に置かれているならば，ディスクへの入出力全体の集合を前もって計画するアルゴリズムが存在している．さらに，最適アルゴリズムによって生成されるキャッシュミスの回数は，オンラインアルゴリズムがどの程度よく動作するかを比較するための基準として利用できる．このことを第 27.3 節（オンラインキャッシュ）で行う．

オフラインキャッシングは実世界の問題もモデル化できる．たとえば，特定のいくつかの場所で行われる n 個のイベントの予定が予め分かっている状況を考えてみよう．イベントはある場所で何回も，必ずしも連続ではなく実施されるかもしれない．あなたは k 人のエージェントを差配して，必ず各場所には 1 人のエージェントを配置するようにし，エージェントが移動する回数を最小化したい．ここで，エージェントはキャッシュのブロックに対応し，イベントは要求に対応し，エージェントの移動はキャッシュミスに対応している．

オフラインキャッシングの最適部分構造

このオフライン問題が最適部分構造を持つことを示すために，部分問題 (C, i) をキャッシュ状況 C で，ブロック要求 b_i が発生したときに，ブロックに対する要求列 $b_i, b_{i+1}, \ldots, b_n$ を処理する問題と定義する．ここで，C は $|C| \leq k$ を満たすブロック集合の部分集合である．部分問題 (C, i) に対する解はブロックの要求 $b_i, b_{i+1}, \ldots, b_n$ のそれぞれに対して，どのブロックを追い出すかを決定する列である．部分問題 (C, i) に対する最適解はキャッシュミスの回数を最小化する．

部分問題 (C, i) に対する最適解 S を考え，C' を解 S においてブロック b_i に対する要求を処理した直後のキャッシュの内容とする．S' をその結果として得られる部分問題 $(C', i+1)$ に対する S の部分解とする．もし b_i に対する要求がキャッシュヒットになるなら，キャッシュの内容は変化せず，$C' = C$ である．b_i に対する要求がキャッシュミスになるなら，キャッシュの内容は変化し，$C' \neq C$ となる．いずれの場合も，S' は部分問題 $(C', i+1)$ に対する最適解になる．なぜだろうか？もし，S' が部分問題 $(C', i+1)$ に対する最適解にならなければ，S' よりもキャッシュミスの数が少なくなる部分問題 $(C', i+1)$ に対する別の解 S'' が存在するはずである．このとき，S'' と，S が要求 b_i に対して下した決定を組み合わせることで，S よりもキャッシュミスの数が少なくなる解が得られ，S が部分問題 (C, i) に対する最適解であることに矛盾する．

再帰解を定量化するために，もう少し記法を定義する．$R_{C, i}$ を，キャッシュ状況が C でブロック b_i に対する要求を処理した直後に出現する可能性のあるすべてのキャッシュ状況の集

合とする. もし b_i に対する要求がキャッシュヒットになるなら, キャッシュの内容は変わらず, $R_{C,i} = \{C\}$ である. b_i に対する要求がキャッシュミスになる場合は, 2つの可能性がある. キャッシュが満杯でなければ ($|C| < k$), キャッシュはブロックに蓄えている途中なので, 唯一の選択は b_i をキャッシュに挿入することであり, $R_{C,i} = \{C \cup \{b_i\}\}$ となる. キャッシュが満杯なら ($|C| = k$), キャッシュミスが起こり, $R_{C,i}$ は潜在的に出現可能な k 個のキャッシュ状況の集合: すなわち, C に属していて追い出される候補である k 個のブロックの任意の1つを b_i と入れ換えて得られる k 個のキャッシュ状況の集合である. この場合, $R_{C,i} = \{(C - \{x\}) \cup \{b_i\} : x \in C\}$ である. たとえば, $C = \{p, q, r\}$, $k = 3$ でブロック s が要求されるとすると, $R_{C,i} = \{\{p, q, s\}, \{p, r, s\}, \{q, r, s\}\}$ となる.

部分問題 (C, i) に対する解におけるキャッシュミスの最小数を $miss(C, i)$ と表す. $miss(C, i)$ に対する漸化式は次のようになる:

$$miss(C, i) = \begin{cases} 0 & i = n \text{ かつ } b_n \in C \text{ のとき} \\ 1 & i = n \text{ かつ } b_n \notin C \text{ のとき} \\ miss(C, i+1) & i < n \text{ かつ } b_i \in C \text{ のとき} \\ 1 + \min\{miss(C', i+1) : C' \in R_{C,i}\} & i < n \text{ かつ } b_i \notin C \text{ のとき} \end{cases}$$

貪欲選択性

最遠要求優先戦略が最適解を生成することを証明するために, 最適オフラインキャッシングが貪欲選択性を示すことを証明する. それと最適部分構造を組み合わせれば, 貪欲選択性によって最遠要求優先戦略が最小数のキャッシュミスを生成することが証明される.

定理 15.5 (最適オフラインキャッシングは貪欲選択性を持つ)

キャッシュ C が k ブロックを含む場合に部分問題 (C, i) を考える. したがって, 満杯であり, キャッシュミスが起こる. ブロック b_i が要求されたとき, 次のアクセスが最遠要求であるような C のブロックを $z = b_m$ とする. (もし, キャッシュ中のあるブロックが二度と参照されることがなければ, そのような任意のブロックを z とし, ブロック $z = b_m = b_{n+1}$ に対するダミー要求を追加する.) このとき, 部分問題 (C, i) に対する最適な解の中にブロック b_i に対する要求においてブロック z が追い出されるものがある.

証明 部分問題 (C, i) に対する最適解を S とする. S が要求 b_i に対してブロック z を追い出すならば, 要求 b_i に対して z を追い出す最適解が存在しているので, 定理は証明された.

したがって, 最適解 S が要求 b_i に対して, z 以外のあるブロック x が追い出したと仮定する. このとき, 部分問題 (C, i) に対する別の解 S' を構築する. S' は要求 b_i に対して, x の代わりに z を追い出すが, それによりキャッシュミスの回数が S より増えることはない, すなわち, S' もまた最適解である. 異なる解は異なるキャッシュ状況を生み出すので, 解 S の下で, あるブロック b_j に対する要求の直前のキャッシュ状況を $C_{S,j}$ とする. また同様に, 解 S' では $C_{S',j}$ とする. これから, 以下の性質を持つ S' の構成法を示す:

1. 各 $j = i + 1, \ldots, m$ に対して, $D_j = C_{S,j} \cap C_{S',j}$ とする. このとき, $|D_j| \geq k - 1$ であり, したがって, キャッシュ状況 $C_{S,j}$ と $C_{S',j}$ は高々1ブロックしか異ならない. もし, それらが異なるならば, $C_{S,j} = D_j \cup \{z\}$ であり, あるブロック $y \neq z$ に対して

$C_{S',j} = D_j \cup \{y\}$ である.

2. 各ブロック $b_i, \dots, b_{m-1}$ の要求に対して,もし解 S にキャッシュヒットがあるなら,解 S' にもキャッシュヒットがある.

3. すべての $j > m$ に対して,キャッシュ状況 $C_{S,j}$ と $C_{S',j}$ は同一である.

4. ブロック $b_i, \dots, b_m$ の要求列を通して,S' によって生成されるキャッシュミス数は S によって生成されるキャッシュミス数以下である.

これらの性質が各要求に対して成り立つことを帰納的に証明する.

1. 各 $j = i+1, \dots, m$ に対して j の帰納法で進める.基底段階 ($j = i+1$) を考える.初期のキャッシュ状況 $C_{S,j}$ と $C_{S',j}$ は同一である.ブロック b_j の要求に対して,解 S は x を追い出し,解 S' は z を追い出す.よって,キャッシュ状況 $C_{S,i+1}$ と $C_{S',i+1}$ は,ちょうど1つのブロックだけが異なり,$C_{S,i+1} = D_{i+1} \cup \{z\}$,$C_{S',i+1} = D_{i+1} \cup \{x\}$ であり,$x \neq z$ である.

   帰納段階では,$i+1 \leq j \leq m-1$ における,要求 b_j に対する S' の振舞いを定義する.帰納法の仮定より,b_j が要求されたとき,性質1が成立する.$z = b_m$ は $C_{S,j}$ に属するブロックの中で最も遠い将来に要求されるブロックなので,$b_j \neq z$ である.いくつかのシナリオを考える:

   - $C_{S,j} = C_{S',j}$(したがって,$|D_j| = k$)ならば,解 S' は b_j に対する要求には S と同じ決定をするように S' を定義すると,$C_{S,j+1} = C_{S',j+1}$ が成立する.

   - $|D_j| = k-1$ かつ $b_j \in D_j$ ならば,どちらのキャッシュにもすでに b_j は含まれており,解 S と S' はいずれもキャッシュヒットする.よって,$C_{S,j+1} = C_{S,j}$ であり $C_{S',j+1} = C_{S',j}$ である.

   - $|D_j| = k-1$ かつ $b_j \notin D_j$ ならば,$C_{S,j} = D_j \cup \{z\}$ であり,$b_j \neq z$ であるので,解 S はキャッシュミスを起こす.S はブロック z かあるブロック $w \in D_j$ を追い出す.

     ○ 解 S がブロック z を追い出すならば,$C_{S,j+1} = D_j \cup \{b_j\}$ となる.$b_j = y$ かどうかによって2つの場合に分かれる:

        - $b_j = y$ ならば,解 S' はキャッシュヒットを起こし,$C_{S',j+1} = C_{S',j} = D_j \cup \{b_j\}$ となり,$C_{S,j+1} = C_{S',j+1}$ である.

        - $b_j \neq y$ ならば,解 S' はキャッシュミスを起こす.ブロック y を追い出すように S' を定義すると,$C_{S',j+1} = D_j \cup \{b_j\}$ が成立するので,この場合も $C_{S,j+1} = C_{S',j+1}$ である.

     ○ 解 S があるブロック $w \in D_j$ を追い出すならば,$C_{S,j+1} = (D_j - \{w\}) \cup \{b_j, z\}$ である.この場合も,$b_j = y$ かどうかによって2つの場合に分かれる:

        - $b_j = y$ ならば,解 S' はキャッシュヒットを起こし,$C_{S',j+1} = C_{S',j} = D_j \cup \{b_j\}$ である.$w \in D_j$ であり w は解 S' によって追い出されないので,$w \in C_{S',j+1}$ となる.したがって,$w \notin D_{j+1}$ かつ $b_j \in D_{j+1}$ であり,$D_{j+1} = (D_j - \{w\}) \cup \{b_j\}$ となる.よって,$C_{S,j+1} = D_{j+1} \cup \{z\}$,$C_{S',j+1} = D_{j+1} \cup \{w\}$ であり,$w \neq z$ であるので,ブロック b_{j+1} が要求されたとき,性質1が成立する.(すなわち,性質1の中の y が w に置き換わる.)

        - $b_j \neq y$ ならば,解 S' はキャッシュミスを起こす.ブロック w を追い出

すように S' を定義すると，$C_{S',j+1} = (D_j - \{w\}) \cup \{b_j, y\}$ となる．したがって，$D_{j+1} = (D_j - \{w\}) \cup \{b_j\}$ なので，$C_{S,j+1} = D_{j+1} \cup \{z\}$ かつ $C_{S',j+1} = D_{j+1} \cup \{y\}$ となる．

2. 性質1の維持に関する上記の議論において，解 S がキャッシュヒットを起こすのは最初の2つのケースに限られる．そしてこの2つの場合では，S がキャッシュヒットを起こしたとき，かつそのときに限り，解 S' もキャッシュヒットを起こす．

3. $C_{S,m} = C_{S',m}$ ならば，解 S' はブロック $z = b_m$ に対する要求において S と同じ決定をくだす．よって，$C_{S,m+1} = C_{S',m+1}$ である．$C_{S,m} \neq C_{S',m}$ ならば，性質1によって，$C_{S,m} = D_m \cup \{z\}$ であり，$C_{S',m} = D_m \cup \{y\}$ である．ここで，$y \neq z$ である．この場合，解 S はキャッシュヒットを起こし，$C_{S,m+1} = C_{S,m} = D_m \cup \{z\}$ となる．解 S' はブロック y を追い出し，ブロック z を取り込むので，$C_{S',m+1} = D_m \cup \{z\} = C_{S,m+1}$ となる．したがって，$C_{S,m} = C_{S',m}$ かどうかに関わらず，$C_{S,m+1} = C_{S',m+1}$ となり，ブロック要求 b_{m+1} から開始すると，解 S' は S と同じ決定をくだす．

4. 性質2によって，ブロック $b_i, \ldots, b_{m-1}$ の要求が発生したとき，解 S がキャッシュヒットを起こしたときはいつも S' もキャッシュヒットを起こす．考察すべき唯一の場合としてブロック要求 $b_m = z$ の場合が残された．ブロック要求 b_m に対して，S がキャッシュミスを起こすならば，S' がキャッシュミスを起こすか否かに関係なく，S' のキャッシュミス数は S のキャッシュミス数以下である．

そこで，ブロック b_m に対する要求で S がキャッシュヒットを起こし，S' がキャッシュミスを起こすと仮定する．ブロック $b_{i+1}, \ldots, b_{m-1}$ の少なくとも1つのブロックに対して，ある要求が存在して，その要求の結果 S はキャッシュミスを起こし，S' はキャッシュヒットを起こすことが証明でき，これによって，ブロック b_m に対する要求で起こったことを相殺できる．証明は背理法による．ブロック $b_{i+1}, \ldots, b_{m-1}$ に対するどのブロック要求においても，S でキャッシュミスが起こり，かつ S' ではキャッシュヒットが起こることはないと仮定する．

まず，ある $j > i$ に対して，キャッシュ状況 $C_{S,j}$ と $C_{S',j}$ が等しくなれば，それ以降も等しいことに注意する．また，仮定より $b_m \in C_{S,m}$ かつ $b_m \notin C_{S',m}$ であり，$C_{S,m} \neq C_{S',m}$ であることにも注意しよう．したがって，ブロック要求 $b_i, \ldots, b_{m-1}$ のどれかに対して S が z を追い出したならば，それ以降は，2つのキャッシュ状況が等しくなり $C_{S,m} \neq C_{S',m}$ と矛盾するので，どのブロック要求 $b_i, \ldots, b_{m-1}$ に対しても S は z を追い出すことはない．したがって，各ブロック要求 b_j が発生したとき，あるブロック $y \neq z$ に対して，$C_{S,j} = D_j \cup \{z\}$ かつ $C_{S',j} = D_j \cup \{y\}$ であり，S はあるブロック $w \in D_j$ を追い出す．さらに，この要求のどれも S でキャッシュミスを起こし，S' でキャッシュヒットを起こすことはないので，$b_j = y$ となることはない．すなわち，ブロック $b_{i+1}, \ldots, b_{m-1}$ のそれぞれの要求に対して，要求されたブロック b_j はブロック $y \in C_{S',j} - C_{S,j}$ ではなかったことになる．[f] これらのブロック要求

---

[f] ［訳注］$b_j \in D_j$ の場合が考慮されていないが，この場合は S，S' ともにキャッシュヒットであり，キャッシュ状況は変化しない．

では, 要求 b_j が処理された後, (S' の定義より) $C_{S',j+1} = D_{j+1} \cup \{y\}$ が成立し, したがって, 2つのキャッシュ状況の差は変化しない. ここで, ブロック要求 b_i の処理直後に戻って考える. (S' の定義より) $C_{S',i+1} = D_{i+1} \cup \{x\}$ $(x \neq z)$ が成立する. ブロック要求 b_m に到るまで続くそれぞれのブロック要求に対する S と S' の決定は, 2つのキャッシュ状況の差を変化させない. すなわち, すべての $j = i+1, \ldots, m$ に対して, $C_{S',j} = D_j \cup \{x\}$ である. 定義より, ブロック $z = b_m$ に対する要求は x に対する要求の後で発生する. したがって, ブロック $b_{i+1}, \ldots, b_{m-1}$ の中の1つはブロック x である. 一方, $j = i+1, \ldots, m$ に対して, $x \in C_{S',j}$ かつ $x \notin C_{S,j}$ が成立する. したがって, これらの要求の少なくとも1つに対して, S' ではキャッシュヒットが起こり, S ではキャッシュミスが起こることになり, 仮定に矛盾する. まとめると, ブロック b_m に対する要求で解 S にキャッシュヒットが起こり, S' にキャッシュミスが起こるならば, それ以前の要求で逆の結果が起こっていたことになり, 解 S' は解 S より多くのキャッシュミスは起こさない. S は最適と仮定したので, S' も最適である.

∎

定理 15.5 と最適部分構造を合わせれば, 最遠要求優先戦略はキャッシュミスを最小にすることが分かる.

練習問題

15.4-1 最遠要求優先戦略を利用したキャッシュ管理のための擬似コードを書け. 入力はキャッシュ内のブロックの集合 C, キャッシュが保持できるブロック数 k, 要求されているブロックの列 $b_1, b_2, \ldots, b_n$, 現在処理されようとしている要求 b_i を指すインデックス i である. 各要求に対して, キャッシュヒットとキャッシュミスのどちらが発生するかをプリントし, キャッシュミスが発生する場合には, 追い出されるブロックがあれば, そのブロックをプリントせよ.

15.4-2 実際のキャッシュ管理は未来の要求は分からないので, 追い出すブロックを決定するのにしばしば過去情報が使われる. **最長未使用優先** (least-recently-used, **LRU**) 戦略は現在キャッシュ内に存在するブロックの中で, 最も過去に要求された (LRU を "過去の最遠" と考える) ブロックを追い出す. LRU 戦略が最適ではない要求列の例をあげよ. すなわち, この要求列に対して, 最遠要求優先戦略より LRU のキャッシュミスが多くなることを示せ.

15.4-3 Croesus 教授は定理 15.5 の証明のなかで, 性質1の最後の部分は $C_{S',j} = D_j \cup \{x\}$ に変更できる, すなわち, 性質1の中で与えられているブロック y はつねにブロック b_i に対する要求で解 S によって追い出されるブロック x である必要があると示唆している. この要請によって, 証明がうまくいかないところを示せ.

15.4-4 この節では, ブロックが要求されたときは高々1つのブロックがキャッシュ内に置かれると仮定した. しかしながら, 1回の要求に対して複数のブロックがキャッシュに入れられる戦略を考えることもできる. 1回の要求で複数のブロックをキャッシュに入れるのを許す任意の解に対して, 1回のリクエストで高々1ブロックを入れる解で元の解よりも悪くならないものが存在することを示せ.

376 | 15　貪欲アルゴリズム

章末問題

15-1　釣銭問題
n セント分のお釣りを最小枚数の硬貨によって作る問題を考える．各硬貨の貨幣単位は整数であると仮定する．

a. 25 セント，10 セント，5 セント，および 1 セント硬貨でお釣りを作る貪欲アルゴリズムを設計せよ．この貪欲アルゴリズムがつねに最適解を与えることを示せ．

b. 使用できる硬貨の貨幣単位は c のベキであると仮定する．すなわち，ある自然数 $c > 1$ と $k \geq 1$ に対して，$c^0, c^1, \ldots, c^k$ が貨幣単位であるとする．上記の貪欲アルゴリズムがつねに最適解を与えることを示せ．

c. 上記の貪欲アルゴリズムが最適解を与えない貨幣単位の集合を与えよ．すべての n に対する解が必要なので，貨幣単位の集合は必ず 1 セント硬貨を含まなければならない．

d. 1 セント硬貨を含むという仮定の下で，任意の k 種の異なる貨幣単位の集合に対して，$O(nk)$ 時間でお釣りを最適に作るアルゴリズムを与えよ．

15-2　最小平均完了時刻スケジューリング
タスクの集合 $S = \{a_1, a_2, \ldots, a_n\}$ が与えられている．タスク a_i を完了するには，実行開始後 p_i 単位時間の処理が必要である．タスク a_i の処理が完了する**完了時刻** (completion time) を C_i とする．我々の目的は平均完了時刻 $(1/n) \sum_{i=1}^{n} C_i$ を最小化することである．たとえば，2 つのタスク a_1 と a_2 があり，それぞれの処理時間が $p_1 = 3$ と $p_2 = 5$ であるとする．a_2 をまず実行し，つぎに a_1 を続けると，$C_2 = 5$，$C_1 = 8$ なので，平均完了時刻は $(5+8)/2 = 6.5$ である．しかし，a_1 を先に実行すると，$C_1 = 3$，$C_2 = 8$ であり，平均完了時刻は $(3+8)/2 = 5.5$ となる．

a. 与えられたタスク集合を平均完了時刻が最小化されるようにスケジュールするアルゴリズムを設計せよ．ただし，各タスクは中断無しで実行しなければならない．すなわち，タスク a_i の処理を開始すると，処理は p_i 単位時間続く．設計したアルゴリズムが平均完了時刻を最小化することを証明し，このアルゴリズムの時間計算量を議論せよ．

b. すべてのタスクが同時に実行可能にならない状況を考える．すなわち，各タスク a_i は**開始可能時刻** (release time) b_i になるまで処理を開始できない．さらに，処理の**中断** (preemption) も許されていて，後で中断した地点から処理を再開できると仮定する．たとえば，処理時間 $p_i = 6$ で，開始可能時刻 $b_i = 1$ となるあるタスク a_i の処理として次のスケジュールが考えられる．時刻 1 に処理を開始し，時刻 4 にその処理を中断する．時刻 10 に処理を再開するが，時刻 11 に再び中断する．最後に，時刻 13 に処理を再開し，時刻 15 に処理を完了する．タスク a_i の実行は合計 6 単位時間に及んでいるが，その実行時間は 3 つの部分に分割されている．この新しい問題設定の下で，与えられたタスク集合を平均完

了時刻が最小化されるようにスケジュールするアルゴリズムを設計せよ．設計したアルゴリズムが平均完了時刻を最小化することを証明し，このアルゴリズムの時間計算量を議論せよ．

文献ノート

Lawler [276] と Papadimitriou–Steiglitz [353] には貪欲アルゴリズムについて本章で触れなかった題材が含まれている．貪欲アルゴリズムが組合せ最適化の文献に最初に現れたのは，Edmonds [131] の 1971 年の論文によってである．

本章で与えた活動選択問題に対する貪欲アルゴリズムの正当性の証明は Gavril [179] に基づいている．

ハフマン符号は 1952 年に発明された [233]．Lelewer–Hirschberg [294] は 1987 年までに知られていたデータ圧縮技法の概説をしている．

最遠要求優先戦略は Belady [41] によって提案され，仮想記憶システムに対して利用することが示唆されている．最遠要求優先戦略が最適であることの別証明は Lee ら [284] と Van Roy [443] の論文に示されている．

16 ならし解析

AMORTIZED ANALYSIS

バフのジムに加入したとしよう．バフには会費として月に 60 ドルの他に，ジムを使うたびに 3 ドルを支払う．あなたは規律正しい生活をしているので，11 月には毎日バフのジムを訪れる．11 月の月会費 60 ドルの他に，$3 \times 30 = 90$ ドルを別に払う．あなたは 60 ドルと毎月の日々支払う分の 90 ドルを一律料金と考えることもできるが，別の考え方もある．全部で 30 日に対して 150 ドルを払うので，1 日当りにすると平均 5 ドルということになる．このように考えると，1 日当り 2 ドルずつ分散させて 1 ヶ月分の料金をその月の 30 日にわたって**ならす** (amortize) ことになる．

　実行時間を解析するときにも同じことが可能である．**ならし解析** (amortized analysis) では，データ構造の操作列の実行にかかった時間を実行したすべての操作でならす（平均化する）．ならし解析を用いれば，ある特別な操作が高価であっても，操作列について平均化してみると 1 操作当りのコストは小さいことを証明できる．確率が関係しないという点で，ならし解析は平均時の解析と異なる．ならし解析によって**最悪の場合での各操作の平均的な効率**を解析できる．

　本章の最初の 3 つの節で，ならし解析で最もよく使われる 3 つの技法を説明する．第 16.1 節では集計法を説明する．集計法では n 個の操作から構成される列の総コストの上界 $T(n)$ を決定する．したがって，1 操作当りの平均コスト（の上界）は $T(n)/n$ である．この平均コストを各操作のならしコストとするので，すべての操作は同じならしコストを持つ．

　第 16.2 節では出納法を説明する．この方法では各操作に対してそれぞれならしコストを決める．操作の種類によって，ならしコストが違ってもよい．出納法は，操作列の前半でいくつかの操作に過大に課金し，超過分を「前納金 (prepaid credit)」としてデータ構造の特定のオブジェクトに預金する．この預金は，操作列の後半で課金額が実コストに満たない操作のために使われる．

　第 16.3 節ではポテンシャル法を説明する．ポテンシャル法は出納法に似ていて，各操作のならしコストをまず決め，後半で発生する不足分を補填するために前半の操作に過大に課金する．しかし，前納金をデータ構造の個々のオブジェクトに蓄える出納法とは異なり，ポテンシャル法では前納金をデータ構造全体の「ポテンシャルエネルギー (potential energy)」として管理する．

　これら 3 つの方法を調べるのに，本章では 2 つの例を使う．第 1 は，MULTIPOP 操作が実行可能なスタックである．この操作を用いると，いくつかのオブジェクトを一挙にポップ（削除）[a]できる．第 2 は，単一の操作である INCREMENT を用いて 0 から計数を開始する 2 進カウンタである．

---

　[a] ［訳注］第 7 章（クイックソート）の章末問題 7-5 にも出てくるが，ポップとプッシュは，それぞれ削除と挿入操作に相当する．

16.1 集計法 | 379

　本章を読むに当たっては，ならし解析を行う際に割り当てられる課金は解析のためにだけ用いられ，プログラムには，決して現われないことに注意を払ってほしい．課金はプログラムコードに現れる必要がないし，現れてはいけないのである．たとえば，出納法を用いてあるオブジェクト x に課金するとしても，擬似コードのある属性 $x.credit$ に適切な量を割り当てる必要はない．

　ある特定のデータ構造をならし解析すれば，その構造を深く理解できる．そして，この洞察が設計の最適化に役立つことがある．第 16.4 節では，動的に拡大と縮小を行う表をポテンシャル法を用いて解析する．

16.1　集計法

集計法 (aggregate method) では，任意の n に対して，長さ n の操作列の実行は**最悪時**に合計 $T(n)$ 時間かかることを示す．したがって，最悪時の平均コスト，あるいは，**ならしコスト** (amortized cost) は 1 操作当り $T(n)/n$ である．複数の種類の操作が操作列に出現する場合でも，このならしコストがすべての操作に適用されることに注意せよ．本章で学ぶ他の 2 つの方法，出納法とポテンシャル法では，異なる操作に異なるならしコストを割り当てることがある．

スタック操作

集計法の最初の例として新しい操作を付加したスタックを解析する．第 10.1.3 項（スタックとキュー）ではスタックの操作としてそれぞれ $O(1)$ 時間で実行できる 2 つの基本操作を説明した：

PUSH(S, x) はオブジェクト x をスタック S の先頭にプッシュ（挿入）する．

POP(S) はスタック S の先頭の要素をポップ（削除）し，ポップしたオブジェクトを返す．ただし，空のスタックに対して POP を呼び出すとエラーを発生する．

これらの操作はいずれも $O(1)$ 時間で実行できるので，これらの操作のコストを 1 と考えることにしよう．このとき，長さ n のプッシュ操作とポップ操作から構成された列の総コストは n であり，n 個の操作を実行するのにかかる実時間は $\Theta(n)$ である．

　新しいスタック操作 MULTIPOP(S, k) を導入する．この操作はスタック S の上から k 個のオブジェクトをポップする．ただし，S が k 未満の個数のオブジェクトしか含まないときには，これらのオブジェクトをすべてポップする．k が正でなければ MULTIPOP 操作によってスタックは変化しないので，もちろん k は正であると仮定する．MULTIPOP の擬似コードでは，操作 STACK-EMPTY はスタックが空なら真 (TRUE) を，そうでなければ偽 (FALSE) を返す．図 16.1 に MULTIPOP の実行例を示す．

```
MULTIPOP(S, k)
1  while STACK-EMPTY(S) ではなく かつ k > 0
2      POP(S)
3      k = k − 1
```

380 | 16 ならし解析

```
top ➤  23
       17
        6
       39
       10        top ➤  10
       47               47
      ———             ———              ———
       (a)             (b)             (c)
```

図 16.1 **(a)** に示す初期状態を持つスタックに対する MULTIPOP の動作．MULTIPOP$(S, 4)$ は上から 4 個のオブジェクトをポップし，**(b)** に示すスタックの状態になる．つぎに操作 MULTIPOP$(S, 7)$ を実行する．7 個未満のオブジェクトしか残っていないので，**(c)** に示すようにスタックは空になる．

s 個のオブジェクトを含むスタックに対する MULTIPOP(S, k) の実行時間を検討する．実行時間は実際に実行される POP 操作の回数に比例するので，PUSH と POP に対する抽象的コスト 1 を用いて MULTIPOP を解析できる．**while** ループの反復回数はスタックからポップするオブジェクトの個数 $\min(s, k)$ である．このループの各反復は第 2 行で POP を 1 度呼び出す．したがって，MULTIPOP の総コストは $\min(s, k)$ であり，実行時間はこれに比例する．

PUSH，POP および MILTIPOP 操作から構成される長さ n の操作列を空のスタックに適用する場合を解析する．スタックサイズは n まで大きくなりうるので，この列における 1 回の MULTIPOP 操作の最悪コストは $O(n)$ である．したがって，任意のスタック操作の最悪実行時間は $O(n)$ であり，コストが $O(n)$ の MULTIPOP 操作が $O(n)$ 回現れるかもしれないので，長さ n の操作列のコストは $O(n^2)$ となる．この解析は正しいが，この上界は各操作の最悪コストを別々に考えて得たものであり，改良の余地がある．

単一の MULTIPOP は多くの時間を取るかもしれないが，集計法を用いると最初は空のスタックに PUSH，POP，MULTIPOP 操作からなる長さ n の任意の列を実行したときにかかる総コストの上界は $O(n)$ である．なぜか？オブジェクトは最初にプッシュされたときを除いてスタックからポップされることはないからである．したがって，空でないスタックに対して POP が呼び出される回数は，MULTIPOP 内部での呼出しも含めて PUSH 操作が呼び出される回数以下，すなわち，n で抑えられる．そこで，任意の n の値に対して合計 n 回の PUSH，POP および MULTIPOP 操作をどのように適用しても，全体でかかる時間は $O(n)$ である．したがって，1 回の操作の平均コストは $O(n)/n = O(1)$ である．集計法では，この平均コストを各操作のならしコストとして用いる．この例では，3 つのスタック操作のならしコストは共に $O(1)$ である．

要約しよう：スタック操作の平均コスト，したがってその実行時間は $O(1)$ であるが，この解析では確率に基づく議論を用いていない．その代わりに，我々は長さ n の操作列に対して**最悪時の上限** $O(n)$ を証明した．そして，この総コストを n で割ることで，1 操作当りの平均コスト，ならしコストが $O(1)$ であることを導出したのである．

2 進カウンタによる計数

集計法によるならし解析の第 2 の例として，0 から計数を開始する k ビットの 2 進カウンタを実装する問題を考える．カウンタとしてビット配列 $A[0 : k-1]$ を用いる．2 進数 x はこの 2 進カウンタでは最下位ビットが $A[0]$ に，最上位ビットが $A[k-1]$ に蓄えられる．したがっ

カウンタの値	A[7]	A[6]	A[5]	A[4]	A[3]	A[2]	A[1]	A[0]	総コスト
0	0	0	0	0	0	0	0	0	0
1	0	0	0	0	0	0	0	1	1
2	0	0	0	0	0	0	1	0	3
3	0	0	0	0	0	0	1	1	4
4	0	0	0	0	0	1	0	0	7
5	0	0	0	0	0	1	0	1	8
6	0	0	0	0	0	1	1	0	10
7	0	0	0	0	0	1	1	1	11
8	0	0	0	0	1	0	0	0	15
9	0	0	0	0	1	0	0	1	16
10	0	0	0	0	1	0	1	0	18
11	0	0	0	0	1	0	1	1	19
12	0	0	0	0	1	1	0	0	22
13	0	0	0	0	1	1	0	1	23
14	0	0	0	0	1	1	1	0	25
15	0	0	0	0	1	1	1	1	26
16	0	0	0	1	0	0	0	0	31

図 16.2 16 回の INCREMENT 操作により値が 0 から 16 まで増大する 8 ビットの 2 進カウンタ．次の値に到達するために反転するビットに網かけをしている．その値を得るまでにビット反転に要した総実行コストを右端に示す．総コストは INCREMENT 操作の実行回数の 2 倍を超えないことに注意せよ．

て，$x = \sum_{i=0}^{k-1} A[i] \cdot 2^i$ である．初期状態は $x = 0$ であり，各 $i = 0, 1, \ldots, k-1$ に対して $A[i] = 0$ である．次の手続き INCREMENT を用いてカウンタが保持する値に（2^k を法とする）1 を加える．

```
INCREMENT(A, k)
1   i = 0
2   while i < k かつ A[i] == 1
3       A[i] = 0
4       i = i + 1
5   if i < k
6       A[i] = 1
```

図 16.2 は，初期値 0 から終了値 16 まで，INCREMENT が 16 回呼ばれるとき，2 進カウンタに何が起こるかを示している．第 2~4 行の **while** ループの各繰返しの開始時点では 1 を場所 i に加えようとしている．$A[i] = 1$ ならば，1 を加えることにより場所 i のビットが 0 に反転されて桁上り 1 を生ずるが，この桁上りはループの次の繰返しで場所 $i + 1$ に加えられる．そうでなければループは終了する．そして $i < k$ ならば，$A[i] = 0$ でなければならないので，第 6 行で場所 i に 1 を加え，0 を 1 に反転する．ループが $i = k$ で終われば，INCREMENT の呼出しですべての k ビットが 1 から 0 に反転されたことになる．各 INCREMENT 操作のコストは反転するビット数に比例する．

スタックの例と同様，大ざっぱな解析から得ることができる限界は正しいが改良の余地がある．配列 A のすべての要素が 1 である最悪時には，INCREMENT を 1 回実行するのに $\Theta(k)$ 時間かかる．したがって，初期値が 0 のカウンタに対して INCREMENT 操作を n 回実行すると，最悪時には $O(nk)$ 時間かかる．

INCREMENT の単一の呼出しで k ビットすべてを反転することもありうるが，毎回の呼出しですべてのビットが反転するわけではない．（単一の呼出しで多くのオブジェクトをポップするかもしれない MULTIPOP の場合と同様に，すべての呼出しで多くのオブジェクトがポップされるわけではない．）図 16.2 が示すように，$A[0]$ は INCREMENT が呼び出されるたびに反転する．つぎに上位のビット $A[1]$ は 1 回おきに反転する．すなわち，初期値が 0 のカウンタに対して INCREMENT 操作を n 回実行すると $A[1]$ は $\lfloor n/2 \rfloor$ 回反転する．同様に，ビット $A[2]$ は 4 回ごとに反転するので，長さ n の INCREMENT 列に対して $\lfloor n/4 \rfloor$ 回反転する．一般に，$i = 0, 1, \ldots, k-1$ に対して，ビット $A[i]$ は初期値が 0 のカウンタに対する長さ n の INCREMENT 操作列の実行の中で $\lfloor n/2^i \rfloor$ 回反転する．一方，$i \geq k$ に対してはビット $A[i]$ は存在しないので，反転できない．付録第 A 章の式 (A.7) より，この列に対するビット反転の合計回数は

$$\sum_{i=0}^{k-1} \left\lfloor \frac{n}{2^i} \right\rfloor < n \sum_{i=0}^{\infty} \frac{1}{2^i}$$
$$= 2n$$

である．したがって，初期値が 0 のカウンタに対する長さ n の INCREMENT 操作列の実行には最悪時に $O(n)$ かかる．1 操作当りの平均コスト，すなわち 1 操作当りのならしコストは $O(n)/n = O(1)$ である．

練習問題

16.1-1 k 個のアイテムをスタックにプッシュする MULTIPUSH 操作をスタック操作の集合に追加する．引き続き $O(1)$ がスタック操作のならしコストの上界となるか？

16.1-2 DECREMENT 操作を k ビットカウンタに導入すると，n 回の操作には $\Theta(nk)$ 時間かかることを示せ．

16.1-3 集計法に基づく解析を用いて，あるデータ構造上で実行する n 個の操作の列に対する 1 操作当りのならしコストを求めよ．ただし，i 番目の操作のコストは i がちょうど 2 のベキであるとき i であり，そうでなければ 1 である．

16.2 出納法

ならし解析における**出納法** (accounting method) では，異なる操作ごとに異なる額を課金する．ある操作では実コストを超えて課金し，別の操作では課金額は実コストに満たない．ある操作に課金する額を**ならしコスト** (amortized cost) と呼ぶ．ある操作のならしコストが実コストを超えるとき，この超過分をデータ構造の特定のオブジェクトに**預金** (credit) する．ならしコストが実コストに満たない操作が後に現れたときには，この預金をもって差額の支払いに充てることができる．したがって，1 つの操作のならしコストを，今使用するか後々のために蓄えるかによって，実コストと預金の 2 つの部分からできていると見なすことができる．異なる操作は異なるならしコストを持つことができる．この点で，出納法はすべての操作に同じならしコストを割り当てる集計法とは異なる．

操作のならしコストは注意深く選ぶ必要がある．ならしコストを用いる解析で最悪時の1操作当りの平均コストが小さいことを示すには，操作列の総ならしコストがその列に対する総実コストの上界になっていなければならない．しかも，集計法の場合と同様，この上界がすべての操作列に対して成立している必要がある．そこで，操作列の i 番目の操作の実コストを c_i，そのならしコストを $\hat{c}_i$ と表記するとき，すべての長さ n の操作列について

$$\sum_{i=1}^{n} \hat{c}_i \geq \sum_{i=1}^{n} c_i \tag{16.1}$$

であることが要請される．総ならしコストと総実コストの差 $\sum_{i=1}^{n} \hat{c}_i - \sum_{i=1}^{n} c_i$ がデータ構造に蓄えられている預金総額である．不等式 (16.1) から，すべての時刻でデータ構造に蓄えられている預金総額は非負でなければならない．（勘定を後で払うという約束で前半の操作に過小課金した結果）預金総額が負になることが許されるとすれば，その時点までに支払った総ならしコストは対応する総実コストに足りないので，その時点までの操作列に対して総ならしコストは総実コストの上界とはならない．したがって，このデータ構造の中で預金総額が決して負にならないようにする必要がある．

スタック操作

ならし解析における出納法を説明するためにスタックの例に戻ろう．各操作の実コストが

PUSH	1
POP	1
MULTIPOP	$\min\{s, k\}$

であったことを思い起こそう．ただし，k は MULTIPOP の引数であり，s はこの手続きを呼び出した時点でのスタックサイズである．各操作に対して，ならしコスト

PUSH	2
POP	0
MULTIPOP	0

を割り当てる．MULTIPOP のならしコストは定数 (0) であるが，実コストは可変であることに注意せよ．この例では，ならしコストはすべて定数である．しかし，一般には操作ごとに違うならしコストを考えてもよいし，漸近的に違っていても問題ない．

各操作に上記のならしコストを課金すれば，任意のスタック操作列の実コストを支払えることを証明する．コストの単位を表すのに1ドル紙幣を使う．空スタックから開始する．第10.1.3 項（スタックとキュー）で示したスタックデータ構造とカフェテリアの皿のスタックとの類似を思い出そう．スタックに皿をプッシュするとき，このプッシュ操作にかかる実コストに対して1ドルを支払い，（課金された2ドルの中の）残された1ドルを預金として皿の上に置く．そこで，どの時刻でもスタック内のすべての皿の上には預金が1ドル置かれている．

皿の上に置かれた1ドルは，その皿をスタックからポップするためのコストに対する前払いである．POP 操作は無料である．皿をポップする実コストは，この皿の上に置いてある1ドルの預金を使って支払う．したがって，PUSH 操作に少し多めに課金することで，POP 操作に課金しなくて済むのである．

MULTIPOP 操作もまた課金せずに済ますことができる．なぜなら，連続する POP 操作なので毎回の操作はタダだからである．MULTIPOP 操作が k 枚の皿をポップするなら，実コストは k 枚の皿に置かれた k ドルで払うことができる．スタック上の各皿には 1 ドル分の預金があり，スタックはつねに非負の枚数の皿を持っているので，預金総額はつねに非負である．したがって，長さ n の PUSH，POP，MULTIPOP 操作から構成される**任意の**列に対して，総ならしコストは総実コストの上界である．総ならしコストが $O(n)$ なので，総実コストも $O(n)$ である．

2 進カウンタによる計数

出納法の説明のために，0 から計数を開始する 2 進カウンタ上の INCREMENT 操作を解析する．先に観察したように，この操作の実行時間は反転するビット数に比例し，この例ではこの反転ビット数をコストとして用いる．再び 1 ドル紙幣で単位コスト（この例では 1 ビットの反転に要するコスト）を表す．

ならし解析としては，0 のビットを 1 に反転するためのならしコストは 2 ドルである．あるビットを 1 にセットするとき，2 ドルのうちの 1 ドルを実際にそのビットをセットするのに支払い，残された 1 ドルを後でこのビットを 0 に反転するときのためにこのビットの上に置いておく．任意の時刻に，カウンタのどの 1 のビットも 1 ドルを持っている．そこで，あるビットを 0 にリセットするコストはこのビットに置いた 1 ドルから支払えるので，ビットを 0 にリセットする操作に課金する必要はない．

INCREMENT のならしコストを決定しよう．**while** ループの中でビットのリセットに必要なコストの支払いにはリセットするビット上の 1 ドルを使う．INCREMENT 操作は第 6 行で高々 1 ビットしか 1 にセットしないので，INCREMENT 操作のならしコストは高々 2 ドルである．一方，カウンタの 1 の個数は負になることがないので預金総額はつねに非負である．したがって，長さ n の INCREMENT 操作の総ならしコストは $O(n)$ であり，これが総実コストの上界を与える．

練習問題

16.2-1 スタックサイズが k を決して超えないスタック上での PUSH と POP 操作列を実行することを考える．k 回の操作が終わるたびに，バックアップのためにスタック全体のコピーを取る．各スタック操作に適切なならしコストを与えることで，スタックのコピーも含めて，長さ n のスタック操作列の総コストが $O(n)$ であることを示せ．

16.2-2 出納法によるならし解析を用いて練習問題 16.1-3 を再度考えよ．

16.2-3 カウンタを更新するだけでなく 0 にリセットする（すなわち，すべてのビットを 0 にする）操作も必要であるとする．1 つのビットを検査したり更新したりする時間を $\Theta(1)$ と仮定し，長さ n の INCREMENT と RESET から構成される任意の操作列を初期値が 0 のカウンタに対して実行したとき，その実行時間が $O(n)$ となるようにカウンタをビット配列として実装する方法を示せ．（**ヒント**：上位の 1 へのポインタを管理せよ．）

16.3 ポテンシャル法

先行支出をデータ構造の特定のオブジェクトに蓄える預金として表現する代わりに，ならし解析の**ポテンシャル法** (potential method) では，将来の操作の支払いのために放出できる「ポテンシャルエネルギー」（または単に「ポテンシャル」）として表現する．我々はポテンシャルをデータ構造全体に対して定義するのであって，データ構造内の特定のオブジェクトに対して定義するのではない.

　ポテンシャル法を説明する．初期データ構造 D_0 に対する n 個の操作の実行を考える．各 $i = 1, 2, \ldots, n$ に対して，i 番目の操作の実コストを c_i，i 番目の操作をデータ構造 D_{i-1} に適用した結果のデータ構造を D_i とする．**ポテンシャル関数** (potential function) Φ は各データ構造 D_i をある実数 $\Phi(D_i)$ に写す関数である．$\Phi(D_i)$ がデータ構造 D_i に随伴する**ポテンシャル** (potential) である．ポテンシャル関数 Φ を用いて，i 番目の操作の**ならしコスト** (amortized cost) $\widehat{c}_i$ を

$$\widehat{c}_i = c_i + \Phi(D_i) - \Phi(D_{i-1}) \tag{16.2}$$

と定義する．すなわち，各操作のならしコストは，その実コストにその操作によるポテンシャルの増分を加えたものである．式 (16.2) から，n 個の操作の総ならしコストは

$$\begin{aligned}
\sum_{i=1}^{n} \widehat{c}_i &= \sum_{i=1}^{n} (c_i + \Phi(D_i) - \Phi(D_{i-1})) \\
&= \sum_{i=1}^{n} c_i + \Phi(D_n) - \Phi(D_0)
\end{aligned} \tag{16.3}$$

である．ここで 2 番目の等式は，$\Phi(D_i)$ が入れ子なので，付録第 A 章（和）の式 (A.12) より成立する.

　$\Phi(D_n) \geq \Phi(D_0)$ を満たすようにポテンシャル関数 Φ を定義できれば，総ならしコスト $\sum_{i=1}^{n} \widehat{c}_i$ は総実コスト $\sum_{i=1}^{n} c_i$ の上界である．しかし，現実には実際に実行する操作数がつねに分かるわけではない．そこで，すべての i に対して $\Phi(D_i) \geq \Phi(D_0)$ をポテンシャル関数に要請することで，出納法の場合のように，操作の実行に必要なコストが支払い済みであることを保証できる．$\Phi(D_0)$ を 0 と定義し，すべての i について $\Phi(D_i) \geq 0$ を示すというのが普通は最も簡単である．（$\Phi(D_0) \neq 0$ の場合を扱う簡単な方法は練習問題 16.3-1 参照.）

　直観的には，i 番目の操作のポテンシャルの差 $\Phi(D_i) - \Phi(D_{i-1})$ が正ならば，ならしコスト $\widehat{c}_i$ は i 番目の操作に対する超過課金を表現し，データ構造のポテンシャルが増加する．ポテンシャルの差が負のときは，ならしコストは i 番目の操作に対する課金不足を表現し，その操作の実コストはポテンシャルを下げることによって支払う.

　式 (16.2) と (16.3) から定義されるならしコストはポテンシャル関数 Φ の選び方に依存する．違うポテンシャル関数が別のならしコストを定義することがあるが，これらはつねに実コストの上界である．ポテンシャル関数の選択にしばしばトレードオフが現れる．解析に最適なポテンシャル関数は証明しようとする計算時間の上限に依存する.

スタック操作

ポテンシャル法を説明するために，スタック操作 PUSH，POP，および MULTIPOP の例に再度戻ることにする．スタックに関するポテンシャル関数 Φ を，スタックに積まれているオブジェクト数と定義する．初期状態である空スタック D_0 では $\Phi(D_0) = 0$ である．スタック内のオブジェクト数は決して負にならないので，i 番目の操作を行った後のスタック D_i のポテンシャルは非負であり，

$$\Phi(D_i) \geq 0$$
$$= \Phi(D_0)$$

である．したがって，Φ に関する n 個の操作の総ならしコストは実コストの上界である．

各スタック操作のならしコストを計算しよう．i 番目の操作が s 個のオブジェクトを含むスタックへの PUSH 操作なら，ポテンシャルの差は

$$\Phi(D_i) - \Phi(D_{i-1}) = (s+1) - s$$
$$= 1$$

である．したがって，式 (16.2) より，この PUSH 操作のならしコストは

$$\widehat{c_i} = c_i + \Phi(D_i) - \Phi(D_{i-1})$$
$$= 1 + 1$$
$$= 2$$

である．このスタックに対する i 番目の操作が MULTIPOP(S,k) で，$k' = \min\{s, k\}$ 個のオブジェクトがスタックからポップされるものとする．この操作の実コストは k' であり，ポテンシャルの差は

$$\Phi(D_i) - \Phi(D_{i-1}) = -k'$$

である．したがって，この MULTIPOP 操作のならしコストは

$$\widehat{c_i} = c_i + \Phi(D_i) - \Phi(D_{i-1})$$
$$= k' - k'$$
$$= 0$$

である．同様に，普通の POP 操作のならしコストは 0 である．

これら 3 つの操作のならしコストはそれぞれ $O(1)$ であり，したがって，長さ n の操作列を実行したときの総ならしコストは $O(n)$ である．すでに説明したように $\Phi(D_i) \geq \Phi(D_0)$ なので，n 回の操作の総ならしコストは総実コストの上界である．したがって，n 回の操作に対する最悪時のコストは $O(n)$ である．

2 進カウンタによる計数

ポテンシャル法の別の例として k ビットの 2 進カウンタを用いた計数を再度検討する．今回は，i 回目の INCREMENT 操作後のカウンタのポテンシャルを b_i と定義する．ここで，b_i は i

回目の操作後のカウンタに含まれる 1 の個数であり，これを b_i と記す．

INCREMENT 操作のならしコストを計算しよう．i 回目の INCREMENT 操作は t_i 個のビットを 0 にリセットすると仮定する．この操作は t_i 個のビットをリセットする以外には高々 1 ビットを 1 にセットするだけなので，この操作の実コスト c_i は高々 $t_i + 1$ である．$b_i = 0$ ならば，i 回目の操作は k 個すべてのビットをリセットするので，$b_{i-1} = t_i = k$ である．$b_i > 0$ ならば $b_i = b_{i-1} - t_i + 1$ である．どちらの場合にも $b_i \leq b_{i-1} - t_i + 1$ が成立するので，ポテンシャルの差は

$$\begin{aligned}
\Phi(D_i) - \Phi(D_{i-1}) &\leq (b_{i-1} - t_i + 1) - b_{i-1} \\
&= 1 - t_i
\end{aligned}$$

である．そこで，ならしコストは

$$\begin{aligned}
\widehat{c_i} &= c_i + \Phi(D_i) - \Phi(D_{i-1}) \\
&\leq (t_i + 1) + (1 - t_i) \\
&= 2
\end{aligned}$$

となる．カウンタの初期状態が 0 なら，$\Phi(D_0) = 0$ である．また，すべての i に対して $\Phi(D_i) \geq 0$ なので，長さ n の INCREMENT 操作列に対する総ならしコストは総実コストの上界であり，n 回の INCREMENT 操作の最悪コストは $O(n)$ である．

ポテンシャル法を用いると初期状態が 0 ではないカウンタも簡単に解析できる．初期状態ではカウンタに b_0 個の 1 が存在し，n 回の INCREMENT 操作後に b_n 個の 1 が存在すると仮定する．ただし，$0 \leq b_0, b_n \leq k$ である．式 (16.3) を

$$\sum_{i=1}^{n} c_i = \sum_{i=1}^{n} \widehat{c_i} - \Phi(D_n) + \Phi(D_0)$$

と書き換える．$\Phi(D_0) = b_0$，$\Phi(D_n) = b_n$，かつ，すべての i，$1 \leq i \leq n$，に対して $\widehat{c_i} \leq 2$ なので，n 回の INCREMENT 操作の総実コストは

$$\begin{aligned}
\sum_{i=1}^{n} c_i &\leq \sum_{i=1}^{n} 2 - b_n + b_0 \\
&= 2n - b_n + b_0
\end{aligned}$$

である．$b_0 \leq k$ なので，$k = O(n)$ である限り，総実コストが $O(n)$ であることにとくに注意せよ．言い換えると，INCREMENT 操作を少なくとも $n = \Omega(k)$ 回実行するならば，カウンタの初期値に関係なく総実コストは $O(n)$ である．

練習問題

16.3-1 すべての i に対して $\Phi(D_i) \geq \Phi(D_0)$ を満たし，$\Phi(D_0) \neq 0$ であるというポテンシャル関数 Φ を考える．このとき，$\Phi'(D_0) = 0$ を満たすポテンシャル関数 Φ' で，すべての $i \geq 1$ に対して $\Phi'(D_i) \geq 0$ を満たし，しかも Φ と同じならしコストを与えるポテンシャル関数が存在することを示せ．

16.3-2 ポテンシャル法を用いて練習問題 16.1-3 を再考せよ．

16.3-3 INSERT と EXTRACT-MIN の操作が実行できる通常の 2 進 min ヒープデータ構造を考える．n 個の要素がヒープに含まれているとき，それぞれの操作を最悪時でも $O(\lg n)$ 時間で実行できるものとする．EXTRACT-MIN のならしコストが $O(1)$ となるポテンシャル関数 Φ を与え，そのポテンシャル関数がならし時間の上界を与えることを示せ．その解析において n は現在ヒープに蓄えられている要素の個数であり，ヒープに今まで蓄えられたことがある要素の個数の上界は知らないものとせよ．

16.3-4 スタック操作 PUSH，POP，MULTIPOP から構成される長さ n の任意の列を考える．この列が s_0 個のオブジェクトを持つスタックに対して実行された結果，このスタックに s_n 個のオブジェクトが残されたと仮定する．このとき，この列の実行にかかる総コストを求めよ．

16.3-5 練習問題 10.1-7 で 2 つの通常のスタックを使ってキューを実装した．ENQUEUE 操作と DEQUEUE 操作のならしコストが共に $O(1)$ となる実装方法を示せ．

16.3-6 多重集合は同じ数が複数回現れることが許される集合である．以下の 2 つの操作が利用できる整数の動的な多重集合 S に対するデータ構造を設計せよ：

INSERT(S, x) は x を S に加える操作である．
DELETE-LARGER-HALF(S) は大きいほうから $\lceil |S|/2 \rceil$ 個の要素を S から削除する操作である．

INSERT 操作と DELETE-LARGER-HALF 操作から構成される長さ m の任意の操作列が $O(m)$ 時間で実行できるように，このデータ構造を実装する方法を説明せよ．ただし，S に属する要素を $O(|S|)$ 時間で出力できなければならない．

16.4 動的な表

表を用いる応用例を設計するとき，表に格納するアイテム数を事前に確定できないことがある．後になって表に割りつけた領域が不十分だと判明すれば，この表にもっと大きい領域を再割つけし，元の表が蓄えていたすべてのアイテムを新しい表にコピーしなければならない．同様に，表から多数のアイテムを削除するときには，この表にもっと小さい領域を再割つけする意義がある．このように，表を動的に拡大・縮小する問題を本節では考察する．拡大や縮小を起こす操作の実コストは大きくても，挿入操作や削除操作のならしコストは $O(1)$ であることをならし解析を用いて示す．さらに，動的な表の未使用領域が全体に占める割合が，ある一定の割合いを決して超えないことを保証する方法を示す．

　この動的な表では TABLE-INSERT 操作と TABLE-DELETE 操作が利用できる．TABLE-INSERT は表に 1 つのアイテムを挿入する．1 つのアイテムが表で占める領域を 1 つの**枠** (slot) と呼ぶ．TABLE-DELETE は 1 つのアイテムを表から削除して 1 つの枠を空ける．この表を実装するデータ構造の詳細は重要ではない．スタック（第 10.1.3 項（スタックとキュー）），ヒープ（第 6 章（ヒープソート））あるいはハッシュ表（第 11 章（ハッシュ表））等々を使うことができる．第 10.3 節（根つき木の表現）で示した配列や配列の集合を用いることもまた可能である．

ハッシュ法の解析（第 11.2 節（ハッシュ表））で導入した概念の有用性をすぐに明らかにする．空でない表 T の**占有率** (load factor) $\alpha(T)$ を，表に格納されているアイテム数を表のサイズ（枠数）で割ったものと定義する．（1 つも枠を含まない）空の表のサイズを 0，その占有率を 1 と定義する．動的な表の占有率が下からある定数によって抑えられるなら，この表の未使用領域が全体に占める割合いはある一定の割合を超えない．

まず挿入だけが許される動的な表を解析し，つぎに挿入と削除が共に許されるもっと一般的な場合に進む．

16.4.1 表の拡大

表のための記憶領域は枠の配列として割りつけられると仮定する．すべての枠が使用され，その占有率が 1 になると表は飽和する．[1] あるソフトウェア環境では，1 つのアイテムを飽和した表に挿入しようとするのはエラーであり，処理は中断される．しかし，本節で検討するソフトウェア環境は，他の多くの現代的なソフトウェア環境と同様，要求に応じて記憶ブロックを割り当てたり解放したりできる記憶管理システムを搭載していると仮定する．したがって，飽和した表に 1 つのアイテムを挿入しようとするときには，現在の表より多くの枠を持つ新しい表を割りつけ，表を**拡大する** (expand)．表は連続する記憶領域上に置かれなければならない．そこで，この新しい表に対して新しい配列を割りつけ，元の表から新しい表にすべてのアイテムをコピーする必要がある．

新しい表に元の表の 2 倍の枠数を割り当てることは一般的なヒューリスティックである．許される唯一の操作が挿入ならば，表の占有率はつねに 1/2 以上であり，表の未使用領域は全領域の半分を超えない．

以下の手続き TABLE-INSERT では，T が表を表現するオブジェクトである．属性 $T.table$ は表を格納する記憶ブロックを指すポインタ，$T.num$ は表が含むアイテム数，$T.size$ は表の全枠数を示す．初期状態では，表は空であり，$T.num = T.size = 0$ である．

TABLE-INSERT(T, x)
  1 **if** $T.size == 0$
  2   枠数 1 の $T.table$ を割りつける
  3      $T.size = 1$
  4 **if** $T.num == T.size$
  5   枠数 $2 \cdot T.size$ の $new\text{-}table$ を割りつける
  6      $T.table$ のすべてのアイテムを $new\text{-}table$ に挿入する
  7      $T.table$ を解放する
  8      $T.table = new\text{-}table$
  9      $T.size = 2 \cdot T.size$
 10 x を $T.table$ に挿入する
 11 $T.num = T.num + 1$

---

[1] オープンアドレスハッシュ表を含むいくつかの状況では，占有率が 1 未満のある定数になったときに表が飽和したと考えるほうが適切である．（練習問題 16.4-2 参照．）

390 | 16　ならし解析

　2 種類の挿入手続きがあることに注意せよ：TABLE-INSERT 手続き自身と，第 6 行と第 10 行に現れる表への**基本挿入** (elementary insertion) である．コスト 1 を各基本挿入に割り当てると，TABLE-INSERT の実行時間を基本挿入回数として解析できる．大部分の計算機環境では第 2 行の表の初期化のオーバーヘッドは定数であり，第 5 行と第 7 行の記憶の割りつけと解放のオーバーヘッドは，第 6 行でアイテムをコピーするコストに比べると無視できる．したがって，TABLE-INSERT の実行時間は基本挿入回数に関して線形である．第 5〜9 行が実行する事象を**拡大** (expansion) と呼ぶ．

　最初は空の表に対して実行される長さ n の TABLE-INSERT 操作列を 3 つのすべての手法を使ってならし解析をする．まず，i 回目の操作の実コスト c_i を求める必要がある．この時点で表に余裕があれば（あるいは，これが最初の操作なら），第 10 行で基本挿入を 1 回実行するだけであり，$c_i = 1$ である．しかし，表が飽和していて表を拡大するなら，$c_i = i$ である．すなわち，第 10 行の基本挿入のコスト 1 に，第 6 行で古い表から新しい表にアイテムをコピーするためのコスト $i-1$ を加えた i が操作にかかるコストになる．操作を n 回実行すると，1 回の操作にかかる最悪コストが $O(n)$ なので，総実行時間の上界は $O(n^2)$ である．

　n 回の TABLE-INSERT 操作の中で表の拡大が起こるのはまれなので，この上界はタイトではない．具体的に，i 回目の操作が表の拡大を起こすのは $i-1$ がちょうど 2 のベキのときに限る．集計法を用いて証明できるように，1 回の操作のならしコストは実際に $O(1)$ である．i 回目の操作のコストは

$$c_i = \begin{cases} i & i-1 \text{ がちょうど 2 のベキのとき} \\ 1 & \text{それ以外} \end{cases}$$

である．したがって，n 回の TABLE-INSERT 操作の総コストは

$$\sum_{i=1}^{n} c_i \leq n + \sum_{j=0}^{\lfloor \lg n \rfloor} 2^j$$
$$< n + 2n \qquad （付録第 A 章（和）の式 (A.6)（966 ページ）より）$$
$$= 3n$$

である．コスト 1 の操作は高々 n 回実行され，残りの操作のコストは幾何級数をなすからである．n 回の TABLE-INSERT 操作の総コストが $3n$ で抑えられるので，1 回の操作のならしコストは高々 3 である．

　出納法を用いることで，TABLE-INSERT 操作のならしコストが 3 である理由を感覚的に理解できる．各アイテムは 3 回の基本挿入にかかる費用を支払う．自分自身を現在の表に挿入するために 1 回，表を次に拡大するときに自分自身を移動するために 1 回，このときに，過去に 1 度移動したことがあるアイテムを再度移動するために 1 回，合計 3 回である．たとえば，$m = 8$ の場合について示した図 16.3 のように，拡大直後の表のサイズが m であるとしよう．$m/2$ 個のアイテムが表に格納されており，表には預金がない．我々は各挿入に対して 3 ドルを課金する．ただちに発生する基本挿入に 1 ドルかかる．1 ドルを挿入したアイテムの上に預金として置く．さらに 3 ドル目をすでに表に格納されている $m/2$ 個のアイテムの 1 つに預金として置く．表が飽和するにはさらに $m/2 - 1$ 回の挿入が必要なので，表が m 個のアイテムを含み，飽和したときには，各アイテムの上には 1 ドルの預金が置かれており，これを拡大に

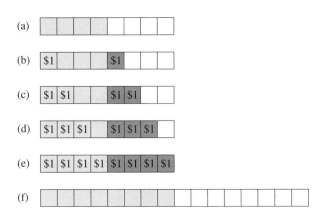

図 16.3 出納法による表拡大の解析．毎回 TABLE-INSERT が呼び出されるたびに次のように 3 ドル課金する．基本挿入の支払いに 1 ドル，後で再び挿入されるべく前払いとして置かれるアイテムに関する 1 ドル，それにすでに表の中にあったアイテムに関する 1 ドルであるが，これは再び挿入されたときのための前払いとしても使う．**(a)** 拡大を行った直後の表で，8 個の枠と 4 個のアイテム（薄い網かけの枠）を含むが預金はない．**(b)〜(e)** TABLE-INSERT を合計 4 回呼び出すが，表にはもう 1 つのアイテムが含まれている．この新しいアイテムに蓄えられた 1 ドルと，拡大の直後に含まれていた 4 個のアイテムの 1 つに蓄えられた 1 ドルがある．これらの新しいアイテムは濃い網かけで示されている．**(f)** つぎに TABLE-INSERT を呼び出したとき，表は飽和しており，再度拡大する．各アイテムは再挿入のために払う 1 ドルを持っている．今や表は (a) と同じように見えるが，預金はなく，16 個の枠と 8 個のアイテムが存在する．

必要な再挿入のために使うことができる．

ではポテンシャル法の使い方を見てみよう．$O(1)$ のならしコストを持つ TABLE-DELETE を設計するのに第 16.4.2 項で再びこの方法を用いる．出納法では拡大の直後に蓄えられた預金がなかったのと同様に，すなわち，$T.num = T.size/2$ のとき，ポテンシャルは 0 であると定義しよう．基本挿入が起こると，表が次に拡大されるときに起こるすべての再挿入に備えて支払えるほど十分にポテンシャルが増加していなければならない．表は TABLE-INSERT がさらに $T.size/2$ 回呼び出されて $T.num = T.size$ となったとき飽和する．TABLE-INSERT に対するこれらの $T.size/2$ 回の呼出しの後の呼出しは，すべてのアイテムを再挿入するためのコスト $T.size$ を持つ拡大の引き金となる．したがって，TABLE-INSERT を $T.size/2$ 回呼び出す間にポテンシャルは 0 から $T.size$ まで増やさなければならない．この増加分を実装するために，表が拡大されるまで TABLE-INSERT の各呼出しでポテンシャルを

$$\frac{T.size}{T.size/2} = 2$$

だけ増やす．ポテンシャル関数

$$\Phi(T) = 2(T.num - T.size/2) \tag{16.4}$$

は，表が拡大された直後には，$T.num = T.size/2$ であり，このポテンシャルは 0 であることが分かる．また，表が飽和するまで毎回の挿入のたびにポテンシャルが 2 だけ増加することも分かる．いったん表が飽和すると，すなわち $T.num = T.size$ となると，ポテンシャル $\Phi(T)$ は $T.size$ に等しくなる．ポテンシャルの初期値は 0 であり，表の少なくとも半分にはアイテムが格納されているので $T.num \geq T.size/2$，すなわち $\Phi(T)$ はつねに非負である．したがっ

て，n 回の TABLE-INSERT 操作にかかるならしコストの総和は実コストの総和の上界である．

　表に関する操作のならしコストを解析するのに，各操作でのポテンシャルの変化を考えるのが便利である．Φ_i で i 回目の操作の後のポテンシャルを表すことにすると，式 (16.2) を

$$\begin{aligned}
\widehat{c_i} &= c_i + \Phi_i - \Phi_{i-1} \\
&= c_i + \Delta\Phi_i
\end{aligned}$$

と書き換えることができる．ただし，$\Delta\Phi_i$ は i 回目の操作によるポテンシャルの変化分である．まず，i 回目の挿入によって拡大が起こらない場合を考えよう．この場合，$\Delta\Phi_i$ は 2 である．実際のコスト c_i は 1 なので，ならしコストは

$$\begin{aligned}
\widehat{c_i} &= c_i + \Delta\Phi_i \\
&= 1 + 2 \\
&= 3
\end{aligned}$$

となる．つぎに，挿入の直前に表が飽和したので i 回目の挿入によって表が拡大されるときのポテンシャルの変化について考えてみよう．num_i で i 回目の操作の後に表に蓄えられているアイテムの個数を表し，$size_i$ で i 回目の操作の後の表のサイズを表すことにすると，$size_{i-1} = num_{i-1} = i - 1$ なので，$\Phi_{i-1} = 2(size_{i-1} - size_{i-1}/2) = size_{i-1} = i - 1$ を得る．拡大の直後には，ポテンシャルは 0 まで落ち，新しいアイテムが挿入され，その結果ポテンシャルは増加して $\Phi_i = 2$ となる．したがって，i 回目の挿入が拡大の引き金を引くとき，$\Delta\Phi_i = 2 - (i-1) = 3 - i$ となる．i 回目の TABLE-INSERT 操作により表が拡大すると，（$i-1$ 個のアイテムを再挿入し，i 番目のアイテムを挿入することにより）実コスト c_i は i と等しくなり，

$$\begin{aligned}
\widehat{c_i} &= c_i + \Delta\Phi_i \\
&= i + (3 - i) \\
&= 3
\end{aligned}$$

というならしコストが得られる．図 16.4 に各 i に対する num_i, $size_i$, Φ_i を示す．表の拡大に対する費用を支払うためにポテンシャルが増加していく様子を観察してほしい．

16.4.2　表の拡大と縮小

TABLE-DELETE 操作の実装は，指定されたアイテムを表から削除するだけなので簡単である．しかし，無駄な領域を制限するために，占有率が過度に小さくなったときには表を**縮小**(contract) しようとするかもしれない．表の縮小は表の拡大と似ている．表が格納するアイテム数が限度を越えて小さくなると，もっと小さい表を新しく割りつけ，古い表から新しい表へアイテムをコピーする．そして古い表に対する記憶領域を解放し，記憶管理システムに戻す．スペースを無駄にせず，かつ，ならしコストも低く抑えたままにするために，挿入と削除の手続きは以下の 2 つの性質を保持したい：

- この動的な表の占有率は，下から正の定数で抑えられ，上からも 1 で抑えられている．
- 表操作のならしコストは，上から定数で抑えられている．

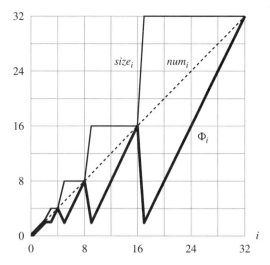

図 16.4 長さ n の TABLE-INSERT 操作の列が，表が含むアイテム数 num_i（点線で示す），表が含む枠数 $size_i$（黒細線で示す），ポテンシャル $\Phi_i = 2 \cdot num_i - size_i$（黒太線で示す）に与える効果．ただし，これらは i 番目の操作が終了した直後の値である．点線は num_i，黒細線は $size_i$，黒太線は Φ_i を示す．拡大が起こる直前にはポテンシャルは表のアイテム数にまで増大しており，すべてのアイテムを新たな表に移動する費用を支払うことができる．拡大の直後にポテンシャルは 0 に減少するが，拡大の原因となったアイテムを挿入するので，ポテンシャルは直ちに 2 増加する．

なお，それぞれの操作の実コストは基本挿入と削除の回数である．

飽和した表にアイテムを挿入するときには表の大きさを 2 倍にし，アイテムを削除すると表の半分以上が未使用になるときには表の大きさを半分にするべきだと思うかもしれない．この戦略は表の占有率がつねに 1/2 以上であることを保証するが，残念なことに表操作のならしコストが非常に大きくなりうる．以下のシナリオを考えよう．n をちょうど 2 のベキ乗とする．サイズが $n/2$ の表 T に対して n 回の操作を実行する．最初の $n/2$ 回の操作は挿入である．先の解析からその総コストは $\Theta(n)$ である．この一連の挿入が終わったとき，$T.num = T.size = n/2$ である．後半の $n/2$ 回の操作では次の列：

insert, delete, delete, insert, insert, delete, delete, insert, insert, ...[b]

を実行する．最初の挿入は表を大きさ n に拡大する要因となる．次の 2 回の削除により表の大きさは $n/2$ に戻る要因となる．さらに，次の 2 回の挿入により表は再度拡大する要因となる．そして，この状況が繰り返される．拡大と縮小のコストはそれぞれ $\Theta(n)$ であり，これが $\Theta(n)$ 回繰り返される．したがって，n 回の操作の総コストが $\Theta(n^2)$ なので，1 操作当りのならしコストは $\Theta(n)$ である．

この戦略の問題点は拡大の後，縮小費用を賄えるだけの数のアイテムを削除していないし，縮小の後，拡大費用を賄えるだけの数のアイテムを挿入していないということである．

どうすればこの問題点を解決できるだろうか？占有率が 1/2 未満に下がる事態を許容すればよい．具体的には，飽和した表にアイテムを挿入するときには以前と同様に表を 2 倍の大きさにするが，表の大きさを半分にする契機は，以前のように削除によってアイテム数が表全体

---

[b] ［訳注］最初の insert の後，それに続いて 4 個の操作からなる列 (delete, delete, insert, insert) の一連の繰返し．

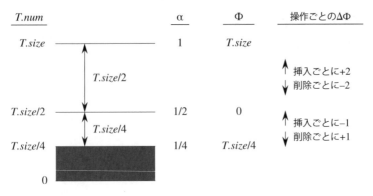

図 16.5 表の挿入と削除とポテンシャル関数 Φ の関係. 占有率 α が 1/2 のとき, ポテンシャルは 0 である. 表が飽和したときにすべての $T.size$ 個のアイテムを再挿入するための支払いに十分なポテンシャルをため込むために, $\alpha \geq 1/2$ のとき, ポテンシャルは毎回の挿入ごとに 2 だけ増える必要がある. したがって, 毎回の削除ごとに 2 だけポテンシャルが減るが, $\alpha \geq 1/2$ のままである. 表が縮小するとき, すべての $T.size/4$ 個のアイテムを再挿入するためのコストをカバーするのに十分なポテンシャルを得るために, ポテンシャルは $\alpha < 1/2$ のとき毎回の削除のたびに 1 だけ増やす必要がある. また, これに対応して, ポテンシャルは $\alpha < 1/2$ のままにする挿入それぞれに対して 1 だけ減らす必要がある. 網かけの領域はここでは許されない 1/4 より小さい占有率を表している.

の 1/2 未満になるときではなく, アイテム数が表全体の 1/4 未満になったときとする. したがって, 表の占有率は下から定数 1/4 で抑えられ, 占有率は縮小の直後には 1/2 となる.

拡大にしろ縮小にしろ, それまでに積み上げたポテンシャルを使い果たすので, 占有率が 1/2 になって拡張や縮小を起こした直後には表のポテンシャルは 0 である. 図 16.5 は, この考え方を説明したものである. 占有率が 1/2 からずれると, ポテンシャルは増大し, 表を次に拡大あるいは縮小するまでに, 新しく割り当てられた表にすべてのアイテムをコピーするための費用を十分に支払えるポテンシャルを得ているはずである. したがって, 占有率が 1 まで増加するか 1/4 まで減少するまでに, ポテンシャル関数は $T.num$ まで増えているはずである. 表に拡大や縮小が起こると, 占有率は 1/2 に戻り, ポテンシャルも 0 に戻る.

TABLE-INSERT と同様なので, TABLE-DELETE の擬似コードは省略する. 縮小が TABLE-DELETE の実行中に起こると, そのアイテムが表から削除された後に発生するものと仮定する. この解析では, 表のアイテムの個数が 0 になるときにはいつも, 表はメモリを占有していないものと仮定する. すなわち, $T.num = 0$ ならば $T.size = 0$ である.

挿入と削除の両方に対して定数のならし時間を与えるようなポテンシャル関数を設計するにはどうすればよいだろう？占有率が少なくとも 1/2 であるとき, 挿入用に使った同じポテンシャル関数 $\Phi(T) = 2(T.num - T.size/2)$ がここでも使える. 表が少なくとも半分飽和しているとき, 毎回の挿入で表の拡大が起こらなければ, ポテンシャルは 2 だけ増え, 毎回の削除で占有率が 1/2 以下に下がることがなければポテンシャルは 2 だけ減る.

占有率が 1/2 より小さいとき, すなわち, $1/4 \leq \alpha(T) < 1/2$ のときはどうだろう？以前と同様に, $\alpha(T) = 1/2$ のとき, したがって, $T.num = T.size/2$ のとき, ポテンシャル $\Phi(T)$ は 0 でなければならない. 占有率を 1/2 から 1/4 に引き下げるために, $T.size/4$ 回の削除が起こる必要があるが, その時点で $T.num = T.size/4$ となる. すべての再挿入に対する代価を払うために, $T.size/4$ 回の削除の間にポテンシャルは 0 から $T.size/4$ まで増えていなければ

ならない．したがって，表が縮約されるまでの TABLE-DELETE の各呼出しに対して，ポテンシャルは

$$\frac{T.size/4}{T.size/4} = 1$$

だけ増えなければならない．同様に，$\alpha(T) < 1/2$ のとき，TABLE-INSERT の各呼出しでポテンシャルを 1 だけ減らさなければならない．$1/4 \leq \alpha(T) < 1/2$ のとき，ポテンシャル関数

$$\Phi(T) = T.size/2 - T.num$$

は，この欲しかった振舞いを生み出す．

これら 2 つの場合を組み合わせると，ポテンシャル関数は

$$\Phi(T) = \begin{cases} 2(T.num - T.size/2) & \alpha(T) \geq 1/2 \text{ のとき} \\ T.size/2 - T.num & \alpha(T) < 1/2 \text{ のとき} \end{cases} \tag{16.5}$$

となる．空の表のポテンシャルは 0 であり，ポテンシャルは決して負にならない．したがって，Φ に関する操作列の総ならしコストは，その列の実際のコストの上界を与える．図 16.6 は，挿入と削除の列に対してポテンシャル関数がどのように変化するかを示したものである．

それでは各操作のならしコストを求めよう．以前と同様に，num_i で i 回目の操作の後で表に蓄えられているアイテムの個数を，$size_i$ で i 回目の操作の後の表のサイズを，$\alpha_i = num_i/size_i$ で i 回目の操作の後の占有率を，Φ_i で i 回目の操作の後のポテンシャルを，また $\Delta\Phi_i$ で i 回目の操作によるポテンシャルの変化を表すものとする．最初は $num_0 = 0$，$size_0 = 0$ および $\Phi_0 = 0$ である．

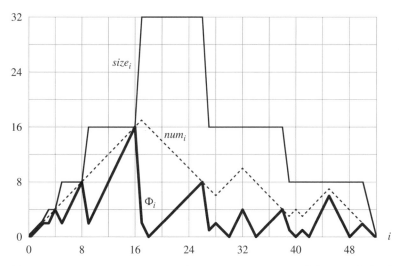

図 16.6 長さ n の TABLE-INSERT と TABLE-DELETE から構成される操作列が，表が含むアイテム数 num_i（点線），表が含む枠数 $size_i$（黒細線），ポテンシャル Φ_i（黒太線）

$$\Phi_i = \begin{cases} 2(num_i - size_i/2) & \alpha_i \geq 1/2 \text{ のとき} \\ size_i/2 - num_i & \alpha_i < 1/2 \text{ のとき} \end{cases}$$

に与える効果．ただし，$\alpha_i = num_i/size_i$ であり，それぞれ i 番目の操作が終了した直後の値である．拡大や縮小が起こる直前には，ポテンシャルは表のアイテム数にまで増大しており，すべてのアイテムを新たな表に移動する費用を支払うことができる．

表を拡大することも縮小することもなく，占有率が $\alpha = 1/2$ を横切ることもないような場合は明らかである．以前に見たように，$\alpha_{i-1} \geq 1/2$ で，かつ i 回目の操作が表の拡大を引き起こす挿入であれば，$\Delta\Phi_i = 2$ である．同様に，もし i 回目の操作が削除であり，$\alpha_i \geq 1/2$ ならば，$\Delta\Phi_i = -2$ である．さらに，$\alpha_{i-1} < 1/2$ で i 回目の操作が縮小を引き起こさない削除であるならば，$\Delta\Phi_i = 1$ であり，i 回目の操作が挿入で $\alpha_i < 1/2$ であれば，$\Delta\Phi_i = -1$ である．言い換えれば，拡大も縮小も起こらなくて，占有率も $\alpha = 1/2$ を横切らなければ，次のことが言える．

- 占有率が $1/2$ 以上であれば，ポテンシャルは挿入に対して 2 だけ増加し，削除に対しては 2 だけ減少する．また
- 占有率が $1/2$ 以下であれば，ポテンシャルは削除に対して 1 だけ増加し，挿入に対しては 1 だけ減少する．

これらの場合のそれぞれで i 回目の操作の実コスト c_i は 1 であり，したがって，次のことが言える．

- i 回目の操作が挿入であれば，そのならしコスト $\widehat{c_i}$ は $c_i + \Delta\Phi_i$ であるが，これは占有率が $1/2$ 以上であるときには $1 + 2 = 3$ であり，占有率が $1/2$ より小さいときには $1 + (-1) = 0$ である．また，
- i 回目の操作が削除であれば，そのならしコスト $\widehat{c_i}$ は $c_i + \Delta\Phi_i$ であるが，これは占有率が $1/2$ 以上であるときには $1 + (-2) = -1$ であり，占有率が $1/2$ より小さいときには $1 + 1 = 2$ である．

4 つの場合が残っている：占有率を $1/2$ より小さいところから $1/2$ に引き上げる挿入，占有率を $1/2$ より大きいところから $1/2$ に引き下げる削除，表の縮小を引き起こす削除，それに表の拡大を引き起こす挿入という 4 つの場合である．最後の場合については第 16.4.1 項で解析し，そのならしコストは 3 であることを示した．

i 回目の操作が表の縮小を引き起こす削除であるとき，縮小の前では $num_{i-1} = size_{i-1}/4$ であり，アイテムが削除されると最終的に縮小の後に $num_i = size_i/2 - 1$ となる．したがって，式 (16.5) により，

$$
\begin{aligned}
\Phi_{i-1} &= size_{i-1}/2 - num_{i-1} \\
&= size_{i-1}/2 - size_{i-1}/4 \\
&= size_{i-1}/4
\end{aligned}
$$

を得るが，これはまた 1 個のアイテムを削除し，$size_{i-1}/4 - 1$ 個のアイテムを新しい，より小さな表にコピーするときの実コスト c_i に等しい．操作が終了したとき $num_i = size_i/2 - 1$ であるから，$\alpha_i < 1/2$ であり，したがって，

$$
\begin{aligned}
\Phi_i &= size_i/2 - num_i \\
&= 1
\end{aligned}
$$

を得る．これによって $\Delta\Phi_i = 1 - size_{i-1}/4$ を得る．したがって，i 回目の操作が縮小を引き起こす削除であれば，そのならしコストは

$$\widehat{c_i} = c_i + \Delta\Phi_i$$
$$= size_{i-1}/4 + (1 - size_{i-1}/4)$$
$$= 1$$

となる.

最終的に, 操作前に占有率が式 (16.5) の 1 つの場合に当てはまる場合を扱い, 他の場合については後に扱う. まずは削除から始めるが, $num_{i-1} = size_{i-1}/2$ なので, あらかじめ $\alpha_{i-1} = 1/2$ と $num_i = size_i/2 - 1$ を得るが, 後に $\alpha_i < 1/2$ となる. $\alpha_{i-1} = 1/2$ なので, $\Phi_{i-1} = 0$ であり, $\alpha_{i-1} < 1/2$ なので, $\Phi_{i-1} = size_i/2 - num_i = 1$ である. i 回目の操作は縮小を引き起こさない削除なので, 実コスト c_i は 1 に等しく, ならしコスト $\widehat{c_i}$ は $c_i + \Delta\Phi_i = 1 + 1 = 2$ となる.

逆に, i 回目の操作が占有率を $1/2$ より小さいところから $1/2$ に等しくなるまで引き上げるような挿入であれば, ポテンシャルの変化 $\Delta\Phi_i$ は -1 に等しい. また, 実コスト c_i は 1 であるので, ならしコスト $\widehat{c_i}$ が $c_i + \Delta\Phi_i = 1 + (-1) = 0$ となることが分かる.

要約すると, 各操作のならしコストが上からある定数で抑えられるので, 動的な表における長さ n の任意の操作列の実行にかかる実時間は $O(n)$ である.

練習問題

16.4-1 ポテンシャル法を用いて表への最初の挿入のならしコストを解析せよ.

16.4-2 動的なオープンアドレスハッシュ表の実装方法を考える. 表の占有率が 1 より真に小さいある値 α に達したときに表が飽和したと定義したい理由を示せ. 動的なオープンアドレスハッシュ表への挿入を, 1 回当りのならしコストの期待値が $O(1)$ となるように実装する方法を簡単に示せ. 1 回の挿入に要する実コストの期待値が必ずしもすべての挿入に対して $O(1)$ とはならない理由を示せ.

16.4-3 出納法を用いて挿入と削除の操作の両方を解析する方法について論ぜよ. ただし, 占有率が 1 を超えるとき表のサイズを倍にし, 占有率が $1/4$ より小さくなれば表を半分にするものと仮定せよ.

16.4-4 占有率が $1/4$ 未満になったときに表の大きさを半分に縮小する代わりに, 占有率が $1/3$ 未満になったときに表の大きさを $2/3$ に縮小することにする. ポテンシャル関数

$$\Phi(T) = |2(T.num - T.size/2)|$$

を用いて, この戦略に基づく TABLE-DELETE のならしコストが上からある定数で抑えられることを示せ.

章末問題

16-1 2 進反射型グレイコード

2 進グレイコード (binary Gray code) は, 1 つの整数から次の整数が毎回ちょうど 1 ビットだけ

を反転させて進むような，2進数の非負整数の列を表現する．**2進反射型グレイコード** (binary reflected Gray code) は，ある正の整数 k に対して，次の再帰的な方法に従って 0 から $2^k - 1$ までの整数の列を表したものである：

- $k = 1$ に対する2進反射型グレイコードは $\langle 0, 1 \rangle$ である．
- $k \geq 2$ のとき，まずは 0 から $2^{k-1} - 1$ までの 2^k 個の整数を与える $k-1$ に対する2進反射型グレイコードを形成する．さらに，この列を反転したものを作る．（すなわち，この列の j 番目の整数は反転列の $(2^{k-1} - j - 1)$ 番目の整数になるようにする．）つぎに，反転列の 2^{k-1} 個の整数のそれぞれに 2^{k-1} を加える．最後に，この2つの列を連接する．

たとえば，$k = 2$ の場合，まずは $k = 1$ に対する2進反射型グレイコード $\langle 0, 1 \rangle$ を作る．これを反転したのが $\langle 1, 0 \rangle$ である．$2^{k-1} = 2$ をこの反転列の各整数に加えると列 $\langle 3, 2 \rangle$ が得られる．これら2つの列を連接すると $\langle 0, 1, 3, 2 \rangle$，あるいは，2進数では $\langle 00, 01, 11, 10 \rangle$ となり，各整数はその先行する整数とちょうど1ビットだけ異なる．$k = 3$ の場合は，$k = 2$ に対する2進反射型グレイコードの反転列が $\langle 2, 3, 1, 0 \rangle$ であり，$2^{k-1} = 4$ を加えると $\langle 6, 7, 5, 4 \rangle$ を得る．連接により $\langle 0, 1, 3, 2, 6, 7, 5, 4 \rangle$ を得るが，これは2進数では $\langle 000, 001, 011, 010, 110, 111, 101, 100 \rangle$ である．2進反射型グレイコードでは，最後の整数から最初の整数への変化においてすら1ビットしか反転しない．

a. 0 から $2^k - 1$ までの2進グレイコードの整数にインデックスをつけて，その2進反射型グレイコードの中の i 番目の整数が何かを考えよ．2進グレイコードにおいて $(i-1)$ 番目の整数から i 番目の整数へ行くとき，ちょうど1つのビットだけが反転する．インデックス i が与えられたとき，どのビットが反転するかを求める方法を示せ．

b. ビット番号 j が与えられたとき，整数の j ビット目を定数時間で反転させることができるものと仮定して，2^k 個の数からなる2進反射型グレイコード全体を $\Theta(2^k)$ 時間で計算する方法を示せ．

16-2 動的2分探索

ソートされている配列の2分探索は対数時間で実行できるが，新たな要素の挿入には配列の大きさに比例する時間がかかる．いくつかのソートされた配列を管理することで挿入に要する時間が改善できる．

具体的には，n 個の要素を持つ集合に対して SEARCH 操作と INSERT 操作を実装したい．$k = \lceil \lg(n+1) \rceil$ と置き，n の2進表現を $\langle n_{k-1}, n_{k-2}, \ldots, n_0 \rangle$ とする．我々は k 個のソートされた配列 $A_0, A_1, \ldots, A_{k-1}$ を管理する．ただし，$i = 0, 1, \ldots, k-1$ に対して配列 A_i の長さは 2^i である．各配列 A_i は $n_i = 1$ のとき（2^i 個の要素を含む）飽和状態，$n_i = 0$ のとき（要素を1つも含まない）空状態である．したがって，k 個の配列に格納されている総要素数は $\sum_{i=0}^{k-1} n_i 2^i = n$ である．各配列内の要素はソートされているが，異なる配列に含まれる要素間に特別な関係はない．

a. このデータ構造上で SEARCH 操作を実行する方法を示せ．その最悪実行時間を解析せよ．

b. INSERT 操作を実行する方法を示せ．その最悪実行時間と，ならし実行時間を解析せよ．

ただし，操作としては INSERT と SEARCH だけと仮定せよ．

c. DELETE 操作を実装する方法を論ぜよ．DELETE，INSERT，および SEARCH の操作だけがあるものと仮定して，最悪時計算時間とならし計算時間を解析せよ．

16-3 重み平衡木のならし解析

普通の 2 分探索木の各節点 x に，x を根とする部分木に蓄えられたキーの数を表す新しい属性 $x.size$ を追加して補強する．α を $1/2 \leq \alpha < 1$ の範囲にある定数とする．与えられた節点 x が $x.left.size \leq \alpha \cdot x.size$ と $x.right.size \leq \alpha \cdot x.size$ の両方を満たすとき，x は **α 平衡** (α-balanced) であると言う．木のすべての節点が α 平衡であるとき，この木の全体は **α 平衡** (α-balanced) であると言う．G. Varghese は，以下のならし解析に基づく α 平衡木の管理手法を提案した．

a. $1/2$ 平衡木はある意味で最も平衡な木である．任意の 2 分探索木の節点 x が与えられたとき，x を根とする部分木を $1/2$ 平衡になるように再構成するアルゴリズムを示せ．このアルゴリズムは $\Theta(x.size)$ 時間で走り，新たに利用する記憶量は $O(x.size)$ でなければならない．

b. n 個の節点を持つ α 平衡 2 分探索木の探索時間は最悪時に $O(\lg n)$ であることを示せ．

本章末問題の以下の部分では $\alpha > 1/2$ と仮定する．n 個の節点を持つ 2 分探索木に対して，INSERT と DELETE を，操作の結果ある節点が α 平衡でなくなれば，そのような節点の中で高さ最大のものを根とする部分木を α 平衡となるように "再構成" するという点を除いて，通常のように実装する．

この再構成法をポテンシャル法を用いて解析する．2 分探索木 T の節点 x に対して

$$\Delta(x) = |x.left.size - x.right.size|$$

とし，T のポテンシャルを

$$\Phi(T) = c \sum_{x \in T : \Delta(x) \geq 2} \Delta(x)$$

と定義する．ただし，c は α に依存する十分に大きい定数である．

c. 任意の 2 分探索木は非負のポテンシャルを持ち，$1/2$ 平衡木のポテンシャルは 0 であることを示せ．

d. m 単位のポテンシャルで節点数 m の部分木を再構成する費用を支払えると仮定する．α 平衡でない部分木の再構成を $O(1)$ のならし時間で行うために必要な c の上界を α を用いて表せ．

e. 節点数が n の α 平衡木に対する 1 つの節点の挿入あるいは削除は，$O(\lg n)$ のならし時間で実行できることを示せ．

400 | 16 ならし解析

16-4 2色木を再構成するためのコスト

2色木上で**構造変更** (structural modification) を行う4つの基本操作が用意されている：節点挿入，節点削除，回転，そして色変更である．2色条件を維持するために RB-INSERT と RB-DELETE は回転，節点挿入，節点削除を $O(1)$ 回使用するが，色変更はもっと頻繁に使用する必要がある．[c]

a. n 個の節点を持つ正しい2色木で，$n+1$ 番目の節点を RB-INSERT を用いて追加する際に色変更が $\Omega(\lg n)$ 回必要なものを示せ．つぎに，n 個の節点を持つ正しい2色木で，ある特定の節点を RB-DELETE を用いて削除する際に色変更が $\Omega(\lg n)$ 回必要なものを示せ．

1操作当りの色変更回数は最悪時に対数的になりうるが，RB-INSERT と RB-DELETE から構成される長さ m の操作列を空の2色木に適用するとき，構造変更の基本操作回数は最悪時でも $O(m)$ であることを示す．

b. 手続き RB-INSERT-FIXUP と RB-DELETE-FIXUP の両方のコードの主ループが扱ういくつかの場合は**終了に向かう** (teminating)：これらの場合に遭遇すると，ある一定数の追加操作を実行後にそのループを終了する原因となる．RB-INSERT-FIXUP と RB-DELETE-FIXUP のそれぞれについて，終了に向かう場合とそうでない場合を列挙せよ．（**ヒント**：第13.3節（挿入）と第13.4節（削除）の図13.5〜13.7を見よ．）

まず，挿入だけを実行する場合にその構造変更を解析する．T を2色木とし，$\Phi(T)$ を T が含む赤節点数とする．RB-INSERT-FIXUP が扱う3つのケースのそれぞれについて，その実行による構造変更の費用は1単位のポテンシャルによって賄えると仮定する．

c. T に RB-INSERT-FIXUP のケース1を適用した結果を T' とする．$\Phi(T') = \Phi(T) - 1$ であることを示せ．

d. RB-INSERT を用いて2色木に節点を挿入するとき，操作は3つの部分に分割できる．RB-INSERT の第1〜16行，RB-INSERT-FIXUP が終了に向かわない場合，RB-INSERT-FIXUP が終了に向かう場合のそれぞれについて，その中で発生する構造変更とポテンシャルの変化を列挙せよ．

e. RB-INSERT の任意の呼出しの中で行われる構造変更のならし回数が $O(1)$ であることを (d) を用いて示せ．

つぎに，挿入と削除の両方が現れるときに，構造変化の回数が $O(m)$ であることを証明する．各節点 x に対して

$$w(x) = \begin{cases} 0 & x \text{ が赤のとき} \\ 1 & x \text{ は黒で赤の子を持たないとき} \\ 0 & x \text{ は黒で赤の子を1つ持つとき} \\ 2 & x \text{ は黒で赤の子を2つ持つとき} \end{cases}$$

---

[c] ［訳注］手続き RB-INSERT と RB-DELETE，RB-INSERT-FIXUP と RB-DELETE-FIXUP は，それぞれ286ページと297ページにある．

と定義する．これを用いて，2色木 T のポテンシャルを

$$\Phi(T) = \sum_{x \in T} w(x)$$

と再定義し，T に RB-INSERT-FIXUP あるいは RB-DELETE-FIXUP が終了に向かわない任意のケースを適用した結果の木を T' とする．

f. RB-INSERT-FIXUP が終了に向かわないすべてのケースについて，$\Phi(T') \leq \Phi(T) - 1$ を示せ．RB-INSERT-FIXUP の任意の呼出しが実行する構造変更のならし回数は $O(1)$ であることを示せ．

g. RB-DELETE-FIXUP が終了に向かわないすべてのケースについて，$\Phi(T') \leq \Phi(T) - 1$ を示せ．RB-DELETE-FIXUP の任意の呼出しが実行する構造変更のならし回数は $O(1)$ であることを示せ．

h. RB-INSERT 操作と RB-DELETE 操作から構成される，長さ m の任意の列が実行する構造変更の総回数は $O(m)$ であることの証明を完成せよ．

文献ノート

Aho–Hopcroft–Ullman [5] は互いに素な集合の森に対する操作の実行時間を決定するために集計法を用いた．我々は第 19 章でポテンシャル法を用いてこのデータ構造を解析する．Tarjan [430] は，ならし解析の出納法とポテンシャル法を概説し，いくつかの応用例を示した．出納法は M.R. Brown，R.E. Tarjan，S. Huddleston，K. Mehlhorn を含む数名の著者によって発明されたと彼は考えている．また，ポテンシャル法の発明者として D.D. Sleator を挙げている．「ならし (amortized)」という用語は D.D. Sleator と R.E. Tarjan による．

　ある種類の問題に対する下界を証明するためにポテンシャル関数を効果的に用いることができる．まず，与えられた問題の各計算状況に対して，その計算状況を実数に写像するポテンシャル関数を定義する．つぎに，初期計算状況のポテンシャル Φ_{init}，最終計算状況のポテンシャル Φ_{final}，そして 1 ステップで起こるポテンシャルの変化量の最大値 $\Delta\Phi_{\text{max}}$ を決定する．このとき，実行されたステップ数は少なくとも $|\Phi_{\text{final}} - \Phi_{\text{init}}| / |\Delta\Phi_{\text{max}}|$ である．I/O 複雑度の下界を証明するためにポテンシャル関数を用いた例が Cormen–Sundquist–Wisniewski [105]，Floyd [146]，Aggarwal–Vitter [3] に見出せる．Krumme–Cybenko–Venkataraman [271] はゴシップ問題 (gossiping) の下界を証明するためにポテンシャル関数を適用した．ここで，ゴシップ問題とは各頂点が持つアイテムを他のすべての頂点に通信する問題である．

V 高度なデータ構造

序 論

第 V 部では，動的集合上の操作を利用できるデータ構造を再び学習するが，第 III 部（データ構造）より高度なレベルである．たとえば，第 16 章で紹介したならし解析技術が駆使されている章もある．

第 17 章（データ構造の補強）では，第 12 章（2 分探索木）と第 13 章（2 色木）で扱われた基本操作以外の動的集合操作を実行できるように，各節点に付加的な情報を持たせることによって 2 色木を補強する方法を示す．最初の例では，キーの集合に対して順序統計量を動的に維持できるように 2 色木を補強する．つぎの例では，別の補強方法を用いて実数の区間を扱えるようにする．第 17 章では挿入と削除に対する $O(\lg n)$ の実行時間を維持しつつ 2 色木を補強するための十分条件を与える定理を示す．

第 18 章（B 木）では B 木を紹介する．B 木は，磁気ディスク上にうまく格納できるように設計された平衡探索木である．磁気ディスクはランダムアクセスメモリに比べて低速なので，B 木の性能は，動的集合操作が費やす計算時間だけではなく，必要なディスクアクセス回数にも依存する．各 B 木の操作のディスクアクセス回数は，B 木が高くなるに従って増大するが，B 木の操作は，木を低く保ち続けるように設計されている．

第 19 章（互いに素な集合族のためのデータ構造）では，互いに素な集合のためのデータ構造を紹介する．n 個の要素からなる普遍集合を扱い，初期状態では，各要素はそれ自身だけからなるシングルトン集合に属する．操作 UNION は 2 つの集合を合併する．UNION 操作によって，集合の要素が動的に変化したとしても，n 個の要素はどの時点においても，互いに素な集合に分割されている．FIND-SET クエリーは，与えられた要素が現在所属する集合を識別する．各集合を単純な根つき木で表現することで，驚くほど高速に動作する操作を実装でき，長さ m の操作列が $O(m\,\alpha(n))$ 時間で実行できる．ここで，$\alpha(n)$ は信じられないほどゆっくりと増大する関数で，$\alpha(n)$ は考えうるすべての応用に対しても高々 4 である．データ構造の単純さにもかかわらず，この上界のならし解析を用いた証明は複雑である．

第 V 部で扱う話題が"高度な"データ構造のすべてではない．ここでは取り上げない高度なデータ構造に，たとえば以下のものがある：

- フィボナッチヒープ (Fibonacci heap) [156] は，マージ可能ヒープ（第 10 章（基礎的なデータ構造）の章末問題 10-2 を参照（227 ページ））を，操作 INSERT, MINIMUM, UNION は実時間とならし時間のどちらも $O(1)$ で，操作 EXTRACT-MIN と DELETE は $O(\lg n)$ ならし時間で実装する．フィボナッチヒープの最大の特長は，DECREASE-KEY 操作が $O(1)$ ならし時間で実行できることである．後に開発された**厳密フィボナッチヒープ** (strict Fibonacci heaps) [73] は，これらすべての操作の時間限界を実時間になるように拡張した．いくつかのグラフ問題の漸近的に最速なアルゴリズムの実装に（厳密）フィボナッチヒープが欠かせないのは，DECREASE-KEY 操作が定数のならし時間で実行できるからである．

- **動的木** (dynamic tree) [415, 429] は，互いに素な根つき木の森を管理する．各木のすべての辺は実数値を取るコストを持つ．親，根，辺のコスト，1 つの節点から根への単純路上の辺の最小コストを求める質問を動的木では利用できる．ある辺の切断，1 つの節点から根への単純路上のすべての辺のコストの更新，1 つの根を別の木へ連結，1 つの節点をその節点が属す木の根への変更のそれぞれによって動的木を操作する．動的木の各操作が $O(\lg n)$ ならし時間で走るように実装できる．各操作が $O(\lg n)$ 最悪時間で走るもっと複雑な実装方法もある．ある漸近的に最速なネットワークフローアルゴリズムでは動的木を用いる．

- **スプレー木** (splay tree) [418, 429] は，通常の探索木操作が $O(\lg n)$ ならし時間で走るある種の 2 分探索木である．スプレー木を用いれば動的木の実装が単純化できる．

- **永続** (persistent) データ構造ではデータ構造の過去の版に対する質問を実行でき，ときには過去の版の更新さえ可能である．たとえば，ある連結データ構造は，ほんの少しの時間と領域コストを使って永続化することができる [126]．第 13 章（2 色木）の章末問題 13-1 に永続動的集合の簡単な例を与えている．

- 制約されたキーの普遍集合に対していくつかのデータ構造上でもっと高速な辞書操作（INSERT, DELETE, SEARCH）を実装できる．この制約をうまく利用することで，これらのデータ構造は比較に基づくデータ構造よりも漸近的に速い最悪実行時間を達成する．u をちょうど 2 のベキとするとき，キーが集合 $\{0, 1, 2, \ldots, u-1\}$ から取られる異なる整数ならば，**van Emde Boas 木** (van Emde Boas tree) [440, 441] として知られている再帰的データ構造によって，SEARCH, INSERT, DELETE, MINIMUM, MAXIMUM, SUCCESSOR, PREDECESSOR の各操作を $O(\lg \lg u)$ 時間で実行できる．**フュージョン木** (fusion tree) [157] は普遍集合を整数に限定したときに高速な辞書操作が利用できる最初のデータ構造である．これらの操作は $O(\lg n / \lg \lg n)$ 時間で利用できる．続いて現れた，**指数探索木** (exponential search tree) [17] をはじめとするいくつかのデータ構造は，一部，あるいはすべての辞書操作の実行時間を改善した．これらは本書中の文献ノートで言及される．

- **動的グラフデータ構造** (dynamic graph data structure) では頂点や辺の挿入や削除によって変化するグラフ構造に対するさまざまなクエリーが利用できる．利用できる質問の例として，点連結度 [214]，辺連結度，最小全域木 [213]，2 連結性，推移的閉包 [212] がある．

本書の文献ノートでは他のさまざまなデータ構造に触れる．

[訳注] フィボナッチヒープは第 3 版総合版第 19 章（420 ページ），van Ende Boas 木は第 3 版総合版第 20 章（443 ページ）で扱われている．

17 データ構造の補強

Augmenting Data Structures

双方向連結リストやハッシュ表，2分探索木といった"教科書的な"データ構造しか必要としない解決法もあるが，多くのアルゴリズム設計の場面では状況に応じてちょっとした創造性が求められるときがある．しかしこのような場面でも，まったく新しいデータ構造を創出しなければならないことはまれである．ほとんどの場合には追加情報を格納して教科書的なデータ構造を補強 (augment) することで，必要とする応用に適したデータ構造に伴う新しい操作もプログラム可能になる．しかし追加情報はデータ構造上の通常の操作によって更新され維持されねばならないので，データ構造の補強は必ずしも一筋縄にはいかない．

本章では2色木を補強して作る2つのデータ構造を学ぼう．動的集合上で一般的な順序統計量を取り扱うデータ構造を第 17.1 節で説明する．このデータ構造を用いると，集合上の全順序の下で，i 番目に小さい数や与えられた要素の順位を高速に発見できる．第 17.2 節ではデータ構造の補強プロセスを抽象化し，2色木の補強を簡単にする際に使える定理を与える．第 17.3 節では，この定理の助けを借りて，時間の区間のような区間の動的集合を管理するデータ構造を設計する．このデータ構造を用いることで，与えられたクエリー区間と交わる区間を高速に検索できる．

17.1 動的順序統計量

第 9 章（中央値と順序統計量）で順序統計量の概念を紹介した．具体的には，n 個の要素からなる集合の i 番目 ($i \in \{1, 2, \ldots, n\}$) の順序統計量は，単にこの集合の中で i 番目に小さいキーを持つ要素である．第 9 章で，ソートされていない集合から任意の順序統計量を $O(n)$ 時間で決定できることを見た．本節では，動的集合の任意の順序統計量を $O(\lg n)$ 時間で決定できるように2色木を補強する．さらに，要素の**順位** (rank)，すなわち，線形順序集合におけるその要素の位置も，同様に $O(\lg n)$ 時間で決定できることを示す．

順序統計量に関する操作を高速に実行できるデータ構造を図 17.1 に示す．**順序統計量木** (order-statistic tree) T は単に各節点に追加情報を格納した2色木である．通常の2色木の節点 x が保持する属性 $x.key$, $x.color$, $x.p$, $x.left$, $x.right$ の他に，順序統計量木は属性 $x.size$ を持つ．属性 $x.size$ は x を根とする部分木に属する内部節点数（x 自身を含み，番兵を含まない），すなわち，その部分木のサイズを格納する．番兵のサイズを 0，すなわち，$T.nil.size$ を 0 と定義すると，等式

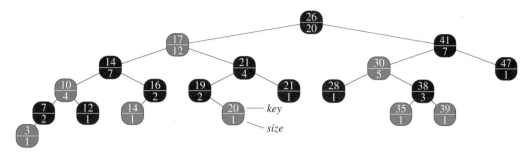

図 17.1 補強された 2 色木である順序統計量木．通常の属性に加えて各節点 x は属性 $x.size$ を持ち，これに x を根とする部分木の（番兵を除く）節点数を保持する．

$$x.size = x.left.size + x.right.size + 1$$

が成立する．

　順序統計量木のキーはすべて異なっている必要はない．たとえば，図 17.1 の木はキー 14 と 21 を持つ節点をそれぞれ 2 個ずつ含む．キーが等しい節点が存在すると，上述の順位の概念は明確に定義されない．順序統計量木に対するこの曖昧さを除くために，木を中間順巡回したときにプリントされる順番として，順序統計量木における要素の順位を定義する．たとえば，図 17.1 の黒節点に格納されたキー 14 の順位は 5，薄い網かけの節点に格納されたキー 14 の順位は 6 である．

与えられた順位を持つ要素の検索

挿入や削除を行う際にサイズ情報を維持する方法を示す前に，この追加情報を用いて順序統計量に関する 2 つのクエリー操作を実装する方法を検討する．与えられた順位を持つ要素を検索する方法から始めよう．下記の手続き OS-SELECT(x, i) は，x を根とする部分木の中で i 番目に小さいキーを持つ節点へのポインタを返す．順序統計量木 T の中から i 番目に小さいキーを持つ節点を発見したいときには，手続き OS-SELECT$(T.root, i)$ を呼び出す．

```
OS-SELECT(x, i)
1   r = x.left.size + 1        // x を根とする部分木における x の順位
2   if i == r
3       return x
4   elseif i < r
5       return OS-SELECT(x.left, i)
6   else return OS-SELECT(x.right, i − r)
```

　手続き OS-SELECT の動作を示す．第 1 行で x を根とする部分木における x の順位 r を計算する．$x.left.size$ は，節点 x を根とする部分木の中間順巡回において x より前に訪問する節点数である．したがって，$x.left.size + 1$ は x を根とする部分木における x の順位である．$i = r$ ならば，節点 x が i 番目に小さな要素なので，第 3 行で x を返す．$i < r$ ならば，i 番目に小さい要素は x の左部分木の中にあるので，第 5 行で $x.left$ 上に再帰する．$i > r$ ならば，

i 番目に小さい要素は x の右部分木の中にある．節点 x を根とする部分木の中間順巡回において，x の右部分木の巡回を開始する前に r 個の要素を訪問するので，x を根とする部分木において i 番目に小さい要素は $x.right$ を根とする部分木において $(i - r)$ 番目に小さい要素である．この要素を第 6 行で再帰的に決定する．

手続き OS-SELECT の振舞いを理解するために，図 17.1 の順序統計量木から 17 番目に小さな要素を探索する例を考える．x を木の根（そのキーは 26 である），$i = 17$ とし，その探索を開始する．節点 26 の左部分木のサイズが 12 なので，その順位は 13 である．したがって，順位 17 の節点は，26 の右部分木の $17 - 13 = 4$ 番目に小さい要素である．この再帰呼出しの後，x はキー 41 の節点を指し，$i = 4$ である．41 の左部分木のサイズが 5 なので，この部分木における 41 の順位は 6 である．したがって，順位 4 の節点は，41 の左部分木における 4 番目に小さい要素である．再帰呼出しの後，x はキーが 30 の節点を指す．この節点のこの部分木の中での順位は 2 である．したがって，キー 38 を持つ節点を根とする部分木において $4 - 2 = 2$ 番目に小さい要素を見つけるために，再度，再帰を繰り返す．このとき，左部分木のサイズが 1 であり，38 が 2 番目に小さい要素であることを意味する．したがって，この手続きはキー 38 を持つ節点へのポインタを返す．

各再帰呼出しは順序統計量木を 1 レベルずつ下っていくので，手続き OS-SELECT の総実行時間は，最悪の場合には木の高さに比例する．n を節点数とすると，木が 2 色木なので，その高さは $O(\lg n)$ である．したがって，n 個の要素からなる動的集合上の手続き OS-SELECT の実行時間は $O(\lg n)$ である．

与えられた要素の順位の決定

順序統計量木 T に属する節点 x へのポインタが与えられたとき，下の手続き OS-RANK は T の中間順巡回から決まる線形順序における x の順位を返す．

```
OS-RANK(T, x)
1   r = x.left.size + 1          // x を根とする部分木における x の順位
2   y = x                         // 現在検討中の部分木の根
3   while y ≠ T.root
4       if y == y.p.right         // 右部分木の根の場合 …
5           r = r + y.p.left.size + 1   // … 親と左部分木を加える
6       y = y.p                   // y を根に向かって移動させる
7   return r
```

この手続き OS-RANK は，以下のように動作する．節点 x の順位は，中間順巡回において x より前に訪問する節点数に x 自身の分 1 を加えたものと考えることができる．OS-RANK は次のループ不変式を満足する：

第 3～6 行の **while** ループの各繰返しを開始する直前では，r は節点 y を根とする部分木における $x.key$ の順位である．

以下では，このループ不変式を用いて手続き OS-RANK が正しく動作することを示す：

初期条件: 最初の繰返しを開始する前に，第1行で r を x を根とする部分木における $x.key$ の順位に設定する．第2行で $y = x$ を実行し，第3行が最初に実行された時点で不変式が成立する．

ループ内条件: **while** ループの各繰返しの終了時に第6行で $y = y.p$ が実行される．したがって，ループ本体の開始時点において r が y を根とする部分木における $x.key$ の順位ならば，ループ本体の終了時点では r が $y.p$ を根とする部分木における $x.key$ の順位であることを示さなければならない．**while** ループの各繰返しにおいて，$y.p$ を根とする部分木を考えよう．r の値は，節点 y を根とする部分木の中間順巡回で x に先行する節点の数をすでに含んでいる．そこで，この手続きは，中間順巡回で x に先行する y の兄弟を根とする部分木の節点数を加え，$y.p$ が x に先行するならばさらに 1 を加える必要がある．y が左の子ならば，$y.p$ も $y.p$ の右部分木のどの節点も x に先行しないので，OS-RANK は，r をそのままにしておく．そうでなければ，y が右の子で，$y.p$ 自身がそうであるように $y.p$ の左部分木のすべての節点が x に先行する．この場合は，第5行で r の現在の値に $y.p.left.size + 1$ を加える．

終了条件: ループが停止するのは $y = T.root$ が成立したときなので，ループが停止したとき y を根とする部分木は全体の木である．したがって，この時点での r の値は木全体での $x.key$ の順位である．

図 17.1 に示す順序統計量木上で，キー 38 を持つ節点の順位を調べるために手続き OS-RANK を走らせたとき，**while** ループの各繰返しの開始時点での $y.key$ と r の値を次の表に示す:

繰返し	$y.key$	r
1	38	2
2	30	4
3	41	4
4	26	17

手続きは順位 17 を返す．

while ループの各繰返しに $O(1)$ 時間かかり，各繰返しごとに y は 1 レベルずつ上がるので，手続き OS-RANK の最悪計算時間は木の高さに比例する：節点数 n の順序統計量木上で $O(\lg n)$ 時間である．

部分木のサイズの維持

各節点が $size$ 属性を維持することで，手続き OS-SELECT と OS-RANK は順序統計的情報を高速に計算できる．しかし，2色木の基本変更操作がこれらの属性を効率よく維持できなければ，我々の努力は無に帰すことになる．そこで，挿入と削除に関しては，漸近的な計算時間に影響を与えることなく部分木のサイズを維持できることを示す．

第13.3節（挿入）で説明したように，2色木への挿入は2段階で行う．第1段階では，木を降りながら新しい節点をある既存の節点の子として挿入する．第2段階では，木を登りながら再彩色を行い，2色条件を回復するために回転を行う．

第1段階での部分木のサイズの維持は簡単である．根から葉へ降りていく単純経路上の各節

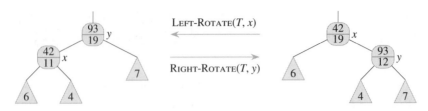

図 17.2 回転操作における部分木サイズの更新．回転する辺に接続する2つの節点の $size$ 属性の更新が必要である．更新は局所的で，x, y と三角形で示す部分木の根の $size$ 情報だけを用いて更新できる．

点 x の属性 $x.size$ を 1 だけ増やせばよい．新たに追加された節点の $size$ は 1 である．辿った経路上には $O(\lg n)$ 個の節点があるので，属性 $size$ を維持するために追加する必要のあるコストは $O(\lg n)$ である．

第 2 段階では，2 色木に与える構造の変化は高々 2 回行われる回転によって生じる．回転は局所的な操作である．すなわち，回転によって回転する辺に接続する 2 つの節点の $size$ が無効化される．第 13.2 節（回転）の 283 ページに示した手続き LEFT-ROTATE(T, x) に次の 2 行をつけ加える：

```
13    y.size = x.size
14    x.size = x.left.size + x.right.size + 1
```

属性が更新される様子を図 17.2 に示す．手続き RIGHT-ROTATE に加える修正は対称的である．

2 色木への挿入操作では高々 2 回の回転が実行されるだけなので，第 2 段階で $size$ 属性を更新するには $O(1)$ 時間が余分に必要になるだけである．したがって，n 個の節点を持つ順序統計量木への挿入に必要な総時間は $O(\lg n)$ であり，通常の 2 色木と漸近的に同じである．

2 色木からの削除もまた 2 段階で行う：第 1 段階は 2 色木の探索木としての操作であり，第 2 段階では高々 3 回の回転を除くと木の構造は変化しない．（第 13.4 節（削除）参照．）第 1 段階では，1 つの節点 z を木から削除し，最大 2 つの節点（第 12.3 節（挿入と削除）（272 ページ）に示す図 12.4 の節点 y と x）の木の中の位置を変える．そして，移動した節点（2 つある場合には根から遠いほう）が元々あった位置から根に向かって単純経路を辿り，この経路上の各節点の $size$ 属性を 1 減らすことで，部分木のサイズの更新をする．n 個の節点を持つ 2 色木ではこの単純経路の長さは $O(\lg n)$ なので，第 1 段階で $size$ 属性を維持するには $O(\lg n)$ 時間が余分に必要である．削除の第 2 段階で必要となる $O(1)$ 回の回転は挿入の場合と同様に扱える．したがって，n 個の節点を持つ順序統計量木上の挿入と削除操作は，どちらも $size$ 属性の維持も含めて $O(\lg n)$ 時間で実行できる．

練習問題

17.1-1 図 17.1 に示す 2 色木 T 上での OS-SELECT$(T.root, 10)$ の振舞いを示せ．

17.1-2 図 17.1 に示す 2 色木 T と $x.key = 35$ である節点 x を入力とする OS-RANK(T, x) の振舞いを示せ．

17.1-3 OS-SELECT の非再帰版を記述せよ.

17.1-4 順序統計量木 T とキー k を入力として, T によって表される動的集合における k の順位を返す再帰的手続き OS-KEY-RANK(T, k) を記述せよ. T のキーはすべて異なるものと仮定せよ.

17.1-5 n 個の節点を持つ順序統計量木に属する要素 x と自然数 i が与えられたとき, 木の中間順巡回から決まる線形順序の下で, x から後ろに i 番目に来る要素を $O(\lg n)$ 時間で決定する方法を示せ.

17.1-6 OS-SELECT や OS-RANK で $size$ 属性が参照されるのは, x を根とする部分木において x の順位を計算するときだけであることを確認せよ. そこで, 各節点 x に x を根とする部分木における x の順位を蓄えることにする. 挿入と削除に際してこの情報を維持する方法を示せ. (挿入と削除が回転を引き起こす可能性に注意せよ.)

17.1-7 サイズが n の配列の中の反転数 (第 2 章 (さあ, 始めよう) の章末問題 2-4 参照 (39 ページ)) を順序統計量木を用いて $O(n \lg n)$ 時間で求める方法を示せ.

17.1-8 ★ 円上の n 本の弦を考える. それぞれの弦は両端の点で定義されている. 円の中で互いに交差する弦の対の数を $O(n \lg n)$ 時間で決定するアルゴリズムを求めよ. (たとえば, n 個の弦がすべて直径の場合には, これらはすべて中心で交差するので正しい答は $\binom{n}{2}$ である.) どの 2 つの弦も端点を共有しないと仮定せよ.

17.2 データ構造の補強法

新たな機能を追加するために基本データ構造を補強するプロセスは, アルゴリズム設計に頻繁に出現する. 次節では, 区間集合上の操作が利用できるデータ構造を設計するために基本データ構造を補強する. 本節ではデータ構造の補強プロセスを構成する手順を検討する. そして, 2 色木を補強するときに利用できる定理を証明する.

データ構造を補強するプロセスを 4 つの段階に分割する:

1. 基礎となるデータ構造を選ぶ.
2. 基礎データ構造の中で新たに管理する情報を決定する.
3. 追加された情報が基礎データ構造上の基本変更操作によって維持できることを検証する.
4. 新しい操作を開発する.

すべての設計手法の処方箋について言えることだが, 上記の指定された順番に正確に実行できることはまれである. ほとんどの設計には試行錯誤の段階があり, 通常すべての段階は並行的に進行する. たとえば, 基本変更操作が効率よく維持できない追加情報を決定 (段階 2) したり, それに基づく新しい操作を開発 (段階 4) しても無駄である. それでもやはり, 4 段階法はデータ構造を補強する際の優れた指標であり, 補強されたデータ構造を文書化する優れた方法である.

第 17.1 節では, これらの段階を踏んで順序統計量木を設計した. 第 1 段階では, 基礎データ構造として 2 色木を選んだ. MINIMUM, MAXIMUM, SUCCESSOR, PREDECESSOR なの操

作は全順序上の他の動的集合操作を効率よくサポートするので，2色木は良い開始点のようであった．

第2段階では各節点 x に x を根とする部分木のサイズを格納する $size$ 属性を追加した．一般に，追加情報は操作の効率を改善する．たとえば，手続き OS-SELECT と OS-RANK は木に格納されているキー情報だけを利用して実装することも可能だったかもしれないが，それでは実行時間 $O(\lg n)$ を達成できなかったであろう．練習問題 17.2-1 で扱うように，追加情報がデータではなくポインタの場合もある．

第3段階では，挿入と削除操作が $O(\lg n)$ 時間で $size$ 属性を維持できることを検証した．データ構造の少数の要素を更新するだけで追加情報が維持できるのが理想である．たとえば，各節点 x に x を根とする部分木における x の順位を格納すれば OS-SELECT と OS-RANK を高速化できるのだが，新たな最小要素を挿入するときには，すべての節点でこの情報を更新する必要がある．代わりに部分木のサイズを格納することにすれば，新たな要素の挿入によって情報の更新が必要となる節点数は $O(\lg n)$ で抑えられる．

第4段階では手続き OS-SELECT と OS-RANK を開発した．結局，新しい操作の必要性がデータ構造を補強した元々の理由である．しかし，新しい操作が必要なわけではなく，練習問題 17.2-1 で扱うように，追加情報を利用して既存のものを改良することが補強の目的である場合もある．

2色木の補強

補強する基礎データ構造が2色木の場合には，挿入や削除がある種の追加情報をつねに効率よく維持でき，したがって，第3段階が非常に簡単になることを証明できる．次の定理の証明は，順序統計量木の $size$ 属性が効率よく維持できるという第17.1節の議論に似ている．

定理 17.1（2色木の補強） f を n 個の節点を持つ2色木 T を補強する属性とし，各節点 x の f の値は節点 x，$x.left$，$x.right$（および必要ならば $x.left.f$ と $x.right.f$）の情報から $O(1)$ 時間で計算できると仮定する．このとき挿入および削除操作は，漸近的に $O(\lg n)$ の実行時間に影響を与えることなしに，T の全節点の f 値を維持できる．

証明 節点 x の属性 f の変更は，x の祖先にしか波及しないという事実が証明の主たるアイデアである．すなわち，$x.f$ の変更の結果，$x.p.f$ の更新が必要となることはあるが，他は更新しなくてよい；$x.p.f$ の変更の結果，$x.p.p.f$ の更新が必要となることはあるが，他は更新しなくてよい；同じことを繰り返して木を登っていく．$T.root.f$ を更新すると，他の節点はもはや新しい値に依存せず，このプロセスを終了する．2色木の高さは $O(\lg n)$ なので，ある節点の属性 f の更新は，この更新が影響を与えるすべての節点の f 属性の更新を全体で $O(\lg n)$ 時間でできる．

第13.3節（挿入）で示したように T への節点 x の挿入は2段階で行う．T が空の場合，第1段階では x を T の根とする．T が空でない場合，第1段階では x をある既存の節点 $x.p$ の子として木に挿入する．仮定から，$x.f$ の値は x 自身の他の属性情報と x の子の情報だけから決まり，x の子は両方とも番兵 $T.nil$ なので，$x.f$ の値は $O(1)$ 時間で計算できる．$x.f$ を計算すると，この変更は木の中を上方に波及する．したがって，挿入の第1段階の総計算時間は

$O(\lg n)$ である．第 2 段階では，構造の変化は回転からのみ発生する．1 回の回転では 2 つの節点しか変化せず，しかし，この属性の変化は根に向かって波及しなければならないかもしれないので，属性 f を更新するための総計算時間は回転当り $O(\lg n)$ である．挿入の際に発生する回転は高々 2 回なので，挿入に要する総計算時間は $O(\lg n)$ である．

第 13.4 節（削除）で議論したように削除も挿入と同様に 2 段階で行う．第 1 段階では，木の変化はある節点が木から削除されるときに発生し，（削除される節点以外では）最大 2 つの節点が木の中を移動する可能性がある．これらの変化は，移動した節点（2 つの節点が移動したときには根から遠いほうの節点）から根に向かう単純経路に沿って木を局所的に変更するだけなので，対応する f の更新の伝搬にかかる時間は高々 $O(\lg n)$ である．第 2 段階では 2 色木の修正に最大 3 回の回転が必要であり，各回転では f の更新の伝搬に高々 $O(\lg n)$ 時間かかる．したがって，挿入と同様，削除の総計算時間は $O(\lg n)$ である．■

順序統計量木の *size* 属性の維持を含め，多くの場合には回転後の更新コストは定理 17.1 で証明した $O(\lg n)$ ではなく $O(1)$ である．練習問題 17.2-3 で，その例を紹介する．

一方，回転後の更新は根までの経路上の移動が必要である．2 色木への挿入，それからの削除は，定数回の回転操作が必要になる．第 13 章（2 色木）の文献ノートでは挿入あるいは削除当りの回転数を定数に制限しない，他の平衡探索木の構成を挙げている．挿入と削除がともに $\Theta(\lg n)$ 回の回転を必要とし，それぞれの回転に根までの経路移動が必要ならば，1 回の操作時間は定理 17.1 で示した $O(\lg n)$ よりもむしろ $\Theta(\lg^2 n)$ になるだろう．

練習問題

17.2-1 各節点にポインタを付加することで，動的集合に関するクエリー MINIMUM，MAXIMUM，SUCCESSOR，PREDECESSOR が，補強された順序統計量木上でそれぞれ最悪計算時間 $O(1)$ で走るように実装できることを示せ．順序統計量木の他の操作の漸近的な性能が影響を受けてはいけない．

17.2-2 他の操作の漸近的な性能を犠牲にせずに，2 色木の節点の黒高さを木の節点の属性として維持できるか？ その実装法を示すか，あるいは実装できない理由を述べよ．節点の深さを維持する方法についても検討せよ．

17.2-3 $\otimes$ を結合的 2 項演算子，a を 2 色木の各節点が維持する属性とする．各節点 x に値 $x.f = x_1.a \otimes x_2.a \otimes \cdots \otimes x_m.a$ を格納する属性 f を追加したい．ここで，$x_1, x_2, \ldots, x_m$ は x を根とする部分木の中間順巡回から決まる節点リストである．このとき，属性 f は 1 回の回転に続く $O(1)$ 時間の処理で適正に更新できることを示せ．この議論を順序統計量木の *size* 属性に適用できるように修正せよ．

17.3 区間木

本節では区間の動的集合上の操作が実行できるように 2 色木を補強する．本節で扱う区間は閉区間である．本節の結果を開区間や半開区間に拡張することは概念的には簡単である．（閉区

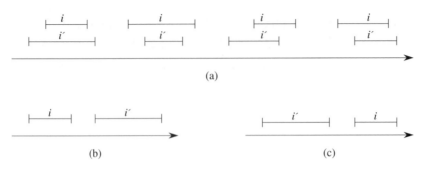

図 17.3 2つの区間 i と i' の区間 3 分律. **(a)** i と i' が重なっているときには 4 つの場合が存在する．いずれの場合も $i.low \leq i'.high$ かつ $i'.low \leq i.high$ が成立する．**(b)** 区間に重なりがなく，$i.high < i'.low$ が成立する．**(c)** 区間に重なりがなく，$i'.high < i.low$ が成立する．

間，開区間，半開区間の定義は，付録第 B.1 節（集合）（980 ページ）参照．）

区間はある連続した時間を占める事象を表現するのに便利である．たとえば，時間区間のデータベースから，与えられた区間内に生起した事象を検索したいと思うことがあるだろう．本節でのデータ構造は，このような区間データベースを効率的に維持するための手段を提供する．

閉区間 $[t_1, t_2]$ を，属性 $i.low = t_1$（区間の**下端点** (low endpoint of an interval)）と $i.high = t_2$（**上端点** (high endpoint)）を持つオブジェクト i として表現できる．区間 i と i' は $i \cap i' \neq \emptyset$，すなわち，$i.low \leq i'.high$ かつ $i'.low \leq i.high$ のとき，**重なっている** (overlap) と言う．図 17.3 に示すように，任意の 2 つの区間 i と i' の関係は**区間 3 分律** (interval trichotomy) を満たす：

a. i と i' は重なっている
b. i は i' の左にある（すなわち，$i.high < i'.low$）
c. i は i' の右にある（すなわち，$i'.high < i.low$）

各要素 x がある区間 $x.int$ を格納しているとき，これらの要素から構成される動的集合を維持する 2 色木を**区間木** (interval tree) と呼ぶ．区間木では以下の操作が利用できる．

INTERVAL-INSERT(T, x) は，要素 x の int 属性が 1 つの区間を含むと仮定するとき，x を区間木 T に挿入する．

INTERVAL-DELETE(T, x) は区間木 T から要素 x を削除する．

INTERVAL-SEARCH(T, i) は，区間木 T の 1 つの要素 x で，その区間 $x.int$ が区間 i と重なるものがあれば，x へのポインタを返し，そのような要素がないときには番兵 $T.nil$ を返す．

区間木が区間の集合を表現する方法を図 17.4 に示す．第 17.2 節で紹介した 4 段階法に従って，区間木とその上での操作の設計を吟味する．

第 1 段階：基礎データ構造
2 色木を基礎データ構造として選択する．各節点 x はある区間 $x.int$ を格納し，キーはこの区間の下端点 $x.int.low$ である．したがって，このデータ構造の中間順巡回は区間をその下端点の昇順で訪問する．

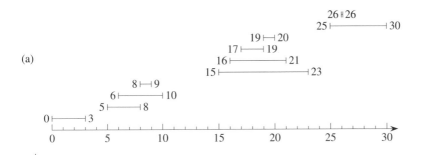

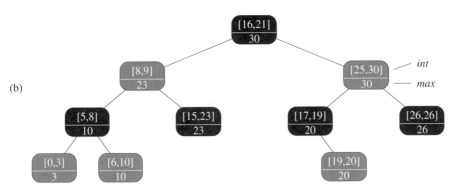

図 17.4 区間木．**(a)** 10 個の区間の集合．下から上に向かって左端点（下端点）の昇順でソートされている．**(b)** これらの区間を表現する区間木．各節点 x は，水平線の上に示す区間と水平線の下に x を根とする部分木の任意の区間端点の最大値を持つ．この木の中間順巡回は節点を左端点の昇順で訪問する．

第2段階： 追加情報

各節点 x は区間に加えて，x を根とする部分木に格納されている区間の端点の最大値 $x.max$ を格納する．

第3段階： 情報の維持

n 個の節点を持つ区間木上で挿入と削除が $O(\lg n)$ 時間で動作することを検証する．節点 x の区間 $x.int$ と左右の子の max の値が与えられると，$x.max$ は式：

$$x.max = \max\{x.int.high, x.left.max, x.right.max\}$$

を用いて計算できる．したがって，定理 17.1 から，挿入と削除は $O(\lg n)$ 時間で動作する．事実，練習問題 17.2-3 と 17.3-1 が示すように，回転のあと max 操作は $O(1)$ 時間で実行できる．

第4段階： 新しい操作の開発

新たに必要な唯一の操作は INTERVAL-SEARCH(T, i) である．これは区間 i と重なる区間を格納する節点を木 T の中から発見する操作である．木の中に i と重なる区間が存在しない場合には，この操作は番兵 $T.nil$ へのポインタを返す．

区間 i と重なる区間の探索はまず区間木の根を x に代入した後，木を下る．そして，重なる区間を発見するか，x が番兵 $T.nil$ を指せば停止する．**while** ループの各繰返しに $O(1)$ 時間かかり，n 個の節点を持つ 2 色木の高さは $O(\lg n)$ なので，INTERVAL-SEARCH の実行に $O(\lg n)$ 時間かかる．

416 | 17 データ構造の補強

INTERVAL-SEARCH(T, i)

1   $x = T.root$
2   **while** $x \neq T.nil$ かつ i が $x.int$ と重ならない
3   **if** $x.left \neq T.nil$ かつ $x.left.max \geq i.low$
4           $x = x.left$ **//** 左部分木で重なりがあるか，あるいは右部分木で重なりなし
5   **else** $x = x.right$ **//** 左部分木で重なりなし
6   **return** x

INTERVAL-SEARCH の正当性を検証する前に，図 17.4 に示す区間木上でのこの手続きの振舞いを検討する．区間 $i = [22, 25]$ と重なる区間を発見したいとする．区間木の根を x として INTERVAL-SEARCH を開始する．x の区間は $[16, 21]$ で，i と重ならない．$x.left.max = 23$ は $i.low = 22$ より大きいので，探索は x を根の左の子としてループを続行する．この節点の区間は $[8, 9]$ であって，再び i と重ならない．今回は，$x.left.max = 10$ が $i.low = 22$ より小さいので，x の右の子を新しい x としてループを続行する．この節点の区間 $[15, 23]$ は i と重なるので，手続きはこの節点を返す．

探索が失敗に終わる例として，図 17.4 の区間木で $i = [11, 14]$ と重なる区間を探索する場合を考える．やはり x を根として開始する．根の区間 $[16, 21]$ は i と重ならず，$x.left.max = 23$ は $i.low = 11$ より大きいので，探索は区間 $[8, 9]$ を持つ左の子に進む．区間 $[8, 9]$ は i と重ならず，$x.left.max = 10$ は $i.low = 11$ より小さいので，探索は右に進む．（左部分木の中のどの区間も i と重ならないことに注意せよ．）区間 $[15, 23]$ は i と重ならず，その左の子は $T.nil$ なので，探索は右に進み，ループを停止し，番兵 $T.nil$ を返す．

INTERVAL-SEARCH が正当であることを示すには，根から下る 1 本の単純経路を調べるだけで探索が済む理由を理解する必要がある．任意の節点 x において，$x.int$ が i と重ならないならば，つねに安全な方向，すなわち重なる区間が存在するならば必ず発見できる方向に向かうというのが探索の基本となるアイデアである．次の定理は，この性質をもっと正確に述べている．

定理 17.2 INTERVAL-SEARCH(T, i) が実行されると，i と重なる区間を持つある節点を返すか，$T.nil$ を返し，木 T は i と重なる区間を含む節点を持たない．

証明   第 2〜5 行の **while** ループが停止するのは，$x = T.nil$ が成立するか，あるいは i が $x.int$ と重なるときである．後者であれば INTERVAL-SEARCH(T, i) は確かに正しく x を返す．したがって，以下では前者，すなわち $x = T.nil$ が成立し，$T.nil$ を返して **while** ループが停止する場合の証明に焦点を合わせる．

手続きが $T.nil$ を返すときは，T の中の i と重なるどのような区間も見逃していないことを証明しよう．証明のアイデアは探索が第 4 行で左に行くか，第 5 行で右に行くかに関係なく，そのような区間が存在するときは探索が i と重なる区間を含む節点につねに向かうことを証明することである．とくに，次の 2 点を証明しよう．

1. 探索が第 4 行で左に行くときは，節点 x の左部分木は i と重なる区間を含むか，あるいは x の右部分木が i と重なる区間を含まない場合である．したがって，x の左の部分木には i

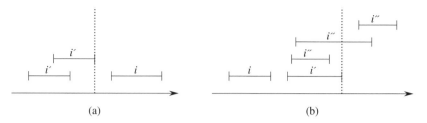

図 17.5 定理 17.2 の証明における区間．それぞれの場合について，値 $x.left.max$ を破線で示す．**(a)** 探索が右に行く場合．x の左部分木のどの区間 i' も i と重ならない．**(b)** 探索が左に行く場合．x の左部分木が i と重なる区間を含む（この状況は示していない）か，$i'.high = x.left.max$ を満たす x の左部分木の区間 i' が存在する．i は i' と重ならず，x の右部分木の任意の区間 i'' について $i'.low \leq i''.low$ が成立するので，i'' は i と重ならない．

と重なる区間がなく，検索が左に進んでも x の右の部分木には i と重なる区間がないので，間違いにはならない．
2. 第 5 行で探索が右に進む場合は，x の左部分木は i と重なる区間を含まない．このように探索が右に進んだ場合も間違いではない．

どちらの場合の証明も区間 3 分律に基づいている．証明が簡単な探索が右に進む場合から考察しよう．第 3 行での判定により，$x.left = T.nil$ または $x.left.max < i.low$ が成立することが分かっている．$x.left = T.nil$ ならば，そもそも x の左部分木は区間をまったく含まないので，x の左部分木は i と重なる区間を含まない．つぎに，ここで $x.left \neq T.nil$ を仮定しよう．その結果 $x.left.max < i.low$ が成立する．x の左部分木の任意の区間を i' とする．$x.left.max$ は x の左部分木の最大端点であるので，$i'.high \leq x.left.max$ が成立する．したがって，図 17.5(a) に示すように，

$i'.high \leq x.left.max$
$\qquad < i.low$

が成立する．区間 3 分律から i と i' は重ならない．そして x の左部分木は i と重なる区間を含まない．

つぎに探索が左に進む場合を検証しよう．x の左部分木が i と重なる区間を含む場合は，証明は終わる．x の左部分木は i と重なる区間を含まないと仮定する．この場合は x の右部分木のどの区間も i と重ならず，その結果左に進む場合は x の右部分木の中の重なりを見逃すことはないことを示す必要がある．第 3 行の分岐条件から，x の左部分木は空ではなく，$x.left.max \geq i.low$ が成立する．max 属性の定義から，x の左部分木は条件

$i'.high = x.left.max$
$\qquad \geq i.low$

を満たす区間 i' を含む．この状況を図 17.5(b) に示す．i' は左部分木にあるので，i と i' が重ならず，$i'.high \geq i.low$ なので，区間 3 分律から $i.high < i'.low$ が成立する．ここで区間木では区間の下端点がキーになっているという性質を取り入れる．i' は x の左部分木にあるので，$i'.low \leq x.int.low$ が成立する．ここで，x の右部分木の任意の区間 i'' に対して

$x.int.low \le i''.low$ が成立する．2つの不等式から，

$$i.high < i'.low$$
$$\le x.int.low$$
$$\le i''.low$$

が成立する．$i.high < i''.low$ なので，区間3分律から i と i'' は重ならない．i'' を x の右部分木の任意の区間としているので，x の右部分木のどの区間も i と重ならない． ∎

したがって，手続き INTERVAL-SEARCH は正しく動作する．

練習問題

17.3-1 区間木の節点上で max 属性を $O(1)$ 時間で更新する手続き LEFT-ROTATE の擬似コードを書け．

17.3-2 区間 i を入力として，i と重なる区間が存在するならばそれらの中で最小の下端点を持つ区間を返し，そのような区間が存在しないときには $T.nil$ を返す効率の良いアルゴリズムを記述せよ．

17.3-3 区間木 T と区間 i を入力として，i と重なる T のすべての区間を $O(\min(n, k \lg n))$ 時間で列挙する方法を示せ．ここで，k は列挙される区間数である．（**ヒント**：いくつかのクエリーを実行し，クエリーの間に木を変形する簡単な解がある．木を変形しないで済む少し複雑な解もある．）

17.3-4 区間木に対する従来の手続きを修正し，区間木 T と区間 i を入力とする新しい手続き INTERVAL-SEARCH-EXACTLY(T, i) を実現する方法を説明せよ．INTERVAL-SEARCH-EXACTLY(T, i) は $x.int.low = i.low$ かつ $x.int.high = i.high$ を満たす区間木 T の節点 x を指すポインタを返すか，条件を満たす節点が存在しない場合には $T.nil$ を返す操作である．ただし，INTERVAL-SEARCH-EXACTLY を含めて，すべての操作は n 個の節点を持つ木の上で $O(\lg n)$ 時間で走らなければならない．

17.3-5 操作 MIN-GAP を提供する，数の動的集合 Q を維持する方法を説明せよ．ここで MIN-GAP は Q の中で最も近い2つの数の差を返す操作である．たとえば，$Q = \{1, 5, 9, 15, 18, 22\}$ ならば，15 と 18 が Q の中で最も近い2数なので MIN-GAP(Q) は $18 - 15 = 3$ を返す．操作 INSERT，DELETE，SEARCH，MIN-GAP をできるだけ効率よく実現し，計算時間を解析せよ．

17.3-6 ★ 通常 VLSI データベースは集積回路を長方形の集合として表現する．各長方形は縦横に並んでいる（4辺が x 軸か y 軸に平行である）と仮定せよ．長方形を x 座標と y 座標の最小値と最大値によって表現する．このように表現した長方形の集合を入力として，この中に重なる2つの長方形が存在するか否かを $O(n \lg n)$ 時間で決定するアルゴリズムを与えよ．このアルゴリズムは重なる長方形のすべての対を返す必要はない．しかし，ある長方形が他の長方形を完全に含んでいれば，境界線が交差していなくても重なる長方形の対があると報告しなければいけない．（**ヒント**：長方形の集合上で "走査" 線を動かしてみよ．）

17.3 区間木 | 419

章末問題

17-1 最大重複点

区間集合の**最大重複点** (point of maximum overlap) を維持する問題を考える．最大重複点とは最大個数の区間と重なる点のことである．

a. ある線分の端点の中に最大重複点がつねに存在することを示せ．

b. INTERVAL-INSERT，INTERVAL-DELETE，そして最大重複点を返す操作 FIND-POM が効率的に実現できるデータ構造を設計せよ．（ヒント：すべての端点からなる 2 色木を維持する．下端点に値 +1，上端点に値 −1 を対応させる．最大重複点を維持するために，ある追加情報を用いて木の各節点を補強せよ．）

17-2 Josephus 置換

Josephus 問題 (Josephus problem) を以下で定義する．n 人が円状に座っており，正の定数 $m \leq n$ が与えられる．指定された人を 1 番目と数えて，m 番目の人を輪から立ち退かせる．そして，この要領で円周上を 1 方向に進みながら，（残された人の間で）m 番目の人を順番に立ち退かせる．このプロセスは n 人がすべて立ち退くまで続く．人々が円周上から立ち退く順番が整数 $1, 2, \ldots, n$ の (n, m)-**Josephus 置換** $((n, m)$-Josephus permutation$)$ である．たとえば，$(7, 3)$-Josephus 置換は $\langle 3, 6, 2, 7, 5, 1, 4 \rangle$ である．

a. m を定数とする．整数 n を入力として，(n, m)-Josephus 置換を出力する $O(n)$ 時間アルゴリズムを記述せよ．

b. m を定数ではないとする．整数 n と m を入力として，(n, m)-Josephus 置換を出力する $O(n \lg n)$ 時間アルゴリズムを記述せよ．

文献ノート

Preparata–Shamos [364] の書籍では，H. Edelsbrunner (1980) と E. M. McCreight (1981) の仕事を引用して，文献に現れる区間木のいくつかを紹介している．彼らの本には，与えられた n 個の区間の静的集合を格納し，与えられたクエリー区間と重なる k 個の区間をすべて $O(k + \lg n)$ 時間で列挙する区間木が詳細に記述されている．

18 B木

B-TREES

B木は，磁気ディスクを含む直接アクセス2次記憶装置上で効率よく操作できるように設計された平衡探索木である．B木は，2色木（第13章参照）に似ているが，ディスクへのアクセス回数の最小化という点で優っている．（「ディスクドライブ」ではなく「ディスク」と呼ぶことが多い．）多くのデータベースシステムは，情報蓄積にB木やその変種を用いている．

B木の節点は，2色木と違い数個から数千個もの子を持つことができる．利用するディスク装置の仕様に依存するが，通常はB木の「分岐数」は非常に大きくなりうる．節点数nのB木の高さは$O(\lg n)$であるという点でB木は2色木と似ているが，分岐数，すなわち木の高さを表現する対数の底が2色木に比べて十分に大きいので，B木の高さを2色木より十分に低くできる．そこで，多くの動的集合操作を$O(\lg n)$時間で走るように実装するために，B木を利用できる．しかし，B木は2色木よりも大きな分岐度を持つので，その高さを表す対数の底はずっと大きく，したがって，その高さはかなり低い．

B木は，2分探索木の自然な拡張である．図18.1に簡単なB木を示す．B木の内部節点xが$x.n$個のキーを含むならば，xは$x.n+1$個の子を持つ．節点xが含むキーは，xが管理するキーの存在範囲を$x.n+1$個の小範囲に分割する分割点であり，各小範囲は，xの対応する子が管理する．B木の中からあるキーを探索するときには，節点xが含む$x.n$個のキーとの比較を行って，$x.n+1$個の選択肢の中から適切な1つを選択する．内部節点は，子節点へのポインタを持っているが，葉はポインタを持たない．

第18.1節（B木の定義）では，B木を正確に定義し，B木の高さはそれが含む節点数の対数オーダーでしか増大しないことを証明する．第18.2節（B木上の基本操作）では，キーをB木から探索する方法とキーをB木に挿入する方法を紹介し，第18.3節（B木からのキーの削除）では，削除を議論する．しかし先へ進む前に，磁気ディスク上で働くように設計された

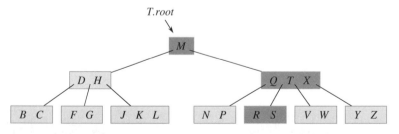

図18.1 英語の子音をキーとするB木．$x.n$個のキーを含む内部節点xは$x.n+1$個の子を持つ．すべての葉は同じ深さを持つ．文字Rの探索は濃い網かけの節点を調べる．

データ構造を，ランダムアクセスメモリ上で働くように設計されたデータ構造と異なる方法で評価しなければならない理由を明確にしておく必要がある．

2次記憶上のデータ構造

コンピュータシステムは，メモリ容量を提供するさまざまな技術を利用している．コンピュータシステムの**メインメモリ** (main memory)（1次記憶 (primary memory)）は，通常シリコンメモリチップから構成されている．シリコンメモリチップのビット当りの単価は，テープやディスクなどの磁気記憶媒体に比べて桁違いに高い．多くのコンピュータシステムは**ソリッドステートドライブ** (solid-state drive, **SSD**) や磁気ディスクに基づく**2次記憶** (secondary storage) も備えている．2次記憶の容量は1次記憶に比べて，しばしば1桁から2桁は大きい．SSDは，機械装置である磁気ディスクよりも高速のアクセスが可能である．近年では，SSDの容量は増加し続けているが，価格は減少している．磁気ディスクはSSDよりずっと容量が大きく，大量の情報量を蓄えるのにコスト効率の良い手段である．数テラバイト[1a]の容量を持つ磁気ディスクの価格は100ドル以下で見つけられる．

図18.2に典型的なディスクドライブを示す．ディスクドライブはいくつかの**プラッター** (platter) から構成されており，それらは1本の**スピンドル** (spindle) の回りを一定速度で回転している．プラッターの表面は磁性体で覆われている．ディスクドライブは**アーム** (arm) の端にある**ヘッド** (head) から各プラッターの読出しと書込みを行う．スピンドルからヘッドまでの距離（位置）をアームは変えることができる．ヘッドが静止しているとき，ヘッドの下を通過するプラッターの表面を**トラック** (track) と呼ぶ．プラッターの枚数が増えるとディスクドライブの容量が増える．しかし，動作速度が改善されるわけではない．

ディスクはメインメモリより廉価で容量も大きいが，機械的に動作する部品を持つので動作速度はメインメモリよりもずっと格段に遅い．機械的な動作は，次の部分である：プラッター

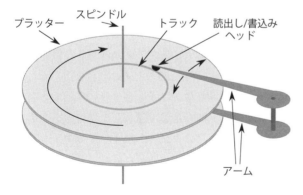

図18.2 典型的なディスクドライブ．磁気材料で覆われたスピンドルの回りを回転する1枚あるいは数枚のプラッター（ここでは2枚のプラッターが示されている）から構成される．アームの先端の黒で示したヘッドを用いて各プラッターから読出し/書込みを行う．すべてのアームは共通の回転軸の回りを回転する．読出し/書込みヘッドが静止しているとき，その真下を通過するプラッターの表面が少し濃い網かけで示したトラックである．

---

[1] ディスク容量を指定するのに使用する1テラバイトは，2^{40} バイトではなく，1兆バイトである．
[a] ［訳注］2^{40} バイトは，2進接頭辞（国際電気標準会議 (IEC) の規格）で1テビバイト (1 TiB) と呼ばれる．1 TiB = 2^{40} B = 1,099,511,627,776 B である．

の回転とアームの移動の 2 つである. 本書を執筆している時点では, 商用のディスク装置は毎分 5,400〜15,000 回転 (RPM) を達成している. 典型的には, サーバー用で 15,000 RPM, デスクトップ用で 7,200 RPM, ラップトップ用で 5,400 RPM である. 7,200 RPM という値は, 高速に思えるが 1 回転に 8.33 ミリ秒かかり, これはメインメモリで見られる（大体）50 ナノ秒のアクセス時間に比べて 5 桁以上遅い. 言い換えると, 特定のアイテムが読出し/書込みヘッドの真下に来るまで 1 回転まるまる待たないといけないとすると, その間にメインメモリをほぼ 10 万回もアクセスできるのである. 平均すると半回転分だけ待てばよいが, それでもメインメモリとディスクのアクセス時間の差は圧倒的である. また, アームの移動にも時間がかかる. 本書の時点では, 商用のディスクの平均アクセス時間は 4 ミリ秒程度である.

機械的動作から生ずる待ち時間（**遅延時間（レイテンシ）**(latency) として知られている）をならすために, ディスクは 1 つのアイテムではなく多数のアイテムに一度にアクセスする. 情報はトラックに連続的に現れる同じ個数のビットから構成される多数の**ブロック** (block) に分割されて格納されており, ディスクに対する読出し/書込み操作は 1 つ以上のブロック全体を対象として行う.[2] 典型的なディスクでは, 1 ブロックの長さは 2^{11} バイトから 2^{14} バイトの間である. 読出し/書込みヘッドが正しい場所にあり, ディスクが目標ブロックの先頭まで回転すれば,（ディスクの回転を除けば）残された操作は完全に電気的であり, 大量のデータを素早く読み書きできる.

読み出されたすべての情報の処理よりも, あるページにアクセスしてその情報をディスクから読み出すほうに時間がかかることが少なくない. そこで, 本章では実行時間を構成する 2 つの主要な要素:

- ディスクアクセス回数
- CPU（計算）時間

を区別して考察する. ディスクアクセス回数は, ディスクに読み書きする必要のある情報のブロック数によって測る. ディスクアクセス時間は, ヘッドが現在置かれているトラックと目的のトラックとの距離と, ディスクの初期回転位置の両方に依存していて, 定数ではないことに注意せよ. しかし, 本書では, 読み書きしたブロック数を総ディスクアクセス時間の粗い 1 次近似として採用する.

B 木を用いる典型的な応用では, すべてのデータを同時には, メインメモリに格納できない程多量のデータを扱う. そこで, B 木アルゴリズムは, 必要に応じて選択したブロックをディスクからメインメモリにコピーし, 変更したブロックをディスクに書き戻す. B 木アルゴリズムはある定数個のブロックだけをメインメモリに置けばよいように設計されているので, 扱える B 木の大きさがメインメモリの大きさによって制約されることはない.

B 木の手続きでは, ディスクからメインメモリへ情報を読み取ってメインメモリからディスクへ情報を書き込む必要がある. あるオブジェクト x を考えよう. もし x がコンピュータのメインメモリに存在するならば, そのコードは x の属性を普通どおり, たとえば $x.key$ として参照することができる. x がディスク上に存在するときには, その属性を参照するために, まずオブジェクト x を含むブロックをメインメモリに読み込む操作 DISK-READ(x) を実行す

---

[2] SSD もまた, メインメモリより大きなレイテンシ（遅延時間）を持ち, データをブロック単位でアクセスする.

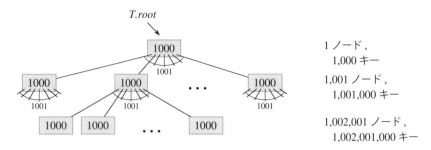

図 18.3 10 億個以上のキーを含む高さ 2 の B 木．各節点 x の内部に x 内のキー数 $x.n$ を示す．各内部節点と葉は 1,000 個のキーを含む．この B 木の深さ 1 には 1,001 個の節点が存在し，深さ 2 には 100 万個以上の葉が存在する．

る必要がある．（x がすでにメインメモリに存在するならば，操作 DISK-READ(x) はディスクアクセスを必要としない「no-op」操作である，と解釈する．）同様に，操作 DISK-WRITE(x) はオブジェクト x の属性に生じた変化をディスクに書き戻すために用いる．あるオブジェクトに対する代表的な操作系列を以下に示す：

> $x =$ あるオブジェクトを指すポインタ
> DISK-READ(x)
> x の属性にアクセスしたり，変更を加える操作
> DISK-WRITE(x)   // x のどの属性にも変更がない場合は省略する
> x の属性にアクセスするが，変更を加えない操作

システムがメインメモリに同時に保持できるブロック数に上限が存在する．そこで，システムは必要がなくなったブロックをメインメモリから自動的に削除すると仮定し，B 木アルゴリズムは，この問題には立ち入らない．

大半のシステムでは，B 木アルゴリズムの実行時間は実行した DISK-READ 操作と DISK-WRITE 操作の回数によっておおよそ決まるので，これらの操作の実行ではできる限り多くの情報を読み書きして効率化を図りたい．したがって，B 木の各節点の大きさは，普通，ディスクの 1 ブロック全部と同程度であり，このサイズから各節点が持ちうる子の数の上限が決まる．

ディスクに格納された大きな B 木では，キーサイズとブロックサイズの比に適した 50 から 2,000 の間の分岐数がよく用いられる．大きい分岐数を選択すると，木の高さとキーを探索するために必要となるディスクアクセス数の両方が劇的に減少する．10 億個以上のキーを格納できる分岐数 1,001，高さ 2 の B 木を図 18.3 に示す．キー数は巨大であるが，根がメインメモリに常駐しているので，この木からあるキーを発見するために必要なディスクアクセス回数は 2 以下である．

18.1 B 木の定義

2 分探索木や 2 色木の場合と同様，キーの「付属情報」はキーと同じ節点に格納されていると

424 | 18 B木

仮定して，以下の議論を単純化する．現実的には，キーを含む節点にその付属情報を含むディスクブロックを指すポインタを合わせて格納すれば，この仮定を実装できる．本章の擬似コードでは，キーに対応する付属情報あるいはそれを指すポインタは，キーがある節点から別の節点に移動するとそれに従って移動すると暗に仮定する．B木のよく知られた改良版である **B$^+$木** (B$^+$-tree) は，すべての付属情報を葉に格納し，内部節点にはキーと子を指すポインタだけを格納することで内部節点の分岐数を最大化する．

B木 (B-tree) T は，以下の条件を満足する根つき木であり，その根を $T.root$ で示す：

1. 各節点 x は以下の属性を持つ．
    a. 節点 x に現在格納されているキー数 $x.n$.
    b. 格納されている $x.n$ 個のキー自身 $x.key_1, x.key_2, \ldots, x.key_{x.n}$. キーは単調増加順に格納されており，$x.key_1 \leq x.key_2 \leq \cdots \leq x.key_{x.n}$ を満たす．
    c. x が葉であれば TRUE，内部節点であれば FALSE を取るブール変数 $x.leaf$.
2. 各内部節点 x は，その子を指す $x.n+1$ 個のポインタ $x.c_1, x.c_2, \ldots, x.c_{x.n+1}$ も持つ．葉は子を持たないので，その c_i 属性は未定義である．
3. $x.n$ 個のキー $x.key_i$ は各部分木に格納されているキーの存在範囲を分離する：すなわち，$x.c_i$ を根とする部分木に格納されている任意のキーを k_i とすると

$$k_1 \leq x.key_1 \leq k_2 \leq x.key_2 \leq \cdots \leq x.key_{x.n} \leq k_{x.n+1}$$

である．
4. すべての葉は同じ深さを持ち，その深さは木の高さ h である．
5. 1つの節点が格納できるキー数に上限と下限が存在する．これらの限界はB木の**最小次数** (minimum degree) と呼ばれる，ある固定された整数 $t \geq 2$ を用いて表現される：
    a. 根を除くすべての節点は，少なくとも $t-1$ 個のキーを持つ．したがって，根を除くすべての内部節点は，少なくとも t 個の子を持つ．木が空でなければ，根は少なくとも1個のキーを持つ．
    b. どの節点も最大 $2t-1$ 個のキーを持つことができる．したがって，内部節点は，最大 $2t$ 個の子を持つことができる．ちょうど $2t-1$ 個のキーを持つ内部節点は**飽和している** (full) と言う．[3]

最も単純なB木は $t=2$ の場合である．すべての内部節点が2，3あるいは4個の子を持っているので，これを **2-3-4 木** (2-3-4 tree) と呼ぶ．実際には木の高さを低く保つためにもっと大きな t を利用する．

B木の高さ

ほとんどのB木操作に必要なディスクアクセス回数は，対象となるB木の高さに比例する．次の定理では，B木の高さの最悪値を解析する．

---

[3] **B* 木** として一般的に知られているB木のもう1つの変種は，各内部節点が，少なくとも半分以上の子を持つというB木の要請の代わりに，少なくとも 2/3 の子を持つことを要請している．

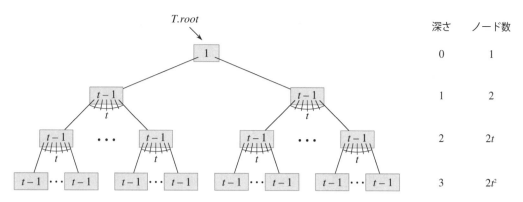

図 18.4 最小個数のキーを含む高さ 3 の B 木．各節点 x の中に $x.n$ を記す．

定理 18.1 $n \geq 1$ とする．このとき，任意のキー数 n，高さ h，最小次数 $t \geq 2$ の B 木 T について

$$h \leq \log_t \frac{n+1}{2}$$

である．

証明 根は少なくとも 1 個のキーを持ち，他のすべての節点は，少なくとも $t-1$ 個のキーを持つ．したがって，高さが h の木 T には，少なくとも 2 個の深さ 1 の節点，少なくとも $2t$ 個の深さ 2 の節点，少なくとも $2t^2$ 個の深さ 3 節点，以下同様にして，少なくとも $2t^{h-1}$ 個の深さ h の節点が存在する．$h=3$ の場合の木を図 18.4 に示す．したがって，キー数 n は不等式

$$\begin{aligned} n &\geq 1 + (t-1)\sum_{i=1}^{h} 2t^{i-1} \\ &= 1 + 2(t-1)\left(\frac{t^h - 1}{t - 1}\right) \quad \text{(付録第 A 章の式 (A.6)（966 ページ）より)} \\ &= 2t^h - 1 \end{aligned}$$

を満たす．簡単な計算を行えば $t^h \leq (n+1)/2$ である．両辺について t を底とする対数を取れば証明が完了する． ∎

ここで，2 色木と比較し，B 木の長所を確認する．（t は定数なので）どちらも木の高さは $O(\lg n)$ だが，B 木の対数の底は 2 色木の何倍も大きい．したがって，ほとんどの木操作で B 木が処理する節点数は 2 色木の約 $\lg t$ 分の 1 で済む．ある節点を処理するには，ディスクアクセスが必要なことが多いので，B 木はディスクアクセス回数を大きく減少できる．

練習問題

18.1-1 最小次数として $t = 1$ を許さない理由を示せ．

18.1-2 図 18.1 の木が正しい B 木となる t の値の範囲を求めよ．

18.1-3 キー $1, 2, 3, 4, 5$ を格納する最小次数 2 の正しい B 木をすべて求めよ．

18.1-4 高さ h の B 木に格納可能なキー数の最大値を，最小次数 t の関数として導け．

18.1-5 2 色木の各黒節点が，その赤の子をすべて吸収してできるデータ構造を記述せよ．た

426 | 18 B木

だし，ある黒節点に吸収される赤節点の子は，吸収の結果この黒節点の子の一部になる.

18.2 B木上の基本操作

本節では，手続き B-TREE-SEARCH，B-TREE-CREATE，B-TREE-INSERT の詳細を説明する.
これらの手続きでは，以下の2つを仮定する:

- B木の根はメインメモリに常駐しているので，どの手続きも根に対する DISK-READ は必要ない．しかし，根に何か変化が起これば，根に対する DISK-WRITE を呼び出す必要がある.
- 引数として引き渡されたどの節点も，それらに対する DISK-READ 操作をすでに実行済みである.

説明するすべての手続きは，根から開始し，遡ることなしに一方向に木を下る「1パス (one-pass)」アルゴリズムである.

B木の探索

B木の探索は，2分探索木の探索と似ている．しかし，2分探索木では，各節点での選択は"二者択一"なのに対し，B木では各節点でその節点が持つ子の数だけある選択肢の中から1つを選択する点が異なる．正確に言うと，各内部節点 x には $(x.n+1)$ 個の選択肢がある.

　手続き B-TREE-SEARCH は2分探索木に対して定義した手続き TREE-SEARCH（第12.2節（2分探索木に対するクエリー）（266ページ）参照）の簡単な拡張である．手続き B-TREE-Search は，ある部分木の根 x を指すポインタと探索対象であるキー k を入力として取る．したがって，初期呼出しは手続き B-TREE-SEARCH($T.root, k$) である．k がB木の中にあれば，手続き B-TREE-SEARCH は，$y.key_i = k$ である節点 y とインデックス i の順序対 (y, i) を返す．k がB木の中になければ，値 NIL を返す.

B-TREE-SEARCH(x, k)

1 　$i = 1$
2 　**while** $i \leq x.n$ かつ $k > x.key_i$
3 　　　$i = i + 1$
4 　**if** $i \leq x.n$ かつ $k == x.key_i$
5 　　　**return** (x, i)
6 　**elseif** $x.leaf$
7 　　　**return** NIL
8 　**else** DISK-READ($x.c_i$)
9 　　　**return** B-TREE-SEARCH($x.c_i, k$)

　手続き B-TREE-SEARCH の第1〜3行では，線形探索を用いて，$k \leq x.key_i$ を満足する最小の i を見つけるか，（条件を満たす i が存在しないときには）i を $x.n+1$ に設定する．第4〜5

行では，キー k を発見できたかどうかを調べ，k が発見できたならば (x, i) を返す．発見できなかったときには，x が葉なら，第7行で探索は不成功裡に終わる．x が内部節点なら，その子に関する必要な DISK-READ を実行した後，x の適切な部分木を第8～9行で再帰的に探索をする．手続き B-TREE-SEARCH 操作を図 18.1 に図示している．キー R の探索の過程でこの手続きが調べる節点を濃い網かけで示す．

2分探索木の手続き TREE-SEARCH と同様，再帰段階で出会う節点集合は根から木を下る単純経路を形成する．したがって，h を B 木の高さ，n を B 木が含むキー数とするとき，手続き B-TREE-SEARCH がアクセスするディスクブロック数は $O(h) = O(\log_t n)$ である．$x.n < 2t$ なので，各節点における第2～3行の **while** ループの実行に要する時間は $O(t)$ であり，総 CPU 時間は $O(th) = O(t \log_t n)$ である．

空の B 木の生成

B 木 T を作るには，まず手続き B-TREE-CREATE を用いて空の根を生成し，下の手続き B-TREE-INSERT を呼び出して新しいキーをそれに追加する．この2つの手続きは共に手続き ALLOCATE-NODE を補助手続きとして利用する．この補助手続きは，擬似コードは省略するが，$O(1)$ 時間で，新しい節点として利用するディスクページを1つ割り付ける．手続き ALLOCATE-NODE が生成した節点は，この節点に対する有用な情報がディスクにまだ格納されていないので，DISK-READ を必要としないと仮定できる．手続き B-TREE-CREATE は $O(1)$ 回のディスクアクセスと $O(1)$ の CPU 時間が必要である．

B-TREE-CREATE(T)

1 $x = $ ALLOCATE-NODE()
2 $x.leaf = $ TRUE
3 $x.n = 0$
4 DISK-WRITE(x)
5 $T.root = x$

B 木へのキーの挿入

キーを B 木に挿入する手続きは2分探索木の場合と比べて，はるかに複雑である．2分探索木と同じ要領で新しいキーを挿入すべき葉の場所を見つける．しかし，新たな葉を作ってそこにキーを挿入するという簡単な手法は，B 木の性質を満たさなくなる可能性があるので，B 木では取れない．そこで，すでに存在する葉に新たなキーを挿入する．しかし，飽和した葉にキーを挿入することはできないので，($2t-1$ 個のキーを持つ) 飽和節点 y をその**中央キー** (median key) $y.key_t$ を境にしてそれぞれが $t-1$ 個のキーを持つ2つの節点に**分割** (split) する操作を導入する．中央キーは y の親に移し，新しく作った2つの木を分離する場所を特定するために用いる．しかし，y の親もまた飽和節点ならば，この新しいキーを挿入する前にこれを分割しておく必要があるので，飽和節点に対する分割操作は木を上方に伝播していく可能性がある．

木を上方へ伝搬するのを避けるために，木を下るときに出会うすべての飽和節点を分割す

る．このようにして，飽和節点を分割する必要があるときには，つねに親は飽和節点でないことが保証されている．新たなキーを B 木に挿入するには，根から葉へと 1 回だけ経路をたどればよい．

B 木における節点分割

下の手続き B-Tree-Split-Child は（メインメモリに存在すると仮定される）**未飽和な内部節点** x と，（これもメインメモリに存在すると仮定される）$x.c_i$ が x の**飽和している子**であるようなインデックス i を入力とする．この手続きは，この子を 2 つに分割し，x が新たに 1 個の子を追加で持つように x を変形する．飽和した根を分割するには，最初に，現在の根を新しく用意した空の根の子にする必要があり，そうすると手続き B-Tree-Split-Child を使うことができる．その結果，木の高さは 1 だけ増えることになる：分割は木を高くする唯一の手段である．

```
B-Tree-Split-Child(x, i)
 1  y = x.c_i                    // 分割すべき飽和節点
 2  z = Allocate-Node()          // z は y の半分を取る
 3  z.leaf = y.leaf
 4  z.n = t - 1
 5  for j = 1 to t - 1           // z は y の最大キーを取る ...
 6      z.key_j = y.key_{j+t}
 7  if not y.leaf
 8      for j = 1 to t           // ... と対応する子について
 9          z.c_j = y.c_{j+t}
10  y.n = t - 1                  // y は t - 1 個のキーを保持
11  for j = x.n + 1 downto i + 1 // x の子を右へシフト ...
12      x.c_{j+1} = x.c_j
13  x.c_{i+1} = z                // 子としての z の場所を作る...
14  for j = x.n downto i         // x の対応するキーをシフト
15      x.key_{j+1} = x.key_j
16  x.key_i = y.key_t            // y の中央キーを挿入
17  x.n = x.n + 1                // x は子を得た
18  Disk-Write(y)
19  Disk-Write(z)
20  Disk-Write(x)
```

図 18.5 にこの手順を示す．B-Tree-Split-Child は飽和節点 $y = x.c_i$ を中央キー S（図中の S）で分割し，S を y の親 x に移す．y の S より大きいキーは新しい節点 z に移し，z を x の新しい子とする．

手続き B-Tree-Split-Child は分りやすい「切貼り法」に基づいて動く．x は分割される節点の親，y は（第 2 行で設定した）x の i 番目の子である（第 1 行で設定）．節点 y は元々

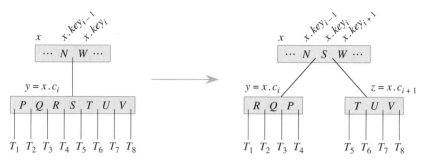

図 18.5 $t = 4$ の節点の分割．節点 $y = x.c_i$ を 2 つの節点 y と z に分割し，y の中央キー S を y の親に移す．

$2t$ 個の子（$2t-1$ 個のキー）を持っていたが，分割の結果，t 個（$t-1$ 個のキー）に減少する．節点 z は y の大きいほうから $t-1$ 個のキーを受け継ぎ，x の子達の中で y の次に位置する x の新しい子になる．y の中央キーは x のキーになり，y と z を分離する．

第 2〜9 行では，節点 z を生成し，y の大きいほうから $t-1$ 個のキーと，y と z が内部節点なら y の対応する t 個の子を与える．第 10 行では y のキーの数を修正する．そのうえ，第 11〜17 行では，x の新しい子の場所を作るために x のキーと子へのポインタを右に移し，z を x の新しい子として挿入し，y を z から分離するために中央キーを y から x へと移し，x のキーカウントを調整する．第 18〜20 行では更新したすべてのディスクページを書き戻す．第 5〜6 行と第 8〜9 行の **for** ループのために，手続き B-TREE-SPLIT-CHILD の実行に必要な CPU 時間は $\Theta(t)$ である．（第 11〜12 行の **for** ループは $O(t)$ 回繰り返される．）この手続きは $O(1)$ 回のディスク操作を行う．

単一経路を下りながら B 木へキーを挿入

高さ h の B-木 T にある 1 つのキー k を挿入するためには，B 木の根から下るたった 1 つの経路を辿ることと $O(h)$ 回のディスクアクセスを必要とする．このために，$O(th) = O(t \log_t n)$ の CPU 時間が必要である．再帰が決して飽和節点に下りていかないことを保証するために，手続き B-TREE-INSERT は手続き B-TREE-SPLIT-CHILD を用いる．もし根が飽和していれば，手続き B-TREE-INSERT は手続き B-TREE-SPLIT-ROOT を呼び出すことによって，根を分割する．

B-TREE-INSERT(T, k)
1   $r = T.root$
2   **if** $r.n == 2t - 1$
3       $s = $ B-TREE-SPLIT-ROOT(T)
4   B-TREE-INSERT-NONFULL(s, k)
5   **else** B-TREE-INSERT-NONFULL(r, k)

手続き B-TREE-INSERT の動作は次のとおりである．根が飽和していれば，第 3 行で手続き B-TREE-SPLIT-ROOT を呼び出して根を分割する．新しい節点 s（2 個の子を持つ）が根となり，手続き B-TREE-SPLIT-ROOT によって返される．図 18.6 に示すように，根を分割するこ

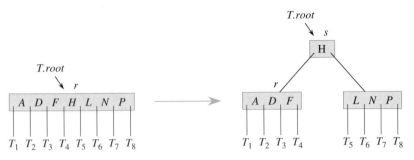

図 18.6 $t = 4$ の根の分割．根 r を 2 つに分割し，新しい根 s を生成する．新しい根は r の中央キーを持ち，2 つに分割された r をその子とする．根を分割すると B 木の高さは 1 だけ成長する．B 木の高さが増えるのは根が分割されたときだけである．

とは B 木の高さを増やす唯一の方法である．2 分探索木と違って，B 木は底ではなく，その頂きで高さを増やす．根が分割されるかどうかに関係なく，手続き B-TREE-INSERT はキー k を未飽和な根を持つ根つき木に挿入するために手続き B-TREE-INSERT-NONFULL を呼び出して終了するが，これは新たな根（第 4 行の呼出し）か元の根（第 5 行の呼出し）である．

B-TREE-SPLIT-ROOT(T)
1 $s = $ ALLOCATE-NODE()
2 $s.leaf = $ FALSE
3 $s.n = 0$
4 $s.c_1 = T.root$
5 $T.root = s$
6 B-TREE-SPLIT-CHILD($s, 1$)
7 **return** s

432 ページに示す補助手続き B-TREE-INSERT-NONFULL は，節点 x を根とする部分木にキー k を挿入する．手続きが呼び出された時点では，x は未飽和であると仮定する．手続き B-TREE-INSERT-NONFULL は，必要に応じて木を下りながら，必要なら手続き B-TREE-SPLIT-CHILD を呼び出すことによって，再帰で訪れた節点が未飽和であることを保証しながら，再帰的に実行していく．手続き B-TREE-INSERT と手続き B-TREE-INSERT-NONFULL の再帰的操作から，この仮定は成立する．

図 18.7 に手続き B-TREE-INSERT-NONFULL がキーを B 木に挿入する様子を示す．第 3〜8 行では x に k を挿入し，k より大きい x のキーをすべて右に移すことで x が葉の場合を解決する．x が葉でなければ，内部節点 x を根とする部分木の適切な葉に k を挿入する必要がある．この場合，第 9〜11 行で再帰が下りていく x の子 $x.c_i$ を決定する．再帰が下りていく節点が飽和節点か否かを第 13 行で調べ，飽和節点ならば，第 14 行で手続き B-TREE-SPLIT-CHILD を呼び出してこの節点を 2 つの未飽和節点に分割し，これらの内のどちらに再帰するのが正しいのか第 15〜16 行で決定する．（手続き B-TREE-SPLIT-CHILD によって生成されたばかりの子に再帰が下りていくので，第 16 行で i を増やした後で DISK-READ($x.c_i$) を実行する必要がないことに注意せよ．）したがって，再帰が飽和節点に下りていかないことを保証するのが

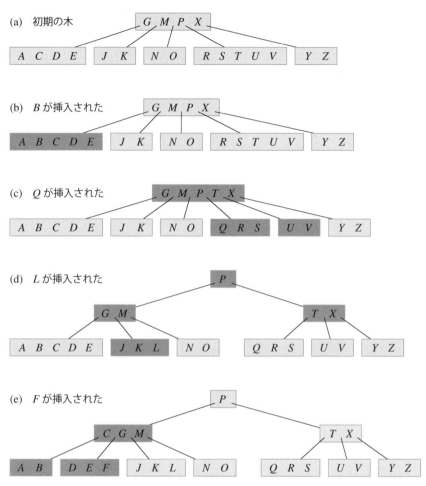

図 18.7 B 木へのキーの挿入．この B 木の最小次数 t は 3 であり，節点は最大 5 個のキーを格納できる．挿入過程で更新した節点を濃い網かけで示す．**(a)** この例で用いる初期木．**(b)** 初期木に B を挿入した結果．これは葉に対する単純な挿入である．**(c)** 直前の木に対して Q を挿入した結果．節点 $RSTUV$ を RS と UV を含む 2 つの節点に分割し，キー T を上の根に移す．Q を 2 つの片割れの左の節点（RS 節点）に挿入する．**(d)** 直前の木に対して L を挿入した結果．飽和しているので根を分割する．B 木の高さが 1 だけ成長する．L を JK を含む葉に挿入する．**(e)** 直前の木に対して F を挿入した結果．節点 $ABCDE$ を分割し，2 つの片割れの右の節点（DE 節点）に F を挿入する．

第 13～16 行の役割である．第 17 行では k を適切な部分木に挿入するために再帰する．

　高さ h の B 木に対して，木の各レベルでは $O(1)$ 回しか DISK-READ と DISK-WRITE 操作を実行しないので，B-TREE-INSERT のディスクアクセスの回数は $O(h)$ 回である．また，必要な総 CPU 時間は木の各レベルでは $O(t)$ であり，全体として $O(th) = O(t \log_t n)$ である．B-TREE-INSERT-NONFULL は末尾再帰なので，**while** ループを用いて実装できる．このことは，メインメモリに格納する必要のあるブロック数がどの時点でも $O(1)$ であることを示している．

B-TREE-INSERT-NONFULL(x, k)

```
 1  i = x.n
 2  if x.leaf                          // 葉への挿入？
 3      while i ≥ 1 かつ k < x.key_i    // x のキーを移して k のための場所を作る
 4          x.key_{i+1} = x.key_i
 5          i = i - 1
 6      x.key_{i+1} = k                 // x のキー k を挿入
 7      x.n = x.n + 1                   // これで x はもう 1 つキーを持った
 8      DISK-WRITE(x)
 9  else while i ≥ 1 かつ k < x.key_i    // k が属す子を求める
10          i = i - 1
11      i = i + 1
12      DISK-READ(x.c_i)
13      if x.c_i.n == 2t - 1            // その子が飽和しているなら分割する
14          B-TREE-SPLIT-CHILD(x, i)
15          if k > x.key_i             // k は x.c_i と x.c_{i+1} のどちらに行くべきか？
16              i = i + 1
17      B-TREE-INSERT-NONFULL(x.c_i, k)
```

練習問題

18.2-1　キー

$$F, S, Q, K, C, L, H, T, V, W, M, R, N, P, A, B, X, Y, D, Z, E$$

をこの順序で空の最小次数 2 の B 木に挿入したときの結果を示せ．ある節点を分割する直前の木の状態と最終状態を描け．

18.2-2　手続き B-TREE-INSERT の呼出しを実行する過程で，冗長な DISK-READ や DISK-WRITE が発生するとすれば，それが起こる状況を説明せよ．（冗長な DISK-READ は，すでにメインメモリに存在するブロックに対する DISK-READ である．冗長な DISK-WRITE は，すでに格納されているブロックをディスクに書き込む DISK-WRITE である．）

18.2-3　Bunyan 教授は，手続き B-TREE-INSERT の手続きは，つねに可能な限り最小の高さを持つ B 木で終了すると主張している．$t = 2$ でキーの集合が $\{1, 2, \ldots, 15\}$ の場合には可能な限り最小の高さを持つ B 木で終わるような挿入列は存在しないことを証明することによって，教授が間違っていることを示せ．

18.2-4　★　最小次数 2 の空の B 木にキー $\{1, 2, \ldots, n\}$ を挿入する．結果としてできる B 木の節点数を求めよ．

18.2-5　葉は子ポインタを持たないので，同じディスクブロックサイズに対して内部節点より大きい t 値を用いるのが合理的かもしれない．この変形を扱えるように，B 木の生成および挿入手続きを改良せよ．

18.2-6 線形探索の代わりに 2 分探索を各節点で用いて手続き B-TREE-SEARCH を実装したとする. これによって, t が n のどのような関数であるかに依存せず, 必要な CPU 時間が $O(\lg n)$ になることを示せ.

18.2-7 ディスクブロックのサイズを任意に選択できるディスクハードウェアを仮定する. しかし, ディスクブロックを読むには $a + bt$ 時間がかかる. ここで, a と b はある定められた定数, t はこのブロックを利用する B 木の最小次数である. B 木の探索時間を (近似的に) 最小化する t を求める方法を示せ. $a = 5$ ミリ秒, $b = 10$ マイクロ秒の場合について, 最適な t の値を示せ.

18.3 B 木からのキーの削除

B 木からのキーの削除は, キーの挿入と同じ要領で行えるが, もう少し複雑である. 単なる葉ではなく任意の節点からキーを削除でき, 内部節点からキーを削除したときには, その節点の子の再配置が必要になるからである. 挿入と同様, 削除によって B 木の条件を満たさない木が生成されないようにする必要がある. 挿入によって節点のキー数が大きくなりすぎないことを保証しなければならなかったように, 削除によって節点のキー数が小さくなりすぎないことを保証しなければならない (根は唯一の例外であり, 根のキー数は最小値 $t-1$ 未満であってもよい). 単純な挿入アルゴリズムでは, 飽和節点にキーを挿入する羽目に陥り, 経路を後戻りせざるをえなくなったように, 削除を単純に実行しようとすると, キー数が最小値に達している (根以外の) 節点からキーを削除する羽目に陥り, 経路を後戻りせざるをえなくなってしまう.

手続き B-TREE-DELETE はキー k を x を根とする部分木から削除する. 削除すべき節点が与えられている —— おそらく事前の探索の結果として —— の第 12.3 節 (274 ページ) の手続き TREE-DELETE や第 13.4 節 (293 ページ) の手続き RB-DELETE と違って, 手続き B-TREE-DELETE は, キー k の探索を削除のプロセスと結びつけている. なぜ手続き B-TREE-DLETE では, 探索と削除を結びつけなければいけないのか? 手続き B-TREE-INSERT が木を 1 回下りるときに, どの節点も ($2t-1$ 個以上のキーを持つ) 過飽和 (overfull) にならないようにしたように, 手続き B-TREE-DELETE も削除すべきキーの探索と最終的な削除のために木を降りるときに, どの節点も ($t-1$ 個より少ないキーしか持たない) 過小飽和 (underfull) にならないようにする.

どの節点も過小飽和にならないようにするために, 手続き B-TREE-DELETE の設計では, 自分自身を再帰的に節点 x 上で呼び出すときにはいつでも, x でのキーの個数は呼出しの際に少なくとも最小次数の t であることを保証している. (根は t 個より少ないキーを持つこともあり, 根から再帰呼出しが起こることもあるが, 根上で再帰呼出しが行われることはない.) この条件は, 通常の B 木の条件で要請されている最小個数よりも 1 個だけ多いキーを要求しているので, 1 つのキーが, その子節点の 1 つに x から移動しなければならないかもしれない (やはり, x を少なくとも最小の $t-1$ 個のキーを持つようにしておく). したがって, 木を後戻りすることなく, 木を下りるだけで削除ができる.

(a) 初期の木

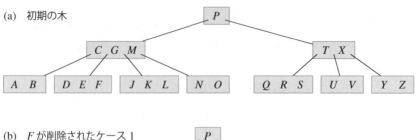

(b) F が削除されたケース 1

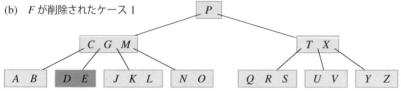

(c) M が削除されたケース 2a

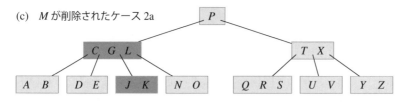

図 18.8 B 木からのキーの削除．この B 木の最小次数は $t = 3$ であり，（根以外の）節点は少なくとも 2 個のキーを持つ．削除した節点を濃い網かけで示す．**(a)** 図 18.7(e) の B 木．**(b)** F の削除．ケース 1 に相当：探索の間に訪問した（根以外の）すべての節点が少なくとも $t = 3$ 個のキーを持つケースの葉からの単純な削除．**(c)** M の削除．ケース 2a に相当：M の直前のキー L を M の場所に持ち上げる．

手続き B-Tree-Delete(T, k) がどのようにして B 木 T からキー k を削除するかを詳細な擬似コードを提示せずに説明しよう．図 18.8 に示す 3 つのケースを調べる．これらのケースは，探索が葉に到達したとき，キー k を含む内部節点とキー k を含まない内部節点において何が生じているかによって決まる．上で述べたように，これら 3 つのケースすべてにおいて x は少なくとも t 個のキーを持っている（ありうる例外としては，x が根のケースである）．ケース 2 と 3――x が内部節点のとき――については，再帰が B 木を降りるときにこの性質は保証されている．

ケース 1： 探索が葉節点 x に到達した場合．x がキー k を含んでいれば，x から k を削除する．x がキー k を含んでいなければ，k は B 木には存在しないので，何もする必要がない．

ケース 2： 探索がキー k を含む内部節点 x に到達した場合．$k = x.\mathit{key}_i$ とする．$x.c_i$（k に先行する x の子）と $x.c_{i+1}$（k の後の x の子）におけるキーの個数に応じて次の 3 つのケースのうちの 1 つが成り立つ．

ケース 2a： $x.c_i$ が t 個のキーを持つ場合．$x.c_i$ を根とする部分木において k の直前のキー k' を求める．再帰的に $x.c_i$ から k' を削除し，x において k を k' で置き換える．（k' の発見とその削除は木を下る 1 つの経路に沿って実行できる．）

ケース 2b： $x.c_i$ が $t - 1$ 個のキーを持ち，$x.c_{i+1}$ が少なくとも k 個のキーを持つ場合．$x.c_{i+1}$ を根とする部分木において k の直後のキー k' を求める．再帰的に $x.c_{i+1}$ から k' を削除し，x において k を k' で置き換える．（ここでも，k' の発見とその削除は木を下る 1 つの経路に沿って実行できる．）

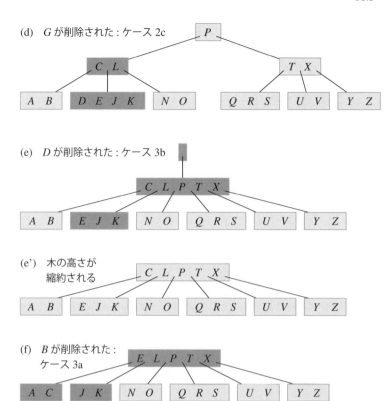

図 18.8, 続き **(d)** G の削除．ケース 2c．節点 $DEGJK$ を作るために G を押し下げ，つぎに G をこの葉から削除する（ケース 1）．**(e)** D の削除．ケース 3b．節点 CL はキーを 2 つしか持たないので，この節点に再帰できない．そこで，P を押し下げ，CL および TX とマージして $CLPTX$ を作る．つぎに D を葉から削除する（ケース 1）．**(e′)** (e) の後，根を削除し，木の高さが 1 だけ低くなる．**(f)** B の削除．ケース 3a．B の場所を埋めるために C を移動し，C の場所を埋めるために E を移動する．

ケース 2c: $x.c_i$ も $x.c_{i+1}$ もともに $t-1$ 個のキーを持つ場合．k と $x.c_{i+1}$ のすべてのキーを $x.c_i$ に統合し，x から k と $x.c_{i+1}$ へのポインタを取り，$x.c_i$ が $2t-1$ 個のキーを含むようにする．つぎに $x.c_{i+1}$ を解放し，再帰的に $x.c_i$ から k を削除する．

ケース 3: 探索がキー k を含まない内部節点に到達した場合．訪れた各節点が少なくとも t 個のキーを持つことを確認しながら木を下り続ける．そうするために，k が木に存在すれば，k を含む適切な部分木の根 $x.c_i$ を求める．もし $x.c_i$ が $t-1$ 個のキーしか持たなかったら，少なくとも t 個のキーを持つ節点へと下りることを保証するために，必要に応じてケース 3a か 3b を実行する．

ケース 3a: $x.c_i$ は $t-1$ 個のキーしか持たないが，少なくとも t 個のキーを持つ隣合う（右あるいは左の）兄弟が存在する場合．x のキーを x から $x.c_i$ に移し，この兄弟のキーを x に移し，適切な子ポインタをこの兄弟から $x.c_i$ に移すことで，$x.c_i$ のキー数を増やす．

ケース 3b: $x.c_i$ も左右の隣合う兄弟もすべて $t-1$ 個のキーしか持たない場合．（$x.c_i$ が 1 個か 2 個の兄弟を持つことは可能である．）$x.c_i$ をどちらかの兄弟とマージする．この操作の中で，x のキーがマージされた新しい節点に移り，その中央のキーになる．

436 | 18　B木

ケース 2c と 3b では，節点 x が根なら，キーを持たずに終了することもありうる．この状況が生じたケースには，x は削除され，x の唯一の子 $x.c_1$ だけが木の新たな根となる．この操作により，木の高さは 1 だけ減少するが，（木が空にならない限り）木の根は少なくとも 1 個のキーを含むという性質は保たれる．

　B木ではほとんどのキーは葉に格納されているので，削除の操作は葉からキーを削除して終了することが多い．このとき，手続き B-TREE-DELETE は木を後戻りせず，1 つの経路に沿って動く．しかし，内部節点からキーを削除しようとするときには，手続きは木を下る経路を形成するが，このキーの直前あるいは直後のキーを見つけて，そのキーを直前あるいは直後のキーと交換するために（ケース 2a および 2b）節点 x に戻る．しかし，この手続きでは x と x 内のキー位置へのポインタを維持し，直前あるいは直後のキーを直接そこに置くことができるので，節点 x に戻るのに x と直前あるいは直後のキーを含む節点の間のすべてのレベルを通して辿る必要はない．

　この手続きは複雑そうに見えるが，DISK-READ と DISK-WRITE は手続きの再帰呼出しの間に $O(1)$ 回しか呼び出されないので，それは高さ h の B-木に対して $O(h)$ 回のディスク操作を含むにすぎない．必要な CPU 時間は $O(th) = O(t \log_t n)$ である．

練習問題

18.3-1　図 18.8(f) の B 木から C, P, V をこの順序で削除した結果を示せ．

18.3-2　手続き B-TREE-DELETE の擬似コードを書け．

章末問題

18-1　2 次記憶上のスタック

高速だが比較的小容量のメインメモリ（1 次記憶）と比較的大容量だが低速なディスクを持つコンピュータにおけるスタックの実装を検討する．PUSH 操作と POP 操作は 1 語長の要素を対象とする．実装しようと思っているスタックはメインメモリの容量を超えて成長でき，したがって，スタックの大部分はディスク上に格納される．

　単純だが効率が良くないスタックの実装方法は，スタック全体をディスク上に保持することである．メインメモリ内にスタックの先頭要素のディスク番地を示すスタックポインタを管理する．ポインタが値 p ならば，ブロック番号とブロック内の語のオフセットに 0 からインデックスをつけると，先頭要素はディスクのブロック $\lfloor p/m \rfloor$ の $(p \bmod m)$ 番目の語である．ただし，1 ブロックを構成する語数を m とする．

　PUSH 操作を実装するには，スタックポインタを 1 増やし，適切なブロックをディスクからメインメモリに読み込み，プッシュすべき要素をそのブロックの適切な語にコピーし，そのブロックをディスクに書き戻す．POP 操作も同様である．ディスクから適切なブロックを読み込み，スタックの先頭を記憶し，スタックポインタを 1 減らし，記憶した値を返す．ブロックを書き換えなかったので，ブロックを書き戻す必要はない．また，ポップされた値を含んでいたブロックの単語は無視される．

18.3 B木からのキーの削除 | **437**

B木の操作の解析のように2つのコストが問題になる：全ディスクアクセス回数と全CPU時間である．ディスクアクセスはCPU時間でもコストを発生する．とくに，m語から構成されるブロックに1回アクセスするのに，1回のディスクアクセスと$\Theta(m)$のCPU時間がかかる．

a. この単純な実装方法を用いたとき，n回のスタック操作に必要なディスクアクセスの回数の最悪値を漸近的に評価せよ．n回のスタック操作に必要なCPU時間を求めよ．この設問および以下の設問では，解答はmとnを用いて表現せよ．

ここで，スタックの1ブロック分をメインメモリに置く実装方法を検討する．（現在メインメモリ上に置かれているブロックを記憶するための小さな領域も，メインメモリ上に用意する．）対応するディスクブロックがメインメモリ上にある場合にだけスタック操作を実行できる．必要ならば現在メインメモリ上にあるブロックをディスクに書き戻し，代わりに新しいブロックをディスクからメインメモリに読み込むことができる．対応するディスクブロックがすでにメインメモリ上にあるならば，ディスクアクセスの必要はない．

b. n回のPush操作を行うために必要なディスクアクセス回数の最悪値を求めよ．CPU時間はどうか？

c. n回のスタック操作を行うために必要なディスクアクセス回数の最悪値を求めよ．CPU時間はどうか？

（管理のための少数の語に加えて）2ブロックをメインメモリに維持するスタックの実装を考える．

d. 任意の1スタック操作当りのならしディスクアクセス回数が$O(1/m)$，ならしCPU時間が$O(1)$となるようにスタックブロックを管理する方法を示せ．

18-2 2-3-4木の合併と分割

合併 (join) 操作は，任意の$x' \in S'$，$x'' \in S''$に対して，$x'.key < x.key < x''.key$であるような2つの動的集合S', S''と要素xを入力として取る．それは集合$S = S' \cup \{x\} \cup S''$を出力する．**分割** (split) 操作は合併操作の"逆"に似ている：動的集合Sとある要素$x \in S$が与えられたとき，$S - \{x\}$の中からそのキーが$x.key$未満である要素だけを集めてできる集合S'と，そのキーが$x.key$より真に大きい要素だけを集めてできる集合S''を生成する．これらの操作を2-3-4木（$t = 2$の場合のB木）上で実装する方法を検討する．簡単のため，要素はキーだけから構成されており，すべてのキー値は異なっていると仮定する．

a. 2-3-4木の各節点xで，xを根とする部分木の高さを属性$x.height$として管理する方法を示せ．ただし，探索，挿入，削除の漸近的実行時間に影響を与えてはならない．

b. 合併操作を実装する方法を示せ．ただし，2つの2-3-4木T', T''とキーkが与えられたとき，合併は$O(1 + |h' - h''|)$時間で走らなければならない．ここに，h', h''はそれぞれT', T''の高さである．

c. 与えられたキーkに対して，2-3-4木Tの根とkを結ぶ単純路p，Tに格納されているk

未満のキーの集合 S', T に格納されている k より真に大きいキーの集合 S'' を考える. p が S' を木の集合 $\{T'_0, T'_1, \ldots, T'_m\}$ とキーの集合 $\{k'_1, k'_2, \ldots, k'_m\}$ に分割することを示せ. ただし, $i = 1, 2, \ldots, m$, 任意のキー $y \in T'_{i-1}$ と $z \in T'_i$ に対して, $y < k'_i < z$ である. 木 T'_{i-1} と T'_i の高さの間の関係は何か? p が S'' を木の集合とキーの集合に分解する様子を述べよ.

d. T 上で分割操作を実装する方法を示せ. S' に属するキーと S'' に属するキーをそれぞれ 1 つの 2-3-4 木 T' と T'' に再構成するために合併操作を利用せよ. T に属するキー数を n とするとき, 分割操作は $O(\lg n)$ 時間で走らなければならない. (**ヒント**: 合併のためのコストは入れ子型和になっている.)

文献ノート

Knuth [261], Aho–Hopcroft–Ullman [5], Sedgewick-Wayne [402] は平衡木と B 木について さらに詳細に検討した. Comer [99] は B 木の包括的な概説である. Guibas–Sedgewick [202] は, 2 色木と 2-3-4 木を含む, さまざまな平衡木間の関係を議論した.

1970 年に J.E. Hopcroft がどの内部節点も 2 あるいは 3 個の子を持つ 2-3 木を発明し, これ が B 木と 2-3-4 木の先駆となった. B 木は, Bayer-McCreight [39] によって 1972 年に導入さ れた. 彼らは名前の由来に触れていない.

Bender–Demaine–Farach-Colton [47] は, 記憶の階層効果があるときに B 木をうまく動作さ せる方法を研究した. 彼らの**キャッシュ忘却型** (cache-oblivious) アルゴリズムは, 記憶階層間 でのデータ転送サイズを具体的に知らなくても効率よく動作する.

19 互いに素な集合族のためのデータ構造

DATA STRUCTURES FOR DISJOINT SETS

いくつかの応用では n 個の異なる要素を互いに素な集合（すなわち同じ要素を共有しない集合）の族へのグループ分けが重要な役割を果たす．これらの応用がしばしば必要とするとくに重要な 2 つの操作は，指定された要素が属する唯一の集合を発見する操作と 2 つの集合を合併する操作である．これらの操作が利用できるデータ構造を管理する手法を本章で検討する．

第 19.1 節では，互いに素な集合族のためのデータ構造で利用できる操作を説明し，簡単な応用例を示す．第 19.2 節では，互いに素な集合族の単純な連結リストによる表現を観察する．第 19.3 節では，根つき木を用いたより効率的な表現を紹介する．木表現を用いたアルゴリズムの実行時間は，理論的には線形よりも遅いが，実用的な応用の範囲ではつねに線形と考えてよい．第 19.4 節では，非常に速く増大する関数と，それの，非常にゆっくりと増大する逆関数を定義して議論する．これらの関数は木に基づく実装上の操作の実行時間の中に現れ，複雑なならし解析を用いた，実行時間の上界がわずかに超線形であることの証明に使われる．

19.1 互いに素な集合族の操作

互いに素な集合族のためのデータ構造 (disjoint-set data structure) は，互いに素な動的集合の族 $\mathcal{S} = \{S_1, S_2, \ldots, S_k\}$ を管理する．我々は各集合を，その集合の **代表元** (representative) と呼ぶある要素（元）によって識別する．いくつかの応用では，代表元となる要素の選択は重要ではなく，集合が変化しない限り代表元が変化しないことだけが要請される．他の応用では，あらかじめ指定された代表元の選択規則が要請されていて，たとえば，最小要素（もちろん，要素は順序づけられると仮定する）がつねに代表元になる．

今まで考察してきた他の動的集合の実装と同様，集合の各要素を 1 つのオブジェクトによって表現する．x をあるオブジェクトとするとき，以下の 3 つの操作の実装を見ていく：

MAKE-SET(x) は，x がすでにある別の集合に属していないとき，x を唯一の要素（したがって，代表元）として持つ新しい集合を生成する．

UNION(x, y) は，x を含む動的集合 S_x と y を含む動的集合 S_y を合併（統合）し，これらの和集合である新しい集合を生成する．結果としてできる集合の代表元は，多くの UNION の実装では S_x か S_y の代表元から選択しているが，$S_x \cup S_y$ に属する要素ならばどれでもよい．この集合族に属する集合はつねに互いに素でなければならないので，UNION 操作は集合 S_x と S_y を集合族 $\mathcal{S}$ から除去する．実際には，一方の集合に属するすべての要素を他方の集合

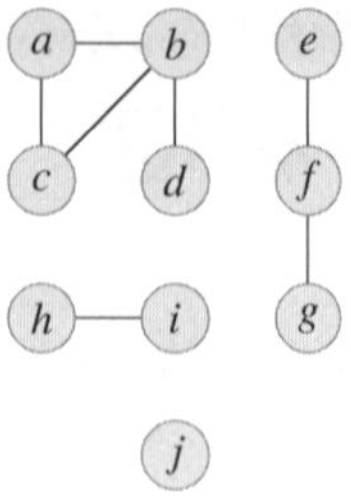

処理された辺	互いに素な集合族									
最初の集合	$\{a\}$	$\{b\}$	$\{c\}$	$\{d\}$	$\{e\}$	$\{f\}$	$\{g\}$	$\{h\}$	$\{i\}$	$\{j\}$
(b,d)	$\{a\}$	$\{b,d\}$	$\{c\}$		$\{e\}$	$\{f\}$	$\{g\}$	$\{h\}$	$\{i\}$	$\{j\}$
(e,f)	$\{a\}$	$\{b,d\}$	$\{c\}$		$\{e,f\}$		$\{g\}$	$\{h\}$	$\{i\}$	$\{j\}$
(a,c)	$\{a,c\}$	$\{b,d\}$			$\{e,f\}$		$\{g\}$	$\{h\}$	$\{i\}$	$\{j\}$
(h,i)	$\{a,c\}$	$\{b,d\}$			$\{e,f\}$		$\{g\}$	$\{h,i\}$		$\{j\}$
(a,b)	$\{a,b,c,d\}$				$\{e,f\}$		$\{g\}$	$\{h,i\}$		$\{j\}$
(f,g)	$\{a,b,c,d\}$				$\{e,f,g\}$			$\{h,i\}$		$\{j\}$
(b,c)	$\{a,b,c,d\}$				$\{e,f,g\}$			$\{h,i\}$		$\{j\}$

(a) (b)

図 19.1 **(a)** 4 つの連結成分 $\{a,b,c,d\}$, $\{e,f,g\}$, $\{h,i\}$, $\{j\}$ を持つグラフ. **(b)** 各辺を処理した後の互いに素な集合の族.

に吸収することで UNION 操作を実装する.

FIND-SET(x) は x を含む唯一の集合の代表元へのポインタを返す.

本章を通じて，互いに素な集合族のためのデータ構造の実行時間を 2 つの引数を用いて解析する．MAKE-SET 操作の実行回数 n と，MAKE-SET，UNION，FIND-SET 操作の総実行回数 m である．総実行回数 m は n 回の MAKE-SET 操作を含むので，$m \geq n$ である．最初の n 回の操作はつねに MAKE-SET 操作であり，最初の n 回の操作直後の集合族は n 個のシングルトン集合から構成されている．これらの集合はつねに互いに素であり，各 UNION 操作は集合の個数を 1 減らす．したがって，$n-1$ 回 UNION 操作を実行した後は 1 つの集合だけが残る．それゆえ UNION 操作は高々 $n-1$ 回しか生起しない.

互いに素な集合族のためのデータ構造の応用

互いに素な集合のためのデータ構造には多くの応用がある．その中の 1 つは無向グラフの連結成分（付録第 B.4 節（グラフ）参照）を決定するときに生じる．4 つの連結成分から構成されるグラフの例を図 19.1(a) に示す.

以下の手続き CONNECTED-COMPONENTS は互いに素な集合のための操作を用いてグラフの連結成分を求めている．CONNECTED-COMPONENTS によってグラフが前処理してあれば，手続き SAME-COMPONENT は 2 つの頂点が同じ連結成分に属するか否かを問う質問に答えることができる．擬似コードではグラフ G の頂点集合を $G.V$，辺集合を $G.E$ で表している.

手続き CONNECTED-COMPONENTS は，まず各頂点 v をそれ自身だけからなるシングルトン集合に置く．つぎに，各辺 (u,v) について，u を含む集合と v を含む集合を合併する．すべての辺を処理した後では，2 つの頂点が同じ連結成分に入っているとき，かつそのときに限り対応するオブジェクトが同じ集合に入っていることを，練習問題 19.1-2 で証明する．したがって，CONNECTED-COMPONENTS は，手続き SAME-COMPONENT が 2 つの頂点が同じ連結成分に属するかどうか決定できるように，集合族を計算する．CONNECTED-COMPONENTS が互いに素な集合族を求める様子を図 19.1(b) に示す.

この連結成分アルゴリズムを実際に実装する際には，グラフの表現と互いに素な集合族のた

19.2 連結リストによる互いに素な集合族の表現 | 441

CONNECTED-COMPONENTS(G)

1   **for** 各頂点 $v \in G.V$
2   MAKE-SET(v)
3   **for** 各辺 $(u,v) \in G.E$
4   **if** FIND-SET$(u) \neq$ FIND-SET(v)
5   UNION(u,v)

SAME-COMPONENT(u,v)

1   **if** FIND-SET$(u) ==$ FIND-SET(v)
2   **return** TRUE
3   **else return** FALSE

めのデータ構造は，互いに参照する必要がある．すなわち，頂点を表すオブジェクトは対応する互いに素な集合族の中のオブジェクトへのポインタを含み，その逆もまた同様である．プログラミングに関するこれらの詳細は実装に用いる言語にも依存するので，ここではこれ以上立ち入らない．

　グラフの辺が静的で時間とともに変化しないならば，深さ優先探索によってもっと高速に連結成分を求めることができる（練習問題 20.3-12 参照（482 ページ））．しかし，グラフに新しい辺が動的に生成され，辺の生成に合わせて連結成分が更新されることがある．このような場合には，新たな辺が生成されるたびに深さ優先探索を再実行するよりも，ここで与える実装のほうが効率が良い．

練習問題

19.1-1 無向グラフ $G = (V, E)$ 上で CONNECTED-COMPONENTS を走らせる．ただし，$V = \{a, b, c, d, e, f, g, h, i, j, k\}$ であり，E の辺は $(d,i),(f,k),(g,i),(b,g),(a,h),(i,j),(d,k),$ $(b,j),(d,f),(g,j),(a,e)$ の順序で処理される．第 3〜5 行の各繰返し後の各連結成分の頂点を列挙せよ．

19.1-2 すべての辺を CONNECTED-COMPONENTS によって処理した後では，2 つの頂点が同じ連結成分に属するための必要十分条件は，これらが同じ集合に属することである．この事実を示せ．

19.1-3 CONNECTED-COMPONENTS を k 個の連結成分から構成される無向グラフ $G = (V, E)$ 上で実行するとき，FIND-SET は何回呼び出されるか？ また，UNION は何回呼び出されるか？ $|V|, |E|, k$ を用いて答えよ．

19.2 　連結リストによる互いに素な集合族の表現

図 19.2(a) に，互いに素な集合族のためのデータ構造を簡単に実装する方法を示す．この方法では，各集合をそれぞれ連結リストで表現する．各集合に対するオブジェクトは，リストの最

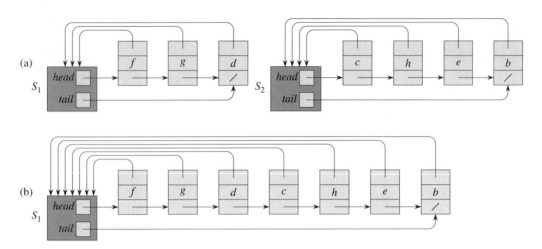

図 19.2 **(a)** 2つの集合の連結リスト表現．集合 S_1 は要素 d,f,g を含み，代表元は f である．集合 S_2 は要素 b,c,e,h を含み，代表元は c である．リストの各オブジェクトは，ある集合要素，リストの次のオブジェクトを指すポインタ，集合オブジェクトへ戻るポインタを含む．各集合オブジェクトは最初と最後のオブジェクトを指すポインタ $head$ と $tail$ を持っている．**(b)** UNION(g,e) の結果．この操作は g を含むリストに e のリストを継ぎ足す．結果として得られる集合の代表元は f である．e のリストに対する集合オブジェクト S_2 は除去される．

初のオブジェクトを指す属性 $head$ と最後のオブジェクトを指す属性 $tail$ を持っている．リストに属する各オブジェクトは，ある集合要素，リストの次のオブジェクトを指すポインタ，そして集合オブジェクトへ戻るポインタを含んでいる．各連結リストの中ではこれらのオブジェクトは任意の順序で出現する．代表元はリストの最初のオブジェクトの集合要素である．

この連結リスト表現を用いると，MAKE-SET と FIND-SET は共に $O(1)$ 時間しかかからない．MAKE-SET(x) を実行するには，x を唯一のオブジェクトとする新しい連結リストを生成する．FIND-SET(x) は x からその集合オブジェクトへ戻るポインタを辿り，$head$ が指すオブジェクトの要素を返す．たとえば，図 19.2(a) で，呼出し FIND-SET(g) は f を返す．

合併の簡単な実装

連結リスト集合表現を用いて最も単純に UNION 操作を実装すると，その実行は MAKE-SET や FIND-SET に比べて決定的に遅くなる．図 19.2(b) に示すように，UNION(x,y) 操作は y のリストを x のリストの後に継ぎ足す．x のリストの代表元が合併後のリストの代表元になる．y のリストを継ぎ足す場所を素早く見つけるために，x のリストの $tail$ ポインタを利用できる．y のリストに属するすべての要素が x のリストに加わるので，UNION 操作は y のリストの集合オブジェクトを除去する．この実装で定数時間で走る FIND-SET に対する代償を UNION 操作はここで支払うことになる．UNION は元々 y のリストに属していた各オブジェクトが含む集合オブジェクトを指すポインタを更新する必要があり，これに y のリストの長さの線形時間がかかる．たとえば，図 19.2 では，操作 UNION(g,e) は b,c,e,h に対するオブジェクトのポインタの更新を引き起こす．

実際，n 個のオブジェクト上の長さ m の操作列で実行に $\Theta(m^2)$ 時間かかるものを構成できる．n 個のオブジェクト $x_1, x_2, \ldots, x_n$ から始めて，図 19.3 に示すように，n 回の MAKE-SET

操作	更新されるオブジェクト数
$\textsc{Make-Set}(x_1)$	1
$\textsc{Make-Set}(x_2)$	1
$\vdots$	$\vdots$
$\textsc{Make-Set}(x_n)$	1
$\textsc{Union}(x_2, x_1)$	1
$\textsc{Union}(x_3, x_2)$	2
$\textsc{Union}(x_4, x_3)$	3
$\vdots$	$\vdots$
$\textsc{Union}(x_n, x_{n-1})$	$n-1$

図 19.3 連結リストによる集合表現と $\textsc{Union}$ の単純な実装を用いるとき，実行に $\Theta(n^2)$ 時間，あるいは 1 回の操作当り $\Theta(n)$ 時間がかかる，n 個のオブジェクトに対する長さ $2n-1$ の操作列．

操作を実行した後，$n-1$ 回の $\textsc{Union}$ 操作を実行する．したがって，$m = 2n-1$ である．n 回の $\textsc{Make-Set}$ を実行するのに $\Theta(n)$ 時間かかる．i 番目の $\textsc{Union}$ 操作は i 個のオブジェクトを更新するので，$n-1$ 回の $\textsc{Union}$ によって更新されるオブジェクトの総数は算術級数：

$$\sum_{i=1}^{n-1} i = \Theta(n^2)$$

を形成する．総操作回数が $2n-1$ 回なので，各操作には平均 $\Theta(n)$ 時間かかる．すなわち，1 操作当りのならし計算時間は $\Theta(n)$ である．

重みつき合併ヒューリスティック

$\textsc{Union}$ を上で説明したように実装すると，最悪の場合には，1 回の呼出しに平均 $\Theta(n)$ 時間かかる．短いほうのリストの後に長いほうのリストを継ぎ足すことがあり，長いほうのリストに属する各要素について，その集合オブジェクトを指すポインタを更新しなければならないからである．その代わりに，各リストがリスト長をリストの一部として管理し（定数時間を余分にかければ簡単にできる），$\textsc{Union}$ がつねに短いほうのリストを長いほうのリストに継ぎ足す（タイのときは任意に解決する）ことにする．この単純な**重みつき合併ヒューリスティック** (weighted-union heuristic) を用いても，両方の集合が共に $\Omega(n)$ 個の要素を含むときには，1 回の $\textsc{Union}$ 操作に $\Omega(n)$ 時間かかる．しかし，以下の定理が示すように，n 回の $\textsc{Make-Set}$ 操作を含む，長さ m の $\textsc{Make-Set}$, $\textsc{Union}$, $\textsc{Find-Set}$ 操作の列が $O(m+n\lg n)$ 時間で実行できる．

定理 19.1　互いに素な集合族のための連結リスト表現と重みつき合併戦略を用いると，n 回の $\textsc{Make-Set}$ 操作を含む，長さ m の $\textsc{Make-Set}$, $\textsc{Union}$, $\textsc{Find-Set}$ 操作の列は $O(m+n\lg n)$ 時間で実行できる．

証明　各 $\textsc{Union}$ 操作は 2 つの互いに素な集合を合併するので，全体で高々 $n-1$ 回 $\textsc{Union}$ 操作が起きる．これらの $\textsc{Union}$ 操作に必要な総計算時間を上から抑えよう．各オブジェクトについて，このオブジェクトの集合オブジェクトを指すポインタが更新される回数の上界を最初に求める．任意のオブジェクト x を考える．x のポインタが合併によって更新されたならば，x は合併前には小さいほうの集合に属していた．したがって，最初に x のポインタが更

444 | 19 互いに素な集合族のためのデータ構造

新されたとき，合併後の集合のサイズは少なくとも 2 であった．同様に，x のポインタが次に更新されたとき，合併後の集合のサイズは少なくとも 4 であった．このようにして，任意の $k \leq n$ に対して，x のポインタを $\lceil \lg k \rceil$ 回更新した後の集合のサイズは少なくとも k である．最大の集合でも高々 n 個の要素しか持たないので，UNION 操作の全体で，各オブジェクトのポインタは高々 $\lceil \lg n \rceil$ 回しか更新されない．したがって，UNION 操作の全体でオブジェクトポインタの更新に費やす総時間は $O(n \lg n)$ である．$tail$ ポインタとリスト長を更新するための時間も考慮しなければならない．これらの実行時間は 1 回の UNION 操作当り $\Theta(1)$ である．そこで，すべての UNION 操作全体の実行にかかる総時間は $O(n \lg n)$ である．∎

　m 個の操作から構成される列全体の実行時間はこの結果から容易に評価できる．1 回の MAKE-SET と FIND-SET 操作の実行時間はそれぞれ $O(1)$ であり，列はこれらの操作を $O(m)$ 個含む．したがって，列全体に対する総時間計算量は $O(m + n \lg n)$ である．　■

練習問題

19.2-1　連結リスト表現と重みつき合併戦略を用いる MAKE-SET，FIND-SET，UNION 操作の擬似コードを書け．集合オブジェクトとリストオブジェクトが持つと仮定する属性を正確に記述せよ．

19.2-2　以下のプログラムの実行の結果得られるデータ構造と，FIND-SET 操作が返す答えを示せ．重みつき合併戦略を用いる連結リスト表現を用いること．ただし，x_i と x_j を含む集合のサイズが等しいときには，UNION(x_i, x_j) 操作は x_j のリストを x_i のリストに継ぎ足すと仮定する．

```
1   for i = 1 to 16
2       MAKE-SET(x_i)
3   for i = 1 to 15 by 2
4       UNION(x_i, x_{i+1})
5   for i = 1 to 13 by 4
6       UNION(x_i, x_{i+2})
7   UNION(x_1, x_5)
8   UNION(x_11, x_13)
9   UNION(x_1, x_10)
10  FIND-SET(x_2)
11  FIND-SET(x_9)
```

19.2-3　定理 19.1 の集計法に基づく証明に手を加えて，連結リスト表現と重みつき合併ヒューリスティックを用いると，MAKE-SET と FIND-SET のならし計算量の上界が $O(1)$，UNION のならし計算量の上界が $O(\lg n)$ であることを示せ．

19.2-4　連結リスト表現と重みつき合併ヒューリスティックを仮定して，図 19.3 の操作列の実行時間に対するタイトな漸近的限界を与えよ．

19.2-5 Gompers 教授は各リスト要素が管理するポインタ数 2 を増やすことなしに，各集合オブジェクトが管理する 2 つのポインタ（*head* と *tail*）を 1 つに減らせるのではないかと考えている．各操作の実行時間が本節で説明したものと同じになるように連結リストを用いて各集合を表現する方法を説明して，教授の考えに十分な根拠があることを示せ．操作の実行方法を説明せよ．ただし，重みつき合併戦略が本節と同じ効果をもたらさなければならない．（ヒント：連結リストの末尾 (tail) をその集合の代表元として用いる．）

19.2-6 連結リスト表現に対する UNION 手続きに簡単な変更を加えて，各リストの最後のオブジェクトへのポインタ *tail* がなくてもすむようにせよ．重みつき合併戦略を採用するか否かにかかわりなく，この変更によって UNION 手続きの漸近的実行時間が変化してはならない．（ヒント：一方のリストを他方に継ぎ足す (append) のではなく，それらを接合 (splice) せよ．）

19.3 互いに素な集合の森

各節点が 1 つの集合要素を持つ根つき木によって集合が表現できる．互いに素な集合族をこのような根つき木の森を用いて表現し，互いに素な集合族の操作をさらに高速に実装する．図 19.4(a) に示す**互いに素な集合の森** (disjoint-set forest) では，各要素はその親を指すポインタを持つ．各木の根は代表元を含み，それ自身の親である．この表現を素朴に用いても連結リスト表現の場合を改良できない．しかし，後で証明するように，「ランクによる合併」と「経路圧縮」という 2 つのヒューリスティックを導入すると，漸近的に最速な互いに素な集合族のためのデータ構造を得ることができる．

　互いに素な集合族に対する 3 つの操作は簡単に実装できる．MAKE-SET 操作は単に 1 つの節点から構成される木を作る．FIND-SET 操作は木の根に達するまで親ポインタを辿る．この根へ向かう単純路上で訪れる節点が **find 経路** (find path) を構成する．図 19.4(b) に示すように，UNION 操作は一方の木の根を他方の木の根の親とする．

図 19.4 互いに素な集合の森．**(a)** 図 19.2 の 2 つの集合を表す 2 つの木．左側の木は c を代表元として持つ集合 $\{b, c, e, h\}$ を表し，右側の木は f を代表元として持つ集合 $\{d, f, g\}$ を表す．**(b)** UNION(e, g) の結果．

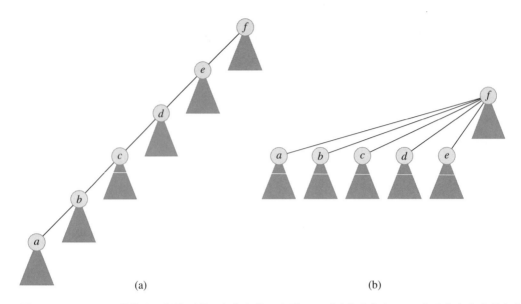

図 19.5 FIND-SET 操作中の経路圧縮．矢印と根の自己ループは省略する．**(a)** ある集合を表現する FIND-SET(a) を実行する前の木．三角形は表示した節点を根とする部分木．各節点はその親へのポインタを持つ．**(b)** 同じ集合を表現する FIND-SET(a) を実行した後の木．find 経路上の各節点は今は直接根を指している．

実行時間を改善するためのヒューリスティック

これまでのところ，互いに素な集合の森は連結リストを用いる実装の改善にはなっていない．UNION 操作を $n-1$ 回実行すると，n 個の節点の線形連鎖を生成することがある．しかし，2 つのヒューリスティックを用いると，全操作回数 m のほぼ線形の実行時間を達成できる．

1 つ目のヒューリスティックである**ランクによる合併** (union by rank) は，連結リスト表現で用いた重みつき合併ヒューリスティックと似ている．常識的な方針は，節点が少ないほうの木の根が，多いほうの木の根を指すようにすることである．各節点を根とする部分木のサイズを明示的に維持する代わりに，解析が簡単になる方法を採用する．各節点で，その高さの上界である**ランク** (rank) を管理する．ランクによる合併ヒューリスティックでは，UNION 操作のときに，小さいほうのランクを持つ根が大きいほうのランクを持つ根を指すようにする．

2 つ目のヒューリスティックである**経路圧縮** (path compression) も極めて簡単で効果的である．図 19.5 に示すように，このヒューリスティックは FIND-SET 操作中に用い，find 経路上の各節点が根を直接指すようにする．経路圧縮はどのランクも変えない．

互いに素な集合の森のための擬似コード

ランクによる合併ヒューリスティックを用いる互いに素な集合の森を実装するにはランクの経過管理をする必要がある．そこで，各節点 x について，x の高さ（x とその子孫の葉を結ぶ最長の単純路に含まれる辺数）の上界である整数値 $x.rank$ を管理する．MAKE-SET がシングルトン集合を生成したとき，この木の唯一の節点のランクの初期値は 0 である．各 FIND-SET 操作はランクを変えない．UNION 操作では，操作対象である 2 つの木の根のランクが等しい

か否かに依存して2つの場合が起こる．2つの根のランクが異なるとき，ランクが高いほうの根を低いほうの根の親にするが，それら自身のランク自体は変えない．2つの根のランクが等しいとき，任意に1つの根を（他方の根の）親にし，この根のランクを1増やす．

MAKE-SET(x)
1 $x.p = x$
2 $x.rank = 0$

UNION(x, y)
1 LINK(FIND-SET(x), FIND-SET(y))

LINK(x, y)
1 **if** $x.rank > y.rank$
2      $y.p = x$
3 **else** $x.p = y$
4   **if** $x.rank == y.rank$
5          $y.rank = y.rank + 1$

FIND-SET(x)
1 **if** $x \neq x.p$ // 根ではない？
2      $x.p =$ FIND-SET($x.p$)   // 根が親になる
3 **return** $x.p$ // 根を返す

この手法を擬似コードに組み込もう．節点 x の親を $x.p$ と記す．UNION が呼び出すサブルーチンである手続き LINK は2つの根へのポインタを入力として取る．再帰的に実装された経路圧縮を組み込んだ手続き FIND-SET が極めて簡単であることが分かる．

手続き FIND-SET は **2パス法** (2-pass method) に基づく：再帰が進行するのにしたがって，find 経路を根に向かって上向きに走査して根を発見し，つぎに，再帰が巻き戻されるにつれて，辿ってきた find 経路を下る2度目の走査を行って，find 経路上の各節点のポインタを直接根を指すように更新する．FIND-SET(x) の各呼出しは第3行で $x.p$ を返す．x が根ならば，第2行を飛び越えて $x.p$，すなわち x を返す．これが，再帰が底をつく場合である．根でなければ，第2行を実行し，$x.p$ を引数とする再帰呼出しが根へのポインタを返す．第2行で節点 x を更新して直接根を指すようにし，第3行でこのポインタを返す．

ヒューリスティックの実行時間に対する効果

ランクによる合併と経路圧縮を別々に用いても，互いに素な集合の森に関する操作の実行時間を改善できる．しかし，2つのヒューリスティックを同時に用いることで改善の効果はずっと大きくなる．ランクによる合併だけを用いると，n 回の MAKE-SET 操作を含む m 回の操作列に対して実行時間 $O(m \lg n)$ を達成でき（練習問題 19.4-4 参照），この限界はタイトである（練習問題 19.3-3 参照）．ここでは証明しないが，経路圧縮ヒューリスティックだけを用いるならば，n 回の MAKE-SET 操作（したがって，高々 $n-1$ 回の UNION 操作）と f 回の FIND-SET

448 | 19 互いに素な集合族のためのデータ構造

操作から構成される操作列に対する最悪実行時間は $\Theta(n + f \cdot (1 + \log_{2+f/n} n))$ である.

ランクによる合併と経路圧縮を同時に用いると最悪実行時間は $O(m\,\alpha(n))$ になる. ここで,$\alpha(n)$ は**非常**にゆっくりと増加する関数であり,第 19.4 節で定義する. 互いに素な集合族のためのデータ構造の適用が考えられるあらゆる場面で $\alpha(n) \leq 4$ である. したがって,この実行時間は実質的には m の線形と考えてよい. しかし,数学的にいうと線形を超えている. 第 19.4 節でこの $O(m\,\alpha(n))$ の上界を証明する.

練習問題

19.3-1 ランクによる合併と経路圧縮を利用する互いに素な集合の森を用いて,練習問題 19.2-2 に答えよ. 結果として得られた森を各節点が含む x_i とランクを含めて示せ.

19.3-2 経路圧縮を利用する FIND-SET の非再帰版を書け.

19.3-3 n 回の MAKE-SET 操作を含む,長さ m の MAKE-SET, UNION, FIND-SET 操作から構成される列で,ランクによる合併だけを用いると実行時間が $\Omega(m \lg n)$ になる例を示せ.

19.3-4 操作 PRINT-SET(x) を追加したい. ここで,PRINT-SET(x) は,節点 x が与えられたとき,x が属する集合に属するすべての要素を任意の順序でプリントする操作である. 1 つの属性を互いに素な集合の森の各節点に追加すれば,他の操作の漸近的実行時間を影響を与えることなく,PRINT-SET(x) 操作を x が属する集合の要素数の線形時間で実行できることを示せ. ただし,集合の各要素は $O(1)$ 時間で印刷できると仮定する.

19.3-5 ★ すべての LINK 操作がどの FIND-SET 操作よりも先に出現する,長さ m の MAKE-SET, FIND-SET, LINK 操作から構成される任意の列を考える. 経路圧縮とランクによる合併を同時に用いると最悪実行時間が $O(m)$ であることを示せ. 同じ状況で,ランクによる合併を用いず,経路圧縮戦略だけを用いるとどうなるか?

★ 19.4 経路圧縮を用いるランクによる合併の解析

第 19.3 節で触れたように,ランクによる合併と経路圧縮のヒューリスティックを同時に利用する場合には,n 個の要素に対して m 回の互いに素な集合族に関する操作を実行するのに必要な時間は $O(m\,\alpha(n))$ である. 本節では,関数 α がどの程度ゆっくりと増加するかを厳密に調べる. そして,ならし解析のポテンシャル法を用いてこの実行時間を証明する.

非常に速く増加する関数と,非常にゆっくりと増加するそれの逆関数

整数 $j, k \geq 0$ に対して,関数 $A_k(j)$ を

$$
A_k(j) = \begin{cases} j+1 & k = 0 \text{ のとき} \\ A_{k-1}^{(j+1)}(j) & k \geq 1 \text{ のとき} \end{cases} \tag{19.1}
$$

と定義する. ここで,$A_{k-1}^{(j+1)}(j)$ は第 3 章(実行時間の特徴づけ)の式 (3.30)(57 ページ)で

与えた反復関数の記法に従う．具体的には，式 (3.30) から，$A_{k-1}^{(0)}(j) = j$，および $i \geq 1$ に対して $A_{k-1}^{(i)}(j) = A_{k-1}(A_{k-1}^{(i-1)}(j))$ である．引数 k を関数 A の **レベル** (level) と呼ぶ．

関数 $A_k(j)$ は j と k のどちらに対しても真に増加する．この関数がどれほど速く増大するかを見るために，$A_1(j)$ と $A_2(j)$ に対する閉形式 (closed form) を計算しよう．

補題 19.2 任意の整数 $j \geq 1$ に対して $A_1(j) = 2j + 1$ である．

証明 最初に，i に関する帰納法によって $A_0^{(i)}(j) = j + i$ を示す．基底では $A_0^{(0)}(j) = j = j + 0$ である．帰納段階を示すために，$A_0^{(i-1)}(j) = j + (i-1)$ と仮定する．このとき，$A_0^{(i)}(j) = A_0(A_0^{(i-1)}(j)) = (j + (i-1)) + 1 = j + i$ である．したがって，$A_1(j) = A_0^{(j+1)}(j) = j + (j+1) = 2j + 1$ である． ∎

補題 19.3 任意の整数 $j \geq 1$ に対して $A_2(j) = 2^{j+1}(j+1) - 1$ である．

証明 最初に，i に関する帰納法によって $A_1^{(i)}(j) = 2^i(j+1) - 1$ を示す．基底では $A_1^{(0)}(j) = j = 2^0(j+1) - 1$ である．帰納段階を示すために，$A_1^{(i-1)}(j) = 2^{i-1}(j+1) - 1$ を仮定すると，$A_1^{(i)}(j) = A_1(A_1^{(i-1)}(j)) = A_1(2^{i-1}(j+1) - 1) = 2 \cdot (2^{i-1}(j+1) - 1) + 1 = 2^i(j+1) - 2 + 1 = 2^i(j+1) - 1$ である．したがって，$A_2(j) = A_1^{(j+1)}(j) = 2^{j+1}(j+1) - 1$ である． ∎

レベル $k = 0, 1, 2, 3, 4$ に対して $A_k(1)$ を調べると，$A_k(j)$ が非常に速く増大することが実感できる．$A_0(j)$ の定義と上記の補題から，$A_0(1) = 1 + 1 = 2$，$A_1(1) = 2 \cdot 1 + 1 = 3$，$A_2(1) = 2^{1+1} \cdot (1+1) - 1 = 7$ である．さらに

$$
\begin{aligned}
A_3(1) &= A_2^{(2)}(1) \\
&= A_2(A_2(1)) \\
&= A_2(7) \\
&= 2^8 \cdot 8 - 1 \\
&= 2^{11} - 1 \\
&= 2047
\end{aligned}
$$

そして

$$
\begin{aligned}
A_4(1) &= A_3^{(2)}(1) \\
&= A_3(A_3(1)) \\
&= A_3(2047) \\
&= A_2^{(2048)}(2047) \\
&\gg A_2(2047) \\
&= 2^{2048} \cdot 2048 - 1 \\
&= 2^{2059} - 1 \\
&> 2^{2056} \\
&= (2^4)^{514} \\
&= 16^{514} \\
&\gg 10^{80}
\end{aligned}
$$

となるが，この値は観測可能な宇宙に存在する原子数の推定値に等しい．（記号 $\gg$ は，"はるかに大きい"関係を示す．）

整数 $n \geq 0$ に対して，関数 $A_k(n)$ の逆関数を

$$\alpha(n) = \min\{k : A_k(1) \geq n\} \tag{19.2}$$

と定義する．平たく言えば，$\alpha(n)$ は $A_k(1)$ が少なくとも n となる最小のレベル k である．$A_k(1)$ に対する上記の値から

$$\alpha(n) = \begin{cases} 0 & 0 \leq n \leq 2 \text{ のとき} \\ 1 & n = 3 \text{ のとき} \\ 2 & 4 \leq n \leq 7 \text{ のとき} \\ 3 & 8 \leq n \leq 2047 \text{ のとき} \\ 4 & 2048 \leq n \leq A_4(1) \text{ のとき} \end{cases}$$

である．$\alpha(n) > 4$ となるのは，"天文学的"という形容すら控え目なほどに巨大な値 n（巨大な値を取る $A_4(1)$ よりも大きい値）に対してだけなので，実用的には $\alpha(n) \leq 4$ である．

ランクの性質

ランクによる合併と経路圧縮を同時に用いた場合について，互いに素な集合族に対する操作の実行時間の上界 $O(m\,\alpha(n))$ を本節の残りで証明する．この上界を証明するために，まずランクに関する簡単な性質をいくつか証明する．

補題 19.4 $x.rank \leq x.p.rank$ がすべての節点 x で成立する．$x \neq x.p$ のとき（x が根でないとき）には等号は成立しない．$x.rank$ の初期値は 0 であり，$x \neq x.p$ が成立するまで時間と共に増加し，その後は変化しない．$x.p.rank$ は時間とともに単調に増加する．

証明 447 ページで説明した MAKE-SET，UNION，FIND-SET の実装方法を用いれば，操作回数に関する見通しのよい帰納法によって証明できるので，証明は練習問題 19.4-1 とする． ∎

系 19.5 任意の節点から根へ向かう単純路に沿って節点のランクは，厳密に増加する． ∎

補題 19.6 すべての節点は高々 $n-1$ のランクを持つ．

証明 各節点の初期ランクは 0 であり，ランクを増やすのは LINK 操作だけである．UNION 操作の実行回数は高々 $n-1$ だから，LINK 操作も高々 $n-1$ 回実行される．各 LINK 操作はどの節点のランクも変えないか，ある節点のランクを 1 だけ増やす．したがって，すべてのランクは高々 $n-1$ である． ∎

補題 19.6 でランクについての弱い上界を証明した．実際，すべての節点は高々 $\lfloor \lg n \rfloor$ のランクを持つ（練習問題 19.4-2 参照）．しかし，我々の目的には補題 19.6 の緩い上界で十分である．

実行時間の上界の証明

第 16.3 節（ポテンシャル法）で述べたならし解析のポテンシャル法を用いて実行時間が $O(m\alpha(n))$ であることを証明する．ならし解析をするには，UNION 操作ではなく，LINK 操作を呼び出すと考えたほうが便利である．LINK 手続きの引数は 2 つの根へのポインタなので，これらの根を発見するための FIND-SET 操作が LINK 操作に先立って実行されると見なす．以下の補題は，UNION が引き起こす FIND-SET 操作の回数を考慮しても，漸近的な実行時間が変化しないことを示す．

補題 19.7 操作 MAKE-SET，UNION，FIND-SET から構成される長さ m' の任意の列を S' とする．S' に出現する各 UNION を 2 個の FIND-SET 操作とそれに続く LINK 操作に置き換えた操作 MAKE-SET，LINK，FIND-SET から構成される列を S，その長さを m とする．このとき，列 S が $O(m\,\alpha(n))$ 時間で走るならば列 S' は $O(m'\,\alpha(n))$ 時間で走る．

証明 S' の各 UNION 操作を S では 3 つの操作に置き換えたので，$m' \leq m \leq 3m'$ である．$m = \Theta(m')$ なので，変換後の列 S の実行時間が $O(m\,\alpha(n))$ ならば，列 S' の実行時間は $O(m'\,\alpha(n))$ である．■

本節の残りでは，長さ m' の MAKE-SET，UNION，FIND-SET 操作から構成される列が，長さ m の MAKE-SET，LINK，FIND-SET 操作から構成される列にすでに変換されていると仮定する．変換後の列が $O(m\,\alpha(n))$ 時間で実行できることを証明し，補題 19.7 を適用して，元の列の実行時間が $O(m'\,\alpha(n))$ であることを証明する．

ポテンシャル関数

q 回目の操作を実行した後の互いに素な集合の森の各節点 x に対して，ポテンシャル関数 $\phi_q(x)$ を割り当てる．q 回目の操作を実行した後の森全体のポテンシャル Φ_q は各節点のポテンシャルの和 $\Phi_q = \sum_x \phi_q(x)$ である．最初の操作が実行される以前の森は空なので，空集合の上で和を取ると $\Phi_0 = 0$ である．以下で定義するポテンシャル Φ_q は負にはならない．

$\phi_q(x)$ の値は，q 回目の操作の後 x が木の根か否かに依存して決まる．q 回目の操作の後 x が木の根であるか $x.rank = 0$ なら，$\phi_q(x) = \alpha(n) \cdot x.rank$ と定義する．

q 回目の操作の後，x が根ではなく，かつ $x.rank \geq 1$ と仮定する．$\phi_q(x)$ を定義するために，x 上の 2 つの補助関数が必要になる．第 1 の補助関数は

$$\text{level}(x) = \max\{k : x.p.rank \geq A_k(x.rank)\} \tag{19.3}$$

と定義する．すなわち，x のランクに適用した A_k の値が x の親のランク以下となる最大のレベル k が $\text{level}(x)$ である．

以下で示すように，

$$0 \leq \text{level}(x) < \alpha(n) \tag{19.4}$$

が成立する．

$x.p.rank \geq x.rank + 1$ （x が根ではないので補題 19.4 より）

$$= A_0(x.rank) \quad (A_0(j) \text{ の定義 (19.1) より})$$

なので，$\text{level}(x) \geq 0$ である．また，

$$
\begin{aligned}
A_{\alpha(n)}(x.rank) &\geq A_{\alpha(n)}(1) &&(A_k(j) \text{ は真に増加するので}) \\
&\geq n &&(\alpha(n) \text{ の定義 (19.2) より}) \\
&> x.p.rank &&(\text{補題 19.6 より})
\end{aligned}
$$

なので，$\text{level}(x) < \alpha(n)$ である．

　根ではない x に対して，$\text{level}(x)$ の値は時間と共に単調に増加する．その理由を説明しよう．x は根ではないのでそのランクは変化しない．一方，$x.p$ のランクは，$x.p$ が根ではないときには変化せず，$x.p$ が根のときには決して減少できないので，時間と共に単調に増加する．したがって，$x.rank$ と $x.p.rank$ の差は時間と共に単調に増加するので，$A_k(x.rank)$ が $x.p.rank$ を越えるために必要な k の値も時間と共に単調に増加する．

　第 2 の補助関数は，$x.rank \geq 1$ のときに定義され，

$$
\text{iter}(x) = \max\left\{i : x.p.rank \geq A^{(i)}_{\text{level}(x)}(x.rank)\right\} \tag{19.5}
$$

である．すなわち，x のランクから開始して，x の親のランクを越えない範囲で $A_{\text{level}(x)}$ を繰り返し適用できる回数の最大値が $\text{iter}(x)$ である．

$x.rank \geq 1$ ならば

$$
1 \leq \text{iter}(x) \leq x.rank \tag{19.6}
$$

であることを示す．まず，

$$
\begin{aligned}
x.p.rank &\geq A_{\text{level}(x)}(x.rank) &&(\text{level}(x) \text{ の定義 (19.3) より}) \\
&= A^{(1)}_{\text{level}(x)}(x.rank) &&(\text{第 3 章の反復関数の定義 (3.30) (57 ページ) より})
\end{aligned}
$$

したがって，$\text{iter}(x) \geq 1$ である．また，

$$
\begin{aligned}
A^{(x.rank+1)}_{\text{level}(x)}(x.rank) &= A_{\text{level}(x)+1}(x.rank) &&(A_k(j) \text{ の定義 (19.1) より}) \\
&> x.p.rank &&(\text{level}(x) \text{ の定義 (19.3) より})
\end{aligned}
$$

したがって，$\text{iter}(x) \leq x.rank$ である．$x.p.rank$ が時間と共に単調に増加するので，$\text{iter}(x)$ が減少するには $\text{level}(x)$ が増加しなければならない．$\text{level}(x)$ が変化しない限り，$\text{iter}(x)$ は減少しない．

　補助関数が整ったので，q 回目の操作後の節点 x のポテンシャルを次のように定義する：

$$
\phi_q(x) = \begin{cases} \alpha(n) \cdot x.rank & x \text{ が根であるか } x.rank = 0 \text{ のとき} \\ (\alpha(n) - \text{level}(x)) \cdot x.rank - \text{iter}(x) & \\ & x \text{ が根ではなく } x.rank \geq 1 \text{ のとき} \end{cases} \tag{19.7}
$$

解析に必要な節点ポテンシャルの性質を示す．

補題 19.8 任意の節点 x とすべての操作回数 q に対して

$$
0 \leq \phi_q(x) \leq \alpha(n) \cdot x.rank
$$

である．

証明　x が根であるか $x.rank = 0$ ならば，定義から $\phi_q(x) = \alpha(n) \cdot x.rank$ である．今，x は根ではなく，かつ $x.rank \geq 1$ であると仮定しよう．level(x) と iter(x) を最大化することで，$\phi_q(x)$ の下界を求めることができる．(19.4) と (19.6) より，$\alpha(n) - \text{level}(x) \geq 1$[a]および iter$(x) \leq x.rank$ が成立する．したがって，

$$
\begin{aligned}
\phi_q(x) &= (\alpha(n) - \text{level}(x)) \cdot x.rank - \text{iter}(x) \\
&\geq x.rank - x.rank \\
&= 0
\end{aligned}
$$

である．同様に，level(x) と iter(x) を最小化することで $\phi_q(x)$ の上界を求めることができる．(19.4) の下界から level$(x) \geq 0$，(19.6) の下界より iter$(x) \geq 1$ なので，

$$
\begin{aligned}
\phi_q(x) &\leq (\alpha(n) - 0) \cdot x.rank - 1 \\
&= \alpha(n) \cdot x.rank - 1 \\
&< \alpha(n) \cdot x.rank
\end{aligned}
$$

である． ■

系 19.9　節点 x が根ではなく，かつ $x.rank > 0$ ならば，$\phi_q(x) < \alpha(n) \cdot x.rank$ である． ■

ポテンシャル変化と操作のならしコスト

互いに素な集合族に対する操作が節点のポテンシャルにもたらす影響を調べる準備が整った．各操作が引き起こすポテンシャル変化を理解することで，各操作のならしコストを決めることができる．

補題 19.10　x を根以外の節点，q 回目の操作を LINK か FIND-SET のどちらかだとする．このとき，q 回目の操作の後，$\phi_q(x) \leq \phi_{q-1}(x)$ が成立する．さらに，$x.rank \geq 1$ であり，q 回目の操作の結果，level(x) か iter(x) が変化すれば，$\phi_q(x) \leq \phi_{q-1}(x) - 1$ である．すなわち，x のポテンシャルは増加できず，x のランクが正で level(x) か iter(x) が変化するとき，少なくとも 1 減少する．

証明　x は根ではないので，q 回目の操作によって $x.rank$ は変化しない．また，最初に MAKE-SET を n 回実行した後 n は変化しないので，$\alpha(n)$ もまた変化しない．したがって，x のポテンシャルの定義式におけるこれらの項の値は q 回目の操作によって変化しない．$x.rank = 0$ ならば $\phi_q(x) = \phi_{q-1}(x) = 0$ である．

　そこで，$x.rank \geq 1$ を仮定する．level(x) は時間と共に単調に増加することを思い出せ．q 回目の操作によって level(x) が変化しなければ，iter(x) は増加するか，あるいは変化しない．level(x) と iter(x) がどちらも変化しなければ，$\phi_q(x) = \phi_{q-1}(x)$ である．level(x) が変化せず，iter(x) が増加するなら，その増分は少なくとも 1 なので，$\phi_q(x) \leq \phi_{q-1}(x) - 1$ である．

　最後に，q 回目の操作によって level(x) が増加するなら，少なくとも 1 だけ増加するので，項 $(\alpha(n) - \text{level}(x)) \cdot x.rank$ の値は少なくとも $x.rank$ だけ減少する．level(x) が増加したの

---

[a]　［訳注］level$(x) < \alpha(n)$ と level(x) と $\alpha(n)$ は整数なので，level$(x) + 1 \leq \alpha(n)$ が成り立つ．

で，$\mathrm{iter}(x)$ は減少したかもしれない．しかし，(19.6) の限界からその減少は高々 $x.rank-1$ である．したがって，$\mathrm{iter}(x)$ の値の変化によるポテンシャルの増加分は $\mathrm{level}(x)$ の変化によるポテンシャルの減少分より小さい．よって，$\phi_q(x) \le \phi_{q-1}(x)-1$ が証明できた． ∎

以下の 3 つの補題では，Make-Set，Link，Find-Set 操作のならしコストがそれぞれ $O(\alpha(n))$ であることを証明する．第 16.3 節（ならし解析）の等式 (16.2)（385 ページ）から，操作のならしコストは操作の実コストと操作によるポテンシャルの変化の和である．

補題 19.11 各 Make-Set 操作のならしコストは $O(1)$ である．

証明 q 回目の操作が Make-Set(x) だと仮定する．この操作はランク 0 の節点 x を作る．したがって，$\phi_q(x)=0$ である．それ以外のランクもポテンシャルも変化しないから，$\Phi_q = \Phi_{q-1}$ である．Make-Set 操作の実コストが $O(1)$ なので，証明は完了した． ∎

補題 19.12 各 Link 操作のならしコストは $O(\alpha(n))$ である．

証明 q 回目の操作が Link(x,y) だと仮定する．Link 操作の実コストは $O(1)$ である．一般性を失うことなく，Link によって y が x の親になると仮定する．

Link が引き起こすポテンシャルの変化を決定するために，ポテンシャルが変化する可能性のある節点は x と y，そしてこの操作の直前に y の子であった節点だけであることに注目する．これらの中で Link によってポテンシャルが増加する可能性のある節点は y だけであり，増加分は高々 $\alpha(n)$ であることを以下で示す：

- 補題 19.10 から，Link 操作の直前に y の子であった節点のポテンシャルは Link によって増加しない．
- $\phi_q(x)$ の定義 (19.7) から，x は q 番目の操作の直前に根だったので，その時点で $\phi_{q-1}(x) = \alpha(n) \cdot x.rank$ であった．$x.rank=0$ ならば，$\phi_q(x) = \phi_{q-1}(x) = 0$ である．$x.rank > 0$ ならば，

$$\phi_q(x) < \alpha(n) \cdot x.rank \quad (\text{系 19.9 より})$$
$$= \phi_{q-1}(x)$$

  であり，x のポテンシャルは減少する．
- y は Link 操作の直前に根だったから，$\phi_{q-1}(y) = \alpha(n) \cdot y.rank$ である．Link 操作の後も y は依然として根であり，したがって，y のポテンシャルは操作の後も依然として $\alpha(n)$ と y のランクの積に等しい．操作によって y のランクは変化しないか，あるいは 1 だけ増加する．したがって，$\phi_q(y) = \phi_{q-1}(y)$ あるいは $\phi_q(y) = \phi_{q-1}(y) + \alpha(n)$ が成立する．

したがって，Link 操作によるポテンシャルの増加分は高々 $\alpha(n)$ なので，Link 操作のならしコストは $O(1) + \alpha(n) = O(\alpha(n))$ である． ∎

補題 19.13 各 Find-Set 操作のならしコストは $O(\alpha(n))$ である．

証明 q 回目の操作が Find-Set であり，find 経路が s 個の節点を含むと仮定する．この Find-Set 操作の実コストは $O(s)$ である．Find-Set によって節点のポテンシャルが増加し

ないこと，そして find 経路上の少なくとも $\max\{0, s - (\alpha(n) + 2)\}$ 個の節点でポテンシャルが少なくとも 1 だけ減少することを示す．

まず，節点ポテンシャルが増加しないことを示す．補題 19.10 から根以外の節点のポテンシャルは増加しない．一方，x が根のとき，ポテンシャルは $\alpha(n) \cdot x.rank$ であって，FIND-SET 操作によって変化しない．

少なくとも $\max\{0, s - (\alpha(n) + 2)\}$ 個の節点でポテンシャルが少なくとも 1 だけ減少することを次に示す．x を $x.rank > 0$ を満たす find 経路上の節点で，find 経路上の x と根の間に（根ではない）ある節点 y が存在し，この FIND-SET 操作を実行する直前では $\mathrm{level}(y) = \mathrm{level}(x)$ が成立していたと仮定する．（節点 y は find 経路上で x の**直後**の節点でなくてもよい．）find 経路上の高々 $\alpha(n) + 2$ 個を除くすべての節点は x の選択に関する上記の制約を満たす．この制約を満たさない節点は，find 経路上の最初の節点（ランクが 0 のとき），find 経路上の最後の節点（すなわち，根），および $k = 0, 1, 2, \ldots, \alpha(n) - 1$ のそれぞれについて $\mathrm{level}(w) = k$ を満たす find 経路上の最後の節点 w に限られる．

制約を満たす任意の節点 x を考える．すなわち，x は正のランクを持ち，find 経路上，x と根の間に根以外のある節点 y が存在して，経路圧縮が起こる前は，$\mathrm{level}(y) = \mathrm{level}(x)$ が成立していた．この経路圧縮によって x のポテンシャルが少なくとも 1 だけ減ることを主張する．この主張を証明するために，経路圧縮が起こる前には，$k = \mathrm{level}(x) = \mathrm{level}(y)$ および $i = \mathrm{iter}(x)$ であるとする．この FIND-SET が引き起こす経路圧縮の直前では，以下の各不等式が成立する

$x.p.rank \geq A_k^{(i)}(x.rank)$ （$\mathrm{iter}(x)$ の定義 (19.5) より）

$y.p.rank \geq A_k(y.rank)$ （$\mathrm{level}(y)$ の定義 (19.3) より）

$\quad y.rank \geq x.p.rank$ （系 19.5 と find 経路上で y は x より根の近くに出現するので）

これらの不等式を組み合わせると，

$$
\begin{aligned}
y.p.rank &\geq A_k(y.rank) \\
&\geq A_k(x.p.rank) && (\text{$A_k(j)$ は真に増加するので}) \\
&\geq A_k(A_k^{(i)}(x.rank)) \\
&= A_k^{(i+1)}(x.rank) && (\text{関数の反復適用の定義 (3.30) より})
\end{aligned}
$$

を得る．

経路圧縮の結果 x と y は同じ親を持つので，経路圧縮の後 $x.p.rank = y.p.rank$ が成立する．経路圧縮によって y の親は変化するかもしれない．しかしそのときでも，y の新しい親のランクは y の以前の親のランクより小さくない．$x.rank$ は変化しないから，経路圧縮の後，$x.p.rank = y.p.rank \geq A_k^{(i+1)}(x.rank)$ が成立する．iter 関数の定義 (19.5) より，$\mathrm{iter}(x)$ の値は i から少なくとも $i + 1$ に増加する．補題 19.10 から $\phi_q(x) \leq \phi_{q-1}(x) - 1$ が成立するので，x のポテンシャルは少なくとも 1 だけ減少する．

FIND-SET 操作のならしコストは実コストとポテンシャルの変化分の和である．実コストは $O(s)$ であり，総ポテンシャルが少なくとも $\max\{0, s - (\alpha(n) + 2)\}$ だけ減少することを上で示した．$O(s)$ に隠された定数が $O(\alpha(n))$ に隠された定数に比べて十分に小さくなるようにポテンシャルの単位を定めると，ならしコストは高々 $O(s) - (s - (\alpha(n) + 2)) =$

$O(s) - s + O(\alpha(n)) = O(\alpha(n))$ である. (練習問題 19.4-6 参照.) ∎

以上の補題を組み合わせると, 次の定理を得る.

定理 19.14 n 個の MAKE-SET 操作を含む, MAKE-SET, LINK, FIND-SET 操作から構成される長さ m の任意の操作列を考える. ランクによる合併と経路圧縮戦略を同時に用いることにより, 互いに素な集合の森上でこの操作列を $O(m\,\alpha(n))$ 時間で実行できる.

証明 補題 19.7, 19.11, 19.12, 19.13 より明らか. ∎

練習問題

19.4-1 補題 19.4 を証明せよ.

19.4-2 すべての節点のランクは高々 $\lfloor \lg n \rfloor$ であることを証明せよ.

19.4-3 各節点 x に $x.rank$ を蓄えるために必要なビット数を練習問題 19.4-2 を用いて答えよ.

19.4-4 ランクによる合併戦略は用いるが経路圧縮戦略は用いないとき, 互いに素な集合の森上での操作が $O(m \lg n)$ 時間で実行できることの簡単な証明を練習問題 19.4-2 を用いて与えよ.

19.4-5 Dante 教授は次のように推論した. 節点のランクは根に向かう単純路上で真に増大するから, 節点のレベルもその道に沿って単調に増大するはずである. すなわち, $x.rank > 0$ かつ $x.p$ が根でなければ, $\mathrm{level}(x) \le \mathrm{level}(x.p)$ が成立するはずだ. 教授の推論は正しいか?

19.4-6 補題 19.13 の証明は, $O(s)$ 項に隠された定数が $O(\alpha(n))$ に隠された定数に比べて十分小さくなるようにポテンシャルの単位を定める所で終わっていた. 証明をもっと正確にするためには, ポテンシャル関数の定義 (19.7) を変更して, $O(s)$ 項に隠された定数に比べて十分に大きいある定数 c を, 定義の 2 つの場合のそれぞれについて掛けておく必要がある. この変更されたポテンシャル関数を用いた解析の残りの部分を完成させよ.

19.4-7 ★ 関数 $\alpha'(n) = \min\{k : A_k(1) \ge \lg(n+1)\}$ を考える. 実際的なすべての値 n に対して $\alpha'(n) \le 3$ が成立することを示せ. また, 本節のポテンシャル関数に基づく解析を修正し, 練習問題 19.4-2 を用いて次の事実を証明せよ. n 個の MAKE-SET 操作を含む, MAKE-SET, UNION, FIND-SET 操作から構成される長さ m の任意の操作列を考える. ランクによる合併と経路圧縮を同時に用いると, 互いに素な集合の森上のこの操作列の実行時間は $O(m\,\alpha'(n))$ である.

章末問題

19-1 オフライン最小値

オフライン最小値問題 (offline minimum problem) では, $\{1, 2, \ldots, n\}$ を定義域とする要素の動的集合 T を, INSERT と EXTRACT-MIN 操作が利用できるように管理する. n 回の INSERT と m 回の EXTRACT-MIN 操作から構成される操作列 S が与えられている. ただし, $\{1, 2, \ldots, n\}$

に属する各キーは 1 回しか挿入されない．EXTRACT-MIN 操作の各呼出しが返すキーを求めたい．具体的には，配列 $extracted[1:m]$ を埋めたい．ここで，$i = 1, 2, \ldots, m$ に対して，$extracted[i]$ は EXTRACT-MIN の i 回目の呼出しが返すキーである．返されるキーを決定する前に列 S 全体を前処理することが許されるという意味で，この問題は "オフライン" である．

a. オフライン最小値問題に対する以下のインスタンスでは，各操作 INSERT(i) は値 i で，各 EXTRACT-MIN は文字 E で表わされている：

$4, 8, \mathrm{E}, 3, \mathrm{E}, 9, 2, 6, \mathrm{E}, \mathrm{E}, \mathrm{E}, 1, 7, \mathrm{E}, 5$ ．

正しい値で配列 $extracted$ を埋めよ．

この問題を解くアルゴリズムを開発するために，列 S を均質な部分列に分割し，

$\mathrm{I}_1, \mathrm{E}, \mathrm{I}_2, \mathrm{E}, \mathrm{I}_3, \ldots, \mathrm{I}_m, \mathrm{E}, \mathrm{I}_{m+1}$

と表現する．ここで，E はそれぞれ 1 回の EXTRACT-MIN 呼出しを表し，I_j は（空列の可能性を許す）INSERT 呼出し列を表す．各部分列 I_j に対して，この列に属する操作が挿入するキーの集合を K_j とする．I_j が空列ならば K_j は空集合である．手続き OFFLINE-MINIMUM を実行する．

OFFLINE-MINIMUM(m, n)

1 **for** $i = 1$ **to** n
2      $i \in K_j$ を満たす j を求める
3   **if** $j \neq m + 1$
4          $extracted[j] = i$
5   l を，j より大きく，集合 K_l が存在する整数の中で最小の値とする
6          $K_l = K_j \cup K_l$ として，K_j を除去する
7 **return** $extracted$

---

b. OFFLINE-MINIMUM が返す配列 $extracted$ が正しいことを示せ．

c. 互いに素な集合族のためのデータ構造を用いて OFFLINE-MINIMUM を効率よく実装する方法を述べよ．この実装方法の最悪実行時間の限界をできる限りタイトに求めよ．

19-2 深さの決定

深さ決定問題 (depth-determination problem) では根つき木の森 $\mathcal{F} = \{T_i\}$ を次の 3 つの操作が利用できるように管理する：

MAKE-TREE(v) は節点 v だけからなる木を構成する．

FIND-DEPTH(v) は v が属する木における v の深さを返す．

GRAFT(r, v) は節点 r を節点 v の子にする．ただし，r は木の根，v は r とは別の木に属する節点であって，必ずしも根とは限らない．

458 | 19 互いに素な集合族のためのデータ構造

a. 互いに素な集合の森と似た木表現を用いる．$v.p$ は節点 v が根でなければ親を指し，根のときには $v.p = v$ である．操作 GRAFT(r, v) を代入 $r.p = v$ で実装し，操作 FIND-DEPTH(v) を，根まで find 経路を遡り，その過程で通過した v 以外の節点の数を返すことで実装することにする．このとき，MAKE-TREE，FIND-DEPTH，GRAFT 操作から構成される長さ m の任意の操作列の最悪実行時間が $\Theta(m^2)$ であることを示せ．

ランクによる合併と経路圧縮ヒューリスティックを同時に用いると，最悪実行時間を改良できる．互いに素な集合の森 $\mathcal{S} = \{S_i\}$ を用いる．ここで，各集合 S_i（それ自体は木）は森 $\mathcal{F}$ の木 T_i に対応する．しかし，集合 S_i を表現する木構造が必ずしも木 T_i に対応する必要はない．実際，この S_i の実装では親子関係を正確に記録しないが，T_i における任意の節点の深さを決定できる．

キーとなる考え方は，各節点 v に"擬似距離"$v.d$ を持たせることである．この擬似距離を，v から v が属する集合 S_i の根に至る単純路に沿った擬似距離の和が，T_i における v の深さに等しくなるように定義する．すなわち，v から S_i の根までの単純路が $v_0, v_1, \ldots, v_k$ ならば，T_i における v の深さは $\sum_{j=0}^{k} v_j.d$ である．ただし，$v_0 = v$，v_k は S_i の根である．

b. MAKE-TREE の実装方法を与えよ．

c. FIND-SET を修正して FIND-DEPTH を実装せよ．この実装は経路圧縮ヒューリスティックを採用し，実行時間は find 経路の長さの線形でなければならない．この実装が擬似距離を正しく更新することを確かめよ．

d. UNION と LINK を修正し，r と v を含む集合を合併する操作 GRAFT(r, v) を実装せよ．この実装が擬似距離を正しく更新することを確かめよ．集合 S_i の根は必ずしも対応する木 T_i の根ではないことに注意せよ．

e. n 回の MAKE-TREE 操作を含む，MAKE-TREE，FIND-DEPTH，GRAFT 操作から構成される長さ m の列を考える．この列の最悪実行時間のタイトな限界を与えよ．

19-3 Tarjan のオフライン最小共通祖先アルゴリズム

根つき木 T における節点 u と v の**最小共通祖先** (lowest common ancestor)[b] を u と v 両方の祖先の中で深さ最大の節点 w と定義する．**オフライン最小共通祖先問題** (offline lowest-common-ancestors problem) は，与えられた根つき木 T と T の節点の非順序対の集合 $P = \{\{u, v\}\}$ に対して，P の各対の最小共通祖先を求める問題である．

LCA$(root[T])$ によって手続き LCA を呼び出すと，手続きはオフライン最小共通祖先問題を解くために木 T を巡回する．ただし，巡回に先だって各節点は白に彩色されている．

a. 各対 $\{u, v\} \in P$ に対して第 10 行がちょうど 1 回実行されることを示せ．

b. LCA(u) を呼び出すとき，互いに素な集合族のためのデータ構造に属する集合の個数は，T における u の深さに等しいことを論ぜよ．

---

[b] [訳注] 最近共通祖先 (least common ancestor) とも言う．どちらも略語は LCA である．

LCA(u)
1 Make-Set(u)
2 Find-Set(u). *ancestor* $= u$
3 **for** T における u の各子 v
4   LCA(v)
5   Union(u, v)
6   Find-Set(u). *ancestor* $= u$
7 u. *color* $=$ Black
8 **for** $\{u, v\} \in P$ を満たす各節点 v
9   **if** v. *color* == Black
10   u "と" v "の最小共通祖先は" Find-Set(v). *ancestor* とプリントする

c. 各対 $\{u, v\} \in P$ に対して，u と v の最小共通祖先を LCA が正しくプリントすることを証明せよ．

d. 第 19.3 節で説明した互いに素な集合族のためのデータ構造の実装方法を用いることを仮定して，LCA の実行時間を解析せよ．

文献ノート

互いに素な集合族のためのデータ構造に関する重要な結果の多くは，少なくとも部分的には，R. E. Tarjan の貢献である．集計法に基づく解析を用いて，Tarjan [427, 429] は非常にゆっくりと増加する Ackermann（アッカーマン）関数の逆関数 $\hat{\alpha}(m, n)$ を用いる最初のタイトな上界を与えた．（第 19.4 節で与えた関数 $A_k(j)$ は Ackermann 関数と似ており，関数 $\alpha(n)$ は $\hat{\alpha}(m, n)$ と似ている．$\alpha(n)$ と $\hat{\alpha}(m, n)$ は共に想像できるすべての m と n の値に対して高々 4 である．）上界 $O(m \lg^* n)$ は以前から Hopcroft–Ullmann [5, 227] によって証明されていた．第 19.4 節では後に行われた Tarjan [431] の解析に沿って議論を進めたが，彼の解析は Kozen [270] の解析に基づいている．Harfst–Reingold [209] は Tarjan の初期の限界をポテンシャル法に基づいて導いた．

Tarjan–van Leeuwen [432] は "1 パス法 (one-pass method)" を含む経路圧縮ヒューリスティックの変型を議論している．1 パス法の性能は 2 パス法より定数倍だけ良いことがある．Tarjan による初期の基本的な経路圧縮ヒューリスティックの解析と同様，Tarjan–van Leewen の解析は集計法を用いていた．後に，Harfst–Reingold [209] は，ポテンシャル関数を少し変更すれば，彼らの経路圧縮解析を 1 パス版の解析に適用できることを示した．Goel ら [182] は互いに素な集合の木をランダムに連結すれば，ランクによる合併と同じ漸近的実行時間が得られることを証明した．Gabow–Tarjan [166] は，いくつかの応用では，互いに素な集合族に関する操作を $O(m)$ 時間で走るように実装できることを示した．

互いに素な集合族を扱う任意のデータ構造には，ある技術的な条件を満たすならば，操作時間の下界 $\Omega(m \hat{\alpha}(m, n))$ が存在することを Tarjan [428] は示した．後に Fredman–Saks [155]

はこの下界を一般化し，最悪の場合には $\Omega(m\,\hat{\alpha}(m,n))$ 個の長さ $(\lg n)$ ビットの語に必ずアクセスしなければならないことを示した．

VI グラフアルゴリズム

序　論

コンピュータ科学の全領域に現れる，グラフ問題とそのアルゴリズムはこの分野にとって基本的である．数多くの興味深い計算問題がグラフを用いて定義されている．第 VI 部では，とくに重要ないくつかのグラフ問題を検討する．

第 20 章（基本的なグラフアルゴリズム）では，コンピュータ上でグラフを表現する方法を示し，幅優先探索または深さ優先探索を用いたグラフ探索に基づくアルゴリズムについて論じる．深さ優先探索について 2 つの応用を説明する：有向非巡回グラフのトポロジカルソートと有向グラフの強連結成分分解である．

第 21 章（最小全域木）では，グラフの最小重み全域木を計算する方法を紹介する：各辺に重みが与えられているとき，すべての頂点を連結し，重みの和を最小にする方法が最小重み全域木である．最小全域木を計算するアルゴリズムは，貪欲アルゴリズムの好例である（第 15 章（貪欲アルゴリズム）参照）．

第 22 章（単一始点最短路）と第 23 章（全点対最短路）では，各辺に，長さまたは“重み”が与えられているとき，頂点間の最短路を計算する問題を考える．第 22 章では，与えられた始点から他のすべての頂点への最短路の計算方法を紹介する．第 23 章では，全点対間の最短路を計算する方法を検討する．

第 24 章（最大フロー）では，フローネットワークの中で最大量の物資を流す方法を考える．ここでフローネットワークは，物資の供給源である指定された始点，指定された終点，そして，各有向辺に対してその辺を通過できる物資の量を表す容量が与えられている有向グラフである．この一般的な問題はさまざまな形で生じ，最大フローを計算する良いアルゴリズムは関連するさまざまな問題を効率よく解くために利用できる．

最後に，第 25 章（2 部グラフでのマッチング）では，2 部グラフ上のマッチングアルゴリズムを検討する：すなわち，2 組に分かれた頂点を，2 組間を結ぶ辺のいくつかを選択して，頂点対を作る方法である．2 部マッチング問題は，実社会に現れるいくつかの状況をモデル化したものである．本章では，サイズが最大のマッチングを発見する問題を検討する："安定結婚問題"，これには，研修医とその研修先である病院とのマッチングという極めて実用的な応用がある；そして割当て問題，これは，2 部マッチングの総重みを最大化するものである．

与えられたグラフ $G = (V, E)$ 上のグラフアルゴリズムの実行時間を特徴づけるときには，通常，グラフの頂点数 $|V|$ と辺数 $|E|$ によって入力サイズを測る．すなわち，1 つではなく，2 つの引数によって入力のサイズを記述する．これらの引数の記述に関して以下を約束する．漸近表記（たとえば，O 記法や Θ 記法）の中では，そしてこの記法の中だけに限って，$|V|$ を記号 V，$|E|$ を記号 E で表す．たとえば，"このアルゴリズムは $O(VE)$ で走る"というとき，

このアルゴリズムが $O(|V||E|)$ で走ることを意味する．この約束は実行時間の式を読みやすくし，曖昧さが生ずる危険性もない．

　擬似コードの表現についても次の約束をする．グラフの頂点集合を $G.V$，辺集合を $G.E$ と表す．すなわち，擬似コードは頂点集合と辺集合をグラフの属性と見なす．

20 基本的なグラフアルゴリズム

ELEMENTARY GRAPH ALGORITHMS

本章ではグラフを表現し，グラフを探索する方法を述べる．グラフの探索とは，グラフのすべての頂点を訪問できるようにグラフの辺を系統的に辿ることである．グラフ探索アルゴリズムを用いれば，グラフの構造について多くのことを発見できる．多くのアルゴリズムは構造情報を得るために，まず入力されたグラフを探索する．他のいくつかのグラフアルゴリズムは，基本的なグラフ探索をより精巧にしたものである．グラフ探索の技術はグラフアルゴリズム分野の中核をなす．

最もよく用いられる 2 つのグラフ表現方法である，隣接リストと隣接行列を第 20.1 節で紹介する．第 20.2 節では幅優先探索と呼ばれる単純なグラフ探索アルゴリズムを紹介し，幅優先木を生成する方法を示す．第 20.3 節では深さ優先探索法を紹介し，深さ優先探索で頂点を訪問する順序に関していくつかの基本的な結果を証明する．第 20.4 節では深さ優先探索の第 1 の応用例として，有向非巡回グラフのトポロジカルソートを紹介する．深さ優先探索の第 2 の応用例である，有向グラフの強連結成分分解が第 20.5 節の話題である．

20.1 グラフの表現

グラフ $G = (V, E)$ には標準的な表現方法が 2 つある：隣接リストの集合による表現と隣接行列による表現である．どちらを使っても有向グラフと無向グラフの両方を表現できる．グラフが**疎** (sparse)，すなわち $|E|$ が $|V|^2$ よりもずっと小さいときには，隣接リスト表現はグラフをコンパクトに表現できる．これが表現を選択する際の基準になる．本書で説明するほとんどのグラフアルゴリズムは，入力グラフが隣接リストで表現されていると仮定する．しかし，グラフが**密** (dense)，すなわち $|E|$ が $|V|^2$ にほぼ等しいときや，2 つの指定された頂点間に辺があるか否かを高速に判断する必要があるときには，隣接行列表現が好ましい場合もある．たとえば，第 23 章で紹介する 2 つの全点対最短路アルゴリズムでは，入力グラフを隣接行列で表現する．

グラフ $G = (V, E)$ の**隣接リスト表現** (adjacency-list representation) は，V の各頂点に対して 1 個，全部で $|V|$ 個のリストの配列 Adj から構成される．各 $u \in V$ に対して，隣接リスト $Adj[u]$ は，辺 $(u, v) \in E$ が存在するすべての頂点 v を含む．すなわち，$Adj[u]$ は，G において u と隣接するすべての頂点から構成される．（代わりに，隣接リストがこれらの頂点へのポインタを含むこともある．）隣接リストは，グラフの辺集合を表現するので，擬似コードの中

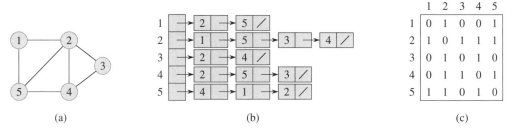

図 20.1 無向グラフの 2 種類の表現. **(a)** 5 個の頂点と 7 本の辺を持つ無向グラフ G. **(b)** G の隣接リスト表現. **(c)** G の隣接行列表現.

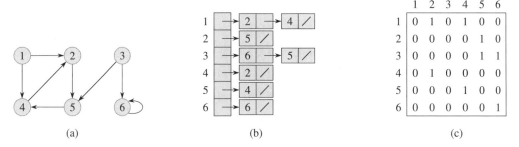

図 20.2 有向グラフの 2 種類の表現. **(a)** 6 個の頂点と 8 本の辺を持つ有向グラフ G. **(b)** G の隣接リスト表現. **(c)** G の隣接行列表現.

では，辺集合 E を扱う場合のように，配列 Adj をそのグラフの属性として扱う．したがって，$G.Adj[u]$ といった表現が擬似コードに現れる．図 20.1(b) は図 20.1(a) に示す無向グラフの隣接リスト表現である．同様に，図 20.2(b) は図 20.2(a) に示す有向グラフの隣接リスト表現である．

G が有向グラフのとき，有向辺 (u,v) は v が隣接リスト $Adj[u]$ の要素として現れることで表現されるので，隣接リストの長さの合計は $|E|$ である．G が無向グラフのとき，(u,v) が無向辺ならば，u は v の隣接リストの要素であると同時に v は u の隣接リストの要素なので，隣接リストの長さの合計は $2|E|$ である．有向グラフと無向グラフのどちらに対しても，隣接リスト表現は $\Theta(V+E)$ のメモリ量しか必要としないという好ましい性質を持っている．グラフ中のすべての辺を見つけるには，$|V|$ 個の隣接リストのそれぞれを検査しなければならないので，計算時間は単に $\Theta(E)$ ではなく，$\Theta(V+E)$ 時間かかる．もちろん，連結無向グラフや強連結有向グラフのように $|E| = \Omega(V)$ ならば，すべての辺は $\Theta(E)$ 時間で発見できる．

隣接リストはまた**重みつきグラフ** (weighted graph) を表現できる．すなわち，**重み関数** (weight function) $w : E \to \mathbb{R}$ によって，各辺に対してその**重み** (weight) を持つグラフとして表現できる．たとえば，$G = (V, E)$ を重み関数 w を持つ重みつきグラフとすると，辺 $(u,v) \in E$ の重み $w(u,v)$ を u の隣接リストに頂点 v と共に格納するだけでよい．多くのグラフの変形に適用できるように修正できるという点で，隣接リスト表現は非常に柔軟性に富んでいる．

隣接リスト表現が潜在的に持つ欠点は，与えられた辺 (u,v) がグラフに属するか否かを決定するには，隣接リスト $Adj[u]$ の中から v を探索するより速い方法がないことである．この欠点は隣接行列表現を用いると救済できるが，それには漸近的により多くのメモリ量が必要になる．（高速に辺を検索するための隣接リストの変型版について，練習問題 20.1-8 で検討する．）

グラフ $G = (V, E)$ の**隣接行列表現** (adjacency-matrix representation) では，ある方法で頂点に番号 $1, 2, \ldots, |V|$ が振られていると仮定する．グラフ G の隣接行列表現は $|V| \times |V|$ 型行列 $A = (a_{ij})$ であり，

$$a_{ij} = \begin{cases} 1 & (i, j) \in E \text{ のとき} \\ 0 & \text{それ以外のとき} \end{cases}$$

を満たす．図 20.1(c) と図 20.2(c) は，それぞれ図 20.1(a) と図 20.2(a) に示す無向グラフと有向グラフの隣接行列である．グラフの隣接行列は，グラフの辺数に関係なく $\Theta(V^2)$ のメモリ量が必要である．グラフ中の各辺を見つけるには，隣接行列全体を検査しなければならないので，それには $\Theta(V^2)$ 時間かかる．

図 20.1(c) の隣接行列が主対角線に関して対称であることを確認せよ．無向グラフでは (u, v) と (v, u) は同じ辺を表すので，無向グラフの隣接行列はその転置行列と等しい．すなわち，$A = A^{\mathrm{T}}$ である．いくつかの応用では，隣接行列の主対角線，および，それより上の要素だけを蓄え，グラフを格納するのに必要なメモリ量をほぼ半分に減らすことができる．

グラフの隣接リスト表現と同様，隣接行列表現でも重みつきグラフを表現できる．たとえば，$G = (V, E)$ を辺重み関数 w を持つ重みつきグラフとするとき，辺 $(u, v) \in E$ の重み $w(u, v)$ を隣接行列の u 行 v 列要素とすればよい．辺が存在しないときには，NIL を対応する行列要素の値としてもよいが，0 や ∞ などの値を使ったほうが便利な場合も多い．

隣接リスト表現のメモリ効率は，漸近的には隣接行列表現より悪くなることはないが，グラフが小さいときには隣接行列の単純さは捨てがたい．グラフが重みつきでない場合には 1 行列要素当り 1 ビットで表現できるので，隣接行列表現はさらに有利になる．

属性の表現

グラフ上で実行されるほとんどのアルゴリズムでは，頂点あるいは辺の属性を維持する必要がある．これらの属性を示すために従来の表記法を用いる．たとえば，頂点 v の属性 d を $v.d$ と表記する．辺を頂点対で表すときにも同じ表記法を用いる．たとえば，辺が属性 f を持つとき，辺 (u, v) のこの属性を $(u, v).f$ と表記する．アルゴリズムを提示したり理解したりするには，この表記があれば十分である．

実際のプログラムの中で，頂点や辺の属性を実現するのは完全に別の話である．頂点や辺の属性を格納し，これらにアクセスするための汎用の最適な方法は存在しない．与えられた状況において，利用しているプログラミング言語，実現しようとしているアルゴリズム，あるいはプログラムの残りの部分によるそのグラフの利用方法などの要因を考慮した上での判断になる．グラフが隣接リストで表現されているならば，頂点属性 d の表現に追加的な配列，たとえば，Adj 配列と並んで配列 $d[1 : |V|]$ を用いることにしてもよい．u に隣接する頂点を $Adj[u]$ に格納するなら，属性 $u.d$ と呼んでいるところのものは $d[u]$ に格納する．これ以外にも属性を実現するさまざまな方法がある．たとえば，オブジェクト指向プログラミング言語では，頂点属性は Vertex クラスの部分クラスの中でインスタンス変数として表現されるかもしれない．

20.1 グラフの表現 **467**

練習問題

20.1-1　有向グラフの隣接リスト表現が与えられたとき，すべての頂点の出次数を計算するのにかかる時間を求めよ．入次数についてはどうか？

20.1-2　7 個の頂点を持つ完全 2 分木に対する隣接リスト表現を求めよ．これと同等な隣接行列表現を求めよ．ただし，辺は無向辺とし，頂点は 2 分ヒープのように 1 から 7 まで番号づけられていると仮定する．

20.1-3　有向グラフ $G = (V, E)$ の**転置** (transpose) は，$E^{\mathrm{T}} = \{(v, u) \in V \times V : (u, v) \in E\}$ とするとき，有向グラフ $G^{\mathrm{T}} = (V, E^{\mathrm{T}})$ である．すなわち，G^{T} は G の辺の向きをすべて逆にしたものである．G が隣接リスト表現および隣接行列表現によって与えられている場合のそれぞれについて，G から G^{T} を計算する効率の良いアルゴリズムを与えよ．また，このアルゴリズムの実行時間を解析せよ．

20.1-4　多重グラフ $G = (V, E)$ の隣接リスト表現が与えられているとき，G と"同値な"無向グラフ $G' = (V, E')$ の隣接リスト表現を求める $O(V + E)$ 時間アルゴリズムを与えよ．ここで，E' は，E の 2 頂点を結ぶすべての多重辺を 1 本の辺で置き換え，さらに自己ループを削除したものである．

20.1-5　有向グラフ $G = (V, E)$ の **2 乗** (square) は有向グラフ $G^2 = (V, E^2)$ である．ただし，$(u, w) \in E^2$ であるのは，G が u と w を結ぶ高々 2 本の辺からなる経路を持つとき，かつそのときに限る．G が隣接リスト表現および隣接行列表現によって与えられている場合のそれぞれについて，G から G^2 を計算する効率の良いアルゴリズムを与えよ．また，このアルゴリズムの実行時間を解析せよ．

20.1-6　隣接行列表現を用いるほとんどのグラフアルゴリズムは $\Omega(V^2)$ 時間がかかるが，例外もある．有向グラフ G の**共通シンク** (universal sink) は，入次数が $|V| - 1$ で出次数が 0 の頂点のことである．G に対する隣接行列表現が与えられたとき，G が共通シンクを含むか否かを $O(V)$ 時間で判定するアルゴリズムを与えよ．

20.1-7　自己ループを含まない有向グラフ $G = (V, E)$ の**接続行列** (incidence matrix) は，

$$
b_{ij} = \begin{cases} -1 & \text{辺 } j \text{ が頂点 } i \text{ から出ていくとき} \\ 1 & \text{辺 } j \text{ が頂点 } i \text{ に入るとき} \\ 0 & \text{それ以外のとき} \end{cases}
$$

とするとき，$|V| \times |E|$ 型行列 $B = (b_{ij})$ である．B^{T} を B の転置とするとき，行列積 BB^{T} の行列要素は何を表しているか？

20.1-8　各配列要素 $Adj[u]$ が，連結リストではなく，$(u, v) \in E$ であるすべての頂点 v を含むハッシュ表であるとする．ただし，衝突はチェイン法で解決するものとする．[a] 一様独立ハッシングの仮定の下で，すべての辺が同じ確率で検索されるとき，グラフが，ある辺を持つかどうかを判定するのにかかる時間の期待値を求めよ．この方式の不利な点を列挙せよ．これらの問題が解決できる，各辺リストに対するデータ構造を示せ．この方法はハッシュ表と比較して

---

[a]　[訳注] 第 11 章（ハッシュ表）（234 ページ）を参照のこと．

468 | 20 基本的なグラフアルゴリズム

何か不利な点はあるか？

20.2 幅優先探索

幅優先探索 (breadth-first search) は，最も単純なグラフ探索アルゴリズムの 1 つであり，多くの重要なグラフアルゴリズムの原型である．Prim の最小全域木アルゴリズム（第 21.2 節）と Dijkstra の単一始点最短路アルゴリズム（第 22.3 節）は幅優先探索と同様のアイデアを用いている．

　グラフ $G = (V, E)$ と唯一の**始点** (source vertex) s が与えられたとき，幅優先探索は G の辺を系統的に探索して，s から到達可能なすべての頂点を"発見"し，すべての到達可能な頂点について s からの距離を計算する．ここで，s から v への距離は s から v へ到達するのに必要な辺数の最小値に一致する．さらに，s を根とし，到達可能な頂点のすべてを含む「幅優先木」を構成する．s から到達可能な任意の頂点 v について，幅優先木における s から v への単純路は G における s から v への最短路，すなわち最小数の辺を含む経路に対応する．有向グラフと無向グラフのどちらに対しても，このアルゴリズムは正しく働く．

　探索頂点と未探索頂点の前線（境界）をその幅一杯にわたって一様に拡張していくことが幅優先探索という名前の由来である．この状況を，始点から発せられる波の中で頂点が発見されると考えることができる．すなわち，このアルゴリズムは s から始めてまず s からの距離 1 のすべての隣接頂点を発見する．次に距離 2 のすべての頂点を発見し，その次に距離 3 のすべての頂点を発見し，以下同様に s から到達可能なすべての頂点を発見するまでこれを繰り返す．

　頂点の波を管理するために，幅優先探索では，始点から各距離ごとの頂点の配列またはリストを保持すればよい．ここではその代わりに，1 つの先入れ先出しキュー（第 10.1.3 項（スタックとキュー）参照）を用いる．キューには距離 k の頂点がいくつか保持されており，これらの後には距離 $k+1$ の頂点がいくつか保持されていることがある．すなわち，このキューはつねに連続する 2 つの波の一部を含んでいる．

　各頂点に，白，灰，黒のいずれかに彩色することで，アルゴリズムの進行状況を管理する．初期状態ではすべての頂点は白であり，始点 s から到達可能でない頂点はずっと白のままである．s から到達可能なある頂点に初めて到達すると，この頂点は**発見され** (discovered)，この時点で灰に彩色される．これは，この頂点が探索の最前線にいること，すなわち発見頂点と未発見頂点の境界にいることを示している．キューはすべての灰の頂点を含んでいる．いずれ灰頂点につながるすべての辺が探索され，灰頂点の近傍がすべて発見される．ある灰頂点のすべての辺が探索されると，その灰頂点は最前線の後方になり，頂点の色は灰から黒に変えられる．[1]

　始点 s を根とし，s だけを含む木から開始して，幅優先探索は幅優先木を構成する．灰頂点 u の隣接リストを走査中に白頂点 v を発見すると，頂点 v と辺 (u, v) を木に付加する．この幅優先木において，u を v の**先行（頂）点** (predecessor)，あるいは**親** (parent) と呼ぶ．s から到達可能なすべての頂点は高々 1 回しか発見されないので，s から到達できる各頂点はちょうど 1 つの親を持つ．（例外が 1 つある．s は幅優先木の根なので親を持たない．）通常どおり，幅

---

[1] 幅優先探索の進行状況を簡単に理解できるように，灰頂点と黒頂点を区別する．事実，灰頂点と黒頂点を区別しなくても実行結果が変わらないことを練習問題 20.2-3 で示す．

優先木における祖先と子孫の関係を根 s を基準として定義する．根 s から頂点 v へ至る単純路上に u が存在するなら，u は v の祖先であり，v は u の子孫である．

以下に示す幅優先探索手続き BFS は，入力グラフ $G = (V, E)$ が隣接リストで表現されていると仮定する．キューを Q で表し，グラフの各頂点に対して3つの属性を付加する：

- $v.color$ は v の色で，WHITE，GREY，BLACK の値をとる．
- $v.d$ はアルゴリズムが計算した始点 s から頂点 v までの距離を保持する．
- $v.\pi$ は幅優先木における v の先行点である．v が，始点 s であったり，未発見の場合には，$u.\pi$ は NIL である．

$\text{BFS}(G, s)$

```
 1  for 各頂点 u ∈ G.V − {s}
 2      u.color = WHITE
 3      u.d = ∞
 4      u.π = NIL
 5  s.color = GRAY
 6  s.d = 0
 7  s.π = NIL
 8  Q = ∅
 9  ENQUEUE(Q, s)
10  while Q ≠ ∅
11      u = DEQUEUE(Q)
12      for 各頂点 v ∈ G.Adj[u]      // u の近傍を探索する
13          if v.color == WHITE        // v が今発見されている？
14              v.color = GRAY
15              v.d = u.d + 1
16              v.π = u
17              ENQUEUE(Q, v)          // v が今最前線上にある
18      u.color = BLACK                 // u は今最前線の後方にある
```

ある無向グラフ上での BFS の進行状況を図 20.3 に示す．

手続き BFS は以下のように動作する．第1〜4行では，始点 s を除くすべての頂点 u について，u を白に彩色し，$u.d = \infty$ とし，u の親（$u.\pi$）を NIL に設定する．始点 s はつねに発見される最初の頂点なので，第5〜7行で始点 s を灰に彩色し，$s.d$ を 0 に初期化し，始点の先行点を NIL に設定する．第8〜9行では始点 s だけを含むように Q を初期化する．

灰頂点が残っている限り第10〜18行の **while** ループを繰り返す．これらの頂点は，最前線にあり，既発見だが，隣接リストは探索し尽くしていない．この **while** ループに対して次のループ不変式が成立する：

第10行目の判定を行う時点では，キュー Q はすべての灰頂点の集合から構成される．

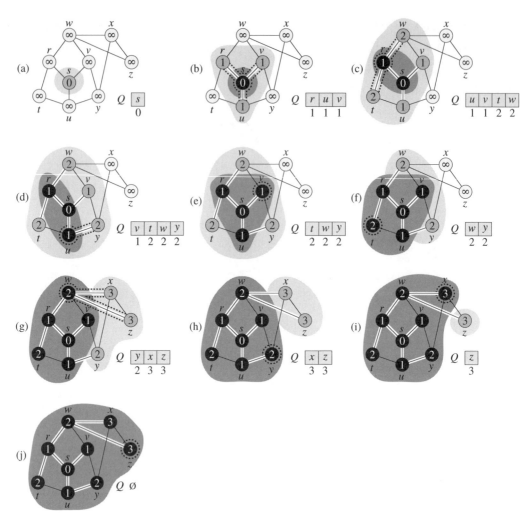

図 20.3 無向グラフ上の BFS の動作．各図は第 10〜18 行の **while** ループの各繰返しの開始時点におけるグラフとキュー Q を示している．頂点の中とキューの各頂点の下に表されている数字はその頂点までの距離を示している．キューが含む頂点から構成される探索の最前線を，薄い網かけの領域で囲んでいる．濃い網かけの領域で囲まれているのは最前線の後方の頂点であり，これらはすでにキューから取り除かれている．各図では，直前に繰返しにおいてキューから取り出した頂点と，（もし存在するなら）幅優先木につけ加えられた辺を，点線で強調している．白で囲んだ辺はそれまでに作られた幅優先木の辺である．

このループ不変式を正当性の証明に使うわけではないが，最初の繰返しの直前にこの不変式が成立し，各繰返しがこの不変式を維持することを簡単に証明できる．最初の繰返しの直前では，唯一の灰頂点で，Q の唯一の頂点が始点 s である．第 11 行はキュー Q の先頭にある灰頂点 u を決定し，Q から削除する．第 12〜17 行の **for** ループでは u の隣接リストに属する各頂点 v を考える．v が白なら v は未発見であり，手続きは第 14〜17 行を実行して v を発見する．すなわち，v を灰に彩色し，距離 $v.d$ を $u.d + 1$ に設定し，u をその親 $v.\pi$ として記録し，v をキュー Q の末尾に置く．u の隣接リストに属するすべての頂点の探索が完了すると第 18 行で u を黒に彩色し，今や u が最前線の後方にあることを示す．ある頂点を灰に彩色したときには（第 14 行）この頂点を Q へ挿入し（第 17 行），ある頂点を Q から削除したときには

（第 11 行）この頂点を黒に彩色するので（第 18 行），ループ不変式が維持される.

与えられた頂点の近傍を第 12 行において訪問する順序に依存して幅優先探索の結果が異なり，異なる幅優先木が構築される可能性があるが，計算した距離 d は変化しない.（練習問題 20.2-5 参照.）

手続き BFS は，簡単な変更によって，多くの場合でキュー Q が空になる前に終了させることができる.各頂点は高々 1 回だけ発見され，発見されたときにのみある有限値 d を受け取るので，各頂点が有限値 d を受け取ったときにアルゴリズムは終了できる.何個の頂点が発見されたか，BFS が数えておくならば，BFS はキュー Q が空になるかすべての $|V|$ 個の頂点が発見されたときに終了できる.

解　析

幅優先探索のさまざまな性質を証明する前に，入力グラフ $G = (V, E)$ に対する実行時間の解析というより簡単な仕事をしよう.初期化終了後，頂点を白に彩色することはない.したがって，第 13 行の判定から，各頂点は高々 1 回だけキューに挿入され，したがって，高々 1 回だけキューから削除される.キューに対する挿入と削除は $O(1)$ 時間で実行できるので，キュー操作に費やせる時間は全体で $O(V)$ である.ある頂点をキューから削除したときにだけこの頂点の隣接リストを走査するので，各頂点の隣接リストを走査する回数は高々 1 である.すべての隣接リストの長さの総和は $\Theta(E)$ なので，隣接リストの走査に必要な時間は $O(V + E)$ である.初期化のためのオーバーヘッドは $O(V)$ なので，BFS の総実行時間は $O(V + E)$ である.したがって，幅優先探索は G の隣接リスト表現のサイズの線形時間で走る.

最短路

幅優先探索によって，与えられた始点 s からグラフの各頂点までの最短距離が見つかる理由を見てみよう.s から v への**最短路距離** (shortest path distance) $\delta(s, v)$ を s から v への任意の経路の辺数の最小値と定義する.ただし，s から v への経路がないときには，$\delta(s, v) = \infty$ とする.s から v への長さ $\delta(s, v)$ の経路を s から v への**最短路** (shortest path)[2]と言う.幅優先探索が最短路距離を正しく計算することを証明する前に，最短路距離の重要な性質を検討する.

補題 20.1 $G = (V, E)$ を有向または無向グラフ，$s \in V$ をその任意の頂点とする.このとき，任意の辺 $(u, v) \in E$ に対して，

$$\delta(s, v) \leq \delta(s, u) + 1$$

が成立する.

証明 u が s から到達可能なら v もまた s から到達可能である.この場合，s から v への最短路は s から u までの最短路の後に辺 (u, v) を続けたものより長くなることはないので，上の不等式が成立する.u が s から到達不可能ならば，$\delta(s, u) = \infty$ であり，不等式が成立する.■

---

[2] 第 22 章（単一始点最短路）と第 23 章（全点対最短路）では最短路に関する考察を重みつきグラフに一般化する.重みつきグラフはすべての辺が実数値重みを持つグラフであり，経路の重みは経路を構成する辺重みの総和である.本章で考察するグラフは重みなしグラフ，すなわち，すべての辺が単位重みを持つ重みつきグラフである.

BFS が各頂点 $v \in V$ に対して $v.d = \delta(s,v)$ を正しく計算することを示す．まず $v.d$ が $\delta(s,v)$ を上から抑えることを示そう．

補題 20.2 $G = (V, E)$ を任意の有向または無向グラフとし，与えられた始点 $s \in V$ から G 上で BFS の実行を開始する．実行が停止したときを含むすべての時点で，各頂点 $v \in V$ に対して BFS が計算した値 $v.d$ は $v.d \geq \delta(s,v)$ を満たす．

証明 この補題は，$v.d$ に代入されるどの有限値も s から v へのある経路上にある辺数に等しいので，直観的には正しい．形式的な証明では，ENQUEUE 操作の回数に関する帰納法を用いる．帰納法の仮定は，すべての頂点 $v \in V$ について，$v.d \geq \delta(s,v)$ が成立することである．

BFS の第 9 行で s を Q に挿入した直後の状態が帰納法の基底である．$s.d = 0 = \delta(s,s)$，かつ $v.d = \infty \geq \delta(s,v)$ がすべての $v \in V - \{s\}$ に対して成立するので，帰納法の仮定が成立する．

帰納段階を証明するために，頂点 u からの探索の間に発見した白頂点 v を考える．帰納法の仮定より，$u.d \geq \delta(s,u)$ である．第 15 行で実行する代入文と補題 20.1 より

$$
\begin{aligned}
v.d &= u.d + 1 \\
&\geq \delta(s,u) + 1 \\
&\geq \delta(s,v)
\end{aligned}
$$

である．つぎに，頂点 v はキュー Q に挿入されるが，再び挿入されることはない．なぜなら v は灰頂点であり，第 14〜17 行は白頂点に対してだけ実行されるからである．したがって，値 $v.d$ を再び更新することはなく，帰納法の仮定が保持される． ■

$v.d = \delta(s,v)$ を証明するには，BFS を実行中のキュー Q の動作をもっと正確に示す必要がある．次の補題で，キューの中にある頂点の d 値たちはどの時点においても，すべて同じか，ある整数 $k \geq 0$ に対して，$\langle k, k, \ldots, k, k+1, k+1, \ldots, k+1 \rangle$ となる列の形をしていることを示す．

補題 20.3 任意のグラフ $G = (V, E)$ 上での BFS の実行において，キュー Q が頂点 $\langle v_1, v_2, \ldots, v_r \rangle$ を含むと仮定する．ただし，v_1 は Q の先頭，v_r は末尾である．このとき，$v_r.d \leq v_1.d + 1$，かつ $i = 1, 2, \ldots, r-1$ に対して，$v_i.d \leq v_{i+1}.d$ である．

証明 キューの操作回数に関する帰納法で証明する．基底である初期状態でキューが s だけを含むとき，補題は明らかに成立する．

帰納段階では，1 つの頂点をキューに挿入した後とキューから削除した後の両方について，補題が成立することを証明しなければならない．まず，削除する場合を考える．キューの先頭 v_1 を削除すると，v_2 が新たな先頭になる．（キューが空になれば，補題は何もしないで真である．）帰納法の仮定より $v_1.d \leq v_2.d$ が成立する．このとき，$v_r.d \leq v_1.d + 1 \leq v_2.d + 1$ であり，残りの不等式は影響を受けない．したがって，v_2 を Q の新たな先頭として，補題が成立する．

つぎにキューに頂点を挿入する場合を考える．BFS の第 17 行で頂点 v を頂点 $\langle v_1, v_2, \ldots, v_r \rangle$ を含むキューに挿入すると，挿入された頂点が v_{r+1} になる．v の挿入前にキューが空ならば，v を挿入した後，$r = 1$ であり，補題は明らかに成り立つ．よって，v が挿入され

たとき，キューは空でないと仮定する．このとき，手続きは直前に削除された頂点 u を保持しており，u の隣接リストを現在走査中である．u は直前に削除されているので，$u = v_1$ であり，帰納法の仮定より，$u.d \geq v_2.d$ かつ $v_r.d \geq u.d + 1$ を満たす．u がキューから削除された後，v_2 であった頂点がキューの新たな先頭 v_1 になり，$u.d \geq v_1.d$ が成り立つ．したがって，$v_{r+1}.d = v.d = u.d + 1 \leq v_1.d + 1$ である．$v_r.d \leq u.d + 1$ なので，$v_r.d \leq u.d + 1 = v.d = v_{r+1}.d$ である．また，残りの不等式は影響を受けない．以上より，v をキューに挿入したときにも補題が成立する． ■

頂点をキューに挿入していくと，d 値が時間と共に単調に増加することを以下の系で示す．

系 20.4 BFS の実行において，頂点 v_i と v_j がキューに挿入され，v_i が v_j より前にキューに挿入されると仮定する．v_j をキューに挿入したとき，$v_i.d \leq v_j.d$ である．

証明 補題 20.3 と，各頂点は BFS を実行中に高々 1 回だけ有限の d 値を受け取るという性質より，明らかである． ■

幅優先探索が最短路距離を正しく計算することを証明する．

定理 20.5 (幅優先探索の正当性) $G = (V, E)$ を任意の有向あるいは無向グラフとし，与えられた始点 $s \in V$ から G 上で BFS の実行を開始する．このとき，BFS は始点 s から到達可能なすべての頂点 $v \in V$ を発見し，実行が停止したとき，すべての $v \in V$ に対して $v.d = \delta(s,v)$ である．さらに，s から到達可能な任意の頂点 $v \neq s$ に対して，s から v への最短路の 1 つは，s から $v.\pi$ への最短路の後に辺 $(v.\pi, v)$ をつけ加えたものである．

証明 背理法で証明するために，最短距離に等しくない d 値を受け取る頂点が存在すると仮定する．そのような頂点のなかで，v を $\delta(s,v)$ 値が最小の頂点とする．補題 20.2 より $v.d \geq \delta(s,v)$ なので，$v.d > \delta(s,v)$ である．$s.d = 0$ かつ $\delta(s,s) = 0$ なので，$v = s$ とはなりえない．頂点 v が s から到達不可能ならば $\delta(s,v) = \infty \geq v.d$ なので，v は s から到達可能である．u を s から v へのある最短路上における v の直前の頂点とする．（$v \neq s$ なので，そのような頂点 u はかならず存在する．）したがって，$\delta(s,v) = \delta(s,u) + 1$ である．$\delta(s,u) < \delta(s,v)$ であり，頂点 v の選び方より $u.d = \delta(s,u)$ である．これらをまとめると

$$v.d > \delta(s,v) = \delta(s,u) + 1 = u.d + 1 \tag{20.1}$$

である．

BFS が第 11 行で Q から頂点 u を削除する時点に注目する．そして頂点 v が白，灰，黒のどれであっても不等式 (20.1) と矛盾することを示す．v が白ならば，第 15 行で $v.d = u.d + 1$ を実行するので，不等式 (20.1) に矛盾する．v が黒ならば，v はキューからすでに削除されているので，系 20.4 より $v.d \leq u.d$ であり，不等式 (20.1) に矛盾する．v を灰色とする．v を灰に彩色したのは，ある頂点 w をキューから削除し（てその隣接リストを走査してい）たときである．w は u より先に Q から削除されており，$v.d = w.d + 1$ が成立する．系 20.4 より $w.d \leq u.d$ なので，$v.d = w.d + 1 \leq u.d + 1$ であるが，これも不等式 (20.1) に矛盾する．

したがって，すべての $v \in V$ に対して $v.d = \delta(s,v)$ が成立する．s から到達可能な頂点 v はすべて発見したはずである．なぜなら，v が未発見ならば，$\infty = v.d > \delta(s,v)$ となる．定

474 | 20 基本的なグラフアルゴリズム

理の証明を完成するために，第 15～16 行より，$v.\pi = u$ ならば $v.d = u.d + 1$ であることを確認せよ．したがって，s から v への最短路を求めるには，s から $v.\pi$ への最短路を辿った後，辺 $(v.\pi, v)$ を渡ればよい． ∎

幅優先木

図 20.3 における白で囲んだ辺は，手続き BFS がグラフを探索しながら構築した幅優先木を示している．この木は π 属性に対応する．形式的に言うと，s を始点とするグラフ $G = (V, E)$ に対して，G の**先行点部分グラフ** (predecessor subgraph) を $G_\pi = (V_\pi, E_\pi)$ として定義する．ただし，

$$V_\pi = \{v \in V : v.\pi \neq \text{NIL}\} \cup \{s\} \tag{20.2}$$

かつ

$$E_\pi = \{(v.\pi, v) : v \in V_\pi - \{s\}\} \tag{20.3}$$

である．V_π が s から到達可能な全頂点から構成され，すべての $v \in V_\pi$ に対して，s から v に至る唯一の単純路が G_π に存在し，しかもこれが G における s から v に至る最短路になっているとき，先行点部分グラフ G_π を**幅優先木** (breadth-first tree) と呼ぶ．幅優先木は連結で $|E_\pi| = |V_\pi| - 1$ を満たすので，実際に木である（付録第 B 章（集合など）の定理 B.2（989 ページ）参照）．E_π の辺を**木辺** (tree edge) と呼ぶ．

次の補題では BFS が構成する先行点部分グラフが幅優先木であることを示す．

補題 20.6 有向または無向グラフ $G = (V, E)$ に手続き BFS を適用すると，先行点部分グラフ $G_\pi = (V_\pi, E_\pi)$ が幅優先木となる π が構成される．

証明 BFS の第 16 行が $v.\pi = u$ を実行するのは $(u, v) \in E$ かつ $\delta(s, v) < \infty$ のとき，すなわち v が s から到達可能のときであり，かつそのときだけに限る．したがって，V_π は s から到達可能な V のすべての頂点から構成される．付録第 B 章（集合など）の定理 B.2 より G_π は木なので，s から V_π のどの頂点へも 1 本の単純路しか存在しない．定理 20.5 を帰納的に適用すると，これらの経路が G の最短路であると結論できる． ∎

BFS が幅優先木をすでに計算したと仮定すれば，手続き PRINT-PATH は，s から v への最短路上の頂点をプリントする．どの再帰呼出しも 1 頂点分だけ短い経路に対して起こるので，この手続きは出力する経路上の頂点数の線形時間で走る．

PRINT-PATH(G, s, v)

1 **if** $v == s$
2   s をプリントする
3 **elseif** $v.\pi ==$ NIL
4   s "から" v "への経路は存在しない" をプリントする
5 **else** PRINT-PATH$(G, s, v.\pi)$
6   v をプリントする

練習問題

20.2-1 頂点 3 を始点として図 20.2(a) に示す有向グラフ上で幅優先探索を実行した場合について，d 値と π 値を示せ．

20.2-2 頂点 u を始点として図 20.3 の無向グラフ上で幅優先探索を実行した場合について，d 値と π 値を示せ．ただし，頂点の近傍はアルファベット順に訪問されると仮定する．

20.2-3 第 18 行を削除しても手続き BFS が同じ結果を返すことを示すことで，各頂点の色を格納するために 1 ビットあれば十分であることを証明せよ．つぎに，色の必要性を完全に回避する方法を示せ．

20.2-4 隣接行列で表現したグラフを入力できるように BFS を修正したとき，BFS の実行時間を求めよ．

20.2-5 幅優先探索では，頂点 u に割り当てられる値 $u.d$ は，頂点が隣接リストの中で出現する順序に依存しないことを論ぜよ．図 20.3 を例に用いて，BFS が計算する幅優先木は頂点が隣接リストの中で出現する順序に依存することを示せ．

20.2-6 次の性質を持つ有向グラフ $G = (V, E)$，始点 $s \in V$，および，木辺の集合 $E_\pi \subseteq E$ の例を与えよ．各頂点 $v \in V$ に対して，(V, E_π) における s から v への唯一の単純路は G における s から v への最短路であるが，G 上で BFS を走らせることによっては，各隣接リストで頂点をどのように順番づけしても，辺の集合 E_π を作ることはできない．

20.2-7 プロレスラーには "善玉" と "悪役" がいる．[b] プロレスラー同士はライバル関係にあったりなかったりする．プロレスラーが n 人おり，ライバル関係にあるレスラーが r 組あるとしよう．ライバル関係の 2 人が善玉と悪役に分かれるように，レスラーを善玉と悪役に割り当てることができるかどうか $O(n + r)$ 時間で判定するアルゴリズムを与えよ．そのような割当てが可能ならば，どのように割り当てるのかも示すこと．

20.2-8 ★ 木 $T = (V, E)$ の**直径** (diameter) を $\max\{\delta(u, v) : u, v \in V\}$ で定義する．すなわち，木の最大最短路距離が直径である．木の直径を計算する効率の良いアルゴリズムを求め，そのアルゴリズムの実行時間を解析せよ．

20.3 深さ優先探索

深さ優先探索は，その名が示すように，可能ならばつねにそのグラフの "より深い部分を" 探索するという戦略に従う．未探索のその頂点から出ている辺が残る頂点の中で，最後に発見した頂点 v から出る辺を，深さ優先探索は探索する．v の辺をすべて探索し終ると，v を発見したときに通った辺を「バックトラック（逆戻り）」し，v の直前の頂点から出る（未探索の）辺の探索に戻る．この処理は始点から到達可能なすべての頂点を発見するまで続く．未発見の頂点が残されていれば，その 1 つを新たな始点として探索を繰り返す．アルゴリズムは，すべて

---

[b] ［訳注］原著では「フェイス」（「ベビーフェイス」の略で "善玉"）と「ヒール」（"悪役"）.

476 | 20 基本的なグラフアルゴリズム

の頂点を発見するまでこのプロセスを繰り返す.[3]

　幅優先探索と同様,発見済みの頂点 u の隣接リストを走査中に頂点 v を発見すると,深さ優先探索は v の先行点属性 $v.\pi$ を u に設定し,この事象を記録する.先行点部分グラフが木である幅優先探索と違い,深さ優先探索では複数の始点から探索を繰り返すことがあるので,先行点部分グラフが複数の木から構成されることがある.したがって,深さ優先探索の**先行点部分グラフ** (predecessor subgraph) を,幅優先探索と少し違って定義する:先行点部分グラフはつねにすべての頂点を含み,多重始点に対応している.具体的には,深さ優先探索に対する先行点部分グラフは $G_\pi = (V, E_\pi)$ である.ここで

$$E_\pi = \{(v.\pi, v) : v \in V \text{ かつ } v.\pi \neq \text{NIL}\}$$

である.深さ優先探索の先行点部分グラフは,複数の**深さ優先木** (depth-first tree) から構成される**深さ優先森** (depth-first forest) を形成する.E_π に属する辺を**木辺** (tree edge) と呼ぶ.

　幅優先探索と同様,深さ優先探索は頂点を探索状態を示す色で彩色する.初期状態では各頂点は白であり,探索の中で**発見されれば** (discovered) 灰に変わり,探索が**終了すれば** (finished),すなわちこの頂点の隣接リストを完全に調べ終わると黒に変わる.深さ優先探索では,各頂点は 1 つの深さ優先探索木の中にだけで現れることが保証されるので,これらの木は互いに共通部分を持たない.

　深さ優先探索は,深さ優先森を構成すると共に,各頂点に**時刻印**(タイムスタンプ)を押す.各頂点 v は 2 種類の時刻印を持つ:第 1 の時刻印 $v.d$ は v を最初に発見し,(灰に彩色した)時刻を記録する.第 2 の時刻印 $v.f$ は v の隣接リストを調べ終えて(黒に彩色した)時刻を記録する.これらの時刻印はグラフ構造に関する重要な情報を供給し,深さ優先探索の振舞いを理解するのに役立つ.

　以下に示す手続き DFS では,頂点 u を発見した時刻を属性 $u.d$ に記録し,u の処理が終了した時刻を属性 $u.f$ に記録する.$|V|$ 個の各頂点について発見事象と終了事象はそれぞれ 1 回しか生起しないので,時刻印は 1 から $2|V|$ の範囲の整数である.任意の頂点 u について

$$u.d < u.f \tag{20.4}$$

が成立する.頂点 u は,時刻 $u.d$ 以前は WHITE,時刻 $u.d$ と時刻 $u.f$ の間は GRAY,時刻 $u.f$ 以降は BLACK である.手続き DFS において,入力されるグラフ G は無向でも有向でもよい.変数 *time* は時刻印に用いる大域変数である.[c] 図 20.4 に図 20.2 に示す有向グラフ(ここでは,頂点のラベルを数字から英字に変えてある)上での DFS の振舞いを示す.

　手続き DFS は以下のように動作する.第 1〜3 行ではすべての頂点を白に彩色し,π 属性を NIL に初期化する.第 4 行で大域時刻カウンタを初期化する.第 5〜7 行では V の各頂点を順番に調べ,白頂点を発見すると DFS-VISIT を呼び出して訪問する.第 7 行で

---

[3] 幅優先探索では 1 つの始点に限定するのに対して,深さ優先探索では多数の始点からの探索を許すのは一見恣意的だと思うかもしれない.概念的には,幅優先探索を多数の始点から始めることもできるし,深さ優先探索を 1 つの始点に限定することもできる.本書の方針は,これらの探索が利用される典型的な形態を考慮した結果である.幅優先探索は与えられた始点からの最短路距離(と対応する先行点部分グラフ)を求めるためによく利用される.一方,深さ優先探索は,本章の後半で紹介するように,別のアルゴリズムのサブルーチンとなることが多い.

[c] [訳注]ここで大域変数とは,プログラム全体で共通に参照される変数のこと.したがって,再帰的な呼出しの中でも同じ変数が参照される.

```
DFS(G)
 1  for 各頂点 u ∈ G.V
 2       u.color = WHITE
 3       u.π = NIL
 4  time = 0
 5  for 各頂点 u ∈ G.V
 6       if u.color == WHITE
 7            DFS-VISIT(G, u)

DFS-VISIT(G, u)
 1  time = time + 1              // 白頂点 u が今発見された
 2  u.d = time
 3  u.color = GRAY
 4  for 各頂点 v ∈ G.Adj[u]        // 各辺 (u, v) を探索する
 5       if v.color == WHITE
 6            v.π = u
 7            DFS-VISIT(G, v)
 8  time = time + 1
 9  u.f = time
10  u.color = BLACK              // u を黒に彩色する；u の探索が終了した
```

DFS-VISIT(G, u) を呼び出すたびに，頂点 u が深さ優先森の新しい木の根になる．DFS が終了したとき，各頂点 u には**発見時刻** (discovery time) $u.d$ と**終了時刻** (finish time) $u.f$ が割り当てられている．

DFS-VISIT(G, u) が呼び出されるとき，頂点 u は白である．第 1～3 行では，大域変数 $time$ を 1 進め，新しい $time$ の値を発見時刻 $u.d$ として記録し，u を灰に彩色する．第 4～7 行では u と隣接する各頂点 v を調べ，v が白なら再帰的に v を訪問する．第 4 行では各頂点 $v ∈ Adj[u]$ を吟味するので，深さ優先探索は辺 (u, v) を**探索する** (explore) と言う．u から出るすべての辺の探索が終了すると，第 8～10 行で $time$ を 1 進め，終了時刻を $u.f$ に記録し，u を黒く塗る．

深さ優先探索の結果が，DFS の第 5 行で頂点を調べる順序と DFS-VISIT の第 4 行で近傍を訪問する順序に依存して変化することに注意せよ．しかし，深さ優先探索の多くの応用ではどの深さ優先探索の結果も利用できるので，実用上は，訪問順序の違いが深刻な問題の原因になることは少ない．

DFS の実行時間はどのくらいだろうか？ DFS の第 1～3 行と第 5～7 行のループは，DFS-VISIT の呼出しに必要な時間を除くと $\Theta(V)$ 時間かかる．幅優先探索と同様，ここでも集計法を用いて解析する．DFS-VISIT 呼出しが起こる頂点 u はつねに白であり，DFS-VISIT の最初の仕事は u を灰に彩色することなので，手続き DFS-VISIT は各頂点 $v ∈ V$ に対してちょうど 1 回ずつ呼び出される．DFS-VISIT(G, v) を実行中，第 4～7 行の繰返し回数は $|Adj[v]|$ である．

478 | 20 基本的なグラフアルゴリズム

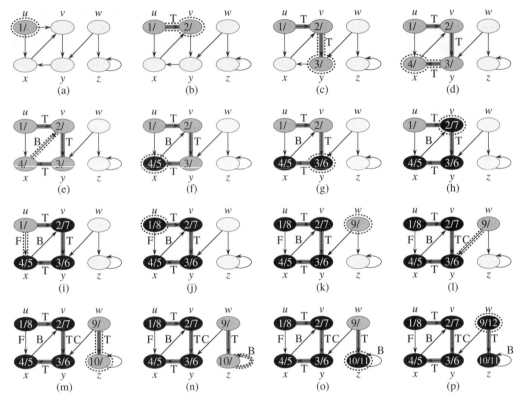

図 20.4 有向グラフに深さ優先探索のアルゴリズム DFS を適用したときの進行状況．アルゴリズムが探索していく辺を，それが木辺ならば T で，後退辺ならば B で，前進辺ならば F で，横断辺なら C で，それぞれラベルづけしている．頂点の中の時刻印は発見時刻/終了時刻である．木辺は濃い網かけで強調している．各ステップで，発見時刻あるいは終了時刻が変化した頂点および探索された辺が点線で強調されている．

$$\sum_{v \in V} |Adj[v]| = \Theta(E)$$

であり，DFS-VISIT は各頂点につき 1 回呼び出されるので，DFS-VISIT の第 4～7 行の実行にかかる総時間は $\Theta(V+E)$ である．したがって，DFS の実行時間は $\Theta(V+E)$ である．

深さ優先探索の性質

グラフの構造に関する多くの情報を深さ優先探索から得ることができる．深さ優先木の構造は，DFS-VISIT の再帰呼出し構造そのものであるので，深さ優先探索の最も基本的な性質は，先行点部分グラフ G_π が実際に深さ優先木の森を形成することかもしれない．すなわち，$u = v.\pi$ であるための必要十分条件は，u の隣接リストを探索中に DFS-VISIT が呼び出されることである．さらに，深さ優先森の中で頂点 v が頂点 u の子孫であるための必要十分条件は，u が灰である間に v が発見されることである．

深さ優先探索の別の重要な性質は，発見時刻と終了時刻が**括弧構造** (parenthesis structure) を持つことである．頂点 u の発見を左括弧 "$(u$"，その終了を右括弧 "$u)$" で表現すれば，発見と終了の履歴は括弧がきちんと入れ子構造になるという意味で整合した表現を作る．たとえば，

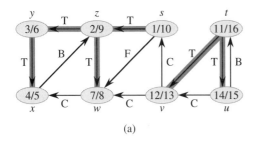
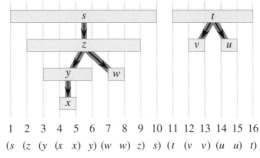
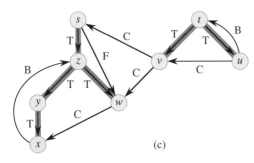

図 20.5 深さ優先探索の性質．**(a)** 有向グラフに深さ優先探索を行った結果．図 20.4 と同じ要領で，頂点の中に時刻印，辺にその種類を示すラベルを記す．**(b)** 各頂点について，発見時刻と終了時刻の間の区間が図示した括弧づけに対応する．各長方形が対応する頂点の発見時刻と終了時刻の間の区間を示す．木辺だけ示す．2 つの区間が共通部分を持つとき，一方が他方を含み，小さいほうの区間に対応する頂点は大きいほうの区間に対応する頂点の子孫である．**(c)** すべての木辺と前進辺が深さ優先木の中で下向きになり，すべての後退辺が子孫から祖先へ向けて上向きになるように再描画した (a) のグラフ．

図 20.5(a) の深さ優先探索は図 20.5(b) の括弧づけに対応する．次の定理は括弧構造を別の方法で特徴づける．

定理 20.7（括弧づけ定理） （有向または無向）グラフ $G = (V, E)$ 上の任意の深さ優先探索を考える．任意の 2 つの頂点 u と v に対して，以下の 3 つの条件の中のちょうど 1 つが成立する：

- 区間 $[u.d, u.f]$ と区間 $[v.d, v.f]$ には共通部分がなく，対応する深さ優先森において u と v はどちらも他方の子孫ではない．
- 区間 $[v.d, v.f]$ が区間 $[u.d, u.f]$ を完全に含み，u が v の子孫となる深さ優先木が存在する．
- 区間 $[u.d, u.f]$ が区間 $[v.d, v.f]$ を完全に含み，v が u の子孫となる深さ優先木が存在する．

証明 $u.d < v.d$ の場合から始める．$v.d < u.f$ が成立する場合とそうでない場合に分けて検討する．$v.d < u.f$ が成立する場合には，u が灰である間に v を発見した．したがって，v は u の子孫である．さらに，u よりも後で v を発見したので，v から出る辺をすべて探索し，探索が u に戻りその処理を終了する前に，v の処理はすでに終了している．したがってこの場合には，区間 $[u.d, u.f]$ が区間 $[v.d, v.f]$ を完全に含む．一方，$u.f < v.d$ が成立する場合には，不等式 (20.4) より $u.d < u.f < v.d < v.f$ が成立し，区間 $[u.d, u.f]$ と区間 $[v.d, v.f]$ は共通部分を持たない．区間が共通部分を持たないので一方が灰のときに他方が発見されることはな

480 | 20 基本的なグラフアルゴリズム

く，したがって，どちらの頂点も他方の子孫ではない．

$v.d < u.d$ の場合は，上の議論で u と v の役割を逆にすれば，同様にして証明できる． ■

系 20.8（子孫区間の入れ子構造） （有向または無向）グラフに対する深さ優先森において，頂点 v が頂点 u の真の子孫であるための必要十分条件は，$u.d < v.d < v.f < u.f$ が成立することである．

証明 定理 20.7 より，明らかである． ■

次の重要な定理では，深さ優先森上である頂点が別の頂点の子孫であることを特徴づける．

定理 20.9（白色経路定理） （有向または無向）グラフ $G = (V, E)$ の深さ優先森において，頂点 v が頂点 u の子孫であるための必要十分条件は，探索が u を発見する時刻 $u.d$ に u から v に至る白頂点だけからなる経路が存在することである．

証明 $\Rightarrow$：$v = u$ ならば，u から v に至る経路は頂点 u だけから構成され，u は $u.d$ の値を設定する時点では白である．v が深さ優先森の中で u の真の子孫であると仮定する．系 20.8 より $u.d < v.d$ なので，時刻 $u.d$ では v は白である．u の任意の子孫を v と取れるので，深さ優先森において u と v を結ぶ唯一の単純路を構成するすべての頂点は時刻 $u.d$ では白である．

$\Leftarrow$：時刻 $u.d$ に u から v に至る白頂点だけからなる経路が存在するが，u を含む深さ優先木において，v は u の子孫にはならないと仮定する．一般性を失うことなく，この経路上の v を除くすべての頂点が u の子孫であると仮定する．（仮定を満たさなければ，この経路上の u の子孫ではない頂点の中で最も u に近い頂点を v とする．）この経路上の v の先行点を w とする．w は u の子孫であり（$w = u$ かもしれない），系 20.8 より $w.f \le u.f$ である．v の発見は u の発見の後で w の終了の前なので，$u.d < v.d < w.f \le u.f$ が成立する．したがって，定理 20.7 より，区間 $[u.d, u.f]$ は完全に区間 $[v.d, v.f]$ を含む．系 20.8 より，結局，v は u の子孫でなければならない． ■

辺の分類

深さ優先探索中における辺の分類によってグラフに関する重要な情報が収集できる．たとえば，有向グラフが非巡回であるための必要十分条件が，深さ優先探索によって "後退" 辺が生じないことである，という事実を第 20.4 節で証明する（補題 20.11）．

G 上の深さ優先探索が生成する深さ優先森 G_π を用いて 4 種類の辺を定義できる：

1. 深さ優先森 G_π を構成する辺を**木辺 (tree edge)** と言う．辺 (u, v) を探索することで v が初めて発見されたならば，辺 (u, v) は木辺である．

2. ある深さ優先木のある頂点 u とその祖先 v を結ぶ辺 (u, v) を**後退辺 (back edge)** と言う．有向グラフが自己ループを含むことがあるが，これは後退辺と見なす．

3. ある深さ優先木のある頂点 u とその真の子孫 v を結ぶ辺 (u, v) で木辺ではないものを**前進辺 (forward edge)** と言う．

4. 上記以外のすべての辺を**横断辺 (cross edge)** と言う．一方の頂点が他方の祖先でない限り，

同じ深さ優先木の頂点を結ぶものであってもよいし，また，2 つの深さ優先木を結ぶものであってもよい．

図 20.4 と図 20.5 では辺にその種類がラベルづけられている．図 20.5(c) は，図 20.5(a) のグラフを，深さ優先木の中ですべての木辺と前進辺が下向きになり，すべての後退辺が子孫から祖先へ向けて上向きになるように書き直したものである．任意のグラフは，このような形式で再描画できる．

DFS アルゴリズムは辺に出会ったときに，この辺を分類できる十分な情報を持っている．辺 (u, v) を最初に探索したとき，頂点 v の色がこの辺について何かを教えてくれるというのがキーとなるアイデアである：

1. WHITE は木辺であることを示す．
2. GRAY は後退辺であることを示す．
3. BLACK は前進辺あるいは横断辺であることを示す．

ケース 1 は，アルゴリズムの仕様から明らかである．ケース 2 を示すために，すべての灰頂点はつねに実行中の DFS-VISIT の再帰呼出しのスタックに対応した子孫の線形連鎖を形成していることを見よ．灰頂点数は，最後に発見された頂点の深さ優先森における深さより 1 だけ多い．探索はつねに最深の灰頂点から進むので，別の灰頂点に向かう辺は，祖先に向かう辺である．ケース 3 は，残された可能性を扱う．辺 (u, v) は，$u.d < v.d$ のときには前進辺，$u.d > v.d$ のときには横断辺であることを示すことが練習問題 20.3-5 の課題である．

無向グラフを深さ優先探索するとき，前進辺と横断辺が生じないことを示す．

定理 20.10 無向グラフ G を深さ優先探索するとき，G の任意の辺は木辺か後退辺である．

証明 (u, v) を G の任意の辺とし，一般性を失うことなく $u.d < v.d$ を仮定する．そのとき，v は u の隣接リストに属するので，u が灰色である間に，探索は v を発見し，その探索を終了する必要がある．辺 (u, v) を最初に探索したとき，u から v に向かっていたとする．v がこの時点で既発見（灰あるいは黒）だったとすれば，(u, v) は v から u に向かってすでに探索されていたはずであり，矛盾なので，v はこの時点まで未発見（白）であった．したがって，(u, v) は木辺である．辺 (u, v) を最初に v から u に向かって探索したとすると，u から v へ木辺の経路があるはずなので，(u, v) は後退辺である． ∎

無向グラフでは (u, v) と (v, u) は実際には同じ辺なので，定理 20.10 の証明は辺の分類の仕方を述べている．ある頂点から探索を始めるとき，この頂点は灰頂点でなければならず，隣接頂点が白ならその辺は木辺であり，そうでなければ後退辺である．

以下の 2 節では深さ優先探索に関する上記定理の適用例を示す．

練習問題

20.3-1 行と列がそれぞれ WHITE，GRAY，BLACK ラベルを持つ 3×3 の表を作り，ある有向グラフ上で深さ優先探索を実行中のある時点で，色 i を持つ頂点から色 j を持つ頂点への辺が出現する可能性の有無を，各表要素 (i, j) について示せ．可能性がある辺について，起こりう

る辺の種類を示せ．無向グラフの深さ優先探索に対しても同様の表を作れ．

20.3-2 図 20.6 に示すグラフ上での深さ優先探索の動作を示せ．ただし，DFS 手続きの第 5 〜7 行の **for** ループは頂点をアルファベット順で探索し，各隣接リストはアルファベット順で並べられていると仮定せよ．各頂点の発見時刻と終了時刻を示し，各辺を分類せよ．

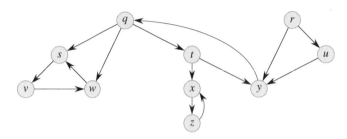

図 20.6 練習問題 20.3-2 と 20.5-2 で用いる有向グラフ．

20.3-3 図 20.4 に示した深さ優先探索の括弧づけ構造を示せ．

20.3-4 DFS-VISIT の第 10 行を削除しても DFS 手続きが同じ結果を返すことを示すことで，各頂点の色を格納するために 1 ビットあれば十分であることを証明せよ．

20.3-5 有向グラフにおいて，以下の各命題を証明せよ．

a. 辺 (u, v) が木辺または前進辺であるための必要十分条件は，$u.d < v.d < v.f < u.f$ が成立することである．

b. 辺 (u, v) が後退辺であるための必要十分条件は，$v.d \le u.d < u.f \le v.f$ が成立することである．

c. 辺 (u, v) が横断辺であるための必要十分条件は，$v.d < v.f < u.d < u.f$ が成立することである．

20.3-6 再帰を使わず，スタックを用いて手続き DFS を書き直せ．

20.3-7 次の誤った仮説に対する反例をあげよ．有向グラフ G に u から v への経路があり，G 上の深さ優先探索において $u.d < v.d$ ならば，生成される深さ優先森において v は u の子孫である．

20.3-8 次の誤った仮説に対する反例をあげよ．有向グラフ G に u から v への経路があれば，任意の深さ優先探索の実行の結果 $v.d \le u.f$ が成立する．

20.3-9 深さ優先探索の擬似コードを修正し，有向グラフ G のすべての辺をその種類と共に印刷できるようにせよ．また，G が無向グラフのとき，修正が必要ならば，修正方法を示せ．

20.3-10 有向グラフ G の頂点 u が G において内向き辺と外向き辺を共に持つにもかかわらず，頂点 u が，u だけから構成される深さ優先木の中で終わる状況を説明せよ．

20.3-11 $G = (V, E)$ を連結無向グラフとする．E の各辺を各方向にちょうど一度ずつ辿る G の経路を計算する $O(V + E)$ 時間のアルゴリズムを求めよ．大量の小銭を与えられたとき，それを用いて，迷路の出口を見つける方法を説明せよ．

20.3-12 無向グラフ G の深さ優先探索を用いると，G の連結成分を識別でき，深さ優先森に属する木の数が G の連結成分数と等しくなることを示せ．より正確に言うと，各頂点 v に 1

から k までの整数ラベル $v.cc$ を割り当てることができるように深さ優先探索を変形せよ．ただし，k は G の連結成分数であり，$u.cc = v.cc$ が成立するための必要十分条件は u と v が同じ連結成分に属するときである．

20.3-13 ★ 有向グラフ $G = (V, E)$ を考える．すべての頂点対 $u, v \in V$ について，$u \rightsquigarrow v$ ならば u から v へ至る単純路が高々 1 本しか存在しないとき，G は**単結合** (singly connected) であると言う．与えられた有向グラフが単結合かどうかを判定する効率の良いアルゴリズムを与えよ．

20.4 トポロジカルソート

本節では，ときには「ダグ (dag, directed acyclic graph)」と呼ばれることもある有向非巡回グラフのトポロジカルソートを行うために，深さ優先探索を用いる方法を紹介する．巡回路（有向閉路）を持たない有向グラフ（ダグ）$G = (V, E)$ の**トポロジカルソート** (topological sort) は，頂点集合上の線形順序で，G が辺 (u, v) を含むならば，この線形順序で u が v より先に現れるものである．トポロジカルソートは，非巡回な有向グラフでのみ定義される；グラフに巡回路があれば，このような線形順序は存在しない．グラフのトポロジカルソートは，すべての有向辺が左から右へ向かう，水平線上での頂点の並べ方である．したがって，トポロジカルソートは第 II 部（ソートと順序統計量）で説明した普通の「ソート」とは違う．

多くの応用では，事象間の生起順序を示すために有向非巡回グラフを用いる．八五郎教授が朝起きて服を着るときの例を図 20.7 に示す．教授は（靴を履く前に靴下を履く必要があるように）ある物を別のある物より先に着なければならないが，（靴下とズボンのように）どんな順序で着てもよい物もある．図 20.7(a) に示す有向非巡回グラフの有向辺 (u, v) は衣服 u を衣服

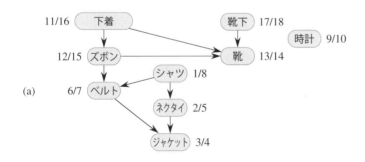

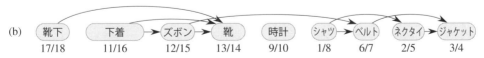

図 20.7 (a) 八五郎法春教授は衣服を着るときトポロジカルソートを行う．各有向辺 (u, v) は衣服 u は衣服 v より先に着なければならないことを示す．深さ優先探索を実行したときの発見時刻と終了時刻の対を各頂点の横に表示する．(b) 同じグラフをトポロジカルソートした結果．終了時刻の降順で左から右に頂点が並んでいる．すべての有向辺は左から右へ向かっている．

v の前に着なければならないことを示す．したがって，この有向非巡回グラフのトポロジカル
ソートは衣服を着る順序を与える．トポロジカルソートされた有向非巡回グラフを図 20.7(b)
に示す．すべての有向辺が左から右へ向かうように，頂点が水平線上に並んでいる．

手続き TOPOLOGICAL-SORT によってダグをトポロジカルソートする．図 22.7(b) にトポロ
ジカルソートされた頂点が終了時刻の逆順で現われる様子を示す．

TOPOLOGICAL-SORT(G)

1　各頂点 v の終了時刻 $v.f$ を計算するために DFS(G) を呼び出す
2　各頂点の探索が終了するたびに，この頂点を連結リストの先頭に挿入する
3　**return** 頂点の連結リスト

深さ優先探索に $\Theta(V + E)$ 時間かかり，$|V|$ 個の頂点のそれぞれを連結リストの先頭に挿
入するのに $O(1)$ 時間しかかからないので，TOPOLOGICAL-SORT は $\Theta(V + E)$ 時間で実行で
きる．

この驚くほど単純で効率の良いアルゴリズムの正当性を証明するために，キーになる有向非
巡回グラフを特徴づける次の補題より始める．

補題 20.11　有向グラフ G に巡回路が存在しないための必要十分条件は，G を深さ優先探索
したときに後退辺が生成されないことである．

証明　⇒：深さ優先探索が後退辺 (u,v) が生成されたと仮定する．すなわち，深さ優先森にお
いて頂点 v は頂点 u の祖先である．したがって，G に v から u への経路があるが，これに後
退辺 (u,v) を加えると巡回路になる．

⇐：G が巡回路 c を含むと仮定し，深さ優先探索で後退辺が生じることを証明する．c の中
で最初に発見される頂点を v，c において v に向かう辺を (u,v) とする．時刻 $v.d$ に，c に属
する頂点集合は v から u に至る白頂点だけからなる経路を形成する．白色経路定理より深さ
優先森では頂点 u は v の子孫になる．したがって，(u,v) は後退辺である．　■

定理 20.12　手続き TOPOLOGICAL-SORT は，与えられた有向非巡回グラフをトポロジカル
ソートする．

証明　各頂点の終了時刻を決定するために，DFS は，与えられた有向非巡回グラフ $G = (V,E)$
上で実行されると仮定する．任意の 2 つの異なる頂点 $u,v \in V$ に対して，u から v への辺が
G にあれば，$v.f < u.f$ であることを証明すれば十分である．DFS(G) が探索する任意の辺
(u,v) を考える．この辺を探索するとき，v は灰ではない．なぜなら，v が灰のときにこの辺
を探索するとすると，v は u の祖先であり，(u,v) が後退辺なので補題 20.11 に矛盾する．し
たがって，v は白か黒である．v が白ならば，v は u の子孫になるので，$v.f < u.f$ である．v
が黒ならば，v の探索はすでに終了し，$v.f$ はすでに設定されている．一方，DFS は u からの
探索を実行中であり，まだ時刻印を $u.f$ に代入していない．したがって，$u.f$ が設定されたと
きには，$u.f$ は $v.f$ より大きい．したがって，この有向非巡回グラフの任意の辺 (u,v) に対し
て $v.f < u.f$ が成立し，定理が証明された．　■

練習問題

20.4-1 図 20.8 に示す有向非巡回グラフに対して TOPOLOGICAL-SORT を実行したとき，TOPOLOGICAL-SORT が生成する頂点の順序を求めよ．手続き DFS の第 5〜7 行の **for** ループにおいて頂点はアルファベット順で現れ，各隣接リストもアルファベット順で並べられていると仮定せよ．

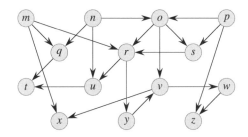

図 20.8 練習問題 20.4-1 で用いるトポロジカルソートのための有向非巡回グラフ．

20.4-2 有向非巡回グラフ $G = (V, E)$ と 2 頂点 a, b を入力とし，G における a から b への単純路の個数を返す線形時間アルゴリズムを与えよ．たとえば，図 20.8 の有向非巡回グラフでは，頂点 p から頂点 v に至るちょうど 4 本の単純路 $\langle p, o, v \rangle$, $\langle p, o, r, y, v \rangle$, $\langle p, o, s, r, y, v \rangle$, $\langle p, s, r, y, v \rangle$ がある．アルゴリズムは単純路の個数を計算すればよく，単純路を列挙する必要はない．

20.4-3 与えられた無向グラフ $G = (V, E)$ が単純閉路を含むか否かを判定するアルゴリズムを与えよ．アルゴリズムの実行時間は，$|E|$ には関係なく，$O(V)$ でなければならない．

20.4-4 以下の命題は正しいか．正しいなら証明を，正しくないなら反例を与えよ．有向グラフ G が閉路を含むとき，TOPOLOGICAL-SORT(G) は出力の順序と矛盾する "悪い" 辺の本数を最小化する頂点の順序を出力する．

20.4-5 与えられた有向非巡回グラフ $G = (V, E)$ に対して，入次数が 0 の頂点 u を発見し，u を出力し，u とそこから出る辺をグラフからすべて削除する操作を繰り返すことで，G をトポロジカルソートできる．このアイデアに従って $O(V + E)$ 時間アルゴリズムを設計せよ．このアルゴリズムは G が巡回路を持つ場合にはどのように振る舞うか？

20.5 強連結成分

昔からよく知られている深さ優先探索の応用を考えよう：有向グラフを強連結成分に分解する問題である．本節では，この分解を 2 回の深さ優先探索を用いて計算する方法を紹介する．有向グラフに関する多くのアルゴリズムは，このような分解から処理を開始する．グラフを強連結成分に分解した後，個々の強連結成分上でアルゴリズムを実行し，得られた解を成分間の連結構造にしたがって組み合わせて，最終的な解を得る．

付録第 B 章（集合など）で定義したように，有向グラフ $G = (V, E)$ の強連結成分は，次の条件を満たす極大な頂点集合 $C \subseteq V$ である．$u, v \in C$ のどの頂点対 u, v に対しても $u \rightsquigarrow v$

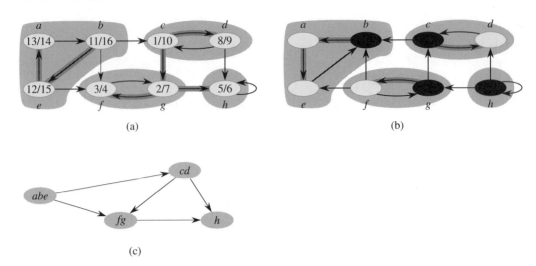

図 20.9 (a) 有向グラフ G. G の各強連結成分を濃い網かけの領域で示す．各頂点のラベルは深さ優先探索が出力する発見時刻と終了時刻である．濃い網かけの辺は木辺である．(b) グラフ G の転置 G^{T} と STRONGLY-CONNECTED-COMPONENTS の第 3 行で求めた深さ優先森（木辺は濃い網かけで表す）を示す．各強連結成分が 1 つの深さ優先木に対応している．黒色の頂点 b, c, g, h が G^{T} の深さ優先探索が生成した深さ優先探索木の根である．(c) G の各強連結成分に属するすべての頂点と辺を 1 個の頂点に縮約することで得られる非巡回成分グラフ G^{SCC}．

かつ $v \rightsquigarrow u$, すなわち，頂点 u と v は互いに到達可能である．図 20.9 に例を示す．

グラフ $G = (V, E)$ の強連結成分を求めるアルゴリズムは，G の転置を用いる．練習問題 20.1-3 で定義したように，G の転置はグラフ $G^{\mathrm{T}} = (V, E^{\mathrm{T}})$, $E^{\mathrm{T}} = \{(u, v) : (v, u) \in E\}$ である．すなわち，E^{T} は G の辺の方向を逆にしたものである．G の隣接リストが与えられると，G^{T} を $\Theta(V + E)$ 時間で生成できる．G と G^{T} は，まったく同じ強連結成分を持つ．すなわち，G 上で u と v が互いに到達可能であることと，G^{T} 上でこれらが互いに到達可能であることとは等価である．図 20.9(b) のグラフは図 20.9(a) のグラフの転置であり，その強連結成分が濃い網かけで示されている．

以下の線形時間(すなわち，$\Theta(V+E)$ 時間)の手続き STRONGLY-CONNECTED-COMPONENTS は，深さ優先探索を 2 回，最初に G 上で，つぎに G^{T} 上で実行することによって有向グラフ $G = (V, E)$ の強連結成分を求める．

STRONGLY-CONNECTED-COMPONENTS(G)

1　DFS(G) を呼び出し，各頂点 u に対して終了時刻 $u.f$ を計算する
2　G^{T} を生成する
3　DFS(G^{T}) を呼び出すが，DFS の主ループでは
　　（第 1 行で計算した）$u.f$ の降順で頂点を探索する
4　第 3 行で生成した深さ優先森の各木の頂点を，
　　それぞれ分離された強連結成分として出力する

このアルゴリズムの背後にあるアイデアは，以下で定義する**成分グラフ** (component graph) $G^{\mathrm{SCC}} = (V^{\mathrm{SCC}}, E^{\mathrm{SCC}})$ に関する重要な性質に基づいている．G の強連結成分を

$C_1, C_2, \ldots, C_k$ とする．頂点集合 V^{SCC} は $\{v_1, v_2, \ldots, v_k\}$ であり，G の各強連結成分 C_i に対して 1 つの頂点 v_i を含む．有向辺 $(v_i, v_j) \in E^{\mathrm{SCC}}$ が存在するのは，ある $x \in C_i$ と $y \in C_j$ に対して G が有向辺 (x, y) を含むときである．別の見方をすると，（1 つの強連結成分に対して）1 つの頂点だけが残るように，接続する 2 頂点が G の同じ強連結成分に属するすべての辺を縮約することで得られるグラフが G^{SCC} である．図 20.9(a) に示すグラフの成分グラフを図 20.9(c) に示す．

次の補題は成分グラフが非巡回であるという重要な性質を与えている．この性質を用いれば，2 度目の深さ優先探索で，1 度目の深さ優先探索で計算した終了時刻の降順で頂点を訪問することで，アルゴリズムは成分グラフの頂点をトポロジカルソート順で訪問していることが明らかになる．

補題 20.13 有向グラフ $G = (V, E)$ の 2 つの異なる強連結成分を C と C'，$u, v \in C$，$u', v' \in C'$，とし，G には経路 $u \rightsquigarrow u'$ が存在すると仮定する．このとき，G には経路 $v' \rightsquigarrow v$ が存在しない．

証明 G に経路 $v' \rightsquigarrow v$ が存在するなら，G に経路 $u \rightsquigarrow u' \rightsquigarrow v'$ と $v' \rightsquigarrow v \rightsquigarrow u$ が存在する．したがって，u と v は互いに到達可能であり，C と C' が異なる強連結成分であるという仮定に矛盾する． ■

手続き Strongly-Connected-Components は深さ優先探索を 2 回実行するので，発見時刻や終了時刻と言ってもどちらの深さ優先探索によるものかは曖昧性が残る．本節では，発見時刻と終了時刻は第 1 行の **1 回目の DFS** によって計算されたものとする．

発見時刻と終了時刻の表記法を頂点の集合に対して拡張する．頂点の部分集合 U に対して，$d(U)$ と $f(U)$ は，それぞれ，U の任意の頂点の中で最初に発見された時刻と最後の終了時刻，すなわち $d(U) = \min\{u.d : u \in U\}$, $f(U) = \max\{u.f : u \in U\}$ である．

次の補題とその系は強連結成分と 1 回目の深さ優先探索が計算する終了時刻を関係づける重要な性質である．

補題 20.14 有向グラフ $G = (V, E)$ の 2 つの異なる強連結成分を C と C' とする．$u \in C'$ と $v \in C$ を結ぶ辺 $(u, v) \in E$ が存在すると仮定する．このとき，$f(C') > f(C)$ である．

証明 1 回目の深さ優先探索が強連結成分 C と C' のどちらに属する頂点を先に発見したかによって，2 つのケースを考える．

$d(C') < d(C)$ のとき，探索が C' の中で最初に発見した頂点を x とする．時刻 $x.d$ には C と C' の頂点はすべて白なので，この時刻には，G には x から C' の各頂点に至る白頂点だけから構成される経路が含まれている．$(u, v) \in E$ なので，時刻 $x.d$ には，x から任意の頂点 $w \in C$ に至る白頂点だけから構成される経路 $x \rightsquigarrow u \rightarrow v \rightsquigarrow w$ も G に存在している．そこで，白色経路定理（定理 20.9）より，C と C' に属するすべての頂点は深さ優先木の中で x の子孫になる．系 20.8 より，x の終了時刻はその子孫の終了時刻のどれよりも遅いので，$x.f = f(C') > f(C)$ である．

一方，$d(C') > d(C)$ のとき，探索が C の中で最初に発見した頂点を y とする．すなわち，$y.d = d(C)$ とする．時刻 $y.d$ には C の頂点はすべて白なので，y から C の各頂点に至る

白頂点だけから構成される経路が G に存在する．そこで，白色経路定理（定理 20.9）より，C のすべての頂点は深さ優先木の中で y の子孫であり，系 20.8 より $y.f = f(C)$ である．$f(C') > f(C) = y.f$ なので，時刻 $y.d$ には C' の頂点はすべて白である．C' から C に辺 (u, v) が存在するので，補題 20.13 より C から C' への経路は存在しない．よって，C' の任意の頂点が y から到達不可能であるので，時刻 $y.f$ には C' のすべての頂点はまだ白である．したがって，任意の頂点 $w \in C'$ に対して $w.f > y.f$ であり，$f(C') > f(C)$ が成立する． ■

系 20.15 C と C' を有向グラフ $G = (V, E)$ の 2 つの異なる強連結成分とし，$f(C) > f(C')$ と仮定する．このとき，E^{T} には $u \in C'$ かつ $v \in C$ を結ぶ辺 (v, u) は存在しない．

証明 補題 20.14 の対偶によって，もし，$f(C') < f(C)$ ならば，$u \in C'$ かつ $v \in C$ である辺 $(u, v) \in E$ は存在しない．G と G^{T} の強連結成分は同じなので，$(u, v) \in E$ となる辺が存在しなければ，$u \in C'$ かつ $v \in C$ である辺 $(u, v) \in E^{\mathrm{T}}$ は存在しない． ■

　強連結成分アルゴリズムが正しく動作する理由を理解するための鍵が系 20.15 である．2 回目の深さ優先探索を G^{T} 上で実行するときに何が起こるかを検討しよう．この探索を，1 回目の深さ優先探索の終了時刻が最大の頂点 x から開始する．x はある強連結成分 C にあり，$x.f$ は最大なので，$f(C)$ はすべての強連結成分のなかで最大である．探索は $x \in C$ から開始して，C のすべての頂点を訪問する．系 20.15 より G^{T} に C を出て他の強連結成分に入る辺は存在しないので，x からの探索が他の強連結成分に属する頂点に到達することはない．したがって，x を根とする木は C の頂点だけを含む．C の頂点をすべて訪問した後，2 回目の深さ優先探索では，終了時刻 $f(C')$ が C 以外の強連結成分の中で最大の強連結成分 C' に属するある頂点を根として選ぶ．同様に，探索は C' の頂点をすべて訪問するが，系 20.15 より C' を出て他の強連結成分へ入る G^{T} の辺は C への辺であり，2 回目の深さ優先探索では C は訪問済みである．一般に，G^{T} 上の深さ優先探索が第 3 行である強連結成分を訪問するとき，この成分から出る辺はすべて訪問済みの成分への辺である．したがって，各深さ優先木はちょうど 1 つの強連結成分になる．この議論を形式化すると次の定理を得る．

定理 20.16 手続き Strongly-Connected-Components は，入力である有向グラフ G の強連結成分を正しく計算する．

証明 G^{T} 上の深さ優先探索が第 3 行で発見する深さ優先木の個数に関する帰納法によって，各深さ優先木に属する頂点集合がそれぞれある強連結成分であることを示す．第 3 行で求めた最初の k 個の木が強連結成分であることが帰納法の仮定である．基底，すなわち $k = 0$ の場合は自明である．

　帰納段階では，第 3 行で構成する最初の k 個の深さ優先木が強連結成分であることを仮定して，$(k + 1)$ 番目に構成する木を考える．この木の根を u，u が属する強連結成分を C とする．第 3 行での深さ優先木の根の選び方から，未訪問の C 以外の任意の強連結成分 C' に対して $u.f = f(C) > f(C')$ が成立する．帰納法の仮定から，探索が u を訪問した時刻では，C の他の頂点はすべて白である．したがって，白色経路定理（定理 20.9）より，u を含む深さ優先木の中で，C のすべての頂点は u の子孫になる．一方，帰納法の仮定と系 20.15 より，G^{T} に属する C を出るすべての辺は訪問済みの強連結成分への辺であり，C 以外のある強連結成分に

属する頂点が G^{T} 上の深さ優先探索によって u の子孫になることはない．したがって，G^{T} の深さ優先木で u を根とする木の全頂点はある 1 つの強連結成分に一致する．したがって，帰納段階が成立し，証明が完成した． ∎

2 回目の深さ優先探索の動作を考察する別の方法がある．G^{T} の成分グラフ $(G^{\mathrm{T}})^{\mathrm{SCC}}$ を考えよう．2 回目の深さ優先探索が訪問する各強連結成分を対応する $(G^{\mathrm{T}})^{\mathrm{SCC}}$ の頂点に写像すると，2 回目の深さ優先探索は $(G^{\mathrm{T}})^{\mathrm{SCC}}$ の頂点をトポロジカルソートの逆順で訪問している．$(G^{\mathrm{T}})^{\mathrm{SCC}}$ の辺を逆向きにすると，グラフ $((G^{\mathrm{T}})^{\mathrm{SCC}})^{\mathrm{T}}$ を得る．$((G^{\mathrm{T}})^{\mathrm{SCC}})^{\mathrm{T}} = G^{\mathrm{SCC}}$ なので（練習問題 20.5-4 参照），2 回目の深さ優先探索は G^{SCC} の各頂点をトポロジカルソートされた順序で訪問する．

練習問題

20.5-1　1 本の辺を新たに加えることでグラフの強連結成分数はどの程度変化できるか？

20.5-2　図 20.6 に示すグラフ上での手続き STRONGLY-CONNECTED-COMPONENTS の振舞いを示せ．具体的には，第 1 行で計算する終了時刻と第 3 行で構築する森を示せ．DFS の第 5〜7 行のループはアルファベット順で頂点を検討し，隣接リストはアルファベット順で並んでいると仮定せよ．

20.5-3　算砂教授は 2 回目の深さ優先探索の対象を（転置グラフではなく）元のグラフとし，頂点を終了時刻の**昇順**で探索するように，このアルゴリズムを書き直した．この修正されたアルゴリズムはつねに正しい結果を生成するか？

20.5-4　任意の有向グラフ G に対して，G^{T} の成分グラフの転置は G の成分グラフと等しいこと，すなわち，$((G^{\mathrm{T}})^{\mathrm{SCC}})^{\mathrm{T}} = G^{\mathrm{SCC}}$ が成立することを証明せよ．

20.5-5　有向グラフ $G = (V, E)$ の成分グラフを求める $O(V + E)$ 時間アルゴリズムを与えよ．設計したアルゴリズムが構成する成分グラフには，2 頂点間に高々 1 つの辺しか存在してはならない．

20.5-6　有向グラフ $G = (V, E)$ が与えられたとき，G' は G と同じ強連結成分を持ち，G' は G と同じ成分グラフを持ち，E' のサイズはできる限り小さくなるような $G' = (V, E')$ を構成する $O(V + E)$ 時間アルゴリズムを与えよ．

20.5-7　すべての頂点対 $u, v \in V$ に対して $u \rightsquigarrow v$ または $v \rightsquigarrow u$ が成立するとき，有向グラフ $G = (V, E)$ は**半連結** (semiconnected) であると言う．G が半連結であるかどうかを判定する効率の良いアルゴリズムを与えよ．アルゴリズムの正当性を証明し，その実行時間を解析せよ．

20.5-8　$G = (V, E)$ を有向グラフとし，$l : V \to \mathbb{R}$ を各頂点に実数値ラベル l を割り当てる関数とする．頂点 $s, t \in V$ に対して

$$\Delta l(s, t) = \begin{cases} l(t) - l(s) & G \text{ において } s \text{ から } t \text{ に経路が存在するとき} \\ -\infty & \text{その他のとき} \end{cases}$$

と定義する．すべての頂点対に対して $\Delta l(s, t)$ が最大となる頂点 s と t を見つける $O(V + E)$ 時間アルゴリズムを与えよ．（**ヒント**：練習問題 20.5-5 を利用せよ．）

章末問題

20-1 幅優先探索による辺の分類
深さ優先森はグラフの辺を木辺，後退辺，前進辺，横断辺に分類する．同様に，幅優先木を用いても，幅優先探索の始点から到達可能な辺を，この4種類に分類できる．

a. 無向グラフの幅優先探索では以下の性質が成立することを証明せよ：
1. 後退辺も前進辺も存在しない．
2. (u,v) が木辺ならば，$v.d = u.d + 1$ が成立する．
3. (u,v) が横断辺ならば，$v.d = u.d$ または $v.d = u.d + 1$ が成立する．

b. 有向グラフの幅優先探索では以下の性質が成立することを証明せよ：
1. 前進辺は存在しない．
2. (u,v) が木辺ならば，$v.d = u.d + 1$ が成立する．
3. (u,v) が横断辺ならば，$v.d \leq u.d + 1$ が成立する．
4. (u,v) が後退辺ならば，$0 \leq v.d \leq u.d$ が成立する．

20-2 関節点，橋，および2連結成分
$G = (V, E)$ を無向連結グラフとする．削除すると G が非連結になる頂点を G の**関節点** (articulation point) と言う．削除すると G が非連結になる辺を G の**橋** (bridge) と言う．G の辺集合で，その集合に属するどの2つの辺もある共通の単純閉路に属し，しかも極大なものを G の **2連結成分** (biconnected component) と言う．図 20.10 に，これらの定義を図解する．深さ優先探索を用いて関節点，橋，および2連結成分を決定できる．$G_\pi = (V, E_\pi)$ を G の深さ優先木とする．

a. G_π の根が G の関節点であるための必要十分条件は，G_π において根が少なくとも2個の子を持つことである．この事実を示せ．

b. v を G_π の根以外の頂点とする．v が関節点であるための必要十分条件は，v にある子 s が存在して，s あるいは s の子孫から v の真の祖先への後退辺が存在しないことである．こ

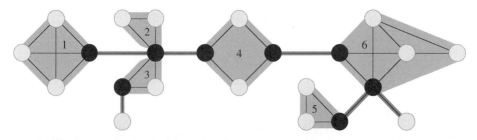

図 20.10 章末問題 20-2 で用いる無向連結グラフの関節点，橋，および2連結成分．関節点は黒色の頂点，橋は濃い網かけの辺，2連結成分は濃い網かけの領域（bcc 番号が振られている）の辺たちである．

の事実を示せ.

c. $v.low$ を次のように定義する.

$$v.low = \min \begin{cases} v.d \\ w.d : (u,w) \text{ が } v \text{ のある子孫 } u \text{ に対して後退辺である} \end{cases}$$

このとき, すべての頂点 $v \in V$ に対して $v.low$ を $O(E)$ 時間で求める方法を示せ.

d. すべての関節点を $O(E)$ 時間で求める方法を示せ.

e. G の辺が橋であるための必要十分条件は, この辺が G のどの単純閉路にも属さないことである. この事実を示せ.

f. G のすべての橋を $O(E)$ 時間で求める方法を示せ.

g. G の 2 連結成分は G の橋以外の辺の集合の分割であることを証明せよ.

h. e と e' が同じ 2 連結成分に属すときかつそのときに限り $e.bcc = e'.bcc$ となるように, 正整数 $e.bcc$ を G の各辺にラベルづけする $O(E)$ 時間アルゴリズムを設計せよ.

20-3 オイラー巡回路
強連結有向グラフ $G = (V, E)$ の**オイラー巡回路** (Euler tour) は, 頂点を 2 回以上訪問してもよいが, 各辺はすべてちょうど 1 回しか辿らない閉路である.

a. G がオイラー巡回路を持つための必要十分条件は, 各頂点 $v \in V$ に対して, in-degree(v) = out-degree(v) が成立することである. この事実を示せ.

b. G のオイラー巡回路を存在するなら, それを求める $O(E)$ 時間アルゴリズムを設計せよ. (**ヒント:** 辺素な閉路を併合せよ.)

20-4 到達可能性
$G = (V, E)$ を有向グラフとし, 各頂点 $u \in V$ には集合 $\{1, 2, \ldots, |V|\}$ から選択された相異なる整数 $L(u)$ がラベルづけられていると仮定する. 各頂点 $u \in V$ に対して, $R(u) = \{v \in V : u \leadsto v\}$ を u から到達可能な頂点の集合とし, $R(u)$ の頂点の中で最小のラベル値を持つものを $\min(u)$ とする. すなわち, $\min(u)$ は $L(v) = \min \{L(w) : w \in R(u)\}$ を満たす頂点 v である. すべての頂点 $u \in V$ に対して, $\min(u)$ を求める $O(V + E)$ 時間アルゴリズムを与えよ.

20-5 平面的グラフへの頂点の挿入とクエリー
平面的グラフ (planar graph) は, 辺を交差することなく, 平面に描画できる無向グラフである. オイラーは, すべての平面的グラフは $|E| < 3|V|$ であることを証明した.

平面的グラフ G 上の次の 2 つの操作を考えよう:

- INSERT$(G, v, neighbors)$ は, G に新しい頂点 v を挿入するが, $neighbors$ は, すでに G に挿入された頂点の (空かもしれない) 配列で, v を挿入したとき $neighbors$ のすべてが v の近傍となる.

- NEWEST-NEIGHBOR(G, v) は，v の近傍のうち G に最後に挿入された頂点を返す．v に近傍がない場合は NIL を返す．

これら 2 つの操作を，NEWEST-NEIGHBOR は $O(1)$ の最悪時時間で，INSERT は $O(1)$ のならし時間で動作できるようなデータ構造を設計せよ．INSERT に与えられる配列 *neighbors* の長さは可変であることに注意せよ．（**ヒント**： ならし解析で用いたポテンシャル関数を利用せよ．）

文献ノート

Even [137] と Tarjan [429] は，グラフアルゴリズムに関する優れた文献である．

幅優先探索は，迷路を抜ける経路を発見する問題から，Moore [334] によって発見された．Lee [280] は，回路基板の配線を決定する問題から，同じアルゴリズムを独立に見つけた．

Hopcroft–Tarjan [226] は，疎なグラフに対しては隣接行列表現よりも隣接リスト表現を用いることを提唱し，深さ優先探索のアルゴリズム上の重要性を最初に認識した．深さ優先探索は，1950 年代以降，とくに人工知能プログラムの中で広く用いられてきた．

Tarjan [426] は，強連結成分を求める線形時間のアルゴリズムを与えた．第 20.5 節で与えた強連結成分を求めるアルゴリズムは，Aho–Hopcroft–Ullmann [6] に拠っている．彼らはこのアルゴリズムを S.R. Kosaraju（未発表）と Sharir [408] の業績としている．また，Dijkstra [117, 第 25 章] は，閉路の縮約に基づいた強連結成分に対するアルゴリズムを開発した．その後，Gabow [163] がこのアルゴリズムを再発見した．トポロジカルソートの線形時間アルゴリズムを最初に与えたのは Knuth [259] である．

21 最小全域木

MINIMUM SPANNING TREES

電子回路設計では，いくつかの部分回路の端子をすべて等電位にするために結線することがよくある．n 個の端子の相互結合は，それぞれが 2 つの端子をつなぐ $n-1$ 本の配線の組合せによって実現できる．そして，多くの可能な組合せの中で配線長が最短のものが普通は最も望ましい．

この配線問題は連結無向グラフ $G = (V, E)$ を用いてモデル化できる．ここで，V は端子の集合，E は端子対間の可能な結線の集合であり，各辺 $(u, v) \in E$ には，u と v を結線するのに必要なコスト（必要な配線長）を指定する重み $w(u, v)$ が与えられる．このとき，すべての頂点を結合する非巡回な辺の集合 $T \subseteq E$ で，重みの合計

$$w(T) = \sum_{(u,v) \in T} w(u, v)$$

が最小であるものを求めたい．T は非巡回で，すべての頂点を結んでいるので，木である．さらに，グラフ G 全体を"張っている (span)" ので，このような木を**全域木** (spanning tree) と呼ぶ．T を求める問題を**最小全域木問題** (minimum-spanning-tree problem)[1] と呼ぶ．連結グラフとその最小全域木の例を図 21.1 に示す．

本章では最小全域木問題を解く 2 つの方法を検討する．Kruskal のアルゴリズムと Prim のアルゴリズムは共に $O(E \lg V)$ 時間で実行できる．Prim のアルゴリズムは 2 分ヒープを優先度つきキューとして用いることによってこの限界を達成する．フィボナッチヒープ (404 ページ参照) を代わりに用いると，Prim のアルゴリズムの実行時間が $O(E + V \lg V)$ に短縮でき

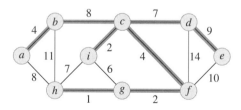

図 21.1 連結グラフに対する最小全域木．各辺の重みが示されていて，最小全域木の辺が濃い網かけで示されている．この木全体の重みは 37 である．このグラフの最小全域木は一意に決まらない：辺 (b, c) を削除し，辺 (a, h) で置き換えると，同じ重み 37 を持つ別の最小全域木が得られる．

---

[1] "最小全域木"は"最小重み全域木"の省略形である．付録第 B.5.1 項の定理 B.2 (989 ページ) より，すべての全域木はちょうど $|V| - 1$ 本の辺を含むので，T の辺数を最小化しようとしているのではない．

る．$|V|$ より $|E|$ が漸近的に速く増加する場合には，この限界は $O(E \lg V)$ よりも良い．

第 15 章（貪欲アルゴリズム）で説明したように，これらのアルゴリズムは，貪欲アルゴリズムである．貪欲アルゴリズムの各ステップは，可能ないくつかの選択肢の中から 1 つを選択しなければならない．貪欲戦略は，選択の時点で最善の選択をすべきであると主張する．このような戦略では，つねに問題の大局的に最適な解が生成できるとは限らない．しかし，最小全域木問題に対しては，ある貪欲戦略が重み最小の全域木を確かに生成することを証明できる．本章は第 15 章と独立に読むことができる．しかし，本章で説明する貪欲法は第 15 章で導入した理論的概念の古典的な応用例である．

辺を 1 本ずつ加えて全域木を成長させていく "汎用 (generic)" 最小全域木手続きを第 21.1 節で導入する．第 21.2 節では汎用手続きを実現する 2 通りの方法を与える．Kruskal による最初のアルゴリズムは，第 19.1 節（互いに素な集合族の操作）で述べた連結成分アルゴリズムに似ている．Prim による 2 番目のアルゴリズムは（第 22.3 節（Dijkstra のアルゴリズム）で説明する）Dijkstra の最短路アルゴリズムと似ている．

木は一種のグラフなので，正確に言うと，木は辺だけではなく頂点も含めて定義する必要がある．本章では木を構成する辺だけに着目して木を定義するが，木 T の頂点集合は，T に属するある辺に接続する頂点の集合であると，暗黙のうちに了解している．

21.1 最小全域木の成長

最小全域木問題への入力は重み関数 $w : E \to \mathbb{R}$ を持つ連結無向グラフ $G = (V, E)$ であり，その目的は G の最小全域木を求めることである．本章で考察する 2 つのアルゴリズムは，適用方法は異なるが，共に貪欲法に基づいている．

この貪欲戦略は，辺を 1 本ずつ加えて手持ちの最小全域木を成長させる，下の GENERIC-MST 手続きによって捉えることができる．汎用手続き GENERIC-MST は辺集合 A を次のループ不変式が維持されるように管理する：

各繰返しの直前では，A はある最小全域木の部分集合である．

各ステップでは，この不変式に違反せずに A に追加できる辺 (u, v)，すなわち $A \cup \{(u, v)\}$ もまた最小全域木のある部分集合となる辺 (u, v) を求める．このような辺は不変式を維持したまま安全に A に追加できるので，A に対する**安全な辺** (safe edge) と呼ぶ．

GENERIC-MST(G, w)

1　$A = \emptyset$
2　**while** A は全域木を構成していない
3　　　A に対して安全な辺 (u, v) を発見する
4　　　$A = A \cup \{(u, v)\}$
5　**return** A

この汎用手続きはループ不変式を以下のように利用する：

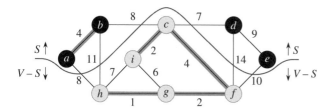

図 21.2 図 21.1 に示したグラフのカット $(S, V-S)$. 黒色の頂点は集合 S に属し，薄い網かけの頂点は $V-S$ に属する．このカットと交差する辺は薄い網かけの頂点と黒色の頂点を結ぶ辺である．辺 (d, c) はカットと交差する辺で唯一の軽い辺である．辺の部分集合 A を濃い網かけの辺で示す．A のどの辺もカット $(S, V-S)$ と交差しないのでこのカットは A を尊重する．

初期条件: 第 1 行目の後，集合 A は明らかにループ不変式を満たす．

ループ内条件: 第 2～4 行の **while** ループは，安全な辺だけを追加することでループ不変式を維持する．

終了条件: A に加えられたすべての辺は，ある最小全域木に属する．そして，すべての辺を検査し終わった後，ループは終了しなければならない．したがって，第 5 行が返す集合 A は最小全域木である．

第 3 行における安全な辺の発見が，もちろんキーとなる部分である．第 3 行を実行するときループ不変式が $A \subseteq T$ を満たす全域木 T の存在を保証するので，安全な辺は必ず存在する．**while** ループの中では A は T の真部分集合でなければならないので，$(u, v) \notin A$ かつ A に対して安全な辺 $(u, v) \in T$ が必ず存在する．

本節の以下の部分では，安全な辺を識別するための規則（定理 21.1）を与える．次節では，この規則を用いて安全な辺を効率よく求める 2 つのアルゴリズムを記述する．

まず定義がいくつか必要になる．無向グラフ $G = (V, E)$ の**カット** (cut) $(S, V-S)$ は V の分割である．図 21.2 にこの概念を図示する．辺 $(u, v) \in E$ の一方の端点が S にあり，他方が $V-S$ にあるとき，(u, v) はカット $(S, V-S)$ と**交差する** (cross) と言う．辺集合 A に属するどの辺もカットと交差しないとき，このカットは A を**尊重する** (respect) と言う．カットと交差する辺の中で重み最小の辺を**軽い辺** (light edge) と言う．同じ重みの辺が複数存在するときには，あるカットと交差する軽い辺が一意に決まらないことがある．より一般的には，ある与えられた性質を満たす辺の中で重みが最小の辺を，**軽い辺** (light edge) と言う．

次の定理は安全な辺を識別するための規則である．

定理 21.1 $G = (V, E)$ を E 上で実数値重み関数 w が定義されている連結無向グラフとする．G のある最小全域木の部分集合を $A \subseteq E$，A を尊重する G のカットを $(S, V-S)$，辺 (u, v) を $(S, V-S)$ と交差する軽い辺とする．このとき，辺 (u, v) は A に対して安全である．

証明 A を含む最小全域木を T とする．T が軽い辺 (u, v) を含むなら証明が完了するので，T は (u, v) を含まないと仮定する．切貼り法 (cut-and-paste technique) を用いて $A \cup \{(u, v)\}$ を含む別の最小全域木 T' を構成し，(u, v) が A に対して安全であることを示す．

図 21.3 に図示するように，T の u から v への単純路 p に辺 (u, v) を加えると閉路ができる．u と v はカット $(S, V-S)$ の反対側にあるから，このカットと交差する T の辺が p 上に少なくとも 1 つ存在する．このような辺の 1 つを (x, y) とする．カット $(S, V-S)$ は A を尊

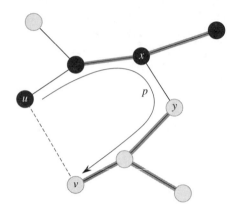

図 21.3 定理 21.1 の証明．黒色の頂点は S に属し，薄い網かけの頂点は $V-S$ に属する．最小全域木 T の辺と，T に属さない辺 (u,v) だけを表示する．A の辺を濃い網かけで示す．(u,v) はカット $(S,V-S)$ と交差する軽い辺である．辺 (x,y) は T における u から v への唯一の単純路 p の辺である．T から辺 (x,y) を削除し，辺 (u,v) を加えると，(u,v) を含む最小全域木 T' が構成できる．

重するので，辺 (x,y) は A に属さない．(x,y) は T の u から v への唯一の単純路上にあるので，(x,y) を削除すると T は 2 つの成分に分かれる．これに (u,v) を加えると，新たな全域木 $T' = (T-\{(x,y)\}) \cup \{(u,v)\}$ が構成できる．

つぎに T' が最小全域木であることを証明する．(u,v) は $(S,V-S)$ と交差する軽い辺であり，(x,y) もこのカットと交差するので，$w(u,v) \leq w(x,y)$ である．したがって

$$w(T') = w(T) - w(x,y) + w(u,v)$$
$$\leq w(T)$$

が成立する．しかし，T は最小全域木なので，$w(T) \leq w(T')$ も成立する．したがって，T' も最小全域木である．

(u,v) が実際に A に対する安全な辺であることの証明が残されている．$A \subseteq T$ かつ $(x,y) \notin A$ なので $A \subseteq T'$ である．したがって，$A \cup \{(u,v)\} \subseteq T'$ である．T' は最小全域木なので (u,v) は A に対して安全である． ∎

定理 21.1 によって連結グラフ $G = (V, E)$ 上での GENERIC-MST 手法の働きを理解できる．この手法が進行しても，A はある最小全域木の部分集合であり，木は非巡回なので，A はつねに非巡回である．実行の任意の時点で，グラフ $G_A = (V, A)$ は森であり，G_A の各連結成分は木である．（いくつかの木は頂点を 1 個しか含まないかもしれない．たとえば，この手法が開始された直後は，A は空で，森は各頂点に対応する $|V|$ 本の木から構成される．）さらに，A に対するどの安全な辺 (u,v) も，$A \cup \{(u,v)\}$ は非巡回なので，G_A の異なる成分を連結する．

GENERIC-MST の第 2〜4 行の **while** ループは，繰返しのたびに最小全域木に属する $|V|-1$ 本の辺を 1 本ずつ決定してゆき，$|V|-1$ 回繰り返される．この森が 1 本の木になると，この手法は終了する．

第 21.2 節の 2 つのアルゴリズムは以下に述べる定理 21.1 の系を使う．

系 21.2 $G = (V, E)$ を E 上で実数値重み関数 w が定義されている連結無向グラフとする．G のある最小全域木の部分集合を $A \subseteq E$，森 $G_A = (V, A)$ の任意の連結成分（木）を $C = (V_C, E_C)$ とする．(u, v) が C と G_A の他の連結成分を連結する軽い辺ならば，(u, v) は A に対して安全である．

証明 カット $(V_C, V - V_C)$ は A を尊重し，(u, v) はこのカットに対する軽い辺である．したがって，(u, v) は A に対して安全である． ■

練習問題

21.1-1 (u, v) をグラフ G の最小重み辺とする．(u, v) を含む G の最小全域木が存在することを示せ．

21.1-2 黒澤教授は定理 21.1 の逆を予想している．$G = (V, E)$ を E 上で実数値重み関数 w が定義されている連結無向グラフとする．G のある最小全域木の部分集合を $A \subseteq E$，A を尊重する G の任意のカットを $(S, V - S)$ とし，(u, v) を $(S, V - S)$ と交差する A に対する安全な辺とする．このとき，(u, v) はこのカットに対する軽い辺であると教授は予想しているのである．この予想が正しくないことを，反例をあげて示せ．

21.1-3 辺 (u, v) がある最小全域木に属するならば，この辺はこのグラフのあるカットと交差する軽い辺であることを示せ．

21.1-4 辺集合 $\{(u, v) :$ あるカット $(S, V - S)$ が存在して，(u, v) は $(S, V - S)$ と交差する軽い辺である$\}$ が最小全域木ではない簡単な連結グラフの例を与えよ．

21.1-5 連結グラフ $G = (V, E)$ のある閉路上の最大重み辺を e とする．$G' = (V, E - \{e\})$ の最小全域木でかつ G の最小全域木でもあるものが存在することを証明せよ．すなわち，e を含まない G の最小全域木が存在することを証明せよ．

21.1-6 グラフの任意のカットに対して，このカットと交差する軽い辺が一意に決まるならば，このグラフの最小全域木が一意に決まることを示せ．逆が成立しないことを反例をあげて示せ．

21.1-7 グラフの辺重みがすべて正ならば，全頂点を連結し，重みの総和が最小である任意の辺の集合が木であることを示せ．正でない重みを許すと同じ結論が成立しないことを，反例をあげて示せ．

21.1-8 グラフ G の最小全域木を T，T の辺重みのソート済みリストを L とする．G の任意の最小全域木を T' とすると，L は T' の辺重みのソート済みリストでもあることを示せ．

21.1-9 グラフ $G = (V, E)$ の任意の最小全域木を T，V の任意の部分集合を V' とする．T' を V' によって誘導される T の誘導部分グラフ，G' を V' によって誘導される G の誘導部分グラフとする．T' が連結ならば T' は G' の最小全域木であることを示せ．

21.1-10 あるグラフを G，その最小全域木を T とする．T に属する 1 本の辺の重みを減らしても，T は G の最小全域木であることを示せ．もっと正式に述べよう．辺重みが関数 w で与えられる G の最小全域木を T とする．辺 $(x, y) \in T$ と正の数 k を任意に選択し，重み関数 w' を

$$w'(u,v) = \begin{cases} w(u,v) & (u,v) \neq (x,y) \text{ のとき} \\ w(x,y) - k & (u,v) = (x,y) \text{ のとき} \end{cases}$$

と定義する．辺重みが w' によって与えられる G の最小全域木が T であることを示せ．

21.1-11 ★ 与えられたグラフ G と最小全域木 T に対して，T に属さない 1 本の辺の重み
が減少すると仮定する．変更されたグラフの最小全域木を求めるアルゴリズムを与えよ．

21.2 Kruskal と Prim のアルゴリズム

本節で述べる 2 つの最小全域木アルゴリズムは汎用手続きをより精巧にしたものである．こ
れらは GENERIC-MST の第 3 行で安全な辺を決定するためにそれぞれ独自の規則を用いる．
Kruskal のアルゴリズムでは，集合 A は与えられたグラフの頂点集合を頂点集合とする森であ
る．A に加える安全な辺は，つねに 2 つの異なる連結成分を連結するグラフの最小重み辺であ
る．Prim のアルゴリズムでは，集合 A は 1 つの木である．A に加える安全な辺は，つねにこ
の木とこの木に属さない頂点を連結する最小重み辺である．2 つのアルゴリズムでは共に，入
力グラフは連結しており，隣接リストによって表現されていると仮定する．

Kruskal のアルゴリズム

Kruskal のアルゴリズムは，森の中の任意の 2 つの木を結ぶすべての辺の中で重みが最小の辺
(u,v) を見つけ，成長させていく森に安全な辺として追加する．(u,v) が連結する 2 つの木を
C_1 および C_2 とする．(u,v) は C_1 を別の木と結ぶ軽い辺なので，系 21.2 から (u,v) はこの
森に対して安全な辺である．各ステップで重みが可能な限り小さい辺を森に加えているので，
Kruskal のアルゴリズムは貪欲アルゴリズムと呼ばれる資格がある．

第 19.1 節で述べた連結成分を計算するアルゴリズムと同様，手続き MST-KRUSKAL は互い
に素な集合族のためのデータ構造を互いに素ないくつかの集合を維持するために利用する．各
集合は現在の森の 1 つの木に属するすべての頂点を含んでいる．FIND-SET(u) 操作は u を
含む集合の代表元を返す．したがって，2 つの頂点 u と v が同じ木に属しているか否かを，

MST-KRUSKAL(G, w)

1 $A = \emptyset$
2 **for** 各頂点 $v \in G.V$
3   MAKE-SET(v)
4 $G.E$ の辺を含む 1 つのリストを生成する
5 重み w の単調増加順に $G.E$ の辺のリストをソートする
6 **for** ソートされたリストから順に各辺 $(u,v) \in G.E$
7   **if** FIND-SET$(u) \neq$ FIND-SET(v)
8          $A = A \cup \{(u,v)\}$
9   UNION(u,v)
10 **return** A

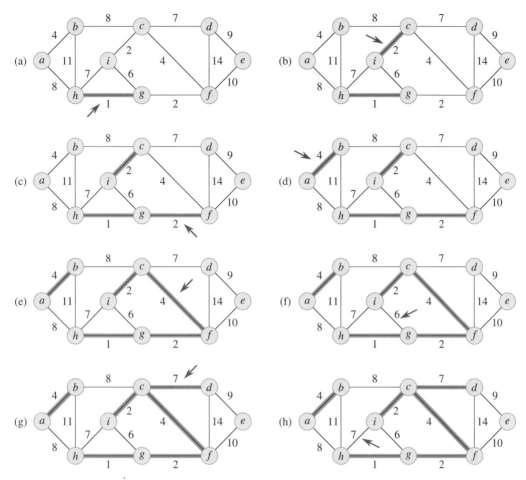

図 21.4 図 21.1 に示すグラフ上での Kruskal のアルゴリズムの実行．濃い網かけの辺は成長中の森 A に属す．アルゴリズムは各辺を辺の重みのソート順で検討する．矢印は各ステップでアルゴリズムが検討する辺を示す．この辺が森の 2 つの異なる木を結ぶなら，これを森に加え，2 つの木をマージする．

FIND-SET(u) と FIND-SET(v) が等しいか否かで判定できる．木を連結するために Kruskal のアルゴリズムは UNION 手続きを呼び出す．

　Kruskal のアルゴリズムの動作を図 21.4 に示す．第 1～3 行では集合 A を空集合に初期化し，各頂点がそれぞれ 1 つの木である $|V|$ 個の木を生成する．第 6～9 行の **for** ループでは辺重みが最小のものから始めて最大のものまで順に検討する．このループでは，各辺 (u, v) について，端点 u と v が同じ木に属するかどうかを調べる．両端点が同じ木に属すとき，辺 (u, v) を森に加えると閉路が形成されるので，この辺を捨てる．そうでなければ，この 2 頂点は別の木に属している．この場合には，辺 (u, v) を第 8 行で A に加え，2 つの木の頂点集合を第 9 行でマージする．

　グラフ $G = (V, E)$ に対する Kruskal のアルゴリズムの実行時間は，互いに素な集合族のためのデータ構造の実装方法に依存する．現在知られている中で漸近的に最速の方法なので，第 19.3 節（互いに素な集合の森）で述べた 2 つのヒューリスティック，ランクによる合併と経路圧縮を併用する互いに素な集合の森による実装方法を仮定する．第 1 行で A の初期化に $O(1)$ 時間，第 4 行で 1 つの辺のリストの生成に $O(V + E)$ 時間（G が連結なので，これは

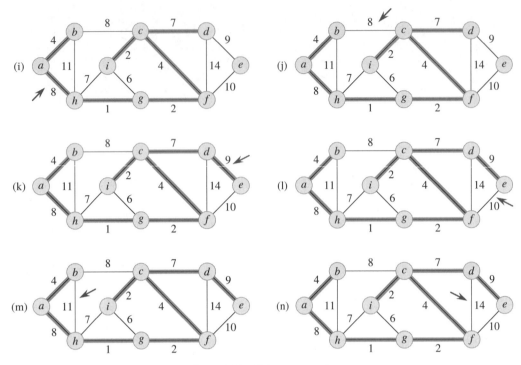

図 21.4（続き） Kruskal のアルゴリズムの実行の残りのステップ．

$O(E)$ である）．そして第 5 行で辺をソートするのに $O(E \lg E)$ 時間かかる．（第 2〜3 行の **for** ループにおける $|V|$ 回の MAKE-SET 操作のコストはすぐに説明する．）第 6〜9 行の **for** ループでは互いに素な集合の森に対して $O(E)$ 回の FIND-SET と UNION 操作を行う．$|V|$ 回の MAKE-SET 操作も含めて，これらの操作には全体で合計 $O((V+E)\,\alpha(V))$ 時間かかる．ただし，α は第 19.4 節（450 ページ）で定義した非常にゆっくりと増加する関数である．G は連結なので $|E| \geq |V|-1$ であり，互いに素な集合の操作にかかる時間は $O(E\alpha(V))$ である．さらに，$\alpha(|V|) = O(\lg V) = O(\lg E)$ なので，Kruskal のアルゴリズムの総実行時間は $O(E \lg E)$ である．$|E| < |V|^2$ に注意すると，Kruskal のアルゴリズムの総実行時間は $O(E \lg V)$ と書き直すことができる．

Prim のアルゴリズム

Kruskal のアルゴリズムと同様，Prim のアルゴリズムも第 21.1 節で説明した汎用最小全域木手続きの特別な場合である．Prim のアルゴリズムはグラフの最短路を求める Dijkstra のアルゴリズムとほとんど同じように動作する．Dijkstra のアルゴリズムは第 22.3 節で紹介する．Prim のアルゴリズムは集合 A の辺がつねに 1 本の木を形成するという性質を持つ．図 21.5 に示すように，この木は任意の根 r から開始し，V の頂点全体を張るまで成長する．各ステップでは，A の頂点とある孤立点（A の辺と接続していない頂点）を連結する軽い辺を木 A に加える．系 21.2 より，A に対して安全な辺だけがこの規則によって A に加えられるので，アルゴリズムが終了したとき，A の辺は最小全域木を形成する．各ステップでは木の重みの増加を可能な限り小さく抑える辺を用いて木を成長させるので，この戦略は貪欲戦略と呼ばれる資格がある．

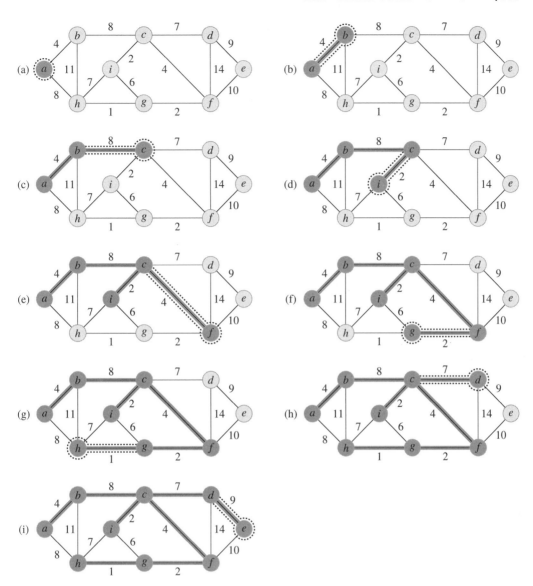

図 21.5 図 21.1 に示したグラフ上の Prim のアルゴリズムの実行．根は a である．濃い網かけの頂点と濃い網かけの辺は成長中の木に属し，薄い網かけの頂点はまだ木に属していない．アルゴリズムの各ステップでは，木に属する頂点からグラフのカットが決まり，このカットと交差する軽い辺が木に加えられる．木に付け加えられた辺と頂点が点線で強調されている．たとえば，第 2 ステップ（図 (c)）では，このカットと交差する軽い辺 (b,c) と (a,h) があるので，木に加える辺についてアルゴリズムに選択の余地がある．

手続き MST-PRIM では，連結グラフ G と成長させていく最小全域木の根 r が入力である．木 A に付け加える新しい辺を効率よく選択するために，アルゴリズムは木に属さ**ない**すべての頂点を格納する min 優先度つきキュー Q を key 属性に基づいて管理する．頂点 v の属性 $v.key$ は v と木に属するある頂点とを結ぶ辺の最小重みである．ただし，このような辺が存在しなければ $v.key = \infty$ であると約束する．属性 $v.\pi$ は木における v の親を示す．アルゴリズムは GENERIC-MST から集合 A を暗黙的に

$$A = \{(v, v.\pi) : v \in V - \{r\} - Q\}$$

として維持する．ここで，Q は，Q に格納されている頂点の集合と解釈する．アルゴリズムが終了したとき，min 優先度つきキュー Q は空であり，G に対する最小全域木 A は

$$A = \{(v, v.\pi) : v \in V - \{r\}\}$$

である．

MST-PRIM(G, w, r)

1   **for** 各頂点 $u \in G.V$
2       $u.key = \infty$
3       $u.\pi = $ NIL
4   $r.key = 0$
5   $Q = \emptyset$
6   **for** 各頂点 $u \in G.V$
7   INSERT(Q, u)
8   **while** $Q \neq \emptyset$
9       $u = $ EXTRACT-MIN(Q) // u を木に加える
10   **for** $G.Adj[u]$ の各頂点 v // 木に属さない u の近傍のキーを更新する
11   **if** $v \in Q$ かつ $w(u, v) < v.key$
12            $v.\pi = u$
13            $v.key = w(u, v)$
14   DECREASE-KEY$(Q, v, w(u, v))$

Prim のアルゴリズムの動作を図 21.5 に示す．第 1～7 行で各頂点のキーを ∞ に設定する．ただし，根 r は例外で，最初に処理されるようにキーの値を 0 に設定する．各頂点の親を NIL に設定し，min 優先度つきキュー Q にすべての頂点を挿入する．アルゴリズムは 3 つの部分からなるループ不変式を維持する：

第 8～14 行の **while** ループの各繰返しが開始される直前では，
1. $A = \{(v, v.\pi) : v \in V - \{r\} - Q\}$ である．
2. 最小全域木の中にすでに置かれた頂点は $V - Q$ に属する頂点である．
3. すべての頂点 $v \in Q$ に対して，$v.\pi \neq$ NIL ならば，$v.key < \infty$ かつ $v.key$ は v と最小全域木にすでに置かれた頂点とを結ぶ軽い辺 $(v, v.\pi)$ の重みである．

第 9 行ではカット $(V - Q, Q)$ と交差する軽い辺に接続する頂点 $u \in Q$ を識別する（最初の繰返しだけは例外であり，第 4～7 行より $u = r$ である）．Q から u を削除することは木の頂点集合 $V - Q$ へ u を加えることであり，したがって，A へ $(u, u.\pi)$ を加えることである．第 10 ～14 行の **for** ループでは，u と隣接しているが木には属さない各頂点 v の key 属性と π 属性を更新する．これによってループ不変式の 3 番目の性質が保存される．第 13 行が $v.key$ を更新したときには，第 14 行は DECREASE-KEY を呼び出し，min 優先度つきキューに v のキーが更新されたことを伝える．

Prim のアルゴリズムの実行時間は min 優先度つきキュー Q の実装方法に依存する．Q は

2 分 min ヒープ（第 6 章（ヒープソート）参照）を用いて，頂点と対応するヒープ要素の対応づけの方法も含めて実装できる．手続き BUILD-MIN-HEAP は第 5～7 行を $O(V)$ 時間で実行できる．実際，BUILD-MIN-HEAP を呼び出す必要すらない．r のキーを min ヒープの根に置きさえすれば，それ以外のキーはすべて ∞ なので，それらは min ヒープのどこに置いてもよい．**while** ループの本体は $|V|$ 回繰り返され，各 EXTRACT-MIN 操作には $O(\lg V)$ 時間かかるので，EXTRACT-MIN の呼出しにかかる総時間は $O(V \lg V)$ である．全隣接リストの長さの合計は $2|E|$ なので，第 10～14 行の **for** ループは合計 $O(E)$ 回繰り返される．この **for** ループの中で第 11 行が行う，与えられた頂点が Q に属するか否かの判定は，各頂点について Q に属するか否かを表示するための 1 ビットを用意し，頂点を Q から削除したときにそのビットを更新すれば，定数時間で実行できる．第 14 行の DECREASE-KEY 操作の各呼出しは $O(\lg V)$ 時間で実行できる．したがって，Prim のアルゴリズムで要する総時間は $O(V \lg V + E \lg V) = O(E \lg V)$ となり，これは本書の Kruskal のアルゴリズムの実装と漸近的に等しい．

　フィボナッチヒープ（404 ページ参照）を用いて min 優先度つきキューを実装すると，Prim のアルゴリズムの漸近的な実行時間を改善できる．$|V|$ 個の要素をフィボナッチヒープが格納しているとき，EXTRACT-MIN 操作が $O(\lg V)$ ならし時間，INSERT と DECREASE-KEY 操作が共に $O(1)$ ならし時間で実行できる．したがって，min 優先度つきキュー Q をフィボナッチヒープを用いて実装すれば，Prim のアルゴリズムの実行時間を $O(E + V \lg V)$ に改善できる．

練習問題

21.2-1　辺をソートするときに同じ重みを持つ辺の順序づけに依存して，Kruskal のアルゴリズムが同じ入力グラフに対して異なる最小全域木を返すことがある．G の各最小全域木 T について，Kruskal のアルゴリズムが T を返すように G の辺をソートする方法があることを示せ．

21.2-2　グラフ $G = (V, E)$ が隣接行列によって与えられるとき，$O(V^2)$ 時間で走る Prim のアルゴリズムの簡単な実装を考えよ．

21.2-3　入力グラフ $G = (V, E)$ が疎，すなわち $|E| = \Theta(V)$ ならば，Prim のアルゴリズムのフィボナッチヒープによる実装は，2 分ヒープによる実装より漸近的に速いか？ グラフが密，すなわち $|E| = \Theta(V^2)$ ならばどうか？ フィボナッチヒープによる実装が 2 分ヒープによる実装より漸近的に速くなるために必要な $|E|$ と $|V|$ の間の関係を示せ．

21.2-4　グラフの辺の重みがすべて 1 から $|V|$ までの範囲の整数であるとする．このとき，Kruskal のアルゴリズムをどの程度高速化できるだろうか？ ある定数 W に対して，辺の重みが 1 から W までの範囲の整数である場合はどうか？

21.2-5　グラフの辺の重みがすべて 1 から $|V|$ までの範囲の整数であるとする．このとき，Prim のアルゴリズムをどの程度高速化できるか？ ある定数 W に対して，辺の重みが 1 から W までの範囲の整数である場合はどうか？

21.2-6　Diocletianus 教授は分割統治法に基づいて最小全域木を求める新しいアルゴリズムを提案している．それは次のようなものである．与えられたグラフ $G = (V, E)$ の頂点集合 V を 2 つの集合 V_1 と V_2 に分割し，$|V_1|$ と $|V_2|$ が高々 1 しか違わないようにする．V_1 の頂点にだ

504 | 21 最小全域木

け接続する辺の集合を E_1，V_2 の頂点にだけ接続する辺の集合を E_2 とする．再帰的に 2 つの部分グラフ $G_1 = (V_1, E_1)$ と $G_2 = (V_2, E_2)$ の最小全域木を求める．最後に，カット (V_1, V_2) と交差する E の最小重み辺を選択し，この辺を用いて再帰的に求めた 2 つの最小全域木を 1 つの最小全域木にまとめる．

このアルゴリズムが正しく最小全域木を求めることを証明するか，あるいはアルゴリズムが正当ではないことを示す反例をあげよ．

21.2-7 ★ グラフの辺の重みが半開区間 $[0, 1)$ 上に一様分布しているものとする．Kruskal と Prim のアルゴリズムのどちらがより高速に実装できるだろうか？

21.2-8 ★ グラフ G に対して最小全域木がすでに計算されているものとする．新たな頂点とそれに接続する辺を G に加えるとき，最小全域木を更新するアルゴリズムを示し，その実行時間を解析せよ．

章末問題

21-1 準最小全域木

$G = (V, E)$ を E 上の重み関数 $w : E \rightarrow \mathbb{R}$ を持つ連結無向グラフとし，$|E| \geq |V|$ かつすべての辺の重みは異なると仮定する．

準最小全域木を以下で定義する．G のすべての全域木の集合を $\mathcal{T}$ とし，G の最小全域木を T とする．このとき，$w(T') = \min \{w(T'') : T'' \in \mathcal{T} - \{T\}\}$ を満たす全域木 T' を**準最小全域木** (second-best minimum spanning tree) と呼ぶ．

a. 最小全域木は一意に決まるが，準最小全域木は一意に決まるとは限らないことを示せ．

b. G の最小全域木を T とする．$(T - \{(u, v)\}) \cup \{(x, y)\}$ が G の準最小全域木であるような辺の対 $(u, v) \in T$ と $(x, y) \notin T$ が存在することを証明せよ．

c. G の任意の全域木を T とする．任意の 2 つの頂点 $u, v \in V$ に対して，T における u と v を結ぶ唯一の単純路上で重み最大の辺を $max[u, v]$ とする．T が与えられたとき，すべての $u, v \in V$ に対して $max[u, v]$ を求める $O(V^2)$ 時間アルゴリズムを記述せよ．

d. G の準最小全域木を求める効率の良いアルゴリズムを与えよ．

21-2 疎なグラフの最小全域木

非常に疎な連結グラフ $G = (V, E)$ に対して，Prim のアルゴリズムを実行する前に G の頂点数を減らす前処理をすると，フィボナッチヒープを用いる Prim のアルゴリズムの実行時間 $O(E + V \lg V)$ をさらに改善できる．具体的に述べると各頂点 u に対して u に接続する重み最小の辺 (u, v) を選択し，(u, v) を構成中の最小全域木に入れる．そして選択したすべての辺を縮約する（付録第 B.4 節（グラフ）参照）．しかし，これらの辺を 1 つずつ縮約するのではない．同じ新頂点に統合される頂点集合をまず求める．つぎに，これらの辺を 1 つずつ縮約すると得られたはずのグラフを構成するが，これを端点が属したはずの頂点集合にしたがって辺を"改名すること"で達成する．元のグラフに属するいくつかの辺が同じ名前に変更されるこ

とがある．このような場合には，1つの辺だけを残し，重みは対応する元の辺の重みの最小値とする．

構成すべき最小全域木 T を空に初期化し，各辺 $(u, v) \in E$ に対して，その属性を $(u, v).orig = (u, v)$ および $(u, v).c = w(u, v)$ に初期化する．属性 $orig$ は縮約グラフの辺に対応する初期グラフの辺を参照するために用いる．c 属性は辺重みを保持し，辺を縮約すると，上記の辺重み選択方法にしたがってその値を更新する．手続き MST-Reduce は入力として G と T を取り，縮約されたグラフ G' と共に更新された属性 $orig'$ と c' を返す．この手続きによって，蓄えられた G の辺が最小全域木 T になる．

MST-Reduce(G, T)

```
 1  for 各頂点 v ∈ G.V
 2      v.mark = FALSE
 3      MAKE-SET(v)
 4  for 各頂点 u ∈ G.V
 5      if u.mark == FALSE
 6          (u, v).c を最小化する v ∈ G.Adj[u] を選択する
 7          UNION(u, v)
 8          T = T ∪ {(u, v).orig}
 9          u.mark = TRUE
10          v.mark = TRUE
11  G'.V = {FIND-SET(v) : v ∈ G.V}
12  G'.E = ∅
13  for 各辺 (x, y) ∈ G.E
14      u = FIND-SET(x)
15      v = FIND-SET(y)
16      if u ≠ v
17          if (u, v) ∉ G'.E
18              G'.E = G'.E ∪ {(u, v)}
19              (u, v).orig' = (x, y).orig
20              (u, v).c' = (x, y).c
21          elseif (x, y).c < (u, v).c'
22              (u, v).orig' = (x, y).orig
23              (u, v).c' = (x, y).c
24  G' の隣接リスト G'.Adj を構成する
25  return G' と T
```

a. MST-Reduce が返す辺集合を T，MST-Prim(G', c', r) を呼び出して求めたグラフ G' の最小全域木を A とする．ただし，c' は辺集合 $G'.E$ 上の重み属性であり，r は $G'.V$ に属する任意の頂点である．$T \cup \{(x, y).orig' : (x, y) \in A\}$ が G の最小全域木であることを証明せよ．

b. $|G'. V| \le |V|/2$ を示せ.

c. MST-REDUCE を $O(E)$ 時間で走るように実装せよ.（**ヒント**：単純なデータ構造を使え.）

d. MST-REDUCE を k フェーズ実行する. ただし, あるフェーズの出力 G' を次のフェーズの入力 G として使い, 辺を T に蓄積していく. k フェーズの総実行時間が $O(kE)$ であることを示せ.

e. (d) のように MST-REDUCE を k フェーズ実行した後, MST-PRIM(G', c', r) を呼び出して Prim のアルゴリズムを実行する. ただし, 重み属性 c' を持つ G' は最終フェーズの出力であり, r は $G'. V$ の任意の頂点である. 総実行時間が $O(E \lg \lg V)$ になるように k を選べ. 選択した k が漸近的に総実行時間を最小化することを証明せよ.

f. 前処理つきの Prim のアルゴリズムが前処理なしの Prim のアルゴリズムより漸近的に速くなるために, $|E|$ が（$|V|$ に対して）満たすべき条件を述べよ.

21-3 最小全域木アルゴリズムの代案

以下に示す 3 つのアルゴリズム MAYBE-MST-A, MAYBE-MST-B, MAYBE-MST-C を考える. 各アルゴリズムはそれぞれ連結グラフと重み関数を入力として取り, 辺の集合 T を戻す.

MAYBE-MST-A(G, w)
1 辺を重み w の単調減少順にソートする
2 $T = E$
3 **for** 重みの単調減少順で各辺 e
4   **if** $T - \{e\}$ は連結グラフ
5      $T = T - \{e\}$
6 **return** T

MAYBE-MST-B(G, w)
1 $T = \emptyset$
2 **for** 任意の順序で各辺 e
3   **if** $T \cup \{e\}$ が閉路 c を持たない
4      $T = T \cup \{e\}$
5 **return** T

MAYBE-MST-C(G, w)
1 $T = \emptyset$
2 **for** 任意の順序で各辺 e
3    $T = T \cup \{e\}$
4   **if** T が閉路 c を持つ
5   e' を c 上の最大重み辺とする
6      $T = T - \{e'\}$
7 **return** T

各アルゴリズムに対して，T が最小全域木であることを証明するか，T は必ずしも最小全域木ではないことを証明せよ．これらのアルゴリズムが最小全域木を計算するか否かは別として，各アルゴリズムの最も効率の良い実装方法を記述せよ．

21-4　ボトルネック全域木

無向グラフ G の全域木 T は，その最大の辺重みが G の全域木全体の中で最小のとき，**ボトルネック全域木** (bottleneck spanning tree) であると言う．ボトルネック全域木の値は，T の中の最大の辺重みである．

a. 最小全域木はボトルネック全域木であることを示せ．

ボトルネック全域木を求める問題は最小全域木を求める問題より難しくないことを **(a)** は示している．以下では，線形時間でボトルネック全域木を求める方法を検討する．

b. グラフ G と整数 b が与えられたとき，ボトルネック全域木の値が高々 b であるか否かを判定する線形時間アルゴリズムを与えよ．

c. **(b)** のアルゴリズムをサブルーチンとして用いて，ボトルネック全域木問題を解く線形時間アルゴリズムを与えよ．（**ヒント**：章末問題 21.2 で述べた手続き MST-REDUCE が行ったように，辺の集合を縮約するサブルーチンを使いたくなるかもしれない．）

文献ノート

Tarjan [429] は最小全域木問題を概説し，優れた高度な題材を提供している．Graham–Hell [198] は最小全域木問題の歴史を述べている．

　Tarjan によれば，最初の最小全域木アルゴリズムは 1926 年の O. Borůvka の論文に現れる．章末問題 21-2 で述べた手続き MST-REDUCE を $O(\lg V)$ 回繰り返すのが Borůvka のアルゴリズムである．Kruskal のアルゴリズムは 1956 年に Kruskal [272] によって報告された．Prim のアルゴリズムとして一般的に知られているアルゴリズムは実際に Prim [367] によって考案されたものであるが，それ以前の 1930 年に V. Jarník によってすでに考案されていた．

　$|E| = \Omega(V \lg V)$ の場合には，フィボナッチヒープを用いて実装された Prim のアルゴリズムが $O(E)$ 時間で実行できる．もっと疎なグラフに対しては，Prim のアルゴリズム，Kruskal のアルゴリズム，Borůvka のアルゴリズムのアイデアを最新のデータ構造と組み合わせることで，Fredman–Tarjan [156] が $O(E \lg^* V)$ 時間アルゴリズムを与えた．Gabow–Galil–Spencer–Tarjan [165] は，このアルゴリズムの実行時間を $O(E \lg \lg^* V)$ に改良した．また，Chazelle [83] は $O(E \, \hat{\alpha}(E, V))$ 時間で走るアルゴリズムを与えている．ただし，$\hat{\alpha}(E, V)$ は Ackermann 関数の逆関数である．（Ackermann 関数とその逆関数についての簡単な議論が第 19 章の文献ノートにある．）以前の最小全域木のアルゴリズムと違い，Chazelle のアルゴリズムは貪欲法には基づいていない．Pettie–Ramachandran [356] もまた $O(E\hat{\alpha}(E, V))$ 時間で走るアルゴリズムを与えているが，これは事前に計算する "MST 決定木" に基づいている．

　関連する問題に**全域木検証問題** (spanning tree verification) がある：グラフ $G = (V, E)$ と木

$T \subseteq E$ が与えられたときに，T が G の最小全域木であるかどうかを判定する問題である．初期の Komlós [269] と Dixon–Rauch–Tarjan [120] の結果に基づいて，G. King [254] が全域木検証問題を解く線形時間のアルゴリズムを与えた．

　上記のアルゴリズムはすべて決定性であり，第 8 章（線形時間ソーティング）で述べた比較に基づくモデルに入る．Karger–Klein–Tarjan [243] は $O(V + E)$ 期待時間で最小全域木を求める乱択アルゴリズムを与えた．このアルゴリズムでは第 9.3 節（線形最悪時間選択アルゴリズム）の線形時間選択アルゴリズムに似た再帰を用いる．すなわち，補助問題上の再帰呼出しによって，どの最小全域木にも含まれない辺の部分集合 E' を求める．そして，$E - E'$ 上の別の再帰呼出しが最小全域木を発見する．このアルゴリズムは Borůvka のアルゴリズムと King の全域木検証アルゴリズムのアイデアも用いている．

　Fredman–Willard [158] は比較に基づかない決定性のアルゴリズムを用いて最小全域木を $O(V + E)$ 時間で求める方法を示した．彼らのアルゴリズムは，データが b ビットの整数で，記憶領域は b ビットの番地つき語から構成されていると仮定している．

22 単一始点最短路

SINGLE-SOURCE SHORTEST PATHS

あなたはニューヨーク州のオーシャンサイド集落からカリフォルニア州のオーシャンサイド市まで最短の経路を見つけ，ドライブしたいと思っている.[a] あなたの GPS にはアメリカ合衆国の道路地図があり，隣接する各交差点間の距離が記されているとしよう．あなたの GPS が最短路を決めるにはどのようにすればよいだろうか？

ニューヨークからカリフォルニアまでのあらゆる経路を列挙し，列挙した各経路についてその距離を計算し，最短路を選ぶという方法がある．しかし，閉路を含む経路は考えないとしても，可能な経路の数は膨大であり，そのほとんどは考慮に値しない．たとえば，フロリダ州マイアミを経由する経路は，マイアミが数百マイルも離れているのでよくない.

本章と第 23 章（全点対最短路）では，このような問題を効率よく解く方法を紹介する．**最短路問題** (shortest-paths problem) では，辺を実数値の重みに写像する重み関数 $w : E \to \mathbb{R}$ を持つ重みつき有向グラフ $G = (V, E)$ が入力として与えられる．経路 $p = \langle v_0, v_1, \ldots, v_k \rangle$ の**重み** (weight) $w(p)$ は，経路を構成する辺の重みの和：

$$w(p) = \sum_{i=1}^{k} w(v_{i-1}, v_i)$$

である．u から v への**最短路重み** (shortest path weight) $\delta(u, v)$ を

$$\delta(u, v) = \begin{cases} \min\{w(p) : u \overset{p}{\rightsquigarrow} v\} & u \text{ から } v \text{ への経路が存在するとき} \\ \infty & \text{それ以外のとき} \end{cases}$$

と定義する．このとき，頂点 u から頂点 v への**最短路** (shortest path) は，重みが $w(p) = \delta(u, v)$ の任意の経路 p である．

ニューヨークのオーシャンサイド集落からカリフォルニアのオーシャンサイド市へ向かう最短路を探す例では，道路地図をグラフとしてモデル化できる：頂点は交差点，辺は交差点間の道路線分，そして辺の重みは交差点間の距離を表す．ここでの目標は，ニューヨークの与えられた交差点（たとえば，Brower Avenue と Skillman Avenue との交差点）からカリフォルニアの与えられた交差点（たとえば，Topeka Street と South Horne Street との交差点）に至る最短路を求めることである.[b]

---

[a] ［訳注］Oceanside, New York は，マンハッタンから東に約 35 km にある集落．Oceanside, California は，ロサンゼルスから南に約 130 km の市で，木更津市の姉妹都市である.

[b] ［訳注］どちらの交差点にも Oceanside High School が面している.

辺の重みは，時間，コスト，罰金，損失，あるいはそのほかの，経路に沿って線形に増加し，最小化したい量など，距離以外の距離関数 (metric) を辺重みと見なすこともできる．

第 20.2 節（幅優先探索）で説明した幅優先探索は，重みのないグラフ，すなわち各辺が単位重みを持つグラフを対象とする最短路アルゴリズムである．幅優先探索に関する多くの概念が，重みつきグラフの最短路の検討に現れるので，読み進む前に第 20.2 節を復習することをお勧めする．

派生問題

本章では，**単一始点最短路問題** (single-source shortest paths problem) に焦点を合わせる：グラフ $G = (V, E)$ と**始点** (source vertex) $s \in V$ が与えられたとき，s から各頂点 $v \in V$ への最短路を求める問題である．単一始点最短路問題のアルゴリズムを用いると，以下のような他のさまざまな派生問題が解ける：

単一目的地最短路問題 (single-destination shortest paths problem)：　各頂点 v から与えられた**目的地** (destination) t までの最短路を求めよ．グラフの各辺の方向を逆にすると，この問題は単一始点最短路問題に帰着できる．

単一点対最短路問題 (single-pair shortest path problem)：　与えられた 2 頂点 u と v に対して，u から v への最短路を求めよ．u を始点として単一始点最短路問題を解けば，この問題が解ける．しかも，知られているすべての単一点対最短路アルゴリズムは最善の単一始点最短路アルゴリズムと同じ漸近的最悪実行時間を持つ．

全点対最短路問題 (all-pairs shortest paths problem)：　すべての頂点対 (u, v) に対して，u から v への最短路を求めよ．各頂点について 1 回ずつ単一始点最短路アルゴリズムを実行すればこの問題を解くことができるが，しばしばもっと速く解くことができる．さらに，その構造自体が興味深いものである．そこで，第 23 章では全点対最短路問題を詳細に論じる．

最短路の最適部分構造

ほとんどの最短路アルゴリズムは，典型的には，2 頂点間の最短路が，その部分に他の最短路を含むという性質に基づいて構築されている．（第 24 章で述べる Edmonds–Karp の最大フローアルゴリズムも同じ性質に基づく．）最適部分構造は，動的計画法（第 14 章）と貪欲アルゴリズム（第 15 章）の適用可能性を示唆する重要な指標であった．第 22.3 節で紹介する Dijkstra のアルゴリズムは貪欲アルゴリズムであり，全頂点間の最短路を求める Floyd–Warshall アルゴリズム（第 23.2 節参照) は動的計画アルゴリズムである．最短路の最適部分構造の性質を次の補題でもっと正確に述べよう．

補題 22.1 （最短路の部分路は最短路である）　$G = (V, E)$ を E 上の重み関数 $w : E \to \mathbb{R}$ を持つ重みつき有向グラフとする．頂点 v_0 から頂点 v_k への最短路を $p = \langle v_0, v_1, \ldots, v_k \rangle$，$0 \le i \le j \le k$ を満たす任意の i と j に対して，頂点 v_i から頂点 v_j への p の部分路を $p_{ij} = \langle v_i, v_{i+1}, \ldots, v_j \rangle$ とする．このとき，p_{ij} は v_i から v_j への最短路である．

証明 経路 p を $v_0 \stackrel{p_{0i}}{\leadsto} v_i \stackrel{p_{ij}}{\leadsto} v_j \stackrel{p_{jk}}{\leadsto} v_k$ と分割すると，$w(p) = w(p_{0i}) + w(p_{ij}) + w(p_{jk})$ である．v_i から v_j への経路 p'_{ij} で重みが $w(p'_{ij}) < w(p_{ij})$ を満たすものが存在すると仮定すると，$v_0 \stackrel{p_{0i}}{\leadsto} v_i \stackrel{p'_{ij}}{\leadsto} v_j \stackrel{p_{jk}}{\leadsto} v_k$ は v_i から v_k への経路で，その重み $w(p_{0i}) + w(p'_{ij}) + w(p_{jk})$ は $w(p)$ よりも小さい．これは，p が v_1 から v_k への最短路であるという仮定に矛盾する． ∎

負の重みを持つ辺

単一始点最短路問題のあるインスタンスでは，負の重みを持つ辺があるかもしれない．グラフ $G = (V, E)$ が始点 s から到達可能な負の重みを持つ閉路を含まなければ，すべての $v \in V$ に対して，最短路の重み $\delta(s, v)$ は，負かもしれないが，明確に定義される．しかし，s から到達可能な負閉路があれば最短路の重みは明確には定義されない．s からこの閉路上の頂点に至るどの経路も，最短路ではありえない――提案された"最短"の経路を辿り，そして，その負閉路を辿ることによってより小さな重みを持つ経路を見つけることができるからである．そこで，s から v に至るある経路上に負閉路が存在すれば，$\delta(s, v) = -\infty$ と定義する．

最短路重みに対する負辺と負閉路の影響を図 22.1 に図示する．s から a へはたった 1 本だけの経路（$\langle s, a \rangle$）しかないので，$\delta(s, a) = w(s, a) = 3$ である．同様に，s から b へもたった 1 本だけの経路しかないので，$\delta(s, b) = w(s, a) + w(a, b) = 3 + (-4) = -1$ である．s から c へは，$\langle s, c \rangle$，$\langle s, c, d, c \rangle$，$\langle s, c, d, c, d, c \rangle$ など，無数の経路が存在する．閉経路 $\langle c, d, c \rangle$ の重みは $6 + (-3) = 3 > 0$ なので，s から c への最短路は $\langle s, c \rangle$ であり，その重みは $\delta(s, c) = 5$ である．同様に，s から d への最短路は $\langle s, c, d \rangle$ であり，重みは $\delta(s, d) = w(s, c) + w(c, d) = 11$ である．また，s から e へも $\langle s, e \rangle$，$\langle s, e, f, e \rangle$，$\langle s, e, f, e, f, e \rangle$ など，無数の経路が存在する．しかし，閉路 $\langle e, f, e \rangle$ の重みは $3 + (-6) = -3 < 0$ なので，s から e への最短路は存在しない．負閉路 $\langle e, f, e \rangle$ を任意の回数だけ辿ることで，いくらでも小さい重みを持つ s から e への経路を構成できるので，$\delta(s, e) = -\infty$ である．同様に，$\delta(s, f) = -\infty$ である．g は f から到達可能なので，s から g へのいくらでも小さな重みを持つ経路が存在するので，$\delta(s, g) = -\infty$ である．頂点 h, i, j も負閉路を構成している．しかし，これらの頂点は s から到達可能ではないので，$\delta(s, h) = \delta(s, i) = \delta(s, j) = \infty$ である．

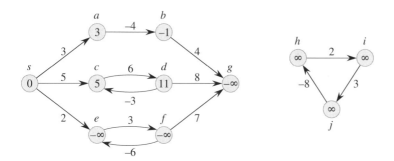

図 22.1 負の重みを持つ辺を含む有向グラフ．始点 s からの最短路重みを各頂点の中に示す．頂点 e と f は，s から到達可能な負の重みの閉路を構成しているので，最短路重みは $-\infty$ である．頂点 g は最短路重みが $-\infty$ である頂点から到達可能なので，その最短路重みは $-\infty$ である．頂点 h, i, j は負閉路の上にあるが，s から到達可能ではないので最短路重みは ∞ である．

512 | 22 単一始点最短路

Dijkstra のアルゴリズムを含むいくつかの最短路アルゴリズムでは，入力のグラフの辺重みが道路地図の例のようにすべて非負であると仮定している．一方で，Bellman–Ford のアルゴリズムのように，入力のグラフの辺重みとして負の値を許し，始点から到達可能な負閉路が存在しない限り，正しい答を生成する最短路アルゴリズムがある．通常，このようなアルゴリズムは，負閉路が存在すればその存在を検知して報告する．

閉 路

最短路は閉路を含むだろうか？これまで見てきたように最短路は負閉路を含むことはできない．そして，正（の重みを持つ）閉路もまた含むことはできない．なぜなら，その閉路を取り除くと同一の始点と目的地を持つもっと小さな重みを持つ経路が生じるからである．つまり，ある経路を $p = \langle v_0, v_1, \ldots, v_k \rangle$，$p$ 上の正閉路を $c = \langle v_i, v_{i+1}, \ldots, v_j \rangle$（したがって，$v_i = v_j$ かつ $w(c) > 0$）とすると，経路 $p' = \langle v_0, v_1, \ldots, v_i, v_{j+1}, v_{j+2}, \ldots, v_k \rangle$ の重みは $w(p') = w(p) - w(c) < w(p)$ となり，p は v_0 から v_k への最短路となりえない．

閉路の重みが 0 の場合が残されている．任意の経路から重み 0 の閉路を除去して同じ重みを持つ別の経路を生成できる．すなわち，重み 0 の閉路を含む始点 s から目的地 v への最短路があれば，この閉路を含まない s から v への最短路が存在する．そして，最短路が重み 0 の閉路を持つ限り上記の操作を繰り返して，閉路を持たない最短路を得ることができる．そこで，最短路を発見しようとするときには，最短路は無閉路，すなわち単純路であると一般性を失うことなく仮定できる．グラフ $G = (V, E)$ 上の任意の単純路は高々 $|V|$ 個の相違なる頂点しか含まず，高々 $|V| - 1$ 本の辺しか含まない．したがって，高々 $|V| - 1$ 本の辺からなる最短路のみに対象を絞ることができる．

最短路の表現

通常，最短路の重みだけを計算するのは十分ではない．最短路の多くの応用では，最短路上の頂点も同様に必要とする．たとえば，あなたの GPS が目的地までの距離のみを伝え，どのように行けばよいかを言わなければ，それはとても役にたつものとは言えないだろう．第 20.2 節で幅優先木に対して用いた方法と似た方法で，最短路を表現しよう．グラフ $G = (V, E)$ が与えられたとき，各頂点 $v \in V$ に対して，ある別の頂点か NIL のどちらかを値とする**先行点** (predecessor) $v.\pi$ を管理する．本章の最短路アルゴリズムは，頂点 v から始まる先行点の連鎖が，s から v への最短路に沿って逆戻りするように属性 π を設定する．したがって，$v.\pi \neq$ NIL を満たす頂点 v に対して，第 20.2 節（幅優先探索）の手続き PRINT-PATH(G, s, v) は s から v への最短路を出力する．

しかし，最短路アルゴリズムの実行中は，π 値が最短路を示すとは限らない．第 20.2 節の式 (20.2) 並びに (20.3)（474 ページ）における幅優先探索の場合と同様に，π 値から誘導される**先行点部分グラフ** (predecessor subgraph) $G_\pi = (V_\pi, E_\pi)$ を次のように定義する：

$$V_\pi = \{v \in V : v.\pi \neq \text{NIL}\} \cup \{s\}$$

$$E_\pi = \{(v.\pi, v) \in E : v \in V_\pi - \{s\}\}$$

本章のアルゴリズムの終了時点では，アルゴリズムが生成する π 値に対応する G_π が"最短

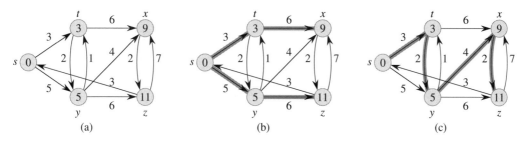

図 22.2 (a) 重みつき有向グラフと始点 s からの最短路重み．(b) 濃い網かけの辺は始点 s を根とする最短路木を形成する．(c) 同じ根を持つ別の最短路木．

路木"であることを証明する――形式ばらずに言うと，最短路木は始点 s から到達可能なすべての頂点について，s からの最短路を含む根つき木である．最短路木は，第20.2節で述べた幅優先木とよく似ているが，辺数ではなく，辺重みによって定義された始点からの最短路を含んでいる．正確には，$G = (V, E)$ を重み関数 $w : E \to \mathbb{R}$ を持つ重みつき有向グラフとし，G は始点 $s \in V$ から到達可能な負閉路を含まず，最短路が明確に定義されている，と仮定する．s を根とする**最短路木** (shortest-paths tree) は有向部分グラフ $G' = (V', E')$ である．ここで，$V' \subseteq V$ と $E' \subseteq E$ は以下の条件を満たす．

1. V' は G において s から到達可能な頂点の集合である．
2. G' は s を根とする根つき木である．
3. すべての $v \in V'$ に対して，G' における s から v への唯一の単純路は，G における s から v への最短路である．

最短路は必ずしも一意ではないので，最短路木も一意ではない．例として，図 22.2 に，重みつき有向グラフと，同じ根を持つ 2 つの最短路木を示す．

緩　和

本章のアルゴリズムでは，**緩和** (relaxation) 操作を用いる．各頂点 $v \in V$ に対して，始点 s から v への最短路重みの上界を属性 $v.d$ として管理する．$v.d$ を**最短路推定値** (shortest-path estimate) と呼ぶ．以下の $\Theta(V)$ 時間で動作する手続き INITIALIZE-SINGLE-SOURCE によって最短路推定値と先行点を初期化する．初期化の後，すべての $v \in V$ について $v.\pi = \text{NIL}$，$s.d = 0$，すべての $v \in V - \{s\}$ について，$v.d = \infty$ である．

INITIALIZE-SINGLE-SOURCE(G, s)
1　**for** 各頂点 $v \in G.V$
2　　　$v.d = \infty$
3　　　$v.\pi = \text{NIL}$
4　$s.d = 0$

辺 (u, v) を**緩和する** (relaxing) プロセスは，u を経由することで v への既知の最短路を改善できるか否かを判定し，改善できるならば $v.d$ と $v.\pi$ を更新する．緩和ステップによって最短

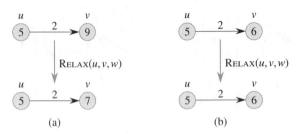

図 22.3 重み $w(u,v) = 2$ を持つ辺 (u,v) の緩和. 各頂点の最短路推定値を頂点の中に示す. **(a)** 緩和前は $v.d > u.d + w(u,v)$ だったので, $v.d$ 値が減少する. **(b)** 辺を緩和する前は $v.d \leq u.d + w(u,v)$ だったので, 緩和によって $v.d$ は変化しない.

路推定値 $v.d$ が減少し, v の先行点属性 $v.\pi$ が更新されるかもしれない. 手続き RELAX は, 辺 (u,v) 上の緩和ステップを $O(1)$ 時間で実行する. 図 22.3 は辺の緩和の 2 つの実行例である. 一方では最短路推定値が減少し, 他方では変化しない.

RELAX(u,v,w)
1 **if** $v.d > u.d + w(u,v)$
2      $v.d = u.d + w(u,v)$
3      $v.\pi = u$

 本章の各アルゴリズムは, INITIALIZE-SINGLE-SOURCE を呼び出し, その後, 辺の緩和[1]を繰り返し実行する. さらに, 緩和が最短路推定値と先行点を更新する唯一の手段である. 本章のアルゴリズムの相違は, 各辺を緩和する回数と辺を緩和する順序である. Dijkstra のアルゴリズムと有向非巡回グラフに対する最短路アルゴリズムは, 各辺をちょうど 1 度だけ緩和する. Bellman–Ford のアルゴリズムは各辺を $|V|-1$ 回緩和する.

最短路と緩和の性質

以下に述べる最短路と緩和に関するいくつかの重要な性質を用いて, 本章のアルゴリズムの正当性を証明する. ここではこれらの性質を述べ, 第 22.5 節で形式的に証明する. 読者の便宜のために, 各性質に対応する第 22.5 節の補題や系を明示する. 最初の 1 つを除いて後の 5 つの性質は, 最短路推定や先行点部分グラフに関係し, 明記しないが, グラフ (G,s) は INITIALIZE-SINGLE-SOURCE を用いて初期化され, 最短路推定値と先行点部分グラフは緩和ステップの列によって更新される, と仮定する.

三角不等式 (triangle inequality) (補題 22.10)
 任意の辺 $(u,v) \in E$ に対して, $\delta(s,v) \leq \delta(s,u) + w(u,v)$ が成立する.

上界性 (upper-bound property) (補題 22.11)

---

[1] 上界をきっちりする操作を "緩和" と呼ぶのは奇妙だが, これには歴史的な理由がある. 緩和操作は制約 $v.d \leq u.d + w(u,v)$ の緩和とみなすことができる. 三角不等式 (532 ページの補題 22.10) より, この制約 $v.d \leq u.d + w(u,v)$ は, $u.d = \delta(s,u)$ かつ $v.d = \delta(s,v)$ のときには必ず成立している必要がある. すなわち, $v.d \leq u.d + w(u,v)$ ならば, この制約を満たさなければならないという "プレッシャー" が存在しないので, この制約は "緩和" されたことになる.

すべての頂点 $v \in V$ に対して，$v.d \geq \delta(s, v)$ がつねに成立する．$v.d$ が値 $\delta(s, v)$ に達するとその後は変化しない．

無経路性 (no-path property) （系 22.12）

頂点 s から v への経路がなければ，$v.d = \delta(s, v) = \infty$ がつねに成立する．

収束性 (convergence property) （補題 22.14）

ある辺 $(u, v) \in E$ に対して，$s \rightsquigarrow u \to v$ が G の最短路であり，辺 (u, v) に対する緩和前のある時点で $u.d = \delta(s, u)$ だったならば，緩和後はつねに $v.d = \delta(s, v)$ が成立する．

経路緩和性 (path-relaxation property) （補題 22.15）

$p = \langle v_0, v_1, \ldots, v_k \rangle$ が $s = v_0$ から v_k への最短路で，p の辺が $(v_0, v_1), (v_1, v_2), \ldots,$ (v_{k-1}, v_k) の順に緩和されたとき，$v_k.d = \delta(s, v_k)$ が成立する．この性質は他の任意の緩和とは無関係に成立する．たとえこれらの辺の緩和が p の辺の緩和と混在したとしても，この性質は成立する．

先行点部分グラフ性 (predecessor-subgraph property) （補題 22.17）

すべての $v \in V$ に対して，$v.d = \delta(s, v)$ が成立すれば，先行点部分グラフは s を根とする最短路木である．

本章の概要

第 22.1 節では Bellman–Ford のアルゴリズムを紹介する．本アルゴリズムは，負辺の存在を許す一般的な単一始点最短路を解くアルゴリズムである．Bellman–Ford のアルゴリズムの単純さは特筆に値し，負閉路が始点から到達可能か否かを判定できるという長所も持つ．第 22.2 節では有向非巡回グラフに対して，始点からの最短路を求める線形時間アルゴリズムを紹介する．第 22.3 節では Dijkstra のアルゴリズムを紹介する．このアルゴリズムは Bellman–Ford のアルゴリズムよりも高速だが，辺重みが非負であることを要求する．第 22.4 節では，線形計画問題の特殊な場合を解決するのに Bellman–Ford のアルゴリズムが使えることを示す．最後に，第 22.5 節では先に説明した最短路と緩和の性質を証明する．

本章では，無限大を含む算術を行うので，∞ や $-\infty$ が算術表現に現れるときに，いくつかの約束をしておく必要がある．任意の実数 $a \neq -\infty$ に対して，$a + \infty = \infty + a = \infty$ を仮定する．また，負閉路が存在するときにも証明が成立するように，任意の実数 $a \neq \infty$ に対して，$a + (-\infty) = (-\infty) + a = -\infty$ を仮定する．

本章のすべてのアルゴリズムでは，有向グラフ G は隣接リスト表現で記憶されていると仮定する．また，重みが各辺と一緒に格納されていて，隣接リストを走査すれば，辺当り $O(1)$ 時間でその重みを見つけることができる．

22.1　Bellman–Ford のアルゴリズム

Bellman–Ford のアルゴリズム (Bellman–Ford algorithm) は負辺の存在を許す一般的な単一始点最短路問題を解く．重みつき有向グラフ $G = (V, E)$ と始点 s と重み関数 $w : E \to \mathbb{R}$ が与えられたとき，Bellman–Ford のアルゴリズムは，始点から到達可能な負閉路が存在するか否

かを示すブール値を返す．アルゴリズムは，このような負閉路が存在すれば解が存在しないと報告し，そうでなければ最短路とその重みを生成する．

手続き BELLMAN–FORD は，辺を次々に緩和することで，始点 s から各頂点 $v \in V$ への最短路重みの推定値 $v.d$ を実際の最短路重み $\delta(s,v)$ に一致するまで徐々に減らす．このアルゴリズムが値 TRUE を返すのは，グラフが始点から到達可能な負閉路を含まないとき，かつそのときに限る．

BELLMAN–FORD(G, w, s)
1　INITIALIZE-SINGLE-SOURCE(G, s)
2　**for** $i = 1$ **to** $|G.V| - 1$
3　　　**for** 各辺 $(u,v) \in G.E$
4　　　　　RELAX(u,v,w)
5　**for** 各辺 $(u,v) \in G.E$
6　　　**if** $v.d > u.d + w(u,v)$
7　　　　　**return** FALSE
8　**return** TRUE

頂点数 5 のグラフで Bellman–Ford のアルゴリズムを実行したときの様子を図 22.4 に示す．すべての頂点の d 値と π 値を第 1 行で初期化した後，アルゴリズムはグラフのすべての辺を $|V| - 1$ 回走査する．1 回の走査は第 2～4 行の **for** ループの 1 回の繰返しに相当し，そこで

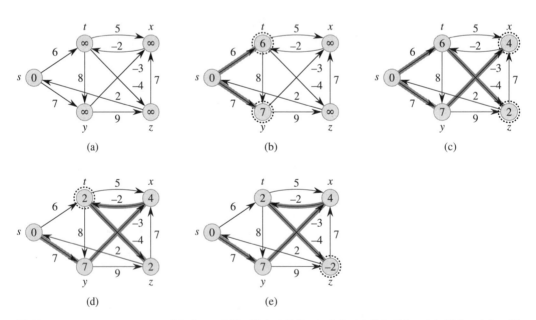

図 22.4 Bellman–Ford のアルゴリズムの実行．始点は頂点 s である．d 値を頂点の中に示す．また，濃い網かけの辺は先行点（π 値）を示す：すなわち，辺 (u,v) が濃い網かけであれば $v.\pi = u$ である．この例では，各走査では $(t,x), (t,y), (t,z), (x,t), (y,x), (y,z), (z,x), (z,s), (s,t), (s,y)$ の順に辺を緩和する．**(a)** 辺に対する最初の走査を行う前の状況．**(b)**～**(e)** 辺に対する各走査後の状況．走査により最短路推定値と先行点が更新された頂点は，点線で強調されている．**(e)** における d と π の値が最終的な値となる．この例では Bellman–Ford のアルゴリズムは値 TRUE を返す．

は，グラフの各辺をそれぞれ 1 回緩和する．4 回の走査のそれぞれが終わった後のアルゴリズムの状態を図 22.4 (b)～(e) に示す．$|V| - 1$ 回の走査の後，第 5～8 行では負の重みを持つ閉路の有無を判定し，適切なブール値を返す．（この判定がうまく働く理由は少し後で説明する．）

グラフが隣接リスト形式で表現されているときは，Bellman–Ford のアルゴリズムは $O(V^2 + VE)$ 時間で動作する．なぜなら，第 1 行の初期化に $\Theta(V)$ 時間，第 2～4 行で実行される $|V| - 1$ 回の辺の走査に $\Theta(V + E)$ 時間（$|E|$ 個の辺を見つけるのに $|V|$ 個の隣接リストをチェックする），第 5～7 行の **for** ループに $O(V + E)$ 時間を要するからである．$|V| - 1$ より少ない回数の走査で十分なときがある．（練習問題 22.1-3 参照．）これが，$\Theta(V^2 + VE)$ よりも $O(V^2 + VE)$ を要すると主張する理由である．しばしば $|E| = \Omega(V)$ だが，この場合は，このアルゴリズムの実行時間は $O(VE)$ と評価される．練習問題 22.1-5 では，$|E| = o(V)$ のときでさえ，Bellman–Ford のアルゴリズムが $O(VE)$ 時間で動作させることを求めている．

Bellman–Ford のアルゴリズムの正しさを証明するために，まず，負閉路がなければ，このアルゴリズムが，始点から到達可能なすべての頂点に対して，最短路重みを正しく計算することを示す．

補題 22.2 $G = (V, E)$ を，始点 s と重み関数 $w : E \to \mathbb{R}$ を持つ重みつき有向グラフをとし，G は s から到達可能な負閉路を含まない，と仮定する．BELLMAN–FORD の第 2～4 行の **for** ループを $|V| - 1$ 回繰り返した後，s から到達可能なすべての頂点 v に対して，$v.d = \delta(s, v)$ が成立する．

証明 経路緩和性を使って補題を証明する．s から到達可能な任意の頂点を v とし，s から v への最短路を $p = \langle v_0, v_1, \ldots, v_k \rangle$ とする．ここで，$v_0 = s$ かつ $v_k = v$ である．最短路は単純なので，p は高々 $|V| - 1$ 本の辺を持つ．すなわち，$k \le |V| - 1$ である．第 2～4 行の **for** ループの $|V| - 1$ 回の繰返しのそれぞれですべての辺が緩和されるので，$i = 1, 2, \ldots, k$ に対して，(v_{i-1}, v_i) は i 回目の繰返しで緩和される辺の 1 つである．したがって，経路緩和性より，$v.d = v_k.d = \delta(s, v_k) = \delta(s, v)$ である． ∎

系 22.3 $G = (V, E)$ を始点 s と重み関数 $w : E \to \mathbb{R}$ を持つ重みつき有向グラフを $G = (V, E)$ とする．各頂点 $v \in V$ に対して，s から v への経路が存在するための必要十分条件は，手続き BELLMAN–FORD を G に適用したとき，終了時に $v.d < \infty$ が成立することである．

証明 証明は練習問題 22.1-2 とする． ∎

定理 22.4（Bellman–Ford のアルゴリズムの正しさ） 始点 s と重み関数 $w : E \to \mathbb{R}$ を持つ重みつき有向グラフ $G = (V, E)$ 上で手続き BELLMAN–FORD の実行を考える．G が s から到達可能な負閉路を含まなければ，アルゴリズムは値 TRUE を返し，すべての頂点 $v \in V$ に対して $v.d = \delta(s, v)$ が成立し，先行点部分グラフ G_π は s を根とする最短路木である．G が s から到達可能な負閉路を含めば，アルゴリズムは値 FALSE を返す．

証明 グラフ G が始点 s から到達可能な負閉路を含まない，と仮定する．まず，終了時にすべての頂点 $v \in V$ に対して $v.d = \delta(s, v)$ が成立すると主張する．v が s から到達可能なら，補題 22.2 よりこの主張は正しい．v が s から到達可能でなければ，無経路性よりこの主張は正しい．したがって，この主張が正しいことが証明された．先行点部分グラフ性とこの主張

より，G_π は最短路木である．この主張を用いて手続き BELLMAN–FORD が値 TRUE を返すことを示す．終了時に，すべての辺 $(u, v) \in E$ に対して

$$
\begin{aligned}
v.d &= \delta(s, v) \\
&\leq \delta(s, u) + w(u, v) \quad \text{（三角不等式より）} \\
&= u.d + w(u, v)
\end{aligned}
$$

なので，BELLMAN–FORD が第 6 行の判定結果として値 FALSE を返すことはない．したがって，BELLMAN–FORD は値 TRUE を返す．

つぎに，グラフ G が始点 s から到達可能な負閉路 $c = \langle v_0, v_1, \ldots, v_k \rangle$ を含む，と仮定する．ただし，$v_0 = v_k$ であり，

$$
\sum_{i=1}^{k} w(v_{i-1}, v_i) < 0 \tag{22.1}
$$

である．矛盾を導くために，Bellman–Ford のアルゴリズムが TRUE を返すと仮定する．すると，$i = 1, 2, \ldots, k$ に対して，$v_i.d \leq v_{i-1}.d + w(v_{i-1}, v_i)$ である．閉路 c に沿ってこの不等式を加えると，

$$
\begin{aligned}
\sum_{i=1}^{k} v_i.d &\leq \sum_{i=1}^{k} (v_{i-1}.d + w(v_{i-1}, v_i)) \\
&= \sum_{i=1}^{k} v_{i-1}.d + \sum_{i=1}^{k} w(v_{i-1}, v_i)
\end{aligned}
$$

となる．$v_0 = v_k$ なので，c の各頂点は和 $\sum_{i=1}^{k} v_i.d$ と $\sum_{i=1}^{k} v_{i-1}.d$ の中にそれぞれ 1 度しか現れないので，

$$
\sum_{i=1}^{k} v_i.d = \sum_{i=1}^{k} v_{i-1}.d
$$

である．さらに，系 22.3 より，$i = 1, 2, \ldots, k$ に対して，$v_i.d$ は有限である．したがって，

$$
0 \leq \sum_{i=1}^{k} w(v_{i-1}, v_i)
$$

であるが，これは不等式 (22.1) と矛盾する．以上より，Bellman–Ford のアルゴリズムは，G が s から到達可能な負閉路を含まなければ TRUE を返し，含めば FALSE を返すことが結論づけられる． ■

練習問題

22.1-1 頂点 z を始点として，図 22.4 に示す有向グラフ上で Bellman–Ford のアルゴリズムを実行せよ．各走査では図と同じ順序で辺を緩和し，各走査後の d と π の値を求めよ．また，辺 (z, x) の重みを 4 に変更し，s を始点としてこのアルゴリズムを再度実行せよ．

22.1-2 系 22.3 を証明せよ．

22.1-3 $G = (V, E)$ を，負閉路を持たない重みつき有向グラフとする．各頂点 $v \in V$ に対して，s から v への最短路が含む辺数の最小値を考える．そして，すべての頂点におけるこの値の最大値を m とする．（ここでは最短路は辺数ではなく，辺重みから定義されているとする.）Bellman–Ford のアルゴリズムに簡単な変更を施して，m を事前に知らなくても，$m + 1$ 回の走査で終了するようにせよ．

22.1-4 始点から頂点 v へのある経路上に負閉路があるとき，$v.d$ 値として $-\infty$ を設定するように Bellman–Ford のアルゴリズムを修正せよ．

22.1-5 Bellman–Ford のアルゴリズムへの入力としてのグラフが，$|E|$ 本の辺で表現され，各辺はそれが出る頂点と入っていく頂点，そしてその重みを示している，と仮定する．制約 $|E| = \Omega(V)$ がない場合に，Bellman–Ford のアルゴリズムは $O(VE)$ 時間で走ることを検討せよ．Bellman–Ford のアルゴリズムを修正し，入力グラフが隣接リスト形式で表現されるとき，そのすべての場合に $O(VE)$ 時間で動作するようにせよ．

22.1-6 重み関数 $w: E \to \mathbb{R}$ を持つ重みつき有向グラフを $G = (V, E)$ とする．各頂点 $v \in V$ に対して，値 $\delta^*(v) = \min\{\delta(u, v) : u \in V\}$ を計算する $O(VE)$ 時間アルゴリズムを与えよ．

22.1-7 重みつき有向グラフ $G = (V, E)$ が負閉路を持つ，と仮定する．このような閉路の 1 つに含まれるすべての頂点を列挙する効率の良いアルゴリズムを設計し，その正しさを証明せよ．

22.2 有向非巡回グラフにおける単一始点最短路

本節では，重みつき有向グラフにさらなる 1 つの制約を導入する：グラフの非巡回性である．すなわち，重みつきダグ（有向非巡回グラフ）(dag, directed acyclic graph) を考察の対象とする．負辺があっても負閉路が存在しないので，最短路はダグ上ではつねに明確に定義されている．重みつきダグ $G = (V, E)$ の辺を頂点のトポロジカルソート順に緩和すれば，単一始点からの最短路の計算が $\Theta(V + E)$ 時間だけで済むことを見よう．

このアルゴリズムは，まずダグに対してトポロジカルソート（第 20.4 節参照）を行い，頂点を線形に順序づける．もしこのダグが，頂点 u から頂点 v への経路を持てば，トポロジカルソートでは u は v に先行する．手続き DAG-SHORTEST-PATHS は，頂点をトポロジカルソート順に 1 度だけ走査する．各頂点を検討するとき，その頂点から出る各辺を緩和する．このアルゴリズムの実行例を図 22.5 に示す．

DAG-SHORTEST-PATHS(G, w, s)
1　G の頂点をトポロジカルソートする
2　INITIALIZE-SINGLE-SOURCE(G, s)
3　**for** トポロジカルソート順に，各頂点 $u \in G.V$
4　　　**for** 各頂点 $v \in G.Adj[u]$
5　　　　　RELAX(u, v, w)

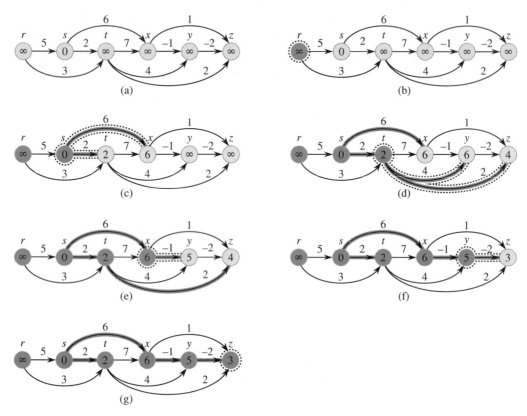

図 22.5 有向非巡回グラフ上で単一始点最短経路問題を解くアルゴリズムの実行例. 頂点は左から右にトポロジカルソートされている. 始点は s である. 頂点の中に d 値を示し, 濃い網かけの辺は π 値を示す. **(a)** 第 3〜5 行の **for** ループの最初の繰返しを実行する直前の状況. **(b)**〜**(g)** 第 3〜5 行の **for** ループの各繰返しを実行した直後の状況. 濃い網かけの頂点は緩和された出力辺を持つ. 点線で強調された頂点は繰返しの中で u として使われた. 点線で強調された各辺は緩和時の繰返しで d 値を変化させたことを示している. **(g)** に示す値が最終的な値である.

このアルゴリズムの実行時間を解析しよう. 第 20.4 節で示したように, 第 1 行のトポロジカルソートは $\Theta(V+E)$ 時間で走る. 第 2 行の INITIALIZE-SINGLE-SOURCE の実行に $\Theta(V)$ 時間かかる. 第 3〜5 行の **for** ループは頂点ごとに 1 回ずつ実行される. 第 4〜5 行の **for** ループは各辺をちょうど 1 回緩和する. (ここでは「集計法 (aggregate analysis)」を使っている.) 内側の **for** ループの各繰返しは $\Theta(1)$ 時間で実行できるので, 総実行時間は $\Theta(V+E)$ となる. これはグラフの隣接リストによる表現のサイズに対して, 線形である.

次の定理は, 手続き DAG-SHORTEST-PATHS が最短経路を正しく計算することを示している.

定理 22.5 重みつき有向グラフ $G=(V,E)$ が始点 s を持ち, 巡回路を持たなければ, 手続き DAG-SHORTEST-PATHS の終了時点では, すべての頂点 $v \in V$ に対して, $v.d = \delta(s,v)$ が成立し, 先行点部分グラフ G_π は最短路木である.

証明 まず, 終了時点では, すべての頂点 $v \in V$ に対して $v.d = \delta(s,v)$ が成立することを証明する. v が s から到達可能でなければ, 無経路性より $v.d = \delta(s,v) = \infty$ が成立する. そこで, v は s から到達可能であり, 最短路 $p = \langle v_0, v_1, \ldots, v_k \rangle$ が存在すると仮定する. ここで,

$v_0 = s$ かつ $v_k = v$ である．手続き DAG-SHORTEST-PATHS は，頂点をトポロジカルソート順に処理するので，p 上の辺を $(v_0, v_1), (v_1, v_2), \ldots, (v_{k-1}, v_k)$ の順に緩和する．したがって，終了時点では経路緩和性より，$i = 0, 1, \ldots, k$ に対して，$v_i.d = \delta(s, v_i)$ が成立する．最後に，先行点部分グラフ性より G_π は最短路木である． ■

このアルゴリズムの有用な応用例に **PERT 図** (PERT chart)[2]解析におけるクリティカルパスの決定がある．1 つのジョブは複数個のタスクからなる．各タスクは処理に一定の時間を要する．いくつかのタスクは他のタスクよりも先に処理しなければならない場合がある．たとえば，家を建てるジョブを考えよう．基礎工事は外壁工事よりも先に完成させる必要がある．そしてこれらの作業は屋根の工事に着手する前に完成させねばならない．一部のタスクを開始する前に複数のタスクを完了する必要がある：たとえば，乾式壁を壁の枠組みの周囲に設置する前に，電気システムと配管の両方を設置する必要があるケースである．ダグはタスクとそれらの依存関係をモデル化している．辺が実行すべきタスクを表し，辺重みはそのタスクを実行するために必要な時間を表す．頂点は，その頂点に入る辺によって表されるすべてのタスクが完了したときに達成される "マイルストーン（中間目標点）" を意味している．辺 (u, v) が頂点 v へ入る辺，辺 (v, x) が v から出る辺ならば，タスク (u, v) はタスク (v, x) より先に実行しなければならない．そこで，このダグ上の経路は，その特別な順序にしたがって実行しなければならないタスクの列を表す．**クリティカルパス** (critical path) は，ダグ上の**最長路**であり，すべてのタスクを実行するのに必要な最長時間に対応する．たとえ多数のタスクを同時に実行するとしても，クリティカルパスの重みは，すべてのタスクを実行するのに要する合計時間の下界である．クリティカルパスは以下のいずれかの方法で発見できる．

- 辺重みの正負を逆にして手続き DAG-SHORTEST-PATHS を実行する．
- INITIALIZE-SINGLE-SOURCE の第 2 行の "∞" を "−∞" で置き換え，さらに，手続き RELAX の ">" を "<" で置き換えた手続き DAG-SHORTEST-PATHS を実行する．

練習問題

22.2-1 図 22.5 に示した有向非巡回グラフに対して，頂点 r を始点として用いて DAG-SHORTEST-PATHS を実行し，その結果を示せ．

22.2-2 手続き DAG-SHORTEST-PATHS の第 3 行を次のように変更する．

> 3 **for** トポロジカルソート順に，最初の $|V| - 1$ 個の各頂点

この手続きの正しさが保たれることを示せ．

22.2-3 PERT 図の別の表現法は，第 20.4 節（トポロジカルソート）の図 20.7（483 ページ）のダグにとても似ている．頂点がタスク，辺が順序制約を表している．すなわち，辺 (u, v) が，タスク u がタスク v より先に実行されねばならない．このとき，辺ではなく頂点が，重み

---

[2] 「PERT」は "program evaluation and review technique"（工程の見積りと評価のための技法）の頭文字に由来する．

522 | 22 単一始点最短路

を持つ. 手続き DAG-SHORTEST-PATHS を修正して, 頂点重みつきの有向非巡回グラフにおけ
る最長路を線形時間で求めるようにせよ.

22.2-4 ★ 有向非巡回グラフでの経路の総数を求める効率の良いアルゴリズムを与えよ. 総
数は, すべての頂点対間のすべての経路, 辺がない経路もすべて含むようにせよ. このアルゴ
リズムを解析せよ.

22.3 Dijkstra のアルゴリズム

Dijkstra のアルゴリズム (Dijkstra's algorithm) は, すべての辺重みが非負であるという仮定の
下で, 重みつき有向グラフ $G = (V, E)$ 上の単一始点最短路問題を解く:各辺 $(u, v) \in E$ につ
いて $w(u, v) \geq 0$ を仮定する. うまく実装すれば Dijkstra のアルゴリズムは Bellman–Ford の
アルゴリズムよりも高速であることを見ていこう.

Dijkstra のアルゴリズムは, 重みつきグラフに対する幅優先探索の一般化と考えることがで
きる. 1つの波が始点から送出され, 波が1つの頂点に達するとその頂点からまた新しい波が
送出される. 幅優先探索では, 各波は1つの辺を通過するのに1単位時間要すると考えるが,
一方, 重みつきグラフの場合は, 波が1つの辺を通過するのに辺の重みの時間を要する. 重み
つきグラフにおける最短路は, 辺の数が最少とはかぎらないので, 単純な先入れ先出しキュー
は波を送出する次の頂点を選択するのに十分ではない.

その代わり, Dijkstra のアルゴリズムは, 始点 s からの最終的な最短路重みが, すでに決定さ
れた頂点の集合 S を管理する. アルゴリズムは, 最小の最短路推定値を持つ頂点 $u \in V - S$ を
選択し, u を S に追加し, u から出るすべての辺を緩和することを繰り返す. 手続き DIJKSTRA
は, 先入れ先出しキューを用いた幅優先探索の代わりに, d 値をキーとする頂点の min 優先度
つきキュー Q を用いる.

DIJKSTRA(G, w, s)

1 INITIALIZE-SINGLE-SOURCE(G, s)
2 $S = \emptyset$
3 $Q = \emptyset$
4 **for** 各頂点 $u \in G.V$
5   INSERT(Q, u)
6 **while** $Q \neq \emptyset$
7      $u = $ EXTRACT-MIN(Q)
8      $S = S \cup \{u\}$
9   **for** 各頂点 $v \in G.Adj[u]$
10   RELAX(u, v, w)
11   **if** RELAX が $v.d$ 値を減少させる
12   DECREASE-KEY$(Q, v, v.d)$

Dijkstra のアルゴリズムが辺を緩和していく様子を図 22.6 に示す. 第1行で d と π 値をい

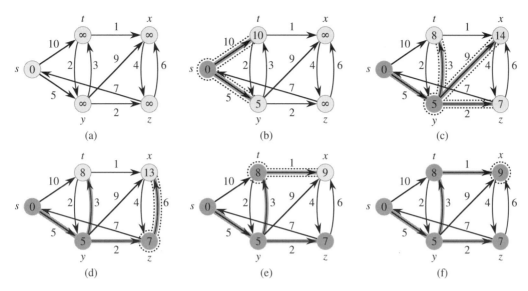

図 22.6 Dijkstra のアルゴリズムの実行．始点 s は左端の頂点である．最短路推定値を頂点の中に示し，濃い網かけの辺は先行点（π 値）を示す．濃い網かけの頂点は集合 S に属し，薄い網かけの頂点は min 優先度つきキュー $Q = V - S$ に属す．**(a)** 第 6～12 行の **while** ループの最初の繰返しの直前の状況．**(b)**〜**(f)** **while** ループの一連の繰返しにおける，各繰返し終了直後の状況．各図において，点線で強調された頂点が第 7 行で頂点 u として選択され，点線で強調された辺はその辺が緩和されたとき d 値と先行点が変化したことを意味する．**(f)** に示す d と π 値が最終値である．

つもどおりに初期化し，第 2 行で集合 S を空集合に初期化する．第 6～12 行の **while** ループの各繰返しの開始直前では，アルゴリズムは不変式 $Q = V - S$ を維持する．第 3～5 行では min 優先度つきキュー Q を V のすべての頂点を含むように初期化する．この時点では $S = \emptyset$ なので，最初に第 6 行に到達したときには，不変式は成立している．第 6～12 行の **while** ループを通過するたびに，第 7 行はある頂点 u を $Q = V - S$ から抽出し，第 8 行が集合 S にその頂点を挿入するので，不変式を維持する．（このループの最初の実行では $u = s$ である．）したがって，頂点 u は $V - S$ に属する頂点の中で最小の最短経路推定値を持つ．次に，第 9～12 行では u から出る各辺 (u, v) を緩和し，u を経由することで v への最短路が改善できる場合には，推定値 $v.d$ と先行点 $v.\pi$ を更新する．緩和操作で d 値と π 値が変化するときは，第 12 行の DECREASE-KEY が min 優先度つきキューを更新する．どの頂点も第 4～5 行の **for** ループ以降では Q に挿入されることはなく，各頂点はちょうど 1 回だけ Q から抽出されて S に挿入されるので，第 6～12 行の **while** ループはちょうど $|V|$ 回だけ繰り返される．

Dijkstra のアルゴリズムは，$V - S$ の中でつねに "最も軽い" あるいは "最も近い" 頂点を集合 S に挿入するので，貪欲戦略に基づいていると考えられる．第 15 章（貪欲アルゴリズム）で貪欲戦略について詳しく述べているが，Dijkstra のアルゴリズムを理解するために第 15 章を読んでおく必要はない．貪欲戦略は一般的には最適解を保証しないが，次の定理とその系が示すように，Dijkstra のアルゴリズムでは実際に最短路を計算する．ある頂点 u を集合 S に挿入するときにはつねに $u.d = \delta(s, u)$ であることを示すことが鍵になる．

定理 22.6（Dijkstra のアルゴリズムの正しさ） 非負の重み関数 w と始点 s を持つ重みつき有向グラフ $G = (V, E)$ 上で Dijkstra のアルゴリズムは，停止した時点ですべての頂点 $u \in V$ に

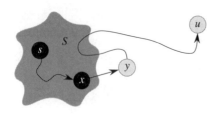

図 22.7 定理 22.6 の証明．頂点 u は Dijkstra のアルゴリズムの第 7 行で S に加えるべく選ばれている．頂点 y は始点 s から頂点 u に至る最短路上にある頂点で最初に S に属さない頂点である．$x \in S$ は最短路上の y の先行点である．y から u に至る部分パスは再度 S に入ってもよいし，入らなくてもよい．

対して，$u.d = \delta(s, u)$ が成立する．

証明 第 6〜12 行の **while** ループの各繰返しの開始直前において，各頂点 $v \in S$ に対して，$v.d = \delta(s, v)$ が成立することを示す．アルゴリズムは $S = V$ のときに停止し，すべての $v \in V$ に対して $v.d = \delta(s, v)$ が成立する．

証明は **while** ループの繰返し回数に関する帰納法に基づく．各繰返しの開始時は $|S|$ に等しい．基底段階は 2 つある．$|S| = 0$ に対して，$S = \emptyset$ となり，主張は明らかに成り立つ．$|S| = 1$ のときは $S = \{s\}$ となり，$s.d = \delta(s, s) = 0$ で主張は成立する．

帰納段階では，帰納法の仮定は，すべての $v \in S$ に対して，$v.d = \delta(s, v)$ が成立するとする．アルゴリズムは，頂点 u を $V - S$ から抽出する．アルゴリズムは S に u を加えるので，そのときは $u.d = \delta(s, u)$ が成立することを示す必要がある．s から u に至る経路が存在しないときは，無経路性により証明は終了する．s から u に至る経路が存在するときは，図 22.7 に示すように，頂点 y を始点 s から頂点 u に至る最短路上にある頂点で最初に S に属さない頂点とする．$x \in S$ を最短路上の y の先行点とする．（$y = u$ あるいは $x = s$ とすることもできる．）y は最短経路上で u より先に出現し，すべての辺の重みが非負であるので，$\delta(s, y) \leq \delta(s, u)$ が成立する．第 7 行の EXTRACT-MIN を実行すると，u を $V - S$ の最小 d 値として返しているので，$u.d \leq y.d$ が成立し，上界性より $\delta(s, u) \leq u.d$ を得る．

$x \in S$ なので，帰納法の仮定より $x.d = \delta(s, x)$ が成立する．x を S に挿入する **while** ループの繰返しのなかで，辺 (x, y) は緩和されている．収束性により，そのとき $y.d$ は $\delta(s, y)$ を受け取っている．したがって，

$$\delta(s, y) \leq \delta(s, u) \leq u.d \leq y.d \text{ かつ } y.d = \delta(s, y)$$

が成立し，その結果，

$$\delta(s, y) = \delta(s, u) = u.d = y.d$$

となる．したがって，$u.d = \delta(s, u)$ が成り立ち，上界性により，この値は再び変化することはない．∎

系 22.7 非負の重み関数 w と始点 s を持つ重みつき有向グラフ $G = (V, E)$ 上で Dijkstra のアルゴリズムを実行すると，終了時点では先行点部分グラフ G_π は s を根とする最短路木である．

証明 定理 22.6 と先行点部分グラフの性質より明らかである．∎

解 析

Dijkstra のアルゴリズムは，どれほど速いのだろうか？アルゴリズムは min 優先度つきキュー Q を 3 つの優先度つきキュー操作の呼出しで管理している：すなわち，（第 5 行の）INSERT，（第 7 行の）EXTRACT-MIN，そして（第 12 行の）DECREASE-KEY 操作である．このアルゴリズムは INSERT と EXTRACT-MIN を各頂点に対して，1 回ずつ呼び出す．各頂点 $v \in V$ は S にちょうど 1 回だけ挿入されるので，隣接リスト $Adj[v]$ の各辺は，アルゴリズムの実行全体を通じて 1 回だけ第 9～12 行の **for** ループにおいて調べられる．すべての隣接リストに属する総辺数は $|E|$ なので，**for** ループの繰返し総数は $|E|$ であり，DECREASE-KEY 操作の総数も全体で高々 $|E|$ である．（集計法を使っていることを再び確認せよ．）

Prim のアルゴリズムと同様に，Dijkstra のアルゴリズムの実行時間は，min 優先度つきキューの特定の実装方法に依っている．単純な実装では，頂点が 1 から $|V|$ に番号づけられていることを利用する：単に配列の v 番目の位置に $v.d$ を格納するのである．INSERT と DECREASE-KEY 操作は，それぞれ $O(1)$ 時間で実行できるが，EXTRACT-MIN 操作は（配列全体を調べる必要があるので）$O(V)$ 時間かかる．したがって，全体で $O(V^2 + E) = O(V^2)$ 時間を要す．

グラフが十分に疎である場合 —— とくに，$|E| = o(V^2 / \lg V)$ のとき —— ，頂点と対応するヒープ要素の間を写像する方法を含んだ 2 分ヒープを用い，min 優先度つきキューを実装することで，実行時間を改善できる．1 回の EXTRACT-MIN 操作に $O(\lg V)$ 時間かかり，先と同様に，操作回数は $|V|$ である．2 分 min ヒープの構築に $O(V)$ 時間かかる（第 21.2 節の 503 ページで示したように，手続き BUILD-MIN-HEAP を呼び出す必要さえない）．1 回の DECREASE-KEY 操作に $O(\lg V)$ 時間かかり，その操作回数は依然として高々 $|E|$ 回である．したがって，総実行時間は $O((V + E) \lg V)$ となるが，$|E| = \Omega(V)$ のときは $O(E \lg V)$ である．この実行時間は $E = o(V^2 / \lg V)$ のときには，単純な実装から得られる実行時間 $O(V^2)$ の改善になっている．

min 優先度つきキュー Q をフィボナッチヒープ（第 V 部の序論（404 ページ）参照）を用いて実装すれば，実行時間 $O(V \lg V + E)$ を達成できる．$|V|$ 回実行される EXTRACT-MIN 操作の 1 回当りのならしコストは $O(\lg V)$ であり，最大 $|E|$ 回実行される DECREASE-KEY の呼出しは，1 回当り $O(1)$ のならし時間で実行可能だからである．歴史的には，Dijkstra のアルゴリズムでは EXTRACT-MIN よりも DECREASE-KEY のほうが普通は多く呼び出されるので，EXTRACT-MIN のならし時間を増加させずに DECREASE-KEY 操作のならし時間を $o(\lg V)$ に減らす方法があれば，2 分ヒープを用いるよりも漸近的に速い実装が得られるという観察に基づいて，フィボナッチヒープが開発された．

Dijkstra のアルゴリズムは，幅優先探索（第 20.2 節参照）と最小全域木を求める Prim のアルゴリズム（第 21.2 節参照）の両方に類似点を持っている．集合 S と幅優先探索の黒頂点の集合との対応という点で Dijkstra のアルゴリズムは幅優先探索と似ている．S の頂点が最終的な最短路重みを持つように，幅優先探索の黒頂点も正しい幅優先距離を持つ．Dijkstra のアルゴリズムが Prim のアルゴリズムに類似している点は，共に，min 優先度つきキューを用いて与えられた集合（Dijkstra のアルゴリズムでは集合 S，Prim のアルゴリズムでは成長中の木）

に属さない"最も軽い"頂点を求め，この頂点を集合に加え，この集合に属さない頂点の重みを適切に調整するという所にある．

練習問題

22.3-1 図 22.2 に示した有向グラフに対して，頂点 s を始点にした場合と z を始点にした場合のそれぞれについて，Dijkstra のアルゴリズムを実行せよ．**while** ループの各繰返しの終了直後の d と π 値，および集合 S に属する頂点を図 22.6 の形式を用いて示せ．

22.3-2 Dijkstra のアルゴリズムが誤った答を生成する，負辺を持つ簡単な有向グラフの例を示せ．負辺を許すと定理 22.6 の証明が破綻する理由を示せ．

22.3-3 Dijkstra のアルゴリズムの第 6 行を次のように変更する．

> 6   **while** $|Q| > 1$

このように変更すると，**while** ループの繰返し回数が $|V|$ ではなく $|V| - 1$ になる．変更後のアルゴリズムは正しいだろうか？

22.3-4 手続き DIJKSTRA を修正して，Dijkstra のアルゴリズムにおける優先度つきキュー Q が，始点 s からこれまでに到着した頂点のみを含むという点で，手続き BFS のキューにもっと似るようにせよ：すなわち，$Q \subseteq V - S$ かつ $v \in Q$ は，$v.d \neq \infty$ を意味するようにせよ．

22.3-5 Gaedel 教授はあるプログラムを書いて Dijkstra のアルゴリズムの実装であると主張している．このプログラムは，各頂点 $v \in V$ に対して，$v.d$ と $v.\pi$ を生成する．このプログラムの出力の正しさを判断する $O(V + E)$ 時間アルゴリズムを与えよ．このアルゴリズムは，出力である d 属性と π 属性がある最短経路木のものと一致するか否かを判断しなければならない．すべての辺重みを非負と仮定してもよい．

22.3-6 Ebenezer 教授は，Dijkstra のアルゴリズムの正しさについて，より簡単な証明を得たと考えている．教授は次のように主張している：Dijkstra のアルゴリズムは，グラフが含むどの最短経路についても，最短経路上の辺を最短経路に現れる順序で緩和するので，始点から到達可能な任意の頂点に対して経路緩和性が適用される．Dijkstra のアルゴリズムが，ある最短経路上の辺を異なる順序で緩和する有向グラフを構成し，教授の主張が間違っていることを示せ．

22.3-7 各辺 (u, v) が頂点 u から頂点 v への通信チャネルを表現する有向グラフ $G = (V, E)$ を考える．辺 (u, v) には通信チャネル (u, v) の信頼度を表現する実数値 $r(u, v)$ が辺重みとして与えられているとする．ただし，$0 \leq r(u, v) \leq 1$ である．$r(u, v)$ を u から v へのチャネルが故障しない確率と解釈し，これらの確率は独立であると仮定する．このとき，与えられた 2 頂点間を結ぶ最も信頼できる経路を求めるアルゴリズムを与えよ．

22.3-8 $G = (V, E)$ を，重みつき有向グラフで，ある正整数 W に対して正の重み関数 $w : E \to \{1, 2, \ldots, W\}$ を持つ，としよう．そして，任意の頂点対に対する始点 s からの最短経路重みは異なる，と仮定する．このとき，重みなし有向グラフ $G' = (V \cup V', E')$ を，G の各辺 $(u, v) \in E$ を直列に接続した $w(u, v)$ 本の（重みなし）辺で置き換えることによって構成するとしよう．G' の頂点数を求めよ．G' を幅優先探索する．G' の幅優先探索が V の頂

点を黒に彩色する順序は，G 上の Dijkstra のアルゴリズムが V の頂点を第 5 行で優先度つきキューから抽出する順序と同一であることを示せ．

22.3-9 ある非負整数を W とするとき，非負の重み関数 $w : E \to \{0, 1, \dots, W\}$ を持つ重みつき有向グラフを $G = (V, E)$ とする．与えられた始点 s からすべての頂点に至る最短経路を全体で $O(WV + E)$ 時間で計算できるように，Dijkstra のアルゴリズムを修正せよ．

22.3-10 練習問題 22.3-9 で解答したアルゴリズムを $O((V + E) \lg W)$ 時間で実行できるように修正せよ．（**ヒント**：どの時点においても $V - S$ 中に最大いくつの異なる最短経路推定値が，存在できるだろうか？）

22.3-11 $G = (V, E)$ を重みつき有向グラフとする．始点 s から出る辺だけが負辺であることが許され，他のすべての辺は負辺ではないと仮定する．また，負閉路も存在しないと仮定する．このとき，Dijkstra のアルゴリズムは s を始点とする単一始点最短経路問題を正しく解くことを示せ．

22.3-12 重みつき有向グラフを $G = (V, E)$ とする．C をある正定数とし，辺重みは $[C, 2C]$ の正実数の値とする．このとき，$O(V + E)$ 時間で動作するように Dijkstra のアルゴリズムを修正せよ．

22.4 差分制約と最短路

第 29 章（線形探索）では一般の線形計画問題を扱い，線形不等式の集合制約の下で線形関数を最適化する手法について考察する．本節では，単一始点からの最短路を求める問題に帰着できる線形計画問題の特別な場合を検討する．結果的に生じる単一始点最短路問題は，Bellman–Ford のアルゴリズムを用いて解くことができ，それにより，この特別な線形計画問題も解くことができる．

線形計画法

一般の**線形計画問題** (linear-programming problem) では，入力として $m \times n$ 型行列 A，m ベクトル b，および n ベクトル c が与えられる．ここでの目的は，$Ax \leq b$ によって与えられる m 個の制約式の下で，**目的関数** (objective function) $\sum_{i=1}^{n} c_i x_i$ を最大化する n ベクトル x を求めることである．

　線形計画問題を解くための最もよく知られている方法は，第 29.1 節（線形計画法の定式化とアルゴリズム）で詳しく述べる**シンプレックスアルゴリズム** (simplex algorithm) である．シンプレックスアルゴリズムは必ずしも入力サイズの多項式時間では動作しないが，多項式時間で動作するいくつか他の線形計画アルゴリズムが知られている．ここで線形計画問題の仕組みを説明するのは 2 つの理由からである．第 1 に，与えられた問題を多項式サイズの線形計画問題として定式化できれば，直ちにこの問題を解く多項式時間アルゴリズムを手に入れることができるからである．第 2 に，線形計画問題の多くの特別な場合はもっと高速なアルゴリズムが存在するからである．たとえば，単一点対最短路問題（練習問題 22.4-4）や最大フロー問題（練習問題 24.1-5）は，線形計画問題の特別な場合である．

528 | 22 単一始点最短路

ときどき目的関数が重要ではない場合がある：**実行可能解** (feasible solution) を 1 つ求めることが重要なのである．すなわち，$Ax \le b$ を満たす任意のベクトルを x を求めるか，あるいは実行可能解が存在しないことを決定することが重要である場合もある．本節では，そのような**実行可能性問題** (feasibility problem) に焦点を合わせる．

差分制約式系

差分制約式系 (system of difference constraints) では，線形計画法の行列 A の各行が 1 と -1 をそれぞれ 1 個ずつ含み，A の他の要素はすべて 0 である．したがって，$Ax \le b$ によって与えられる制約は，n 個の未知数を含む m 個の**差分制約式** (difference constraint) の集合であり，各制約式は形式

$$x_j - x_i \le b_k$$

で表される簡単な線形不等式である．ただし，$1 \le i, j \le n$, $i \ne j$ および $1 \le k \le m$ である．

たとえば，次式を満たす 5-ベクトル $x = (x_i)$ を求める問題を考えよう．

$$
\begin{pmatrix}
1 & -1 & 0 & 0 & 0 \\
1 & 0 & 0 & 0 & -1 \\
0 & 1 & 0 & 0 & -1 \\
-1 & 0 & 1 & 0 & 0 \\
-1 & 0 & 0 & 1 & 0 \\
0 & 0 & -1 & 1 & 0 \\
0 & 0 & -1 & 0 & 1 \\
0 & 0 & 0 & -1 & 1
\end{pmatrix}
\begin{pmatrix}
x_1 \\ x_2 \\ x_3 \\ x_4 \\ x_5
\end{pmatrix}
\le
\begin{pmatrix}
0 \\ -1 \\ 1 \\ 5 \\ 4 \\ -1 \\ -3 \\ -3
\end{pmatrix}
$$

この問題は，以下の 8 個の差分制約式を満たす未知数 x_1, x_2, x_3, x_4, x_5 を求める問題と等価である：

$$x_1 - x_2 \le 0 \tag{22.2}$$
$$x_1 - x_5 \le -1 \tag{22.3}$$
$$x_2 - x_5 \le 1 \tag{22.4}$$
$$x_3 - x_1 \le 5 \tag{22.5}$$
$$x_4 - x_1 \le 4 \tag{22.6}$$
$$x_4 - x_3 \le -1 \tag{22.7}$$
$$x_5 - x_3 \le -3 \tag{22.8}$$
$$x_5 - x_4 \le -3 \tag{22.9}$$

不等式を 1 つずつ直接調べれば，この問題に対する解の 1 つが $x = (-5, -3, 0, -1, -4)$ であることを確認できる．実際，この問題には解が 1 つ以上存在する．別解は $x' = (0, 2, 5, 4, 1)$ である．2 つの解には関連がある：つまり，x' の各成分は対応する x の成分より 5 だけ大きい．これは偶然ではない．

補題 22.8 $x = (x_1, x_2, \ldots, x_n)$ を差分制約式系 $Ax \le b$ の 1 つの解とし，d を任意の定数とする．このとき，$x + d = (x_1 + d, x_2 + d, \ldots, x_n + d)$ も $Ax \le b$ の解である．

証明 各 x_i と x_j に対して，$(x_j + d) - (x_i + d) = x_j - x_i$ である．したがって，x が $Ax \le b$ を満たせば，$x + d$ も満たす． ∎

差分制約式系はさまざまな形で応用される. たとえば, 未知数 x_i は事象が生起する時刻と考える. 各制約は, 2 つの事象の生起間隔が満たすべき最小時間, あるいは最大時間を表現する. ある製品の組立てに必要な種々の仕事を, この事象と見なそう. 時刻 x_1 に 2 時間を要する糊づけ作業を開始し, この作業が完了するのを待って時刻 x_2 に部品を据えつけるとすると, 対応する制約は $x_2 \geq x_1 + 2$, あるいは等価な $x_1 - x_2 \leq -2$ である. 部品の据えつけは糊づけ作業を開始した後にしかできないが, 糊が"半ば"乾くまでに開始しなければならないかもしれない. この場合に対応する制約は, 対 $x_2 \geq x_1$ と $x_2 \leq x_1 + 1$, あるいは等価な $x_1 - x_2 \leq 0$ と $x_2 - x_1 \leq 1$ となる.

右辺のすべての制約が非負の数であれば, すなわち任意の $i = 1, 2, \ldots, m$ に対して, $b_i \geq 0$ ならば, 実行可能解の存在は自明である: 未知数 x_i をすべて等しくすればよい. そうするとすべての差分は 0 となり, すべての制約は満たされる. 制約が少なくとも 1 つ $b_i < 0$ を満足するときにのみ, 差分制約式で実行可能解を見つけることが意味を持つ.

制約グラフ

差分制約式系は, グラフ理論的な観点から解釈できる. 差分制約式系 $Ax \leq b$ において, 我々は $m \times n$ 型の線形計画行列 A を, n 個の頂点と m 本の辺を持つグラフの接続行列の転置 (練習問題 20.1-7 参照) と見なそう. $i = 1, 2, \ldots, n$ に対して, このグラフの頂点 v_i は n 個の未知数の 1 つ x_i に対応する. グラフの各有向辺は 2 つの未知数を含む m 個の不等式の 1 つに対応する.

もっと形式的に言うと, 差分制約式系 $Ax \leq b$ が与えられたとき, 対応する**制約グラフ** (constraint graph) は, 頂点集合

$$V = \{v_0, v_1, \ldots, v_n\}$$

と辺集合

$$E = \{(v_i, v_j) : x_j - x_i \leq b_k \text{ はある制約 }\} \cup \{(v_0, v_1), (v_0, v_2), (v_0, v_3), \ldots, (v_0, v_n)\}$$

を持つ重みつき有向グラフ $G = (V, E)$ である. 頂点 v_0 を付加したのは, すぐ後で述べるように, グラフの中に他のすべての頂点に到達可能なある頂点が存在することを保証するためである. 頂点集合 V は各未知数 x_i に対する頂点 v_i と付加された頂点 v_0 から構成され, 辺集合 E は各差分制約に対応する辺と, 各未知数 x_i に対する辺 (v_0, v_i) から構成される $x_j - x_i \leq b_k$ が差分制約のとき, 辺 (v_i, v_j) の重みは $w(v_i, v_j) = b_k$ であり, v_0 から出る各辺の重みは 0 である. 不等式 (22.2)〜(22.9) より構成される差分制約系に対する制約グラフを図 22.8 に示す.

差分制約式系に対する解が対応する制約グラフの最短路重みから計算できることを次の定理で示す.

定理 22.9 与えられた差分制約式系 $Ax \leq b$ に対応する制約グラフを $G = (V, E)$ とする. G が負閉路を含まなければ,

$$x = (\delta(v_0, v_1), \delta(v_0, v_2), \delta(v_0, v_3), \ldots, \delta(v_0, v_n)) \tag{22.10}$$

が, この系に対する実行可能解である. G が負閉路を含むならば, この系に対する実行可能解は存在しない.

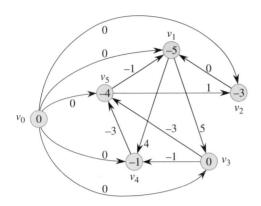

図 22.8 差分制約式系 (22.2)〜(22.9) に対応する制約グラフ．$\delta(v_0, v_i)$ 値を各頂点 v_i の中に示す．この系に対する実行可能解の1つは $x = (-5, -3, 0, -1, -4)$ である．

証明 制約グラフが負閉路を含まなければ，式 (22.10) が実行可能解を与えることを証明する．任意の辺 $(v_i, v_j) \in E$ を考える．三角不等式より $\delta(v_0, v_j) \leq \delta(v_0, v_i) + w(v_i, v_j)$，すなわち $\delta(v_0, v_j) - \delta(v_0, v_i) \leq w(v_i, v_j)$ である．したがって，$x_i = \delta(v_0, v_i)$ かつ $x_j = \delta(v_0, v_j)$ とおくと，辺 (v_i, v_j) に対応する差分制約式 $x_j - x_i \leq w(v_i, v_j)$ を満たす．

つぎに，制約グラフが負閉路を含むならば，この差分制約式系は実行可能解を持たないことを示す．一般性を失うことなく，負閉路を $c = \langle v_1, v_2, \ldots, v_k \rangle$ とする．ここで，$v_1 = v_k$ である．（頂点 v_0 に入る辺がないので v_0 は閉路 c に現れない．）閉路 c は一群の差分制約：

$$x_2 - x_1 \leq w(v_1, v_2)$$
$$x_3 - x_2 \leq w(v_2, v_3)$$
$$\vdots$$
$$x_{k-1} - x_{k-2} \leq w(v_{k-2}, v_{k-1})$$
$$x_k - x_{k-1} \leq w(v_{k-1}, v_k)$$

に対応する．これら k 個の不等式をすべて満足する解 x があると仮定し，矛盾を導く．この解は k 個の不等式を足し合わせてできる不等式を満たすはずである．左辺を足すと，各未知数 x_i は1回足されて1回引かれるので（$v_1 = v_k$ は $x_1 = x_k$ を意味することを思い出せ），和は0になる．一方，右辺の和は $w(c)$ なので $0 \leq w(c)$ である．しかし c は負閉路，すなわち $w(c) < 0$ であるので，矛盾 $0 \leq w(c) < 0$ が導かれた． ■

差分制約式系の解法

定理 22.9 は Bellman–Ford のアルゴリズムを用いれば差分制約式系が解けることを示している．始点 v_0 から制約グラフの他のすべての頂点に辺が出ているので，制約グラフの任意の負閉路は v_0 から到達できる．Bellman–Ford のアルゴリズムが TRUE を返すなら，計算された最短路重みはこの系の実行可能解を与える．たとえば，図 22.8 では，最短路重みが実行可能解 $x = (-5, -3, 0, -1, -4)$ を与え，補題 22.8 より，任意の定数 d に対して，$x = (d-5, d-3, d, d-1, d-4)$ もまた実行可能解である．Bellman–Ford のアルゴリズムが FALSE を返す場合は，この差分制約式系に実行可能解はない．

n 個の未知数に関する m 個の制約式を持つ差分制約式系は，$n+1$ 個の頂点と $n+m$ 本の辺を持つグラフを生成する．したがって，Bellman–Ford のアルゴリズムを用いると，この系を $O((n+1)(n+m)) = O(n^2 + nm)$ 時間で解くことができる．m が n よりずっと小さくても $O(nm)$ 時間で実行できるように，このアルゴリズムを修正する問題を，練習問題 22.4-5 で取り上げる．

練習問題

22.4-1 次の差分制約式系に対する実行可能解を求めるか，あるいは実行可能解を持たないことを示せ：

$$
\begin{aligned}
x_1 - x_2 &\leq \ \ 1 \\
x_1 - x_4 &\leq -4 \\
x_2 - x_3 &\leq \ \ 2 \\
x_2 - x_5 &\leq \ \ 7 \\
x_2 - x_6 &\leq \ \ 5 \\
x_3 - x_6 &\leq \ 10 \\
x_4 - x_2 &\leq \ \ 2 \\
x_5 - x_1 &\leq -1 \\
x_5 - x_4 &\leq \ \ 3 \\
x_6 - x_3 &\leq -8
\end{aligned}
$$

22.4-2 次の差分制約式系に対する実行可能解を求めるか，あるいは実行可能解を持たないことを示せ：

$$
\begin{aligned}
x_1 - x_2 &\leq \ \ 4 \\
x_1 - x_5 &\leq \ \ 5 \\
x_2 - x_4 &\leq -6 \\
x_3 - x_2 &\leq \ \ 1 \\
x_4 - x_1 &\leq \ \ 3 \\
x_4 - x_3 &\leq \ \ 5 \\
x_4 - x_5 &\leq \ 10 \\
x_5 - x_3 &\leq -4 \\
x_5 - x_4 &\leq -8
\end{aligned}
$$

22.4-3 制約グラフでの新たな頂点 v_0 からの最短路重みが正になることはあるか？ 説明せよ．

22.4-4 単一点対最短路問題を線形計画問題として表現せよ．

22.4-5 Bellman–Ford のアルゴリズムを少しだけ修正し，n 個の未知数に関する m 個の不等式を持つ差分制約式系を解くアルゴリズムを示し，その実行時間が $O(nm)$ となるようにせよ．

22.4-6 差分制約の他に，$x_i = x_j + b_k$ という形式で表現される**等式制約** (equality constraint) を扱いたい．この種の制約式系を解く方法を示せ．

22.4-7 余分な頂点 v_0 を含まない制約グラフに Bellman–Ford 風のアルゴリズムを適用して差分制約式系を解く方法を示せ．

22.4-8 ★ $Ax \leq b$ を，n 個の未知数と異なる m 個の制約式を持つ系とする．Bellman–Ford のアルゴリズムを対応する制約グラフ上で実行すると，$Ax \leq b$ および，すべての x_i について $x_i \leq 0$ である，という制約の下で，$\sum_{i=1}^{n} x_i$ が最大化されることを示せ．

22.4-9 ★ Bellman–Ford のアルゴリズムを差分制約式系 $Ax \leq b$ に対応する制約グラフ上で実行すると，制約 $Ax \leq b$ の下で $(\max\{x_i\} - \min\{x_i\})$ が最小化されることを示せ．このアルゴリズムを建築工事のスケジュールを決めるのに使うとき，この事実が役立つ理由を説明せよ．

22.4-10 線形計画問題 $Ax \leq b$ の行列 A の各行が別の形の差分制約，$x_i \leq b_k$ あるいは $-x_i \leq b_k$ という形の単一変数の制約式に対応しているとする．Bellman–Ford のアルゴリズムを用いて，この種の制約式系を解く方法を示せ．

22.4-11 b のすべての要素が実数値を取り，すべての未知数 x_i が整数値を取る必要があるとき，差分制約式系 $Ax \leq b$ を解く効率の良いアルゴリズムを与えよ．

22.4-12 ★ b のすべての要素が実数値を取り，未知数 x_i の（必ずしもすべてではなく）ある指定された集合が整数値を取る必要があるとき，差分制約式系 $Ax \leq b$ を解く効率の良いアルゴリズムを与えよ．

22.5 最短路の性質の証明

本章を通じて，正しさの議論では，三角不等式，上界性，無経路性，収束性，経路緩和性，先行点部分グラフ性を信頼できるものとして使ってきた．514 ページではこれらの性質を証明なしに与えたが，本節ではこれらの諸性質を証明する．

三角不等式

幅優先探索（第 20.2 節）を検討したとき，重みなしグラフの最短距離に関する簡単な性質を補題 20.1 として証明した．三角不等式はこの性質を重みつきグラフに一般化するものである．

補題 22.10（三角不等式 (triangle inequality)） $G = (V, E)$ を，重み関数 $w : E \to \mathbb{R}$ と始点 s を持つ重みつき有向グラフとする．このとき，すべての辺 $(u, v) \in E$ に対して

$$\delta(s, v) \leq \delta(s, u) + w(u, v)$$

が成立する．

証明 始点 s から頂点 v への最短路を p とする．p の重みは s から v への任意の経路の重みよりも真に大きくない．とくに，始点 s から頂点 u への最短路を辿り，次に辺 (u, v) を使う経路よりも p が真に大きい重みを持つことはない．

練習問題 22.5-3 では，s から v への最短路がないときの証明を問う． ∎

最短路推定値に対する緩和の効果

INITIALIZE-SINGLE-SOURCE によって初期化された重みつき有向グラフの辺集合の緩和が最短路推定値に与える影響を，以下の一連の補題で記述する．

補題 22.11（上界性 (upper-bound property)） $G = (V, E)$ を，重み関数 $w : E \to \mathbb{R}$ を持つ重みつき有向グラフとする．s を始点とし，INITIALIZE-SINGLE-SOURCE(G, s) によってグラフを初期化する．このとき，すべての $v \in V$ に対して，$v.d \geq \delta(s, v)$ であり，G の辺を任意の順序で緩和しても，この不変式は保存される．さらに，$v.d$ が下界 $\delta(s, v)$ に到達すれば，それ以降 $v.d$ は変化しない．

証明 すべての頂点 $v \in V$ に対して，不変式 $v.d \geq \delta(s, v)$ が維持されることを，緩和回数に関する帰納法で証明する．

基底段階では，初期化の後 $v.d \geq \delta(s, v)$ は成立している．$v.d = \infty$ ならば，すべての $v \in V - \{s\}$ に対して，$v.d \geq \delta(s, v)$ だからである．（s が負閉路上にあれば $\delta(s, s) = -\infty$ であり，そうでなければ $\delta(s, s) = 0$ になることに注意しよう．）

帰納段階を証明するために，辺 (u, v) の緩和を考える．帰納法の仮定より，この緩和が起こる直前では，すべての $x \in V$ に対して，$x.d \geq \delta(s, x)$ が成立している．この緩和によって変化する可能性がある唯一の値は $v.d$ である．もし更新されると，

$$
\begin{aligned}
v.d &= u.d + w(u, v) \\
&\geq \delta(s, u) + w(u, v) \quad \text{（帰納法の仮定より）} \\
&\geq \delta(s, v) \quad\quad\quad\quad\text{（三角不等式より）}
\end{aligned}
$$

であり，不変式は維持される．

$v.d = \delta(s, v)$ が達成されると，それ以降 $v.d$ 値が変化しないことは，すぐ上で証明したように $v.d \geq \delta(s, v)$ なので，$v.d$ はこれ以上減らず，一方，緩和は d 値を増やさないので $v.d$ はこれ以上増えることはできない． ∎

系 22.12（無経路性 (no-path property)） 重み関数 $w : E \to \mathbb{R}$ を持つ重みつき有向グラフ $G = (V, E)$ に対して，始点 $s \in V$ と与えられた頂点 $v \in V$ を結ぶ経路が存在しない，と仮定する．このとき，グラフを INITIALIZE-SINGLE-SOURCE(G, s) によって初期化した後，$v.d = \delta(s, v) = \infty$ が成立し，G の辺を任意の順序で緩和しても，この等式は不変式として維持される．

証明 上界性より $\infty = \delta(s, v) \leq v.d$ がつねに成立するので，$v.d = \infty = \delta(s, v)$ である． ∎

補題 22.13 $G = (V, E)$ を，重み関数 $w : E \to \mathbb{R}$ を持つ重みつき有向グラフ，$(u, v) \in E$ とする．このとき，RELAX(u, v, w) を実行して辺 (u, v) を緩和した直後には，$v.d \leq u.d + w(u, v)$ が成立する．

証明 辺 (u, v) を緩和する直前に $v.d > u.d + w(u, v)$ ならば，緩和の後では $v.d = u.d + w(u, v)$ である．一方，緩和の直前に $v.d \leq u.d + w(u, v)$ ならば，$u.d$ も $v.d$ も更新されないので，緩和の後でも $v.d \leq u.d + w(u, v)$ が成立する． ∎

補題 22.14（収束性 (convergence property)） $G = (V, E)$ を，重み関数 $w : E \to \mathbb{R}$ を持つ重みつき有向グラフとし，$s \in V$ が始点で，ある頂点 $u, v \in V$ に対して，$s \rightsquigarrow u \to v$ を G における v への最短路とする．INITIALIZE-SINGLE-SOURCE(G, s) を用いて G を初期化し，次に呼出し RELAX(u, v, w) を含む緩和列を G の辺に対して，実行すると仮定する．呼出し RELAX(u, v, w) の実行前のどの時点でも $u.d = \delta(s, u)$ ならば，実行後はつねに $v.d = \delta(s, v)$ である．

証明 上界性から，辺 (u, v) を緩和する以前のある時点で $u.d = \delta(s, u)$ ならば，この等式はそれ以降つねに成立する．とくに，辺 (u, v) を緩和した後は

$$
\begin{aligned}
v.d &\leq u.d + w(u, v) \quad \text{（補題 22.13 より）} \\
&= \delta(s, u) + w(u, v) \\
&= \delta(s, v) \quad\quad\quad\quad \text{（補題 22.1（510 ページ）より）}
\end{aligned}
$$

が成立する．一方，上界性から $v.d \geq \delta(s, v)$ なので，$v.d = \delta(s, v)$ が成立し，その後この等式は維持される． ∎

補題 22.15（経路緩和性 (path-relaxation property)） $G = (V, E)$ を，重み関数 $w : E \to \mathbb{R}$ を持つ重みつき有向グラフ，$s \in V$ が始点とする．始点 $s = v_0$ から v_k への任意の最短路 $p = \langle v_0, v_1, \ldots, v_k \rangle$ を考えよう．INITIALIZE-SINGLE-SOURCE(G, s) を用いて G を初期化し，次に一連の辺を緩和する．その中には，辺 $(v_0, v_1), (v_1, v_2), \ldots, (v_{k-1}, v_k)$ をこの順序で緩和する操作を含んでいるものとする．これら一連の緩和操作の終了後には，つねに $v_k.d = \delta(s, v_k)$ が成立する．この性質は他の任意の辺の緩和とは無関係に成立する．たとえ他の辺の緩和が p の辺の緩和と混在しても，この性質は成立する．

証明 p の i 番目の辺を緩和した後，$v_i.d = \delta(s, v_i)$ が成立することを帰納法で示す．基底段階では $i = 0$ であり，p のどの辺も緩和される前なので，初期化により $v_0.d = s.d = 0 = \delta(s, s)$ である．上界性から $s.d$ 値は初期化の後は変化しない．

帰納段階を示すために，$v_{i-1}.d = \delta(s, v_{i-1})$ を仮定する．辺 (v_{i-1}, v_i) が緩和されたとき，何が起こるだろうか？収束性から，この辺を緩和した後は $v_i.d = \delta(s, v_i)$ であり，今後この等式は維持される． ∎

緩和と最短路木

いま，緩和列の実行によって最短路推定値が最短路重みに収束したとき，計算された π 値から誘導される先行点部分グラフ G_π が G の最短路木であることを示す．まず，次の補題では先行点部分グラフがつねに始点を根とする根つき木を形成することを示す．

補題 22.16 $G = (V, E)$ を，重み関数 $w : E \to \mathbb{R}$ を持つ重みつき有向グラフとし，$s \in V$ が始点で，G は s から到達可能な負閉路を含まない，と仮定する．このとき，INITIALIZE-SINGLE-SOURCE(G, s) によってグラフを初期化した後，先行点部分グラフ G_π は，つねに s を根とする根つき木を形成し，G の辺に対する任意の緩和列はこの性質を不変式として維持する．

証明 初期状態では G_π の唯一の頂点は始点なので, 補題は明らかに成立する. 一連の緩和の結果として生じる先行点部分グラフ G_π を考える. G_π が閉路を含まないことを最初に証明する. ある辺の緩和の結果 G_π に閉路が生じたと仮定し, 矛盾を導く. この閉路を $c = \langle v_0, v_1, \ldots, v_k \rangle$ とする. ただし, $v_k = v_0$ である. このとき, $i = 1, 2, \ldots, k$ に対して, $v_i.\pi = v_{i-1}$ であり, 一般性を失うことなく, 辺 (v_{k-1}, v_k) を緩和した結果, G_π に閉路が生じたと仮定する.

閉路 c 上の頂点はすべて始点 s から到達可能である. なぜか？ c 上の各頂点は NIL でない先行点を持つので, c 上の各頂点に NIL でない π 値を代入したとき, この頂点に有限の最短路推定値を代入したはずである. したがって, 上界性から閉路 c 上の各頂点は有限の最短路重みを持ち, s から到達可能である.

$\mathrm{RELAX}(v_{k-1}, v_k, w)$ を呼び出す直前の c 上の最短路推定値を調べ, c が負閉路であることを示す. これは, G が始点 s から到達可能な負閉路を含まないという仮定に矛盾する. この呼出しの直前では, $i = 1, 2, \ldots, k-1$ に対して $v_i.\pi = v_{i-1}$ である. したがって, $i = 1, 2, \ldots, k-1$ に対して最後に $v_i.d$ を更新したとき, 代入文 $v_i.d = v_{i-1}.d + w(v_{i-1}, v_i)$ が用いられた. これ以降に $v_{i-1}.d$ が更新されたならば, その値は減少する. したがって, $\mathrm{RELAX}(v_{k-1}, v_k, w)$ を呼び出す直前では, すべての $i = 1, 2, \ldots, k-1$ に対して,

$$v_i.d \geq v_{i-1}.d + w(v_{i-1}, v_i) \tag{22.11}$$

である. 一方, $v_k.\pi$ が $\mathrm{RELAX}(v_{k-1}, v_k, w)$ の呼出しによって変化するので, 呼出しの直前では不等式

$$v_k.d > v_{k-1}.d + w(v_{k-1}, v_k)$$

が成立する. この不等式を $k-1$ 個の不等式 (22.11) に加えると, 閉路 c の回りの最短路推定値の和:

$$\sum_{i=1}^{k} v_i.d > \sum_{i=1}^{k} (v_{i-1}.d + w(v_{i-1}, v_i))$$
$$= \sum_{i=1}^{k} v_{i-1}.d + \sum_{i=1}^{k} w(v_{i-1}, v_i)$$

を得る. しかし, 閉路 c の各頂点は以下のそれぞれの和の計算においてちょうど 1 回ずつ現れるので,

$$\sum_{i=1}^{k} v_i.d = \sum_{i=1}^{k} v_{i-1}.d$$

すなわち,

$$0 > \sum_{i=1}^{k} w(v_{i-1}, v_i)$$

が成立する. したがって, 閉路 c の回りの重みの和は負であり, 矛盾が導かれた.

G_π が有向非巡回グラフであることを示した. これが s を根とする根つき木であることを証明するには, 各頂点 $v \in V_\pi$ に対して, G_π には s から v への単純路がちょうど 1 つ存在することを示せば十分である. (付録第 B 章 (集合など) の練習問題 B.5-2 (994 ページ) 参照.)

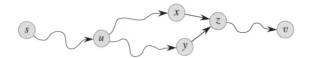

図 22.9 G_π において，始点 s から頂点 v への単純路が一意に決まることの証明．2 通りの経路 p_1 ($s \leadsto u \leadsto x \to z \leadsto v$) と p_2 ($s \leadsto u \leadsto y \to z \leadsto v$) が存在して $x \neq y$ とすると，$z.\pi = x$ かつ $z.\pi = y$ となり，矛盾である．

V_π に属する頂点は s と NIL 以外の π 値を持つ頂点である．練習問題 22.5-6 で s から V_π に属するすべての頂点への経路が存在することを証明する．

補題の証明を完成させるために，任意の頂点 $v \in V_\pi$ に対して，グラフ G_π に s から v への単純路は高々 1 つであることを示す．矛盾を導くために，その逆を仮定する．すなわち，図 22.9 に図示するように，G_π には s からある頂点 v への 2 つの単純路：それぞれ p_1 と p_2 が $s \leadsto u \leadsto x \to z \leadsto v$，および $s \leadsto u \leadsto y \to z \leadsto v$ と分解できると仮定する（だが，u が s で，z が v であってもよい）．ここで，$x \neq y$ が成立する．しかし，このとき $z.\pi = x$ かつ $z.\pi = y$ であり，$x = y$ という矛盾が導かれる．したがって，G_π には s から v に至る唯一の単純路が存在し，G_π は s を根とする根つき木を形成することが証明できた．■

最後に，一連の緩和を実行した結果，すべての頂点にその真の最短路重みが割り当てられているならば，その先行点部分グラフ G_π は最短路木であることを証明する．

補題 22.17 (先行点部分グラフ性 (predecessor subgraph property)) $G = (V, E)$ を，重み関数 $w : E \to \mathbb{R}$ を持つ重みつき有向グラフとし，$s \in V$ が始点で，G は s から到達可能な負閉路を含まない，と仮定する．INITIALIZE-SINGLE-SOURCE(G, s) を用いて初期化を行い，すべての $v \in V$ に対して $v.d = \delta(s, v)$ が成立するように，G の辺を緩和する．このとき，先行点部分グラフ G_π は s を根とする最短路木である．

証明 最短路の表現の項（513 ページ参照）で述べた，最短路木を定義する 3 つの性質を G_π が持つことを証明する必要がある．第 1 の性質を示すために，V_π が s から到達可能な頂点の集合であることを証明する．定義より，最短路重み $\delta(s, v)$ が有限であることと，v が s から到達可能であることとが同値なので，s から到達可能な頂点の集合は有限の d 値を持つ頂点の集合に完全に一致する．しかし，頂点 $v \in V - \{s\}$ が $v.d$ に対して有限の値が割り当てられるのは，$v.\pi \neq$ NIL のとき，かつそのときに限る．なぜなら，両者の割当てが RELAX でなされるからである．したがって，V_π の頂点集合は s から到達可能な頂点の集合に等しい．

第 2 の性質は，補題 22.16 から明らかである．

最短路木の最後の性質を証明する：すなわち，各 $v \in V_\pi$ について，G_π における唯一の単純路 $s \stackrel{p}{\leadsto} v$ が G における s から v への最短路であることである．$p = \langle v_0, v_1, \ldots, v_k \rangle$ とする．ただし，$v_0 = s$ および $v_k = v$ である．経路 p 上の辺 (v_{i-1}, v_i) を考える．(v_{i-1}, v_i) は G_π に属しているので，$v_i.d$ の最後の更新はこの辺に対するものでなければならない．更新後は $v_i.d = v_{i-1}.d + w(v_{i-1}, v_i)$ が成立していた．続いて，v_{i-1} に入る辺は緩和されていて，$v_i.d$ には変化なく，$v_{i-1}.d$ をさらに減少させたかもしれない．したがって，$v_i.d \geq v_{i-1}.d + w(v_{i-1}, v_i)$ が成立する．このように $i = 1, 2, \ldots, k$ に対して，$v_i.d = \delta(s, v_i)$

かつ $v_i.d \geq v_{i-1}.d + w(v_{i-1}, v_i)$ なので，$w(v_{i-1}, v_i) \leq \delta(s, v_i) - \delta(s, v_{i-1})$ である．経路 p に沿ってこれらの重みを加えると，

$$
\begin{aligned}
w(p) &= \sum_{i=1}^{k} w(v_{i-1}, v_i) \\
&\leq \sum_{i=1}^{k} (\delta(s, v_i) - \delta(s, v_{i-1})) \\
&= \delta(s, v_k) - \delta(s, v_0) \qquad (\text{入れ子型和なので}) \\
&= \delta(s, v_k) \qquad\qquad\quad (\delta(s, v_0) = \delta(s, s) = 0 \text{ なので})
\end{aligned}
$$

が成立する．したがって，$w(p) \leq \delta(s, v_k)$ である．$\delta(s, v_k)$ は s から v_k への任意の経路の重みの下界なので，$w(p) = \delta(s, v_k)$，すなわち p は s から $v = v_k$ への最短路である． ∎

練習問題

22.5-1 513 ページの図 22.2 に示した有向グラフについて，図示した 2 つの最短路木以外の最短路木を 2 つ与えよ．

22.5-2 重み関数 $w : E \to \mathbb{R}$ と始点 s を持つ重みつき有向グラフ $G = (V, E)$ で，次の性質を満たす例を与えよ：それぞれの辺 $(u, v) \in E$ に対して，s を根とし (u, v) を含む最短路木と，s を根とし (u, v) を含まない別の最短路木が共に存在する．

22.5-3 補題 22.10 の証明を修正して，最短路重みが ∞ または $-\infty$ の場合も扱えるようにせよ．

22.5-4 始点 s を持つ，重みつき有向グラフを $G = (V, E)$ とし，INITIALIZE-SINGLE-SOURCE(G, s) を用いて G を初期化する．一連の緩和によって $s.\pi$ が NIL 以外の値に設定されるならば，G は負閉路を含むことを証明せよ．

22.5-5 負辺を持たない重みつき有向グラフを $G = (V, E)$ とする．$s \in V$ を始点とし，$v.\pi$ は，$v \in V - \{s\}$ が s から到達可能ならば，始点 s から v への**任意の**最短路上の v の先行点になれるとする．ただし，到達不可能なら NIL である．G_π が閉路を生ずる G と π 値の割当ての例を与えよ．（補題 22.16 から，このような割当てを生成する緩和列はない．）

22.5-6 $G = (V, E)$ を，重み関数 $w : E \to \mathbb{R}$ を持ち，負閉路を含まない重みつき有向グラフとする．$s \in V$ が始点とし，INITIALIZE-SINGLE-SOURCE(G, s) によって G を初期化する．このとき，各頂点 $v \in V_\pi$ に対して，G_π には s から v への経路が存在すること，そして任意の緩和列はこの性質を不変式として維持することを帰納法を用いて示せ．

22.5-7 $G = (V, E)$ を，負閉路を含まない重みつき有向グラフとする．$s \in V$ が始点とし，INITIALIZE-SINGLE-SOURCE(G, s) によって G を初期化する．このとき，緩和を $|V| - 1$ 回行うことで，すべての $v \in V$ に対して $v.d = \delta(s, v)$ が達成できることを示せ．

22.5-8 始点 s から到達可能な負閉路を持つ重みつき有向グラフを G とする．このとき，G の辺に対する緩和の無限列で，すべての緩和が，ある最短路推定値を変化させるものを構成せよ．

538 | 22 単一始点最短路

章末問題

22-1 Yen による Bellman–Ford のアルゴリズムの改良

Bellman–Ford のアルゴリズムでは，各走査における辺の緩和順序を指定していない．ここでは，その順序を決定する次の方法を考えよう．最初の走査を開始する前に，入力されたグラフ $G = (V, E)$ の頂点に任意の線形順序 $v_1, v_2, \ldots, v_{|V|}$ を導入しておく．次に，辺集合 E を $E_f \cup E_b$ に分割する．ここで，$E_f = \{(v_i, v_j) \in E : i < j\}$，$E_b = \{(v_i, v_j) \in E : i > j\}$ である．（G は自己ループを持たない，と仮定する．したがって，すべての辺は E_f か E_b のどちらかに属す．）$G_f = (V, E_f)$，$G_b = (V, E_b)$ と定義する．

a. G_f は $\langle v_1, v_2, \ldots, v_{|V|} \rangle$ がトポロジカソートである非巡回有向グラフで，G_b は $\langle v_{|V|}, v_{|V|-1}, \ldots, v_1 \rangle$ がトポロジカルソートである非巡回有向グラフであることを示せ．

Bellman–Ford のアルゴリズムが辺の緩和を以下の方法で行うとする．各頂点を $v_1, v_2, \ldots, v_{|V|}$ の順に訪問し，その頂点から出る E_f の辺を緩和する．そして，各頂点を $v_{|V|}, v_{|V|-1}, \ldots, v_1$ の順に訪問し，その頂点から出る E_b の辺を緩和する．

b. この方式を用いると，G が始点 s から到達可能な負閉路を含まなければ，$\lceil |V|/2 \rceil$ 回だけすべての辺に対する走査を行うと，すべての頂点 $v \in V$ に対して $v.d = \delta(s, v)$ が成立することを示せ．

c. この方式は Bellman–Ford のアルゴリズムの実行時間の漸近的改良となっているか？

22-2 入れ子の超直方体[c]

辺長 $(x_1, x_2, \ldots, x_d)$ を持つ d 次元超直方体が辺長 $(y_1, y_2, \ldots, y_d)$ を持つ別の超直方体に**入れ子にされる** (nest) のは，$x_{\pi(1)} < y_1$，$x_{\pi(2)} < y_2, \ldots, x_{\pi(d)} < y_d$ を満たす $\{1, 2, \ldots, d\}$ 上の置換 π が存在するときである．

a. 入れ子の関係が推移的であることを示せ．

b. ある d 次元超直方体が別の超直方体に入れ子にされているか否かを，判定する効率の良いアルゴリズムを説明せよ．

c. n 個の d 次元超直方体の集合 $\{B_1, B_2, \ldots, B_n\}$ が与えられたとき，$j = 1, 2, \ldots, k-1$ に対して B_{i_j} が $B_{i_{j+1}}$ に入れ子にされている超直方体の列 $\langle B_{i_1}, B_{i_2}, \ldots, B_{i_k} \rangle$ で最長のものを求める効率の良いアルゴリズムを説明せよ．このアルゴリズムの実行時間を n と d を用いて表現せよ

22-3 鞘取

通貨交換レートの相違を用いて，ある通貨の 1 単位を同じ通貨の 1 単位以上に変換することを

---

[c] ［訳注］この原語は "box" だが，多次元空間での直方体のことを指しているので「超直方体」と訳している．

鞘取 (arbitrage) と言う. たとえば, 1 米ドルで 64 インドルピーが買え, 1 インドルピーで 1.8 日本円が買え, 1 日本円で 0.009 米ドルが買えるものとしよう. このとき, 通貨を替えることによって, 業者は 1 米ドルから始めて, $64 \times 1.8 \times 0.009 = 1.0368$ 米ドルを買うことができ, 3.68 パーセントの利益を生み出すことができる.

n 種類の通貨 $c_1, c_2, \ldots, c_n$ に対して, 通貨 c_i の 1 単位で通貨 c_j の $R[i, j]$ 単位が買えることを示す $n \times n$ の交換レート表 R が与えられているものとする.

a. 交換レート表 R に対して,

$$R[i_1, i_2] \cdot R[i_2, i_3] \cdots R[i_{k-1}, i_k] \cdot R[i_k, i_1] > 1$$

を満足する通貨列 $\langle c_{i_1}, c_{i_2}, \ldots, c_{i_k} \rangle$ が存在するか否かを判定する効率の良いアルゴリズムを与えよ. このアルゴリズムの実行時間を解析せよ.

b. 条件を満足する列が存在すれば, それを出力する効率の良いアルゴリズムを与えよ. また, このアルゴリズムの実行時間を解析せよ.

22-4 単一始点最短路問題に対する Gabow のスケーリングアルゴリズム

スケーリング (scaling) アルゴリズムは, 最初, 辺の重みのような非負整数である関連する入力の各値の最も最高位のビットのみを考えて問題を解く. つぎに, 高位の 2 ビットを考慮して初期解を改善する. このように, より多くの高位ビットを考慮して解を改善する手続きを, すべてのビットを考慮して正しい解を生成するまで繰り返す.

本問題では, 辺重みをスケーリングすることによって単一始点最短路問題を解くアルゴリズムを検討する. 非負整数の辺重み w を持つ重みつき有向グラフ $G = (V, E)$ が入力として与えられたとき, 辺重みの最大値を $W = \max\{w(u, v) : (u, v) \in E\}$ とする. 我々の目標は, $O(E \lg W)$ 時間で動作するアルゴリズムを開発することである. ただし, すべての頂点は始点から到達可能である, と仮定する.

このスケーリングアルゴリズムは, 辺重みの 2 進表現のビットを最上位ビットから最下位ビットに向けて 1 ビットずつ開示していく. 具体的に述べよう. $k = \lceil \lg(W+1) \rceil$ を W の 2 進表現が含むビット数とし, $i = 1, 2, \ldots, k$ に対して, $w_i(u, v) = \lfloor w(u, v)/2^{k-i} \rfloor$ と定義する. すなわち, $w_i(u, v)$ は $w(u, v)$ の高いほうから i ビットで与えられる $w(u, v)$ の "縮小" 版である. (したがって, すべての $(u, v) \in E$ に対して $w_k(u, v) = w(u, v)$ である.) たとえば, $k = 5$ かつ $w(u, v) = 25$ のとき, この 2 進表現が $\langle 11001 \rangle$ なので, $w_3(u, v) = \langle 110 \rangle = 6$ である. $k = 5$ の例では, $w(u, v) = \langle 00100 \rangle = 4$ のとき, $w_4(u, v) = \langle 0010 \rangle = 2$ である. 重み関数 w_i を用いた場合の頂点 u から頂点 v への最短路重みを $\delta_i(u, v)$ と定義する. したがって, すべての $u, v \in V$ に対して, $\delta_k(u, v) = \delta(u, v)$ である. 与えられた始点 s に対して, スケーリングアルゴリズムは, まず, すべての $v \in V$ について最短路重み $\delta_1(s, v)$ を計算し, 次に, すべての $v \in V$ について $\delta_2(s, v)$ を計算し, この手続きをすべての $v \in V$ について $\delta_k(s, v)$ を計算するまで繰り返す. 一貫して $|E| \geq |V| - 1$ と仮定し, δ_i が δ_{i-1} から $O(E)$ 時間で計算できることを示す. したがって, アルゴリズム全体が $O(kE) = O(E \lg W)$ 時間で動作する.

a. すべての頂点 $v \in V$ について $\delta(s, v) \leq |E|$ と仮定する. このとき, すべての $v \in V$ に対

する $\delta(s,v)$ を $O(E)$ 時間で計算する方法を示せ.

b. すべての $v \in V$ に対する $\delta_1(s,v)$ を $O(E)$ 時間で計算する方法を示せ.

以下では, δ_{i-1} から δ_i の計算に焦点を合わせる.

c. $i = 2, 3, \ldots, k$ に対して, $w_i(u,v) = 2w_{i-1}(u,v)$ または $w_i(u,v) = 2w_{i-1}(u,v) + 1$ であることを示せ. 次に, すべての $v \in V$ に対して

$$2\delta_{i-1}(s,v) \leq \delta_i(s,v) \leq 2\delta_{i-1}(s,v) + |V| - 1$$

が成立すること証明せよ.

d. $i = 2, 3, \ldots, k$ と, すべての $(u,v) \in E$ に対して

$$\hat{w}_i(u,v) = w_i(u,v) + 2\delta_{i-1}(s,u) - 2\delta_{i-1}(s,v)$$

と定義する. $i = 2, 3, \ldots, k$ と, すべての $u,v \in V$ に対して, 辺 (u,v) の"再重みづけ"値 $\hat{w}_i(u,v)$ が非負整数であることを証明せよ.

e. 重み関数 $\hat{w}_i$ を用いた場合の s から v への最短路重みを $\hat{\delta}_i(s,v)$ と定義する. $i = 2, 3, \ldots, k$ とすべての $v \in V$ に対して

$$\delta_i(s,v) = \hat{\delta}_i(s,v) + 2\delta_{i-1}(s,v)$$

であり, $\hat{\delta}_i(s,v) \leq |E|$ であることを証明せよ.

f. すべての $v \in V$ に対して, $\delta_i(s,v)$ を $\delta_{i-1}(s,v)$ から $O(E)$ 時間で計算する方法を示し, すべての $v \in V$ に対して, $\delta(s,v)$ が $O(E \lg W)$ 時間で計算できるという結論を得よ.

22-5 最小平均重み閉路を求める Karp のアルゴリズム

重み関数 $w : E \to \mathbb{R}$ を持つ重みつき有向グラフを $G = (V, E)$ とし, $n = |V|$ とする. G の閉路 $c = \langle e_1, e_2, \ldots, e_k \rangle$ の**平均重み** (mean weight) を

$$\mu(c) = \frac{1}{k} \sum_{i=1}^{k} w(e_i)$$

と定義する. ここで $\mu^* = \min\{\mu(c) : c$ は G の有向閉路 $\}$ とする. $\mu(c) = \mu^*$ である閉路 c を**最小平均重み閉路** (minimum mean-weight cycle) と呼ぶ. 本問題では μ^* を計算する効率の良いアルゴリズムを考える.

一般性を失うことなく, すべての頂点 $v \in V$ が始点 $s \in V$ から到達可能であると仮定する. $\delta(s,v)$ を s から v への最短路の重みとし, $\delta_k(s,v)$ をちょうど k 本の辺からなる s から v へ至る経路のなかで最短路の重みとする. ちょうど k 本の辺を持つ s から v への経路が存在しなければ, $\delta_k(s,v) = \infty$ である.

a. $\mu^* = 0$ ならば, G は負閉路を含まず, すべての頂点 $v \in V$ に対して $\delta(s,v) = \min\{\delta_k(s,v) : 0 \leq k \leq n-1\}$ であることを示せ.

b. $\mu^* = 0$ ならば, すべての頂点 $v \in V$ に対して

$$\max\left\{\frac{\delta_n(s,v)-\delta_k(s,v)}{n-k}:0\le k\le n-1\right\}\ge 0$$

であることを示せ．（**ヒント**：(a) の 2 つの性質を利用せよ．）

c. c を重みが 0 の閉路，u と v を c 上の任意の 2 つの頂点とする．$\mu^*=0$ であり，c に沿った u から v への単純路の重みを x とする．このとき，$\delta(s,v)=\delta(s,u)+x$ であることを示せ．（**ヒント**：閉路に沿った v から u への単純路の重みは $-x$ である．）

d. $\mu^*=0$ ならば，各最小平均重み閉路上に条件

$$\max\left\{\frac{\delta_n(s,v)-\delta_k(s,v)}{n-k}:0\le k\le n-1\right\}=0$$

を満たす頂点 v が存在することを示せ．（**ヒント**：最小平均重み閉路上の任意の頂点への最短路を，この閉路上の次の頂点への最短路を構成するように，この閉路に沿って拡張するにはどうすればよいか考えよ．）

e. $\mu^*=0$ ならば，すべての頂点 $v\in V$ における次式の最小値は 0 になることを示せ．

$$\max\left\{\frac{\delta_n(s,v)-\delta_k(s,v)}{n-k}:0\le k\le n-1\right\}$$

f. G の各辺重みに定数 t を加えると，μ^* は t だけ増加することを示せ．この事実を用いて，μ^* がすべての頂点 $v\in V$ における次式の最小値と一致することを示せ．

$$\max\left\{\frac{\delta_n(s,v)-\delta_k(s,v)}{n-k}:0\le k\le n-1\right\}$$

g. μ^* を計算する $O(VE)$ 時間アルゴリズムを与えよ．

22-6 バイトニック最短路

ある数列が単調増加し，その後単調減少するとき，あるいはその列を巡回シフトした数列が同じ性質を持つとき，この数列を**バイトニック (bitonic)** であると言う．たとえば，$\langle 1,4,6,8,3,-2\rangle$，$\langle 9,2,-4,-10,-5\rangle$，$\langle 1,2,3,4\rangle$ はバイトニック列であり，$\langle 1,3,12,4,2,10\rangle$ はバイトニック列ではない．（バイトニックユークリッド巡回セールスパーソン問題については第 14 章（動的計画法）章末問題 14-3（343 ページ）参照．）

単射な重み関数 $w:E\to\mathbb{R}$ を持つ重みつき有向グラフ $G=(V,E)$ が与えられたとき，単一始点最短路問題を始点 s に対して解きたい．我々は，さらに以下の事実も知っている：各頂点 $v\in V$ に対して，s から v に至る任意の最短路上の辺重みはバイトニック列である．

この問題を解決するための最良のアルゴリズムを設計し，その実行時間を解析せよ．

文献ノート

最短路問題の研究は長い歴史を持ち，Schrijver [400] の論文でうまく紹介されている．そこでは，辺の緩和を繰り返し行うという一般的なアイデアを示した Ford [148] に帰すものとしている．Dijkstra のアルゴリズム [116] が世に現れたのは 1959 年であるが，優先度つきキューへ

の言及はなかった．Bellman–Ford のアルゴリズムは Bellman [45] と Ford [149] による別々の
アルゴリズムに基づいている．同じアルゴリズムは Moore [334] にも帰されている．Bellman
は，最短路と差分制約の関係について述べている．Lawler [276] は，ダグにおいて最短路を線
形時間で求めるアルゴリズムを示したが，これは昔からよく知られていたと考えている．

　辺重みが比較的小さな非負整数の場合，単一始点最短路問題を解くもっと効率の良いアルゴ
リズムが存在する．それは整数キーの min 優先度つきキューを使うもので，Dijkstra のアルゴ
リズムにおける EXTRACT-MIN の戻り値の列は時間に関して単調増加列であることに基づいて
いる．Ahuja–Mehlhorn–Orlin–Tarjan [8] は，非負の辺重みを持つグラフ上で $O(E + V\sqrt{\lg W})$
時間で走るアルゴリズムを与えている．ここで，W はグラフが持つ最大の辺重みである．知
られている最良の結果は，Thorup [436] による $O(E \lg \lg V)$ 時間アルゴリズムと Raman [375]
による $O\left(E + V \min\left\{(\lg V)^{1/3+\epsilon}, (\lg W)^{1/4+\epsilon}\right\}\right)$ 時間アルゴリズムである．これら 2 つの
アルゴリズムは共に，実装される計算機の語長に依存する記憶量を使用する．必要な記憶量
は，入力サイズに関してその上界を制約できないが，乱択ハッシュ法を使用することで入力サ
イズの線形分にまで削減できる．

　整数重みを持つ無向グラフの単一始点最短路問題に対して，Thorup [435] は $O(V + E)$ 時
間アルゴリズムを与えている．直前の段落で紹介したアルゴリズムと異なり，EXTRACT-MIN
の呼出しによる戻り値列が時間に関して単調増加列とはならないので，これは Dijkstra の
アルゴリズムの実装ではない．Pettie–Ramachandran [357] は無向グラフにおける整数重みの
制約を取り除いた．彼らのアルゴリズムは前処理を必要とし，その後に特定の始点の探索
を行うものである．前処理に $O(MST(V, E) + \min\{V \lg V, V \lg \lg r\})$ 時間を要す．ここで，
$MST(V, E)$ は最小全域木を求めるのに要する時間で，r は辺重みの最大値の最小値に対する
比率である．前処理のあと，それぞれの探索に $O(E \lg \hat{\alpha}(E, V))$ 時間を要す．ここで $\hat{\alpha}(E, V)$
は Ackermann 関数を意味する．（Ackermann 関数とその逆関数については，第 19 章（互いに
素な集合族のためのデータ構造）の文献ノート参照．）

　負の辺重みを持つグラフに対して，Gabow–Tarjan [167] による $O(\sqrt{V} E \lg(VW))$ 時間ア
ルゴリズムと Goldberg [186] による $O(\sqrt{V} E \lg W)$ 時間アルゴリズムが知られている．ここ
で，$W = \max\{|w(u, v)| : (u, v) \in E\}$ である．その後も連続的最適化手法と電気の流れを
使った新しい手法が開発され，いくつかの進展が見られる．Cohen ら [98] は，同様な考え方
で $\tilde{O}(E^{10/7} \lg W)$ 期待時間で動作する乱拓アルゴリズムを提案している（$\tilde{O}$ 記法については，
第 3 章（実行時間の特徴づけ）の章末問題 3-6（61 ページ）参照）．高速行列積アルゴリズムに
基づいた擬似多項式時間アルゴリズムも知られている．Sankowski [394]，Yuster–Zwick [465]
は $\tilde{O}(WV^w)$ 時間で動作する最短路アルゴリズムを提案している．ここでは，2 つの $n \times n$ 型
行列の積が $O(n^w)$ 時間で計算できるとし，小さな重み W を持つ密グラフに対して，先に示し
たアルゴリズムよりも高速に動作する．

　Cherkassky–Goldberg–Radzik [89] は，さまざまな最短路アルゴリズムの性能をコンピュー
タ上で検証している．最短路アルゴリズムは今では実時間ナビゲーションやルート探索などの
アプリで広く使われている．代表的なものとして Dijkstra のアルゴリズムがあげられるが，同
様のアルゴリズムは何百万もの辺と頂点を持つネットワークの最短路をものの数秒で計算する
優れた数多くのアイデアを使っている．Bast ら [36] は，これらの多くの開発に関する現況を
うまくまとめている．

23 全点対最短路

ALL-PAIRS SHORTEST PATHS

本章では，グラフの全頂点対間の最短路を求める問題に移る．この問題の古典的な応用例は，道路地図に載せるために全都市間の距離を示す表を計算しようとするときに出現する．これはおそらく古典的かもしれないが，**すべての頂点対の間の最短路を発見する問題**の真の応用例ではない．結局のところ，グラフとしてモデル化された道路地図には，すべての交差点に1つの頂点があり，交差点を結ぶ1つの道路に1つの辺がある．地図の都市間の距離の表ならば100程度の都市の間の距離を含むに過ぎないが，アメリカ合衆国にはおおよそ 300,000 台の信号機つき交差点[1]と，もっと多くの信号機のない交差点がある．

全点対最短路の妥当な応用例は，ネットワークの**直径** (diameter)：つまり，すべての最短路の中で最長のものを決定することである．通信ネットワークが有向グラフによってモデル化されていて，メッセージが通信リンクを移動するのに必要な時間が辺重みで表現されているならば，直径はメッセージがネットワーク内を移動するのにかかる最大時間を表す．

第22章（単一始点最短路）と同様，各辺に実数値の重みを与える重み関数 $w: E \to \mathbb{R}$ を持つ重みつき有向グラフ $G = (V, E)$ が入力である．すべての頂点対 $u, v \in V$ のそれぞれに対して，u から v への最短（重みが最小の）路を求めることが目的である．ここで，経路の重みは経路を構成する辺の重みの総和である．全点対最短路問題では，結果は u 行 v 列の要素が u から v への最短路の重みを示す表の形で出力される．

各頂点を始点として1回ずつ単一始点最短路アルゴリズムを合計 $|V|$ 回実行することで全点対最短路問題が解決できる．辺の重みがすべて非負ならば Dijkstra のアルゴリズムが使える．min 優先度つきキューを線形配列を用いて実装すると，実行時間は $O(V^3 + VE) = O(V^3)$ である．min 優先度つきキューを2分 min ヒープを用いて実装すると，実行時間は $O(V(V + E) \lg V)$ になる．$|E| = \Omega(V)$ のとき，実行時間は $O(VE \lg V)$ であり，グラフが疎であるときには $O(V^3)$ より速い．代わりにフィボナッチヒープを用いて min 優先度つきキューを実装すると，実行時間は $O(V^2 \lg V + VE)$ である．

負の辺重みが許される場合は，Dijkstra のアルゴリズムを使えない．Dijkstra のアルゴリズムの代わりに，より遅い Bellman–Ford のアルゴリズムを各頂点について1度ずつ実行すると，実行時間は $O(V^2 E)$ であり，密なグラフ上では $O(V^4)$ になる．本章では，もっと良い漸近実行時間を保証する方法を示す．また，全点対最短路問題と行列積の関連を調べる．

---

[1] U.S. Department of Transprtation Federal Highway Administration が引用しているレポートは"合理的な経験則では 1,000 人に対して1箇所の信号機つき交差点が存在する"と述べている．

544 | 23 全点対最短路

グラフの表現として隣接リスト表現を仮定する単一始点のアルゴリズムと違い，本章の
ほとんどのアルゴリズムは隣接行列表現を用いる．（第 23.3 節で述べる疎なグラフに対する
Johnson のアルゴリズムは隣接リストを用いている．）便宜的に，頂点に番号 $1, 2, \ldots, |V|$ を振
り，n 個の頂点を持つ有向グラフ $G = (V, E)$ の辺重みを表す $n \times n$ の行列 $W = (w_{ij})$ が入
力であるとする．ここで，

$$w_{ij} = \begin{cases} 0 & i = j \text{ のとき} \\ \text{有向辺 } (i, j) \text{ の重み} & i \neq j \text{ かつ } (i, j) \in E \text{ のとき} \\ \infty & i \neq j \text{ かつ } (i, j) \notin E \text{ のとき} \end{cases} \tag{23.1}$$

である．入力となるグラフは負辺を含んでもよいが，しばらくの間は，負閉路は含まないと仮
定する．

本章で紹介する各全点対最短路アルゴリズムが出力する表は，いずれも $n \times n$ 型行列であ
る．出力行列の (i, j) 要素は，第 22 章（単一始点最短路）と同様，頂点 i から頂点 j に至る最
短路重み $\delta(i, j)$ を含んでいる．

全点対最短路問題の完全な解は，最短路重みだけではなく**先行点行列** (predecessor matrix)
$\Pi = (\pi_{ij})$ も含んでいる．ここで，π_{ij} は，$i = j$ または i から j への経路が存在しなければ
NIL であり，それ以外の場合には，i から j へのある最短路上での j の先行点である．第 22 章
の先行点部分グラフ G_π が与えられた始点を根とする最短路木であったように，行列 Π の第 i
行から誘導される部分グラフは i を根とする最短路木である．各頂点 $i \in V$ に対して，i に対
する G の**先行点部分グラフ** (predecessor subgraph) は $G_{\pi,i} = (V_{\pi,i}, E_{\pi,i})$ である．ただし，

$$V_{\pi,i} = \{j \in V : \pi_{ij} \neq \text{NIL}\} \cup \{i\}$$
$$E_{\pi,i} = \{(\pi_{ij}, j) : j \in V_{\pi,i} - \{i\}\}$$

である．$G_{\pi,i}$ が最短路木ならば，第 20 章（基本的なグラフアルゴリズム）の手続き PRINT-
PATH を修正した手続き PRINT-ALL-PAIRS-SHORTEST-PATH によって，頂点 i から頂点 j へ
の最短路を出力できる．

PRINT-ALL-PAIRS-SHORTEST-PATH(Π, i, j)

1 **if** $i == j$
2   i をプリントする
3 **elseif** $\pi_{ij} == \text{NIL}$
4   i "から" j "への経路は存在しない" をプリントする
5 **else** PRINT-ALL-PAIRS-SHORTEST-PATH(Π, i, π_{ij})
6   j をプリントする

第 22 章では先行点行列の計算方法とその性質を，先行点部分グラフの扱いと同様の詳細さ
で検討したが，全点対最短路アルゴリズムの本質的な特徴を強調するために，本章ではこれら
について詳しく述べない．基本的な事柄は練習問題とする．

本章の概要

第 23.1 節では，行列積に基づいて全点対最短路問題を解く動的計画アルゴリズムを説明する．

「反復2乗法」を用いると，このアルゴリズムは $\Theta(V^3 \lg V)$ 実行時間を達成する．別の動的計画アルゴリズムである Floyd–Warshall アルゴリズムを第 23.2 節で説明する．Floyd–Warshall アルゴリズムの実行時間は $\Theta(V^3)$ である．第 23.2 節では有向グラフの推移的閉包を求める問題についても考察する．この問題は全点対最短路問題に関係がある．最後に第 23.3 節では Johnson のアルゴリズムを説明する．Johnson のアルゴリズムは全点対最短路問題を $O(V^2 \lg V + VE)$ 時間で解くことができるので，大規模な疎グラフに適している．

先に進む前に，隣接行列表現に関していくつか約束をする．最初に，入力グラフ $G = (V, E)$ は n 個の頂点を持つ．したがって，$n = |V|$ である．第 2 に，行列を表すのに，W，L，D のように大文字を用い，個々の要素は w_{ij}，l_{ij}，d_{ij} のように小文字にインデックスをつけて表す．また，ある行列では，$L^{(r)} = \left(l_{ij}^{(r)} \right)$ や $D^{(r)} = \left(d_{ij}^{(r)} \right)$ のように，反復回数を表すのに肩に括弧つきのインデックスを用いることがある．

23.1 最短路と行列乗算

本節では有向グラフ $G = (V, E)$ 上で全点対最短路問題を解く動的計画アルゴリズムを説明する．この動的計画アルゴリズムの主ループの各繰返しは行列乗算に非常によく似た操作を呼び出すので，このアルゴリズムは反復行列乗算に似たものになる．全点対最短路問題を解く $\Theta(V^4)$ 時間アルゴリズムをまず開発し，つぎにその実行時間を $\Theta(V^3 \lg V)$ に改善する．

先に進む前に，第 14 章（動的計画法）で述べた動的計画アルゴリズムの開発手順をまとめておく：

1. 最適解の構造を特徴づける．
2. 最適解の値を再帰的に定義する．
3. ボトムアップ方式で最適解の値を計算する．

4 番目のステップとしては，求めた情報から最適解を構成することだが，これは練習問題とする．

最短路の構造

最適解の構造を特徴づけることから始める．補題 22.1（510 ページ）から，最短路のすべての部分路は最短路である．頂点 i から頂点 j への最短路 p を考え，p が含む辺数が高々 r であると仮定する．負閉路が存在しないと仮定すると r は有限である．$i = j$ ならば p の重みは 0 であり，辺を含まない．$i \neq j$ ならば経路 p を $i \overset{p'}{\rightsquigarrow} k \to j$ と分解する．ここで，経路 p' が含む辺数は高々 $r - 1$ である．補題 22.1 から p' は i から k への最短路なので，$\delta(i, j) = \delta(i, k) + w_{kj}$ である．

全点対最短路問題に対する再帰解

高々 r 本の辺から構成される頂点 i から頂点 j への経路の重みの中で最小のものを $l_{ij}^{(r)}$ とする．$r = 0$ のとき，辺を 1 つも通らないで i から j に至る最短路が存在するための必要十分条

件は $i = j$ なので,

$$l_{ij}^{(0)} = \begin{cases} 0 & i = j \text{ のとき} \\ \infty & i \neq j \text{ のとき} \end{cases} \tag{23.2}$$

である. $r \geq 1$ のときは,高々 r 本の辺から構成される i から j への最短路を達成するための1つの方法は高々 $r-1$ 本の辺から構成されるある経路を辿ることであり,このとき $l_{ij}^{(r)} = l_{ij}^{(r-1)}$ である. 別の方法は,高々 $r-1$ 本の辺から構成されるある経路を辿ってある頂点 k に到達し,そこから辺 (k, j) を渡って j に到達することであり,このとき $l_{ij}^{(r)} = l_{ik}^{(r-1)} + w_{kj}$ である. したがって,i から j へ高々 r 本の辺を経由して到達する経路を検討するためには j のすべての先行点 k について試みればよいので,再帰的な定義

$$\begin{aligned} l_{ij}^{(r)} &= \min\left\{ l_{ij}^{(r-1)},\ \min\left\{ l_{ik}^{(r-1)} + w_{kj} : 1 \leq k \leq n \right\} \right\} \\ &= \min\left\{ l_{ik}^{(r-1)} + w_{kj} : 1 \leq k \leq n \right\} \end{aligned} \tag{23.3}$$

が与えられる. すべての j に対して $w_{jj} = 0$ なので,2番目の等号が成立する.

真の最短路重み $\delta(i, j)$ は何か? グラフが負閉路を含まなければ,$\delta(i, j) < \infty$ を満たす任意の頂点対 i と j に対して,i から j への単純な最短路が存在する. (i から j への単純ではない経路 p は閉路を含む. 各閉路の重みは非負なので,p からすべての閉路を除去することで得られる単純路の重みは p の重さ以下である.) 任意の単純路は高々 $n-1$ 本の辺しか含まないので,$n-1$ 本より多くの辺を含む i から j への経路は i から j への最短路よりも小さい重みを持つことはない. したがって,真の最短路重みは

$$\delta(i, j) = l_{ij}^{(n-1)} = l_{ij}^{(n)} = l_{ij}^{(n+1)} = \cdots \tag{23.4}$$

で与えられる.

最短路重みのボトムアップ方式での計算

行列 $W = (w_{ij})$ を入力として,行列の列 $L^{(0)}, L^{(1)}, \ldots, L^{(n-1)}$ を求める方法を考えよう. ただし,$r = 0, 1, \ldots, n-1$ に対して $L^{(r)} = \left(l_{ij}^{(r)} \right)$ である. 最初の行列 $L^{(0)}$ は式 (23.2) で与えられる. 最後の行列 $L^{(n-1)}$ は真の最短路重みを含む.

このアルゴリズムの核心は,手続き EXTEND-SHORTEST-PATHS であり,すべての i と j に対して式 (23.3) を実装する. 4つの入力は,すでに計算済みの行列 $L^{(r-1)}$;辺重み行列 W ;計算結果を保持し,かつそのすべての要素が,その手続きを呼び出す前に ∞ に初期化されている出力行列 $L^{(r)}$;そして頂点数 n である. 上つきインデックス r と $r-1$ は擬似コードと式 (23.3) の対応を明らかにするのに役立つだけで,擬似コードの中では実際に何の役割も果たしていない. 手続きは計算済みの最短路を辺1本分だけ伸張し,計算済みの $L^{(r-1)}$ から最短路重みの行列 $L^{(r)}$ を計算する. 手続きの実行時間は3重の **for** ループのために $\Theta(n^3)$ である.

この計算と行列乗算との関係を理解しよう. 2つの $n \times n$ 型行列 A と B の行列積 $C = A \cdot B$ を計算する方法を考える. 第4.1節(正方行列乗算)の手続き MATRIX-MULTIPLY(68 ページ)で使った直接的な方法では,式 (4.1) を計算するために3重入れ子になったループを使ったが,便宜のため再掲する:$i, j = 1, 2, \ldots, n$ に対して,

$$c_{ij} = \sum_{k=1}^{n} a_{ik} \cdot b_{kj} \qquad (23.5)$$

である.

EXTEND-SHORTEST-PATHS$(L^{(r-1)}, W, L^{(r)}, n)$

1   // $L^{(r)}$ の要素は ∞ に初期化されていると仮定する
2   **for** $i = 1$ **to** n
3   **for** $j = 1$ **to** n
4   **for** $k = 1$ **to** n
5            $l_{ij}^{(r)} = \min\left\{ l_{ij}^{(r)}, l_{ik}^{(r-1)} + w_{kj} \right\}$

式 (23.3) の中で

$$l^{(r-1)} \to a$$
$$w \to b$$
$$l^{(r)} \to c$$
$$\min \to +$$
$$+ \to \cdot$$

と置き換えると, 式 (23.5) が出現する! これらの変更を手続き EXTEND-SHORTEST-PATHS に加え, ∞($\min$ に対する単位元) を 0 ($+$ に対する単位元) で置き換えると手続き MATRIX-MULTIPLY が現れる. 手続き EXTEND-SHORTEST-PATHS$(L^{(r-1)}, W, L^{(r)}, n)$ が行列の "積" $L^{(r)} = L^{(r-1)} \cdot W$ をこの普通ではない行列乗算の定義を用いて計算したことが理解できる.[2]

したがって全点対最短路問題は行列を繰り返し掛けることで解くことができる. 各ステップは, 行列積を実行する手続き EXTEND-SHORTEST-PATHS$(L^{(r-1)}, W, L^{(r)}, n)$ を用いて計算済みの最短路重みを辺 1 本分だけ伸張する. 行列 $L^{(0)}$ から開始し, W のベキに対応する, $n-1$ 個の行列の列

$$\begin{aligned} L^{(1)} &= L^{(0)} \cdot W &= W^1 \\ L^{(2)} &= L^{(1)} \cdot W &= W^2 \\ L^{(3)} &= L^{(2)} \cdot W &= W^3 \\ &\vdots \\ L^{(n-1)} &= L^{(n-2)} \cdot W &= W^{n-1} \end{aligned}$$

を生成できる. 最後に, $L^{(n-1)} = W^{n-1}$ に最短路重みが保持される.

手続き SLOW-APSP はこの列を $\Theta(n^4)$ 時間で計算する. この手続きは, 入力として, n と共に, $n \times n$ 型行列 $L^{(0)}$ と W を取る. 図 23.1 にその振舞いを図示する. 擬似コードでは 2 つの $n \times n$ 型行列 L と M を W のベキを格納するために使い, 各繰返しで $M = L \cdot W$ を計算する. 第 2 行で $L = L^{(0)}$ に初期化する. 各繰返し r では, 第 4 行で $M = \infty$ に初期化する. この文脈では ∞ はすべての要素がスカラー値 ∞ である行列を示す. r 回目の繰返しは, 不変式 $L = L^{(r-1)} = W^{r-1}$ が成立している状態で開始する. 第 6 行で $M =$

---

[2] 代数的**半環** (semiring) では 2 つの演算 $\oplus$ と $\otimes$ が定義される. 演算 $\oplus$ は単位元 $I_\oplus$ を持ち可換, $\otimes$ は単位元 $I_\otimes$ を持ち, $\otimes$ は $\oplus$ の上で左右の両方から分配的あり, すべての x に対して $I_\oplus \otimes x = x \otimes I_\oplus = I_\oplus$ を満たす. 標準的な行列積では, 手続き MATRIX-MULTIPLY のように, $+$ を $\oplus$, $\cdot$ を $\otimes$, 0 を $I_\oplus$, 1 を $I_\otimes$ とする半環を使う. 手続き EXTEND-SHORTEST-PATHS では**トロピカル半環** (tropical semiring) として知られている別の半環を用いる. そこでは, $\min$ を $\oplus$, $+$ を $\otimes$, ∞ を $I_\oplus$, 0 を $I_\otimes$ とする.

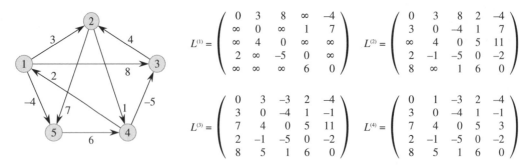

図 23.1 有向グラフと手続き SLOW-APSP が計算した行列 $L^{(r)}$ の列．$L^{(4)} \cdot W$ で定義される $L^{(5)}$ が $L^{(4)}$ と等しいこと，したがって，すべての $r \geq 4$ に対して $L^{(r)} = L^{(4)}$ であることを確認せよ．

$L \cdot W = L^{(r-1)} \cdot W = W^{r-1} \cdot W = W^r = L^{(r)}$ を計算し，第 7 行で $L = M$ を実行するので，次の繰返しでも不変式が成立する．最後に，最短路重みを保持する行列 $L = L^{(n-1)} = W^{n-1}$ が戻される．第 2, 4, 7 行の $n \times n$ 型行列への代入は，明示していないが，各代入ごとに $\Theta(n^2)$ 時間かかる 2 重入れ子のループによって実装している．n 回呼ばれる手続き EXTEND-SHORTEST-PATHS は 1 回ごとに $\Theta(n^3)$ 時間かかる．これが計算時間を支配する項なので，全計算時間は $\Theta(n^4)$ である．

```
SLOW-APSP(W, L^(0), n)
1   L = (l_ij) と M = (m_ij) を新しい n × n 型行列とする
2   L = L^(0)
3   for r = 1 to n − 1
4       M = ∞     // M を初期化
5       // 行列 "積" M = L · W を計算する
6       EXTEND-SHORTEST-PATHS(L, W, M, n)
7       L = M
8   return L
```

実行時間の改善

我々の目的はすべての行列 $L^{(r)}$ を計算することではなく，行列 $L^{(n-1)}$ を求めることだけが重要であることを忘れてはならない．負閉路が存在しないときには，式 (23.4) からすべての整数 $r \geq n-1$ に対して $L^{(r)} = L^{(n-1)}$ である．従来の行列乗算が結合則を満たすように，手続き EXTEND-SHORTEST-PATHS が定義する行列乗算も結合則を満たす（練習問題 23.1-4 参照）．事実，**反復 2 乗法** (repeated squaring) を用いれば，$L^{(n-1)}$ をたった $\lceil \lg(n-1) \rceil$ 回の乗算で以下のように計算できる：

$$
\begin{aligned}
L^{(1)} &= W \\
L^{(2)} &= W^2 &= W \cdot W \\
L^{(4)} &= W^4 &= W^2 \cdot W^2 \\
L^{(8)} &= W^8 &= W^4 \cdot W^4 \\
&\vdots \\
L^{(2^{\lceil \lg(n-1) \rceil})} &= W^{2^{\lceil \lg(n-1) \rceil}} &= W^{2^{\lceil \lg(n-1) \rceil - 1}} \cdot W^{2^{\lceil \lg(n-1) \rceil - 1}}
\end{aligned}
$$

$2^{\lceil \lg(n-1) \rceil} \geq n - 1$ なので，最終的な積は $L^{(2^{\lceil \lg(n-1) \rceil})} = L^{(n-1)}$ である．

次の手続き FASTER-APSP はこのアイデアを実装する．この手続きは $n \times n$ 型行列 W と n を入力として取る．第 4〜8 行の **while** ループの各繰返しでは，不変式 $L = W^r$ を満たす状態から始まり，L を手続き EXTEND-SHORTEST-PATHS を使って 2 乗し，行列 $M = L^2 = (W^r)^2 = W^{2r}$ を得る．繰返しの最後では，r が 2 倍になり，次の繰返しでの L は M となるので，不変式は再び成立する．$r \geq n - 1$ でループを終了したとき，式 (23.4) から，手続きは $L = W^r = L^{(r)} = L^{(n-1)}$ を返す．手続き SLOW-APSP と同様，第 2, 5, 8 行の $n \times n$ 型行列への代入は，明示していないが，各代入ごとに $\Theta(n^2)$ がかかる 2 重入れ子のループによって実装している．

$\lceil \lg(n-1) \rceil$ 回の行列積のそれぞれに $\Theta(n^3)$ 時間かかるので，手続き FASTER-APSP は $\Theta(n^3 \lg n)$ 時間で走る．この擬似コードはタイトで，複雑なデータ構造は含まず，Θ 表記法に隠された定数は小さい．

```
FASTER-APSP(W, n)
1   L と M を新しい n × n 型行列とする
2   L = W
3   r = 1
4   while r < n - 1
5       M = ∞        // M を初期化
6       EXTEND-SHORTEST-PATHS(L, L, M, n)    // M = L² を計算
7       r = 2r
8       L = M        // 次の繰返しの準備完了
9   return L
```

練習問題

23.1-1 図 23.2 に示す重みつき有向グラフ上で手続き SLOW-APSP を実行し，ループの各繰返しの結果である行列を示せ．つぎに，同じことを手続き FASTER-APSP に対して行え．

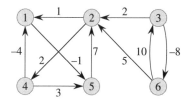

図 23.2 練習問題 23.1-1, 23.2-1, および 23.3-1 で用いる重みつき有向グラフ．

23.1-2 $1 \leq i \leq n$ に対して $w_{ii} = 0$ を要請することが手続き SLOW-APSP と手続き FASTER-APSP の両方にとって都合が良い理由を述べよ．

23.1-3 最短路アルゴリズムで用いられる行列

$$L^{(0)} = \begin{pmatrix} 0 & \infty & \infty & \cdots & \infty \\ \infty & 0 & \infty & \cdots & \infty \\ \infty & \infty & 0 & \cdots & \infty \\ \vdots & \vdots & \vdots & \ddots & \vdots \\ \infty & \infty & \infty & \cdots & 0 \end{pmatrix}$$

は，普通の行列乗算では何に対応するか説明せよ．

23.1-4 手続き Extend-Shortest-Paths によって定義される行列乗算が結合則を満たすことを示せ．

23.1-5 単一始点最短路問題を複数の行列と 1 つのベクトルの積として表現する方法を示せ．この積の評価と Bellman–Ford 風のアルゴリズム（第 22.1 節参照）との対応を説明せよ．

23.1-6 手続き Slow-APSP には行列 M が不必要だと主張したい．なぜなら，M の代わりに L を使い，M の初期化を除外しても，擬似コードは正しく働く．（**ヒント**：手続き Extend-Shortest-Paths の第 5 行を第 22 章（単一最短路）の手続き Relax（514 ページ）と関連づけよ．）手続き Faster-APSP では行列 M は必要か？

23.1-7 本節のアルゴリズムで最短路上の頂点も求めたいとする．計算が完了している最短路重みを格納する行列 L から先行点行列 Π を $O(n^3)$ 時間で求める方法を示せ．

23.1-8 最短路重みを計算するとき，同時に最短路上の頂点も求めることができる．高々 r 本の辺しか含まない頂点 i から頂点 j への経路の中で重みが最小である任意の経路について，この経路上で j の先行点を $\pi_{ij}^{(r)}$ と定義する．手続き Extend-Shortest-Paths と手続き Slow-APSP 手続きに修正を加え，行列 $L^{(1)}, L^{(2)}, \ldots, L^{(n-1)}$ を計算するときに行列 $\Pi^{(1)}, \Pi^{(2)}, \ldots, \Pi^{(n-1)}$ も同時に計算するようにせよ．

23.1-9 手続き Faster-All-Pairs-Shortest-Paths に修正を加えて，負閉路が存在するか否かを判定できるようにせよ．

23.1-10 グラフが含む最短の負閉路の長さ（辺数）を求める効率の良いアルゴリズムを与えよ．

23.2 Floyd–Warshall アルゴリズム

前節では動的計画法を用いた全点対最短路問題の解法を紹介した．本節では動的計画法を用いる別の解法：**Floyd–Warshall アルゴリズム** (Floyd–Warshall algorithm) を紹介するが，そのアルゴリズムの実行時間は $O(V^3)$ である．これまでと同様，負辺は存在してもよいが，負閉路は存在しないと仮定する．第 23.1 節で述べた要領で，動的計画法の手順に基づいてアルゴリズムを開発する．得られたアルゴリズムを検討した後，有向グラフの推移的閉包を求める似た手法を紹介する．

最短路の構造

Floyd–Warshall アルゴリズムでは，第 23.1 節で行ったのとは違う方法で最短路の構造を特徴づける．Floyd–Warshall アルゴリズムでは最短路の中間頂点を考える．ここで，単純路

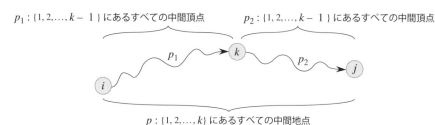

図 23.3 Floyd–Warshall アルゴリズムで用いる最適部分構造. 経路 p は頂点 i から頂点 j への最短路であり, k は p の中間頂点の中で最も大きい番号の頂点である. 経路 p の頂点 i から頂点 k までの部分路 p_1 では, 中間頂点はすべて集合 $\{1, 2, \ldots, k-1\}$ に属する. 同じことが頂点 k から頂点 j への経路 p_2 についても成り立つ.

$p = \langle v_1, v_2, \ldots, v_l \rangle$ の v_1 と v_l 以外の頂点, すなわち, 集合 $\{v_2, v_3, \ldots, v_{l-1}\}$ の任意の頂点が**中間** (intermediate) 頂点である.

Floyd–Warshall アルゴリズムは以下の観察に基づいている. G の頂点集合を $V = \{1, 2, \ldots, n\}$ と番号づけ, ある k ($1 \leq k \leq n$) に対して頂点の部分集合 $\{1, 2, \ldots, k\}$ を考える. 任意の頂点対 $i, j \in V$ に対して, i から j への経路で, そのすべての中間頂点が集合 $\{1, 2, \ldots, k\}$ に属するものをすべて考え, その中で最小の重みを持つ経路 (最短路) を p とする. (経路 p は単純である.) Floyd–Warshall アルゴリズムは, 経路 p と, 中間頂点がすべて集合 $\{1, 2, \ldots, k-1\}$ に属する i から j への最短路との関係を解明する. この関係の詳細は k が経路 p の中間頂点であるかどうかに依存する.

- k が経路 p の中間頂点でなければ, p の中間頂点はすべて集合 $\{1, 2, \ldots, k-1\}$ に属している. したがって, 中間頂点がすべて集合 $\{1, 2, \ldots, k-1\}$ に属する頂点 i から j への最短路は, 中間頂点がすべて集合 $\{1, 2, \ldots, k\}$ に属する i から j への最短路でもある.
- k が経路 p の中間頂点ならば, 図 23.3 に示すように p を $i \overset{p_1}{\leadsto} k \overset{p_2}{\leadsto} j$ と分解する. 補題 22.1 から, p_1 は中間頂点がすべて集合 $\{1, 2, \ldots, k\}$ に属する i から k への最短路である. 実際には, もう少し強い言明が成立する. 頂点 k は経路 p_1 上の**中間**頂点ではないので, p_1 の中間頂点はすべて集合 $\{1, 2, \ldots, k-1\}$ に属する. したがって, p_1 は中間頂点がすべて集合 $\{1, 2, \ldots, k-1\}$ に属する i から k への最短路である. 同様に, p_2 は中間頂点がすべて集合 $\{1, 2, \ldots, k-1\}$ に属する頂点 k から頂点 j への最短路である.

全点対最短路問題に対する再帰解

上の観察に基づいて, 第 23.1 節とは違う最短路推定の再帰的定式化を提案する. 中間頂点がすべて集合 $\{1, 2, \ldots, k\}$ に属する頂点 i から j への最短路の重みを $d_{ij}^{(k)}$ とする. $k = 0$ のとき, 0 より大きい番号を持つ中間頂点を通らない頂点 i から頂点 j への経路は中間頂点を1つも持たない. このような経路は高々1本の辺しか持たないので, $d_{ij}^{(0)} = w_{ij}$ である. 今までの議論を辿って, $d_{ij}^{(k)}$ を

$$d_{ij}^{(k)} = \begin{cases} w_{ij} & k = 0 \text{ のとき} \\ \min\left\{d_{ij}^{(k-1)},\ d_{ik}^{(k-1)} + d_{kj}^{(k-1)}\right\} & k \geq 1 \text{ のとき} \end{cases} \tag{23.6}$$

と再帰的に定義する. 任意の経路において, すべての中間頂点は集合 $\{1, 2, \ldots, n\}$ に属する ので, 行列 $D^{(n)} = \left(d_{ij}^{(n)} \right)$ が最終的な解を与える:すなわち, すべての $i, j \in V$ に対して, $d_{ij}^{(n)} = \delta(i, j)$ が成立する.

最短路重みのボトムアップ方式での計算

漸化式 (23.6) に基づき, ボトムアップ手続き FLOYD–WARSHALL は k の増加順に値 $d_{ij}^{(k)}$ を計算する. 入力は式 (23.1) によって定義される $n \times n$ 型行列 W である. この手続きは最短路重みを格納する行列 $D^{(n)}$ を返す. 図 23.1 のグラフに対して Floyd–Warshall アルゴリズムが計算した行列 $D^{(k)}$ を図 23.4 に示す.

FLOYD–WARSHALL(W, n)

1 $D^{(0)} = W$
2 **for** $k = 1$ **to** n
3      $D^{(k)} = \left(d_{ij}^{(k)} \right)$ は新しい $n \times n$ 型行列である
4   **for** $i = 1$ **to** n
5   **for** $j = 1$ **to** n
6              $d_{ij}^{(k)} = \min \left\{ d_{ij}^{(k-1)}, d_{ik}^{(k-1)} + d_{kj}^{(k-1)} \right\}$
7 **return** $D^{(n)}$

Floyd–Warshall アルゴリズムの実行時間は第 2〜6 行の 3 重の **for** ループによって定まる. 第 6 行は $O(1)$ 時間で実行できるので, このアルゴリズムの実行時間は $\Theta(n^3)$ である. 第 23.1 節の最後のアルゴリズムと同様, この擬似コードはタイトで, 複雑なデータ構造を含まず, Θ-記法に隠された定数は小さい. したがって, Floyd–Warshall アルゴリズムは, 適度に大きな入力グラフに対しても非常に実用的である.

最短路の構成

さまざまな方法によって Floyd–Warshall アルゴリズムの中で最短路を構成できる. 最短路重みの行列 D をまず計算し, つぎに行列 D から先行点行列 Π を構成するのは 1 つの方法である. 練習問題 23.1-7 で, この方法を $O(n^3)$ 時間で実行する実装方法を問う. 先行点行列 Π が与えられると, 手続き PRINT-ALL-PAIRS-SHORTEST-PATH は最短路上の頂点を出力する.

アルゴリズムが行列 $D^{(0)}, D^{(1)}, \ldots, D^{(n)}$ を計算している間に, 先行点行列 Π を計算することもできる. 具体的には, 行列の列 $\Pi^{(0)}, \Pi^{(1)}, \ldots, \Pi^{(n)}$ を計算する. ただし, $\Pi = \Pi^{(n)}$ であり, $\pi_{ij}^{(k)}$ は, 中間頂点がすべて集合 $\{1, 2, \ldots, k\}$ に属する頂点 i から頂点 j への最短路上の頂点 j の先行点である.

ここで $\pi_{ij}^{(k)}$ の再帰的定義を示す. $k = 0$ のとき, i から j への最短路は中間頂点を 1 つも含まない. したがって

$$
\pi_{ij}^{(0)} = \begin{cases} \text{NIL} & i = j \text{ または } w_{ij} = \infty \text{ のとき} \\ i & i \neq j \text{ かつ } w_{ij} < \infty \text{ のとき} \end{cases} \tag{23.7}
$$

$$D^{(0)} = \begin{pmatrix} 0 & 3 & 8 & \infty & -4 \\ \infty & 0 & \infty & 1 & 7 \\ \infty & 4 & 0 & \infty & \infty \\ 2 & \infty & -5 & 0 & \infty \\ \infty & \infty & \infty & 6 & 0 \end{pmatrix} \qquad \Pi^{(0)} = \begin{pmatrix} \text{NIL} & 1 & 1 & \text{NIL} & 1 \\ \text{NIL} & \text{NIL} & \text{NIL} & 2 & 2 \\ \text{NIL} & 3 & \text{NIL} & \text{NIL} & \text{NIL} \\ 4 & \text{NIL} & 4 & \text{NIL} & \text{NIL} \\ \text{NIL} & \text{NIL} & \text{NIL} & 5 & \text{NIL} \end{pmatrix}$$

$$D^{(1)} = \begin{pmatrix} 0 & 3 & 8 & \infty & -4 \\ \infty & 0 & \infty & 1 & 7 \\ \infty & 4 & 0 & \infty & \infty \\ 2 & 5 & -5 & 0 & -2 \\ \infty & \infty & \infty & 6 & 0 \end{pmatrix} \qquad \Pi^{(1)} = \begin{pmatrix} \text{NIL} & 1 & 1 & \text{NIL} & 1 \\ \text{NIL} & \text{NIL} & \text{NIL} & 2 & 2 \\ \text{NIL} & 3 & \text{NIL} & \text{NIL} & \text{NIL} \\ 4 & 1 & 4 & \text{NIL} & 1 \\ \text{NIL} & \text{NIL} & \text{NIL} & 5 & \text{NIL} \end{pmatrix}$$

$$D^{(2)} = \begin{pmatrix} 0 & 3 & 8 & 4 & -4 \\ \infty & 0 & \infty & 1 & 7 \\ \infty & 4 & 0 & 5 & 11 \\ 2 & 5 & -5 & 0 & -2 \\ \infty & \infty & \infty & 6 & 0 \end{pmatrix} \qquad \Pi^{(2)} = \begin{pmatrix} \text{NIL} & 1 & 1 & 2 & 1 \\ \text{NIL} & \text{NIL} & \text{NIL} & 2 & 2 \\ \text{NIL} & 3 & \text{NIL} & 2 & 2 \\ 4 & 1 & 4 & \text{NIL} & 1 \\ \text{NIL} & \text{NIL} & \text{NIL} & 5 & \text{NIL} \end{pmatrix}$$

$$D^{(3)} = \begin{pmatrix} 0 & 3 & 8 & 4 & -4 \\ \infty & 0 & \infty & 1 & 7 \\ \infty & 4 & 0 & 5 & 11 \\ 2 & -1 & -5 & 0 & -2 \\ \infty & \infty & \infty & 6 & 0 \end{pmatrix} \qquad \Pi^{(3)} = \begin{pmatrix} \text{NIL} & 1 & 1 & 2 & 1 \\ \text{NIL} & \text{NIL} & \text{NIL} & 2 & 2 \\ \text{NIL} & 3 & \text{NIL} & 2 & 2 \\ 4 & 3 & 4 & \text{NIL} & 1 \\ \text{NIL} & \text{NIL} & \text{NIL} & 5 & \text{NIL} \end{pmatrix}$$

$$D^{(4)} = \begin{pmatrix} 0 & 3 & -1 & 4 & -4 \\ 3 & 0 & -4 & 1 & -1 \\ 7 & 4 & 0 & 5 & 3 \\ 2 & -1 & -5 & 0 & -2 \\ 8 & 5 & 1 & 6 & 0 \end{pmatrix} \qquad \Pi^{(4)} = \begin{pmatrix} \text{NIL} & 1 & 4 & 2 & 1 \\ 4 & \text{NIL} & 4 & 2 & 1 \\ 4 & 3 & \text{NIL} & 2 & 1 \\ 4 & 3 & 4 & \text{NIL} & 1 \\ 4 & 3 & 4 & 5 & \text{NIL} \end{pmatrix}$$

$$D^{(5)} = \begin{pmatrix} 0 & 1 & -3 & 2 & -4 \\ 3 & 0 & -4 & 1 & -1 \\ 7 & 4 & 0 & 5 & 3 \\ 2 & -1 & -5 & 0 & -2 \\ 8 & 5 & 1 & 6 & 0 \end{pmatrix} \qquad \Pi^{(5)} = \begin{pmatrix} \text{NIL} & 3 & 4 & 5 & 1 \\ 4 & \text{NIL} & 4 & 2 & 1 \\ 4 & 3 & \text{NIL} & 2 & 1 \\ 4 & 3 & 4 & \text{NIL} & 1 \\ 4 & 3 & 4 & 5 & \text{NIL} \end{pmatrix}$$

図 23.4 図 23.1 のグラフに対して Floyd–Warshall のアルゴリズムが計算する行列 $D^{(k)}$ と $\Pi^{(k)}$ の列.

である. $k \geq 1$ のとき, この経路に k が中間頂点として現れ, したがって, $k \neq j$ かつ経路が $i \rightsquigarrow k \rightsquigarrow j$ と表されるときには, この経路上の j の先行点として選択する頂点は, 中間頂点がすべて集合 $\{1, 2, \ldots, k-1\}$ に属する k から j への最短路の j の先行点として選択した頂点である. そうではなく, i から j への経路に k が中間頂点として現れない場合には, 中間頂点がすべて集合 $\{1, 2, \ldots, k-1\}$ に属する i から j への最短路の j の先行点として選択した頂点と同じ頂点を j の先行点として選択する. 形式的には, $k \geq 1$ に対して

$$\pi_{ij}^{(k)} = \begin{cases} \pi_{kj}^{(k-1)} & d_{ij}^{(k-1)} > d_{ik}^{(k-1)} + d_{kj}^{(k-1)} \text{ のとき} & (k \text{ が中間頂点}) \\ \pi_{ij}^{(k-1)} & d_{ij}^{(k-1)} \leq d_{ik}^{(k-1)} + d_{kj}^{(k-1)} \text{ のとき} & (k \text{ が中間頂点ではない}) \end{cases}$$

(23.8)

となる.

$\Pi^{(k)}$ を求める行列計算を手続き FLOYD–WARSHALL 手続きに組み込む方法は練習問題 23.2-3 とする. 修正されたアルゴリズムを図 23.1 のグラフに対して実行した結果として得られる行列 $\Pi^{(k)}$ の列を図 23.4 に示す. 先行点部分グラフ $G_{\pi,i}$ が i を根とする最短路木であることを証明するという, より困難な課題もこの練習問題で取り上げる. 練習問題 23.2-7 では

554 | 23 全点対最短路

最短路を再構成する別の方法を検討する.

有向グラフの推移的閉包

$V = \{1, 2, \ldots, n\}$ を頂点集合とする有向グラフ $G = (V, E)$ が与えられたとき,辺重みを無視して,単純に,すべての頂点対 $i, j \in V$ に対して,G の中に i から j への経路が存在するか否かを知りたいことがある.G の**推移的閉包** (transitive closure) は,辺集合が

$$E^* = \{(i, j) : G において,頂点 i から頂点 j への経路が存在する \}$$

で定義されるグラフ $G^* = (V, E^*)$ である.

グラフの推移的閉包を $\Theta(n^3)$ 時間で求める方法の 1 つは,E の各辺に重み 1 を与えて Floyd–Warshall アルゴリズムを実行することである.頂点 i から j への経路が存在すれば $d_{ij} < n$ であり,そうでなければ $d_{ij} = \infty$ である.

これと似ているが,G の推移的閉包を $\Theta(n^3)$ 時間で求める,時間と領域を実用上節約できる別の方法がある.この方法では,Floyd–Warshall アルゴリズムの中の算術演算 min と + を論理演算 $\vee$ (論理和)と $\wedge$ (論理積)に置き換える.そして,$i, j, k = 1, 2, \ldots, n$ に対して,中間頂点がすべて集合 $\{1, 2, \ldots, k\}$ に属する頂点 i から頂点 j への経路がグラフ G に存在すれば $t_{ij}^{(k)} = 1$,そうでなければ $t_{ij}^{(k)} = 0$ と定義する.推移的閉包 $G^* = (V, E^*)$ を構成するには,$t_{ij}^{(n)} = 1$ のとき,かつそのときに限り E^* に辺 (i, j) を加えればよい.漸化式 (23.6) と同様,$t_{ij}^{(k)}$ の再帰的定義は

$$t_{ij}^{(0)} = \begin{cases} 0 & i \neq j \text{ かつ } (i, j) \notin E \text{ のとき} \\ 1 & i = j \text{ または } (i, j) \in E \text{ のとき} \end{cases}$$

であり,$k \geq 1$ のとき

$$t_{ij}^{(k)} = t_{ij}^{(k-1)} \vee \left(t_{ik}^{(k-1)} \wedge t_{kj}^{(k-1)} \right) \tag{23.9}$$

である.Floyd–Warshall アルゴリズムと同様に,手続き TRANSITIVE-CLOSURE は k の増加順に行列 $T^{(k)} = \left(t_{ij}^{(k)} \right)$ を計算する.

ある有向グラフと,その上で手続き TRANSITIVE-CLOSURE 手続きが計算した行列 $T^{(k)}$ の列を図 23.5 に示す.Floyd–Warshall アルゴリズムと同様,手続き TRANSITIVE-CLOSURE の実行時間は $\Theta(n^3)$ である.しかし,1 ビットの論理演算を整数語の上の整数演算より高速に計算できるコンピュータがある.さらに,この直接的な推移的閉包のアルゴリズムは整数値を

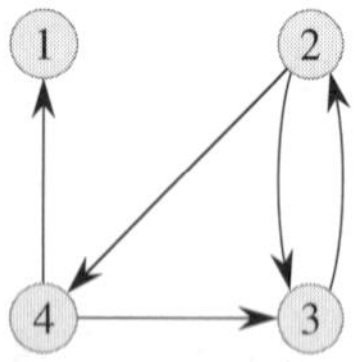

$$T^{(0)} = \begin{pmatrix} 1 & 0 & 0 & 0 \\ 0 & 1 & 1 & 1 \\ 0 & 1 & 1 & 0 \\ 1 & 0 & 1 & 1 \end{pmatrix} \quad T^{(1)} = \begin{pmatrix} 1 & 0 & 0 & 0 \\ 0 & 1 & 1 & 1 \\ 0 & 1 & 1 & 0 \\ 1 & 0 & 1 & 1 \end{pmatrix} \quad T^{(2)} = \begin{pmatrix} 1 & 0 & 0 & 0 \\ 0 & 1 & 1 & 1 \\ 0 & 1 & 1 & 1 \\ 1 & 0 & 1 & 1 \end{pmatrix}$$

$$T^{(3)} = \begin{pmatrix} 1 & 0 & 0 & 0 \\ 0 & 1 & 1 & 1 \\ 0 & 1 & 1 & 1 \\ 1 & 1 & 1 & 1 \end{pmatrix} \quad T^{(4)} = \begin{pmatrix} 1 & 0 & 0 & 0 \\ 1 & 1 & 1 & 1 \\ 1 & 1 & 1 & 1 \\ 1 & 1 & 1 & 1 \end{pmatrix}$$

図 23.5 有向グラフと推移的閉包アルゴリズムが計算した行列 $T^{(k)}$.

23.2 Floyd–Warshall アルゴリズム | **555**

$\textsc{Transitive-Closure}(G, n)$

1   $T^{(0)} = \left(t_{ij}^{(0)} \right)$ を新しい $n \times n$ 型行列とする

2   **for** $i = 1$ **to** n

3   **for** $j = 1$ **to** n

4   **if** $i == j$ または $(i, j) \in G.E$

5            $t_{ij}^{(0)} = 1$

6   **else** $t_{ij}^{(0)} = 0$

7   **for** $k = 1$ **to** n

8      $T^{(k)} = \left(t_{ij}^{(k)} \right)$ を新しい $n \times n$ 型行列とする

9   **for** $i = 1$ **to** n

10   **for** $j = 1$ **to** n

11           $t_{ij}^{(k)} = t_{ij}^{(k-1)} \vee \left(t_{ik}^{(k-1)} \wedge t_{kj}^{(k-1)} \right)$

12   **return** $T^{(n)}$

用いず，ブール値だけを用いるので，必要な領域は Floyd–Warshall アルゴリズムよりもコンピュータの記憶の 1 語のサイズに対応する割合だけ少なくてすむ．

練習問題

23.2-1 図 23.2 に示す重みつき有向グラフ上で Floyd–Warshall アルゴリズムを実行せよ．外側のループの各繰返しの実行の結果として得られる行列 $D^{(k)}$ を示せ．

23.2-2 第 23.1 節で述べた方法を用いて推移的閉包を求める方法を示せ．

23.2-3 手続き $\textsc{Floyd-Warshall}$ を修正し，式 (23.7) と (23.8) に従って行列 $\Pi^{(k)}$ を計算するようにせよ．すべての $i \in V$ に対して，先行点部分グラフ $G_{\pi,i}$ が i を根とする最短路木であることを厳密に証明せよ．（**ヒント**：$G_{\pi,i}$ が無閉路であることを示すには，まず，$\pi_{ij}^{(k)}$ の定義にしたがって，$\pi_{ij}^{(k)} = l$ ならば $d_{ij}^{(k)} \geq d_{il}^{(k)} + w_{lj}$ が成立することを示せ．つぎに，補題 22.16 の証明を適用せよ．）

23.2-4 552 ページで説明したように，$i, j, k = 1, 2, \ldots, n$ に対して $d_{ij}^{(k)}$ を生成するので，Floyd–Warshall アルゴリズムでは $\Theta(n^3)$ の領域が必要である．単にすべての肩インデックスを落としただけの手続き $\textsc{Floyd-Warshall}'$ が正しいこと，したがって，$\Theta(n^2)$ の領域で十分であることを示せ．

$\textsc{Floyd-Warshall}'(W, n)$

1   $D = W$

2   **for** $k = 1$ **to** n

3   **for** $i = 1$ **to** n

4   **for** $j = 1$ **to** n

5            $d_{ij} = \min \{ d_{ij}, d_{ik} + d_{kj} \}$

6   **return** D

23.2-5 漸化式 (23.8) における等号の扱いを

$$
\pi_{ij}^{(k)} = \begin{cases} \pi_{kj}^{(k-1)} & d_{ij}^{(k-1)} \geq d_{ik}^{(k-1)} + d_{kj}^{(k-1)} \text{ のとき } \quad (k \text{ が中間頂点}) \\ \pi_{ij}^{(k-1)} & d_{ij}^{(k-1)} < d_{ik}^{(k-1)} + d_{kj}^{(k-1)} \text{ のとき } \quad (k \text{ が中間頂点ではない}) \end{cases}
$$

に変更する．このように変更した先行点行列 Π の定義は正しいか？

23.2-6 Floyd–Warshall アルゴリズムの出力を用いて負閉路の存在を検出する方法を示せ．

23.2-7 Floyd–Warshall アルゴリズムの中で最短路を再構成する別の方法では，$i, j, k = 1, 2, \ldots, n$ に対して値 $\phi_{ij}^{(k)}$ を用いる．ここで $\phi_{ij}^{(k)}$ は，中間頂点がすべて集合 $\{1, 2, \ldots, k\}$ に属する i から j への最短路に属する中間頂点の中で最も大きい番号の頂点である．$\phi_{ij}^{(k)}$ の再帰的定義を与え，$\phi_{ij}^{(k)}$ を計算するように手続き FLOYD–WARSHALL を修正し，行列 $\Phi = \left(\phi_{ij}^{(n)} \right)$ を入力として取るように手続き PRINT-ALL-PAIRS-SHORTEST-PATH を書き換えよ．行列 Φ と第 14.2 節の連鎖行列乗算問題の s 表との類似点を述べよ．

23.2-8 有向グラフ $G = (V, E)$ の推移的閉包を求める $O(VE)$ 時間アルゴリズムを与えよ．$|V| = O(E)$ かつグラフは隣接リストで与えられると仮定する．

23.2-9 有向非巡回グラフの推移的閉包が $f(|V|, |E|)$ 時間で計算できると仮定する．ただし，f は $|V|$ と $|E|$ の両方について単調増加関数である．一般の有向グラフ $G = (V, E)$ の推移的閉包 $G^* = (V, E^*)$ が $f(|V|, |E|) + O(V + E^*)$ 時間で計算できることを示せ．

23.3 疎グラフに対する Johnson のアルゴリズム

Johnson のアルゴリズム (Johnson's algorithm) は全点対の間の最短路を $O(V^2 \lg V + VE)$ 時間で計算する．これは疎なグラフに対して行列の反復 2 乗法や Floyd–Warshall アルゴリズムよりも漸近的に高速である．このアルゴリズムは全点対間の最短路重みを含む行列を返すか，あるいは入力されたグラフが負閉路を含むことを報告する．Johnson のアルゴリズムは，第 22 章で説明した Dijkstra のアルゴリズムと Bellman–Ford アルゴリズムをサブルーチンとして用いる．

　Johnson のアルゴリズムは**再重みづけ** (reweighting) と呼ぶ手法を用いており，次のように働く．グラフ $G = (V, E)$ の辺重み w がすべて非負ならば，各頂点を始点として 1 回ずつ Dijkstra のアルゴリズムを実行すればすべての頂点間の最短路を計算できる．フィボナッチヒープで実装された min 優先度つきキューを用いると，この全点対アルゴリズムの実行時間は $O(V^2 \lg V + VE)$ である．G が負辺を持つが負閉路は持たない場合には，Dijkstra のアルゴリズムが使えるように一組の非負の辺重みを新しく計算する．この新しい辺重みの集合 $\hat{w}$ は以下の 2 つの重要な性質を満たす必要がある：

1. すべての頂点対 $u, v \in V$ に対して，経路 p が重み関数 w について u から v への最短路であることと，重み関数 $\hat{w}$ について u から v への最短路であることは同値である．
2. すべての辺 (u, v) の新しい重み $\hat{w}(u, v)$ は非負である．

すぐ後で説明するが，新しい重み関数 $\hat{w}$ を計算するための G の前処理に $O(VE)$ 時間かかる．

再重みづけによる最短路の保存

次の補題は上記の性質 1 を満たすように辺を再重みづけする方法を示す. 重み関数 w に基づく最短路重みを δ, 重み関数 $\hat{w}$ に基づく最短路重みを $\hat{\delta}$ とする.

補題 23.1 (再重みづけによる最短路の保存) 重み関数 $w : E \to \mathbb{R}$ を持つ重みつき有向グラフ $G = (V, E)$ に対して, $h : V \to \mathbb{R}$ を頂点に実数を割り当てる任意の関数とする. 各辺 $(u, v) \in E$ に対して

$$\hat{w}(u, v) = w(u, v) + h(u) - h(v) \tag{23.10}$$

と定義する. $p = \langle v_0, v_1, \ldots, v_k \rangle$ を頂点 v_0 から頂点 v_k への任意の経路とする. このとき, p が辺重み w について v_0 から v_k への最短路であることと, 辺重み $\hat{w}$ について最短路となることとは同値である. すなわち, $w(p) = \delta(v_0, v_k)$ であるための必要十分条件は, $\hat{w}(p) = \hat{\delta}(v_0, v_k)$ である. さらに, 辺重みが w のときに G が負閉路を含むための必要十分条件は, 辺重みが $\hat{w}$ のときに G が負閉路を含むことである.

証明 まず

$$\hat{w}(p) = w(p) + h(v_0) - h(v_k) \tag{23.11}$$

を示す.

$$
\begin{aligned}
\hat{w}(p) &= \sum_{i=1}^{k} \hat{w}(v_{i-1}, v_i) \\
&= \sum_{i=1}^{k} (w(v_{i-1}, v_i) + h(v_{i-1}) - h(v_i)) \\
&= \sum_{i=1}^{k} w(v_{i-1}, v_i) + h(v_0) - h(v_k) \qquad \text{(入れ子型の和なので)} \\
&= w(p) + h(v_0) - h(v_k)
\end{aligned}
$$

である. したがって, v_0 から v_k への任意の経路 p について $\hat{w}(p) = w(p) + h(v_0) - h(v_k)$ である. $h(v_0)$ と $h(v_k)$ は経路に依存しないので, 重み関数 w を用いたときに, v_0 から v_k へのある経路が他の経路より短いなら, $\hat{w}$ を用いたときも同様である. したがって, $w(p) = \delta(v_0, v_k)$ であるための必要十分条件は $\hat{w}(p) = \hat{\delta}(v_0, v_k)$ である.

最後に, G が重み関数 w について負閉路を持つことと, 重み関数 $\hat{w}$ について負閉路を持つことが同値であることを示す. 任意の閉路 $c = \langle v_0, v_1, \ldots, v_k \rangle$ を考える. ここで, $v_0 = v_k$ である. 式 (23.11) から

$$
\begin{aligned}
\hat{w}(c) &= w(c) + h(v_0) - h(v_k) \\
&= w(c)
\end{aligned}
$$

である. したがって, c の重みが w について負であるための必要十分条件は, $\hat{w}$ について負であることである. ∎

558 | 23 全点対最短路

再重みづけによる非負重みの生成

次の目標は性質 2 を保証することである：すべての辺 $(u, v) \in E$ に対して $\hat{w}(u, v)$ が非負であるようにしたい．重み関数 $w : E \to \mathbb{R}$ を持つ重みつき有向グラフ $G = (V, E)$ が与えられたとき，頂点 $s \notin V$ を新しく導入し，$V' = V \cup \{s\}$ および $E' = E \cup \{(s, v) : v \in V\}$ として，新たなグラフ $G' = (V', E')$ を作る．すべての $v \in V$ に対して $w(s, v) = 0$ と定義して，重み関数 w を拡張する．s に入る辺はないので，s を含む G' の最短路は s を始点とするものだけである．さらに，G' が負閉路を持たないための必要十分条件は，G が負閉路を持たないことである．図 23.1 のグラフ G に対応するグラフ G' を図 23.6(a) に示す．

G と G' が負閉路を含まないと仮定する．各 $v \in V'$ に対して $h(v) = \delta(s, v)$ と定義する．三角不等式（第 22.5 節（最短路の性質の証明）の補題 22.10（532 ページ））から，すべての辺 $(u, v) \in E'$ に対して $h(v) \leq h(u) + w(u, v)$ である．そこで，式 (23.10) にしたがって重み $\hat{w}$ を新しく定義すると，$\hat{w}(u, v) = w(u, v) + h(u) - h(v) \geq 0$ なので，$\hat{w}$ は性質 2 を満足する．図 23.6(a) のグラフの辺を再重みづけしたグラフ G' を図 23.6(b) に示す．

全点対最短路の計算

全点対最短路を求める Johnson のアルゴリズムは，Bellman–Ford アルゴリズム（第 22.1 節）と Dijkstra のアルゴリズム（第 22.3 節）をサブルーチンとして用いる．辺は隣接リストに格納されていると仮定する．擬似コードを下の手続き JOHNSON に示す．アルゴリズムは，$d_{ij} = \delta(i, j)$ を満たす通常の $|V| \times |V|$ 型行列 $D = d_{ij}$ を返すか，入力グラフが負閉路を含むことを報告する．多くの全点対最短路アルゴリズムと同様，本アルゴリズムも頂点には 1 から $|V|$ までの番号が振られていると仮定する．

JOHNSON(G, w)

1 G' を計算する．ここで，$G'.V = G.V \cup \{s\}, G'.E = G.E \cup \{(s, v) : v \in G.V\}$，
    かつすべての $v \in G.V$ に対して $w(s, v) = 0$

2 **if** BELLMAN–FORD(G', w, s) == FALSE

3   "入力グラフは負閉路を含む" をプリントする

4 **else for** 各頂点 $v \in G'.V$

5        $h(v)$ を Bellman–Ford アルゴリズムを用いて計算した $\delta(s, v)$ 値に設定

6   **for** 各辺 $(u, v) \in G'.E$

7          $\hat{w}(u, v) = w(u, v) + h(u) - h(v)$

8      $D = (d_{uv})$ を新しい $n \times n$ 型行列とする

9   **for** 各頂点 $u \in G.V$

10   DIJKSTRA$(G, \hat{w}, u)$ を実行し，すべての頂点 $v \in G.V$ に対して $\hat{\delta}(u, v)$
              を計算する

11   **for** 各頂点 $v \in G.V$

12           $d_{uv} = \hat{\delta}(u, v) + h(v) - h(u)$

13   **return** D

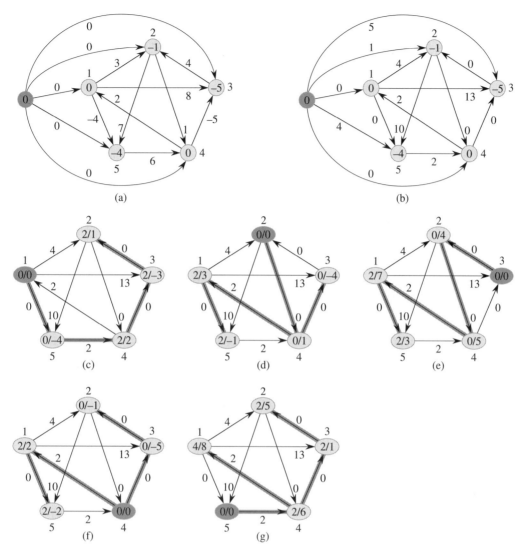

図 23.6 図 23.1 のグラフ上での Johnson の全点対最短路アルゴリズムの実行．頂点番号を頂点の側に記す．**(a)** 元の重み関数 w を持つグラフ G'．濃い網かけの頂点が新しく導入した頂点 s である．各頂点 v の中に $h(v) = \delta(s,v)$ 値を示す．**(b)** 各辺 (u,v) を重み関数 $\hat{w}(u,v) = w(u,v) + h(u) - h(v)$ によって再重みづけしたグラフ．**(c)〜(g)** 重み関数 $\hat{w}$ を用いて G の各頂点の上で Dijkstra のアルゴリズムを実行したときの結果．各図では，濃い網かけの頂点が始点 u であり，アルゴリズムが求めた最短路木の辺を濃い網かけので示す．各頂点 v の中に $\hat{\delta}(u,v)$ と $\delta(u,v)$ の値をスラッシュ "/" で区切って示す．$d_{uv} = \delta(u,v)$ の値は $\hat{\delta}(u,v) + h(v) - h(u)$ に等しい．

手続き JOHNSON は先に説明した操作をそのまま実行しているだけである．第 1 行で G' を生成する．第 2 行では，重み関数 w と始点 s を持つグラフ G' 上で Bellman–Ford アルゴリズムを実行する．もしも G', したがって G が，負閉路を含むならば第 3 行でその事実を報告する．第 4〜12 行では G' は負閉路を含まないと仮定する．第 4〜5 行では，すべての $v \in V'$ に対して，$h(v)$ を Bellmenn–Ford アルゴリズムを用いて求めた最短路重み $\delta(s,v)$ に設定する．第 6〜7 行では新たな重み $\hat{w}$ を計算する．第 9〜12 行の **for** ループでは，V の各頂点に対して 1 度ずつ Dijkstra のアルゴリズムを呼び出すことで，各点対 $u,v \in V$ に対して最短経路重

み $\hat{\delta}(u,v)$ を計算する．第 12 行では式 (23.11) を用いて計算した正しい最短路重み $\delta(u,v)$ を行列要素 d_{uv} に格納する．最後に，第 13 行では完成した D 行列を返す．図 23.6 に Johnson のアルゴリズムの実行の様子を表示する．

Dijkstra のアルゴリズムが用いる min 優先度つきキューをフィボナッチヒープで実装すると，Johnson のアルゴリズムの実行時間は $O(V^2 \lg V + VE)$ である．もっと簡単な 2 分 min ヒープで実装すると，実行時間は $O(VE \lg V)$ となるが，グラフが疎ならば，これでもまだ Floyd–Warshall のアルゴリズムよりも速い．

練習問題

23.3-1　Johnson のアルゴリズムを用いて図 23.2 のグラフに対して全点対最短路問題を解け．このアルゴリズムで計算された h と $\hat{w}$ の値を示せ．

23.3-2　新たな頂点 s を V に加えて V' を作る目的を説明せよ．

23.3-3　すべての辺 $(u,v) \in E$ に対して $w(u,v) \geq 0$ であるとする．重み関数 w と $\hat{w}$ の関係を示せ．

23.3-4　素教授は Johnson のアルゴリズムよりも簡単に辺の再重みづけができると主張している．$w^* = \min\{w(u,v) : (u,v) \in E\}$ とし，すべての辺 $(u,v) \in E$ に対して，$\hat{w}(u,v) = w(u,v) - w^*$ と定義すればよいというのだ．この再重みづけ法のどこが間違っているか説明せよ．

23.3-5　G が重み 0 の閉路 c を含むならば，c 上のすべての辺 (u,v) に対して $\hat{w}(u,v) = 0$ であることを示せ．

23.3-6　高野教授は，手続き Johnson の第 1 行で新たな始点を作る必要はないと主張している．その代わりに $G' = G$ を用い，s を任意の頂点とすればよいと言うのだ．教授の考え方を手続き Johnson に取り入れたときにアルゴリズムが正しくない答を返す重みつき有向グラフの例を与えよ．$\infty - \infty$ は未定義であり，とくに 0 ではないと仮定する．G が強連結（各頂点が他のすべての頂点から到達可能）ならば，教授が主張するように修正した手続き Johnson は正しい結果を返すことを示せ．

章末問題

23-1　動的グラフの推移的閉包

有向グラフ $G = (V, E)$ の辺集合 E に辺を追加するとき，G の推移的閉包を管理する問題を考える．すなわち，辺を挿入したあと，この挿入を反映するように推移的閉包を更新したい．初期状態ではグラフ G は辺を含まず，推移的閉包はブール行列として表現する．

a. 新しい辺を G に挿入したとき，グラフ $G = (V, E)$ の推移的閉包 $G^* = (V, E^*)$ を $O(V^2)$ 時間で更新する方法を示せ．

b. グラフ G に辺 e を挿入したときの推移的閉包の更新時間が，アルゴリズムによらず $\Omega(V^2)$ である G と e の例を与えよ．

c. グラフに辺を追加していくとき，推移的閉包を更新するアルゴリズムを示せ．ただし，追加する辺の総数が r で，i 番目の辺に対する推移的閉包の更新時間が t_i ならば，アルゴリズムの総計算時間 $\sum_{i=1}^{r} t_i$ は $O(V^3)$ でなければならない．解答したアルゴリズムがこの時間制約を満たすことを示せ．

23-2 ϵ 密グラフの最短路

グラフ $G = (V, E)$ がある定数 ϵ $(0 < \epsilon \le 1)$ に対して $|E| = \Theta(V^{1+\epsilon})$ であるとき，G は ϵ 密 (ϵ-dense) であると言う．ϵ 密グラフ上の最短路アルゴリズムで d 分 min ヒープ（章末問題 6-2（151 ページ）参照）を使えば，複雑なデータ構造を使わなくてもフィボナッチヒープに基づくアルゴリズムと同じ実行時間が達成できる．

a. 3 つの手続き INSERT，EXTRACT-MIN，DECREASE-KEY の漸近的実行時間を，d と d 分 min ヒープが含む要素数 n の関数として表せ．d をある定数 $0 < \alpha \le 1$ に対して $d = \Theta(n^\alpha)$ とするとき，これらの手続きの実行時間を示せ．これらの実行時間をフィボナッチヒープ上でのこれらの操作のならしコストと比較せよ．

b. 負辺を持たない ϵ 密有向グラフ $G = (V, E)$ に対して，単一始点最短路問題を $O(E)$ 時間で計算する方法を示せ．（**ヒント**：d を ϵ の関数として選べ．）

c. 負辺を持たない ϵ 密有向グラフ $G = (V, E)$ に対して，全点対最短路問題を $O(VE)$ 時間で解く方法を示せ．

d. 負辺は許されるが負閉路は含まない ϵ 密有向グラフ $G = (V, E)$ 上で，全点対最短路問題を $O(VE)$ 時間で解く方法を示せ．

文献ノート

Lawler [276] は全点対最短路問題のすぐれた検討を含んでいる．彼は行列乗算アルゴリズムは古くから知られていたと考えている．Floyd–Warshall アルゴリズムは Floyd [144] が発見したが，ブール行列の推移的閉包を計算する方法を述べた Warshall [450] の定理に基づいている．Johnson のアルゴリズムは [238] から取った．

行列乗算を介して最短路を計算するアルゴリズムの改良が数人の研究者によって行われている．Fredman[153] は全点対最短路問題が辺重みの和を $O(V^{5/2})$ 回比較することによって解けることを示し，$O(V^3(\lg\lg V/\lg V)^{1/3})$ 時間アルゴリズムを得た．これは Floyd–Warshall アルゴリズムより少しだけ速い．この時間限界は何回か改良されている．Williams [457] の $O(V^3/2^{\Omega(\lg^{1/2} V)})$ 時間アルゴリズムが現在最速である．

別の一連の論文は高速行列乗算に対するアルゴリズム（第 4 章（分割統治）の文献ノート参照）が全点対最短路問題に適用できることを示している．$n \times n$ 型行列の乗算を計算する最速アルゴリズムの時間計算量を $O(n^\omega)$ とする．Galil–Margalit [170, 171] および Seidel [403] は，無向重みなしグラフに対する全点対最短路問題を $O(V^\omega p(V))$ 時間で解くアルゴリズムを設計した．ただし，$p(n)$ は $\lg n$ の多項式で抑えられるある特定の関数である．密なグラフ上

では，幅優先探索を $|V|$ 回繰り返すのに必要な時間 $O(VE)$ よりも高速にこれらのアルゴリズムは動作する．数人の研究者たちがこれらの結果を拡張し，辺重みが $\{1, 2, \ldots, W\}$ 範囲の整数から選ばれる無向グラフ上の全点対最短路問題を解くアルゴリズムを与えている．漸近的に最速の Shoshan–Zwick アルゴリズム [410] の実行時間は $O(WV^{\omega}p(VW))$ である．有向グラフでは Zwick [410] のアルゴリズムが最速で，$\tilde{O}(W^{1/(4-\omega)}V^{2+1/(4-\omega)})$ 時間で走る．

ある最短路が含む E の辺集合を E^* とする．Karger–Koller–Phillips [244] と McGeoch [320] は，独立に，E^* に依存する実行時間の上界を与えた．非負の重みを持つグラフに対する彼らのアルゴリズムの実行時間は $O(VE^* + V^2 \lg V)$ であり，$|E^*| = o(E)$ ならば，これは Dijkstra のアルゴリズムを $|V|$ 回実行するよりも高速である．Pettie [355] は成分階層に基づく方法を使って $O(VE + V^2 \lg \lg V)$ 時間を達成した．Hagerup [205] も同じ実行時間を達成している．

Baswana–Hariharan–Sen [37] は全点対最短路と推移閉包情報を管理する漸減型アルゴリズムを検討した．漸減型アルゴリズムでは辺の削除と質問の混在する列を扱う．Baswana–Hariharan–Sen のアルゴリズムは乱択アルゴリズムで，彼らの推移閉包アルゴリズムは，経路が存在するとき，任意の $c > 0$ に対して確率 $1/n^c$ で誤った答えを返す．質問に対する回答時間は高い確率で $O(1)$，推移閉包の場合には，各更新にかかるならし計算量は $O(V^{4/3} \lg^{1/3} V)$ である．一方，章末問題 23-1 では，辺が挿入される漸増型アルゴリズムを検討した．全点対最短路の場合には，更新時間は許される質問に依存する．質問が単に最短路重みならば，各更新当りのならし時間は $O(V^3/E \lg^2 V)$ である．質問が最短路自体ならば，各更新当りのならし時間は $\min\{O(V^{3/2}\sqrt{\lg V}), O(V^3/E \lg^2 V)\}$ である．Demetrescu–Italiano [111] は辺の挿入と削除が共に起こる場合を検討し，各辺重みの値域が有界であるという条件の下で更新と質問を扱う方法を示した．

Aho–Hopcroft–Ullman [5] は「閉半環 (closed semiring)」として知られる代数的な構造を定義した．これは有向グラフの経路の問題を解くための一般的な枠組みを与える．第 23.2 節で述べた Floyd–Warshall アルゴリズムと推移的閉包アルゴリズムは，共に閉半環に基づく全点対アルゴリズムの具体化である．Maggs–Plotkin [309] は閉半環を用いて最小全域木を求める方法を示している．

24 最大フロー

MAXIMUM FLOW

1つの地点から別の地点に至る最短路を発見するために道路地図を有向グラフとしてモデル化するように，有向グラフを「フローネットワーク」として解釈することで，物資の流れに関する質問に答えることができる．ある物資の生産地点である入口 (source) から消費地点である出口 (sink) まで，この物資がシステム内を流れていく様子を想像してみよう．入口ではこの物資がある一定の速度で生み出され，出口ではこの物資が同じ速度で消費される．システム内の任意の地点における物資の「流れ（フロー）」は直観的には物資が移動する速度である．フローネットワークによって，パイプを流れる液体，組立ラインを流れる部品，電気ネットワークを流れる電流，通信ネットワークを流れる情報など，さまざまな問題をモデル化できる．

フローネットワークの各有向辺は物資を流すパイプと考えることができる．毎時 200 ガロンの液体をパイプに流したり，20 アンペアの電流を電気回路に流したりするように，各パイプは，そこを流せる物資の最大量と解釈できる一定の容量を持っている．頂点はパイプの繋ぎ目であり，入口と出口以外では，物資は溜ることなく頂点を流れていく．すなわち，頂点に入る物資の量は，頂点から出ていく量と等しくなければならない．この性質を「フロー保存則」と呼ぶが，これは物資が電流である場合は Kirchhoff（キルヒホッフ）の法則である．

最大フロー問題の目標は，入口から出口まで容量制約に違反しないで単位時間に輸送できる物資の最大量を求めることである．これはフローネットワーク問題に関する最も簡単な問題の 1 つであり，本章で学ぶように，この問題を解く効率の良いアルゴリズムが存在する．さらに，最大フローのアルゴリズムで用いる基本的な手法を少し改造すると，他のネットワークフロー問題を解くこともできる．

最大フロー問題を解くための 2 つの一般的な方法を本章では説明する．第 24.1 節では，フローネットワークとフローの概念を定式化し，最大フロー問題を形式的に定義する．第 24.2 節では，最大フローを求める Ford と Fulkerson の古典的な方法を説明する．第 24.3 節では，この方法を応用して無向 2 部グラフの最大マッチングを求める．（第 25.1 節では，2 部グラフの最大マッチングを求めるために特別に設計された，より高速のアルゴリズムを与える．）

24.1 フローネットワーク

本節では，フローネットワークをグラフ理論的に定義し，その性質について議論し，最大フロー問題を厳密に定義する．また，有用な記号も導入する．

フローネットワークとフロー

フローネットワーク (flow network) $G = (V, E)$ は，各辺 $(u, v) \in E$ が非負の**容量** (capacity) $c(u, v) \geq 0$ を持つ有向グラフである．さらに，E は辺 (u, v) を含むならば，逆向きの辺 (v, u) を含まない．（この制約の効果はすぐに説明する．） $(u, v) \notin E$ ならば，便宜上，$c(u, v) = 0$ と定義し，自己ループは許さない．フローネットワークには特別な2つの頂点，**入口** (source)[a] s と**出口** (sink) t が指定されている．便宜上，各頂点は入口から出口へのある経路上にあると仮定する．すなわち，各頂点 $v \in V$ に対して，フローネットワークは，ある経路 $s \rightsquigarrow v \rightsquigarrow t$ を含む．したがって，グラフは連結であり，s 以外のすべての頂点には少なくとも1本の辺が入ってくるので，$|E| \geq |V| - 1$ である．フローネットワークの例を図 24.1 に示す．

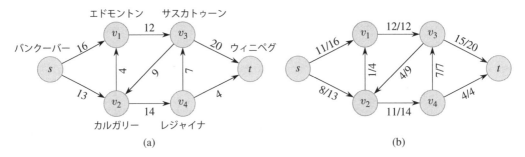

図 24.1 **(a)** Lucky Puck 社のトラック輸送問題に対するフローネットワーク $G = (V, E)$. バンクーバーにある工場が入口 s で，ウィニペグにある倉庫が出口 t である．中間都市を通ってパックを輸送するが，1日に $c(u, v)$ 箱しか都市 u から都市 v へ送れない．各辺にはその容量をラベルづけしてある．**(b)** G における値 $|f| = 19$ のフロー．各辺 (u, v) に $f(u, v)/c(u, v)$ をラベルづけする．記号スラッシュ "/" は単にフローと容量を区別するためであり，割算を表していない．

フローをより形式的に定義する準備が整った．$G = (V, E)$ を容量関数 c を持つフローネットワークとする．s をこのネットワークの入口，t を出口とする．G における**フロー** (flow) は次の2条件を満たす実数値関数 $f : V \times V \to \mathbb{R}$ である:

容量制限 (capacity constraint): すべての $u, v \in V$ に対して，

$$0 \leq f(u, v) \leq c(u, v)$$

でなければならない．1つの頂点から別の頂点へのフローは非負でなければならず，与えられた容量を超えてもいけない．

フロー保存則 (flow conservation): すべての $u \in V - \{s, t\}$ に対して，

$$\sum_{v \in V} f(v, u) = \sum_{v \in V} f(u, v)$$

でなければならない．
入口と出口以外の頂点へのフローの全量は，その頂点から出るフローの全量に等しくなければならない．形式ばらずに言うと，「入ってくるフローは，出ていくフローに等しい．」

---
[a] ［訳注］source を「ソース」または「始点」，sink を「シンク」または「終点」とも言う．

$(u, v) \notin E$ のとき，頂点 u から頂点 v へはフローがありえない．そして $f(u, v) = 0$ である．

非負の値を取る量 $f(u, v)$ を，頂点 u から頂点 v への**フロー** (flow) と呼ぶ．フロー f の**値** (value) $|f|$ を

$$|f| = \sum_{v \in V} f(s, v) - \sum_{v \in V} f(v, s) \tag{24.1}$$

すなわち，入口から流れ出るフローの合計と入口に流れ込むフローの合計の差として定義する．（ここで，記号 $|\cdot|$ でフローの値を表すが，これは絶対値でも要素数でもない．）フローネットワークは一般に入口に入る辺を持たず，和 $\sum_{v \in V} f(v, s)$ が与える入口へ流入するフローは 0 である．しかし，後ほど本章で紹介する残余ネットワークでは入口へ流入するフローが重要になるので，これを含めて定義する．**最大フロー問題** (maximum-flow problem) は，入口 s と出口 t を持つフローネットワーク G が与えられたとき，s から t への最大の値を持つフローを求める問題である．

フローの例

図 24.1(a) に示したトラック輸送問題をフローネットワークでモデル化できる．Lucky Puck 社はアイスホッケーのパックを製造する工場（入口 s）をバンクーバーに持ち，パックを保管する倉庫（出口 t）をウィニペグに持っている．Lucky Puck 社は運送会社のトラックで工場から倉庫へパックを輸送している．トラックは都市（頂点）間を決まった道路（辺，枝）を通って移動し，その積載量は決まっているので，図 24.1(a) の 2 都市 u, v の間を Lucky Puck 社が 1 日に輸送できるパック数は高々 $c(u, v)$ 箱である．Lucky Puck 社には道路や積載量を変更する権利はなく，図 24.1(a) に示すフローネットワークは変更できない．倉庫に輸送できる量以上のパックを製造しても無駄なので，彼らは 1 日に輸送できる箱の最大個数 p を決定して，それだけの量のパックを製造する必要がある．ある特定のパックが工場を出てから倉庫に到着するまでにかかる時間には Lucky Puck 社は関心がない．唯一関心があるのは，1 日当り p 箱が工場から出荷され，1 日当り p 箱が倉庫に届くことである．

ある都市から他の都市への 1 日当りの出荷箱数は容量制限に従うので，出荷の「流れ」をこのネットワークにおけるフローによってモデル化できる．そして，定常状態では，運送経路途中の都市に 1 日に搬入されるパックの量はその都市から 1 日に搬出されるパックの量に等しいはずなので，このモデルはフロー保存則を満たさなければならない．そうでなければ，途中の都市に際限なく箱が溜まることになる．

逆並行辺を含む問題のモデル化

エドモントンからカルガリーに 10 箱のパックを輸送できるトラックを Lucky Puck 社が新たに借りることになったとする．この機会を我々の例に組み入れ，図 24.2(a) に示すネットワークを検討対象とするのは自然に思われるが，このネットワークには問題がある：これは最初に置いた仮定である，$(v_1, v_2) \in E$ ならば $(v_2, v_1) \notin E$ に反している．一組の辺 (v_1, v_2) と (v_2, v_1) は**逆並行** (antiparallel) であると言う．したがって，逆並行辺を用いてあるフロー問題をモデル化したときには，このネットワークをそれと等価な逆並行辺を含まないネットワークに変換する必要がある．図 24.2(b) に図 24.2(a) のネットワークと等価なネットワークを示す．

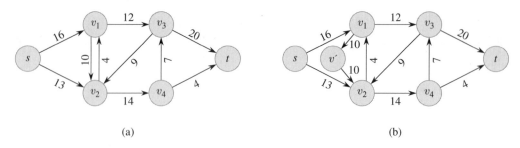

図 24.2 逆並行辺を持つネットワークから等価な逆並行辺を持たないネットワークへの変換. **(a)** 辺 (v_1, v_2) と (v_2, v_1) を含むフローネットワーク. **(b)** 逆並行辺を持たない等価なネットワーク. 新しい頂点 v' を導入し, 辺 (v_1, v_2) を, (v_1, v_2) と同じ容量を持つ一組の辺 (v_1, v') と (v', v_2) に置き換える.

2本の逆並行辺の中の1つ (この例では (v_1, v_2)) を選択し, 新しく頂点 v' を導入して (v_1, v_2) を分割し, (v_1, v_2) を一組の辺 (v_1, v') と (v', v_2) に置き換える. さらに, これらの辺の容量を共に元の辺の容量に設定する. このようにして構成したネットワークには, ある辺が存在するとこれに対応する逆向きの辺は存在しない. このネットワークが元のネットワークと等価 (この2つのネットワークにおける最大フローの値が等しい) であることの証明は練習問題 24.1-1 とする.

複数の入口と出口を持つネットワーク

入口と出口の個数がそれぞれ1つではなく, 複数個存在する最大フロー問題も考えられる. たとえば, Lucky Puck 社は実際には図 24.3(a) に示すように, m 個の工場の集合 $\{s_1, s_2, \ldots, s_m\}$ と n 個の倉庫の集合 $\{t_1, t_2, \ldots, t_n\}$ を持っているかもしれない. 幸いなことに, この問題は通常の最大フロー問題より難しくはない.

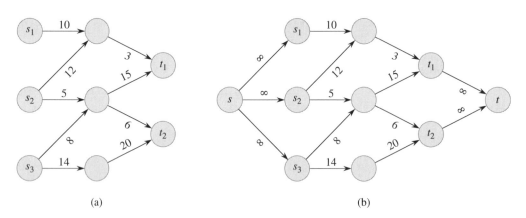

図 24.3 複数の入口と出口を持つ最大フロー問題から単一の入口と単一の出口を持つ問題への変換. **(a)** 3個の入口 $S = \{s_1, s_2, s_3\}$ と2個の出口 $T = \{t_1, t_2\}$ を持つフローネットワーク. **(b)** 等価な1つの入口と1つの出口を持つフローネットワーク. 超入口 s と, s から複数の入口のそれぞれに容量無限大の辺を加える. つぎに, 超出口 t と, 複数の出口のそれぞれから t への容量無限大の辺を加える.

複数の入口と複数の出口を持つネットワークの最大フローを求める問題は, 通常の最大フロー問題に帰着できる. 図 24.3(a) のネットワークを, 入口と出口がそれぞれ1つずつの通常のフローネットワークに変換する方法を図 24.2(b) に示す. まず, 新たに**超入口** (supersource)

24.1 フローネットワーク | **567**

s を導入し，各 $i = 1, 2, \ldots, m$ に対して容量 $c(s, s_i) = \infty$ を持つ有向辺 (s, s_i) を加える．同様に，新たに**超出口** (supersink) t を導入し，各 $i = 1, 2, \ldots, n$ に対して容量 $c(t_i, t) = \infty$ を持つ有向辺 (t_i, t) を加える．直観的に，(a) のネットワークの任意のフローは (b) のネットワークのあるフローに対応しており，逆も成立する．単一の超入口 s は，単に複数の入口 s_i に必要なフローを供給するだけであり，単一の超出口 t は，同様に複数の出口 t_i が必要とするフローを消費するだけである．結果としてのネットワークが，元のものと等価であることを証明することを，問題 24.1-1 では求めている．

練習問題

24.1-1 フローネットワークが含むある辺を分割してできるフローネットワークは，元のネットワークと等価であることを示せ．より形式的に述べよう．フローネットワーク G の辺を (u, v) とする．新しい頂点 x を導入し，G の (u, v) を新しい辺 (u, x) と (x, v) に置き換え，さらに $c(u, x) = c(x, v) = c(u, v)$ とすることで，フローネットワーク G' を定義する．G' における最大フローは G における最大フローと同じ値を持つことを示せ．

24.1-2 フローの性質と定義を複数の入口と複数の出口を持つ問題に拡張せよ．複数の入口と複数の出口を持つフローネットワークの任意のフローは，超入口と超出口を付加してできる単一の入口と単一の出口を持つフローネットワークでの，同一の値を持つあるフローに対応し，その逆もまた成立することを示せ．

24.1-3 フローネットワーク $G = (V, E)$ が，すべての頂点 $v \in V$ に対して経路 $s \leadsto v \leadsto t$ が存在するというフローネットワークの仮定を満たさないと仮定する．$s \leadsto u \leadsto t$ となる経路が存在しない頂点を u とする．このとき，すべての頂点 $v \in V$ に対して $f(u, v) = f(v, u) = 0$ を満たす，G における最大フロー f が存在することを示せ．

24.1-4 f をネットワークにおけるフロー，α を実数とする．**スカラーフロー積** (scalar flow product) αf は

$$(\alpha f)(u, v) = \alpha \cdot f(u, v)$$

によって定義される $V \times V$ から $\mathbb{R}$ への関数である．ネットワークにおけるフローの集合は**凸集合** (convex set) をなすことを証明せよ．すなわち，f_1 と f_2 がフローならば，$0 \le \alpha \le 1$ の範囲のすべての α に対して，$\alpha f_1 + (1 - \alpha) f_2$ もフローであることを示せ．

24.1-5 最大フロー問題を線形計画問題として記述せよ．

24.1-6 田村教授には 2 人の子供がいるが，残念なことに互いにひどく嫌っている．問題は深刻で，学校へ一緒に行かないばかりか，一方がその日歩いた経路に他方は絶対に足を踏み入れない．ただし，曲がり角で経路が交差したとしてもそれは問題ではない．幸運にも教授の家も学校も角に面しているが，2 人の子供を同じ学校に通わせることができるかどうか定かではない．教授はその町の地図を持っている．彼の子供たちが同じ学校に行けるかどうかを判定する問題を，最大フローの問題として定式化せよ．

24.1-7 フローネットワークに，辺容量に加えて**頂点容量** (vertex capacity) が定義されているとする．つまり，各頂点 v には v を通過できるフローの上限 $l(v)$ がある．頂点容量を持つフ

ローネットワーク G を，G における最大フローと同じ値の最大フローを持つ，頂点容量を持たないフローネットワーク G' に変換する方法を示せ．G' の頂点数と辺数はいくつか？

24.2 Ford–Fulkerson 法

本節では，最大フロー問題を解くための **Ford–Fulkerson 法** (Ford–Fulkerson method) を説明する．この方法を「アルゴリズム」ではなく「法」と呼ぶのは，実行時間が異なるいくつかの実装方法があるからである．Ford–Fulkerson 法だけでなく，さまざまなフローアルゴリズムやフロー問題に関連する3つの重要なアイデア：残余ネットワーク，増加可能経路，カットがある．これらのアイデアは，重要な最大フロー最小カット定理（定理 24.6）にとって本質的である．この定理は，フローネットワークの最大フローの値をフローネットワークのカットを用いて特徴づける．本節では，最後に Ford–Fulkerson 法に対する1つの実装方法を示し，その実行時間を解析する．

Ford–Fulkerson 法は反復的にフロー値を増やす．初期フローの値は 0 であり，すべての $u, v \in V$ に対して $f(u,v) = 0$ の状態である．各繰返しでは，対応する「残余ネットワーク」G_f から「増加可能経路」を発見し，フロー値を増やす．G_f の増加可能経路の辺は，フロー値を増加させるために G のどの辺に関してフローを更新するかを示している．Ford–Fulkerson 法の各反復では，フローの値は単調に増加するが，G の特定の辺のフローは増減を繰り返すことがある．これは辺のフローを減らすことになるように思えて，直観に反するかもしれないが，入口から出口へより多くのフローを流すために他の辺上でフローを増加させているのである．手続き Ford–Fulkerson-Method が与えられたとき，Ford–Fulkerson 法では残余ネットワークが，増加可能経路を持たなくなるまで反復的にフローを増やす．最大フロー最小カット定理は，このプロセスが終了したとき最大フローが得られることを保証する．

Ford–Fulkerson-Method(G, s, t)

1　フロー f を 0 に初期化する
2　**while** 増加可能経路 p が残余ネットワーク G_f に存在する
3　　　フロー f を p に沿って増やす
4　**return** f

Ford–Fulkerson 法を実装し，解析するために，いくつかの概念を導入する必要がある．

残余ネットワーク

フローネットワーク G とフロー f が与えられているとする．このとき，残余ネットワーク G_f は，直観的には，その容量により G の辺上でフローが変化する範囲が表現されるような辺からなる．フローネットワークの任意の辺 (u,v) には，辺の容量 $c(u,v)$ と辺のフロー $f(u,v)$ との差だけのフローがさらに追加できる．この値が正のとき，「残余容量」$c_f(u,v) = c(u,v) - f(u,v)$ を持つ辺 (u,v) を G_f に加える．G_f に属する G の辺だけにフローをさらに追加できる．フローが容量に等しい辺 (u,v) では $c_f(u,v) = 0$ であり，これらの

辺は G_f に属さない.

しかし, 残余ネットワーク G_f には G に属さない辺が現れることがあるのを知って驚くかもしれない. 総フローを増やすことを目的としてフローを操作するので, アルゴリズムはある辺上のフローを減らすことがある. G のある辺上の正のフロー $f(u,v)$ を削減できる範囲を表現するために, 残余容量 $c_f(v,u) = f(u,v)$ を持つ辺 (v,u) を G_f に加える. すなわち, (u,v) と逆向きに, 最大 (u,v) 上のフローを相殺するだけの量のフローを追加できる辺である. 残余ネットワークのこれらの逆向き辺によって, アルゴリズムは, ある辺にすでに送ったフローを送り返すことが可能になる. 辺に沿ってフローを送り返すことはこの辺のフローを**削減**することと等価であり, 多くのアルゴリズムで必要になる操作である.

さらに形式的に定義しよう. 入口 s と出口 t, フロー f を持つフローネットワーク $G = (V, E)$ に対して, 頂点対 $u, v \in V$ を考える. (u,v) の**残余容量** (residual capacity) $c_f(u,v)$ を

$$
c_f(u,v) = \begin{cases} c(u,v) - f(u,v) & (u,v) \in E \text{ のとき} \\ f(v,u) & (v,u) \in E \text{ のとき} \\ 0 & \text{それ以外} \end{cases} \tag{24.2}
$$

と定義する. フローネットワークにおいて $(u,v) \in E$ は $(v,u) \notin E$ を意味するので, 任意の頂点対に対して, 式 (24.2) の中のちょうど 1 つの場合が対応する.

式 (24.2) の例として, たとえば, $c(u,v) = 16$, $f(u,v) = 11$ のとき, 辺 (u,v) の容量制限を超過することなしに, $f(u,v)$ をさらに $c_f(u,v) = 5$ ユニット追加できる. アルゴリズムが v から u に最大 11 ユニットのフローを戻すことができるようにしておきたいので, $c_f(v,u) = 11$ である.

フローネットワーク $G = (V, E)$ とフロー f が与えられたとき, f によって誘導される G の**残余ネットワーク** (residual network) は $G_f = (V, E_f)$ である. ここで,

$$
E_f = \{(u,v) \in V \times V : c_f(u,v) > 0\} \tag{24.3}
$$

である. 上で約束したように, 残余ネットワークの各辺, すなわち**残余辺** (residual edge) には正のフローを流すことができる. 図 24.4(a) に図 24.1(b) のフローネットワーク G とフロー f を再掲し, 対応する残余ネットワーク G_f を図 24.4(b) に示す. E_f の辺は E の辺かその逆向きの辺であり, したがって

$$
|E_f| \leq 2|E|
$$

である.

残余ネットワーク G_f は, c_f を容量とするフローネットワークに似ている. 残余ネットワークは逆並行辺を含むことがあるので, 一般にはフローネットワークの定義を満たさない. しかし, この相違を除くと, 残余ネットワークはフローネットワークと同じ性質を持ち, フローネットワークのフローと同じ定義を満たすフローを残余ネットワークに対して定義できる. ただし, 残余ネットワーク G_f の容量は c_f である.

残余ネットワークのフローから, 元のフローネットワークに追加できるフローが明らかになる. f を G におけるフロー, f' を対応する残余ネットワーク G_f におけるフローとする. フロー f の f' による**増加** (augmentation) $f \uparrow f'$ を $V \times V$ から $\mathbb{R}$ への関数として

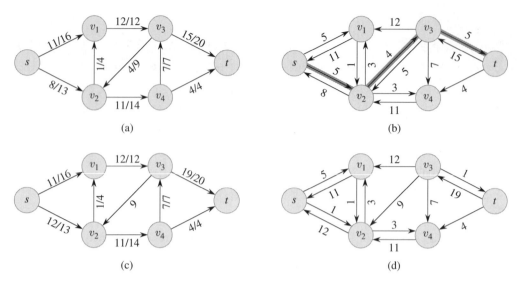

図 24.4 (a) 図 24.1(b) のフローネットワーク G とフロー f. (b) 残余ネットワーク G_f. 増加可能経路 p を濃い網かけで示す. その残余容量は $c_f(p) = c_f(v_2, v_3) = 4$ である. 本節では, 残余容量が 0 の辺, たとえば (v_1, v_3) は示さないことにする. (c) 経路 p に沿ってフローを残余容量 4 だけ追加して得られた G のフロー. 本節では, フローが流れていない辺, たとえば (v_3, v_2) は容量だけを表示することにする. (d) (c) のフローによって誘導される残余ネットワーク.

$$(f \uparrow f')(u,v) = \begin{cases} f(u,v) + f'(u,v) - f'(v,u) & (u,v) \in E \text{ のとき} \\ 0 & \text{それ以外} \end{cases} \quad (24.4)$$

と定義する.

　残余ネットワークの定義に戻ることで, この定義を直観的に理解できる. 逆向きの辺にフローをプッシュすることは元のネットワークのフローを削減することなので, (u,v) 上のフローを $f'(u,v)$ だけ追加し, $f'(v,u)$ だけ削減する. 残余ネットワークの逆向き辺へのフローのプッシュは, **相殺** (cancellation) とも呼ばれている. たとえば, 5 箱のアイスホッケーのパック[b]を u から v へ送り, 2 箱のパックを v から u へ送るのは, u から v へ 3 箱を送り, v から u へは何も送らないというのと（最終的な結果という観点からは）等価である. この種の相殺はどの最大フローアルゴリズムにとっても重要である.

　次の補題は G におけるフローを G_f におけるフローによって増加させると, より大きな値を持つ G の新しいフローとなることを示している.

補題 24.1 $G = (V, E)$ を, s を入口, t を出口とするフローネットワークとし, f を G におけるフローとする. f によって誘導される G の残余ネットワークを G_f とし, f' を G_f におけるフローとする. このとき, 式 (24.4) によって定義される関数 $f \uparrow f'$ は値 $|f \uparrow f'| = |f| + |f'|$ を持つ G におけるフローである.

証明 最初に, $f \uparrow f'$ が, E に属する各辺の容量制限と $V - \{s, t\}$ に属する各頂点におけるフロー保存則を満たすことを示す.

　容量制限については, 最初に, $(u,v) \in E$ ならば, $c_f(v,u) = f(u,v)$ であることに注目する.

---

[b] ［訳注］試合で使うゴム製の円盤のこと.

f' は G_f におけるフローなので，$f'(v, u) \leq c_f(v, u)$ であり，これにより $f'(v, u) \leq f(u, v)$ を得る．したがって，

$$
\begin{aligned}
(f \uparrow f')(u, v) &= f(u, v) + f'(u, v) - f'(v, u) \quad \text{(式 (24.4) より)} \\
&\geq f(u, v) + f'(u, v) - f(u, v) \quad \text{($f'(v, u) \leq f(u, v)$ なので)} \\
&= f'(u, v) \\
&\geq 0
\end{aligned}
$$

である．また

$$
\begin{aligned}
(f \uparrow f')(u, v) &= f(u, v) + f'(u, v) - f'(v, u) & \text{(式 (24.4) より)} \\
&\leq f(u, v) + f'(u, v) & \text{(フローは非負なので)} \\
&\leq f(u, v) + c_f(u, v) & \text{(容量制限)} \\
&= f(u, v) + c(u, v) - f(u, v) & \text{(c_f の定義)} \\
&= c(u, v)
\end{aligned}
$$

である．

フロー保存則が成り立ち，かつ $|f \uparrow f'| = |f| + |f'|$ であることを示すために，まず，すべての $u \in V$ について次式が成り立つことを証明しよう．

$$
\begin{aligned}
\sum_{v \in V} (f \uparrow f')(u, v) &- \sum_{v \in V} (f \uparrow f')(v, u) \\
&= \sum_{v \in V} f(u, v) - \sum_{v \in V} f(v, u) + \sum_{v \in V} f'(u, v) - \sum_{v \in V} f'(v, u) \quad (24.5)
\end{aligned}
$$

G では逆並行辺を許していないので（G_f ではそうでないが），各頂点 u に対して，G に辺 (u, v) あるいは (v, u) が存在することはあるが，両方とも同時に存在することはない．ある頂点 u を固定して，$V_l(u) = \{v : (u, v) \in E\}$ を G において u から出る辺を持つ頂点の集合とし，$V_e(u) = \{v : (v, u) \in E\}$ を G において u に入る辺を持つ頂点の集合とする．$V_l(u) \cup V_e(u) \subseteq V$ であり，G は逆並行辺を持たないので，$V_l(u) \cap V_e(u) = \emptyset$ である．式 (24.4) のフロー増加の定義により，$V_l(u)$ の頂点 v だけが正の $(f \uparrow f')(u, v)$ 値を持つことができ，$V_e(u)$ の頂点 v だけが $(f \uparrow f')(v, u)$ 値を持つことができる．式 (24.5) の左辺から始めて，この事実を使い，項の順序を入れ換えると次式を得る．

$$
\begin{aligned}
\sum_{v \in V} &(f \uparrow f')(u, v) - \sum_{v \in V} (f \uparrow f')(v, u) \\
&= \sum_{v \in V_l(u)} (f \uparrow f')(u, v) - \sum_{v \in V_e(u)} (f \uparrow f')(v, u) \\
&= \sum_{v \in V_l(u)} (f(u, v) + f'(u, v) - f'(v, u)) - \sum_{v \in V_e(u)} (f(v, u) + f'(v, u) - f'(u, v)) \\
&= \sum_{v \in V_l(u)} f(u, v) + \sum_{v \in V_l(u)} f'(u, v) - \sum_{v \in V_l(u)} f'(v, u) \\
&\qquad - \sum_{v \in V_e(u)} f(v, u) - \sum_{v \in V_e(u)} f'(v, u) + \sum_{v \in V_e(u)} f'(u, v) \\
&= \sum_{v \in V_l(u)} f(u, v) - \sum_{v \in V_e(u)} f(v, u)
\end{aligned}
$$

$$+ \sum_{v \in V_l(u)} f'(u,v) + \sum_{v \in V_e(u)} f'(u,v) - \sum_{v \in V_l(u)} f'(v,u) - \sum_{v \in V_e(u)} f'(v,u)$$

$$= \sum_{v \in V_l(u)} f(u,v) - \sum_{v \in V_e(u)} f(v,u) + \sum_{v \in V_l(u) \cup V_e(u)} f'(u,v) - \sum_{v \in V_l(u) \cup V_e(u)} f'(v,u)$$

(24.6)

式 (24.6) において，4 つの和は V 上での和に拡張することができる．なぜなら，それぞれの項で付加される和は 0 だからである．（練習問題 24.2-1 は，このことを正式に証明する問題である．）V の部分集合で和を取るのではなく，V 上で 4 つすべての和を取れば，式 (24.5) を得る．

これで $f \uparrow f'$ と $|f \uparrow f'| = |f| + |f'|$ に対するフロー保存則を証明する準備が整った．後者の性質を示すために，式 (24.5) で $u = s$ としよう．すると，次式を得る．

$$|f \uparrow f'| = \sum_{v \in V} (f \uparrow f')(s,v) - \sum_{v \in V} (f \uparrow f')(v,s)$$

$$= \sum_{v \in V} f(s,v) - \sum_{v \in V} f(v,s) + \sum_{v \in V} f'(s,v) - \sum_{v \in V} f'(v,s)$$

$$= |f| + |f'|$$

フロー保存則に対して，s でも t でもない任意の頂点 u に対して，f と f' に対するフロー保存則は式 (24.5) の右辺が 0 であることを意味しており，したがって，$\sum_{v \in V} (f \uparrow f')(u,v) = \sum_{v \in V} (f \uparrow f')(v,u)$ である． ∎

増加可能経路

フローネットワーク $G = (V,E)$ とフロー f が与えられたとき，**増加可能経路** (augmenting path) p は，残余ネットワーク G_f 上の s から t への単純路である．残余ネットワークの定義から，増加可能経路上の辺 (u,v) 上では，(u,v) と (v,u) のどちらが元のフローネットワークの辺であったとしても，容量制限に違反せずにフローを最大で $c_f(u,v)$ だけ増やすことができる．

図 24.4(b) の濃い網かけの経路が増加可能経路である．図の残余ネットワーク G_f をフローネットワークとして扱えば，この経路の最小の残余容量が $c_f(v_2,v_3) = 4$ なので，容量制限に違反せずにこの経路の各辺を通過するフローを最大で 4 ユニットだけ増やすことができる．増加可能経路 p の各辺に沿って増やすことができるフローの最大量を p の **残余容量** (residual capacity) と呼び，

$$c_f(p) = \min \{c_f(u,v) : (u,v) \text{ は } p \text{ 上にある}\}$$

で定義する．次の補題は上の議論を厳密にしたものであるが，証明は練習問題 24.2-7 とする．

補題 24.2 $G = (V,E)$ をフローネットワークとする．f を G におけるフロー，p を G_f の増加可能経路とする．関数 $f_p : V \times V \to \mathbb{R}$ を

$$f_p(u,v) = \begin{cases} c_f(p) & (u,v) \text{ が } p \text{ 上にあるとき} \\ 0 & \text{それ以外} \end{cases}$$

(24.7)

と定義する．このとき，f_p は G_f におけるフローで，その値は $|f_p| = c_f(p) > 0$ である． ∎

次の系は，f_p を f に加えると，値が f よりも最大値に近い G における別のフローが獲得できることを示している．図 24.4(c) は，図 24.4(b) の f_p を用いて図 24.4(a) の f を増やした結果である．

系 24.3 $G = (V, E)$ をフローネットワークとする．f を G におけるフロー，p を G_f の増加可能経路とする．f_p を式 (24.7) で定義し，f_p を用いて f を増やすことにする．このとき，関数 $f \uparrow f_p$ は G におけるフローであり，その値は $|f \uparrow f_p| = |f| + |f_p| > |f|$ である．

証明 補題 24.1 と補題 24.2 から明らか． ∎

フローネットワークのカット

Ford–Fulkerson 法は，最大フローを得るまで，増加可能経路に沿って繰り返しフローを増やす．このアルゴリズムが停止したときに，確かに最大フローを発見できたと確信できるのはなぜか？ この後すぐに証明する最大フロー最小カット定理によると，残余ネットワークが増加可能経路を含まないことがフローが最大になるための必要十分条件である．この定理を証明するために，まずフローネットワークのカットの概念を調べる必要がある．

フローネットワーク $G = (V, E)$ の**カット** (cut) (S, T) とは，$s \in S$ かつ $t \in T$ を満たす V の S と $T = V - S$ への分割である．（この定義は第 21 章で最小全域木に対して用いた「カット」と似ているが，ここでは無向グラフではなく有向グラフのカットであり，$s \in S$ かつ $t \in T$ を要請する点が違っている．）f がフローのとき，カット (S, T) と交差する**純フロー** (net flow) $f(S, T)$ を

$$f(S, T) = \sum_{u \in S} \sum_{v \in T} f(u, v) - \sum_{u \in S} \sum_{v \in T} f(v, u) \tag{24.8}$$

と定義する．カット (S, T) の**容量** (capacity) は

$$c(S, T) = \sum_{u \in S} \sum_{v \in T} c(u, v) \tag{24.9}$$

である．ネットワークの**最小カット** (minimum cut) は，このネットワークのすべてのカットの中で容量が最小のカットである．

フローは，カットを横切る両方向で辺を考えるが，容量のほうでは，カットの入口方向から出口方向に向かう辺だけを考えるので，カットを横切るフローとカットの容量の定義が異なることに気がついたであろう．この非対称性は，意図的で重要なものである．後ほど，この節の中でこの相違を設ける理由が明らかになる．

図 24.1(b) のフローネットワークのカット $(\{s, v_1, v_2\}, \{v_3, v_4, t\})$ を図 24.5 に示す．このカットと交差する純フローは

$$\begin{aligned} f(v_1, v_3) + f(v_2, v_4) - f(v_3, v_2) &= 12 + 11 - 4 \\ &= 19 \end{aligned}$$

であり，その容量は

$$\begin{aligned} c(v_1, v_3) + c(v_2, v_4) &= 12 + 14 \\ &= 26 \end{aligned}$$

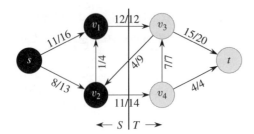

図 24.5 図 24.1(b) のフローネットワークにおけるカット (S, T). ただし, $S = \{s, v_1, v_2\}$ および $T = \{v_3, v_4, t\}$ である. S 内の頂点を黒色で, T 内の頂点を薄い網かけで示す. (S, T) と交差する純フローは $f(S, T) = 19$ で, その容量は $c(S, T) = 26$ である.

である.

　与えられたフロー f に対して, 任意のカットと交差する純フローは同じ値を持ち, この値がフロー値 $|f|$ に等しいことを次の補題で証明する.

補題 24.4　s を入口, t を出口とするフローネットワーク G におけるフローを f, G の任意のカットを (S, T) とする. このとき, (S, T) と交差する純フローは $f(S, T) = |f|$ である.

証明　任意の頂点 $u \in V - \{s, t\}$ に対して, フロー保存則を

$$\sum_{v \in V} f(u, v) - \sum_{v \in V} f(v, u) = 0 \tag{24.10}$$

と書き換えることができる. 式 (24.1) の $|f|$ の定義式に, 式 (24.10) の左辺を $S - \{s\}$ に属するすべての頂点について和を取って加えると, 式 (24.10) の左辺が 0 なので

$$|f| = \sum_{v \in V} f(s, v) - \sum_{v \in V} f(v, s) + \sum_{u \in S - \{s\}} \left(\sum_{v \in V} f(u, v) - \sum_{v \in V} f(v, u) \right)$$

である. 右辺の総和を展開し, 得られた項を整理すると

$$|f| = \sum_{v \in V} f(s, v) - \sum_{v \in V} f(v, s) + \sum_{u \in S - \{s\}} \sum_{v \in V} f(u, v) - \sum_{u \in S - \{s\}} \sum_{v \in V} f(v, u)$$

$$= \sum_{v \in V} \left(f(s, v) + \sum_{u \in S - \{s\}} f(u, v) \right) - \sum_{v \in V} \left(f(v, s) + \sum_{u \in S - \{s\}} f(v, u) \right)$$

$$= \sum_{v \in V} \sum_{u \in S} f(u, v) - \sum_{v \in V} \sum_{u \in S} f(v, u)$$

となる. $V = S \cup T$ かつ $S \cap T = \emptyset$ なので, V 上の各総和を S 上の総和と T 上の総和に分割でき,

$$|f| = \sum_{v \in S} \sum_{u \in S} f(u, v) + \sum_{v \in T} \sum_{u \in S} f(u, v) - \sum_{v \in S} \sum_{u \in S} f(v, u) - \sum_{v \in T} \sum_{u \in S} f(v, u)$$

$$= \sum_{v \in T} \sum_{u \in S} f(u, v) - \sum_{v \in T} \sum_{u \in S} f(v, u)$$

$$+ \left(\sum_{v \in S} \sum_{u \in S} f(u, v) - \sum_{v \in S} \sum_{u \in S} f(v, u) \right)$$

である．すべての頂点対 $x, y \in S$ に対して，項 $f(x, y)$ は括弧の中の2つの総和のそれぞれの中にちょうど1回ずつ出現するから，この2つの総和は等しい．したがって，これらの総和は相殺されて，

$$
\begin{aligned}
|f| &= \sum_{u \in S} \sum_{v \in T} f(u, v) - \sum_{u \in S} \sum_{v \in T} f(v, u) \\
&= f(S, T)
\end{aligned}
$$

となる．∎

つぎに述べる補題 24.4 の系を用いると，カット容量を用いてフロー値を上から抑えることができる．

系 24.5 フローネットワーク G における任意のフロー f の値は G の任意のカットの容量によって上から抑えられる．

証明 (S, T) を G の任意のカットとし，f を任意のフローとする．補題 24.4 と容量制限から

$$
\begin{aligned}
|f| &= f(S, T) \\
&= \sum_{u \in S} \sum_{v \in T} f(u, v) - \sum_{u \in S} \sum_{v \in T} f(v, u) \\
&\leq \sum_{u \in S} \sum_{v \in T} f(u, v) \\
&\leq \sum_{u \in S} \sum_{v \in T} c(u, v) \\
&= c(S, T)
\end{aligned}
$$

である．∎

系 24.5 から直ちに，ネットワークの最大フローは，最小カットによって上から抑えられることが分かる．重要な最大フロー最小カット定理によると，最大フローの値は，実際に最小カットの容量に等しい．

定理 24.6（最大フロー最小カット定理） s を入口，t を出口とするフローネットワーク $G = (V, E)$ におけるフローを f とする．このとき，以下の条件は等価である：

1. f は G における最大フローである．
2. 残余ネットワーク G_f は増加可能経路を含まない．
3. G のあるカット (S, T) に対して，$|f| = c(S, T)$ である．

証明 $(1) \Rightarrow (2)$：背理法で証明するために，f が G における最大フローであるにもかかわらず，G_f が増加可能経路 p を持つと仮定する．f_p を式 (24.7) によって定めると，系 24.3 から，f_p を用いて f を増やすことで構成できるフローは，その値が $|f|$ より真に大きい G におけるフローなので，f が最大フローであるという仮定に矛盾する．

$(2) \Rightarrow (3)$：G_f は増加可能経路を持たない．すなわち，G_f には s から t への経路が存在ないと仮定する．

$$
S = \{ v \in V : G_f \text{ に } s \text{ から } v \text{ への経路が存在する} \}
$$

と定義し，$T = V - S$ とする．明らかに $s \in S$ であり，G_f には s から t への経路が存在しないから $t \notin S$ である．つまり，この分割 (S,T) はカットである．$u \in S$ かつ $v \in T$ である任意の頂点対 u, v を考える．$(u,v) \in E$ とする．$f(u,v) \neq c(u,v)$ ならば $(u,v) \in E_f$ であり，v が集合 S に属することになり矛盾なので，$f(u,v) = c(u,v)$ である．$(v,u) \in E$ とする．$f(v,u) \neq 0$ ならば，$c_f(u,v) = f(v,u)$ が正で $(u,v) \in E_f$ なので，v が集合 S に属することになり矛盾なので，$f(v,u) = 0$ である．(u,v) も (v,u) も共に E に属さなければ，もちろん $f(u,v) = f(v,u) = 0$ である．したがって

$$
\begin{aligned}
f(S,T) &= \sum_{u \in S} \sum_{v \in T} f(u,v) - \sum_{v \in T} \sum_{u \in S} f(v,u) \\
&= \sum_{u \in S} \sum_{v \in T} c(u,v) - \sum_{v \in T} \sum_{u \in S} 0 \\
&= c(S,T)
\end{aligned}
$$

である．補題 24.4 から $|f| = f(S,T) = c(S,T)$ である．

(3) $\Rightarrow$ (1)：系 24.5 から，すべてのカット (S,T) に対して $|f| \leq c(S,T)$ である．したがって，条件 $|f| = c(S,T)$ は f が最大フローであるための十分条件である．∎

基本となる Ford–Fulkerson アルゴリズム

Ford–Fulkerson 法の各繰返しでは，**ある増加可能経路 p を求め，p を用いてフロー f を更新する**．補題 24.2 と系 24.3 が示唆するように，f を $f \uparrow f_p$ に置き換え，$|f| + |f_p|$ を値とする新しいフローを獲得する．以下に述べる手続き FORD–FULKERSON では，各辺 $(u,v) \in E$ のフロー属性 $(u,v).f$ を更新することでその方法を実装する．[1] また，この手続きはフローネットワークと共に容量 $c(u,v)$ が与えられ，$(u,v) \notin E$ ならば $c(u,v) = 0$ であると仮定する．この手続きは式 (24.2) に従って残余容量 $c_f(u,v)$ を計算する．擬似コードの中の表現 $c_f(p)$ はこの経路 p の残余容量を格納するための一時的な変数である．

FORD–FULKERSON(G, s, t)

```
1   for 各辺 (u,v) ∈ G.E
2       (u,v).f = 0
3   while 残余ネットワーク G_f に s から t への経路 p が存在する
4       c_f(p) = min {c_f(u,v) : (u,v) は p に属する }
5       for 経路 p 上の各辺 (u,v)
6           if (u,v) ∈ G.E
7               (u,v).f = (u,v).f + c_f(p)
8           else (v,u).f = (v,u).f - c_f(p)
9   return f
```

手続き FORD–FULKERSON-METHOD の擬似コードを展開したものが，手続き FORD–

---

[1] 第 20.1 節で，辺 (u,v) の属性 f を他のオブジェクトの属性と同じ形式 $(u,v).f$ で表現したのを思い出そう．

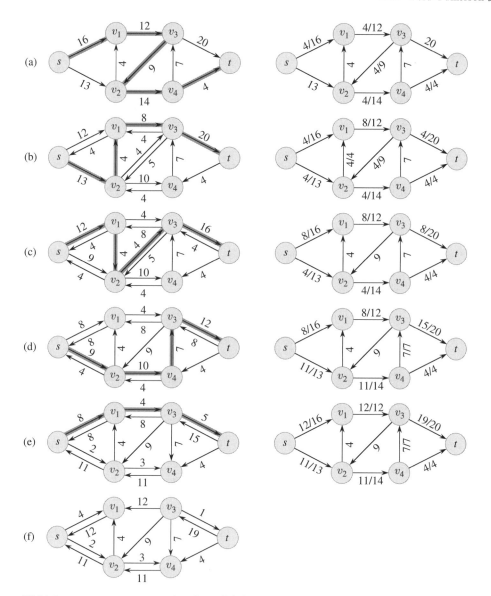

図 24.6 Ford–Fulkerson アルゴリズムの実行例．(a)〜(e) while ループの繰返し．各パートの左側に，第 3 行における残余ネットワーク G_f と発見した増加可能経路 p（濃い網かけで示されている）を示す．各パートの右側に，f_p を用いて f を増やすことで得た新しいフロー f を示す．(a) の残余ネットワークは入力ネットワーク G である．(f) 最後の while ループの判定時の残余ネットワーク．その中に増加可能経路が存在しないので，(e) に示すフロー f が最大フローである．発見した最大フローの値は 23 である．

FULKERSON である．図 24.6 は，その実行例での各繰返しの結果を示す．第 1〜2 行でフロー f を 0 に初期化する．第 3〜8 行の while ループでは G_f 上の増加可能経路 p を見つけ，p に沿ってフロー f を残余容量 $c_f(p)$ だけ増やす操作を繰り返す．経路 p 上の各残余辺は元のネットワークの辺か，その逆向き辺である．第 6〜8 行では，元のネットワークの辺ならばフローを加え，逆向き辺ならばフローを引き，それぞれの場合で適切にフローを更新する．増加可能経路がなければ，フロー f は最大フローである．

Ford–Fulkerson アルゴリズムの解析

FORD–FULKERSON の実行時間は増加可能経路 p に依存し，第3行で決定される．辺容量が無理数の場合，アルゴリズムが決して終了しないように増加可能経路を選ぶことができる：フローの値は毎回の増大で増加するが，決して最大フローの値に収束しないのである．これに関する良い知らせは，(第20.2節で見た) 幅優先探索を用いて増加可能経路を見つけると，このアルゴリズムは多項式時間で動作することである．この結果を証明する前に，すべての容量が整数で，アルゴリズムが増加可能経路を見つける場合に対する簡単な上界を得よう．

実際には，最大フロー問題はしばしば整数容量を持つ．容量が有理数ならば，適当なスケールの変換を施せばそれらすべてを整数に変換できる．変換後のネットワークにおける最大フローを f^* とすると，手続き FORD–FULKERSON の率直な実装は，第3~8行の while ループの毎回の繰返しでフローの値は少なくとも1ユニット増えるので，このループを高々 $|f^*|$ 回実行するのみである．

良い実装は，while ループの中の作業を効率よく実行すべきである．フローネットワーク $G = (V, E)$ を適切なデータ構造を用いて表現し，線形時間アルゴリズムによって増加可能経路を発見すべきである．$E' = \{(u, v) : (u, v) \in E$ または $(v, u) \in E\}$ として，有向グラフ $G' = (V, E')$ に対応するデータ構造を維持していると仮定しよう．ネットワーク G の辺は G' の辺でもあるので，このデータ構造で容量とフローを簡単に管理できる．G におけるフロー f が与えられたとき，残余ネットワーク G_f の辺集合は，$c_f(u, v) > 0$ を満たす G' のすべての辺 (u, v) の集合である．ここで，c_f は式 (24.2) に従っている．したがって，深さ優先探索か幅優先探索のどちらかを用いれば，$O(V + E') = O(E)$ 時間で残余ネットワークでの増加可能経路を発見できる．したがって，while ループの各繰返しに $O(E)$ 時間かかり，第1~2行の初期化にも同じ時間がかかるので，Ford–Fulkerson アルゴリズムの実行時間は $O(E|f^*|)$ である．

容量が整数で最適なフローの値 $|f^*|$ が小さいとき，Ford–Fulkerson アルゴリズムは高速である．図 24.7(a) に，$|f^*|$ が大きい，簡単なフローネットワークで起こりうる例を示している．このネットワークの最大フローの値は 2,000,000 である：1,000,000 ユニットのフローは経路 $s \to u \to t$ を辿り，残りの 1,000,000 ユニットは経路 $s \to v \to t$ を辿る．図 24.7(a) に示すように，FORD–FULKERSON が発見する最初の増加可能経路が $s \to u \to v \to t$ なら，最初の繰

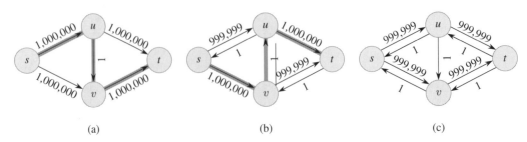

図 24.7 (a) FORD–FULKERSON の実行に $\Theta(E|f^*|)$ 時間かかるフローネットワーク．ただし，f^* は最大フローであり，この例では $|f^*| = 2{,}000{,}000$ である．濃い網かけで示した経路は残余容量1の増加可能経路である．(b) 結果として得られる残余ネットワークとその残余容量1の増加可能経路．(c) 結果として得られる残余ネットワーク．

返しの結果，フローの値は 1 になる．このフローに対応する残余ネットワークを図 24.7(b) に示す．第 2 回目の繰返しで，図 24.7(b) に示す増加可能経路 $s \to v \to u \to t$ を発見すると，フローの値は 2 になる．図 24.7(c) に，得られる残余ネットワークを示す．引き続き，奇数回目の繰返しでは増加可能経路 $s \to u \to v \to t$ を選択し，偶数回目の繰返しでは増加可能経路 $s \to v \to u \to t$ を選択することができ，毎回 1 ユニットしかフローの値が増えないので，合計 2,000,000 回ループを繰り返すことになり，毎回フロー値を 1 だけ増やすことができる．

Edmonds–Karp のアルゴリズム

図 24.7 の例で，このアルゴリズムは決して最小個数の辺からなる増加可能経路を選択することはない．そうあるべきである．残余ネットワーク上で増加可能経路を求めるのに幅優先探索を用いることによって，このアルゴリズムは最大フローの値に関係なく，多項式時間で動作する．Ford–Fulkerson 法をこのように実装したものを **Edmond–Karp のアルゴリズム** (Edmond–Karp algorithm) と呼ぶ．

では，Edmond–Karp のアルゴリズムが $O(VE^2)$ 時間で動作することを証明しよう．この解析には残余ネットワーク G_f 上での各頂点までの距離を用いる．次の補題では，$\delta_f(u,v)$ によって G_f 上での u から v への最短路距離を示す．ただし，各辺の距離は 1 である．

補題 24.7 Edmonds–Karp のアルゴリズムを入口 s と出口 t を持つフローネットワーク $G = (V, E)$ 上で実行するとき，すべての頂点 $v \in V - \{s, t\}$ に対して，残余ネットワーク上の最短路距離 $\delta_f(s, v)$ は，フロー増加操作を繰り返すたびに単調に増加する．

証明 あるフロー増加操作の結果，s からある頂点 $v \in V - \{s, t\}$ への最短路距離が減少すると仮定して矛盾を導く．最短路距離を減少させる最初のフロー増加操作の直前のフローを f，直後のフローを f' とする．この増加操作によって距離が減少した頂点の中で，$\delta_{f'}(s, v)$ が最小のものを v とする．したがって，$\delta_{f'}(s, v) < \delta_f(s, v)$ である．$G_{f'}$ 上の s から v への最短路を $p = s \rightsquigarrow u \to v$ とすると $(u, v) \in E_{f'}$ であり，また

$$\delta_{f'}(s, u) = \delta_{f'}(s, v) - 1 \tag{24.11}$$

である．v の選び方から，入口 s から頂点 u への距離は減少していない．すなわち

$$\delta_{f'}(s, u) \geq \delta_f(s, u) \tag{24.12}$$

である．$(u, v) \notin E_f$ であると主張する．なぜか？ $(u, v) \in E_f$ を仮定すると

$$\begin{aligned}
\delta_f(s, v) &\leq \delta_f(s, u) + 1 \quad \text{（補題 22.10 と三角不等式より）} \\
&\leq \delta_{f'}(s, u) + 1 \quad \text{（不等式 (24.12) より）} \\
&= \delta_{f'}(s, v) \quad \text{（等式 (24.11) より）}
\end{aligned}$$

となるため，$\delta_{f'}(s, v) < \delta_f(s, v)$ に矛盾するからである．

$(u, v) \notin E_f$ かつ $(u, v) \in E_{f'}$ をどのように得られるだろうか？増加操作により v から u へのフローが増加したはずなので，辺 (v, u) は増加可能経路に含まれていたことになる．増加可能経路は G_f における s から t への最短路であったし，最短路の任意の部分経路も最短路であるから，この増加可能経路は，その最後の辺として (v, u) を含む G_f 上での s から u への最短路を含んでいる．したがって，

$$\delta_f(s, v) = \delta_f(s, u) - 1$$
$$\leq \delta_{f'}(s, u) - 1 \quad (\text{不等式 (24.12) より})$$
$$= \delta_{f'}(s, v) - 2 \quad (\text{等式 (24.11) より})$$

であり，$\delta_{f'}(s, v) > \delta_f(s, v)$ となるので，これは仮定 $\delta_{f'}(s, v) < \delta_f(s, v)$ と矛盾する．以上から，このような頂点 v が存在するという仮定は間違っていることが結論される． ∎

次の定理は Edmonds–Karp のアルゴリズムの繰返し回数の上界を与える．

定理 24.8 入口 s，出口 t を持つフローネットワーク $G = (V, E)$ 上で Edmonds–Karp のアルゴリズムを実行したとき，アルゴリズムが実行するフロー増加操作の総数は高々 $O(VE)$ である．

証明 残余ネットワーク G_f の辺 (u, v) は，増加可能経路 p の残余容量が (u, v) の残余容量に等しいとき，すなわち，$c_f(p) = c_f(u, v)$ であるとき，p 上で**クリティカル** (critical) であると言う．ある増加可能経路に沿ってフローを増やすと，この経路上のすべてのクリティカルな辺は残余ネットワークから消える．さらに，任意の増加可能経路上には少なくとも 1 本のクリティカルな辺が存在する．$|E|$ 本の辺のそれぞれがクリティカルになるのは高々 $|V|/2$ 回であることを示す．

u と v を E の辺で連結された V の頂点とする．増加可能経路は最短路なので，(u, v) が初めてクリティカルになるとき

$$\delta_f(s, v) = \delta_f(s, u) + 1$$

である．このフローに対して増加操作を行うと，辺 (u, v) は残余ネットワークから消える．(u, v) が別の増加可能経路上に再び出現するには u から v へのフローが減少する必要があり，したがって，(v, u) がある増加可能経路上に出現する必要がある．この事象が生起したときの G におけるフローを f' とすると

$$\delta_{f'}(s, u) = \delta_{f'}(s, v) + 1$$

が成立する．補題 24.7 より $\delta_f(s, v) \leq \delta_{f'}(s, v)$ なので，

$$\delta_{f'}(s, u) = \delta_{f'}(s, v) + 1$$
$$\geq \delta_f(s, v) + 1$$
$$= \delta_f(s, u) + 2$$

を得る．

したがって，(u, v) がクリティカルになった時点から，次にクリティカルになる時点までの間に，入口から u までの距離は少なくとも 2 増加する．初期状態では入口から u までの距離は 0 以上である．辺 (u, v) は増加可能経路上にあり，増加可能経路は t で終わるので，u は t とは異なることが分かり，s から u への経路を持つ任意の残余ネットワークにおいて最短経路は高々 $|V| - 2$ 本の辺しか持たない．そこで，(u, v) は，初めてクリティカルになった後，さらに高々 $(|V| - 2)/2 = |V|/2 - 1$ 回だけしかクリティカルになりえないので，全体で高々 $|V|/2$ 回だけしかクリティカルになりえない．残余グラフで辺を持つことができる頂点対の数は $O(E)$ なので，Edmonds–Karp のアルゴリズムの実行中に生じるクリティカルな辺の総数は $O(VE)$ である．各増加可能経路は少なくとも 1 本のクリティカルな辺を持つので，定理が証

明された. ■

　幅優先探索を用いて増加可能経路を探索すると，FORD–FULKERSON の各繰返しを $O(E)$ 時間で実装できるので，Edmonds–Karp のアルゴリズムの総実行時間は $O(VE^2)$ である.

練習問題

24.2-1　式 (24.6) の和が (24.5) の右辺の和に等しいことを示せ.

24.2-2　図 24.1(b) において，カット $(\{s, v_2, v_4\}, \{v_1, v_3, t\})$ と交差する純フローを求めよ. また，このカットの容量を求めよ.

24.2-3　図 24.1(a) のフローネットワーク上で Edmonds–Karp のアルゴリズムを実行せよ.

24.2-4　図 24.6 に示した例について，示されている最大フローに対応する最小カットを答えよ. この例に現れた増加可能経路の中で，フローを相殺する増加可能経路はどれか？

24.2-5　第 24.1 節では，複数の入口と出口を持つフローネットワークを単一の入口と単一の出口を持つフローネットワークに変換するために，無限大の容量を持つ辺を導入した. 複数の入口と出口を持つ元のフローネットワークの辺が有限の容量を持つならば，変換後のネットワークの任意のフローの値は有限であることを示せ.

24.2-6　複数の入口と出口を持つフローネットワークの各入口 s_i がちょうど p_i ユニットのフローを産出すると仮定する. すなわち，$\sum_{v \in V} f(s_i, v) = p_i$ である. また，各出口 t_j ではちょうど q_j ユニットのフローを消費すると仮定する. すると，$\sum_{v \in V} f(v, t_j) = q_j$ となる. ここで，$\sum_i p_i = \sum_j q_j$ である. これらの制約を満たすフロー f を求める問題を，単一の入口と単一の出口を持つフローネットワークの最大フローを求める問題に変換する方法を示せ.

24.2-7　補題 24.2 を証明せよ.

24.2-8　残余ネットワークを再定義して s に入る辺を許さないようにする. 手続き FORD–FULKERSON が再定義された残余ネットワークに対しても正しく最大フローを計算することを論ぜよ.

24.2-9　f と f' を共にあるフローネットワークにおけるフローとする. 増加したフロー $f \uparrow f'$ はフロー保存則を満足するか？ 容量制限についてはどうか？

24.2-10　フローネットワーク $G = (V, E)$ における最大フローを，高々 $|E|$ 個の増加可能経路の系列によって求める方法を示せ. (**ヒント**：最大フローを求めた**後**で，これらの経路を決定せよ.)

24.2-11　無向グラフの**辺連結度** (edge connectivity) は，グラフを非連結にするのために除去しなければならない最小の辺数 k のことである. たとえば，木の辺連結度は 1，リング（輪状のグラフ）の辺連結度は 2 である. 無向グラフ $G = (V, E)$ の辺連結度を，それぞれが $O(V)$ 個の頂点と $O(E)$ 本の辺を持つ，高々 $|V|$ 個のフローネットワークに対して最大フローアルゴリズムを実行することによって計算する方法を示せ.

24.2-12　フローネットワーク G が与えられており，G は入口 s に入る辺を持つとする. G におけるフロー f が，$|f| \geq 0$ であり，入口 s に入る辺 (v, s) の 1 つが $f(v, s) = 1$ を満たすとする. このとき，$f'(v, s) = 0$ である別のフロー f' が存在し，$|f| = |f'|$ であることを示せ.

582 | 24 最大フロー

f が与えられたとき，$O(E)$ 時間で f' を計算するアルゴリズムを示せ．ただし，すべての辺容量が整数であると仮定せよ．

24.2-13 整数容量を持つフローネットワーク G におけるすべての最小カットの中で，辺数最少のものを見つける問題を解きたい．新しいフローネットワーク G' を構成するために，G の容量を修正する方法を示せ．そこでは，G' における任意の最小カットが G の辺数最少の最小カットとなっている．

24.3 2部グラフの最大マッチング

組合せ問題の中には最大フロー問題と見なせるものがある．第 24.1 節の複数入口と複数出口の最大フロー問題はその一例である．他にも，見かけ上はフローネットワークとはほとんど関係がなさそうでも，実際には最大フロー問題に帰着できる組合せ問題がある．本節では，このような問題の 1 つ：2 部グラフの最大マッチングを求める問題を検討する．この問題を解くのに，Ford–Fulkerson 法が保証する整数性を利用する．Ford–Fulkerson 法を用いて，グラフ $G = (V, E)$ 上で 2 部グラフの最大マッチング問題を $O(VE)$ 時間で解く方法を説明する．第 25.1 節では，この問題を解くために特別に設計されたアルゴリズムを与える．

2部グラフの最大マッチング問題

無向グラフ $G = (V, E)$ が与えられたとき，辺の部分集合 $M \subseteq E$ で，すべての頂点 $v \in V$ について，v に接続する M の辺が高々 1 つしかないものを**マッチング** (matching) と言う．M のある辺が頂点 v に接続しているとき，v はマッチング M によって**マッチされている** (matched) と言う．そうでないとき，v は**マッチされていない** (unmatched)．サイズ（辺数）最大のマッチングを**最大マッチング** (maximum matching) と言う．すなわち，任意のマッチング M' に対して $|M| \geq |M'|$ が成り立つマッチング M である．本節では，2 部グラフの最大マッチングを求めることに集中する．2 部グラフは，頂点集合 V を互いに素な集合 L と R に 2 分割し，E のすべての辺が L と R の間に張られているようにできるグラフである．さらに，V の各頂点には少なくとも 1 本の辺が接続していると仮定する．図 24.8 に 2 部グラフのマッチングの概念を図示する．

　2 部グラフの最大マッチングを求める問題には，多くの実用的な応用がある．一例として，機械の集合 L に，同時に実行しなければならない仕事の集合 R を割り当てる問題を考える．特定の機械 $u \in L$ が特定の仕事 $v \in R$ を実行できるときに，E に辺 (u, v) を入れることにする．最大マッチングは，できるだけ多くの機械に仕事を与える割当てである．

2部グラフの最大マッチングを見つける

無向 2 部グラフ $G = (V, E)$ の最大マッチングを，Ford–Fulkerson 法を用いて $|V|$ と $|E|$ の多項式時間で求めることができる．その秘訣は，図 24.8(c) に示すように，フローがマッチングに対応するフローネットワークを構成することである．2 部グラフ G に対して，**対応するフローネットワーク** (corresponding flow network) $G' = (V', E')$ を以下で定義する．入口 s と

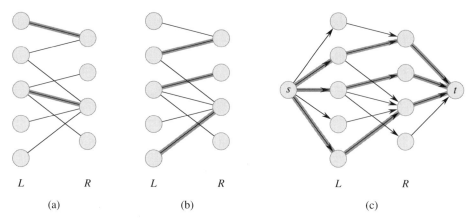

図 24.8 頂点集合が $V = L \cup R$ と分割できる 2 部グラフ $G = (V, E)$. **(a)** サイズ 2 のマッチング. マッチング辺を濃い網かけで示す. **(b)** サイズ 3 の最大マッチング. **(c)** 対応するフローネットワーク G' とその最大フロー. 各辺の容量は 1 である. 濃い網かけの各辺は 1 のフローを持ち, 他のすべての辺はフローを持たない. 濃い網かけの L から R へ向かう辺は (b) の最大マッチングの辺に対応する.

出口 t を V には属さない新しい頂点とし, $V' = V \cup \{s, t\}$ とする. G の分割を $V = L \cup R$ とするとき, G' の有向辺の集合 E' は, L から R に向けて方向づけされた E の各辺と, $|V|$ 本の新しい辺から構成される:つまり

$$E' = \{(s, u) : u \in L\}$$
$$\cup \{(u, v) : u \in L, v \in R,\ かつ\ (u, v) \in E\}$$
$$\cup \{(v, t) : v \in R\}$$

である.

E' の各辺に容量 1 を割り当てると, G' の構成は完了である. V の各頂点には少なくとも 1 本の辺が接続しているので, $|E| \geq |V|/2$ である. したがって, $|E| \leq |E'| = |E| + |V| \leq 3|E|$ となるため, $|E'| = \Theta(E)$ である.

G におけるマッチングが G に対応するフローネットワーク G' におけるフローと直接対応していることを次の補題で証明する. すべての $(u, v) \in V \times V$ に対して $f(u, v)$ が整数であるとき, フローネットワーク $G = (V, E)$ におけるフロー f は**整数値** (integer-valued) であると言う.

補題 24.9 $G = (V, E)$ を頂点の分割 $V = L \cup R$ を持つ 2 部グラフ, $G' = (V', E')$ を G に対応するフローネットワークとする. M が G におけるマッチングならば, G' において値 $|f|$ が $|M|$ の整数値フロー f が存在する. 逆に, f が G' における整数値フローならば, G には $f(u, v) > 0$ なる辺 $(u, v) \in E$ からなるサイズ $|M| = |f|$ のマッチング M が存在する.

証明 最初に, G におけるマッチング M が G' における整数値フロー f に対応することを示す. f を以下で定義する. $(u, v) \in M$ ならば $f(s, u) = f(u, v) = f(v, t) = 1$ とする. 他のすべての辺 $(u, v) \in E'$ に対しては $f(u, v) = 0$ と定める. f が容量制限とフロー保存則を満たすことが容易に確かめられる.

直観的には, M の各辺 $(u, v) \in M$ は, 経路 $s \to u \to v \to t$ を辿る G' の 1 ユニットのフローに対応する. さらに, M の辺によって誘導される経路は, s と t を除いて頂点を共有しない. カット $(L \cup \{s\}, R \cup \{t\})$ と交差する純フローは $|M|$ に等しい. したがって, 補題 24.4

よりフローの値は $|f| = |M|$ である.

逆を証明するために,f を G' における整数値フローとし,補題で述べたように,

$$M = \{(u,v) : u \in L, v \in R, \text{かつ } f(u,v) > 0\}$$

とする.L の各頂点 $u \in L$ に入る辺は (s,u) だけであり,その容量は 1 である.したがって,u に流入するフローは高々 1 ユニットであり,u に 1 ユニットのフローが流入するなら,フロー保存則によって 1 ユニットのフローが u から流出する.さらに,f が整数値フローなので,各 $u \in L$ では,最大 1 本の辺から 1 ユニットのフローが流入し,最大 1 本の辺から 1 ユニットのフローが流出する.したがって,1 ユニットのフローが u に流入するための必要十分条件は,$f(u,v) = 1$ を満たす頂点 $v \in R$ がちょうど 1 個存在することであり,L の各頂点 $u \in L$ から出る高々 1 本の辺が正のフローを持つ.各 $v \in R$ についても対称的な議論が成り立つ.したがって,集合 M はマッチングである.

$|M| = |f|$ を示すために,$u \in L$ かつ $v \in R$ であるような辺 $(u,v) \in E'$ に関して

$$f(u,v) = \begin{cases} 1 & (u,v) \in M \text{ のとき} \\ 0 & (u,v) \notin M \text{ のとき} \end{cases}$$

が成り立つことに注目しよう.したがって,$(L \cup \{s\}, R \cup \{t\})$ と交差する純フロー $f(L \cup \{s\}, R \cup \{t\})$ は $|M|$ と等しい.補題 24.4 から $|f| = f(L \cup \{s\}, R \cup \{t\}) = |M|$ である. ∎

補題 24.9 に基づくと,2 部グラフ G の最大マッチングは G に対応するフローネットワーク G' の最大フローに対応しているので,G' 上で最大フローアルゴリズムを実行すれば G の最大マッチングが求まるはずである.この検証の中で引っかかる唯一の点は,フロー値 $|f|$ は整数でなければならないのに,最大フローアルゴリズムがある $f(u,v)$ が整数でない G' におけるフローを返すかもしれないことである.Ford–Fulkerson 法を用いればこの問題が生じないことを,次の定理が示す.

定理 24.10（整数性定理） 容量関数 c が整数値しか取らないとき,Ford–Fulkerson 法が出力する最大フロー f は $|f|$ が整数であるという性質を持つ.さらに,すべての頂点 u と v に対して $f(u,v)$ の値は整数である.

証明 繰返し回数に関する帰納法で証明できるが,練習問題 24.3-2 とする. ∎

これで補題 24.9 に対する次の系を証明することができる.

系 24.11 2 部グラフ G における最大マッチング M のサイズは,G に対応するフローネットワーク G' の最大フロー f の値に等しい.

証明 補題 24.9 の用語を用いる.M は G の最大マッチングであるが,G' における対応するフロー f は最大ではないと仮定する.このとき,G' において $|f'| > |f|$ となる最大フロー f' が存在する.G' の容量はすべて整数なので,定理 24.10 から f' も整数値であると仮定できる.したがって,f' は G のマッチング M' に対応し,そのサイズは $|M'| = |f'| > |f| = |M|$ を満たす.これは M が最大であることに矛盾する.同様に,f が G' における最大フローならば,対応するマッチングは G の最大マッチングであることを示すことができる. ∎

したがって,無向 2 部グラフ G の最大マッチングを求めるには,フローネットワーク G' を

作り，Ford–Fulkerson 法を実行し，求めた整数値最大フロー f を G に対する最大マッチングに変換すればよい．2 部グラフの任意のマッチングのサイズは高々 $\min\{|L|, |R|\} = O(V)$ であるから，G' の最大フローの値は $O(V)$ である．$|E'| = \Theta(E)$ なので，2 部グラフの最大マッチングを $O(VE') = O(VE)$ 時間で求めることができる．

練習問題

24.3-1 図 24.8(c) に示したフローネットワーク上で Ford–Fulkerson 法を実行し，各フロー増加操作後の残余ネットワークを示せ．L の頂点を上から下へ 1 から 5 で番号づけ，R の頂点も上から下へ 6 から 9 で番号づける．各繰返しでは辞書式順序で最小の増加可能経路を選ぶこと．

24.3-2 定理 24.10 を証明せよ．Ford–Fulkerson 法の繰返し回数に関する帰納法を用いよ．

24.3-3 $G = (V, E)$ を頂点分割 $V = L \cup R$ を持つ 2 部グラフとし，G' を G に対応するフローネットワークとする．Ford–Fulkerson が発見する G' 上の増加可能経路の長さの良い上界を与えよ．

章末問題

24-1 脱出路問題

図 24.9 に示す n 行 n 列の頂点からなる無向グラフを $n \times n$ **グリッド** (grid) と呼ぶ．i 行 j 列に置かれている頂点を (i, j) と表す．$i = 1$，$i = n$，$j = 1$，あるいは $j = n$ である境界上の頂点 (i, j) を除いて，グリッド上の各頂点は，ちょうど 4 つの隣接頂点を持つ．

このグリッド上に $m \leq n^2$ 個の出発点 $(x_1, y_1), (x_2, y_2), \ldots, (x_m, y_m)$ が与えられたとき，m 個の出発点と m 個の異なる境界上の頂点を結ぶ m 本の点素な経路が存在するかどうかを判定する問題を**脱出路問題** (escape problem) と呼ぶ．たとえば，図 24.9(a) に示すグリッドは脱出路を持つが，図 24.9(b) のグリッドは脱出路を持たない．

a. 辺だけでなく，頂点も容量を持つフローネットワークを考える．すなわち，各頂点に入る正のフローの総和に容量制限が課せられる．辺と頂点が容量を持つネットワーク上で最大

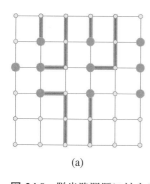 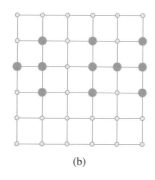

(a) (b)

図 24.9 脱出路問題に対するグリッド．出発点を濃い網かけで，その他の頂点を薄い網かけで示す．**(a)** 濃い網かけの線で示す脱出路を持つグリッド．**(b)** 脱出路を持たないグリッド．

フローを求める問題は，同程度のサイズのフローネットワーク上の普通の最大フロー問題に帰着できることを示せ．

b. 脱出路問題を解く効率の良いアルゴリズムを求め，その実行時間を解析せよ．

24-2　最小経路被覆

有向グラフ $G = (V, E)$ の**経路被覆** (path cover) は，点素な経路の集合 P で V の各頂点が P に属するちょうど 1 つの経路に属するという性質を持つものである．経路の始点と終点については制約がなく，長さについても，0 である可能性も含めて制約がない．経路数が最小の経路被覆を G の**最小経路被覆** (minimum path cover) と言う．

a. 有向グラフ $G = (V, E)$ の最小経路被覆を求める効率の良いアルゴリズムを与えよ．（ヒント： $V = \{1, 2, \ldots, n\}$ と仮定して，

$$V' = \{x_0, x_1, \ldots, x_n\} \cup \{y_0, y_1, \ldots, y_n\}$$
$$E' = \{(x_0, x_i) : i \in V\} \cup \{(y_i, y_0) : i \in V\} \cup \{(x_i, y_j) : (i, j) \in E\}$$

とした上で，グラフ $G' = (V', E')$ に基づいてフローネットワークを構成せよ．そして，これに最大フローのアルゴリズムを適用せよ．）

b. このアルゴリズムは巡回路を含む有向グラフに対しても正しく動作するか？ 説明せよ．

24-3　コンサルティング専門家の雇用

山岡教授は，食品会社のコンサルティング会社を始めようと考えている．彼は n 個の重要な食品のカテゴリーを見つけ，集合 $\{C_1, C_2, \ldots, C_n\}$ として表している．各カテゴリー C_k において，$e_k > 0$ ドルでそのカテゴリーの専門家を雇用することができる．コンサルティング会社は，潜在的な仕事の集合 $J = \{J_1, J_2, \ldots, J_m\}$ を揃えた．仕事 J_i を進めるために，会社はカテゴリーの部分集合 $R_i \subseteq C$ の専門家を雇用する必要がある．各専門家は，複数の仕事を同時に担当できる．会社が仕事 J_i を引受けることにすると，R_i に属するすべての分野の専門家を雇用する必要があり，p_i ドルの収入を得ることができる．

　教授の仕事は，引き受けた仕事から上がる総収入から専門家を雇用するためのコストを差し引いた純利益を最大化するために，雇用する専門家の分野の集合と引き受ける仕事の集合を決定することである．

　以下のフローネットワーク G を考える．G には入口 s，頂点 $C_1, C_2, \ldots, C_n$，頂点 $J_1, J_2, \ldots, J_m$，出口 t がある．G は，$k = 1, 2, \ldots, n$ に対して容量 $c(s, A_k) = c_k$ を持つ辺 (s, C_k)，$i = 1, 2, \ldots, m$ に対して容量 $c(J_i, t) = p_i$ を持つ辺 (J_i, t)，そして $k = 1, 2, \ldots, n$ と $i = 1, 2, \ldots, m$ に対して容量 $c(A_k, J_i) = \infty$ を持つ辺 (C_k, J_i) を含んでいる．

a. G のある有限容量のカット (S, T) に対して，$J_i \in T$ ならば，各 $C_k \in R_i$ に対して $C_k \in T$ であることを証明せよ．

b. G の最小カットの容量と与えられた値 p_i から最大純利益を決定する方法を説明せよ．

c. 専門家を雇用する分野の集合と引き受ける仕事の集合を効率よく決定するアルゴリズムを

設計せよ. m, n および $r = \sum_{i=1}^{m} |R_i|$ を用いて，このアルゴリズムの実行時間を解析せよ.

24-4 最大フローの更新

$G = (V, E)$ を入口 s と出口 t を持ち，容量が整数のフローネットワークとする. G における最大フローが与えられているものとする.

a. ある 1 つの辺 $(u, v) \in$ の容量を 1 だけ増やす. 最大フローを更新する $O(V + E)$ 時間のアルゴリズムを与えよ.

b. ある 1 つの辺 $(u, v) \in$ の容量を 1 だけ減らす. 最大フローを更新する $O(V + E)$ 時間のアルゴリズムを与えよ.

24-5 スケーリングによる最大フローアルゴリズム

入口 s と出口 t を持ち，各辺 $(u, v) \in E$ の容量 $c(u, v)$ が整数値を取るフローネットワークを $G = (V, E)$ とする. $C = \max\{c(u, v), (u, v) \in E\}$ とする.

a. G の最小カットの容量が高々 $C |E|$ であることを示せ.

b. 与えられた数 K に対して，少なくとも K の容量を持つ増加可能経路が（もし存在するならば）$O(E)$ の時間で発見できることを示せ.

手続き MAX-FLOW-BY-SCALING は，G における最大フローを求めるために基本的な手続き FORD–FULKERSON-METHOD を修正したものである.

MAX-FLOW-BY-SCALING(G, s, t)
1   $C = \max\{c(u, v) : (u, v) \in E\}$
2   フロー f を 0 に初期化.
3   $K = 2^{\lfloor \lg C \rfloor}$
4   **while** $K \geq 1$
5   **while** 容量が少なくとも K の増加可能経路 p が存在する
6   フロー f を p に沿って増やす
7       $K = K/2$
8   **return** f

---

c. MAX-FLOW-BY-SCALING が最大フローを答として返すことを示せ.

d. 残余ネットワーク G_f の最小カットの容量は高々 $2K |E|$ であることを示せ.

e. 第 5~6 行の内側の **while** ループの実行回数は各 K に対して $O(E)$ であることを示せ.

f. MAX-FLOW-BY-SCALING を $O(E^2 \lg C)$ 時間で走るように実装できることを結論せよ.

24-6 最も広い増加可能経路

Edmonds–Karp アルゴリズムは，Ford–Fulkerson 法を残余ネットワークにおいてつねに最短の

588 │ 24 最大フロー

増加可能経路を選ぶことによって実行する．代わりに，Ford–Fulkerson 法が**最も広い増加可能経路** (widest augmenting path)：最大の残余容量を持つ増加可能経路を選ぶことにするとどうなるだろう．$G = (V, E)$ は，入口 s，出口 t を持つフローネットワークで，容量はすべて整数であり，最大の容量は C であると仮定しよう．この問題では，最大フロー f^* を求めるために最も広い増加可能経路を選ぶと，高々 $|E| \ln |f^*|$ 回の増加だけで済むことを示さなければならない．

a. 残余ネットワークにおいて最も広い増加可能経路を求めるように Dijkstra のアルゴリズムを調整せよ．

b. G における最大フローは，s から t への高々 $|E|$ 本の経路に沿って連続的にフローを増加させることによって得られることを示せ．

c. フロー f が与えられたとき，残余ネットワーク G_f は残余容量 $c_f(p) \geq (|f^*| - |f|)/|E|$ を持つ増加可能経路を有することを論ぜよ．

d. 各増加可能経路が最も広い増加可能経路だと仮定し，f_i を i 番目の増加可能経路によってフローを増やした後のフローとする．ただし，すべての辺 (u, v) について f_0 は $f(u, v) = 0$ である．$|f^*| - |f_i| \leq |f^*|(1 - 1/|E|)^i$ であることを示せ．

e. $|f^*| - |f_i| < |f^*| e^{-i/|E|}$ を示せ．

f. フローを高々 $|E| \ln |f^*|$ 回だけ増やした後でフローは最大フローになっていると結論づけよ．

24-7 大域的最小カット

無向グラフ $G = (V, E)$ における**大域的カット** (global cut) とは，V を 2 つの非空な集合 V_1 と V_2 に分割したものである．この定義は本節で用いたカットの定義と似ているが，特別な頂点 s と t は関係していない．$u \in V_1$ かつ $v \in V_2$ である任意の辺 (u, v) はこのカットを**横切る** (cross) と言う．

このカットの定義を多重グラフ（付録第 B.4 節（グラフ）(988 ページ) 参照）へと拡張することができる．このとき，u と v を端点とする辺の本数を $c(u, v)$ とする．多重グラフにおける大域的カットは頂点の分割であり，大域的カット (V_1, V_2) の値は $c(V_1, V_2) = \sum_{u \in V_1, v \in V_2} c(u, v)$ である．**大域的最小カット問題** (global-minimum-cut problem) の解は $c(V_1, V_2)$ が最小となるカット (V_1, V_2) である．$\mu(G)$ を，グラフあるいは多重グラフ G における大域的最小カットの値とする．

a. それぞれが入口と出口の異なる対を持つ $\binom{|V|}{2}$ 個の最大フロー問題を解き，求めたカットの最小値を取ることによって，グラフ $G = (V, E)$ の大域的最小カットを求める方法を示せ．

b. $\Theta(V)$ 個の最大フロー問題だけを解くことによって大域的最小カットを求めるアルゴリズムを与えよ．またその実行時間を求めよ．

この問の残りで，最大フローの計算を行わずに大域的最小カットを求めるアルゴリズムを進展させよう．辺の縮約の記法（付録第 B.4 節（988 ページ）で定義されている）を用いるが，1 つだけ重大な違いがある．このアルゴリズムでは多重グラフを扱うので，辺 (u,v) の縮約により新しい頂点 x が生じ，他の任意の頂点 $y \in V$ に対して x と y の間の辺の本数は $c(u,y) + c(v,y)$ である．このアルゴリズムは自己ループを持っていないので，$c(x,x)$ を 0 にする．$G/(u,v)$ によって，多重グラフ G において辺 (u,v) を縮約することから得られる多重グラフを表す．

辺を縮約すると，最小カットに何が起こるかを考えよう．すべての点において，多重グラフでの最小カットはユニークであると仮定しよう．この仮定は後に取り除くことにする．

c. 任意の辺 (u,v) に対して $\mu(G/(u,v)) \le \mu(G)$ が成り立つことを示せ．どのような条件下で $\mu(G/(u,v)) < \mu(G)$ が成り立つだろうか？

つぎに，辺を一様ランダムに選ぶとき，それが最小カットに属する確率は小さいことを示そう．

d. 任意の多重グラフ $G = (V, E)$ に対して，大域的最小カットの値は高々頂点の平均次数であること：すなわち，$\mu(G) \le 2|E|/|V|$ であることを示せ．ここで $|E|$ は多重グラフにおける辺の総数を表す．

e. (c) と (d) の結果を用いて，辺 (u,v) を一様無作為に選ぶと，(u,v) が最小カットに属する確率は高々 $2/V$ であることを示せ．

辺を無作為に選んでそれを縮約することを多重グラフがちょうど 2 個の頂点 u と v だけを持つようになるまで繰り返すものとする．その時点で，多重グラフは元のグラフのカットに対応している．ここで，頂点 u は元のグラフの一方にあるすべての頂点を表し，v は他方にあるすべての頂点を表している．$c(u,v)$ によって与えられる辺の本数は元のグラフで対応するカットを横切る辺の本数に正確に対応している．このアルゴリズムを**縮約アルゴリズム** (contraction algorithm) と呼ぶ．

f. 縮約アルゴリズムが，頂点 u と v だけを持つ多重グラフで終わるものとする．$\Pr\{c(u,v) = \mu(G)\} = \Omega(1/\binom{|V|}{2})$ を示せ．

g. 縮約アルゴリズムが $\binom{|V|}{2} \ln |V|$ 回だけ繰り返すとき，1 回以上の実行で最小カットが返される確率は少なくとも $1 - 1/|V|$ であることを示せ．

h. 実行時間が $O(V^2)$ であるような縮約アルゴリズムを詳細に実装せよ．

i. これまでの問題を組み合わせて，最小カットはユニークでなければならないという仮定を取り除いて，縮約アルゴリズを $\binom{|V|}{2} \ln |V|$ 回実行すると，そのアルゴリズムは実行時間が $O(V^4 \lg V)$ となり，最小カットを少なくとも $1 - 1/V$ の確率で返すという結論を得よ．

590 | 24 最大フロー

文献ノート

Ahuja–Magnanti–Orlin [7], Even [137], Lawler [276], Papadimitriou–Steiglitz [353], Tarjan [429], および Williamson [458] はネットワークフローと関連するアルゴリズムに関する優れた文献である. Schrijver [399] はネットワークフロー分野の発展の歴史を概観した興味深い論文である.

Ford–Fulkerson 法は Ford–Fulkerson [149] での創案である. 彼らは最大フローと 2 部グラフのマッチング問題を含むネットワークフロー分野に属する多くの問題を最初に厳密に研究した. 初期に現れた多くの Ford–Fulkerson 法の実装では, 幅優先探索を用いて増加可能経路を発見していた. Edmonds–Karp [132] と Dinic [119] は, 独立にこの方法から多項式時間アルゴリズムが得られることを証明した. 関連するアイデアである「ブロッキングフロー (blocking flow)」を最初に開発したのも Dinic [119] である.

Goldberg [185] と Goldberg–Tarjan [188] による**プッシュ再ラベル法** (push-relabel algorithm) は, Ford–Fulkerson 法とは違ったアプローチである. プッシュ再ラベル法では, 実行中に入口と出口以外の頂点でフロー保存則が成り立たなくてもよいとしている. Karzanov [251] によって最初に開発された考え方を用いると, ある頂点へ流入するフローは, その頂点からの流出を超える**プリフロー** (preflow) を許している. そのような頂点は**オーバーフロー** (overflow) していると言う. 最初, 入口を出るすべての辺は容量一杯まで満たされているので, 入口のすべての近傍はオーバーフローしている. プッシュ再ラベル法では, 各頂点に整数の高さが与えられている. オーバーフロー頂点は, 近傍より高いという条件の下, 残余辺で結ばれた近傍の頂点はフローをプッシュする. オーバーフロー頂点からすべての残余辺がそれ以上の高さの近傍に向かうなら, この頂点は高さを増やす. 出口以外のすべての頂点がオーバーフローでなくなれば, プリフローは正当なフローというだけでなく, 最大フローとなっている.

Goldberg–Tarjan [188] は, オーバーフロー頂点の集合を維持するのにキューを用いて $O(V^3)$ 時間で動作するアルゴリズムと, さらに実行時間 $O(VE \lg(V^2/E + 2))$ を実装するために動的木を用いるアルゴリズムを与えている. 数人の研究者たちがその変型版や実装を与えている [9, 10, 15, 86, 87, 255, 358] が, 中でも最も高速なのは King–Rao–Tarjan [255] であり, その実行時間は $O(VE \log_{E/(V \lg V)} V)$ である.

これとは別に Goldberg–Rao [187] による最大フローを求める効率の良いアルゴリズムがあり, その実行時間は $O(\min\{V^{2/3}, E^{1/2}\} E \lg(V^2/E + 2) \lg C)$ である. ただし, C は任意の辺の最大容量である. Orlin [350] は, 実行時間が $O(VE + E^{31/16} \lg^2 V)$ であるアルゴリズムをこのアルゴリズムと同様の考え方で与えている. これを King–Rao–Tarjan [255] のアルゴリズムと組み合わせると, $O(VE)$ 時間のアルゴリズムが得られる.

最大フローと関連する問題に対する別のアプローチは, 電気の流れを含む連続最適化法と内点法の技法を用いるものである. この線に沿った最初のブレイクスルーは, 単位容量最大フローと最大 2 部マッチングに対する $\widetilde{O}(E^{10/7})$ 時間のアルゴリズムを与えた Madry [308] によるものである. ($\widetilde{O}$ の定義に関しては, 第 3 章 (実行時間の特徴づけ) の章末問題 3-6 (61 ペー

ジ）参照.）マッチング，最大フローおよび最小費用フローに対しては一連の論文がある．最大フローに関して最も高速のアルゴリズムは Lee–Sidford [285] によるものであり，実行時間は $\tilde{O}(\sqrt{V}E \lg^{O(1)} C)$ である．容量が大きすぎなければ，このアルゴリズムは上に述べた $O(VE)$ 時間のアルゴリズムより高速である．Liu–Sidford [303] による別のアルゴリズムの実行時間は $\tilde{O}(E^{11/8} C^{1/4})$ である．ここで C は任意の辺の最大容量である．このアルゴリズムの実行時間は多項式ではないが，十分小さな容量の場合，以前のものより高速である．

実用的には，プッシュ再ラベルアルゴリズムは，増加可能経路や線形計画に基づいて最大フローを求めるアルゴリズムに優っている [88].

25 2部グラフでのマッチング

MATCHING IN BIPARTITE GRAPHS

実世界の多くの問題は，無向グラフが含むマッチングを発見する問題としてモデル化できる．無向グラフ $G = (V, E)$ に対して，**マッチング** (matching) は，V のどの頂点も M 内に高々 1 つの隣接辺を持つような辺の部分集合 $M \subseteq E$ である．

　たとえば，次のようなシナリオを考えてみよう．あなたは 1 人以上の人を雇わなければならず，面談する候補者が複数名いる．候補者の面談時間枠はあなたのスケジュールにしたがって，自分で決めることができる．候補者たちには面談可能な時間枠の部分集合を提示するよう求める．各時間枠に高々 1 人の候補者を割り当て，面談できる候補者数を最大になるような面談のスケジュールを組むにはどうすればよいか？このシナリオは，各頂点が候補者または時間枠を表し，ある候補者がある時間枠に面談可能であるとき，その候補者（頂点）とその時間枠（頂点）の間に辺を持つ 2 部グラフのマッチング問題としてモデル化できる．ある辺がマッチングに入っていることは，特定の候補者を特定の時間枠にスケジュールすることを意味する．目的は，基数最大のマッチングである**最大マッチング** (maximum matching) を発見することである．本書の著者の 1 人は，大規模クラスの助手 (TA, Teaching Assistant) を採用するときに，まさにこの状況に直面した．彼は，第 25.1 節の Hopcroft–Karp アルゴリズムを使って面接の日程を決めた．

　マッチングのもう 1 つの応用例として，医学生を研修医として配属する病院に紹介させる全米研修医マッチングプログラム (U.S. National Resident Matching Program) がある．学生が病院を希望順位でランクづけし，病院が学生をランクづけする．ある学生が配属された病院より上位に希望した病院に，病院側のランクでこの学生よりも下位の学生が配属されることで，学生と病院の両方が困惑することが絶対にないように配属先を決定することが目的である．このシナリオは，第 25.2 節で検討する「安定結婚問題」の，おそらく最もよく知られた実例であろう．

　さらに，マッチングが重要な役割を果たすもう 1 つの例は，割当ての全体的な効果が最大化するように，作業者を仕事に割り当てる必要がある場合である．各作業者と各作業に対して，作業者は，その仕事に対するある定量的な有効指標を持っている．作業者と仕事の数が同数であるとすると，全体の効果が最大となるようなマッチングを見つけることが目的となる．このような状況は割当て問題の一例であり，第 25.3 節ではその解き方を示している．

　本章のアルゴリズムは**2 部** (bipartite) グラフのマッチングを発見する．第 24.3 節と同様，入力は無向グラフ $G = (V, E)$ で，$V = L \cup R$ であり，頂点集合 L と R は互いに素であり，そして E のどの辺も L の中の頂点と R の中の頂点に接続している．したがって，マッチングは

L の頂点と R の頂点を**マッチングする**（結びつける）ことになる．用途によっては，集合 L と R の基数は同じであることがあり，他の用途では，同じ大きさである必要はない．

マッチングの概念は 2 部グラフ以外の無向グラフに対しても適用できる．一般的な無向グラフのマッチングはスケジューリングや計算化学などの分野で応用されている．マッチングは頂点で表現されるいくつかの実体の対を構成する問題をモデル化したものである．2 つの頂点は両立できる実体ならば隣接しており，両立できる対の大きな集合を見つける必要がある．一般的なグラフ上の最大マッチング問題や最大重みマッチング問題は，2 部マッチングと同様，多項式時間アルゴリズムで解くことができるが，アルゴリズムはかなり複雑である．練習問題 25.2-5 では，「安定同居人問題」として知られている安定結婚問題の一般化版について議論する．マッチングは一般の無向グラフに適用できるが，本章では 2 部グラフのみを取り扱う．

25.1　2 部グラフの最大マッチング（再掲）

第 24.3 節では，最大フローを見つけることによって，2 部グラフの最大マッチングを発見する 1 つの方法を示した．この節ではより効率的な方法として，$O(\sqrt{V}E)$ 時間で動作する Hopcroft–Karp アルゴリズムを紹介する．図 25.1(a) は，無向 2 部グラフのマッチングの例を示している．マッチング M の辺に接続する頂点は M の下で**マッチされている** (matched) と言い，そうでないとき，**マッチされていない** (unmatched) と言う．**極大マッチング** (maximal matching) とは，他の辺を追加できないマッチング，すなわち，任意の辺 $e \in E - M$ に対して，辺集合 $M \cup \{e\}$ がマッチングにならないことである．最大マッチングはつねに極大マッチングだが，その逆は必ずしも成り立たない．

Hopcroft–Karp アルゴリズムを含む，最大マッチングを見つける多くのアルゴリズムは，マッチングのサイズを段階的に大きくすることで動作する．無向グラフ $G = (V, E)$ のマッチング M が与えられたとき，**M 交代経路** (M-alternating path) は，M に属する辺と $E - M$ に属する辺が交互に現れる単純路である．**M 増加可能経路** (M-augmenting path)（M に関する増加可能経路とも言う）は最初と最後の辺が $E - M$ に属する M 交代経路で，図 25.1(b) にある M 増加可能経路を示す．M 増加可能経路はその最初と最後の点は M の下でマッチされておらず，$E - M$ に M より 1 つ多く辺を含むので，奇数本の辺で構成されなければならない．

図 25.1(c) は次の補題，すなわち，マッチング M から，M に属する M 増加可能経路の辺を取り除き，M に属さない M 増加可能経路の辺を追加すると，結果として M より 1 つ多い辺を持つ新しいマッチングになることを示している．マッチングは辺集合であるため，この補題は 2 つの集合の**対称差** (symmetric difference) と言う概念に依存する．X と Y の対称差は $X \oplus Y = (X - Y) \cup (Y - X)$，すなわち，$X$ か Y に属するが，両方には属さない要素からなる．あるいは，$X \oplus Y = (X \cup Y) - (X \cap Y)$ と考えてもよい．演算子 $\oplus$ は可換律と結合律を満たす．さらに，$X \oplus X = \emptyset$ かつ $X \oplus \emptyset = \emptyset \oplus X$ が任意の X について成り立つので，空集合は $\oplus$ の単位元である．

補題 25.1　任意の無向グラフ $G = (V, E)$ におけるマッチングを M とし，P を M 増加可能経路とする．このとき，辺集合 $M' = M \oplus P$ も G 内のマッチングになり，$|M'| = |M| + 1$ である．

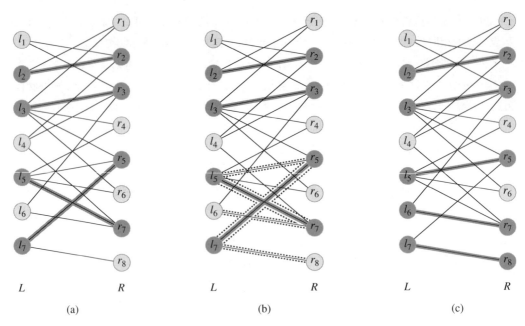

図 25.1 2部グラフ $G = (V, E)$．ここで，$V = L \cup R$ で，$L = \{l_1, l_2, \ldots, l_7\}$，$R = \{r_1, r_2, \ldots, r_7\}$ である．**(a)** 基数 4 のマッチング M．マッチング辺を濃い網かけで示す．マッチされる頂点は濃い網かけで，マッチされていない頂点は薄い網かけで示す．**(b)** 点線の 5 つの辺は l_6 と r_8 を結ぶ M 増加可能経路 P を形成する．**(c)** 濃い網かけの辺集合 $M' = M \oplus P$ は M より 1 つ多い辺を含むマッチングで，l_6 と r_8 をマッチされる頂点に追加する．このマッチングは最大マッチングではない（練習問題 25.1-1 参照）．

証明 P は q 本の辺を含み，そのうち $\lceil q/2 \rceil$ 本は $E - M$ に属し，$\lfloor q/2 \rfloor$ 本は M に属するとする．その q 本の辺を $(v_1, v_2), (v_2, v_3), \ldots, (v_q, v_{q+1})$ とする．P は M 増加可能経路なので，頂点 v_1 と v_{q+1} は M の下でマッチされておらず，その他の頂点はマッチされている．辺 $(v_1, v_2), (v_3, v_4), \ldots, (v_q, v_{q+1})$ は $E - M$ に属し，辺 $(v_2, v_3), (v_4, v_5), \ldots, (v_{q-1}, v_q)$ は M に属する．対称差 $M' = M \oplus P$ はこれらの役割を逆転させ，辺 $(v_1, v_2), (v_3, v_4), \ldots, (v_q, v_{q+1})$ は M' に属し，辺 $(v_2, v_3), (v_4, v_5), \ldots, (v_{q-1}, v_q)$ は $E - M'$ に属する．各頂点 $v_1, v_2, \ldots, v_q, v_{q+1}$ は M' の下でマッチされており，M に対して 1 つの追加辺を獲得する．G の他の頂点や辺は M から M' への変更の影響は受けない．したがって，M' は G 内のマッチングであり，$|M'| = |M| + 1$ である． ∎

マッチング M と M 増加可能経路の対称差を取るとマッチングのサイズが 1 増加するので，次の系は，M と k 本の点素な M 増加可能経路の対称差を取ると，マッチングのサイズが k 増加することを示している．

系 25.2 任意の無向グラフ $G = (V, E)$ におけるマッチングを M とし，$P_1, P_2, \ldots, P_k$ を点素な M 増加可能経路とする．このとき，辺集合 $M' = M \oplus (P_1 \cup P_2 \cup \ldots \cup P_k)$ は，$|M'| = |M| + k$ となる G 内のマッチングである．

証明 M 増加可能経路 $P_1, P_2, \ldots, P_k$ は点素なので，$P_1 \cup P_2 \cup \cdots \cup P_k = P_1 \oplus P_2 \oplus \cdots \oplus P_k$ が成り立つ．演算子 $\oplus$ は結合的なので，

$$M \oplus (P_1 \cup P_2 \cup \cdots \cup P_k) = M \oplus (P_1 \oplus P_2 \oplus \cdots \oplus P_k)$$

$$= (\cdots((M \oplus P_1) \oplus P_2) \oplus \cdots \oplus P_{k-1}) \oplus P_k$$

となる．補題 25.1 を用いて，単純な i の帰納法によって，$M \oplus (P_1 \cup P_2, \cup \cdots \cup P_{i-1})$ は $|M| + i - 1$ 本の辺を含む G 内のマッチングであり，経路 P_i は $M \oplus (P_1 \cup P_2, \cup \cdots \cup P_{i-1})$ に関する増加可能経路であることが示される．これら増加可能経路のそれぞれはマッチングのサイズを 1 だけ増加させるので，$|M'| = |M| + k$ が成り立つ．　∎

Hopcroft–Karp アルゴリズムはマッチングからマッチングへと進むので，以下の議論で 2 つのマッチング間の対称差を考えることが有用となることが分かる．

補題 25.3　M と M^* をグラフ $G = (V, E)$ 内のマッチングとし，$E' = M \oplus M^*$ となるグラフ $G' = (V, E')$ を考える．このとき，G' は単純路，単純閉路，孤立頂点の互いに素な和集合からなる．このような単純路または単純閉路の辺は，M と M' の間で交互に繰り返される．$|M^*| > |M|$ ならば，G' は少なくとも $|M^*| - |M|$ 本の点素な M 増加可能経路を含む．

証明　G' の各頂点の次数は，0，1，または 2 である．なぜなら，どの頂点にも E' の辺は高々 2 本しか接続しない：すなわち，M からの辺と M^* からの辺がそれぞれ高々 1 本だけ接続しうるからである．したがって，G' の各連結成分は 1 頂点，M と M' から交互に辺を持つ偶数長の閉路，または M と M' から交互に辺を持つ単純路のいずれかである．

$$E' = M \oplus M^*$$
$$= (M \cup M^*) - (M \cap M^*)$$

かつ $|M^*| > |M|$ であるので，辺集合 E' は M' からの辺を M からのものより $|M^*| - |M|$ だけ多く含まなくてはならない．G' の各閉路は，M と M^* から交互にとられた偶数本の辺を持つので，各閉路は M と M^* から同数の辺を持つ．したがって，G' の単純路全体に含まれる M^* の辺数は，M の辺数よりも $|M^*| - |M|$ だけ多い．M と M^* から異なる数の辺を含む各経路は，M の辺で始まり M の辺で終わる，M^* よりも M の辺が 1 本多い経路か，あるいは M^* の辺で始まり M^* の辺で終わる，M よりも M^* の辺が 1 本多い経路のどちらかである．E' は M^* の辺が M よりも $|M^*| - |M|$ だけ多く含んでいるので，少なくとも $|M^*| - |M|$ 本の後者の形の経路が存在し，それぞれは M 増加可能経路である．各頂点は，E' の辺に最大で 2 本しか接続していないので，これらの経路は点素でなければならない．　∎

アルゴリズムが，マッチングのサイズを逐次添加的に増大させて，最大マッチングを発見する場合，停止するタイミングをどのように決定すればよいだろうか？次の系がその答で，増加可能経路が存在しなくなるときである．

系 25.4　グラフ $G = (V, E)$ のマッチング M が最大マッチングである必要十分条件は，G が M 増加可能経路を含まないことである．

証明　証明すべき系の命題の両方向とも対偶を証明する．左から右方向の対偶は，簡単である．G に M 増加可能経路 P が存在する場合，補題 25.1 よりマッチング $M \oplus P$ は M より 1 つ多く辺を含み，M は最大マッチングにはなりえない．

逆向きの対偶，すなわち，M が最大マッチングでないならば，G は M 増加可能経路を含むことを示すために，M^* を補題 25.3 における最大マッチングとすると，$|M^*| > |M|$ が成り立つ．よって，G は少なくとも $|M^*| - |M| \, (> 0)$ 本の点素な M 増加可能経路を含む．　∎

596 | 25　2部グラフでのマッチング

我々はすでに，$O(VE)$ 時間で動作する最大マッチングアルゴリズムを作成するのに十分な知識を得ている．空集合のマッチング M から始める．つぎに，マッチされていない頂点から，別のマッチされていない頂点を見つけるまで，交代経路を見つける幅優先探索か深さ優先探索の変形版を繰り返し実行する．その結果得られる M 増加可能経路を用いて，M のサイズを1増加させる．

Hopcroft–Karp アルゴリズム

Hopcroft–Karp アルゴリズムは，実行時間を $O(\sqrt{V}E)$ に改善する．手続き HOPCROFT–KARP は，与えられた無向2部グラフに対して，系 25.2 を利用して，見つけたマッチング M のサイズを繰り返し増加させる．M 増加可能経路が存在しなくなれば停止するので，系 25.4 よりアルゴリズムは正しい．このアルゴリズムが $O(\sqrt{V}E)$ 時間で動作することを示すことが残されている．以下では，手続き HOPCROFT–KARP の第2～5行の **repeat** ループは $O(\sqrt{V})$ 回繰り返され，各繰返しにおいて，第3行を $O(E)$ 時間で動作するように実装できることを示す．

HOPCROFT-KARP(G)

1　$M = \emptyset$
2　**repeat**
3　　　$\mathscr{P} = \{P_1, P_2, \ldots, P_k\}$ を点素な最短 M 増加可能経路の極大集合とする
4　　　$M = M \oplus (P_1 \cup P_2 \cup \cdots \cup P_k)$
5　**until** $\mathscr{P}$ == $\emptyset$
6　**return** M

まず，点素な最短 M 増加可能経路の極大集合を $O(E)$ 時間で見つける方法を示す．その方法は3つの段階からなる．第1段階では，無向2部グラフ G を有向化し，それを G_M とする．第2段階では，G_M から幅優先探索を用いて有向非巡回グラフ（ダグ）H を作る．第3段階では，H の転置 H^{T} に対して深さ優先探索を行い，点素な最短 M 増加可能経路の極大集合を見つける．　（ここで，有向グラフの転置は各辺の方向を逆にすることを思い出そう．H は非巡回なので，H^{T} も非巡回である．）

マッチング M が与えられたとき，M 増加可能経路 P は，L の1つのマッチされていない頂点から始めて，奇数本の辺を辿り，R の1つのマッチされていない頂点で終わると考えることができる．P のうち L から R に辿られる辺は $E - M$ に属し，R から L に辿られる辺は M に属さなければならない．したがって，第1段階は，以下のように辺の向きをつけることによって有向グラフ $G_M = (V, E_M)$ を作成する．ここで，

$$E_M = \{(l, r) : l \in L, r \in R, \text{かつ } (l, r) \in E - M\} \quad （L \text{ から } R \text{への辺}）$$
$$\cup \{(r, l) : r \in R, l \in L, \text{かつ } (l, r) \in M\} \quad （R \text{ から } L \text{への辺}）$$

である．

図 25.2(a) に，図 25.1(a) のグラフ G とマッチング M に対する有向グラフ G_M を示す．

第2段階で作られるダグ $H = (V_H, E_H)$ は頂点の階層を持つ．図 25.2(b) は図 25.2(a) の有向グラフ G_M に対応するダグ H を示す．各層は L の頂点だけ，あるいは R の頂点だけから

25.1 2部グラフの最大マッチング（再掲） | 597

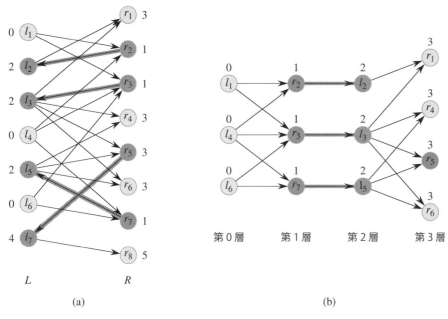

図 25.2 **(a)** 図 25.1(a) の無向 2 部グラフ G とマッチング M に対して第 1 段階で作られた有向グラフ G_M．L における任意のマッチされていない頂点からの幅優先距離が各頂点につけられている．**(b)** 第 2 段階で G_M から作られたダグ H．R のマッチされていない頂点からの最小距離は 3 なので，距離が 3 より大きい l_7 と r_8 は H には入らない．

なり，層が移るたびに交互に変化する．ある頂点が属する層は，G_M における，その頂点の，マッチされていない L 頂点からの最短幅優先距離によって決まる．L の頂点は偶数番目の層に，R の頂点は奇数番目の層に，それぞれ現れる．[a] G_M における R のマッチされていない任意の頂点の最短距離を q とする．このとき，H の最後の層に距離 q の R の頂点が含まれる．q を超える距離の頂点は V_H には現れない．（図 25.2(b) のグラフ H では，頂点 l_7 と r_8 は L 中のマッチされていない頂点からの距離が $q=3$ を超えているので，これらの頂点は除かれている．）E_H の辺は E_M の部分集合であり，

$$E_H = \{(l,r) \in E_M : r.d \leq q \text{ かつ } r.d = l.d + 1\} \cup \{(r,l) \in E_M : l.d \leq q\}$$

である．ここで，頂点の属性 d は，L 中の任意のマッチされていない頂点からその頂点への幅優先距離である．連続する 2 つの層の間を通らない辺は E_H から除かれている．

頂点の幅優先距離を決定するために，G_M 上で，L のすべてのマッチされない頂点から，幅優先探索を動作させる．（第 20.2 節の手続き BFS（469 ページ）において，根頂点 s を L のマッチされない頂点の集合で置き換える．）手続き BFS によって計算される先行点属性 π は，H はダグで必ずしも木ではないので，ここでは必要ない．

H における，層 0 の頂点から層 q のマッチされていない頂点までのどの経路も元の 2 部グラフ G の最短 M 増加可能経路に対応する．G の経路は H における有向辺の無向化辺を使用すればよい．さらに，G におけるすべての最短 M 増加可能経路が H に現れる．

第 3 段階では，点素な最短 M 増加可能経路の極大集合を特定する．まず，図 25.3 で示され

---

[a] ［訳注］図 25.2(b) のように，層を 0 から数えていることに注意．

598 | 25　2部グラフでのマッチング

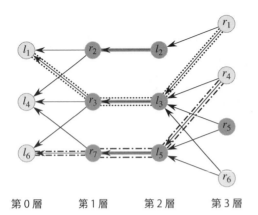

第0層　　　第1層　　　第2層　　　第3層

図 25.3　第3段階で作られるダグ H の転置 H^T. 頂点 r_1 から始まる最初の深さ優先探索で M 増加可能経路 $\langle(r_1, l_3), (l_3, r_3), (r_3, l_1)\rangle$（点線）を特定し，$r_1, l_3, r_3, l_1$ の頂点を発見する．2回目の深さ優先探索は r_4 から始まり，M 増加可能経路 $\langle(r_4, l_5), (l_5, r_7), (r_7, l_6)\rangle$（鎖線）を特定し，頂点 r_4, l_5, r_7, l_6 を発見する．

るように，H の転置 H^T を作る．つぎに，層 q の各マッチされていない頂点 r について，層 0 の頂点に到達するか，層 0 の頂点に到達せずに，すべての可能な経路を使い切るまで，r から始める深さ優先探索を実行する．ここでの深さ優先探索は，発見時刻と終了時刻を管理する代わりに，探索ごとの深さ優先木における先行点属性 π だけを管理すればよい．層 0 の頂点に到達すると，先行点に沿って逆に辿り，M 増加可能経路を特定する．各頂点は，いずれかの探索で最初に発見されたときのみ，その頂点から探索される．層 q 内の頂点 r からの探索で，層 0 の未発見頂点へ未発見の経路が見つからない場合，r を含む M 増加可能経路は極大集合に入れない．

　図 25.3 は第 3 段階の結果を示す．最初の深さ優先探索は r_1 から始まり，M 増加可能経路 $\langle(r_1, l_3), (l_3, r_3), (r_3, l_1)\rangle$ を特定する．この経路は図では点線で示されており，頂点 r_1, l_3, r_3, l_1 が発見される．次の深さ優先探索は r_4 から始まり，この探索はまず辺 (r_4, l_3) を調べるが，l_3 はすでに発見されているので，バックトラックして辺 (r_4, l_5) を調べる．そこから続けて，M 増加可能経路 $\langle(r_4, l_5), (l_5, r_7), (r_7, l_6)\rangle$（鎖線で示されている）を特定し，頂点 r_4, l_5, r_7, l_6 を発見する．頂点 r_6 からの深さ優先探索はすでに発見されている l_3 と l_5 で行き詰まり，この探索では層 0 の頂点に至る未発見の頂点の経路を見つけることができない．頂点 r_5 はマッチしており，深さ優先探索はマッチされていない頂点から開始されるので，深さ優先探索は行われない．したがって，見つかった点素な最短 M 増加可能経路の極大集合はちょうど 2 本の M 増加可能経路 $\langle(r_1, l_3), (l_3, r_3), (r_3, l_1)\rangle$ と $\langle(r_4, l_5), (l_5, r_7), (r_7, l_6)\rangle$ を含む．

　この例では，この 2 本の M 増加可能経路の集合は最大ではないことに注意しよう．グラフには，$\langle(r_1, l_2), (l_2, r_2), (r_2, l_1)\rangle$, $\langle(r_4, l_3), (l_3, r_3), (r_3, l_4)\rangle$, $\langle(r_6, l_5), (l_5, r_7), (r_7, l_6)\rangle$ という 3 本の M 増加可能経路があるが，これは気にしなくてもよい．このアルゴリズムでは，手続き Hopcroft–Karp の第 3 行で見つかった点素な最短 M 増加可能経路の集合は極大であればよく，必ずしも最大である必要はない．

　あとは，第 3 行の 3 つの段階のすべてが $O(E)$ 時間で済むことを示せばよい．元の 2 部グラフ G において，各頂点は少なくとも 1 本の接続辺を持つと仮定しているので，$|V| = O(E)$ であり，同様に $|V| + |E| = O(E)$ となる．第 1 段階は G の各辺を有向化することによって有向

グラフ G_M を作るので，$|V_M| = |V|$ であり，$|E_M| = |E|$ である．第 2 段階は G_M 上で幅優先探索を行い，$O(V_M + E_M) = O(E_M) = O(E)$ 時間かかる．実際，幅優先探索内のキューの中で，初めて距離が R のマッチされていない頂点への最小距離 q を超えた時点で停止できる．ダグ H は，$|V_H| \leq |V_M|$ かつ $|E_H| \leq |E_M|$ であり，H の構成には $O(V_H + E_H) = O(E)$ 時間を要する．最後に第 3 段階では，層 q のマッチされていない頂点から深さ優先探索を行う．いったん発見された頂点は，再度探索されることはないので，第 20.3 節の深さ優先探索の解析が適用でき，$O(V_H + E_H) = O(E)$ となる．したがって，3 つの段階は，すべて $O(E)$ 時間しかかからない．

第 3 行で，点素な最短 M 増加可能経路の極大集合が見つかれば，M 増加可能経路の辺を調べて，マッチング M に辺を追加したり，削除したりするだけなので，第 4 行のマッチングの更新は，$O(E)$ 時間でできる．したがって，第 2〜5 行の **repeat** ループの各繰返しは $O(E)$ 時間で実行できる．

あとは，**repeat** ループが $O(\sqrt{V})$ 回繰り返すことを示すだけである．まず次の補題で，**repeat** ループの各繰返しの後，増加可能経路の長さが増加することを示す．

補題 25.5 $G = (V, E)$ をマッチング M を持つ無向 2 部グラフとし，最短 M 増加可能経路の長さを q とする．$\mathscr{P} = \{P_1, P_2, \ldots, P_k\}$ を点素な長さ q の M 増加可能経路の極大集合とする．$M' = M \oplus (P_1 \cup P_2 \cup \cdots \cup P_k)$ とし，P を最短 M' 増加可能経路とする．このとき，P は $q+1$ 本以上の辺を持つ．

証明 P が $\mathscr{P}$ 内の増加可能経路と点素である場合とそうでない場合について，別々に考える．

まず，P が $\mathscr{P}$ 内の増加可能経路と点素であると仮定する．すると，P の辺はいずれも，M の辺で $P_1, P_2, \ldots, P_k$ の辺ではないので，P は M 増加可能経路でもある．P は $P_1, P_2, \ldots, P_k$ とは点素な M 増加可能経路であり，$\mathscr{P}$ は，最短 M 増加可能経路の極大集合なので，P は，長さがそれぞれ q である $\mathscr{P}$ の任意の増加可能経路よりも長くなければならない．したがって，P は $q+1$ 本以上の辺を持つ．

つぎに，P が $\mathscr{P}$ 内のある増加可能経路の少なくとも 1 つの頂点を訪れるとする．系 25.2 によって，M' は $|M'| = |M| + k$ となる G 内のマッチングである．P は M' 増加可能経路なので，補題 25.1 によって $M' \oplus P$ は $|M' \oplus P| = |M'| + 1 = |M| + k + 1$ となるマッチングである．ここで，$A = M \oplus M' \oplus P$ とすると，

$$
\begin{aligned}
A &= M \oplus M' \oplus P \\
  &= M \oplus (M \oplus (P_1 \cup P_2 \cup \cdots \cup P_k)) \oplus P \\
  &= (M \oplus M) \oplus (P_1 \cup P_2 \cup \cdots \cup P_k) \oplus P \quad (\oplus \text{ の結合性より}) \\
  &= \emptyset \oplus (P_1 \cup P_2 \cup \cdots \cup P_k) \oplus P \quad (\text{任意の } X \text{ に対して，} X \oplus X = \emptyset) \\
  &= (P_1 \cup P_2 \cup \cdots \cup P_k) \oplus P \quad (\text{任意の } X \text{ に対して，} \emptyset \oplus X = X)
\end{aligned}
$$

となり，$A = (P_1 \cup P_2 \cup \cdots \cup P_k) \oplus P$ が成立する．$M^* = M' \oplus P$ とおけば，補題 25.3 によって，A は少なくとも，$|M' \oplus P| - |M| = k+1$ 本の点素な M 増加可能経路を含む．そのような M 増加可能経路はそれぞれ q 本以上の辺を持つので，$|A| \geq (k+1)q \geq kq + q$ となる．

ここで，P は $\mathscr{P}$ 内のある増加可能経路と少なくとも 1 本の辺を共有することを主張する．マッチング M' の下では，$\mathscr{P}$ 内の各 M 増加可能経路の任意の頂点はマッチされている．（M のもとでは各 M 増加可能経路 P_i の最初と最後の頂点のみがマッチされておらず，$M \oplus P_i$ の

もとでは，P_i のすべての頂点はマッチされている．$\mathscr{P}$ 内の M 増加可能経路は点素なので，$\mathscr{P}$ の他の経路は P_i の頂点がマッチされているかどうかに影響しない．すなわち，P_i 以外の任意の $P_j \in \mathscr{P}$ に対して，$(M \oplus P_j) \oplus P_i$ の下で P_i のすべての頂点がマッチされているための必要十分条件は，これらの頂点が $M \oplus P_i$ の下でマッチされていることである．）P がある $P_i \in \mathscr{P}$ と頂点 v を共有すると仮定する．P の端点は M' の下でマッチされていないので，頂点 v は P の端点にはなりえない．したがって，v は M' に属する P の辺に接続している．マッチングにおいては，任意の頂点は高々 1 本の辺にしか接続しないので，この辺は P_i にも属さなけれならないことになり，この主張が証明ができる．

$A = (P_1 \cup P_2 \cup \cdots \cup P_k) \oplus P$ であり，P はある $P_i \in \mathscr{P}$ と少なくとも 1 本の辺を共有するので，$|A| < |P_1 \cup P_2 \cup \cdots \cup P_k| + |P|$ を得る．よって，

$$
\begin{aligned}
kq + q &\leq |A| \\
&< |P_1 \cup P_2 \cup \cdots \cup P_k| + |P| \\
&= kq + |P|
\end{aligned}
$$

が成り立ち，$q < |P|$ となるので，P が q 本より多い辺を持つことが結論づけられる．$\blacksquare$

次の補題は，最短増加可能経路の長さに基づいて最大マッチングのサイズを上から抑える．

補題 25.6 M をグラフ $G = (V, E)$ のマッチングとし，G の最短 M 増加可能経路が q 本の辺を含むとする．このとき，G の最大マッチングのサイズは $|M| + |V|/(q+1)$ 以下である．

証明 M^* を G の最大マッチングとする．補題 25.3 によって，G は $|M^*| - |M|$ 本以上の点素な M 増加可能経路を含む．これらの経路のそれぞれは q 本以上の辺を含むので，$q+1$ 個以上の頂点を含む．これらの経路は点素なので，$(|M^*| - |M|)(q+1) \leq |V|$ となり，$|M^*| \leq |M| + |V|/(q+1)$ が成り立つ．$\blacksquare$

最後に，次の補題は，第 2～5 行の **repeat** ループの繰返し回数を上から抑える．

補題 25.7 手続き HOPCROFT–KARP が無向 2 部グラフ $G = (V, E)$ 上で動作するとき，第 2～5 行の **repeat** ループは $O(\sqrt{V})$ 回繰り返す．

証明 補題 25.5 によって，第 3 行で見つかる最短 M 増加可能経路の長さ q はループを繰り返すたびに増加する．したがって，$\lceil \sqrt{V} \rceil$ 回ループを繰り返した後，$q \geq \lceil \sqrt{V} \rceil$ が成立する．M 増加可能経路の長さが $\lceil \sqrt{V} \rceil$ 以上で初めて第 4 行を実行する直後の状況を考える．マッチングのサイズは繰返しにつき，辺数が少なくとも 1 増加するので，補題 25.6 から最大マッチングを達成するまでに追加しなければならない繰返し回数は高々

$$
\frac{|V|}{\lceil \sqrt{|V|} \rceil + 1} < \frac{|V|}{\sqrt{|V|}} = \sqrt{|V|}
$$

である．よって，ループの繰返しの回数は $2\sqrt{V}$ 未満である．$\blacksquare$

したがって，手続き HOPCROFT–KARP の実行時間に対して次の上界が得られる．

定理 25.8 無向 2 部グラフ $G = (V, E)$ 上での手続き HOPCROFT–KARP の実行時間は，

$O(\sqrt{V}E)$ である.

証明 補題 25.7 によって, **repeat** ループは $O(\sqrt{V})$ 回繰り返し, 各繰返しは $O(E)$ 時間で実装できた. ∎

練習問題

25.1-1 Hopcroft–Karp アルゴリズムを利用して, 図 25.1 のグラフの最大マッチングを求めよ.

25.1-2 M 増加可能経路とフローネットワークにおける増加可能経路はどのように似ているか? また, どのように違っているか?

25.1-3 ダグ H を層 0 から層 q まで探索するのに比べて, 層 q (R のマッチしていない頂点が含まれる最初の層) のマッチしていない頂点から層 0 まで転置 H^T を探索することの利点は何か?

25.1-4 手続き HOPCROFT–KARP の第 2〜5 行の **repeat** ループの繰返し回数を $\lceil 3\sqrt{|V|}/2 \rceil$ によって上から抑える方法を示せ.

25.1-5 ★ **完全マッチング** (perfect matching) は, すべての頂点がマッチしているマッチングである. $G = (V, E)$ を, $|L| = |R|$ となる頂点分割 $V = L \cup R$ を持つ無向 2 部グラフとする. 任意の $X \subseteq V$ に対して, X の **近傍** (neighborhood) は

$$N(X) = \{y \in V : \text{ある } x \in X \text{ に対して } (x, y) \in E\}$$

と定義する. すなわち, X の要素に隣接する頂点全体の集合である. G に完全マッチングが存在することと, 任意の部分集合 $A \subseteq L$ に対して, $|A| \le |N(A)|$ が成り立つことが等価であるという **Hall の定理** (Hall's theorem) を証明せよ.

25.1-6 d **正則** (d-regular) グラフとは, 任意の頂点の次数が d のグラフである. $G = (V, E)$ が頂点分割 $V = L \cup R$ を持ち, かつ d 正則な無向 2 部グラフならば, $|L| = |R|$ である. Hall の定理 (練習問題 25.1-5) を利用して, 任意の d 正則な 2 部グラフは完全マッチングを持つことを証明せよ. そして, その結果を利用して, 任意の d 正則な 2 部グラフは d 個の互いに素な完全マッチングを持つことを示せ.

25.2 安定結婚問題

第 25.1 節での目的は, 無向 2 部グラフの最大マッチングを発見することであった. 頂点分割 $V = L \cup R$ を持つ 2 部グラフ $G = (V, E)$ が **完全 2 部グラフ** (complete bipartite graph)[1] —— L 内のどの頂点からも R 内のどの頂点へにも辺を含んでいる —— ならば, 簡単な貪欲アルゴリズムによって最大マッチングを求めることができる.

グラフがいくつかのマッチングを持ちうるとき, どのマッチングが最も望ましいかを決めた

---

[1] 完全 2 部グラフの定義は, 付録第 B.4 節の完全グラフ (990 ページ) の定義とは (完全の意味が) 異なる. 2 部グラフにおいては, L の頂点間と R の頂点間には辺が存在しないからである.

いことがある．第 25.3 節では，辺に重みを与え，最大重みのマッチングを見つける．本節では，辺重みに代えて，完全 2 部グラフの各頂点にその近傍頂点の順位という情報を追加する．すなわち，L の各頂点は R のすべての頂点の順序つきリストを持ち，逆も同様である．簡単のために，L と R はそれぞれ n 個の頂点を含むとする．我々の目的は，L の各頂点を R の各頂点と"安定"であるようにマッチさせることである．

この問題の名前，**安定結婚問題** (stable-marriage problem) は，L を女性の集合，R を男性の集合と見なす異性間結婚の概念に由来する．[2] 各女性はすべての男性を好きな度合いで順位づけを行い，各男性も同じようにすべての女性に順位をつける．目的は，女性と男性がマッチしない場合，少なくともどちらかが割り当てられたパートナーを好きなように，女性と男性をペアリング（マッチング）することである．

もし，女性と男性がお互いにマッチしてはいないが，それぞれが割り当てられたパートナーよりもその相手を好きな場合，そのペアは，**ブロッキングペア** (blocking pair) を形成する．ブロッキングペアは，割り当てられたペアを解消して，共に自分たちのペアを作る動機を持つ．もしブロッキングペアが存在すれば，それはマッチングが"安定"であることを妨げる．したがって，**安定マッチング** (stable matching) とは，ブロッキングペアが存在しないマッチングである．ブロッキングペアがある場合，マッチングは**不安定** (unstable) であると言う．

女性 4 人（春子，夏子，秋子，冬子）と男性 4 人（一郎，次郎，三郎，四郎）の例で見てみよう．それぞれのお気に入り順位を以下に示す：

春子：　三郎，四郎，一郎，次郎
夏子：　次郎，四郎，一郎，三郎
秋子：　三郎，次郎，四郎，一郎
冬子：　三郎，四郎，次郎，一郎
一郎：　春子，冬子，秋子，夏子
次郎：　春子，秋子，冬子，夏子
三郎：　秋子，冬子，春子，夏子
四郎：　秋子，春子，夏子，冬子

以下の 4 組のペアは安定マッチングを構成する：

秋子と三郎
春子と四郎
冬子と次郎
夏子と一郎

このマッチングにブロッキングペアがないことが確認できる．たとえば，冬子はパートナーの次郎よりも三郎と四郎を好きだが，三郎はパートナーの秋子を冬子よりも好きで，四郎はパートナーの春子を冬子よりも好きなので，冬子と三郎，冬子と四郎のどちらもブロッキングペアを形成することはない．実際，この安定マッチングは一意に決まる．代わりに，最後の 2 組が

---

[2] 結婚の常識は変わりつつあるが，安定結婚問題を異性間結婚という視点で見るのは伝統的なことである．

夏子と次郎

冬子と一郎

であったとすると，冬子と次郎はブロッキングペアとなる．冬子と次郎はペアになっておらず，冬子は一郎より次郎を好きで，次郎は夏子より冬子を好きだからである．したがって，このマッチングは安定ではない．

安定マッチングは一意に決まるとは限らない．たとえば，睦月，如月，弥生という 3 人の女性と，一太郎，二太郎，三太郎という 3 人の男性がいて，彼らのお気に入り順位が以下のとおりであるとする：

睦月：　　一太郎，二太郎，三太郎

如月：　　二太郎，三太郎，一太郎

弥生：　　三太郎，一太郎，二太郎

一太郎：　如月，弥生，睦月

二太郎：　弥生，睦月，如月

三太郎：　睦月，如月，弥生

この場合，3 つの安定マッチングがある：

マッチング 1	マッチング 2	マッチング 3
睦月と一太郎	如月と一太郎	弥生と一太郎
如月と二太郎	弥生と二太郎	睦月と二太郎
弥生と三太郎	睦月と三太郎	如月と三太郎

マッチング 1 では，すべての女性が第 1 希望相手とペアになり，すべての男性が，第 3 希望（最も希望しない）相手とペアになる．マッチング 2 はその逆で，すべての男性が，第 1 希望相手とペアになり，すべての女性が第 3 希望（最も希望しない）相手とペアになる．女性全員または男性全員が第 1 希望となる場合，明らかにブロッキングペアは存在しない．マッチング 3 では，全員が第 2 希望になる．マッチング 3 にブロッキングペアがないことを確認してみよう．

各参加者が示す順序に関わらず，つねに安定マッチングが存在するかどうかが気になるが，答えはイエスである．（練習問題 25.2-3 では，各病院が複数の学生を受け入れる全米研修医マッチングプログラムのシナリオの場合でも，安定な割当てがつねに可能であることを証明する．）Gale–Shapley アルゴリズムとして知られている単純なアルゴリズムによって，つねに安定マッチングを見つけることができる．アルゴリズムには 2 つのバージョン，"女性優位"と"男性優位"があり，互いに対称の関係にある．女性優位のバージョンを見てみよう．参加者はそれぞれ，"フリー"か"婚約中"のどちらかの状態である．すべての参加者の状態は最初はフリーである．婚約中はフリーな女性が男性にプロポーズしたときに発生する．初めてプロポーズされた男性は，フリーから婚約中に変化し，以降は（婚約相手は変わることがあるが）ずっと婚約中である．婚約中の男性が，現在婚約中の女性よりも好きな女性からプロポーズを受けた場合，現在の婚約を破棄し，婚約相手の女性はフリーとなる．そして男性は，新しくプロポーズを受けた女性と婚約する．各女性は，最後に婚約中になるまで，彼女の希望リストの順序で，リスト中のすべての男性にプロポーズする．女性は婚約すると，一時的にプロポーズ

をやめるが，再びフリーになれば，希望リストの次の男性にプロポーズを再開する．全員が婚約中になれば，このアルゴリズムは終了する．次ページの手続き GALE–SHAPLEY がこの手順をさらに具体化したものである．この手続きでは，第 2 行でどのフリー女性を選んでもよい．この手続きは第 2 行で選ばれるフリーな女性に関係なく，安定マッチングが得られることが後で示される．男性優位の場合は，男女の役割を逆にすればよい．

　手続き GALE–SHAPLEY が，春子，夏子，秋子，冬子，一郎，次郎，三郎，四郎の例でどのように実行されるかを見てみよう．以下に，全員がフリーに初期化された後，第 2〜9 行の **while** ループの連続した繰返しで起こりうる可能性の 1 つを示す：

1. 春子が三郎にプロポーズする．三郎はフリーなので，春子と三郎は婚約し，どちらもフリーではない．
2. 夏子が次郎にプロポーズする．次郎はフリーなので，夏子と次郎は婚約して，どちらもフリーではない．
3. 秋子が三郎にプロポーズする．三郎は春子と婚約しているが，三郎は秋子のほうが好きなので，三郎は春子との婚約を破棄し，春子はフリーになる．秋子と三郎は婚約し，秋子はフリーではない．
4. 冬子が三郎にプロポーズする．三郎は秋子と婚約しているし，三郎は冬子より秋子が好きである．三郎は冬子を断り，冬子はフリーのままである．
5. 冬子は四郎にプロポーズする．四郎はフリーなので，冬子と四郎は婚約し，どちらもフリーではない．
6. 春子は四郎にプロポーズする．四郎は冬子と婚約しているが，四郎は冬子より春子が好きなので，四郎は冬子との婚約を破棄して，冬子はフリーになる．春子と四郎は婚約し，どちらもフリーではない．
7. 冬子は次郎にプロポーズする．次郎は夏子と婚約しているが，次郎は夏子より冬子が好きなので，次郎は夏子との婚約を破棄して，夏子はフリーになる．冬子と次郎は婚約し，どちらもフリーではない．
8. 夏子は四郎にプロポーズする．四郎は春子と婚約しているし，四郎は夏子より春子が好きである．四郎は夏子を断り，夏子はフリーのままである．
9. 夏子は一郎にプロポーズする．一郎はフリーなので，夏子と一郎は婚約し，どちらもフリーではない．

この時点で，全員が婚約中であり，フリーではないので，**while** ループは終了する．手続き GALE–SHAPLEY は上で示した安定マッチングを返す．

　次の定理では，手続き GALE–SHAPLEY はつねに停止するだけでなく，安定マッチングを返すこと，したがって，安定マッチングがつねに存在することを示す．

定理 25.9 手続き GALE–SHAPLEY はつねに停止し，安定マッチングを返す．

証明 まず，第 2〜9 行の **while** ループが必ず停止し，したがって，この手続きが停止することを示す．証明は背理法による．このループが終了しないのは，ある女性がフリーのままだからである．ある女性がフリーであり続けるためには，すべての男性にプロポーズして，それぞれから拒絶されなければならない．男性が女性を拒絶するためには，その男性はすでに婚約し

> GALE-SHAPLEY(*men*, *women*, *rankings*)
>
> 1 女性と男性それぞれにフリーを割り当てる
> 2 **while** フリーな女性 w が残っている
> 3 m を w の順位リストでまだプロポーズしていない最初の男性とする
> 4   **if** m がフリー
> 5 w と m 状態を（フリーから）婚約中にする
> 6   **elseif** m が現在婚約している女性 w' より w の順位が高い
> 7 m は w' との婚約を破棄し，w' の状態をフリーにする
> 8 w と m の状態を婚約中にする（いずれもフリーでない）
> 9   **else** m は w のプロポーズを断る．w はフリーのままである
> 10 **return** 婚約中のペアから構成される安定マッチング

ていなければならない．したがって，すべての男性は婚約中であった．男性の状態は一度婚約中になると，（婚約相手は変わるかもしれないが）ずっと婚約中である．男性と女性はともに n 人ずついるので，すべての女性が婚約中であることになり，フリーの女性がいないという矛盾が得られる．また，**while** ループの反復回数に限界があることも示さなければならない．n 人の女性のそれぞれは，彼女の順位リストにしたがって，順番に n 人の男性にプロポーズをしていく．リストの最後に到達しないこともあるので，繰返しの総回数は高々 n^2 である．したがって，**while** ループは必ず終了し，この手続きはマッチングを返す．

ブロッキングペアが存在しないことを示す必要がある．まず，男性 m が女性 w と婚約すると，そのあとの m に関する行動はすべて第6〜8行で行われることに注意しよう．したがって，男性は一度婚約中になるとずっと婚約中であり，彼が女性 w との婚約を破棄するのは，w よりも好きな女性からプロポーズされたからである．女性 w が男性 m と婚約しているが，w は男性 m' のほうが好きであるとする．このとき，m' は w を自分のパートナーより嫌いなので，w と m' はブロッキングペアではないことを示そう．w は m より m' の順位を高くしているので，m にプロポーズする前に m' にプロポーズし，m' はそのプロポーズを拒否したか，受け入れた後に婚約を破棄したはずである．m' が w からのプロポーズを拒否した場合は，w よりも好きな女性とすでに婚約していたからである．m' が受け入れて，後に婚約を破棄した場合は，w と婚約していた時期があるが，後に w よりも好きな女性からプロポーズを受け入れていたことになる．いずれの場合も，彼（m'）は，最終的には w よりも好きな女性と結ばれる．w がパートナー m よりも m' を好きであったとしても，m' が彼のパートナーよりも w が好きであることはない．したがって，この手続きはブロッキングペアを含まないマッチングを返す． ∎

練習問題 25.2-1 では，次の系の証明を問う．

系 25.10 n 人の女性と n 人の男性の希望順位が与えられたとき，Gale–Shapley アルゴリズムは $O(n^2)$ 時間で動作するように実装できる．

第2行はフリーな女性を任意に選ぶことができるので，選択によっては異なる安定マッチングが得られるのではないかと思うかもしれない．答はノーで，次の定理が示すように，手続き

GALE–SHAPLEY のどの実行も完全に同じ結果を生む．さらに，返される安定マッチングは，女性にとって最適である．

定理 25.11 手続き GALE–SHAPLEY の第 2 行でどのように女性を選んでも，この手続きはつねに同じ安定マッチングを返し，この安定マッチングでは，各女性はすべての安定マッチングのなかで最良のパートナーを得る．

証明 各女性はどの安定マッチングの中でも可能な最良のパートナーを得ることの証明は，背理法による．手続き GALE–SHAPLEY は，安定マッチング M を返すが，ある別の安定マッチング M' が存在して，ある女性 w について，M' における w のパートナー m' のほうが，M における w のパートナー m よりも好きであると仮定する．w は，m より m' の順位を高く設定しているので，w は m にプロポーズする前に，m' にプロポーズしていなければならない．すると，m' に w よりも好きな女性 w' がおり，w にプロポーズされたとき m' はすでに w' と婚約していたか，m' が w からのプロポーズを受け入れたが，後に w' を優先して婚約を破棄したかのいずれかである．いずれの場合でも，m' が w を拒否して w' を優先した時点がある．ここで，一般性を失うことなく，この時点が，任意の男性が，ある安定マッチングで対になったパートナーを拒絶した初めての時点であると仮定する．

このとき，w' が m' よりも好きなある男性パートナー m'' をパートナーとして持つ安定マッチングは存在しない，と主張する．そのような（安定マッチングと）男性 m'' が存在するとすると，w' が m' にプロポーズするためには，w' は m'' にプロポーズして，m' にプロポーズする前のある時点で断られていたはずである．もし m' が w からのプロポーズを受け入れたが，後に婚約を解消して w' と婚約したとすると，これがある安定マッチングでの初めての拒絶なので，m'' が w' をそれ以前に拒絶することは不可能であり，矛盾が生じる．w がプロポーズしたときに，m' は，すでに w' と婚約していた場合も，同様に m'' が w' をそれ以前に拒絶することは不可能であり，主張が証明される．

したがって，w' が m' より好きな男性がパートナーになる安定マッチングは存在せず，M' では，（w のパートナーが m' なので）w' のパートナーは m' ではないので，w' は M' でのパートナーより m' が好きである．M' では，w' は彼女のパートナーより m' のほうが好きで，m' は彼のパートナーよりも w' のほうが好きなので，w' と m' のペアは M' ではブロッキングペアとなる．M' はブロッキングペアを持つので，安定マッチングにはなりえない．これは矛盾である．したがって，手続き GALE–SHAPLEY が返すマッチング M 以外に，それぞれの女性が可能な限り最高のパートナーを持つ安定マッチングが存在するという仮定に矛盾する．

この手続きの実行には，なんの条件もついてないので，第 2 行が女性を選択するすべての可能な順序で，同じ安定マッチングが返される． ∎

系 25.12 手続き GALE–SHAPLEY が返さない安定マッチングが存在する．

証明 定理 25.11 によれば，与えられた順位集合に対して手続き GALE–SHAPLEY は，第 2 行でどのように女性を選んでも，ただ 1 つのマッチングを返す．先に示した 3 人の女性と 3 人の男性に対する 3 種類の安定マッチングの例は，与えられた順位集合に対して，複数の安定マッチングが存在することを示している．手続き GALE–SHAPLEY を呼び出すと，これらの安定マッチングのうちの 1 つだけを返す． ∎

手続き GALE–SHAPLEY は女性に対しては最高の結果を与えるが，男性にとっては最悪の結果を生み出すことが，次の系によって示される．

系 25.13 手続き GALE–SHAPLEY によって返される安定マッチングにおいては，どの男性もどの安定マッチングの中でも可能な最悪のパートナーを持つ．

証明 手続き GALE–SHAPLEY の呼出しによって，返されたマッチングを M とする．別の安定マッチング M' が存在し，M でのパートナー w を M' でのパートナー w' より好きな男性 m がいるとする．M' における w のパートナーを m' とする．定理 25.11 により，m はどの安定マッチングにおいても w が持つことのできる最良のパートナーであるので，w は m' よりも m を好きである．m は w' よりも w を好きなので，w と m のペアは M' においてブロッキングペアになる．これは，M' が安定マッチングであることに矛盾する． ∎

練習問題

25.2-1 手続き GALE–SHAPLEY アルゴリズムを $O(n^2)$ 時間で動作するように実装する方法を述べよ．

25.2-2 2 人の女性と 2 人の男性だけで不安定マッチングを得ることは可能か？可能であれば，その例を示し，証明せよ．可能でない場合は，その理由を述べよ．

25.2-3 全米研修医マッチングプログラムは，本節で述べた安定結婚問題のシナリオと 2 つの点で異なる．第 1 に，病院は複数の学生とマッチされ，病院 h は $r_h \geq 1$ 人の学生を受け入れる．第 2 に，学生の数が病院の数と一致しないかもしれない．手続き GALE–SHAPLEY アルゴリズム全米研修医マッチングプログラムの要件に適するように修正する方法を述べよ．

25.2-4 弱パレート最適性 (weak Pareto optimality) として知られている以下の性質を証明せよ：

M を手続き GALE–SHAPLEY によって生成される安定マッチングとし，女性が男性にプロポーズするものとする．そのとき，任意に与えられた安定結婚問題のインスタンスに対して，すべての女性が安定マッチング M のパートナーよりも好きな相手を持つようなマッチングは安定でも不安定でも存在しない．

25.2-5 安定同居人問題 (stable-roommates problem) は安定結婚問題に似ているが，グラフが 2 部グラフではなく，偶数個の頂点を持つ完全グラフである．各頂点は人を表し，各人は他のすべての人を順位づける．ブロッキングペアと安定マッチングの定義は自然な形で拡張される．ブロッキングペアは現在のパートナーよりも互いに好きな 2 人からなり，マッチングはブロッキングペアが存在しない場合に安定となる．たとえば，次のようなお気に入りのリストを持つ 4 人，ももこ，さくら，さつき，みなを考える：

ももこ： さくら，さつき，みな
さくら： ももこ，みな，さつき
さつき： ももこ，みな，さくら
みな： さくら，さつき，ももこ

次のマッチングは安定になる：

ももことさくら

さつきとみな

安定結婚問題とは異なり，安定同居人問題では安定マッチングが存在しない入力が存在する．そのような入力を見つけ，なぜ安定マッチングが存在しないかを説明せよ．

25.3 割当て問題に対するハンガリアンアルゴリズム

$V = L \cup R$ である完全2部グラフ $G = (V, E)$ に再度情報を追加する．今回は各辺の頂点にもう一方の頂点たちの順位をつけるのではなく，各辺に重みをつける．ここでも，頂点集合 L と R は共に n 個の頂点を含み，したがって，G は n^2 本の辺を含むと仮定する．$l \in L$ と $r \in R$ に対して，辺 (l, r) の重みを $w(l, r)$ とし，頂点 l と頂点 r をマッチさせたときに得られる効用を表すものとする．

目的は，すべての完全マッチング（練習問題 25.1-5 と 25.1-6 参照）の中からマッチング辺の総重量が最大となる完全マッチング M^* を見出すことである．すなわち，$w(M) = \Sigma_{(l,r) \in M} w(l, r)$ をマッチング M の辺の総重量とするとき，

$$w(M^*) = \max \{ w(M) : M \text{ は完全マッチング} \}$$

を満たす完全マッチング M^* を見つけたい．このような最大重量の完全マッチングを見つける問題を**割当て問題** (assignment problem) と言う．割当て問題の解は，総効用を最大化する完全マッチングである．安定結婚問題と同様に，割当て問題は "良い" マッチングを見つけるが，良いの定義が異なっている：安定性を達成することではなく，総価値を最大にすることである．

割当て問題はすべての $n!$ 通りの完全マッチングを列挙して，解くことができるが，**ハンガリアンアルゴリズム** (Hungarian algorithm) として知られているアルゴリズムは，より速く解く．この節では，$O(n^4)$ 時間の上界を証明し，章末問題 25-2 では，実行時間を $O(n^3)$ に短縮するためのアルゴリズムの改良を求めている．ハンガリアンアルゴリズムは，完全2部グラフ上で動作するのではなく「等式部分グラフ (equality subgraph)」と呼ばれる G の部分グラフ上で動作する．等式部分グラフは，以下で定義されるが，時間とともに変化し，等式部分グラフにおける任意の完全マッチングは，割当て問題に対する最適解でもある，という特性を持っている．

等式部分グラフは，各頂点に割り当てる属性 h に依存する．h を頂点の**ラベル** (label) と言い，h は

$$l.h + r.h \geq w(l, r) \quad (\text{すべての } l \in L \text{ とすべての } r \in R \text{ に対して})$$

を満たすとき，G の**実行可能な頂点ラベルづけ** (feasible vertex labeling) であると言う．

$$l.h = \max \{ w(l, r) : r \in R \} \quad (\text{すべての } l \in L \text{ に対して}) \qquad (25.1)$$
$$r.h = 0 \quad (\text{すべての } r \in R \text{ に対して}) \qquad (25.2)$$

で与えられる**デフォルト頂点ラベルづけ** (default vertex labeling) は，実行可能な頂点ラベル

25.3　割当て問題に対するハンガリアンアルゴリズム | **609**

づけなので，実行可能な頂点ラベルづけは，つねに存在する．実行可能な頂点ラベルづけが与えられたとき，G の**等式部分グラフ** (equality subgraph) は，G と同じ頂点と，辺の部分集合

$$E_h = \{(l, r) \in E : l.h + r.h = w(l, r)\}$$

からなる．

　次の定理は，等式部分グラフの完全マッチングと割当て問題の最適解を結びつけるものである．

定理 25.14　$G = (V, E)$ は，$V = L \cup R$ である完全 2 部グラフで，各辺 $(l, r) \in E$ は重み $w(l, r)$ を持つとする．h を G の実行可能な頂点ラベルづけとし，G_h を G 上の等式部分グラフとする．G_h が完全マッチング M^* を持つならば，M^* は G の割当て問題の最適解である．

証明　G_h が完全マッチング M^* を持つならば，G_h と G は同じ頂点集合を持つので，M^* は G の完全マッチングでもある．M^* の各辺は G_h に属し，各頂点は，どの完全マッチングからもちょうど 1 つの隣接辺を持つので，次式が成立する．

$$\begin{aligned}
w(M^*) &= \sum_{(l,r) \in M^*} w(l, r) \\
&= \sum_{(l,r) \in M^*} (l.h + r.h) \quad (M^* \text{ のすべての辺は } G_h \text{ に属するので}) \\
&= \sum_{l \in L} l.h + \sum_{r \in R} r.h \quad (M^* \text{ は完全マッチングなので}).
\end{aligned}$$

M を G の任意の完全マッチングとすると，

$$\begin{aligned}
w(M) &= \sum_{(l,r) \in M} w(l, r) \\
&\leq \sum_{(l,r) \in M} (l.h + r.h) \quad (h \text{ は実行可能頂点ラベルづけなので}) \\
&= \sum_{l \in L} l.h + \sum_{r \in R} r.h \quad (M \text{ は完全マッチングなので})
\end{aligned}$$

が得られる．したがって，

$$w(M) \leq \sum_{l \in L} l.h + \sum_{r \in R} r.h = w(M^*) \tag{25.3}$$

が成り立つので，M^* は G の最大重みを持つ完全マッチングである．　■

　等式部分グラフの完全マッチングを見つけることが，ここからの目的になる．どの等式部分グラフを考えればよいのだろうか？どれでもよいのである！等式部分グラフの選び方だけでなく，選択した等式部分グラフの変更も自由にできる．単に，**ある**等式部分グラフの中の，**ある**完全マッチングを見つけさえすればよい．

　等式部分グラフをもう少しよく理解するために，定理 25.14 の証明をもう一度考えてみよう．証明の後半で，M を任意のマッチングとしよう．すると証明は，とくに不等式 (25.3) は，いまだに正しい：任意のマッチングの重みは，つねに高々頂点ラベルの合計なのである．等式部分グラフを定義する頂点ラベルの集合を任意に選ぶと，この等式グラフが含む基数最大のマッチングの重みは，高々すべての頂点ラベルの和である．頂点ラベルの集合が，"正しい"も

のであれば，$w(M^*)$ に等しい値を持つことになり，等式部分グラフが含む基数最大のマッチングは，最大重みの完全マッチングである．ハンガリアンアルゴリズムは上記の目的を達成するために，このマッチングとこの頂点ラベルを繰り返し修正する．

ハンガリアンアルゴリズムは，任意の実行可能な頂点ラベルづけ h とその等式部分グラフ G_h の任意のマッチング M から開始する．このアルゴリズムは，G_h 中の M 増加可能経路 P を繰り返し見つけ，補題 25.1 を用いて，マッチングを $M \oplus P$ に更新し，マッチングのサイズを増加させる．M 増加可能経路を含む等式部分グラフが存在する限り，完全マッチングが達成されるまで，マッチングのサイズを増加させることができる．

4 つの問題点がある：

1. アルゴリズムはどのような初期実行可能頂点ラベルづけから始めればよいか？答：式 (25.1) と (25.2) で与えられるデフォルト頂点ラベルづけでよい．

2. アルゴリズムは G_h のどのような初期マッチングから始めればよいか？短答：任意のマッチング．空のマッチングでもよいが，貪欲極大マッチングが効果的である．

3. G_h に M 増加可能経路が存在する場合，それをどのように見つけるのか？短答：最短 M 増加可能経路の極大集合を発見するために手続き HOPCROFT–KARP アルゴリズムの第 2 段階で用いたような，変形した幅優先探索を用いる．

4. M 増加可能経路の探索に失敗した場合はどうするか？短答：少なくとも 1 本の新しい辺を追加できるように，実行可能な頂点ラベルづけを更新する．

図 25.4 から開始する例を用いて，短答の内容を詳しく説明する．ここで，$L = \{l_1, l_2, \ldots, l_7\}$ および $R = \{r_1, r_2, \ldots, r_7\}$ である．辺重みは，図 25.4(a) の行列で与えられる．ここで，行列の i 行 j 列の要素が重み $w(l_i, r_j)$ である．デフォルト頂点ラベルづけで与えられる実行可能頂点ラベルづけが，行列の左側と上側に示されている．行列の灰色で示された要素は $l_i.h + r_j.h = w(l_i, r_j)$ となる辺 (l_i, r_j)，すなわち図 25.4(b) の等式部分グラフ G_h の辺を表している．

貪欲 2 部グラフ極大マッチング

2 部グラフの極大マッチングを見つける貪欲アルゴリズムを実装する方法はいくつかある．手続き GREEDY-BIPARTITE-MATCHING がその 1 つである．図 25.4(b) の濃い網かけの辺は，（手続き GREEDY-BIPARTITE-MATCHING によって作られる）G_h の極大マッチングを示す．（これを初期極大マッチングとして用いる．）練習問題 25.3-2 では，手続き GREEDY-BIPARTITE-MATCHING が，最大マッチングの少なくとも半分のサイズのマッチングを返すことを証明する．

G_h の M 増加可能経路を見つける

等式部分グラフ G_h のマッチング M から M 増加可能経路を見つけるために，ハンガリアンアルゴリズムは，Hopcroft–Karp アルゴリズムが G から G_M を生成したように，まず G_h から**有向等式部分グラフ** (directed equality subgraph) $G_{M,h}$ を生成する．Hopcroft–Karp アルゴリズムの場合と同様に，M 増加可能経路は，L のマッチしていない頂点から始まり，R のマッ

GREEDY-BIPARTITE-MATCHING(G)
1   $M = \emptyset$
2   **for** 各頂点 $l \in L$
3   **if** l にマッチしていない隣接点を R に持つ
4   任意のマッチしていない隣接点 $r \in R$ を選ぶ
5           $M = M \cup \{(l, r)\}$
6   **return** M

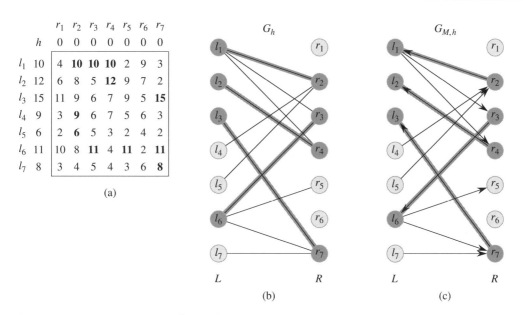

図 25.4 ハンガリアンアルゴリズムの開始. **(a)** $L = \{l_1, l_2, \ldots, l_7\}$, $R = \{r_1, r_2, \ldots, r_7\}$ である 2 部グラフの辺重みの行列. i 行 j 列の値は $w(l_i, r_j)$ を表す. 実行可能頂点ラベルが行列の上側と行列の左隣に表示されている. 太字の要素は等式部分グラフの辺に対応する. **(b)** 等式部分グラフ G_h. 濃い網かけの辺は初期貪欲極大マッチングに属する. 濃い網かけの頂点はマッチされている頂点で, 薄い網かけの頂点はマッチされていない頂点である. **(c)** M の辺を R から L に, その他の辺を L から R に有向化することによって G_h から作られる有向等式部分グラフ $G_{M,h}$.

チしていない頂点で終わり, L から R へマッチされていない辺を取り, R から L へマッチされている辺を取ると考えることができる. そこで, $G_{M,h} = (V, E_{M,h})$ を

$$\begin{aligned} E_{M,h} &= \{(l, r) : l \in L, r \in R, \text{かつ } (l, r) \in E_h - M\} \quad (L \text{ から } R \text{ への辺}) \\ &\cup \{(r, l) : r \in R, l \in L, \text{かつ } (l, r) \in M\} \quad (R \text{ から } L \text{ への辺}) \end{aligned}$$

と定義する. 有向等式部分グラフ $G_{M,h}$ における M 増加可能経路は等式部分グラフ G_h の M 増加可能経路でもあるので, $G_{M,h}$ における M 増加可能経路を見つければ十分である. 図 25.4(b) の等式部分グラフ G_h とマッチング M に対応する有向等式部分グラフ $G_{M,h}$ を図 25.4(c) に示す.

ハンガリアンアルゴリズムは, 得られた有向等式部分グラフ $G_{M,h}$ の中から, L の任意のマッチされていない頂点から R の任意のマッチされていない頂点に至る M 増加可能経路を探

索する．どのような網羅的なグラフ探索法でも十分である．ここでは，幅優先探索を用いる．

（Hopcroft–Karp アルゴリズムがダグ H を作成するときと同様）L のすべてのマッチされていない頂点から開始するが，（Hopcroft–Karp アルゴリズムとは異なり）R のマッチされていない頂点を最初に発見した時点で停止する．図 25.5 にそのアイデアを示す．L のすべてのマッチされていない頂点から開始するために，先入先出キューを，入口の頂点 1 つではなく，L のすべてのマッチされていない頂点を挿入して初期化する．Hopcroft–Karp アルゴリズムのダグ H とは異なり，ここでは，各頂点は 1 つの先行点を必要とするだけなので，幅優先探索は**幅優先森** (breadth-first forest) $F = (V_F, E_F)$ を作成する．L のそれぞれのマッチされていない頂点が F では根になる．

図 25.5(g) に，幅優先探索が発見した M 増加可能経路 $\langle (l_4, r_2), (r_2, l_1), (l_1, r_3), (r_3, l_6),$

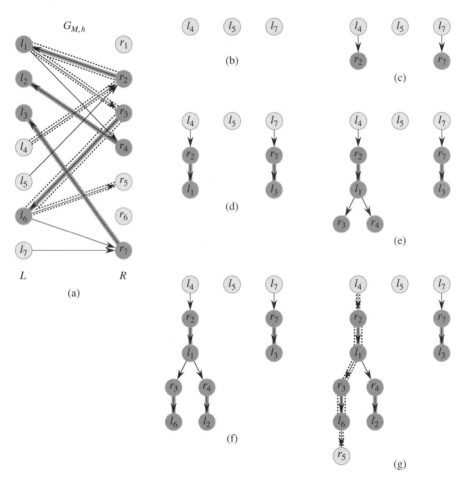

図 25.5 幅優先探索による $G_{M,h}$ 内の M 増加可能経路の発見．**(a)** 図 25.4(c) の有向等式部分グラフ $G_{M,h}$．**(b)**〜**(g)** 幅優先森 F の成長過程．根 —— マッチされていない L 内の頂点 —— からの各距離にある頂点が発見されていく様子が示されている．(b)〜(f) において，図の一番下の頂点の層は先入先出しキューに格納されている頂点である．たとえば，(b) において，キューには根である $\langle l_4, l_5, l_7 \rangle$ を含み，(e) では，キューには 3 つの根からの距離が 3 の $\langle r_3, r_4 \rangle$ を含む．(g) においては，マッチされていない頂点 r_5 が発見され，幅優先探索は終了する．(a) と (g) において点線で示された経路 $\langle (l_4, r_2), (r_2, l_1), (l_1, r_3), (r_3, l_6), (l_6, r_5) \rangle$ は M 増加可能経路である．マッチング M と M 増加可能経路の対称差をとると，M より辺数が 1 多い新しいマッチングが得られる．

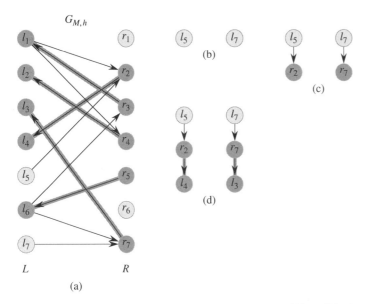

図 25.6 **(a)** 図 25.5(a) のマッチングを図 25.5(g) の M 増加可能経路で更新した後の新しいマッチング M と新しい有向等式部分グラフ $G_{M,h}$. **(b)〜(d)** 根 l_5 と l_7 を持つ新しい幅優先探索における幅優先森 F の成長過程. (d) の頂点 l_4 と l_3 がキューから削除された後,探索が R のマッチしていない頂点を発見する前にキューが空になる.

$\langle l_6, r_5 \rangle\rangle$ を示す.図 25.6(a) は,図 25.5(a) のマッチング M とこの M 増加可能経路との対称差をとってできた新しいマッチングである.

M 増加可能経路の探索に失敗したとき

M 増加可能経路からマッチング M を更新した後,ハンガリアンアルゴリズムは新しいマッチングに従って有向等式部分グラフ $G_{M,h}$ を更新し,L 中のマッチされていないすべての頂点から新しい幅優先探索を開始する.図 25.5 から引き継いで,この処理を開始した状況を図 25.6 に示す.

図 25.6(d) では,キューに頂点 l_4 と l_3 が含まれている.しかし,これらの頂点はいずれもそこから出る辺を持たないので,これらの頂点がキューから削除されると,キューは空になる.この時点で,M 増加可能経路をもたらすマッチされていない R 頂点を発見する前に,探索は終了する.このとき,探索が最後に発見した頂点は L 頂点である.なぜなら,探索が R のマッチされていない頂点を発見すると,M 増加可能経路を発見し,R のマッチされている頂点を発見すると,この頂点は(そのマッチング相手である)L の未訪問頂点を持ち,探索は,次にこの L 頂点を探索できるからである.

等式部分グラフを自由に選べることを思い出そう.すでに行われた作業を打ち消さない限り,有向等式部分グラフは"その場で"変更できる.ハンガリアンアルゴリズムは,実行可能な頂点ラベルづけを次の基準を満たすように更新する:

1. 幅優先森 F の任意の辺は,有向等式部分グラフの辺である.
2. マッチング M の辺は,有向等式部分グラフの辺である.
3. E_h は少なくとも 1 つの辺 (l, r) ($l \in L \cap V_F$ かつ $r \in R - V_F$) を新たに含み,それゆえ,

$E_{M,h}$ も (l, r) を新たに含む. したがって, 少なくとも 1 つの R 頂点が新たに発見される.

上述のように, 少なくとも 1 本の辺が有向等式部分グラフに新たに加わり, 有向等式部分グラフから除かれる辺は, マッチング M にも幅優先森 F にも属さない. 新たに発見された R の頂点は, キューに入れられるが, その距離は最後に発見された L 頂点の距離より 1 大きいとは限らない.

実行可能な頂点ラベルづけを更新する前に, ハンガリアンアルゴリズムは, 最初に次の値

$$\delta = \min\{l.h + r.h - w(l, r) : l \in F_L \text{ かつ } r \in R - F_R\} \tag{25.4}$$

を計算する. ここで, $F_L = L \cap V_F$ と $F_R = R \cap V_F$ は, それぞれ, L と R に属する幅優先森の頂点集合を表す. すなわち, δ は F_L 内の頂点に接続するある辺 (l, r) が, 現在の等式部分グラフ G_h に加わることができなかった理由である差 $l.h + r.h - w(l, r)$ の最小値を表す. 次に, ハンガリアンアルゴリズムは, すべての頂点 $l \in F_L$ について $l.h$ から δ を引き, すべての頂点 $r \in F_R$ について $r.h$ に δ を加えて, 新しい実行可能ラベルづけ, h' を作成する:

$$v.h' = \begin{cases} v.h - \delta & v \in F_L \text{ のとき} \\ v.h + \delta & v \in F_R \text{ のとき} \\ v.h & \text{それ以外 } (v \in V - V_F \text{ のとき}) \end{cases} \tag{25.5}$$

次の補題は, これらの変更が上記の 3 つの条件を達成することを示す.

補題 25.15 等式部分グラフ G_h を持つ完全 2 部グラフ G に対する実行可能ラベルづけを h とし, G_h に対するマッチングを M, 有向等式部分グラフ $G_{M,h}$ に対して構築されている幅優先森を F とする. このとき, 式 (25.5) のラベルづけ h' は以下の性質を持つ G の実行可能頂点ラベルづけである:

1. (u, v) が $G_{M,h}$ に対する幅優先森 F の辺ならば, $(u, v) \in E_{M,h'}$ である.
2. (l, r) が G_h に対するマッチング M に属するならば, $(l, r) \in E_{M,h'}$ である.
3. $(l, r) \notin E_{M,h}$ だが $(l, r) \in E_{M,h'}$ となる頂点 $l \in F_L$ と $r \in R - F_R$ が存在する.

証明 まず, h' が G に対する実行可能な頂点ラベルづけであることを示す. h は実行可能な頂点ラベルづけであるから, すべての $l \in L$ と $r \in R$ に対して, $l.h + r.h \geq w(l, r)$ が成立する. h' が実行可能な頂点ラベルづけでないとすると, $l.h' + r.h' < w(l, r)$ となるような $l \in L$ と $r \in R$ が存在しなければならない. このようになるのは, $l \in F_L$ かつ $r \in R - F_R$ となる場合だけである. この場合, 減少量は δ に等しいので, $l.h' + r.h' = l.h - \delta + r.h$ となる. 式 (25.4) より, $l \in F_L$ と $r \in R - F_R$ に対して, $l.h' + r.h' \geq w(l, r)$ が成立するので, その他の辺については, $l.h' + r.h' \geq l.h + r.h \geq w(l, r)$ が成立する. したがって, h' は実行可能な頂点ラベルづけである.

次に, 3 つの望ましい性質のそれぞれが成り立つことを示す:

1. $l \in F_L$ かつ $r \in F_R$ ならば, δ は l のラベルに加えられ, r のラベルから引かれるので, $l.h' + r.h' = l.h + r.h$ となる. したがって, 有向グラフ $G_{M,h}$ の F に属する任意の辺は同時に $G_{M,h'}$ にも属する.
2. ハンガリアンアルゴリズムが, 各辺 $(l, r) \in M$ に対して, 新しい実行可能な頂点ラベルづけ h' を計算するとき, $l \in F_L$ であるための必要十分条件は $r \in F_R$ であることを主張す

る．この主張を証明するために，マッチされている頂点 r を考え，$(l,r) \in M$ とする．まず，$r \in F_R$ を仮定する．探索は r を発見して，キューに入れる．r がキューから削除されたとき，l が発見されるので，$l \in F_L$ である．つぎに，$r \notin F_R$ を仮定すると，r は未発見である．このとき，$l \notin F_L$ であることを示す．$G_{M,h}$ で l に入る辺は (r,l) だけで，r は未発見なので，探索はこの辺を辿っていない．もし $l \in F_L$ なら，辺 (r,l) が原因ではない．L の頂点が F_L に属するための他の唯一の方法は，その頂点が探索の根である場合であるが，L の中でマッチされていない頂点だけが根であり，l はマッチされている．したがって，$l \notin F_L$ となり，主張が証明された．

$l \in F_L$ かつ $r \in F_R$ ならば，$l.h' + r.h' = l.h + r.h$ が成り立つことはすでに見た．逆の場合，$l \in L - F_L$ かつ $r \in R - F_R$ のとき，$l.h' = l.h$ かつ $r.h' = r.h$ となり，この場合も $l.h' + r.h' = l.h + r.h$ が成立する．したがって，辺 (l,r) が等式部分グラフ G_h に対するマッチング M に含まれるならば，$(r,l) \in E_{M,h'}$ となる．

3. $l \in F_L$，$r \in R - F_R$ かつ $\delta = l.h + r.h - w(l,r)$ を満たす，E_h には属さない（無向）辺を (l,r) とする．δ の定義により，そのような辺は少なくとも 1 本以上存在する．このとき，
$$
\begin{aligned}
l.h' + r.h' &= l.h - \delta + r.h \\
&= l.h - (l.h + r.h - w(l,r)) + r.h \\
&= w(l,r)
\end{aligned}
$$

が成り立つので，$(l,r) \in E_{h'}$ である．(l,r) は E_h には属していないので，この辺はマッチング M には属していない．したがって，$E_{M,h'}$ では，（無向辺）(l,r) は L から R へ方向づけられる．したがって，$(l,r) \in E_{M,h'}$ である． ∎

$E_{M,h}$ には属するが，$E_{M,h'}$ には属さない辺は起こりうる．補題 25.15 により，そのような任意の辺は，新しい実行可能頂点ラベルづけ h' が計算されるとき，マッチング M にも幅優先森 F にも属さない．（練習問題 25.3-3 参照．）

図 25.6(d) に戻ると，M 増加可能経路が見つかる前にキューが空になった．図 25.7 は，アルゴリズムによる次のステップを示す．図 25.4(a) では，$l_5.h + r_3.h - w(l_5, r_3) = 6 + 0 - 5 = 1$ なので，$\delta = 1$ が辺 (l_5, r_3) によって達成される．図 25.7(a) では，$l_3.h$，$l_4.h$，$l_5.h$，$l_7.h$ の値が 1 減り，$r_2.h$ と $r_7.h$ の値が 1 増える（r_2 と r_7 が F に属するので），その結果，辺 (l_1, r_2) と (l_6, r_7) は $G_{M,h}$ から除かれ，辺 (l_5, r_3) が新たに加わる．図 25.7(b) に新しい有向等式部分グラフ $G_{M,h}$ を示す．$G_{M,h}$ に辺 (l_5, r_3) が加わったことにより，この辺が幅優先森林 F に追加され，r_3 がキューに追加されていることを図 25.7(c) が示している．(c)～(f) では，(f) に至るまで幅優先森が引き続き成長を続ける状況を示している．(f) では，外向き辺がなくなったので，頂点 l_2 が削除された後，キューは再び空になる．アルゴリズムは再び実行可能な頂点ラベルづけと有向等式部分グラフを更新しなければならない．今回は，$\delta = 1$ の値は，3 本の辺 (l_1, r_6)，(l_5, r_6)，(l_7, r_6) によって達成される．

図 25.8 の (a) と (b) に示すように，$G_{M,h}$ にこれらの辺が加わり，辺 (l_6, r_3) が除かれる．(c) は辺 (l_1, r_6) が幅優先森に追加された所を示している．（このとき，(l_5, r_6) と (l_7, r_6) のど

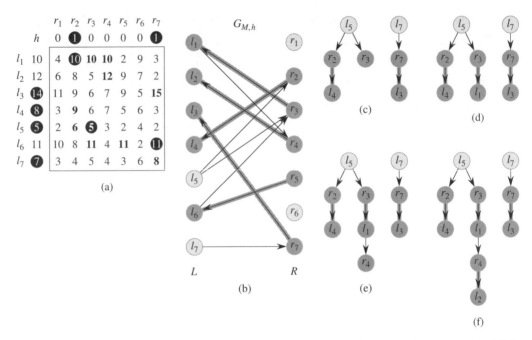

図 25.7 M 増加可能経路を見つける前にキューが空になった場合．実行可能な頂点ラベルづけと有向等式部分グラフ $G_{M,h}$ の更新．**(a)** $\delta = 1$ なので，$l_3.h$, $l_4.h$, $l_5.h$, $l_7.h$ の各値は 1 減少し，$r_2.h$, $r_7.h$ の各値は 1 増加する．$G_{M,h}$ から辺 (l_1, r_2) と (l_6, r_7) が除かれ，辺 (l_5, r_3) が加わる．これらの変化は黒色で示されている．**(b)** 得られた有向等式部分グラフ $G_{M,h}$．**(c)~(f)** 幅優先森に辺 (l_5, r_3) を加え，r_3 がキューに挿入した後，幅優先探索が (f) で再びキューが空になるまで続けられる．

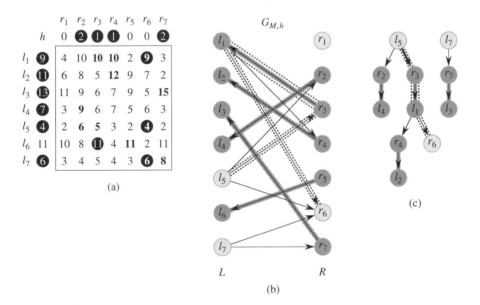

図 25.8 M 増加可能経路を見つける前に再びキューが空になったため，実行可能な頂点ラベルづけと有向等式部分グラフ $G_{M,h}$ に対する再度の更新．**(a)** $\delta = 1$ なので，$l_1.h$, $l_2.h$, $l_3.h$, $l_4.h$, $l_5.h$, $l_7.h$ の値は 1 減少し，$r_2.h$, $r_3.h$, $r_4.h$ と $r_7.h$ の各値は 1 増加する．$G_{M,h}$ から辺 (l_6, r_3) が除去され，辺 (l_1, r_6) と (l_5, r_6) と (l_7, r_6) が加わる．**(b)** 得られた有向等式部分グラフ $G_{M,h}$．**(c)** 辺 (l_1, r_6) が幅優先森に加えられ，r_6 がマッチされていないので，探索は，(b) と (c) で点線で示されている．M 増加可能経路 $\langle (l_5, r_3), (r_3, l_1), (l_1, r_6) \rangle$ を発見して，終了する．

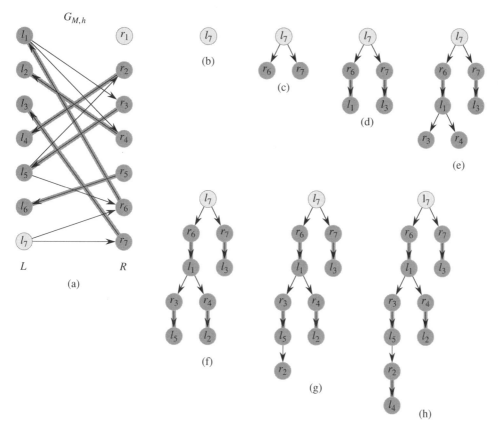

図 25.9 (a) 図 25.8 のマッチングを図 25.8(b)〜(c) の M 増加可能経路によって更新した新しいマッチング M と新しい有向等式部分グラフ $G_{M,h}$. (b)〜(h) l_7 を根とする新しい幅優先探索における幅優先森 F の成長過程. (h) で頂点 l_4 がキューから除かれた後,探索が R の中にマッチされていない頂点を見つける前にキューは空になる.

ちらかを追加することも可能であった.) r_6 はマッチしていないので,点線で示した M 増加可能経路 $\langle(l_5, r_3), (r_3, l_1), (l_1, r_6)\rangle$ を探索は発見した.

図 25.9(a) は,マッチング M をこの M 増加可能経路との対称差を取ることで,更新した後の $G_{M,h}$ を示す.ハンガリアンアルゴリズムは,頂点 l_7 を唯一の根として,最後の幅優先探索を開始する.図 25.9 の (b)〜(h) に示すように,l_4 を削除してキューが空になるまで探索が進む.今回は,$\delta = 2$ が 5 本の辺 (l_2, r_5), (l_3, r_1), (l_4, r_5), (l_5, r_1), および (l_5, r_5) によって,達成されることが分かり,各辺が $G_{M,h}$ に加えられる.図 25.10(a) は F_L の各頂点の実現可能頂点ラベルを 2 減らし,F_R の各頂点の実現可能頂点ラベルを 2 増やした結果であり,図 25.10(b) はその結果の有向等式部分グラフ $G_{M,h}$ を示している.図 25.10(c) は,辺 (l_3, r_1) が幅優先探索森に追加される所を示している.r_1 はマッチされていない頂点なので,点線で示した M 増加可能経路 $\langle(l_7, r_7), (r_7, l_3), (l_3, r_1)\rangle$ を発見して探索を終了する.もし r_1 がマッチされていれば,頂点 r_5 も l_2, l_4, l_5 のいずれかを親として幅優先探索森に追加されたはずである.

マッチング M を更新した後,アルゴリズムは図 25.11 の等式部分グラフ G_h に示される完全マッチングに到達する.定理 25.14 により,M の辺は,行列で与えられた元の割当て問題に対する最適解が得られる.ここで,辺 (l_1, r_6), (l_2, r_4), (l_3, r_1), (l_4, r_2), (l_5, r_3), (l_6, r_5), (l_7, r_7) の重みの合計は 65 であり,これは任意のマッチングの最大の重みである.

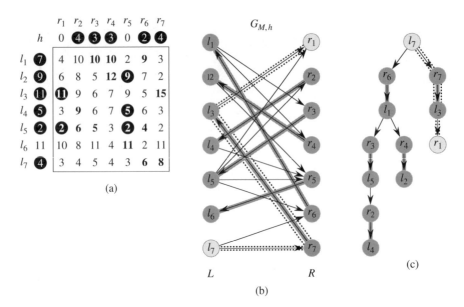

図 25.10 実行可能な頂点ラベルづけと有向等号部分グラフ $G_{M,h}$ の更新. **(a)** ここでは，$\delta = 2$ なので，$l_1.h$, $l_2.h$, $l_3.h$, $l_4.h$, $l_5.h$, $l_7.h$ の値はそれぞれ 2 減少し，$r_2.h$, $r_3.h$, $r_4.h$, $r_6.h$ と $r_7.h$ の値はそれぞれ 2 増加する．(l_2, r_5), (l_3, r_1), (l_4, r_5), (l_5, r_1), (l_5, r_5) の 5 辺が $G_{M,h}$ に加わる．**(b)** その結果できた有向グラフ $G_{M,h}$. **(c)** 辺 (l_5, r_1) が幅優先森に加えられ，r_1 がマッチされていないので，探索は，M 増加可能経路 $\langle (l_7, r_7), (r_7, l_3), (l_3, r_1) \rangle$ を発見して，終了する．(b) と (c) においてはその経路は点線で示されている．

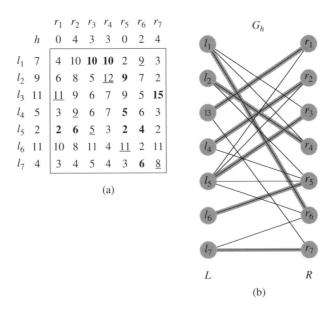

図 25.11 最終的に得られたマッチング．等号部分グラフ G_h では濃い網かけの辺で，行列では下線の値でマッチング辺が示されている．このマッチングにおける辺の重みの合計は 65 であり，これは元の完全 2 部グラフにおけるマッチングの最大値であると同時に，最終的に各頂点に与えた実行可能な頂点ラベルの総和でもある．

25.3 割当て問題に対するハンガリアンアルゴリズム | 619

最大重みを持つマッチングの重みは，すべての実行可能な頂点ラベルの合計に一致する．マッチングの重みの最大化と実行可能な頂点ラベルの総和の最小化は，最大フローの値が最小カットの容量に等しいのと同様に「双対 (dual)」である．第 29.3 節（双対性）では，双対性についてより深く掘り下げる．

ハンガリアンアルゴリズム

手続き HUNGARIAN（619 ページ）とそのサブルーチン FIND-AUGMENTING-PATH（621 ページ）は，今まで見てきたような手順を踏んでいる．補題 25.15 の 3 番目の性質は，手続き FIND-AUGMENTING-PATH の第 23 行において，キュー Q が空でないことを保証している．この擬似コードでは，幅優先森における先行頂点を示すために属性 π を使っている．469 ページの手続き BFS のように，着色する代わりに，探索は発見した頂点を集合 F_L と F_R に置く．ハンガリアンアルゴリズムは幅優先距離を必要としないので，擬似コードでは，手続き BFS で計算された d 属性は省略している．

元のグラフ G で，$|V| = 2n$，$|E| = n^2$ であるとき，なぜハンガリアンアルゴリズムが $O(n^4)$ 時間で実行できるかを見てみよう．（そのあとで，実行時間を $O(n^3)$ に短縮する方法を概説する．）HUNGARIAN の擬似コードを見ると，第 1〜6 行と第 11 行が $O(n^2)$ 時間かかることが確認できる．第 7〜10 行の **while** ループは，各繰返しでマッチング M のサイズが 1 ずつ増えるので，最大で n 回繰り返す．第 7 行の各判定は $|M| < n$ かどうかをチェックするだけなので，定数時間である．第 9 行の M の各更新は $O(n)$ 時間かかり，第 10 行の更新には $O(n^2)$ 時間がかかる．

HUNGARIAN(G)

1 **for** 各頂点 $l \in L$
2      $l.h = \max \{w(l, r) : r \in R\}$ // 式 (25.1) より
3 **for** 各頂点 $r \in R$
4      $r.h = 0$ // 式 (25.2) より
5   M を G_h の任意のマッチングとする （たとえば，
        手続き GREEDY-BIPARTITE-MATCHING によって返されるマッチング）
6   G, M, h から等式部分グラフ G_h と有向等式部分グラフ $G_{M,h}$ を作る
7 **while** M が G_h の完全マッチングでない
8      $P =$ FIND-AUGMENTING-PATH($G_{M,h}$)
9      $M = M \oplus P$
10   等式部分グラフ G_h と有向等式部分グラフ $G_{M,h}$ を更新する
11 **return** M

$O(n^4)$ の時間上界を達成するために，手続き FIND-AUGMENTING-PATH の各呼出しが $O(n^3)$ 時間で実行できることを示すことが必要となる．第 10〜22 行の各実行を**成長ステップ** (growth step) と呼ぶことにしよう．成長ステップを無視すると，手続き FIND-AUGMENTING-PATH は幅優先探索であることが確認できる．F_L と F_R を適切に表現すれば，幅優先探索は $O(V + E) = O(n^2)$ 時間でできる．1 回の成長ステップを実行すれば少なくとも 1 個の R の

頂点を発見できることが保証されているので，1回の手続き FIND-AUGMENTING-PATH の呼出しの中では，成長ステップは高々 n 回しか実行されない．$G_{M,h}$ には高々 n^2 本の辺があるので，第 16〜22 行の **for** ループは手続き FIND-AUGMENTING-PATH の呼出しごとに，高々 n^2 回繰り返される．ボトルネックは第 10 行と第 15 行で，これらは $O(n^2)$ 時間かかるので，手続き FIND-AUGMENTING-PATH の実行時間は $O(n^3)$ 時間である．

練習問題 25.3-5 では，第 15 行の有向等号部分グラフ $G_{M,h}$ の再構成は実際には必要なく，そのためのコストを削減できることを示す．第 10 行で δ の計算時間を $O(n)$ に削減するには，もう少し工夫を要するが，それは章末問題 25-2 の主題である．これらの変更によって，手続き FIND-AUGMENTING-PATH の各呼出しは $O(n^2)$ 時間で実行でき，ハンガリアンアルゴリズムは $O(n^3)$ 時間で実行できる．

練習問題

25.3-1 手続き FIND-AUGMENTING-PATH は，発見した R の頂点がマッチしているか否かを 2 か所（第 19 行と第 31 行）で判定する．この判定が 1 箇所ですむように擬似コードを書き換えよ．そのようにするとどのような不都合が生じるか？

25.3-2 任意の 2 部グラフに対して，611 ページの手続き GREEDY-BIPARTITE-MATCHING が，最大マッチングの少なくとも半分のサイズのマッチングを返すことを示せ．

25.3-3 h' が式 (25.5) で与えられるとき，辺 (l, r) が有向等式部分グラフ $G_{M,h}$ には属するが，$G_{M,h'}$ の要素ではないならば，h' が計算された時点で，$l \in L - F_L$ かつ $r \in F_R$ であることを示せ．

25.3-4 手続き FIND-AUGMENTING-PATH の第 29 行で，$v \in R$ であることはすでに確定している．この行では $V \in F_R$ かどうかをテストして，v がすでに発見されているかどうかをチェックしている．$v \in L$ の場合には，v がすでに発見されているかどうかを 26〜28 行でチェックする必要がない理由を示せ．

25.3-5 Hrabosky 教授は次のように主張している．ハンガリアンアルゴリズムは，有向等式部分グラフ $G_{M,h}$ を構築し，維持する必要があるので，手続き HUNGARIAN の第 6 行と手続き FIND-AUGMENTING-PATH の第 15 行が必要である．$G_{M,h}$ を明示的に構築せずに辺が $E_{M,h}$ に属するかどうかを決定する方法を示して，教授が誤っていることを論証せよ．

25.3-6 L の頂点と R の頂点のマッチングで，マッチングの重みの合計を最大化するのではなく，最小化するものを見つけるために，ハンガリアンアルゴリズムをどのように修正すればよいか？

25.3-7 $|L| \neq |R|$ の割当て問題をハンガリアンアルゴリズムが解くようにするには，どのように修正すればよいか？

25.3 割当て問題に対するハンガリアンアルゴリズム | **621**

FIND-AUGMENTING-PATH($G_{M,h}$)

```
 1  Q = ∅
 2  F_L = ∅
 3  F_R = ∅
 4  for マッチされていない各頂点 l ∈ L
 5      l.π = NIL
 6      ENQUEUE(Q, l)
 7      F_L = F_L ∪ {l}        // 森 F は L のマッチされていない頂点から開始する
 8  repeat
 9      if Q は空              // 探索する頂点がなくなった？
10          δ = min{l.h + r.h − w(l, r) : l ∈ F_L かつ r ∈ R − F_R}
11          for 各頂点 l ∈ F_L
12              l.h = l.h − δ    // 式 (25.5) によってラベルをつけ替える
13          for 各頂点 r ∈ F_R
14              r.h = r.h + δ    // 式 (25.5) によってラベルをつけ替える
15          G, M, h から新しい有向部分グラフ G_{M,h} を作る
16          for 各新しい辺 (l, r) ∈ E_{M,h}              // 新しい辺で探索を続ける
17              if r ∉ F_R
18                  r.π = l                    // r を発見したので，F に追加する
19                  if r はマッチされていない
20                      M 増加可能経路が発見された
                        (repeat ループから抜ける)
21                  else ENQUEUE(Q, r)        // あとで r から探索
22                      F_R = F_R ∪ {r}
23      u = DEQUEUE(Q)                        // u から探索
24      for u の G_{M,h} における各隣接節点 v
25          if v ∈ L
26              v.π = u
27              F_L = F_L ∪ {v}              // v を発見したので，F に追加する
28              ENQUEUE(Q, v)                // あとで v から探索
29          elseif v ∉ F_R                    // v ∈ R. 第 18〜22 行と同じ処理をする
30              v.π = u
31              if v はマッチされていない
32                  M 増加可能経路が発見された
                    (repeat ループから抜ける)
33              else ENQUEUE(Q, v)
34                  F_R = F_R ∪ {v}
35  until M 増加可能経路を発見する
36  先行点属性 π を用いて，R のマッチされていない頂点からさかのぼることによって
        M 増加可能経路 P を作る
37  return P
```

622 | 25　2部グラフでのマッチング

章末問題

25-1　正則2部グラフの完全マッチング

a.　章末問題 20-3 では有向グラフのオイラー巡回路を検討した．連結**無向**グラフ $G = (V, E)$ のオイラー巡回路は，頂点は複数回通ってもよいが各辺をちょうど1回ずつ訪れる閉路である．G がオイラー巡回路を持つための必要十分条件は，V のすべての頂点の次数が偶数であることを証明せよ．

b.　G が連結かつ無向で，V のすべての頂点の次数が偶数であるとする．章末問題 20-3(b) のように，G のオイラー巡回路を求める $O(E)$ 時間のアルゴリズムを与えよ．

c.　練習問題 25.1-6 では，$G = (V, E)$ が d 正則2部グラフであるとき，d 個の互いに素な完全マッチングを含むことが述べられている．d がちょうど2のベキであると仮定する．d 正則2部グラフの d 個の互いに素な完全マッチングを $\Theta(E \lg d)$ 時間で求めるアルゴリズムを与えよ．

25-2　ハンガリアンアルゴリズムの実行時間の $O(n^3)$ への削減

　この問題では，手続き Find-Augmenting-Path の実行時間を $O(n^3)$ から $O(n^2)$ に削減することで，ハンガリアンアルゴリズムの実行時間を $O(n^4)$ から $O(n^3)$ に削減することになる．練習問題 25.3-5 では，手続き Hungarian の第6行と手続き Find-Augmenting-Path の第15行は不要であることを示した．ここでは，手続き Find-Augmenting-Path の第10行の各実行時間を $O(n)$ に削減する．

　各頂点 $r \in R - F_R$ に対して，新しい属性 $r.\sigma$ を

$$r.\sigma = \min \{l.h + r.h - w(l, r) : l \in F_L\}$$

と定義する．すなわち，$r.\sigma$ は r が有向等式部分グラフ $G_{M,h}$ のある頂点 $l \in F_L$ と隣接する状況から離れている程度を示す．ある頂点を F_L に加える前に，すべての $r \in R$ に対して $r.\sigma$ の初期値を ∞ に設定する．

a.　第10行の δ を σ 属性に基づいて，$O(n)$ 時間で計算する方法を示せ．

b.　δ が計算された後，すべての σ 属性を $O(n)$ 時間で更新する方法を示せ．

c.　F_L が変化したとき，すべての σ 属性を更新するのに，手続き Find-Augmenting-Path の呼出しごとに $O(n^2)$ 時間かかることを示せ．

d.　手続き Hungarian の手続きを $O(n^3)$ 時間で実行できるように実装せよ．

25-3　他のマッチング問題

　ハンガリアンアルゴリズムは完全2部グラフから最大重みの完全マッチングを見つける．ハンガリアンアルゴリズムは他の問題の解決に利用することも可能であり，その場合は入力グラ

25.3 割当て問題に対するハンガリアンアルゴリズム | **623**

フを修正して，ハンガリアンアルゴリズムを動作させる．場合によっては出力を修正することもある．この方針で以下の問題を解く方法を示せ．

a. すべての重みが正である，必ずしも完全ではない重みつき 2 部グラフから最大重みマッチングを発見するアルゴリズムを与えよ．

b. 0 または負の重みを許して，**(a)** をやり直せ．

c. 有向グラフ（必ずしも 2 部でなくてもよい）の**サイクルカバー** (cycle cover) は，各頂点が高々 1 つの閉路上に出現する，互いに辺素な閉路の集合である．非負の辺重み $w(u, v)$ が与えられたとき，サイクルカバーに含まれる辺の集合を C とし，サイクルカバーの重みを $w(C) = \Sigma_{(u,v) \in C} w(u, v)$ と定義する．最大重みのサイクルカバーを見つけるアルゴリズムを示せ．

25-4 分数マッチング

グラフ $G = (V, E)$ が与えられたとき，

分数マッチング (fractional matching) を，すべての頂点 $u \in V$ に対して，$\Sigma_{(u,v) \in E} x(u, v) \leq 1$ を満たす関数 $x : E \to [0, 1]$ であると定義する．ここで，$[0, 1]$ は 0 と 1 の間の（0 と 1 を含む）実数の集合である．分数マッチングの値は $\Sigma_{(u,v) \in E} x(u, v)$ である．分数マッチングの定義はマッチングと同じであるが，マッチングはすべての辺 $(u, v) \in E$ に対して，$x(u, v) \in \{0, 1\}$ と言う制約が追加される．グラフが与えられたとき，M^* を最大マッチング，x^* を最大の値を持つ分数マッチングとする．

a. 任意の 2 部グラフについて，$\Sigma_{(u,v) \in E} x^*(u, v) \geq |M^*|$ であることを論証せよ．

b. 任意の 2 部グラフについて，$\Sigma_{(u,v) \in E} x^*(u, v) \leq |M^*|$ であることを証明せよ．（**ヒント：**整数値を持つ分数マッチングをマッチングに変換するアルゴリズムを与えよ．）2 部グラフにおける分数マッチングの最大値は，基数最大のマッチングのサイズと同じであることを結論づけよ．

c. 重みつきグラフにおける分数マッチングも同様に定義でき，分数マッチングの値は，$\Sigma_{(u,v) \in E} w(u, v) x(u, v)$ となる．前項の結果を拡張して，重みつき 2 部グラフにおいて，重みつき分数マッチングの最大値は，最大重みつきマッチングの値に等しいことを示せ．

d. 一般のグラフでは，以上の類似の結果は必ずしも成立しない．最大値を持つ分数マッチングが最大マッチングとはならない，2 部グラフでない小さなグラフの例をあげよ．

25-5 頂点ラベルの計算

各辺 $(l, r) \in E$ が重み $w(l, r)$ を持つ完全 2 部グラフが与えられている．また，G に対する最大重みの完全マッチング M^* も与えられている．このとき，M^* が等式部分グラフ G_h における完全マッチングとなるような実行可能な頂点ラベルづけ h を計算したい．すなわち，

$$l.h + r.h \geq w(l, r) \quad （すべての l \in L と r \in R に対して） \tag{25.6}$$
$$l.h + r.h = w(l, r) \quad （すべての (l, r) \in M^* に対して） \tag{25.7}$$

を満たす頂点のラベルづけ h を計算したい．（条件 (25.6) がすべての辺について成立し，より強い要件 (25.7) が M^* のすべての辺について成立する．）実行可能な頂点のラベルづけ h を計算するアルゴリズムを与え，それが正しいことを証明せよ．（**ヒント**：条件 (25.6) の (25.7) の類似性と第 22 章で証明した最短路のいくつかの性質，とくに三角不等式（補題 22.10）および収束性（補題 22.14）を使用せよ．）

文献ノート

マッチングアルゴリズムには長い歴史があり，アルゴリズムの設計と解析における多くのブレイクスルーの中心的存在であった．Lovász–Plummer による本 [306] はマッチング問題についての優れた参考文献であり，Ahuja–Magnanti–Orlin による本 [7] のマッチングの章もまた，広範囲の参考文献を含んでいる．

Hopcroft–Karp のアルゴルリズムは Hopcroft–Karp [224] による．Madry [308] は $\widetilde{O}(E^{10/7})$ 時間のアルゴリズムを与え，これは疎なグラフに対しては，Hopcroft–Karp のアルゴリズムよりも漸近的に高速である．

系 25.4 は Berge [53] によるもので，2 部グラフでないグラフでも成立する．一般のグラフのマッチングにはより複雑なアルゴリズムが必要になる．$O(V^4)$ 時間で動作する最初の多項式時間アルゴリズムは，Edmonds [130] によるものである．（この論文では多項式時間アルゴリズムの概念も導入されている．）このアルゴリズムも 2 部グラフの場合と同様に増加可能経路を用いるが，一般のグラフの増加可能経路を求めるアルゴリズムは 2 部グラフの場合よりも複雑である．その後，Gabow–Tarjan [168] による重みつきマッチングのアルゴリズムの一部として用いられたものや，Gabow [164] によるより単純なものなど，いくつかの $O(\sqrt{V}E)$ 時間のアルゴリズムが登場した．

ハンガリアンアルゴリズムは，Bondy–Murty [67] に記述されており，Kuhn [273] と Munkres [337] の仕事を基にしている．Kuhn は，このアルゴリズムがハンガリーの数学者 D. Kőnig と J. Egervéry の仕事に由来することから，「ハンガリアンアルゴリズム」という名前を採用した．このアルゴリズムは，主双対アルゴリズムの初期の例である．辺の重みが 0 から W の整数である場合に，より高速な時間で走るアルゴリズムが Gabow–Tarjan によって与えられ [167]，一般グラフにおける最大重みマッチングのアルゴリズムが Duan–Pettie–Su によって与えられている [127]．

安定結婚問題は，Gale–Shapley によって初めて定義され解析された [169]．安定結婚問題には多くの変型がある．Gusfield–Irving [203]，Knuth [266]，Manlove [313] による本は，それらの分類と解法の優れた資料となる．

VII　精選トピックス

序　論

第 VII 部では，本書がこれまでに扱ってきた内容を拡張し補完するアルゴリズムの話題が精選されている．いくつかの章では，回路や並列コンピュータなどの新しい計算モデルを導入する．他の章では，行列や数論などの専門領域を紹介する．最後の 2 つの章では，効率的なアルゴリズム設計に対する既知の限界を議論すると共に，これらの限界に対処するための技法を導入する．

　第 26 章（並列アルゴリズム）では，タスク並列計算，もっと具体的に言うと fork-join 並列処理に基づく並列計算のためのアルゴリズムモデルを紹介する．まず，このモデルの基礎を導入するとともに，仕事量とスパンという尺度を用いて並列処理を定量化する方法を示す．つぎに，いくつかの興味深い fork-join アルゴリズムを検討する．これらの中には，行列乗算とマージソートを行うアルゴリズムが含まれる．

　アルゴリズムは，その開始時にすべての入力を受け取るよりも，動作中に時々刻々と入ってくる入力を受け取るケースが多い．このような状況下でのアルゴリズムを「オンライン (online)」アルゴリズムと呼ぶ．第 27 章（オンラインアルゴリズム）では，オンラインアルゴリズムに使われる手法を検討する．階段を使う前にエレベータをどのくらい待てばよいかという "おもちゃ (toy)" 問題から始める．つぎに，連結リストを維持するための "先頭移動 (move-to-front)" ヒューリスティクスについて学び，最後に，第 15.4 節（オンラインキャッシュ）で取り上げたキャッシュ問題のオンライン版を検討する．これらのオンラインアルゴリズムの解析結果は驚異的なもので，未来の入力がどのようなものかかわからないアルゴリズムの性能と，未来の入力をあらかじめ知っている最適アルゴリズムの性能を比較すると，その差は，定数係数の範囲内にあるという結果が示される．

　第 28 章（行列演算）では，行列演算を効率よく行うアルゴリズムを学ぶ．連立 1 次方程式をガウスの消去法に基づいて，$O(n^3)$ 時間で解く 2 つの一般的な手法——LU 分解と LUP 分解——を紹介する．そして，逆行列計算と行列積が同等の速さで計算できることを示す．最後に，連立 1 次方程式が厳密解を持たないときに，最小 2 乗近似解を計算する方法を示し，本章を終える．

　第 29 章（線形計画法）では，限られた資源と競合する制約が与えられたとき，1 つの目的関数を最大化あるいは最小化する問題である線形計画法を学ぶ．線形計画法には多くの実用的な応用がある．本章では「双対性 (duality)」の概念についても説明する．最大化問題と最小化問題が同じ目的値を持つことを示し，双対性は，それぞれに対する解が最適なものであることを示すのに役立つ．

　第 30 章（多項式と FFT）では，多項式上の演算を学習し，よく知られた信号処理手法——「高

速フーリエ変換 (FFT)——を用いて，2 つの n 次多項式の積を $O(n \lg n)$ 時間で計算する方法を示す．さらに，並列回路を使って FFT 計算の実装方法を検討する．

第 31 章（整数論的アルゴリズム）では，整数論的アルゴリズムを紹介する．初等整数論を概観した後，最大公約数を計算するユークリッドアルゴリズムを示す．つぎに，1 次合同式を解くアルゴリズムと，1 つの数のベキをある別の数の法の下で計算するアルゴリズムについて学習する．そして，整数論的アルゴリズムの重要な応用である RSA 公開鍵暗号系を探究する．この暗号系は，敵対者が読めないようにメッセージを暗号化するだけでなく，ディジタル署名を提供することができる．そして本章の最後に，Miller–Rabin 乱択素数判定アルゴリズムを紹介する．このアルゴリズムは——RSA システムが必要とする——巨大素数を効率的に見つけるようにすることができる．

第 32 章（文字列照合）では，与えられたテキスト文字列の中から，与えられたパターン文字列の出現をすべて見出す問題を学習する．この問題は，テキスト編集プログラムにおいて頻繁に発生する．素朴な方法を吟味したのち，Rabin–Karp による洗練された手法を紹介する．そして，有限オートマトンに基づく効率的な解法を示したのち，Knuth–Morris–Pratt アルゴリズムを紹介する．このアルゴリズムは，有限オートマトンに基づくアルゴリズムの改良版であり，パターンをうまく前処理することによって使用するメモリ領域を減少させることができる．本章の最後では，「接尾語配列 (suffix array)」について学ぶ．接尾語配列は，テキスト文字列の中のパターン文字列の出現を見つけるだけでなく，もっと多くの仕事，たとえば，テキスト文字列の中の最長繰返し文字列を見つけたり，2 つのテキスト文字列の中に共通する最長文字列を見つけることが可能である．

第 33 章（機械学習のアルゴリズム）では，機械学習の広範な分野における 3 つのアルゴリズムを検討する．機械学習アルゴリズムは，大規模データを利用し，データ間のある種のパターンに関する仮説を構築し，それらの仮説を検証する．まず「k-平均クラスタリング手法 (k-means clustering)」から始める．これは，データを互いの類似度に応じて k 個のグループに分ける手法である．つぎに，乗算型荷重更新手法 (multiplicative weights technique) を用いて，さまざまな品質の"エキスパート (expert)"の集合に基づいて正確に予測する方法を示す．驚くべきことには，おそらく，どのエキスパートが信頼でき，どのエキスパートが信頼できないかを知ることなく，最も信頼できるエキスパートと同程度の正確さで予測することができる．最後に，関数の局所最小値を見つける最適化手法である勾配降下法 (gradient descent) を紹介する．勾配降下法は，多くの機械学習モデルのパラメータを設定するなど，数多くの応用分野に有用である．

第 34 章（NP 完全性）では，NP 完全問題を取り上げる．多くの興味ある計算問題は NP 完全であるが，どの NP 完全問題に対してもそれらを解く多項式時間アルゴリズムは見つかっていない．本章では，問題が NP 完全であることを証明する方法を説明し，それを用いていくつかの古典的問題が NP 完全であることを証明する：グラフがハミルトン閉路（どの頂点も含む閉路）を持つか否かを決定する問題，ブール式が充足可能か否かを決定する問題（ブール式が TRUE となるようなブール値の選択があるかどうかの問題），与えられた数の集合の中からいくつかの数を選び，それらの和を与えられた目標値に等しくできるか否かを決定する問題などである．本章ではまた，有名な巡回セールスパーソン問題（開始点と終了点が同じで，各地点を 1 度ずつ訪ねる最短経路を見つける問題）が NP 完全であることも証明する．

第 35 章（近似アルゴリズム）では，近似アルゴリズムを用いて NP 完全問題の近似解を効率よく求める方法を示す．いくつかの NP 完全問題に対しては最適に近い近似解が極めて容易に求まるが，他の NP 完全問題の中には，現在知られている最善の近似アルゴリズムであっても，問題サイズが大きくなるにつれてその結果がどんどん悪化するものがある．そして，より多くの計算時間を投入すれば，より良い近似解を得ることができる問題もある．本章では，（重みなし，および重みつき）頂点被覆問題，3-CNF 充足可能性の最適化版，巡回セールスパーソン問題，集合被覆問題，部分和問題を通じて，より優れた近似解の可能性を説明する．

26 並列アルゴリズム

PARALLEL ALGORITHMS

本書のアルゴリズムの大多数は，任意の時点にただ 1 つの命令を実行する単一プロセッサのコンピュータ上で動作するのに適した**逐次アルゴリズム** (serial algorithm) である．本章では，複数の命令を同時に実行できる**並列アルゴリズム** (parallel algorithm)[a] を含むようにアルゴリズムのモデルを拡張する．とくに，アルゴリズムの設計と解析に適した「タスク並列 (task-parallel)」アルゴリズムの洗練されたモデルを探究する．最も基本的でよく理解されているタスク並列アルゴリズムとして，fork-join 並列アルゴリズムに焦点を絞って学習する．通常の逐次コードに簡単な言語的拡張を施すことにより，fork-join 並列アルゴリズムを明確に記述することができる．しかも，実用上それらの実装も効率よくできる．

並列コンピュータ——複数の処理装置を持つコンピュータ——は，日常どこにでもあるような存在になっている．ハンドヘルドコンピュータ，ラップトップコンピュータ，デスクトップコンピュータ，そしてクラウド上のマシンは，すべて**マルチコアコンピュータ** (multicore computer)，あるいは単に**マルチコア** (multicore) と呼ばれ，内部には複数個の処理装置「コア (core)」を保持している．どのコアも本格的なコンピュータで，コア間で共有される 1 つの**共有メモリ** (shared memory) 上の任意のロケーションに直接アクセスすることが可能である．マルチコアは，それらを接続するネットワークを介して「クラスタ (cluster)」のようなより大きなシステムとして集積される．これらのマルチコアクラスタは通常**分散メモリ** (distributed memory) を有し，1 つのマルチコアのメモリに他のマルチコアのプロセッサが直接アクセスすることは不可能である．代わりに各プロセッサは，必要なデータを要求するために，クラスタネットワーク上の離れたプロセッサにメッセージを明示的に送らなければならない．最も強力なクラスタはスーパーコンピュータであり，数千ものマルチコアから構成されている．しかし，共有メモリ型プログラミングは，分散メモリプログラミングよりも概念的に簡単である傾向があり，マルチコアコンピュータが広く利用できるようになっているので，本章ではマルチコアのための並列アルゴリズムに焦点を絞ることにする．

マルチコアをプログラミングする 1 つのアプローチは，**スレッド並列処理** (thread parallelism) である．このプロセッサ主体の並列プログラミングモデルは，プロセッサのソフトウェア上での抽象化である「仮想プロセッサ (virtual rocessor)」，あるいは 1 つの共有メモリを共有する**スレッド** (thread) を採用している．各スレッドは，自身のプログラムカウンタを維持更新し，他

---

[a] ［訳注］**並行** (concurrent) と**並列** (parallel) の使い分けは微妙である．基本的には，命令が物理的に同時に実行されているときに「並列計算」，複数の命令が同時期に計算資源を切り替えながら計算されることを「並行計算」と呼ぶことが多い．

630 | 26 並列アルゴリズム

のスレッドとは独立してプログラムコードを実行することができる．オペレーティングシステムは，プログラム実行のために，1つの処理コアに1つのスレッドをロードし，別のスレッドの実行が必要になったときは，新たなスレッドに処理コアを譲る．

　残念ながら，スレッドを使った共有メモリ型コンピュータ上のプログラミングは，難しくてエラーが発生しやすい傾向がある．その理由の1つは，仕事を複数のスレッドに割りつける際に，負荷が近似的に均等になるように仕事を動的に分割することが大変複雑であることによる．最も単純な場合を除き大部分のアプリケーションに対して，負荷分散を効率よく行うスケジューラを実装するために，プログラマーは複雑な通信プロトコルを使わなくてはならない．

タスク並列プログラミング

スレッドプログラミングの困難さは，**タスク並列プラットフォーム** (task-parallel platform) の構築につながっている．これは，スレッド群の上にソフトウェア層を提供し，1つのマルチコア上でプロセッサ群を調整，スケジューリング，および管理をする．いくつかのタスク並列プラットフォームは，実行時のライブラリとして構築されているが，コンパイラと実行時サポートを備えた本格的な並列言語を提供しているタスク並列プラットフォームもある．

　タスク並列プログラミング (task-parallel programming) は，"プロセッサを意識しない"ような方法で並列処理を指定できる．プログラマーは，どの計算タスクが並列処理されるかは知っているが，どのスレッド，あるいはどのプロセッサが，そのタスクを処理するかを指示することはない．したがって，プログラマーは，通信プロトコルや負荷分散など，スレッドプログラミングにおける他のさまざまなことを考えることから開放される．タスク並列プラットフォームは，プロセッサ間でタスクの負荷を自動的に分散するスケジューラを備えているので，プログラマーの雑多な仕事を大幅に簡素化してくれる．**タスク並列アルゴリズム** (task-parallel algorithm) は，通常の逐次アルゴリズムを自然な形で拡張したものとなり，その性能を「仕事量/スパン解析 (work/span analysis)」を使って数学的に検証することが可能となる．

fork-join 並列処理

タスク並列処理環境の機能は，現在もまだなお進化し，より強化されているが，ほとんどすべての環境は，**fork-join 並列処理** (fork-join parallelism) をサポートしている．これは次の2つの典型的な言語機能で具体化されている：すなわち，**spawn 生成** (spawning)[b] と**並列ループ** (parallel loop) の2つである．spawn 生成を使うと，サブルーチンを「フォーク (fork)」化できる：すなわち，サブルーチン呼出しのように実行できるが，違いは，spawn 生成されたサブルーチンがその結果を計算している間，呼出し元は実行を継続できる点にある．並列ループは，通常の **for** ループに似ているが，違いはループの複数個の繰返しが同時に実行可能な点にある．

　fork-join 並列アルゴリズムは，並列処理を記述するために spawn 生成と並列ループを使う．この並列モデルの重要な側面は，プログラマーが，計算のどのタスクを並列に実行しなければ"ならない"かを指示する必要はなく，どのタスクを並列に処理しても"よい"と指示するだ

---

[b] ［訳注］spawn，spawning は，どちらもプロセス生成を意味している．本章ではそれらを「spawn 生成」と訳している．

けである．この性質はスレッドモデルからではなく，タスク並列モデルから継承している．土台となるランタイムシステムは，スレッドを使用して，プロセッサ間でのタスク負荷分散をする．本章では，fork-join モデルに基づく並列アルゴリズムを検討し，同時に土台となるランタイムシステムが，どのようにして fork-join 計算を含むタスク並列計算を効率よくスケジュールするかを明らかにしよう．

fork-join 並列処理には，以下に述べる重要な利点がある：

- fork-join プログラミングモデルは，本書の多くの箇所で使っている逐次プログラミングモデルの単純な拡張である．fork-join 型並列アルゴリズムを記述するために，本書の擬似コードに必要なキーワードは，**parallel**，**spawn**，**sync** の 3 つだけである．並列擬似コードからこれらの並列キーワードを削除すると，残されたコードは，同じ問題を解く通常の逐次擬似コードになる．これを並列アルゴリズムの「逐次プロジェクション (serial projection)」と呼ぶ．
- 基盤となるタスク並列モデルは，「仕事量 (work)」と「スパン (span)」という概念に基づいて，並列度 (parallelism) を定量化する理論的に明解な方法を提供している．
- spawn 生成を使うと，多くの分割統治アルゴリズムを自然な形で並列化できる．さらに，逐次型の分割統治アルゴリズムが漸化式を用いた解析に適していたように，fork-join モデルにおける並列アルゴリズムも漸化式を用いた解析に適している．
- fork-join プログラミングモデルは，マルチコアプログラミングが実践的に進化してきた過程に忠実である．現在も増え続けるマルチコアの環境がいくつかの種類の fork-join 並列プログラミング環境を提供している．これらの中には，Cilk [290, 291, 383, 396]，Habanero-Java [466]，Java Fork-Join Framework [279]，OpenMP [81]，Task Parallel Library [289]，Threading Building Blocks [376]，X10 [82] などが含まれる．

第 26.1 節では，並列擬似コードを導入し，タスク並列計算の実行が有向非巡回グラフ（ダグ）によってモデル化される様子を示し，仕事量，スパン，並列度の尺度を与える．並列アルゴリズムの解析は，これらの尺度を用いて行われる．第 26.2 節では，行列乗算を並列に計算する方法を検討し，第 26.3 節では，効率の良い並列マージソートアルゴリズムを設計するという，もっと難しい問題に挑むことにする．

26.1 fork-join 並列処理の基礎

フィボナッチ数列を再帰的に並列計算するという例題から，並列プログラミングの検討を開始しよう．逐次的にフィボナッチ数列を計算する直接的な手法は，効率的ではないが，擬似コードを使って並列処理を表現する良い例である．

フィボナッチ数列を，第 3.3 節（標準的な記法とよく使われる関数）の式 (3.31)（58 ページ）によって次のように定義したことを思い出そう：

$$F_i = \begin{cases} 0 & i = 0 \text{ のとき} \\ 1 & i = 1 \text{ のとき} \\ F_{i-1} + F_{i-2} & i \geq 2 \text{ のとき} \end{cases}$$

632 | 26　並列アルゴリズム

n 番目のフィボナッチ数を再帰的に求めるために逐次アルゴリズムを利用できる．下記の手続き FIB として示す．この計算には不必要な繰返し計算が何度も現れるので，この方法で大きなフィボナッチ数を計算したいとは誰も思わないだろう．しかし，この計算方法の並列化はいろんなことを教えてくれる．

FIB(n)
1　**if** $n \leq 1$
2　　**return** n
3　**else** $x =$ FIB($n-1$)
4　　　$y =$ FIB($n-2$)
5　　**return** $x + y$

　このアルゴリズムを解析するために，FIB(n) の実行時間を $T(n)$ としよう．FIB(n) は，2 つの再帰呼出しに加えて，ある定数量の仕事を含むので，次の漸化式

$$T(n) = T(n-1) + T(n-2) + \Theta(1)$$

が成立する．この漸化式は，解 $T(n) = \Theta(F_n)$ を持つ．これは置換え法（第 4.3 節（漸化式を解くための置換え法）参照）によって示すことができる．$T(n) = O(F_n)$ を示すために，帰納法仮定として $T(n) \leq aF_n - b$ を使う．ただし，$a > 1$ と $b > 0$ は定数である．b として $\Theta(1)$ 項の定数の上界を抑えるほどに大きな値を選択すれば，置換え法によって，

$$\begin{aligned}
T(n) &\leq (aF_{n-1} - b) + (aF_{n-2} - b) + \Theta(1) \\
&= a(F_{n-1} + F_{n-2}) - 2b + \Theta(1) \\
&\leq aF_n - b
\end{aligned}$$

を得る．つぎに，小さな n に対する基底段階における $\Theta(1)$ を上から抑えるのに十分大きな a を選ぶことができる．$T(n) = \Omega(F_n)$ を示すために，帰納法仮定として $T(n) \geq aF_n - b$ を仮定する．置換え法と漸近的な上界を求める手法に似た検証法により，$\Theta(1)$ 項における下界定数よりも小さい b を選び，そして小さい n に対して基底段階の $\Theta(1)$ を下から抑えるのに十分小さい a を選ぶことにより，仮定が成立することを示せる．第 3.2 節の定理 3.1（47 ページ）により，$T(n) = \Theta(F_n)$ を得る．ここで $\phi = (1 + \sqrt{5})/2$ を黄金比とすると，$F_n = \Theta(\phi^n)$ と第 3.3 節の式 (3.34)（59 ページ）より，

$$T(n) = \Theta(\phi^n) \tag{26.1}$$

を得る．このように，実行時間は指数関数なので，この手続きはフィボナッチ数を計算する極めて遅い計算方法である．（より高速な計算方法については第 31 章（整数論的アルゴリズム）の章末問題 31-3（807 ページ）参照．）

　なぜこのアルゴリズムが非効率であるかを検討しよう．手続き FIB が F_6 を計算する際に，生成する再帰手続きのインスタンスを再帰木として図 26.1 に示す．FIB(6) を呼び出すと，FIB(5) と FIB(4) が再帰的に呼び出される．しかし，FIB(5) を呼び出したときにも，FIB(4) が呼び出されることになる．そして両方の FIB(4) のインスタンスは同じ結果（$F_4 = 3$）を返す．手続き FIB では履歴管理（履歴管理 (memoize) については，第 14.1 節（ロッド切出し）の定

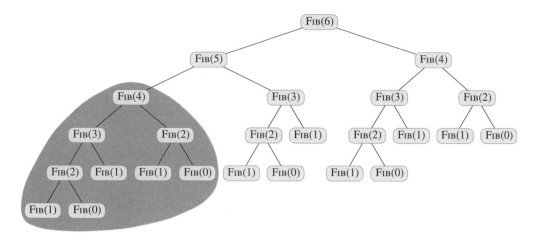

図 26.1 FIB(6) の再帰呼出し木．木の各節点は手続きのインスタンスを示し，その手続きが実行中に呼び出すインスタンスを子節点として示す．FIB の同じ引数を持つ各インスタンスは，同じ仕事を行ない同じ結果を生むので，フィボナッチ数を計算するこのアルゴリズムが非効率であることは，同じことを計算する呼出しの繰返し数が膨大であることから，すぐに理解できる．木の濃い網かけの部分は，図 26.2 のタスク並列形式に出現する．

義（310 ページ）を思い出そう）をしていないので，FIB(4) に対する 2 回目の呼出しでも，最初の呼出しが行った仕事をそのまま繰り返す．これは無駄である．

手続き FIB は，フィボナッチ数を計算するにはまずい方法だが，並列処理の考え方を理解するには役立つ．おそらく理解しなければならない最も基本的な考え方は，2 つの並列タスクがまったく違うデータに対して実行されるとき，他からの干渉がないならば，それぞれのタスクは，同時に実行されるときも，またそれらが 1 つずつ逐次的に実行されるときも同じ結果を生む，ということだろう．たとえば，FIB(n) では，第 3 行の FIB($n-1$) と第 4 行の FIB($n-2$) の 2 つの再帰呼出しは，一方の計算が他方の計算にまったく影響しないので，安全に並列に実行可能である．

並列キーワード

次ページの手続き P-FIB は，フィボナッチ数を計算するが，この擬似コードでは，並列処理を指示するために**並列キーワード** (parallel keyword) である **spawn** と **sync** を使っている．

並列キーワード **spawn** と **sync** を P-FIB から除去すると，（ヘッダーと 2 つの再帰呼出しの手続き名が変わったことを除くと）FIB と同じ擬似コードになる．1 つの並列アルゴリズムの**逐次プロジェクション** (serial projection)[1] を，そのアルゴリズムからキーワード **spawn** と **sync** を除去することで得られる逐次アルゴリズムと定義する．そして後で検討する **parallel for** ループに対しては，**parallel** を除去する．実際，並列擬似コードは，逐次プロジェクションにより同じ問題を解く通常の逐次擬似コードに変わるという優れた性質を持つ．

---

[1] 数学では projection は「射影」と訳され，$f \circ f = f$ を満足するベキ等関数である．今回のケースでは，関数 f は，fork-join プログラムの集合 $\mathcal{P}$ を逐次プログラムの集合 $\mathcal{P}_S \subset \mathcal{P}$ に写像している．写像されたプログラムは，それ自体並列性を有しない fork-join プログラムである．fork-join プログラム $x \in \mathcal{P}$ に対して，$f(f(x)) = f(x)$ となるので，先に定義した逐次プロジェクションは，事実として数学における射影である．

634 | 26 並列アルゴリズム

P-FIB(n)

1 **if** $n \leq 1$
2   **return** n
3 **else** $x = $ **spawn** P-FIB($n-1$)   **//** サブルーチンが答えを返すまで待つな
4      $y = $ P-FIB($n-2$)   **//** spawn 生成されたサブルーチンと並列に
5   **sync**   **//** spawn 生成されたサブルーチンの終了を待て
6   **return** $x + y$

並列キーワードのセマンティクス

手続き P-FIB の第3行のように，キーワードの **spawn** が手続き呼出しの前に位置するとき，**spawn 生成** (spawning) が発生する．spawn 生成と通常の手続き呼出しのセマンティクス（意味）の違いは，spawn 生成を実行する手続きインスタンス（**親** (parent)）は，通常の逐次実行で起こるように，spawn 生成されたサブルーチン（**子** (child)）の実行が終了するのを待つのではなく，並列に実行を続けることができる点にある．この場合，P-FIB では，spawn 生成された子が P-FIB($n-1$) を計算する間に，子での実行動作と並列に，親は第4行の P-FIB($n-2$) の計算に進むかもしれない．手続き P-FIB は，再帰的なので，これら2つのサブルーチン呼出し自身が再び入れ子になった並列処理を生成する．同じことが子節点でもなされる．このようにして，潜在的には巨大な部分計算の再帰木が生成され，これらのすべては並列に実行される．

キーワード **spawn** は，手続きが spawn 生成した子と並列に実行 "しなければならない" と言っているわけではなく，そのように "してもよい" と言っているだけである．これらの並行処理キーワードは，計算のどの部分が並列に実行可能であるかを示す **論理的並列性** (logical parallelism) を表現しているのである．実行時に，計算が進行するに従って，空いているプロセッサに部分計算を割り当て，実際に並列に実行する部分計算を決定する役割は **スケジューラ** (scheduler) に任されている．並列タスクのスケジューラの背後にある理論は，この後すぐに議論する（639ページ）．

手続きは，第5行の **sync** 文を実行するまでは，spawn 生成した子が返す値を安全には利用できない．キーワード **sync** があると，手続きが spawn 生成した子がすべての計算を終了するまで，この手続きは **sync** の後の文の実行に進めない――これが fork-join 並列処理の "join" 部分である．手続き P-FIB では，P-FIB($n-1$) が終了し，その返した値が x に代入される前に，x と y の和が求められるという不具合を回避するために，第6行の **return** 文の前に **sync** が必要である．さらに **sync** 文による明示的な同期操作に加えて，spawn 生成された全ての子が親よりも先に終了することを保証するために，すべての手続きは，値を返す前に（明示されてはいなくとも）**sync** を実行すると仮定する．

並列実行のためのグラフモデル

並列計算の実行，すなわち並列プログラムの指示のもとプロセッサ群により実行される実行時

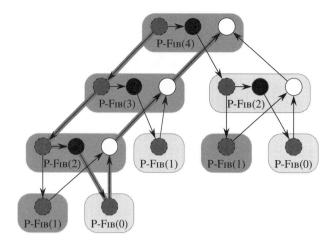

図 26.2 図 26.1 の網かけ部分に相当する P-FIB(4) のトレース．各円は 1 つのストランドを表す．点線で囲んだ濃い網かけの円は，第 3 行で P-FIB($n-1$) を spawn 生成するまでの手続き（インスタンス）の部分で実行された任意の命令を表す；黒い円は，第 4 行で P-FIB($n-2$) を呼び出してから第 5 行で **sync** を実行するまでの手続きの部分で実行される命令を表す．ただし，spawn 生成された P-FIB($n-1$) が値を返すまで実行は中断される；白い円は **sync** のあと，結果を返すまでの部分で手続きが実行する命令を表す．そこでは x と y の和を計算する．同じ手続きに属するストランドのグループを，それぞれ角の丸い長方形で囲む．濃い網かけの長方形は spawn 生成された手続きを，薄い網かけの長方形は呼び出された手続きを示す．各ストランドの実行に 1 単位時間かかると仮定すると，17 個のストランドがあるので，仕事量は 17 単位時間である．濃い網かけの辺で示すクリティカルパス（最適時間の最長経路，637 ページ参照）が 8 個のストランドを含むので，スパンは 8 単位時間となる．

の命令の動的な流れは，**（並列）トレース** ((parallel) trace)[2] と呼ばれる有向非巡回グラフ（ダグ）$G = (V, E)$ として考えると理解しやすい．概念的には，V の頂点は，実行された命令群，E の辺は，命令間の依存関係を表し，辺 $(u,v) \in E$ は，並列プログラムで命令 u が命令 v より先に実行されなければならなかったことを意味している．

トレースの 1 つの頂点がただ 1 つの実行された命令を表現するのは，時として不便なことがある．とくに計算の並列処理構造に焦点を絞りたいときなどである．結果として，一連の命令の列が並列あるいは手続き的な制御を含まない場合は，これらの命令列を 1 つの**ストランド** (strand)[c] としてまとめる（並列あるいは手続き的な制御は，**spawn**，**sync**，手続き呼出し，**return** がある．ただし，**return** に関しては，陽に記述された **return** 文だけでなく，手続き呼出しが最後に達したときに生起する暗黙の **return** も含む）．例として，図 26.1 の濃い網かけ部分の P-FIB(4) の計算から生じるトレースを図 26.2 に示す．ストランドは，並列並びに手続き的な制御に関わる命令を一切含まない，これらの制御の依存関係はトレースの辺として表現しなければならない．

親の手続きが子を呼び出すときは，そのトレースは呼出しを実行する親のストランド u から spawn 生成された子の最初のストランド v への辺 (u,v) を含む．図 26.2 に示した P-FIB(4) の黒色ストランドから P-FIB(2) の点線で囲んだ濃い網かけのストランドに至る辺である．子の最後のストランド v' が戻るとき，トレースは u' に至る辺 (v',u') を含む．ここで，u' は親

---

[2] 文献では **computation dag** とも呼ばれている．
[c] ［訳注］ストランドは，「撚（よ）り糸」を意味する．

における u の後続ストランドである. 例えば, 図 26.2 に示した P-Fib(2) における白色ストランドから P-Fib(4) の白色ストランドに至る辺である.

親が子を spawn 生成するときは, そのトレースは少し違ったものになる. P-Fib(4) の点線で囲んだ濃い網かけのストランドから P-Fib(3) の点線で囲んだ濃い網かけのストランドに向かう辺のように, 辺 (u, v) は, 呼出しに伴って親から子へ向かう. しかし, そのトレースは別の辺 (u, u') を含んでいて, u の後継ストランド u' は v が実行中も実行を続けられることを示す. P-Fib(4) の点線で囲んだ濃い網かけのストランドから P-Fib(4) の黒色ストランドに至る辺が, そのような辺である. 呼出しの際, 子の最後のストランド v' からの辺が存在する. しかし, spawn 生成のときは, その辺は, u の後継には向かわず, (v', x) である. ここで x は, 子の実行の終了を保障する, 親の **sync** の直後のストランドである. P-Fib(3) の白色ストランドから, P-Fib(4) の白色ストランドに至る辺がこの状況を示している.

読者は, どのような並列制御が特定のトレースを生成するか把握できる. 1 つのストランドが 2 つの次頂点を持てば, その中の 1 つは必ず spawn 生成されているはずである. また複数の先行頂点を持つストランドは, これらの先行頂点は **sync** 文によって 1 つに join されている. したがって, 一般的には, 集合 V は, ストランドの集合を形成し, 有向辺集合 E は, 並列処理と手続き的制御によって誘導されるストランド間の依存関係を表す. G がストランド u からストランド v への有向経路を持つならば, これら 2 つのストランドは (**論理的に**) **逐次** ((logically) in series) であると言う. G にそのような経路がないときは, ストランド u と v は (**論理的に**) **並列** ((logically) in parallel) であると言う.

fork-join 並列トレースは, 手続きインスタンスの**呼出し木** (invocation tree)[d] に埋め込まれたストランドのダグとして描画できる. たとえば, 図 26.1 は, Fib(6) に対する呼出し木を示している. これは P-Fib(6) に対する呼出し木でもある. ここで手続きインスタンス間の辺は, 手続き呼出し, あるいは spawn 生成のどちらかを表現している. 図 26.2 は, 濃い網かけの部分木を拡大し, P-Fib(4) における各手続きのインスタンスを構成するストランドを示している. ストランドを結ぶすべての有向辺は, 1 つの手続きの中で動作するか, あるいは図 26.1 における呼出し木の無向辺に沿って動作する. (fork-join トレースではない, より一般的なタスク並列トレースは, 無向木辺に沿っていないいくつかの有向辺を含むことがある.)

本書の解析では, 並列アルゴリズムは, **理想的並列コンピュータ** (ideal parallel computer) 上で実行されることを仮定している. 理想的並列コンピュータは, プロセッサの集合と**逐次的に一貫性をもつ** (sequentially consistent) 共有メモリから構成される. 逐次一貫性を理解するために, メモリは**ロード命令** (load instruction) と**ストア命令** (store instruction) によってアクセスされることを知っている必要がある. 前者は, メモリの 1 つのロケーションからデータをプロセッサ内のレジスタにコピーし, 後者はプロセッサのレジスタからメモリにデータをコピーする. このような命令が 1 行の擬似コードに複数個含まれる場合がある. たとえば, $x = y + z$ を計算する 1 つの行は y と z をメモリからプロセッサに取り出すロード命令, それらの和をプロセッサ内で計算する加算命令, そして和 x をメモリに保存するストア命令を含んでいる. 並列計算機では, 複数のプロセッサが同時にロードやストア命令を実行する場合がある. 逐次一貫性は, たとえ複数のプロセッサが同時にメモリにアクセスしようとするときも, また実際

---

[d] [訳注] 再帰木 (recursion tree) のことである.

のデータ転送が同時に発生する場合でも，共有メモリは，その中の 1 個のプロセッサが厳密に1 つの命令を実行しているかのように動作することを意味している．あたかも，各プロセッサがそれぞれの命令を実行する順序を保持したまま，すべてのプロセッサ間で，ある大域的な線形順序に従って，命令が 1 つずつ順次実行されるかのようである．

実行時システムによって自動的にプロセッサにスケジュールされるタスク並列計算に対して，逐次一貫性を有する共有メモリは，並列計算で実行される命令列が 1 つずつそのトレースのトポロジカルソート（第 20.4 節（483 ページ）参照）順に実行されているかのように振る舞う．つまり，実行について推論する際，個々の命令（一般的には，複数の命令を集約するストランドではなく）が，トレースの部分順序を保つような線形順序でインターリーブされていると想像することができる．スケジューリングに依存して，その線形順序はプログラムの実行ごとに変化することがあるが，どの実行の振舞いにおいても命令列はトレース内での依存関係と矛盾しないある線形順序に従って逐次的に実行されているように見える．

本書では，並列処理のセマンティクス（意味 (semantics)）に対して上記の仮定を置くのに加えて，理想的並列コンピュータモデルは，その性能についてもいくつかの仮定を置いている．具体的に言うと，マシンに属する各プロセッサは，等しい計算パワーを持つと仮定し，スケジュールコストを無視している．この最後の仮定は楽観的にも聞こえるかもしれないが，十分な「並列度 (parallelism)」（この用語は，このあとですぐに正確に定義される）を有する並列アルゴリズムに対して，スケジューリングのオーバーヘッドは，実際には非常に小さいことが知られている．

性能の尺度

タスク並列アルゴリズムの理論的な効率は，「仕事量 (work)」と「スパン (span)」と呼ばれる2 つの尺度に基づいた**仕事量/スパン解析** (work/span analysis) を使って測ることができる．タスク並列計算の**仕事量** (work) とは，1 個のプロセッサ上で計算全体を実行するのに要する合計時間を意味する．言い換えると，仕事量は各ストランドにおける時間の総和である．各ストランドを単位時間で実行できると仮定すると，仕事量は，ちょうどそのトレース内の頂点数である．**スパン** (span) とは，プロセッサ数に制限を設けずにその計算を実行する際の最も速い処理時間である．これは，トレースにおける最も長い経路上のストランドの処理時間の和である．"最長"と言うとき，各ストランドは処理時間が重みとして設定されていることを意味している．そのような最長経路は，トレースの**クリティカルパス** (critical path) と呼ばれる．したがって，スパンはトレースにおける（重みつき）最長経路の重みである．（第 22.2 節（有向非巡回グラフにおける単一始点最短路）（519〜522 ページ）では，ダグ $G = (V, E)$ のクリティカルパスを $\Theta(V + E)$ 時間で見つける方法を示している．）各ストランドを単位時間で実行できるトレースでは，スパンはクリティカルパス上のストランド数と一致する．たとえば，図 26.2 のトレースは全部で 17 個の頂点を持ち，その中の 8 個の頂点がクリティカルパス上にある．したがって，各ストランドを単位時間で実行できるなら，仕事量は 17 単位時間，スパンは 8 単位時間である．

タスク並列アルゴリズムの実際の実行時間は，仕事量とスパンだけで決まるのではなく，利用できるプロセッサ数とスケジューラによるストランドのプロセッサへの割当てにも依存す

る．P 個のプロセッサ上でのタスク並列計算の実行時間をインデックス P によって表す．たとえば，P 個のプロセッサ上でのアルゴリズムの実行時間を T_P と表す．仕事量は，1 個のプロセッサ上での実行時間なので T_1 と記す．スパンは，各ストランドをそれぞれ別のプロセッサ上で実行できる場合，すなわち，使用可能なプロセッサ数に制限がない場合の実行時間である．したがって，スパンを T_∞ で表す．

仕事量とスパンは，P 個のプロセッサ上でのタスク並列計算の実行時間 T_P の下界を与える：

- P 個のプロセッサを持つ理想的並列コンピュータは，1 ステップで高々 P 単位の仕事をすることができるので，T_P 時間では高々 PT_P 単位の仕事が実行できる．実行すべき総仕事量が T_1 なので，$PT_P \geq T_1$ が成立する．これを P で割ると，**仕事量の法則** (work law)：

$$T_P \geq T_1/P \tag{26.2}$$

を得る．

- P 個のプロセッサを持つ理想的並列コンピュータは，使用可能なプロセッサ数に制限がないマシンよりも高速に動作できない．これを別の角度から眺めると，使用可能なプロセッサ数に制限がないマシンは，その中の P 個だけを用いて P プロセッサマシンをエミュレートできる．したがって，次の**スパンの法則** (span law)：

$$T_P \geq T_\infty \tag{26.3}$$

を得る．

P 個のプロセッサ上での並列計算の**高速化率** (speedup) を比 T_1/T_P で定義する．これは，P 個のプロセッサ上での計算が 1 個のプロセッサ上での計算と比較して何倍速いかを示している．仕事量の法則から $T_P \geq T_1/P$，すなわち，$T_1/T_P \leq P$ である．したがって，P 個のプロセッサからなる理想的並列コンピュータ上での高速化率は高々 P である．高速化率がプロセッサ数に関して線形，すなわち，$T_1/T_P = \Theta(P)$ ならば，この計算は，**線形高速化** (linear speedup) を達成している．$T_1/T_P = P$ ならば，**完全線形高速化** (perfect linear speedup) を達成している．

仕事量とスパンの比 T_1/T_∞ は，並列計算の**並列度** (parallelism) を定義する．並列度は，3 つの視点から解釈できる．比としては，並列度は，クリティカルパスに沿う各ステップでの並列に実行可能な仕事量の平均値を表す．上界として，並列度は任意の個数のプロセッサ上で達成できる最大の高速化率である．そして多分これが最も重要なことであるが，並列度は，完全線形高速化を達成できる可能性に対する限界を与える．具体的に言うと，プロセッサ数が並列度を超えれば，計算は完全線形高速化を到底達成できなくなる．この最後の視点を理解するために，$P > T_1/T_\infty$ と仮定しよう．このときスパンの法則より，高速化率は $T_1/T_P \leq T_1/T_\infty < P$ を満たす．さらに，理想的並列コンピュータのプロセッサ数 P が並列度をはるかに超過して $P \gg T_1/T_\infty$ が成り立つと仮定すると，$T_1/T_P \ll P$ なので，高速化率はプロセッサ数よりはるかに小さくなる．言い換えると，並列度を超えてプロセッサ数が増えるほど，そしてもっと多くのプロセッサを使っても高速化率は理想から離れることになる．

例として，図 26.2 に示す P-FIB(4) の計算を，各ストランドの実行に単位時間かかるという仮定の下で検討しよう．仕事量が $T_1 = 17$ で，スパンが $T_\infty = 8$ なので，並列度は

$T_1/T_\infty = 17/8 = 2.125$ である．したがって，どれほど多くのプロセッサを用いてこの計算を実行したとしても，2倍以上の高速化率は達成できない．しかしより大きな入力サイズに対しては，P-FIB(n) は相当な並列性を持つことを，後ほど見ることにしよう．

P 個のプロセッサを持つ理想的並列コンピュータ上で実行されるタスク並列計算の（**並列**）**余裕度**（(parallel) slackness）を，比 $(T_1/T_\infty)/P = T_1/(PT_\infty)$ により定義する．この比は，計算の並列度がマシン内のプロセッサ数を超過している程度を示す指標である．[e] 余裕度が1未満ならば，$T_1/(PT_\infty) < 1$ であり，スパンの法則より，$T_1/T_P \le T_1/T_\infty < P$ を満たすので，完全線形高速化を達成できる望みはない．実際，余裕度が1から0に向かって減少するにつれて，計算の高速化率は，完全線形高速化からどんどん遠ざかる．余裕度が1未満のときは，アルゴリズムにさらなる並列性を追加すると実行効率に大きな影響を与える可能性がある．しかし，余裕度が1より大きいときには，プロセッサ当りの仕事量が計算速度を抑制する制約となる．後で説明するように，良いスケジューラがあれば，余裕度が1から増えてゆくにつれて高速化率は，完全線形高速化にどんどん近づく．しかし，余裕度が1よりもはるかに大きくなると，追加の並列処理の利点は減少する．

スケジューリング

優れた性能は，仕事量とスパンを最小化するだけでは達成できない．並列マシンのプロセッサ上にストランドを効率よくスケジュールする必要がある．本書の fork-join プログラミングモデルでは，プログラマーがストランドを実行するプロセッサを指定する方法はない．代わりに，実行時のシステムスケジューラに，動的に時々刻々と展開される計算を個々のプロセッサに割り当てることを委ねている．実際には，スケジューラが，ストランドを静的スレッドに割り当て，オペレーティングシステムがスレッドをプロセッサに割り当てるが，この間接指定の詳細はスケジューリングを理解するためには必要ではない．スケジューラがストランドをプロセッサに直接割りつけると思えばよい．

タスク並列スケジューラは，手続きが spawn 生成される時刻やそれらが完了する時刻に関する事前知識なしに，すなわち**オンライン**（online）でスケジュールする必要がある．さらに，優れたスケジューラは，分散的に動作し，スケジューラを実装するスレッドが協調して計算の負荷分散を行う．優れていることが証明可能なオンラインの分散型スケジューラが存在するが，それらの解析は複雑である．本章では，解析を簡単にするために，任意の時点で計算の大域的な状態を把握可能な**集中型**（centralized）のオンラインスケジューラを検討する．

とくに，**貪欲スケジューラ**（greedy scheduler）と呼ばれるスケジューラの解析を行う．このスケジューラは，どの時点でもできるだけ多くのストランドをプロセッサに割り当て，するべき仕事がある限り，決してプロセッサを遊ばせない．貪欲スケジューラの各ステップを次のように分類する：

- **完全ステップ**（complete step）：少なくとも P 個のストランドが，**実行可能な**（ready）ときで，これらのストランドに依存するすべてのストランドが実行を終了していることを意味

---

[e] ［訳注］定義から明らかであるが，余裕度はプロセッサの余裕ではなく，並列に実行可能なストランド数の余裕の度合いを示している．

している．貪欲スケジューラは，任意の P 個の実行可能なストランドをプロセッサに割り当て，すべてのプロセッサ資源を完全に利用する．

- **不完全ステップ** (incomplete step)：P 個未満のストランドが実行可能なとき．貪欲スケジューラは，実行可能なストランドをそれぞれプロセッサに割り当てる．一部のプロセッサはステップの間アイドル状態であるが，実行可能なすべてのストランドは実行する．

仕事量の法則より，P 個のプロセッサを用いて期待できる達成可能な最速の実行時間は少なくとも T_1/P である．スパンの法則より達成可能な最速の実行時間は少なくとも $T_P = T_\infty$ である．次の定理は，貪欲スケジューリングがこれら 2 つの下界の和を上界として達成することで，証明可能な良いものであることを示している．

定理 26.1 P 個のプロセッサを持つ理想的並列コンピュータ上で，貪欲スケジューラは，仕事量が T_1，スパンが T_∞ であるタスク並列計算を

$$T_P \leq T_1/P + T_\infty \tag{26.4}$$

時間で実行する．

証明 一般性を失うことなく，各ストランドは単位時間で実行できると仮定する．（実行時間が長いストランドがあれば，必要に応じて単位時間のストランドの列で置き換える．）完全ステップと不完全ステップを別々に検討する．

各完全ステップでは，P 個のプロセッサ全体で仕事量が P の仕事を実行する．したがって，完全ステップの数を k とすると，すべての完全ステップを実行する全仕事量は kP である．貪欲スケジューラは，どんなストランドも 1 回以上実行することはなく，T_1 の仕事量しか実行しないので，$kP \leq T_1$ が成立し，結論として完全ステップ数 k は，高々 T_1/P である．

つぎに，1 つの不完全ステップを考える．G を計算全体を表すトレースとし，この不完全ステップの開始時に，G' をまだ実行されていない G の部分トレースとし，G'' をこの不完全ステップ後に実行されることが残されたトレースとする．この不完全ステップの開始時に，実行可能なストランドの集合 R を考える．ここで $|R| < P$ である．あるストランドが実行可能状態ならば，定義により，トレース G におけるそのストランドに先行するストランドはすべて，すでに実行されている．したがって，R のストランドに先行するストランドは，G' に属さない．G' における最長経路は，必ず R のあるストランドから処理を開始されなければならない．なぜなら，G' のどの他のストランドは先行ストランドを持ち，最長経路を開始できないからである．[f] 貪欲スケジューラは，不完全ステップではすべての実行可能なストランドが実行されるので，G'' のストランドは，厳密に G' のストランドから R のストランドを除いたものになる．結果として，G'' における最長経路長は，G' における最長経路長よりも 1 だけ少ない．言い換えれば，各不完全ステップは，残っているトレースのスパンを 1 だけ減少させる．したがって不完全ステップの数は，高々 T_∞ である．

各ステップは，完全あるいは不完全ステップのいずれかであるので，定理は成立する． ∎

次に示す系では，貪欲スケジューラは，つねにうまく働くことを示す．

---

[f] ［訳注］G' の最長経路が開始されるストランドは，実行可能なので R に属していることに注意．

系 26.2 P 個のプロセッサを持つ理想的並列コンピュータ上で，貪欲スケジューラを用いてスケジュールを行うと，任意のタスク並列計算の実行時間 T_P は，最適な場合の 2 倍以内である.

証明 T_P^* を，P 個のプロセッサを持つマシーン上で，最適スケジューラがスケジュールした実行時間とする．そして T_1 と T_∞ をそれぞれこの計算の仕事量とスパンとする．仕事量の法則 (26.2) とスパンの法則 (26.3) より $T_P^* \geq \max\{T_1/P, T_\infty\}$ なので，定理 26.1 を使うと

$$
\begin{aligned}
T_P &\leq T_1/P + T_\infty \\
&\leq 2 \cdot \max\{T_1/P, T_\infty\} \\
&\leq 2T_P^*
\end{aligned}
$$

が成立する. ∎

次の系は，実際，余裕度が増加するにつれて，貪欲スケジューラは，どのタスク並列計算においてもほぼ完全な線形高速化率を達成することを示す.

系 26.3 T_P を P 個のプロセッサを持つ理想的並列コンピュータ上で，貪欲スケジューラによってスケジュールされたタスク並列計算の実行時間とし，T_1 と T_∞ をそれぞれこの計算の仕事量とスパンとする．このとき，$P \ll T_1/T_\infty$，すなわち並列余裕度が 1 よりもはるかに大きいとき，$T_P \approx T_1/P$ である．したがって，高速化率は近似的に P である.

証明 $P \ll T_1/T_\infty$ を仮定すると $T_\infty \ll T_1/P$ なので，定理 26.1 より，$T_P \leq T_1/P + T_\infty \approx T_1/P$ である．仕事量の法則 (26.2) より $T_P \geq T_1/P$ なので，$T_P \approx T_1/P$ である．したがって，高速化率は $T_1/T_P \approx P$ である. ∎

ここで記号 $\ll$ は "はるかに小さい (much less)" ことを表すが，どの程度小さいのだろうか？経験則では，少なくとも余裕度が 10——すなわち，プロセッサ数の 10 倍——の並列度があれば，良い高速化率を十分に達成できる．このとき，貪欲スケジューラの限界式 (26.4) において，スパン項はプロセッサ当りの仕事量の項の 10 パーセントに満たず，これはほとんどのエンジニアリング的な状況にとって十分である．たとえば，たった 10 台や 100 台程度のプロセッサ数で計算をするときに，10,000 並列度よりもたとえば 1,000,000 並列度を過度に評価するのは，たとえ 100 倍の差があっても意味がない．章末問題 26-2 で検討するように，極端な並列度を減らすことによって，他の観点で優っており，しかも妥当なプロセッサ数でもうまく高速化ができるアルゴリズムが得られることがある.

並列アルゴリズムの解析

仕事量/スパン解析を用いて並列アルゴリズムを解析するのに必要な道具立てがすべて揃った．これにより任意の数のプロセッサ上でのアルゴリズムの実行時間の限界を示すことができるようになった．仕事量の解析は，並列アルゴリズムの逐次プロジェクションである，通常の逐次アルゴリズムの実行時間の解析を行うだけなので比較的簡単である．本書の大部分が仕事量の解析に関するものなので，読者はすでにこの解析に習熟しているはずである．スパン解析は並列処理が生み出す新しい話題であるが，一度コツをつかめば一般的には難しいことではない.

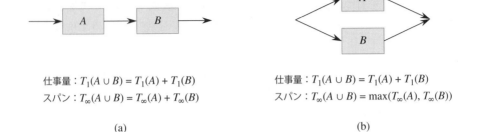

図26.3 並列トレースの直並列構成 **(a)** 2つのトレースを直列接続すると，全体の仕事量は各トレースの仕事量の和になり，全体のスパンはこれらのスパンの和になる．**(b)** 2つのトレースを並列接続すると，全体の仕事量は各トレースの仕事量の和になるが，全体のスパンはこれらのスパンの最大値になる．

P-FIB プログラムを用いて基本的な考え方を説明しよう．

P-FIB(n) の仕事量 $T_1(n)$ はすでに解析済みなので問題はない．元になった手続き FIB は，本質的には P-FIB の逐次プロジェクションであり，式 (26.1) より $T_1(n) = T(n) = \Theta(\phi^n)$ を得る．

図 26.3 にスパンの解析方法を図示する．2つのトレースを直列接続すると，各トレースのスパンの和が全体のスパンになり，これらを並列接続すると全体のスパンは2つのトレースのスパンの最大値になる．結局のところ，任意の fork-join 並列計算は，単一のストランドから直並列構成 (series-parallel composition) により構築できる．

直並列構成を理解することによりそれをツールとして，P-FIB(n) のスパンを解析しよう．第3行で spawn 生成した手続き P-FIB($n-1$) と第4行で呼び出す手続き P-FIB($n-2$) は並列に動作する．したがって，P-FIB(n) のスパンを漸化式

$$T_\infty(n) = \max\{T_\infty(n-1), T_\infty(n-2)\} + \Theta(1)$$
$$= T_\infty(n-1) + \Theta(1)$$

によって表現でき，この解は $T_\infty(n) = \Theta(n)$ である．（上記の2番目の等式は最初の等式に由来している．P-FIB($n-1$) はその計算の中で P-FIB($n-2$) を使っているので，P-FIB($n-1$) のスパンは少なくとも P-FIB($n-2$) のスパンと同じ大きさでなければならない．）

P-FIB(n) の並列度は，$T_1(n)/T_\infty(n) = \Theta(\phi^n/n)$ であり，n が大きくなるにつれ急激に増大する．手続き P-FIB(n) には十分大きい並列余裕度があるので，最大級の並列コンピュータ上ですら，控えめな n でも十分に P-FIB(n) に対する完全に近い線形高速化率を達成できることを系 26.3 は教えてくれる．

並列ループ

多くのアルゴリズムは，すべての繰返しを並列に実行できるループを含んでいる．キーワード **spawn** と **sync** を用いてそのようなループを並列化することもできるが，直接的に指示できるほうが便利である．本書の擬似コードでは，**for** ループ命令でキーワード **for** の前にキーワード **parallel** を置くことよって，この機能を提供する．

例として，$n \times n$ 正方行列 $A = (a_{ij})$ に n ベクトル $x = (x_j)$ を掛ける問題を考える．結果

の n ベクトル $y = (y_i)$ は，$i = 1, 2, \ldots, n$ に対して，

$$y_i = \sum_{j=1}^{n} a_{ij} x_j$$

と定義される．手続き P-Mat-Vec は，y の全要素を並列に計算することで，行列とベクトルの積（実際には，$y = y + Ax$）を計算する．この擬似コード P-Mat-Vec における 1 行目のキーワード **parallel for** は，逐次 **for** ループを含むループ本体の n 回の繰返しが並行に実行可能であることを表している．$y = 0$ の初期化が必要なときは，その手続きを呼び出す前に実行しなければならない（この操作は **parallel for** ループとして実現できる）．

P-Mat-Vec(A, x, y, n)

```
1   parallel for i = 1 to n          // 並列ループ
2       for j = 1 to n               // 逐次ループ
3           y_i = y_i + a_ij x_j
```

fork-join 並列プログラムに対するコンパイラは，再帰的な spawn 生成を使って **spawn** と **sync** により **parallel for** ループを実装できる．たとえば，第 1～3 行における **parallel for** ループでは，コンパイラは，補助的なサブルーチン P-Mat-Vec-Recursive を生成し，コンパイルされたコードにおけるこのループに対応する部分で P-Mat-Vec-Recursive$(A, x, y, n, 1, n)$ を呼び出す．この様子を図 26.4 に示す．この手続きは，再帰的に，ループが繰返しの前半（第 5 行）を spawn 生成し，ループの繰り返しの後半（第 6 行）と並列実行するようにし，sync（第 7 行）をその後で実行することで，並列実行の 2 分木を生成する．各葉は，再帰の基底段階に相当し，第 2～3 行の逐次 **for** ループに対応している．

P-Mat-Vec-Recursive(A, x, y, n, i, i')

```
1   if i == i'                        // 1 回の繰返し？
2       for j = 1 to n               // P-Mat-Vec の逐次ループを模倣せよ
3           y_i = y_i + a_ij x_j
4   else mid = ⌊(i + i')/2⌋          // 並列分割統治
5       spawn P-Mat-Vec-Recursive(A, x, y, n, i, mid)
6       P-Mat-Vec-Recursive(A, x, y, n, mid + 1, i')
7       sync
```

$n \times n$ 型行列上の P-Mat-Vec の仕事量 $T_1(n)$ を得るには，第 1 行の **parallel for** ループを通常の **for** ループで置き換えることで得られる．その逐次プロジェクションの実行時間を計算すればよい．得られた逐次コードの実行時間は $\Theta(n^2)$ なので，$T_1(n) = \Theta(n^2)$ を得る．しかし，この解析では，並列ループを実装する再帰的な spawn 生成によるオーバーヘッドを無視しているように思われる．実際，逐次プロジェクションと比べると，再帰的な spawn 生成にかかわるオーバーヘッドは，並列ループの仕事量を増加させている．しかし，漸近的なものではない．なぜなら，再帰的手続きのインスタンスを表す木は完全 2 分木であり，その内部節点数は，葉の数より 1 だけ少ない（第 B.5 節の練習問題 B.5-3（994 ページ）参照）からであ

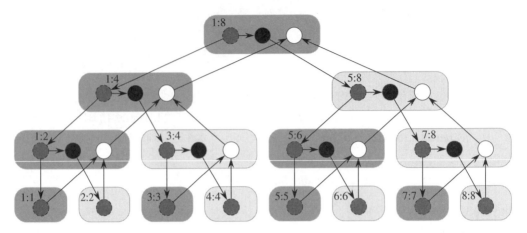

図 26.4 P-Mat-Vec-Recursive$(A, x, y, 8, 1, 8)$ の計算を表現するトレース．角が丸い長方形の内部に示す2つの数字は，この手続きを（点線で囲んだ濃い網かけで示す spawn 生成または薄い網かけで示す手続き呼出しによって）呼び出した際に使用する最後の2つの引数（手続きヘッダにおける i と i'）の値である．濃い網かけの円は，第5行の P-Mat-Vec-Recursive の spawn 生成までの部分に対応するストランドを表す．黒色の円は，第6行で P-Mat-Vec-Recursive を呼び出してから第7行で **sync** を実行するまでの部分に対応するストランドを表す．ただし，第5行が spawn 生成したサブルーチンが値を返すまでは実行は中断する．白色の円は，**sync** の実行後，それが値を返すまでの手続きの（無視できる）部分に対応するストランドを表す．

る．各内部節点は定数の仕事量で繰返しの範囲を分割し，各葉は少なくとも定数時間（今回は $\Theta(n)$ 時間）かかる基底段階に対応する．したがって，再帰的な spawn 生成のオーバーヘッドを葉にする繰返しの仕事量に対してならすことにより，全体の仕事量は，高々定数倍だけの増加であることが分かる．

再帰的な spawn 生成のオーバーヘッドを削減するためにタスク並列プラットフォームでは，ときどき，自動的に，あるいはプログラマーの制御によって，1つの葉で複数の繰返しを実行することにより，再帰の葉の粒度を**粗くする** (coarsen)[g] ことがある．この最適化の代償は，並列度の減少である．しかし，計算が十分な並列余裕度を持っていれば，ほぼ完全な線形高速化率が犠牲になることはない．

再帰的な spawn 生成が漸近的に並列ループの仕事量に影響することはないが，そのスパンを解析するときには，そのオーバーヘッドを考慮する必要がある．i 回目の繰返しのスパンが $iter_\infty(i)$ である，n 回の繰返しを持つ並列ループを考えよう．再帰の深さは，繰返し回数の対数となるので，並列ループのスパンは

$$T_\infty(n) = \Theta(\lg n) + \max\{iter_\infty(i) : 1 \le i \le n\}$$

で与えられる．

たとえば，P-Mat-Vec の第1～3行の2重ループのスパンを計算しよう．**parallel for** ループ制御のスパンは，$\Theta(\lg n)$ である．外側の並列ループの各繰返しに対して，内側の逐次ループは，第3行の n 回の繰返しを含んでいる．各繰返しに定数時間を要するので，外側の **parallel for** ループとは関係なく，内側の逐次 **for** ループに対するスパンは全体で $\Theta(n)$ である．こうし

---

[g] [訳注] このようにして並列度の粒度を粗くすることを，本書では再帰の"底を上げる"と呼んでいる．

て外側ループのすべての繰返しのなかで最大値を取り出し，ループ制御にかかわる $\Theta(\lg n)$ に加えることにより，その手続きの全体のスパンとして，$T_\infty(n) = \Theta(n) + \Theta(\lg n) = \Theta(n)$ が得られる．仕事量が $\Theta(n^2)$ なので，並列度は，$\Theta(n^2)/\Theta(n) = \Theta(n)$ である．（練習問題 26.1-7 では，より高い並列度を持つ実装法を与えるように求めている．）

競合状態

マルチコアコンピュータ上で命令がどのような順序でスケジュールされようとも，入力が同じなら同じ結果を生む並列アルゴリズムを**決定性** (deterministic) アルゴリズムと呼ぶ．入力が同じであるにもかかわらず実行するたびにその振舞いが変化する可能性があるならば，そのアルゴリズムは**非決定性** (nondeterministic) である．決定的な動作をするように意図された並列アルゴリズムも，「決定性競合」と呼ばれる発見が大変困難なバグを含んでいるときは，非決定的に挙動するかもしれない．

有名な競合に関するバグの例として，3 人の命を奪い他に数人を傷つけた放射線治療機 Therac-25 や，合衆国の 5 千万人もの人々から電気を奪った 2003 年の北米の大停電 Northeast Blackout がある．これらの破滅的な結果をもたらすバグの発見は非常に難しい．研究室では何日にもわたって 1 つの失敗もなく正常に動作しているソフトウェアでさえ，現場では散発的にクラッシュし，場合によっては悲惨な結果になるときがある．

2 つの論理的に並列な命令が，同じメモリロケーションにアクセスし，これらの命令の少なくとも 1 つがそのロケーションにデータの書込みを行うとき，**決定性競合** (determinacy race) が発生する．下記に示す簡易な手続き RACE-EXAMPLE で競合状態を説明しよう．第 1 行で x を 0 に初期化した後，RACE-EXAMPLE は，2 つの並列ストランドを生成する．これらのストランドはどちらも第 3 行で x の値を 1 だけ増やす．RACE-EXAMPLE は，（その逐次プロジェクションが確かにそうであるように）つねに値 2 を出力するはずであるが，値 1 を出力することもある．このような不具合がどのように起きるのかを調べてみよう．

```
RACE-EXAMPLE( )
1   x = 0
2   parallel for i = 1 to 2
3       x = x + 1          // 決定性競合
4   print x
```

プロセッサが x の値を 1 増やす演算は，分割不可能ではなく，次の命令の列から構成されている：

- x の値を記憶からプロセッサのレジスタの 1 つに読み込む．
- レジスタの値を増やす．
- レジスタの値をメモリ内の x に書き戻す．

図 26.5(a) に，RACE-EXAMPLE の実行を表すトレースを，個々の命令にまで分解されたストランドとともに示している．理想的並列コンピュータは，逐次一貫性を提供するので，並列アルゴリズムの並列実行を，トレースの依存関係と矛盾しない命令のインターリーブであると見

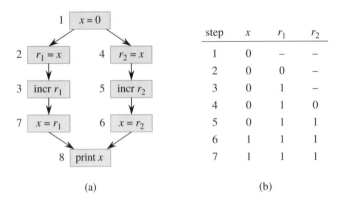

図 26.5 RACE-EXAMPLE における決定性競合．**(a)** 個々の命令間の依存関係を表すトレース．プロセッサのレジスタは，r_1 と r_2 である．ループ制御の実装に関わる命令など競合に無関係な命令は，省略されている．**(b)** バグが発生する実行系列．この実行系列での各ステップにおけるメモリ内の x の値，レジスタ r_1 と r_2 の値を示す．

なすことができる．図 26.5(b) に，上記の不具合を引き起こす実行に現れる値を示す．x の値はメモリに格納されており，r_1 と r_2 はプロセッサのレジスタである．ステップ 1 でどちらかのプロセッサが x を 0 に設定する．ステップ 2 と 3 で，プロセッサ 1 は，メモリから x の値をレジスタ r_1 に読み込み，その値を増やす．結果として r_1 の値が 1 になる．その時点でプロセッサ 2 が登場し，命令 4〜6 を実行する．プロセッサ 2 は，メモリから x の値をレジスタ r_2 に読み込み，その値を増やして r_2 の値を 1 にし，この値を x に格納すると x は 1 になる．ここで，プロセッサ 1 は，ステップ 7 から再開し，r_1 の値 1 を x に保存するが，その結果，x の値は変化しない．したがって，ステップ 8 は，逐次プロジェクションがプリントするはずの 2 ではなく，値 1 をプリントする．

　何が起こったかを要約しよう．逐次一貫性により並列実行の効果は，あたかも 2 つのプロセッサにより実行された命令がインターリーブされているかのようになる．プロセッサ 1 が，プロセッサ 2 より先にすべての命令を実行するならば，値 2 が出力される．逆にプロセッサ 2 が，プロセッサ 1 より先にすべての命令を実行する場合も，やはり値 2 が出力される．2 つのプロセッサの命令が（非自明的に）インターリーブするときは，この実行例のように，x の更新の 1 つが失なわれ，結果として 1 がプリントされることがある．

　もちろん多くの実行はバグを引き起こさない．これが決定性競合の問題である．一般的には，大部分の命令実行順序で正しい結果が得られる．例えば，左側の分岐の命令が右側の分岐の命令より先に実行される場合や，その逆の場合である．しかし，ある種の実行順序では，命令をインターリーブする際，不適切な結果を生じることがある．結果として，競合のテストは極度に困難なものとなる．読者のプログラムが誤動作することがあってもその後のテストではその誤りを再現できないかもしれず，コード内の誤りを見つけて修正しようとする試みを混乱させる．タスク並列プログラミング環境は，しばしば競合バグを特定するのに役立つ効率的な競合検出の生産性ツール (race-detection productivity tool) を備えているものだ．

　実世界における多くの並列プログラムは，意図的に非決定性を持たせている．それらは決定性競合を含んでいるが，相互排除ロック (mutual-exclusion lock) や他の同期 (synchronization) 手法を使って非決定性に由来する危険性を軽減している．しかし，我々は決定性競合のないア

ルゴリズムを開発することを目的としている．非決定性プログラムは実際興味深いものだが，非決定性プログラミングはより高度なトピックであり，広範囲にわたる興味深い並列アルゴリズムには不必要である．

アルゴリズムが決定性であることを保証するために，並列に動作する任意の2つのストランドは，**相互不干渉** (mutually noninterfering) である必要がある．すなわち，2つのストランドが共にアクセスするメモリロケーションは読取り専用で，両者はその内容に修正を加えてはならない．結果として，たとえば P-MAT-VEC の外側のループのような **parallel for** 構文では，ある繰返しが呼び出したサブルーチンの中で実行する任意のコードを含め，ループ本体のすべての繰返しは，相互不干渉にする必要がある．そして，**spawn** とそれに対応する **sync** の間では，spawn 生成された子で実行されるコードと親で実行されるコードは，呼び出したサブルーチンを含め，相互不干渉にする必要がある．

容易に意図しない競合を含むコードを生成してしまう例として，下記の手続き P-MAT-VEC-WRONG は，内側の **for** ループを並列化することでスパン $\Theta(\lg n)$ を達成する行列ベクトル乗算の誤った並列実装例である．残念ながら，この手続きは第3行の y_i の更新が n 個あるすべての j の値について並行に実行されるため，競合が発生するので正しくない．

P-MAT-VEC-WRONG(A, x, y, n)

1 **parallel for** $i = 1$ **to** n
2   **parallel for** $j = 1$ **to** n
3          $y_i = y_i + a_{ij} x_j$ **//** 決定性競合

第1行の i，第2行の j など **parallel for** ループのインデックス変数は繰返しの間で競合を生じることはない．概念的には，ループの各繰返しでは，ループ本体の繰返し実行の間のインデックス変数を保持するために独立した変数を新たに生成している．たとえ2つの並列繰返しの両方が同一のインデックス変数にアクセスしても，実際は，違った変数インスタンス（すなわち，違ったメモリロケーション）にアクセスしており，競合は生じない．

競合を伴う並列アルゴリズムは，決定性である場合がある．たとえば2個の並列スレッドが同じ値を共有変数に格納する場合には，どちらが先に値を格納したかは問題ではない．しかし単純であるから，たとえ競合が無害であったとしても，通常は決定性競合を含まないコードが好まれる．そして優れた並列プログラマーは，同等に実行する決定性コードが選択できるなら，非決定的な動作を引き起こす決定性競合を含むコードには，眉をひそめるものである．

しかし，非決定性コードにはその役割がある．たとえば，高度に実用的なデータ構造である並列ハッシュ表を決定性競合を含まないように記述し，実装することはできない．多くの研究は，非決定性が完全に制限されない場合に生じる複雑さを完全に回避しつつ，限定的に"構造化された"非決定性を取り入れるために fork-join モデルを拡張する方法を中心に行われてきた．

チェスの教訓

本節を締めくくるに当たって，仕事量/スパン解析の威力を示すために，最初のワールドクラスの並列チェス対戦プログラム [106] の開発中，実際に起こった何年も前の話を紹介しよう．

648 | 26　並列アルゴリズム

もっとも以下では，説明のためにその経過を単純化している．

そのチェスプログラムは，32 プロセッサを持つ計算機上で開発され，検証されてきたが，本来は 512 プロセッサを持つスーパーコンピュータの上で動作するように設計されていたものである．当時スーパーコンピュータの利用は制限され，大変高価なものであったため，開発者たちは小型コンピュータ上でそのベンチマークを動作させ，大型コンピュータ上での性能を推定した．

ある時点で，開発者たちは，このプログラムにある最適化手法を組み込み，その小型コンピュータ上である重要なベンチマークの実行時間を $T_{32} = 65$ 秒から $T'_{32} = 40$ 秒に削減した．しかし，開発者たちは，仕事量とスパンの効率に関する尺度を用い，この最適化版は，32 プロセッサ上だと高速に動作するが，512 プロセッサを持つ大型コンピュータ上では非最適版よりも遅くなるという結論を得た．そして結果的に，彼らはその"最適化"を断念した．

彼らの仕事量/スパン解析は，以下のとおりである．元のプログラムの仕事量は，$T_1 = 2048$ 秒，スパンは，$T_\infty = 1$ 秒だった．640 ページの不等式 (26.4) を等式 $T_P = T_1/P + T_\infty$ として扱い，これを P 個のプロセッサ上での実行時間の近似と見なす．$T_{32} = 2048/32 + 1 = 65$ 秒であることが分かる．一方，最適化を行うと，仕事量は $T'_1 = 1024$ 秒，スパンは $T'_\infty = 8$ 秒であった．ここで，再び近似を用いると，$T'_{32} = 1024/32 + 8 = 40$ 秒となる．

しかし，512 プロセッサ上での実行時間を計算すると，2 つの版の相対速度は逆転する．とくに，最初の版では $T_{512} = 2048/512 + 1 = 5$ 秒，2 番目の版では $T'_{512} = 1024/512 + 8 = 10$ 秒である．32 プロセッサ上ではプログラムを高速化できた最適化が，512 プロセッサ上ではプログラムを 2 倍も遅くした！最適化版のスパンは，8 であり，これは 32 プロセッサ上での実行時間の支配項ではないが，512 プロセッサ上では支配項となり，多数のプロセッサを用いる利点を消し去っていた．この最適化はスケールアップしないことが分かった．

この話から得られる教訓は，アルゴリズムの性能を推定するためには，仕事量/スパンの解析，つまり仕事量とスパンの測定が実行時間の測定だけに頼るよりも優れた手段である可能性がある，ということである．

練習問題

26.1-1　逐次アルゴリズムの実行に対するトレースは，どのようなものになるか？

26.1-2　擬似コードで行ったように P-FIB$(n-2)$ をサブルーチンとして呼び出す代わりに，P-FIB の第 4 行で P-FIB$(n-2)$ を spawn 生成することにする．このとき，図 26.2 における P-FIB(4) のトレースはどのようなものになるか？漸近的な仕事量，スパン，および並列度に対する影響は何か？

26.1-3　P-FIB(5) を実行するときのトレースを描け．この計算の各ストランドが単位時間で実行できると仮定したとき，この計算の仕事量，スパン，並列度を示せ．3 プロセッサ上で貪欲スケジューラを用いて行うこのトレースのスケジュールする．スケジュール結果を各ストランドにそれが実行される時間ステップをラベルづけすることにより示せ．

26.1-4　貪欲スケジューラは，定理 26.1 で与えた上界よりも少し強い上界：

$$T_P \le \frac{T_1 - T_\infty}{P} + T_\infty \tag{26.5}$$

を達成することを証明せよ.

26.1-5 同じ台数のプロセッサ上で貪欲スケジューラを用いるとき, ある実行での実行時間に別の実行のほぼ2倍の時間がかかる可能性があるトレースを構成せよ. 2つの実行がどのように進行するか, 説明せよ.

26.1-6 芥川教授は, 貪欲スケジューラを用いて, 彼の決定性タスク並列アルゴリズムの性能をプロセッサ数が4, 10, 64の理想並列計算機上で測定した. 彼は, これらの実行時間が $T_4 = 80$ 秒, $T_{10} = 42$ 秒, $T_{64} = 10$ 秒であったと主張している. この教授が嘘をついているか, あるいは無能なのか議論せよ. (**ヒント**: 仕事量の法則 (26.2), スパンの法則 (26.3), 練習問題 26.1-4 の不等式 (26.5) を利用せよ.)

26.1-7 $n \times n$ 型行列と n ベクトルの乗算を行う並列アルゴリズムで, 仕事量 $\Theta(n^2)$ を変えずに並列度 $\Theta(n^2/\lg n)$ を達成するものを設計せよ.

26.1-8 $n \times n$ 型行列 A をその場 (in place) で転置する次の擬似コード P-TRANSPOSE を考える. このアルゴリズムの仕事量, スパン, および並列度を解析せよ.

P-TRANSPOSE(A, n)

1 **parallel for** $j = 2$ **to** n
2   **parallel for** $i = 1$ **to** $j - 1$
3   a_{ij} を a_{ji} と交換する

26.1-9 P-TRANSPOSE (練習問題 26.1-8 参照) の第2行の **parallel for** ループを通常の **for** ループで置き換える. これにより得られるアルゴリズムの仕事量, スパン, 並列度を解析せよ.

26.1-10 $T_P = T_1/P + T_\infty$ を仮定したとき, チェスプログラムの2つの版の速度が同じになるプロセッサ数を求めよ.

26.2 行列乗算のための並列アルゴリズム

本節では, 第4.1節 (正方行列乗算) 並びに第4.2節 (行列乗算のための Strassen のアルゴリズム) で取り上げた3つの行列乗算アルゴリズムの並列化を検討する. 各アルゴリズムは並列ループか再帰的な spawn 生成を使って直接的な方法で並列化可能であることを示す. 仕事量/スパンを解析し, 各並列アルゴリズムは, 1プロセッサ上では対応する逐次アルゴリズムと同一の性能を発揮し, 多数のプロセッサ上でもその性能に台数効果が現れることを示す.

並列ループを使った行列乗算のための並列アルゴリズム

最初に検討するアルゴリズムは手続き P-MATRIX-MULTIPLY で, これは第4.1節の手続き MATRIX-MULTIPLY (68ページ) の外側の2つのループを単に並列化したものである.

P-MATRIX-MULTIPLY を解析しよう. このアルゴリズムの逐次プロジェクションは, ちょうど MATRIX-MULTIPLY になるので, このアルゴリズムの仕事量は, MATRIX-MULTIPLY の実行時間と同一で, $T_1(n) = \Theta(n^3)$ となる. このアルゴリズムのスパンは, $T_\infty(n) = \Theta(n)$

650 | 26 並列アルゴリズム

P-MATRIX-MULTIPLY(A, B, C, n)

1   **parallel for** $i = 1$ **to** n // n 個のそれぞれの行の成分を計算せよ

2   **parallel for** $j = 1$ **to** n // 行 i の n 個の成分を計算せよ

3   **for** $k = 1$ **to** n

4             $c_{ij} = c_{ij} + a_{ik} \cdot b_{kj}$ // 第 4.1 節（正方行列乗算）の式 (4.1) の別の

5   // 項を追加する

である．なぜなら，手続きは，第 1 行から開始される **parallel for** ループに対する再帰の木を下り，次に第 2 行から開始される **parallel for** に対する再帰の木を下り，さらに第 3 行から開始される通常の **for** ループの n 回の繰返しをすべて実行するので，これらのスパンの合計は，$\Theta(\lg n) + \Theta(\lg n) + \Theta(n) = \Theta(n)$ となる．したがって，並列度は，$\Theta(n^3)/\Theta(n) = \Theta(n^2)$ となる．（練習問題 26.2-3 では，並列度を $\Theta(n^3/\lg n)$ に改良するために，内側のループを並列化する方法を検討する．**parallel for** を単純に用いる方法は，競合状態が発生するので，うまく機能しない．）

行列乗算のための並列分割統治アルゴリズム

第 4.1 節（正方行列乗算）では，$n \times n$ の行列乗算を分割統治法を使って逐次的に $\Theta(n^3)$ 時間で計算する手法を示した．再帰呼出しではなく再帰的な spawn 生成を使って，このアルゴリズムを並列化する方法を検討しよう．

第 4.1 節の逐次手続き MATRIX-MULTIPLY-RECURSIVE（70 ページ）は，3 つの $n \times n$ 型行列 A, B, C を入力とし，行列乗算 $C = C + A \cdot B$ を求めるため，A と B の $n/2 \times n/2$ 型部分行列の 8 個の乗算を再帰的に実行する．下記の手続き P-MATRIX-MULTIPLY-RECURSIVE は，同じ分割統治法の戦略を，spawn 生成を使って 8 個の行列乗算と並列に実行できるように実装している．行列 C の要素を更新する際の決定性競合を避けるために，補助的な行列 D を導入し，4 つの部分行列積を D に格納する．最後に最終結果として，C と D の和を合算する．（練習問題 26-2 では，ある種の並列性を犠牲にして，補助的な行列 D を使わない計算方法を求めている．）

手続き P-MATRIX-MULTIPLY-RECURSIVE の第 2～3 行は，1×1 型行列の積を計算する基底段階を扱っている．この手続きの残りの部分は，再帰段階を扱う．第 4 行では，補助的な行列 D を割り当て，第 5～7 行では，その要素を零に初期化する．第 8 行は，4 つの行列 A, B, C, D をそれぞれ $n/2 \times n/2$ 型部分行列に分割する．（第 4.1 節の MATRIX-MULTIPLY-RECURSIVE（70 ページ）と同様に，部分行列の分割位置を表すためのインデックス計算法には，説明を要する微妙な問題があるが，ここでは踏み込まない．）第 9 行の再帰的 spawn 生成で $C_{11} = C_{11} + A_{11} \cdot B_{11}$ とセットする．C_{11} は第 4.1 節の式 (4.5)（69 ページ）の 2 つある項のうちの第 1 項を加算する．同様に，第 10～12 行では C_{12}, C_{21}, C_{22} に，式 (4.6)～(4.8) の第 1 項をそれぞれ並列に加算する．第 13 行で部分行列 D_{11} を部分行列積 $A_{12} \cdot B_{21}$ にセットする．D_{11} は，式 (4.5) の第 2 項に等しい．第 14～16 行では D_{12}, D_{21}, D_{22} に，式 (4.6)～(4.8) 項の第 1 項をそれぞれ並列にセットする．第 17 行の **sync** 文は，第 9～16 行の部分行列積がすべて計算済みであることを保証する．その後，第 18～20 行の 2 重入れ子の **parallel**

for ループを用いて，D の要素を対応する C の要素に加える．

P-MATRIX-MULTIPLY-RECURSIVE(A, B, C, n)

  1 **if** $n == 1$ // それぞれの行列はちょうど 1 個の要素を持つか？
  2      $c_{11} = c_{11} + a_{11} \cdot b_{11}$
  3   **return**
  4 D を新しい $n \times n$ 型行列とする   // 補助的な行列
  5 **parallel for** $i = 1$ **to** n // $D = 0$ とセットせよ
  6   **parallel for** $j = 1$ **to** n
  7          $d_{ij} = 0$
  8 $A, B, C,$ 並びに D をそれぞれ $n/2 \times n/2$ 型の部分行列
        $A_{11}, A_{12}, A_{21}, A_{22}; B_{11}, B_{12}, B_{21}, B_{22}; C_{11}, C_{12}, C_{21}, C_{22};$
        並びに $D_{11}, D_{12}, D_{21}, D_{22}$ に分割する．
  9 **spawn** P-MATRIX-MULTIPLY-RECURSIVE$(A_{11}, B_{11}, C_{11}, n/2)$
10 **spawn** P-MATRIX-MULTIPLY-RECURSIVE$(A_{11}, B_{12}, C_{12}, n/2)$
11 **spawn** P-MATRIX-MULTIPLY-RECURSIVE$(A_{21}, B_{11}, C_{21}, n/2)$
12 **spawn** P-MATRIX-MULTIPLY-RECURSIVE$(A_{21}, B_{12}, C_{22}, n/2)$
13 **spawn** P-MATRIX-MULTIPLY-RECURSIVE$(A_{12}, B_{21}, D_{11}, n/2)$
14 **spawn** P-MATRIX-MULTIPLY-RECURSIVE$(A_{12}, B_{22}, D_{12}, n/2)$
15 **spawn** P-MATRIX-MULTIPLY-RECURSIVE$(A_{22}, B_{21}, D_{21}, n/2)$
16 **spawn** P-MATRIX-MULTIPLY-RECURSIVE$(A_{22}, B_{22}, D_{22}, n/2)$
17 **sync**   // spawn 生成による部分行列積の結果を待て
18 **parallel for** $i = 1$ **to** n // $C = C + D$ と更新せよ
19   **parallel for** $j = 1$ **to** n
20          $c_{ij} = c_{ij} + d_{ij}$

　手続き P-MATRIX-MULTIPLY-RECURSIVE を解析しよう．最初に仕事量 $M_1(n)$ の解析を，原型である MATRIX-MULTIPLY-RECURSIVE の逐次実行時間の解析を踏襲しつつ行う．再帰段階では，補助的な行列 D の割り当てと初期化を $\Theta(n^2)$ 時間で行い，分割を $\Theta(1)$ 時間で行い，$n/2 \times n/2$ 型行列の再帰する乗算を 8 回行い，最後に，2 つの $n \times n$ 型行列の加算を $\Theta(n^2)$ の仕事量で行う．したがって，再帰的な spawn 生成以外の仕事量は $\Theta(n^2)$ になり，$M_1(n)$ に対する漸化式は，マスター定理（定理 4.1（85 ページ））のケース 1 より，

$$M_1(n) = 8M_1(n/2) + \Theta(n^2)$$
$$= \Theta(n^3)$$

である．驚くべきことではないが，この並列アルゴリズムの仕事量は，漸近的には第 4.1 節の 3 重ループを持つ手続き MATRIX-MULTIPLY（68 ページ）の実行時間と同じである．

　つぎに P-MATRIX-MULTIPLY-RECURSIVE のスパン $M_\infty(n)$ を決定しよう．8 回の並列再帰的 spawn 生成は，すべて同じサイズの行列上で行われるので，どの再帰的な spawn 生成の最大スパンも，その中の 1 つの再帰的 spawn 生成のスパン，すなわち $M_\infty(n/2)$ に等しい．第 5〜7 行の 2 重入れ子の **parallel for** ループのスパンは，各ループの制御にかかる $\Theta(\lg n)$

652 | 26 並列アルゴリズム

が第 7 行の定数スパンに加わるので，$\Theta(\lg n)$ である．同様に，第 18〜20 行の 2 重入れ子の **parallel for** ループのスパン $\Theta(\lg n)$ が加わる．インデックス計算による行列分割のスパンは $\Theta(1)$ であり，これは 2 重ループのスパン $\Theta(\lg n)$ に支配されている．したがって，漸化式

$$M_\infty(n) = M_\infty(n/2) + \Theta(\lg n) \tag{26.6}$$

が成立する．この漸化式は $k = 1$ としたマスター定理のケース 2 に相当し，その解は $M_\infty(n) = \Theta(\lg^2 n)$ である．

P-MATRIX-MULTIPLY-RECURSIVE の並列度は，$M_1(n)/M_\infty(n) = \Theta(n^3/\lg^2 n)$ になるが，これは非常に大きな値である．（章末問題 26-2 では，並列度を少し犠牲にして，このアルゴリズムをより簡単なものに変更することを求めている．）

Strassen 法の並列化

72〜73 ページに示した Strassen のアルゴリズムの一般的な枠組みを踏襲し，spawn 生成を使って同アルゴリズムを並列化する．次に示す各ステップと Strassen アルゴリズムの対応するステップを比較することが理解の一助になると思われる．全体の仕事量 $T_1(n)$ とスパン $T_\infty(n)$ の漸化式を求め，コストを解析する．

1. $n = 1$ のとき，行列はそれぞれ 1 個の要素を持っている．1 回のスカラー乗算と 1 回のスカラー加算をし，結果を返す．$n \geq 2$ 場合は，第 4.1 節（正方行列乗算）の式 (4.2)（69 ページ）のように，入力行列 A, B と，出力行列 C を $n/2 \times n/2$ の部分行列に分割する．インデックス計算を用いると，このステップの仕事量とスパンはそれぞれ $\Theta(1)$ である．

2. 10 個の $n/2 \times n/2$ 型行列 $S_1, S_2, \ldots, S_{10}$ を定義する．各行列はステップ 1 で作られた 2 つの部分行列の和か差である．7 個の $n/2 \times n/2$ 型行列積を格納するために，7 個の $n/2 \times n/2$ 型行列 $P_1, P_2, \ldots, P_7$ を定義し，それらを初期化する．2 重に入れ子になった **parallel for** ループを用いると，これら 17 個すべての行列 P_i を生成し，初期化することを，$\Theta(n^2)$ の仕事量と $\Theta(\lg n)$ のスパンで実現できる．

3. ステップ 1 で構成した部分行列とステップ 2 で計算した 10 個の行列 $S_1, S_2, \ldots, S_{10}$ を用いて，7 個の $n/2 \times n/2$ 型行列の積 $P_1, P_2, \ldots, P_7$ を計算する手続きをそれぞれ再帰的に spawn 生成する．この計算に $7T_1(n)$ の仕事量と $T_\infty(n/2)$ のスパンを要す．

4. 結果の行列 C の 4 つの部分行列 $C_{11}, C_{12}, C_{21}, C_{22}$ をさまざまな行列 P_i を加算したり減算したりして更新する．2 重の入れ子になった **parallel for** ループを使って，4 個の部分行列のすべてが $\Theta(n^2)$ の仕事量，$\Theta(\lg n)$ のスパンで計算できる．

このアルゴリズムを解析しよう．このアルゴリズムの逐次プロジェクションは，元の逐次アルゴリズムと同一であるので，仕事量は逐次プロジェクションの実行時間と一致し，$\Theta(n^{\lg 7})$ となる．手続き P-MATRIX-MULTIPLY-RECURSIVE の場合と同様に，スパンの漸化式を導出する．この場合，7 回の再帰呼出しを並列に実行するが，すべて同じサイズの行列上で実行するので，P-MATRIX-MULTIPLY-RECURSIVE と同じ漸化式 (26.6) が得られ，その解は $\Theta(\lg^2 n)$ となる．したがって，並列化された Strassen 法の並列度は $\Theta(n^{\lg 7}/\lg^2 n)$ で，この値は大きい．この並列度は P-MATRIX-MULTIPLY-RECURSIVE の並列度より少し小さいが，それは仕

事量が少ないからである.

練習問題

26.2-1 2×2 型行列上での P-Matrix-Multiply の計算のトレースを,アルゴリズム実行のストランドとの対応が分かるようにダグの頂点にラベルをつけて描け.各ストランドの実行に単位時間がかかると仮定し,この計算の仕事量,スパン,並列度を解析せよ.

26.2-2 P-Matrix-Multiply-Recursive に対して練習問題 26.2-1 を解け.

26.2-3 2つの $n \times n$ 型行列の積を仕事量 $\Theta(n^3)$,スパン $\Theta(\lg n)$ で計算する並列アルゴリズムの擬似コードを与えよ.設計したアルゴリズムを解析せよ.

26.2-4 $p \times q$ 行列と $q \times r$ 行列の積を求める効率の良い並列アルゴリズムの擬似コードを与えよ.このアルゴリズムは,p, q, r のどれかが 1 であっても大きい並列度を持たなければならない.設計したアルゴリズムを与えよ.

26.2-5 辺重みつきグラフ上で全点対間最短路を計算する Floyd–Warshall のアルゴリズム(第23.2 節参照)の効率良い並列版の擬似コードを与えよ.与えた並列アルゴリズムを解析せよ.

26.3 マージソートの並列化

第 2.3.1 項(分割統治法)で逐次型マージソートを導入し,第 2.3.2 項(分割統治アルゴリズムの解析)でその実行時間が $\Theta(n \lg n)$ であることを示した.マージソートは分割統治法を用いているので,fork-join 並列処理を実装するのには素晴らしい候補のように思われる.

手続き P-Merge-Sort では,最初の再帰呼出しを spawn 生成するためにマージソートを修正している.第 2.3 節(アルゴリズムの設計)の逐次版手続き Merge-Sort(32 ページ)と同様に,P-Merge-Sort は部分配列 $A[p:r]$ をソートする.第 8 行の **sync** 文が,第 5 行と第 7 行での 2 つの再帰的 spawn 生成の終了を確認した後,P-Merge-Sort は並列マージ手続き P-Merge(656 ページ)を呼び出す.しかし,今すぐ P-Merge を調べる必要はない.

P-Merge-Sort(A, p, r)

```
 1  if p ≥ r                          // 要素数が 0 あるいは 1 ?
 2      return
 3  q = ⌊(p + r)/2⌋                   // A[p : r] の中央点
 4  // 並列に A[p : q] を再帰的にソートせよ
 5  spawn P-Merge-Sort(A, p, q)
 6  // 並列に A[q + 1 : r] を再帰的にソートせよ
 7  spawn P-Merge-Sort(A, q + 1, r)
 8  sync                             // spawn 生成された手続きの終了を待て
 9  // A[p : q] と A[q + 1 : r] をマージし,A[p : r] とせよ
10  P-Merge(A, p, q, r)
```

なぜ並列マージ手続きを必要とするのか?その理由を直観的に知るために,まず仕事量/ス

654 | 26 並列アルゴリズム

パン解析を使おう．結局のところ，マージ操作の並列化を考慮しなくても，MERGE-SORT を並列化するだけで，十分に大きな並列度が得られるに違いないと思われるかもしれない．しかし，P-MERGE-SORT の第 10 行での P-MERGE の呼出しを第 2.3 節（アルゴリズムの設計）の逐次 MERGE（30 ページ）で置き換えると何が起こるだろうか？このように修正された手続きを P-NAIVE-MERGE-SORT と呼ぼう．

$T_1(n)$ を要素数 n の部分配列上の手続き P-NAIVE-MERGE-SORT の（最悪時の）仕事量とする．ここで，$n = r - p + 1$ は配列 $A[p:r]$ の要素数である．$T_\infty(n)$ を，そのスパンとする．MERGE は，動作時間が $\Theta(n)$ の逐次アルゴリズムなので，その仕事量とスパンは共に $\Theta(n)$ である．手続き P-NAIVE-MERGE-SORT の逐次プロジェクションは正確に MERGE-SORT なので，その仕事量は $T_1(n) = \Theta(n \lg n)$ である．第 5 行と第 7 行における 2 つの再帰呼出しは，並列に実行されるので，そのスパンは，マスター定理のケース 1 により，次の漸化式

$$T_\infty(n) = 2\,T_\infty(n/2) + \Theta(n)$$
$$= \Theta(n)$$

で与えられる．したがって，P-NAIVE-MERGE-SORT の並列度は $T_1(n)/T_\infty(n) = \Theta(\lg n)$ であるが，これでは素晴らしい並列度とは言えない．たとえば，100 万個の要素をソートするとき，$\lg 10^6 \approx 20$ なので，少数のプロセッサ上では線形の高速化率が達成できるかもしれないが，数十のプロセッサ上では効果的な高速化は望めそうにない．

P-NAIVE-MERGE-SORT の並列度のボトルネックは，明らかに MERGE 手続きである．マージ操作のスパンを漸近的に減少させることができるなら，マスター定理により，並列マージのスパンもまたより小さくなる．手続き MERGE の擬似コードを観察すれば，マージ操作は本質的に逐次的なものに思えるが，実はそうではない．並列マージアルゴリズムを作り上げることが可能である．目標は並列マージのスパンを漸近的に減少させることであるが，効率的な並列アルゴリズムを望むなら，仕事量の上界 $\Theta(n)$ を増やさないようにしなければいけない．

図 26.6 は手続き P-MERGE で使う分割統治戦略を示している．アルゴリズムの中心は，配列 A の 2 つのソート済み部分配列を並列にマージして，別の配列 B の部分配列に格納する再帰的な補助手続き P-MERGE-AUX である．具体的には，手続き P-MERGE-AUX は，$A[p_1:r_1]$ と $A[p_2:r_2]$ をマージし，$B[p_3:r_3]$ に格納する．ここで，$r_3 = p_3 + (r_1-p_1+1) + (r_2-p_2+1) - 1 = p_3 + (r_1 - p_1) + (r_2 - p_2) + 1$ である．

P-MERGE-AUX における再帰的マージアルゴリズムの鍵となる考え方は，A の 2 つのソート済みの部分配列をそれぞれ以下のようにピボット x の近くで分割することにある．すなわち，各部分配列の下側部分に属するすべての要素は x より小さく，各部分配列の上側部分に属するすべての要素は x 以上になるように分割する．この手続きは 2 つの部分順列上で並列に再帰できる．すなわち，2 つの下側部分のマージと 2 つの上側部分のマージである．秘訣は，再帰が偏りすぎないように適切な x を見つけることにある．第 7.1 節（クイックソートの記述）の QUICKSORT（154 ページ）にあるように，悪い要素の分割が漸近的に大きな効率の損失につながることがないようにしたい．第 7.3 節（乱択版クイックソート）の RANDOMIZED-QUICKSORT（161 ページ）のようにランダムに選択した要素の周辺で分割することもできるが，入力される部分配列がソート済みなので，いつもうまく動作するピボットを P-MERGE-AUX は速く決定できる．

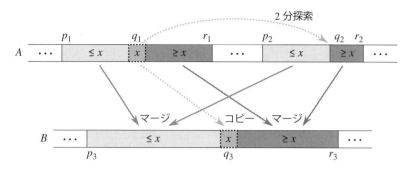

図 26.6 2つのソート済み部分配列 $A[p_1:r_1]$ と $A[p_2:r_2]$ を並列マージし, 部分配列 $B[p_3:r_3]$ に格納する P-MERGE-AUX の背後のアイデア. $x=A[q_1]$ (点線で示す) を $A[p_1:r_1]$ の中央値, q_2 を $A[p_2:r_2]$ の中で値 x が $A[q_2-1]$ と $A[q_2]$ の間に来るようなインデックスとする. このとき, 部分配列 $A[p_1:q_1-1]$ と $A[p_2:q_2-1]$ (薄い網かけで示されている) の要素はすべて x 以下であり, 部分配列 $A[q_1+1:r_1]$ と $A[q_2:r_2]$ (濃い網かけで示されている) の要素はすべて x 以上である. マージを行うために, $B[p_3:r_3]$ において x が属するインデックス q_3 を計算し, x を $B[q_3]$ にコピーし, 再帰的に $A[p_1:q_1-1]$ と $A[p_2:q_2-1]$ をマージして $B[p_3:q_3-1]$ に格納し, $A[q_1+1:r_1]$ と $A[q_2:r_2]$ をマージして, $B[q_3+1:r_3]$ に格納する.

具体的に言うと, 再帰的マージアルゴリズムは, 2つの入力部分配列の大きいほうの配列の中央値をピボット x とする. 一般性を失うことなく, 大きいほうの部分配列は $A[p_1:r_1]$ であることを仮定する. そうでなければ, 2つの部分配列の役割を交替させればよい. すなわち, $x=A[q_1]$ である. $q_1=\lfloor(p_1+r_1)/2\rfloor$ とするとき, $A[p_1:r_1]$ はソート済みであり, x は部分配列の中心値なので, $A[p_1:q_1-1]$ のすべての要素は x を超えず, $A[q_1+1:r_1]$ のすべての要素は x 以上である. 次にアルゴリズムは小さいほうの部分配列 $A[p_2:r_2]$ の "分割点 (split point)" q_2 を見つける. このとき, $A[p_2:q_2-1]$ のすべての要素 (もしあれば) は, 高々 x であり, $A[q_2:r_2]$ のすべての要素 (もしあれば) は, 少なくとも x である. (アルゴリズムはそうしないが) 直観的には, x が $A[q_2-1]$ と $A[q_2]$ の間に挿入されても, 部分配列 $A[p_2:r_2]$ はソートされた状態のままだろう. 配列 $A[p_2:r_2]$ はソート済みなので, x を探索キーとする2分探索の変型版 (練習問題 2.3-6 参照) は, 分割点 q_2 を最悪時間 $\Theta(\lg n)$ で見つけることができる. 後で解析するが, たとえ x が $A[p_2:r_2]$ を悪く分割することがあっても, すなわち, x が部分配列のすべての要素よりも小さいか, あるいは大きくなるように分割した場合でも, 少なくとも全要素の 1/4 が各再帰的マージの対象として残っている. したがって, 大きいほうの再帰的マージでも, 高々 3/4 の要素上で動作するので, 再帰は, $\Theta(\lg n)$ 回の呼出しで底をつくことが保証されている.

以上の考え方を擬似コードで表現しよう. 下記の逐次手続き FIND-SPLIT-POINT(A, p, r, x) から開始する. FIND-SPLIT-POINT は, ソート済み部分配列 $A[p:r]$ とキー x を入力とし, $A[p:r]$ の分割点 q を結果として返す. ここで, インデックス q は, $p \le q \le r+1$ の範囲にあり, 部分配列 $A[p:q-1]$ のすべての要素 (もしあれば) は, 高々 x であり, $A[q:r]$ のすべての要素 (もしあれば) は, 少なくとも x である.

手続き FIND-SPLIT-POINT(A, p, r, x) は, 分割点を見つけるために2分探索を使う. 手続きの第1行と第2行は, それぞれの探索の範囲を決定する. **while** ループを実行するたびに, 第5行は, 探索範囲の中心値と探索キー x を比較し, その比較結果に応じて第6行と第7行で探索範囲を部分配列の下位半分にするか, 上位半分にするかを決定し, 範囲を狭める. 最後に, 範囲

FIND-SPLIT-POINT(A, p, r, x)	
1　$low = p$	// 探索範囲の下端
2　$high = r + 1$	// 探索範囲の上端
3　**while** $low < high$	// 1 個以上の要素?
4　　　$mid = \lfloor (low + high)/2 \rfloor$	// 探索の中央点
5　　　**if** $x \le A[mid]$	// q は mid 以下?
6　　　　　$high = mid$	// $A[low:mid]$ に探索を狭める
7　　　　**else** $low = mid + 1$	// $A[mid+1:high]$ に探索を狭める
8　**return** low	

がただ 1 つのインデックスにまで狭まれば,第 8 行は,そのインデックスを分割点として返す.

　FIND-SPLIT-POINT は,並列動作をまったく含まないので,そのスパンは,逐次実行時間であり,これはまた仕事量でもある.大きさ $n = r - p + 1$ の部分配列 $A[p:r]$ 上で,**while** ループの繰返しのたびに探索範囲が半分になる.これは $\Theta(\lg n)$ 回の繰返しでループが終了することを意味している.各繰返しの実行には,定数時間を要するのでアルゴリズムの(最悪)実行時間は $\Theta(\lg n)$ となる.したがって,この手続きの仕事量とスパンは $\Theta(\lg n)$ である.

P-MERGE(A, p, q, r)	
1　$B[p:r]$ を新しい配列とする	// 補助配列を割り当てる
2　P-MERGE-AUX$(A, p, q, q+1, r, B, p)$	// A とマージして B に置く
3　**parallel for** $i = p$ **to** r	// B を A に並列にコピーする
4　　　$A[i] = B[i]$	

P-MERGE-AUX$(A, p_1, r_1, p_2, r_2, B, p_3)$	
1　**if** $p_1 > r_1$ かつ $p_2 > r_2$	// 両方の部分配列は空?
2　　　**return**	
3　**if** $r_1 - p_1 < r_2 - p_2$	// 2 番目の部分配列のほうが大きいか?
4　　　p_1 を p_2 と交換する	// 部分配列の役割を交換せよ
5　　　r_1 を r_2 と交換する	
6　$q_1 = \lfloor (p_1 + r_1)/2 \rfloor$	// $A[p_1:r_1]$ の中央点
7　$x = A[q_1]$	// $A[p_1:r_1]$ の中央値はピボット x である
8　$q_2 = $ FIND-SPLIT-POINT(A, p_2, r_2, x)	// $A[p_2:r_2]$ を x の周辺で分割せよ
9　$q_3 = p_3 + (q_1 - p_1) + (q_2 - p_2)$	// B で x が置かれるインデックス
10　$B[q_3] = x$	// そこに x を置け
11　// $A[p_1:q_1-1]$ と $A[p_2:q_2-1]$ を再帰的にマージして $B[p_3:q_3-1]$ に置く	
12　**spawn** P-MERGE-AUX$(A, p_1, q_1-1, p_2, q_2-1, B, p_3)$	
13　// $A[q_1+1:r_1]$ と $A[q_2:r_2]$ を再帰的にマージして $B[q_3+1:r_3]$ に置く	
14　**spawn** P-MERGE-AUX$(A, q_1+1, r_1, q_2, r_2, B, q_3+1)$	
15　**sync**	// spawn 生成された手続きの終了を待て

上の並列マージ手続き P-Merge を見よう．擬似コードの大部分は，再帰的手続き P-Merge-AUX の記述である．手続き P-Merge 自体は，P-Merge-AUX をセットアップするための単なる "ラッパー (wrapper)" [h]にすぎない．第 1 行で，P-Merge-AUX の出力を格納するために，新しい配列 $B[p:r]$ を割り当てる．そして，第 2 行で P-Merge-AUX を呼び出し，マージすべき 2 つの部分配列のインデックスを渡し，B のインデックス p から始まる部分をマージ結果の出力場所として用意する．P-Merge-AUX が戻ってきた後，第 3～4 行で，出力 $B[p:r]$ を P-Merge-Sort が想定する場所である部分配列 $A[p:r]$ に並列にコピーする．

手続き P-Merge-AUX は，このアルゴリズムの興味深い部分である．この再帰的並列手続きのパラメータについて理解することから始めよう．入力配列 A と 4 つのインデックス p_1, r_1, p_2, r_2 は，マージされる部分配列 $A[p_1:r_1]$ と $A[p_2:r_2]$ を示している．配列 B とインデックス p_3 は，$B[p_3:r_3]$ にマージ結果が格納されることを示している．ここで，先に見たように $r_3 = p_3 + (r_1 - p_1) + (r_2 - p_2) + 1$ である．出力部分配列の右端のインデックス r_3 は擬似コードでは必要ないが，第 13 行のコメント欄にあるように終端のインデックスを概念的に名付けるのに役立つ．

この手続きは，再帰の基底段階を調べることから始まり，残りの擬似コードを単純化するために，いくつかの設定を行う．第 1 行と第 2 行は，2 つの部分配列の両方が空かどうかを判定し，空ならばここで終了する．第 3 行は，最初の部分配列が 2 番目の部分配列よりも要素数が少ないか否かを調べる．最初の部分配列は $r_1 - p_1 + 1$ 個の要素を持ち，2 番目の部分配列は $r_2 - p_2 + 1$ 個の要素を持っているので，判定は 2 つの "+1" を省略している．最初の部分配列の要素数のほうが少なければ，第 4 行と第 5 行で部分配列の役割を交替し，手続きのバランスをとるために，$A[p_1:r_1]$ が大きいほうの部分配列を参照するようにする．

今，並列分割統治戦略を実装する P-Merge-AUX の核心にいる．擬似コードの探索をさらに続けるので，再び図 26.6 を参照することが役立つだろう．

最初のステップは分割である．第 6 行は，$A[p_1:r_1]$ の中央点 q_1 を求める．このインデックスは，配列の中央値 $x = A[q_1]$ を指し，ピボットとして使われる．第 7 行は，x を決定する．次に第 8 行は，Find-Split-Point を使って，$A[p_2:r_2]$ のインデックス q_2 を求める．ここで，$A[p_2:q_2-1]$ のすべての要素は高々 x であり，$A[q_2:r_2]$ のすべての要素は，少なくとも x である．第 9 行は，出力部分配列 $B[p_3:r_3]$ を $B[p_3:q_3-1]$ と $B[q_3+1:r_3]$ に分割するインデックス q_3 を計算し，第 10 行は，x を $B[q_3]$ に代入する．ここが出力の中で x が占める位置である．

つぎに統治のステップがくる．ここでは並列再帰呼出しが起こる．第 12 行と第 14 行ではそれぞれ A を再帰的にマージして B に格納するために，P-Merge-AUX を spawn 生成する．ここで，第 12 行は，小さいほうの要素をマージし，第 14 行で，大きいほうの要素をマージする．第 15 行の **sync** 文は，この手続きが結果を返す前に部分問題が終了することを保障する．

$B[p:r]$ に正しくソートされた出力が格納されているので，統合ステップは存在しない．

---

[h] ［訳注］wrapper は「包装紙」，「本のカバー」を意味する．

658 | 26 並列アルゴリズム

並列マージの仕事量/スパン解析

最初に P-MERGE-AUX の最悪時のスパン $T_\infty(n)$ に対する漸化式を導出することから解析を開始しよう．ここで，入力の部分配列全体で n 個の要素を含むものとする．第 8 行の FIND-SPLIT-POINT の呼出しで，最悪時のスパンとして $\Theta(\lg n)$ 時間を要し，この手続きは，第 12 行と第 14 行における 2 つの再帰的な spawn 生成の外側にある追加的な逐次作業に高々定数時間を要す．

2 つの再帰的な spawn 生成は，論理的に並列に動作するので，そのうちの 1 つの spawn 生成だけが最悪時のスパンとなる．先に，どの再帰呼出しでも $3n/4$ 個より多くの要素上では動作しないと主張した．その理由を検討しよう．$n_1 = r_1 - p_1 + 1$ と $n_2 = r_2 - p_2 + 1$ を，第 6 行が実行を開始したときの 2 つの部分配列のサイズとする．ここで，$n = n_1 + n_2$ である．ただし，必要なら 2 つの部分配列の役割を交替することにより，この時点では，$n_2 \le n_1$ が成立している．ピボット x が，配列 $A[p_1 : r_1]$ の中央値なので，最悪時には，再帰的マージ操作は，配列 $A[p_1 : r_1]$ の高々 $n/2$ 個の要素を対象とし，しかも $A[p_2 : r_2]$ の n_2 個の要素すべてを対象とすることもある．したがって，P-MERGE-AUX の再帰的呼出しが対象とする要素数の上界は

$$
\begin{aligned}
n_1/2 + n_2 &= (2n_1 + 4n_2)/4 \\
&\le (3n_1 + 3n_2)/4 \quad (n_2 \le n_1 \text{ なので}) \\
&= 3n/4
\end{aligned}
$$

となり，主張は証明された．

したがって，P-MERGE-AUX の最悪時のスパンは，次の漸化式：

$$
T_\infty(n) = T_\infty(3n/4) + \Theta(\lg n) \tag{26.7}
$$

で示される．この漸化式は $k = 1$ としたマスター定理のケース 2 に相当するので，その解は $T_\infty(n) = \Theta(\lg^2 n)$ となる．

つぎに，n 個の要素上の P-MERGE-AUX の仕事量 $T_1(n)$ が，線形であることを検証しよう．n 個の各要素が A から B にコピーされるので，その下界が $\Omega(n)$ であることは明らかである．最悪時の仕事量の漸化式を導き，$T_1(n) = O(n)$ を示そう．第 8 行の 2 分探索には最悪時に $\Theta(\lg n)$ を要し，これは再帰的な spawn 生成以外の他の仕事量を支配する．再帰的 spawn 生成に関しては，第 12 行と第 14 行が違った個数の要素をマージするけれども，2 つの再帰的 spawn 生成は合わせて高々 $n - 1$ 個の要素（$x = A[q]$ はマージされないので）をマージすることに注意しよう．さらに，スパンを解析したときと同様に，再帰的な spawn 生成は高々 $3n/4$ 個の要素上で動作する．したがって，次の漸化式

$$
T_1(n) = T_1(\alpha n) + T_1((1 - \alpha)n) + \Theta(\lg n) \tag{26.8}
$$

が成立する．ここで，α は $1/4 \le \alpha \le 3/4$ の範囲にあり，α の実際の値は再帰の各レベルで異なる可能性がある．

置換え法（第 4.3 節（漸化式を解くための置換え法）（75 ページ）参照）を使って，上記の再帰式 (26.8) の解が $T_1(n) = O(n)$ となることを証明する．（読者は第 4.7 節（Akra–

Bazzi 漸化式）で示した Akra–Bazzi 法も使うことができる.） ある正の定数 c_1, c_2 に対して，$T_1(n) \leq c_1 n - c_2 \lg n$ が成立すると仮定しよう. 第 3.3 節（標準的な記法とよく使われる関数）に示した対数の性質（55〜56 ページ）（とくに $\lg \alpha + \lg(1 - \alpha) = -\Theta(n)$）を使って，十分大きい n に対して，項 $c_2(\lg n - \Theta(1))$ が $\Theta(\lg n)$ を支配するように十分大きな c_2 を選択すると，次式が成立する.

$$\begin{aligned}
T_1(n) &\leq (c_1 \alpha n - c_2 \lg(\alpha n)) + (c_1(1 - \alpha)n - c_2 \lg((1 - \alpha)n)) + \Theta(\lg n) \\
&= c_1(\alpha + (1 - \alpha))n - c_2(\lg(\alpha n) + \lg((1 - \alpha)n)) + \Theta(\lg n) \\
&= c_1 n - c_2(\lg \alpha + \lg n + \lg(1 - \alpha) + \lg n) + \Theta(\lg n) \\
&= c_1 n - c_2 \lg n - c_2(\lg n + \lg \alpha + \lg(1 - \alpha)) + \Theta(\lg n) \\
&= c_1 n - c_2 \lg n - c_2(\lg n - \Theta(1)) + \Theta(\lg n) \\
&\leq c_1 n - c_2 \lg n
\end{aligned}$$

さらに，$\Theta(1)$ 個ある再帰の基底段階を満足し，再帰を終了させるのに十分な大きさの c_1 を選択できる P-MERGE の仕事量の下界と上界がそれぞれ $\Omega(n)$ と $O(n)$ であることが分かったので，$T_1(n) = \Theta(n)$ である. これは逐次マージの仕事量と漸近的に同一である.

手続き P-MERGE の擬似コードの実行自体は，P-MERGE-AUX の仕事量，スパンに漸近的な影響はない. 第 3〜4 行における **parallel for** ループは，ループ制御により $\Theta(\lg n)$ のスパンを持ち，それぞれの繰返しは定数時間で実行される. したがって，P-MERGE-AUX のスパン $\Theta(\lg^2 n)$ が支配項となり，P-MERGE のスパンは $\Theta(\lg^2 n)$ となる. **parallel for** ループは，$\Theta(n)$ の仕事量を含み，P-MERGE-AUX の漸近的な仕事量と一致し，結果として P-MERGE の全仕事量は $\Theta(n)$ となる.

並列マージソートの解析

"大変な作業"は終了した. P-MERGE の仕事量とスパンが求まったので，P-MERGE-SORT の解析を始めよう. n 要素の配列上の P-MERGE-SORT の仕事量とスパンをそれぞれ $T_1(n), T_\infty(n)$ とする. P-MERGE-SORT の第 10 行における P-MERGE の呼出しコストは，第 1〜3 行の仕事量とスパンの両方を支配する. したがって，P-MERGE-SORT の仕事量については漸化式

$$T_1(n) = 2T_1(n/2) + \Theta(n)$$

が成立し，スパンに対しては

$$T_\infty(n) = T_\infty(n/2) + \Theta(\lg^2 n)$$

が成立する. $k = 0$ としたマスター定理のケース 2 より，仕事量の漸化式の解は，$T_1(n) = \Theta(n \lg n)$ となる. 一方，スパンの漸化式の解は，$k = 2$ としたマスター定理のケース 2 より $T_\infty(n) = \Theta(\lg^3 n)$ となる.

並列マージは，P-MERGE-SORT に P-NAVIE-MERGE-SORT を越えた格段に優位な並列度を与えている. 逐次 MERGE を呼び出す P-NAVIE-MERGE-SORT の並列度は $\Theta(\lg n)$ にすぎない. 一方，P-MERGE-SORT の並列度は

$$\begin{aligned}
T_1(n)/T_\infty(n) &= \Theta(n \lg n)/\Theta(\lg^3 n) \\
&= \Theta(n/\lg^2 n)
\end{aligned}$$

660 | 26　並列アルゴリズム

となり，理論上でも実際上でも格段に優れている．実際，優れた実装では多少の並列度を犠牲にして，漸近記法に隠れた定数を下げるために基底の底上げをすることがある．たとえば，配列のサイズが十分に小さくなったときには，効率の良い逐次ソート，多分クイックソートに切り替えればよい．

練習問題

26.3-1　手続き P-MERGE の基底を底上げする方法を説明せよ．

26.3-2　手続き P-MERGE では，サイズが大きいほうの部分配列の中央値を利用している．その代わりに，練習問題 9.3-10 の結果を用いて，2 つのソート済み部分配列のすべての要素の中央値を利用するように P-MERGE を修正をする．この中央値発見手続きを用いて効率の良い並列マージ手続きの擬似コードを示し，そのアルゴリズムを解析せよ．

26.3-3　第 7.1 節（クイックソートの記述）の手続き PARTITION（154 ページ）で行っているように，ピボットの近くで配列を分割する効率の良い並列アルゴリズムを設計せよ．配列は，"その場"で分割しなくてもよい．アルゴリズムの並列度をできるだけ上げよ．設計したアルゴリズムを解析せよ．（**ヒント**：補助配列を使う必要や，入力要素を 1 回以上走査する必要があるかもしれない．）

26.3-4　第 30.2 節（DFT と FFT）の手続き FFT（752 ページ）の並列化版を与えよ．アルゴリズムの並列度ができるだけ高くなるように実装せよ．得られたアルゴリズムの性能を解析せよ．

26.3-5　★　第 9.3 節（線形最悪時間選択アルゴリズム）の SELECT を並列化する方法を示し，アルゴリズムの並列度ができるだけ高くなるように実装せよ．得られたアルゴリズムの性能を解析せよ．

章末問題

26-1　再帰的 spawn 生成を用いた並列ループの実装

n 要素配列 $A[1:n]$ と $B[1:n]$ を要素ごとに加え，和を $C[1:n]$ に格納する次の並列手続き SUM-ARRAYS を考える．

```
SUM-ARRAYS(A, B, C, n)
1   parallel for i = 1 to n
2       C[i] = A[i] + B[i]
```

a.　P-MAT-VEC-RECURSIVE で行ったように，再帰的 spawn 生成を用いて SUM-ARRAYS の並列ループを書き換えよ．この実装の並列度を解析せよ．

SUM-ARRAYS における並列ループの別の実装法を手続き SUM-ARRAYS′ に示す．この実装では *grain-size* 値を指定しなければならない．

$$\text{Sum-Arrays}'(A, B, C, n)$$

1 $grain\text{-}size = $?   // 後で決められる値
2 $r = \lceil n/grain\text{-}size \rceil$
3 **for** $k = 0$ **to** $r - 1$
4   **spawn** $\text{Add-Subarray}(A, B, C, k \cdot grain\text{-}size + 1, \min\{(k+1) \cdot grain\text{-}size, n\})$
5 **sync**

$$\text{Add-Subarray}(A, B, C, i, j)$$

1 **for** $k = i$ **to** j
2      $C[k] = A[k] + B[k]$

b. $grain\text{-}size = 1$ と設定する．この実装の並列度を求めよ．

c. 手続き Sum-Arrays' のスパンを与える式を n と $grain\text{-}size$ を用いて与えよ．並列度を最大化する $grain\text{-}size$ の値を求めよ．

26-2 再帰的行列乗算における補助行列の回避

第 26.2 節（行列乗算のための並列アルゴリズム）の手続き P-Matrix-Multiply-Recursive（651 ページ）では，サイズが $n \times n$ の補助行列 D を割りつけなければならない．これは Θ 記法に隠れた定数に悪い影響を与える可能性がある．しかし，この手続きの並列度は $\Theta(n^3/\log^2 n)$ と高い．たとえば，Θ 記法に隠された定数を無視すると，1000×1000 行列の積を求めるときの並列度は，$\lg 1000 \approx 10$ なので，ほぼ $1000^3/10^2 = 10^7$ となる．ほとんどの並列コンピュータのプロセッサ数は，1000 万よりはるかに少ない．

a. 補助行列を使うことなく，手続き Matrix-Multiply-Recursive を，仕事量を $\Theta(n^3)$ に保ちながら，並列化せよ．（**ヒント**：再帰呼出しを spawn 生成化せよ．競合を避けるために **sync** を適切な位置に入れること．）

b. 実装したアルゴリズムの仕事量とスパンに対する漸化式を導出し，それを解け．

c. 実装したアルゴリズムの並列度を解析せよ．Θ 記法に隠れた定数を無視し，1000×1000 行列上の行列積に対する並列度を推定せよ．P-Matrix-Multiply-Recursive の並列度と比較せよ．そして，このトレードオフが意味のあるものかどうか論ぜよ．

26-3 並列行列アルゴリズム

この問題を解く前に，第 28 章（行列演算）を読むのは助けになるかもしれない．

a. 第 28.1 節（連立 1 次方程式の解法）の手続き LU-Decomposition（700 ページ）を並列化した，並列版の擬似コードを示せ．できるだけ高い並列度を達成する実装を行い，その仕事量，スパン，並列度を解析せよ．

b. 第 28.1 節の LUP-Decomposition（703 ページ）についても同じことを行え．

662 | 26 並列アルゴリズム

c. 第 28.1 節の LUP-SOLVE (697 ページ) についても同じことを行え.

d. 第 28.2 節 (逆行列の計算) の式 (28.14) (707 ページ) を使って, 対称正定値行列 (symmetric positive-definite matrix) の逆行列を求める並列アルゴリズムの擬似コードを書け. できるだけ高い並列度を達成する実装を行い, 得られた実装の仕事量, スパン, 並列度を解析せよ.

26-4 並列簡約と走査 (接頭語) 計算

$\otimes$ を結合則を満たす演算子とするとき, 配列 $x[1:n]$ の $\otimes$ **簡約** ($\otimes$-reduction) は値 $y = x[1] \otimes x[2] \otimes \cdots \otimes x[n]$ である. 手続き REDUCE は部分配列 $x[i:j]$ の $\otimes$ 簡約を逐次的に計算する.

```
REDUCE(x, i, j)
1  y = x[i]
2  for k = i + 1 to j
3      y = y ⊗ x[k]
4  return y
```

a. この手続きと同じ機能を仕事量 $\Theta(n)$, スパン $\Theta(\lg n)$ で達成する, 再帰的 spawn 生成を使った並列アルゴリズム P-REDUCE を設計し, その性能を解析せよ.

　関連する問題として, 配列 $x[1:n]$ 上の $\otimes$ **走査** ($\otimes$-scan) の計算がある. 再び, $\otimes$ は結合則を満たす演算子である. この操作は, しばしば $\otimes$ **接頭語計算** ($\otimes$-prefix computation) と呼ばれる. 逐次手続き SCAN として実装された $\otimes$ 走査は,

$$y[1] = x[1]$$
$$y[2] = x[1] \otimes x[2]$$
$$y[3] = x[1] \otimes x[2] \otimes x[3]$$
$$\vdots$$
$$y[n] = x[1] \otimes x[2] \otimes x[3] \otimes \cdots \otimes x[n]$$

で定義される配列 $y[1:n]$, すなわち, $\otimes$ 演算子を用いて"簡約した"配列 x のすべての接頭語を計算する.

```
SCAN(x, n)
1  y[1 : n] を新たな配列とする
2  y[1] = x[1]
3  for i = 2 to n
4      y[i] = y[i − 1] ⊗ x[i]
5  return y
```

　SCAN の並列化は直接的ではない. たとえば, **for** ループを **parallel for** ループに置き換えると, ループ本体の各繰返しが, 直前の繰返しに依存しているので, 競合が発生する. 次の手続

き P-SCAN-1 と P-SCAN-1-AUX は，効率的ではないが，$\otimes$ 走査を並列に実行する．

```
P-SCAN-1(x, n)
1  y[1:n] を新たな配列とする
2  P-SCAN-1-AUX(x, y, 1, n)
3  return y

P-SCAN-1-AUX(x, y, i, j)
1  parallel for l = i to j
2      y[l] = P-REDUCE(x, 1, l)
```

b. 手続き P-SCAN-1 の仕事量，スパン，並列度を解析せよ．

手続き P-SCAN-2 と P-SCAN-2-AUX は，再帰的な spawn 生成を用いて，$\otimes$ 走査をより効率的に実行する．

```
P-SCAN-2(x, n)
1  y[1:n] を新たな配列とする
2  P-SCAN-2-AUX(x, y, 1, n)
3  return y

P-SCAN-2-AUX(x, y, i, j)
1  if i == j
2      y[i] = x[i]
3  else k = ⌊(i + j)/2⌋
4      spawn P-SCAN-2-AUX(x, y, i, k)
5      P-SCAN-2-AUX(x, y, k + 1, j)
6      sync
7      parallel for l = k + 1 to j
8          y[l] = y[k] ⊗ y[l]
```

c. P-SCAN-2 の正当性を検証し，その仕事量，スパン，並列度を解析せよ．

データを異なった順序で 2 回走査して $\otimes$ 走査を行うと，P-SCAN-1 と P-SCAN-2 の性能を共に改善できる．最初の走査では，x のさまざまな連続した部分配列に対する項を集めて，補助配列 t に保存し，2 回目の走査で t に保存した項を用いて結果 y を求める．下記の擬似コード P-SCAN-3，P-SCAN-UP，並びに P-SCAN-DOWN はこの考え方を実装したものであるが，いくつかの式が省略されている．

d. 手続き P-SCAN-UP の第 8 行と手続き P-SCAN-DOWN の第 5，6 行の空白部分を埋めよ．完成させた手続き P-SCAN-3 の正当性を証明せよ．（**ヒント**：手続き P-SCAN-DOWN(v, x, t, y, i, j) に渡される v の値が $v = x[1] \otimes x[2] \otimes \cdots \otimes x[i-1]$ を

664 | 26 並列アルゴリズム

P-SCAN-3(x, n)

1 $y[1:n]$ と $t[1:n]$ を新しい配列とする
2 $y[1] = x[1]$
3 **if** $n > 1$
4   P-SCAN-UP$(x, t, 2, n)$
5   P-SCAN-DOWN$(x[1], x, t, y, 2, n)$
6 **return** y

P-SCAN-UP(x, t, i, j)

1 **if** $i == j$
2   **return** $x[i]$
3 **else**
4      $k = \lfloor (i+j)/2 \rfloor$
5      $t[k] =$ **spawn** P-SCAN-UP(x, t, i, k)
6      $right =$ P-SCAN-UP$(x, t, k+1, j)$
7   **sync**
8   **return** _____   **//** 空白部分を埋めよ

P-SCAN-DOWN(v, x, t, y, i, j)

1 **if** $i == j$
2      $y[i] = v \otimes x[i]$
3 **else**
4      $k = \lfloor (i+j)/2 \rfloor$
5   **spawn** P-SCAN-DOWN$(\text{\_\_\_\_\_}, x, t, y, i, k)$ **//** 空白部分を埋めよ
6   P-SCAN-DOWN$(\text{\_\_\_\_\_}, x, t, y, k+1, j)$ **//** 空白部分を埋めよ
7   **sync**

  満たすことを示せ.)

e. 手続き P-SCAN-3 の仕事量, スパン, 並列度を解析せよ.

f. 補助配列 t を使わないように, 手続き P-SCAN-3 を書き換えよ.

★ *g.* その場で (in place) 走査を実施する手続き P-SCAN-4(x, n) を示せ. 結果は x に出力し, 定数の補助記憶を使うものとせよ.

h. ＋走査 (+-scan) を使って, 与えられた括弧列が整合しているか否かを判定する効率の良い並列アルゴリズムを示せ. たとえば, 記号列 (()())() は整合しているが, (()))(() は整合していない. (**ヒント**: (を 1,) を -1 と解釈し, ＋走査を行え.)

26-5 簡単なステンシル計算の並列化

計算科学 (computational science) には, すでに計算した隣接する要素の値と, 計算途中に変化

しない他の情報だけに依存する値で，配列を埋めることが必要になるアルゴリズムが多数存在する．近傍の要素間のパターンは，計算を通して変化しないので，これを**ステンシル** (stencil) [i]と呼ぶ．たとえば，第 14.4 節では最長共通部分列を計算するステンシルアルゴリズムを検討したが，そこでは，要素 $c[i,j]$ の値は，2 つの入力列の要素 x_i と y_j 以外には，$c[i-1,j]$，$c[i,j-1]$，$c[i-1,j-1]$ の値のみに依存した．入力列は固定されているが，アルゴリズムは，3 つの要素 $c[i-1,j]$，$c[i,j-1]$，$c[i-1,j-1]$ をすべて計算した後で $c[i,j]$ 要素を計算するという条件の下で，2 次元配列 c の各要素を計算しなければならない．

本問題では，再帰的 spawn 生成を使って，$n \times n$ 型配列 A 上での簡単なステンシル計算の並列化を検討する．ここで，要素 $A[i,j]$ の値は，$i' \leq i$ かつ $j' \leq j$ を満たす $A[i',j']$ の値にだけ依存する（もちろん，$i' \neq i$ または $j' \neq j$ を仮定する）．言い換えると，要素の値は，その配列外の静的な情報と，その上および/またはその左にある要素の値にのみ依存する．さらに本問題を通して，$A[i,j]$ が依存する要素の値がすべて計算されているならば，（第 14.4 節（最長共通部分列）の手続き LCS-LENGTH と同様）$A[i,j]$ は $\Theta(1)$ 時間で計算できると仮定する．

$n \times n$ 配列 A を以下のように 4 つの $n/2 \times n/2$ 部分配列に次のように分割する：

$$A = \begin{pmatrix} A_{11} & A_{12} \\ A_{21} & A_{22} \end{pmatrix} \tag{26.9}$$

部分配列 A_{11} は，他の 3 つの部分配列の要素に依存しないので，直ちに再帰的に計算できる．A_{12} と A_{21} の計算は A_{11} に依存するが，それぞれ互いには依存し合わないから，A_{11} の計算が終了すれば，A_{12} と A_{21} の計算を並列に再帰的に進めることができる．最後に，A_{22} を再帰的に計算する．

a. 分割 (26.9) と上記の議論に基づいて，分割統治アルゴリズム SIMPLE-STENCIL を用いて，この簡単なステンシル計算を実行する並列擬似コードを与えよ．（特定のステンシルに依存する基底段階の詳細に立ち入る必要はない．）このアルゴリズムの仕事量とスパンに対する n を変数とする漸化式を導き，解け．また，その並列度を求めよ．

b. $n \times n$ 配列を 9 個の $n/3 \times n/3$ 部分配列に分割し，再帰を利用して並列度が最大化するように，**(a)** の解を修正せよ．このアルゴリズムを解析せよ．このアルゴリズムは **(a)** のアルゴリズムと比べて並列度がどう変化したか？

c. **(a)** と **(b)** の解を次のように一般化せよ．整数 $b \geq 2$ を選択する．$n \times n$ 配列を b^2 個の $n/b \times n/b$ の部分配列に分割し，再帰を利用して並列度を最大化する．n と b を用いて，設計したアルゴリズムの仕事量，スパン，並列度を求めよ．この方法を用いて，任意の $b \geq 2$ に対して並列度は $o(n)$ であることを論ぜよ．（**ヒント**：この議論において，任意の $b \geq 2$ に対して，並列度に現れる n の指数が確かに 1 未満であることを示せ．）

d. この簡単なステンシル計算に対して，並列度 $\Theta(n/\lg n)$ を達成する並列アルゴリズムの擬似コードを与えよ．この問題の本質的な並列度が $\Theta(n)$ であることを，仕事量とスパンの概念を用いて論ぜよ．残念ながら，単純な fork-join 並列処理はこの最大並列度を達成できない．

---

[i]［訳注］stencil とは「型紙」のことである．

666 | 26 並列アルゴリズム

26-6 乱択並列アルゴリズム

逐次アルゴリズムと同様に，並列アルゴリズムも乱数生成器を使用することができる．本問題では，乱択タスク並列アルゴリズムの振舞いの期待値を扱うために，仕事量，スパン，並列度をどのように修正すればよいかを探究する．そして，乱択クイックソートに対する並列アルゴリズムを設計し，解析することを求める．

a. T_P, T_1, T_∞ がすべて確率変数であるとき，期待値を扱うために仕事量の法則 (26.2)，スパンの法則 (26.3)，貪欲スケジューラの限界 (26.4) を修正する方法を説明せよ．

b. 1% の場合には，$T_1 = 10^4$ かつ $T_{10,000} = 1$ であるが，残りの 99% の場合には $T_1 = T_{10,000} = 10^9$ である乱択並列アルゴリズムを考える．乱択並列アルゴリズムの**高速化率** (speedup) は，$\mathrm{E}[T_1/T_P]$ ではなく，$\mathrm{E}[T_1]/\mathrm{E}[T_P]$ として定義すべきであることを論ぜよ．

c. 乱択タスク並列アルゴリズムの**並列度** (parallelism) は比 $\mathrm{E}[T_1]/\mathrm{E}[T_\infty]$ として定義されるべきであることを論ぜよ．

d. 第 7.3 節（乱択版クイックソート）のアルゴリズム RANDOMIZED-QUICKSORT（161 ページ）を再帰的 spawn 生成を用いて並列化し，P-RANDOMIZED-QUICKSORT を作成せよ．（RANDOMIZED-PARTITION を並列化してはいけない．）

e. 得られた乱択クイックソートの並列アルゴリズムを解析せよ．（ヒント：第 9.2 節の RANDOMIZED-SELECT（192 ページ）の解析を思い出せ．）

f. 第 9.2 節の RANDOMIZED-SELECT（192 ページ）を並列化せよ．できるだけ並列度を上げたものを実装し，そのアルゴリズムを解析せよ．（ヒント：練習問題 26.3-3 の分割アルゴリズムを使え．）

文献ノート

並列コンピュータおよび並列プログラミングのためのアルゴリズムモデルは，長い間さまざまな形で研究されてきた．本書の以前の版はソーティングネットワークと PRAM (Parallel Random-Access Machine) のモデルを扱っていた．データ並列モデル [58, 217] も，よく研究されたアルゴリズム論的プログラミングモデルであり，その特徴はベクトルと行列上の演算を計算プリミティブとして備えていることである．逐次一貫性の概念は Lamport [275] による．

Graham [197] と Brent [71] は，定理 26.1 の限界を達成するスケジューラが存在することを示した．Eager–Zahorjan–Lazowska [129] は，任意の貪欲スケジューラがこの限界を達成することを示し，並列アルゴリズムの解析に仕事量とスパン（当初の名前は違っていたが）を用いる方法論を提案した．Blelloch [57] は，データ並列プログラミングに対して，仕事量とスパン（彼は計算的"深度 (depth)"と呼んでいた）に基づいたアルゴリズム論的プログラミングモデルを構築した．Blumofe–Leiserson [63] は，乱択"ワークスチーリング (work stealing)"に基づくタスク並列計算のための分散スケジューリングアルゴリズムを提案し，こ

れが限界 $E[T_P] \leq T_1/P + O(T_\infty)$ を達成することを示した．Arora–Blumofe–Plaxton [20] と Blelloch–Gibbons–Matias [61] もタスク並列計算のスケジューリング問題を考察し，その良さが証明可能なアルゴリズムを与えた．最近の文献では，並列プログラムのスケジューリングを扱う多くのアルゴリズムや戦略が発表されている．

本章の並列擬似コードとプログラミングモデルは，Cilk [290, 291, 383, 396] から大きな影響を受けている．オープンソースプロジェクト OpenCilk (www.opencilk.org) は，C と C++ プログラミング言語を拡張した Cilk プログラミングを提供している．本章のすべての並列アルゴリズムは，Cilk 上で直接的にプログラム可能である．

非決定性アルゴリズムは，Lee [281]，Bocchino–Adve–Snir [64] で取り上げられている．数多くの文献（たとえば，[60, 85, 118, 140, 160, 282, 283, 412, 461] 参照）では，競合を検出する方法や，さまざまなタイプの非決定性を回避したり，安全に取り込んだりするために folk-join モデルを拡張する方法が述べられている．Blelloch–Fineman–Gibbons–Shun [59] は，決定性並列アルゴリズムは非決定性アルゴリズムと比較して，しばしば同程度に，あるいはそれよりも高速に動作することがあることを示した．

本章の並列アルゴリズムの多くは，C. E. Leiserson と H. Prokop による未出版の講義録にあり，それらは Cilk で実装されている．並列マージソートアルゴリズムは Akl [12] のアルゴリズムを参考にしている．

27 オンラインアルゴリズム

ONLINE ALGORITHMS

本書で取り扱うほとんどの問題では，アルゴリズムが実行を始める前に完全な入力を得ることができる，と仮定してきた．しかし，多くの状況で，入力が事前に整えられていることは少なく，アルゴリズムの実行が進むに従って与えられる．この見方は第 III 部（データ構造）の多くのデータ構造の議論の背後にあった見方である．たとえば，n 個の操作 INSERT，DELETE，SEARCH を 1 操作当り $O(\lg n)$ 時間で実行できるデータ構造を設計したいと思うのは，ほぼ確実に，要求される操作の種類や順序が事前に分からない状態で，n 個の要求を処理しなければならないときである．第 16 章のならし解析の背後にも，この見方があった．表への要素の挿入操作，あるいは，表からの削除操作の列に対応して，表を拡大あるいは縮小する操作を 1 操作あたり定数ならしコストで行う表の管理方法を検討した．

オンラインアルゴリズム (online algorithm) では，入力を時間の経過とともに徐々にしか手に入れることができない．ここが，実行開始時にすべての入力が利用可能になる**オフラインアルゴリズム** (offline algorithm) との相違である．オンラインアルゴリズムは情報が徐々に到着する多くの状況に関係している．株売買人は，利益を出したいと思っているにもかかわらず明日の株価を知らずに今日決定をしなければならない．コンピュータシステムは，未来に実行が必要になるジョブを知ることなしに到達したジョブをスケジュールする必要がある．商店では，未来の需要について知ることなしに在庫を増やす時期を決断しなければならない．（自動車による）送迎サービスの運転手は，未来の客について知ることなしに目の前の客を乗せるか否かを判断する必要がある．これらを含む多くの状況では，未来の知識なしでアルゴリズムの決定を下す必要がある．

未知である未来の入力を扱う方法がいくつかある．1 つの方法は，未来の入力の確率モデルを構成し，未来の入力が確率モデルに従ったものであるという仮定の下で，アルゴリズムを設計する．この方針は，たとえば待ち行列理論の分野では一般的であるし，機械学習とも関連している．もちろん，利用可能な確率モデルを作成することができないこともあるし，確率モデルを作成できたとしても，入力は必ずしも確率モデルに従うとは限らない．本章では異なる方針を取る．将来の入力についてなにも仮定しない代わりに，どのような入力に対しても解の質の悪さを制限する，という保守的な戦略を取る．

したがって，本章では最悪評価を採用し，すべての可能な未来の入力に対して解の質を保証するアルゴリズムを設計する．オンラインアルゴリズムの解析は次のように行う．オンラインアルゴリズムが生成した解を，未来の入力をすべて知っている最適なアルゴリズムの生成した解と比較し，すべての可能な入力インスタンスを通じて最悪の比を取る．この解析法を**競合解**

析 (competitive analysis) と呼ぶ．第 35 章で近似アルゴリズムを検討するときも同様の方針に従う．近似アルゴリズムが出力する準最適かもしれない解を最適解の値と比較し，すべての可能なインスタンスについて最悪の比を決定する．

エレベーターを使うか階段を使うか判断するという，"おもちゃ (toy)" 問題から始める：この問題を使って，オンラインアルゴリズムを考える際の基本的な方法論と，競合解析を介してオンラインアルゴリズムを解析する方法を紹介する．つぎに，競合解析を用いる問題を 2 つ検討する．最初は探索リストをアクセス時間が大きくならないように管理する問題で，2 つ目はキャッシュや高速コンピュータのメモリから追い出すキャッシュブロックを決める戦略に関する問題である．

27.1 エレベーターの待機

最初のオンラインアルゴリズムの例は，誰もが一度はしたことがある体験をモデル化している：エレベーターが来るのを待つか，それとも階段を使うかを判断する問題である．ビルに入り，k 階上にあるオフィスに行こうとする．あなたには 2 つの選択肢：階段を登るかエレベーターに乗るかがある．簡単のために，階段を使うと 1 階登るのに 1 分かかると仮定する．エレベーターは階段よりはるかに速く移動でき，k 階をちょうど 1 分で移動する．問題は，エレベーターが 1 階に降りてきて，あなたが乗るまでにかかる時間が分からないことである．エレベーターに乗るか階段にすべきか？どのように決めればよいのか？

問題を解析しよう．状況にかかわらず，階段を使えば k 分かかる．k よりもかなり大きいある値 B に対して，エレベーターが $B - 1$ 分以内に到着すると知っていると仮定する．（エレベーターは呼ばれたときには上昇中かもしれないし，下降中にもいくつかの階で停止するかもしれない．）問題を複雑にしないために，エレベーターが到着するのにかかる時間は整数であると仮定する．したがって，エレベーターが到着するのを待って k 階上まで移動するのにかかる時間は，1 分（エレベーターがすでに 1 階にいた場合）から $(B - 1) + 1 = B$ 分（最悪の場合）の間のどこかである．B と k を知っていたとしても，今度エレベーターが到着するのに何分かかるかは分からない．階段とエレベーターのどちらを使うかという問題に関して適切な判断を得るために，競合解析を使うことができる．どのような未来が待っていようとも（すなわち，エレベーターが到着するまでにどれだけかかろうとも）エレベーターがいつ到着するか知っている予言者よりもそんなに長く待つことはない，と確信したいと願うのが競合解析の精神である．

予言者が下す判断をまず考えよう．エレベーターが $k - 1$ 分以内に到着するなら，予言者はエレベーターを待ち，そうでなければ階段を選択する．m をエレベーターが 1 階に到着するのにかかる時間とすると，予言者が使う時間を関数

$$
t(m) = \begin{cases} m + 1 & m \leq k - 1 \text{ のとき} \\ k & m \geq k \text{ のとき} \end{cases} \tag{27.1}
$$

で表現できる．

我々はオンラインアルゴリズムを **競合比** (competitive ratio) で評価する．すべての可能な入力の集合（普遍集合）を $\mathcal{U}$ で表し，ある入力 $I \in \mathcal{U}$ を考える．階段 vs. エレベーター問題の

ような最小化問題では，オンラインアルゴリズム A が I に対して値 $A(I)$ の解を出力し，未来を知っているアルゴリズム F が同じ入力に対して値 $F(I)$ を出力したとすると，アルゴリズム A の競合比は

$$\max \{A(I)/F(I) : I \in \mathcal{U}\}$$

である．あるオンラインアルゴリズムの競合比が c ならば，このアルゴリズムは c **競合** (c-competitive) であると言う．競合比は少なくとも 1 以上なので，競合比ができるだけ 1 に近いオンラインアルゴリズムが望まれる．

　階段 vs. エレベーター問題ではエレベーターが到着するのにかかる時間が唯一の入力である．アルゴリズム F はこの情報を知っているが，オンラインアルゴリズムはいつエレベーターが到着するか知らずに判断を下さねばならない．"いつも階段を使う"というアルゴリズムを考えよう．このアルゴリズムではつねにちょうど k 分かかる．式 (27.1) を使えば，競合比は

$$\max \{k/t(m) : 0 \le m \le B - 1\} \tag{27.2}$$

である．式 (27.2) の項を並べあげると

$$\max \left\{ \frac{k}{1}, \frac{k}{2}, \frac{k}{3}, \cdots, \frac{k}{(k-1)}, \frac{k}{k}, \frac{k}{k}, \cdots, \frac{k}{k} \right\} = k$$

なので，競合比は k である．最大値はエレベーターに直ちに乗れるときに達成される．このとき，階段を使うと k 分かかるが，最適解は 1 分しかかからない．

　"いつもエレベーターを使う"という逆の方針を考えよう．エレベーターが 1 階に到着するのに m 分かかるとすると，このアルゴリズムではつねに $m + 1$ 分かかる．したがって，競合比は

$$\max \{(m + 1)/t(m) : 0 \le m \le B - 1\}$$

であり，再びこの項を並べあげると

$$\max \left\{ \frac{1}{1}, \frac{2}{2}, \cdots, \frac{k}{k}, \frac{k+1}{k}, \frac{k+2}{k}, \cdots, \frac{B}{k} \right\} = \frac{B}{k}$$

となる．エレベーターの到着に $B - 1$ 分かかり，一方の最適解は階段を選択して k 分かかるときに最大値が得られる．

　したがって，"いつも階段を使う"アルゴリズムの競合比は k であり，"いつもエレベーターを使う"アルゴリズムの競合比は B/k である．より小さい競合比を持つアルゴリズムが好ましいので，$k = 10$，$B = 300$ のときには，競合比 10 の "いつも階段を使う" アルゴリズムが競合比 30 の "いつもエレベーターを使う" アルゴリズムより好ましい．階段を使うことがつねに良いというわけではないし，必ずしも良い場合が多いというわけでもない．階段を使うことは，最悪の未来に対してより良く備えることができるというだけである．

　いつも階段を使う方針やいつもエレベーターを使うという方針は共に極端な解である．代わりに，"両賭け"をして最悪の未来に対する損害を減少できる．具体的には，しばらくエレベーターを待って，来なければ階段を使うという手がある．"しばらく"というのはどれぐら

いか？ "しばらく" というのは k 分であるとしよう．この両賭け戦略でかかる時間 $h(m)$ は，エレベーターが到着するまでにかかる時間 m 分の関数として

$$h(m) = \begin{cases} m+1 & m \leq k \text{ のとき} \\ 2k & m > k \text{ のとき} \end{cases}$$

となる．2 番目の場合，k 分エレベーターを待った後，階段を k 分かけて登るので，$h(m) = 2k$ である．競合比は

$$\max \{ h(m)/t(m) : 0 \leq m \leq B-1 \}$$

この項を並べあげると

$$\max \left\{ \frac{1}{1}, \frac{2}{2}, \cdots, \frac{k}{k}, \frac{k+1}{k}, \frac{2k}{k}, \frac{2k}{k}, \cdots, \frac{2k}{k} \right\} = 2$$

となる．こうして k や B と **独立な** 競合比を得ることができた．

　この例はオンラインアルゴリズムに対する普遍的な考え方を示している：起こりうるどんな最悪の事態に対しても備えあるアルゴリズムを求めている．最初はエレベーターの到着を待つことでエレベーターが早く到着する場合に備え，やがて階段に変更することでエレベーターの到着に時間がかかる場合に備えるのである．

練習問題

27.1-1　両賭け戦略をとるとき，階段を選択する前に，k 分ではなく，p 分待つとする．k と p の関数として競合比を表せ．競合比を最小化する p を求めよ．

27.1-2　あなたはスキーを始めることにした．スキーを 1 日借りるには r ドルかかり，スキーを買うには b ドルかかる．ここで，$b > r$ である．今後何日スキーを滑ることになるか事前に分かっているなら，借りるか買うかの判断は簡単である．少なくとも $\lceil b/r \rceil$ 日スキーをするならスキーを買ったほうが得だし，そうでなければ借りるほうが得だ．この戦略は今後支払うことになるお金を最小化する．しかし，現実には今後何日スキーをすることになるか分からない．何日かスキーをした後でさえ，今後さらに何日スキーをするか分からない．それでもなお，お金は無駄にしたくない．競合比が 2 のアルゴリズムを与え，解析せよ．すなわち，今後何日スキーに行こうとも，スキーに行く日数を事前に知っているときに支払うであろう金額の 2 倍より多くのお金を支払わなくてもすむアルゴリズムが求められているのである．

27.1-3　1 人ゲームである "神経衰弱" が使うカードには，n 種類の絵柄があり，同じ絵柄のカードが 2 枚ずつある．すなわち，カードの裏はどれも同じだが，カードの表には動物の絵が書いてある．ある組にはツチブタ，別の組にはクマ，そしてラクダなどである．ゲームを開始するときにはすべてのカードは表を下向きにして置かれている．ゲームの各ラウンドでは，2 枚のカードを選択して，その絵柄を確認する．同じ絵柄であれば選択したカードをゲームから取り除き，そうでなければ元に戻す．n 個の組をすべて取り除いたときゲームは終了し，終了までに要したラウンド数が得点になる．一度選択したカードの絵柄はすべて記憶できると仮定する．神経衰弱をプレイする競合比 2 のアルゴリズムを与えよ．

672 | 27 オンラインアルゴリズム

27.2 探索リストの管理

オンラインアルゴリズムの次の例は第 10.2 節（連結リスト）で説明した連結リストの中で要素の順序を管理する問題に関連している．この問題は，実用上，衝突をチェイン法（第 11.2 節（ハッシュ表）を参照）で解決するハッシュ表に関してしばしば出現する．各枠が連結リストを含んでいるからである．ハッシュ表の各枠が含む連結リストの要素の順序を入れ換えることによって探索の効率をかなり改善できる．

リスト管理問題を定式化する．n 個の要素 $\{x_1, x_2, \ldots, x_n\}$ を含むリスト L が与えられている．リストは双方向であると仮定するが，アルゴリズムと解析はリストが 1 方向連結リストの場合でも問題なく働く．要素 x_i のリスト L 内での位置を $r_L(x_i)$ で表す．ただし，$1 \le r_L(x_i) \le n$ である．したがって，219 ページの LIST-SEARCH(L, x_i) の呼出しは $\Theta(r_L(x_i))$ 時間かかる．

探索要求の分布について何かを事前に知っているとすれば，より頻繁に探索される要素をより先頭に近い位置に置くように事前にリストを整えることには意味があり，全コストを最小化できる（練習問題 27.2-1 参照）．しかし，探索列について何も知らないときには，どのようにリストを整えても，すべての探索でリストの末尾の要素を探索する可能性を排除できず，全探索時間は $\Theta(nm)$ になる．ここで，m は探索回数である．

アクセス列に気になるパターンがあったり，各要素が探索される頻度に差があるときには，探索列を実行するときに，リストを修正したいと思うかもしれない．たとえば，すべての探索がある特定の要素を探索していることが分かれば，その要素をリストの先頭に移動できるだろう．一般的に，リストは LIST-SEARCH の呼出しのたびに修正できる．しかし，未来は分からないのにどう修正すればよいのか？結局，要素をどのように移動しても，毎回の探索が最後の要素かもしれないのである．

しかし，いくつかの探索列は他の探索列よりも"より簡単"である．探索列が最悪の場合の効率を単に評価する代わりに，どんな最適オフラインアルゴリズムでも探索列を事前に知っていれば行うことと，再構成の方式を比較しよう．そのようにすると，探索列が根本的に難しければ，最適オフラインアルゴリズムにとってもそれは困難だが，探索列が簡単ならば結構うまくいくのではないかと期待できる．

解析を簡単にするために，漸近記法を落として，リストの i 番目の要素を探索するコストはちょうど i であると仮定する．さらに，リストの中の要素を再配置するための唯一の方法はリストの中で隣り合う 2 つの要素の位置を入れ換える（スワップする）ことであると仮定する．リストは双方向なので，各スワップにかかるコストは 1 である．たとえば，6 番目の要素を探索した後，その要素を前に 2 つ移動する（2 回のスワップを必要とする）のにかかるコストは 8 である．LIST-SEARCH の呼出しにかかる総コストとスワップを実行した回数の和を最小化するのが目的である．

オンラインアルゴリズム MOVE-TO-FRONT(L, x) をこれから検討する．この手続きは最初

探索された要素	FORESEE					MOVE-TO-FRONT				
	L	探索コスト	スワップコスト	探索+スワップコスト	累積コスト	L	探索コスト	スワップコスト	探索+スワップコスト	累積コスト
5	$\langle 1, 2, 3, 4, 5 \rangle$	5	0	5	5	$\langle 1, 2, 3, 4, 5 \rangle$	5	4	9	9
3	$\langle 1, 2, 3, 4, 5 \rangle$	3	3	6	11	$\langle 5, 1, 2, 3, 4 \rangle$	4	3	7	16
4	$\langle 4, 1, 2, 3, 5 \rangle$	1	0	1	12	$\langle 3, 5, 1, 2, 4 \rangle$	5	4	9	25
4	$\langle 4, 1, 2, 3, 5 \rangle$	1	0	1	13	$\langle 4, 3, 5, 1, 2 \rangle$	1	0	1	26

図 27.1 リスト $L = \langle 1, 2, 3, 4, 5 \rangle$ から開始して，要素 $5, 3, 4, 4$ を探索したとき，手続き FORESEE と MOVE-TO-FRONT によって発生するコスト．FORESEE が 5 を探索した後 3 を先頭に移動したとしても全コストは変化しないし，5 を探索した後 3 を先頭から 2 番目の位置に移動しても全コストは変化しない．

に双方向連結リスト L を探索して x を発見し，次にリストの先頭に x を移動する．[1] MOVE-TO-FRONT を呼び出す前に x が位置 $r = r_L(x)$ に置かれていたとすると，MOVE-TO-FRONT は x と位置 $r-1$ の要素をスワップし，次に位置 $r-2$ の要素とスワップし，以下同様にして，x が位置 1 の要素とスワップされるまで続く．したがって，リスト $L = \langle 5, 3, 12, 4, 8, 9, 22 \rangle$ 上で呼出し MOVE-TO-FRONT$(L, 8)$ を実行すると，リストは $\langle 8, 5, 3, 12, 4, 9, 22 \rangle$ に変化する．呼出し MOVE-TO-FRONT(L, k) のコストは $2r_L(k) - 1$ である．k を探索するのにコスト $r_L(k)$ がかかり，k を先頭に移動させるのに $r_L(k) - 1$ 回のスワップが必要となり，1 回のスワップにコスト 1 がかかるからである．

MOVE-TO-FRONT の競合比が 4 であることを証明する．この事実が意味するところを考えてみよう．MOVE-TO-FRONT は一連の操作を双方向連結リスト上で行い，コストを蓄積する．比較のため，未来を見ることができるアルゴリズム FORESEE が存在すると仮定する．MOVE-TO-FRONT と同様，FORESEE もリストを探索して要素を移動させるのだが，各呼出しの後，FORESEE は未来の探索列にとって最適になるようにリストを修正する．（最適な順序が複数あるかもしれない．）したがって，FORESEE と MOVE-TO-FRONT は同じ要素を含む異なるリストを維持する．

図 27.1 に示す例を考えよう．リスト $\langle 1, 2, 3, 4, 5 \rangle$ から開始して，4 つの要素 $5, 3, 4, 4$ に対する探索が生起する．仮想上の手続き FORESEE は，3 を探索した後，4 の探索が目前に迫っていることを知って 4 をリストの先頭に移動する．2 回目の探索のときにこの移動にコスト 3 がかかるが，それ以降はスワップコストはかからない．MOVE-TO-FRONT は各ステップで発見した要素をリストの先頭に移動するために，スワップコストが発生する．この例では，MOVE-TO-FRONT はすべてのステップでより高いコストを払っているが，これは必ずしもつねに成立するわけではない．

競合比の限界を証明するためのキーは，任意の時点で，MOVE-TO-FRONT の全コストは FORESEE の全コストよりもそんなに高くならないことを示すところにある．驚くべきことに，MOVE-TO-FRONT は未来を見ることができないにもかかわらず，FORESEE に対して MOVE-TO-FRONT によってもたらされたコストの比の上界を決定できるのである．

MOVE-TO-FRONT と FORESEE のどの特定のステップを比較しても，まったく違うリス

---

[1] 第 19.3 節（互いに素な集合の森）で説明した経路圧縮ヒューリスティックは MOVE-TO-FRONT に似ている．しかし，もっと正確に表現すれば，"move-to-next-to-front" というものである．双方向連結リスト上の MOVE-TO-FRONT と異なり，経路圧縮は複数の要素を "next-to-front" に移動する．

674 | 27 オンラインアルゴリズム

ト上でまったく違う操作を行っているかもしれない．上記の 4 に対する探索に注目すると，FORESEE は実際に 4 を探索する操作が始まる前に，リストの先頭に移動するコストを支払って，4 をリストの先頭に移動していることに気づく．この概念を捉えるために，**反転** (inversion) というアイデアを用いる：これは，要素の対 a と b で，一方のリストでは a が b の先に現れ，他方のリストでは b が a の先に現れるようなものである．2 つのリスト L と L' に対して，$I(L, L')$ で**反転数** (inversion count) を表す．2 つのリストの間の反転の数，すなわち，2 つのリストでその出現順序が異なる要素対の数である．たとえば，リストが $L = \langle 5, 3, 1, 4, 2 \rangle$ と $L' = \langle 3, 1, 2, 4, 5 \rangle$ のときには，$\binom{5}{2} = 10$ 個の対の中の正確に 5 個，$(1, 5)$, $(2, 4)$, $(2, 5)$, $(3, 5)$, $(4, 5)$ が反転である．なぜなら，これらの対が，そしてこれらの対だけが，2 つのリストの中に異なる順序で出現する．したがって，反転数は $I(L, L') = 5$ である．

アルゴリズムを解析するために以下の記号を定義する．MOVE-TO-FRONT が i 番目の探索を終了した直後に保持しているリストを L_i^M で表す．同様に，FORESEE が i 番目の探索を終了した直後のリストを L_i^F で表す．MOVE-TO-FRONT と FORESEE が i 回目の呼出しで費やしたコストをそれぞれ c_i^M と c_i^F と表す．FORESEE が i 回目の呼出しで行ったスワップの回数は我々には分からないが，この数を t_i で表す．したがって，i 番目の操作が要素 x の探索ならば，

$$c_i^M = 2r_{L_{i-1}^M}(x) - 1 \tag{27.3}$$
$$c_i^F = r_{L_{i-1}^F}(x) + t_i \tag{27.4}$$

である．これらのコストをもっと正確に比べるために，i 回目の探索の直前における各要素の 2 つのリストの中での位置を i 回目の探索における x の位置と比較することで，以下の 3 つの部分集合に定義する：

$$BB = \left\{ L_{i-1}^M と L_{i-1}^F の両方で x の前にある要素 \right\}$$
$$BA = \left\{ L_{i-1}^M で x の前, L_{i-1}^F で x の後ろにある要素 \right\}$$
$$AB = \left\{ L_{i-1}^M で x の後ろ, L_{i-1}^F で x の前にある要素 \right\}$$

x の L_{i-1}^M および L_{i-1}^F の位置をこれらの集合のサイズと関連づけることができる：すなわち，

$$r_{L_{i-1}^M}(x) = |BB| + |BA| + 1 \tag{27.5}$$
$$r_{L_{i-1}^F}(x) = |BB| + |AB| + 1 \tag{27.6}$$

である．

一方のリストに発生したスワップは，スワップされる 2 つの要素の相対位置を変えるので反転数が変化する．あるリストの要素 x と y がスワップされるとする．このとき，このリストと**任意の別のリスト**の間の反転数について（スワップの前後で）発生する可能な唯一の変化は (x, y) が反転か否かにかかわっている．事実，このリストと別の任意のリストの間の (x, y) の反転数は（スワップの前後で）**必ず**変化する．(x, y) がスワップ前に反転ならば，スワップ後には反転ではなく，逆もまた成立する．したがって，一方のリスト L の連続する位置にある要素 x と y がスワップされると，他方のリストを L' とするとき，反転数 $I(L, L')$ は 1 増加するか 1 減少するかのいずれかである．

MOVE-TO-FRONT と FORESEE が探索し，それぞれのリストを修正するのを比較している

ので，まず MOVE-TO-FRONT が保持するリスト上で i 回目の実行を行い，次に FORESEE が保持するリスト上で i 回目の実行を行うと考える．MOVE-TO-FRONT が i 回目の実行を終了し，FORESEE が i 回目の実行を開始する前の時点に注目し，$I(L^M_{i-1}, L^F_{i-1})$ （MOVE-TO-FRONT が i 回目に呼び出される直前の反転数）と $I(L^M_i, L^F_{i-1})$ （MOVE-TO-FRONT が i 回目の呼出しを終了したが，FORSEE が i 回目に呼び出される前の反転数）を比較する．FORESEE の振舞いについては後で問題にする．

MOVE-TO-FRONT の i 回目の呼出しは要素 x の探索であると仮定し，この呼出しが反転数に与える影響を解析する．正確に言うと，反転数の変化 $I(L^M_i, L^F_{i-1}) - I(L^M_{i-1}, L^F_{i-1})$ を計算する．この変化は MOVE-TO-FRONT のリストと FORESEE のリストの類似性が増加あるいは減少した程度をおおよそ教えてくれる．探索の後で，MOVE-TO-FRONT はリスト L^M_{i-1} 上で x の前に置かれている各要素との間で一連のスワップを実行する．上記の記号を用いるとスワップを実行する回数は $|BB| + |BA|$ である．リスト L^F_{i-1} はこれから FORESEE の i 回目の呼出しで修正されることに注意して，反転数の変化を観察する．

要素 $y \in BB$ とのスワップを考える．スワップ前は L^M_{i-1} と L^F_{i-1} の両方の中で y は x の前にある．スワップ後は L^M_i の中で x は y の前にある．一方，L^F_{i-1} は変化しない．したがって，BB の各要素について反転数は 1 だけ増加する．次に要素 $z \in BA$ とのスワップを考える．スワップ前は，L^M_{i-1} の中で z は x の前にあり，L^F_{i-1} の中で x は z の前にある．スワップ後は両方のリストの中で x は z の前にある．したがって，BA の各要素について反転数は 1 だけ減少する．2 つの場合を合わせると，反転数は

$$I(L^M_i, L^F_{i-1}) - I(L^M_{i-1}, L^F_{i-1}) = |BB| - |BA| \tag{27.7}$$

だけ増加する．

これで MOVE-TO-FRONT を解析するための基礎ができた．

定理 27.1 アルゴリズム MOVE-TO-FRONT の競合比は 4 である．

証明 この証明では，第 16 章のならし解析で導入したポテンシャル関数を用いる．MOVE-TO-FRONT と FORESEE が共に i 回目の呼出しを終了した後のポテンシャル関数の値 Φ_i は反転数を用いて定義される：すなわち，

$$\Phi_i = 2I(L^M_i, L^F_i)$$

である．（直観的には，係数 2 は各反転が MOVE-TO-FRONT にとって，FORESEE に比べて，2 だけのコスト負担であることを表現している：探索に 1，スワップに 1 である．）MOVE-TO-FRONT の i 回目の呼出しの後，FORESEE の i 回目の呼出しの前では，式 (27.7) よりポテンシャルは $2(|BB| - |BA|)$ だけ増加する．2 つのリストの間の反転数は非負なので，すべての $i \geq 0$ に対して，$\Phi_i \geq 0$ である．MOVE-TO-FRONT と FORESEE が同じ初期リストを持っていると仮定すると，初期ポテンシャル Φ_0 は 0 なので，すべての $i \geq 0$ に対して，$\Phi_i \geq \Phi_0$ である．

第 16.3 節（ポテンシャル法）の式 (16.2)（385 ページ）より，i 回目の MOVE-TO-FRONT 操作のならしコスト $\hat{c}^M_i$ は

$$\hat{c}^M_i = c^M_i + \Phi_i - \Phi_{i-1}$$

676 | 27 オンラインアルゴリズム

である．ここで，Move-To-Front の i 回目の操作の実コスト c_i^M は式 (27.3) より

$$c_i^M = 2r_{L_{i-1}^M}(x) - 1$$

である．

ポテンシャルの変化 $\Phi_i - \Phi_{i-1}$ を検討する．L^M と L^F の両方が変化するので，一度には片方のリストに対する変化だけを考えることにしよう．Move-To-Front が x を先頭に移動したとき，ポテンシャルは正確に $2(|BB| - |BA|)$ だけ増加する．つぎに，最適なアルゴリズム Foresee がリスト L^F をどのように修正するか考えよう：Foresee は t_i 回スワップを実行する．Foresee が実行する各スワップによってポテンシャルは 2 だけ増加するか 2 だけ減少する．したがって，Foresee の i 回目の実行によってもたらされるポテンシャルの増加は高々 $2t_i$ である．以上より，

$$
\begin{aligned}
\widehat{c}_i^M &= c_i^M + \Phi_i - \Phi_{i-1} \\
&\leq 2r_{L_{i-1}^M}(x) - 1 + 2(|BB| - |BA| + t_i) \\
&= 2r_{L_{i-1}^M}(x) - 1 + 2(|BB| - (r_{L_{i-1}^M}(x) - 1 - |BB|) + t_i) \\
&\qquad\qquad\qquad\qquad\qquad \text{(式 (27.5) より)} \\
&= 4|BB| + 1 + 2t_i \\
&\leq 4|BB| + 4|AB| + 4 + 4t_i \qquad\qquad \text{(いくつかの項をつけ加える)} \\
&= 4(|BB| + |AB| + 1 + t_i) \\
&= 4(r_{L_{i-1}^F}(x) + t_i) \qquad\qquad \text{(式 (27.6) より)} \\
&= 4c_i^F \qquad\qquad\qquad\qquad\quad \text{(式 (27.4) より)} \qquad\qquad (27.8)
\end{aligned}
$$

である．

初期ポテンシャル関数が 0 でポテンシャル関数がつねに非負なので，第 16 章（ならし解析）で行ったように，総ならしコストが総実コストの上界を与えることを示すことで証明を完結させる．第 16.3 節（ポテンシャル法）の式 (16.3)（385 ページ）より，m 回の Move-To-Front の操作の任意の列に対して，

$$
\begin{aligned}
\sum_{i=1}^m \widehat{c}_i^M &= \sum_{i=1}^m c_i^M + \Phi_m - \Phi_0 \\
&\geq \sum_{i=1}^m c_i^M \qquad (\Phi_m \geq \Phi_0 \text{ なので}) \qquad\qquad (27.9)
\end{aligned}
$$

したがって，

$$
\begin{aligned}
\sum_{i=1}^m c_i^M &\leq \sum_{i=1}^m \widehat{c}_i^M \quad \text{(式 (27.9) より)} \\
&\leq \sum_{i=1}^m 4c_i^F \quad \text{(式 (27.8) より)} \\
&= 4\sum_{i=1}^m c_i^F
\end{aligned}
$$

である．したがって，m 回の Move-To-Front 操作にかかる総コストは m 回の Foresee 操作にかかる総コストの高々 4 倍なので，Move-To-Front は 4 競合である． ∎

最適アルゴリズム FORESEE が行うスワップについて何も知らずに，MOVE-TO-FRONT を FORESEE と比較できたことは驚きである．ある特定の性質（今回はスワップ）が最適アルゴリズムに関してどのように変化しなければならないかを把握することで，最適アルゴリズムについて実際に知ることなしに，MOVE-TO-FRONT の性能を最適アルゴリズムの性能と関連づけることができた．

オンラインアルゴリズム MOVE-TO-FRONT の競合比は 4 である：どの入力列に対しても，MOVE-TO-FRONT が費やすコストは他の任意のアルゴリズムの費やすコストの高々 4 倍である．しかし，ある特定の入力列に対しては，MOVE-TO-FRONT のコストは最適アルゴリズムのコストの 4 倍よりもはるかに小さいかもしれないし，最適アルゴリズムのコストと一致するかもしれない．

練習問題

27.2-1 n 個の要素からなる集合 $\mathcal{S} = \{x_1, x_2, \ldots, x_n\}$ が与えられているとする．$\mathcal{S}$ の要素を含む探索に適した静的なリスト（いったんリストが生成されると修正できない）を作りたい．実行される探索が要素 x_i に対する探索である確率 $p(x_i)$ が，任意の要素 $x_i \in \mathcal{S}$ について与えられていると仮定する．m 回の探索にかかる期待コストが

$$m \sum_{i=1}^{n} p(x_i) \cdot r_L(x_i)$$

であることを示せ．L の中で要素が $p(x_i)$ に関して降順で並んでいるときにこの和が最小化されることを示せ．

27.2-2 FORESEE は未来を見ることができる最適アルゴリズムなので，各ステップで MOVE-TO-FRONT を超えるコストがかかってはならない，と Carnac 教授は主張する．Carnac 教授が正しいことを証明するか，あるいは反例を示せ．

27.2-3 探索を効率的に行えるように連結リストを管理する別の方法は，各要素に対して**頻度** (frequency count)：過去にその要素が探索の対象となった回数を保持する．管理のアイデアは，探索の終了後にリストを修正し，リストの中で要素が頻度の多い方から少ないほうに降順で並ぶようにすることである．このアルゴリズムが $O(1)$ 競合であることを証明するか，あるいは，そうではないことを証明せよ．

27.2-4 本節のモデルでは各スワップにかかるコストを 1 であると仮定した．別のコストモデルを考えることもできる．このコストモデルでは，x にアクセスした後，リストの x より前のどこにでも x をコスト 0 で移動できる．したがって，唯一のコストは実際にアクセスにかかるコストである．探索回数が十分に大きいと仮定するとき，このコストモデルの下で MOVE-TO-FRONT が 2 競合であることを示せ．（**ヒント**：ポテンシャル関数 $\Phi_i = I(L_i^M, L_i^F)$ を使え．）

27.3 オンラインキャッシュ

コンピュータのメインメモリにあるデータの**ブロック** (block) を小容量だがより高速のメモリである**キャッシュ** (cache) に保存するキャッシュ問題を第 15.4 節（オフラインキャッシュ）で検討した．第 15.4 節で検討したのはオフライン版であって，事前にメモリ要求の列を知っていると仮定した上で，キャッシュミスの回数を最小化するアルゴリズムを設計した．しかし，ほとんどのコンピュータシステムでキャッシュ問題はオンライン問題である．一般的に，キャッシュ要求の列を事前に知ることはできない：ブロック要求が実際に行われて初めて要求がアルゴリズムに伝えられる．この現実的なシナリオをよりよく理解するために，オンラインキャッシュアルゴリズムを解析する．最初に，すべての決定性オンラインキャッシュアルゴリズムの競合比の下界が $\Omega(k)$ であることを示す．ここで，k はキャッシュサイズである．つぎに，競合比が $\Theta(n)$ であるアルゴリズムを紹介する．ここで，n は入力サイズである．そして競合比が $O(k)$ であるアルゴリズムも示すが，この競合比は下界に一致している．最後に，より優れた競合比 $\Theta(\lg k)$ を持つアルゴリズムを設計するために，乱択化を利用する方法を示す．また，乱択アルゴリズムの根底にある仮定を，第 11 章（ハッシュ表）と第 31 章（整数論的アルゴリズム）に出現する敵対者の概念を介して議論する．

第 15.4 節で用いた用語をキャッシュ問題を記述するために使うので，必要ならば先に進む前に見直すことをお勧めする．

27.3.1 決定性キャッシュアルゴリズム

キャッシュ問題の入力はブロック $b_1, b_2, \ldots, b_n$ のそれぞれの中のデータをこの順序で要求する n 回のメモリ要求から構成されている．必ずしも異なるブロックが要求されるわけではない：要求列に同じブロックが複数回現れることがある．ブロック b_i が要求された後，b_i は最大 k 個のブロックを格納できるキャッシュに格納される．ここで，k は固定されたキャッシュサイズである．$n > k$ を仮定する．さもなければ，要求されたすべてのブロックを一度に格納できるほどキャッシュが大きいことが保証される．ブロック b_i が要求されたときに b_i がすでにキャッシュ内にあれば**キャッシュヒット** (cache hit) が発生し，キャッシュは変化しない．b_i がキャッシュになければ**キャッシュミス** (cache miss) が発生する．キャッシュミスが発生したときにキャッシュに格納されているブロック数が k 未満であれば，b_i はキャッシュに格納される．キャッシュに格納されているブロック数は 1 だけ増加する．キャッシュが k 個のブロックをすでに格納しているときにキャッシュミスが発生すると，b_i を格納する前に，あるブロックをキャッシュから追い出されなければならない．したがって，キャッシュが一杯のときにキャッシュミスが発生すると，キャッシュアルゴリズムはキャッシュから追い出すブロックを決定する必要がある．ここの目的は，要求列全体で発生するキャッシュミスの回数を最小化することである．本章で検討するさまざまなアルゴリズムは，キャッシュミスが発生したときに追い出すブロックが違うだけである．将来要求されると予想されるブロックを事前にキャッシュに格納してキャッシュミスを避けるという，プリフェッチのような機能は考えない．

追い出すブロックを決定する多くのオンラインキャッシュ戦略が存在する．その中の4つを以下に挙げる：

- 先入れ先出し (FIFO, First-in, first-out)：キャッシュの中に最も長く留まっているブロックを追い出す．
- 後入れ先出し (LIFO, Last-in, first-out)：キャッシュの中に最も短く留まっているブロックを追い出す．
- 最長未使用優先 (LRU, Least Recently Used)：最も長く使用されていなかったブロックを追い出す．
- 最小頻度優先 (LFU, Least Frequently Used)：最も使用頻度が少なかったブロックを追い出す．タイが起きた場合には，キャッシュの中に最も長く留まっているブロックを選択する．

これらのアルゴリズムを解析するために，開始時点でキャッシュは空であったと仮定する．したがって，最初の k 回の要求では追出しは発生しない．オンラインアルゴリズムの性能を未来の要求を見ることができる最適オフラインアルゴリズムと比較したい．すぐに証明するが，これらの決定性オンラインアルゴリズムの競合比の下界は $\Omega(k)$ である．いくつかの決定性アルゴリズムが競合比 $O(k)$ を達成するが，他のいくつかの決定性アルゴリズムの競合比はかなり悪く $\Theta(n/k)$ である．

さて LIFO 戦略と LRU 戦略の解析に進もう．$n > k$ を仮定するのに加え，少なくとも k 個の相異なるブロックが要求されると仮定する．さもなければ，キャッシュが一杯になることはないのでブロックを追い出すことはなく，すべてのアルゴリズムは同じ振舞いをする．LIFO の競合比が大きいことを示すことから始める．

定理 27.2 要求数が n でキャッシュサイズが k のオンラインキャッシュ問題に対する LIFO の競合比は $\Theta(n/k)$ である．

証明 最初に競合比の下界が $\Omega(n/k)$ であることを示す．入力が $k+1$ 個のブロック $1, 2, \ldots, k+1$ に対する要求から構成されており，要求列は

$$1,\ 2,\ 3,\ 4,\ \ldots,\ k,\ k+1,\ k,\ k+1,\ k,\ k+1,\ \ldots$$

であると仮定する．ここで，先頭の $1, 2, \ldots, k, k+1$ の後，k と $k+1$ を繰り返し，全体で n 個の要求から成る．n と k が共に偶数であるか，あるいは共に奇数であるとき列は k で終わり，それ以外の場合には $k+1$ で終わる．すなわち，$i = 1, 2, \ldots, k-1$ に対して $b_i = i$，$i = k+1, k+3, \ldots$ に対して $b_i = k+1$，そして $i = k, k+2, \ldots$ に対して $b_i = k$ である．LIFO が追い出すブロック数を検討する．（すべてキャッシュミスと考えられる）最初の k 個の要求の後，キャッシュにはブロック $1, 2, \ldots, k$ が格納されていて一杯である．ブロック $k+1$ に対する $k+1$ 番目の要求はブロック k を追い出す．ブロック k に対する $k+2$ 番目の要求は，ブロック $k+1$ がキャッシュに格納された直後なので，ブロック $k+1$ を追い出す．k と $k+1$ を交互に追い出すこの振舞いは最後の要求まで続く．したがって，LIFO は n 個の要求のそれぞれにおいてキャッシュミスを起こす．

最適オフラインアルゴリズムは要求列全体を事前に知っている．ブロック $k+1$ が最初に要求されたときに，ブロック k 以外の任意のブロックを追い出し，それ以降はどのブロックも追

い出さない．最適オフラインアルゴリズムがブロックを追い出すのは一度だけである．最初の k 個の要求はキャッシュミスと考えられるので，キャッシュミスが発生する回数は $k+1$ である．したがって，競合比は $n/(k+1)$ あるいは $\Omega(n/k)$ である．

つぎに競合比の上界を考える．長さが n の任意の要求列に対して，任意のキャッシュアルゴリズムは高々 n 回しかキャッシュミスを起こさない．一方，入力は少なくとも k 個の相異なるブロックを含んでいるので，最適オフラインアルゴリズムを含む任意のキャッシュアルゴリズムは少なくとも k 回のキャッシュミスを起こす．したがって，LIFO の競合比は $O(n/k)$ である． ■

このような競合比は，入力サイズと共に増加するので**有界ではない** (unbounded) と言う．練習問題 27.3-2 では LFU の競合比も有界ではないことを証明する．

FIFO と LRU はかなり良い競合比 $\Theta(k)$ を持つ．競合比が $\Theta(n/k)$ と $\Theta(k)$ では大きな差である．キャッシュサイズ k は入力列と独立で，将来にわたって多くの要求が到着しても，それにしたがって増加しない．一方，n に依存する競合比は入力列のサイズと共に増大し，巨大になる可能性がある．可能ならば，入力列のサイズと共に増大しない競合比を持つアルゴリズムを使うことが好ましい．

LRU の競合比が $\Theta(k)$ であることを証明する．最初に上界の証明から始めよう．

定理 27.3 要求数が n でキャッシュサイズが k のオンラインキャッシュ問題に対する LRU の競合比は $O(k)$ である．

証明 LRU を解析するために，列を**エポック** (epock) に分割する．エポック 1 は最初の要求から始まる．$i > 1$ のとき，エポック i は，エポック $i-1$ の開始時点から数えて $(k+1)$ 番目の異なる要求がなされたときに始まる．$k=3$ のとき，次の要求列の例：

$$1, 2, 1, 5, 4, 4, 1, 2, 4, 2, 3, 4, 5, 2, 2, 1, 2, 2 \tag{27.10}$$

を考える．最初の $k=3$ 個の異なる要求はブロック $1, 2, 5$ に対するものなので，エポック 2 はブロック 4 に対する最初の要求で始まる．エポック 2 では最初の 3 つの異なる要求はブロック $4, 1, 2$ である．これらのブロックに対する要求はブロック 3 が要求されるまで繰り返される．エポック 3 はブロック 3 に対するこの要求で始まる．したがって，この例では 4 つのエポック：

$$1, 2, 1, 5 \qquad 4, 4, 1, 2, 4, 2 \qquad 3, 4, 5 \qquad 2, 2, 1, 2, 2 \tag{27.11}$$

がある．

LRU の振舞いを考察しよう．各エポックの中で，ある特定のブロックに対する要求が初めて出現したとき，キャッシュミスを起こす可能性があるが，このエポックの中で再びこのブロックに対する要求が現れたときには，このブロックは k 個の最近使われたブロックの中の 1 つなので，キャッシュミスを起こすことはできない．たとえば，エポック 2 の中でブロック 4 に対する最初の要求はキャッシュミスを起こすが，それ以降のブロック 4 に対する要求はキャッシュミスを起こさない．（練習問題 27.3-1 では，各要求の後のキャッシュの内容を調べることを求めている．）エポック 3 ではブロック 3 と 5 に対する要求がキャッシュミスを起こすが，ブロック 4 に対する要求はエポック 2 の中で最近アクセスされているのでキャッシュミ

スを起こさない．エポックの中ではブロックに対する最初の要求だけがキャッシュミスを起こす可能性があり，キャッシュは k 個のブロックを格納できるので，各エポックの中で起こるキャッシュミスは高々 k である．

さて，最適アルゴリズムの振舞いを考えよう．1 つのエポックは，1 つ前のエポックの開始から $(k+1)$ 番目の異なる要求で始まるので，任意のエポックに加えて，次のエポックの最初の要求は，少なくとも 1 回のキャッシュミスを持った $(k+1)$ 個の異なる要求からなる．したがって，任意の引き続いた 2 つのエポックの中で，最適なアルゴリズムは，少なくとも 1回のキャッシュミスを起こさなければならない．したがって，全部で m 個のエポックがあれば，LRU は高々 mk 回のキャッシュミスを起こし，最適アルゴリズムは少なくとも $m/2$ 回のキャッシュミスを起こすので，競合比は高々 $mk/(m/2) = O(k)$ である．∎

練習問題 27.3-3 では FIFO の競合比も $O(k)$ であることを証明する．

LRU と FIFO について競合比の下界が $\Omega(k)$ であることを証明できる．しかし，実際にはもっと強力な言明を証明できる：**任意の決定性オンラインキャッシュアルゴリズムの競合比は** $\Omega(k)$ **である**．証明には，使用するオンラインアルゴリズムを熟知しており，このオンラインアルゴリズムが，最適オフラインアルゴリズムよりも多くのキャッシュミスを起こすように，未来の要求を設定できる敵対者を用いる．

キャッシュサイズが k で要求される可能性のあるブロックの集合が $\{1, 2, \ldots, k+1\}$ であるシナリオを考える．最初の k 個の要求はブロック $1, 2, \ldots, k$ に対してであり，敵対者と決定性オンラインアルゴリズムは，これらのブロックをキャッシュに格納する．次の要求はブロック $k+1$ に対するものである．キャッシュにブロック $k+1$ の格納場所を作るために，オンラインアルゴリズムはあるブロック b_1 をキャッシュから追い出す．敵対者はオンラインアルゴリズムが b_1 を追い出したのを知って，次の要求を b_1 に設定する．その結果，オンラインアルゴリズムは b_1 をキャッシュに格納する場所を作るために別のブロック b_2 を追い出す必要がある．推測できるだろうが，敵対者は次の要求を b_2 に設定し，オンラインアルゴリズムは b_2 の場所を作るために別のブロック b_3 を追い出す．オンラインアルゴリズムと敵対者はこのように続ける．オンラインアルゴリズムはすべての要求に対して毎回キャッシュミスを起こすので，長さ n の要求列に対して n 回のキャッシュミスを起こす．

未来を知っている最適なオフラインアルゴリズムを考えよう．第 15.4 節（貪欲アルゴリズム）で議論したように，このアルゴリズムは最遠要求優先として知られていて，次の要求までの期間が最も長いブロックをつねに追い出す．$k+1$ 個の異なるブロックしか存在しないので，最遠要求優先があるブロックを追い出したとすれば，少なくとも次の k 回の要求ではこのブロックは要求されない．したがって，最初の k 回のキャッシュミスの後は，最適アルゴリズムは，k 回の連続する要求ごとに高々 1 回のキャッシュミスしか起こさないことが保証される．そこで，n 回の要求の中でキャッシュミスが起こる回数は高々 $k + n/k$ である．

決定性オンラインアルゴリズムが n 回のキャッシュミスを起こし，最適オフラインアルゴリズムが高々 $k + n/k$ 回のキャッシュミスしか起こさないので，競合比は少なくとも

$$\frac{n}{k + n/k} = \frac{nk}{n + k^2}$$

である．$n \geq k^2$ のときには，上の式は少なくとも

$$\frac{nk}{n+k^2} \geq \frac{nk}{2n} = \frac{k}{2}$$

である．したがって，十分に長い要求列に対して以下の定理が成立する：

定理 27.4 サイズが k のキャッシュに対する任意の決定性オンラインアルゴリズムの競合比は，$\Omega(k)$ である．

　一般的に使われているキャッシュ戦略を競合解析の観点から解析することはできるが，結果はそれほど満足できるものではない．確かに競合比 $\Theta(k)$ を持つアルゴリズムと有界ではないアルゴリズムを区別できた．しかし，結局のところ，これらの競合比はすべてかなり大きい．これまで検討してきたオンラインアルゴリズムはすべて決定性であり，この性質が敵対者につけ入る隙を与えている．

27.3.2 乱択キャッシュアルゴリズム

考察対象を決定性オンラインアルゴリズムに限らなければ，著しく小さい競合比を持つオンラインキャッシュアルゴリズムを開発するために乱択化が利用できる．そのアルゴリズムの記述に入る前に，オンラインアルゴリズムの乱択化を一般的に議論しよう．我々はオンラインアルゴリズムを強力な敵対者を相手に解析していることを思い出そう．この敵対者はこのオンラインアルゴリズムを熟知しており，このオンラインアルゴリズムが下す決定を知った上で要求を設定できる能力を持つ．乱択化について議論するには，この敵対者がオンラインアルゴリズムが行うランダムな選択を知っているのか否かを明確にしておく必要がある．ランダムな選択を知らない敵対者を**忘却型** (oblivious) 敵対者と言い，ランダムな選択を知っている敵対者を**非忘却型** (nonoblivious) 敵対者と言う．非忘却型敵対者は忘却型敵対者よりも強力なので，非忘却型敵対者に耐えるアルゴリズムを設計することが理想である．残念なことに，ランダム選択の結果を知る非忘却型敵対者は，オンラインアルゴリズムが決定性であるかのように通常振る舞うことができ，ランダム性の持つ力を大きく弱めることができる．一方，忘却型敵対者は，オンラインアルゴリズムのランダムな選択を知らず，我々が通常使う敵対者である．

　忘却型敵対者と非忘却型敵対者の相違を簡単に説明する．公平なコインを n 回フリップするところを想像せよ．敵対者は表が出た回数を知りたいと思っている．非忘却型敵対者は各フリップが終わったときに結果が表か裏かを知っており，したがって何回表が出たかを知っている．一方，忘却型敵対者はフリップを行った回数 n だけを知っている．忘却型敵対者は，表が出た回数は 2 項分布に従っていて，それゆえ，表が出た回数の期待値は（付録第 C 章（数え上げと確率）の式 (C.41)（1014 ページ）より）$n/2$ であり，分散は（付録第 C 章の式 (C.44)（1015 ページ）より $n/4$ であると理由づけられる．しかし，忘却型敵対者は，表が出た正確な回数を知ることは到底できない．

　キャッシュの問題に戻ろう．決定性アルゴリズムから開始し，それを乱択化する．用いるアルゴリズムは，MARKING と呼ばれる LRU の近似である．MARKING は，"最長未使用優先 (least recently used)" というよりも，簡単に "長期未使用優先 (recently used)" と考えられる．MARKING は，キャッシュの各ブロックについて 1 ビットの属性 $mark$ を管理する．初期時点では，キャッシュの中のブロックはどれもマークされていない．あるブロックが要求された

とき，このブロックがすでにキャッシュに格納されていればこのブロックをマークする．要求がキャッシュミスならば，MARKING はキャッシュの中にマークされていないブロックがあるかどうかを調べ，すべてのブロックがマークされていればすべてのブロックのマークを除去する．結果として，要求が発生した段階でキャッシュの中のすべてのブロックがマークされていたかどうかにかかわらず，キャッシュの中にマークされていないブロックが少なくとも1つあるので，マークされていないブロックを任意に1つ選択してキャッシュから追い出す．そして，要求されたブロックをキャッシュに格納し，マークする．

キャッシュの中のマークされていないブロックのうちのどれを追い出せばよいか？下記の手続き RANDOMIZED-MARKING は，ブロックを無作為に選択する手続きを示している．この手続きは，要求されているブロック b を入力として取る．

RANDOMIZED-MARKING(b)

1 **if** ブロック b がキャッシュに存在する
2      $b.mark = 1$
3 **else**
4   **if** キャッシュ内のすべてのブロック b' について $b'.mark = 1$
5   キャッシュ内のすべてのブロック b' について，b' のマークを除去
6          $b'.mark = 0$ とセットし，
7   マークされていないブロック u（$u.mark = 0$ であるブロック）を一様無作為に選択
8   u を追い出す
9   ブロック b をキャッシュに格納
10     $b.mark = 1$

解析のために，第5行を実行した直後に新しいエポックが開始された，と言うことにする．新しいエポックが開始されたときにはキャッシュの中のすべてのブロックはマークされていない．エポックの間にあるブロックが初めて要求されると，マークされたブロックの個数は1だけ増加し，それ以降のこのブロックに対する要求はマークされたブロックの個数を変えない．したがって，エポックの間にマークされたブロックの個数は単調増加する．[a] このような見方をすると，このエポックは定理 27.3 のエポックと同じものである：k 個のブロックを格納できるキャッシュでは，（k 個以下の要求から構成される可能性のある最後のエポックを除けば）1つのエポックは k 個の（おそらく最後のエポックではもっと少ない）異なるブロックに対する要求から構成されており，これら k 個のブロック以外のブロックに対する要求が発生したときに次のエポックが始まる．

乱択アルゴリズムを解析しようとしているので期待競合比を計算する．入力 I に対して，オンラインアルゴリズム A が生成する解の値を $A(I)$，最適アルゴリズム F が生成する解の値を $F(I)$ で表したことを思い出そう．すべての入力 I に対して

$$\mathrm{E}\,[A(I)] \leq cF(I) \tag{27.12}$$

を満たすとき，オンラインアルゴリズム A の**期待競合比** (expected competitive ratio) は c であ

---

[a] ［訳注］広義の単調増加である．

684 | 27 オンラインアルゴリズム

る．ただし，期待値は A が行う無作為選択について取る．

　決定性 MARKING アルゴリズムの競合比は $\Theta(k)$ である（定理 27.4 が下界を与え，練習問題 27.3-4 で上界を証明する）が，RANDOMIZED-MARKING はもっと小さな期待競合比 $O(\lg k)$ を持つ．競合比が改良された主要な理由は，キャッシュに格納されているブロックを忘却型敵対者は知らないので，キャッシュにないブロックに対する要求をつねに発生させることができないことである．

定理 27.5 忘却型敵対者に対して，要求数が n でキャッシュサイズが k のオンラインキャッシュ問題に対する RANDOMIZED-MARKING の期待競合比は $O(\lg k)$ である．

　定理 27.5 の証明に入る前に，基本的な確率的事実を証明しておく．

補題 27.6 袋の中に $x-1$ 個の青玉，y 個の白玉，1 個の赤玉，合わせて $x+y$ 個の玉が入っている．袋から玉を 1 個ずつ無作為に取り出し，袋に戻さない．この操作を青と赤の玉を合わせて m 個取り出すまで繰り返す．ただし，$m \le x$ とする．取り出した白玉もそのまま取っておく．このとき，取り出した玉の中に赤玉が含まれている確率は m/x である．

証明 白玉を取り出すことは，青玉あるいは赤玉をいくつ取り出すかには影響を与えない．したがって，白玉は存在せず，袋には $x-1$ 個の青玉と 1 個の赤玉が入っていると考えて解析を進めることができる．

　赤玉が取り出されなかったという事象を A，i 回目に赤玉が取り出されなかったという事象を A_i で表そう．付録第 C 章（数え上げと確率）の式 (C.22)（1007 ページ）より，

$$
\begin{aligned}
\Pr\{A\} &= \Pr\{A_1 \cap A_2 \cap \cdots \cap A_m\} \\
&= \Pr\{A_1\} \cdot \Pr\{A_2 \mid A_1\} \cdot \Pr\{A_3 \mid A_1 \cap A_2\} \cdots \\
&\quad \Pr\{A_m \mid A_1 \cap A_2 \cap \cdots \cap A_{m-1}\}
\end{aligned}
\tag{27.13}
$$

である．最初に取り出される玉が青であるという確率 $\Pr\{A_1\}$ は，最初は $x-1$ 個の青玉と 1 個の赤玉が袋に入っていたので $(x-1)/x$ である．もっと一般的には，i 回目の取出しでは $x-i$ 個の青玉と 1 個の赤玉が残っているので，[b]

$$
\Pr\{A_i \mid A_1 \cap \cdots \cap A_{i-1}\} = \frac{x-i}{x-i+1}
\tag{27.14}
$$

である．式 (27.13) と (27.14) より，

$$
\Pr\{A\} = \left(\frac{x-1}{x}\right)\left(\frac{x-2}{x-1}\right)\left(\frac{x-3}{x-2}\right) \cdots \left(\frac{x-m+1}{x-m+2}\right)\left(\frac{x-m}{x-m+1}\right)
\tag{27.15}
$$

が成り立つ．式 (27.15) の右辺は，付録第 A 章（和）の式 (A.12)（967 ページ）に現れる入れ子型級数に似ている入れ子型積である．1 つの項の分子は次の項の分母と等しいから最初の項の分母と最後の項の分子以外はキャンセルされるので，$\Pr\{A\} = (x-m)/x$ である．計算したい確率は $\Pr\{\bar{A}\} = 1 - \Pr\{A\}$，すなわち，赤玉が**取り出される**確率なので，$\Pr\{\bar{A}\} = 1 - (x-m)/x = m/x$ を得る． ∎

　定理 27.5 を証明する準備が整った．

---

[b]［訳注］A_i を考えているので，それまでに 1 個しかない赤玉はまだ取り出されていない．

証明 RANDOMIZED-MARKING をエポックごとに解析する．エポック i の中における，あるブロック b に対する 2 回目以降の要求はキャッシュヒットになる．なぜなら，ブロック b に対する最初の要求の結果，ブロック b はキャッシュに格納されマークされるので，エポック i の間はブロック b はキャッシュから追い出されない．したがって，キャッシュミスの回数を数えているので，各エポックの中で，各ブロックに対する最初の要求だけを考慮する（他の要求はすべて無視する）．

エポックの中の要求を古い要求と新しい要求に分類する．エポック i が開始されたときに，ブロック b がキャッシュに格納されていたならば，エポック i の中でのブロック b に対する要求を**古い要求** (old request) と言う．エポック i での古い要求はエポック $i-1$ の中で要求されたブロックに対する要求である．エポック i での要求が古くないとき，これはエポック $i-1$ で要求されなかったブロックに対する要求である．この要求を**新しい要求** (new request) と言う．エポック 1 でのすべての要求は新しい．たとえば，例 (27.11) の要求列：

$$1, 2, 1, 5 \qquad 4, 4, 1, 2, 4, 2 \qquad 3, 4, 5 \qquad 2, 2, 1, 2, 2$$

を再び考えよう．エポックの中であるブロックに対する 2 回目以降の要求は無視できるので，キャッシュの振舞いを解析するのに，この列を

$$1, 2, 5 \qquad 4, 1, 2 \qquad 3, 4, 5 \qquad 2, 1$$

と同一視できる．エポック 1 の 3 つのすべての要求は新しい．エポック 2 では，ブロック 1 と 2 に対する要求は古いがブロック 4 に対する要求は新しい．エポック 3 では，ブロック 4 に対する要求は古いがブロック 3 と 5 に対する要求は新しい．エポック 4 では，両方の要求が新しい．

エポックの中で新しい要求は，定義からキャッシュに格納されていないので，必ずキャッシュミスを起こす．一方，古い要求はキャッシュミスを起こすか否か分からない．エポックが開始されたときにこの古い要求が要求するブロックがキャッシュに格納されていたとしても，別の要求によってこのブロックがキャッシュから追い出されるかもしれない．上記の要求列に戻って，エポック 2 でのブロック 4 に対する要求は，新しい要求なのでキャッシュミスを起こす．ブロック 1 に対する要求は，古い要求だが，キャッシュミスを起こすときも起こさないときもある．ブロック 4 が要求されたときにブロック 1 が追い出されていればキャッシュミスが起こり，ブロック 1 はキャッシュに再格納される．ブロック 4 が要求されたときにブロック 1 が追い出されなかったとすれば，ブロック 1 に対する要求はキャッシュヒットする．ブロック 2 に対する要求は，2 つのシナリオでキャッシュミスに至る．1 つは，ブロック 4 が要求されたときにブロック 2 が追い出された場合．もう 1 つは，ブロック 4 が要求されたときにブロック 1 が追い出され，そしてブロック 1 が要求されたときにブロック 2 が追い出された場合である．エポックの中での引き続いた古い要求がキャッシュミスを生み出す機会を増やすことが分かる．

エポックの中では各ブロックに対する最初の要求だけを考えればよいので，各エポックは正確に k 個の要求を含んでおり，エポックの中での各要求はそれぞれ異なるブロックに対する要求であると仮定する．（最後のエポックは k より少ない個数の要求しか含まないことがある．その場合には，ダミーとなる要求をつけ足して要求数が k となるようにする．）エポック i での新しい要求の数を $r_i \geq 1$ で表す．（エポックは少なくとも 1 つの新しい要求を含まなければならない．）したがって，古い要求の数は $k - r_i$ である．すでに述べたように，新しい要求はつねにキャッシュミスを起こす．

686 | 27 オンラインアルゴリズム

ここで任意のエポック i に注目して，このエポックの中で発生するキャッシュミスの回数の期待値の上界を導出しよう．とくに，エポック i の j 番目の古い要求を考えよう．ただし，$1 \le j < k$ である．エポック i での j 番目の古い要求が要求するブロックを b_{ij} とし，n_{ij} と o_{ij} をそれぞれエポック i の中で，j 番目の古い要求よりも前に発生した，新しい要求と古い要求の数とする．エポック i の中で $j-1$ 個の古い要求が j 番目の古い要求の前に発生しているので $o_{ij} = j-1$ である．j 番目の古い要求がキャッシュミスを起こす確率が $n_{ij}/(k-o_{ij}) = n_{ij}/(k-j+1)$ であることを証明する．

ブロック $b_{i,1}$ を要求する，最初の古い要求を考えることから始める．この要求がキャッシュミスを起こす確率を求めよう．キャッシュミスが起こるのは，この要求よりも前に発生した $n_{i,1}$ 個の新しい要求の 1 つによって $b_{i,1}$ が追い出されたときである．補題 27.6 によって $b_{i,1}$ が選択されて追い出された確率を計算できる：キャッシュに格納されている k 個のブロックを，ブロック $b_{i,1}$ を赤玉，それ以外の $k-1$ 個のブロックを $k-1$ 個の青玉，合計で k 個の玉，そして白玉はないと考える．$n_{i,1}$ 個の要求のそれぞれはキャッシュから追い出すブロックを等確率で選択する．これは，玉を袋から $n_{i,1}$ 回取り出すことに対応している．したがって，$x=k$，$y=0$ そして $m=n_{i,1}$ と置いて補題 27.6 を適用することができ，最初の古い要求に対してキャッシュミスが起こる確率が $n_{i,1}/k$ であり，$j=1$ なので $n_{ij}/(k-j+1)$ に等しいことが導かれる．

2 番目以降の要求に対して，キャッシュミスを起こす確率を決定するには，別の観察が必要になる．2 番目の古い要求を考えよう．これはブロック $b_{i,2}$ を要求する．この要求がキャッシュミスを起こすのは，この要求より前に出現した要求の 1 つが $b_{i,2}$ をキャッシュから追い出したとき，かつそのときに限られる．$b_{i,1}$ に対する要求に基づいて 2 つの場合を考えよう．第 1 の場合として，$b_{i,1}$ はすでにキャッシュに格納されていたので，$b_{i,1}$ に対する要求があるブロックを追い出すことにはならなかったと仮定する．このとき，$b_{i,2}$ がすでに追い出されているとすれば，この要求の前に出現した $n_{i,2}$ 個の新しい要求の 1 つによって追い出された．この追出しが発生する確率を求める．$b_{i,2}$ が追い出される機会は $n_{i,2}$ 回ある．しかし，キャッシュから追い出されない 1 つのブロック，つまり $b_{i,1}$ があることも分かっている．そこで，$b_{i,1}$ を白玉，$b_{i,2}$ を赤玉，残りのブロックを青玉として，$n_{i,2}$ 回袋から玉を取り出す問題として補題 27.6 を再び適用できる．補題 27.6 を $x=k-1$，$y=1$ そして $m=n_{i,2}$ として適用すると，キャッシュミスの起こる確率が $n_{i,2}/(k-1)$ であると分かる．第 2 の場合は，$b_{i,1}$ に対する要求があるブロックを追い出す場合であり，これは $b_{i,1}$ に対する要求よりも前に発生した新しい要求の 1 つが $b_{i,1}$ を追い出したときのみに起きる．そして $b_{i,1}$ に対する要求は，$b_{i,1}$ をキャッシュに再び格納し，ある他のブロックを追い出す．この場合，新しい要求の中の 1 つは $b_{i,1}$ を追い出した要求であり，その要求は $b_{i,2}$ を追い出さなかったことが分かる．したがって，$n_{i,2}-1$ 個の新しい要求が $b_{i,2}$ を追い出す可能性があり，$b_{i,1}$ に対する古い要求もまた然り．そのため，$b_{i,2}$ を追い出す可能性がある要求の数は，$n_{i,2}$ である．

これらの要求は，$k-1$ 個のブロックから選ばれたブロックを追い出す．なぜなら，$b_{i,1}$ を追い出すことになる要求は，$b_{i,2}$ を追い出さないからである．[c] したがって，$x=k-1$，$y=1$ そして $m=n_{i,2}$ として補題 27.6 を適用でき，キャッシュミスが起こる確率が $n_{i,2}/(k-1)$ と

---

[c] ［訳注］$b_{i,1}$ を追い出す新しい要求が要求するブロックは，キャッシュに格納後マークをつけられるので，追い出す候補にはならない．

なる．両方の場合に確率は等しく，$j = 2$ なので $n_{ij}/(k - j + 1)$ に等しい．

より一般的に，o_{ij} 個の古い要求が j 番目の古い要求の前に発生する．j 番目の古い要求に先立つそれぞれの古い要求は追出しを起こしたか，起こさなかったかのどちらかである．追出しを起こしたならば，それは要求するブロックがそれ以前にある要求によってすでに追い出されていたからである．追出しを起こさなかったならば，それは要求するブロックがそれ以前にどの要求によっても追い出されていなかったからである．どちらの場合でも，古い要求が発生するたびに無作為に選択できるブロック数を 1 だけ減らすことができ，そのため，o_{ij} 個の古い要求が b_{ij} を追い出すことはできない．したがって，$x = k - o_{ij}$，$y = o_{ij}$ そして $m = n_{ij}$ と置いて補題 27.6 を適用すると，b_{ij} が前に生起したある要求によって追い出された確率が計算できる．こうして，我々の主張を証明できた．すなわち，b_{ij} を要求する j 番目の古い要求がキャッシュミスを起こす確率は $n_{ij}/(k - o_{ij}) = n_{ij}/(k - j + 1)$ である．r_i がエポック i の間に生起する新しい要求の数であることを思い起こすと，$n_{ij} \le r_i$ なので，j 番目の古い要求がキャッシュミスを起こす確率の上界 $r_i/(k - j + 1)$ を得る．

エポック i に発生するキャッシュミスの回数の期待値を，第 5.2 節（指標確率変数）で導入した指標確率変数を用いて計算することができる．2 つの指標確率変数を定義する．

$Y_{ij} = \mathrm{I}\{$ エポック i の j 番目の古い要求はキャッシュミスを起こす $\}$

$Z_{ij} = \mathrm{I}\{$ エポック i の j 番目の新しい要求はキャッシュミスを起こす $\}$

すべての新しい要求は，キャッシュミスを起こすので，$j = 1, 2, \ldots, r_i$ について $Z_{ij} = 1$ である．X_i をエポック i に起こるキャッシュミスの回数を表す確率変数としよう．すなわち，

$$X_i = \sum_{j=1}^{k-r_i} Y_{ij} + \sum_{j=1}^{r_i} Z_{ij}$$

である．したがって，

$$
\begin{aligned}
\mathrm{E}[X_i] &= \mathrm{E}\left[\sum_{j=1}^{k-r_i} Y_{ij} + \sum_{j=1}^{r_i} Z_{ij}\right] \\
&= \sum_{j=1}^{k-r_i} \mathrm{E}[Y_{ij}] + \sum_{j=1}^{r_i} \mathrm{E}[Z_{ij}] \quad \text{（期待値の線形性より）} \\
&\le \sum_{j=1}^{k-r_i} \frac{r_i}{k - j + 1} + \sum_{j=1}^{r_i} 1 \quad \begin{array}{l}\text{（第 5 章（確率的解析と乱択アルゴリズム）の} \\ \text{補題 5.1（108 ページ）より）}\end{array} \\
&= r_i \left(\sum_{j=1}^{k-r_i} \frac{1}{k - j + 1} + 1\right) \\
&\le r_i \left(\sum_{j=1}^{k-1} \frac{1}{k - j + 1} + 1\right) \\
&= r_i H_k \quad \text{（付録第 A 章（和）の式 (A.8)（967 ページ）より）} \quad (27.16)
\end{aligned}
$$

である．ここで，H_k は k 番目の調和数である．

キャッシュミスの総数の期待値を求めるために，すべてのエポックについてキャッシュミス

数の和を取る. p をエポック数, X をキャッシュミス数を表す確率変数とする. $X = \sum_{i=1}^{p} X_i$ なので,

$$
\begin{aligned}
\mathrm{E}\,[X] &= \mathrm{E}\left[\sum_{i=1}^{p} X_i\right] \\
&= \sum_{i=1}^{p} \mathrm{E}\,[X_i] \quad (\text{期待値の線形性より}) \\
&\leq \sum_{i=1}^{p} r_i H_k \quad (\text{不等式 (27.16) より}) \\
&= H_k \sum_{i=1}^{p} r_i
\end{aligned}
\tag{27.17}
$$

である.

　解析を完成させるには, 最適オフラインアルゴリズムの振舞いを理解する必要がある. 最適アルゴリズムは, RANDOMIZED-MARKING で下す決定とまったく違う決定を下すことができるし, どの時点でもそのキャッシュは乱択アルゴリズムのキャッシュと似ても似つかぬものであるかもしれない. それでも, 最適オフラインアルゴリズムのキャッシュミス数を不等式 (27.17) の値と関連づけ, $\sum_{i=1}^{p} r_i$ に依存しない競合比を求めたい. 個々のエポックに注目するだけでは不十分である. 任意のエポックの開始時点で, オフラインアルゴリズムはこのエポックで要求されるブロックをすべてキャッシュにロード済みかもしれない. したがって, 任意のエポックを 1 つだけ分離して取り出し, オフラインアルゴリズムが, このエポックでキャッシュミスを必ず起こすなどとは主張できない.

　連続する 2 つのエポックを考えることで, 最適オフラインアルゴリズムをもっと良く解析できる. 2 つの連続するエポックを $i-1$ と i とする. それぞれ k 個の異なるブロックに対する k 個の要求を含んでいる. (すべての要求はエポックでの最初の要求であると仮定した.) エポック i は新しいブロックに対する r_i 個の要求を含んでいる. これらのブロックはエポック $i-1$ の中で要求されたことのないブロックである. したがって, エポック $i-1$ と i の間に生起する異なる要求数は正確に $k+r_i$ である. エポック $i-1$ の開始時点でのキャッシュの内容にかかわらず, $k+r_i$ 回の異なる要求の後では, 少なくとも r_i 回のキャッシュミスが起きる. もっと多くのキャッシュミスが起きるかもしれないが, これより少なくなることはない. オフラインアルゴリズムがエポック i で起こすキャッシュミスの回数を m_i とする.

$$
m_{i-1} + m_i \geq r_i
\tag{27.18}
$$

であることを示した. オフラインアルゴリズムが起こすキャッシュミスの総数は

$$
\begin{aligned}
\sum_{i=1}^{p} m_i &= \frac{1}{2} \sum_{i=1}^{p} 2m_i \\
&= \frac{1}{2}\left(m_1 + \sum_{i=2}^{p}(m_{i-1} + m_i) + m_p\right) \\
&\geq \frac{1}{2}\left(m_1 + \sum_{i=2}^{p}(m_{i-1} + m_i)\right)
\end{aligned}
$$

$$\geq \frac{1}{2}\left(m_1 + \sum_{i=2}^{p} r_i\right) \qquad (\text{不等式 (27.18) より})$$

$$= \frac{1}{2}\sum_{i=1}^{p} r_i \qquad\qquad (m_1 = r_1 \text{ なので})$$

である. 最後の等号で $m_1 = r_1$ を使った. キャッシュは空の状態から始まると仮定したので, 最適なオフライン敵対者にとっても, 最初のエポックではすべての要求はキャッシュミスを起こすからである.

解析の結果をまとめる. RANDOMIZED-MARKING に対して, キャッシュミスの回数の期待値の上界が $H_k \sum_{i=1}^{p} r_i$ であり, 最適オフラインアルゴリズムに対して, キャッシュミスの回数の下界が $\frac{1}{2}\sum_{i=1}^{p} r_i$ であることが分かった. そこで, 期待競合比は高々

$$\frac{H_k \sum_{i=1}^{p} r_i}{\frac{1}{2}\sum_{i=1}^{p} r_i} = 2H_k$$

$$= 2\ln k + O(1) \quad (\text{付録第 A 章の（和）の式 (A.9)（967 ページ）より})$$

$$= O(\lg k)$$

である. ■

練習問題

27.3-1 (27.10) に示すキャッシュ列に対して, 各要求後のキャッシュの内容と, キャッシュミスの回数を示せ. 各エポックでキャッシュミスが何回発生するか？

27.3-2 要求数が n でキャッシュサイズが k のオンラインキャッシュ問題に対する LFU 戦略の競合比が $\Theta(n/k)$ であることを示せ.

27.3-3 要求数が n でキャッシュサイズが k のオンラインキャッシュ問題に対する FIFO 戦略の競合比が $O(k)$ であることを示せ.

27.3-4 要求数が n でキャッシュサイズが k のオンラインキャッシュ問題に対する決定性 MARKING アルゴリズムの競合比が $O(k)$ であることを示せ.

27.3-5 任意の決定性オンラインキャッシュアルゴリズムの競合比が $\Omega(k)$ であることを定理 27.4 で証明した. ここで, k はキャッシュサイズである. ごく近い将来に発生する要求を知る能力を持つことができればアルゴリズムはもっと良く振る舞えたかもしれない. 次に発生する l 個の要求を事前に知ることができる能力を持つとき, アルゴリズムは **l 先読み** (l-lookahead) であるという. すべての定数 $l \geq 0$ とすべてのキャッシュサイズ $k \geq 1$ に対して, 任意の決定性 l 先読みアルゴリズムの競合比が $\Omega(k)$ であることを示せ.

章末問題

27-1 牛道問題

アパラチアトレイル (Allalachian Trail: AT) はアメリカ合衆国東部にある著名なハイキングト

690 | 27 オンラインアルゴリズム

レイルで，ジョージア州の Springer 山とメイン州の Katahdin 山の間を繋いでいて，距離はおおよそ 2,190 マイルある．AT をジョージアから入ってメインまでの間を往復するハイキングに出かけることにした．ハイキングの合間にアルゴリズムの勉強をしようと思って，本書 *Introduction to Algorithms* をバックパックに入れてきた．[2] ハイキングを開始するまでにすでに第 27 章までは読み終わっている．しかし，トレイルからの景観が素晴らしく美しかったので，メインに到着し，ジョージアへ帰るばかりになるまで本を読むのを忘れていた．そこで，トレイルからの景色は十分に楽しんだので，帰りは第 28 章から始めてこの本の残りを読み切ろうと決めた．しかし，不幸なことに本はバックパックから消えていた．トレイルの途中で紛失したことは間違いないが，どこで紛失したか見当がつかない．紛失はジョージアとメインの間のどこでも起こりえた．本をどうしても探し出したい．ちょうど第 27 章でオンラインアルゴリズムについて学んだところなので，本を発見するための良い競合比を持つアルゴリズムを設計したい．すなわち，ある定数 c に対して，どこで本が見つかろうとも，その場所がここから x マイル離れているときには，発見するまでに cx マイル以上は歩かないで済むことが確信できるアルゴリズムがほしい．x は分からないが $x \geq 1$ を仮定してもよい．[3]

どんなアルゴリズムを用いればよいか？どんな定数 c に対して，本を見つけるまでに歩かなければならない総距離を cx で限定できることを証明できるか？アルゴリズムは，距離が 2,190 マイルの AT だけではなく，任意の長さのトレイルに適用できなくてはならない．

27-2 平均完了時刻最小化のためのオンラインスケジューリング

第 5 章（確率的解析と乱択アルゴリズム）の章末問題 15-2（376 ページ）では，単一機械上で，開始可能時刻が設定されず中断が許されない場合と，開始可能時刻が設定され中断が許される場合とについて，平均完了時刻を最小化するタスクスケジュールを検討した．本章では開始可能時刻が設定されているタスクの集合を中断なしでスケジュールするオンラインアルゴリズムを設計する．タスクの集合 $S = \{a_1, a_2, \ldots, a_n\}$ が与えられているとする．タスク a_i の**開始可能時刻** (release time) は r_i であり，この時刻以前には処理を開始できない．また，一度実行を開始すると処理が完了するまでに p_i 単位時間かかる．すべてのタスクは 1 台のコンピュータ上で実行する．タスクは**中断** (preempt) されない．すなわち，いったん開始すると，タスクは中断なしに完了するまで処理を続ける必要がある．（この問題のもっと詳細な記述は第 5 章（確率的解析と乱択アルゴリズム）の章末問題 15-2（376 ページ）参照．）スケジュールが与えられたとき，タスク a_i の**完了時刻** (completion time)，すなわち a_i が処理を完了する時刻を C_i とする．平均完了時刻 $(1/n)\sum_{i=1}^n C_i$ を最小化するアルゴリズムを発見することが目的である．

この問題のオンライン版では，タスク a_i のことを知ることができるのは a_i の開始可能時刻 r_i であり，このとき処理時間 p_i も合わせて知ることができる．オフライン版のこの問題は NP 困難（第 34 章を参照）であるが，2 競合のオンラインアルゴリズムを設計できる．

a. 開始可能時刻が設定される場合には，最短処理時間スケジューリング（マシンが利用可能になったときには，まだ処理されていない開始可能なタスクの中で処理時間が最短のもの

---

[2] この本は重いので，長期間のハイキングに持っていくことをお推めしない．

[3] この問題が牛とどんな関係があるのかと疑問に思うかもしれない．いくつかの論文は，草を喰む草地を探す牛の問題としてこの問題を設定している．

を実行する）は任意の定数 d に対して d 競合ではない，この事実を証明せよ．

オンラインアルゴリズムを設計するために，この問題の中断可能版を考える．それは第 5 章（確率的解析と乱択アルゴリズム）の章末問題 15-2(b)（376 ページ）で議論した．残余処理時間 (shortest remaining processing time, SRPT) 順でタスクを実行することがスケジュールの方法の 1 つである．すなわち，マシンは実行可能なタスクの中で残された処理時間が最小のタスクを処理する．

b. SRPT 戦略をオンラインアルゴリズムとして走らせる方法を示せ．

c. SRPT を走らせ，完了時刻が $C_1^P, C_2^P, \ldots, C_n^P$ であったとする．C_i^* を最適な中断不可スケジュールのタスク a_i の完了時刻とするとき，

$$\sum_{i=1}^{n} C_i^P \le \sum_{i=1}^{n} C_i^*$$

であることを示せ．

（オフライン）アルゴリズム COMPLETION-TIME-SCHEDULE を考える．

COMPLETION-TIME-SCHEDULE(S)

1 この問題の中断可能版に対する最適スケジュールを計算する
2 タスク番号をつけ直し，最適な中断可能スケジュールの完了時刻が，
   SRPT の順で完了時刻
   $$C_1^P < C_2^P < \cdots < C_n^P$$
   になるようにする
3 順番づけし直した $a_1, a_2, \ldots, a_n$ の順でタスクを貪欲に中断不可でスケジュールする
4 この中断不可スケジュールの順番づけし直したタスク $a_1, \ldots, a_n$ の完了時刻を
   $C_1, C_2, \ldots, C_n$ とする
5 **return** $C_1, \ldots, C_n$

---

d. $i = 1, 2, \ldots, n$ に対して，$C_i^P \ge \max \left\{ \sum_{j=1}^{i} p_j, \max \{ r_j : j \le i \} \right\}$ であることを示せ．

e. $i = 1, 2, \ldots, n$ に対して，$C_i \le \max \{ r_j : j \le i \} + \sum_{j=1}^{i} p_j$ であることを示せ．

f. アルゴリズム COMPLETION-TIME-SCHEDULE はオフラインアルゴリズムである．このアルゴリズムをオンラインアルゴリズムに書き換えよ．

g. (c)～(f) を組み合わせて，オンライン版の COMPLETION-TIME-SCHEDULE が 2 競合であることを示せ．

692 | 27 オンラインアルゴリズム

文献ノート

オンラインアルゴリズムは多くの分野で幅広く使われている. Borodin–El-Uaniv [68] の教科書, Fiat–Woeginger [142] が編集した概説集, Albers [14] の概説など, この分野を概観するのに適したいくつかの書物がある.

第 27.2 節（探索リストの管理）の先頭移動ヒューリスティックは Sleator–Tarjan [416, 417] が, 彼らのならし解析に関する初期の仕事の一部として解析した. この規則は実用上極めてうまく働く.

オンラインアルゴリズムの競合比解析も Sleator–Tarjan [417] が始めた. 乱択マーキングアルゴリズムは Fiat ら [141] が提案し, 解析した. Young [464] はオンラインキャッシュとオンラインページング問題を概説し, Buchbinder–Naor [76] は主双対オンラインアルゴリズムを概説した.

特別な種類のオンラインアルゴリズムが異なった名前の下で研究されている. **動的グラフアルゴリズム** (dynamic graph algorithms) は, ステップごとに頂点や辺が変化するグラフ上のオンラインアルゴリズムである. 通常は, 頂点や辺が挿入されたり削除されたり, あるいは, 辺重みのようにそれらに付随する性質が変化する. あるグラフ問題はグラフに変化が加わるたびに再び解く必要があるが, 優れた動的グラフアルゴリズムはそれを一から解く必要がない. たとえば, 辺が挿入されたり削除され, グラフが変化した後に最小全域木を再計算したい. 第 21 章（最小全域木）の練習問題 21.2-8（504 ページ）ではこのような問題を検討する. 最短路, 連結性, マッチングのようなグラフの他のアルゴリズムに対しても同様の問題を扱うことができる. この分野の最初の論文は Even–Shiloach [138] に帰す. この論文ではグラフから辺が削除されていくときに最短路木を管理する方法を検討している. それ以降, 何百という論文が書かれてきた. Demetrescu ら [110] は動的グラフアルゴリズムの初期の成果を概説した.

巨大なデータ集合では, すべてを記憶に格納するには入力データが大きすぎるかもしれない. **ストリーミングアルゴリズム** (streaming algorithms) はこのような状況をモデル化していて, アルゴリズムが使用する記憶容量が入力サイズに比べて極端に小さいことが要請される. たとえば, n 個の頂点と m 本の辺を持つ入力グラフがあり, $m \gg n$ であるが, アルゴリズムが使用できる記憶容量は $O(n)$ である. あるいは, 入力は n 個の数であるが, 使用できる記憶容量は $O(\lg n)$ あるいは $O(\sqrt{n})$ に限られる. ストリーミングアルゴリズムの性能は, データ全体を調べるパスの回数とアルゴリズムの実行時間の両方で測る. McGregor [322] はグラフに対するストリーミングアルゴリズムを概説し. Muthukrishnan [341] は一般のストリーミングアルゴリズムを概説した.

28 行列演算

MATRIX OPERATIONS

行列演算は科学技術計算の中心的存在なので，行列を扱う効率の良いアルゴリズムは多くの実用的な応用がある．本章では，行列の乗算方法と連立 1 次方程式[a] の解法に焦点を合わせる．付録第 D 章（行列）には行列の基本がまとめられている．

第 28.1 節では LUP 分解を用いて連立線形方程式を解く方法を示す．つぎに，第 28.2 節では行列の乗算と逆行列計算の間の密接な関係を調べる．最後に，第 28.3 節では，重要なクラスの 1 つである対称正定値行列について論じ，それを用いて過剰連立方程式系の最小 2 乗解を求める．

実用の際に発生する 1 つの重要な問題は，**数値的安定性** (numerical stability) である．現実のコンピュータの浮動小数点表現の精度には限界があるので，数値計算が進むにつれて丸め誤差が増幅され，誤った結果を導くことがある．このような計算は**数値的に不安定** (numerically unstable) と呼ばれる．数値的安定性を手短に議論することが時折あるが，本章ではそこに焦点を合わせることはない．安定化の問題に関心があれば，Higham [216] を参照せよ．

28.1 連立線形方程式の解法

さまざまな応用分野で連立線形方程式を解く必要がある．線形系は，行列方程式を用いて形式化できる．そこでは，各行列やベクトルの要素は，体，通常は実数体 $\mathbb{R}$ に属している．本節では，LUP 分解と呼ぶ手法を用いて連立線形方程式を解く方法を紹介する．

n 個の未知数 $x_1, x_2, \ldots, x_n$ を持つ連立線形方程式から始めよう：

$$
\begin{aligned}
a_{11}x_1 + a_{12}x_2 + \cdots + a_{1n}x_n &= b_1 \\
a_{21}x_1 + a_{22}x_2 + \cdots + a_{2n}x_n &= b_2 \\
&\vdots \\
a_{n1}x_1 + a_{n2}x_2 + \cdots + a_{nn}x_n &= b_n
\end{aligned}
\tag{28.1}
$$

方程式 (28.1) を満足する値 $x_1, x_2, \ldots, x_n$ の組を，この連立線形方程式の**解** (solution) と呼ぶ．本節では n 個の未知数に対して n 個の方程式がある場合のみを扱う．

つぎに，連立線形方程式 (28.1) を行列ベクトル方程式として

---

[a] ［訳注］複数の線形方程式の組は，連立 1 次方程式系，連立線形方程式系，線形方程式系，1 次方程式系などさまざまな名称で呼ばれることがある．

$$
\begin{pmatrix}
a_{11} & a_{12} & \cdots & a_{1n} \\
a_{21} & a_{22} & \cdots & a_{2n} \\
\vdots & \vdots & \ddots & \vdots \\
a_{n1} & a_{n2} & \cdots & a_{nn}
\end{pmatrix}
\begin{pmatrix}
x_1 \\
x_2 \\
\vdots \\
x_n
\end{pmatrix}
=
\begin{pmatrix}
b_1 \\
b_2 \\
\vdots \\
b_n
\end{pmatrix}
$$

と書き換えたり，$A = (a_{ij})$，$x = (x_j)$，$b = (b_i)$ とし，等価的に

$$Ax = b \tag{28.2}$$

と書いたりする．

A が非特異[b] ならば逆行列 A^{-1} を持ち，

$$x = A^{-1}b \tag{28.3}$$

が解ベクトルである．x が方程式 (28.2) の唯一の解であることを示すことができる．2 つの解を x，x' とすると $Ax = Ax' = b$ なので，I で単位行列を表すと，

$$
\begin{aligned}
x &= Ix \\
&= (A^{-1}A)x \\
&= A^{-1}(Ax) \\
&= A^{-1}(Ax') \\
&= (A^{-1}A)x' \\
&= Ix' \\
&= x'
\end{aligned}
$$

が成立する．

　本節では主に行列 A が非特異である場合，すなわち（付録第 D 章（行列）の定理 D.1（1033 ページ）により）A の階数が未知数の個数 n に等しい場合を扱う．しかし，残された可能性についても簡単に触れておく価値がある．方程式の数が未知数 n よりも少ない場合，あるいはもっと一般的に A の階数が n 未満の場合，連立方程式系は**劣決定** (underdetermined) である，と言う．劣決定系は，方程式が矛盾していれば解が存在しないが，通常は無限個の解を持つ．方程式の数が未知数の数よりも多い場合，連立線形方程式系は**過剰決定** (over determined)[c] である，と言い，解が存在しないことがある．第 28.3 節では，優決定連立 1 次方程式に対して良い近似解を求めるという重要な問題を検討する．

　n 個の未知数を持つ n 個の方程式からなる連立線形方程式 $Ax = b$ を解く問題に戻ろう．1 つのやり方は，A^{-1} を計算し，b に A^{-1} を掛ければ，式 (28.3) から解 $x = A^{-1}b$ が計算できる．しかし，この解法には数値計算上の不安定さを伴うという実用上の問題がある．幸いなことに，別の解法である LUP 分解法は数値的に安定しており，上記の解法よりも実用では高速であるという更なるメリットもある．

LUP 分解の概要

LUP 分解の背後にあるアイデアは，

$$PA = LU \tag{28.4}$$

---

[b] ［訳注］nonsingular の訳で，非特異とも正則とも言う．

[c] ［訳注］over determined を過剰決定とも優決定とも言う．

を満たす 3 つの $n \times n$ 型行列 L, U, P を見つけることにある．ここで，

- L は単位下三角行列
- U は上三角行列
- P は置換行列

である．式 (28.4) を満足する行列 L, U, P を A の **LUP 分解** (LUP decomposition) と呼ぶ．すべての非特異行列 A の LUP 分解が可能であることを示そう．

行列 L と U は共に三角行列であるが，行列 A の LUP 分解を計算することの利点は，三角行列ならば連立線形方程式の解を簡単に計算できる所にある．A に対する LUP 分解を見つけることができれば，三角線形連立方程式を解くことで (28.2) の方程式 $Ax = b$ を以下の要領で解くことができる．$Ax = b$ の両辺に P を左から掛けると，等価な方程式 $PAx = Pb$ を得る．付録第 D 章（行列）の練習問題 D.1-4（1031 ページ）から，これは式 (28.1) の方程式の順序を入れ換えたものである．分解 (28.4) を用い，PA を LU で置き換え，

$$LUx = Pb$$

を得る．すると，2 つの三角連立線形方程式を解くことでこの方程式を解くことができる．$y = Ux$ とする．ここで，x は求めたい解のベクトルである．まず下三角連立 1 次方程式

$$Ly = Pb \tag{28.5}$$

を未知ベクトル y について「前進代入 (forward substitution)」と呼ばれる方法で解く．y を得た後，上三角連立 1 次方程式

$$Ux = y \tag{28.6}$$

を未知ベクトル x について「後退代入 (back substitution)」と呼ばれる方法で解く．このようにすると，どうして $Ax = b$ が解けるのだろうか？ 置換行列 P は可逆なので（付録第 D 章（行列）の練習問題 D.2-3（1034 ページ）参照），式 (28.4) の両辺に左から P^{-1} を掛けると $P^{-1}PA = P^{-1}LU$ が成立し，その結果

$$A = P^{-1}LU \tag{28.7}$$

を得る．そこで

$$
\begin{aligned}
Ax &= P^{-1}LUx \quad （式 (28.7) より）\\
&= P^{-1}Ly \quad （式 (28.6) より）\\
&= P^{-1}Pb \quad （式 (28.5) より）\\
&= b
\end{aligned}
$$

が成立し，ベクトル x は $Ax = b$ の解である．

次のステップでは，まず前進/後退代入について説明し，続いて LUP 分解自身を計算する問題に取り組もう．

前進代入と後退代入

行列 L, P およびベクトル b が与えられたとき，**前進代入** (forward substitution) は下三角連立

696 | 28 行列演算

1 次方程式 (28.5) を $\Theta(n^2)$ 時間で解くことができる．配列 $\pi[1:n]$ は，ほとんどの要素が 0 である $n \times n$ 型置換行列 P の表現をより簡潔な形式で提供する．$i = 1, 2, \ldots, n$ に対して，要素 $\pi[i]$ は $P_{i,\pi[i]} = 1$ であることを示し，$j \neq \pi[i]$ ならば $P_{ij} = 0$ である．したがって，PA の (i, j) 要素は $a_{\pi[i],j}$ であり，Pb の i 番目の要素は $b_{\pi[i]}$ である．L は単位下三角行列なので，行列の式 $Ly = Pb$ は，次の n 個の式と同等である：

$$
\begin{aligned}
y_1 &&&&&&= b_{\pi[1]} \\
l_{21}y_1 &+& y_2 &&&&= b_{\pi[2]} \\
l_{31}y_1 &+& l_{32}y_2 &+& y_3 &&= b_{\pi[3]} \\
&&&&\vdots&& \\
l_{n1}y_1 &+& l_{n2}y_2 &+& l_{n3}y_3 + \cdots + y_n &=& b_{\pi[n]}
\end{aligned}
$$

最初の式より，$y_1 = b_{\pi[1]}$ である．y_1 の値が分かったので，これを 2 番目の式に代入し，

$$
y_2 = b_{\pi[2]} - l_{21}y_1
$$

を得る．つぎに，y_1 と y_2 を 3 番目の式に代入し，

$$
y_3 = b_{\pi[3]} - (l_{31}y_1 + l_{32}y_2)
$$

を得る．このように，値 $y_1, y_2, \ldots, y_{i-1}$ を i 番目の式に "前のほうから" 順々に代入することで，y_i の値

$$
y_i = b_{\pi[i]} - \sum_{j=1}^{i-1} l_{ij}y_j
$$

を得ることができる．

y に関して解けると，つぎに**後退代入** (back substitution) を用いて式 (28.6) を x に関して解くことができる．この方法は前進代入と似ている．ここでは，n 番目の式を最初に解き，逆順で処理を進め，最後に 1 番目の式を解く．前進代入と同様，この処理に $\Theta(n^2)$ 時間を要する．U は上三角行列なので，式 $Ux = y$ は，次の n 個の式と同等である：

$$
\begin{aligned}
u_{11}x_1 + u_{12}x_2 + \cdots + u_{1,n-2}x_{n-2} + u_{1,n-1}x_{n-1} + u_{1n}x_n &= y_1 \\
u_{22}x_2 + \cdots + u_{2,n-2}x_{n-2} + u_{2,n-1}x_{n-1} + u_{2n}x_n &= y_2 \\
\vdots \\
u_{n-2,n-2}x_{n-2} + u_{n-2,n-1}x_{n-1} + u_{n-2,n}x_n &= y_{n-2} \\
u_{n-1,n-1}x_{n-1} + u_{n-1,n}x_n &= y_{n-1} \\
u_{n,n}x_n &= y_n
\end{aligned}
$$

したがって，$x_n, x_{n-1}, \ldots, x_1$ について，この順序で

$$
\begin{aligned}
x_n &= y_n / u_{n,n} \\
x_{n-1} &= (y_{n-1} - u_{n-1,n}x_n) / u_{n-1,n-1} \\
x_{n-2} &= (y_{n-2} - (u_{n-2,n-1}x_{n-1} + u_{n-2,n}x_n)) / u_{n-2,n-2} \\
&\vdots
\end{aligned}
$$

と解くことができる．一般的には，

$$x_i = \left(y_i - \sum_{j=i+1}^{n} u_{ij}x_j \right) / u_{ii}$$

である．

　与えられた P, L, U および b に対して，下の手続き LUP-Solve は前進代入と後退代入を組み合わせて解 x を得る．置換行列 P は配列 π で表現されている．手続き LUP-Solve は第2〜3行で前進代入を行って y を計算し，つぎに第4〜5行で後退代入を行って x を得る．**for** ループの各繰返しに和の計算は暗にループを含んでいるので，この手続きの実行時間は $\Theta(n^2)$ である．

LUP-Solve(L, U, π, b, n)

1 　x と y を長さ n の新しいベクトルとする
2 　**for** $i = 1$ **to** n
3 　　　$y_i = b_{\pi[i]} - \sum_{j=1}^{i-1} l_{ij}y_j$
4 　**for** $i = n$ **downto** 1
5 　　　$x_i = \left(y_i - \sum_{j=i+1}^{n} u_{ij}x_j \right) / u_{ii}$
6 　**return** x

　上記の計算方法を示す例題として連立1次方程式 $Ax = b$ を考える．ここで，

$$A = \begin{pmatrix} 1 & 2 & 0 \\ 3 & 4 & 4 \\ 5 & 6 & 3 \end{pmatrix} \quad \text{かつ} \quad b = \begin{pmatrix} 3 \\ 7 \\ 8 \end{pmatrix}$$

とし，未知数 x に関して解きたい．LUP 分解は

$$L = \begin{pmatrix} 1 & 0 & 0 \\ 0.2 & 1 & 0 \\ 0.6 & 0.5 & 1 \end{pmatrix}, \quad U = \begin{pmatrix} 5 & 6 & 3 \\ 0 & 0.8 & -0.6 \\ 0 & 0 & 2.5 \end{pmatrix}, \quad P = \begin{pmatrix} 0 & 0 & 1 \\ 1 & 0 & 0 \\ 0 & 1 & 0 \end{pmatrix}$$

となる．（$PA = LU$ となることを確かめよ．）前進代入を使って，$Ly = Pb$ を y について解く．すなわち，

$$\begin{pmatrix} 1 & 0 & 0 \\ 0.2 & 1 & 0 \\ 0.6 & 0.5 & 1 \end{pmatrix} \begin{pmatrix} y_1 \\ y_2 \\ y_3 \end{pmatrix} = \begin{pmatrix} 8 \\ 3 \\ 7 \end{pmatrix}$$

を解くために，y_1, y_2, y_3 の順序で値を求めると，

$$y = \begin{pmatrix} 8 \\ 1.4 \\ 1.5 \end{pmatrix}$$

を得る．つぎに後退代入を用いて $Ux = y$ を x について解く．すなわち

$$\begin{pmatrix} 5 & 6 & 3 \\ 0 & 0.8 & -0.6 \\ 0 & 0 & 2.5 \end{pmatrix} \begin{pmatrix} x_1 \\ x_2 \\ x_3 \end{pmatrix} = \begin{pmatrix} 8 \\ 1.4 \\ 1.5 \end{pmatrix}$$

698 | 28 行列演算

を解くために，x_3, x_2, x_1 の順序で値を求めると，求める解

$$x = \begin{pmatrix} -1.4 \\ 2.2 \\ 0.6 \end{pmatrix}$$

を得る.

LU 分解の計算

非特異行列 A の LUP 分解ができれば，前進代入と後退代入を用いて連立 1 次方程式 $Ax = b$ が解けることを示した．つぎに，行列 A の LUP 分解を効率よく計算する方法を示す．まず，A が $n \times n$ 型非特異行列で，しかも P がない（すなわち $P = I_n$，つまり $n \times n$ 型の単位行列である）より簡単な場合から始める．このとき，$A = LU$ である．2 つの行列 L と U を A の **LU 分解** (LU decomposition) と呼ぶ.

LU 分解を生成するために，**ガウスの消去法** (Gaussian elimination) として知られる処理方法を用いる．最初に，1 番目の方程式を何倍かしたものを 2 番目以降の各方程式から引き，1 番目の変数を消去する．つぎに，2 番目の方程式を何倍かしたものを 3 番目以降の各式から引き，1 番目と 2 番目の変数を消去する．この手続きを残された系が上三角行列になるまで繰り返す——こうして生成されるのが行列 U である．行列 L は変数を消去するために各方程式に掛けた値から構成される.

この戦略を実装するために，再帰的な形で始めよう．入力は $n \times n$ 型の正則行列 A である．$n = 1$ ならば何もすることはなく，単に $L = I_1$，$U = A$ とすればよい．$n > 1$ のときには，まず A を

$$A = \left(\begin{array}{c|ccc} a_{11} & a_{12} & \cdots & a_{1n} \\ \hline a_{21} & a_{22} & \cdots & a_{2n} \\ \vdots & \vdots & \ddots & \vdots \\ a_{n1} & a_{n2} & \cdots & a_{nn} \end{array} \right)$$

$$= \begin{pmatrix} a_{11} & w^{\mathrm{T}} \\ v & A' \end{pmatrix} \tag{28.8}$$

と 4 分割する．ここで，$v = (a_{21}, a_{31}, \ldots, a_{n1})$ は $(n-1)$ 列ベクトル，$w^{\mathrm{T}} = (a_{12}, a_{13}, \ldots, a_{1n})^{\mathrm{T}}$ は $(n-1)$ 行ベクトル，そして A' は $(n-1) \times (n-1)$ 型行列である．このとき，行列代数（これらの式の正しさを単に積を取ることで検証せよ）を用いると，要素 A は，

$$A = \begin{pmatrix} a_{11} & w^{\mathrm{T}} \\ v & A' \end{pmatrix}$$

$$= \begin{pmatrix} 1 & 0 \\ v/a_{11} & I_{n-1} \end{pmatrix} \begin{pmatrix} a_{11} & w^{\mathrm{T}} \\ 0 & A' - vw^{\mathrm{T}}/a_{11} \end{pmatrix} \tag{28.9}$$

と分解できる．ここで，式 (28.9) の 1 番目と 2 番目の行列に現れる 0 は，それぞれ $(n-1)$ ベクトルである．項 vw^{T}/a_{11} は v と w の外積をとり，その結果の各要素を a_{11} で割ったものであり，$(n-1) \times (n-1)$ 型行列である．この行列のサイズは，それから引き算をする A' と一致する．A' からこの行列を引いた結果である $(n-1) \times (n-1)$ 型行列

$$A' - vw^{\mathrm{T}}/a_{11} \tag{28.10}$$

を，行列 A の a_{11} に関する **Schur 補行列** (Schur complement) と呼ぶ．

A が非特異ならば Schur 補行列も非特異であることを示す．なぜだろうか？ $(n-1) \times (n-1)$ 型 Schur 補行列が特異行列だと仮定する．このとき，付録第 D 章（行列）の定理 D.1（1033 ページ）より，Schur 補行列の行の階数は厳密に $n-1$ 未満である．行列

$$\begin{pmatrix} a_{11} & w^{\mathrm{T}} \\ 0 & A' - vw^{\mathrm{T}}/a_{11} \end{pmatrix}$$

の最初の列の下から $n-1$ 個の要素はすべて 0 なので，この行列の下から $n-1$ 本の行から構成される部分行列の行の階数は，厳密に $n-1$ 未満である．したがって，この行列全体の行の階数は厳密に n 未満である．付録第 D 章（行列）の練習問題 D.2-8（1034 ページ）を式 (28.9) に適用すると，A の階数は厳密に n 未満なので，定理 D.1 より A は特異であり，矛盾が導かれた．

Schur 補行列は非特異なので，これも LU 分解を持ち，それを再帰的に計算できる．

$$A' - vw^{\mathrm{T}}/a_{11} = L'U'$$

と置こう．ここで，L' は単位下三角行列，U' は上三角行列である．行列 A の LU 分解は $A = LU$ であり，

$$L = \begin{pmatrix} 1 & 0 \\ v/a_{11} & L' \end{pmatrix} \text{ かつ } U = \begin{pmatrix} a_{11} & w^{\mathrm{T}} \\ 0 & U' \end{pmatrix}$$

であることが次式により示される．

$$\begin{aligned} A &= \begin{pmatrix} 1 & 0 \\ v/a_{11} & I_{n-1} \end{pmatrix} \begin{pmatrix} a_{11} & w^{\mathrm{T}} \\ 0 & A' - vw^{\mathrm{T}}/a_{11} \end{pmatrix} \quad (\text{式 (28.9) より}) \\ &= \begin{pmatrix} 1 & 0 \\ v/a_{11} & I_{n-1} \end{pmatrix} \begin{pmatrix} a_{11} & w^{\mathrm{T}} \\ 0 & L'U' \end{pmatrix} \\ &= \begin{pmatrix} a_{11} & w^{\mathrm{T}} \\ v & vw^{\mathrm{T}}/a_{11} + L'U' \end{pmatrix} \\ &= \begin{pmatrix} 1 & 0 \\ v/a_{11} & L' \end{pmatrix} \begin{pmatrix} a_{11} & w^{\mathrm{T}} \\ 0 & U' \end{pmatrix} \\ &= LU \end{aligned}$$

L' が単位下三角行列なので，L も単位下三角行列であり，U' が上三角行列なので，U も上三角行列である．

$a_{11} = 0$ のとき，上記の方法は 0 による除算を含み，うまく働かない．Schur 補行列 $A' - vw^{\mathrm{T}}/a_{11}$ の左上隅の要素が 0 のときも，次の再帰段階で 0 による除算が現れるので，同様にうまく働かない．上記の LU 分解の各過程の除数を**ピボット** (pivot) と呼ぶ．これらの数は行列 U の対角線上に現れる．LUP 分解で置換行列 P を使うのは，後で説明するように，0 による除算を避けるためである．置換を使って 0 による除算（あるいは，数値的不安定性の要因となりうる小さい数による除算）を避けることを，**ピボット選択** (pivoting) と呼ぶ．

つねに正しく LU 分解できる重要な行列のクラスに対称正定値行列 (positive-definite matrix) のクラスがある．これらの行列に対してはピボット選択を行う必要はなく，0 による除算を気

700 | 28 行列演算

にせずに，先に概略を説明した再帰的戦略を適用できる．第 28.3 節では，対称正定値行列がこの性質を持ち，さらに他のいくつかの性質も持つことを証明する．

行列 A の LU 分解を計算する以下の擬似コード LU-DECOMPOSITION は，再帰を繰返しループで置き換えていることを除くと，上述の再帰戦略に従っている．（この変換は，最後の命令が自分自身への再帰呼出しである「末尾再帰 (tail-recursive)」手続きの標準的な最適化である．第 7 章（クイックソート）の章末問題 7-5（169 ページ）参照）行列 U の対角線より下の要素を 0 に初期化する．また，行列 L の対角線上の要素を 1 に，対角線より上の要素を 0 に初期化する．各繰返しでは正方部分行列を扱い，その左上隅の要素をピボットとしてベクトル v, w と Schur 補行列を計算する．この Schur 補行列が次の繰返しで扱う正方部分行列となる．

LU-DECOMPOSITION(A, n)

```
 1  L と U を新しい n × n 型行列とする
 2  U の対角線より下の要素を 0 に初期化する
 3  L の対角線上の要素を 1 に，対角線より上の要素を 0 に初期化する
 4  for k = 1 to n
 5      u_kk = a_kk
 6      for i = k + 1 to n
 7          l_ik = a_ik / a_kk        // a_ik は v_i の値を持つ
 8          u_ki = a_ki              // a_ki は w_i の値を持つ
 9      for i = k + 1 to n           // Schur 補行列を計算せよ …
10          for j = k + 1 to n
11              a_ij = a_ij − l_ik u_kj   // … そして，A に書き戻せ
12  return L and U
```

上の手続きでは外側の第 4～11 行の **for** ループは各再帰ステップに対して 1 回繰り返す．このループの中では，第 5 行でピボットを $u_{kk} = a_{kk}$ に決める．第 6～8 行の **for** ループ（$k = n$ のときには実行されない）はベクトル v と w を用いて L と U を更新する．第 7 行では，L の対角線より下の各要素を決定して，v_i / a_{kk} を l_{ik} に格納する．第 8 行では，U の対角線より上の各要素を決定して，w_i を u_{ki} に格納する．最後に，第 9～11 行では Schur 補行列の各要素を計算して行列 A に書き戻す．（第 7 行目で l_{ik} を計算したときにすでに行っているので，第 11 行では a_{kk} で割る必要はない．）第 11 行は 3 重の入れ子なので，LU-DECOMPOSITION は $\Theta(n^3)$ 時間で実行される．

図 28.1 は，LU-DECOMPOSITION の操作を図示している．ここでは，現在計算の対象となっている L と U の意味のある要素を行列 A の中のその場に (in place) 格納する標準的な最適化を示している．各要素 a_{ij} は，$i > j$ のときには l_{ij}，$i \leq j$ のときには u_{ij} のどちらかに対応し，手続き終了時には，A が L と U の両方を含むのである．上記の擬似コードを最適化を含む擬似コードに変換するには，l と u に対する各参照を a に置き換えればよい．この変換が正当性を保存することは容易に検証できる．

2	3	1	5
6	13	5	19
2	19	10	23
4	10	11	31

(a)

2	3	1	5
3	4	2	4
1	16	9	18
2	4	9	21

(b)

2	3	1	5
3	4	2	4
1	4	1	2
2	1	7	17

(c)

2	3	1	5
3	4	2	4
1	4	1	2
2	1	7	3

(d)

$$
\begin{pmatrix} 2 & 3 & 1 & 5 \\ 6 & 13 & 5 & 19 \\ 2 & 19 & 10 & 23 \\ 4 & 10 & 11 & 31 \end{pmatrix} = \begin{pmatrix} 1 & 0 & 0 & 0 \\ 3 & 1 & 0 & 0 \\ 1 & 4 & 1 & 0 \\ 2 & 1 & 7 & 1 \end{pmatrix} \begin{pmatrix} 2 & 3 & 1 & 5 \\ 0 & 4 & 2 & 4 \\ 0 & 0 & 1 & 2 \\ 0 & 0 & 0 & 3 \end{pmatrix}
$$

$$A \qquad\qquad L \qquad\qquad U$$

(e)

図 28.1 LU-Decomposition の操作. **(a)** 行列 A. **(b)** 第 4〜11 行における外側の **for** ループ文の最初の繰返しを実行したときの結果. 濃い網かけの要素 $a_{11} = 2$ がピボット, 薄い網かけの列が v/a_{11}, 薄い網かけの行が w^{T} である. 水平線より上は計算済みの U の要素, 垂直線の左側は計算済みの L の要素である. Schur 補行列 $A' - vw^{\mathrm{T}}/a_{11}$ は右下部分を占める. **(c)** (b) で求めた Schur 補行列上に対して, 外側の **for** ループ文の 2 回目の繰返し計算を実行し, その結果を示す. 濃い網かけの要素 $a_{22} = 4$ がピボット, 薄い網かけの列と行はそれぞれ (この Schur 補行列の分割における) v/a_{22} と w^{T} である. 図中の折れ線は計算済みの U の要素 (上側), 計算済みの L の要素 (左側), 新しく決定された Schur の補行列 (右下部分) の区分けを示す. **(d)** 次のステップが終わると A の分解が完了する. 再帰が終了したとき, この新しい Schur 補行列の要素 3 は U の一部となる. **(e)** 分解 $A = LU$.

LUP 分解の計算

LU-Decomposition に入力として与えられる行列の対角要素がいくつかの 0 を含んでいる場合, この手続きは 0 で割り算を実行しようとするだろう. 0 で割ることは, 厄介なことの原因になる. たとえ対角要素が 0 を含まなくとも, 絶対値が小さい数を含んでいる場合は, そのような数による除算は, 数値的不安定性を招く恐れがある. このような理由から LUP 分解では, 見つけられる絶対値が最大の数をピボットとして選択する.

LUP 分解の目標は, $n \times n$ 型非特異行列 A が入力として与えられたとき, $PA = LU$ を満たす置換行列 P, 単位下三角行列 L, 上三角行列 U を求めることである. LU 分解のように行列 A を分割する前に, LUP 分解は第 1 列上の非零成分 a_{k1} を行列の位置 $(1, 1)$ に移す. 数値的安定性の観点から, 第 1 列の要素の中で最大の絶対値を持つ要素を a_{k1} として選択する. (第 1 列の要素がすべて 0 ならば, 付録第 D 章 (行列) の定理 D.4 と定理 D.5 (1033 ページ) から A の行列式は 0 となり, A は特異である). 方程式の集合を同一に保つために, LUP 分解では第 1 行と第 k 行を交換する. これは A に左から置換行列 Q を掛けることと等価である (付録第 D 章 (行列) の練習問題 D.1-4 (1031 ページ) 参照).

こうして, QA は式 (28.8) に似た形式で,

$$QA = \begin{pmatrix} a_{k1} & w^{\mathrm{T}} \\ v & A' \end{pmatrix}$$

と書ける. ここで, a_{k1} が a_{11} に置き換わっていることを除いて, $v = (a_{21}, a_{31}, \ldots, a_{n1})$; $w^{\mathrm{T}} = (a_{k2}, a_{k3}, \ldots, a_{kn})^{\mathrm{T}}$, A' は $(n-1) \times (n-1)$ 型行列である. $a_{k1} \neq 0$ なので, 式 (28.9)

702 | 28　行列演算

の場合と同様に，0 による除算が行われないことが保証された：

$$QA = \begin{pmatrix} a_{k1} & w^{\mathrm{T}} \\ v & A' \end{pmatrix}$$
$$= \begin{pmatrix} 1 & 0 \\ v/a_{k1} & I_{n-1} \end{pmatrix} \begin{pmatrix} a_{k1} & w^{\mathrm{T}} \\ 0 & A' - vw^{\mathrm{T}}/a_{k1} \end{pmatrix}$$

である．LU 分割の場合と同様に，A が非特異ならば Schur 補行列 $A' - vw^{\mathrm{T}}/a_{k1}$ もまた非特異である．したがって，この Schur 補行列に対する LUP 分解，すなわち次式

$$P'(A' - vw^{\mathrm{T}}/a_{k1}) = L'U'$$

を満たす単位下三角行列 L'，上三角行列 U'，置換行列 P' を再帰的に計算できる．ここで置換行列

$$P = \begin{pmatrix} 1 & 0 \\ 0 & P' \end{pmatrix} Q$$

を定義する．P は 2 つの置換行列の積なので置換行列である（付録第 D 章（行列）の練習問題 D.1-4（1031 ページ）参照）．この定義から，

$$PA = \begin{pmatrix} 1 & 0 \\ 0 & P' \end{pmatrix} QA$$
$$= \begin{pmatrix} 1 & 0 \\ 0 & P' \end{pmatrix} \begin{pmatrix} 1 & 0 \\ v/a_{k1} & I_{n-1} \end{pmatrix} \begin{pmatrix} a_{k1} & w^{\mathrm{T}} \\ 0 & A' - vw^{\mathrm{T}}/a_{k1} \end{pmatrix}$$
$$= \begin{pmatrix} 1 & 0 \\ P'v/a_{k1} & P' \end{pmatrix} \begin{pmatrix} a_{k1} & w^{\mathrm{T}} \\ 0 & A' - vw^{\mathrm{T}}/a_{k1} \end{pmatrix}$$
$$= \begin{pmatrix} 1 & 0 \\ P'v/a_{k1} & I_{n-1} \end{pmatrix} \begin{pmatrix} a_{k1} & w^{\mathrm{T}} \\ 0 & P'(A' - vw^{\mathrm{T}}/a_{k1}) \end{pmatrix}$$
$$= \begin{pmatrix} 1 & 0 \\ P'v/a_{k1} & I_{n-1} \end{pmatrix} \begin{pmatrix} a_{k1} & w^{\mathrm{T}} \\ 0 & L'U' \end{pmatrix}$$
$$= \begin{pmatrix} 1 & 0 \\ P'v/a_{k1} & L' \end{pmatrix} \begin{pmatrix} a_{k1} & w^{\mathrm{T}} \\ 0 & U' \end{pmatrix}$$
$$= LU$$

が成立するので，A の LUP 分解が得られる．L' が単位下三角行列なので L も単位下三角行列であり，U' が上三角行列なので U も上三角行列である．

　LU 分解と違い，上式を導く過程で，列ベクトル v/a_{k1} と Schur 補行列 $A' - vw^{\mathrm{T}}/a_{k1}$ は置換行列 P' が掛けられていることに注意せよ．LUP 分割を計算する手続き LUP-Decomposition を示す．

　LU-Decomposition と同様に，手続き LUP-Decomposition でも再帰を繰返しループで置き換えてある．再帰の直接的な実装を改善し，置換行列 P を配列 π として動的に管理する．ここで，$\pi[i] = j$ は P の第 i 行は第 j 列に 1 を持つことを意味する．手続き LUP-Decomposition もまた，A の中で L と U をその場で計算する．したがって，手続きが終了したときは

$$a_{ij} = \begin{cases} l_{ij} & i > j \text{ のとき} \\ u_{ij} & i \le j \text{ のとき} \end{cases}$$

LUP-DECOMPOSITION(A, n)

```
 1  π[1:n] を新しい配列とする
 2  for i = 1 to n
 3      π[i] = i                        // π を恒等置換に初期化する
 4  for k = 1 to n
 5      p = 0
 6      for i = k to n                  // k 列の中で絶対値が最大のものを見つける
 7          if |a_{ik}| > p
 8              p = |a_{ik}|
 9              k' = i                  // これまでに見つけた最大の行の値
10      if p == 0
11          error "特異行列"
12      π[k] を π[k'] と交換せよ
13      for i = 1 to n
14          a_{ki} を a_{k'i} と交換する    // 行 k を行 k' と交換する
15      for i = k + 1 to n
16          a_{ik} = a_{ik}/a_{kk}
17          for j = k + 1 to n
18              a_{ij} = a_{ij} - a_{ik}a_{kj}    // L と U を A の中でその場で計算する
```

が成立する.

図 28.2 に手続き LUP-DECOMPOSITION が行列を分解する様子を示す. 第 2〜3 行で, 配列 π を恒等置換に初期化する. 第 4〜18 行の外側の **for** ループは再帰を実装し, 左上部分が第 k 行, k 列の $(n-k+1) \times (n-k+1)$ 型部分行列の LUP 分解を実行する. 外側のループを 1 回実行するたびに, 第 5〜9 行では, 現在 LUP 分解を求めている $(n-k+1) \times (n-k+1)$ 型部分行列において, その 1 列目 (A の列 k) の要素の中で最大の絶対値を持つ要素 $a_{k'k}$ を決定する. 現在の 1 列目のすべての要素が 0 ならば, 第 10〜11 行は行列が特異であると報告する. ピボットを行うために第 12 行で $\pi[k']$ を $\pi[k]$ と交換し, 第 13〜14 行上で A の k 番目の行と k' 番目の行を入れ換え, ピボットの要素を a_{kk} とする. (先に示した方法では $A' - vw^{\mathrm{T}}/a_{k1}$ だけでなく v/a_{k1} にも P' を掛けるので, 行全体が入れ換わる.) 最後に, 第 15〜18 行では Schur 補行列を計算するが, その方法は, ここでは, 操作がその場で動作するように記述されていることを除けば, LU-DECOMPOSITION の第 6〜11 行と同じである.

LUP-DECOMPOSITION の実行時間はその 3 重の入れ子になったループのために $\Theta(n^3)$ であり, LU-DECOMPOSITION と同じである. したがって, ピボット選択を行っても高々定数倍の時間しかかからない.

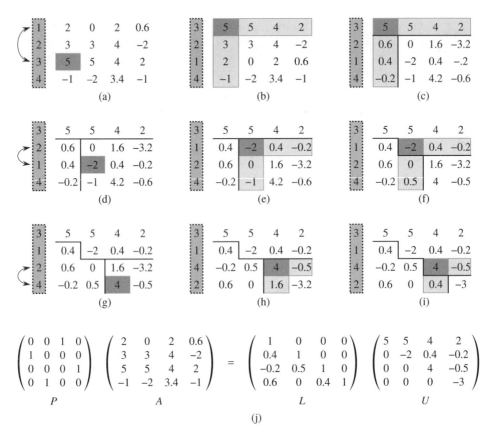

図 28.2 LUP-Decomposition の操作. **(a)** 入力行列 A とその左側に点線で行の恒等置換を示す. アルゴリズムの第 1 ステップは 3 行目の濃い網かけで示す要素 5 を第 1 列のピボットに決定する. **(b)** 第 1 行と第 3 行を交換し, 置換を更新する. 薄い網かけの列と行がそれぞれ v と w^T である. **(c)** ベクトル v を $v/5$ に置き換え, 行列の右下部分を対応する Schur 補行列に更新する. 2 本の直線が行列を 3 つの領域に分割している: 水平線の上の U の要素, 垂直線の左側の L の要素, 右下の Schur 補行列である. **(d)〜(f)** 第 2 ステップ. **(g)〜(i)** 第 3 ステップ. 第 4 (最終) ステップでは変化が起こらない. **(j)** 得られた LUP 分解 $PA = LU$.

練習問題

28.1-1 前進代入を使って方程式

$$\begin{pmatrix} 1 & 0 & 0 \\ 4 & 1 & 0 \\ -6 & 5 & 1 \end{pmatrix} \begin{pmatrix} x_1 \\ x_2 \\ x_3 \end{pmatrix} = \begin{pmatrix} 3 \\ 14 \\ -7 \end{pmatrix}$$

を解け.

28.1-2 行列

$$\begin{pmatrix} 4 & -5 & 6 \\ 8 & -6 & 7 \\ 12 & -7 & 12 \end{pmatrix}$$

の LU 分解を求めよ.

28.1-3 方程式

$$\begin{pmatrix} 1 & 5 & 4 \\ 2 & 0 & 3 \\ 5 & 8 & 2 \end{pmatrix} \begin{pmatrix} x_1 \\ x_2 \\ x_3 \end{pmatrix} = \begin{pmatrix} 12 \\ 9 \\ 5 \end{pmatrix}$$

を LUP 分解を使って解け.

28.1-4 対角行列の LUP 分解法を示せ.

28.1-5 置換行列を LUP 分解する方法を説明し,その LUP 分解が唯一に定まることを証明せよ.

28.1-6 すべての $n \geq 1$ に対して,LU 分解が可能な $n \times n$ 型特異行列が存在することを示せ.

28.1-7 手続き LU-DECOMPOSITION において,最も外側の **for** ループを $k = n$ のときに実行することが必要か,検討せよ.さらに LUP-DECOMPOSITION ではどうか,同じことを検討せよ.

28.2 逆行列の計算

逆行列を計算し,式 (28.3) を使って線形方程式を解くことができるが,実用では LUP 分解のような数値的に安定した方法を使うのがよい.しかし,時として本当に逆行列を計算することが必要なこともある.本節では LUP 分解を用いて逆行列を計算する方法を示す.行列乗算と逆行列の計算が,(ある技術的な条件の下で)一方を解くアルゴリズムを用いると他方が同じ漸近的実行時間で解けるという意味で,同じ難しさを持つことを証明する.したがって,Strassen の行列乗算アルゴリズム(第 4.2 節(行列乗算のための Strassen のアルゴリズム)参照)は逆行列を計算するために利用できる.実際,Strassen の原著論文が書かれた動機は連立線形方程式が従来よりも速く解けることを示すことにあった.

LUP 分解による逆行列の計算

行列 A の LUP 分解,すなわち $PA = LU$ を満たす 3 つの行列 P, L, U が与えられていると仮定する.連立方程式 $Ax = b$ は手続き LUP-SOLVE を使って $\Theta(n^2)$ 時間で解くことができる.LUP 分解は A に依存するが b には依存しないので,さらに $\Theta(n^2)$ 時間を加えると,別の連立方程式 $Ax = b'$ を LUP-SOLVE を使って解くことができる.一般に,行列 A が LUP 分解されていれば,$Ax = b$ と b の部分だけが異なる k 組の連立方程式を全部で $\Theta(kn^2)$ 時間で解くことができる.A の逆行列 X を定義する方程式

$$AX = I_n \tag{28.11}$$

は,$Ax = b$ という形で書ける n 組の異なる連立方程式の集合と見なせる.正確に述べると,X_i を X の i 番目の列とし,単位ベクトル e_i は I_n の i 番目の列であったことを思い出そう.A の LUP 分解を用いて,各 i に対して,別々に方程式

$$AX_i = e_i$$

を X_i について解くことで,式 (28.11) を X について解くことができる.いったん LUP 分解が与えられていれば n 個の列ベクトル X_i のそれぞれが $\Theta(n^2)$ 時間で計算できるので,A の

706 | 28 行列演算

LUP 分解から X を $\Theta(n^3)$ 時間で計算できる. A の LUP 分解を $\Theta(n^3)$ 時間で計算できるので,逆行列 A^{-1} は $\Theta(n^3)$ 時間で計算できる.

行列乗算と逆行列計算

行列乗算に対して達成された理論的な高速化手法が,逆行列計算の高速化手法に転換できることを示す.実際には,もう少し強い次の事実を証明する:2つの $n \times n$ 型行列の乗算を計算するのにかかる時間を $M(n)$ とすると,$O(M(n))$ 時間で非特異な $n \times n$ 型行列の逆行列が計算できる.さらに,正則な $n \times n$ 型行列の逆行列を計算するのにかかる時間を $I(n)$ とすると,$O(I(n))$ 時間で2つの $n \times n$ 型行列の乗算が計算できる.このような意味で,逆行列の計算は行列の乗算と等価である.これらの結果を次の2つの定理として証明する.

定理 28.1(乗算は逆行列計算よりも難しくない) $I(n)$ 時間で $n \times n$ 型行列の逆行列を計算できると仮定する.$I(n) = \Omega(n^2)$ かつ規則性条件 $I(3n) = O(I(n))$ を満たすならば,2つの $n \times n$ 型行列の積を $O(I(n))$ 時間で計算できる.

証明 A と B を $n \times n$ 型行列とし,これらの積 $C = AB$ を計算するアルゴリズムを示す.$3n \times 3n$ 型行列 D を

$$D = \begin{pmatrix} I_n & A & 0 \\ 0 & I_n & B \\ 0 & 0 & I_n \end{pmatrix}$$

と定義する.

D の逆行列 D^{-1} は,

$$D^{-1} = \begin{pmatrix} I_n & -A & AB \\ 0 & I_n & -B \\ 0 & 0 & I_n \end{pmatrix}$$

であり,積 AB は D^{-1} の右上の $n \times n$ 型部分行列として出現するので,D^{-1} を計算すればよい.$\Theta(n^2)$ 時間で行列 D を構成できるが,これは $I(n) = \Omega(n^2)$ なので $O(I(n))$ である.$I(n)$ の規則性条件から D の逆行列は $O(I(3n)) = O(I(n))$ 時間で計算できる.したがって,$M(n) = O(I(n))$ である. ■

任意の定数 $c > 0$ と $d \geq 0$ に対して $I(n) = \Theta(n^c \lg^d n)$ ならば,$I(n)$ は規則性条件を満足することに注意しよう.逆行列の計算が行列乗算より難しくないことの証明には対称正定値行列のいくつかの性質を用いる.これらの性質は第 28.3 節で証明する.

定理 28.2(逆行列計算は乗算よりも難しくない) $M(n)$ 時間で2つの $n \times n$ 型実行列(実数を要素とする行列)の乗算ができると仮定する.ここで関数 $M(n)$ は $M(n) = \Omega(n^2)$ かつ次の2つの規則性条件を満足する:

1. $0 \leq k < n$ なる任意の k に対して,$M(n + k) = O(M(n))$
2. ある定数 $c < 1/2$ に対して,$M(n/2) \leq cM(n)$

このとき,任意の非特異な $n \times n$ 型実行列の逆行列を $O(M(n))$ 時間で計算できる.

証明 行列 A を $n \times n$ 型非特異実行列とする．n をちょうど 2 のベキとする．(すなわち，ある整数 ℓ に対して，$n = 2^\ell$ である．) この証明の終わりで，n がちょうど 2 のベキでない場合を検討する．

しばらくの間，$n \times n$ 型行列 A は対称かつ正定値であると仮定する．A とその逆行列 A^{-1} を，それぞれ 4 つの $n/2 \times n/2$ 型部分行列：

$$A = \begin{pmatrix} B & C^{\mathrm{T}} \\ C & D \end{pmatrix} \text{ 並びに } A^{-1} = \begin{pmatrix} R & T \\ U & V \end{pmatrix} \tag{28.12}$$

に分割する．A の B に関する Schur 補行列 S を，

$$S = D - CB^{-1}C^{\mathrm{T}} \tag{28.13}$$

とする (この形式の Schur 補行列については第 28.3 節でさらに検討する) ならば，$AA^{-1} = I_n$ なので，

$$A^{-1} = \begin{pmatrix} R & T \\ U & V \end{pmatrix} = \begin{pmatrix} B^{-1} + B^{-1}C^{\mathrm{T}}S^{-1}CB^{-1} & -B^{-1}C^{\mathrm{T}}S^{-1} \\ -S^{-1}CB^{-1} & S^{-1} \end{pmatrix} \tag{28.14}$$

となる．ここで実際に行列乗算を行えば $AA^{-1} = I_n$ を確認できる．A は対称かつ正定値なので，第 28.3 節の補題 28.4 と補題 28.5 から B と S は共に対称かつ正定値であることが分かる．したがって，第 28.3 節の補題 28.3 から逆行列 B^{-1} と S^{-1} が存在し，付録第 D 章 (行列) の練習問題 D.2-6 (1034 ページ) より B^{-1} と S^{-1} は対称なので，$(B^{-1})^{\mathrm{T}} = B^{-1}$ かつ $(S^{-1})^{\mathrm{T}} = S^{-1}$ が成立する．したがって，A^{-1} の次の部分行列

$$R = B^{-1} + B^{-1}C^{\mathrm{T}}S^{-1}CB^{-1}$$
$$T = -B^{-1}C^{\mathrm{T}}S^{-1}$$
$$U = -S^{-1}CB^{-1}$$
$$V = S^{-1}$$

を計算するために，以下の要領で次の 11 ステップを行う．ここでは，すべての行列は $n/2 \times n/2$ 型行列である：

1. A の部分行列 B, C, C^{T}, D を構成する．
2. 再帰的に B の逆行列 B^{-1} を計算する．
3. 行列積 $W = CB^{-1}$ を計算し，つぎに，その転置行列 W^{T} を計算する．これは (付録第 D 章 (行列) の練習問題 D.1-2 (1031 ページ) と $(B^{-1})^{\mathrm{T}} = B^{-1}$ から) $B^{-1}C^{\mathrm{T}}$ に等しい．
4. 行列積 $X = WC^{\mathrm{T}}$ を計算する．これは $CB^{-1}C^{\mathrm{T}}$ に等しい．つぎに，行列 $S = D - X = D - CB^{-1}C^{\mathrm{T}}$ を計算する．
5. 再帰的に S の逆行列 S^{-1} を計算する．
6. 行列積 $Y = S^{-1}W$ を計算する．これは $S^{-1}CB^{-1}$ に等しい．つぎに，その転置行列 Y^{T} を計算する．これは (付録第 D 章 (行列) の練習問題 D.1-2 (1031 ページ)，$(B^{-1})^{\mathrm{T}} = B^{-1}$ 並びに $(S^{-1})^{\mathrm{T}} = S^{-1}$ から) $B^{-1}C^{\mathrm{T}}S^{-1}$ に等しい．
7. 行列積 $Z = W^{\mathrm{T}}Y$ を計算する．これは $B^{-1}C^{\mathrm{T}}S^{-1}CB^{-1}$ に等しい．
8. $R = B^{-1} + Z$ とする．
9. $T = -Y^{\mathrm{T}}$ とする．

708 | 28 行列演算

10. $U = -Y$ とする.

11. $V = S^{-1}$ とする.

したがって, $n \times n$ 型対称正定値行列の逆行列計算では, ステップ 2 と 5 で $n/2 \times n/2$ 行列の逆行列を計算し, ステップ 3, 4, 6, 7 で $n/2 \times n/2$ 型行列の 4 つの乗算を行い, これらのコストに加えてさらに, A からの部分行列の取得, 部分行列の A^{-1} への挿入, $n/2 \times n/2$ 型行列上での定数回の加減算と転置操作のために, $O(n^2)$ のコストが加わる. したがって漸化式

$$
\begin{aligned}
I(n) &\le 2I(n/2) + 4M(n/2) + O(n^2) \\
     &= 2I(n/2) + \Theta(M(n)) \\
     &= O(M(n))
\end{aligned} \tag{28.15}
$$

により, 実行時間が与えられる. 定理の 2 番目の規則性条件から $4M(n/2) < 2M(n)$ であり, $M(n) = \Omega(n^2)$ を仮定しているので, 漸化式の第 2 行目の等号が成立する. 仮定より, $M(n) = \Omega(n^2)$ であり, マスター定理 (定理 4.1) の場合 3 を式 (28.15) に適用して, $O(M(n))$ が成立する.

行列 A が正則だが対称正定値ではない場合について, 逆行列の計算と同じ漸近的実行時間で行列積が計算できることの証明が残っている. 基本方針は, 任意の正則行列 A に対して, 行列 $A^{\mathrm{T}}A$ が (付録 D (行列) の練習問題 D.1-2 (1031 ページ) から) 対称かつ (付録第 D 章 (行列) の定理 D.6 (1034 ページ) から) 正定値であることを使うことである. その策略は, A の逆行列を求める問題を $A^{\mathrm{T}}A$ の逆行列を求める問題に帰着させることである.

帰着は, A が $n \times n$ 正則行列ならば, $((A^{\mathrm{T}}A)^{-1}A^{\mathrm{T}})A = (A^{\mathrm{T}}A)^{-1}(A^{\mathrm{T}}A) = I_n$ かつ逆行列は唯一に決まるので

$$
A^{-1} = (A^{\mathrm{T}}A)^{-1}A^{\mathrm{T}}
$$

と書けることに基づいている. したがって, 最初に A^{T} と A を掛けて $A^{\mathrm{T}}A$ を作り, 次に上記の分割統治アルゴリズムを用いて対称正定値行列 $A^{\mathrm{T}}A$ の逆行列を求め, 最後に, これに A^{T} を掛けると A^{-1} が計算できる. これらの各ステップはそれぞれ $O(M(n))$ 時間で計算できるので, $O(M(n))$ 時間で実正則行列の逆行列を計算できる.

先の証明では $n \times n$ 型行列 A において n をちょうど 2 のベキと仮定していた. n がちょうど 2 のベキでない場合, $k < n$ として, $n+k$ がちょうど 2 のベキとなる k を考え, $(n+k) \times (n+k)$ 行列 A'

$$
A' = \begin{pmatrix} A & 0 \\ 0 & I_k \end{pmatrix}
$$

を考える. A' の逆行列は

$$
\begin{pmatrix} A & 0 \\ 0 & I_k \end{pmatrix}^{-1} = \begin{pmatrix} A^{-1} & 0 \\ 0 & I_k \end{pmatrix}
$$

となる. A' に先の証明法を適用して, A'^{-1} を得るために A' より最初の n 行 n 列要素を取り出す. 定理 28.2 の $M(n)$ に関する最初の規則性条件は, このようにして行列サイズを拡張してもその実行時間は定数範囲内に収まることを保証している. ∎

定理 28.2 の証明は, 非特異行列 A に対して, 連立 1 次方程式 $Ax = b$ をピボット選択なしに

LU 分解を用いて解く方法を示唆している. $y = A^{\mathrm{T}}b$ とする. 方程式 $Ax = b$ の両辺に A^{T} を掛けて方程式 $(A^{\mathrm{T}}A)x = A^{\mathrm{T}}b = y$ を得る. A^{T} が非特異なので, この変形は解 x に影響しない. 対称正定値行列 $A^{\mathrm{T}}A$ を LU 分解した上で, 方程式 $(A^{\mathrm{T}}A)x = y$ を x について前進/後退代入を用いて解く. この方法は理論的には正しいが, 実際には手続き LUP-Decomposition のほうが先の方法よりずっと良い. LUP 分解に必要な演算数のほうがより小さい定数係数を持ち, しかも良い数値安定性を示すからである.

練習問題

28.2-1 $M(n)$ を 2 つの $n \times n$ 型行列の乗算時間, $S(n)$ を $n \times n$ 型行列を平方する計算時間とする. 行列乗算と平方の計算は本質的に同じ難しさを持つことを示せ. すなわち, $M(n)$ 時間行列乗算アルゴリズムは $O(M(n))$ 時間の平方アルゴリズムを意味し, $S(n)$ 時間の平方アルゴリズムは $O(S(n))$ 時間行列乗算アルゴリズムを意味することを示せ.

28.2-2 $M(n)$ を 2 つの $n \times n$ 型行列の積の計算時間とする. $M(n)$ 時間行列乗算アルゴリズムから $O(M(n))$ 時間 LUP 分解アルゴリズムを構成できることを示せ.（構成したアルゴリズムの出力結果は, 本書の手続き LUP-Decomposition の出力と同じものである必要はない.）

28.2-3 $M(n)$ を 2 つの $n \times n$ 型ブール行列の乗算時間, $T(n)$ を $n \times n$ 型ブール行列の推移的閉包の計算時間とする.（第 23.2 節（Floyd–Warshall アルゴリズム）参照.）$M(n)$ 時間ブール行列乗算アルゴリズムから $O(M(n) \lg n)$ 時間推移的閉包計算アルゴリズムが構成でき, $T(n)$ 時間推移的閉包計算アルゴリズムから $O(T(n))$ 時間ブール行列乗算アルゴリズムが構成できることを示せ.

28.2-4 定理 28.2 に基づく逆行列計算アルゴリズムは, 法が 2 の整数体上の行列に対して正しく動作するか, 検討せよ.

28.2-5 ★ 定理 28.2 に示した逆行列計算アルゴリズムを複素行列が扱えるように一般化し, そのアルゴリズムが正しく動作することを証明せよ.（**ヒント**: A の転置行列の代わりに, A の転置行列の各要素を共役複素数に置き換えた**随伴** (conjugate transpose) 行列 A^* を使うとよい. 対称行列の代わりに**エルミート** (Hermitian) 行列を使え. ここで, $A = A^*$ を満たす行列を**エルミート行列** (Hermitian matrix) と言う.）

28.3 対称正定値行列と最小 2 乗近似

対称正定値行列は, 興味深く望ましい性質を数多く持っている. $n \times n$ 型行列 A に対して, $A = A^{\mathrm{T}}$（A は対称行列）かつすべての n ベクトル $x \neq 0$ に対して $x^{\mathrm{T}}Ax > 0$（A は正定値）のとき, A を**対称正定値** (symmetric positive-definite) 行列と呼ぶ. 対称正定値行列は非特異であり, 0 による除算を気にすることなく LU 分解を行うことができる. 本節では, 対称正定値行列の重要な性質をいくつか証明し, 最小 2 乗近似を用いた曲線近似への興味深い応用を説明する.

最初に証明する性質は最も基本的なものである.

補題 28.3 すべての対称正定値行列は非特異である.

710 | 28 行列演算

証明 A が特異行列であると仮定する．付録第 D 章（行列）の系 D.3（1033 ページ）から $Ax = 0$ となる非零ベクトル x が存在する．このとき，$x^{\mathrm{T}}Ax = 0$ なので A は正定値行列になりえない． ∎

対称正定値行列 A の LU 分解に 0 による除算が出現しないことの証明はもっと込み入っている．A のある部分行列に関する性質を証明することから始める．行列 A の最初の k 行と最初の k 列が交差する部分からなる部分行列 A_k を A の k 番目の**主座小行列** (leading submatrix) と言う．

補題 28.4 A が対称かつ正定値ならば，A のすべての主座小行列は対称かつ正定値である．

証明 行列 A は対称なので，すべての主座小行列 A_k もまた対称である．A_k が正定値であることを示すために，そうではないと仮定して矛盾を導く．A_k が正定値でなければ $x_k^{\mathrm{T}}A_kx_k \le 0$ を満たす k ベクトル $x_k \ne 0$ が存在する．A を $n \times n$ 型行列とし

$$A = \begin{pmatrix} A_k & B^{\mathrm{T}} \\ B & C \end{pmatrix} \tag{28.16}$$

と書く．ここで，B は $(n-k) \times k$ 型行列，C は $(n-k) \times (n-k)$ 型行列である．x を x_k の後に $(n-k)$ 個の 0 が続く n ベクトルと定義する．すなわち，$x = (\, x_k^{\mathrm{T}} \quad 0\,)^{\mathrm{T}}$ である．このとき，

$$\begin{aligned} x^{\mathrm{T}}Ax &= (\, x_k^{\mathrm{T}} \quad 0\,) \begin{pmatrix} A_k & B^{\mathrm{T}} \\ B & C \end{pmatrix} \begin{pmatrix} x_k \\ 0 \end{pmatrix} \\ &= (\, x_k^{\mathrm{T}} \quad 0\,) \begin{pmatrix} A_kx_k \\ Bx_k \end{pmatrix} \\ &= x_k^{\mathrm{T}}A_kx_k \\ &\le 0 \end{aligned}$$

となり，A が正定値であることに矛盾する． ∎

つぎに，Schur 補行列の本質的な性質をいくつか調べる．A を対称正定値行列，A_k を A の k 番目の $k \times k$ 型主座小行列とする．再び A を式 (28.16) に従って分割する．式 (28.10) を一般化し，A の A_k に関する **Schur 補行列** (Schur complement) S を

$$S = C - BA_k^{-1}B^{\mathrm{T}} \tag{28.17}$$

によって定義する．（補題 28.4 から A_k は対称かつ正定値である．したがって，補題 28.3 から A_k^{-1} が存在し，S は明確に定義される．）Schur 補行列に対する先の定義式 (28.10) は，式 (28.17) の $k = 1$ の場合に相当する．

次の補題では対称正定値行列の Schur 補行列がそれ自身，対称かつ正定値であることを示す．この結果は定理 28.2 で使った．また，その系を使って対称正定値行列に対して，LU 分解がうまくいくことを証明しよう．

補題 28.5（Schur 補行列の補題） A を対称正定値行列，A_k を A の k 番目の $k \times k$ 型の主座小行列とする．A の A_k に関する Schur 補行列 S は対称かつ正定値である．

証明 A は対称なので，その部分行列 C も対称である．付録第 D 章（行列）の練習問題 D.2-6

（1034 ページ）から積 $BA_k^{-1}B^{\mathrm{T}}$ が対称なので，付録第 D 章（行列）の練習問題 D.1-1（1031 ページ）から S も対称である．S が正定値であることの証明が残っている．式 (28.16) で与えられる A の分割を考える．A が正定値なので，任意の非零ベクトル x に対して $x^{\mathrm{T}}Ax > 0$ である．2 つの部分ベクトル y と z をそれぞれ x の最初の k 個の要素，最後の $(n-k)$ 個の要素とし，y および z はそれぞれ A_k および C と両立するようにする．A_k^{-1} が存在するので，

$$
\begin{aligned}
x^{\mathrm{T}}Ax &= \begin{pmatrix} y^{\mathrm{T}} & z^{\mathrm{T}} \end{pmatrix} \begin{pmatrix} A_k & B^{\mathrm{T}} \\ B & C \end{pmatrix} \begin{pmatrix} y \\ z \end{pmatrix} \\
&= \begin{pmatrix} y^{\mathrm{T}} & z^{\mathrm{T}} \end{pmatrix} \begin{pmatrix} A_k y + B^{\mathrm{T}}z \\ By + Cz \end{pmatrix} \\
&= y^{\mathrm{T}}A_k y + y^{\mathrm{T}}B^{\mathrm{T}}z + z^{\mathrm{T}}By + z^{\mathrm{T}}Cz \\
&= (y + A_k^{-1}B^{\mathrm{T}}z)^{\mathrm{T}}A_k(y + A_k^{-1}B^{\mathrm{T}}z) + z^{\mathrm{T}}(C - BA_k^{-1}B^{\mathrm{T}})z \qquad (28.18)
\end{aligned}
$$

が成立する．最後の式は，掛け算で確認でき，2 次形式の「平方完成 (completing the square)」に相当する．（練習問題 28.3-2 参照．）

任意の非零ベクトル x に対して $x^{\mathrm{T}}Ax > 0$ なので，任意に非零サブベクトル z を取り，$y = -A_k^{-1}B^{\mathrm{T}}z$ と置くと，式 (28.18) の最初の項が消え，

$$
z^{\mathrm{T}}(C - BA_k^{-1}B^{\mathrm{T}})z = z^{\mathrm{T}}Sz
$$

が残る．したがって，任意の $z \neq 0$ に対して $z^{\mathrm{T}}Sz = x^{\mathrm{T}}Ax > 0$ となり，S は正定値である． ∎

系 28.6 対称正定値行列の LU 分解には，0 による除算は出現しない．

証明 A を $n \times n$ 型の対称正定値行列とする．実際，ここでは，系の言明より強い結果を証明する：すなわち，すべてのピボットが厳密に正であることを示す．最初のピボットは a_{11} である．e_1 を長さ n の単位ベクトル $(1\,0\,0\,\ldots\,0)^{\mathrm{T}}$ とすると，e_1 が非零ベクトルであり，A が正定値であることにより，$a_{11} = e_1^{\mathrm{T}}Ae_1 > 0$ である．LU 分解の最初のステップでは $A_1 = (a_{11})$ に関する A の Schur 補行列を作るので，帰納法によって，補題 28.5 より，すべてのピボットは正であることが示せる． ∎

最小 2 乗近似

対称正定値行列の重要な応用の 1 つは，与えられたデータ点の集合に適合する曲線を計算したいときに現れる．与えられた m 個のデータ点の集合を

$$
(x_1, y_1), (x_2, y_2), \ldots, (x_m, y_m)
$$

とする．我々は y_i が観測誤差を含むことを知っている．そこで，近似誤差

$$
\eta_i = F(x_i) - y_i \qquad (28.19)
$$

が $i = 1, 2, \ldots, m$ について小さくなるように関数 $F(x)$ を定めたい．関数 F の形は扱っている問題に依存する．ここでは，F が重みつき線形和

$$F(x) = \sum_{j=1}^{n} c_j f_j(x)$$

として記述できると仮定する．ただし，特定の**基本関数** (basic function) f_j と和の個数 n は扱っている問題に依存して決まる．普通は基本関数として $f_j(x) = x^{j-1}$ を選択し，$F(x)$ を次数 $n-1$ の x の多項式

$$F(x) = c_1 + c_2 x + c_3 x^2 + \cdots + c_n x^{n-1}$$

とする．そこで，m 個のデータ点 $(x_1, y_1), (x_2, y_2), \ldots, (x_m, y_m)$ が与えられたとき，近似誤差 $\eta_1, \eta_2, \ldots, \eta_m$ を最小化する n 個の係数 $c_1, c_2, \ldots, c_n$ を求める問題を検討する．

$n = m$ を選択すれば，式 (28.17) の各 y_i を**正確**に (exactly) 計算できる．しかし，このような高次数関数 F はデータだけでなく "ノイズにも適合してしまう" ので，未観測点 x に対する y 値の予測に使うと，惨めな結果に終わることが多い．通常は，n として m よりもはるかに小さい値を取るほうが優れている．そして，ノイズを必要以上に気にせず，データ点が含む重要なパターンを発見する関数 F が，係数 c_j を適切に選ぶことによって獲得できると期待するのである．n を選択するための理論的原理が知られているが，本書の範囲を越えているのでここでは扱わない．いずれにせよ，m より小さい n を選択すると過剰決定方程式系の解を近似する問題に到達する．この問題を解く方法を次に説明する．

行列

$$A = \begin{pmatrix} f_1(x_1) & f_2(x_1) & \ldots & f_n(x_1) \\ f_1(x_2) & f_2(x_2) & \ldots & f_n(x_2) \\ \vdots & \vdots & \ddots & \vdots \\ f_1(x_m) & f_2(x_m) & \ldots & f_n(x_m) \end{pmatrix}$$

は，与えられた点 x_i における基本関数 f_j の値を (i, j) 要素 $a_{ij} = f_j(x_i)$ とする行列である．$c = (c_k)$ を求めようとしている係数の n ベクトルとする．このとき

$$Ac = \begin{pmatrix} f_1(x_1) & f_2(x_1) & \ldots & f_n(x_1) \\ f_1(x_2) & f_2(x_2) & \ldots & f_n(x_2) \\ \vdots & \vdots & \ddots & \vdots \\ f_1(x_m) & f_2(x_m) & \ldots & f_n(x_m) \end{pmatrix} \begin{pmatrix} c_1 \\ c_2 \\ \vdots \\ c_n \end{pmatrix}$$

$$= \begin{pmatrix} F(x_1) \\ F(x_2) \\ \vdots \\ F(x_m) \end{pmatrix}$$

は y の「予想値 (predicted value)」を与える m ベクトルなので，

$$\eta = Ac - y$$

は**近似誤差** (approximation error) の m ベクトルである．

近似誤差を最小にするために誤差ベクトル η のノルムを最小化することを選択すると，[d]

---

[d] ［訳注］近似誤差ベクトルの「最小化」の基準はノルムの最小化に限らない．たとえば，最大要素を最小化することも考えられる．

$$\|\eta\| = \left(\sum_{i=1}^{m} \eta_i^2 \right)^{1/2}$$

なので，**最小 2 乗解** (least-squars solution) が与えられる．

$$\|\eta\|^2 = \|Ac - y\|^2 = \sum_{i=1}^{m} \left(\sum_{j=1}^{n} a_{ij}c_j - y_i \right)^2$$

が成立し，各 c_k で $\|\eta\|^2$ を微分し，その導関数を 0 と置くことで，$\|\eta\|$ の最小値を計算できる：

$$\frac{d\|\eta\|^2}{dc_k} = \sum_{i=1}^{m} 2 \left(\sum_{j=1}^{n} a_{ij}c_j - y_i \right) a_{ik} = 0 \tag{28.20}$$

$k = 1, 2, \ldots, n$ に対して n 個の (28.20) の方程式は，単独の行列方程式

$$(Ac - y)^{\mathrm{T}} A = 0$$

に等しい．あるいは，（付録第 D 章（行列）のページの練習問題 D.1-2（1031 ページ）から）

$$A^{\mathrm{T}}(Ac - y) = 0$$

と等価であり，したがって，

$$A^{\mathrm{T}}Ac = A^{\mathrm{T}}y \tag{28.21}$$

が成立する．統計学では，この方程式 (28.21) を**正規方程式** (normal equation) と呼んでいる．付録第 D 章（行列）の練習問題 D.1-2（1031 ページ）から，$A^{\mathrm{T}}A$ が対称で，A が列非退化なら，付録第 D 章（行列）の定理 D.6（1034 ページ）より $A^{\mathrm{T}}A$ は正定値でもある．したがって，$(A^{\mathrm{T}}A)^{-1}$ が存在し，式 (28.21) に対する解は

$$\begin{aligned} c &= \left((A^{\mathrm{T}}A)^{-1}A^{\mathrm{T}} \right) y \\ &= A^{+}y \end{aligned} \tag{28.22}$$

となる．ここで，$A^{+} = \left((A^{\mathrm{T}}A)^{-1}A^{\mathrm{T}} \right)$ は A の**擬似逆行列** (pseudoinverse matrix) である．擬似逆行列は A が正方 (square) ではない場合も扱えるように逆行列の概念を一般化したものである．（$Ac = y$ の近似解である (28.22) を $Ax = b$ の厳密解である $A^{-1}b$ と比較せよ．）

最小 2 乗近似の例題として，図 28.3 に黒丸で示す 5 つのデータ点

$$\begin{aligned} (x_1, y_1) &= (-1, 2) \\ (x_2, y_2) &= (1, 1) \\ (x_3, y_3) &= (2, 1) \\ (x_4, y_4) &= (3, 0) \\ (x_5, y_5) &= (5, 3) \end{aligned}$$

を 2 次関数

$$F(x) = c_1 + c_2 x + c_3 x^2$$

で近似する問題を考える．基本関数値の行列 A が

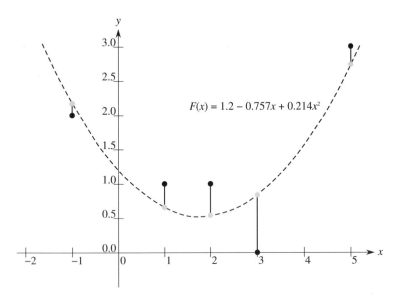

図 28.3 5 個のデータ点からなる集合 $\{(-1,2),(1,1),(2,1),(3,0),(5,3)\}$ の 2 次関数による最小 2 乗近似．黒丸は与えられたデータ点，対応する薄い網かけの丸は関数 $F(x) = 1.2 - 0.757x + 0.214x^2$ が予想する評価値である．点線の関数 F は誤差の 2 乗和を最小化する 2 次関数である．各点における誤差を黒線で示す．

$$A = \begin{pmatrix} 1 & x_1 & x_1^2 \\ 1 & x_2 & x_2^2 \\ 1 & x_3 & x_3^2 \\ 1 & x_4 & x_4^2 \\ 1 & x_5 & x_5^2 \end{pmatrix} = \begin{pmatrix} 1 & -1 & 1 \\ 1 & 1 & 1 \\ 1 & 2 & 4 \\ 1 & 3 & 9 \\ 1 & 5 & 25 \end{pmatrix}$$

なので，その擬似逆行列は

$$A^+ = \begin{pmatrix} 0.500 & 0.300 & 0.200 & 0.100 & -0.100 \\ -0.388 & 0.093 & 0.190 & 0.193 & -0.088 \\ 0.060 & -0.036 & -0.048 & -0.036 & 0.060 \end{pmatrix}$$

である．A^+ に y を掛け，係数ベクトル

$$c = \begin{pmatrix} 1.200 \\ -0.757 \\ 0.214 \end{pmatrix}$$

を得る．対応する 2 次関数

$$F(x) = 1.200 - 0.757x + 0.214x^2$$

は，最小 2 乗誤差の意味で，与えられたデータ点に最も近い 2 次関数である．

実際上は，A^{T} に y を掛け，$A^{\mathrm{T}}A$ の LU 分解を求めて正規方程式 (28.21) を解く．このとき，A が非退化ならば，（付録第 D 章（行列）の練習問題 D.1-2（1031 ページ）と定理 D.6（1034 ページ）より）$A^{\mathrm{T}}A$ は対称かつ正定値なので，$A^{\mathrm{T}}A$ の正則性が保障される．

多項式でない関数で最小 2 乗近似が可能である例を図 28.4 に示し，本節を終える．曲線は二酸化炭素（CO_2）濃度の変動がこの 29 年間に着実に進行しているという気候変動の 1 つの側

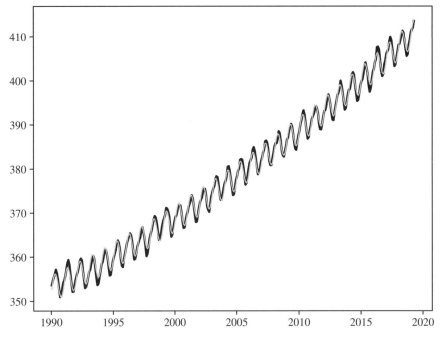

図 28.4 ハワイの Maura Loa にて 1990[1]〜2019 年にわたって観測された二酸化炭素濃度の変動を，次のような形式の関数で最小 2 乗近似をする．すなわち，

$$c_1 + c_2 x + c_3 x^2 + c_4 \sin(2\pi x) + c_5 \cos(2\pi x)$$

である．ここで x は 1990 年からの経過年を意味する．この曲線は非多項式で近似する有名な「キーリング曲線 (Keeling curve)」である．sin と cos 項により，CO_2 濃度の季節変動のモデリングが可能になっている．黒の曲線は観測された CO_2 濃度値を示している．最も良い近似は薄い網かけで示された曲線で，その関数は

$$352.83 + 1.39x + 0.02x^2 + 2.83\sin(2\pi x) - 0.94\cos(2\pi x)$$

となる．

面を正確に確証している．1 次ならびに 2 次関数の項は年ごとの増加をモデル化し，sin と cos 項は季節ごとの変動をモデル化している．

練習問題

28.3-1 対称正定値行列のすべての対角要素は正であることを証明せよ．

28.3-2 $A = \begin{pmatrix} a & b \\ b & c \end{pmatrix}$ を 2×2 対称正定値行列とする．補題 28.5 の証明で用いた「平方完成 (completing the square)」によって A の行列式 $ac - b^2$ が正であることを証明せよ．

28.3-3 対称正定値行列の最大要素は対角線上に現われることを証明せよ．

28.3-4 対称正定値行列の各主座小行列の行列式は正であることを証明せよ．

28.3-5 対称正定値行列 A の k 番目の主座小行列を A_k とする．このとき，$\det(A_k)/$

---
[1] この年に本書 *Introduction to Algorithms* の初版が初めて出版された．

716 | 28 行列演算

$\det(A_{k-1})$ は LU 分解における k 番目のピボットであることを証明せよ. ただし, 便宜上 $\det(A_0) = 1$ と定義する.

28.3-6 データ点

$$(1,1),(2,1),(3,3),(4,8)$$

を最小 2 乗近似する関数を求めよ.

$$F(x) = c_1 + c_2 x \lg x + c_3 e^x$$

28.3-7 擬似逆行列 A^+ が, 次の 4 つの等式を満足することを示せ.

$$AA^+A = A$$
$$A^+AA^+ = A^+$$
$$(AA^+)^{\mathrm{T}} = AA^+$$
$$(A^+A)^{\mathrm{T}} = A^+A$$

章末問題

28-1 線形方程式の 3 重対角系

3 重対角行列

$$A = \begin{pmatrix} 1 & -1 & 0 & 0 & 0 \\ -1 & 2 & -1 & 0 & 0 \\ 0 & -1 & 2 & -1 & 0 \\ 0 & 0 & -1 & 2 & -1 \\ 0 & 0 & 0 & -1 & 2 \end{pmatrix}$$

を考える.

a. A の LU 分解を求めよ.

b. 前進/後退代入を用いて方程式 $Ax = \begin{pmatrix} 1 & 1 & 1 & 1 & 1 \end{pmatrix}^{\mathrm{T}}$ を解け.

c. A の逆行列を求めよ.

d. 任意の $n \times n$ 型対称正定値 3 重対角行列 A, n ベクトル b に対して, LU 分割を用いて方程式 $Ax = b$ を $O(n)$ 時間で解く方法を示せ. A^{-1} の計算に基づくどんな解法も, 最悪計算時間の漸近的評価はこれよりは悪くなることを示せ.

e. 任意の $n \times n$ 型非特異 3 重対角行列 A と n ベクトル b に対して, LUP 分割を用いて方程式 $Ax = b$ を $O(n)$ 時間で解く方法を示せ.

28-2 スプライン関数

与えられた点集合を曲線で補間する実用的な方法として **3 次スプライン関数** (cubic spline) がよく使用される. 与えられた $n + 1$ 個の点座標を $\{(x_i, y_i) : i = 0, 1, \ldots, n\}$ とする. ただし, $x_0 < x_1 < \cdots < x_n$ である. 区分的 3 次関数 (スプライン関数) $f(x)$ でこれらの点を補間した

い．すなわち，曲線 $f(x)$ は n 個の 3 次関数 $f_i(x) = a_i+b_ix+c_ix^2+d_ix^3$ $(i = 0, 1, \ldots, n-1)$ から定義されていて，x が $x_i \le x \le x_{i+1}$ のとき，曲線の値は $f(x) = f_i(x-x_i)$ である．3 次関数が "繋ぎ合わされる (pasted)" 点 x_i を**結節点 (knot)** と呼ぶ．単純化するために，$i = 0, 1, \ldots, n$ に対して $x_i = i$ と仮定する．$f(x)$ の連続性を確保するために，$i = 0, 1, \ldots, n-1$ に対して

$$
\begin{aligned}
f(x_i) &= f_i(0) = y_i \\
f(x_{i+1}) &= f_i(1) = y_{i+1}
\end{aligned}
$$

を要請する．$f(x)$ が十分に滑らかであることを保証するために，各結節点において 1 次導関数が連続であることも要請する．すなわち，$i = 0, 1, \ldots, n-1$ に対して

$$
f'(x_{i+1}) = f_i'(1) = f_{i+1}'(0)
$$

でなければならない．

a. 各 $i = 0, 1, \ldots, n$ に対して，座標 $\{(x_i, y_i)\}$ だけでなく，各結節点における 1 次微分係数 $D_i = f'(x_i)$ も与えられていると仮定する．このとき，各係数 a_i, b_i, c_i, d_i を値 y_i, y_{i+1}, D_i, D_{i+1} を用いて表現せよ（仮定 $x_i = i$ を思い出せ）．与えられた座標と 1 次微分係数からこの $4n$ 個の係数をできるだけ効率よく計算する方法を示し，その実行時間を評価せよ．

各結節点における $f(x)$ の 1 次導関数の選び方が残された問題である．1 つの方法は 2 次導関数も各結節点で連続であると要請することである．すなわち，

$$
f''(x_{i+1}) = f_i''(1) = f_{i+1}''(0)
$$

を要請する．ただし，最初と最後の結節点では $f''(x_0) = f_0''(0) = 0$ と $f''(x_n) = f_n''(1) = 0$ を仮定する．これらの要請を満たす $f(x)$ を**自然 (natural)** 3 次スプライン曲線と言う．

b. 2 次導関数の連続性を使って，$i = 1, 2, \ldots, n-1$ に対して

$$
D_{i-1} + 4D_i + D_{i+1} = 3(y_{i+1} - y_{i-1}) \tag{28.23}
$$

が成立することを示せ．

c. 次の式が成り立つことを示せ．

$$
2D_0 + D_1 = 3(y_1 - y_0) \tag{28.24}
$$
$$
D_{n-1} + 2D_n = 3(y_n - y_{n-1}) \tag{28.25}
$$

d. 式 (28.21)〜(28.23) を未知数のベクトル $D = \langle D_0, D_1, \ldots, D_n \rangle$ を含む行列方程式に書き換えよ．この方程式の行列はどのような性質を持つか？

e. 自然 3 次スプライン曲線は $n+1$ 個の座標の集合を $O(n)$ 時間で補間できることを示せ（章末問題 28.1 参照）．

f. 必ずしも $x_i = i$ とは限らないとき，$x_0 < x_1 < \cdots < x_n$ を満足する $n+1$ 個の座標 (x_i, y_i) の集合を補間する自然な 3 次スプライン曲線を求めるアルゴリズムを示せ．このアルゴリズムで解かなければならない行列方程式を示せ．また，このアルゴリズムの実行時間を評価せよ．

文献ノート

多くの優れた教科書では，本書以上に詳しく数値計算や科学技術計算を解説している：George–Liu [180]，Golub–Van Loan [192]，Press–Teukolsky–Vetterling–Flannery [365, 366]，Strang [422, 423] はとくに読みやすい．

Golub–Van Loan [192] は数値的安定性について論じている．彼らは $\det(A)$ が必ずしも行列 A の安定性を示す良い尺度ではない理由を示し，代わりに $\|A\|_{\infty} \|A^{-1}\|_{\infty}$ を使うことを提案している．ここで，$\|A\|_{\infty} = \max\{\sum_{j=1}^{n} |a_{ij}| : 1 \le i \le n\}$ である．彼らは A^{-1} を実際に計算せずにこの値を求める問題も検討している．

LU および LUP 分解の基礎をなしているガウスの消去法は，連立 1 次方程式を組織的に解く最初の試みであった．これはまた最古の数値計算アルゴリズムの 1 つでもある．この方法は古くから知られていたようであるが，一般的には C. F. Gauss (1777–1855) が発見したとされている．Strassen は有名な論文 [424] で，$n \times n$ 型行列の逆行列が $O(n^{\lg 7})$ 時間で計算できることを示した．Winograd [460] は，行列乗算が逆行列の計算よりも困難ではないことを発見した．その逆を示したのは Aho–Hopcroft–Ullman [5] である．

別の重要な行列分解として**特異値分解** (singular value decomposition)，略して **SVD** がある．SVD は，$m \times n$ 型行列 A を $A = Q_1 \Sigma Q_2^{\mathrm{T}}$ と分解する．ここで，Σ は対角線上にだけ非零要素を持つ $m \times n$ 型行列，Q_1 は互いに直交する列から構成される $m \times m$ 行列，Q_2 は互いに直交する列から構成される $n \times n$ 型行列である．2 つのベクトルの内積が 0 で，しかもこれらのベクトルのノルムが共に 1 のとき，これらのベクトルは**正規直交する** (orthonormal) と言う．Strang [422, 423] と Golub–Van Loan [192] の本には SVD の詳しい説明がある．

対称正定値行列と線形代数を扱った素晴らしい本に Strang [423] がある．

29 線形計画法

LINEAR PROGRAMMING

多くの問題は，限られた資源と競合する制約が与えられたとき，ある目的関数を最大化，あるいは最小化する形に記述できる．目的関数がある変数の線形関数であり，資源に関する制約条件がそれらの変数上の等式や不等式で表されるとき，これらの問題は**線形計画問題** (linear programming problem) として定式化できる．線形計画法[a] は多くの実用的な問題で生ずる．まず，選挙キャンペーンへの応用を調べることから始めよう．

ある政治問題

あなたは，選挙で勝利しようしている政治家である．あなたの選挙区は 3 つの異なる地域——都市，郊外，田舎——に分かれている．これらの地域はそれぞれ 100,000, 200,000, 50,000 人の登録済有権者[b] がいる．登録済有権者のすべてが選挙に行くわけではないが，効果的に勝つために，3 つの地域のそれぞれについて登録済有権者の少なくとも半分があなたに投票するようにしたい．あなたは高潔であり，信じていない政策を支持することは決してない．しかし，ある地域で票を取るには，いくつかの争点がより効果的であることを認識している．あなたの喫緊の課題は，ゾンビによる世界終末の回避，サメへのレーザー装着，空飛ぶクルマ用のハイウエー建設，イルカへの投票権の付与，という争点に対して準備することである．

あなたの選挙キャンペーンスタッフの研究によれば，各争点の広告に 1,000 ドルを使ったときに，各地域での得失票数を見積もることができる．この見積りを図 29.1 の表に示す．この表では，各行に，特定の政策を支持させるための宣伝に 1,000 ドルを使った際に獲得できる有権者数が，都市，郊外，田舎についてそれぞれ千人単位で示されている．負の項目は失う票数である．あなたは，都市から 50,000 票，郊外から 100,000 票，田舎から 25,000 票を獲得するために，使わなければならない資金の最小額を見極める必要がある．

必要な票数を勝ち取れる戦略が試行錯誤で立てられるかもしれないが，その戦略では費用を最小化できないかもしれない．たとえば，広告費として，20,000 ドルをゾンビの世界終末の回避に，0 ドルをサメへのレーザー装着に，4,000 ドルを空飛ぶクルマ用のハイ

---

[a] ［訳注］線形計画問題 (linear programming problem) は，式 (29.6)〜(29.10) で与えられるような最適化問題．線形計画法 (linear programming) は，線形計画問題を解くための方法．線形計画問題の形に問題を定式化し，線形計画法を用いて解くという考え方を線形計画法と呼ぶことも多い．本書では，線形計画 (linear program) を，おおよそ，広い意味での線形計画法と同じ意味で用いている．

[b] ［訳注］registered voter の訳．有権者登録を行った人．米国の各州では，たとえば大統領選の前に，選挙管理当局で登録手続きを行うことを有権者に求めている．

720 | 29 線形計画法

政策	都市	郊外	田舎
ゾンビの世界終末の回避	−2	5	3
サメへのレーザー装着	8	2	−5
空飛ぶクルマ用のハイウエー建設	0	0	10
イルカへの投票権の付与	10	0	−2

図 29.1 政策の票数への影響．各項目は，特定の政策を支持させるための宣伝に 1,000 ドルを使った際に獲得できる有権者数を，都市，郊外，田舎についてそれぞれ千人単位で示している．負の項目は失う票数である．

ウエー建設に，9,000 ドルをイルカへの投票権の付与に使うとする．このとき，都市から $(20 \cdot -2) + (0 \cdot 8) + (4 \cdot 0) + (9 \cdot 10) = 50$ 千票，郊外から $(20 \cdot 5) + (0 \cdot 2) + (4 \cdot 0) + (9 \cdot 0) = 100$ 千票，田舎から $(20 \cdot 3) + (0 \cdot -5) + (4 \cdot 10) + (9 \cdot -2) = 82$ 千票を獲得できるので，都市と郊外からちょうど必要な票数を，田舎から必要以上の票数を獲得できる．（実際，田舎では有権者数を超える票を集めることになる．）そして，これらの票を獲得するための広告に $20 + 0 + 4 + 9 = 33$ 千ドルを費やすことになる．

　この戦略が可能なものの中で最善かどうかを疑うのは自然だろう．すなわち，もっと少ない広告費で目的を達成できないか？さらなる試行錯誤がこの質問に答える手助けとなるかもしれないが，より望ましいアプローチはこの質問を数学的に定式化（または，**モデル化** (model)）することである．

　その最初のステップはどんな決定をしなければならないかを決め，その決定を捉える変数を導入することである．ここでの場合は 4 つの決定があるので，4 つの**決定変数** (decision variable) を導入する：

- x_1 はゾンビの世界終末の回避の宣伝に使う金額（千ドル単位）
- x_2 はサメへのレーザー装着の宣伝に使う金額（千ドル単位）
- x_3 は空飛ぶクルマ用のハイウエー建設の宣伝に使う金額（千ドル単位）
- x_4 はイルカへの投票権の付与の宣伝に使う金額（千ドル単位）

つぎに，その決定変数が取りうる値の限界，または制限である**制約** (constraint) を考える．少なくとも 50,000 票を都市から獲得するために必要な条件を

$$-2x_1 + 8x_2 + 0x_3 + 10x_4 \geq 50 \tag{29.1}$$

と書くことができる．同様に，少なくとも 100,000 票を郊外から，25,000 票を田舎から獲得するために必要な条件を，それぞれ

$$5x_1 + 2x_2 + 0x_3 + 0x_4 \geq 100 \tag{29.2}$$

$$3x_1 - 5x_2 + 10x_3 - 2x_4 \geq 25 \tag{29.3}$$

と書くことができる．不等式 (29.1)〜(29.3) を満たす変数 x_1, x_2, x_3, x_4 の値の組は，各地域の票を十分な数だけ獲得できる戦略を生み出す．

　最後に，最小化，あるいは最大化したい量である**目的** (objective) を考える．コストをできる限り小さく抑えるために広告費を最小化したい，つまり，式

$$x_1 + x_2 + x_3 + x_4 \tag{29.4}$$

を最小化したい．ネガティブ広告がしばしば選挙キャンペーンで現れるが，これらは負のコストを持つ広告ではない．結果的に

$$x_1 \geq 0, \; x_2 \geq 0, \; x_3 \geq 0, \; x_4 \geq 0 \tag{29.5}$$

を要請する．不等式 (29.1)～(29.3)，および (29.5)，ならびに式 (29.4) を最小化する目的を組み合わせると，「線形計画問題」として知られる問題を得る．あなたの選挙活動問題は

$$
\begin{array}{rrrrrrrrrrl}
\text{最小化} & x_1 & + & x_2 & + & x_3 & + & x_4 & & & (29.6) \\
\text{制約条件} & -2x_1 & + & 8x_2 & + & 0x_3 & + & 10x_4 & \geq & 50 & (29.7) \\
& 5x_1 & + & 2x_2 & + & 0x_3 & + & 0x_4 & \geq & 100 & (29.8) \\
& 3x_1 & - & 5x_2 & + & 10x_3 & - & 2x_4 & \geq & 25 & (29.9) \\
& & & x_1, x_2, x_3, x_4 & & & & & \geq & 0 & (29.10)
\end{array}
$$

として表のように定式化できる．そして，最適な選挙活動戦略がこの線形計画問題の解から構成できる．

　この章の残りは，線形計画を定式化する方法についてであり，一般のモデル化への導入である．ここで，モデル化とは問題をアルゴリズムによって解を求めることができる数学的な形に変換する一般的な過程である．第 29.1 節では，線形計画アルゴリズムの詳細には立ち入らないが，線形計画法のアルゴリズム的側面を手短に議論する．本書を通して，グラフの最短路や連結度によって問題のモデル化をする方法を見てきた．問題を線形計画としてモデル化するときは，この政治的な例で用いたように，決定変数を見極め，制約を指定し，目的関数を定式化するというステップを通して行う．線形計画としてモデル化するためには制約と目的関数は線形でなければならない．第 29.2 節では，線形計画を通して別のいくつかのモデル化の例を示す．第 29.3 節では，線形計画法と他の最適化アルゴリズムにおいて重要な概念である双対性を議論する．

29.1　線形計画法の定式化とアルゴリズム

線形計画は，この節で考察するように特有の形式をとる．線形計画を解く多数のアルゴリズムが開発されてきた．多項式時間で走るものもあれば，そうでないものもあるが，それらのアルゴリズムはここで示すには複雑すぎる．ここでは代わりに，現在のところ最も多く採用されている解法であるシンプレックスアルゴリズムの背後にある考え方を示す例をあげる．

一般的な線形計画

一般的な線形計画問題では，線形不等式集合によって表現される制約のもとで線形関数を最適化する．実数 $a_1, a_2, \ldots, a_n$ の集合と変数 $x_1, x_2, \ldots, x_n$ の集合が与えられたとき，これらの変数上の**線形関数** (linear function) f を

$$f(x_1, x_2, \ldots, x_n) = a_1 x_1 + a_2 x_2 + \cdots + a_n x_n = \sum_{j=1}^{n} a_j x_j$$

と定義する．b が実数で f が線形関数ならば，等式

$$f(x_1, x_2, \ldots, x_n) = b$$

は，**線形等式** (linear equality) であり，不等式

$$f(x_1, x_2, \ldots, x_n) \leq b$$

と

$$f(x_1, x_2, \ldots, x_n) \geq b$$

は，**線形不等式** (linear inequality) である．線形等式，あるいは線形不等式のどちらかを表すの
に，**線形制約** (linear constraint) という一般的な用語を用いる．線形計画法では狭義の不等式
（等号のない不等号のみの不等式）を許さない．形式的には，**線形計画問題** (linear programming
problem) は，線形制約の有限集合のもとで，線形関数を最小化，あるいは，最大化する問題であ
る．もし最小化するのであれば，その線形問題を**最小化線形計画** (minimization linear program)
と呼び，もし最大化するのであれば，その線形計画問題を**最大化線形計画** (maximization linear
program) と呼ぶ．

　線形計画のアルゴリズムや性質を議論するのに，その入力に対する標準形を利用するのが便
利である．慣例によって，最大化線形計画は入力として，n 個の実数 $c_1, c_2, \ldots, c_n$，m 個の実
数 $b_1, b_2, \ldots, b_m$，および mn 個の実数 $a_{ij}(i = 1, 2, \ldots, m; j = 1, 2, \ldots, n)$ をとる．

　目的は

$$\text{最大化} \quad \sum_{j=1}^{n} c_j x_j \tag{29.11}$$

$$\text{制約条件} \quad \sum_{j=1}^{n} a_{ij} x_j \quad \leq \quad b_i \qquad i = 1, 2, \ldots, m \text{ に対して} \tag{29.12}$$

$$x_j \quad \geq \quad 0 \qquad j = 1, 2, \ldots, n \text{ に対して} \tag{29.13}$$

を満たす n 個の実数 $x_1, x_2, \ldots, x_n$ を見つけることである．(29.11) の式を**目的関数** (objective
function) と呼び，(29.12) と (29.13) の $n + m$ 個の不等式を**制約** (constraint) と呼ぶ．(29.13)
の n 個の制約は**非負制約** (nonnegativity constraint) である．線形計画をより簡潔な形で表現す
るのが便利なときがある．$m \times n$ 型行列 $A = (a_{ij})$，m ベクトル $b = (b_i)$，n ベクトル $c = (c_j)$
および n ベクトル $x = (x_{ij})$ を作ると，(29.11) 〜 (29.13) で定義された線形計画は

$$\text{最大化} \quad c^{\mathrm{T}} x \tag{29.14}$$

$$\text{制約条件} \quad Ax \quad \leq \quad b \tag{29.15}$$

$$x \quad \geq \quad 0 \tag{29.16}$$

と書き換えることができる．(29.14) の $c^{\mathrm{T}} x$ は 2 つの n ベクトルの内積である．不等式 (29.15)
の Ax は $m \times n$ 型行列と n ベクトルの積から得られる m ベクトルであり，不等式 (29.16) の
$x \geq 0$ はベクトル x の各要素が非負でなければならないことを意味している．この表現法を線
形計画に対する**標準形** (standard form) と呼び，A, b, c はつねに上記で定義した次元を持つと
いう慣習を採用する．

　上記の標準形は，我々がモデル化しようとしている実生活の状況に必ずしも自然には対応し
ていないかもしれない．たとえば，等式の制約や負の値をとる変数があるかもしれない．練

習問題 29.1-6 と 29.1-7 では，任意の線形計画を標準形の線形計画に変換する方法を与えることが求められている．線形計画の解を記述するための用語を導入しよう．変数名，たとえば x の上に棒（バー）をつけること ($\bar{x}$) によって変数への特定の値の設定を表す．$\bar{x}$ がすべての制約を満足するとき，$\bar{x}$ は**実行可能解** (feasible solution) であるが，少なくとも 1 つの制約を満足しないとき，$\bar{x}$ は**実行不可能解** (infeasible solution) である．解 $\bar{x}$ は**目的値** (objective value) $c^{\mathrm{T}}x$ を持つと言う．目的値がすべての実行可能解のなかで最大となる実行可能解 $\bar{x}$ は**最適解** (optimal solution) と言い，そのときの最適値 $c^{\mathrm{T}}x$ を**最適目的値** (optimal objective value) と言う．線形計画が実行可能解を持たないとき，この線形計画は**実行不可能** (infeasible) と言う．すべての制約を満たす点の集合は**実行可能領域** (feasible region) と言う．線形計画が実行可能解を持つが，有限の最適目的値を持たないとき，実行可能領域は**有界ではない** (unbounded) といい，線形計画も有界でないと言う．練習問題 29.1-5 ではたとえ実行可能領域が有界でなくても有限の最適目的値を持つ線形計画が存在することを示す．

　線形計画法の強力さと人気の理由の 1 つは，線形計画は一般的に効率よく解けることにある．線形計画を多項式時間で解く，楕円体アルゴリズムと内点法アルゴリズムとして知られている 2 つのアルゴリズムのクラスがある．さらに，シンプレックスアルゴリズムは広く用いられている．シンプレックスアルゴリズムは，最悪時には多項式時間では動作しないことがあるが，実用的にはうまく動作することが多い．

　線形計画法に対するアルゴリズムの詳細はここでは与えないが，いくつかの重要な考え方を議論する．まず，2 変数の線形計画を解く幾何学的手続きを用いた例を与える．この例は，サイズの大きな問題に対する効率的なアルゴリズムへの一般化はただちにはできないが，線形計画法と一般の最適化に対するある重要な概念を導入する．

2 変数線形計画

最初に 2 変数を持つ次の線形計画を考える：

$$
\begin{array}{llrcrcrr}
\text{最大化} & x_1 & + & x_2 & & & & (29.17) \\
\text{制約条件} & 4x_1 & - & x_2 & \leq & 8 & & (29.18) \\
& 2x_1 & + & x_2 & \leq & 10 & & (29.19) \\
& 5x_1 & - & 2x_2 & \geq & -2 & & (29.20) \\
& & x_1, x_2 & & \geq & 0 & & (29.21)
\end{array}
$$

図 29.2(a) は，(x_1, x_2)-直交座標系における制約をグラフ化している．2 次元空間における実行可能解の集合（図では濃い網かけになっている）は，凸領域である．[1] 概念的には，実行可能領域の各点で目的関数 $x_1 + x_2$ を評価でき，最大の目的値を持つ点を最適解として特定できる．この例では（また，ほとんどの線形計画では）実行可能領域が無限個の点を含むので，この線形計画を解くためには，実行可能領域の各点で目的関数を明示的に評価することなしに，目的値を最大化する点を効率よく発見する方法が必要になる．

　2 次元のときは，グラフ的な手続きで最適化ができる．任意の z に対して，$x_1 + x_2 = z$ を満たす点の集合は傾きが -1 の直線である．もし，$x_1 + x_2 = 0$ を描けば，図 29.2(b) のように

---

[1] 凸領域の直観的な定義は，その領域の任意の 2 点に対して，それらを結ぶ線分上のすべての点もまたその領域に属するという要件を満たすものである．

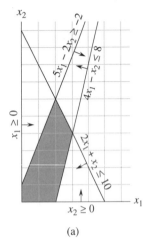
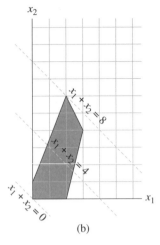

図 29.2 (a) 制約 (29.18)〜(29.21) の下での線形計画．各制約を直線と方向で示す．これらの制約の共通部分が濃い網かけにされている．これは実行可能領域である．(b) 点線は，それぞれ，目的値が $0, 4, 8$ の点を示す．この線形問題の最適解は $x_1 = 2$ かつ $x_2 = 6$ であり，目的値は 8 である．

原点を通る傾き -1 の直線を得る．この直線と実行可能領域との共通部分は，目的値 0 を持つ実行可能解の集合である．直線と実行可能領域の共通部分はこの場合には 1 点 $(0,0)$ である．より一般的に，任意の z に対して，直線 $x_1 + x_2 = z$ と実行可能領域との共通部分は目的値 z を持つ実行可能解の集合である．直線 $x_1 + x_2 = 0$, $x_1 + x_2 = 4$, $x_1 + x_2 = 8$ を図 29.2(b) に示す．図 29.2 の実行可能領域は有界なので，直線 $x_1 + x_2 = z$ と実行可能領域の共通部分が空にはならない z にはある最大値が存在する．$x_1 + x_2$ が最大となる実行可能領域のどの点もこの線形計画に対する最適解であり，この例では，実行可能領域の $x_1 = 2$ かつ $x_2 = 6$ における頂点[c] になり，目的値 8 を持つ．

線形計画の最適解が，実行可能領域の頂点で起きるのは偶然ではない．z が最大値を取るとき，直線 $x_1 + x_2 = z$ と実行可能領域の共通部分は完全に実行可能領域の境界に含まれるので，共通部分は 1 つの頂点か 1 つの線分のどちらかである．共通部分が 1 つの頂点ならば最適解は一意に決まり，この頂点が最適解である．共通部分が 1 つの線分ならば，この線分上の各点は同じ目的値を持たなければならない．とくに，この線分の両端点は最適解である．線分の各端点は頂点なので，この場合にもある頂点が最適解になる．

変数の数が 2 より多い線形計画は簡単にはグラフ化できないが，同じ直観が働く．もし 3 つの変数があれば，各制約は 3 次元空間での半空間に相当する．これらの半空間の共通部分が実行可能領域を構成する．目的関数が与えられた値 z を取る点の集合は，この場合は，（退化していないと仮定すると）平面である．もし，目的関数のすべての係数が非負で，線形計画の実行可能領域が原点を含むならば，この平面を，原点から遠ざかるように，目的関数に直交する方向に動かして，目的値を増加させる点を発見する．（原点が実行可能でないか，目的関数のある係数が負のときには，直観的な図解はもう少し複雑になる．）2 次元の場合と同様，実行可能領域は凸なので，最適な目的値を達成する点の集合は実行可能領域の頂点を含む．同様に，もし n 個の変数があれば，各制約は n 次元空間の半空間を定義する．これらの半空間の共

---

[c] ［訳注］実行可能領域が作る多角形（一般には多面体）の頂点．

通部分で構成される実行可能領域を**シンプレックス** (simplex) と呼ぶ．目的関数は超平面であり，凸性より，最適解は再びこのシンプレックスのある頂点である．線形計画法のアルゴリズムは，有限の最適解を持たない問題と同様に，解を持たない問題も特定しなければならない．

シンプレックスアルゴリズム (simplex algorithm)[d] は，線形計画問題を入力として受けとり，最適解を返す．シンプレックスアルゴリズムは，シンプレックスのある頂点から始めて一連の繰返しを行う．各繰返しでは，現在の頂点からシンプレックスの辺に沿って，隣の頂点で，その目的値が現在の頂点の目的値より小さくはない（通常はより大きい）ものに移る．シンプレックスアルゴリズムは，局所的に最大，つまり，すべての隣の頂点がそれよりも小さい目的値を持つ頂点に到達すると終了する．実行可能領域が凸で目的関数が線形だから，この局所最適解は実際には大局的に最適である．第 29.3 節で，「双対性」と呼ぶ重要な概念を用いて，シンプレックスアルゴリズムが返す解が確かに最適であることを示す．

シンプレックスアルゴリズムは，注意深く実装すれば，しばしば一般的な線形計画を実用的に速く解く．しかし，人為的に注意深く作られた入力に対しては，シンプレックスアルゴリズムは指数時間を必要とする．線形計画法の最初の多項式時間アルゴリズムは，**楕円体アルゴリズム** (ellipsoid algorithm)[e] であるが，これは実用的には遅い．2 つめの多項式時間アルゴリズムの族は**内点法** (interior-point method) として知られている．実行可能領域の外周に沿って動き，各繰返しでシンプレックスの頂点である実行可能解を維持するシンプレックスアルゴリズムとは対照的に，内点法に属するアルゴリズムは実行可能領域の内部を移動する．中間解は実行可能だが，必ずしもシンプレックスの頂点ではない．しかし，最終解は頂点である．内点法は，大きな入力に対して，少なくともシンプレックスアルゴリズムと同程度の速さで走り，ときにはより高速に走る．本章の文献ノートに，これらのアルゴリズムについて多くの情報を示す．

線形計画にすべての変数が整数値をとるという付加的な要請をつけ加えると，**整数線形計画** (integer linear program) になる．第 34.5 節（NP 完全問題）の練習問題 34.5-3（929 ページ）では，整数線形計画問題の実行可能解を求めることは NP-困難になる，ということを問うている．任意の NP-困難問題に対して多項式時間アルゴリズムは知られていないので，整数線形計画法に対して多項式時間アルゴリズムは知られていない．これとは対照的に，一般的な線形計画は多項式時間で解くことができる．

練習問題

29.1-1 次の線形計画を考える：

$$\begin{array}{llll} \text{最小化} & -2x_1 & + & 3x_2 \\ \text{制約条件} & x_1 & + & x_2 & = & 7 \\ & x_1 & - & 2x_2 & \leq & 4 \\ & & & x_1 & \geq & 0 \end{array}$$

---

[d] ［訳注］シンプレックス法のこと．「アルゴリズム (algorithm)」と「法 (method)」は具体性の多寡によって使い分けられていて，"アルゴリズム" は "法" よりも，よりプログラムに近い概念である．

[e] ［訳注］楕円体法のことである．

726 | 29 線形計画法

この問題に対する 3 つの実行可能解を与えよ. 各実行可能解の目的値を示せ.

29.1-2 非正制約を持つ次の線形計画を考える:

$$
\begin{array}{llllllll}
\text{最小化} & 2x_1 & + & 7x_2 & + & x_3 & & \\
\text{制約条件} & x_1 & & & - & x_3 & = & 7 \\
& 3x_1 & + & x_2 & & & \geq & 24 \\
& & & x_2 & & & \geq & 0 \\
& & & & & x_3 & \leq & 0
\end{array}
$$

この問題に対する 3 つの実行可能解を与えよ. 各実行可能解の目的値を示せ.

29.1-3 次の線形計画が実行不可能であることを示せ:

$$
\begin{array}{llllll}
\text{最大化} & 3x_1 & - & 2x_2 & & \\
\text{制約条件} & x_1 & + & x_2 & \leq & 2 \\
& -2x_1 & - & 2x_2 & \leq & -10 \\
& & & x_1, x_2 & \geq & 0
\end{array}
$$

29.1-4 次の線形計画は有界でないことを示せ:

$$
\begin{array}{llllll}
\text{最大化} & x_1 & - & x_2 & & \\
\text{制約条件} & -2x_1 & + & x_2 & \leq & -1 \\
& -x_1 & - & 2x_2 & \leq & -2 \\
& & & x_1, x_2 & \geq & 0
\end{array}
$$

29.1-5 実行可能領域は有界でないが, 最適目的値は有限である線形計画の例を与えよ.

29.1-6 線形計画においては, ある制約を別の制約に変換しなければならないことがある.

a. 等式制約をそれと等価な不等式の集合への変換法を示せ. すなわち, 制約 $\sum_{j=1}^{n} a_{ij} x_j = b_i$ が与えられたとき, 不等式の集合が満たされることと $\sum_{j=1}^{n} a_{ij} x_j = b_i$ が等価である不等式の集合を与えよ.

b. 不等式制約 $\sum_{j=1}^{n} a_{ij} x_j \leq b_i$ を等式制約と非負制約に変換する方法を示せ. 追加の変数 s を導入し, $s \geq 0$ となる制約をつけ加える必要がある.

29.1-7 最小化線形計画を等価な最大化線形計画に変換する方法を説明し, その与えた最大化線形計画がもとの最小化線形計画と等価であることを示せ.

29.1-8 この章の冒頭の政治問題では, 選挙区の実際の有権者数よりも多くの有権者を獲得することに対応する実行可能解が存在する. たとえば, $x_2 = 200$, $x_3 = 200$, $x_1 = x_4 = 0$ がそうである. この解は実行可能解であるが, 実際の郊外有権者は 20 万人しかいないのに, 40 万人の郊外有権者を獲得すると言っているようにみえる. 実際の有権者数よりも多くの有権者を獲得するように見えないようにするには, 線形計画にどのような制約を加えればよいか?これらの制約をつけ加えない場合でも, この線形計画の最適解は選挙区に実際に存在する以上の有権者を獲得することは決してできないことを論証せよ.

29.2 線形計画としての問題の定式化

線形計画法には多くの応用がある．オペレーションズリサーチのどの教科書も線形計画法の例で溢れており，ほとんどのビジネススクールでは，学生に線形計画法を標準的な道具として教えるようになった．選挙キャンペーンのシナリオは1つの典型例である．線形計画法の応用例をあと2つ説明しよう：

- 航空会社は飛行乗務員のスケジュールを作成したい．連邦航空管理局 (The Federal Aviation Administration) は，各乗務員に対して，連続的に乗務できる時間数の上限とか，1ヶ月の間に複数の型の飛行機に乗務できないことなど，多くの制約を課している．航空会社は与えられた飛行計画のすべてをできるだけ少ない数の乗務員で運行するスケジュールを望んでいる．
- 石油会社は石油を採掘する場所を決定したい．特定の場所での採掘に対して，その採掘コストと，地理学的調査の結果として，採掘が期待できる石油埋蔵量（バレル数）が分かっている．会社が新たな採掘にかける予算は限られており，この予算の範囲で採掘が期待できる石油量を最大化したい．

また，本書で扱ったいくつかのグラフや組合せ問題を線形計画によってモデル化し，解くことができる．すでに，第22.4節（差分制約と最短路）では線形計画法の特別の場合を用いて差分制約式系を解いた．本節では，いくつかのグラフ問題やネットワークフロー問題を線形計画としてモデル化する方法を学ぶ．第35.4節（乱択化と線形計画法）では，線形計画法を用いて，別のグラフ問題の近似解を求める．

線形計画法の最も重要な点は，問題を線形計画として定式化できるときを認識できるようにすることである．問題を多項式サイズの線形計画に定式化できれば，直ちに楕円体アルゴリズムや内点法によって多項式時間で解くことができる．いくつかの線形計画法のソフトウェアパッケージは線形計画問題を効率よく解くことができるので，問題を線形計画の形にさえ表現できれば，後はこのようなパッケージが解いてくれる．

線形計画法問題の具体例をいくつか観察しよう．すでに学習した2つの問題，単一始点最短路問題（第22章参照）と最大フロー問題（第24章参照）から始める．つぎに，最小費用フロー問題を記述する．（最小費用フロー問題は，線形計画法に基づかない多項式時間アルゴリズムを持つが，ここでは紹介しない．）最後に，多品種フロー問題を記述する．現在知られている，この問題を解く唯一の多項式時間アルゴリズムは線形計画法に基づいている．

第VI部でグラフ問題を検討したとき，$v.d$ と $(u,v).f$ のような属性を表す記法を用いた．しかし，線形計画では，通常，属性を持つオブジェクトよりもインデックスつき変数を使う．したがって，線形計画で変数を表すときは，インデックスを使って頂点や辺を示すことにする．たとえば，頂点 v の最短路の重みを $v.d$ ではなく，d_v によって示す．同様に，頂点 u から頂点 v へのフローを $(u,v).f$ ではなく，f_{uv} によって示す．辺の重みや容量のような，入力として問題のインスタンスを定める数量に対しては，引き続き $w(u,v)$ や $c(u,v)$ のような記

728 | 29　線形計画法

法を使う.

最短路

単一始点最短路問題は，線形計画として定式化できる．本節では，単一点対最短路問題を定式化する方法に焦点を合わせ，より一般的な単一始点最短路問題への拡張は，練習問題 29.2-2 とする.

　単一点対最短路問題では，入力は重みつき有向グラフ $G = (V, E)$，辺を実数値の重みに写像する重み関数 $w : E \to \mathbb{R}$，始点 s と終点 t である．目的は s から t への最短路の重み d_t を計算することである．この問題を線形計画として表現するには，s から t への最短路が獲得できた状況を定義する変数と制約の集合を決定する必要がある．三角不等式（第 22.5 節（最短路の性質の証明）の補題 22.10 (532 ページ)）によって，各辺 $(u, v) \in E$ に対して $d_v \leq d_u + w(u, v)$ となる．始点は $d_s = 0$ に初期化され，それ以降に更新されることはない．したがって，s から t への最短路の重みを計算する線形計画：

$$\text{最大化} \quad d_t \tag{29.22}$$
$$\text{制約条件} \quad d_v \ \leq \ d_u + w(u, v) \quad \text{各辺 } (u, v) \in E \text{ に対して} \tag{29.23}$$
$$d_s \ = \ 0 \tag{29.24}$$

を得る．最短路を計算するはずなのに，この線形計画が目的関数を最大化することに驚くかもしれない．しかし，目的関数の最小化を求めるならば，すべての辺の重みを非負とするとき，すべての $v \in V$ に対して $\overline{d}_v = 0$（変数名の上のバーはその変数への特定の値の設定を表す）と置くと，最短路問題を解かずとも，$\overline{d}$ がこの線形計画の最適解になるので，目的関数の最小化からは正しい定式化は得られない．目的関数を最大化するのが正しい理由は，最短路問題の最適解は，各 $\overline{d}_v$ に $\min \{\overline{d}_u + w(u, v) : u \in V \text{ かつ } (u, v) \in E\}$ を割り当てる．そのため，$\overline{d}_v$ は集合 $\{\overline{d}_u + w(u, v)\}$ のすべてより小さいか等しい範囲の中で最大の値になっている．したがって，すべての頂点 v に対するこれらの制約のもとで，s から t への最短路上のすべての頂点 v に対する d_v の最大化が妥当である．そして d_t を最大化することでこの目的が達成される.

　この線形計画は $|V|$ 個ある頂点 $v \in V$ のそれぞれに対して 1 個の変数 d_v を持つ．また，この線形計画は $|E| + 1$ 個の制約を持つ．すなわち，各辺について 1 つの制約と，それに加えて始点の最短路重みがつねに 0 であるという制約である.

最大フロー

つぎに，最大フロー問題を線形計画として表現しよう．入力は，各辺 $(u, v) \in E$ が非負の容量 $c(u, v) \geq 0$ を持つ有向グラフ $G = (V, E)$ と，2 つの特別な頂点，入口 s と出口 t であることを思い出そう．第 24.1 節（フローネットワーク）で定義したように，フローは容量制限とフロー保存則を満たす非負の実数値関数 $f : V \times V \to \mathbb{R}$ である．最大フローはこれらの制約を満たし，フロー値を最大化するものである．ここでフロー値は入口を出る総フローから入口に入る総フローを引いた値である．したがって，フローは線形制約を満たし，フロー値は線形関数である．$(u, v) \notin E$ ならば $c(u, v) = 0$ で，逆並行辺がないと仮定されていたことを思い起

こせば，最大フロー問題を線形計画：

$$\text{最大化} \quad \sum_{v \in V} f_{sv} \quad - \quad \sum_{v \in V} f_{vs} \tag{29.25}$$

$$\text{制約条件} \quad f_{uv} \leq c(u,v) \quad \text{各頂点 } u,v \in V \text{ に対して} \tag{29.26}$$

$$\sum_{v \in V} f_{vu} = \sum_{v \in V} f_{uv} \quad \text{各頂点 } u \in V - \{s,t\} \text{ に対して} \tag{29.27}$$

$$f_{uv} \geq 0 \quad \text{各頂点 } u,v \in V \text{ に対して} \tag{29.28}$$

として表現できる．この線形計画は，各頂点対間のフローに相当する $|V|^2$ 個の変数を持ち，$2|V|^2 + |V| - 2$ 個の制約を持つ．

通常はサイズの小さい線形計画のほうが高速に解ける．(29.25)〜(29.28) の線形計画では，記法を簡単にするために，$(u,v) \notin E$ を満たす各頂点対 u,v に対してフローと容量を 0 に設定している．この線形計画を制約数が $O(V+E)$ で済むように書き換えれば効率が改善できる．練習問題 29.2-4 ではその実現方法を問う．

最小費用フロー

本節では，効率の良いアルゴリズムが知られている問題に対して，線形計画法を適用できることを観察してきた．実際，単一始点最短路問題のための Dijkstra のアルゴリズムのように，ある問題に対して特別に設計された効率の良いアルゴリズムは，理論と実際の両面で線形計画法よりも効率的であることが多い．

線形計画法の真の力は新しい問題を解く能力にある．本章の始めで政治家が直面した問題を思い起こそう．資金を浪費することなく十分な数の票を獲得する問題は，本書で学んだどのアルゴリズムでも解くことができないが，線形計画法ならば解くことができる．多くの書籍に，線形計画法が解決してくれそうな実世界の問題がたくさん載っている．また，効率の良いアルゴリズムがまだ知られていないような派生問題を解くときに線形計画法はとくに有効である．

たとえば，次の最大フロー問題の一般化を考える．各辺 (u,v) に対して，容量 $c(u,v)$ に加え，実数値コスト $a(u,v)$ が与えられている．最大フロー問題と同様，$(u,v) \notin E$ ならば $c(u,v) = 0$ であり，逆並行辺は存在しないと仮定する．辺 (u,v) に f_{uv} 単位のフローを流すと，コストが $a(u,v) \cdot f_{uv}$ だけかかる．フローに対する需要 d も与えられている．s から t に d 単位のフローを送らなければならないのだが，このフローにかかる総コスト $\sum_{(u,v) \in E} a(u,v) \cdot f_{uv}$ を最小化したい．この問題は**最小費用フロー問題** (minimum-cost flow problem) として知られている．

図 29.3(a) に最小費用フロー問題のインスタンスを示す．かかる総コストを最小化しつつ，s から t に 4 単位のフローを流すのが目的である．任意の合法なフロー，すなわち，制約 (29.26)〜(29.28) を満たす関数 f に対して全部で $\sum_{(u,v) \in E} a(u,v) \cdot f_{uv}$ だけコストがかかる．このコストを最小化する，フロー値が 4 のフローはどう流せばよいか？図 29.3(b) に最適解を示す．その総コストは $\sum_{(u,v) \in E} a(u,v) \cdot f_{uv} = (2 \cdot 2) + (5 \cdot 2) + (3 \cdot 1) + (7 \cdot 1) + (1 \cdot 3) = 27$ である．

最小費用フロー問題のために特別に設計された多項式時間アルゴリズムは存在するが，それらを紹介することは本書の範囲を越えている．しかし，最小費用フロー問題は線形計画として表現できる．この線形計画は最大フロー問題の線形計画に似ているが，フロー値が正確に d 単

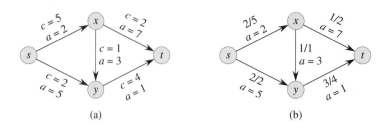

図 29.3　(a) 最小費用フロー問題のインスタンス．容量を c, コストを a で表す．頂点 s が入口，頂点 t が出口である．4 単位のフローを s から t に送りたい．**(b)** 4 単位のフローが s から t に送られる，最小費用フロー問題の解．各辺のフローと容量をフロー/容量と表す．

位であるという制約が追加され，コストを最小化することが新しい目的関数になっている：

$$
\begin{aligned}
\text{最小化} \quad & \sum_{(u,v) \in E} a(u,v) \cdot f_{uv} & & & (29.29) \\
\text{制約条件} \quad & f_{uv} \leq c(u,v) & & \text{各頂点 } u,v \in V \text{ に対して} \\
& \sum_{v \in V} f_{vu} - \sum_{v \in V} f_{uv} = 0 & & \text{各頂点 } u \in V - \{s,t\} \text{ に対して} \\
& \sum_{v \in V} f_{sv} - \sum_{v \in V} f_{vs} = d & & \\
& f_{uv} \geq 0 & & \text{各頂点 } u,v \in V \text{ に対して} & (29.30)
\end{aligned}
$$

多品種フロー問題

最後の例として別のフロー問題を考える．第 24.1 節（フローネットワーク）の Lucky Puck 社は，その製品ラインを多様化させ，ホッケーのパックだけでなく，スティックとヘルメットも出荷することにした．各製品はそれぞれ別の工場で生産し，それぞれ別の倉庫に保管し，工場から倉庫に毎日出荷する．スティックはバンクーバーで生産し，サスカトゥーンに出荷する．また，ヘルメットはエドモントンで生産し，レジャイナに出荷する．しかし，出荷のためのネットワークの容量は変化なく，すべての製品，あるいは，**品物** (commodity) は，同じ出荷ネットワークを介して出荷する必要がある．

　この例は，**多品種フロー問題** (multicommodity-flow problem) のインスタンスである．この問題の入力として，各辺 $(u,v) \in E$ が非負の容量 $c(u,v) \geq 0$ を持つ有向グラフ $G = (V, E)$ が与えられる．明示しないが，最大フロー問題と同様，任意の頂点対 $(u,v) \notin E$ に対して $c(u,v) = 0$ であり，G は逆並行辺を持たないと仮定する．さらに，k 種類の異なる品物 $K_1, K_2, \ldots, K_k$ が与えられる．品物 i は 3 項組 $K_i = (s_i, t_i, d_i)$ で指定され，頂点 s_i は品物 i の入口，頂点 t_i は品物 i の出口，d_i は品物 i の需要，すなわち，s_i から t_i へ送る必要がある品物 i の量である．品物 i のフローを f_i によって表し（したがって，f_{iuv} は品物 i の頂点 u から頂点 v へのフローである），フロー保存則と容量制約を満たす実数値関数と定義する．**統合フロー** (aggregate flow) f_{uv} を，いろいろな品物のフローの合計と定義する．すなわち $f_{uv} = \sum_{i=1}^{k} f_{iuv}$ である．辺 (u,v) の統合フローは辺 (u,v) の容量を超えてはいけない．この問題には目的関数がない：問題はそのようなフローが存在するかどうかを決定することであ

る. したがって, この問題の線形プログラムの目的関数は "ヌル" である:

最小化 　　　　　　　　　　　　　 0

制約条件

$$\sum_{i=1}^{k} f_{iuv} \leq c(u,v) \quad \text{各頂点 } u,v \in V \text{ に対して}$$

$$\sum_{v \in V} f_{iuv} - \sum_{v \in V} f_{ivu} = 0 \quad \begin{array}{l} \text{各 } i = 1, 2, \ldots, k \text{ と} \\ \text{各頂点 } u \in V - \{s_i, t_i\} \text{ に対して} \end{array}$$

$$\sum_{v \in V} f_{i,s_i,v} - \sum_{v \in V} f_{i,v,s_i} = d_i \quad \text{各 } i = 1, 2, \ldots, k \text{ に対して}$$

$$f_{iuv} \geq 0 \quad \begin{array}{l} \text{各頂点 } u,v \in V \text{ と} \\ \text{各 } i = 1, 2, \ldots, k \text{ に対して} \end{array}$$

この多品種フロー問題に対して知られている唯一の多項式時間アルゴリズムは, これを線形計画として表現し, 多項式時間で走る線形計画法で解く.

練習問題

29.2-1 第 22 章 (単一始点最短路) の図 22.2(a) (513 ページ) の頂点 s から頂点 y への最短路を発見するための線形計画を明示的に記述せよ.

29.2-2 グラフ G が与えられたとき, 単一始点最短路問題に対する線形計画を書け. その解は, 各頂点 $v \in V$ に対して, d_v が始点 s から v への最短路の重みになるようにしなければならない.

29.2-3 図 24.1(a) で最大フローを見つけることに対応する線形計画を明示的に記述せよ.

29.2-4 最大フローに対する線形計画 (29.25)〜(29.28) を制約数が $O(V + E)$ の線形計画に書き換えよ.

29.2-5 2 部グラフ $G = (V, E)$ を与えられたとき, 最大 2 部マッチング問題を解く線形計画を書け.

29.2-6 特定の問題を線形計画として定式化する方法は 1 つではない. この練習問題では, 最大フロー問題に対する別の定式化をする. $P = \{P_1, P_2, \ldots, P_p\}$ を入口 s から出口 t までのすべての可能な有向単純路の集合とする. 決定変数 x_i を経路 i を流れるフローとしたとき, $x_1, \ldots, x_p$ を利用して, 最大フロー問題に対する線形計画を定式化せよ. s から t への有向単純路の個数 p の上界はどうなるか?

29.2-7 **最小費用多品種フロー問題** (minimum-cost multicommodity-flow problem) では, 入力として各辺 $(u,v) \in E$ に非負の容量 $c(u,v) \geq 0$ とコスト $a(u,v)$ を持つ有向グラフ $G = (V, E)$ が与えられる. 多品種フロー問題と同様, k 個の異なる品物 $K_1, K_2, \ldots, K_k$ が与えられ, 各品物 i は 3 項組 $K_i = (s_i, t_i, d_i)$ によって指定される. 多品種フロー問題と同様, 品物 i に対するフロー f_i と辺 (u,v) 上の統合フロー f_{uv} を定義する. 各辺 (u,v) 上の統合フローが辺 (u,v) の容量を超えないフローを実行可能フローと言う. フローのコストは, $\sum_{u,v \in V} a(u,v) \cdot f_{uv}$ であり, 目的はコスト最小の実行可能フローを見つけることである. この問題を線形計画として表現せよ.

732 | 29 線形計画法

29.3 双対性

線形計画法の双対性 (linear-programming duality) という強力な概念を導入する. 一般に, 与えられた最大化問題は, 双対性によって同じ目的値を持つ関連する最小化問題を定式化できる. 実際には双対性の考え方は, 線形計画法より広範であるが, 本節では双対性を線形計画に制限する.

双対性は, ある解が本当に最適であると示すことを可能にしてくれる. 第 24 章 (最大フロー) の最大フロー最小カット定理 (定理 24.6) で双対性の例を説明した. 与えられた最大フロー問題のインスタンスに対して, 値 $|f|$ を持つフロー f を発見したとする. どうすれば f が最大フローだと確認できるだろうか? 値が $|f|$ のカットを発見できれば, 最大フロー最小カット定理から, f が本当に最大フローであること確認できたことになる. この関係が双対性の例を与えている:すなわち, 与えられた最大化問題に対して, 我々は同じ最適目的値を持つ関連する最小化問題を定義する.

最大化を目的とする標準形の線形計画が与えられたとき, 最小化を目的とし, 与えられた線形計画と同じ最適値を持つ**双対** (dual) 線形計画を定式化しよう. 双対線形計画を参照するとき, 元の線形計画を**主** (primal) 問題と呼ぶ.

次の主問題が与えられているとき,

$$\text{最大化} \quad \sum_{j=1}^{n} c_j x_j \tag{29.31}$$

$$\text{制約条件} \quad \sum_{j=1}^{n} a_{ij} x_j \leq b_i \qquad i = 1, 2, \ldots, m \text{ に対して} \tag{29.32}$$

$$x_j \geq 0 \qquad j = 1, 2, \ldots, n \text{ に対して} \tag{29.33}$$

双対問題を

$$\text{最小化} \quad \sum_{i=1}^{m} b_i y_i \tag{29.34}$$

$$\text{制約条件} \quad \sum_{i=1}^{m} a_{ij} y_i \geq c_j \qquad j = 1, 2, \ldots, n \text{ に対して} \tag{29.35}$$

$$y_i \geq 0 \qquad i = 1, 2, \ldots, m \text{ に対して} \tag{29.36}$$

と定義する.

機械的に双対問題を作るには, 最大化を最小化に変更し, 右辺の係数と目的関数の係数の役割を交換し, 各等号つき不等号 $\leq$ を $\geq$ に置き換える. 主問題の m 個の各制約に対して, 双対問題は対応する変数 y_i を持ち, 双対問題の n 個の各制約に対して, 主問題は対応する変数 x_j を持つ. たとえば, 次のように与えられる主線形計画:

$$\text{最大化} \quad 3x_1 + x_2 + 4x_3 \tag{29.37}$$

$$\text{制約条件} \quad x_1 + x_2 + 3x_3 \leq 30 \tag{29.38}$$

$$2x_1 + 2x_2 + 5x_3 \leq 24 \tag{29.39}$$

$$4x_1 + x_2 + 2x_3 \leq 36 \tag{29.40}$$

$$x_1, x_2, x_3 \quad \geq \quad 0 \tag{29.41}$$

の双対は

$$\begin{array}{lrrrrrl}
\text{最小化} & 30y_1 & + & 24y_2 & + & 36y_3 & & & (29.42) \\
\text{制約条件} & y_1 & + & 2y_2 & + & 4y_3 & \geq & 3 & (29.43) \\
& y_1 & + & 2y_2 & + & y_3 & \geq & 1 & (29.44) \\
& 3y_1 & + & 5y_2 & + & 2y_3 & \geq & 2 & (29.45) \\
& & & & & y_1, y_2, y_3 & \geq & 0 & (29.46)
\end{array}$$

である.

双対を作るのは機械的な操作と考えることができるが，それには直観的な説明がある．主最大化問題 (29.37) ～ (29.41) を考えよう．各制約は目的関数の上界を与えている．さらに，いくつかの制約を取り，それらに非負の数を掛けたものを加えることで，ある正当な制約を得る．たとえば，$3x_1 + 3x_2 + 8x_3 \leq 54$ という制約を得るためには，(29.38) と (29.39) の制約を足し合わせればよい．主問題のどの実行可能解もこの新しい制約を満たさなければならないが，それに関して別の面白いことがある．この新しい制約と目的関数 (29.37) を比較すると，各変数に対して，対応する係数は目的関数の係数以上であることが分かる．したがって，3 つの変数 x_1，x_2，x_3 は非負なので，

$$3x_1 + x_2 + 4x_3 \leq 3x_1 + 3x_2 + 8x_3 \leq 54$$

が得られ，主問題に対する解の値は 54 以下である．言い換えれば，2 つの制約を足し合わせることによって，目的値の上界を得ることができるのである．

一般的に，任意の非負乗数 y_1，y_2，y_3 に対して，主問題の制約から，

$$y_1(x_1 + x_2 + 3x_3) + y_2(2x_1 + 2x_2 + 5x_3) + y_3(4x_1 + x_2 + 2x_3) \leq 30y_1 + 24y_2 + 36y_3$$

という制約が得られる．あるいは，分配してまとめ直して，

$$(y_1 + 2y_2 + 4y_3)x_1 + (y_1 + 2y_2 + y_3)x_2 + (3y_1 + 5y_2 + 2y_3)x_3 \leq 30y_1 + 24y_2 + 36y_3$$

が得られる．ここで，この制約において，x_1，x_2，x_3 の係数がそれらの目的関数における係数以上である限り，[f] その制約は 1 つの正当な上界である．すなわち，

$$\begin{array}{rrrrrrl}
y_1 & + & 2y_2 & + & 4y_3 & \geq & 3 \\
y_1 & + & 2y_2 & + & y_3 & \geq & 1 \\
3y_1 & + & 5y_2 & + & 2y_3 & \geq & 4
\end{array}$$

である限り，$30y_1 + 24y_2 + 36y_3$ の正しい上界を得る．この乗数 y_1，y_2，y_3 は非負でなければならない．そうでなければ，これらの不等式を結合できないからである．もちろん，上界はできるだけ小さくしたいので，$30y_1 + 24y_2 + 36y_3$ を最小化するように y を選択したい．双対線形計画問題は主問題の最小の上界を見つける問題として記述したことに注意しよう．

このアイデアを定式化し，線形計画とその双対問題がいずれも実行可能で有界ならば，双対問題の最適値は主問題の最適値につねに等しくなることを定理 29.4 で示す．最初に**弱双対性**

---

[f] ［訳注］式 (29.37) で示されている目的関数の係数である．すると，$3x_1 + x_2 + 4x_3 \leq 30y_1 + 24y_2 + 36y_3$ となり，式 (29.37) の目的関数の上界が得られる．

734 | 29 線形計画法

(weak duality) を示す. すなわち, 主問題の任意の実行可能解は双対問題の任意の実行可能解より大きくないことを証明する.

補題 29.1 (線形計画法の弱双対性) $\bar{x}$ を (29.31)～(29.33) で与えられる主問題の任意の実行可能解, $\bar{y}$ を (29.34)～(29.36) で与えられる双対問題の任意の実行可能解とする. このとき,

$$\sum_{j=1}^{n} c_j \bar{x}_j \leq \sum_{i=1}^{m} b_i \bar{y}_i$$

である.

証明

$$\begin{aligned}
\sum_{j=1}^{n} c_j \bar{x}_j &\leq \sum_{j=1}^{n} \left(\sum_{i=1}^{m} a_{ij} \bar{y}_i \right) \bar{x}_j \qquad (\text{不等式 (29.35) より}) \\
&= \sum_{i=1}^{m} \left(\sum_{j=1}^{n} a_{ij} \bar{x}_j \right) \bar{y}_i \\
&\leq \sum_{i=1}^{m} b_i \bar{y}_i \qquad\qquad (\text{不等式 (29.32) より})
\end{aligned}$$

である. ∎

系 29.2 $\bar{x}$ を (29.31)～(29.33) で与えられる主問題の任意の実行可能解, $\bar{y}$ を (29.34)～(29.36) で与えられる双対問題の任意の実行可能解とする.

$$\sum_{j=1}^{n} c_j \bar{x}_j = \sum_{i=1}^{m} b_i \bar{y}_i$$

ならば, $\bar{x}$ と $\bar{y}$ はそれぞれ主問題および双対問題の最適解である.

証明 補題 29.1 より, 主問題の実行可能解の目的値は双対問題の実行可能解の目的値を越えられない. 主問題は最大化問題であり, 双対問題は最小化問題である. したがって, 実行可能解 $\bar{x}$ と $\bar{y}$ が同じ目的値を持つならば, それらはどちらも改良できない. ∎

いま, 主問題と双対問題は最適値が確かに等しいことを示した. 線形計画法の双対性を証明するために, Farkas の補題として知られている, 線形代数における 1 つの補題が必要になる. その補題の証明は章末問題 29-4 で問われている. Farkas の補題は色々な形式で示され, そのどれもが線形方程式の集合が解を持つときについて述べられている. この補題のあとでの利用に合わせて, 補題の中で次元を $m+1$ として用いている.

補題 29.3 (Farkas の補題) $M \in \mathbb{R}^{(m+1) \times n}$ と $g \in \mathbb{R}^{m+1}$ が与えられたとき, 次の命題のうち, どちらか一方だけが成立する:

1. $Mv \leq g$ を満たす $v \in \mathbb{R}^n$ が存在する,
2. $w \geq 0$, $w^{\mathrm{T}} M = 0$ (0 は要素がすべて 0 の n ベクトル), $w^{\mathrm{T}} g < 0$ を満たす $w \in \mathbb{R}^{m+1}$ が存在する.

定理 29.4（線形計画法の双対性） (29.31)〜(29.33) で与えられる主問題 (29.34)〜(29.36) で与えられる対応する双対問題が与えられたとき，いずれも実行可能で有界ならば，主問題と双対問題の最適解 x^* と y^* に対して，$c^{\mathrm{T}}x^* = b^{\mathrm{T}}y^*$ が成り立つ.

証明 $\mu = b^{\mathrm{T}}y^*$ を (29.34)〜(29.36) で与えられる双対計画問題の最適値とする. (29.31)〜(29.33) に目的値が少なくとも μ である制約を主問題につけ加えた制約の拡大集合を考える. この**拡大主問題** (augmented primal) を

$$Ax \le b \tag{29.47}$$
$$c^{\mathrm{T}}x \ge \mu \tag{29.48}$$

と記述する. (29.48) の両辺に -1 を掛けて，(29.47) 〜 (29.48) を

$$\begin{pmatrix} A \\ -c^{\mathrm{T}} \end{pmatrix} x \le \begin{pmatrix} b \\ -\mu \end{pmatrix} \tag{29.49}$$

と書き直す. ここで，$\begin{pmatrix} A \\ -c^{\mathrm{T}} \end{pmatrix}$ は，$(m+1) \times n$ 型行列を表し，x は n ベクトルであり，$\begin{pmatrix} b \\ -\mu \end{pmatrix}$ は $(m+1)$ ベクトルを表す.

この拡大主問題に実行可能解 $\bar{x}$ が存在すれば，この定理は証明されることを主張する. この主張を証明するために，まず $\bar{x}$ は元の主問題の実行可能解でもあり，その目的値は μ 以上であることに注意しよう. そこで，補題 29.1 を適用すると，主問題の目的値は高々 μ なので，定理が証明される.

したがって，拡大主問題が実行可能解を持つことの証明が残された. 矛盾を導くために，拡大主問題は実行可能でない，すなわち，$\begin{pmatrix} A \\ -c^{\mathrm{T}} \end{pmatrix} v \le \begin{pmatrix} b \\ -\mu \end{pmatrix}$ を満たす $v \in \mathbb{R}^n$ は存在しないとしよう. 不等式 (29.49) において，

$$M = \begin{pmatrix} A \\ -c^{\mathrm{T}} \end{pmatrix} \quad \text{かつ} \quad g = \begin{pmatrix} b \\ -\mu \end{pmatrix}$$

として，Farkas の補題（補題 29.3）を適用する. 拡大主問題は実行不可能なので，Farkas の補題の条件 1 は成り立たない. したがって，条件 2 が成り立たなければならず，$w \ge 0$, $w^{\mathrm{T}}M = 0$, $w^{\mathrm{T}}g < 0$ となる $w \in \mathbb{R}^{m+1}$ が存在しなければならない. w をある $\bar{y} \in \mathbb{R}^m$ と $\lambda \in \mathbb{R}$ に対して，$w = \begin{pmatrix} \bar{y} \\ \lambda \end{pmatrix}$ と表す. ただし，$\bar{y} \ge 0$ かつ $\lambda \ge 0$ である. 条件 2 の w, M, g を置き換えると，

$$\begin{pmatrix} \bar{y} \\ \lambda \end{pmatrix}^{\mathrm{T}} \begin{pmatrix} A \\ -c^{\mathrm{T}} \end{pmatrix} = 0 \quad \text{かつ} \quad \begin{pmatrix} \bar{y} \\ \lambda \end{pmatrix}^{\mathrm{T}} \begin{pmatrix} b \\ -\mu \end{pmatrix} < 0$$

となる. 行列表現から式を取り出すと，

$$\bar{y}^{\mathrm{T}}A - \lambda c^{\mathrm{T}} = 0 \quad \text{かつ} \quad \bar{y}^{\mathrm{T}}b - \lambda\mu < 0 \tag{29.50}$$

が得られる. (29.50) の条件が，μ が双対問題の最適解の値であることに矛盾することを示す. 2 つのケースを考える.

最初は $\lambda = 0$ のケースである．このとき，(29.50) は

$$\bar{y}^{\mathrm{T}} A = 0 \ \text{かつ} \ \bar{y}^{\mathrm{T}} b < 0 \tag{29.51}$$

と簡単化できる．ここで，目的値が $b^{\mathrm{T}} y^*$ より小さくなる双対問題の実行可能解 y' を構成する．任意の $\epsilon > 0$ に対して，$y' = y^* + \epsilon \bar{y}$ とおく．

$$
\begin{aligned}
y'^{\mathrm{T}} A &= (y^* + \epsilon \bar{y})^{\mathrm{T}} A \\
&= y^{*\mathrm{T}} A + \epsilon \bar{y}^{\mathrm{T}} A \\
&= y^{*\mathrm{T}} A \qquad \text{((29.51) による)} \\
&\geq c^{\mathrm{T}} \qquad\quad (y^* \text{ は実行可能解であるので})
\end{aligned}
$$

が成り立つので，y' は実行可能解である．このとき，目的値は

$$
\begin{aligned}
b^{\mathrm{T}} y' &= b^{\mathrm{T}} (y^* + \epsilon \bar{y}) \\
&= b^{\mathrm{T}} y^* + \epsilon b^{\mathrm{T}} \bar{y} \\
&< b^{\mathrm{T}} y^*
\end{aligned}
$$

となる．ここで，最後の不等式は，$\epsilon > 0$ であり，(29.51) によって，$\bar{y}^{\mathrm{T}} b = b^{\mathrm{T}} \bar{y} < 0$（$\bar{y}^{\mathrm{T}} b$ も $b^{\mathrm{T}} \bar{y}$ も b と $\bar{y}$ の内積である）であり，それらの内積は負になる．したがって，μ より小さい値を持つ実行可能な双対解が得られ，μ が最適な目的値であることに矛盾する．

2つ目は $\lambda > 0$ のケースを考えよう．(29.50) を両辺 λ で割ると，

$$(\bar{y}^{\mathrm{T}}/\lambda) A - (\lambda/\lambda) c^{\mathrm{T}} = 0 \ \text{かつ} \ (\bar{y}^{\mathrm{T}}/\lambda) b - (\lambda/\lambda) \mu < 0 \tag{29.52}$$

が得られる．$y' = \bar{y}/\lambda$ とすると，

$$y'^{\mathrm{T}} A = c^{\mathrm{T}} \ \text{かつ} \ y'^{\mathrm{T}} b < \mu$$

となる．よって，y' は目的値が μ より厳密に小さい値を持つ実行可能な双対問題の解である．これも矛盾である．したがって，拡大主問題が実行可能解を持つことが結論づけられ，定理が証明された． ∎

線形計画法の基本定理

定理 29.4 を線形計画が実行不可能あるいは有界でない場合に拡張した線形計画法の基本定理を述べることによって，本章を終える．練習問題 29.3-8 ではその証明を与えることを求めている．

定理 29.5（線形計画法の基本定理） 標準形で与えられた任意の線形計画は

1. 有限の目的値を取る最適解を持つ，
2. 実行可能ではない，あるいは，
3. 有界ではない，

のいずれかである．

練習問題

29.3-1 721 ページの (29.6) ～ (29.10) で与えた線形計画の双対問題を定式化せよ.

29.3-2 標準形ではない線形計画がある. これをまず標準形に変換し, つぎに, その双対を取れば, 双対問題を得ることができる. しかし, 双対問題を直接生成できればもっと便利だろう. 任意の線形計画の双対問題を直接得る方法を説明せよ.

29.3-3 729 ページの式 (29.25)～(29.28) によって与えられる最大フロー問題の双対問題を書き下せ. この定式化を最小カット問題として解釈する方法を説明せよ.

29.3-4 730 ページの式 (29.29)～(29.30) によって与えられる最小費用フローの線形計画の双対問題を書き下せ. この定式化をグラフとフローの言葉で解釈する方法を説明せよ.

29.3-5 線形計画の双対の双対は元の主問題であることを示せ.

29.3-6 最大フロー問題に対する弱双対性として解釈できる第 24 章（最大フロー）の結果を示せ.

29.3-7 1 変数の線形計画の主問題

$$
\begin{array}{lrcl}
\text{最大化} & tx & & \\
\text{制約条件} & rx & \leq & s \\
& x & \geq & 0
\end{array}
$$

を考え, ここで, r, s, t は任意の実数である. 以下の言明のそれぞれが成立する変数 r, s, t の値を示せ.

1. 主問題と双対問題の両方が有限の目的値を取る最適解を持つ.
2. 主問題は実行可能だが, 双対問題は実行可能ではない.
3. 双対問題は実行可能だが, 主問題は実行可能ではない.
4. 主問題と双対問題のどちらも実行可能ではない.

29.3-8 線形計画法の基本定理である定理 29.5 を証明せよ.

章末問題

29-1 線形不等式実行可能性

n 個の変数 $x_1, x_2, \ldots, x_n$ 上の m 個の線形不等式が与えられたとき, **線形不等式実行可能性問題** (linear-inequality feasibility problem) は, 各不等式を同時に満たす変数への割当てがあるか否かを判定する問題である.

a. 線形計画法を解くアルゴリズムが与えられたとき, 線形不等式実行可能性問題を解くためにアルゴリズムをどのように利用するかを示せ. 線形計画問題で用いる変数と制約の数は, n と m の多項式でなければならない.

b. 線形不等式実行可能性問題を解くアルゴリズムが与えられたとき, 線形計画問題を解くた

738 | 29 線形計画法

めにアルゴリズムをどのように利用できるかを示せ．線形不等式実行可能性問題で用いる
変数と線形不等式の数は，それぞれ線形計画の変数の数 n と制約の数 m の多項式でなけれ
ばならない．

29-2 相補スラック性

相補スラック性 (complementary slackness) は，主変数の値と双対制約の間の関係と，双対変数
の値と主制約の間の関係を表すものである．$\bar{x}$ を式 (29.31)〜(29.33) で与えられる主線形計画
の実行可能解，$\bar{y}$ を式 (29.34)〜(29.36) で与えられる双対線形計画の実行可能解とする．相補
スラック性は，$\bar{x}$ と $\bar{y}$ が最適であるための必要十分条件が，

$$\sum_{i=1}^{m} a_{ij}\bar{y}_i = c_j \ \text{または} \ \bar{x}_j = 0 \qquad j = 1, 2, \ldots, n \ \text{に対して}$$

かつ，

$$\sum_{j=1}^{n} a_{ij}\bar{x}_j = b_i \ \text{または} \ \bar{y}_i = 0 \qquad i = 1, 2, \ldots, m \ \text{に対して}$$

であることを述べている．

a. 式 (29.37)〜(29.41) の線形計画に対して相補スラック性が成立することを検証せよ．

b. 任意の主問題とその双対問題に対して相補スラック性が成立することを証明せよ．

c. 式 (29.31)〜(29.33) で与えられる主問題の実行可能解 $\bar{x}$ が最適であるための必要十分条
件は，以下の 3 つの条件をすべて満たすベクトル $\bar{y} = (\bar{y}_1, \bar{y}_2, \ldots, \bar{y}_m)$ が存在することで
ある．
1. $\bar{y}$ は式 (29.34)〜(29.36) で与えられる双対問題の実行可能解である
2. $\bar{x}_j > 0$ を満たすすべての j に対して，$\sum_{i=1}^{m} a_{ij}\bar{y}_i = c_j$ である
3. $\sum_{j=1}^{n} a_{ij}\bar{x}_j < b_i$ を満たすすべての i に対して，$\bar{y}_i = 0$ である

この事実を証明せよ．

29-3 整数線形計画法

整数線形計画問題 (integer linear programming problem) は，変数 x は整数値しか取らないと
いう制約を追加した線形計画問題である．第 34.5 節（NP 完全問題）の練習問題 34.5-3（929
ページ）では，整数線形計画法の実行可能性判定がすでに NP 困難であることを証明している．
したがって，この問題を解く多項式時間アルゴリズムは知られていない．

a. 整数線形計画に対して弱双対性（補題 29.1）が成り立つことを示せ．

b. 整数線形計画に対して双対性（定理 29.4）が必ずしも成り立つとは限らないことを示せ．

c. 標準形の主問題が与えられたとき，P を主問題の最適目的値，D をその双対問題の最適目
的値，IP を主問題の整数版（すなわち，変数 x は整数値しか取らないという制約を追加し
た主問題）の最適目的値，ID を双対問題の整数版の最適目的値とする．主問題と双対問題
が共に実行可能で有界であるとき

$$IP \leq P = D \leq ID$$

を示せ.

29-4　Farkas の補題

Farkas の補題（補題 29.3）を証明せよ.

29-5　最小費用巡回フロー

本問題では，第 29.2 節で検討した最小費用フローの類題を考える．本問題では需要，入口，出口は与えないが，その代わりに，以前と同様，フローネットワークと辺の容量 $c(u,v)$ と辺のコスト $a(u,v)$ を与える．フローは，各辺での容量制約と（入口と出口を含む）**すべて**の頂点でのフロー保存則が共に満たされるとき，実行可能である．我々の目的は，すべての実行可能フローの中で，コスト最小のものを発見することである．この問題を**最小費用巡回フロー問題** (minimum-cost-circulation problem) と呼ぶ.

a. 最小費用巡回フロー問題を線形計画として定式化せよ.

b. すべての辺 $(u,v) \in E$ に対して，$a(u,v) > 0$ を仮定する．最小費用巡回フロー問題の最適解を特徴づけよ.

c. 最大フロー問題を最小費用巡回フロー問題の線形計画として定式化せよ．すなわち，入口 s，出口 t，辺の容量 c を持つ最大フロー問題のインスタンス $G = (V,E)$ が与えられたとき，最小費用巡回フロー問題のインスタンスとして，辺容量 c' と辺コスト a' を持つ（多分異なる）ネットワーク $G' = (V',E')$ を構成し，この最小費用巡回フロー問題の解から最大フロー問題の解を導くことができるようにせよ.

d. 単一始点最短路問題を最小費用巡回フロー問題の線形計画として定式化せよ.

文献ノート

本章では，広範な線形計画法の分野のほんのさわりの部分を勉強した．Chvátal [94]，Gass [178]，Karloff [246]，Schrijver [398]，Vanderbei [444] を含め，多くの本が線形計画法を専門に扱っている．Papadimitriou–Steiglitz [353]，Ahuja–Magnanti–Orlin [7] を含む多くの本が線形計画法をうまく扱っている．本章が扱っている範囲は，Chvátal のアプローチによっている.

線形計画法のためのシンプレックスアルゴリズムは，1947 年に G. Dantzig によって発明された．研究者たちは，すぐにさまざまな分野の数多くの問題を線形計画として定式化し，それらをシンプレックスアルゴリズムで解く方法を発見した．結果として，線形計画法の数多くの応用といくつかのアルゴリズムが発見されてきた．シンプレックスアルゴリズムの変型版は，今でも線形計画法問題を解く最も人気のある手法である．その歴史は，[94] と [246] の注釈を含めて，多くの文献に記述されている.

楕円体法は，1979 年に L. G. Khachian によって発明された，線形計画法に対する最初の多項式時間アルゴリズムであり，N. Z. Shor，D. B. Judin，A. S. Nemirovskii の初期の仕事に基

づいている．Grötschel–Lovász–Schrijver [201] はさまざまな組合せ最適化問題を楕円体法を用いて解く方法を記述している．現在までのところ，楕円体アルゴリズム（楕円体法）は，実用的にはシンプレックスアルゴリズムに敵わないようである．

Karmarkar の論文 [247] は，最初の内点法アルゴリズムを記述している．引き続いて多くの研究者が内点法のアルゴリズムを設計した．良い概説が，Goldfarb–Todd [189] と Ye [463] にある．

シンプレックスアルゴリズムの解析は，いまだに活発な研究分野である．V. Klee と G. J. Minty は，シンプレックスアルゴリズムが $2^n - 1$ 回の繰返しを必要とする例を構築した．実用上，シンプレックスアルゴリズムは通常，高速であり，多くの研究者がこの経験的な観察に理論的な裏づけを与えようとしてきた．K. H. Borgwardt が開始し，多くの研究者によって続けられてきた研究によると，入力に対するある確率的な仮定のもとで，シンプレックスアルゴリズムは，多項式期待時間で収束する．Spielman–Teng [421] は，"アルゴリズムの平滑化解析 (smoothed analysis of algorithms)" を導入し，それをシンプレックスアルゴリズムに適用することで，この分野の発展に寄与した．

シンプレックスアルゴリズムは，ある特別の場合に効率よく走ることが知られている．とくに有名なのが，ネットワークシンプレックスアルゴリズムである．これは，ネットワークフロー問題に特化したシンプレックス法である．最短路問題，最大フロー問題，最小費用フロー問題を含む，ある種のネットワーク問題に対しては，ネットワークシンプレックスアルゴリズムの変型版は多項式時間で走る．たとえば，Orlin [349] やその引用文献を見よ．

30 多項式と FFT

POLYNOMIALS AND THE FFT

直接的な方法では，2 つの n 次多項式の加算には $\Theta(n)$ 時間かかり，乗算には $\Theta(n^2)$ 時間かかる．本章では，高速フーリエ変換（Fast Fourier Transform，FFT と略す）を利用すると，多項式の積が $\Theta(n \lg n)$ 時間で計算できることを示す．

　フーリエ変換，FFT は信号処理で最もよく利用される．信号は**時間領域** (time domain) で与えられる：すなわち，時間を振幅へ写像する関数としてである．フーリエ解析によって，この信号がさまざまな周波数を持つ位相シフトされた正弦波の重みつき和として表現できる．各周波数に関連づけられた位相と重みが，**周波数領域** (frequency domain) におけるこの信号の表現である．日々に利用される多数の FFT の応用の中には，MP3 ファイルを含む，ディジタル映像や音声情報をコード化するための圧縮技術がある．信号処理を詳細に解説するいくつかの優れた本があるので，本章の文献ノートでそのうちのいくつかを紹介する．

多項式

代数体 F 上の変数 x の**多項式** (polynomial) は，和

$$A(x) = \sum_{j=0}^{n-1} a_j x^j$$

によって表現される関数 $A(x)$ である．値 $a_0, a_1, \ldots, a_{n-1}$ を多項式の**係数** (coefficient) と呼ぶ．係数と x は標数 0 の体 F の要素であり，通常，体として複素数集合 $\mathbb{C}$ を考える．最高位の非零係数が a_k のとき，多項式 $A(x)$ の**次数** (degree) は k であり，$\mathrm{degree}(A) = k$ と書く．多項式の次数よりも厳密に大きい任意の整数をその多項式の**次数上界** (degree-bound) と言う．したがって，次数上界が n の多項式の次数は 0 以上 $n-1$ 以下である．

　さまざまな演算が多項式に対して拡張できる．**多項式の加算** (addition of polynomial) を以下で定義する：$A(x)$ と $B(x)$ を共に次数上界が n の多項式とするとき，これらの和 (sum) $C(x)$ は，これらの多項式がその上で定義されている体，すなわち係数体のすべての要素 x に対して，$C(x) = A(x) + B(x)$ を満たす，次数上界が n の多項式 $C(x)$ である．すなわち

$$A(x) = \sum_{j=0}^{n-1} a_j x^j \text{ および } B(x) = \sum_{j=0}^{n-1} b_j x^j$$

ならば

$$C(x) = \sum_{j=0}^{n-1} c_j x^j$$

である．ここで，$j = 0, 1, \ldots, n-1$ に対して $c_j = a_j + b_j$ である．たとえば，$A(x) = 6x^3 + 7x^2 - 10x + 9$，$B(x) = -2x^3 + 4x - 5$ ならば，$C(x) = 4x^3 + 7x^2 - 6x + 4$ である．

多項式の乗算 (polynomial multiplication) を以下で定義する．$A(x)$ と $B(x)$ を共に次数上界が n の多項式とするとき，これらの**積** (product) $C(x)$ は，係数体のすべての要素 x に対して $C(x) = A(x)B(x)$ が成立する，次数上界が $2n-1$ の多項式である．$A(x)$ と $B(x)$ の各項を掛け合わせ，同じ次数の項を集めて整理することで，$A(x)$ と $B(x)$ の積を計算した経験があるだろう．たとえば，$A(x) = 6x^3 + 7x^2 - 10x + 9$，$B(x) = -2x^3 + 4x - 5$ ならば，

$$
\begin{array}{r}
6x^3 + 7x^2 - 10x + 9 \\
- 2x^3 \qquad\quad + 4x - 5 \\
\hline
- 30x^3 - 35x^2 + 50x - 45 \\
24x^4 + 28x^3 - 40x^2 + 36x \\
- 12x^6 - 14x^5 + 20x^4 - 18x^3 \\
\hline
- 12x^6 - 14x^5 + 44x^4 - 20x^3 - 75x^2 + 86x - 45
\end{array}
$$

            （$A(x)$ に -5 を掛ける）
            （$A(x)$ に $4x$ を掛ける）
            （$A(x)$ に $-2x^3$ を掛ける）

である．積 $C(x)$ は

$$C(x) = \sum_{j=0}^{2n-2} c_j x^j \tag{30.1}$$

と表現することもできる．ここで

$$c_j = \sum_{k=0}^{j} a_k b_{j-k} \tag{30.2}$$

である．（次数の定義より，すべての $k > \mathrm{degree}(A)$ に対して，$a_k = 0$ であり，すべての $k > \mathrm{degree}(B)$ に対して，$b_k = 0$ である．）A を次数上界が n_a の多項式，B を次数上界が n_b の多項式とするとき，$\mathrm{degree}(C) = \mathrm{degree}(A) + \mathrm{degree}(B)$ なので，C は次数上界が $n_a + n_b - 1$ の多項式でなければならない．次数上界が k の多項式の次数上界は $k+1$ でもあるから，普通はより単純に「積 C は次数上界が $n_a + n_b$ の多項式である」と言う．

本章の概要

第 30.1 節では多項式を表現する 2 つの方法：係数表現と座標表現を紹介する．多項式が係数によって表現されている場合，式 (30.1) と (30.2) より 2 つの n 次多項式の積を直接的に求めると $\Theta(n^2)$ 時間を要するが，座標で表現されている場合には $\Theta(n)$ 時間で計算できる．多項式の 2 つの表現を変換することで，係数で表現されている多項式の積を $\Theta(n \lg n)$ 時間で計算できる．この方針がうまく働くことを理解するには，まず第 30.2 節で説明する 1 の複素根について知る必要がある．そして表現の変換を行うために FFT と逆 FFT を利用するが，これらについても第 30.2 節で説明する．FFT は信号処理で非常によく使われるので，ハードウェアの回路としてしばしば実装される．第 30.3 節では，そのような回路の構造を示す．

 本章では複素数をよく使うので，記号 i は $\sqrt{-1}$ を表示するためだけに使用する．

30.1 多項式の表現

多項式の係数による表現と座標による表現は，ある意味で等価である：すなわち，座標によって表現された多項式に対して，この多項式の係数による表現が一意に決まる．本節では，多項式の 2 つの表現法を導入し，これらを組み合わせることで，次数上界が n の 2 つの多項式の積を $\Theta(n \lg n)$ 時間で計算する方法を示す．

係数表現

次数上界が n の多項式 $A(x) = \sum_{j=0}^{n-1} a_j x^j$ の係数ベクトル $a = (a_0, a_1, \ldots, a_{n-1})$ を $A(x)$ の**係数表現** (coefficient representation) と言う．本章の行列方程式の中では通常，ベクトルを列ベクトルとして扱う．

多項式上のいくつかの演算には係数表現が適している．たとえば，与えられた点 $x = x_0$ における多項式 $A(x)$ の**評価** (evaluation) は，値 $A(x_0)$ を求める演算である．次の **Horner の公式** (Horner's rule) を用いて

$$A(x_0) = a_0 + x_0 \left(a_1 + x_0 \left(a_2 + \cdots + x_0 \left(a_{n-2} + x_0(a_{n-1}) \right) \cdots \right) \right)$$

と書き換えることで，$\Theta(n)$ 時間で多項式を評価できる．同様に，係数ベクトル $a = (a_0, a_1, \ldots, a_{n-1})$ と $b = (b_0, b_1, \ldots, b_{n-1})$ によって表現される 2 つの多項式の加算は，$j = 0, 1, \ldots, n-1$ に対して $c_j = a_j + b_j$ とするとき，ベクトル $c = (c_0, c_1, \ldots, c_{n-1})$ を計算することなので，$\Theta(n)$ 時間で実行できる．

係数表現された次数上界が n の 2 つの多項式 $A(x)$ と $B(x)$ の乗算を考える．式 (30.1) と (30.2) に示した方法に従うと，ベクトル a の各係数とベクトル b の各係数の積を計算する必要があるので $\Theta(n^2)$ 時間かかる．係数表現された多項式の乗算は，評価や加算よりもかなり難しそうに思われる．式 (30.2) によって定義された乗算の結果である係数ベクトル c を a と b の**畳み込み** (convolution $(\otimes)$) と呼び，$c = a \otimes b$ と表現する．多項式の乗算や畳み込みの計算は実用的に重要な役割を果たす基本問題なので，本章ではこれらの問題を効率よく解くアルゴリズムに焦点を合わせる．

座標表現

次数上界が n の多項式 $A(x)$ に対して，n 個の**座標** (point-value pair) の集合

$$\{(x_0, y_0), (x_1, y_1), \ldots, (x_{n-1}, y_{n-1})\}$$

を $A(x)$ の**座標表現** (point-value representation) と言う．ここで，$k = 0, 1, \ldots, n-1$ に対して x_k はすべて相異なる値で，

$$y_k = A(x_k) \tag{30.3}$$

である．相異なる任意の n 個の点 $x_0, x_1, \ldots, x_{n-1}$ の集合を表現の基底として選択できるので，1 つの多項式は多くの異なる座標表現を持つ．

係数表現が与えられた 1 つの多項式の座標表現を計算するのは，おおむね直接的である．異なる n 点 $x_0, x_1, \ldots, x_{n-1}$ を選び，各 $k = 0, 1, \ldots, n-1$ に対して $A(x_k)$ を評価すればよいからである．Horner の公式を用いれば，n 個の点における多項式の評価は $\Theta(n^2)$ 時間で実行できる．しかし，うまく x_k を選べばこの計算が $\Theta(n \lg n)$ 時間に短縮できることを後ほど示す．

評価の逆，すなわち，多項式の座標表現から係数表現を決定する問題を（多項式）**補間** (interpolation) と呼ぶ．補間に用いる多項式の次数上界が，与えられた座標の個数と一致するとき，補間が明確に定義できることを次の定理で示す．

定理 30.1（多項式補間の一意性） 任意の n 個の座標の集合を $\{(x_0, y_0), (x_1, y_1), \ldots, (x_{n-1}, y_{n-1})\}$ とし，x_k はすべて異なるとする．このとき，$k = 0, 1, \ldots, n-1$ に対して $y_k = A(x_k)$ を満たす，次数上界が n の多項式 $A(x)$ が唯一存在する．

証明 証明は，ある行列の逆行列が存在することに基づいている．式 (30.3) は行列方程式

$$
\begin{pmatrix}
1 & x_0 & x_0^2 & \cdots & x_0^{n-1} \\
1 & x_1 & x_1^2 & \cdots & x_1^{n-1} \\
\vdots & \vdots & \vdots & \ddots & \vdots \\
1 & x_{n-1} & x_{n-1}^2 & \cdots & x_{n-1}^{n-1}
\end{pmatrix}
\begin{pmatrix}
a_0 \\
a_1 \\
\vdots \\
a_{n-1}
\end{pmatrix}
=
\begin{pmatrix}
y_0 \\
y_1 \\
\vdots \\
y_{n-1}
\end{pmatrix}
\tag{30.4}
$$

と等価である．

左側の行列を $V(x_0, x_1, \ldots, x_{n-1})$ で表す．この行列は **Vandermonde 行列** (Vandermonde matrix) として知られている．付録第 D 章（行列）の章末問題 D-1（1035 ページ）から，この行列の行列式は

$$
\prod_{0 \leq j < k \leq n-1} (x_k - x_j)
$$

であり，x_k がすべて異なるときには，付録第 D 章（行列）の定理 D.5（1033 ページ）より，この行列は可逆（すなわち，非特異（正則））である．したがって，座標表現から一意に係数 a_j を求めるには，Vandermonde 行列の逆行列を利用して，

$$
a = V(x_0, x_1, \ldots, x_{n-1})^{-1} y
$$

となる． ■

定理 30.1 の証明は，1 次方程式 (30.4) の集合を解くことで補間を行うアルゴリズムを記述している．第 28.1 節（連立 1 次方程式の解法）では，これらの方程式を $O(n^3)$ 時間で解く方法を示している．

さらに高速に実行できる n 点補間アルゴリズムは，**ラグランジュの公式** (Lagrange's formula)

$$
A(x) = \sum_{k=0}^{n-1} y_k \frac{\prod_{j \neq k}(x - x_j)}{\prod_{j \neq k}(x_k - x_j)}
\tag{30.5}
$$

に基づく．式 (30.5) の右辺が，すべての k について $A(x_k) = y_k$ を満たす次数上界が n の多項式であることを確認せよ．ラグランジュの公式を用いて A の係数を $\Theta(n^2)$ 時間で計算する方法は練習問題 30.1-5 とする．

したがって，n 点の評価と補間は，多項式の係数表現と座標表現を互いに変換する明確に定義された逆演算である．[1] これらの問題に対する上述のアルゴリズムは，$\Theta(n^2)$ 時間で動作する．

多項式上の多くの演算に，座標表現は非常に適している．加算では，$C(x) = A(x) + B(x)$ ならば，任意の点 x_k について $C(x_k) = A(x_k) + B(x_k)$ である．もっと正確に言えば，多項式 A の座標表現

$$\{(x_0, y_0), (x_1, y_1), \ldots, (x_{n-1}, y_{n-1})\}$$

と多項式 B の座標表現

$$\{(x_0, y_0'), (x_1, y_1'), \ldots, (x_{n-1}, y_{n-1}')\}$$

が与えられたとき，C の座標表現は

$$\{(x_0, y_0 + y_0'), (x_1, y_1 + y_1'), \ldots, (x_{n-1}, y_{n-1} + y_{n-1}')\}$$

である．ここで，A と B は**同一の** n 点で評価されていることに注意せよ．したがって，座標表現を用いると次数上界が n の 2 つの多項式の加算を $\Theta(n)$ 時間で実行できる．

同様に，多項式の乗算にも座標表現は適している．$C(x) = A(x)B(x)$ ならば，任意の点 x_k に対して $C(x_k) = A(x_k)B(x_k)$ なので，A の座標表現と B の座標表現の対応する点どうしの積を計算すると，C の座標表現を得ることができる．しかし，多項式乗算は多項式加算と重要な点で異なっている．多項式乗算では $\mathrm{degree}(C) = \mathrm{degree}(A) + \mathrm{degree}(B)$ なので，A と B の次数上界が n ならば，C の次数上界は $2n$ となる．すなわち，A と B に対する標準的な座標表現はそれぞれ n 個の座標の集合であり，これらの積を取ると n 個の座標しか得られないが，次数上界が $2n$ の多項式 C によって一意に補間するには $2n$ 個の点が必要である（練習問題 30.1-4 参照）．したがって，A と B に対して $2n$ 個の座標からなる "拡張された" 座標表現から出発する必要がある．A の拡張座標表現

$$\{(x_0, y_0), (x_1, y_1), \ldots, (x_{2n-1}, y_{2n-1})\}$$

と対応する B の拡張座標表現

$$\{(x_0, y_0'), (x_1, y_1'), \ldots, (x_{2n-1}, y_{2n-1}')\}$$

が与えられたとき，C の拡張座標表現は

$$\{(x_0, y_0 y_0'), (x_1, y_1 y_1'), \ldots, (x_{2n-1}, y_{2n-1} y_{2n-1}')\}$$

である．したがって，2 つの多項式に対する拡張座標表現が与えられたとき，これらの積を対応する点ごとに計算し，結果である多項式の座標表現を得るのにかかる時間は $\Theta(n)$ であって，係数表現された多項式の乗算にかかる時間 $\Theta(n^2)$ に比べてはるかに効率的である．

---

[1] 補間は数値的安定性の観点からは悪名高い．ここで述べた方針は数学的には正しいが，計算途中での入力値の微小変動や丸め誤差が結果を大きく変える可能性がある．

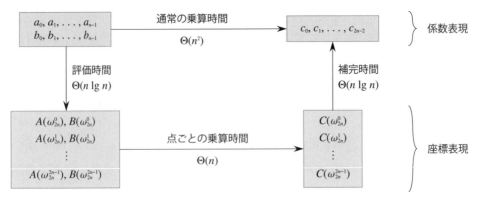

図 30.1 多項式の乗算を効率よく実行する手順の概略の図示．上側の表現は係数表現，下側の表現は座標表現である．左側から右側への矢印は乗算演算に対応する．ここで，ω_{2n} は 1 の複素 $2n$ 重根である．

最後に，座標表現で与えられた多項式の評価を新しい点で行う方法だが，多項式を係数表現に変換した上で新しい点で評価するよりも単純な方法は，残念ながら知られていない．

係数表現された多項式の高速乗算

座標表現された多項式に対する線形時間の乗算方法を，係数表現された多項式の乗算の高速化に利用できるだろうか? 多項式の係数表現から座標表現への変換（評価）とその逆変換（補間）が高速に行えるか否かに，答えは依存している．

多項式は任意の点で評価できる．しかし，評価を行う点を注意深く選択することで，表現間の変換を $\Theta(n \lg n)$ 時間で実行できる．後ほど第 30.2 節で述べるように，「1 の複素根」を評価点にすると，離散フーリエ変換 (DFT) は「評価」し，逆 DFT は「補間」する．第 30.2 節では，FFT によって $\Theta(n \lg n)$ 時間で DFT と逆 DFT 操作を達成できることを示す．

この戦略を図 30.1 に図示する．細かいことだが，次数上界に注意する必要がある．次数上界が n の 2 つの多項式の積の次数上界は $2n$ である．したがって，多項式 A と B を評価する前に各多項式の上位に n 個の係数 0 を追加して，次数上界を $2n$ に拡張しておく必要がある．係数ベクトルが $2n$ 個の要素を持っているので，図 30.1 の中では ω_{2n} と表記されている「1 の複素 $2n$ 重根」を使っている．

次の手続きは FFT を利用して，次数上界が n の 2 つの多項式 $A(x)$ と $B(x)$ を入力して，その積を $\Theta(n \lg n)$ 時間で出力する．ただし，入力および出力は係数表現とする．以下では，n をちょうど 2 のベキであると仮定する．この仮定を満たさないときには，高次の係数として 0 を追加して仮定を満たすようにできるので，このように仮定しても一般性を失わない．

1. **次数上界の倍加**：$A(x)$ と $B(x)$ の係数表現の最上位にそれぞれ n 個の係数 0 を加えることで，次数上界が $2n$ の多項式としての $A(x)$ と $B(x)$ の係数表現を生成する．
2. **評価**：次数が $2n$ の FFT を $A(x)$ と $B(x)$ のそれぞれに対して適用して，$A(x)$ と $B(x)$ の長さが $2n$ の座標表現を得る．これらの表現は 1 の各複素 $2n$ 重根における（$A(x)$ あるいは $B(x)$ の）値を含む．
3. **点ごとの積**：$A(x)$ と $B(x)$ の座標表現の対応する点ごとの評価値の積を計算することに

よって，多項式 $C(x) = A(x)B(x)$ の座標表現を計算する．この表現は 1 の各複素 $2n$ 重根における $C(x)$ の値を含む．

4. **補間**：逆 DFT を計算するために $2n$ 個の座標上で FFT を適用し，多項式 $C(x)$ の係数表現を生成する．

ステップ (1) と (3) に $\Theta(n)$ 時間がかかり，ステップ (2) と (4) に $\Theta(n \lg n)$ 時間がかかる．したがって，FFT の適用方法が明らかになれば，次の定理が証明されたことになる．

定理 30.2 次数上界が n の 2 つの多項式の乗算は，$\Theta(n \lg n)$ 時間で実行できる．ただし，入出力は係数表現で行われると仮定する． ■

練習問題

30.1-1 式 (30.1) と (30.2) を用いて多項式 $A(x) = 7x^3 - x^2 + x - 10$ と $B(x) = 8x^3 - 6x + 3$ の積を計算せよ．

30.1-2 別の方法で次数上界が n の多項式 $A(x)$ を与えられた点 x_0 で評価する．$A(x)$ を多項式 $(x - x_0)$ で割り，

$$A(x) = q(x)(x - x_0) + r$$

を満たす次数上界が $n - 1$ の商 $q(x)$ と剰余 r を求める．このとき，$A(x_0) = r$ である．x_0 と A の係数が与えられたとき，$q(x)$ の係数と剰余 r を $\Theta(n)$ 時間で計算する方法を示せ．

30.1-3 多項式 $A(x) = \sum_{j=0}^{n-1} a_j x^j$ に対して，$A^{\mathrm{rev}}(x) = \sum_{j=0}^{n-1} a_{n-1-j} x^j$ と定義する．$A(x)$ の座標表現から $A^{\mathrm{rev}}(x)$ の座標表現を導く方法を示せ．ただし，座標表現は点 0 での評価を含まないと仮定する．

30.1-4 次数上界が n の多項式を一意に決定するには，n 個の異なる座標が必要であることを証明せよ．すなわち，与えられた座標の個数が n 未満ならば，次数上界が n の多項式を一意に決定できないことを示せ．（**ヒント**：定理 30.1 を用いて，任意に選択した座標をもう 1 つ追加できる余地がある，$n - 1$ 個の座標の集合について何が主張できるか考えよ．）

30.1-5 式 (30.5) を用いて $\Theta(n^2)$ 時間で補間する方法を示せ．（**ヒント**：まず，多項式 $\prod_j (x - x_j)$ の係数表現を計算し，次に各項の分子になるように $(x - x_k)$ で割る．練習問題 30.1-2 を参考にせよ．n 個の分母のそれぞれは $O(n)$ 時間で計算できる．）

30.1-6 座標表現された多項式の除算を"自明な"方法：すなわち，点ごとに対応する y の値で割って行うことの問題点を説明せよ．正しい解がきちんと得られる場合とそうでない場合について，それぞれ別々に議論せよ．

30.1-7 各要素が 0 と $10n$ の間の整数である，n 個の要素からなる 2 つの集合 A と B を考える．このとき A と B の（**デカルト和 (Cartesian sum)**）を

$$C = \{x + y : x \in A \text{ かつ } y \in B\}$$

と定義する．C の要素は 0 と $20n$ の間の整数である．C の各要素を発見し，それぞれが A と B の要素の和として実現される回数を $O(n \lg n)$ 時間で求める方法を示せ．（**ヒント**：A と B を次数上界が $10n$ の多項式で表現せよ．）

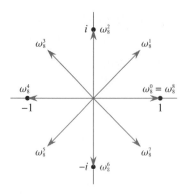

図 30.2 複素平面における $\omega_8^0, \omega_8^1, \ldots, \omega_8^7$ の値．ここで，$\omega_8 = e^{2\pi i/8}$ は 1 の原始 8 乗根である．

30.2 DFT と FFT

第 30.1 節で，FFT を用いて，DFT とその逆演算を計算することによって，1 の複素根上での多項式の評価と補間が $\Theta(n \lg n)$ 時間で実行できると主張した．本節では，1 の複素根を定義し，その性質を調べる．つぎに，DFT を定義し，FFT を用いて DFT とその逆演算を $\Theta(n \lg n)$ 時間で計算する方法を示す．

1 の複素根

$$\omega^n = 1$$

を満たす複素数を **1 の複素 n 乗根** (complex nth root of unity) と呼ぶ．ちょうど n 個の異なる 1 の複素 n 乗根 $e^{2\pi i k/n}$ ($k = 0, 1, \ldots, n-1$) が存在する．この式を解釈するために，複素数のベキ乗の定義（指数関数による表現）：

$$e^{iu} = \cos(u) + i\sin(u)$$

を用いる．n 個の 1 の複素 n 乗根が，複素平面の原点を中心とする単位円周上に等間隔で並んでいる様子を図 30.2 に示す．値

$$\omega_n = e^{2\pi i/n} \tag{30.6}$$

を **1 の原始 n 乗根** (principal nth root of unity) と呼ぶ．[2][a] 他のすべての 1 の複素 n 乗根は ω_n のベキである．

n 個の 1 の複素 n 乗根

$$\omega_n^0, \omega_n^1, \ldots, \omega_n^{n-1}$$

は，乗算の下で群をなす（第 31.3 節（剰余演算）参照）．$\omega_n^n = \omega_n^0 = 1$ なので $\omega_n^j \omega_n^k = \omega_n^{j+k} = \omega_n^{(j+k) \bmod n}$ が成立し，この群は法 n の下での加群 $(\mathbb{Z}_n, +)$ と同一の構造を持つ．同様に，$\omega_n^{-1} = \omega_n^{n-1}$ である．1 の複素 n 乗根の重要な性質を以下のいくつかの補題で示す．

---

[2] 多くの他の著者が $\omega_n = e^{-2\pi i/n}$ と言う，本書とは異なる定義を採用している．この定義は信号処理の応用で用いられる傾向にある．どちらの場合も基礎となる数学は本質的には変わらない．

[a] ［訳注］1 の原始 n 乗根は n 乗して初めて 1 になる 1 の n 乗根である．1 の原始 n 乗根は 1 つとは限らない．

補題 30.3（消去補題） 任意の整数 $n > 0$, $k \geq 0$, $d > 0$ に対して

$$\omega_{dn}^{dk} = \omega_n^k \tag{30.7}$$

である.

証明 式 (30.6) を用いると

$$
\begin{aligned}
\omega_{dn}^{dk} &= \left(e^{2\pi i/dn}\right)^{dk} \\
&= \left(e^{2\pi i/n}\right)^{k} \\
&= \omega_n^k
\end{aligned}
$$

である. ∎

系 30.4 任意の偶数 $n > 0$ に対して

$$\omega_n^{n/2} = \omega_2 = -1$$

である.

証明 この証明は練習問題 30.2-1 とする. ∎

補題 30.5（2 分割補題） $n > 0$ を偶数とする. n 個ある 1 の複素 n 乗根の 2 乗の集合は, $n/2$ 個ある 1 の複素 $(n/2)$ 乗根の集合と一致する.

証明 消去補題により, 任意の非負整数 k に対して $(\omega_n^k)^2 = \omega_{n/2}^k$ である.

$$
\begin{aligned}
(\omega_n^{k+n/2})^2 &= \omega_n^{2k+n} \\
&= \omega_n^{2k}\omega_n^{n} \\
&= \omega_n^{2k} \\
&= (\omega_n^k)^2
\end{aligned}
$$

そのため, すべての 1 の複素 n 乗根を 2 乗すると, 1 の $(n/2)$ 乗根のそれぞれがちょうど 2 回ずつ出現することに注意せよ. このように ω_n^k と $\omega_n^{k+n/2}$ の 2 乗は一致する. この性質は系 30.4 を使っても証明できた. $\omega_n^{n/2} = -1$ より $\omega_n^{k+n/2} = \omega_n^k\omega_n^{n/2} = -\omega_n^k$ であり, $(\omega_n^{k+n/2})^2 = (-\omega_n^k)^2 = (\omega_n^k)^2$ となるからである. ∎

やがて明らかになるように, 2 分割補題によって, 再帰する部分問題のサイズが元の問題の半分以下であることが保証される. そのため, 多項式の係数表現と座標表現の間の変換を行うために我々が頼る分割統治法では, 2 分割補題の役割が本質的になる.

補題 30.6（総和補題） 任意の整数 $n \geq 1$ と n で整除されない任意の正整数 k に対して

$$\sum_{j=0}^{n-1} \left(\omega_n^k\right)^j = 0$$

750 | 30 多項式と FFT

である.

証明 付録第 A 章 (和) の式 (A.6) (966 ページ) は, 実数ばかりでなく複素数についても成立するので,

$$\sum_{j=0}^{n-1} \left(\omega_n^k\right)^j = \frac{(\omega_n^k)^n - 1}{\omega_n^k - 1}$$

$$= \frac{(\omega_n^n)^k - 1}{\omega_n^k - 1}$$

$$= \frac{(1)^k - 1}{\omega_n^k - 1}$$

$$= 0$$

である. ここで, 仮定から k は n で割り切ることができず, $\omega_n^k = 1$ が成立するのは k が n の倍数のときだけなので, 分母が 0 にならないことに注意せよ. ∎

DFT

次数上界が n の多項式

$$A(x) = \sum_{j=0}^{n-1} a_j x^j$$

を点 $\omega_n^0, \omega_n^1, \omega_n^2, \ldots, \omega_n^{n-1}$ (これらは, 1 の複素 n 乗根である) で評価することが我々の目的であった.[3] 多項式 A の係数表現: $a = (a_0, a_1, \ldots, a_{n-1})$ が与えられたものとする. $k = 0, 1, \ldots, n-1$ に対して, 結果 y_k を

$$y_k = A(\omega_n^k)$$
$$= \sum_{j=0}^{n-1} a_j \omega_n^{kj} \tag{30.8}$$

と定義する. ベクトル $y = (y_0, y_1, \ldots, y_{n-1})$ を係数ベクトル $a = (a_0, a_1, \ldots, a_{n-1})$ の**離散フーリエ変換** (Discrete Fourier transform, **DFT**) と呼び, $y = \mathrm{DFT}_n(a)$ と書く.

FFT

1 の複素根の特別な性質を巧妙に利用する**高速フーリエ変換** (Fast Fourier transform, **FFT**) は直接的な方法を用いれば, $\Theta(n^2)$ 時間かかる $\mathrm{DFT}_n(a)$ が $\Theta(n \lg n)$ 時間で計算できる. 以下では, n はちょうど 2 のベキであると仮定する. n が 2 のベキでない場合の対策方法があるが, 本書の範囲を越えている.

FFT は分割統治法を利用する. $A(x)$ の係数を偶数番目の係数と奇数番目の係数に分割し,

---

[3] 評価に先立ち多項式の次数上界を倍加したので, ここでの n は第 30.1 節の $2n$ に相当する. したがって, 多項式の乗算という文脈ではつねに 1 の複素 $2n$ 乗根を考えている.

次数上界が $n/2$ の 2 つの新しい多項式 $A^{\text{even}}(x)$ と $A^{\text{odd}}(x)$ を定義する：

$$A^{\text{even}}(x) = a_0 + a_2 x + a_4 x^2 + \cdots + a_{n-2} x^{n/2-1}$$
$$A^{\text{odd}}(x) = a_1 + a_3 x + a_5 x^2 + \cdots + a_{n-1} x^{n/2-1}$$

である．A^{even} は，A のすべての偶数番目（インデックスの 2 進数表現で最下位桁が 0）の係数を含み，A^{odd} は，A のすべての奇数番目（インデックスの 2 進数表現で最下位桁が 1）の係数を含んでいることに注意せよ．したがって，

$$A(x) = A^{\text{even}}(x^2) + x A^{\text{odd}}(x^2) \tag{30.9}$$

であり，$A(x)$ を $\omega_n^0, \omega_n^1, \ldots, \omega_n^{n-1}$ で評価する問題を

1. 次数上界が $n/2$ の多項式 $A^{\text{even}}(x)$ と $A^{\text{odd}}(x)$ を点

$$(\omega_n^0)^2, (\omega_n^1)^2, \ldots, (\omega_n^{n-1})^2 \tag{30.10}$$

において評価し，つぎに

2. 式 (30.9) に基づいてこれらの結果を結合する

という問題に帰着できる．

2 分割補題から，(30.10) のリストは，n 個の異なる値のリストではなく，$n/2$ 個の 1 の複素 $(n/2)$ 乗根のリスト（それぞれの根がちょうど 2 回ずつ現れる）になっている．したがって，FFT は再帰的に，次数上界が $n/2$ の多項式 A^{even} と A^{odd} を $n/2$ 個の 1 の複素 $(n/2)$ 重根の点において評価する．これらの部分問題は元の問題と同一の構造を持っているが，問題のサイズは半分に縮小している．こうして，n 要素の DFT_n を計算する問題を $n/2$ 要素の $\text{DFT}_{n/2}$ を計算する 2 つの問題にうまく分割できた．この分解は以下に示す手続き FFT の基礎である．このアルゴリズムは n 要素ベクトル $a = (a_0, a_1, \ldots, a_{n-1})$ の DFT を計算する．ただし，n はちょうど 2 のベキであると仮定する．

手続き FFT は以下のように動作する．第 1～2 行は再帰の基底である．1 要素の DFT は

$$y_0 = a_0 \omega_1^0$$
$$= a_0 \cdot 1$$
$$= a_0$$

なので，それ自身である．第 5～6 行では，多項式 A^{even} と A^{odd} の係数ベクトルを定義する．第 3, 4, 12 行は，第 10～11 行を実行するとき $\omega = \omega_n^k$ となるように，ω の値を適切に更新する．（**for** ループの各時点で ω_n^k を最初から計算するのに比べ，各繰返し時点で必要な ω 値を維持しておくほうが計算時間の節約になる．[4]）第 7～8 行では，再帰型 $\text{DFT}_{n/2}$ 計算を実行し，$k = 0, 1, \ldots, n/2 - 1$ に対して

$$y_k^{\text{even}} = A^{\text{even}}(\omega_{n/2}^k)$$

___
[4] 繰返しで ω を更新する欠点は，とくに入力サイズが大きくなると，丸め誤差が累積することである．FFT の丸め誤差の大きさを制限するさまざまな技法が提案されているが，本書の範囲を越える．同じサイズの入力に対して複数回の FFT を走らせるならば，あらかじめ ω_n^k の $n/2$ 個の値の表を直接的に計算しておくことも価値のある方法である．

752 | 30 多項式と FFT

$\text{FFT}(a, n)$

1 **if** $n == 1$

2   **return** a **//** 1 要素の DFT はその要素自身である

3 $\omega_n = e^{2\pi i/n}$

4 $\omega = 1$

5 $a^{\text{even}} = (a_0, a_2, \ldots, a_{n-2})$

6 $a^{\text{odd}} = (a_1, a_3, \ldots, a_{n-1})$

7 $y^{\text{even}} = \text{FFT}(a^{\text{even}}, n/2)$

8 $y^{\text{odd}} = \text{FFT}(a^{\text{odd}}, n/2)$

9 **for** $k = 0$ **to** $n/2 - 1$ **//** この時点で, $\omega = \omega_n^k$

10      $y_k = y_k^{\text{even}} + \omega \, y_k^{\text{odd}}$

11      $y_{k+(n/2)} = y_k^{\text{even}} - \omega \, y_k^{\text{odd}}$

12      $\omega = \omega \, \omega_n$

13 **return** y

$$y_k^{\text{odd}} = A^{\text{odd}}(\omega_{n/2}^k)$$

あるいは, 消去補題から $\omega_{n/2}^k = \omega_n^{2k}$ なので,

$$y_k^{\text{even}} = A^{\text{even}}(\omega_n^{2k})$$
$$y_k^{\text{odd}} = A^{\text{odd}}(\omega_n^{2k})$$

と置く. 第 10～11 行では再帰型 $\text{DFT}_{n/2}$ の計算結果を結合する. 最初の $n/2$ 個の結果 $y_0, y_1,$ $\ldots, y_{n/2-1}$ については, 第 10 行の結果

$$\begin{aligned}
y_k &= y_k^{\text{even}} + \omega_n^k y_k^{\text{odd}} \\
&= A^{\text{even}}(\omega_n^{2k}) + \omega_n^k A^{\text{odd}}(\omega_n^{2k}) \\
&= A(\omega_n^k) \qquad\qquad (\text{式 (30.9) より})
\end{aligned}$$

が成立する. つぎに, 各 $y_{n/2}, y_{n/2+1}, \ldots, y_{n-1}$ については, $k = 0, 1, \ldots, n/2 - 1$ とすると, 第 11 行の結果

$$\begin{aligned}
y_{k+(n/2)} &= y_k^{\text{even}} - \omega_n^k y_k^{\text{odd}} \\
&= y_k^{\text{even}} + \omega_n^{k+(n/2)} y_k^{\text{odd}} &(\omega_n^{k+(n/2)} = -\omega_n^k \text{ なので}) \\
&= A^{\text{even}}(\omega_n^{2k}) + \omega_n^{k+(n/2)} A^{\text{odd}}(\omega_n^{2k}) \\
&= A^{\text{even}}(\omega_n^{2k+n}) + \omega_n^{k+(n/2)} A^{\text{odd}}(\omega_n^{2k+n}) &(\omega_n^{2k+n} = \omega_n^{2k} \text{ なので}) \\
&= A(\omega_n^{k+(n/2)}) &(\text{式 (30.9) より})
\end{aligned}$$

が成立する. したがって, FFT が返すベクトル y は, 入力ベクトル a の DFT である.

第 10 行と第 11 行では, 共に, 各 $k = 0, 1, \ldots, n/2 - 1$ に対して y_k^{odd} と ω_n^k の積を計算する. 第 10 行では y_k^{even} にこの積を加え, 第 11 行では y_k^{even} からこれを引く. 各 ω_n^k を正負両方の形で利用し, これらの要素 ω_n^k を**回転因子** (twiddle factor) と呼ぶ.

30.2 DFT と FFT | 753

手続き FFT の実行時間を決定するために，再帰呼出しにかかる時間を除くと，他の行の実行にかかる時間が $\Theta(n)$ であることに注意せよ．ここで，n は入力ベクトルの長さである．したがって，実行時間に対する漸化式は，マスター定理のケース 2（定理 4.1）によって，

$$T(n) = 2T(n/2) + \Theta(n)$$
$$= \Theta(n \lg n)$$

である．以上より，FFT は $\Theta(n \lg n)$ 時間で次数上界が n の多項式を 1 のすべての複素 n 乗根において評価できる．

1 の複素根を補間点とする補間

多項式乗算の方式においては，1 の複素根において評価し，各係数ごとの乗算を行い，最後に補間によって座標表現から係数表現に変換することによるので，係数表現から座標表現への変換が必要である．これまで，1 の複素根における評価の方法を見てきたので，1 の複素根をある多項式で補間する方法を見てみよう．1 の複素根の集合を補間点とする多項式補間を計算するために，DFT を行列方程式として記述し，その逆行列の形を見よう．

式 (30.4) より DFT を行列積 $y = V_n a$ と記述できる．ここで，V_n は ω_n の適切なベキを要素とする Vandermonde 行列：

$$
\begin{pmatrix} y_0 \\ y_1 \\ y_2 \\ y_3 \\ \vdots \\ y_{n-1} \end{pmatrix}
=
\begin{pmatrix}
1 & 1 & 1 & 1 & \cdots & 1 \\
1 & \omega_n & \omega_n^2 & \omega_n^3 & \cdots & \omega_n^{n-1} \\
1 & \omega_n^2 & \omega_n^4 & \omega_n^6 & \cdots & \omega_n^{2(n-1)} \\
1 & \omega_n^3 & \omega_n^6 & \omega_n^9 & \cdots & \omega_n^{3(n-1)} \\
\vdots & \vdots & \vdots & \vdots & \ddots & \vdots \\
1 & \omega_n^{n-1} & \omega_n^{2(n-1)} & \omega_n^{3(n-1)} & \cdots & \omega_n^{(n-1)(n-1)}
\end{pmatrix}
\begin{pmatrix} a_0 \\ a_1 \\ a_2 \\ a_3 \\ \vdots \\ a_{n-1} \end{pmatrix}
$$

である．任意の $j, k = 0, 1, \ldots, n-1$ に対して V_n の (k, j) 要素は ω_n^{kj} であり，V_n の要素の指数部分が要素 0 から $n-1$ に対する乗算表になっていることが分かる．

逆演算は y に V_n の逆行列 V_n^{-1} を掛けることで実現でき，これを $a = \mathrm{DFT}_n^{-1}(y)$ と書く．

定理 30.7 任意の j，$k = 0, 1, \ldots, n-1$ に対して，V_n^{-1} の (j, k) 要素は ω_n^{-kj}/n である．

証明 V_n' をその (j, k) 要素の値が ω_n^{-jk}/n である $n \times n$ 型行列とする．今，$V_n' V_n = I_n$ であることを示す．ここで，I_n は $n \times n$ 型単位行列である．V_n' の (k, k') 要素を考えよう：

$$[V_n' V_n]_{kk'} = \sum_{j=0}^{n-1} (\omega_n^{-jk}/n)(\omega_n^{jk'})$$
$$= \sum_{j=0}^{n-1} \omega_n^{j(k'-k)}/n$$

である．この和は，$k' = k$ ならば 1 であり，$k' \neq k$ ならば，総和補題（補題 30.6）から 0 である．ここで，$-(n-1) \leq k'-k \leq n-1$ なので $k'-k$ は n で割り切れないから，総和補題が適用できた．したがって，V_n' は V_n の逆元である．行列の逆元は唯一なので，V_n' は V_n^{-1} である． ∎

754 | 30 多項式と FFT

逆行列 V_n^{-1} を得たので，$\mathrm{DFT}_n^{-1}(y)$ を，$j = 0, 1, \dots, n-1$ に対して，

$$a_j = \sum_{k=0}^{n-1} y_k \frac{\omega_n^{-jk}}{n}$$

$$= \frac{1}{n} \sum_{k=0}^{n-1} y_k \omega_n^{-kj} \tag{30.11}$$

と書き下すことができる．式 (30.8) と (30.11) を比較すると，FFT アルゴリズムにおいて，a と y の役割を入れ換え，ω_n を ω_n^{-1} で置き換え，得た結果の各要素を n で割ることにより，逆 DFT が計算できることが分かる（練習問題 30.2-4 参照）．以上より，DFT_n^{-1} も $\Theta(n \lg n)$ 時間で計算できる．

　したがって，FFT とその逆変換を用いると，次数上界が n である多項式の係数表現と座標表現を，一方から他方へ $\Theta(n \lg n)$ 時間だけで変換できることが分かった．多項式の乗算という文脈では以下のベクトル a と b の畳み込み $a \otimes b$ に関する定理が証明された．

定理 30.8（畳み込み定理）　n をちょうど 2 のベキとする．長さが n の 2 つのベクトル a と b に対して

$$a \otimes b = \mathrm{DFT}_{2n}^{-1}(\mathrm{DFT}_{2n}(a) \cdot \mathrm{DFT}_{2n}(b))$$

が成立する．ここで，ベクトル a と b はそれぞれ長さが $2n$ になるように 0 がつけ加えられており，$\cdot$ は要素数が $2n$ の 2 つのベクトルの要素ごとの積 (componentwise product) である．■

練習問題

30.2-1　系 30.4 を証明せよ．

30.2-2　ベクトル $(0, 1, 2, 3)$ の DFT を計算せよ．

30.2-3　本節で示した $\Theta(n \lg n)$ 時間スキームを用いて練習問題 30.1-1 を解け．

30.2-4　$\Theta(n \lg n)$ 時間で DFT_n^{-1} を計算する擬似コードを書け．

30.2-5　n がちょうど 3 のベキの場合を扱えるように一般化した FFT 手続きを記述せよ．その時間計算量を求めるための漸化式を与え，それを解け．

30.2-6　★　（n をちょうど 2 のベキとして）複素数体上で n 要素の FFT を実行する代わりに，m を法とする整数環 $\mathbb{Z}_m$ を使うことを考える．ここで，任意の正整数 t に対して $m = 2^{tn/2} + 1$ である．$\omega = 2^t$ を ω_n の代わりに，m を法とする 1 の原始 n 乗根として使う．このとき，DFT と逆 DFT が明確に定義できることを証明せよ．

30.2-7　与えられた値のリスト $z_0, z_1, \dots, z_{n-1}$（同じ値が複数回出現するかもしれない）に対して，$z_0, z_1, \dots, z_{n-1}$ でのみ 0 となる，次数上界が $n+1$ の多項式 $P(x)$ の係数表現を求めるアルゴリズムを示せ．ただし，アルゴリズムは $O(n \lg^2 n)$ 時間で走らなければならない．（ヒント：多項式 $P(x)$ が z_j で 0 となる必要十分条件は，$P(x)$ が $(x - z_j)$ で割り切れることである．）

30.2-8　★　ベクトル $a = (a_0, a_1, \dots, a_{n-1})$ の**チャープ変換** (chirp transform) はベクトル $y = (y_0, y_1, \dots, y_{n-1})$ である．ここで，$y_k = \sum_{j=0}^{n-1} a_j z^{kj}$ であり，z は任意の複素数である．

そうすると，DFT はチャープ変換で $z = \omega_n$ と置いた特別な場合である．与えられた複素数 z に対して，チャープ変換を $O(n \lg n)$ 時間で評価する方法を示せ．(**ヒント**：チャープ変換を畳み込みとみなすために，式

$$y_k = z^{k^2/2} \sum_{j=0}^{n-1} \left(a_j z^{j^2/2} \right) \left(z^{-(k-j)^2/2} \right)$$

を使え．)

30.3 FFT 回路

信号処理での FFT の応用の多くは，高速性が第一に要求されるので，FFT はしばしばハードウェア的に回路として実装される．FFT の分割統治の構造から，その回路は，**深さ** (depth) が $\Theta(\lg n)$ となる並列構造を持つ．ここで，回路の深さとは，任意の出力とそれに到達できる任意の入力の間にある計算素子の最大数である．さらに，ここでは取り扱わないが，FFT 回路の構造は数学的に面白い性質をいくつか持っている．

バタフライ演算

手続き FFT の第 9〜12 行の **for** ループでは，値 $\omega_n^k y_k^{\text{odd}}$ が，第 10 行と第 11 行でそれぞれ一度ずつ 2 回計算されていることに注意しよう．優れた最適化コンパイラでは，このような**共通部分式** (common subexpression) を一度だけ計算し，一時変数にその値を格納する．したがって，第 10〜11 行は以下に示す 3 行のように扱われる．

$$t = \omega y_k^{\text{odd}}$$
$$y_k = y_k^{\text{even}} + t$$
$$y_{k+(n/2)} = y_k^{\text{even}} - t$$

この演算は，回転因子 $\omega = \omega_n^k$ と y_k^{odd} の積を一時変数 t に格納し，y_k^{even} と t との和と差を計算するもので，**バタフライ演算** (butterfly operation) として知られている．図 30.3 にその演算を実装する回路を示すが，蝶 (butterfly) の形にどことなく似ているのが見てとれる．(あまりカラフルではないが，"蝶ネクタイ (bowtie)"演算と呼ばれてきている．)

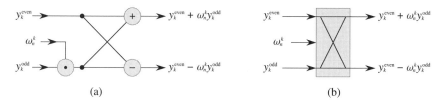

図 30.3 バタフライ演算の回路．**(a)** 左側から 2 つの値が入力され，回転因子 ω_n^k と y_k^{odd} が掛け合わされる．そして，y_k^{even} とその積との和と差が右側から出力される．**(b)** バタフライ演算の略図．この表現を並列 FFT 回路で使用する．

756 | 30 多項式と FFT

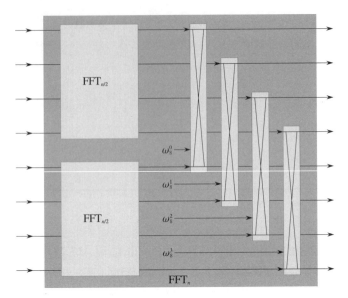

図 30.4 n 入力 n 出力 FFT 回路 FFT_n の統治と統合ステップに対する図式．図には $n = 8$ の場合を示す．入力は左から入り，出力は右から出ていく．入力値はまず，2 つの $FFT_{n/2}$ 回路を通り抜けて，次に $n/2$ 個のバタフライ回路が出力結果を統合する．バタフライ回路を横切る最上段と最下段の導線だけが回路に影響する．バタフライ回路の中間を横切る導線は回路には影響しないし，回路によって値が変化することもない．

再帰的回路構造

手続き FFT は第 2.3.1 項（分割統治法）で初出した分割統治戦略に従う：

分割： n 要素の入力ベクトルを，$n/2$ 個の偶数インデックスを持つ要素と $n/2$ 個の奇数インデックスを持つ要素に分割する．

統治： それぞれのサイズが $n/2$ の 2 つの部分問題の DFT を再帰的に計算する．

結合： $n/2$ 個のバタフライ演算を実行することにより結合する．バタフライ演算は回転因子 $\omega_n^0, \omega_n^1, \ldots, \omega_n^{n/2-1}$ に対して動作する．

図 30.4 の回路図は n 入力 n 出力 FFT 回路（FFT_n と表す）のうちの統合と統治ステップのパターンに沿った図式である．それぞれの線は値を運ぶ導線である．入力は各導線につき 1 個ずつ左から入り，出力は右から出ていく．2 つの $FFT_{n/2}$ 回路を用いた入力の変換が統治ステップであり，$FFT_{n/2}$ 回路は再帰的に構成される．2 つの $FFT_{n/2}$ 回路から生成された値は，結果を統合するために，$n/2$ 個のバタフライ回路に回転因子 $\omega_n^0, \omega_n^1, \ldots, \omega_n^{n/2-1}$ と一緒に入力される．この再帰の基底は $n = 1$ のときであり，1 つの入力がそのまま出力になる．したがって，FFT_1 回路は何もする必要がないので，自明でない最小の FFT 回路は FFT_2 であり，回転因子が $\omega_2^0 = 1$ である 1 つのバタフライ演算の回路である．

入力の置換

アルゴリズムの分割ステップをどのように回路設計に取り込めばよいだろうか？この回路が再帰のすべてのレベルの開始時点で分割ステップを模倣（エミュレート）できるように，FFT 手

続きのいろいろな再帰呼出しへの入力ベクトルが，もともとの入力ベクトルとどのように関連づけているのかを調べよう．図30.5には，FFTの再帰呼出しの際の入力ベクトルを再帰木風に配置してある．ここで，最初の呼出しは$n = 8$に対するものである．木は手続きの各呼出しに対して1つの節点を持ち，対応する入力ベクトルがその節点にラベルづけられている．1要素ベクトルを入力として受け取る場合以外は，各FFT呼出しは，2回再帰呼出しを起こす．最初の呼出しが左の子，2番目の呼出しが右の子に対応する．

この木構造を観察すると，次の事実に気がつく．初期ベクトルaの要素をそれらが葉に現れる順序で配置できれば，FFTの実行過程を辿ることができるが，それはトップダウン的ではなく，ボトムアップ的にである．まず，隣り合った要素の対のそれぞれに対して1つのバタフライ演算を行って各対のDFTを計算し，各対を対応するDFTで置き換える．その結果，ベクトルは$n/2$個の2要素DFTを保持している．つぎに，これらの2要素DFTを対にしてバタフライ演算を行い，2要素DFTの対を4要素DFTで置き換えると，ベクトルは$n/4$個の4要素DFTを保持する．この操作を2つの$(n/2)$要素DFTが得られるまで繰り返す．そして，この2つを$n/2$回のバタフライ演算を用いて結合し，最終のn要素DFTを得る．言い換えれば，初期ベクトルaで始めるが，図30.5の葉のように再配置し，図30.4の図式に従う回路に直接入力すればよい．

入力ベクトルを再配置する置換について考えてみよう．図30.5の中で葉に出現する順序は**ビット反転置換** (bit-reversal permutation) である．すなわち，kの2進表現のビットを反転してできる$\lg n$ビットの2進数を$\text{rev}(k)$とすると，ベクトル要素a_kを位置$\text{rev}(k)$に格納すればよい．たとえば，図30.5では葉は$0, 4, 2, 6, 1, 5, 3, 7$の順序で出現する．この列は，各要素を2進数で表現すると$000, 100, 010, 110, 001, 101, 011, 111$であり，各数についてビット反転[b]をすると$0, 1, 2, 3, 4, 5, 6, 7$であり，2進数で表現すると$000, 001, 010, 011, 100, 101, 110, 111$である．一般に，入力ベクトルの再配置をビット反転置換にしたがって行う必要があることを理解するには，木の最上位レベルにおいて，最下位ビットが0のインデックスは左の部分木へ，最下位ビットが1のインデックスは右の部分木へ振り分けられることに注意すればよい．葉においてビット反転置換によって与えられる順序を得るまで，各レベルでは最下位ビットを削り，このプロセスを繰り返して木を降りる．

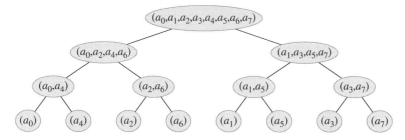

図30.5 FFTの再帰呼出しに対する入力ベクトルの木．初期呼出しが$n = 8$に対する場合．

完全なFFT回路

図30.6に$n = 8$の場合のFFTを計算する全体の回路を示す．この回路は入力のビット反転

---

[b] ［訳注］この場合のビット反転は bit reversal であり，構成するビットを逆向きにする．

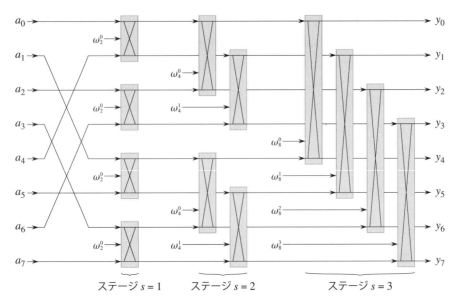

図 30.6 FFT を並列に計算する完全な回路.$n = 8$ 入力の場合を示す.この回路は $\lg n$ ステージを持ち,各ステージは並列に動作する $n/2$ 個のバタフライ回路からなる.図 30.4 に示すように,バタフライを横切る最上段と最下段の導線だけがこのバタフライに影響する.たとえば,ステージ 2 の一番上のバタフライの入出力は導線 0 と 2 (それぞれ,出力 y_0 と y_2 の導線) のみを持つ.この回路の深さは $\Theta(\lg n)$ であり,合計で $\Theta(n \lg n)$ 回のバタフライ演算を実行する.

置換で始まり,並列に実行される $n/2$ 個のバタフライから構成されるステージが $\lg n$ 段続く.各バタフライ回路が定数の深さを持つとすると,完全な回路の深さは $\Theta(\lg n)$ である.FFT アルゴリズムの再帰の各レベルにおけるバタフライ演算を独立に行えるので,回路はこれらを並列に実行する.図には左から右に横切る導線を示しており,それらは値を $\lg n$ ステージを通して運んでいる.$s = 1, 2, \ldots, \lg n$ に対して,ステージ s はバタフライの $n/2^s$ 個のグループから構成されており,1 つのグループは 2^{s-1} 個のバタフライを含む.ステージ s における回転因子は $m = 2^s$ とするとき,$\omega_m^0, \omega_m^1, \ldots, \omega_m^{m/2-1}$ である.

練習問題

30.3-1 図 30.6 の FFT 回路において入力ベクトル $(0, 2, 3, -1, 4, 5, 7, 9)$ が与えられたとき,各バタフライの入出力に対して導線上の値を示せ.

30.3-2 図 30.6 のような FFT_n 回路を考える.ここで,回路は $0, 1, \ldots, n-1$ の導線を持ち (導線 j は出力 y_j を持つ),ステージは図のように番号づけられているとする.$s = 1, 2, \ldots, \lg n$ に対して,ステージ s は $n/2^s$ 個のバタフライのグループからなるとする.ステージ s における第 g グループの j 番目のバタフライ回路の入出力となる 2 つの導線はどれか?

30.3-3 $0 \leq k < 2^b$ の範囲にある b-ビット整数 k を考える.k を $\{0, 1\}$ 上の b 要素ベクトルとみなし,行列ベクトル積 Mk が $\text{rev}(k)$ の 2 進数表現となるような $b \times b$ 型行列 M を求めよ.

30.3-4 長さ n のベクトル a に対するビット反転置換をその場で計算する手続き BIT-

REVERSE-PERMUTATION(a, n) に対する擬似コードを書け. 非負整数 k $(0 \leq k < 2^b)$ を与えたときに, その b ビット反転である整数を出力する手続き BIT-REVERSE-PERMUTATION(k, b) を用いると仮定する.

30.3-5 ★ ある FFT 回路のバタフライ回路では, ときどき加算器が故障し, 入力とは独立につねに 0 を出力すると仮定する. さらに, ちょうど 1 個の加算器が故障したが, どれが故障したかは分からないと仮定する. 全 FFT 回路に対するいくつかのテスト入力を与え, 対応する出力を観測することで, 故障している加算器を特定する方法を述べよ. この方法の効率を議論せよ.

章末問題

30-1 分割統治法による乗算

a. 3 回の乗算を使って 2 つの 1 次多項式 $ax + b$ と $cx + d$ を掛ける方法を示せ. (**ヒント**: 3 回の乗算のうちの 1 つは $(a + b) \cdot (c + d)$ である.)

b. 次数上界が n の 2 つの多項式の積を $\Theta(n^{\lg 3})$ 時間で求める分割統治アルゴリズムを 2 つ示せ. 最初のアルゴリズムは入力である多項式の係数を高次と低次に 2 分割し, 第 2 のアルゴリズムは係数をそのインデックスの偶奇で 2 分割しなければならない.

c. 2 つの n ビット数の積が $O(n^{\lg 3})$ ステップで計算できることを示せ. ここで, 各ステップはある定数個の 1 ビット値の上での演算である.

30-2 多次元高速フーリエ変換

1 次元離散フーリエ変換を式 (30.8) で定義したが, これを d 次元に拡張する. 入力は次元が $n_1, n_2, \ldots, n_d$ である d 次元配列 $A = (a_{j_1, j_2, \ldots, j_d})$ である. ただし, $n_1 n_2 \cdots n_d = n$ である. d 次元離散フーリエ変換を, $0 \leq k_1 < n_1, 0 \leq k_2 < n_2, \ldots, 0 \leq k_d < n_d$ に対して, 式

$$y_{k_1, k_2, \ldots, k_d} = \sum_{j_1=0}^{n_1-1} \sum_{j_2=0}^{n_2-1} \cdots \sum_{j_d=0}^{n_d-1} a_{j_1, j_2, \ldots, j_d} \omega_{n_1}^{j_1 k_1} \omega_{n_2}^{j_2 k_2} \cdots \omega_{n_d}^{j_d k_d}$$

で定義する.

a. 各次元に対して 1 次元 DFT を順々に適用することによって d 次元 DFT を計算する方法を示せ. すなわち, まず, 次元 1 に沿って n/n_1 個の 1 次元 DFT を別々に計算する.[c] つぎに, 次元 1 に対する DFT の結果を入力に用いて, 次元 2 に沿って n/n_2 個の 1 次元 DFT を別々に計算する. さらにその結果を入力として, 次元 3 に沿って n/n_3 個の 1 次元 DFT を別々に計算し, 以下同様に, この手順を次元 d まで続ける.

---

[c] [訳注] 具体的には, すべての $(d-1)$ 項組 $(k_2, k_3, \ldots, k_d)$ $(0 \leq k_2 < n_2, 0 \leq k_3 < n_3, \ldots, 0 \leq k_d < n_d)$ のそれぞれに対して, $a_j = a_{j, k_2, k_3, \ldots, k_d}$ と置いた上で式 (30.8) で定義される 1 次元 DFT を計算し, 結果 y_k を $A[k, k_2, k_3, \ldots, k_d]$ に戻す.

760 | 30 多項式と FFT

b. 計算における次元は任意の順序で選択してよいことを示せ．したがって，d 次元 DFT は，任意の順序で d 個の次元を選択し，その順序で 1 次元 DFT を計算することで計算できる．

c. 1 次元 DFT を高速フーリエ変換を用いて計算すると，d 次元 DFT の計算に必要な総時間は d には依存せず，$O(n \lg n)$ となることを示せ．

30-3 多項式のすべての高階導関数に対するある点での評価

与えられた次数上界が n の多項式 $A(x)$ に対して，第 t 階導関数を

$$
A^{(t)}(x) = \begin{cases} A(x) & t = 0 \text{ のとき} \\ \frac{d}{dx} A^{(t-1)}(x) & 1 \le t \le n-1 \text{ のとき} \\ 0 & t \ge n \text{ のとき} \end{cases}
$$

と定義する．この問題では，$A(x)$ の係数表現 $(a_0, a_1, \ldots, a_{n-1})$ と点 x_0 が与えられたとき，$t = 0, 1, \ldots, n-1$ に対して $A^{(t)}(x_0)$ を計算する方法を示す．

a. 式

$$
A(x) = \sum_{j=0}^{n-1} b_j (x - x_0)^j
$$

を満たす係数 $b_0, b_1, \ldots, b_{n-1}$ が与えられたとき，すべての $t = 0, 1, \ldots, n-1$ に対して $A^{(t)}(x_0)$ を $O(n)$ 時間で計算する方法を示せ．

b. $k = 0, 1, \ldots, n-1$ に対して $A(x_0 + \omega_n^k)$ が与えられたとき，$b_0, b_1, \ldots, b_{n-1}$ を $O(n \lg n)$ 時間で発見する方法を示せ．

c. 次式を証明せよ．

$$
A(x_0 + \omega_n^k) = \sum_{r=0}^{n-1} \left(\frac{\omega_n^{kr}}{r!} \sum_{j=0}^{n-1} f(j) g(r-j) \right)
$$

ここで，$f(j) = a_j \cdot j!$ であり，

$$
g(l) = \begin{cases} x_0^{-l}/(-l)! & -(n-1) \le l \le 0 \text{ のとき} \\ 0 & 1 \le l \le n-1 \text{ のとき} \end{cases}
$$

である．

d. すべての $k = 0, 1, \ldots, n-1$ に対して $A(x_0 + \omega_n^k)$ を $O(n \lg n)$ 時間で評価する方法を示せ．$A(x)$ の自明でないすべての高階導関数を x_0 において $O(n \lg n)$ 時間で評価できることを結論づけよ．

30-4 複数個の点における多項式の評価

章末問題 2-3 では，次数上界が n の多項式のある点での評価は Horner の公式を用いると $O(n)$ 時間でできることを示した．FFT を利用すれば，このような多項式のすべての 1 の複素 n 乗

根での評価が全体で $O(n \lg n)$ 時間でできることを本章で示した．本問題では，次数上界が n の多項式に対して，任意の n 点での評価が全体で $O(n \lg^2 n)$ 時間でできることを示す．

そのために，ある多項式を別の多項式で割ったときの多項式剰余が $O(n \lg n)$ 時間で計算できると仮定する．たとえば，$3x^3 + x^2 - 3x + 1$ を $x^2 + x + 2$ で割った剰余は

$$(3x^3 + x^2 - 3x + 1) \bmod (x^2 + x + 2) = -7x + 5$$

である．

係数表現された多項式 $A(x) = \sum_{k=0}^{n-1} a_k x^k$ と n 個の点 $x_0, x_1, \ldots, x_{n-1}$ が与えられたとき，n 個の値 $A(x_0), A(x_1), \ldots, A(x_{n-1})$ を求めたい．$0 \le j \le j' \le n-1$ に対して，多項式 $P_{jj'}(x) = \prod_{k=j}^{j'} (x - x_k)$ と $Q_{jj'}(x) = A(x) \bmod P_{jj'}(x)$ を定義する．ここで，$Q_{jj'}(x)$ の次数が高々 $j' - j$ であることに注意せよ．

a. 任意の点 z に対して $A(x) \bmod (x - z) = A(z)$ であることを証明せよ．

b. $Q_{kk}(x) = A(x_k)$ および $Q_{0,n-1}(x) = A(x)$ を証明せよ．

c. $j \le k \le j'$ に対して，$Q_{jk}(x) = Q_{jj'}(x) \bmod P_{jk}(x)$ および $Q_{kj'}(x) = Q_{jj'}(x) \bmod P_{kj'}(x)$ であることを証明せよ．

d. $A(x_0), A(x_1), \ldots, A(x_{n-1})$ を計算する $O(n \lg^2 n)$ 時間アルゴリズムを示せ．

30-5 剰余演算を用いる FFT

定義したように，離散フーリエ変換では複素演算を行うので丸め誤差によって精度が落ちる．解が整数だけを含むことが知られている問題では，剰余演算に基づく修正された FFT を用いれば解の正確な計算が保証できる．このような問題の一例に整数係数を持つ多項式の乗算がある．練習問題 30.2-6 では，n 点上の DFT を扱うために長さが $\Omega(n)$ ビットの法 (modulus) を用いる方法を示した．もっと合理的な，長さが $O(\lg n)$ ビットの法を用いる方法を本問題では検討する．そのためには第 31 章（整数論的アルゴリズム）の内容を理解しておく必要がある．n はちょうど 2 のベキであると仮定する．

a. $p = kn + 1$ が素数となる最小の k を探したい．k が近似的に $\ln n$ であると期待できそうなことを示す簡単な発見的議論を与えよ．（k の値は $\ln n$ からずっと離れているかもしれないが，k の候補として平均 $O(\lg n)$ 個の値を調べれば十分であることが合理的に期待できる．）p の期待長は n の長さと比べてどうか？

g を $\mathbb{Z}_p^*$ の生成元，$w = g^k \bmod p$ とする．

b. DFT と逆 DFT は法 p の下で明確に定義されている逆演算であることを示せ．ただし，w を 1 の原始 n 乗根として用いる．

c. FFT とその逆変換を法 p の下で $O(\lg n)$ 時間で計算する方法を示せ．ただし，$O(\lg n)$ ビット長の語に対する演算が単位時間で実行できると仮定する．p と w は予め与えられているものとする．

d. ベクトル $(0, 5, 3, 7, 7, 2, 1, 6)$ の DFT を法 $p = 17$ の下で計算せよ．（**ヒント**：$g = 3$ は

762 | 30　多項式と FFT

$\mathbb{Z}_{17}^*$ の生成元であるという事実を検証して利用せよ.)

文献ノート

Van Loan [442] の本は高速フーリエ変換を詳しく論じている. Press–Teukolsky–Vetterling–Flannery [365, 366] は高速フーリエ変換とその応用に関する優れた記述を含んでいる. FFT の重要な応用分野である信号処理を知るには Oppenheim–Schafer [347] と Oppenheim–Willsky [348] の大変優れた教科書を見よ. Oppenheim–Schafer の本では n がちょうど 2 のベキでない場合の扱い方も説明されている.

　フーリエ解析は 1 次元データに限定されない. 画像処理では 2 次元以上のデータの解析に広く用いられている. Gonzalez–Woods [194] と Pratt [363] の本では, 多次元フーリエ変換とその画像処理応用が検討されており, Tolimieri–An–Lu [439] と Van Loan [442] の本では, 多次元高速フーリエ変換の数理が詳述されている.

　Cooley–Tukey [101] は 1960 年代に FFT を発明した研究者として広く知られている. FFT はそれ以前から何度も再発見されてきたが, その重要性は現在のディジタルコンピュータが出現するまでは十分に理解されていなかった. Press–Teukolsky–Vetterling–Flannery は FFT の起源を 1924 年の Runge–König であるとしているが, Heideman–Johnson–Burrus [211] は, 1805 年の C. F. Gauss まで遡り, FFT の歴史を追跡している.

　Frigo–Johnson [161] は高速で汎用性のある FFT の実現法 FFTW (fastest Fourier transform in the West) を開発した. FFTW は, 問題サイズが等しい DFT 計算が複数回必要とされる状況に特化して設計されている. DFT を実際に計算する前に FFTW は "平滑化 (planner)" を行う. すなわち, 試行を繰り返し, 与えられた問題サイズに対してホストマシン上で FFT 計算を最適に分割する方法を決定する. FFTW はハードウェアキャッシュを効率的に利用し, 部分問題が十分小さくなると, 最適化された分岐を持たないコードでそれらを解く. さらに, n が大きな素数であっても, サイズが n の任意の問題を $\Theta(n\lg n)$ 時間で計算できると言う素晴らしい長所を FFTW は持っている.

　標準的なフーリエ変換は時間領域で一様な時間間隔を持つ点を入力として仮定するが, "間隔が一様でない" データ上の FFT を近似する方法も開発されており, Ware [449] に概説されている.

31 整数論的アルゴリズム

NUMBER-THEORETIC ALGORITHMS

整数論は純粋数学に属する，美しいけれどもほとんど役に立たない学問であると考えられていた．今日では整数論的アルゴリズムが広く用いられているが，これは大きな素数に基づく暗号スキーム（体系）の発明に負うところが大きい．これらの方式の実現可能性は，大きな素数を容易に発見できるという事実に依存し，一方，これらの安全性は大きな素数の積の因数分解（あるいは離散対数の計算のような関連する問題）を効率よく解く方法が知られていないという事実に基づいている．本章では，このような応用の基礎となる整数論および関連するアルゴリズムを紹介する．

第 31.1 節で整除性，法の下での合同関係，素因数分解の一意性など，整数論の基本概念を説明することから本章を開始する．第 31.2 節では，世界最古のアルゴリズムの 1 つである，2 つの整数の最大公約数を計算するユークリッドのアルゴリズム[a] を検討する．第 31.3 節では剰余演算の概念を復習する．第 31.4 節では，法 n の下で，与えられた数 a の倍数の集合を調べ，ユークリッドのアルゴリズムを用いて 1 次合同式 $ax = b \pmod{n}$ の解をすべて求める方法を示す．中国人剰余定理を第 31.5 節で示す．第 31.6 節では，n を法とする a のベキを考え，与えられた a, b, n に対して，$a^b \bmod n$ を効率よく計算する反復 2 乗法を示す．この操作が高速素数判定および多くの現代暗号の核になる．第 31.7 節では RSA 公開鍵暗号システムを紹介する．第 31.8 節では乱択素数判定法を検討する．RSA 暗号システムで用いる鍵を生成するには大きな素数を効率よく発見する必要があり，この判定法が利用できる．

入力サイズと算術計算のコスト

本章では大きな整数を扱うので，入力サイズと基礎的な算術演算のコストの概念を整理しておく必要がある．

本章では，"大きな入力"は（ソーティングの場合のように）"多くの整数"を含む入力ではなく，"大きな整数"を含む入力を意味することにする．したがって，入力が含む整数の個数だけではなく，入力を表現するのに必要な**ビット数**によって入力サイズを測る．整数 $a_1, a_2, \ldots, a_k$ を入力とするアルゴリズムの実行時間が $\lg a_1, \lg a_2, \ldots, \lg a_k$ の多項式のとき，すなわち，2 進数として表現した各入力の長さの多項式のとき，このアルゴリズムは，**多項式時間アルゴリズム** (polynomial-time algorithm) である．本書の大部分では，乗算，除算，剰余計算といった基礎的な算術演算を，それぞれ 1 単位時間で実行できる基本 (primitive) 演算であると考えてい

---

[a] ［訳注］「ユークリッドの互除法」として知られている．

764 | 31 整数論的アルゴリズム

る．アルゴリズムが実行するこれらの算術演算の回数を数えることで，コンピュータ上でのアルゴリズムの実際の実行時間を合理的に見積もるための根拠を得ることができた．しかし，基礎的な演算であっても入力が大きくなれば時間がかかる．したがって，整数論的アルゴリズムが必要とする**ビット演算** (bit operation) の回数を尺度とするほうが都合がよい．このモデルでは，2 個の β ビット整数の乗算を通常の方法で行うときには $\Theta(\beta^2)$ 回のビット演算を用いる．同様に，簡単なアルゴリズムによって，$\Theta(\beta^2)$ 時間で β ビットの整数をそれより短い整数で割ったり，その剰余を求めたりできる．（練習問題 31.1-12 参照.）もっと速い方法も知られている．たとえば，2 個の β ビット整数の乗算を行う簡単な分割統治法の実行時間は $\Theta(\beta^{\lg 3})$ であり，$\Theta(\beta \lg \beta \lg \lg \beta)$ 時間で実行することもできる．しかし，実用的には，通常，$\Theta(\beta^2)$ アルゴリズムが最善であり，我々の解析の基礎としてこの計算複雑度を用いることにする．本章では，必要な算術演算の回数とビット演算の回数の両方を用いてアルゴリズムを解析する．

31.1 整数論の基礎的な概念

本節では，整数の集合 $\mathbb{Z} = \{\ldots, -2, -1, 0, 1, 2, \ldots\}$ と自然数の集合 $\mathbb{N} = \{0, 1, 2, \ldots\}$ に関して，初等整数論に現れる基礎的な概念を概説する．

整除性と約数

ある整数が別の整数で割り切れるという概念は整数論の鍵となる概念である．$a = kd$ となる整数 k が存在するとき，$d \mid a$（"d は a を**割り切る** (divide)" と読む）と書く．0 以外のすべての整数は 0 を割り切る．$a > 0$ で $d \mid a$ ならば，$|d| \leq |a|$ である．$d \mid a$ ならば，a は d の**倍数** (multiple) であると言う．d が a を割り切らないとき，$d \nmid a$ と書く．

$d \mid a$ かつ $d \geq 0$ のとき，d は a の**約数** (divisor) であると言う．$d \mid a$ と $-d \mid a$ は同値なので，a の任意の約数の符号反転がつねに a を割り切ることを理解していれば，約数を非負であると定義しても一般性を失わないことに注意しよう．0 以外の整数 a の約数は 1 以上，$|a|$ 以下である．たとえば，24 の約数は 1, 2, 3, 4, 6, 8, 12, 24 である．

すべての正整数 a は**自明な約数** (trivial divisor) 1 と a で割り切れる．a の自明でない約数を a の**因数** (factor) と言う．たとえば，20 の因数は 2, 4, 5, 10 である．

素数と合成数

約数が自明な約数 1 と a だけである整数 $a > 1$ を**素数** (prime number, prime) と言う．素数は多くの特別な性質を持っており，整数論において重要な役割を果たす．最初の 20 個の素数を小さい順に並べると

　2, 3, 5, 7, 11, 13, 17, 19, 23, 29, 31, 37, 41, 43, 47, 53, 59, 61, 67, 71

である．練習問題 31.1-2 では無限に多くの素数が存在することの証明を問う．素数ではない整数 $a > 1$ を**合成数** (composite number)，あるいは単に，**合成** (composite) と言う．たとえば，39 は $3 \mid 39$ なので合成数である．整数 1 を**単数** (unit) と言う．単数は素数でも合成数でもない．同様に，0 とすべての負の整数は素数でも合成数でもない．

31.1 整数論の基礎的な概念 | **765**

除法の定理，剰余，法の下での同値

整数 n が与えられたとき，全整数を n の倍数とそれ以外に分割できる．n の倍数ではない整数を n で割った剰余によって分類し，この分割をさらに細分化できる．こうして得られる分割に多くの整数論は基礎づけられている．次の定理はこの細分化に根拠を与える．この定理の証明は省略する（たとえば Niven–Zuckerman [345] を参照せよ）．

定理 31.1（除法の定理）　任意の整数 a と任意の正整数 n に対して，$0 \leq r < n$ かつ $a = qn+r$ を満たす整数 q と r の組が唯一存在する．　　　　　　　　　　　　　　　　　■

　値 $q = \lfloor a/n \rfloor$ をこの除算の**商** (quotient)，値 $r = a \bmod n$ をこの除算の**剰余** (remainder, residue) と言う．$n \mid a$ であるための必要十分条件は $a \bmod n = 0$ である．

　整数は n を法とする剰余によって n 個の剰余類[b] に分割できる．整数 a を含む **n の法の下の剰余類** (equivalence class modulo n) は

$$[a]_n = \{a + kn : k \in \mathbb{Z}\}$$

である．たとえば，$[3]_7 = \{\ldots, -11, -4, 3, 10, 17, \ldots\}$ である．この集合は $[-4]_7$ あるいは $[10]_7$ と同一である．第 3.3 節（標準的な記法とよく使われる関数）の 54 ページで定義した表記法に従うと，$a \in [b]_n$ と書くのは $a = b \pmod{n}$ と書くのと同じである．このようなすべての剰余類の集合が

$$\mathbb{Z}_n = \{[a]_n : 0 \leq a \leq n-1\} \tag{31.1}$$

である．これと違う定義

$$\mathbb{Z}_n = \{0, 1, \ldots, n-1\} \tag{31.2}$$

に遭遇したときには，0 は $[0]_n$ を表現し，1 は $[1]_n$ を表現し，以下同様に対応していると理解し，これを式 (31.1) と等価であると読むべきである．ここで，各剰余類はそれが含む最小の非負要素によって表現されている．しかし，根底にある剰余類につねに注意を払う必要がある．たとえば，$\mathbb{Z}_n$ の要素である -1 を参照するとき，$-1 = n-1 \pmod{n}$ なので，実は $[n-1]_n$ を参照している．

公約数と最大公約数

d が a と b の両方の約数ならば，d は a と b の**公約数** (common divisor) である．たとえば，30 の約数は $1, 2, 3, 5, 6, 10, 15, 30$ なので，24 と 30 の公約数は $1, 2, 3, 6$ である．1 は任意の 2 つの整数の公約数であることに注意せよ．

　公約数の重要な性質として

$$\text{もし，} d \mid a \text{ かつ } d \mid b \text{ ならば，} d \mid (a+b) \text{ かつ } d \mid (a-b) \tag{31.3}$$

---

[b] ［訳注］equivalence class modulo n の訳を「n の法の下の剰余類」と訳している．equivalence class は，通常「同値類」と呼ばれるが，本章では「剰余類」に統一する．

である．より一般的に，任意の整数 x と y に対して

$$\text{もし，} d \mid a \text{ かつ } d \mid b \text{ ならば，} d \mid (ax + by) \tag{31.4}$$

である．また，$a \mid b$ ならば $|a| \le |b|$ または $b = 0$ なので，

$$a \mid b \text{ かつ } b \mid a \text{ ならば } a = \pm b \tag{31.5}$$

である．

2 つの整数 a と b の少なくとも一方が 0 ではないとき，これらの公約数の中で最大のものを a と b の**最大公約数** (greatest common divisor) と呼び，$\gcd(a, b)$ と記す．たとえば，$\gcd(24, 30) = 6$, $\gcd(5, 7) = 1$, $\gcd(0, 9) = 9$ である．a と b が両方とも 0 でなければ，$\gcd(a, b)$ は 1 と $\min\{|a|, |b|\}$ の間の整数である．$\gcd(0, 0) = 0$ と定義する．そうすると，gcd 関数の（以下の式 (31.9) のような）標準的な性質が一般的に成立する．

練習問題 31.1-9 では，以下の gcd 関数の基本性質を証明する：

$$\gcd(a, b) = \gcd(b, a) \tag{31.6}$$
$$\gcd(a, b) = \gcd(-a, b) \tag{31.7}$$
$$\gcd(a, b) = \gcd(|a|, |b|) \tag{31.8}$$
$$\gcd(a, 0) = |a| \tag{31.9}$$
$$\gcd(a, ka) = |a| \qquad \text{任意の } k \in \mathbb{Z} \text{ に対して} \tag{31.10}$$

次の定理は，別の有用な方法で $\gcd(a, b)$ を特徴づけている．

定理 31.2 任意の 2 つの整数を a と b とし，少なくとも一方が 0 ではないと仮定する．このとき，$\gcd(a, b)$ は a と b の線形結合の集合 $\{ax + by : x, y \in \mathbb{Z}\}$ の最小の正の要素である．

証明 a と b の線形結合として表現できる正の最小値を s とし，ある $x, y \in \mathbb{Z}$ に対して $s = ax + by$ であるとする．$q = \lfloor a/s \rfloor$ とする．第 3.3 節（標準的な記法とよく使われる関数）の 54 ページの式 (3.11) から

$$
\begin{aligned}
a \bmod s &= a - qs \\
&= a - q(ax + by) \\
&= a(1 - qx) + b(-qy)
\end{aligned}
$$

なので，$a \bmod s$ もまた a と b の線形結合である．s は最小の正の a と b の線形結合かつ $0 \le a \bmod s < s$（第 3.3 節の不等式 (3.12)（54 ページ））なので，$a \bmod s$ は正ではありえない．したがって $a \bmod s = 0$, すなわち $s \mid a$ である．同様にして，$s \mid b$ である．s は a と b の公約数なので，$\gcd(a, b) \ge s$ が成立する．一方，$\gcd(a, b)$ は a と b を共に割り切り，s は a と b の線形結合なので，式 (31.4) より $\gcd(a, b) \mid s$ である．しかし，$\gcd(a, b) \mid s$ かつ $s > 0$ なので $\gcd(a, b) \le s$ が成立する．$\gcd(a, b) \ge s$ かつ $\gcd(a, b) \le s$ なので $\gcd(a, b) = s$ であり，したがって，s が a と b の最大公約数であると結論できた． ■

定理 31.2 より，3 つの有用な系が導出される．

系 31.3 任意の整数 a と b に対して，$d \mid a$ かつ $d \mid b$ ならば $d \mid \gcd(a, b)$ である．

証明 定理 31.2 より，$\gcd(a,b)$ は a と b の線形結合なので，式 (31.4) よりこの系を得る． ∎

系 31.4 すべての整数 a，b と任意の非負整数 n に対して

$$\gcd(an, bn) = n \gcd(a, b)$$

である．

証明 $n = 0$ のとき，系は明らかに成立する．$n > 0$ のとき，$\gcd(an, bn)$ は集合 $\{anx + bny : x, y \in \mathbb{Z}\}$ の正の最小要素であるが，これは集合 $\{ax + by : x, y \in \mathbb{Z}\}$ の正の最小要素を n 倍したものである． ∎

系 31.5 すべての正の整数 n, a, b に対して，$n \mid ab$ かつ $\gcd(a, n) = 1$ ならば $n \mid b$ である．

証明 この証明は練習問題 31.1-5 とする． ∎

互いに素な整数

2 つの整数 a と b の唯一の公約数が 1 であるとき，すなわち，$\gcd(a, b) = 1$ であるとき，これらの数は**互いに素** (relatively prime) であると言う．たとえば，8 の約数は 1，2，4，8 で，15 の約数は 1，3，5，15 なので，8 と 15 は互いに素である．2 つの整数が共にある整数 p と互いに素ならば，それらの積と p も互いに素であると，次の定理は主張している．

定理 31.6 任意の整数 a，b，p に対して，$\gcd(ab, p) = 1$ であることと，$\gcd(a, p) = 1$ と $\gcd(b, p) = 1$ が共に成立することとは同値である．

証明 $\gcd(a, p) = 1$ と $\gcd(b, p) = 1$ が共に成立すると仮定すると，定理 31.2 より，条件

$$
\begin{aligned}
ax + py &= 1 \\
bx' + py' &= 1
\end{aligned}
$$

を満たす整数 x，y，x'，y' が存在する．これらの式の積を取り，整理すると

$$ab(xx') + p(ybx' + y'ax + pyy') = 1$$

となる．したがって，1 は ab と p の線形結合なので，1 は最小の正の線形結合である．定理 31.2 を用いると $\gcd(ab, p) = 1$ であり，この方向の証明が完了する．

逆に $\gcd(ab, p) = 1$ が成立すると仮定する．定理 31.2 より，

$$abx + py = 1$$

を満たす整数 x と y が存在する．abx を $a(bx)$ と書いて定理 31.2 を用いると，$\gcd(a, p) = 1$ が証明できる．同様に $\gcd(b, p) = 1$ も証明できる． ∎

整数 $n_1, n_2, \ldots, n_k$ が**対ごとに互いに素** (pairwise relatively prime) であるのは，$\gcd(n_i, n_j) = 1$ が任意の $1 \le i < j \le k$ に対して成立するときである．

768 | 31 整数論的アルゴリズム

素因数分解の一意性

素数の整除性に関する，初等的ではあるが重要な事実を次に示す．

定理 31.7 すべての素数 p とすべての整数 a, b に対して，$p \mid ab$ ならば $p \mid a$ または $p \mid b$ （あるいは，その両方）が成立する．

証明 $p \mid ab$ だが，$p \nmid a$ かつ $p \nmid b$ であると仮定して矛盾を導く．$p > 1$ かつある $k \in \mathbb{Z}$ に対して $ab = kp$ なので，式 (31.10) より $\gcd(ab, p) = p$ である．一方，p の約数は 1 と p だけで，p は a も b も割り切らないと仮定しているので，$\gcd(a, p) = 1$ かつ $\gcd(b, p) = 1$ である．したがって，定理 31.6 より $\gcd(ab, p) = 1$ となり，$\gcd(ab, p) = p$ に矛盾する．したがって，証明が完了した．∎

任意の合成数が素数の積に一意に因数分解できることが定理 31.7 から結論できる．練習問題 31.1-11 で，そのことを証明する．

定理 31.8（素因数分解の一意性） 合成数 a は積の形

$$a = p_1^{e_1} p_2^{e_2} \cdots p_r^{e_r}$$

として一意に記述できる．ただし，各 p_i は素数で，$p_1 < p_2 < \cdots < p_r$ を満たし，各 e_i は正の整数である．∎

たとえば，整数 6000 は $2^4 \cdot 3^1 \cdot 5^3$ と一意に素因数分解できる．

練習問題

31.1-1 $a > b > 0$ かつ $c = a + b$ ならば $c \bmod a = b$ であることを証明せよ．

31.1-2 素数が無限に多く存在することを証明せよ．（**ヒント**：素数 $p_1, p_2, \ldots, p_k$ の中に $(p_1 p_2 \cdots p_k) + 1$ を割り切るものがないことを示せ．）

31.1-3 $a \mid b$ かつ $b \mid c$ ならば $a \mid c$ であることを証明せよ．

31.1-4 p が素数で $0 < k < p$ ならば $\gcd(k, p) = 1$ であることを証明せよ．

31.1-5 系 31.5 を証明せよ．

31.1-6 p が素数で $0 < k < p$ ならば $p \mid \binom{p}{k}$ であることを証明せよ．すべての整数 a, b とすべての素数 p に対して

$$(a + b)^p = a^p + b^p \pmod{p}$$

であることを結論づけよ．

31.1-7 a と b が $a \mid b$ を満たす任意の整数ならば，任意の整数 x に対して

$$(x \bmod b) \bmod a = x \bmod a$$

が成り立つことを証明せよ．同じ仮定の下で，任意の整数 x と y に対して

$$x = y \pmod{b} \quad \text{ならば} \quad x = y \pmod{a} \text{ である}$$

ことを証明せよ.

31.1-8 ある $k > 0$ に対して $a^k = n$ を満たす整数 a が存在するとき，整数 n は **k 次ベキ** (k-th power) であると言う．さらに，$n > 1$ がある整数 $k > 1$ に対して k 次ベキならば，**自明でないベキ** (nontrivial power) であると言う．与えられた β ビット整数 n が自明でないベキであるか否かを β の多項式時間で判定する方法を示せ.

31.1-9 式 (31.6)~(31.10) を証明せよ.

31.1-10 gcd 演算子が結合的であることを証明せよ．すなわち，すべての整数 a, b, c に対して

$$\gcd(a, \gcd(b, c)) = \gcd(\gcd(a, b), c)$$

であることを証明せよ.

31.1-11 ★ 定理 31.8 を示せ.

31.1-12 β ビット整数をそれより短い整数で割った商を求める演算と，β ビット整数をそれより短い整数で割った剰余を求める演算に対する効率の良いアルゴリズムを与えよ．それらのアルゴリズムの実行時間は $\Theta(\beta^2)$ でなければならない.

31.1-13 与えられた β ビットの 2 進数を 10 進表現に変換する効率の良いアルゴリズムを構成せよ．高々 β の長さの整数の乗算と除算に $M(\beta)$ $(= \Omega(\beta))$ 時間かかるとき，2 進数から 10 進数へ $\Theta(M(\beta) \lg \beta)$ 時間で変換できることを示せ．（**ヒント**：上半分と下半分の結果を別々の再帰によって求め，分割統治法を用いよ.）

31.1-14 Marshall 教授は n 個の電球を一列に並べた．それぞれの電球にはスイッチがついていて，スイッチを押すと off 状態と on 状態が入れ換わる．最初，すべての電球は off 状態である．$i = 1, 2, 3, \ldots, n$ に対して，教授は電球 $i, 2i, 3i, \ldots$ のスイッチを押してゆく．最後のスイッチを押し終わった後，on 状態の電球をすべて示せ．そのことを証明せよ.

31.2 最大公約数

本節では，2 つの整数の最大公約数を効率よく計算するユークリッドのアルゴリズムを説明する．実行時間を解析すると，フィボナッチ数との驚くべき関係が明らかになる．すなわち，フィボナッチ数は，ユークリッドのアルゴリズムに対して，最悪の入力をもたらすことが分かる.

本節では非負の整数だけを扱う．この制約は式 (31.8)，すなわち，$\gcd(a, b) = \gcd(|a|, |b|)$ から妥当である.

原理的には，正整数 a と b に対して，それらの素因数分解は，$\gcd(a, b)$ を計算するのに十分である．実際，指数 0 を使うことを許し，a と b を同じ素数 $p_1, p_2, \ldots, p_r$ の集合を用いて，

$$a = p_1^{e_1} p_2^{e_2} \cdots p_r^{e_r} \tag{31.11}$$
$$b = p_1^{f_1} p_2^{f_2} \cdots p_r^{f_r} \tag{31.12}$$

と素因数分解すると，練習問題 31.2-1 で証明するように

$$\gcd(a, b) = p_1^{\min\{e_1, f_1\}} p_2^{\min\{e_2, f_2\}} \cdots p_r^{\min\{e_r, f_r\}} \tag{31.13}$$

770 | 31 整数論的アルゴリズム

である. しかし, 現在知られている最良の素因数分解アルゴリズムは多項式時間では走らない. したがって, この方針から効率よく最大公約数を計算するアルゴリズムが導かれるとは考えにくい.

最大公約数を計算するユークリッドのアルゴリズムは, 次の定理に基づいている.

定理 31.9 (GCD 再帰定理) 任意の非負整数 a と任意の正整数 b に対して

$$\gcd(a, b) = \gcd(b, a \bmod b)$$

が成立する.

証明 $\gcd(a, b)$ と $\gcd(b, a \bmod b)$ が互いを割り切ることを示す. その結果, 式 (31.5) よりこれらが (共に非負なので) 等しいことが分かる.

最初に $\gcd(a, b) \mid \gcd(b, a \bmod b)$ であることを示す. $d = \gcd(a, b)$ と置く. $d \mid a$ かつ $d \mid b$ である. 第 3.3 節 (標準的な記法とよく使われる関数) の 54 ページの式 (3.11) より, $q = \lfloor a/b \rfloor$ とすると $a \bmod b = a - qb$ である. したがって, $a \bmod b$ は, a と b の線形結合であり, 式 (31.4) より $d \mid (a \bmod b)$ である. そこで, $d \mid b$ かつ $d \mid (a \bmod b)$ なので, 系 31.3 より $d \mid \gcd(b, a \bmod b)$, あるいは, それと等価な

$$\gcd(a, b) \mid \gcd(b, a \bmod b) \tag{31.14}$$

が成立する.

$\gcd(b, a \bmod b) \mid \gcd(a, b)$ の証明はほとんど同じである. $d = \gcd(b, a \bmod b)$ と置く. $d \mid b$ かつ $d \mid (a \bmod b)$ である. $q = \lfloor a/b \rfloor$ とすると $a = qb + (a \bmod b)$ なので, a は b と $(a \bmod b)$ の線形結合である. したがって, 式 (31.4) より $d \mid a$ である.

$d \mid b$ かつ $d \mid a$ なので, 系 31.3 から $d \mid \gcd(a, b)$, あるいはそれと等価な

$$\gcd(b, a \bmod b) \mid \gcd(a, b) \tag{31.15}$$

が成立する. 式 (31.14) と (31.15) を式 (31.5) に適用すると証明が完了する. ∎

ユークリッドのアルゴリズム

ユークリッドの『原論 (*Elements*)』(紀元前約 300 年) に, 以下に示す gcd アルゴリズムが記述されているが, その起源はもっと古いかもしれない. 再帰手続き EUCLID は, ユークリッドのアルゴリズムを定理 31.9 に直接基づいて実現したものである. 入力 a と b は任意の非負整数である.

```
EUCLID(a, b)
1   if b == 0
2       return a
3   else return EUCLID(b, a mod b)
```

EUCLID の実行例として $\gcd(30, 21)$ の計算を考えると,

$$\text{EUCLID}(30, 21) = \text{EUCLID}(21, 9)$$

$$= \text{Euclid}(9, 3)$$
$$= \text{Euclid}(3, 0)$$
$$= 3$$

となる．この計算は EUCLID を再帰的に 3 回呼び出す．

EUCLID の正しさは，定理 31.9 と，アルゴリズムが第 2 行で a を返すときには $b = 0$ なので，式 (31.9) から $\gcd(a, b) = \gcd(a, 0) = a$ であるという事実から証明される．再帰呼出しが起こるたびに第 2 パラメータが真に減少し，しかもその値はつねに非負なので，このアルゴリズムが無限に再帰を繰り返すことはない．したがって，EUCLID はつねに，正しい答えで終了する．

ユークリッドのアルゴリズムの実行時間

EUCLID の最悪実行時間を a と b の大きさの関数として解析しよう．EUCLID の全実行時間は，再帰呼出し回数に比例する．この解析では，$a > b \geq 0$，つまり，第 1 パラメータが第 2 パラメータより大きい，と仮定する．なぜか？ $b = a > 0$ ならば $a \bmod b = 0$ なので，この手続きは 1 回の再帰呼出しの後，終了する．$b > a \geq 0$ ならば，$\text{EUCLID}(a, b)$ は，直ちに再帰呼出し $\text{EUCLID}(b, a)$ を行う．その結果，第 1 パラメータは第 2 パラメータより大きくなる．この場合には，$a > b$ のときよりもちょうど 1 回だけ多く再帰呼出しを行うことになるからである．

ここでの解析は，第 3.3 節（標準的な記法とよく使われる関数）の漸化式 (3.31) (58 ページ) によって定義される数 F_k を利用する．

補題 31.10 $a > b \geq 1$ であり，手続き $\text{EUCLID}(a, b)$ が，$k \geq 1$ 回再帰呼出しを実行するなら，$a \geq F_{k+2}$ かつ $b \geq F_{k+1}$ である．

証明 k に関する帰納法によって証明する．帰納法の基底は $k = 1$ である．このとき，$b \geq 1 = F_2$ であり，$a > b$ なので $a \geq 2 = F_3$ である．$b > (a \bmod b)$ なので，各再帰呼出しでは第 1 パラメータは第 2 パラメータより真に大きい．したがって，$a > b$ の仮定は，各再帰呼出しで成立する．

帰納法の仮定として，再帰呼出しが $k - 1$ 回発生するときには補題が成立すると仮定し，再帰呼出しが k 回発生するときに補題が成立することを証明する．$k > 0$ なので，$b > 0$ であり，$\text{EUCLID}(a, b)$ は $\text{EUCLID}(b, a \bmod b)$ を再帰的に呼び出すが，これは次に $k - 1$ 回の再帰呼出しを行う．帰納法仮定から，$b \geq F_{k+1}$（補題の一部がこれで証明された）かつ $a \bmod b \geq F_k$ である．$a > b > 0$ は $\lfloor a/b \rfloor \geq 1$ を意味するので

$$b + (a \bmod b) = b + (a - b\lfloor a/b \rfloor) \qquad \text{（第 3.3 節（標準的な記法とよく使われる関数）}$$
$$\text{の式 (3.11) (54 ページ) より）}$$
$$\leq a$$

である．したがって

$$a \geq b + (a \bmod b)$$
$$\geq F_{k+1} + F_k$$
$$= F_{k+2}$$

772 | 31 整数論的アルゴリズム

である.

次の定理は，この補題の簡単な系である.

定理 31.11 (Lamé（ラメ）の定理)　任意の整数 $k \geq 1$ に対して，$a > b \geq 1$ かつ $b < F_{k+1}$ ならば，手続き EUCLID(a, b) が行う再帰呼出しの回数は，k 回未満である.　∎

定理 31.11 の上界をこれ以上改善できないことを示すため，$k \geq 2$ のとき，EUCLID(F_{k+1}, F_k) が，正確に $k - 1$ 回の再帰呼出しを実行することを示そう．k に関する帰納法を用いる．$k = 2$ の基底の場合，EUCLID(F_3, F_2) は正確に 1 回だけの再帰呼出しを，EUCLID$(1, 0)$ に対して行う．（$k = 1$ のときには $F_2 > F_1$ を満たさないので，帰納法は $k = 2$ から始めなければならない．）帰納段階として，EUCLID(F_k, F_{k-1}) が，正確に $k - 2$ 回再帰呼出しをすると仮定する．$k > 2$ ならば，$F_k > F_{k-1} > 0$ かつ $F_{k+1} = F_k + F_{k-1}$ であり，練習問題 31.1-1 から $F_{k+1} \bmod F_k = F_{k-1}$ が成立する．$b > 0$ のとき，EUCLID(a, b) は，EUCLID$(b, a \bmod b)$ を呼び出すので，手続き EUCLID(F_{k+1}, F_k) は，手続き EUCLID(F_k, F_{k-1}) よりも 1 回多く，正確に $k - 1$ 回再帰し，これは定理 31.11 の上界と一致する．

ϕ を第 3.3 節（（標準的な記法とよく使われる関数））の式 (3.32)（58 ページ）によって定義される黄金比 $(1 + \sqrt{5})/2$ とするとき，F_k は，$\phi^k/\sqrt{5}$ によって近似できるので，EUCLID が行う再帰呼出し回数は $O(\lg b)$ である．（もっと正確な限界は練習問題 31.2-5 参照．）したがって，EUCLID を β ビットの整数 2 個に対して呼び出すと，（β ビット整数の乗算と除算にそれぞれ $O(\beta^2)$ 回のビット演算が必要であると仮定すると）手続きは $O(\beta)$ 回の算術演算，すなわち $O(\beta^3)$ 回のビット演算を実行する．章末問題 31-2 ではビット演算回数の上界 $O(\beta^2)$ を示す．

ユークリッドアルゴリズムの拡張

有用な付加情報を計算するために，ユークリッドのアルゴリズムを書き換える．具体的に言うと，

$$d = \gcd(a, b) = ax + by \tag{31.16}$$

を満たす整数係数 x と y を計算するようにアルゴリズムを拡張しよう．x と y は，零でも負でもよいことに注意せよ．これらの係数は剰余乗算の逆数の計算に役立つことが後に明らかになる．手続き EXTENDED-EUCLID は，入力として非負整数の対を取り，式 (31.16) を満たす 3 項組 (d, x, y) を返す．一例として，図 31.1 は EXTENDED-EUCLID が $\gcd(99, 78)$ を計算するプロセスを示している．

手続き EXTENDED-EUCLID は，手続き EUCLID の修正版である．第 1 行は判定 "$b == 0$" であり，EUCLID の第 1 行に等しい．$b = 0$ のとき，EXTENDED-EUCLID の第 2 行は，$d = a$ だけでなく，係数 $x = 1$ と $y = 0$ も返す．その結果，$a = ax + by$ が満たされる．$b \neq 0$ のとき，EXTENDED-EUCLID は，まず $d' = \gcd(b, a \bmod b)$ かつ

$$d' = bx' + (a \bmod b)y' \tag{31.17}$$

を満たす (d', x', y') を計算する．EUCLID と同様，$d = \gcd(a, b) = d' = \gcd(b, a \bmod b)$ であ

EXTENDED-EUCLID(a, b)

1 **if** $b == 0$
2   **return** $(a, 1, 0)$
3 **else** $(d', x', y') = $ EXTENDED-EUCLID$(b, a \bmod b)$
4      $(d, x, y) = (d', y', x' - \lfloor a/b \rfloor y')$
5   **return** (d, x, y)

a	b	$\lfloor a/b \rfloor$	d	x	y
99	78	1	3	-11	14
78	21	3	3	3	-11
21	15	1	3	-2	3
15	6	2	3	1	-2
6	3	2	3	0	1
3	0	—	3	1	0

図 31.1 EXTENDED-EUCLID が $\gcd(99, 78)$ を計算するプロセス．各行は，1 つの再帰レベルに対応する：入力 a と b の値，計算された値 $\lfloor a/b \rfloor$，返される値 d, x, y を示す．返された 3 項組 (d, x, y) は，次のレベルの再帰で用いられる 3 項組 (d', x', y') になる．EXTENDED-EUCLID$(99, 78)$ を呼び出すと $(3, -11, 14)$ が返され，$\gcd(99, 78) = 3 = 99 \cdot (-11) + 78 \cdot 14$ である．

る．$d = ax + by$ を満たす x と y を得るために，$d = d'$ と式 (3.11) を用いて式 (31.17) を

$$d = bx' + (a - b \lfloor a/b \rfloor)y'$$
$$= ay' + b(x' - \lfloor a/b \rfloor y')$$

と書き換える．$x = y'$ および $y = x' - \lfloor a/b \rfloor y'$ を選択すると式 $d = ax + by$ を満たすので，EXTENDED-EUCLID の正しさが証明された．

EUCLID の再帰呼出し回数は EXTENDED-EUCLID の再帰呼出し回数に等しいので，EUCLID と EXTENDED-EUCLID の実行時間は定数倍の範囲で等しい．すなわち，$a > b > 0$ ならば再帰呼出し回数は $O(\lg b)$ である．

練習問題

31.2-1 式 (31.11) と式 (31.12) から式 (31.13) が導かれることを示せ．

31.2-2 呼出し EXTENDED-EUCLID$(899, 493)$ が返す値 (d, x, y) を計算せよ．

31.2-3 すべての整数 a, k, n に対して

$$\gcd(a, n) = \gcd(a + kn, n) \tag{31.18}$$

であることを証明せよ．式 (31.18) を用いて，$a = 1 \pmod{n}$ ならば $\gcd(a, n) = 1$ であることを示せ．

31.2-4 EUCLID を一定の記憶領域しか使わない（すなわち，定数個の整数値だけを保存する）繰返し形式に書き換えよ．

31.2-5 $a > b \geq 0$ ならば，手続き EUCLID(a, b) は，高々 $1 + \log_\phi b$ 回しか再帰呼出しを行わ

ないことを示せ. この上界を $1 + \log_\phi(b/\gcd(a,b))$ に改善せよ.

31.2-6 EXTENDED-EUCLID(F_{k+1}, F_k) が返す値を示せ. 解答が正しいことを証明せよ.

31.2-7 再帰方程式 $\gcd(a_0, a_1, \ldots, a_n) = \gcd(a_0, \gcd(a_1, a_2, \ldots, a_n))$ によって, 3つ以上のパラメータを持つ gcd 関数を定義する. この gcd 関数が, パラメータの指定順序とは無関係に同じ値を返すことを示せ. また, $\gcd(a_0, a_1, \ldots, a_n) = a_0 x_0 + a_1 x_1 + \cdots + a_n x_n$ を満たす整数 $x_0, x_1, \ldots, x_n$ を求める方法を示せ. このアルゴリズムの除算実行回数が, $O(n + \lg(\max\{a_0, a_1, \ldots, a_n\}))$ であることを示せ.

31.2-8 $\operatorname{lcm}(a_1, a_2, \ldots, a_n)$ を n 個の整数 $a_1, a_2, \ldots, a_n$ の**最小公倍数** (least common multiple), すなわち, 各 a_i に共通の倍数の中で最小の非負整数と定義する. (2 パラメータの) gcd 演算をサブルーチンとして用いて $\operatorname{lcm}(a_1, a_2, \ldots, a_n)$ を効率よく計算する方法を示せ.

31.2-9 4つの整数 n_1, n_2, n_3, n_4 が, 対ごとに互いに素であるための必要十分条件は,

$$\gcd(n_1 n_2, n_3 n_4) = \gcd(n_1 n_3, n_2 n_4) = 1$$

であることを示せ. より一般的に, k 個の整数 $n_1, n_2, \ldots, n_k$ が, 対ごとに互いに素であるための必要十分条件は, これらの整数 n_i の $\lceil \lg k \rceil$ 個の対のそれぞれが互いに素であることを示せ.

31.3 剰余演算

形式ばらずに言えば, 剰余演算は, 通常の整数上の演算と次の点を除けば同じであると考えてよい. すなわち, n を法とする剰余演算では, すべての結果 x は, n を法として x と等しい $\{0, 1, \ldots, n-1\}$ の要素と置き換える (ので, x は $x \bmod n$ に置き換えられる). 加算, 減算, 乗算だけしか扱わなければ, この簡略な説明で十分である. 剰余演算のもっと正確なモデルは群論の枠組みで記述するのが最善であり, 本節で紹介する.

有限群

群 (group) $(S, \oplus)$ は, 以下の諸性質を持つ S 上で定義された 2 項演算 $\oplus$ 集合 S である:

1. **閉包性**: すべての $a, b \in S$ に対して, $a \oplus b \in S$ である.
2. **単位元**: すべての $a \in S$ に対して, $e \oplus a = a \oplus e = a$ を満たす要素 $e \in S$ が存在する. この要素 e をこの群の**単位元** (identity) と呼ぶ.
3. **結合則**: すべての $a, b, c \in S$ に対して $(a \oplus b) \oplus c = a \oplus (b \oplus c)$ である.
4. **逆元**: 各 $a \in S$ に対して, $a \oplus b = b \oplus a = e$ を満たす要素 $b \in S$ が, ただ 1 つ存在する. この要素 b を a の**逆元** (inverse) と呼ぶ.

一例として, 整数 $\mathbb{Z}$ とその上の加法が作るよく知られた群 $(\mathbb{Z}, +)$ を考える: 0 が単位元で, a の逆元は $-a$ である. **可換群** (abelian group) $(S, \oplus)$ は, すべての $a, b \in S$ に対して**交換則** (commutative law) $a \oplus b = b \oplus a$ を満たす. 群 $(S, \oplus)$ の**サイズ** (size) は $|S|$ である. $|S| < \infty$ を満たすならば, $(S, \oplus)$ は**有限群** (finite group) である.

$+_6$	0	1	2	3	4	5
0	0	1	2	3	4	5
1	1	2	3	4	5	0
2	2	3	4	5	0	1
3	3	4	5	0	1	2
4	4	5	0	1	2	3
5	5	0	1	2	3	4

$\cdot_{15}$	1	2	4	7	8	11	13	14
1	1	2	4	7	8	11	13	14
2	2	4	8	14	1	7	11	13
4	4	8	1	13	2	14	7	11
7	7	14	13	4	11	2	1	8
8	8	1	2	11	4	13	14	7
11	11	7	14	2	13	1	8	4
13	13	11	7	1	14	8	4	2
14	14	13	11	8	7	4	2	1

(a)　　　　　　　　　　　　　　　　　(b)

図 31.2 2 つの有限群. 剰余類をその代表元によって示す. **(a)** 群 $(\mathbb{Z}_6, +_6)$. **(b)** 群 $(\mathbb{Z}_{15}^*, \cdot_{15})$.

剰余加算と剰余乗算から定義される群

n を正整数とする. 法 n の下での加算と乗算から 2 つの有限可換群を形成できる. これらの群は, 第 31.1 節で定義した, 法 n の下での整数の剰余類に基づいている.

$\mathbb{Z}_n$ 上の群を定義するには, 適切な 2 項演算が必要であり, これらは通常の加算と乗算を再定義して得ることができる. $\mathbb{Z}_n$ に対する加算と乗算を定義することができる. なぜなら, 2 つの整数の剰余類からこれらの和や積の剰余類が一意に決まるからである. すなわち, $a = a' \pmod{n}$ かつ $b = b' \pmod{n}$ ならば

$$a + b = a' + b' \pmod{n}$$
$$ab = a'b' \pmod{n}$$

である. したがって, $\mathbb{Z}_n$ に対して加算と乗算を定義できる. 法 n の下での加算 $+_n$ と乗算 $\cdot_n$ を

$$[a]_n +_n [b]_n = [a + b]_n \tag{31.19}$$
$$[a]_n \cdot_n [b]_n = [ab]_n$$

と定義する. ($\mathbb{Z}_n$ 上の減算は, 同様に, $[a]_n -_n [b]_n = [a - b]_n$ と定義できるが, 後で説明するように, 除算はもっと複雑である.) これらの事実が, $\mathbb{Z}_n$ での計算では, 各剰余類の最小の非負要素を, その代表元にするという慣習の根拠になっている. 我々は, これらの代表元の上で加算, 減算, 乗算を普通に実行するが, 結果 x はその剰余類の代表元, すなわち, $x \bmod n$ で置き換える.

法 n の下での加算の定義を用いて, **法 n の下での加法群** (additive group modulo n) を $(\mathbb{Z}_n, +_n)$ として定義する. 法 n の下での加法群のサイズは $|\mathbb{Z}_n| = n$ である. 図 31.2(a) に群 $(\mathbb{Z}_6, +_6)$ の演算表を示す.

定理 31.12 $(\mathbb{Z}_n, +_n)$ は, 有限可換群である.

証明 式 (31.19) は, $(\mathbb{Z}_n, +_n)$ が閉包性を持つことを示している. 演算 $+_n$ が結合則と可換則を満たすことは, 演算 $+$ が結合則と可換則を満たすことから分かる:すなわち

$$([a]_n +_n [b]_n) +_n [c]_n = [a + b]_n +_n [c]_n$$

$$= [(a + b) + c]_n$$
$$= [a + (b + c)]_n$$
$$= [a]_n +_n [b + c]_n$$
$$= [a]_n +_n ([b]_n +_n [c]_n)$$

$$[a]_n +_n [b]_n = [a + b]_n$$
$$= [b + a]_n$$
$$= [b]_n +_n [a]_n$$

である. $(\mathbb{Z}_n, +_n)$ の単位元は 0 (すなわち, $[0]_n$) である. 要素 a (すなわち, $[a]_n$) の (加法) 逆元は, $[a]_n +_n [-a]_n = [a - a]_n = [0]_n$ なので, 要素 $-a$ (すなわち, $[-a]_n$ または $[n - a]_n$) である. ∎

法 n の下での乗算の定義を用いて, **法 n の下での乗法群** (multiplicative group modulo n) を $(\mathbb{Z}_n^*, \cdot_n)$ として定義する. ここで, この群の要素集合 $\mathbb{Z}_n^*$ は,

$$\mathbb{Z}_n^* = \{[a]_n \in \mathbb{Z}_n : \gcd(a, n) = 1\}$$

すなわち, n と互いに素である $\mathbb{Z}_n$ の要素の集合であり, したがって, $\mathbb{Z}_n^*$ の各要素は, 法 n の下で唯一の逆元を持つ. $\mathbb{Z}_n^*$ が明確に定義されることを確認するために, $0 \le a < n$ に対して, $a = (a + kn) \pmod{n}$ が, すべての整数 k に対して成り立つことに注意せよ. したがって, 練習問題 31.2-3 より, $\gcd(a, n) = 1$ ならば, すべての整数 k に対して $\gcd(a + kn, n) = 1$ である. $[a]_n = \{a + kn : k \in \mathbb{Z}\}$ なので $\mathbb{Z}_n^*$ は明確に定義されている. このような群の例として

$$\mathbb{Z}_{15}^* = \{1, 2, 4, 7, 8, 11, 13, 14\}$$

がある. ただし, 群の演算は法 15 の下での乗算である. (ここで要素 $[a]_{15}$ を a と表記する. すると, 7 は, $[7]_{15}$ のことである.) 図 31.2(b) に群 $(\mathbb{Z}_{15}^*, \cdot_{15})$ を示す. たとえば, $\mathbb{Z}_{15}^*$ 上では, $8 \cdot 11 = 13 \pmod{15}$ である. この群の単位元は 1 である.

定理 31.13 $(\mathbb{Z}_n^*, \cdot_n)$ は, 有限可換群である.

証明 定理 31.6 は, $(\mathbb{Z}_n^*, \cdot_n)$ が閉包性を持つことを示している. 定理 31.12 で, $+_n$ に対して結合性と可換性を証明したのと同様に, $\cdot_n$ に対して, 結合性と可換性を証明できる. 単位元は $[1]_n$ である. 逆元の存在を示すために, a を $\mathbb{Z}_n^*$ の 1 要素, (d, x, y) を Extended-Euclid(a, n) の出力とする. このとき, $a \in \mathbb{Z}_n^*$ なので, $d = 1$ である. したがって

$$ax + ny = 1 \tag{31.20}$$

あるいは等価で,

$$ax = 1 \pmod{n}$$

が成立する. 以上から, 法 n の下で $[x]_n$ は $[a]_n$ の乗法逆元である. さらに, $[x]_n \in \mathbb{Z}_n^*$ である. なぜなら, 式 (31.20) は x と n の線形結合で表現される最小の正整数は 1 であると主張しているので, 定理 31.2 より $\gcd(x, n) = 1$ である. 逆元が一意に定義されることの証明は, 第 31.4 節の系 31.26 で行う. ∎

乗法の逆元を計算する例として，$a = 5$, $n = 11$ の場合を考える．Extended-Euclid(a, n) は $(d, x, y) = (1, -2, 1)$ を返し，$1 = 5 \cdot (-2) + 11 \cdot 1$ が成立している．したがって，$[-2]_{11}$（または，$[9]_{11}$）が $[5]_{11}$ の乗法逆元である．

本章の以下の部分で，群 $(\mathbb{Z}_n, +_n)$ や $(\mathbb{Z}_n^*, \cdot_n)$ を考察するとき，便利な慣習に従い，剰余類をその代表元で表し，演算 $+_n$ と $\cdot_n$ を通常の算術演算記号 $+$ と $\cdot$（あるいは，$ab = a \cdot b$ のように，演算子を間に挟まず，記号を並置すること）によって表す．また，法 n の下での合同関係は $\mathbb{Z}_n$ における式と解釈することもできる．たとえば，次の 2 つの言明は等価である：

$$ax = b \pmod{n}$$

と

$$[a]_n \cdot_n [x]_n = [b]_n$$

記述をさらに簡単にするために，文脈から演算 $\oplus$ が明らかなときには群 $(S, \oplus)$ を，単に S と書く．したがって，$\mathbb{Z}_n$ および $\mathbb{Z}_n^*$ はそれぞれ群 $(\mathbb{Z}_n, +_n)$ と群 $(\mathbb{Z}_n^*, \cdot_n)$ の略記である．

元 a の（乗法）逆元を $(a^{-1} \bmod n)$ で表す．$\mathbb{Z}_n^*$ における除算を式 $a/b = ab^{-1} \pmod{n}$ で定義する．たとえば，$\mathbb{Z}_{15}^*$ では，$7 \cdot 13 = 91 = 1 \pmod{15}$ なので $7^{-1} = 13 \pmod{15}$ であり，$2/7 = 2 \cdot 13 = 11 \pmod{15}$ となる．

$\mathbb{Z}_n^*$ のサイズを $\phi(n)$ で表す．この関数は**オイラーのファイ (ϕ) 関数** (Euler's phi function) として知られており，式

$$\phi(n) = n \prod_{p \text{ は } p \mid n \text{ であるような素数}} \left(1 - \frac{1}{p} \right) \tag{31.21}$$

を満たす．ここで，p は n を割り切る（n が素数なら n 自身を含む）すべての素数にわたる．この公式は本書では証明しない．直観的には，n 個の剰余 $\{0, 1, \ldots, n-1\}$ のリストから始めて，n を割り切る各素数 p について，このリストの中から p のすべての倍数を削除する．たとえば，45 の素数の約数は 3 と 5 なので，

$$\begin{aligned}
\phi(45) &= 45 \left(1 - \frac{1}{3} \right) \left(1 - \frac{1}{5} \right) \\
&= 45 \left(\frac{2}{3} \right) \left(\frac{4}{5} \right) \\
&= 24
\end{aligned}$$

である．p が素数のときには，$\mathbb{Z}_p^* = \{1, 2, \ldots, p-1\}$ であり，

$$\begin{aligned}
\phi(p) &= p \left(1 - \frac{1}{p} \right) \\
&= p - 1
\end{aligned} \tag{31.22}$$

である．n が合成数のときには，$\phi(n) < n - 1$ であり，$n \geq 3$ ならば

$$\phi(n) > \frac{n}{e^\gamma \ln \ln n + 3 / \ln \ln n} \tag{31.23}$$

である．ここで，$\gamma = 0.5772156649\ldots$ は**オイラー定数** (Euler's constant) である．$n > 5$ に対

778 | 31 整数論的アルゴリズム

して成立する，もう少し単純な（しかし，緩い）下界は

$$\phi(n) > \frac{n}{6 \ln \ln n} \tag{31.24}$$

である．

$$\liminf_{n \to \infty} \frac{\phi(n)}{n/\ln \ln n} = e^{-\gamma} \tag{31.25}$$

なので，下界 (31.23) は本質的に最良であり，これ以上改良できない．

部分群

$(S, \oplus)$ が群であり，$S' \subseteq S$ に対して，$(S', \oplus)$ もまた群ならば，$(S', \oplus)$ を $(S, \oplus)$ の**部分群** (subgroup) と言う．たとえば，偶数の集合は加算の下で整数の集合の部分群を構成する．次の定理は部分群を認識するための便利な道具となる．証明は，練習問題 31.3-3 とする．

定理 31.14（有限群の空でない閉部分集合は部分群） $(S, \oplus)$ を有限群とする．S' を S の任意の空でない部分集合とし，すべての $a, b \in S'$ に対して，$a \oplus b \in S'$ であると仮定する．このとき，$(S', \oplus)$ は $(S, \oplus)$ の部分群である． ∎

たとえば，集合 $\{0, 2, 4, 6\} \subset \mathbb{Z}_8$ は空ではなく，演算 $+$ の下で（すなわち，$+_8$ の下で）閉じているので，群 $\{0, 2, 4, 6\}$ は，群 $\mathbb{Z}_8$ の部分群である．

証明は省略するが，次の定理は，非常に有用な，部分群のサイズに関する制約条件を与えている．

定理 31.15（ラグランジュの定理） $(S, \oplus)$ を有限群，$(S', \oplus)$ を $(S, \oplus)$ の部分群とするとき，$|S'|$ は，$|S|$ の約数である． ∎

$S' \neq S$ を満たす S の部分群 S' を，**真部分群** (proper subgroup) と言う．次の系は，第 31.8 節で行う Miller–Rabin の素数判定手続きの解析に用いる．

系 31.16 S' が有限群 S の真部分群ならば，$|S'| \le |S|/2$ である． ∎

単一の要素から生成される部分群

定理 31.14 は，有限群 $(S, \oplus)$ の部分群を生成する直接的な方法を与えている：すなわち，1 つの要素 a を選び，群の演算を用いて a から生成できるすべての要素を取る．具体的には，$k \ge 1$ に対して，$a^{(k)}$ を

$$a^{(k)} = \bigoplus_{i=1}^{k} a = \underbrace{a \oplus a \oplus \cdots \oplus a}_{k}$$

と定義する．たとえば，群 $\mathbb{Z}_6$ において $a = 2$ と取ると，数列

$$a^{(1)}, a^{(2)}, a^{(3)}, \dots = 2, 4, 0, 2, 4, 0, 2, 4, 0, \dots$$

を生ずる．群 $\mathbb{Z}_n$ では $a^{(k)} = ka \bmod n$ であり，群 $\mathbb{Z}_n^*$ では $a^{(k)} = a^k \bmod n$ である．

$$\langle a \rangle = \left\{ a^{(k)} : k \geq 1 \right\}$$

を **a が生成する部分群** (subgroup generated by a) と呼び，$\langle a \rangle$ または $(\langle a \rangle, \oplus)$ で表す．このとき，a は，部分群 $\langle a \rangle$ を**生成する** (generate) と言い，また，a は $\langle a \rangle$ の**生成元** (generator) であると言う．S は有限なので，$\langle a \rangle$ は S の有限部分集合であり，S のすべての要素を含むこともある．$\oplus$ の結合則から

$$a^{(i)} \oplus a^{(j)} = a^{(i+j)}$$

が成り立つので，$\langle a \rangle$ は，閉包性を持つ．したがって，定理 31.14 から $\langle a \rangle$ は実際に S の部分群である．たとえば，$\mathbb{Z}_6$ においては

$$\langle 0 \rangle = \{0\}$$
$$\langle 1 \rangle = \{0, 1, 2, 3, 4, 5\}$$
$$\langle 2 \rangle = \{0, 2, 4\}$$

である．同様に，$\mathbb{Z}_7^*$ では

$$\langle 1 \rangle = \{1\}$$
$$\langle 2 \rangle = \{1, 2, 4\}$$
$$\langle 3 \rangle = \{1, 2, 3, 4, 5, 6\}$$

である．

（群 S における）a の**位数** (order) を $a^{(t)} = e$ を満たす最小の正の整数 t と定義し，$\mathrm{ord}(a)$ で表す．（$e \in S$ は群の単位元であることを思い出そう．）

定理 31.17 任意の有限群 $(S, \oplus)$ と任意の要素 $a \in S$ に対して，a の位数はそれが生成する部分群のサイズに等しい．すなわち，$\mathrm{ord}(a) = |\langle a \rangle|$ である．

証明 $t = \mathrm{ord}(a)$ とする．$a^{(t)} = e$，かつ $k \geq 1$ に対して，$a^{(t+k)} = a^{(t)} \oplus a^{(k)} = a^{(k)}$ なので，$i > t$ ならば，ある $j < i$ に対して $a^{(i)} = a^{(j)}$ となる．我々は a から要素を生成しているので，新しい要素が $a^{(t)}$ の後から現れることはない．したがって，$\langle a \rangle = \{a^{(1)}, a^{(2)}, \ldots, a^{(t)}\}$ であり，$|\langle a \rangle| \leq t$ である．つぎに，$|\langle a \rangle| \geq t$ を示すために，数列 $a^{(1)}, a^{(2)}, \ldots, a^{(t)}$ の各要素がすべて異なることを示す．$a^{(i)} = a^{(j)}$ を満たすある i と j ($1 \leq i < j \leq t$) が存在すると仮定して矛盾を導く．このとき，$k \geq 0$ に対して $a^{(i+k)} = a^{(j+k)}$ である．ここで $k = t - j$ と置くと，$a^{(i+(t-j))} = a^{(j+(t-j))} = e$ である．$0 < i + (t - j) < t$ だが，t は $a^{(t)} = e$ を満たす正の最小値なので，矛盾が導かれた．したがって，数列 $a^{(1)}, a^{(2)}, \ldots, a^{(t)}$ の各要素はすべて異なり，$|\langle a \rangle| \geq t$ である．以上で，$\mathrm{ord}(a) = |\langle a \rangle|$ の証明が完了した．∎

系 31.18 数列 $a^{(1)}, a^{(2)}, \ldots$ は周期的であり，その周期は $t = \mathrm{ord}(a)$ である．すなわち，$a^{(i)} = a^{(j)}$ であるための必要十分条件は $i = j \pmod{t}$ である．∎

上記の系と一貫するように，$a^{(0)}$ を e，すべての整数 i に対して，$a^{(i)}$ を $a^{(i \bmod t)}$ と定義する．ここで，$t = \mathrm{ord}(a)$ である．

系 31.19 $(S, \oplus)$ が e を単位元とする有限群ならば，すべての $a \in S$ に対して，

780 | 31 整数論的アルゴリズム

$$a^{(|S|)} = e$$

である.

証明 $t = \mathrm{ord}(a)$ とする. ラグランジュの定理 (定理 31.15) より $\mathrm{ord}(a) \mid |S|$, すなわち, $|S| = 0 \pmod{t}$ である. したがって, $a^{(|S|)} = a^{(0)} = e$ である. ∎

練習問題

31.3-1 群 $(\mathbb{Z}_4, +_4)$ と群 $(\mathbb{Z}_5^*, \cdot_5)$ の演算表を書き出せ. これらの群が同型であることを示せ. すなわち, $a + b = c \pmod 4$ であるための必要十分条件が $f(a) \cdot f(b) = f(c) \pmod 5$ である, 2 つの群の間の 1 対 1 対応 f を与えよ.

31.3-2 $\mathbb{Z}_9$ と $\mathbb{Z}_{13}^*$ の部分群をすべて列挙せよ.

31.3-3 定理 31.14 を証明せよ.

31.3-4 p が素数で e が正整数ならば

$$\phi(p^e) = p^{e-1}(p-1)$$

であることを示せ.

31.3-5 任意の整数 $n > 1$ と任意の要素 $a \in \mathbb{Z}_n^*$ に対して, $f_a(x) = ax \bmod n$ で定義される関数 $f_a : \mathbb{Z}_n^* \to \mathbb{Z}_n^*$ は, $\mathbb{Z}_n^*$ の置換であることを証明せよ.

31.4 1 次合同式の解法

$a > 0$ および $n > 0$ のとき, 1 次合同式

$$ax = b \pmod n \tag{31.26}$$

の解を求める問題を考える. この問題には, いくつかの応用がある. たとえば, 第 31.7 節では RSA 公開鍵暗号システムで鍵を求める手続きの一部として用いる. a, b および n が与えられるものと仮定し, 法 n の下で式 (31.26) を満たす x をすべて求めたい. 解は存在しないことも, 1 個あるいは 2 個以上存在することもある.

a が生成する $\mathbb{Z}_n$ の部分群を $\langle a \rangle$ で表す. $\langle a \rangle = \{a^{(x)} : x > 0\} = \{ax \bmod n : x > 0\}$ なので, 式 (31.26) が解を持つのは, $[b] \in \langle a \rangle$ のときであり, かつそのときに限る. ラグランジュの定理 (定理 31.15) によると, $|\langle a \rangle|$ は n の約数でなければならない. 次の定理は, $\langle a \rangle$ を正確に特徴づける.

定理 31.20 任意の正整数 a と n に対して, $d = \gcd(a, n)$ ならば, $\mathbb{Z}_n$ において

$$\langle a \rangle = \langle d \rangle$$
$$= \{0, d, 2d, \ldots, ((n/d) - 1)d\}$$

である. したがって,

$$|\langle a \rangle| = n/d$$

である.

証明 まず, $d \in \langle a \rangle$ を示す. Extended-Euclid(a, n) が $ax + ny = d$ を満たす整数 x と y を計算したことを思い出そう. したがって, $ax = d \pmod{n}$ なので $d \in \langle a \rangle$ である. $\mathbb{Z}_n$ において d は a の倍数であると言い換えてもよい.

 $d \in \langle a \rangle$ より, a の倍数のどの倍数もまた a の倍数なので, d のすべての倍数は $\langle a \rangle$ に属する. したがって, $\langle a \rangle$ は, $\{0, d, 2d, \ldots, ((n/d) - 1)d\}$ のすべての要素を含む. すなわち, $\langle d \rangle \subseteq \langle a \rangle$ である.

 つぎに, $\langle a \rangle \subseteq \langle d \rangle$ を示す. $m \in \langle a \rangle$ ならば, ある整数 x に対して $m = ax \bmod n$ であり, したがって, ある整数 y に対して $m = ax + ny$ である. $d = \gcd(a, n)$ なので, $d \mid a$ かつ $d \mid n$ である. すると, 式 (31.4) より $d \mid m$ が成立する. したがって, $m \in \langle d \rangle$ である.

 これらの結果を組み合わせて $\langle a \rangle = \langle d \rangle$ を得る. $|\langle a \rangle| = n/d$ は, (両端を含めて) 0 と $n-1$ の間に d の倍数が正確に n/d 個存在することから分かる. ∎

系 31.21 x を未知数とする 1 次合同式 $ax = b \pmod{n}$ が可解であるための必要十分条件は, $d = \gcd(a, n)$ とするとき, $d \mid b$ である.

証明 1 次合同式 $ax = b \pmod{n}$ が可解であるための必要十分条件は, $[b] \in \langle a \rangle$ であり, これは定理 31.20 より

 $$(b \bmod n) \in \{0, d, 2d, \ldots, ((n/d) - 1)d\}$$

と書き下すことができる. $\langle a \rangle$ のすべての要素の集合は d のすべての倍数の集合と正確に一致するので, $0 \le b < n$ のとき, $b \in \langle a \rangle$ であるための必要十分条件は, $d \mid b$ である. $b < 0$ または $b \ge n$ のときには, b と $b \bmod n$ の差は n で割り切れ, n はそれ自体が d の倍数であることに注意すると, $d \mid b$ であるための必要十分条件が $d \mid (b \bmod n)$ なので, 系が成立する. ∎

系 31.22 1 次合同式 $ax = b \pmod{n}$ は, $d = \gcd(a, n)$ とするとき, 法 n の下で d 個の異なる解を持つか, 解を 1 つも持たないかのどちらかである.

証明 $ax = b \pmod{n}$ が解を持てば, $b \in \langle a \rangle$ である. 定理 31.17 より $\mathrm{ord}(a) = |\langle a \rangle|$ であり, 系 31.18 と定理 31.20 より, 数列 $ai \bmod n$ $(i = 0, 1, \ldots)$ は周期 $|\langle a \rangle| = n/d$ を持つ. すなわち, i が 0 から $n-1$ まで増加するとき, この数列は, $\langle a \rangle$ に属する値を要素とする長さ (n/d) のブロックを正確に d 回繰り返す. したがって, $b \in \langle a \rangle$ ならば, 数列 $ai \bmod n$ $(i = 0, 1, \ldots, n-1)$ の中に b が正確に d 回現れる. $ax \bmod n = b$ を満たす d 個の異なる値 x は 1 次合同式 $ax = b \pmod{n}$ の解である. ∎

定理 31.23 $d = \gcd(a, n)$ とし, (たとえば, Extended-Euclid によって計算されるように) $d = ax' + ny'$ を満たす任意の整数を x', y' とする. $d \mid b$ ならば, 1 次合同式 $ax = b \pmod{n}$ は,

 $$x_0 = x'(b/d) \bmod n$$

を解の 1 つとして持つ.

782 | 31 整数論的アルゴリズム

証明

$$
\begin{aligned}
ax_0 &= ax'(b/d) \quad (\mathrm{mod}\ n) \\
&= d(b/d) \quad\quad (\mathrm{mod}\ n) \quad\quad (ax' = d\ (\mathrm{mod}\ n)\ \text{なので}) \\
&= b \quad\quad (\mathrm{mod}\ n)
\end{aligned}
$$

したがって，x_0 は，$ax = b\ (\mathrm{mod}\ n)$ の解（の 1 つ）である. ■

定理 31.24 1 次合同式 $ax = b\ (\mathrm{mod}\ n)$ が可解（すなわち，$d = \gcd(a, n)$ とするとき $d \mid b$）であり，x_0 をこの方程式の任意の解であると仮定する. このとき，この方程式は，法 n の下で正確に d 個の異なる解 $x_i = x_0 + i(n/d)\ (i = 0, 1, \ldots, d-1)$ を持つ.

証明 $n/d > 0$ かつ $i = 0, 1, \ldots, d-1$ に対して，$0 \le i(n/d) < n$ なので，法 n の下で，$x_0, x_1, \ldots, x_{d-1}$ は，すべて異なる値である. x_0 は $ax = b\ (\mathrm{mod}\ n)$ の解なので $ax_0 \bmod n = b\ (\mathrm{mod}\ n)$ である. $i = 0, 1, \ldots, d-1$ に対して

$$
\begin{aligned}
ax_i \bmod n &= a(x_0 + in/d) \bmod n \\
&= (ax_0 + ain/d) \bmod n \\
&= ax_0 \bmod n \quad (d \mid a\ \text{は，}ain/d\ \text{が}\ n\ \text{の倍数を意味するので}) \\
&= b \quad (\mathrm{mod}\ n)
\end{aligned}
$$

したがって，$ax_i = b\ (\mathrm{mod}\ n)$，すなわち，$x_i$ も解の 1 つである. 系 31.22 によれば 1 次合同式 $ax = b\ (\mathrm{mod}\ n)$ は，正確に d 個の解を持つので，それらは $x_0, x_1, \ldots, x_{d-1}$ でなければならない. ■

式 $ax = b\ (\mathrm{mod}\ n)$ を解くために必要な数理を説明してきた. 手続き MODULAR-LINEAR-EQUATION-SOLVER は，この 1 次合同式の解をすべてプリントする. 入力 a と n は任意の正整数で，b は任意の整数である.

MODULAR-LINEAR-EQUATION-SOLVER(a, b, n)

1   $(d, x', y') = $ EXTENDED-EUCLID(a, n)
2   **if** $d \mid b$
3       $x_0 = x'(b/d) \bmod n$
4   **for** $i = 0$ **to** $d - 1$
5          $(x_0 + i(n/d)) \bmod n$ をプリントする
6   **else** "解は存在しない" とプリントする

この手続き MODULAR-LINEAR-EQUATION-SOLVER の実行例として式 $14x = 30\ (\mathrm{mod}\ 100)$（すなわち，$a = 14$，$b = 30$，$n = 100$）を考える. 第 1 行では，EXTENDED-EUCLID を呼び出して，$(d, x', y') = (2, -7, 1)$ を得る. $2 \mid 30$ なので，第 3～5 行を実行する. 第 3 行では，$x_0 = (-7)(15) \bmod 100 = 95$ を計算する. 第 4～5 行の **for** ループでは，2 つの解 95 と 45 をプリントする.

手続き Modular-Linear-Equation-Solver は，以下のように動作する．第 1 行で Extended-Euclid を呼び出して，$d = \gcd(a, n)$ かつ $d = ax' + ny'$ を満たす 3 項組 (d, x', y') を求める．したがって，x' は，式 $ax' = d \pmod{n}$ の解である．d が b を割り切ることができなければ，系 31.21 より 1 次合同式 $ax = b \pmod{n}$ は解を持たない．そこで，第 2 行で $d \mid b$ が成立するかどうかを判定する．成立しなければ，第 6 行で解がないとプリントする．成立するならば，第 3 行で定理 31.23 に従って $ax = b \pmod{n}$ の 1 つの解 x_0 を計算する．解が 1 つ与えられると，定理 31.24 から，他の $d - 1$ 個の解はこの解に法 n の下で (n/d) の倍数を加えることで構成できる．第 4〜5 行の **for** ループでは，x_0 から始めて法 n の下で n/d 間隔で出現する d 個の解をすべてプリントする．

Extended-Euclid が算術演算を $O(\lg n)$ 回実行し，第 4〜5 行の **for** ループの各繰返しが算術演算を定数回実行するので，Modular-Linear-Equation-Solver は，算術演算を $O(\lg n + \gcd(a, n))$ 回実行する．

定理 31.24 の，とくに興味深い 2 つの場合が，以下の系である．

系 31.25 任意の整数 $n > 1$ に対して，$\gcd(a, n) = 1$ ならば，式 $ax = b \pmod{n}$ は，法 n の下で唯一の解を持つ． ∎

$b = 1$ の場合は，さまざまな状況で共通に出現し，検討に値する．このとき，探している解 x は，法 n の下での a の**乗法逆元** (multiplicative inverse) である．

系 31.26 任意の整数 $n > 1$ に対して $\gcd(a, n) = 1$ ならば，式 $ax = 1 \pmod{n}$ は，法 n の下で唯一の解を持つ．そうでなければ解を持たない． ∎

a と n が互いに素のとき，（系 31.26 から）**唯一に定まる**法 n の下での a の乗法逆元を $a^{-1} \bmod n$ によって表す．$\gcd(a, n) = 1$ のとき，式 $ax = 1 \pmod{n}$ の唯一の解は，

$$\gcd(a, n) = 1 = ax + ny$$

が $ax = 1 \pmod{n}$ を意味するので，Extended-Euclid が返す整数 x である．したがって，Extended-Eulcid は，$a^{-1} \bmod n$ を効率よく計算できる．

練習問題

31.4-1 式 $35x = 10 \pmod{50}$ の解をすべて求めよ．

31.4-2 $\gcd(a, n) = 1$ のとき，$ax = ay \pmod{n}$ ならば $x = y \pmod{n}$ であることを証明せよ．$\gcd(a, n) > 1$ を満たす反例を与えることで，条件 $\gcd(a, n) = 1$ が必要であることを示せ．

31.4-3 手続き Modular-Linear-Equation-Solver の第 3 行を

3       $x_0 = x'(b/d) \bmod (n/d)$

に変更する．変更後もこの手続きは正しく動作するだろうか? 解答が正しいことを説明せよ．

31.4-4 ★ p を素数，$f(x) = f_0 + f_1 x + \cdots + f_t x^t \pmod{p}$ を係数 f_i が $\mathbb{Z}_p$ に属する次数 t の多項式とする．$f(a) = 0 \pmod{p}$ のとき，$a \in \mathbb{Z}_p$ を f の**零点** (zero) と言う．a が f の零

点ならば，ある次数 $t-1$ の多項式 $g(x)$ が存在して，$f(x) = (x-a)g(x) \pmod{p}$ を満たすことを証明せよ．p が素数ならば，次数 t の多項式 $f(x)$ が法 p の下で持ちうる異なる零点の個数は高々 t であることを，t に関する帰納法を用いて証明せよ．

31.5 中国人剰余定理

3 から 5 世紀の間（年代は不明である），中国人数学者の Sun-Tsŭ[c] は，3，5，7 で割った余りがそれぞれ 2，3，2 となる整数 x を見つける問題を解いた．解の 1 つは $x = 23$ であり，すべての解は任意の整数 k に対して，$23 + 105k$ という形で表現できる．「中国人剰余定理 (Chinese remainder theorem)」は，対ごとに互いに素な整数（たとえば，3，5，7）のそれぞれを法として持つ 1 次合同式の連立方程式と，これらの積（たとえば，105）を法とする単一の 1 次合同式との間の対応関係を与える．

中国人剰余定理には 2 つの主要な応用がある．整数 n が対ごとに互いに素な整数 n_i を用いて $n = n_1 n_2 \cdots n_k$ と因数分解されていると仮定する．第 1 に，中国人剰余定理は，記述的な "構造定理" であって，$\mathbb{Z}_n$ の構造が，第 i 番目の成分が（成分ごとに）法 n_i の下での加算と乗算を持つ，直積 $\mathbb{Z}_{n_1} \times \mathbb{Z}_{n_2} \times \cdots \times \mathbb{Z}_{n_k}$ の構造と同一であることを記述する．第 2 に，（ビット演算の回数の点では）法 n の下で計算するより，各 $\mathbb{Z}_{n_i}$ 上で計算するほうが効率が良いので，この記述を効率の良いアルゴリズムの設計に利用できる．

定理 31.27（中国人剰余定理） 整数 n が，対ごとに互いに素な整数 n_i を用いて $n = n_1 n_2 \cdots n_k$ と因数分解されていると仮定する．任意の $a \in \mathbb{Z}_n$ に対して対応

$$a \leftrightarrow (a_1, a_2, \ldots, a_k) \tag{31.27}$$

を考える．ここで，$i = 1, 2, \ldots, k$ に対して $a_i \in \mathbb{Z}_{n_i}$ は

$$a_i = a \bmod n_i$$

である．このとき，写像 (31.27) は，$\mathbb{Z}_n$ と直積 $\mathbb{Z}_{n_1} \times \mathbb{Z}_{n_2} \times \cdots \times \mathbb{Z}_{n_k}$ の間の 1 対 1 対応（全単射）である．$\mathbb{Z}_n$ 上で実行する演算は，対応する k 項組の各成分（数体系）上で適切な演算を独立に実行することで，等価的に実行できる．すなわち，

$$a \leftrightarrow (a_1, a_2, \ldots, a_k)$$
$$b \leftrightarrow (b_1, b_2, \ldots, b_k)$$

ならば，

$$(a + b) \bmod n \quad \leftrightarrow \quad ((a_1 + b_1) \bmod n_1, \ldots, (a_k + b_k) \bmod n_k) \tag{31.28}$$

$$(a - b) \bmod n \quad \leftrightarrow \quad ((a_1 - b_1) \bmod n_1, \ldots, (a_k - b_k) \bmod n_k) \tag{31.29}$$

$$(ab) \bmod n \quad \leftrightarrow \quad (a_1 b_1 \bmod n_1, \ldots, a_k b_k \bmod n_k) \tag{31.30}$$

である．

---

[c] ［訳注］孫子．兵法家の孫子とは別人．

証明　2つの表現間の変換をどのように行うのかを見よう．a から $(a_1, a_2, \ldots, a_k)$ を得るには，k 回の "mod" 演算を行えばよい．その逆 —— 入力 $(a_1, a_2, \ldots, a_k)$ から a を得る計算 —— は，もう少し複雑である．

$i = 1, 2, \ldots, k$ に対して，$m_i = n/n_i$ と定義する．すると，m_i は n_i を除くすべての n_j の積であり，$m_i = n_1 n_2 \cdots n_{i-1} n_{i+1} \cdots n_k$ である．次に，$i = 1, 2, \ldots, k$ に対して

$$c_i = m_i(m_i^{-1} \bmod n_i) \tag{31.31}$$

と定義する．定理 31.6 から m_i と n_i は互いに素であり，系 31.26 から $m_i^{-1} \bmod n_i$ が存在することが保証されているので，式 (31.31) は明確に定義される．このとき，a が a_i と c_i の関数として

$$a = (a_1 c_1 + a_2 c_2 + \cdots + a_k c_k) \pmod{n} \tag{31.32}$$

として計算できる．

ここで，式 (31.32) が，各 $i = 1, 2, \ldots, k$ に対して $a = a_i \pmod{n_i}$ を保証していることを示す．$j \neq i$ のとき，$m_j = 0 \pmod{n_i}$ なので，$c_j = m_j = 0 \pmod{n_i}$ である．また，式 (31.31) から $c_i = 1 \pmod{n_i}$ である．したがって，魅力的で利用価値の高い対応

$$c_i \leftrightarrow (0, 0, \ldots, 0, 1, 0, \ldots, 0)$$

を得る．これは，i 番目の座標が 1 で，それ以外の座標がすべて 0 であるベクトルである．したがって，ある意味で，c_i（の集合）は表現の "基底" を形成する．したがって，各 i について

$$
\begin{aligned}
a &= a_i c_i & \pmod{n_i} \\
&= a_i m_i(m_i^{-1} \bmod n_i) & \pmod{n_i} \\
&= a_i & \pmod{n_i}
\end{aligned}
$$

であり，これが示したかったことである：a_i の集合から a を計算する上記の方法を使って得た結果の a は，$i = 1, 2, \ldots, k$ に対して，制約 $a = a_i \pmod{n_i}$ を満足する．どちらの方向にも変換できるので，この対応関係は 1 対 1 である．最後に，任意の x と $i = 1, 2, \ldots, k$ に対して，$x \bmod n_i = (x \bmod n) \bmod n_i$ なので，式 (31.28)〜(31.30) は練習問題 31.1-7 よりただちに成り立つ．　■

以下の 2 つの系は本章の後半で用いる．

系 31.28　$n_1, n_2, \ldots, n_k$ が対ごとに互いに素で，$n = n_1 n_2 \cdots n_k$ とする．このとき，任意の整数 $a_1, a_2, \ldots, a_k$ に対して，x を未知数とする連立 1 次合同式

$$x = a_i \pmod{n_i} \quad i = 1, 2, \ldots, k$$

は法 n の下で唯一の解を持つ．　■

系 31.29　$n_1, n_2, \ldots, n_k$ が対ごとに互いに素で，$n = n_1 n_2 \cdots n_k$ とする．このとき，すべての整数 x と a に対して，

$$x = a \pmod{n_i}$$

がすべての $i = 1, 2, \ldots, k$ に対して成り立つことと，

$$x = a \pmod{n}$$

	0	1	2	3	4	5	6	7	8	9	10	11	12
0	0	40	15	55	30	5	45	20	60	35	10	50	25
1	26	1	41	16	56	31	6	46	21	61	36	11	51
2	52	27	2	42	17	57	32	7	47	22	62	37	12
3	13	53	28	3	43	18	58	33	8	48	23	63	38
4	39	14	54	29	4	44	19	59	34	9	49	24	64

図 31.3 $n_1 = 5$, $n_2 = 13$ の場合における中国人剰余定理の説明. この例では,$c_1 = 26$,$c_2 = 40$ である. 第 i 行第 j 列に $a \bmod 5 = i$ かつ $a \bmod 13 = j$ を満たす法 65 の下での a の値を示す. 第 0 行第 0 列は 0 である. 同様に,第 4 行第 12 列は 64(-1 に等しい)である. $c_1 = 26$ なので,列に沿って下へ移動すると a が 26 ずつ増加する. 同様に,$c_2 = 40$ なので,行に沿って右へ移動すると a が 40 ずつ増加する. a を 1 だけ増やすことは対角線を右下に移動することに対応する. なお,表の下端と上端,左端と右端は連続している.

とは等価である.　　　　　　　　　　　　　　　　　　　　　　　　　　　　　■

中国人剰余定理の応用例として,2 つの式

$$a = 2 \quad (\bmod\ 5)$$
$$a = 3 \quad (\bmod\ 13)$$

を考える. $a_1 = 2$,$n_1 = m_2 = 5$,$a_2 = 3$,$n_2 = m_1 = 13$,$n = n_1 n_2 = 65$ である. ここで $a \bmod 65$ を計算したい. $13^{-1} = 2$ $(\bmod\ 5)$,$5^{-1} = 8$ $(\bmod\ 13)$ なので

$$c_1 = 13 \cdot (2 \bmod 5) = 26$$
$$c_2 = 5 \cdot (8 \bmod 13) = 40$$

であり,

$$
\begin{aligned}
a &= 2 \cdot 26 + 3 \cdot 40 & (\bmod\ 65) \\
&= 52 + 120 & (\bmod\ 65) \\
&= 42 & (\bmod\ 65)
\end{aligned}
$$

を得る. 図 31.3 は,法 65 の下での中国人剰余定理の説明である.

したがって,n を法とする計算を行う方法として,n を法とする計算を直接に行う方法と,別々の法 n_i を用いて,変換された後の表現に対して計算を行う方法がある. どちらでも計算結果は変わらない.

練習問題

31.5-1 2 つの 1 次合同式 $x = 4$ $(\bmod\ 5)$ と $x = 5$ $(\bmod\ 11)$ を連立して解いた場合の解をすべて求めよ.

31.5-2 9,8,7 で割ったときの剰余が 1,2,3 になるすべての整数を求めよ.

31.5-3 定理 31.27 で定義した記号を用いる. $\gcd(a, n) = 1$ ならば,

$$(a^{-1} \bmod n) \leftrightarrow ((a_1^{-1} \bmod n_1), (a_2^{-1} \bmod n_2), \ldots, (a_k^{-1} \bmod n_k))$$

であることを証明せよ.

31.5-4 定理 31.27 で定義した記号を用いる. 任意の多項式 f において, 式 $f(x) = 0$ $(\bmod n)$ の解の個数は, 各式 $f(x) = 0$ $(\bmod n_1)$, $f(x) = 0$ $(\bmod n_2)$, ..., $f(x) = 0$ $(\bmod n_k)$ の解の個数の積に等しいことを証明せよ.

31.6 要素のベキ

与えられた要素 a の倍数を法 n の下で考えてきたように, $a \in \mathbb{Z}_n^*$ に対して, 法 n の下で a のベキが作る数列:

$$a^0, a^1, a^2, a^3, \ldots,$$

を考える. インデックスは 0 から開始し, この数列の 0 番目の値は, $a^0 \bmod n = 1$, i 番目の値は, $a^i \bmod n$ である. たとえば, 法 7 の下で 3 のベキの数列は,

i	0	1	2	3	4	5	6	7	8	9	10	11	$\cdots$
$3^i \bmod 7$	1	3	2	6	4	5	1	3	2	6	4	5	$\cdots$

であり, 法 7 の下で 2 のベキの数列は,

i	0	1	2	3	4	5	6	7	8	9	10	11	$\cdots$
$2^i \bmod 7$	1	2	4	1	2	4	1	2	4	1	2	4	$\cdots$

である.

本節では, $\langle a \rangle$ で乗算の繰返しによって a が生成する $\mathbb{Z}_n^*$ の部分群を, $\mathrm{ord}_n(a)$ ("法 n の下での a の位数") で $\mathbb{Z}_n^*$ における a の位数を表す. たとえば, $\mathbb{Z}_7^*$ において $\langle 2 \rangle = \{1, 2, 4\}$, $\mathrm{ord}_7(2) = 3$ である. オイラーのファイ関数 $\phi(n)$ の定義を $\mathbb{Z}_n^*$ のサイズ (第 31.3 節参照) として使えば, 系 31.19 を $\mathbb{Z}_n^*$ の記法に変換し, オイラーの定理を導くことができ, さらに, $n = p$ を素数に限定することでフェルマーの定理を導くことができる.

定理 31.30 (オイラーの定理) $n > 1$ を任意の整数とする. すべての $a \in \mathbb{Z}_n^*$ に対して

$$a^{\phi(n)} = 1 \ (\bmod n)$$

である. ∎

定理 31.31 (フェルマーの定理) p を任意の素数とする. すべての $a \in \mathbb{Z}_p^*$ に対して

$$a^{p-1} = 1 \ (\bmod p)$$

である.

証明 式 (31.22) より p が素数ならば $\phi(p) = p - 1$ である. ∎

$0 \notin \mathbb{Z}_p^*$ なので, 0 を除く $\mathbb{Z}_p$ のすべての要素に対して, フェルマーの定理が適用できる. しかし, p が素数ならば, すべての $a \in \mathbb{Z}_p$ に対して, $a^p = a \ (\bmod p)$ が成立する.

$\mathrm{ord}_n(g) = |\mathbb{Z}_n^*|$ ならば，$\mathbb{Z}_n^*$ のすべての要素は，法 n の下で g のベキである．g を $\mathbb{Z}_n^*$ の**原始根** (primitive root) あるいは，**生成元** (generator) と言う．たとえば，3 は法 7 の下で原始根だが，2 は法 7 の下で原始根ではない．$\mathbb{Z}_n^*$ が原始根を持つとき，群 $\mathbb{Z}_n^*$ は**巡回群** (cyclic group) である．Niven–Zuckerman [345] が証明した，次の定理の証明は省略する．

定理 31.32　$\mathbb{Z}_n^*$ が巡回群となる $n > 1$ の値は，すべての素数 $p > 2$ とすべての正整数 e に対して，2, 4, p^e, $2p^e$ である．　∎

　g を $\mathbb{Z}_n^*$ の原始根，a を $\mathbb{Z}_n^*$ の任意の要素とするとき，$g^z = a \pmod{n}$ を満たす z が存在する．この z を，n を法とし g を底とする**離散対数** (discrete logarithm) あるいは a の**指数** (index) と呼び，$\mathrm{ind}_{n,g}(a)$ で表す．

定理 31.33（離散対数定理）　g を $\mathbb{Z}_n^*$ の原始根とする．式 $g^x = g^y \pmod{n}$ が成立するための必要十分条件は，式 $x = y \pmod{\phi(n)}$ が成立することである．

証明　まず，$x = y \pmod{\phi(n)}$ を仮定する．このとき，$x = y + k\phi(n)$ を満たす整数 k が存在する．したがって，

$$
\begin{aligned}
g^x &= g^{y+k\phi(n)} && \pmod{n} \\
&= g^y \cdot (g^{\phi(n)})^k && \pmod{n} \\
&= g^y \cdot 1^k && \pmod{n} && （\text{オイラーの定理より}） \\
&= g^y && \pmod{n}
\end{aligned}
$$

である．逆に，$g^x = g^y \pmod{n}$ を仮定する．g のベキの数列は $\langle g \rangle$ のすべての要素を生成し，$|\langle g \rangle| = \phi(n)$ なので，系 31.18 からこの g のベキの数列は，周期的であり，その周期は $\phi(n)$ である．したがって，$g^x = g^y \pmod{n}$ ならば $x = y \pmod{\phi(n)}$ でなければならない．　∎

　ここで，話題を素数のベキを法とする 1 の平方根に移す．次の定理は，第 31.8 節で素数判定アルゴリズムを正当化するときに必要になる．

定理 31.34　p が奇数の素数で $e \geq 1$ ならば，式

$$x^2 = 1 \pmod{p^e} \tag{31.33}$$

は 2 つの解 $x = 1$ と $x = -1$ しか持たない．

証明　練習問題 31.6-2 から式 (31.33) は，

$$p^e \mid (x-1)(x+1)$$

と等価である．$p > 2$ なので，$p \mid (x-1)$ または $p \mid (x+1)$ の一方が成立しても，両方が同時に成立することはない．（同時に成立すれば，性質 (31.3) から $p > 2$ はその差 $(x+1) - (x-1) = 2$ を割り切ることになる．）$p \nmid (x-1)$ ならば $\gcd(p^e, x-1) = 1$ であり，系 31.5 より $p^e \mid (x+1)$ である．すなわち，$x = -1 \pmod{p^e}$ が成り立つ．同様に，$p \nmid (x+1)$ ならば $\gcd(p^e, x+1) = 1$ であり，系 31.5 から $p^e \mid (x-1)$，したがって，$x = 1 \pmod{p^e}$ が成り立つ．それゆえ，$x = -1 \pmod{p^e}$ または，$x = 1 \pmod{p^e}$ である．　∎

式 $x^2 = 1 \pmod{n}$ の解 x が，法 n の下でこの合同式の 2 つの"自明"な 1 と -1 のどちらの平方根とも合同ではないとき，**法 n の下で自明でない 1 の平方根** (nontrivial square root of 1, modulo n) と言う．たとえば，6 は法 35 の下での自明でない 1 の平方根である．第 31.8 節における Miller–Rabin の素数判定手続きの正当性の証明では，定理 31.34 の次に示す系を用いる．

系 31.35 法 n の下で 1 の自明でない平方根が存在すれば，n は合成数である．

証明 定理 31.34 の対偶を取る．法 n の下で 1 の自明でない平方根が存在するならば，n は奇数の素数でも奇数の素数のベキでもない．n は 2 でもない．$x^2 = 1 \pmod{2}$ ならば $x = 1 \pmod{2}$ なので，法 $n = 2$ の下での 1 の平方根はすべて自明である．したがって，n は素数ではない．自明でない 1 の平方根が存在するには $n > 1$ が必要なので，n は合成数である． ■

反復 2 乗法によるベキの計算

整数論的計算にしばしば現れる演算は，ある数を法とするベキの計算であり，この演算は**ベキ剰余** (modular exponentiation) として知られている．もっと正確に言うと，a と b を非負整数，n を正整数とするとき，$a^b \bmod n$ を効率よく計算する方法がほしい．ベキ剰余は，多数の素数判定ルーチンや RSA 公開鍵暗号において本質的な役割を果たす．**反復 2 乗法** (repeated squaring) は，この問題を効率よく解く．

反復 2 乗法は，非負整数 a と b に対して a^b を計算する式：

$$
a^b = \begin{cases}
1 & b = 0 \text{ のとき} \\
(a^{b/2})^2 & b > 0 \text{ かつ } b \text{ が偶数のとき} \\
a \cdot a^{b-1} & b > 0 \text{ かつ } b \text{ 奇数のとき}
\end{cases}
\tag{31.34}
$$

に基づいている．

最後の b が奇数のとき，$b - 1$ は偶数なので，最初の 2 つの場合のどちらかに帰着される．再帰手続き MODULAR-EXPONENTIATION は，式 (31.34) を使って $a^b \bmod n$ を計算するが，すべての計算は，法 n の下で実行する．この方法が"反復 2 乗"と呼ばれるのは，第 5 行で直前の結果 $d = a^{b/2}$ が 2 乗されることによる．図 31.4 に，手続き MODULAR-EXPONENTIATION$(7, 560, 561)$ の再帰の各レベルにおける，パラメータ b の値，局所変数 d の値，そして戻り値を示す．MODULAR-EXPONENTIATION$(7, 560, 561)$ の最終結果は 1 である．

再帰が起こる回数は，b のビット数とその値に依存する．$b > 0$ で b の最上位ビットが 1 であると仮定する．各 0 が（第 4 行で）1 回の再帰呼出しを発生し，各 1 が（第 6 行で 1 回，b が奇数ならば，$b-1$ は偶数なので引き続き第 4 行で 1 回，合わせて）2 回の再帰呼出しを発生する．入力の a, b, n が β ビットの数ならば，合わせて β と $2\beta - 1$ の間の回数の再帰呼出しが発生し，必要となる算術演算の総数は $O(\beta)$ であり，必要となるビット演算の総数は $O(\beta^3)$ である．

790 | 31 整数論的アルゴリズム

MODULAR-EXPONENTIATION(a, b, n)

1 **if** $b == 0$
2   **return** 1
3 **elseif** $b \bmod 2 == 0$
4      $d = $ MODULAR-EXPONENTIATION$(a, b/2, n)$ // b は偶数
5   **return** $(d \cdot d) \bmod n$
6 **else** $d = $ MODULAR-EXPONENTIATION$(a, b-1, n)$ // b は奇数
7   **return** $(a \cdot d) \bmod n$

b	560	280	140	70	35	34	17	16	8	4	2	1	0
d	67	166	298	241	355	160	103	526	157	49	7	1	-
戻り値	1	67	166	298	241	355	160	103	526	157	49	7	1

図 31.4 パラメータ $a = 7$, $b = 560$, $n = 561$ を用いて MODULAR-EXPONENTIATION を呼び出したとき，再帰の各レベルにおける，パラメータ b の値，局所変数 d の値，そして戻り値を示す．各再帰呼出しの戻り値は直接 d に代入される．パラメータ $a = 7$, $b = 560$, $n = 561$ に対する呼出しの結果は 1 である．

練習問題

31.6-1 $\mathbb{Z}_{11}^*$ の各要素の位数を与える表を書け．最小の原始根 g を求め，各要素 $x \in \mathbb{Z}_{11}^*$ に対して，$\mathrm{ind}_{11,g}(x)$ を与える表を計算せよ．

31.6-2 $x^2 = 1 \pmod{p^e}$ と $p^2 \mid (x-1)(x+1)$ が等価であることを示せ．

31.6-3 b が奇数の場合を扱う MODULAR-EXPONENTIATION の第 3 の場合を書き換え，b が β ビットから構成されており，その最上位ビットが 1 の場合には，つねに β 回の再帰呼出しで済むようにせよ．

31.6-4 非再帰（繰返し）版の MODULAR-EXPONENTIATION を示せ．

31.6-5 $\phi(n)$ が既知であると仮定する．手続き MODULAR-EXPONENTIATION を用いて任意の $a \in \mathbb{Z}_n^*$ に対して $a^{-1} \bmod n$ を計算する方法を説明せよ．

31.7 RSA 公開鍵暗号システム

公開鍵暗号システムを用いることで，通信を行うときに二者間の間で送られるメッセージを**暗号化** (encript) し，盗聴者が（暗号化された）メッセージを盗聴しても**復号化** (decript) できないようにできる．公開鍵暗号システムによって，当事者が電子メッセージの最後に偽造不可能な "ディジタル署名" を添付することも可能になる．そのような署名は紙文書への手書き署名の電子版である．誰でもそれを簡単に調べることができるが，誰も偽造できず，メッセージを 1 ビットでも改竄すると，その正当性を失う．したがって，ディジタル署名は，署名者の身元 (identity) および署名されたメッセージの内容の両方に対する確実な認証 (authentification) になる．ディジタル署名は，電子的に署名された商用契約書，電子小切手，電子注文書，および，

その他の認証を必要とする電子通信を実現するための完璧な道具である.

RSA 公開鍵暗号方式は，大きな素数を求めることの容易さと，2 つの大きな素数の積を因数分解することの困難さの間の劇的な差に根拠を置いている．第 31.8 節では大きな素数を効率よく求める手続きを説明する.

公開鍵暗号システム

公開鍵暗号システムでは，各当事者は，**公開鍵** (public key) と**秘密鍵** (secret key) の両方を持つ．それぞれの鍵は情報の断片である．たとえば，RSA 暗号システムでは，各鍵は整数の対である．暗号分野では慣習として当事者の名前に "Alice" と "Bob" が使われる．Alice と Bob の公開鍵をそれぞれ P_A と P_B，そして同様に，S_A で Alice の秘密鍵，S_B で Bob の秘密鍵を表す.

各当事者は自分の公開鍵と秘密鍵を作る．秘密鍵は秘密にしておくが，公開鍵は誰に見せてもよいし，公表しても問題ない．実際，すべての当事者の公開鍵は公共の公開鍵簿に登録されていて，当事者は，他の当事者の公開鍵を簡単に獲得できると仮定するほうが便利なことが多い.

公開鍵と秘密鍵は，任意のメッセージに適用できる関数を指定する．許されるメッセージの集合を $\mathscr{D}$ で表す．たとえば，$\mathscr{D}$ は，すべての有限長のビット列の集合である．公開鍵暗号が提案された当初の，そして最も単純な定式化では公開鍵と秘密鍵に基づいて，$\mathscr{D}$ から自分自身への 1 対 1 関数を指定する必要があった．Alice の公開鍵 P_A に対応する関数を $P_A()$，秘密鍵 S_A に対応する関数を $S_A()$ と記す．したがって，関数 $P_A()$ と $S_A()$ は $\mathscr{D}$ の置換である．鍵 P_A または S_A が与えられると，対応する関数 $P_A()$ または $S_A()$ は効率よく計算できると仮定する.

任意の当事者の公開鍵と秘密鍵が指定する関数は，互いに逆関数になっているという点で "マッチした対" である．すなわち，任意のメッセージ $M \in \mathscr{D}$ に対して

$$M = S_A(P_A(M)) \tag{31.35}$$
$$M = P_A(S_A(M)) \tag{31.36}$$

が成立する．2 つの鍵 P_A と S_A で，M を続けて変換すると，変換順序にかかわらずメッセージ M が返ってくる.

公開鍵暗号システムでは，関数 $S_A()$ を実用的な時間で計算できるのは，Alice だけであることを要求する．この仮定は，Alice に送られた暗号化されたメッセージの秘匿性を保ち，Alice のディジタル署名が本物であることを知るために重要である．Alice は彼女の鍵 S_A を必ず秘密にしておかなければならない．そうしなければ，誰であれ S_A にアクセスできる人は，Alice だけにしか復号化できないように意図されていた暗号を復号化でき，彼女のディジタル署名を改竄できる．Alice だけが $S_A()$ を合理的な時間で計算できるという前提は，たとえ，すべての人が P_A を知っていて，$S_A()$ の逆関数である $P_A()$ を効率よく計算できるにも関わらず，成り立たなければならない．これらの要請の実現は，手に負えなさそうだが，後ほど解決方法を説明する.

公開鍵暗号システムでは図 31.5 に示すような流れで暗号化を行う．Bob は，Alice に送る

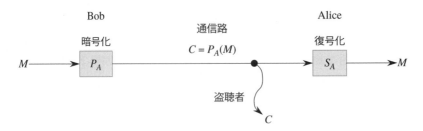

図 31.5 公開鍵方式における暗号化. Bob は，Alice の公開鍵 P_A を用いてメッセージ M を暗号化し，でき上がった暗号文 $C = P_A(M)$ を通信路を通して Alice に伝送する．盗聴者が伝送されてくる暗号文を手に入れても M に関して何の情報も得られない．Alice は，C を受け取り，彼女の秘密鍵を用いて復号してメッセージ $M = S_A(C)$ を手に入れる．

メッセージ M を暗号化し，盗聴者には理解不能で無意味に見えるようにしたい．メッセージを送信する手続きを以下に示す．

- Bob は，公共の公開鍵簿，あるいは，直接 Alice から Alice の公開鍵 P_A を得る．
- Bob はメッセージ M に対応する**暗号文** (ciphertext) $C = P_A(M)$ を計算し，C を Alice に送る．
- Alice は，暗号文 C を受け取ると，自分の秘密鍵 S_A を適用して，元のメッセージ $S_A(C) = S_A(P_A(M)) = M$ を取り出す．

$S_A()$ と $P_A()$ は逆関数なので，Alice は C から M を計算できる．Alice だけが $S_A()$ を計算できるので，C から M を計算できるのも Alice だけである．Bob は $P_A()$ を用いて M を暗号化しているので，Alice だけが伝送されたメッセージを理解できる．

公開鍵暗号システムの形式化の枠組みの中で，ディジタル署名は容易に実現できる．（ディジタル署名を構成する他の方法があるが，本書ではこれらの方法に立ち入らない．）今，Alice は，Bob にディジタル署名つきの返事 M' を送信したいと仮定する．図 31.6 にディジタル署名を行う手順を示している．

- Alice は，彼女の秘密鍵 S_A と式 $\sigma = S_A(M')$ を用いて，メッセージ M' に対する彼女の**ディジタル署名** (digital singnature) σ を計算する．

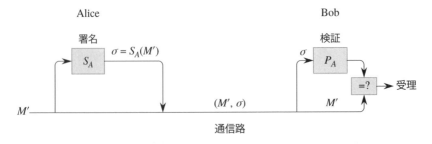

図 31.6 公開鍵システムにおけるディジタル署名．Alice は，メッセージ M' に彼女のディジタル署名 $\sigma = S_A(M')$ を添付することで署名する．彼女は，メッセージと署名の対 (M', σ) を Bob に送る．Bob は，検証のために式 $M' = P_A(\sigma)$ を判定する．この等式が成立するとき，彼は (M', σ) を Alice が署名したメッセージとして受理する．

- Alice は，メッセージと署名の対 (M', σ) を Bob に送る．
- Bob が (M', σ) を受け取ると，Alice の公開鍵を用いて式 $M' = P_A(\sigma)$ を検証し，Bob は，Alice が (M', σ) を送信したのかどうか確認できる．（おそらく，M' は Alice の名前を含んでいて，Bob は，誰の公開鍵を用いるべきか分かる．）この式が成立するならば，Bob は，Alice が実際にメッセージ M' に署名したと結論する．この式が成立しないならば，伝送エラーによって，受け取った情報が壊われたのか，あるいは，対 (M', σ) の偽造が試されたのか，どちらかであると結論する．

ディジタル署名は署名者の同定だけでなく，署名されたメッセージの内容も認証するので，文書の最後の手書きの署名に似ている．

ディジタル署名は，署名者の公開鍵を手に入れることができる者なら誰でも検証可能でなければならない．署名つきメッセージは，ある当事者によって検証され，その後，その署名を検証できる他の当事者に渡すことができる．たとえば，メッセージは，Alice から Bob への電子小切手かもしれない．Bob は，小切手の上の Alice の署名を検証した後で，銀行にこの小切手を渡すことができる．銀行もこの署名を検証し，適切な資金の移動を実行できる．

署名つきメッセージは必ずしも暗号化されていない．そのメッセージが"平文で"あれば，漏洩に関しては無防備かもしれない．上で述べた暗号化と署名の手続きを組み合わせると，Alice は，Bob に署名つきメッセージの暗号文を送付できる．Alice は，まず，ディジタル署名をメッセージに添付し，つぎに，署名つきメッセージを Bob の公開鍵を用いて暗号化する．Bob は自分の秘密鍵を用いて復号し，元のメッセージと署名を取り出す．そして，Alice の公開鍵を用いて署名の検証を行う．この組み合わされた手続きは，紙媒体では，文書に署名し，指定された人しか開封できない封筒にその文書を入れて封をすることに対応する．

RSA 暗号システム

RSA 公開鍵暗号システム (RSA public-key cryptosystem) では，当事者は，その公開鍵と秘密鍵を以下の手続きに従って生成する：

1. ランダムに 2 つの異なる大きな素数 p と q を選ぶ．素数 p と q は，たとえば，それぞれ 1024 ビット長である．
2. $n = pq$ を計算する．
3. $\phi(n)$ と互いに素である小さな奇数 e を選ぶ．ここで，式 (31.21) から $\phi(n)$ は $(p-1)(q-1)$ である．
4. 法 $\phi(n)$ の下での e の乗法逆元 d を計算する．（d の存在性と一意性は系 31.26 によって保証されている．与えられた e と $\phi(n)$ から d を計算するのに第 31.4 節の方法を用いることができる．）
5. 対 $P = (e, n)$ を当事者の **RSA 公開鍵** (RSA public key) として公開する．
6. 対 $S = (d, n)$ を当事者の **RSA 秘密鍵** (RSA secrete key) として秘す．

この方式では，領域 $\mathscr{D}$ は集合 $\mathbb{Z}_n$ である．公開鍵 $P = (e, n)$ を用いてメッセージ M を変換するには，

$$P(M) = M^e \bmod n \tag{31.37}$$

を計算する. 秘密鍵 $S = (d, n)$ を用いて暗号文 C を変換するには

$$S(C) = C^d \bmod n \tag{31.38}$$

を計算する. 暗号化にも署名にもこれらの式を適用する. 署名を生成するときには, 署名者はその秘密鍵を, 暗号文にではなく, 署名すべきメッセージに対して適用する. 署名を検証するときには, 署名者の公開鍵を, 暗号化されているメッセージにではなく, この署名に対して適用する.

これらの公開鍵演算 (31.37) と秘密鍵演算 (31.38) は, 第 31.6 節で説明した手続き MODULAR-EXPONENTIATION を用いて実現できる. これらの演算の実行時間を解析するために, 公開鍵 (e, n) と秘密鍵 (d, n) が条件 $\lg e = O(1)$, $\lg d \le \beta$, $\lg n \le \beta$ を満たすと仮定する. このとき, 公開鍵の適用には, $O(1)$ 回の剰余乗算が必要であり, したがって, $O(\beta^2)$ 回のビット演算を用いる. 秘密鍵を適用には $O(\beta)$ 回の剰余乗算が必要であり, したがって, $O(\beta^3)$ 回のビット演算を用いる.

定理 31.36 (RSA の正しさ) RSA の定義式 (31.37) と (31.38) は, 式 (31.35) と (31.36) を満たす $\mathbb{Z}_n$ の逆変換を定義する.

証明 式 (31.37) と (31.38) から, 任意の $M \in \mathbb{Z}_n$ に対して,

$$P(S(M)) = S(P(M)) = M^{ed} \pmod{n}$$

である. e と d は法 $\phi(n) = (p-1)(q-1)$ の下で, 乗法逆元なので, ある整数 k に対して

$$ed = 1 + k(p-1)(q-1)$$

である. このとき, $M \ne 0 \pmod{p}$ ならば

$$
\begin{aligned}
M^{ed} &= M(M^{p-1})^{k(q-1)} &&\pmod{p} \\
&= M((M \bmod p)^{p-1})^{k(q-1)} &&\pmod{p} \\
&= M(1)^{k(q-1)} &&\pmod{p} &&(\text{定理 31.31 より}) \\
&= M &&\pmod{p}
\end{aligned}
$$

である. 一方, $M = 0 \pmod{p}$ のときにも $M^{ed} = M \pmod{p}$ なので, すべての M に対して

$$M^{ed} = M \pmod{p}$$

である. 同様に, すべての M に対して

$$M^{ed} = M \pmod{q}$$

である. したがって, 中国人剰余定理の系 31.29 から, すべての M に対して

$$M^{ed} = M \pmod{n}$$

が成立する. ∎

RSA 暗号システムの安全性は，大きな整数の因数分解の難しさに負うところが大きい．敵対者が公開鍵の中の法 n の因数分解に成功すれば，p と q の知識を使い，それらに使われた公開鍵の生成者と同じ方法で，秘密鍵を生成できる．したがって，大きな整数の因数分解が容易ならば RSA 暗号システムを破ることは容易である．逆の命題「大きな整数の因数分解が難しければ RSA を破ることは難しい」は，証明されていない．しかし，20 年にわたる研究を経ても，法 n を因数分解することより簡単に RSA 公開鍵暗号システムを破る方法は，見つかっていない．そして，大きな整数の因数分解は，驚くほど困難である．1024 ビット長の素数を 2 つランダムに選択し，これらを掛け合わせることで，現実的と考えられるどのように長い時間をかけても，現在の技術では "破られない" 公開鍵が生成できる．整数論的アルゴリズムの設計に基本的な躍進がなければ，推奨されている安全基準に従う限り，RSA 暗号システムは高度な安全性を提供できる．

しかし，RSA 暗号システムを用いて安全性を確保するには，因数分解技術の今後の発展の可能性を見越すと，1000 ビット以上の長さの整数を用いる必要がある．2021 年当時には RSA の法として 2048 から 4096 ビットの間の整数が使われていた．必要な長さの法を生成するには，大きな素数を効率よく発見できなければならない．この問題を第 31.8 節で取り扱う．

効率の観点から，高速の非公開鍵暗号システムの "ハイブリッド" または，"鍵管理" モードで RSA がよく用いられる．このような**対称鍵** (symmetric key) システムでは，暗号化と復号化に同じ鍵を用いる．Alice が Bob に長いメッセージ M を秘密に送ろうとするとき，高速対称鍵暗号方式用の鍵 K をランダムに選択し，K を用いて M を暗号化し，暗号文 C を得る．C は M とほぼ同じ長さであるが，K は非常に短い．つぎに，Alice は，Bob の RSA 公開鍵を用いて K を暗号化する．K は短いので $P_B(K)$ は $P_B(M)$ に比べて非常に高速に計算できる．最後に，Alice は $(C, P_B(K))$ を Bob に送る．Bob は $P_B(K)$ を復号して K を取り出し，K を用いて C を復号してメッセージ M を取り出す．

ディジタル署名の高速化でも同様のハイブリッド戦略が利用できる．この戦略では，RSA を公開された衝突困難ハッシュ関数 h と組み合わせる．ここで，h が**衝突困難ハッシュ関数** (collision-resistant hash function) であるとは，計算は容易だが，$h(M) = h(M')$ を満たす 2 つのメッセージ M と M' を発見するのは計算論的に実行不可能である，ということを言う．値 $h(M)$ はメッセージ M の短い（たとえば，256 ビットの）"指紋 (fingerprint)" である．Alice がメッセージ M に署名したいときには，まず，M に h を適用して指紋 $h(M)$ を求め，これを彼女の秘密鍵で暗号化する．Alice は M の署名つきメッセージとして $(M, S_A(h(M)))$ を Bob に送る．Bob は $h(M)$ を計算し，受信した $S_A(h(M))$ に P_A を適用したものが $h(M)$ に等しいことを確認することによって署名を検証する．同じ指紋を持つ 2 つのメッセージを誰も生成できないので，署名の有効性を保ちながら署名されたメッセージに変更を加えることは計算論的に実行不可能である．

最後に，**証明書** (certificate) を使えば公開鍵の配布がずっと容易になる．たとえば，"信頼できる機関" T があって，すべての人がその公開鍵 P_T を知っていると仮定する．Alice は T から「Alice の公開鍵は P_A である」と書かれた署名つきのメッセージ（Alice の証明書）を得ることができる．すべての人が P_T を知っているから，この証明書は "自己認証" である．Alice が自己証明書を署名つきメッセージと一緒に送付することで，彼女の署名を検証するために必要な彼女の公開鍵を受信者は直ちに獲得できる．Alice の鍵に T が署名しているので，受信者

796 │ 31 整数論的アルゴリズム

はこの鍵が本当の Alice の鍵であると確信できる.

練習問題

31.7-1 $p = 11$, $q = 29$, $n = 319$, $e = 3$ を用いる RSA 鍵を考える. この秘密鍵に用いられるべき d の値は何か？メッセージ $M = 100$ を暗号化せよ.

31.7-2 Alice の公開鍵の指数 e が 3 で, 敵対者が Alice の秘密鍵の指数 d $(0 < d < \phi(n))$ を知っているとき, 敵対者は Alice の法 n を n のビット数の多項式時間で因数分解できることを証明せよ. (ここでは証明を要求しないが, 条件 $e = 3$ を除去してもこの結果が成立することは興味深い. Miller [327] 参照.)

31.7-3 ★ RSA は,

$$P_A(M_1)P_A(M_2) = P_A(M_1M_2) \pmod{n}$$

が成り立つという意味で乗法的であることを証明せよ. この事実を用いて, 次の事実を証明せよ. 敵対者が P_A を用いて暗号化されたメッセージの集合 $\mathbb{Z}_n$ の中の 1 パーセントを効率よく復号できる手続きを持っているとすれば, 敵対者は, P_A で暗号化されたすべての暗号文を高い確率で復号する確率的アルゴリズムを設計できる.

★ 31.8 素数判定

本節では, 大きな素数を発見する方法を示す. 素数の密度に関する議論から始めて, 素数判定に対するもっともらしく見えるが, 実は不完全な方法を調べ, Miller と Rabin による効果的な乱択素数判定アルゴリズムを示す.

素数の密度

暗号を含む多くの応用では, 巨大で "ランダム" な素数を発見する必要がある. 幸運にも, 大きな素数は非常に稀というわけではないので, 素数を見つけるまで適当な大きさの整数をランダムに調べるという方針で臨む. **素数分布関数** (prime distribution function) $\pi(n)$ は, n 以下の素数の個数を与える関数である. たとえば, 10 以下に 4 個の素数 2, 3, 5, 7 があるので $\pi(10) = 4$ である. 素数定理は, $\pi(n)$ の有用な近似を与える.

定理 31.37 (素数定理)

$$\lim_{n \to \infty} \frac{\pi(n)}{n/\ln n} = 1.$$ ■

n が小さくても, 近似 $n/\ln n$ は $\pi(n)$ のかなり正確な評価である. たとえば, $n = 10^9$ のとき, $\pi(n) = 50{,}847{,}534$ および $n/\ln n \approx 48{,}254{,}942$ であって, 6% もずれていない. (整数論研究者にとっては 10^9 は小さい数である.)

ランダムに整数 n を選択し, それが素数であるかどうかを判定する過程は, ベルヌーイ試行 (付録第 C.4 節 (幾何分布と 2 項分布) 参照) と見なすことができる. 素数定理から, 成功確

率，すなわち，n が素数である確率はほぼ $1/\ln n$ である．幾何分布が成功するために必要な試行回数を表現するので，付録第 C.4 節（幾何分布と 2 項分布）の式 (C.36)（1013 ページ）より試行回数の期待値は，ほぼ $\ln n$ になる．したがって，n と同じ長さの素数を見つけるには，n の周辺からランダムに選択したおおよそ $\ln n$ 個の整数を調べればよいと期待できる．たとえば，1024 ビットの素数を見つけるためには，ランダムに選択したおおよそ $\ln 2^{1024} \approx 710$ 個の 1024 ビット数を調べればよいと期待できる．（もちろん，この数字は奇数だけを選ぶことにすると半分に切り詰めることができる．）

本節の残りの部分では，大きな整数 n が素数であるかどうかを決定する問題を考える．記号上の便利さから，n の素因数分解を

$$n = p_1^{e_1} p_2^{e_2} \cdots p_r^{e_r}$$

とする．ここで，$r \geq 1$，$p_1, p_2, \ldots, p_r$ は n の素因数，$e_1, e_2, \ldots, e_r$ は正整数である．整数 n が素数であるのは，$r = 1$ かつ $e_1 = 1$ のとき，かつそのときに限る．

素数性を判定する 1 つの簡単な方法は**試行除算** (trial division) である：各整数 $2, 3, \ldots, \lfloor \sqrt{n} \rfloor$ による n の除算を試行する．（ここでも，2 より大きな偶数は省略できる．）n が素数であるための必要十分条件は，どの試行でも n が割り切れないことである．それぞれの試行が定数時間で実行できると仮定すると，最悪実行時間は $\Theta(\sqrt{n})$ であるが，これは n の長さに関して指数関数的である．（n が β ビットで 2 進表現されているとすると，$\beta = \lceil \lg(n+1) \rceil$ であり，$\sqrt{n} = \Theta(2^{\beta/2})$ である．）したがって，試行除算でうまくいくのは，n が非常に小さいか，小さい素因数を偶然に持つ場合である．しかし，試行除算が成功したときには，n が素数か合成数かを判定できるだけでなく，n が合成数のときには，素因数の 1 つを実際に決定できるという利点がある．

本節では，与えられた数 n が素数であるかどうかを判定することだけに興味がある．n が合成数のときにその素因数分解を見つけることには関心がない．ある数を素因数分解する問題の計算複雑度は高い．与えられた数が素数であるかどうかを確かめることが，素数でないときにその素因数分解を決定することよりもずっと簡単であるのは驚きである．

擬似素数判定法

"ほぼうまく働き"，また事実，多くの実際的な応用で十分に使える素数判定法を考えよう．この方法から小さな欠陥を除去した改良版を後ほど紹介する．$\mathbb{Z}_n^+$ を $\mathbb{Z}_n$ の 0 以外の要素の集合：

$$\mathbb{Z}_n^+ = \{1, 2, \ldots, n-1\}$$

とする．n が素数ならば $\mathbb{Z}_n^+ = \mathbb{Z}_n^*$ である．

n が合成数であり，しかも

$$a^{n-1} = 1 \pmod{n} \tag{31.39}$$

を満たすとき，n は **a を底とする擬似素数** (base-a pseudoprime) と言う．フェルマーの定理（787 ページの定理 31.31）より，n が素数ならば n は任意の $a \in \mathbb{Z}_n^+$ に対して式 (31.39) を満たす．したがって，式 (31.39) を満た**さない** $a \in \mathbb{Z}_n^+$ を発見できれば，n は確かに合成数である．驚くべきことに，**ほとんどの場合**，この逆も成り立つ．そこで，この基準は，ほぼ完全な

素数判定基準である．全ての $a \in \mathbb{Z}_n^+$ を対象とする代わりに，n が式 (31.39) を $a = 2$ のとき
に満たすかどうかだけを判定する．成り立たなければ，COMPOSITE を返して n は合成数であ
ると断言する．成り立てば，（実は，n は素数か，2 を底とする擬似素数かのどちらかだが）n
を素数であると考えることにして PRIME を返す．

下記の手続き PSEUDOPRIME は，この方法で n が素数であるかどうかの検査を擬似的に行
う．この手続きは第 31.6 節の手続き MODULAR-EXPONENTIATION を用いる．入力 n を 2 よ
り大きい奇数であると仮定する．この手続きは間違えることがあるが，間違いは 1 つの場合に
しか起こらない．すなわち，n を合成数と答えた場合はつねに正しい．n を素数と答えた場合
は，n が 2 を底とする擬似素数のときに間違いを犯す．

PSEUDOPRIME(n)
1 **if** MODULAR-EXPONENTIATION$(2, n-1, n) \neq 1 \pmod{n}$
2   **return** COMPOSITE   // 間違いなく
3 **else return** PRIME   // 願わくば！

PSEUDOPRIME は，どのくらいの頻度で間違いを犯すだろうか？それは驚くほど少ないので
ある．10,000 未満の n の値で間違うのは，たった 22 個の値であり，341, 561, 645, 1105 が
手続きが間違う最初の 4 つの値である．証明はしないが，ランダムに選択された β ビットの
数に対してこの手続きが間違った答えを返す確率は，$\beta \to \infty$ のとき，0 に近づく．与えられ
たサイズを持つ底 2 の擬似素数の個数の Pomerance [361] によるより正確な推定を用いれば，
PSEUDOPRIME が素数と判定するランダムに選択された 512 ビットの数が，2 を底とする擬似
素数であるのは 10^{20} 回のうちの 1 回に満たない．そして，判定された 1024 ビットの場合に
は 10^{41} 回のうちの 1 回に満たない．したがって，ある応用のために単に大きな素数を発見し
ようとしているだけなら，PSEUDOPRIME が PRIME を返すまで大きな数をランダムに選択す
れば，すべての現実的な応用においてほとんどの場合に間違うことはない．しかし，ランダム
に選択していない数の素数性を判定したいときには，もっと優れた素数判定法が必要になる．
もう少しの賢明さと，何がしかのランダム性があれば，すべての入力に対してうまく働く素数
判定法が構成できることを後ほど説明する．

PSEUDOPRIME は，式 (31.39) を $a = 2$ の場合だけ検査するので，式 (31.39) を 2 番目の底，
たとえば $a = 3$，に対しても単に検査することで，すべての間違いを除去できると考えるか
もしれない．もっと多くの a の値に対して検査することで，さらに良いことができると考え
るかもしれない．残念ながら，a のいくつかの値を検査しても，すべての間違いを除去できな
い．なぜなら，すべての $a \in \mathbb{Z}_n^*$ に対して式 (31.39) を満たす **Carmichael**（カーマイケル）**数**
(Carmichael number) と呼ばれる合成数 n が存在するからである．（$\gcd(a, n) > 1$ のとき——
すなわち，$a \notin \mathbb{Z}_n^*$ のとき——式 (31.39) が確かに成立しない．しかし，n が大きい素因数だ
けから構成されているときには，そのような a を見つけることで n が合成数であることを示す
のは困難であろう．最初の 3 個の Carmichael 数は 561, 1105, 1729 である．Carmichael 数は
非常に稀で，たとえば，100,000,000 までにたった 255 個しか存在しない．練習問題 31.8-2
は，これらの個数が極端に少ない理由を説明するのに役立つ．

Carmichael 数に騙されないように，上記の素数判定法を改良する方法を示す．

Miller–Rabin の乱択素数判定法

単純な手続き PSEUDOPRIME に 2 つの修正を施すことによって，Miller–Rabin の素数判定法 (Miller–Rabin randomized primality test) は，その問題点を解決する：

- 底 a として，1 つの値だけではなく，ランダムに選択した複数の底の値を試す．
- 各ベキ剰余の計算の最中に，最終的な平方計算の途中に，法 n の下で自明でない 1 の平方根を探す．それが発見されれば，手続きを終了して COMPOSITE を返す．この決定は，第31.6 節の系 31.35 によって正当化される．

Miller–Rabin の素数判定法の擬似コードを，手続き MILLER-RABIN と WITNESS に示す．MILLER-RABIN への入力 $n > 2$ は素数性を判定したい奇数，s は $\mathbb{Z}_n^+$ からランダムに選択し，試行する底の値の個数である．この擬似コードは，第 5.1 節（雇用問題）の 107 ページに記述した乱数生成器 RANDOM を用いる：RANDOM$(2, n-2)$ は，$2 \le a \le n-2$ を満たす整数 a をランダムに生成する．（この範囲の値であれば $a = \pm 1 \pmod{n}$ とならない．）補助手続き WITNESS(a, n) の呼出しは，n が合成数であることの"証拠 (witness)"が a であるとき，すなわち，a を用いることで n が合成数であることを（以下に示す方法で）証明できるとき，かつそのときに限り，TRUE を返す．判定 WITNESS(a, n) は，（$a = 2$ を用いる）PSEUDOPRIME の基礎をなしていた式 (31.39) のテストを拡張し，より効率的に働くように改良したものである．

まず，WITNESS の動作を理解し，つぎに，Miller–Rabin の素数判定法の中でこの手続きを利用する方法を見よう．$n - 1 = 2^t u$ とする．ここで，$t \ge 1$ かつ u は奇数である，すなわち，$n - 1$ の 2 進数表現は奇数 u の 2 進数表現の後に正確に t 個の 0 を並べたものである．$a^{n-1} = (a^u)^{2^t} \pmod{n}$ なので，$a^{n-1} \bmod n$ を計算するには，$a^u \bmod n$ を計算し，その結果を 2 乗する操作を t 回続けて行えばよい．

WITNESS の擬似コードは，第 2 行で $x_0 = a^u \bmod n$ を計算し，第 3～6 行の **for** ループでこの結果を t 回連続して 2 乗して $a^{n-1} \bmod n$ を計算する．i に関する帰納法を用いると，計算する数列 $x_0, x_1, \ldots, x_t$ は，$i = 0, 1, \ldots, t$ に対して式 $x_i = a^{2^i u} \pmod{n}$ を満たし，とくに，$x_t = a^{n-1} \pmod{n}$ であることが証明できる．しかし，第 4 行で 2 乗を計算した後，第5～6 行で自明でない 1 の平方根を見つけたときには，このループを直ちに終了する．（これらの判定はすぐ後で説明する．）このとき，アルゴリズムを終了し，TRUE を返す．第 7～8 行では，計算した $x_t = a^{n-1} \pmod{n}$ が 1 でなければ TRUE を返すが，これは，同じ場合に，手続き PSEUDOPRIME が COMPOSITE を返した動作に対応する．第 9 行では，第 6 行および第 8 行で TRUE を返さなかった場合に FALSE を返す．

次の補題は WITNESS の正当性を証明する．

補題 31.38 WITNESS(a, n) が TRUE を返すときには，a を証拠として用いて n が合成数であることの証明を構成できる．

証明 WITNESS が第 8 行で TRUE を返すときには，第 7 行で $x_t = a^{n-1} \bmod n \ne 1$ が成立している．n が素数ならばフェルマーの定理（定理 31.31）から，すべての $a \in \mathbb{Z}_n^*$ に対して $a^{n-1} = 1 \pmod{n}$ である．n が素数ならば $\mathbb{Z}_n^+ = \mathbb{Z}_n^*$ なので，フェルマーの定理から，すべ

800 | 31 整数論的アルゴリズム

$\textsc{Miller-Rabin}(n, s)$ // $n > 2$ は奇数

1   **for** $j = 1$ **to** s

2      $a = \textsc{Random}(2, n - 2)$

3   **if** $\textsc{Witness}(a, n)$

4   **return** COMPOSITE   // 間違いなく

5   **return** PRIME   // ほとんど確実に

$\textsc{Witness}(a, n)$

1   t と u を $n - 1 = 2^t u$ を満たす整数で，$t \geq 1$ かつ u は奇数であるとする

2   $x_0 = \textsc{Modular-Exponentiation}(a, u, n)$

3   **for** $i = 1$ **to** t

4      $x_i = x_{i-1}^2 \bmod n$

5   **if** $x_i == 1$ かつ $x_{i-1} \neq 1$ かつ $x_{i-1} \neq n - 1$

6   **return** TRUE   // 自明でない 1 の平方根を発見

7   **if** $x_t \neq 1$

8   **return** TRUE   // $\textsc{Pseudoprime}$ と同様に，合成数

9   **return** FALSE

ての $a \in \mathbb{Z}_n^+$ に対して $a^{n-1} = 1 \pmod{n}$ である．したがって，n が素数である可能性はなく，式 $a^{n-1} \bmod n \neq 1$ がその事実を証明する．

$\textsc{Witness}$ が第 6 行で TRUE を返すときには，$x_{i-1} \neq \pm 1 \pmod{n}$ かつ $x_i = x_{i-1}^2 = 1 \pmod{n}$ なので，x_{i-1} は法 n の下で自明でない 1 の平方根である．789 ページの系 31.35 によると，法 n の下で自明でない 1 の平方根が存在するのは n が合成数であるときに限るので，x_{i-1} が法 n の下で 1 の自明でない平方根であることを示すことで，n が合成数であると証明される．   ■

したがって，呼出し $\textsc{Witness}(a, n)$ が TRUE を返すときには n は確かに合成数であり，証拠 a と手続きが TRUE を返した理由（第 6 行と第 8 行のどちらで TRUE を返したのか）から n が合成数であることの証明が構成できる．

ここで，手続き $\textsc{Witness}$ の動作を記述する別の方法として，数列 $X = \langle x_0, x_1, \ldots, x_t \rangle$ の関数としての記述を紹介する．この記述は，後で，Miller–Rabin の素数判定法のエラー率の解析で有効に利用される．ある $0 \leq i < t$ に対して $x_i = 1$ ならば，数列の残された部分を $\textsc{Witness}$ は計算しないことに注意せよ．しかし，もし計算を続けたならば，$x_{i+1}, x_{i+2}, \ldots, x_t$ の値はそれぞれ 1 であり，数列 X におけるこれらの位置の値はすべて 1 になっていたはずである．4 つの場合が考えられる：

1. $X = \langle \ldots, d \rangle$ で $d \neq 1$ の場合：数列 X は 1 で終わらない．（フェルマーの定理から）a は n が合成数であることの証拠なので，第 8 行で TRUE を返す．

2. $X = \langle 1, 1, \ldots, 1 \rangle$ の場合：数列 X はすべて 1 である．a は n が合成数であることの証拠ではないので，手続きは FALSE を返す．

3. $X = \langle \ldots, -1, 1, \ldots, 1 \rangle$ の場合：数列 X は 1 で終わり，最後の 1 でない値は -1 である．

a は n が合成数であることの証拠ではないので，手続きは FALSE を返す．

4. $X = \langle \ldots, d, 1, \ldots, 1 \rangle$ で $d \neq \pm 1$ の場合：数列 X は 1 で終わり，最後の 1 でない値は -1 ではない．d が 1 の自明でない平方根なので a は n が合成数であることの証拠である．そこで，手続きは第 6 行で TRUE を返す．

さて，WITNESS に基づく Miller–Rabin の素数判定法を吟味しよう．前と同様に，n を再び 2 より大きい奇数であると仮定する．

手続き MILLER-RABIN は，n が合成数であることの証明の確率的探索である．第 1 行から始まる主ループは，$\mathbb{Z}_n^+$ から 1 と $n-1$ 以外の a の値を最大で s 回ランダムに選ぶ（第 2 行），選択された a の 1 つが n が合成数であることの証拠ならば，MILLER-RABIN は第 4 行で COMPOSITE を返す．WITNESS の正しさから，この場合の結果はつねに正しい．もし MILLER-RABIN が，s 回の試行でこのような証拠を発見しなければ，この手続きは，それは証拠が存在しないからであると仮定し，したがって n を素数であると見なす．s が十分大きいときには，この結果が正しそうであることは後で説明するが，証拠が存在するにもかかわらず，不運にも証拠となる a がうまく選択できない可能性は非常に小さいとはいえ，いまだに存在する．

MILLER-RABIN の動作を説明するために n を Carmichael 数 561 とする．このとき，$n-1 = 560 = 2^4 \cdot 35$，$t = 4$，$u = 35$ である．手続きが $a = 7$ を底として選択すると，（第 31.6 節の）図 31.4 の $b = 35$ に対応する列は，WITNESS が $x_0 = a^{35} = 241 \pmod{561}$ を計算することを示している．MODULAR-EXPONENTAITION 手続きのパラメータ b 上での再帰的な動作の仕方から，図 31.4 の最初の 4 つの列は 560 の因数 2^4，560 の 2 進表現の右端の 4 つの 0 が右から左に順に読み込まれていく状況に対応している．したがって，WITNESS は数列 $X = \langle 241, 298, 166, 67, 1 \rangle$ を計算する．$a^{280} = 67 \pmod{n}$ かつ $(a^{280})^2 = a^{560} = 1 \pmod{n}$ なので，WITNESS は最後の 2 乗操作で 1 の自明でない平方根を発見する．したがって，$a = 7$ は n が合成数であることの証拠であり，WITNESS$(7, n)$ は TRUE を返し，MILLER-RABIN は COMPOSITE を返す．

n が β ビットの数ならば，MILLER-RABIN は漸近的には s 回のベキ剰余演算を超える仕事を必要としない．したがって，$O(s\beta)$ 回の算術演算，あるいは $O(s\beta^3)$ 回のビット演算が実行される．

Miller–Rabin 素数判定法の誤り率

手続き MILLER-RABIN が PRIME を返すとき，誤りである可能性がほんの少し残されている．しかし，PSEUDOPRIME とは異なり，誤り確率は n に依存しない：すなわち，この手続きに対する悪い入力は存在せず，むしろ s のサイズと底 a を選ぶ際の "くじ運" に依存する．さらに，毎回の判定は式 (31.39) の単純な判定より厳しいので，ランダムに選んだ整数 n に対する誤り率は低いと期待できる．次の定理は，もっと正確な主張を示している．

定理 31.39 n が奇数の合成数ならば，n が合成数であることの証拠が少なくとも $(n-1)/2$ 個存在する．

802 | 31 整数論的アルゴリズム

証明 証拠でない数が高々 $(n-1)/2$ 個であることを示す．このことから定理が導かれる．

証拠でない数は，すべて $\mathbb{Z}_n^*$ の要素であると主張することから証明を開始する．なぜか？任意の証拠ではない数を a とする．a は，$a^{n-1} = 1 \pmod{n}$，あるいは同値であるが，$a \cdot a^{n-2} = 1 \pmod{n}$ を満たさなければならない．したがって，1 次合同式 $ax = 1 \pmod{n}$ は解 a^{n-2} を持つ．781 ページの系 31.21 によれば，$\gcd(a, n) \mid 1$ なので，$\gcd(a, n) = 1$ である．したがって，a は $\mathbb{Z}_n^*$ の要素であり，すべての証拠でない数は，$\mathbb{Z}_n^*$ に属する．

証明を完成するために，すべての証拠でない数は，$\mathbb{Z}_n^*$ に含まれるだけでなく，$\mathbb{Z}_n^*$ のある真部分群 B にも含まれることを示す（B が $\mathbb{Z}_n^*$ の部分群で B が $\mathbb{Z}_n^*$ に等しくないとき，B を $\mathbb{Z}_n^*$ の**真部分群**と呼んだことを思い出せ）．778 ページの系 31.16 から $|B| \le |\mathbb{Z}_n^*|/2$ である．$|\mathbb{Z}_n^*| \le n-1$ なので $|B| \le (n-1)/2$ である．したがって，すべての証拠でない数が，$\mathbb{Z}_n^*$ のある真部分群に含まれているならば，証拠でない数の個数は高々 $(n-1)/2$ であり，証拠である数の個数は少なくとも $(n-1)/2$ である．

すべての証拠でない数を含む $\mathbb{Z}_n^*$ の真部分群 B を見つける方法を示す．2 つの場合を考えよう．

ケース 1：ある $x \in \mathbb{Z}_n^*$ が存在し，

$$x^{n-1} \not\equiv 1 \pmod{n}$$

である場合．言い換えれば，n が Carmichael 数ではない場合である．以前に注意したように，Carmichael 数は非常にまれなので，ケース 1 はより典型的な場合である（たとえば，n がランダムに選択され，素数判定のためのときなど）．

$B = \{b \in \mathbb{Z}_n^* : b^{n-1} = 1 \pmod{n}\}$ とする．$1 \in B$ なので，B は空ではない．B は，法 n の下で乗法に関して閉じているので，定理 31.14 から B は $\mathbb{Z}_n^*$ の部分群である．証拠でない数 a は $a^{n-1} = 1 \pmod{n}$ を満たすので，証拠でない数は，すべて B に属することに注意せよ．$x \in \mathbb{Z}_n^* - B$ なので B は $\mathbb{Z}_n^*$ の真部分群である．

ケース 2：すべての $x \in \mathbb{Z}_n^*$ が

$$x^{n-1} = 1 \pmod{n} \tag{31.40}$$

を満たす場合．言い換えれば，n が Carmichael 数である場合である．実際には，この場合は非常にまれである．しかし，今から説明するように，擬似素数判定とは異なり，Miller–Rabin 判定法は，Carmichael 数が合成数であることを効率よく決定できる．

この場合には，n は素数のベキではありえない．このことを示すために，ある素数 p と整数 $e > 1$ に対して $n = p^e$ を仮定して，矛盾を導こう．n を奇数であると仮定したので，p もまた奇数である．788 ページの定理 31.32 から $\mathbb{Z}_n^*$ は巡回群である：すなわち，$\mathbb{Z}_n^*$ は生成元 g を含み，$\mathrm{ord}_n(g) = |\mathbb{Z}_n^*| = \phi(n) = p^e(1 - 1/p) = (p-1)p^{e-1}$ を満たす．（ここで，$\phi(n)$ は 781 ページの式 (31.21) から導いた．）式 (31.40) から $g^{n-1} = 1 \pmod{n}$ が成り立つ．離散対数定理（788 ページの定理 31.33 において $y = 0$ と置く）から $n - 1 = 0 \pmod{\phi(n)}$，すなわち

$$(p-1)p^{e-1} \mid p^e - 1$$

である．$e > 1$ なので，p は $(p-1)p^{e-1}$ を割り切るが，$p^e - 1$ を割り切らない．これは矛盾である．したがって，n は素数のベキではない．

奇数の合成数 n が素数のベキではないので，n を積 $n_1 n_2$ に分解する．ここで，n_1 と n_2 は 1 より大きい奇数で，互いに素である．（n の分解が一意でなければ，どの分解を選択してもかまわない．たとえば，$n = p_1^{e_1} p_2^{e_2} \cdots p_r^{e_r}$ ならば，$n_1 = p_1^{e_1}$ および $n_2 = p_2^{e_2} p_3^{e_3} \cdots p_r^{e_r}$ とすればよい．）

$n - 1 = 2^t u$ を満たす整数 $t \geq 1$ と奇数 u を定義し，手続き WITNESS は，任意の入力 a に対して，数列

$$X = \langle a^u, a^{2u}, a^{2^2 u}, \ldots, a^{2^t u} \rangle$$

を（法 n の下で）計算したことを思い出せ．

整数 $v \in \mathbb{Z}_n^*$ と $j \in \{0, 1, \ldots, t\}$ の対 (v, j) は

$$v^{2^j u} = -1 \pmod{n}$$

のとき**受理可能** (acceptable) であると言う．u が奇数なので受理可能対は確かに存在する．$v = n - 1$ および $j = 0$ と取り，$u = 2k + 1$ とすると，$v^{2^j u} = (n-1)^u = (n-1)^{2k+1}$ である．この数は法 n の下では，$(n-1)^{2k+1} = (n-1)^{2k} \cdot (n-1) = (-1)^{2k} \cdot -1 = -1 \pmod{n}$ となる．したがって，$(n-1, 0)$ は受理可能対である．受理可能対 (v, j) が存在する j の中で最も大きいものを選択し，この j に対して (v, j) が受理可能対となる v を固定する．

$$B = \{x \in \mathbb{Z}_n^* : x^{2^j u} = \pm 1 \pmod{n}\}$$

とする．B は法 n の下での乗算に関して閉じているので $\mathbb{Z}_n^*$ の部分群である．したがって，778 ページの定理 31.15 から $|B|$ は $|\mathbb{Z}_n^*|$ を割り切る．証拠でない数が作る数列 X はすべてが 1 か，あるいは j の最大性から（j 番目を含めて）j 番目の位置より前に -1 を含まなければならない．（証拠でない数 a に対して (a, j') が受理可能対なら，j の選び方から $j' \leq j$ である．）

ここで，v の存在性を利用して，$w \in \mathbb{Z}_n^* - B$ が存在し，したがって，B が $\mathbb{Z}_n^*$ の真部分群であることを示す．$v^{2^j u} = -1 \pmod{n}$ なので，中国人剰余定理の系 31.29 から $v^{2^j u} = -1 \pmod{n_1}$ である．系 31.28 から 1 次合同式

$$w = v \pmod{n_1}$$
$$w = 1 \pmod{n_2}$$

を同時に満足する w が存在する．したがって

$$w^{2^j u} = -1 \pmod{n_1}$$
$$w^{2^j u} = 1 \pmod{n_2}$$

である．系 31.29 から，$w^{2^j u} \neq 1 \pmod{n_1}$ ならば $w^{2^j u} \neq 1 \pmod{n}$ であり，$w^{2^j u} \neq -1 \pmod{n_2}$ ならば $w^{2^j u} \neq -1 \pmod{n}$ である．したがって，$w^{2^j u} \neq \pm 1 \pmod{n}$ が結論でき，$w \notin B$ が導けた．

$w \in \mathbb{Z}_n^*$ を示すことが残っている．法 n_1 と法 n_2 を別々に考えることによって，これを示す．法 n_1 の下で考える．$v \in \mathbb{Z}_n^*$ なので $\gcd(v, n) = 1$ である．v が n と共通の約数を持たなければ，v はもちろん n_1 とも共通の約数を持たないから $\gcd(v, n_1) = 1$ である．最後に，$w = v \pmod{n_1}$ なので $\gcd(w, n_1) = 1$ である．同様に，法 n_2 の下で考えると，練習問題 31.2-3 か

ら，$w \equiv 1 \pmod{n_2}$ ならば $\gcd(w, n_2) = 1$ である．$\gcd(w, n_1) = 1$ かつ $\gcd(w, n_2) = 1$ なので，定理 31.6 より（767 ページ），$\gcd(w, n_1 n_2) = \gcd(w, n) = 1$，すなわち，$w \in \mathbb{Z}_n^*$ を得る．

したがって，$w \in \mathbb{Z}_n^* - B$ であり，場合 2 について，すべての証拠でない数を含む B が $\mathbb{Z}_n^*$ の真部分群であり，そのサイズが高々 $(n-1)/2$ であることが結論できる．

いずれの場合にも，n が合成数であることの証拠が少なくとも $(n-1)/2$ 個存在する．　■

定理 31.40　任意の奇数を $n > 2$，任意の正整数を s とする．MILLER-RABIN(n, s) が誤る確率は高々 2^{-s} である．

証明　定理 31.39 から，n が合成数ならば，MILLER-RABIN の第 1～4 行の **for** ループの各繰返しで n が合成数である証拠 x を発見できる確率は少なくとも $1/2$ である．MILLER-RABIN 手続きが間違えるのは，主ループの s 回の繰返しの間，n が合成数である証拠をずっと発見できないほど運がないときであり，このようにミスが続く確率は高々 2^{-s} である．　■

n が素数のとき MILLER-RABIN は，つねに PRIME を返し，n が合成数のとき MILLER-RABIN が PRIME を誤って返す確率は高々 2^{-s} である．

ランダムに選択した大きな整数 n に MILLER-RABIN 手続きを適用するとき，MILLER-RABIN の結果を正しく解釈するには，n が素数であるという事前確率も考慮しなければならない．ビット長 β を固定する．ランダムに β ビットの整数 n を選択してその素数性を判定する．$\beta \approx \lg n \approx 1.443 \ln n$ である．n が素数であるという事象を A とする．素数定理（定理 31.37）より，n が素数である確率は

$$
\begin{aligned}
\Pr\{A\} &\approx 1/\ln n \\
&\approx 1.443/\beta
\end{aligned}
$$

と近似できる．MILLER-RABIN が PRIME を返す事象を B とする．このとき，$\Pr\{\overline{B} \mid A\} = 0$（すなわち，$\Pr\{B \mid A\} = 1$）であり，$\Pr\{B \mid \overline{A}\} \le 2^{-s}$（すなわち，$\Pr\{\overline{B} \mid \overline{A}\} > 1 - 2^{-s}$）である．

本当に知りたいこと，すなわち，MILLER-RABIN を実行した結果 PRIME を得たときに，n が実際に素数である確率 $\Pr\{A \mid B\}$ を計算する．ベイズの定理と等価な式（付録第 C.2 節の式 (C.20)（1006 ページ）と近似 $\Pr\{B \mid \overline{A}\} = 2^{-s}$ を用いると

$$
\begin{aligned}
\Pr\{A \mid B\} &= \frac{\Pr\{A\}\Pr\{B \mid A\}}{\Pr\{A\}\Pr\{B \mid A\} + \Pr\{\overline{A}\}\Pr\{B \mid \overline{A}\}} \\
&\approx \frac{(1/\ln n) \cdot 1}{(1/\ln n) \cdot 1 + (1 - 1/\ln n) \cdot 2^{-s}} \\
&\approx \frac{1}{1 + 2^{-s}(\ln n - 1)}
\end{aligned}
$$

となる．この確率は s が $\lg(\ln n - 1)$ を超えるまで $1/2$ を超えない．直観的には，この程度の回数の試行が事前確率の不均衡を克服するには必要だ，ということである．ランダムに選択された n が合成数である確率が（β が大きいときには，素数である確率に比較して）非常に大きいという事前確率の不均衡があるので，n が合成数である証拠の発見に失敗する可能性が小さ

くても，事象 B で条件づけたとき，この誤りが発生する条件つき確率は大きくなる．$\beta = 1024$ ビットの数に対しては

$$\lg(\ln n - 1) \approx \lg(\beta/1.443)$$
$$\approx 9$$

である．しかし，$s = 50$ と取れば，想像できるほとんどすべての応用に対して十分である．

実際の状況はもっと楽観できる．ランダムに選択した大きな奇数に手続き MILLER-RABIN を適用して大きな素数を発見しようとしているとき，ここでは証明はしないが，小さな s の値（たとえば，3）を選んでも誤った結果に至る可能性はほとんどない．ランダムに選択した奇数の合成数 n に対しては，n が合成数である証拠の個数の期待値は $(n-1)/2$ よりもずっと大きいからである．

整数 n をランダムに選択しない場合には，定理 31.39 を改良し，証拠ではない数の個数が高々 $(n-1)/4$ であることを証明できる．さらに，証拠ではない数が $(n-1)/4$ 個存在する整数 n は存在する．

練習問題

31.8-1 奇数 $n > 1$ が素数でも素数のベキでもなければ，法 n の下で 1 の自明でない平方根が存在することを証明せよ．

31.8-2 ★ オイラーの定理（定理 31.30）を以下のように少しだけ強めることができる．すなわち，すべての $a \in \mathbb{Z}_n^*$ に対して

$$a^{\lambda(n)} = 1 \pmod{n}$$

である．ここで，$n = p_1^{e_1} \cdots p_r^{e_r}$ であり，$\lambda(n)$ は

$$\lambda(n) = \operatorname{lcm}(\phi(p_1^{e_1}), \ldots, \phi(p_r^{e_r}))$$

と定義する．$\lambda(n) \mid \phi(n)$ を証明せよ．合成数 n は $\lambda(n) \mid n - 1$ のとき Carmichael 数である．最小の Carmichael 数は $561 = 3 \cdot 11 \cdot 17$ である．ここで，$\lambda(n) = \operatorname{lcm}(2, 10, 16) = 80$ であり，これは 560 を割り切る．Carmichael 数が "2 乗フリー"（任意の素数の 2 乗で割り切れない），かつ少なくとも 3 個の素数の積でなければならないことを証明せよ．（したがって，Carmichael 数は稀少である．）

31.8-3 x が法 n の下で自明でない 1 の平方根ならば，$\gcd(x-1, n)$ および $\gcd(x+1, n)$ は共に n の自明でない約数であることを証明せよ．

章末問題

31-1 2 進 gcd アルゴリズム

ほとんどのコンピュータは減算，2 進数の（奇遇）パリティの判定，2 分の 1 の計算を剰余計算よりも高速に実行できる．この問題では **2 進 gcd アルゴリズム** (binary gcd algorithm) を検討する．このアルゴリズムでは，ユークリッドのアルゴリズムが用いる剰余計算を使用しない．

806 | 31　整数論的アルゴリズム

a. a と b が共に偶数ならば，$\gcd(a,b) = 2 \cdot \gcd(a/2, b/2)$ であることを証明せよ．

b. a が奇数で b が偶数ならば，$\gcd(a,b) = \gcd(a, b/2)$ であることを証明せよ．

c. a と b が共に奇数ならば，$\gcd(a,b) = \gcd((a-b)/2, b)$ であることを証明せよ．

d. $a \geq b$ を満たす整数 a と b を入力として，$O(\lg a)$ 時間で走る効率の良い 2 進 gcd アルゴリズムを設計せよ．ただし，減算，パリティ判定，2 分の 1 計算は単位時間で実行できると仮定する．

31-2　ユークリッドのアルゴリズムにおけるビット演算の解析

a. 普通に"紙と鉛筆"を用いて a を b で割る方法で商 q と余り r を求めるのに，$O((1+\lg q)\lg b)$ 回のビット演算が必要であることを示せ．

b. $\mu(a,b) = (1 + \lg a)(1 + \lg b)$ と定義する．$\gcd(a,b)$ を計算する問題を，$\gcd(b, a \bmod b)$ を計算する問題に帰着するために EUCLID が実行するビット演算の回数は，十分に大きな定数 $c > 0$ に対して高々 $c(\mu(a,b) - \mu(b, a \bmod b))$ であることを示せ．

c. 一般に EUCLID(a,b) は $O(\mu(a,b))$ 回のビット演算が必要であり，2 つの β ビット入力に適用したときは，$O(\beta^2)$ 回のビット演算が必要であることを示せ．

31-3　フィボナッチ数に対する 3 つのアルゴリズム

本問題では，n が与えられたとき，n 番目のフィボナッチ数 F_n を計算するための 3 つの方法の効率を比較する．2 つの数の加算，減算，乗算コストは数のサイズに関係なく $O(1)$ であると仮定する．

a. 直接的に，第 3.3 節（標準的な記法とよく使われる関数）の漸化式 (3.31)（58 ページ）に基づいて F_n を再帰的に計算する方法の実行時間は，n に関して指数関数的であることを示せ．（たとえば，第 26.1 節（fork-join 並列処理の基礎）の手続き FIB（632 ページ）参照．）

b. 履歴管理[d]を用いて F_n を $O(n)$ 時間で計算する方法を示せ．

c. 整数の加算と乗算だけを用いて F_n を $O(\lg n)$ 時間で計算する方法を示せ（ヒント：行列

$$\begin{pmatrix} 0 & 1 \\ 1 & 1 \end{pmatrix}$$

とそのベキを考えよ．）

d. 2 つの β ビットの数の加算には $\Theta(\beta)$ 時間かかり，2 つの β ビットの数の乗算には $\Theta(\beta^2)$ 時間かかると仮定する．算術演算に対する，このより合理的なコスト基準の下で，上記の 3 つの方法の実行時間を示せ．

---

[d]　［訳注］第 15.1 節（活動選択問題）参照．

31-4 平方剰余

p を奇数の素数とする．ある数 $a \in Z_p^*$ に対して，合同式 $x^2 = a \pmod{p}$ が未知数 x に対して解を持つとき，a は**平方剰余** (quadratic residue) である．

a. 法 p の下で正確に $(p-1)/2$ 個の平方剰余があることを示せ．

b. p を奇数の素数とする．$a \in \mathbb{Z}_p^*$ に対して，**ルジャンドルの記号** (Legendre symbol) $\left(\frac{a}{p}\right)$ を a が法 p の下で平方剰余ならば 1，そうでなければ -1 と定義する．$a \in \mathbb{Z}_p^*$ ならば

$$\left(\frac{a}{p}\right) = a^{(p-1)/2} \pmod{p}$$

が成り立つことを証明せよ．数 a が与えられたとき，a が法 p の下で平方剰余かどうかを判定する効率の良いアルゴリズムを与え，そのアルゴリズムの効率を解析せよ．

c. p が $4k+3$ の形の素数，a が $\mathbb{Z}_p^*$ における平方剰余ならば，$a^{k+1} \bmod p$ は法 p の下で a の平方根であることを証明せよ．法 p の下での平方剰余 a の平方根を求めるためにかかる時間を求めよ．

d. 任意の素数 p が与えられたとき，法 p の下で平方剰余にはならない数，すなわち，平方剰余ではない $\mathbb{Z}_p^*$ の要素を求める効率の良い乱択アルゴリズムを記述せよ．そのアルゴリズムが実行する算術演算の平均回数を求めよ．

文献ノート

Knuth [260] は，最大公約数を求めるアルゴリズムなどの基礎的な整数論的アルゴリズムを詳細に検討している．Dixon [121] は素因数分解と素数判定研究の全体像を概観している．Bach [33]，Riesel [378]，Bach–Shallit [34] は計算論的整数論の概説を含んでいる．Shoup [411] はより最近の概説である．Pomerance が編集した会議録 [362] はいくつかの優れた概説論文を含んでいる．

Knuth [260] はユークリッドのアルゴリズムの起源を論じている．このアルゴリズムは，ギリシャの数学者ユークリッドが紀元前 300 年頃に書いた『原論 (*Elements*)』の第 7 巻命題 1 と 2 として現れる．この記述は，紀元前 375 年頃の Eudoxus[e] によるアルゴリズムから導かれた可能性がある．最古の（自明でない）アルゴリズムであるという栄誉はユークリッドのアルゴリズムのものである．匹敵するのは古代のエジプト人に知られていた乗算アルゴリズムだけである．Shallit [407] はユークリッドのアルゴリズムの解析の歴史をまとめている．

Knuth は，中国人剰余定理（定理 31.27）の特殊な場合を中国人数学者 Sun-Tsŭ の功績と考えている．Sun-Tsŭ の生涯の年代と著作物は極めて曖昧である．紀元 100 年頃にギリシャ人数学者 Nichomachus は同じ制約の下での中国人剰余定理を発見した．Qin Jiushao は，この結果を 1247 年に一般化した．最終的に，L. Euler は 1734 年に中国人剰余定理を完全に一般的な形で記述し，証明した．

---

[e] ［訳注］エウドクソス (Eudoxus) は，紀元前 4 世紀の古代ギリシアのクニドス出身の数学者・天文学者．

808 | 31 整数論的アルゴリズム

本章の乱択素数判定アルゴリズムは Miller [327] と Rabin [373] によって発見された. これは定数倍の範囲内で現在最速の乱択素数判定アルゴリズムである. 定理 31.40 の証明は, Bach [32] が示唆した証明に少し修正を加えてある. 手続き MILLER-RABIN に対するより強力な結果が Monier [332, 333] によって証明されている. 長い間, 効率的な (多項式時間の) 素数判定アルゴリズムを得るには乱択化が必要であると思われていた. しかし, 2002 年に Agrawal–Kayal–Saxena [4] は決定的多項式時間素数判定アルゴリズムを与えて世界を驚かせた. それまで最速だったのは, Cohen–Lenstra [97] の決定的素数判定アルゴリズムで, 入力 n に対して $(\lg n)^{O(\lg \lg \lg n)}$ 時間 (ほんの少しだけ超多項式である) で走った. しかし, 実用上は, 未だに乱択素数判定アルゴリズムのほうがより高速であり, 好まれている.

Beauchemin–Brassard–Crépeau–Goutier–Pomerance [40] は, 大きな "ランダム" 素数を見つける問題を議論している.

公開鍵暗号システムの概念は Diffie–Hellman [115] による. RSA 公開鍵暗号システムは, 1977 年に Rivest–Shamir–Adleman [380] によって提案され, それ以降, 暗号分野が花開いた. RSA 暗号システムに対する理解が深まり, その現代的な実現には, 本章で紹介した基礎技術が重要な改良を施された上で用いられている. 暗号方式が安全であることを証明するための新しい技術も多数開発されている. たとえば, Goldwasser–Micali [190] は乱択化が, 安全な公開鍵暗号スキーム設計の効果的な道具になりうることを示した. 署名スキームに関して, Goldwasser–Micali–Rivest [191] は, 考え得るすべての偽造が素因数分解と同じ困難さを持つことが証明可能であるディジタル署名スキームを提案している. Katz–Lindell [253] は, 近代暗号学を概観している.

大きな数を因数分解するための最速アルゴリズムの実行時間は, 入力 n の長さの 3 乗根に関してほぼ指数関数的に増加する. 一般数体ふるい素因数分解法は, 多分, 大きな入力に対して制約なしに働く最も効率の良いアルゴリズムである. (このアルゴリズムは, Pollard [360] と Lenstra ら [295] の数体ふるい素因数分解法が含むアイデアを拡張して Buhler–Lenstra–Pomerance [77] が開発し, Coppersmith [102] と他の研究者が改良した.) このアルゴリズムを厳密に解析するのは難しいが, $L(\alpha, n) = e^{(\ln n)^{\alpha}(\ln \ln n)^{1-\alpha}}$ とするとき, 合理的な仮定の下で実行時間を $L(1/3, n)^{1.902+o(1)}$ と評価できる.

Lenstra [296] の楕円曲線法 (elliptic-curve method) は, 小さい素因数 p を素早く発見できるので, ある入力に対しては数体ふるい法よりも効果的かもしれない. この方法を用いると, p の発見にかかる時間は, $L(1/2, p)^{\sqrt{2}+o(1)}$ と評価できる.

32 文字列照合

STRING MATCHING

テキスト編集プログラムでは，テキストからある1つのパターンの出現をすべて発見することが頻繁に必要になる．典型的には，テキストが編集中の文書であり，探索されるパターンがユーザによって指定された特定の語，という状況である．この問題——「文字列照合 (string matching)」と呼ばれる——を効率よく解くアルゴリズムは，テキスト編集プログラムの応答性向上に重要な役割を果たす．数ある文字列照合アルゴリズムの応用の1つに，DNA配列に出現する特定のパターンの発見がある．また，インターネットの検索エンジンは，クエリーに対して適切なWebページを発見するために文字列照合アルゴリズムを利用している．

文字列照合問題は，次のように形式的に述べることができる．テキストを長さ n の配列 $T[1:n]$，パターンを長さ $m \leq n$ の配列 $P[1:m]$ とする．さらに，P や T の要素は有限の文字の集合であるアルファベット Σ に属する文字であると仮定する．たとえば，Σ は集合 $\{0,1\}$ であってもよいし，集合 $\{a, b, \ldots, z\}$ であってもよい．文字の配列 P と T を**文字列** (string) と呼ぶ．

図32.1に見られるとおり，$0 \leq s \leq n-m$ かつ $T[s+1:s+m] = P[1:m]$，すなわち $1 \leq j \leq m$ に対して $T[s+j] = P[j]$ ならば，パターン P はテキスト T の中の**シフト s に出現する** (occur with shift s)（または，同等だが，パターン P はテキスト T の中の**場所 $s+1$ で始まる** (occur beginning at position $s+1$)）．P が T のシフト s に出現するならば，s は**正当なシフト** (valid shift) であり，そうでなければ，s は**無効なシフト** (invalid shift) である．**文字列照合問題** (string-matching problem) は，与えられたパターン P がテキスト T に出現する正当なシフトをすべて見つける問題である．

第32.1節で出る力ずくで解く素朴なアルゴリズムを除けば，本章の各文字列照合アルゴリズムは，パターンに基づく前処理を最初に行った上で，すべての正当なシフトを発見する．この後半のフェーズを「照合 (matching)」と呼ぶ．本章で説明する各アルゴリズムの前処理と照

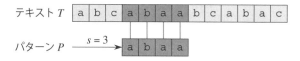

図 32.1 テキスト $T = $ abcabaabcabac の中からパターン $P = $ abaa のすべての出現を見つける文字列照合問題の例．このパターンは，このテキストのシフト $s = 3$ にただ1回だけ出現し，これは正当なシフトである．パターンの各文字とテキストの間で一致した文字を縦線で結び，すべての一致した文字列に濃い網かけで陰影をつけている．

810 | 32 文字列照合

合に要する時間を以下にまとめて示す．各アルゴリズムの総実行時間は，前処理時間と照合時間の和である：

アルゴリズム	前処理時間	照合時間
素朴な方法	0	$O((n-m+1)m)$
Rabin–Karp 法	$\Theta(m)$	$O((n-m+1)m)$
有限オートマトン	$O(m\,\lvert\Sigma\rvert)$	$\Theta(n)$
Knuth–Morris–Pratt	$\Theta(m)$	$\Theta(n)$
接尾語配列[1]	$O(n\lg n)$	$O(m\lg n + km)$

第 32.2 節では，Rabin と Karp による興味深い文字列照合アルゴリズムを示す．最悪実行時間が $\Theta((n-m+1)m)$ になる点で，このアルゴリズムは素朴な方法の改善になってはいないが，平均実行時間でも，また実用的観点からも，ずっと良い性能を示す．また，このアルゴリズムは，他の文字列照合問題にうまく一般化できる．第 32.3 節では，テキストの中で与えられたパターン P の出現を探すために特別に設計されるものである．有限オートマトンを前処理として構築する文字列照合アルゴリズムを紹介する．この有限オートマトンでは，このアルゴリズムは前処理に $O(m\,\lvert\Sigma\rvert)$ 時間かかるが，照合には $\Theta(n)$ 時間しかかからない．第 32.4 節では，これと似ているが，もっと賢い Knuth–Morris–Pratt (KMP) アルゴリズムを紹介する．このアルゴリズムも照合には同じ $\Theta(n)$ 時間かかるが，前処理は $\Theta(m)$ 時間で済む．

まったく違ったアプローチを第 32.5 節で紹介する．そこでは，接尾語配列と最長共通接頭語配列について調べる．これらの配列をテキスト中のパターンを見つけるだけでなく，そのテキストの中で繰り返される最長の部分文字列は何かとか，2 つのテキストに共通する最長の部分文字列は何かなどの他の問いに答えることもできる．第 32.5 節で接尾語配列を形成するアルゴリズムは $O(n\lg n)$ 時間かかるが，接尾語配列が与えられると，共通最長接頭語配列を $O(n)$ 時間で計算できることを，この節で説明する．

表記法と用語

アルファベット Σ に属する文字だけから構成される，すべての長さが有限の文字列の集合を Σ^*（"シグマスター"と読む）で表す．本章では，長さが有限の文字列だけを考える．長さが 0（零）の**空文字列** (empty string) ε も Σ^* に属する．文字列 x の長さを $\lvert x\rvert$ で表す．2 つの文字列 x と y の**連接** (concatenation) xy は，x の文字列の後ろに y の文字列を続けた，長さが $\lvert x\rvert + \lvert y\rvert$ の文字列である．

文字列 x と w について，$x = wy$ となる文字列 $y \in \Sigma^*$ が存在するとき，w は x の**接頭語** (prefix) であると言い，$w \sqsubset x$ と表す．$w \sqsubset x$ ならば $\lvert w\rvert \leq \lvert x\rvert$ である．同様に，文字列 w と x について，$x = yw$ となる文字列 $y \in \Sigma^*$ が存在するとき，w は x の**接尾語** (suffix) であると言い，$w \sqsupset x$ と表す．接頭語と同様，$w \sqsupset x$ ならば $\lvert w\rvert \leq \lvert x\rvert$ である．たとえば，ab $\sqsubset$ abcca および cca $\sqsupset$ abcca である．文字列 w は，$w \sqsubset x$ かつ $\lvert w\rvert < \lvert x\rvert$ ならば，**真の接頭語** (proper

---

[1] 接尾語配列に対して，$O(n\lg n)$ の前処理時間は，第 32.5 節で与えるアルゴリズムから来ている．章末問題 32.2 のアルゴリズムを用いれば $\Theta(n)$ に減らすことが可能である．照合時間における k という因子は，テキスト中でのパターンの生起数を表している．

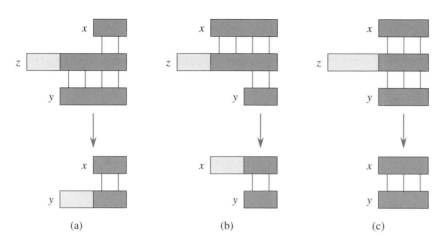

図 32.2 補題 32.1 の図的な証明.$x \sqsupset z$ かつ $y \sqsupset z$ を仮定する.3 つの図が補題の 3 つの場合に対応する.縦線は一致している文字列の部分(一致している文字列を濃い網かけで示す)を結んでいる.**(a)** $|x| \leq |y|$ ならば $x \sqsupset y$ である.**(b)** $|x| \geq |y|$ ならば $y \sqsupset x$ である.**(c)** $|x| = |y|$ ならば $x = y$ である.

prefix) であり,**真の接尾語** (proper suffix) に対しても同様である.空文字列 ε は,すべての文字列の接頭語であり,接尾語でもある.任意の 2 つの文字列 x, y と任意の文字 a に対して,$x \sqsupset y$ と $xa \sqsupset ya$ は等価である.また,$\sqsubset$ と $\sqsupset$ は推移的である.次の補題は後ほど有用になる.

補題 32.1(重複接尾語補題) x, y, z を $x \sqsupset z$ かつ $y \sqsupset z$ を満たす 3 つの文字列とする.$|x| \leq |y|$ ならば,$x \sqsupset y$ である.$|x| \geq |y|$ ならば,$y \sqsupset x$ である.$|x| = |y|$ ならば,$x = y$ である.

証明 図 32.2 に,図を用いた証明を示している. ∎

便宜的に,パターン $P[1:m]$ の k 文字からなる接頭語 $P[1:k]$ を $P[:k]$ で表す.したがって,$P[:0] = \varepsilon$ かつ $P[:m] = P = P[1:m]$ である.同様に,テキスト T の k 文字からなる接頭語を $T[:k]$ で表す.この記法を用いると,文字列照合問題は,$P \sqsupset T[:s+m]$ となるすべてのシフト s を $0 \leq s \leq n-m$ の範囲から発見する問題である,と言うことができる.

本章の擬似コードでは,長さが等しい 2 つの文字列が同じかどうかの判定を基本操作として用いる.文字列を左から右に向かって比較し,(文字間の)不一致を発見したときに比較は停止する.そして,この判定に必要な時間は(不一致を発見するまでに)一致した文字数の線形関数であると仮定する.正確に言うと,"$x == y$" の判定には $\Theta(t)$ 時間かかると仮定する.ここで,t は $z \sqsubset x$ かつ $z \sqsubset y$ を満たす最長の文字列 z の長さである.

32.1 素朴な文字列照合アルゴリズム

Naive-String-Matcher の手続きは,$n-m+1$ 個ある可能なすべての s の値に対して,条件 $P[1:m] = T[s+1:s+m]$ を検査し,すべての正当なシフトを発見する.

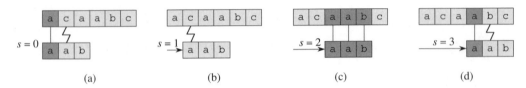

図 32.3 パターン $P = $ aab，テキスト $T = $ acaabc に対する，NAIVE-STRING-MATCHER の振舞い．パターン P をテキスト上をずらしていくテンプレートと考える．**(a)**～**(d)** 素朴な文字列照合アルゴリズムが試す引き続く 4 つの配置．各図では，縦線は一致した文字を結び（一致した領域を濃い網かけで示す），黒の折れ線は（存在すれば）最初の不一致に終わった文字を結ぶ．(c) に示すように，アルゴリズムはシフト $s = 2$ でパターンの出現を 1 回発見する．

NAIVE-STRING-MATCHER(T, P, n, m)
1 **for** $s = 0$ **to** $n - m$
2   **if** $P[1:m] == T[s+1:s+m]$
3   "パターンがシフト"s"で発生した" とプリントする

　素朴な文字列照合手続きの動作を図 32.3 に示す．パターンを含む"テンプレート"をずらしていき，テンプレート上のすべての文字がテキストの対応する文字と一致するシフトに出会えば，それを"書き留めて"いく．第 1～3 行の **for** ループでは，可能なシフトのそれぞれを明示的に調べる．第 2 行の判定によって，現在のシフトが正当であるかどうかを決定する．この判定は，対応する位置の文字の一致検査を，すべての位置で成功裡に一致するか，ある位置で不一致が見つかるか，どちらかが発生するまで繰り返す暗黙のループを行っている．第 3 行では，発見した正当なシフト s を出力する．

　手続き NAIVE-STRING-MATCHER の実行には $O((n - m + 1)m)$ 時間かかり，この限界は，最悪の場合には改良できない．たとえば，テキスト文字列が a^n（n 個の a からなる文字列），パターンが a^m の場合を考える．$n - m + 1$ 個の可能なシフト s の値それぞれに対して，そのシフトが正当であることを確認するために，第 2 行に隠されたループで，対応する文字の比較を m 回実行する必要がある．したがって，最悪計算時間は $\Theta((n - m + 1)m)$ となり，$m = \lceil n/2 \rceil$ ならば $\Theta(n^2)$ である．このアルゴリズムは前処理を必要としないので，NAIVE-STRING-MATCHER の実行時間は，照合の時間と一致する．

　NAIVE-STRING-MATCHER は，この問題に対して最適とはほど遠い手続きである．実際，本章では，Knuth–Morris–Pratt アルゴリズムのほうが，最悪の場合に優れていることを示す．素朴な文字列照合アルゴリズムは，s の 1 つの値を吟味した際に得たテキストに関する情報を，s の他の値を吟味する際には完全に無視するので，非効率的である．しかし，この情報は非常に有用になりうる．たとえば，$P = $ aaab として，シフト $s = 0$ が正当であるとする．このとき，$T[4] = $ b なので，シフト 1，2，3 はどれも無効である．以降の各節では，この種の情報を効率的に利用する方法を調べよう．

練習問題

32.1-1 パターン $P = $ 0001 に対して，テキスト $T = $ 000010001010001 上で素朴な文字列照合アルゴリズムが実行する文字比較を示せ．

32.1-2 パターン P を構成するすべての文字が異なると仮定する．このとき，n 文字のテキスト T に対して $O(n)$ 時間で走るように，NAIVE-STRING-MATCHER を高速化する方法を示せ．

32.1-3 $d \geq 2$ とする．パターン P とテキスト T を，大きさが d のアルファベット $\Sigma_d = \{0, 1, \ldots, d-1\}$ からランダムに (randomly) 選択された，長さがそれぞれ m と n の文字列とする．このとき，素朴なアルゴリズムの第 2 行の明示されていないループが行う，文字比較総数の**期待** (expected) される回数は

$$(n - m + 1)\frac{1 - d^{-m}}{1 - d^{-1}} \leq 2(n - m + 1)$$

であることを示せ．（与えられたシフトに対して，不一致が見つかるか，パターン全体が一致すると，この素朴なアルゴリズムは文字の比較を停止すると仮定せよ．）したがって，素朴なアルゴリズムは，ランダムに選択された文字列に対して非常に効率が良い．

32.1-4 パターン P が，**任意**の文字列（長さ 0 の空文字列でもよい）と一致する**すきま文字** (gap character) $\Diamond$ を含む可能性がある場合を考える．たとえば，パターン ab$\Diamond$ba$\Diamond$c は，テキスト cabccbacbacab に

$$\underbrace{\text{c}\,\underbrace{\text{ab}}_{\text{ab}}\,\underbrace{\text{cc}}_{\Diamond}\,\underbrace{\text{ba}}_{\text{ba}}\,\underbrace{\text{cba}}_{\Diamond}\,\underbrace{\text{c}}_{\text{c}}\,\text{ab}}$$

や

$$\underbrace{\text{c}\,\underbrace{\text{ab}}_{\text{ab}}\,\underbrace{\text{ccbac}}_{\Diamond}\,\underbrace{\text{ba}}_{\text{ba}}\,\underbrace{\quad}_{\Diamond}\,\underbrace{\text{c}}_{\text{c}}\,\text{ab}}$$

として出現する．すきま文字はパターンの中に任意回出現するかもしれないが，テキストには一切出現しない．パターン P が与えられたテキスト T に出現するか否かを決定する多項式時間アルゴリズムを設計し，設計したアルゴリズムの実行時間を解析せよ．

32.2 Rabin–Karp アルゴリズム

Rabin と Karp は，実用的であり，しかも 2 次元パターン照合のような関連する問題に対するアルゴリズムにも一般化できる文字列照合アルゴリズムを提案した．Rabin–Karp アルゴリズムは，前処理時間に $\Theta(m)$ かかり，最悪実行時間は $\Theta((n - m + 1)m)$ である．しかし，ある仮定に基づけば，その平均実行時間はもっと良くなる．

このアルゴリズムでは，2 つの数が第 3 の数を法として合同であるなど，初等整数論の概念を用いる．関連する定義を知るには第 31.1 節（整数論の基礎的な概念）が参考になるだろう．

説明のために，$\Sigma = \{0, 1, 2, \ldots, 9\}$，つまり，各文字は 10 進数字であると仮定する（一般的には，$d = |\Sigma|$ ならば，各文字は d 進記数法で用いる 0 から $d-1$ の範囲にある数字と仮定できる）．このとき，連続する k 個の文字の列を k 桁の 10 進数と見なすことができる．たとえば，文字列 31415 は 10 進数 31,415 に対応する．入力文字を図形的記号と数字の 2 通りに解釈するので，本節では，通常のテキスト用のフォントで数字を表記するのが便利である．

与えられたパターン $P[1:m]$ に対応する 10 進数を p とする．同様に，テキスト $T[1:n]$ が与えられたとき，$s = 0, 1, \ldots, n - m$ に対して，長さ m の部分文字列 $T[s+1:s+m]$ に対

応する 10 進数を t_s とする. $t_s = p$ であるための必要十分条件が $T[s+1 : s+m] = P[1 : m]$ なので,s が正当なシフトであるための必要十分条件は $t_s = p$ である. p を $\Theta(m)$ 時間で計算でき,すべての t_s の値を合計で $\Theta(n-m+1)$ 時間[2]で計算できるならば,p を各 t_s と比較することで,すべての正当なシフト s を $\Theta(m) + \Theta(n-m+1) = \Theta(n)$ 時間で計算できる.(しばらくの間,p と t_s が非常に大きな数であるときに発生する問題は心配しないことにする.)

実際,Horner の公式(第 2 章(さあ,始めよう)の章末問題 2-3 参照(38 ページ))を使うと,p を式

$$p = P[m] + 10\left(P[m-1] + 10(P[m-2] + \cdots + 10(P[2] + 10P[1])\cdots)\right)$$

を用いて,$\Theta(m)$ 時間で計算できる. 同様に,t_0 を $T[1 : m]$ から $\Theta(m)$ 時間で計算できる.

残りのすべての値 $t_1, t_2, \ldots, t_{n-m}$ が $\Theta(n-m)$ 時間で計算できることを理解するには,

$$t_{s+1} = 10\left(t_s - 10^{m-1}T[s+1]\right) + T[s+m+1] \tag{32.1}$$

なので,t_s から t_{s+1} を定数時間で計算できることに気づけば十分である. t_s から $10^{m-1}T[s+1]$ を引くと,t_s の最上位桁が除去できる. この結果を 10 倍することで 1 桁左にシフトし,$T[s+m+1]$ を加えることで,適切な下位の桁の数字を取り込むことができる. たとえば,$m = 5$,$t_s = 31415$ とするとき,新しい下位の桁の数は $T[s+5+1] = 2$ である. 取り除くべき高位の数は $T[s+1] = 3$ なので,

$$\begin{aligned} t_{s+1} &= 10(31415 - 10000 \cdot 3) + 2 \\ &= 14152 \end{aligned}$$

を得る. 定数 10^{m-1} を事前に計算しておくと(第 31.6 節(要素のベキ)の技法を使えば $O(\lg m)$ 時間で計算できるが,直接的に $O(m)$ 時間をかけて計算しても十分である),式 (32.1) の各実行には定数個の算術操作を要するだけである. したがって,p は $\Theta(m)$ 時間,$t_0, t_1, \ldots, t_{n-m}$ は全部で $\Theta(n-m+1)$ 時間で計算できる. 以上から,テキスト $T[1 : n]$ の中からパターン $P[1 : m]$ のすべての出現を,前処理時間 $\Theta(m)$,照合時間 $\Theta(n-m+1)$ で発見できる.

この方式がうまくいくのは,p と t_s に関する算術演算が定数時間でできるほど P が十分短く,しかもアルファベット Σ も十分に小さいときである. しかし,P が長かったり,Σ のサイズが式 (32.1) における 10 のベキの代わりに(拡張 ASCII 文字の場合の 256 のベキのように)より大きな数のベキを使わないといけないような場合はどうだろうか? このとき,p と t_s の値が大きすぎて定数時間では終わらないことも考えられる. 幸運にも,この問題は図 32.4 に示すように解決することができる:すなわち,適切な q を法として p や t_s の値を計算することである. 法 q の下での p の値を $\Theta(m)$ 時間,法 q の下での t_s の値を全部で $\Theta(n-m+1)$ 時間で計算できる. $|\Sigma| = 10$ とすると,$10q$ がちょうどコンピュータの 1 語に収まる素数を q として選べば,必要な計算をすべて単精度算術計算として実行できる. 一般に,サイズが d のアルファベット $\{0, 1, \ldots, d-1\}$ に対して,dq がコンピュータの 1 語に収まるように q を選択し,漸化式 (32.1) を q を法として動作するように調整すると,漸化式は

---

[2] s が $n-m+1$ 個の異なる値を取るので,$\Theta(n-m)$ ではなく,$\Theta(n-m+1)$ である. $m = n$ のとき,t_s は,$\Theta(0)$ 時間で計算できず,$\Theta(1)$ 時間が必要なので,"+1" は漸近的に重要な意味を持つ.

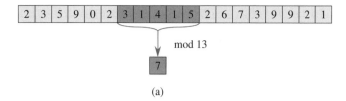

(a)

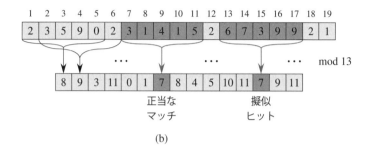

(b)

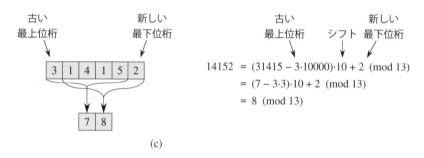

(c)

図 32.4 Rabin–Karp アルゴリズム．各文字は 10 進数字で，13 を法とする値を計算する．**(a)** テキストの文字列．長さ 5 の窓を濃い網かけの陰影で示す．濃い網かけで示した数字の 13 を法とする値は 7 である．**(b)** 同じテキスト文字列と，可能なすべての位置に置いた長さ 5 の窓のそれぞれに対する 13 を法とする値．パターンとして $P = 31415$ を仮定すると，$31415 \equiv 7 \pmod{13}$ なので，法 13 の下での値が 7 の窓を探す．アルゴリズムは濃い網かけで陰影づけした 2 つの窓を発見する．テキスト位置 7 から始まる最初の窓は確かにパターンの出現であるが，位置 13 から始まる 2 番目の窓は擬似ヒットである．**(c)** 前の窓の値が与えられたとき，次の窓の値を定数時間で計算する方法．前の窓の値は 31415 である．最上位桁の数字 3 を落とし，左にシフトし（10 倍し），最下位桁の数字 2 を加えれば，次の値 14152 を得る．すべての計算は 13 を法として行うので，前の窓の値は 7，次の窓の値は 8 である．

$$t_{s+1} = \bigl(d(t_s - T[s+1]h) + T[s+m+1]\bigr) \bmod q \tag{32.2}$$

となる．ここで，$h \equiv d^{m-1} \bmod q$ は，テキストの m 桁の窓の最上位桁に置かれた（d 進記数法における）数字"1"の（q を法とする）値である．[a]

しかし，法 q を用いる解決法は完全ではない：$t_s \equiv p \pmod{q}$ は，自動的に $t_s = p$ を意味するわけではないからである．一方，$t_s \not\equiv p \pmod{q}$ ならば，明らかに $t_s \neq p$ なので，シフト s は無効である．したがって，無効なシフト s を高速に排除するヒューリスティックな判定として，$t_s \equiv p \pmod{q}$ の判定が利用できる．$t_s \equiv p \pmod{q}$ を満たすシフト s は，本当に

---

[a] ［訳注］すなわち，d 進記数法における "10^{m-1}"（1 の後に 0 が $m-1$ 個続く）の q を法とする値である．

816 | 32 文字列照合

正当なのか——ヒット (hit)——, あるいは（無効である）**擬似ヒット** (spurious hit) にすぎないのか, さらに判定する必要がある. この追加判定では, 明示的に, $P[1:m] = T[s+1:s+m]$ を検査する. q を十分大きく取ると, 擬似ヒットはほとんど起こらず, 臨時検査にかかる期待コストは小さい.

下記の手続き RABIN–KARP–MATCHER は, これらのアイデアを厳密に記述する. この手続きへの入力は, テキスト T, パターン P, それらの長さ n と m, 使用する基数 d（通常は $|\Sigma|$ である）, そして, 使用する素数 q である. この手続きは以下のように動作する. すべての文字は基数 d の数字として扱う. t の添字は必要なく, 理解を容易にするために付されている：すべての添字を省略してもプログラムは正しく動作するのである. 第1行は h を m 桁の窓の最高位の桁の値に初期化する. 第2～6行は, p を値 $P[1:m] \bmod q$ に, t_0 を値 $T[1:m] \bmod q$ に設定する. 第7～12行の **for** ループは, 以下の不変式を保存しながら, すべての可能なシフト s に対して繰り返す：

> 第8行を実行するときにはいつも, $t_s = T[s+1:s+m] \bmod q$ が成り立つ.

第8行で $p = t_s$ でヒットすれば, 第9行は, s が正当なシフトであるか, 擬似ヒットであったかを $P[1:m] = T[s+1:s+m]$ の判定によって決定する. 第10行は発見した正当なシフトをプリントする. $s < n-m$（第11行で検査する）ならば, 少なくとも **for** ループをもう1回繰り返すので, 第12行をまず実行し, 第12行に戻ったときにループ不変式が保存されるようにする. 第12行は, 式 (32.2) を直接適用して, 値 $t_{s+1} \bmod q$ を値 $t_s \bmod q$ から定数時間で計算する.

RABIN–KARP–MATCHER は, 前処理に $\Theta(m)$ 時間かかり, 最悪時には照合に $\Theta((n-m+1)m)$ 時間かかる. それは,（素朴な文字列照合アルゴリズムと同様）Rabin–Karp アルゴリズムがすべての正当なシフトを明示的に検証するからである. もし, $P = \mathrm{a}^m$, $T = \mathrm{a}^n$ のときには, 可能な $n-m+1$ 個のシフトがすべて正当なので, この検証に $\Theta((n-m+1)m)$ 時間かかる.

RABIN-KARP-MATCHER(T, P, n, m, d, q)

```
1   h = d^{m-1} mod q
2   p = 0
3   t_0 = 0
4   for i = 1 to m                          // 前処理
5       p = (dp + P[i]) mod q
6       t_0 = (dt_0 + T[i]) mod q
7   for s = 0 to n - m                      // 照合—すべての可能性のある
                                            // シフトを試みる
8       if p == t_s                         // ヒット？
9           if P[1:m] == T[s+1:s+m]         // 正当なシフト？
10              "パターンがシフト"s"で発生した" とプリントする
11      if s < n - m
12          t_{s+1} = (d(t_s - T[s+1]h) + T[s+m+1]) mod q
```

32.2 Rabin–Karp アルゴリズム | **817**

多くの応用で，わずかな正当なシフト——おそらく，ある定数 c——しかないと予想できる．このような応用では，このアルゴリズムの期待照合時間は，たった $O((n - m + 1) + cm) = O(n + m)$ であり擬似ヒットのプロセスに必要な処理時間を加えたものである．q の剰余計算が，Σ^* から $\mathbb{Z}_q$ へのランダム写像のように働くという仮定の上で，ヒューリスティックな解析が行える．任意の t_s が法 q の下で p に等しい確率を $1/q$ と評価できるので，期待される擬似ヒット回数は $O(n/q)$ である．第 8 行の判定が失敗に終わる $O(n)$ 個の位置があり（実際には高々 $n - m + 1$ 個の位置がある），ヒットした場合には第 9 行において $O(m)$ 時間が必要になるので，Rabin–Karp アルゴリズムの期待照合時間は

$$O(n) + O(m(v + n/q))$$

である．ここで，v は正当なシフトの数である．$v = O(1)$ であって，$q \geq m$ であるように q を選択すれば，実行時間は $O(n)$ になる．すなわち，正当なシフト数の期待値が小さいとき（$O(1)$ のとき），パターン長よりも大きい素数 q を選択すれば Rabin–Karp 手続きは照合時間がたったの $O(n + m)$ で動作することが期待できる．$m \leq n$ なので，この期待照合時間は $O(n)$ である．

練習問題

32.2-1 テキスト $T = 3141592653589793$ からパターン $P = 26$ を探す際に，法を $q = 11$ とする Rabin–Karp アルゴリズムが遭遇する擬似ヒット回数はいくつか？

32.2-2 k 個のパターンの集合が与えられたとき，それに属するパターンの出現をテキスト文字列から見つける問題が解けるように Rabin–Karp の方法を拡張する方法を述べよ．k 個のパターンが同じ長さである場合から始めよ．つぎに，その解を異なる長さを持つ場合に一般化せよ．

32.2-3 Rabin–Karp の方法を，$n \times n$ 型文字配列から与えられた $m \times m$ 型パターンを見つける問題を扱えるように拡張する方法を示せ．（パターンは縦や横にシフトできるが，回転できない．）

32.2-4 Alice は，n ビットからなる長いファイル $A = \langle a_{n-1}, a_{n-2}, \ldots, a_0 \rangle$ のコピーを持ち，Bob も同様に n ビットからなるファイル $B = \langle b_{n-1}, b_{n-2}, \ldots, b_0 \rangle$ を持っている．Alice と Bob は，彼らのファイルの内容が同じかどうか知りたがっている．A または B のすべての内容を転送するのを避けるために，彼らは次の高速な確率的判定法を用いることにした．彼らは一緒に素数 $q > 1000n$ を選び，$\{0, 1, \ldots, q - 1\}$ から整数 x を選ぶ．

$$A(x) = \left(\sum_{i=0}^{n-1} a_i x^i \right) \bmod q \quad \text{および} \quad B(x) = \left(\sum_{i=0}^{n-1} b_i x^i \right) \bmod q$$

とするとき，Alice は $A(x)$ を評価し，Bob も同様に $B(x)$ を評価する．$A \neq B$ ならば，高々 1000 回に 1 回だけ $A(x) = B(x)$ であり，$A = B$ ならば，必ず $A(x) = B(x)$ であることを証明せよ．（**ヒント**：練習問題 31.4-4 参照．）

818 | 32 文字列照合

32.3 有限オートマトンを用いる文字列照合

多くの文字列照合アルゴリズムでは、テキスト文字列 T をスキャンしてパターン P のすべての出現を発見する、有限オートマトン——単純な情報処理のためのマシン[b]——を構築する。本節では、このようなオートマトンを構成する方法を紹介する。これらの文字列照合オートマトンは極めて効率が良い：テキストの各文字を定数時間をかけて**正確に 1 回**だけ吟味する。したがって、パターンを前処理した後でオートマトンを構成すると、照合に要する時間は $\Theta(n)$ で済む。しかし、Σ のサイズが大きくなれば、オートマトン構成時間も長くなる可能性がある。第 32.4 節では、この問題に対する優れた対処法を紹介する。

　本節を有限オートマトンの定義より始めよう。つぎに、ある特別な文字列照合オートマトンを検討し、これを使ってテキストの中からパターンの出現を発見する方法を説明する。最後に、与えられた入力パターンに対して、この文字列照合オートマトンを構成する方法を説明する。

有限オートマトン

図 32.5 に示すように、**有限オートマトン** (finite automaton) M は 5 項組 $(Q, q_0, A, \Sigma, \delta)$ である。ここで、

- Q は**状態** (state) の有限集合
- $q_0 \in Q$ は、**開始状態** (start state)
- $A \subseteq Q$ は、**受理状態** (accepting state) の集合
- Σ は、有限**入力アルファベット** (input alphabet)
- δ は、M の**遷移関数** (transition function) と呼ばれ、$Q \times \Sigma$ から Q への関数

　有限オートマトンは状態 q_0 から開始し、入力文字列を 1 文字ずつ読む。オートマトンの状態が q のときに文字 a を読めば、状態は $\delta(q, a)$ に移る（"遷移する"）。現在の状態 q が A の要素ならば、機械 M はこれまで読み込んだ文字列を**受理する** (accepted)。受理されなかった入力は**却下される** (rejected)。

　有限オートマトン M は**最終状態関数** (final-state function) と呼ぶ、Σ^* から Q への関数 ϕ を誘導する。ここで、$\phi(w)$ は M が文字列 w をスキャンし終わったときに到達する状態である。したがって、$\phi(w) \in A$ のとき、かつそのときに限り、M は w を受理する。任意の $w \in \Sigma^*$, $a \in \Sigma$ に対して、関数 ϕ を

$$\phi(\varepsilon) = q_0$$
$$\phi(wa) = \delta(\phi(w), a) \qquad w \in \Sigma^*, \ a \in \Sigma \text{ に対して}$$

と、遷移関数を用いることで再帰的に定義する。

---

[b] ［訳注］有限オートマトンは、有限個の状態と遷移と動作の組合せによって、情報処理を抽象化した仮想的な情報処理のモデルである。

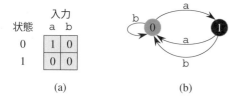

図 32.5 状態集合が $Q = \{0, 1\}$，開始状態が $q_0 = 0$，入力アルファベットが $\Sigma = \{\text{a}, \text{b}\}$ である簡単な 2 状態有限オートマトン．**(a)** 遷移関数 δ の表による表現．**(b)** 等価な状態遷移図．黒色の状態 1 が唯一の受理状態である．有向辺は遷移を表現している．たとえば，状態 1 から状態 0 へ向かうラベル b を持つ辺は $\delta(1, \text{b}) = 0$ を示す．このオートマトンは奇数個の a で終わる文字列を受理する．もっと正確に言うと，文字列 x が受理されるための必要十分条件は，$x = yz$ と書けることである．ここで，y は空文字列 ε か b で終わる文字列であり，z は a^k で k は奇数である．たとえば，入力 abaaa に対して，このオートマトンが（開始状態も含めて）到達する状態の列は $\langle 0, 1, 0, 1, 0, 1 \rangle$ であり，したがって，この入力を受理する．入力 abbaa に対する状態列は $\langle 0, 1, 0, 0, 1, 0 \rangle$ なので，この入力を却下する．

文字列照合オートマトン

与えられたパターン P に対して，前処理ステップは P に特化した文字列照合オートマトンを構成する．このオートマトンはテキスト文字列の中に P が出現しているかを探索する．図 32.6 にパターン $P = \text{ababaca}$ に対するこのオートマトンを図示する．以下では，任意に与えられたパターン文字列 P を固定し，簡明のために，記法には P への依存を明示しないことにする．

与えられたパターン $P[1:m]$ に対応する文字列照合オートマトンを定義するために，P の**接尾語関数** (suffix function) と呼ぶ補助関数 σ を最初に定義する．関数 $\sigma(x)$ は，Σ^* から $\{0, 1, \ldots, m\}$ への関数であり，$\sigma(x)$ は，P の接頭語であり，x の接尾語の中で最長のものの長さである：すなわち，

$$\sigma(x) = \max\{k : P[:k] \sqsupset x\} \tag{32.3}$$

である．空文字列 $P[:0] = \varepsilon$ は，すべての文字列の接尾語なので，接尾語関数 σ は明確に定義される．たとえば，$P = \text{ab}$ に対して，$\sigma(\varepsilon) = 0$，$\sigma(\text{ccaca}) = 1$，$\sigma(\text{ccab}) = 2$ である．長さ m のパターン P に対して，$\sigma(x) = m$ と $P \sqsupset x$ は等価である．接尾語関数の定義より，$x \sqsupset y$ ならば $\sigma(x) \leq \sigma(y)$ である（練習問題 32.3-4 参照）．

与えられたパターン $P[1:m]$ に対応する文字列照合オートマトンを以下で定義する：

- 状態集合 Q は $\{0, 1, \ldots, m\}$ である．開始状態 q_0 は状態 0 で，状態 m が唯一の受理状態である．
- 遷移関数 δ は，任意の状態 q と文字 a に対して

$$\delta(q, a) = \sigma(P[:q]a) \tag{32.4}$$

である．

このオートマトンは，テキスト T の文字を見ていきながら，パターン P を T の文字の中で直近に見たものと照合しようとする．いつでも状態番号 q は，直近に見たテキストの文字列に一致している P の最長の接頭語の長さを与える．このオートマトンが状態 m に到達したとき

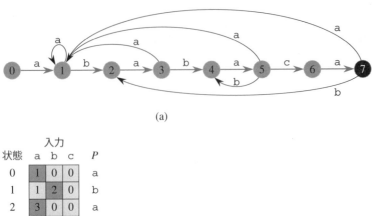

図 32.6 (a) 文字列 ababaca で終わるすべての文字列を受理する文字列照合オートマトンの状態遷移図．状態 0 が開始状態，（黒色の）状態 7 が唯一の受理状態である．遷移関数 δ は式 (32.4) で定義されており，状態 i から状態 j に向かうラベル a を持つ有向辺は $\delta(i,a) = j$ であることを示す．薄い網かけで示すオートマトンの"背骨 (spine)"を形成する右向きの辺は，パターンと入力文字列の間の成功した一致判定に対応する．状態 7 から状態 1 および 2 への有向辺を除く，左向きの辺は不一致に対応する．いくつかの不一致に対応する有向辺は，記載を省略している：すなわち，状態 i がある $a \in \Sigma$ に対してラベル a を持つ外向辺を持たないときには，$\delta(i,a) = 0$ であると約束する．(b) 対応する遷移関数 δ と，パターン文字列 P = abababaca．パターンと入力文字の間の成功する一致判定に対応する要素を濃い網かけで示す．(c) テキスト T = abababacaba 上でのオートマトンの動作．テキストの各文字 $T[i]$ の下に，オートマトンが接尾語 $T[:i]$ を処理したときに到達する状態 $\phi(T[:i])$ を示す．文字列に出現したパターンの部分文字列は濃い網かけでハイライト表示されている．このオートマトンは位置 9 で終わるパターンの出現を発見する．

はいつでも，m 個の直近に見たテキスト文字は P の最初の m 文字と一致する．P の長さは m なので，状態 m に到達したということは，m 個の直近に見た文字はパターン全体と一致することを意味している．したがって，オートマトンは照合の一致を見つけたことになる．

まず，このオートマトンの設計に潜む直観を背景に，$\delta(q,a) = \sigma(P[:q]a)$ と定義する理由を説明しよう．このオートマトンは，テキストの最初の i 文字を読んだ後で状態 q にあるものとする．すなわち，$q = \phi(T[:i])$ とする．直観的に言うと，q はまた，$T[:i]$ の接尾語に一致する P の最長の接頭語の長さに等しい．あるいは，等価的に，$q = \sigma(T[:i])$ である．このように，$\phi(T[:i])$ と $\sigma(T[:i])$ はともに q に等しいので，このオートマトンは次の不変式を満たしていることが（定理 32.4（823 ページ）において）分かる：

$$\phi(T[:i]) = \sigma(T[:i]). \tag{32.5}$$

オートマトンの状態が q で，次の文字 $T[i+1] = a$ を読んだとき，$T[:i]a$ の接尾語でもある P の最長の接頭語に対応する状態，すなわち $\sigma(T[:i]a)$ に遷移するようにしたい．その状態が

$\sigma(T[:i]a)$ であることと，式 (32.5) より，$\phi(T[:i]a) = \sigma(T[:i]a)$ を得る．$P[:q]$ は，$T[:i]$ の接尾語でもある P の最長の接頭語なので，$T[:i]a$ の接尾語である P の最長の接頭語の長さは，$\sigma(T[:i]a)$ であると共に $\sigma(P[:q]a)$ でもある．（補題 32.3 (822 ページ) では，$\sigma(T[:i]a) = \sigma(P[:q]a)$ を証明する．）したがって，オートマトンが状態 q にいるとき，文字 a に関する状態遷移関数 δ がオートマトンを状態 $\delta(q,a) = \delta(\phi(T[:i]a),a) = \phi(T[:i]a) = \sigma(P[:q]a)$ に移すようにしたい（最後の等式は式 (32.5) による）．

次の文字がパターンと一致し続けるかどうかによって 2 つのケースが考えられる．第 1 のケースは $a = P[q+1]$ で，文字 a が継続してパターンに一致する．このケースでは，$\delta(q,a) = q+1$ なので，遷移はオートマトンの"背骨"（図 32.6(a) の薄く網かけされた右向きの辺）に沿って進む．第 2 のケースは $a \neq P[q+1]$ であって，a はパターンに継続して一致させることはできない．このケースでは，長さが高々 q である $T[:i]a$ の接尾語でもある P の最長の接頭語を発見する必要がある．しかし，文字列照合オートマトンを構成するときに，前処理ステップでこの接頭語の長さを遷移関数として事前に計算しているので，遷移関数は P の最長の接頭語を高速に識別することができる．

例で見てみよう．図 32.6 の文字列照合オートマトンの状態 5 を考える．状態 5 では，最も最近読んだ 5 文字は ababa，すなわち，状態 5 に到達するオートマトンの背骨に沿った文字たちである．もし次の T の文字が c ならば，最も最近読んだ T の文字は ababac であり，これは長さ 6 の P の接頭語である．オートマトンは背骨に沿って進み，状態 6 に至る．これが，一致が継続する最初のケースであり，$\delta(5,\text{c}) = 6$ となる．2 番目のケースを説明するために，状態 5 において次の T の文字が b だとし，最も最近読んだ T の文字が ababab であったとしよう．ここで，最も最近読んだ T の文字たちと一致する P の最長の接頭語——すなわち，これまでに読んだ T の部分の接尾語——は長さ 4 の abab なので，$\delta(5,b) = 4$ となる．

文字列照合オートマトンの動作を明確にするために，この単純で効率の良い手続き FINITE-AUTOMATON-MATCHER が，入力テキスト $T[1:n]$ の中に長さ m のパターン P を発見するのに，そのような（遷移関数 δ で表現される）オートマトンの挙動を模倣していることを利用する．長さ m のパターンに対する任意の文字列照合オートマトンの状態集合 Q は $\{0, 1, \ldots, m\}$，開始状態は 0，そして唯一の受理状態は状態 m である．FINITE-AUTOMATON-MATCHER の単純なループ構造から，遷移関数 δ の参照が 1 回当り定数時間でできることを仮定すると，長さ n のテキスト文字列に対する照合時間は $\Theta(n)$ である．しかし，この照合時間は，遷移関数 δ の計算に必要な前処理時間を含まない．この手続き FINITE-AUTOMATON-MATCHER が正しく動作することを示した後で，この問題に立ち戻る．

FINITE-AUTOMATON-MATCHER(T, δ, n, m)

1 $q = 0$
2 **for** $i = 1$ **to** n
3      $q = \delta(q, T[i])$
4   **if** $q == m$
5   "パターンがシフト"$i - m$"で発生した" とプリントする

入力テキスト $T[1:n]$ 上でのこのオートマトンの働きを検討しよう．文字 $T[i]$ をスキャ

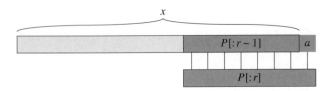

図 32.7 補題 32.2 の証明の図解．この図は $r \leq \sigma(x) + 1$ であることを示す．ただし，$r = \sigma(xa)$ である．

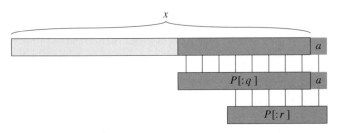

図 32.8 補題 32.3 の証明の図解．この図は $r = \sigma(P[:q]a)$ であることを示す．ただし，$q = \sigma(x)$ かつ $r = \sigma(xa)$ である．

ンし終わったとき，オートマトンが $\sigma(T[:i])$ の状態にあることを証明する．$P \sqsupset T[:i]$ と $\sigma(T[:i]) = m$ が等価なので，このマシンが受理状態 m にあることと，これがパターン P をちょうどスキャンし終わったこととは必要十分である．接尾語関数 σ に関する 2 つの補題を利用する．

補題 32.2（接尾語関数不等式） 任意の文字列 x と文字 a に対して，$\sigma(xa) \leq \sigma(x) + 1$ が成立する．

証明 図 32.7 を参照し，$r = \sigma(xa)$ と置く．$r = 0$ ならば $\sigma(x)$ が非負なので，$\sigma(xa) = r \leq \sigma(x) + 1$ は自明に成立する．$r > 0$ を仮定する．このとき，σ の定義より $P[:r] \sqsupset xa$ である．したがって，$P[:r]$ と xa の両方の末尾から a を落とせば，$P[:r-1] \sqsupset x$ である．$\sigma(x)$ は $P[:k] \sqsupset x$ を満たす最大の k なので，$r - 1 \leq \sigma(x)$ であり，したがって，$\sigma(xa) = r \leq \sigma(x) + 1$ である． ∎

補題 32.3（接尾語関数再帰補題） 任意の文字列 x と文字 a に対して，$q = \sigma(x)$ ならば $\sigma(xa) = \sigma(P[:q]a)$ である．

証明 σ の定義より，$P[:q] \sqsupset x$ である．図 32.8 が示すように，$P[:q]a \sqsupset xa$ も成立する．$r = \sigma(xa)$ と置くと $P[:r] \sqsupset xa$ であり，補題 32.2 から $r \leq q + 1$ である．したがって，$|P[:r]| = r \leq q + 1 = |P[:q]a|$ である．$P[:q]a \sqsupset xa$，$P[:r] \sqsupset xa$，および $|P[:r]| \leq |P[:q]a|$ なので，811 ページの補題 32.1 から $P[:r] \sqsupset P[:q]a$ である．したがって $r \leq \sigma(P[:q]a)$，すなわち $\sigma(xa) \leq \sigma(P[:q]a)$ である．しかし，$P[:q]a \sqsupset xa$ なので，$\sigma(P[:q]a) \leq \sigma(xa)$ である．以上から，$\sigma(xa) = \sigma(P[:q]a)$ が成立する． ∎

これで，与えられた入力テキスト上での文字列照合オートマトンの挙動を特徴づける主定理を証明する準備が整った．上で述べたように，このオートマトンは，各ステップで，今までに

読み込んだ文字列の接尾語でもあるパターンの最長の接頭語を管理しているだけにすぎないことを，この定理は示している．言い換えると，このオートマトンは不変式 (32.5) を維持している．

定理 32.4 ϕ を，与えられたパターン P に対する文字列照合オートマトンの最終状態関数，$T[1:n]$ を，このオートマトンに対する入力文字列とする．このとき，$i = 0, 1, \ldots, n$ に対して

$$\phi(T[:i]) = \sigma(T[:i])$$

が成立する．

証明 証明は i に関する帰納法である．$i = 0$ のとき，$T[:0] = \varepsilon$ なので，自明に $\phi(T[:0]) = 0 = \sigma(T[:0])$ が成立する．

ここで，$\phi(T[:i]) = \sigma(T[:i])$ を仮定し，$\phi(T[:i+1]) = \sigma(T[:i+1])$ を証明する．q によって $\phi(T[:i])$ を，a によって $T[i+1]$ を表すことにする．このとき

$$\begin{aligned}
\phi(T[:i+1]) &= \phi(T[:i]a) & (T[:i+1] \text{ と } a \text{ の定義より}) \\
&= \delta(\phi(T[:i]), a) & (\phi \text{ の定義より}) \\
&= \delta(q, a) & (q \text{ の定義より}) \\
&= \sigma(P[:q]a) & (\delta \text{ の定義 (32.4) より}) \\
&= \sigma(T[:i]a) & (\text{補題 32.3 より}) \\
&= \sigma(T[:i+1]) & (T[:i+1] \text{ の定義より})
\end{aligned}$$

である． ∎

定理 32.4 から，オートマトンが第 3 行で状態 q に到達したとき，q は $P[:q] \sqsupset T[:i]$ を満たす最大値になっている．したがって，第 4 行で $q = m$ であることと，パターン P の出現をちょうどスキャンし終わったこととは必要十分である．したがって，FINITE-AUTOMATON-MATCHER は正しく動作する．

遷移関数の計算

下の手続き COMPUTE-TRANSITION-FUNCTION は，与えられたパターン $P[1:m]$ から遷移関数 δ を計算する．この手続きは，$\delta(q, a)$ を式 (32.4) の定義に従って直接的に計算する．第 1 行と第 2 行から始まる入れ子のループによってすべての状態 q とすべての文字 a を考えており，第 3〜6 行は，$\delta(q, a)$ に $P[:k] \sqsupset P[:q]a$ を満たす最大の k を代入する．このプログラムは，考えられる最大の値 $\min(m, q+1)$ から始めるが，この値は $q = m$ でない限り $q+1$ であり，この場合 k は m より大きくなることはできない．その後，$P[:k] \sqsupset P[:q]a$ を満たすまで k の値を減らす．$P[:0] = \varepsilon$ がすべての文字列の接尾語なので，このような k は確かに存在する．

COMPUTE-TRANSITION-FUNCTION の計算時間は，$O(m^3 |\Sigma|)$ である．なぜなら，外側の入れ子の **for** ループたちは，$m |\Sigma|$ 分だけ寄与し，内側の **while** ループは，高々 $m+1$ 回繰り返すことができ，さらに，第 4 行の $P[:k] \sqsupset P[:q]a$ の判定には最大 m 個の文字を比較する必要があるからであるが，しかし，もっと高速な手続きが存在する．パターン P について巧妙に計算された情報（練習問題 32.4-8 参照）を利用することで，$O(m |\Sigma|)$ 時間で P から δ を計算するように改善できる．この改良された手続きを用いて δ を計算すると，アルファベット

824 | 32 文字列照合

COMPUTE-TRANSITION-FUNCTION(P, Σ, m)

1 **for** $q = 0$ **to** m
2   **for** 各文字 $a \in \Sigma$
3          $k = \min\{m, q+1\}$
4   **while** $P[:k]$ は $P[:q]a$ の接尾語ではない
5              $k = k - 1$
6          $\delta(q, a) = k$
7 **return** δ

Σ 上の長さ n のテキストの中から長さ m のパターンのすべての出現を，前処理に $O(m|\Sigma|)$ 時間，照合に $\Theta(n)$ 時間で発見できる．

練習問題

32.3-1 アルファベット $\Sigma = \{a, b\}$ 上のパターン $P = $ aabab に対する文字列照合オートマトンの状態遷移図を描いて，テキスト文字列 $T = $ aaababaabaababaab 上での動作を説明せよ．

32.3-2 アルファベット $\Sigma = \{a, b\}$ 上のパターン ababbabbababbababbabb に対する文字列照合オートマトンの状態遷移図を描け．

32.3-3 $P[:k] \sqsupset P[:q]$ ならば，$k = 0$ または $k = q$ であるとき，パターン P は**重複不可能** (nonoverlappable) であると言う．重複不可能パターンに対する文字列照合オートマトンの状態遷移図を記述せよ．

32.3-4 x と y をパターン P の接頭語とする．$x \sqsupset y$ ならば $\sigma(x) \leq \sigma(y)$ であることを証明せよ．

32.3-5 ★ 2 つのパターンが与えられたとき，**どちらか**のパターンの出現すべてを決定する有限オートマトンの構築法を述べよ．このオートマトンの状態数最小化を試みよ．

32.3-6 すきま文字（練習問題 32.1-4（813 ページ）参照）を含むパターン P が与えられたとき，テキスト T の中から P のある出現を $O(n)$ 照合時間で発見する有限オートマトンを構築する方法を示せ．ここで，$n = |T|$ である．

★ 32.4 Knuth–Morris–Pratt アルゴリズム

Knuth と Morris と Pratt は，遷移関数 δ の計算を避ける線形時間の文字列照合アルゴリズムを開発した．その代わりに，KMP アルゴリズムは補助関数 π を用い，パターンから $\Theta(m)$ の時間でそれを事前に計算し，配列 $\pi[1:m]$ に格納しておく．遷移関数 δ を，必要になった時点で "その場で (on the fly)" 配列 π から（ならし時間の意味で）効率よく計算する．大雑把に言えば，任意の状態 $q = 0, 1, \ldots, m$ と任意の文字 $a \in \Sigma$ に対して，値 $\pi[q]$ は，$\delta(q, a)$ の計算に必要な情報を含むが，この情報は a には依存しない．配列 π は m 個の要素しか持たず，一方，δ

は $\Theta(m|\Sigma|)$ 個の要素を持つので，δ ではなく π を計算することで，KMP アルゴリズムは，前処理時間を $1/|\Sigma|$ に削減できる．手続き Finite-Automaton-Matcher のように，いったん前処理が終われば，KMP アルゴリズムは $\Theta(m)$ 時間を照合に使う．

パターンの接頭語関数

あるパターンの接頭語関数 π には，このパターンとそれ自身のシフトとの間の照合に関する情報が要約されている．この情報を用いることで，KMP アルゴリズムは素朴な文字列照合アルゴリズムでの無意味なシフトの判定や，文字列照合オートマトンの（完全な）遷移関数 δ の事前計算を避けることができる．

素朴な文字列照合アルゴリズムの操作を考える．図 32.9(a) は，テキスト T に対するパターン $P = \text{ababaca}$ を含むテンプレートの特定のシフト s を示している．この例では，$q = 5$ 文字まで一致したが，パターンの 6 番目の文字は，対応するテキストの文字と一致しない．q 文字まで照合一致したという情報から，対応するテキストの文字列が一意に決まる．これらの長さ q のテキスト文字列が一致するので，特定のシフトは無効でなければならない．図の例では，最初のパターン文字 (a) は，最初のパターン文字とは一致しないが，2 番目のパターン文字 (b) と一致するテキスト文字に整列されようとするので，シフト $s+1$ は必然的に無効である．しかし，図の (b) に示すシフト $s' = s+2$ は，パターンの最初の 3 文字を，それらと一致しているテキストの 3 文字と並べている．

より一般的には，$P[:q] \sqsupset T[:s+q]$ か，等価的に $P[1:q] = T[s+1:s+q]$ であることを知っていると仮定しよう．もし可能なら P のより短い接頭語 $P[:k]$ が $T[:s+q]$ と一致するように P をシフトしたい．しかし，どれだけシフトするかについて，1 つ以上の選択肢があるかもしれない．図 32.9(b) では，P を 2 つだけ位置をずらして成り立ち，$P[:3] \sqsupset T[:s+q]$ となる．しかし，図 32.9(c) のように，P を 4 つだけシフトしても成り立ち，$P[:1] \sqsupset T[:s+q]$ となる．1 つ以上のシフトが成立するなら，どんな照合一致の可能性も見逃さないように最小のシフト量を選ばなければならない．より正確には，次の質問に答えたい：

パターン文字列 $P[1:q]$ とテキスト文字列 $T[s+1:s+q]$ が一致している（すなわち，$P[:q] \sqsupset T[:s+q]$）とき，ある $k < q$ に対して

$$P[1:k] = T[s'+1:s'+k] \tag{32.6}$$

を満たす（すなわち，$P[:k] \sqsupset T[:s'+k]$），最小のシフト $s' > s$ は何か？ただし，$s'+k = s+q$ である．

この質問に対する別の見方がある．$P[:q] \sqsupset T[:s+q]$ であることが分かったとき，$T[:s+q]$ の接尾語でもある $P[:q]$ の最長の真の接頭語 $P[:k]$ をどのように見つけるのだろうか？これらの質問は等価である．なぜなら，s と q が与えられたとき，$s'+k = s+q$ であることを要求することは，最小のシフト量 s'（図 32.9(b) では 2）を見つけることが最長の接頭語の長さ k（図 32.9(b) では 3）を見つけることと同等であるからである．P のこれらの接頭語の長さの差 $q-k$ をシフト量 s に加えると，$s' = s+(q-k)$ であるような新たなシフト量 s' を得る．$k = 0$ の場合が最良で，$s' = s+q$ なので，シフト $s+1, s+2, \ldots, s+q-1$ がすべて直ちに

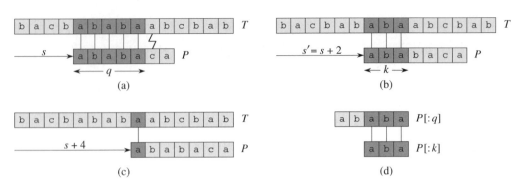

図 32.9 接頭語関数 π. **(a)** パターン $P = \text{ababaca}$ がテキスト T と最初の $q = 5$ 文字が一致する位置に置かれている．照合一致している文字を濃い網かけの線で結ぶ（一致している文字列を濃い網かけで示す）．**(b)** 5 文字（$P[:5]$）が一致しているという知識だけを用いて，シフト $s + 1$ が無効であると判断できる．シフト $s' = s + 2$ はテキストに関するどの既知の事実とも矛盾せず，したがって，正当である可能性が残る．接頭語 $P[:k]$（ただし，$k = 3$）はこれまでに見たテキストと一致する．**(c)** $s + 4$ のシフトも正当である可能性があるが，これまでに見たテキストと一致する接頭語 $P[:1]$ を残すだけである．**(d)** そのような演繹に対して役に立つ情報を事前に計算しておくために，パターンをそれ自身と比較する．ここで，$P[:5]$ の適切な接尾語でもある P の最長の接頭語は $P[:3]$ である．シフト s で q 文字が照合一致したとき，(b) に示すように，次に正当である可能性が残るシフトは $s' = s + (q - \pi[q])$ である．

排除できる．いずれにせよ，新しいシフト s' において，P の最初の k 文字を T の対応する文字と比較するのは冗長である．それらが一致することは式 (32.6) が保証している．

図 32.9(d) に示すように，パターンをそれ自身と比較することで必要な情報を事前に計算できる．$T[s' + 1 : s' + k]$ はテキストのあるマッチした部分の一部なので，文字列 $P[:q]$ の接尾語である．したがって，式 (32.6) を，$P[:k] \sqsupset P[:q]$ を満たす最大の $k < q$ を求めるものと解釈できる．このとき，新しいシフト $s' = s + (q - k)$ は次に正当である可能性があるシフトである．q の各値に対して，新しいシフト s' で一致している文字数 k を保存するほうが，いわば，シフトする量 $s' - s$ を保存するよりも便利なことが，やがて明らかになる．

事前に計算する情報をもう少し形式的に見てみよう．パターン $P[1:m]$ が与えられたとき，パターン P の**接頭語関数** (prefix function) $\pi : \{1, 2, \ldots, m\} \to \{0, 1, \ldots, m - 1\}$ を

$$\pi[q] = \max\{k : k < q \text{ かつ } P[:k] \sqsupset P[:q]\}$$

と定義する．すなわち，$\pi[q]$ は，$P[:q]$ の真の接尾語でもある P の最長の接頭語の長さである．以下にパターン ababaca に対する完全な接頭語関数 π を示す：

i	1	2	3	4	5	6	7
$P[i]$	a	b	a	b	a	c	a
$\pi[i]$	0	0	1	2	3	0	1

Knuth–Morris–Pratt 照合アルゴリズムは，下記の手続き KMP-MATCHER によって与えられる．この手続きの多くの部分は FINITE-AUTOMATON-MATCHER に基づいている．π を計算するために，KMP-MATCHER は，補助手続き COMPUTE-PREFIX-FUNCTION を呼び出す．この 2 つの手続きは，共にある文字列をパターン P に対して照合するので共通点が多い：KMP-MATCHER はテキスト T を P に対して照合し，COMPUTE-PREFIX-FUNCTION は P を

それ自身に対して照合する.

つぎに,これらの手続きの実行時間を解析しよう.これらの手続きの正しさの証明はもっと複雑である.

KMP-MATCHER(T, P, n, m)

1 $\pi =$ COMPUTE-PREFIX-FUNCTION(P, m)
2 $q = 0$ // 一致した文字数
3 **for** $i = 1$ **to** n // 左から右にテキストをスキャン
4   **while** $q > 0$ かつ $P[q+1] \neq T[i]$
5          $q = \pi[q]$ // 次の文字が一致しない
6   **if** $P[q+1] == T[i]$
7          $q = q + 1$ // 次の文字が一致した
8   **if** $q == m$ // P が完全に一致した?
9   "パターンがシフト" $i - m$ "で発生した" とプリントする
10          $q = \pi[q]$ // 次のシフトを探す

COMPUTE-PREFIX-FUNCTION(P, m)

1 $\pi[1:m]$ を新しい配列とする
2 $\pi[1] = 0$
3 $k = 0$
4 **for** $q = 2$ **to** m
5   **while** $k > 0$ かつ $P[k+1] \neq P[q]$
6          $k = \pi[k]$
7   **if** $P[k+1] == P[q]$
8          $k = k + 1$
9      $\pi[q] = k$
10 **return** π

実行時間の解析

COMPUTE-PREFIX-FUNCTION の実行時間は $\Theta(m)$ であり,ならし解析の集計法(第 16.1 節(集計法)参照)を用いて証明する.第 5~6 行の **while** ループの繰返しが全体で $O(m)$ 回であることの証明が,巧妙さを必要とする唯一の部分である.k に関するいくつかの観察から始めて,繰返し回数が高々 $m - 1$ であることを証明する.まず,第 3 行は k を 0 に初期化する.k が増加するのは,第 8 行で 1 を加えるときだけだが,これは第 4~9 行の **for** ループの各繰返しにおいて高々 1 回しか実行されない.したがって,k は全体でも高々 $m - 1$ しか増加しない.2 番目に,**for** ループに入った時点では $k < q$ であり,**for** ループの各繰返しで q は増加するので,$k < q$ がつねに成立する.したがって,第 2 行と第 9 行の代入から,すべての $q = 1, 2, \ldots, m$ に対して $\pi[q] < q$ が保証でき,これは **while** ループの各繰返しで k が減少することを意味する.3 番目に,k は決して負にならない.これらの事実を組み合わせると,

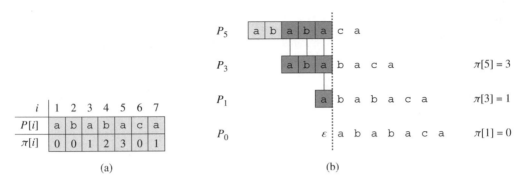

図 32.10 パターン $P =$ ababaca と $q = 5$ に対する補題 32.5 の図解．**(a)** 与えられたパターンに対する π 関数．$\pi[5] = 3$, $\pi[3] = 1$, $\pi[1] = 0$ なので，π を繰り返すことで，$\pi^*[5] = \{3, 1, 0\}$ を得る．**(b)** パターン P を含むテンプレートを右に動かし，P のある接頭語 $P[:k]$ が $P[:5]$ のある真の接尾語と一致するときに注目すると，$k = 3, 1, 0$ で一致する．図では，最初の行に P を置き，$P[:5]$ の直後に縦の点線で引いてある．以下の行には，P のある接頭語 $P[:k]$ が $P[:5]$ のある接尾語と一致する，P のすべてのシフトを示す．照合一致に成功した領域を濃い網かけで示し，一致した文字を濃い網かけの実線で結ぶ．したがって，$\{k : k < 5$ かつ $P[:k] \sqsupset P[:5]\} = \{3, 1, 0\}$ である．補題 32.5 は，すべての q に対して，$\pi^*[q] = \{k : k < q$ かつ $P[:k] \sqsupset P[:q]\}$ を主張している．

while ループにおける k の減少の総和が，**for** ループのすべての繰返しにおける k の増加の総和 $m - 1$ で上から抑えられる．したがって，**while** ループは，全体で高々 $m - 1$ 回しか繰り返さず，COMPUTE-PREFIX-FUNCTION は $\Theta(m)$ 時間で動作する．

練習問題 32.4-4 では，同様の集計解析によって，KMP-MATCHER の照合時間が $\Theta(n)$ となることを示す．

FINITE-AUTOMATON-MATCHER と比較すると，δ ではなく π を使用することによって，照合時間を $\Theta(n)$ 時間に保ったまま，KMP アルゴリズムによってパターンの前処理時間を $O(m|\Sigma|)$ から $\Theta(m)$ に削減できた．

接頭語関数の計算の正しさ

すぐ後で，接頭語関数 π が文字列照合オートマトンでの遷移関数 δ をシミュレートできるようにすることを示す．しかし，まず手続き COMPUTE-PREFIX-FUNCTION が，本当に接頭語関数を正しく計算することを証明する必要がある．そのために，与えられた接頭語 $P[:q]$ について，その真の接尾語でもある接頭語 $P[:k]$ をすべて発見する必要がある．$\pi[q]$ の値はそのような接頭語の中で最長のものの長さを与えるが，図 32.10 に図解している次の補題は，接頭語関数 π を反復すると，$P[:q]$ の真の接尾語であるすべての接頭語 $P[:k]$ が生成されることを示している．

$$\pi^*[q] = \{\pi[q], \pi^{(2)}[q], \pi^{(3)}[q], \ldots, \pi^{(t)}[q]\}$$

とする．[c] ここで，$\pi^{(i)}[q]$ は，関数の反復適用を用いて定義されている．すなわち，$\pi^{(0)}[q] = q$, および $i \geq 1$ に対して，$\pi^{(i)}[q] = \pi[\pi^{(i-1)}[q]]$ である（したがって，$\pi[q] = \pi^{(1)}[q]$）．ただし，$\pi^*[q]$ の列はある $t \geq 1$ に対して $\pi^{(t)}[q] = 0$ になると終了する．

---

[c] ［訳注］$\pi^{(1)}[q] = \pi[q]$ であることを確認せよ．

補題 32.5（接頭語関数繰返し補題） 接頭語関数 π を持つ長さ m のパターンを P とする. このとき, $q = 1, 2, \ldots, m$ に対して, $\pi^*[q] = \{k : k < q$ かつ $P[:k] \sqsupset P[:q]\}$ である.

証明 最初に, $\pi^*[q] \subseteq \{k : k < q$ かつ $P[:k] \sqsupset P[:q]\}$, すなわち

$$i \in \pi^*[q] \text{ ならば } P[:i] \sqsupset P[:q] \tag{32.7}$$

であることを証明する. $i \in \pi^*[q]$ ならば, ある $u > 0$ に対して, $i = \pi^{(u)}[q]$ である. 式 (32.7) を u に関する帰納法で証明する. $u = 1$ のとき $i = \pi[q]$ であり, 今, $\pi^{(u)}[q]$ と $\pi^{(u+1)}[q]$ の両方が $\pi^*[q]$ に属すようなある $u \geq 1$ を考えよう. $i = \pi^{(u)}[q]$ とする. すると $\pi[i] = \pi^{(u+1)}[q]$ である. 帰納法の仮定は, $P[:i] \sqsupset P[:q]$ である. 関係 $<$ および $\sqsupset$ の推移性から, $\pi[i] < i < q$ かつ $P[:\pi[i]] \sqsupset P[:i] \sqsupset P[:q]$ であり, これは, $\pi^*[q]$ のすべての i に対して, 式 (32.7) を成り立たせる. したがって, $\pi^*[q] \subseteq \{k : k < q$ かつ $P[:k] \sqsupset P[:q]\}$ である.

つぎに, 背理法を用いて $\{k : k < q$ かつ $P[:k] \sqsupset P[:q]\} \subseteq \pi^*[q]$ を証明する. 矛盾を導くために, $\{k : k < q$ かつ $P[:k] \sqsupset P[:q]\} - \pi^*[q]$ が空集合ではないと仮定し, j をこの集合に属する最大の数とする. $\pi[q]$ は $\{k : k < q$ かつ $P[:k] \sqsupset P[:q]\}$ での最大の値であり, $\pi[q] \in \pi^*[q]$ なので, $j < \pi[q]$ でなければばならない. $\pi^*[q]$ が j より大きな整数を少なくとも 1 つ持つことが分かったので, j' をそのような最小の整数としよう. ($\pi^*[q]$ に $\pi[q]$ 以外に j より大きな数がなければ, $j' = \pi[q]$ と取る.) $j \in \{k : k < q$ かつ $P[:k] \sqsupset P[:q]\}$ なので, $P[:j] \sqsupset P[:q]$ であり, $j' \in \pi^*[q]$ と式 (32.7) から $P[:j'] \sqsupset P[:q]$ である. したがって, 補題 32.1 より $P[:j] \sqsupset P[:j']$ で, しかも j はこの性質を満たす j' より小さい最大の値である. したがって, $\pi[j'] = j$ である. $j' \in \pi^*[q]$ なので $j \in \pi^*[q]$ であるが, これは矛盾であり, 補題が証明された. ∎

アルゴリズム COMPUTE-PREFIX-FUNCTION は, $q = 1, 2, \ldots, m$ に対して $\pi[q]$ をこの順番で計算する. すべての q に対して $\pi[q] < q$ なので, COMPUTE-PREFIX-FUNCTION の第 2 行で $\pi[1]$ を 0 に設定するのは確かに正しい. 次の補題とその系は, COMPUTE-PREFIX-FUNCTION が $q > 1$ に対して $\pi[q]$ を正しく計算することを証明するために用いる.

補題 32.6 P を長さ m のパターン, π を P の接頭語関数とする. このとき, $q = 1, 2, \ldots, m$ に対して, $\pi[q] > 0$ ならば $\pi[q] - 1 \in \pi^*[q-1]$ である.

証明 $r = \pi[q] > 0$, すなわち, $r < q$ かつ $P[:r] \sqsupset P[:q]$ とする. したがって, $r - 1 < q - 1$ かつ ($r > 0$ なので, $P[:r]$ と $P[:q]$ の最後の 1 文字を落とすことにより) $P[:r-1] \sqsupset P[:q-1]$ が成立する. 補題 32.5 から $r - 1 \in \pi^*[q-1]$, したがって, $\pi[q] - 1 = r - 1 \in \pi^*[q-1]$ である. ∎

$q = 2, 3, \ldots, m$ に対して, 部分集合 $E_{q-1} \subseteq \pi^*[q-1]$ を

$$E_{q-1} = \{k \in \pi^*[q-1] : P[k+1] = P[q]\}$$
$$= \{k : k < q - 1 \text{ かつ } P[:k] \sqsupset P[:q-1] \text{ かつ } P[k+1] = P[q]\} \text{（補題 32.5 より）}$$
$$= \{k : k < q - 1 \text{ かつ } P[:k+1] \sqsupset P[:q]\}$$

によって定義する. 集合 E_{q-1} は, $P[:k] \sqsupset P[:q-1]$ であり, $P[k+1] = P[q]$ なので,

$P[:k+1] \sqsupset P[:q]$ を満たす値 $k < q-1$ から構成されている.すなわち,E_{q-1} は,$P[:q]$ の真の接尾語を得るために,$P[:k]$ を $P[:k+1]$ に伸長するこれらの値 $k \in \pi^*[q-1]$ から構成されている.

系 32.7 P を長さ m のパターン,π を P の接頭語関数とする.このとき,$q = 2, 3, \ldots, m$ に対して

$$\pi[q] = \begin{cases} 0 & E_{q-1} = \emptyset \text{ のとき} \\ 1 + \max E_{q-1} & E_{q-1} \neq \emptyset \text{ のとき} \end{cases}$$

である.

証明 E_{q-1} が空ならば,$P[:k]$ を $P[:k+1]$ に伸長し,$P[:q]$ の真の接尾語を得ることができる $k \in \pi^*[q-1]$ は($k=0$ を含めて)存在しない.したがって,$\pi[q] = 0$ である.

その代わりに,E_{q-1} が空でなければ,各 $k \in E_{q-1}$ に対して,$k+1 < q$ かつ $P[:k+1] \sqsupset P[:q]$ なので,$\pi[q]$ の定義より

$$\pi[q] \geq 1 + \max E_{q-1} \tag{32.8}$$

である.$\pi[q] > 0$ に注意せよ.$r = \pi[q] - 1$,すなわち,$r+1 = \pi[q] > 0$ と置くと,$P[:r+1] \sqsupset P[:q]$ である.空でない文字列が別の文字列の接尾語ならば,これら 2 つの文字列の最後の文字は同じでなければならない.$r+1 > 0$ なので接頭語 $P[:r+1]$ は空でなく,よって $P[r+1] = P[q]$ である.さらに,補題 32.6 から $r \in \pi^*[q-1]$ である.したがって,$r \in E_{q-1}$ なので,$\pi[q] - 1 = r \leq \max E_{q-1}$,すなわち

$$\pi[q] \leq 1 + \max E_{q-1} \tag{32.9}$$

が成立する.式 (32.8) と (32.9) を組み合わせれば,証明が完了する.∎

COMPUTE-PREFIX-FUNCTION が π を正しく計算することの証明を仕上げよう.鍵は E_{q-1} の定義と系 32.7 の言明を組み合わせて,$P[k+1] = P[q]$ となるように $\pi[q]$ が $\pi^*[q-1]$ における k の最大値に 1 を加えたものに等しくなるようにすることである.まず,COMPUTE-PREFIX-FUNCTION において,第 4〜9 行の **for** ループの毎回の繰返しの開始時に $k = \pi[q-1]$ が成り立っている.この条件は,このループに入るときに最初に第 2 行と 3 行によって強制されるものであり,第 9 行によってその後連続する繰返しの中でも成り立ち続ける.第 5〜8 行は,k が $\pi[q]$ の正しい値になるように調整している.第 5〜6 行の **while** ループでは,$\pi[q]$ の値を求めるために,すべての値 $k \in \pi^*[q-1]$ を降順に探索する.ループが終了するのは,k が 0 になったか,$P[k+1] = P[q]$ が成り立ったか,である."and" 演算子がループを早く終わらせるので,このループが $P[k+1] = P[q]$ となって終了するならば,k はまだずっと正でなければならなかったし,k は E_{q-1} の最大値である.この場合,第 7〜9 行で $\pi[q]$ を系 32.7 に従って $k+1$ に設定する.もし,その代わりに **while** ループが $k = 0$ となって終了するならば,2 つの可能性がある.$P[1] = P[q]$ なら,$E_{q-1} = \{0\}$ であり,第 7〜9 行で k と $\pi[q]$ をともに 1 に設定する.しかし,$k = 0$ かつ $P[1] \neq P[q]$ なら,$E_{q-1} = \emptyset$ である.この場合,再び系 32.7 に従って第 9 行で $\pi[q]$ を 0 に設定するが,これで COMPUTE-PREFIX-FUNCTION の正しさの証明が終わる.

Knuth–Morris–Pratt アルゴリズムの正しさ

手続き KMP-Matcher は，手続き Finite-Automaton-Matcher の別の実装と考えることができるが，状態遷移関数を計算するために接頭語関数 π を用いている．具体的に言うと，KMP-Matcher と Finite-Automaton-Matcher の **for** ループの i 回目の繰返しにおいて，（KMP-Matcher では第 8 行，Finite-Automaton-Matcher では第 4 行で）状態 q が m と同じ値を持つかどうかを判定する．KMP-Matcher が Finite-Automaton-Matcher の挙動をシミュレートしていることを証明すれば，Finite-Automaton-Matcher の正しさより，KMP-Matcher の正しさが帰結できる（が，KMP-Matcher の第 10 行が必要な理由は少し後で見ることにする）．

KMP-Matcher が Finite-Automaton-Matcher を正しくシミュレートすることを形式的に証明する前に，接頭語関数 π が遷移関数 δ どのように置き換えているのかを理解することに少し時間を割こう．文字列照合オートマトンが，状態 q で文字 $a = T[i]$ をスキャンするとき，新しい状態 $\delta(q, a)$ に遷移することを思い出せ．$a = P[q+1]$ で a がパターンと引き続き一致するならば，状態番号は増加し，$\delta(q, a) = q + 1$ となる．一方，$a \neq P[q+1]$ ならば，a はパターンとの一致を継続できず，状態番号は増加しない：すなわち，$0 \leq \delta(q, a) \leq q$ である．最初の場合，a が引き続き一致し続けるとき，KMP-Matcher は π 関数を参照せず，状態を $q + 1$ に移動する：すなわち，第 4 行の **while** ループの判定は即座に偽になり，第 6 行の判定は真となり，第 7 行が q の値を 1 だけ増やす．

文字 a がパターンとの一致を継続できず，新しい状態 $\delta(q, a)$ が q かオートマトンの背骨に沿って q の左側になるとき，π 関数の機能が発揮される．KMP-Matcher の第 4~5 行の **while** ループは，$\pi^*[q]$ の状態を繰返し処理し，a が $P[q'+1]$ に一致するある状態 q' を発見するか，すべての状態を処理し尽して q' が 0 になるまで続ける．a が $P[q'+1]$ に一致するならば，第 7 行で新しい状態を $q'+1$ に設定する．そしてシミュレーションが正しく働くためには，$q'+1$ は $\delta(q, a)$ に等しくなくてはならない．言い換えると，新しい状態 $\delta(q, a)$ は，状態 0 か，$\pi^*[q]$ に属するある状態よりも 1 だけ大きい状態である．

パターン $P = \mathrm{ababaca}$ に対する，図 32.6 と図 32.10 の例を見てみよう．このオートマトンが状態 $q = 5$ にあって，ababa と一致していると仮定する．$\pi^*[5]$ に属する状態は，降順に 3，1，0 である．スキャンした次の文字が c なら，手続き Finite-Automaton-Matcher（第 3 行）と KMP-Matcher（第 7 行）の両方でオートマトンが状態 $\delta(5, \mathrm{c}) = 6$ に遷移することが容易に分かる．スキャンした次の文字が b であると仮定すると，オートマトンは状態 $\delta(5, \mathrm{b}) = 4$ に遷移しなければならない．手続き KMP-Matcher の **while** ループは，第 5 行を 1 回実行した後で終了し，オートマトンは，状態 $q' = \pi[5] = 3$ に到達する．$P[q'+1] = P[4] = \mathrm{b}$ なので，第 6 行の判定は真であり，オートマトンは新しい状態 $q'+1 = 4 = \delta(5, \mathrm{b})$ に遷移する．最後に，スキャンした次の文字が a であると仮定すると，オートマトンは状態 $\delta(5, \mathrm{a}) = 1$ に遷移しなければならない．第 4 行のテストを最初の 3 回実行した後，その判定は真になる．1 回目は $P[6] = \mathrm{c} \neq \mathrm{a}$ であり，KMP-Matcher は状態を $\pi[5] = 3$（$\pi^*[5]$ の最初の状態）に遷移する．2 回目は $P[4] = \mathrm{b} \neq \mathrm{a}$ であり，状態を $\pi[3] = 1$（$\pi^*[5]$ の 2 番目の状態）に遷移する．3 回目は $P[2] = \mathrm{b} \neq \mathrm{a}$ であり，状態を $\pi[1] = 0$（$\pi^*[5]$ の最後の状態）に遷移する．状態

832 | 32 文字列照合

が $q' = 0$ に到達すると **while** ループは終了する．今，第 6 行で $P[q'+1] = P[1] = \mathrm{a}$ であることが分かり，第 7 行でオートマトンは新しい状態 $q'+1 = 1 = \delta(5, \mathrm{a})$ に遷移する．

したがって，直観的には，手続き KMP-Matcher は $\pi^*[q]$ の状態を降順に遷移して，ある状態 q' で停止し，そして状態 $q'+1$ に遷移する可能性がある．$\delta(q, a)$ の計算をシミュレートするためだけに，多くの仕事を費やしているように思われるが，KMP-Matcher は Finite-Automaton-Matcher よりも漸近的には遅くはないことを肝に銘じてほしい．

Knuth–Morris–Pratt アルゴリズムの正当性を形式的に証明する準備が整った．定理 32.4 より，Finite-Automaton-Matcher の（**for** ループの）各繰返しにおいて，第 3 行を実行した直後では，つねに $q = \sigma(T[:i])$ が成立する．したがって，KMP-Matcher の **for** ループに関して同じ性質が成り立つことを示せば十分である．証明は，ループの繰返し回数に関する帰納法である．どちらの手続きも，最初の **for** ループに入るときには，q を 0 に設定する．KMP-Matcher の **for** ループの i 回目の繰返しを考えよう．帰納法の仮定により，状態番号 q はこのループの繰返しの冒頭において $\sigma(T[:i-1])$ に等しい．第 8 行に到達したとき q の新しい値は $\sigma(T[:i])$ であることを示す必要がある．（再び，第 10 行は別に扱う．）

KMP-Matcher が文字 $T[i]$ を考えるとき，**for** ループの開始時における状態番号を q とすると，$T[:i]$ の接尾語でもある P の最長の接頭語は（$P[q+1] = T[i]$ であれば）$P[:q+1]$ か，あるいは $P[:q]$ の（必ずしも真の接頭語ではなく，空かもしれない）ある接頭語である．$\sigma(T[:i]) = 0$，$\sigma(T[:i]) = q+1$，$0 < \sigma(T[:i]) \leq q$ という 3 つのケースに分けて考える．

- $\sigma(T[:i]) = 0$ のとき，$T[:i]$ の接尾語でもある P の接頭語は，$P[:0] = \varepsilon$ だけである．第 4〜5 行の **while** ループを $\pi^*[q]$ の各値 q' に対して繰り返す．各 $q' \in \pi^*[q]$ に対して $P[:q'] \sqsupset P[:q] \sqsupset T[:i-1]$ は成立する（$\sqsubset$ と $\sqsupset$ は遷移律を満たすので）が，$P[q'+1] = T[i]$ を満たす q' は発見できない．q が 0 に到達してこのループは停止し，もちろん，第 7 行は実行されない．したがって，第 8 行では $q = 0$ であり，$q = \sigma(T[:i])$ が成り立つ．

- $\sigma(T[:i]) = q+1$ ならば，$P[q+1] = T[i]$ であり，第 4 行の **while** ループの判定は最初に到達したときに偽となる．第 7 行を実行して，状態番号を $q+1$ に増やすが，その値は $\sigma(T[i])$ に等しい．

- $0 < \sigma(T[:i]) \leq q'$ ならば，第 4〜5 行の **while** ループを少なくとも 1 回繰り返し，ある $q' < q$ で停止するまで，$\pi^*[q]$ の各値を降順に調べる．したがって，$P[:q']$ は，$P[q'+1] = T[i]$ を満たす $P[:q]$ の最長の接頭語であり，**while** ループを終わったとき，$q'+1 = \sigma(P[:q]T[i])$ を満たす．$q = \sigma(T[:i-1])$ なので，補題 32.3 は，$\sigma(T[:i-1]T[i]) = \sigma(P[:q]T[i])$ を意味する．したがって，**while** ループを抜けたとき，

$$
\begin{aligned}
q'+1 &= \sigma(P[:q]T[i]) \\
&= \sigma(T[:i-1]T[i]) \\
&= \sigma(T[:i])
\end{aligned}
$$

である．第 7 行が q に 1 を加えるので，新しい状態番号は $\sigma(T[:i])$ に等しくなる．

手続き KMP-Matcher に第 10 行が必要である．なぜなら，この行がなければ，P の出現を発見後，第 4 行で $P[m+1]$ を参照するかもしれない．（練習問題 32.4-8 のヒントから，第 4 行の次の繰返しで $q = \sigma(T[:i-1])$ となるという議論はここでも正しい：すなわち，任

意の $a \in \Sigma$ に対して，$\delta(m, a) = \delta(\pi[m], a)$，あるいは等価で，$\sigma(Pa) = \sigma(P[: \pi[m]]a)$ が成立する．）KMP-MATCHER が FINITE-AUTOMATON-MATCHER の動作をシミュレートすることはすでに示したので，Knuth–Morris–Pratt アルゴリズムの正しさの証明の残された部分は，FINITE-AUTOMATON-MATCHER の正しさから帰結される．

練習問題

32.4-1 パターン ababbabbabbababbabb に対する接頭語関数 π を計算せよ．

32.4-2 $\pi^*[q]$ のサイズの上界を q の関数として与えよ．この上界がタイトであることを示す例を与えよ．

32.4-3 テキスト T におけるパターン P の出現を，文字列 PT（P に T を連接した長さ $m + n$ の文字列）の接頭語関数 π を用いて決定する方法を説明せよ．

32.4-4 集計法による解析を用いて，KMP-MATCHER の実行時間が $\Theta(n)$ であることを示せ．

32.4-5 ポテンシャル関数を使って，KMP-MATCHER の実行時間が $\Theta(n)$ であることを示せ．

32.4-6 KMP-MATCHER の第 5 行（第 10 行ではない）の π を以下で定義する π' に置き換えることで，KMP-MATCHER を改良する方法を示せ．ただし，π' は $q = 1, 2, \dots, m - 1$ に対して，

$$
\pi'[q] = \begin{cases}
0 & \pi[q] = 0 \text{ のとき} \\
\pi'[\pi[q]] & \pi[q] \neq 0 \text{ かつ } P[\pi[q] + 1] = P[q + 1] \text{ のとき} \\
\pi[q] & \pi[q] \neq 0 \text{ かつ } P[\pi[q] + 1] \neq P[q + 1] \text{ のとき}
\end{cases}
$$

と再帰的に定義する．修正されたアルゴリズムが正しい理由を説明せよ．この修正が改良である理由を説明せよ．

32.4-7 テキスト T が，別の文字列 T' の**循環式回転** (cyclic rotation) であるか否かを決定する線形時間アルゴリズムを与えよ．たとえば，braze と zebra は互いに他方の循環式回転である．

32.4-8 ★ 与えられたパターン P に対応する文字列照合オートマトンの遷移関数 δ を計算する $O(m|\Sigma|)$ 時間アルゴリズムを与えよ．（**ヒント**：$q = m$ または $P[q+1] \neq a$ ならば，$\delta(q, a) = \delta(\pi[q], a)$ であることを証明せよ．）

32.5 接尾語配列

本章でこれまでに見てきたアルゴリズムは，テキスト中のパターンの出現をすべて効率よく見つけることができる．本節では別の方法——接尾語配列——を用いた方法について説明する．この方法は，テキストの中のパターンの出現をすべて見つけることができるが，さらにそれ以上のことがある．接尾語配列は，たとえば，Knuth–Morris–Pratt アルゴリズムのように素早くパターンのすべての出現を見つけることができるわけではないが，より柔軟性があり，学ぶ価値があるものである．

接尾語配列は，長さ n のテキストの n 個すべての接尾語を，辞書式順序で表現するコンパ

834 | 32 文字列照合

i	1	2	3	4	5	6	7
$T[i]$	r	a	t	a	t	a	t

i	$SA[i]$	$rank[i]$	$LCP[i]$	接尾語 $T[SA[i]:]$
1	6	4	0	at
2	4	3	2	atat
3	2	7	4	atatat
4	1	2	0	ratatat
5	7	6	0	t
6	5	1	1	tat
7	3	5	3	tatat

図 32.11 接尾語配列 SA, ランク配列 $rank$, 最長共通接頭語配列 LCP, および，長さ $n = 7$ のテキスト $T =$ ratatat の辞書式順序にソートした接尾語．$rank[i]$ の値は辞書式ソート順での接尾語 $T[i:]$ の位置を示す．すなわち，$i = 1, 2, \ldots, n$ に対して $rank[SA[i]] = i$ である．配列 $rank$ は LCP 配列を計算するのに用いられる．

クトな表現方法である．テキスト $T[1:n]$ に対して，$T[i:]$ で接尾語 $T[i:n]$ を表す．T の**接尾語配列** (suffix array) $SA[1:n]$ は，$SA[i] = j$ ならば $T[j:]$ が辞書式順序[3] における T の i 番目の接尾語である．すなわち，辞書式順序における T の i 番目の接尾語は，$T[SA[i]:]$ である．接尾語配列の他にも有用な配列がある．**最長共通接頭語配列** (longest common prefix array) $LCP[1:n]$ である．配列 $LCP[i]$ は，ソート順で i 番目と $(i-1)$ 番目の接尾語に共通する最長の接尾語の長さを与える（$T[SA[1]:]$ より辞書式順序で小さい接頭語は存在しないので，$LCP[1]$ は 0 と定義される）．図 32.11 は，7 文字のテキスト ratatat に対する接尾語配列と最長共通接頭語配列を示している．

あるテキストの接尾語配列が与えられると，接尾語配列の上で 2 分探索を用いてパターンを探索することができる．テキスト中でのパターンの各出現は，テキストのある接尾語から始まる．また，接尾語配列は辞書式順序にソートされているので，パターンのすべての出現は接尾語配列の連続する要素の先頭に出現する．たとえば，図 32.11 では ratatat における at の 3 回の出現が接尾語配列の項目の 1 番目から 3 番目までに現れている．長さ n の接尾語配列の中で長さ m のパターンを 2 分探索を用いて見つけるならば（比較毎に $O(m)$ 時間かかるので，$O(m \lg n)$ 時間かかる），テキスト内でのパターンのすべての出現を，その箇所から前後へ，そのパターンで始まらない接尾語を見つける（か，接尾語配列の端を通り越す）まで，探索することによって見つけることができる．パターンが k 回出現するなら，これら k 回の出現をすべて見つけるのに要する時間は $O(m \lg n + km)$ である．

最長共通接頭語配列を用いると，最長の反復部分文字列，すなわちテキストの中で複数回生じる最長の反復部分文字列を発見することができる．$LCP[i]$ が LCP 配列での最大値ならば，最長反復部分文字列は $T[SA[i] : SA[i] + LCP[i] - 1]$ に出現する．図 32.11 の例では，LCP 配列には 1 つの最大値 $LCP[3] = 4$ がある．したがって，$SA[3] = 2$ なので，最長反復部分文字列は $T[2:5] =$ atat である．練習問題 32.5-3 は，接尾語配列と最長共通接頭語配列を用いて 2 つのテキストに共通する最長の部分文字列を見つける問題である．つぎに，n 文字のテキストに対する接尾語配列を $O(n \lg n)$ 時間で計算する方法を示し，接尾語配列とテキストが与えられたとき，最長共通接頭語配列を $\Theta(n)$ 時間で計算する方法も示そう．

---

[3] 形式ばらずに言うと，辞書式順序は基底をなす文字集合における "アルファベット順" である．辞書式順序のより正確な定義については第 12 章（2 分探索木）の章末問題 12-2（275 ページ）にある．

接尾語配列の計算

長さ n のテキストの接尾語配列を計算するアルゴリズムがいくつか存在する．線形時間のものもあればかなり複雑なものもある．そのようなアルゴリズムの1つが章末問題 32.2 で与えられている．ここで，$\Theta(n \lg n)$ 時間のより単純なアルゴリズムについて探究しよう．

836 ページの $O(n \lg n)$ 時間の手続き COMPUTE-SUFFIX-ARRAY の背後にあるアイデアは，テキストの部分文字列を長さの昇順に辞書式順序にソートすることである．この手続きは部分文字列の長さを毎回倍にしながらテキスト上を何度もスキャンする．この手続きは $\lceil \lg n \rceil$ 回のスキャンですべての接尾語をソートするが，これによって接尾語配列を構成するのに必要な情報を得ている．$O(n \lg n)$ 時間のアルゴリズムを達成する鍵は，毎回のスキャンを最初の線形時間のソート後に，行うことであるが，これは基数ソートを用いると可能である．

単純な観察から始めよう．任意の2つの文字列 s_1 と s_2 を考える．ここで，$|s_1'| = |s_2'|$ とする．s_1 を s_1' と s_1'' に分割して，s_1 が s_1' と s_1'' を連接したものになるようにする．同様に，s_2 が s_2' と s_2'' を連接したものになるようにする．ここで，辞書式順序で s_1' は s_2' より小さいと仮定する．すると s_1'' と s_2'' の順序にかかわらず，s_1 は s_2 より辞書式順序で小さくなる．たとえば，$s_1 = \text{aaz}$ で $s_2 = \text{aba}$ の場合，s_1 を $s_1' = \text{aa}$ と $s_1'' = \text{z}$ に，s_2 を $s_2' = \text{ab}$ と $s_2'' = \text{a}$ に分割する．s_1' は s_2' より辞書式順序で小さいので，s_2'' のほうが s_1'' より辞書式順序で小さくても，s_1 は s_2 より辞書式順序で小さい．

部分文字列を直接比較する代わりに，COMPUTE-SUFFIX-ARRAY はテキストの部分文字列を整数の**ランク** (rank) で表す．ランクは，1つの部分文字列が他の部分文字列より辞書式順序で小さいのは，それがより小さいランクを持つとき，かつそのときに限るという単純な性質を持っている．同一の部分文字列のランクは等しい．

このランクという概念は，どこから来たのだろうか？最初に考慮する部分文字列はテキストの1文字である．多くのプログラミング言語にあるように，文字をその基となるエンコーディング（正整数）に写像する関数 ord が存在すると仮定しよう．関数 ord は ASCII や，ユニコード符号や，その他，文字の相対順序を与える関数であってもよい．たとえば，すべての文字が英字の小文字として知られているものである場合，$\text{ord}(a) = 1, \text{ord}(b) = 2, \ldots, \text{ord}(z) = 26$ でよい．考慮中の部分文字列が複数の文字を含むときは，それらのランクは n 以下の正整数となるが，これはソートされた後の相対順序から来ている．空の部分文字列はつねにランク 0 を持つ．任意の空でない文字列より辞書式順序で小さいからである．

手続き COMPUTE-SUFFIX-ARRAY では，ランクに従って部分文字列の相対順序を内部で管理するオブジェクトを用いる．与えられた長さの部分文字列を考えるとき，この手続きは，それぞれ次の属性を持つ n 個のオブジェクトの配列 *substr-rank*$[1:n]$ を構成し，ソートする：

- *left-rank* は，部分文字列の左部分のランクを持つ
- *right-rank* は，部分文字列の右部分のランクを持つ
- *index* は，部分文字列が始まる場所を示すテキスト T 中のインデックスを含んでいる

この手続きがどのように動作するのかを詳細に調べる前に，長さ $n = 7$ の入力テキスト ratatat 上での動作を見てみよう．ord 関数は，文字の ASCII 符号を返すものと仮定して，

COMPUTE-SUFFIX-ARRAY(T, n)

1 配列 $substr\text{-}rank[1:n]$, $rank[1:n]$, $SA[1:n]$ を割り当てる

2 **for** $i = 1$ **to** n

3      $substr\text{-}rank[i].left\text{-}rank = \text{ord}(T[i])$

4   **if** $i < n$

5          $substr\text{-}rank[i].right\text{-}rank = \text{ord}(T[i+1])$

6   **else** $substr\text{-}rank[i].right\text{-}rank = 0$

7      $substr\text{-}rank[i].index = i$

8 配列 $substr\text{-}rank$ を $left\text{-}rank$ 属性に基づき，単調増加にソートする．タイは
     $right\text{-}rank$ 属性を用いて解消する；それでもタイがあれば，その順序はかまわない

9 $l = 2$

10 **while** $l < n$

11   MAKE-RANKS$(substr\text{-}rank, rank, n)$

12   **for** $i = 1$ **to** n

13          $substr\text{-}rank[i].left\text{-}rank = rank[i]$

14   **if** $i + l \le n$

15              $substr\text{-}rank[i].right\text{-}rank = rank[i+l]$

16   **else** $substr\text{-}rank[i].right\text{-}rank = 0$

17          $substr\text{-}rank[i].index = i$

18   配列 $substr\text{-}rank$ を $left\text{-}rank$ 属性に基づき，単調増加にソートする．タイは
         $right\text{-}rank$ 属性を用いて解消する；それでもタイがあれば，その順序は
         かまわない

19      $l = 2l$

20 **for** $i = 1$ **to** n

21      $SA[i] = substr\text{-}rank[i].index$

22 **return** SA

MAKE-RANKS$(substr\text{-}rank, rank, n)$

1 $r = 1$

2 $rank[substr\text{-}rank[1].index] = r$

3 **for** $i = 2$ **to** n

4   **if** $substr\text{-}rank[i].left\text{-}rank \neq substr\text{-}rank[i-1].left\text{-}rank$
             または $substr\text{-}rank[i].right\text{-}rank \neq substr\text{-}rank[i-1].right\text{-}rank$

5          $r = r + 1$

6      $rank[substr\text{-}rank[i].index] = r$

| | 第2〜7行の後 | | | | | 第8行の後 | | | |
i	left-rank	right-rank	index	部分文字列	i	left-rank	right-rank	index	部分文字列
1	114	97	1	ra	1	97	116	2	at
2	97	116	2	at	2	97	116	4	at
3	116	97	3	ta	3	97	116	6	at
4	97	116	4	at	4	114	97	1	ra
5	116	97	5	ta	5	116	0	7	t
6	97	116	6	at	6	116	97	3	ta
7	116	0	7	t	7	116	97	5	ta

図 32.12 入力文字列 $T = \mathtt{ratatat}$ に対する,第2〜7行の **for** ループ後と,第8行のソート後のインデックス $i = 1, 2, \ldots, 7$ に対する *substr-rank* 配列.

図 32.12 は第2〜7行の **for** ループの後と,第8行のソートの後の配列 *substr-rank* の値を示している.第2〜7行の後の *left-rank* と *right-rank* は,$i = 1, 2, \ldots, n$ に対して,位置 i と $i+1$ にある長さ1の部分文字列のランクである.これらの初期ランクは,文字の ASCII 値である.[d]

この時点で,*left-rank* と *right-rank* は,長さ2の部分文字列それぞれの左と右の部分のランクを与えている.インデックスが7で始まる部分文字列は,たった1つの文字だけからなるので,その右の部分は空であり,その *righ-rank* は0である.第8行のソートのステップの後では,*substr-rank* の配列は,これらの部分文字列の開始点が,*index* 属性で与えられ,長さ2のすべての部分文字列の相対的な辞書式順序を与えている.たとえば,長さ2の部分文字列で辞書式順序で最小のものは $\mathtt{at}$ であるが,これは *substr-rank*$[1]$.*index* の位置,すなわち,2から始まる.この部分文字列は *substr-rank*$[2]$.*index* $= 4$ と *substr-rank*$[3]$.*index* $= 6$ の位置からも始まる.

この後,手続きは第10〜19行の **while** ループに入る.ループ変数 ℓ は,これまでにソートされた部分文字列の長さに関する上界を与えている.したがって,この **while** ループに入ると,長さが高々 $\ell = 2$ である部分文字列がソートされる.第11行の MAKE-RANKS の呼出しは,これらの部分文字列それぞれにソート順にランクを与えるが,これらは1から他と異なる長さ2の部分文字列の個数までで,*substr-rank* の配列にある値に基づいている.$\ell = 2$ として,MAKE-RANKS は $rank[i]$ を長さ2の部分文字列 $T[i : i+1]$ のランク値に設定する.図 32.13 は,これらの新しいランクを示しているが,それらは必ずしも他と異なるというわけではない.たとえば,長さ2の部分文字列 $\mathtt{at}$ は,2,4,6の位置にあるので,MAKE-RANKS は,*substr-rank*$[1]$,*substr-rank*$[2]$,*substr-rank*$[3]$ は,*left-rank* と *right-rank* で等しい値を取る.*substr-rank*$[1]$.*index* $= 2$,*substr-rank*$[2]$.*index* $= 4$,*substr-rank*$[3]$.*index* $= 6$ であり,かつ $\mathtt{at}$ は辞書式順序で最小の部分文字列であるので,MAKE-RANKS は $rank[2] = rank[4] = rank[6] = 1$ とする.

この **while** ループの繰返しで,長さが高々2である部分文字列のソート結果から計算されるランクを用いて,長さが高々4の部分文字列をソートする.第12〜17行の **for** ループでは,*substr-rank* の配列を再構成する.$rank[i]$(長さ2の部分文字列 $T[i : i+1]$ のランク)に基づいた *substr-rank*$[i]$.*left-rank* と,$rank[i+2]$(長さ2の部分文字列 $T[i+2 : i+3]$ のランク,ただし,長さ n のテキストの端を過ぎて始まる部分文字列については0)に基づいた

---

[d] [訳注] ASCII 符号で r は 114,a は 97,t は 116 であることに注意.

| 第11行の後 | | | 第12~17行の後 | | | | | 第18行の後 | | | |
i	rank		i	left-rank	right-rank	index	部分文字列	i	left-rank	right-rank	index	部分文字列
1	2		1	2	4	1	rata	1	1	0	6	at
2	1		2	1	1	2	atat	2	1	1	2	atat
3	4		3	4	4	3	tata	3	1	1	4	atat
4	1		4	1	1	4	atat	4	2	4	1	rata
5	4		5	4	3	5	tat	5	3	0	7	t
6	1		6	1	0	6	at	6	4	3	5	tat
7	3		7	3	0	7	t	7	4	4	3	tata

図 32.13 第10~19行の **while** ループの最初の実行 ($\ell = 2$) における第11行の後の $rank$ 配列と，第2~7行と第18行の後の $substr\text{-}rank$ 配列.

| 第11行の後 | | | 第12~17行の後 | | | | | 第18行の後 | | | |
i	rank		i	left-rank	right-rank	index	部分文字列	i	left-rank	right-rank	index	部分文字列
1	3		1	3	5	1	ratatat	1	1	0	6	at
2	2		2	2	1	2	atatat	2	2	0	4	atat
3	6		3	6	4	3	tatat	3	2	1	2	atatat
4	2		4	2	0	4	atat	4	3	5	1	ratatat
5	5		5	5	0	5	tat	5	4	0	7	t
6	1		6	1	0	6	at	6	5	0	5	tat
7	4		7	4	0	7	t	7	6	4	3	tata

図 32.14 第10~19行の **while** ループの2番目と最後の実行 ($\ell = 4$) における第11行の後の $rank$ 配列と，第12~17行と第18行の後の $substr\text{-}rank$ 配列.

$substr\text{-}rank[i].right\text{-}rank$ を求める．これら2つのランクは一緒に，長さが4の部分文字列 $T[i : i+3]$ の相対的なランクを与える．図 32.13 は，第12~17行の効果を示したものである．この図では，$left\text{-}rank$ 属性を用い，タイは $right\text{-}rank$ 属性を用いて解消することによって，第18行における $substr\text{-}rank$ 配列をソートした結果も示されている．$substr\text{-}rank$ は，長さが高々4のすべての部分文字列を辞書式順序でソートした結果を与えている．

$\ell = 4$ としての **while** ループの次の繰返しでは，長さが高々4の部分文字列をソートして得られたランクの値に基づいて，長さが高々8の部分文字列をソートする．[4] 図 32.14 は，ソート前後における長さ4の部分文字列のランクと $substr\text{-}rank$ の配列を示している．テキストの長さが7であるとき，手続きはすべての部分文字列をソートし終わっているので，この繰返しは最後のものである．

一般に，ループ変数 ℓ が増加するにつれて，部分文字列の右部分は，ますます空に近づいていく．したがって，より多くの $right\text{-}rank$ の値が0になる．i は，第12~17行のループ内では，高々 n なので，各部分文字列の左の部分はつねに空ではない．したがって，$left\text{-}rank$ の値はつねに正である．

この例は，COMPUTE-SUFFIX-ARRAY の手続きがなぜうまく動作するのかを説明している．第12~17行で確立された初期のランクは，単にテキスト中の文字の ord 関数の値である．したがって，第8行で $substr\text{-}rank$ の配列をソートするとき，その順序は，長さ2の部分文字列の辞書式順序と対応する．第10~19行の **while** ループの毎回の繰返しで長さ ℓ のソートされた部分文字列を受け取って，長さ 2ℓ のソートされた部分文字列を生み出す．ひとたび ℓ が n

---

[4] なぜ"長さが高々"という言い方を続けるのか？ ℓ の与えられた値に対して，位置 i で始まる長さが ℓ の部分文字列は $T[i : i + \ell - 1]$ である．もし $i + \ell - 1 > n$ ならば，この部分文字列はテキストの端で切られることになるからである．

に到達するか，越えれば，すべての部分文字列はソートされている．

この **while** ループの繰返しの中で，Make-Ranks の手続きは，最初の繰返しの前に第 8 行で，あるいは，以前の繰返しの中で第 18 行で，ソートされた部分文字列を"再ランクづけ"する．Make-Ranks は，ソートされた *substr-rank* の配列を受け取り，配列 $rank[1:n]$ に値を埋め，$rank[i]$ が *substr-rank* 配列の i 番目の部分文字列のランクとなるようにする．各ランクは，1 から始まり，長さ 2ℓ の他と異なる部分文字列の個数までの値を取る正整数である．*left-rank* と *right-rank* が等しい部分文字列は同じランクとなる．そうでなければ，別の部分文字列より辞書式順序で小さい部分文字列は，*substr-rank* 配列で先に出現し，ランクの値は小さい．長さ 2ℓ の部分文字列への再ランクが終われば，第 18 行でそれらをランクでソートし，**while** ループの次の繰返しに備える．

ℓ がひとたび n に到達するか越えるかして，しかもすべての部分文字列がソートされれば，*index* 属性の値はソートされた部分文字列の開始点を与える．これらのインデックスは，まさに接尾語配列を構成する値である．

Compute-Suffix-Array の実行時間を解析しよう．第 1〜7 行は，$\Theta(n)$ 時間かかる．第 8 行は，マージソート（第 2.3.1 参照）かヒープソート（第 6 章（ヒープソート）参照）を用いて $O(n \lg n)$ 時間かかる．ℓ の値は，第 10〜19 行の **while** ループの毎回の繰返しで倍になるので，このループは $\lceil \lg n \rceil - 1$ 回繰り返す．毎回の繰返しの中で，Make-Ranks の呼出しには $\Theta(n)$ の時間がかかり，第 12〜17 行の **for** ループでも同じ時間がかかる．第 18 行では，第 8 行と同様に，マージソートかヒープソートを使って $O(n \lg n)$ 時間かかる．最後に，第 20〜21 行の **for** ループは $\Theta(n)$ 時間かかる．合計すると $O(n \lg^2 n)$ ということになる．

単純な観察により，実行時間を $\Theta(n \lg n)$ に減らすことができる．第 18 行でソートされる *left-rank* と *right-rank* はつねに 0 から n の間の整数である．したがって，最初に *right-rank* に基づいて計数ソート（第 8 章（線形時間ソーティング）参照）を実行し，その後で *left-rank* に基づいて計数ソートを実行することにより，基数ソートで *substr-rank* 配列を $\Theta(n)$ 時間でソートできる．第 10〜19 行の **while** ループの毎回の繰返しに $\Theta(n)$ 時間しかかからないので，全体の時間は $\Theta(n \lg n)$ となる．

練習問題 32.5-2 では，Compute-Suffix-Array に簡単な修正を施して，ある入力に対しては，第 10〜19 行の **while** ループが $\lceil \lg n \rceil - 1$ 回より少ない回数しか繰り返さないようにすることを求めている．

LCP 配列の計算

$LCP[i]$ は，辞書式順序で $(i-1)$ 番目と i 番目に小さい接尾語 $T[SA[i-1]:]$ と $T[SA[i]:]$ の最長共通接頭語の長さとして定義されていたことを思い出そう．$T[SA[1]:]$ は辞書式順序で最も小さい接尾語なので，$LCP[1]$ を 0 と定める．

LCP 配列を計算するために，Compte-Suffix-Array における最終的な *rank* 配列のように，SA 配列の逆である配列 *rank* が必要である：$SA[i] = j$ ならば $rank[j] = i$ である．すなわち，$i = 1, 2, \ldots, n$ に対して $rank[SA[i]] = i$ である．接尾語 $T[i:]$ に対して，$rank[i]$ の値は，辞書式順序順でのこの接尾語の位置を与えている．図 32.11 は ratatat の例に対する配列 *rank* を示している．たとえば，接尾語 tat は $T[5:]$ である．ソート順序におけるこの

840 | 32 文字列照合

接尾語の位置を求めるために，$rank[5] = 6$ を調べる．

LCP 配列を計算するためには，辞書式ソート順のどこに接尾語が現れるかを求めなければならないが，最初の文字が削除された状態で求める必要がある．$rank$ 配列が助けてくれる．i 番目に小さな接尾語，$T[SA[i]:]$ を考えよう．その最初の文字を落とすと，接尾語 $T[SA[i]+1:]$，すなわち，テキストの $SA[i+1]$ の位置から始まる接尾語が得られる．たとえば，接尾語 atat に対して，辞書式ソート順のどこで tat（atat の最初の文字を削除したもの）が見つかるかを見てみよう．接尾語 atat は接尾語配列の 2 番目に出現し，$SA[2] = 4$ である．したがって，$rank[SA[2]+1] = rank[5] = 6$ となり，接尾語 tat はソート順における 6 番目の位置に出現している．

下の手続き COMPUTE-LCP は LCP 配列を計算する．次の補題は，この手続きの正当性の証明に役立つ．

COMPUTE-LCP(T, SA, n)

1 配列 $rank[1:n]$ と $LCP[1:n]$ を割り当てる
2 **for** $i = 1$ **to** n
3      $rank[SA[i]] = i$ // 定義より
4 $LCP[1] = 0$ // 再び定義より
5 $l = 0$ // LCP の長さを初期化する
6 **for** $i = 1$ **to** n
7   **if** $rank[i] > 1$
8          $j = SA[rank[i] - 1]$ // $T[j:]$ は辞書式順序で $T[i:]$ に先行する
9          $m = \max\{i, j\}$
10   **while** $m + l \leq n$ かつ $T[i+l] == T[j+l]$
11             $l = l + 1$ // 次の文字は共通の接頭語の中にある
12         $LCP[rank[i]] = l$ // $T[j:]$ と $T[i:]$ の LCP の長さ
13   **if** $l > 0$
14             $l = l - 1$ // 共通の接頭語の最初の文字を取り除く
15 **return** LCP

補題 32.8 接尾語の辞書式ソート順において，それぞれ $rank[i-1]$ と $rank[i]$ の位置に出現する接尾語 $T[i-1:]$ と $T[i:]$ を考えよう．もし $LCP[rank[i-1]] = \ell > 1$ ならば，$T[i-1:]$ の最初の文字を削除して得られる接尾語 $T[i:]$ について，$LCP[rank[i]] \geq \ell - 1$ が成り立つ．

証明 接尾語 $T[i-1:]$ は，辞書式ソート順の位置 $rank[i-1]$ に出現する．このソート順でその直前にある接尾語は位置 $rank[i-1]-1$ に出現し，それは $T[SA[rank[i-1]-1]:]$ である．仮定と LCP 配列の定義より，これら 2 つの接尾語 $T[SA[rank[i-1]-1]:]$ と $T[i-1:]$ は，長さ $\ell > 1$ の最長共通接頭語を持つ．それらの接尾語の最初の文字を取り除くと，接尾語 $T[SA[rank[i-1]-1]+1:]$ と $T[i:]$ が得られる．これらの接尾語は長さ $\ell - 1$ の最長共通接頭語を持つ．もし $T[SA[rank[i-1]-1]+1:]$ が辞書式ソート順で $T[i:]$ の直前にあれば（すなわち，$rank[SA[rank[i-1]-1]+1] = rank[i]-1$ であれば），補題は証明されたこと

になる．

そこで，$T[SA[rank[i-1]-1]+1:]$ は，ソート順で $T[i:]$ の直前にはないと仮定しよう．$T[SA[rank[i-1]-1]+1:]$ は，$T[i-1:]$ の直前にあり，それらの先頭の $\ell > 1$ 文字は同じなので，$T[SA[rank[i-1]-1]+1:]$ は，ソート順で $T[i:]$ より前のどこかに1つかそれ以上接尾語を間に挟んで出現しているはずである．これらの接尾語のそれぞれは，$T[SA[rank[i-1]-1]+1:]$ および $T[i:]$ と同じ $\ell-1$ 文字で始まっているはずである．というのは，そうでなければ $T[SA[rank[i-1]-1]+1:]$ より前か $T[i:]$ より後に出現しないといけないことになるからである．したがって，どちらの接尾語が $T[i:]$ の直前の位置 $rank[i]-1$ に出現したとしても，$T[i:]$ と少なくとも $\ell-1$ 文字を共通に持つことになる．したがって，$LCP[rank[i]] \geq \ell-1$ を得る． ■

手続き COMPUTE-LCP の動作は，次のとおりである．第1行で $rank$ と LCP の配列を割り当てた後，第2～3行で $rank$ 配列に値を入れ，LCP 配列の定義により第4行で $LCP[1]$ の値を0にしておく．

第6～14行の **for** ループでは，接尾語の長さの降順に LCP 配列の残りの部分に値を詰める．すなわち，第12行の代入文によって，$rank[1], rank[2], rank[3], \dots, rank[n]$ の順に LCP 配列の位置を埋めていく．接尾語 $T[i:]$ を考えるとき，第8行で辞書式ソート順で $T[i:]$ の直前にある接尾語 $T[j:]$ を求める．この時点で，$T[j:]$ と $T[i:]$ の最長共通接頭語の長さは少なくとも ℓ である．この性質は **for** ループの最初の繰返し（$\ell=0$ のとき）では確かに成立する．第12行で $LCP[rank[i]]$ が正しく設定されたと仮定すると，第14行（ここで ℓ が正ならば ℓ の値を1減らす）と補題 32.8 により次の繰返しに対してもこの性質が保たれる．$T[j:]$ と $T[i:]$ の最長共通接頭語は繰返しの開始時には ℓ の値よりもずっと長いかもしれないが，第9～11行では，接頭語が共通に持つ各付加的な文字に対する ℓ の値を増やすが，それによって最長共通接頭語の長さを達成する．インデックス m の値が第9行で設定され，最長共通接頭語を拡張することに対する $T[i+\ell:] == T[j+1:]$ の判定が，テキストの端を越えないことを明確にするために第10行の判定で使われる．第10～11行の **while** ループが終了するとき，ℓ の値は $T[j:]$ と $T[i:]$ の最長共通接頭語の長さになっている．

集計法の解析が示すように，手続き COMPUTE-LCP の実行時間は，$\Theta(n)$ である．2つの **while** ループは，どちらも n 回だけ繰り返し，第10～11行の **while** ループによる繰返しの回数を上から抑えることだけが残っている．毎回の繰返しで ℓ の値を1だけ増やし，$m+\ell \leq n$ の判定で ℓ がつねに n より小さいことを保証している．ℓ の初期値は0であり，第14行で高々 $n-1$ 回しか減らず，第11行で $2n$ 回より少ない回数だけ ℓ の値が増える．したがって，COMPUTE-LCP は $\Theta(n)$ 時間かかる．

練習問題

32.5-1 COMPUTE-SUFFIX-ARRAY をテキスト hippityhoppity に適用したとき，第10～19行での **while** ループの各回の繰返し実行前の *substr-rank* と *rank* の配列，返される接尾語配列 SA，およびソートされた接尾語を示せ．アルファベットの各文字の位置をその ord 関数の値として用いよ．したがって，たとえば，ord(b) = 2 である．このとき，テキスト

842 | 32 文字列照合

hippityhoppity とその接尾語配列が与えられたとして，COMPUTE-LCP の第 6〜14 行での **for** ループの各回の繰返し実行後の LCP 配列を示せ．

32.5-2 ある入力に対して COMPUTE-SUFFIX-ARRAY の手続きは，第 10〜19 行での **while** ループを $\lceil \lg n \rceil - 1$ 回より少ない繰返しで正しい結果を得ることができる．COMPUTE-SUFFIX-ARRAY を（および，必要なら MAKE-RANKS も）修正して，この手続きがある場合に $\lceil \lg n \rceil - 1$ 回の繰返しをすべて実行するまでに停止することができるようにせよ．この手続きが $O(1)$ 回の繰返ししか実行しないような入力を記述せよ．また，この手続きが最大回数の繰返しを実行しなければならなくなるような入力を記述せよ．

32.5-3 長さが n_1 のテキスト T_1 と長さが n_2 のテキスト T_2 が与えられたとき，接尾語配列と最長共通接頭語配列を用いて，すべての**最長共通接尾語** (longest common substring)，すなわち，T_1 と T_2 の両方に出現する最長の部分文字列を求める方法を示せ．そのアルゴリズムの実行時間は，$O(n \lg n + k\ell)$ でなければならない．ただし，$n = n_1 + n_2$ であり，それぞれ長さが ℓ であるような最長の部分文字列が k 個存在するものとする．

32.5-4 Markram 教授は，文字列 $T[1:n]$ における最長の回文を接尾語配列と LCP 配列を用いて見つける次のような方法を提案している．（章末問題 14-2 で，回文とは，前から読んでも後から読んでも同じ空でない文字列であることを思い出せ）．

@ を T の中に現れない文字としよう．テキスト T' を T, @, および T を逆転させたものを連接して構成する．T' の長さを $n' = 2n + 1$ とする．T' に対する接尾語配列 SA と配列 LCP を作れ．回文とそれを逆転させてもののインデックスは，接尾語配列において連続する位置に現れるので，$SA[i-1] = n' - SA[i] - LCP[i] + 2$ を満たす最大の LCP 値 $LCP[i]$ を持つ項目を見つけよ．（この制約により，部分文字列——およびそれを逆転させたもの——は，それが回文でない限り，回文として構成されない．そのような各インデックス i に対して，最長の回文は $T'[SA[i] : SA[i] + LCP[i] - 1]$ である．

たとえば，テキスト T が unreferenced のとき $(n = 12)$，テキスト T' は，unreferenced@decnerefernu $(n' = 25)$ であり，接尾語配列と LCP 配列は，次のとおりである：

i	1	2	3	4	5	6	7	8	9	10	11	12	13
$T'[i]$	u	n	r	e	f	e	r	e	n	c	e	d	@
$SA[i]$	13	10	16	12	14	15	11	4	20	8	18	6	22
$LCP[i]$	0	0	1	0	1	0	1	1	4	1	1	3	2

i	14	15	16	17	18	19	20	21	22	23	24	25
$T'[i]$	d	e	c	n	e	r	e	f	e	r	n	u
$SA[i]$	5	21	9	17	2	24	3	19	7	23	25	1
$LCP[i]$	0	3	0	1	1	1	0	5	2	1	0	1

LCP 値の最大値は $LCP[21] = 5$ で達成され，$SA[20] = 3 = n' - SA[21] - LCP[21] + 2$ である．インデックス $SA[20]$ と $SA[21]$ で始まる T' の接尾語は，referenced@decnerefernu と refernu であり，ともに長さ 5 の回文 refer で始まっている．

悲しいかな，この方法は極めて簡単だというわけではない．この方法が T に含まれる最長

の回文よりもい短い結果を与えてしまうような入力文字列 T を与え，なぜその入力によりこの方法が失敗するのかを説明せよ．

章末問題

32-1　繰返し数に基づく文字列照合
文字列 y を i 回繰り返し連接してできる文字列を y^i で表す．たとえば，$(\mathrm{ab})^3 = \mathrm{ababab}$ である．文字列 $x \in \Sigma^*$ が，ある文字列 $y \in \Sigma^*$ とある $r > 0$ に対して $x = y^r$ と書けるならば，x は**繰返し数** (repetition factor) r を持つと言う．$\rho(x)$ を x が持つ最大の繰返し数 r とする．

a. パターン $P[1:m]$ を入力とし，$i = 1, 2, \ldots, m$ に対して $\rho(P[:i])$ を計算する効率の良いアルゴリズムを与えよ．設計したアルゴリズムの実行時間をは何か？

b. 任意のパターン $P[1:m]$ に対して，$\rho^*(P)$ を $\max\{\rho(P[:i]) : 1 \le i \le m\}$ と定義する．パターン P を長さ m のすべての 2 進文字列の集合からランダムに選択するとき，$\rho^*(P)$ の期待値が $O(1)$ であることを証明せよ．

c. 以下の文字列照合アルゴリズム REPETITION-MATCHER は，テキスト $T[1:n]$ の中からパターン P のすべての出現を $O(\rho^*(P)n + m)$ 時間で発見することを説明せよ．（このアルゴリズムは Galil と Seiferas による．これらの考え方を大いに拡張することにより，彼らは P と T に対して要求される以外には $O(1)$ の領域しか使わない線形時間の文字列照合アルゴリズムを得た．）

REPETITION-MATCHER(T, P, n, m)

```
 1   k = 1 + ρ*(P)
 2   q = 0
 3   s = 0
 4   while s ≤ n − m
 5       if T[s + q + 1] == P[q + 1]
 6           q = q + 1
 7           if q == m
 8               "パターンがシフト"s"で発生した" とプリントする
 9       if q == m または T[s + q + 1] ≠ P[q + 1]
10           s = s + max {1, ⌈q/k⌉}
11           q = 0
```

32-2　線形時間の接尾語配列アルゴリズム
本問題では，テキスト $T[1:n]$ の接尾語配列を計算する線形時間の分割統治アルゴリズムを開発し，解析する．第 32.5 節のように，テキスト中の各文字は基となるエンコーディングによって表現され，それは正整数であると仮定する．

844 | 32 文字列照合

　線形時間アルゴリズムを説明する考え方は，テキストの中で 2/3 の所に位置する接尾語を，必要に応じて再帰的に計算し，得られた情報を用いて残りの 1/3 の位置から始まる接尾語をソートし，ソートされた情報を統合することによって接尾語配列全体を得るというものである．

　$i = 1, 2, \ldots, n$ に対して，もし $i \bmod 3$ が 1 か 2 であれば，i は**標本位置** (sample position) であると言い，そのような位置から始まる接尾語を**標本接尾語** (sample suffix) と言う．位置 $3, 6, 9, \ldots$ は非標本位置であり，非標本位置から始まる接尾語は**非標本接尾語** (nonsample suffix) と言う．

　このアルゴリズムは，標本接尾語をソートし，非標本接尾語を（標本接尾語のソート結果に助けられて）ソートし，ソートされた標本接尾語と非標本接尾語を統合する．テキスト $T = \mathtt{bippityboppityboo}$ を例として用いて，アルゴリズムの各ステップを列挙することにより，その詳細を説明しよう：

1. 標本接尾語は接尾語の約 2/3 から成り立っている．それらを次のようにしてソートするが，これは T をかなり修正したものについてうまくいくが，再帰が必要になるかもしれない．本問の 846 ページの **(a)** の部分では，T の接尾語と T の修正された版の接尾語の順序が同じであることを示す．

   A. 実際には T の 3 連続文字からなる部分文字列である"メタ文字"(metacharacter) から構成される 2 つのテキスト P_1 と P_2 を構成せよ．そのような各メタ文字を括弧で区切る．

   $$P_1 = (T[1:3])(T[4:6])(T[7:9]) \cdots (T[n':n'+2])$$

   を構成せよ．ただし，n' は n 以下の範囲で 3 を法として 1 に等しい最大の整数であり，T は 0 を符号化した特別な文字 $\emptyset$ で位置 n を過ぎて拡張される．テキスト $T = \mathtt{bippityboppityboo}$ を例として用いると，

   $$P_1 = (\mathtt{bip})(\mathtt{pit})(\mathtt{ybo})(\mathtt{ppi})(\mathtt{tyb})(\mathtt{oo}\emptyset)$$

   を得る．同様に，

   $$P_2 = (T[2:4])(T[5:7])(T[8:10]) \cdots (T[n'':n''+2])$$

   を構成せよ．ただし，n'' は n 以下の範囲で 3 を法として 2 に等しい最大の整数である．本問の例に対しては，

   $$P_2 = (\mathtt{ipp})(\mathtt{ity})(\mathtt{bop})(\mathtt{pit})(\mathtt{ybo})(\mathtt{o}\emptyset\emptyset)$$

   となる．n が 3 の倍数なら，メタ文字 $(\emptyset\emptyset\emptyset)$ を P_1 の最後に付加する．このようにして，P_1 は $\emptyset$ を含むメタ文字で終わることが保証される．（この性質は本問の **(a)** の部分で助けとなる．）テキスト P_2 は $\emptyset$ を含むメタ文字で終わってもそうでなくてもよい．

   B. P_1 と P_2 を連接して新しいテキスト P を作れ．図 32.15 は，T の対応する位置とともに P を示している．

   C. P の他と異なるメタ文字をソートし，ランクづけを行え．ただし，ランクは 1 から始まるものとする．この例では，P は 10 個の他と異なるメタ文字を含んでいる：ソート

行のソートとソートされた行への番号づけより，

```
1  $rutabaga
2  a$rutabag
3  abaga$rut
4  aga$rutab
5  baga$ruta
6  ga$rutaba
7  rutabaga$
8  tabaga$ru
9  utabaga$r
```

となる．BWT は，最も右の列 agtbaas$ur である．（逆 BWT を計算する方法を理解するのに行番号づけが役に立つ．）

　BWT は，バイオインフォマティックスに応用があり，また，テキスト圧縮にも 1 つの手段となりうる．なぜなら，同一の文字を一緒に配置する傾向があるからである．たとえば，rutabaga の BWT では a の 2 つの例が一緒に配置される．同一の文字が一緒に配置されるか，近くに配置されたとしても，追加の圧縮手段が利用できるようになる．BWT に従えば，「先頭移動方式符号化」，「連長圧縮符号化」，および「ハフマン符号化」（第 15.3 節（ハフマン符号）参照）により，テキスト圧縮の能力をかなり高めることができる．BWT を用いた圧縮比はテキストが長くなるほど効果を発揮する．

a. T' に対する接尾語が与えられたとき，BWT を $\Theta(n)$ 時間で計算する方法を示せ．

　解凍するために，BWT は可逆でなければならない．アルファベットのサイズが定数であると仮定して，逆 BWT を BWT から $\Theta(n)$ 時間で計算することができる．rutabaga の BWT を見てみよう．これを $BWT[1:n]$ と記す．BWT の各文字は，1 から n の他と異なるランクを持っている．$BWT[i]$ のランクを $rank[i]$ と記すことにしよう．もしある文字が BWT の中で複数回出現するなら，その文字のランクは，同じ文字が現れるたびに 1 だけ大きくなる．下に rutabaga に対する BWT とランクを示す．

i	1	2	3	4	5	6	7	8	9
$BWT[i]$	a	g	t	b	a	a	$	u	r
$rank[i]$	2	6	8	5	3	4	1	9	7

　たとえば，$BWT[1]=a$ なので $rank[1]=2$ であり，最初の a より辞書式順序で先行する唯一の文字は $ である（これはすべての文字に先行すると定めたので，$ のランクは 1 である）．次に $BWT[2]=g$ なので，$rank[2]=6$ であり，BWT の 5 つの文字が g より辞書式順序で先行する：すなわち，$,3 回出現する a，それに b である．先に $rank[5]=3$ へ飛ぶ，すなわち，$BWT[5]=a$ であり，かつ a は BWT の中で 2 番目に出現したものなので，そのランクは先の a の出現（位置 1 にある a）より 1 だけ大きなランク値を持つ．

　BWT とランクには，前後逆に T' を再構成するのに十分な情報がある．このとき，c はソートされた循環式回転の行 r にある最初の文字である．行 r の最後の文字は T' において c に先行する文字でなければならない．しかし，どの文字が行 r において最後の文字か分かっている．前後逆に T' を再構成するには，BWT において見つけることができる $ から始める．そ

の後，BWT と $rank$ を用いて逆に見ていき，T' を再構成する．

　この戦略が `rutabaga` に対してどのように動作するのか見てみよう．T' の最後の文字 $ は，BWT の位置 7 に出現している．$rank[7] = 1$ なので，T' のソートされた循環式回転は $ で始まる．T' において$に先行する文字は第 1 行の最後の文字，すなわち，$BWT[1]$ であるが，これは `a` である．T' の最後の 2 文字は `a$` であることが分かる．$rank[1]$ を見てみると，2 に等しく，したがって，T' のソートされた循環式回転の第 2 行は `a` で始まる．第 2 行の最後の文字は，T' において `a` より先行し，その文字が $BWT[2] = $ `g` である．これで T' の最後の 3 文字が `ga$` であることが分かる．これを続けると，$rank[2] = 2$ なので，ソートされた循環式回転の第 6 行は `g` から始まる．T' において `g` に先行する文字は，$BWT[6] = $ `a` なので，T' の最後の 4 文字は `aga$` である．$rank[6] = 4$ なので，T' のソートされた循環式回転の第 4 行で `a` が始まる．T' において `a` に先行する文字は第 4 行の最後の文字，すなわち，$BWT[4] = $ `b` であり，T' の最後の 5 文字は `baga$` である．これを前後逆に T' の n 文字が見つけるまで続ける．

b. $BWT[1 : n]$ の配列が与えられたとき，$\Theta(n)$ 時間で配列 $rank[1 : n]$ を計算する擬似コードを与えよ．ただし，アルファベットのサイズを定数と仮定すること．

c. 配列 $BWT[1 : n]$ と $rank[1 : n]$ が与えられたとき，T' を $\Theta(n)$ 時間で計算する擬似コードを与えよ．

文献ノート

文字列照合と有限オートマトン理論との関係は，Aho–Hopcroft–Ullman [5] によって議論された．Knuth–Morris–Pratt アルゴリズム [267] は，Knuth と Pratt，それと Morris によって独立に発明されたが，3 名共著の論文として発表された．Matiyasevich [317] はこれより先に同様のアルゴリズムを発見したが，これは 2 つの文字だけのアルファベットにだけ適用されたもので，2 次元テープを用いたチューリング機械を対象としていた．Reingold–Urban–Gries [377] は，Knuth–Morris–Pratt アルゴリズムを別の角度から説明した．Rabin–Karp アルゴリズムは，Karp–Rabin [250] が提案した．Galil–Seiferas [173] は，パターンとテキストを格納する領域以外には，$O(1)$ 領域しか必要としない，興味深い決定性線形時間文字列照合アルゴリズムを与えた．

　第 32.5 節の接尾語配列のアルゴリズムは Manber–Myers [312] によるものである．彼らは接尾語配列の概念を最初に提唱している．本文で述べた最長共通接頭語配列を計算する線形時間のアルゴリズムは Kasai ら [252] によるものである．章末問題 32.2 は Kärkkäinen–Sanders–Burkhardt [245] による DC3 アルゴリズムに基づいている．接尾語配列アルゴリズムの概説に関しては，Puglisi–Smyth–Turpin [370] による論文を参照するとよい．章末問題 32.3 の Burrow–Wheeler 変換についてもっと知りたい場合は，Burrows–Wheeler [78] と Manzini [314] を参照されたい．

33 機械学習のアルゴリズム

MACHINE-LEARNING ALGORITHMS

機械学習は人工知能の一分野と見ることができる．大まかに言って，人工知能の目的は，コンピュータが人間と同程度の能力で複雑な認識や情報処理の仕事を行えるようにすることである．人工知能の分野は広く，多くのさまざまなアルゴリズム手法が用いられている．

機械学習は豊かでかつ魅力的であり，統計学と最適化理論に強固なつながりを持っている．今日の技術は巨大な量のデータを生み出し，機械学習のアルゴリズムがデータ内のパターンに関する仮説を定式化し，分析できるような機会が無数にある．これらの仮説を使って，新たなデータの特徴づけや分類に関する予測をすることができる．機械学習は，観測データが未知の法則に従う不確実さを含む課題に挑戦するのにとくに適しているので，医療，広告，音声認識などの分野が大きく変貌を遂げた．

本章では，3つの重要な機械学習のアルゴリズム：k平均クラスタリング，乗算型荷重更新法，勾配降下法について述べる．これらの課題は，それぞれ，それまでに集められたデータを使って規則性を記述したり，新たなデータに関する予測をするための仮説を生み出すような学習問題と見なすこともできる．機械学習の境界は不確かでかつ複雑である——k平均クラスタリングアルゴリズムは「データサイエンス」と呼ばれるべきで，「機械学習」と呼ばれるべきでないと言われるかもしれないし，勾配降下法は機械学習にとっては非常に重要なアルゴリズムではあるが，機械学習以外にも多く応用されている（最も顕著なものは最適化問題である）．

機械学習は，まずは**訓練フェーズ** (training phase) から始めて，次に新たなデータに関する予測を行う**予測フェーズ** (prediction phase) を行うのが典型である．**オンライン学習** (online learning) の場合は，訓練フェーズと予測フェーズが混在している．訓練フェーズは**訓練データ** (training data) を入力とし，各入力データポイントは，関連する出力または**ラベル** (label) を持つ；このラベルは，カテゴリーの名前であるかもしれないし，実数値の属性であるかもしれない．これらのラベルが入力のデータポイントの属性に依存する度合いについての1つまたは複数の**仮説** (hypothesis) が立てられることになる．仮説にはさまざまな形式があるが，典型的なものはある種の方式であったり，アルゴリズムであったりする．使用される学習アルゴリズムは，多くの場合，ある種の勾配降下法である．すると予測フェーズは，新たなデータに関する仮説を用いて新たなデータポイントのラベルに関する**予測** (prediction) を行う．

上に述べた形式の学習は，各々がラベルづけされた入力の集合から始めるので，**教師あり学習** (supervised learning) として知られている．たとえば，スパムメール (spam email) を認識するための機械学習のアルゴリズムを考えてみよう．訓練データは電子メールの集合で，それぞれが"スパム"か"スパムでない"というラベルがついているものとする．機械学習のアルゴ

リズムはある仮説を立てる．たとえば，「メールの中に，ある単語の集合に属する語が含まれていれば，それはスパムである可能性が高い」というような形式の規則である．あるいは，それぞれの単語にスパムの度合いを付与する規則を学習しておき，文書に含まれる単語の迷惑度合いの和を評価して，ある一定値以上の値を持つ文書はスパムとして分類する．この機械学習のアルゴリズムは，新たなメールがスパムかどうかを予測することができる．

　機械学習の2番目の形式は，第33.1節のクラスタリング問題で見るように，訓練データにはラベルがついてない**教師なし学習** (unsupervised learning) である．ここでは，機械学習アルゴリズムは，一群の入力データポイントのグループの中心に関する仮説を立てる．

　機械学習の3番目の形式は（本書ではこれ以上扱わないが），機械学習アルゴリズムが環境において行動を起こし，これらの行動に対するフィードバックを環境から受け取り，そのフィードバックに基づいて環境モデルを更新していくという**強化学習** (reinforcement learning) である．学習者はある状態を持つ環境の中にいて，学習者の行動はその状態に効果を及ぼす．ゲームをしたり，自動運転の車を操作するような場面で強化学習を選択することは当然である．

　教師あり機械学習の応用例における目標が，新たな例に対して正確なラベルづけをすることではなく，むしろ**因果推論** (causal inference) である場合もある．すなわち，入力データポイントのさまざまな特徴が，それに関連するラベルにどのように影響するかを説明するモデルを見つける推論を実行することである．与えられたデータの集合によく適合するモデルを見つけるにはコツがいることもある．データにうまく適合する仮説を作り出すことと，簡単な仮説を作り出すこととの間のバランスを取るために，洗練された最適化手法が必要になることもある．

　本章では，3つの問題領域に焦点を当てる：（クラスタリングアルゴリズムを用いて）入力のデータポイントをうまくグループ化する仮説を見つけること，（乗算型荷重更新アルゴリズムを用いて）オンライン学習問題で予測を行うのに依拠する予測者（エキスパート，専門家，expert）を学習すること，および（勾配降下法を用いて）モデルをデータに適合させることである．

　第33.1節では，クラスタリング問題について考える：与えられた訓練データの集合を，どれだけ似ているか（より正確には，どれだけ似ていないか）に関する測度に基づいて，与えられたk個のグループまたは「クラスタ」に分割する方法について考える．この方法は反復的である．すなわち，任意の初期クラスタリングから始めて，さらなる改良が必要なくなるまで繰り返し改良を行う．データにどのような構造が存在するのかを発見するために機械学習問題に取り掛かるとき，初期段階としてクラスタリングが使われることが多い．

　第33.2節では，「エキスパート」としばしば呼ばれる予測者の集合が与えられていて，多くが性能の悪いものと，あるものは良いものとが混在しているとき，かなり正確にオンライン予測を実行するか方法を示す．まず最初に，どの予測者が悪くて，どれが良いかが分からないものとしよう．目標は，新たな例題に関して，最善の予測者による予測とほぼ同程度の良い予測を行うことである．各予測者に実数値を関連づけ，悪い予測をした予測者に関連する重みを乗算的に減らすのに効果的な乗算型荷重更新予測法について学ぶ．本節のモデルはオンラインである（第27章（オンラインアルゴリズム）を参照）：つまり，各段階で，未来の例に関しては何も知らないものとする．加えて，ゲームをしているような設定で実際に起こる状況のように，共同して敵対する敵方のエキスパートがいる場合でも予測をすることができる．

　最後に，第33.3節では，機械学習モデルにおけるパラメータ設定を見つけるのに強力な最

適化技法である勾配降下法を導入する．勾配降下法は機械学習以外にも多数の応用例がある．直観的には，勾配降下法では，"坂を下る"方法によってある関数の局所的最小値をとる値を見つける．学習への応用における"坂を下る階段"とは，仮説のパラメータを調節して，与えられたラベルつきの例の集合に関して仮説がうまく働くようなステップである．

本章では，ベクトルを多用している．本書の残りの部分に比べて，本章でのベクトルの名前は **x** のように太字で表現される．これは，どの量がベクトルであるかを明確にするためである．ベクトルの成分は太字では表さない．したがって，ベクトル **x** が d 次元であれば，$\mathbf{x} = (x_1, x_2, \ldots, x_d)$ と書く．

33.1 クラスタリング

読者は，非常に多くのデータポイント（例）を持っていて，それらを互いにどの程度似ているかに基づいていくつかのクラスに分類したいものとしよう．たとえば，各データポイントは天空の星を表していて，その温度，大きさ，および分光特性が与えられているものとする．あるいは，各データポイントは，録音されたスピーチの一部であってもよい．これらのスピーチの断片を正しくグループ化することは，各断片の口調を明らかにすることと等価であるかもしれない．訓練用のデータポイントの分類が得られたら，新たなデータポイントを適切なグループに置くと，星のタイプの認識や音声認識が可能となる．

これらの状況は，他の多くの場合と同様，クラスタリングの範疇に入る．**クラスタリング** (clustering) 問題への入力は n 個の例（対象物）の集合と整数 k であり，目標は，それらの例を，それぞれのクラスタに属する例が互いに似たものになっているように，高々 k 個の互いに素なクラスタに分解することである．このクラスタリング問題にはいくつかの変型がある．たとえば，整数 k は与えられていなくて，クラスタリングの手続きの中で決まることがあってもよい．本節では，k は与えられていると仮定する．

特徴ベクトルと類似性

クラスタリング問題を形式的に定義しよう．入力は n 個の**例** (example) からなる集合である．それぞれの例は，他のすべての例題と共通に**属性** (attribute) の集合を持っているが，属性値は例題によって異なってもよい．たとえば，図 33.1 に示されたクラスタリング問題は，$n = 49$ の例——48 州の州都とコロンビア特別区を加えたもの——を 4 個のクラスタに分解する．それぞれの例題は，州都の緯度と経度という 2 つの属性を持っている．与えられたクラスタリング問題において，それぞれの例は d 個の属性を持っていて，例 **x** の属性は，d-次元**特徴ベクトル** (feature vector)

$$\mathbf{x} = (x_1, x_2, \ldots, x_d)$$

によって指定される．ここで，$x_a,\ a = 1, 2, \ldots, d,$ は，**x** に対する属性 a の値を与える実数値である．**x** をその例を表す $\mathbb{R}^d$ の**点** (point) と呼ぼう．たとえば，図 33.1 では，それぞれの州都は緯度が x_1 で経度が x_2 である．

類似した点を同じクラスタに入れるために，類似性を定義しなければならない．ここではそ

の代わりに，その反対の概念を定義しよう：2 点 $\mathbf{x}$ と $\mathbf{y}$ の間の**非類似度** (dissimilarity) $\Delta(\mathbf{x}, \mathbf{y})$ とは，それら 2 点間のユークリッド距離の 2 乗である：

$$
\begin{aligned}
\Delta(\mathbf{x}, \mathbf{y}) &= \|\mathbf{x} - \mathbf{y}\|^2 \\
&= \sum_{a=1}^{d} (x_a - y_a)^2
\end{aligned}
\tag{33.1}
$$

もちろん，$\Delta(\mathbf{x}, \mathbf{y})$ が明確に定義されるためには，すべての属性値が存在しなければならない．もし，どれかが存在しなければ，その例題を単に無視するか，あるいは存在しない属性値としてその属性値の中央値を代入してもよい．

　属性値が他の点で“汚れて”いることも多く，クラスタリングアルゴリズムを走らせる前に「データクレンジング (data cleansing)」が必要になることもある．たとえば，属性値の尺度[a]が属性全体で大きく異なっていることもある．図 33.1 の例において，緯度は -90 度から $+90$ 度までであるが，経度は -180 度から $+180$ 度までであるので，2 つの属性値の尺度は 2 倍違っている．尺度の差がさらに大きいような状況を想像することは難しくない．学生に関する情報を含んでいるような例では，属性は成績指標値 (GPA) かもしれないし，別の例題では家族の収入かもしれない．したがって，属性値は通常スケーリング（尺度化）あるいは正規化されていて，非類似度の計算において 1 つの属性値が他の属性値を圧倒することはないようになっている．このようにするための 1 つの方法は，属性値を線形変換によって，最小値が 0 で最大値が 1 になるようにスケーリングすることである．属性値が 2 値であれば，スケーリングは必要ない．これ以外の方法として，各属性に対する値を平均値が 0 で偏差が 1 であるようにスケーリングすることである．いくつかの関連する属性（たとえば，長さを同じ尺度で測るような場合）については同じスケーリングの規則を選ぶことが道理にかなう場合もある．

　また，非類似度の選択は，いくぶん任意である．式 (33.1) では 2 乗差の和を用いた．これは必ずしも必要ではないが，伝統的にそうしてきたし，数学的にも便利である．図 33.1 の例に対しては，式 (33.1) よりも州都間の実際の距離を使ってもよい．

クラスタリング

類似度（実際には，**非類似度**）の概念を定義したが，類似点のクラスタを定義する方法を見てみよう．S を $\mathbb{R}^d$ における与えられた n 点の集合とする．いくつかのアプリケーションでは点が必ずしも異なっていなくてもよい場合もあるので，S は集合というよりは多重集合である．

　目標は k 個のクラスタを作ることなので，S の **k クラスタリング** (k-clustering) を

$$
S = S^{(1)} \cup S^{(2)} \cup \cdots \cup S^{(k)}
$$

であるような S の k 個の互いに素な部分集合，すなわち，**クラスタ** (cluster) の列 $\langle S^{(1)}, S^{(2)}, \ldots, S^{(k)} \rangle$ への分割として定義しよう．クラスタは空かもしれない．たとえば，$k > 1$ であるが S の点がすべて同じ属性値を持っているような場合である．

　S の k クラスタリングの定義の仕方は多数存在するし，与えられた k クラスタリングの質を評価する方法も多数存在する．ここでは，k 個の **中心** (center)

---

　[a]　［訳注］scale の訳を「尺度」，scaling の訳を「スケーリング（尺度化）」とした．

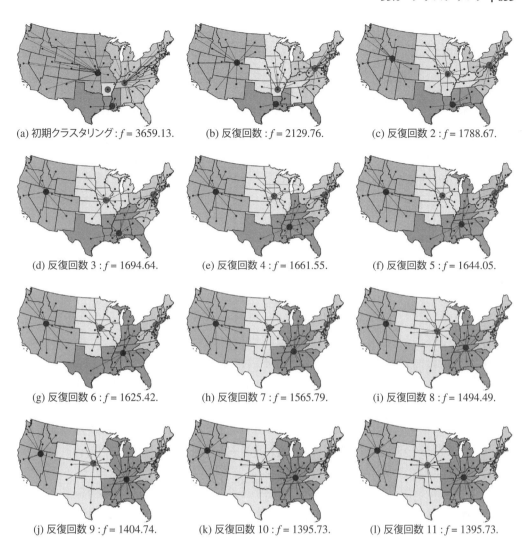

図 33.1 下位の 48 州の州都とコロンビア特別区を $k = 4$ 個のクラスタに分類するために手続き Lloyd を繰り返し使った場合．各州都は緯度と経度という 2 つの属性を持っている．毎回の反復で，すべての州都とクラスタの中心との距離の 2 乗和を測る f の値は減少していく．これを f の値が変化しなくなるまで続ける．(a) アーカンソー，カンザス，ルイジアナ，およびテネシー州の州都をクラスタ中心として選んだ場合の 4 つのクラスタの初期値．(b)〜(k) Lloyd の手続きを反復した結果．(l) 11 回目の繰返しが (k) に示す 10 回目の反復の結果と同じ f の値となるので，手続きは終了する．

$$C = \langle \mathbf{c}^{(1)}, \mathbf{c}^{(2)}, \ldots, \mathbf{c}^{(k)} \rangle$$

の列 C によって定義される S の k クラスタリングだけを考える．ただし，各中心は $\mathbb{R}^d$ の点であり，**最近中心則** (nearest-center rule) では，点 $\mathbf{x}$ がクラスタ $S^{(\ell)}$ に属するのは，$\mathbf{x}$ から見て，どの他のクラスタの中心より $S^{(\ell)}$ の中心 $\mathbf{c}^{(\ell)}$ のほうが近い場合である：

$$\Delta(\mathbf{x}, \mathbf{c}^{(\ell)}) = \min\left\{\Delta(\mathbf{x}, \mathbf{c}^{(j)}) : 1 \leq j \leq k\right\} \text{ のときのみ } \mathbf{x} \in S^{(\ell)}$$

中心はどこにあってもよく，S の点である必要はない．

タイ（同順位 (tie)）の可能性もあるので，各点がちょうど 1 つのクラスタに含まれるよう

に，その解消法も考えておかなければならない．一般に，タイの解消は任意の方法でよいが，点 $\mathbf{x}$ を割り当てるクラスタを変えるのは，$\mathbf{x}$ と新たなクラスタの中心との距離が旧クラスタの中心との距離よりも**厳密に小さい**ときのみであるという性質は必要である．すなわち，現在のクラスタが $\mathbf{x}$ に最も近い複数のクラスタの 1 つである中心を持つとき，$\mathbf{x}$ を割り当てるクラスタは変えない．

k 平均問題 (k-means problem) は次のようなものである：n 点の集合 S と正整数 k が与えられたとき，k 個の中心点の列 $C = \langle \mathbf{c}^{(1)}, \mathbf{c}^{(2)}, \ldots, \mathbf{c}^{(k)} \rangle$ の中で，各点から最も近い中心までの距離の 2 乗和 $f(S, C)$ を最小にするものを見つけよ．ただし，

$$
\begin{aligned}
f(S, C) &= \sum_{\mathbf{x} \in S} \min \left\{ \Delta(\mathbf{x}, \mathbf{c}^{(j)}) : 1 \leq j \leq k \right\} \\
&= \sum_{\ell=1}^{k} \sum_{\mathbf{x} \in S^{(\ell)}} \Delta(\mathbf{x}, \mathbf{c}^{(\ell)})
\end{aligned}
\tag{33.2}
$$

である．上の式の第 2 行目で k-クラスタリング $\langle S^{(1)}, S^{(2)}, \ldots, S^{(k)} \rangle$ が中心 C と最近中心則によって定義されている．対ごとの補間距離に基づく別の定式化については練習問題 33.1-1 を参照のこと．

k-平均問題に対する多項式時間のアルゴリズムは存在するだろうか？多分，存在しない．というのは，それが NP-困難 [310] だからである．第 34 章（NP 完全性）で見るように，NP-困難問題に対しては多項式時間のアルゴリズムが知られていないが，誰も NP-困難な問題に対する多項式時間アルゴリズムが存在しないことを証明できていない．すべてのクラスタリングに関して大域的な最小値を（式 (33.2) に従って）求める多項式時間アルゴリズムは知られていないが，局所的最小値を求めることは**可能である**．

Lloyd [304] は，$f(S, C)$ の局所的最小値を与える k 個の中心の列 C を求める簡単な方法を提案している．k-平均問題における局所的最小値は 2 つの性質を満たす：すなわち，各クラスタは（以下に定義する）最適な中心を持っており，各点は最も近い中心のクラスタ（あるいは，それらのクラスタの 1 つ）に割り当てられる．Lloyd の手続きはこれら 2 つの性質を満たす良いクラスタリング——最適かもしれない——を見つけることができる．これらの性質は最適解を求めるのに必要ではあるが，十分ではない．

与えられたクラスタの最適な中心

k 平均問題の 1 つの最適解において，各中心点はクラスタ内の点の**重心** (centrod) か**平均** (mean) でなければならない．重心とは，各次元での値がクラスタ内の全点の平均値（すなわち，クラスタ内の対応する属性値の平均値）であるような d 次元の点である．すなわち，$\mathbf{c}^{(\ell)}$ がクラスタ $S^{(\ell)}$ の重心なら，属性 $a = 1, 2, \ldots, d$ について

$$
c_a^{(\ell)} = \frac{1}{\left| S^{(\ell)} \right|} \sum_{\mathbf{x} \in S^{(\ell)}} x_a
$$

である．すべての属性について，

$$
\mathbf{c}^{(\ell)} = \frac{1}{\left| S^{(\ell)} \right|} \sum_{\mathbf{x} \in S^{(\ell)}} \mathbf{x}
\tag{33.3}
$$

と書く.

定理 33.1 空でないクラスタ $S^{(\ell)}$ が与えられたとき, その重心 (あるいは平均) は

$$\sum_{\mathbf{x} \in S^{(\ell)}} \Delta(\mathbf{x}, \mathbf{c}^{(\ell)})$$

を最小化するクラスタ中心 $\mathbf{c}^{(\ell)} \in \mathbb{R}^d$ に対する唯一の選択である.

証明 $\mathbf{c}^{(\ell)} \in \mathbb{R}^d$ と選ぶことで, 次の和を最小にしたい.

$$\sum_{\mathbf{x} \in S^{(\ell)}} \Delta(\mathbf{x}, \mathbf{c}^{(\ell)}) = \sum_{\mathbf{x} \in S^{(\ell)}} \sum_{a=1}^{d} (x_a - c_a^{(\ell)})^2$$

$$= \sum_{a=1}^{d} \left(\sum_{\mathbf{x} \in S^{(\ell)}} x_a^2 - 2 \left(\sum_{\mathbf{x} \in S^{(\ell)}} x_a \right) c_a^{(\ell)} + \left| S^{(\ell)} \right| (c_a^{(\ell)})^2 \right)$$

各属性 a について, 和の項は $c_a^{(\ell)}$ に関する凸 2 次関数である. この関数を最小化するには, $c_a^{(\ell)}$ に関して微分したものを 0 と置けばよい:

$$-2 \sum_{\mathbf{x} \in S^{(\ell)}} x_a + 2 \left| S^{(\ell)} \right| c_a^{(\ell)} = 0$$

あるいは, 等価的に,

$$c_a^{(\ell)} = \frac{1}{\left| S^{(\ell)} \right|} \sum_{\mathbf{x} \in S^{(\ell)}} x_a$$

である. $c_a^{(\ell)}$ の各座標が $\mathbf{x} \in S^{(\ell)}$ に対して対応する座標の平均値であるときに最小値が唯一に定まるので, 全体の最小値は, $\mathbf{c}^{(\ell)}$ が, 式 (33.3) に示すように, 点 $\mathbf{x}$ の重心であるときに得られる. ∎

与えられた中心に対する最適なクラスタ

次の定理は, 最近中心則——各点 $\mathbf{x}$ をその中心が最も $\mathbf{x}$ に近いクラスタの 1 つに割り当てる——が k-平均問題に最適解を与えることを示している.

定理 33.2 n 点の集合 S と k 個の中心からなる列 $\langle \mathbf{c}^{(1)}, \mathbf{c}^{(2)}, \ldots, \mathbf{c}^{(k)} \rangle$ が与えられたとき, クラスタリング $\langle S^{(1)}, S^{(2)}, \ldots, S^{(k)} \rangle$ が

$$\sum_{\ell=1}^{k} \sum_{\mathbf{x} \in S^{(\ell)}} \Delta(\mathbf{x}, \mathbf{c}^{(\ell)}) \tag{33.4}$$

を最小化するための必要十分条件は, そのクラスタリングが各点 $\mathbf{x} \in S$ を $\Delta(\mathbf{x}, \mathbf{c}^{(\ell)})$ を最小化するクラスタ $S^{(\ell)}$ に割り当てることである.

証明 証明は簡単である:各点 $\mathbf{x} \in S$ は和 (33.4) に一回だけ貢献し, $\mathbf{x}$ をその中心が最も近いクラスタに置くことを選ぶと $\mathbf{x}$ からの貢献分を最小にするからである. ∎

856 | 33 機械学習のアルゴリズム

Lloyd の手続き

Lloyd の手続きは，結果が収束するまで，2 つの操作を繰り返す——点を最近中心則に基づいてクラスタに割り当てる．クラスタの中心を再計算し，それらの重心となるようにする．Lloyd の手続きは以下のとおりである：

　　入力：$\mathbb{R}^d$ の点の集合 S と正整数 k

　　出力：S の k-クラスタリング $\langle S^{(1)}, S^{(2)}, \ldots, S^{(k)} \rangle$ と中心の列 $\langle \mathbf{c}^{(1)}, \mathbf{c}^{(2)}, \ldots, \mathbf{c}^{(k)} \rangle$

1. **中心の初期化**：S からランダムに k 個の点を選んで，k 個の中心からなる初期列 $\langle \mathbf{c}^{(1)}, \mathbf{c}^{(2)}, \ldots, \mathbf{c}^{(k)} \rangle$ を生成する．（同じ点が含まれる場合は練習問題 33.1-3 参照）すべての点を $S^{(1)}$ に割り当てて開始する．

2. **クラスタに点を割当て**：最近中心則を用いて，クラスタリング $\langle S^{(1)}, S^{(2)}, \ldots, S^{(k)} \rangle$ を定義する．すなわち，各点 $\mathbf{x} \in S$ を最も近い中心を持つクラスタ $S^{(\ell)}$ に割り当てる（タイがあれば任意のものを選ぶが，新たなクラスタの中心が以前のものより $\mathbf{x}$ に厳密に近くなければ割当てを変えない）．

3. **変化がなければ停止**：ステップ 2 でクラスタへの点の割当てが変化しなければ，停止して，クラスタリング $\langle S^{(1)}, S^{(2)}, \ldots, S^{(k)} \rangle$ と関連する中心 $\langle \mathbf{c}^{(1)}, \mathbf{c}^{(2)}, \ldots, \mathbf{c}^{(k)} \rangle$ を返す．そうでなければステップ 4 へ行く．

4. **中心を重心として再計算**：$\ell = 1, 2, \ldots, k$ に対して，クラスタ $\mathbf{S}^{(\ell)}$ の中心 $\mathbf{c}^{(\ell)}$ を $S^{(l)}$ の点たちの重心として再計算する．（もし $S^{(\ell)}$ が空なら，$\mathbf{c}^{(\ell)}$ を 0 ベクトルとする．）次にステップ 2 へ行く．

とくに入力点の多くが同一である場合には，返されたクラスタのいくつかは空であることもありうる．

　Lloyd の手続きはつねに終了する．定理 33.1 により，各クラスタの中心をクラスタの重心として再計算することで $f(S, C)$ の値が増加することはない．Lloyd の手続きで点が異なるクラスタに割り当てられるのは，そのような操作により $f(S, C)$ が厳密に減少するときだけである．したがって，Lloyd の手続きの反復において，最後の反復以外では $f(S, C)$ が厳密に減少するはずである．S の可能な k-クラスタリングは有限個（高々 k^n 個）だけなので，この手続きは必ず終了する．さらに，Lloyd の手続きの 1 回の反復で f の値が減らなければ，それ以降は何も変化しないので，この手続きは点をクラスタに割り当てるのに，この局所的に最適な割当てで終了する．

　Lloyd の手続きが実際に k^n 回繰り返すとしたら，それは実用的ではない．実際，直近の反復で $f(S, C)$ が減少する割合いが前持って決めておいた閾値を下回れば，手続きを停止してもよいのである．Lloyd の手続きは，局所最適なクラスタリングだけを見つけることが保証されているので，良いクラスタリングを見つける 1 つの方法は，初期の中心をランダムに選んで何回も Lloyd の手続きを実行して，最適な結果を得ることである．

　Lloyd の手続きの実行時間は反復回数 T に比例する．1 回の反復で，最近中心則に基づいて点をクラスタに割り当てるのに $O(dkn)$ 時間かかり，各クラスタについて新たな中心を再計算するのに $O(dn)$ 時間かかる（各点は 1 つのクラスタに属しているので）．したがって，k-平均

法の実行時間は全体で $O(Tdkn)$ となる.

Lloyd のアルゴリズムは多くの機械学習に共通のアプローチを説明している:

- 最初に,適切なパラメータの列 θ によって,各 θ が特定の仮説 h_θ に関連づけられるように仮説空間を定義する.(k 平均問題に対して,θ は C と等価な dk-次元のベクトルであり,k 個のクラスタのそれぞれの d-次元中心を含んでおり,h_θ は各データポイント $\mathbf{x}$ が $\mathbf{x}$ に最も近い中心を持つクラスタに分類されている.)
- 2 番目に,仮説 h_θ が,与えられた訓練データにどの程度適合していないかを記述する測度 $f(E, \theta)$ を定義する.$f(E, \theta)$ の値は小さいほど良くて,(局所的に)最適な解は $f(E, \theta)$ を(局所的に)最小化する.(k 平均問題に対して $f(E, \theta)$ は $f(S, C)$ と同じである.)
- 3 番目に,訓練データの集合 E が与えられたとき,適切な最適化手続きを用いて $f(E, \theta^*)$ を少なくとも局所的に最小化する θ^* の値を求める.(k-平均問題に対して,この θ^* の値は Lloyd のアルゴリズムで返される k 個の中心点の列 C である.
- θ^* を答として返す.

この枠組みにおいて,機械学習にとって最適化が強力な道具となることが分かる.このように最適化を用いることにはさまざまなやり方がある.たとえば,"複雑すぎる"仮説とか訓練データに"過度に適合する"仮説には罰則を課すように,**正則化 (regularization)** の項を最小化すべき関数に組み込むことができる.(正則化は,ここではこれ以上扱わない複雑な話題である.)

例 題

図 33.1 は,米国の 48 州の州都とコロンビア特別区からなる $n = 49$ 都市の集合に関する Lloyd の手続きの実行状況を示している.各都市は緯度と経度からなる $d = 2$ 次元にある.図の (a) に示す初期クラスタリングでは,任意に選ばれたアーカンソー,カンサス,ルイジアナ,およびテネシー州の州都が初期クラスタ中心である.手続きを繰り返すと,関数 f の値は図の (l) に示す 11 回目の反復に至るまで減少するが,そこで図の (k) に示す 10 回目の反復と同じ値を取る.Lloyd の手続きは図の (l) に示したクラスタで終了する.

図 33.2 に示すように,Lloyd の手続きは「**ベクトル量子化 (vector quantization)**」にも適用することができる.ここでの目標は,写真を表すのに必要な異なる色の数を減らすことである(損失を伴う方法ではあるが).図の (a) に示す横 700 画素,縦 500 画素からなる元の写真では,赤,緑,青 (RGB) の 3 原色で色の強さを符号化するために 24 ビット(3 バイト)を使っている.図の (b)～(e) には,Lloyd の手続きを用いて,画素当り 2^{24} 通りの値の空間から,画素当りほんの $k = 4$,$k = 16$,$k = 64$ および $k = 256$ 通りの値の空間に画像を圧縮した結果を示している.これらの k の値はクラスタ中心である.このとき,最初の写真には画素当り 24 ビット必要であったが,この画像は画素当りそれぞれ 2,4,6,8 ビットで表現できていることになる.補助の表である「**パレット (palette)**」が圧縮された画像に付随している.そこには k 個の 24 ビットのクラスタ中心が含まれていて,写真を分解するとき,各画素値を 24 ビットのクラスタ中心に写像するのに使われる.

(a) 原画像

(b) $k = 4$ ($f = 1.29 \times 10^9$; 31 回の反復)

(c) $k = 16$ ($f = 3.31 \times 10^8$; 36 回の反復)

(d) $k = 64$ ($f = 5.50 \times 10^7$; 59 回の反復)

(e) $k = 256$ ($f = 1.52 \times 10^7$; 104 回の反復)

図 33.2 Lloyd の手続きにより少ない色を用いて写真を圧縮するベクトル量子化を行った結果．(a) 元の写真は 350,000 画素 (700 × 500) からなり，各画素は RGB（赤/緑/青）それぞれ 8-ビットの合計 24-ビットで表現されている．これらの画素（色）を集めてクラスタとする．同じ点が繰り返されるので，異なる色数は（2^{24} 通りより少ない）たった 79,083 個だけである．圧縮の後では k 個だけの色が使われるので，各画素は 24 ビットではなく，$\lceil \lg k \rceil$ ビットだけで表現される．パレットは，これらの値を 24-ビットの RGB 値（クラスタ中心）に戻す写像を行う．(b)～(e) 同じ写真を $k = 4, 16, 64, 256$ 通りの色で表現したもの．（写真は standuppaddle, pixabay.com より）

練習問題

33.1-1 式 (33.2) の目的関数 $f(S, C)$ は次のようにも書けることを示せ．

$$f(S, C) = \sum_{\ell=1}^{k} \frac{1}{2|S^{(\ell)}|} \sum_{\mathbf{x} \in S^{(\ell)}} \sum_{\mathbf{y} \in S^{(\ell)}: \mathbf{x} \neq \mathbf{y}} \Delta(\mathbf{x}, \mathbf{y})$$

33.1-2 Lloyd の手続きでは $f(S, C)$ の値を改善できないが，まだ最適な k-クラスタリングは得られていないような状況を作り出す $n = 4$ 点と $k = 2$ 個のクラスタの例を与えよ.

33.1-3 Lloyd の手続きの入力に同じ点が何度も含まれているとき，異なる初期化手続きを使うことが考えられる．異なる中心の個数が最大個選ばれるように，ランダムに多数の中心を選ぶ方法を記述せよ. (ヒント: 練習問題 5.3-5 参照.)

33.1-4 属性が 1 つだけのとき $(d = 1)$，多項式時間で最適な k-クラスタリングを求める方法を示せ.

33.2 乗算型荷重更新アルゴリズム

本節では，一連の判定をしなければいけないような問題について考える．毎回の判定の後，その判定が正しかったかどうかに関するフィードバックを得るものとする．ここでは，**乗算型荷重更新アルゴリズム** (multiplicative-weights algorithm) と呼ばれるアルゴリズムのクラスについて学ぶ．このクラスのアルゴリズムは，経済分野でのゲーム，線形計画問題と多品種フロー問題の近似解法やオンライン機械学習における多様な応用などを含めて，さまざまな応用がある．ここでは問題のオンライン特性を強調したい：一連の判定を繰り返さないといけないが，i 回目の判定をするのに必要な情報の中に $i - 1$ 回目の判定をした後にしか得られないものがある．本節では"エキスパートからの学習"として知られている 1 つの特別な問題について考え，**多数決荷重更新アルゴリズム** (weight-majority algorithm) と呼ばれる乗算型荷重更新アルゴリズムの例を展開する.

　事象が連続的に生じ，これらの事象に関して予測を行いたいものとしよう．たとえば，何日間にもわたって，雨が降るかの予測をしたいものとする．あるいは，ある株の値段が上がるか下がるかを予測したいものとする．この問題に対するアプローチの 1 つは，一群の"エキスパート"を形成して良い予測をするために集合知を使うことである．n 人のエキスパートを $E_1, E_2, \ldots, E_n$ として，T 回の事象が起ころうとしているものとする．各事象には 0 か 1 の結果がついており，$o^{(t)}$ によって t 番目の事象の結果を表すことにする．事象 t が起こる以前に，各エキスパート E_i は予測 $q_i^{(t)} \in \{0, 1\}$ を行う．"学習者"としてのあなたは，事象 t に対する n 人のエキスパートたちの予測の集合を見て，自身の 1 つの予測 $p^{(t)} \in \{0, 1\}$ を作り出す．このとき，あなたはエキスパートたちの予測とエキスパートたちの過去の予測から学んだことだけに基づいて予測を行う．この事象に関するそれ以外の付加的な情報を使うことはできない．あなたは予測を行った後でしか事象 t の結果 $o^{(t)}$ を確認することができない．あなたの予測 $p^{(t)}$ が $o^{(t)}$ と一致するなら，あなたは正しかったことになる．そうでなければ，あなたは間違っていたことになる．目標は，$m = \sum_{t=1}^{T} |p^{(t)} - o^{(t)}|$ で与えられる間違いの総数 m を最小化することである．また，各エキスパートが間違った回数の記録を取っておくこともできる：エキスパート E_i が m_i 回間違えるとすると，$m_i = \sum_{t=1}^{T} |q_i^{(t)} - o^{(t)}|$ である.

　たとえば，あなたは株の値段を追いかけていて，毎日，その日の始めに株を買ってその日の終りにそれを売るというやり方で投資をするものとする．ある日に買った株の値段が上がればあなた正しかったことになるが，株が下がれば間違ったことになる．同様に，ある日，株を買

860 | 33 機械学習のアルゴリズム

わなかったが値段が下がれば正しい判定をしたことになるが，株の値段が上がれば間違ったことになる．あなたは間違いの回数をできるかぎり少なくしたいので，判定をするのにエキスパートのアドバイスを用いることにする．

株の値段の推移に関しては何も仮定しないでおこう．エキスパートについても，何も仮定しない：エキスパートの予測は関連づけられているかもしれないし，彼らはあなたを騙すために選ばれるかもしれないし，あるいはエキスパートでも何でもないものが含まれているかもしれない．あなたなら，どのようなアルゴリズムを用いるだろうか．

この問題に対するアルゴリズムを設計する前に，アルゴリズムを評価する公平な方法は何かを考える必要がある．エキスパートの予測が良いときにはアルゴリズムの性能も良く，エキスパートの予測が悪いときにはアルゴリズムの性能も悪いと期待するのは合理的である．このアルゴリズムの目標は，あなたが間違う回数を最善のエキスパートが間違う回数に近づけることである．最初は，この目標は不可能だと思われるかもしれない．というのは，どのエキスパートが最善かを最後になるまであなたは知らないからである．しかし，すべてのエキスパートたちによって与えられるアドバイスを考慮に入れれば，あなたはこの目標を達成することができることが分かる．より形式的に言うと，我々のアルゴリズムを最善のエキスパートの性能と（後知恵で）比較する"後悔"の概念に用いるのである．$m^* = \min\{m_i : 1 \leq i \leq n\}$ で最善のエキスパートが間違う回数を表すと，**後悔** (regret) は $m - m^*$ である．目標は，低い後悔の値を持つアルゴリズムを設計することである．（後悔は，負の値を取ることもある．あなたが最善のエキスパートよりも良い判断をするのは稀なので，通常はそうではない．）

小手調べに，エキスパートの 1 人が毎回正しい予測を行うような場合を考えてみよう．誰がそのエキスパートであるかを知らなくても，読者は良い結果を達成することができる．

補題 33.3 n 人のエキスパートのうち 1 人は，すべての T 回の事象に対して正しい予測をするものとしよう．このとき，高々 $\lceil \lg n \rceil$ 回しか間違わないアルゴリズムが存在する．

証明 まだ間違いを犯していないエキスパートからなる集合 S をアルゴリズムで管理しておく．最初は n 人のすべてのエキスパートが S に含まれる．アルゴリズムの予測は，集合 S に残っているエキスパートの多数決に基づくものとする．タイの場合，アルゴリズムは任意にいずれかの予測を行う．毎回の結果が学習され，集合 S はその結果に関して不正確な予測をしたエキスパートを削除することによって更新する．

ではアルゴリズムを解析しよう．つねに正しい予測を行うエキスパートは，つねに集合 S に含まれている．アルゴリズムが間違うたびに，S に含まれているエキスパートのうちの少なくとも半数は間違うので，それらのエキスパートは S から削除される．間違ったものを除いた後で残っているエキスパートの集合を S' とすると，$|S'| \leq |S|/2$ が成り立つ．S のサイズが $|S| = 1$ になるまでに半分になる回数は高々 $\lceil \lg n \rceil$ 回である．その後，集合 S は決して間違わない一人のエキスパートしか含んでいないので，アルゴリズムは決して間違わない．したがって，全体を通してアルゴリズムが間違う回数は高々 $\lceil \lg n \rceil$ 回である． ∎

練習問題 33.2-1 で要求しているのは，この結果を完璧な予測をするエキスパートはいない場合に一般化して，任意のエキスパートの集合に対して，高々 $m^* \lceil \lg n \rceil$ 回しか間違わないアルゴリズムが存在することを示すことである．この一般化されたアルゴリズムは同じように始

まる．しかし，ある時点で集合 S は空になるかもしれない．そうなったとき，S をすべてのエキスパートを含むように再設定してアルゴリズムを続ける．

どのエキスパートがまだ間違いを犯していないか，または最近間違いを犯していないかを追跡するだけでなく，各エキスパートの質をより微妙に評価することで，予測能力を大幅に向上させることができる．鍵となる考え方は，各エキスパートに置く信頼に関する評価を更新するためにフィードバックを受け取って用いることである．エキスパートたちが予測をするにつれて，彼らが正しいかどうかを観察して，より多く間違うエキスパートへの信頼を減らすのである．このようにして，時間とともにどのエキスパートがより信頼できるか，またはより信頼できないかを学び，それによって予測の重みを変えることができる．重みの変更は乗算によって行われるので，「乗算型荷重」という用語が用いられるのである．

アルゴリズムは次ページの手続き WEIGHTED-MAJORITY として記述されている．この手続きへの入力は，エキスパートの集合 $E = \{E_1, E_2, \ldots, E_n\}$，事象の回数 T，エキスパートの人数 n，および荷重の変化を制御するパラメータ $0 < \gamma \leq 1/2$ である．アルゴリズムは $i = 1, 2, \ldots, n$ および $t = 1, 2, \ldots, T$ に対して，重み $w_i^{(t)}$ を持っておく．ここで $0 < w_i^{(t)} \leq 1$ である．第 1 ～ 2 行の for ループでは，重み $w_i^{(1)}$ を 1 に設定するが，これは，知識がないので各エキスパートを等しく信頼するという考え方を表している．第 3 ～ 18 行の主たる for ループの毎回の反復で，事象 $t = 1, 2, \ldots, T$ に対して，次のことを実行する．各エキスパート E_i は，第 4 行で事象 t に対する予測を行う．第 5 ～ 8 行では，事象 t に対して 1 を予測するエキスパートの重みの和である $upweight^{(t)}$ と，その事象に対して 0 を予測するエキスパートの重みの和である $downweight^{(t)}$ を計算する．第 9 ～ 11 行では，どちらの和が大きいか（タイの場合は 1 の予測を優先する）に基づいて，事象 t に対して，アルゴリズムの予測 $p^{(t)}$ を決定する．事象 t の結果は第 12 行で明らかになる．最後に，第 14 ～ 17 行で事象 t に対して，正しくない予測をしたエキスパートの重みに $1 - \gamma$ を掛けることによって減らし，その事象の結果を正しく予測したエキスパートの重みはそのままにしておく．したがって，エキスパートが間違う回数が少なければ少ないほど，そのエキスパートの重みは高くなる．[b]

この WEIGHTED-MAJORITY の手続きは，どのエキスパートよりもそんなに悪くはない．とくに，それは最善のエキスパートよりもそんなに悪いわけではない．この主張を定量的にするために，$m^{(t)}$ を事象 t に関して手続きが間違う回数とし，$m_i^{(t)}$ を事象 t に関してエキスパート E_i が間違う回数としよう．次の定理が鍵である．

定理 33.4 手続き WEIGHTED-MAJORITY を実行すると，各エキスパート E_i と各事象 $T' \leq T$ に対して，次式が成り立つ．

$$m^{(T')} \leq 2(1 + \gamma)m_i^{(T')} + \frac{2 \ln n}{\gamma} \tag{33.5}$$

証明 エキスパート E_i が間違うたびに，その重みは最初は 1 だったものが $1 - \gamma$ 倍されるので，$t = 1, 2, \ldots, T$ に対して，

$$w_i^{(t)} = (1 - \gamma)^{m_i^{(t)}} \tag{33.6}$$

---

[b] ［訳注］ここは相対的に大きくなるの意．実際は，エキスパートが間違う回数が，多ければ多いほど，そのエキスパートの重みは低くなる．しかし，正しく予測したエキスパートの重みはそのままで，増えるわけではないことに注意．

862 | 33 機械学習のアルゴリズム

WEIGHTED-MAJORITY(E, T, n, γ)

1 **for** $i = 1$ **to** n
2    $w_i^{(1)} = 1$ // 各エキスパートを等しく信頼
3 **for** $t = 1$ **to** T
4   各エキスパート $E_i \in E$ が予測 $q_i^{(t)}$ を行う.
5    $U = \left\{ E_i : q_i^{(t)} = 1 \right\}$ // 1を予測したエキスパート
6    $upweight^{(t)} = \sum_{i:E_i \in U} w_i^{(t)}$ // 1と予測したエキスパートの重みの和
7    $D = \left\{ E_i : q_i^{(t)} = 0 \right\}$ // 0を予測したエキスパート
8    $downweight^{(t)} = \sum_{i:E_i \in D} w_i^{(t)}$ // 0と予測したエキスパートの重みの和
9   **if** $upweight^{(t)} \geq downweight^{(t)}$
10      $p^{(t)} = 1$ // アルゴリズムの予測は1
11   **else** $p^{(t)} = 0$ // アルゴリズムの予測は0
12   結果 $o^{(t)}$ が明らかにされる
13   // $p^{(t)} \neq o^{(t)}$ なら，このアルゴリズムは間違いを犯した
14   **for** $i = 1$ **to** n
15   **if** $q_i^{(t)} \neq o^{(t)}$ // エキスパート E_i が間違いを犯していたら...
16        $w_i^{(t+1)} = (1-\gamma)w_i^{(t)}$ // ... エキスパートの重みを減らす
17   **else** $w_i^{(t+1)} = w_i^{(t)}$
18   **return** $p^{(t)}$

を得る.

ポテンシャル関数 $W(t) = \sum_{i=1}^{n} w_i^{(t)}$ を用いて，第3〜18行の **for** ループの t 回目の反復の後ですべての n 人のエキスパートに対する重みの和を取る．最初，すべての n 個の重みは値1から始まるので，$W(0) = n$ である．各エキスパートは（WEIGHTED-MAJORITY の第5行と7行で定義されている）集合 U または集合 D のどちらかに属するので，第8行の各実行後は，$W(t) = upweight^{(t)} + downweight^{(t)}$ がつねに成り立つ.

アルゴリズムがその予測を間違う t 回目の反復を考えよう．これは，アルゴリズムの予測は1であるが結果は0であるか，またはアルゴリズムの予測は0であるが結果は1であることを意味している．一般性を失うことなく，アルゴリズムは1を予測し，結果は0であると仮定しよう．$upweight^{(t)} \geq downweight^{(t)}$ なのでアルゴリズムは1と予測したわけであるが，これは

$$upweight^{(t)} \geq W(t)/2 \tag{33.7}$$

を意味する．U の各エキスパートはその重みが $1-\gamma$ 倍され，D の各エキスパートの重みは変わらない．したがって，

$$
\begin{aligned}
W(t+1) &= upweight^{(t)}(1-\gamma) + downweight^{(t)} \\
&= upweight^{(t)} + downweight^{(t)} - \gamma \cdot upweight^{(t)} \\
&= W(t) - \gamma \cdot upweight^{(t)}
\end{aligned}
$$

$$\leq W(t) - \gamma \frac{W(t)}{2} \qquad (\text{不等式 (33.7) より})$$
$$= W(t)(1 - \gamma/2)$$

を得る．したがって，アルゴリズムが間違う t 回目の反復すべてについて

$$W(t+1) \leq (1-\gamma/2)W(t) \tag{33.8}$$

を得る．アルゴリズムが間違わない反復においては，重みの中で減るものも変化しないものもあるので，

$$W(t+1) \leq W(t) \tag{33.9}$$

となる．T' 回目の反復までに $m^{(T')}$ 回の間違いがあり，$W(1) = n$ なので，不等式 (33.8) を繰り返しアルゴリズムが間違う反復に適用し，不等式 (33.9) をアルゴリズムが間違わない反復に適用すると，

$$W(T') \leq n(1-\gamma/2)^{m^{(T')}} \tag{33.10}$$

を得る．

　関数 W は重みの和であり，すべての重みは正なので，その値は任意の 1 つの重みより大きい．したがって，式 (33.6) を用いて，任意のエキスパート E_i と任意の $T' \leq T$ 回目の反復に対して，

$$W(T') \geq w_i^{(T')} = (1-\gamma)^{m_i^{(T')}} \tag{33.11}$$

を得る．不等式 (33.10) と (33.11) を組み合わせると，

$$(1-\gamma)^{m_i^{(T')}} \leq n(1-\gamma/2)^{m^{(T')}}$$

を得る．両辺の自然対数を取ると，

$$m_i^{(T')} \ln(1-\gamma) \leq m^{(T')} \ln(1-\gamma/2) + \ln n \tag{33.12}$$

を得る．

　ここでテイラー級数展開を用いて不等式 (33.12) における対数項に関する上下界を得る．$\ln(1+x)$ のテイラー級数は第 3.3 節（標準的な記法とよく使われる関数）の式 (3.22)（56 ページ）で与えられる．x に $-x$ を代入すると，$0 \leq x \leq 1/2$ に対して，

$$\ln(1-x) = -x - \frac{x^2}{2} - \frac{x^3}{3} - \frac{x^4}{4} - \cdots \tag{33.13}$$

となる．右辺の各項は負なので，最初以外の項を無視すると，$\ln(1-x) \leq -x$ という上界を得る．$0 < \gamma \leq 1/2$ なので，

$$\ln(1-\gamma/2) \leq -\gamma/2 \tag{33.14}$$

を得る．下界に関しては，練習問題 33.2-2 において，$0 < x \leq 1/2$ のとき

$$-\gamma - \gamma^2 \leq \ln(1-\gamma) \tag{33.15}$$

が成り立つように，$\ln(1-x) \geq -x - x^2$ であることを示す質問をしている．したがって，以下の式を得る．

$$
\begin{aligned}
m_i^{(T')}(-\gamma - \gamma^2) &\leq m_i^{(T')}\ln(1-\gamma) && \text{（不等式 (33.15) より）}\\
&\leq m^{(T')}\ln(1-\gamma/2) + \ln n && \text{（不等式 (33.12) より）}\\
&\leq m^{(T')}(-\gamma/2) + \ln n && \text{（不等式 (33.14) より）}
\end{aligned}
$$

よって，

$$
m_i^{(T')}(-\gamma - \gamma^2) \leq m^{(T')}(-\gamma/2) + \ln n \tag{33.16}
$$

が得られる．不等式 (33.16) の両辺から $\ln n$ を引き，両辺に $-2/\gamma$ を掛けると，$m_i^{(T')} \leq 2(1+\gamma)m_i^{(T')} + (2\ln n)/\gamma$ を得る．したがって，定理が証明された． ■

定理 33.4 は任意のエキスパートと任意の事象 $T' \leq T$ に当てはまる．とくに，すべての事象が起こった後で最善のエキスパートとの比較をすることができ，次の系へと繋がる．

系 33.5 手続き WEIGHTED-MAJORITY が終了したとき，

$$
m^{(T)} \leq 2(1+\gamma)m^* + \frac{2\ln n}{\gamma} \tag{33.17}
$$

が成り立つ． ■

この限界について考えてみよう．$\sqrt{\ln n/m^*} \leq 1/2$ と仮定すると，$\gamma = \sqrt{\ln n/m^*}$ と選ぶことができ，不等式 (33.17) に代入すると，

$$
\begin{aligned}
m^{(T)} &\leq 2\left(1 + \sqrt{\frac{\ln n}{m^*}}\right)m^* + \frac{2\ln n}{\sqrt{\ln n/m^*}}\\
&= 2m^* + 2\sqrt{m^*\ln n} + 2\sqrt{m^*\ln n}\\
&= 2m^* + 4\sqrt{m^*\ln n}
\end{aligned}
$$

を得る．したがって，間違いの回数は，最善のエキスパートが間違う回数の高々 2 倍に m^* より緩やかに増大する項を加えたものである．練習問題 33.2-4 は，この間違いの回数の限界を乱択化を用いて 2 倍だけ減少させることができることを示すが，これにより，さらに強力な限界が得られる．とくに，後悔 $(m - m^*)$ に関する上界は，$(1 + 2\gamma)m^* + (2\ln n)/\gamma$ から $\epsilon m^* + (\ln n)/\epsilon$ の期待値へと減る．ここで，γ と ϵ はともに高々 $1/2$ である．数値的には，$\gamma = 1/2$ のとき，WEIGHTED-MAJORITY は最善のエキスパートの高々 3 倍プラス $4\ln n$ の回数だけ間違うことがある．別の例として，$n = 20$ 人のエキスパートにより $T = 1000$ 回の予測をする場合を考えると，最善のエキスパートは 95% だけ正解で 50 回間違う．このとき，WEIGHTED-MAJORITY が間違うのは高々 $100(1 + \gamma) + 2\ln 20/\gamma$ 回である．$\gamma = 1/4$ と選べば，WEIGHTED-MAJORITY は高々 149 回だけ間違う．すなわち成功率は少なくとも 85% である．

乗算型荷重更新法は，典型的には WEIGHTED-MAJORITY を含むより広いクラスのアルゴリズムを指している．結果と予測は 0 か 1 かというものである必要はなく，実数でもかまわないし，特定の結果や予測に損失が関連づけられている場合もある．重みは損失に基づく係数分だ

け乗算的に更新可能で，重みの集合が与えられたとき，それらをエキスパートに関する分布として扱って，各事象において従うべきエキスパートを選ぶのに用いることができる．このようなより一般的な設定においても，定理 33.4 の限界は成り立つ．

練習問題

33.2-1 補題 33.3 の証明では，あるエキスパートが決して間違わないことを仮定している．この仮定を取り除くようにアルゴリズムと解析を一般化せよ．そのアルゴリズムは最初の部分は同じである．しかし，集合 S はある時点で空になるかもしれない．もしそうなったら，S がすべてのエキスパートを含むようにリセットしてアルゴリズムを続ける．このアルゴリズムが間違う回数は高々 $m^* \lceil \lg n \rceil$ であることを示せ．

33.2-2 $0 < x \leq 1/2$ のとき $\ln(1 - x) \geq -x - x^2$ が成り立つことを示せ．（**ヒント**：式 (33.13) から始めて，最初の 3 項以降の項をすべてまとめて，付録 A（和）の式 (A.7)（967 ページ）を使え．）

33.2-3 あるエキスパートは決して間違わないと仮定した補題 33.3 の証明の中で与えられたアルゴリズムを乱択風に変えたものを考えよう．毎回，集合 S から一様ランダムにエキスパート E_i を選び，E_i と同じ予測を行う．このアルゴリズムが間違う回数の期待値が $\lceil \lg n \rceil$ であることを示せ．

33.2-4 WEIGHTED-MAJORITY の乱択版を考えよう．予測のステップを除いて同じアルゴリズムであり，重みをエキスパートに関する確率分布と解釈して，その分布に従ってエキスパート E_i を選ぶ．また，エキスパート E_i と同じ予測を選ぶ．任意の $0 < \epsilon < 1/2$ に対して，このアルゴリズムが間違う回数の期待値は高々 $(1 + \epsilon)m^* + (\ln n)/\epsilon$ であることを示せ．

33.3 勾配降下法

点集合 $\{p_1, p_2, \ldots, p_n\}$ が与えられていて，これらの点に最もうまく合う直線を見つけたいものとする．任意の直線 ℓ に対して，各点 p_i と直線の間の距離を d_i とする．このとき，ある関数 $f(d_1, d_2, \ldots, d_n)$ を最小化する直線を見つけたいのである．距離についても関数 f についても多くの選び方が考えられる．たとえば，距離は直線への垂直距離であってもよいし，関数はそれらの距離の 2 乗和であってもよい．この種の問題は，データサイエンスや機械学習においては一般的である——この場合，直線はデータを最もよく記述する仮説である——最良の特別な定義は距離と目的関数 f の定義によって決定される．距離と関数 f の定義が線形であれば，第 29 章（線形計画法）で学んだ線形計画問題となる．線形計画法の枠組みにはいくつかの重要な問題が多く含まれるが，さまざまな機械学習問題を含む多くの他の問題については，目的関数と制約式は必ずしも線形ではない．そのような問題を解くための枠組みとアルゴリズムが必要である．

　本節では，連続関数を最適化する問題を考え，そのための最も一般的な方法の 1 つである勾配降下法について議論する．勾配降下法は，関数 $f : \mathbb{R}^n \to \mathbb{R}$ の局所的最小値を求めるための一般的な方法である．ここで，正式には関数 f の局所的最小点とは，$\mathbf{x}$ に“近い”すべての $\mathbf{x}'$

に対して $f(\mathbf{x}) \le f(\mathbf{x}')$ が成り立つような点 $\mathbf{x}$ のことである。関数が凸であれば，f の**大域的最小点** (global minimizer) を求めることができる：すなわち，$f(\mathbf{x})$ が最小になる n-ベクトル引数 $\mathbf{x} = (x_1, x_2, \dots, x_n)$ である。勾配降下法を直観的に説明するために，丘と谷からなる風景の中にいるところを思い浮かべて，できるだけ速く低い点を見つけたいものとしよう。あなたなら，地形をざっと見て，現在の場所から最も速く坂を下る方向へ移動することを選ぶだろう。その方向に移動するが，ほんのしばらく移動すると地形が変化していて，違う方向を選ばないといけなくなるかもしれない。そこで，あなたは立ち止まり，可能な方向を再評価して，最も急な下り坂の方向へ短距離だけ移動するが，その方向は以前のものとは違っているかもしれない。この過程をすべての方向が上向きになる点に到達するまで続ける。そのような点が局所的最小点である。

　この略式の手続きをもっと正式なものにするために，関数の勾配を定義する必要があるが，これは上記からの類推で言えば，さまざまな方向の急勾配に関する尺度である。関数 $f : \mathbb{R}^n \to \mathbb{R}^n$ が与えられたとき，その**傾き** (gradient) ∇f は，n 個の偏微分 $(\nabla f)(\mathbf{x}) = \left(\frac{\partial f}{\partial x_1}, \frac{\partial f}{\partial x_2}, \dots, \frac{\partial f}{\partial x_n} \right)$ からなる関数 $\nabla f : \mathbb{R}^n \to \mathbb{R}$ である。1 変数関数の微分と同様に，この傾きは関数値が局所的に最も速く増加する方向およびその増加率と見ることができる。この見方は略式である；それをより正式にするためには，局所的が何を意味するのかと，関数に関して，連続性や微分の存在性のような条件を置かなければならない。それにもかかわらず，この見方は，勾配とは逆方向に，その勾配の大きさに影響される距離だけ移動するという，勾配降下法の重要なステップを動機づけるものである。

　一般的な勾配降下法の手続きはステップごとに進行する。n ベクトルである開始点 $\mathbf{x}^{(0)}$ から出発する。各ステップ t において，点 $\mathbf{x}^{(t)}$ における f の勾配，すなわち，n ベクトルである $(\nabla f)(\mathbf{x}^{(t)})$ を計算する。その後，$\mathbf{x}^{(t)}$ の各次元での勾配とは逆方向に，これまた n ベクトルである次の点 $\mathbf{x}^{(t+1)}$ に至るまで移動する。各次元で単調に減少する方向に移動したので，$f(\mathbf{x}^{(t+1)}) \le f(\mathbf{x}^{(t)})$ を得ているはずである。この考え方にもとづいてアルゴリズムにするには，細かい点がいくつか必要である。そのうちの主要な 2 つは，開始点が必要なことと，負の勾配の方向にどれだけ遠くへ移動するかを決定する必要があるということである。また，いつ停止すべきかと，見つかった解の品質に関して，どのように結論づけるかを理解することも必要である。本節では，点に関して付加的な制約を持つ制約つき最小化と，そのような制約がない制約なし最小化の両方について，これらの課題をさらに掘り下げることにしよう。

制約なし勾配降下法

直観に訴えるために，f がスカラー量 x の関数で，$f : \mathbb{R} \to \mathbb{R}$ であるような 1 次元での制約なしの勾配降下法について考えてみよう。この場合，f の勾配 ∇f は，まさに $f'(x)$，すなわち，x に関する f の微分値である。図 33.3 に実線で示すように，最小点 x^* と開始点 $x^{(0)}$ を持つ関数 f を考えよう。点線で示すように，傾き（微分値）$f'(x^{(0)})$ は負の傾きを持っていて，x が増加する方向に $x^{(0)}$ からほんの少し進むと $f(x') < f(x^{(0)})$ となる点 x' に至る。しかし，大幅に進むと，$f(x'') > f(x^{(0)})$ であるような点 x'' に至るので，この考え方は良くない。毎回，$f(x') < f(x)$ が成り立つような小さな距離だけ進むことにすれば，局所的最小値を与える点 $\hat{x}$ にいつかは近づく。しかし，小さな歩幅だけ坂を下るだけでは，勾配降下法は与えられた

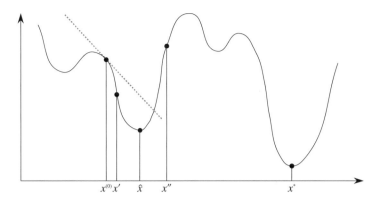

図33.3 実線で示した関数 $f : \mathbb{R} \to \mathbb{R}$. 点線で示した点 $x^{(0)}$ における勾配は負の傾きを持っており，$x^{(0)}$ から x' に少し進むと $f(x') < f(x^{(0)})$ となる. $x^{(0)}$ から x の値を少しだけ増やすと，局所的最小点である $\hat{x}$ に向かう. x の方向にあまり増やしすぎると $f(x'') > f(x^{(0)})$ である x'' に到達してしまうことになりかねない. $x^{(0)}$ から短い距離だけ f の値が減る方向に移動するだけでは，大域的な最小点 $\mathbf{x}^*$ には到達できない.

開始点 $x^{(0)}$ から大域的な最小点 $\mathbf{x}^*$ にはとうてい到達することはできない．

この単純な例から2つの観察が得られる．第1に，勾配降下法は局所的最小点に向けて収束するが，必ずしも大域的最小値に到達するとは限らない．第2に，その収束速度とその挙動は，関数の性質，開始点，そしてそのアルゴリズムでのステップサイズに関係がある．

下の手続き GRADIENT-DECENT の入力は，関数 f，開始点 $\mathbf{x}^{(0)} \in \mathbb{R}^n$，固定のステップ幅の乗数 $\gamma > 0$，および回数 $T > 0$ である．第2～4行の **for** ループの毎回の反復において，点 $\mathbf{x}^{(t)}$ における n 次元の勾配を計算し，n 次元空間における逆の方向に距離 γ^c だけ移動する．勾配計算の複雑度は，関数 f に依存するが，ときには高価なものになりうる．第3行では訪問した点の和を取る．ループが終了した後で，第6行で **x-avg**，すなわち，最後の点 $\mathbf{x}^{(T)}$ 以外のすべての訪問した点の平均値を返す．$\mathbf{x}^{(T)}$ を返すほうがより自然なように思われるかもしれない．実際，多くの状況で，関数が $\mathbf{x}^{(T)}$ を返すほうを好まれるかもしれない．しかし，ここで解析する版では，**x-avg** を用いる．

GRADIENT-DESCENT$(f, \mathbf{x}^{(0)}, \gamma, T)$
1 **sum** $= 0$ // n 次元ベクトルで初期値はすべて0
2 **for** $t = 0$ **to** $T - 1$
3   **sum** $=$ **sum** $+ \mathbf{x}^{(t)}$ // n 次元それぞれを **sum** に足し込む
4    $\mathbf{x}^{(t+1)} = \mathbf{x}^{(t)} - \gamma \cdot (\nabla f)(\mathbf{x}^{(t)})$ // $(\nabla f)(\mathbf{x}^{(t)})$, $\mathbf{x}^{(t+1)}$ は n 次元
5 **x-avg** $=$ **sum**$/T$ // n 次元のそれぞれを T で割る
6 **return x-avg**

図33.4は，1次元の凸関数の上で勾配降下法が理想的に動く様子を示している．[1] 以下では凸性をより形式的に定義するが，図では，毎回の反復で勾配と逆方向に勾配の大きさに比例す

---

 c ［訳注］正確には $\gamma \cdot (\nabla f)(\mathbf{x}^{(t)})$ 分だけ移動する．
 [1] 図33.4の曲線は凹のように見えるが，以下に示す凸性の定義に従えば，図の関数は凸である．

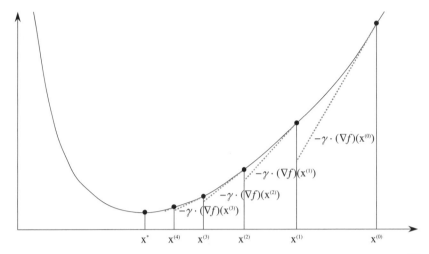

図 33.4 凸関数 $f: \mathbb{R} \to \mathbb{R}$ に関して，勾配降下法を実行したときの例（実線で示す）．点 $x^{(0)}$ から始めて，毎回の反復で勾配と逆方向に移動するが，その距離は勾配の大きさに比例する．点線は，各点でステップサイズ γ で縮小された勾配の逆を表している．反復が進むにつれ，勾配の大きさは減少し，それに従って移動距離も減少する．毎回の反復の後で，最適点 $\mathbf{x}^*$ への距離は減少する．

る距離だけ移動する様子を示している．反復が進むにつれ，勾配の大きさは減少するので，水平方向に沿って移動する距離は減少する．毎回の反復で，最適点 $\mathbf{x}^*$ との距離は減少する．この理想的な振舞いは，つねに起こることが保証されているわけではないが，本節の残りで行う解析により，どのような条件でこの振舞いが生じるかを明らかにして，必要な反復回数を定量的に求める．しかし，勾配降下法はつねにうまくいくとは限らない．関数が凸でなければ，勾配降下法は大域的最小値ではなく，局所的最小値に収束することがあることを見た．また，ステップ幅が大きすぎれば，GRADIENT-DECENT は最小値を通り越してしまって，遠くに行ってしまうことも見た．（最小値を通り越して最適値により近づく可能性もある．）

凸関数に対する制約なし勾配降下法の解析

ここでの勾配降下法の解析では凸関数に焦点を当てている．付録第 C 章（数え上げと確率）の不等式 (C.29)（1010 ページ）は，図 33.5 に示すような 1 変数の凸関数を定義している．この定義を関数 $f: \mathbb{R}^n \to \mathbb{R}$ に拡張して，すべての $\mathbf{x}, \mathbf{y} \in \mathbb{R}^n$ とすべての $0 \leq \lambda \leq 1$ に対して，

$$f(\lambda \mathbf{x} + (1-\lambda)\mathbf{y}) \leq \lambda f(\mathbf{x}) + (1-\lambda) f(\mathbf{y}) \tag{33.18}$$

が成り立つとき，f は凸 (convex) であるという．（不等式 (33.18) と (C.29) は同じものであるが，$\mathbf{x}$ と $\mathbf{y}$ の次元だけが違っている．）また，凸関数は閉じていて，[2] 微分可能であると仮定する．

凸関数は，任意の局所的最小値は大域的最小値でもあるという性質を持っている．この性質を検証するために，不等式 (33.18) を考える．矛盾を導くために，$\mathbf{x}$ は，局所的最小点であるが大域的最小点ではなく，$\mathbf{y} \neq \mathbf{x}$ が大域的最小点であると仮定しよう．すると，$f(\mathbf{y}) < f(\mathbf{x})$

---

[2] 関数 $f: \mathbb{R}^n \to \mathbb{R}$ が閉じているというのは，各 $\alpha \in \mathbb{R}$ に対して，集合 $\{\mathbf{x} \in \mathrm{dom}(f) : f(\mathbf{x}) \leq \alpha\}$ が閉じているときである．ただし，$\mathrm{dom}(f)$ は f の定義域である．

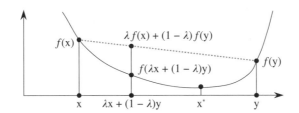

図 33.5 実線で示した凸関数 $f: \mathbb{R} \to \mathbb{R}$ と，局所的かつ大域的最小点 $\mathbf{x}^*$．f は凸なので，任意の 2 つの値 $\mathbf{x}$ と $\mathbf{y}$ とすべての $0 \leq \lambda \leq 1$ に対して，$f(\lambda \mathbf{x} + (1-\lambda)\mathbf{y}) \leq \lambda f(\mathbf{x}) + (1-\lambda) f(\mathbf{y})$ が成り立つ．図では特定の λ の値に関する状況が示されている．ここで，点線分は，$0 \leq \lambda \leq 1$ に対するすべての値 $\lambda f(\mathbf{x}) + (1-\lambda) f(\mathbf{x})$ を表しており，実線より上であることが分かる．

である．このとき，

$$\begin{aligned} f(\lambda \mathbf{x} + (1-\lambda)\mathbf{y}) &\leq \lambda f(\mathbf{x}) + (1-\lambda) f(\mathbf{y}) \quad (\text{不等式 (33.18) より}) \\ &< \lambda f(\mathbf{x}) + (1-\lambda) f(\mathbf{x}) \\ &= f(\mathbf{x}) \end{aligned}$$

が成り立つ．したがって，λ を 1 に近づけると，$\mathbf{x}$ の近くに $f(\mathbf{x}') < f(\mathbf{x})$ であるような別の点 $\mathbf{x}'$ が存在するので，$\mathbf{x}$ は局所的最小点ではない．

凸関数は，役に立つ性質がいくつかある．最初の性質は，その証明は練習問題 33.3-1 に残すが，凸関数はつねにそれに接する超平面より上にあるというものである．勾配降下法について述べるときは，山括弧は，列を表すのではなく，付録第 D 章（行列）の 1031 ページで定義される内積を表すことにする．

補題 33.6 任意の微分可能な凸関数 $f: \mathbb{R}^n \to \mathbb{R}$ とすべての $\mathbf{x}, \mathbf{y} \in \mathbb{R}^n$ に対して，$f(\mathbf{x}) \leq f(\mathbf{x}) + \langle (\nabla f)(\mathbf{x}), \mathbf{x} - \mathbf{y} \rangle$ が成り立つ． ∎

2 番目の性質は，不等式 (33.18) の凸性の定義を繰り返し適用するものである．その証明を練習問題 33.3-2 で問うている．

補題 33.7 任意の凸関数 $f: \mathbb{R}^n \to \mathbb{R}$，任意の整数 $T \geq 1$，およびすべての $\mathbf{x}^{(0)}, \ldots, \mathbf{x}^{(T-1)} \in \mathbb{R}^N$ に対して，

$$f\left(\frac{\mathbf{x}^{(0)} + \cdots + \mathbf{x}^{(T-1)}}{T}\right) \leq \frac{f(\mathbf{x}^{(0)}) + \cdots + f(\mathbf{x}^{(T-1)})}{T} \tag{33.19}$$

が成り立つ． ∎

不等式 (33.19) の左辺は，GRADIENT-DECENT が返すベクトル **x-avg** における f の値である．

さて，GRADIENT-DECENT の解析に進もう．大域的最小点 $\mathbf{x}^*$ そのものは返されないかもしれない．誤差の限界 ϵ を用い，終了時に $f(\mathbf{x}\text{-avg}) - f(\mathbf{x}^*) \leq \epsilon$ が成り立つように T を選びたい．ϵ の値は，反復回数 T と別の 2 つの値によっている．最初は，大域的最小点の近くから始めたほうが良いという期待があるので，ϵ は，$\mathbf{x}^{(0)}$ と $\mathbf{x}^*$ の差のユークリッドノルム（または付録第 D 章（行列）の 1031 ページで定義される距離）

$$R = \|\mathbf{x}^{(0)} - \mathbf{x}^*\| \tag{33.20}$$

870 | 33 機械学習のアルゴリズム

の関数である．誤差限界 ϵ はまた，L と呼ばれる数の関数でもある．ここで，L は，勾配の大きさ $\|(\nabla f)(\mathbf{x})\|$ の上界であり，

$$\|(\nabla f)(\mathbf{x})\| \leq L \tag{33.21}$$

である．ただし，$\mathbf{x}$ は，そこでの勾配が GRADIENT-DECENT で計算されるすべての点 $\mathbf{x}^{(0)}, \ldots, \mathbf{x}^{(T-1)}$ の上を動く．もちろん，L と R の値は分からないが，今のところ知っていると仮定しよう．これらの仮定を除く方法については後で議論する．GRADIENT-DECENT の解析は次の定理にまとめられている．

定理 33.8 $\mathbf{x} \in \mathbb{R}^n$ を凸関数 f の最小点とし，GRADIENT-DECENT$(f, \mathbf{x}^{(0)}, \gamma, T)$ は **x-avg** を返すものとしよう．ここで，$\gamma = R/(L\sqrt{T})$ であり，R と L は式 (33.20) と (33.21) で定義されるものとする．$\epsilon = RL/\sqrt{T}$ としよう．このとき，$f(\mathbf{x\text{-}avg}) - f(\mathbf{x}^*) \leq \epsilon$ が成り立つ． ∎

この定理を証明しよう．毎回の反復がどれだけの進展をするのかについて，絶対的な限界を与えることはない．その代わり，第 16.3 節（ポテンシャル法）のようにポテンシャル関数を用いる．ここでは，$\mathbf{x}^{(t)}$ を計算した後で，ポテンシャル関数 $\Phi(t)$ を，$t = 0, \ldots, T$ に対して $\Phi(t) \geq 0$ となるように定義する．$\mathbf{x}^{(t)}$ を計算する反復における**ならし進展** (amortized progress) を

$$p(t) = f(\mathbf{x}^{(t)}) - f(\mathbf{x}^*) + \Phi(t+1) - \Phi(t) \tag{33.22}$$

のように定義する．ポテンシャル $(\Phi(t+1) - \Phi(t))$ の変化も含み，式 (33.22) でも最小値 $f(\mathbf{x}^*)$ を引いているのは，結局のところ，$f(\mathbf{x}^{(t)})$ の値ではなく，$f(\mathbf{x}^*)$ にどれだけ近づいたかが大事だからである．ある値 B と $t = 0, \ldots, T-1$ に対して，$p(t) \leq B$ を示すことができると仮定しよう．このとき，式 (33.22) を用いて $p(t)$ に代入すれば，

$$f(\mathbf{x}^{(t)}) - f(\mathbf{x}^*) \leq B - \Phi(t+1) + \Phi(t) \tag{33.23}$$

を得る．$t = 0, \ldots, T-1$ 上で式 (33.23) を加えると

$$\sum_{t=0}^{T-1} (f(\mathbf{x}^{(t)}) - f(\mathbf{x}^*)) \leq \sum_{t=0}^{T-1} (B - \Phi(t+1) + \Phi(t))$$

となる．右辺の畳み込み級数について，項を入れ換えると，

$$\left(\sum_{t=0}^{T-1} f(\mathbf{x}^{(t)}) \right) - T \cdot f(\mathbf{x}^*) \leq TB - \Phi(T) + \Phi(0)$$

を得る．T で割って正の項 $\Phi(T)$ を落とすと

$$\frac{\sum_{t=0}^{T-1} f(\mathbf{x}^{(t)})}{T} - f(\mathbf{x}^*) \leq B + \frac{\Phi(0)}{T} \tag{33.24}$$

を得るので，

$$f(\mathbf{x\text{-}avg}) - f(\mathbf{x}^*) = f\left(\frac{\sum_{t=0}^{T-1} \mathbf{x}^{(t)}}{T} \right) - f(\mathbf{x}^*) \quad (\mathbf{x\text{-}avg} \text{ の定義より})$$

$$\leq \frac{\sum_{t=0}^{T-1} f(\mathbf{x}^{(t)})}{T} - f(\mathbf{x}^*) \qquad (\text{補題 33.7 より})$$

$$\leq B + \frac{\Phi(0)}{T} \qquad\qquad (\text{不等式 (33.24) より}) \qquad\qquad (33.25)$$

となる．言い換えれば，もしある値 B に対して，$p(t) \leq B$ が成り立つことを示すことができて，ポテンシャル関数を $\Phi(0)$ が大きすぎないように選ぶことができれば，不等式 (33.25) は，T 回の反復の後で関数値 $f(\mathbf{x\text{-avg}})$ が関数値 $f(\mathbf{x}^*)$ にどれだけ近づいたかを教えてくれるのである．すなわち，誤差限界 ϵ を $B + \Phi(0)/T$ と設定することができる．

　ならし進展の上界を得るためには，具体的なポテンシャル関数が必要になる．ポテンシャル関数 $\Phi(t)$ を

$$\Phi(t) = \frac{\left\| \mathbf{x}^{(t)} - \mathbf{x}^* \right\|^2}{2\gamma} \qquad\qquad (33.26)$$

と定義する．すなわち，ポテンシャル関数は現在の点と最小点 $\mathbf{x}^*$ との距離の 2 乗に比例する．このポテンシャル関数を用いると，次の補題は GRADIENT-DECENT の任意の反復において達成されるならし進展の上界を与えてくれる．

補題 33.9　$\mathbf{x}^* \in \mathbb{R}^n$ を凸関数 f の最小点とし，GRADIENT-DECENT$(f, \mathbf{x}^{(0)}, \gamma, T)$ の実行を考えよう．すると，この手続きで計算される各点 $\mathbf{x}^{(t)}$ において，

$$p(t) = f(\mathbf{x}^{(t)}) - f(\mathbf{x}^*) + \Phi(t+1) - \Phi(t) \leq \frac{\gamma L^2}{2}$$

が成り立つ．

証明　まず，ポテンシャル関数の変化 $\Phi(t+1) - \Phi(t)$ を上から抑える．式 (33.26) での $\Phi(t)$ の定義を用いて，

$$\Phi(t+1) - \Phi(t) = \frac{1}{2\gamma} \left\| \mathbf{x}^{(t+1)} - \mathbf{x}^* \right\|^2 - \frac{1}{2\gamma} \left\| \mathbf{x}^{(t)} - \mathbf{x}^* \right\|^2 \qquad (33.27)$$

である．GRADIENT-DECENT の第 4 行より，

$$\mathbf{x}^{(t+1)} - \mathbf{x}^{(t)} = -\gamma \cdot (\nabla f)(\mathbf{x}^{(t)}) \qquad\qquad (33.28)$$

であることが分かっているので，式 (33.27) を書き直して，$\mathbf{x}^{(t+1)} - \mathbf{x}^{(t)}$ の項を得たい．練習問題 33.3-3 で証明することが求められているように，任意の 2 つのベクトル $\mathbf{a}, \mathbf{b} \in \mathbb{R}^n$ に対して，

$$\|\mathbf{a} + \mathbf{b}\|^2 - \|\mathbf{a}\|^2 = 2\langle \mathbf{b}, \mathbf{a} \rangle + \|\mathbf{b}\|^2 \qquad\qquad (33.29)$$

である．$\mathbf{a} = \mathbf{x}^{(t)} - \mathbf{x}^*$ および $\mathbf{b} = \mathbf{x}^{(t+1)} - \mathbf{x}^{(t)}$ とおくと，式 (33.27) の右辺を $\frac{1}{2\gamma}(\|\mathbf{a} + \mathbf{b}\|^2 - \|\mathbf{a}\|^2)$ と書くことができる．すると，ポテンシャルの変化を

$$\Phi(t+1) - \Phi(t)$$

$$= \frac{1}{2\gamma} \left\| \mathbf{x}^{(t+1)} - \mathbf{x}^* \right\|^2 - \frac{1}{2\gamma} \left\| \mathbf{x}^{(t)} - \mathbf{x}^* \right\|^2 \qquad (\text{式 (33.27) より})$$

$$= \frac{1}{2\gamma} \left(2\langle \mathbf{x}^{(t+1)} - \mathbf{x}^{(t)}, \mathbf{x}^{(t)} - \mathbf{x}^* \rangle + \left\| \mathbf{x}^{(t+1)} - \mathbf{x}^{(t)} \right\|^2 \right) \qquad (\text{式 (33.29) より})$$

$$
= \frac{1}{2\gamma} \left(2\langle -\gamma \cdot (\nabla f)(\mathbf{x}^{(t)}), \mathbf{x}^{(t)} - \mathbf{x}^* \rangle + \left\| -\gamma \cdot (\nabla f)(\mathbf{x}^{(t)}) \right\|^2 \right) \qquad \text{(式 (33.28) より)}
$$

$$
= -\langle (\nabla f)(\mathbf{x}^{(t)}), \mathbf{x}^{(t)} - \mathbf{x}^* \rangle + \frac{\gamma}{2} \left\| (\nabla f)(\mathbf{x}^{(t)}) \right\|^2 \qquad (33.30)
$$
$$
\text{(付録第 D 章(行列)の式 (D.3)}
$$
$$
\text{(1031 ページ)より)}
$$

$$
\leq -(f(\mathbf{x}^{(t)}) - f(\mathbf{x}^*)) + \frac{\gamma}{2} \left\| (\nabla f)(\mathbf{x}^{(t)}) \right\|^2 \qquad \text{(補題 33.6 より)}
$$

と表すことができる. よって,

$$
\Phi(t+1) - \Phi(t) \leq -(f(\mathbf{x}^{(t)}) - f(\mathbf{x}^*)) + \frac{\gamma}{2} \left\| (\nabla f)(\mathbf{x}^{(t)}) \right\|^2 \qquad (33.31)
$$

となる.

つぎに, $p(t)$ の上界について考えよう. 不等式 (33.31) によるポテンシャルの変化の限度と, L の定義(不等式 (33.21))を用いて,

$$
p(t) = f(\mathbf{x}^{(t)}) - f(\mathbf{x}^*) + \Phi(t+1) - \Phi(t) \qquad \text{(式 (33.22) より)}
$$
$$
\leq f(\mathbf{x}^{(t)}) - f(\mathbf{x}^*) - (f(\mathbf{x}^{(t)}) - f(\mathbf{x}^*)) + \frac{\gamma}{2} \left\| (\nabla f)(\mathbf{x}^{(t)}) \right\|^2 \quad \text{(不等式 (33.31) より)}
$$
$$
= \frac{\gamma}{2} \left\| (\nabla f)(\mathbf{x}^{(t)}) \right\|^2
$$
$$
\leq \frac{\gamma L^2}{2} \qquad \text{(不等式 (33.21) より)}
$$

を得る. ∎

1 ステップにおけるならし進展の上限を得たので, GRADIENT-DECENT の手続き全体の解析を行い, 定理 33.8 の証明を終えよう.

定理 33.8 の証明 不等式 (33.25) により, $p(t)$ に対して, B の上界が得られれば, $f(\mathbf{x}\text{-avg}) - f(\mathbf{x}^*) \leq B + \Phi(0)/T$ という上界も得られる. 式 (33.20) と (33.26) により, $\Phi(0) = R^2/(2\gamma)$ である. 補題 33.9 は $B = \gamma L^2/2$ の上界を与えるので,

$$
f(\mathbf{x}\text{-avg}) - f(\mathbf{x}^*) \leq B + \frac{\Phi(0)}{T} \qquad \text{(不等式 (33.25) より)}
$$
$$
= \frac{\gamma L^2}{2} + \frac{R^2}{2\gamma T}
$$

も得る.

定理 33.8 において $\gamma = R/(L\sqrt{T})$ と選んだが, これは 2 つの項のバランスを取るので,

$$
\frac{\gamma L^2}{2} + \frac{R^2}{2\gamma T} = \frac{R}{L\sqrt{T}} \cdot \frac{L^2}{2} + \frac{R^2}{2T} \cdot \frac{L\sqrt{T}}{R}
$$
$$
= \frac{RL}{2\sqrt{T}} + \frac{RL}{2\sqrt{T}}
$$
$$
= \frac{RL}{\sqrt{T}}
$$

が得られる. 定理の中で $\epsilon = RL/\sqrt{T}$ と選んだので, 証明が完成した. ∎

R(式 (33.20) より)と L(不等式 (33.21) より)を知っていることを仮定したまま, この解

析を少し違ったやり方で考えてみよう．目標の精度 $\epsilon = RL/\sqrt{T}$ を設定して，そして必要な反復回数を計算すると仮定することができる．すなわち，T に対して $\epsilon = RL/\sqrt{T}$ を解いて，$T = R^2 L^2/\epsilon^2$ を得ることができる．したがって，反復回数は R と L の 2 乗に依存するが，最も重要なことは，$1/\epsilon^2$ に依存することである．（不等式 (33.21) による L の定義は T に依存しているが，T の特別な値に依存しない L の上界が分かっている．）したがって，誤差の限度を半分にしたいと思うなら，4 倍の回数だけ実行する必要がある．

　R と L の値を実際には知らないということは大いにありうることである．なぜなら，R $(R = \|\mathbf{x}^{(0)} - \mathbf{x}^*\|)$ を知るために $\mathbf{x}^*$ を知る必要があり，また L の値を与える勾配に関する明確な上界が得られないかもしれないからである．しかし，勾配降下法の解析を，この手続きが最小点に向かって進むあるステップサイズが存在するという証明と解釈することができる．その後で $f(\mathbf{x}^{(t)}) - f(\mathbf{x}^{(t+1)})$ が十分に大きくなるようなステップサイズ γ を計算することができる．実際，固定のステップサイズを持たないことは現実的に役に立つ．なぜなら f の値を十分に減少させる任意のステップサイズ s を自由に使うことができるからである．**線形探索** (line search) と呼ばれることが多い 2 分探索に似た方法で，大きな減少を達成するステップサイズを探索することができる．与えられた関数 f とステップサイズ s に対して，関数 $g(\mathbf{x}^{(t)}, s) = f(\mathbf{x}^{(t)} - s(\nabla f)(\mathbf{x}^{(t)}))$ を定義しよう．$g(\mathbf{x}^{(t)}, s) \leq f(\mathbf{x}^{(t)})$ であるような小さなステップサイズ s から始め，$g(\mathbf{x}^{(t)}, 2s) \geq g(\mathbf{x}^{(t)}, s)$ になるまで，繰り返し s の値を 2 倍にしていく．そして，区間 $[s, 2s]^{\mathrm{d}}$ において 2 分探索を実行する．この手続きで目的関数の値を著しく減らすステップサイズを得ることができる．しかし，別の環境においては問題に特有の情報から R と L に関して良い上界が分かっているかもしれないが，それで十分かもしれない．

　第 2～4 行の **for** ループの毎回の反復において計算上重要なステップは勾配の計算である．勾配の計算と評価の複雑度は，どの応用を考えるかによって大きく異なる．後でいくつかの応用について議論する．

制約つき勾配降下法

ここでは，$\mathbf{x} \in K$ であるということを付加的に制約として加えた状況で，閉凸関数 $f(\mathbf{x})$ を最小化する制約つき最小化のために，勾配降下法を適用することができる．ただし，K は**閉凸体** (closed convex body) である．**立体** (body) $\mathrm{P} \subseteq \mathbb{R}^n$ が**凸** (convex) であるのは，すべての $\mathbf{x}$，$\mathbf{y} \in K$ に対して，すべての $0 \leq \lambda \leq 1$ に対する凸結合 $\lambda\mathbf{x} + (1 - \lambda)\mathbf{y}$ が K に属するときである．**閉凸体** (**closed** convex body) は，その極限点 (limit point) を含んでいる．いくぶん驚くべきことであるが，制約つき問題に制限しても勾配降下法の反復回数は，著しく増えはしない．アイデアは，同じアルゴリズムを実行するのだが，毎回の反復で現在の点 $\mathbf{x}^{(t)}$ が，まだ凸体 K の内部にあるかどうかを判定することである．内部になければ，K の中の最も近い点に移動する．最も近い点に移動することは，**射影** (projection) として知られている．n 次元における点 $\mathbf{x}$ の凸体 K への射影 $\Pi_K(\mathbf{x})$ を形式的に，$\|\mathbf{x} - \mathbf{y}\| = \min\{\|\mathbf{x} - \mathbf{z}\| : \mathbf{z} \in K\}$ であるような点 $\mathbf{y} \in K$ と定義する．$\mathbf{x} \in K$ なら $\Pi_K(\mathbf{x}) = \mathbf{x}$ である．

　この 1 つの変更が Gradient-Decent の第 4 行を 2 つの行で置き換えた手続き Gradient-

---

^{d} ［訳注］s の値を 2 倍にしていったときの最後の組 $[s, 2s]$．

DECENT-CONSTRAINED である．$\mathbf{x}^{(0)} \in K$ を仮定している．GRADIENT-DECENT-CONSTRAINED の第 4 行は，負の勾配の方向に移動し，第 5 行において K の上に射影する．$\mathbf{x}^* \in K$ であるとき，第 5 行の射影ステップで K の外の点から K の点に移動しても，$\mathbf{x}^*$ からは遠ざかることができないことを後の補題で示す．

GRADIENT-DESCENT-CONSTRAINED$(f, \mathbf{x}^{(0)}, \gamma, T, K)$
1 **sum** $= 0$ // n 次元ベクトル，初期値はすべて 0
2 **for** $t = 0$ **to** $T - 1$
3   **sum** = **sum** + $\mathbf{x}^{(t)}$ // n 次元のそれぞれを **sum** に足し込む
4    $\mathbf{x}'^{(t+1)} = \mathbf{x}^{(t)} - \gamma \cdot (\nabla f)(\mathbf{x}^{(t)})$ // $(\nabla f)(\mathbf{x}^{(t)})$, $\mathbf{x}'^{(t+1)}$ は n 次元
5    $\mathbf{x}^{(t+1)} = \Pi_K(\mathbf{x}'^{(t+1)})$ // K への射影
6 **x-avg** = **sum**$/T$ // n 次元のそれぞれを T で割る
7 **return x-avg**

補題 33.10 凸体 $K \subseteq \mathbb{R}^n$ と点 $\mathbf{a} \in K$ および $\mathbf{b}' \in \mathbb{R}^n$ を考えよう．$\mathbf{b} = \Pi_K(\mathbf{b}')$ とする．このとき，$\|\mathbf{b} - \mathbf{a}\|^2 \leq \|\mathbf{b}' - \mathbf{a}\|^2$ である．

証明 $\mathbf{b}' \in K$ ならば，$\mathbf{b} = \mathbf{b}'$ であり，言明は正しい．そうでなければ，$\mathbf{b}' \neq \mathbf{b}$ であり，図 33.6 に示すように，$\mathbf{b}$ と $\mathbf{b}'$ を結ぶ線分を延長し直線 ℓ とする．$\mathbf{c}$ を直線 ℓ 上への $\mathbf{a}$ の射影とする．点 $\mathbf{c}$ は K の中にあるかもしれないし，そうでないかもしれないが，$\mathbf{a}$ が K の境界上にあれば $\mathbf{c}$ は $\mathbf{b}$ と一致するかもしれない．もし $\mathbf{c}$ が $\mathbf{b}$ と一致するなら（図の (c) を参照），$\mathbf{abb}'$ は直角三角形であり，したがって $\|\mathbf{b} - \mathbf{a}\|^2 \leq \|\mathbf{b}' - \mathbf{a}\|^2$ である．

c が b と一致しない場合（図の (a) と (b) を参照），凸なので，角 $\angle \mathbf{abb}'$ は鈍角でなければならない．角 $\angle \mathbf{abb}'$ が鈍角なので，$\mathbf{b}$ は ℓ 上で $\mathbf{c}$ と $\mathbf{b}'$ の間に存在する．さらに，$\mathbf{c}$ は，$\mathbf{a}$ の直線 ℓ 上への射影なので，$\mathbf{acb}$ と $\mathbf{acb}'$ は直角でなければならない．ピタゴラスの定理によって，$\|\mathbf{b}' - \mathbf{a}\|^2 = \|\mathbf{a} - \mathbf{c}\|^2 + \|\mathbf{c} - \mathbf{b}'\|^2$ と $\|\mathbf{b} - \mathbf{a}\|^2 = \|\mathbf{a} - \mathbf{c}\|^2 + \|\mathbf{c} - \mathbf{b}\|^2$ を得る．これらの 2 つの式を引くと $\|\mathbf{b}' - \mathbf{a}\|^2 - \|\mathbf{b} - \mathbf{a}\|^2 = \|\mathbf{c} - \mathbf{b}'\|^2 - \|\mathbf{c} - \mathbf{b}\|^2$ が得られる．$\mathbf{b}$ は $\mathbf{c}$ と $\mathbf{b}'$ の間にあるから，$\|\mathbf{c} - \mathbf{b}'\|^2 \geq \|\mathbf{c} - \mathbf{b}\|^2$ でなければならない．よって，$\|\mathbf{b}' - \mathbf{a}\|^2 - \|\mathbf{b} - \mathbf{a}\|^2 \geq 0$ が得られる．したがって，補題が証明された． ■

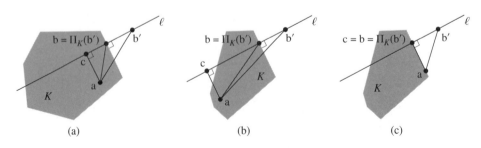

図 33.6 凸体 K の外側にある点 $\mathbf{b}'$ から K の中で最も近い点 $\mathbf{b} = \Pi_K(\mathbf{b}')$ への射影．直線 ℓ は $\mathbf{b}$ と $\mathbf{b}'$ を含む直線であり，点 $\mathbf{c}$ は $\mathbf{a}$ の ℓ 上への射影である．(a) $\mathbf{c}$ が K の内部にある場合．(b) $\mathbf{c}$ が K の内部にない場合．(c) $\mathbf{a}$ が K の境界にあり，$\mathbf{c}$ が $\mathbf{b}$ と一致する場合．

制約なしの場合に対するすべての証明を再度使い，同じ限界を得ることができる．$\mathbf{a} = \mathbf{x}^*$，$\mathbf{b} = \mathbf{x}^{(t+1)}$ および $\mathbf{b}' = \mathbf{x}'^{(t+1)}$ の場合，補題 33.10 より $\left\|\mathbf{x}^{(t+1)} - \mathbf{x}^*\right\|^2 \leq \left\|\mathbf{x}'^{(t+1)} - \mathbf{x}^*\right\|^2$ を得る．したがって，不等式 (33.31) と一致する上界を得ることができる．式 (33.26) のように $\Phi(t)$ をひき続いて定義するが，GRADIENT-DECENT-CONSTRAINED の第 5 行において計算される $\mathbf{x}^{(t+1)}$ は，ここでは不等式 (33.31) と違う意味を持つことに注意を要する．

$$\Phi(t+1) - \Phi(t)$$

$$= \frac{1}{2\gamma} \left\|\mathbf{x}^{(t+1)} - \mathbf{x}^*\right\|^2 - \frac{1}{2\gamma} \left\|\mathbf{x}^{(t)} - \mathbf{x}^*\right\|^2 \qquad (\text{式 (33.27) より})$$

$$\leq \frac{1}{2\gamma} \left\|\mathbf{x}'^{(t+1)} - \mathbf{x}^*\right\|^2 - \frac{1}{2\gamma} \left\|\mathbf{x}^{(t)} - \mathbf{x}^*\right\|^2 \qquad (\text{補題 33.10 より})$$

$$= \frac{1}{2\gamma} \left(2\langle \mathbf{x}'^{(t+1)} - \mathbf{x}^{(t)}, \mathbf{x}^{(t)} - \mathbf{x}^* \rangle + \left\|\mathbf{x}'^{(t+1)} - \mathbf{x}^*\right\|^2 \right) \qquad (\text{式 (33.29) より})$$

$$= \frac{1}{2\gamma} \left(2\langle -\gamma \cdot (\nabla f)(\mathbf{x}^{(t)}), \mathbf{x}^{(t)} - \mathbf{x}^* \rangle + \left\|-\gamma \cdot (\nabla f)(\mathbf{x}^{(t)})\right\|^2 \right)$$

$$\text{(GRADIENT-DECENT-CONSTRAINED の第 4 行より)}$$

$$= -\langle (\nabla f)(\mathbf{x}^{(t)}), \mathbf{x}^{(t)} - \mathbf{x}^* \rangle + \frac{\gamma}{2} \left\|(\nabla f)(\mathbf{x}^{(t)})\right\|^2$$

ポテンシャル関数の変化に関して式 (33.30) と同じ上界を得たところで，補題 33.9 のすべての証明は以前と同じように進めることができる．したがって，手続き GRADIENT-DECENT-CONSTRAINED は GRADIENT-DECENT と同じ漸近的複雑度を持つと結論づけることができる．この結果を次の定理の形でまとめよう．

定理 33.11 $K \subseteq \mathbb{R}^n$ を凸体，$\mathbf{x}^* \in \mathbb{R}^n$ を K の上での凸関数 f の最小点とし，$\gamma = R/(L\sqrt{T})$ としよう．ただし，R と L は式 (33.20) と (33.21) で定義されるものとする．GRADIENT-DECENT-CONSTRAINED$(f, \mathbf{x}^{(0)}, \gamma, T, K)$ の実行によってベクトル **x-avg** が返されるものとする．$\epsilon = RL/\sqrt{T}$ とする．このとき，$f(\textbf{x-avg}) - f(\mathbf{x}^*) \leq \epsilon$ が成り立つ． ∎

勾配降下法の応用

勾配降下法は，関数の最小化に関して多くの応用があり，最適化問題や機械学習で広く用いられている．ここでは線形方程式を解くのにどのような使われ方をしているのかを簡単に記述しよう．その後で，機械学習への応用として線形回帰を用いた予測について議論する．

第 28 章（行列演算）で，連立線形方程式 $A\mathbf{x} = \mathbf{b}$ を解くためのガウスの消去法について見たが，これによって $\mathbf{x} = A^{-1}\mathbf{b}$ を計算することができる．A が $n \times n$ の行列で，$\mathbf{b}$ が長さ n のベクトルならば，ガウスの消去法の実行時間は $\Theta(n^3)$ であるが，これは大きな行列にとっては法外に時間がかかりすぎである．しかし，もし近似解でもよければ，勾配降下法を使うことができる．

まず，スカラー方程式 $ax = b$ を x について解く回り道として——明らかに非効率である——勾配降下法を用いる方法について見てみよう．ただし，$a, x, b \in \mathbb{R}$ である．この方程式は $ax - b = 0$ と等価である．$ax - b$ が凸関数 $f(x)$ の微分値であれば，$f(x)$ を最小にする

x の値に対して $ax - b = 0$ である。$f(x)$ が与えられたとき，勾配降下法はこの最小値を定めることができる。もちろん，$f(x)$ は単に $ax - b$ の積分，すなわち，$f(x) = \frac{1}{2}ax^2 - bx$ であり，これは $a \geq 0$ ならば凸である。したがって，$ax = b$ を $a \geq 0$ に対して解く1つの方法は，勾配降下法により $\frac{1}{2}ax^2 - bx$ の最小点を求めることである。

それでは，このアイデアを高次元に一般化して，勾配降下法を用いて実際により高速のアルゴリズムが得られるようにしよう。n 次元での1つの類推は，関数 $f(\mathbf{x}) = \frac{1}{2}\mathbf{x}^T A\mathbf{x} - \mathbf{b}^T \mathbf{x}$ である。ただし，A は $n \times n$ の行列である。$\mathbf{x}$ に関する f の勾配は，関数 $A\mathbf{x} - \mathbf{b}$ である。f を最小化する x の値を求めるために，f の勾配を0と置いて x に関して解く。$A\mathbf{x} - \mathbf{b} = 0$ を $\mathbf{x}$ に関して解くと，$\mathbf{x} = A^{-1}\mathbf{b}$ を得る。したがって，$f(\mathbf{x})$ を最小化することは，$A\mathbf{x} = \mathbf{b}$ を解くことと等価である。$f(\mathbf{x})$ が凸ならば，勾配降下法は近似的にこの最小点を計算することができる。

1次元の関数が凸であるのは，その2次微分が正のときである。高次元関数に対して等価な定義は，関数が凸であるのはその**ヘッセ行列** (Hessian matrix) が半正定値行列（定義に関しては付録第 D 章（行列）の 1034 ページ参照）のときであるというものである。ただし，関数 $f(\mathbf{x})$ のヘッセ行列 $(\nabla^2 f)(\mathbf{x})$ とは，要素 (i, j) が i と j に関する f の偏微分であるような行列のことである：

$$(\nabla^2 f)(\mathbf{x}) = \begin{pmatrix} \frac{\partial^2 f}{\partial x_1 \partial x_1} & \frac{\partial^2 f}{\partial x_1 \partial x_2} & \cdots & \frac{\partial^2 f}{\partial x_1 \partial x_n} \\ \frac{\partial^2 f}{\partial x_2 \partial x_1} & \frac{\partial^2 f}{\partial x_2 \partial x_2} & \cdots & \frac{\partial^2 f}{\partial x_2 \partial x_n} \\ \vdots & \vdots & \ddots & \vdots \\ \frac{\partial^2 f}{\partial x_n \partial x_1} & \frac{\partial^2 f}{\partial x_n \partial x_2} & \cdots & \frac{\partial^2 f}{\partial x_n \partial x_n} \end{pmatrix}$$

1次元の場合と似ていて，f のヘッセ行列は単に A であるので，A が半正定値行列ならば，勾配降下法を用いて $A\mathbf{x} \approx \mathbf{b}$ であるような点 $\mathbf{x}$ を見つけることができる。R と L が大きすぎなければ，この方法はガウスの消去法を用いるより高速である。

機械学習における勾配降下法

予測を行う教師つき学習の具体例として，患者が心臓病を患うかどうかを予測したいものとする。m 人の患者のそれぞれに対して，n 個の異なる属性値が与えられている。たとえば，$n = 4$ で，4種類のデータとして年齢，身長，血圧，および心臓病を患った近親者の人数が与えられているものとしよう。患者 i に対するデータをベクトル $\mathbf{x}^{(i)} \in \mathbb{R}^n$ として表す。ただし，$x_j^{(i)}$ はベクトル $\mathbf{x}^{(i)}$ の j 番目の要素を表す。患者 i の**ラベル** (label) はスカラー $y^{(i)} \in \mathbb{R}$ と記されるが，これは患者の心臓病の深刻さを表している。ここでの仮説は $\mathbf{x}^{(i)}$ と $y^{(i)}$ の間の関係をとらえていなければならない。この例については，この関係は線形であるというモデルの仮定を置くので，目標は $\mathbf{x}^{(i)}$ と $y^{(i)}$ の間の "最良の" 線形関係を求めることである。すなわち，各患者 i に対して $f(x^{(i)}) \approx y^{(i)}$ となるような線形関数 $f : \mathbb{R}^n \to \mathbb{R}$ を求めることである。もちろん，そのような関数は存在しないかもしれないが，可能な限りそれに近いものを求めたい。線形関数 f は，重みのベクトル $\mathbf{w} = (w_0, w_1, \ldots, w_n)$ により

$$f(\mathbf{x}) = w_0 + \sum_{j=1}^{n} w_j x_j \tag{33.32}$$

と定義される.

機械学習のモデルを評価するとき,それぞれの値 $f(\mathbf{x}^{(i)})$ がそれに対応するラベル $y^{(i)}$ にどれだけ近いかを測る必要がある.この例では,患者 i に関連する誤差 $e^{(i)} \in \mathbb{R}$ を $e^{(i)} = f(\mathbf{x}^{(i)}) - y^{(i)}$ と定義する.ここで選ぶ目的関数は,誤差の 2 乗の和

$$\sum_{i=1}^{m} \left(e^{(i)} \right)^2 = \sum_{i=1}^{m} \left(f(\mathbf{x}^{(i)}) - y^{(i)} \right)^2$$

$$= \sum_{i=1}^{m} \left(w_0 + \sum_{j=1}^{n} w_j x_j^{(i)} - y^{(i)} \right)^2 \tag{33.33}$$

を最小化することである.

目的関数は,典型的には**損失関数** (loss function) と呼ばれており,式 (33.33) で与えられる**最小 2 乗誤差** (least-squares error) というのは多くの損失関数の 1 つの例である.すると,ここでの目標は,$\mathbf{x}^{(i)}$ と $y^{(i)}$ が与えられたとき,式 (33.33) の損失関数を最小化するような重み $w_0, w_1, \ldots, w_n$ を求めることである.ここでの変数は,重み $w_0, w_1, \ldots, w_n$ であり,$\mathbf{x}^{(i)}$ と $y^{(i)}$ はそうではない.

最小 2 乗適合 (least-squares fit) として知られている特別な目的関数があるが,データに適合し,最小 2 乗誤差を最小化し,データに適合する線形関数を求める問題は**線形回帰** (linear regression) と呼ばれる.最小 2 乗適合を求める問題は第 28.3 節(対称正定値行列と最小 2 乗近似)で扱っている.

関数 f が線形であるとき,式 (33.33) で定義される損失関数は,それ自身凸である線形関数の 2 乗和なので凸である.したがって,勾配降下法を適用して最小 2 乗誤差を近似的に最小化する重みの集合を求めることができる.学習の具体的な目標は,新たなデータに関する予測ができるようにすることである.形式ばらずに言うと,これらの特徴が(多分,正規化によって)同じ単位と同じ範囲で報告されているなら,これらの重みは自然な解釈となる傾向がある.なぜなら,ラベルのより良い予測であるようなデータの特徴は,より大きな関連した重みを持つからである.たとえば,正規化の後で,心臓病を持つ家族の人数と関連づけられた重みは,身長と関連づけられた重みよりも大きくなるだろう.

求められた重みは,データのモデルを形成する.一度モデルができると,新たなデータが与えられたとき,そのラベルを予測できるようになる.ここでの例では,元の訓練用データ集合には含まれていなかった新しい患者 $\mathbf{x}'$ が与えられたとき,この新たな患者が心臓病を発症する見込みを予測することをまだ願っている.ラベル $f(\mathbf{x}')$ を計算し,勾配降下法で求められた重みを組み込むことによってそうすることができる.

この線形回帰問題に対して,目的は $n+1$ 個の重み w_j のそれぞれに関して 2 乗をとった式 (33.33) の表現を最小化することである.したがって,勾配の第 j 要素は w_j に関して線形である.練習問題 33.3-5 では,勾配を実際に $O(nm)$ 時間で求められることを尋ねているが,これは入力のサイズに関して線形である.第 28 章(行列演算)では式 (33.33) を正確に解く方法を学んだが,行列の逆行列を求める必要があり,それと比べると,勾配降下法はずっと高速である.

第 33.1 節では,訓練データに過度に適合することを避けるために複雑な仮説は罰せられなけ

878 | 33　機械学習のアルゴリズム

ればならない，という考え方である「正則化」について簡単に論じた．正則化はしばしば目的関数に項をつけ足すことを伴うことが多いが，制約をつけ加えることによっても正則化を達成することができる．この例を正規化する 1 つの方法は，ある限度 $B > 0$ に対して，$\|\mathbf{w}\| \leq B$ という制約をつけ加えることによって重みのノルムを明確に限定するというものである．（再び，ベクトル w の成分は，現在の応用例では変数であることを思い出してほしい．）大きな絶対値を持つ値 w_j の個数は制限されているので，この制約をつけ加えることによってモデルの複雑さを制御できる．

　任意の問題に対して GRADIENT-DECENT-CONSTRAINED を実行するためには，R と L に関する限界を計算するほかに，射影のステップを実行する必要がある．本節を締めくくるにあたって，制約 $\|\mathbf{w}\| \leq B$ という制約の下で，勾配降下法に対してこれらの計算をする方法を示そう．まず，第 5 行における射影ステップを考えよう．第 4 行での更新によりベクトル $\mathbf{w}'$ が得られるものとしよう．$\Pi_K(w')$ を計算することで射影が実行できる．ただし，K は $\|\mathbf{w}\| \leq B$ で定義される．この特別な射影は $\mathbf{w}'$ の大きさを変えることで達成できる．なぜなら，K において $\mathbf{w}'$ に最も近い点は，そのノルムがちょうど B に等しいようなベクトルに沿った点でなければならないからである．K の境界にぶつかるように $\mathbf{w}'$ の大きさを変えるのに必要な量 z は，方程式 $z\|w'\| = B$ を解くことによって得られる．解は $B/\|\mathbf{w}'\|$ となる．したがって，行 5 は $\mathbf{w} = \mathbf{w}'B/\|\mathbf{w}'\|$ を計算することによって実行できる．つねに $\|\mathbf{w}\| \leq B$ なので，練習問題 33.3-6 では勾配の大きさ L に関する上界が $O(B)$ であることを示すことを求めている．また次のように R の上界を求めることができる．制約 $\|\mathbf{w}\| \leq B$ より，$\|\mathbf{w}\|^{(0)} \leq B$，$\|\mathbf{w}^*\| \leq B$ の両方が成り立つことを知っているので $\|\mathbf{w}^{(0)} - \mathbf{w}^*\| \leq 2B$ である．式 (33.20) の R の定義を用いると，$R = O(B)$ を得る．定理 33.11 における T 回の反復の後の解の正確さに関する上界 $RL/\sqrt{T}$ は $O(B)L/\sqrt{T} = O(B^2/\sqrt{T})$ となる．

練習問題

33.3-1　補題 33.6 を証明せよ．式 (33.18) で与えられる凸関数の定義から始めること．（**ヒント**：まず $n = 1$ の場合の言明を証明することができる．n の一般の値に対する証明も同様である．）

33.3-2　補題 33.7 を証明せよ．

33.3-3　式 (33.29) を証明せよ．（**ヒント**：$n = 1$ 次元の場合の証明は明らかである．一般的な n 次元の場合の証明も同様に可能である．）

33.3-4　式 (33.32) の関数 f は，変数 $w_0, w_1, \ldots, w_n$ の凸関数であることを示せ．

33.3-5　式 (33.33) の勾配を計算し，勾配を $O(nm)$ 時間で表する方法を示せ．

33.3-6　式 (33.32) で定義された関数 f を考え，正則化に関する議論で考慮されたように，上界 $\|\mathbf{w}\| \leq B$ が得られているものとしよう．この場合，$L = O(B)$ であることを示せ．

33.3-7　第 33.1 節の式 (33.2)（854 ページ）は，最小化されたとき，k-平均問題に対する最適解を与える関数である．勾配降下法を用いて k-平均問題を解く方法を説明せよ．

33.3 勾配降下法 | **879**

章末問題

33-1 ニュートン法

勾配降下法では，関数の望ましい値（最小値）により近づくように繰り返し移動する．この考え方に基づく別のアルゴリズムとして**ニュートン法** (Newton's method) があるが，これは関数の根を見つける繰り返しの方法である．ここで，関数 $f : \mathbb{R} \to \mathbb{R}$ が与えられたとき，$f(x^*) = 0$ であるような値 x^* を求めるニュートン法を考えよう．このアルゴリズムは，点列 $x^{(0)}, x^{(1)}, \ldots$ を順に移動する．アルゴリズムが現在，点 $x^{(t)}$ にいるなら，点 $x^{(t+1)}$ を見つけるために，$x = x^{(t)}$ において曲線と接する直線の方程式

$$y = f'(x^{(t)})(x - x^{(t)}) + f(x^{(t)})$$

を求める．その後で，この直線の x-切片を次の点 $x^{(t+1)}$ として用いる.

a. 上に記述されたアルゴリズムは更新規則

$$x^{(t+1)} = x^{(t)} - \frac{f(x^{(t)})}{f'(x^{(t)})}$$

によって要約することができることを示せ.

ある定義域 I に限定して，すべての $x \in I$ に対して $f'(x) \neq 0$ であり，かつ $f''(x)$ は連続であると仮定しよう．また，出発点 $x^{(0)}$ は十分に x^* に近いとも仮定しよう．ただし，"十分に近い"とは，$x^{(0)}$ に関する $f(x^*)$ のテイラー展開

$$f(x^*) = f(x^{(0)}) + f'(x^{(0)})(x^* - x^{(0)}) + \frac{1}{2}f''(\gamma^{(0)})(x^* - x^{(0)})^2 \tag{33.34}$$

の最初の 2 項だけを用いることができることを意味するものとする．ここで，$\gamma^{(0)}$ は，$x^{(0)}$ と x^* の間の値である．式 (33.34) の近似が $x^{(0)}$ に対して成り立つなら，x^* により近い任意の点についても成り立つ.

b. 関数 f は $f(x^*) = 0$ であるような点 x^* をちょうど 1 つだけ持つものと仮定しよう．$e^{(t)} = |x^{(t)} - x^*|$ とする．式 (33.34) におけるテイラー展開を用いて，

$$\epsilon^{(t+1)} = \frac{|f''(\gamma^{(t)})|}{2|f'(\gamma^{(t)})|}\epsilon^{(t)}$$

であることを示せ．ただし，$\gamma^{(t)}$ は $x^{(t)}$ と x^* の間のある値である.

c. もし，ある定数 c と $\epsilon^{(0)} < 1$ に対して，

$$\frac{|f''(\gamma^{(t)})|}{2|f'(\gamma^{(t)})|} \leq c$$

ならば，誤差が 2 次関数的に減少するので，関数 f は **2 次収束性** (quadratic convergence) を持つという．f が 2 次収束性を持つと仮定したとき，$f(x)$ の根を δ の精度で求めるのにどれだけの回数の反復が必要か検討せよ．答えには δ が含まれないといけない.

d. 関数の最小点でもある $f(x) = (x-3)^2$ の根を求めるのに $x^{(0)} = 3.5$ から始めるものとする．勾配降下法で最小点を求めるのに必要な反復回数と根を求めるためにのニュートン法の反復回数と比較せよ．

33-2 両賭け

乗算型荷重更新の枠組みにおける別の変型版が，HEDGE として知られている．これは WEIGHTED-MAJORITY と 2 つの点で異なる．まず，HEDGE はランダムに予測を行う．つまり，t 回目の反復で，確率 $p_i^{(t)} = w_i^{(t)}/Z^{(t)}$ をエキスパート E_i に割り当てる．ただし，$Z^{(t)} = \sum_{i=1}^{n} w_i^{(t)}$ である．つぎに，この確率分布に従ってエキスパート $E_{i'}$ を選び，$E_{i'}$ に従って予測を行う．第 2 に，更新規則も異なる．エキスパートが間違えれば，第 16 行である $0 < \epsilon < 1$ に対して規則 $w_i(t+1) = w_i^{(t)} e^{-\epsilon}$ としてエキスパートの重みを更新する．HEDGE が間違える回数の期待値は，T 回実行したとき，高々 $m^* + (\ln n)/\epsilon + \epsilon T$ であることを示せ．

33-3 1 次元における Lloyd の手続きの非最適性

1 次元においてさえ，クラスタリングを行う Lloyd の手続きは必ずしも最適な結果を返すとは限らないことを示す例を与えよ．すなわち S が直線上の点集合であるときでさえ，Lloyd の手続きは $f(S, C)$ を最小化しないクラスタの集合 C を結果として返して停止することがある．

33-4 確率的勾配降下法

第 33.3 節で，与えられた（点，値）の対の集合 $S = \{(x_1, y_1), \ldots, (x_T, y_T)\}$ に直線 $f(x) = ax+b$ を当てはめるのに，最適な最小 2 乗適合を勾配降下法を用いて求めることによって得られたパラメータ a と b を用いて最適化する問題について述べた．ここでは，x がベクトルではなく，実数値の変数である場合でこの問題を考えよう．

　S の（点，値）の対がすべては一度には与えられないが，オンライン的に一度に 1 つずつ与えられるものとしよう．さらに，点はランダムな順序で与えられるとする．すなわち，n 点あることは分かっているが，t 回目の反復において (x_i, y_i) だけが与えられる．ただし，i は $\{1, \ldots, T\}$ から独立に一様に選ばれるのである．

　あなたは勾配降下法を用いて，関数の推定を計算することができる．各点 (x_i, y_i) を考えるたびに，(x_i, y_i) に依存する目的関数の項の a と b の値に関する微分値を取ることにより，a と b の現在の値を更新することができる．このようにして，勾配に対する確率的な推定が得られ，これによって逆方向に小さな 1 歩を踏み出すことができる．

　この勾配降下法の変型版を実行する擬似コードを与えよ．T, L, R の関数として誤差の期待値はどうなるか．（ヒント：この変型版に対して第 33.3 節で述べた GRADIENT-DECENT の解析と同様に行え．）この手続きとその変型版は**確率的勾配降下法** (stochastic gradient descent) として知られている．

文献ノート

人工知能に対する一般的な入門書として Russell–Norvig [391] を推薦する．機械学習への一般的な入門書としては，Murphy [340] を推薦する．

k-平均問題に対する Lloyd の手続きは，Lloyd [304] によって最初に提案され，後になって Forgy [151] によっても提案されている．「Lloyd のアルゴリズム」とか「Lloyd-Forgy のアルゴリズム」と呼ばれることもある．Mahajan ら [310] は，最適クラスタリングを見つける問題が平面上においてさえ NP-困難であることを示したが，Kanungo ら [241] は，k-平均問題に対する近似アルゴリズムで任意の $\epsilon > 0$ に対して $9 + \epsilon$ の近似率を持つ近似アルゴリズムが存在することを示した．

乗算型荷重更新法の概説が Arora-Hazan-Kale [25] によって書かれている．フィードバックに基づいて重みを更新するという主な考え方は，何度も再発見されている．最も初期のものはゲーム理論の分野で，Brown [74] が「仮想プレイ」と定義して，ゼロサムゲームの値への収束を予想定理として与えた．この収束性は Robinson [382] によって達成された．

機械学習においては，最初に乗算型荷重更新を用いたのは Winnow アルゴリズムにおける Littlestone [300] であるが，これは後になって Littlestone–Warmuth [301] によって，第 33.2 節で述べた多数決荷重アルゴリズムへと拡張された．この仕事は「ブースティングアルゴリズム」と密接に関係しているが，これは元々は Freund–Shapire [159] によるものである．乗算型荷重更新法の考え方は，パーセプトロンアルゴリズム [328] や線形計画問題のような最適化問題に対するアルゴリズム [177, 359] を含む，より一般的な最適化アルゴリズムのいくつかと密接に関係している．

本章における勾配降下法の扱いについては Bansal–Gupta [35] による未発表の原稿によるところが大きい．彼らはポテンシャル関数を使うというアイデアを強調しており，ならし解析の考え方を用いて勾配降下法を説明している．勾配降下法に関する他の記述と解析には，Bubeck [75]，Boyd–Vanderberghe [69]，Nesterov [343] による仕事が含まれている．

勾配降下法は，関数が一般的な凸性よりも強い性質を持つときより速く収束することが知られている．たとえば，関数 f が **α 強凸** (α-storngly convex) であるというのは，$f(\mathbf{y}) \geq f(\mathbf{x}) + \langle (\nabla f)(\mathbf{x}), (\mathbf{y} - \mathbf{x}) \rangle + \alpha \|\mathbf{y} - \mathbf{x}\|$ が任意の $\mathbf{x}, \mathbf{y} \in \mathbb{R}^n$ に対して成り立つときである．この場合，GRADIENT-DECENT は可変ステップサイズを用いて $\mathbf{x}^{(T)}$ を返すことができる．ステップ t におけるステップサイズは，$\gamma_t = 1/(\alpha(t+1))$ となり，手続きは $f(\mathbf{x\text{-}avg}) - f(\mathbf{x}^*) \leq L^2/(\alpha(T+1))$ となる点を返す．この収束性は定理 33.8 のものより良い．なぜなら，必要な反復回数がほしい誤差の限界 ϵ に関して 2 次関数でなく，線形であり，また，初期の点に効率が関係しないからである．

勾配降下法が，第 33.3 節における解析よりもよい効率を達成することを示すことができる別の場合として，平滑な凸関数に対する場合がある．関数が **β 平滑** (β-smooth) であるというのは，$f(\mathbf{y}) \leq f(\mathbf{x}) + <(\nabla)(\mathbf{x}), (\mathbf{y} - \mathbf{x})> + \frac{\beta}{2} \|\mathbf{y} - \mathbf{x}\|^2$ が成り立つときである．この不等号は α-凸のものと逆である．ここでも勾配降下法に関してより良い上界が得られている．

34 NP 完全性

NP-COMPLETENESS

今まで学習してきたほとんどすべてのアルゴリズムは，ある定数 k に対して，サイズが n の入力上で最悪の場合の計算時間を $O(n^k)$ で抑えることができる**多項式時間アルゴリズム** (polynomial-time algorithm) だった．そのため，**すべての問題が多項式時間で解けるかどうか**疑問に思うかもしれない．答えは否である．たとえば，チューリング (Turing) の有名な「停止問題 (Halting Problem)」のように，どのコンピュータがどんなに長い時間を使っても解けない問題がある．[1] また，解くことはできるが，どんな定数 k に対しても $O(n^k)$ 時間では解けない問題がある．我々は，一般に，多項式時間アルゴリズムで解ける問題を，扱いやすい（手に負える，tractable），"易しい (easy)" 問題であると考え，一方，問題を解くのに超多項式時間かかる（すなわち，多項式時間では解けない）問題を，扱いにくい（手に負えない，intractable），"困難な (hard)" 問題と考える．

しかし，本章の話題は，「NP 完全」問題と呼んでいる，その状態が未知である興味深い問題のクラスである．どの NP 完全問題に対しても，多項式時間アルゴリズムがまだ発見されていないし，また，どの NP 完全問題に対しても，多項式時間アルゴリズムが存在しないということを誰も証明できずにいる．このいわゆる P ≠ NP 問題は，1971 年に最初に提示されて以降，理論コンピュータ科学における最も深遠で困難な未解決問題の 1 つであり続けている．

いくつかの NP 完全問題は，多項式時間で解けることが分かっている問題と表面的に似ているように思われるので，とくに興味がそそられる．下記のそれぞれの問題の対では，一方が多項式時間で解けるのに対して，他方は NP 完全である．しかし，これらの問題の違いはほんのわずかに見える：

最短路 対 最長単純路： 第 22 章（単一始点最短路）では，負の辺重みを許す場合でさえ，有向グラフ $G = (V, E)$ 上で，1 つの始点からすべての頂点への**最短路**を全部で $O(VE)$ 時間で発見できることを説明した．しかし，2 点間の**最長**単純路を見つけるのは難しい．グラフが，与えられた数以上の辺を持つ単純路を含むか否かを，単に決定する問題は NP 完全である．

オイラー巡回路 対 ハミルトン閉路： 強連結有向グラフ $G = (V, E)$ の**オイラー巡回路** (Euler tour) は，G の各辺をちょうど 1 回だけ通る閉路である．ただし，各頂点は繰り返し訪問

---

[1] 停止問題と他の非可解問題に対して，任意の入力に対して正しい答えをいつかは生成するアルゴリズムは存在しない，という証明がある．非可解問題を解こうとする手続きは，答えをつねに生成するが，答えが正しくない場合がある，あるいは，生成される答えはいつも正しいが，ある入力に対しては答えを決して生成しない場合がある．

してもよい．第 20 章（基本的なグラフアルゴリズム）の章末問題 20-3（491 ページ）では，強連結有向グラフがオイラー巡回路を持つか否かを決定し，オイラー巡回路があるときにはそれを構成すること，すべてが $O(E)$ 時間でできることを証明した．有向グラフ $G = (V, E)$ の**ハミルトン閉路** (hamiltonian cycle) は，V の各頂点を含む単純閉路である．有向グラフがハミルトン閉路を持つか否かを決定する問題は，NP 完全である．（本章の後半で，**無向**グラフがハミルトン閉路を持つか否かを決定する問題が NP 完全であることを証明する．）

2-CNF 充足問題 対 3-CNF 充足問題： ブール式は，その値が 0 か 1 である 2 値変数，ブール結合子 $\wedge$ (AND)，$\vee$ (OR)，$\neg$ (NOT)，そして括弧を含む．ブール式は，変数に 0 か 1 をうまく割り当てることで式自身を 1 と評価できるならば，**充足可能** (satisfiable) であると言う．本章の後半では用語をもっと正確に定義するが，非公式には，ブール式は，ちょうど k 個の変数かその否定で構成される OR の節の AND であるとき，**k 連言標準形** (k-conjunctive normal form)，あるいは，省略して k-CNF であると言う．たとえば，ブール式 $(x_1 \vee x_2) \wedge (\neg x_1 \vee x_3) \wedge (\neg x_2 \vee \neg x_3)$ は 2-CNF であり，充足可能な割当て $x_1 = 1$，$x_2 = 0$，$x_3 = 1$ を持つ．2-CNF 式の充足可能性は多項式時間で決定できるが，本章で証明するように，3-CNF 式が充足可能か否かを決定する問題は NP 完全である．

NP 完全性とクラス P と NP

本章を通して 3 つの問題のクラス：P，NP，NPC に言及する．ここで，最後のクラスは NP 完全問題のクラスである．ここでは，これらを非公式に記述し，後ほど，もっと厳密に定義しよう．

クラス P は，多項式時間で解くことのできる問題から構成される．もっと明確に言うと，n を問題への入力のサイズとするとき，ある定数 k が存在し，$O(n^k)$ 時間で解くことができる問題のクラスである．以前の章で扱った問題のほとんどは P に属している．

クラス NP は多項式時間で "検証可能" な問題から構成される．問題が検証可能であるとはどんな意味だろうか？解答の "証明書 (certificate)" が，ともかく与えられたとき，この証明書が正しいかどうかを問題の入力サイズに関する多項式時間で検証できることを意味する．たとえば，ハミルトン閉路問題では，有向グラフ $G = (V, E)$ が与えられたとき，証明書は $|V|$ 個の頂点の列 $\langle v_1, v_2, \ldots, v_{|V|} \rangle$ だろう．この列が N 1 個の頂点をそれぞれ 1 回ずつ含むこと，$i = 1, 2, \ldots, |V| - 1$ に対して $(v_i, v_{i+1}) \in E$ であること，そして $(v_{|V|}, v_1) \in E$ であることを，多項式時間で簡単に調べることができる．別の例として，3-CNF 充足可能性では，証明書は，変数への値の割当てだろう．この割当てが対象のブール式を充足するか否かを多項式時間で調べることができる．

問題が P に属せば，証明が提供されなくても多項式時間でこの問題を解くことができるので，P に属するどの問題もまた NP に属す．本章では，この概念を後ほど形式化するが，今のところは P $\subseteq$ NP であると信じられる．有名な未解決問題は，P が NP の真の部分集合かどうかである．

非公式には，ある問題が NP に属し，かつ NP の任意の問題と同程度に "難しければ"，この問題はクラス NPC に属し，**NP 完全** (NP-complete) であると言う．NP に属する任意の問題

884 | 34 NP 完全性

と同程度に "難しい" という文章の意味は，本章で後ほど正式に定義する．証明を与えるのは先になるが，**どの 1 つの** (any) NP 完全問題が多項式時間で解ければ，NP に属する**すべての** (every) 問題が多項式時間アルゴリズムを持つ．ほとんどの理論コンピュータ科学者は，NP 完全問題は手に負えないと信じている．現在まで研究されてきた広範囲にわたる NP 完全問題のどの 1 つに対しても，誰も多項式時間アルゴリズムを発見できなかったので，NP に属する問題がすべて多項式時間で解けるとすれば本当に驚きである．しかし，いまだに，NP 完全問題の困難性の証明にこれまで捧げられた努力がまだ決定的結果を出していないことを考えると，NP 完全問題が，実際に多項式時間で解くことができるという可能性も排除できない．

良いアルゴリズムの設計者になるには，NP 完全性の理論の根本を理解しなければならない．問題が NP 完全であると決定できれば，この問題が手に負えないことを示す良い証拠を提供できる．そして，エンジニアとして，この問題を正確に速く解くアルゴリズムを探す代わりに，近似アルゴリズム（第 35 章（近似アルゴリズム）を参照）を開発するか，手に負える特別な場合に対して問題を解くことに時間を費やすほうがよい．その上，表面的にはソート，グラフ探索，ネットワークフローよりも難しくないように思える自然で興味深い多くの問題が，実際には NP 完全である．したがって，この驚くべき問題のクラスに慣れ親しまなければならない．

問題が NP 完全であることの証明の概略

ある特定の問題が NP 完全であることを示すために使う技法は，アルゴリズムを設計し解析するために本書のほとんどの場所で使ってきた技法とは，根本的に異なる．ある問題が NP 完全であることを示すには，この問題が，いかに簡単かではなく，いかに難しいか（あるいは，少なくとも，どのくらい難しいと我々が考えているか）を主張する．ある問題を NP 完全であると証明したならば，効率の良い 1 つのアルゴリズムを探すことは無駄な努力に違いないと言っていることになる．このように，NP 完全性の証明は，第 8.1 節（ソーティングの下界）に現れた，任意の比較ソートアルゴリズムの下界が $\Omega(n \lg n)$ 時間であることの証明との類似性が認められる．しかし，NP 完全性を示すために使う特定の技法は，第 8.1 節で使った決定木の手法ではない．

問題が NP 完全であることを示す際には，3 つの主要な概念が必要になる：

決定問題と最適化問題

我々が興味を持つ問題の多くは**最適化問題** (optimization problem) である．つまり，実行可能解 (feasible solution)（すなわち，"合法な" 解）のそれぞれが対応する値を持ち，最良の値を持つ実行可能解を発見することが目的である．たとえば，SHORTEST-PATH と呼ばれる問題では，無向グラフ G と頂点 u, v が与えられたとき，u と v を結ぶ辺数が最小の経路を発見することが目的となる．言い換えれば，SHORTEST-PATH は重みなし無向グラフ上での単一点対最短路問題である．しかし，NP 完全性は，直接的には，最適化問題に適用される性質ではなく，単に "yes" または "no"（あるいは，もっと形式的に，"1" または "0"）を解として出力する，**決定問題** (decision problems) に適用される性質である．

NP 完全問題を決定問題の集合の中で議論するが，決定問題と最適化問題の間の便利な関係を利用できる．すなわち，通常，与えられた最適化問題を，最適化する値にある限界を与えることで，関連する決定問題に変換できる．たとえば，SHORTEST-PATH に関連した決定問

題は，PATH である：無向グラフ G，2 つの頂点 u と v，整数 k が与えられたときに，u から v への，高々 k 本の辺から構成される経路が存在するか否かを答える問題．

最適化問題と対応する決定問題の間の関係は，最適化問題が"難しい"ことを示そうとするときにはうまく働く．ある意味で，決定問題は，"より易しい"か，少なくとも"より難しくはない"からである．具体的な例として，SHORTEST-PATH を解き，発見した最短路の辺数を決定問題 PATH のパラメータ k と比較すれば，PATH が解決できる．言い換えると，最適化問題が簡単ならば，対応する決定問題も同様に易しい．もっと NP 完全性に関連した言い方をすれば，決定問題が難しいことの証拠があれば，それは対応する最適化問題も難しいことの証拠でもある．したがって，NP 完全性が決定問題だけを対象とするものであっても，NP 完全性の理論は，しばしば，最適化問題に対しても同じ意味合いを持つ．

帰着

ある 1 つの問題が別の問題より難しくもない，あるいは易しくもないことを示すという上記の考えは，両方の問題が決定問題の場合でも適用される．以下のように，いずれの NP 完全性の証明も，ほとんどこのアイデアを利用している．多項式時間で解きたい決定問題 A を考えよう．ある特定の問題への入力を，その問題の**インスタンス** (instance) と呼ぶ．たとえば，PATH のインスタンスは，特定のグラフ G，G の特定の 2 つの頂点 u と v，特定の整数 k から構成される．さて，ある別の決定問題 B を多項式時間で解く方法を知っていると仮定しよう．そして，A の任意のインスタンス α を B のあるインスタンス β に変換する手続きがあり，以下の 2 つの条件を満足すると仮定する：

- この変換には多項式時間かかる．
- 答えは同じである．すなわち，α に対する答えが"yes"のとき，かつそのときに限り，β に対する答えが"yes"である．

このような手続きを多項式時間**帰着アルゴリズム** (reduction algorithm) と呼ぶ．これは，図 34.1 が示すように，問題 A を多項式時間で解く方法を与える：

1. 多項式時間帰着アルゴリズムを用いて，与えられた問題 A のインスタンス α を問題 B のインスタンス β に変換する．
2. B に対する多項式時間決定アルゴリズムをインスタンス β 上で実行する．
3. β に対する答えを α に対する答えとする．

これらのステップがそれぞれ多項式時間で実行できるならば，3 つのステップにかかる総実行時間も多項式なので，α について多項式時間で決定する方法を得たことになる．言い換える

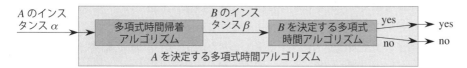

図 34.1 決定問題 B に対する多項式時間アルゴリズムが与えられたとき，多項式時間帰着アルゴリズムを用いて決定問題 A を多項式時間で解く方法．A のインスタンス α を B のインスタンス β に多項式時間で変換し，B を多項式時間で解き，β に対する答えを α に対する答えとする．

と，問題 A を解くことを問題 B を解くことに"帰着"して，B の"易しさ"を A の"易しさ"を証明するために使っているのである．

NP 完全性は，ある問題がどのくらい易しいのかを示すのではなく，どのくらい難しいのかを示すことだったことを思い出し，ある問題が NP 完全であることを示すために多項式時間帰着を逆向きに使う．このアイデアを一歩先に進めて，多項式時間帰着を利用して，ある特定の問題 B に対して，多項式時間アルゴリズムが存在しないことを示す方法を紹介する．多項式時間アルゴリズムが存在しないことが分かっている決定問題 A があると仮定しよう．（このような問題 A をどのように発見するのかは，今は問題としない．）さらに，A のインスタンスを B のインスタンスに変換する多項式時間帰着も知っていると仮定する．このとき，B に対する多項式時間アルゴリズムが存在しないことを背理法によって簡単に証明できる．矛盾を導くために，B がある多項式時間アルゴリズムを持つと仮定する．すると，図 34.1 に示した方法を用いて，問題 A を多項式時間で解く方法が手に入るが，これは，A に対する多項式時間アルゴリズムが存在しないという仮定に矛盾する．

問題 B が NP 完全であることを証明するための方法論は，これに似ている．問題 A が多項式時間アルゴリズムを絶対に持たないと仮定することはできない．しかし，問題 A が NP 完全であるという仮定の下で，問題 B もまた NP 完全であることを証明することができる．[a]

最初の NP 完全問題

帰着の技法を用いて，ある問題が NP 完全であることを証明するには，すでに NP 完全であると分かっている別の問題が必要になるので，"最初の" NP 完全問題が必要になる．本章で使用する問題は回路充足可能性問題，すなわち，AND，OR，NOT ゲートから構成されるブール組合せ回路が与えられたとき，回路出力が 1 となるような，この回路への入力が存在するか否かを決定する問題である．この最初の問題が NP 完全であることを第 34.3 節で証明する．

本章の概要

本章では，アルゴリズムの解析に最も直接的に関係する NP 完全性の諸相を学ぶ．第 34.1 節では，"問題"の概念を定式化し，多項式時間で解決できる決定問題のクラスである複雑度のクラス P を定義する．また，これらの概念が，形式言語理論の枠組みに適合することを示す．第 34.2 節では，多項式時間で解が検証可能な決定問題のクラスである NP を定義する．また，$P \neq NP$ 問題を正確に述べる．

第 34.3 節では，多項式時間"帰着"を介して，問題を関連づけることが可能であることを示す．本節では，NP 完全性を定義し，回路充足可能性問題が NP 完全問題であることの証明の概略を説明する．1 つの NP 完全問題がすでに発見されているとき，帰着の手法を用いて，他の問題の NP 完全性証明を大幅に簡略化する方法を，第 34.4 節で紹介する．2 つのブール式充足可能性問題が NP 完全であることの証明を例として，この手法を説明する．第 34.5 節では，別の帰着を用いてさまざまな問題が NP 完全であることを示す．いくつかの帰着は 1 つの領域の問題を完全に別の領域の問題に変換していて極めて創造的である．

---

[a] ［訳注］B が A と同じ程度には困難であることを証明している点で，証明手法が似ているの意．

34.1 多項式時間 | 887

34.1 多項式時間

NP 完全性は，問題の解決と証明書の検証を，多項式時間で行う概念に基づいているので，多項式時間で可解な問題の概念を定式化することから開始する．

我々は，通常，多項式時間の解法を持つ問題を手に負える（易しい，tractable）問題であると考える．その主要な理由を 3 つ挙げることができる：

1. 合理的な人は，解決に $\Theta(n^{100})$ 時間かかる問題を手に負えるとは考えないが，このような高次の多項式の計算時間が必要な問題は，実際にはほとんど存在しない．現場で出会う多項式時間で計算可能な問題は，ほとんどの場合もっと少ない計算時間しか必要としない．経験が示すところによれば，ある問題に対して最初の多項式時間アルゴリズムが発見されると，より効率の良いアルゴリズムが続いて発見される．ある問題に対する現在最良のアルゴリズムの計算時間がたとえ $\Theta(n^{100})$ であったとしても，もっと良い計算時間を持つアルゴリズムがすぐに発見されるだろう．

2. 多くの合理的な計算モデルに対して，あるモデル上で多項式時間で解くことのできる問題は，別のモデル上でも多項式時間で解くことができる．たとえば，本書のほとんどの場所で使う逐次ランダムアクセスマシン上で，多項式時間で解くことができる問題のクラスは，抽象的なチューリングマシン上で多項式時間で解くことができる問題のクラスと同じである．[2] このクラスは，また，プロセッサ数が入力サイズの多項式で増加する並列コンピュータ上で，多項式時間で解くことができる問題のクラスと同じである．

3. 多項式は加法，乗法，合成のもとで閉じているので，多項式時間で解くことができる問題のクラスは良い閉包性を持つ．たとえば，ある多項式時間アルゴリズムの出力が別の多項式時間アルゴリズムに入力されたとき，合成されたアルゴリズムは多項式時間アルゴリズムである．練習問題 34.1-5 では，あるアルゴリズムが多項式時間サブルーチンを定数回呼び出し，加えて，多項式時間かかる追加作業を行っても，合成されたアルゴリズムが多項式時間で走ることを示す．

抽象問題

多項式時間で可解な問題のクラスを理解するには，最初に"問題"の概念を厳密に捉える必要がある．**抽象問題** (abstract problem) Q を，問題の**インスタンス** (instance) の集合 I と問題の**解** (solutions) の集合 S の間の 2 項関係によって定義する．たとえば，SHORTEST-PATH のインスタンスは，グラフと 2 つの頂点から構成される 3 項組である．解は，グラフのある頂点の列であり，おそらく，空列 (empty sequence) は，経路が存在しないことを示す．SHORTEST-PATH 問題自体は，グラフと 2 頂点から構成される各インスタンスをこれら 2 頂点を結ぶグラフ上の最短路に対応させる関係である．最短路は必ずしも一意に決まらないの

---

[2] チューリングマシンのモデルの詳細な説明は，Hopcroft–Ullman [228]，Lewis–Papadimitriou [299]，あるいは Sipser [413] を参照．

888 | 34 NP 完全性

で，与えられた問題インスタンスは，複数の解を持つかもしれない．

抽象問題のこの形式化は，本書で必要な程度以上に一般的である．すでに説明したように，NP 完全性の理論では，**決定問題** (decision problem)，すなわち，yes/no の解を持つ問題に対象が制約されている．このとき，抽象決定問題を，インスタンス集合 I を解集合 $\{0,1\}$ に写像する関数と見なすことができる．たとえば，SHORTEST-PATH に対応する決定問題はすでに紹介済みの PATH 問題である．$i = \langle G, u, v, k \rangle$ を決定問題 PATH のインスタンスとするとき，u と v を結ぶ最短路が，高々 k 本の辺を持てば PATH$(i) = 1$ (yes)，そうでなければ PATH$(i) = 0$ (no) である．多くの抽象問題は決定問題ではなく，ある値を最小化，あるいは，最大化することが目的の**最適化問題** (optimization problem) である．しかし，すでに説明したように，最適化問題は，通常は，それよりは難しくはない決定問題に変換できる．

符号化

コンピュータプログラムが抽象問題を解くためには，プログラムが理解できるような方法で問題インスタンスを表現しなければならない．抽象的オブジェクトの集合 S の**符号化** (encoding) は，S から 2 進文字列の集合への写像 e である．[3] たとえば，我々は自然数 $\mathbb{N} = \{0, 1, 2, 3, 4, \ldots\}$ が文字列 $\{0, 1, 10, 11, 100, \ldots\}$ によって符号化できることをよく知っている．この符号化を用いれば $e(17) = 10001$ である．キーボード上の文字のコンピュータ表現を見たことがあれば，多分，それは ASCII（アスキー）コードを見たのだろう．たとえば，A の符号は 01000001 である．合成オブジェクトは，それを構成する各要素の表現を合成した 2 進文字列として符号化できる．多角形，グラフ，関数，順序対，プログラムなど，すべて 2 進文字列として符号化できる．

したがって，ある抽象決定問題を"解く"コンピュータアルゴリズムは，実際，問題のインスタンスを符号化したものを入力として受け取る．インスタンス i の**サイズ** (size) は，ちょうどその文字列の長さであり，$|i|$ と表記する．インスタンス集合が 2 進文字列の集合である問題を**具象問題** (concrete problem) と呼ぶ．ある具象問題を解くアルゴリズムを考える．長さ $n = |i|$ のインスタンス i が与えられたとき，このアルゴリズムが $O(T(n))$ 時間で解を出力できるなら，このアルゴリズムは，この具象問題を $O(T(n))$ 時間で**解く** (solve) と言う．[4] 具象問題が**多項式時間可解** (polynomial-time solvable) であるとは，この問題を $O(n^k)$ 時間で解くアルゴリズムが存在することを言う．ここで，k はある定数である．

ようやく，**複雑度のクラス P** (complexity class P) は多項式時間可解な具象決定問題の集合である，と形式的に定義することができる．

符号化は，抽象問題を具象問題に写像する．インスタンス集合 I を $\{0,1\}$ に写像する抽象決定問題 Q が与えられたとき，符号化 $e : I \to \{0,1\}^*$ は，対応する具象決定問題 $e(Q)$ を誘導する．[5] ある抽象問題インスタンス $i \in I$ の解が $Q(i) \in \{0,1\}$ ならば，対応する具象問題イ

---

[3] e の余域が **2 進文字列**である必要はない：少なくとも 2 つの記号を持つ有限アルファベット上の文字列の集合ならば，どれでもよい．

[4] アルゴリズムの出力は，その入力と分離されていると仮定する．出力の各ビットを出力するのに少なくとも 1 時間ステップがかかり，アルゴリズムは $O(T(n))$ 時間ステップで終了するので，出力サイズは $O(T(n))$ である．

[5] $\{0,1\}^*$ は，集合 $\{0,1\}$ の要素から構成されるすべての有限文字列の集合を表す．

ンスタンス $e(i) \in \{0,1\}^*$ の解も $Q(i)$ である．技術的詳細に属するが，ある 2 進文字列には，意味のある抽象問題インスタンスが対応しないことがある．便宜のために，このような文字列はすべて 0 に写像されると仮定する．したがって，具象問題は，抽象問題インスタンスの符号化である 2 進文字列インスタンスに限ると，抽象問題と同じ解を生成する．

符号化を架け橋として用い，具象問題から抽象問題に多項式時間可解性の定義を拡張したいが，定義は，どの特定の符号化からも独立であってほしい．すなわち，問題を解く効率は問題の符号化に依存すべきではないと考える．しかし，残念なことに効率は符号化に強く依存する．たとえば，整数 k がアルゴリズムへの唯一の入力で，アルゴリズムの計算時間が $\Theta(k)$ であると仮定する．整数 k が **1 進数** (unary)——つまり，k 個の 1 から構成される文字列——で与えられるならば，このアルゴリズムの計算時間は，長さ n の入力に対して $O(n)$ 時間であり，これは多項式時間である．しかし，整数 k をより自然な 2 進数を用いて符号化すれば，入力サイズは $n = \lfloor \lg k \rfloor + 1$ になるので，1 進符号化のサイズは，2 進符号化のサイズの指数関数である．2 進表現を用いると，このアルゴリズムの計算時間は $\Theta(k) = \Theta(2^n)$，すなわち，入力サイズの指数関数になる．したがって，符号化に依存して，アルゴリズムの計算時間は，多項式時間や超多項式時間に変化する．

抽象問題の符号化方法は，我々が，多項式時間をどのように理解するのかと密接な関係にある．符号化を特定せずに抽象問題の解法を本当に議論することはできない．そうではあるが，実際には，1 進法のような "高価な" 符号化を除けば，問題の符号化方法が，ある問題の多項式時間可解性の有無に影響を与えることは，ほとんどない．たとえば，2 進法ではなく，3 進数で整数を表現しても，3 進数で表された整数を 2 進数で表現された整数に多項式時間で変換できるので，問題が多項式時間で可解か否かにはまったく影響を及ぼさない．

関数 $f : \{0,1\}^* \to \{0,1\}^*$ は，与えられた任意の入力 $x \in \{0,1\}^*$ に対して，出力として $f(x)$ を計算する多項式時間アルゴリズム A が存在するとき，**多項式時間計算可能** (polynomial-time computable) であると言う．ある問題インスタンスの集合 I に対して，2 つの符号化 e_1 と e_2 が**多項式関係にある** (polynomially related) のは，2 つの多項式時間計算可能関数 f_{12} と f_{21} が存在し，任意の $i \in I$ に対して，$f_{12}(e_1(i)) = e_2(i)$ かつ $f_{21}(e_2(i)) = e_1(i)$ が成立するときである．[6] すなわち，ある多項式時間アルゴリズムによって，$e_1(i)$ から $e_2(i)$ を計算でき，また，その逆も成り立つ．次の補題が示すように，抽象問題の 2 つの符号化 e_1 と e_2 が多項式関係にあれば，問題の多項式時間可解性の有無は，（e_1 と e_2 からの）符号化の選択とは無関係である．

補題 34.1 Q をあるインスタンス集合 I 上の抽象決定問題とし，符号化 e_1 と e_2 は，I 上で多項式関係にあるとする．このとき，$e_1(Q) \in \mathrm{P}$ であるための必要十分条件は $e_2(Q) \in \mathrm{P}$ である．

証明 逆方向は対称的なので，順方向だけを証明する．したがって，ある定数 k が存在して，

---

[6] 技術的には，関数 f_{12} と f_{21} に "非インスタンスを非インスタンスに写像する" ことも合わせて要請する必要がある．ここで，$e(i) = x$ を満たすインスタンス i が存在しない文字列 $x \in \{0,1\}^*$ のことを，符号化 e の**非インスタンス** (noninstance) と言う．このとき，符号化 e_1 のすべての非インスタンス x に対して，e_2 のある非インスタンス y が存在して，$f_{12}(x) = y$ となること，および，符号化 e_2 のすべての非インスタンス x' に対して，e_1 のある非インスタンス y' が存在して，$f_{12}(x') = y'$ となることが必要である．

$e_1(Q)$ が $O(n^k)$ 時間で計算できると仮定する．ここで，$n = |e_1(i)|$ である．さらに，ある定数 c が存在して，任意の問題インスタンス i に対して，符号 $e_1(i)$ が符号 $e_2(i)$ から $O(n^c)$ 時間で計算できると仮定する．ここで，$n = |e_2(i)|$ である．入力 $e_2(i)$ 上で $e_2(Q)$ を解くために，まず $e_1(i)$ を計算し，つぎに $e_1(i)$ 上で $e_1(Q)$ を解くアルゴリズムを実行する．実行時間を解析する．符号変換に $O(n^c)$ 時間かかる．逐次コンピュータの出力は，計算時間よりも長くはないので，$|e_1(i)| = O(n^c)$ である．$e_1(i)$ 上で問題を解くために，$O(|e_1(i)|^k) = O(n^{ck})$ 時間かかる．c と k が定数なので，これは n の多項式である． ■

したがって，ある抽象問題を 2 進数と 3 進数のどちらで符号化するかという問題はその "計算複雑度"，すなわち，それが多項式時間で解ける否かには影響を及ぼさないが，インスタンスが 1 進数で符号化されれば，計算複雑度が変わるかもしれない．符号化とは独立な形で議論が進められるように，とくに断らない限り，一般的には，問題インスタンスは任意の合理的で簡潔な形で符号化されていると仮定する．正確には，整数の符号化は，その 2 進数表現と多項式関係にあり，有限集合の符号化は，その要素達を括弧で囲み，コンマで分離したリストとして符号化したものと多項式関係にあると仮定する．(ASCII はこのような符号化スキームの 1 つである．) このような "標準的" 符号化を利用すれば，組，グラフ，式など，他の数学的オブジェクトの合理的な符号化を導出できる．あるオブジェクトの標準的符号化を表すために，そのオブジェクトを山括弧で囲むことにする．したがって，$\langle G \rangle$ はグラフ G の標準的符号化を表す．

この標準的符号化と多項式関係にある符号化を使うと黙約する限り，符号化の選択は抽象問題の多項式時間可解性に影響を及ぼさないので，符号化を参照することなしに，抽象問題を直接的に論じることができる．したがって，明示的に指定しない限り，すべての問題のインスタンスは，標準的符号化を用いた 2 進数の文字列で表現されていると仮定し，一般に抽象問題と具象問題の差を無視する．しかし，標準的符号化が明らかではなく，符号化の相違が計算複雑度の相違を生み出すような，実用面から発生する問題に対しては，注意が必要である．

形式言語の枠組み

決定問題に焦点を合わせると，形式言語理論 (formal-language theory) の道具が活用できる．この理論に出現するいくつかの定義を復習する．**アルファベット** (alphabet) Σ は，記号の有限集合である．Σ 上の**言語** (language) L は Σ に属する記号から構成された有限文字列の任意の集合である．たとえば，$\Sigma = \{0, 1\}$ ならば，集合 $L = \{10, 11, 101, 111, 1011, 1101, 10001, \ldots\}$ は，素数の 2 進数表現の言語である．**空文字列** (empty string) を ε によって，**空言語** (empty language) を $\emptyset$ によって，Σ 上のすべての文字列からなる言語を Σ^* によって表す．たとえば，$\Sigma = \{0, 1\}$ ならば，$\Sigma^* = \{\varepsilon, 0, 1, 00, 01, 10, 11, 000, \ldots\}$ はすべての 2 進文字列の集合である．Σ 上の各言語 L は，Σ^* の部分集合である．

言語上でさまざまな操作が実行できる．**和** (union) や**積** (intersection) のような集合論的操作は，集合論の定義から直接的に導かれる．L の**補** (complement) を $\overline{L} = \Sigma^* - L$ と定義する．2 つの言語 L_1 と L_2 の**連接** (concatenation) $L_1 L_2$ は言語

$$L = \{x_1 x_2 : x_1 \in L_1 \text{ かつ } x_2 \in L_2\}$$

である．言語 L の**閉包** (closure) または，**Kleene**（クリーネ）**閉包** (Kleene star) は言語

$$L^* = \{\varepsilon\} \cup L \cup L^2 \cup L^3 \cup \cdots$$

である．ここで，L^k は L 自身を k 回連接して得られる言語である．

　言語理論の観点から見ると，任意の決定問題 Q のインスタンスの集合は，$\Sigma = \{0, 1\}$ とするとき，単に，集合 Σ^* である．Q は，1 (yes) を答えとして出力する問題インスタンスによって完全に特徴づけられるので，Q を $\Sigma = \{0, 1\}$ 上の言語 L と見なすことができる．ここで，

$$L = \{x \in \Sigma^* : Q(x) = 1\}$$

である．たとえば，決定問題 PATH に対応する言語は

$$\text{PATH} = \{\langle G, u, v, k \rangle : \ G = (V, E)\text{ は無向グラフ，} u, v \in V, \ k \geq 0 \text{ は整数，かつ}$$
$$\text{高々 } k \text{ 本の辺からなる } u \text{ から } v \text{ に至る経路が } G \text{ に存在する}\}$$

である．（便利なので，決定問題とそれが対応する言語を参照するのに同じ名前——ここでは，PATH——を使うことがある．）

　形式言語の枠組みを用いると，決定問題とそれを解くアルゴリズムの間の関係を簡潔に記述できる．与えられた入力文字列 $x \in \{0, 1\}^*$ に対して，アルゴリズム A の出力 $A(x)$ が 1 ならば，A は，x を**受理する** (accept) と言う．アルゴリズム A が**受理した** (accepted) 言語は文字列の集合 $L = \{x \in \{0, 1\}^* : A(x) = 1\}$，すなわち A が受理する文字列の集合である．$A(x) = 0$ のとき，アルゴリズム A は文字列 x を**拒否する** (reject) と言う．

　言語 L がアルゴリズム A によって受理されたとしても，A が入力文字列 $x \notin L$ を拒否するとは限らない．たとえば，アルゴリズムは無限ループに陥るかもしれない．L に属するすべての 2 進文字列を A が受理し，L に属さないすべての 2 進文字列を A が拒否するとき，アルゴリズム A は，言語 L を**決定する** (decide) と言う．アルゴリズム A が言語 L を受理し，加えて，ある定数 k が存在し，任意の長さ n の文字列 $x \in L$ に対して，A が x を受理するのにかかる時間が $O(n^k)$ ならば，アルゴリズム A は言語 L を**多項式時間で受理した** (accepted in polynomial time) と言う．ある定数 k が存在し，任意の長さ n の文字列 $x \in \{0, 1\}^*$ に対して，$x \in L$ か否かを，アルゴリズム A が $O(n^k)$ 時間で正しく決定するならば，アルゴリズム A は言語 L を**多項式時間で決定した** (decideed in polynomial time) と言う．したがって，言語を受理するには，アルゴリズムは，L に属する文字列についてだけ答えを出せばよいが，言語を決定するには，$\{0, 1\}^*$ の各文字列を正しく受理または拒否をしなければならない．

　たとえば，言語 PATH は，多項式時間で受理できる．PATH を多項式時間で受理するアルゴリズムの 1 つは，G が無向グラフの符号化であることを検証し，u と v が G の頂点であることを検証し，G における u と v を結ぶ最短路を幅優先探索を用いて計算し，得られた最短路の辺数と k を比較する．G が無向グラフの符号化であり，発見した u から v への経路が高々 k 本の辺しか持たなければ，アルゴリズムは 1 を出力し停止する．しかし，それ以外の場合には，アルゴリズムは永久に走り続ける．最短路の長さが k より長いインスタンスに対して 0 を明示的に出力しないので，このアルゴリズムは言語 PATH を決定しない．PATH に対する決定アルゴリズムは，PATH に属さない 2 進文字列を，明示的に拒否しなければならない．PATH のような決定問題に対しては，このような決定アルゴリズムを簡単に設計できる．u か

892 | 34 NP完全性

ら v への長さが高々 k の経路が存在しないときには，永久に走り続ける代わりに，0 を出力し
て停止するようにすればよい．（入力された符号化が間違っているときにも，0 を出力して停
止しなければならない．）チューリングの停止問題のような他の問題に対しては，受理アルゴ
リズムは存在するが，決定アルゴリズムは存在しない．

　直観的に，**複雑度のクラス** (complexity class) はある**複雑度の指標** (complexity measure) に
よってそのクラスに所属するか否かが決まる言語 L の集合と定義できる．ここで，複雑度の
指標は，たとえば，L に対する決定アルゴリズムの計算時間である．計算複雑度のクラスの正
確な定義はもう少し技術的である．[7]

　この言語理論の枠組みを使用すると，計算複雑度のクラス P を別の形で定義できる：

$$\mathrm{P} = \{L \subseteq \{0,1\}^* : L \text{に対する多項式時間決定アルゴリズム } A \text{ が存在する}\}$$

実際，以下の定理が示すように，P は多項式時間で受理できる言語のクラスでもある．

定理 34.2

$$\mathrm{P} = \{L : L \text{ は多項式時間アルゴリズムで受理できる}\}$$

証明　多項式時間で決定される言語のクラスは，多項式時間アルゴリズムで受理される言語の
クラスの部分集合なので，L が多項式時間アルゴリズムによって受理されるならば，多項式時
間アルゴリズムによって決定されることを示せば十分である．L をある多項式時間アルゴリズ
ム A によって受理される言語とする．ここでは，古典的な"シミュレーション"の議論を使
い，L を決定する別の多項式時間アルゴリズム A' を構築する．A は，ある定数 k に対して
$O(n^k)$ 時間で L を受理するので，ある定数 c が存在して，A は L を高々 cn^k ステップで受理
する．任意の入力文字列 x に対して，アルゴリズム A' は A の動作を cn^k ステップの間シミュ
レートする．cn^k ステップをシミュレートした後，アルゴリズム A' は A の動作を調べる．A
が x を受理していれば，アルゴリズム A' は，1 を出力して x を受理する．A が x を受理して
いなければ，A' は，0 を出力して x を拒否する．A' が A をシミュレートするためのオーバー
ヘッドは，計算時間を多項式時間程度しか増加させないので，A' は，L を決定する多項式時
間アルゴリズムである．　　　　　　　　　　　　　　　　　　　　　　　　　　　　　■

　定理 34.2 の証明は，構成的ではないことに注意せよ．与えられた言語 $L \in \mathrm{P}$ に対して，L
を受理するアルゴリズム A の計算時間の限界を，実際には知らないこともある．それにもか
かわらず，このような限界があることは知っていて，それゆえ，この限界をチェックするアル
ゴリズム A' が存在することは知っている．ただ，このアルゴリズム A' を発見するのは容易
ではないかもしれないのだが．

練習問題

34.1-1　最適化問題 LONGEST-PATH-LENGTH を，無向グラフと 2 つの頂点から構成され

---

[7] 計算複雑度のクラスに関する詳細は，Hartmanis–Stearns [210] の先駆的な論文を参照．

る各インスタンスを，その2頂点間の最長単純路の辺数に対応させる関係として定義する．対応する決定問題を LONGEST-PATH $= \{\langle G,u,v,k \rangle : G = (V,E)$ は無向グラフ，$u,v \in V$，$k \geq 0$ は整数であり，G に u と v を結ぶ長さが k 以上の単純路が存在する $\}$ と定義する．最適化問題 LONGEST-PATH-LENGTH は，LONGEST-PATH $\in$ P のとき，かつそのときに限り，多項式時間で解けることを示せ．

34.1-2 無向グラフ上で最長単純路を発見する問題の形式的な定義を与えよ．対応する決定問題を与えよ．この決定問題に対応する言語を与えよ．

34.1-3 隣接行列表現を使った有向グラフの2進文字列への形式的な符号化を与えよ．隣接リスト表現を用いて同じことをせよ．この2つの表現が多項式関係にあることを示せ．

34.1-4 第15.2節（貪欲戦略の要素）の練習問題 15.2-2（362ページ）で設計した 0-1 ナップサック問題に対する動的計画アルゴリズムは，多項式時間アルゴリズムだろうか？答えを説明せよ．

34.1-5 アルゴリズムが，多項式時間サブルーチンを高々定数回だけ呼び出し，加えて多項式時間かかる作業を行っても，多項式時間で走ることを示せ．また，多項式時間サブルーチンを多項式回だけ呼び出すと，指数関数時間アルゴリズムになるかもしれないことを示せ．

34.1-6 クラス P を言語の集合と見なしたとき，和集合，積集合，連接，補集合，クリーネ閉包の下で閉じていることを示せ．すなわち，$L_1, L_2 \in$ P ならば，$L_1 \cup L_2 \in$ P，$L_1 \cap L_2 \in$ P，$L_1 L_2 \in$ P，$\overline{L_1} \in$ P，$L_1^* \in$ P である．

34.2 多項式時間検証

さて，言語に対するメンバーシップを検証するアルゴリズムを検討しよう．たとえば，決定問題 PATH のインスタンス $\langle G,u,v,k \rangle$ に加えて，u から v への経路 p が与えられるとする．このとき，p が G における経路か否か，また，p の長さが高々 k であるか否かを簡単に決定できる．したがって，p をこのインスタンスが本当に PATH に属することの"証明書"と見なすことができる．決定問題 PATH に対して，この証明書はあまり意味がない．つまるところ，PATH は P に属し——実際，PATH は線形時間で解くことができる——，与えられた証明書からこのインスタンスが PATH に所属することを検証するには，最初からこの問題を解くのと同じだけの時間がかかる．ここでは，多項式時間決定アルゴリズムの存在は知られていないが，証明書が与えられたとき，検証が簡単に行える問題を検討する．

ハミルトン閉路

無向グラフ上のハミルトン閉路を発見する問題は，100年以上も研究されてきた．形式的には，無向グラフ $G = (V,E)$ の**ハミルトン閉路** (hamiltonian cycle) は，V のすべての頂点を含む単純閉路である．ハミルトン閉路を含むグラフを**ハミルトン的** (hamiltonian) と呼ぶ．そうでなければ，**非ハミルトン的** (nonhamiltonian) である．この名前は十二面体（図 34.2(a)）上の数学ゲームを説明した W.R. Hamilton に由来する．このゲームでは，1人のプレイヤーが任意の5つの連続した頂点にピンを置き，もう1人のプレイヤーはその経路をすべての頂点を含む

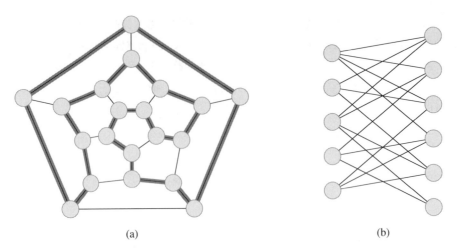

図 34.2 (a) 十二面体の頂点，辺，面を表すグラフ．ハミルトン閉路を網掛けの濃い網かけの辺で示す．(b) 奇数個の頂点を持つ 2 部グラフ．このようなグラフはすべて非ハミルトン的である．

閉路に拡張しようと試みる．[8] 十二面体はハミルトン的であり，図 34.2(a) に 1 つのハミルトン閉路を示す．しかし，すべてのグラフがハミルトン的ではない．たとえば，図 34.2(b) に奇数個の頂点を持つ 2 部グラフを示す．練習問題 34.2-2 では，このようなグラフがすべて非ハミルトン的であることを示す．

「グラフ G がハミルトン閉路を持つかどうか？」を問う，**ハミルトン閉路問題** (hamiltonian-cycle problem) は，形式言語を用いて

$$\text{HAM-CYCLE} = \{\langle G \rangle : G \text{ はハミルトン的グラフである}\}$$

と定義できる．どのようにして，アルゴリズムは，言語 HAM-CYCLE を決定するのだろうか？問題のインスタンス $\langle G \rangle$ が与えられたとき，まず，G の頂点のすべての置換を列挙し，つぎに，各置換がハミルトン閉路か否かを検査するという，決定アルゴリズムが考えられる．このアルゴリズムの計算時間を解析する．計算時間はグラフ G の符号化に依存する．G が隣接行列として符号化されているとする．隣接行列の要素数が n，したがって G の符号化の長さが n のとき，グラフの頂点数 m は $\Omega(\sqrt{n})$ である．頂点の置換の総数は $m!$ なので，計算時間は $\Omega(m!) = \Omega(\sqrt{n}!) = \Omega(2^{\sqrt{n}})$ である．これは，どの定数 k に対しても $O(n^k)$ ではない．したがって，この素朴なアルゴリズムは多項式時間では走らない．実際，第 34.5 節で証明するように，ハミルトン閉路問題は NP 完全である．

検証アルゴリズム

もう少し易しい問題を考える．"このグラフ G はハミルトン的である．ハミルトン閉路に沿った順序で頂点を与えることでその事実を証明する"と友人が言ったとする．この証明ならば十

---

[8] 友人 John T. Graves に宛てた 1856 年 10 月 17 日づけの手紙の中で，Hamilton [206, p. 624] は以下のように書いている．「若者たちがイコシアン (Icosion) 製の新しい数学ゲームに熱中しているところを見ました．まず，1 人が 5 つのピン，を任意の連続した 5 箇所に置きます ⋯ そして，もう 1 人が (この手紙の中で示した理論によってつねに可能なのですが) 残りの 15 個のピンを隣り合うように置いていき，残りのすべての頂点を辿り，敵が最初に置いたピンの隣で終わることができれば勝ちになります．」

分簡単に検証できるだろう：与えられた閉路が実際に V の点の置換であり，引き続く頂点間を結ぶ辺が確かにグラフに存在することを検証すればよい．この検証アルゴリズムは，確かに，$O(n^2)$ 時間で走るように実現できる．ここで，n は G の符号化の長さである．したがって，ハミルトン閉路がグラフに存在することの証明は多項式時間で検証できる．

検証アルゴリズム (verification algorithm) を，2 つのパラメータを持つアルゴリズム A と定義する．ここで，第 1 のパラメータは通常の入力文字列 x で，第 2 のパラメータは**証明書** (certificate) と呼ばれる 2 進文字列 y である．2 パラメータアルゴリズム A は，$A(x, y) = 1$ を満たす証明書 y が存在するとき，入力文字列 x を**検証する** (verify) と言う．検証アルゴリズム A によって**検証された言語** (language verified) は

$$L = \{x \in \{0, 1\}^* : A(x, y) = 1 \text{ を満たす } y \in \{0, 1\}^* \text{ が存在する}\}$$

である．

アルゴリズム A は，以下の条件を満たすとき，言語 L を検証すると考える．つまり，任意の文字列 $x \in L$ に対して，$x \in L$ を証明するためにアルゴリズム A が利用できる証明書 y が存在し，さらに，任意の文字列 $x \notin L$ に対して，$x \in L$ を証明するために A が利用できる証明書がないときである．たとえば，ハミルトン閉路問題の証明書は，あるハミルトン閉路上の頂点の並び順である．グラフがハミルトン的ならば，ハミルトン閉路自身が，このグラフが本当にハミルトン的であることを検証するのに十分情報を提供している．逆に，グラフが非ハミルトン的ならば，検証アルゴリズムは，提供された"閉路"を注意深く検証するので，検証アルゴリズムを騙してグラフをハミルトン的だと信じさせるような頂点のリストは存在しない．

複雑度のクラス NP

複雑度のクラス NP (complexity class NP) は多項式時間アルゴリズムで検証できる言語のクラスである．[9] より正確に言うと，言語 L が NP に属すための必要十分条件は，ある 2 入力多項式時間アルゴリズム A とある定数 c が存在し，

$$L = \{x \in \{0, 1\}^* : A(x, y) = 1 \text{ で } |y| = O(|x|^c) \text{ なる証明書 } y \text{ が存在する}\}$$

が成立することである．アルゴリズム A は言語 L を**多項式時間** (polynomial time) で**検証する** (verify) と言う．

これまでのハミルトン閉路問題に関する議論から，HAM-CYCLE $\in$ NP である．（重要な集合が空ではないことを知るのはいつも素敵なことである．）さらに，$L \in P$ ならば $L \in NP$ である．なぜなら，L を決定する多項式時間アルゴリズムがあれば，このアルゴリズムを，単にどの証明書も無視し，それが L に属すると決定する入力文字列だけを受理するような，2 パラメータの多項式時間の検証アルゴリズムに簡単に変換することができる．したがって，$P \subseteq NP$ である．

そこで $P = NP$ か否かを決定する問題が残される．決定的な答えはまだ知られていない．しかし，ほとんどの研究者は，P と NP は同じクラスではないと信じている．クラス P は，高速

---

[9] 名前「NP」は非決定性多項式時間 (Nondeterministic Polynomial time) を表す．NP のクラスは元々は非決定性の文脈で研究されてきたが，本書では，検証という，少し簡単だが，等価な概念を用いている．Hopcroft–Ullman [228] には，非決定性計算モデルを用いた NP 完全性の紹介がある．

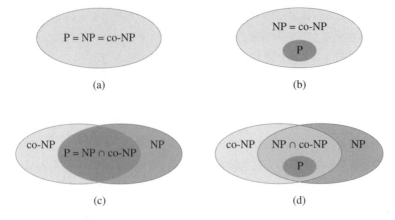

図 34.3 計算複雑度のクラス間の包含関係における 4 つの可能性. 各図で, ある領域が他の領域を部分集合として含むときには, 真の部分集合であることを示す. **(a)** P = NP = co-NP. ほとんどの研究者はこの可能性を最もありえないものと見なしている. **(b)** NP が補集合のもとで閉じていれば NP = co-NP である. しかし, P = NP である必要はない. **(c)** P = NP ∩ co-NP だが, NP は補集合のもとで閉じていない. **(d)** NP ≠ co-NP かつ P ≠ NP ∩ co-NP. ほとんどの研究者はこの可能性を最も強く信じている.

に解決できる問題から構成されており, クラス NP は, 高速に解が検証できる問題から構成されていると考えよう. 今までの経験から, とくに, 時間制約がある場合に, 問題を最初から解くことのほうが, 明確に提示された解を検証するよりしばしば難しいことを知っているだろう. 理論コンピュータ科学者たちは, この類推はクラス P と NP にも拡張でき, したがって, NP は, P に属さない言語を含むと信じている.

P ≠ NP を示唆する, 終結的ではないが, もっと説得力のある証拠がある――"NP 完全"な言語の存在である. このクラスを第 34.3 節で学習しよう.

P ≠ NP 以外の多くの基本的な問題も未解決のまま残っている. 図 34.3 に可能性が残るいくつかのシナリオを示す. 多くの研究者による多大な仕事にもかかわらず, クラス NP が補集合のもとで閉じているかどうかすらも分かっていない. すなわち, $L \in$ NP ならば $\overline{L} \in$ NP だろうか? **複雑度のクラス co-NP** (complexity class co-NP) を $\overline{L} \in$ NP を満たす言語 L の集合と定義すると, NP が補集合の下で閉じているかどうかを問う問題を NP = co-NP かどうかを問う問題と言い換えることができる. P は補集合の下で閉じているので (練習問題 34.1-6), 練習問題 34.2-9 (P⊆co-NP) から P ⊆ NP ∩ co-NP である. しかし, 再び, P = NP ∩ co-NP か, それとも, (NP ∩ co-NP)−P に属する言語があるのか, 誰も知らない.

したがって, P と NP の間の正確な関係の理解は, 痛ましいほどに不完全である. にもかかわらず, たとえ, ある特定の問題が手に追えないと証明できなくても, それが NP 完全であると証明できれば, それについての貴重な情報を手に入れることができるのである.

練習問題

34.2-1 言語 GRAPH-ISOMORPHISM = $\{\langle G_1, G_2 \rangle : G_1$ と G_2 は同型なグラフである$\}$ を考える. GRAPH-ISOMORPHISM $\in$ NP であることを, この言語の多項式時間検証アルゴリズムを記述することで証明せよ.

34.2-2 G が奇数個の頂点を持つ無向 2 部グラフならば，G は非ハミルトン的であることを証明せよ.

34.2-3 もし，HAM-CYCLE $\in$ P ならば，あるハミルトン閉路の頂点を閉路に現れた順序で列挙する問題は，多項式時間で解けることを示せ.

34.2-4 和，積，連結，Kleene 閉包に関して言語 NP のクラスが閉じていることを示せ. 補について NP が閉じているか否か議論せよ.

34.2-5 NP に属する任意の言語は，ある定数 k に対して，$2^{O(n^k)}$ 時間で走るアルゴリズムによって決定可能なことを示せ.

34.2-6 グラフの**ハミルトン経路** (hamiltonian path) は，各頂点を正確に 1 回ずつ訪問する単純路である. 言語 HAM-PATH $= \{\langle G, u, v \rangle :$ グラフ G に u から v へのハミルトン経路がある$\}$ が NP に属することを示せ.

34.2-7 練習問題 34.2-6 で検討したハミルトン経路問題が，有向非巡回グラフ上では多項式時間で解けることを示せ. この問題に対して効率の良いアルゴリズムを与えよ.

34.2-8 ブール入力変数 $x_1, x_2, \ldots, x_k$，否定 ($\neg$)，AND($\wedge$)，OR($\vee$)，および括弧から構成されるブール式を ϕ とする. 入力変数に対する任意の 0, 1 の割当てに対して，ϕ が 1 と評価されるとき，ϕ を**恒真式** (tautology) と言う. 言語 TAUTOLOGY を，恒真式であるブール式の言語と定義する. このとき，TAUTOLOGY $\in$ co-NP を示せ.

34.2-9 P $\subseteq$ co-NP を証明せよ.

34.2-10 NP $\neq$ co-NP ならば P $\neq$ NP であることを証明せよ.

34.2-11 少なくとも 3 個の頂点を持つ連結無向グラフを G とする. G において，長さが高々 3 の経路が結ぶすべての頂点対の間に辺を持つグラフを G^3 とする. このとき，G^3 はハミルトン的であることを証明せよ. （**ヒント**：G の全域木を構成し，帰納法を用いよ.）

34.3 NP 完全性と帰着可能性

理論コンピュータ科学者たちが，P $\neq$ NP を信じる最も説得力のある理由は，おそらく，NP 完全問題のクラスの存在にある. このクラスは，**どれか 1 つの NP 完全問題が多項式時間で解ければ**，NP に属する**すべての問題が多項式時間で解ける**，すなわち，P = NP であるという興味深い性質を持っている. 長年に渡る研究にもかかわらず，**いずれの NP 完全問題に対しても**多項式時間アルゴリズムが発見されていない.

　言語 HAM-CYCLE は NP 完全問題の例である. HAM-CYCLE を多項式時間で決定できれば，NP に属するすべての問題を多項式時間で解くことができる. ある意味で，NP 完全な言語は NP の中で "最も難しい" 言語である. 実際，もしも NP $-$ P が空ではないと分かれば，HAM-CYCLE $\in$ NP $-$ P であると断言できる.

　本節では，言語間の相対的 "困難さ" を "多項式時間帰着可能性" と呼ぶ厳密な概念を用いて比較する方法を示す. そして，NP 完全な言語を形式的に定義し，最後に，CIRCUIT-SAT と呼ぶ言語が NP 完全であることの証明の概略を示す. 第 34.4 節と第 34.5 節では，帰着可能性の概念を用いて他の多くの問題が NP 完全であることを示す.

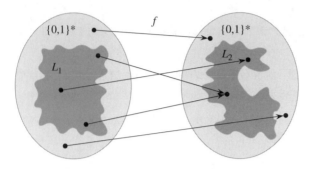

図 34.4 言語 L_1 を言語 L_2 に帰着する関数 f. 任意の入力 $x \in \{0,1\}^*$ に対して，$x \in L_1$ か否かの判定が $f(x) \in L_2$ か否かの判定と同じ答えを持つ．

帰着可能性

ある問題を解決したいときに考えてみる価値のある方法の 1 つはその問題を別の問題に書き換えてみることである．すなわち，1 つの問題を別の問題へ"帰着"することである．ある問題 Q のどのインスタンスも別の問題 Q' のあるインスタンスに書き換えることができ，しかも，その解から Q のインスタンスの解を与えることができるとき，問題 Q は，問題 Q' に帰着できると考える．たとえば，x を未知数とする線形方程式を解く問題は，2 次式を解く問題に帰着できる．(解は $x = -b/a$ である) 線形方程式のインスタンス $ax + b = 0$ が与えられたとき，これを 2 次方程式 $ax^2 + bx + 0 = 0$ に変換できる．この 2 次方程式は解 $x = (-b \pm \sqrt{b^2 - 4ac}/2a)$ を持つ．ここで，$c = 0$ なので，$\sqrt{b^2 - 4ac} = b$ である．そこで，解は $x = (-b + b)/2a = 0$ と $x = (-b - b)/2a = -b/a$ であり，$ax + b = 0$ の解がこのようにして与えられる．したがって，問題 Q が別の問題 Q' に帰着できるならば，Q はある意味で Q' より"解くのが難しくない．"[b]

決定問題に対する形式言語の枠組みに戻り，すべての $x \in \{0,1\}^*$ に対して，

$$x \in L_1 \text{ のとき，かつそのときに限り，} f(x) \in L_2 \tag{34.1}$$

を満たす多項式時間で計算できる関数 $f : \{0,1\}^* \to \{0,1\}^*$ が存在すれば，言語 L_1 は言語 L_2 に**多項式時間帰着可能** (polynomial-time reducible) と言い，$L_1 \leq_P L_2$ と書く．関数 f を**帰着関数** (reduction function)，f を計算する多項式時間アルゴリズム F を**帰着アルゴリズム** (reduction algorithm) と言う．

図 34.4 に，言語 L_1 から別の言語 L_2 への多項式時間帰着のアイデアを図示する．各言語は $\{0,1\}^*$ の部分集合である．帰着関数 f は，$x \in L_1$ ならば $f(x) \in L_2$ となる写像を与える．さらに，$x \notin L_1$ ならば $f(x) \notin L_2$ である．したがって，帰着関数は，言語 L_1 が表現する決定問題の任意のインスタンス x を，言語 L_2 が表現する決定問題のあるインスタンス $f(x)$ に写像する．そして，$f(x) \in L_2$ の正否が与えられると，直接，$x \in L_1$ の正否が導出できる．加えて f が多項式時間で計算可能であれば，f は多項式時間帰着関数である．

多項式時間帰着は，さまざまな言語が P に属すことを証明するための強力な道具である．

---

[b] ［訳注］2 次方程式の解 $x = 0$ は，$a \neq 0$，$b = 0$ のときしか 1 次方程式 $ax + b = 0$ の解になっていないので，ここの議論は帰着になっていない．$(ax + b)^2 = a^2 x^2 + 2abx + b^2 = 0$ の 2 次方程式に帰着させることはできる．

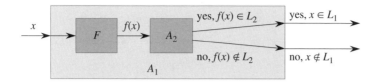

図 34.5 補題 34.3 の証明. アルゴリズム F は, L_1 から L_2 への帰着関数 f を多項式時間で計算する帰着アルゴリズム, A_2 は L_2 を決定する多項式時間アルゴリズムである. アルゴリズム A_1 は, 任意の入力 x に対して, F を使って x を $f(x)$ に変換し, A_2 を使って $f(x) \in L_2$ か否かを決定することで, $x \in L_1$ か否かを決定する.

補題 34.3 2 つの言語 $L_1, L_2 \subseteq \{0,1\}^*$ が $L_1 \leq_P L_2$ を満たすと仮定する. このとき, $L_2 \in P$ は $L_1 \in P$ である.

証明 L_2 を決定する多項式時間アルゴリズムを A_2, 帰着関数 f を計算する多項式時間アルゴリズムを F とする. このとき, L_1 を決定する多項式時間アルゴリズム A_1 を構成する.

図 34.5 に A_1 を構成する方法を図示する. 与えられた入力 $x \in \{0,1\}^*$ に対して, アルゴリズム A_1 は, F を用いて x を $f(x)$ に変換し, つぎに, A_2 用いて $f(x) \in L_2$ か否かを判定する. アルゴリズム A_1 は, アルゴリズム A_2 の出力を受け取り, これを A_1 自身の出力とする.

条件 (34.1) から A_1 は正しい. F も A_2 も多項式時間で走るので, このアルゴリズムは, 多項式時間で走る (練習問題 34.1-5 参照). ∎

NP 完全性

多項式時間帰着は, 多項式時間の因子 (polynomial time factor) を無視すれば, 1 つの問題が別の問題よりも同等以上に難しいことを形式的に示すための手法である. すなわち, $L_1 \leq_P L_2$ ならば, 多項式時間の因子を無視すれば, L_1 は L_2 より難しくない. これが, 帰着の "同程度かそれよりも少ない" ことを示す覚えやすい記号として $\leq_P$ を採用した理由である. NP における最も難しい問題群である, NP 完全な言語の集合を定義する準備が整った.

言語 $L \subseteq \{0,1\}^*$ は

1. $L \in NP$, かつ
2. すべての $L' \in NP$ に対して, $L' \leq_P L$

であるとき, **NP 完全** (NP-complete) である. 言語 L が性質 2 を満たすが, 必ずしも性質 1 を満たすとは限らないとき, L は **NP 困難** (NP-hard) である. また, NP 完全な言語のクラスを NPC と定義する.

次の定理が示すように, NP 完全性は, P が実際に NP に等しいかどうかを決定する核心である.

定理 34.4 ある任意の NP 完全問題を多項式時間で解くことができれば, P = NP である. 同値だが, ある任意の NP 問題を多項式時間で解くことができなければ, 多項式時間で解決できる NP 完全問題は存在しない.

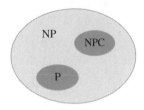

図 34.6 理論コンピュータ科学者のほとんどが信じている P, NP, NPC の間の関係. P と NPC は共に完全に NP に含まれ，P ∩ NPC = ∅ である.

証明 $L \in P$ かつ $L \in NPC$ と仮定しよう．任意の $L' \in NP$ を考える．NP 完全性の定義の性質 2 より，$L' \leq_P L$ である．したがって，補題 34.3 から $L' \in P$ であり，定理の最初の主張が証明された．

2 番目の主張を証明するために，最初の主張の対偶を考える．$P \neq NP$ ならば，多項式時間で解くことができる NP 完全問題は存在しない．$P \neq NP$ は，NP の中に多項式時間で解くことができる問題が存在することを意味している．したがって，2 番目の主張は 1 番目の主張の対偶である． ∎

$P \neq NP$ 問題に関する研究が，NP 完全問題を中心に行われているのはこの理由からである．理論コンピュータ科学者のほとんどが $P \neq NP$ であることを信じている．そして，その信じるところに従えば，図 34.6 に示す P, NP, NPC の間の関係が導かれる．しかし，皆そう思ってはいないが，誰かがある NP 完全問題の多項式時間アルゴリズムを思いつき，P = NP を証明するということが起こるかもしれない．いずれにせよ，どの NP 完全問題に対しても，多項式時間アルゴリズムは発見されていないので，問題が NP 完全であることの証明は，その問題が手に負えないことの良い証拠である．

回路充足可能性

NP 完全問題の概念を定義したが，この時点では，まだどの問題も NP 完全であると証明していない．いったん，少なくとも 1 つの問題を NP 完全であることを証明できれば，多項式帰着が，他の問題を NP 完全であることを証明するための道具になる．したがって，ここでは，ある NP 完全問題が存在することの証明に焦点を合わせ，回路充足可能性問題の NP 完全性を証明する．

残念なことに，回路充足可能性問題が NP 完全であることの厳密な証明には，本書の範囲を越えた技術的詳細が必要である．その代わりに，ブール組合せ回路の基本的な理解に基づいて，証明を非形式的に記述する．

ブール組合せ回路は，導線によって結ばれたブール組合せ素子から構成される．**ブール組合せ素子** (boolean combinational element) は，定数個のブール入力と出力を持ち，明確に定義された関数を計算する任意の回路素子である．ブール値は，集合 $\{0, 1\}$ に属する値で，0 は FALSE，1 は TRUE を表す．

回路充足可能性問題で用いるブール組合せ素子は，単純なブール関数を計算し，**論理ゲート** (logic gate) として知られている．図 34.7 に回路充足可能性問題で使用する 3 つの基本論

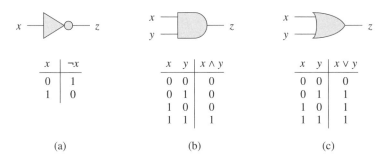

図 34.7 2 進数を入出力とする 3 つの基本論理ゲート．各ゲートの下に，ゲートの演算を記述する真理値表を示す．**(a)** NOT ゲート．**(b)** AND ゲート．**(c)** OR ゲート．

理ゲートを示す．すなわち，**NOT ゲート** (NOT gate)（または，**インバータ** (inverter)），**AND ゲート** (AND gate)，**OR ゲート** (OR gate) である．NOT ゲートは 1 ビットの**入力** (input) x（0 または 1）を受け取り，その反転を**出力** (output) z とする．他の 2 つのゲートでは，2 つの 1 ビット入力 x と y を受け取り，1 ビットの出力 z を生成する．

図 34.7 の各ゲートの下に示すように，**真理値表** (truth table) によって各ゲートや任意のブール組合せ素子の機能を記述できる．真理値表には，入力の可能な組合せのそれぞれについて，組合せ素子の対応する出力が指定されている．たとえば，OR ゲートの真理値表は，入力が $x = 0$，$y = 1$ ならば，出力が $z = 1$ であることを教えてくれる．NOT 関数を示すのに $\neg$，AND 関数を示すのに $\wedge$，OR 関数を示すのに $\vee$ を用いる．したがって，たとえば，$0 \vee 1 = 1$ である．

AND と OR ゲートは 3 つ以上の入力を受け取るよう一般化できる．AND ゲートは，すべての入力が 1 のとき出力は 1，そうでなければ 0 である．OR ゲートは，入力が 1 つでも 1 を含むとき出力は 1，そうでなければ 0 である．

ブール組合せ回路 (boolean combinational circuit) は，**導線** (wire) で互いに結ばれた 1 つまたは複数のブール組合せ素子から構成される．導線はある素子の出力を別の素子の入力と結び，最初の素子の出力値を 2 番目の素子の入力値として提供する．図 34.8 に，1 つの素子だけが異なる，2 つの似たブール組合せ回路を示す．図 34.8(a) に，入力 $\langle x_1 = 1, x_2 = 1, x_3 = 0 \rangle$ が与えられたときの各導線上の値を示す．1 本の導線は，2 つ以上の組合せ素子の出力に繋げることはできないが，複数の素子の入力に繋ぐことができる．ある導線に繋がっている素子入力数をこの導線の**ファンアウト** (fan-out) と言う．ある導線に繋がっている素子出力がなければ，この導線は，**回路入力** (circuit input) であり，回路の外部から与えられる入力値を受け取る．ある導線に繋がっている素子入力がなければ，この導線は，**回路出力** (circuit output) であり，外界に回路の計算結果を伝える．（内部の導線が，ファンアウトの結果，回路出力になることもある．）現実のハードウェアの設計では，ブール組合せ回路は，複数の出力を持つことがあるが，回路充足可能性問題を定義するという目的のために，回路出力数を 1 に制限する．

ブール組合せ回路は，閉路を含まない．言い換えると，与えられた組合せ回路に対して，次の有向グラフ $G = (V, E)$ を考える．各組合せ素子に 1 つの頂点に対応させ，ファンアウトが k の各導線に k 本の有向辺に対応させる．すなわち，ある導線が素子 u の出力と素子 v の入力を繋いでいるならば (u, v) を有向辺とする．すると G は，非巡回でなければならない．

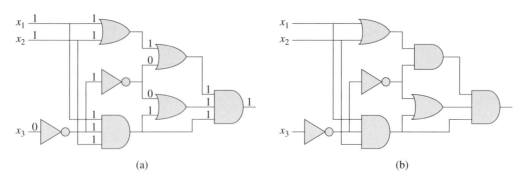

図 34.8 回路充足可能性問題の 2 つのインスタンス．**(a)** この回路入力への割当て $\langle x_1 = 1, x_2 = 1, x_3 = 0\rangle$ に対する回路出力は 1 である．したがって，この回路は充足可能である．**(b)** この回路入力へのどの割当てに対しても回路出力は 0 である．したがって，この回路は充足不可能である．

ブール組合せ回路の各入力に対する 2 進値の割当てを**真理値割当て** (truth assignment) と言う．1 出力のブール組合せ回路が，**充足割当て** (satisfying assignment)，すなわち，回路出力を 1 にする真理値割当てを持つならば，**充足可能** (satisfiable) である．たとえば，図 34.8(a) の回路は，充足割当て $\langle x_1 = 1, x_2 = 1, x_3 = 0\rangle$ を持つので，充足可能である．一方，図 34.8(b) の回路は，練習問題 34.3-1 で証明するように，x_1, x_2, x_3 への任意の割当てに対して，1 を出力することはない．その回路は，つねに 0 を出力するので，充足不可能である．

回路充足可能性問題 (circuit-satisfiability problem) は，AND，OR，NOT ゲートから構成されるブール組合せ回路が与えられたとき，この回路が充足可能か否かを答える問題である．しかし，この問題を形式的に提示するには，回路の標準的な符号化に合意しておく必要がある．ブール組合せ回路の**サイズ** (size) は，ブール組合せ素子の数と回路中の導線数の合計である．このとき，与えられた回路 C を，長さが回路自身のサイズについて多項式である 2 進文字列 $\langle C \rangle$ に写像するグラフふうの符号化を工夫できる．したがって，形式言語として

$$\text{CIRCUIT-SAT} = \{\langle C \rangle : C \text{ は充足可能なブール組合せ回路である}\}$$

と定義できる．

回路充足可能性問題は，コンピュータ支援ハードウェア最適化分野に現れる．ある部分回路がつねに 0 を出力するならば，この部分回路は不必要であり，設計者は，この部分回路からすべての論理ゲートを省き，0 を出力する簡単な部分回路によって置き換えることができる．この問題に対する多項式時間アルゴリズムの価値が分かるだろう．

回路 C が与えられたとき，単純にその入力に対するすべての可能な割当てを調べることで，それが充足可能かどうかを決定できる．しかし，不幸なことに，回路が k 個の入力を持てば，2^k 個ある可能な割当てをすべて調べないといけないかもしれない．C のサイズが k の多項式であれば，すべての割当てを調べるのに $\Omega(2^k)$ 時間かかり，これは回路サイズの超多項式 (superpolynomial) である．[10] 実際，私たちが主張してきたように，回路充足可能性問題を解く多項式時間アルゴリズムが存在しない強い証拠がある．なぜなら，回路充足可能性は，NP 完

---

[10] 一方，回路 C のサイズが $\Theta(2^k)$ ならば，$O(2^k)$ 時間アルゴリズムの実行時間は回路サイズの多項式である．P $\neq$ NP だとしても，この状況は問題の NP 完全性と矛盾しない．特別な場合を多項式時間で解くアルゴリズムが存在することは，すべての場合を多項式時間で解くアルゴリズムが存在することを意味しないからである．

全だからである．NP 完全性の定義の 2 つの部分に合わせて，この事実を 2 つの部分に分けて証明する．

補題 34.5 回路充足可能性問題はクラス NP に属する．

証明 CIRCUIT-SAT を検証する 2 入力多項式時間アルゴリズム A を与える．A への第 1 の入力は，ブール組合せ回路 C（の標準的符号化）である．第 2 の入力は，証明書であり，C 上の導線に対する 2 進値割当てを記述している．（練習問題 34.3-4 では，サイズがもっと小さい証明書を検討する．）

アルゴリズム A は以下のように動作する．この回路の各論理ゲートに対して，出力導線上で証明書が与える値が入力導線上で証明書が与える値の関数として正しく計算されているか否かを検査する．すると，その回路全体の出力が 1 ならば，C の入力に割り当てられた値は充足割当てなので，アルゴリズム A は，1 を出力する．そうでなければ，A は 0 を出力する．

アルゴリズム A へ充足可能な回路 C が入力される限り，C のサイズについて多項式の長さの証明書が存在し，A はそれを利用して 1 を出力する．一方，充足不可能な回路が入力されたときには，A を騙して回路が充足可能であると信じさせる証明書は存在しない．アルゴリズム A は，多項式時間で実行でき，上手に実現すれば線形時間あれば十分である．したがって，CIRCUIT-SAT を多項式時間で検証でき，CIRCUIT-SAT $\in$ NP である．∎

CIRCUIT-SAT が NP 完全であることの証明の後半では，この言語が NP 困難であることを示す：すなわち，NP に属する**いずれの**言語も CIRCUIT-SAT に多項式時間帰着可能であることを示さなければならない．しかし，この事実の証明は，技術的に非常に錯綜しているので，本節では，コンピュータハードウェアの働きをある程度理解していることを前提にして，証明の概略だけを説明する．

コンピュータプログラムは，コンピュータのメモリに一連の命令として格納されている．典型的な命令には，実行する演算子，オペランドのメモリ内アドレス，演算結果を格納するアドレスが符号化されている．**プログラムカウンタ** (program counter) と呼ばれる，特別なメモリ場所には，次に実行する命令が格納されているメモリ内アドレスが保存されている．（プログラムカウンタが指す）命令を実行のために取り出すと，プログラムカウンタの値は自動的に 1 だけ増加するので，コンピュータは，命令を逐次的に実行できる．しかし，ある命令を実行すると，プログラムカウンタにある値を書き込むことができ，その結果，通常の実行順序が変更され，コンピュータは反復や条件分岐を行うことが可能になる．

プログラムの実行中のどの時点においても，計算の全状態は，コンピュータのメモリに保存されている．（プログラム自体，プログラムカウンタ，作業領域，コンピュータが管理のために維持するさまざまな状態のビットが保持されているメモリを考えよう．）コンピュータメモリの任意の特定の状態を**計算状況** (configuration) と呼ぶことにする．ある命令が実行されると計算状況が変わる．命令を 1 つの計算状況から別の計算状況への写像と見なすことができる．この写像を達成するコンピュータハードウェアは，あるブール組合せ回路で実現でき，次の補題の証明では M で表す．

補題 34.6 回路充足可能性問題は NP 困難である．

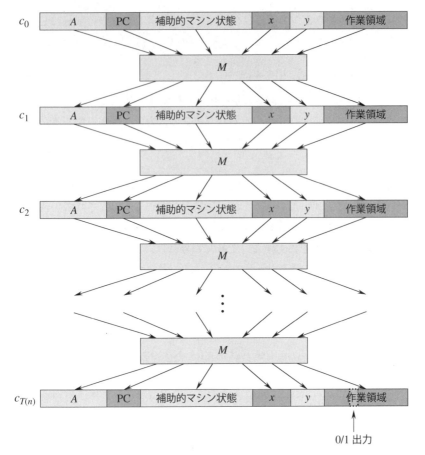

図 34.9 入力 x と証明書 y 上で走るアルゴリズム A が生成する計算状況の列．各計算状況は，計算の 1 ステップに対するコンピュータの状態を表しており，A, x, y の他に，プログラムカウンタ (PC)，補助的マシン状態，作業領域を含む．y 以外の初期計算状況 c_0 は定数である．ブール組合せ回路 M は各計算状況を次の計算状況に写像する．出力は作業領域のある特定のビットである．

証明 L を NP に属する任意の言語とする．このとき，帰着関数 f を計算する多項式時間アルゴリズム F を記述する．ここで，f は，すべての 2 進文字列 x をある回路 $C = f(x)$ に，$x \in L$ であるための必要十分条件が $C \in$ CIRCUIT-SAT となるように写像する関数である．

$L \in$ NP なので，L を多項式時間で検証するアルゴリズム A が存在する．これから構成するアルゴリズム F は，帰着関数 f を計算するためにこの 2 入力アルゴリズム A を用いる．

$T(n)$ を，長さ n の入力文字列に対するアルゴリズム A の最悪計算時間，$k \geq 1$ を，$T(n) = O(n^k)$ で，証明書の長さもまた $O(n^k)$ となる定数とする．(A の実行時間は，実際には，入力文字列と証明書の両方を含む全体の入力サイズの多項式時間である．しかし，証明書の長さは入力文字列の長さ n に関して多項式なので，実行時間は n の多項式である．)

証明の基本的なアイデアは，A の計算を計算状況の列として表現することである．図 34.9 に図示するように，各計算状況は，A に対するプログラム，プログラムカウンタ，補助的マシン状態，入力 x，証明書 y，作業領域から成り立つと考える．コンピュータハードウェアを実装する組合せ回路 M は，初期計算状況 c_0 から開始し，各計算状況 c_i を次の計算状況 c_{i+1} に写像する．アルゴリズム A は，その出力——0 か 1——をその実行が終わるまでに指定さ

れた場所に書き込む. A が停止すれば出力値は二度と変化しない. したがって, 高々 $T(n)$ ステップだけアルゴリズムが実行されると, 計算状況 $c_{T(n)}$ のビットの 1 つに出力が現れる.

帰着アルゴリズム F は, 与えられた初期計算状況から生成されるすべての計算状況を計算する 1 つの組合せ回路を構成する. アイデアは, 回路 M の $T(n)$ 個のコピーを一緒に張り合わせることである. i 番目の回路は, 計算状況 c_i を生成し, その出力を直接 $(i+1)$ 番目の回路に入力する. したがって, 計算状況はメモリに格納されているというより, M の複製を繋ぐ導線上の値として存在する.

多項式帰着アルゴリズム F がしなければならないことを思い出そう. 入力 x が与えられたとき, ある証明書 y に対して $A(x, y) = 1$ となるとき, かつそのときに限り, 充足可能である回路 $C = f(x)$ を計算しなければならなかった. F が入力 x を受け取ると, 最初に, $n = |x|$ を計算し, $T(n)$ 個の M の複製からなる組合せ回路 C' を構成する. C' への入力は $A(x, y)$ 上の計算に対応する初期計算状況であり, 出力は計算状況 $c_{T(n)}$ である.

アルゴリズム F は, 回路 $C = f(x)$ を構成するために回路 C' を少し修正する. 最初に, A に対するプログラム, 初期プログラムカウンタ, 入力 x, メモリの初期状態などに相当する C' の回路入力を, 直接これらの既知の値に繋ぐ.[c] したがって, 残された回路への入力は, 証明書 y に相当する. つぎに, A の出力に対応する $c_{T(n)}$ の 1 ビットを除く, C' からのすべての出力を無視する. このように構成した回路 C は, 長さ $O(n^k)$ の任意の入力 y に対して $C(y) = A(x, y)$ を計算する. 入力文字列 x が与えられたとき, 帰着アルゴリズム F は回路 C を計算し, 出力する.

2 つの性質を証明する必要がある. 最初に, F が帰着関数 f を正しく計算することを示さなければならない. すなわち, $A(x, y) = 1$ を満たす証明書 y が存在するとき, かつそのときに限り, C が充足可能であることを示す. つぎに, F が多項式時間で走ることを示さなければならない.

F が正しく帰着関数を計算することを示すために, $A(x, y) = 1$ を満たす長さ $O(n^k)$ の証明書 y が存在すると仮定する. このとき, C に y のビットを入力すると, C の出力は $C(y) = A(x, y) = 1$ である. したがって, 証明書が存在すれば C は充足可能である. 逆方向を証明するために, C が充足可能であると仮定する. このとき, $C(y) = 1$ を満たす C に対する入力 y が存在し, このことから, $A(x, y) = 1$ を結論づけることができる. したがって, F は帰着関数を正しく計算する.

証明の概略を完成させるために, F が $n = |x|$ の多項式時間で走ることを示す. 最初に, 1 つの計算状況を表現するのに必要なビット数が n の多項式であることを確認する. なぜか? A のプログラム自体は, 定数サイズで, 入力 x の長さとは独立である. 入力 x の長さは n, 証明書 y の長さは $O(n^k)$ である. アルゴリズムは, 高々 $O(n^k)$ ステップしか走らないので, A が必要とする作業領域の量も n の多項式である. (我々は, 暗黙的に, このメモリ領域は, 連続的に取られていると仮定している. 練習問題 34.3-5 では, A がアクセスする場所がメモリのもっと広い範囲に分散し, しかも, 分散パターンが各入力 x によって異なる場合に議論を拡張している.)

---

[c] ［訳注］要するに, 第 1 番目の M のコピーへの入力が, y を除くと初期計算状況 c_0 になるように, 0 および 1 を定常的に出す情報源と対応する回路入力を導線で結ぶ.

906 | 34 NP完全性

コンピュータハードウェアを実現する組合せ回路 M のサイズは，計算状況の長さ $O(n^k)$ の多項式なので，n の多項式である．（この回路のほとんどは，メモリシステムの論理の実装に費やされている．）回路 C は，$O(n^k)$ 個の M の複製から構成されているので，n の多項式サイズである．構成の各ステップが多項式時間で実行できるので，帰着アルゴリズム F は x から C を多項式時間で構成される． ■

したがって，言語 CIRCUIT-SAT は，NP の任意の言語と同等以上に難しく，NP に属しているので，NP 完全である．

定理 34.7 回路充足可能性問題は NP 完全である．

証明 補題 34.5 と 34.6，および NP 完全性の定義から明らかである． ■

練習問題

34.3-1 図 34.8(b) の回路が充足不可能であることを検証せよ．

34.3-2 関係 $\leq_P$ が言語上の推移的関係であることを示せ．すなわち，$L_1 \leq_P L_2$ かつ $L_2 \leq_P L_3$ ならば $L_1 \leq_P L_3$ であることを示せ．

34.3-3 $L \leq_P \overline{L}$ と $\overline{L} \leq_P L$ が同値であることを証明せよ．

34.3-4 充足割当てを証明書として使う補題 34.5 の別証を示せ．証明がより簡単になる証明書はどちらか？

34.3-5 補題 34.6 の証明は，アルゴリズム A の作業領域が多項式サイズの連続領域を占めることを仮定している．証明においてこの仮定を用いた場所はどこか？この仮定によって一般性が失われないことを示せ．

34.3-6 言語 L は，$L \in C$，かつ，すべての $L' \in C$ に対して $L' \leq_P L$ ならば，多項式時間帰着の下で言語クラス C に対して**完全 (complete)** であると言う．$\emptyset$ と $\{0,1\}^*$ だけが多項式時間帰着の下で P に対して完全ではない言語であることを示せ．

34.3-7 多項式時間帰着の下で（練習問題 34.3-6 参照），L が NP に対して完全であることと，$\overline{L}$ が co-NP に対して完全であることとが同値であることを示せ．

34.3-8 補題 34.6 の証明の中で，帰着アルゴリズム F は，x，A，k の知識から回路 $C = f(x)$ を構成する．Sartre 教授は，文字列 x は F への入力であるが，（言語 L が NP に属すので）A，k，および実行時間 $O(n^k)$ に隠された定数係数は，実際の値が与えられるわけではなく，その存在だけが F に伝えられるにすぎないことから，F は回路 C をとても構成できないので，言語 CIRCUIT-SAT は必ずしも NP 困難でないと結論づけている．教授の論理の間違いを説明せよ．

34.4 NP 完全性の証明

すべての言語 $L \in$ NP に対して $L \leq_P$ CIRCUIT-SAT を直接示すことで，回路充足可能性問題の NP 完全性を証明した．本節では，NP に属する**すべて**の言語を，与えられた言語に直接

34.4 NP 完全性の証明 | **907**

帰着することなく，言語が NP 完全であることを証明する方法を紹介する．そして，この方法を，さまざまなブール式充足可能性問題が NP 完全であることの証明を用いて説明する．この方法を用いるさらに多くの例を第 34.5 節で説明する．

ある言語が NP 完全であることを示す方法の基礎となるのが次の補題である．

補題 34.8 言語 L は，ある $L' \in \text{NPC}$ に対して，$L' \leq_{\text{P}} L$ ならば，NP 困難である．加えて $L \in \text{NP}$ ならば，$L \in \text{NPC}$ である．

証明 L' は NP 完全なので，すべての $L'' \in \text{NP}$ に対して，$L'' \leq_{\text{P}} L'$ である．仮定から $L' \leq_{\text{P}} L$，推移性（練習問題 34.3-2）より $L'' \leq_{\text{P}} L$ である．したがって，L は NP 困難である．加えて $L \in \text{NP}$ ならば，$L \in \text{NPC}$ である． ■

言い換えると，ある NP 完全であることが分かっている言語 L' を L に帰着することで，NP に属するすべての言語を暗黙の内に L に帰着する．したがって，補題 34.8 は言語 L の NP 完全性を証明する手法を与える：

1. $L \in \text{NP}$ を証明する：
2. L が NP 困難であることを証明する．
   a. NP 完全であることが分かっている言語 L' を選択する．
   b. L' の各インスタンス $x \in \{0,1\}^*$ を L のインスタンス $f(x)$ に写像する関数 f，を計算するアルゴリズムを記述する．
   c. 関数 f が次の条件を満たすことを証明する．すべての $x \in \{0,1\}^*$ に対して，$x \in L'$ であるための必要十分条件は $f(x) \in L$ である．
   d. f を計算するアルゴリズムが多項式時間で走ることを証明する．

NP 完全であると分かっている 1 つの言語からの帰着というこの手法は，NP に属するすべての言語からの帰着方法を直接に証明するもっと複雑なプロセスよりも，はるかに単純である．CIRCUIT-SAT $\in \text{NPC}$ を証明したことで，この手法に向かって歩み出すことができた．回路充足可能性問題が NP 完全だと知っているので，他の問題の NP 完全性をはるかに簡単に証明することができる．しかも，NP 完全だと分かっている問題の一覧表が充実するにつれて，どの言語から帰着させるのか，選択の余地が広がってゆく．

ブール式充足可能性

帰着手法を説明するために，**回路** (circuit) ではなく，**ブール式** (formula) が充足可能か否かを決定する問題の NP 完全性の証明を見てみよう．この問題には，NP 完全であることが最初に証明された問題，という歴史的な栄誉が与えられている．

（ブール式）充足可能性 ((formula) satisfiability) 問題を言語 SAT の言葉で次のように定式化する．SAT のインスタンスは，ブール式 ϕ で，次のように構成される：

1. n 個のブール変数：$x_1, x_2, \ldots, x_n$；
2. m 個のブール結合子：すなわち，$\wedge$ (AND)，$\vee$ (OR)，$\neg$ (NOT)，$\rightarrow$ (含意)，$\leftrightarrow$ (同値) といった，1 つ，あるいは 2 つの入力と 1 つの出力を持つ任意のブール関数；そして，

3. 括弧.（一般性を失うことなく，冗長な括弧はないと仮定する．すなわち，ブール式は，各ブール結合子について，高々一対の括弧を含む．）

ブール式 ϕ は $n + m$ の多項式の長さで簡単に符号化できる．ブール組合せ回路と同様，ブール式 ϕ に対する**真理値割当て** (truth assignment) は，ϕ の各変数に対する真理値の割当て（の集合）であり，**充足割当て** (satisfying assignment) は，ϕ が 1 と評価される真理値割当てである．充足割当てを持つブール式を**充足可能** (satisfiable) であると言う．充足可能性問題は，与えられたブール式が充足可能か否かを問う問題である．形式言語の用語を使うと

$$\text{SAT} = \{\langle \phi \rangle : \phi \text{ は充足可能なブール式である}\}$$

である．たとえば，ブール式

$$\phi = ((x_1 \to x_2) \lor \neg((\neg x_1 \leftrightarrow x_3) \lor x_4)) \land \neg x_2$$

に対する充足割当ては，$\langle x_1 = 0,\ x_2 = 0,\ x_3 = 1,\ x_4 = 1 \rangle$ である．なぜなら，

$$
\begin{aligned}
\phi &= ((0 \to 0) \lor \neg((\neg 0 \leftrightarrow 1) \lor 1)) \land \neg 0 \qquad\qquad (34.2)\\
&= (1 \lor \neg(1 \lor 1)) \land 1\\
&= (1 \lor 0) \land 1\\
&= 1
\end{aligned}
$$

が成立するからである．したがって，この式の符号化 $\langle \phi \rangle$ は，SAT に属する．

任意のブール式が充足可能か否かを決定する素朴なアルゴリズムは，多項式時間では走らない．n 個の変数を持つブール式には，2^n 個の可能な割当てがある．もし $\langle \phi \rangle$ の長さが n の多項式ならば，すべての割当てを調べるのに $\Omega(2^n)$ 時間かかり，これは $\langle \phi \rangle$ の長さの超多項式である．次の定理が示すように，多項式時間アルゴリズムは，存在しそうもない．

定理 34.9 ブール式の充足可能性は NP 完全である．

証明 まず，SAT $\in$ NP を証明し，つぎに，CIRCUIT-SAT $\leq_\text{P}$ SAT を示して SAT が NP 困難であることを証明すると，補題 34.8 から定理が証明されたことになる．

SAT が NP に属することを示すために，入力ブール式 ϕ に対する充足割当てを記述する証明書が，多項式時間で検証できることを示す．この検証アルゴリズムは，単にブール式の各変数を対応する値で置き換え，上の式 (34.2) で行ったようにブール式を評価する．この仕事は多項式時間で実行できる．ブール式を 1 と評価できれば，アルゴリズムはこのブール式を充足可能であると検証する．したがって，SAT は NP に属する．

SAT が NP 困難であることを証明するために，CIRCUIT-SAT $\leq_\text{P}$ SAT を示す．別の言葉で言えば，回路充足可能性問題の任意のインスタンスをブール式充足可能性問題のインスタンスに多項式時間で帰着する方法を示す必要がある．任意のブール組合せ回路をあるブール式として表現するのに帰納法を利用できる．回路出力を持つゲートについて，このゲートへの各入力をそれぞれ帰納的にブール式として表現する．つぎに，各入力に対するブール式に対してこのゲートの機能を適用する式を記述することで，回路全体に対するブール式を得ることができる．

不幸なことに，この見通しの良い方法は多項式時間帰着とはならない．練習問題 34.4-1 で証明するように，共有されている部分回路——出力導線のファンアウトが 2 かそれ以上のゲー

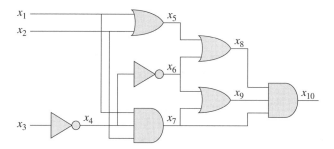

図 34.10 回路充足可能性をブール式充足可能性へ帰着する．帰着アルゴリズムによって構成されたブール式は回路の各導線に対して 1 つの変数，各論理ゲートに対して 1 つの節を持つ．

トから発生する——は，構成されるブール式のサイズを指数関数的に増大させる原因になりうる．したがって，帰着アルゴリズムはもう少し賢くないといけない．

図 34.8(a) の回路を例にして，この問題を回避する方法を図 34.10 に示す．回路 C の各導線 x_i に対して，ブール式 ϕ は変数 x_i を持つ．各ゲートの機能を，接続する導線の変数を用いる小さなブール式として表現できる．このブール式は，左辺にゲートの出力（導線に対応する）変数，右辺に入力（導線に対応する）変数上のゲート関数を表現する論理表現を置き，それを"同値関係 (if and only if)"（$\leftrightarrow$）で結合するという形をしている．たとえば，回路出力に繋がる AND ゲートの表現は $x_{10} \leftrightarrow (x_7 \wedge x_8 \wedge x_9)$ である．これらの小さなブール式を**節** (clause) と呼ぶ．

帰着アルゴリズムが構成するブール式 ϕ は，回路出力の変数と，各ゲートの機能を記述する節すべての論理積の AND である．図の回路に対して，ブール式は

$$\begin{aligned}
\phi = \ & x_{10} \wedge (x_4 \leftrightarrow \neg x_3) \\
& \wedge (x_5 \leftrightarrow (x_1 \vee x_2)) \\
& \wedge (x_6 \leftrightarrow \neg x_4) \\
& \wedge (x_7 \leftrightarrow (x_1 \wedge x_2 \wedge x_4)) \\
& \wedge (x_8 \leftrightarrow (x_5 \vee x_6)) \\
& \wedge (x_9 \leftrightarrow (x_6 \vee x_7)) \\
& \wedge (x_{10} \leftrightarrow (x_7 \wedge x_8 \wedge x_9))
\end{aligned}$$

である．回路 C が与えられたとき，対応するブール式 ϕ は容易に多項式時間で生成できる．

回路 C が充足可能なとき，かつそのときに限り，ブール式 ϕ が充足可能になる理由を説明する．C が充足割当てを持てば，回路の各導線は明確に定義される値を持ち，回路出力は 1 である．したがって，ϕ の変数に導線の値を割り当てると，ϕ の各節は 1 と評価されるので，その論理積もまた 1 と評価される．逆に，ϕ が 1 と評価される割当てが存在するとすると，同様の議論から，回路 C は充足可能である．したがって，CIRCUIT-SAT $\leq_P$ SAT の証明が終わり，証明が完成した． ∎

3-CNF 充足可能性

ブール式充足可能性問題から帰着することで多くの問題の NP 完全性を証明できる．しかし，

910 | 34 NP 完全性

帰着アルゴリズムは任意の入力ブール式を変換する必要があり，この要請を満たすために，膨大な数の個々の場合を考慮しなければならないことがある．そこで，ある制限されたブール式の言語からの帰着で済むなら，帰着において考慮すべき場合の数が少なくなるので，そのほうが望ましい．しかし，もちろん，言語を制限しすぎて多項式時間で解けてしまっては意味がない．このための便利な言語が 3-CNF 充足可能性，あるいは，3-CNF-SAT である．

3-CNF 充足可能性を定義するために，いくつかの用語を用意する必要がある．ブール式の**リテラル** (literal) は，変数（たとえば，x_1）あるいは，その否定（たとえば，$\neg x_1$）の生起である．**節** (clause) は，1 つまたは複数のリテラルの OR（たとえば，$x_1 \vee \neg x_2 \vee \neg x_3$）である．ブール式が複数の節の AND として表現されているとき，このブール式の形を**連言標準形** (conjunctive normal form)，あるいは **CNF** と言う．[d] 連言標準形のブール式の各節が正確に 3 つの異なるリテラルから構成されているとき，このブール式の形を **3 連言標準形** (3-conjunctive normal form)，あるいは **3-CNF** と言う．

たとえば，ブール式

$$(x_1 \vee \neg x_1 \vee \neg x_2) \wedge (x_3 \vee x_2 \vee x_4) \wedge (\neg x_1 \vee \neg x_3 \vee \neg x_4)$$

は 3-CNF に属する．3 つある節の最初のものは $(x_1 \vee \neg x_1 \vee \neg x_2)$ であり，3 つのリテラル x_1，$\neg x_1$，$\neg x_2$ を含んでいる．

言語 3-CNF-SAT は，3-CNF に属する充足可能なブール式の符号化から構成される．次の定理は，ブール式の充足可能性を決定する多項式時間アルゴリズムは，たとえ，それらがこの単純な標準形で表現されていても，おそらく存在しないことを示している．

定理 34.10 3 連言標準形を持つブール式の充足可能性は NP 完全である．

証明 定理 34.9 の証明で SAT ∈ NP を示すために用いた議論を，ここでも 3-CNF-SAT ∈ NP を示すために適用できる．したがって，補題 34.8 から SAT $\leq_P$ 3-CNF-SAT を示せば十分である．

帰着アルゴリズムを 3 つの基本ステップに分解する．各ステップでは，段階的に入力ブール式 ϕ を望む 3 連言標準形に近づける．

最初のステップでは，定理 34.9 で CIRCUIT-SAT $\leq_P$ SAT を証明するために用いたものに似ている．最初に，入力ブール式 ϕ に対して，リテラルが葉，結合子が内部節点に対応する，2 分"構文解析"木を構成する．図 34.11 に，ブール式

$$\phi = ((x_1 \rightarrow x_2) \vee \neg((\neg x_1 \leftrightarrow x_3) \vee x_4)) \wedge \neg x_2 \tag{34.3}$$

に対応する構文解析木を示す．ここで，入力ブール式がいくつかのリテラルの OR のような節を含んでいれば，結合則を用いて式を完全に括弧づけ，結果として，構成された木の各内部節点が 1 あるいは 2 個の子を持つようにしておく．この 2 分構文解析木はこの関数を計算する回路と見なすことができる．

定理 34.9 の証明の中の帰着を真似て，各内部節点の出力として変数 y_i を導入する．このとき，元の式 ϕ を，根に対応させた変数と，各節点の演算を記述する節すべての論理積との AND として書き直すことができる．ブール式 (34.3) から結果として得られる表現は

---

[d] ［訳注］CNF を乗法標準形，和積標準形とも呼ぶ．

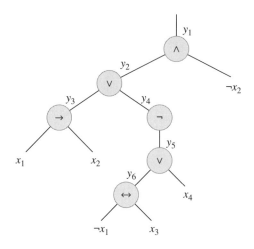

図 34.11 式 $\phi = ((x_1 \to x_2) \lor \neg((\neg x_1 \leftrightarrow x_3) \lor x_4)) \land \neg x_2$ に対応する木.

$$\begin{aligned}\phi' = \ & y_1 \land (y_1 \leftrightarrow (y_2 \land \neg x_2)) \\ & \land (y_2 \leftrightarrow (y_3 \lor y_4)) \\ & \land (y_3 \leftrightarrow (x_1 \to x_2)) \\ & \land (y_4 \leftrightarrow \neg y_5) \\ & \land (y_5 \leftrightarrow (y_6 \lor x_4)) \\ & \land (y_6 \leftrightarrow (\neg x_1 \leftrightarrow x_3))\end{aligned}$$

である．したがって，結果として得た式 ϕ' は高々 3 個のリテラルを持つ節 ϕ'_i の論理積であって，各節が正確に 3 個のリテラルの OR でなければならないという要請をつねに満たすように，さらに変換を行う必要がある．

帰着の第 2 ステップでは，各節 ϕ'_i を連言標準形に変換する．変数へのすべての可能な割当てを評価して ϕ'_i に対する真理値表を構成する．真理値表の各行は，節の変数に対する可能性のある割当てと，その割当ての下で節が取る値から構成されている．評価が 0 である真理値表の行を使って，$\neg \phi'_i$ に同値な**選言標準形** (disjunctive normal form)，あるいは，**DNF** を構成する．[e] これは，複数の AND を OR した形のブール式である．最後に，この式を否定し，命題論理に対する**ド・モルガンの法則** (de Morgan's law)

$\neg(a \land b) = \neg a \lor \neg b$
$\neg(a \lor b) = \neg a \land \neg b$

を用いて，すなわち，すべてのリテラルをその補リテラルに，OR を AND に，AND を OR に置き換えることで，ϕ'_i を CNF 式 ϕ''_i に変換する．

ここでの例では，節 $\phi'_1 = (y_1 \leftrightarrow (y_2 \land \neg x_2))$ を以下のようにして CNF に変換する．ϕ'_1 に対する真理値表を図 34.12 に示す．$\neg \phi'_1$ に同値な DNF 式は

$(y_1 \land y_2 \land x_2) \lor (y_1 \land \neg y_2 \land x_2) \lor (y_1 \land \neg y_2 \land \neg x_2) \lor (\neg y_1 \land y_2 \land \neg x_2)$

である．これを否定し，ド・モルガンの法則を適用すると，元の節 ϕ'_1 と同値な CNF 式

---

[e] ［訳注］DNF を加法標準形，積和標準形とも呼ぶ．

912 | 34 NP 完全性

y_1	y_2	x_2	$(y_1 \leftrightarrow (y_2 \wedge \neg x_2))$
1	1	1	0
1	1	0	1
1	0	1	0
1	0	0	0
0	1	1	1
0	1	0	0
0	0	1	1
0	0	0	1

図 34.12 節 $(y_1 \leftrightarrow (y_2 \wedge \neg x_2))$ に対する真理値表.

$$\phi_1'' = (\neg y_1 \vee \neg y_2 \vee \neg x_2) \wedge (\neg y_1 \vee y_2 \vee \neg x_2)$$
$$\wedge (\neg y_1 \vee y_2 \vee x_2) \wedge (y_1 \vee \neg y_2 \vee x_2)$$

を得る.

この時点で，ブール式 ϕ' の各節 ϕ_i' はある CNF 式 ϕ_i'' に変換された．したがって，ϕ' は ϕ_i'' の論理積から構成されている CNF 式 ϕ'' と同値である．しかも，ϕ'' の各節は高々 3 個のリテラルしか持たない.

第 3 の，そして最後の帰着ステップでは，このブール式を変換し，各節が**正確**に 3 個の異なるリテラルを持つようにする．CNF 式 ϕ'' の各節から最終的な 3-CNF 式 ϕ''' を構成する．式 ϕ''' は 2 つの補助変数 p と q を使う．ϕ'' の各節 C_i に対して，ϕ''' は対応する次の（いくつかの）節を含む:

- C_i が 3 個の異なるリテラルを持つならば，C_i を ϕ''' の節とする.
- C_i が 2 個の異なるリテラルを持つならば，すなわち，$C_i = (l_1 \vee l_2)$ で，l_1 と l_2 がリテラルならば，$(l_1 \vee l_2 \vee p) \wedge (l_1 \vee l_2 \vee \neg p)$ を ϕ''' の（2 個の）節とする．リテラル p と $\neg p$ は，ϕ''' の各節が正確に 3 個の異なるリテラルを持つという構文上の要求を達成するためだけに利用される．$p = 0$ でも $p = 1$ でも，これらの節の中の 1 つは $l_1 \vee l_2$ と同値であり，他方は AND の単位元である 1 と評価される.
- C_i がちょうど 1 個のリテラル l を持つならば，$(l \vee p \vee q) \wedge (l \vee p \vee \neg q) \wedge (l \vee \neg p \vee q) \wedge (l \vee \neg p \vee \neg q)$ を ϕ''' の（4 個の）節とする．p と q の値とは関係なく，この 4 個の節のうちの 1 個は l と同値であり，他の 3 個は 1 と評価される.

3 つの帰着ステップのそれぞれを吟味することで，3-CNF 式 ϕ''' が充足可能であることと，ϕ が充足可能であることが同値であることが分かる．CIRCUIT-SAT から SAT への帰着と同様，第 1 ステップでの ϕ から ϕ' の構成は充足可能性を保存する．第 2 ステップは ϕ' と代数的に同値な CNF 式 ϕ'' を生成する．第 3 ステップは，ϕ'' と事実上同値な 3-CNF 式 ϕ''' を生成する．なぜなら，変数 p と q への任意の割当てが代数的に ϕ'' と同値な式を生成するからである.

合わせて，この帰着が多項式時間で計算できることも証明する必要がある．ϕ から ϕ' への変換では，ϕ の各結合子に対して，高々 1 個の変数と 1 個の節しか導入しない．ϕ' から ϕ'' への変換では，ϕ' の各節は高々 3 個の変数を持ち，各節の真理値表は高々 $2^3 = 8$ 行しか持たな

いので，ϕ' の各節に対して，ϕ'' には高々 8 個の節しか導入しない．ϕ'' から ϕ''' への変換では，ϕ'' の各節に対して，ϕ''' には高々 4 個の節しか導入しない．したがって，結果として得る式 ϕ''' のサイズは元の式の長さの多項式である．各変換は多項式時間で達成できる．　　■

練習問題

34.4-1　定理 34.9 の証明における見通しが良い（が非多項式時間の）帰着を考えよう．サイズが n の回路で，この手法によって変換すれば，サイズが n の指数関数であるブール式を生成するものを記述せよ.

34.4-2　式 (34.3) に対して定理 34.10 の手法を使った結果である 3-CNF 式を示せ.

34.4-3　西田教授は，定理 34.10 の証明の中の真理値表の技法だけ使い，他のステップは使わずに，SAT $\leq_{\mathrm{P}}$ 3-CNF-SAT を示す方法を提案している．すなわち，ブール式 ϕ を取り，その変数の真理値表を構成し，その真理値表から $\neg\phi$ と同値な 3-DNF の式を導きだし，最後にそれを否定し，ド・モルガンの法則を適用して ϕ と同値 3-CNF 式を作成する．この戦略は多項式時間帰着にはならないことを示せ.

34.4-4　ブール式が恒等式か否かを決定する問題は，co-NP に対して完全であることを示せ. (ヒント：練習問題 34.3-7 参照.)

34.4-5　選言標準形に属するブール式の充足可能性判定は多項式時間で解くことができることを示せ.

34.4-6　仮にブール式の充足可能性問題を解く多項式時間アルゴリズムを授かったとする．このアルゴリズムを用いて，充足可能な割当てを多項式時間で発見する方法を示せ.

34.4-7　言語 2-CNF-SAT を各節が正確に 2 個のリテラルを持つ CNF に属する充足可能なブール式の（符号化の）集合とする．2-CNF-SAT $\in$ P を示せ．できるだけ効率の良いアルゴリズムを設計せよ．（ヒント：$x \vee y$ が $\neg x \to y$ と同値であることを確認せよ．2-CNF-SAT を有向グラフ上の効率よく解ける問題に帰着せよ.）

34.5　NP 完全問題

NP 完全問題はさまざまな領域で発生する：たとえば，ブール論理，グラフ，算術，ネットワーク設計，集合と分割，保存と検索，並べ換えとスケジューリング，数学的プログラミング，代数と数論，ゲームやパズル，オートマトンと言語理論，プログラム最適化，生物学，化学，物理学，そしてそれ以外にも数え切れない領域がある．本節では，帰着の手法を用いて，グラフ理論と集合分割に関するさまざまな問題の NP 完全性を証明する.

図 34.13 に，本節と第 34.4 節における NP 完全性証明の構造の概略を示す．我々は，図の中の各言語が NP 完全であることを，それを指している言語からの帰着によって証明する．CIRCUIT-SAT が根に位置しているが，その NP 完全性は定理 34.7 で証明した．最後に帰着戦略を要約してこの節を終わる.

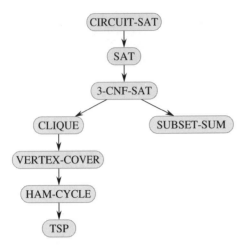

図 34.13 第 34.4 節と第 34.5 節の NP 完全性の証明の構造. すべての証明は, 究極的には CIRCUIT-SAT の NP 完全性からの帰着によっている.

34.5.1 クリーク問題

無向グラフ $G = (V, E)$ の**クリーク** (clique) は, 頂点の部分集合 $V' \subseteq V$ で, その各対を結ぶ E の辺が存在するものである. 言い換えると, クリークは G の完全部分グラフである. クリークの**サイズ** (size) はそれが含む頂点数である. **クリーク問題** (clique problem) は, グラフの中からサイズが最大のクリークを発見する最適化問題である. 対応する決定問題は, サイズ k のクリークがそのグラフの中に存在するか否かを決定する問題である. 厳密には

$$\text{CLIQUE} = \{\langle G, k\rangle : G \text{ はサイズ } k \text{ のクリークを含むグラフである }\}$$

と定義する.

$|V|$ 個の頂点を持つグラフ $G = (V, E)$ がサイズ k のクリークを持つか否かを決定する素朴なアルゴリズムは, V のすべての k 部分集合を列挙し, それぞれがクリークを形成するか否かを検査する. このアルゴリズムの実行時間は $\Omega(k^2 \binom{|V|}{k})$ で, これは k が定数ならば多項式である. しかし, 一般に, k は $|V|/2$ に近い値を取ることも可能であり, この場合, このアルゴリズムの実行には超多項式時間がかかる. 実際, クリーク問題を解く効率の良いアルゴリズムは存在しそうにない.

定理 34.11 クリーク問題は NP 完全である.

証明 最初に CLIQUE $\in$ NP を示す. 与えられたグラフ $G = (V, E)$ に対して, クリークの中の点の集合 $V' \subseteq V$ を G に対する証明書として使う. 各対 $u, v \in V'$ に対して, 辺 (u, v) が E に属するかどうかを調べることで, V' が多項式時間でクリークか否かを検査できる.

つぎに, 3-CNF-SAT $\leq_P$ CLIQUE を証明し, クリーク問題が NP 困難であることを示す. 表面的には論理式とグラフはほとんど関係がないように見えるので, この証明が 3-CNF-SAT のインスタンスを CLIQUE のインスタンスに帰着することに驚くかもしれない.

帰着アルゴリズムは 3-CNF-SAT のインスタンスから開始する. $\phi = C_1 \wedge C_2 \wedge \cdots \wedge C_k$ を k 個の節を持つ 3-CNF に属するブール式とする. $r = 1, 2, \ldots, k$ に対して, 各節 C_r は正確に 3 個の異なるリテラル l_1^r, l_2^r, l_3^r を持つ. ここで, ϕ が充足可能であるとき, かつそのときに限

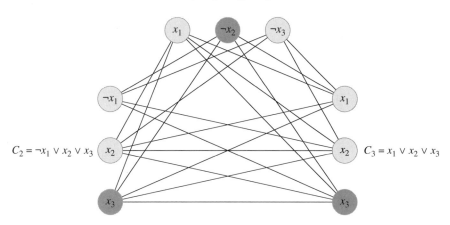

図 34.14 3-CNF-SAT から CLIQUE への帰着において，3-CNF に属するブール式 $\phi = C_1 \wedge C_2 \wedge C_3$ から導出されたグラフ G. ただし，$C_1 = (x_1 \vee \neg x_2 \vee \neg x_3)$，$C_2 = (\neg x_1 \vee x_2 \vee x_3)$，$C_3 = (x_1 \vee x_2 \vee x_3)$ である．この式に対する充足割当ては $x_2 = 0$，$x_3 = 1$ で，x_1 は 0 と 1 のどちらでもよい．この割当てでは，$\neg x_2$ によって C_1 が充足し，x_3 によって C_2 と C_3 が充足する．そして，これは濃い網かけの頂点から構成されるクリークに対応する．

り，サイズ k のクリークを持つグラフ G を（ϕ から）構成する．

無向グラフ $G = (V, E)$ を以下で構成する．ϕ の中の各節 $C_r = (l_1^r \vee l_2^r \vee l_3^r)$ に対して，3 つの頂点 v_1^r，v_2^r，v_3^r を V に入れる．以下の 2 条件を共に満たすときに，2 つの頂点 v_i^r と v_j^s を結ぶ辺 (v_i^r, v_j^s) を E に入れる：

- v_i^r と v_j^s は異なる節に対応する頂点である．すなわち，$r \neq s$ である．そして，
- v_i^r と v_j^s に対応するリテラルは**矛盾していない** (consistent)．すなわち，l_i^r は l_j^s の否定ではない．

ϕ から，このグラフを多項式時間で簡単に構築できる．たとえば

$$\phi = (x_1 \vee \neg x_2 \vee \neg x_3) \wedge (\neg x_1 \vee x_2 \vee x_3) \wedge (x_1 \vee x_2 \vee x_3)$$

ならば，図 34.14 に示すグラフを G として構成する．

この ϕ の G への変換が帰着であることを示さなければならない．最初に，ϕ が充足割当てを持つと仮定する．このとき，各節 C_r には，この充足割当てが 1 を割り当てる"真の"リテラル l_i^r が少なくとも 1 つ存在し，これらのリテラルにはそれぞれ頂点 v_i^r が対応する．各節から真のリテラル（に対応する頂点）を 1 つずつ選ぶと，k 個の頂点からなる集合 V' が構成できる．V' がクリークであることを示す．任意に頂点対 $v_i^r, v_j^s \in V'$ を考える．$r \neq s$ であり，充足割当てが対応するリテラル l_i^r と l_j^s を共に 1 に写像しているので，これらのリテラルは互いに否定の関係ではない．G の構成法から (v_i^r, v_j^s) は E に属する．

逆に，G がサイズ k のクリーク V' を持つと仮定する．G のどの辺も同じ節のリテラルに対応する頂点を結ばないので，V' は各節に対応する頂点を正確に 1 つずつ含む．ここで，各頂点 $v_i^r \in V'$ に対応するリテラル l_i^r に 1 を割り当てる．このとき，矛盾していないリテラル間，すなわち，あるリテラルとその否定の間には G の辺が存在しないので，1 つのリテラルとその否

916 | 34 NP 完全性

定の両方に同時に 1 を割り当てるという矛盾を引き起こす心配はない. 各節が充足するので, ϕ も充足する. (クリークの頂点に対応しない変数には, 任意の値を割り当てればよい.) ■

図 34.14 の例では, ϕ の充足割当ての 1 つは, $x_2 = 0$, $x_3 = 1$ である. 対応するサイズ $k = 3$ のクリークは, 最初の節の $\neg x_2$, 2 番目の節の x_3, 3 番目の節の x_3 から構成される. このクリークは x_1 と $\neg x_1$ のどちらに対応する頂点も含まないから, この充足割当てでは, x_1 に 0 と 1 のどちらでも割り当てることができる.

定理 34.11 の証明では, 3-CNF-SAT の任意のインスタンスを CLIQUE の特別の構造を持つインスタンスに帰着した. したがって, 頂点はつねに 3 つ組で発生し, 3 つ組の頂点間には辺が存在しないようなグラフに対してだけ, CLIQUE が NP 困難であると示せたにすぎないと考えるかもしれない. 事実, 我々はこの制限された場合について, CLIQUE が NP 困難であることを示したのであるが, この証明は, 一般のグラフ上で CLIQUE が NP 困難であることの証明にもなっている. なぜか? なぜなら, もし一般のグラフ上で CLIQUE を多項式時間で解くアルゴリズムがあれば, そのアルゴリズムは, 制限されたグラフ上でも CLIQUE を多項式時間で解くからである.

しかし, 逆の方向——3-CNF-SAT の特別な構造を持ったインスタンスを CLIQUE の一般的なインスタンスに帰着する——は, 証明を完成するには十分ではない. 帰着しようとした 3-CNF-SAT のインスタンスが "易しくて," NP 困難な問題を CLIQUE に帰着したことにならないかもしれないからである.

帰着には 3-CNF-SAT のインスタンスを使ったが, その解は使わなかったことも, 併せて確認せよ. ϕ が充足可能か否かを多項式時間で決定する方法は, 知られていない. そのため, この多項式時間帰着が, ϕ の充足可能性の知識に基づくようであれば, 我々はすでに誤った道に迷い込んでいるに違いない.

34.5.2 頂点被覆問題

無向グラフ $G = (V, E)$ の**頂点被覆** (vertex cover) は, 部分集合 $V' \subseteq V$ で, $(u, v) \in E$ ならば, $u \in V'$ または $v \in V'$ (あるいは, その両方) を満たすものである. すなわち, 各頂点がその接続する辺を "覆う" とき, G の頂点被覆は, E のすべての辺を覆う頂点集合である. 頂点被覆の**サイズ** (size) は, その頂点数である. たとえば, 図 34.15(b) は, サイズ 2 の頂点被覆 $\{w, z\}$ を持つ.

頂点被覆問題 (vertex-cover problem) は, 与えられたグラフで, サイズが最小の頂点被覆を見つける問題である. この最適化問題を決定問題に言い換えると, グラフが与えられたサイズ k の頂点被覆を持つか否かを決定する問題になる. 言語としては,

$$\text{VERTEX-COVER} = \{\langle G, k\rangle : \text{グラフ } G \text{ はサイズ } k \text{ の頂点被覆を持つ}\}$$

と定義する. この問題が NP 完全であることを, 次の定理で示す.

定理 34.12 頂点被覆問題は, NP 完全である.

証明 最初に VERTEX-COVER $\in$ NP を示す. 与えられたグラフを $G = (V, E)$, 整数を k とする. 頂点被覆 $V' \subseteq V$ それ自体を証明書として選択する. 検証アルゴリズムは $|V'| = k$

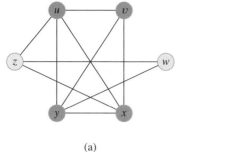
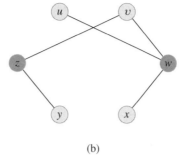

図 34.15 CLIQUE の VERTEX-COVER への帰着．**(a)** 濃い網かけで示すクリーク $V' = \{u, v, x, y\}$ を持つ無向グラフ $G = (V, E)$．**(b)** 帰着アルゴリズムが生成する，頂点被覆 $V - V' = \{w, z\}$ を持つグラフ $\overline{G}$．

を確認し，つぎに，各辺 $(u, v) \in E$ に対して，$u \in V'$ あるいは $v \in V'$ が成立することを調べる．証明書は，簡単に多項式時間で検証できる．

CLIQUE $\leq_\text{P}$ VERTEX-COVER を示すことで，頂点被覆問題が NP 困難であることを証明する．この帰着では，補グラフの概念を用いる．無向グラフ $G = (V, E)$ が与えられたとき，G の**補グラフ** (complement graph) を $\overline{G} = (V, \overline{E})$ と定義する．ここで，$\overline{E} = \{(u, v) : u, v \in V, u \neq v,$ かつ $(u, v) \notin E\}$ である．言い換えると，$\overline{G}$ は，G が含まない辺だけをちょうど含むグラフである．図 34.15 に，グラフとその補グラフ，そして，CLIQUE から VERTEX-COVER への帰着を示す．

帰着アルゴリズムは，入力としてクリーク問題のインスタンス $\langle G, k \rangle$ を受け取る．まず，その補グラフ $\overline{G}$ を計算するが，これは簡単に多項式時間で実行できる．帰着アルゴリズムの出力は，頂点被覆問題のインスタンス $\langle \overline{G}, |V| - k \rangle$ である．証明を完成させるために，この変換が実際に帰着であることを示す．すなわち，グラフ G がサイズ k のクリークを持つことと，$\overline{G}$ がサイズ $|V| - k$ の頂点被覆を持つことが同値であることを証明する．

G がサイズ $|V'| = k$ のクリーク $V' \subseteq V$ を持つと仮定する．このとき，$V - V'$ が $\overline{G}$ の頂点被覆であることを示す．(u, v) を $\overline{E}$ の任意の辺とする．すなわち，$(u, v) \notin E$ である．V' の任意の頂点対間には E の辺が存在するので，u あるいは v の少なくとも一方は V' に属さない．あるいは，u または v の少なくとも一方は $V - V'$ に属すると言い換えてもよい．したがって，$V - V'$ は辺 (u, v) を被覆する．$\overline{E}$ の任意の辺を (u, v) として選択したので，$V - V'$ は $\overline{E}$ の各辺を被覆する．したがって，集合 $V - V'$ は $\overline{G}$ の頂点被覆であり，そのサイズは $|V| - k$ である．

逆に，$\overline{G}$ がある頂点被覆 $V' \subseteq V$ を持つと仮定し，そのサイズを $|V'| = |V| - k$ とする．このとき，すべての $u, v \in V$ に対して，$(u, v) \in \overline{E}$ ならば，$u \in V'$ または $v \in V'$，あるいはその両方が成立する．この対偶を取ると，すべての $u, v \in V$ に対して，$u \notin V'$ かつ $v \notin V'$ ならば，$(u, v) \in E$ が成立する．言い換えると，$V - V'$ はクリークで，そのサイズは $|V| - |V'| = k$ である． ■

VERTEX-COVER は，NP 完全なので，頂点数が最小の頂点被覆を発見する多項式時間アルゴリズムを設計できるとは期待できない．第 35.1 節（頂点被覆問題）では，頂点被覆問題

に対する"近似"解を生成する,多項式時間"近似アルゴリズム"を紹介する.このアルゴリズムが生成する頂点被覆のサイズは,サイズが最小の頂点被覆の高々2倍で抑えられる.

したがって,問題がNP完全だからといって,希望を捨てて諦めるべきではない.最適解を発見する問題がNP完全であっても,近似最適解を計算する多項式時間近似アルゴリズムが設計できるかもしれない.第35章(近似アルゴリズム)では,NP完全問題に対するいくつかの近似アルゴリズムを紹介する.

34.5.3 ハミルトン閉路問題

ここで,第34.2節で定義したハミルトン閉路問題に戻ろう.

定理 34.13 ハミルトン閉路問題はNP完全である.

証明 最初にHAM-CYCLE ∈ NPを示そう.無向グラフ $G = (V, E)$ が与えられたとき,証明書は,ハミルトン閉路を構成する $|V|$ 個の頂点の列である.検証アルゴリズムは,この頂点の列に V の各頂点が正確に1回ずつ出現し,最後の頂点が最初の頂点に隣接して G の閉路を形成することを確認する.すなわち,引き続く頂点間と,最初と最後の頂点間に辺が存在するかどうか調べる.この証明書は多項式時間で検証できる.

さて,VERTEX-COVER $\leq_P$ HAM-CYCLEを証明し,HAM-CYCLEがNP完全であることを示すことにする.無向グラフ $G = (V, E)$ と整数 k が与えられたとき,無向グラフ $G' = (V', E')$ を構成し,G がサイズ k の頂点被覆を持つことと,G' がハミルトン閉路を持つことが同値であるようにする.一般性を失うことなく,G は孤立点を含まず(すなわち,すべての V に属する頂点は,接続する辺を少なくとも1本持ち),$k \leq |V|$ であると仮定する.(サイズが k の頂点被覆が孤立点を含むなら,サイズが $k-1$ の頂点被覆が存在する.任意のグラフにおいて,頂点集合 V 全体はつねに頂点被覆である.)

我々の構成では,ある性質を主張するグラフの部品として**ガジェット** (gadget) を使う.図34.16(a)に我々が用いるガジェットを示す.これから構成するグラフ G' は,各辺 $(u, v) \in E$ に対して,Γ_{uv} で示すこのガジェットの複製を1つ含む.Γ_{uv} は12個の頂点を持ち,それらは,$1 \leq i \leq 6$ に対して,$[u, v, i]$ あるいは $[v, u, i]$ と表記される.ガジェット Γ_{uv} は図34.16(a)に示す14本の辺を含む.

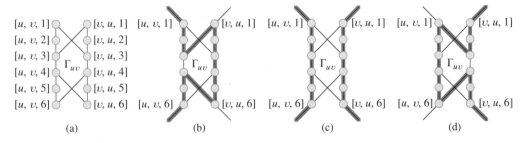

図 34.16 頂点被覆問題をハミルトン閉路問題に帰着する際に用いるガジェット.グラフ G の辺 (u, v) は,この帰着で構成するグラフ G' では Γ_{uv} に対応する.**(a)** 個々の頂点がラベルづけされているガジェット.**(b)**〜**(d)** ガジェットと G' の残り部分とを繋ぐ経路がつねに頂点 $[u, v, 1]$,$[u, v, 6]$,$[v, u, 1]$,$[v, u, 6]$ のどれかを通ると仮定するとき,濃い網かけで示す3つの経路が,ガジェットのすべての頂点を通過する可能なすべての経路である.

ガジェットの内部構造に加えて，ガジェットと構成するグラフ G' の残りの部分との間の接続を制限することで，我々にとって望ましい性質を持つことを強制する．とくに，頂点 $[u,v,1]$，$[u,v,6]$，$[v,u,1]$，$[v,u,6]$ だけが Γ_{uv} と外部と接続する辺を持つようにする．このとき，G' の任意のハミルトン閉路は，図 34.16(b)〜(d) に示す 3 つの中の 1 つの方法で Γ_{uv} のすべての辺を辿る必要がある．この閉路が頂点 $[u,v,1]$ からガジェットに入れば，頂点 $[u,v,6]$ から出なければならない．そして，ガジェットの 12 個すべての頂点を訪問するか（図 34.16(b)），$[u,v,1]$ から $[u,v,6]$ の 6 頂点だけを訪問する（図 34.16(c)）．後者の場合には，閉路はもう一度このガジェットに戻り，頂点 $[v,u,1]$ から $[v,u,6]$ を訪れる．同様に，閉路が $[v,u,1]$ からガジェットに入れば，頂点 $[v,u,6]$ から出なければならない．そして，ガジェットの 12 個すべての頂点を訪問するか（図 34.16(d)），$[v,u,1]$ から $[v,u,6]$ の 6 頂点だけを訪問する（図 34.16(c)）．これら以外に，ガジェットの 12 個すべての頂点を訪問できる経路は存在しない．とくに，一方が $[u,v,1]$ と $[v,u,6]$ を結び，他方が $[v,u,1]$ と $[u,v,6]$ を結ぶ，頂点を共有しない 2 本の経路で，それらの 2 本の経路の合併がガジェットのすべての頂点を含むことは不可能である．

ガジェットの各頂点を除くと，V' の頂点は**選択頂点** (selector vertex) $s_1, s_2, \ldots, s_k$ だけである．後で G' の選択頂点に接続する辺を使って G における k 個の被覆頂点を選択することにする．

ガジェットの辺に加えて E' は，図 34.17 に示すように 2 種類の辺を含む．第 1 に，各頂

(a)
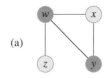

(b)
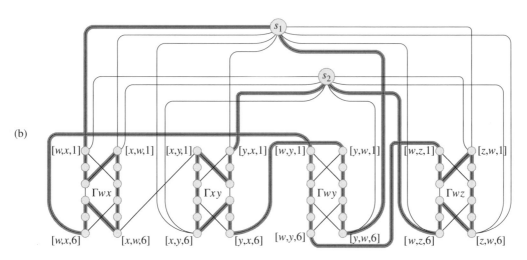

図 34.17 頂点被覆問題のインスタンスからハミルトン閉路のインスタンスへの帰着．**(a)** サイズ 2 の頂点被覆を持つ無向グラフ G．その頂点被覆は濃い網かけの頂点 w と y から構成されている．**(b)** 帰着によって生成された無向グラフ G'．濃い網かけの頂点被覆に対応するハミルトン閉路を持つ．頂点被覆 $\{w, y\}$ は，このハミルトン閉路に現れる辺 $(s_1, [w,x,1])$ と $(s_2, [y,x,1])$ に対応する．

点 $u \in V$ に対して，G で u に接続する辺に対応するすべてのガジェットを含む経路を構成するために，ガジェットの対を結ぶ辺を追加する．各頂点 $u \in V$ に隣接する頂点を任意の順序で並べた結果を $u^{(1)}, u^{(2)}, \ldots, u^{(\mathrm{degree}(u))}$ とする．ここで，$\mathrm{degree}(u)$ は u の次数である．このとき，E' に辺 $\{([u, u^{(i)}, 6], [u, u^{(i+1)}, 1]) : 1 \leq i \leq \mathrm{degree}(u) - 1\}$ を追加し，u と接続する辺に対応するすべてのガジェットを通る G' の経路を作る．たとえば，図 34.17 において，w に隣接する頂点を $\langle x, y, z \rangle$ と並べると，図 34.17(b) のグラフ G' は辺 $([w, x, 6], [w, y, 1])$ と $([w, y, 6], [w, z, 1])$ を含む．x に隣接する頂点を $\langle w, y \rangle$ と並べると，G' は辺 $([x, w, 6], [x, y, 1])$ を含む．各頂点 $u \in V$ に対して，G' のこれらの辺によって，G で u と接続する辺に対応するすべてのガジェットを含む経路が作られた．

ある頂点 $u \in V$ が G の頂点被覆に属していれば，u に接続する辺に対応するすべてのガジェットを "被覆する" $[u, u^{(1)}, 1]$ から $[u, u^{(\mathrm{degree}(u))}, 6]$ への経路を G' が含む，というのがこれらの辺の背後にある直感である．すなわち，各ガジェット $\Gamma_{u, u^{(i)}}$ に対して，この経路は，(u は頂点被覆に属するが $u^{(i)}$ はそうではない場合には）12 個の頂点すべてを訪問し，(u と $u^{(i)}$ の両方が頂点被覆に属する場合には）正確に 6 個の頂点 $[u, u^{(i)}, 1]$ から $[u, u^{(i)}, 6]$ を含む．

E' に追加する第 2 の種類の辺は，これらの経路のそれぞれに対して，その最初の点 $[u, u^{(1)}, 1]$ と最後の点 $[u, u^{(\mathrm{degree}(u))}, 6]$ を各選択頂点と結ぶ．すなわち，辺の集合

$$\{(s_j, [u, u^{(1)}, 1]) : u \in V \text{ かつ } 1 \leq j \leq k\}$$
$$\cup \{(s_j, [u, u^{(\mathrm{degree}(u))}, 6]) : u \in V \text{ かつ } 1 \leq j \leq k\}$$

を E' に追加する．

つぎに，G' のサイズは，G のサイズの多項式であり，したがって，G' を G のサイズの多項式で構成できることを示す．G' の頂点は，ガジェットの中の頂点と選択頂点である．ガジェットごとに 12 個の頂点があり，$k \leq |V|$ 個の選択頂点があるので，G' は，

$$|V'| = 12\,|E| + k$$
$$\leq 12\,|E| + |V|$$

の頂点の全部を含む．G' の辺は，ガジェットの中のもの，ガジェット間を渡るもの，そして，選択頂点とガジェットを結ぶものに分類できた．各ガジェットは，14 本の辺を含むので，全部のガジェットを合わせると $14\,|E|$ 本の辺が存在する．各頂点 $u \in V$ に対して，グラフ G' にはガジェット間を渡る $\mathrm{degree}(u) - 1$ 本の辺があり，したがって，V のすべての頂点について和を取ると，

$$\sum_{u \in V} (\mathrm{degree}(u) - 1) = 2\,|E| - |V|$$

本の辺がガジェット間を渡っている．最後に，G' には，選択頂点と V の頂点からなる各対に対して 2 本の辺があるので，このような辺は全部で $2k\,|V|$ 本ある．したがって，G' の辺の総数は，

$$|E'| = (14\,|E|) + (2\,|E| - |V|) + (2k\,|V|)$$
$$= 16\,|E| + (2k - 1)\,|V|$$
$$\leq 16\,|E| + (2\,|V| - 1)\,|V|$$

である.

このグラフ G から G' への変換が帰着であることを示す.すなわち,G がサイズ k の頂点被覆を持つことと,G' がハミルトン閉路を持つことが同値であることを示す.

$G = (V, E)$ が $|V^*| = k$ を満たす頂点被覆 $V^* \subseteq V$ を持つと仮定する.$V^* = \{u_1, u_2, \ldots, u_k\}$ とする.図 34.17 に示すように,各頂点 $u_j \in V^*$ に対して以下の辺集合[11] を用いて,G' 上のハミルトン閉路を構成する.まず,辺集合 $\{([u_j, u_j^{(i)}, 6], [u_j, u_j^{(i+1)}, 1]) : 1 \le i \le \mathrm{degree}(u_j) - 1\}$ を(構成するハミルトン閉路の辺集合に)入れる.これらは,u_j に接続する辺に対応するすべてのガジェットを結ぶ.つぎに,辺が V^* の頂点の 1 つか 2 つで被覆されるかに依存して,図 34.16(b)~(d) に示す要領で,対応するガジェットの中の辺を入れる.ハミルトン閉路には次の辺集合も入る.

$$
\begin{aligned}
&\{(s_j, [u_j, u_j^{(1)}, 1]) : 1 \le j \le k\} \\
&\quad \cup \{(s_{j+1}, [u_j, u_j^{(\mathrm{degree}(u_j))}, 6]) : 1 \le j \le k-1\} \\
&\quad \cup \{(s_1, [u_k, u_k^{(\mathrm{degree}(u_k))}, 6])\}
\end{aligned}
$$

図 34.17 を吟味すれば,これらの辺が閉路を形成することが確認できる.ここで,$u_1 = w$,$u_2 = y$ である.[f] 閉路は s_1 を出発し,u_1 に接続する辺に対応するすべてのガジェットを訪問し,つぎに,s_2 を訪問する.そして,u_2 に接続する辺に対応するすべてのガジェットを訪問し,以下同様に,閉路が s_1 に戻るまで続く.閉路は各ガジェットを,対応する G の辺を被覆する V^* の頂点数に依存して,1 回か 2 回訪問する.V^* は G の頂点被覆なので,E の各辺は,V^* のある頂点と接続しているので,閉路は G' のすべてのガジェットのすべての頂点を訪問する.閉路はすべての選択頂点も訪問するので,これはハミルトン閉路である.

逆に,$G' = (V', E')$ がハミルトン閉路 $C \subseteq E'$ を持つと仮定する.このとき,集合

$$
V^* = \{u \in V : \text{ある } 1 \le j \le k \text{ に対して } (s_j, [u, u^{(1)}, 1]) \in C\} \tag{34.4}
$$

が G の頂点被覆であることを示す.

なぜかを見るために,C をある選択頂点 s_i から出発し,ある別の選択頂点 s_j に他のどの選択頂点も経ずに到達する極大な経路に分解することから始めよう.各極大経路を"被覆路"と呼ぼう.P をそのような 1 つの被覆路とし,――とりあえず――それを s_i から s_j に方向づけしよう.G' の構築の仕方によって,P の最初の辺は,ある点 $u \in V$ に対して $(s_i, [u, u^{(1)}, 1])$ の形か,ある点 $v \in V$ に対して $(s_i, [v, v^{(\mathrm{degree}(v))}, 6])$ の形のどちらかである.図 34.16 と 34.17 に描かれているように,各被覆路はガジェットのトップ(一番上の頂点)に向かう辺から始まると考えると便利である.もし P の最初の辺が $(s_i, [u, u^{(1)}, 1])$ の形ならば,それはあるガジェットのトップに行き,式 (34.4) より,$u \in V^*$ である.(図 34.17 で,もし C が辺 $(s_1, [w, x, 1])$ で始まれば,両方の被覆路はガジェットのトップに向かう辺で始まる.)その代わりに,P の最初の辺が $(s_i, [v, v^{(\mathrm{degree}(v))}, 6])$ の形ならば,それはあるガジェットのボトム(一番下の頂点)に向かう.(図 34.17 で,C が辺 $(s_1, [y, w, 6])$ で始まれば,両方の被覆路は

---

[11] 厳密には,閉路は辺ではなく頂点を使って定義されている(第 B.4 節(グラフ)参照).しかし,明確さを高めるために,ここでは閉路の概念を濫用し,ハミルトン閉路を辺に基づいて定義する.

[f] [訳注]したがって,辺 (w, y) は w と y の 2 頂点によって被覆されるので,図 34.17 のガジェット Γ_{wy} では,図 34.16 の (c) のように辺が取り込まれることに注意.

ガジェットのボトムに向かう辺から始まる．）ガジェットの構築方法から，ガジェットにボトムから入った経路はそのトップから出なければならない．したがって，s_j に入る P については，P の最後の辺は，ある頂点 $u \in V$ に対して，$([u, u^{(1)}, 1], s_j)$ の形でなければならない．そうすると最後の辺はガジェットのトップから出ることになる．P の方向を逆にすると，ガジェットのトップに向かう辺 $(s_j, [u, u^{(1)}, 1])$ で始まる被覆路が与えられることになり，再び，式 (34.4) より，$u \in V^*$ である．

今，集合 V^* が G の頂点被覆である事の証明を完成させることができる．すでに，各被覆路がある選択頂点 s_i から始まり，ある点 $u \in V$ に対して，辺 $(s_i, [u, u^{(1)}, 1])$ をとり，u に隣接している E の辺に対応するすべてのガジェットを通り，ある選択頂点 s_j で終わることを見てきた．この被覆路を P_u と呼ぼう．すると，式 (34.4) より，V^* は u を含む．P_u によって訪問される各ガジェットは，ある $v \in V$ に対して，Γ_{uv} か Γ_{vu} でなければならない．P_u によって訪問される各ガジェットに対して，そのガジェットの頂点は 1 つまたは 2 つの被覆路によって訪問される．もしそれらが 1 つの被覆路によって訪問されれば，辺 $(u, v) \in E$ は G において点 u によって被覆される．もし，2 つの被覆路がそのガジェットを訪問すれば，もう 1 つの被覆路は P_v でなければならない．これは，$v \in V^*$ を意味し，辺 $(u, v) \in E$ は点 u と v によって被覆される．各ガジェットの各頂点はある被覆路によって訪問されるので，E の各辺は V^* のある頂点によって被覆されることが分かる． ∎

34.5.4 巡回セールスパーソン問題

巡回セールスパーソン問題 (traveling-salesperson problem) はハミルトン閉路問題に密接に関連した問題で，セールスパーソンは，n 個の都市を訪問しなければならない．この問題を n 個の頂点を持つ完全グラフとしてモデル化すると，セールスパーソンは各都市を正確に 1 回だけ訪れ，最初に出発した都市で終わる**巡回路** (tour) あるいはハミルトン閉路を構成することが願いである．セールスパーソンは都市 i から都市 j に移動するのに非負整数のコスト $c(i, j)$ を必要とする．この問題の最適版では，セールスパーソンは全コストが最小になるような巡回路を設計することを願っている．ここで，全コストは巡回路の辺に割り当てられたコストの総和である．たとえば，図 34.18 のグラフにおいて，最小コスト巡回路は，$\langle u, w, v, x, u \rangle$ で，そのコストは，7 である．対応する決定問題に対する形式言語は，

$$\text{TSP} = \{\langle G, c, k \rangle : G = (V, E) \text{ は完全グラフ，} c \text{ は } V \times V \text{ から } \mathbb{N} \text{ への関数，} k \in \mathbb{N} \text{ かつ}$$
$$G \text{ はコストが高々 } k \text{ の巡回セールスパーソンの巡回路を持つ}\}$$

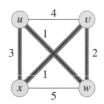

図 34.18 巡回セールスパーソン問題のインスタンス．濃い網かけで示す辺はコスト 7 の最小コスト巡回路を示す．

である.

巡回セールスパーソン問題を解く速いアルゴリズムは,存在しそうにないことを次の定理で示している.

定理 34.14 巡回セールスパーソン問題は,NP完全である.

証明 最初に,TSP∈NPを示す.問題のインスタンスが与えられたとき,証明書として巡回路上に出現する順序で並べた n 個の頂点の列を用いる.検証アルゴリズムは,この頂点の列が各頂点を正確に1つずつ含むことを確認し,つぎに,各辺のコストを足し合わせ,その和が高々 k であることを確認する.この処理は,確かに多項式時間で実行できる.

TSPがNP困難であることを示すために,HAM-CYCLE $\leq_P$ TSPを示す. $G = (V, E)$ をHAM-CYCLEのインスタンスとする.このとき,TSPのインスタンスを以下の要領で構成する.まず,完全グラフ $G' = (V, E')$ を構成する.ここで, $E' = \{(i, j) : i, j \in V$ かつ $i \neq j\}$ である.つぎに,コスト関数 c を

$$c(i, j) = \begin{cases} 0 & (i, j) \in E \text{のとき} \\ 1 & (i, j) \notin E \text{のとき} \end{cases}$$

と定義する.(G は無向グラフなので,自己ループ[g]は存在しない.したがって,すべての $v \in V$ に対して, $c(v, v) = 1$ であることに注意せよ.) このとき,TSPのインスタンスは $\langle G', c, 0 \rangle$ である.これは容易に多項式時間で構成できる.

ここで,グラフ G がハミルトン閉路を持つことと,グラフ G' がコストが高々0の巡回路を持つことが同値であることを示す.グラフ G がハミルトン閉路 H を持つと仮定する. H の各辺は E に属するので, G' おける H のコストは0である.したがって, H は G' におけるコスト0の巡回路である.逆に,グラフ G' がコストが高々0の巡回路 H' を持つと仮定する. E' の辺のコストは0と1なので,巡回路 H' のコストは正確に0であり,巡回路上の各辺はコスト0を持つ.したがって, H' は E の辺だけから構成されている.すなわち, H' はグラフ G のハミルトン閉路であると結論できた. ∎

34.5.5 部分和問題

つぎに,算術的なNP完全問題を考えよう.**部分和問題** (subset-sum problem) では,正整数の有限集合 S と整数値の**目標** (target) $t > 0$ が与えられる.そして,ある部分集合 $S' \subseteq S$ でその要素の和が t になるものが存在するか否かを問う.たとえば, $S = \{1, 2, 7, 14, 49, 98, 343, 686, 2409, 2793, 16808, 17206, 117705, 117993\}$, $t = 138457$ とすると,部分集合 $S' = \{1, 2, 7, 98, 343, 686, 2409, 17206, 117705\}$ がその解である.

いつものように,問題を言語:

$$\text{SUBSET-SUM} = \{\langle S, t \rangle : t = \textstyle\sum_{s \in S'} s \text{ を満たす部分集合 } S' \subseteq S \text{ が存在する}\}$$

によって定義する.どの算術問題でも同じだが,標準的符号化では,入力整数は2進数で符号化すると仮定したことを思い出せ.この仮定を念頭におけば,部分和問題には高速なアルゴリ

---

[g] [訳注] 同じ頂点を結ぶ辺のこと(付録第B.4節(グラフ)).

924 | 34 NP 完全性

ズムが存在する可能性が低いことを示すことができる.

定理 34.15 部分和問題は, NP 完全である.

証明 SUBSET-SUM ∈ NP を示すために, 問題のインスタンス $\langle S, t \rangle$ に対して, 部分集合 S' を証明書とする. 検証アルゴリズムは $t = \sum_{s \in S'} s$ か否かを多項式時間で判定できる.

さて, 3-CNF-SAT $\leq_P$ SUBSET-SUM を示そう. 与えられた変数 $x_1, x_2, \ldots, x_n$ 上の 3-CNF 式を ϕ とし, その節を $C_1, C_2, \ldots, C_k$ とする. ϕ は, 3-CNF 式なので, 各節は, 正確に 3 つの異なるリテラルを含む. 帰着アルゴリズムは, ϕ が充足可能であることと, S の部分集合でその要素の和が正確に t となるものが存在することとが同値である, 部分和問題のインスタンス $\langle S, t \rangle$ を構成する. 一般性を失うことなく, ブール式 ϕ について 2 つの仮定を単純化のために導入する. 第 1 に, ある変数とその否定の両方を含む節は存在しないと仮定する. 変数に対する割当てに依存せず, このような節は, 自動的に充足するからである. 第 2 に, 各変数は, 少なくとも 1 つの節に現れると仮定する. どの節にも現れない変数に対する割当ては, 充足性に影響を与えないからである.

この帰着では, 各変数 x_i に対して 2 個の数, 各節 C_j に対しても 2 個の数を生成して, これらの数から集合 S を構成する. 数は基数 10 で表現し, 各数は $n + k$ 桁であり, 各桁は 1 つの変数か 1 つの節のどちらかに対応する. 基数 10 (そして, 後で見るように他の基数) は, 桁の低位から高位への桁上がりを防ぐという我々が必要とする性質を持っている.

図 34.19 に示すように, 集合 S と目標 t を以下の要領で構成する. 各桁に変数名か節名のどちらかのラベルづけをする. 低位の k 桁には, 節をラベルづけし, 上位の n 桁には変数をラベルづける.

- 目標 t も $n + k$ 桁の数であり, 変数でラベルづけされた各桁の値は 1, 節でラベルづけされた各桁の値は 4 とする.
- 各変数 x_i に対して, 集合 S は, 2 つの整数 v_i と v_i' を含む. v_i と v_i' は, 共に, x_i でラベルづけされた桁の値を 1, 他の変数でラベルづけされた各桁の値を 0 とする. もし, リテラル x_i が節 C_j に出現すれば, v_i の C_j でラベルづけされた桁の値を 1 とし, リテラル $\neg x_i$ が節 C_j に出現すれば, v_i' の C_j でラベルづけされた桁の値を 1 とする. v_i と v_i' の, これ以外の節でラベルづけされた他の各桁の値はすべて 0 とする.

  集合 S に属する v_i や v_i' の値はすべて異なる. なぜか? $\ell \neq i$ ならば, v_ℓ や v_ℓ' の値と, v_i や v_i' の値とは, 上位 n 桁が一致できない. さらに, v_i と v_i' は, 上記の単純化の仮定から, 低位 k 桁が一致できないからである. v_i と v_i' が等しいと仮定すれば, x_i と $\neg x_i$ は, 正確に同じ節集合に出現する必要があるが, x_i と $\neg x_i$ の両方を含む節は存在せず, しかも, x_i か $\neg x_i$ のどちらかは, ある節に出現すると仮定したので, v_i と v_i' の片方だけが出現する節が存在しなければならない.
- 各節 C_j に対して, 集合 S は 2 つの整数 s_j と s_j' を含む. 各 s_j と s_j' は, 共に, C_j でラベルづけされた 1 桁を除き, すべての残りの桁の値は 0 である. s_j の C_j でラベルづけされた桁の値は 1, s_j' の同じ桁の値は 2 である. これらの整数は "スラック変数" であり, 節でラベルづけされた各桁を目標値の 4 まで加えるために用いる.

図 34.19 を簡単に調べると, S に属する s_j と s_j' の値がすべて異なることが分かる.

	x_1	x_2	x_3	C_1	C_2	C_3	C_4
v_1 =	1	0	0	1	0	0	1
v_1' =	1	0	0	0	1	1	0
v_2 =	0	1	0	0	0	0	1
v_2' =	0	1	0	1	1	1	0
v_3 =	0	0	1	0	0	1	1
v_3' =	0	0	1	1	1	0	0
s_1 =	0	0	0	1	0	0	0
s_1' =	0	0	0	2	0	0	0
s_2 =	0	0	0	0	1	0	0
s_2' =	0	0	0	0	2	0	0
s_3 =	0	0	0	0	0	1	0
s_3' =	0	0	0	0	0	2	0
s_4 =	0	0	0	0	0	0	1
s_4' =	0	0	0	0	0	0	2
t =	1	1	1	4	4	4	4

図 34.19 3-CNF-SAT から SUBSET-SUM への帰着. 与えられた 3-CNF に属するブール式は, $\phi = C_1 \land C_2 \land C_3 \land C_4$ である. ただし, $C_1 = (x_1 \lor \lnot x_2 \lor \lnot x_3)$, $C_2 = (\lnot x_1 \lor \lnot x_2 \lor \lnot x_3)$, $C_3 = (\lnot x_1 \lor \lnot x_2 \lor x_3)$, $C_4 = (x_1 \lor x_2 \lor x_3)$ である. ϕ の充足割当ては, $\langle x_1 = 0, x_2 = 0, x_3 = 1 \rangle$ である. 帰着で生成する集合 S は, ここに示す基数 10 の数から構成される. すなわち, 上から下に, $S = \{1001001, 1000110, 100001, 101110, 10011, 11100, 1000, 2000, 100, 200, 10, 20, 1, 2\}$ である. 目標の t は, 1114444 である. 部分集合 $S' \subseteq S$ を濃い網かけで示す. S' は, 上記の充足割当てに対応する変数 v_1', v_2', v_3 と, C_1～C_4 でラベルづけされた桁について目標値 4 を達成するためのスラック変数 $s_1, s_1', s_2, s_3, s_4, s_4'$ を含む.

　任意の桁について, その桁の値の和の最大値は, 6 であり, それは節でラベルづけされた桁で発生する (v_i と v_i' に由来する 3 つの 1 と, s_j と s_j' に由来する 1 と 2 である). したがって, 基数 10 でこれらの数を解釈すると, 低位の桁から上位の桁への桁上がりは発生しない. [12]

　この帰着は, 多項式時間で実行できる. 集合 S は, $n+k$ 桁の数を $2n+2k$ 個含み, 各桁は $n+k$ の多項式時間で生成できる. 目標 t も $n+k$ 桁の数で, 各桁は定数時間で生成できる.

　ここで, 3-CNF に属する式 ϕ が充足可能であるのは, 部分集合 $S' \subseteq S$ でその和が t となるものが存在するとき, かつそのときに限ることを示す. 最初に, ϕ が充足割当てを持つと仮定する. $i = 1, 2, \ldots, n$ に対して, この割当てで $x_i = 1$ ならば, v_i を S' に含め, そうでなければ, v_i' を S' に含める. 言い換えれば, S' は, この充足割当てにおいて値 1 を持つリテラルに対応する v_i と v_i' の値を正確にそのとおりに含む. すべての i に対して, S' は v_i か v_i' のどちらか片方だけを含み, すべての s_j と s_j' の変数でラベルづけされた各桁の値は 0 なので, 変数でラベルづけされた各桁について, S' に属する数のこの桁の値の合計は 1 でなければならず, 目標 t のこの桁の値に一致することが分かる. 各節は充足しているので, 各節は値 1 を持つあるリテラルを含む. したがって, 節でラベルづけされた各桁は, 少なくとも 1 つの 1 を持ち, これは S' に属するある v_i か v_i' による寄与である. 実際, 各節では, 1, 2 あるいは 3 個のリ

---

[12] 実際, $b \geq 7$ を満たす任意の基数 b に対して本項の議論は正しい. 本項の冒頭で与えたインスタンスは, 図 34.19 の S と t を基数 7 で解釈した上で, (S については) ソートしたものである.

テラルが 1 を持ち，したがって，節でラベルづけされた各桁に対して，S' に属する v_i と v_i' のその桁の値の和は 1，2 あるいは 3 である．たとえば，図 34.19 のインスタンスでは，上記の充足割当てにおいて，リテラル $\neg x_1, \neg x_2, x_3$ が値 1 を持つ．節 C_1 と C_4 は，それぞれ，これらのリテラルの中の 1 つを含んでいるので，C_1 と C_4 に対する桁に対する寄与は，v_1', v_2', v_3 を合わせて 1 である．節 C_2 はこれらのリテラルの中の 2 つを含み，v_1', v_2', v_3 の C_2 でラベルづけされた桁の値の和は 2 である．節 C_3 はこれらの 3 つのリテラルをすべて含み，v_1', v_2', v_3 のラベル C_3 を持つ桁の値の和は 3 である．各節 C_j に対して，C_j でラベルづけされた桁で目標値 4 を達成することは，スラック変数 $\{s_j, s_j'\}$ の適切な空でないの部分集合を S' に含めることで実現できる．図 34.19 では，S' は $s_1, s_1', s_2', s_3, s_4, s_4'$ を含む．すべての桁について，S' に属する数のその桁の和が目標値と一致し，しかも，桁上がりが発生しないので，S' の値の和は t である．

ここで，和が t になる部分集合 $S' \subseteq S$ が存在すると仮定する．このとき，ϕ の充足割当てを構成する．変数でラベルづけされた任意の桁の目標値が 1 なので，各 $i = 1, 2, \ldots, n$ に対して，S' は v_i と v_i' のどちらか片方だけを含んでいなければならない．$v_i \in S'$ ならば $x_i = 1$，そうでなければ $v_i' \in S'$ であり，$x_i = 0$ とする．$j = 1, 2, \ldots, k$ に対して，各節 C_j は，この割当てによって充足していると主張する．この主張を示すために，C_j でラベルづけされた桁について目標値 4 を達成するには，スラック変数 s_j と s_j' を合わせても和に 3 しか寄与しないので，部分集合 S' は，ラベル C_j を持つ桁の値が 1 である v_i か v_i' を少なくとも 1 つは含む必要があることに注意せよ．S' が C_j でラベルづけされた桁の値が 1 である v_i を含むとき，リテラル x_i が節 C_j に現れる．$v_i \in S'$ なので $x_i = 1$ と割り当てており，節 C_j は充足する．S' がその桁の値が 1 である v_i' を含むとき，リテラル $\neg x_i$ が C_j に現れる．$v_i' \in S'$ なので $x_i = 0$ と割り当てており，節 C_j は再び充足する．したがって，ϕ のすべての節は充足し，これで証明は完成した．∎

34.5.6 帰着戦略

本節で述べてきたさまざまな帰着を見れば，すべての NP 完全問題に適用できる単一の戦略などはないと思われる．いくつかの帰着はハミルトン閉路問題から巡回セールスパーソン問題への帰着のように簡単であるが，残りは十分に複雑であった．ここでは，いくつかの心に留めておく必要がある事項と，いくつかの有用な戦略を紹介する．

落とし穴

逆向きに帰着していないことを確認せよ．すなわち，問題 Y が NP 完全であることを証明しようと試みているときに，NP 完全であることが分かっている問題 X を取り上げ，Y から X への多項式時間帰着を与えようとしているかもしれない．これは間違った方向である．帰着は X から Y であって，Y の解が X の解を与えなければならない．

NP 完全であることが分かっている問題 X から問題 Y への帰着は，それだけで Y が NP 完全であることの証明になっていないこともまた，思い起こしておくべきである．この帰着は，Y が NP 困難であることの証明である．Y が NP 完全であることを示すためには，Y が NP に

属していることの証明を追加する必要がある．すなわち，Y に対する証明書を多項式時間で検証できることを更に証明する必要がある．

汎用から限定へ

問題 X を問題 Y に帰着するとき，問題 X への入力は，つねに任意のものから開始する必要がある．しかし，Y への入力は，自由に制約することができる．たとえば，3-CNF 充足可能問題を部分和問題に帰着するとき，この帰着は**任意**の 3-CNF ブール式を入力として取ることができるように設計されていたが，この帰着が生成した部分和問題への入力は，特別な形をしていた：入力はある特別な方法で作られた $2n + 2k$ 個の整数から構成されていた．この帰着は，部分和問題の**すべての**可能な入力を生成する必要はなかった．3-CNF 充足可能性問題を解くための 1 つの方法が，この問題の入力を部分和問題のある入力に変形し，部分和問題の答えを3-CNF 充足可能性問題の答えとして使うことである，というのが要点である．

帰着元の問題の構造を利用する

帰着元になる問題を選ぼうとしているとき，2 つの問題を同じ領域の上で考えているかもしれないが，一方の問題は，他方の問題よりもより構造的であるかもしれない．たとえば，3-CNF 充足可能性問題から帰着するほうが，ブール式充足可能性問題から帰着するより，ほとんどいつもはるかに簡単である．ブール式はいくらでも複雑なものを作れるが，3-CNF ブール式の構造は，帰着のときに利用できる．

　同様に，ハミルトン閉路問題と巡回セールスパーソン問題は，よく似ているが，通常は，ハミルトン閉路問題から帰着するほうが，巡回セールスパーソン問題から帰着するよりも回りくどくない．ハミルトン閉路問題は，辺重みが 0 か 1 に制約されている完全グラフ（隣接行列のように思える）を対象とすると見なせるからである．その意味で，ハミルトン閉路問題は，辺重みに制約がない巡回セールスパーソン問題よりも構造的である．

特別な場合を探す

いくつかの NP 完全問題は，他の NP 完全問題の特別な場合である．たとえば，0-1 ナップサック問題の決定版を考える：それぞれ重量と価値を持った n 個の品物が与えられる．与えられた品物の部分集合で，総重量が与えられた W 以下で，総価値が与えられた V 以上であるものがあるかどうかを決定する問題である．練習問題 34.5-5 で調べる集合分割問題は，0-1 ナップサック問題の特別な場合と見なすことができる：0-1 ナップサック問題で，各品物の価値をその重量と等しく取り，W と V の両方を総重量の半分に設定すれば集合分割問題である．問題 X が NP 困難でかつ問題 Y の特別な場合であれば，問題 Y も NP 困難でなければならない．なぜなら，問題 Y に対する多項式時間解法は，自動的に問題 X に対する多項式時間解法となるからである．もっと直観的に言うと，問題 X よりもより一般的な問題 Y は，少なくとも X と同じくらい難しいのである．

928 | 34 NP 完全性

帰着元として適切な問題を選ぶ

帰着元の問題を選ぶとき，NP 完全性を証明しようとしている帰着先の問題と，できれば同じ領域，少なくとも関連した領域の問題を選ぶことが，多くの場合に良い戦略である．たとえば，グラフ問題である頂点被覆問題は，別のグラフ問題であるクリーク問題からの帰着によって，NP 困難であることが分かった．頂点被覆問題をハミルトン閉路問題に帰着し，ハミルトン閉路問題を巡回セールスパーソン問題に帰着したが，これらすべての問題は無向グラフを入力として取る．

　しかし，ときには 1 つの領域を越えて別の領域に帰着元を探したほうが良いこともある．たとえば，3-CNF 充足可能性問題をクリーク問題や部分和問題に帰着した．領域を越えて探したいと思ったときに，3-CNF 充足可能性問題が帰着元として適切であると分かることがしばしばある．

　グラフ問題の中で，その順序にかかわらず，グラフの一部分を選択する必要があるときには，頂点被覆問題が適切な出発点となることが多くある．順序が問題になるときには，ハミルトン閉路問題やハミルトン経路問題から出発することを考えるのがよいだろう．（練習問題34.5-6 を参照.）

大きな報酬と大きな罰

グラフ G 上のハミルトン閉路問題を巡回セールスパーソン問題に帰着するための戦略は，巡回セールスパーソンの巡回路のための辺を選択するときに，G に存在する辺を使うことを勧めることであった．帰着は，この戦略を G の辺に低い重み，つまり 0 を割り当てることで実現した．言い換えれば，これらの辺を使用すると大きい報酬を与えたのである．

　あるいは，帰着で，G の辺に有限の重みを与え，G に属さない辺に無限の重みを与え，G に属さない辺の利用に取り返しのつかない罰を課すこともできたかもしれない．この方針に従うと，G の各辺の重みが W なら，巡回セールスパーソンの巡回路の目標重みは，$W \cdot |V|$ となる．ときには罰は，要請を強制する方法であると考えることができる．たとえば，巡回セールスパーソンの巡回路が重みが無限の辺を含むと，巡回路は G の辺だけから構成されなければならないという要請に違反することになる．

ガジェットの設計

頂点被覆問題からハミルトン閉路問題への帰着において，図 34.16 に示したガジェットを利用した．ガジェットは，構成されたグラフのある部分グラフであって，閉路がガジェットの各頂点を一度ずつ訪問する仕方を制限するように，他の部分と結合される．もっと一般的には，ガジェットはある性質を強制するための部品である．ハミルトン閉路問題への帰着で使ったガジェットのように，複雑なガジェットがある．しかし，簡単なガジェットもある．3-CNF 充足可能性問題から部分和問題への帰着では，スラック変数 s_j と s'_j を，各節でラベルづけされた桁を目標値 4 にすることを可能にするガジェットと見なすことができる．

34.5 NP 完全問題 | 929

練習問題

34.5-1 **部分グラフ同型問題** (subgraph-isomorphism problem) は, 2 つの無向グラフ G_1 と G_2 を受け取り, G_1 が G_2 のある部分グラフと同型か否かを問う問題である. 部分グラフ同型問題は, NP 完全であることを示せ.

34.5-2 $m \times n$ 型整数行列 A と整数 m ベクトル b が与えられたとき, **0-1 整数計画問題** (0-1 integer-programming problem) は, 要素が集合 $\{0, 1\}$ に属する整数 n ベクトル x で, $Ax \le b$ を満たすものが存在するか否かを問う問題である. 0-1 整数計画問題は, NP 完全であることを証明せよ. (**ヒント**: 3-CNF-SAT から帰着せよ.)

34.5-3 **整数計画問題** (integer linear-programming problem) は, ベクトル x の値として, 0 や 1 だけでなく任意の整数を取りうることを除くと, 練習問題 34.5-2 で検討した 0-1 整数計画問題と同じ問題である. 0-1 整数計画問題が NP 困難であると仮定し, 整数計画問題は, NP 完全であることを示せ.

34.5-4 目標値 t が 1 進数で表現されているとき, 部分和問題を多項式時間で解く方法を示せ.

34.5-5 **集合分割問題** (set-partition problem) の入力は, 正整数の集合 S である. そして, S を 2 つの集合 A と $\overline{A} = S - A$ に分割し, それぞれの要素の和を等しくする, すなわち, $\sum_{x \in A} x = \sum_{x \in \overline{A}} x$ を満たすようにできるか否かを決定する問題である. 集合分割問題は NP 完全であることを示せ.

34.5-6 **ハミルトン経路問題** (Hamilton-path problem) は, NP 完全であることを示せ.

34.5-7 **最長単純閉路問題** (longest-simple-cycle problem) は, グラフの中から, 長さ最長の単純 (すなわち, 頂点が繰返し出現しない) 閉路を決定する問題である. 対応する決定問題を定式化し, この決定問題は, NP 完全であることを示せ.

34.5-8 **3-CNF 半数充足可能性問題** (half 3-CNF satisfiability problem) では, n 変数と m 個の節を持つ 3-CNF 式 ϕ が与えられる. ここで, m は偶数である. そして, ちょうど半分の節が 0, 残りの半分の節が 1 と評価される真理値割当てが存在するか否かを決定する問題である. 3-CNF 半数充足可能性問題は, NP 完全であることを証明せよ.

34.5-9 多項式時間帰着 VERTEX-COVER $\le_P$ HAM-CYCLE の証明では, 頂点被覆問題の入力として与えられるグラフ G は孤立点を含まないと仮定した. G が孤立点を含むとき, 証明がうまく働かない理由を示せ.

章末問題

34-1 独立頂点集合

グラフ $G = (V, E)$ の**独立頂点集合** (independent set) は, 頂点の部分集合 $V' \subseteq V$ で, E の各辺が V' の高々 1 つの頂点と接続しているものである. **独立頂点集合問題** (independent-set problem) は, G のサイズ最大独立頂点集合を見つける問題である.

a. 独立頂点集合問題に対応する決定問題を定式化し, これが NP 完全であることを示せ. (ヒ

ント：クリーク問題から帰着せよ．）

b. (a) で定義した決定問題を解く"ブラックボックス"化されたサブルーチンが与えられたと仮定する．このとき，最大独立頂点集合を求めるアルゴリズムを与えよ．ただし，このサブルーチンに対する質問を 1 ステップと数えると，このアルゴリズムの実行時間は $|V|$ と $|E|$ の多項式時間でなければならない．

独立頂点集合決定問題は NP 完全であるが，ある種の場合には，多項式時間で解くことができる．

c. G の各頂点の次数が 2 のとき，独立頂点集合問題を効率よく解くアルゴリズムを与えよ．実行時間を解析し，そのアルゴリズムの正しさを示せ．

d. G が 2 部グラフのとき，独立頂点集合問題を効率よく解くアルゴリズムを与えよ．実行時間を解析し，そのアルゴリズムの正しさを示せ．（**ヒント**：まず，2 部グラフでは，最大独立頂点集合のサイズと最大マッチングのサイズの和は $|V|$ であることを示せ．つぎに最大マッチングアルゴリズム（第 25.1 節（2 部グラフの最大マッチング（再掲））参照）を，独立頂点集合を見つけるアルゴリズムの第 1 ステップとして使用せよ．）

34-2　ボニーとクライド

ボニーとクライド[h] は，銀行強盗をしたところである．彼らはお金の入った袋を持っており，それを分けたいと思っている．次の各シナリオに対して，お金を分配する多項式時間アルゴリズムを与えるか，お金を設定された条件で分配する問題は NP 完全であることを証明せよ．それぞれの場合の入力は，袋の中の n 個の品物とその価値のリストである．

a. 袋には n 枚の硬貨が入っており，それらは異なる 2 種類の価値を持った硬貨である．ボニーとクライドは，お金をちょうど半分に分けたい．

b. 袋には n 枚の硬貨が入っている．任意の数の異なる種類の硬貨が混ざっているが，各貨幣単価は，非負整数でちょうど 2 のベキである．すなわち，これらの硬貨は，たとえば，1 ドル硬貨，2 ドル硬貨，4 ドル硬貨である．ボニーとクライドは，お金をちょうど半分に分けたい．

c. 袋は n 枚の小切手が入っている．驚くべき偶然だが，すべて"ボニーまたはクライド"宛てに切られている．彼らは，ちょうど同じ金額になるように小切手を分けたい．

d. (c) のように，袋には n 枚の小切手が入っている．今回は，ボニーとクライドは差が 100 ドル以下の分割ならば良しとすることにしている．

34-3　グラフ彩色

地図作成者は，国境を共有する国を，同じ色にしないという条件の下で，最小の色数で国々を彩色しようとする．各国を頂点で表現し，2 つの国が国境を共有するときには，対応する 2 頂点間に辺を引くことによって構成される無向グラフ $G = (V, E)$ を用いて，この問題をモデル

---

[h] ［訳注］1967 年に公開された，実話に基づいた映画の題名．邦名『俺たちに明日はない』で，ボニー (Bonnie) とクライド (Clyde) の 2 人は，銀行強盗をしながら破滅的な人生を送った．

化できる．G の k 彩色 (k-coloring) は，各辺 $(u,v) \in E$ に対して $c(u) \neq c(v)$ を満たす関数 $c : V \to \{1, 2, \ldots, k\}$ である．言い換えると，数 $1, 2, \ldots, k$ は k 色を表し，隣接する点は異なる色を持つ．**グラフ彩色問題** (graph-coloring problem) は，与えられたグラフを彩色するのに必要な最小の色数を決定する問題である．

a. グラフの 2 彩色が存在すれば，それを与える効率の良いアルゴリズムを与えよ．

b. グラフ彩色問題を決定問題として定式化せよ．この決定問題は，グラフ彩色問題が多項式時間で解けるとき，かつそのときに限り，多項式時間で解けることを示せ．

c. 言語 3-COLOR を 3 彩色可能なグラフの集合とせよ．3-COLOR が NP 完全ならば，(b) で定義した決定問題は NP 完全であることを示せ．

3-COLOR が NP 完全であることを証明するために，3-CNF-SAT からの帰着を用いる．n 個の変数 $x_1, x_2, \ldots, x_n$ 上の m 個の節からなる 3-CNF 式 ϕ が与えられたとき，グラフ $G = (V, E)$ を次のように構成する．集合 V は，各変数に対する頂点，各変数の否定に対する頂点，各節に対して 5 個の頂点，および 3 個の特殊頂点 TRUE，FALSE，RED から構成される．グラフの辺には 2 つの種類がある：節とは独立な "リテラル" 辺と，節に従属している "節" 辺である．図 34.20 に示すように，リテラル辺は，3 つの特殊頂点 TRUE，FALSE，RED 上の三角形を形成すると共に，$i = 1, 2, \ldots, n$ に対して，x_i, $\neg x_i$, RED の間で三角形を形成する．

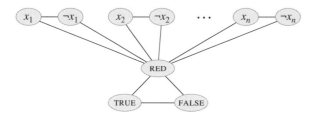

図 34.20 章末問題 34-3 のグラフ G のリテラル辺によって作られた部分グラフ．特殊頂点 TRUE，FALSE，RED は三角形を形成すると共に，各変数 x_i に対して，変数 x_i, $\neg x_i$, RED は三角形を形成する．

d. リテラル辺を含むグラフを考える．このようなグラフの任意の 3 彩色 c では，任意の変数とその否定は，そのどちらか片方だけが c(TRUE) で彩色され，他方は c(FALSE) で彩色されることを示せ．ϕ に対する任意の真理値の割当てに対応する，リテラル辺だけを含むグラフの 3 彩色が存在することを示せ．

図 34.21 に示すガジェットは，節 $(x \lor y \lor z)$ に対応する条件を強制することを助ける．ここで x, y, z はリテラルである．各節に対して図で濃い網かけの 5 個の頂点の複製が必要である．これらは，図に示すように，節に属するリテラルおよび特殊頂点 TRUE と（節辺によって）結ばれている．

e. x, y, z の各頂点が c(TRUE) か c(FALSE) で彩色されているとする．このとき，このガジェットが 3 彩色可能であるための必要十分条件は，x, y, z の少なくとも 1 つの頂点が c(TRUE) で彩色されていることである．この事実を示せ．

f. 3-COLOR は NP 完全である証明を完成させよ．

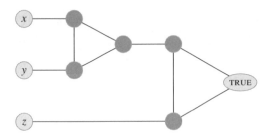

図 34.21　章末問題 34-3 で使う節 $(x \vee y \vee z)$ に対応するガジェット．

34-4　利益と締切を考慮するスケジューリング

1 台のコンピュータと n 個の仕事の集合 $\{a_1, a_2, \ldots, a_n\}$ があり，それぞれの仕事をこのコンピュータ上で実行するにはある時間がかかる．各仕事 a_j は，処理に t_j 単位時間かかって利益 p_j を産むが，その締切時刻は d_j である．機械は 1 回に 1 つの仕事しか処理できず，仕事 a_j は，ひとたび開始すると，t_j 単位時間の間連続して実行する必要がある．仕事 a_j を締切時刻 d_j までに終了すると利益 p_j を得るが，締切時刻後に終了しても利益を得ることはできない．最適化問題としては，n 個の仕事のそれぞれに対して，処理時間，利益，締切時刻が与えられたとき，すべての仕事を処理したときに得る利益を最大化する問題である．ここで，処理時間，利益，締切時刻はすべて非負の数である．

a. この問題を決定問題として述べよ．

b. この決定問題は NP 完全であることを示せ．

c. すべての処理時間が 1 から n までの整数と仮定するとき，この決定問題に対する多項式時間アルゴリズムを与えよ．（**ヒント**：動的計画法を用いよ．）

d. すべての処理時間が 1 から n までの整数と仮定するとき，最適化問題に対する多項式時間アルゴリズムを与えよ．

文献ノート

Garey–Johnson [176] は，NP 完全性の理論を詳細に議論し，1979 年時点で NP 完全と知られていた多くの問題の一覧表を備えた，NP 完全に関するすばらしい案内書である．定理 34.13 の証明は，この本から採用し，第 34.5 節冒頭の NP 完全問題に関係する領域リストはこの本の目次から拾った．Johnson は，1981 年から 1992 年にかけて *Journal of Algorithms* に 23 編からなる一連のコラムを書き，NP 完全性の新しい発展をレポートした．Fortnow [152] の本は，社会への影響と共に NP 完全性の歴史を述べている．Hopcroft–Motwani–Ullman [225]，Lewis–Papadimitriou [299]．Papadimitriou [352]．Sipser [413] は，計算複雑度の文脈で NP 完全性を大きく取り上げている．NP 完全性といくつかの帰着は，Aho–Hopcroft–Ullman [5]，Dasgupta–Papadimitriou–Vazirani [107]，Johnsonbaugh–Schaefer [239], Kleinberg–Tardos [257] の本にも現れている．Hromkovič [229] の本では，困難な問題を解くさまざまな方法が検討さ

れている.

クラス P は,1964 年に Cobham [96] によって,そして,1965 年に Edmonds [130] によって独立に導入された.Edmonds は,クラス NP も導入し,P ≠ NP を予想した.NP 完全性の概念は,1971 年に Cook [100] が提案した.彼は,ブール式充足可能性問題と 3-CNF 充足可能性問題に対して,最初の NP 完全性の証明を与えた.Levin [297] は,独立にこの概念を発見し,タイリング問題に対する NP 完全性の証明を与えた.Karp [248] は 1972 年に帰着の手法を導入し,豊富な種類の問題が NP 完全であることを示した.Karp の論文は,頂点被覆問題,ハミルトン閉路問題に対する NP 完全性の最初の証明を含んでいる.それ以来,何千という問題が多くの研究者によって NP 完全であることが証明されてきた.

最近の計算複雑度の理論は近似解を計算する複雑度に焦点を合わせてきた.この仕事から"確率的検査可能証明 (probabilistically checkable proof)" を用いて NP が定義できることが分かった.この新しい定義から,クリーク,頂点被覆,三角不等式を満たす空間での巡回セールスパーソン問題を含む多くの問題に対して,良い近似解(第 35 章(近似アルゴリズム)を参照)を計算する問題が NP 困難であり,したがって,最適解を計算するより簡単ではないことが導かれる.この分野の概要は,Arora の博士論文 [21],Hochbaum [221] の Arora–Lund による章,Arora [22] の概説記事,Mayr–Prömel–Steger [319] 編集の本,Johnson [237] の概説記事,Arora–Barak [24] の教科書の章,で見つけることができる.

35 近似アルゴリズム

APPROXIMATION ALGORITHMS

実用的な価値を持つ多くの問題は NP 完全であるが，これらの問題は非常に重要なので，単に多項式時間で解く方法をだれも知らないという理由で捨て去ることはできない．たとえ，問題が NP 完全であっても，希望が残されているかもしれない．NP 完全性を迂回する方法が少なくとも 3 つある．第 1 に，現実の入力サイズが小さければ，指数時間アルゴリズムでも十分に速いかもしれない．第 2 に，多項式時間で解ける重要で特別な場合を別扱いできるかもしれない．第 3 に，(最悪あるいは期待) 多項式時間で**最適に近い** (near-optimal) 解を見つける方法に取り組むことができるかもしれない．実社会では，しばしば近似解で十分なことがある．近似解を返すアルゴリズムを**近似アルゴリズム** (approximation algorithm) と呼ぶ．本章では，いくつかの NP 完全問題に対する多項式時間近似アルゴリズムを紹介する．

近似アルゴリズムの性能比

可能性のある解がそれぞれ正のコストを持つ最適化問題に対して，その最適に近い解を発見しようとしていると仮定する．最適解を，問題に応じて，可能な限り大きいコストを持つ解か，可能な限り小さいコストを持つ解と定義するだろう．すなわち，問題は，最大化問題か最小化問題のどちらかだと考えてよい．

ある問題に対するアルゴリズムは，サイズ n の任意の入力に対して，このアルゴリズムが生成する解のコスト C が最適解のコスト C^* の $\rho(n)$ 倍に収まっているとき：すなわち，

$$\max\left\{\frac{C}{C^*}, \frac{C^*}{C}\right\} \leq \rho(n) \tag{35.1}$$

であるとき，**近似比** (approximation ratio) $\rho(n)$ を持つ，と言う．あるアルゴリズムが，近似比 $\rho(n)$ を達成するとき，このアルゴリズムを **$\rho(n)$ 近似アルゴリズム** ($\rho(n)$-approximation algorithm) と呼ぶ．近似比と $\rho(n)$ 近似アルゴリズムの定義は，最小化と最大化の両方の問題に適用される．最大化問題に対しては，$0 < C \leq C^*$ で，比 C^*/C は最適解のコストが，近似解のコストより何倍大きいかを与える．同様に，最小化問題に対しては，$0 < C^* \leq C$ で，比 C/C^* は近似解のコストが最適解のコストより何倍大きいかを与える．すべての解は正のコストを持つと仮定したので，これらの比は，いつも明確に定義される．$C/C^* \leq 1$ は，$C^*/C \geq 1$ を意味するので，近似アルゴリズムの近似比は決して 1 より小さくはならない．したがって，1 近似アルゴリズム[1] は，最適解を出力し，大きな近似比を持つ近似アルゴリズムは，最適解

---

[1] 近似比が n に依存していないときには，「近似比 ρ (approximation ratio of ρ)」あるいは「ρ 近似アルゴリズム (ρ-approximation algorithm)」という用語を用い，n には依存しないことを示す．

よりはるかに悪い解を返すだろう.

多くの問題に対して，小さい定数近似比を持つ多項式時間近似アルゴリズムが存在することが分かっている．しかし，別の問題に対しては，知られている最良の多項式時間アルゴリズムでも，その近似比が入力サイズ n の関数として増大するものがある．このような問題の一例が，第 35.3 節で紹介する集合被覆問題である.

ある多項式時間近似アルゴリズムは，計算時間を使えば使うほど良い近似比を達成できる．そのような問題に対しては，計算時間をかけて近似の質を手に入れることができる．その一例が第 35.5 節で学ぶ部分和問題である．この状況は，特別に名前が与えられてもよいほど，大変に重要である.

最適化問題に対する**近似スキーム** (approximation scheme) は，問題インスタンスと共に値 $\epsilon > 0$ を入力として受け取り，任意に固定された ϵ に対して，このスキームが $(1+\epsilon)$ 近似アルゴリズムであるような近似アルゴリズムである．任意に固定した $\epsilon > 0$ に対して，近似スキームが，入力インスタンスのサイズ n に関して多項式時間で動作するとき，このスキームを**多項式時間近似スキーム** (polynomial-time approximation scheme) と言う.

多項式時間近似スキームの計算時間は，ϵ が小さくなるにつれて急速に増加することがある．たとえば，多項式時間近似スキームの計算時間が $O(n^{2/\epsilon})$ かもしれない．しかし，理想的には，ϵ がある定数分減少したときに，所望の近似を得るのに必要な計算時間がある定数倍 (ϵ が減少する割合と同じ定数である必要はない) 以上に増加しないでほしい.

近似スキームの計算時間が，$1/\epsilon$ と入力インスタンスのサイズ n の両方に関して多項式時間ならば，このスキームを**完全多項式時間近似スキーム** (fully polynomial-time approximation scheme) と呼ぶ．たとえば，このようなスキームは，計算時間が $O((1/\epsilon)^2 n^3)$ の計算時間を持つかもしれない．このようなスキームでは，ϵ が定数分の 1 に減少すれば，計算時間は対応する定数倍増加する.

本章の概要

本章の最初の 4 つの節では，NP 完全問題に対する多項式時間近似アルゴリズムの例をいくつか紹介し，5 番目の節では，完全多項式時間近似スキームを紹介する．第 35.1 節は，近似比 2 の近似アルゴリズムを持つ NP 完全な最小化問題である頂点被覆問題の学習から開始する．第 35.2 節は，コスト関数が三角不等式を満たす巡回セールスパーソン問題に対して，2 の近似比を持つ近似アルゴリズムを紹介する．また，三角不等式が満たさなければ，どんな定数 $\rho \geq 1$ に対しても，P = NP でない限り，ρ 近似アルゴリズムは存在しないことも示す．第 35.3 節では，集合被覆問題に対して，最適のコストより最悪でも対数倍だけ大きいコストを持つ被覆を作るために，貪欲算法を用いて効果的な近似アルゴリズムを作る方法を示す．第 35.4 節では，乱択と線形計画法を用い，さらに 2 つの近似アルゴリズムを紹介する．最初に，3-CNF 充足可能性問題の最適化版を考え，近似比の期待値が 8/7 である解を生み出す単純な乱択アルゴリズムを与える．つぎに，頂点被覆問題の重みつき版を検討し，線形計画法を使って，2 近似アルゴリズムを開発する方法を示す．最後に，第 35.5 節では，部分和問題に対する完全多項式時間スキームを紹介する.

35.1 頂点被覆問題

第 34.5.2 項（頂点被覆問題）では，頂点被覆問題を定義し，それが NP 完全であることを証明した．無向グラフ $G = (V, E)$ の**頂点被覆** (vertex cover) は，部分集合 $V' \subseteq V$ で，(u, v) が G の辺ならば，$u \in V'$ か $v \in V'$（あるいは両方）を満たすものであった．頂点被覆問題のサイズは，それが含む頂点の個数である．

　与えられた無向グラフに対して，サイズが最小の頂点被覆を探す問題を**頂点被覆問題** (vertex-cover problem) と呼び，そのような頂点被覆を**最適頂点被覆** (optimal vertex cover) と呼ぶ．この問題は，NP 完全な決定問題の最適化版である．

　グラフ G で最適頂点被覆を多項式時間で見つける方法は知られていないが，最適に近い頂点被覆を見つける効率の良いアルゴリズムがある．下記の近似アルゴリズム APPROX-VERTEX-COVER は，無向グラフ G を入力として取り，そのサイズが最適頂点被覆の 2 倍を超えないことが保障される頂点被覆を返す．

```
APPROX-VERTEX-COVER(G)
1  C = ∅
2  E' = G.E
3  while E' ≠ ∅
4      (u, v) を E' の任意の辺とする
5      C = C ∪ {u, v}
6      E' から辺 (u, v) と u か v のどちらかに隣接する辺をすべて削除する
7  return C
```

　APPROX-VERTEX-COVER が，あるグラフ上で働く様子を図 35.1 に示す．変数 C に構築中の頂点被覆を格納している．第 1 行は，C を空集合に初期化している．第 2 行は，グラフの辺集合 $G.E$ を E' にコピーしている．第 3〜6 行の **while** ループは，E' から辺 (u, v) を取り出し，その両端点 u と v を C につけ加え，u または v のどちらかが被覆するすべての辺を E' から削除することを繰り返している．最後に，第 7 行は，頂点被覆 C を返す．E' を表現するために隣接リストを用いると，このアルゴリズムの計算時間は $O(V + E)$ である．

定理 35.1　APPROX-VERTEX-COVER は，多項式時間 2 近似アルゴリズムである．

証明　すでに APPROX-VERTEX-COVER が多項式時間で動作することを示した．

　C に属するある頂点が $G.E$ の各辺を被覆するまで，APPROX-VERTEX-COVER はループを繰り返すので，このアルゴリズムが返す頂点集合 C は，頂点被覆である．

　APPROX-VERTEX-COVER が最適被覆の高々 2 倍であるサイズの頂点被覆を返すことを示すために，A を APPROX-VERTEX-COVER の第 4 行が取り上げる辺の集合とする．A の辺を被覆するためには，任意の頂点被覆——とくに最適被覆 C^*——は，A に属する各辺の 1 つの端点を含む必要がある．1 つの辺が第 4 行で取り上げられると，第 6 行は，その両端点に隣

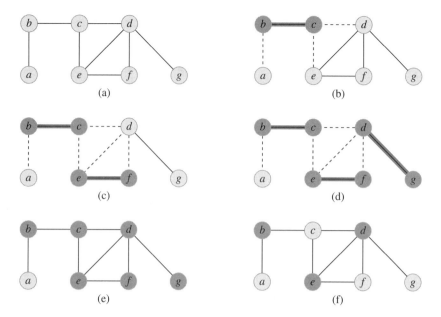

図 35.1 APPROX-VERTEX-COVER の操作．**(a)** 7 個の頂点と 8 本の辺を持つ入力グラフ G．**(b)** 濃い網かけで強調表示された辺 (b, c) を APPROX-VERTEX-COVER は最初に選択する．濃い網かけの頂点 b と c を作成中の頂点被覆を含む集合 C に追加する．C のある頂点が被覆するので，点線で示す辺 (a, b), (c, e), (c, d) を削除する．**(c)** 辺 (e, f) を選ぶ．頂点 e と f を C に追加する．**(d)** 辺 (d, g) を選ぶ．頂点 d と g を C に追加する．**(e)** APPROX-VERTEX-COVER が作成した頂点被覆集合 C は，6 個の頂点 b, c, d, e, f, g を含む．**(f)** この問題に対する最適頂点被覆はたった 3 個の頂点 b, d, e だけからなる．

接する他のすべての辺を E' から削除するので，A のどの 2 辺も端点を共有しない．したがって，A のどの 2 つの辺も C^* の同じ頂点で被覆されないので，最適被覆のサイズに関する下界

$$|C^*| \geq |A| \tag{35.2}$$

を得る．第 4 行の各実行では，両端点がその時点で C に属していない辺を取り上げるので，アルゴリズムが返す頂点被覆のサイズに関する上界（実際には，上限）

$$|C| = 2|A| \tag{35.3}$$

を得る．式 (35.2) と (35.3) を合わせて

$$|C| = 2|A|$$
$$\leq 2|C^*|$$

を得る．したがって，定理が証明された． ∎

この証明を省察しよう．最適な頂点被覆のサイズを知らずに，APPROX-VERTEX-COVER が出力する頂点被覆のサイズが最適頂点被覆の高々 2 倍であることをなぜ証明できるのか，不思議に思うかもしれない．最適頂点被覆の厳密なサイズを知ろうとする代わりに，サイズの下界を見つけるのである．練習問題 35.1-2 で示すように，APPROX-VERTEX-COVER の第 4 行が選択する辺集合 A は，実際にグラフ G の極大マッチングである．（これ以上辺を追加できない状態のマッチングを**極大マッチング** (maximal matching) と呼ぶ．）極大マッチングのサイズ

938 | 35　近似アルゴリズム

は，定理 35.1 で議論したように，最適頂点被覆のサイズの下界である．このアルゴリズムは，極大マッチング A の高々 2 倍のサイズの頂点被覆を返す．アルゴリズムが返す解のサイズを下界と関係づけることで，近似比を得ることができる．この手法を後の節でも用いる．

練習問題

35.1-1 APPROX-VERTEX-COVER が，つねに準最適 (suboptimal) 解を出力するグラフの例を与えよ．

35.1-2 APPROX-VERTEX-COVER の第 4 行が取り上げる辺の集合がグラフ G の極大マッチングを形成することを証明せよ．

35.1-3 ★ 頂点被覆問題を解くために次のヒューリスティックを考えよう．次数最大の頂点を繰り返し選び，それに隣接するすべての辺を削除する．このヒューリスティックが近似比 2 を持たないことを示す例を与えよ．（ヒント：左側に同じ次数を持つ頂点を置き，右側に色々な次数を持つ頂点を置いた 2 部グラフを試せ．）

35.1-4 木に対して線形時間で最適な頂点被覆を見つける効率の良い貪欲アルゴリズムを与えよ．

35.1-5 第 34.5.2 項（頂点被覆問題）の定理 34.12（916 ページ）の証明より，頂点被覆問題と NP 完全であるクリーク問題は，最適頂点被覆が補グラフにおける最大（サイズ）クリークの補集合，であるという意味でお互いに補完的である．この関係は，クリーク問題に対して定数近似比を持つ多項式時間アルゴリズムが存在することを意味するだろうか？答えを検証せよ．

35.2　巡回セールスパーソン問題

第 34.5.4 項（巡回セールスパーソン問題）で紹介した巡回セールスパーソン問題に対する入力は無向完全グラフ $G = (V, E)$ で，各辺 $(u, v) \in E$ が非負の整数コスト $c(u, v)$ を持っている．目的は，G でコストが最小のハミルトン閉路（巡回路）を発見することである．記法を拡張して，$c(A)$ で部分集合 $A \subseteq E$ の辺コストの総和：

$$c(A) = \sum_{(u,v) \in A} c(u, v)$$

を表すことにする．

　多くの実用の場では，場所 u から場所 w に行くコスト最小の経路は，寄り道をせずに直接行く経路である．別の言い方をすれば，中間点を省いてもコストは決して増加しない．そのようなコスト関数 c は**三角不等式** (triangle inequality) を満たすと言う：すべての点 $u, v, w \in V$ に対して

$$c(u, w) \leq c(u, v) + c(v, w)$$

である．

　三角不等式は，それが満たされるのが自然であるように思われる．いくつかの応用では自動的に満たされる．たとえば，グラフの頂点が平面上の点で，2 点間の移動コストがこれらの間

の通常のユークリッド距離ならば三角不等式を満たし，さらにユークリッド距離以外でも多くのコスト関数が三角不等式を満たす．

練習問題 35.2-2 で示すように，コスト関数が三角不等式を満たすことを要請しても，巡回セールスパーソン問題は NP 完全である．したがって，この問題を正確に解く多項式時間アルゴリズムが見つかることは期待できないので，代わりに，良い近似アルゴリズムを探そう．

第 35.2.1 項では，三角不等式を満たす巡回セールスパーソン問題に対する 2 近似アルゴリズムを検討する．第 35.2.2 項では，三角不等式を満たさなければ，P = NP でない限り，定数近似比を持つ多項式時間近似アルゴリズムは存在しないことを示す．

35.2.1 三角不等式を満たす巡回セールスパーソン問題

前節の手法を適用し，1 つの構造——最小全域木——を計算する．その重みは最適な巡回セールスパーソン問題の巡回路の長さの下界を与えるのである．そして，この最小全域木を使い，コスト関数が三角不等式を満たすとき，最小全域木の重みの 2 倍を超えないコストを持つ巡回路を構築する．次の手続き APPROX-TSP-TOUR は，第 21.2 節（Kruskal と Prim のアルゴリズム）（502 ページ）の最小全域木アルゴリズム MST-PRIM をサブルーチンとして呼出し，このアプローチを実装する．パラメータ G は完全無向グラフで，コスト関数 c は三角不等式を満たす．

APPROX-TSP-TOUR(G, c)

1 頂点 $r \in G.V$ を「根」として選ぶ
2 根 r からの G の最小全域木 T を MST-PRIM(G, c, r) を使って計算する
3 T を先行順に辿ったときに（初めて）訪問した順番で頂点を並べたリストを
　 H とする
4 **return** ハミルトン閉路 H

第 12.1 節（2 分探索木とは？）の先行順の木巡回では，再帰的に木の各頂点を訪問し，その頂点を最初に訪問したとき，その子たちを訪問する前に，リストに載せたことを思い出せ．

図 35.2 に APPROX-TSP-TOUR の操作を図示する．(a) に完全無向グラフ，(b) に MST-PRIM が根 a から成長させた最小全域木 T を示す．(c) に T の先行順木巡回が頂点を訪問する順序を示し，(d) に対応する巡回路を示す．これが APPROX-TSP-TOUR が返す巡回路である．(e) は，これより約 23% 短い最適な巡回路を示す．

練習問題 21.2-2 より，MST-PRIM の単純な実装を利用したとしても，APPROX-TSP-TOUR の計算時間は $\Theta(V^2)$ である．コスト関数が三角不等式を満たす巡回セールスパーソン問題のインスタンスに対して，APPROX-TSP-TOUR が最適巡回路のコストの 2 倍を超えないコストの巡回路を返すことを示そう．

定理 35.2　三角不等式が満たされるとき，APPROX-TSP-TOUR は，巡回セールスパーソン問題に対する多項式時間 2 近似アルゴリズムである．

証明　すでに APPROX-TSP-TOUR が多項式時間で動作することを確認している．

与えられた頂点集合に対する最適巡回路を H^* とする．この巡回路から任意の辺を削除して

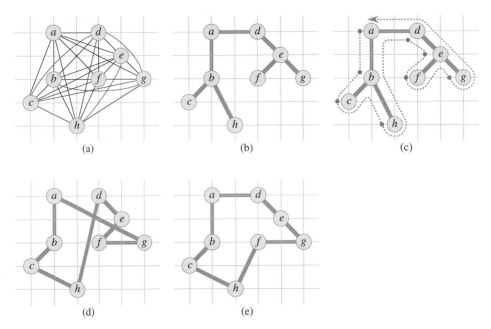

図 35.2 APPROX-TSP-TOUR の動作. **(a)** 完全無向グラフ. 頂点は整数格子の交点にある. たとえば, f は h から 1 単位右, 2 単位上にある. 2 点間のコスト関数は, 通常のユークリッド距離である. **(b)** MST-PRIM が計算する, この完全グラフの最小全域木 T. 頂点 a が根である. 最小全域木の辺だけを示す. 各頂点には, MST-PRIM が (最小全域木に成長させていく) 木にこれらの頂点を追加していった順番を (アルファベット順で) 示すラベルを付与している. **(c)** a から始まる木の巡回 T. この木の全巡回は, 頂点を $a, b, c, b, h, b, a, d, e, f, e, g, e, d, a$ の順に訪問する. T の先行順の木巡回で, 頂点を最初に訪問したとき (横の丸い点が示す時点) に, この頂点をリストに載せると, その順番は a, b, c, h, d, e, f, g になる. **(d)** この先行順の木巡回が示す順番で頂点を訪問する巡回路 H. これが APPROX-TSP-TOUR が返す巡回路であり, その総コストはおおよそ 19.074 である. **(e)** 元の完全グラフに対する最適巡回路 H^*. その総コストはおおよそ 14.715 である.

全域木を構成する. 各辺は非負なので, APPROX-TSP-TOUR の第 2 行で計算する最小全域木 T の重みは, 最適巡回路のコストの下界を与える: すなわち

$$c(T) \leq c(H^*) \tag{35.4}$$

である. T の**全巡回** (full walk) は, 頂点を最初に訪問したときだけでなく, ある部分木を訪問した後で再訪するたびにリストに載せる. この全巡回を W と呼ぶことにしよう. 本項の例に対する全巡回は, 順番

$$a, b, c, b, h, b, a, d, e, f, e, g, e, d, a$$

を与える. 全巡回は, T の各辺を正確に 2 回ずつ辿るので, コスト c の定義を辺の多重集合を扱えるように自然な方法で拡張し,

$$c(W) = 2c(T) \tag{35.5}$$

を得る. 不等式 (35.4) と式 (35.5) より,

$$c(W) \leq 2c(H^*) \tag{35.6}$$

が成立するので，W のコストは，最適巡回路のコストの 2 倍以内である．

もちろん，全巡回 W は，いくつかの点を複数回訪れるので，巡回路ではない．しかし，三角不等式を使うと，コストを増加させることなく，W から任意の頂点への訪問を削除できる．(u, v, w と続く W の訪問順序から v を削除すれば，u から w へ直接向かうことになる．）この操作を繰り返し適用することで，W から各頂点への最初の訪問以外のすべてを削除できる．本項の例では，順番

$$a, b, c, h, d, e, f, g$$

が残る．この順番は，木 T の先行順巡回から得られるものと同じである．H をこの先行順巡回に対応する閉路とする．各頂点は正確に 1 回しか訪問されないので，これはハミルトン閉路であり，Approx-TSP-Tour が計算する閉路である．H は全巡回 W から頂点を削除して得られたので，

$$c(H) \leq c(W) \tag{35.7}$$

である．不等式 (35.6) と (35.7) を組み合わせると，$c(H) \leq 2c(H^*)$ を得ることができ，証明が完成する． ■

定理 35.2 が示す小さい近似比にもかかわらず，Approx-TSP-Tour は通常，この問題に対する現実的に最良の選択ではない．実用では，もっと良い性能を発揮する他の近似アルゴリズムがある．（本章の文献ノート参照．）

35.2.2 一般的な巡回セールスパーソン問題

コスト関数 c が三角不等式を満たさないとき，P = NP でない限り，良い近似巡回路を多項式時間で発見できない．

定理 35.3 P $\neq$ NP ならば，任意の定数 $\rho \geq 1$ に対して，近似比 ρ を持つ一般的な巡回セールスパーソン問題に対する多項式時間近似アルゴリズムは存在しない．

証明 証明は背理法による．矛盾を導くために，ある値 $\rho \geq 1$ に対して，近似比 ρ を持つ多項式時間近似アルゴリズム A が存在すると仮定しよう．一般性を失うことなく，必要なら切上げを行い，ρ を整数と仮定する．このとき，A を使って，（第 34.2 節（多項式時間検証）で定義した）ハミルトン閉路問題のインスタンスが多項式時間で解けることを示す．第 34.5.3 項（ハミルトン閉路問題）の定理 34.13（918 ページ）より，ハミルトン閉路問題は NP 完全なので，第 34.3 節（NP 完全性と帰着可能性）の定理 34.4（899 ページ）より，もしもこれが多項式時間で解けるようなことがあれば，P = NP である．

$G = (V, E)$ をハミルトン閉路問題のインスタンスとする．このとき，G がハミルトン閉路を持つか否かを，仮定した近似アルゴリズム A を利用して効率よく決定したい．以下の要領で，G を巡回セールスパーソン問題のインスタンスに変換する．$G' = (V, E')$ を V 上の完全グラフとする．すなわち，

$$E' = \{(u, v) : u, v \in V \text{ かつ } u \neq v\}$$

として，E' の各辺に対して整数コスト：

942 | 35 近似アルゴリズム

$$c(u,v) = \begin{cases} 1 & (u,v) \in E \text{ のとき} \\ \rho|V| + 1 & \text{その他のとき} \end{cases}$$

を割り当てる．G' と c の表現は，G の表現より $|V|$ と $|E|$ に関する多項式時間で構築できる．

巡回セールスパーソン問題 (G', c) を考える．元のグラフ G がハミルトン閉路 H を持てば，コスト関数 c は H の各辺に 1 のコストを割り当てているので，(G', c) はコスト $|V|$ の巡回路を含む．他方，G がハミルトン閉路を含まなければ，G' の任意の巡回路は E に属さないある辺を使わなければならない．しかし，E に属さない辺を使うどの巡回路もコストは少なくとも

$$(\rho|V| + 1) + (|V| - 1) = \rho|V| + |V|$$
$$> \rho|V|$$

である．G に属さない辺のコストが高いので，G のハミルトン閉路である巡回路のコスト（$|V|$）と他の任意の巡回路のコスト（少なくとも $\rho|V| + |V|$）の間には，少なくとも $\rho|V|$ の差がある．したがって，G のハミルトン閉路ではない巡回路のコストは，G のハミルトン閉路の巡回路のコストの少なくとも $\rho + 1$ 倍かかる．

巡回セールスパーソン問題 (G', c) に近似アルゴリズム A を適用すると何が起こるだろうか？ A が返す巡回路のコストは，最適巡回路のコストの ρ 倍以下であることが保障されているので，G がハミルトン閉路を持てば，A はあるハミルトン閉路を返さなければならない．逆に，G がハミルトン閉路を含まなければ，A は $\rho|V|$ より大きいコストを持つ巡回路を返す．したがって，ハミルトン閉路問題を多項式時間で解くために A を利用できることになる． ■

定理 35.3 の証明は，問題をうまく近似できないことを証明するための一般的な技法の一例になっている．与えられた NP 困難な問題 X に対して，多項式時間で以下の条件を満たす最小化問題 Y を構成できると仮定する．X の "yes" インスタンスは，（ある k に対して）高々 k の値を持つ Y のインスタンスに対応するが，X の "no" インスタンスは，ρk よりも大きな値を持つ Y のインスタンスに対応する．このとき，P = NP でない限り，問題 Y に対する多項式時間 ρ 近似アルゴリズムは存在しない．

練習問題

35.2-1 少なくとも 3 個の頂点を持つ完全無向グラフ $G = (V, E)$ が，三角不等式を満たすコスト関数 c を持つと仮定する．このとき，すべての $u, v \in V$ に対して $c(u,v) \geq 0$ であることを証明せよ．

35.2-2 巡回セールスパーソン問題の 1 つのインスタンスを，コスト関数が三角不等式を満たす別のインスタンスに多項式時間で変換する方法を示せ．この 2 つのインスタンスの最適巡回路の集合は同一でなければならない．P $\neq$ NP を仮定するとき，この多項式時間変換が定理 35.3 に矛盾しない理由を説明せよ．

35.2-3 三角不等式を満たすコスト関数を持つ，巡回セールスパーソン問題の近似巡回路を構築するために，**最近接点ヒューリスティック** (closest-point heuristic) を考える．任意に選ばれた 1 つの頂点から構成される自明な閉路から始める．各ステップでは，その閉路上にはないが，閉路上のある頂点への距離が最小である頂点 u を特定する．u に最も近い閉路上の頂点を

v とする．u を v の直後に挿入し，この閉路を拡張する．すべての頂点が閉路上に乗るまで繰り返す．このヒューリスティックが返す巡回路のコストが，最適巡回路のコストの 2 倍を超えないことを証明せよ．

35.2-4 ボトルネック巡回セールスパーソン問題 (bottleneck traveling-salesperson problem) は，閉路上のコストが最大の辺のコストを最小化する，ハミルトン閉路を発見する問題である．コスト関数が三角不等式を満たすと仮定するとき，この問題に対して，近似比 3 の多項式時間近似アルゴリズムが存在することを示せ．（**ヒント**：1 つのボトルネック全域木に対して，第 21 章（最小全域木）の章末問題 21-4（507 ページ）で議論したように，その木のある全巡回に沿って，引き続く 2 個より多くの中間節点をスキップすることなくいくつかの節点をスキップすることで，その木のすべての節点をちょうど 1 度ずつ訪問できることを再帰的に示せ．ボトルネック全域木のコスト最大辺のコストは，高々ボトルネックハミルトン閉路のコスト最大辺のコストであることを示せ．）

35.2-5 頂点が平面上の点で，コスト $c(u, v)$ が点 u と v の間のユークリッド距離である巡回セールスパーソン問題のインスタンスを考える．このとき，最適巡回路はそれ自身と交差しないことを示せ．

35.2-6 定理 35.3 の証明法を用いて，任意の定数 $c \geq 0$ に対して，近似比 $|V|^c$ を持つ一般的な巡回セールスパーソン問題の多項式時間近似アルゴリズムは存在しないことを証明せよ．

35.3　集合被覆問題

集合被覆問題は，資源の割当てに関する多くの問題をモデル化した最適化問題の 1 つである．対応する決定問題は，NP 完全である頂点被覆問題を一般化したものであり，したがってこの問題もまた NP 困難である．しかし，頂点被覆問題のために開発した近似アルゴリズムは，ここでは適用できない．その代わりに，本節では，対数近似比を持つ単純な貪欲ヒューリスティックを検討する．すなわち，インスタンスのサイズが増大するにつれて，近似解のサイズは，最適解のサイズに関して増大する．しかし，対数関数はゆっくり増大するので，この近似アルゴリズムが与える結果は有用だろう．

集合被覆問題 (set-covering problem) のインスタンス $(X, \mathcal{F})$ は，次の有限集合 X と X の部分集合の族 $\mathcal{F}$ から構成されており，X の各要素は $\mathcal{F}$ の少なくとも 1 つの部分集合に属している：すなわち，

$$X = \bigcup_{S \in \mathcal{F}} S$$

である．

$$U \subseteq \bigcup_{S \in \mathcal{C}} S$$

が成立するとき，部分集合 $\mathcal{C} \subseteq \mathcal{F}$ は U の要素集合を**被覆する** (cover) と言う．集合被覆問題は，X のすべての要素を被覆するサイズが最小の部分集合 $\mathcal{C} \subseteq \mathcal{F}$ を発見する問題：すなわち，

$$X = \bigcup_{S \in \mathcal{C}} S$$

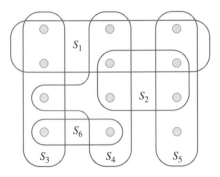

図 35.3 集合被覆問題のインスタンス $(X, \mathcal{F})$. ここで, X は 12 個の薄い網かけの点から構成され, $\mathcal{F} = \{S_1, S_2, S_3, S_4, S_5, S_6\}$ である. 各集合 $S_i \in \mathcal{F}$ は実線で囲まれている. $\mathcal{C} = \{S_3, S_4, S_5\}$ は, サイズ最小の集合被覆で, そのサイズは 3 である. 貪欲アルゴリズムは, 集合 S_1, S_4, S_5, S_3, あるいは集合 S_1, S_4, S_5, S_6 をこの順番で選択して, サイズが 4 の集合被覆を構成する.

を満たすサイズ最小の $\mathcal{C}$ を求める問題である. 図 35.3 に集合被覆問題を図示する. $\mathcal{C}$ のサイズは, それが含む集合の個数であり, これらの集合の中の個々の要素の個数ではない. なぜなら, X を被覆する各部分集合 $\mathcal{C}$ は, $|X|$ 個の個々の要素をすべて含まなければならないからである. 図 35.3 の最小集合被覆のサイズは 3 である.

集合被覆問題は, 多くの場面で共通に発生する組合せ問題を抽象化したものである. 簡単な例として, ある問題を解くために必要なスキルの集合 X と, この問題に取り組める人の集合が与えられているとする. このとき, X に属する各スキルを持つ人を少なくとも 1 人は含む委員会を最少人数で組織したい. 集合被覆問題の決定問題では, サイズが高々 k の被覆が存在するか否かを問う. ここで, k はインスタンスの中で指定される追加のパラメータである. 練習問題 35.3-2 で示すように, この決定問題は NP 完全である.

貪欲近似アルゴリズム

下記の貪欲法 GREEDY-SET-COVER では, 各ステージでまだ被覆されていない残りの要素を最も多く被覆する集合 S を選択する. 図 35.3 の例では, GREEDY-SET-COVER は, $\mathcal{C}$ に集合 S_1, S_4, S_5 をこの順序で挿入し, 最後に S_3 か S_6 のどちらかを挿入する.

```
GREEDY-SET-COVER(X, F)
1  U_0 = X
2  C = ∅
3  i = 0
4  while U_i ≠ ∅
5      |S ∩ U_i| を最大化する S ∈ F を選択する
6      U_{i+1} = U_i - S
7      C = C ∪ {S}
8      i = i + 1
9  return C
```

この貪欲アルゴリズムは次のように働く．繰返しの各段階の始めでは，U_i は，まだ被覆されていない残りの要素の集合を含む X の部分集合である．初期部分集合 U_0 は，X のすべての要素を含む．集合 $\mathcal{C}$ は構成中の被覆を含む．第5行は貪欲決定ステップで，できる限り多くの被覆されていない要素を被覆する部分集合 S を選択する（タイは任意に解消する）．S を選択した後，第6行で残りの被覆されていない要素集合を更新し，それを U_{i+1} とする．第7行で S を $\mathcal{C}$ に挿入する．アルゴリズムが終了したとき，集合 $\mathcal{C}$ は X を被覆する $\mathcal{F}$ の部分族を含む．

解　析

ここでは，この貪欲アルゴリズムが返す集合被覆のサイズは，最適集合被覆のそれに比較してさほど大きくないことを示す．

定理 35.4　集合 X と $\mathcal{F}$ の部分集合族上で走る手続き GREEDY-SET-COVER は，多項式時間 $O(\lg X)$ 近似アルゴリズムである．

証明　最初に，アルゴリズムは $|X|$ と $|\mathcal{F}|$ の多項式時間で動作することを示す．第4〜7行のループの繰返し回数は，$\min\{|X|,|\mathcal{F}|\} = O(|X| + |\mathcal{F}|)$ で抑えられる．このループ本体は，$O(|X| \cdot |\mathcal{F}|)$ 時間で動作するように実装することができる．この時間は入力サイズの多項式関数である．したがって，このアルゴリズムは $O(|X| \cdot |\mathcal{F}| \cdot (|X| + |\mathcal{F}|))$ で走り，これは入力のサイズの多項式である．（練習問題 35.3-3 では線形時間アルゴリズムを検討する．）

近似限界を証明するために，$\mathcal{C}^*$ を元のインスタンス $(X, \mathcal{F})$ に対する最適被覆とし，$k = |\mathcal{C}^*|$ とする．$\mathcal{C}^*$ は，アルゴリズムにより構成される X の部分集合 U_i の被覆なので，任意の部分集合 U_i は k 個の集合により被覆される．したがって，$(U_i, \mathcal{F})$ がインスタンスであれば，その最適集合被覆のサイズは高々 k である．

インスタンス $(U_i, \mathcal{F})$ に対する最適集合被覆のサイズが高々 k ならば，$\mathcal{C}$ の少なくとも1つの集合が少なくとも $|U_i|/k$ 個の新しい要素を被覆する．このように手続き GREEDY-SET-COVER の第5行は，被覆されない最大要素を持つ集合を選択するが，新しく被覆される要素の数は少なくとも $|U_i|/k$ 個の要素を持つ集合を選択しなければならない．U_{i+1} を構成するときには，これらの要素は取り除かれ，

$$
\begin{aligned}
|U_{i+1}| &\leq |U_i| - |U_i|/k \\
&= |U_i|(1 - 1/k)
\end{aligned}
\tag{35.8}
$$

が成立する．不等式 (35.8) より，

$$
\begin{aligned}
|U_0| &= |X| \\
|U_1| &\leq |U_0|(1 - 1/k) \\
|U_2| &\leq |U_1|(1 - 1/k) \leq |U_0|(1 - 1/k)^2
\end{aligned}
$$

が得られ，一般的に

$$
|U_i| \leq |U_0|(1 - 1/k)^i = |X|(1 - 1/k)^i
\tag{35.9}
$$

が成立する．

946 | 35 近似アルゴリズム

アルゴリズムは $U_i = \phi$ のときに停止し，これは $|U_i| \le 1$ を意味している．このように，アルゴリズムの繰返し回数の上界は，$|U_i| \le 1$ を満足する最小の i である．

すべての実数 x に対して，$1 + x \le e^x$ が成立する（第 3.3 節（標準的な記法とよく使われる関数）の不等式 (3.14)（55 ページ）参照) ので，$x = -1/k$ とすると $1 - 1/k \le e^{-1/k}$ が得られ，その結果 $(1 - 1/k)^k \le (e^{-1/k})^k = 1/e$ が成立する．繰返し回数 i をある非負整数 c を使って ck で表し，c を

$$|X|(1 - 1/k)^{ck} \le |X| e^{-c} < 1 \tag{35.10}$$

を満足する非負整数とする．両辺に e^c を掛け，さらに両辺の自然対数をとることにより，$c \ge \ln |X|$ を得る．このように，c として少なくとも $\ln |X|$ である任意の整数を選ぶことができる．ここでは $c = \lceil \ln |X| \rceil$ を選ぶ．$i = ck$ は繰返し回数の上界であるので，これは $\mathcal{C}$ のサイズと一致する．そして，$k = |\mathcal{C}^*|$ であるので，$|\mathcal{C}| \le i = ck = c|\mathcal{C}^*| = |\mathcal{C}^*| \lceil \ln |X| \rceil$ が成立し，証明は完成する． ∎

練習問題

35.3-1 集合 $\{\texttt{arid}, \texttt{dash}, \texttt{drain}, \texttt{heard}, \texttt{lost}, \texttt{nose}, \texttt{shun}, \texttt{slate}, \texttt{snare}, \texttt{thread}\}$ に属する各語を文字の集合と考える．タイは辞書式順序で解消する．このとき GREEDY-SET-COVER が出力する集合被覆を示せ．

35.3-2 集合被覆問題の決定問題が NP 完全であることを，この問題を頂点被覆問題に帰着することによって示せ．

35.3-3 GREEDY-SET-COVER を $O\left(\sum_{S \in \mathcal{F}} |S|\right)$ 時間で動作するように実装する方法を示せ．

35.3-4 定理 35.4 の証明では，手続き GREEDY-SET-COVER は，インスタンス $(X, \mathcal{F})$ に対して $\mathcal{C}$ を出力し，$|\mathcal{C}| \le |\mathcal{C}^*|(\lceil \lg X \rceil + 1)$ が成立することを示している．次のより弱い上界：

$$|\mathcal{C}| \le |\mathcal{C}^*| \max\{|S| : S \in \mathcal{F}\}$$

が自明に真であることを示せ．

35.3-5 GREEDY-SET-COVER は，第 5 行におけるタイの解消方法に依存して，多くの異なる解を返すことがある．n 個の要素からなる集合被覆問題のインスタンスで，第 5 行でのタイの解消方法に依存して，GREEDY-SET-COVER が n の指数関数個の異なる解を返すものを出力する手続き BAD-SET-COVER-INSTANCE(n) を求めよ．

35.4 乱択化と線形計画法

本節では，近似アルゴリズムを設計するための 2 つの有用な技法：乱択化と線形計画法を学習する．最初に 3-CNF 充足可能性問題の最適化版に対して，単純な乱択アルゴリズムを与え，次に頂点被覆問題の重みつき版に対して，近似アルゴリズムを設計するために線形計画法を用いる．本節では，これら 2 つの強力な技法のほんの表面に触れるだけである．本章の文献ノートでは，これらの分野をさらに深く学習するための文献を紹介する．

MAX-3-CNF 充足可能性問題に対する乱択近似アルゴリズム

厳密解を求める乱択アルゴリズムがあるように，近似解を求める乱択アルゴリズムもある．ある問題に対する乱択アルゴリズムは，サイズ n の任意の入力に対して，この乱択アルゴリズムが生成する解の**期待** (expected) コスト C が，最適解のコスト C^* の $\rho(n)$ 倍に収まっている：すなわち，

$$\max\left\{\frac{C}{C^*}, \frac{C^*}{C}\right\} \le \rho(n) \tag{35.11}$$

が成立するならば，$\rho(n)$ の**近似比** (approximation ratio) を持つと言う．近似比 $\rho(n)$ を達成する乱択アルゴリズムを**乱択 $\rho(n)$ 近似アルゴリズム** (randomized $\rho(n)$-approximation algorithm) と呼ぶ．言い換えれば，近似比が期待コストに対してである点を除くと，乱択近似アルゴリズムは，決定性近似アルゴリズムと似ている．

第 34.4 節（NP 完全性の証明）で定義したように，3-CNF 充足可能性問題の特定のインスタンスは，充足可能であったり充足不可能であったりする．充足可能であるためには，1 と評価される変数への割当てがすべての各節で存在しなければならない．このインスタンスが充足不可能ならば，充足可能性にどの程度 "近い (close)" のかを計算したいと思うかもしれない．すなわち，できるだけ多くの節を充足する変数割当てを見つけたいと思うだろう．この最大化問題を **MAX-3-CNF 充足可能問題** (MAX-3-CNF satisfiability) と呼ぶ．MAX-3-CNF 充足可能問題の入力は，3-CNF 充足可能問題と同じであり，目的は 1 と評価される節の数を最大にする変数割当てを返すことである．各変数の値を，確率 $1/2$ で 1 に，確率 $1/2$ で 0 にランダムに決めれば，8/7 近似乱択アルゴリズムが構成できることに，読者は驚かれるであろうが，我々にはその理由はまだ十分明らかではない．第 34.4 節の 3-CNF 充足可能問題の定義によると，各節は正確に 3 つの異なるリテラルから構成されている．さらに，どの節もある変数とその変数の否定を同時に含まないと仮定する．練習問題 35.4-1 では，この仮定が除去できることを示す．

定理 35.5 n 個の変数 $x_1, x_2, \ldots, x_n$ と m 個の節からなる MAX-3-CNF 充足可能問題のインスタンスが与えられたとき，各変数に対して独立に，確率 $1/2$ で 1 を，確率 $1/2$ で 1 をランダムに割り当てる乱択アルゴリズムは，乱択 8/7 近似アルゴリズムである．

証明 各変数に対して独立に，確率 $1/2$ で 1 を，確率 $1/2$ で 0 を割り当てると仮定する．$i = 1, 2, \ldots, m$ に対して，指標確率変数を

$Y_i = \mathrm{I}\{$ 節 i は充足している $\}$

と定義し，すると，節 i のリテラルの少なくとも 1 つに 1 を割り当てたときには，$Y_i = 1$ が成立する．1 つのリテラルが同じ節に 2 回以上現れることがなく，ある変数とその否定が同じ節に現れることもないと仮定したので，各節の 3 つのリテラルに対する割当ては独立である．節は，その 3 つのリテラルがすべて 0 であるときだけ充足しないので，$\Pr\{$ 節 i は充足しない $\} = (1/2)^3 = 1/8$ である．したがって，$\Pr\{$ 節 i は充足している $\} = 1 - 1/8 = 7/8$ であり，第 5.2 節（指標確率変数）の補題 5.1（108 ページ）より，$\mathrm{E}[Y_i] = 7/8$ である．Y を，充足して

948 | 35 近似アルゴリズム

いる節の数，すなわち $Y = Y_1 + Y_2 + \cdots + Y_m$ とする．このとき，

$$
\begin{aligned}
\mathrm{E}\,[Y] &= \mathrm{E}\left[\sum_{i=1}^{m} Y_i\right] \\
&= \sum_{i=1}^{m} \mathrm{E}\,[Y_i] \quad （期待値の線形性より） \\
&= \sum_{i=1}^{m} 7/8 \\
&= 7m/8
\end{aligned}
$$

が成立する．明らかに m は充足できる節数の上界なので，近似比は高々 $m/(7m/8) = 8/7$ である．∎

線形計画法を用いる重みつき頂点被覆の近似法

最小重み頂点被覆問題 (minimum-weight vertex-cover problem) では，各頂点 $v \in V$ に対して正の重み $w(v)$ が定義されている無向グラフ $G = (V, E)$ が入力として与えられる．頂点被覆 $V' \subseteq V$ の頂点被覆の重みは，その頂点の重みの和： $w(V') = \sum_{v \in V'} w(v)$ である．本問題の目的は重みが最小の頂点被覆を見つけることである．

重みなし頂点被覆に対する第 35.1 節の近似アルゴリズムは，最適解とはほど遠い解を返す可能性があり，利用できない．その代わり，ここでは線形計画法を用いて最小重み頂点被覆の重みの下界をまず計算する．そして，この解を "丸め (round)"，それを利用して頂点被覆を得る．

各頂点 $v \in V$ に変数 $x(v)$ を対応させ，$x(v)$ は，各 $v \in V$ に対して 0 または 1 の値をとる．$x(v) = 1$ のとき，かつそのときに限り，v を頂点被覆に入れる．このとき，任意の辺 (u, v) に対して，u か v の少なくとも一方が必ず頂点被覆に属するという条件は，$x(u) + x(v) \geq 1$ と書くことができる．この考察から，次に示す最小重み頂点被覆を見つけるための **0-1 整数計画問題** (0-1 integer program) が出現する：

$$
最小化 \quad \sum_{v \in V} w(v)\, x(v) \tag{35.12}
$$

制約条件

$$
\begin{aligned}
x(u) + x(v) &\geq 1 &\quad 各辺 (u, v) \in E に対して \tag{35.13} \\
x(v) &\in \{0, 1\} &\quad 各頂点 v \in V に対して \tag{35.14}
\end{aligned}
$$

すべての重み $w(v)$ が 1 に等しい特別な場合は，この定式化は NP 困難である頂点被覆問題の最適化版である．ここで制約 $x(v) \in \{0, 1\}$ を除去し $0 \leq x(v) \leq 1$ で置き換えると，次の線形計画問題が出てくる：

$$
最小化 \quad \sum_{v \in V} w(v)\, x(v) \tag{35.15}
$$

制約条件

$$
\begin{aligned}
x(u) + x(v) &\geq 1 &\quad 各辺 (u, v) \in E に対して \tag{35.16} \\
x(v) &\leq 1 &\quad 各頂点 v \in V に対して \tag{35.17}
\end{aligned}
$$

$$x(v) \geq 0 \qquad \text{各頂点 } v \in V \text{ に対して} \tag{35.18}$$

ここでは，この線形計画問題を**線形計画緩和問題** (linear-programming relaxation problem) と呼ぶ．式 (35.12)〜(35.14) の 0-1 整数計画問題の任意の実行可能解は，式 (35.15)〜(35.18) の線形計画緩和問題の実行可能解でもある．したがって，この線形計画緩和問題の最適解の値は，0-1 整数計画問題の最適解の値の下界，すなわち最小重み頂点被覆問題の最適重みの下界を与える．

下記の手続き Approx-Min-Weight-VC は，線形計画緩和問題の解から最小重み頂点被覆問題の近似解を構成する．手続き Approx-Min-Weight-VC は次のように動作する．第 1 行は，頂点被覆を空集合に初期化する．第 2 行は，式 (35.15)〜(35.18) の線形計画緩和を定式化し，この問題を解く．最適解は，各頂点 v に対して，$0 \leq \bar{x}(v) \leq 1$ を満たす値 $\bar{x}(v)$ を与える．この値を指標にして，第 3〜5 行では頂点被覆 C に加える頂点を選択する：$\bar{x}(v) \geq 1/2$ のときに限り，頂点 v を C に加える．すなわち，式 (35.12)〜(35.14) の 0-1 整数計画問題の解を得るために，線形計画緩和問題の解の各小数値を 0 か 1 に"丸め"る．最後に，第 6 行で頂点被覆 C を返す．

Approx-Min-Weight-VC(G, w)

1 $C = \emptyset$
2 線形計画緩和の式 (35.17)〜(35.20) の最適解 $\bar{x}$ を計算する
3 **for** 各頂点 $v \in V$
4 　 **if** $\bar{x}(v) \geq 1/2$
5 　　 $C = C \cup \{v\}$
6 **return** C

定理 35.6 アルゴリズム Approx-Min-Weight-VC は，最小重み頂点被覆問題に対する多項式時間 2 近似アルゴリズムである．

証明 第 2 行の線形計画緩和問題を解く多項式時間アルゴリズムが存在し，第 3〜5 行の **for** ループが多項式時間で動作するので，Approx-Min-Weight-VC は，多項式時間アルゴリズムである．

Approx-Min-Weight-VC が，2 近似アルゴリズムであることを示すことが残っている．C^* を最小重みつき頂点被覆問題の最適解とし，z^* を式 (35.15)〜(35.18) の線形計画緩和問題の最適解の値とする．最適頂点被覆は，この線形計画緩和問題の実行可能解なので，z^* は $w(C^*)$ の下界でなければならない．すなわち

$$z^* \leq w(C^*) \tag{35.19}$$

である．つぎに，第 3〜5 行の中の変数 $\bar{x}(v)$ の端数を丸めると，頂点被覆で $w(C) \leq 2z^*$ を満たす C を生成できることを示す．C が頂点被覆であることを示すために，任意の辺 $(u, v) \in E$ を考える．制約 (35.18) から $x(u) + x(v) \geq 1$ なので，$\bar{x}(u)$ と $\bar{x}(v)$ の少なくとも一方の値は 1/2 以上である．したがって，C は u か v の少なくとも一方を含むので，C はすべての辺を被覆する．

950 | 35 近似アルゴリズム

ここで，この被覆の重みを考える．このとき，

$$
\begin{aligned}
z^* &= \sum_{v \in V} w(v)\, \bar{x}(v) \\
&\geq \sum_{v \in V:\, \bar{x}(v) \geq 1/2} w(v)\, \bar{x}(v) \\
&\geq \sum_{v \in V:\, \bar{x}(v) \geq 1/2} w(v) \cdot \frac{1}{2} \\
&= \sum_{v \in C} w(v) \cdot \frac{1}{2} \\
&= \frac{1}{2} \sum_{v \in C} w(v) \\
&= \frac{1}{2} w(C)
\end{aligned}
\tag{35.20}
$$

が成立する．不等式 (35.19) と (35.20) を合わせると

$$
w(C) \leq 2z^* \leq 2w(C^*)
$$

が得られ，したがって Approx-Min-Weight-VC は 2 近似アルゴリズムである． ∎

練習問題

35.4-1 たとえ 1 つの節がある変数とその否定を同時に含むことを許しても，各変数の値をランダムに確率 $1/2$ で 1 に，確率 $1/2$ で 0 と定める乱択アルゴリズムは，乱択 $8/7$ 近似アルゴリズムであることを示せ．

35.4-2 **MAX-CNF 充足可能性問題** (MAX-CNF satisfiability problem) は，MAX-3-CNF 充足可能性問題から，各節が正確に 3 個のリテラルを持つという制約を取り除いた問題である．MAX-CNF 充足可能性問題に対する乱択 2 近似アルゴリズムを設計せよ．

35.4-3 MAX-CUT 問題では，入力として重みなし無向グラフ $G = (V, E)$ が与えられる．第 21 章（最小全域木）のようにカット $(S, V - S)$ を定義し，カットの**重み** (weight) をそのカットを横切る辺数と定義する．目的は，最大の重みを持つカットを見つけることである．各頂点 v に対して，独立かつランダムに確率 $1/2$ で v を S に挿入し，確率 $1/2$ で v を $V - S$ に挿入する．このアルゴリズムが乱択 2 近似アルゴリズムであることを示せ．

35.4-4 式 (35.17) の制約を (35.15)～(35.18) の線形計画緩和問題から削除しても，削除した後の線形計画緩和問題の任意の最適解が各 $v \in V$ に対して $x(v) \leq 1$ を満たさなければならないという意味で，先の制約 (35.17) は冗長であることを示せ．

35.5　部分和問題

第 34.5.5 項（部分和問題）で扱った部分和問題のインスタンスは，正整数の集合 $S = \{x_1, x_2, \ldots, x_n\}$ と正整数 t の対 (S, t) であったことを思いだそう．この決定問題の目的は，S の

ある部分集合でその要素を足し合わせれば目標値 t にちょうど一致するものが存在するか否か
を判定することである．第 34.5.5 項で証明したように，この問題は NP 完全である．

決定問題に対応するこの最適化問題は，実際の応用に出現する．最適化版の目的は，
$\{x_1, x_2, \ldots, x_n\}$ の部分集合の中から，その和が t よりも大きくない範囲で最大のものを発見
することである．たとえば，t ポンド以下の重さの荷物を運べるトラックがあり，i 番目の箱の
重さが x_i ポンドである n 個の異なる箱があるとする．このトラックは，t ポンド重量の積載
制限を超えない範囲で，どのくらいの容量の箱を積むことができるだろうか？

本節では，最初にこの最適化問題の最適値を計算する指数時間アルゴリズムを紹介する．つ
ぎに，このアルゴリズムを修正して完全多項式時間近似スキームを得る方法を示す．（完全多
項式時間近似スキームは，入力サイズと $1/\epsilon$ の両方について多項式の計算時間を持つことを思
いだそう．）

指数時間厳密アルゴリズム

S のすべての部分集合 S' に対して，S' の要素の和を計算しその中から和が t を超えない範囲
で，t に最も近いものを選ぶと仮定する．このアルゴリズムは，最適解を返すが，指数時間時
間かかるかもしれない．このアルゴリズムを実装するのに，つぎのような繰返し手続きを用い
ることができる：第 i 番目の繰返しでは，$\{x_1, x_2, \ldots, x_{i-1}\}$ のすべての部分集合の要素の和
を開始時点として用いて，$\{x_1, x_2, \ldots, x_i\}$ のすべての部分集合の要素の和を計算する．この
とき特定の部分集合 S' の和が t を超えると，S' を含む集合は最適解ではありえないので，S'
を維持し続ける必要はない．この戦略の実装を検討しよう．

手続き EXACT-SUBSET-SUM は，集合 $S = \{x_1, x_2, \ldots, x_n\}$ と目標値 t を入力とする．ここ
に $n = |S|$ である．$\{x_1, \ldots, x_i\}$ の各部分集合の要素の和で，t を超えないもののリストを L_i
とするとき，この手続きは，L_i を繰り返し計算し，L_n の中の最大の値を返す．

L を正整数のリスト，x を別の正整数とし，$L+x$ を，L の各要素に x を加えることによって
L から生成されるリストとする．たとえば，$L = \langle 1, 2, 3, 5, 9 \rangle$ ならば，$L + 2 = \langle 3, 4, 5, 7, 11 \rangle$
である．この記法を集合にも拡張して用いる．すなわち

$$S + x = \{s + x : s \in S\}$$

である．

手続き EXACT-SUBSET-SUM は，補助手続き MERGE-LISTS(L, L') を利用する．
MERGE-LISTS(L, L') は，2 つのソート済みのリスト L と L' を入力とし，L と L' をマー
ジした上で，重複している値を取り除いたソート済みのリストを返す．第 2.3 節（アルゴリズ
ムの設計）のマージソートで用いた手続き MERGE（30 ページ）と同様に，MERGE-LISTS は
$O(|L| + |L'|)$ 時間で動作する．ここでは MERGE-LISTS の擬似コードの記載は省略する．

EXACT-SUBSET-SUM の動作を理解するために，$\{x_1, x_2, \ldots, x_i\}$ の各部分集合（空集合も
含む）の要素の和として得られる値の集合を P_i で示すことにする．たとえば，$S = \{1, 4, 5\}$
ならば

$$P_1 = \{0, 1\}$$
$$P_2 = \{0, 1, 4, 5\}$$

952 | 35 近似アルゴリズム

EXACT-SUBSET-SUM(S, n, t)
1 $L_0 = \langle 0 \rangle$
2 **for** $i = 1$ **to** n
3      $L_i = $ MERGE-LISTS$(L_{i-1}, L_{i-1} + x_i)$
4   t を超えるすべての要素を L_i から削除する
5 **return** L_n の最大要素

$$P_3 = \{0, 1, 4, 5, 6, 9, 10\}$$

である. 次の等式

$$P_i = P_{i-1} \cup (P_{i-1} + x_i) \tag{35.21}$$

が与えられると, i に関する帰納法を用いて (練習問題 35.5-1 参照), リスト L_i は t を超えない P_i の要素をすべて含む, ソート済みリストであることが証明できる. L_i の長さは 2^i になることがあるので, EXACT-SUBSET-SUM は, 一般的には指数時間アルゴリズムである. しかし t が $|S|$ の多項式である場合や, S に属するすべての要素の値が $|S|$ の多項式で抑えられている特別な場合には, その手続きは多項式時間で動作する.

完全多項式時間近似スキーム

部分和問題に対する完全多項式時間近似スキームを導出するには, 各リスト L_i を構成した後, L_i を "刈り込む (trim)" ことが鍵である. 刈り込み操作のアイデアを説明しよう: リスト L の 2 つの値が近接しているとき, 目的は近似解を得ることなので, この 2 つ要素を別々の要素として維持する必要はなく, 片方を削除できるという考え方である. もっと正確に言うと, $0 < \delta < 1$ を満たす「刈り込みパラメータ (trimming parameter)」 δ を使う. δ でリスト L を**刈り込む** (trimming) とき, L からできる限り多くの要素を以下のように取り除く. L' を L を刈り込んだ結果とすると, L から削除したすべての要素 y に対して, L' には y を近似するある要素 z が残っている. z が y を近似するためには, z は y よりも大きくなく, y の $(1 + \delta)$ 分の 1 より大きくなければならない. すなわち,

$$\frac{y}{1 + \delta} \le z \le y \tag{35.22}$$

である. 新しいリスト L' の中では z は y を "代表する (representing)". 削除した各要素 y は, 不等式 (35.22) を満たす L' の要素 z で代表される. たとえば, $\delta = 0.1$ かつ

$$L = \langle 10, 11, 12, 15, 20, 21, 22, 23, 24, 29 \rangle$$

ならば, L を刈り込むと

$$L' = \langle 10, 12, 15, 20, 23, 29 \rangle$$

を得る. ここで, 削除した 11 は, 10 によって代表され, 削除した 21 と 22 は, 20 によって代表され, 削除した 24 は, 23 によって代表される. 刈り込まれたリストの各要素は, 元のリ

ストの要素なので，刈込みによって削除された各要素に対して，それに近い（少し小さい）代表値をリストに確保しつつ，リストが保持する要素数を劇的に減らすことができる．

　手続き TRIM は，リスト $L = \langle y_1, y_2, \ldots, y_m \rangle$ と刈り込みパラメータ δ が与えられ，リスト L を $\Theta(m)$ 時間で刈り込む．L は昇順でソート済みであると仮定する．この手続きの出力は，刈り込んだソート済みリストである．この手続きは，単調増加順で配置されている L の要素を走査する．1つの数が L の最初の要素か，L' に最後に置いた値によって代表されないときに限り，返されたリスト L' の最後に挿入される．

TRIM(L, δ)

1　m を L の長さとする
2　$L' = \langle y_1 \rangle$
3　$last = y_1$
4　**for** $i = 2$ **to** m
5　　**if** $y_i > last \cdot (1 + \delta)$　　　// L はソート済みなので $y_i \geq last$ である
6　　　y_i を L' の最後に挿入する
7　　　$last = y_i$
8　**return** L'

　手続き TRIM が与えられたとき，下記の APPROX-SUBSET-SUM は，近似スキームを実装している．この手続きは，n 個の整数集合 $S = \{x_1, x_2, \ldots, x_n\}$（これらは必ずしもソートされていない），目標値 t，ならびに

$$0 < \epsilon < 1 \tag{35.23}$$

を満たす「近似パラメータ (approximation parameter)」ϵ を入力とする．近似スキームは，最適解の $1 + \epsilon$ 倍の範囲にある値 z^* を返す．

APPROX-SUBSET-SUM(S, n, t, ϵ)

1　$L_0 = \langle 0 \rangle$
2　**for** $i = 1$ **to** n
3　　$L_i = $ MERGE-LISTS$(L_{i-1}, L_{i-1} + x_i)$
4　　$L_i = $ TRIM$(L_i, \epsilon/2n)$
5　　L_i から t より大きな各要素を削除する
6　z^* を L_n の最大値とする
7　**return** z^*

　APPROX-SUBSET-SUM は，次のように動作する．第1行は，リスト L_0 を要素 0 のみを含むように初期化する．第2〜5行の **for** ループは，集合 P_i を適切に刈り込み，t より大きいすべての要素を削除してできるソート済みリスト L_i を計算する．この手続きは，L_i を L_{i-1} から構成するので，刈込みの反復によって不正確さが過度に蓄積されないことを保証する必要がある．そのため TRIM の呼出しのときに，トリムパラメータとして ϵ ではなく，より小さい値

$\epsilon/2n$ を使う．APPROX-SUBSET-SUM が正しい近似値（もし存在すれば）を返すことを，すぐ後で調べる．

一例として，APPROX-SUBSET-SUM に，$t = 308$，$\epsilon = 0.40$ とともに，

$$S = \langle 104, 102, 201, 101 \rangle$$

が与えられたとしよう．刈り込みパラメータ δ は，$\epsilon/2n = 0.40/8 = 0.05$ である．この手続きは，表示した行で次の値を計算する：

行 1: $\quad L_0 = \langle 0 \rangle$

行 3: $\quad L_1 = \langle 0, 104 \rangle$
行 4: $\quad L_1 = \langle 0, 104 \rangle$
行 5: $\quad L_1 = \langle 0, 104 \rangle$

行 3: $\quad L_2 = \langle 0, 102, 104, 206 \rangle$
行 4: $\quad L_2 = \langle 0, 102, 206 \rangle$
行 5: $\quad L_2 = \langle 0, 102, 206 \rangle$

行 3: $\quad L_3 = \langle 0, 102, 201, 206, 303, 407 \rangle$
行 4: $\quad L_3 = \langle 0, 102, 201, 303, 407 \rangle$
行 5: $\quad L_3 = \langle 0, 102, 201, 303 \rangle$

行 3: $\quad L_4 = \langle 0, 101, 102, 201, 203, 302, 303, 404 \rangle$
行 4: $\quad L_4 = \langle 0, 101, 201, 302, 404 \rangle$
行 5: $\quad L_4 = \langle 0, 101, 201, 302 \rangle$

この手続きは，解として $z^* = 302$ を返す．これは，最適解 $307 = 104 + 102 + 101$ の $\epsilon = 40\%$ 以内であり，実際 2% 以内に収まっている．

定理 35.7 APPROX-SUBSET-SUM は，部分和問題に対する完全多項式時間近似スキームである．

証明 第 4 行での L_i の刈込み操作と t より大きいすべての要素を L_i から削除する操作を行っても，L_i の各要素は P_i の要素でもあるという性質は保存される．したがって，第 7 行で返す値 z^* は，実際 S のある部分集合の要素の和である．すなわち $z^* \in P_n$ である．$y^* \in P_n$ をこの部分和問題の 1 つの最適解とする．それは P_n における t 以下の最大の値となる．第 5 行は，$z^* \leq t$ を保証するので，$z^* \leq y^*$ が成立する．不等式 (35.1) から，$y^*/z^* \leq 1 + \epsilon$ であることを示す必要がある．このアルゴリズムの実行時間が $1/\epsilon$ と入力サイズの両方に関して多項式であることも示す必要がある．

練習問題 35.5-2 では，P_i に属し t を超えないすべての要素 y に対して，ある要素 $z \in L_i$ が存在し，

$$\frac{y}{(1 + \epsilon/2n)^i} \leq z \leq y \tag{35.24}$$

を満たすことを証明する．不等式 (35.24) は，$y^* \in P_n$ に対しても成立するので，

$$\frac{y^*}{(1 + \epsilon/2n)^n} \leq z \leq y^*$$

を満たす要素 $z \in L_n$ が存在し，したがって

$$\frac{y^*}{z} \le \left(1 + \frac{\epsilon}{2n}\right)^n \tag{35.25}$$

が成立する．不等式 (35.25) を満たす要素 $z \in L_n$ が存在するので，この不等式は，L_n の最大値である z^* に対しても成立する．すなわち，

$$\frac{y^*}{z^*} \le \left(1 + \frac{\epsilon}{2n}\right)^n \tag{35.26}$$

が成立する．

ここで $y^*/z^* \le 1 + \epsilon$ が成立することを，$(1 + \epsilon/2n)^n \le 1 + \epsilon$ を示すことで証明しよう．まず，不等式 (35.23)，$0 < \epsilon < 1$ は

$$(\epsilon/2)^2 \le \epsilon/2 \tag{35.27}$$

が成立することを意味している．つぎに第 3.3 節（標準的な記法とよく使われる関数）の式 (3.16)（55 ページ）参照）より，$\lim_{n \to \infty}(1 + \epsilon/2n)^n = e^{\epsilon/2}$ が成立する．練習問題 35.5-3 では

$$\frac{d}{dn}\left(1 + \frac{\epsilon}{2n}\right)^n > 0 \tag{35.28}$$

を示す．したがって，関数 $(1 + \epsilon/2n)^n$ は，この関数が極限 $e^{\epsilon/2}$ に近づくにつれて，n と共に増加する．したがって

$$
\begin{aligned}
\left(1 + \frac{\epsilon}{2n}\right)^n &\le e^{\epsilon/2} \\
&\le 1 + \epsilon/2 + (\epsilon/2)^2 \quad \text{（第 3.3 節の不等式 (3.15) より（55 ページ参照）)} \\
&\le 1 + \epsilon \qquad\qquad \text{（不等式 (35.27) より）}
\end{aligned}
\tag{35.29}
$$

を得る．不等式 (35.26) と (35.29) を合わせると近似比の解析が完成する．

APPROX-SUBSET-SUM が完全多項式近似スキームであることを示すために，L_i の長さの限界を導出する．刈込みの後，L_i の引き続く 2 つの要素 z と z' は，関係 $z'/z > 1 + \epsilon/2n$ を満足する必要がある．すなわち，両者は少なくとも $1 + \epsilon/2n$ 倍だけ違う．そこで，各リストは値 0 を，そしておそらく値 1 を含み，高々 $\left\lfloor \log_{1+\epsilon/2n} t \right\rfloor$ 個の値を含む．したがって，各リスト L_i の要素数は，高々

$$
\begin{aligned}
\log_{1+\epsilon/2n} t + 2 &= \frac{\ln t}{\ln(1 + \epsilon/2n)} + 2 \\
&\le \frac{2n(1 + \epsilon/2n)\ln t}{\epsilon} + 2 \quad \text{（第 3.3 節の不等式 (3.23)（56 ページ）より）} \\
&< \frac{3n \ln t}{\epsilon} + 2 \qquad\qquad \text{（不等式 (35.23) と $0 < \epsilon < 1$ より）}
\end{aligned}
$$

である．

この限界は入力サイズに関して多項式である——つまり，t を表現するのに必要なビット数 $\lg t$ に，集合 S を表現するのに必要なビット数を加えたもの，これは n に関して多項式である——そして $1/\epsilon$ に関する多項式でもある．APPROX-SUBSET-SUM の実行時間は，リスト L_i の長さの多項式として表現されるので，APPROX-SUBSET-SUM は，完全多項式時間近似スキームであると結論できる． ∎

956 | 35 近似アルゴリズム

練習問題

35.5-1 式 (35.21) を証明せよ．つぎに，EXACT-SUBSET-SUM の第 4 行を実行後，L_i は P_i に属する t を超えないすべての要素を含むソート済みリストであることを示せ．

35.5-2 i に関する帰納法を用いて，不等式 (35.24) を証明せよ．

35.5-3 不等式 (35.28) を証明せよ．

35.5-4 与えられたリストのある部分集合の和で t より小さくはない最小値の近似解を発見するために，本節で紹介した近似スキームをどのように修正すればよいか？

35.5-5 要素の和が z^* になる S の部分集合も返すように手続き APPROX-SUBSET-SUM を修正せよ．

章末問題

35-1 ビンパッキング問題

n 個の品物が与えられている．i 番目の品物のサイズ s_i は $0 < s_i < 1$ を満たす．このときすべての品物を，サイズが 1 のビン（箱）に必要なビン数が最少になるように詰めたい．^a ただし，品物のサイズの合計が 1 を超えない限り，ビンには，品物のどのような部分集合でも詰めることができるとする．

a. 必要なビンの最小個数を決定する問題は，NP 困難であることを証明せよ．（**ヒント**： 部分和問題から帰着せよ．）

初適合 (first-fit) ヒューリスティックは，各品物を順番に取り，次のような方法でそれを収容できる最初のビンに入れる．ここではビンの順序リストを維持する．b をリストのビン数とする．b はアルゴリズムの実行中に増加する．$\langle B_1, \ldots, B_b \rangle$ をビンリストとする．最初，$b = 0$ で，リストは空である．アルゴリズムは順番に各品物 i を取り，それを入れることのできる最も小さい番号を持つビンに入れる．品物 i を入れるビンがなくなると，b の値を増やし，新しいビン B_b が用意され，i を入れる．ここで $S = \sum_{i=1}^{n} s_i$ とする．

b. 必要な最適ビン数は，少なくとも $\lceil S \rceil$ 個であることを説明せよ．

c. 初適合ヒューリスティックでは，半分も詰められていないビンは高々 1 個であることを説明せよ．

d. 初適合ヒューリスティックが使用するビンの個数は，決して $\lceil 2S \rceil$ を超えないことを証明せよ．

e. 初適合ヒューリスティックの近似比が 2 であることを証明せよ．

f. 初適合ヒューリスティックの効率の良い実装法を示し，その計算時間を解析せよ．

---

^a ［訳注］ビン (bin) は，蓋つきのコンテナを意味する．ビール瓶などの瓶ではない．

35-2 最大クリークサイズの近似

$G = (V, E)$ を無向グラフとする．任意の $k \geq 1$ に対して，$G^{(k)}$ を無向グラフ $(V^{(k)}, E^{(k)})$ として定義する．ここで，$V^{(k)}$ は V の頂点のすべての k 項組の集合であり，$E^{(k)}$ において，頂点 $(v_1, v_2, \ldots, v_k)$ が頂点 $(w_1, w_2, \ldots, w_k)$ と隣接するための必要十分条件は，$i = 1, 2, \ldots, k$ に対して，G で頂点 v_i が w_i に隣接しているか，$v_i = w_i$ となることである．

a. $G^{(k)}$ の最大クリークサイズは，G の最大クリークサイズの k 乗に等しいことを証明せよ．

b. 最大クリークを発見する定数近似比を持つ近似アルゴリズムが存在すれば，この問題に対する多項式時間近似スキームがあることを説明せよ．

35-3 重みつき集合被覆問題

集合被覆問題を一般化する．族 $\mathcal{F}$ の各集合 S_i に対応する重み w_i を割り当て，被覆 $\mathcal{C}$ の重みを $\sum_{S_i \in \mathcal{C}} w_i$ で定義する．目的は，最小重み被覆を決定することである．（第 35.3 節では，すべての i に対して $w_i = 1$ である場合を扱った．）

貪欲集合被覆ヒューリスティックを自然な方法で拡張し，重みつき集合被覆問題の任意のインスタンスに対して近似解を与えるようにせよ．提案するヒューリスティックが，近似比 $H(d) = \sum_{i=1}^{d} 1/i$ を達成することを示せ．ここで，d はサイズが最大の集合 S_i のサイズである．

35-4 極大マッチング

無向グラフ G のマッチングは，辺の集合で，どの 2 辺も同じ頂点に隣接していないものであった．第 25.1 節では，2 部グラフから最大マッチング，すなわち G において最も辺数の多いマッチングを発見する方法を説明した．本問題では，2 部グラフの制約を外した無向グラフのマッチングを考察する．

a. 極大マッチング (maximal matching) は，他のマッチングの真の部分集合にはならないマッチングである．無向グラフ G と最大マッチングではない G の極大マッチング M を示し，極大マッチングが必ずしも最大マッチングではないことを示せ．（ヒント：条件を満たす頂点数 4 のグラフ G が存在する．）

b. 無向グラフ $G = (V, E)$ を考えよ．G の極大マッチングを見つける $O(E)$ 時間の貪欲アルゴリズムを設計せよ．

本章末問題では，最大マッチングに対する多項式時間近似アルゴリズムに焦点を絞る．最大マッチングに対する現在最速のアルゴリズムの実行時間は（多項式だが）線形を超えているが，本章末問題の近似アルゴリズムは線形時間で走る．(b) で設計した極大マッチングに対する線形時間貪欲アルゴリズムが，最大マッチングの 2 近似アルゴリズムであることを示す．

c. G の最大マッチングのサイズは，G の任意の頂点被覆のサイズの下界であることを示せ．

d. $G = (V, E)$ の極大マッチング M を考える．$T = \{v \in V : M$ のある辺が v に隣接している $\}$ とする．T に属さない G の頂点によって誘導される G の部分グラフについて，何を

958 | 35 近似アルゴリズム

主張できるか？

e. (d) から $2|M|$ が，G のある頂点被覆のサイズであることを結論づけよ.

f. (c) と (e) を使い，(b) の貪欲アルゴリズムが，最大マッチングの 2 近似アルゴリズムであることを証明せよ.

35-5 並列機械スケジューリング

並列機械スケジューリング問題 (parallel-machine-scheduling problem) では，n 個のジョブ $J_1, J_2, \ldots, J_n$ が与えられ，各ジョブ J_k の（非負の）処理時間 p_k を持ち. 同じ能力を持つ m 台の機械 $M_1, M_2, \ldots, M_m$ がこれらのジョブを処理するために用意されている. 任意のジョブは，任意の機械上で処理できると仮定する. **スケジュール** (schedule) は，各ジョブ J_k に対して，それを処理する機械と時間を指定する. 各ジョブ J_k は，ある機械 M_i 上で p_k 単位時間の間継続して処理をする必要があり，その間は，他のジョブを M_i 上で処理できない. C_k によって，ジョブ J_k の **完了時刻** (completion time)，すなわち，ジョブ J_k が処理を終了する時刻を表す. スケジュールが与えられたとき，$C_{\max} = \max\{C_j : 1 \leq j \leq n\}$ をスケジュールの **総所要時間** (makespan) と定義する. 総所要時間を最小化するスケジュールを見つけることが，この章末問題の目的である.

たとえば，2 つの機械 M_1 と M_2 を用いて，処理時間が $p_1 = 2$, $p_2 = 12$, $p_3 = 4$, $p_4 = 5$ である，4 つのジョブ J_1, J_2, J_3, J_4 を処理することを考える. 機械 M_1 上でジョブを J_1, J_2 の順序で処理し，機械 M_2 上でジョブを J_4, J_3 の順序で処理するのは 1 つの可能なスケジュールである. このスケジュールでは，$C_1 = 2$, $C_2 = 14$, $C_3 = 9$, $C_4 = 5$, $C_{\max} = 14$ である. 一方，最適なスケジュールは，機械 M_1 上でジョブ J_2 を処理し，機械 M_2 上でジョブ J_1, J_3, J_4 を処理する. このスケジュールでは，$C_1 = 2$, $C_2 = 12$, $C_3 = 6$, $C_4 = 11$, $C_{\max} = 12$ である.

並列機械スケジューリング問題が与えられたとき，最適スケジュールの総所要時間を $C_{\max}^*$ で表す.

a. 最適総所要時間が最大処理時間と同程度に大きいこと，すなわち

$$C_{\max}^* \geq \max\{p_k : 1 \leq k \leq n\}$$

であることを示せ.

b. 最適総所要時間が平均機械負荷と少なくとも同程度に大きいこと，すなわち

$$C_{\max}^* \geq \frac{1}{m} \sum_{k=1}^{n} p_k$$

であることを示せ.

並列機械スケジューリングに次の貪欲アルゴリズムを使うことにする：ある機械がアイドルなら，まだ処理を開始していない任意のジョブの処理をこの機械の上で開始する.

c. このアルゴリズムを実装する擬似コードを書け. このアルゴリズムの実行時間は何か？

d. 貪欲アルゴリズムが作成するスケジュールに対して,

$$C_{\max} \leq \frac{1}{m} \sum_{k=1}^{n} p_k + \max\{p_k : 1 \leq k \leq n\}$$

が成立することを示せ. このアルゴリズムが, 多項式時間 2 近似アルゴリズムであること
を結論づけよ.

35-6 最大全域木の近似
$G = (V, E)$ を各辺 $(u, v) \in E$ が異なる辺重み $w(u, v)$ を持つ無向グラフとする. 各頂点
$v \in V$ に対して, $\max(v)$ をその頂点に隣接する最大重み辺, $S_G = \{\max(v) : v \in V\}$ を各頂
点に隣接する最大重み辺の集合とし, T_G を G の最大重み全域木とする. 辺の任意の部分集合
$E' \subseteq E$ に対して, $w(E') = \sum_{(u,v) \in E'} w(u, v)$ と定義する.

a. $S_G = T_G$ を満たす, 少なくとも 4 個の頂点を持つグラフの例を与えよ.

b. $S_G \neq T_G$ を満たす, 少なくとも 4 個の頂点を持つグラフの例を与えよ.

c. 任意のグラフ G に対して, $S_G \subseteq T_G$ を証明せよ.

d. 任意のグラフ G に対して, $w(S_G) \geq w(T_G)/2$ を証明せよ.

e. 最大全域木の 2 近似を計算する $O(V + E)$ 時間アルゴリズムを設計せよ.

35-7 0-1 ナップサック問題に対する近似アルゴリズム
第 15.2 節 (貪欲戦略の要素) で紹介したナップサック問題を思い出そう. 問題の入力として,
n 個の品物がある. i 番目の品物は v_i ドルの価値があり, 重さは w_i ポンドである. また, 入
力はナップサックの容量 W ポンドを持ち, このナップサックは, 高々 W ポンドの重さの品
物を運ぶことができる. 各品物の重さ w_i は高々 W であり, 各品物はその価値の単調減少順
に番号づけされていると仮定する. すなわち, $v_1 \geq v_2 \geq \cdots \geq v_n$ である.

0-1 ナップサック問題では, 重さの合計が高々 W でその総価値を最大化する品物の部分集
合を発見したい. 「有理ナップサック問題 (fractional knapsack problem)」は, 0-1 ナップサッ
ク問題と同じ設定だが, (すべてか 0 かではなく) 各品物の一部分を取ることが許される. 品
物 i の全体を 1 としたときに, x_i ($0 \leq x_i \leq 1$) だけの割合の部分を取れば, その価値は $x_i v_i$
であり, ナップサックの重量は, $x_i w_i$ だけ増加する. 本章末問題の目的は, 0-1 ナップサック
問題に対して, 多項式時間 2 近似アルゴリズムを構築することである.

多項式時間アルゴリズムを設計するために, 0-1 ナップサック問題の制限インスタンスを考
えよう. ナップサック問題のインスタンスを I とする. このとき, $j = 1, 2, \ldots, n$ に対して,
その制限インスタンス I_j を, I から品物 $1, 2, \ldots, j-1$ を除去して構成されるものとし, I_j
に対する解が品物 j を必ず含む (有理ナップサックでも 0-1 ナップサックでも品物 j 全体を含
む) ように要請する. インスタンス I_1 では, どの品物も除去されない. インスタンス I_j に対
して, 0-1 問題の最適解を P_j, 有理問題の最適解を Q_j とする.

a. 0-1 ナップサック問題のインスタンス I の最適解は, $\{P_1, P_2, \ldots, P_n\}$ の 1 つであること
を示せ.

960 | 35 近似アルゴリズム

b. インスタンス I_j に対する有理問題の最適解 Q_j を，まず品物 j を取り，つぎに，各ステップで，集合 $\{j+1, j+2, \ldots, n\}$ から，1 ポンド当りの価値 v_i/w_i が最大の未選択な品物をできる限り多く取る，という貪欲アルゴリズムを用いて構成できることを証明せよ．

c. 任意のインスタンス I_j に対して，（全体ではなく）一部分だけ取る品物が高々 1 つである最適解 Q_j が存在することを証明せよ．すなわち，高々 1 つの例外を除いて，ナップサックには，品物全体を取るか，まったく取らないかどちらかである．

d. インスタンス I_j に対する有理問題の最適解 Q_j が与えられたとき，Q_j が（全体ではなく）一部分しか含まない品物をすべて Q_j から削除することで，解 R_j を構成する．解 S が含む品物の総価値を $v(S)$ とする．このとき，$v(R_j) \geq v(Q_j)/2 \geq v(P_j)/2$ を証明せよ．

e. 集合 $\{R_1, R_2, \ldots, R_n\}$ の中から最大値を持つ解を返す多項式時間アルゴリズムを与え，このアルゴリズムが，0-1 ナップサック問題に対する多項式時間 2 近似アルゴリズムであることを証明せよ．

文献ノート

必ずしも厳密ではない近似解を計算する手法（たとえば，π の値を近似する手法）は何千年も前から知られていたが，近似アルゴリズムの概念は最近のものである．Hochbaum [221] は，多項式時間近似アルゴリズムの概念を定式化したとして，Garey–Graham–Ullman [175] と Johnson [235] の業績を認めている．この種の最初のアルゴリズムは，Graham [197] の業績とされることが多い．

この初期の仕事の後，何千もの近似アルゴリズムが広範囲の問題に対して設計され，この分野に豊富な文献が蓄積されてきた．Ausiello ら [29]，Hochbaum [221]，Vazirani [446]，そして Williamson–Shmoys [459] による最近の教科書は近似アルゴリズムをもっぱら扱っていて，Shmoys [409]，Klein–Young [256] の概説も同様である．Garey–Johnson [176] や Papadimitriou–Steiglitz [353] といったいくつかの他の教科書では，近似アルゴリズムを大きく扱っている．Lawler–Lenstra–Rinnooy Kan–Shmoys [277] 並びに Gutin–Punnen [204] により編集された書籍では，巡回セールスパーソン問題の近似アルゴリズムとヒューリスティックを広範囲に扱っている．

Papadimitriou–Steiglitz [353] は，アルゴリズム APPROX-VERTEX-COVER を F. Gavril と M. Yannakakis の作だとしている．頂点被覆問題は，広範囲に研究されてきた（Hochbaum [221] は，この問題に対する 16 個の異なる近似アルゴリズムを列挙している）．しかし，どのアルゴリズムの近似比も少なくとも $2 - o(1)$ である．

アルゴリズム APPROX-TSP-TOUR は，Rosenkrantz–Stearns–Lewis [384] に現れた．Christofides は，このアルゴリズムを改良して，三角不等式を持つ巡回セールスパーソン問題に対して 3/2 近似アルゴリズムを与えた．Arora [23] と Mitchell [330] は，都市がユークリッド平面上にあるときには，多項式時間近似スキームがあることを示した．定理 35.3 は，Sahni–Gonzalez [392] の結果である．

アルゴリズム APPROX-SUBSET-SUM とその解析は，Ibarra–Kim [234] によるナップサック問題と部分和問題に対する関連する近似アルゴリズムに緩く倣った．

章末問題 35-7 は，Bienstock–McClosky [55] のナップサック型整数計画の近似に関するより一般的な結果の組合せ版である．

Johnson [236] では，明示的ではないが，MAX-3-CNF 充足可能性に対する乱択アルゴリズムが示されている．重みつき頂点被覆アルゴリズムは，Hochbaum [220] による．第 35.4 節では，近似アルゴリズムの設計における乱択化と線形計画法の威力の一端を紹介したにすぎない．この 2 つのアイデアを組み合わせると，「乱択丸め (randomized rounding)」と呼ぶ技法が出現する．この技法では，まず問題を整数計画として定式化し，次にこれを線形計画に緩和して解き，最後に，得た解の変数を確率として解釈する．これらの確率が元の問題の解を導く手助けになる．この技法は最初に Raghavan–Thompson [374] が使用し，その後，多くの研究で用いられている．（概説は Motwani–Naor–Raghavan [335] 参照．）近似アルゴリズム分野に最近出現した，上記以外の特筆すべきアイデアには，双対法（概説は Goemans–Williamson [184] 参照），分割統治アルゴリズムにおける疎なカットの利用 [288]，半正定値計画法の利用 [183] などがある．

第 34 章（NP 完全性）の文献ノートに記載したように，確率的検証可能証明における最近の結果から，本章で紹介したいくつかの問題を含む多くの問題に対する近似可能性の下界が導出できる．そこでの参照文献に加えて，Arora–Lund [26] が執筆した章には，確率的検査可能証明と様々な問題を近似することの困難さとの関係がうまく記述されている．

付録：数学的基礎

序　論

アルゴリズムの解析には，さまざまな数学を利用する．これらのいくつかは高校で学ぶ代数程度の簡単なものである．しかし，それ以外では，初めて触れる題材もあるかもしれない．第 I 部（基礎）では漸近記法の扱い方と漸化式の解き方を学んだ．アルゴリズムの解析に用いる他の概念と手法を，この付録にまとめておく．第 I 部への序論で注意したように，本書で用いる具体的な表記法や約束がすでに知っているものと違うことがあるとしても，読者は付録の題材にすでに馴染んでいるかもしれない．そのため，この付録は参考資料と考えてほしい．しかし，これらの領域の技術を磨くことができるように，他の章と同様，ここでも練習問題と章末問題を用意した．

付録第 A 章では，和の計算方法と上下界の求め方を説明する．これらの手法はアルゴリズムの解析にしばしば出現する．これらの公式の大部分は，どの解析の教科書にも現れる．しかし，便宜のためにこれらの方法を本章にまとめておく．

付録第 B 章では，集合，関係，関数，グラフ，木の定義と表記法を説明する．また，これらの基本的な性質も説明する．

付録第 C 章では，まず順列や組合せなどの数え上げの原理を説明する．後半では確率の基本的な定義と性質を説明する．本書のアルゴリズムの解析で確率が使われることは少ない．したがって，最初に読むときには，本章の後半を飛ばしてもよい．もっとよく理解したいと思う確率的解析に出会ったときに，付録第 C 章が参考書の役割をうまく果たすことに気づくであろう．

付録第 D 章では，行列の定義，演算，およびいくつかの基本的な性質を説明する．線形代数の講義を受講したことがあれば，本章の題材にすでに触れた経験があるはずである．しかし読者の便宜のために，本書での表記法をここにまとめておく．

A 和

SUMMATIONS

アルゴリズムが **while** ループや **for** ループのような繰返し構造を含んでいるとき，その実行時間はループ本体の毎回の実行に要する時間の和として表現できる．たとえば，第 2.2 節（アルゴリズムの解析）では，挿入ソートの第 j 回目の繰返しに最悪の場合 j に比例する時間がかかることを観察した．各繰返しにかかる時間を合計すると，和（級数）$\sum_{i=2}^{n} i$ を得る．この和を評価すれば，このアルゴリズムの最悪実行時間の限界が $\Theta(n^2)$ であることが分かる．和を扱い，限界を知る方法が重要である理由が，この例から分かる．

第 A.1 節では，和を含む基本公式のいくつかを列挙する．第 A.2 節では，和の上下界を求めるために役に立つ技法を説明する．第 A.1 節では公式の証明はしない．しかし，その中のいくつかは，第 A.2 節で取り上げる技法を説明するときに証明する．他の公式の証明は，どの解析の教科書にも載っている．

A.1 和の公式と性質

数列 $a_1, a_2, \ldots$ が与えられたとき，その有限和 $a_1 + a_2 + \cdots + a_n$ を $\sum_{k=1}^{n} a_k$ と書く．$n = 0$ の場合，和の値は 0 と定義する．有限の数列の和はつねに明確に定義されており，それらの項は任意の順序で加えることができる．

数列 $a_1, a_2, \ldots$ が与えられたとき，その無限和 $a_1 + a_2 + \cdots$ を $\sum_{k=1}^{\infty} a_k$ と書く．これは $\lim_{n \to \infty} \sum_{k=1}^{n} a_k$ を意味する．もし極限が存在しないか，∞ ならば，この級数は**発散** (diverge) し，そうでなければ，**収束** (converge) する．収束する級数の項をつねに任意の順序で加えることはできず，同じ結果になるわけではない．しかし，**絶対収束級数** (absolutely convergent series)，すなわち，級数 $\sum_{k=1}^{\infty} |a_k|$ が収束する級数 $\sum_{k=1}^{\infty} a_k$ では項を自由に並べ換えてもよい．

線形性

任意の実数 c と，任意の 2 つの有限数列 $a_1, a_2, \ldots, a_n$ および $b_1, b_2, \ldots, b_n$ に対して

$$\sum_{k=1}^{n} (ca_k + b_k) = c \sum_{k=1}^{n} a_k + \sum_{k=1}^{n} b_k$$

が成立する．収束する無限級数もこの線形性を持つ．

漸近記法を含む和の計算でも線形性が成立する. たとえば

$$\sum_{k=1}^{n} \Theta(f(k)) = \Theta\left(\sum_{k=1}^{n} f(k)\right)$$

である. この公式で, 左辺の Θ 記法は変数 k に対して適用されるが, 右辺では n に対して適用される. この変換は, 収束する無限級数に対しても適用できる.

算術級数

和

$$\sum_{k=1}^{n} k = 1 + 2 + \cdots + n$$

を**算術級数**（または**等差級数** (arithmetic series)）と呼び, 値

$$\sum_{k=1}^{n} k = \frac{n(n+1)}{2} \tag{A.1}$$

$$= \Theta(n^2) \tag{A.2}$$

を持つ. **一般的な算術級数** (general arithmetic series) は, 加算定数 $a \geq 0$ と定数係数 $b > 0$ を各項に含んでいるが, 漸近的には同じ総和である：

$$\sum_{k=1}^{n} (a + bk) = \Theta(n^2) \tag{A.3}$$

2 乗の和と 3 乗の和

2 乗の和と 3 乗の和は

$$\sum_{k=0}^{n} k^2 = \frac{n(n+1)(2n+1)}{6} \tag{A.4}$$

$$\sum_{k=0}^{n} k^3 = \frac{n^2(n+1)^2}{4} \tag{A.5}$$

である.

幾何級数

実数 $x \neq 1$ に対して, 和

$$\sum_{k=0}^{n} x^k = 1 + x + x^2 + \cdots + x^n$$

を**幾何級数** (geometric series) と呼ぶ. その値は

$$\sum_{k=0}^{n} x^k = \frac{x^{n+1} - 1}{x - 1} \tag{A.6}$$

である. 和が無限にわたり $|x| < 1$ のとき, 無限減少幾何級数

$$\sum_{k=0}^{\infty} x^k = \frac{1}{1-x} \tag{A.7}$$

を得る. $0^0 = 1$ と仮定すれば, この公式は $x = 0$ のときにも成り立つ.

調和級数

任意の正整数 n に対して, 第 n 番目の**調和数** (harmonic number) H_n は

$$\begin{aligned} H_n &= 1 + \frac{1}{2} + \frac{1}{3} + \frac{1}{4} + \cdots + \frac{1}{n} \\ &= \sum_{k=1}^{n} \frac{1}{k} \tag{A.8} \\ &= \ln n + O(1) \tag{A.9} \end{aligned}$$

である. 不等式 (A.20)（973 ページ）と (A.21)（314 ページ）は, より強い上界

$$\ln(n+1) \le H_n \le \ln n + 1 \tag{A.10}$$

を与える.

級数の積分と微分

上の公式を積分または微分することで, 別の公式を導くことができる. たとえば, 無限幾何級数 (A.7) の両辺を微分した上で x を掛けると, $|x| < 1$ のとき,

$$\sum_{k=0}^{\infty} k x^k = \frac{x}{(1-x)^2} \tag{A.11}$$

を得る.

入れ子級数

任意の列 $a_0, a_1, \ldots, a_n$ に対して

$$\sum_{k=1}^{n} (a_k - a_{k-1}) = a_n - a_0 \tag{A.12}$$

が成立する. これは各項 $a_1, a_2, \ldots, a_{n-1}$ がちょうど 1 回足され, ちょうど 1 回引かれるのである. このとき, 和は**入れ子型** (telescope) であると言う. 同様に

$$\sum_{k=0}^{n-1} (a_k - a_{k+1}) = a_0 - a_n$$

である. 入れ子型和の例として級数

$$\sum_{k=1}^{n-1} \frac{1}{k(k+1)}$$

を考えよう. 各項を

$$\frac{1}{k(k+1)} = \frac{1}{k} - \frac{1}{k+1}$$

と書き換えると,

$$\sum_{k=1}^{n-1} \frac{1}{k(k+1)} = \sum_{k=1}^{n-1} \left(\frac{1}{k} - \frac{1}{k+1} \right)$$
$$= 1 - \frac{1}{n}$$

を得る.

インデックス変更による和計算

級数はインデックスを変更することによって簡単化することができることがある. 多くは和の順序を逆転することである. 級数 $\sum_{k=0}^{n} a_{n-k}$ を考えてみよう. この和の項は $a_n, a_{n-1}, \dots, a_0$ であるから, $j = n - k$ とすることでインデックスの順序を逆転させて, この和を

$$\sum_{k=0}^{n} a_{n-k} = \sum_{j=0}^{n} a_j \tag{A.13}$$

と書き直すことができる. 一般に, 和のインデックスがマイナスの符号と一緒に和の本体に現れるときは, インデックス変更を考慮すべきである.

たとえば, 次の和を考えてみよう.

$$\sum_{k=1}^{n} \frac{1}{n-k+1}$$

インデックス k が $1/(n-k+1)$ において負の符号とともに出現している. 実際, $j = n-k+1$ とすることによって, 和を

$$\sum_{k=1}^{n} \frac{1}{n-k+1} = \sum_{j=1}^{n} \frac{1}{j} \tag{A.14}$$

と簡単にすることができる.

積

有限積 $a_1 a_2 \cdots a_n$ を

$$\prod_{k=1}^{n} a_k$$

と表記する. $n = 0$ のとき, この積の値を 1 と定義する. もし, すべての因子が正ならば, 恒等式

$$\lg \left(\prod_{k=1}^{n} a_k \right) = \sum_{k=1}^{n} \lg a_k$$

を用いて積を含む式を和を含む式に変換できる.

練習問題

A.1-1 和の線形性を用いて $\sum_{k=1}^n O(f_k(i)) = O\left(\sum_{k=1}^n f_k(i)\right)$ を証明せよ.

A.1-2 $\sum_{k=1}^n (2k-1)$ を簡単な式で表せ.

A.1-3 式 (A.6) に照らして 10 進数 $111, 111, 111$ を解釈せよ.

A.1-4 無限級数 $1 - \frac{1}{2} + \frac{1}{4} - \frac{1}{8} + \frac{1}{16} - \cdots$ を評価せよ.

A.1-5 $c \geq 0$ を定数とする. $\sum_{k=1}^n k^c = \Theta(n^{c+1})$ であることを示せ.

A.1-6 $|x| < 1$ に対して, $\sum_{k=0}^\infty k^2 x^k = x(1+x)/(1-x)^3$ であることを証明せよ.

A.1-7 $\sum_{k=1}^n \sqrt{k \lg k} = \Theta(n^{3/2} \lg^{1/2} n)$ であることを示せ. (**ヒント**: 漸近的上界と下界を別々に示せ.)

A.1-8 ★ 調和級数を用いて計算することで, $\sum_{k=1}^n 1/(2k-1) = \ln(\sqrt{n}) + O(1)$ を示せ.

A.1-9 ★ $\sum_{k=0}^\infty (k-1)/2^k = 0$ を示せ.

A.1-10 ★ $|x| < 1$ に対して, $\sum_{k=1}^\infty (2k+1)x^{2k}$ を評価せよ.

A.1-11 ★ 積 $\prod_{k=2}^n (1 - 1/k^2)$ を評価せよ.

A.2 和の上界と下界

アルゴリズムの実行時間を示す和を上下から抑えるための方法が数多く知られている. ここでは, 最もよく使われる方法をいくつか紹介する.

数学的帰納法

級数を評価するための最も基本的な方法は, 数学的帰納法を用いることである. 例として, 算術級数 $\sum_{k=1}^n k$ が $\frac{1}{2}n(n+1)$ であることを証明しよう. $n=1$ の場合には, $n(n+1)/2 = 1 \cdot 2/2 = 1$ であり, これは $\sum_{k=1}^1 k$ に等しい. 帰納法の仮定で n まで成り立つと仮定して, $n+1$ の場合にこの主張が成立することを示す. 実際, 次の式が成り立つ.

$$
\begin{aligned}
\sum_{k=1}^{n+1} k &= \sum_{k=1}^n k + (n+1) \\
&= \frac{n(n+1)}{2} + (n+1) \\
&= \frac{n^2 + n + 2n + 2}{2} \\
&= \frac{(n+1)(n+2)}{2}
\end{aligned}
$$

和の値を正確に推測できなくても数学的帰納法を利用できる場合がある. 正確な値ではなく, その限界であっても帰納法を用いて証明できる. 例として, ある定数 $c \geq 1$ に対して $\sum_{k=0}^n 3^k = O(3^n)$ となることを示そう. より正確には, ある定数 c に対して $\sum_{k=0}^n 3^k \leq c3^n$ が成立することを証明する. 初期状態 $n=0$ のとき, $c \geq 1$ ならば $\sum_{k=0}^0 3^k = 1 \leq c \cdot 1$ なの

で，この上界は正しい．この上界が n に対しても成り立つと仮定して，$n+1$ に対しても成り立つことを証明しよう．$(1/3 + 1/c) \le 1$ あるいは，これと等価であるが $c \ge 3/2$ であれば，次式が成り立つ．

$$
\begin{aligned}
\sum_{k=0}^{n+1} 3^k &= \sum_{k=0}^{n} 3^k + 3^{n+1} \\
&\le c3^n + 3^{n+1} \qquad \text{(帰納法の仮定より)} \\
&= \left(\frac{1}{3} + \frac{1}{c} \right) c3^{n+1} \\
&\le c3^{n+1}
\end{aligned}
$$

したがって，目的の $\sum_{k=0}^{n} 3^k = O(3^n)$ を得る．

漸近記法を用いて帰納法で上下界を証明するときには注意が必要である．例として，$\sum_{k=1}^{n} k = O(n)$ に対する以下の間違った証明を考える．確かに $\sum_{k=1}^{1} k = O(1)$ である．n に対してこの上界が成り立つと仮定して，$n+1$ の場合を証明する：

$$
\begin{aligned}
\sum_{k=1}^{n+1} k &= \sum_{k=1}^{n} k + (n+1) \\
&= O(n) + (n+1) \quad \Longleftarrow \text{間違い!!} \\
&= O(n+1)
\end{aligned}
$$

上の議論において間違っているのは，"ビッグオー"によって隠された"定数"が n とともに増大するので定数ではないという点である．同じ定数が**すべての** n についてうまくいくことを示したわけではない．

項の上界

級数の各項を上から抑えることで，級数に対する良い上界が求まる場合がある．また，最大項によって他の項を上から抑えれば十分であることも多い．たとえば

$$
\begin{aligned}
\sum_{k=1}^{n} k &\le \sum_{k=1}^{n} n \\
&= n^2
\end{aligned}
$$

とすることで，算術級数 (A.1) の上界を簡単に導出できる．一般に，級数 $\sum_{k=1}^{n} a_k$ に対して，$a_{\max} = \max\{a_k : 1 \le k \le n\}$ とすれば

$$
\sum_{k=1}^{n} a_k \le n \cdot a_{\max}
$$

である．

級数をある幾何級数で抑えることができるときには，級数の各項を最大項で抑える手法は強力な手法とはなりえない．ある与えられた級数 $\sum_{k=0}^{n} a_k$ に対して，ある定数 $0 < r < 1$ が存在し，すべての $k \ge 0$ に対して $a_{k+1}/a_k \le r$ が成立すると仮定する．$a_k \le a_0 r^k$ なので，こ

の和を無限減少幾何級数によって抑えることができ,

$$\sum_{k=0}^{n} a_k \leq \sum_{k=0}^{\infty} a_0 r^k$$

$$= a_0 \sum_{k=0}^{\infty} r^k \tag{A.15}$$

$$= a_0 \frac{1}{1-r} \tag{A.16}$$

である.

和 $\sum_{k=1}^{\infty}(k/3^k)$ の上界を得るためにこの手法を適用できる. 和が $k=0$ から始まるようにするために, $\sum_{k=0}^{\infty}((k+1)/3^{k+1})$ と書き換える. 初項 (a_0) は $1/3$, 連続する項の比 (r) はすべての $k \geq 0$ に対して

$$\frac{(k+2)/3^{k+2}}{(k+1)/3^{k+1}} = \frac{1}{3} \cdot \frac{k+2}{k+1}$$

$$\leq \frac{2}{3}$$

である. したがって

$$\sum_{k=1}^{\infty} \frac{k}{3^k} = \sum_{k=0}^{\infty} \frac{k+1}{3^{k+1}}$$

$$\leq \frac{1}{3} \cdot \frac{1}{1-2/3}$$

$$= 1$$

である.

この方法を適用する際によく犯す間違いは, 連続する項の比が 1 より小さいことを示しただけで, 和が幾何級数で抑えられると仮定してしまうことである. 無限調和級数はその反例であり,

$$\sum_{k=1}^{\infty} \frac{1}{k} = \lim_{n \to \infty} \sum_{k=1}^{n} \frac{1}{k}$$

$$= \lim_{n \to \infty} \Theta(\lg n)$$

$$= \infty$$

となり, 発散する. この級数の $(k+1)$ 番目と k 番目の項の比は $k/(k+1) < 1$ であるが, この級数は減少幾何級数では抑えられない. ある級数を幾何級数で抑えるには, 連続する項のすべての対の比が決して超えない**定数** $r < 1$ の存在を示す必要がある. 調和数では比は限りなく 1 に近づき, このような r は存在しない.

和の分割

難しい和の限界を求める方法の 1 つは, インデックスの範囲を分割して級数を 2 つ以上の級数の和として表現し, それぞれの部分級数に対して限界を求めることである. 例として, 算術級数 $\sum_{k=1}^{n} k$ の下界を求めてみよう. この級数の上界はすでに示したように n^2 である. 和の各

項を最小項で抑えることも考えられるが，最小項が 1 なので得られる級数の下界は n になり，上界 n^2 とかけ離れてしまう．

最初に和を分割すればもっと良い下界が導ける．便宜上，n は偶数であると仮定する．このとき

$$
\begin{aligned}
\sum_{k=1}^{n} k &= \sum_{k=1}^{n/2} k + \sum_{k=n/2+1}^{n} k \\
&\geq \sum_{k=1}^{n/2} 0 + \sum_{k=n/2+1}^{n} \frac{n}{2} \\
&= \left(\frac{n}{2}\right)^2 \\
&= \Omega(n^2)
\end{aligned}
$$

であり，$\sum_{k=1}^{n} k = O(n^2)$ なので，これは漸近的にタイトな限界である．

アルゴリズムの解析から生じる和では，その和を分割して先頭の定数個の項を無視できることがよくある．一般にこの方法は，和 $\sum_{k=0}^{n} a_k$ に現れる各項 a_k が n と独立であるときに適用できる．このとき，任意の定数 $k_0 > 0$ に対して，最初の k_0 個の項の和は，各項も項数も定数だから

$$
\begin{aligned}
\sum_{k=0}^{n} a_k &= \sum_{k=0}^{k_0-1} a_k + \sum_{k=k_0}^{n} a_k \\
&= \Theta(1) + \sum_{k=k_0}^{n} a_k
\end{aligned}
$$

となり，この後 $\sum_{k=k_0}^{n} a_k$ を抑える別の方法を用いることができる．この方法は，無限和に対しても同様に適用できる．たとえば，$\sum_{k=0}^{\infty} k^2/2^k$ の漸近的な上界を求めてみよう．$k \geq 3$ ならば，連続する項の比が

$$
\begin{aligned}
\frac{(k+1)^2/2^{k+1}}{k^2/2^k} &= \frac{(k+1)^2}{2k^2} \\
&\leq 8/9
\end{aligned}
$$

である．したがって，和を分割すると次式を得る．

$$
\begin{aligned}
\sum_{k=0}^{\infty} \frac{k^2}{2^k} &= \sum_{k=0}^{2} \frac{k^2}{2^k} + \sum_{k=3}^{\infty} \frac{k^2}{2^k} \\
&= \sum_{k=0}^{2} \frac{k^2}{2^k} + \sum_{k=0}^{\infty} \frac{(k+3)^2}{2^{k+3}} \quad \text{(インデックスの変更により)} \\
&\leq \sum_{k=0}^{2} \frac{k^2}{2^k} + \frac{9}{8} \sum_{k=0}^{\infty} \left(\frac{8}{9}\right)^k \quad \text{(不等式 (A.15) より)} \\
&= (0 + 1/2 + 1) + \frac{9/8}{1 - 8/9} \quad \text{(式 (A.16) より)} \\
&= O(1)
\end{aligned}
$$

和を分割する手法を用いることで漸近的限界の導出が可能になることがある. 例として, 調和数 (A.9):

$$H_n = \sum_{k=1}^{n} \frac{1}{k}$$

の上限 $O(\lg n)$ を求めよう. このために, 1 から n の範囲の和を $\lfloor \lg n \rfloor + 1$ 個の部分和に分割し, 各部分和を上から 1 で抑える. すなわち, $i = 0, 1, \ldots, \lfloor \lg n \rfloor$ に対して, 第 i 番目の部分和を第 $1/2^i$ 番目から第 $1/2^{i+1} - 1$ 番目までの項を含むように定める. 最後の部分和が元の調和級数にない項を含むことがあるので,

$$\begin{aligned}
\sum_{k=1}^{n} \frac{1}{k} &\leq \sum_{i=0}^{\lfloor \lg n \rfloor} \sum_{j=0}^{2^i - 1} \frac{1}{2^i + j} \\
&\leq \sum_{i=0}^{\lfloor \lg n \rfloor} \sum_{j=0}^{2^i - 1} \frac{1}{2^i} \\
&= \sum_{i=0}^{\lfloor \lg n \rfloor} \left(2^i \cdot \frac{1}{2^i} \right) \\
&= \sum_{i=0}^{\lfloor \lg n \rfloor} 1 \\
&\leq \lg n + 1
\end{aligned} \tag{A.17}$$

となる.

積分による近似

$f(k)$ が単調増加関数ならば, 和 $\sum_{k=m}^{n} f(k)$ を積分を用いて

$$\int_{m-1}^{n} f(x)\, dx \leq \sum_{k=m}^{n} f(k) \leq \int_{m}^{n+1} f(x)\, dx \tag{A.18}$$

と上下から近似できる. 図 A.1 はこの近似の正当性を示す. 和は図の長方形の面積の和として表現され, 積分値は曲線の下の網掛けをした領域である. $f(k)$ が単調減少関数の場合も同様の理由から,

$$\int_{m}^{n+1} f(x)\, dx \leq \sum_{k=m}^{n} f(k) \leq \int_{m-1}^{n} f(x)\, dx \tag{A.19}$$

と上下から近似できる.

積分近似 (A.19) は第 n 番目の調和数に正確な評価を与える. 下界として

$$\begin{aligned}
\sum_{k=1}^{n} \frac{1}{k} &\geq \int_{1}^{n+1} \frac{dx}{x} \\
&= \ln(n+1)
\end{aligned} \tag{A.20}$$

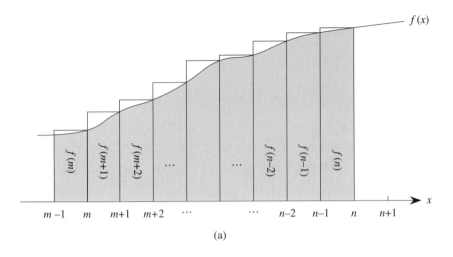

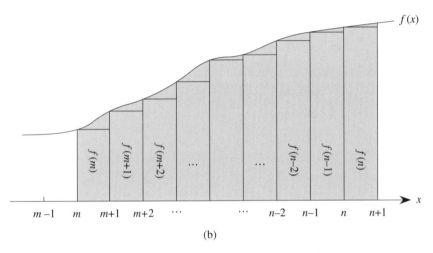

図 A.1 積分による $\sum_{k=m}^{n} f(k)$ の近似．各長方形の面積が長方形の中に示されている．全体の長方形の面積が和の値を表す．積分は曲線の下の網かけ部分の面積である．**(a)** において面積を比較すると，下界 $\int_{m-1}^{n} f(x)\,dx \leq \sum_{k=m}^{n} f(k)$ である．つぎに長方形を右へ 1 単位だけずらすと，**(b)** において，$\sum_{k=m}^{n} f(k) \leq \int_{m}^{n+1} f(x)\,dx$ である．

上界として，不等式

$$\begin{aligned}
\sum_{k=1}^{n} \frac{1}{k} &= \sum_{k=2}^{n} \frac{1}{k} + 1 \\
&\leq \int_{1}^{n} \frac{dx}{x} + 1 \\
&= \ln n + 1
\end{aligned} \tag{A.21}$$

が成立する．

練習問題

A.2-1 和 $\sum_{k=1}^{n} 1/k^2$ を上から定数で抑えよ.

A.2-2 和

$$\sum_{k=0}^{\lfloor \lg n \rfloor} \lceil n/2^k \rceil$$

の漸近的な上界を求めよ.

A.2-3 和を分割することによって第 n 調和数が $\Omega(\lg n)$ であることを示せ.

A.2-4 $\sum_{k=1}^{n} k^3$ を積分で近似せよ.

A.2-5 第 n 調和数に関して上界を得るのに直接 $\sum_{k=1}^{n} 1/k$ に関して積分近似 (A.19) をなぜ使えなかったのか?

章末問題

A-1 和の上下界

次の和に対して漸近的にタイトな限界を与えよ. $r \geq 0$ と $s \geq 0$ は定数であると仮定せよ.

a. $\displaystyle\sum_{k=1}^{n} k^r$

b. $\displaystyle\sum_{k=1}^{n} \lg^s k$

c. $\displaystyle\sum_{k=1}^{n} k^r \lg^s k$

文献ノート

Knuth [259] は本章で説明した題材の優れた文献である. 級数の基本的な性質は, Apostol [19] や Thomas ら [433] のような優れた解析の教科書ならばどれにでも載っている.

B 集合など

SETS, ETC.

本書の多くの章は離散数学と関係がある．本付録では集合，関係，関数，グラフ，および木に対する表記法，定義，基本的な性質を概観する．これらの項目に精通している読者は，本付録にざっと目を通せば十分である．

B.1 集　合

メンバー (member)，**要素**あるいは**元** (element) と呼ばれる区別可能なオブジェクトの集まりを**集合** (set) と言う．オブジェクト x が集合 S の要素のとき，$x \in S$ と書く．（"x は S の要素である"あるいは，もっと簡単に"x は S に属す"と読む．）x が S の要素でなければ $x \notin S$ と書く．すべての要素を中括弧のなかに書き下すことで集合を明示的に記述できる．たとえば，数 $1, 2, 3$ だけからなる集合 S を $S = \{1, 2, 3\}$ と書く．2 は S の要素なので $2 \in S$ であり，4 は S の要素ではないので $4 \notin S$ である．集合は要素として同じオブジェクトを 2 つ以上持つことはできず[1]，集合の要素には順序はない．2 つの集合 A と B が同じ要素を持つとき，**等しい** (equal) と言い，$A = B$ と書く．たとえば，$\{1, 2, 3, 1\} = \{1, 2, 3\} = \{3, 2, 1\}$ である．

よく出現する集合を特別な記号で表現する：

- $\emptyset$ で**空集合** (empty set)，すなわち要素を持たない集合を表す．
- $\mathbb{Z}$ で**整数** (integer) の集合 $\{\ldots, -2, -1, 0, 1, 2, \ldots\}$ を表す．
- $\mathbb{R}$ で**実数** (real number) の集合を表す．
- $\mathbb{N}$ で**自然数** (natural number) の集合 $\{0, 1, 2, \ldots\}$ を表す．[2]

集合 A のすべての要素が集合 B に含まれているとき，すなわち $x \in A$ ならば $x \in B$ が成り立つとき $A \subseteq B$ と書き，A を B の**部分集合** (subset) と言う．$A \subseteq B$ かつ $A \neq B$ のとき A を B の**真部分集合** (proper subset) と言い，$A \subset B$ と書く．（真部分集合ではなく普通の部分集合を表すために記号"$\subset$"が使われることもある．）すべての集合はそれ自身の部分集合である．すなわち，$A \subseteq A$ が任意の集合 A に対して成立する．2 つの集合 A と B に対して，$A \subseteq B$ かつ $B \subseteq A$ のとき，かつこのときに限り $A = B$ である．部分集合関係は推移的（第 B.2 節（981 ページ）参照）である．すなわち，任意の 3 つの集合 A, B, C に対して，$A \subseteq B$

---

[1] 同じオブジェクトを 2 個以上含むことができるように拡張された集合を**多重集合** (multiset) と言う．

[2] 自然数の集合を 0 の代わりに 1 から始める人もいるが，最近は 0 から始める傾向にある．

かつ $B \subseteq C$ のとき，$A \subseteq C$ である．真部分集合関係も同様に推移的である．任意の集合 A に対して $\emptyset \subseteq A$ である．

ある集合を他の集合を用いて特定できることがある．与えられた集合 A に対して，集合 $B \subseteq A$ を B の要素を区別する条件を明示することによって定義できる．たとえば，偶数の集合は $\{x : x \in \mathbb{Z}$ かつ $x/2$ は整数である$\}$ と定義できる．この表現におけるコロン ":" は「次の条件を満足するような (such that)」という意味である．（":" の代わりに "|" が使われることもある．）

与えられた2つの集合 A と B に次の**集合演算** (set operation) を適用することで新しい集合が定義できる：

- 集合 A と B の**積集合** (intersection) は集合

$$A \cap B = \{x : x \in A \text{ かつ } x \in B\}$$

である．

- 集合 A と B の**和集合** (union) は集合

$$A \cup B = \{x : x \in A \text{ または } x \in B\}$$

である．

- 2つの集合 A と B の間の**差集合** (difference) は集合

$$A - B = \{x : x \in A \text{ かつ } x \notin B\}$$

である．

以下の法則が集合演算に関して成立する：

空集合則 (empty set law)：

$$A \cap \emptyset = \emptyset$$
$$A \cup \emptyset = A$$

ベキ等則 (idempotency law)：

$$A \cap A = A$$
$$A \cup A = A$$

可換則 (commutative law)：

$$A \cap B = B \cap A$$
$$A \cup B = B \cup A$$

結合則 (associative law)：

$$A \cap (B \cap C) = (A \cap B) \cap C$$
$$A \cup (B \cup C) = (A \cup B) \cup C$$

分配則 (distributive law)：

$$A \cap (B \cup C) = (A \cap B) \cup (A \cap C)$$
$$A \cup (B \cap C) = (A \cup B) \cap (A \cup C)$$

(B.1)

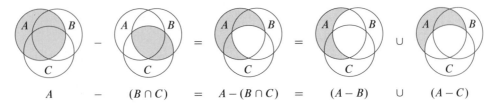

図 B.1 ド・モルガンの法則 (B.2) の 1 つ目の式を説明するベン図式．集合 A, B, C は円で表現されている．

吸収則 (absorption law)：

$$A \cap (A \cup B) = A$$
$$A \cup (A \cap B) = A$$

ド・モルガンの法則 (de Morgan's law)：

$$\begin{aligned} A - (B \cap C) &= (A - B) \cup (A - C) \\ A - (B \cup C) &= (A - B) \cap (A - C) \end{aligned} \tag{B.2}$$

ド・モルガンの法則の 1 つ目の式を図 B.1 に**ベン図式** (Venn diagram) を用いて示す：ベン図式は集合を平面上の領域として図を用いて表現する手法である．

考慮の対象となる集合がどれも 1 つの大きな集合 U の部分集合であることがよくある．U を**普遍集合** (universe)[a] と呼ぶ．たとえば，整数を要素とする色々な集合を考えるとき，整数集合 $\mathbb{Z}$ を普遍集合と考えてよい．普遍集合 U が与えられたとき，集合 A の**補集合** (complement) を $\overline{A} = U - A = \{x : x \in U \text{ かつ } x \notin A\}$ と定義する．任意の集合 $A \subseteq U$ に対して，以下の法則が成立する：

$$\overline{\overline{A}} = A$$
$$A \cap \overline{A} = \emptyset$$
$$A \cup \overline{A} = U$$

ド・モルガンの法則 (B.2) は補集合を使うと次のように書き換えられる．任意の集合 $B, C \subseteq U$ に対して

$$\overline{B \cap C} = \overline{B} \cup \overline{C}$$
$$\overline{B \cup C} = \overline{B} \cap \overline{C}$$

である．

2 つの集合 A と B が共通要素を持たない場合，すなわち $A \cap B = \emptyset$ のとき，A と B は**互いに素** (disjoint) であると言う．有限個または無限個の集合 $S_1, S_2, \ldots$ の**集合族** (collection) は各要素 S_i を要素とする集合の集合である．空集合をその要素として含まない集合族 $\mathcal{S} = \{S_i\}$ は，

- 複数個の集合 S_i が**対ごとに素** (pairwise disjoint)，すなわち，$S_i, S_j \in \mathcal{S}$ かつ $i \neq j$ ならば $S_i \cap S_j = \emptyset$ であり，かつ

---

[a] ［訳注］全体集合とも言う．

- 集合 S_i 達の和集合が S, すなわち

$$S = \bigcup_{S_i \in \mathcal{S}} S_i$$

であるとき，$\mathcal{S}$ の**分割** (partition) であると言う．言い換えると，S の各要素がちょうど 1 つの集合 $S_i \in \mathcal{S}$ に出現するとき，$\mathcal{S}$ は S の分割である．

集合の要素数をその集合の**基数**あるいは**濃度** (cardinality) または**サイズ** (size) と呼び，$|S|$ で表す．2 つの集合の要素間に 1 対 1 対応があるならば，2 つの集合は同じ基数を持つ．空集合の基数 $|\emptyset|$ は 0 である．集合の基数が自然数ならば，その集合は**有限** (finite)，そうでなければ**無限** (infinite) である．自然数集合 $\mathbb{N}$ と要素間の 1 対 1 対応がつく無限集合を**可算無限** (countably infinite)，そうでなければ**非可算無限** (uncountable infinite) である．たとえば，整数集合 $\mathbb{Z}$ は可算だが，実数集合 $\mathbb{R}$ は非可算である．

任意の有限集合 A と B に対して

$$|A \cup B| = |A| + |B| - |A \cap B| \tag{B.3}$$

なので，

$$|A \cup B| \le |A| + |B|$$

である．A と B が互いに素ならば $|A \cap B| = 0$, したがって $|A \cup B| = |A| + |B|$ である．$A \subseteq B$ ならば $|A| \le |B|$ である．

n 個の要素からなる有限集合を **n 集合** (n-set) と言うことがある．1 集合を**シングルトン** (singleton) と言う．ある集合の k 個の要素からなる部分集合を **k 部分集合** (k-subset) と言う．

空集合と S 自身を含む，集合 S のすべての部分集合の集合を S の**ベキ集合** (power set) と呼び，2^S で示す．たとえば，$2^{\{a,b\}} = \{\emptyset, \{a\}, \{b\}, \{a,b\}\}$ である．有限集合 S のベキ集合の基数は $2^{|S|}$ である（練習問題 B.1-5 参照）．

我々はときどき集合に似ているが，その要素が順序づけられている構造を扱う．2 つの要素 a と b の**順序対** (ordered pair) を (a,b) によって表し，形式的には集合 $(a,b) = \{a, \{a,b\}\}$ と定義する．したがって，(a,b) と (b,a) は**異なる**．

2 つの集合 A と B の**直積**または**デカルト積** (Cartesian product) は最初の要素が A に属し，2 番目の要素が B に属する順序対全体の集合であり，$A \times B$ によって表す．形式的に書くと

$$A \times B = \{(a,b) : a \in A \text{ かつ } b \in B\}$$

である．たとえば，$\{a,b\} \times \{a,b,c\} = \{(a,a), (a,b), (a,c), (b,a), (b,b), (b,c)\}$ である．A と B が共に有限集合ならば，その直積の基数は

$$|A \times B| = |A| \cdot |B| \tag{B.4}$$

である．

n 個の集合 $A_1, A_2, \ldots, A_n$ の直積は **n 項組** (n-tuple) の集合

$$A_1 \times A_2 \times \cdots \times A_n = \{(a_1, a_2, \ldots, a_n) : 各 a_i \in A_i, i = 1, 2, \ldots, n \text{ に対して}\}$$

であり，すべての集合 A_i が有限集合ならばその基数は

$$|A_1 \times A_2 \times \cdots \times A_n| = |A_1| \cdot |A_2| \cdots |A_n|$$

980 | B 集合など

である．1 つの集合 A の n 重の直積を

$$A^n = \underbrace{A \times A \times \cdots \times A}_{n\text{ 回}}$$

によって表す．その基数は A が有限集合ならば $|A^n| = |A|^n$ である．n 項組は長さ n の有限列と見なすことができる（第 B.3 節（983 ページ）参照）．

区間は連続した実数の集合である．区間は中括弧と角括弧を用いて表現する．実数 a と b に対して，**閉区間** (closed interval) $[a, b]$ は a から b までの実数の集合 $\{x \in \mathbb{R} : a \leq x \leq b\}$ であり，a と b は閉区間に含まれる．（$a > b$ のときは，$[a, b] = \emptyset$ である．）**開区間** (open interval) $(a, b) = \{x \in \mathbb{R} : a < x < b\}$ は両端点 a と b が除外される．2 つの**半開区間** (half-open intervals) $[a, b) = \{x \in \mathbb{R} : a \leq x < b\}$ と $(a, b] = \{x \in \mathbb{R} : a < x \leq b\}$ は同様に定義され，それぞれ端点が除外される．

区間は整数上でも定義され，上記定義の中の $\mathbb{R}$ を $\mathbb{Z}$ で置き換えればよい．実数上か整数上のいずれで定義されるかは通常は文脈から推測できる．

練習問題

B.1-1 分配則 (B.1) の 1 つ目の式を表現するベン図を描け．

B.1-2 任意の有限個の集合に対する以下のド・モルガンの法則（の一般化）が成立することを証明せよ．

$$\overline{A_1 \cap A_2 \cap \cdots \cap A_n} = \overline{A_1} \cup \overline{A_2} \cup \cdots \cup \overline{A_n}$$
$$\overline{A_1 \cup A_2 \cup \cdots \cup A_n} = \overline{A_1} \cap \overline{A_2} \cap \cdots \cap \overline{A_n}$$

B.1-3 ★ 以下に示す式 (B.3) の一般化を証明せよ．この式は**包除原理** (principle of inclusion and exclusion) と呼ばれている．

$$
\begin{aligned}
|A_1 \cup A_2 \cup \cdots \cup A_n| = \;& \\
|A_1| + |A_2| + \cdots + |A_n| & \\
- |A_1 \cap A_2| - |A_1 \cap A_3| - \cdots \quad & \text{（すべての対について）} \\
+ |A_1 \cap A_2 \cap A_3| + \cdots \quad & \text{（すべての三つ組について）} \\
\vdots \quad & \\
+ (-1)^{n-1} |A_1 \cap A_2 \cap \cdots \cap A_n| &
\end{aligned}
$$

B.1-4 すべての奇数の自然数からなる集合は可算であることを示せ．

B.1-5 任意の有限集合 S に対して，そのベキ集合 2^S は $2^{|S|}$ 個の要素を持つ（すなわち，$2^{|S|}$ 個の相異なる部分集合が存在する）ことを示せ．

B.1-6 順序対の集合論的な定義手法を拡張し，n 項組を帰納的に定義せよ．

B.2 関 係

2 つの集合 A と B の上の **2 項関係** (binary relation) R は直積 $A \times B$ の部分集合である．

$(a, b) \in R$ のとき $a \, R \, b$ と書く．R が A 上の 2 項関係であると言うとき，それは R が $A \times A$ の部分集合であることを意味する．たとえば，自然数集合上の "より小さい" という関係は集合 $\{(a, b) : a, b \in \mathbb{N} \text{ かつ } a < b\}$ である．集合 $A_1, A_2, \ldots, A_n$ 上の n 項関係は $A_1 \times A_2 \times \cdots \times A_n$ の部分集合である．

すべての $a \in A$ に対して

$$a \, R \, a$$

が成り立つとき，2 項関係 $R \subseteq A \times A$ は**反射的** (reflexive) である．たとえば，"=" と "$\leq$" は $\mathbb{N}$ 上の反射的関係であるが，"<" は反射的ではない．すべての $a, b \in A$ に対して

$$a \, R \, b \text{ ならば } b \, R \, a$$

が成り立つとき，関係 R は**対称的** (symmetric) である．たとえば，"=" は $\mathbb{N}$ 上で対称的であるが，"<" と "$\leq$" は対称的ではない．すべての $a, b, c \in A$ に対して

$$a \, R \, b \text{ かつ } b \, R \, c \text{ ならば } a \, R \, c$$

が成り立つとき，関係 R は**推移的** (transitive) である．たとえば，"<"，"$\leq$"，"=" は推移的であるが，関係 $R = \{(a, b) : a, b \in \mathbb{N} \text{ かつ } a = b - 1\}$ は推移的ではない．なぜなら，$3 \, R \, 4$ かつ $4 \, R \, 5$ だが $3 \, R \, 5$ ではない．

反射的で，対称的でかつ推移的な関係を**同値関係** (equivalence relation) と呼ぶ．たとえば，"=" は自然数上の同値関係であるが，"<" は同値関係ではない．R が A 上の同値関係のとき，$a \in A$ に対して，a と同値関係にあるすべての要素の集合 $[a] = \{b \in A : a \, R \, b\}$ を a の**同値類** (equivalence class) と呼ぶ．たとえば，関係 $R = \{(a, b) : a, b \in \mathbb{N} \text{ かつ } a + b \text{ は偶数である}\}$ は同値関係である．なぜなら，$a + a$ は偶数なので反射的，$a + b$ が偶数ならば $b + a$ も偶数なので対称的，そして $a + b$ と $b + c$ が偶数ならば $a + c$ も偶数なので推移的である．同値関係 R に関して，4 の同値類は $[4] = \{0, 2, 4, 6, \ldots\}$，3 の同値類は $[3] = \{1, 3, 5, 7, \ldots\}$ である．以下に同値類の基本定理を示す．

定理 B.1（同値関係と分割の同等性） 集合 A 上の任意の同値関係 R が定義する同値類の集合は A のある分割である．逆に，A の任意の分割に対して，ある A 上の同値関係 R が定まり，その分割に属する集合は R が定義する同値類の集合と一致する．

証明 証明の前半では，R が定義するすべての同値類は空ではなく，互いに素で，それらの和が A であることを示す．R は反射的なので $a \in [a]$，したがって各同値類は空ではない．また要素 $a \in A$ は同値類 $[a]$ に属するので，同値類の和は A である．すべての同値類が互いに素であることを最後に示す．すなわち，$[a]$ と $[b]$ が共通の要素 c を持つならば，それらは同じ集合であることを示す．$a \, R \, c$ かつ $b \, R \, c$ を仮定する．対称性から $c \, R \, b$，推移性から $a \, R \, b$ である．したがって，任意の要素 $x \in [a]$ に対して $x \, R \, a$，推移性から $x \, R \, b$ なので，$[a] \subseteq [b]$ である．同様に $[b] \subseteq [a]$ なので，$[a] = [b]$ が成立する．

証明の後半に移る．$\mathcal{A} = \{A_i\}$ を A の任意の分割とし，関係 R を

$$R = \{(a, b) : a \in A_i \text{ かつ } b \in A_i \text{ を満たす } i \text{ が存在する}\}$$

982 | B 集合など

と定義する．R が A 上の同値関係であることを証明する．$a \in A_i$ ならば $a R a$ なので反射的である．$a R b$ ならば，a と b は同じ集合 A_i に属するので $b R a$ であり，対称的である．$a R b$ かつ $b R c$ ならば，これら 3 つの要素はすべて同じ集合に属するので $a R c$ であり，推移的である．分割を形成する集合族が R の同値類の族に一致することを確かめるためには，$a \in A_i$ とするとき，$x \in [a]$ は $x \in A_i$ を意味し，$x \in A_i$ は $x \in [a]$ であることを確認せよ．■

集合 A 上の 2 項関係 R が

$a R b$ かつ $b R a$ ならば $a = b$

であるとき，R は**反対称的** (antisymmetric) である．たとえば，自然数上の関係 "$\leq$" は反対称的である．なぜなら，$a \leq b$ かつ $b \leq a$ ならば $a = b$ である．反射的，反対称的かつ推移的な関係を**半順序関係** (partial order)，その上で半順序関係が定義されている集合を**半順序集合** (partially ordered set) と言う．たとえば，"〜の子孫である" という関係は（各個人をその子孫の一人と見なすと）半順序関係である．

半順序集合 A には，すべての $b \in A$ に対して $b R a$ を満たす唯一の "最大要素" a が存在するとは限らない．しかし，$a R b$ を満たす他の要素 $b(\neq a)$ が存在しない**極大要素** (maximal element) a をいくつか含むことがある．たとえば，違った大きさの箱の集合は他のどの箱の中にも納まらない極大な箱をいくつか含んでいるが，他の任意の箱を納めることができる唯一の "最大" の箱を含まないかもしれない．[3]

集合 A 上の関係 R が，すべての $a, b \in A$ に対して $a R b$ または $b R a$（あるいはその両方）を満たすとき，**完全関係** (total relation) である．完全関係である半順序関係を**全順序** (total order) または**線形順序** (linear order) と言う．たとえば，関係 "$\leq$" は自然数上の全順序関係である．しかし，"〜の子孫である" という関係は全順序関係ではない．なぜなら，お互いに子孫でない個人が存在するからである．推移的ではあるが，必ずしも反射的あるいは反対称的ではない完全関係を**全擬順序** (total preorder) と言う．

練習問題

B.2-1 $\mathbb{Z}$ のすべての部分集合の上の部分集合関係 "$\subseteq$" は半順序関係だが，全順序関係ではないことを証明せよ．

B.2-2 任意の整数 n に対して，関係「法 n の下で合同」は整数集合上の同値関係であることを示せ．（$a - b = qn$ を満たす整数 q が存在するとき，a と b は n を法として合同であるといい，$a \equiv b \pmod{n}$ と書く．）この関係が整数をどのような同値類に分割するか？

B.2-3 以下の各条件を満足する関係の例をそれぞれ与えよ．

a. 反射的で対称的であるが，推移的でない関係

b. 反射的で推移的であるが，対称的でない関係

c. 対称的で推移的であるが，反射的でない関係

---

[3] 正確に言えば，"箱の中に納める" 関係を半順序関係にするには，箱はそれ自身の中に納まると見なす必要がある．

B.2-4 S を有限集合，R を $S \times S$ 上の同値関係とする．加えて R が反対称的ならば，R に関する S 上の同値類はすべてシングルトンであることを示せ．

B.2-5 Narcissus 教授は関係 R が対称的で推移的ならば，反射的であると主張している．彼は次の証明を与えた．R が対称的だから，$a\,R\,b$ ならば $b\,R\,a$ である．したがって，推移性から $a\,R\,a$ が成立する．教授は正しいか？

B.3 関 数

A と B を集合とする．**関数** (function) f は $A \times B$ 上の 2 項関係で，すべての $a \in A$ に対して $(a, b) \in f$ を満たす唯一の $b \in B$ が存在するものである．A を f の**定義域** (domain)，B を f の**余域**あるいは**終域** (codomain) と呼ぶ．関数を $f : A \to B$ と書くことがある．$(a, b) \in f$ のとき，a に対して b が一意に決まるので $b = f(a)$ と書く．

直観的には，関数 f は A の各要素に B のある要素を割り当てる．A のある要素に対して B の要素を 2 つ割り当てることはできないが，A の異なる要素を B の同じ要素に割り当てることはできる．たとえば，2 項関係

$$f = \{(a, b) : a, b \in \mathbb{N} \text{ かつ } b = a \bmod 2\}$$

は，各自然数 a に対して $b = a \bmod 2$ を満たす唯一の $b \in \{0, 1\}$ が存在するので，関数 $f : \mathbb{N} \to \{0, 1\}$ である．たとえば，$0 = f(0)$，$1 = f(1)$，$0 = f(2)$ などである．一方，2 項関係

$$g = \{(a, b) : a, b \in \mathbb{N} \text{ かつ } a + b \text{ は偶数}\}$$

は，$(1, 3)$ と $(1, 5)$ が共に g に属し，$a = 1$ に対して $(a, b) \in g$ を満たす b が唯一に定まらないから，関数ではない．

与えられた関数 $f : A \to B$ に対して $b = f(a)$ とすると，a を f の**引数** (argument)，b を a における f の**値** (value) と言う．定義域に属するすべての要素に対して値を示すことによって関数を定義できる．たとえば，すべての $n \in \mathbb{N}$ に対して $f(n) = 2n$ と決めることで関数 f を定義できる．これは，$f = \{(n, 2n) : n \in \mathbb{N}\}$ を意味する．2 つの関数 f と g が同じ定義域と余域を持ち，定義域に属するすべての a の対して $f(a) = g(a)$ ならば，f と g は**等しい** (equal)．

長さ n の**有限列** (finite sequence) は n 個の整数の集合 $\{0, 1, \ldots, n - 1\}$ を定義域とする関数 f である．有限列は山括弧（ギュメ (guillemet)）の中にその値を並べて $\langle f(0), f(1), \ldots, f(n-1) \rangle$ と記述することが多い．**無限列** (infinite sequence) は自然数集合 $\mathbb{N}$ が定義域である関数である．たとえば，第 3.3 節式 (3.31)（58 ページ）で定義されるフィボナッチ数列は無限列 $\langle 0, 1, 1, 2, 3, 5, 8, 13, 21, \ldots \rangle$ である．

関数 f の定義域が直積のとき，f の引数を囲む余分な括弧を省略することが多い．たとえば，関数 $f : A_1 \times A_2 \times \cdots \times A_n \to B$ が与えられたとすれば，$b = f((a_1, a_2, \ldots, a_n))$ ではなく，$b = f(a_1, a_2, \ldots, a_n)$ と書く．また，正確には f の唯一の引数は n 項組 $(a_1, a_2, \ldots, a_n)$ なのだが，各 a_i を関数 f の**引数** (argument) と呼ぶ．

984 | B 集合など

$f : A \to B$ が関数で $b = f(a)$ とするとき，b を f の下での a の**像** (image) と呼ぶ．部分集合 $A' \subseteq A$ に対し，f の下での A' の像は

$$f(A') = \{ b \in B : b = f(a) \text{ となる，ある } a \in A' \text{ が存在する} \}$$

と定義される．f の**値域** (range) は定義域の像 $f(A)$ である．たとえば，$f(n) = 2n$ によって定義される関数 $f : \mathbb{N} \to \mathbb{N}$ の値域は $f(\mathbb{N}) = \{ m : \text{ある } n \in \mathbb{N} \text{ に対して } m = 2n \text{ となる} \}$ であり，言い換えると非負の偶数の集合である．

　関数の値域が余域に一致するとき，その関数は**全射** (surjection) である．たとえば，関数 $f(n) = \lfloor n/2 \rfloor$ は，$\mathbb{N}$ に属するすべての要素が f のある引数の値として現れるので，$\mathbb{N}$ から $\mathbb{N}$ への全射関数である．一方，関数 $f(n) = 2n$ は，f のどの引数も 3 を値とすることがないので，$\mathbb{N}$ から $\mathbb{N}$ への全射関数ではない．しかし，関数 $f(n) = 2n$ は自然数の集合から偶数の集合への全射関数である．全射関数 $f : A \to B$ は A から B の**上への** (onto) 写像として記述されることもある．f が上への関数であるというのは，f が全射関数であることである．

　関数 $f : A \to B$ の異なる引数が異なる値を生成するとき，すなわち，$a \neq a'$ ならば $f(a) \neq f(a')$ であるとき，f は**単射** (injection) である．たとえば，関数 $f(n) = 2n$ は，各偶数 b が定義域に属する高々 1 つの要素 $b/2$ の f の下での像なので，$\mathbb{N}$ から $\mathbb{N}$ への単射関数である．関数 $f(n) = \lfloor n/2 \rfloor$ は値 1 が 2 つの引数 2 と 3 によって生成されるので，単射ではない．単射を **1 対 1** (1-to-1) 関数と呼ぶことがある．

　単射かつ全射である関数 $f : A \to B$ は**全単射** (bijection) である．たとえば関数 $f(n) = (-1)^n \lceil n/2 \rceil$ は $\mathbb{N}$ から $\mathbb{Z}$ への全単射であって，値：

$$
\begin{array}{ccc}
0 & \to & 0 \\
1 & \to & -1 \\
2 & \to & 1 \\
3 & \to & -2 \\
4 & \to & 2 \\
& \vdots &
\end{array}
$$

を取る．$\mathbb{Z}$ の任意の要素が $\mathbb{N}$ の高々 1 個の要素の像なので，この関数は単射である．$\mathbb{Z}$ の任意の要素が $\mathbb{N}$ のある要素の像なので，この関数は全射でもある．したがって，この関数は全単射である．定義域と余域の要素を対にするので，全単射関数を **1 対 1 対応** (one-to-one correspondence) と呼ぶことがある．集合 A から A への全単射を**置換**あるいは**順列** (permutation) と呼ぶことがある．

　関数 f が全単射であるとき，その**逆** (inverse) f^{-1} を，

$$f^{-1}(b) = a \text{ であるための必要十分条件は } f(a) = b$$

によって定義する．たとえば，関数 $f(n) = (-1)^n \lceil n/2 \rceil$ の逆は

$$
f^{-1}(m) = \begin{cases} 2m & m \geq 0 \text{ のとき} \\ -2m - 1 & m < 0 \text{ のとき} \end{cases}
$$

である．

練習問題

B.3-1 A と B を有限集合，$f : A \to B$ を関数とする．以下の事実を示せ：

a. f が単射ならば $|A| \leq |B|$ である．

b. f が全射ならば $|A| \geq |B|$ である．

B.3-2 定義域と余域が $\mathbb{N}$ のとき，関数 $f(x) = x + 1$ は全単射か？定義域と余域が $\mathbb{Z}$ の場合はどうか？

B.3-3 2項関係が全単射関数のときにはその逆関係が逆関数になるように，2項関係の逆関係を自然に定義せよ．

B.3-4 ★ $\mathbb{Z}$ から $\mathbb{Z} \times \mathbb{Z}$ への全単射を与えよ．

B.4 グラフ

本節では 2 種類のグラフ，有向グラフと無向グラフを説明する．本書と他の文献で定義が少し違うことがあるが，多くの場合にはその差は小さい．第 20.1 節ではコンピュータメモリ上でのグラフの表現方法を議論する．

有向グラフ (directed graph) (あるいは**ダイグラフ** (digraph)) G は 2 項組 (V, E) である．ここで，V は有限集合，E は V 上の 2 項関係である．集合 V を G の**頂点集合** (vertex set) と呼び，その要素を**頂点** (vertex, 複数は vertices) と呼ぶ．集合 E を G の**辺集合**あるいは**枝集合** (edge set) と言い，その要素を**辺**あるいは**枝** (edge) と呼ぶ．図 B.2(a) に頂点集合 $\{1,2,3,4,5,6\}$ 上の有向グラフを図示する．図では，頂点を円，辺を矢印で示す．ある頂点からそれ自身に向かう辺である**自己ループ** (self-loop) も存在できることに注意せよ．

無向グラフ (undirected graph) $G = (V, E)$ では辺集合 E は頂点の順序対ではなく，**非順序**対の集合である．すなわち，辺は $u, v \in V$ かつ $u \neq v$ を満たす集合 $\{u, v\}$ である．慣例に従って，辺を表すのに集合表記 $\{u, v\}$ の代わりに (u, v) を使用し，(u, v) と (v, u) は同じ辺を表すものと考える．無向グラフでは自己ループは許さず，すべての辺は 2 つの異なった頂点から構

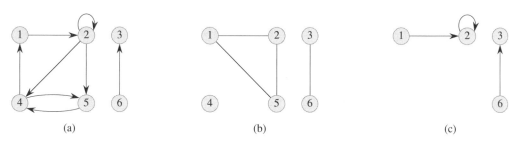

図 B.2 有向グラフと無向グラフ．**(a)** 有向グラフ $G = (V, E)$．ここで，$V = \{1, 2, 3, 4, 5, 6\}$，$E = \{(1,2), (2,2), (2,4), (2,5), (4,1), (4,5), (5,4), (6,3)\}$ である．辺 $(2,2)$ は自己ループである．**(b)** 無向グラフ $G = (V, E)$．ここで，$V = \{1, 2, 3, 4, 5, 6\}$，$E = \{(1,2), (1,5), (2,5), (3,6)\}$ である．頂点 4 は孤立点である．**(c)** 頂点集合 $\{1, 2, 3, 6\}$ によって誘導される **(a)** の部分グラフ．

986 | B　集合など

成される．図 B.2(b) に頂点集合 $\{1, 2, 3, 4, 5, 6\}$ 上の無向グラフを図示する．

　有向グラフと無向グラフに対する定義は同じようになされるが，いくつかの用語は有向か無向かで少し違った意味を持つ．(u, v) が有向グラフ $G = (V, E)$ の辺ならば，(u, v) は，頂点 u から**出て接続している** (incident from)，あるいは**出る** (leave) と言い，頂点 v に**向かって接続している** (incident to)，あるいは**入る** (enter) と言う．たとえば，図 B.2(a) において頂点 2 から出る辺は $(2, 2)$, $(2, 4)$, $(2, 5)$ である．頂点 2 に入る辺は $(1, 2)$, $(2, 2)$ である．(u, v) が無向グラフ $G = (V, E)$ の辺ならば，(u, v) は頂点 u と v に**接続している** (incident on) と言う．図 B.2(b) において，頂点 2 に接続している辺は $(1, 2)$ と $(2, 5)$ である．

　(u, v) がグラフ $G = (V, E)$ の辺ならば，頂点 v は頂点 u に**隣接している** (adjacent) と言う．無向グラフでは隣接関係は対称的であるが，有向グラフでは隣接関係は必ずしも対称的とは限らない．有向グラフにおいて v が u に隣接しているとき，$u \to v$ と表記することがある．図 B.2(a), (b) のどちらにも辺 $(1, 2)$ が存在するので，（どちらのグラフでも）頂点 2 は頂点 1 に隣接している．しかし，図 B.2(a) は辺 $(2, 1)$ を含まないので，（このグラフでは）頂点 1 は頂点 2 に隣接していない．

　無向グラフにおける頂点の**次数** (degree) は，その頂点に接続する辺の数である．たとえば，図 B.2(b) の頂点 2 の次数は 2 である．図 B.2(b) の頂点 4 のように次数が 0 の頂点は**孤立している** (isolated) と言う．有向グラフにおける頂点の**出次数** (out-degree) はその頂点を出る辺の数であり，**入次数** (in-degree) はその頂点に入る辺の数である．有向グラフにおける頂点の**次数** (degree) は，その頂点の入次数と出次数の和である．図 B.2(a) の頂点 2 の入次数は 2，出次数は 3，次数は 5 である．

　グラフ $G = (V, E)$ の頂点 u から u' への**長さ** (length) k の**経路** (path) は頂点の列 $\langle v_0, v_1, v_2, \ldots, v_k \rangle$ で，$u = v_0$, $u' = v_k$ および $i = 1, 2, \ldots, k$ に対して $(v_{i-1}, v_i) \in E$ が成り立つものである．経路の長さは経路の中の辺数であり，経路の中の頂点数から 1 を引いた数である．この経路は頂点 $v_0, v_1, \ldots, v_k$ と辺 $(v_0, v_1), (v_1, v_2), \ldots, (v_{k-1}, v_k)$ を**含む** (contain)．（u から u への長さ 0 の経路がつねに存在する．）u から u' への経路 p が存在するとき，u' は u から p を辿って**到達可能** (reachable) であると言い，$u \overset{p}{\leadsto} u'$ と表記することがある．経路の中のすべての頂点が違っているとき，この経路は**単純** (simple) である．[4] 図 B.2(a) では，経路 $\langle 1, 2, 5, 4 \rangle$ は長さ 3 の単純路である．経路 $\langle 2, 5, 4, 5 \rangle$ は単純ではない．経路 $p = \langle v_0, v_1, \ldots, v_k \rangle$ の**部分路** (subpath) は p の頂点の連続する部分列である．すなわち，任意の $0 \le i \le j \le k$ に対して，頂点の部分列 $\langle v_i, v_{i+1}, \ldots, v_j \rangle$ は部分路である．

　有向グラフの経路 $\langle v_0, v_1, \ldots, v_k \rangle$ は，$v_0 = v_k$ かつ少なくとも 1 本の辺を含むとき**閉路** (cycle) を構成する．さらに加えて頂点 $v_1, v_2, \ldots, v_k$ がすべて異なっているとき，閉路は**単純** (simple) である．自己ループは長さ 1 の閉路である．2 つの経路 $\langle v_0, v_1, v_2, \ldots, v_{k-1}, v_0 \rangle$ と $\langle v_0', v_1', v_2', \ldots, v_{k-1}', v_0' \rangle$ は，$i = 0, 1, \ldots, k-1$ に対して $v_i' = v_{(i+j) \bmod k}$ となる整数 j が存在するとき同じ閉路を形成する．図 B.2(a) では，経路 $\langle 1, 2, 4, 1 \rangle$ は，経路 $\langle 2, 4, 1, 2 \rangle$ や $\langle 4, 1, 2, 4 \rangle$ と同じ閉路を形成する．この閉路は単純であるが，閉路 $\langle 1, 2, 4, 5, 4, 1 \rangle$ は単純ではない．辺 $(2, 2)$ によって形成される閉路 $\langle 2, 2 \rangle$ は自己ループである．自己ループを持たない有向グラフは**単純** (simple) である．無向グラフの経路 $\langle v_0, v_1, \ldots, v_k \rangle$ は，$k > 0$, $v_0 = v_k$, そ

---

[4] 著者によっては，経路を「歩道 (walk)」と呼び，単純路を単に「道」と呼ぶことがある．

して経路の上のすべての辺が異なるとき**閉路** (cycle) を構成する．さらに，頂点 $v_1, v_2, \ldots, v_k$ がすべて異なっているとき，閉路は**単純** (simple) である．たとえば，図 B.2(b) において，経路 $\langle 1, 2, 5, 1 \rangle$ は単純閉路である．単純閉路を持たないグラフは**無閉路**あるいは**非巡回** (acyclic) であると言う．

すべての頂点が別のすべての頂点から到達可能であるとき，無向グラフは**連結** (connected) である．無向グラフの**連結成分** (connected component) は「到達可能 (is reachable from)」関係の下での頂点の同値類である．図 B.2(b) は 3 つの連結成分 $\{1, 2, 5\}$，$\{3, 6\}$，$\{4\}$ を持っている．$\{1, 2, 5\}$ に属するすべての頂点は $\{1, 2, 5\}$ に属する他の任意の頂点から到達可能である．無向グラフはちょうど 1 つの連結成分を持つとき連結である．ある連結成分の辺はその連結成分に属する頂点にだけ接続する辺である．言い換えると，辺 (u, v) がある連結成分の辺であるのは，u と v が共にその連結成分の頂点である場合に限る．

有向グラフ上の任意の 2 頂点が共に他方から到達可能であるとき**強連結** (strongly connected) である．有向グラフの**強連結成分** (strongly connected component) は「相互到達可能 (are mutually reachable)」関係の下での頂点の同値類である．有向グラフはちょうど 1 つの強連結成分を持つとき強連結である．図 B.2(a) のグラフは 3 つの強連結成分 $\{1, 2, 4, 5\}$，$\{3\}$，$\{6\}$ を持つ．$\{1, 2, 4, 5\}$ のすべての頂点の対は相互に到達可能である．頂点 6 は頂点 3 から到達不可能なので $\{3, 6\}$ は強連結成分ではない．

2 つのグラフ $G = (V, E)$ と $G' = (V', E')$ は，ある全単射関数 $f : V \to V'$ が存在して，$(u, v) \in E$ であるための必要十分条件が $(f(u), f(v)) \in E'$ となるとき，**同型** (isomorphic) である．言い換えると，G と G' の辺の対応関係を保存しながら，G の頂点名を G' の頂点名に置き換えることができる．図 B.3(a) に頂点集合 $V = \{1, 2, 3, 4, 5, 6\}$ と $V' = \{u, v, w, x, y, z\}$ を持つ同型なグラフの対 G と G' を示す．$f(1) = u$, $f(2) = v$, $f(3) = w$, $f(4) = x$, $f(5) = y$, $f(6) = z$ によって定義される V から V' への写像が同型性に要請される全単射関数を与える．図 B.3(b) に示した 2 つのグラフは同型ではない．これらのグラフは共に 5 個の頂点と 7 本の辺を持っているが，上側のグラフには次数 4 の頂点があり，一方，下側のグラフにはないからである．

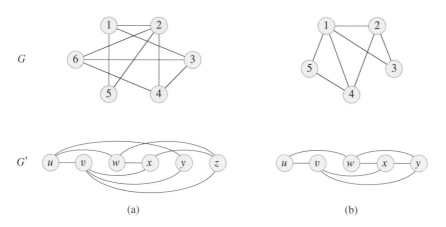

図 B.3 (a) 同型なグラフの対．上側のグラフの頂点から下側のグラフの頂点への全単射（同型写像）は $f(1) = u$, $f(2) = v$, $f(3) = w$, $f(4) = x$, $f(5) = y$, $f(6) = z$ によって定義される．(b) 同型ではない 2 つのグラフ．上側のグラフは次数 4 の頂点を持つのに対して，下側のグラフにはない．

988 | B 集合など

2 つのグラフ $G' = (V', E')$ と $G = (V, E)$ が $V' \subseteq V$ かつ $E' \subseteq E$ を満たすなら，G' は G の**部分グラフ** (subgraph) である．与えられた頂点集合 $V' \subseteq V$ に対して，$G' = (V', E')$ を V' によって**誘導される** (induced) 部分グラフと言う．ここで

$$E' = \{(u, v) \in E : u, v \in V'\}$$

である．頂点集合 $\{1, 2, 3, 6\}$ によって誘導される図 B.2(a) の部分グラフが図 B.2(c) に示されており，その辺集合は $\{(1, 2), (2, 2), (6, 3)\}$ である．

無向グラフ $G = (V, E)$ を**有向化** (directed version) した（有向）グラフは $G' = (V, E')$ である．ただし，$(u, v) \in E'$ であるための必要十分条件は $(u, v) \in E$ である．すなわち，G の各無向辺 (u, v) が G' では 2 本の有向辺 (u, v) と (v, u) に置き換えられている．有向グラフ $G = (V, E)$ を**無向化** (undirected version) した（無向）グラフは $G' = (V, E')$ である．ただし，$(u, v) \in E'$ であるための必要十分条件は $u \neq v$ かつ E が辺 (u, v) と (v, u) の少なくとも一方を含むことである．すなわち，無向化したグラフは元の有向グラフ G の辺から，"方向" と自己ループを取り去ったものである．（(u, v) と (v, u) は無向グラフでは同じ辺なので，有向グラフが 2 本の辺 (u, v) と (v, u) を持っていても，それを無向化した無向グフラフは 1 本の辺を含むだけである．）有向グラフ $G = (V, E)$ において，頂点 u の**近傍** (neighbor) は G を無向化したグラフ上で u に隣接している頂点である．すなわち，$u \neq v$ で (u, v) あるいは (v, u) が E に属するとき，v は u の近傍である．無向グラフでは，u と v は互いに隣接しているとき近傍である．

特別な名前が与えられているグラフがある．**完全グラフ** (complete graph) は，すべての頂点の対が隣接している無向グラフである．無向グラフ $G = (V, E)$ の頂点集合 V が 2 つの集合 V_1 と V_2 に分割でき，$(u, v) \in E$ ならば，$u \in V_1$ かつ $v \in V_2$，あるいは，$u \in V_2$ かつ $v \in V_1$ のどちらかを満たすとき，G を **2 部グラフ** (bipartite graph) と言う．すなわち，2 部グラフのすべての辺は V_1 と V_2 の間を繋いでいる．非巡回無向グラフは**森** (forest)，連結非巡回無向グラフは**（自由）木** ((free) tree) である（第 B.5 節参照）．「directed acyclic graph（有向非巡回グラフ）」の頭文字を取って，このようなグラフを **dag**（ダグ）と言う．

グラフに類似した 2 種類の構造がしばしば出現する．**多重グラフ** (multigraph) は，（2 本の異なる辺 (u, v) と (v, u) のような）頂点間の多重辺と自己ループの存在が許される無向グラフである．頂点の任意の集合を連結する**ハイパーグラフ** (hypergraph) は無向グラフと似ているが，その**ハイパー辺** (hyperedge) は，2 頂点を結ぶのではなく，頂点集合の任意の部分集合を結ぶことができる．普通の有向あるいは無向グラフのために書かれた多くのアルゴリズムは，これらのグラフ風の構造体上で実行できるように修正できる．

無向グラフ $G = (V, E)$ の辺 $e = (u, v)$ による**縮約** (contraction) は，以下で定義するグラフ $G' = (V', E')$ である．頂点集合は $V' = V - \{u, v\} \cup \{x\}$ である．ここで x は新しく導入する頂点である．辺集合 E' は E から以下の手順で構成する．まず E から辺 (u, v) を取り除く．次に，u または v と隣接する各頂点 w に対して，(u, w) あるいは (v, w) が E に存在すればそれらをすべて取り除き，代わりに新しく導入する辺 (x, w) を加える．その結果，u と v は 1 個の頂点に "縮約" される．

B.5 木 | **989**

練習問題

B.4-1 学部パーティーの参加者はお互いに握手する．それぞれの教授は何度握手したかを覚えている．パーティーの終わりに，学科長はすべての教授が握手をした回数の和を計算する．次の**握手補題** (handshaking lemma)：$G = (V, E)$ が無向グラフならば

$$\sum_{v \in V} \text{degree}(v) = 2\,|E|$$

である，を証明することによって，その数は偶数であることを示せ．

B.4-2 有向または無向グラフが 2 つの頂点 u と v を結ぶ経路を持つならば，u と v を結ぶ単純路が存在することを示せ．有向グラフが閉路を持つならば単純閉路を持つことを示せ．

B.4-3 任意の連結無向グラフ $G = (V, E)$ は $|E| \geq |V| - 1$ を満たすことを示せ．

B.4-4 無向グラフの頂点集合上の「到達可能 (is reachable from)」関係は同値関係であることを示せ．有向グラフの頂点集合上の「到達可能」関係は同値関係の 3 つの性質の中のどれを満たすか？

B.4-5 図 B.2(a) の有向グラフを無向化したグラフを示せ．図 B.2(b) の無向グラフを有向化したグラフを示せ．

B.4-6 ハイパーグラフの接続性を 2 部グラフの隣接性に対応させることでハイパーグラフを 2 部グラフとして表現できることを示せ．（**ヒント**：2 部グラフの 2 つの頂点集合の一方をハイパーグラフの頂点集合に，他方をハイパー辺集合に対応させよ．）

B.5 木

グラフと同様，木に関して互いに関連するが少しずつ異なる概念が存在する．本節では，いくつかの種類の木の定義と数学的な性質を述べる．第 10.3 節（根つき木の表現）と第 20.1 節（グラフの表現）ではコンピュータメモリ上で木を表現する方法を説明する．

B.5.1 自由木

第 B.4 節で定義したように，**自由木** (free tree) は連結非巡回無向グラフである．我々がグラフが木であると言うときには，多くの場合，形容詞 "自由な" が省略されている．非巡回無向グラフが連結でない可能性を持つ場合には**森** (forest) である．木を扱う多くのアルゴリズムは森に対しても正しく動作する．図 B.4(a) は自由木，図 B.4(b) は森を示す．図 B.4(b) の森は非連結なので木ではない．図 B.4(c) のグラフは連結だが，閉路を含むので木でも森でもない．

次の定理では，自由木に関する重要な性質を述べる．

定理 B.2（自由木の性質） $G = (V, E)$ を無向グラフとする．次のすべての命題は等価である．

1. G は自由木である．
2. G の任意の 2 つの頂点は唯一の単純路で連結されている．

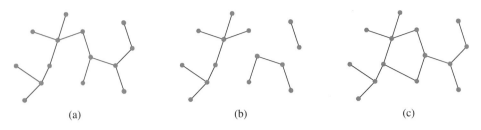

図 B.4 (a) 自由木. (b) 森. (c) 閉路を含んでおり，したがって木でも森でもないグラフ．

3. G は連結である．しかし，E から任意の辺を取り除いたグラフは非連結である．
4. G は連結であり，$|E| = |V| - 1$ を満たす．
5. G は閉路を持たず，$|E| = |V| - 1$ を満たす．
6. G は閉路を持たない．しかし，E に任意に 1 本の辺を追加したグラフは閉路を持つ．

証明 (1) ⇒ (2)：木は連結なので G の任意の 2 つの頂点は少なくとも 1 本の単純路で連結されている．矛盾を導くために，u と v を図 B.5 に示すように，2 つの異なった単純路によって連結されている頂点とする．2 つの経路が最初に枝分かれする頂点を w とする．すなわち，これらの単純路を p_1 と p_2 と呼ぶことにすると，w は p_1 と p_2 に共通に出現する頂点の中で，p_1 における次頂点 x と p_2 における次頂点 y が異なる最初の頂点である．p_1 と p_2 が初めて再び合流する頂点を z とする．すなわち，z は，w の後，初めて p_1 と p_2 の両方に出現する頂点である．経路 $p' = w \to x \rightsquigarrow z$ を w から始まり，x を経由して z に至る p_1 の部分路とする．したがって，$p_1 = u \rightsquigarrow w \overset{p'}{\rightsquigarrow} z \rightsquigarrow v$ である．また，経路 $p'' = w \to y \rightsquigarrow z$ を w から始まり，y を経由して z に至る p_2 の部分路とする．したがって，$p_2 = u \rightsquigarrow w \overset{p''}{\rightsquigarrow} z \rightsquigarrow v$ である．p' と p'' は両端点を除いて頂点を共有しない．したがって，図 B.5 に示すように，p' に p'' を逆向きに辿る経路を連接した経路は閉路である．これは，G が木であるという我々の仮定に矛盾する．したがって，G が木であれば，2 つの頂点を結ぶ単純路は高々 1 本である．

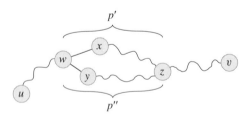

図 B.5 定理 B.2 の証明における第 1 段階．(1) G が自由木ならば，(2) G の任意の 2 頂点は唯一の単純路で連結されていることの証明．矛盾を導くために，2 つの頂点 u と v を連結する 2 本の異なる単純路が存在すると仮定する．これらの経路は w で最初に分岐し，次に z で合流する．経路 p' に p'' を逆向きに辿る経路を連接すると閉路を得る．これは矛盾である．

(2) ⇒ (3)：G の任意の 2 つの頂点が唯一の単純路で連結されているので，G は連結である．(u, v) を E の任意の辺とする．この辺は u から v へ至る経路であり，したがってこの辺は u と v を連結する唯一の経路である．そこで，G から (u, v) を取り除くと，u から v へ至る経路はなくなり，G は非連結となる．

(3) ⇒ (4)：仮定から G は連結グラフなので，練習問題 B.4-3 より $|E| \geq |V| - 1$ である．

$|E| \leq |V| - 1$ を $|V|$ の帰納法により証明する．$|V| = 1$ あるいは $|V| = 2$ ならば，いずれの場合も $|E| = |V| - 1$ である．帰納ステップにおいて，グラフ G に対して，$|V| \geq 3$ とし，(3) を満足する任意のグラフ $G' = (V', E')$（$|V'| < |V|$）に対して，$|E'| \leq |V'| - 1$ が成立すると仮定する．G から任意の辺を取り除くと，G は $k \geq 2$ 個の連結成分に分割される（実際には $k = 2$ である）．各連結成分は (3) を満足する．さもなければ，G が (3) を満足しない．各連結成分 V_i とその辺集合 E_i を別々の自由木とみなす．$|V_i|$ は $|V|$ 未満なので，帰納法の仮定から $|E_i| \leq |V_i| - 1$ である．したがって，すべての連結成分に属する辺の総数は高々 $|V| - k \leq |V| - 2$ である．取り除いた辺を追加すると，$|E| \leq |V| - 1$ を得る．

(4) $\Rightarrow$ (5)：G が連結で $|E| = |V| - 1$ であると仮定する．G が閉路を持たないことを証明しなければならない．G が k 個の頂点 $v_1, v_2, \ldots, v_k$ を含む閉路を持つと仮定し，一般性を失うことなく，この閉路は単純であると仮定する．$G_k = (V_k, E_k)$ をこの閉路だけから構成される G の部分グラフとする．$|V_k| = |E_k| = k$ に注意せよ．$k < |V|$ ならば，G は連結なので，ある頂点 $v_i \in V_k$ に隣接する $v_{k+1} \in V - V_k$ が存在する．G の部分グラフ $G_{k+1} = (V_{k+1}, E_{k+1})$ を $V_{k+1} = V_k \cup \{v_{k+1}\}$ および $E_{k+1} = E_k \cup \{(v_i, v_{k+1})\}$ によって定義する．$|V_{k+1}| = |E_{k+1}| = k + 1$ が成立することに注意せよ．$k + 1 < |V|$ ならば，同様にして G_{k+2} を定義し，これを $G_n = (V_n, E_n)$ を得るまで繰り返す．ここで，$n = |V|$，$V_n = V$ であり，$|E_n| = |V_n| = |V|$ である．G_n は G の部分グラフなので $E_n \subseteq E$，したがって $|E| \geq |V|$ であるが，これは仮定 $|E| = |V| - 1$ に矛盾する．したがって，G は閉路を持たない．

(5) $\Rightarrow$ (6)：G は閉路を持たず，$|E| = |V| - 1$ を満たすと仮定する．k を G の連結成分数とする．定義から各連結成分は自由木である．(1) から (5) が成立するので，G の連結成分のすべての辺の総数は $|V| - k$ である．したがって，$k = 1$ でなくてはならず，G は実際に木である．(1) から (2) が成立するので，G 上の任意の 2 つの頂点は唯一の単純路によって連結されている．したがって，G に 1 本の辺を追加すると閉路が生まれる．

(6) $\Rightarrow$ (1)：G は閉路を持たないが，E に 1 本の辺を追加すると閉路が出現すると仮定する．G が連結であることを証明する．G の任意の 2 頂点を u と v とする．u と v が隣接していなければ辺 (u, v) を追加すると閉路が形成され，この閉路では (u, v) を除くすべての辺は G に属している．したがって，この閉路から辺 (u, v) を除いた辺集合は u から v への経路を含む．u と v は任意に選択したのだから G は連結である．■

B.5.2 根つき木と順序木

他の頂点と区別された 1 つの頂点を持つ木を**根つき木** (rooted tree) と言い，特別な頂点を**根** (root) と呼ぶ．根つき木の頂点を**節点** (node)[5] と呼ぶ．図 B.6(a) は 12 個の節点と根 7 を持つ根つき木である．

r を根とする根つき木 T の節点 x を考える．r から x へ至る唯一の単純路上の任意の節点 y を x の**祖先** (ancestor) と呼ぶ．y が x の祖先のとき，x を y の**子孫** (descendant) と呼ぶ．（どの節点も，自分自身の子孫であり祖先である．）y が x の祖先で $x \neq y$ のとき，y は x の**真の祖先** (proper ancestor) であり，x は y の**真の子孫** (proper descendant) である．x の子孫によっ

---

[5] グラフ理論の文献では，「節点」は「頂点」の同義語として使用されている．本書では「節点」は根つき木の頂点を意味するためだけに用いる．

992 | B 集合など

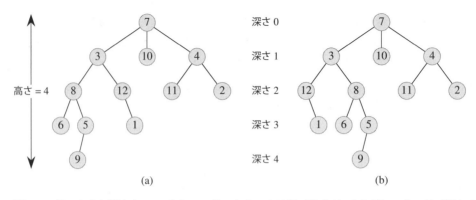

図 B.6 根つき木と順序木．**(a)** 高さ 4 の根つき木．木は根（節点 7）を上側に，その子（深さ 1 の節点）を根の下に，さらにその子（深さ 2 の節点）をそれらの下に，標準的な方法で描かれている．順序木では，子の左から右への並び順に意味がある．順序木でなければ，その順序は問われない．**(b)** 別の根つき木．根つき木としてはこの木は (a) と同一であるが，節点 3 の子が異なる順序で現れるので，順序木としては同一ではない．

て誘導される x を根とする部分木を **x を根とする部分木** (subtree rooted at x) と呼ぶ．たとえば，図 B.6(a) の 8 を根とする部分木は節点 8, 6, 5, 9 を持つ．

根つき木 T の根 r から節点 x に至る単純路上の最後の辺が (y, x) のとき，y を x の**親** (parent)，x を y の**子** (child) と呼ぶ．根は T のなかで親を持たない唯一の節点である．2 つの節点が同一の親を持つならば，これらは**兄弟** (sibling) である．子を持たない節点を**葉** (leaf) あるいは**外部節点** (external node) と呼ぶ．葉以外の節点は**内部節点** (internal node) である．

根つき木 T の節点 x が持つ子の数が x の**次数** (degree) である．[6] 根 r から節点 x に至る単純路の長さを T における x の**深さ** (depth) と呼ぶ．木の**レベル** (level) は，同じ深さを持つすべての節点から構成される．木におけるある節点の**高さ** (height) はこの節点からある葉に至る最長の単純路が含む辺の数であり，木の高さはその木の根の高さである．木の高さはその木の任意の節点の深さの最大値でもある．

各節点が持つすべての子に対してその順序が与えられている根つき木を**順序木** (ordered tree) と言う．すなわち，ある節点が k 個の子を持つとき，これらは 1 番目の子, 2 番目の子, ..., k 番目の子として区別される．図 B.6 の 2 つの木は，順序木としては一致しないが，根つき木としては同一である．

B.5.3 2 分木と位置木

2 分木を再帰的に定義する．節点の有限集合上の **2 分木** (binary tree) T は，以下の条件のどちらかを満たす構造である．

- T は節点を含まない．
- T は共通要素をもたない 3 つの節点集合，**根** (root)，**左部分木** (left subtree) と呼ぶ 2 分木，**右部分木** (right subtree) と呼ぶ 2 分木から構成されている．

---

[6] 次数は考えている木 T が根つき木か自由木かにより異なる．自由木の頂点の次数は隣接する頂点数であって無向グラフの場合と変わらない．しかし，根つき木では次数は子の数であり，親はその数に入らない．

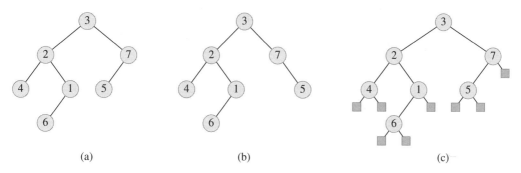

図 B.7 2分木．**(a)** 標準的な方法で描いた 2分木．ある節点の左の子はこの節点の左下，右の子は右下に描く．**(b)** (a) とは異なる 2部木．(a) では節点 7 の左の子は 5 で，右の子はない．(b) では節点 7 の左の子はなく，右の子は 5 である．これらの木は順序木としては同一であるが，2分木としては異なる．**(c)** ある全2分木の内部節点によって表現された (a) の 2分木．全2分木は各内部節点の次数が 2 である順序木である．その葉を正方形で示す．

節点を持たない 2分木を**空木** (empty tree) あるいは**ヌル木** (null tree) と呼び，NIL で表すことがある．左部分木が空でないとき，その根を木全体の根の**左の子** (left child) と呼ぶ．同様に，右部分木が空でないとき，その根を木全体の根の**右の子** (right child) と呼ぶ．部分木がヌル木 NIL ならば，子は**ない** (absent)，あるいは子を**欠いている** (missing) と言う．図 B.7(a) に 2分木を示す．

2分木は単に各節点が高々 2 の次数を持つ順序木ではない．たとえば，2分木の中である節点がちょうど 1 つの子を持つとき，子の位置には**左の子** (left child) と**右の子** (right child) の区別がある．順序木では，子が 1 つのときには子の左右を区別しない．図 B.7(a) の 2分木と異なる 2分木を図 B.7(b) に示す．これらの 2分木は 1 つの節点で子の位置が異なっている．しかし，順序木としては，これらは同一である．

2分木上での節点の位置情報は図 B.7(c) に示すように，順序木の内部節点を用いて表現できる．すなわち，2分木の中の欠けている子を，子を持たない節点（葉）で置き換える．これらの葉を図では正方形で示す．こうして得られる木は**全 2 分木** (full binary tree) であって，各節点は葉であるか，あるいは次数が 2 である．次数 1 の内部節点は存在しない．結果として，節点の子の順序が位置情報を保存する．

2分木と順序木を区別する位置情報は節点が子を 2 個以上持つ木に拡張できる．**位置木** (positional tree) では，節点の子たちに異なる整数値をラベルづける．ラベル i の子が存在しないとき，i 番目の子は**ない** (absent). **k 分** (k-ary) 木は，すべての節点に対して整数 k より大きいラベルを持つ子がない位置木である．したがって，2分木は k 分木で $k=2$ の場合である．

すべての葉が同じ深さを持ち，すべての内部節点の次数が k である k 分木を**完全 k 分木** (complete k-ary tree) と呼ぶ．図 B.8 は高さ 3 の完全 2分木である．高さ h の完全 k 分木の葉はいくつあるだろうか？根は深さ 1 の k 個の子を持ち，各子は深さ 2 の k 個の子を持ち，以下同様である．したがって，深さ d の節点数は k^d である．高さが h の完全 k 分木において，すべての葉は深さ h であるので，葉の総数は k^h である．n 個の葉を持つ完全 k 分木の高さは

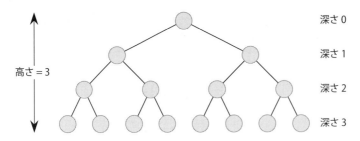

図 B.8 高さ 3 の完全 2 分木. 8 個の葉と 7 個の内部節点を持つ.

$\log_k n$ である. 高さ h の完全 k 分木の内部節点数は

$$1 + k + k^2 + \cdots + k^{h-1} = \sum_{d=0}^{h-1} k^d$$
$$= \frac{k^h - 1}{k - 1} \quad (\text{式 (A.6)}（966 ページ）より)$$

である. したがって, 完全 2 分木は $2^h - 1$ 個の内部節点を持つ.

練習問題

B.5-1 3 つの節点 x, y, z からなるすべての自由木を描け. 3 つの節点 x, y, z からなり x を根とするすべての根つき木を描け. 3 つの節点 x, y, z からなり x を根とするすべての順序木を描け. 3 つの節点 x, y, z からなり x を根とするすべての 2 分木を描け.

B.5-2 $G = (V, E)$ を任意の有向非巡回グラフとし, ある頂点 $v_0 \in V$ からすべての頂点 $v \in V$ に至る唯一の単純路が存在すると仮定する. このとき, G の無向化は木であることを証明せよ.

B.5-3 任意の空ではない 2 分木において, 次数が 2 の節点数は, 葉の数より 1 だけ少ないことを帰納法を用いて示せ. 全 2 分木の内部節点数は葉の数より 1 だけ少ないことを結論づけよ.

B.5-4 任意の整数 $k \geq 1$ に対して, k 個の葉を持つ全 2 分木が存在することを証明せよ.

B.5-5 $n > 0$ 個の節点からなる 2 分木の高さが少なくとも $\lfloor \lg n \rfloor$ であることを帰納法を用いて証明せよ.

B.5-6 ★ 全 2 分木の**内部経路長** (internal path length) は, 木のすべての内部節点の深さの和である. 同様に**外部経路長** (external path length) は, 木のすべての葉の深さの和である. 内部経路長が i, 外部経路長が e, 内部節点数が n の全 2 分木を考える. $e = i + 2n$ を証明せよ.

B.5-7 ★ 2 分木 T の深さ d の葉 x に "重み" $w(x) = 2^{-d}$ を与え, L を T の葉の集合とする. このとき, **Kraft の不等式** (Kraft integrity) $\sum_{x \in L} w(x) \leq 1$ を証明せよ.

B.5-8 ★ $L \geq 2$ ならば, L 個の葉からなる任意の 2 分木は, $L/3$ 個以上 $2L/3$ 個以下の葉を持つ部分木を含むことを示せ.

B.5 木 | **995**

章末問題

B-1 グラフの彩色

無向グラフ $G = (V, E)$ の **k 彩色** (k-coloring) は，関数 $c : V \rightarrow \{0, 1, \ldots, k-1\}$ で，すべての辺 $(u, v) \in E$ に対して $c(u) \neq c(v)$ を満たすものである．言い換えると，数 $0, 1, \ldots, k-1$ が k 色を表し，隣接する頂点は異なる色に塗られる必要がある．

a. 任意の木が 2 彩色可能であることを示せ．

b. 以下のすべての命題が等価であることを示せ：

1. G は 2 部グラフである．
2. G は 2 彩色可能である．
3. G は奇数長の閉路を持たない．

c. グラフ G の頂点の最大次数を d とする．G は $d + 1$ 彩色可能であることを示せ．

d. G が $O(|V|)$ 本の辺を持つとき，G は $O(\sqrt{|V|})$ 彩色可能であることを示せ．

B-2 友好グラフ

以下の各文章を無向グラフの言葉を使って定理として記述し，それを証明せよ．友好関係は対称的だが反射的ではないと仮定せよ．

a. 2 人以上の任意のグループは，グループ内に同じ人数の友達を持つ 2 人のメンバーを含む．

b. 6 人からなるすべてのグループは，互いに友達である少なくとも 3 人のメンバーか互いに知らない少なくとも 3 人のメンバーを含む．

c. 任意のグループは次の条件を満たす 2 つのグループに分割できる．任意のメンバーについて，このメンバーの友達の少なくとも半数は，このメンバーが属さないグループに属する．

d. グループの各メンバーがグループのメンバーの少なくとも半数と友達ならば，メンバー全員が円卓の回りに両隣に友達が来るように座ることができる．

B-3 木の 2 分割

グラフ上で働く多くの分割統治アルゴリズムでは，グラフをおおよそ同じサイズの部分グラフに 2 分割する必要があり，これらの部分グラフは頂点集合の分割から誘導される．少数の辺を除くことで形成される木の 2 分割を検討する．ただし，辺を除いたときに同じ部分木に属する頂点は，必ず同じグループに属するように頂点を分割しなければならない．

a. 1 本の辺を除くことにより，頂点数 n の 2 分木の頂点集合を集合 A と B に分割し，$|A| \leq 3n/4$ と $|B| \leq 3n/4$ を満足するようにできることを示せ．

b. (a) で現れた定数 $3/4$ が最悪時に最適であることを示せ．ある簡単な 2 分木の例を上げて，

1 本の辺を除くことで実現できるこの 2 分木の最もバランスのとれた分割が $|A| = 3n/4$ を満たすことを証明すればよい.

c. 高々 $O(\lg n)$ 本の辺を除くことにより, 頂点数 n の 2 分木の頂点集合を集合 A と B に分割し, $|A| = \lfloor n/2 \rfloor$ かつ $|B| = \lceil n/2 \rceil$ を満足するようにできることを示せ.

文献ノート

G. Boole は記号論理学の先駆者であり, 1854 年の著書では集合論の多くの基本的表記法が導入されている. 近代的な集合論は, G. Cantor によって 1874 年から 1895 年の間に作られた. Cantor は主に無限集合を研究した. 「関数 (function)」は G. W. Leibniz の発明である. Leibniz はこれを数種の数式を参照するために使用した. 彼の限定的だった定義は, これまで何度も一般化されてきている. グラフ理論の起源は, L. Euler が Königsberg (ケーニヒスベルク) の 7 つの橋を一度ずつ渡り, 出発点に戻る経路順が存在しないことを示した 1736 年にある.

Harary の書籍 [208] は, グラフ理論のさまざまな定義と結果をまとめた良書である.

C 数え上げと確率

COUNTING AND PROBABILITY

本付録では基本的な組合せ理論と確率理論を概観する．これらの分野について十分な知識を持っている読者は，本章の始めの部分はざっと目を通すだけにして，後半の節に専念するのがよいだろう．本付録の大部分の章は確率を必要としないが，中には確率が本質的な役割を果たす章もある．

第 C.1 節では順列と組合せの数を求めるための標準的な公式を含めて，数え上げ理論における基本的な結果を概観する．確率の公理と確率分布に関する基本的な事実を第 C.2 節で述べる．第 C.3 節では確率変数を導入し，期待値と分散の性質を説明する．第 C.4 節ではベルヌーイ試行の検討から現れる幾何分布と 2 項分布について説明する．2 項分布の「裾 (tail)」に関する高度な議論は第 C.5 節で行う．

C.1 数え上げ

数え上げ理論では，すべての要素を実際に列挙することなしにその要素数が "いくつか" を知ろうとする．たとえば "n ビットの数は何個あるか" とか "n 個の異なる要素の順番づけは何通りあるか" といった問いかけをするだろう．本節では数え上げ理論の基礎を概説する．集合についての基礎的な理解が必要な題材があるので，読者は付録第 B.1 節を先に読んでおいたほうがよい．

和法則と積法則

数え上げたいものの集合が互いに素な集合の和集合，あるいは集合の直積として表現されることがある．

2 つの**互いに素**な集合の 1 つから要素を 1 つ選択する方法の個数が，これらの集合の基数の和に等しいという事実が**和法則** (rule of sum) である．すなわち，A と B が共通の要素を持たない 2 つの有限集合なら，式 (B.3)（979 ページ）から $|A \cup B| = |A| + |B|$ が成立する．たとえば，米国では自動車のナンバープレートの各桁は英字か数字である．したがって，各桁が取りうる種類は文字なら 26 通り，数字なら 10 通りあり，全部で $26 + 10 = 36$ 通りある．

順序対を選択する方法の個数が，最初の要素を選択する方法の個数と 2 番目の要素を選択する方法の個数の積に等しいという事実が**積法則** (rule of product) である．すなわち，A と B が

998 │ C 数え上げと確率

2つの有限集合ならば $|A \times B| = |A| \cdot |B|$ であるが，これは式 (B.4) (979ページ) そのものである．たとえば，アイスクリーム屋のメニューに28種類の味のアイスクリームと4種類のトッピングがあるとき，1種類のアイスクリームと1種類のトッピングの組合せから作られるサンデー (sundae) は $28 \cdot 4 = 112$ 種類考えられる．

文字列

有限集合 S 上の**文字列** (string) は S の要素の列である．たとえば，8個の長さ3の2進数列：

000, 001, 010, 011, 100, 101, 110, 111

が存在する．（ここでは，列を表すカギ括弧を省いて略記した．）長さ k の文字列を **k 文字列** (k-string) と呼ぶことがある．文字列 s の連続する要素からなる順序列 s' を s の**部分文字列** (substring) と呼ぶ．文字列の長さ k の部分文字列が **k 部分文字列** (k-substring) である．たとえば，010 は 01101001 の 3 部分文字列（4番目の位置から始まる 3 部分文字列）であるが，111 は 01101001 の部分文字列ではない．

集合 S 上の k 文字列は k 項組の集合である直積 S^k の要素と見なすことができる．したがって，$|S|^k$ 個の長さ k の文字列が存在する．たとえば，異なる2進 k 文字列の個数は 2^k である．直観的には n 集合上のある k 文字列を作るには，最初の要素の選び方に n 通りあり，この選択の各々に対して2番目の要素を選択する n 通りの方法があり，同様の選択を k 番目の要素まで続ける．この構成法から，k 重の積 $\underbrace{n \cdot n \cdots n}_{k \text{回}} = n^k$ が k 文字列の個数であることが分かる．

順　列

有限集合 S のすべての要素をちょうど一度ずつ用いて作った順序列を S の**順列** (permutation) と呼ぶ．たとえば，$S = \{a, b, c\}$ のとき，S には6個の順列：

$abc, acb, bac, bca, cab, cba$

が存在する．（ここで再び，列を表すカギ括弧を省いて略記した．）順列の最初の要素の選択方法には n 通り，2番目は $n-1$ 通り，3番目は $n-2$ 通りあるので，以下同様に考えると，n 個の要素を持つ集合の順列は全部で $n!$ 通りある．

S の中から重複なしに k 個の要素を取り出して並べた列を S の **k 順列** (k-permutation) と呼ぶ．（したがって，普通の順列は n 集合の n 順列である．）集合 $\{a, b, c, d\}$ には12個の2順列

$ab, ac, ad, ba, bc, bd, ca, cb, cd, da, db, dc$

が存在する．n 集合の k 順列の個数は，最初の要素の選択方法は n 通り，2番目は $n-1$ 通り，以下同様にして，k 番目の要素の選択方法は $n-k+1$ 通りなので，

$$n(n-1)(n-2)\cdots(n-k+1) = \frac{n!}{(n-k)!} \tag{C.1}$$

で与えられる．上の例で，$n = 4$，$k = 2$ と置いて式 (C.1) を評価すると $4!/2! = 12$ になり，並べ立てた2順列の個数と一致する．

組合せ

n 集合の k 部分集合を **k 組合せ** (k-combination) と呼ぶ．4 集合 $\{a, b, c, d\}$ には 6 個の 2 組合せ

ab, ac, ad, bc, bd, cd

が存在する．（ここで，各部分集合の括弧と同じ部分集合に属する要素の間の句読点を省略し，他も同様にする．）n 集合から k 個の異なる要素を選ぶことで，ある k 組合せを構成できる．要素を選択する順序は気にする必要はない．

n 集合の k 組合せの個数を n 集合の k 順列の個数によって表現できる．すべての k 組合せには，その要素の順列がちょうど $k!$ 個存在し，そのそれぞれは n 集合の異なる k 順列である．したがって，n 集合の異なる k 組合せの個数は k 順列の個数を $k!$ で割ったものであり，式 (C.1) から

$$\frac{n!}{k!\,(n-k)!} \tag{C.2}$$

である．$k = 0$ のとき $0! = 1$ なので，n 集合から 0 個の要素を選択する方法は 0 通りではなく，1 通りあることをこの式は教えてくれる．

2 項係数

$\binom{n}{k}$（"n チューズ k" と読む）によって n 集合の k 組合せの個数を表す．式 (C.2) から

$$\binom{n}{k} = \frac{n!}{k!\,(n-k)!}$$

である．この式は k と $n-k$ に関して対称，すなわち

$$\binom{n}{k} = \binom{n}{n-k} \tag{C.3}$$

である．**2 項定理** (binomial theorem)：

$$(x+y)^n = \sum_{k=0}^{n} \binom{n}{k} x^k y^{n-k} \tag{C.4}$$

の係数として現れるから，これらの数は **2 項係数** (binomial coefficient) として知られている．ここで，$n \in \mathbb{N}$ であり $x, y \in \mathbb{R}$ である．式 (C.4) の右辺を左辺の **2 項展開** (binomial expansion) と呼ぶ．2 項定理で $x = y = 1$ の場合には

$$2^n = \sum_{k=0}^{n} \binom{n}{k}$$

になる．この式は，全部で 2^n 個存在する 2 進 n 文字列の個数を，これらの文字列が含む 1 の個数によって計算することに対応する．すなわち，1 をちょうど k 個含む 2 進 n 文字列は $\binom{n}{k}$ 個ある．なぜなら，1 を置くべき場所として n 個の場所から k 個を選択する方法は $\binom{n}{k}$ 個あるからである．

2 項係数を含む多くの恒等式がある．本節の練習問題では，そのいくつかを証明する．

1000 | C 数え上げと確率

2 項係数の上下界

2 項係数の上界や下界を求めたいことがある．$1 \le k \le n$ に対して下界

$$
\begin{aligned}
\binom{n}{k} &= \frac{n(n-1)\cdots(n-k+1)}{k(k-1)\cdots 1} \\
&= \left(\frac{n}{k}\right)\left(\frac{n-1}{k-1}\right)\cdots\left(\frac{n-k+1}{1}\right) \\
&\ge \left(\frac{n}{k}\right)^k
\end{aligned}
\tag{C.5}
$$

を得る．Stirling の近似式 (3.25)（57 ページ）から導かれる不等式 $k! \ge (k/e)^k$ を用いると，上界

$$
\begin{aligned}
\binom{n}{k} &= \frac{n(n-1)\cdots(n-k+1)}{k(k-1)\cdots 1} \\
&\le \frac{n^k}{k!} \\
&\le \left(\frac{en}{k}\right)^k
\end{aligned}
\tag{C.6}
$$

を得る．$0 \le k \le n$ を満たすすべての整数 k に対して，帰納法を用いて（練習問題 C.1-12 参照）上界

$$
\binom{n}{k} \le \frac{n^n}{k^k (n-k)^{n-k}}
\tag{C.7}
$$

を証明できる．ただし，便宜上 $0^0 = 1$ を仮定する．$0 \le \lambda \le 1$ に対して $k = \lambda n$ とするとき，この上界を

$$
\begin{aligned}
\binom{n}{\lambda n} &\le \frac{n^n}{(\lambda n)^{\lambda n}((1-\lambda)n)^{(1-\lambda)n}} \\
&= \left(\left(\frac{1}{\lambda}\right)^\lambda \left(\frac{1}{1-\lambda}\right)^{1-\lambda}\right)^n \\
&= 2^{n\,H(\lambda)}
\end{aligned}
$$

と書き換えることができる．ここで

$$
H(\lambda) = -\lambda \lg \lambda - (1-\lambda) \lg(1-\lambda)
\tag{C.8}
$$

は（**2 進**）**エントロピー関数** ((binary) entropy function) であり，便宜上 $0 \lg 0 = 0$，したがって，$H(0) = H(1) = 0$ であると仮定する．

練習問題

C.1-1 1 つの n 文字列は何個の k 部分文字列を持つか？（違った位置に出現する同じ k 部分文字列は違うものと見なす．）また，1 つの n 文字列は，全部で何個の部分文字列を持つか？

C.1-2 n 入力，m 出力の**ブール関数** (boolean function) は $\{0,1\}^n$ から $\{0,1\}^m$ への関数である．何個の n 入力，1 出力ブール関数が存在するか？何個の n 入力，m 出力ブール関数が存

在するか？

C.1-3 n 人の教授が円卓に座る方法は何通りあるか？ 回転すると同じになる座り方は同じであると考えよ．

C.1-4 集合 $\{1, 2, \ldots, 99\}$ から，和が偶数になるように 3 つの異なる数字を選択する方法は何通りあるか？

C.1-5 $0 < k \leq n$ に対して，恒等式

$$\binom{n}{k} = \frac{n}{k}\binom{n-1}{k-1} \tag{C.9}$$

を証明せよ．

C.1-6 $0 \leq k < n$ に対して，恒等式

$$\binom{n}{k} = \frac{n}{n-k}\binom{n-1}{k}$$

を証明せよ．

C.1-7 n 個のオブジェクトから k 個を選択するのに，1 つのオブジェクトを他から区別しておいて，これが選ばれたかどうかによって場合分けできる．この方針によって

$$\binom{n}{k} = \binom{n-1}{k} + \binom{n-1}{k-1}$$

を証明せよ．

C.1-8 練習問題 C.1-7 の結果を用いて，$n = 0, 1, \ldots, 6$ および $0 \leq k \leq n$ に対する 2 項係数 $\binom{n}{k}$ の表を作れ．ただし，一番上の行に $\binom{0}{0}$，次の行に $\binom{1}{0}$ と $\binom{1}{1}$，その次の行に $\binom{2}{0}$ と $\binom{2}{1}$, $\binom{2}{2}$，以下同様に配置すること．2 項係数のこのような表を**パスカルの三角形** (Pascal's triangle) と呼ぶ.

C.1-9

$$\sum_{i=1}^{n} i = \binom{n+1}{2}$$

を証明せよ．

C.1-10 任意の $n \geq 0$ と $0 \leq k \leq n$ に対して，$\binom{n}{k}$ は $k = \lfloor n/2 \rfloor$ または $k = \lceil n/2 \rceil$ のときに最大値を取ることを示せ．

C.1-11 ★ 任意の $n \geq 0$, $j \geq 0$, $k \geq 0$, $j + k \leq n$ に対して

$$\binom{n}{j+k} \leq \binom{n}{j}\binom{n-j}{k} \tag{C.10}$$

が成立することを論ぜよ．代数的な証明と，n 個のアイテムから $j + k$ 個を選択する方法に基づいた証明を与えよ．等式が成り立たない例を与えよ．

C.1-12 ★ $0 \leq k \leq n/2$ を満たすすべての整数上の帰納法を用いて不等式 (C.7) を証明し，等式 (C.3) を用いてこの不等式をすべての $0 \leq k \leq n$ に拡張せよ．

C.1-13 ★ Stirling の近似公式を用いて

1002 | C 数え上げと確率

$$\binom{2n}{n} = \frac{2^{2n}}{\sqrt{\pi n}}(1 + O(1/n)) \tag{C.11}$$

を証明せよ.

C.1-14 ★ エントロピー関数 $H(\lambda)$ を微分することにより,$H(\lambda)$ が $\lambda = 1/2$ のときに最大値を取ることを示せ.$H(1/2)$ を求めよ.

C.1-15 ★ 任意の整数 $n \geq 0$ に対して

$$\sum_{k=0}^{n} \binom{n}{k} k = n\, 2^{n-1} \tag{C.12}$$

を証明せよ.

C.1-16 ★ 不等式 (C.5) は 2 項係数 $\binom{n}{k}$ の下界を与える.小さい k の値に対してはもっと強い限界が成立する.$k \leq \sqrt{n}$ ならば

$$\binom{n}{k} \geq \frac{n^k}{4k!} \tag{C.13}$$

であることを示せ.

C.2 確　率

確率アルゴリズムと乱択アルゴリズムの設計と解析において,確率は本質的な道具である.本節では確率論の基礎を概観する.

　確率は**標本空間** (sample space) S に関して定義する.標本空間は集合であり,その各要素を**根元事象** (outcome または elementary event) と呼ぶ.各根元事象は試行によって起こりうる結果と見なしてよい.区別できる 2 枚の硬貨をフリップする試行では,各硬貨のフリップの結果は表 (Head - H) か裏 (Tail - T) なので,標本空間は $\{H, T\}$ 上のすべての可能な 2 文字列の集合:

$$S = \{HH, HT, TH, TT\}$$

と見なすことができる.

　標本空間の部分集合[1]を**事象** (event) と呼ぶ.たとえば,2 枚の硬貨をフリップするとき,1 枚が表でもう一方が裏である事象は $\{HT, TH\}$ である.事象 S を**全事象** (certain event),事象 $\emptyset$ を**空事象** (null event) と呼ぶ.A と B が $A \cap B = \emptyset$ を満たすとき,A と B は**排反** (mutually exclusive) であると言う.根元事象 $s \in S$ を事象 $\{s\}$(単に s と書くことがある)として扱うことがある.定義から,すべての根元事象は排反である.

---

[1] 一般の確率分布では,事象とは考えられない標本空間 S の部分集合が存在することがある.このような状況が生じるのは,通常は標本空間が非可算無限の場合である.部分集合が事象であるために要請される要件は,標本空間の事象の集合が,余事象を取る操作,有限個あるいは可算個の事象の和集合を作る操作,および有限個あるいは可算個の事象の積集合を作る操作の下で閉じていることである.我々の対象となる大部分の確率分布は有限あるいは可算無限の標本空間上に定義されており,通常,標本空間のどの部分集合も事象と考えることができる.注意すべき例外は連続一様確率分布であり,すぐ後でこの分布を説明する.

確率の公理

標本空間 S 上の**確率分布** (probability distribution) $\Pr\{\}$ は，以下の**確率公理** (probability axiom)：を満たす S の事象集合から実数への写像である.

1. 任意の事象 A に対して $\Pr\{A\} \geq 0$ である.
2. $\Pr\{S\} = 1$ である.
3. 任意の排反事象 A と B に対して，$\Pr\{A \cup B\} = \Pr\{A\} + \Pr\{B\}$ である．より一般的には，対ごとに排反な事象の任意の（有限あるいは可算無限）列 $A_1, A_2, \ldots$ に対して

$$\Pr\left\{\bigcup_i A_i\right\} = \sum_i \Pr\{A_i\}$$

である.

$\Pr\{A\}$ を事象 A の**確率** (probability) と呼ぶ．上の公理 2 は正規化に対する要請であることを注意しておく．すなわち，自然さと便利さを除けば，全事象の確率として 1 を選択する本質的な理由はない.

上記の公理と基礎的な集合論（付録第 B.1 節参照）から直接いくつかの結果が導出できる．空事象 $\emptyset$ は確率 $\Pr\{\emptyset\} = 0$ を持つ．$A \subseteq B$ ならば $\Pr\{A\} \leq \Pr\{B\}$ である．$\overline{A}$ によって事象 $S - A$（A の**余事象** (complement)）を表現すると，$\Pr\{\overline{A}\} = 1 - \Pr\{A\}$ である．任意の 2 つの事象 A と B に対して

$$\Pr\{A \cup B\} = \Pr\{A\} + \Pr\{B\} - \Pr\{A \cap B\} \tag{C.14}$$
$$\leq \Pr\{A\} + \Pr\{B\} \tag{C.15}$$

である.

上に述べた硬貨投げの例で，4 通りの**根元事象** (outcome) がそれぞれ確率 $1/4$ を持つとする．このとき，少なくとも一方が表になる確率は

$$\Pr\{\text{HH}, \text{HT}, \text{TH}\} = \Pr\{\text{HH}\} + \Pr\{\text{HT}\} + \Pr\{\text{TH}\}$$
$$= 3/4$$

である．言い換えると，表が 1 回も出現しない確率が $\Pr\{\text{TT}\} = 1/4$ なので，表が少なくとも 1 回以上出現する確率は $1 - 1/4 = 3/4$ である.

離散確率分布

有限あるいは可算無限標本空間上で定義されている確率分布を**離散** (discrete) 確率分布と言う．S を標本空間とする．このとき，任意の事象 A に対して根元事象，とくに A に属する根元事象は排反なので

$$\Pr\{A\} = \sum_{s \in A} \Pr\{s\}$$

である．S が有限で，すべての根元事象 $s \in S$ の確率が $\Pr\{s\} = 1/|S|$ であるとき，これを S 上の**一様確率分布** (uniform probability distribution) と呼ぶ．この場合に，その試行を"S の

1004 | C 数え上げと確率

要素をランダムに取り出す" と表現することがある.

たとえば, 表が出る確率と裏が出る確率が共に 1/2 である**公正な硬貨** (fair coin) をフリップする過程を考える. この硬貨を n 回フリップすると, サイズが 2^n の集合である標本空間 $S = \{\text{H}, \text{T}\}^n$ 上で定義された一様確率分布を得る. S の各根元事象は $\{\text{H}, \text{T}\}$ 上の長さ n の文字列として表現でき, 確率 $1/2^n$ で出現する. $\{\text{H}, \text{T}\}$ 上の長さ n の文字列で H をちょうど k 個含むものの個数は $\binom{n}{k}$ なので, 事象 $A = \{$表がちょうど k 回, 裏がちょうど $n-k$ 回出現する$\}$ は, サイズが $|A| = \binom{n}{k}$ の S の部分集合である. したがって, 事象 A の確率は $\Pr\{A\} = \binom{n}{k}/2^n$ である.

連続一様確率分布

連続一様確率分布は標本空間のすべての部分集合が事象と考えられるわけではない確率分布の例である. ある実閉区間 $[a, b]$ 上で連続一様確率分布は定義される. ここで, $a < b$ である. 直観的には, 区間 $[a, b]$ に属する各点に "同じ可能性がある" べきである. しかし非可算無限個の点が存在するから, すべての点に同じ有限の, 正の確率を与えると公理 2 と 3 を同時に満たせない. この理由から, S の部分集合のうちの**いくつか**にだけ確率を関連づけ, これらの事象に対して公理が成立するようにしたい.

$a \leq c \leq d \leq b$ を満たす任意の閉区間 $[c, d]$ に対して, **連続一様確率分布** (continuous uniform probability distribution) は事象 $[c, d]$ の確率を

$$\Pr\{[c, d]\} = \frac{d - c}{b - a}$$

と定義する. $c = d$ とすると単一の点の確率が 0 となる. 区間 $[c, d]$ から両端点 $[c, c]$ と $[d, d]$ を除くと開区間 (c, d) を得る. $[c, d] = [c, c] \cup (c, d) \cup [d, d]$ なので, 公理 3 から $\Pr\{[c, d]\} = \Pr\{(c, d)\}$ である. 一般に, 連続一様確率分布の事象の集合は, 開区間と閉区間の有限あるいは可算個の和集合として得ることができる標本空間 $[a, b]$ の任意の部分集合, およびもう少し複雑な集合を含む.

条件つき確率と独立性

試行の結果に関する知識が事前に与えられることがある. たとえば, 友人が 2 枚の硬貨をフリップして, 少なくとも 1 枚が表であるとあなたに言ったとする. このとき, 2 枚の硬貨が共に表である確率を考える. 与えられた情報から両方が共に裏である可能性が排除される. 残った 3 つの根元事象は同じ可能性を持つので, それぞれは確率 1/3 で出現すると推論できる. これらの根元事象の中の 1 つだけで 2 枚とも表が出現するので, この問に対する答は 1/3 である.

条件つき確率によって, 試行の結果に関して事前に得た部分的な知識の概念を定式化できる. 事象 B が生起するという条件の下での事象 A の**条件つき確率** (conditional probability) を, $\Pr\{B\} \neq 0$ のとき

$$\Pr\{A \mid B\} = \frac{\Pr\{A \cap B\}}{\Pr\{B\}} \tag{C.16}$$

と定義する．（"$\Pr\{A \mid B\}$" は "B の下での A の条件つき確率" と読む．）式 (C.16) の背後に
あるアイデアは，事象 B が起きることは分かっているので，A も同時に起きる事象は $A \cap B$
である．すなわち，$A \cap B$ は A と B が共に起きるという結果の集合である．結果は B の根
元事象の 1 つなので，B の各根元事象の確率を $\Pr\{B\}$ で割って，それらの和が 1 になるよ
うに正規化する．したがって，B の下での A の条件つき確率は，事象 B の確率に対する事象
$A \cap B$ の確率の比である．上の例では，A は両方の硬貨が表である事象で，B は少なくとも
一方が表である事象であり，したがって，$\Pr\{A \mid B\} = (1/4)/(3/4) = 1/3$ である．

2 つの事象 A と B が**独立** (independent) であるのは

$$\Pr\{A \cap B\} = \Pr\{A\}\Pr\{B\} \tag{C.17}$$

が成立するときであり，$\Pr\{B\} \neq 0$ ならば，これは条件

$$\Pr\{A \mid B\} = \Pr\{A\}$$

と等価である．たとえば，2 枚の公正な硬貨をフリップして，これらの結果は独立であると仮
定する．このとき，2 枚とも表である確率は $(1/2)(1/2) = 1/4$ である．つぎに，第 1 の硬貨が
表であるという事象と，2 枚の硬貨が異なる結果を出すという事象を考える．どちらの事象も
第 1 の硬貨に依存していると考えるかもしれない．しかし，これらの事象はいずれも確率 1/2
で起こり，両方の事象が起こる確率は 1/4 なので，独立性の定義からこれらの事象は独立であ
る．最後に，2 枚の硬貨がくっついていて，共に表が出るか，共に裏が出るかいずれかであり，
これら 2 つの事象が起きる可能性は同じであると仮定する．このとき，それぞれの硬貨が表を
出す確率は 1/2 であるが，2 枚が共に表を出す確率は $1/2 \neq (1/2)(1/2)$ である．したがって，
第 1 の硬貨が表であるという事象と第 2 の硬貨が表であるという事象は独立ではない．

$A_1, A_2, \ldots, A_n$ を事象の集合とする．任意の $1 \leq i < j \leq n$ に対して

$$\Pr\{A_i \cap A_j\} = \Pr\{A_i\}\Pr\{A_j\}$$

が成立するとき，これらの事象の集合は**対ごとに独立** (pairwise independent) であると言う．
任意の k 部分集合 $A_{i_1}, A_{i_2}, \ldots, A_{i_k}$ ($2 \leq k \leq n$, $1 \leq i_1 < i_2 < \cdots < i_k \leq n$) に対して

$$\Pr\{A_{i_1} \cap A_{i_2} \cap \cdots \cap A_{i_k}\} = \Pr\{A_{i_1}\}\Pr\{A_{i_2}\} \cdots \Pr\{A_{i_k}\}$$

が成立するとき，この事象の集合は **(相互に) 独立** ((mutually) independent) であると言う．た
とえば，2 枚の公正な硬貨を投げ上げる．最初の硬貨が表であるという事象を A_1，2 枚目の硬
貨が表であるという事象を A_2，2 枚の硬貨が互いに異なるという事象を A_3 とする．このとき

$$\Pr\{A_1\} = 1/2$$
$$\Pr\{A_2\} = 1/2$$
$$\Pr\{A_3\} = 1/2$$
$$\Pr\{A_1 \cap A_2\} = 1/4$$
$$\Pr\{A_1 \cap A_3\} = 1/4$$
$$\Pr\{A_2 \cap A_3\} = 1/4$$
$$\Pr\{A_1 \cap A_2 \cap A_3\} = 0$$

である．$1 \leq i < j \leq 3$ に対して，$\Pr\{A_i \cap A_j\} = \Pr\{A_i\}\Pr\{A_j\} = 1/4$ なので，事象

1006 | C 数え上げと確率

A_1, A_2, A_3 は対ごとに独立である．しかし，$\Pr\{A_1 \cap A_2 \cap A_3\} = 0$ かつ $\Pr\{A_1\}\Pr\{A_2\}$ $\Pr\{A_3\} = 1/8 \neq 0$ なので，これらの事象は相互独立ではない．

ベイズの定理

条件つき確率の定義 (C.16) と交換則 $A \cap B = B \cap A$ から，確率が 0 でない 2 つの事象 A と B に対して，

$$\Pr\{A \cap B\} = \Pr\{B\}\Pr\{A \mid B\} \tag{C.18}$$
$$= \Pr\{A\}\Pr\{B \mid A\}$$

である．これを $\Pr\{A \mid B\}$ について解くと，

$$\Pr\{A \mid B\} = \frac{\Pr\{A\}\Pr\{B \mid A\}}{\Pr\{B\}} \tag{C.19}$$

を得る．これは**ベイズの定理** (Bayes's theorem) として知られている．分母の $\Pr\{B\}$ は正規化定数であり，次のように変形できる．$B = (B \cap A) \cup (B \cap \overline{A})$ であり，$B \cap A$ と $B \cap \overline{A}$ は排反事象なので

$$\Pr\{B\} = \Pr\{B \cap A\} + \Pr\{B \cap \overline{A}\}$$
$$= \Pr\{A\}\Pr\{B \mid A\} + \Pr\{\overline{A}\}\Pr\{B \mid \overline{A}\}$$

である．これを式 (C.19) に代入すると，ベイズの定理と等価な式：

$$\Pr\{A \mid B\} = \frac{\Pr\{A\}\Pr\{B \mid A\}}{\Pr\{A\}\Pr\{B \mid A\} + \Pr\{\overline{A}\}\Pr\{B \mid \overline{A}\}} \tag{C.20}$$

を得る．

　ベイズの定理によって，条件つき確率の計算を簡単化できる．たとえば，公正な硬貨といつも表が出るインチキな硬貨があるとしよう．3 つの独立な事象からなる試行を実行する．2 枚の硬貨のうちの 1 つをランダムに選択し，この硬貨をフリップし，さらに同じ硬貨をもう 1 回フリップする．この 2 回のフリップの結果が共に表だったとする．このとき，この硬貨がインチキなものである確率は何だろうか？

　ベイズの定理を用いてこの問題を解こう．インチキな硬貨を選択する事象を A とし，選択した硬貨のフリップの結果がともに表であるという事象を B とする．$\Pr\{A \mid B\}$ を計算したい．$\Pr\{A\} = 1/2$, $\Pr\{B \mid A\} = 1$, $\Pr\{\overline{A}\} = 1/2$, $\Pr\{B \mid \overline{A}\} = 1/4$ である．したがって

$$\Pr\{A \mid B\} = \frac{(1/2) \cdot 1}{(1/2) \cdot 1 + (1/2) \cdot (1/4)}$$
$$= 4/5$$

である．

練習問題

C.2-1 ロズ教授は公正な硬貨を 2 回フリップして，ギル教授は公正な硬貨を 1 回フリップする．ロズ教授がギル教授より表を多く出す確率を求めよ．

C.2-2 次のブールの不等式 (Boole's inequality) を証明せよ. 任意の事象の有限または可算無限列 $A_1, A_2, \ldots$ に対して

$$\Pr\{A_1 \cup A_2 \cup \cdots\} \le \Pr\{A_1\} + \Pr\{A_2\} + \cdots \tag{C.21}$$

が成立する.

C.2-3 1 から 10 までの異なる数字が書かれた 10 枚のカードの山をよく切る. 次に, 3 枚のカードを 1 枚ずつ山から取り出す. これら 3 枚のカードが昇順で取り出される確率を計算せよ.

C.2-4

$$\Pr\{A \mid B\} + \Pr\{\overline{A} \mid B\} = 1$$

を証明せよ.

C.2-5 任意の事象の集合 $A_1, A_2, \ldots, A_n$ に対して

$$\Pr\{A_1 \cap A_2 \cap \cdots \cap A_n\} = \Pr\{A_1\} \cdot \Pr\{A_2 \mid A_1\} \cdot \Pr\{A_3 \mid A_1 \cap A_2\} \cdots$$
$$\Pr\{A_n \mid A_1 \cap A_2 \cap \cdots \cap A_{n-1}\} \tag{C.22}$$

を証明せよ.

C.2-6 ★ 対ごとに独立だが, $k > 2$ に対しては任意の k 部分集合が相互独立ではない, n 個の事象の集合を構成する方法を示せ.

C.2-7 ★ 2 つの事象 A と B が

$$\Pr\{A \cap B \mid C\} = \Pr\{A \mid C\} \cdot \Pr\{B \mid C\}$$

を満たすとき, C の下で A と B は**条件つき独立** (conditionally independent) であると言う. 独立ではないが, ある第 3 の事象の下で条件つき独立である 2 つの事象の, 簡単ではあるが自明でない例を示せ.

C.2-8 ★ Gore 教授は音楽教室でリズムについて教えている. その中に 3 人の生徒 Jeff, Tim, Carmine がいて落第の危機に瀕している. Gore 教授は 3 人に, 3 人の中の 1 人は合格だが, 後の 2 人は落第だと告げた. Carmine は個人的に教授に Jeff と Tim のどちらが落第か聞いた. 彼はすでに彼らの中の少なくとも 1 人は落第だと知っているので, Jeff と Tim のどちらが落第か教授が答えても彼の事象に関して教授は情報を漏らしたことにはならないと主張したのだった. 秘密保護法に違反して, Gore 教授は Carmine に Jeff が落第すると答えた. Carmine はいくらか心が安らいだような気分になっている. なぜなら, 彼か Tim のどちらかが合格すると分かったので, 彼が合格する確率は今や 1/2 になったからである. Carmine は正しいのだろうか, それとも彼が合格する確率は今でも 1/3 のままなのか？説明せよ.

C.3 離散確率変数

(離散) 確率変数 ((discrete) random variable) X は有限または可算無限標本空間 S から実数の集合への関数である. 確率変数は試行の可能な根元事象のそれぞれに 1 つの実数を割り当て

1008 | C 数え上げと確率

る．これによって，結果として得られる数の集合上に誘導される確率分布を議論することが可能になる．確率変数は非可算無限標本空間に対しても定義できるが，本書の目的のためには提起する必要がない技術的な問題を生じる．したがって，確率変数は離散的であると仮定する．

確率変数 X と実数 x に対して，事象 $X = x$ を $\{s \in S : X(s) = x\}$ と定義する．したがって

$$\Pr\{X = x\} = \sum_{s \in S : X(s) = x} \Pr\{s\}$$

である．関数

$$f(x) = \Pr\{X = x\}$$

は，確率変数 X の**確率密度関数** (probability density function) である．確率の公理から，$\Pr\{X = x\} \geq 0$ かつ $\sum_x \Pr\{X = x\} = 1$ である．

例として，6 面の普通のサイコロを 2 つ転がす試行を考える．この標本空間には 36 個の根元事象が存在する．確率分布は一様であると仮定する．したがって，各根元事象 $s \in S$ は同じ出現確率を持ち，$\Pr\{s\} = 1/36$ である．確率変数 X を 2 つのサイコロが示す値の**大きいほう**を表すものと定義する．$\Pr\{X = 3\} = 5/36$ である．なぜなら，X は 36 個の根元事象の中の 5 個，$(1,3)$，$(2,3)$，$(3,3)$，$(3,2)$，$(3,1)$ に対して値 3 を取るからである．

複数の確率変数が同じ標本空間上で定義されることがよくある．X と Y が確率変数であるとき，関数

$$f(x,y) = \Pr\{X = x \text{ かつ } Y = y\}$$

を X と Y の**結合確率密度関数** (joint probability density function) と言う．固定された y に対して

$$\Pr\{Y = y\} = \sum_x \Pr\{X = x \text{ かつ } Y = y\}$$

であり，同様に固定された x に対して

$$\Pr\{X = x\} = \sum_y \Pr\{X = x \text{ かつ } Y = y\}$$

である．条件つき確率の定義 (C.16)（1004 ページ）から，

$$\Pr\{X = x \mid Y = y\} = \frac{\Pr\{X = x \text{ かつ } Y = y\}}{\Pr\{Y = y\}}$$

を得る．2 つの確率変数 X と Y が**独立** (independent) であるのは，すべての x と y に対して，事象 $X = x$ と事象 $Y = y$ が独立であるとき，またはこれと等価であるが，すべての x と y が $\Pr\{X = x \text{ かつ } Y = y\} = \Pr\{X = x\} \Pr\{Y = y\}$ を満たすときである．

同じ標本空間上で定義された確率変数の集合が与えられたとき，これらの確率変数の和，積，あるいはそれ以外の関数として新しい確率変数が定義できる．

確率変数の期待値

確率変数の分布の最も簡単で最も役に立つ要約はその変数が取る値の「平均 (average)」であ

る. 離散確率変数 X の**期待値** (expected value または expectation) (同義語として, **平均** (mean)) は

$$E[X] = \sum_x x \cdot \Pr\{X = x\} \tag{C.23}$$

であり, 上の和が有限であるか絶対収束する場合に明確に定義される. X の期待値を μ_X と記し, 文脈から確率変数が明らかな場合には単に μ と記す.

2 枚の公正な硬貨をフリップするゲームを考える. 1 つの表につき 3 ドル儲かるが, 1 つの裏につき 2 ドル損をする. 儲けを表す確率変数 X の期待値は

$$\begin{aligned} E[X] &= 6 \cdot \Pr\{2 \text{ H's}\} + 1 \cdot \Pr\{1 \text{ H}, 1 \text{ T}\} - 4 \cdot \Pr\{2 \text{ T's}\} \\ &= 6 \cdot (1/4) + 1 \cdot (1/2) - 4 \cdot (1/4) \\ &= 1 \end{aligned}$$

である.

2 つの確率変数の和の期待値はそれぞれの期待値の和に等しい. すなわち, $E[X]$ と $E[Y]$ が定義されるなら

$$E[X + Y] = E[X] + E[Y] \tag{C.24}$$

である. この性質を**期待値の線形性** (linearity of expectation) と呼ぶ. 期待値の線形性は広い領域に適用され, X と Y が独立でなくても成立する. この性質は期待値の有限和と絶対収束の和に拡張できる. 期待値の線形性は指標確率変数 (第 5.2 節参照) を用いる確率的解析を行うためのキーとなる性質である.

X を任意の確率変数とするとき, 任意の関数 $g(x)$ は新たな確率変数 $g(X)$ を定義する. $g(X)$ の期待値が定義されるなら

$$E[g(X)] = \sum_x g(x) \cdot \Pr\{X = x\}$$

である. $g(x) = ax$ とする. 任意の定数 a に対して

$$E[aX] = aE[X] \tag{C.25}$$

である. したがって, 期待値は線形である. すなわち, 任意の 2 つの確率変数 X, Y と任意の定数 a に対して

$$E[aX + Y] = aE[X] + E[Y] \tag{C.26}$$

が成立する.

2 つの確率変数 X と Y が独立で, それぞれに対して期待値が定義されているとき

$$\begin{aligned} E[XY] &= \sum_x \sum_y xy \cdot \Pr\{X = x \text{ かつ } Y = y\} \\ &= \sum_x \sum_y xy \cdot \Pr\{X = x\} \Pr\{Y = y\} \quad (X \text{ と } Y \text{ が独立なので}) \\ &= \left(\sum_x x \cdot \Pr\{X = x\} \right) \left(\sum_y y \cdot \Pr\{Y = y\} \right) \end{aligned}$$

1010 | C 数え上げと確率

$$= \mathrm{E}\,[X]\,\mathrm{E}\,[Y] \qquad\qquad (\text{式 (C.23) より})$$

となる. 一般に, n 個の確率変数 $X_1, X_2, \dots, X_n$ が相互独立ならば

$$\mathrm{E}\,[X_1 X_2 \cdots X_n] = \mathrm{E}\,[X_1]\,\mathrm{E}\,[X_2] \cdots \mathrm{E}\,[X_n] \tag{C.27}$$

である.

確率変数 X が自然数の集合 $\mathbb{N} = \{0, 1, 2, \dots\}$ から値を取るならば, その期待値を表す次の優れた公式がある:

$$
\begin{aligned}
\mathrm{E}\,[X] &= \sum_{i=0}^{\infty} i \cdot \Pr\{X = i\} \\
&= \sum_{i=0}^{\infty} i \cdot (\Pr\{X \geq i\} - \Pr\{X \geq i+1\}) \\
&= \sum_{i=1}^{\infty} \Pr\{X \geq i\}
\end{aligned}
\tag{C.28}
$$

最後の等式が成立する理由は, （0 回加えられ, 引かれることがない $\Pr\{X \geq 0\}$ を除いて）各項 $\Pr\{X \geq i\}$ が i 回加えられ, $i-1$ 回引かれるからである.

関数 $f(x)$ は, すべての x と y, すべての $0 \leq \lambda \leq 1$ に対して,

$$f(\lambda x + (1-\lambda)y) \leq \lambda f(x) + (1-\lambda)f(y) \tag{C.29}$$

であるとき, 凸 (convex) であると言う. 確率変数 X を凸関数 $f(x)$ に適用すると, **Jensen の不等式** (Jensen's inequality) から, 有限の期待値が存在するという仮定の下で

$$\mathrm{E}\,[f(X)] \geq f(\mathrm{E}\,[X]) \tag{C.30}$$

が成立する.

分散と標準偏差

変数の値が "散らばっている" 程度を確率変数の期待値から知ることはできない. たとえば, $\Pr\{X = 1/4\} = \Pr\{X = 3/4\} = 1/2$ を満たす確率変数 X と $\Pr\{Y = 0\} = \Pr\{Y = 1\} = 1/2$ を満たす確率変数 Y を考える. $\mathrm{E}\,[X]$ と $\mathrm{E}\,[Y]$ は共に $1/2$ であるが, Y が実際に取る値は X が取る値よりも平均から遠く離れている.

分散の概念は確率変数の取る値が平均から離れている程度を数学的に表現する. 平均が $\mathrm{E}\,[X]$ である確率変数 X の**分散** (variance) は

$$
\begin{aligned}
\mathrm{Var}\,[X] &= \mathrm{E}\,[(X - \mathrm{E}\,[X])^2] \\
&= \mathrm{E}\,[X^2 - 2X\mathrm{E}\,[X] + \mathrm{E}^2\,[X]] \\
&= \mathrm{E}\,[X^2] - 2\mathrm{E}\,[X\mathrm{E}\,[X]] + \mathrm{E}^2\,[X] \\
&= \mathrm{E}\,[X^2] - 2\mathrm{E}^2\,[X] + \mathrm{E}^2\,[X] \\
&= \mathrm{E}\,[X^2] - \mathrm{E}^2\,[X]
\end{aligned}
\tag{C.31}
$$

である. 等式 $\mathrm{E}\,[\mathrm{E}^2\,[X]] = \mathrm{E}^2\,[X]$ の正しさを示すには, $\mathrm{E}\,[X]$ が確率変数ではなく, 単に実数であり, したがって, $\mathrm{E}^2\,[X]$ もまた実数であることに注意すれば十分である. 等式

$\mathrm{E}\left[X\mathrm{E}\left[X\right]\right] = \mathrm{E}^2\left[X\right]$ を導くには式 (C.25) において $a = \mathrm{E}\left[X\right]$ と置けばよい. 式 (C.31) を書き換えると, 確率変数の 2 乗の期待値を導く式

$$\mathrm{E}\left[X^2\right] = \mathrm{Var}\left[X\right] + \mathrm{E}^2\left[X\right] \tag{C.32}$$

を得る.

確率変数 X の分散と aX の分散には関係:

$$\mathrm{Var}\left[aX\right] = a^2\mathrm{Var}\left[X\right]$$

がある (練習問題 C.3-10 参照). X と Y が独立な確率変数ならば

$$\mathrm{Var}\left[X + Y\right] = \mathrm{Var}\left[X\right] + \mathrm{Var}\left[Y\right]$$

である. 一般に, n 個の確率変数 $X_1, X_2, \ldots, X_n$ が対ごとに独立ならば

$$\mathrm{Var}\left[\sum_{i=1}^{n} X_i\right] = \sum_{i=1}^{n} \mathrm{Var}\left[X_i\right] \tag{C.33}$$

である.

確率変数 X の**標準偏差** (standard deviation) は X の分散の非負の平方根である. 確率変数 X の標準偏差を σ_X, 確率変数 X が文脈から明らかな場合は σ と記す. この記号を用いると, X の分散は σ^2 である.

練習問題

C.3-1 6 面の普通のサイコロを 2 個転がす. 出たサイコロの目の和の期待値を求めよ. 出たサイコロの目の最大値の期待値を求めよ.

C.3-2 配列 $A[1:n]$ は n 個の異なる数をランダムな順序で格納しており, 各順列は同じ確率で出現すると仮定する. 配列中の最大要素のインデックスの期待値を求めよ. また, 配列中の最小要素のインデックスの期待値を求めよ.

C.3-3 カーニバルゲームでは篭に入った 3 個のサイコロを使う. プレイヤーは 1 から 6 のどれかの目に 1 ドルを賭ける. 篭を振ってサイコロを転がし, 以下の規則で支払い額を決める. プレイヤーの賭けた目を出すサイコロがなければ, プレイヤーは賭けた 1 ドルを失う. 3 個のサイコロのうちのちょうど k 個 ($k = 1, 2, 3$) に賭けた目が出れば, プレイヤーは賭けた 1 ドルの他に k ドルを手に入れる. カーニバルゲームを 1 度プレーして得られる利益の期待値を求めよ.

C.3-4 X と Y が非負の確率変数ならば

$$\mathrm{E}\left[\max\{X, Y\}\right] \leq \mathrm{E}\left[X\right] + \mathrm{E}\left[Y\right]$$

であることを証明せよ.

C.3-5 ★ X と Y を独立な確率変数とする. このとき, 関数 f と g の選択に依存せず, $f(X)$ と $g(Y)$ が独立であることを示せ.

C.3-6 ★ X を非負の確率変数とし，$E[X]$ が明確に定義されているものと仮定する．**マルコフの不等式** (Markov's inequality)，すなわち，すべての $t > 0$ に対して

$$\Pr\{X \geq t\} \leq E[X]/t \tag{C.34}$$

が成立することを証明せよ．

C.3-7 ★ S を標本空間とし，すべての $s \in S$ に対して $X(s) \geq X'(s)$ を満たす確率変数を X と X' とする．任意の実定数 t に対して

$$\Pr\{X \geq t\} \geq \Pr\{X' \geq t\}$$

であることを証明せよ．

C.3-8 確率変数の 2 乗の期待値と，期待値の 2 乗とではどちらが大きいか？

C.3-9 0 と 1 しか取らない任意の確率変数 X に対して，$\mathrm{Var}[X] = E[X]E[1 - X]$ が成立することを示せ．

C.3-10 分散の定義 (C.31) を用いて $\mathrm{Var}[aX] = a^2\mathrm{Var}[X]$ を証明せよ．

C.4 幾何分布と 2 項分布

ベルヌーイ試行 (Bernoulli trial) は 2 種類の結果：確率 p で起こる**成功** (success) と，確率 $q = 1 - p$ で起こる**失敗** (failure) が出現する試行である．硬貨の（1 回の）フリップは，たとえば，表を成功，裏を失敗とみなすと（1 回の）ベルヌーイ試行の例である．複数回の**ベルヌーイ試行** (Bernoulli trials) を全体として議論するときには，これらの試行は相互独立であり，とくに注記しない限りそれぞれの試行はすべて同じ成功確率 p を持つと仮定する．2 つの重要な分布，すなわち幾何分布と 2 項分布がベルヌーイ試行から現れる．

幾何分布

それぞれが成功確率 p と失敗確率 $q = 1 - p$ を持つベルヌーイ試行の列を考える．成功するまでに繰り返す必要がある試行の回数を考察しよう．確率変数 X を成功を得るのに必要な試行回数とする．X の値域は $\{1, 2, \ldots\}$ であり，$k \geq 1$ に対して，$X = k$ ならば最初の成功を得る前に $k - 1$ 回失敗したので

$$\Pr\{X = k\} = q^{k-1}p \tag{C.35}$$

が成立する．式 (C.35) を満たす確率分布を**幾何分布** (geometric distribution) と言う．図 C.1 に幾何分布を図示する．

$q < 1$ を仮定する．幾何分布の期待値は

$$
\begin{aligned}
E[X] &= \sum_{k=1}^{\infty} kq^{k-1}p \\
&= \frac{p}{q} \sum_{k=0}^{\infty} kq^k
\end{aligned}
$$

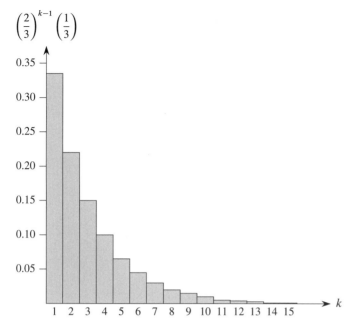

図 C.1 成功確率が $p = 1/3$, 失敗確率が $q = 1 - p$ の幾何分布. 分布の期待値は $1/p = 3$ である.

$$\begin{aligned}
&= \frac{p}{q} \cdot \frac{q}{(1-q)^2} \quad (\text{式 (A.11)（967 ページ）より}) \\
&= \frac{p}{q} \cdot \frac{q}{p^2} \\
&= 1/p
\end{aligned} \tag{C.36}$$

となる. したがって, 成功するまでに平均 $1/p$ 回の試行が必要になり, 直観に合致する. 練習問題 C.4-3 では分散が

$$\text{Var}[X] = q/p^2 \tag{C.37}$$

であることを証明する.

例として, 6 面のサイコロを 2 個振る試行を目の合計が 7 か 11 になるまで繰り返すことを考える. 可能な 36 通りの結果の中で目の合計が 7 になるのは 6 通り, 11 になるのは 2 通りである. したがって, 成功確率は $p = 8/36 = 2/9$ であり, 7 か 11 を得ようとすると, 平均 $1/p = 9/2 = 4.5$ 回サイコロを振る必要がある.

2 項分布

成功確率が p, 失敗確率が $q = 1 - p$ のとき, n 回繰り返されるベルヌーイ試行が含む成功回数を検討する. 確率変数 X を n 回の試行における成功回数と定義する. このとき, X の値域は $\{0, 1, \ldots, n\}$ であり, $k = 0, \ldots, n$ に対して, n 回の試行の中から k 回の成功する試行を取り出す方法は $\binom{n}{k}$ 通りあり, それぞれが起こる確率は $p^k q^{n-k}$ なので

$$\Pr\{X = k\} = \binom{n}{k} p^k q^{n-k} \tag{C.38}$$

である. 式 (C.38) を満たす確率分布を **2 項分布** (binomial distribution) と言う. 記号

$$b(k; n, p) = \binom{n}{k} p^k (1-p)^{n-k} \tag{C.39}$$

を用いて 2 項分布の族を定義する. 2 項分布の例を図 C.2 に示す.「2 項」という名前は, 式 (C.38) の右辺が $(p+q)^n$ の展開式における第 k 番目の項に一致することに由来する. 結果として, $p+q=1$ なので, 式 (C.4)（999 ページ）から確率公理の公理 2 が要求する

$$\sum_{k=0}^{n} b(k; n, p) = 1 \tag{C.40}$$

を満たす.

式 (C.9) と (C.40) から, 2 項分布に従う確率変数の期待値を計算できる. X を 2 項分布 $b(k; n, p)$ に従う確率変数とし, $q=1-p$ とする. 期待値の定義から

$$\begin{aligned}
\mathrm{E}[X] &= \sum_{k=0}^{n} k \cdot \Pr\{X=k\} \\
&= \sum_{k=0}^{n} k \cdot b(k; n, p) \\
&= \sum_{k=1}^{n} k \binom{n}{k} p^k q^{n-k} \\
&= np \sum_{k=1}^{n} \binom{n-1}{k-1} p^{k-1} q^{n-k} \quad \text{(式 (C.9)（1001 ページ）より)} \\
&= np \sum_{k=0}^{n-1} \binom{n-1}{k} p^k q^{(n-1)-k} \\
&= np \sum_{k=0}^{n-1} b(k; n-1, p) \\
&= np \quad\quad\quad\quad\quad\quad\quad \text{(式 (C.40) より)}
\end{aligned} \tag{C.41}$$

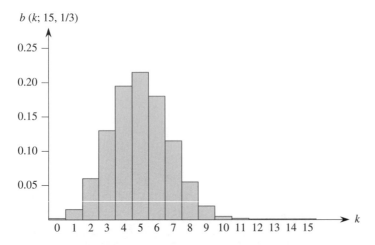

図 C.2 $n=15$ 回繰り返される成功確率が $p=1/3$ のベルヌーイ試行から生じる 2 項分布 $b(k; 15, 1/3)$. この分布の期待値は $np=5$ である.

である.

期待値の線形性を用いれば,同じ結果をはるかに簡単に得ることができる.第 i 回目の試行における成功回数を表す確率変数を X_i とする.このとき $\mathrm{E}[X_i] = p \cdot 1 + q \cdot 0 = p$ であり,n 回繰り返される試行における成功回数の期待値は

$$
\begin{aligned}
\mathrm{E}[X] &= \mathrm{E}\left[\sum_{i=1}^{n} X_i\right] \\
&= \sum_{i=1}^{n} \mathrm{E}[X_i] \quad \text{((C.24)(1009 ページ)より)} \\
&= \sum_{i=1}^{n} p \\
&= np
\end{aligned}
\tag{C.42}
$$

である.

同じ方針でこの分布の分散を計算できる.式 (C.31) から,$\mathrm{Var}[X_i] = \mathrm{E}[X_i^2] - \mathrm{E}^2[X_i]$ である.X_i は 0 と 1 の値しか取らないから $X_i^2 = X_i$ であり,$\mathrm{E}[X_i^2] = \mathrm{E}[X_i] = p$ が成立する.したがって

$$
\mathrm{Var}[X_i] = p - p^2 = p(1-p) = pq
\tag{C.43}
$$

である.n 回の試行が独立であることを利用して X の分散を計算する.式 (C.33) より

$$
\begin{aligned}
\mathrm{Var}[X] &= \mathrm{Var}\left[\sum_{i=1}^{n} X_i\right] \\
&= \sum_{i=1}^{n} \mathrm{Var}[X_i] \\
&= \sum_{i=1}^{n} pq \\
&= npq
\end{aligned}
\tag{C.44}
$$

を得る.

図 C.2 に示すように,2 項分布 $b(k; n, p)$ は k が平均値 np に達するまで増加し,その後は減少する.連続する項の比

$$
\begin{aligned}
\frac{b(k; n, p)}{b(k-1; n, p)} &= \frac{\binom{n}{k} p^k q^{n-k}}{\binom{n}{k-1} p^{k-1} q^{n-k+1}} \\
&= \frac{n!\,(k-1)!\,(n-k+1)!\,p}{k!\,(n-k)!\,n!\,q} \\
&= \frac{(n-k+1)p}{kq} \\
&= 1 + \frac{(n-k+1)p - kq}{kq} \\
&= 1 + \frac{(n-k+1)p - k(1-p)}{kq} \\
&= 1 + \frac{(n+1)p - k}{kq}
\end{aligned}
\tag{C.45}
$$

1016 | C 数え上げと確率

を観察すると，この振舞いが理解できる．$(n+1)p-k$ が正である場合にはこの比は真に 1 より大きい．したがって，$k < (n+1)p$ ならば $b(k;n,p) > b(k-1;n,p)$ であり（この分布は増加し），$k > (n+1)p$ ならば $b(k;n,p) < b(k-1;n,p)$ である（この分布は減少する）．$k = (n+1)p$ が整数ならば $k = (n+1)p$ に対して $b(k;n,p)/b(k-1;n,p) = 1$ であり，$b(k;n,p) = b(k-1;n,p)$ である．この場合，2 点 $k = (n+1)p$ と $k-1 = (n+1)p-1 = np-q$ において分布は最大値を取る．$k = (n+1)p$ が整数でなければ，$np-q < k < (n+1)p$ を満たす唯一の整数 k において分布は最大値を取る．

次の補題は 2 項分布の上界を与える．

補題 C.1 $n \geq 0$, $0 < p < 1$, $q = 1-p$, $0 \leq k \leq n$ とする．このとき

$$b(k;n,p) \leq \left(\frac{np}{k}\right)^k \left(\frac{nq}{n-k}\right)^{n-k}$$

である．

証明

$$
\begin{aligned}
b(k;n,p) &= \binom{n}{k} p^k q^{n-k} \\
&\leq \left(\frac{n}{k}\right)^k \left(\frac{n}{n-k}\right)^{n-k} p^k q^{n-k} \quad (\text{(C.7)（1000 ページ）より}) \\
&= \left(\frac{np}{k}\right)^k \left(\frac{nq}{n-k}\right)^{n-k}
\end{aligned}
$$

である． ∎

練習問題

C.4-1 幾何分布が確率公理の公理 2 を満たすことを検証せよ．

C.4-2 表と裏をそれぞれ 3 枚ずつ出すには，6 枚の公正な硬貨を平均で何回フリップする必要があるか？

C.4-3 幾何分布の分散が q/p^2 であることを示せ．（**ヒント**：練習問題 A.1-6（969 ページ）を使え．）

C.4-4 $q = 1-p$ とする．$b(k;n,p) = b(n-k;n,q)$ を示せ．

C.4-5 2 項分布 $b(k;n,p)$ の最大値が $1/\sqrt{2\pi npq}$ で近似できることを示せ．ただし，$q = 1-p$ である．

C.4-6 ★ 成功確率が $p = 1/n$ のとき，n 回の試行が成功を含まない確率が $1/e$ で近似できることを示せ．また，ちょうど 1 回だけ成功する確率も $1/e$ で近似できることを示せ．

C.4-7 ★ ロズ教授とギル教授はそれぞれ公正な硬貨を n 回フリップする．彼らが同じ回数だけ表を得る確率は $\binom{2n}{n}/4^n$ であることを示せ．（**ヒント**：ロズ教授に対しては表を成功と呼び，ギル教授に対しては裏を成功と呼べ．）等式

$$\sum_{k=0}^{n} \binom{n}{k}^2 = \binom{2n}{n}$$

を検証するための議論を組み立てよ.

C.4-8 ★ $0 \leq k \leq n$ に対して

$$b(k; n, 1/2) \leq 2^{n H(k/n)-n}$$

が成立することを示せ. ただし, $H(x)$ はエントロピー関数 (C.8)（1000 ページ）である.

C.4-9 ★ 長さ n のベルヌーイ試行の列を考える. ただし, $i = 1, 2, \ldots, n$ に対して, 第 i 回目の試行の成功確率は p_i である. この試行列における成功回数を表す確率変数を X とする. $i = 1, 2, \ldots, n$ に対して $p \geq p_i$ を仮定する. $1 \leq k \leq n$ に対して

$$\Pr\{X < k\} \geq \sum_{i=0}^{k-1} b(i; n, p)$$

が成立することを証明せよ.

C.4-10 ★ n 回のベルヌーイ試行の集合 A における成功回数を表す確率変数を X とする. ただし, 第 i 回目の試行の成功確率は p_i である. また, 別の n 回のベルヌーイ試行の集合 A' における成功回数を表す確率変数を X' とする. ただし, 第 i 番目の試行の成功確率は $p_i' \geq p_i$ である. $0 \leq k \leq n$ に対して

$$\Pr\{X' \geq k\} \geq \Pr\{X \geq k\}$$

が成立することを証明せよ.（**ヒント**： A のすべてのベルヌーイ試行を含む試行から A' のすべてのベルヌーイ試行を求める方法を示し, 練習問題 C.3-7 の結果を用いよ.）

★ C.5 2項分布の裾

成功確率が p のベルヌーイ試行を n 回繰り返すとき, ちょうど k 回成功する確率より, 少なくとも k 回, あるいは高々 k 回しか成功しない確率のほうが重要な場合がある. 本節では, 2項分布の**両裾** (tails), すなわち, 分布 $b(k; n, p)$ の平均 np から離れた 2 つの領域に焦点を合わせる. 本節では, 裾（が含むすべての項の和）に関するいくつかの重要な限界を証明する.

まず, 分布 $b(k; n, p)$ の上裾の限界を証明する. 成功と失敗の役割を入れ換えれば, 下裾の限界も同様に決定できる.

定理 C.2 成功確率が p のベルヌーイ試行を n 回繰り返す列を考える. その成功回数を表す確率変数を X とする. このとき, $0 \leq k \leq n$ に対して, 成功回数が少なくとも k である確率は

$$\Pr\{X \geq k\} = \sum_{i=k}^{n} b(i; n, p)$$
$$\leq \binom{n}{k} p^k$$

である.

証明 $S \subseteq \{1, 2, \ldots, n\}$ とする. どの $i \in S$ に対して, 第 i 回目の試行が成功である事象を A_S とする. 明らかに $|S| = k$ ならば $\Pr\{A_S\} = p^k$ である. したがって

$$\Pr\{X \geq k\} = \Pr\{S \subseteq \{1, 2, \ldots, n\} \text{ が存在する} : |S| = k \text{ かつ } A_S\}$$

1018 | C 数え上げと確率

$$
= \Pr\left\{ \bigcup_{S\subseteq\{1,2,\ldots,n\}:|S|=k} A_S \right\}
$$

$$
\leq \sum_{S\subseteq\{1,2,\ldots,n\}:|S|=k} \Pr\{A_S\} \quad （不等式 (C.21)（1007 ページ）より）
$$

$$
= \binom{n}{k} p^k
$$

である. ■

次の系は前の定理を 2 項分布の下裾に対して言い直したものである. 一方の裾の限界を求める証明を他方の裾に適用することは読者への演習とする.

系 C.3 成功確率が p のベルヌーイ試行を n 回繰り返す列を考える. その成功回数を表す確率変数を X とする. このとき, $0 \leq k \leq n$ に対して, 成功回数が高々 k である確率は

$$
\Pr\{X \leq k\} = \sum_{i=0}^{k} b(i;n,p)
$$

$$
\leq \binom{n}{n-k}(1-p)^{n-k}
$$

$$
= \binom{n}{k}(1-p)^{n-k}
$$

である. ■

次の定理は 2 項分布の下裾の限界を与える. その系は, 平均から遠く離れると下裾が指数的に減少することを示している.

定理 C.4 成功確率が p, 失敗確率が $q = 1-p$ のベルヌーイ試行を n 回繰り返す列を考える. その成功回数を表す確率変数を X とする. このとき, $0 < k < np$ に対して, 成功回数が k 未満である確率は

$$
\Pr\{X < k\} = \sum_{i=0}^{k-1} b(i;n,p)
$$

$$
< \frac{kq}{np-k}\, b(k;n,p)
$$

である.

証明 第 A.2 節の 971 ページで述べた項の上界の技法を使い, 幾何数列を用いて級数和 $\sum_{i=0}^{k-1} b(i;n,p)$ を評価する. $i = 1, 2, \ldots, k$ に対して, 式 (C.45) から

$$
\frac{b(i-1;n,p)}{b(i;n,p)} = \frac{iq}{(n-i+1)p}
$$

$$
< \frac{iq}{(n-i)p}
$$

$$
\leq \frac{kq}{(n-k)p}
$$

である.

$$x = \frac{kq}{(n-k)p}$$
$$< \frac{kq}{(n-np)p}$$
$$= \frac{kq}{nqp}$$
$$= \frac{k}{np}$$
$$< 1$$

であることに注意すると，$0 < i \leq k$ に対して

$$b(i-1; n, p) < x\, b(i; n, p)$$

である．この不等式を $k-i$ 回繰り返し適用すると，$0 \leq i < k$ に対して

$$b(i; n, p) < x^{k-i}\, b(k; n, p)$$

なので，

$$\sum_{i=0}^{k-1} b(i; n, p) < \sum_{i=0}^{k-1} x^{k-i} b(k; n, p)$$
$$< b(k; n, p) \sum_{i=1}^{\infty} x^i$$
$$= \frac{x}{1-x}\, b(k; n, p)$$
$$= \frac{kq/((n-k)p)}{((n-k)p - kq)/((n-k)p)}\, b(k; n, p)$$
$$= \frac{kq}{np - kp - kq}\, b(k; n, p)$$
$$= \frac{kq}{np - k}\, b(k; n, p)$$

が成立する． ∎

系 C.5 成功確率が p，失敗確率が $q = 1 - p$ のベルヌーイ試行を n 回繰り返す列を考える．このとき，$0 < k \leq np/2$ に対して，成功回数が k 未満である確率は成功回数が $k+1$ 未満である確率の半分未満である．

証明 $k \leq np/2$ なので，$q \leq 1$ を用いると

$$\frac{kq}{np - k} \leq \frac{(np/2)q}{np - (np/2)}$$
$$= \frac{(np/2)q}{np/2}$$
$$\leq 1 \tag{C.46}$$

である．X を成功回数を表す確率変数とする．定理 C.4 と不等式 (C.46) から，成功回数が k 未満である確率は

1020 | C 数え上げと確率

$$\Pr\{X < k\} = \sum_{i=0}^{k-1} b(i; n, p) < b(k; n, p)$$

である. $\sum_{i=0}^{k-1} b(i; n, p) < b(k; n, p)$ なので

$$
\begin{aligned}
\frac{\Pr\{X < k\}}{\Pr\{X < k+1\}} &= \frac{\sum_{i=0}^{k-1} b(i; n, p)}{\sum_{i=0}^{k} b(i; n, p)} \\
&= \frac{\sum_{i=0}^{k-1} b(i; n, p)}{\sum_{i=0}^{k-1} b(i; n, p) + b(k; n, p)} \\
&< 1/2
\end{aligned}
$$

である. ∎

同様に，上裾も評価できる．練習問題 C.5-2 ではその証明を問う.

系 C.6 成功確率が p のベルヌーイ試行を n 回繰り返す列を考える. X を成功回数を表す確率変数とする. このとき，$np < k < n$ に対して，成功回数が k より多くなる確率は

$$
\begin{aligned}
\Pr\{X > k\} &= \sum_{i=k+1}^{n} b(i; n, p) \\
&< \frac{(n-k)p}{k - np} b(k; n, p)
\end{aligned}
$$

である. ∎

系 C.7 成功確率が p，失敗確率が $q = 1 - p$ のベルヌーイ試行を n 回繰り返す列を考える. このとき，$(np + n)/2 < k < n$ に対して，成功回数が k より多い確率は，成功回数が $k - 1$ より多い確率の半分未満である. ∎

以下の定理では，$i = 1, 2, \ldots, n$ に対して，第 i 回目のベルヌーイ試行の成功確率が p_i である n 回のベルヌーイ試行の列を考える. その系が示すように，各試行に対して $p_i = p$ と設定すれば，2 項分布の上裾の限界をこの定理から導ける.

定理 C.8 $i = 1, 2, \ldots, n$ に対して，第 i 回目のベルヌーイ試行の成功確率が p_i，失敗確率が $q_i = 1 - p_i$ である n 回のベルヌーイ試行の列を考える. X を成功回数を表す確率変数とし，$\mu = \mathrm{E}[X]$ と置く. このとき，$r > \mu$ に対して

$$\Pr\{X - \mu \ge r\} \le \left(\frac{\mu e}{r}\right)^r$$

である.

証明 任意の $\alpha > 0$ に対して，関数 $e^{\alpha x}$ は x に関する真の増加関数だから

$$\Pr\{X - \mu \ge r\} = \Pr\left\{e^{\alpha(X-\mu)} \ge e^{\alpha r}\right\} \tag{C.47}$$

である. ここで，α は後で決定する. マルコフの不等式 (C.34) より

$$\Pr\left\{e^{\alpha(X-\mu)} \ge e^{\alpha r}\right\} \le \mathrm{E}\left[e^{\alpha(X-\mu)}\right] e^{-\alpha r} \tag{C.48}$$

が成立する.

証明の大部分は $\mathrm{E}\left[e^{\alpha(X-\mu)}\right]$ を上から抑え，不等式 (C.48) に現れる α に対して適切な値を与えることである．まず，$\mathrm{E}\left[e^{\alpha(X-\mu)}\right]$ を評価する．指標確率変数の手法（第 5.2 節参照）を用いるために，$i = 1, 2, \ldots, n$ に対して，$X_i = \mathrm{I}\{\text{第 } i \text{ 回目のベルヌーイ試行は成功である}\}$ と定義する．すなわち，第 i 回目のベルヌーイ試行が成功なら 1，失敗なら 0 となる確率変数が X_i である．定義から

$$
X = \sum_{i=1}^{n} X_i
$$

さらに期待値の線形性から

$$
\mu = \mathrm{E}[X] = \mathrm{E}\left[\sum_{i=1}^{n} X_i\right] = \sum_{i=1}^{n} \mathrm{E}[X_i] = \sum_{i=1}^{n} p_i
$$

である．したがって

$$
X - \mu = \sum_{i=1}^{n} (X_i - p_i)
$$

が成立する．$\mathrm{E}\left[e^{\alpha(X-\mu)}\right]$ を評価するために，$X - \mu$ を置き換え，確率変数 X_i が相互独立だから確率変数 $e^{\alpha(X_i-p_i)}$ も相互独立である（練習問題 C.3-5 参照）から，(C.27) を用いて導出を進めると

$$
\begin{aligned}
\mathrm{E}\left[e^{\alpha(X-\mu)}\right] &= \mathrm{E}\left[e^{\alpha \sum_{i=1}^{n}(X_i-p_i)}\right] \\
&= \mathrm{E}\left[\prod_{i=1}^{n} e^{\alpha(X_i-p_i)}\right] \\
&= \prod_{i=1}^{n} \mathrm{E}\left[e^{\alpha(X_i-p_i)}\right]
\end{aligned}
$$

を得る．期待値の定義から，$\exp(x)$ で指数関数 $\exp(x) = e^x$ を表すことにすると

$$
\begin{aligned}
\mathrm{E}\left[e^{\alpha(X_i-p_i)}\right] &= e^{\alpha(1-p_i)}p_i + e^{\alpha(0-p_i)}q_i \\
&= p_i e^{\alpha q_i} + q_i e^{-\alpha p_i} \\
&\leq p_i e^{\alpha} + 1 \\
&\leq \exp(p_i e^{\alpha})
\end{aligned}
\tag{C.49}
$$

である．（不等式 (C.49) は不等式 $\alpha > 0$，$q_i \leq 1$，$e^{\alpha q_i} \leq e^{\alpha}$，$e^{-\alpha p_i} \leq 1$ から導け，最後の行は 55 ページの不等式 (3.14) から導ける．）その結果，$\mu = \sum_{i=1}^{n} p_i$ だから

$$
\begin{aligned}
\mathrm{E}\left[e^{\alpha(X-\mu)}\right] &= \prod_{i=1}^{n} \mathrm{E}\left[e^{\alpha(X_i-p_i)}\right] \\
&\leq \prod_{i=1}^{n} \exp(p_i e^{\alpha}) \\
&= \exp\left(\sum_{i=1}^{n} p_i e^{\alpha}\right) \\
&= \exp(\mu e^{\alpha})
\end{aligned}
\tag{C.50}
$$

1022 | C 数え上げと確率

である．したがって，等式 (C.47) と不等式 (C.48)，(C.50) から

$$\Pr\{X - \mu \geq r\} \leq \exp(\mu e^{\alpha} - \alpha r) \tag{C.51}$$

が成立する．$\alpha = \ln(r/\mu)$ と置くと（練習問題 C.5-7 参照）

$$\begin{aligned}
\Pr\{X - \mu \geq r\} &\leq \exp(\mu e^{\ln(r/\mu)} - r\ln(r/\mu)) \\
&= \exp(r - r\ln(r/\mu)) \\
&= \frac{e^r}{(r/\mu)^r} \\
&= \left(\frac{\mu e}{r}\right)^r
\end{aligned}$$

である． ∎

同じ成功確率を持つベルヌーイ試行の列に対して適用すると，定理 C.8 から 2 項分布の上裾を抑える次の系が導出できる．

系 C.9 成功確率が p，失敗確率が $q = 1 - p$ のベルヌーイ試行を n 回繰り返す列を考える．このとき，$r > np$ に対して

$$\begin{aligned}
\Pr\{X - np \geq r\} &= \sum_{k=\lceil np+r \rceil}^{n} b(k; n, p) \\
&\leq \left(\frac{npe}{r}\right)^r
\end{aligned}$$

である．

証明 等式 (C.41) から，$\mu = \mathrm{E}[X] = np$ である． ∎

練習問題

C.5-1 ★ 公正な硬貨を $2n$ 回フリップしたときに正確に表が n 回出現する事象と，n 回フリップしたときに n 回表が出現する事象では，どちらが起こりやすいか？

C.5-2 ★ 系 C.6 と C.7 を証明せよ．

C.5-3 ★ すべての $a > 0$ と $0 < k < na/(a+1)$ となるすべての k に対して

$$\sum_{i=0}^{k-1} \binom{n}{i} a^i < (a+1)^n \frac{k}{na - k(a+1)} b(k; n, a/(a+1))$$

を示せ．

C.5-4 ★ $0 < p < 1$ かつ $q = 1 - p$ とする．$0 < k < np$ ならば

$$\sum_{i=0}^{k-1} p^i q^{n-i} < \frac{kq}{np-k} \left(\frac{np}{k}\right)^k \left(\frac{nq}{n-k}\right)^{n-k}$$

であることを証明せよ．

C.5-5 ★ 定理 C.8 を用いて，$r > n - \mu$ のとき，

$$\Pr\{\mu - X \geq r\} \leq \left(\frac{(n-\mu)e}{r}\right)^r$$

を示せ. 同様に系 C.9 を用いて, $r > n - np$ のとき,

$$\Pr\{np - X \geq r\} \leq \left(\frac{nqe}{r}\right)^r$$

を示せ.

C.5-6 ★ $i = 1, 2, \ldots, n$ に対して, 第 i 回目のベルヌーイ試行の成功確率が p_i, 失敗確率が $q_i = 1 - p_i$ である n 回のベルヌーイ試行の列を考える. 成功回数を表す確率変数を X, $\mu = \mathrm{E}[X]$ とする. $r \geq 0$ に対して

$$\Pr\{X - \mu \geq r\} \leq e^{-r^2/2n}$$

であることを示せ. (**ヒント**: $p_i e^{\alpha q_i} + q_i e^{-\alpha p_i} \leq e^{\alpha^2/2}$ を証明せよ. つぎに, 不等式 (C.49) の代わりにこの不等式を用いて, 定理 C.8 の証明の概略をなぞれ.)

C.5-7 ★ 選択 $\alpha = \ln(r/\mu)$ が (C.51) の右辺を最小化することを示せ.

章末問題

C-1 モンティホール問題

あなたはモンティホールが司会を務める 1960 年代のゲームショウ "*Let's Make a Deal*" の出場者であると想像しよう. ドアが 3 つあり, 1 つのドアの後ろには自動車などの高価な賞品が置かれているが, 残された 2 つのドアの後ろにはハズレを意味するヤギがいる. 当りのドアを選択すれば賞品を獲得できる. あなたが 1 つのドアを選択し, まだドアが開かれる前に, 当りのドアを知っているモンティは助手のキャロルメリルに (残された 2 つのドアの中に少なくとも 1 つある) ハズレのドアを開けさせ, ヤギがそこにいることを示す. そして彼はあなたに残されている (閉まっている) ドアに選択を変える気があるかと尋ねる. 自動車を獲得するチャンスを最大限にするためにどうすればよいだろうか?

　問題設定に曖昧性が残されていたせいで, 選択を変えるべきか変えないでおくべきか, 長い論争があった. いくつかの微妙に異なる仮定が与える影響を検討する.

a. あなたはドアをランダムに選択すると仮定する. 当りのドアを選択する確率は 1/3 である. さらに, あなたはモンティがあなたを含むすべての出場者に選択を変える機会を与えることを知っていると仮定する. このとき, 選択を変えるほうが変えないよりも勝つ確率が高いことを示せ. 自動車を獲得できる確率を計算せよ.

　元の問題で, モンティがすべての出場者に選択を変える機会を与えると仮定されることが稀であったにも関わらず, これは典型的な解答例の 1 つである. しかし, この章末問題の残りの部分で解析するように, この仮定が成立しないときには最適な戦略は違っているかもしれない. 事実, 実際のゲームショウでは, 出演者が選択した後, モンティはキャロルに出演者が選択したドアを開くように指示することがある.

　あなたとモンティのやり取りを, それぞれが乱択戦略を使う確率的試行としてモデル化しよ

1024 | C 数え上げと確率

う．具体的には，あなたがドアを選択した後，そのドアが当りであれば確率 p_{right} で，ハズレであれば確率 p_{wrong} で，モンティはあなたに選択の変更の機会を与えるとする．変更の機会が与えられたとき，あなたはドアの変更を確率 p_{switch} でランダムに選択する．たとえば，モンティがつねに変更の機会を与えるなら，彼の戦略は $p_{\text{right}} = p_{\text{wrong}} = 1$ で与えられる．あなたがつねにドアを変更すると決めているなら $p_{\text{switch}} = 1$ である．

ゲームを次の 5 つのステップから構成される試行と見なす：

1. あなたはドアをランダムに選択する．自動車（当り）の確率は 1/3，ヤギ（ハズレ）の確率は 2/3 である．
2. キャロルは 2 つのハズレのドアの 1 つを開け，ヤギを見せる．
3. あなたの選択したドアが当りならば確率 p_{right} で，ハズレならば確率 p_{wrong} でモンティはあなたに選択の変更の機会を与える．
4. ステップ 3 でモンティがあなたに変更の機会を与えたときには，確率 p_{switch} で選択を変更する．
5. キャロルはあなたが選択したドアを開け，自動車（あなたの勝ち）かヤギ（あなたの負け）を見せる．

このゲームを解析し，p_{right}，p_{wrong} そして p_{switch} の選択の仕方があなたが勝つ確率に与える影響を考察する．

b. このゲームに対する標本空間の 6 つの結果（根元事象）を示せ．どの結果があなたが勝つことに対応するかを示せ．各結果が生起する確率を，表にして，p_{right}，p_{wrong}，p_{switch} を用いて示せ．

c. 作成した表（あるいは別の手段を用いて）自動車を獲得できる確率が

$$\frac{1}{3}(2p_{\text{wrong}}p_{\text{switch}} - p_{\text{right}}p_{\text{switch}} + 1)$$

であることを示せ．

あたなが選択を変更する確率 p_{switch} をモンティが知っていると仮定する．彼の目的はあなたの勝利確率を最小化することである．

d. $p_{\text{switch}} > 0$ のとき（あなたが正の確率で選択を変更するとき），モンティの最適戦略を示せ．すなわち，p_{right} と p_{wrong} の最適な値を示せ．

e. $p_{\text{switch}} = 0$ のとき（あなたが選択を変更することはないとき），すべてのモンティの戦略がどれも最適であることを示せ．

モンティの戦略は固定されていて，p_{right} と p_{wrong} はある特定の値を取ると仮定する．

f. あなたが p_{right} と p_{wrong} を知っているとする．p_{right} と p_{wrong} の関数として選択を変更する確率 p_{switch} を最適化せよ．

g. あなたが p_{right} と p_{wrong} を知らないとする．すべての p_{right} と p_{wrong} に対する勝利確率の最小値を最大化する p_{switch} を示せ．

記述した元の問題に戻る．あなたはモンティから選択を変更する機会が与えられたが，モンティの動機や戦略は知らない．

h. モンティがあなたに選択を変更する機会を与えたという条件の下で，あなたが自動車を獲得する条件つき確率が

$$\frac{p_{\text{right}} - p_{\text{right}}p_{\text{switch}} + 2p_{\text{wrong}}p_{\text{switch}}}{p_{\text{right}} + 2p_{\text{wrong}}} \tag{C.52}$$

であることを示せ．$p_{\text{right}} + 2p_{\text{wrong}} \neq 0$ である理由を説明せよ．

i. $p_{\text{switch}} = 1/2$ のとき，式 (C.52) の値を示せ．$p_{\text{switch}} < 1/2$ あるいは $p_{\text{switch}} > 1/2$ を選択すれば，$p_{\text{switch}} = 1/2$ のときよりも式 (C.52) の値を小さくできる p_{right} と p_{wrong} の値をモンティが選択できることを示せ．

j. あなたはモンティの戦略を知らないとする．選択を変更する確率を $1/2$ にすることが記述した元の問題に対する良い戦略である理由を説明せよ．この章末問題から学んだことを纏めよ．

C-2 ボールと箱

この章末問題では，n 個のボールを b 個の区別できる箱に入れる方法の数に対して，いくつかの仮定が及ぼす影響を検討する．

a. n 個のボールは区別できるが，箱の中での場所は考慮しないとする．ボールを箱に入れる方法はちょうど b^n 通りあることを示せ．

b. ボールは区別され，各箱の中で一列に並べて置かれるとする．ボールを箱に入れる方法はちょうど $(b+n-1)!/(b-1)!$ 通りあることを示せ．（**ヒント**：n 個の区別できるボールと $b-1$ 本の区別できない棒を一列に並べる方法の数を考えよ．）

c. ボールは区別されず，したがって箱の中での順序は意味がないとする．ボールを箱に入れる方法はちょうど $\binom{b+n-1}{n}$ 通りあることを示せ．（**ヒント**：(b) の並べ方においてボールが区別できないなら，同じ並べ方が何回繰り返されるか？）

d. ボールは区別されず，どの箱にも 2 個以上のボールを入れないとする．したがって $n \leq b$ である．ボールを箱に入れる方法はちょうど $\binom{b}{n}$ 通りあることを示せ．

e. ボールは区別されず，どの箱も空ではないとする．$n \geq b$ を仮定するとき，ボールを箱に入れる方法はちょうど $\binom{n-1}{b-1}$ 通りあることを示せ．

文献ノート

確率問題を解くための最初の一般的な方法は，1654 年に始まる B. Pascal と P. de Fermat の間の有名な往復書簡と 1657 年の C. Huygens の書籍の中で議論された．厳密な確率論は 1713 年の J. Bernoulli と 1730 年の A. de Moivre の仕事から始まった．P. -S. Laplace，S. -D. Poisson

と C. F. Gauss が確率論のさらなる進歩に貢献した.

確率変数の和は P. L. Chebyshev と A. A. Markov によって初めて研究された. A. N. Kolmogorov は 1933 年に確率論を公理化した. Chernoff [91] と Hoeffding [222] は分布の両裾を評価した. ランダム組合せ構造 (random combinatorial structures) の先駆的な仕事は P. Erdős によりなされた.

Knuth [259] と Liu [302] は初等的な組合せ理論と数え上げ理論の良い文献である. Billingsley [56], Chung [93], Drake [125], Feller [139], Rozanov [390] などの標準的な教科書は包括的に確率論を紹介している.

D 行　列

MATRICES

科学計算を含む数多くの応用に行列が現れる．行列に触れたことがあるなら，本節の内容の多くをすでによく知っていると思うが，それでも新鮮に思う内容もあるかもしれない．第 D.1 節では行列の基礎的な定義と演算を説明し，第 D.2 節では行列の基礎的な性質を説明する．

D.1　行列と行列演算

本節では行列論の基礎的な概念と行列の基本的性質を概観する．

行列とベクトル

行列 (matrix) は数の長方形の配列である．たとえば

$$A = \begin{pmatrix} a_{11} & a_{12} & a_{13} \\ a_{21} & a_{22} & a_{23} \end{pmatrix}$$
$$= \begin{pmatrix} 1 & 2 & 3 \\ 4 & 5 & 6 \end{pmatrix} \tag{D.1}$$

は 2×3 型行列 $A = (a_{ij})$ であり，ここで，$i = 1, 2$ と $j = 1, 2, 3$ に対して，行列の第 i 行第 j 列の要素を a_{ij} で示す．慣習として，大文字で行列を表し，対応するインデックスつき小文字でその要素を表す．実数値を要素とするすべての $m \times n$ 型行列の集合を $\mathbb{R}^{m \times n}$ で表し，一般に，要素が集合 S に属するすべての $m \times n$ 型行列の集合を $S^{m \times n}$ で表す．

　行列 A の**転置** (transpose) は A の行と列を入れ換えた行列 A^{T} である．式 (D.1) の行列 A に対しては

$$A^{\mathrm{T}} = \begin{pmatrix} 1 & 4 \\ 2 & 5 \\ 3 & 6 \end{pmatrix}$$

である．

　ベクトル (vector) は，数の 1 次元配列である．たとえば

$$x = \begin{pmatrix} 2 \\ 3 \\ 5 \end{pmatrix}$$

は，サイズが 3 のベクトルである．長さ（あるいはサイズ）が n のベクトルを **n ベクトル** (n-vector) と呼ぶことがある．慣習として，小文字でベクトルを表し，$i = 1, 2, \ldots, n$ に対し

1028 | D　行　列

て，nベクトル x の第 i 番目の要素を x_i で表す．ベクトルの標準形として**列ベクトル** (column vector) を採用する．これは $n \times 1$ 型行列のことであって，対応する**行ベクトル** (row vector) は転置を取ることで得ることができる．すなわち

$$x^{\mathrm{T}} = (\, 2 \quad 3 \quad 5 \,)$$

である．第 i 要素だけが 1 で他のすべての要素が 0 であるベクトル e_i を**単位ベクトル** (unit vector) と言う．単位ベクトルのサイズは通常は文脈から明らかである．

　すべての要素が 0 である行列を**零行列** (zero matrix) と言う．零行列は 0 と書くことが多い．数字 0 と零行列 0 との曖昧性は，ほとんどの場合には文脈から解消できる．0 が零行列を意図するときには，行列のサイズも文脈から分かる必要がある．

正方行列

正方 (square) $n \times n$ 型行列が頻繁に出現する．いくつかの特別な正方行列はとくに重要である：

1. **対角行列** (diagonal matrix) は，$i \neq j$ ならつねに $a_{ij} = 0$ である行列である．対角以外の位置にあるすべての要素の値が 0 なので，対角線に沿って要素を列挙することによって

$$\mathrm{diag}(a_{11}, a_{22}, \ldots, a_{nn}) = \begin{pmatrix} a_{11} & 0 & \ldots & 0 \\ 0 & a_{22} & \ldots & 0 \\ \vdots & \vdots & \ddots & \vdots \\ 0 & 0 & \ldots & a_{nn} \end{pmatrix}$$

と対角行列を記述できる．

2. $n \times n$ 型**単位行列** (identity matrix) I_n は，1 が対角状に並んだ対角行列である：すなわち

$$I_n = \mathrm{diag}(1, 1, \ldots, 1)$$
$$= \begin{pmatrix} 1 & 0 & \ldots & 0 \\ 0 & 1 & \ldots & 0 \\ \vdots & \vdots & \ddots & \vdots \\ 0 & 0 & \ldots & 1 \end{pmatrix}$$

である．I がインデックスなしで現れるときには，そのサイズは文脈から分かる．単位行列の第 i 列は単位ベクトル e_i である．

3. **3 重対角行列** (tridiagonal matrix) T は，$|i - j| > 1$ ならば $t_{ij} = 0$ である行列である．非零要素は，主対角，主対角のすぐ上（$i = 1, 2, \ldots, n-1$ に対して $t_{i,i+1}$）あるいは主対角のすぐ下（$i = 1, 2, \ldots, n-1$ に対して $t_{i+1,i}$）にしか現れない．すなわち

$$T = \begin{pmatrix} t_{11} & t_{12} & 0 & 0 & \ldots & 0 & 0 & 0 \\ t_{21} & t_{22} & t_{23} & 0 & \ldots & 0 & 0 & 0 \\ 0 & t_{32} & t_{33} & t_{34} & \ldots & 0 & 0 & 0 \\ \vdots & \vdots & \vdots & \vdots & \ddots & \vdots & \vdots & \vdots \\ 0 & 0 & 0 & 0 & \ldots & t_{n-2,n-2} & t_{n-2,n-1} & 0 \\ 0 & 0 & 0 & 0 & \ldots & t_{n-1,n-2} & t_{n-1,n-1} & t_{n-1,n} \\ 0 & 0 & 0 & 0 & \ldots & 0 & t_{n,n-1} & t_{nn} \end{pmatrix}$$

である．

4. **上三角行列** (upper-triangular matrix) U は，$i > j$ ならば $u_{ij} = 0$ である行列である．U の対角より下のすべての要素は 0 である：すなわち

$$U = \begin{pmatrix} u_{11} & u_{12} & \dots & u_{1n} \\ 0 & u_{22} & \dots & u_{2n} \\ \vdots & \vdots & \ddots & \vdots \\ 0 & 0 & \dots & u_{nn} \end{pmatrix}$$

上三角行列は，対角に沿って 1 が並んでいるとき，**単位上三角** (unit upper-triangular) である．

5. **下三角行列** L は，$i < j$ ならば $u_{ij} = 0$ である行列である．L の対角より上のすべての要素は 0 である：すなわち

$$L = \begin{pmatrix} l_{11} & 0 & \dots & 0 \\ l_{21} & l_{22} & \dots & 0 \\ \vdots & \vdots & \ddots & \vdots \\ l_{n1} & l_{n2} & \dots & l_{nn} \end{pmatrix}$$

下三角行列は，対角に沿って 1 が並んでいるとき，**単位下三角** (unit lower-triangular) である．

6. **置換行列** (permutation matrix) P は，各行各列にちょうど 1 個の 1 があり，それ以外の要素がすべて 0 である行列である．

$$P = \begin{pmatrix} 0 & 1 & 0 & 0 & 0 \\ 0 & 0 & 0 & 1 & 0 \\ 1 & 0 & 0 & 0 & 0 \\ 0 & 0 & 0 & 0 & 1 \\ 0 & 0 & 1 & 0 & 0 \end{pmatrix}$$

は置換行列の例である．置換行列にベクトル x を掛けることが x の要素を置換する（置き直す）効果を持つことから，このような行列を置換行列と呼ぶ．練習問題 D.1-4 では置換行列の他の性質を調べる．

7. **対称行列** (symmetric matrix) A は，$A = A^{\mathrm{T}}$ を満たす行列である．たとえば

$$\begin{pmatrix} 1 & 2 & 3 \\ 2 & 6 & 4 \\ 3 & 4 & 5 \end{pmatrix}$$

は対称行列である．

基本行列演算

行列やベクトルの要素は，実数，複素数あるいは素数を法とする整数などの数体系に属する**スカラー数** (scalar number) である．そして，数体系は数の和と積を定義する．これらの定義を行列の和と積を包含するように拡張できる．

以下のように**行列の和** (matrix addition) を定義する．$A = (a_{ij})$ と $B = (b_{ij})$ を共に $m \times n$ 型行列とするとき，その行列の和 $C = (c_{ij}) = A + B$ は $m \times n$ 型行列であって，任意の $i = 1, 2, \dots, m$ と $j = 1, 2, \dots, n$ に対して

1030 | D 行 列

$$c_{ij} = a_{ij} + b_{ij}$$

である．すなわち，行列和は要素ごとに実行される．

$$A + 0 = A = 0 + A$$

したがって，零行列は行列和の単位元である．

λ がスカラー数で $A = (a_{ij})$ を行列とするとき，$\lambda A = (\lambda a_{ij})$ は A の**スカラー積** (scalar multiple) であり，A の各要素に λ を掛けて得ることができる，特別な場合として，行列 $A = (a_{ij})$ の**符号反転** (negative) を $-1 \cdot A = -A$ と定義する．$-A$ の第 ij 要素は $-a_{ij}$ なので，

$$A + (-A) = 0 = (-A) + A$$

である．行列の符号反転を**行列の差** (matrix subtraction)：$A - B = A + (-B)$ を定義するために用いる．

以下のように**行列の乗算** (matrix multiplication) を定義する．2 つの行列 A と B を考える．A と B は，A の列数と B の行数が等しいという意味で**両立可能** (compatible) であるとする．（一般に，行列の積 AB を含む式では，つねに行列 A と B は両立可能であるとする．）$A = (a_{ik})$ が $p \times q$ 型行列で $B = (b_{kj})$ が $q \times r$ 型行列ならば，その積 $C = AB$ は $p \times r$ 型行列 $C = (c_{ij})$ であって，任意の $i = 1, 2, \ldots, p$ と $j = 1, 2, \ldots, r$ に対して

$$c_{ij} = \sum_{k=1}^{q} a_{ik} b_{kj} \tag{D.2}$$

である．第 14.2 節（連鎖行列乗算）の手続き RECTANGULAR-MATRIX-MULTIPLY は式 (D.2) を直接用いた単純な方法で行列積を実現している．ここで，C は零行列に初期化されており，pqr 回の乗算と $p(q-1)r$ 回の加算を用いて，実行時間 $\Theta(pqr)$ を達成する．2 つの行列が $n \times n$ の正方行列であるとき，すなわち $n = p = q = r$ のとき，この擬似コードは 68 ページの第 4.1 節の MATRIX-MULTIPLY となり，その実行時間は $\Theta(n^3)$ である．（第 4.2 節では V. Strassen による漸近的にこれより速い $\Theta(n^{\lg 7})$ 時間のアルゴリズムが述べられている．）

行列は，数に典型的な代数的性質の多くを（すべてではないが）持っている．任意の $m \times n$ 型行列 A に対して

$$I_m A = A I_n = A$$

であり，単位行列は行列の積の単位元である．

$$A \cdot 0 = 0$$

であり，零行列を掛けると零行列を得る．行列の積は結合的である．すなわち，任意の両立可能な行列 A, B, C に対して

$$A(BC) = (AB)C$$

である．行列の積は和に対して分配的である．すなわち

$$A(B + C) = AB + AC$$

$$(B+C)D = BD + CD$$

である. $n > 1$ のとき $n \times n$ 型行列の積は可換ではない. たとえば, $A = \begin{pmatrix} 0 & 1 \\ 0 & 0 \end{pmatrix}$, $B = \begin{pmatrix} 0 & 0 \\ 1 & 0 \end{pmatrix}$ とすると, $AB = \begin{pmatrix} 1 & 0 \\ 0 & 0 \end{pmatrix}$ そして $BA = \begin{pmatrix} 0 & 0 \\ 0 & 1 \end{pmatrix}$ である.

行列とベクトルあるいは 2 つのベクトルの積を, ベクトルを $n \times 1$ 型行列 (あるいは行ベクトルの場合には $1 \times n$ 型行列) と見なすことで定義できる. したがって, A が $m \times n$ 型行列で x が n ベクトルならば, Ax は m ベクトルである. x と y が共に n ベクトルならば

$$x^{\mathrm{T}}y = \sum_{i=1}^{n} x_i y_i \tag{D.3}$$

はあるスカラー数 (実際には 1×1 型行列) であって, x と y の **内積** (inner product) と呼ぶ. 我々は, 記法 $\langle x, y \rangle$ を用いて, $x^{\mathrm{T}}y$ を表す. 内積操作は可換である. すなわち, $\langle x, y \rangle = \langle y, x \rangle$ である. 行列 xy^{T} は $n \times n$ 型行列 Z であって, $z_{ij} = x_i y_j$ である. Z を x と y の **外積** (outer product) と呼ぶ. n ベクトル x の (**ユークリッド**) **ノルム** ((euclidean) norm) を

$$\|x\| = (x_1^2 + x_2^2 + \cdots + x_n^2)^{1/2}$$
$$= (x^{\mathrm{T}}x)^{1/2}$$

と定義する. したがって, x のノルムは n 次元ユークリッド空間における x の長さである. 次の等式

$$\left((ax_1)^2 + (ax_2)^2 + \cdots + (ax_n)^2\right)^{1/2} = |a| \, (x_1^2 + x_2^2 + \cdots + x_n^2)^{1/2}$$

から得られる有用な結果は, 任意の実数 a と n-ベクトル x に対して

$$\|ax\| = |a| \, \|x\| \tag{D.4}$$

である.

練習問題

D.1-1 A と B が対称な $n \times n$ 型行列ならば, $A + B$ と $A - B$ も対称な $n \times n$ 型行列であることを示せ.

D.1-2 $(AB)^{\mathrm{T}} = B^{\mathrm{T}}A^{\mathrm{T}}$ であること, および $A^{\mathrm{T}}A$ がつねに対称であることを示せ.

D.1-3 2 つの下三角行列の積は下三角行列であることを示せ.

D.1-4 P を $n \times n$ 型置換行列, A を $n \times n$ 型行列とする. このとき, 行列の積 PA は A の行を入れ換えたもの, 行列の積 AP は A の列を入れ換えたものであることを示せ. 2 つの置換行列の積は置換行列であることを示せ.

D.2 行列の基本的な性質

本節では, 行列に付随する, 逆行列, 線形従属性と独立性, 階数, 行列式などの基本的な性質

1032 │ D 行 列

を定義する．また，正定値行列の族を定義する．

逆行列，階数，行列式

$n \times n$ 型行列 A の逆 (inverse) 行列を（それが存在するとき）A^{-1} と記す．A^{-1} は $AA^{-1} = I_n = A^{-1}A$ を満たす $n \times n$ 型行列である．たとえば

$$\begin{pmatrix} 1 & 1 \\ 1 & 0 \end{pmatrix}^{-1} = \begin{pmatrix} 0 & 1 \\ 1 & -1 \end{pmatrix}$$

である．零行列以外の $n \times n$ 型行列は，多くの場合には逆行列を持たない．逆行列を持たない行列を**非可逆** (noninvertible matrix) あるいは**特異** (singular) であると言う．零行列ではない特異行列の例は

$$\begin{pmatrix} 1 & 0 \\ 1 & 0 \end{pmatrix}$$

である．逆を持つ行列を**可逆** (invertible)，あるいは**正則**もしくは**非特異** (nonsingular) であると言う．逆行列は存在するならば一意に決まる．（練習問題 D.2-1 参照．）A と B が正則な $n \times n$ 型行列ならば

$$(BA)^{-1} = A^{-1}B^{-1}$$

である．逆演算と転置演算は可換である．すなわち

$$(A^{-1})^{\mathrm{T}} = (A^{\mathrm{T}})^{-1}$$

が成立する．

　n 個のベクトル $x_1, x_2, \ldots, x_n$ は，$c_1 x_1 + c_2 x_2 + \cdots + c_n x_n = 0$ を満たす，すべてが同時に 0 ではない係数 $c_1, c_2, \ldots, c_n$ が存在するとき，**線形従属**あるいは **1 次従属** (linearly dependent) であると言う．たとえば，行ベクトル $x_1 = (1 \ \ 2 \ \ 3)$, $x_2 = (2 \ \ 6 \ \ 4)$, $x_3 = (4 \ \ 11 \ \ 9)$ は，$2x_1 + 3x_2 - 2x_3 = 0$ なので線形従属である．線形従属ではないベクトルの集合は**線形独立**あるいは **1 次独立** (linearly independent) であると言う．たとえば単位行列のすべての列は線形独立である．

　零行列ではない $m \times n$ 型行列 A において，サイズが最大の線形独立な列ベクトルの集合のサイズを A の**列の階数**あるいは**列ランク** (column rank) と言う．同様に，A のサイズが最大の線形独立な行ベクトルの集合のサイズを A の**行の階数**あるいは**行ランク** (row rank) と言う．任意の行列 A が持つ基本的性質は，列の階数が行の階数と一致することである．そこで，この値を単に A の**階数**あるいは**ランク** (rank) と呼ぶ．$m \times n$ 型行列の階数は 0 と $\min(m, n)$ の間の整数であり，両端点を含む．（零行列の階数は 0，$n \times n$ 型の単位行列の階数は n である．）これと同値で，しかしもっと役立つように零行列でない $m \times n$ 型行列の階数を定義できる．$A = BC$ を満たす $m \times r$ 型行列 B と $r \times n$ 型行列 C が存在する最小の r を A の階数と定義することである．正方 $n \times n$ 型行列は階数が n のとき，**非退化**あるいは**フルランク** (full rank) であると言う．$m \times n$ 型行列はその階数が n のとき，**列非退化**あるいは**フル列ランク** (full column rank) であると言う．以下の定理は階数の基本的な性質である．

定理 D.1　正方行列が非退化であるための必要十分条件はそれが正則であることである.　■

　行列 A の**ヌルベクトル** (null vector) は非零ベクトル x で $Ax = 0$ を満たすものである. 次の定理（証明は練習問題 D.2-7 で問う）とその系は, 列の階数と特異性をヌルベクトルに関連づける:

定理 D.2　行列 A が列非退化であるための必要十分条件は, それがヌルベクトルを持たないことである.　■

系 D.3　正方行列 A が特異であるための必要十分条件は, それがヌルベクトルを持つことである.　■

　$n > 1$ とする. $n \times n$ 型行列 A の第 ij **小行列** (minor) は A から第 i 番目の行と第 j 番目の列を除去することで構成できる $(n-1) \times (n-1)$ 型行列 $A_{[ij]}$ である. $n \times n$ 型行列 A の**行列式** (determinant) を, 小行列を用いて再帰的に

$$
\det(A) = \begin{cases} a_{11} & n = 1 \text{ のとき} \\ \displaystyle\sum_{j=1}^{n} (-1)^{1+j} a_{1j} \det(A_{[1j]}) & n > 1 \text{ のとき} \end{cases}
$$

と定義する. ここで, 項 $(-1)^{i+j} \det(A_{[ij]})$ を要素 a_{ij} の**余因子** (cofactor) と呼ぶ.

　証明は省略するが, 次の定理で行列式の基本的な性質を示す.

定理 D.4（行列式の性質）　正方行列 A の行列式は以下の性質を持つ:

- A のある行（あるいは列）が零ベクトルならば $\det(A) = 0$ である.
- A の 1 つの行（あるいは 1 つの列）に属する要素がすべて λ 倍されると, A の行列式も λ 倍される.
- A の 1 つの行に属する要素を別の 1 つの行に属する要素に加えても, A の行列式は変化しない. 列についても同様である.
- A の行列式は A^{T} の行列式に等しい.
- A の 2 つの行（あるいは 2 つの列）を入れ換えると, A の行列式に -1 が掛かる.

さらに, 任意の 2 つの正方行列 A と B に対して, $\det(AB) = \det(A)\det(B)$ が成立する.　■

定理 D.5　$n \times n$ 型行列 A が特異であるための必要十分条件は $\det(A) = 0$ が成立することである.　■

正定値行列

正定値行列は多くの応用で重要な役割を演じる. $n \times n$ 型行列 A は, すべての n ベクトル $x \neq 0$ に対して $x^{\mathrm{T}} A x > 0$ であるとき, **正定値** (positive-definite) である. たとえば, 単位行列は正定値である. なぜなら, 任意の非零ベクトル $x = (x_1 x_2 \cdots x_n)^{\mathrm{T}}$ に対して

$$
\begin{aligned}
x^{\mathrm{T}} I_n x &= x^{\mathrm{T}} x \\
&= \sum_{i=1}^{n} x_i^2
\end{aligned}
$$

1034 | D 行 列

$$> 0$$

となるからである.

次の定理は,アプリケーションに現れる多くの行列が正定値である理由を説明する:

定理 D.6 A を任意の非退化行列とするとき,行列 $A^\mathrm{T}A$ は正定値である.

証明 任意の非零ベクトル x に対して $x^\mathrm{T}(A^\mathrm{T}A)x > 0$ であることを示す.任意のベクトル x に対して

$$x^\mathrm{T}(A^\mathrm{T}A)x = (Ax)^\mathrm{T}(Ax) \quad (練習問題 \text{D.1-2} より)$$
$$= \|Ax\|^2$$

である.$\|Ax\|^2$ は単にベクトル Ax の各要素の 2 乗の和であることに注意せよ.したがって,$\|Ax\|^2 \geq 0$ である.$\|Ax\|^2 = 0$ ならば Ax のすべての要素が 0 なので,$Ax = 0$ である.A は列非退化なので,定理 D.2 から $Ax = 0$ ならば $x = 0$ である.以上から,$A^\mathrm{T}A$ は正定値である. ∎

第 28.3 節(対称正定値行列と最小 2 乗近似)では正定値行列の性質をさらに深く調べている.第 33.3 節(勾配降下法)では,半正定値として知られる条件を利用する.$n \times n$ 型行列 A は,すべての n ベクトル $x \neq 0$ に対して $x^\mathrm{T}Ax \geq 0$ であるとき,**半正定値** (positive-semidefinite) である.

練習問題

D.2-1 逆行列は一意に決まること,すなわち B と C が A の逆行列ならば $B = C$ であることを証明せよ.

D.2-2 下三角行列あるいは上三角行列の行列式は対角要素の積に等しいことを示せ.下三角行列の逆行列は,存在するならば下三角行列であることを証明せよ.

D.2-3 P を置換行列とするとき,P は正則であって,その逆行列は P^T であり,P^T は置換行列であることを証明せよ.

D.2-4 A と B を $AB = I$ を満たす 2 つの $n \times n$ 型行列とする.A の行 i に行 $j (\neq i)$ を加えた行列を A' とするとき,B の列 j から列 i を引いた行列 B' は A' の逆行列であることを証明せよ.

D.2-5 A を複素数を要素とする正則な $n \times n$ 型行列とする.A^{-1} のすべての要素が実数であるための必要十分条件は,A のすべての要素が実数であることを示せ.

D.2-6 A が正則で対称な $n \times n$ 型行列ならば A^{-1} も対称であることを示せ.もし,A が対称な $n \times n$ 型行列で,B が任意の $m \times n$ 型行列ならば,積 BAB^T によって与えられる $m \times m$ 型行列は対称であることも示せ.

D.2-7 定理 D.2 を証明せよ.すなわち,行列 A が列非退化であるための必要十分条件が,$Ax = 0$ ならば $x = 0$ であることを示せ.(**ヒント**: 1 つの列が他の列の線形従属であることを行列とベクトルの式として表現せよ.)

D.2-8 任意の両立可能な行列 A と B に対して

D.2 行列の基本的な性質 | **1035**

$$\mathrm{rank}(AB) \le \min\{\mathrm{rank}(A), \mathrm{rank}(B)\}$$

であって，A あるいは B が正則な正方行列であるとき等号が成立することを示せ．（**ヒント**：行列の階数のもう一方の定義を使え．）

章末問題

D-1 Vandermonde 行列

与えられた n 個の数 $x_0, x_1, \ldots, x_{n-1}$ の **Vandermonde 行列** (Vandermonde matrix)

$$V(x_0, x_1, \ldots, x_{n-1}) = \begin{pmatrix} 1 & x_0 & x_0^2 & \cdots & x_0^{n-1} \\ 1 & x_1 & x_1^2 & \cdots & x_1^{n-1} \\ \vdots & \vdots & \vdots & \ddots & \vdots \\ 1 & x_{n-1} & x_{n-1}^2 & \cdots & x_{n-1}^{n-1} \end{pmatrix}$$

の行列式が

$$\det(V(x_0, x_1, \ldots, x_{n-1})) = \prod_{0 \le j < k \le n-1} (x_k - x_j)$$

であることを示せ．（**ヒント**：$i = n-1, n-2, \ldots, 1$ に対して，列 i に $-x_0$ を掛け，列 $i+1$ に加える．そして数学的帰納法を用いよ．）

D-2 $GF(2)$ 上の行列-ベクトル積によって定義される置換

$S_n = \{0, 1, 2, \ldots, 2^n - 1\}$ に属する整数の置換の族の 1 つに，2 個の要素からなるガロア体 $GF(2)$ 上の行列積によって定義されるものがある．S_n に属する各整数 x の 2 進表現を n ビットベクトル

$$\begin{pmatrix} x_0 \\ x_1 \\ x_2 \\ \vdots \\ x_{n-1} \end{pmatrix}$$

と見なす．ここで，$x = \sum_{i=0}^{n-1} x_i 2^i$ である．A を各要素が 0 または 1 の $n \times n$ 型行列とすると，A によって S_n に属する値 x を行列-ベクトル積 Ax を 2 進表現とする整数に写像する置換が定義できる．ここで，すべての計算は $GF(2)$ 上で実行する．すなわち，すべての値は 0 か 1 であって，1 つの例外を除いて通常の加算と乗算の規則を適用する．例外は規則 $1+1=0$ である．$GF(2)$ 上の計算は，最下位ビットだけを使って行う通常の整数演算と考えることができる．

　たとえば，$S_2 = \{0, 1, 2, 3\}$ に対して行列

$$A = \begin{pmatrix} 1 & 0 \\ 1 & 1 \end{pmatrix}$$

は $\pi_A(0) = 0$，$\pi_A(1) = 3$，$\pi_A(2) = 2$，$\pi_A(3) = 1$ である置換 π_A を定義する．$\pi_A(3) = 1$ であることを理解するために，$GF(2)$ 上で計算すると

$$\pi_A(3) = \begin{pmatrix} 1 & 0 \\ 1 & 1 \end{pmatrix} \begin{pmatrix} 1 \\ 1 \end{pmatrix}$$

1036 | D 行 列

$$= \begin{pmatrix} 1 \cdot 1 + 0 \cdot 1 \\ 1 \cdot 1 + 1 \cdot 1 \end{pmatrix}$$

$$= \begin{pmatrix} 1 \\ 0 \end{pmatrix}$$

であり，これが 1 の 2 進表現であることを確認せよ．

以下では演算は $GF(2)$ 上で実行し，すべての行列とベクトルの要素は 0 または 1 である．$GF(2)$ 上での 0-1 行列 (各要素が 0 または 1 である行列) の**階数** (rank) を，線形独立性を決定する計算を $GF(2)$ 上で実行することを除いて，普通の行列と同様に定義する．つぎに，$n \times n$ 型 0-1 行列 A の**値域** (range) を

$$R(A) = \{y : \text{ある } x \in S_n \text{ が存在して } y = Ax \text{ を満たす}\}$$

と定義する．すなわち，$R(A)$ は A に S_n の各値 x を掛けて得ることができるすべての S_n に属する数の集合である．

a. r を行列 A の階数とするとき，$|R(A)| = 2^r$ であることを示せ．A が S_n 上のある置換を定義するならば A は非退化であることを結論せよ．

与えられた $n \times n$ 型行列 A と値 $y \in R(A)$ に対して，y の**原像** (preimage) を

$$P(A, y) = \{x : Ax = y\}$$

で定義する．すなわち，$P(A, y)$ は A に掛けることで y に写像される S_n に属する値の集合である．

b. r を $n \times n$ 型行列 A の階数，$y \in R(A)$ とするとき，$|P(A, y)| = 2^{n-r}$ であることを示せ．

$0 \le m \le n$ とし，集合 S_n を連続する数のブロックに分割する．ここで，i 番目のブロックは 2^m 個の数 $i2^m, i2^m + 1, i2^m + 2, \ldots, (i+1)2^m - 1$ から構成されている．任意の部分集合 $S \subseteq S_n$ に対して，$\mathcal{B}(S, m)$ を S のある要素を含む S_n のサイズ 2^m のブロックの集合であると定義する．たとえば，$n = 3$，$m = 1$，$S = \{1, 4, 5\}$ とすると，$\mathcal{B}(S, m)$ はブロック 0 (0 番目のブロックは 1 を含む) とブロック 2 (2 番目のブロックは 4 と 5 を含む) から構成される．

c. r を A の左下 $(n - m) \times m$ 型部分行列，すなわち A の下から $n - m$ 個の行と左から m 個の列の共通部分から構成される行列の階数とする．S を S_n の任意のサイズ 2^m のブロックとし，$S' = \{y : \text{ある } x \in S \text{ が存在して } y = Ax \text{ を満たす}\}$ とする．このとき，$|\mathcal{B}(S', m)| = 2^r$ であり，$\mathcal{B}(S', m)$ に属する各ブロックについて，ちょうど 2^{m-r} 個の数が S からこのブロックに写されていることを示せ．

どの行列に零ベクトルを掛けても零ベクトルになるので，$GF(2)$ 上で非退化の $n \times n$ 型行列に掛けることで定義される置換の集合が S_n 上のすべての置換を含むことはできない．行列-ベクトル積によって定義される置換の族を，和項を導入することで拡張しよう．すなわち，c を n ビットベクトルとし，加算を $GF(2)$ 上で実行することで，$x \in S_n$ を $Ax + c$ に写像することにする．たとえば

$$A = \begin{pmatrix} 1 & 0 \\ 1 & 1 \end{pmatrix}$$

$$c = \begin{pmatrix} 0 \\ 1 \end{pmatrix}$$

とすると，$\pi_{A,c}(0) = 2$，$\pi_{A,c}(1) = 1$，$\pi_{A,c}(2) = 0$，$\pi_{A,c}(3) = 3$ である置換 $\pi_{A,c}$ が定義される．ある非退化の $n \times n$ 型 0-1 行列 A と n ビットベクトル c によって，任意の $x \in S_n$ を $Ax + c$ に写す置換を **線形置換** (linear permutation) と言う．

d. S_n の線形置換の個数が S_n の置換の総数に比べて極めて少ないことを，線形置換の個数を数えることで証明せよ．

e. 線形置換では実現できない n の値と S_n 上の置換の例を与えよ．（**ヒント**: 与えられた置換に対して，ある行列に単位ベクトルを掛けることがその行列の列とどのように関係するか考えよ．）

文献ノート

線形代数の教科書から行列の背景をなす膨大な知識を得ることができる．Strang [422, 423] の教科書はとくに良くできている．

参考文献

[1] Milton Abramowitz and Irene A. Stegun, editors. *Handbook of Mathematical Functions*. Dover, 1965.

[2] G. M. Adel'son-Vel'skiĭ and E.M. Landis. An algorithm for the organization of information. *Soviet Mathematics Doklady*, 3(5):1259–1263, 1962.

[3] Alok Aggarwal and Jeffrey Scott Vitter. The input/output complexity of sorting and related problems. *Communications of the ACM*, 31(9):1116–1127, 1988.

[4] Manindra Agrawal, Neeraj Kayal, and Nitin Saxena. PRIMES is in P. *Annals of Mathematics*, 160(2):781–793, 2004.

[5] Alfred V. Aho, John E. Hopcroft, and Jeffrey D. Ullman. *The Design and Analysis of Computer Algorithms*. Addison-Wesley, 1974.

[6] Alfred V. Aho, John E. Hopcroft, and Jeffrey D. Ullman. *Data Structures and Algorithms*. Addison-Wesley, 1983.

[7] Ravindra K. Ahuja, Thomas L. Magnanti, and James B. Orlin. *Network Flows: Theory, Algorithms, and Applications*. Prentice Hall, 1993.

[8] Ravindra K. Ahuja, Kurt Mehlhorn, James B. Orlin, and Robert E. Tarjan. Faster algorithms for the shortest path problem. *Journal of the ACM*, 37(2):213–223, 1990.

[9] Ravindra K. Ahuja and James B. Orlin. A fast and simple algorithm for the maximum flow problem. *Operations Research*, 37(5):748–759, 1989.

[10] Ravindra K. Ahuja, James B. Orlin, and Robert E. Tarjan. Improved time bounds for the maximum flow problem. *SIAM Journal on Computing*, 18(5):939–954, 1989.

[11] Miklós Ajtai, Nimrod Megiddo, and Orli Waarts. Improved algorithms and analysis for secretary problems and generalizations. *SIAM Journal on Discrete Mathematics*, 14(1):1–27, 2001.

[12] Selim G. Akl. *The Design and Analysis of Parallel Algorithms*. Prentice Hall, 1989.

[13] Mohamad Akra and Louay Bazzi. On the solution of linear recurrence equations. *Computational Optimization and Applications*, 10(2):195–210, 1998.

[14] Susanne Albers. Online algorithms: A survey. *Mathematical Programming*, 97(1-2):3–26, 2003.

[15] Noga Alon. Generating pseudo-random permutations and maximum flow algorithms. *Information Processing Letters*, 35:201–204, 1990.

[16] Arne Andersson. Balanced search trees made simple. In *Proceedings of the Third Workshop on Algorithms and Data Structures*, volume 709 of *Lecture Notes in Computer Science*, pages 60–71. Springer, 1993.

[17] Arne Andersson. Faster deterministic sorting and searching in linear space. In *Proceedings of the 37th Annual Symposium on Foundations of Computer Science*, pages 135–141, 1996.

[18] Arne Andersson, Torben Hagerup, Stefan Nilsson, and Rajeev Raman. Sorting in linear time? *Journal of Computer and System Sciences*, 57:74–93, 1998.

[19] Tom M. Apostol. *Calculus*, volume 1. Blaisdell Publishing Company, second edition, 1967.

[20] Nimar S. Arora, Robert D. Blumofe, and C. Greg Plaxton. Thread scheduling for multiprogrammed multiprocessors. *Theory of Computing Systems*, 34(2):115–144, 2001.

[21] Sanjeev Arora. *Probabilistic checking of proofs and the hardness of approximation problems*. PhD thesis, University of California, Berkeley, 1994.

[22] Sanjeev Arora. The approximability of NP-hard problems. In *Proceedings of the 30th Annual ACM Symposium on Theory of Computing*, pages 337–348, 1998.

[23] Sanjeev Arora. Polynomial time approximation schemes for euclidean traveling salesman and other geometric problems. *Journal of the ACM*, 45(5):753–782, 1998.

[24] Sanjeev Arora and Boaz Barak. *Computational Complexity: A Modern Approach*. Cambridge University Press, 2009.

[25] Sanjeev Arora, Elad Hazan, and Satyen Kale. The multiplicative weights update method: A meta-algorithm and applications. *Theory of Computing*, 8(1):121–164, 2012.

[26] Sanjeev Arora and Carsten Lund. Hardness of approximations. In Dorit S. Hochbaum, editor, *Approximation Algorithms for NP-Hard Problems*, pages 399–446. PWS Publishing Company, 1997.

[27] Mikhail J. Atallah and Marina Blanton, editors. *Algorithms and Theory of Computation Handbook*, volume 1. Chapman & Hall/CRC Press, second edition, 2009.

[28] Mikhail J. Atallah and Marina Blanton, editors. *Algorithms and Theory of Computation Handbook*, volume 2. Chapman & Hall/CRC Press, second edition, 2009.

[29] G. Ausiello, P. Crescenzi, G. Gambosi, V. Kann, A. Marchetti-Spaccamela, and M. Protasi. *Complexity and Approximation: Combinatorial Optimization Problems and Their Approximability Properties*. Springer, 1999.

[30] Shai Avidan and Ariel Shamir. Seam carving for content-aware image resizing. *ACM Transactions on Graphics*, 26(3), article 10, 2007.

[31] László Babai, Eugene M. Luks, and Ákos Seress. Fast management of permutation groups I. *SIAM Journal on Computing*, 26(5):1310–1342, 1997.

[32] Eric Bach. Private communication, 1989.

[33] Eric Bach. Number-theoretic algorithms. In *Annual Review of Computer Science*, volume 4, pages 119–172. Annual Reviews, Inc., 1990.

[34] Eric Bach and Jeffrey Shallit. *Algorithmic Number Theory—Volume I: Efficient Algorithms*. The MIT Press, 1996.

[35] Nikhil Bansal and Anupam Gupta. Potential-function proofs for first-order methods. *CoRR*, abs/1712.04581, 2017.

[36] Hannah Bast, Daniel Delling, Andrew V. Goldberg, Matthias Müller-Hannemann, Thomas Pajor, Peter Sanders, Dorothea Wagner, and Renato F. Werneck. Route planning in transportation networks. In *Algorithm Engineering - Selected Results and Surveys*, volume 9220 of *Lecture Notes in Computer Science*, pages 19–80. Springer, 2016.

[37] Surender Baswana, Ramesh Hariharan, and Sandeep Sen. Improved decremental algorithms for maintaining transitive closure and all-pairs shortest paths. *Journal of Algorithms*, 62(2):74–92, 2007.

[38] R. Bayer. Symmetric binary B-trees: Data structure and maintenance algorithms. *Acta Informatica*, 1(4):290–306, 1972.

[39] R. Bayer and E. M. McCreight. Organization and maintenance of large ordered indexes. *Acta Informatica*, 1(3):173–189, 1972.

[40] Pierre Beauchemin, Gilles Brassard, Claude Crépeau, Claude Goutier, and Carl Pomerance. The generation of random numbers that are probably prime. *Journal of Cryptology*, 1(1):53–64, 1988.

[41] L. A. Belady. A study of replacement algorithms for a virtual-storage computer. *IBM Systems Journal*, 5(2):78–101, 1966.

[42] Mihir Bellare, Joe Kilian, and Phillip Rogaway. The security of cipher block chaining message authentication code. *Journal of Computer and System Sciences*, 61(3):362–399, 2000.

[43] Mihir Bellare and Phillip Rogaway. Random oracles are practical: A paradigm for designing efficient protocols. In *CCS '93, Proceedings of the 1st ACM Conference on Computer and Communications Security*, pages 62–73, 1993.

[44] Richard Bellman. *Dynamic Programming*. Princeton University Press, 1957.

[45] Richard Bellman. On a routing problem. *Quarterly of Applied Mathematics*, 16(1):87–90, 1958.

[46] Michael Ben-Or. Lower bounds for algebraic computation trees. In *Proceedings of the Fifteenth Annual ACM Symposium on Theory of Computing*, pages 80–86, 1983.

[47] Michael A. Bender, Erik D. Demaine, and Martin Farach-Colton. Cache-oblivious B-trees. *SIAM Journal on Computing*, 35(2):341–358, 2005.

[48] Samuel W. Bent and John W. John. Finding the median requires $2n$ comparisons. In *Proceedings of the Seventeenth Annual ACM Symposium on Theory of Computing*, pages 213–216, 1985.

[49] Jon L. Bentley. *Writing Efficient Programs*. Prentice Hall, 1982.

[50] Jon L. Bentley. *More Programming Pearls: Confessions of a Coder*. Addison-Wesley, 1988.

[51] Jon L. Bentley. *Programming Pearls*. Addison-Wesley, second edition, 1999.

[52] Jon L. Bentley, Dorothea Haken, and James B. Saxe. A general method for solving divide-and-conquer recurrences. *SIGACT News*, 12(3):36–44, 1980.

[53] Claude Berge. Two theorems in graph theory. *Proceedings of the National Academy of Sciences*, 43(9):842–844, 1957.

[54] Aditya Y. Bhargava. *Grokking Algorithms: An Illustrated Guide For Programmers and Other Curious People*. Manning Publications, 2016.

[55] Daniel Bienstock and Benjamin McClosky. Tightening simplex mixed-integer sets with guaranteed bounds. *Optimization Online*, 2008.

[56] Patrick Billingsley. *Probability and Measure*. John Wiley & Sons, second edition, 1986.

[57] Guy E. Blelloch. *Scan Primitives and Parallel Vector Models*. PhD thesis, Department of Electrical Engineering and Computer Science, MIT, 1989. Available as MIT Laboratory for Computer Science Technical Report MIT/LCS/TR-463.

[58] Guy E. Blelloch. Programming parallel algorithms. *Communications of the ACM*, 39(3):85–97, 1996.

[59] Guy E. Blelloch, Jeremy T. Fineman, Phillip B. Gibbons, and Julian Shun. Internally deterministic parallel algorithms can be fast. In *17th ACM SIGPLAN Symposium on Principles and Practice of Parallel Programming*, pages 181–192, 2012.

参考文献 | **1041**

[60] Guy E. Blelloch, Jeremy T. Fineman, Yan Gu, and Yihan Sun. Optimal parallel algorithms in the binary-forking model. In *Proceedings of the 32nd Annual ACM Symposium on Parallelism in Algorithms and Architectures*, pages 89–102, 2020.

[61] Guy E. Blelloch, Phillip B. Gibbons, and Yossi Matias. Provably efficient scheduling for languages with fine-grained parallelism. *Journal of the ACM*, 46(2):281–321, 1999.

[62] Manuel Blum, Robert W. Floyd, Vaughan Pratt, Ronald L. Rivest, and Robert E. Tarjan. Time bounds for selection. *Journal of Computer and System Sciences*, 7(4):448–461, 1973.

[63] Robert D. Blumofe and Charles E. Leiserson. Scheduling multithreaded computations by work stealing. *Journal of the ACM*, 46(5):720–748, 1999.

[64] Robert L. Bocchino, Jr., Vikram S. Adve, Sarita V. Adve, and Marc Snir. Parallel programming must be deterministic by default. In *Proceedings of the First USENIX Conference on Hot Topics in Parallelism (HotPar)*, 2009.

[65] Béla Bollobás. Random Graphs. Academic Press, 1985.

[66] Leonardo Bonacci. *Liber Abaci*, 1202.

[67] J. A. Bondy and U. S. R. Murty. *Graph Theory with Applications*. American Elsevier, 1976.

[68] A. Borodin and R. El-Yaniv. *Online Computation and Competitive Analysis*. Cambridge University Press, 1998.

[69] Stephen P. Boyd and Lieven Vandenberghe. *Convex Optimization*. Cambridge University Press, 2004.

[70] Gilles Brassard and Paul Bratley. *Fundamentals of Algorithmics*. Prentice Hall, 1996.

[71] Richard P. Brent. The parallel evaluation of general arithmetic expressions. *Journal of the ACM*, 21(2):201–206, 1974.

[72] Gerth Stolting Brodal. A survey on priority queues. In Andrej Brodnik, Alejandro López-Ortiz, Venkatesh Raman, and Alfredo Viola, editors, *Space-Efficient Data Structures, Streams, and Algorithms: Papers in Honor of J. Ian Munro on the Occasion of His 66th Birthday*, volume 8066 of *Lecture Notes in Computer Science*, pages 150–163. Springer, 2013.

[73] Gerth Stolting Brodal, George Lagogiannis, and Robert E. Tarjan. Strict Fibonacci heaps. In *Proceedings of the 44th Annual ACM Symposium on Theory of Computing*, pages 1177–1184, 2012.

[74] George W. Brown. Some notes on computation of games solutions. *RAND Corporation Report*, P-78, 1949.

[75] Sébastien Bubeck. Convex optimization: Algorithms and complexity. *Foundations and Trends in Machine Learning*, 8(3-4):231–357, 2015.

[76] Niv Buchbinder and Joseph Naor. The design of competitive online algorithms via a primaldual approach. *Foundations and Trends in Theoretical Computer Science*, 3(2–3):93–263, 2009.

[77] J. P. Buhler, H. W. Lenstra, Jr., and Carl Pomerance. Factoring integers with the number field sieve. In A. K. Lenstra and H. W. Lenstra, Jr., editors, *The Development of the Number Field Sieve*, volume 1554 of *Lecture Notes in Mathematics*, pages 50–94. Springer, 1993.

[78] M. Burrows and D. J. Wheeler. A block-sorting lossless data compression algorithm. SRC Research Report 124, Digital Equipment Corporation Systems Research Center, May 1994.

[79] Neville Campbell. Recurrences. Unpublished treatise available at https://nevillecampbell.com/Recurrences.pdf, 2020.

[80] J. Lawrence Carter and Mark N. Wegman. Universal classes of hash functions. *Journal of Computer and System Sciences*, 18(2):143–154, 1979.

[81] Barbara Chapman, Gabriele Jost, and Ruud van der Pas. *Using OpenMP: Portable Shared Memory Parallel Programming*. The MIT Press, 2007.

[82] Philippe Charles, Christian Grothoff, Vijay Saraswat, Christopher Donawa, Allan Kielstra, Kemal Ebcioglu, Christoph von Praun, and Vivek Sarkar. X10: An object-oriented approach to non-uniform cluster computing. In *ACM SIGPLAN Conference on Object-oriented Programming, Systems, Languages, and Applications (OOPSLA)*, pages 519–538, 2005.

[83] Bernard Chazelle. A minimum spanning tree algorithm with inverse-Ackermann type complexity. *Journal of the ACM*, 47(6):1028–1047, 2000.

[84] Ke Chen and Adrian Dumitrescu. Selection algorithms with small groups. *International Journal of Foundations of Computer Science*, 31(3):355–369, 2020.

[85] Guang-Ien Cheng, Mingdong Feng, Charles E. Leiserson, Keith H. Randall, and Andrew F. Stark. Detecting data races in Cilk programs that use locks. In *Proceedings of the 10th Annual ACM Symposium on Parallel Algorithms and Architectures*, pages 298–309, 1998.

[86] Joseph Cheriyan and Torben Hagerup. A randomized maximum-flow algorithm. *SIAM Journal on Computing*, 24(2):203–226, 1995.

[87] Joseph Cheriyan and S. N. Maheshwari. Analysis of preflow push algorithms for maximum network flow. *SIAM Journal on Computing*, 18(6):1057–1086, 1989.

[88] Boris V. Cherkassky and Andrew V. Goldberg. On implementing the push-relabel method for the maximum flow problem. *Algorithmica*, 19(4):390–410, 1997.

[89] Boris V. Cherkassky, Andrew V. Goldberg, and Tomasz Radzik. Shortest paths algorithms: Theory and experimental evaluation. *Mathematical Programming*, 73(2):129–174, 1996.

[90] Boris V. Cherkassky, Andrew V. Goldberg, and Craig Silverstein. Buckets, heaps, lists and monotone priority queues. *SIAM Journal on Computing*, 28(4):1326–1346, 1999.

[91] H. Chernoff. A measure of asymptotic efficiency for tests of a hypothesis based on the sum of observations. *Annals of Mathematical Statistics*, 23(4):493–507, 1952.

[92] Brian Christian and Tom Griffiths. *Algorithms to Live By: The Computer Science of Human Decisions*. Picador, 2017.

[93] Kai Lai Chung. *Elementary Probability Theory with Stochastic Processes*. Springer, 1974.

[94] V. Chvátal. *Linear Programming*. W. H. Freeman and Company, 1983.

[95] V. Chvátal, D. A. Klarner, and D. E. Knuth. Selected combinatorial research problems. Technical Report STAN-CS-72-292, Computer Science Department, Stanford University, 1972.

[96] Alan Cobham. The intrinsic computational difficulty of functions. In *Proceedings of the 1964 Congress for Logic, Methodology, and the Philosophy of Science*, pages 24–30. North-Holland, 1964.

[97] H. Cohen and H. W. Lenstra, Jr. Primality testing and Jacobi sums. *Mathematics of Computation*, 42(165):297–330, 1984.

[98] Michael B. Cohen, Aleksander Madry, Piotr Sankowski, and Adrian Vladu. Negative-weight shortest paths and unit capacity minimum cost flow in $\widetilde{O}(m^{10/7} \log w)$ time (extended abstract). In *Proceedings of the 28th ACM-SIAM Symposium on Discrete Algorithms*, pages 752–771, 2017.

[99] Douglas Comer. The ubiquitous B-tree. *ACM Computing Surveys*, 11(2):121–137, 1979.

[100] Stephen Cook. The complexity of theorem proving procedures. In *Proceedings of the Third Annual ACM Symposium on Theory of Computing*, pages 151–158, 1971.

[101] James W. Cooley and John W. Tukey. An algorithm for the machine calculation of complex Fourier series. *Mathematics of Computation*, 19(90):297–301, 1965.

[102] Don Coppersmith. Modifications to the number field sieve. *Journal of Cryptology*, 6(3):169–180, 1993.

[103] Don Coppersmith and Shmuel Winograd. Matrix multiplication via arithmetic progression. *Journal of Symbolic Computation*, 9(3):251–280, 1990.

[104] Thomas H. Cormen. *Algorithms Unlocked*. The MIT Press, 2013.

[105] Thomas H. Cormen, Thomas Sundquist, and Leonard F. Wisniewski. Asymptotically tight bounds for performing BMMC permutations on parallel disk systems. *SIAM Journal on Computing*, 28(1):105–136, 1998.

[106] Don Dailey and Charles E. Leiserson. Using Cilk to write multiprocessor chess programs. In H. J. van den Herik and B. Monien, editors, *Advances in Computer Games*, volume 9, pages 25–52. University of Maastricht, Netherlands, 2001.

[107] Sanjoy Dasgupta, Christos Papadimitriou, and Umesh Vazirani. *Algorithms*. McGraw-Hill, 2008.

[108] Abraham de Moivre. De fractionibus algebraicis radicalitate immunibus ad fractiones simpliciores reducendis, deque summandis terminis quarundam serierum aequali intervallo a se distantibus. *Philosophical Transactions*, 32(373): 162–168, 1722.

[109] Erik D. Demaine, Dion Harmon, John Iacono, and Mihai Pătraşcu. Dynamic optimality — almost. *SIAM Journal on Computing*, 37(1):240–251, 2007.

[110] Camil Demetrescu, David Eppstein, Zvi Galik, and Giuseppe F. Italiano. Dynamic graph algorithms. In Mikhail J. Attalah and Marina Blanton, editors, *Algorithms and Theory of Computation Handbook*, chapter 9, pages 9-1–9-28. Chapman & Hall/CRC, second edition, 2009.

[111] Camil Demetrescu and Giuseppe F. Italiano. Fully dynamic all pairs shortest paths with real edge weights. *Journal of Computer and System Sciences*, 72(5):813–837, 2006.

[112] Eric V. Denardo and Bennett L. Fox. Shortest-route methods: 1. Reaching, pruning, and buckets. *Operations Research*, 27(1):161–186, 1979.

[113] Martin Dietzfelbinger, Torben Hagerup, Jyrki Katajainen, and Martti Penttonen. A reliable randomized algorithm for the closest-pair problem. *Journal of Algorithms*, 25(1):19–51, 1997.

[114] Martin Dietzfelbinger, Anna Karlin, Kurt Mehlhorn, Friedhelm Meyer auf der Heide, Hans Rohnert, and Robert E. Tarjan. Dynamic perfect hashing: Upper and lower bounds. *SIAM Journal on Computing*, 23(4):738–761, 1994.

[115] Whitfield Diffie and Martin E. Hellman. New directions in cryptography. *IEEE Transactions on Information Theory*, IT-22(6):644–654, 1976.

[116] Edsger W. Dijkstra. A note on two problems in connexion with graphs. *Numerische Mathematik*, 1(1):269–271, 1959.

[117] Edsger W. Dijkstra. *A Discipline of Programming*. Prentice-Hall, 1976.

[118] Dimitar Dimitrov, Martin Vechev, and Vivek Sarkar. Race detection in two dimensions. *ACM Transactions on Parallel Computing*, 4(4):1–22, 2018.

[119] E. A. Dinic. Algorithm for solution of a problem of maximum flow in a network with power estimation. *Soviet Mathematics Doklady*, 11(5):1277–1280, 1970.

[120] Brandon Dixon, Monika Rauch, and Robert E. Tarjan. Verification and sensitivity analysis of minimum spanning trees in linear time. *SIAM Journal on Computing*, 21(6):1184–1192, 1992.

[121] John D. Dixon. Factorization and primality tests. *The American Mathematical Monthly*, 91(6):333–352, 1984.

[122] Dorit Dor, Johan Håstad, Staffan Ulfberg, and Uri Zwick. On lower bounds for selecting the median. *SIAM Journal on Discrete Mathematics*, 14(3):299–311, 2001.

[123] Dorit Dor and Uri Zwick. Selecting the median. *SIAM Journal on Computing*, 28(5):1722–1758, 1999.

[124] Dorit Dor and Uri Zwick. Median selection requires $(2 + \epsilon)n$ comparisons. *SIAM Journal on Discrete Mathematics*, 14(3):312–325, 2001.

[125] Alvin W. Drake. *Fundamentals of Applied Probability Theory*. McGraw-Hill, 1967.

[126] James R. Driscoll, Neil Sarnak, Daniel D. Sleator, and Robert E. Tarjan. Making data structures persistent. *Journal of Computer and System Sciences*, 38(1):86–124, 1989.

[127] Ran Duan, Seth Pettie, and Hsin-Hao Su. Scaling algorithms for weighted matching in general graphs. *ACM Transactions on Algorithms*, 14(1):8:1–8:35, 2018.

[128] Richard Durstenfeld. Algorithm 235 (RANDOM PERMUTATION). *Communications of the ACM*, 7(7):420, 1964.

[129] Derek L. Eager, John Zahorjan, and Edward D. Lazowska. Speedup versus efficiency in parallel systems. *IEEE Transactions on Computers*, 38(3):408–423, 1989.

[130] Jack Edmonds. Paths, trees, and flowers. *Canadian Journal of Mathematics*, 17:449–467, 1965.

[131] Jack Edmonds. Matroids and the greedy algorithm. *Mathematical Programming*, 1(1):127–136, 1971.

[132] Jack Edmonds and Richard M. Karp. Theoretical improvements in the algorithmic efficiency for network flow problems. *Journal of the ACM*, 19(2):248–264, 1972.

[133] Jeff Edmonds. *How To Think About Algorithms*. Cambridge University Press, 2008.

[134] Mourad Elloumi and Albert Y. Zomaya, editors. *Algorithms in Computational Molecular Biology: Techniques, Approaches and Applications*. John Wiley & Sons, 2011.

[135] Jeff Erickson. *Algorithms*. https://archive.org/details/Algorithms-Jeff-Erickson, 2019.

[136] Martin Erwig. *Once Upon an Algorithm: How Stories Explain Computing*. The MIT Press, 2017.

[137] Shimon Even. *Graph Algorithms*. Computer Science Press, 1979.

[138] Shimon Even and Yossi Shiloach. An on-line edge-deletion problem. *Journal of the ACM*, 28(1):1–4, 1981.

[139] William Feller. *An Introduction to Probability Theory and Its Applications*. John Wiley & Sons, third edition, 1968.

[140] Mingdong Feng and Charles E. Leiserson. Efficient detection of determinacy races in Cilk programs. In *Proceedings of the 9th Annual ACM Symposium on Parallel Algorithms and Architectures*, pages 1–11, 1997.

[141] Amos Fiat, Richard M. Karp, Michael Luby, Lyle A. McGeoch, Daniel Dominic Sleator, and Neal E. Young. Competitive paging algorithms. *Journal of Algorithms*, 12(4):685–699, 1991.

[142] Amos Fiat and Gerhard J. Woeginger, editors. *Online Algorithms, The State of the Art*, volume 1442 of *Lecture Notes in Computer Science*. Springer, 1998.

[143] Sir Ronald A. Fisher and Frank Yates. *Statistical Tables for Biological, Agricultural and Medical Research*. Hafner Publishing Company, fifth edition, 1957

[144] Robert W. Floyd. Algorithm 97 (SHORTEST PATH). *Communications of the ACM*, 5(6):345, 1962.

[145] Robert W. Floyd. Algorithm 245 (TREESORT). *Communications of the ACM*, 7(12):701, 1964.

[146] Robert W. Floyd. Permuting information in idealized two-level storage. In Raymond E. Miller and James W. Thatcher, editors, *Complexity of Computer Computations*, pages 105–109. Plenum Press, 1972.

[147] Robert W. Floyd and Ronald L. Rivest. Expected time bounds for selection. *Communications of the ACM*, 18(3):165–172, 1975.

[148] L. R. Ford. *Network Flow Theory*. RAND Corporation, Santa Monica, CA, 1956.

[149] L. R. Ford, Jr. and D. R. Fulkerson. *Flows in Networks*. Princeton University Press, 1962.

[150] Lastor R. Ford, Jr. and Selmer M. Johnson. A tournament problem. *The American Mathematical Monthly*, 66(5):387–389, 1959.

[151] E. W. Forgy. Cluster analysis of multivariate efficiency versus interpretatbility of classifications. *Biometrics*, 21(3):768–769, 1965.

[152] Lance Fortnow. *The Golden Ticket: P, NP, and the Search for the Impossible*. Princeton University Press, 2013.

[153] Michael L. Fredman. New bounds on the complexity of the shortest path problem. *SIAM Journal on Computing*, 5(1):83–89, 1976.

[154] Michael L. Fredman, János Komlós, and Endre Szemerédi. Storing a sparse table with $O(1)$ worst case access time. *Journal of the ACM*, 31(3):538–544, 1984.

[155] Michael L. Fredman and Michael E. Saks. The cell probe complexity of dynamic data structures. In *Proceedings of the Twenty First Annual ACM Symposium on Theory of Computing*, pages 345–354, 1989.

[156] Michael L. Fredman and Robert E. Tarjan. Fibonacci heaps and their uses in improved network optimization algorithms. *Journal of the ACM*, 34(3):596–615, 1987.

[157] Michael L. Fredman and Dan E. Willard. Surpassing the information theoretic bound with fusion trees. *Journal of Computer and System Sciences*, 47(3):424–436, 1993.

[158] Michael L. Fredman and Dan E. Willard. Trans-dichotomous algorithms for minimum spanning trees and shortest paths. *Journal of Computer and System Sciences*, 48(3):533–551, 1994.

[159] Yoav Freund and Robert E. Schapire. A decision-theoretic generalization of on-line learning and an application to boosting. *Journal of Computer and System Sciences*, 55(1):119–139, 1997.

[160] Matteo Frigo, Pablo Halpern, Charles E. Leiserson, and Stephen Lewin-Berlin. Reducers and other Cilk++ hyperobjects. In *Proceedings of the 21st Annual ACM Symposium on Parallelism in Algorithms and Architectures*, pages 79–90, 2009.

[161] Matteo Frigo and Steven G. Johnson. The design and implementation of FFTW3. *Proceedings of the IEEE*, 93(2):216–231, 2005.

[162] Hannah Fry. *Hello World: Being Human in the Age of Algorithms*. W. W. Norton & Company, 2018.

[163] Harold N. Gabow. Path-based depth-first search for strong and biconnected components. *Information Processing Letters*, 74(3–4):107–114, 2000.

[164] Harold N. Gabow. The weighted matching approach to maximum cardinality matching. *Fundamenta Informaticae*, 154(1–4):109–130, 2017.

[165] Harold N. Gabow, Z. Galil, T. Spencer, and Robert E. Tarjan. Efficient algorithms for finding minimum spanning trees in undirected and directed graphs. *Combinatorica*, 6(2):109–122, 1986.

[166] Harold N. Gabow and Robert E. Tarjan. A linear-time algorithm for a special case of disjoint set union. *Journal of Computer and System Sciences*, 30(2):209–221, 1985.

[167] Harold N. Gabow and Robert E. Tarjan. Faster scaling algorithms for network problems. *SIAM Journal on Computing*, 18(5):1013–1036, 1989.

[168] Harold N. Gabow and Robert Endre Tarjan. Faster scaling algorithms for general graphmatching problems. *Journal of the ACM*, 38(4):815–853, 1991.

[169] D. Gale and L. S. Shapley. College admissions and the stability of marriage. *American Mathematical Monthly*, 69(1):9–15, 1962.

[170] Zvi Galil and Oded Margalit. All pairs shortest distances for graphs with small integer length edges. *Information and Computation*, 134(2):103–139, 1997.

[171] Zvi Galil and Oded Margalit. All pairs shortest paths for graphs with small integer length edges. *Journal of Computer and System Sciences*, 54(2):243–254, 1997.

[172] Zvi Galil and Kunsoo Park. Dynamic programming with convexity, concavity and sparsity. *Theoretical Computer Science*, 92(1):49–76, 1992.

[173] Zvi Galil and Joel Seiferas. Time-space-optimal string matching. *Journal of Computer and System Sciences*, 26(3):280–294, 1983.

[174] Igal Galperin and Ronald L. Rivest. Scapegoat trees. In *Proceedings of the 4th ACM-SIAM Symposium on Discrete Algorithms*, pages 165–174, 1993.

[175] Michael R. Garey, R. L. Graham, and J. D. Ullman. Worst-case analyis of memory allocation algorithms. In *Proceedings of the Fourth Annual ACM Symposium on Theory of Computing*, pages 143–150, 1972.

[176] Michael R. Garey and David S. Johnson. *Computers and Intractability: A Guide to the Theory of NP-Completeness*. W. H. Freeman, 1979.

[177] Naveen Garg and Jochen Könemann. Faster and simpler algorithms for multicommodity flow and other fractional packing problems. *SIAM Journal on Computing*, 37(2):630–652, 2007.

[178] Saul Gass. *Linear Programming: Methods and Applications*. International Thomson Publishing, fourth edition, 1975.

[179] Fănică Gavril. Algorithms for minimum coloring, maximum clique, minimum covering by cliques, and maximum independent set of a chordal graph. *SIAM Journal on Computing*, 1(2):180–187, 1972.

[180] Alan George and Joseph W-H Liu. *Computer Solution of Large Sparse Positive Definite Systems*. Prentice Hall, 1981.

[181] E. N. Gilbert and E. F. Moore. Variable-length binary encodings. *Bell System Technical Journal*, 38(4):933–967, 1959.

[182] Ashish Goel, Sanjeev Khanna, Daniel H. Larkin, and Rober E. Tarjan. Disjoint set union with randomized linking. In *Proceedings of the 25th ACM-SIAM Symposium on Discrete Algorithms*, pages 1005–1017, 2014.

[183] Michel X. Goemans and David P. Williamson. Improved approximation algorithms for maximum cut and satisfiability problems using semidefinite programming. *Journal of the ACM*, 42(6):1115–1145, 1995.

[184] Michel X. Goemans and David P. Williamson. The primal-dual method for approximation algorithms and its application to network design problems. In Dorit S. Hochbaum, editor, *Approximation Algorithms for NP-Hard Problems*, pages 144–191. PWS Publishing Company, 1997.

[185] Andrew V. Goldberg. *Efficient Graph Algorithms for Sequential and Parallel Computers*. PhD thesis, Department of Electrical Engineering and Computer Science, MIT, 1987.

[186] Andrew V. Goldberg. Scaling algorithms for the shortest paths problem. *SIAM Journal on Computing*, 24(3):494–504, 1995.

[187] Andrew V. Goldberg and Satish Rao. Beyond the flow decomposition barrier. *Journal of the ACM*, 45(5):783–797, 1998.

[188] Andrew V. Goldberg and Robert E. Tarjan. A new approach to the maximum flow problem. *Journal of the ACM*, 35(4):921–940, 1988.

[189] D. Goldfarb and M. J. Todd. Linear programming. In G. L. Nemhauser, A. H. G. Rinnooy-Kan, and M. J. Todd, editors, *Handbooks in Operations Research and Management Science, Vol. 1, Optimization*, pages 73–170. Elsevier Science Publishers, 1989.

[190] Shafi Goldwasser and Silvio Micali. Probabilistic encryption. *Journal of Computer and System Sciences*, 28(2):270–299, 1984.

[191] Shafi Goldwasser, Silvio Micali, and Ronald L. Rivest. A digital signature scheme secure against adaptive chosen-message attacks. *SIAM Journal on Computing*, 17(2):281–308, 1988.

[192] Gene H. Golub and Charles F. Van Loan. *Matrix Computations*. The Johns Hopkins University Press, third edition, 1996.

[193] G. H. Gonnet and R. Baeza-Yates. *Handbook of Algorithms and Data Structures in Pascal and C*. Addison-Wesley, second edition, 1991.

[194] Rafael C. Gonzalez and Richard E. Woods. *Digital Image Processing*. Addison-Wesley, 1992.

[195] Michael T. Goodrich and Roberto Tamassia. *Algorithm Design: Foundations, Analysis, and Internet Examples*. John Wiley & Sons, 2001.

[196] Michael T. Goodrich and Roberto Tamassia. *Data Structures and Algorithms in Java*. John Wiley & Sons, sixth edition, 2014.

[197] Ronald L. Graham. Bounds for certain multiprocessor anomalies. *Bell System Technical Journal*, 45(9):1563–1581, 1966.

[198] Ronald L. Graham and Pavol Hell. On the history of the minimum spanning tree problem. *Annals of the History of Computing*, 7(1):43–57, 1985.

[199] Ronald L. Graham, Donald E. Knuth, and Oren Patashnik. *Concrete Mathematics*. Addison-Wesley, second edition, 1994.

[200] David Gries. *The Science of Programming*. Springer, 1981.

[201] M. Grötschel, László Lovász, and Alexander Schrijver. *Geometric Algorithms and Combinatorial Optimization*. Springer, 1988.

[202] Leo J. Guibas and Robert Sedgewick. A dichromatic framework for balanced trees. In *Proceedings of the 19th Annual Symposium on Foundations of Computer Science*, pages 8–21, 1978.

[203] Dan Gusfield and Robert W. Irving. *The Stable Marriage Problem: Structure and Algorithms*. The MIT Press, 1989.

[204] Gregory Gutin and Abraham P. Punnen, editors. *The Traveling Salesman Problem and Its Variations*. Kluwer Academic Publishers, 2002.

[205] Torben Hagerup. Improved shortest paths on the word RAM. In *Procedings of 27th International Colloquium on Automata, Languages and Programming, ICALP 2000*, volume 1853 of *Lecture Notes in Computer Science*, pages 61–72. Springer, 2000.

[206] H. Halberstam and R. E. Ingram, editors. *The Mathematical Papers of Sir William Rowan Hamilton*, volume III (Algebra). Cambridge University Press, 1967.

[207] Yijie Han. Improved fast integer sorting in linear space. *Information and Computation*, 170(1):81–94, 2001.

[208] Frank Harary. *Graph Theory*. Addison-Wesley, 1969.

[209] Gregory C. Harfst and Edward M. Reingold. A potential-based amortized analysis of the union-find data structure. *SIGACT News*, 31(3):86–95, 2000.

[210] J. Hartmanis and R. E. Stearns. On the computational complexity of algorithms. *Transactions of the American Mathematical Society*, 117:285–306, 1965.

[211] Michael T. Heideman, Don H. Johnson, and C. Sidney Burrus. Gauss and the history of the Fast Fourier Transform. *IEEE ASSP Magazine*, 1(4):14–21, 1984.

[212] Monika R. Henzinger and Valerie King. Fully dynamic biconnectivity and transitive closure. In *Proceedings of the 36th Annual Symposium on Foundations of Computer Science*, pages 664–672, 1995.

[213] Monika R. Henzinger and Valerie King. Randomized fully dynamic graph algorithms with polylogarithmic time per operation. *Journal of the ACM*, 46(4):502–516, 1999.

[214] Monika R. Henzinger, Satish Rao, and Harold N. Gabow. Computing vertex connectivity: New bounds from old techniques. *Journal of Algorithms*, 34(2):222–250, 2000.

[215] Nicholas J. Higham. Exploiting fast matrix multiplication within the level 3 BLAS. *ACM Transactions on Mathematical Software*, 16(4):352–368, 1990.

1046 | 参考文献

[216] Nicholas J. Higham. *Accuracy and Stability of Numerical Algorithms*. SIAM, second edition, 2002.

[217] W. Daniel Hillis and Guy L. Steele, Jr. Data parallel algorithms. *Communications of the ACM*, 29(12):1170–1183, 1986.

[218] C. A. R. Hoare. Algorithm 63 (PARTITION) and algorithm 65 (FIND). *Communications of the ACM*, 4(7):321–322, 1961.

[219] C. A. R. Hoare. Quicksort. *The Computer Journal*, 5(1):10–15, 1962.

[220] Dorit S. Hochbaum. Efficient bounds for the stable set, vertex cover and set packing problems. *Discrete Applied Mathematics*, 6(3):243–254, 1983.

[221] Dorit S. Hochbaum, editor. *Approximation Algorithms for NP-Hard Problems*. PWS Publishing Company, 1997.

[222] W. Hoeffding. On the distribution of the number of successes in independent trials. *Annals of Mathematical Statistics*, 27(3):713–721, 1956.

[223] Micha Hofri. *Probabilistic Analysis of Algorithms*. Springer, 1987.

[224] John E. Hopcroft and Richard M. Karp. An $n^{5/2}$ algorithm for maximum matchings in bipartite graphs. *SIAM Journal on Computing*, 2(4):225–231, 1973.

[225] John E. Hopcroft, Rajeev Motwani, and Jeffrey D. Ullman. *Introduction to Automata Theory, Languages, and Computation*. Pearson Education, third edition, 2006.

[226] John E. Hopcroft and Robert E. Tarjan. Efficient algorithms for graph manipulation. *Communications of the ACM*, 16(6):372–378, 1973.

[227] John E. Hopcroft and Jeffrey D. Ullman. Set merging algorithms. *SIAM Journal on Computing*, 2(4):294–303, 1973.

[228] John E. Hopcroft and Jeffrey D. Ullman. *Introduction to Automata Theory, Languages, and Computation*. Addison-Wesley, 1979.

[229] Juraj Hromkovič. *Algorithmics for Hard Problems: Introduction to Combinatorial Optimization, Randomization, Approximation, and Heuristics*. Springer-Verlag, 2001.

[230] T. C. Hu and M. T. Shing. Computation of matrix chain products. Part I. *SIAM Journal on Computing*, 11(2):362–373, 1982.

[231] T. C. Hu and M. T. Shing. Computation of matrix chain products. Part II. *SIAM Journal on Computing*, 13(2):228–251, 1984.

[232] T. C. Hu and A. C. Tucker. Optimal computer search trees and variable-length alphabetic codes. *SIAM Journal on Applied Mathematics*, 21(4):514–532, 1971.

[233] David A. Huffman. A method for the construction of minimum-redundancy codes. *Proceedings of the IRE*, 40(9): 1098–1101, 1952.

[234] Oscar H. Ibarra and Chul E. Kim. Fast approximation algorithms for the knapsack and sum of subset problems. *Journal of the ACM*, 22(4):463–468, 1975.

[235] E. J. Isaac and R. C. Singleton. Sorting by address calculation. *Journal of the ACM*, 3(3):169–174, 1956.

[236] David S. Johnson. Approximation algorithms for combinatorial problems. *Journal of Computer and System Sciences*, 9(3):256–278, 1974.

[237] David S. Johnson. The NP-completeness column: An ongoing guide — The tale of the second prover. *Journal of Algorithms*, 13(3):502–524, 1992.

[238] Donald B. Johnson. Efficient algorithms for shortest paths in sparse networks. *Journal of the ACM*, 24(1):1–13, 1977.

[239] Richard Johnsonbaugh and Marcus Schaefer. *Algorithms*. Pearson Prentice Hall, 2004.

[240] Neil C. Jones and Pavel Pevzner. *An Introduction to Bioinformatics Algorithms*. The MIT Press, 2004.

[241] T. Kanungo, D. M. Mount, N. S. Netanyahu, C. D. Piatko, R. Silverman, and A. Y. Wu. A local search approximation algorithm for k-means clustering. *Computational Geometry*, 28:89–112, 2004.

[242] A. Karatsuba and Yu. Ofman. Multiplication of multidigit numbers on automata. *Soviet Physics — Doklady*, 7(7):595–596, 1963. Translation of an article in *Doklady Akademii Nauk SSSR*, 145(2), 1962.

[243] David R. Karger, Philip N. Klein, and Robert E. Tarjan. Arandomized linear-time algorithm to find minimum spanning trees. *Journal of the ACM*, 42(2):321–328, 1995.

[244] David R. Karger, Daphne Koller, and Steven J. Phillips. Finding the hidden path: Time bounds for all-pairs shortest paths. *SIAM Journal on Computing*, 22(6):1199–1217, 1993.

[245] Juha Kärkkäinen, Peter Sanders, and Stefan Burkhardt. Linear work suffix array construction. *Journal of the ACM*, 53(6):918–936, 2006.

[246] Howard Karloff. *Linear Programming*. Birkhäuser, 1991.

[247] N. Karmarkar. A new polynomial-time algorithm for linear programming. *Combinatorica*, 4(4):373–395, 1984.

[248] Richard M. Karp. Reducibility among combinatorial problems. In Raymond E. Miller and James W. Thatcher, editors, *Complexity of Computer Computations*, pages 85–103. Plenum Press, 1972.

[249] Richard M. Karp. An introduction to randomized algorithms. *Discrete Applied Mathematics*, 34(1–3):165–201, 1991.

[250] Richard M. Karp and Michael O. Rabin. Efficient randomized pattern-matching algorithms. *IBM Journal of Research*

and Development, 31(2):249–260, 1987.

[251] A. V. Karzanov. Determining the maximal flow in a network by the method of preflows. *Soviet Mathematics Doklady*, 15(2):434–437, 1974.

[252] Toru Kasai, Gunho Lee, Hiroki Arimura, Setsuo Arikawa, and Kunsoo Park. Linear-time longest-common-prefix computation in suffix arrays and its applications. In *Proceedings of the 12th Annual Symposium on Combinatorial Pattern Matching*, volume 2089, pages 181–192. Springer-Verlag, 2001.

[253] Jonathan Katz and Yehuda Lindell. *Introduction to Modern Cryptography*. CRC Press, second edition, 2015.

[254] Valerie King. A simpler minimum spanning tree verification algorithm. *Algorithmica*, 18(2):263–270, 1997.

[255] Valerie King, Satish Rao, and Robert E. Tarjan. A faster deterministic maximum flow algorithm. *Journal of Algorithms*, 17(3):447–474, 1994.

[256] Philip N. Klein and Neal E. Young. Approximation algorithms for NP-hard optimization problems. In *CRC Handbook on Algorithms*, pages 34-1–34-19. CRC Press, 1999.

[257] Jon Kleinberg and Éva Tardos. *Algorithm Design*. Addison-Wesley, 2006.

[258] Robert D. Kleinberg. A multiple-choice secretary algorithm with applications to online auctions. In *Proceedings of the 16th ACM-SIAM Symposium on Discrete Algorithms*, pages 630–631, 2005.

[259] Donald E. Knuth. *Fundamental Algorithms*, volume 1 of *The Art of Computer Programming*. Addison-Wesley, third edition, 1997.

[260] Donald E. Knuth. *Seminumerical Algorithms*, volume 2 of *The Art of Computer Programming*. Addison-Wesley, third edition, 1997.

[261] Donald E. Knuth. *Sorting and Searching*, volume 3 of *The Art of Computer Programming*. Addison-Wesley, second edition, 1998.

[262] Donald E. Knuth. *Combinatorial Algorithms*, volume 4A of *The Art of Computer Programming*. Addison-Wesley, 2011.

[263] Donald E. Knuth. *Satisfiability*, volume 4, fascicle 6 of *The Art of Computer Programming*. Addison-Wesley, 2015.

[264] Donald E. Knuth. Optimum binary search trees. *Acta Informatica*, 1(1):14–25, 1971.

[265] Donald E. Knuth. Big omicron and big omega and big theta. *SIGACT News*, 8(2):18–23, 1976.

[266] Donald E. Knuth. *Stable Marriage and Its Relation to Other Combinatorial Problems: An Introduction to the Mathematical Analysis of Algorithms*, volume 10 of *CRM Proceedings and Lecture Notes*. American Mathematical Society, 1997.

[267] Donald E. Knuth, James H. Morris, Jr., and Vaughan R. Pratt. Fast pattern matching in strings. *SIAM Journal on Computing*, 6(2):323–350, 1977.

[268] Mykel J. Kochenderfer and Tim A. Wheeler. *Algorithms for Optimization*. The MIT Press, 2019.

[269] J. Komlós. Linear verification for spanning trees. *Combinatorica*, 5(1):57–65, 1985.

[270] Dexter C. Kozen. *The Design and Analysis of Algorithms*. Springer, 1992.

[271] David W. Krumme, George Cybenko, and K. N. Venkataraman. Gossiping in minimal time. *SIAM Journal on Computing*, 21(1):111–139, 1992.

[272] Joseph B. Kruskal, Jr. On the shortest spanning subtree of a graph and the traveling salesman problem. *Proceedings of the American Mathematical Society*, 7(1):48–50, 1956.

[273] Harold W. Kuhn. The Hungarian method for the assignment problem. *Naval Research Logistics Quarterly*, 2:83–97, 1955.

[274] William Kuszmaul and Charles E. Leiserson. Floors and ceilings in divide-and-conquer recurrences. In *Proceedings of the 3rd SIAM Symposium on Simplicity in Algorithms*, pages 133–141, 2021.

[275] Leslie Lamport. How to make a multiprocessor computer that correctly executes multiprocess programs. *IEEE Transactions on Computers*, C-28(9):690–691, 1979.

[276] Eugene L. Lawler. *Combinatorial Optimization: Networks and Matroids*. Holt, Rinehart, and Winston, 1976.

[277] Eugene L. Lawler, J. K. Lenstra, A. H. G. Rinnooy Kan, and D. B. Shmoys, editors. *The Traveling Salesman Problem*. John Wiley & Sons, 1985.

[278] François Le Gall. Powers of tensors and fast matrix multiplication. In *Proceedings of the 2014 International Symposium on Symbolic and Algebraic Computation, (ISSAC)*, pages 296–303, 2014.

[279] Doug Lea. A Java fork/join framework. In *ACM 2000 Conference on Java Grande*, pages 36–43, 2000.

[280] C. Y. Lee. An algorithm for path connection and its applications. *IRE Transactions on Electronic Computers*, EC-10(3):346–365, 1961.

[281] Edward A. Lee. The problem with threads. *IEEE Computer*, 39(3):33–42, 2006.

[282] I-Ting Angelina Lee, Charles E. Leiserson, Tao B. Schardl, Zhunping Zhang, and Jim Sukha. On-the-fly pipeline parallelism. *ACM Transactions on Parallel Computing*, 2(3):17:1–17:42, 2015.

[283] I-Ting Angelina Lee and Tao B. Schardl. Efficient race detection for reducer hyperobjects. *ACM Transactions on Parallel Computing*, 4(4):1–40, 2018.

[284] Mun-Kyu Lee, Pierre Michaud, Jeong Seop Sim, and Daehun Nyang. A simple proof of optimality for the MIN cache replacement policy. *Information Processing Letters*, 116(2):168–170, 2016.

[285] Yin Tat Lee and Aaron Sidford. Path finding methods for linear programming: Solving linear programs in $\widetilde{O}(\sqrt{rank})$ iterations and faster algorithms for maximum flow. In *Proceedings of the 55th Annual Symposium on Foundations of Computer Science*, pages 424–433, 2014.

[286] Tom Leighton. Tight bounds on the complexity of parallel sorting. *IEEE Transactions on Computers*, C-34(4):344–354, 1985.

[287] Tom Leighton. Notes on better master theorems for divide-and-conquer recurrences. Class notes. Available at http://citeseerx.ist.psu.edu/viewdoc/summary?doi=10.1.1.39.1636, 1996.

[288] Tom Leighton and Satish Rao. Multicommodity max-flow min-cut theorems and their use in designing approximation algorithms. *Journal of the ACM*, 46(6):787–832, 1999.

[289] Daan Leijen and Judd Hall. Optimize managed code for multi-core machines. *MSDN Magazine*, 2007.

[290] Charles E. Leiserson. The Cilk++ concurrency platform. *Journal of Supercomputing*, 51(3):244–257, March 2010.

[291] Charles E. Leiserson. Cilk. In David Padua, editor, *Encyclopedia of Parallel Computing*, pages 273–288. Springer, 2011.

[292] Charles E. Leiserson, Tao B. Schardl, and Jim Sukha. Deterministic parallel random-number generation for dynamic-multithreading platforms. In *Proceddings of the 17th ACM SIGPLAN Symposium on Principles and Practice of Parallel Programming (PPoPP)*, pages 193–204, 2012.

[293] Charles E. Leiserson, Neil C. Thompson, Joel S. Emer, Bradley C. Kuszmaul, Butler W. Lampson, Daniel Sanchez, and Tao B. Schardl. There's plenty of room at the Top: What will drive computer performance after Moore's law? *Science*, 368(6495), 2020.

[294] Debra A. Lelewer and Daniel S. Hirschberg. Data compression. *ACM Computing Surveys*, 19(3):261–296, 1987.

[295] A. K. Lenstra, H. W. Lenstra, Jr., M. S. Manasse, and J. M. Pollard. The number field sieve. In A. K. Lenstra and H. W. Lenstra, Jr., editors, *The Development of the Number Field Sieve*, volume 1554 of *Lecture Notes in Mathematics*, pages 11–42. Springer, 1993.

[296] H. W. Lenstra, Jr. Factoring integers with elliptic curves. *Annals of Mathematics*, 126(3):649–673, 1987.

[297] L. A. Levin. Universal sequential search problems. *Problems of Information Transmission*, 9(3):265–266, 1973. Translated from the original Russian article in *Problemy Peredachi Informatsii* 9(3): 115–116, 1973.

[298] Anany Levitin. *Introduction to the Design & Analysis of Algorithms*. Addison-Wesley, third edition, 2011.

[299] Harry R. Lewis and Christos H. Papadimitriou. *Elements of the Theory of Computation*. Prentice Hall, second edition, 1998.

[300] Nick Littlestone. Learning quickly when irrelevant attributes abound: A new linear-threshold algorithm. *Machine Learning*, 2(4):285–318, 1988.

[301] Nick Littlestone and Manfred K. Warmuth. The weighted majority algorithm. *Information and Computation*, 108(2): 212–261, 1994.

[302] C. L. Liu. *Introduction to Combinatorial Mathematics*. McGraw-Hill, 1968.

[303] Yang P. Liu and Aaron Sidford. Faster energy maximization for faster maximum flow. In *Proceedings of the 52nd Annual ACM Symposium on Theory of Computing*, pages 803–814, 2020.

[304] S. P. Lloyd. Least squares quantization in PCM. *IEEE Transactions on Information Theory*, 28(2):129–137, 1982.

[305] Panos Louridas. *Real-World Algorithms: A Beginner's Guide*. The MIT Press, 2017.

[306] László Lovász and Michael D. Plummer. *Matching Theory*, volume 121 of *Annals of Discrete Mathematics*. North Holland, 1986.

[307] John MacCormick. *9 Algorithms That Changed the Future: The Ingenious Ideas That Drive Today's Computers*. Princeton University Press, 2012.

[308] Aleksander Madry. Navigating central path with electrical flows: From flows to matchings, and back. In *Proceedings of the 54th Annual Symposium on Foundations of Computer Science*, pages 253–262, 2013.

[309] Bruce M. Maggs and Serge A. Plotkin. Minimum-cost spanning tree as a path-finding problem. *Information Processing Letters*, 26(6):291–293, 1988.

[310] M. Mahajan, P. Nimbhorkar, and K. Varadarajan. The planar k-means problem is NP-hard. In S. Das and R. Uehara, editors, *WALCOM 2009: Algorithms and Computation*, volume 5431 of *Lecture Notes in Computer Science*, pages 274–285. Springer, 2009.

[311] Michael Main. *Data Structures and Other Objects Using Java*. Addison-Wesley, 1999.

[312] Udi Manber and Gene Myers. Suffix arrays: A new method for on-line string searches. *SIAM Journal on Computing*, 22(5):935–948, 1993.

[313] David F. Manlove. *Algorithmics of Matching Under Preferences*, volume 2 of *Series on Theoretical Computer Science*. World Scientific, 2013.

[314] Giovanni Manzini. An analysis of the Burrows-Wheeler transform. *Journal of the ACM*, 48(3):407–430, 2001.

［315］ Mario Andrea Marchisio, editor. *Computational Methods in Synthetic Biology*. Humana Press, 2015.

［316］ William J. Masek and Michael S. Paterson. A faster algorithm computing string edit distances. *Journal of Computer and System Sciences*, 20(1):18–31, 1980.

［317］ Yu. V. Matiyasevich. Real-time recognition of the inclusion relation. *Journal of Soviet Mathematics*, 1(1):64–70, 1973. Translated from the original Russian article in *Zapiski Nauchnykh Seminarov Leningradskogo Otdeleniya Matematicheskogo Institute im. V. A. Steklova Akademii Nauk SSSR 20*: 104–114, 1971.

［318］ H. A. Maurer, Th. Ottmann, and H.-W. Six. Implementing dictionaries using binary trees of very small height. *Information Processing Letters*, 5(1):11–14, 1976.

［319］ Ernst W. Mayr, Hans Jürgen Prömel, and Angelika Steger, editors. *Lectures on Proof Verification and Approximation Algorithms*, volume 1367 of *Lecture Notes in Computer Science*. Springer, 1998.

［320］ Catherine C. McGeoch. All pairs shortest paths and the essential subgraph. *Algorithmica*, 13(5):426–441, 1995.

［321］ Catherine C. McGeoch. *A Guide to Experimental Algorithmics*. Cambridge University Press, 2012.

［322］ Andrew McGregor. Graph stream algorithms: A survey. *SIGMOD Record*, 43(1):9–20, 2014.

［323］ M. D. McIlroy. A killer adversary for quicksort. *Software — Practice and Experience*, 29(4):341–344, 1999.

［324］ Kurt Mehlhorn and Stefan Näher. *LEDA: A Platform for Combinatorial and Geometric Computing*. Cambridge University Press, 1999.

［325］ Kurt Mehlhorn and Peter Sanders. *Algorithms and Data Structures: The Basic Toolbox*. Springer, 2008.

［326］ Dinesh P. Mehta and Sartaj Sahni. *Handbook of Data Structures and Applications*. Chapman and Hall/CRC, second edition, 2018.

［327］ Gary L. Miller. Riemann's hypothesis and tests for primality. *Journal of Computer and System Sciences*, 13(3):300–317, 1976.

［328］ Marvin Minsky and Seymore A. Pappert. *Perceptrons*. The MIT Press, 1969.

［329］ John C. Mitchell. *Foundations for Programming Languages*. The MIT Press, 1996.

［330］ Joseph S. B. Mitchell. Guillotine subdivisions approximate polygonal subdivisions: A simple polynomial-time approximation scheme for geometric TSP, k-MST, and related problems. *SIAM Journal on Computing*, 28(4):1298–1309, 1999.

［331］ Michael Mitzenmacher and Eli Upfal. *Probability and Computing*. Cambridge University Press, second edition, 2017.

［332］ Louis Monier. *Algorithmes de Factorisation D'Entiers*. PhD thesis, L'Université Paris-Sud, 1980.

［333］ Louis Monier. Evaluation and comparison of two efficient probabilistic primality testing algorithms. *Theoretical Computer Science*, 12(1):97–108, 1980.

［334］ Edward F. Moore. The shortest path through a maze. In *Proceedings of the International Symposium on the Theory of Switching*, pages 285–292. Harvard University Press, 1959.

［335］ Rajeev Motwani, Joseph (Sef.) Naor, and Prabhakar Raghavan. Randomized approximation algorithms in combinatorial optimization. In Dorit Hochbaum, editor, *Approximation Algorithms for NP-Hard Problems*, chapter 11, pages 447–481. PWS Publishing Company, 1997.

［336］ Rajeev Motwani and Prabhakar Raghavan. *Randomized Algorithms*. Cambridge University Press, 1995.

［337］ James Munkres. Algorithms for the assignment and transportation problems. *Journal of the Society for Industrial and Applied Mathematics*, 5(1):32–38, 1957.

［338］ J. I. Munro and V. Raman. Fast stable in-place sorting with $O(n)$ data moves. *Algorithmica*, 16(2):151–160, 1996.

［339］ Yoichi Muraoka and David J. Kuck. On the time required for a sequence of matrix products. *Communications of the ACM*, 16(1):22–26, 1973.

［340］ Kevin P. Murphy. *Machine Learning: A Probabilistic Perspective*. MIT Press, 2012.

［341］ S. Muthukrishnan. Data streams: Algorithms and applications. *Foundations and Trends in Theoretical Computer Science*, 1(2), 2005.

［342］ Richard Neapolitan. *Foundations of Algorithms*. Jones & Bartlett Learning, fifth edition, 2014.

［343］ Yurii Nesterov. *Introductory Lectures on Convex Optimization: A Basic Course*, volume 87 of *Applied Optimization*. Springer, 2004.

［344］ J. Nievergelt and E. M. Reingold. Binary search trees of bounded balance. *SIAM Journal on Computing*, 2(1):33–43, 1973.

［345］ Ivan Niven and Herbert S. Zuckerman. *An Introduction to the Theory of Numbers*. John Wiley & Sons, fourth edition, 1980.

［346］ National Institute of Standards and Technology. Hash functions. https://csrc.nist.gov/projects/hash-functions, 2019.

［347］ Alan V. Oppenheim and Ronald W. Schafer, with John R. Buck. *Discrete-Time Signal Processing*. Prentice Hall, second edition, 1998.

［348］ Alan V. Oppenheim and Alan S. Willsky, with S. Hamid Nawab. *Signals and Systems*. Prentice Hall, second edition, 1997.

［349］ James B. Orlin. A polynomial time primal network simplex algorithm for minimum cost flows. *Mathematical Pro-*

gramming, 78(1):109–129, 1997.

[350] James B. Orlin. Max flows in $O(nm)$ time, or better. In *Proceedings of the 45th Annual ACM Symposium on Theory of Computing*, pages 765–774, 2013.

[351] Anna Pagh, Rasmus Pagh, and Milan Ruzic. Linear probing with constant independence. https://arxiv.org/abs/cs/0612055, 2006.

[352] Christos H. Papadimitriou. *Computational Complexity*. Addison-Wesley, 1994.

[353] Christos H. Papadimitriou and Kenneth Steiglitz. *Combinatorial Optimization: Algorithms and Complexity*. Prentice Hall, 1982.

[354] Michael S. Paterson. Progress in selection. In *Proceedings of the Fifth Scandinavian Workshop on Algorithm Theory*, pages 368–379, 1996.

[355] Seth Pettie. A new approach to all-pairs shortest paths on real-weighted graphs. *Theoretical Computer Science*, 312(1):47–74, 2004.

[356] Seth Pettie and Vijaya Ramachandran. An optimal minimum spanning tree algorithm. *Journal of the ACM*, 49(1):16–34, 2002.

[357] Seth Pettie and Vijaya Ramachandran. A shortest path algorithm for real-weighted undirected graphs. *SIAM Journal on Computing*, 34(6):1398–1431, 2005.

[358] Steven Phillips and Jeffery Westbrook. Online load balancing and network flow. *Algorithmica*, 21(3):245–261, 1998.

[359] Serge A. Plotkin, David. B. Shmoys, and Éva Tardos. Fast approximation algorithms for fractional packing and covering problems. *Mathematics of Operations Research*, 20:257–301, 1995.

[360] J. M. Pollard. Factoring with cubic integers. In A. K. Lenstra and H. W. Lenstra, Jr., editors, *The Development of the Number Field Sieve*, volume 1554 of *Lecture Notes in Mathematics*, pages 4–10. Springer, 1993.

[361] Carl Pomerance. On the distribution of pseudoprimes. *Mathematics of Computation*, 37(156):587–593, 1981.

[362] Carl Pomerance, editor. *Proceedings of the AMS Symposia in Applied Mathematics: Computational Number Theory and Cryptography*. American Mathematical Society, 1990.

[363] William K. Pratt. *Digital Image Processing*. John Wiley & Sons, fourth edition, 2007.

[364] Franco P. Preparata and Michael Ian Shamos. *Computational Geometry: An Introduction*. Springer, 1985.

[365] William H. Press, Saul A. Teukolsky, William T. Vetterling, and Brian P. Flannery. *Numerical Recipes in C++: The Art of Scientific Computing*. Cambridge University Press, second edition, 2002.

[366] William H. Press, Saul A. Teukolsky, William T. Vetterling, and Brian P. Flannery. *Numerical Recipes: The Art of Scientific Computing*. Cambridge University Press, third edition, 2007.

[367] R. C. Prim. Shortest connection networks and some generalizations. *Bell System Technical Journal*, 36(6):1389–1401, 1957.

[368] Robert L. Probert. On the additive complexity of matrix multiplication. *SIAM Journal on Computing*, 5(2):187–203, 1976.

[369] William Pugh. Skip lists: A probabilistic alternative to balanced trees. *Communications of the ACM*, 33(6):668–676, 1990.

[370] Simon J. Puglisi, W. F. Smyth, and Andrew H. Turpin. A taxonomy of suffix array construction algorithms. *ACM Computing Surveys*, 39(2), 2007.

[371] Paul W. Purdom, Jr. and Cynthia A. Brown. *The Analysis of Algorithms*. Holt, Rinehart, and Winston, 1985.

[372] Michael O. Rabin. Probabilistic algorithms. In J. F. Traub, editor, *Algorithms and Complexity: New Directions and Recent Results*, pages 21–39. Academic Press, 1976.

[373] Michael O. Rabin. Probabilistic algorithm for testing primality. *Journal of Number Theory*, 12(1):128–138, 1980.

[374] P. Raghavan and C. D. Thompson. Randomized rounding: A technique for provably good algorithms and algorithmic proofs. *Combinatorica*, 7(4):365–374, 1987.

[375] Rajeev Raman. Recent results on the single-source shortest paths problem. *SIGACT News*, 28(2):81–87, 1997.

[376] James Reinders. *Intel Threading Building Blocks: Outfitting C++ for Multi-core Processor Parallelism*. O'Reilly Media, Inc., 2007.

[377] Edward M. Reingold, Kenneth J. Urban, and David Gries. K-M-P string matching revisited. *Information Processing Letters*, 64(5):217–223, 1997.

[378] Hans Riesel. *Prime Numbers and Computer Methods for Factorization*, volume 126 of *Progress in Mathematics*. Birkhäuser, second edition, 1994.

[379] Ronald L. Rivest, M. J. B. Robshaw, R. Sidney, and Y. L. Yin. The RC6 block cipher. In *First Advanced Encryption Standard (AES) Conference*, 1998.

[380] Ronald L. Rivest, Adi Shamir, and Leonard M. Adleman. A method for obtaining digital signatures and public-key cryptosystems. *Communications of the ACM*, 21(2):120–126, 1978. See also U.S. Patent 4,405,829.

[381] Herbert Robbins. A remark on Stirling's formula. *American Mathematical Monthly*, 62(1):26–29, 1955.

[382] Julia Robinson. An iterative method of solving a game. *The Annals of Mathematics*, 54(2):296–301, 1951.

参考文献 | **1051**

[383] Arch D. Robison and Charles E. Leiserson. Cilk Plus. In Pavan Balaji, editor, *Programming Models for Parallel Computing*, chapter 13, pages 323–352. The MIT Press, 2015.

[384] D. J. Rosenkrantz, R. E. Stearns, and P. M. Lewis. An analysis of several heuristics for the traveling salesman problem. *SIAM Journal on Computing*, 6(3):563–581, 1977.

[385] Tim Roughgarden. *Algorithms Illuminated, Part 1: The Basics*. Soundlikeyourself Publishing, 2017.

[386] Tim Roughgarden. *Algorithms Illuminated, Part 2: Graph Algorithms and Data Structures*. Soundlikeyourself Publishing, 2018.

[387] Tim Roughgarden. *Algorithms Illuminated, Part 3: Greedy Algorithms and Dynamic Programming*. Soundlikeyourself Publishing, 2019.

[388] Tim Roughgarden. *Algorithms Illuminated, Part 4: Algorithms for NP-Hard Problems*. Soundlikeyourself Publishing, 2020.

[389] Salvador Roura. Improved master theorems for divide-and-conquer recurrences. *Journal of the ACM*, 48(2):170–205, 2001.

[390] Y. A. Rozanov. *Probability Theory: A Concise Course*. Dover, 1969.

[391] Stuart Russell and Peter Norvig. *Artificial Intelligence: A Modern Approach*. Pearson, fourth edition, 2020.

[392] S. Sahni and T. Gonzalez. P-complete approximation problems. *Journal of the ACM*, 23(3):555–565, 1976.

[393] Peter Sanders, Kurt Mehlhorn, Martin Dietzfelbinger, and Roman Dementiev. *Sequential and Parallel Algorithms and Data Structures: The Basic Toolkit*. Springer, 2019.

[394] Piotr Sankowski. Shortest paths in matrix multiplication time. In *Proceedings of the 13th Annual European Symposium on Algorithms*, pages 770–778, 2005.

[395] Russel Schaffer and Robert Sedgewick. The analysis of heapsort. *Journal of Algorithms*, 15(1):76–100, 1993.

[396] Tao B. Schardl, I-Ting Angelina Lee, and Charles E. Leiserson. Brief announcement: Open Cilk. In *Proceedings of the 30th Annual ACM Symposium on Parallelism in Algorithms and Architectures*, pages 351–353, 2018.

[397] A. Schönhage, M. Paterson, and N. Pippenger. Finding the median. *Journal of Computer and System Sciences*, 13(2):184–199, 1976.

[398] Alexander Schrijver. *Theory of Linear and Integer Programming*. John Wiley & Sons, 1986.

[399] Alexander Schrijver. Paths and flows — A historical survey. *CWI Quarterly*, 6(3):169–183, 1993.

[400] Alexander Schrijver. On the history of the shortest paths problem. *Documenta Mathematica*, 17(1):155–167, 2012.

[401] Robert Sedgewick. Implementing quicksort programs. *Communications of the ACM*, 21(10):847–857, 1978.

[402] Robert Sedgewick and Kevin Wayne. *Algorithms*. Addison-Wesley, fourth edition, 2011.

[403] Raimund Seidel. On the all-pairs-shortest-path problem in unweighted undirected graphs. *Journal of Computer and System Sciences*, 51(3):400–403, 1995.

[404] Raimund Seidel and C. R. Aragon. Randomized search trees. *Algorithmica*, 16(4–5):464–497, 1996.

[405] João Setubal and João Meidanis. *Introduction to Computational Molecular Biology*. PWS Publishing Company, 1997.

[406] Clifford A. Shaffer. *A Practical Introduction to Data Structures and Algorithm Analysis*. Prentice Hall, second edition, 2001.

[407] Jeffrey Shallit. Origins of the analysis of the Euclidean algorithm. *Historia Mathematica*, 21(4):401–419, 1994.

[408] M. Sharir. A strong-connectivity algorithm and its applications in data flow analysis. *Computers and Mathematics with Applications*, 7(1):67–72, 1981.

[409] David B. Shmoys. Computing near-optimal solutions to combinatorial optimization problems. In William Cook, László Lovász, and Paul Seymour, editors, *Combinatorial Optimization, volume 20 of DIMACS Series in Discrete Mathematics and Theoretical Computer Science*. American Mathematical Society, 1995.

[410] Avi Shoshan and Uri Zwick. All pairs shortest paths in undirected graphs with integer weights. In *Proceedings of the 40th Annual Symposium on Foundations of Computer Science*, pages 605–614, 1999.

[411] Victor Shoup. *A Computational Introduction to Number Theory and Algebra*. Cambridge University Press, second edition, 2009.

[412] Julian Shun. *Shared-Memory Parallelism Can Be Simple, Fast, and Scalable*. Association for Computing Machinery and Morgan & Claypool, 2017.

[413] Michael Sipser. *Introduction to the Theory of Computation*. Cengage Learning, third edition, 2013.

[414] Steven S. Skiena. *The Algorithm Design Manual*. Springer, second edition, corrected printing, 2012.

[415] Daniel D. Sleator and Robert E. Tarjan. A data structure for dynamic trees. *Journal of Computer and System Sciences*, 26(3):362–391, 1983.

[416] Daniel D. Sleator and Robert E. Tarjan. Amortized efficiency of list update rules. In *Proceedings of the Sixteenth Annual ACM Symposium on Theory of Computing*, pages 488–492, 1984.

[417] Daniel D. Sleator and Robert E. Tarjan. Amortized efficiency of list update and paging rules. *Communications of the ACM*, 28(2):202–208, 1985.

[418] Daniel D. Sleator and Robert E. Tarjan. Self-adjusting binary search trees. *Journal of the ACM*, 32(3):652–686, 1985.

[419] Michael Soltys-Kulinicz. *An Introduction to the Analysis of Algorithms.* World Scientific, third edition, 2018.

[420] Joel Spencer. *Ten Lectures on the Probabilistic Method, volume 64 of CBMS-NSF Regional Conference Series in Applied Mathematics.* Society for Industrial and Applied Mathematics, 1993.

[421] Daniel A. Spielman and Shang-Hua Teng. Smoothed analysis of algorithms: Why the simplex algorithm usually takes polynomial time. *Journal of the ACM,* 51(3):385–463, 2004.

[422] Gilbert Strang. *Introduction to Applied Mathematics.* Wellesley-Cambridge Press, 1986.

[423] Gilbert Strang. *Linear Algebra and Its Applications.* Thomson Brooks/Cole, fourth edition, 2006.

[424] Volker Strassen. Gaussian elimination is not optimal. *Numerische Mathematik,* 14(3):354–356, 1969.

[425] T. G. Szymanski. A special case of the maximal common subsequence problem. Technical Report TR-170, Computer Science Laboratory, Princeton University, 1975.

[426] Robert E. Tarjan. Depth-first search and linear graph algorithms. *SIAM Journal on Computing,* 1(2):146–160, 1972.

[427] Robert E. Tarjan. Efficiency of a good but not linear set union algorithm. *Journal of the ACM,* 22(2):215–225, 1975.

[428] Robert E. Tarjan. A class of algorithms which require nonlinear time to maintain disjoint sets. *Journal of Computer and System Sciences,* 18(2):110–127, 1979.

[429] Robert E. Tarjan. *Data Structures and Network Algorithms.* Society for Industrial and Applied Mathematics, 1983.

[430] Robert E. Tarjan. Amortized computational complexity. *SIAM Journal on Algebraic and Discrete Methods,* 6(2):306–318, 1985.

[431] Robert E. Tarjan. Class notes: Disjoint set union. COS 423, Princeton University, 1999. Available at https://www.cs.princeton.edu/courses/archive/spr00/cs423/handout3.pdf.

[432] Robert E. Tarjan and Jan van Leeuwen. Worst-case analysis of set union algorithms. *Journal of the ACM,* 31(2):245–281, 1984.

[433] George B. Thomas, Jr., Maurice D. Weir, Joel Hass, and Frank R. Giordano. *Thomas' Calculus.* Addison-Wesley, eleventh edition, 2005.

[434] Mikkel Thorup. Faster deterministic sorting and priority queues in linear space. In *Proceedings of the 9th ACM-SIAM Symposium on Discrete Algorithms,* pages 550–555, 1998.

[435] Mikkel Thorup. Undirected single-source shortest paths with positive integer weights in linear time. *Journal of the ACM,* 46(3):362–394, 1999.

[436] Mikkel Thorup. On RAM priority queues. *SIAM Journal on Computing,* 30(1):86–109, 2000.

[437] Mikkel Thorup. High speed hashing for integers and strings. http://arxiv.org/abs/1504.06804, 2015.

[438] Mikkel Thorup. Linear probing with 5-independent hashing. http://arxiv.org/abs/1509.04549, 2015.

[439] Richard Tolimieri, Myoung An, and Chao Lu. *Mathematics of Multidimensional Fourier Transform Algorithms.* Springer, second edition, 1997.

[440] P. van Emde Boas. Preserving order in a forest in less than logarithmic time and linear space. *Information Processing Letters,* 6(3):80–82, 1977.

[441] P. van Emde Boas, R. Kaas, and E. Zijlstra. Design and implementation of an efficient priority queue. *Mathematical Systems Theory,* 10(1):99–127, 1976.

[442] Charles Van Loan. *Computational Frameworks for the Fast Fourier Transform.* Society for Industrial and Applied Mathematics, 1992.

[443] Benjamin Van Roy. A short proof of optimality for the MIN cache replacement algorithm. *Information Processing Letters,* 102(2–3):72–73, 2007.

[444] Robert J. Vanderbei. *Linear Programming: Foundations and Extensions.* KluwerAcademic Publishers, 1996.

[445] Virginia Vassilevska Williams. Multiplying matrices faster than Coppersmith-Winograd. In *Proceedings of the 44th Annual ACM Symposium on Theory of Computing,* pages 887–898, 2012.

[446] Vijay V. Vazirani. *Approximation Algorithms.* Springer, 2001.

[447] Rakesh M. Verma. General techniques for analyzing recursive algorithms with applications. *SIAM Journal on Computing,* 26(2):568–581, 1997.

[448] Berthold Vöcking, Helmut Alt, Martin Dietzfelbinger, Rüdiger Reischuk, Christian Scheideler, Heribert Vollmer, and Dorothea Wager, editors. *Algorithms Unplugged.* Springer, 2011.

[449] Antony F. Ware. Fast approximate Fourier transforms for irregularly spaced data. *SIAM Review,* 40(4):838–856, 1998.

[450] Stephen Warshall. A theorem on boolean matrices. *Journal of the ACM,* 9(1):11–12, 1962.

[451] Mark Allen Weiss. *Data Structures and Problem Solving Using C++.* Addison-Wesley, second edition, 2000.

[452] Mark Allen Weiss. *Data Structures and Problem Solving Using Java.* Addison-Wesley, third edition, 2006.

[453] Mark Allen Weiss. *Data Structures and Algorithm Analysis in C++.* Addison-Wesley, third edition, 2007.

[454] Mark Allen Weiss. *Data Structures and Algorithm Analysis in Java.* Addison-Wesley, second edition, 2007.

[455] Herbert S. Wilf. *Algorithms and Complexity.* A K Peters, second edition, 2002.

[456] J. W. J. Williams. Algorithm 232 (HEAPSORT). *Communications of the ACM,* 7(6):347–348, 1964.

[457] Ryan Williams. Faster all-pairs shortest paths via circuit complexity. *SIAM Journal on Computing,* 47(5):1965–1985,

2018.

[458] David P. Williamson. *Network Flow Algorithms*. Cambridge University Press, 2019.

[459] David P. Williamson and David B. Shmoys. *The Design of Approximation Algorithms*. Cambridge University Press, 2011.

[460] Shmuel Winograd. On the algebraic complexity of functions. In *Actes du Congrès International des Mathématiciens*, volume 3, pages 283–288, 1970.

[461] Yifan Xu, I-Ting Angelina Lee, and Kunal Agrawal. Efficient parallel determinacy race detection for two-dimensional dags. In *Proceedings of the 23rd ACM SIGPLAN Symposium on Principles and Practice of Parallel Programming (PPoPP)*, pages 368–380, 2018.

[462] Chee Yap. A real elementary approach to the master recurrence and generalizations. In M. Ogihara and J. Tarui, editors, *Theory and Applications of Models of Computation. TAMC 2011*, volume 6648 of *Lecture Notes in Computer Science*, pages 14–26. Springer, 2011.

[463] Yinyu Ye. *Interior Point Algorithms: Theory and Analysis*. John Wiley & Sons, 1997.

[464] Neal E. Young. Online paging and caching. In *Encyclopedia of Algorithms*, pages 1457–1461. Springer, 2016.

[465] Raphael Yuster and Uri Zwick. Answering distance queries in directed graphs using fast matrix multiplication. In *Proceedings of the 46th Annual Symposium on Foundations of Computer Science*, pages 389–396, 2005.

[466] Jisheng Zhao and Vivek Sarkar. The design and implementation of the Habanero-Java parallel programming language. In *Symposium on Object-Oriented Programming, Systems, Languages and Applications (OOPSLA)*, pages 185–186, 2011.

[467] Uri Zwick. All pairs shortest paths using bridging sets and rectangular matrix multiplication. *Journal of the ACM*, 49(3):289–317, 2002.

[468] Daniel Zwillinger, editor. *CRC Standard Mathematical Tables and Formulae*. Chapman & Hall/CRC Press, 31st edition, 2003.

訳者あとがき

　本書は，2022 年に MIT Press から出版された *Introduction to Algorithms*, Fourth Edition の翻訳である．本書は First Edition が 1990 年に発刊されて以来，世界中でアルゴリズムの標準的な教科書として位置づけられてきた．原著者たちも書いているが，本書は，網羅的で，厳密で，しかも初学者の教科書から専門家の参考文献としても必須になるように，非常に細かな所まで神経を配って制作されている．

　原著「まえがき」にも書かれているが，第 4 版ではコンピュータサイエンスの第一線を捉えるために新しい章や節を入れている．安定結婚問題（2 部グラフでのマッチング問題），オンラインアルゴリズム，機械学習などの新しい章や，再帰的漸化式の解法，ハッシュアルゴリズムなど，新しい話題も豊富である．

　これらの新しい記述は，近年，アルゴリズムがさまざまな分野で影響を与えてきていることに呼応していると考えられる．ビジネスでは，プラットフォーム事業でのサービスビジネス，政策とサービスの関係を捉えて新しいマーケットの仕組みを設計していくマーケットデザイン，リアルタイムに刻一刻と変わっていく状況に対応したサービスの展開など，アルゴリズムや問題の本質の理解が根本的なものになってきている．

　たとえば，安定結婚問題は，2012 年にノーベル経済学賞を受賞した Alvin Roth のマッチメイキングとマーケットデザインにおいて中心的な役割を果たしている．病院と研修医のマッチング，学校選択の問題，腎臓移植のマッチングなど現実の生活に大きな影響をもたらしているアルゴリズムである．機械学習は，近年，深層学習の著しい進歩に伴って，ビジネス，教育，エンターテインメント，政策，軍事のさまざまな分野で人間の能力を超える可能性を示し，人間と機械の新しい関係が模索されなければならなくなっている．AI の脅威と有用性を理解する上で，本書は基本的な視点を与えてくれている．また，近年，リアルタイムのアプリケーションがビジネスで必須になるとき，本書のオンラインアルゴリズムの理解が基本となるだろう．また，世の中の未知の問題に遭遇したときに，その問題の難しさを理解すること，そして，難しいときに，どのように満足のいく近似解法を得るのかなど，私たちの生活にとって貴重な示唆を与えるだろう．

　近年，多くのアルゴリズムがオープンソースで提供され，ともすれば使っているアルゴリズムの計算複雑度や特性を考えずに，ただブラックボックスとして使いがちである．しかし，さまざまな課題に立ち向かうときにその構造を明らかにしたり，アルゴリズムやアーキテクチャを考えていくのは，誰にとっても必須になっていくと思われる．そのときに，本書は良き伴侶となるだろう．

　今回第 4 版の翻訳にあたって，私たち翻訳チームもほぼすべての訳を見直し，原著者たちの熱意が伝わるようにした．ここで感じたのは，読めば読むほど原著者たちが本書の将来にわた

1056 訳者あとがき

る役割を意識して真摯に情熱を持って，第4版を作られていることである．

私たち翻訳チームも万全の体制で臨むために，翻訳チームに本書の翻訳プロジェクトを第3版から出版社側でリードしてきた小山透を迎え入れた．翻訳作業では，訳者の浅野哲夫・梅尾博司・山下雅史・和田幸一が分担して各章の主担当・副担当としてあたり，訳文の品質向上や正確性に極力努力した．そして，小山と岩野が翻訳の総合的責任者として，原著者の意図を汲むように内容を確認し，かつ訳文の調整をしている．

また，読者はぜひ，原著のホームページ（https://mitpress.mit.edu/9780262046305/introduction-to-algorithms/）を見られたい．とくにこの中の Resource の項には，正誤表，Python によるコード，本書をもとにした授業のビデオやスライドなど，多彩で豊富である．なお，2024年10月1日時点での原著の正誤表はすべて本書に反映している．

第4版には含められなかった章にも，とても重要なアルゴリズムの数々が紹介されている．ぜひ，第3版も手にとっていただきたい．

本書の出版にあたり，いつものように多くの方々や組織にお世話になった．訳者たちが所属する大学，組織，さらに，同僚，友人のサポートに感謝する．また近代科学社の編集者の伊藤雅英氏には翻訳作業に伴うさまざまな挑戦（環境整備，用語，索引，調整など）をお願いした．ここに改めて感謝する．また，いつも見守り激励してくれている家族に感謝する．

最後に，できるだけ細心の注意を払いながらこの翻訳プロジェクトにあたったが，まだまだ間違い，分かりにくいところも多いと思う．読者の方々のフィードバックを期待している．この本が私たちコンピュータサイエンス分野の貴重な財産になるように皆さんと励めれば幸いである．

2024年10月

訳者代表

小山 透，岩野 和生

訳者あとがき | 1057

教授の名前

本書ではさまざまな名前の教授が登場し，面白い議論が繰り広げられているが，それらの選択には原著者（とくに Charles Leiserson）の意図が含まれているそうである．日本語版では，できるだけ日本語で対応する名前を考えるようにも期待されていた．しかし，もともとの原著の選択は味があるものも多く，本書では，原著の選択と日本語のものとの混在になっている．言うまでもないが，歴史上あるいは実在の人物とその名前を持つ本書の教授の言動には何の関係もない．

　ここでは，それらの選択の意図について解説したい．

練習問題 4.5-2（88 ページ）

　［原著］Professor Caesar——Gaius Julius Caesar は共和政ローマ期の政治家，軍人，文筆家．ガリア戦記によると，Caesar はガリア戦争（BC58〜BC51）で，諸部族との戦いを分割統治的に行って大きな戦果を得たという．

　［本書］徳川教授——日本においても戦国時代から分割統治政策にすぐれた武将が，数多く輩出されている．とくに織田信長，上杉謙信，そして，徳川家康などが有名である．

章末問題 4-5（102 ページ）

　［原著］Professor Diogenes——Diogenes of Sinope（Diogenes the Cynic としても知られている）は Sinope 生まれの古代ギリシャの Cynic philosophy（キュニコス派）の哲学者．Socrates の禁欲的側面を重視した．Diogenes は市場の桶の中に住み，正直な人を探していると称して，昼間にランプを持ち歩いたと言われている．

　［本書］大岡教授——大岡忠相は江戸時代中期の幕臣で大名．大岡忠世家の当主で西大平藩初代藩主．大岡政談や時代劇で名奉行として大活躍の大岡越前のこと．悪者を調べるのはお手の物．

練習問題 5.3-1（114 ページ）

　［原著］Professor Marceau——Marcel Marceau はフランスの俳優で，とくにパントマイムで有名．"permutemute" の "mute" からパントマイムと掛けている．

　［本書］伊藤教授——伊藤みどりは名古屋市出身のフィギュアスケート選手．女子選手として世界で初めて 3 回転半や 3 回転–3 回転連続ジャンプに成功．「伊藤はたった一人の力で女子フィギュアスケートを 21 世紀へと導いた」国際スケート連盟（2007 年）．クルクル回るループに関する問題からの連想．

練習問題 5.3-2（115 ページ）

　［原著］Professor Kelp——Julius Kelp は 1963 年 Paramount Pictures の SF コメディ映画 *The Nutty Professor* の主人公である弱虫教授．ある薬を飲むとたくましい男に変身するが，薬が切れると元に戻る．identity を変える，「identity permutation を許さない」からの連想．ちなみに，Kelp は昆布などの大型の海草．映画の Kelp 教授を連想させる．

　［本書］木阿弥教授——木阿弥は人の名前．戦国時代，大和郡山の城主筒井順昭が病死．遺

言でその死を隠すことになり，盲人の木阿弥を替え玉にした．後に順昭の死を公表し，木阿弥は用済みになったために城主から元の木阿弥に戻った．identity を変えることからの連想．

練習問題 5.3-4（115 ページ）

［原著］Professor Knievel——Evel Knievel（本名：Robert Craig Knievel）は，アメリカの伝説的なスタントマンで，モーターサイクルを使った危険なジャンプやスタントで知られている．

［本書］中野教授——世界選手権個人スプリント 10 連覇を果たすなどした中野浩一選手は，日本の自転車レースの歴史的な代表選手だろう．

練習問題 5.3-5（115 ページ）

［原著］Professor Gallup——ギャラップ (Gallup) 社が行う世論調査は，非常に信頼性が高いものとして知られている．世論調査に使われているランダムサンプリングからの連想．

［本書］与論教授——世論に与論を掛けたもの．

練習問題 6.5-6（149 ページ）

［原著，本書］Professor Uriah——Uriah は，偽善者の意．チャールズ・ディケンズのデーヴィッド・コパーフィールドに登場するユライア・ヒープによる．

章末問題 7-4（168 ページ）

［原著，本書］Professors Howard, Fine, Howard——Curly Howard, Larry Fine, Moe Howard は，1930 年代から 1950 年代にかけて "三ばか大将（*The Three Stooges*)" として米国で人気を博したコメディーグループ．TV 放送は日本語吹き替えもなされ，とても人気を博した．

章末問題 9-2（203 ページ）

［原著，本書］Professors Mendel——グレゴール・ヨハン・メンデル (Gregor Johann Mendel) は，19 世紀のオーストリア帝国の司祭だったが，植物学の研究から遺伝に関するメンデルの法則を発見したことで有名．遺伝学の祖と言われる．

練習問題 9.3-7（202 ページ）

［原著，本書］Professor Olay——Olay は 1952 年南アフリカの科学者グラハム・ウルフが妻のために作ったピンク色が特徴的な美容液が始まりで，現在トップフェイスケアブランドになっている．設立当時から 1999 年まで "Oil of Olay" というブランドで親しまれてきた．

練習問題 11.2-3（238 ページ）

［原著］Professor Marley——Charles Dickens が 1843 年に書いた小説 *A Christmas Carol* の主人公．守銭奴の Ebenezer Scrooge は，クリスマスの前夜に，やはり守銭奴で共同経営者だった Jacob Marley の亡霊が鉄の鎖 (chain) に繋がれているのを見る．物語では，Scrooge は Marley とクリスマスの亡霊によって，他人への慈悲に目覚める．

［本書］宍戸教授——宍戸梅軒．慶長 10 年，宮本武蔵と決闘する「宍戸八重垣流」鎖鎌の名手．吉川英治が小説『宮本武蔵』で創作した架空の剣士．

練習問題 12.2-4（269 ページ）

［原著］Professor Kilmer——アルフレッド・ジョイス・キルマー (Alfred Joyce Kilmer) (1886–1918) は米国の詩人で，1913 年に書いた Trees という詩が有名．

［本書］田村教授——日本でも木をテーマにした詩人に谷川俊太郎や，田村隆一がいる．

訳者あとがき **1059**

練習問題 13.3-4（291 ページ）

［原著］Professor Teach——Edward Teach は黒髭（Blackbeard）の名で実在の海賊の中で多分最も有名である．1680 年頃に Bristol で生まれた．1716 年から亡くなる 1718 年までが彼の海賊としてのキャリアで，それほど「成功」したわけではない．ある程度の教養があり，行動は「合理的」であった．彼を有名にした悪魔的な印象の多くは彼によって作られたと考えられている．番兵の色が黒であることからの連想．

［本書］黒髭教授——Teach のあだ名の黒髭（Blackbeard）から採用．

練習問題 13.4-6（299 ページ）

［原著］Professors Skelton and Baron——Red Skelton（Richard Bernard Skelton）はアメリカのコメディアンで TV スター．Red Baron は第一次世界大戦で活躍したドイツのエースパイロットの Manfred von Richthofen の異名．愛機を赤く塗っていた．連続する赤節点に関する問題からの連想．

［本書］山本教授と衣笠教授——日本の広島カープ＝赤ヘル軍団を代表する 1970 年代後半から 1980 年代の赤ヘル打線の中心は山本浩二と衣笠祥雄の YK 砲だった．

練習問題 14.3-4（331 ページ）

［原著］Professor Capulet——Juliet Capulet は Shakespeare の悲劇 *Romeo and Juliet* のヒロイン．早まった準最適な決定から大変な事態が．

［本書］佐藤教授——佐藤義清（のりきよ）．鳥羽院の北面武士．23 歳で出家．後の西行法師．源平盛衰記に「さても西行発心のおこりを尋ぬれば，源は恋故とぞ承る．申すも畏れある上臈女房を思い懸けまいらせたりけるを，あこぎが浦ぞと云ふ仰せを蒙りて思い切り，官位は春の夜，見果てぬ夢と思いなし，楽しみ栄えは秋の月西へとなずらへて，有為の世の契りを逃れつつ，無為の道にぞ入りにける」とあり，「伊勢の海あこぎが浦にひく網もたび重なれば人もこそ知れ」と添えられている．この話は能「阿漕」にも現れる．阿漕は厚かましいこと，図々しいこと，特に無慈悲に金品を貪ること．

章末問題 14-6（346 ページ）

［原著］Professor Blutarsky——1978 年に公開された米国のコメディ映画の主人公，John "Bluto" Blutarsky は，いつもパーティーを計画していた．

［本書］森繁教授——森繁久彌．1913 年〜2009 年．俳優，コメディアン．33 作に及ぶ東宝の社長シリーズに社長役で出演．社内宴会での宴会部長（三木のり平）とのドタバタはシリーズのお約束の 1 つ．

練習問題 15.2-4（362 ページ）

［原著，本書］Professor Gecko——オリバー・ストーン監督による 1987 年に公開された映画 Wall Street による．その中で主人公の Gordon Gekko が，次の有名な台詞を吐いている．本節の貪欲アルゴリズムにかけている："Greed – for lack of a better word – is good. Greed is right. Greed works."（「言い方は悪いが，強欲（貪欲）は善だ．強欲はうまくいく．」）Gecko は，Netscape シリーズ 6 以降および Mozilla ソフトウェアのために開発されたオープンソースの HTML レンダリングエンジン群の総称．Gecko は Gekko のタイプミスではなく，Gekko gecko（トッケイヤモリ）から取られたのではないか．

練習問題 15.4-3（375 ページ）

［原著，本書］Professor Croesus——Croesus（クロイソス），紀元前 595 年〜紀元前 547

1060 | 訳者あとがき

年頃？）は，リュディア王国（現在のトルコに相当するアナトリア半島）の最後の王である．莫大な富で知られ，その貪欲さ (greed) も伝説的であった．定理 15.5 が貪欲選択制に関わることにかけている．

練習問題 18.2-3（432 ページ）

［原著，本書］Professor Bunyan——問題が，最小の高さを持つ木に関するものなので，伝説の大巨人 Paul Bunyan（ポール・バニヤン）にならっている．

練習問題 19.2-5（445 ページ）

［原著，本書］Professor Gompers——Samuel Gompers は American Labor Union のリーダー．American Federation of Labor の創設者で 1886 年から 1894 年にかけてその会長を務めた．union からの連想．

練習問題 19.4-5（456 ページ）

［原著，本書］Professor Dante——Dante Alighieri は，フィレンツェ生まれの詩人，哲学者．本名は Durante Alighieri（永続する人），Dante は Durante の愛称．叙事詩『神曲』を書き，地獄，煉獄，天国のそれぞれについて，いくつかのレベルからなる内部構造を説明した．レベルからの連想．

図 20.7（483 ページ）

［原著］Professor Bumstead——Dagwood Bumstead は新聞の連載漫画 *Blondie* の主人公 Blondie のぐうたらな夫．山のように具を挟んだサンドイッチ Dagwood sandwich を食べる．Dag (wood) からの連想．

［本書］八五郎教授——八五郎法春．有名な上方落語『八五郎坊主』の主人公八五郎法春．「つまらぬ奴は坊主になれ」という言い草と，自分はつまらぬ奴だという確信から「法春」という名の生臭坊主になって引き起こす騒動を描く．dag には魅力的でない者，奇矯な者という意味がある．江戸落語によく現れる名前では，熊五郎，八五郎，上方では喜六，清八が対応する．上方では『らくだ』，『へっつい幽霊』などに登場する．

練習問題 20.5-3（489 ページ）

［原著］Professor Bacon——Kevin Bacon はアメリカ合衆国の映画俳優．俳優の集合を頂点とし，共演映画がある俳優間に枝を張ってグラフを作ると，このグラフがスモールワールド性を持つことはよく知られている．このグラフでの，Bacon との距離 +1 を Bacon 数と呼ぶと，ほとんどの俳優の Bacon 数は 4 以下に入ると言われている．ゲーム「Six Degrees of Kevin Bacon」が流行．いずれにせよ，このグラフはほとんど（強）連結．

［本書］算砂教授——本因坊算砂（ほんいんぼうさんさ）．京都寂光寺塔頭本因坊の僧で法名は日海．江戸幕府から俸禄を受けて囲碁の家元本因坊家の始祖となる．囲碁で重要なのは石が連結していること．

練習問題 21.1-2（497 ページ）

［原著］Professor Sabatier——Sabatier はナイフのブランド．France の Thiers が起源．商標登録が確立される以前からの有名ブランドで，さまざまなナイフメーカーが Sabatier を名乗っていて，品質は玉石混淆（だそうな）．カットからの連想．

［本書］黒澤教授——黒澤明．「世界のクロサワ」と呼ばれた日本映画の巨匠．「カァット!!」

練習問題 21.2-6（503 ページ）

［原著］Professor Borden——Borden といっても Lady Borden ではない．Lizzy Andrew

Borden は，1892 年 8 月 4 日に Fall River，Massachusetts で発生した実父と継母の斧による殺害事件の容疑者で，裁判の結果，無罪になった．真犯人は不明．この事件は有名で，縄跳び唄としても残っている：Lizzie Borden took an axe // And gave her mother forty whacks. // And when she saw what she had done // She gave her father forty-one. 彼女を題材とした多数の作品がバレエ，映画，音楽，小説に残されている．

［本書］Diocletianus 教授——Gaius Aurelius Valerius Diocletianus．ローマ帝国皇帝．属州の出身で，一兵卒から親衛隊隊長になり，軍に推戴されて皇帝になった．Maximianus を共同皇帝にしてローマ帝国を 2 分割し，さらにそれぞれに副帝を置いて，4 人で分割統治した．

練習問題 22.3-5（526 ページ）

［原著，本書］Professor Gaedel——Edward Carl ("Eddie") Gaedel は 1925 年 Chicago 生まれの小人（109 cm，29.5 kg）の大リーグ野球選手．St. Louis Browns 所属，背番号 1/8．1951 年 8 月 9 日の対 Detroit Tigers ダブルヘッダー第 2 戦で，1 度打席に立ち四球，代走を送られたのが唯一の記録で，大リーグの「最短」選手記録．そのユニフォームは Baseball Hall of Fame に展示されている．彼は，Minor League を経験していないので，ある意味，大リーグへの最短路を取り，最短路で去ったと言える．最短からの連想．

練習問題 22.3-6（526 ページ）

［原著］Professor Newman——Randall Stuart Newman はアメリカ合衆国のシンガーソングライター．1977 年全米 2 位のヒット曲 "Short People" は身長の低い人を差別侮辱したとして，放送禁止になった．Short からの連想

［本書］Ebenezer 教授——Ebenezer Place は Scotland の Wick にある長さ 2.06m の街路．ギネスブックによると文字どおり世界一の最短路．

練習問題 23.3-4（560 ページ）

［原著］Professor Greenstreet——Sydney Hughes Greenstreet は，英国の映画俳優．*Casablanca* の Signor Ferrari などを演じた．*The Maltese Falcon* の Kasper Gutman ("The Fat Man") 役で有名．Fat–重みからの連想．

［本書］素教授——素九鬼子．『旅の重さ』の著者．小説では，主人公である 16 歳の少女が家を飛び出して新しい自分を探しに旅に出る．自分探し＝さまざまな対象の重要さの再定義＝再重みづけ．

練習問題 23.3-6（560 ページ）

［原著］Professor Michener——James Albert Michener は，アメリカ合衆国の作家．*The Source* は 1965 年に書かれた彼の歴史小説で，ユダヤ人とユダヤの国の物語．物語ではユダヤの言い伝え Makor（ヘブライ語で source）が重要な役割を果たす．source からの連想．

［本書］高野教授——高野悦子．『二十歳の原点』の著者．原点＝始点から．本問中の教授と同様，自分の原点を探し続けた末の悲しい結末．

練習問題 24.1-6（567 ページ）

［原著］Professor Adam——旧約聖書の中で Adam の息子 Cain と Abel は，うまく行かなかった．Eden を追放された Adam と Eve は Cain と Abel を産む．Cain は土地を耕し，Abel は羊飼いになる．Cain と Abel は，ともにその収穫を神に感謝し，供えたが，神は Abel の羊だけを受け取る．Cain は Abel に嫉妬して殺し，神によって Eden の東に追放さ

れる．

　[本書] 田村教授——田村皇子．後の舒明天皇．皇極天皇との間の 3 人の息子が上から古人大兄皇子，中大兄皇子（天智天皇），大海人皇子（天武天皇）である．舒明天皇が次期天皇を指名せず崩御したことから，息子たちの間で皇位継承争いが激化した．

章末問題 24-3（586 ページ）

　[原著] Professor Fieri——米国の Food Network の TV ホスト Guy Fieri（ガイ・フィエリ）にならっている．彼は有名シェフでもありフード TV の分野で大きな成功を収めている．

　[本書] 山岡教授——山岡士郎．人気のグルメ漫画『美味しんぼ』の主人公．

章末問題 25.3-5（620 ページ）

　[原著，本書] Professor Hraboskyi——Al Hrabosky（アル・ラボスキー）は，1970 年から 1982 年まで大リーグのピッチャーで，独特の投球スタイルを持ち，"マッド・ハンガリアン" として有名だった．

練習問題 26.1-6（649 ページ）

　[原著] Professor Karan——Donna Karan は米国のファッションデザイナー．世界的ブランド *Donna Karan New York* を持つ．セカンドラインの DKNY のスーツは千葉ロッテの選手のオフィシャルウェア．threads には背広，衣服など意味がある．

　[本書] 芥川教授——芥川龍之介．芥川の『蜘蛛の糸』は 1918 年に鈴木三重吉が創刊した『赤い鳥』に発表された．英語のタイトルは *The Spider's Thread*．multi-threaded algorithm にも競合状態などの敵が一杯．善意で向かえば，糸が 1 本でも天国に到達できるのだろうか?

練習問題 27.2-2（677 ページ）

　[原著，本書] Professor Carnac（カーナック）—— 予知に関するこの練習問題は，ジョニー・カーソンが司会をしていた「トゥナイト・ショー」での古いギャグによっている．彼は「魔術師カーナック」を演じ，彼の相棒のエド・マクマホンが，未知の質問の入った密閉された封筒を手渡す．カーナックはその封筒を額に当て，その未知の質問の答えを推測しようとする．マクマホンはその推測された答えを繰り返す．そしてカーナックは封筒を開け，質問を読みあげ，ジョークを終わらせる．その面白さは，カーナックの奇抜な衣装やジョニー・カーソンの独特のユーモア，そして答えと質問の意外な組み合わせにあった．たとえば，答えは "Infidel（異端者）" で，質問は，"カストロの肝臓はどこ?" だった．もちろんカストロは Fidel Castro をイメージしていた．

練習問題 31.1-14（769 ページ）

　[原著，本書] Professor Marshall——Peter Marshall が司会をしていた TV ゲームショーの "ハリウッド・スクエアーズ" では "セレブたち"（もっとも，その中には TV のゲームショーに出演するだけでセレブとみなされる人たちもいたが）三目並べの 3 x 3 のマス目に配置され，そのマス目の周りは光っていた．

練習問題 32.5-4（842 ページ）

　[原著，本書] Professor Markram——Aiden Markram は，南アフリカのクリケット選手．彼の苗字は回文になっている．

練習問題 34.3-8（906 ページ）

　[原著，本書] Professor Sartre——Jean-Paul Sartre はフランスの哲学者，小説家，劇作家．

Simone de Beauvoir の事実上の夫.（無神論的）実存主義者.（生きている自分自身の存在である）「実存」は（無神論ゆえ，神によって決定されることのない自分の）「本質」を自ら創り上げる「自由」を持つ（あるいは，しか持たない）と述べた.「人間は自由であるように呪われている」とも.彼の「自由」は，その責任において全世界に一人で対峙する義務を内包している.実存主義者＝existentialist.アルゴリズムの存在性を問う問題だから.

練習問題 34.4-3（913 ページ）

［原著］Professor Jagger——Mick Jagger はイギリスのロックバンド The Rolling Stones のリードヴォーカル.（*I Can't Get No*)*Satisfaction* は代表曲の一つ.

［本書］西田教授——西田幾多郎.日本を代表する哲学者.『善の研究』などの著作がある.真理の探求＝真偽の割当て.「自己は自己を否定するとき真の自己である」に，果たして真を割り当てることができるのか?

章末問題 B.2-5（983 ページ）

［原著，本書］Professor Narcissus——Narcissus（ナルキッソス）はギリシャ神話に現れる美少年.水面に映る自分自身に恋に落ち，水辺を離れることができずにやせ細って死んだと伝えられる.この練習問題が反射的関係に関することからの連想.Narcissus が死んだ後に水仙が咲いていたことから，Narcissus は水仙の英名の語源.

章末問題 C.2-1 と C.4-6（1006，1016 ページ）

［原著］Professors Rosencrantz and Guildenstern——T. Stoppard の悲喜劇 *Rosencrantz and Guildenstern Are Dead*（『ローゼンクランツとギルデンスターンは死んだ』）の冒頭で主人公の二人 Rosencrantz と Guildenstern がコインを投げ上げている所からの連想.冒頭，80回以上も表が続けてでるが，この二人の運命を暗示している.Rosencrantz と Guildenstern は Shakespeare の悲劇 *Hamlet* の中の廷臣で，Hamlet の秘密を探る役割を負いながらほとんど人物描写もなく，最後の場面で英国国王の使者が "Rosencrantz and Guildenstern are dead" と言うだけで，劇から葬られる.

［本書］ロズ教授とギル教授——上の劇中 Rosencrantz と Guildenstern はロズとギルと呼び合っていることから採用.

章末問題 C.2-8（1007 ページ）

［原著，本書］Professor Gore——"What did Bill Clinton play on his sax? Al Gore rhythms!" というポリティカルジョークがあった.Bill Clinton は saxophne を高校時代から親しんでいた.一方，Al Gore は（rhythm がないので）楽器を演奏することはなかった.Peter J. Denning は "Algorithms, Processes, and Machines" と題する論文の冒頭で，このジョークを引用して，アルゴリズム (Al-Gore-rhythms) が日常会話にまで溢れるようになったと述べた.

索　引

【記 号】

! (階乗, factorial) 57
(a, b) (開区間, open interval) 980
$+_n$ (法 n の下での加算, addition modulo n) 775
$-$ (差集合, set difference) 977
: (次の条件を満足するような, such that) 19, 977
$=$ (mod n) (法 n の下で等価, equivalent modulo n) 54
$[a, b)$ または $(a, b]$ (半開区間, half-open interval) 980
$[a, b]$ (閉区間, closed interval) 980
$[a]_n$ (法 n の下での剰余類, equivalent class modulo n) 765
{ } (集合, set) 976
$\langle\rangle$ (列, sequence) 983
$\langle\rangle$ (標準的符号化, standard encoding) 890
$\binom{n}{k}$ (組合せ, choose) 999
δ (最短路距離, shortest path distance) 471
δ (最短路重み, shortest path weight) 509
π (幅優先木における先行点, predecessor in a breadth first tree) 469
π (最短路木における先行点, predecessor in a shortest-paths tree) 512
$\cap$ (積集合, set intersection) 977
| | (文字列の長さ, length of a string) 810
| | (フロー値, flow value) 565
$\cdot_n$ (法 n の下での乗算, multiplication modulo n) 775
$\lceil\rceil$ (シーリング, ceiling) 53
// (注釈記号, comment symbol) 18
$\cup$ (和集合, set union) 977
| (整除関係, divides relation) 764
$\rightarrow$ (隣接関係, adjacency relation) 986
$\emptyset$ (空言語, empty language) 890
ε (空文字列, empty string) 810, 890
ϵ-dense (ϵ 密) 561
$\equiv$ (法 n の下で等価, equivalent modulo n) 54
$\lfloor\rfloor$ (フロア, floor) 53
$\gg$ (論理右シフト, logical right shift) 241, 257
$\hat{\phi}$ (黄金比の共役, conjugate of the golden ratio) 58
$\in$ (集合の要素, set member) 976
$\sqsubset$ (接頭語関係, prefix relation) 810
$\sqsupset$ (接尾語関係, suffix relation) 810
$\left(\frac{a}{p}\right)$ (ルジャンドルの記号, Legendre symbol) 807
$\ll$ (はるかに小さい, much-less-than relation) 641
$\lll$ (論理左シフト, left shift) 257
$*$ (閉包演算子, closure operator) 891
$\mathbb{N}$ (自然数の集合, set of natural numbers) 976
$\nmid$ (非整除関係, does-not-divide relation) 764
$\neg$ (NOT) 901
$\|\ \|$ (ユークリッドノルム, euclidean norm) 1031
$\neq$ (mod n) (not equivalent, modulo n) 54
$\not\equiv$ (法 n の下で等価ではない, not equivalent modulo n) 54
$\notin$ (集合に属さない, not a set member) 976
$\oplus$ (群の演算子, group operator) 774
$\otimes$ (畳み込み, convolution) 743

$\rightsquigarrow$ (到達可能関係, reachability relation) 986
ϕ (黄金比, golden ratio) 58
$\phi(n)$ (オイラーのファイ関数, Euler's phi function) 777
$\prod$ (積, product) 968
$\leq_P$ (多項式時間帰着可能性関係, polynomial-time reducibility relation) 898, 906
$\rho(n)$ (近似アルゴリズム, approximation algorithm) 934, 947
$\subset$ (真部分集合, proper subset) 976
$\subseteq$ (部分集合, subset) 976
$\sum$ (和, sum) 965
$\times$ (デカルト積, Cartesian product) 979
$\vee$ (OR) 901
$\wedge$ (AND) 901
$\wedge$ (論理積, AND) 554
$\vee$ (論理和, OR) 554
| | (基数, set cardinality) 979
O 記法 (O-notation) 42
o 記法 (o-notation) 50
O' 記法 (O'-notation) 62
$\widetilde{O}$ 記法 ($\widetilde{O}$-notation) 62
ω 記法 (ω-notation) 51
Ω 記法 (Ω-notation) 42
$\overset{\infty}{\Omega}$ 記法 ($\overset{\infty}{\Omega}$-notation) 61
$\widetilde{\Omega}$ 記法 ($\widetilde{\Omega}$-notation) 62
$\mathbb{R}$ (実数の集合, set of read numbers) 976
Θ 記法 (Θ-notation) 42
$\widetilde{\Theta}$ 記法 ($\widetilde{\Theta}$-notation) 62
$\mathbb{Z}$ (整数の集合, set of inters) 976
$\mathbb{Z}_n$ (法 n の下での剰余類, equivalence classes modulo n) 765
$\mathbb{Z}_n^*$ (法 n の下での乗法群の要素, element of multiplication group modulo n) 776
$\mathbb{Z}_n^+$ ($\mathbb{Z}_n$ の非零要素, nonzero elements of $\mathbb{Z}_n$) 797
$\gg$ (関係「はるかに大きい」, much-greater-than relation) 450
$\oplus$ (半環演算子, semiring operator) 547
$\oplus$ (対称差, symmetric difference) 593
$\otimes$ (半環演算子, semiring operator) 547

【手続き（擬似コード）】

ADD-SUBARRAY 661
ALLOCATE-NODE 427
APPROX-MIN-WEIGHT-VC 949
APPROX-SUBSET-SUM 953
APPROX-TSP-TOUR 939
APPROX-VERTEX-COVER 936
AVL-INSERT 301
B-TREE-CREATE 427
B-TREE-DELETE 433
B-TREE-INSERT 429
B-TREE-INSERT-NONFULL 432
B-TREE-SEARCH 426, 433
B-TREE-SPLIT-CHILD 428

1066 | 索 引

B-TREE-SPLIT-ROOT 430
BAD-SET-COVER-INSTANCE 946
BALANCE 301
BELLMAN–FORD 516
BFS 469
BIASED-RANDOM 108
BOTTOM-UP-CUT-ROD 311
BUBBLESORT 38
BUCKET-SORT 181
BUILD-MAX-HEAP 141
BUILD-MAX-HEAP' 150
BUILD-MIN-HEAP 143
CHAINED-HASH-DELETE 235
CHAINED-HASH-INSERT 235
CHAINED-HASH-SEARCH 235
CIRCUIT-SAT 902
CLIQUE 914
COMPACT-LIST-SEARCH 227
COMPACT-LIST-SEARCH' 228
COMPARE-EXCHANGE 186
COMPARE-EXCHANGE-INSERTION-SORT 186
COMPLETION-TIME-SCHEDULE 691
COMPUTE-LCP 840
COMPUTE-PREFIX-FUNCTION 827
COMPUTE-SUFFIX-ARRAY 836
COMPUTE-TRANSITION-FUNCTION 824
CONNECTED-COMPONENTS 441
COUNTING-SORT 175
CUT-ROD 308
DAG-SHORTEST-PATHS 519
DECREASE-KEY 146
DECREMENT 382
DELETE 211
DELETE-LARGER-HALF 388
DEQUEUE 217
DETERMINISTIC-SEARCH 127
DFS 477
DFS-VISIT 477
DIJKSTRA 522
DIRECT-ADDRESS-DELETE 231
DIRECT-ADDRESS-INSERT 231
DIRECT-ADDRESS-SEARCH 231
DISK-READ 422
DISK-WRITE 423
EMPTY STRING 810
ENQUEUE 217
EUCLID 770
EXACT-SUBSET-SUM 952
EXTEND-SHORTEST-PATHS 547
EXTENDED-BOTTOM-UP-CUT-ROD 313
EXTENDED-EUCLID 773
EXTRACT-MAX 145
EXTRACT-MIN 146
FASTER-APSP 549
FFT 752
FIB 632
FIND-AUGMENTING-PATH 621
FIND-DEPTH 457
FIND-SET 440
FIND-SPLIT-POINT 656
FINITE-AUTOMATON-MATCHER 821
FLOYD–WARSHALL 552
FLOYD–WARSHALL' 555
FORD–FULKERSON 576
FORD–FULKERSON-METHOD 568
GALE-SHAPLEY 605

GENERIC-MST 494
GRADIENT-DESCENT 867
GRADIENT-DESCENT-CONSTRAINED 874
GRAFT 457
GRAPH-ISOMORPHISM 896
GREEDY-ACTIVITY-SELECTOR 357
GREEDY-BIPARTITE-MATCHING 611
GREEDY-SET-COVER 944
HAM-CYCLE 894
HAM-PATH 897
HASH-DELETE 254
HASH-INSERT 248, 254
HASH-SEARCH 248, 254
HEAP-DECREASE-KEY 149
HEAP-DELETE 150
HEAP-EXTRACT-MIN 149
HEAP-MINIMUM 149
HEAPSORT 144
HIRE-ASSISTANT 105
HOARE-PARTITION 167
HOPCROFT-KARP 596
HORNER 39
HUFFMAN 365
HUNGARIAN 619
INCREASE-KEY 145
INCREMENT 381
INITIALIZE-SINGLE-SOURCE 513
INORDER-TREE-WALK 265
INSERT 145, 146, 211
INSERTION-SORT 16, 24, 43
INTERVAL-DELETE 414
INTERVAL-INSERT 414
INTERVAL-SEARCH 414, 416
INTERVAL-SEARCH-EXACTLY 418
ITERATIVE-TREE-SEARCH 266
JOHNSON 558
KMP-MATCHER 827
LCA 459
LCS-LENGTH 335
LEFT 137
LEFT-ROTATE 283, 418
LINEAR-PROBING-HASH-DELETE 256
LINK 447
LIST-DELETE 221
LIST-DELETE' 221
LIST-INSERT 220
LIST-INSERT' 222
LIST-PREPEND 220
LIST-SEARCH 219
LIST-SEARCH' 223
LONGEST-PATH 893
LONGEST-PATH-LENGTH 892
LOOKUP-CHAIN 329
LU-DECOMPOSITION 700
LUP-DECOMPOSITION 703
LUP-SOLVE 697
MAKE-RANKS 836
MAKE-SET 439
MAKE-TREE 457
MATRIX-CHAIN-MULTIPLY 321
MATRIX-CHAIN-ORDER 319
MATRIX-MULTIPLY 68
MATRIX-MULTIPLY-RECURSIVE 70
MAX-FLOW-BY-SCALING 587
MAX-HEAP-EXTRACT-MAX 148
MAX-HEAP-INCREASE-KEY 149

索　引 | **1067**

MAX-HEAP-INSERT　149, 150
MAX-HEAP-MAXIMUM　147
MAX-HEAPIFY　139
MAXIMUM　145, 211
MAYBE-MST-A　506
MAYBE-MST-B　506
MAYBE-MST-C　506
MEMOIZED-CUT-ROD　311
MEMOIZED-CUT-ROD-AUX　311
MEMOIZED-MATRIX-CHAIN　329
MERGE　30
MERGE-SORT　32
MILLER-RABIN　800
MIN-GAP　418
MIN-HEAP-INSERT　149
MINIMUM　146, 191, 211
MODULAR-EXPONENTIATION　790, 794
MODULAR-LINEAR-EQUATION-SOLVER　782
MOVE-TO-FRONT　675
MST-KRUSKAL　498
MST-PRIM　502
MST-REDUCE　505
MULTIPOP　379
MULTIPUSH　382
NAIVE-STRING-MATCHER　812
NIL　19
OFFLINE-MINIMUM　457
ONLINE-MAXIMUM　125
OPTIMAL-BST　341
OS-KEY-RANK　411
OS-RANK　408
OS-SELECT　407
P-FIB　634
P-MAT-VEC　643
P-MAT-VEC-RECURSIVE　643
P-MAT-VEC-WRONG　647
P-MATRIX-MULTIPLY　650
P-MATRIX-MULTIPLY-RECURSIVE　651
P-MERGE　656
P-MERGE-AUX　656
P-MERGE-SORT　653
P-SCAN-DOWN　664
P-SCAN-UP　664
P-SCAN-1　663
P-SCAN-1-AUX　663
P-SCAN-2　663
P-SCAN-2-AUX　663
P-SCAN-3　664
P-TRANSPOSE　649
PARENT　137
PARTITION　154
PARTITION′　167
PATH　885, 891
PERMUTE-BY-CYCLE　115
PERMUTE-WITH-ALL　115
PERMUTE-WITHOUT-IDENTITY　115
PERSISTENT-TREE-INSERT　299
POP　216, 379
PRAM　667
PREDECESSOR　211
PRINT-ALL-PAIRS-SHORTEST-PATH　544
PRINT-CUT-ROD-SOLUTION　314
PRINT-LCS　335
PRINT-OPTIMAL-PARENS　321
PRINT-PATH　474
PRINT-SET　448

PSEUDOPRIME　798
PUSH　216
QUICKSORT　154
QUICKSORT′　167
RABIN-KARP-MATCHER　816
RACE-EXAMPLE　645
RADIX-SORT　178
RAM　21, 22
RANDOM　107
RANDOM-SAMPLE　116
RANDOM-SEARCH　127
RANDOMIZED-HIRE-ASSISTANT　112
RANDOMIZED-MARKING　683
RANDOMIZED-PARTITION　161
RANDOMIZED-QUICKSORT　161, 276
RANDOMIZED-SELECT　192
RANDOMLY-PERMUTE　113
RB-DELETE　293
RB-DELETE-FIXUP　297
RB-ENUMERATE　413
RB-INSERT　285
RB-INSERT-FIXUP　286
RB-JOIN　300
RB-TRANSPLANT　292
RECTANGULAR-MATRIX-MULTIPLY　315
RECURSIVE-ACTIVITY-SELECTOR　355
RECURSIVE-MATRIX-CHAIN　327
REDUCE　662
RELAX　514
REPETITION-MATCHER　843
RESET　384
RIGHT　137
RIGHT-ROTATE　282
SAME-COMPONENT　441
SAT　907
SCAN　662
SCRAMBLE-SEARCH　127
SEARCH　211
SELECT　198
SELECT3　206
SHORTEST-PATH　884
SIMPLER-RANDOMIZED-SELECT　203
SLOW-APSP　548
STACK-EMPTY　216
STOOGE-SORT　169
STRONGLY-CONNECTED-COMPONENTS　486
SUBSET-SUM　923
SUCCESSOR　211
SUM-ARRAY　20
SUM-ARRAYS　660
SUM-ARRAYS′　661
TABLE-INSERT　389
TOPOLOGICAL-SORT　484
TRANSITIVE-CLOSURE　555
TRANSPLANT　273, 292
TRE-QUICKSORT　169
TREE-DELETE　274, 275, 292
TREE-INSERT　270, 284
TREE-MAXIMUM　268
TREE-MINIMUM　268
TREE-PREDECESSOR　269
TREE-SEARCH　266
TREE-SUCCESSOR　268
TRIM　953
TSP　922, 923
UNION　223, 439

VERTEX-COVER 916
WEE 259
WEIGHTED-MAJORITY 862
WITNESS 800

【あ】

アーム (arm) 421
RSA 公開鍵 (RSA public key) 793
RSA 公開鍵暗号システム (RSA public-key
　　cryptosystem) 790, 796, 808
RSA 公開鍵暗号システム (RSA public-key
　　cryptosystem)(RSA public-key cryptosystem)
　　793
RSA 秘密鍵 (RSA secrete key) 793
握手補題 (handshaking lemma) 989
Akra–Bazzi 法 (Akra–Bazzi method) 68, 104
　　漸化式を解くための—, 104
値 (value)
　　関数の—, 983
　　フローの—, 565
　　目的—, 723
新しい要求 (new request) 685
Ackermann 関数 (Ackermann's function) 459
扱いにくさ (intractability) 882
扱いやすさ (tractability) 882
後入れ先出し (last-in, first-out, LIFO) 215, 679
余り (remainder) 765
粗くする (coarsen) 644
アリス (Alice) 791
アルゴリズム (algorithm) 4, 65
　　オフライン—, 668
　　オンライン—, 9, 668
　　科学技術としての—, 11
　　キャッシュ忘却型—, 438
　　グラフのための—, 462
　　再帰型貪欲—, 354
　　—の正当性, 正しさ, 5
　　線形期待時間選択—, 192
　　ソーティング—, 133
　　貪欲—, 351
　　—による拒否, 891
　　—による決定, 891
　　—による受理, 891
　　—の語源, 40
　　—の実行時間, 24
　　ハンガリアン—, 608, 619, 622
　　ヒープソート—, 143
　　無記憶比較交換—, 186
　　列ソート—, 187
　　—を解析する, 21
　　Bellman–Ford の—, 515, 519
　　Borůvka の—, 507
　　Dijkstra の—, 522, 527
　　Edmonds–Karp—, 579, 581
　　Floyd–Warshall の—, 550, 554–556, 561
　　Gabow のスケーリング—, 539
　　Gale–Shapley—, 605
　　Hopcroft–Karp—, 592, 596, 612
　　Johnson の—, 556, 560, 561
　　Karp の—, 540
　　Kruskal の—, 498, 500, 507
　　Prim の—, 500, 503
　　Viterbi—, 346
アルゴリズムによる決定 (decision by an algorithm)
　　891
α 強凸 (α-storngly convex) 881

α 平衡 (α-balanced) 399
アルファベット (alphabet) 810, 818, 890
　　文字列照合における—, 810
暗号化 (encript) 790
暗号系 (cryptosystem) 790, 796, 808
暗号文 (ciphertext) 792
安全 (safe) 358
安全な辺 (safe edge) 494
アンダーフロー (underflow)
　　キューの—, 216
　　スタックの—, 215
安定 (stable)
　　—結婚問題, 592, 601, 602
　　—同居人問題, 593, 607
　　—マッチング, 593, 602
安定結婚問題 (stable-marriage problem) 592, 601, 602
安定性 (stability)
　　数値的—, 693, 694, 718
　　ソーティングアルゴリズムの—, 176, 180
安定同居人問題 (stable-roommates problem) 593, 607
安定マッチング (stable matching) 593, 602
AND 関数 ($\wedge$) (AND function) 901
AND ゲート (AND gate) 901

【い】

Yen による Bellman–Ford のアルゴリズムの改良 (Yen's
　　improvement to the Bellman–Ford algorithm)
　　538
位数 (order)
　　群の—, 779
位置木 (positional tree) 993
1 近似アルゴリズム (one-approximation algorithm)
　　934
1 次合同式 (linear equations) 780, 784
　　—の解法, 780, 784
1 次従属 (linear dependence) 1032
1 次独立 (linear independence) 1032
1 進数 (unary) 889
1 対 1 関数 (1-to-1 function) 984
1 対 1 対応 (1-to-1 correspondence) 984
1 の原始 n 乗根 (principal root of unity) 748
1 の複素 n 乗根 (complex nth root of unity) 748
1 の複素根 (complex root of unity)
　　—における補間, 753, 754
1 増やす (incrementing by 1) 17
一方向連結リスト (singly linked list) 218
一様確率分布 (uniform probability distribution) 1003,
　　1004
一様ランダム置換 (uniform random permutation) 107,
　　113
一貫性 (consistency)
　　逐次—, 637, 667
　　リテラルの—, 915
一般数体ふるい (general number-field sieve) 808
一般的な算術級数 (general arithmetic series) 966
ϵ 万能ハッシュ関数 (ϵ-universal hash function) 247
ϵ 密 (ϵ-dense) 561
入口 (source) 564, 566, 567
入次数 (in-degree) 986
入れ子 (nested)
　　—並列性, 634
入れ子型級数 (telescoping series) 967, 968
入れ子型和 (telescoping sum) 967, 968
入れ子の超直方体 (nesting boxes) 538
入れ子並列性 (nested parallelism) 634, 660
色 (color)

2 色木の節点の—, 279
因果推論 (causal inference) 850
因子 (factor)
　　回転—, 752
因数 (factor) 764
インスタンス (instance) 4
　　抽象問題の—, 885, 887
　　問題の—, 4
インデックス (index) xi
インバータ (inverter) 901

【う】

wee ハッシュ関数 (wee hash function) 257
上側 (high side) 153
上側中央値 (upper median) 190
上三角行列 (upper-triangular matrix) 1029, 1034
上への写像 (onto function) 984
内向き辺 (incoming edge) 482

【え】

永続データ構造 (persistent data structure) 299, 405
永続的 (persistent) 299
永続動的集合 (persistent dynamic set) 299
AVL 木 (AVL tree) 301, 302
a が生成する部分群 (subgroup generated by a) 779
a を底とする擬似素数 (base-a pseudoprime) 797
枝 (edge) 985
　　—集合, 985
Edmonds–Karp アルゴリズム (Edmonds–Karp algorithm) 579, 581
(n, m)-Josephus 置換 ((n, m)-Josephus permutation) 419
n 項組 (n-tuple) 979
n 集合 (n-set) 979
NP（complexity class） 883, 895, 897, 933
NP 完全 (NP-complete; Nondeterministic Polynomial time) 883, 884, 899
NP 完全性 (NP-completeness) 8, 882, 884, 886, 887, 899, 933
　　回路充足可能性問題の—, 900, 906
　　グラフ彩色問題の—, 930
　　クリーク問題の—, 914, 916, 933
　　最長単純閉路問題の—, 929
　　集合被覆問題の—, 946
　　集合分割問題の—, 929
　　充足可能性問題の—, 933
　　巡回セールスパーソン問題の—, 922, 923
　　整数計画法の—, 929
　　頂点被覆問題の—, 916, 918, 933, 936
　　独立頂点集合問題の—, 929
　　ハミルトン経路の—, 929
　　ハミルトン閉路問題の—, 918, 922, 933
　　ブール式充足可能性問題の—, 907, 909
　　ブール式の恒真性判定問題の—, 913
　　部分グラフ同型問題の—, 929
　　部分和問題の—, 923, 926
　　利益と締切を持つスケジューリング問題の—, 932
　　0-1 整数計画法の—, 929
　　3-CNF 充足可能性問題の—, 909, 913, 933
　　3-CNF 半数充足可能性問題の—, 929
NP 完全問題 (NP-complete problem) 882
NP 困難 (NP-hard) 899
NPC (NP-complete) 883, 899
n ベクトル (n-vector) 1027
n を法する剰余類 ($[a]_n$) (equivalence class modulo n) 765

エポック (epoch) 680
M 交代経路 (M-alternating path) 593
M 増加可能経路 (M-augmenting path) 593, 595, 596, 599
　　点素な—, 596, 599
　　—の極大集合, 596, 599
l 先読み (l-lookahead) 689
LCS の最適部分構造 (optimal substructure of an LCS) 332
LCP (longest common prefix) 839
エルミート行列 (Hermitian matrix) 709
LUP 分解 (LUP decomposition) 661, 695
　　逆行列の計算における—, 705, 706
　　対角行列の—, 705
　　置換行列の—, 705
　　—と行列積, 709
　　—の計算, 701, 703
　　—の利用, 694, 698
LU 分解 (LU decomposition) 661, 698, 700
エレベーター待ち (waiting for an elevator) 669
塩基 (base) 331
　　DNA の—, 331
演算 (arithmetic)
　　剰余—, 54, 774, 780
エントロピー関数 (entropy function) 1000

【お】

OR 関数 (∨) 901
OR ゲート (OR gate) 901
オイラー (Euler) 491
　　—巡回路, 491, 622, 882
　　—巡回路とハミルトン閉路, 882
　　—定数, 777
　　—の定理, 787, 805
　　—のファイ関数 (Euler's phi function), 777
黄金比 (golden ratio) 58, 101
横断辺 (cross edge) 480
オートマトン (automaton)
　　文字列照合—, 824
　　有限—, 818
オーバーフロー (overflow) 590
　　キューの—, 216
　　スタックの—, 215
オープンアドレスハッシュ表 (open-address hash table) 247, 254
　　線形探査を用いる—, 251
　　ダブルハッシュを用いる—, 249, 250, 254
オープンアドレス法 (open addressing) 247
置換え法 (substitution method) 67, 75, 79
　　—と再帰木, 82
汚染領域 (dirty area) 187
オブジェクト (object) 19
　　—の属性, 19
　　パラメータとして引き渡される—, 19
オフラインアルゴリズム (offline algorithm) 668
オフラインキャッシュ (offline caching) 678
オフライン最小共通祖先問題 (offline lowest-common-ancestors problem) 458
オフライン最小値問題 (offline minimum problem) 456
オフライン問題 (offline problem)
　　最小—, 456
　　最小共通祖先—, 458
オペレーティングシステム (operating system) 630
重み (weight) 343, 465, 509
　　カットの—, 950
　　平均—, 540

辺の—, 465
道の—, 509
重み関数 (weight function) 465
　グラフの—, 465
重みつき合併ヒューリスティック (weighted-union heuristic) 443
重みつきグラフ (weighted graph) 465
重みつき集合被覆問題 (weighted set-covering problem) 957
重みつき中央値 (weighted median) 204
重みつき頂点被覆 (weighted vertex cover) 948, 950, 961
重みなし (unweighted) 324
　—最短路, 324
　—最長単純路, 324
重み平衡木 (weight-balanced tree) 302, 399
親 (parent) 468, 634
　根つき木における—, 992
　幅優先木における—, 468
オンライン (online) 639, 850
オンラインアルゴリズム (online algorithm) 668
　キャッシュのための—, 678
　牛道問題のための—, 689
　雇用問題のための—, 105
　タスクスケジュールのための—, 690
　連結リストの管理のための—, 672
オンライン学習 (online learning) 849
オンラインキャッシュ (online caching) 678
オンライン雇用問題 (online hiring problem) 124, 126
オンラインスケジューラ (online scheduler) 639
　集中型—, 639

【か】
Karp のアルゴリズム (Karp's algorithm) 540
ガーベジコレクション (garbage collection) 136
Karmarkar のアルゴリズム (Karmarkar's algorithm) 740
Carmichael 数 (Carmichael number) 798, 805
解 (solution) 693
　具象問題の—, 888
　計算問題の—, 5
　実行可能—, 528, 723
　抽象問題の—, 887
　問題の—, 5
　連立線形方程式の—, 693
開区間 (open interval) 980
開始可能時刻 (release time) 376, 690
開始時刻 (start time) 351
開始状態 (start state) 818
階乗 (factorial) 57
　—関数, 57
階数 (rank)
　行の—, 1032
　行列の—, 1032, 1034
　列の—, 1032
外積 (outer product) 1031
階層記憶 (memory hierarchy) 22, 254
回転 (rotation)
　2 色木における—, 282, 284
回転因子 (twiddle factor) 752
解の推定 (guessing the solution)
　置換え法における—, 77
外部経路長 (external path length) 994
外部節点 (external node) 992
回文 (palindrome) 343
回路 (circuit)

高速フーリエ変換のための—, 757, 758
　—の深さ, 758
　ブール組合せ—, 901
回路充足可能性 (circuit satisfiability) 900, 906
回路充足可能性問題 (circuit-satisfiability problem) 902
ガウスの消去法 (Gaussian elimination) 698, 718
下界 (lower bounds) 679, 884
　オンラインキャッシュ問題に対する LIFO の競合比の—, 679
　階乗関数の—, 57
　極大マッチングのサイズ—, 957
　近似の—, 961
　クイックソートの実行時間の—, 134
　計数ソートの実行時間の—, 176
　項の—, 970
　最小重み頂点被覆の—, 948, 949
　最小値発見のための—, 191
　最適巡回セールスパーソン巡回路の長さの—, 939, 941
　最適頂点被覆のサイズの—, 937
　漸化式の—, 77, 82, 84
　漸近的—, 42, 46
　選択問題の—, 191
　挿入ソートの—, 46
　ソートの—, 172, 174, 183
　互いに素な集合族のためのデータ構造の—, 459
　中央値発見のための—, 207
　調和数の—, 973
　—とポテンシャル関数, 401
　2 項係数の—, 1000
　比較ソートアルゴリズムの実行時間の—, 183
　比較ソートの—, 884
　ヒープソートの実行時間の—, 170
　BUILD-MAX-HEAP の実行時間の—, 141
　平均ソートの—, 185
　マージソートの実行時間の—, 185
　マージの—, 185
　水瓶比較の—, 184
　RANDOMIZED-SELECT の期待実行時間の—, 195
　連の—, 120, 122
　和の—, 969
可換群 (abelian group) 774
鍵 (key)
　公開—, 791, 793
　秘密—, 791, 793
可逆行列 (invertible matrix) 1032
拡大 (expansion) 390
拡大主問題 (augmented primal) 735
拡大する（expand）389
確率 (probability) 1002, 1007
確率公理 (probability axiom) 1003
確率的解析 (probabilistic analysis) 106, 107, 116, 127, 666
　オープンアドレスハッシュの—, 251, 253, 254
　オンライン雇用問題の—, 124, 126
　確率的計数の—, 127
　クイックソートの—, 162, 165, 168, 170
　雇用問題の—, 110, 111, 124, 126
　コンパクトリスト探索の—, 227
　衝突の—, 238
　ソートの下界の—, 183
　誕生日パラドックスの—, 116, 118
　チェイン法における枠数の上界の—, 261
　チェイン法を用いたハッシュの—, 235, 238
　同一キーを含む 2 分探索木への挿入の—, 275
　—と平均的入力, 26

—と乱択アルゴリズム，112, 113
バケツソートの—，181, 182
ハッシュ探査列長の上界の—，260
万能ハッシュ法の—，242, 245
ファイル比較の—，817
ファジイソートの—，170
分割の—，160, 166, 168, 170
ボールと箱の—，119, 120
MAX-3-CNF 充足可能性のための近似アルゴリズムの—，947, 948
乱択選択の—，205
ランダムに構成した 2 分探索木の節点の平均深さの—，276
ランダムに構成した 2 分探索木の高さの—，275
連の—，120, 124
Miller–Rabin の素数判定法の—，801, 805
Rabin–Karp アルゴリズムの—，816, 817
確率的計数 (probabilistic counting)　127
確率的検査可能証明 (probabilistically checkable proof)　933, 961
確率的勾配降下法 (stochastic gradient descent)　880
確率分布 (probability distribution)　1003
確率分布関数 (probability distribution function)　183
バケツソートの—，183
確率変数 (random variable)　1007, 1012
確率密度関数 (probability density function)　1008
重なりを持つ区間 (overlapping intervals)　414
—の最大重複点，419
—の列挙，418
重なりを持つ長方形 (overlapping rectangles)　418
加算 (addition)
多項式の—，741
2 進数の—，21
法 n の下での— $(+_n)$，775
可算無限集合 (countably infinite set)　979
加算命令 (add instruction)　22
ガジェット (gadget)　918
過剰決定 (over determined)　694
—1 次方程式系，694
仮説 (hypothesis)　849
画像圧縮 (image compression)　347, 350
仮想記憶 (virtual memory)　22
仮想プロセッサ (virtual processor)　629
数え上げ (counting)　997, 1002
傾き (gradient)　866
カタラン数 (Catalan number)　277, 316
括弧構造 (parenthesis structure)　478
括弧づけ定理 (parenthesis theorem)　479
カット (cut)　495
最小，573, 582
—と交差する，495
—と交差する純フロー，573
—の重み，950
—の容量，573
フローネットワークの—，573, 576
無向グラフの—，495
活動 (activity)　351
活動選択問題 (activity-selection problem)　351, 358, 377
活動を続けて (in play) いる　194
合併 (join)　437
2-3-4 木の—，437
合併 (joining)
2 色木の—，300
可変長符号 (variable-length code)　363

Gabow のスケーリングアルゴリズム (Gabow's scaling algorithm)　539
選言標準形 (disjunctive normal form)　911
軽い辺 (light edge)　495
関係 (relation)　980, 983
完全関係—，982
推移的—，981
全順序—，982
対称的—，981
同値—，981
反対称的—，982
関数 (function)　983, 985
Ackermann—，459
帰着，898
基本—，712
駆動—，85
最終状態—，818
接頭語—，825, 826
接尾語—，819
遷移—，818, 823, 824, 833
線形—，25, 721
凸—，1010
2 次—，26
分水界—，86
ポテンシャル—，385
目的—，527
関数の反復適用 (functional iteration)　57
関数の引数 (argument of a function)　983
関節点 (articulation point)　490
完全 (complete)　906
完全関係 (total relation)　982
完全グラフ (complete graph)　988
完全 k 分木 (complete k-ary tree)　993
完全ステップ (complete step)　640
完全線形高速化 (perfect linear speedup)　638
完全多項式時間近似スキーム (fully polynomial-time approximation scheme)　935
部分和問題のための—，950, 956, 960
完全に括弧づけされている (fully parenthesized)　315
完全 2 部グラフ (complete bipartite graph)　601
完全ハッシュ (perfect hashing)　262
完全マッチング (perfect matching)　601, 609
簡約 (reduction)
配列の—，662
完了時刻 (completion time)　376, 690, 958
緩和 (relaxation)　513
線形計画—，948
辺の—，513, 515
緩和 2 色木 (relaxed red-black tree)　282

【き】

木 (tree)　989, 994
AA—，302
AVL—，301, 302
重み平衡—，302
区間—，413, 418
k 近傍—，302
決定—，173, 174
構文解析—，910
再帰—，35, 80, 85
最短路—，512, 513, 534, 537
最適 2 分探索—，336, 343, 350
指数探索—，405
自由—，988, 989, 991
順序統計量—，406, 411
スプレー—，302, 405

高さ平衡—, 301
動的—, 405
トリープ—, 302
2-3—, 302
2-3-4—, 424, 437
根つき—, 224, 226, 991
—の経路長, 276
—の巡回, 264, 270, 408, 940
—の全巡回, 940
—の高さ, 992
—の直径, 475
—の 2 分割, 995
幅優先—, 468, 474
B—, 438
ヒープ—, 136, 152
深さ優先—, 476
フュージョン—, 189, 405
—辺, 474, 476, 480
身代わり—, 302
キー (key) 14, 132, 145, 210
自然数として解釈された—, 239
ダミー—, 337
B 木節点の中央—, 427
キーワード (keyword) 20
擬似コードの中での—, 18
行列の乗算 (matrix multiplication)
—と逆行列の計算, 706, 709
記憶管理 (storage management) 136, 238
記憶すること (memorization) 310
機械学習 (machine learning) 849
機械学習のアルゴリズム (machine learning algorithm)
849
幾何級数 (geometric series) 966
幾何分布 (geometric distribution) 1012, 1013
—とボールと箱, 119
記号表 (symbol table) 230, 242
擬似逆行列 (pseudoinverse matrix) 713
擬似コード (pseudocode) 15, 18, 20
—の中でのキーワード, 18
—の中での字下げ, 18
—の中での注釈記号, 18
—の中でのブール演算子, 20
—の中でのブロック構造, 18
for とループ不変式, 17
by, 18
downto, 18
else, 18
elseif, 18
error, 20
for, 18
if, 18
return, 20
then 節, 18
to, 18
while, 18
擬似素数 (pseudoprime) 797, 799
擬似ヒット (spurious hit) 816
木巡回 (tree walk) 264, 270, 408, 940
後行順—, 264
先行順—, 264
中間順—, 264, 270
擬似乱数生成器 (pseudorandom-number generator) 107
基数木 (radix tree) 275
基数ソート (radix sort) 177, 180
—とクイックソートとの比較, 179
期待 (expected) 813, 947

期待競合比 (expected competitive ratio) 683, 684
乱択オンラインキャッシングアルゴリズムの—,
684
期待実行時間 (expected running time) 26, 107
期待値 (expected value) 1008, 1010
幾何分布の—, 1012
指標確率変数の—, 108
2 項分布の—, 1014
期待値の線形性 (linearity of expectation) 1009
—と指標確率変数, 109
既探索頂点 (explored vertex) 477
帰着 (reduction)
多項式時間—, 885
CIRCUIT-SAT から SAT への—, 909
CLIQUE から VERTEX-COVER への—, 918
HAM-CYCLE から TSP への—, 922
SAT から 3-CNF-SAT への—, 913
VERTEX-COVER から HAM-CYCLE への—,
922
3-CNF-SAT から CLIQUE への—, 916
3-CNF-SAT から SUBSET-SUM への—, 923,
926
帰着 (reduction) 885
帰着アルゴリズム (reduction algorithm) 885, 898
帰着可能性 (reducibility) 898, 899
帰着関数 (reduction function) 898
帰着戦略 (reduction strategy) 926
基底段階 (base case) 64, 65
木の経路長 (path length of a tree) 276
木の巡回 (traversal of a tree) 264, 270, 408
木の巡回 (walk of a tree) 940
木の全巡回 (full walk of a tree) 940
既発見頂点 (discovered vertex) 468, 476
基本関数 (basis function) 712
基本挿入 (elementary insertion) 390
逆 (inverse)
行列の—, 705, 709, 718, 1032, 1034
全単射関数の—, 984
逆元 (inverse)
群における—, 774
乗法—, 783
逆トポロジカルソート (reverse topological sort) 312
逆並行 (antiparallel) 565
逆並行辺 (antiparallel edges) 565, 566
却下 (rejection)
有限オートマトンによる—, 818
キャッシュ (cache) 22, 369, 678
—がヒットした, 370
—ヒット, 678
—ブロック, 254, 370
—忘却性, 438
—ミス, 370, 678
—メモリ, 254
キャッシュ (caching)
オンライン, 678
キュー (queue) 215–217
スタックによって実装された—, 218
—の連結リスト実装, 223
幅優先木における—, 469
min 優先度つき—, 543
級数 (series) 101, 966, 967
—の積分, 967
—の導関数, 967
—の微分, 967
牛道問題 (the cow-path problem) 689
行 (row)

—の階数, 1032
—ベクトル, 1028
—優先順, 214
—ランク, 1032
強化学習 (reinforcement learning)　850
狭義単調減少 (strictly decreasing)　53
狭義単調増加 (strictly increasing)　53
競合 (race)　645, 647
競合解析 (competitive analysis)　669, 692
競合比 (competitive ratio)　669, 671, 679, 692
　　エレベーター待ち問題の—, 671
　　オンラインキャッシュ問題に対する FIFO の—,
　　　681
　　オンラインキャッシュ問題に対する LIFO の—,
　　　679
　　オンラインキャッシュ問題に対する LRU の—,
　　　680
　　オンラインキャッシュ問題の—, 679
　　神経衰弱の—, 671
　　スキー問題の—, 671
　　MOVE-TO-FRONT の—, 673
教師あり学習 (supervised learning)　849
教師なし学習 (unsupervised learning)　850
兄弟 (sibling)　992
共通シンク (universal sink)　467
共通部分式 (common subexpression)　755
共通部分列 (common subsequence)　332
　　最長, 331, 336, 350
行優先 (row-major)　334
　　—順, 334
共有メモリ (shared memory)　629, 630
行列 (array)　213
　　モンジュ—, 102
行列 (matrix)　213, 1027, 1037
　　上三角—, 1029, 1034
　　エルミート—, 709
　　擬似逆—, 713
　　3 重対角—, 1028
　　下三角—, 1029, 1031, 1034
　　随伴—, 709
　　接続—, 467
　　先行点—, 544
　　対角—, 1028
　　対称—, 1029
　　対称正定値—, 709, 711, 718
　　単位—, 1028
　　単位上三角—, 1029
　　単位下三角—, 1029
　　置換—, 1029, 1031
　　—の逆, 661, 705, 709, 718
　　—の原像, 1036
　　—の差, 1030
　　—の乗算, 1030
　　—のスカラー積, 1030
　　—の積, 71, 74, 1030
　　—の転置, 1027
　　—の符号反転, 1030
　　—の和, 1029
　　Vandermonde—, 744, 1035
　　隣接—, 466
行列式 (determinant)　1033
行列乗算 (matrix multiplication)　314, 316, 321, 649,
　　653, 661
　　全点対最短路のための—, 545, 550, 561, 562
　　—と逆行列の計算, 718
　　ブール—, 709

行列積 (matrix multiplication)　72, 75
　　—のための Strassen のアルゴリズム, 72, 75, 104
　　—のための Pan の方法, 75
　　—のための分割統治法, 69, 75
　　ベクトルとの—, 645, 647, 649
行列の転置 (transpose of a matrix)　649
行列ベクトル乗算 (matrix-vector multiplication)　647
行列ベクトル積 (multiplication)　649
強連結グラフ (strongly connected graph)　987
強連結成分 (strongly connected component)　987
　　—への分解, 485, 489, 492
極限点 (limit point)　873
局所的に (locally)　857
　　—最小化, 857
局所変数 (local variable)　19
曲線近似 (curve fitting)　711, 714
極大マッチング (maximal matching)　593, 937, 957
極大要素 (maximal element)
　　半順序集合の—, 982
拒否 (rejection)
　　アルゴリズムによる—, 891
拒否する (reject)　891
距離 (distance)
　　最短路の—, 471
　　編集—, 344
　　マンハッタン—, 204
切上げ命令 (ceiling instruction)　22
切捨て命令 (floor instruction)　22
切貼り法 (cut-and-paste technique)　323
Kirchhoff の法則 (Kirchhoff's current law)　563
近似 (approximation)
　　—誤差, 712
　　最小 2 乗—, 711, 714
　　—スキーム, 935
　　積分を用いた和の—, 973, 974
　　—比, 934, 947
近似アルゴリズム (approximation algorithm)　8, 933,
　　934, 961
　　重みつき集合被覆のための—, 957
　　最小重み頂点被覆のための—, 948, 950, 961
　　最大重みカットのための—, 950
　　最大クリークのための—, 938, 957
　　最大全域木のための—, 959
　　最大マッチングのための—, 957
　　集合被覆のための—, 943, 946
　　巡回セールスパーソン問題のための—, 938, 943,
　　　960
　　頂点被覆問題のための—, 936, 938, 960
　　ビンパッキングのための—, 956
　　部分和問題のための—, 950, 956, 960
　　並列機械スケジューリングのための—, 958
　　MAX-3-CNF 充足可能性のための—, 947, 948, 961
　　乱択—, 947
　　0-1 ナップサック問題のための—, 959, 961
　　MAX-CNF 充足可能性のための—, 950
近似パラメータ (approximation parameter)　953
近傍 (neighbor)　988
近傍 (neighborhood)　601

【く】

クイックソート (quicksort)　153, 171, 666
　　同じ値の要素を持つ場合の—, 167
　　3 要素中央値法による—, 170
　　挿入ソートを用いた—, 166
　　—と基数ソートとの比較, 179
　　—と挿入ソートとの比較, 160

—に対する最終敵対者, 171
—の解析, 157, 160, 161, 166
—の最悪時の解析, 162
—のスタック深さ, 169
—の平均時の解析, 162, 165
末尾再帰版の—, 169
乱択版—, 160, 161, 168
空 (empty) 215
—木, 993
—言語 (∅), 890
—集合 (∅), 976
—集合則, 977
—のスタック, 215
—文字列, 810, 890
空事象 (null event) 1002
空スタック (empty stack) 215
クーポン収集家問題 (coupon collector's problem) 120
クエリー (query) 210
区間 (interval) 413, 414, 419
—木, 413, 414, 418
—グラフ, 357
—グラフ彩色問題, 357
— 3 分律 (interval trichotomy), 414
—の下端点, 414
—の上端点, 414
—のファジィソート, 170
矩形行列 (rectangular matrix) 315
具象問題 (concrete problem) 888
Knuth–Morris–Pratt アルゴリズム (Knuth-Morris-Pratt algorithm) 824, 833, 848
組 (tuple) 979
組合せ (combination) 999
組合せ回路 (combinational circuit) 901
組合せ素子 (combinational element) 900
クラス (class)
複雑度の—, 892
Kruskal のアルゴリズム (Kruskal's algorithm) 498, 500, 507
整数辺重みを持つ—, 503
クラスタ (cluster) 852
並列計算のための—, 630
クラスタ化 (clustering) 256
主—, 256
クラスタの中心 (center of a cluster) 853
クラスタリング (clustering) 851
グラフ (graph) 985, 989
ϵ 密—, 561
重みつき—, 465
区間—, 357
成分—, 486
制約—, 529, 530
疎な—, 464
単結合—, 483
—における到達可能性, 986
—の彩色, 930
—の最短路, 471
—の巡回路, 922
—の接続行列, 467
—の属性, 463, 466
—のためのアルゴリズム, 462, 591
—の幅優先探索, 468, 475, 492
—の深さ優先探索, 475, 483, 492
—の閉路, 986
—の補, 917
—の隣接行列表現, 466
—の隣接リスト表現, 464

ハミルトン—, 893
非ハミルトン—, 893
部分問題—, 312, 313
密な—, 464
グラフ彩色問題 (graph coloring)
—の NP 完全性, 930
グラフ的マトロイド (graphic matroid) 507
Kraft の不等式 (Kraft inequality) 994
クリーク (clique) 914, 916, 933
—の NP 完全性, 916
—のための近似アルゴリズム, 938, 957
グリードイド (greedoid) 377
Kleene 閉包 (*) (Kleene star) 891
繰返し数 (repetition factor) 843
グリッド (grid) 585
クリティカルパス (critical path) 521, 637
有向非巡回グラフの—, 521
クリティカル辺 (critical edge) 580
グレイコード (Gray code) 397
黒高さ (black-height) 281
黒頂点 (black vertex) 468, 476
群 (group) 774, 780
巡回—, 788
—の演算 (⊕), 774
訓練データ (training data) 849
訓練フェーズ (training phase) 849

【け】

k 近傍木 (k-neighbor tree) 302
k 組合せ (k-combination) 999
k クラスタリング (k-clustering) 851, 852
計算困難な問題 (intractable problem) 8
計算状況 (configuration) 903
計算ダグ (computation dag) 635
計算的深度 (computational depth) 667
計算問題 (computational problem) 4, 5
形式言語理論 (formal-language theory) 890
形式的ベキ級数 (formal power series) 101
k 順列 (k-permutation) 113, 998
係数 (coefficient) 741
多項式の—, 54
2 項—, 999
計数ソート (counting sort) 174, 177
基数ソートにおける—, 179
係数表現 (coefficient representation) 743
—と高速乗算, 746, 747
計数 (counting)
確率的—, 127
k ソート済み (k-sorted) 185
継続辺 (continuation edge) 636
k 万能ハッシュ (k-universal hashing) 261
k 部分集合 (k-subset) 979
k 部分文字列 (k-substring) 998
k 分位 (quantile) 203
k 分木 (k-ary tree) 993
k 平均問題 (k-means problem) 854
k 文字列 (k-string) 998
経路 (path) 986
最長の—, 882
単純—, 986
ハミルトン—, 897
経路/路 (path)
—圧縮, 446
—緩和性, 515, 534
クリティカル—, 521
増加可能—, 572

増加させる—, 572, 573
—の重み, 343, 509
経路圧縮 (path compression) 446
経路長 (path length)
　木の—, 994
経路被覆 (path cover) 586
KMP アルゴリズム (KMP algorithm) 824, 833, 848
k 彩色 (k-coloring) 930, 995
k 次ベキ (k-th power) 769
k 乗法標準型 (k-conjunctive normal form) 883
ゲート (gate) 900
　AND—, 901
　インバータ, 901
　OR—, 901
　NOT—, 901
k 連言標準型 (k-conjunctive normal form) 883
k 和積標準型 (k-conjunctive normal form) 883
結合 (join) 28
結合 (combine) 34
結合確率密度関数 (joint probability density function) 1008
結合子 (connective) 907
結合段階 (combine step) 64
　分割統治法における—, 28
結合的演算 (associative operation) 774
結節点 (knot)
　スプライン関数の—, 716
決定木 (decision tree) 173, 174
決定する (decide) 891
決定性 (deterministic)
　—アルゴリズム, 112
　—暗号ハッシュ関数, 246
　—関数, 246
　—キャッシュアルゴリズム, 678
　—線形探索アルゴリズム, 128
　—比較ソート, 183
決定性競合 (determinacy race) 645
決定変数 (decision variable) 720
決定問題 (decision problem) 884, 888
　—と最適化問題, 884, 885
弦 (chord) 411
限界 (bound)
　漸近的な下からの—, 42, 46
　漸近的に上からの—, 42, 45
　漸近的にタイトな—, 42, 47
　2 項係数の—, 1000
　2 項分布の—, 1016
　2 項分布の裾の—, 1017, 1023
言語 (language) 890, 895
　—GRAPH-ISOMORPHISM, 896
　—CIRCUIT-SAT, 902
　—SAT, 908
　—の NP 完全性の証明, 907
　—の完全性, 906
　—の検証, 895
　—HAM-PATH, 897
言語の NP 完全性 (NP-completeness)
　—の証明, 907
言語の完全性 (completeness of a language) 906
減算命令 (subtract instruction) 22
検証 (verification) 893
検証アルゴリズム (verification algorithm) 895
減少させる (decrement) 18
検証された言語 (language verified) 895
検証する (verify) 895
限定 (bound)

対数多項式的—, 56
厳密フィボナッチヒープ (strict Fibonacci heaps) 404
原論 (*Elements*) 770

【こ】

子 (child) 634
　2 分木の中での—, 993
　根つき木における—, 992
項 (term)
　—の上界と下界, 970
後悔 (regret) 860
公開鍵 (public key) 791, 793
公開鍵暗号システム (public-key cryptosystem) 790, 796, 808
交換則 (commutative law) 774
後行順木巡回 (postorder tree walk) 264
交差 (intersection)
　弦の—, 411
恒真式 (tautology) 897, 913
合成 (composite) 764
合成数 (composite number) 764
　—の証拠, 799
公正な硬貨 (fair coin) 1004
構造変更 (structural modification) 400
高速化率 (speedup) 638, 666
高速フーリエ変換 (fast Fourier transform (FFT)) 7, 660, 741, 750, 762
　剰余演算を用いる—, 761
　多次元—, 759
　—の繰返し型実現, 755
　—の再帰的実現, 750, 753
　—のための回路, 757, 758
後退代入 (back substitution) 695–697
後退辺 (back edge) 480, 484
合同関係 (modular equivalence) 982
恒等置換 (identity permutation) 115
公倍数 (common multiple) 774
構文解析木 (parse tree) 910
公約数 (common divisor) 765
公理 (axiom)
　確率のための—, 1003
co-NP（complexity class） 896
ゴシップ問題 (gossiping) 401
コスト (cost) 364
固定長符号 (fixed-length code) 363
子なし (absent child) 993
コピー命令 (copy instruction) 22
雇用問題 (hiring problem) 105, 106, 112, 113, 129
　オンライン—, 124, 126
　—の確率的解析, 110, 111
孤立点 (isolated vertex) 986
子を欠いている (missing child) 993
根 (root)
　木の—, 991
　$\mathbb{Z}_n^*$ の—, 788
　1 の—, 748
根元事象 (elementary event) 1002
根元事象 (outcome) 1002, 1003
コンパクトリスト (compact list) 227

【さ】

最悪時間 (worst-case time) 232
最悪実行時間 (worst-case running time) 26
再重みづけ (reweighting) 556
　全点対最短路における—, 556–558
　単一始点最短路における—, 539

最遠要求優先 (furthest-in-future) 371
再帰 (recursion) 28
再帰木 (recursion tree) 35, 80, 85, 309, 636
　　—折畳み, 312
　　—縮約, 312
　　—と置換え法, 82
　　マスター定理の証明における—, 91
再帰法 (recursion-tree method) 67
再帰段階 (recursive case) 64, 65
再帰の底上げ (coarsening leaves of recursion)
　　再帰的プロセス生成における—, 644
　　マージソートにおける—, 37
再帰方程式 (recurrence equation) 33
最近共通祖先 (least common ancestor) 458
最近中心則 (nearest-center rule) 853
サイクルカバー (cycle cover) 623
在庫計画 (inventory planning) 349
最終状態関数 (final-state function) 818
最終ストランド (final strand) 636
最小 (minimum)
　　オフライン—, 456
最小重み頂点被覆 (minimum-weight vertex cover) 948,
　　950, 961
最小化線形計画 (minimization linear program) 722
最小カット (minimum cut) 573, 582
最小キーの抽出 (extracting the minimum key)
　　Young 表からの—, 151
最小経路被覆 (minimum path cover) 586
最小公倍数 (least common multiple) 774
最小 2 乗解 (least-squars solution) 713
最小 2 乗近似 (least-squares approximation) 711, 714
最小 2 乗誤差 (least-squares error) 877
最小 2 乗適合 (least-squares fit) 877
最小次数 (minimum degree) 424
　　B 木の—, 424
最小全域木 (minimum spanning tree) 493, 508
　　準—, 504
　　巡回セールスパーソン問題の近似アルゴリズムにお
　　　ける—, 939
　　動的グラフ上の—, 504
　　—の基礎アルゴリズム, 494, 498
　　—のための Kruskal のアルゴリズム, 498, 500
　　—のための Prim のアルゴリズム, 500, 503
　　—のための Borůvka のアルゴリズム, 507
　　—問題, 493
最小値 (minimum) 190
　　順序統計量木における—, 413
　　2 色木における—, 281
　　2 分探索木の中の, 267, 268
　　—の発見, 190
最小費用巡回フロー問題 (minimum-cost-circulation
　　problem) 739
最小費用多品種フロー問題 (minimum-cost
　　multicommodity-flow problem) 731
最小費用フロー問題 (minimum-cost flow problem) 729
最小頻度優先 (least frequently used) 679
最小平均重み閉路 (minimum mean-weight cycle) 540
　　—を求める Karp のアルゴリズム, 540
彩色 (coloring) 930, 995
サイズ (size) 774, 888
　　アルゴリズムの入力の—, 23, 763, 888, 890
　　クリークの—, 914
　　集合の—, 979
　　頂点被覆の—, 916, 936
　　ブール組合せ回路の—, 902
最大化線形計画 (maximization linear program) 722

最大キーの抽出 (extracting the maximum key)
　　d 分木ヒープからの—, 151
最大公約数 (greatest common divisor) 766, 767, 769
　　—のための再帰定理, 770
　　—のためのユークリッドのアルゴリズム, 769, 774,
　　　806, 807
　　—のための 2 進 gcd アルゴリズム, 805
　　3 つ以上のパラメータを持つ—関数, 774
最大全域木 (maximum spanning tree) 959
最大値 (maximum) 190
　　順序統計量木における—, 413
　　2 項分布の—, 1016
　　2 色木における—, 281
　　2 分探索木の中の, 267, 268
　　—の発見, 190
最大フロー (maximum flow) 563, 591
　　最小カット定理, 575
　　線形計画としての, 728, 729
　　—と 2 部グラフの最大マッチング, 582, 585
　　—の更新, 587
　　—のための Edmonds–Karp アルゴリズム, 579, 581
　　—のためのスケーリングアルゴリズム, 587
　　—のための Ford–Fulkerson 法, 568, 582, 590
　　—問題, 565
最大マッチング (maximum matching) 582, 592, 957
最短路 (shortest path) 6, 471, 509, 542, 543, 562
　　ϵ 密グラフにおける—, 561
　　—重み, 509
　　重みつきグラフにおける—, 509
　　重みなしグラフにおける—, 324, 471
　　—木, 512, 513, 534, 537
　　行列積による—, 545, 550, 561, 562
　　—距離, 471
　　—推定値, 513
　　線形計画としての—, 728
　　全点対—, 510, 543, 562
　　単一始点—, 509, 542
　　単一点対—, 324, 510
　　単一目的地—, 510
　　—と緩和, 513, 515
　　—と最長路, 882
　　—と差分制約, 527, 532
　　—と幅優先探索, 471, 474, 510
　　—と負閉路, 511, 517, 518, 550, 556
　　—の経路緩和性, 515, 534
　　—の最適部分構造, 510, 511, 545, 550, 551
　　—の三角不等式, 514, 532
　　—の収束性, 515, 534
　　—の上界性, 514, 533
　　—の先行点部分グラフ性, 515, 536, 537
　　—のための Gabow のスケーリングアルゴリズム,
　　　539
　　—のための Johnson のアルゴリズム, 556, 560, 561
　　—のための Dijkstra のアルゴリズム, 522, 527
　　—のための Floyd–Warshall アルゴリズム, 550,
　　　554, 556, 561
　　—のための Bellman–Ford のアルゴリズム, 515,
　　　519
　　—の派生問題, 510
　　—の無経路性, 515, 533
　　バイトニック路に関する—, 541
　　反復 2 乗法による—, 548, 549
　　負辺を含む—, 511, 512
　　—問題, 509
　　有向非巡回グラフにおける—, 519, 522
最長回文部分列 (longest palindrome subsequence) 343

索 引 | **1077**

最長共通接頭語 (longest common prefix) 839
最長共通接頭語配列 (longest common prefix array) 834
最長共通接尾語 (longest common substring) 842
最長共通部分列 (longest common subsequence) 331, 332, 336, 350
最長単純閉路 (longest simple cycle) 929
　　—の NP 完全性, 929
最長単純閉路問題 (longest-simple-cycle problem) 929
最長単純路 (longest simple path) 882
最長未使用優先 (least-recently-used (LRU)) 375, 679, 682
最長路 (longest path) 324
最適解 (optimal solution) 723
最適解の再構成 (reconstructing an optimal solution)
　　動的計画法における—, 328, 329
最適化問題 (optimization problem) 305, 884, 888
　　—の近似アルゴリズム, 8
　　—と決定問題, 884, 885
　　—のための近似アルゴリズム, 934, 961
最適性の原理 (principle of optimality) 307
最適頂点被覆 (optimal vertex cover) 936
最適 2 分探索木 (optimal binary search tree) 336–338, 343, 350
最適部分構造 (optimal substructure) 318, 322, 333, 360
　　重みなし最短路問題の—, 324, 325
　　活動選択の—, 352, 353
　　最短路の—, 511, 545, 550, 551
　　最短路のための—, 510
　　最長共通部分列の—, 332, 333
　　0-1 ナップサック問題の—, 360, 361
　　動的計画法における—, 322, 326
　　貪欲アルゴリズムにおける—, 360
　　2 分探索木の—, 339
　　—の性質, 333, 360
　　ハフマン符号の—, 368, 369
　　有理ナップサック問題の—, 360, 361
　　連鎖行列乗算の—, 317
　　ロッド切出しの—, 307
最適目的値 (optimal objective value) 723
最良実行時間 (best-case running time) 28
先入れ先出し (first-in, first-out (FIFO)) 215, 679
削除 (deletion)
　　オープンアドレスハッシュ表からの—, 249
　　キューからの—, 216
　　区間木からの—, 415
　　順序統計量木からの—, 410
　　スタックからの—, 215
　　チェイン法を用いたハッシュ表からの—, 235
　　直接アドレス表からの—, 231
　　動的な表からの—, 392, 397
　　2 色木からの—, 292, 299
　　2 分探索木からの—, 271, 274, 275
　　B 木からの—, 433, 436
　　ヒープからの—, 150
　　連結リストからの—, 220
差集合 (difference of sets) 977
座標 (point-value pair) 743
座標表現 (point-value representation) 743
サブルーチン (subroutine)
　　—実行, 24
　　—呼出し, 19, 22, 24
差分制約式系 (system of difference constraints) 527, 528, 532
鞘取 (arbitrage) 538
三角行列 (triangular matrix) 1029, 1031, 1034
三角不等式 (triangle inequality) 532, 558, 938

　　最短路の—, 514, 532
3-COLOR 930
3-CNF 910
3-CNF 充足可能性 (3-CNF satisfiability) 909, 913, 933
　　—と 2-CNF 充足可能性, 883
3-CNF 半数充足可能性 (half 3-CNF satisfiability) 929
　　—の NP 完全性, 929
3 次スプライン関数 (cubic spline) 716
3 重対角行列 (tridiagonal matrix) 1028
3 重対角線形系 (tridiagonal linear systems) 716
算術級数 (arithmetic series) 966
算術命令 (arithmetic instruction) 22
3 分律 (trichotomy)
　　区間—, 414
3 要素中央値法 (median-of-three method) 170
残余ネットワーク (residual network) 568, 569
残余辺 (residual edge) 569
残余容量 (residual capacity) 569, 572
3 連言標準形 (three-conjunctive normal form) 910

【し】

CNF 充足可能性 (CNF satisfiability) 950
c 競合 (c-competitive) 670
GCD 再帰定理 (GCD recursion theorem) 770
シームカービング (seam carving) 347, 350
シーリング (ceiling) 53
シェルソート (Shell's sort) 40
Jensen の不等式 (Jensen's inequality) 1010
時間–メモリトレードオフ (time-memory tradeoff) 310
時間領域 (time domain) 741
閾値 (threshold) 65
試行 (trial)
　　ベルヌーイ—, 1012
試行除算 (trial division) 797
時刻印 (timestamp) 476, 482
仕事量 (work) 631, 637
仕事量/スパン解析 (work/span analysis) 630, 637
仕事量の法則 (work law) 638
自己ループ (self-loop) 985
辞書 (dictionary) 210
2 乗 (square) 467
事象 (event) 1002
辞書式順序で小さい (lexicographically less than) 275
辞書式順序でのソート (lexicographic sorting) 275
次数 (degree) 741
　　節点の—, 992
　　多項式の—, 54, 741
　　頂点の—, 986
　　B 木の最小—, 424
指数関数 (exponential function) 54
指数級数 (exponential series) 966
次数上界 (degree-bound) 741
指数探索木 (exponential search tree) 189, 405
次節点 (successor)
　　順序統計量木における—, 413
　　順序統計量木における i 番目の—の発見, 411
　　2 分探索木の中の—, 268
　　2 色木における—, 281
　　2 分探索木での—, 269
自然数 (natural numbers)
　　—として解釈されたキー, 239
自然数の集合 (natural numbers) 976
子孫 (descendant) 991
下側 (low side) 153
下側中央値 (lower median) 190
下三角行列 (lower-triangular matrix) 1029, 1031, 1034

—の積, 1031
実行可能解 (feasible solution) 528, 723
実行可能性問題 (feasibility problem) 528, 737
実行可能な (ready) 639
実行可能な頂点ラベルづけ (feasible vertex labeling)
 608
実行可能領域 (feasible region) 723
実行時間 (running time) 24, 637
 期待—, 107
 グラフアルゴリズムの—, 462
 最悪—, 26
 最良—, 28
 —の増加のオーダー, 27
 —の増加率, 27
 平均—, 26, 106
実行時スタックからのポップ (pop from a run-time
 stack) 169
実行時スタックへのプッシュ (push onto a run-time
 stack) 169
実行不可能 (infeasible) 723
実行不可能解 (infeasible solution) 723
実数の 3 分律 (trichotomy property of real numbers) 52
実数の集合 (real numbers) 976
失敗 (failure)
 ベルヌーイ試行における—, 1012
質問 (query) 210
始点 (source vertex) 468, 510
品物 (commodity) 730
指標確率変数 (indicator random variable) 108, 111, 687
 クイックソート解析における—, 165, 168
 雇用問題解析における—, 110, 111
 誕生日パラドックスの解析における—, 118
 —と期待値の線形性, 109
 2 項分布の上裾の評価における—, 1021, 1022
 —の期待値, 108
 バケツソート解析における—, 182
 ハッシュの解析における—, 236, 237
 MAX-3-CNF 充足可能性のための近似アルゴリズ
  ムにおける—, 947, 948
 乱択選択解析における—, 205
 連の解析における—, 123, 124
シフト (shift)
 正当な—, 809
 無効な—, 809
 文字列照合における—, 809
シフト s に出現する (occures with shift s) 809
シフト命令 (shift instruction) 22
自明でないベキ (nontrivial power) 769
自明な約数 (trivial divisor) 764
射影 (projection) 873
弱双対性 (weak duality) 733, 734, 737, 738
尺度 (scale) 852
 属性値の—, 852
弱パレート最適性 (weak Pareto optimality) 607
主 (primal) 732
Schur 補行列 (Schur complement) 699, 710
Schur 補行列補題 (Schur complement lemma) 710
終域 (codomain) 983
自由木 (free tree) 988, 989, 991
集計法 (aggregate method/analysis) 379, 382
 スタック操作に対する—, 379, 380
 Dijkstra のアルゴリズムのための—, 525
 互いに素な集合族のためのデータ構造のための—,
  443, 444
 動的な表に対する—, 390
 2 進カウンタに対する—, 382

2 進カウンタの—, 380, 384
 幅優先探索の—, 471
 深さ優先探索のための—, 477, 478
 Prim のアルゴリズムのための—, 503
 有向非巡回グラフの最短経路のための—, 520
 ロッド切出しに対する—, 312
 Knuth–Morris–Pratt のアルゴリズムのための—,
  827, 828
集合 (set) 976, 980
 —演算 (set operation), 977
 —族, 978
 凸—, 567
 —の可換則, 977
 —の基数, 979
 —の吸収則, 978
 —の結合則, 977
 —の元, 976
 —の差, 977
 —の積, 977
 —の代表元, 439
 —の分割, 979, 981
 —の分配則, 977
 —のベキ則, 977
 —のメンバー, 976
 —の要素, 976
 —の要素ではない, 976
 —の和, 977
集合の可換則 (commutative laws for sets) 977
集合の吸収則 (absorption laws for sets) 978
集合の結合則 (associative laws for sets) 977
集合の分割 (partition of a set) 979
集合のベキ則 (idempotency laws for sets) 977
集合のメンバー (member of a set) 976
集合被覆問題 (set-covering problem) 943, 946
 重みつき—, 957
集合分割問題 (set-partition problem) 929
 —の NP 完全性, 929
重心 (centrod) 854
従属 (dependence)
 1 次—, 線形—, 1032
充足可能性 (satisfiability) 902, 907, 909, 913, 933, 947,
  948, 950, 961
充足可能な式 (satisfiable formula) 883, 908
収束級数 (convergent series) 965
収束性 (convergence property) 515, 534
従属性 (dependence)
 —と指標確率変数, 109
充足割当て (satisfying assignment) 902, 908
集中型 (centralized) 639
集中型スケジューラ (centralized scheduler) 639
周波数領域 (frequency domain) 741
終了時刻 (finish time) 351, 477
 活動選択における—, 351
 —と強連結成分, 487
 深さ優先探索における—, 477
終了すれば (finished) 476
終了節点 (finished vertex) 476
終了に向かう (teminating) 400
縮小 (contract)
 動的な表の—, 392, 397
縮約 (contraction)
 無向グラフの辺の—, 988
縮約アルゴリズム (contraction algorithm) 589
主クラスタ化 (primary clustering) 256
主座小行列 (leading submatrix) 710, 715
出力 (output)

アルゴリズムの—, 4
組合せ回路の—, 901
論理ゲートの—, 901
主問題 (primal linear program) 732
受理 (acceptance)
アルゴリズムによる—, 891
有限オートマトンによる—, 818
受理した (accepted) 891
受理状態 (accepting state) 818
受理する (accept) 891
順位 (rank)
順序集合の—, 406
順序統計量木における—, 408, 409, 411
巡回群 (cyclic group) 788
巡回セールスパーソン問題 (traveling-salesperson
    problem)
三角不等式を仮定しない—, 941, 942
三角不等式を満たす—, 939, 941
—の NP 完全性, 922, 923
—のための近似アルゴリズム, 938, 943, 960
バイトニックユークリッド—, 343
ボトルネック—, 943
巡回路 (tour)
オイラー—, 491, 622, 882
グラフの—, 922
バイトニック—, 343
循環式回転 (cyclic rotation) 833, 846
循環連結リスト (circular linked list) 219
準最小全域木 (second-best minimum spanning tree)
    504
順序木 (ordered tree) 992
順序対 (ordered pair) 979
順序統計量 (order statistics) 190, 207
動的—, 406, 411
順序統計量木 (order-statistic tree) 406, 411
—へのクエリー, 413
純フロー (net flow) 573
順列 (permutation) 984
k 順列—, 113, 998
集合の—, 998
商 (quotient) 765
上界 (upper bounds)
階乗関数の—, 57
行列積の—, 104
クイックソートの実行時間の—, 158
項の—, 970
漸化式の—, 76
漸近的—, 42, 45, 47
選択問題の実行時間の—, 190
チェイン法の枠数の—, 261
チェイン法を用いたハッシュの—, 235, 238
調和数の—, 967
2 項係数の—, 1000
2 項分布の—, 1000
ハッシュ探査列長の—, 260
ヒープソートの実行時間の—, 174
BUILD-MAX-HEAP の実行時間の—, 141
マージソートの実行時間の—, 174
RANDOMIZED-SELECT の期待実行時間の—, 195
連の—, 120
和の—, 969
上界性 (upper-bound property) 514, 533
小行列 (minor of a matrix) 1033
消去補題 (cancellation lemma) 749
条件つき確率 (conditional probability) 1004, 1006
条件つき独立性 (conditional independence) 1007

条件つき分岐命令 (conditional branch instruction) 22
証拠 (witness)
合成数の—, 799
照合 (matching)
文字列の, 809, 848
乗算 (multiplication)
多項式の—, 742
—のための分割統治法, 759
複素数の—, 75
法 n の下での— ($\cdot_n$), 775
乗算型荷重更新アルゴリズム (multiplicative-weights
    algorithm) 859
乗算シフト法 (multiply-shift method) 240
—に基づく $2/m$ 万能ハッシュ関数族, 245
乗算法 (multiplication method) 240, 241
乗算命令 (multiply instruction) 22
充足可能 (satisfiable) 908
状態 (state) 818
衝突 (collision) 233
—のオープンアドレス指定による解決, 247, 254
—のチェイン法による解決, 234, 238
衝突困難ハッシュ関数 (collision-resistant hash function)
    795
乗法逆元 (multiplicative inverse)
法 n の下での—, 783
乗法標準形 (conjunctive normal form) 883
証明書 (certificate) 883, 895
暗号系における—, 795
検証アルゴリズムのための—, 895
剰余 (remainder あるいは residue) 54, 765, 807
—演算, 54, 761, 774, 780
—命令, 22
剰余演算 (modular arithmetic) 761, 780
ショートサーキット演算子 (short-circuiting operator)
    20
初期化ミス (compulsory miss) 370
初期ストランド (initial strand) 636
除算法 (division method) 240, 246, 247
除算命令 (divide instruction) 22
除法の定理 (division theorem) 765
署名 (signature) 792
Johnson のアルゴリズム (Johnson's algorithm) 556,
    560, 561
白頂点 (white vertex) 468, 476
シンク頂点 (sink vertex) 467
シングルトン (singleton) 979
人工知能 (artificial intelligence) 849
真の子孫 (proper descendant) 991
真の接頭語 (proper prefix) 811
真の接尾語 (proper suffix) 811
真の祖先 (proper ancestor) 991
真部分群 (proper subgroup) 778
真部分集合 (proper subset) 976
シンプレックス (simplex) 725
シンプレックスアルゴリズム (simplex algorithm) 725,
    739, 740
真理値表 (truth table) 901
真理値割当て (truth assignment) 902, 908

【す】
推移的関係 (transitive relation) 981
推移的閉包 (transitive closure) 554, 555
動的グラフの—, 560, 562
—とブール行列乗算, 709
出納法 (accounting method) 382, 384
スタック操作に対する—, 383, 384

動的な表に対する—, 390, 391
2 進カウンタに対する—, 384
随伴 (conjugate transpose) 709
数学的帰納法 (mathematical induction) 969
数体ふるい (number-field sieve) 808
数値的安定性 (numerical stability) 693, 694, 718
数値的に不安定 (numerically unstable) 693
スーパーコンピュータ (supercomputer) 630
スカラー数 (scalar number) 1029
スカラー積 (scalar multiple) 1030
スカラーフロー積 (scalar flow product) 567
スキップリスト (skip list) 302
すきま文字 (gap character) 813, 824
スケーリング (scaling) 587
—アルゴリズム, 539
最大フローにおける—, 587
単一始点最短路における—, 539
スケジューラ (scheduler) 634, 641, 667
貪欲—, 639
スケジューリング (scheduling) 376, 377, 932, 958
スケジュール (schedule) 958
裾 (tail)
2 項分布の—, 1017, 1023
Stirling の近似公式 (Stirling's approximation) 57
スタック (stack) 215, 216
キューによって実装された—, 218
—操作の集計法による解析, 379, 380
—操作の出納法による解析, 383, 384
—操作のポテンシャル法による解析, 386
手続き実行のための—, 169
2 次記憶上の—, 436
—の先頭, 215
—の底, 215
—の連結リスト実装, 223
スタックの先頭 (top of a stack) 215
スタックの底 (bottom of a stack) 215
ステンシル (stencil) 665
簡単な—計算, 664
—計算, 664
ストア命令 (store instruction) 22, 636
Strassen のアルゴリズム (Strassen's algorithm) 72, 75, 104, 653
ストランド (strand) 635
最終—, 636
初期—, 636
独立—, 646
論理的に並列な—, 636
ストリーミングアルゴリズム (streaming algorithm) 692
スパムメール (spam email) 849
スパン (span) 631, 637
スパンの法則 (span law) 638
スピンドル (spindle) 421
スプライン (spline) 716
スプライン関数 (spline) 716
スプレー木 (splay tree) 302, 405
spawn 生成 (spawning) 630, 634
スラック形 (slack form) 723
スレッド (thread) 629, 630
スレッド並列処理 (thread parallelism) 629

【せ】

正確に (exactly) 712
正規直交 (orthonormal) 718
正規方程式 (normal equation) 713
制御命令 (control instruction) 22

成功 (success)
ベルヌーイ試行における—, 1012
清浄領域 (clean area) 187
整除関係 (|) (divides relation) 764
整数型 (integer data type) 22
整数計画法 (integer linear programming) 725, 738, 929
—の NP 完全性, 929
整数性定理 (integrality theorem) 584
整数線形計画問題 (integer linear programming problem) 738
整数値 (integer-valued) 583
整数値フロー (integer-valued flow) 583
整数の集合 (set of integers) 976
整数の受理可能対 (acceptable pair of integers) 803
整数論からのアプローチ (number-theoretic approach) 245
生成 (creation)
空の B 木の—, 427
B 木の—, 427
生成元 (generator)
部分群の—, 779
$\mathbb{Z}_n^*$ の—, 788
生成辺 (spawn edge) 636
正則化 (regularization) 857
正則性 (regularity condition) 87
正則 2 部グラフの完全マッチング (regular bipartite graph) 622
成長ステップ (growth step) 619
正定値行列 (positive-definite matrix) 1033
静的スレッド (static threading) 630
正当性, 正しさ (correctness) 5
正当なシフト (valid shift) 809
セイバーメトリクス (sabermetrics) 349
成分 (component)
強連結—, 987
2 連結—, 490
連結—, 987
成分グラフ (component graph) 486
正方行列 (square matrix) 1028
正方行列乗算 (multiplication of square matrices) 68
制約 (constraint) 720, 722
—グラフ, 529, 530
差分—, 528
線形—, 722
等号—, 531
制約グラフ (constraint graph) 529, 530
積 (intersection)
言語の—, 890
集合の—, 977
積 (multiple)
スカラー—, 1030
積 (product) 742, 968
行列の—, 1034
スカラーフロー—, 567
多項式の—, 742
—法則, 997
連鎖行列の—, 314, 322
積分 (integral)
—を用いた和の近似, 973, 974
世代 (generation) 195
節 (clause) 909, 910
接続 (incidence) 986
接続行列 (incidence matrix) 467
—と差分制約, 529
有向グラフの—, 467
絶対収束級数 (absolutely convergent series) 965

節点 (node) 991
接頭語 (prefix) 332
　　—関数, 825, 826
　　—関数繰返し補題, 828
　　—計算, 662
　　—なし符号, 363
　　文字列の— (□), 810
　　列の—, 332
接頭語関数 (prefix function) 826
接頭語なし符号 (prefix-free code) 363
$\mathbb{Z}_n^*$ の原始根 (primitive root of $\mathbb{Z}_n^*$) 788
$\mathbb{Z}_n^*$ の要素の指数 (index of an element of $\mathbb{Z}_n^*$) 788
接尾語 (suffix)
　　—関数, 819
　　—関数再帰補題, 822
　　—関数不等式, 822
　　文字列の— (□), 810
接尾語関数 (suffix function) 819
接尾語配列 (suffix array) 833, 834
接尾語配列アルゴリズム (suffix array algorithm)
　　線形時間—, 843
0-1 ソート補題 (0-1 sorting lemma) 186
0-1 ナップサック問題 (0-1 knapsack problem) 360,
　　362, 927, 959, 961
遷移関数 (transition function) 818, 823, 824, 833
全域木 (spanning tree) 493
　　—検証問題, 507
　　最大—, 959
　　ボトルネック—, 507
漸化式 (recurrence) 33, 64, 75, 104
　　Akra–Bazzi 法による解, 104
　　再帰木法を用いる解, 79, 85
　　—の置換え法による解法, 75, 79
　　マスター—, 85
　　マスター法を用いる解, 85, 89
　　Akra–Bazzi—, 96
全擬順序 (total preorder) 982
選挙活動問題 (political problem) 719
漸近記法 (asymptotic notation) 52, 61
　　—とグラフアルゴリズム, 462
　　—と和の線形性, 966
　　—の推移性, 51
　　—の転置対称性, 51
　　—の反射性, 51
漸近的 (asymptotic)
　　—下界, 42, 46
　　—効率, 41
　　—上界, 42, 45
　　—に大きい, 52
　　—に正, 45
　　—にタイトな限界, 42, 47
　　—に小さい, 52
　　—に非負, 45
線形 (linear)
　　—回帰, 877
　　—関数, 25, 721
　　—高速化, 638
　　—従属, 1032
　　—順序, 982
　　—制約, 722
　　—探査, 251, 255
　　—探索, 20, 21, 28, 37, 67, 219, 873
　　—置換, 1037
　　—等式, 722
　　—独立, 1032
　　—不等式, 722

　　—不等式実行可能性問題, 737
　　—変換, 243
　　—連鎖, 263, 446, 481
線形回帰 (linear regression) 877
線形関数 (linear function) 721
整数線形計画 (integer linear program) 725
線形計画 (linear programming)
　　緩和—, 948
　　—問題, 527, 719, 722
線形計画法 (linear programming) 6, 719, 740
　　—と最小費用フロー, 729, 730
　　—と最大フロー, 728, 729
　　—と多品種フロー, 730, 731
　　—と単一始点最短路, 527, 532
　　—と単一点対最短路, 728
　　—における双対性, 732, 736
　　—の応用, 727
　　—の基本定理, 736
　　—のためのアルゴリズム, 725
　　—のための Karmarkar のアルゴリズム, 740
　　—のためのシンプレックスアルゴリズム, 739
　　—のための楕円体アルゴリズム, 725
　　—のための楕円体法, 739
　　—のための内点法, 725, 740
　　—の定式化, 721
線形計画法の基本定理 (fundamental theorem of linear
　　programming) 736
線形計画法の双対性 (linear-programming duality) 732
線形計画問題 (linear programming problem) 719, 722
線形制約 (linear constraint) 722
線形探索 (line search) 873
線形等式 (linear equality) 722
線形不等式 (linear inequality) 722
線形不等式実行可能性問題 (linear-inequality feasibility
　　problem) 737
線形連鎖 (linear chain) 481
先行節点 (predecessor)
　　順序統計量木における—, 413
　　2 色木における—, 281
　　2 分探索木での—, 268, 269
先行（頂）点 (predecessor) 468, 512
　　—行列, 544
　　最短路木における—, 512
　　—部分グラフ性, 515, 536, 537
先行点部分グラフ (predecessor subgraph) 474, 512,
　　544
　　全点対最短路における—, 544
　　単一始点最短路における—, 512
　　幅優先探索における—, 474
　　深さ優先探索における—, 476
全事象 (certain event, whole event) 1002
全射 (surjection) 984
全順序 (total order) 982
前進代入 (forward substitution) 695
前進辺 (forward edge) 480
選択 (selection) 190
　　活動の—, 351, 358, 377
　　順序統計量木における—, 407, 408
選択ソート (selection sort) 27
選択頂点 (selector vertex) 919
全単射関数 (bijective function) 984
全点対最短路 (all-pairs shortest path) 510, 543, 562
　　ϵ 密グラフにおける—, 561
　　行列積による—, 545, 550, 561, 562
　　動的グラフにおける—, 562
　　—のための Johnson のアルゴリズム, 556, 560, 561

—のための Floyd–Warshall アルゴリズム, 550,
    554, 561
反復 2 乗法による—, 548, 549
先頭 (head)
    キューの—, 216
    連結リストの—, 218
全 2 分木 (full binary tree) 993, 994
    —と最適符号の関係, 364
前納金 (prepaid credit) 378
全米研修医マッチングプログラム (U.S. National
    Resident Matching Program) 592
占有率 (load factor)
    動的な表の—, 389

【そ】

疎 (sparse) 68, 464
素因数分解 (factorization) 768, 808
    —の一意性, 768
像 (image) 984
増加 (augmentation) 569
増加可能経路 (augmenting path) 572, 573
増加のオーダー (order of growth) 27
増加率 (rate of growth) 27
総経路長 (total path length) 276
相互に独立な事象 (mutually independent events) 1005
相互不干渉 (mutually noninterfering) 647
走査 (scan) 662
相殺 (cancellation) 570
総所要時間 (makespan) 958
双対 (dual) 732
双対性 (duality) 732, 736, 738
    弱—, 733, 734, 737
    線形計画法の—, 732
双対問題 (dual linear program) 732
挿入 (insertion)
    オープンアドレスハッシュ表への—, 248
    基本—, 390
    キューへの—, 216
    区間木への—, 415
    順序統計量木への—, 409, 410
    スタックへの—, 215
    チェイン法を用いたハッシュ表への—, 235
    直接アドレス表への—, 231
    d 分木ヒープへの—, 151
    動的な表への—, 389, 392
    2 色木への—, 284, 292
    2 分探索木への—, 270, 271
    B 木への—, 427, 431
    Young 表への—, 151
    連結リストへの—, 220
挿入ソート (insertion sort) 10, 14, 15, 18, 24, 26
    クイックソートの中での—, 166
    —とクイックソートとの比較, 160
    —とマージソートとの比較, 13
    2 分探索を用いる—, 37
    バケツソートの中での—, 181, 182
    マージソートにおける—, 37
双方向連結リスト (doubly linked list) 218
相補スラック性 (complementary slackness) 738
総和補題 (summation lemma) 749
ソーティングネットワーク (sorting network) 667
ソーティング問題 (sorting problem) 4, 14, 132
ソート (sort) 132
    クイック—, 153
    挿入ソートによる—, 10
    その場での—, 133

トポロジカル—, 6, 483, 485, 492
列優先順—, 187
ソート (sorting) 14, 18, 28, 36, 189, 653, 660
    安定な—, 176
    可変長アイテムの—, 184
    基数—, 177, 180
    クイック—, 171
    k—, 185
    計数—, 174, 177
    最下位桁で—, 177
    最上位桁で—, 177
    シェル—, 40
    辞書式順序での—, 275
    線形時間—, 174, 183, 184
    選択—, 27
    挿入—, 14, 18
    その場での—, 16
    2 分探索木を用いた—, 274
    —の下界, 172, 174
    —の確率的下界, 183
    バケツ—, 180, 183
    バブル—, 38
    ヒープ—, 136, 152
    比較—, 172
    ファジィ—, 170
    マージ—, 10, 28, 34, 36, 653, 660
ソート済み連結リスト (sorted linked list) 218
属性 (attribute) 851
底を突き (bottoms out) 64
素数 (prime number) 764
    —の密度, 796, 797
素数定理 (prime number theorem) 796
素数判定 (primality testing) 796, 805, 808
    擬似素数判定, 797, 799
    Miller–Rabin 判定法, 805, 807
    Miller–Rabin 法, 799
素数分布関数 (prime distribution function) 796
祖先 (ancestor) 991
    最近共通—, 458
外向き辺 (outgoing edge) 347, 482
疎なグラフ (sparse graph) 464
    —と Prim のアルゴリズム, 504
    —における全点対最短路, 556, 560
その場で (in place) 664
その場でのソート (in-place sorting) 16
その場に (in place) 700
素朴なアルゴリズム (naive algorithm)
    文字列照合のための—, 811, 813
ソリッドステートドライブ (solid-state drive, SSD) 421
ソルト (salt) 246
損失関数 (loss function) 877

【た】

Tarjan のオフライン最小共通祖先アルゴリズム
    (Tarjan's offline least-common-ancestors
    algorithm) 458
タイ (tie) 853
大域的カット (global cut) 588
大域的最小カット問題 (global-minimum-cut problem)
    588
大域的最小点 (global minimizer) 866
大域変数 (global variable) 19
対応するフローネットワーク (corresponding flow
    network) 582
対角行列 (diagonal matrix) 1028
    —の LUP 分解, 705

Dijkstra のアルゴリズム (Dijkstra's algorithm) 522, 527, 541
　　Johnson のアルゴリズムにおける—, 558
　　整数辺重みに対する—, 527
　　全点対最短路のための—, 543, 559
　　—と幅優先探索の類似性, 525, 526
　　—と Prim のアルゴリズムの類似性, 500, 525
　　—の Fibonacci ヒープを用いた実装, 525
　　—の min ヒープを用いた実装, 525
ダイグラフ (digraph) 985
対称鍵 (symmetric key) 795
対称行列 (symmetric matrix) 1029, 1031, 1034
対称差 (symmetric difference) 593
対称性 (symmetry) 51
対称正定値行列 (symmetric positive-definite matrix) 709, 711, 718
対称的関係 (symmetric relation) 981
対数関数 (logarithm function) 55, 56
　　反復—, 57, 58
　　離散—, 788
対数多項式的に限定されている (polylogarithmically bounded) 56
代表元 (representative) 439
タイムスタンプ (timestamp) 476
楕円曲線素因数分解法 (elliptic-curve factorization method) 808
楕円体アルゴリズム, 楕円体法 (ellipsoid algorithm) 725, 739
互いに素 (relatively prime) 767
互いに素な集合 (disjoint sets) 978
互いに素な集合族のためのデータ構造 (disjoint-set data structure) 439, 459
　　オフライン最近共通祖先における—, 458
　　オフライン最小値における—, 456
　　Kruskal のアルゴリズムにおける—, 498
　　—の解析, 451, 456
　　—の線形時間で働く特別な場合, 459
　　—の互いに素な集合の森による実装, 445, 448
　　—の連結リストによる実装, 441, 445
　　深さ決定における—, 457
　　連結成分の識別における—, 440, 441
互いに素な集合の森 (disjoint-set forest) 445, 448
　　—の解析, 451, 456
　　—のランクの性質, 450, 456
高さ (height)
　　木における節点の—, 992
　　木の—, 992
　　黒—, 281
　　決定木の—, 174
　　d 分木ヒープの—, 151
　　2 色木の—, 281
　　B 木の—, 424, 425
　　ヒープの—, 138
　　ヒープの節点の—, 138, 143
高さ平衡木 (height-balanced tree) 301
ダグ (dag) 483, 988
多項式 (polynomial) 54, 741
　　—増加条件, 97
　　—による補間, 744, 747
　　—の加算, 741
　　—の係数表現, 743
　　—の座標表現, 743
　　—の乗算, 742, 746, 747, 759
　　—の漸近的振舞い, 60
　　—の導関数, 760
　　—の評価, 38, 743, 747, 760

多項式時間 (polynomial time) 895
多項式時間アルゴリズム (polynomial-time algorithm) 763, 882
多項式時間可解 (polynomial-time solvability) 888
多項式時間帰着可能性 ($\leq_{P}$) (polynomial-time reducibility) 898, 906
多項式時間近似スキーム (polynomial-time approximation scheme) 935
　　最大クリークのための—, 957
多項式時間計算可能性 (polynomial-time computability) 889
多項式時間決定 (polynomial-time decision) 891
多項式時間検証 (polynomial-time verification) 893
多項式時間受理 (polynomial-time acceptance) 891
多項式時間で決定した (decideed in polynomial time) 891
多項式時間で受理した (accepted in polynomial time) 891
多項式的に関係する (polynomially related) 889
多項式的に限定されている (polynomially bounded) 54
多項式の加算 (addition of polynomial) 741
多項式の乗算 (polynomial multiplication) 742
多項式の評価 (evaluation of a polynomial) 747
　　導関数の—, 760
　　複数の点における—, 760
多項式補間 (interpolation by a polynomial) 747
　　1 の複素根における—, 753, 754
多次元高速フーリエ変換 (multidimensional fast Fourier transform) 759
多重グラフ (multigraph) 988
　　同値な無向グラフへの変換, 467
多重集合 (multiset) 976
多数決重更新アルゴリズム (weight-majority algorithm) 859
タスクスケジューリング (task scheduling) 377, 690
タスク並列アルゴリズム (task-parallel algorithm) 630
　　—と逐次アルゴリズム, 630
タスク並列プラットフォーム (task-parallel platform) 630
タスク並列プログラミング (task-parallel programming) 630
タスク並列モデル (task-parallel model) 631
畳み込み (convolution ($\otimes$)) 743
畳み込み定理 (convolution theorem) 754
脱出路問題 (escape problem) 585
多品種フロー (multicommodity flow)
　　最小費用—, 731
　　—問題, 730, 731
多品種フロー問題 (multicommodity-flow problem) 730
ダブルハッシュ (double hashing) 249, 250, 254
ダミーキー (dummy key) 337
単位上三角行列 (unit upper-triangular matrix) 1029
単位行列 (identity matrix) 1028
単位元 (identity) 774
単位下三角行列 (unit lower-triangular matrix) 1029
単一始点最短路 (single-source shortest paths) 509, 542
　　—と最長路, 882
　　—と差分制約, 527, 532
　　—のための Gabow のスケーリングアルゴリズム, 539
　　—のための Dijkstra のアルゴリズム, 522, 527
　　—のための Bellman–Ford のアルゴリズム, 515, 519
　　バイトニック—, 541
　　有向非巡回グラフにおける—, 519, 522
　　ϵ 密グラフにおける—, 561

単一始点最短路問題 (single-source shortest paths problem) 510
　　—に対する Gabow のスケーリングアルゴリズム, 539
単一点対最短路 (single-pair shortest path) 324, 510
　　線形計画としての—, 728
単一目的地最短路 (single-destination shortest path) 510
単位ベクトル (unit vector) 1028
単結合 (singly connected) 483
　　—グラフ, 483
探査 (probing) 248, 260
探索 (searching) 20, 21, 266
　　オープンアドレスハッシュ表での—, 248, 249
　　区間木における—, 415, 418
　　コンパクトリストの—, 227
　　線形—, 20, 21
　　チェイン法を用いたハッシュ表での—, 235
　　直接アドレス表における—, 231
　　同一区間の—, 418
　　2 色木における—, 281
　　2 分—, 37
　　2 分探索木における—, 266, 267
　　B 木の—, 426, 427
　　未ソート配列における—, 127
　　— リスト, 218
　　連結リストの—, 219
　　2 分探索, 657
探索する (explore) 477
探索リストの管理 (maintaining a search list) 672
探査列 (probe sequence) 248
単射関数 (injective function) 984
単純 (simple)
　　—グラフ, 986
　　—閉路, 986, 987
　　—路, 986
単純最長路 (longest simple path)
　　重みつき有向非巡回グラフの—, 343
　　重みなしグラフにおける—, 324
単純路 (simple path)
　　最長—, 324, 882
誕生日パラドックス (birthday paradox) 116, 118, 126, 127
単数 (unit) (1) 764
単調 (monotone)
　　—減少, 53
　　—増加, 53
　　—列, 152
端点 (endpoint)
　　区間の—, 414

【ち】

値域 (range) 984
　　行列の—, 1036
チェイン法 (chaining) 234, 238, 261
チェス対戦プログラム (chess-playing program) 647, 648
遅延時間 (latency) 422
置換 (permutation) 984
　　一様ランダム—, 107, 113
　　線形—, 1037
　　ビット反転—, 757
　　Josephus—, 419
　　ランダム—, 113, 114
置換行列 (permutation matrix) 1029, 1031, 1034
　　—の LUP 分解, 705
　　—の積, 1031

逐次アルゴリズム (serial algorithm) 629
逐次アルゴリズムと並列アルゴリズム (serial algorithm versus parallel algorithm) 629
逐次一貫性 (sequential consistency) 637, 667
逐次的に一貫性をもつ (sequentially consistent) 636
逐次添加法 (incremental design method) 28
逐次プロジェクション (serial projection) 633
　　並列アルゴリズムの—, 631
チップマルチプロセッサ (chip multiprocessor) 630
チャープ変換 (chirp transform) 754
中央キー (median key) 427
　　B 木節点の—, 427
中央値 (median) 190, 207
　　重みつき—, 204
　　ソート済みリストの—, 203
　　2 つのソート済みリストの—, 660
中間順木巡回 (inorder tree walk) 264, 270, 408
中間頂点 (intermediate vertex) 551
中国人剰余定理 (Chinese remainder theorem) 784, 787, 807
抽象問題 (abstract problem) 887
中心 (center) 852
チューズ (choose) 999
中断 (preemption) 376
中断された (preempted) 690
超入口 (supersource) 566
超多項式時間 (superpolynomial time) 882
超出口 (supersink) 567
頂点 (vertex)
　　関節点, 490
　　グラフの—, 985
　　孤立した—, 986
　　選択—, 919
　　中間—, 551
　　—の属性, 466
　　—の容量, 567
頂点から出る (leaving a vertex) 986
頂点集合 (vertex set) 985
頂点に入る (entering a vertex) 986
頂点被覆 (vertex cover) 916, 936, 948, 950, 961
頂点被覆問題 (vertex-cover problem) 918, 936
　　—の NP 完全性, 916, 918, 933, 936
　　—のための近似アルゴリズム, 936, 938, 960
頂点容量 (vertex capacity) 567
ちょうど 2 のベキ (exact power of 2) 22
重複性部分問題 (overlapping subproblems) 326, 328, 330, 333
　　—の性質 (overlapping subproblems property), 318
重複接尾語補題 (overlapping-suffix lemma) 811
重複不可能 (nonoverlappable) 824
重複不可能文字列パターン (nonoverlappable string pattern) 824
長方形 (rectangle) 418
調和級数 (harmonic series) 967, 973
調和数 (harmonic number) 967, 973
直後の要素 (successor)
　　連結リストの中での—, 218
直積 (Cartesian product) 979
直接アドレス指定法 (direct addressing) 230, 232
直接アドレス表 (direct-address table) 230, 232
直前の要素 (predecessor)
　　連結リストの中で—, 218
直和 (Cartesian sum) 747
直径 (diameter) 475, 543

【つ】

対 (pair)
順序—, 979
反転—, 39, 111
対ごとに素な集合 (pairwise disjoint sets) 978
対ごとに互いに素 (pairwise relatively prime) 767
対ごとに独立 (pairwise independence) 1005
通貨交換 (currency exchange) 538
釣銭問題 (coin changing) 376

【て】

DNF (disjunctive normal form) 911
DFT (discrete Fourier transform) 7, 750
定義域 (domain) 983
停止 (halt) 5
停止問題 (halting problem) 882
ディスクドライブ (disk drive) 423
d 正則 (d-regular) 601
d 分木ヒープ (d-ary heap) 151
最短路アルゴリズムにおける—, 561
テイラー級数 (Taylor series) 277
テイラー展開 (Taylor expansion) 277
データ移動命令 (data-movement instruction) 22
データ型 (data type) 22
データクレンジング (data cleansing) 852
データ構造 (data structure) 7, 210, 404, 419, 459
AA 木, 302
永続—, 299, 405
AVL 木, 301, 302
重み平衡木, 302
基数木, 275
キュー, 215–217
区間木, 413, 418
k 近傍木, 302
辞書, 210
指数探索木, 189, 405
順序統計量木, 406, 411
スキップリスト, 302
スタック, 215, 216
スプレー木, 302, 405
互いに素な集合族のための—, 439, 459
直接アドレス表, 230, 232
動的木, 405
動的グラフのための—, 405
動的集合, 210, 211
トリープ木, 302
2-3 木, 302, 438
2-3-4 木, 424, 437
2 次記憶上の—, 423
2 色木, 279, 302
2 分探索木, 263, 278
根つき木, 224, 226
—の補強, 406, 419
—のポテンシャル, 385
ハッシュ表, 232, 238
B 木, 438
ヒープ—, 136, 152
ビットベクトル, 232
フュージョン木, 189, 405
身代わり木, 302
優先度つきキュー, 145, 150
両頭キュー, 218
連結リスト, 218, 223
データサイエンス (data science) 849
データ並列モデル (data-parallel model) 667
データポイント (data point) 851

デカルト積 (Cartesian product) 979
デカルト和，直和 (Cartesian sum) 747
テキスト (text)
文字列照合における—, 809
敵対者 (adversary) 171
出口 (sink) 564, 566, 567
出次数 (out-degree) 986
ディジタル署名 (digital signature) 792
手続き (procedure) 5
デフォルト頂点ラベルづけ (default vertex labeling)
608
点素 (vertex-disjoint) 596, 599
転置 (transpose) 467
行列の—, 1027
有向グラフの—, 467

【と】

等価性 (equality)
関数の—, 983
等価性 (equivalence)
法の下での—, 54
同期 (sync) 633, 634
同型グラフ (isomorphic graphs) 987
統合 (uniting)
連結リストの—, 223
統合フロー (aggregate flow) 730
等差数列 (arithmetic progression) 311
等式 (equality)
線形—, 722
等式制約 (equality constraint) 531
等式部分グラフ (equality subgraph) 608, 609
導線 (wire) 901
統治 (conqure) 28, 34
同値関係 (equivalence relation) 981
—と合同関係, 982
統治段階 (conquer step) 64
分割統治法における—, 28
同値類 (equivalence class) 981
動的木 (dynamic tree) 405
動的グラフ (dynamic graph)
—アルゴリズム, 692
—データ構造, 405
—の推移的閉包, 560, 562
—のための最小全域木アルゴリズム, 504
—のための全点対最短路アルゴリズム—, 562
—のためのデータ構造, 405
動的グラフアルゴリズム (dynamic graph algorithm)
692
動的グラフデータ構造 (dynamic graph data structure)
405
動的計画法 (dynamic-programming method) 305, 350
重みつき有向非巡回グラフの最長単純路のため
の—, 343
活動選択のための—, 357
在庫計画のための—, 349
最長回文部分列のための, 343
最長共通部分列のための—, 331, 336
最適 2 分探索木のための—, 336, 343
シームカービングのための—, 347
浄書のための—, 344
推移的閉包のための—, 554, 555
0-1 ナップサック問題のための—, 362
全点対最短路のための—, 545
—と履歴管理, 329, 330
貪欲アルゴリズムとの比較, 324, 331, 354,
358–360, 362

—における最適解の再構成, 328, 329
—における最適部分構造, 322, 326
—における重複性部分問題, 326
—の基本要素, 322, 331
バイトニックユークリッド巡回セールスパーソン問題のための—, 343
Viterbi アルゴリズムのための—, 346
フリーエージェント選手との契約のための—, 349
Floyd–Warshall アルゴリズムのための—, 550, 554
編集距離のための—, 344
ボトムアップ方式, 310
文字列分割のための—, 347
履歴管理を用いるトップダウン方式, 310
連鎖行列のための—, 314, 322
ロッド切出しのための—, 306, 314
動的集合 (dynamic set) 210, 211
動的順序統計量 (dynamic order statistics) 406, 411
動的な表 (dynamic table) 388
　　—の拡大, 389
　　—の集計法による解析, 390
　　—の出納法による解析, 390, 391
　　—の占有率, 389
　　—のポテンシャル法による解析, 392, 394, 397
動的な表の拡大 (expansion of a dynamic table) 392
特異行列 (singular matrix) 1032
特異値分解 (singular value decomposition (SVD)) 718
特徴ベクトル (feature vector) 851
独立一様置換ハッシュ (independent uniform permutation hashing) 249
独立一様ハッシュ (independent uniform hashing) 235
独立ストランド (independent strand) 646
独立性 (independence)
　　確率変数の—, 1008
　　事象の—, 1005, 1007
　　動的計画法における部分問題の—, 325, 326
独立頂点集合 (independent set) 929
　　—の NP 完全性, 929
凸 (convex) 868, 873
凸関数 (convex function) 1010
凸集合 (convex set) 567
トップダウン方式 (top-down method)
　　動的計画のための—, 310
トポロジカルソート (topological sort) 6, 483, 485, 492, 637
　　有向非巡回グラフの単一始点最短路計算における—, 519
ド・モルガンの法則 (de Morgan's law)
　　集合に対する—, 978, 980
　　命題論理のための—, 911
トライ (trie) 275
トラック (track) 421
トリープ (treap) 302
トレーラポインタ (trailing pointer) 271
トロピカル半環 (tropical semiring) 547
貪欲アルゴリズム (greedy algorithm) 351, 377, 641
　　重みつき集合被覆のための—, 957
　　活動選択のための—, 351, 358
　　Kruskal のアルゴリズム, 498, 500
　　最小全域木のための—, 498, 504
　　集合被覆のための—, 943, 946
　　Dijkstra のアルゴリズム, 522, 527
　　タスクスケジューリングのための—, 376
　　釣銭問題のための—, 376
　　動的計画法との比較, 324, 331, 354, 358–360, 362
　　—における最適部分構造, 360
　　—における貪欲選択性, 359

—の基本要素, 358, 362
ハフマン符号のための—, 362, 369
Prim のアルゴリズム, 500, 503
有理ナップサック問題のための—, 361
貪欲極大 2 部グラフマッチング (greedy maximal bipartite matching) 610
貪欲スケジューラ (greedy scheduler) 639
貪欲選択性 (greedy-choice property) 359, 372
　　活動選択の—, 353, 354
　　ハフマン符号の—, 367, 368

【な】

内積 (inner product) 1031
内点法 (interior-point method) 725, 740
内部経路長 (internal path length) 994
内部節点 (internal node) 992
長さ (length)
　　経路の—, 986
　　文字列の—, 810, 998
　　列の—, 983
ナップサック問題 (knapsack problem)
　　0-1—, 360, 959, 961
　　有理—, 360
ならし解析 (amortized analysis) 378, 827
　　重み平衡木のための—, 399
　　集計法, 312, 379, 382
　　出納法, 382, 384
　　Dijkstra のアルゴリズムのための—, 525
　　互いに素な集合族のためのデータ構造のための—, 443, 444, 448, 451, 456
　　動的な表の—, 388
　　動的 2 分探索構築のための—, 398
　　—における出納法, 382
　　2 次記憶上のスタックのための—, 436
　　2 色木の再構成のための—, 400
　　幅優先探索の—, 471
　　深さ優先探索のための—, 477, 478
　　ポテンシャル法, 385, 388
　　有向非巡回グラフの最短路のための—, 520
　　Knuth-Morris-Pratt のアルゴリズムのための—, 827
ならしコスト (amortized cost) 379, 385
　　集計法における—, 379
　　ポテンシャル法における—, 385
ならし進展 (amortized progress) 870
ならす (amortize) 378

【に】

2 項関係 (binary relation) 980
2 項係数 (binomial coefficient) 999, 1000
2 項定理 (binomial theorem) 999
2 項展開 (binomial expansion) 999
2 項分布 (binomial distribution) 1013, 1016
　　—とボールと箱, 119
　　—の最大値, 1016
　　—の裾, 1017, 1023
2-3 木 (2-3 tree) 302, 438
2-3-4 木 (2-3-4 tree) 424
　　—の合併, 437
　　—の分割, 437
2-CNF 充足可能性 (2-CNF satisfiability) 913
　　—と 3-CNF 充足可能性, 883
2 次関数 (quadratic function) 26
2 次記憶 (secondary storage) 421
　　—上のスタック, 436
　　—のための探索木, 438

2 次収束性 (quadratic convergence) 879
2 色木 (red-black tree) 279, 302
　　—からの削除, 292, 299
　　緩和—, 282
　　区間に属するキーの列挙のための—, 413
　　—と B 木の比較, 425
　　—における回転, 282, 284
　　—における最小キー, 281
　　—における最大キー, 281
　　—における次節点, 281
　　—における先行節点, 281
　　—における探索, 281
　　—の合併, 300
　　—の再構成, 400
　　—の性質, 279, 282
　　—の高さ, 281
　　—の補強, 412, 413
　　—への挿入, 284, 292
2 進エントロピー関数 (binary entropy function) 1000
2 進カウンタ (binary counter)
　　—の集計法による解析, 380, 382
　　—の出納法による解析, 384
　　—のポテンシャル法による解析, 386, 387
2 進グレイコード (binary Gray code) 397
2 進 gcd アルゴリズム (binary gcd algorithm) 805
2 進 10 進変換 (converting binary to decimal) 769
2 進反射型グレイコード (binary reflected Gray code) 398
2 進文字符号 (binary character code) 363
2 パス法 (2-pass method) 447
2 部グラフ (bipartite graph) 592, 988
　　—とハイパーグラフ, 989
2 部グラフの最大マッチング 582, 585
2 部マッチング (bipartite matching) 582, 585, 591
2 分割補題 (halving lemma) 749
2 分木 (binary tree) 992
　　全—, 993
　　—の表現, 224
　　—ヒープ, 136
2 分探索 (binary search) 37, 657
　　高速挿入可能な—, 398
　　挿入ソートにおける—, 37
　　B 木の探索における—, 433
2 分探索木 (binary search tree) 263, 278
　　AA 木, 302
　　AVL 木, 301, 302
　　重み平衡木, 302
　　—からの削除, 271, 274, 275
　　k 近傍木, 302
　　異なる個数, 277
　　最適—, 336, 338, 343, 350
　　スプレー木, 302
　　ソートのための—, 274
　　探索, 266, 267
　　—での次節点, 268, 269
　　—での先行節点, 268, 269
　　同一キーを含む—, 275
　　—に対するクエリ, 266, 270
　　—の最小キー, 267, 268
　　—の最大キー, 267, 268
　　—の右変換, 284
　　—への挿入, 270, 271
　　身代わり木, 302
　　ランダムに構成した—, 275, 276
2 分探索木条件 (binary-search-tree property) 263
　　—と min ヒープ条件, 265

ニュートン法 (Newton's method) 879
入力 (input)
　　アルゴリズムの—, 4
　　組合せ回路への—, 901
　　—のサイズ, 888
　　—サイズ, 23, 763, 890
　　—の総ビット数, 23
　　—分布, 106, 111
　　—要素数, 23
　　論理ゲートへの—, 901
入力アルファベット (input alphabet) 818
2 連結成分 (biconnected component) 490
認証 (authentication) 261, 792, 793, 795

【ぬ】

ヌル木 (null tree) 993
ヌルベクトル (null vector) 1033

【ね】

根つき木 (rooted tree) 224, 991
　　—の表現, 224, 226
ネットワーク (network)
　　残余—, 568
　　ソーティング—, 667

【の】

濃度 (cardinality)
　　集合の—, 979
NOT 関数 (¬) (NOT function) 901
NOT ゲート (NOT gate) 901

【は】

葉 (leaf) 992
PERT 図 (PERT chart) 521
倍数 (multiple) 764
　　最小公—, 774
　　法 n の下での要素の—, 780, 784
灰頂点 (gray vertex) 468, 476
バイトニック (bitonic) 541
　　—最短路, 541
　　—巡回路, 343
　　—ユークリッド巡回セールスパーソン問題, 343
　　—列, 541
ハイパーグラフ (hypergraph) 988
　　—と 2 部グラフ, 989
ハイパー辺 (hyperedge) 988
排反事象 (mutually exclusive events) 1002
配列 (array) 14, 19, 213
　　パラメータとして引き渡される—, 20
白色経路定理 (white-path theorem) 480
バケツ (bucket) 180
バケツソート (bucket sort) 180, 183
箱 (box)
　　入れ子の—, 538
橋 (bridge) 490
場所 $s + 1$ で始まる (occur beginning at position $s + 1$) 809
パスカルの三角形 (Pascal's triangle) 1001
パターン (pattern)
　　—の出現, 809
　　文字列照合における—, 809
バタフライ演算 (butterfly operation) 755
発見された頂点 (discovered vertex) 468
発見されれば (discovered) 476
発見時刻 (discovery time) 477

深さ優先探索における—, 477
発散級数 (divergent series) 965
ハッシュ (hash) 230, 233, 262
　履歴管理における—, 310, 329
　隣接リストを置き換えるための—, 467
ハッシュ (hashing) 230, 262
　一様—, 243
　ϵ 万能—, 243
　オープンアドレス指定を用いた—, 247, 254
　完全—, 262
　k 万能—, 261
　ダブル—, 249, 250, 254
　チェイン法を用いた—, 234, 238, 261
　d 独立—, 243
　万能—, 235, 241, 243, 245
ハッシュ関数 (hash function) 232, 238, 247
　暗号—, 245
　ϵ 万能—, 247
　衝突困難—, 795
　独立一様—, 234
　—のための乗算法, 240, 241
　—のための除算法, 240, 246, 247
　—の万能集合, 242
　万能—, 241, 245
　補助—, 250, 251
ハッシュ値 (hash value) 233
ハッシュ表 (hash table) 232, 238
　動的な—, 397
ハッシュ法 (hashing)
　暗号—, 245
　静的—, 238, 240
　独立一様—, 234
　ランダム—, 241
初適合ヒューリスティック (first-fit heuristic) 956
ハットチェック問題 (hat-check problem) 111
幅優先木 (breadth-first tree) 468, 474
幅優先探索 (breadth-first search) 468, 475, 492
　最大フローにおける—, 579, 581
　—と最短路, 471, 474, 510
　—と Dijkstra のアルゴリズムの類似性, 525, 526
幅優先森 (breadth-first forest) 612
ハフマン符号 (Huffman code) 362, 365, 369, 377
ハミルトングラフ (hamiltonian graph) 893
ハミルトン経路 (hamiltonian path) 897, 929
　—の NP 完全性, 929
ハミルトン的 (hamiltonian) 893
ハミルトン閉路 (hamiltonian cycle) 883, 893, 918, 922, 933
ハミルトン閉路問題 (hamiltonian-cycle problem) 894
はるかに小さい ($\ll$) (much-less-than) 641
パレット (palette) 857
Burrows–Wheeler 変換 (BWT) (Burrows–Wheeler transform) 846
半開区間 (half-open intervals) 980
ハンガリアンアルゴリズム (Hungarian algorithm) 608, 611, 619, 622
半環 (semiring) 547
反射的関係 (reflexive relation) 981
半順序 (partial order) 982
半順序集合 (partially ordered set) 982
半正定値行列 (positive-semidefinite matrix) 1034
反対称的 (antisymmetric relation) 982
判定 (testing)
　擬似素数の—, 797, 799
　素数の—, 796, 805
判定法 (testing)

素数性の—, 808
反転 (inversion) 674
　列の中の—, 39, 111, 411
反転数 (inversion count) 674
ハンドル (handle) 146
万能ハッシュ法 (universal hashing) 241, 245
反復関数 (iterated function) 62
反復 2 乗法 (repeated squaring) 548
　全点対最短路のための—, 548, 549
　ベキを求めるための—, 789
反復対数関数 (iterated logarithm function) 57, 58
番兵 (sentinel) 221, 223, 279
　—を持つ双方向循環リスト, 221
半連結 (semiconnected) 489
半連結グラフ (semiconnected graph) 489

【ひ】

P（complexity class; Polynomial time） 883, 888, 892, 893, 933
B 木 (B-tree) 424, 438
　—からの削除, 433, 436
　—と 2 色木の比較, 425
　2-3-4 木, 424
　—の最小次数, 424
　—の性質, 423, 426
　—の生成, 427
　—の節点分割, 428, 429
　—の高さ, 424, 425
　—の探索, 426, 427
　—の飽和節点, 424
　—への挿入, 427, 431
B* 木 (B*-tree) 424
BWT (Burrows–Wheeler transform) 846
P $\neq$ NP 問題 (P $\neq$ NP problem) 882
ヒープ (heap) 136, 152
　ガーベジコレクションされた記憶としての—, 136
　—からの削除, 150
　Johnson のアルゴリズムにおける—, 560
　Dijkstra のアルゴリズムにおける—, 525
　d 分木—, 151, 561
　2 分 min—, 543
　—の構築, 141, 143, 150
　—の高さ, 138
　—のポテンシャル法による解析, 388
　Huffman のアルゴリズムにおける—, 366
　Prim のアルゴリズムにおける—, 502
　max—, 137
　min—, 137
　優先度つきキューとしての—, 145, 150
ヒープ条件 (heap property) 137
　—と 2 分探索木条件, 265
　—の維持, 138, 140
ヒープソート (heapsort) 136, 152
B$^+$ 木 (B$^+$-tree) 424
非インスタンス (noninstance) 889
非可逆行列 (noninvertible matrix) 1032
比較交換操作 (compare-exchange operation) 186
比較ソート (comparison sort) 172
　—と 2 分探索木, 266
　乱択—, 183
非可算集合 (uncountable set) 979
引数 (parameter) 19
非空接尾語 (nonempty suffix) 846
非決定性 (nondeterministic) 645
　—多項式時間, 895
非決定性 (nondeterministic) 645

非巡回グラフ (acyclic graph) 987
非整除関係 (∤) (does-not-divide relation) 764
Viterbi アルゴリズム (Viterbi algorithm) 346
非退化 (full rank) 1032
左回転 (left rotation) 282
左-子，右-兄弟表現 (left-child, right-sibling
    representation) 225, 226
左の子 (left child) 993
左部分木 (left subtree) 992
ヒット (hit) 816
    擬似—, 816
ビット演算 (bit operation) 764
    ユークリッドのアルゴリズムにおける—, 806
ビット反転置換 (bit-reversal permutation) 757
ビットベクトル (bit vector) 232
非特異行列 (nonsingular matrix) 1032
ヒトゲノムプロジェクト (Human Genome Project) 5
等しさ (equality)
    集合の—, 976
1 つの最適解 (an optimal solution) 305
非ハミルトングラフ (nonhamiltonian graph) 893
非ハミルトン的 (nonhamiltonian) 893
非標本接尾語 (nonsample suffix) 844
被覆 (cover)
    経路—, 586
    頂点—, 916, 936, 948, 950, 961
    部分集合による—, 943
非負制約 (nonnegativity constraint) 722
非忘却型 (nonoblivious) 682
ピボット (pivot) 153, 699
    LU 分解における—, 699
    クイックソートにおける—, 154
ピボット選択 (pivoting) 699
秘密鍵 (secret key) 791, 793
ヒューリスティック (heuristic) 351, 389, 443, 444,
    446, 499, 942, 956
    重みつき合併—, 443
    経路圧縮—, 446, 499
    最近接点—, 942
    貪欲—, 351
    ランクによる合併—, 446, 499
評価 (evaluation) 743
標準形 (standard form) 722, 723
標準的符号化 (⟨ ⟩) (standard encoding) 890
標準偏差 (standard deviation) 1011
標本空間 (sample space) 1002
標本位置 (sample position) 844
標本接尾語 (sample suffix) 844
標本抽出 (sampling) 115
非類似度 (dissimilarity) 852
頻度 (frequency count) 677
ビンパッキング (bin packing) 956

【ふ】

ファイ関数 (φ(n)) (phi function) 777
find 経路 (find path) 445
Find-Set
    —の互いに素な集合の森による実装, 459
    —の連結リストによる実装, 442
ファジィソート (fuzzy sorting) 170
Farkas の補題 (Farkas's lemma) 734, 739
ファンアウト (fan-out) 901
van Emde Boas 木 (van Emde Boas tree) 405
不安定 (unstable) 602
Vandermonde 行列 (Vandermonde matrix) 744, 1035
フィボナッチ数 (Fibonacci number) 58, 59, 101, 369

    —の計算, 631, 806
フィボナッチヒープ (Fibonacci heap) 152, 404, 493,
    543, 556
    厳密—, 404
    Johnson のアルゴリズムにおける—, 560
    Dijkstra のアルゴリズムにおける—, 525
    Prim のアルゴリズムにおける—, 503
ブール関数 (boolean function) 1000
ブール行列乗算 (boolean matrix multiplication) 709
ブール組合せ回路 (boolean combinational circuit) 901
ブール組合せ素子 (boolean combinational element)
    900
ブール式 (boolean formula) 883, 897, 907, 908, 913
ブール式充足可能性 (boolean formula satisfiability)
    907, 909, 933
ブールの不等式 (Boole's inequality) 1007
フェルマーの定理 (Fermat's theorem) 787
fork-join プログラミングモデル (fork-join programming
    model) 631
fork-join 並列処理 (fork-join parallelism) 630
Ford–Fulkerson 法 (Ford–Fulkerson method) 568, 576,
    582, 590
深さ (depth) 755
    回路の—, 758
    クイックソート再帰木の—, 160
    スタックの—, 169
    根つき木における節点の—, 992
    ランダムに構成した 2 分探索木の節点の平均—,
    276
深さ決定問題 (depth-determination problem) 457
深さ優先木 (depth-first tree) 476
深さ優先探索 (depth-first search) 475, 483, 492
    関節点，橋，2 連結成分発見における—, 490
    強連結成分発見における—, 485, 489, 492
    トポロジカルソートにおける—, 483, 485
    —の括弧構造, 478
深さ優先森 (depth-first forest) 476
負荷率 (load factor)
    ハッシュ表の—, 235
不完全ステップ (incomplete step) 640
復号化 (decript) 790
複雑度のクラス (complexity class) 892
    co-NP, 896
    NP, 883, 895
    NPC, 883, 899
    P, 883, 888
複雑度の指標 (complexity measure) 892
複数の入口と出口 (multiple sources and sinks) 566,
    567
複素数 (complex numbers)
    —行列の逆, 709
    —の乗算, 75
含む (contain)
    経路の中に—, 986
符号 (code) 363
    —語, 363
    ハフマン—, 362, 369
符号化 (encoding) 888
付属データ (satellite data) 14, 132, 210
復帰命令 (return instruction) 22
プッシュ (push)
    スタック操作, 379
プッシュ再ラベルアルゴリズム (push-relabel algorithm)
    —のためのギャップヒューリスティック, 591
プッシュ再ラベル法 (push-relabel algorithm) 590
不等式 (inequality)

線形—, 722
浮動小数点型 (floating-point data type) 22
部分木 (subtree) 992
　順序統計量木の—のサイズの維持, 409, 410
部分グラフ (subgraph) 929, 988
　—同型問題, 929
　—の NP 完全性, 929
部分群 (subgroup) 778, 780
部分群 ⟨a⟩ を生成する (generate) 779
部分集合 (subset) 976, 979
部分路 (subpath) 986
部分配列 (subarray) 16
部分文字列 (substring) 998
部分問題グラフ (subproblem graph) 312, 313
部分列 (subsequence) 332
部分和問題 (subset-sum problem)
　—の NP 完全性, 923, 926
　—のための近似アルゴリズム, 950, 956, 960
　1 進数で表現された—, 929
負閉路 (negative-weight cycle) 511
　—と緩和, 537
　—と最短路, 511, 517, 518, 550, 556
　—と差分制約, 529
負辺 (negative-weight edges) 511, 512
普遍集合 (universe) 978
フュージョン木 (fusion tree) 189, 405
プラッター (platter) 421
フリーエージェント (free agent) 349
プリフロー (preflow) 590
Prim のアルゴリズム (Prim's algorithm) 500, 503, 507
　巡回セールスパーソン問題の近似アルゴリズムにおける—, 939
　整数辺重みを持つ—, 503
　疎なグラフのための—, 504
　—と Dijkstra のアルゴリズムの類似性, 500, 525
　—のフィボナッチヒープを用いた実装, 503
　min ヒープを用いた—, 502
　隣接行列を用いる—, 503
古い要求 (old request) 685
フルランク (full rank) 1032
フロア (floor) 53
Floyd–Warshall アルゴリズム (Floyd–Warshall algorithm) 550, 554–556, 561, 653
フロー (flow) 564, 565, 568
　カットと交差する—, 573
　整数値—, 583
　統合—, 730
　—の値, 565
　—の増加, 569
　—の相殺, 570
　—の保存, 564
　ブロッキング—, 590
フローネットワーク (flow network) 563, 568
　—のカット, 573, 576
　複数の入口と出口を持つ—, 566, 567
フロー保存則 (flow conservation) 564, 728
プログラムカウンタ (program counter) 903
プロセス生成 (spawn) 633, 634
プロセッサを意識しない (processor-oblivious) 630
ブロッキングフロー (blocking flow) 590
ブロッキングペア (blocking pair) 602
ブロック (block) 422, 678
ブロック表現 (block representation) 214
分割 (divide) 28, 34
　—に有用である, 194
分割 (partitioning) 154, 156, 660

3 要素の中央値を用いた—, 166
　—のための Hoare の方法, 166
分割 (split) 427, 437
　2-3-4 木の—, 437
　B 木の節点の—, 428, 429
分割された集合の世代 (generation of partitioned sets) 195
分割段階 (divide step) 64
　分割統治法における—, 28
分割統治法 (divide-and-conquer method) 28, 34, 64, 649, 653
　逆行列の計算のための—, 706, 708
　行列乗算のための—, 649, 653
　行列積のための—, 69, 75
　クイックソートのための—, 153, 171
　高速フーリエ変換のための—, 750, 753
　乗算のための—, 759
　Strassen のアルゴリズムのための—, 72, 75
　漸化式を解くための—, 104
　2 分探索のための—, 37
　—の解析, 32, 34
　—のための漸化式の解法, 75, 95
　マージソートのための—, 28, 36, 653, 660
　2 進 10 進変換のための—, 769
分岐数 (branching factor)
　B 木における—, 423
分散 (variance) 1010
　幾何分布の—, 1013
　2 項分布の—, 1015
分散メモリ (distributed memory) 629, 630
分数マッチング (fractional matching) 623
分配関数 (partition function) 306
分布 (distribution)
　一様—, 1003
　確率—, 1003
　幾何—, 1012, 1013
　素数の—, 796
　2 項—, 1013, 1016
　入力—, 106, 111
　離散—, 1003
　連続一様—, 1004

【へ】

平滑化解析 (smoothed analysis) 740
平均 (average) 26, 106
　—時間, 232
　—実行時間, 26, 106
平均 (mean) 854, 1009
平均重み (mean weight) 540
閉区間 (closed interval) 980
閉形式 (closed form) 449
平衡 (balanced) 279
並行 (concurrent) 629
並行性プラットフォーム (concurrency platform) 630
平衡探索木 (balanced search tree)
　AA 木, 302
　AVL 木, 301, 302
　重み平衡木, 302, 399
　k 近傍木, 302
　スプレー木, 302, 405
　—とトリープ木, 302
　2-3 木, 302, 438
　2-3-4 木, 424, 437
　2 色木, 279
　B 木, 438
　身代わり木, 302

ベイズの定理 (Bayes's theorem) 1006
閉凸体 (closed convex body) 873
閉半環 (closed semiring) 562
閉包 (closure)
　　—演算子 (*), 891
　　言語の—, 891
平方根 (square root)
　　素数を法とする—, 807
平方剰余 (quadratic residue) 807
閉包性 (closure)
　　群の性質, 774
並列 (parallel) 629
並列アルゴリズム (parallel algorithm) 9, 629
並列キーワード (parallel keyword) 633
並列機械スケジューリング問題
　　　　(parallel-machine-scheduling problem) 958
並列コンピュータ (parallel computer) 629
　　理想的—, 637
並列性 (parallelism)
　　論理的—, 634
並列接頭語 (parallel prefix) 662
並列度 (parallelism) 638, 666
（並列）トレース ((parallel) trace) 635
並列余裕度 (parallel slackness) 639
　　—の経験則, 641
並列ランダムアクセスマシン (parallel random-access
　　　　machine) 667
並列ループ (parallel loop) 630, 642, 645, 660
　　擬似コードにおける—, 642, 645
閉路 (cycle) 986, 987
　　最小平均重み—, 540
　　—と最短路, 512
　　ハミルトン—, 883, 893
　　負—, 511
ページ (page) 370, 433, 436
β 平滑 (β-smooth) 881
ベキ (power)
　　k 次—, 769
　　自明でない—, 769
　　法 n の下での要素の—, 787, 790
ベキ級数 (power series) 101
ベキ集合 (power set) 979
ベキ乗命令 (exponentiation instruction) 22
ベキ剰余 (modular exponentiation) 789
ベクトル (vector) 1027, 1028, 1031–1033
　　正規直交—, 718
　　—の畳み込み, 743
　　—のノルム, 1031
ベクトル量子化 (vector quantization) 857
ヘッセ行列 (Hessian matrix) 876
ヘッド (head) 421
ベルヌーイ試行 (Bernoulli trial) 1012
　　—とボールと箱, 119, 120
　　—と連, 120, 124
Bellman–Ford のアルゴリズム (Bellman–Ford
　　　　algorithm) 515, 519, 542
　　差分制約式系を解くための—, 530, 531
　　Johnson のアルゴリズムにおける—, 558, 559
　　全点対最短路のための—, 543
　　—と目的関数, 532
　　—の Yen による改良, 538
辺 (edge) 985
　　安全な—, 494
　　横断—, 480
　　軽い—, 495
　　木—, 474, 476, 480

逆並行, 565, 566
クリティカル—, 580
継続—, 636
後退—, 480
残余—, 569
　　—辺集合, 985
　　—集合を尊重する, 495
生成—, 636
前進—, 480
　　—の重み, 465
　　—の属性, 466
　　—の幅優先探索における分類, 490
　　—の深さ優先探索における分類, 480, 481
　　—の容量, 564
橋, 490
負—, 511, 512
戻り—, 636
　　—連結度, 581
変更操作 (modifying operation) 210
編集距離 (edit distance) 344, 345
変数 (variable)
　　確率—, 1007, 1012
　　擬似コードの中での—, 19
変数変換法 (change of variable) 100
ベン図式 (Venn diagram) 978
辺の分類
　　深さ優先探索における—, 480, 482

【ほ】

補 (complement)
　　グラフの—, 917
　　—言語, 890
　　—集合, 978
ポインタ (pointer) 19
　　トレーラ—, 271
点 (point) 851
法 (modulo) 54
法 n の下での加法群 (additive group modulo n) 775
法 n の下での乗法群 (multiplicative group modulo n)
　　　　776
法 n の下での 1 の自明でない平方根 (nontrivial square
　　　　root of 1, modulo n) 789
忘却型 (oblivious) 682
包除 (inclusion and exclusion) 980
包除原理 (principle of inclusion and exclusion) 980
方程式 (equation)
　　正規—, 713
法の下での等価性 (modular equivalence) 54
飽和している (full) 424, 428
飽和節点 (full node) 424
Horner の公式 (Horner's rule) 38, 743
　　Rabin–Karp アルゴリズムにおける—, 814
ボールと箱 (balls and bins) 119, 120, 1025
Hall の定理 (Hall's theorem) 601
補間 (interpolation) 744
母関数 (generating function) 101
補強されたデータ構造 (augmenting data structures)
　　　　406, 419
補行列 (complement)
　　Schur—, 710
補助ハッシュ関数 (auxiliary hash function) 251
ポップ (pop) 379
ポテンシャル (potential) 385
　　—エネルギー, 385
　　データ構造の—, 385
ポテンシャル関数 (potential function) 385, 451

下界のための—, 401
ポテンシャル法 (potential method) 385, 388
　スタック操作に対する—, 386
　互いに素な集合族のためのデータ構造のための—, 456
　互いに素な集合の森のための—, 451, 456
　動的な表に対する—, 392, 394, 397
　2色木の再構成のための—, 400
　2進カウンタに対する—, 386, 387
　min ヒープに対する—, 388
　連結リストの管理のための—, 675
ボトムアップ方式 (bottom-up method) 310
　動的計画のための—, 310
ボトルネック巡回セールスパーソン問題 (bottleneck traveling-salesperson problem) 943
ボトルネック全域木 (bottleneck spanning tree) 507
ボブ (Bob) 791
Borůvka のアルゴリズム (Borůvka's algorithm) 507

【ま】

マージ (merging) 654, 657
　k 個の既ソートリストの—, 150
　—の下界, 185
　2つのソート済み部分列の—, 29
マージ可能 (mergeable)
　—max ヒープ, 227
　—min ヒープ, 227
マージ可能ヒープ (mergeable heap)
　—の連結リストによる実装, 227
マージソート (merge sort) 10, 28, 36, 653, 660, 667
　挿入ソートを用いる—, 37
　—と挿入ソートとの比較, 13
マスター定理 (master theorem) 85, 140, 158, 194, 659
　—の証明, 89, 95
マスター法 (master method) 67
MAX-CUT 問題 (MAX-CUT problem) 950
MAX-CNF 充足可能性 (MAX-CNF satisfiability) 950
MAX-3-CNF 充足可能性 (MAX-3-CNF satisfiability) 947, 948, 961
　—のための近似アルゴリズム, 947, 948, 961
max ヒープ (max-heap) 137
　—からの削除, 150
　d 分木—, 151
　—の構築, 141, 143
　ヒープソートにおける—, 143, 145
　マージ可能—, 227
　max 優先度つきキューとしての—, 145, 150
max ヒープ条件 (max-heap property) 137
　—の維持, 138, 140
max 優先度つきキュー (max-priority queue) 145
マッチ (match)
　—されていない頂点, 582, 593
　—されている頂点, 582, 593
マッチされていない頂点 (unmatched vertex) 582
マッチされている頂点 (matched vertex) 582
マッチング (matching) 582, 592
　極大—, 937, 957
　最大—, 957
　—と最大フロー, 582, 585
　2部—, 582
　分数—, 623
末尾 (tail)
　キューの—, 216
　連結リストの—, 218
末尾再帰 (tail recursion) 169, 355, 700
マトロイド (matroid) 377, 507

マルコフの不等式 (Markov's inequality) 1012
マルチコア (multicore) 629
マルチコアコンピュータ (multicore computer) 629
マルチコアプロセッサ (multicore computer) 630
マルチプロセッサ (multiprocessor) 630
丸め (rounding) 949
　乱択—, 961
マンハッタン距離 (Manhattan distance) 204

【み】

身代わり木 (scapegoat tree) 302
右回転 (right rotation) 282
右の子 (right child) 993
右部分木 (right subtree) 992
右変換 (right-conversion) 284
未ソート連結リスト (unsorted linked list) 219
密 (dense) 68
密度 (density) 314
　素数の—, 796, 797
　ロッドの—, 314
密なグラフ (dense graph) 464
　ϵ —密, 561
未飽和な (nonfull) 428
Miller–Rabin 素数判定 (Miller-Rabin primality test) 799, 805, 807
Miller–Rabin の乱択素数判定法 (Miller-Rabin randomized primality test) 799
未来の入力 (future inputs)
　—の確率モデル, 668
ハミルトン閉路 (hamiltonian cycle)
　—の NP 完全性, 918, 922
min ヒープ (min-heap) 137
　—条件, 137
　Johnson のアルゴリズムにおける—, 560
　Dijkstra のアルゴリズムにおける—, 525
　d 分木, 561
　—の構築, 141, 143
　—のポテンシャル法による解析, 388
　Huffman のアルゴリズムにおける—, 366
　Prim のアルゴリズムにおける—, 502
　マージ可能—, 227
　min 優先度つきキューとしての—, 149
min ヒープ条件 (min-heap property)
　—と2分探索木条件, 265
　—の維持, 140
min 優先度つきキュー (min-priority queue) 146
　Dijkstra のアルゴリズムにおける—, 525
　ハフマン符号の構成における, 365
　Prim のアルゴリズムにおける—, 501, 502

【む】

無経路性 (no-path property) 515, 533
無限集合 (infinite set) 979
無限大を含む計算 (arithmetic with infinity) 515
無限列 (infinite sequence) 983
無限和 (infinite sum) 965
無向グラフ (undirected graph) 985
　グリッド—, 585
　多重グラフからの変換された—, 467
　—におけるクリーク, 914
　—の関節点, 490
　—の最小全域木の計算, 493, 508
　—の彩色, 930, 995
　—の頂点被覆, 916, 936
　—の独立頂点集合, 929
　—の2連結成分, 490

—の橋, 490
—のマッチング, 582
—の有向化, 988
ハミルトン—, 893
非ハミルトン—, 893
無効なシフト (invalid shift) 809
無作為標本抽出 (random sampling) 115
無条件分岐命令 (unconditional branch instruction) 22

【め】

明確に定義された (well-defined) 4
明確に定義された漸化式 (well-defined recurrence) 65
明確に定義されていない (ill-defined) 65
メインメモリ (main memory) 421
メモすること (memoization) 310, 632

【も】

目的 (objective) 720
目的関数 (objective function) 527, 722
目的値 (objective value) 723
目的地 (destination) 510
目標 (target) 923
文字符号 (character code) 363
モジュロ (modulo) 765
文字列 (string) 809, 998
文字列照合 (string matching) 809, 810, 848
　　—オートマトン, 824
　　すきま文字を持つ—, 813, 824
　　— におけるアルファベットアルファベット, 810
　　—のための Knuth–Morris–Pratt アルゴリズム, 824, 833, 848
　　—のための素朴なアルゴリズム, 811, 813
　　—のための Rabin–Karp アルゴリズム, 813, 817, 848
　　有限オートマトンによる—, 818, 824
文字列照合におけるパターン (pattern in string matching)
　　重複不可能な—, 824
文字列照合問題 (string-matching problem) 809
最も広い増加可能経路 (widest augmenting path) 588
モデル化 (model) 720
戻り辺 (return edge) 636
森 (forest) 988, 989
　　互いに素な集合の—, 445, 448
モンジュ行列 (Monge array) 102
問題 (problem) 305
　　具象—, 888
　　計算—, 4
　　決定—, 884, 888
　　最適化—, 305, 884, 888
　　抽象—, 887
　　手に負えない—, 882
　　手に負える—, 882
　　—の解, 887
　　秘書—, 129
問題インスタンスの符号化 (encoding of problem instances) 888, 890
モンティホール問題 (Monty Hall problem) 1023

【や】

約数 (divisor) 764
　　公—, 765
Young 表 (Young tableau) 151

【ゆ】

有界ではない (unbounded) 680, 723

ユークリッド巡回セールスパーソン問題 (euclidean traveling-salesperson problem) 343
ユークリッドのアルゴリズム (Euclid's algorithm) 769, 770, 774, 806, 807
ユークリッドノルム (euclidean norm) 1031
有限オートマトン (finite automaton) 818
　　—の状態, 818
　　文字列照合のための—, 824
有限群 (finite group) 774
有限集合 (finite set) 979
有限列 (finite sequence) 983
友好グラフ (friendly graph) 995
有向グラフ (directed graph) 985
　　制約グラフ, 529
　　単結合—, 483
　　—と最長路, 882
　　—における最短路, 509
　　—における全点対最短路, 543, 562
　　—における単一始点最短路, 509, 542
　　—のオイラー巡回路, 491, 882
　　—の共通シンク, 467
　　—の経路被覆, 586
　　—の 2 乗, 467
　　—の推移的閉包, 554
　　—の転置, 467
　　—のハミルトン閉路, 883
　　—の無向化, 988
　　PERT 図, 521
　　半連結—, 489
有向等式部分グラフ (directed equality subgraph) 610
有向非巡回グラフ (directed acyclic graph) 483, 988
　　—と後退辺, 484
　　—と成分グラフ, 487
　　—の最長単純路, 343
　　—のための単一始点最短路アルゴリズム, 519, 522
　　—のトポロジカルソート, 483, 485, 492
優先度つきキュー (priority queue) 145, 150
　　単調抽出時の—, 152
　　—のヒープによる実装, 145, 150
　　Prim のアルゴリズムにおける—, 501
　　max —, 145
　　min —, 146, 149
誘導部分グラフ (induced subgraph) 988
郵便局配置問題 (post-office location problem) 204
有理ナップサック問題 (fractional knapsack problem) 360, 362

【よ】

余域 (codomain) 983
余因子 (cofactor) 1033
容量 (capacity) 564, 573
　　カットの—, 573
　　残余—, 569, 572
　　—制限, 564, 728
　　頂点の—, 567
　　辺の—, 564
容量制限 (capacity constraint) 564
預金 (credit) 382
横切る (cross) 588
余事象 (complement) 1003
Josephus 置換 (Josephus permutation) 419
予測 (prediction) 849
予測フェーズ (prediction phase) 849
呼出し (call)
　　値による—, 19
　　サブルーチンの—, 22, 24

呼出し木 (invocation tree) 636
呼出し辺 (call edge) 636
余裕度 (slackness)
　　並列—, 639

【ら】

ラグランジュの公式 (Lagrange's formula) 744
ラグランジュの定理 (Lagrange's theorem) 778
Rabin–Karp アルゴリズム (Rabin–Karp algorithm)
　　813, 817, 848
ラベル (label) 608, 849, 876
Lamé の定理 (Lamé's theorem) 772
ランク (rank) 446, 835
　　行—, 1032
　　行列の—, 1032
　　互いに素な集合の森の節点の—, 446, 450, 456
　　—による合併, 446
　　列—, 1032
ランクによる合併 (union by rank) 446
乱数生成器 (random-number generator) 107
乱択アルゴリズム (randomized algorithm) 107, 111,
　　116, 666
　　クイックソート, 160, 161, 166, 168, 170
　　区間集合のファジィソートのための—, 170
　　雇用問題のための—, 112, 113
　　コンパクトリスト探索のための—, 227
　　同一キーを含む 2 分探索木への挿入のための—,
　　275
　　—と確率的解析, 112, 113
　　—と平均的入力, 26
　　—の最悪時の性能, 161
　　配列を置換するための—, 113, 114
　　万能ハッシュ法, 241, 245
　　比較ソート—, 183
　　分割のための—, 161, 166, 168, 170
　　MAX-3-CNF 充足可能性のための—, 947, 961
　　Miller–Rabin 素数判定, 799, 805, 807
　　乱択丸め, 961
乱択キャッシュアルゴリズム (randomized caching
　　algorithms) 682
乱択丸め (randomized rounding) 961
Randomized-Quicksort（Randomized-Quicksort）
　　—とランダムに構成した 2 分探索木の関係, 276
ランダムアクセスマシン (random-access machine) 21,
　　22
　　並列—, 667
ランダムオラクル (random oracle) 234
ランダム置換 (random permutation) 113, 114
　　一様—, 107, 113
ランダムに (randomly) 813
ランダムに構成した 2 分探索木 (randomly built binary
　　search tree) 275, 276
乱歩 (random walk) 347

【り】

離散 (discrete) 788
　　—確率分布, 1003
　　—確率変数, 1007, 1012
　　—対数, 788
　　—対数定理, 788
　　—フーリエ変換, 750
離散 (discrete)
　　—フーリエ変換, 7
離散対数 (discrete logarithm) 788
離散対数定理 (discrete logarithm theorem) 788
離散フーリエ変換 (Discrete Fourier transform) 750

離散フーリエ変換 (discrete Fourier transform (DFT))
　　7, 750
リストの刈込み (trimming a list) 952
理想的並列コンピュータ (ideal parallel computer) 636,
　　637
立体 (body) 873
リテラル (literal) 910
両賭け (hedge) 880
両頭キュー (deque) 218
両立可能な (compatible) 352
　　—活動, 352
　　—行列, 1030
履歴管理 (memoize) 632
履歴管理 (memoized) 310, 329, 330
　　—を用いるトップダウン方式 (top-down with
　　memoization), 310
隣接関係 (adjacency relation) 986
隣接行列表現 (adjacency-matrix representation) 466
隣接頂点 (adjacent vertices) 986
隣接リスト表現 (adjacency-list representation) 464
　　ハッシュ表で置き換えられた—, 467

【る】

類 (class)
　　同値—, 981
類似性 (similarity) 851
ループ (loop)
　　擬似コードの中で, 18
ループ不変式 (loop invariant) 16, 17
　　基礎最小全域木アルゴリズムのための—, 494
　　順序統計量木の要素の順位決定のための—, 408
　　挿入ソートのための—, 16, 17
　　Dijkstra のアルゴリズムのための—, 524
　　—と **for** ループ, 17
　　2 色木への挿入のための—, 287, 288
　　—の維持, 17
　　—の初期化, 17
　　—の停止, 17
　　配列のランダム置換のための—, 113, 114
　　幅優先探索に対する—, 469
　　ヒープ構築のための—, 141
　　ヒープソートのための—, 145
　　Prim のアルゴリズムのための—, 502
　　分割のための—, 154
　　Horner の公式のための—, 38
　　文字列照合オートマトンのための—, 820, 823
　　Rabin–Karp アルゴリズムのための—, 816
ルジャンドルの記号 ($\left(\frac{a}{p}\right)$) (Legendre symbol) 807

【れ】

例 (example) 851
0-1 整数計画法 (0-1 integer programming) 929, 948
　　—の NP 完全性, 929
零行列 (zero matrix) 1028
零点 (zero) 783
レイテンシ (latency) 422
レコード (record) 132
列 (column) 1032
　　—の階数, 1032
　　—ベクトル, 1028
　　—優先順, 214
　　—ランク, 1032
列 (sequence)
　　探査—, 248
　　—の中の反転, 39, 111, 411

バイトニック—, 541
無限—, 983
有限—, 983
劣決定 (underdetermined) 694
　—1 次方程式系, 694
列の階数 (column rank) 1032
列ランク (column rank) 1032
レベル (level)
　関数の—, 449
　木の—, 992
level 関数 (level function) 451
連 (streaks) 120, 124
連結 (link)
　互いに素な集合の森の木の—, 447
連結グラフ (connected graph) 987
連結成分 (connected component) 987
　—の互いに素な集合族のためのデータ構造を用い
　　た識別, 440, 441
　深さ優先探索を用いて識別される—, 482
連結リスト (linked list) 218, 223
　—からの削除, 220
　コンパクトな—, 227
　互いに素な集合の実装のための—, 441, 445
　—の探索, 219, 246
　—への挿入, 220
連言標準型 (conjunctive normal form) 883, 910
連鎖行列乗算 (matrix-chain multiplication) 314, 322
　—問題, 316
連接 (concatenation)
　言語の—, 890
　文字列の—, 810
連続一様確率分布 (continuous uniform probability
　　distribution) 1004
連立線形方程式 (system of linear equations) 661, 693,
　　705, 716
　—の解法, 693, 705
　—の 3 重対角系, 716

【ろ】

Lloyd の手続き (Lloyd's procedure) 856
$\rho(n)$ 近似アルゴリズム ($\rho(n)$-approximation algorithm)
　　934, 947
ロード命令 (load instruction) 22, 636
ロッド切出し問題 (rod-cutting problem) 306
論理ゲート (logic gate) 900
論理的に (logically) 636
　—逐次, 636
　—に逐次的なストランド, 636
　—に並列的なストランド, 636
　—並列, 636
論理的並列性 (logical parallelism) 634

【わ】

和 (addition)
　行列の—, 1029
和 (sum) 741
　入れ子型—, 967, 968
　漸近記法の中の—, 966
　多項式の—, 741
　デカルト—, 747
　—の公式と性質, 965, 969
　—法則, 997
　無限—, 965
和 (summation) 965, 975
　集合の—, 977
　漸近記法の中の—, 966

—の上界と下界, 969, 975
—の線形性, 965
—の分割, 971, 973
和 (union)
　言語の—, 890
　—集合, 977
ワークスチールスケジューリングアルゴリズム
　　(work-stealing scheduling algorithm) 667
枠 (slot) 388
　直接アドレス表の—, 231
　ハッシュ表の—, 233
和積標準型 (conjunctive normal form) 883
和の上界と下界 (bounding summations) 969
割当て (assignment)
　充足—, 902, 908
　真理値—, 902, 908
　—問題, 608
1 パス法 (1-pass method) 459

【A】

abelian group（可換群） 774
absent child（子なし） 993
absolutely convergent series（絶対収束級数） 965
absorption laws for sets（集合の吸収則） 978
abstract problem（抽象問題） 887
accept（受理する） 891
acceptable pair of integers（整数の受理可能対） 803
acceptance（受理） 818, 891
　— by algorithm, 891
　— by finite automata, 818
accepted（受理した） 891
accepted in polynomial time（多項式時間で受理した）
　　891
accepting state（受理状態） 818
accounting method（出納法） 382, 384
　dynamic table analyzed by —, 390, 391
　— for binary counters, 384
　— for stack operations, 383, 384
Ackermann's function（Ackermann 関数） 459
activity（活動） 351
activity-selection problem（活動選択問題） 351, 358,
　　377
acyclic graph（非巡回グラフ） 987
add instruction（加算命令） 22
addition（加算） 741, 775
　— modulo n, 775
　— of binary integers, 21
addition（和）
　— of matrices, 1029
addition of polynomial（多項式の加算） 741
additive group modulo n（法 n の下での加法群） 775
adjacency relation（隣接関係） 986
adjacency-list representation（隣接リスト表現） 464
　— replaced by a hash table, 467
adjacency-matrix representation（隣接行列表現） 466
adjacent vertices（隣接頂点） 986
adversary（敵対者） 171
aggregate analysis（集計法） 379, 382, 827, 828
　dynamic table analyzed by —, 390
　— for binary counter, 380, 382
　— for breadth-first search, 471
　— for depth-first search, 477, 478
　— for Dijkstra's algorithm, 525
　— for disjoint-set data structures, 443, 444
　— for Prim's algorithm, 503
　— for rod-cutting, 312

— for shortest paths in a dag, 520
— for stack operations, 380
aggregate flow（統合フロー）730
aggregate method（集計法）379
Akra–Bazzi method（Akra–Bazzi 法）68, 104
— for solving a recurrence , 104
algorithm（アルゴリズム）4, 65, 608
　acceptance by —, 891
　— as a technology, 11
　cache-oblivious —, 438
　column sort —, 187
　correctness of —, 5
　decision by —, 891
　Edmonds–Karp—, 579, 581
　Gale–Shapley —, 605
　Hopcroft–Karp—, 592, 612
　Hungarian —, 608, 612, 619, 622
　Kruskal's —, 498
　linear expected time selection —, 192
　oblivious compare-exchange —, 186
　offline —, 668
　online —, 668
　origin of word —, 40
　Prim's algorithm, 503
　recursive greedy —, 354
　rejection by —, 891
　running time of —, 24
　sorting —, 133
all-pairs shortest paths（全点対最短路）510, 543, 562
　— by repeated squaring, 548
　— by matrix multiplication, 545, 550, 561, 562
　— by repeated squaring, 549
　Floyd–Warshall algorithm for —, 550, 554, 561
　— in dynamic graphs, 562
　— in ϵ-dense graphs, 561
　Johnson's algorithm for —, 556, 560, 561
Allocate-Node 427
α-balanced（α 平衡）399
α-storngly convex（α 強凸）881
alphabet（アルファベット）810, 818, 890
　— in string matching, 810
amortize（ならす）378
amortized（ならし）
　— analysis, 378, 828
　— cost, 379, 385
　— progress, 870
amortized analysis（ならし解析）
　aggregate —, 312, 379, 382
　— for breadth-first search, 471
　— for depth-first search, 477, 478
　— for Dijkstra's algorithm, 525
　— for disjoint-set data structures, 443, 444, 448, 451, 456
　— for making binary search dynamic, 398
　— for restructuring red-black trees, 400
　— for shortest paths in a dag, 520
　— for stacks on secondary storage, 436
　— weight-balanced tree, 399
　— of dynamic table, 388
　potential method for —, 388
　accounting method for —, 382
amortized cost（ならしコスト）379, 385
　— in the accounting method, 382
　— in the potential method, 385
amortized progress（ならし進展）870
an optimal solution（1 つの最適解）305

ancestor（祖先）458, 991
　least common —, 458
AND（和）554
AND gate（AND ゲート）901
antiparallel（逆並行）565
　— edges, 565, 566
antisymmetric relation（反対称的）982
approximation（近似）711, 714
　— error, 712
　— of summation by integrals, 973
　— ratio, 934, 947
　— scheme, 935
approximation algorithm（近似アルゴリズム）8, 933, 934, 936, 938, 943, 946–948, 950, 956–961
　— for bin packing, 956
　— for MAX-CNF satisfiability, 950
　— for MAX-CUT problem, 950
　— for MAX-3-CNF satisfiability, 947, 948, 961
　— for maximum clique, 938, 957
　— for maximum matching, 957
　— for maximum spanning tree, 959
　— for minimum spanning tree, 939
　— for minimum-weight vertex cover, 948, 950, 961
　— for parallel-machine-scheduling problem, 958
　— for set-covering problem, 943, 946
　— for subset-sum problem, 950, 956, 960
　— for traveling-salesperson problem, 938, 943, 960
　— for vertex-cover problem, 936, 938, 960
　— for weighted set-covering problem, 957
　— for 0-1 knapsack problem, 959, 961
approximation parameter（近似パラメータ）953
arbitrage（鞘取）538
argument of a function（関数の引数）983
arithmetic（演算）
　modular —, 774, 780
arithmetic instruction（算術命令）22
arithmetic progression（等差数列）311
arithmetic series（算術級数）966
arithmetic with infinities 515
arm（アーム）421
array（行列）213
array（配列）14, 19, 213
　— passing as a parameter, 20
articulation point（関節点）490
artificial intelligence（人工知能）849
assignment（割当て）608, 902, 908
　— problem, 608
　satisfying —, 902
　truth —, 902
assignment（代入）
　multiple —, 19
associative operation（結合的演算）774
asymptotic efficiency（漸近的効率）41
asymptotic lower bound（漸近的下界）42, 46
asymptotic notation（漸近記法）52, 61, 462
　— and graph algorithms, 462
　— and linearity of summations, 966
asymptotic upper bound（漸近的上界）42, 45
asymptotically larger（漸近的に大きい）52
asymptotically nonnegative（漸近的に非負）45
asymptotically positive（漸近的に正）45
asymptotically smaller（漸近的に小さい）52
asymptotically tight bound（漸近的にタイトな限界）42, 47
attribute（属性）851
attribute of an object（オブジェクトの属性）19

augmentation（増加）569
— of a flow, 569
augmented primal（拡大主問題）735
augmenting data structures（補強されたデータ構造）
406, 419
augmenting path（増加可能経路）572, 573
authentication（認証）261, 792, 793, 795
automaton（オートマトン）818, 824
— for string matching, 824
auxiliary hash function（補助ハッシュ関数）251
average-case（平均）26, 232
— running time , 106
— running time, 26
— time, 232
average-case time（平均時間）232
AVL tree（AVL 木）301, 302
axioms（公理）
— for probability, 1003

【B】

B-tree（B 木）424, 438
— compared with red-black trees, 425
creation of an empty —, 427
deletion from —, 433, 436
height of —, 424, 425
insertion into —, 431
minimum degree of —, 424
properties of —, 423, 426
searching in a —, 426, 427
split of a node in —, 428, 429
2-3-4 trees, 424
back edge（後退辺）480, 484
back substitution（後退代入）695–697
balanced（平衡）279
balanced search tree（平衡探索木）399, 405, 424
AA-trees, 302
— and treaps, 302
AVL trees, 301, 302
B-trees, 438
k-neighbor trees, 302
red-black trees, 279, 302
scapegoat trees, 302
splay —, 405
splay trees, 302
2-3 trees, 302, 438
2-3-4 trees, 424, 437
weight- —, 399
weight-balanced trees, 302
balls and bins（ボールと箱）119, 120, 1025
base（塩基）331
— of DNA, 331
base case（基底段階）64, 65
base-a pseudoprime（a を底とする擬似素数）797
basis function（基本関数）712
Bayes's theorem（ベイズの定理）1006
Bellman–Ford algorithm（Bellman–Ford のアルゴリズム）515, 519, 542
— and objective functions, 532
— for all-pairs shortest paths, 543
— in Johnson's algorithm, 558, 559
— to solve systems of difference constraints, 530, 531
Yen's improvement to —, 538
Bernoulli trial（ベルヌーイ試行）1012
— and balls and bins , 119, 120
— and streaks , 120, 124

best-case running time（最良実行時間）28
biconnected component（2 連結成分）490
bijective function（全単射関数）984
bin packing（ビンパッキング）956
binary character code（2 進文字符号）363
binary counter（2 進カウンタ）380, 382, 384, 386, 387
accounting method for —, 384
aggregate analysis for —, 380, 382
potential method for —, 386, 387
binary entropy function（2 進エントロピー関数）1000
binary gcd algorithm（2 進 gcd アルゴリズム）805
binary Gray code（2 進グレイコード）397
binary reflected Gray code（2 進反射型グレイコード）398
binary relation（2 項関係）980
binary search（2 分探索）37, 398, 433, 657
— in insertion sort, 37
— in searching B-trees, 433
— tree, 336, 338, 343, 350
— with fast insertion, 398
binary search tree（2 分探索木）263, 270, 278, 343, 350
AA-trees, 302
AVL trees, 301, 302
— for sorting, 274
— from binary search trees, 271, 274, 275
insertion into —, 270, 271
k-neighbor trees, 302
maximum key of —, 267, 268
minimum key of —, 267, 268
number of different —, 277
optimal —, 338, 343, 350
predecessor in —, 268, 269
querying to —, 266, 270
randomly built —, 275, 276
right-converting of —, 284
scapegoat trees, 302
searching in a —, 266, 267
splay trees, 302
successor in —, 268, 269
treap —, 302
weight-balanced trees —, 302
— with equal keys, 275
binary tree（2 分木）992
full —, 993
representation of —, 224
binary-search-tree property（2 分探索木条件）263
— vs. min-heap property, 265
binary-search-tree property vs. min-heap property（2 分探索木条件と min ヒープ条件）265
binomial coefficient（2 項係数）999, 1000
binomial distribution（2 項分布）1013, 1016
— and balls and bins , 119
maximum value of —, 1016
tails of —, 1017, 1023
binomial expansion（2 項展開）999
binomial theorem（2 項定理）999
bipartite graph（2 部グラフ）592, 988
— and hypergraphs, 989
bipartite matching（2 部マッチング）582, 585, 591
birthday paradox（誕生日パラドックス）116, 118, 126, 127
bisection of a tree（木の 2 分割）995
bit operation（ビット演算）764, 806
bit vector（ビットベクトル）232
bit-reversal permutation（ビット反転置換）757
bitonic（バイトニック）541

— euclidean traveling-salesperson problem, 343
— sequence, 541
— shortest path, 541
— tour, 343
black vertex（黒頂点）468, 476
black-height（黒高さ）281
block（ブロック）422, 678
block representation（ブロック表現）214
block structure in pseudocode（擬似コードの中でのブロック構造）18
blocking flow（ブロッキングフロー）590
blocking pair（ブロッキングペア）602
body（立体）873
Boole's inequality（ブールの不等式）1007
boolean combinational circuit（ブール組合せ回路）901
boolean combinational element（ブール組合せ素子）900
boolean formula（ブール式）883, 897, 907, 908, 913
boolean formula satisfiability（ブール式充足可能性）907, 909, 933
boolean function（ブール関数）1000
boolean matrix multiplication（ブール行列乗算）709
Borůvka's algorithm（Borůvka のアルゴリズム）507
bottleneck spanning tree（ボトルネック全域木）507
bottleneck traveling-salesperson problem（ボトルネック巡回セールスパーソン問題）943
bottom of a stack（スタックの底）215
bottom-up method（ボトムアップ方式）310
bottoms out（底を突き）64
bound（限界）
— on binomial coefficients, 1000
— on binomial distributions, 1016
— on the tails of a binomial distribution, 1017, 1023
bounding summations（和の上界と下界）969, 975
box（箱）538
B$^+$-tree（B$^+$ 木）424
branching factor（分岐数）423
— of B-tree, 423
breadth forest（幅優先）
forest —, 612
breadth-first forest（幅優先森）612
breadth-first search（幅優先探索）468, 475, 492
— and shortest paths, 471, 474, 510
— in maximum flow, 579, 581
— similarity to Dijkstra's algorithm, 525, 526
breadth-first tree（幅優先木）468, 474
bridge（橋）490
B*-tree（B* 木）424
bucket（バケツ）180
bucket sort（バケツソート）180, 183
Burrows–Wheeler transform (BWT)（Burrows–Wheeler 変換）846
butterfly operation（バタフライ演算）755
BWT（Burrows–Wheeler 変換）846

【C】

c-competitive（c 競合）670
cache（キャッシュ）22, 369, 678
— memory, 254
— block, 254, 370
— hit, 370
— miss, 370
— obliviousness, 438
cache block（キャッシュブロック）254
cache hit（キャッシュヒット）678
cache miss（キャッシュミス）678

caching（キャッシュ）
online —, 678
call（呼出し）
— by value, 19
— of a subroutine, 24
call edge（呼出し辺）636
cancellation（相殺）570
cancellation lemma（消去補題）749
cancellation of flow 570
capacity（容量）564, 573
— constraint（容量制限）, 564
— of a cut, 573
— of a vertex, 567
— of an edge, 564
residual —, 569, 572
cardinality of a set（集合の基数）979
Carmichael number（カーマイケル数）798, 805
Cartesian product (×)（直積，デカルト積）979
Cartesian sum（デカルト和，直和）747
Catalan number（カタラン数）277, 316
causal inference（因果推論）850
ceiling（シーリング）53
ceiling instruction（切り上げ命令）22
center（中心）852
center of a cluster（クラスタの中心）853
centralized（集中型）639
centralized scheduler（集中型スケジューラ）639
centrod（重心）854
certain event（全事象）1002
certificate（証明書）795, 883, 895
— verification algorithm, 895
chaining（チェイン法）234, 238, 261
change of variable（変数変換法）100
character code（文字符号）363
chess-playing program（チェス対戦プログラム）647, 648
child（子）634
— in a binary tree, 993
— in a rooted tree, 992
Chinese remainder theorem（中国人剰余定理）784, 787, 807
chip multiprocessor（チップマルチプロセッサ）630
chirp transform（チャープ変換）754
choose（チューズ）999
chord（弦）411
Cilk 631, 667
ciphertext（暗号文）792
circuit（回路）757, 758, 901
— for fast Fourier transform, 757, 758
circuit satisfiability（回路充足可能性）900, 906
circuit-satisfiability problem（回路充足可能性問題）902
circular linked list（循環連結リスト）219
circular, doubly linked list with a sentinel（番兵を持つ双方向循環リスト）221
class（クラス）892
complexity —, 892
class（類）
equivalence —, 981
classification of edges（辺の分類）636
— in breadth-first search, 490
— in depth-first search, 480–482
clause（節）909, 910
clean area（清浄領域）187
clique（クリーク）914, 916, 933, 938, 957
NP-completeness of —, 916

closed convex body（閉凸体）　873
closed form（閉形式）　449
closed interval（閉区間）　980
closed semiring（閉半環）　562
closure（閉包）　891
— of language, 891
closure（閉包性）　774
property of group, 774
cluster（クラスタ）　630, 852
clustering（クラスタリング）　851
clustering（クラスタ化）　256
primary —, 256
CNF satisfiability（CNF 充足可能性）　950
co-NP（複雑度のクラス）　896
coarsen（粗くする）　644
coarsening leaves of recursion（再帰の底上げ）　644
— in merge sort, 37
code（符号）　363
Huffman —, 362, 369, 377
codeword（符号語）　363
codomain（余域，終域）　983
coefficient（係数）　741
binomial —, 999
coefficient representation（係数表現）　743, 746, 747
—and fast multiplication, 747
cofactor（余因子）　1033
coin changing（釣銭問題）　376
collection（集合族）　978
collision（衝突）　233
resolution by chaining for —, 234, 238
resolution by open addressing for —, 247, 254
collision-resistant hash function（衝突困難ハッシュ関数）　795
color（色）
— of a red-black-tree node, 279
coloring（彩色）　930, 995
column（列）　1032
— rank, 1032
— vector, 1028
column rank（列ランク，列の階数）　1032
column vector（列ベクトル）　1028
column-major order（列優先順）　214
combination（組合せ）　999
combinational circuit（組合せ回路）　901
combinational element（組合せ素子）　900
combine（結合）　34
combine step（結合段階）　28, 64
commodity（品物）　730
common divisor（公約数）　765
common multiple（公倍数）　774
common subexpression（共通部分式）　755
common subsequence（共通部分列）　332
longest —, 331, 336, 350
commutative law（交換則）　774
commutative laws for sets（集合の可換則）　977
compact list（コンパクトリスト）　227
compare-exchange operation（比較交換操作）　186
comparison sort（比較ソート）　172
— and binary search tree, 266
randomized —, 183
compatible（両立可能な）　352
activities, 352
— matrix, 1030
competitive analysis（競合解析）　669, 692
competitive ratio（競合比）　669, 671, 679, 692
— of deterministic online caching problem, 679

— of FIFO for the online caching problem, 681
— of LIFO for the online caching problem, 679
— of LRU for the online caching problem, 680
— of Move-to-Front, 673
— of the concentratio solitaire game, 671
— of the elevator-waiting problem, 671
— of the ski problem, 671
complement（補）　710, 890, 917
— of a set, 978
— of languages, 890
complement（余）
— of an event, 1003
complementary slackness（相補スラック性）　738
complete（完全）　906
complete bipartite graph（完全 2 部グラフ）　601
complete graph（完全グラフ）　988
complete k-ary tree（完全 k 分木）　993
complete step（完全ステップ）　640
completeness of a language（言語の完全性）　906
completion time（完了時刻）　376, 690, 958
complex nth root of unity（1 の複素 n 乗根）　748
complex numbers（複素数）
inverse of a matrix with —, 709
complex root of unity（1 の複素根）　753, 754
interpolation by a polynomial at —, 754
complexity class（複雑度のクラス）　883, 888, 892, 895, 896, 899
co-NP, 896
NP, 883
NPC, 899
P, 888
complexity measure（複雑度の指標）　892
component（成分）
biconnected —, 490
connected —, 987
strongly connected —, 987
component graph（成分グラフ）　486
composite（合成）　764
composite number（合成数）　764, 799
compulsory miss（初期化ミス）　370
computation dag（計算ダグ）　635
computational depth（計算的深度）　667
computational problem（計算問題）　4, 5
concatenation（連接）　810, 890
— of languages, 890
— of strings, 810
concrete problem（具象問題）　888
concurrency platform（並行性プラットフォーム）　630
concurrent（並行）　629
conditional branch instruction（条件つき分岐命令）　22
conditional independenc（条件つき独立性）　1007
conditional probability（条件つき確率）　1004, 1006
configuration（計算状況）　903
conjugate transpose（随伴）　709
CNF（連言標準形）　883, 910
conjunctive normal form (CNF)（連言標準形，乗法標準形，和積標準形）　883, 910
connected component（連結成分）　440, 441, 482, 987
— identified using depth-first search, 482
identified using disjoint-set data structures of —, 440
connected graph（連結グラフ）　987
connective（結合子）　907
conquer step（統治段階）　28, 64
conquer（統治）　28, 34
conservation of flow（フロー保存則）　564

consistency（一貫性）637, 667, 915
   sequential —, 637
constraint（制約）720, 722
   difference —, 528
   equality —, 531
   linear —, 722
constraint graph（制約グラフ）529, 530
continuation edge（継続辺）636
continuous uniform probability distribution（連続一様確率分布）1004
contract（縮小）392
   — of a dynamic table, 392, 397
contraction（縮約）
   — of an undirected graph by an edge, 988
contraction algorithm（縮約アルゴリズム）589
control instruction（制御命令）22
convergence property（収束性）515, 534
convergent series（収束級数）965
converting binary to decimal（2進10進変換）769
convex（凸）868, 873
convex function（凸関数）1010
convex set（凸集合）567
convolution（⊗）（畳み込み）743
convolution theorem（畳み込み定理）754
copy instruction（コピー命令）22
correctness of an algorithm（アルゴリズムの正当性，正しさ）5
corresponding flow network（対応するフローネットワーク）582
cost（コスト）364
countably infinite set（可算無限集合）979
counting（計数）
   probabilistic —, 127
counting（数え上げ）997, 1002
counting sort（計数ソート）174, 177
   in radix sort, 179
coupon collector's problem（クーポン収集家問題）120
cover（被覆）586, 916, 936, 943, 948, 950, 961
   path —, 586
creation（生成）
   — of an empty, 427
credit（預金）382
critical edge（クリティカル辺）580
critical path（クリティカルパス）521, 637
   — of a dag, 521
cross（横切る）588
cross edge（横断辺）480
cryptosystem（暗号系）790, 796, 808
cubic spline（3次スプライン関数）716
currency exchange（通貨交換）538
curve fitting（曲線近似）711, 714
cut（カット）495, 950
   capacity of a —, 573
   cross a —, 495
   minimum —, 573, 582
   net flow across —, 573
   — of a flow network, 573, 576
   — of an undirected graph, 495
cut-and-paste technique（切貼り法）323
cycle（閉路）512, 540, 883, 893, 986, 987
   — and shortest paths, 512
   hamiltonian —, 893
   minimum mean-weight —, 540
cycle cover（サイクルカバー）623
cyclic group（巡回群）788
cyclic rotation（循環式回転）833, 846

【D】

d-ary heap（*d*分木ヒープ）151, 561
   — in shortest-paths algorithms, 561
d-regular（*d*正則）601
dag（ダグ）483, 988
data cleansing（データクレンジング）852
data point（データポイント）851
data science（データサイエンス）849
data structure（データ構造）7, 210, 404, 419, 459
   AA-trees, 302
   augmentation of —, 406, 419
   AVL trees, 301, 302
   B-trees, 438
   binary search trees, 263, 278
   bit vectors, 232
   deques, 218
   dictionaries, 210
   direct-address table, 230, 232
   dynamic sets, 210, 211
   dynamic trees, 405
   exponential search trees, 189, 405
   — for disjoint sets, 439, 459
   — for dynamic graphs, 405
   fusion trees, 189, 405
   hash tables, 232, 238
   heaps, 136, 152
   interval trees, 413, 418
   k-neighbor trees, 302
   linked lists, 218, 223
   — on secondary storage, 423
   order-statistic trees, 406, 411
   persistent —, 299, 405
   potential of —, 385
   priority queues, 145, 150
   queues, 215–217
   radix trees, 275
   red-black trees, 279, 302
   rooted trees, 224, 226
   scapegoat trees, 302
   skip lists, 302
   splay trees, 302, 405
   stacks, 215, 216
   treap —, 302
   2-3 trees, 302, 438
   2-3-4 trees, 424, 437
   weight-balanced trees, 302
data type（データ型）22
data-movement instruction（データ移動命令）22
data-parallel model（データ並列モデル）667
de Morgan's law（ド・モルガンの法則）911, 978
   — for sets, 978, 980
decide（決定する）891
decideed in polynomial time（多項式時間で決定した）891
decision by an algorithm（アルゴリズムによる決定）891
decision problem（決定問題）884, 885, 888
   — and optimization problem, 884
decision tree（決定木）173, 174
decision variable（決定変数）720
decrement（減少させる）18
default vertex labeling（デフォルト頂点ラベルづけ）608
degree（次数）741
   — of a B-tree, 424
   — of a node, 992

— of a vertex, 986
degree-bound（次数上界）741
deletion（削除）
  — from B-trees, 433, 436
  — from binary search trees, 271, 274, 275
  — from chained hash tables, 235
  — from direct-address tables, 231
  — from dynamic tables, 392, 397
  — from heaps, 150
  — from interval trees, 415
  — from linked lists, 220
  — from open-address hash tables, 249
  — from order-statistic trees, 410
  — from queues, 216
  — from red-black trees, 292, 299
  — from stacks, 215
dense（密）68
dense graph（密なグラフ）464
  ϵ- —, 561
density（密度）314, 796, 797
  — of a rod, 314
dependence（従属）
  linear —, 1032
dependence（従属性）
  — and indicator random variables , 109
depth（深さ）755
  average — of a node in a randomly built binary
    search tree, 276
  — of a node in a rooted tree, 992
  — of a stack, 169
depth-determination problem（深さ決定問題）457
depth-first（深さ優先）
  — forest, 476
  — search, 475, 483, 492
  — tree, 476
depth-first forest（深さ優先森）476
depth-first search（深さ優先探索）483, 492
  — in finding articulation points, bridges, and
    biconnected components, 490
  — in finding strongly connected components, 485,
    489, 492
  — in topological sorting, 483, 485
  parenthesis structure of —, 478
depth-first tree（深さ優先木）476
deque（両頭キュー）218
derivative of a series（級数の導関数）967
descendant（子孫）991
destination（目的地）510
determinacy race（決定性競合）645
determinant（行列式）1033
deterministic（決定性）645
  — algorithm, 645
  — caching algorithm, 678
  — cryptographic hash function, 246
  — function, 246
deterministic algorithm（決定性アルゴリズム）112
DFT（離散フーリエ変換）750
diagonal matrix（対角行列）705, 1028
  LUP decomposition of —, 705
diameter（直径）475, 543
dictionary（辞書）210
difference constraint（差分制約式）527, 528, 532
difference of sets（差集合）977
differentiation of a series（級数の微分）967
digital signature（ディジタル署名）792
digraph（ダイグラフ）985

Dijkstra's algorithm（Dijkstra のアルゴリズム）522,
  527, 541
  — in Johnson's algorithm, 558
  — for all-pairs shortest paths, 543, 559
  — implemented with a Fibonacci heap, 525
  — implemented with a min-heap, 525
  — similarity to breadth-first search, 525, 526
  — similarity to Prim's algorithm, 500, 525
  — with integer edge weights, 527
direct addressing（直接アドレス指定法）230, 232
direct-address table（直接アドレス表）230, 232
directed（有向）
  — acyclic graph, dag, 483, 635, 897, 988
  — graph, 467, 882, 883, 985
directed acyclic graph（有向非巡回グラフ）
  — and back edges, 484
  — and component graphs, 487
  longest simple path in —, 343
  single-source shortest-paths algorithm for —, 519,
    522
  topological sort of —, 483, 485, 492
directed equality subgraph（有向等式部分グラフ）610
directed graph（有向グラフ）467
  all-pairs shortest paths in —, 543, 562
  — and the longest path, 882
  constraint graph, 529
  Euler tour of, 491
  path cover of —, 586
  PERT chart, 521
  semiconnected —, 489
  shortest path in —, 509
  single-source shortest paths in —, 509, 542
  singly connected —, 483
  square of —, 467
  transitive closure of —, 554
  transpose of —, 467
  undirected version of a —, 988
  universal sink in —, 467
directed version of an undirected graph（無向グラフの有
  向化）988
dirty area（汚染領域）187
discovered（発見されれば）476
discovered vertex（既発見頂点）468, 476
discovery time（発見時刻）477
  — in depth first search, 477
discrete（離散）788
  — Fourier transform (DFT), 7, 750
  — logarithm, 788
  — logarithm theorem, 788
  — probability distribution, 1003
  — random variable, 1007, 1012
Discrete Fourier transform（離散フーリエ変換）750
discrete Fourier transform (DFT)（離散フーリエ変換）
  7, 750
discrete logarithm（離散対数）788
discrete logarithm theorem（離散対数定理）788
discrete probability distribution（離散確率分布）1003
discrete random variable（離散確率変数）1007
disjoint-set（互いに素な集合）439, 978
  — data structure, 439, 459
  — forest, 445, 448
disjoint-set data structure（互いに素な集合族のための
  データ構造）439, 459
  analysis of —, 451, 456
  disjoint-set-forest implementation of —, 445, 448

identified using — in connected components, 440, 441

— in connected components, 440, 441

— in depth determination, 457

— in Kruskal's algorithm, 498

— in off-line least common ancestors, 458

— in off-line minimum, 456

linear-time special case of —, 459

linked-list implementation of —, 445

disjoint-set forest（互いに素な集合の森） 445

analysis of —s, 451, 456

rank properties of —, 450, 456

disjunctive normal form（選言標準形） 911

disk drive（ディスクドライブ） 423

dissimilarity（非類似度） 852

distance（距離） 344, 471

edit —, 344

— of a shortest path, 471

distributed memory（分散メモリ） 629, 630

distribution（分布） 796

binomial —, 1013, 1016

continuous uniform —, 1004

discrete —, 1003

geometric —, 1012, 1013

— of inputs , 106, 111

probability —, 1003

uniform —, 1003

distributive laws for sets（集合の分配則） 977

divergent series（発散級数） 965

divide（分割） 28, 34

divide instruction（除算命令） 22

divide step（分割段階） 28, 64

divide-and-conquer method（分割統治法） 28, 34, 64, 649, 653, 660, 750, 753, 759, 769

for Strassen's algorithm , 75

analysis of —, 32, 34

— for binary search, 37

— for converting binary to decimal, 769

— for fast Fourier transform, 753

— for matrix inversion, 706, 708

— for matrix multiplication , 75

— for matrix multiplication, 649, 759

— for merge sort, 28, 36

— for quicksort, 153, 171

— for Strassen's algorithm , 72

solving recurrences for —, 75, 95

divides relation (|)（整除関係） 764

division method（除算法） 240, 246, 247

division theorem（除法の定理） 765

divisor（約数） 764, 765

DNA 5, 331, 332, 344

DNF（選言標準形） 911

does-not-divide relation (†)（非整除関係） 764

domain（定義域） 983

double hashing（ダブルハッシュ） 249, 250, 254

doubly linked list（双方向連結リスト） 218

dual（双対） 732

dual linear program（双対問題） 732

duality（双対性） 732–734, 736–738

weak —, 737

dummy key（ダミーキー） 337

dynamic graph（動的グラフ）

— algorithm, 692

all-pairs shortest paths algorithms for —, 562

data structures for —, 405

minimum-spanning-tree algorithm for —, 504

transitive closure of —, 560, 562

dynamic graph algorithm（動的グラフアルゴリズム） 692

dynamic graph data structure（動的グラフデータ構造） 405

dynamic order statistics（動的順序統計量） 406, 411

dynamic set（動的集合） 210, 211

dynamic table（動的な表） 388

— analyzed by accounting method, 390, 391

— analyzed by aggregate analysis, 390

— analyzed by potential method, 391

expansion of a —, 389

insertion into a —, 389

load factor of —, 389

potential method for —, 394, 397

dynamic tree（動的の木） 405

dynamic-programming method（動的計画法） 305, 350

— and memoization, 330

bottom-up method for —, 310

— compared to greedy algorithms, 354

— compared with greedy algorithms, 331, 354, 358–360, 362

— compared with greedy algorithm, 324

elements of —, 322, 331

— for all-pairs shortest paths, 545

— for bitonic euclidean traveling-salesperson problem, 343

— for breaking a string, 347

— for edit distance, 344

— for Floyd–Warshall algorithm, 550, 554

— for inventory planning, 349

— for longest common subsequence, 331, 336

— for longest palindrome subsequence, 343

— for longest simple path in a weighted directed acyclic graph, 343

— for matrix-chain multiplication, 314, 322

— for optimal binary search trees, 336, 343

— for printing neatly, 344

— for rod-cutting, 306, 314

— for seam carving, 347

— for signing free agents, 349

— for transitive closure, 554, 555

— for Viterbi algorithm, 346

optimal substructure in —, 322

overlapping subproblems in —, 326, 328

reconstructing an optimal solution in —, 328, 329

top-down with memoization —, 310

dynamic-programming method/for activity selection 357

【E】

edge（辺，枝） 465, 480, 490, 565, 566, 636, 985

attributes of —, 466

back —, 480

bridge —, 490

capacity of —, 564

— classification in breadth-first search, 490

— classification in depth-first search, 480, 481

— connectivity, 581

critical —, 580

cross —, 480

forward —, 480

light —, 495

negative-weight —, 511, 512

residual —, 569

safe —, 494

— set, 495
tree —, 474, 476, 480
weight of —, 465
edge connectivity（辺連結度）581
edge set（辺集合，枝集合）495, 985
edit distance（編集距離）344, 345
Edmonds–Karp algorithm（Edmonds–Karp アルゴリズム）579, 581
elementary event（根元事象）1002
elementary insertion（基本挿入）390
Elements（原論）770
ellipsoid algorithm（楕円体アルゴリズム，楕円体法）725, 739
elliptic-curve factorization method（楕円曲線素因数分解法）808
empty（空）215
— language ($\emptyset$), 890
— set, 976
— set law（空集合則），977
— stack, 215
— string ε, 810, 890
— tree, 993
empty tree（空木）993
encoding（符号化）888
encoding of problem instances（問題インスタンスの符号化）888, 890
endpoint（端点）
— of an interval, 414
entering a vertex（頂点に入る）986
entropy function（エントロピー関数）1000
epoch（えぽっく）680
ϵ-universal hash function（ϵ 万能ハッシュ関数）247
equality（等しさ）
— of sets, 976
equality（等価性）
— of functions, 983
equality（等式）722
equality constraint（等式制約）531
equality subgraph（等式部分グラフ）608, 609
perfect matching of —, 609
equation（方程式）
normal —, 713
equivalence class（同値類）981
equivalence class modulo n ($[a]_n$)（n を法とする剰余類）765
equivalence relation（同値関係）981
— and modular equivalence, 982
escape problem（脱出路問題）585
Euclid's algorithm（ユークリッドのアルゴリズム）769, 770, 774, 806, 807
euclidean norm ($\| \|$)（ユークリッドノルム）1031
Euclidean traveling-salesperson problem（ユークリッド巡回セールスパーソン問題）343
Euler（オイラー）491
— constant, 777
— tour, 491, 622
Euler tour（オイラー巡回路）491, 882
— and hamiltonian cycle, 882
Euler's ϕ function（オイラーのファイ関数）777
Euler's theorem（オイラーの定理）787, 805
evaluation（評価）743
evaluation of a polynomial（多項式の評価）38, 743, 747, 760
event（事象）1002
exact power of 2（ちょうど 2 のベキ）22
exactly（正確に）712

example（例）851
execute a subroutine（サブルーチンの実行）24
expand（拡大する）389
expansion（拡大）390
expansion of a dynamic table（動的な表の拡大）389, 392
expected（期待）813, 947
expected competitive ratio（期待競合比）684
— of randomized online caching algorithm, 684
expected running time（期待実行時間）26, 107
expected value（期待値）1008, 1010
— of a binomial distribution, 1014
— of a geometric distribution, 1012
— of an indicator random variable , 108
explore（探索する）477
explored vertex（既探索頂点）477
exponential function（指数関数）54
exponential search tree（指数探索木）189, 405
exponential series（指数級数）966
exponentiation instruction（ベキ乗命令）22
external node（外部節点）992
external path length（外部経路長）994
extracting the minimum key（最小キーの抽出）
— from Young tableaus, 151

【F】

factor（因子）752, 764
factorial（階乗）
—function（階乗関数），57
factorization（素因数分解）768, 808
unique —, 768
failure（失敗）
— in a Bernoulli trial, 1012
fair coin（公正な硬貨）1004
fan-out（ファンアウト）901
Farkas's lemma（Farkas の補題）734, 739
fast Fourier transform (FFT)（高速フーリエ変換）7, 660, 741, 750, 753, 755, 757–759, 761, 762
circuit for —, 757, 758
feasibility problem（実行可能性問題）528, 737
feasible region（実行可能領域）723
feasible solution（実行可能解）528, 723
feasible vertex labeling（実行可能な頂点ラベルづけ）608
feature vector（特徴ベクトル）851
Fermat's theorem（フェルマーの定理）787
FFT（高速フーリエ変換）741, 750, 762
FFTW 762
Fibonacci heap（フィボナッチヒープ）152, 404, 493, 503, 525, 543, 556
— in Dijkstra's algorithm, 525
— in Johnson's algorithm, 560
— in Prim's algorithm, 503
strict —, 404
Fibonacci number（フィボナッチ数）58, 101, 369, 631, 806
FIFO 215
final strand（最終ストランド）636
final-state function（最終状態関数）818
find path（find 経路）445
finish time（終了時刻）351, 477
— in activity selection, 351
— in depth first search, 477
finished（終了すれば）476
finished vertex（終了節点）476
finishing time（終了時刻）

— and strongly connected components, 487
finite automaton（有限オートマトン）818, 824
 — for string matching, 824
 state of a —, 818
finite group（有限群）774
finite sequence（有限列）983
finite set（有限集合）979
first-fit heuristic（初適合ヒューリスティック）956
first-in, first-out（先入れ先出し，FIFO）215, 679
fixed-length code（固定長符号）363
floating-point data type（浮動小数点型）22
floor（フロア）53
floor instruction（切り捨て命令）22
flow（フロー）564, 565, 568, 730
 augmentation of —, 569
 blocking —, 590
 cancellation of —, 570
 conservation of —, 564
 integer-valued —, 583
 net — across a cut, 573
 — network（フローネットワーク），563, 568
 value of, 565
flow network（フローネットワーク）563
 cut of —, 573
 — with multiple sources and sinks, 566, 567
flow value（フロー値）565
Floyd–Warshall algorithm（Floyd–Warshall アルゴリズム）550, 554–556, 561, 653
for, in pseudocode（疑似コードの **for**）
 — and loop invariants, 17
Ford–Fulkerson method（Ford–Fulkerson 法）568, 576, 582, 590
forest（森）988, 989
 depth-first —, 476
 disjoint-set —, 445, 448
fork-join parallelism（fork-join 並列処理）630
fork-join programming model（fork-join プログラミングモデル）631
formal power series（形式的ベキ級数）101
formal-language theory（形式言語理論）890
formula（ブール式）907
forward edge（前進辺）480
forward substitution（前進代入）695
fractional knapsack problem（有理ナップサック問題）360, 362
fractional matching（分数マッチング）623
free agent（フリーエージェント）349
free tree（自由木）988, 989, 991
frequency count（頻度）677
frequency domain（周波数領域）741
friendly graph（友好グラフ）995
full（飽和している）424, 428
full binary tree（全 2 分木）364, 993, 994
 — relation to optimal code, 364
full node（飽和節点）424
full rank（フルランク，非退化）1032
full walk of a tree（木の全巡回）940
fully parenthesized（完全に括弧づけされている）315
fully polynomial-time approximation scheme（完全多項式時間近似スキーム）935, 950, 956, 960
 — for subset-sum problem, 950, 960
function（関数）385, 459, 527, 712, 721, 818, 819, 823–826, 833, 898, 983, 985
 basis —, 712
 convex —, 1010
 linear —, 25, 721

 objective —, 527
 potential —, 385
 quadratic, 26
 reduction —, 898
 suffix —, 819
functional iteration（関数の反復適用）57
fundamental theorem of linear programming（線形計画法の基本定理）736
furthest-in-future（最遠要求優先）371
fusion tree（フュージョン木）189, 405
future inputs（未来の入力）
 probabilistic model of —, 668
fuzzy sorting（ファジィソート）170

【G】

Gabow's scaling algorithm（Gabow のスケーリングアルゴリズム）539
 — for single-source shortest paths, 539
gadget（ガジェット）918
Gale–Shapley algorithm（Gale–Shapley のアルゴリズム）605
gap character（すきま文字）813, 824
gap heuristic（ギャップヒューリスティック）591
garbage collection（ガーベジコレクション）136
gate（ゲート）900
 AND —, 901
 inverter —, 901
 NOT —, 901
 OR —, 901
Gaussian elimination（ガウスの消去法）698, 718
GCD recursion theorem（GCD 再帰定理）770
general arithmetic series（一般的な算術級数）966
general number-field sieve（一般数体ふるい）808
generate（部分群 $\langle a \rangle$ を生成する）779
generating function（母関数）101
generation（世代）195
generation of partitioned sets（分割された集合の世代）195
generator（生成元）779, 788
 — of a subgroup, 779
 — of $\mathbb{Z}_n^*$, 788
geometric distribution（幾何分布）1012, 1013
 — and balls and bins , 119
geometric series（幾何級数）966
global cut（大域的カット）588
global minimizer（大域的最小点）866
global variable（大域変数）19
global-minimum-cut problem（大域的最小カット問題）588
golden ratio（黄金比）58, 101
gossiping（ゴシップ問題）401
gradient（傾き）866
graph（グラフ）893, 917, 922, 930, 985, 989
 adjacency-list representation of —, 464
 adjacency-matrix representation of —, 466
 algorithms for —, 591
 — and asymptotic notation, 462
 attributes of —, 463, 466
 breadth-first search of —, 468, 475, 492
 coloring of a —, 930
 component —, 486
 constraint —, 529, 530
 cycle of a —, 986
 dense —, 464
 depth-first search of —, 475, 483, 492
 ϵ-dense —, 561

incidence matrix of —, 467
interval —, 357
nonhamiltonian —, 893
reachability in a —, 986
shortest path in —, 471
simple —, 986
singly connected —, 483
sparse —, 464
subproblem —, 312, 313
weighted —, 465
graph coloring problem（グラフ彩色問題）
NP-completeness of —, 930
graphic matroid（グラフ的マトロイド）507
Gray code（グレイコード）397
gray vertex（灰頂点）468, 476
greatest common divisor（最大公約数）766, 767, 769,
770, 774, 805–807
Euclid's algorithm for —, 769, 774, 806, 807
— function for more than two arguments, 774
GCD recursion theorem for —, 770
greedoid（グリードイド）377
greedy algorithm（貪欲アルゴリズム）351, 377, 639,
641, 943, 946, 957
— compared with dynamic programming, 324, 331,
354
Dijkstra's algorithm, 522, 527
elements of —, 358, 362
— for activity selection, 351, 354, 358
— for coin changing, 376
— for fractional knapsack problem, 361
— for Huffman code, 362, 369
— for minimum spanning tree, 498, 504
— for set-covering problem, 946
— for task scheduling, 376
— for weighted set-covering problem, 957
greedy-choice property in —, 359
Kruskal's algorithm, 498, 500
optimal substructure in —, 360
Prim's algorithm, 500, 503
greedy maximal bipartite matching（貪欲極大 2 部グラ
フマッチング）610
greedy scheduler（貪欲スケジューラ）639
greedy-choice property（貪欲選択性）359, 372
— of activity selection, 353, 354
— of Huffman codes, 367, 368
grid（グリッド）585
group（群）774, 780, 788
— operator (⊕), 774
growth step（成長ステップ）619

【H】

half 3-CNF satisfiability（3-CNF 半数充足可能性）929
NP-completeness of —, 929
half-open intervals（半開区間）980
Hall's theorem（Hall の定理）601
halt（停止）5
halting problem（停止問題）882
halving lemma（2 分割補題）749
hamiltonian（ハミルトン的）893
hamiltonian cycle（ハミルトン閉路）883, 893, 918,
922, 933
NP-completeness of —, 918, 922
hamiltonian graph（ハミルトングラフ）893
hamiltonian path（ハミルトン経路）897, 929
NP-completeness of —, 929
hamiltonian-cycle problem（ハミルトン閉路問題）894

handle（ハンドル）146
handshaking lemma（握手補題）989
harmonic number（調和数）967, 973
harmonic series（調和級数）254, 967, 973
hash（ハッシュ）233, 329, 467
— for memoization, 310
— table, 397
hash function（ハッシュ関数）232, 238, 247, 795
auxiliary —, 250, 251
cryptographic —, 245
division method for —, 240, 246, 247
ϵ-universal —, 247
independent uniform —, 234
multiplication method for —, 241
universal —, 241, 245
hash table（ハッシュ表）232, 238
dynamic —, 397
hash value（ハッシュ値）233
hashing（ハッシュ法）230, 262
d-independent —, 243
double —, 249, 250, 254
ϵ universal —, 243
— in memoization, 329
independent uniform —, 234
k-universal —, 261
perfect —, 262
random —, 241
static —, 238, 240
— to replace adjacency lists, 467
uniform —, 243
universal —, 235, 241, 243, 245
— with chaining, 234, 238, 261
— with double hashing, 249, 250
— with open addressing, 247, 254
hat-check problem（ハットチェック問題）111
head（ヘッド）421
head（先頭）
— of a linked list, 218
— of a queue, 216
heap（ヒープ）136, 152, 366, 388, 502, 525, 543, 560
— as a priority queue, 145, 150
building —, 141, 143, 150
d-ary —, 561
deletion from —, 150
height of —, 138
— in Dijkstra's algorithm, 525
— in Huffman's algorithm, 366
— in Johnson's algorithm, 560
— in Prim's algorithm, 502
heap property（ヒープ条件）137
maintenance of —, 138
maintenance of, 140
heap property vs. binary-search-tree property（ヒープ条
件と 2 分探索木条件）265
heapsort（ヒープソート）136, 152
hedge（両賭け）880
height（高さ）424, 425
black —, 281
— of a B-tree, 424, 425
— of a decision tree, 174
— of a heap, 138
— of a node in a heap, 138, 143
— of a node in a tree, 992
— of a red-black tree, 281
— of a tree, 992
height-balanced tree（高さ平衡木）301

Hermitian matrix（エルミート行列）709
Hessian matrix（ヘッセ行列）876
heuristic（ヒューリスティック）351, 389, 443, 444,
　　446, 499, 956
　　closest-point —, 942
　　greedy, 351
　　path compression —, 446, 499
　　union by rank —, 446, 499
　　weighted-union —, 443
high endpoint of an interval（区間の上端点）414
hiring problem（雇用問題）105, 106, 112, 113, 129
　　probabilistic analysis of —, 110, 111
hit（ヒット）816
　　spurious —, 816
Hopcroft–Karp algorithm（Hopcroft–Karp のアルゴリズ
　　ム）593, 596, 612
Horner's rule（Horner の公式）38, 743, 814
　　— in Rabin–Karp algorithm, 814
Huffman code（ハフマン符号）362, 365, 369, 377
Human Genome Project（ヒトゲノムプロジェクト）5
Hungarian algorithm（ハンガリアンアルゴリズム）
　　608, 611, 612, 619, 622
hyperedge（ハイパー辺）988
hypergraph（ハイパーグラフ）988
　　— and bipartite graphs, 989
hypothesis（仮説）849

[I]

ideal parallel computer（理想的並列コンピュータ）
　　636, 637
idempotency laws for sets（集合のベキ則）977
identity（単位元）774
identity matrix（単位行列）1028
identity permutation（恒等置換）115
ill-defined（明確に定義されていない）65
image（像）984
image compression（画像圧縮）347, 350
in place（その場で，その場に）664, 700
in series（逐次的な）636
in-degree（入次数）986
in-place sorting（その場でのソート）16
incidence（接続）986
incidence matrix（接続行列）467
　　— and difference constraints, 529
　　— of a directed graph, 467
inclusion and exclusion（包除）980
incoming edge（内向き辺）482
incomplete step（不完全ステップ）640
incremental design method（逐次添加法）28
incrementing by 1（1 増やす）17
indentation in pseudocode（擬似コードの中での字下げ）
　　18
independence（独立性）1008
　　— of events, 1005, 1007
　　— of random variables, 1008
　　— of subproblems in dynamic-programming, 325,
　　326
independent set（独立頂点集合）929
　　NP-completeness of —, 929
independent strand（独立ストランド）646
independent uniform hashing（独立一様ハッシュ）235
independent uniform permutation hashing（独立一様置
　　換ハッシュ）249
index of an element of $\mathbb{Z}_n^*$（$\mathbb{Z}_n^*$ の要素の指数）788
indicator random variable（指標確率変数）108, 111,
　　687, 947, 948

— and linearity of expectation , 109
expected value of — , 108
— in analysis of streaks , 123, 124
— in analysis of the birthday paradox , 118
— in approximation algorithm for MAX-3-CNF
　　satisfiability, 947, 948
— in bounding the right tail of the binomial
　　distribution, 1021, 1022
— in bucket sort analysis, 182
— in hashing analysis, 236, 237
— in hiring-problem analysis , 111
— in quicksort analysis, 165, 168
— in randomized-selection analysis, 205
induced subgraph（誘導部分グラフ）988
inequality（不等式）
　　linear —, 721, 722
infeasible（実行不可能）723
infeasible solution（実行不可能解）723
infinite sequence（無限列）983
infinite set（無限集合）979
infinite sum（無限和）965
infinity（無限大）
　　arithmetic with —, 515
initial strand（初期ストランド）636
injective function（単射関数）984
inner product（内積）1031
inorder tree walk（中間順木巡回）264, 270, 408
input（入力）901
　　distribution of — , 106, 111
　　— size, 763
　　size of —, 888, 890
　　size of an algorithm's —, 763
　　size of — to algorithm, 888, 890
　　— to a combinational circuit, 901
　　— to a logic gate, 901
　　— to an algorithm, 4
input alphabet（入力アルファベット）818
insertion（挿入）389
　　— into a dynamic table, 389
　　— into B-trees, 427, 431
　　— into binary search trees, 270, 271
　　— into chained hash tables, 235
　　— into direct-address tables, 231
　　— into interval trees, 415
　　— into linked lists, 220
　　— into open-address hash tables, 248
　　— into order-statistic trees, 409, 410
　　— into queues, 216
　　— into red-black tree, 284, 292
　　— into stacks, 215
　　— into Young tableaus, 151
insertion sort（挿入ソート）10, 14, 15, 18, 24, 26
　　— in bucket sort, 181, 182
　　— in merge sort, 37
　　— in quicksort, 166
　　— using binary search, 37
instance（インスタンス）4, 885, 887
　　— of a problem, 4
instructions of the RAM model（RAM モデルの命令
　　セット）21
integer data type（整数型）22
integer linear program（整数線形計画）725
integer linear programming（整数計画法）725, 738,
　　929
integer linear programming problem（整数線形計画問
　　題）738

integer programming（整数計画法）
NP-completeness of —, 929
integer-valued（整数値）583
integer-valued flow（整数値フロー）583
integers $\mathbb{Z}$（整数の集合）976
integral（積分）
— to approximate summations, 974
integrality theorem（整数性定理）584
integration of a series（級数の積分）967
interior-point method（内点法）725, 740
intermediate vertex（中間頂点）551
internal node（内部節点）992
internal path length（内部経路長）994
interpolation（補間）744
interpolation by a cubic spline（3次スプライン関数による補間）716
interpolation by a polynomial（多項式補間）744, 747, 753, 754
— at complex roots of, 754
intersection（交差）
— of chords, 411
intersection（積）890
— of languages, 890
— of sets ($\cap$), 977
interval（区間）413, 414, 419
fuzzy sorting of —, 170
— graph, 357
— graph coloring problem, 357
low endpoint of an —, 414
— tree, 413, 414, 418
— trichotomy（区間3分律）, 414
interval tree（区間木）413, 418
interval trichotomy（区間3分律）414
intractability（扱いにくさ）882
intractable problem（計算困難な問題）8
invalid shift（無効なシフト）809
inventory planning（在庫計画）349
inverse（逆）705, 709, 718, 774, 783
— inverse in a group, 774
— of a bijective function, 984
— of a matrix, 705, 709, 1032, 1034
inverse（逆元）
multiplicative —, 783
inversion（反転）39, 111, 674
— in a sequence , 111
— in a sequence, 39, 411
inversion count（反転数）674
inverter（インバータ）901
invertible matrix（可逆行列）1032
invocation tree（呼出し木）636
isolated vertex（孤立点）986
isomorphic graphs（同型グラフ）987
iterated function（反復関数）62
iterated logarithm function（反復対数関数）57, 58

【J】

Jensen's inequality（Jensen の不等式）1010
Johnson's algorithm（Johnson のアルゴリズム）556, 560, 561
join（結合）28
join（合併）437
— of 2-3-4 trees, 437
joining（合併）
— of red-black trees, 300
joint probability density function（結合確率密度関数）1008

Josephus permutation（Josephus 置換）419

【K】

k-ary tree（k 分木）993
k-clustering（k クラスタリング）851, 852
k-CNF 883
k-coloring（k 彩色）930, 995
k-combination（k 組合せ）999
k-conjunctive normal form（k 連言標準型）883
k-means problem（k 平均問題）854
k-neighbor tree（k 近傍木）302
k-permutation（k 順列）113, 998
k-sorted（k ソート済み）185
k-string（k 文字列）998
k-subset（k 部分集合）979
k-substring（k 部分文字列）998
k-universal hashing（k 万能ハッシュ）261
Karmarkar's algorithm（Karmarkar のアルゴリズム）740
Karp's algorithm（Karp のアルゴリズム）540
Karp's minimum mean-weight cycle algorithm（最小平均重み閉路をもとめる Karp のアルゴリズム）540
key（キー）14, 132, 145, 210
dummy —, 337
— interpreted as a natural number, 239
— of a B-tree node, 427
key（鍵）791, 793
public —, 793
secret —, 793
keyword（キーワード）631, 633, 634, 642, 643
Kirchhoff's current law（Kirchhoff の法則）563
Kleene star (*)（Kleene 閉包）891
KMP algorithm（KMP アルゴリズム）824, 833, 848
knapsack problem（ナップサック問題）360, 961
fractional —, 360, 362
0-1 —, 360, 362
knot（結節点）
— of spline, 716
Knuth-Morris-Pratt algorithm（Knuth–Morris–Pratt アルゴリズム）824, 833, 848
— for string matching, 824, 833, 848
Kraft inequality（Kraft の不等式）994
Kruskal's algorithm（Kruskal のアルゴリズム）498, 500, 507
— with integer edge weights, 503
k-th power（k 次ベキ）769

【L】

l-lookahead（l 先読み）689
label（ラベル）608, 849, 876
Lagrange's formula（ラグランジュの公式）744
Lagrange's theorem（ラグランジュの定理）778
Lamé's theorem（Lamé の定理）772
language（言語）890, 895, 906, 907
— CIRCUIT-SAT, 902
— GRAPH-ISOMORPHISM, 896
— HAM-PATH, 897
— SAT, 908
closure of —, 891
complement of —, 890
concatenation of —, 890
intersection of —, 890
proving NP-completeness of, 907
union of —, 890
verification of a —, 895

language verified（検証された言語）895
last-in, first-out（後入れ先出し，LIFO）215, 679
latency（遅延時間（レイテンシ））422
lcm (least common multiple) 774
LCP（最長共通接頭語）839
LCS (longest common subsequence)（最長共通部分列）
    331, 332, 336, 350
leading submatrix（主座小行列）710, 715
leaf（葉）992
least common ancestor（最近共通祖先）458
least common multiple（最小公倍数）774
least recently used（最長未使用優先）682
least-recently-used, LRU（最長未使用優先）375, 679
least-squares approximation（最小 2 乗近似）711, 714
least-squares error（最小 2 乗誤差）877
least-squares fit（最小 2 乗適合）877
least-squars solution（最小 2 乗解）713
leaving a vertex（頂点から出る）986
left child（左の子）993
left rotation（左回転）282
left subtree（左部分木）992
left-child, right-sibling representation（左-子，右-兄弟表
    現）225, 226
Legendre symbol（ルジャンドルの記号）807
length（長さ）810
    — of a path, 986
    — of a sequence, 983
    — of a string, 810, 998
level（レベル）
    — of a function, 449
    — of a node in a disjoint-set forest, 451, 456
    — of a tree, 992
level function（level 関数）451
lexicographic sorting（辞書式順序でのソート）275
lexicographically less than（辞書式順序で小さい）275
LIFO 215
light edge（軽い辺）495
limit point（極限点）873
line search（線形探索）873
linear（線形）
    — -inequality feasibility problem（線形不等式実行
      可能性問題），737
    — chain, 263, 446, 481
    — constraint, 722
    — dependence, 1032
    — equality, 722
    — equations, 716, 780, 784
    — function, 25, 721
    — independence, 1032
    — inequality, 722
    — order, 982
    — permutation, 1037
    — probing, 251, 255
    — regression, 877
    — search, 20, 21, 219, 873
    — speedup, 638
    — transformation, 243
linear constraint（線形制約）722
linear dependence（線形従属，1 次従属）1032
lincar equality（線形等式）722
linear equations（1 次合同式）780
linear function（線形関数）721
linear inequality（線形不等式）721, 722
linear permutation（線形置換）1037
linear probing（線形探査）251, 255

linear programming（線形計画法）6, 527, 532, 719,
    725, 727–732, 739, 740
    — and maximum flow, 728, 729
    — and minimum-cost circulation, 739
    — and minimum-cost flow, 729, 730
    — and multicommodity flow, 730, 731
    — and single-pair shortest path, 728
    — and single-source shortest paths, 527, 532
    application of —, 727
    duality in —, 736
    ellipsoid algorithm for —, 739
    formulations of —, 721
    fundamental theorem of —, 736
    interior-point method for —, 740
    Karmarkar's algorithm for —, 740
    — problem, 527
    — relaxation, 948
    simplex algorithm for —, 739
linear programming problem（線形計画問題）719, 722
linear regression（線形回帰）877
linear-inequality feasibility problem（線形不等式実行可
    能性問題）737
linear-programming duality（線形計画法の双対性）732
linearity of expectation（期待値の線形性）1009
    — and indicator random variables , 109
linearity of summations（和の線形性）965
link（連結）
    of trees in a disjoint-set forest, 447
linked list（連結リスト）218, 223, 441, 445
    compact —, 227
    deletion from —, 220
    insertion into —, 220
    searching in a —, 219, 246
    — to implement disjoint sets, 441, 445
literal（リテラル）910
Lloyd's procedure（Lloyd の手続き）856
load factor（占有率）389
load factor（負荷率）
    — of a hash table, 235
load instruction（ロード命令）22, 636
local variable（局所変数）19
locally（局所的に）857
    — minimize（局所的に最小化），857
logarithm function（対数関数）55, 56
    discrete —, 788
logic gate（論理ゲート）900
logical parallelism（論理的並列性）634
logically（論理的に）636
    — in parallel, 636
    — in parallel strand, 636
    — in series, 636
    — in series strand, 636
longest common prefix（最長共通接頭語）839
    length of —, 839
longest common prefix array（最長共通接頭語配列）
    834
longest common subsequence (LCS)（最長共通部分列）
    331, 332, 336, 350
longest common substring（最長共通接尾語）842
longest palindrome subsequence（最長回文部分列）343
longest simple cycle（最長単純閉路）929
    NP-completeness of —, 929
longest simple path（最長単純路）324, 343, 882
    — in a weighted directed acyclic graph, 343
    — in an unweighted graph, 324

longest-common-subsequence problem（最長共通部分列問題）332

longest-simple-cycle problem（最長単純閉路問題）929

loop（ループ）642, 645

loop invariant（ループ不変式）16, 17, 469, 494, 524, 816, 820
— and **for** loops, 17
— for breadth-first search, 469
— for building a heap, 141
— for determining the rank of an element in an order-statistic tree, 408
— for Dijkstra's algorithm, 524
— for heapsort, 145
— for Horner's rule, 38
— for increasing a key in a heap, 150
— for insertion sort, 16, 17
— for partitioning, 154
— for Prim's algorithm, 502
— for Rabin–Karp algorithm, 816
— for randomly permuting an array , 113, 114
— for red-black tree insertion, 287, 288
— for string matching automata, 820, 823
— for the generic minimum-spanning-tree method, 494
initialization of —, 17
maintenance of —, 17
termination of —, 17

loss function（損失関数）877

low endpoint of an interval（区間の下端点）414

lower bounds（下界）638, 679, 884, 937, 939, 941, 948, 949, 957, 961
— for average sorting, 185
— for comparing water jugs, 184
— for comparison sort, 183
— for counting sorting, 176
— for disjoint-set data structures, 459
— for expected running time of RANDOMIZED-SELECT, 195
— for finding the minimum, 191
— for lower bounds, 401
— for median finding, 207
— for merge sort, 185
— for merging, 185
— for minimum-weight vertex cover, 949
— for running time of quicksort, 134
— for size of maximal matching, 957
— for sorting, 172, 174
— for streaks , 122, 123, 127
— for traveling-salesperson tour, 939, 941
— of comparison sort, 884
— harmonic number, 973
— of LIFO for the online caching problem, 679
— of running time of heapsort, 170
— of selection problem, 191
— of terms, 970
— on binomial coefficient, 1000
— on summations, 972
potential method for —, 401

lower median（下側中央値）190

lower-triangular matrix（下三角行列）1029, 1031, 1034

lower-triangular matrix multiplication（下三角行列の積）1031

least common ancestor（最小共通祖先）458

LU decomposition（LU 分解）661, 698, 700

LUP decomposition（LUP 分解）661, 694, 695, 698, 701, 703, 705, 706

— and matrix multiplication, 709
computation of —, 701, 703
— in matrix inversion, 705, 706
— diagonal matrix, 705
— permutation matrix, 705
usage of —, 694, 698

【M】

M-alternating path（M 交代経路）593

M-augmenting path（M 増加可能経路）593, 595, 596, 599
maximal set of —, 596, 599
vertex-disjoint —, 596, 599

machine learning（機械学習のアルゴリズム）849

machine learning algorithm（機械学習のアルゴリズム）849

main memory（メインメモリ）421

maintaining a search list（探索リストの管理）672

makespan（総所要時間）958

Manhattan distance（マンハッタン距離）204

Markov's inequality（マルコフの不等式）1012

master method（マスター法）67
— for solving a recurrence , 85

master method for solving a recurrence（漸化式を解くためのマスター法）89

master theorem（マスター定理）85, 194, 659

matched（マッチされている）593

matched vertex（マッチされている頂点）582

matching（マッチング）582, 592, 809, 848, 937, 957
— and maximum flow, 585
bipartite —, 582
fractional —, 623
maximal —, 937

mathematical induction（数学的帰納法）969

matrix（行列）213, 642, 645, 647, 649, 661, 705, 709, 711, 718, 744, 1027, 1037
addition of —, 1029
adjacency —, 466
conjugate transpose —, 709
determinant of —, 1033
diagonal —, 1028
Hermitian —, 709
identity —, 1028
incidence —, 467
inverse of a —, 705, 709, 1032
lower-triangular —, 1029, 1031, 1034
lower-triangular — multiplication, 1031
— multiplication, 1030
negative of a —, 1030
permutation —, 1029, 1031
permutation — multiplication, 1031
predecessor —, 544
pseudoinverse —, 713
scalar multiple of —, 1030
subtraction of —, 1030
symmetric —, 1029
symmetric positive-definite —, 711
transpose of —, 1027
triagonal —, 1028
unit lower-triangular —, 1029
unit upper-triangular —, 1029
upper-triangular —, 1029, 1034
Vandermonde —, 1035

matrix multiplication（行列の乗算）71, 72, 74, 75, 649, 653, 661, 709, 1030
— and LUP decomposition, 709

— and matrix inversion, 706, 709
divide-and-conquer method for –, 75
— for all-pairs shortest paths, 545, 550, 561, 562
— for matrix inversion, 709, 718
Pan's method for —, 75
Strassen's algorithm for —, 72
Strassen's algorithm for —, 75
matrix-chain multiplication（連鎖行列乗算） 314, 322
— problem, 316
matrix-vector multiplication（行列ベクトル乗算） 642, 645, 647, 649, 742, 759, 775
matroid（マトロイド） 377, 507
MAX-CNF satisfiability（MAX-CNF 充足可能性） 950
MAX-CUT problem（MAX-CUT 問題） 950
max-flow min-cut theorem（最大フロー最小カット定理） 575
max-heap（max ヒープ） 137
— as a max-priority queue, 145, 150
building —, 141, 143
deletion from —, 150
mergeable —, 227
max-heap property（max ヒープ条件） 137
maintenance of —, 138, 140
max-priority queue（max 優先度つきキュー） 145
MAX-3-CNF satisfiability（MAX-3-CNF 充足可能性） 947, 948, 961
maximal bipartite matching（極大 2 部グラフマッチング） 610
greedy —, 610
maximal element（極大要素）
— of a partially ordered set, 982
maximal matching（極大マッチング） 593, 937, 957
maximization linear program（最大化線形計画） 721, 722
maximum（最大値） 190
finding —, 190
— in binary search trees, 267, 268
— in order-statistic trees, 413
— in red-black trees, 281
— of a binomial distribution, 1016
maximum bipartite matching（最大 2 部マッチング） 582, 585, 591
maximum flow（最大フロー） 563, 591, 728, 729
— and maximum bipartite matching, 582, 585
— as a linear program, 728, 729
Edmonds–Karp algorithm for —, 579, 581
Ford-Fulkerson method for —, 568, 582, 590
—problem（最大フロー問題）, 565
scaling algorithm for —, 587
updating —, 587
maximum matching（最大マッチング） 582, 592, 957
maximum spanning tree（最大全域木） 959
mean（平均） 854, 1009
mean weight（平均重み） 540
mean weight of a cycle 540
median（中央値） 190, 207, 660
— of sorted lists, 203
weighted —, 204
median key（中央キー） 427
— of a B-tree node, 427
median-of-3 method（3 要素中央値法） 170
memoization（メモすること） 310, 329, 330, 632
memoize（履歴管理） 632
memoized（履歴管理） 310, 329, 330
memorization（記憶すること） 310
memory hierarchy（階層記憶） 22, 254

merge sort（マージソート） 10, 28, 36, 653, 660, 667
— use of insertion sort in, 37
mergeable（マージ可能）
— max-heap, 227
— min-heap, 227
mergeable heap（マージ可能ヒープ）
linked-list implementation of —, 227
mergeable max-heap（マージ可能 max ヒープ） 227
mergeable min-heap（マージ可能 min ヒープ） 227
merging（マージ） 654, 657
lower bounds for —, 185
— of k sorted lists, 150
— of linked lists, 223
— of two sorted arrays, 29
Miller-Rabin primality test（Miller–Rabin 素数判定） 805, 807
Miller-Rabin randomized primality test（Miller-Rabin の乱択素数判定法） 799
min-heap（min ヒープ） 137
building —, 141, 143
d-ary —, 561
— in Dijkstra's algorithm, 525
— in Huffman's algorithm, 366
— in Johnson's algorithm, 560
— in Prim's algorithm, 502
mergeable —, 227
potential method for —, 388
— property, 137
min-heap property（min ヒープ条件）
— vs. binary-search-tree property, 265
min-heap property vs. binary-search-tree property（min ヒープ条件と 2 分探索木条件） 265
min-priority queue（min 優先度つきキュー） 146, 365, 501, 525
— in Dijkstra's algorithm, 525
— in Prim's algorithm, 501, 502
minimization linear program（最小化線形計画） 721, 722
minimum（最小）
— of an off-line problem, 456
minimum（最小値） 190
finding —, 190
— in binary search trees, 267, 268
— in order-statistic trees, 413
— in red-black trees, 281
minimum cut（最小カット） 573, 582
minimum degree（最小次数） 424
— of a B-tree, 424
minimum mean-weight cycle（最小平均重み閉路） 540
minimum path cover（最小経路被覆） 586
minimum spanning tree（最小全域木） 493, 508, 939
Borůvka's algorithm for —, 507
generic method for —, 494, 498
Kruskal's algorithm for —, 498, 500
— on dynamic graphs, 504
Prim's algorithm for —, 500, 503
second-best —, 504
minimum-cost（最小費用）
— circulation, 739
— flow, 729, 730
— multicommodity flow, 731
minimum-cost circulation（最小費用巡回フロー） 739
minimum-cost flow（最小費用フロー） 729
— as a linear program, 729, 730
minimum-cost flow problem（最小費用フロー問題） 729

minimum-cost multicommodity-flow problem（最小費用多品種フロー問題）731

minimum-cost-circulation problem（最小費用巡回フロー問題）739

minimum-spanning-tree problem（最小全域木問題）493

minimum-weight vertex cover（最小重み頂点被覆）948, 950, 961

minor of a matrix（小行列）1033

missing child（子を欠いている）993

mod 54, 765

model（モデル化）720

modifying operation（変更操作）210

modular（剰余演算）
  — arithmetic, 774, 780

modular arithmetic（剰余演算）54, 761, 774, 780
  — using modular arithmetic, 761

modular equivalence（合同関係）982

modular equivalence（法の下での等価性）54

modular exponentiation（ベキ剰余）789

modular linear equations（1 次合同式）780, 784

modulo（モジュロ）765

modulo（法）54

Monge array（モンジュ行列）102

monotone sequence（単調列）152

monotonically decreasing（単調減少）53

monotonically increasing（単調増加）53

Monty Hall problem（モンティホール問題）1023

much-less-than（≪）（はるかに小さい）641

multicommodity flow（多品種フロー）731
  — as a linear program, 730, 731
  — problem（多品種フロー問題）, 730, 731

multicommodity-flow problem（多品種フロー問題）730

multicore（マルチコア）629

multicore computer（マルチコアコンピュータ）629

multicore computer（マルチコアプロセッサ）630

multidimensional fast Fourier transform（多次元高速フーリエ変換）759

multigraph（多重グラフ）988
  converting — to equivalent undirected graph, 467

multiple（積）
  scalar —, 1030

multiple（倍数）764, 774, 780, 784
  — of an element modulo n, 780, 784

multiple sources and sinks（複数の入口と出口）566, 567

multiplication（乗算）
  — modulo n, 775
  — of a matrix chain, 314

multiplication method（乗算法）240, 241

multiplicative group modulo n（法 n の下での乗法群）776

multiplicative inverse（乗法逆元）783
  — modulo n, 783

multiplicative-weights algorithm（乗算型荷重更新アルゴリズム）859

multiply instruction（乗算命令）22

multiplication of square matrices（正方行列乗算）68

multiply-shift method（乗算シフト法）240

multiprocessor（マルチプロセッサ）630

multiset（多重集合）976

mutually exclusive events（排反事象）1002

mutually independent events（相互に独立な事象）1005

mutually noninterfering（相互不干渉）647

【N】

(n, m)-Josephus permutation（(n, m)-Josephus 置換）419

n-set（n 集合）979

n-tuple（n 項組）979

n-vector（n ベクトル）1027

naive algorithm（素朴なアルゴリズム）811, 813
  — for string matching, 811, 813

natural numbers（自然数）976
  keys interpreted as —, 239

nearest-center rule（最近中心則）853

negative of a matrix（行列の符号反転）1030

negative-weight cycle（負閉路）511, 517, 518, 529, 537, 550, 556
  — and difference constraints, 529
  — and relaxation, 537
  — and shortest paths, 511, 517, 518, 550, 556

negative-weight edges（負辺）511, 512

neighbor（近傍）988

neighborhood（近傍）601

nested parallelism（入れ子並列性）634, 660

nesting boxes（入れ子の超直方体）538

net flow（純フロー）573

network（ネットワーク）568, 667
  residual —, 568

Newton's method（ニュートン法）879

no-path property（無経路性）515, 533

node（節点）991

nondeterministic（非決定性）645
  — polynomial time, 895

nonempty suffix（非空接尾語）846

nonfull（未飽和な）428

nonhamiltonian（非ハミルトン的）893

nonhamiltonian graph（非ハミルトングラフ）893

noninstance（非インスタンス）889

noninvertible matrix（非可逆行列）1032

nonnegativity constraint（非負制約）722

nonoblivious（非忘却型）682

nonoverlappable（重複不可能）824

nonoverlappable string pattern（重複不可能文字列パターン）824

nonsample suffix（非標本接尾語）844

nonsingular matrix（非特異行列）1032

nontrivial power（自明でないベキ）769

nontrivial square root of 1, modulo n（法 n の下での 1 の自明でない平方根）789

norm of a vector（ベクトルのノルム）1031

normal equation（正規方程式）713

NOT function（NOT 関数）（¬）901

NOT gate（NOT ゲート）901

NP（複雑度のクラス）883, 895, 897, 933

NP-complete（NP 完全）883, 884, 899

NP-complete problem（NP 完全問題）882

NP-completeness（NP 完全性）8, 882, 884, 886, 887, 899, 900, 906, 907, 909, 913, 914, 916, 918, 922, 923, 926, 929, 930, 932, 933, 936, 946
  — of boolean formula, 913
  — of boolean formula satisfiability, 907
  — of circuit satisfiability, 900, 906
  — of clique, 916
  — of graph coloring problem, 930
  — of half 3-CNF satisfiability, 929
  — of hamiltonian cycle, 918, 922
  — of hamiltonian path, 929
  — of independent set, 929
  — of integer linear programming, 929

1112 | 索 引

— of longest simple cycle, 929
— of set-partition problem, 929
— of subgraph problem, 929
— of subset-sum problem, 923, 926
— of traveling-salesperson problem, 922
— of vertex-cover problem, 918, 936
— of 0-1 integer programming, 929
— of 3-CNF satisfiability, 913
proving — of a language, 907
NP-hard（NP 困難）899
NPC（NP 完全）899
NPC（複雑度のクラス）883
null event（空事象）1002
null tree（ヌル木）993
null vector（ヌルベクトル）1033
number-field sieve（数体ふるい）808
number-theoretic approach（整数論からのアプローチ）245
numerical stability（数値的安定性）693, 694, 718
numerically unstable（数値的に不安定）693

【O】

O-notation（O 記法）42
object（オブジェクト）19
— passing as parameter, 19
objective（目的）720
objective function（目的関数）527, 722
objective value（目的値）723
oblivious（忘却型）682
occur beginning at position $s+1$（場所 $s+1$ で始まる）809
occurrence of a pattern（パターンの出現）809
off-line problem（オフライン問題）
least common ancestors —, 458
minimum of an —, 456
offline algorithm（オフラインアルゴリズム）668
offline caching（オフラインキャッシュ）678
offline least-common-ancestors problem（オフライン最小共通祖先問題）458
offline minimum problem（オフライン最小値問題）456
Omega-notation（Ω 記法）42
1-approximation algorithm（1 近似アルゴリズム）934
1-pass method（1 パス法）459
1-to-1 correspondence（1 対 1 対応）984
1-to-1 function（1 対 1 関数）984
online（オンライン）639, 850
online algorithm（オンラインアルゴリズム）668
— for caching, 678
— for maintaining a linked list, 672
— for the cow-path problem, 689
— for waiting for an elevator, 669
— hiring problem , 105
— for task scheduling, 690
online caching（オンラインキャッシュ）678
online hiring problem（オンライン雇用問題）124, 126
online learning（オンライン学習）849
online scheduler（オンラインスケジューラ）639
centralized —, 639
onto function（上への写像）984
open addressing（オープンアドレス法）247
open interval（開区間）980
open-address hash table（オープンアドレスハッシュ表）247, 254
— with double hashing, 250, 254
— with linear probing, 251

operating system（オペレーティングシステム）630
optimal binary search tree（最適 2 分探索木）336–338, 343, 350
optimal objective value（最適目的値）723
optimal solution（最適解）723
optimal substructure（最適部分構造）307, 318, 322, 333, 360
— in dynamic programming, 322, 326
— in greedy algorithms, 360
— of activity selection, 352, 353
— of an LCS, 332
— of binary search trees, 339
— of Huffman codes, 368, 369
— of longest common subsequences, 332, 333
— of matrix-chain multiplication, 317
— of rod-cutting, 307, 317
— of shortest paths, 510, 511, 545, 550, 551
— of the fractional knapsack problem, 360, 361
— of the 0-1 knapsack problem, 360, 361
— of unweighted shortest paths, 324, 325
— property, 333
optimal vertex cover（最適頂点被覆）936
optimization problem（最適化問題）305, 884, 885, 888, 934, 961
— and decision problem, 884
approximation algorithms for an —, 934
approximation algorithms for an —, 8
OR（積）554
OR gate（OR ゲート）901
order（位数）779
— of a group, 779
order（順序）
linear —, 982
partial —, 982
total —, 982
order of growth（増加のオーダー）27
order statistics（順序統計量）190, 207, 660
dynamic —, 406, 411
order-statistic tree（順序統計木）406, 411
querying to —, 413
ordered pair（順序対）979
ordered tree（順序木）992
orthonormal（正規直交）718
out-degree（出次数）986
outcome（根元事象）1002, 1003
outer product（外積）1031
outgoing edge（外向き辺）482
output（出力）901
— from a combinational circuit, 901
— from a logic gate, 901
— of an algorithm, 4
over determined（過剰決定）694
— system of linear equations, 694
overflow（オーバーフロー）590
— of a queue, 216
— of a stack, 215
overlapping intervals（重なりを持つ区間）414
finding all —, 418
point of maximum overlap in —, 419
overlapping rectangles（重なりを持つ長方形）418
overlapping subproblems（重複性部分問題）326, 328, 330, 333
overlapping subproblems property（重複性部分問題の性質）318
overlapping-suffix lemma（重複接尾語補題）811

索　引 | **1113**

【P】

P（複雑度のクラス）　883, 888, 892, 893, 933
P $\neq$ NP problem（P $\neq$ NP 問題）　882
page（ページ）　370, 433, 436
pairwise disjoint sets（対ごとに素な集合）　978
pairwise independence（対ごとに独立）　1005
pairwise relatively prime（対ごとに互いに素）　767
palette（パレット）　857
palindrome（回文）　343
Pan's method for matrix multiplication（行列乗算のための Pan の方法）　75
parallel（並列）　629
parallel algorithm（並列アルゴリズム）　9, 629
parallel computer（並列コンピュータ）　629, 637
parallel keyword（並列キーワード）　633
parallel loop（並列ループ）　630, 642, 645, 660
parallel prefix（並列接頭語）　662
parallel random-access machine（並列ランダムアクセスマシン）　667
parallel slackness（並列余裕度）　639, 641
(parallel) trace（（並列）トレース）　635
parallel-machine-scheduling problem（並列機械スケジューリング問題）　958
parallelism（並列性）　634, 638, 666
parallelism（並列度）　638, 666
parameter（引数）　19
parent（親）　468, 634
　— in a breadth-first tree, 468
　— in a rooted tree, 992
parenthesis structure（括弧構造）　478
parenthesis structure of depth-first search（深さ優先探索の括弧構造）　478
parenthesis theorem（括弧づけ定理）　479
parse tree（構文解析木）　910
partial order（半順序）　982
partially ordered set（半順序集合）　982
partition function（分配関数）　306
partition of a set（集合の分割）　979, 981
partitioning（分割）　154, 156, 660
　— around median of 3 elements, 166
　Hoare's method for —, 166
Pascal's triangle（パスカルの三角形）　1001
path（経路/路）　509, 521, 572, 573, 882, 897, 986
　augmenting —, 572, 573
　critical —, 521
　hamiltonian —, 897
　— length of a tree, 276
　longest —, 324
　simple —, 986
　weight of —, 509
path compression（経路圧縮）　446
path cover（経路被覆）　586
path length of a tree（木の経路長）　276
path-relaxation property（経路緩和性）　515, 534
pattern（パターン）　809, 824
　— in string matching, 809
perfect hashing（完全ハッシュ）　262
perfect linear speedup（完全線形高速化）　638
perfect matching（完全マッチング）　601, 609
　— of equality subgraph, 609
permutation（順列）
　k- —, 998
　— of a set, 998
permutation（置換，順列）　984
permutation（置換）　757
　Josephus —, 419

linear —, 1037
random — , 113, 114
uniform random — , 107, 113
permutation matrix（置換行列）　705, 1029, 1031, 1034
　LUP decomposition of —, 705
permutation matrix multiplication（置換行列の積）　1031
persistent（永続的）　299
persistent data structure（永続データ構造）　299, 405
persistent dynamic set（永続動的集合）　299
PERT chart（PERT 図）　521
phi function（$\phi(n)$）（ϕ 関数）　777
pivot（ピボット）　153, 699
　— in LU decomposition, 699
pivoting（ピボット選択）　699
platter（プラッター）　421
point（点）　851
point-value pair（座標）　743
point-value representation（座標表現）　743
pointer（ポインタ）　19
　trailing —, 271
political problem（選挙活動問題）　719
polylogarithmically bounded（対数多項式的に限定されている）　56
polynomial（多項式）　54, 741–743, 746, 747, 759, 760
　evaluation of —, 38
　evaluation of a —, 747
polynomial multiplication（多項式の乗算）　742
polynomial time（多項式時間）　895
polynomial-time acceptance（多項式時間受理）　891
polynomial-time algorithm（多項式時間アルゴリズム）　763, 882
polynomial-time approximation scheme（多項式時間近似スキーム）　935
　— for maximum clique, 957
polynomial-time computability（多項式時間計算可能性）　889
polynomial-time decision（多項式時間決定）　891
polynomial-time reducibility（$\leq_P$）（多項式時間帰着可能性）　898, 906
polynomial-time solvability（多項式時間可解）　888
polynomial-time verification（多項式時間検証）　893, 897
polynomially bounded（多項式的に限定されている）　54
polynomially related（多項式的に関係する）　889
pop from a run-time stack（実行時スタックからのポップ）　169
positional tree（位置木）　993
positive-definite matrix（正定値行列）　1033
positive-semidefinite matrix（半正定値行列）　1034
post-office location problem（郵便局配置問題）　204
postorder tree walk（後行順木巡回）　264
potential（ポテンシャル）　385
　— energy, 385
　— function, 385
　— method, 385, 388
　— of a data structure, 385
potential function（ポテンシャル関数）　451
potential method（ポテンシャル法）　385, 388
　dynamic table analyzed by —, 391
　— for binary counters, 386, 387
　— for disjoint-set data structures, 451, 456
　— for dynamic tables, 392, 394, 397
　— for lower bound, 401
　— for maintaining a linked list, 675

1114 索 引

— for min-heaps, 388
— for restructuring red-black trees, 400
— for stack operations, 386
power （ベキ） 769, 787, 790
power series （ベキ級数） 101
power set （ベキ集合） 979
predecessor （先行（頂）点） 468, 512
— in breadth-first trees, 468
— in shortest-paths trees, 512
— matrix, 544
— subgraph, 474, 512, 544
predecessor （先行節点）
— in binary search trees, 269
— in binary search trees, 268, 269
— in order-statistic trees, 413
— in red-black trees, 281
predecessor （直前の要素）
— in linked lists, 218
predecessor matrix （先行点行列） 544
predecessor subgraph （先行点部分グラフ） 474, 512,
544
— in all-pairs shortest paths, 544
— in breadth-first search, 474
— in depth-first search, 476
— in single-source shortest paths, 512
predecessor-subgraph property （先行点部分グラフ性）
515, 536, 537
prediction （予測） 849
prediction phase （予測フェーズ） 849
preempted （中断された） 690
preemption （中断） 376
prefix （接頭語） 332, 810
— -free code, 363
— -function iteration lemma, 828
— computation, 662
— function, 825, 826
— of a sequence, 332
— of a string, 810
prefix function （接頭語関数） 826
prefix-free code （接頭語なし符号） 363–369
preflow （プリフロー） 590
preimage of a matrix （行列の原像） 1036
preorder tree walk （先行順木巡回） 264
prepaid credit （前納金） 378
Prim's algorithm （Prim のアルゴリズム） 500, 503,
507, 939
— for approximation algorithm of the traveling sales
person problem, 939
— for sparse graphs, 504
— implemented with a Fibonacci heap, 503
— implemented with a min-heap, 502
— similarity to Dijkstra's algorithm, 500, 525
— with an adjacency matrix, 503
— with integer edge weights, 503
primal （主） 732
primal linear program （主問題） 732
primality testing （素数判定） 796, 797, 799, 805, 807,
808
primary clustering （主クラスタ化） 256
prime distribution function （素数分布関数） 796
prime number （素数） 764, 796, 797
density of —, 796, 797
prime number theorem （素数定理） 796
primitive root of $\mathbb{Z}_n^*$ （$\mathbb{Z}_n^*$ の原始根） 788
principle of inclusion and exclusion （包除原理） 980
principle of optimality （最適性の原理） 307

priority queue （優先度つきキュー） 145, 150, 365
heap implementation of —, 145, 150
— in constructing Huffman codes, 365
— in Dijkstra's algorithm, 525
— in Prim's algorithm, 501, 502
— with monotone extractions, 152
probabilistic analysis （確率的解析） 26, 106, 107, 116,
127, 666, 801, 805, 816, 817, 947, 948
— of fuzzy sorting of intervals, 170
— and average inputs, 26
— and randomized algorithms , 112, 113
— for file comparison, 817
— for Miller-Rabin primary testing method, 801,
805
— of approximation algorithm for MAX-3-CNF
satisfiability, 947, 948
— of average node depth in a randomly built binary
search tree, 276
— of balls and bins , 119, 120
— of birthday paradox , 116, 118
— of bucket sort, 181, 182
— of collisions, 238
— of hashing with chaining, 235, 238
— of height of a randomly built binary search tree,
275
— of hiring problem , 110, 111, 124, 126
— of insertion into a binary search tree with equal
keys, 275
— of longest-probe bound for hashing, 260
— of lower bound for sorting, 183
— of on-line hiring problem , 126
— of open-address hashing, 251, 253, 254
— of partitioning, 160, 166, 168, 170
— of probabilistic counting , 127
— of quicksort, 162, 165, 168, 170
— of Rabin–Karp algorithm, 816, 817
— of randomized selection, 205
— of searching a compact list, 227
— of slot-size bound for chaining, 261
— of streaks , 120, 124
— of universal hashing, 242, 245
probabilistic counting （確率的計数） 127
probabilistically checkable proof （確率的検査可能証明）
933, 961
probability （確率） 1002, 1007
probability axiom （確率公理） 1003
probability density function （確率密度関数） 1008
probability distribution （確率分布） 1003
probability distribution function （確率分布関数） 183
— of bucket sort, 183
probe sequence （探査列） 248
probing （探査） 248, 260
problem （問題） 305, 882, 884, 887, 888
computational —, 4, 5
concrete —, 888
decision —, 884
intractable —, 882
optimization —, 305, 884
solution to a —, 5
tractable —, 882
procedure （手続き） 5
processor-oblivious （プロセッサを意識しない） 630
product （積） 314, 322, 567, 742
inner —, 1031
— of matrices, 1030
— of matrices, 1034

outer —, 1031
rule of —, 997
scalar flow —, 567
program counter（プログラムカウンタ）903
projection（射影）873
proper ancestor（真の祖先）991
proper descendant（真の子孫）991
proper prefix（真の接頭語）811
proper subgroup（真部分群）778
proper subset（真部分集合）976
proper suffix（真の接尾語）811
pseudocode（擬似コード）15, 18, 20
pseudoinverse matrix（擬似逆行列）713
pseudoprime（擬似素数）797, 799
pseudorandom-number generator（擬似乱数生成器）107
public key（公開鍵）791, 793
public-key cryptosystem（公開鍵暗号システム）790, 796, 808
push onto a run-time stack（実行時スタックへのプッシュ）169
push-relabel algorithm（プッシュ再ラベルアルゴリズム）590
gap heuristic for —, 591

[Q]

quadratic convergence（2次収束性）879
quadratic function（2次関数）26
quadratic residue（平方剰余）807
quantile（k 分位）203
query（クエリー，質問）210
queue（キュー）215–217
— implemented by stack, 218
— in breadth-first search, 469
linked-list implementation of —, 223
min priority, 543
quicksort（クイックソート）153, 171, 666
analysis of —, 157, 160, 161, 166
average-case analysis of —, 162, 165
— compared with radix sort, 179
killer adversary for —, 171
randomized—, 160, 161, 168
stack depth of —, 169
tail-recursive version of —, 169
use of insertion sort in —, 166
— with equal element values, 167
— with median-of-3 method, 170
worst-case analysis of —, 162
quotient（商）765

[R]

Rabin–Karp algorithm（Rabin–Karp アルゴリズム）813, 817, 848
race（競合）645, 647
radix sort（基数ソート）177, 180
— compared with quicksort, 179
radix tree（基数木）275
RAM モデルの命令セット (instructions of the RAM model) 21
random oracle（ランダムオラクル）234
random permutation（ランダム置換）113, 114
uniform —, 107, 113
random sampling（無作為標本抽出）115
random variable（確率変数）1007, 1012
random walk（乱歩）347

random-access machine（ランダムアクセスマシン）21, 22
parallel—, 667
random-number generator（乱数生成器）107
randomized algorithm（乱択アルゴリズム）107, 111, 116, 666, 799, 805, 807, 947, 948, 961
— and average inputs, 26
— and probabilistic analysis , 112, 113
— for fuzzy sorting of intervals, 170
— for hiring problem , 112, 113
— for insertion into a binary search tree with equal keys, 275
— for MAX-3-CNF satisfiability, 947, 961
— for Miller-Rabin primality test, 799, 805
— for partitioning, 161, 166, 168, 170
— for permuting an array , 113, 114
— for quicksort, 160, 161, 166, 168, 170
— for searching a compact list, 227
— of comparison sort, 183
— of universal hashing, 241, 245
worst-case performance of —, 161
randomized caching algorithms（乱択キャッシュアルゴリズム）682
randomized rounding（乱択丸め）961
randomly（ランダムに）813
randomly built binary search tree（ランダムに構成した2分探索木）275, 276
range（値域）984
— of a matrix, 1036
rank（ランク）446, 835
columnn—, 1032
full —, 1032
— of a matrix, 1032
— of a node in a disjoint-set forest, 446, 450
union by —, 446
union by — heuristic, 446, 499
rank（階数）
— of a matrix., 1034
rank（順位）
— of a number in an ordered set, 406, 408, 409, 411
rate of growth（増加率）27
ready（実行可能な）639
real numbers（実数の集合）976
reconstructing an optimal solution（最適解の再構成）328, 329
record（レコード）132
rectangle（長方形）418
rectangular matrix（矩形行列）315
recurrence（漸化式）33, 64, 75, 104
solution by substitution method , 75
recurrence equation（再帰方程式）33
recursion（再帰）28
recursion tree（再帰木）80, 85, 309, 636
collapsed —, 312
reduced —, 312
recursion-tree method（再帰木法）67
recursive case（再帰段階）64, 65
red-black tree（2色木）279, 302, 400, 425
augmentation of —, 412, 413
— compared with B-trees, 425
deletion from —, 292, 299
— for enumerating keys in a range, 413
height of —, 281
insertion into —, 284, 292
joining of —s, 300
maximum key of —, 281

minimum key of —, 281
predecessor in —, 281
properties of —, 279, 282
relaxed —, 282
restructuring of —, 400
rotation in —, 282, 284
searching in —, 281
successor in —, 281
reducibility（帰着可能性）898, 899
reduction（簡約）662
reduction（帰着）885
— from CIRCUIT-SAT to SAT, 909
— from CLIQUE to VERTEX-COVER, 918
— from HAM-CYCLE to TSP, 922
— from SAT to 3-CNF-SAT, 913
— from VERTEX-COVER to HAM-CYCLE, 922
— from 3-CNF-SAT to CLIQUE, 916
— from 3-CNF-SAT to SUBSET-SUM, 923, 926
polynomial time —, 885
reduction algorithm（帰着アルゴリズム）885, 898
reduction function（帰着関数）898
reduction strategy（帰着戦略）926
reflexive relation（反射的関係）981
reflexivity of asymptotic notation（漸近記法の反射性）51
regret（後悔）860
regular bipartite graph（正則2部グラフ）622
regularity condition（正則性）87
regularization（正則化）857
reinforcement learning（強化学習）850
reject（拒否する）891
rejection（却下）818
— by finite automata, 818
rejection（拒否）891
— by algorithm, 891
relation（関係）980, 983
antisymmetric —, 982
equivalence —, 981
symmetric —, 981
total —, 982
total order —, 982
transitive —, 981
relatively prime（互いに素）767
relaxation（緩和）513, 948
— of an edge, 513, 515
relaxed red-black tree（緩和2色木）282
release time（開始可能時刻）376, 690
remainder（剰余）54
remainder（余り）765
remainder instruction（剰余命令）22
repeated squaring（反復2乗法）548, 789
— for all-pairs shortest paths, 548, 549
repetition factor（繰返し数）843
— of a string, 843
representative（代表元）439
representative of a set（集合の代表元）439
residual（残余）
— capacity, 569, 572
— edge, 569
— network, 568, 569
residual capacity（残余容量）569, 572
residual edge（残余辺）569
residual network（残余ネットワーク）568, 569
residue（剰余）54, 765, 807

respecting a set of edges（辺集合を尊重する）495
return edge（戻り辺）636
return instruction（復帰命令）22
reverse topological sort（逆トポロジカルソート）312
reweighting（再重みづけ）556
— in all-pairs shortest paths, 556–558
— in single-source shortest paths, 539
right child（右の子）993
right rotation（右回転）282
right subtree（右部分木）992
right-conversion（右変換）284
rod-cutting problem（ロッド切出し問題）306
root（根）748, 788
— of a tree, 991
rooted tree（根つき木）224, 991
representation of —, 224, 226
rooted tree（木）224
rotation（回転）
— in a red-black tree, 282, 284
rounding（丸め）949, 961
row（行）
— rank, 1032
— vector, 1028
row rank（行ランク，行の階数）1032
row vector（行ベクトル）1028
row-major（行優先）334
— order, 334
row-major order（行優先順）214, 334
RSA public key（RSA 公開鍵）793
RSA public-key cryptosystem（RSA 公開鍵暗号システム）790, 793, 796, 808
RSA secrete key（RSA 秘密鍵）793
rule of product（積法則）997
rule of sum（和法則）997
running time（実行時間）24, 462, 637, 638
average-case —, 26
best-case —, 28
expected —, 107
— of a graph algorithm, 462
order of growth of —, 27
parallel —, 638
rate of growth of —, 27
worst-case, 26

【S】

sabermetrics（セイバーメトリクス）349
safe（安全）358
safe edge（安全な辺）494
salt（ソルト）246
sample position（標本位置）844
sample space（標本空間）1002
sample suffix（標本接尾語）844
sampling（標本抽出）115
satellite data（付属データ）14, 132, 210
satisfiability（充足可能性）902, 907, 909, 913, 933, 947, 948, 950, 961
satisfiable（充足可能）908
satisfiable formula（充足可能な式）883, 908
satisfying assignment（充足割当て）902, 908
scalar flow product（スカラーフロー積）567
scalar multiple（スカラー積）1030
scalar number（スカラー数）1029
scale（尺度）852
— of attribute, 852
scaling（スケーリング）587
— in maximum flow, 587

— in single-source shortest paths, 539
scaling algorithm（スケーリングアルゴリズム）539
scan（走査）662
scapegoat tree（身代わり木）302
schedule（スケジュール）958
scheduler（スケジューラ）634, 639, 641, 667
　greedy —, 639
scheduling（スケジューリング）376, 377, 932, 958
Schur complement（Schur 補行列）699, 710
Schur complement lemma（Schur 補行列補題）710
seam carving（シームカービング）347, 350
searching（探索）20, 21, 266, 426, 657, 873
　binary —, 37
　— for an exact interval, 418
　— in an unsorted array , 127
　— in B-trees, 426, 427
　— in binary search tree, 266, 267
　— in chained hash tables, 235
　— in compact lists, 227
　— in direct-address tables, 231
　— in interval trees, 415, 418
　— in linked lists, 219
　— in open-address hash tables, 248, 249
　— in red-black trees, 281
　linear search, 20, 21
　— list, 218
second-best minimum spanning tree（準最小全域木）504
secondary storage（2 次記憶）421
　search tree for —, 438
　stacks on —, 436
secret key（秘密鍵）791, 793
selection（選択）190, 351, 358, 377, 660
　— in order-statistic trees, 407, 408
　— of activities, 351, 358, 377
selection sort（選択ソート）27
selector vertex（選択頂点）919
self-loop（自己ループ）985
semiconnected（半連結）489
　— graph, 489
sentinel（番兵）221, 223, 279, 299
sequence（列）541
　bitonic —, 541
　finite —, 983
　infinite —, 983
　inversion in —, 111
　inversion in —, 39, 411
　probe —, 248
sequential consistency（逐次一貫性）637, 667
sequentially consistent（逐次的に一貫性をもつ）636
serial algorithm（逐次アルゴリズム）629
serial algorithm versus parallel algorithm（逐次アルゴリ
　ズムと並列アルゴリズム）629
serial projection（逐次プロジェクション）631, 633
serialization（逐次化）633
series（級数）101, 966, 967
set（集合）439, 567, 976, 980
　absorption laws for —, 978
　associative laws for —s, 977
　cardinality of —, 979
　— collection, 978
　convex —, 567
　difference (−) of —s, 977
　distributive laws for —s, 977
　element of a —976
　idempotency laws for —s, 977

intersection (∩) of —s, 977
　member of a —, 976
　not a member of a —, 976
　operation —, 977
　partition of a —, 979, 981
　union (∪) of —s, 977
set intersection (∩)（積集合）977
set of integers（整数の集合）976
operation（集合演算）977
set-covering problem（集合被覆問題）943, 946
　weighted —, 957
set-partition problem（集合分割問題）929
　NP-completeness of —, 929
shared memory（共有メモリ）629, 630
Shell's sort（シェルソート）40
shift（シフト）809
　— in string matching, 809
　— instruction, 22
　invalid —, 809
　valid —, 809
short-circuiting operator（ショートサーキット演算子）
　20
shortest path（最短路）6, 471, 509, 542, 543, 562, 728,
　882
　— as a linear program, 728
　— distance, 471
　— estimate, 513
　— in an unweighted graph, 324
　single-destination —, 510
　single-pair —, 510
　single-source —, 542
　— tree, 513
　— weight, 509
shortest path estimate（最短路推定値）513
shortest path weight（最短路重み）509
shortest paths（最短路）
　all-pairs —, 510, 543, 562
　— and breadth-first search, 471, 474, 510
　— and difference constraints, 527, 532
　— and negative-weight cycles, 511, 517, 518, 550,
　556
　— and relaxation, 513, 515
　Bellman–Ford algorithm for —, 515, 519
　— by matrix multiplication, 545, 550, 561, 562
　— by repeated squaring, 548, 549
　convergence property of —, 515, 534
　Dijkstra's algorithm for —, 522, 527
　estimate of —, 513
　Floyd–Warshall algorithm for —, 550, 554, 556, 561
　Gabow's scaling algorithm for —, 539
　— in a directed acyclic graph, 519, 522
　— in a weighted graph, 509
　— in an unweighted graph, 471
　— in ϵ-dense graphs, 561
　Johnson's algorithm for —, 556, 560, 561
　no-path property of —, 515, 533
　optimal substructure of —, 510, 511, 545, 550, 551
　path-relaxation property of —, 515, 534
　predecessor-subgraph property of —, 515, 536, 537
　problem variants of —, 510
　single-destination —, 510
　single-pair —, 324, 510
　single-source —, 509, 542
　tree of —, 512, 513, 534, 537
　triangle inequality of —, 514, 532
　upper-bound property of —, 514, 533

— with bitonic paths, 541
— with negative-weight edges, 511, 512
shortest paths problem（最短路問題）509
single-source —, 510
shortest paths tree（最短路木）513
sibling（兄弟）992
signature（署名）792
similarity（類似性）851
simple cycle（単純閉路）986, 987
simple graph（単純グラフ）986
simple path（単純路）324, 882, 986
longest —, 324
simplex（シンプレックス）725
simplex algorithm（シンプレックスアルゴリズム）
725, 739, 740
single-pair shortest path（単一点対最短路）728
— as a linear program, 728
single-source shortest paths（単一始点最短路）509,
542, 882
— in ϵ-dense graphs, 561
— and difference constraints, 527, 532
Bellman–Ford algorithm for —, 515, 519
Dijkstra's algorithm for —, 522, 527
Gabow's scaling algorithm for —, 539
— in a directed acyclic graph, 519, 522
— with bitonic paths, 541
single-source shortest paths problem（単一始点最短路問
題）510
singleton（シングルトン）979
singly connected（単結合）483
— graph, 483
singly connected graph（単結合グラフ）483
singly linked list（一方向連結リスト）218
singular matrix（特異行列）1032
singular value decomposition (SVD)（特異値分解）718
sink（出口）564
sink vertex（シンク頂点）467, 564, 566, 567
size（サイズ）763, 774, 888, 890, 902, 914, 916, 936
input —, 763
— of a set, 979
— of an algorithm's input, 23, 763
skip list（スキップリスト）302
slack form（スラック形）723
slackness（余裕度）639, 738
slot（枠）231, 388
— of a direct-access table, 231
— of a hash table, 233
smoothed analysis（平滑化解析）740
solid-state drive, SSD（ソリッドステートドライブ）
421
solution（解）528, 693, 723, 887, 888
feasible —, 528
— to a computational problem, 5
sort（ソート）132, 483, 485, 492
sorted linked list（ソート済み連結リスト）218
sorting（ソーティング）4
sorting（ソート）14, 18, 28, 36, 189, 653, 660
bubblesort, 38
bucket sort, 180, 183
column-major order —, 187
counting sort, 174, 177
heapsort, 136, 152
— in linear time, 174, 183, 184
in place —, 16
insertion —, 10
insertion sort, 14, 18

k-sorting, 185
lexicographic —, 275
lower bounds for —, 172, 174
merge sort, 28, 36
— on the least significant digit, 177
— on the most significant digit, 177
probabilistic lower bounds for —, 183
quicksort, 153
radix sort, 177, 180
selection sort, 27
stable —, 176
topological —, 6, 483, 485, 492
— using a binary search tree, 274
— with variable-length items, 184
sorting network（ソーティングネットワーク）667
sorting problem（ソーティング問題）14, 132
source（入口）564
source vertex（始点）468, 510, 564, 566, 567
spam email（スパムメール）849
span（スパン）631, 637
span law（スパンの法則）638
spanning tree（全域木）493, 959
bottleneck —, 507
— verification, 507
verification of —, 507
sparse（疎）68, 464
sparse graph（疎なグラフ）464
all-pairs shortest paths for —, 556, 560
— and Prim's algorithm, 504
spawn（プロセス生成）633, 634
spawn edge（生成辺）636
spawning（spawn 生成）630, 634
speedup（高速化率）638, 666
spindle（スピンドル）421
splay tree（スプレー木）302, 405
spline（スプライン）716
split（分割）427, 437
— of a node in B-tree, 428
— of a 2-3-4 tree, 437
splitting（分割）
— of B-tree nodes, 429
splitting summations（和の分割）971
spurious hit（擬似ヒット）816
square（2 乗）467
square matrix（正方行列）1028
square of a directed graph（有向グラフの 2 乗）467
square root（平方根）
— modulo a prime, 807
stability（安定性）693
numerical —, 694, 718
— of sorting algorithms, 176, 180
stable（安定）
— -marriage problem, 592, 601, 602
— -roommates problem, 593, 607
— matching, 593, 602
stable matching（安定マッチング）593, 602
stable-marriage problem（安定結婚問題）592, 601, 602
stable-roommates problem（安定同居人問題）593, 607
stack（スタック）215, 216, 379, 383
accounting method for — operations, 383, 384
aggregate analysis of — operations, 379, 380
— for procedure execution, 169
— implemented by stack, 218
linked-list implementation of —, 223
— on secondary storage, 436
potential method of — operations, 386

standard deviation（標準偏差） 1011
standard encoding（⟨⟩）（標準的符号化） 890
standard form（標準形） 722, 723
start state（開始状態） 818
start time（開始時刻） 351
state（状態） 818
static threading（静的スレッド） 630
stencil（ステンシル） 665
stencil calculation（ステンシル計算） 664
    simple —（簡単なステンシル計算）, 664
Stirling's approximation（Stirling の近似公式） 57
stochastic gradient descent（確率的勾配降下法） 880
storage management（記憶管理） 136, 238
store instruction（ストア命令） 22, 636
strand（ストランド） 635, 636, 646
Strassen's algorithm（Strassen のアルゴリズム） 72,
    75, 104, 652, 653
streaks（連） 120, 124
streaming algorithm（ストリーミングアルゴリズム）
    692
strict Fibonacci heap（厳密フィボナッチヒープ） 404
strictly decreasing（狭義単調減少） 53
strictly increasing（狭義単調増加） 53
string（文字列） 809, 998
string matching（文字列照合） 809–811, 813, 817, 818,
    824, 833, 843, 848
    alphabet in —, 810
    — automaton, 824
    Knuth-Morris-Pratt algorithm for —, 824, 833, 848
    naive algorithm for —, 811, 813
    — problem, 809
    Rabin–Karp algorithm for —, 813, 817, 848
    — with finite automata, 818
    — with gap characters, 813, 824
string-matching problem（文字列照合問題） 809
strongly connected component（強連結成分） 485, 489,
    492, 987
    decomposition into —, 485, 489, 492
strongly connected graph（強連結グラフ） 987
structural modification（構造変更） 400
subarray（部分配列） 16
subgraph（部分グラフ） 929, 988
    —isomorphism problem, 929
subgraph problem（部分グラフ同型問題） 929
    NP-completeness of —, 929
subgroup（部分群） 778, 780
subgroup generated by a（a が生成する部分群） 779
subpath（部分路） 986
subproblem graph（部分問題グラフ） 312, 313
subroutine（サブルーチン）
    calling a —, 19, 22, 24
    executing a —, 24
subsequence（部分列） 332
subset（部分集合） 976, 979
subset-sum problem（部分和問題） 923, 926, 929, 950,
    956, 960
    NP-completeness of —, 923, 926
substitution method（置換え法） 67, 75, 79
substring（部分文字列） 998
subtract instruction（減算命令） 22
subtraction of matrices（行列の差） 1030
subtree（部分木） 992
    maintaining sizes of — in order-statistic trees, 409,
    410
success（成功）
    — in a Bernoulli trial, 1012

successor（次節点）
    finding ith — of a node in an order-statistic tree, 411
    — in binary search trees, 268, 269
    — in order-statistic trees, 413
    — in red-black trees, 281
successor（直後の要素）
    — in linked lists, 218
suffix（□）（接尾語） 810
    — -function inequality, 822
    — -function recursion lemma, 822
    — function, 819
    — of a string, 810
suffix array（接尾語配列） 833, 834
suffix array algorithm（接尾語配列アルゴリズム）
    linear time —, 843
suffix function（接尾語関数） 819
sum（和） 741, 747, 967
    infinite —, 965
    — of matrices, 1029
    rule of —, 997
    telescoping —, 967, 968
summation（和） 965, 975
    — bounding, 969, 975
    formulas and properties of —, 965, 969
    — in asymptotic notation, 966
    infinite —（無限和）, 965
    linearity of —, 965
    splitting —, 971, 973
summation lemma（総和補題） 749
supercomputer（スーパーコンピュータ） 630
superpolynomial time（超多項式時間） 882
supersink（超出口） 567
supersource（超入口） 566
supervised learning（教師あり学習） 849
surjection（全射） 984
SVD（特異値分解） 718
symbol table（記号表） 230, 242
symmetric difference（対称差） 593
symmetric matrix（対称行列） 1029, 1031, 1034
symmetric positive-definite matrix（対称正定値行列）
    709, 711, 718
symmetric relation（対称的関係） 981
symmetry（対称性） 51
sync（同期） 633, 634
system of difference constraints（差分制約式系） 527,
    528, 532
system of linear equations（連立線形方程式） 661, 693,
    705, 716
    solution of —, 693

【T】

tail（裾）
    — of a binomial distribution, 1017, 1023
tail（末尾）
    — of a linked list, 218
    — of a queue, 216
    — recursion, 169, 355
tail recursion（末尾再帰） 355
tail-recursive（末尾再帰） 700
target（目標） 923
Tarjan's offline least-common-ancestors algorithm
    （Tarjan のオフライン最小共通祖先アルゴリズ
    ム） 458
task scheduling（タスクスケジューリング） 377, 690
task-parallel algorithm（タスク並列アルゴリズム） 630
    — and serial algorithm, 630

1120 | 索　引

task-parallel model（タスク並列モデル） 631
task-parallel platform（タスク並列プラットフォーム） 630
task-parallel programming（タスク並列プログラミング） 630
tautology（恒真式） 897, 913
Taylor expansion（テイラー展開） 277
Taylor series（テイラー級数） 277
telescoping series（入れ子型級数） 967, 968
telescoping sum（入れ子型和） 967, 968
teminating（終了手続き） 400
term（項）
    bounding —, 970
terminating（終了に向かう） 400
testing（判定） 796, 797, 799, 805, 808
    pseudoprime —, 797, 799
text（テキスト） 809
    — in string matching, 809
thread（スレッド） 629, 630
thread parallelism（スレッド並列処理） 629
3-CNF satisfiability（3-CNF 充足可能性） 883, 909, 913, 933
3-CNF satisfiability problem（3-CNF 充足可能性問題） 883
3-conjunctive normal form（3 連言標準形） 910
threshold（閾値） 65
tie（タイ） 853
time domain（時間領域） 741
time-memory tradeoff（時間–メモリトレードオフ） 310
timestamp（タイムスタンプ，時刻印） 476, 482
top of a stack（スタックの先頭） 215
top-down method（トップダウン方式）
    — dynamic-programming, 310
top-down with memoization（履歴管理を用いるトップダウン方式）
    dynamic-programming —, 310
topological sort（トポロジカルソート） 6, 483, 485, 492, 637
    — in computing single-source shortest paths in a dag, 519
total order（全順序） 982
total path length（総経路長） 276
total preorder（全擬順序） 982
total relation（完全関係） 982
tour（巡回路） 343, 491, 622, 882, 922
    bitonic —, 343
    Euler —, 491
track（トラック） 421
tractability（扱いやすさ） 882
trailing pointer（トレーラポインタ） 271
training data（訓練データ） 849
training phase（訓練フェーズ） 849
transition function（遷移関数） 818, 823, 824, 833
transitive closure（推移的閉包） 554, 555
    — and boolean matrix multiplication, 709
    — of dynamic graphs, 560, 562
transitive relation（推移的関係） 981
transitivity of asymptotic notation（漸近記法の推移性） 51
transpose（転置） 467, 649, 1027
    — of a directed graph, 467
    — of matrix, 1027
transpose symmetry of asymptotic notation（漸近記法の転置対称性） 51
traveling-salesperson problem（巡回セールスパーソン問題） 922, 923, 938, 939, 941–943, 960

bitonic euclidean —, 343
    NP-completeness of —, 922
    — with the triangle inequality, 939
traversal of a tree（木の巡回） 264, 270, 408
treap（トリープ） 302
tree（木） 474, 480, 910, 940, 989, 994
    AA- —, 302
    AVL —, 301, 302
    B-trees, 438
    bisection of —, 995
    breadth-first —, 468, 474
    depth-first —, 476
    diameter of —, 475
    dynamic —, 405
    — edge, 474, 476, 480
    exponential search —, 405
    free —, 988, 989, 991
    fusion —, 405
    heap, 136, 152
    height of —, 992
    height-balanced —, 301
    interval —, 413, 418
    k-neighbor —, 302
    optimal binary search —, 336, 343, 350
    order-statistic —, 406, 411
    ordered —, 992
    path length of a —, 276
    recursion —, 35
    rooted —, 224, 226, 991
    scapegoat —, 302
    shortest-paths —, 512, 513, 534, 537
    splay —, 302, 405
    traversal of a —, 264, 270, 408
    treap —, 302
    2-3 —, 302, 438
    2-3-4 —, 424, 437
    walk of a —, 264, 270, 408
    weight-balanced —s, 302
tree walk（木巡回） 264, 270, 408, 940
    inorder —, 270
    postorder —, 264
    preorder —, 264
trial（試行）
    Bernoulli, 1012
trial division（試行除算） 797
triangle inequality（三角不等式） 532, 558, 938
    — for shortest paths, 514, 532
triangular matrix（三角行列） 1029, 1031, 1034
trichotomy property of real numbers（実数の 3 分律） 52
trichotomy（3 分律）
    interval, 414
tridiagonal linear systems（3 重対角線形系） 716
tridiagonal matrix（3 重対角行列） 1028
trie（トライ） 275
trimming a list（リストの刈込み） 952
trivial divisor（自明な約数） 764
tropical semiring（トロピカル半環） 547
truth assignment（真理値割当て） 902, 908
truth table（真理値表） 901
tuple（組） 979
twiddle factor（回転因子） 752
2-CNF satisfiability（2-CNF 充足可能性） 913
    — and 3-CNF satisfiability, 883
2-CNF satisfiability problem（2-CNF 充足可能性問題） 883

索 引 | **1121**

2-CNF-SAT 913
2-pass method（2 パス法）447
2-3 tree（2-3 木）302, 438
2-3-4 tree（2-3-4 木）424
　　join of —s, 437
　　split of —, 437
a 2/m-universal family of hash functions based on
　　　functions based on the multiply-shift method
　　　（乗算シフト法に基づく 2/m 万能ハッシュ関
　　　数族）245

【U】

U.S. National Resident Matching Program（全米研修医
　　　マッチングプログラム）592
unary（1 進数）889
unbounded（有界ではない）680, 723
unconditional branch instruction（無条件分岐命令）22
uncountable set（非可算集合）979
underdetermined（劣決定）694
　　— system of linear equations, 694
underflow（アンダーフロー）
　　— of a queue, 216
　　— of a stack, 215
undirected graph（無向グラフ）893, 914, 916, 929,
　　　930, 936, 985
　　articulation point of —, 490
　　biconnected component of, 490
　　bridge of —, 490
　　coloring of —, 995
　　computing a minimum spanning tree in —, 493, 508
　　converting to an — from a multigraph, 467
　　directed version of an —, 988
　　hamiltonian —, 893
　　matching of —, 582
　　vertex cover of an —, 936
undirected property（無経路性）515, 533
undirected version of a directed graph（有向グラフの無
　　　向化）988
uniform probability distribution（一様確率分布）1003,
　　　1004
uniform random permutation（一様ランダム置換）107,
　　　113
union (∪)（和）977
union（和）890
　　— of languages, 890
　　— of sets (∪), 977
union（和集合）977
union by rank（ランクによる合併）446
unique factorization of integers（素因数分解の一意性）
　　　768
unit（単数）764
unit lower-triangular matrix（単位下三角行列）1029
unit upper-triangular matrix（単位上三角行列）1029
unit vector（単位ベクトル）1028
uniting（統合）
　　— of linked lists, 223
universal collection of hash functions（ハッシュ関数の
　　　万能集合）242
universal hashing（万能ハッシュ法）241, 245
universal sink（共通シンク）467
universe（普遍集合）978
unmatched（マッチされていない）593
unmatched vertex（マッチされていない頂点）582
unsorted linked list（未ソート連結リスト）219
unstable（不安定）602
unsupervised learning（教師なし学習）850

unweighted（重みなし）324
　　— longest simple path, 324
　　— shortest paths, 324
unweighted longest simple path（重みなし最長単純道）
　　　324
unweighted shortest path（重みなし最短路）324
upper bounds（上界）
　　— for expected running time of
　　　　RANDOMIZED-SELECT, 195
　　— for heapsort, 174
　　— for merge sort, 174
　　— of harmonic number, 967
　　— from chained hash tables, 235, 238
　　— of longest-probe bound for hashing, 260
　　— of running time of quicksort, 158
　　— of selection problem, 190
　　— of slot-size bound for chaining, 261
　　— of terms, 970
　　— on binomial coefficient, 1000
upper median（上側中央値）190
upper-bound property（上界性）514, 533
upper-triangular matrix（上三角行列）1029, 1034

【V】

valid shift（正当なシフト）809
value（値）723
　　of a flow, 565
　　— of a function, 983
value over replacement player（ボープ）349
van Emde Boas tree（van Emde Boas 木）405
Vandermonde matrix（Vandermonde 行列）744, 1035
variable（変数）
　　in pseudocode, 19
　　random —, 1007, 1012
variable-length code（可変長符号）363
variance（分散）1010
　　— of a binomial distribution, 1015
　　— of a geometric distribution, 1013
vector（ベクトル）718, 743, 1027, 1028, 1031–1033
vector quantization（ベクトル量子化）857
Venn diagram（ベン図式）978
verification（検証）893, 897
　　— of spanning trees, 507
verification algorithm（検証アルゴリズム）895
verify（検証する）895
vertex（頂点）466, 490, 551, 567, 919
　　articulation point, 490
　　attributes of —, 466
　　— capacity, 567
　　capacity of a —, 567
　　intermediate —, 551
　　isolated —, 986
　　— of a graph, 985
vertex capacity（頂点容量）567
vertex cover（頂点被覆）916, 936, 948, 950, 961
vertex set（頂点集合）985
vertex-cover problem（頂点被覆問題）916, 918, 933,
　　　936, 938, 960
　　approximation algorithm for —, 938
　　NP-completeness of —, 916, 918, 936
vertex-disjoint（点素な）596, 599
virtual memory（仮想記憶）22
virtual processor（仮想プロセッサ）629
Viterbi algorithm（Viterbi アルゴリズム）346

【W】

waiting for an elevator（エレベーター待ち） 669
walk of a tree（木の巡回） 264, 270, 408, 940
Water-shed function（分水界関数） 86
weak duality（弱双対性） 733, 734, 737, 738
weak Pareto optimality（弱パレート最適性） 607
weight（重み） 343, 465, 509, 950
    mean —, 540
    — of a path, 509
    — of an edge, 465
weight function（重み関数） 465
    — for a graph, 465
weight-balanced tree（重み平衡木） 302, 399
weight-majority algorithm（多数決荷重更新アルゴリズム） 859
weighted graph（重みつきグラフ） 465
weighted median（重みつき中央値） 204
weighted set-covering problem（重みつき集合被覆問題） 957
weighted vertex cover（重みつき頂点被覆） 948, 950, 961
weighted-union heuristic（重みつき合併ヒューリスティック） 443
well-defined（明確に定義された） 4, 65
white vertex（白頂点） 468, 476
white-path theorem（白色経路定理） 480
widest augmenting path（最も広い増加可能経路） 588
wire（導線） 901
witness（証拠） 799
work（仕事量） 631, 637
work law（仕事量の法則） 638
work-stealing scheduling algorithm（ワークスチールスケジューリングアルゴリズム） 667
work/span analysis（仕事量/スパン解析） 630, 637
worst-case running time（最悪実行時間） 26
worst-case time（最悪時間） 232

【Y】

Yen's improvement to the Bellman–Ford algorithm（Yen による Bellman–Ford のアルゴリズムの改良） 538
Young tableau（Young 表） 151

【Z】

zero（零点） 783
zero matrix（零行列） 1028
0-1 sorting lemma（0-1 ソート補題） 186
0-1 integer programming（0-1 整数計画法） 929, 948
    NP-completeness of —, 929
0-1 knapsack problem（0-1 ナップサック問題） 360, 362, 927, 959, 961

人名読み方ガイド

（角カッコ付きのものは本文中でカタカナ表記）

オリジナル	日本語読み	オリジナル	日本語読み
Ackermann	アッカーマン	Gabow	ガボウ
Adleman	エーデルマン	Gale	ゲイル
Aho	エイホ	Galil	ガリル
Ahuja	アフジャ	Gauss	［ガウス］
Akl	エイケーエル	Goldberg	ゴールドバーグ
Akra	アクラ	Goldwasser	ゴールドワッサー
Arora	アローラ	Golub	ゴルーブ
Bach	バックマン	Grötschel	グレッツェル
Bachmann	バックマン	Graham	グラハム，グラム
Bayes	［ベイズ］	Guibas	ギバス
Bellman	ベルマン	Hall	ホール
Bentley	ベントレイ	Hamilton	［ハミルトン］
Bernoulli	［ベルヌーイ］	Harary	ハラリー
Blom	ブラム	Hartmanis	ハートマニス
Bollobás	ボロバス	Hermite	［エルミート］
Boole	［ブール］	Hesse	［ヘッセ］
Borůvka	ボルブカ	Hoare	ホーア
Brent	ブレント	Hochbaum	ホッチバウム
Burrows	バローズ	Homer	ホーマー
Cantor	カントール	Honer	ホーナー
Carmichael	［カーマイケル］	Hopcroft	ホップクロフト
Cartesian	［デカルト（の）］	Horner	ホーナー
Catalan	［カタラン］	Hrabosky	ラボスキー
Chazelle	シャゼール	Huffman	ハフマン
Chebyshev	チェビシェフ	Jensen	イェンゼン，ジャンセン
Chvátal	フバータル	Johnson	ジョンソン
Cook	クック	Josephus	ヨセフス，ジョセファス
Coppersmith	コッパースミス	Kőnig	ケーニッヒ
Cormen	コルメン	Karloff	カルロフ
Croesus	クロイソス	Karmarkar	カーマーカー
Dantzig	ダンツィッヒ	Karp	カープ
de Moivre	［ド・モアブル］	Khachian	カチアン
de Morgan	［ド・モルガン］	Kirchhoff	キルヒホッフ
Dijkstra	ダイクストラ	Kleinberg	クラインバーグ
Dixon	ディクソン	Knuth	クヌース
Edelsbrunner	エデルスブルナー	Kraft	クラフト
Edmonds	エドモンズ	Kruskal	クラスカル
Euclid, euclidean	［ユークリッド（の）］	Kuck	クック
Eudoxus	エウドクソス	Kuhn	クーン
Euler	［オイラー］	Lagrange	［ラグランジュ］
Even	イーブン	Lamé	［ラメ］
Farkas	ファルカス	Lamport	ランポート
Fermat	［フェルマ］，フェルマー	Laplace	［ラプラス］
Fibonacci	［フィボナッチ］	Lawler	ローラー
Floyd	フロイド	Legendre	［ルジャンドル］
Ford	フォード	Leibniz	［ライプニッツ］
Fortnow	フォートナウ	Leighton	レイトン
Fourier	［フーリエ］	Leiserson	ライザーソン
Fredman	フレッドマン	Lenstra	レンストラ
Fulkerson	ファルカーソン	Lewis	ルイス

人名読み方ガイド（続き）

（角カッコ付きのものは本文中でカタカナ表記）

オリジナル	日本語読み	オリジナル	日本語読み
Lloyd	ロイド	Shamos	シェイモス
Lovász	ロヴァース	Shapley	シャプリー
Luvcache	ルブカッチ	Shaw	シェウ
Magnanti	マグナンティ	Shell	シェル
Markov	[マルコフ]	Shiloach	シローチ
Mehlhorn	メルホーン	Shor	ショア
Micali	ミカーリ	Shur	シューア
Miller	ミラー	Simon	サイモン
Monge	[モンジュ]	Sipser	シプサー
Moore	ムーア	Sleator	スリーター
Morris	モリス	Snir	スニア
Motwani	モトワニ	Spencer	スペンサー
Newell	ニューウェル	Stearns	スターンズ
Newton	[ニュートン]	Steiglitz	スティーグリッツ
Niven	ニーブン	Stein	シュタイン
Orlin	オルリン	Stirling	スターリング
Pan	パン	Strassen	ストラッセン，シュトラッセン
Papadimitriou	パパディミトリウ	Sun-Tsŭ	孫子
Park	パーク	Tardos	タルドス
Pascal	[パスカル]	Tarjan	タージャン
Poisson	[ポアソン]	Taylor	[テイラー]
Pollard	ポラード	Thorup	ソープ
Pomerance	ポメランス	Turing	[チューリング]
Pratt	プラット	Ullman	ウルマン
Preparata	プレパラータ	van Emde Boas	ファン・エムデ・ボース
Prim	プリム	Van Loan	ヴァン・ローン
Prokop	プロコップ	Vandermonde	ヴァンデルモンド
Rabin	ラビン，レイビン	Varghese	ヴァーギース
Raghavan	ラガバン	Vazirani	バジラニ
Reingold	ラインゴールド	Venn	[ベン]
Rivest	リベスト	Viterbi	ヴィタービ
Roth	ロス	von Neuman	フォン・ノイマン
Sarnak	サーナック	Warshall	ウォーシャル
Schrijver	シュライバー	Wheeler	ウィーラー
Schur	シューア	Willard	ウィラード
Sedgewick	セジウィック	Winograd	ウィノグラード
Seidel	ザイデル	Yen	イェン
Seiferas	サイファラス	Young	ヤング
Serling	サーリング	Zuckerman	ズッカーマン
Shamir	シャミア		

訳者略歴 (五十音順)

浅 野 哲 夫 (あさの　てつお)

1977 年　大阪大学大学院基礎工学研究科博士課程修了
現　　在　北陸先端科学技術大学院大学名誉教授，金沢大学監事（非常勤）
　　　　　（工学博士）

岩 野 和 生 (いわの　かずお)

1987 年　プリンストン大学工学部コンピュータサイエンス学科 Ph.D. 取得
現　　在　一般社団法人リモート・センシング技術センター理事

梅 尾 博 司 (うめお　ひろし)

1978 年　大阪大学大学院基礎工学研究科博士課程修了
現　　在　大阪電気通信大学名誉教授
　　　　　（工学博士）

小 山　　透 (こやま　とおる)

1971 年　東京理科大学理工学部数学科卒業
現　　在　フリーランス．元 bit 誌編集長，元 (株) 近代科学社社長

山 下 雅 史 (やました　まさふみ)

1980 年　名古屋大学大学院工学研究科博士後期課程修了
現　　在　九州大学名誉教授
　　　　　（工学博士）

和 田 幸 一 (わだ　こういち)

1983 年　大阪大学大学院基礎工学研究科博士後期課程修了
現　　在　法政大学理工学部教授
　　　　　名古屋工業大学名誉教授
　　　　　（工学博士）

編集：伊藤　雅英

■本書に記載されている会社名・製品名等は、一般に各社の登録商標または商標です。本文中の ©、®、
　TM 等の表示は省略しています。

■本書を通じてお気づきの点がございましたら、reader@kindaikagaku.co.jp までご一報ください。

■落丁・乱丁本は、お手数ですが（株）近代科学社までお送りください。送料弊社負担にてお取替えい
　たします。ただし、古書店で購入されたものについてはお取替えできません。

世界標準MIT教科書
アルゴリズムイントロダクション 第4版 総合版

2024 年 11 月 30 日　　初版第 1 刷発行

著　者　　T.コルメン・C.ライザーソン・R.リベスト・C.シュタイン
訳　者　　浅野 哲夫・岩野 和生・梅尾 博司・小山 透・山下 雅史・和田 幸一
発行者　　大塚 浩昭
発行所　　株式会社近代科学社
　　　　　〒101-0051 東京都千代田区神田神保町1丁目105番地
　　　　　https://www.kindaikagaku.co.jp

・本書の複製権・翻訳権・譲渡権は株式会社近代科学社が保有します。
・ JCOPY ＜（社）出版者著作権管理機構 委託出版物＞
本書の無断複写は著作権法上での例外を除き禁じられています。複写される場合は, そのつど事前に
(社)出版者著作権管理機構(https://www.jcopy.or.jp, e-mail: info@jcopy.or.jp)の許諾を得てください。

© 2024　Tetsuo Asano・Kazuo Iwano・Hiroshi Umeo・Toru Koyama・Masafumi Yamashita・
　　　　Koichi Wada

Printed in Japan
ISBN978-4-7649-0649-5
印刷・製本　三美印刷株式会社